English - Turkish / Turkish - English
**Large Portable Dictionary**

# English - Turkish / Turkish - English
# Large Portable Dictionary

# İngilizce - Türkçe / Türkçe - İngilizce
# Büyük El Sözlüğü

**Ali Bayram**
**Kristin P. Jones**
**Kemal Kılıç**

# English - Turkish / Turkish - English
# Large Portable Dictionary

**Ali Bayram**
**Kristin P. Jones**
**Kemal Kılıç**

Milet Publishing, LLC
333 North Michigan Avenue
Suite 530
Chicago, IL 60601
Email info@ milet.com
Website www.milet.com

Published in the US by Milet Publishing, LLC, 2006
© Milet Publishing, LLC, 2006
ISBN 1 84059 495 0

Printed in Turkey by Fono

# OKUNUŞLAR

Bu sözlükte okura kolaylık olması düşüncesiyle, uluslararası sesçil abece ya da başka bir yöntem yerine, söz konusu sese en yakın sesi gösteren bir Türk harfi kullanılmıştır. Aşağıda, koyu bir tonla verilen bu harflerin sağında yerini tuttuğu uluslararası sesçil abecenin harfi, altında ise bu sesin tanımı verilmiştir.

## /ı/ - /↔/
Ağız Türkçedeki /ı/ sesini çıkarmak için açıldığından biraz daha fazla açılarak /ı/ denirse bu ses çıkartılmış olur.

Örn: **about** /ı'baut/, **banana** /bı'na:nı/, **butter** /'batı/

## /e/ - /Θ/
Ağız /a/ demek için açılmışken /e/ sesi çıkarılırsa bu ses elde edilmiş olur.

Örn: **bad** /bed/, **cat** /ket/, **sat** /set/

## /ö:/ - /↔:/
Yukarıdaki /l/ sesinin uzun biçimi olan bu ses Türkçedeki uzun /ö/ sesine çok yakındır.

Örn: **urge** /ö:c/, **bird** /bö:/, fur /fö:/

## /o/ - / /
Ağız /a/ demek için açılmışken /o/ sesi çıkarılırsa bu ses elde edilmiş olur.

Örn: on /On/, dog /dOg/, want /wOnt/

## /t/ - /Π/
Dilin ucu, üst dişlerin uç kısmına hafifçe dokunur durumdan ayrılırken /t/ denecek olursa bu ses çıkarılmış olur.

Örn: thing /Ting/, method /'meTld/, tooth /tu:T/

## /d/ - /≡/
Dilin ucu, üst dişlerin uç kısmına hafifçe dokunur durumdan ayrılırken /d/ denecek olursa bu ses çıkarılmış olur.

Örn: **this** /dis/, **father** /'fa:dı/, **smooth** /smu:d/

Bunlara ekleyeceğimiz Türkçede olmayan bir diğer ses de /w/ sesidir. Uluslararası sesçil abecede de aynı biçimde gösterilen bu ses, /duvak/ ve /duvar/'daki gibi dudakları yuvarlayarak söylenen /v/ sesine benzer.

Ünlüleri izleyen üst üste iki nokta (:), o sesin uzun okunacağını gösterir. Sözgelimi car /ka:/'daki /a:/ sesi, ``ağlamak'' ve ``talim'' sözcüklerindeki /a/'lar gibi biraz uzun okunur.

# KISALTMALAR

| | | | |
|---|---|---|---|
| *a.* | ad | *anat.* | anatomi |
| *adl.* | adıl | *ask.* | askerlik |
| *bağ.* | bağlaç | *bitk.* | bitkibilim |
| *be.* | belirteç | *biy.* | biyoloji |
| *e.* | eylem | *coğ.* | coğrafya |
| *ilg.* | İlgeç | *den.* | denizcilik |
| *s.* | sıfat | *dilb.* | dilbilgisi, dilbilim |
| *ünl.* | ünlem | *din.* | dinsel |
| | | *eko.* | ekonomi |
| | | *elek.* | elektrik, elektronik |
| | | *fel.* | felsefe |
| *Aİ.* | Amerikan İnglizcesi | *fiz.* | fizik |
| *arg.* | argo | *gökb.* | gökbilim (astronomi) |
| *ats.* | atasözü | *hayb.* | hayvanbilim |
| *ç. dili* | çocuk dili | *hek.* | hekimlik |
| *esk.* | eski | *huk.* | hukuk |
| *hkr.* | hakaret | *isk.* | iskambil |
| *İİ.* | İngiliz İngilizcesi | *kim.* | kimya |
| *kab.* | kaba | *mant.* | mantık |
| *k. dili* | konuşma dili | *mat.* | matematik |
| *mec.* | mecaz | *met.* | meteoroloji |
| *ört.* | örtmeceli | *mim.* | mimarlık |
| | | *müz.* | müzik |
| | | *oto.* | otomobil, otomotiv |
| | | *ruhb.* | ruhbilim (psikoloji) |
| *sb* | somebody, someone | *sin.* | sinema |
| *sth* | something | *sp.* | spor |
| | | *tek.* | teknik, teknoloji |
| | | *tic.* | ticaret |
| | | *tiy.* | tiyatro |
| | | *yaz.* | yazın (edebiyat) |
| | | *yerb.* | yerbilim (jeoloji) |

# İNGİLİZCE - TÜRKÇE

# A

**A, a** /ey/ *a.* 1. İngiliz abecesinin ilk harfi 2. *müz.* la perdesi, la notası
**a** /ı, ey/ (ünlü seslerden önce **an** /ın, en/ olur.) 1. (herhangi) bir: *She wants to buy a coat.* 2. (nicelik belirten sözlerden önce) bir: *an apple a day, six days a week*
**abacus** /'ebıkıs/ *a.* abaküs, sayıboncuğu
**abandon** /ı'bendın/ *e.* 1. terk etmek, bırakmak: *We had to abandon the sinking ship.* 2. bırakmak, vazgeçmek: *You must abandon your childish behaviour and grow up.* 3. (to ile) kendini kaptırmak, dalmak: *She abandoned herself to a life of grief.*
**abase** /ı'beys/ *e.* küçük düşürmek, aşağılamak: *An officer shouldn't abase himself by getting drunk with the common soldier.*
**abash** /ı'beş/ *e.* utandırmak, bozmak: *The student was abashed when his teacher corrected his mistakes publically.*
**abate** /ı'beyt/ *e.* 1. (rüzgâr, fırtına, ağrı, rahatsızlık, vb.) azalmak, hafiflemek 2. *huk.* ortadan kaldırmak
**abattoir** /'ebıtwa:/ *a, İİ.* salhane, mezbaha, kesimevi
**abbess** /'ebis/ *a.* başrahibe
**abbey** /'ebi/ *a.* 1. manastır 2. manastır kilisesi
**abbot** /'ebıt/ *a.* başrahip
**abbreviate** /ı'bri:vieyt/ *e.* kısaltmak
**abbreviation** /ıbri:vi'eyşın/ *a.* kısaltma
**abdicate** /'ebdikeyt/ *e.* 1. tahttan çekilmek: *The king was forced to abdicate the throne by the rebels.* 2. (hakkından) vazgeçmek, el çekmek, bırakmak
**abdomen** /'ebdımın/ *a, hayb.* karın
**abdominal** /eb'dominıl/ *s, hayb.* karın ile ilgili, karın ...
**abduct** /eb'dakt/ *e.* (birini) zorla kaçırmak: *The police are still searching for the child who was abducted.*
**abduction** /eb'dakşın/ *a.* adam kaçırma
**aberrant** /e'berınt/ *s.* 1. doğru yoldan ayrılmış, sapkın 2. *biy.* tipik olmayan

**aberration** /ebı'reyşın/ *a.* 1. doğru yoldan ayrılma, sapkınlık 2. *hek.* kısa süreli bellek kaybı 3. *gökb.* sapınç
**abet** /ı'bet/ *e.* (suça) katılmak, yardakçılık etmek, yardım etmek, suçortaklığı yapmak
**abettor** /ı'betı/ *a.* suçortağı, yardakçı
**abeyance** /ı'beyıns/ *a.* geçerli olmama, kullanılmama, etkinliğini yitirmiş olma: *Old laws often fall into abeyance before they are abolished.*
**abhor** /ıb'ho:/ *e.* nefret etmek, tiksinmek: *I abhor cruelty of any kind.*
**abhorrent** /ıb'horınt/ *s.* 1. nefret uyandırıcı, tiksindirici, iğrenç 2. karşıt, zıt
**abide** /ı'bayd/ *e.* [pt, pp **abided** (abode) /ı'boud/] 1. katlanmak, çekmek, tahammül etmek: *He can't abide his wife any more.* 2. (by ile) uymak, sadık kalmak: *If you sign a contract you must abide by its conditions.*
**abiding** /ı'bayding/ *s.* sonsuz, ebedi
**ability** /ı'biliti/ *a.* yetenek, kabiliyet, güç, iktidar: *He shows great ability.*
**abject** /'ebcekt/ *s.* 1. umutsuz, sefil, perişan, acınası 2. alçak, iğrenç, aşağılık
**abjuration** /ebcu'reyşın/ *a.* yeminle vazgeçme, feragat etme
**abjure** /ıb'cuı/ *e.* vazgeçtiğine dair yemin etmek
**ablation** /ıb'leyşın/ *a.* 1. *hek.* (ur, organ, vb.) bedenden alma, kesip çıkarma 2. (taşlar) zamanla aşınma 3. (buzul) yüzden erime
**ablative** /'eblıtiv/ *a, dilb.* ismin -den hali, çıkma durumu
**ablaze** /ı'bleyz/ *s.* 1. alevler içinde, yanmakta 2. heyecanlı, ateşli
**able** /'eybıl/ *s.* 1. güçlü, yetenekli, muktedir 2. **be able to** -ebilmek, -abilmek: *Will you be able to come tonight?*
**able-bodied** /eybıl'bodid/ *s.* bedence güçlü ve sağlıklı
**ablution** /ı'blu:şın/ *a.* aptes
**ably** /'eybli/ *be.* beceriyle, başarıyla, ustalıkla
**abnormal** /eb'no:mıl/ *s.* anormal
**abnormality** /ebno:'meliti/ *a.* anormallik

aboard /ı'bo:d/ *ilg, be.* (gemi, otobüs, tren, uçak, vb.) içinde, içine, -de, -da, -e, -a: *The passengers went aboard the ship.*

abode[1] /ı'boud/ *a.* ev, ikametgâh, konut

abode[2] /ı'boud/ *pt, pp bkz.* **abide**

abolish /ı'boliş/ *e.* yürürlükten kaldırmak, durdurmak: *Many countries have abolished the death penalty as a punishment.*

abolition /ebı'lişın/ *a.* yürürlükten kaldırma, ortadan kaldırma

A-bomb /'eybom/ *a.* atom bombası

abominable /ı'bominıbıl/ *s.* 1. iğrenç, tiksindirici 2. *k. dili* berbat, felaket, rezil 3. **abominable snowman** *k. dili* yeti, kar adamı

abominate /ı'bomineyt/ *e.* tiksinmek, iğrenmek

aboriginal /ebı'ricınıl/ *a, s.* yerli

aborigine /ebı'ricini/ *a.* 1. (bir yerin) yerlisi 2. Avustralya yerlisi

abort /ı'bo:t/ *e.* 1. çocuk düşürmek; çocuk aldırmak: *She aborted in her fourth month of pregnancy.* 2. erken doğum yapmak; ölü çocuk doğurmak 3. (plan, iş, vb.) bitirmeden durdurmak (zorunda kalmak): *The heavy snow aborted the campaign.* 4. başarısızlıkla bitmek: *The building proposal could abort through lack of money.*

abortion /ı'bo:şın/ *a.* 1. çocuk düşürme, ölü çocuk doğurma 2. *hek.* düşük

abortive /ı'bo:tiv/ *s.* 1. sonuçsuz, boş, beyhude 2. gelişmemiş 3. başarısız

abound /ı'baund/ *e.* çok sayıda olmak, çok sayıda bulunmak: *Kangaroos abound in Australia.*

about[1] /ı'baut/ *ilg.* 1. hakkında, üzerine: *Have you got a book about bees?* 2. şuraya buraya, çevresinde: *Let's walk about the park.* 3. ötesinde berisinde: *There are tramps standing about the street corners.* 4. üstünde, yanında: *Have you got any money about you?* 5. yakınında, buralarda, şuralarda: *I dropped the ring somewhere about here.* 6. **What/how about ...** -e ne dersin? -den ne haber? ya ...?

about[2] /ı'baut/ *be.* 1. ötede beride, şurada burada, öteye beriye: *birds flying about* 2. yakınlarda, buralarda: *He must be somewhere about.* 3. aşağı yukarı, yaklaşık: *He's about 25 years old.* 4. aksi yöne, geriye: *The road finished and we had to turn about.* 5. hemen hemen, neredeyse: *We're about ready.*

about[3] /ı'baut/ *s:* **be about to** -mek üzere olmak: *The train is about to leave.*

above[1] /ı'bav/ *ilg.* 1. -in yukarısına, üstüne; yukarısında, üstünde: *The plane flew above the clouds.* 2. -den yüksek, üstün: *A major is above a captain.* 3. -den daha fazla, daha çok: *It weighs above 50 kilos.* 4. **above all** her şeyden önce, en önemlisi

above[2] /ı'bav/ *be.* 1. yukarıda, tepede; yukarıdaki: *He looked at the birds above.* 2. rütbe/yetki açısından üstün: *He is above me in rank.*

above[3] /ı'bav/ *s.* yukarıda geçen, önceden anılan: *Please reply to the above address.*

aboveboard /ıbav'bo:d/ *s.* doğru, hilesiz, apaçık

abracadabra /ebrıkı'debrı/ *a.* 1. abrakadabra, büyü sözü 2. *hkr.* zırva, saçmalık

abrade /ı'breyd/ *e.* aşındırmak, yemek

abrasion /ı'breyjın/ *a.* 1. aşınma, yenme, yıpranma 2. aşınmış ya da aşındırılmış kısım, sıyrık

abrasive[1] /ı'breysiv/ *s.* 1. aşındıran, aşındırıcı, törpüleyici 2. kaba, kırıcı: *He is very abrasive towards me.*

abrasive[2] /ı'breysiv/ *a.* (zımpara, vb. gibi) aşındırıcı madde, taşlama malzemesi, parlatma malzemesi

abreast /ı'brest/ *be.* bir hizada, yan yana: *The children marched into class 2 abreast.*

abridge /ı'bric/ *e.* (yazı ya da konuşmayı) kısaltmak, özetlemek

abridgment, abridgement /ı'bricmınt/ *a.* 1. (oyun, öykü, kitap, vb.) kısaltma, özetleme 2. kısaltılmış oyun/öykü/kitap

abroad /ı'bro:d/ *be.* 1. yurtdışında, yurtdışına: *We are going abroad for our holidays.* 2. geniş bir alanda, her yerde, her

tarafta: *The news of their marriage soon spread abroad.*
**abrogate** /'ebrıgeyt/ *e.* yürürlükten kaldırmak, son vermek, iptal etmek: *Remarrying will abrogate his right to see his children.*
**abrogation** /ebrı'geyşın/ *a.* yürürlükten kaldırma, iptal
**abrupt** /ı'brapt/ *s.* 1. beklenmedik, ani 2. (karakter, davranış) kaba, terbiyesiz
**abscess** /'ebses/ *a.* çıban, apse, irinşiş
**abscond** /ıb'skond/ *e.* gizlice kaçıp gitmek, sıvışmak: *The thief absconded the country before the police caught him.*
**absence** /'ebsıns/ *a.* 1. uzakta olma, bulunmama, yokluk, bulunmayış 2. bulunmayış süresi, devamsızlık 3. yokluk, eksiklik 4. dalgınlık
**absent**[1] /'ebsınt/ *s.* 1. yok, namevcut 2. dalgın, ilgisiz
**absent**[2] /ıb'sent/ *e.* (oneself ile) gelmemek, uzak durmak, hazır bulunmamak: *John absented himself from school for three weeks.*
**absentee** /ebsın'ti:/ *a.* bulunması gereken yere gelmeyen kimse, devamsız
**absenteeism** /ebsın'ti:izım/ *a.* (işe, göreve) (mazeretsiz) gelmeme, devamsızlık
**absent-minded** /ebsınt'mayndid/ *s.* dalgın
**absinth** /'eb'sint/ *a.* bir tür sert içki, apsent
**absolute** /'ebsılu:t/ *s.* 1. tam, mükemmel 2. sonsuz, kayıtsız şartsız, mutlak, kesin 3. mutlak, saltık 4. saf, katıksız
**absolutely** /'ebsılu:tli/ *be.* 1. tümüyle, tamamıyla: *He was absolutely convinced of the man's innocence.* 2. *k. dili* kesinlikle, tamamen: *"Are you sure you can come?" "Absolutely!"*
**absolute zero** /ebsılu:t'zi:rou/ *a.* ısıda mutlak sıfır noktası (-273° C)
**absolution** /ebsı'lu:şın/ *a.* (özellikle Hıristiyanlık'ta) günahın bağışlanması
**absolutism** /'ebsılu:tizım/ *a.* mutlakıyet, saltçılık
**absolve** /ıb'zolv/ *e.* 1. temize çıkarmak, aklamak 2. suçunu/günahını bağışlamak
**absorb** /ıb'so:b, ıb'zo:b/ *e.* 1. emmek,

içine çekmek, soğurmak: *The sponge absorbed the water.* 2. (in, by ile) (zihni) meşgul etmek: *I was so absorbed in my studies I forgot the time.*
**absorbent** /ıb'so:bınt/ *s.* emici, soğurgan
**absorbing** /ıb'so:bing/ *s.* çok ilginç, sürükleyici
**absorption** /ıb'so:pşın/ *a.* emme, içine çekme, soğurma
**abstain** /ıb'steyn/ *e.* uzak durmak, kaçınmak, çekinmek: *Many people abstain from alcohol for health reasons.*
**abstention** /ıb'stenşın/ *a.* 1. çekinme, kaçınma 2. çekimserlik
**abstinence** /'ebstinıns/ *a.* (hoşlanılan şeylerden, özellikle içkilerden) uzak durma, geri durma, kaçınma
**abstract**[1] /'ebstrekt/ *s.* 1. soyut 2. genel, belirsiz
**abstract**[2] /' ebstrekt/ *a.* 1. özet 2. soyut resim, heykel, vb.
**abstract**[3] /ıb'strekt/ *e.* 1. çıkarmak, ayırmak, çekmek: *The dentist had to abstract three teeth.* 2. özetlemek
**abstracted** /ıb'strektid/ *s.* dalgın, zihni meşgul
**abstraction** /ıb'strekşın/ *a.* 1. dalgınlık 2. soyutlama, ayırma
**abstruse** /ıb'stru:s/ *s.* anlaşılması güç, anlamı gizli olan, çapraşık
**absurd** /ıb'sö:d, ıb'zö:d/ *s.* saçma, anlamsız, akılsızca, gülünç, absürd
**absurdity** /ıb'sö:diti/ *a.* anlamsızlık, saçmalık
**abundance** /ı'bandıns/ *a.* bolluk, çokluk: *There is an abundance of fish in this river.*
**abundant** /ı'bandınt/ *s.* 1. bol, çok 2. bereketli
**abuse**[1] /ı'byu:z/ *e.* 1. küfür etmek, çirkin sözler söylemek: *The drunken man abused the bus driver.* 2. kötüye kullanmak, suiistimal etmek: *He abused my trust in him.*
**abuse**[2] /ı'byu:s/ *a.* 1. sövgü, küfür, sövüp sayma 2. kötüye kullanma, suiistimal
**abusive** /ı'byu:siv/ *s.* sövgü dolu, küfürbaz, ağzı bozuk
**abysmal** /ı'bizmıl/ *s.* berbat, çok kötü

**A**

**abyss** /ı'bis/ *a.* cehennem çukuru, dibi olmayan çukur, tamu
**acacia** /ı'keyşı/ *a, bitk.* akasya, salkım ağacı
**academic**[1] /ekı'demik/ *s.* 1. akademik 2. pratiğe dayanmayan, soyut, kuramsal
**academic**[2] /ekı'demik/ *a.* (üniversitede) öğretim görevlisi
**academician** /ıkedı'mişın/ *a.* akademisyen, akademi üyesi
**academy** /ı'kedımi/ *a.* 1. (fen, edebiyat ve güz. san.) bilim adamları topluluğu 2. akademi, yüksekokul
**accede** /ık'si:d/ *e.* 1. (to ile) kabul etmek, razı olmak, onaylamak: *He acceded to their demands after long discussions.* 2. iş başına gelmek, iktidara gelmek: *He acceded to power on the death of the old President.*
**accelerate** /ık'selıreyt/ *e.* 1. hızlandırmak 2. hızlanmak
**acceleration** /ıkselı'reyşın/ *a.* 1. hızlandırma 2. *fiz.* ivme
**accelerator** /ık'selıreytı/ *a.* gaz pedalı
**accent**[1] /'eksınt/ *a.* 1. aksan: *I have a Birmingham accent.* 2. vurgu
**accent**[2] /ık'sent/ *e.* 1. aksan vermek, vurgulamak 2. üzerinde durmak, vurgulamak
**accentuate** /ık'sençueyt/ *e.* önem vermek, vurgulamak: *His speech accentuated the need for more schools.*
**accept** /ık'sept/ *e.* 1. (verilen ya da önerilen bir şeyi isteyerek) almak, kabul etmek: *He accepted the new job he was offered.* 2. onaylamak, kabullenmek, razı olmak: *I still can't accept your marriage.*
**acceptable** /ık'septıbıl/ *s.* 1. kabul edilebilir 2. uygun, makbul
**acceptance** /ık'septıns/ *a.* 1. kabul etme, kabul edilme, kabul 2. uygun olma, uygun bulunma
**access** /'ekses/ *a.* 1. giriş, yol, geçit 2. kullanma hakkı, ulaşma, giriş
**accessible** /ık'sesıbıl/ *s.* 1. yanına varılabilir, ulaşılabilir 2. kolay bulunur, elde edilebilir
**accession** /ık'seşın/ *a.* 1. ulaşma, erme,

varma 2. göreve gelme 3. artma, çoğalma 4. katılma, ek, zam
**accessory** /ık'sesıri/ *a.* 1. aksesuar 2. *huk.* suçortağı, yardakçı
**accident** /'eksidınt/ *a.* 1. kaza 2. tesadüf, rastlantı 3. **by accident** kazara, tesadüfen
**accidental** /eksi'dentl/ *s.* rastlantısal, tesadüfi
**accidentally** /eksi'dentli/ *be.* 1. kazara, istemiyerek 2. tesadüfen, rasgele
**accident-prone** /'eksidıntproun/ *s.* başına sık sık kaza gelen, netameli
**acclaim**[1] /ı'kleym/ *e.* 1. alkışlamak 2. bağırarak ilan etmek
**acclaim**[2] /ı'kleym/ *a.* alkış, yürekten onaylama
**acclamation** /eklı'meyşın/ *a.* alkış, alkışlama
**acclimatization** /ıklaymıtay'zeyşın/ *a.* yeni bir iklime/ortama alışma
**acclimatize** /ı'klaymıtayz/ *e.* yeni bir iklime/ortama alışmak/alıştırmak: *English people find it hard to acclimatize when they move to hot countries.*
**accolade** /'ekıleyd/ *a.* övgü, alkış
**accommodate** /ı'komıdeyt/ *e.* 1. (yer) sağlamak, vermek: *His uncle will accomodate him for 2 months.* 2. yerleştirmek, barındırmak: *This hotel accomodates 60 people.* 3. (birbirine) uydurmak, bağdaştırmak: *These tights will stretch to accomodate any shape and size.* 4. (yeni koşullara uymak için alışkanlıklarını, yaşam biçimini, vb.) değiştirmek
**accommodating** /ı'komıdeyting/ *s.* 1. yardımcı, yardımsever 2. (koşullara uymak amacıyla) değişmeye hazır, değişime açık
**accommodation** /ıkomı'deyşın/ *a.* 1. yatacak yer, kalacak yer 2. uzlaştırma, halletme, çözme 3. rahatlık, kolaylık
**accompaniment** /ı'kampınimınt/ *a.* 1. eşlik eden 2. *müz.* eşlik
**accompany** /ı'kampıni/ *e.* 1. eşlik etmek, birlikte gitmek, refakat etmek: *She accompanied her husband.* 2. aynı zamanda olagelmek, birlikte oluşmak, eş-

lik etmek: *Bad health accompanies poverty.* 3. *müz.* eşlik etmek: *A pianist accompanied the singer.*

**accomplice** /ı'kamplis/ *a.* suçortağı, yardakçı

**accomplish** /ı'kampliş/ *e.* başarmak, başarıya ulaşmak, başarıyla sonuçlandırmak: *Atatürk accomplished many things in his life time.*

**accomplished** /ı'kamplişt/ *s.* becerikli, hünerli

**accomplishment** /ı'kamplişmınt/ *a.* 1. başarıyla sonuçlandırma, başarıyla tamamlama 2. beceri, başarı, hüner

**accord**[1] /ı'ko:d/ *e.* (with ile) uymak, birbirini tutmak, bağdaşmak: *What you said earlier this evening does not accord with your latest statement.*

**accord**[2] /ı'ko:d/ *a.* 1. anlaşma, uzlaşma 2. **of one's own accord** istenmeden, kendiliğinden, gönüllü 3. **with one accord** hep birlikte, uzlaşarak

**accordance** /ı'ko:dıns/ *a.* 1. uyum, uzlaşma, anlaşma 2. **in accordance with** -e göre, gereğince: *The house will be sold in accordance with your wishes.*

**accordingly** /ı'ko:dingli/ *be.* 1. o doğrulukta, ona göre, öyle 2. bundan dolayı, onun için, bu yüzden

**according to** *ilg.* -e göre, -e uygun olarak: *According to the weather report it will rain tomorrow.*

**accordion** /ı'ko:diın/ *a, müz.* akordeon

**accost** /ı'kost/ *e.* (özellikle bir yabancının) yanına gidip konuşmak

**account** /ı'kaunt/ *a.* 1. rapor, hikâye, tanım: *He gave them an account of the accident.* 2. önem, değer, itibar: *I must take into account the amount of time it will take.* 3. avantaj, kâr: *He turned his ideas to good account.* 4. hesap, pusula: *The accounts are looking better now that we have more customers.* 5. (kişisel) hesap: *He put it down on his account.* 6. banka hesabı: *Have you got a savings account at the bank?* 7. hesap görme, hesaplaşma: *My father has an account to settle with the man who libelled him.* 8. **of great account** çok

önemli 9. **of no account** çok önemsiz: *His opinion is of no account to me.* 10. **on account of** -den ötürü, için: *I was late on account of the traffic jam.* 11. **on no account, not on any account** hiçbir şekilde, kesinlikle: *On no account must you forget your homework.*

**accountable** /ı'kauntıbıl/ *s.* (to/for ile) -den sorumlu: *In a large company it's difficult to find who is accountable for mistakes.*

**accountancy** /ı'kauntınsi/ *a.* muhasebecilik, saymanlık

**accountant** /ı'kauntınt/ *a.* sayman, muhasip, muhasebeci

**account for** *e.* hesap vermek, nedenini açıklamak, izahat vermek: *How do you account for what has happened here?*

**accredit** /ı'kredit/ *e.* 1. elçi göndermek 2. yetki vermek

**accumulate** /ı'kyu:myuleyt/ *e.* 1. toplamak, biriktirmek 2. çoğalmak, yığılmak

**accumulation** /ıkyu:myu'leyşın/ *a.* 1. biriktirme, yığma 2. toplanma, yığılma

**accumulator** /ı'kyu:myuleytı/ *a.* akü, akümülatör

**accuracy** /'ekyırısi/ *a.* doğruluk, kesinlik, tamlık

**accurate** /'ekyırıt/ *s.* kesin, doğru, yanlışsız, tam

**accursed** /ı'kö:st/ *s.* lanetlenmiş, lanetli

**accusation** /ekyu'zeyşın/ *a.* suçlama, itham

**accuse** /ı'kyu:z/ *e.* suçlamak: *A tourist accused my friend of stealing his camera.*

**accused** /ı'kyu:zd/ *a.* sanık: *The accused was sentenced to five years imprisonment.*

**accustom** /ı'kastım/ *e.* alıştırmak: *You must accustom yourself to different food in a new country.*

**accustomed** /ı'kastımd/ *s.* 1. (to ile) alışkın: *I'm accustomed to going out every night.* 2. alışılmış, her zamanki: *My father sat in his accustomed place in the pub.*

**ace** /eys/ *a.* 1. *isk.* birli, as 2. *k. dili* (sınıf, pozisyon, beceri, vb. açısından) as,

acetylene 16

yıldız 2. k. *dili* (pilot, sürücü, vb.) usta
acetylene /ı'setili:n/ *a, kim.* asetilen
ache[1] /eyk/ *e.* ağrımak: *After climbing the hill my legs ached.*
ache[2] /eyk/ *a.* ağrı: *She had a bad ache in her back from bending all day.*
achieve /ı'çi:v/ *e.* 1. başarmak: *You can achieve many things with a little hard work.* 2. ulaşmak, elde etmek, kazanmak: *She always achieves high marks in her exams.*
achievement /ı'çi:vmınt/ *a.* 1. başarma, yapma 2. başarı, eser
acid[1] /'esid/ *a.* 1. *kim.* asit 2. *arg.* LSD 3. acid test kalite kontrolü
acid[2] /'esid/ *s.* 1. ekşi, asit gibi, asitli 2. kırıcı, iğneleyici, acı
acidify /ı'sidifay/ *e.* 1. asitlemek 2. asitlenmek
acidity /ı'siditi/ *a.* asidite, ekşilik
acknowledge /ık'nolic/ *e.* 1. doğruluğunu kabul etmek, onaylamak, teslim etmek: *She acknowledged that he was stronger than her.* 2. (gerçek ya da yasal olduğunu) kabul etmek, tanımak: *He is the acknowledged expert on aerodynamics.* 3. (birini gülümseyerek, selamlayarak) tanıdığını belirtmek, fark etmek, hoşnutlukla tanımak: *John dislikes me and never acknowledges my presence.* 4. aldığını bildirmek: *The company acknowledged my payment with a receipt.*
acknowledgment, acknowledgement /ık'nolicmınt/ *a.* 1. onay, kabul etme, onaylama, tasdik 2. teşekkür 3. bir şeyin alındığını bildirme
acme /'ekmi/ *a.* doruk, zirve
acne /'ekni/ *a.* sivilce
acorn /'eyko:n/ *a, bitk.* meşe palamudu
acoustics /ı'ku:stiks/ *a.* 1. akustik, yankıbilim 2. akustik, ses dağılım biçimi, yankıdüzen
acquaint /ı'kweynt/ *e.* 1. (with ile) bilgi vermek, haberdar etmek, bildirmek: *It took time to acquaint himself with his new surroundings.* 2. be acquainted (with) (-den) haberi olmak, bilmek; (ile) tanışmak: *Are you acquainted with Sue?*

acquaintance /ı'kweyntıns/ *a.* 1. tanıdık, bildik 2. aşinalık, bilgi
acquiesce /ekwi'es/ *e.* kabullenmek, razı olmak, ses çıkarmamak: *She always acquiesced to her husbands decisions.*
acquire /ı'kwayı/ *e.* 1. kazanmak, elde etmek, edinmek: *He had acquired a great knowledge of mathematics.* 2. acquired taste zamanla anlaşılan/sevilen şey
acquisition /ekwi'zişın/ *a.* 1. kazanma, edinme 2. kazanç, edinti
acquisitive /ı'kwizitiv/ *s.* açgözlü, mal düşkünü
acquit /ı'kwit/ *e.* (birini) suçsuz çıkarmak, beraat ettirmek, temize çıkarmak, aklamak: *He was acquitted of the charge after a long trial.*
acquittal /ı'kwitl/ *a.* beraat, aklanma, aklama
acre /'eykı/ *a.* 4. 047 m'lik bir arazi ölçüsü, dönüm
acrid /'ekrid/ *s.* acı, keskin, ekşi, sert
acrimonious /ekri'mouniıs/ *s.* acı, sert, haşin, ters: *After their acrimonious disagreement they rarely spoke.*
acrimony /'ekrimıni/ *a.* acılık, sertlik, terslik
acrobat /'ekrıbet/ *a.* akrobat, cambaz
acrobatic /ekrı'betik/ *s.* akrobatik
acrobatics /ekrı'betiks/ *a.* cambazlık, akrobasi
acronym /'ekrınim/ *a.* sözcüklerin baş harflerinden oluşan sözcük: *ANZAC is the acronym for the Australian and New Zealand Army Corps.*
across[1] /ı'kros/ *be.* 1. karşıdan karşıya, bir yandan bir yana, ortasından, içinden: *The river was at least 20 feet across.* 2. çaprazlama, çapraz: *The lines were so close that they nearly cut across each other.*
across[2] /ı'kros/ *ilg.* 1. bir yanından öteki yanına: *He ran across the field.* 2. üstünde, üzerinde: *There was an old bridge across the river.* 3. öbür yanında/yakasında, karşısında: *He lives in a flat across the street.*
act[1] /ekt/ *e.* 1. hareket etmek, davranmak:

He acted very foolishly. 2. (rol) oyna-
mak: John Wayne acted as a cowboy in
numerous films. 3. etki yapmak, etkile-
mek: These painkillers act in twenty
minutes. 4. hkr. rol yapmak, etkilemek,
numara yapmak: He often acts as if he
knows everything. 5. harekete geçmek:
You should talk to him before you act.
**act²** /ekt/ a. 1. yapılan şey, iş, davranış 2.
kanun, yasa 3. tiy. perde, sahne 4. hkr.
k. dili numara, rol, ayak 5. **put on an act**
hkr. k. dili poz yapmak, hava atmak 6.
**get in on sb's act** k. dili birinin davranı-
şından kendine pay çıkarmak, avantaj
sağlamak
**acting¹** /'ekting/ s. yerine bakan, vekalet
eden, vekil: John was the acting man-
ager until the new manager arrived.
**acting²** /'ekting/ a. oyunculuk (sanatı)
**action** /'ekşın/ a. 1. hareket, faaliyet: You
must take some kind of action about
this. 2. iş, yapılan şey, davranış, hare-
ket: Actions mean more than words. 3.
çalışma şekli, hareket biçimi: Today
we'll study the breathing action of the
lungs. 4. etki, kuvvet: The action of light
on the painting made it even more
beautiful. 5. (kitap ya da oyun için) olay-
lar dizisi: The main action of the book
took place in Spain. 6. askeri harekât,
savaş: Many soldiers died as a result of
yesterday's action 7. huk. dava: If the
company doesn't pay us soon we must
bring an action against it. 8. **in/into ac-
tion** belli bir faaliyette 9. **out of action**
bozuk: That telephone is out of action.
**activate** /'ektiveyt/ e. harekete geçirmek,
etkili hale getirmek, çalıştırmak
**active¹** /'ektiv/ s. 1. aktif, hareketli, canlı:
Although in her 80's the queen mother
is still very active. 2. belli etkileri olan,
belli biçimde etkileyen: The laboratory
was full of very dangerous and active
chemicals. 3. dilb. etken, aktif
**active²** /ek'tiv/ a, dilb. etken çatı
**activist** /'ektivist/ a. aktivist
**activity** /'ektiviti/ a. 1. hareket, faaliyet:
There was much activity in the market-
place yesterday. 2. yapılan işler, etkin-

lik, faaliyet: His spare time was occu-
pied with his many activities.
**actor** /'ektı/ a. 1. erkek oyuncu, aktör 2.
bir olayda yer alan kimse
**act out** e. (düşünce, korku, vb. için)
davranışlarla belirtmek, davranışlarla
göstermek: Psychologists explain that
vandalism is caused by people acting
out their frustrations with society.
**actress** /'ektris/ a. kadın oyuncu, aktris
**actual** /'ekçuıl/ s. 1. gerçek, hakiki, asıl,
asli 2. **in actual fact** aslında, gerçekte
**actuality** /ekçu'eliti/ a. 1. gerçek olma,
gerçeklik, gerçek 2. gerçek olan şey
**actually** /'ekçuli/ be. 1. gerçekten, hakika-
ten, aslında: Actually the people who
run this country are not politicians but
the owners of large industrial compa-
nies. 2. gerçekten, bilfiil
**actuary** /'ekçuıri/ a. sigorta/hesap uzma-
nı, aktüer
**actuate** /'ekçueyt/ e. harekete geçirmek:
She was actuated by a need for money.
**act up** e, k. dili kötü davranmak, problem
yaratmak, sorun çıkarmak, dert açmak:
The child acts up every time he wants
something.
**acuity** /ı'kyu:ti/ a. keskinlik, sivrilik, duyar-
lılık, keskin duyululuk
**acumen** /'ekyumın/ a. çabuk kavrayış,
yerinde ve doğru karar alma yetisi
**acupuncture** /'ekyupankçı/ a. akupunktur
**acute** /'ıkyu:t/ s. 1. (duyum ve düşünce)
keskin, kuvvetli, güçlü, duyarlı: Dogs
have a more acute sense of smell than
humans. 2. şiddetli, çok fazla: an acute
lack of rain. 3. (hastalık için) birdenbire
kötüye giden, çok çabuk tehlikeli bir
biçime gelen 4. mat. (açı) dar
**ad** /ed/ a, k. dili ilan, reklam
**adage** /'edic/ a. özdeyiş, atasözü
**adagio** /ı'da:cou/ be, a, müz. adacyo
**adamant** /'edımınt/ s. dik başlı, sert,
inatçı
**Adam's apple** /edımz'epıl/ a, anat. gırtlak
çıkıntısı
**adapt** /ı'dept/ e. (to, for ile) uyarlamak,
uydurmak, adapte etmek: The plug is
being adapted to fit all machines.

adaptable /ı'deptıbıl/ s. kolayca uyum sağlayan
adaptation /edıp'teyşın/ a. 1. uyarlama, uyarlanma, adaptasyon 2. uyarlanmış şey
adapter /ı'deptı/ a. 1. uyum sağlatan kişi ya da aygıt 2. adaptör, uyarlaç
add /ed/ e. 1. (to ile) eklemek, ilave etmek: Please add coffee to the shopping list. 2. (to, up ile) toplamak, toplamını almak: Two and two added together make four. 3. (that ile) ayrıca söylemek, belirtmek: I would like to add that we were most dissatisfied with the results.
addendum /ı'dendım/ a. (konuşma, kitap, vb. sonunda) ek, ilave, eklenecek şey
adder /'edı/ a, hayb. engerek
addict[1] /'edikt/ a. (özellikle uyuşturucuya) düşkün kimse, müptela kimse, tiryaki, bağımlı
addict[2] /ı'dikt/ e. 1. (to ile) alıştırmak: Many people become addicted to alcohol. 2. be addicted alışmak, bağımlı olmak, tutkun olmak, tiryakisi olmak: He was addicted to heroin.
addiction /ı'dikşın/ a. alışkanlık, tutkunluk, bağımlılık, tiryakilik
addictive /ı'diktiv/ s. (uyuşturucu, sigara, içki, vb.) alışkanlık oluşturan, bağımlılık yaratan, tiryaki eden
addition /ı'dişın/ a. 1. ekleme, katma 2. mat. ekleme; toplam alma, toplama: He did the addition on the calculator. 3. eklenme, ilave: A cat was the most recent addition to our family. 4. in addition (to) ek olarak, ilaveten: I'm learning French in addition to English.
additional /ı'dişınıl/ s. ek, ilave, ekstra
additive /'editiv/ a. katkı, katkı maddesi
addle /'edl/ e. 1. bozmak, şaşırtmak (birinin kafasını) 2. (yumurtayı) kokuşturmak, çürütmek
address[1] /ı'dres/ e. 1. (mektup, vb. üstüne) adres yazmak: Have you addressed those letters yet? 2. söylev vermek, hitap etmek: You must look smart when you address the assembly. 3. (to ile) (kendini) işe adamak, bir şeye adamak: She addressed herself to the main diffi-

culty before starting the other lesser problems.
address[2] /ı'dres/ a. 1. adres 2. söylev, nutuk
addressee /edre'si:/ a. kendisine mektup, vb. gönderilen kişi, alacak kişi, alıcı
adduce /ı'dyu:s/ e. (for ile) örnek vermek, delil göstermek, gerekçe göstermek
add up e, k. dili bir anlamı olmak, akla yatkın olmak: I don't believe him. What he says just doesn't add up.
adept /'edept/ s. (at, in ile) usta, becerili, yetenekli, üstat
adequate /'edikwit/ s. 1. (for ile) yeterli, gereksinimi karşılıyacak kadar 2. (to ile) uygun, elverişli, yeterli: If you prove yourself adequate to the job you will receive a much higher salary.
adhere /ıd'hiı/ e. yapışmak
adherence /ıd'hiırıns/ a. 1. (to ile) bağlılık, sadakat: You must show adherence to your own religious beliefs.
adherent /ıd'hiırınt/ a. (bir partiye, düşünceye inanca, vb.) bağlı kimse, taraftar
adhesion /ıd'hi:jın/ a. yapıştırma, yapışma
adhesive /ıd'hi:siv/ a, s. yapıştırıcı, yapışkan
ad hoc /ed'hok/ s. belirli bir amaç için hazırlanmış/düzenlenmiş; önceden planlanmış
adjacent /ı'ceysınt/ s. çok yakın, bitişik
adjective /'eciktiv/ a, dilb. sıfat, niteleç
adjoin /ı'coyn/ e. bitişiğinde/çok yakın olmak: My house adjoins a warehouse.
adjourn /ı'cö:n/ e. 1. ertelemek, ara vermek: The judge adjourned the trial for two weeks. 2. ertelenmek
adjudicate /ı'cu:dikeyt/ e. karar vermek, hüküm vermek, hükmetmek
adjunct /'ecankt/ a. ilave, ek
adjust /ı'cast/ e. 1. ayarlamak: Will you all please adjust your watches? 2. uydurmak, uyarlamak: The workers' wages were adjusted to the rising cost of living. 3. uyum göstermek, uymak: I found it difficult to adjust to life in a different country.
ad lib /ed'lib/ be, s, k. dili 1. hazırlıksız,

doğaçtan, kafadan 2. sınırsız, rahat rahat, kafasına göre

**ad-lib** /ed'lib/ *e, k. dili* kafadan uyduruvermek, doğaçlamak

**administer** /ıd'ministı/ *e.* 1. idare etmek, yönetmek 2. vermek, sağlamak

**administration** /ıdmini'streyşın/ *a.* 1. idare, yönetim 2. hükümet

**administrative** /ıd'ministrıtiv/ *s.* yönetsel, yönetimsel, idari

**administrator** /ıd'ministreytı/ *a.* idareci, yönetici

**admirable** /'edmırıbıl/ *s.* takdire değer, çok iyi, çok güzel

**admiral** /'edmırıl/ *a.* amiral

**Admiralty** /'edmırılti/ *a, İİ.* Amirallik Dairesi

**admiration** /edmi'reyşın/ *a.* takdir, hayranlık

**admire** /ıd'mayı/ *e.* takdir etmek, hayran olmak: *I have always admired the writings of Plato.*

**admirer** /ıd'mayırı/ *a.* hayran: *She has many admirers.*

**admissible** /ıd'misıbıl/ *s.* akla uygun, kabul olunabilir, makul

**admission** /ıd'mişın/ *a.* 1. (klüp, yapı, okul, vb. ne) kabul, girme izni 2. (özellikle kötü bir şeyi) kabul etme, doğru olarak kabul etme, itiraf: *His admission of his guilt allowed the other man to go free.*

**admit** /ıd'mit/ *e.* 1. (özellikle kötü bir şeyi) kabul etmek, gerçeği kabullenmek, itiraf etmek: *Why don't you admit you made a mistake?* 2. içeriye bırakmak, girmesine izin vermek: *They only admitted people over eighteen into the disco.* 3. izin vermek, olanak tanımak: *The experiment results admitted of no other conclusion.*

**admittance** /ıd'mitıns/ *a.* 1. giriş izni, giriş hakkı. 2. **no admittance** girilmez

**admittedly** /ıd'mitidli/ *be.* herkesin kabul edeceği gibi, kuşkusuz

**admix** /ed'miks/ *e.* 1. karışmak 2. karıştırmak

**admixture** /ıd'miksçı/ *a.* karıştırma, karışım

**admonish** /ıd'moniş/ *e.* uyarmak, hafifçe azarlamak, kulağını bükmek

**ado** /ı'du:/ *a.* 1. gürültü, patırtı, yaygara, tantana 2. **without much/more/further ado** oyalanmadan, yaygara koparmadan

**adobe** /ı'doubi/ *a.* kerpiç

**adolescence** /edı'lesıns/ *a.* ergenlik

**adolescent** /edı'lesınt/ *s, a.* ergen, yeni yetme

**adopt** /ı'dopt/ *e.* 1. (başkasının çocuğunu) evlat edinmek: *The couple adopted two children.* 2. kabul etmek; edinmek, benimsemek: *I have adopted a new way of writing.* 3. seçmek: *They have adopted the latest technology in our office.*

**adoption** /ı'dopşın/ *a.* 1. evlat edinme 2. benimseme, kabullenme

**adoptive** /ı'doptiv/ *s.* evlatlık edinen, üvey

**adorable** /ı'do:rıbıl/ *s.* 1. çok güzel, tapılası 2. *k. dili* sevimli, çekici, şirin

**adoration** /edı'reyşın/ *a.* 1. aşırı sevgi, aşk, tapma 2. dinsel tapma, tapınma

**adore** /ı'do:/ *e.* 1. tapmak: *She adored her father and always obeyed him.* 2. *k. dili* bayılmak, çok sevmek, tapmak: *My children all adore going to the fair.*

**adorn** /ı'do:n/ *e.* 1. süslemek, bezemek, güzelleştirmek: *They adorned the Christmas tree with baubles and coloured lights.* 2. ballandırmak, abartmak, şişirmek

**adrenalin** /ı'drenılin/ *a, hek.* adrenalin

**adrift** /ı'drift/ *be, s.* 1. akıntı ve rüzgârla sürüklenmiş, başıboş 2. **turn sb adrift** kendi haline terk etmek; yüzüstü bırakmak

**adroit** /ı'droyt/ *s.* eli çabuk, becerikli, zeki, usta

**adulate** /'eculeyt/ *e.* aşırı derecede övmek, yaltaklanmak, pohpohlamak, dalkavukluk etmek

**adulation** /ecu'leyşın/ *a.* aşırı övgü, yaltaklanma, çanak yalama, dalkavukluk

**adult** /'edalt, ı'dalt/ *a, s.* yetişkin

**adulterate** /ı'daltıreyt/ *e.* (with ile) değerini düşürmek, saflığını bozmak: *The wine was adulterated with a cheaper brand.*

**adulterer** /ı'daltırı/ *a.* zina yapan erkek

**adulteress** /ı'daltris/ *a.* zina yapan kadın

**adultery** /ı'daltıri/ *a.* zina

**advance**[1] /ıd'va:ns/ *e.* 1. (on/upon/against ile) ilerlemek, ileri gitmek: *The enemy advanced on all fronts.* 2. gelişmek, ilerlemek: *We can't advance unless we work harder.* 3. öne almak, daha önceki bir tarihe almak: *The conference was advanced from the fifteenth to the third May.*

**advance**[2] /ıd'va:ns/ *a.* 1. ilerleme, ileri gitme, gelişme: *There have been many great advances in science during the last 5 years.* 2. (of ile) avans, öndelik: *He asked his employer for an advance of 500.000 TL.* 3. **in advance** peşin, zamanından önce; önünde: *The landlady asked us to pay the rent in advance.*

**advanced** /ıd'va:nst/ *s.* ilerlemiş, ileri, gelişmiş: *Many parts of Africa are not very advanced industrially.*

**advancement** /ıd'va:nsmınt/ *a.* 1. yükselme, ilerleme 2. terfi

**advances** /ıd'va:nsiz/ *a.* 1. yaranma ya da dostluk kazanma girişimleri 2. **make advances** arkadaş olmaya çalışmak, gözüne girmeye çalışmak, asılmak

**advantage** /ıd'va:ntic/ *a.* 1. avantaj, üstünlük: *She had the advantage of being very clever.* 2. yarar, çıkar, menfaat, avantaj: *Is there any advantage in working so hard?* 3. **take advantage of** -dan faydalanmak, kazanç sağlamak: *She took advantage of her mother's offer of help.*

**advantageous** /edvın'teycıs/ *s.* yardımcı, yararlı, üstünlük sağlayan, avantajlı, kazanç getiren

**advent** /'edvent/ *a.* varış, geliş: *Since the advent of the microchip, calculators are available to almost anyone.*

**adventure** /ıd'vençı/ *a.* serüven, macera: *We had wonderful adventures in the caves.*

**adventurer** /ıd'vençırı/ *a.* maceraperest kimse, serüvenci

**adventurous** /ıd'vençırıs/ *s.* 1. serüven seven, maceraperest 2. serüven dolu, maceralı

**adverb** /'edvö:b/ *a, dilb.* zarf, belirteç

**adversary** /'edvısıri/ *a.* düşman, hasım, rakip

**adverse** /'edvö:s/ *s.* ters, karşı, karşıt, zıt

**adversity** /ed'vö:siti/ *a.* güçlük, sıkıntı, şanssızlık: *Maybe you could call this a time of great adversity.*

**advert** /'edvö:t/ *a, İİ, k. dili* reklam, ilan

**advertise** /'edvıtayz/ *e.* 1. bildirmek, duyurmak, ilan etmek 2. tanıtmak, reklamını yapmak; satılığa çıkarmak: *He advertised his car in the papers.* 3. (for ile) ilanla aramak: *We must advertise for a new cleaner.*

**advertisement** /ıd'vö:tismınt/ *a.* reklam, ilan

**advertising** /'edvıtayzing/ *a.* reklamcılık, reklam işi

**advice** /ıd'vays/ *a.* 1. tavsiye, salık 2. öğüt, nasihat

**advisable** /ıd'vayzıbıl/ *s.* makul, akla yatkın, mantıklı

**advise** /ıd'vayz/ *e.* 1. tavsiye etmek, salık vermek; öğütlemek: *The doctor advised me to give up smoking.* 2. bildirmek, haber vermek: *The bank advised me to pay the 200 dollars I owed them.* 3. **ill-advised** akılsız, önlemsiz: *It is ill-advised to travel during peak hour traffic.* 4. **well-advised** akıllı, tedbirli: *You would be well-advised to book a hotel in advance.*

**adviser** /ıd'vayzı/ *a.* danışman, müşavir

**advisory** /ıd'vayzıri/ *s.* öğüt veren, tavsiye niteliğinde

**advocacy** /'edvıkısi/ *a.* yan tutma, taraftarlık, savunma

**advocate**[1] /'edvıkeyt/ *e.* savunmak: *The group advocated nuclear disarmament.*

**advocate**[2] /'edvıkit/ *a.* 1. *huk.* avukat 2. savunucu, taraftar, yandaş

**aeon** /i:ın/ *a.* ölçülemeyecek kadar uzun zaman: *The universe has existed for aeons.*

**adz** /edz/ *a, Aİ, bkz.* **adze**

**adze** /edz/ *a.* keser

**aerial**[1] /'eırill/ *a, İİ.* anten

**aerial**[2] /'eırill/ *s.* havaya ilişkin, havai, hava ...

**aerobatics** /eɪrou'betiks/ a. uçakla havada beceri gösterileri

**aerodrome** /'eɪrɪdroum/ a. küçük havaalanı

**aerodynamic** /eɪrouday'nemik/ s. aerodinamik

**aerodynamics** /eɪrouday'nemiks/ a. aerodinamik (bilimi)

**aeronautics** /eɪrɪ'noːtiks/ a. havacılık

**aeroplane** /'eɪrɪpleyn/ a. uçak

**aerosol** /'eɪrɪsol/ a. aerosol

**aesthetic** /iːs'tetik/ s. estetik

**aesthetics** /iːs'tetiks/ a. estetik

**afar** /ɪ'faː/ be. 1. uzak, uzakta 2. **from afar** uzaktan: *The mountains could be seen from afar.*

**affable** /'efɪbɪl/ s. içten, cana yakın, sokulgan

**affair** /ɪ'feɪ/ a. 1. olay 2. iş, sorun, mesele 3. (birbiriyle evli olmayan iki kimse arasında) cinsel ilişki, aşk ilişkisi

**affect**[1] /ɪ'fekt/ e. 1. etkilemek 2. üzmek: *John Lennon's death deeply affected his admirers.*

**affect**[2] /ɪ'fekt/ e. gibi davranmak, poz yapmak, ... numarası yapmak: *She affected pleasure when she saw them, though she didn't really like them.*

**affectation** /efek'teyşın/ a, hkr. yapmacık davranış, gösteriş

**affected** /ɪ'fektid/ s, hkr. yapmacık, sahte: *Her behaviour was very affected.*

**affecting** /ɪ'fekting/ s. derinden etkileyici, dokunaklı

**affection** /ɪ'fekşın/ a. sevgi, düşkünlük; şefkat

**affectionate** /ɪ'fekşınit/ s. sevgi gösteren, şefkatli, müşfik, sevecen

**affidavit** /'efideyvit/ a. yazılı ve yeminli ifade

**affiliate** /ɪ'filieyt/ e. (with/to ile) 1. birleştirmek, üye etmek: *This hotel is affiliated with a well known, international group.* 2. birleşmek, üye olmak

**affinity** /ɪ'finiti/ a. 1. (between/with ile) akrabalık, yakın ilgi, yakınlık 2. (for/to/between ile) güçlü ilgi, çekim, eğilim, yakınlık: *There was a strong affinity between them.*

**affirm** /ɪ'föːm/ e. doğrulamak, bildirmek; tekrarlamak, tekrar söylemek: *He has always affirmed his innocence.*

**affirmation** /efɪ'meyşın/ a. doğrulama, onay; ifade, bildirme

**affirmative** /ɪ'föːmɪtiv/ a, s, dilb. olumlu

**affix**[1] /ɪ'fiks/ e. bağlamak, iliştirmek, tutturmak, eklemek, yapıştırmak

**affix**[2] /'efiks/ a. önek, sonek

**afflict** /ɪ'flikt/ e. üzmek, acı vermek, sıkıntı vermek: *He has been afflicted with epilepsy since an early age.*

**affliction** /ɪ'flikşın/ a. 1. acı, üzüntü, sıkıntı 2. acı, üzüntü, sıkıntı veren şey

**affluence** /'efluıns/ a. zenginlik, varlık, varsıllık

**affluent** /'efluınt/ s. zengin, varlıklı, hali vakti yerinde

**afford** /ɪ'foːd/ e. 1. satın almaya gücü yetmek: *I can't afford a video recorder.* 2. (bir şeyi yapmaya, karşılamaya, vermeye) gücü yetmek, durumu el vermek: *His father would always afford the time to help him.* 3. *yaz.* sağlamak, vermek: *Nature affords many things of beauty.*

**afforest** /ɪ'forist/ e. ağaçlandırmak

**afforestation** /ɪfori'steyşın/ a. ağaçlandırma

**affray** /ɪ'frey/ a. kavga, gürültü

**affront** /ɪ'frant/ e. (özellikle kalabalık bir yerde birine) hakaret etmek, aşağılamak, duygularını incitmek, kırmak: *She was affronted by his remarks about her dress.*

**afield** /ɪ'fiːld/ be: **far afield** uzakta, özellikle evden uzakta: *The boy had wandered so far afield that we couldn't find him.*

**aflame** /ɪ'fleym/ s, be. yanan, tutuşan, tutuşmuş: *The tanker was aflame for hours after the explosion.*

**afloat** /ɪ'flout/ s, be. 1. yüzen, yüzmekte, su üzerinde duran, batmayan: *The boat was still afloat after the accident.* 2. gemide; denizde: *He had to keep afloat until he was rescued.* 3. (söylenti) dolaşan: *There is a lot of gossip afloat about their marriage.*

**afoot** /ɪ'fut/ s, be. olup bitmekte; dönmekte: *She suspected from their behaviour* that there was something afoot.

**afore** /ı'fo:/ be, ilg. daha önce, daha önceki

**aforesaid** /ı'fo:sed/ s. daha önce söylenilen, adı geçen

**afraid** /ı'freyd/ s. 1. (that/of ile) korkmuş, -den korkan: *She is afraid of dogs.* 2. **I'm afraid ...** korkarım, korkarım ki, maalesef: *I'm afraid I've lost your keys.*

**afresh** /ı'freş/ be. bir kez daha, yeniden: *My letter was confused so I started afresh.*

**African** /'efrikın/ a, s. 1. Afrikalı 2. Afrikan

**aft** /a:ft/ be, den. kıçta, kıça doğru: *The passengers were asked to go aft by the captain.*

**after**[1] /'a:ftı/ ilg. 1. -den sonra: *They went home after the film.* 2. -ın ardından/arkasından/peşinden: *They left the classroom after their teacher.* 3. ... nedeniyle/yüzünden, -den sonra: *After his speech many people changed their political beliefs.* 4. -e rağmen: *After many hours of study he failed his exams.* 5. -in peşinde/arayışında: *His father is after him for breaking the window.* 6. hakkında: *She asked after her grandparents when she wrote to her mother.* 7. **after all** neticede, her şeye rağmen, yine de, bütün olan bitenden sonra: *She still loves him after all.*

**after**[2] /'a:ftı/ be. sonra, daha sonra, -den sonra: *Her husband flew to Paris and she followed a few days after.*

**after**[3] /'a:ftı/ bağ. -den sonra: *It started to snow after they returned home.*

**afterbirth** /'a:ftıbö:t/ a, hek. plasenta, döleşi

**aftereffect** /'a:ftırifekt/ a. daha sonradan ortaya çıkan etki

**afterlife** /'a:ftılayf/ a. 1. öbür dünya, ahret 2. ömrün geri kalan kısmı

**aftermath** /'a:ftımet/ a. kötü sonuç, kötü yan etki: *Hardship and illness was common in the aftermath of the cyclone.*

**afternoon** /a:ftı'nu:n/ a, s. öğleden sonra

**afterwards** /'a:ftıwıdz/ be. sonradan, sonra, daha sonra: *I'm busy. I'll do that afterwards.*

**again** /ı'gen, ı'geyn/ be. 1. bir daha, tekrar, yine, yeniden, gene: *Do it again.* 2. bundan başka, ayrıca: *Then again, he's very clever.* 3. **again and again** sık sık, ikide bir, tekrar tekrar, defalarca: *He tried again and again but always failed.* 4. **now and again** bazen, arada sırada: *I only see her now and again.* 5. **once/yet again** bir kez daha: *Inflation has risen yet again.*

**against** /ı'genst, ı'geynst/ ilg. 1. -e karşı: *They fought bravely against the enemy.* 2. -e doğru: *The children were throwing a ball against the wall.* 3. -e zıt yönde, -e karşı: *The yacht tacked against the wind.* 4. -e aykırı, karşı: *It is against the school rules to smoke.* 5. -e değecek şekilde: *He stood against the tree.*

**age**[1] /eyc/ a. 1. yaş: *At your age you shouldn't behave so childishly.* 2. çağ: *The stone age was the period of time in which man made tools from stones.* 3. yaş, yaşlılık: *Because of his great age his back had become bent.* 4. rüşt: *Until you are eighteen you are still under age.* 5. k. dili çok uzun zaman, asır: *It's been ages since I last went to a party.* 6. **be/come of age** reşit olmak, rüştünü ispat etmek

**age**[2] /eyc/ e. 1. yaşlanmak, ihtiyarlamak, eskimek 2. ihtiyarlatmak, eskitmek 3. (şarap, vb.) yıllanmak 4. yıllandırmak

**aged**[1] /eycd/ s. yaşında: *My daughter, Kathy, is aged 20 years.*

**aged**[2] /'eycid/ s. çok yaşlı, ihtiyar: *An aged man is not always a wise one.*

**ageless** /'eyclıs/ s. eskimez, yaşlanmaz

**agency** /'eycınsi/ a. 1. acenta 2. aracılık, acentelik

**agenda** /ı'cendı/ a. yapılacak işler, gündem

**agent** /'eycınt/ a. 1. acenta, temsilci, ajan 2. vasıta, aracı, etmen 3. ajan

**agent provocateur** /ejon prıvokı'tö:/ a. kışkırtıcı ajan, ajan provokatör

**aggravate** /'egrıveyt/ e. 1. ağırlaştırmak, kötüleştirmek, ciddileştirmek: *His illness was aggravated by the cold weather.* 2. k. dili kızdırmak, sinir etmek: *His silly* remarks always aggravated other people.

**aggregate**[1] /'egrigit/ s. toplam, toplu, bütün

**aggregate**[2] /'egrigeyt/ e. 1. toplamak; bir araya getirmek 2. toplanmak

**aggression** /ı'greşın/ a. nedensiz kavga, çatışma, saldırı

**aggressive** /ı'gresiv/ s. 1. hkr. saldırgan, kavgacı 2. girişken, atılgan, gözü pek 3. (silah) saldırı amacıyla yapılmış

**aggressor** /ı'gresı/ a. saldırgan kimse/ülke

**aggrieved** /ı'gri:vd/ s. incinmiş, kırılmış, üzüntülü, haksızlığa uğramış: He felt aggrieved when a younger man was promoted instead of him.

**aghast** /ı'ga:st/ s. donakalmış, şaşırmış, çok korkmuş, dehşet içinde: He was aghast at the sight of destruction caused by the explosion.

**agile** /'ecayl/ s. atik, çevik, hareketli

**agility** /ı'ciliti/ a. çeviklik, atiklik

**agitate** /'eciteyt/ e. 1. sallamak, çalkalamak: The washing machine's action agitated the water. 2. üzmek, altüst etmek, acı vermek: The woman was very agitated when she couldn't find her small son. 3. (politik ya da sosyal nedenlerle) yaygara koparmak; ortalığı karıştırmak; kamuoyunu kışkırtmak; başkaldırmak: The public is agitating for greater freedom of speech.

**agitation** /eci'teyşın/ a. 1. heyecan, acı, üzüntü 2. (politik, sosyal) kışkırtma, tahrik

**agitator** /'eciteytı/ a. 1. (özellikle politik açıdan) tahrikçi, kışkırtan kimse 2. karıştırıcı, çalkalayıcı makine

**aglow** /ı'glou/ s. parlak, ışıltılı: When she opened her birthday present her face became aglow with pleasure.

**agnostic** /eg'nostik/ a, s. agnostik, bilinemezci

**agnosticism** /eg'nostisizım/ a, fel. agnostisizm, bilinemezcilik

**ago** /ı'gou/ be. önce: I was in London 5 years ago.

**agog** /ı'gog/ s, k. dili heyecanlanmış, coşmuş; istekli, ümitli, hevesli: They were all agog at the unexpected news.

**agonize** /'egınayz/ e, k. dili aşırı heyecan ve acı çekmek

**agonizing** /'egınayzing/ s. acı veren

**agony** /'egıni/ a. şiddetli acı, aşırı ıstırap, sancı

**agoraphobia** /egırı'foubii/ a. agorafobi, alan korkusu

**agrarian** /ı'greıriın/ s. tarımsal, tarıma ilişkin

**agree** /ı'gri:/ e. 1. anlaşmak, mutabık kalmak: At last we agreed on a price for the house. 2. (to ile) (düşünce, görüş, vb. için) kabul etmek, razı olmak: As he didn't agree to my proposals for the company, I resigned.

**agreeable** /ı'gri:ıbıl/ s. 1. hoşa giden, hoş: The weather has been very agreeable lately. 2. (to ile) anlaşmaya hazır, uygun, mutabık, razı: Neither country was agreeable to the other's proposals.

**agreeably** /ı'gri:ıbli/ be. hoş bir biçimde: The hotel agreeably offered a new room when he complained.

**agreement** /ı'gri:mınt/ a. 1. anlaşma, uyuşma, mutabakat: I was not in agreement with her decision. 2. anlaşma, ittifak

**agriculture** /'egrikalçı/ a. tarım

**aground** /ı'graund/ s, be. (gemi) karaya oturmuş, batık, batmış

**ague** /'eygyu:/ a. sıtma ateşi

**ahead** /ı'hed/ s, be. 1. önde, önden, ileri doğru, ileriye: You go on ahead and I will follow later. 2. önde, ilerde: "We must strive to keep our company ahead of the competition", said the director. 3. gelecekte, ileride, ileriki: We must think ahead and build more houses. 4. **get ahead** başarmak, öne geçmek, önde olmak: You will never get ahead if you don't work harder.

**aid**[1] /eyd/ e. el uzatmak, yardım etmek

**aid**[2] /eyd/ a. 1. yardım, destek: He has always given aid to those who need it. 2. yardımcı, yardım eden şey ya da kimse: Books are a great aid to knowledge.

**aide** /eyd/ *a.* yardımcı, muavin, yaver
**ail** /eyl/ *e.* hasta olmak, zayıflamak, güç-süzleşmek
**ailment** /'eylmınt/ *a.* (ciddi olmayan) hastalık, rahatsızlık
**aim¹** /eym/ *e.* 1. (at/for ile) nişan almak, hedef almak: *He aimed at the goal, but missed.* 2. amaçlamak, hedef almak: *He aims to become a professional football player.*
**aim²** /eym/ *a.* 1. nişan alma, hedef alma 2. amaç, erek, gaye, hedef: *Her aim is to be a singer.*
**aimless** /'eymlis/ *s.* amaçsız, gayesiz, başıboş
**ain't** /eynt/ *e.* "am not, is not, are not, has not, have not" sözcüklerinin yerine kullanılır: *We ain't going home yet.*
**air¹** /eı/ *e.* 1. (soluduğumuz) hava: *Open the window and let in some fresh air.* 2. gökyüzü, hava: *The kite rose high in the air.* 3. genel durum, hava: *Their black clothes gave a depressing air to the occasion.* 4. **into thin air** *k. dili* tümüyle gözden uzak: *He dissappeared into thin air a year ago.* 5. **on/off the air** radyoda yayınlanmakta/yayınlanmamakta: *Listen! She is on the air again.*
**air²** /eı/ *e.* 1. (havalandırarak) kurutmak 2. havalandırmak 3. hava atmak, caka satmak, gösteriş yapmak
**airbase** /'eıbeys/ *a.* hava üssü
**airborne** /'eıbo:n/ *s.* 1. (tohum, vb.) havadan savrulan/atılan 2. havada, uçan 3. *ask.* hava ...
**airbus** /'eıbas/ *a.* uçak
**air-conditioning** /'eıkındişning/ *a.* havalandırma, klima tesisatı
**aircraft** /'eıkra:ft/ *a.* 1. uçak, uçaklar 2. **aircraft carrier** *ask.* uçak gemisi
**airdrop** /'eıdrop/ *a.* havadan paraşütle insan, yiyecek, malzeme, vb. atma
**airfield** /'eıfi:ld/ *a.* uçak pisti, havaalanı
**airforce** /'eıfo:s/ *a.* hava kuvvetleri
**airhostess** /'eıhoustis/ *a.* hostes
**airily** /'eırili/ *be.* ciddi olmayarak, havai bir biçimde, gırgırına: *He talked airily of his future plans.*
**airlane** /'eıleyn/ *a.* hava geçidi
**airless** /'eılıs/ *s.* havasız, boğucu
**airlift** /'eılift/ *a.* hava yoluyla taşıma
**airline** /'eılayn/ *a.* havayolu, havayolu işletmesi
**airliner** /'eılaynı/ *a.* büyük yolcu uçağı
**airlock** /'eılok/ *a.* 1. hava valfı 2. hava geçirmez kabin/oda
**airmail** /'eımeyl/ *a.* 1. uçak postası 2. havayolu taşımacılığı
**airplane** /'eıpleyn/ *a, AÍ.* uçak
**airport** /'eıpo:t/ *a.* 1. havaalanı, havalimanı 2. **airport tax** havaalanı vergisi
**air raid** /'eı reyd/ *a.* askeri hava saldırısı
**airs** /eız/ *a.* 1. hava, havalar, gösteriş 2. **give oneself airs** havalara girmek 3. **put on airs** havalara girmek, hava atmak
**airship** /'eışip/ *a.* motorlu balon
**airsick** /'eısik/ *s.* uçak tutmuş, uçmaktan midesi bulanmış
**airspace** /'eıspeys/ *a.* (bir ülkenin) hava sahanlığı
**airstrip** /'eıstrip/ *a.* (özellikle savaş zamanında kullanılan) küçük havaalanı, uçak pisti
**airtight** /'eıtayt/ *s.* hava geçirmez
**airways** /'eıweyz/ *a.* hava yolları
**airworthy** /'eıwö:di/ *s.* (uçak, vb.) uçuşa hazır, uçuş emniyeti sağlanmış
**airy** /'eıri/ *s.* 1. havadar 2. *hkr.* havalı, havai, boş, işe yaramaz 3. neşeli, havai 4. havasal
**aisle** /ayl/ *a.* (kilise, sinema, tiyatro, vb.) geçit, iki sıra koltuk arasında uzanan yol, ara yol; koridor
**ajar** /ı'ca:/ *s.* yarı açık, aralık: *He left the door ajar for the cat.*
**akimbo** /ı'kimbou/ *be, s.* eller belde, dirsekler dışa doğru bakar durumda
**akin** /ı'kin/ *s.* (to ile) benzer, yakın: *Tangerines taste akin to oranges.*
**à la carte** /elı'ka:t/ *s, be.* alakart, yemek listesine göre
**alacrity** /ı'lekriti/ *a.* çeviklik, atiklik, canlılık
**à la mode** /e lı 'mo:d/ *be.* modaya uygun
**alarm¹** /ı'la:m/ *a.* 1. korku, dehşet 2. tehlike işareti, alarm 3. alarm aygıtı
**alarm²** /ı'la:m/ *e.* 1. korkutmak, dehşete düşürmek: *She was alarmed when she*

saw her small son at the top of a ladder. 2. (tehlikeden) haberdar etmek: *He rang the fire brigade to alarm them of the fire.*

**alas** /ı'les/ *ünl.* ah! vah! yazık! tüh! eyvah!

**albeit** /o:l'bi:it/ *bağ.* gerçi, her ne kadar, ise de, -e rağmen: *He drove fast, albeit safely, down the winding road.*

**albino** /el'bi:nou/ *a.* albino, akşın, çapar

**album** /'elbım/ *a.* 1. albüm 2. uzunçalar, albüm

**albumen** /'elbyumin/ *a.* albümin, yumurta akı

**alchemy** /'elkımi/ *a.* (özellikle orta çağlarda) metalleri altına dönüştürmeyi araştıran bilim dalı, simya ilmi

**alcohol** /'elkıhol/ *a.* 1. alkol 2. alkollü içki

**alcoholic**[1] /elkı'holik/ *s.* alkollü, alkol içeren

**alcoholic**[2] /elkı'holik/ *a.* alkolik, ayyaş

**alcoholism** /'elkıholizım/ *a.* alkolizm

**alcove** /'elkouv/ *a.* (oda ya da duvarda yatak, koltuk, vb. için ayrılmış) küçük bölüm, köşe

**alderman** /'o:ldımın/ *a.* kent meclisi üyesi

**ale** /eyl/ *a.* (açık renkli) bir tür bira

**alert**[1] /ı'lö:t/ *s.* dikkatli, tetik, uyanık

**alert**[2] /ı'lö:t/ *a.* 1. tehlikeye karşı uyarı, alarm işareti 2. **on the alert (for)** alarm durumunda

**alert**[3] /ı'lö:t/ *e.* 1. alarma geçmek, hazır olmak 2. uyarmak, ikaz etmek

**algae** /'elci:/ *a.* suyosunları, algler

**algebra** /'elcıbrı/ *a, mat.* cebir

**algorithm** /'elgıridım/ *a, bil.* algoritma

**alias**[1] /'eylııs/ *be.* (özellikle suçlu bir kimse için) diğer adıyla, namı diğer

**alias**[2] /'eylııs/ *a.* (özellikle suçlu bir kimse için) takma isim, sahte isim

**alibi** /'elibay/ *a.* 1. suçun işlenmesi sırasında başka yerde olduğunu kanıtlama 2. mazeret, özür

**alien**[1] /'eyliın/ *s.* 1. yabancı, başka bir ülkeye ait 2. farklı, değişik 3. zıt, karşıt, ters

**alien**[2] /'eyliın/ *a.* yabancı, yabancı uyruklu kimse

**alienate** /'eyliıneyt/ *e.* soğutmak, yabancılaştırmak: *You will alienate all your friends if you continue behaving so*

badly.

**alienation** /eyliı'neyşın/ *a.* 1. (from ile) yabancılaşma, soğuma, uzaklaşma 2. bir yere/ortama ait olmama duygusu 3. elinden alma

**alight**[1] /ı'layt/ *e.* inmek: *The Prime Minister alighted from the plane and was met by an official party.*

**alight**[1] /ı'layt/ *s.* tutuşmuş, alev almış, yanan: *The forest was alight.*

**align** /ı'layn/ *e.* düzene sokmak, sıraya dizmek, hizaya getirmek: *There were six tables aligned down the centre of the room.*

**alignment** /ı'laynmınt/ *a.* 1. sıraya dizme, düzenleme, hiza, sıra 2. (aynı duygu, ya da görüşü paylaşan insanlar ya da ülkeler için) gruplara ayrılma, düzene girme; grup, düzen

**align with** *e.* 1. ... ile aynı hizaya sokmak: *She carefully aligned the stripes on one piece of material with the stripes on the other piece.* 2. ... ile anlaşmaya vardırmak, -e uydurmak: *The country aligned itself with others which supported conserving the environment.*

**alike**[1] /ı'layk/ *s.* aynı, benzer: *The two singers sounded very alike.*

**alike**[2] /ı'layk/ *be.* benzer/aynı şekilde: *A good officer treats all his men alike.*

**alimentary** /eli'mentıri/ *s.* 1. sindirimsel; beslenmeyle ilgili 2. **alimentary canal** sindirim borusu

**alimony** /'elimıni/ *a, huk.* (boşandıktan sonra ödenen) nafaka

**aline** /ı'layn/ *e, bkz.* **align**

**alinement** /ı'laynmınt/ *a, bkz.* **alignment**

**alive** /ı'layv/ *s.* 1. yaşayan, canlı, diri: *Despite dreadful wounds the young soldier was still alive.* 2. yaşam dolu, canlı, hareketli: *My grandmother although passed 80 is still very much alive.* 3. **alive to** uyanık, duyarlı, farkında: *He was alive to the dangers involved in deep sea diving.* 4. **alive with** (canlı şeylerle) dolu, kaplı: *The air was alive with swarming locusts.*

**alkali** /'elkılay/ *a, kim.* alkali

**all**[1] /o:l/ *s.* 1. tüm, bütün: *He lost all his*

money gambling. 2. her; hepsi: *Please check all these sentences again.* 3. **all in** a) *k. dili* çok yorgun, bitkin: *He felt all in after the marathon.* b) *her şey dahil, her şey içinde: He bought the house with curtains and fittings all in.* 4. **all out, all-out** *k. dili* tüm gücüyle, bütün çabasıyla: *Their all-out effort to win the football match failed.*

**all**[2] /o:l/ *be.* 1. tümüyle, bütünüyle, tamamen: *I'm all prepared to start work.* 2. her iki taraf: *The two teams drew 20 all.* 3. **all but** hemen hemen, neredeyse: *The game is all but finished.* 4. **all over** a) her yer, her taraf: *There was mud all over his shoes.* b) her yerde, her tarafta: *I have looked all over for my glasses but can't find them.* c) her tarafına, her yerine, her yerinde: *They have been all over the world.* d) bitmiş: *She told him their relationship was all over.* e) *k. dili* tam, aynen, tıpkı: *All her relatives agreed she was her mother all over.* 5. **all the same** *k. dili* yine de: *Thank you all the same.*

**all**[3] /o:l/ *adl.* 1. her şey, herkes, her biri: *All at the meeting agreed to the proposal.* 2. **all in all** *k. dili* neticede, sonuçta, her şeyi göz önünde bulundurunca: *It rained a few times but all in all their holiday was lovely.* 3. **all that** *k. dili* o kadar çok, öylesine: *Stop crying. It's not all that bad.* 4. **at all** hiç, hiç de, hiçbir şekilde: *I've never liked him at all.* 5. **for all** -e rağmen, -e karşın: *She was still very ill for all the treatment she received.* 6. **in all** topu topu, hepsi, toplam: *There were 6 families, in all 20 people, at the hotel.* 7. **Not at all** bir şey değil, estağfurullah, rica ederim: *"Thank you!" "Not at all. "*

**Allah** /'elı/ *a.* Allah

**allay** /ı'ley/ *e.* (korku, kızgınlık, şüphe, vb.) azaltmak, dindirmek, yatıştırmak

**all clear** /o:l'klii/ *a.* tehlike geçti işareti

**allegation** /eli'geyşın/ *a.* suçlama, itham, ileri sürme, sav, iddia

**allege** /ı'lec/ *e.* (kanıt olmadan) iddia etmek, ileri sürmek: *The accused man*

alleged he was home at the time of the crime but has no witnesses.

**allegiance** /ı'li:cıns/ *a.* (ülkeye, lidere, düşünceye, vb.) bağlılık, sadakat

**allegorical** /eli'gorikıl/ *s.* alegorik, dokundurmalı, mecazi, kinayeli

**allegory** /'eligıri/ *a.* alegori, dokundurma, kinaye

**allegro** /ı'legrou/ *s, be, müz.* allegro

**alleluia** /eli'lu:yı/ *a, ünl, bkz.* **hallelujah**

**allergic** /ı'lö:cik/ *s.* 1. alerjik: *She is allergic to seafood.* 2. *k. dili* sinir olan, nefret eden, sevmeyen, gıcık olan: *He's allergic to disco music.*

**allergy** /'elıci/ *a.* 1. alerji 2. *k. dili* hoşlanmama, sevmeme, nefret, gıcık

**alleviate** /ı'li:vieyt/ *e.* (ağrı, kızgınlık, acı, vb.) 1. hafiflemek, yatışmak, azalmak 2. hafifletmek, yatıştırmak, azaltmak

**alley**[1] /'eli/ *a.* 1. (binalar arası) dar sokak, geçit, patika, ara yol 2. (bowling) yol

**alley**[2] /'eli/ *a.* bilye, misket

**alliance** /ı'layıns/ *a.* 1. (evlilik yoluyla) aile birliği, akrabalık, dünürlük 2. (ülkeler arası) anlaşma, uyuşma, ittifak 3. bağlılık, birlik, birleşme

**allied** /'elayd, ı'layd/ *s.* 1. müttefik 2. birbirine bağlı, bağlaşık

**alligator** /'eligeytı/ *a, hayb.* Amerika ve Çin'de yaşayan bir tür timsah

**alliteration** /ılitı'reyşın/ *a, yaz.* aliterasyon, ses yinelemesi

**allocate** /'elıkeyt/ *e.* ayırmak; pay etmek, tahsis etmek; ödenek ayırmak: *That space has been allocated to the new director to park his car.*

**allocation** /elı'keyşın/ *a.* 1. ayırma, tahsis etme, ödenek ayırma 2. ödenek, pay

**allot** /ı'lot/ *e, bkz.* **allocate**

**allotment** /ı'lotmınt/ *a.* 1. (yer ya da para olarak) tahsisat, ödenek, hisse, pay 2. (İngiltere'de) belediye tarafından üzerinde sebze yetiştirmek üzere kiralanan küçük arazi

**allow** /ı'lau/ *e.* 1. bırakmak, izin vermek: *My parents don't allow me to stay out late at night.* 2. ayırmak, sağlamak: *An hour was allowed for lunch.*

**allowable** /ı'lauıbıl/ *s.* bırakılabilir, izin

verilebilir, olası
**allowance** /ı'lauıns/ *a.* 1. *a.* ödenek, tahsisat 2. *Aİ.* cep harçlığı 3. göz yumma, tolerans, müsamaha, izin 4. özel bir araç için ayrılan, sağlanan para 5. pay
**allow for** *e.* göz önüne almak, hesaba katmak: *The journey will take about eight hours if you allow for stopping for petrol and heavy traffic.*
**alloy** /'eloy/ *a.* metal alaşımı
**all-purpose** /'o:lpö:pıs/ *s.* her amaca uygun, kullanışlı
**all right** /o:l'rayt/ *be, s.* 1. iyi durumda, iyi, zarar görmemiş: *He was all right after his fall.* 2. *k. dili* idare eder, fena değil: *The film was all right but I've seen much better.* 3. peki, tamam, olur: *All right. I'll come tomorrow.*
**all-round** /'o:lraund/ *s.* (özellikle sporda) çok yönlü, çok meziyetli olan
**allspice** /'o:lspays/ *a.* yenibahar
**all-star** /'o:lsta:/ *s.* (film, oyun, vb.) ünlü yıldızlar tarafından oynanan
**allude** /ı'lu:d/ *e.* (to ile) dokundurmak, ima etmek: *He alludes to other writers throughout his novel though he doesn't name them.*
**allure**[1] /ı'luı/ *a.* çekicilik, cazibe
**allure**[2] /ı'luı/ *e.* baştan çıkarmak, cezbetmek, ayartmak
**allusion** /ı'lu:jın/ *a.* dokundurma, ima, kinaye
**allusive** /ı'lu:siv/ *s.* dokundurmalı, imalı
**alluvial** /ı'lu:viıl/ *s.* alüvyonlu, lığlı
**alluvium** /ı'lu:vıım/ *a.* alüvyon, lığ
**ally**[1] /ı'lay/ *e.* (with/to ile) 1. birleşmek: *The smaller political parties have allied against the major party on this issue.* 2. birleştirmek
**ally**[2] /'elay/ *a.* 1. (özellikle savaşta) müttefik ülke 2. dost, arkadaş
**almanac** /'o:lmınek/ *a.* almanak
**almighty** /o:l'mayti/ *s.* 1. her şeye kadir 2. *k. dili* çok büyük, müthiş, süper 3. **the Almighty** Allah
**almond** /'a:mınd/ *a.* 1. badem ağacı 2. badem
**almost** /'o:lmoust/ *be.* hemen hemen, az kalsın, neredeyse: *She had eaten al-*

*most nothing.*
**alms** /a:mz/ *a.* sadaka
**aloe** /'elou/ *a, bitk.* sarısabır
**aloft** /ı'loft/ *be.* yukarı, yukarıda, yukarıya: *The Champion held his trophy aloft for the crowd to see.*
**alone** /ı'loun/ *s, be.* 1. tek başına, yalnız: *I have lived alone all my life.* 2. yalnız, sadece: *He alone can save her.*
**along**[1] /ı'long/ *ilg.* 1. ... boyunca: *If you go straight along this street you'll come to the school.* 2. ... kenarında/kıyısında: *There were willows all along the river bank.*
**along**[2] /ı'long/ *be.* 1. ileri, ileriye: *Hurry up! Move along!* 2. yanına, yanında, birlikte: *They always took their dog along on holidays.* 3. burada/buraya; orada/oraya: *He should be along in a minute.* 4. **all along** öteden beri: *I suspected the butler all along.* 5. **along with** ile birlikte: *My mother sent me a cheque along with her letter.* 6. **Get/Go along with you** *k. dili* Hadi ordan!
**alongside**[1] /ılong'sayd/ *ilg. be.* 1. yanına, yanında, yan yana 2. yanı sıra, yan yana: *The taxi drew up alongside a bus at the traffic lights. The library is alongside the post office.*
**alongside**[2] /ılong'sayd/ *ilg.* ile yan yana: *The library is alongside the post office.*
**aloof** /ı'lu:f/ *s, be.* soğuk, ilgisiz, uzak: *He seems aloof and rarely speaks to others in the office.*
**alopecia** /elı'pi:şı/ *a.* saç dökülmesi, kellik, alopesi
**aloud** /ı'laud/ *be.* yüksek sesle: *He called out aloud in his sleep and woke us.*
**alpaca** /el'pekı/ *a.* 1. *hayb.* alpaka 2. alpaka kumaş
**alpha** /'elfı/ *a.* Yunan abecesinin ilk harfi, alfa
**alphabet** /'elfıbet/ *a.* alfabe, abece
**alphabetical** /elfı'betikıl/ *s.* alfabetik, abecesel
**alpine** /'elpayn/ *s.* 1. Alp dağlarına ya da diğer yüksek dağlara ilişkin 2. çok yüksek
**already** /o:l'redi/ *be.* 1. zaten, çoktan: *I*

had already finished my exam when the bell rang. 2. evvelce, daha önce: I've already been here a couple of times before. 3. şimdiden: He has already done his homework.

**alright** /o:l'rayt/ be, bkz. **all right**

**also** /'o:lsou/ be. da, dahi, hem, hem de, yine, ayrıca, aynı zamanda, yanı sıra: The party wasn't only noisy but also very crowded.

**altar** /'o:ltı/ a. sunak, kurban taşı

**alter** /'o:ltı/ e. 1. değişmek, başka türlü olmak: Her hairstyle alters every week. 2. değiştirmek: They have altered the bus route.

**alteration** /o:ltı'reyşın/ a. 1. değiştirme 2. değişim, değişen şey, değişiklik

**altercation** /o:ltı'keyşın/ a. kavga, çekişme, anlaşmazlık

**alternate¹** /o:l'tö:nit/ s. 1. (iki şey için) değişimli, değişerek oluşan, bir o, bir öteki: He lead a life of alternate prosperity and poverty. 2. almaşık, münavebeli, değişimli, her iki günde bir: This week I'm working on alternate nights.

**alternate²** /'o:ltıneyt/ e. (with/between ile) birbiri ardına gelmek, bir sıra takip etmek, münavebeli olarak birbirini takip etmek ya da ettirmek: Each year farmers alternate their crops to allow for a better yield.

**alternative¹** /o:l'tö:nıtiv/ s. iki şıktan birini seçme olanağını gösteren, seçimli, diğer, başka

**alternative²** /o:l'tö:nıtiv/ a. seçenek, iki şıktan biri, alternatif

**alternator** /'o:ltıneytı/ a, tek. dalgalı elektrik akımı veren üreteç, alternatör

**although** /o:l'dou/ bağ. -e karşın, ise de, -dığı halde, olmakla beraber, olmasına rağmen: Although he is very rich he is also very mean.

**altimeter** /'eltimi:tı/ a. altimetre, yükseklik ölçer

**altitude** /'eltityu:d/ a. 1. (denizden) yükseklik 2. yüksek yerler ya da alanlar

**alto** /'eltou/ a, müz. alto

**altogether** /o:ltı'gedı/ be. 1. tamamen, tümüyle, bütün bütün: No one is alto-

gether truthful. 2. her şeye rağmen, neticede, yine de: We had a few mishaps, but altogether it was a wonderful holiday.

**altruism** /'eltruizım/ a. özgecilik, kendinden önce başkalarını düşünme

**altruist** /'eltruist/ a. başkalarını düşünen kimse, özgeci

**altruistic** /eltru'istik/ s. özverili, fedakâr

**aluminium** /elyu'miniım/ a, kim. alüminyum

**always** /'o:lwiz, 'o:lweyz/ be. 1. her zaman, daima, hep: The sun always sets in the west. 2. sonuna dek, daima: I will always remember you. 3. durmadan, hep: You're always hurting your friend.

**am** /ım, em/ `to be' fiilinin `I' ile kullanılan biçimi: I am very ill.

**amalgam** /ı'melgım/ a. 1. kim. cıva bileşiği, malgama 2. metal karışımı

**amalgamate** /ı'melgımeyt/ e. (with ile) 1. birleşmek, katılmak 2. birleştirmek, katmak

**amass** /ı'mes/ e. 1. (mal/para/güç, vb.) bir araya getirmek, toplamak, yığmak, biriktirmek: He has amassed a fortune from business dealings. 2. bir araya gelmek: A crowd gradually amassed around the speaker.

**amateur¹** /'emıtı/ a. 1. amatör 2. deneyimsiz kimse

**amateur²** /'emıtı/ s. 1. amatör 2. beceriksiz

**amateurish** /'emıtıriş/ s, hkr. amatörce, beceriksiz, kalitesiz

**amaze** /ı'meyz/ e. şaşırtmak, hayrete düşürmek: He returned home after ten years and was amazed at the changes.

**amazing** /ı'meyzing/ s. şaşırtıcı, hayrete düşürücü: My mother has an amazing memory.

**ambassador** /em'besıdı/ a. büyükelçi

**ambassadress** /em'besıdris/ a. sefire

**amber** /'embı/ a. 1. kehribar 2. kehribar rengi

**ambergris** /'embıgri:s/ a. amber

**ambidextrous** /embi'dekstrıs/ s. iki elini aynı biçimde kullanabilen

**ambience** /'embiıns/ a. bir yerin havası,

**ortam, çevre, ambiyans**
**ambient** /'embiınt/ s. çevredeki, çevreyi saran
**ambiguity** /embi'gyu:iti/ a. 1. belirsizlik, anlam belirsizliği 2. birden fazla anlama gelebilen söz
**ambiguous** /em'bigyuıs/ s. 1. belirsiz, şüpheli, muğlak, çapraşık 2. birden fazla anlama gelebilen
**ambition** /em'bişın/ a. 1. hırs, tutku 2. istek, şiddetle istenen şey
**ambitious** /em'bişıs/ s. 1. hırslı, tutkulu 2. çok istekli, tutkun, başarma isteği olan, azimli
**ambivalent** /em'bivılınt/ s. (towards/about ile) zıt/çelişik duygular taşıyan, kararsız
**amble**[1] /'embıl/ e. (about/around ile) 1. yavaş yavaş yürümek 2. (at) rahvan gitmek
**amble**[2] /'embıl/ a, k. dili rahvan, rahat yürüyüş
**ambulance** /'embyulıns/ a. ambulans, cankurtaran
**ambush**[1] /'embuş/ e. pusuya düşürmek, tuzak kurmak
**ambush**[2] /'embuş/ a. 1. pusu, tuzak 2. pusuya yatılan yer
**ameliorate** /ı'mi:lıreyt/ e. düzeltmek, iyileştirmek
**amelioration** /ı'mi:lıı'reyşın/ a. düzeltme, iyileştirme, ıslah
**amen** /a:'men/ ünl. âmin
**amenable** /ı'mi:nıbıl/ s. 1. uysal, yumuşak başlı 2. sorumlu 3. uygun, uyumlu, aklı başında
**amendment** /ı'mendmınt/ a. 1. değişiklik, düzeltme 2. (yasa ya da kurallar) değiştirme, ıslah
**amends** /ı'mendz/ a: **make amends** tazmin etmek, telafi etmek
**amenity** /ı'mi:niti/ a. rahatlık, konfor
**American** /ı'merikın/ a, s. Amerikalı, Amerikan
**American Indian** /ı'merikın indiın/ a. Amerikan yerlisi
**Americanism** /ı'merikınizım/ a. 1. Amerikan İngilizcesi 2. Amerikancılık, Amerikanizm
**amethyst** /'emitist/ a. 1. ametist, mortaş

2. kırmızımsı mavi, mor renk
**amiability** /emiı'biliti/ a. sevimlilik, yumuşak başlılık, iyi huyluluk
**amiable** /'eymiıbıl/ s. sevimli, iyi huylu, yumuşak başlı, samimi
**amicability** /emiıkı'biliti/ a. dostluk, arkadaşlık, samimiyet
**amicable** /'emikıbıl/ s. dostça, dostane
**amid** /ı'mid/ ilg. ortasında, arasında: The few adults felt uncomfortable amid the children.
**amidships** /ı'midşips/ be. gemi içinde/ortasında
**amino acid** /ımi:nou'esid/ a, kim. aminoasit
**amiss** /ı'mis/ s, be. 1. kötü, yanlış, kusurlu 2. **take sth amiss** (özellikle yanlış anlama sonucu) bir şeye öfkelenmek, gücenmek
**amity** /'emiti/ a. dostluk, arkadaşlık, dostça davranış
**ammeter** /'emitı/ a. ampermetre, amperölçer
**ammonia** /ı'mouniı/ a. amonyak
**ammunition** /emyu'nişın/ a. cephane, mühimmat
**amnesia** /em'ni:ziı/ a, hek. amnezi, bellek kaybı, bellek yitimi
**amnesty** /'emnısti/ a. genel af
**amoeba** /ı'mi:bı/ a, biy. amip
**amoebic** /ı'mi:bik/ a, biy. amibik
**amok** /ı'mok/ be. 1. çılgın, sapıtmış, deli gibi 2. **run amok** cinnet getirmek; sapıtmak, kontrolünden çıkmak
**among** /ı'mang/ ilg. 1. ortasında, arasında: There were a few black sheep among the flock. 2. -den biri, içinde, arasında: He is among the ten best musicians in the world. 3. aralarında, arasında: His money was divided among his surviving children.
**amongst** /ı'mangst/ il, bkz. **amongst**
**amoral** /ey'morıl/ s. ahlakdışı, ahlaksız
**amorality** /eymo'reliti/ a. ahlaksızlık
**amorous** /'emırıs/ s. sevdalı, cinsel aşka eğilimli
**amorphous** /ı'mo:fıs/ s. şekilsiz, amorf, özelliksiz, biçimsiz
**amount** /ı'maunt/ a. miktar; tutar

**amount to** *e.* olmak, etmek, varmak: *"You will never amount to anything if you don't study", said his father.*

**amp** /emp/ *a, k. dili* 1. amper 2. amplifikatör, amfi

**ampere** /'empiı/ *a, tek.* amper

**amphibian** /em'fibiın/ *a.* 1. hem suda hem karada yaşayabilen hayvan, ikiyaşayışlı 2. *ask.* hem karada hem suda gidebilen araç, yüzergezer araç

**amphibious** /em'fibiıs/ *s.* 1. ikiyaşayışlı 2. *ask.* amfibi, yüzergezer

**amphitheatre** /'emfitiıtı/ *a.* amfiteatr

**amphora** /'emfırı/ *a.* amfor, iki kulplu eski bir tür testi

**ample** /'empıl/ *s.* 1. gerektiğinden çok, bol, yeterli: *We have ample to eat.* 2. geniş, büyük: *His shirt was tight across his ample stomach.*

**amplifier** /'emplifayı/ *a, tek.* amplifikatör, yükselteç

**amplify** /'emplifay/ *e.* 1. (on/upon ile) genişletmek, ayrıntılandırmak 2. (ses, vb.) gücünü artırmak, yükseltmek

**amplitude** /'emplityu:d/ *a.* 1. bolluk, genişlik 2. *fiz.* genlik

**ampoule** /'empu:l/ *a, hek.* ampul

**amputate** /'empyuteyt/ *e.* (bir organı) kesmek

**amputee** /empyu'ti:/ *a.* bacağı veya kolu kesilen kişi

**amputation** /empyu'teyşın/ *a.* bir organın kesilmesi

**amuck** /ı'mak/ *be, bkz.* **amok**

**amulet** /'emyulit/ *a.* muska, nazarlık

**amuse** /ı'myu:z/ *e.* eğlendirmek: *The child amused his parents with his attempts to walk.*

**amusement** /ı'myu:zmınt/ *a.* eğlence

**an** /ın, en/ *bkz.* **a**

**anachronism** /ı'nekrınizım/ *a.* kişi ya da nesnelerin ait olmadıkları bir zaman diliminde gösterilmesi, çağaşım

**anaconda** /enı'kondı/ *a, hayb.* anakonda

**anaemia** /ı'ni:miı/ *a, hek.* kansızlık, anemi

**anaemic** /ı'ni:mik/ *s.* kansız, anemili, anemik

**anaesthesia** /enis'ti:ziı/ *a.* anestezi, uyuşturum, duyum yitimi

**anaesthetic** /enis'tetik/ *s.* anestetik, uyuşturucu

**anaesthetist** /ı'ni:stitist/ *a.* narkozcu

**anaesthetize** /ı'ni:stitayz/ *e.* anestezi yapmak, narkoz vermek, duyumsuzlaştırmak

**anagram** /'enıgrem/ *a.* (**name-mean** gibi) çevrik sözcük, evirmece

**anal** /'eynıl/ *s, anat.* anüse ilişkin, anal

**analog** /'enılog/ *a, Aİ, bkz.* **analogue**

**analogous** /ı'nelıgıs/ *s.* (to/with ile) benzer, yakın, paralel

**analogue** /'enılog/ *a.* bir şeyin benzeri olan şey

**analogy** /ı'nelıci/ *a.* 1. benzerlik 2. örnekseme

**analyse** /'enılayz/ *e.* analiz etmek, çözümlemek

**analysis** /ı'nelisis/ *a.* çözümleme, analiz etme, analiz, tahlil

**analyst** /'enılist/ *a.* 1. (özellikle kimyasal) analiz yapan kimse, analist 2. *Aİ.* psikanalist, ruhçözümcü

**analytical** /enı'litikıl/ *s.* çözümsel, analitik

**analyze** /'enılayz/ *e, Aİ, bkz.* **analyse**

**anarchic** /e'na:kik/ *s.* anarşik, anarşiye ilişkin

**anarchism** /'enıkizım/ *a.* anarşizm, başsızlık, kargaşacılık

**anarchist** /'enıkist/ *a. s.* anarşist

**anarchy** /'enıki/ *a.* anarşi, kargaşa

**anatomical** /enı'tomikıl/ *s.* anatomik, yapıbilimsel, yapısal

**anatomist** /ı'netımist/ *a.* anatomi uzmanı, anatomist

**anatomy** /ı'ntımi/ *a.* anatomi, yapıbilim

**ancestor** /'ensıstı/ *a.* ata

**ancestral** /en'sestrıl/ *s.* atalara ilişkin, atadan kalma

**ancestry** /'ensıstri/ *a.* soy; atalar

**anchor**[1] /'enkı/ *a.* 1. gemi demiri, çapa 2. güven veren şey/kimse, güven kaynağı

**anchor**[2] /'enkı/ *e.* 1. *den.* çapa atmak, demirlemek 2. sıkıca tutturmak/bağlamak 3. sıkıca bağlanmak, tutmak

**anchorage** /'enkıric/ *a.* gemilerin demirleme yeri, liman

**anchovy** /'ençıvi/ *a, hayb.* hamsi

ancient /'eynşınt/ s. 1. çok eski 2. Romalılar ve Yunanlılar zamanına ait, eski
ancillary /en'sılırı/ s, tek. yardımcı, yan
and /ınd, ın, end/ bağ. 1. ve; ile: He bought sugar, bread and milk. 2. ve; sonra, daha sonra: He had a shower and got dressed. 3. ve bu yüzden, - bundan dolayı: She felt ill and went to bed. 4. (come/go/try, vb.'den sonra to yerine) de, da: Go and do your homework. 5. **and how** Al, arg. hem de ne biçim: "Did you enjoy yourself?" "Yes and how!"
anecdotal /enik'doutıl/ s. fıkra biçiminde
anecdote /'enikdout/ a. kısa öykü, fıkra, anekdot
anemia /ı'ni:mıı/ a. bkz. **anaemia**
anemone /ı'nemıni/ a. bitk. anemon çiçeği
anew /ı'nyu:/ be. yeniden, yeni bir biçimde: He had to start the page anew after spilling ink on it.
angel /'eyncıl/ a. 1. melek 2. melek gibi insan
angelica /en'celikı/ a, bitk. melekotu
anger[1] /'engı/ a. öfke, kızgınlık, hiddet
anger[2] /'engı/ e. öfkelendirmek, kızdırmak, hiddetlendirmek
angle[1] /'engıl/ a. 1. açı: A right angle is an angle of $90^0$ 2. k. dili bakış açısı: Looked at from a different angle the whole incident was extremely funny.
angle[2] /'engıl/ e. 1. açı yapmak, açı oluşturmak 2. bir şeyi belli bir açıdan bakarak yansıtmak/anlatmak
angle[3] /'engıl/ e. oltayla balık avlamak: Every Sunday he goes angling.
Anglosakson /englou'seksın/ s, a. Anglosaksonlarla ilgili, Anglosaxon
angry /'engri/ s. 1. kızgın, öfkeli, dargın: She is angry with you. 2. (hava) fırtınalı: Angry clouds loomed over the city and threatened a storm.
anguish /'engwiş/ a. şiddetli ıstırap, elem, keder, acı
anguished /'engwişt/ s. ıstıraplı, acılı, kederli
angular /'engyuıl/ s. 1. köşeli, açılı, sivri 2. zayıf, bir deri bir kemik 3. arkadaşlık

kurması zor
animal[1] /'enimıl/ a. 1. hayvan 2. kaba kişi
animal[2] /'enimıl/ s. 1. hayvansal, hayvani 2. bedensel, vücutla ilgili 3. **animal magnetism** cinsel çekicilik
animate[1] /'enimit/ s. (bitki ve hayvan) canlı, yaşayan
animate[2] /'enimeyt/ e. canlandırmak, heyecan katmak
animation /eni'meyşın/ a. 1. canlılık, yaşam, ruh, heyecan 2. animasyon, çizgi film yapma
animosity /eni'mositi/ a. (against/between ile) kin, düşmanlık
anise /e'ni:s/ a, bitk. anason
aniseed /'enisi:d/ a. bitk. anason tohumu, anason
ankle /'enkıl/ a. 1. ayak bileği eklemi 2. ayak bileği
annals /'enılz/ a. tarihsel olaylar, tarihsel olayları tarih sırasıyla kaydeden eser
annex /ı'neks/ e. (to ile) (küçük bir ülkeyi, araziyi, vb. gen. güç kullanarak) kontrol altına almak, istila etmek, müsadere etmek, eklemek, katmak
annexation /enek'seyşın/ a, huk. müsadere, ilhak
annexe /'eneks/ a. ek yapı, müştemilat, ek
annihilate /ı'nayıleyt/ e. yok etmek
annihilation /ınayı'leyşın/ a. yok etme
anniversary /eni'vö:sıri/ a. yıldönümü
annotate /'enıteyt/ e. (kitaba) açıklayıcı notlar koymak, çıkmalar yapmak
announce /ı'nauns/ e. 1. yüksek sesle bildirmek, anons etmek 2. (that ile) bildirmek, ilan etmek, duyurmak
announcement /ı'naunsmınt/ a. ilan, anons, bildiri, duyuru
announcer /ı'naunsı/ a. spiker
annoy /ı'noy/ e. kızdırmak, sinirlendirmek; can sıkmak, baş ağrıtmak
annoyance /ı'noyıns/ a. 1. can sıkma, baş ağrıtma 2. sıkıntı/üzüntü kaynağı: My little brother is a continual annoyance to me, especially when I am trying to study.
annual[1] /'enyuıl/ s. yıllık, yılda bir kez, her yıl

**annual²** /'enyuıl/ *a.* 1. bir mevsim ya da bir yıl yaşayan bitki, bir yıllık bitki 2. yıllık
**annuity** /ı'nyu:iti/ *a.* bir kimseye verilen sabit yıllık maaş, yıllık emekli maaşı
**annul** /ı'nal/ *e.* (evlilik, anlaşma, yasa, vb.) bozmak, yürürlükten kaldırmak, feshetmek, iptal etmek
**annulment** /ı'nalmınt/ *a.* (evlilik, yasa, vb.) iptal, fesih, yürürlükten kaldırma, ilga
**annular** /'enyulı/ *s.* halka biçiminde, halkalı
**anode** /'enoud/ *a.* anot, artıuç
**anodyne** /'enıdayn/ *a. s.* ağrı kesici
**anomalous** /ı'nomılıs/ *s.* normal olmayan, anormal
**anomaly** /ı'nomili/ *a.* 1. anomali, düzgüsüzlük, sapaklık 2. anormal kişi/şey
**anon** /ı'non/ *be.* yakında: *See you anon.*
**anonymity** /enı'nimiti/ *a.* yazarı bilinmeyiş, gerçek ismini saklama
**anonymous** /ı'nonimıs/ *s.* anonim, adsız, adı bilinmeyen, yazarı bilinmeyen
**anopheles** /ı'nofili:z/ *a, hayb.* anofel
**anorak** /'enırek/ *a.* anorak, parka
**another¹** /ı'nadı/ *s.* başka: *Have you got this shirt in another size?*
**another²** /ı'nadı/ *adl.* 1. bir başkası: *His spilt his drink and bought another.* 2. başkası, başka birisi: *He said he would never love another.* 3. diğeri, öbürü: *He stayed three days in the hotel then moved to another.* 4. **one another** birbirini: *They have never liked one another.*
**answer¹** /'a:nsı/ *a.* 1. yanıt, cevap, karşılık 2. bir şeyin karşılığı/yanıtı çözüm
**answer²** /'a:nsı/ *e.* 1. yanıtlamak, cevap vermek, karşılık vermek: *I couldn't answer my teacher's question.* 2. tanımlamak, uymak, eşit olmak: *He answers the job requirements perfectly. We'll hire him.* 3. yeterli olmak, tatmin edici olmak: *This book answers my needs exactly.* 4. **answering machine** *Aİ.* telesekreter
**answer back** *e.* terbiyesizce cevap vermek, kaba bir şekilde karşılık vermek: *If you answer your mother back again you'll get a beating.*
**answer for** *e.* 1. -den sorumlu olmak: *He*

guaranteed to answer for the comfort of the group. 2. ödemek; karşılığını vermek; cezasını çekmek: *I don't know who made this mess, but someone is going to answer for it.*
**answerable** /'a:nsırıbıl/ *s.* (to/for ile) sorumlu, yükümlü: *I am answerable to my parents.*
**answerphone** /'a:nsıfoun/ *a. İİ.* telesekreter
**ant** /ent/ *a, hayb.* karınca
**antagonism** /en'tegınizım/ *a.* düşmanlık, kin
**antagonist** /en'tegınist/ *a.* hasım, rakip
**antagonize** /en'tegınayz/ *e.* düşman etmek: *If you continue to play such loud music you will antagonize your neighbours.*
**antarctic** /en'ta:ktik/ *s.* 1. Güney Kutbuyla ilgili 2. **the Antarctic** Güney Kutbu ve çevresi, Antarktika
**anteater** /'enti:tı/ *a, hayb.* karıncayiyen
**antecedent¹** /enti'si:dınt/ *s.* önce gelen, önceki
**antecedent²** /enti'si:dınt/ *a.* 1. bir olaydan önce olan olay 2. *dilb.* adılın yerini tutan ad, öncül
**antelope** /'entiloup/ *a, hayb.* antilop
**antenatal** /enti'neytl/ *s.* doğum öncesi
**antenna** /en'tenı/ *a.* 1. *hayb.* duyarga, anten 2. *Aİ.* anten
**anterior** /en'tiıriı/ *s.* 1. (zaman) önceki, daha eski 2. *tek.* öne yakın olan
**anthem** /'entım/ *a.* 1. şükran ve sevinç duası 2. **national anthem** ulusal marş
**anther** /'entı/ *a, bitk.* başçık
**anthology** /en'tolıci/ *a.* antoloji, seçki
**anthracite** /'entrısayt/ *a.* antrasit, parlak kömür
**anthrax** /'entreks/ *a, hek.* şarbon, karakabarcık
**anthropoid** /'entrıpoyd/ *s.* insan benzeri, insansı, maymunsu
**anthropological** /entrı'polıcikıl/ *s.* antropolojik, insanbilimsel
**anthropologist** /entrı'polıcist/ *a.* antropolog, insanbilimci
**anthropology** /entrı'polıci/ *a.* antropoloji, insanbilim

antiaircraft /'entieıkra:ft/ *a, s*. uçaksavar
antibiotic /entibay'otik/ *a*. antibiyotik, diricikkıran
antibody /'entibodi/ *a*. antikor
anticipate /en'tisipeyt/ *e*. 1. ummak, beklemek: *They are anticipating thousands will attend the concert.* 2. olacağını sezmek ve önceden eyleme geçmek: *They anticipated the flood and built flood banks.* 3. birinden daha önce davranmak: *He anticipated his competitors and released his product a month earlier.* 4. vaktinden önce söylemek/yazmak: *Stop anticipating what I'm going to say.*
anticipation /entisi'peyşın/ *a*. umma, bekleme, bekleyiş, önceden sezme
anticlimax /enti'klaymeks/ *a*. 1. ani düşüş 2. ani değişiklik 3. heyecan verici şey
anticlockwise /enti'klokwayz/ *be, s*. saat yelkovanının döndüğü yönün tersine
antics /'entiks/ *a*. maskaralık, soytarılık
anticyclone /enti'saykloun/ *a*. antisiklon, karşıdöngü
antidote /'entidout/ *a*. panzehir, karşıtağı
antifreeze /'entifri:z/ *a*. antifriz, donmaönler
antigen /'entıcın/ *a, biy*. antijen, bağıştıran
antihero /'entihiırou/ *a*. olumsuz özellikleri olan kahraman
antilogarithm /enti'logıridım/ *a*. antilogaritma
antipathetic /entipı'tetik/ *s*. 1. sevimsiz, soğuk, antipatik 2. hoşlanmayan, beğenmeyen, soğuk karşılayan
antipathy /en'tipıti/ *a*. hoşlanmama, beğenmeme, antipati, sevmezlik
antipersonnel /entipö:sı'nel/ *s, ask*. antipersonel, insanlara karşı kullanılan
antiquarian /enti'kweıriın/ *a*. antika meraklısı, antikacı
antiquated /'entikweytid/ *s*. 1. antika olmuş, eski, modası geçmiş 2. yaşı ilerlemiş, yaşlı
antique[1] /en'ti:k/ *s*. 1. antik 2. eski moda 3. antika
antique[2] /en'ti:k/ *a*. 1. Eski Yunan ya da Roma sanatı 2. antika eşya

antiquity /en'tikwiti/ *a*. eski çağlar, eski yapıtlar
anti-Semitism /enti'semitizım/ *a*. Yahudi düşmanlığı
antiseptic /enti'septik/ *a, s*. antiseptik, arıtkan
antisocial /enti'souşıl/ *s*. 1. topluma zararlı ya da düşman 2. toplumdan/toplumsal yaşamdan kaçan, antisosyal 3. bencil
antitank /'entitenk/ *a, s, ask*. tanksavar
antithesis /en'titisis/ *a*. 1. tezat, karşıtlık 2. antitez, karşısav
antler /'entlı/ *a*. geyik boynuzu
antonym /'entınim/ *a, dilb*. zıt/karşıt anlamlı sözcük
anus /'enıs/ *a, anat*. anüs, makat
anvil /'envil/ *a*. 1. örs 2. *anat*. (içkulaktaki) örskemiği
anxiety /eng'zayıti/ *a*. 1. korku, endişe, tasa, kaygı 2. endişe kaynağı/nedeni 3. şiddetli istek
anxious /'enkşıs/ *s*. 1. korkulu, tedirgin, meraklı 2. korkuya yol açan, tedirginliğe neden olan 3. çok istekli, çok arzulu
any[1] /'eni/ *s*. 1. herhangi bir, bir: *Any bus will take you there.* 2. hiç: *Have there been any phone calls for me?* 3. mümkün olduğunca çok; her: *You need to eat any fruit you can find.* 4. **in any case** ne olursa olsun: *He knows it is dangerous but will go in any case.*
any[2] /'eni/ *adl*. 1. birisi, biri, kimse: *He didn't tell any about his decision.* 2. herhangi birisi: *There are many books here. You can borrow any you like.*
any[3] /'eni/ *be*. birazcık olsun, biraz da olsa, azıcık; hiç: *Is the film any good?*
anybody /'enibodi/ *adl*. 1. herkes, kim olursa; herhangi birisi: *Anybody can tell you the way.* 2. birisi, kimse, hiç kimse: *Will there be anybody there when I arrive?*
anyhow /'enihau/ *be*. 1. gelişigüzel bir biçimde, rasgele: *The luggage had been thrown into the baggage compartment just anyhow.* 2. her şeye rağmen, yine de: *Anyhow, I don't care what you say.* 3. *ünl*. neyse: *Anyhow! Are you coming*

*now?*

**anyone** /'eniwan/ *adl, bkz.* **anybody**

**anything** /'eniting/ *adl.* 1. (herhangi) bir şey; hiçbir şey: *Do you want anyting to eat?* 2. her şey, ne olsa: *I would do anything for you.* 3. **like anything** *k. dili* deli gibi, çılgınca: *She screamed like anything when she saw the snake.*

**anyway** /'eniwey/ *k. dili, be.* 1. her durumda, ne olursa olsun, yine de 2. neyse, her neyse

**anywhere** /'eniweı/ *be.* 1. her yere, hiçbir yerde/yere: *I can't find my glasses anywhere.* 2. neresi/nereye/nerede olursa olsun: *You can put the flowers anywhere in the room.*

**aorta** /ey'o:tı/ *a.* aort, ana atardamar

**apart**[1] /ı'pa:t/ *be.* 1. ayrı, uzakta: *The houses here are a long way apart.* 2. parçalar halinde, bölüm bölüm, parça parça: *The clock fell apart when it dropped.* 3. **apart from** -den başka, bir yana: *Apart from swimming he was good at all sports.*

**apart**[2] /ı'pa:t/ *s.* 1. ayrılmış, ayrı, bağsız 2. farklı düşüncede, düşünce olarak farklı, uyuşmayan

**apartheid** /ı'pa:theyt/ *a.* (özellikle G. Afrika Cumhuriyeti'nde uygulanan) ırk ayrımı

**apartment** /ı'pa:tmınt/ *a.* 1. *İİ.* lüks daire 2. *Aİ.* apartman dairesi 3. **apartment house** *Aİ.* apartman

**apathetic** /epı'tetik/ *s.* 1. duygusuz, duyarsız 2. ilgisiz

**apathy** /'epıti/ *a.* 1. duygusuzluk, duyarsızlık 2. ilgisizlik

**ape**[1] /eyp/ *a.* 1. *hayb.* (kuyruksuz) maymun 2. *hkr.* taklitçi, başkalarını taklit eden kişi

**ape**[2] /eyp/ *e.* taklit etmek, taklidini yapmak

**aperitif** /ıperi'ti:f/ *a.* aperitif, açar

**aperture** /'epıçı/ *a.* 1. açık, delik, boşluk 2. fotoğraf makinesi açıklığı

**apex** /'eypeks/ *a.* 1. zirve, doruk, en yüksek nokta, tepe 2. gücün/başarının zirvesi, doruk

**aphorism** /'efırizım/ *a.* atasözü, özdeyiş,

vecize

**aphrodisiac** /efrı'diziek/ *a, s.* afrodizyak

**apiarist** /'eypiırist/ *a.* arıcı

**apiary** /'eypiıri/ *a.* (insan eliyle yapılmış) arı kovanı

**apiculture** /'eypikalçı/ *a.* arıcılık

**apiece** /ı'pi:s/ *be.* her biri için, her biri, her birine, adam başı; tanesi: *Their mother gave them five pounds apiece to spend.*

**apish** /'eypiş/ *s, hkr.* 1. maymun gibi 2. salak 3. taklitçi

**aplomb** /ı'plom/ *a.* kendine güven, tutarlılık, denge

**apocalypse** /ı'pokılips/ *a.* 1. kıyamet, dünyanın sonu 2. kıyamet günü olacakları bildirme

**apogee** /'epıci:/ *a.* 1. en yüksek ya da en uzak nokta, doruk, zirve, yeröte 2. gücün/başarının zirvesi, zirve, doruk

**apologetic** /ıpolı'cetik/ *s.* 1. özür dileyen 2. (rahatsız etmekten) çekinen

**apologize** /ı'polıcayz/ *e.* özür dilemek: *He apologized to the committee for being late.*

**apology** /ı'polıci/ *a.* özür; mazeret

**apoplectic** /epı'plektik/ *s.* 1. kolay kızdırılan 2. felçle ilgili

**apoplexy** /'epıpleksi/ *a, hek.* felç, inme; beyin kanaması

**apostle** /ı'posıl/ *a.* 1. İsa'nın 12 havarisinden biri, havari 2. dönme, döneklik

**apostrophe** /ı'postrıfi/ *a, dilb.* kesme işareti, apostrof

**appal** /ı'po:l/ *e.* şoka uğratmak, sarsmak: *The conditions in the prison appalled him.*

**appalling** /ı'po:ling/ *s.* 1. korkunç, ürkünç 2. *k. dili* berbat, rezil, korkunç

**apparatus** /epı'reytıs/ *a.* alet, cihaz, aygıt

**apparel** /ı'perıl/ *a.* giyim kuşam

**apparent** /ı'perınt/ *s.* 1. kolaylıkla görülür, anlaşılır, açık, ortada, belli, aşikâr 2. görünüşteki, sahte

**apparently** /ı'perıntli/ *be.* görünüşe göre, anlaşılan

**apparition** /epı'rişın/ *a.* hayalet

**appeal**[1] /ı'pi:l/ *a.* 1. *huk.* yüksek mahkemeye yapılan rica, başvuru, temyiz 2. yardım ya da merhamet için yapılan

rica, yalvarma, başvuru 3. çekim, cazibe, çekicilik
appeal² /ı'pi:l/ e. 1. huk. davayı bir üst mahkemeye götürmek 2. başvuruda bulunmak, rica etmek; dilemek; yalvarmak 3. cezbetmek, çekmek, sarmak, hoşuna gitmek: Teaching has never appealed to me as a career.
appealing /ı'pi:ling/ s. 1. çekici, hoş, tatlı 2. duygulandırıcı, dokunaklı
appear /ı'piı/ e. 1. gözükmek, görünmek, ortaya çıkmak: A large herd of cattle appeared in the distance. 2. varmak, gelmek: The train finally appeared. 3. gibi görünmek, izlenimini vermek: It appears that there are no seats left for the play. 4. bulunmak, var olmak: The police told him to appear in court the next day.
appearance /ı'piırıns/ a. 1. ortaya çıkma, göze görünme 2. görünüş, görünüm
appease /ı'pi:z/ e. gidermek, dindirmek, yatıştırmak; tatmin etmek, doyurmak: He is going home early every night to appease his parents.
appellant /ı'pelınt/ a. kararın değişmesi için bir üst mahkemeye baş vuran kişi
appellation /epi'leyşın/ a. ad, isim, unvan
append /ı'pend/ e. sonuna ilave etmek, eklemek: We will have to append another clause to this contract.
appendage /ı'pendic/ a. daha büyük ya da önemli bir şeye eklenmiş şey, ek
appendectomy /ıpin'dektımi/ a. apandisit ameliyatı
appendicitis /ıpendi'saytis/ a, hek. apandisit, ekbağırsak yangısı
appendix /ı'pendiks/ a. 1. (yazı, kitap, vb. sonundaki) ek, ek bölüm 2. hek. apandis, ekbağırsak
appertain /epı'teyn/ e. (to ile) ait olmak: What did the memo appertain to?
appetite /'epitayt/ a. 1. iştah 2. istek, arzu, şehvet
appetizer /'epitayzı/ a. iştah açıcı yiyecek, meze, çerez
appetizing /'epitayzing/ s. iştah açıcı, iştahlandıran
applaud /ı'plo:d/ e. 1. alkışlamak 2. beğenmek, onaylamak, benimsemek
applause /ı'plo:z/ a. alkış
apple /'epıl/ a. 1. elma 2. apple of sb's eye k. dili gözünün bebeği, çok sevilen kimse/şey
appliance /ı'playıns/ a. alet, gereç, araç
applicable /ı'plikıbıl/ s. 1. uygun, uygulanabilir 2. etkileyebilecek kadar uygun
applicant /'eplikınt/ a. başvuran kişi, aday, istekli
application /epli'keyşın/ a. 1. kullanma, uygulama, uygulamaya koyma 2. (to ile) yararlı/uygun olma 3. talepte bulunma, talep; başvuru 4. dikkat, özen 5. (merhem, vb.) sürme 6. ilaç, merhem 7. application form başvuru formu
appliqué /ı'pli:key/ a. aplike
apply /ı'play/ e. 1. uygulamak, uygulamaya koymak, kullanmak: They have started to apply a new technique of printing material. 2. başvuruda bulunmak, başvurmak: He has applied for promotion. 3. (üstüne) sürmek, koymak, yaymak: You must apply this cream to the burn three times a day. 4. çaba göstermek, özen göstermek, (kendini) vermek, uğraştırmak: He applies himself to any task he is given. 5. etkili olmak, -le ilgili olmak: The new regulations apply to everyone over twenty one.
appoint /ı'poynt/ e. 1. atamak, tayin etmek: He has been appointed to the position of manager. 2. düzenlemek; kararlaştırmak, saptamak: Can you appoint a day to see me? 3. kurmak: A research team has been appointed to investigate the matter.
appointment /ı'poyntmınt/ a. 1. atama, tayin 2. randevu 3. iş, görev
apportion /ı'po:şın/ e. paylaştırmak, bölüştürmek: He apportioned the supplies between them.
appraise /ı'preyz/ e. değer biçmek
appreciable /ı'pri:şıbıl/ s. fark edilir, kayda değer
appreciate /ı'pri:şileyt/ e. 1. takdir etmek, değerini bilmek 2. değerlenmek, değeri artmak 3. anlamak; farkında olmak
appreciation /ıpri:şi'eyşın/ a. 1. değer-

lendirme, takdir 2. minnettarlık, teşekkür 3. değer artışı

**appreciative** /ı'pri:şıtiv/ *s.* 1. minnettar, değer bilen 2. anlayan, beğenen

**apprehend** /epri'hend/ *a.* 1. anlamak, kavramak 2. tutuklamak

**apprehension** /epri'henşın/ *a.* 1. tutuklama 2. anlayış, kavrayış 3. korku, endişe, kuruntu

**apprehensive** /epri'hensiv/ *s.* korkan, endişeli, kaygılı; kuruntulu: *He felt very apprehensive about his first day at work.*

**apprentice**[1] /ı'prentis/ *a.* 1. çırak 2. deneyimsiz acemi kişi, toy kimse

**apprentice**[2] /ı'prentis/ *e.* (to ile) çırak olarak göndermek; çırak yapmak

**apprenticeship** /ı'prentisşip/ *a.* 1. çıraklık 2. çıraklık süresi, dönemi

**apprise** /ı'prayz/ *e.* bildirmek, söylemek

**approach**[1] /ı'prouç/ *e.* 1. yaklaşmak, yakınlaşmak 2. ilerlemek, ilerleme kaydetmek 3. düşünmeye/üzerinde durmaya/ilgilenmeye/uğraşmaya başlamak 4. (about ile) konuyu açmak

**approach**[2] /ı'prouç/ *a.* 1. yaklaşma, yakınlaşma 2. geçit, giriş yolu 3. konu açma; yakınlık kurma için konu açma 4. ele alış biçimi, yaklaşım, yöntem 5. benzerlik

**approbation** /eprı'beyşın/ *a.* 1. onaylama, onay, tasvip 2. takdir, beğenme

**appropriate**[1] /ı'prouprieyt/ *e.* 1. (for ile) ayırmak, tahsis etmek 2. *ört.* kendine mal etmek, kendine ayırmak; çalmak

**appropriate**[2] /ı'proupriıt/ *s.* uygun

**approval** /ı'pru:vıl/ *a.* 1. onama, onaylama, uygun bulma, tasvip 2. resmi izin, onay

**approve** /ı'pru:v/ *e.* onaylamak, onamak, uygun bulmak, tasvip etmek

**approvingly** /ı'pru:vingli/ *be.* onayarak, onaylayarak, uygun bularak

**approximate**[1] /ı'proksimit/ *s.* hemen hemen doğru ama tam değil, yaklaşık

**approximate**[2] /ı'proksimeyt/ *e.* yakınlaşmak, yaklaşık olmak

**approximately** /ı'proksimitli/ *be.* yaklaşık olarak, aşağı yukarı

**apricot** /'eyprikot/ *a.* 1. kayısı 2. kayısı rengi

**April** /'eypril/ *a.* 1. nisan 2. **April fool** kendisine nisan 1 şakası yapılan kimse

**apron** /'eyprın/ *a.* önlük

**apt** /ept/ *s.* 1. uygun, yerinde, münasip 2. eğilimli, yatkın 3. zeki, çabuk kavrayan

**aptitude** /'eptityu:d/ *a.* doğal yetenek

**aqualung** /'ekwılang/ *a.* dalgıç oksijen tüpü

**aquarium** /ı'kweıriım/ *a.* akvaryum

**Aquarius** /ı'kweıriıs/ *a.* 1. Kova burcu 2. Kova takımyıldızı

**aquatic** /ı'kwotik/ *s.* 1. suda yaşayan 2. suda olan, suyla ilgili 3. **aquatic sports** su sporları

**aqueduct** /'ekwidakt/ *a.* sukemeri

**aquiline** /'ekwilayn/ *s.* 1. kartal gibi, kartal benzeri 2. (insan burnu) kartal gagası gibi, gaga gibi

**arable** /'erıbıl/ *s.* (toprak) tarıma uygun, sürülüp işlenebilir, ekilebilir

**arachnid** /ı'reknid/ *a, hayb.* eklembacaklıların örümcek ve akrep sınıfı

**arbiter** /'a:bitı/ *a.* iki taraf arasındaki bir sorun hakkında kesin karar verme yetkisi olan yansız kimse, hakem, son söz sahibi

**arbitrary** /'a:bitrıri/ *s.* 1. isteğe göre, keyfi, seçmeli 2. rasgele seçilmiş, nedensiz seçilmiş

**arbitration** /a:bi'treyşın/ *a.* sorunu hakem kararı ile çözme

**arbitrator** /'a:bitreytı/ *a.* yansız aracı, hakem

**arboreal** /a:'bo:riıl/ *s.* ağaçla ilgili, ağaç gibi olan, ağaçsıl, ağaçlarda yaşayan

**arbour** /'a:bı/ *a.* çardak, gölgelik

**arc** /a:k/ *a.* 1. *mat.* kavis, yay, eğmeç 2. (elektrik) ark

**arcade** /a:'keyd/ *a.* pasaj, kemeraltı

**arch**[1] /a:ç/ *a.* 1. kemer 2. yay, eğmeç

**arch**[2] /a:ç/ *e.* (sırtını, vb.) kabartmak: *The circus ponies trotted around the ring arching their necks.*

**arch**[3] /a:ç/ *s.* 1. en yüksek düzeyde, en yukarıda, en başta, baş 2. nazlı, çapkın, cilveli; şen 3. tepeden bakan, hor gören

**archaeological** /a:kiı'locikıl/ *s.* arkeolojik,

kazıbilimsel
**archaeologist** /aki'olıcist/ *a.* arkeolog, kazıbilimci
**archaeology** /a:ki'olıci/ *a.* arkeoloji, kazıbilim
**archaic** /a:'keyik/ *s.* geçmişe ait, eski; artık kullanılmayan, modası geçmiş
**archbishop** /a:ç'bişıp/ *a.* başpiskopos
**archer** /'a:çı/ *a.* okçu
**archery** /'a:çıri/ *a.* okçuluk
**archipelago** /a:ki'pelıgou/ *a, coğ.* takımadalar, takımadalar bölgesi
**architect** /'a:kitekt/ *a.* mimar
**architectural** /a:ki'tekçırıl/ *s.* mimari, mimariye ilişkin
**architecture** /'a:kitekçı/ *a.* mimari, mimarlık
**archives** /'a:kayvz/ *a.* 1. arşiv 2. arşiv odası, arşiv binası, arşiv
**archway** /'a:çwey/ *a.* kemer altı yolu, kemerli geçit
**arctic** /'a:ktik/ *s.* Kuzey Kutbuyla ilgili
**Arctic** /'a:ktik/ *a.* Kuzey Kutbu
**ardent** /'a:dınt/ *s.* ateşli, gayretli, coşkulu, hevesli
**ardour** /'a:dı/ *a.* gayret, çaba, istek, ateş, heyecan, heves, azim
**arduous** /'a:dyuıs/ *s.* çok çaba isteyen, güç, yorucu, çetin
**are** /ı, a:/ *e.* -sin, -iz, -siniz, -dirler: *You are right. They are at home.*
**area** /'eırı/ *a.* 1. alan, saha: *The area under the chair was very dirty.* 2. belirli bir alan, bölge: *Many people have cars in this area.* 3. yüzölçümü 4. (bilimsel açıdan, vb.) alan, saha: *There have been so many developments in the area of science that the goverment has decided to spend millions on building a new research laboratory.*
**arena** /ı'ri:nı/ *a.* arena, oyun alanı
**argue** /'a:gyu:/ *e.* 1. tartışmak, atışmak: *Don't argue with your father.* 2. kanıtlamaya çalışmak: *The authorities argued that the danger wasn't past but the people didn't listen.* 3. (against ile) karşı çıkmak: *He has been arguing against apartheid for years.*
**argument** /'a:gyumınt/ *a.* 1. tartışma,

münakaşa, anlaşmazlık 2. üzerinde konuşma, düşünme, tartışma 3. tez, düşünce 4. karşısındakileri ikna etmek için ileri sürülen kanıtlar ya da konular 5. bir kitabın savunduğu düşüncelerin özeti
**argumentative** /a:gyu'mentıtiv/ *s.* 1. tartışmayı seven, tartışmacı, münakaşacı
**aria** /'a:rı/ *a, müz.* arya
**arid** /'erid/ *s.* 1. kuru, sıcaktan kavrulmuş, çatlamış, kurak, çorak, kupkuru 2. tatsız, yavan, kuru, cansız 3. ilgi çekmeyen, sıkıcı
**aridity** /ı'riditi/ *a.* 1. kuruluk, kuraklık, çoraklık 2. yavanlık, tatsızlık, cansızlık
**Aries** /'eıri:z/ *a.* 1. Koç burcu 2. Koç Takım yıldızı
**arise** /ı'rayz/ *e.* [pt **arose** /ı'rouz/, pp **arisen** /ı'rizın/] 1. kalkmak; doğrulmak: *She arose at five to catch an early train.* 2. ortaya çıkmak, doğmak, görünmek, yükselmek; baş göstermek: *A new problem has arisen which we hadn't foreseen.*
**arisen** /ı'rizın/ *pp bkz.* **arise**
**aristocracy** /eri'stokrısi/ *a.* aristokrasi, soylular yönetimi
**aristocrat** /'eristıkret/ *a.* 1. soylu, aristokrat 2. bir şeyin en iyi örneği, en kaliteli örnek
**arithmetic** /ı'ritmıtik/ *a, s.* 1. aritmetik 2. ölçme, sayma, hesap 3. aritmetiksel
**ark** /a:k/ *a.* Nuh'un gemisi
**arm**[1] /a:m/ *a.* 1. kol 2. giysi kolu 3. koltuk kolu 4. güç, erk, yetke, otorite 5. dal, şube kol
**arm**[2] /a:m/ *e.* silahlandırmak, savaşa hazırlamak
**arm**[3] /a:m/ *a.* 1. silah 2. askerlik hizmeti, askerlik 3. askeri kuvvetlerin bir kolu
**armada** /a:'madı/ *a.* donanma, deniz kuvvetleri
**armadillo** /a:mı'dilou/ *a, hayb.* armadillo
**armament** /'a:mımınt/ *a.* 1. silahlanma 2. silahlandırma, donatım, teçhizat 3. hazır savaş kuvvetleri 4. bir ülkenin toplam silah gücü, silahlı kuvvetler
**armchair** /'a:mçeı/ *a.* koltuk
**armistice** /'a:mistis/ *a.* ateşkes

**armour** /'a:mı/ *a.* 1. zırh 2. ask. zırhlı güçler

**armoured** /'a:mıd/ *s.* zırhlı: *He was given an armoured car.*

**armoury** /'a:mıri/ *a.* cephane, silah deposu

**armpit** /'a:mpit/ *a.* koltuk altı

**arms** /a:mz/ *a.* 1. savaş silahları 2. **arms race** silahlanma yarışı

**army** /'a:mi/ *a.* 1. ordu, kara ordusu 2. herhangi bir amaçla bir araya toplanmış insan kalabalığı, ordu

**aroma** /ı'roumı/ *a.* 1. koku, güzel koku 2. belirli bir nitelik ya da ortam

**arose** /ı'rouz/ *pt bkz.* **arise**

**around**[1] /ı'raund/ *be.* 1. çevrede, ortalıkta: *There are not many craftsmen around anymore.* 2. aşağı yukarı, yaklaşık: *There were around 2000 spectators at the show.* 3. arkaya, geriye: *The lion looked around when it heard the noise.* 4. yakınlarda, civarda, buralarda: *Has anyone seen my glasses? I left them somewhere around.* 5. ötede beride, öteye beriye: *His clothes were lying all around his room.* 6. her yanına; çevresine, çevrede: *A crowd formed around the accident.*

**around**[2] /ı'raund/ *ilg.* 1. çevresine, çevresinde: *He built a tall fence around the house.* 2. orada burada, oraya buraya, ötesinde berisinde, sağında solunda, sağına soluna: *She has travelled all around Europe this summer.* 3. yakınlarında, yakınında, dolayında, civarında: *They grow oranges around Antalya.*

**arouse** /ı'rauz/ *e.* 1. uyandırmak: *She was aroused by the dog barking.* 2. canlandırmak, harekete geçirmek, uyandırmak: *The new government policies have aroused public protest.*

**arrange** /ı'reync/ *e.* 1. dizmek, düzeltmek, düzenli bir şekilde yerleştirmek: *She arranged the cushions on the sofa.* 2. kararlaştırmak, planlamak; saptamak: *We have arranged the meeting for next week.* 3. ayarlamak, düzenlemek: *The music had originally been arranged for the violin.*

**arrangement** /ı'reyncmınt/ *a.* 1. hazırlık 2. düzen 3. anlaşma, uzlaşma 4. *müz.* aranjman 5. düzenlenmiş şey

**array**[1] /ı'rey/ *e.* 1. düzenlemek, dizmek, tanzim etmek, tertip etmek 2. süslemek, giydirip kuşatmak, donatmak

**array**[2] /ı'rey/ *a.* 1. önemli birlik, sıra, askeri nizam 2. giyim kuşam, süs, donanım 3. görkem, tantana, debdebe 4. saf, sıra

**arrears** /ı'rıız/ *s.* 1. gecikmiş borç 2. gecikmiş ve yapılmayı bekleyen iş

**arrest** /ı'rest/ *e.* 1. tutuklamak: *He was arrested ten years after the murder.* 2. durdurmak, kesmek, bitirmek, önünü almak 3. dikkatini çekmek, cezbetmek

**arrival** /ı'rayvl/ *a.* 1. geliş, varış 2. gelen kimse, varan kimse

**arrive** /ı'rayv/ *e.* 1. gelmek, varmak, dönmek: *He arrived home unexpectedly.* 2. ulaşmak, yetişmek, bir ereğe ulaşmak 3. başarı kazanmak, başarmak, üstesinden gelmek 4. doğmak 5. gelip çatmak, gelmek

**arrogance** /'erıgıns/ *a.* kibir, gurur, kendini beğenme, küstahlık, kurum, ukalalık

**arrogant** /'erıgınt/ *s.* kibirli, gururlu, kendini beğenmiş, küstah, ukala

**arrow** /'erou/ *a.* 1. ok 2. yön belirtmekte kullanılan ok işareti

**arse** /a:s/ *İİ, kab, arg.* 1. göt 2. gıcık kimse, kıl, sinir

**arsenal** /'a:sınıl/ *a.* cephanelik, silah deposu

**arsenic**[1] /'a:sınik/ *a, kim.* arsenik

**arsenic**[2] /a:'senik/ *s.* arsenikli, arsenik ...

**arson** /'a:sın/ *a.* kundakçılık, yangın çıkarma

**arsonist** /'a:sınist/ *a.* kundakçı

**art** /a:t/ *a.* 1. sanat 2. sanat ürünü, sanat yapıtı 3. deneyim, çalışma ya da gözlemle kazanılmış herhangi bir beceri, ustalık 4. yöntem, usul, yol yordam 5. ç. güzel sanatlar 6. **Bachelor of Arts** Edebiyat Fakültesi mezunu 7. **fine arts** güzel sanatlar 8. **liberal arts** toplumsal bilimler 9. **Master of Arts** lisansüstü öğretim görmüş Edebiyat Fakültesi mezunu

arterial /a:'tırıl/ s. 1. atardamarla ilgili 2. (kan) yürekten gönderilen, atardamarla taşınan 3. (yol, demiryolu, vb.) ana, merkez

artery /'a:tıri/ a. 1. hek. atardamar, arter 2. ana yol, merkez yol

artesian well /a:ti:ziın'wel/ a. artezyen kuyusu

artful /'a:tfıl/ s. 1. aldatıcı, kandırıcı, hileci, kurnaz 2. akıllıca düşünülmüş, akıllıca yapılmış, beceriyle yapılmış

arthritis /a:'traytis/ a, hek. kireçlenme, eklem yangısı

artichoke /'a:tiçouk/ a. 1. enginar 2. Jerusalem artichoke yerelması

article /'a:tikıl/ a. 1. eşya, parça 2. makale, yazı 3. dilb. artikel, tanımlık 4. madde, fıkra 5. leading article başyazı

articulate[1] /a:'tikyulit/ s. 1. açık seçik, anlaşılır 2. düşünce ve duygularını rahatça dile getirebilen 3. eklemli, boğumlu

articulate[2] /a:'tikyuleyt/ e. 1. açık seçik konuşmak, tane tane söylemek 2. eklemlerle birleştirmek

articulation /a:tikyu'leyşın/ a. 1. dilb. boğumlanma 2. eklem

artifact /'a:tifekt/ a. insan eliyle yapılmış şey

artificial /a:ti'fişıl/ s. 1. yapay, suni 2. yapmacık, yalancı 3. artificial insemination suni döllenme 4. artificial respiration suni solunum

artillery /a:'tilıri/ a. 1. ask. top 2. ask. topçu birliği

artisan /a:ti'zen/ a. zanaatçı, esnaf

artist /a:'tist/ a. 1. sanatçı 2. ressam 3. işinde çok başarılı kimse, usta

artistry /'a:tistri/ a. sanatsal nitelik, yetenek, beceri

artless /'a:tlis/ s. 1. yapaylıktan uzak, doğal 2. içten, basit, yalın, sade, saf

arty /'a:ti/ s. sanat konusunda hava atan

as[1] /ız, ez/ be. aynı derecede, o kadar: My sister is clever, but I am as clever.

as[2] /ız, ez/ bağ. 1. (as ... as ...) ... kadar: You are as tall as I am. 2. (such ... as ...) gibi: Such people as presidents, kings and queens have visited here. 3.

(so ... as ...) için, amacıyla; -cek biçimde: He walks so quietly as not to be heard. 4. -dığı sırada, -ken: He talked to her as they waited for the bus. 5. -dığı için, -den dolayı: She won't be coming as she has a lot of work to finish. 6. -dığı halde, -e karşın: Happy as he appears, it's all an act. 7. as is k. dili olduğu gibi, hiçbir değişiklik yapmadan: Don't change it. Leave it as is. 8. as it is gerçekte, hakikatte: The government has promised relief, but as it is the situation is desperate. 9. as it were bir yerde, bir bakıma 10. as yet şu ana kadar, şimdiye dek; şimdilik: He said he would ring but I haven't heard from him as yet.

as[3] /ız, ez/ ilg. 1. gibi: The guests had to dress as Romans for the party. 2. olarak: She is wellknown as a writer.

asbestos /es'bestıs/ a, kim. asbest, amyant, yanmaztaş

ascend /ı'send/ e. 1. yükselmek: He ascended from office boy to president of the company. 2. çıkmak, tırmanmak: He was the first to ascend the mountain. 3. ascend the throne tahta çıkmak

ascendancy /ı'sendınsi/ a. üstünlük, nüfuz, güç

ascent /ı'sent/ a. 1. yükselme, tırmanma, ilerleme, gitme: His ascent to power was rapid. 2. yukarı doğru giden yol, yokuş, yamaç

ascertain /esı'teyn/ e. doğrusunu bulmak, araştırmak

ascetic /ı'setik/ s. kendini her türlü dünyevi zevkten/işten soyutlamış

ascribe /ı'skrayb/ e. (to ile) atfetmek, -e yormak: He has always ascribed his success to his wife's support.

asexual /ey'sekşuıl/ s. 1. cinsiyetsiz, eşeysiz 2. cinselliğe ilgi duymayan, soğuk

as for ilg. -e gelince: The women can sit. As for the men they will have to stand.

as from ilg, bkz. as of

ash /eş/ a. 1. kül 2. dişbudak ağacı

ashes /'eşiz/ a. yakılmış cesedin külleri

ashamed /ı'şeymd/ s. utanmış, mahcup,

üzülmüş: *He felt really ashamed of his father when he was caught stealing.*

**ashen** /'eşın/ *s.* 1. kül renginde, kül renkli, soluk gri 2. külden oluşan, küllü

**ashore** /ı'şo:/ *be.* kıyıda, kıyıya, karada, karaya

**ashtray** /'eştrey/ *a.* kül tablası

**Asian** /'eyşın/ *a, s.* Asya'ya ait, Asyalı, Asya ...

**Asiatic** /eyşi'etik/ *a, s, bkz.* **Asian**

**aside**[1] /ı'sayd/ *be.* 1. kenara, yana, yan tarafa, (bir) yana: *The cars moved aside to allow an ambulance to pass.* 2. bir yana: *Put your worries aside and get on with life.*

**aside**[2] /ı'sayd/ *a.* alçak sesle konuşma, fısıltı

**as if** *bağ.* 1. sanki: *He didn't move. It was as if he'd turned to stone.* 2. -mış gibi, -mışçasına: *He staggered as if he was drunk.*

**asinine** /'esinayn/ *s.* aptalca, saçma, ahmakça

**ask** /a:sk/ *e.* 1. sormak: *He asked me what the time was.* 2. (for ile) istemek, rica etmek, talep etmek: *She asked for a meeting with the staff.* 3. (for/to ile) çağırmak, davet etmek: *I've asked them around for a meal on Saturday.*

**askance** /ı'skens/ *be.* (look ile) kuşkuyla, güvensizlikle, şüpheyle, beğenmeyerek, işkillenerek: *They looked at the old man askance because of his dishevelled appearance.*

**askew** /ı'skyu:/ *be.* yanlamasına: *The picture on the wall hung askew.*

**asleep** /ı'sli:p/ *s.* 1. uykuda: *Don't make any noise. The baby is asleep.* 2. (kol, bacak, vb.) uyuşmuş, uyuşuk, duygusuz, hissiz: *My leg's asleep.*

**as long as** *bağ.* 1. -mek koşuluyla, sürece, -dikçe, yeter ki: *You may go out as long as you are back for dinner.* 2. *Al.* mademki, -ken: *As long as you are going to the shop can you buy me some milk?*

**as of** /'ez ıv/ *ilg.* -den itibaren/başlayarak: *The new rules will come into effect as of the first of next month.*

**asparagus** /ı'sperıgıs/ *a, bitk.* kuşkonmaz

**aspect** /'espekt/ *a.* 1. görünüş; yüz ifadesi 2. çok yönlü herhangi bir şeyin bir yüzü, bir yanı, tek yanı, tek tarafı: *The architect looked at many aspects before designing the building.* 3. (ev, oda, pencere, vb.'nin) yönü, cephesi, baktığı yön 4. yıldız ve gezegenlerin birbirlerine göre (insan yaşamını etkileyen) konumları

**aspen** /'espın/ *a.* bir tür bodur ağaç

**asperity** /e'speriti/ *a.* 1. sertlik, haşinlik, kabalık 2. acı söz, davranış, kötü söz 3. pürüzlü yüzey, düzgün olmayan yüzey 4. pürüzlü, düzgün olmama 5. sert hava, kötü hava

**aspersion** /ı'spö:şın/ *a.* kara çalma, karalama, iftira, leke sürme

**asphalt**[1] /'esfelt/ *a.* asfalt

**asphalt**[2] /'esfelt/ *e.* asfaltlamak

**asphyxiate** /es'fiksieyt/ *e.* 1. boğmak, boğarak öldürmek 2. boğulmak; boğularak ölmek

**aspidistra** /espi'distrı/ *a, bitk.* zambakgillerden bir süs bitkisi, aspidistra

**aspirant** /ı'spayırınt, 'espirınt/ *a.* (bir şey) uman, ümit eden, bekleyen

**aspiration** /espi'reyşın/ *a.* tutku, istek

**aspire** /ı'spayı/ *e.* çabalarını ve ümitlerini bir amaca yöneltmek, çok istemek, arzu etmek

**as regards** *ilg.* 1. ... konusunda -le ilgili olarak: *As regards your raise we'll talk about it tomorrow.* 2. -e göre: *They made the seating arrangements as regards status and professional interests.*

**ass**[1] /es/ *a.* 1. eşek 2. *k. dili* aptal, salak

**ass**[2] /es/ *a, Aİ, kab, arg.* göt

**assail** /ı'seyl/ *e.* 1. sözlerle ya da yumruklarla saldırmak, dil uzatmak 2. (işe) girişmek

**assailant** /ı'seylınt/ *a.* saldırgan

**assassin** /ı'sesin/ *a.* suikastçı, katil

**assassinate** /ı'sesineyt/ *e.* suikast yapmak, öldürmek

**assassination** /ısesi'neyşın/ *a.* suikast, cinayet

**assault**[1] /ı'so:lt/ *e.* aniden ve vahşice saldırmak

**assault**[2] /ı'so:lt/ *a.* ani saldırı, hücum,

atak, tecavüz
**assemble** /ı'sembıl/ *e.* 1. bir araya topla-
mak 2. toplanmak, birleşmek 3. bir ara-
ya koymak, düzenlemek 4. monte et-
mek
**assembly** /ı'sembli/ *a.* 1. özel bir amaçla
bir araya toplanmış insanlar, topluluk 2.
toplantı 3. **assembly line** montaj hattı
**assent**[1] /ı'sent/ *e.* (herhangi bir konu, vb.
üzerinde) anlaşmak, anlaşmaya var-
mak, uzlaşmak
**assent**[2] /ı'sent/ *a.* anlaşma, uzlaşma
**assert** /ı'sö:t/ *e.* 1. iddia etmek, bildirmek,
açıklamak 2. hak iddia etmek, hakkını
savunmak, sözlerle savunmak 3. oldu-
ğunu göstermek, belirtmek, üzerine ba-
sarak belirtmek
**assertion** /ı'sö:şın/ *a.* iddia, açıklama,
bildiri
**assertive** /ı'sö:tiv/ *s.* iddia eden, zorlayan,
hakkını savunan, iddialı, kendine güve-
nen
**assess** /ı'ses/ *e.* 1. değer biçmek 2. vergi
koymak
**asset** /'eset/ *a.* 1. servet, varlık, mal 2.
yararlı, değerli şey, değerli nitelik, beceri
**assiduous** /ı'sidyuıs/ *s.* dikkatli ve sürekli
ilgisi olan, sebatkâr
**assign** /ı'sayn/ *e.* 1. pay olarak vermek,
ayırmak, tahsis etmek: *They have as-
signed me a car.* 2. (mal, hak, vb.) ver-
mek, devretmek: *He has assigned all
his property to his children.* 3. bir işe
koymak, görev vermek, iş vermek: *The
soldier was assigned to kitchen duties.*
4. saptamak, belirlemek: *We must as-
sign a day for the conference.*
**assignment** /ı'saynmınt/ *a.* 1. kişiye
verilmiş ya da kişinin gönderilece-
ği/verileceği iş, görev 2. ayırma, tahsis
etme
**assimilate** /ı'simileyt/ *e.* 1. herhangi bir
grubun üyesi olmak, içine girmek, bir
sistem içinde erimek, bir parçası olmak,
kaynaşmak 2. özümlemek, sindirmek 3.
kendisininmiş gibi al-
mak/kullanmak/anlamak
**assimilation** /ısimi'leyşın/ *a.* özümseme,
sindirim

**assist** /ı'sist/ *e.* yardım etmek, destekle-
mek
**assistance** /ı'sistıns/ *a.* yardım, destek
**assistant** /ı'sistınt/ *a.* yardımcı, asistan
**assize** /ı'sayz/ *a.* yargılama, muhakeme
**associate**[1] /ı'souşieyt/ *e.* 1. birleştirmek
2. birleşmek 3. arkadaşlık etmek 4. dü-
şünmek
**associate**[2] /ı'souşiit/ *a.* 1. ortak çalışma
arkadaşı, arkadaş 2. (hakları sınırlı) üye
**association** /ısousi'eyşın/ *a.* 1. kurum,
birlik, dernek 2. ortaklık, işbirliği 3. kafa-
da birleştirme, düşünsel olarak bir araya
getirme; çağrışım
**assortment** /ı'so:tmınt/ *a.* karışım, tasnif,
çeşit
**assume** /ı'syu:m/ *e.* 1. gerçek saymak,
varsaymak, farz etmek: *I assumed that
he was not guilty.* 2. ele geçirmek, üst-
lenmek, yerine getirmek: *He assumed
the right to disobey his officer's orders.*
3. almak, takınmak: *He assumed the
name Smith to evade the police.*
**assumption** /ı'sampşın/ *a.* 1. üzerine
alma 2. farz, zan 3. azamet, kibir
**assurance** /ı'şuırıns/ *a.* 1. kendine güven,
özgüven: *The applicant for the job
lacked assurance and was not hired.* 2.
garanti, teminat, güvence, söz: *He gave
me his assurance that he would come.*
3. sigorta
**assure** /ı'şuı/ *e.* 1. inandırmaya çalışmak,
güven vermek, garanti etmek; iknaya
çalışmak 2. inandırmak 3. sigortalamak
4. kesinleştirmek, garanti etmek, sağ-
lamlaştırmak, temin etmek
**assured** /ı'şuıd/ *s.* kendine güvenen,
kendinden emin
**asterisk** /'estırisk/ asterisk, yıldız (işare-
ti/imi)
**asteroid** /'estıroyd/ *a.* Mars ve Jüpiter
arasındaki çok küçük gezegenlerden biri
**asthma** /'esmı/ *a, hek.* astım
**asthmatic** /es'metik/ *a, s.* astımlı
**as though** bağ, bkz. **as if**
**astigmatic** /estig'metik/ *s, hek.* astigmat
**astigmatism** /ı'stigmıtizım/ *a, hek.* astig-
matizm, astigmatlık
**as to** *ilg.* 1. ... konusunda, -le ilgili olarak:

As to your request for money, I will send some shortly. 2. -e göre: She sorted the clothes as to machine washable or not.

**astonish** /ı'stoniş/ e. şaşırtmak, hayrete düşürmek: I was astonished to see him driving such a valuable car.

**astonishment** /ı'stonişmınt/ a. şaşkınlık, büyük şaşkınlık

**astound** /ı'staund/ e. hayretler içinde bırakmak

**astral** /'estrıl/ s. yıldızlara değgin

**astray** /ı'strey/ s, be. doğru yoldan sapmış, sapıtmış: She was sure her daughter was being lead astray by her friends.

**astride** /ı'strayd/ be. bacakları iki yana açık olarak

**astringent** /ı'strincınt/ s. 1. kan durdurucu, kanamayı kesici 2. sert, haşin, acı

**astrologer** /ı'strolıcı/ a. astrolog, müneccim, yıldız falcısı

**astrology** /ı'strolı ci/ a. astroloji, müneccimlik, yıldız falcılığı

**astronaut** /'estrıno:t/ a. astronot, uzayadamı

**astronomer** /ı'stronımı/ a. astronom, gökbilimci

**astronomical** /estrı'nomikıl/ s. 1. gökbilimsel, astronomik 2. k. dili aşırı, astronomik, çok büyük

**astronomy** /ı'stronımi/ a. astronomi, gökbilim

**astute** /ı'styu:t/ s. akıllı, kurnaz, cin gibi

**asylum** /ı'saylım/ a. 1. sığınak, barınak 2. politik sığınma, iltica 3. akıl hastanesi, tımarhane

**asymmetric** /eysi'metrik/ s. asimetrik, bakışımsız

**at** /ıt; et/ ilg. -de, -da, -e, -a, -ye, -ya: She was at home yesterday. He aimed at the basket and threw the ball. At 7:30 they left the office. She is good at physics. The children laughed at the clown. They were very angry at his rudeness.

**ate** /et, eyt/ pt bkz. **eat**

**atheism** /'eytiizım/ a. ateizm, tanrıtanımazlık

**atheist** /'eytiist/ a. ateist, tanrıtanımaz

**athlete** /'etli:t/ a. atlet, sporcu

**athletic** /et'letik/ s. 1. atletik, atletizmle

ilgili 2. bedence güçlü, atletik

**athletics** /et'letiks/ a. atletizm

**atlas** /'etlıs/ a. atlas

**atmosphere** /'etmısfiı/ a. 1. atmosfer, havaküre, gazyuvarı 2. hava 3. çevre, ortam, hava, atmosfer

**atmospheric** /etmıs'ferik/ s. atmosferle ilgili, atmosferik

**atom** /'etım/ a. 1. atom 2. zerre, son derece küçük miktar 3. **atom bomb** atom bombası

**atomic** /ı'tomik/ s. 1. atomik, atomal 2. atom enerjisi ile işleyen

**atone** /ı'toun/ e. gönlünü almak, karşılığını ödemek, -i telafi etmek: He visits his parents regularly to atone for his previous neglect.

**atrocious** /ı'troşıs/ s. 1. acımasız, zalim 2. ayıplanacak, adi, aşağılık 3. k. dili çok kötü, berbat, felaket, rezil

**atrocity** /ı'trousiti/ a. 1. büyük kötülük, acımasızlık, zulüm 2. k. dili berbat/rezil şey

**attach** /ı'teç/ e. 1. bağlamak, iliştirmek, bitiştirmek, takmak 2. huk. ödenmemiş bir borç için el koymak/tutuklamak

**attachment** /ı'teçmınt/ a. 1. bağlama, iliştirme, bitiştirme, takma 2. katma, alma 3. düşkünlük, tutkunluk 4. arkadaşlık, dostluk 5. huk. elkoyma, alıkoyma

**attach to** e. 1. katmak, dahil etmek, almak: He will be attached to the pastal department for a year. 2. **be attached to** -e düşkün olmak: She is deeply attached to all her children.

**attack¹** /ı'tek/ e. 1. saldırmak, hücum etmek; basmak 2. yazı ya da sözlerle saldırmak, aleyhinde konuşmak/yazmak 3. zarar vermek, bozmak 4. bir şeye büyük bir heves ve ilgiyle girişmek, yumulmak

**attack²** /ı'tek/ a. 1. saldırı, hücum 2. (on ile) aleyhte yazı ya da sözler 3. başlama, başlangıç, girişim 4. hek. (of ile) kriz, nöbet

**attain** /ı'teyn/ e. ulaşmak, erişmek, elde etmek: He has attained world wide recognition in the field of science.

**attar** /'etı/ a. gülyağı, gülsuyu

attempt[1] /ı'tempt/ *e.* kalkışmak, girişmek, yeltenmek, çalışmak, denemek: *They will attempt to reach the summit of the mountain today.*

attempt[2] /ı'tempt/ *a.* deneme, girişim, teşebbüs

attend /ı'tend/ *e.* 1. (to ile) dikkatini vermek, dinlemek: *Be quiet and attend to me.* 2. bulunmak, -e gitmek, katılmak, hazır bulunmak: *Did you attend the lecture?* 3. (on/upon) ilgilenmek, bakmak, hizmet etmek: *The waitress was attending on five tables.*

attendance /ı'tendıns/ *a.* 1. bakma, hizmet etme, bakım, hizmet, ilgilenme 2. hazır bulunma, katılma, devam etme, düzenli olarak gitme 3. bulunan kişilerin sayısı, mevcut sayısı

attendant[1] /ı'tendınt/ *s.* 1. bağlı, ilişkili 2. hizmetli, görevli

attendant[2] /ı'tendınt/ *a.* 1. bakıcı, yardımcı, hizmetçi 2. görevli memur

attention /ı'tenşın/ *a.* 1. dikkat, özen, dikkat verme 2. bakım, ilgi 3. *ask.* hazır ol durumu 4. **pay attention** dikkatini vermek, kulak vermek, dinlemek, önem vermek

attentive /ı'tentiv/ *s.* 1. dikkatli, özenli 2. ince, nazik, kibar 3. yardımcı

attest /ı'test/ *e.* 1. bildirmek, beyan etmek, açıklamak 2. *huk.* birine mahkemede doğruyu söylenmesi için yemin ettirmek 3. kanıtı olmak, kanıtlamak

attic /'etik/ *a.* çatı odası, tavan arası

attire[1] /ı'tayı/ *e.* giydirmek, süslemek, donatmak

attire[2] /ı'tayı/ *a.* elbise, giysi, üst baş, kıyafet

attitude /'etityu:d/ *a.* 1. duruş 2. tavır, davranış, tutum 3. görüş, düşünce, yargı, fikir

attorney /ı'tö:ni/ *a.* 1. *Aİ.* avukat 2. **attorney general** başsavcı

attract /ı'trekt/ *e.* cezbetmek, çekmek

attraction /ı'trekşın/ *a.* 1. çekici şey 2. çekicilik, cazibe

attractive /ı'trektiv/ *s.* çekici, cazip, güzel, hoş, ilginç

attribute[1] /'etribyu:t/ *a.* 1. doğal özellik, nitelik 2. simge, sembol

attribute[2] /ı'tribyu:t/ *e.* (to ile) 1. -in sonucu olduğuna inanmak, bağlamak, yormak, vermek: *I attribute my failure to my laziness.* 2. atfetmek: *This play is usually attributed to Shakespeare.*

attune /ı'tyu:n/ *e.* (to ile) alıştırmak, ayak uydurmak: *My grandfather isn't attuned to my beliefs.*

atypical /ey'tipikıl/ *s.* değişik, başka, tipik olmayan

aubergine /'oubıji:n/ *a, İİ.* patlıcan

auburn /'o:bın/ *a, s.* 1. kestanerengi 2. (saç) kumral

auction[1] /'o:kşın/ *a.* 1. açık artırma ile satış, açık artırma, mezat 2. **by auction** açık artırma ile

auction[2] /'o:kşın/ *e.* açık artırma ile satmak

auctioneer /o:kşı'niı/ *a.* açık artırmacı, mezatçı, mezat tellalı

audacious /o:'deyşıs/ *s.* 1. yürekli, cesaretli, korkusuz, gözü pek, atılgan 2. saygısız, küstah, kaba, yüzsüz, arsız

audacity /o:'desiti/ *a.* 1. yüreklilik, cesurluk, korkusuzluk 2. saygısızlık, küstahlık, kabalık, yüzsüzlük

audible /'o:dıbıl/ *s.* duyulabilir, işitilir

audience /'o:diıns/ *a.* 1. dinleyiciler, izleyiciler, seyirciler 2. resmi görüşme, huzura kabul 3. *huk.* (mahkemede) konuşma özgürlüğü

audio /'o:diou/ *s.* radyo sinyalleriyle iletilen/yayılan

audio-visual /o:diou'vijuıl/ *s.* işitsel-görsel

audit[1] /'o:dit/ *a.* (yıllık) hesap denetimi

audit[2] /'o:dit/ *e.* resmi hesap bilanço kontrolü yapmak

audition /o:'dişın/ *a.* 1. (şarkıcı, oyuncu, vb.) yetenek denemesi 2. duyma gücü, işitme gücü, duyma, işitme

auditor /'o:dıtı/ *a.* murakıp, denetçi

auditorium /o:di'to:rıım/ *a.* oditoryum, dinleme/izleme salonu, izleyici bölümü

auditory /'o:dıtıri/ *s.* işitsel

auger /'o:gı/ *a.* matkap

augment /o:g'ment/ *e.* 1. artırmak, çoğaltmak, değerlendirmek 2. artmak, çoğalmak, değerlenmek

augur /'o:gı/ e. -e alamet olmak: *Those clouds don't augur well for the picnic.*

august /o:'gast/ s. saygın, soylu, ulu, görkemli, heybetli, yüce

August /'o:gıst/ a. ağustos

auntie /'a:nti/ a, k. dili, bkz. **aunt**

aunty /'a:nti/ a, k. dili, bkz. **aunt**

aunt /a:nt/ a. 1. teyze, hala, yenge 2. (herhangi bir) teyze

au pair /ou'peı/ a. yaptığı ev işlerine karşılık bir aile yanında kalan kız

aura /'o:rı/ a. 1. hava, gizemli ortam 2. izlenim, hava

aural /'o:rıl/ s. işitsel

auricle /'o:rikıl/ a. 1. kulak kepçesi 2. kalp kulakçıkları

auriferous /o:'rifırıs/ s, tek. altın içeren, altınlı

aurora /ı'ro:rı/ a. seher, fecir, gün ağarması

auspices /'o:spisiz/ a. yardım, destek, iyilik

auspicious /o:'spişıs/ s. hayırlı, uğurlu

Aussie /'ozi/ a, k. dili Avustralyalı

austere /o'stiı/ s. 1. çetin, zor, güç, rahatsız 2. ciddi, katı; özdenetimli 3. sade, süssüz, yalın

austerity /o'steriti/ a. 1. sertlik, güçlük, zorluk 2. ciddiyet, katılık 3. azla yetinme, idareli geçinme

authentic /o:'tentik/ s. 1. gerçek, hakiki, doğru; orijinal 2. k. dili içten, samimi

authenticate /o:'tentikeyt/ e. 1. gerçekliğini/doğruluğunu kanıtlamak 2. belgelemek

authenticity /o:ten'tisiti/ a. 1. gerçek olma özelliği, orijinallik, doğruluk 2. k. dili içten samimi

author /'o:tı/ a. 1. yazar 2. bir şeye kaynak olan/oluşturan kişi, yaratıcı, yapan

authoress /'o:tıris/ a. (bayan) yazar

authoritarian /o:tori'teırıın/ s, a. yetkeci, otoriter, erkil, zorgulu

authoritative /o:'toritıtiv/ s. 1. otoriter, sözünü geçirir 2. yetkili 3. güvenilir, inanılır

authority /o:'toriti/ a. 1. otorite, yetkili 2. otorite, yetke 3. bilirkişi, uzman, otorite

authorize /'o:tırayz/ e. 1. izin vermek 2.

yetki vermek, yetkilendirmek

autobiography /o:tıbay'ogrıfi/ a. otobiyografi, özyaşamöyküsü, özgeçmiş

autocracy /o:'tokrısi/ a. 1. otokrasi, saltıkçı yönetim, saltıkçılık 2. otokrasiyle yönetilen ülke, grup, vb.

autocrat /'o:tıkret/ a. 1. otokrat, saltıkçı 2. despot, zorba

autograph[1] /'o:tıgra:f/ a. (ünlü) birinin imzası

autograph[2] /'o:tıgra:f/ e. (kitap, vb.) imzalamak

automate /'o:tımeyt/ e. otomatikleştirmek, makineleştirmek

automatic /o:tı'metik/ s. 1. otomatik, özdevinimli 2. kendiliğinden 3. olması kesin

automation /o:tı'meyşın/ a, tek. otomasyon, özdevinim, özedim

automobile /'o:tımıbi:l/ a, AI. otomobil, araba

autonomous /o:'tonımıs/ s. özerk

autonomy /o:'tonımi/ a. özerklik

autopsy /o:'topsi/ a. otopsi

autumn /'o:tım/ a. sonbahar, güz

auxiliary /o:g'zilyıri/ s, a. yardımcı

auxiliary verb /o:g'zilyıri vö:b/ a, dilb. yardımcı fiil

avail[1] /ı'veyl/ e. (of ile) kendisine yarar sağlamak, yararlanmak: *While you are here, please avail yourself of our excellent facilities.*

avail[2] /ı'veyl/ a. kullanış, sonuç, avantaj, yarar

available /ı'veylıbıl/ s. 1. elde edilebilir, bulunabilir, mevcut, elde 2. kullanılabilir 3. görüşmeye uygun, meşgul değil, müsait

avalanche /'evılа:nş/ a. çığ

avant-garde /evo:ng'ga:d/ s. avangard, öncü, yenilikçi

avarice /'evıris/ a. para tutkusu, servet tutkusu, açgözlülük

avaricious /evı'rişıs/ s. para canlısı, açgözlü

avenge /ı'venc/ e. öcünü almak: *He has sworn to avenge his father and destroy his enemies.*

avenue /'evinyu:/ a. 1. iki yanı ağaçlı yol,

bulvar 2. geniş cadde, bulvar 3. bir so-
nuca götüren yol
average¹ /'evıric/ *a.* 1. *mat.* ortalama 2.
ortalama düzey, ortalama
average² /'evıric/ *s.* 1. ortalama 2. orta,
sıradan, vasat
average³ /'evıric/ *e.* 1. ortalamasını almak
2. ortalaması ... olmak
averse /ı'vö:s/ *s.* (to ile) karşı, muhalif,
isteksiz: *He is averse to any change I
suggest.*
aversion /ı'vö:şın/ *a.* (to ile) 1. hoşlan-
mama, sevmeme, nefret 2. nefret edilen
şey
avert /ı'vö:t/ *e.* 1. olmasını önlemek,
önüne geçmek, önlemek: *The manag-
ers agreed to a pay rise to avert a
strike.* 2. başka yöne çevirmek: *His at-
tention was averted from the discussion
by the sounds of a fight outside.*
aviary /'eyvıiri/ *a.* 1. büyük kuş kafesi 2.
kuşhane
aviation /eyvi'eyşın/ *a.* 1. havacılık 2.
havacılık endüstrisi
aviator /'eyvieytı/ *a.* pilot
avid /'evid/ *s.* gayretli, hevesli, istekli
avocado /evı'ka:dou/ *a, bitk.* avokado,
amerikaarmudu
avoid /ı'voyd/ *e.* 1. kaçmak, kurtulmak:
*He avoided the police by leaving the
country.* 2. kaçınmak, uzak durmak,
sakınmak, yanaşmamak: *He avoided
the traffic by leaving early.* 3. önlemek,
engel olmak: *I couldn't avoid the acci-
dent.*
avow /ı'vau/ *e.* itiraf etmek, açıkça söyle-
mek: *She avowed she'd never seen the
man before.*
avowal /ı'vauıl/ *a.* itiraf
await /ı'weyt/ *e.* beklemek: *No-one knows
what awaits them in the future.*
awake¹ /ı'weyk/ *e.* [*pt* **awoke** /ı'wouk/, *pp*
**awoken** /ı'woukın/] 1. uyanmak 2.
uyandırmak 3. harekete geçirmek 4.
harekete geçmek
awake² /ı'weyk/ *s.* 1. uyanık, uyanmış 2.
(to ile) bilinçli, bilincinde, farkında: *He's
awake to their intrigues against him.*
awakening /ı'weykıning/ *a.* 1. uyanış 2.

(to) bilinçlenme 3. **rude awakening**
hayal kırıklığı
award¹ /ı'wo:d/ *e.* 1. *huk.* mahkeme
kararı ile vermek 2. vermek; ödül olarak
ermek, ödüllendirmek
award² /ı'wo:d/ *a.*1. *huk.* mahkeme kara-
rı, hüküm 2. ödül
aware /ı'weı/ *s.* farkında, haberdar: *He
was aware of the difficulties he might
encounter.*
awash /ı'woş/ *s.* 1. su düzeyinde 2. dal-
galarla sürüklenen
away¹ /ı'wey/ *be.* 1. uzağa, uzakta; -den,
-dan; buradan; başka yönde: *He drove
slowly away from the house.* 2. ... mesa-
fede/uzaklıkta: *The school is 5 kilome-
tres away.* 3. emin bir yerde/yere: *Can
you put the dishes away please?* 4. gi-
decek/bitecek/sona erecek şekilde: *The
snow melted away in the sun.* 5. sürekli,
durmadan: *They sang away as they
worked.*
away² /ı'wey/ *s, sp.* deplasmanda oyna-
nan
awe /o:/ *a.* korku ve merakla karışık saygı
awesome /'o:sım/ *s.* korku veren, kor-
kunç, dehşetli
awestruck /'o:strak/ *s.* korkulu, meraklı
awful /'o:fıl/ *s.* 1. müthiş, korkunç 2. *k.
dili* berbat, rezil
awfully /'o:fıli/ *be, k. dili* çok, aşırı, o
biçim, müthiş, acayip
awhile /ı'wayl/ *be.* kısa bir süre için, biraz
awkward /'o:kwıd/ *s.* 1. beceriksiz, sakar,
hantal 2. iyi yapılmamış, kullanımı zor,
kullanışsız 3. (insan) anlaşılması zor,
uyumsuz, dik başlı 4. utandırıcı, mah-
cup edici, uygunsuz
awl /o:l/ *a.* biz, tığ
awning /'o:ning/ *a.* tente
awoke /ı'wouk/ *pt bkz.* **awake**
awoken /ı'woukın/ *pp bkz.* **awake**
ax /eks/ *a, e, AÍ, bkz.* **axe**
axe¹ /eks/ *a.* balta
axe² /eks/ *e, k. dili* kaldırmak; azaltmak,
kısmak, atmak
axiom /'eksiim/ *a.* belit, aksiyom
axis /'eksis/ *a.* eksen
axle /'eksıl/ *a.* (araba, tekerlek) mil, dingil

**B**

ay /ay/ *a, bkz.* **aye**
aye[1] /ay/ *a.* lehte oy, kabul oyu, evet oyu
aye[2] /ay/ *be.* evet
azure /'ejı/ *a, s.* gök mavisi

# B

B, b /bi:/ *a.* İngiliz abecesinin ikinci harfi
baa /ba:/ *e.* melemek
babble[1] /'bebıl/ *e.* 1. gevezelik etmek, saçma sapan mırıldanmak 2. (out ile) (sır) söylemek 3. tekdüze ses çıkartmak
babble[2] /'bebıl/ *a.* 1. karma-şık/aptalca/çocukça konuşma 2. uğultu, gürültü 3. anlaşılması güç konuşma 4. şırıltı
babe /beyb/ *a.* 1. bebek 2. *Aİ, k. dili* yavru, bebek, fıstık
baboon /bı'bu:n/ *a, hayb.* köpek maymu-nu, babun
baby[1] /'beybi/ *a.* 1. bebek 2. (hayvan) yavru 3. bir grubun en genç üyesi 4. *Aİ, k. dili* yavru, bebek, fıstık
baby[2] /'beybi/ *e, k. dili* bebek muamelesi yapmak
baby-minder /'beybimayndı/ *a, İİ.* çocuk bakıcısı
baby-sit /'beybisit/ *e.* çocuk bakıcılığı yapmak
baby-sitter /'beybisitı/ *a.* çocuk bakıcısı
bachelor /'beçılı/ *a.* 1. bekâr erkek 2. üniversite mezunu
bacillus /bı'silıs/ *a.* 1. basil, çomak bakte-ri 2. *k. dili* bakteri
back[1] /bek/ *a.* 1. sırt 2. arka 3. (futbol) bek 4. **get on sb's back** sinir etmek, kızdırmak 5. **put sb's back up** *k. dili* gıcık etmek 6. **turn one's back on** sırtı-nı çevirmek 7. **with one's back to the wall** *k. dili* büyük güçlük içinde
back[2] /bek/ *be.* 1. eski yerine/yerinde, geri: *She picked up her clothes and hung them back in the wardrobe.* 2. geriye doğru, geriye, arkaya, geride, arkada: *The conductor told the passen-gers to move back.* 3. uzak, geri: *The police ordered the crowd to stand back from the road.* 4. önce: *It was ten years*

back that I last saw him.* 5. geçmişte, geçmişe: *This song takes me back to the sixties.* 6. geri: *They went back to the hotel for their luggage.* 7. yine: *I will ring back when I get the results.* 8. kar-şılığında, karşılık olarak: *She hit him and was surprised when he hit her back.*
back[3] /bek/ *s.* 1. arka, arkadaki 2. (para) önceden borç olan, önceki
back[4] /bek/ *e.* 1. geriye gitmek 2. geriye doğru/arkaya götürmek 3. desteklemek, destek olmak, arka çıkmak 4. üzerine para koymak; bahse girmek, -e oyna-mak
backbite /'bekbayt/ *e, hkr.* [*pt, pp* **back-bitten** /'bekbitn/] arkasından konuşmak, yokken kötülemek, arkasından dediko-dusunu yapmak, çekiştirmek
backbiting /'bekbayting/ *a, hkr.* dediko-duculuk, birbirinin arkasından konuşma, kötüleme
backbitten /'bekbitn/ *pt, pp bkz.* **backbite**
backbone /'bekboun/ *a.* 1. belkemiği, omurga 2. en büyük destek, belkemiği 3. sağlam karakter
backbreaking /'bekbreyking/ *s.* (iş) çok zor, yorucu
backdate /'bek'deyt/ *e.* eski bir tarih at-mak, daha önceki bir tarihten geçerli kılmak
back down *e.* hatalı olduğunu kabul etmek, boyun eğmek
backdrop /'bekdrop/ *a.* zemin, fon
backer /'bekı/ *a.* destekçi, destek olan kimse
backfire /bek'fayı/ *e.* (plan, vb.) geri tepmek, olumsuz sonuç vermek: *His joke backfired and she burst into tears.*
backgammon /'bekgemın/ *a.* tavla
background /'bekgraund/ *a.* 1. geçmiş, artyetişim 2. arka plan 3. fon, zemin
backhand /'bekhend/ *a.* (tenis) bekhend
backing /'beking/ *a.* 1. destek, yardım 2. fon müziği 3. arka kaplama, arka par-ça
backlash /'bekleş/ *a.* 1. geriye doğru yapılan ani hareket 2. büyüyen, güçle-nen bir inanca karşı oluşan güçlü tepki

**backlog** /'beklog/ *a.* geciktirilmiş, ihmal edilmiş işler

**backmost** /'bekmoust/ *s.* en geri, en arka

**back number** /bek'nambı/ *a.* 1. (dergi, gazete, vb.) bir önceki sayı 2. *hkr.* çağdışı şey/kimse

**back out** *e.* sözünü tutmamak, vazgeçmek, caymak

**backpedal** /bek'pedl/ *e.* 1. bisiklette pedalı ters yöne çevirmek 2. *k. dili* geri çekilmek ya da sözünü geri almak, sözden dönmek

**backside** /'beksayd/ *a, k. dili* kıç, popo

**backstroke** /'bekstrouk/ *a.* sırtüstü yüzme

**backtrack** /'bektrek/ *e.* geldiği yoldan geri dönmek

**backup** /'bekap/ *a.* 1. başkasının yerine geçmeye, onun yedeği olmaya hazır kişi ya da şey 2. yardımcı olan, destek olan kişi ya da şey

**back up** *e.* desteklemek, arka çıkmak

**backward** /'bekwıd/ *s.* 1. geriye/başlangıca/geçmişe doğru yönelmiş 2. geri, geri kalmış, gelişmemiş 3. çekingen, kendinden emin olmayan 4. *Aİ, bkz.* **backwards**

**backwards** /'bekwıdz/ *be.* 1. geriye, arkaya, arka tarafa: *He ran backwards to catch the ball.* 2. geçmişe 3. ters olarak 4. **know sth backwards** bir şeyi çok iyi bilmek

**backwater** /'bekwo:tı/ *a.* durgun yer

**backyard** /bek'ya:d/ *a.* avlu

**bacon** /'beykın/ *a.* domuz pastırması

**bacteria** /bek'tiırii/ *a.* bakteri

**bad** /bed/ *s.* 1. kötü 2. bozuk, çürük 3. geçersiz 4. yaramaz 5. ahlaksız 6. zararlı 7. sağlıksız 8. mutsuz, neşesiz 9. ciddi, sert, şiddetli 10. *k. dili* talihsiz 11. yanlış, hatalı, bozuk 12. (para) sahte, değersiz 13. (dil) kaba

**badge** /bec/ *a.* rozet

**badger¹** /'becı/ *a, hayb.* porsuk

**badger²** /'becı/ *e.* başının etini yemek: *The news reporters badgered the politician with questions.*

**badly** /'bedli/ *be.* 1. kötü bir şekilde: *I have never heard him sing so badly.* 2. çok: *After travelling all night I need to*

*sleep badly.* 3. **badly-off** fakir, parasız, şanssız

**badminton** /'bedmintın/ *a, sp.* tenis benzeri bir oyun, badminton

**baffle** /'befıl/ *e.* şaşırtmak, kafasını karıştırmak

**baffling** /'befling/ *s.* şaşırtıcı, kafa karıştırıcı

**bag¹** /beg/ *a.* 1. çanta 2. torba 3. çuval 4. ç. *İİ. k. dili* bir çuval, bir ton, yığınla 5. **in the bag** *k. dili* çantada keklik

**bag²** /beg/ *e.* 1. çantaya koymak, torbaya doldurmak 2. *k. dili* (hayvan) öldürmek/yakalamak, avlamak 3. *arg.* yürütmek

**baggage** /'begic/ *a.* bagaj

**baggy** /'begi/ *s, k. dili* bol, sarkık, asılı, düşük

**bail** /beyl/ *a.* kefalet, kefalet ücreti

**bailiff** /'beylif/ *a.* 1. mübaşir 2. çiftlik kâhyası 3. şerif yardımcısı

**bail out** *e.* 1. kefaletle serbest bıraktırmak 2. su alan tekneden su boşaltmak 3. mali destek vererek kurtarmak 4. *Aİ.* uçaktan paraşütle atlayıp kurtulmak

**bait¹** /beyt/ *a.* 1. yem 2. dikkati çeken/istek uyandıran şey

**bait²** /beyt/ *e.* 1. oltaya ya da tuzağa yem koymak 2. kasten kızdırmak

**baize** /beyz/ *a.* yeşil masa çuhası

**bake** /beyk/ *e.* 1. fırınlamak, fırında pişirmek 2. sıcaktan katılaşmak, sertleşmek 3. *k. dili* sıcaktan pişmek

**baker** /'beykı/ *a.* fırıncı

**bakery** /'beykıri/ *a.* fırın

**balance¹** /'belıns/ *a.* 1. denge 2. terazi 3. bakiye, kalıntı 4. **balance of payments** ödemeler dengesi 5. **balance sheet** bilanço

**balance²** /'belıns/ *e.* 1. düşünmek, göz önünde bulundurmak, kıyaslamak 2. dengelemek 3. dengeli olmak

**balanced** /'belınst/ *s.* dengeli, aklı başında

**balcony** /'belkıni/ *a.* balkon

**bald** /bo:ld/ *s.* 1. kel, dazlak 2. sade, süssüz, yalın

**balding** /'bo:lding/ *s.* saçı dökülen, kelleşen

**B**

**baldly** /'bo:ldli/ *be.* açık açık, dobra dobra, sözünü esirgemeden

**bale** /beyl/ *a.* balya, denk

**bale out** *e.* paraşütle uçaktan atlamak

**baleful** /'beylfıl/ *s.* nefret/kötülük dolu, şeytani

**balk**[1] /bo:k/ *a.* kütük

**balk**[2] /bo:k/ *e.* 1. engel olmak, engellemek, önünü kesmek 2. (güç ya da nahoş bir konuda anlaşmaya) yanaşmamak, duraksamak

**ball** /bo:l/ *a.* 1. top 2. küre 3. yumak 4. balo 5. **have a ball** *arg.* çok iyi vakit geçirmek 6. **keep the ball rolling** bir şeye devam etmek, sürdürmek 7. **play ball** *k. dili* birlikte çalışmak, imece yapmak

**ballad** /'belıd/ *a.* 1. balad, türkü 2. şiirsel öykü

**ballast** /'belıst/ *a.* 1. safra, ağırlık 2. balast, kırmataş

**ballcock** /'bo:lkok/ *a.* (sifon, su deposu, vb.) şamandıra

**ballerina** /belı'ri:nı/ *a.* balerin

**ballet** /'beley/ *a.* bale

**ballistics** /bı'listiks/ *a.* balistik, atış bilimi

**balloon**[1] /bı'lu:n/ *a.* balon

**balloon**[2] /bı'lu:n/ *e.* balon gibi şişmek

**ballot** /'belıt/ *a.* 1. oy pusulası 2. gizli oylama 3. **ballot box** oy sandığı

**ballpoint** /'bo:lpoynt/ *a.* tükenmezkalem

**ballroom** /'bo:lrum/ *a.* balo salonu

**balm** /ba:m/ *a.* 1. pelesenk 2. avutma, teselli

**balmy** /'ba:mi/ *s.* 1. (hava) yumuşak, ılık, şeker gibi 2. *Aİ, arg.* kaçık, deli, çatlak, üşütük

**balls** /bo:lz/ *a, kab, arg.* 1. taşaklar 2. *ünl.* Saçma! Hassiktir!

**balls up** *e, İİ, kab, arg.* içine sıçmak

**balustrade** /belı'streyd/ *a.* tırabzan, korkuluk, parmaklık

**bamboo** /bem'bu:/ *a, bitk.* bambu

**bamboozle** /bem'bu:zıl/ *e, arg.* kazıklamak, üçkâğıda getirmek

**ban**[1] /ben/ *e.* (özellikle yasa ile) yasaklamak: *They have banned smoking on all public transport.*

**ban**[2] /ben/ *a.* (on ile) yasak, yasaklama

**banal** /bı'na:l/ *s, hkr.* adi, bayağı, banal, sıradan

**banana** /bı'na:nı/ *a.* 1. muz 2. **banana republic** muz cumhuriyeti

**band**[1] /bend/ *a.* 1. *bağ,* şerit, kayış, bant, kuşak 2. renk şeridi 3. grup 4. *müz.* grup, topluluk

**band**[2] /bend/ *e.* (together ile) birleşmek, birlik olmak

**bandage**[1] /'bendic/ *a.* sargı

**bandage**[2] /'bendic/ *e.* sarmak, bağlamak

**bandit** /'bendit/ *a.* haydut

**bandsman** /'bendzmın/ *a.* müzik topluluğu üyesi

**bandstand** /'bendstend/ *a.* müzik topluluğu için yapılmış yüksek yer, sahne

**bandwagon** /'bendwegın/ *a:* **jump on the bandwagon** sidik yarıştırmak, sürüye uymak

**bandy**[1] /'bendi/ *e.* lafa laf koymak, çabuk çabuk konuşarak ağız dalaşı yapmak, verip veriştirmek

**bandy**[2] /'bendi/ *s.* 1. (bacak) çarpık 2. **bandy-legged** çarpık bacaklı

**bane** /beyn/ *a.* felaket, kötülük, zarar, ziyan

**bang**[1] /beng/ *a.* 1. büyük patlama 2. şiddetli ani gürültü 3. yaygın çaba, sevk 4. *Aİ.* büyük heyecan

**bang**[2] /beng/ *e.* 1. şiddetle çarpmak: *When falling she banged her knee badly.* 2. vurmak, ses çıkartacak biçimde çarpmak: *He banged the car door shut.* 3. bas bas bağırmak, gürültü/tantana yapmak: *I can hear the next door neighbour banging about.* 4. *kab, arg.* sikmek; sikişmek: *I caught the postman banging my wife.*

**bang**[3] /beng/ *be, k. dili* tam: *The film broke and stopped bang in the middle of the most exciting part.*

**banger** /'bengı/ *a, İİ, k. dili* 1. sosis 2. havai fişek 3. külüstür otomobil, hurda araba

**bangle** /'bengıl/ *a.* 1. bilezik, halka 2. halhal

**bang-on** /beng'on/ *ünl, k. dili* çok doğru, kesinlikle aynen

**banish** /'beniş/ *e.* 1. (from ile) sürgün

etmek, sürmek, sürgüne yollamak 2. düşünmemek, aklından çıkarmak
**banister** /'benıstı/ *a.* tırabzan
**banjo** /'bencou/ *a, müz.* banço
**bank**[1] /benk/ *a.* 1. banka 2. nehir/göl kıyısı, kenar 3. tümsek 4. yığın, küme 5. kum yığını 6. bayır 7. (oyun) banko 8. **bank holiday** *İİ.* resmi tatil 9. **bank note** kâğıt para
**bank**[2] /benk/ *e.* bankaya para yatırmak
**banker** /'benkı/ *a.* 1. bankacı 2. çeşitli kumar oyunlarında kasa olan kişi, kasa **bank on** *e.* -e güvenmek, bel bağlamak: *I was banking on a rise to pay my debts, but didn't get one.*
**bankrupt**[1] /'benkrapt/ *s, a.* 1. müflis, batkın, iflas etmiş 2. **go bankrupt** iflas etmek, batmak
**bankrupt**[2] /'benkrapt/ *e.* iflas ettirmek
**bankruptcy** /'benkraptsi/ *a.* batkı, iflas
**bank up** *e.* 1. yığmak 2. yığılmak
**banner** /'benı/ *a.* 1. bayrak 2. pankart
**banns** /benz/ *a.* kilisede resmen yapılan evlilik ilanı
**banquet** /'benkwit/ *a.* ziyafet, şölen
**bantam** /'bentım/ *a.* ispenç, çakşırlı tavuk
**banter**[1] /'bentı/ *e.* şakalaşmak, laklak etmek, dalga geçmek
**banter**[2] /'bentı/ *a.* hafif konuşma, sohbet, laklak
**baptism** /'beptizım/ *a.* 1. vaftiz 2. vaftiz töreni 3. **baptism of fire** a) ilk kötü deneyim b) savaşta düşmanla ilk karşılaşma
**baptize** /'beptayz/ *e.* 1. vaftiz etmek 2. vaftiz ederek isim vermek
**bar**[1] /ba:/ *a.* 1. demir ya da tahta parmaklık 2. engel, bariyer 3. sırık, çubuk 4. kalıp, parça 5. ince ışık demeti 6. üniformalarda rütbe belirten metal çubuklar 7. bar
**bar**[2] /ba:/ *e.* 1. parmaklıklarla örtmek, kapatmak 2. hapsetmek, kapatmak ya da dışarıda bırakmak 3. engellemek, kısıtlamak 4. izin vermemek, yasaklamak
**bar**[3] /ba:/ *ilg.* dışında, hariç: *All the family, bar my uncle, came to the wedding.*
**barb** /ba:b/ *a.* zıpkın, olta, ok, vb. gibi

çengelli uç
**barbarian** /ba:'beırıın/ *a.* barbar, vahşi, uygarlaşmamış kimse
**barbaric** /ba:'berik/ *s.* 1. barbar, vahşi 2. zalim, acımasız
**barbarism** /'ba:bırizım/ *a.* barbarlık
**barbarity** /ba:'beriti/ *a, hkr.* acımasızlık, kıyıcılık, vahşilik, barbarlık
**barbarous** /'ba:bırıs/ *s.* 1. uygarlaşmamış, görgüsüz, kaba, barbar 2. acımasız, zalim 3. (söz ve davranışta) saldırgan
**barbecue**[1] /'ba:bikyu:/ *a.* 1. açık hava ızgarası, ızgara 2. açıkta ızgara yemeklerin yendiği toplantı
**barbecue**[2] /'ba:bikyu:/ *e.* açık havada ızgarada yemek pişirmek
**barbed wire** /ba:bd'wayı/ *a.* dikenli tel
**barber** /'ba:bı/ *a.* berber
**barbiturate** /ba:'biçurit/ *a.* barbitürat, yatıştırıcı
**bard** /ba:d/ *a.* ozan, şair
**bare**[1] /beı/ *s.* 1. çıplak 2. yalın, süssüz 3. boş, tamtakır
**bare**[2] /beı/ *e.* açmak, açığa çıkartmak, gözle görülür hale getirmek; soymak
**bareback**[1] /'beıbek/ *s.* ata eyersiz binen, çıplak ata binen
**bareback**[2] /'beıbek/ *be.* eyersiz olarak, eyer olmadan
**barefaced** /beı'feyst/ *s. hkr.* yüzsüz, utanmaz, arsız
**barefoot** /'beıfut/ *s, be.* yalınayak
**barely** /'beıli/ *be.* ancak, zar zor, güçbela: *There was barely enough room to stand on the crowded bus.*
**bargain**[1] /'ba:gin/ *a.* 1. pazarlık, anlaşma, uyuşma 2. kelepir 3. ucuz şey 4. **drive a hard bargain** sıkı pazarlık etmek 5. **into the bargain** ek olarak, ayrıca
**bargain**[2] /'ba:gin/ *a.* 1. pazarlık etmek: *She tried to bargain but they wouldn't drop the price.* 2. (for ile) hesaba katmak: *I didn't bargain for such a hot day and got sunburned.*
**barge**[1] /ba:c/ *a.* mavna, salapurya
**barge**[2] /ba:c/ *e.* 1. çarpmak, toslamak 2. (into ile) (konuşmayı) kesmek, bölmek, müdahale etmek 3. (in ile) hızla içeri

**B**

dalmak
**baritone** /'beritoun/ *a, müz.* bariton
**bark**[1] /ba:k/ *e.* 1. (at ile) havlamak: *They have a guard dog which barks at anyone who comes near.* 2. (out ile) bağırarak söylemek: *He barked out his commands and left.* 3. **bark up the wrong tree** *k. dili* yanlış kapı çalmak
**bark**[2] /ba:k/ *a.* 1. havlama 2. ağaç kabuğu 3. **His bark is worse than his bite** *k. dili* Osurdu mu mangalda kül bırakmaz.
**barley** /'ba:li/ *a.* arpa
**barmaid** /'ba:meyd/ *a.* bayan barmen
**barman** /'ba:mın/ *a.* barmen
**barmy** /'ba:mi/ *s, arg, İİ.* aptal, üşütük, çatlak, kaçık, manyak
**barn** /ba:n/ *a.* 1. ambar 2. ağıl, ahır 3. büyük ve sevimsiz bina
**barnacle** /'ba:nıkıl/ *a.* 1. (kayalara, gemi diplerine yapışan) bir tür midye 2. yapışkan kişi
**barnyard** /'ba:nya:d/ *a.* çiftlik avlusu
**barometer** /bı'romitı/ *a.* barometre, basınçölçer
**baron** /'berın/ *a.* 1. *İİ.* baron 2. *Aİ.* çok etkili ve önemli işadamı
**baroness** /'berınis/ *a.* 1. barones 2. soylu kadın
**baronet** /'berınit/ *a.* baronet
**baroque** /bı'rok/ *s, a.* barok
**barrack** /'berık/ *e, İİ, k. dili* bağırarak sözünü kesmek
**barracks** /'berıks/ *a.* kışla
**barrage** /'bera:j/ *a.* 1. baraj, bent, su bendi 2. yaylım ateşi 3. (soru, vb.) yağmur
**barrel** /'berıl/ *a.* 1. fıçı, varil 2. *k. dili* büyük miktar, fıçı dolusu 3. namlu 4. **over a barrel** *k. dili* sıkışık/zor bir durumda
**barren** /'berın/ *s.* 1. (dişi hayvan) kısır 2. (bitki) meyve vermeyen, ürün vermeyen, verimsiz 3. (toprak) çorak, verimsiz, kıraç 4. işe yaramaz, sonuç vermez, boş, yararsız
**barricade**[1] /'berikeyd/ *a.* barikat, engel
**barricade**[2] /'berikeyd/ *e.* barikat kurmak, barikatla kapatmak/engellemek
**barrier** /'berii/ *a.* 1. engel 2. duvar, çit, korkuluk

**barring** /'ba:ring/ *ilg.* 1. haricinde, dışında, hariç: *The whole class was in the photo barring Rosanna.* 2. ... olmazsa: *The work should be finished by October barring strikes.*
**barrister** /'beristı/ *a.* avukat, dava vekili
**barrow** /'berou/ *a.* bir ya da iki tekerlekli el arabası
**barter**[1] /'ba:tı/ *a.* takas, değiş tokuş
**barter**[2] /'ba:tı/ *e.* (for, with ile) takas etmek, değiş tokuş etmek
**base**[1] /beys/ *a.* 1. temel, alt kısım, bir şeyin üzerinde durduğu kısım, taban 2. başlangıç noktası, baş, esas 3. *ask.* üs 4. merkez; merkez şube 5. *mat.* doğru, düzlem 6. öz, içerik, esas 7. *kim.* baz
**base**[2] /beys/ *s, hkr.* aşağılık, adi, alçak, alçakça
**base**[3] /beys/ *e.* (on/upon ile) ... üzerine kurmak, -e dayandırmak: *The book is based on the writer's early childhood.*
**baseball** /'beysbo:l/ *a, sp.* 1. beysbol 2. beysbol topu
**basement** /'beysmınt/ *a.* bodrum katı, bodrum
**bash**[1] /beş/ *e, k. dili* şiddetle vurmak
**bash**[2] /beş/ *a, k. dili* 1. yumruk 2. **have a bash (at)** *İİ.* bir denemek, el atmak, girişmek
**bashful** /'beşfıl/ *s.* çekingen, utangaç, sıkılgan
**basic** /'beysik/ *s.* temel, ana, esas
**basics** /'beysiks/ *a.* bir şeyin en basit ama en önemli kısımları
**basin** /'beysın/ *a.* 1. leğen 2. geniş kase, kap, çanak, tas 3. havuz 4. lavabo, yalak 5. *coğ.* havza
**basis** /'beysis/ *a.* temel, esas: *There was no basis to his claims.*
**bask** /ba:sk/ *e.* 1. tadını çıkarmak, hoşlanmak, mutlu olmak 2. güneşlenmek
**basket** /'ba:skit/ *a.* 1. sepet, sele 2. (basketbol) file 3. (basketbol) basket, sayı
**basketball** /'ba:skitbo:l/ *a, sp.* basketbol
**bass**[1] /bes/ *a, hayb.* levrek
**bass**[2] /beys/ *a, müz.* 1. bas 2. *k. dili* basgitar
**bassoon** /bı'su:n/ *a, müz.* fagot
**bastard**[1] /'ba:stıd, 'bestıd/ *a.* 1. piç 2. *arg.*

51 **beacon**

alçak, puşt, it 3. *arg.* adam, herif 4. *k. dili* hıyar
**bastard²** /ba:stıd, 'bestıd/ *s.* çizgi dışı, yasa dışı, alışılmamış, kurallara aykırı
**bastardize** /'bestıdayz/ *e.* 1. kötüleştirmek, çarpıtmak, saptırmak, bozmak, yozlaştırmak 2. *arg.* piç etmek
**baste¹** /beyst/ *e.* teyellemek
**baste²** /beyst/ *e.* (pişen etin üzerine) erimiş yağ dökmek
**bastinado** /besti'neydou/ *a.* falaka
**bat¹** /bet/ *a.* 1. *sp.* kriket/beysbol sopası 2. *sp.* pinpon raketi 3. kalın sağlam sopa, değnek 4. vurma, vuruş, darbe 5. **off one's own bat** *k. dili* kendi başına; kendisine söylenmeden
**bat²** /bet/ *e.* 1. sopa ile vurmak 2. **not bat an eyelid** *k. dili* kılını kıpırdatmamak, tınmamak, şaşırmamak
**bat³** /bet/ *a, hayb.* yarasa
**batch** /beç/ *a.* dizi, grup, küme
**bath¹** /ba:t/ *a.* 1. küvet 2. banyo yapma, banyo, yıkanma: *I'll have a bath.* 3. banyo suyu 4. banyo odası, banyo 5. ilaçlı su, banyo 6. *ç.* hamam; kaplıca; havuz
**bath²** /ba:t/ *e, İİ.* 1. banyo yapmak, yıkanmak 2. banyo yaptırmak, yıkamak
**bathe¹** /beyd/ *e.* 1. yüzmek 2. suya/ilaca sokmak, yıkamak 3. yıkanmak
**bathe²** /beyd/ *a, İİ, k. dili* yüzme
**bathing** /'beyding/ *a.* 1. yıkanma, yüzme 2. **bathing suit** kadın mayosu
**bathos** /'beytos/ *a, yaz.* çok yüksek düşünce, biçim, vb. nin birdenbire kötüleşmesi
**bathrobe** /'ba:troub/ *a.* bornoz
**bathroom** /'ba:trum/ *a.* 1. İİ. banyo 2. *Aİ.* tuvalet
**batman** /'betmın/ *a, İİ.* emir eri
**baton** /'beton/ *a.* 1. *müz.* baton 2. cop 3. sopa
**bats** /'bets/ *s, arg.* deli, çılgın, kaçık, üşütük
**batsman** /'betsmın/ *a.* (kriket) vurucu
**battalion** /bı'teliın/ *a, ask.* tabur
**batten** /'betn/ *a.* uzun tahta, tiriz
**batter¹** /'betı/ *a.* süt, yağ ve un karışımı hamur, pasta hamuru
**batter²** /'betı/ *e.* 1. bam güm vurmak,

yumruklamak 2. hasara uğramak 3. paçavraya çevirmek, yıpratmak
**battery** /'betıri/ *a.* 1. *ask.* batarya 2. batarya, akü, pil 3. takım, seri, dizi 4. *huk.* müessir fiil, dövme
**battle¹** /'betl/ *a.* 1. savaş, muharebe 2. çarpışma, vuruşma 3. savaşım, mücadele
**battle²** /'betl/ *e.* 1. savaşmak, çarpışmak 2. mücadele etmek
**battlefield** /'betlfi:ld/ *a.* savaş alanı
**battlements** /'betlmınts/ *a, ask.* mazgallı siperler
**battleship** /'betlşip/ *a.* savaş gemisi
**batty** /'beti/ *s, arg.* deli, üşütük, kaçık, çatlak
**bauble** /'bo:bıl/ *a.* 1. ucuz mücevher; incik boncuk 2. gösterişli/değersiz şey, geçici
**baulk** /bo:k/ *a, e, bkz.* **balk**
**bauxite** /'bo:ksayt/ *a.* boksit, alüminyumtaşı
**bawdy** /'bo:di/ *s.* 1. seksle ilgi; açık saçık 2. terbiyesiz
**bawl** /bo:l/ *e.* bas bas bağırmak
**bay¹** /bey/ *a.* 1. *bitk.* defne 2. körfez, koy 3. bölme, bölüm, kısım 4. çıkma, cumba 5. havlama, uluma 6. doru at
**bay²** /bey/ *s.* (at) doru
**bay³** /bey/ *e.* havlamak, ulumak
**bayonet¹** /'beyınit/ *a.* süngü
**bayonet²** /'beyınit/ *e.* süngülemek
**bazaar** /bı'za:/ *a.* 1. çarşı 2. yardım amacıyla düzenlenen satışlar
**be** /bi, bi:/ (**I** öznesiyle **am**; tekil öznelerle **is**; çoğul öznelerle **are** biçiminde çekimlenir. **Am** ve **is**'in geçmiş zaman biçimi **was**, **are**'ınki ise **were**'dir. Miş'li geçmiş zaman biçimi ise tekdir: **been**) olmak, var olmak, bulunmak; -dir, -dır; -di, -dı: *I am tired. He is a doctor. We are going to America. She was right. They were in the car. Has she been to work today?*
**beach¹** /bi:ç/ *a.* 1. kıyı, sahil, kıyı şeridi 2. plaj
**beach²** /bi:ç/ *e.* kıyıya sürmek
**beachcomber** /'bi:çkoumı/ *a.* sahile yakın yerde yaşayan ve sahilde bulduklarını satarak geçinen kimse
**beacon** /'bi:kın/ *a.* 1. işaret ateşi 2. deniz

feneri 3. havaalanlarındaki işaret ışıkları 4. yol gösterici

**bead** /bi:d/ a. 1. tespih tanesi, boncuk 2. damla 3. ç. tespih, kolye

**beady** /'bi:di/ s. (göz) yuvarlak ve parlak, boncuk gibi

**beak** /bi:k/ a. gaga

**beaker** /'bi:kı/ a. 1. büyük bardak 2. deney şişesi

**beam**¹ /bi:m/ a. 1. ışık, ışın, ışık demeti 2. tek yönde yollanan radyo dalgaları, sinyal, dalga 3. sevimli ve içten bakış, gülüş 4. kiriş, direk; kalas

**beam**² /bi:m/ e. 1. ışıldamak, parlamak, parıldamak 2. gülümsemek 3. (radyo/televizyon) dalgaları göndermek, iletmek

**bean** /bi:n/ a. 1. fasulye 2. (bakla, bezelye, kahve, vb.) tane, çekirdek 3. arg. beyin, kafa 4. arg. metelik 5. **full of beans** k. dili hayat dolu, yerinde duramayan, fıkır fıkır 6. **spill the beans** k. dili baklayı ağzından kaçırmak

**bear**¹ /beı/ a. 1. ayı 2. spekülatör, vurguncu

**bear**² /beı/ e. [pt bore /bo:/, pp borne /bo:n/] 1. taşımak, götürmek: The taxi bore me to the airport. 2. taşımak, kaldırmak, çekmek: He couldn't bear responsibility and resigned from office. 3. (duygu, vb.) aklında olmak, taşımak, beslemek: She never bears a grudge. 4. uygun olmak, yakışık almak, uymak: His joke didn't bear repeating. 5. doğurmak, dünyaya getirmek: The mare bore many foals in its lifetime. 6. (meyve/ürün) vermek: Did your peach tree bear well this year? 7. dayanmak, çekmek, katlanmak, kaldırmak, tahammül etmek: I can't bear your stupidity. 8. sahip olmak, taşımak, bulundurmak: Her ring bears an inscription from her husband.

**bearable** /'beırıbıl/ s. katlanılır, çekilir, dayanılır

**beard** /bııd/ a. sakal

**bearded** /'bııdid/ sakallı

**bear down** e. 1. yenmek 2. güç kullanmak, çaba harcamak 3. doğurmak için çaba harcamak 4. (on/upon ile) tehdit edercesine yaklaşmak

**bearer** /'beırı/ a. 1. taşıyan, hamil 2. tabut taşıyan kişi 3. meyve veren ağaç, bitki

**bearing** /'beıring/ a. 1. bedenin duruşu, duruş, duruş biçimi 2. ilgi, ilişki, ilinti 3. taşıma, dayanma, katlanma 4. doğurma, doğum 5. meyve verme, ürün verme

**bear on/upon** e. ile ilgili olmak

**bear out** e. doğrulamak

**bear up** e. 1. dayanmak, cesareti elden bırakmamak 2. İİ. neşelenmek 3. İİ. neşelendirmek 4. desteklemek, yardım etmek

**bear with** e. sabır göstermek, katlanmak

**beast** /bi:st/ a. 1. (dört ayaklı) hayvan 2. hkr. kaba kimse, hayvan

**beastly** /'bi:stli/ s. 1. hkr. sevilmeyen, istenilmeyen, beğenilmeyen 2. k. dili kötü, berbat, rezil

**beat**¹ /bi:t/ e. [pt beat, pp beaten /'bi:tn/] 1. dövmek: The police beat him when they arrested him. 2. vurmak, dövmek: The firemen beat down the flaming undergrowth. 3. çırpmak; çalkalamak: First he beat the batter then melted some butter. 4. (kalp, nabız) atmak: His pulse was beating too rapidly. 5. yenmek: She always beats me at chess. 6. **beat about/around the bush** lafı ağzında gevelemek 7. **Beat it** arg. Siktir git! Defol! 8. **beat time** tempo tutmak

**beat**² /bi:t/ a. 1. vurma, vuruş 2. yürek atışı 3. müz. ritm, tempo 4. devriye bölgesi

**beat**³ /bi:t/ s. 1. arg. çok yorgun, leşi çıkmış 2. k. dili hippi 3. **beat generation** asi gençlik

**beat about** e. 1. endişeyle aramak: Her husband beat about for an excuse but could find none. 2. rota değiştirmek: The ship beat about when it sighted the enemy.

**beat down** e, k. dili 1. indirmek, azaltmak: Cheap imports have beaten down the cost of local products. 2. fiyatı indirmeye ikna etmek: His price is too high. Try and beat him down.

**beaten**¹ /'bi:tn/ s. 1. (metal) vurularak

biçimlendirilmiş, dövme 2. (yol) ayak izleriyle belirginleşmiş 3. yenik, mağlup 4. **off the beaten track** herkesçe bilinmeyen

**beaten**[2] /'bi:tn/ *pp bkz.* **beat**

**beater** /'bi:tı/ *a.* mikser, çırpıcı

**beatnik** /'bi:tnik/ *a.* hippi

**beautician** /byu:'tişın/ *a.* güzellik uzmanı

**beautiful** /'byu:tifıl/ *s.* 1. güzel 2. *k. dili* çok iyi, harika

**beat out** *e.* (ateş) vurarak söndürmek

**beat up** *e, k. dili* döverek yaralamak, pataklamak

**beautify** /'byu:tifay/ *e.* güzelleştirmek

**beauty** /'byu:ti/ *a.* 1. güzellik 2. güzel şey/kişi 3. *k. dili* çok iyi kişi/şey 4. **beauty parlour/shop** güzellik salonu 5. **beauty spot** güzelliğiyle bilinen yer

**becalmed** /bi'ka:md/ *s.* (yelkenli tekne) rüzgârsızlıktan yol alamayan

**became** /bi'keym/ *pt bkz.* **become**

**because** /bi'koz/ *bağ.* çünkü, -dığı için: *He didn't go to the beach because he was sunburned.*

**because of** *ilg.* ... yüzünden, -den dolayı: *He missed his plane because of a puncture.*

**beckon** /'bekın/ *e.* parmak işaretiyle çağırmak, el etmek

**become** /bi'kam/ *e.* [*pt* **became** /bi'keym/, *pp* **become** /bi'kam/] 1. olmak: *She became chairman of the board this year.* 2. uymak, gitmek, yakışmak: *Judy, that new dress of yours really becomes you.* 3. (of ile) -e olmak; başına gelmek: *What has become of your uncle since he went away?*

**becoming** /bi'kaming/ *s.* 1. uygun, üzerine yakışan 2. yakışık alır, yerinde, doğru

**bed**[1] /bed/ *a.* 1. yatak, karyola 2. (ırmak, vb.) yatak 3. tarh 4. çiçeklik 5. taban, temel 6. **bed and board** kalacak yer ve yiyecek

**bed**[2] /bed/ *e.* 1. yerleştirmek, oturtmak 2. üzerinde yetiştirmek, üzerinde ekim yapmak

**bedbug** /'bedbag/ *a.* tahtakurusu

**bedclothes** /'bedklou**d**z/ *a.* yatak takımı

**bedding** /'beding/ *a.* 1. yatak 2. yatak takımı

**bedeck** /bi'dek/ *e.* (with ile) süslemek

**bedevil** /bi'devıl/ *e.* 1. bozmak 2. şaşırtmak, kafasını karıştırmak

**bedlam** /'bedlım/ *a, k. dili* gürültülü patırtılı yer, çıfıt çarşısı

**bedpan** /'bedpen/ *a.* oturak, lazımlık

**bedraggled** /bi'dregıld/ *s.* üstü başı darmadağınık, pejmürde, dağınık

**bedridden** /'bedridn/ *s.* yatalak

**bedroom** /'bedrum, 'bedru:m/ *a.* yatak odası

**bed-sitter** /bed'sitı/ *a.* bekâr odası

**bedspread** /'bedspred/ *a.* süslü yatak örtüsü

**bee** /bi:/ *a.* 1. arı 2. **a bee in one's bonnet** *k. dili* fikri sabit, saplantı

**beech** /bi:ç/ *a, bitk.* kayın ağacı

**beef**[1] /bi:f/ *a.* 1. sığır eti 2. *arg.* dırdır, şikâyet

**beef**[2] /bi:f/ *e.* (about ile) *arg.* dırdır etmek

**beefy** /'bi:fi/ *s, k. dili* güçlü, kuvvetli, iri yarı

**beehive** /'bi:hayv/ *a.* arı kovanı

**been** /bi:n, bin/ *pp bkz.* **be**

**beer** /bii/ *a.* bira

**beeswax** /'bi:zweks/ *a.* bulmumu

**beet** /bi:t/ *a, k. dili* pancar; şekerpancarı

**beetle** /'bi:tl/ *a.* 1. kanatlılardan herhangi bir böcek 2. *k. dili* iri kara böcek

**beetroot** /'bi:tru:t/ *a, bitk.* pancar

**befall** /bi'fo:l/ *e.* [*pt* **befell** /bi'fel/, *pp* **befallen** /bi'fo:lın/] (kötü bir şey) olmak, başına gelmek: *Many adventures befell him on his travels.*

**befallen** /bi'fo:lın/ *pp bkz.* **befall**

**befell** /bi'fel/ *pt bkz.* **befall**

**before**[1] /bi'fo:/ *be.* önce, daha önce, önceden: *I have been here before.*

**before**[2] /bi'fo:/ *ilg.* 1. önünde: *He stood before the headmaster.* 2. -den önce: *That car was manufactured before 1950.*

**before**[3] /bi:'fo:/ *bağ.* -meden önce: *He must get home before it gets dark.*

**beforehand** /bi'fo:hend/ *be.* önceden: *I have to know your plans beforehand.*

**befriend** /'bi'frend/ *e.* arkadaşça davran-

**beg** 54

mak, dostça davranmak, yardım etmek
**beg** /beg/ *e.* 1. dilenmek: *He lost his job and had to beg to support his family.* 2. dilemek, istemek, rica etmek: *He begged his father to lend him some money.* 3. yalvarmak

**began** /bi'gen/ *pt bkz.* **begin**

**beggar**[1] /'begı/ *a.* 1. dilenci 2. *k. dili* ahbap, herif, tip 3. **Beggars can't be choosers.** Dilenciye hıyar vermişler, eğridir diye beğenmemiş

**beggar**[2] /'begı/ *e.* yoksullaştırmak, fakirleştirmek, süründürmek

**beggarly** /'begıli/ *s.* çok az/yetersiz

**begin** /bi'gin/ *e.* [*pt* **began** /bi'gen/, *pp* **begun** /bi'gan/] 1. başlamak: *The film begins at nine o'clock.* 2. başlatmak: *The headmaster will begin his speech in 5 minutes.* 3. **to begin with** evvela, bir kere, ilk neden olarak

**beginner** /bi'ginı/ *a.* yeni başlayan, acemi

**beginning** /bi'gining/ *a.* 1. başlangıç, başlangıç noktası 2. köken

**begrudge** /bi'grac/ *e.* istemeyerek vermek; çok görmek, içine oturmak: *I don't begrudge him his success. He worked hard for it.*

**beguile** /bi'gayl/ *e.* (into ile) 1. aldatmak, kandırmak 2. büyülemek, çekmek, cezbetmek

**begun** /bi'gan/ *pp bkz.* **begin**

**behalf** /bi'ha:f/ *a.* 1. taraf, leh 2. **on behalf of** -in adına/yararına

**behave** /bi'heyv/ *e.* 1. davranmak, hareket etmek 2. nazik davranmak

**behaviour** /bi'heyviı/ *a.* davranış, hareket, tavır

**behead** /bi'hed/ *e.* başını kesmek, kafasını uçurmak

**beheld** /bi'held/ *pt, pp bkz.* **behold**

**behind**[1] /bi'haynd/ *be.* 1. arkaya, arkada: *It is a very new cinema with a car park behind.* 2. arkada: *He has left his luggage behind at the hotel.* 3. geride, geç: *She is always behind in her work.*

**behind**[2] /bi'haynd/ *ilg.* arkasında, gerisinde, ardında: *We couldn't see the house behind its high wall.* 2. ardında: *I wonder what is behind his dinner invitation.*

3. arkasında, desteğinde, yanında: *His wife has been behind every decision he made.* 4. arkasında, gerisinde: *The policeman was ten metres behind the thief.*

**behind**[3] /bi'haynd/ *a, k. dili* kıç

**behindhand** /bi'hayndhend/ *s, be.* geç, gecikmiş, geç kalmış, arkada: *He is very behindhand in answering my letter.*

**behold** /bi'hould/ *e.* [*pt, pp* **beheld** /bi'held/] farkına varmak, görmek

**beige** /beyj/ *a, s.* bej

**being** /'bi:ing/ *a.* 1. varlık, yaşam, mevcudiyet, oluş 2. varlık, yaratık, mahluk

**belated** /bi'leytid/ *s.* gecikmiş

**belch** /bel/ *e.* 1. geğirmek 2. püskürtmek

**belfry** /'belfri/ *a.* çan kulesi

**belie** /bi'lay/ *e.* 1. yanıltmak 2. gizlemek, maskelemek

**belief** /bi'li:f/ *a.* 1. güven, inanç, itimat 2. inanç, iman

**believable** /bi'li:vıbıl/ *s.* inanılır

**believe** /bi'li:v/ *e.* 1. inanmak; güvenmek: *I don't believe a word he says. He's always lying.* 2. sanmak, zannetmek, varsaymak: *I believe he's from America.*

**believe in** *e.* 1. varlığına inanmak: *Do you believe in UFO's?* 2. -e inancı olmak, inanmak: *He asked if I believed in God.* 3. yararına inanmak: *He has always believed in having a cold shower every morning.*

**belittle** /bi'litl/ *e.* küçümsemek, küçük görmek

**bell** /bel/ *a.* çan, zil

**bell-bottoms** /'belbotımz/ *a.* İspanyol paça pantolon

**belle** /bel/ *a.* çekici ve gözde kadın, dilber

**bellicose** /'belikous/ *s.* kavgacı, huysuz, aksi

**belligerent** /bi'licırınt/ *s.* 1. (ülke) savaşmakta, savaş halinde 2. (insan) kavgacı, kavgaya hazır, kızgın, sinirli

**bellow** /'belou/ *e.* böğürmek

**bellows** /'belouz/ *a.* körük

**belly** /'beli/ *a, k. dili* 1. göbek 2. **belly button** *k. dili* göbek deliği

**bellyache**[1] /'belieyk/ *a.* 1. karın ağrısı 2. *arg.* dırdır, şikâyet

**bellyache**[2] /'belieyk/ e, arg. dırdır etmek

**bellyful** /'beliful/ a, k. dili çok fazla, gereğinden fazla

**belong** /bi'long/ e. 1. uygun olmak, yararlı olmak: She really belongs in nursing, she's so dedicated. 2. doğru yerde olmak, yerinde olmak: That book belongs in the library.

**belongings** /bi'longingz/ a. birinin kişisel eşyaları

**belong to** e. 1. -e ait olmak: The shirt belongs to her. 2. bağlı olmak, üyesi olmak: Do you belong to a basketball team?

**beloved** /bi'lavd/ s, a. sevgili, canım, aziz

**below**[1] /bi'lou/ be. 1. aşağı, aşağıda, altta: She stood on the mountain watching the scene below. 2. (toprak, deniz, vb.) altında, yer altında: After the explosion there were four men trapped.

**below**[2] /bi'lou/ ilg. 1. -in altında: Her hair hangs below her shoulders. 2. -den aşağı, -den düşük/az: There are only 3 students below 20 in the class.

**below**[3] /bi'lou/ s. aşağıdaki, alttaki: Please complete the sentences below.

**belt**[1] /belt/ a. 1. kemer, kuşak 2. kayış 3. bölge, yöre, kuşak 4. **tighten one's belt** k. dili kemerleri sıkmak

**belt**[2] /belt/ e. 1. kemerle/kuşakla bağlamak 2. kemerle dövmek 3. k. dili (elle) çok sert biçimde vurmak, çakmak, patlatmak 4. arg, İİ. çok hızlı gitmek, jet gibi gitmek, uçmak

**belt up** e, arg. çenesini kapatmak, kesmek

**bemoan** /bi'moun/ e. kederlenmek, üzülmek, sızlanmak

**bemused** /bi'myu:zd/ s. aklı karışık, şaşkın, iyi düşünemeyen

**bench** /benç/ a. 1. sıra, oturma sırası, bank 2. yargıç kürsüsü 3. yargıç 4. yargıçlar kurulu 5. tezgâh

**bend**[1] /bend/ e. [pt, pp **bent** /bent/] 1. eğmek, bükmek 2. eğilmek, bükülmek 3. yöneltmek, çevirmek

**bend**[2] /bend/ a. 1. eğme, bükme 2. dönemeç, viraj 3. **round the bend** k. dili deli, çılgın

**beneath**[1] /bi'ni:t/ be. altta, alta: I live on the third floor and the apartment beneath is for rent.

**beneath**[2] /bi'ni:t/ ilg. 1. altında, altına: There is a luggage room beneath the stairs. 2. (seviyesinin) altında: He never talks to the office staff. He thinks they are beneath him. 3. denetimi/etkisi altında: The students are all doing well beneath their new teacher.

**benediction** /beni'dikşın/ a. kutsama, takdis

**benefaction** /beni'fekşın/ a. 1. iyilik, yardım, bağış, ihsan 2. sadaka, yardım, hayır

**benefactor** /'benifektı/ a. yardımsever, hayırsever, iyilikçi

**beneficent** /bi'nefisınt/ s. hayır sahibi, iyilikçi, hayırsever

**beneficial** /beni'fişıl/ s. yararlı, faydalı, hayırlı

**beneficiary** /beni'fişıri/ a. 1. (miras, kazanç, vb.) elde eden kimse, mirasçı 2. kâr eden kimse

**benefit**[1] /'benifit/ a. 1. yarar, fayda, çıkar, kâr, kazanç 2. avantaj 3. işsizlik ve sağlık ödeneği

**benefit**[2] /'benifit/ e. yaramak, yararı olmak: A good education system benefits the whole country.

**benefit from/by** e. -den yararlanmak: I think your health would benefit from a good rest.

**benevolence** /bi'nevılıns/ a. hayırseverlik, yardımseverlik

**benevolent** /bi'nevılınt/ s. iyilikçi, hayırsever, yardımsever

**benign** /bi'nayn/ s. 1. halim selim, iyi huylu, tatlı, sevecen 2. (hastalık) tehlikesiz, bulaşıcı olmayan 3. (ur) tehlikesiz, iyicil

**bent**[1] /bent/ s, İİ, arg. 1. namussuz 2. rüşvetçi, yiyici 3. çatlak, üşütük 4. ibne, homo

**bent**[2] /bent/ a. eğilim; yetenek

**bent**[3] /bent/ pt, pp bkz. **bend**

**bent on/upon** s. -e kararlı: He is bent on going to America next year.

**bequeath** /bi'kwi:d/ e. miras olarak bı-

B

rakmak: *The wealthy businessman bequeathed a large sum of money to the art gallery.*

**bequest** /bi'kwest/ *a.* miras, kalıt

**bereave** /bi'ri:v/ *e.* elinden almak, yoksun bırakmak: *She was bereaved of her whole family by the war.*

**bereavement** /bi'ri:vmınt/ *a.* büyük kayıp, matem

**bereft** /bi'reft/ *s.* (of ile) -sız, -siz, -den yoksun: *He is completely bereft of any sympathy for others.*

**beret** /'berey/ *a.* bere

**berk** /bö:k/ *a, İİ, hkr, arg.* aptal, salak, öküz

**berry** /'beri/ *a.* (çilek, kiraz, vb.) küçük, yumuşak meyve

**berserk** /bö:'sö:k/ *s.* öfkeden deliye dönmüş, çılgın

**berth**[1] /bö:t/ *a.* 1. (rıhtımda) palamar yeri 2. (tren ya da gemide) ranza, yatak 3. *k. dili* iş

**berth**[2] /bö:t/ *e.* (tekne) 1. (bağlanmak için) limana girmek 2. limana sokmak

**beseech** /bi'si:ç/ *e.* [*pt, pp* **besought/ beseeched** /bi'so:t/] yalvarmak, rica etmek, istemek

**beset** /bi'set/ *e.* [*pt, pp* **beset**] 1. dört bir yandan saldırmak/çevirmek ve saldırıya hazırlanmak 2. sıkıştırmak, rahat bırakmamak

**beside** /bi'sayd/ *ilg.* 1. yanında, yanına: *The post office is beside the library.* 2. kıyasla, -in yanında: *The crop looked poor beside that of the previous season.* 3. **beside oneself** çılgın gibi 4. **beside the point** konunun dışında

**besides**[1] /bi'saydz/ *be.* bunun yanı sıra, ayrıca, bununla birlikte, üstelik, bir de: *What are you studying besides English and French? I don't like smoking; besides it's bad for your health.*

**besides**[2] /bi'saydz/ *ilg.* -den başka, -e ilaveten: *There are many beautiful places besides the famous tourist resorts.*

**besiege** /bi'si:c/ *e.* 1. *ask.* dört bir yandan sarmak, çevirmek 2. sıkıştırmak, rahat vermemek 3. rahatsız etmek, bunalt-

mak, sıkmak

**besotted** /bi'sotid/ *s.* sarhoş olmuş, kendini kaybetmiş, sersemlemiş, aptallaşmış

**besought** /bi'so:t/ *pt, pp bkz.* **beseech**

**best**[1] /best/ *s.* en iyi: *The best driver won the prize.*

**best**[2] /best/ *be.* 1. en iyi biçimde, en iyi: *I think Professor Johnson spoke best at the conference.* 2. en, en çok, en fazla: *She was the best-liked student at college.*

**best**[3] /best/ *a.* 1. en iyi taraf/yan/kısım; en iyi: *There are many good wines but I think French wines are the best.* 2. birinin elinden gelen, yapabileceğinin en iyisi: *Do your best.* 3. **at (the) best** en iyimser olasılıkla

**bestial** /'bestiıl/ *s.* 1. *hkr.* kaba, hayvanca, hayvan gibi 2. acımasız, zalim

**bestiality** /besti'eliti/ *a.* 1. kabalık, hayvanlık, acımasızlık, zalimlik 2. insan-hayvan arasındaki cinsel ilişki

**best man** /best'men/ *a.* sağdıç

**bestow** /bi'stou/ *e.* vermek, bağışlamak, sunmak

**bestseller** /best'selı/ *a.* en çok satılan kitap, vb.

**bet**[1] /bet/ *a.* 1. bahis, iddia 2. bahis olarak yatırılan para

**bet**[2] /bet/ *e.* [*pt, pp* **bet** /bet/] 1. bahse girmek: *He lost all his money betting at the races.* 2. üzerine oynamak: *She bet on the bay mare but she lost.* 3. **I bet** *k. dili* Bahse girerim ki ... Eminim ki ...: *I bet he gets here late.*

**betray** /bi'trey/ *e.* 1. ihanet etmek: *He has betrayed his country and gone over to the enemy.* 2. (özellikle sır) açıklamak, söylemek, yaymak, ele vermek: *He has betrayed the new formula to his firm's competitors.* 3. ele vermek, ortaya koymak, belirtmek: *Only her shaking hands betrayed her fear.*

**betrayal** /bi'treyıl/ *a.* 1. ihanet 2. ele verme

**betroth** /bi'troud/ *e.* evlilik sözü vermek, söz kesmek, nişanlanmak

**better**[1] /'betı/ *s.* 1. daha iyi: *Your cooking*

is better than mine. 2. **one's better half** k. dili karısı/kocası

**better**² /'betı/ be. 1. daha iyi: He writes better than anyone else. 2. **had better** - meli, -malı, -sa iyi olur: If he is ill he had better see a doctor.

**better**³ /'betı/ a. 1. daha iyi 2. **get the better of** hakkından gelmek, yenmek

**better**⁴ /'betı/ e. 1. gelişmek, daha iyi bir hale gelmek: Health in poor nations has bettered in the last decade. 2. geliştirmek, daha iyi bir hale getirmek: He hopes to better his time for the 100 metres this season.

**between**¹ /bi'twi:n/ be. 1. arada: He wrote a novel ten years ago and one this year but wrote nothing between. 2. **few and far between** k. dili nadir, seyrek

**between**² /bi'twi:n/ ilg. 1. arasında: The U. S. A. lies between South America and Canada. 2. aralarında: The three brothers have bought a yacht between them. 3. **between you and me** laf aramızda, aramızda kalsın: Just between you and me, I really don't like him.

**bevel** /'bevıl/ e. eğmek, şevlemek

**beverage** /'bevıric/ a. içecek, meşrubat

**bewail** /bi'weyl/ e. ağlamak, dövünmek, hayıflanmak

**beware** /bi'wei/ e. (of ile) sakınmak, dikkat etmek, korunmak

**bewilder** /bi'wildı/ e. şaşırtmak, sersem etmek

**bewilderment** /bi'wildımınt/ a. şaşkınlık, hayret

**bewitch** /bi'wiç/ e. 1. büyü yapmak 2. büyülemek

**beyond**¹ /bi'yond/ be. öteye, ötede, ileri: His land extends to the river and beyond.

**beyond**² /bi'yond/ ilg. 1. ötesinde, ötesine: What is beyond the trees over there? 2. ... sınırlarının dışında, ötesinde: His lectures were beyond my understanding. 3. -den başka, -ın dışında: I know nothing beyond what I have already told you. 4. -den daha geç/sonra: We couldn't stay beyond the three months our visa allowed.

**bias**¹ /'bayıs/ a. 1. önyargı 2. eğilim, meyil

**bias**² /'bayıs/ e. önyargılı kılmak, önyargıyla hareket ettirmek

**bib** /bib/ a. bebek önlüğü

**Bible** /'baybıl/ a. İncil, Kutsal Kitap

**bibliography** /bibli'ogrıfi/ a. kaynakça, bibliyografi

**bicarb** /'bayka:b/ a, k. dili, bkz. **bicarbonate**

**bicarbonate** /bay'ka:bınit/ a. bikarbonat

**bicentenary** /baysen'ti:nırı/ a. iki yüzüncü yıldönümü

**biceps** /'bayseps/ a. pazı, iki başlı kol kası

**bicker** /'bikı/ e. (incir çekirdeğini doldurmayacak kadar önemsiz konularda) tartışmak, atışmak

**bicycle**¹ /'baysikıl/ a. bisiklet

**bicycle**² /'baysikıl/ e. bisiklete binmek, bisikletle gezmek

**bicyclist** /'baysiklist/ a. bisiklet sürücüsü

**bid**¹ /bid/ e. 1. dilemek, demek: Will you bid them good evening for me? 2. buyurmak, emretmek: The children did as they were bidden. 3. çağırmak, davet etmek: Guests were bidden from far and near.

**bid**² /bid/ e. [pt, pp **bid**] 1. (fiyat) teklif etmek, değer biçmek: The man bid 10. 000. 000 TL. for the house. 2. önerilerde bulunarak/teklifler yaparak destek almaya çalışmak: Both parties are bidding for support. 3. isk. deklarasyon yapmak: My partner bid four diamonds.

**bid**³ /bid/ a. 1. fiyat teklifi, teklif 2. bir iş karşılığında istenen ücret 3. isk. deklarasyon 4. girişim, kalkışma

**bidding** /'biding/ a. 1. buyruk, emir, buyurma, emretme 2. buyurulan şey, emredilen iş, deklarasyon

**bide** /bayd/ e. (uygun zamanı) sabırla beklemek: There were many people rushing to get in, so he decided to bide his time.

**bidet** /'bi:dey/ a. bide

**biennial** /bay'eniıl/ s. 1. iki yılda bir olan 2. (bitki) iki yıl ömürlü, iki yıllık

**bier** /bii/ a. cenaze teskeresi

**bifocals** /bay'foukılz/ a. çift odaklı gözlük

B

**big** /big/ *s*. 1. büyük, iri, kocaman 2. önemli 3. *k. dili* popüler, ünlü, büyük 4. **big deal** *arg*. o da bir şey mi; ne olacak yani, hıh; yok ya 5. **too big for one's boots** *k. dili* kendini bir şey sanan 6. **that's big of you** *k. dili* çok cömertsin, büyüklük gösteriyorsun

**bigamist** /'bigımist/ *a*. iki eşli kimse

**bigamy** /'bigımi/ *a*. ikieşlilik, bigami

**bighead** /'bighed/ *a, k. dili* ukala dümbeleği, kendini bir şey sanan kişi

**bigot** /'bigıt/ *a, hkr*. dar kafalı, bağnaz

**bigoted** /'bigıtid/ *s, hkr*. dar kafalı, fanatik, yobaz, yalnız kendi düşüncesine inanan, bağnaz

**bigotry** /'bigıtri/ *a, hkr*. dar kafalılık, fanatiklik, yobazlık, bağnazlık

**bigwig** /'bigwig/ *a, k. dili* önemli kimse, kodaman

**bike**[1] /bayk/ *a, k. dili* 1. bisiklet 2. motosiklet

**bike**[2] /bayk/ *e, k. dili* bisiklete binmek, bisikletle gezmek

**bikini** /bi'ki:ni/ *a*. bikini

**bilateral** /bay'letırıl/ *s*. iki yönlü, iki yanlı, ikili

**bilberry** /'bilbıri/ *a, bitk*. yaban mersini

**bile** /bayl/ *a*. 1. safra, öd 2. huysuzluk, sinirlilik, aksilik

**bilge** /bilc/ *a*. 1. *den*. geminin alt kısmı/dibi 2. sintine, sintine suyu 3. *arg*. aptalca konuşma, zırva, saçmalık

**bilingual** /bay'lingwıl/ *s*. ikidilli

**bilious** /'bilııs/ *s*. safralı

**bill**[1] /bil/ *a*. 1. kuş gagası, gaga 2. *coğ*. denize uzanan kara parçası, burun

**bill**[2] /bil/ *a*. 1. yasa tasarısı 2. hesap pusulası, hesap, fatura 3. afiş, ilan, el ilanı 4. *Aİ*. kâğıt para 5. tahvil, poliçe 6. **foot the bill** *k. dili* ödemek, para sökülmek

**billboard** /'bilbo:d/ *a*. ilan tahtası

**billet** /'bilit/ *a*. kışla, baraka

**billiards** /'bilyıdz/ *a*. bilardo

**billion** /'bilyın/ *a*. 1. *Aİ*. milyar 2. *İİ*. trilyon

**billow**[1] /'bilou/ *a*. büyük dalga

**billow**[2] /'bilou/ *e*. dalgalanmak; kabarmak

**billy goat** /'bili gout/ *a*. erkek keçi, teke

**bimonthly** /bay'mantli/ *be, s*. 1. iki ayda

bir, iki ayda bir olan, iki aylık 2. ayda iki kere

**bin** /bin/ *a*. 1. teneke, kutu, bidon 2. çöp kutusu 3. *arg*. tımarhane

**binary** /'baynıri/ *s*. çift, ikili

**bind** /baynd/ *e*. [*pt, pp* **bound** /baund/] 1. bağlamak 2. yarayı sarmak 3. ciltlemek 4. yasa gücü ile zorunlu kılmak, yasal olarak bağlamak 5. zorunlu bırakmak 6. bir araya getirmek, birleştirmek, yapıştırmak 7. yapışmak, tutmak

**binder** /'bayndı/ *a*. 1. ciltçi 2. cilt makinesi 3. dosya, klasör

**bindery** /'bayndıri/ *a*. ciltevi

**binding**[1] /'baynding/ *a*. 1. ciltçilik, ciltleme işi 2. kitap kapağı 3. kenar süsü

**binding**[2] /'baynding/ *s*. uyulması gereken, bağlayıcı

**bind over** *e, İİ*. göz hapsine mahkûm etmek

**binge** /binc/ *a, arg*. eğlence, âlem, cümbüş

**bingo** /'bingou/ *a*. bingo oyunu

**binoculars** /bi'nokyulız/ *a*. dürbün

**biochemistry** /bayou'kemistri/ *a*. biyokimya

**biodegradable** /bayoudi'greydıbıl/ *s*. bakterilerle ayrışabilen

**biography** /bay'ogrıfi/ *a*. yaşamöyküsü, biyografi

**biological** /bayı'locikıl/ *s*. biyolojik

**biologist** /bay'olıcist/ *a*. biyolog

**biology** /bay'olıci/ *a*. biyoloji, yaşambilim, dirimbilim

**bionic** /bay'onik/ *s, k. dili* insanüstü güçleri olan, biyonik

**bipartisan** /baypa:ti'zen/ *s*. iki partili, iki partinin üyelerinden oluşan, çift partili

**bipartite** /bay'pa:tayt/ *s*. 1. iki parçalı, ikili 2. iki partili

**biped** /'bayped/ *a*. iki ayaklı yaratık

**biplane** /'baypleyn/ *a*. çifte kanatlı (dört kanatlı) uçak

**birch**[1] /bö:ç/ *a, bitk*. huş ağacı

**birch**[2] /bö:ç/ *e*. 1. vurmak, dövmek 2. kamçılamak

**bird** /bö:d/ *a*. 1. kuş 2. *k. dili* insan, kişi, tip 3. *İİ, k. dili* kadın, kız **early bird** *k. dili* erken kalkan/gelen kimse 5. **kill two**

**B**

**birds with one stone** *k. dili* bir taşla iki kuş vurmak
**bird-brained** /'bö:dbreynd/ *s, k. dili* kuş beyinli
**bird's eye view** /bö:dzay'vyu:/ *a.* 1. kuşbakışı görünüm 2. bir konunun genel görünümü
**biro** /'bayırou/ *a.* tükenmezkalem
**birth** /bö:t/ *a.* 1. doğum 2. doğurma, dünyaya getirme 3. soy, sop, aile kökeni 4. başlangıç, doğuş 5. **birth control** doğum kontrolü
**birthday** /'bö:tdey/ *a.* doğum günü
**birthmark** /'bö:tma:k/ *a.* doğum lekesi
**birthplace** /'bö:tpleys/ *a.* doğum yeri
**birthrate** /'bö:treyt/ *a.* doğum oranı
**birthright** /'bö:trayt/ *a.* doğuştan kazanılan ulusal hak, vatandaşlık hakkı
**biscuit** /'biskit/ *a.* 1. bisküvi 2. *Aİ.* çörek, pasta
**bisect** /bay'sekt/ *e.* iki eşit parçaya bölmek
**bisexual** /bay'sekşuıl/ *s.* 1. çift cinsiyetli, ikieşeyli, erdişi, erselik 2. her iki cinse de ilgi duyan, biseksüel
**bishop** /'bişıp/ *a.* 1. piskopos 2. (satranç) fil
**bison** /'baysın/ *a, hayb.* bizon
**bistro** /'bi:strou/ *a.* küçük bar/lokanta
**bit**[1] /bit/ *a.* 1. gem 2. delgi, keski, matkap
**bit**[2] /bit/ *a.* 1. parça, lokma, kırıntı, miktar 2. kısa süre 3. **a bit** *k. dili* biraz: *It's a bit cold.* 4. **bits and pieces** *k. dili* ıvır zıvır, ufak şeyler 5. **bit by bit** *k. dili* yavaş yavaş, ufak ufak
**bit**[3] /bit/ *pt bkz.* **bite**
**bitch**[1] /biç/ *a.* 1. dişi köpek, kancık 2. *hkr.* karı, kancık, orospu 3. **son of a bitch** *kab.* orospu çocuğu, alçak, puşt
**bitch**[2] /biç/ *e, k. dili* dırdır etmek, kafa şişirmek
**bitchy** /'biçi/ *s.* 1. zor beğenir, müşkülpesent 2. her şeyde kusur bulan, gıcık, kıl
**bite**[1] /bayt/ *e.* [*pt* **bit** /bit/, *pp* **bitten** /'bitn/] 1. ısırmak: *The dog bit the fat boy.* 2. (böcek, yılan, vb.) sokmak 3. (balık) zokayı yutmak 4. hoşa gitmemek, rahatsız etmek, sıkmak 5. tutmak, kavramak 6. **bite sb's head off** *k. dili* kabaca

konuşmak, ters ters cevap vermek 7. **bite the dust** *k. dili* yere düşmek, yenilmek
**bite**[2] /bayt/ *a.* 1. ısırık, ısırma, sokma 2. ısırılarak kopartılan parça, ısırık, lokma 3. *k. dili* yiyecek, lokma 4. keskinlik; acılık
**biting** /'bayting/ *s.* acı verici, acıtıcı, zalim
**bitten** /'bitn/ *pp bkz.* **bite**
**bitter**[1] /'bitı/ *s.* 1. acı, keskin, sert 2. (soğuk, rüzgâr, vb.) sert, şiddetli, iliklere işleyen 3. acı, kötü, üzücü 4. **to the bitter end** en sonuna kadar, ölesiye
**bitter**[2] /'bitı/ *a, İİ.* acı bira
**bitty** /'biti/ *s.* 1. parçalı, kısım kısım, bölüm bölüm 2. *Aİ.* çok az
**bitumen** /'biçumin/ *a.* bitüm, yersakızı
**bivouac**[1] /'bivuek/ *a, ask.* çadırsız asker kampı
**bivouac**[2] /'bivuek/ *e.* geceyi açık havada, çadırsız geçirmek
**biweekly** /bay'wi:kli/ *s, be.* 1. iki haftada bir, iki haftalık 2. haftada iki kere; haftada iki kere olan/çıkan
**bizarre** /bi'za:/ *s.* acayip, garip, tuhaf
**blab** /bleb/ *e, k. dili* sır vermek, ispiyonlamak
**blabber** /'blebı/ *e, hkr.* çok aptalca konuşmak, kafa ütülemek
**black**[1] /'blek/ *s.* 1. siyah, kara 2. (kahve) sütsüz, sade 3. siyahi, kara derili 4. çok kirli 5. kötü, uğursuz 6. çok kızgın, sinirli 7. *yaz.* şeytani 8. (mizah) kara 9. **in black and white** kâğıt üzerinde, yazılı olarak 10. **black magic** kara büyü 11. **black market** karaborsa 12. **black power** zencilerin politik ve ekonomik eşitlik inancı 13. **black sheep** yüz karası, kara koyun 14. **black spot** karayollarında çok sık kaza olan yer, ölüm noktası
**black**[2] /'blek/ *a.* 1. siyah renk 2. siyah giysi 3. zenci
**black**[3] /'blek/ *e.* 1. karartmak, siyaha boyamak 2. (göz) morartmak 3. kara listeye almak
**blackball** /'blekbo:l/ *e.* aleyhinde oy kullanmak
**blackberry** /'blekbıri/ *a, bitk.* böğürtlen

**blackbird** /'blekbö:d/ *a, hayb.* karatavuk

**blackboard** /'blekbo:d/ *a.* karatahta, tahta

**blackcurrant** /'blekkarınt/ *a, bitk.* kuşüzümü

**blacken** /'blekın/ *e.* 1. karartmak 2. kararmak 3. karalamak, leke sürmek, kirletmek

**blackhead** /'blekhed/ *a.* deride oluşan siyah nokta

**blackjack** /'blekcek/ *a.* 1. *isk.* yirmi bir oyunu 2. *Aİ.* cop

**blacklist** /'bleklist/ *e.* kara listeye almak

**blackleg** /'blekleg/ *a, İİ, hkr.* greve katılmayan kişi

**blackmail**[1] /'blekmeyl/ *a.* şantaj

**blackmail**[2] /'blekmeyl/ *e.* şantaj yapmak

**blackout** /'blekaut/ *a.* 1. karartma 2. bayılma, baygınlık

**black out** *e.* 1. karartma yapmak, karartmak 2. bayılmak

**Blackshirt** /'blekşö:t/ *a.* İtalyan Faşist Parti Üyesi, Karagömlekli

**blacksmith** /'bleksmit/ *a.* nalbant, demirci

**bladder** /'bledı/ *a.* 1. sidiktorbası, mesane 2. deri ya da lastikten yapılmış içine sıvı ya da hava doldurulan bir tür kese

**blade** /bleyd/ *a.* 1. (bıçak, jilet, vb.) ağız 2. kürek, pervane, vb. şeylerin geniş yassı kısmı 3. buğday gibi otsu bitkilerin geniş yassı yaprakları

**blame**[1] /bleym/ *e.* sorumlu tutmak, suçlamak: *You always blame me for your own mistakes.*

**blame**[2] /bleym/ *a.* 1. suç 2. sorumluluk 3. kınama

**blameless** /'bleymlis/ *s.* suçsuz, kusursuz, kabahatsiz

**blameworthy** /'bleymwö:di/ *s.* kusurlu, ayıp

**blanch** /bla:nç/ *e.* 1. beyazlatmak, ağartmak 2. (with/at ile) (yüzünün rengi) solmak

**blancmange** /blı'monj/ *a.* pelte

**bland** /blend/ *s.* 1. uysal, yumuşak başlı, ince, ağırbaşlı 2. (besin) fazla tatlı olmayan, hafif

**blank**[1] /blenk/ *s.* 1. (kâğıt, kaset, vb.) boş 2. (çek) açık 3. anlamsız, boş 4. **blank cartridge** kurusıkı kurşun 5. **blank**

**cheque** açık çek 6. **blank verse** serbest nazım, uyaksız şiir

**blank**[2] /blenk/ *a.* 1. boşluk, boş alan 2. üzerinde ilgili kişi tarafından doldurulmak üzere boşluklar bulunan kâğıt 3. **draw a blank** *k. dili* başarısız olmak

**blanket**[1] /'blenkit/ *a.* battaniye

**blanket**[2] /'blenkit/ *s.* sınırsız, bütün olasılıkları içeren

**blare**[1] /bleı/ *e.* bağırmak, ötmek, cırlamak

**blare**[2] /bleı/ *a.* cızırtı, zırıltı, rahatsız edici ses

**blarney** /'bla:ni/ *a, k. dili* övme, pohpohlama, yağ çekme

**blaspheme** /bles'fi:m/ *e.* tanrıya ve kutsal şeylere karşı saygısızca ve kötü konuşmak, küfretmek, sövmek

**blasphemy** /'blesfimi/ *a.* tanrıya ve kutsal şeylere sövme, küfür

**blast**[1] /bla:st/ *a.* 1. (rüzgâr, fırtına, vb.) ani patlama, esinti 2. patlama, büyük ve gürültülü patlama 3. madeni nefesli çalgılardan çıkan yüksek ve kulak tırmalayan ses, zırıltı

**blast**[2] /bla:st/ *e.* 1. (kaya, taş) havaya uçurmak 2. bombalamak, ateş açmak 3. lanetlemek, kargışlamak 4. öldürmek, mahvetmek, yok etmek

**blasted** /'bla:stid/ *s.* 1. lanet olası, kahrolası 2. yıldırım çarpmış 3. yok olmuş, ölmüş, yıkılmış

**blast off** *e.* (uzay aracı) havalanmak

**blast-off** /'bla:st of/ *a.* (uzay aracı, roket, vb.) havalanma, fırlatılma

**blatant** /'bleytınt/ *s.* kaba, utanmaz, arsız, terbiyesiz, küstah

**blaze**[1] /bleyz/ *a.* 1. ateş, parlama, alev 2. parlak ışık 3. büyük/tehlikeli yangın 4. aniden öfkelenme, öfkeden parlama

**blaze**[2] /bleyz/ *e.* 1. alev alev yanmak, tutuşmak 2. parlamak 3. (haber) yaymak

**blazer** /'bleyzı/ *a.* spor ceket, blazer

**blazing** /'bleyzing/ *s.* 1. cayır cayır yanan 2. *k. dili* aşikâr, gün gibi ortada

**bleach**[1] /bli:ç/ *e.* 1. beyazlatmak, ağartmak 2. beyazlamak, ağarmak

**bleach**[2] /bli:ç/ *a.* beyazlatıcı madde

**bleak** /bli:k/ *s.* soğuk, tatsız, nahoş

**B**

**bleary** /'bliıri/ s. (göz) kızarmış, sulanmış
**bleat** /bli:t/ e. 1. melemek 2. *k. dili* mırıldanmak, sızlanmak
**bled** /bled/ *pt, pp bkz.* **bleed**
**bleed** /bli:d/ e. [*pt, pp* **bled** /bled/] 1. kanamak: *The cut on his hand started bleeding again.* 2. (for ile) yüreği kan ağlamak, içi sızlamak, acımak: *His heart bled for all the children made orphans by the war.* 3. (parasını) yemek, yolmak, söğüşlemek: *His relatives have been bleeding him for years.* 4. *k. dili* âdet görmek, kanaması olmak: *I'm bleeding.*
**bleeding** /'bli:ding/ s, *İİ, arg, bkz.* **bloody**
**bleeding heart** /bli:ding 'ha:t/ *a, bitk.* şebboy
**bleep**[1] /bli:p/ *a.* sinyal, bip sesi, korna sesi
**bleep**[2] /bli:p/ *e.* sinyal vermek, sinyalle/kornayla çağırmak
**blemish**[1] /'blemiş/ *e.* güzelliğini bozmak, lekelemek, çirkinleştirmek
**blemish**[2] /'blemiş/ *a.* güzelliği bozan leke/kusur/bozukluk
**blench** /blenç/ *e.* (korkudan) irkilmek
**blend**[1] /blend/ *e.* 1. karıştırmak 2. (çay, tütün, içki, vb.) harmanlamak 3. birbirine uymak, gitmek 4. bütün hale gelmek
**blend**[2] /'blend/ *a.* 1. karışım 2. harman
**blender** /'blendı/ *a.* karıştırıcı, mikser
**bless** /bles/ *e.* [*pt, pp* **blessed/blest** /blest/] 1. kutsamak, takdis etmek 2. hayırdua etmek
**blessed** /'blesid/ *s.* 1. kutsal 2. mutlu, huzurlu
**blessing** /'blesing/ *a.* 1. kutsama, takdis 2. lütuf, iyilik, kayra 3. şükran duası 4. onay, onaylama, cesaretlendirme
**blest** /blest/ *pt, pp bkz.* **bless**
**blew** /blu:/ *pt bkz.* **blow**
**blight**[1] /blayt/ *a.* 1. bitki hastalığı 2. kötü etki
**blight**[2] /blayt/ *e.* bozmak, kötü etkilemek: *His career was blighted by an early mistake.*
**blind**[1] /blaynd/ *s.* 1. kör 2. anlayışsız, kavrayışsız 3. dikkatsiz, düşüncesiz, denetimsiz 4. nedensiz, amaçsız 5. görünmez 6. (uçuş) kör 7. **blind alley** çık-

maz sokak 8. **blind date** *k. dili* (kız ve erkek) ilk buluşma/görüşme 9. **blind drunk** *k. dili* körkütük sarhoş 10. **blind man's buff** körebe 11. **blind spot** a) gözdeki kör nokta b) sürücünün arka tarafındaki görülmesi zor kısım, kör nokta c) birinin hiç anlamadığı, hiç bilmediği bir olay, konu, kör nokta 12. **turn a blind eye (to)** -e göz yummak, görmezlikten gelmek
**blind**[2] /blaynd/ *e.* 1. kör etmek, körleştirmek: *He was blinded by the gangster.* 2. kör etmek, görmez/anlamaz hale getirmek: *His love for her blinded him to her faults.*
**blind**[3] /blaynd/ *a.* güneşlik, perde
**blindfold**[1] /'blayndfould/ *e.* (birinin gözlerini) bir şeyle bağlamak
**blindfold**[2] /'blayndfould/ *a.* göz bağı
**blink** /blink/ *e.* 1. (göz) kırpmak/kırpıştırmak 2. (ışık) yanıp sönmek
**blinkers** /'blinkız/ *a.* at gözlüğü
**blip** /blip/ *a.* bip sesi
**bliss** /blis/ *a.* çok büyük mutluluk
**blister**[1] /'blistı/ *a.* su toplamış kabarcık, kabartı
**blister**[2] /'blistı/ *a.* 1. su toplamak, kabarcıklanmak, kabarmak 2. kabartmak, kabarmasına neden olmak
**blithe** /blayd/ *s.* mutlu, neşeli, kaygısız
**blitz** /blits/ *a.* 1. ani saldırı, ani hava saldırısı 2. *arg.* hummalı faaliyet, sıkı çalışma dönemi
**blizzard** /'blizıd/ *a.* kar fırtınası, tipi
**bloated** /'bloutid/ *s.* 1. davul gibi şişmiş 2. olması gerekenden büyük, normalden fazla; şişirilmiş
**blob** /blob/ *a.* 1. küçük damla 2. küçük/yuvarlak kütle
**bloc** /blok/ *a.* bir amaç için birleşmiş siyasal parti, politikacı ya da ülke gurubu, blok
**block**[1] /blok/ *a.* 1. kütük/kaya/taş parçası, blok 2. bir bütün olarak düşünülen miktar 3. (matbaa) blok 4. binalar dizisi, blok 5. blok, öbek 6. cellat kütüğü 7. arsa parçası 8. tıkayan şey, tıkama, tıkanıklık, engel
**block**[2] /blok/ *e.* tıkamak, önünü kesmek,

**B**

önlemek, engellemek, kapamak
**blockage** /'blokic/ *a.* 1. tıkanma, tıkanıklık
2. tıkayıcı şey
**blockhead** /'blokhed/ *s, k. dili* dangalak,
mankafa, aptal
**bloke** /blouk/ *a, İİ, k. dili* herif, adam
**blond** /blond/ *a, s.* 1. (erkek) sarışın 2.
(saç) sarı
**blonde** /blond/ *a, s.* 1. (bayan) sarışın 2.
(saç) sarı
**blood** /blad/ *a.* 1. kan 2. akrabalık, kan
bağı, soy 3. mizaç, huy 4. **blood bank**
kan bankası 5. **blood brother** kan kar-
deşi 6. **blood feud** kan davası 7. **blood
group/type** kan grubu 8. **blood poison-
ing** kan zehirlenmesi 9. **blood pres-
sure** kan basıncı, tansiyon 10. **blood
sport** kanlı spor, zevk için hayvan öl-
dürme 11. **blood sugar** kan şekeri 12.
**blood vessel** kan damarı 13.
**fresh/new blood** taze kan, yeni eleman
14. **in cold blood** soğukkanlılıkla, acı-
masızca ve kasten 15. **make sb's
blood boil** tepesini attırmak, kudurtmak
16. **make sb's blood run cold** ödünü
koparmak
**bloodbath** /'bladba:t/ *a.* kıyım, katliam,
topluklyım
**bloodcurdling** /'bladkö:dling/ *s.* tüyler
ürpertici, korkunç
**bloodhound** /'bladhaund/ *a.* kan tazısı
**bloodless** /'bladlis/ *s.* 1. kansız 2. öldürü-
cü olmayan, kansız 3. ruhsuz, cansız,
ilgisiz 4. insanca duygulardan yoksun,
kansız
**bloodshed** /'bladşed/ *a.* öldürme, kan
dökme
**bloodshot** /'bladşot/ *s.* (gözü) kanlanmış
**bloodstain** /'bladsteyn/ *a.* kan lekesi
**bloodstone** /'bladstoun/ *a.* kantaşı
**bloodstream** /'bladstri:m/ *a.* kan dolaşımı
**bloodsucker** /'bladsakı/ *a, hkr, k. dili*
asalak, parazit, kan emici, sülük
**bloodthirsty** /'bladtö:sti/ *s.* kana susamış
**bloody**[1] /'bladi/ *s.* 1. kanla kaplı, kanlan-
mış, kanlı 2. kanlı, kan dökülen
**bloody**[2] /'bladi/ *s, be, İİ, arg.* 1. kahrolası,
lanet olası, lanet, Allahın cezası: *Stop
that bloody noise!* 2. müthiş, acayip,

fazlasıyla, süper, o biçim: *They made a
bloody awful mess in the kitchen.* 3.
**bloody well** kesinlikle, pekâlâ, gayet iyi:
*You know bloody well what I mean.*
**bloody-minded** /bladi'mayndid/ *s, İİ, arg.*
dik kafalı, gıcık, uyuz, kıl
**bloom**[1] /blu:m/ *a.* 1. çiçek 2. en güzel
çağ/dönem
**bloom**[2] /blu:m/ *e.* 1. çiçek açmak, çiçek-
lenmek, çiçek vermek 2. (ürün) zengin-
leşmek, verimleşmek 3. sağlıklı ve güzel
görünmek, sağlıklı bir renge kavuşmak
4. gelişmek
**bloomer** /'blu:mı/ *a, İİ, arg.* büyük yanıl-
gı/hata, gaf
**blossom**[1] /'blosım/ *a.* çiçek, ağaç çiçeği
**blossom**[2] /'blosım/ *e.* 1. çiçek açmak,
çiçeklenmek 2. gelişmek, oluşmak, çi-
çeklenmek 3. (kız) büyümek, gelişmek,
yetişmek, olgunlaşmak 4. canlanmak,
neşelenmek, açılmak
**blot**[1] /blot/ *a.* 1. leke; mürekkep lekesi 2.
ayıp davranış, kusur, leke, kara
**blot**[2] /blot/ *e.* 1. lekelemek, kirletmek 2.
kurutma kâğıdıyla temizlemek 3. (out
ile) gizlemek, kapatmak 4. **blot one's
copybook** *k. dili* sicilini kirletmek
**blotch** /bloç/ *a.* 1. deride oluşan leke ya
da kırmızı nokta 2. mürekkep ya da bo-
ya lekesi
**blotter** /'blotı/ *a.* 1. bir parça kurutma
kâğıdı 2. *Al.* kayıt defteri
**blotting paper** /'bloting peypı/ *a.* kurutma
kâğıdı
**blouse** /blauz/ *a.* bluz
**blow** /blou/ *e.* [*pt* **blew** /blu:/, *pp* **blown**
/bloun/] 1. (rüzgâr) esmek: *Cold air blew
through the window.* 2. üflemek: *He
blew hard to put out the candle.* 3. (rüz-
gâr, hava akımı) uçurmak, sürüklemek:
*The kite was blown high into the air.* 4.
üfleyerek/hava vererek biçimlendirmek:
*He blew smoke rings.* 5. üflemek, üfle-
yerek çalmak, öttürmek: *The referee
blew the whistle.* 6. çabuk çabuk solu-
mak: *He was blowing as he finished the
race.* 7. (sigorta, vb.) atmak, yanmak:
*The fuse blew when I turned on the ra-
diator.* 8. (sigorta, vb.) attırmak, yak-

mak: *How did you blow the fuse?* 9. *k. dili* çarçur etmek: *They went out and blew all their money at the casino.* 10. lanetlemek, kargışlamak: *"Blow!", he exclaimed as the rain started.* 11. **blow hot and cold (about)** *k. dili* bir iyi davranmak bir kötü davranmak, oyun oynamak 12. **blow one's own trumpet/horn** *k. dili* kendisini övmek 13. **blow one's top/stack** *k. dili* tepesi atmak

blow-by-blow /'bloubay'blou/ *s.* en ince ayrıntısına kadar, ayrıntılarıyla

blowfly /'blouflay/ *a.* göksinek, et sineği

blow in *e.* 1. *arg.* çıkıp gelmek, damlamak 2. (petrol kuyusu) üretime başlamak

blown /bloun/ *pt, pp bkz.* **blow**

blowout /'blouaut/ *a.* 1. *arg.* cümbüş, âlem 2. *oto.* lastik patlaması 3. patlak, lastikteki patlak, delik 4. patlama

blow out *e.* 1. sönmek 2. üfleyerek söndürmek 3. (lastik) patlamak 4. havaya uçmak 5. havaya uçurmak

blowpipe /'bloupayp/ *a.* (zehirli ok/taş, vb. atmakta kullanılan) boru, üfleç

blubber¹ /'blabı/ *a.* 1. balina türü balıkların yağı 2. ağlama, zırlama, zırıltı

blubber² /'blabı/ *e.* hüngür hüngür ağlamak, zırlamak

blue¹ /blu:/ *s.* 1. mavi 2. *k. dili* üzgün, hüzünlü, kederli, umutsuz 3. **blue blood** doğuştan soyluluk 4. **blue film** seks filmi 5. **blue jacket** denizci, bahriyeli 6 **once in a blue moon** *k. dili* kırk yılda bir

blue² /blu:/ *a.* 1. mavi renk, mavi 2. **bolt from the blue** *k. dili* beklenmedik/nahoş şey, şok 3. **out of the blue** damdan düşme, damdan düşer gibi

bluebeard /'blu:bıid/ *a.* mavisakal

bluebell /'blu:bel/ *a, bitk.* çançiçeği

bluebottle /'blu:botl/ *a.* iri mavimsi sinek

blue-collar /blu:'kolı/ *s.* ağır işçi sınıfına ilişkin

blue-pencil /blu:'pensıl/ *e, k. dili* sansürden geçirmek, makaslamak

blueprint /'blu:print/ *a.* 1. mavi kopya, ozalit 2. ayrıntılı tasarı, plan

blues /'blu:z/ *a.* 1. hüzünlü müzik, blues 2. hüzün, keder, efkâr

bluff¹ /blaf/ *s.* kaba saba, basit

bluff² /blaf/ *e.* 1. blöf yapmak 2. (into ile) blöf yaparak kandırmak/ikna etmek

bluff³ /blaf/ *a.* 1. blöf, kurusıkı 2. uçurum

blunder¹ /'blandı/ *a.* büyük hata, gaf

blunder² /'blandı/ *e.* 1. aptalca hata yapmak, gaf yapmak, pot kırmak, çam devirmek 2. yalpalayarak/sendeleyerek kör gibi yürümek

blunderbuss /'blandıbas/ *a.* karabina

blunt¹ /blant/ *s.* 1. keskin olmayan, kör 2. körelmiş 3. kaba 4. dobra dobra, açık

blunt² /blant/ *e.* köreltmek, körleştirmek

blur¹ /blö:/ *a.* net görülmeyen şey, hayal meyal, karaltı

blur² /blö:/ *e.* net görülmesini zorlaştırmak, bulandırmak

blurt /'blö:t/ *e.* (out ile) ağzından kaçırmak: *He stopped himself just in time from blurting the story.*

blush¹ /blaş/ *e.* utanmak, kızarmak, utançtan kızarmak: *She blushed crimson at his remark.*

blush² /blaş/ *a.* utanma, utanıp kızarma

bluster¹ /'blastı/ *e.* 1. kabadayılık taslamak, bağıra çağıra konuşmak, atıp tutmak 2. (rüzgâr) sert esmek

bluster² /'blastı/ *a.* 1. kabadayılık, yıldırıcı konuşma 2. sert esinti 3. rüzgâr/dalga sesi

blustery /'blastırı/ *s.* (hava) rüzgârlı

boa /bouı/ *a, hayb.* boa yılanı

boar /bo:/ *a, hayb.* 1. (damızlık) erkek domuz 2. yabandomuzu

board¹ /bo:d/ *a.* 1. tahta, kalas, kereste 2. (satranç, dama, vb.) oyun tahtası 3. ekmek tahtası 4. ilan tahtası, not tahtası 5. yemek 6. yönetim kurulu 7. karatahta 8. sofra, yemek 9. **above board** açık ve dürüst 10. **go by the board** başarısızlıkla sonuçlanmak, yatmak, batmak 11. **sweep the board** ne var ne yoksa kazanmak 12. **take on board** kabul etmek

board² /bo:d/ *e.* 1. tahtayla kaplamak 2. (tren, uçak, otobüs, otomobil, gemi, vb.) binmek 3. yolcu almak 4. pansiyoner olarak almak/kalmak

boarder /'bo:dı/ *a.* 1. pansiyoner 2. yatılı

öğrenci

**boardinghouse** /'bo:dinghaus/ a. pansiyon

**boarding school** /'bo:ding sku:l/ a. yatılı okul

**boards** /bo:dz/ a. 1. kitabın kapakları 2. sahne

**boast**[1] /boust/ a. 1. övünme, böbürlenme 2. övünç kaynağı

**boast**[2] /boust/ e. 1. böbürlenerek konuşmak/söylemek, böbürlenmek: *He is always boasting about something.* 2. -e sahip olacak kadar şanslı olmak: *The town boasts an excellent concert hall.*

**boastful** /'boustfıl/ s, hkr. övüngen, kendini beğenmiş

**boat**[1] /bout/ a. 1. sandal; kayık; tekne; gemi 2. kayık tabak 3. **in the same boat** aynı durumda, aynı topun ağzında 4. **rock the boat** k. dili farklı görüşlerle durumu bir grup insan için zorlaştırmak

**boat**[2] /bout/ e. sandalla/kayıkla gezmek

**boater** /'boutı/ a. hasır şapka

**bob**[1] /bob/ e. 1. aşağı yukarı hareket etmek, inip çıkmak, sallanmak 2. aşağı yukarı hareket ettirmek, sallamak

**bob**[2] /bob/ a. 1. reverans 2. k. dili şilin

**bobbin** /'bobin/ a. bobin, makara

**bobby** /'bobi/ a, İİ, k. dili polis

**bobsleigh** /'bobsley/ a. kar kızağı

**bod** /bod/ a, İİ, k. dili adam, herif

**bode** /boud/ e. işaret etmek, belirtisi olmak

**bodice** /'bodis/ a. korsa

**bodily**[1] /'bodili/ be. bütün olarak, bütün halinde, hep birlikte, tümüyle

**bodily**[2] /'bodili/ s. bedensel

**body** /bodi/ a. 1. beden, vücut 2. gövde 3. ceset 4. kitle 5. heyet, kurul 6. nesne, madde

**bodyguard** /'bodiga:d/ a. koruyucu, muhafız, fedai

**bodywork** /'bodiwö:k/ a. (taşıt) karoser

**boffin** /'bofin/ a, İİ, k. dili bilim adamı

**bog** /bog/ a. 1. bataklık 2. İİ, arg. hela, kenef

**bog down** e. 1. batağa batmak, çamura gömülmek 2. çıkmaza girmek

**bogey** /'bougi/ a. 1. öcü 2. düşsel korku

3. sümük

**boggle** /'bogıl/ e. 1. ürkütmek, şaşırtmak, korkutmak 2. kuşku, korku, vb. yüzünden duraksamak

**boggy** /'bogi/ s. batak, çamurlu

**bogus** /'bougıs/ s, hkr. yapmacık, sahte

**bohemian** /bou'hi:miın/ a, s. bohem

**boil**[1] /boyl/ e. 1. kaynatmak; haşlamak 2. kaynamak; haşlanmak

**boil**[2] /boyl/ a. 1. kaynama; kaynatma 2. kaynama noktası 3. çıban

**boil away** e. 1. kaynayıp gitmek: *Turn off the kettle or the water will boil away.* 2. yok olmak, uçup gitmek: *Their interest slowly boiled away as they waited.*

**boil down to** e, k. dili anlamına gelmek, olmak: *It all boiled down to a conflict of interest.*

**boiler suit** /'boylı su:t/ a. işçi tulumu

**boiling hot** /boyling'hot/ s, k. dili çok sıcak, cehennem gibi

**boiling point** /'boyling poynt/ a. 1. kaynama noktası 2. herhangi bir duygunun doruk anı, patlama noktası

**boil over** e. kaynayıp taşmak: *She forgot the soup and it boiled over.*

**boil up** e. tehlikeli bir boyuta ulaşmak, kızışmak: *Tension has boiled up to a dangerous level between the two races.*

**boisterous** /'boystırıs/ s. 1. kabaca, gürültülü, şen şakrak 2. (hava) kötü, sert

**bold** /bould/ s. 1. cesur, yürekli, gözü pek, atılgan 2. hkr. küstah, kaba, arsız, densiz 3. (görünüş) keskin hatlı

**bollard** /'bolıd/ a. 1. iskele babası 2. kısa kalın direk

**bollocks** /'bolıks/ a, ünl, İİ, kab, arg. 1. taşaklar 2. saçma, zırva

**boloney** /bı'louni/ a, arg. zırva, palavra, boş laf, hikâye

**bolshy** /'bolşi/ s, İİ, k. dili, hkr. 1. kurulu toplum düzenine karşı 2. yardımı esirgeyen

**bolster**[1] /'boulstı/ a. uzun yuvarlak yastık

**bolster**[2] /'boulstı/ e. (up ile) desteklemek, cesaretlendirmek

**bolt**[1] /boult/ a. 1. cıvata 2. kapı sürgüsü, mandal 3. yıldırım 4. (kumaş, vb.) top 5. kaçış, kaçma

**bolt**[2] /boult/ *e.* 1. (at) korkudan aniden kaçmak, irkilmek 2. *k. dili* acele etmek, çabuk hareket etmek 3. (yemek) çiğnemeden yutmak, abur cubur yemek 4. iki parçayı cıvatayla tutturmak, bağlamak 5. (kapı) sürgülemek, kilitlemek 6. kilitlenmek 7. un elemek

**bolt**[3] /boult/ *be.* dimdik ve kıpırdamadan: *He sat bolt upringht in bed at the sound of the explosion.*

**bomb**[1] /bom/ *a.* 1. bomba 2. (the ile) atom bombası 3. **like a bomb** *k. dili* bomba gibi, çok iyi

**bomb**[2] /bom/ *e.* bombalamak

**bombard** /bom'ba:d/ *a.* 1. bombalamak, bombardıman etmek 2. (soru, vb.) yağmuruna tutmak

**bombardment** /bom'ba:dmınt/ *a.* bombardıman

**bombast** /'bombest/ *a, hkr.* tumturaklı söz

**bomber** /'bomı/ *a.* bombardıman uçağı

**bombshell** /'bomşel/ *a, k. dili* kötü sürpriz

**bombsite** /'bomsayt/ *a.* bombalanan yer

**bona fide** /bounı'faydi/ *s, be.* gerçek, gerçekten

**bonanza** /bı'nenzı/ *a.* çok kârlı iş/şey

**bond**[1] /bond/ *a.* 1. bono, senet 2. resmi, yazılı anlaşma ya da söz 3. muhabbet, hoşlanma, karşılıklı sevgi, bağ 4. birbirine yapışma 5. bağlanma, birleşme, bağ

**bond**[2] /bond/ *e.* 1. yapıştırmak, birleştirmek 2. yapışmak, birleşmek

**bondage** /'bondic/ *a.* kölelik

**bone**[1] /boun/ *a.* 1. kemik; kılçık 2. **bone of contention** tartışma nedeni 3. **cut to the bone** iyice kısmak/azaltmak 4. **feel in one's bones** emin olmak, inanmak, içine doğmak 5. **have a bone to pick with sb** -le görülecek bir hesabı olmak

**bone**[2] /boun/ *e.* kemiklerini ayıklamak

**bone-dry** /boun'dray/ *s, k. dili* kupkuru

**bone-idle** /boun'aydl/ *s, hkr.* tembel, uyuşuk

**bonesetter** /'bounsetı/ *a.* çıkıkçı

**bonfire** /'bonfayı/ *a.* şenlik ateşi

**bongo** /'bongou/ *a, müz.* bongo

**bonhomie** /'bonımi/ *a.* iyi huyluluk, cana yakınlık

**bonk**[1] /'bonk/ *e, arg.* sikişmek

**bonk**[2] /'bonk/ *a, arg.* sikiş

**bonkers** /'bonkız/ *s, arg, İİ.* kaçık, kontak, üşütük

**bonnet** /'bonit/ *a.* 1. başlık, bone 2. *Aİ.* kaput, motor kapağı

**bonny** /'boni/ *s.* 1. sağlıklı, gürbüz, güzel 2. yeterli, iyi

**bonus** /'bounıs/ *a.* 1. ikramiye 2. prim

**bony** /'bouni/ *s.* 1. kemikli, kılçıklı 2. sıska, zayıf

**boo**[1] /bu:/ *a, ünl.* yuh

**boo**[2] /bu:/ *e.* yuhalamak

**boob**[1] /bu:b/ *a. k. dili* 1. gaf, aptalca hata 2. *Aİ.* enayi, budala

**boob**[2] /bu:b/ *e, k. dili* 1. aptalca hata yapmak, gaf yapmak 2. çuvallamak

**boobs** /bu:bz/ *a, k. dili* memeler: *She's got a great pair of boobs.*

**booby** /'bu:bi/ *a, k. dili* 1. salak, aptal, enayi 2. **booby prize** en kötü yarışmacıya verilen ödül 3. **booby trap** a) bubi tuzağı b) şaka, sürpriz

**book**[1] /buk/ *a.* 1. kitap 2. defter 3. deste, paket 4. kayıt 5. *k. dili* telefon rehberi 6. **by the book** kurallara göre 7. **in sb's good books** *k. dili* birinin gözünde değerli 8. **take a leaf out of sb's book** - den örnek almak; gibi davranmak

**book**[2] /buk/ *e.* 1. (yer) ayırtmak 2. deftere geçirmek, kaydetmek 3. (in ile) varışını/geldiğini bildirmek 4. (up ile) ayırmak, tutmak, rezerve etmek

**bookable** /'bukıbıl/ *s.* (yer, vb.) ayırtılabilir

**bookbinder** /'bukbayndı/ *a.* ciltçi, mücellit

**bookbindery** /'bukbayndıri/ *a.* 1. ciltçilik 2. ciltevi

**bookbinding** /'bukbaynding/ *a.* ciltçilik

**bookcase** /'bukkeys/ *a.* kitaplık

**bookend** /'bukend/ *a.* kitap dayağı, kitap desteği

**bookie** /'buki/ *a, k. dili, bkz.* **bookmaker**

**booking** /'buking/ *a.* 1. rezervasyon, yer ayırtma 2. kaydetme 3. **booking clerk** *İİ.* gişe memuru 4. **booking office** *İİ.* gişe

**bookish** /'bukiş/ *s.* kitabi

**bookkeeper** /'bukki:pı/ *a.* sayman, muhasebeci

**bookkeeping** /'bukki:ping/ a. saymanlık, muhasebecilik, muhasebe

**booklet** /'buklit/ a. kitapçık, broşür

**bookmaker** /'bukmeykı/ a. (at yarışı, vb. de) bahis paralarını toplayan kimse, bahisçi

**bookmark** /'buma:k/ a. kitapta kalınan sayfayı belirtmek için sayfa arasına konan herhangi bir şey

**bookmobile** /'bukmoubi:l/ a. gezici kütüphane aracı

**bookseller** /'bukselı/ a. kitapçı

**bookshop** /'bukşop/ a. kitabevi

**bookstall** /'buksto:l/ a. kitap/dergi, vb. satan küçük büfe

**bookstore** /'buksto:/ a, Aİ. kitabevi

**bookworm** /'bukwö:m/ a. kitap hastası, kitap kurdu

**boom**[1] /bu:m/ a. 1. den. seren 2. gümbürtü 3. akarsuların iki yakasına gerilen ve geçişi önleyen kalın zincir 4. hızlı büyüme, artış, yükseliş

**boom**[2] /bu:m/ e. 1. gümbürdemek 2. (önem, değer, vb.) hızlı biçimde artmak, çoğalmak, gelişmek, canlanmak

**boomerang** /'bu:mıreng/ a. bumerang

**boom town** /'bu:m taun/ a. hızla kalkınan kent

**boon** /'bu:n/ a. 1. iyilik, nimet, rahatlık 2. ihsan, bağış

**boor** /buı, bo:/ a, hkr. kaba/yontulmamış kimse, ayı

**boost**[1] /'bu:st/ e. 1. alttan yukarıya ittirmek: *John boosted me up to clamber over the high wall.* 2. artırmak, yükseltmek: *The discovery of oil deposits has really boosted the country's economy.* 3. *k. dili* canlandırmak: *My brother's cheerfulness always boosts me up when he visits.*

**boost**[2] /'bu:st/ a. 1. alttan ittirme 2. artış, yükselme 3. teşvik, yardım, destek, cesaretlendirme

**booster** /'bu:stı/ a. 1. itici 2. *k. dili* destekçi, hayran, destekleyen 3. *tek.* güç ya da basınç arttıran aygıt, güçlendirici 4. bir ilacın etkinliğini arttıran madde

**boot**[1] /bu:t/ a. 1. çizme, bot, potin 2. *oto, İl.* bagaj 3. *k. dili* tekme 4. *k. dili* sepet-

leme, işten atma 5. **The boot is on the other foot** *k. dili* Eski çamlar bardak oldu. 6. **lick sb's boots** *k. dili, hkr.* çanak yalamak, yalakalık yapmak, yağ çekmek 7. **to boot** bununla birlikte, ayrıca 8. **too big for one's boots** *k. dili* burnu havada, kendini beğenmiş

**boot**[2] /bu:t/ e, *k. dili* 1. tekmelemek 2. sepetlemek, kovmak

**booth** /bu:d/ a. kulübe, baraka

**bootleg**[1] /'bu:tleg/ s. (içki) yasadışı, kaçak

**bootleg**[2] /'bu:tleg/ e. yasadışı içki yapmak/satmak/bulundurmak

**booty** /'bu:ti/ a. 1. ganimet, yağma 2. çalınmış eşya

**booze**[1] /bu:z/ e, *k. dili* kafayı çekmek

**booze**[2] /bu:z/ a, *k. dili* 1. içki 2. **booze-up** içki âlemi

**boozer** /'bu:zı/ a, *k. dili* 1. içkici, ayyaş 2. *İl.* meyhane

**border**[1] /'bo:dı/ a. 1. kenar 2. sınır

**border**[2] /'bo:dı/ e. 1. sınırlandırmak, sınır koymak, sınır olmak 2. ile ortak sınıra sahip olmak, sınırdaş olmak

**borderline**[1] /'bo:dılayn/ a. sınır çizgisi, sınır

**borderline**[2] /'bo:dılayn/ s. belirsiz, ortada

**bore**[1] /bo:/ e. delmek, oymak

**bore**[2] /bo:/ a. 1. delik, oyuk; sondaj (çukuru) 2. kalibre, çap 3. *hkr.* can sıkıcı/usandırıcı /bezdirici kimse

**bore**[3] /bo:/ a. büyük gel dalgası, met dalgası

**bore**[4] /bo:/ e. canını sıkmak, sıkmak: *He never stops talking and bores everyone.*

**bore**[5] /bo:/ *pt bkz.* **bear**

**boredom** /'bo:dım/ a. can sıkıntısı

**boring** /'bo:ring/ s. can sıkıcı, sıkıcı: *The flight was long and boring.*

**born** /bo:n/ s. 1. doğmuş: *She was born in September.* 2. doğuştan, kökenden, doğma: *She was a born teacher. She was lowly born.*

**borne** /bo:n/ *pp bkz.* **bear**

**borough** /'barı/ a. İngiltere'de Parlamentoya üye gönderen kent

**borrow** /'borou/ e. ödünç almak, borç almak: *Can I borrow your umbrella? It's raining.*

borrowing /'borouing/ *a.* 1. ödünç alma, borç alma 2. alıntı

bosom[1] /'buzım/ *a.* sine, koyun, göğüs

bosom[2] /'buzım/ *s.* yakın, çok yakın, samimi

boss[1] /bos/ *a, k. dili* patron

boss[2] /bos/ *e, k. dili* -e emirler yağdırmak, patronluk etmek, yönetmek

boss-eyed /'bosayd/ *s, İİ, arg.* şaşı

bossy /'bosi/ *s, k. dili, hkr.* emretmeyi seven, buyurgan

botanical /bı'tenikıl/ *s.* 1. bitkibilimsel, botanik 2. bitkilerden sağlanan, bitkisel

botanist /'botınist/ *a.* bitkibilimci

botany /'botıni/ *a.* bitkibilim, botanik

botch[1] /boç/ *e. k. dili* bir şeyi kötü yapmak, içine etmek, baştan savma onarmak, yüzüne gözüne bulaştırmak: *I won't take my car there again. They really botched up my brakes.*

botch[2] /boç/ *a, k. dili* kötü yapılmış iş, baştan savma yapılmış şey

both[1] /bout/ *adl.* her ikisi, her ikisi de: *We are both well. I want both of them.*

both[2] /bout/ *bağ.* (both ... and ...) sadece ... değil, aynı zamanda: *He is good at both football and tennis.*

both[3] /bout/ *s.* her iki, iki: *He broke both his legs skiing.*

bother[1] /bodı/ *e.* 1. canını sıkmak, rahatsız etmek: *I'm sorry to bother you, but could you tell me how to get to Sirkeci?* 2. (with/about ile) zahmet etmek, zahmete girmek, rahatsız olmak: *Don't bother about me.*

bother[2] /bodı/ *a.* 1. sıkıntı, zahmet, zorluk 2. *k. dili* kavga, kargaşa, huzursuzluk

bottle /'botl/ *a.* 1. şişe 2. biberon

bottleneck /'botlnek/ *a.* 1. dar geçit 2. darboğaz

bottle up *e.* içine atmak, dışa vurmamak, bastırmak: *Don't bottle up your feelings.*

bottom[1] /'botım/ *a.* 1. dip 2. alt 3. son 4. kıç, popo 5. etek 6. çıkış sebebi neden 7. **bet one's bottom dollar** *k. dili* kesinlikle emin olmak

bottom[2] /'botım/ *e.* (out ile) en düşük seviyeye ulaşmak, iyice düşmek/azalmak: *After a rapid drop the price of land has bottomed out.*

bottomless /'botımlis/ *s.* dipsiz, sınırsız, çok derin

bough /bau/ *a.* ağacın ana dallarından biri

bought /bo:t/ *pt, pp bkz.* **buy**

boulder /'bouldı/ *a.* büyük taş/kaya

boulevard /'bu:lva:d/ *a.* bulvar

bounce[1] /bauns/ *e.* 1. zıplamak: *The ball bounced down the road.* 2. zıplatmak: *The basketball player bounced the ball towards the basket.* 3. zıplamak, sıçramak, hoplamak: *The children were bouncing with excitement as they waited for their presents.* 4. *k. dili* (çek) karşılıksız olduğu için geri çevrilmek: *I tried to cash his cheque but it bounced.*

bounce[2] /bauns/ *a.* zıplama, hoplama, sıçrama

bounce back *e.* kendini toparlamak, iyileşmek, iyiye gitmek, şoku atmak: *He lost a lot of money on the stock market but has bounced back.*

bouncer /'baunsı/ *a, k. dili* (otel, gazino, vb. yerlerde) fedai, goril

bouncing /'baunsing/ *s.* (bebek) sağlıklı

bouncy /'baunsi/ *s.* 1. yaşam dolu, canlı, istekli, hevesli, yerinde duramayan 2. (top) iyi zıplayan

bound[1] /baund/ *s.* (for ile) gitmeye hazır, gitmeye niyetli; giden, gidici, gitmek üzere olan: *This ship is bound for America.*

bound[2] /baund/ *e.* sınırlamak, sınır koymak, sınırlarını belirlemek

bound[3] /baund/ *s.* 1. bağlı, bağlanmış: *She never goes out. She's bound to the kitchen.* 2. kesin: *He's bound to come home late.* 3. yükümlü, mecbur: *He felt bound to tell her the truth.* 4. ciltlenmiş, ciltli: *This book is bound in leather.* 5. kesin niyetli, azimli, kafasına takmış, kesin kararlı: *He is bound to get the job.* 6. **bound up in** -le meşgul, çok ilgili: *I think she is too bound up in her studies to go.* 7. **bound up with** -e bağlı, -le ilgili: *Government departments are always bound up with red tape.*

bound[4] /baund/ *a.* 1. sıçrama, hoplama,

zıplama 2. sınır

**bound⁵** /baund/ *e.* 1. hoplamak, zıplamak, sıçramak 2. sekmek

**bound⁶** /baund/ *pt, pp bkz.* **bind**

**boundary** /'baundıri/ *a.* sınır

**boundless** /'baundlis/ *s.* sınırsız, sonsuz

**bounteous** /'bauntiıs/ *s.* 1. eliaçık, cömert 2. cömertçe verilmiş

**bounty** /'baunti/ *a.* 1. cömertlik, eliaçıklık 2. cömertçe verilmiş şey 3. ikramiye, prim, ödenek, bağış

**bouquet** /bou'key/ *a.* 1. buket 2. (şarap) koku

**bourgeois** /'buıjwa:/ *a, s.* 1. kentsoylu, burjuva 2. kapitalist, anamalcı 3. *hkr.* maddiyatçı

**bourgeoisie** /buıjwa:'zi:/ *a.* 1. orta sınıf, kentsoylu sınıfı 2. kapitalist sınıf

**bout** /baut/ *a.* 1. kısa dönem, devre 2. kriz, nöbet 3. boks maçı

**boutique** /bu:'ti:k/ *a.* butik

**bovine** /'bouvayn/ *s.* 1. inek/öküz gibi, inek/öküz ... 2. *hkr.* uyuşuk, hantal

**bow¹** /bau/ *e.* 1. reverans yapmak, başıyla selamlamak 2. (başını) eğmek 3. eğilmek 4. **bow and scrape** yağ çekmek, yaltaklanmak

**bow²** /bau/ *a.* 1. reverans, başla selamlama 2. *den.* pruva, baş

**bow³** /bou/ *a.* 1. (ok atmakta kullanılan) yay 2. *müz.* yay 3. kavis 4. fiyonk, fiyonk biçiminde düğüm

**bowels** /'bauılz/ *a.* 1. bağırsak 2. iç kısımlar, iç

**bowl¹** /boul/ *a.* 1. yuvarlak kâse, tas, çanak 2. bovling topu

**bowl²** /boul/ *e.* 1. (kriket)/bovling/topu atmak 2. bovling oynamak 3. yuvarlamak 4. *k. dili* (along ile) hızla geçip gitmek: *The bus bowled along the highway.*

**bow-legged** /'baulegd/ *s.* çarpık bacaklı

**bowler** /'boulı/ *a.* 1. melon şapka 2. (kriket) topu atan oyuncu

**bowling** /'bouling/ *a.* bovling oyunu

**bowl over** *e.* 1. çarpıp düşürmek, yere yuvarlamak: *He ran around the corner and bowled over an old man.* 2. çok şaşırtmak, hayrete düşürmek: *I was*

*bowled over when I heard they were divorced.*

**bow out** *e.* (of ile) bırakmak, ayrılmak: *Two countries have bowed out of the conference.*

**bow tie** /bou'tay/ *a.* papyon

**bow to** *e.* kabul etmek, boyun eğmek, uymak: *He bowed to his father's wishes and became an accountant.*

**box¹** /boks/ *a.* 1. kutu, sandık, kasa 2. (mahkeme) kürsü 3. *tiy.* loca 4. kulübe 5. (the ile) *İİ, k. dili* televizyon 6. **box office** *sin, tiy.* bilet gişesi

**box²** /boks/ *e.* 1. kutulamak, kutuya/sandığa koymak

**box** /boks/ *e.* 1. yumruk atmak, yumruklaşmak 2. boks yapmak

**boxer** /'boksı/ *a.* 1. boksör 2. boksör, buldok benzeri bir köpek

**boxing** /'boksing/ *a.* 1. *sp.* boks 2. **Boxing Day** Noeli izleyen gün

**boy¹** /boy/ *a.* 1. erkek çocuk, oğlan 2. oğul 3. **boy scout** erkek izci

**boy²** /boy/ *ünl, Aİ, k. dili* Vay canına! Üf! Vay be!

**boycott¹** /'boykot/ *a.* boykot

**boycott²** /'boykot/ *e.* boykot etmek: *Several nations are boycotting the country until it changes its policy.*

**boyfriend** /'boyfrend/ *a.* erkek arkadaş, sevgili

**boyhood** /'boyhud/ *a.* (erkek) çocukluk çağı

**bra** /bra:/ *a.* sutyen

**brace¹** /breys/ *a.* 1. destek, bağ 2. dişlere takılan tel, diş teli 3. *ç.* pantolon askısı

**brace²** /breys/ *e.* 1. güçlendirmek, kuvvetlendirmek, desteklemek 2. (kendisini kötü bir şeye) hazırlamak

**bracelet** /'breyslit/ *a.* 1. bilezik 2. *ç, k. dili* kelepçe

**bracing** /'breysing/ *s.* (özellikle hava) temiz, taze, canlandırıcı, güzel, dinçleştiren

**bracken** /'brekın/ *a, bitk.* kartallı eğreltiotu

**bracket¹** /'brekit/ *a.* 1. destek, dirsek 2. ayraç, parantez 3. grup

**bracket²** /'brekit/ *e.* 1. parantez içine almak 2. birbirine ait kılmak

brackish /'brekiş/ s. (su) hafif tuzlu
brag /breg/ e, hkr. övünmek, böbürlenmek
braid¹ /breyd/ a. 1. saç örgüsü 2. şerit, kordon
braid² /breyd/ e. örmek
braille /breyl/ a. körler için kabartma yazı
brain¹ /breyn/ a. 1. beyin 2. zekâ, akıl 3. k. dili zeki kimse, beyin 4. **brain drain** beyin göçü
brain² /breyn/ e. 1. beynini dağıtarak öldürmek, beynini patlatmak 2. k. dili kafasına patlatmak
brainchild /'breynçayld/ a, k. dili parlak düşünce, parlak buluş
brainless /'breynlis/ s, hkr. beyinsiz, kafasız
brainstorm /'breynsto:m/ a, k. dili 1. İİ. aniden kafanın çalışmaması, sersemlik 2. Aİ. ani parlak fikir
brainwash /'breynwoş/ e, k. dili, hkr. beynini yıkamak: *He was brainwashed into assassinating the President by a group of extremists.*
brainwashing /'breynwoşing/ a, k. dili, hkr. beyin yıkama
brainwave /'breynweyv/ a, İİ, k. dili (aniden akla gelen) parlak fikir
brainy /'breyni/ s, k. dili akıllı, zeki, kafalı
braise /breyz/ e. kapalı kapta ve ağır ateşte pişirmek
brake¹ /breyk/ a. fren
brake² /breyk/ e. 1. frenleyip durdurmak/yavaşlatmak 2. fren yapmak, frenlemek
bramble /'brembıl/ a, bitk. böğürtlen çalısı
bran /bren/ a. kepek
branch¹ /bra:nç/ a. 1. dal, ağaç dalı 2. (akarsu, yol, demiryolu, vb.) kol 3. dal, şube, kol, bölüm
branch² /bra:nç/ e. 1. (ağaç) dallanmak 2. dallara/kollara, bölümlere ayrılmak
branch out e. (into ile) işi genişletmek: *Our firm has branched out into exporting overseas.*
brand /brend/ e. 1. dağlamak, damgalamak 2. (kötü olaylar, vb.) iz bırakmak, derinden etkilemek, damgalamak 3. damga vurmak, damgalamak, ... dam-

gası vurmak
brandish /'brendiş/ e. sağa sola sallamak, savurmak
brand-new /brend'nyu:/ s. yepyeni, hiç kullanılmamış, gıcır gıcır
brandy /'brendi/ a. brendi
brash /breş/ s. 1. hkr. saygısız, küstah 2. toy, acemi, aceleci
brass /bra:s/ e. 1. pirinç 2. pirinçten yapılmış eşya 3. arg. küstahlık, cüret, yüzsüzlük 4. **brass band** bando, mızıka 5. **brass knuckles** Aİ. muşta 6. **get down to brass tacks** k. dili esas meseleye gelmek, sadede gelmek
brassy /'ba:si/ s. 1. pirinç renkli 2. sesi pirinç çalgılarınkine benzeyen 3. utanmaz, cazgır
brat /bret/ a, hkr. yumurcak
bravado /brı'va:dou/ a. budalaca cesaret, cüret, kabadayılık
brave¹ /breyv/ s. cesur, yiğit, kahraman
brave² /breyv/ e. cesaretle karşılamak: *He braved the flames and dashed into the burning house.*
bravery /breyvırı/ a. cesaret, yiğitlik, kahramanlık
bravo /'bra:vou/ ünl. Bravo! Aferin!
brawl¹ /bro:l/ e. kavga, dalaş, dövüş, ağız dalaşı
brawl² /bro:l/ e. kavga etmek, dalaşmak, ağız dalaşı etmek
brawn /bro:n/ a. 1. kas 2. kas gücü
brawny /'bro:ni/ s. kaslı
bray¹ /brey/ e. anırmak
bray² /brey/ a. anırma, anırtı
brazen /'breyzın/ s. arsız, yüzsüz, şımarık, küstah
brazen out e. pişkinlikle karşılamak, yüzsüzlüğe vurmak: *Although he was seen tresspassing he tried to brazen it out.*
brazier /'breyzyı/ a. mangal
breach¹ /bri:ç/ a. 1. (yasa) uymama, çiğneme, yerine getirmeme, savsama 2. gedik, yarık, oyuk
breach² /bri:ç/ e. gedik açmak, yarmak
bread /bred/ a. 1. ekmek 2. rızk 3. geçim, kazanç, ekmek 4. k. dili para 5. **bread and butter** k. dili geçim yolu 6. **know**

**which side one's bread is buttered** *k. dili* çıkarının nerede olduğunu bilmek

**breadcrumb** /'bredkram/ *a.* ekmek kırıntısı

**breadline** /'bredlayn/ *a.* 1. bedava yemek kuyruğu 2. **on the breadline** çok yoksul

**breadth** /bredt, brett/ *a.* 1. genişlik 2. en

**breadwinner** /'bredwinı/ *a.* (ailenin) geçimini sağlayan kişi

**break¹** /breyk/ *e.* [*pt* **broke** /brouk/, *pp* **broken** /'broukın/] 1. kırılmak; parçalanmak, kopmak: *The cup broke when it was dropped.* 2. kırmak, parçalamak, koparmak: *I broke the window.* 3. bozmak, kullanılmaz duruma getirmek: *You can't use the iron, I broke it yesterday.* 4. bozulmak: *Be careful. That computer breaks easily.* 5. aniden ve sert biçimde oluşmak, olagelmek, birdenbire olmak: *They all ran away when the tiger broke free.* 6. (yüzey) yarmak, açmak, çatlatmak: *The punch broke the skin on his jaw.* 7. uymamak, tutmamak, çiğnemek, yerine getirmemek: *He often broke the school rules.* 8. kontrol altına almak, kontrol etmek, dizginlemek: *The police finally broke him and he confessed.* 9. daha iyi yapmak, daha iyisini gerçekleştirmek, (rekor) kırmak: *He broke a record in swimming yesterday.* 10. mahvetmek, yıkmak: *Competitive prices broke his business.* 11. (kötü bir haberi) yaymak, söylemek, bildirmek, vermek: *The government broke the news of the army's defeat to the public.* 12. (bir eylem, vb.'ni) kesmek, durdurmak, ara vermek, mola vermek: *They worked all day without breaking.* 13. bitmek, sona ermek, sonu gelmek, sonlanmak: *The peace was broken by an accidental shot.* 14. (aniden) gelmek, doğmak, görünmek, oluşmak, patlamak: *The dawn broke and all the birds began to sing.* 15. çözmek: *Can you break this cipher?* 16. **break short** kısa kesmek 17. **break the back of** *k. dili* en önemli/zor kısmını bitirmek

**break²** /breyk/ *a.* 1. açıklık, kırık 2. ara, mola, teneffüs, dinlenme 3. ani değişim, değişiklik 4. tan, şafak vakti 5. *k. dili* şans, fırsat

**breakage** /'breykic/ *a.* 1. kırma, kırılma 2. kırık, çatlak

**breakaway** /'breykıwey/ *a.* 1. kaçma, kaçış, firar 2. ayrılma, kopma 3. kaçak, kaçan/kopan/ayrılan kimse

**break away** *e.* 1. (birinden) kaçmak: *The horse broke away from the stable.* 2. kopmak, ayrılmak, bağını kesmek: *They have broken away from the Christian religion and formed a new sect.*

**breakdown** /'breykdaun/ *a.* 1. arıza, bozulma 2. (sinirsel) bozukluk, çöküntü, çökme 3. inceleme

**break down** *e.* 1. parçalamak; yıkmak: *The wild horse broke down the fence.* 2. parçalanmak: *The door broke down.* 3. yenmek, üstün gelmek, bastırmak: *His evidence broke down under questioning.* 4. yenilmek, bastırılmak: *Her objections to her daughter's marriage have finally broken down.* 5. bozulmak, arızalanmak: *The film stopped because the projector broke down.* 6. başarısızlığa uğramak, başarısız olmak: *The disarmament negotiations have broken down.* 7. kendini kaybetmek, kontrolünü kaybetmek: *Her child's disobedience caused her to break down and scream.*

**break even** *e.* ne kâr ne zarar etmek: *After playing cards all night they broke even.*

**breakfast¹** /'brekfıst/ *a.* kahvaltı

**breakfast²** /'brekfıst/ *e.* kahvaltı etmek

**break-in** /'breykin/ *a.* meskene tecavüz, zorla girme

**break in** *e.* 1. bir yere bir binaya zorla girmek: *The police broke in to capture the criminal.* 2. konuşmayı kesmek, araya girmek: *Don't break in while your father is talking* 3. alıştırmak: *The pony was broken in last year.*

**break into** *e.* 1. zorla girmek: *A couple of burglars broke into the house last night.* 2. (konuşma, vb.) kesmek: *He rudely broke into their conversation.* 3. birden başlamak: *At their officers command the troop broke into a run.*

**breakneck** /'breyknek/ *s.* çok hız-
lı/tehlikeli
**break of** *e.* (tedaviyle) -den vazgeçirmek:
*His parents are trying to break him of
drinking.*
**break off** *e.* 1. kesmek, bitirmek, son
vermek, koparmak: *The two countries
have broken off diplomatic relations.* 2.
koparmak: *He broke off the door handle
by mistake.* 3. kopmak: *The back of the
chair broke off.*
**break out** *e.* 1. aniden başlamak, patla-
mak: *A riot broke out in the prison.* 2.
kaçmak: *Six convicted murderers broke
out of prison last night.*
**breakthrough** /'breyktru:/ *a.* 1. (düşmana
yapılan) ani saldırı, hücum, ani atak 2.
ani ve önemli geliş-
me/ilerleme/yenilik/buluş
**break through** *e.* 1. ortaya çıkmak,
görünmek: *The storm abated and the
sun broke through.* 2. yeni bir buluş
yapmak: *The scientists have finally bro-
ken through in their search for a solu-
tion.* 3. muhalefete rağmen ilerlemek:
*Many women have broken through and
succeeded in the business world.*
**breakup** /'breykap/ *a.* 1. (arkadaşlık,
evlilik, birlik, vb.) sona erme, son 2. bö-
lüm, parsel
**break up** *e.* 1. parçalamak: *The farmer is
breaking up the soil to replant.* 2. parça-
lanmak: *When spring comes the ice will
break up.* 3. sona ermek, bitmek: *His
marriage broke up.* 4. sona erdirmek,
bitirmek: *The onlookers tried to break
up the fight.* 5. ayrılmak; dağılmak: *I
think they will break up soon. They're
always arguing.* 6. acı çekmek: *John will
break up if he doesn't rest.* 7. acı çek-
tirmek: *The strain of the court case has
broken her up.* 8. *İl.* (okul/öğrenci) tatile
girmek: *The school breaks up next
week*
**breakwater** /'breykwo:tı/ *a.* dalgakıran
**break with** *e.* ile bağını koparmak, ilişki-
sini kesmek: *He has broken with the
communist party.*
**breast** /brest/ *a.* 1. meme, göğüs 2. *yaz.*

gönül, sine 3. **make a clean breast of**
bütün gerçeği söylemek, itiraf etmek
**breast-feed** /'brestfi:d/ *e.* (bebek) ana
sütüyle beslemek, memeyle beslemek,
emzirmek
**breaststroke** /'breststrouk/ *a.* kurbağala-
ma yüzüş
**breath** /bret/ *a.* 1. soluk, nefes, soluklan-
ma 3. hafif rüzgâr, esinti 4. küçük bir
hareket/işaret/iz 5. **hold one's breath**
nefesini tutmak; heyecanla beklemek 6.
**out of breath** nefes nefese 7. **take
one's breath away** birinin nefesini
kesmek, heyecanlandırmak 8. **under
one's breath** kısık sesle, fısıltıyla 9.
**waste one's breath** boşa nefes tüket-
mek
**breathalyse** /'bretılayz/ *e.* sürücüye alkol
muayenesi yapmak
**breathalyser** /'bretılayzı/ *a, k. dili* alkol
muayenesi yapmakta kullanılan aygıt
**breathe** /bri:d/ *e.* 1. solumak, soluk al-
mak, nefes almak 2. fısıldamak 3. (ko-
ku, duygu, vb.) vermek, hissettirmek,
aşılamak
**breathe in** *e.* 1. soluk almak, solumak 2.
dikkat ve ilgiyle dinlemek
**breather** /'bri:dı/ *a, k. dili* mola, ara
**breathless** /'bretlis/ *s.* 1. soluk soluğa
kalmış 2. soluk kesici
**breathtaking** /'bretteyking/ *s.* soluk kesi-
ci; heyecanlı
**bred** /bred/ *pt, pp bkz.* **breed**
**breeches** /'briçiz/ *a.* golf pantolon
**breed**[1] /bri:d/ *e.* [*pt, pp* **bred** /bred/] 1.
(hayvan) doğurmak, yavrulamak 2. da-
mızlık olarak beslemek, yetiştirmek 3.
yetiştirmek, büyütmek, eğitmek 4. ne-
den olmak, başlangıcı olmak
**breed**[2] /bri:d/ *a.* 1. cins, soy 2. çeşit, tür
**breeze**[1] /bri:z/ *a.* 1. meltem, esinti 2. *arg.*
çok kolay iş, çocuk oyuncağı 3. **in a
breeze** *arg.* kolayca, bir solukta 4.
**shoot the breeze** *Al. arg.* laflamak,
laklak etmek, çene çalmak
**breeze**[2] /bri:z/ *e, k. dili* çıkıp gel-
mek/gitmek 2. (through ile) kolayca geç-
mek, atlatmak
**breezy** /'bri:zi/ *s.* 1. esintili, meltemli 2.

**B**

neşeli, canlı, şen şakrak

**brethren** /'bredrın/ *a.* kardeşler; din kardeşleri

**brew** /bru:/ *e.* 1. (bira) yapmak 2. (çay ya da kahve) yapmak, hazırlamak, demlemek 3. hazır olmak, demlenmek 4. (kötü bir şey) hazırlamak, tezgâhlamak 5. (kötü bir şey) gelmek, eli kulağında olmak

**brewer** /'bru:ı/ *a.* bira yapan kişi, biracı

**brewery** /'bru:ıri/ *a.* bira fabrikası

**briar** /'brayı/ *a, bkz.* **brier**

**bribe**[1] /brayb/ *e.* rüşvet vermek: *The wrestler had been bribed to lose the contest.*

**bribe**[2] /brayb/ *a.* rüşvet

**bribery** /'braybıri/ *a.* rüşvetçilik, rüşvet

**bric-a-brac** /'brikıbrek/ *a.* ufak süslemeler, ıvır zıvır

**brick** /brik/ *a.* 1. tuğla 2. tuğla biçiminde herhangi bir şey 3. **drop a brick** *İİ, k. dili* çam devirmek, pot kırmak 4. **like a ton of bricks** *k. dili* hışımla, deli gibi

**brick up** *e.* tuğlalarla doldurmak / kaplamak

**bridal** /'braydl/ *s.* gelin/düğün ile ilgili

**bride** /brayd/ *a.* gelin

**bridegroom** /'braydgru:m/ *a.* damat, güvey

**bridesmaid** /'braydzmeyd/ *a.* gelinin nedimesi

**bridge**[1] /bric/ *a.* 1. köprü 2. *den.* kaptan köprüsü 3. burun köprüsü 4. gözlük köprüsü 5. (telli çalgılarda) köprü 6. (diş) köprü 7. *isk.* briç

**bridge**[2] /bric/ *e.* köprü kurmak, köprüyle birleştirmek

**bridle**[1] /'braydl/ *a.* at başlığı, yular

**bridle**[2] /'braydl/ *e.* 1. (at) dizginlemek, dizgin takmak, yular takmak 2. tutmak, dizginlemek 3. kızmak

**brief**[1] /bri:f/ *s.* 1. kısa 2. **in brief** kısaca, özetle, kısacası

**brief**[2] /bri:f/ *a.* 1. özet 2. *huk.* dava özeti 3. talimat, bilgi 4. *ç.* külot, don

**brief**[3] /bri:f/ *e.* 1. gerekli bilgiyi vermek 2. son talimatı vermek

**briefcase** /'bri:fkeys/ *a.* evrak çantası

**briefing** /'bri:fing/ *a.* brifing

**brier** /'brayı/ *a.* yabangülü

**brig** /brig/ *a.* 1. iki direkli yelkenli tekne, brik 2. *Aİ, k. dili* askeri cezaevi

**brigade** /bri'geyd/ *a.* 1. *ask.* tugay 2. ekip, takım 3. **fire brigade** itfaiye

**brigadier** /brigı'diı/ *a.* tugay komutanı, tuğbay, tümgeneral

**brigandage** /'brigındic/ *a.* haydutluk, eşkıyalık, kanunsuzluk

**bright** /brayt/ *s.* 1. parlak 2. aydınlık 3. akıllı, zeki, parlak 4. umut verici, parlak 5. neşeli, canlı

**brighten** /'braytn/ *e.* 1. parlamak, canlanmak 2. parlatmak; canlandırmak

**brilliant** /'briliınt/ *s.* 1. ışıl ışıl, pırıl pırıl, parlak 2. görkemli 3. hayranlık uyandırıcı, zeki 4. nefis, harika

**brim**[1] /brim/ *a.* 1. (bardak, kap, vb.) ağız 2. şapka siperi, siperlik

**brim**[2] /brim/ *e.* 1. ağzına kadar dolmak, ağzına kadar dolu olmak 2. (over ile) taşmak

**brimful** /'brimful/ *s.* ağzına kadar dolu, taşmak üzere, ağzına kadar

**brine** /brayn/ *a.* tuzlu su, salamura

**bring** /bring/ *e.* [*pt, pp* **brought** /bro:t/] 1. getirmek: *Bring your homework to the next lesson.* 2. neden olmak: *I can't imagine what brought him to leave his job.*

**bring down** *e.* 1. (vurup) düşürmek: *The hunter's shot brought down the bird.* 2. indirmek: *They brought the helicoptor down on the roof top.* 3. (fiyat) indirmek: *The glut in tomatoes will bring their price down.* 4. (fiyat) indirtmek: *They tried unsuccessfully to bring the seller down from ten million to nine million.* 5. sürdürmek, devamını sağlamak: *His job is to bring all the records down to the present.*

**bring down on** *e.* (kötü bir şey) olmasına neden olmak, başına getirmek

**bring forward** *e.* 1. ileri sürmek, ortaya atmak, önermek 2. öne almak, erken bir tarihe almak

**bring in** *e.* 1. kazanç getirmek, kâr getirmek, kazandırmak 2. öne almak, erken bir tarihe almak: *Her investments bring*

*her in enough to live on.* 3. kazanmak: *Her husband has always brought in a good wage.* 4. sunmak, tanıtmak, öne sürmek: *They brought in the engineers to design the bridge.* 5. *huk.* hüküm vermek, karar vermek: *I think the jury will bring in a verdict of "Not Guilty".* 6. karakola getirmek, karakola teslim etmek: *The police have captured two escapees and are bringing them in.*
**bring into** *e.* başlatmak
**bring off** *e.* üstesinden gelmek, alt etmek: *He's worked very hard for this job. I hope he brings it off.*
**bring out** *e.* 1. üretmek, yapmak 2. ortaya çıkarmak, görülmesini sağlamak 3. (konuşması için) yüreklendirmek, cesaret vermek 4. bir amaç için çalışmayı durdurtmak, grev yaptırmak
**bring round** *e.* ayıltmak: *The doctor wasn't able to bring him round.*
**bring through** *e.* -den kurtarmak: *He has been brought through the worst of the illness by his wife.*
**bring up** *e.* 1. (çocuk) büyütmek, yetiştirmek: *His aunt brought him up after his parents' death.* 2. (konu, vb.) ortaya atmak: *Who brought up this subject?* 3. kusmak: *He brought up all his food for weeks after the operation.* 4. aniden durdurmak, durmasına neden olmak: *He galloped across the paddock and brought his horse up at the fence.*
**brink** /brink/ *a.* 1. bir kayalığın ya da yüksek bir yerin kenarı, kenar 2. (kötü bir şeyin) eşiğinde olma, kenarında olma
**brisk** /brisk/ *s.* çabuk ve aktif, çevik, canlı, hareketli
**brisket** /'briskit/ *a.* (hayvan) göğüs eti
**bristle**[1] /'brisıl/ *a.* kısa, sert saç, kıl
**bristle**[2] /'brisıl/ *e.* (tüy, kıl, saç, vb.) diken diken olmak
**bristly** /'brisli/ *s.* (saç, kıl, vb.) sert, diken diken
**britches** /'briçiz/ *a, Aİ, bkz.* **breeches**
**British** /'britiş/ *s.* Britanya ile ilgili, Britanyalı, İngiliz: *British people, British English, British accent*

**brittle** /'britl/ *s.* 1. kolay kırılır, kırılgan, gevrek 2. narin, nazik 3. atılgan, çabuk bozulan, gücenen
**broach** /'brouç/ *e.* (konu) açmak: *The committee member broached the subject of pollution at the meeting.*
**broad** /'bro:d/ *s.* 1. geniş, enli 2. ... genişliğinde 3. sınırsız, geniş, engin 4. genel, yüzeysel 5. açık, belli 6. **broad bean** bakla 7. **broad jump** *sp, Aİ.* uzun atlama
**broadcast**[1] /'bro:dka:st/ *a.* radyo/televizyon yayını
**broadcast**[2] /'bro:dka:st/ *e.* [*pt, pp* **broadcast**] 1. (radyo/televizyon) yayın yapmak 2. yayınlamak 3. yaymak, bildirmek
**broadcasting** /'bro:dka:sting/ *a.* radyo veya televizyon ile yayın yapma, yayın
**broaden** /'bro:dn/ *e.* 1. genişlemek 2. genişletmek
**broadminded** /bro:d'mayndid/ *s.* diğer düşüncelere saygılı, hoşgörülü, serbest fikirli
**broadside** /'bro:dsayd/ *a.* 1. saldırı 2. *den.* borda 3. borda ateşi
**brocade** /brı'keyd/ *a.* işlemeli, simli kumaş
**broccoli** /'brokıli/ *a.* karnabahara benzer bir bitki, karalahana
**brochure** /'brouşı/ *a.* broşür, kitapçık
**brogue** /broug/ *a.* 1. kalın ve dayanıklı ayakkabı 2. İrlanda aksanı
**broil** /broyl/ *e.* 1. (tavuk, et, balık, vb.) kızartmak, ızgara yapmak 2. çok sıcak olmak, kaynamak, yanmak
**broiler** /'broylı/ *a.* 1. (ızgaralık) piliç 2. *k. dili* çok sıcak bir gün, cehennem
**broke**[1] /brouk/ *s, k. dili* züğürt, meteliksiz
**broke**[2] /brouk/ *pt bkz.* **break**
**broken**[1] /'broukın/ *s.* 1. kırık 2. uyulmamış, çiğnenmiş, tutulmamış 3. (yazı/konuşma) bozuk 4. yarım kalmış, bölünmüş 5. ezik, kolu kanadı kırık 6. engebeli, bozuk, taşlı
**broken**[2] /'broukın/ *pp bkz.* **break**
**broken-hearted** /broukın'ha:tid/ *s.* kalbi kırık, umutsuzluğa kapılmış
**broker** /'broukı/ *a.* komisyoncu, simsar
**brolly** /'broli/ *a, İİ, k. dili* şemsiye

**bronchitis** /brong'kaytis/ *a, hek.* bronşit
**brontosaurus** /brontı'so:rıs/ *a, hayb.* brontozor
**bronze**[1] /bronz/ *a.* 1. bronz, tunç 2. bronz rengi
**bronze**[2] /bronz/ *e.* bronzlaştırmak
**brooch** /brouç/ *a.* broş, süs iğnesi
**brood**[1] /bru:d/ *a.* (kuş) yavruları
**brood**[2] /bru:d/ *e.* 1. kuluçkaya yatmak: *The hen brooded on its eggs even though they were broken.* 2. (over/about ile) arpacı kumrusu gibi düşünmek, kara kara düşünmek: *What are you brooding about?* 3. (over ile) kuşatmak, sarmak: *There were dark clouds brooding over the mountain tops.*
**brook**[1] /bruk/ *a.* dere, çay
**brook**[2] /bruk/ *e.* dayanmak, çekmek, tahammül etmek, izin vermek, kabul etmek
**broom** /bru:m/ *a.* süpürge
**broomstick** /'bru:mstik/ *a.* süpürge sopası, sapı
**broth** /brot/ *a.* et suyu, çorba
**brothel** /'brotıl/ *a.* genelev
**brother** /'bradı/ *a.* 1. erkek kardeş 2. aynı grubun erkek üyesi, kardeş 3. din kardeşi 4. **brothers in arms** silah arkadaşları
**brotherhood** /'bradıhud/ *a.* 1. kardeşlik 2. birlik, camia, topluluk
**brother-in-law** /'bradırinlo:/ *a.* 1. kayınbirader 2. enişte 3. bacanak
**brought** /bro:t/ *pt, pp bkz.* **bring**
**brow** /brau/ *a.* 1. kaş 2. alın 3. tepe, yamaç
**browbeat** /'broubi:t/ *e.* [*pt* **browbeat,** *pp* **browbeaten** /brau'bi:tn/] (into ya da out of ile) sert bakış ya da sözlerle gözünü korkutmak, yıldırmak, göz dağı vermek, -e zorlamak
**browbeaten** /brau'bi:tn/ *pp bkz.* **browbeat**
**brown**[1] /braun/ *a, s.* kahverengi
**brown**[2] /braun/ *e.* 1. esmerleşmek 2. esmerleştirmek, kızartmak
**browse** /brauz/ *e.* 1. otlamak 2. (kitap) gözden geçirmek, karıştırmak
**bruise**[1] /bru:z/ *a.* çürük, bere, ezik

**bruise**[2] /bru:z/ *e.* 1. çürütmek, berelemek 2. çürümek
**brunch** /branç/ *a, k. dili* geç kahvaltı/erken öğle yemeği
**brunette** /bru:'net/ *a.* esmer kadın
**brunt** /brant/ *a.* 1. asıl yük, ağırlık, darbe 2. **bear the brunt of** (saldırı, vb. in) en ağır kısmına karşı koymak
**brush**[1] /braş/ *a.* 1. fırça 2. fırçalama 3. çalı 4. çalılık 5. tilki kuyruğu 6. sürtünme, temas
**brush**[2] /braş/ *e.* 1. fırçalamak 2. hafifçe değmek, sürtünmek 3. temizlemek
**brush aside/away** *e.* bir kenara itmek, boş vermek, boşlamak: *He brushed aside my suggestion.*
**brush-off** /'braşof/ *a.* (the ile) *k. dili* olumsuz yanıt, tersleme, sepetleme: *Every time I tried to ask him out he gave me the brush-off.*
**brush off** *e.* reddetmek, ilişkiyi kesmek
**brush up** *e.* (bilgi) tazelemek, yenilemek, geliştirmek
**brusque** /bru:sk/ *s.* kaba saba, ters
**brussels sprout** /brasılz'spraut/ *a. bitk.* brüksellahanası
**brutal** /'bru:tl/ *s.* 1. acımasız, insanlıktan uzak, hayvanca 2. (gerçek) acı
**brutalize** /'bru:tılayz/ *e.* 1. duygusuzlaştırmak, vahşileştirmek, acımasızlaştırmak 2. acımasızca davranmak
**brute**[1] /bru:t/ *a.* 1. hayvan 2. kaba kimse, hayvan, ayı
**brute**[2] /bru:t/ *s.* hayvan gibi, hayvani
**brutish** /'bru:tiş/ *s, hkr.* hayvani, hayvanlara yakışır, kaba
**bubble**[1] /'babıl/ *a.* 1. kabarcık, hava, gaz ya da su kabarcığı 2. fokurtu 3. boş, geçici şey, hava, balon
**bubble**[2] /'babıl/ *e.* 1. kabarcıklar çıkarmak 2. fokurdamak 3. (over, with ile) coşmak, taşmak
**bubble gum** /'babıl gam/ *a.* balonlu çiklet
**bubbly** /'babli/ *s.* 1. kabarcıklı, kabarcık dolu 2. neşeli, coşkulu, fıkır fıkır
**buck**[1] /bak/ *a.* 1. erkek geyik/tavşan/sıçan 2. *hayb.* antilop 3. *k. dili* sorumluluk 4. *Aİ, k. dili* bir dolar 5. **pass the buck to** sorumluluğu/suçu -e yüklemek

**bulb**

buck² /bak/ e. 1. (at, vb.) dört ayağı üzerinde zıplamak 2. (binicisini) üzerinden atmak

bucket¹ /'bakit/ a. 1. kova 2. **kick the bucket** k. dili nalları dikmek

bucket² /'bakit/ e. (down ile) İİ, k. dili şakır şakır yağmur yağmak, bardaktan boşanırcasına yağmak

buckle¹ /'bakıl/ a. 1. toka, kopça 2. eğim, kırım, çıkıntı

buckle² /'bakıl/ e. 1. toka ya da kopça ile tutturmak, kopçalamak 2. eğilmek, bükülmek, yamulmak 3. eğmek, bükmek, yamultmak

buckle down e, k. dili (to ile) (işe) dört elle sarılmak: With the exams so close I'll have to buckle down to hard work.

buck up e, k. dili 1. geliştirmeye çalışmak 2. acele etmek 3. canlanmak, neşelenmek

bud¹ /bad/ a. gonca, tomurcuk

bud² /bad/ e. tomurcuklanmak; gonca vermek

Buddhism /'budizım/ a. Budizm

Buddhist /'budist/ a. Budist

budding /'bading/ s. gelişmekte olan, ilerleme kaydeden

buddy /'badi/ a, k. dili 1. arkadaş, kafadar, ahbap: They were good buddies. 2. lan, ulan

budge /bac/ e. 1. yerinden oynatmak, kıpırdatmak 2. kıpırdamak, yerinden oynamak

budgerigar /'bacıriga:/ a. muhabbetkuşu

budget¹ /'bacit/ a. 1. bütçe 2. bütçede yer alan para miktarı, bütçe 3. **balance the budget** bütçeyi ayarlamak, dengelemek

budget² /'bacıt/ e. bütçe yapmak

budgetary /'bacıtıri/ s. bütçesel

buff¹ /baf/ a, s. soluk sarı, kösele rengi

buff² /baf/ e. yumuşak bir şeyle parlatmak

buff³ /baf/ a, k. dili düşkün, meraklı, hasta

buffalo /'bafılou/ a, hayb. bufalo

buffer /'bafı/ a. 1. tampon 2. tampon görevi gören kişi ya da şey

buffet¹ /'bafit/ e. tokatlamak, yumruk atmak, vurmak

buffet² /'bufey/ a. büfe

buffoon /bı'fu:n/ a. soytarı, maskara

buffoonery /bı'fu:nıri/ a. maskaralık, soytarılık

bug¹ /bag/ a. 1. Aİ. böcek 2. k. dili mikrop, virüs 3. k. dili gizli dinleme aygıtı 4. aptalca ya da geçici heves, merak, ilgi, saplantı 5. bir şeyin hastası, meraklısı 6. k. dili hata ya da güçlük, arıza 7. tahtakurusu

bug² /bag/ e, k. dili 1. gizli dinleme aygıtı yerleştirmek 2. Aİ. gıcık etmek, uyuz etmek

bugger¹ /'bagı/ a. 1. İİ. k. dili adamcağız/hayvancağız 2. İİ, k. dili baş belası, karın ağrısı, bela 3. arg, kab. salak, kıl, gıcık, sinir 4. kab, arg. oğlancı, götçü

bugger² /'bagı/ ünl, İİ, k. dili Kahretsin! Hay ... !

bugger about e, İİ, arg. 1. salakça davranmak 2. gıcık etmek, sorun olmak

buggered /'bagıd/ s, İİ, kab, arg. leşi çıkmış, gebermiş

bugger off e. 1. İİ, kab, arg. siktir olup gitmek 2. arg, ünl. Siktir git!

bugger up e, İİ, kab, arg. içine sıçmak: He buggers up everything, the bastard.

bughouse /'baghaus/ a, Aİ, arg. tımarhane

bugle /'byu:gıl/ a. borazan

build¹ /bild/ e. [pt, pp built /bilt/] 1. kurmak, yapmak, inşa etmek 2. oluşturmak, geliştirmek

build² /bild/ a. beden yapısı, yapı

builder /'bildı/ a. inşaatçı, müteahhit

build in e. sabit/gömme olarak yerleştirmek: We asked the builder to build in wardrobes in all the bedrooms.

building /'bilding/ a. 1. yapı, inşaat 2. inşaatçılık, inşa etme 3. **building society** yapı kooperatifi

build up e. 1. gelişmek; büyümek; güçlenmek: His confidence built up as he spoke. 2. geliştirmek; büyütmek; güçlendirmek: He has been building up his muscles doing weight training.

buildup /'bildap/ a. gelişme, büyüme, çoğalma, artış

built /bilt/ pt, pp bkz. **build**

built-up /'bilt'ap/ s. bayındır, mamur

bulb /balb/ a. 1. çiçek soğanı 2. ampul

**B**

**bulbous** /'balbıs/ *s.* soğan gibi, şişman ve yuvarlak

**bulge**[1] /'balc/ *a.* 1. şişkinlik, şiş 2. ani artış

**bulge**[2] /'balc/ *e.* şişmek, kabarmak

**bulgy** /'balci/ *s.* çıkıntılı, şişkin

**bulk** /balk/ *a.* 1. oylum, hacim 2. hantal gövde 3. en önemli kısım, esas kısım 4. **in bulk** büyük miktarda, toptan

**bulky** /'balki/ *s.* 1. iri cüsseli, hantal, iri yarı, büyük, iri 2. çok yer kaplayan, hacimli

**bull** /bul/ *a.* 1. *hayb.* boğa 2. çam yarması 3. erkek fil 4. borsacı 5. *arg.* aynasız, polis 6. *arg.* saçma, zırva 7. **a bull in a china shop** *k. dili* kıçıyla dünyayı deviren kimse, sakar 8. **take the bull by the horns** *k. dili* güçlüklere cesaretle karşı koymak

**bulldog** /'buldog/ *a, hayb.* buldok

**bulldoze** /'buldouz/ *e.* 1. buldozerlemek 2. zorla kabul ettirmeye çalışmak 3. zorla, tehditle kabul ettirmek, boyun eğdirmek

**bulldozer** /'buldouzı/ *a.* buldozer, yoldüzer

**bullet** /'bulit/ *a.* kurşun, mermi

**bulletin** /'bulıtin/ *a.* 1. ilan, bildiri 2. belleten, bülten

**bulletproof** /'bulitpru:f/ *s.* kurşun geçirmez

**bullfight** /'bulfayt/ *a.* boğa güreşi

**bullheaded** /bul'hedid/ *s.* dik başlı

**bullion** /'bulyın/ *a.* (altın/gümüş) külçe

**bullock** /'bulık/ *a.* iğdiş edilmiş boğa

**bullring** /'bulring/ *a.* arena

**bull's-eye** /'bulzay/ *a.* nişan tahtasının ortası, hedef merkezi

**bullshit** /'bulşit/ *a, ünl, arg.* saçmalık, zırva; Hassiktir! Saçma!

**bully**[1] /'buli/ *e.* kabadayılık etmek, zorbalık etmek

**bully**[2] /'buli/ *a.* kabadayı, zorba

**bulrush** /'bulraş/ *a.* saz, hasırotu

**bulwark** /'bulwık/ *a.* siper, istihkâm

**bum**[1] /bam/ *a, k. dili* kıç

**bum**[2] /bam/ *e, k. dili* 1. otlanmak: *He's always bumming fags.* 2. (around ile) başıboş dolaşmak, serserilik etmek, göt gezdirmek

**bum**[3] /bam/ *a, Aİ, arg.* 1. serseri 2. serserilik, başıboşluk 3. işini boktan yapan kimse

**bumble** /'bambıl/ *e.* (on/about ile) *k. dili* mırıldanmak, homurdanmak: *He kept bumbling on about his childhood.*

**bumblebee** /'bambılbi:/ *a.* yabanarısı

**bump**[1] /bamp/ *e.* 1. çarpmak, vurmak, toslamak 2. çarpışmak 3. sarsıla sarsıla gitmek

**bump**[2] /bamp/ *a.* 1. vurma, çarpma, çarpma sesi, gümbürtü 2. şişlik, yumru, şiş

**bump**[3] /bamp/ *be.* güm diye; aniden

**bumper** /'bampı/ *a.* tampon

**bump into** *e, k. dili* rastlamak: *We bumped into our neighbours on holiday.*

**bumpkin** /'bampkin/ *a, hkr, k. dili* hödük, kıro

**bump off** *e, k. dili* gebertmek

**bumptious** /'bampşıs/ *s, hkr.* (başkalarının düşüncelerine) saygısız, kaba

**bump up** *e, k. dili* artırmak, yükseltmek: *They've bumped up the price of cigarettes again.*

**bumpy** /'bampi/ *s.* 1. yamru yumru, çıkıntılı, tümsekli, bozuk 2. *k. dili* iyi kötü, şöyle böyle 3. düzensiz, bozuk tempolu

**bun** /ban/ *a.* 1. kurabiye, çörek 2. (saç) topuz

**bunch**[1] /'banç/ *a.* 1. demet, deste, salkım 2. *k. dili* grup

**bunch**[2] /'banç/ *e.* 1. demet yapmak, bir araya toplamak 2. bir araya toplanmak

**bundle**[1] /'bandl/ *a.* 1. bohça, çıkın 2. deste, tomar 3. paket 4. *k. dili* bir yığın

**bundle**[2] /'bandl/ *e.* 1. paldır küldür gitmek 2. paldır küldür yollamak, acele ettirmek 3. tıkıştırmak, sokuşturmak

**bundle off** *e.* alelacele göndermek, postalamak, sepetlemek: *Her parents bundled her off to Europe to avoid the scandal.*

**bung**[1] /bang/ *a.* tapa, tıkaç

**bung**[2] /bang/ *e, İİ, k. dili* fırlatmak, atmak

**bungalow** /'bangılou/ *a.* tek katlı ev, bungalov

**bungle** /'bangıl/ *e.* yüzüne gözüne bulaştırmak, bozmak: *Don't bungle it this time*

*or we'll fire you.*
bung up *e, k. dili* tıkamak: *The sink is all bunged up and the water won't drain away.*
bunion /'banyın/ *a, hek.* ayak baş parmağında oluşan ağrılı şişlik
bunk /bank/ *a.* 1. ranza 2. kuşet, yatak 3. *arg.* zırva, saçmalık 4. do a bunk *İİ, arg.* tüymek, sıvışmak, kaçmak
bunker /'bankı/ *a.* 1. kömür ambarı, kömürlük 2. *ask.* yeraltı sığınağı
bunk off *e, İİ, arg.* 1. sıvışmak, tüymek 2. (okul) kırmak, asmak
bunkum /'bankım/ *a.* saçma, zırva, palavra
buoy[1] /boy/ *a.* 1. şamandıra 2. cankurtaran simidi 2. life buoy cankurtaran simidi
buoy[2] /boy/ *e.* (up ile) 1. su yüzünde tutmak, yüzdürmek 2. desteklemek, güçlendirmek
buoyancy /'boyınsi/ *a.* 1. su yüzünde durabilme, yüzme özelliği, batmama 2. (sıvının) kaldırma gücü 3. kendini hemen toparlama, moral kazanma, neşelenme
buoyant /'boyınt/ *s.* 1. batmaz, yüzen 2. neşeli, kaygısız
buoy up *e.* moral vermek, neşelendirmek: *He buoyed them all up while they waited to be rescued.*
burble /'bö:bıl/ *e.* 1. mırıldanmak 2. şırıldamak, çağlamak
burden[1] /'bö:dn/ *a.* ağır yük
burden[2] /'bö:dn/ *e.* 1. yüklemek 2. sıkıntı vermek
bureau /'byuırou/ *a.* 1. *İİ.* kapaklı yazı masası/sıra 2. *Aİ.* komodin, çekmeceli dolap 3. resmi daire 4. büro, yazıhane
bureaucracy /byuı'rokrısi/ *a.* bürokrasi
bureaucrat /'byuırıkret/ *a.* bürokrat, yazçizci
bureaucratic /byuırı'kretik/ *s.* bürokratik
burglar /'bö:glı/ *a.* (ev, dükkân, vb. soyan) hırsız
burglary /'bö:glıri/ *a.* ev soyma, hırsızlık
burgle /'bö:gıl/ *e.* (ev, vb.) soymak
burial /'beriıl/ *a.* defin, gömme
burlesque[1] /'bö:lesk/ *a.* alaya alma,

taşlama, yerme
burlesque[2] /'bö:lesk/ *e.* taklit ederek alay etmek, yermek
burly /'bö:li/ *s.* iriyarı, yapılı
burn[1] /bö:n/ *e.* [pt, pp burnt/burned /bö:nt/] 1. yanmak: *Coal of this quality doesn't burn easily.* 2. yakmak: *He burnt his leg against the radiator.* 3. yanmak, yanıp tutuşmak: *He's burning to see you.* 4. burn one's boats/bridges *k. dili* geriye dönüş olanaklarını ortadan kaldırmak, köprüleri atmak 5. burn one's fingers *k. dili* aptallığının cezasını çekmek 6. burn sb's ears *arg.* azarlamak, fırça atmak, haşlamak 7. burn the candle at both ends *k. dili* gecesini gündüzünü katarak kendisini helak etmek 8. burn the midnight oil *k. dili* gece yarılarına kadar çalışmak
burn[2] /bö:n/ *a.* yanık
burn away *e.* 1. yakıp kül etmek 2. yanıp kül olmak
burn down *e.* 1. yakıp kül etmek 2. yanıp kül olmak
burning /'bö:ning/ *s.* 1. yanan 2. yakıcı, kızgın 3. ivedi, çözüm bekleyen, acil, önemli
burnish /'bö:niş/ *e.* cilalamak, parlatmak
burn out *e.* 1. yakıp kül etmek 2. sönmek 3. söndürmek 4. (motor, vb.) yanmak 5. (motor, vb.) yakmak
burnt /bö:nt/ *pt, pp bkz.* burn
burn up *e.* 1. daha canlı yanmak 2. (yangınla) yakıp yok etmek 3. fazla ısıdan yok olmak, yanıp gitmek 4. *arg.* tamgaz gitmek 5. *Aİ, arg.* tepesini attırmak, kudurtmak, çileden çıkarmak 6. *Aİ, arg.* fırça atmak, haşlamak
burp /bö:p/ *e, k. dili* 1. geğirmek 2. (bebeği) geğirtmek
burrow[1] /'barou/ *a.* tavşan çukuru, oyuk, çukur, yuva, in
burrow[2] /'barou/ *e.* 1. (çukur) kazmak 2. kazarak ilerlemek 3. yaslanmak 4. yaslamak
bursar /'bö:sı/ *a.* 1. sayman, muhasebeci 2. burslu öğrenci
burst[1] /'bö:st/ *a.* 1. patlamak 2. patlatmak 3. dolup taşmak

**B**

**burst**$^2$ /bö:st/ *a*. patlama

**burst in on** *e*. yarıda kesmek, yarıda bıraktırmak, kesintiye uğratmak

**burst into** *e*. 1. aceleyle girmek: *The children burst into the room laughing.* 2. birden -e başlamak, -e boğulmak: *She often bursts into song while she works.*

**burst out** *e*. aniden söylemek, patlamak: *"Everyone be quiet!", burst out the teacher.*

**bury** /'beri/ *e*. 1. gömmek, defnetmek 2. gizlemek, saklamak 3. **bury the hatchet** *k*. *dili* kavgayı unutup yeniden dost olmak

**bus**$^1$ /bas/ *a*. 1. otobüs 2. **bus stop** otobüs durağı

**bus**$^2$ /bas/ *e*. 1. otobüsle gitmek 2. otobüsle götürmek

**bush** /buş/ *a*. 1. çalı, çalılık 2. (the ile) (özellikle Afrika ve Avustralya'da) vahşi bölge 3. **beat about the bush** *k*. *dili* lafı gevelemek

**Bushman** /'buşmın/ *a*. Güney Afrika'da yerli kabilesi üyesi

**bushy** /'buşi/ *s*. 1. (saç, vb.) gür, çalı gibi 2. çalılık, çalılarla kaplı

**business** /'biznis/ *a*. 1. iş 2. ticaret 3. işyeri 4. iş, konu, olay, sorun, şey 5. **have no business to do sth** bir şey yapmaya hakkı olmamak 6. **mean business** ciddi olmak, şaka yapmamak 7. **Mind your own business.** *k*. *dili* Sen kendi işine bak. 8. **none of your business** *k*. *dili* seni ilgilendirmez

**businesslike** /'biznislayk/ *s*. sistemli, başarılı, sağduyulu

**businessman** /'biznismın/ *a*. işadamı

**businesswoman** /'bizniswumın/ *a*. işkadını

**bust**$^1$ /bast/ *e, k*. *dili* [*pt, pp* **bust/busted**] 1. kırmak, parçalamak 2. tutuklamak 3. basmak, baskın yapmak

**bust**$^2$ /bast/ *a*. 1. büst 2. (kadın) göğüsler 3. (kadın) göğüs çevresi ölçüsü 4. *arg*. fiyasko 5. *k*. *dili* tutuklama 6. *k*. *dili* baskın

**bustle**$^1$ /'basıl/ *e*. telaş etmek, acele hareket etmek, koşuşmak, koşuşturmak

**bustle**$^2$ /'basıl/ *a*. telaş, koşuşma, keşme-keş

**bust-up** /'bastap/ *a*. 1. çıngar, kavga 2. *Aİ*. bitme, sona erme

**busy**$^1$ /'bizi/ *s*. 1. meşgul 2. hareketli 3. işlek

**busy**$^2$ /'bizi/ *e*. (with ile) meşgul etmek: *When the children went back to school she busied herself tidying the house.*

**busybody** /'bizibodi/ *a, hkr*. her şeye burnunu sokan kimse, işgüzar

**but**$^1$ /bıt, bat/ *bağ*. 1. ama: *He wants to marry but his parents won't allow it.* 2. ama, ancak: *Not John but his sister came to the party.* 3. ki: *I have no fear but he is quite safe.*

**but**$^2$ /bat/ *ilg*. -den başka: *I love no-one but you.*

**butane** /'byu:teyn/ *a*. bütan gazı

**butch**$^1$ /buç/ *s, İİ. arg*. erkeksi

**butch**$^2$ /buç/ *a, İİ, arg*. erkeksi kadın, erkek fatma

**butcher**$^1$ /'buçı/ *a*. 1. kasap 2. katil, cani, kasap, insan kasabı

**butcher**$^2$ /'buçı/ *e*. 1. (hayvan) kesmek 2. gereksiz yere kan dökmek, öldürmek, doğramak

**butchery** /'buçıri/ *a*. 1. kasaplık 2. insan kasaplığı

**butler** /'batlı/ *a*. baş kâhya

**butt**$^1$ /bat/ *e*. 1. toslamak 2. (in ile) *k*. *dili* müdahale etmek, kesmek

**butt**$^2$ /bat/ *a*. 1. alay konusu olan kimse 2. fıçı 3. sigara izmariti 4. *arg*. göt 5. dipçik

**butter**$^1$ /'batı/ *a*. 1. tereyağı 2. **Butter wouldn't melt in his mouth.** *k*. *dili* Saman altından su yürütür.

**butter**$^2$ /'batı/ *e*. tereyağı sürmek

**buttercup** /'batıkap/ *a, bitk*. düğünçiçeği

**butterfly** /'batıflay/ *a*. 1. kelebek 2. **have butterflies in one's stomach** *k*. *dili* (bir şeye başlamadan önce) heyecanlanmak

**butterscotch** /'batıskoç/ *a*. şeker ve tereyağı ile yapılan bir tür tatlı

**butter up** *e, k*. *dili* yağlamak, yağ çekmek

**buttery** /'batıri/ *s*. tereyağlı

**buttock** /'batık/ *a*. but, kaba et

**button**$^1$ /'batn/ *a*. 1. düğme 2. elektrik düğmesi, düğme 3. *Aİ*. rozet

button[2] /batn/ e. 1. (up ile) düğmelemek 2. düğmelenmek
buttoned up /batnd'ap/ s, k. dili 1. (iş) başarıyla yapılmış 2. sessiz, ağzı var dili yok 3. tutuk, çekingen
buttonhole[1] /'batnhoul/ a. 1. ilik, düğme iliği 2. İİ. yakaya takılan çiçek
buttonhole[2] /'batnhoul/ e, k. dili durdurup dinlemeye zorlamak
button up e. 1. arg. sessiz olmak, sesi kesmek 2. k. dili başarıyla tamamlamak 3. ünl. Kes sesini!
buttress[1] /'batris/ a. 1. payanda, destek 2. yardımcı, destekçi, güçlendirici
buttress[2] /'batris/ e. desteklemek, güçlendirmek
buxom /'baksım/ s. (kadın) etli butlu, dolgun
buy /bay/ e. [pt, pp bought /bo:t/] 1. satın almak: I bought a litre of milk. 2. k. dili inanmak, yutmak, kabul etmek: Rubbish! You can't expect me to buy that. 3. buy time k. dili vakit geçirmek, geciktirmek
buyer /'bayı/ a. alıcı, müşteri
buy off e. 1. rüşvetle elde etmek: They bought off their opponents in the case. 2. ... işini almak
buy out e. 1. hissesini satın almak: He has bought out his brother and now controls the company. 2. işini satın almak: Recently a multi-national company bought out four local firms.
buzz[1] /baz/ e. 1. vızıldamak 2. (for ile) sinyalle çağırmak
buzz[2] /baz/ a. 1. vızıltı 2. sinyal 3. k. dili telefonla arama, telefon etme
buzzard /'bazıd/ a. 1. İİ. bir tür şahin 2. Aİ. akbaba
buzzer /'bazı/ a. 1. sinyal veren alet 2. sinyal
buzz off ünl, İİ, k. dili Bas git! Çek arabanı! Defol git!
by[1] /bay/ ilg. 1. yanında, yakınında: She was sitting by the fire. 2. yanından: He drove by the school to get to work. 3. yoluyla, -dan: The thief probably left by the back window. 4. -e kadar: He said

he couldn't finish by the end of May. 5. ile, vasıtasıyla: He went to work by car. 6. tarafından: "Imagine" was written by John Lennon. 7. -e göre: By law you can kill in self-defence. 8. -e bakarak, -şinden, -inden: I can tell what you're thinking by the look in your eye. 9. hakkı için, aşkına: By Christ I'll kill you. 10. (ölçü ve sayılarda) -le, -la, -e, -a: Multiply nine by three to obtain twenty-seven. 11. boyunca: He worked by night. 12. -den, -dan: He's a plumber by trade. 13. (all) by oneself kendi kendine, tek başına: She lived by herself. 14. by the way k. dili aklıma gelmişken, bu arada: By the way what happened to all the money I gave you?
by[2] /bay/ be. 1. geçerek, geçip: He drove by the accident without stopping. 2. yakında: There was nobody by when the fire started. 3. Aİ, k. dili evde, eve: Why don't you drop by for lunch sometime? 4. bir kenara: I'm putting some money by each week for a holiday. 5. by and by k. dili birazdan, az sonra: She will go to sleep by and by. 6. by and large genel olarak, genelde
bye /bay/ ünl, k. dili hoşça kal; güle güle
bye-bye /bay'bay/ ünl. güle güle; allaha-ısmarladık, hoşça kal
by-election /'bayi'lekşın/ a. ara seçim
bygone /'baygon/ s. 1. geçmiş, eski 2. let bygones be bygones k. dili geçmişteki kötü şeyleri unutmak
bylaw /'baylo:/ a. 1. İİ. yerel yasa 2. Aİ. yönetmelik, tüzük
bypass[1] /'baypa:s/ a. yan yol, yan geçit
bypass[2] /'baypa:s/ e. 1. uğramadan geçmek 2. atlamak, boş vermek, pas geçmek
by-product /'bayprodakt/ a. 1. yan ürün 2. yan etki
bystander /'baystendı/ a. görgü tanığı, seyirci
byway /'baywey/ a. az kullanılan/az bilinen dar yol patika, sapa yol
byword /'baywö:d/ a. 1. sembol, simge 2. deyiş, atasözü

# C

C, c /si:/ *a.* 1. İngiliz abecesinin üçüncü harfi 2. Romen rakamlarından 100
cab /keb/ *a.* 1. taksi 2. fayton 3. (otobüs, tren, vb.) sürücü bölümü
cabaret /'kebırey/ *a.* kabare
cabbage /'kebic/ *a.* 1. *bitk.* lahana 2. *İİ, k. dili* uyuşuk kimse, ruh
cabby /'kebi/ *a, k. dili* taksi şoförü
cabin /'kebin/ *a, k. dili* 1. kamara 2. tahta kulübe 3. pilot kabini
cabinet /'kebinit/ *a.* 1. camlı ve raflı dolap 2. (tv, pikap, vb.) kabin 3. kabine, bakanlar kurulu 4. küçük özel oda
cable[1] /'keybıl/ *a.* 1. tel kablo 2. elektrik, telgraf ve telefon kablosu 3. telgraf mesajı, telgraf 4. **cable car** teleferik 4. **cable television** kablolu televizyon
cable[2] /'keybıl/ *e.* telgrafla yollamak, telgraf havalesi çekmek
cablegram /'keybılgrem/ *a.* telgraf mesajı
cabriolet /'kebriıley/ *a.* 1. üstü açılan araba 2. fayton
cacao /kı'ka:ou/ *a.* 1. kakao 2. kakao ağacı
cache[1] /'keş/ *a.* 1. zula 2. zuladaki mallar
cache[2] /keş/ *e.* gizlemek, zula etmek
cachet /'keşey/ *a.* kaşe, mühür, damga
cackle[1] /'kekıl/ *e.* 1. (tavuk) gıdaklamak 2. kıkırdamak, kıkır kıkır gülmek
cackle[2] /'kekıl/ *a.* 1. gıdaklama 2. kıkırtı, gülüş 3. *k. dili* saçma konuşma, zırva 4. **cut the cackle** *İİ, arg.* kapa çeneni; kes
cactus /'kektıs/ *a, bitk.* kaktüs
cadaver /kı'deyvı/ *a.* kadavra
cadence /'keydıns/ *a.* 1. ritim 2. (özellikle şiir okurken) sesin alçalıp yükselmesi
cadet /kı'det/ *a.* 1. harp okulu ya da polis koleji öğrencisi 2. küçük kardeş
cadge /kec/ *e, k. dili, hkr.* otlakçılık etmek, otlanmak
cadger /'kecı/ *a, k. dili, hkr.* otlakçı, anaforcu
caesarean /si'zeırıın/ *a, hek.* sezaryen
café /'kefey/ *a.* kafe

cafeteria /kefi'tiırıı/ *a.* (selfservis) kafeterya, yemekhane
caffeine /'kefi:n/ *a.* kafein
caftan /'keften/ *a.* kaftan
cage[1] /keyc/ *a.* kafes
cage[2] /keyc/ *e.* kafese koymak
cagey /'keyci/ *s, k. dili* ağzı sıkı, ketum
cajole /kı'coul/ *e.* (into/out of ile) kandırmak, ikna etmek: *They cajoled him into lending them his car.*
cake[1] /keyk/ *a.* 1. pasta, kek 2. kalıp, topak 3. **a piece of cake** *k. dili* çocuk oyuncağı, basit iş 4. **sell/go like hot cakes** kapış kapış satılmak/gitmek 5. **have one's cake and eat it** *k. dili* bir şeyin kaymağını yemek
cake[2] /keyk/ *e.* 1. kaplamak 2. kaplanmak
calabash /'kelıbeş/ *a, bitk.* sukabağı
calamity /kı'lemiti/ *a.* felaket, afet
calcify /'kelsifay/ *e.* 1. kireçlenmek 2. kireçlendirmek
calcium /'kelsiım/ *a.* kalsiyum
calculate /'kelkyuleyt/ *e.* 1. hesaplamak 2. planlamak, tasarlamak 3. (on ile) -e bel bağlamak
calculating /'kelkyuleyting/ *s.* kurnaz
calculation /kelkyu'leyşın/ *a.* hesap
calculator /'kelkyuleytı/ *a.* hesap makinesi
calculus /'kelkyulıs/ *a, mat.* hesap
calendar /'kelindı/ *a.* takvim
calender /'kelindı/ *a, tek.* perdah makinesi
calf /ka:f/ *a.* 1. buzağı, dana 2. baldır
calibrate /'kelibreyt/ *e.* 1. ayar etmek 2. çapını ölçmek
calibre /'kelibı/ *a.* 1. kalite 2. kalibre, çap
calico /'kelikou/ *a.* patiska
caliph /'keylif/ *a.* halife
caliphate /'keylifeyt/ *a.* halifelik
call[1] /ko:l/ *e.* 1. seslenmek, bağırmak: *He kept calling but no one heard.* 2. uğramak: *I call on my parents each week.* 3. aramak: *I tried to call him but the phone was out of order.* 4. çağırmak: *Call the firebrigade!* 5. farz etmek, varsaymak, demek: *Would you call him a good student?* 6. ... diye hitap etmek, ... adını

vermek: *What have they called their son?* 7. (by ile) *k. dili* geçerken uğramak: *I called by but you weren't home.*
**call**[2] /ko:l/ *a.* 1. bağırış, sesleniş, çığlık, çağrı 2. rağbet 3. *isk.* deklare 4. çağrı, resmi çağrı, davet 5. telefonla arama 6. kısa ziyaret, uğrama 7. *sp.* hakem kararı 8. gereksinim, ihtiyaç: *There was no call for that remark.* 9. **close call/shave/thing** kötü bir şeyden ucuz kurtulma, kıl payı kurtulma 10. **on call** hazır, amade, çalışmaya hazır 11. **within call** seslenildiğinde duyulabilecek uzaklıkta
**call box** /'ko:l boks/ *a., İİ.* telefon kulübesi
**caller** /'ko:lı/ *a.* 1. kısa ziyaret yapan kimse, uğrayan kimse 2. telefonla arayan kimse, arayan
**call for** *e.* 1. istemek: *He called for silence.* 2. ihtiyaç duymak 3. uğrayıp almak: *The council calls for rubbish on Tuesdays.*
**call in** *e.* 1. yardıma çağırmak: *We had better call in a plumber.* 2. iadesini istemek: *The company had to call in all the supplies of their new drug.*
**call girl** /'ko:l gö:l/ *a.* telekız, fahişe
**calligraphy** /kı'lignfi/ *a.* 1. güzel el yazısı (sanatı) 2. hattatlık
**calling** /'ko:ling/ *a.* 1. istek, heves, tutku 2. meslek, ticari unvan
**callipers** /'kelipız/ *a.* 1. çap pergeli 2. kompas 3. bacaklara takılan metal destek
**call off** *e.* 1. iptal etmek: *She has a sore throat and has called off her concert.* 2. geri çağırmak, uzak tutmak: *Call the brute off me!*
**call on/upon** *e.* 1. ziyaret etmek, uğramak: *I want to call on Bruce tonight.* 2. rica etmek: *I have been called on to give a lecture next week.*
**callous** /'kelıs/ *s.* katı, duygusuz
**call out** *e.* 1. (resmi olarak) yardıma çağırmak: *They had to call out the riot police.* 2. greve çağırmak: *All the dock workers have been called out.*
**callow** /'kelou/ *s, hkr.* acemi, çaylak, deneyimsiz, toy, kuş

**call up** *e.* 1. *İİ, k. dili* (askere) çağırmak: *All men over eighteen were called up for military service.* 2. telefon etmek, aramak: *Can you call up America from this phone?* 3. hatırlatmak: *Everytime I hear that tune it calls up wonderful memories.*
**callus** /'kelıs/ *a.* nasır
**calm**[1] /ka:m/ *a.* 1. (hava) sakinlik 2. (deniz) durgunluk 3. sakinlik, rahat, huzur
**calm**[2] /ka:m/ *s.* 1. (hava) rüzgârsız 2. (deniz) durgun, dalgasız 3. sakin, rahat, huzurlu
**calm**[3] /ka:m/ *e.* sakinleştirmek
**calm down** *e.* 1. sakinleşmek, yatışmak 2. sakinleştirmek, yatıştırmak
**calorie** /'kelıri/ *a.* kalori
**calypso** /kı'lipsou/ *a, müz.* kalipso
**camber** /'kembı/ *a.* kavis, eğrilik, yatıklık
**came** /keym/ *pt bkz.* **come**
**camel** /'kemıl/ *a.* deve
**camellia** /kı'mi:liı/ *a, bitk.* kamelya
**cameo** /'kemiou/ *a.* işlemeli akik
**camera** /'kemırı/ *a.* 1. fotoğraf makinesi 2. kamera 3. **in camera** gizlice, özel olarak
**camomile** /'kemımayl/ *a.* 1. *bitk.* papatya 2. papatya çayı
**camouflage**[1] /'kemıfla:j/ *a.* kamuflaj
**camouflage**[2] /'kemıfla:j/ *e.* kamufle etmek
**camp**[1] /kemp/ *a.* kamp
**camp**[2] /kemp/ *e.* kamp yapmak
**camp**[3] /kemp/ *s.* 1. *arg.* homo, ibne ya da sevici 2. kadınsı
**campaign**[1] /kem'peyn/ *a.* kampanya
**campaign**[2] /kem'peyn/ *e.* kampanya yapmak
**camphor** /'kemfı/ *a.* kâfur
**campus** /'kempıs/ *a.* kampüs, yerleşke
**can**[1] /kın, ken/ *e.* -ebilmek, -abilmek: *He can speak French. Can I leave the room, please? You can't be serious. If you don't behave you can go to your room. Sorry, I couldn't hear you.*
**can**[2] /ken/ *a.* 1. kap, kutu. 2. teneke kutu, konserve kutusu 3. konserve 4. *arg.* kodes 5. **carry the can** *k. dili* suçu üstlenmek
**can**[3] /ken/ *e.* 1. konserve yapmak,

**C**

konservelemek 2. *arg.* (müzik) kaydetmek

**canal** /kı'nel/ *a.* kanal

**canalize** /'kenılayz/ *e.* 1. (akarsuyu) derinleştirmek, genişletmek, kanal açmak 2. suyu bir yöne aktarmak, bir yöne akıtmak 3. belirli bir sonuca götürmek, belirli bir yöne kanalize etmek

**canary** /kı'neıri/ *a.* kanarya

**cancel** /'kensıl/ *e.* 1. kaldırmak, iptal etmek, feshetmek, bozmak: *He has cancelled his appointment.* 2. eşitlemek, denkleştirmek, dengelemek 3. çizmek, üstünü çizmek

**cancellation** /kensı'leyşın/ *a.* iptal, bozma, fesih

**cancer** /'kensı/ *a.* 1. Yengeç Burcu 2. *hek.* kanser

**cancerous** /'kensırıs/ *s, hek.* kanserli

**candid** /'kendid/ *s.* 1. içten, samimi, dürüst 2. (kamera) gizli

**candidate** /'kendidit/ *a.* 1. aday 2. sınava giren kimse

**candle** /'kendl/ *a.* mum

**candlestick** /'kendlstik/ *a.* şamdan

**candour** /'kendı/ *a.* içtenlik, açık yüreklilik, dürüstlük, samimiyet

**candy**[1] /'kendi/ *a.* şeker, şekerleme

**candy**[2] /'kendi/ *e.* şekerlemek

**candyfloss** /'kendiflos/ *a.* pamuk helva

**cane**[1] /keyn/ *a.* 1. kamış 2. sopa, değnek

**cane**[2] /keyn/ *e.* değnekle dövmek

**canine** /'keynayn/ *s.* 1. köpek ve benzeri hayvanlarla ilgili 2. **canine tooth** köpekdişi

**canister** /'kenistı/ *a.* teneke kutu

**canker** /'kenkı/ *a, hek.* pamukçuk

**cannabis** /'kenıbis/ *a.* kendirden elde edilen bir uyuşturucu

**cannibal** /'kenibıl/ *a.* 1. yamyam 2. *hayb.* kendi türünün etini yiyen hayvan

**cannon**[1] /'kenın/ *a, ask.* büyük top

**cannon**[2] /'kenın/ *e.* hızla vurmak, çarpmak

**cannot** /'kenıt, 'kenot/ *e, bkz.* **can**[1]

**cannonball** /'kenınbo:l/ *a.* top, savaş topu, gülle

**canny** /'keni/ *a.* kurnaz, akıllı, uyanık

**canoe** /kı'nu:/ *a.* kano

**canon** /'kenın/ *a.* 1. Hıristiyan kilisesi yasası 2. katedral rahibi 3. genel kural, ilke

**canonize** /'kenınayz/ *e.* (bir ölüyü) aziz ilan etmek

**canopy** /'kenıpi/ *a.* 1. gölgelik, tente 2. örtü

**cant** /kent/ *a, hkr.* ikiyüzlülük, yapmacık konuşma

**can't** /ka:nt/ *e. bkz.* **can**

**cantankerous** /ken'tenkırıs/ *s, k. dili* huysuz, hırçın, aksi, geçimsiz

**canteen** /ken'ti:n/ *a.* 1. kantin 2. matara 3. *İl.* 6/12 kişilik çatal, bıçak, kaşık takımı

**canvas** /'kenvıs/ *a.* 1. çadır bezi 2. çadır 3. tuval

**canvass** /'kenvıs/ *a.* (siyasi görüş, vb. için) anket yapmak, kamuoyu yoklaması yapmak

**canyon** /'kenyın/ *a, coğ.* kanyon, kapız

**cap**[1] /kep/ *a.* 1. kasket, başlık, takke, kep 2. kapak

**cap**[2] /kep/ *e.* 1. kaplamak, örtmek 2. (önceki bir şeyi) geliştirmek

**capability** /keypı'biliti/ *a.* yeteneklilik, yetenek

**capable** /'keypıbıl/ *s.* 1. yetenekli: *She's a very capable woman.* 2. -e açık; yatkın; eğilimli: *If one student spoke, their teacher was capable of punishing them all.*

**capacity** /kı'pesiti/ *a.* 1. kapasite 2. yetenek, kapasite 3. sıfat, durum, mevki

**cape** /keyp/ *a.* 1. *coğ.* burun 2. pelerin

**caper** /'keypı/ *e.* hoplamak, sıçramak, oynaşmak

**capillary** /kı'pilıri/ *a.* kılcal damar

**capital**[1] /'kepitl/ *s.* 1. ölüm cezası verilebilir, ölümle cezalandırılabilir 2. (harf) büyük 3. **capital letter** büyük harf 4. **capital punishment** ölüm cezası

**capital**[2] /'kepitl/ *a.* 1. başkent 2. anamal, kapital, sermaye 3. *k. dili* para 4. büyük harf 5. sütun başlığı

**capitalism** /'kepitılizım/ *a.* kapitalizm, anamalcılık

**capitalist** /'kepitılist/ *a, s.* kapitalist, anamalcı

**capitalize** /'kepitılayz/ *e.* (on ile) -den

yararlanmak: *He capitalized on his fa-ther's fame as a filmstar and obtanied many film roles.*

capitulate /kı'piçuleyt/ *e.* (düşmana şartlı) teslim olmak

capitulation /kıpiçu'leyşın/ *a.* şartlı teslim olma, kapitülasyon

caprice /kı'pri:s/ *a.* kapris, şımarıklık

capricious /kı'prişıs/ *s.* 1. kaprisli 2. dönek, değişken

Capricorn /'kepriko:n/ *a.* Oğlak burcu

capsicum /'kepsikım/ *a, bitk.* (dolma-lık/uzun) biber

capsize /kep'sayz/ *e.* 1. alabora olmak 2. alabora etmek

capsule /'kepsyu:l/ *a.* 1. kapsül 2. *hek.* kaşe

captain[1] /'keptın/ *a.* 1. *den.* kaptan 2. kaptan, takım başı 3. *ask.* yüzbaşı

captain[2] /'keptın/ *e.* kaptanlık etmek, kumanda etmek, yönetmek

caption /'kepşın/ *a.* manşet, başlık

captious /'kepşıs/ *s.* müşkülpesent, zor beğenir

captivate /'keptiveyt/ *e.* büyülemek, çekmek

captive[1] /'keptiv/ *s.* 1. tutsak, esir 2. tutsak edilmiş, kapatılmış 3. **a captive audience** dinlemeye mecbur edilen kimse, esir alınan kimse

captive[2] /keptiv/ *a.* tutsak, esir

captivity /kep'tiviti/ *a.* tutsaklık, esaret

captor /'keptı/ *a.* tutsak eden kişi, esir alan kişi

capture[1] /'kepçı/ *a.* 1. esir alma 2. esir alınma 3. ganimet

capture[2] /'kepçı/ *e.* 1. tutmak, yakalamak, tutsak etmek, esir etmek 2. egemen olmak, almak, zapt etmek 3. özelliğini yitirmeden korumak, aynen almak

car /ka:/ *a.* 1. otomobil, araba 2. vagon

caramel /'kerımıl/ *a.* karamela

carat /'kerıt/ *a.* kırat, ayar

caravan /'kerıven/ *a.* 1. kervan 2. çingene arabası 3. karavan

caravanserai /kerı'vensıray/ *a.* kervansa-ray

carbohydrate /ka:bou'haydreyt/ *a.* kar-bonhidrat

carbon /'ka:bın/ *a.* 1. *kim.* karbon 2. karbon kâğıdı 3. karbon kâğıdı ile çıkarı-lan kopya 4. **carbon dioxide** karbondi-oksit 5. **carbon monoxide** karbonmonoksit

carbuncle /'ka:bankıl/ *a.* şirpençe, çıban

carburettor /ka:byu'retı/ *a.* karbüratör

carcass /'ka:kıs/ *a.* 1. yemek için kesilmiş hayvanın ölüsü, hayvan ölüsü 2. *hkr, arg.* ceset, leş 3. *hkr, k. dili* bir şeyin döküntü parçaları, döküntü artık, leş, hurda 4. eski ya da bitmemiş tekne iske-leti

card /ka:d/ *a.* 1. oyun kâğıdı, iskambil kâğıdı, kart 2. kart, ziyaret kartı, kartvizit 3. kart, kartpostal 4. *k. dili* gırgır, şama-tacı, matrak kimse 5. *sp.* karşılaşma programı 6. **have a card up one's sleeve** *k. dili* gizli bir planı/niyeti olmak 7. **house of cards** *İİ, k. dili* başarı olası-lığı çok az olan plan 8. **on the cards** *k. dili* olası, muhtemel 9. **play one's cards well** en iyi şekilde hareket etmek, kartla-rını iyi oynamak 10. **put/lay one's cards on the table** gizlisi saklısı olma-mak, açık ve dürüst olmak

cardboard[1] /'ka:dbo:d/ *a.* kalın karton, mukavva

cardboard[2] /'ka:dbo:d/ *s.* 1. mukavvadan yapılmış, mukavva 2. gerçek olmayan, doğal olmayan, sahte, yapay

cardiac /'ka:diek/ *s, hek.* kalp ya da kalp hastalıklarıyla ilgili

cardigan /'ka:digın/ *a.* hırka

cardinal[1] /'ka:dınıl/ *s.* 1. en önemli, baş, ana, esas 2. **cardinal number** asal sayı

cardinal[2] /'ka:dınıl/ *a.* kardinal

care[1] /keı/ *a.* 1. kaygı, üzüntü 2. bakım, ilgi 3. koruma, sorumluluk 4. dikkat, özen 5. **have a care** *ünl, k. dili* daha dikkatli ol! dikkat et! 6. **(in) care of** (ad-res yazarken) ... eliyle 7. **take care of** a) -e dikkat etmek, -e bakmak: *Take care of yourself.* b) *arg.* ilgilenmek, icabına bakmak, işini bitirmek, dövmek; öldür-mek

care[2] /keı/ *e.* 1. aldırmak, umursamak, önemsemek: *He didn't care when he lost his job.* 2. istemek, hoşlanmak,

**C**

sevmek: *I don't care to dance, I'd rather sit and watch.*
career¹ /kı'riı/ *a.* meslek yaşamı, kariyer
career² /kı'riı/ *e.* son süratle gitmek
career³ /kı'riı/ *s.* profesyonel
care for *e.* 1. bakmak, ilgilenmek: *She's been caring for her mother, who has cancer for years.* 2. istemek: *Do you care for a cup of coffee?* 3. sevmek, hoşlanmak: *I don't care for disco music.*
carefree /'keıfri:/ *s.* 1. kaygısız, tasasız 2. *hkr.* sorumsuz
careful /'keıfıl/ *s.* 1. dikkatli 2. dikkatle yapılmış 3. özenli 4. *k. dili* cimri, sıkı
careless /'keılıs/ *s.* 1. dikkatsiz 2. dikkatsizce/baştan savma yapılmış 3. aldırışsız, ilgisiz
caress¹ /kı'res/ *a.* 1. okşama 2. öpme
caress² /kı'res/ *e.* 1. okşamak 2. öpmek
caretaker /'keıteykı/ *a.* 1. hademe, odacı 2. ev bekçisi 3. **caretaker government** geçici hükümet
cargo /'ka:gou/ *a.* yük, kargo
caricature /'kerikıçuı/ *a.* karikatür
carious /'keıriıs/ *s, hek.* (diş, vb.) çürük
carnage /'ka:nic/ *a.* kıyım, katliam, kırım
carnal /'ka:nl/ *s.* cinsel, şehvetle ilgili
carnation /ka:'neyşın/ *a, bitk.* karanfil
carnival /'ka:nivıl/ *a.* karnaval, şenlik
carnivore /'ka:nivo:/ *a.* etobur hayvan
carnivorous /ka:'nivırıs/ *s.* etobur, etçil
carol /'kerıl/ *a.* Noel şarkısı, neşeli şarkı
carousel /kerı'sel/ *a, Aİ.* atlıkarınca
carp¹ /ka:p/ *e, hkr, k. dili* mızmızlanmak, dırdır etmek
carp² /ka:p/ *a, hayb.* sazanbalığı
carpenter /'ka:pıntı/ *a.* marangoz, doğramacı, dülger
carpentry /'ka:pıntri/ *a.* marangozluk, doğramacılık
carpet¹ /'ka:pit/ *a.* 1. halı 2. **sweep (sth) under the carpet** *k. dili* gizli tutmak, saklamak
carpet² /'ka:pit/ *e.* 1. halı döşemek 2. kaplamak
carriage /'keric/ *a.* 1. araba, at arabası 2. *İl.* vagon 3. taşıma, nakliye 4. nakliye ücreti 5. makinenin oynak parçası 6. duruş, yürüyüş biçimi

carrier /'keriı/ *a.* 1. nakliyeci, taşıyıcı 2. (hastalık) taşıyıcı 3. *ask.* kariyer 4. **carrier bag** saplı naylon çanta 5. **carrier pigeon** posta güvercini
carrot /'kerıt/ *a.* 1. havuç 2. *k. dili* mükâfat
carry /'keri/ *e.* 1. taşımak, götürmek: *Trucks carried the soldiers to the war zone.* 2. ağırlığını çekmek, taşımak: *Can this vehicle carry twenty tons?* 3. *k. dili* desteklemek, yardım etmek, arka çıkmak: *His family carried him through his unemployment.* 4. bulundurmak: *You should always carry your identity card with you.* 5. geçirmek, bulaştırmak, yaymak: *Rabies is carried by dogs.* 6. içermek, taşımak, kapsamak: *This book carries very important information.* 7. desteğini kazanmak: *The new singer carried the jury and won the competition.* 8. onaylamak, kabul edilmek: *The new plan couldn't carry through the directorate.* 9. onaylamak, kabul ettirmek 10. ulaşmak; erişmek: *Her voice carried easily to the back of the room.* 11. **carry the day** kazanmak, tam başarı sağlamak 12. **get carried away** heyecanlanmak, kendini kaptırmak, aşka gelmek
carry back *e.* geçmişe götürmek: *The photo carried me back to my childhood.*
carrycot /'kerikot/ *a, İl.* portbebe
carry forward/over *e.* bir hesabın toplamını yan sayfaya ya da başka bir deftere geçirmek
carry off *e.* 1. kolayca ve başarılı bir biçimde yapmak: *He was asked to make a speech and carried it off beautifully.* 2. kazanmak: *Our second carried off most of the prizes on Sports Day.*
carry on *e.* 1. sürdürmek, yürütmek, devam etmek: *The children carried on playing despite the rain.* 2. *k. dili* heyecan yaratmak: *Stop carrying on.* 3. (with ile) *k. dili* cinsel ilişkisi olmak: *Her husband has been carrying on with his secretary for years.*
carry out/through *e.* bitirmek, yerine getirmek, tamamlamak: *They carried out his instructions carefully.*
carry through *e.* 1. bitirmek, tamamla-

mak, yerine getirmek: *Now that you've signed the contract you'll have to carry it through.* 2. varlığını sürdürmek: *His love for her carried right through their marriage.* 3. ayakta tutmak

carsick /'ka:sik/ *s.* kendisini araba tutan, arabada hasta olan

cart[1] /ka:t/ *a.* 1. at arabası 2. el arabası 3. **put the cart before the horse** yemeğe tatlıdan başlamak

cart[2] /ka:t/ *e.* taşımak, götürmek

cartel /ka:'tel/ *a.* kartel

cartilage /'ka:tılic/ *a.* kıkırdak

cartography /ka:'togrıfi/ *a.* haritacılık, kartografi

carton /'ka:tn/ *a.* mukavva kutu, karton kutu

cartoon /ka:'tu:n/ *a.* 1. karikatür 2. çizgi film

cartridge /'ka:tric/ *a.* 1. fişek 2. *müz.* pikap kafası 3. kartuş

cartwheel /'ka:twi:l/ *a, sp.* çember hareketi

carve /ka:v/ *e.* 1. oymak 2. kesmek, dilimlemek 3. (up ile) bölmek, paylaştırmak

carving /'ka:ving/ *a.* 1. oyma 2. oymacılık

cascade[1] /ke'skeyd/ *a.* çağlamak, taşmak

cascade[2] /ke'skeyd/ *a.* çağlayan, şelale

case[1] /keys/ *a.* 1. hal, durum 2. olay 3. sorun 4. *huk.* dava 5. kutu, sandık 6. çanta 7. kasa 8. *dilb.* ad durumu, durum 9. **in any case** ne olursa olsun 10. **in case of** -dığı takdirde, ... durumunda, ... olursa 11. **(just) in case** ne olur ne olmaz 12. **lower case** küçük harf 13. **upper case** büyük harf

case[2] /keys/ *e.* kutulamak

casement /'keysmınt/ *a.* içe ya da dışa doğru açılan pencere

cash[1] /keş/ *a.* 1. nakit para 2. *k. dili* para, mangır 3. **cash register** yazar kasa

cash[2] /keş/ *e.* paraya çevirmek, bozdurmak

cashew /'keşu:/ *a, bitk.* maun, akaju ağacı

cashier /ke'şiı/ *a.* kasiyer, kasadar

cash in *e.* kazanç sağlamak, yararlanmak, faydalanmak: *The company*

cashed in on the war by manufacturing munitions.*

cashmere /'keşmiı/ *a.* kaşmir

casing /'keysing/ *a.* koruyucu kaplama

casino /kı'si:nou/ *a.* gazino

cask /ka:sk/ *a.* fıçı, varil

casket /'ka:skit/ *a.* 1. küçük kutu 2. *Aİ.* tabut

cassava /kı'sa:vı/ *a, bitk.* manyok

casserole /'kesıroul/ *a.* güveç

cassette /kı'set/ *a.* kaset

cast[1] /ka:st/ *e.* [*pt, pp* cast] 1. fırlatmak, atmak 2. atmak, çıkarmak, değiştirmek 3. (oy) vermek 4. dökmek, saçmak 5. rol vermek 6. dökmek, döküm yapmak 7. **cast iron** dökme demir

cast[2] /ka:st/ *a.* 1. atma, atış 2. kalıp, döküm 3. oynayanlar, oyuncular 4. çeşit, tür 5. alçı

castaway /'ka:stıwey/ *a.* deniz kazazedesi

caste /ka:st/ *a.* sınıf, kast

caster /'ka:stı/ *a.* mobilya tekerleği

castigate /'kestigeyt/ *e.* ağır biçimde cezalandırmak/azarlamak

casting /'ka:sting/ *a.* 1. döküm 2. oyuncu seçme

cast-iron /ka:st'ayın/ *s.* 1. dökme demirden yapılmış 2. *k. dili* güçlü, sağlam, dayanıklı, demir gibi

castle /'ka:sıl/ *a.* 1. şato, kale 2. (satranç) kale

castoff /'ka:stof/ *a, k. dili* istenmeyen giysi, döküntü

cast off *e.* teknenin halatını çözmek, tekneyi **mola etmek**

castor /'ka:stı/ *a, bkz.* **caster**

castor oil /ka:stır'oyl/ *a.* hintyağı

castrate /ke'streyt/ *e.* hadım etmek, iğdiş etmek, enemek

casual /'kejuıl/ *s.* 1. rastlantısal, tesadüfi 2. ciddi olmayan, hafif, sudan 3. günlük, resmi olmayan 4. (işçi) geçici olarak işe alınmış

casualty /'kejuılti/ *a.* 1. kazazede, yaralı 2. *ask.* zayiat, kayıp 3. **Casualty Ward/Department** hastanede yaralıların tedaviye alındığı bölüm, ilkyardım koğuşu

**cat**           **86**

**C**

**cat** /ket/ *a.* 1. kedi 2. **let the cat out of the bag** *k. dili* baklayı ağzından çıkarmak 3. **rain cats and dogs** *k. dili* şakır şakır yağmur yağmak
**cataclysm** /'ketıklizım/ *a.* afet
**catacomb** /'ketıku:m/ *a.* yeraltı mezarı, katakomp
**catalog** /'ketılog/ *a, e, Aİ, bkz.* **catalogue**
**catalogue**[1] /'ketılog/ *a.* katalog, liste
**catalogue**[2] /'ketılog/ *e.* 1. kataloglamak 2. listelemek, listeye almak
**catalyst** /'ketılist/ *a, kim.* katalizör
**catapult**[1] /'ketıpalt/ *a.* 1. sapan 2. mancınık
**catapult**[2] /'ketıpalt/ *e.* (sapanla) fırlatmak
**cataract** /'ketırekt/ *a.* 1. büyük çağlayan, çavlan 2. nehrin en akıntılı yeri 3. *hek.* katarakt, aksu
**catarrh** /kı'ta:/ *a, hek.* nezle, soğuk algınlığı
**catastrophe** /kı'testrıfi/ *a.* yıkım, felaket, facia
**catch**[1] /keç/ *e.* [*pt, pp* **caught** /ko:t/] 1. tutmak, yakalamak: *He caught the boomerang when it returned.* 2. avlamak, yakalamak, tutmak: *He often caught rabbits out hunting.* 3. ansızın bulmak, birdenbire fark etmek, görmek, yakalamak: *He came home early and caught his wife in bed with another man.* 4. takılmak: *His jacket caught on a tree.* 5. yetişmek, yakalamak: *We must catch the last bus.* 6. (hastalık) yakalanmak, kapmak, almak: *If you drink that water you might catch cholera.* 7. çarpmak, vurmak: *My punch caught him on the jaw.* 8. (ilgi, dikkat, vb.) çekmek: *The model's clothes caught everyone's eyes.* 9. bir an gözüne çarpmak, bir an için duymak: *I caught the sound of music on the air.* 10. yanmaya başlamak, alev almak: *The house caught fire.* 11. çalışmak, işlemek, çalışmaya başlamak: *This engine isn't catching.* 12. duymak, anlamak, kavramak: *I didn't catch what you said.*
**catch**[2] /keç/ *a.* 1. topu tutma, yakalama, top tutma 2. tutulan, yakalanan şeyin miktarı 3. *k. dili* bityeniği

**catching** /'keçing/ *s, k. dili* bulaşıcı
**catch on** *e.* 1. popüler olmak, ünlü olmak, gözde olmak 2. anlamak, kavramak, öğrenmek
**catch out** *e.* (birisine) hatalı olduğunu göstermek
**catch up** *e.* 1. (with ile) aynı düzeye gelmek, yetişmek, yakalamak 2. (on ile) geri kalmamak
**catchword** /'keçwö:d/ *a.* savsöz, slogan
**catchy** /'keçi/ *s.* kolayca akılda kalan
**categorical** /keti'gorikıl/ *s.* kesin, koşulsuz
**categorize** /'ketigırayz/ *e.* sınıflandırmak
**category** /'ketigıri/ *a.* ulam, sınıf, kategori
**cater** /'keytı/ *e.* yiyecek ve içecek sağlamak: *The hotel is catering for 120 people at the reception.*
**cater for** *e.* göz önünde bulundurmak, dikkate almak: *The club caters for young people's needs.*
**caterpillar** /'ketıpilı/ *a, hayb.* tırtıl
**catfish** /'ketfiş/ *a, hayb.* yayınbalığı
**cathedral** /kı'ti:dıl/ *a.* katedral, başkilise
**cathode** /'ketoud/ *a.* katot, eksiuç
**catholic** /'ketılik/ *s.* (beğeni, ilgi, vb.) genel, yaygın, geniş
**Catholic** /'ketılik/ *a, s.* Katolik
**catnap** /'ketnep/ *a, k. dili* kısa hafif uyku, şekerleme, kestirme
**cat's eye** /'ketsay/ *a.* (ışık vurunca parlayan) reflektör, kedigözü
**catsup** /'ketsıp/ *a.* ketçap, domates sosu
**cattle** /'ketıl/ *a.* büyükbaş hayvan, sığır, davar
**catty** /'keti/ *s, k. dili, hkr.* nefret dolu, sinsi
**caught** /ko:t/ *pt, pp bkz.* **catch**
**cauliflower** /'koliflauı/ *a, bitk.* karnabahar
**causative** /'ko:zıtiv/ *s.* 1. neden olan 2. *dilb.* ettirgen
**cause**[1] /ko:z/ *a.* 1. neden, sebep 2. *huk.* dava 3. amaç, hedef, ilke
**cause**[2] /ko:z/ *e.* -e neden olmak: *The oil on the road caused the accident.*
**causeway** /'ko:zwey/ *a.* geçit, geçit yol, set
**caustic** /'ko:stik/ *s, kim.* yakıcı, aşındırıcı
**caution**[1] /'ko:şın/ *a.* 1. *huk.* uyarı, ihtar 2. dikkat, sakınma

caution² /'ko:şın/ e. uyarmak, ikaz etmek

cautionary /'ko:şınıri/ s. uyaran, uyarıcı, ders veren

cautious /'ko:şıs/ s. dikkatli, tedbirli, sakıngan

cavalcade /kevıl'keyd/ a. süvari alayı resmi geçidi

cavalier /kevı'lii/ s, hkr. düşüncesiz, saygısız; laubali

cavalry /'kevılri/ a, ask. süvari

cave /keyv/ a. mağara

cave in e. (çatı, vb.) çökmek

caveman /'keyvmen/ a. mağara adamı

cavern /'kevın/ a. büyük ve derin mağara

caviar /'kevia:/ a. havyar

cavity /'keviti/ a. çukur, oyuk, boşluk

cavort /kı'vo:t/ e, k. dili hoplayıp sıçramak, zıplamak, tepinmek

cavy /'keyvi/ a. kobay

caw /ko:/ e. gaklamak

cayenne pepper /keyen'pepı/ a, bitk. arnavutbiberi

cease /si:s/ e. 1. durdurmak, kesmek: *She ceased writing to her mother after an argument.* 2. durmak: *After forty days the rain ceased.* 3. **without cease** sürekli, durmaksızın

cease-fire /si:s'fayı/ a, ask. ateşkes

ceaseless /'si:slis/ s. sürekli, aralıksız

cedar /'si:dı/ a. bitk. sedir, dağservisi

cede /si:d/ e. bırakmak, vermek, teslim etmek

ceiling /'si:ling/ a. tavan

celebrate /'selibreyt/ e. 1. kutlamak 2. övmek

celebrated /'selibreytid/ s. ünlü, bilinen, meşhur

celebration /seli'breyşın/ a. 1. kutlama 2. tören

celebrity /si'lebriti/ a. 1. ünlü kişi 2. ün, şöhret

celery /'selıri/ a, bitk. kereviz

celestial /si'lestiıl/ s. 1. gökle ilgili, göksel 2. kutsal

celibacy /'selibısi/ a. dinsel nedenlerden dolayı evlenmeme, bekârlık

celibate /'selibit/ s, a. (özellikle papaz) dinsel inançlardan ötürü evlenmemiş, bekâr

cell /sel/ a. 1. hücre 2. *biy.* hücre, göze 3. pil

cellar /'selı/ a. mahzen, kiler

cellist /'çelist/ a, müz. viyolonselist

cello /'çelou/ a, müz. viyolonsel

cellophane /'selıfeyn/ a. selofan

cellular /'selyulı/ s. 1. hücresel, gözesel 2. hücreli, gözeli 3. **cellular phone** cep telefonu

celluloid /'selyuloyd/ a. selüloit

cellulose /'selyulous/ a. selüloz

Celsius /'selsiis/ a, s. santigrat

cement¹ /si'ment/ a. 1. çimento 2. tutkal, macun, dolgu, çiriş

cement² /si'ment/ e. 1. çimentolamak 2. birleştirmek

cemetery /'semitri/ a. gömütlük, mezarlık

cenotaph /'senıta:f/ a. simgesel mezar

censor¹ /'sensı/ a. sansürcü

censor² /'sensı/ e. sansürden geçirmek

censorship /'sensışip/ a. sansür

censure¹ /'senşı/ e. kınamak

censure² /'senşı/ a. kınama

census /'sensıs/ a. nüfus sayımı, sayım

cent /sent/ a. doların yüzde biri değerindeki para, sent

centaur /'sento:/ a, mit. yarı insan yarı at biçimindeki yaratık, santor

centenarian /senti'neıriın/ a. yüz yaşında ya da yüz yaşının üstünde kimse

centennial /sen'teniıl/ s. yüz yılda bir olan

center /'sentı/ a, e, Aİ, bkz. **centre**

centenary /sen'ti:nıri/ a. yüzüncü yıldönümü

Centigrade /'sen'tigreyd/ a. santigrat

centimetre /'sentimi:tı/ a. santimetre

centipede /'sentipi:d/ a, hayb. kırkayak

central /'sentrıl/ s. 1. merkezi 2. ana, temel 3. kolayca ulaşılan, uygun

central heating /sentrıl'hi:ting/ a. merkezi ısıtma sistemi

centralize /'sentrılayz/ e. merkezileştirmek

centre¹ /'sentı/ a. 1. merkez 2. orta

centre² /'sentı/ e. 1. bir merkezde toplamak, merkezlemek 2. bir merkezde toplanmak, merkezleşmek 3. merkeze yerleştirmek, ortaya koymak

centrifugal /sentri'fyu:gıl/ s. merkezkaç

**century** /'sençıri/ *a.* yüzyıl, asır

**ceramic** /si'remik/ *s.* seramikle ilgili, seramik

**ceramics** /si'remiks/ *a.* 1. seramik, çömlek 2. seramikçilik, çömlekçilik

**cereal** /'siırııl/ *a.* tahıl

**cerebellum** /seri'belım/ *a, anat.* beyincik

**cerebral** /'seribrıl/ *s, hek.* beyinle ilgili

**cerebrum** /sı'ri:brım/ *a, hek.* beyin

**ceremonial** /seri'mouniıl/ *s.* resmi, törensel

**ceremonious** /seri'mouniıs/ *s.* 1. törensel, resmi 2. merasime düşkün

**ceremony** /'serimıni/ *a.* 1. tören, merasim 2. resmiyet

**certain** /'sö:tn/ *s.* 1. kesin, muhakkak: *Is that certain?* 2. emin, kuşkusuz: *Are you certain?* 3. belirli, kesin: *They only open the shop at certain hours.* 4. bazı, kimi, belirli: *There were certain teachers who seemed quite sadistic.* 5. **make certain** garantiye almak, emin olmak

**certainly** /sö:tnli/ *be.* 1. kesinlikle 2. tabii, elbette

**certainty** /'sö:tnti/ *a.* 1. kesinlik, kuşkusuzluk 2. kesin olan şey

**certificate** /sı'tifikıt/ *a.* sertifika, belge

**certify** /'sö:tifay/ *e.* 1. doğrulamak, doğruluğunu belirtmek, onaylamak 2. (özellikle bir incelemeden, testten sonra) açıklamak, bildirmek, ilan etmek 3. (belirli bir kursu, eğitim sürecini, vb. tamamlayan birine) belge vermek, sertifika vermek 4. *k. dili* birinin deli olduğunu resmen açıklamak, deli raporu vermek

**certitude** /'sö:tityu:d/ *a.* kesinlik, katiyet, kuşkusuzluk, bir şeyden emin olma

**cervix** /'sö:viks/ *a, anat.* rahim boynu, serviks

**cesarean** /si'zeırıın/ *a, k. dili* sezaryen

**cesarean section** /si'zeırıın sekşın/ *a, hek.* sezaryen

**cessation** /se'seyşın/ *a.* durma, duruş, ara verme, mola

**cession** /'seşın/ *a, huk.* (mal, hak vs.) feragat, bırakma

**cesspit** /'sespit/ *a, bkz.* **cesspool**

**cesspool** /'sespu:l/ *a.* 1. lağım, lağım çukuru 2. mazgal 3. çok pis yer, çöplük gibi yer

**chafe** /çeyf/ *e.* 1. ısınmak için (ellerini, vb.) birbirine sürtmek 2. sürtünmekten yara olmak/yapmak 3. sıkılmak, sinir olmak, illet olmak

**chaff** /ça:f/ *a.* 1. kepek 2. tahılın dış kabuğu 3. (hayvan yemi olarak) saman

**chaffinch** /'çefinç/ *a, hayb.* sarıasma kuşu, sarıcık

**chain¹** /çeyn/ *a.* 1. zincir 2. (olay, dükkân, dağ, vb. için) zincir 3. **chain mail** bir tür hafif zırh 4. **chain reaction** zincirleme tepkime, zincirleme reaksiyon 5. **chain saw** elektrikli testere 6. **in chains** mahkûm, tutsak, esir

**chain²** /çeyn/ *e.* 1. zincirlemek, zincirle bağlamak, zincire vurmak 2. *ört.* elini kolunu bağlamak

**chain-smoke** /'çeynsmouk/ *e.* sürekli sigara içmek, birini söndürmeden diğerini yakmak

**chair¹** /çeı/ *a.* 1. iskemle, sandalye 2. başkanlık makamı 3. profesörlük makamı, kürsü 4. (the ile) elektrikli sandalye 5. (tren rayı) kalası tutturan metal nesne 6. **chair lift** telesiyej

**chair²** /çeı/ *e.* 1. (toplantı) başkan olmak, yönetmek, başkanlık yapmak 2. (saygı sevgi gösterisi olarak) omuzlarda taşımak

**chairman** /'çeımın/ *a.* 1. başkan, yönetici 2. toplantı başkanı

**chairmanship** /'çeımınşip/ *a.* 1. başkanlık, riyaset, yöneticilik 2. yöneticilik hakları ve nitelikleri

**chalet** /'şeley/ *a.* 1. küçük köşk, şale 2. deniz kıyısında yazlık kulübe, bungalov 3. çoban barakası

**chalice** /'çelis/ *a.* kutsal şarap bardağı, kadeh

**chalk¹** /ço:k/ *a.* 1. kireçtaşı 2. tebeşir 3. **as different as chalk and cheese** *k. dili* birbirlerine tamamen zıt

**chalk²** /ço:k/ *e.* tebeşirle çizmek

**chalk up** *e, k. dili* (puan) toplamak, sayı yapmak: *The team chalked up another win today.*

**challenge¹** /'çelinc/ *e.* 1. meydan okumak 2. (düelloya, kavgaya, vb.) davet etmek:

He challenged him to fight. 3. doğruluğunu/yasallığını sorgulamak 4. karşı çıkmak

**challenge²** /'çelinc/ a. 1. meydan okuma, karşılaşmaya davet 2. karşı çıkma 3. uğraştırıcı şey

**chamber** /'çeymbı/ a. 1. oda 2. meclis, oda, kamara 3. özel bir amaç için ayrılmış oda 4. kapalı bölüm, odacık 5. ilginç, düşündürücü, uğraştırıcı olma 6. huk. jüri üyesine itiraz 7. **chamber music** oda müziği

**chamberlain** /'çeymbılin/ a. saray nazırı, mabeyinci

**chambermaid** /'çeymbımeyd/ a. oda hizmetçisi

**chameleon** /kı'mi:liın/ a, hayb. bukalemun

**champ** /çemp/ a, k. dili şampiyon

**champagne** /şem'peyn/ a. şampanya

**champion¹** /'çempiın/ a. 1. şampiyon 2. savunucu, destekleyici

**champion²** /'çempiın/ e. desteklemek, savunmak

**championship** /'çempiınşip/ a. 1. şampiyona 2. şampiyonluk

**chance¹** /ça:ns/ a. 1. şans, talih 2. ihtimal, olasılık 3. fırsat, olanak 4. risk 5. **by chance** tesadüfen, şans eseri 6. **chances are** k. dili muhtemelen 7. **on the (off) chance** ... ümidiyle

**chance²** /ça:ns/ e. 1. rastlantı sonucu oluşmak, şans eseri olmak, tesadüfen olmak 2. göze almak, denemek, riske girmek 3. **chance it** k. dili bir denemek, şansını bir denemek

**chance³** /ça:ns/ s. tesadüfi, rastlantısal, planlanmamış

**chancellor** /'ça:nsılı/ a. 1. bakan 2. şansölye, başbakan 3. rektör

**chance on/upon** e. tesadüfen karşılaşmak, rastlamak: I chanced upon your uncle today.

**chancy** /'ça:nsi/ s, k. dili riskli

**chandelier** /şendı'lii/ a. avize

**change¹** /çeync/ e. 1. değişmek: The weather is changing. 2. değiştirmek: He changed the tyre. 3. üstünü değiştirmek: She's upstairs changing. 4. (döviz) boz-

durmak 5. **changing room** soyunma odası

**change²** /çeync/ a. 1. değişme, değiştirme 2. değişiklik 3. bozuk para 4. para üstü: Keep the change.

**changeable** /'çeyncıbıl/ s. değişebilir

**change into** e. 1. -e dönüşmek: The frog changed into a handsome prince. 2. -e dönüştürmek: He changed the old house into a small hotel.

**changeover** /'çeyncouvı/ a. köklü değişim, büyük değişiklik

**channel¹** /'çenl/ a. 1. kanal 2. oluk

**channel²** /'çenl/ e. 1. çevirmek, yöneltmek, yönlendirmek 2. kanal açmak

**chant¹** /ça:nt/ a. 1. (dinsel) şarkı 2. zamanında ve sürekli yinelenen sözcükler

**chant²** /ça:nt/ e. 1. ilahi söylemek 2. zamanında ve sürekli sözcükler yinelemek

**chaos** /'keyos/ a. karışıklık, kargaşa, kaos

**chaotic** /key'otik/ s. karmakarışık, altüst

**chap¹** /çep/ a. 1. k. dili arkadaş, adam, ahbap 2. (ciltte) çatlak

**chap²** /çep/ e. 1. (cilt) çatlamak 2. çatlatmak

**chapel** /'çepıl/ a. 1. küçük kilise 2. ibadet yeri

**chaplain** /'çeplin/ a. (okul, ordu, vb. de) papaz, vaiz

**chapter** /'çeptı/ a. (kitap, yazı, vb.) bölüm

**char¹** /ça:/ e. 1. yanıp simsiyah olmak, kömürleşmek 2. kömürleştirmek

**char²** /ça:/ a, İİ, k. dili gündelikçi, temizlikçi kadın

**character** /'keriktı/ a. 1. nitelik, özellik 2. kişilik, karakter, doğa 3. k. dili kişi, insan, karakter 4. (kitapta, oyunda, vb.) kişi, karakter, kahraman 5. k. dili gırgır kimse, şamatacı 7. dürüstlük, ahlaklılık

**characteristic¹** /keriktı'ristik/ s. tipik, karakteristik

**characteristic²** /keriktı'ristik/ a. özellik

**characterize** /'keriktırayz/ e. 1. nitelendirmek, tanımlamak 2. -in ayırıcı özelliği olmak

**charade** /şı'ra:d/ a. saçmalık, zırva

**charades** /şı'ra:dz/ a. sessiz sinema

oyunu

**charcoal** /'ça:koul/ *a.* 1. mangalkömürü 2. odunkömürü

**charge**[1] /ça:c/ *e.* 1. fiyat istemek: *I think he charged too much.* 2. (birinin borcuna) kaydetmek, (hesabına) yazmak: *Charge it to my account please.* 3. saldırmak, hücum etmek, atılmak: *The wild boar charged at the hunter.* 4. görevlendirmek, buyurmak, tembihlemek: *I was charged to finish the work in two weeks.* 5. suçlamak 6. şarj etmek, doldurmak 7. dolmak

**charge**[2] /ça:c/ *a.* 1. istenen/ödenen fiyat 2. bakım, denetim, sorumluluk 3. (bir şeyden ya da birisinden) sorumlu kimse 4. görev, sorumluluk 5. emir, buyruk, talimat 6. suçlama, itham 7. saldırı 8. patlayıcı miktarı 9. şarj 10. **in charge of** -den sorumlu, -in sorumlusu

**chariot** /'çeriıt/ *a.* (savaşta/yarışta kullanılan) iki tekerlikli at arabası

**charisma** /kı'rizmı/ *a.* karizma, büyüleyim

**charismatic** /keriz'metik/ *s.* karizmatik, büyüleyici

**charitable** /'çeritıbıl/ *s.* 1. sevecen, şefkatli 2. iyiliksever, hayırsever, yardımsever, eli açık

**charity** /'çerıti/ *a.* 1. hayırseverlik 2. sadaka 3. hayır kurumu

**charlatan** /'şa:lıtn/ *a, hkr.* şarlatan, üçkâğıtçı

**charm**[1] /ça:m/ *a.* 1. çekicilik, alım, cazibe 2. nazarlık, muska 3. büyü, sihir

**charm**[2] /ça:m/ *e.* 1. hayran bırakmak, büyülemek, cezbetmek 2. korumak

**charming** /'ça:ming/ *s.* çekici, büyüleyici, hoş

**chart**[1] /ça:t/ *a.* 1. harita 2. grafik, çizim

**chart**[2] /ça:t/ *e.* haritasını çizmek

**charter**[1] /ça:tı/ *a.* 1. ferman, beyanname 2. kiralama, tutma 3. patent

**charter**[2] /ça:tı/ *e.* 1. patent vermek 2. kiralamak, tutmak

**charwoman** /'ça:wumın/ *a.* gündelikçi kadın

**chary** /'çeıri/ *s.* dikkatli, tedbirli, sakıngan

**chase**[1] /çeys/ *e.* 1. peşine düşmek, kovalamak 2. kovmak 3. koşuşturmak

**chase**[2] /çeys/ *a.* 1. takip, kovalama 2. av 3. **give chase** peşine düşmek

**chaser** /'çeysı/ *a.* hafif içki

**chasm** /'kezım/ *a.* 1. derin yarık 2. uçurum, büyük ayrılık

**chassis** /'şesi/ *a.* şasi

**chaste** /çeyst/ *s.* 1. temiz, erden, iffetli 2. yalın, süssüz, basit, sade

**chasten** /'çeysın/ *e.* yola getirmek, uslandırmak, aklını başına getirmek

**chastise** /çe'stayz/ *e.* 1. acımasızca cezalandırmak, pataklamak 2. acımasızca suçlamak

**chastity** /'çestiti/ *a.* erdenlik, bekâret, iffet, namusluluk

**chat**[1] /çet/ *e.* sohbet etmek, laklak etmek, muhabbet etmek: *They've been chatting for hours.*

**chat**[2] /çet/ *a.* 1. sohbet, muhabbet, hoşbeş 2. **chat room** *biliş.* sohbet odası

**chateau** /'şetou/ *a.* şato

**chattel** /'çetıl/ *a.* taşınabilir eşya, menkul eşya

**chatter**[1] /'çetı/ *e.* 1. çene çalmak, sohbet etmek, gevezelik etmek 2. (diş, vb.) takırdamak

**chatter**[2] /'çetı/ *a.* 1. çene çalma, sohbet, gevezelik, laklak 2. takırdama, takırtı

**chatterbox** /'çetıboks/ *a, k. dili* geveze

**chatty** /'çeti/ *s, k. dili* geveze, çenebaz

**chat up** *e.* konuşarak tavlamaya çalışmak: *He tried to chat her up but she walked away.*

**chauffeur** /'şoufı, şou'fö:/ *a.* özel şoför

**chauvinism** /'şouvinizım/ *a.* 1. şovenizm 2. bağnaz ulusçuluk

**chauvinist** /'şouvinist/ *a, s.* şoven

**cheap**[1] /çi:p/ *s.* 1. ucuz: *Tomatoes are cheap at the moment.* 2. kolay, basit 3. değersiz, kalitesiz, adi 4. elisıkı, cimri 5. **dirt cheap** *k. dili* kelepir, sudan ucuz 6. **feel cheap** *k. dili* utanmak 7. **hold (sth) cheap** kıymetini bilmemek, hor görmek 8. **make oneself cheap** başkalarının önünde kendisini küçük düşürmek 9. **on the cheap** *k. dili* ucuza: *He's got it on the cheap.*

**cheap**[2] /çi:p/ *be.* 1. ucuza, ucuz olarak 2. *k. dili* adice: *Don't act so cheap.*

cheapen /'çi:pın/ e. 1. ucuzlamak 2. ucuzlatmak, itibarını düşürmek, alçaltmak

cheapskate /'çi:pskeyt/ a, hkr. pinti, cimri

cheat[1] /çi:t/ a. 1. dolandırıcı, dalavereci, hileci, kazıkçı 2. hile, aldatma, dolandırıcılık, dalavere, kazık, dolap

cheat[2] /çi:t/ e. 1. aldatmak, kazıklamak, dolandırmak: *He cheated her out of five dollars.* 2. kandırmak, aldatmak 3. hile yapmak: *He cheated while we were playing cards.* 4. (sınavda) kopya çekmek: *He always cheats in the exams.* 5. atlatmak, kaçınmak, kurtulmak 6. *k. dili* (karısını/kocasını) aldatmak: *His wife has been cheating him.*

check[1] /çek/ a. 1. kontrol, denetim 2. zapt, tutma, dizginleme 3. *Aİ.* doğru işareti 4. inceleme, karşılaştırma, kontrol 5. emanet makbuzu, fiş 6. ekose desen/kumaş 7. *Aİ.* (lokanta, vb.'de) hesap, fiş 8. (satranç) şah çekme, şah, kiş 9. (kumar) fiş 10. *Aİ.* çek

check[2] /çek/ e. 1. kontrol etmek, gözden geçirmek, denetlemek, bakmak 2. doğruluğunu araştırmak, incelemek 3. durdurmak, önlemek, engellemek, engel olmak, tutmak 4. *Aİ.* yanına doğru işareti koymak 5. (bagaj, palto, vb.) emanete vermek, vestiyere vermek 6. (satranç) şah çekmek

checkbook /'çekbuk/ a. çek defteri

checked /çekt/ s. ekose desenli, kareli

checkers /'çekız/ a, Aİ. dama

check in e. (otel ya da havaalanında) gelişini bildirmek, adını kaydettirmek

checklist /'çeklist/ a. kontrol listesi

checkmate[1] /'çekmeyt/ e. 1. (satranç) mat etmek 2. yenilgiye uğratmak, bozguna uğratmak, yenmek

checkmate[2] /'çekmeyt/ a. 1. (satranç) mat 2. bozgun, yenilgi, hizmet

check out e. 1. hesabı ödeyerek otelden ayrılmak 2. *k. dili* araştırıp doğru olup olmadığını bulmak 3. *k. dili* araştırılıp incelendikten sonra doğru bulunmak

checkout /'çekaut/ a. ödeme yeri, kasa

checkpoint /'çekpoynt/ a. trafik kontrol noktası

checkroom /'çekrum/ a, Aİ. vestiyer

checkup /'çekap/ a, k. dili çekap, sağlık yoklaması

check up on e, k. dili araştırmak, soruşturmak: *Don't tell your boss a lie. He might check up on you.*

cheddar /'çedı/ a. çedar peyniri

cheek /çi:k/ a. 1. yanak 2. *k. dili* yüzsüzlük, arsızlık, küstahlık

cheekbone /'çi:kboun/ a. elmacık kemiği

cheeky /'çi:ki/ s, k. dili küstah, arsız, yüzsüz

cheep[1] /çi:p/ a. cıvıltı

cheep[2] /çi:p/ e. cıvıldamak

cheer[1] /'çiı/ a. 1. alkış, bağırış 2. neşe, keyif

cheer[2] /çiı/ e. 1. bağırarak ya da alkışlayarak yüreklendirmek 2. alkışlamak, destekleyici şekilde bağırmak 3. umutlandırmak, yardım etmek, desteklemek, yüreklendirmek

cheerful /'çiıfıl/ s. neşeli, şen, keyifli

cheerio /çiıri'ou/ ünl, İİ, k. dili hoşça kal!; güle güle!

cheerleader /'çiıli:dı/ a. amigo

cheerless /'çiılis/ s. 1. sıkıcı, üzücü 2. keyifsiz, neşesiz

cheers /çiız/ ünl, İİ, k. dili 1. şerefe! 2. (telefonda) hoşça kal!

cheer up e, k. dili 1. neşelenmek, sevinmek 2. neşelendirmek, sevindirmek

cheery /'çiıri/ s. neşeli, şen

cheese /çi:z/ a. peynir

cheesecake /'çi:zkeyk/ a. peynirli kek

cheesecloth /'çi:zklot/ a. tülbent

cheetah /'çi:tı/ a, hayb. çita

chef /şef/ a. şef, aşçıbaşı

chemical[1] /'kemikıl/ s. kimyasal

chemical[2] /'kemikıl/ a. kimyasal madde

chemist /'kemist/ a. 1. kimyager, kimyacı 2. eczacı

chemistry /'kemistri/ a. kimya

cheque /çek/ a. çek

cherish /'çeriş/ e. 1. sevmek, şefkat göstermek 2. hatırasında yaşatmak

cherry /'çeri/ a. 1. kiraz 2. kiraz ağacı 3. kiraz rengi

cherub /'çerıb/ a. 1. melek 2. güzel, masum yüzlü çocuk

**chess** /çes/ *a.* satranç
**chessboard** /'çesbo:d/ *a.* satranç/dama tahtası
**chessman** /'çesmen/ *a.* satranç taşı
**chest** /çest/ *a.* 1. sandık, kutu 2. göğüs, bağır, sine 3. **get (sth) off one's chest** derdini açmak
**chestnut** /'çesnat/ *a.* 1. kestane 2. kestane rengi 3. kestane ağacı 4. *k. dili* bayatlamış espri/hikâye
**cheval glass** /şı'vel gla:s/ *a.* boy aynası
**chew**¹ /çu:/ *e.* 1. çiğnemek: *The dog was chewing a bone.* 2. **bite off more than one can chew** *k. dili* çiğneyebileceğinden fazlasını koparmak, yapamıyacağı işe kalkışmak
**chew**² /çu:/ *a.* 1. çiğneme 2. çiğnenen tütün
**chew over** *e, k. dili* hakkında düşünmek: *Let me chew this over a few days before deciding.*
**chewing gum** /'çu:ing gam/ *a.* çiklet, sakız
**chic**¹ /şi:k/ *s.* şık
**chic**² /şi:k/ *a.* şıklık
**chick** /çik/ *a.* 1. civciv 2. yavru kuş 3. *k. dili* güzel kız, piliç, yavru
**chicken** /'çikin/ *a.* 1. piliç, tavuk 2. piliç eti 3. *k. dili* korkak 4. **count one's chickens before they're hatched** dereyi görmeden paçaları sıvamak
**chickenfeed** /'çikinfi:d/ *a, k. dili* çok az para, üç kuruş para
**chickenhearted** /çikin'ha:tid/ *s.* korkak, yüreksiz, tabansız
**chicken out** *e, hkr, k. dili* korkup vazgeçmek: *Bruce never chickens out of anything, no matter how dangerous.*
**chicken pox** /'çikin poks/ *a, hek.* suçiçeği
**chickpea** /'çikpi:/ *a.* nohut
**chicory** /'çikıri/ *a, bitk.* hindiba
**chide** /çayd/ *e.* azarlamak
**chief**¹ /çi:f/ *a.* 1. başkan, baş, amir, şef 2. reis 3. *arg.* patron
**chief**² /çi:f/ *s.* 1. baş 2. en önemli, ana
**chieftain** /'çi:ftin/ *a.* reis, lider, kafile başkanı
**chiffon** /'şifon/ *a.* şifon
**chilblain** /'çilbleyn/ *a.* soğuk şişliği

**child** /çayld/ *a.* 1. çocuk 2. deneyimsiz, toy, çaylak 3. ürün, sonuç, çocuk 4. **child's play** çocuk oyuncağı
**childbearing** /'çayldbeıring/ *a.* çocuk doğurma, doğum yapma, çocuk sahibi olma
**childbirth** /'çaylbö:t/ *a.* çocuk doğurma, doğum
**childhood** /'çayldhud/ *a.* çocukluk, çocukluk dönemi
**childish** /'çayldiş/ *s.* 1. çocuksu, çocuk gibi 2. *hkr.* çocukça, saçma
**childlike** /'çayldlayk/ *s.* çocuksu
**children** /'çildrın/ *a.* çocuklar
**chile** /'çili/ *a, Aİ, bkz.* **chilli**
**chili** /'çili/ *a, Aİ, bkz.* **chilli**
**chill**¹ /çil/ *e.* 1. soğumak 2. soğutmak 3. ürpertmek, korkutmak
**chill**² /çil/ *s.* soğuk
**chill**³ /çil/ *a.* 1. titreme, ürperti, soğuk algınlığı 2. soğukluk, soğuk
**chilli** /'çili/ *a, bitk.* kırmızıbiber
**chilly** /'çili/ *s.* soğuk, serin
**chime**¹ /çaym/ *a.* zil/çan sesi
**chime**² /çaym/ *e.* (saat, zil, vb.) çalmak
**chime in** *e, k. dili* söze karışmak, lafa girmek: *Do you mind if I chime in on your conversation?*
**chimney** /'çimni/ *a.* 1. baca 2. gaz lambası şişesi
**chimneypot** /'çimnipot/ *a.* baca başlığı
**chimneysweep** /'çimniswi:p/ *a.* baca temizleyicisi
**chimp** /çimp/ *a, k. dili* şempanze
**chimpanzee** /çimpen'zi:/ *a, hayb.* şempanze
**chin** /çin/ *a.* 1. çene 2. **Keep your chin up** *k. dili* yılma
**china** /'çaynı/ *a.* çini, porselen
**chinatown** /'çaynıtaun/ *a.* Çin mahallesi
**chinaware** /'çaynıweı/ *a.* çin işi, çini/porselen eşya
**chink** /çink/ *a.* yarık, çatlak
**Chink** /çink/ *a, arg. hkr.* Çinli
**chinstrap** /'çinstrep/ *a.* miğfer kayışı
**chintz** /çints/ *a.* basma kumaş
**chip**¹ /çip/ *a.* 1. küçük parça, kırıntı, yonga 2. iz, çentik, çizik, yarık 3. (kumar) fiş 4. *İİ.* patates kızartması 5. *Aİ.*

cips 6. *k. dili* mikroçip 7. **a chip off the old block** *k. dili* babasının kopyası 8. **have a chip on one's shoulder** *k. dili* burnundan solumak 9. **when the chips are down** *k. dili* işler rayına oturunca
chip² /çip/ *e.* 1. yontmak, çentmek, küçük bir parça koparmak 2. yontulmak, çentilmek 3. (patates, vb.) doğramak
**chip in** *e, k. dili* söze karışmak, lafa girmek: *"Let's eat now, " Roger chipped in.* 2. (para) katmak: *They all chipped in for Mary's present.*
chipmunk /'çipmank/ *a, hayb.* küçük Amerika sincabı
chipping /'çiping/ *a.* çakıltaşı
chiropody /ki'ropıdi/ *a.* ayak bakımı
chirp¹ /çö:p/ *a.* cıvıltı
chirp² /çö:p/ *e.* cıvıldamak
chirpy /'çö:pi/ *s, k. dili* neşeli, şen şakrak, cıvıl cıvıl
chirrup /'çirıp/ *a.* cıvıltı
chisel¹ /'çizıl/ *a.* keski
chisel² /'çizıl/ *e.* 1. oymak, yontmak 2. *k. dili* dolandırmak 3. *arg.* (out of ile) kazıklamak
chit /çit/ *a, k. dili* 1. küçük çocuk 2. *hkr.* küstah, saygısız ve yaygaracı kadın
chitchat /'çitçet/ *k. dili* sohbet, muhabbet, laklak
chivalrous /'şivılrıs/ *s.* 1. şövalyelikle ilgili 2. yiğit, yürekli, kahraman 3. ince, kibar, mert, cömert, yardımsever
chivalry /'şivılri/ *a.* 1. şövalyelik 2. yiğitlik, yüreklilik, kahramanlık 3. incelik, kibarlık
chive /çayv/ *a, bitk.* frenksoğanı
chlorinate /'klo:rineyt/ *e.* klorlamak
chlorine /'klo:ri:n/ *a.* klor
chloroform /'klorıfo:m/ *a.* kloroform
chlorophyll /'klo:rıfil/ *a.* klorofil
choc-ice /'çokays/ *a, İİ.* çikolata kaplı dondurma
chock¹ /çok/ *a.* takoz
chock² /çok/ *e.* 1. takoz koymak 2. tıkamak
chock-a-block /çokı'blok/ *s, k. dili* tıka basa dolu, tıklım tıklım
chock-full /çok'ful/ *s, k. dili* ağzına kadar dolu
chocolate /'çoklit/ *a.* çikolata

choice¹ /çoys/ *a.* 1. seçme 2. seçim, seçenek, tercih 3. seçilen/seçilmiş kişi/şey 4. **Hobson's choice** tek seçenek, tek çare
choice² /çoys/ *s.* seçkin, çok iyi, kaliteli
choir /'kwayı/ *a.* 1. koro 2. koro üyelerinin yeri
choke¹ /çouk/ *e.* 1. boğmak: *He choked her to death.* 2. boğulmak: *She swallowed a bone and choked.* 3. tıkamak 4. tıkanmak 5. tıka basa doldurmak
choke² /çouk/ *a.* 1. boğma 2. boğulma 3. *İİ, arg.* kodes
**choke back** *e.* (duygularını) frenlemek, zapt etmek
**choke down** *e.* 1. aceleyle, boğulacak gibi yutmak, yemek 2. (duygularını) frenlemek, zapt etmek
**choke off** *e.* 1. *arg.* (birisini) ekmek, atlatmak, kurtulmak 2. (duygularını) frenlemek
choose /çu:z/ *e.* [*pt, pp* chose /çouz/, *pp* chosen /'çouzın/] 1. seçmek: *They had to choose between 50 people for the job.* 2. uygun görmek, yeğlemek: *She chose not to answer.* 3. karar vermek: *She chose to go to India for her holiday.*
choosy /'çu:zi/ *s.* güç beğenen, titiz, müşkülpesent
chop¹ /çop/ *e.* 1. (balta, vb. ile) kesmek, yarmak: *He chopped down the tree.* 2. kıymak, doğramak, dilmek: *She chopped the onions.* 3. *arg.* (plan, vb.) baltalamak 4. **chop and change** (yön, düşünce, vb.) durmadan değiştirmek/değişmek
chop² /çop/ *a.* 1. balta, vb. vuruşu 2. vuruş, darbe 3. (deniz) çırpıntı 4. pirzola, külbastı 5. **get the chop** *k. dili* a) işten atılmak, sepetlenmek b) baltalanmak, durdurulmak
chop³ /çop/ *a.* 1. damga, mühür 2. kalite, derece 3. aynı kalitede mallar 4. çene 5. **first chop** birinci sınıf, kaliteli
chop-chop /'çopçop/ *be, k. dili* çabucak, hemencecik
chopper /'çopı/ *a.* 1. balta 2. satır 3. *arg.* helikopter 4. *arg.* motosiklet 5. *ç, arg.* dişler

**choppy** /'çopi/ *s.* 1. (deniz) çırpıntılı, dalgalı 2. (rüzgâr) değişken
**chopstick** /'çopstik/ *a.* Çinlilerin kullandığı yemek çubuğu
**choral** /'ko:rıl/ *s.* koro ile ilgili
**chord** /ko:d/ *a.* 1. tel 2. *müz.* tel 3. *müz.* akor 4. *mat.* kiriş 5. **strike a cord** (bir anıyı) hatırlatmak, aklına getirmek 6. **touch the right chord** birinin zayıf yönünden yararlanmak
**chore** /ço:/ *a.* 1. angarya 2. ufak gündelik işler
**choreography** /kori'ogrıfi/ *a.* koreografi
**chortle**[1] /'ço:tl/ *e.* gülmek, kıkırdamak
**chortle**[2] /'ço:tl/ *a.* kahkaha
**chorus**[1] /'ko:rıs/ *a.* 1. koro 2. nakarat 3. uğultu
**chorus**[2] /'ko:rıs/ *e.* aynı anda şarkı söylemek/konuşmak
**chose** /çouz/ *pt bkz.* **choose**
**chosen** /'çouzın/ *pp bkz.* **choose**
**chow** /çau/ *a, k. dili* yiyecek
**Christ** /krayst/ *a.* 1. İsa 2. *ünl, k. dili* Hay Allah! Vay canına! Amanın! Eyvah!
**christen** /'krisın/ *e.* 1. vaftiz etmek 2. ad koymak 3. *k. dili* ilk kez kullanmak: *She hasn't christened her new shoes yet.*
**Christendom** /'krisındım/ *a.* Hıristiyan âlemi
**Christian** /'krişçın/ *a, s.* 1. Hıristiyan 2. **Christian name** ön ad, vaftiz adı
**Christianity** /kristi'eniti/ *a.* Hıristiyanlık
**Christmas** /'krismıs/ *a.* 1. Noel 2. **Christmas Eve** Noel arifesi
**chrome** /kroum/ *a.* krom
**chromium** /'kroumiım/ *a.* krom
**chromosome** /'kroumısoum/ *a, biy.* kromozom
**chronic** /'kronik/ *s.* 1. süreğen, müzmin, kronik 2. *İİ, k. dili* berbat, rezil, çok kötü
**chronicle**[1] /'kronikıl/ *a.* kronik, vakayiname
**chronicle**[2] /'kronikıl/ *e.* kroniğini çıkarmak
**chronological** /'kronı'locikıl/ *s.* kronolojik, zamandizinsel
**chronology** /krı'nolıci/ *a.* kronoloji, zamandizin
**chronometer** /krı'nomıtı/ *a.* kronometre, süreölçer

**chrysalis** /'krisılis/ *a, biy.* krizalit
**chrysanthemum** /kri'sentimım/ *a, bitk.* kasımpatı, krizantem
**chubby** /'çabi/ *s, k. dili* tombul, dobişko
**chuck** /çak/ *e.* 1. *k. dili* atmak, fırlatmak: *Chuck those shoes away! They're dreadful!* 2. *arg.* dışarı atmak, sepetlemek 3. *arg.* vazgeçmek, bırakmak, terk etmek
**chuckle**[1] /'çakıl/ *e.* kıkırdamak, kıkır kıkır gülmek
**chuckle**[2] /'çakıl/ *a.* kıkırdama
**chuck out** *e, k. dili* 1. dışarı atmak, sepetlemek, kovmak: *The bouncer had to chuck five people out of the disco for fighting.* 2. fırlatıp atmak, kurtulmak, başından atmak: *He sorted his belongings and chucked out loads of rubbish.*
**chug** /çag/ *e.* (motor) pat pat etmek, teklemek
**chum** /çam/ *a, k. dili* iyi arkadaş, ahbap
**chummy** /'çami/ *s, k. dili* samimi, arkadaş canlısı
**chump** /çamp/ *a.* 1. odun, takoz 2. *k. dili* salak, aptal 3. pirzola, kemikli et
**chunk** /çank/ *a.* 1. iri parça 2. *k. dili* büyük miktar
**chunky** /'çanki/ *s.* bodur ve tıknaz, gebeş
**church** /çö:ç/ *a.* kilise
**churchyard** /'çö:çya:d/ *a.* kilise mezarlığı
**churl** /çö:l/ *a, hkr.* hödük, ayı, hayvan
**churlish** /'çö:liş/ *s, hkr.* kaba, ters, aksi
**churn**[1] /çö:n/ *a.* yayık
**churn**[2] /çö:n/ *e.* 1. yayıkta tereyağı yapmak 2. çalkalamak 3. çalkalanmak
**churn out** *e, k. dili* bol miktarda üretmek: *He's a really prolific writer and churns out three or four books a year.*
**chute** /şu:t/ *a.* 1. küçük çağlayan 2. oluk 3. *k. dili* paraşüt
**chutney** /'çatni/ *a.* bir tür acı sos
**cider** /'saydı/ *a, İİ.* elma şarabı, elma şırası
**cigar** /si'ga:/ *a.* puro
**cigaret** /sigı'ret/ *a, Aİ, bkz.* **cigarette**
**cigarette** /sigı'ret/ *a.* sigara
**cinch** /sinç/ *a, k. dili* 1. kolay iş, çocuk oyuncağı 2. kesin şey, garanti
**cinder** /'sindı/ *a.* kor, köz

cinema /'sinimı/ *a.* sinema
cinnamon /'sınımın/ *a.* tarçın
cipher /'sayfı/ *a.* 1. sıfır 2. şifre
circa /'sö:kı/ *ilg.* tahminen, dolayında, yaklaşık: *He was born circa* 150 B. C.
circadian /sö:'keydiın/ *s.* yirmi dört saatlik
circle[1] /'sö:kıl/ *a.* 1. çember, daire 2. halka 3. çevre 4. (tiyatro, vb.) balkon 5. **come full circle** dönüp dolaşıp aynı yere gelmek 6. **square the circle** olmayacak bir şeye kalkışmak
circle[2] /'sö:kıl/ *e.* 1. çember içine almak, daire içine almak 2. daire biçiminde hareket etmek, çember çizmek 3. çevresini dolaşmak
circlet /'sö:klit/ *a.* (taç, bilezik, kolye, vb.) halka şeklinde süs eşyası
circuit /'sö:kit/ *a.* 1. dolaşma, devir, tur 2. çevre 3. halka, daire 4. elektrik devresi 5. gezi, tur, ziyaret 6. ring seferi, tur 7. *fiz.* devre, çevrim 8. **circuit breaker** şalter
circuitous /sö:'kyu:itıs/ *s.* dolambaçlı, kıvrımlı, dönemeçli
circular[1] /'sö:kyulı/ *s.* 1. dairesel 2. dolambaçlı
circular[2] /'sö:kyulı/ *a.* genelge
circulate /'sö:kyuleyt/ *e.* 1. dolaşmak 2. dolaştırmak 3. yaymak 4. yayılmak
circulation /sö:kyu'leyşın/ *a.* 1. dolaşım, kan dolaşımı 2. dolaşma, yayılma 3. tiraj, baskı sayısı
circumcise /'sö:kımsayz/ *e.* sünnet etmek
circumcision /sö:'kım'sijın/ *a.* sünnet
circumference /sı'kamfırıns/ *a, mat.* çember, çevre
circumflex /'sö:kımfleks/ *a.* düzeltme/uzatma imi (^)
circumspect /'sö:kımspekt/ *s.* dikkatli, önemli
circumstance /'sö:kımstens/ *a.* durum, koşul
circumstances /'sö:kımstensiz/ *a.* 1. durumlar, koşullar 2. mali durum 3. **in/under no circumstances** asla, hiçbir şekilde 4. **in/under the circumstances** şartlar gerektirdiğinden, durum öyle gerektirdiğinden

circumvent /sö:kım'vent/ *e.* -den kaçmak, kaçınmak; atlatmak: *We need some way to circumvent clause 9 of the contract.*
circus /'sö:kıs/ *a.* 1. sirk 2. *İİ.* alan, meydan
cirrhosis /si'rousis/ *a, hek.* siroz
cirrus /'sırıs/ *a.* sirrus, saçakbulut
cissy /'sisi/ *a, bkz.* **sissy**
cistern /'sistın/ *a.* sarnıç
citadel /'sitıdl/ *a.* kale
citation /say'teyşın/ *a.* 1. *huk.* geldiri, celpname 2. alıntı, iktibas
cite /sayt/ *e.* 1. *huk.* mahkemeye çağırmak; celpname göndermek 2. bahsetmek, adından söz etmek 3. örnek olarak vermek/göstermek
citizen /'sitizın/ *a.* vatandaş, yurttaş
citizenship /'sitizınşip/ *a.* vatandaşlık, yurttaşlık
citric acid /sitrik'esid/ *a.* sitrik asit
citrus /'sitrıs/ *s.* turunçgillerle ilgili
city /'siti/ *a.* kent, şehir
city hall /siti'ho:l/ *a.* belediye, belediye binası
civic /'sivik/ *a.* 1. şehirle ilgili, kentsel 2. yurttaşlıkla ilgili
civics /'siviks/ *a.* yurttaşlık bilgisi
civil /'sivıl/ *s.* 1. sivil 2. uygar, medeni 3. kibar, nazik 4. *huk.* medeni hukukla ilgili 5. **civil defence** sivil savunma 6. **civil law** medeni hukuk 7. **civil rights** vatandaşlık hakları 8. **civil servant** devlet memuru 9. **civil service** a) devlet memurluğu, devlet hizmeti b) devlet memurları 10. **civil war** iç savaş
civilian /si'viliın/ *a, s.* sivil
civility /si'viliti/ *a.* incelik, nezaket, kibarlık
civilization /sivilay'zeyşın/ *a.* 1. uygarlık, medeniyet 2. uygarlaştırma 3. uygarlaşma 4. *k. dili* modern toplum
civilize /'sivılayz/ *e.* 1. uygarlaştırmak 2. adam etmek, kibarlaştırmak
clack[1] /klek/ *e.* 1. tıkırdamak 2. tıkırdatmak
clack[2] /klek/ *a.* tıkırtı
clad /kled/ *s.* bürünmüş, kaplanmış, örtünmüş
claim[1] /kleym/ *e.* 1. hak talep etmek: *He*

*has claimed for his camera that was stolen.* 2. almak, sahip çıkmak: *Nobody has claimed the wallet I found.* 3. iddia etmek: *There is a man on the phone who claims to be your father.*

**claim**² /kleym/ *e.* 1. istek, talep 2. hak 3. iddia

**claimant** /'kleymınt/ *a, huk.* talep sahibi; davacı

**clairvoyance** /kleı'voyıns/ *a.* geleceği görebilme gücü

**clairvoyant** /kleı'voyınt/ *a, s.* geleceği görebilen

**clam**¹ /klem/ *a, hayb.* deniztarağı

**clam**² /klem/ *e.* (up ile) *k. dili* gıkını çıkarmamak, susmak

**clamber** /'klembı/ *e.* tırmanmak

**clammy** /'klemi/ *s.* nemli, yapışkan ve soğuk

**clamor** /'klemı/ *a, e. Aİ, bkz.* **clamour**

**clamorous** /'klemırıs/ *s.* gürültülü, patırtılı, yaygaracı

**clamour**¹ /'klemı/ *a.* gürültü, patırtı, yaygara

**clamour**² /'klemı/ *e.* yaygara koparmak: *The students were all clamouring to answer the question.*

**clamp**¹ /klemp/ *a.* mengene, kenet, kıskaç

**clamp**² /klemp/ *e.* mengeneyle sıkıştırmak

**clampdown** /'klempdaun/ *a, k. dili* resmi kısıtlama, sınırlama, önleme

**clamp down** *e.* (on ile) *k. dili* daha sıkı/ciddi olmak; sınır koymak: *The police have clamped down on traffic offenders.*

**clan** /klen/ *a.* 1. klan, oymak, kabile, boy 2. *k. dili* büyük aile

**clandestine** /klen'destin/ *s.* gizli, el altından yapılan, gizli kapaklı

**clang**¹ /kleng/ *e.* 1. çınlamak, tınlamak 2. çınlatmak, tınlatmak

**clang**² /kleng/ *a.* çınlama, tınlama

**clanger** /'klengı/ *a, İİ, k. dili* 1. büyük hata, gaf 2. **drop a clanger** pot kırmak, çam devirmek, gaf yapmak

**clank**¹ /klenk/ *a.* şakırtı, şıkırtı

**clank**² /klenk/ *e.* 1. şakırdamak 2. şakırdatmak

**clannish** /'kleniş/ *s.* (grup) ayrılıkçı

**clap**¹ /klep/ *e.* 1. (el) çırpmak 2. alkışlamak 3. dostça vurmak 4. *k. dili* koyuvermek; gönderivermek; postalamak

**clap**² /klep/ *a.* 1. alkış, alkışlama 2. gürleme 3. yavaş vurma 4. (the ile) *arg.* belsoğukluğu

**clapboard** /'klepbo:d/ *a, Aİ.* tahta kaplama, ahşap

**clapper** /'klepı/ *a.* çan tokmağı

**clapping** /'kleping/ *a.* alkış sesi, alkış

**claptrap** /'kleptrep/ *a, k. dili* zırva, saçmalık, hikâye, boş laf

**clarify** /'klerifay/ *e.* 1. açıklamak, açıklık getirmek, aydınlatmak 2. açıklanmak, anlaşılır olmak, aydınlanmak 3. arıtmak

**clarinet** /kleri'net/ *a, müz.* klarnet

**clarion** /'kleriın/ *a.* 1. boru sesi, yüksek ses 2. boru

**clarity** /'kleriti/ *a.* açık seçiklik, anlaşılırlık, berraklık, açıklık

**clash**¹ /kleş/ *e.* 1. çarpışmak, çatışmak: *Peter and John clash every time they meet.* 2. (renk) uymamak, gitmemek: *His red checked pants clashed horribly with his blue floral shirt.* 3. çatışmak, aynı zamana denk gelmek: *The two parties I was asked to clashed.* 4. gürültü yapmak: *He banged and clashed the saucepans around.*

**clash**² /kleş/ *a.* 1. gürültü, patırtı 2. çatışma

**clasp**¹ /kla:sp/ *a.* 1. toka, kopça 2. kavrama, sıkı sıkı tutma

**clasp**² /kla:sp/ *e.* 1. tokalamak, kopçalamak 2. sıkıca tutmak, kavramak

**class**¹ /kla:s/ *a.* 1. toplumsal sınıf, sınıf, zümre, tabaka 2. (okul) sınıf 3. ders 4. çeşit, tür, sınıf 5. **class struggle/war** sınıf mücadelesi

**class**² /kla:s/ *e.* sınıflandırmak

**classic**¹ /'klesik/ *s.* 1. klasik, birinci sınıf 2. klasik, bilinen, tipik

**classic**² /'klesik/ *a.* klasik yapıt, klasik

**classical** /'klesikıl/ *s.* klasik

**classicism** /'klesisizım/ *a.* klasisizm

**classification** /klesifi'keyşın/ *a.* sınıflama, bölümleme, tasnif, sınıflandırma

**classified** /'klesifayd/ *s.* 1. sınıflandırıl-

mış, bölümlenmiş, tasnif edilmiş 2. (askeri bilgi, vb.) gizli 3. **classified ad** küçük gazete ilanı
**classify** /'klesifay/ *e.* sınıflandırmak
**classless** /'kla:slıs/ *s.* 1. (toplum) sınıfsız, sınıf farkı olmayan 2. hiçbir özel ya da toplumsal sınıfa bağlı olmayan, sınıfsız
**classmate** /'kla:smeyt/ *a.* sınıf arkadaşı
**classroom** /'kla:srum/ *a.* sınıf, derslik
**classy** /'kla:si/ *s, k. dili* şık
**clatter**[1] /'kletı/ *e.* 1. tangırdamak 2. tangırdatmak
**clatter**[2] /'kletı/ *a.* tangırtı
**clause** /klo:z/ *a.* 1. *dilb.* cümlecik, yantümce 2. *huk.* madde, fıkra
**claustrophobia** /klo:strı'foubiı/ *a.* kapalı yer korkusu, klostrofobi
**claw**[1] /klo:/ *a.* 1. pençe 2. kıskaç
**claw**[2] /klo:/ *e.* pençelemek, tırmalamak
**clay** /kley/ *a.* kil
**clean**[1] /kli:n/ *s.* 1. temiz: *Have you got a clean shirt to wear?* 2. kullanılmamış, yeni 3. namuslu, masum, temiz 4. düzgün 5. adil, kurallara uygun 6. net 7. başarılı 8. *k. dili* boş 9. **come clean** *k. dili* suçunu itiraf etmek; gerçeği söylemek
**clean**[2] /kli:n/ *be, k. dili* tam anlamıyla, bütünüyle: *He clean forgot his wife's birthday.*
**clean**[3] /kli:n/ *e.* 1. temizlemek: *Clean the blackboard, please.* 2. temizlenmek 3. (hayvan) iç organlarını çıkartmak, sakatatını çıkartmak, içini temizlemek
**clean**[4] /kli:n/ *a.* temizleme, temizlik
**clean-cut** /kli:n'kat/ *s.* 1. biçimli, düzgün 2. belirli, belirgin, açık seçik, kesin 3. iyi ve temiz görünümlü
**cleaner** /'kli:nı/ *a.* 1. temizlik işçisi, temizlikçi 2. temizleyici
**cleaner's** /'kli:nız/ *a.* temizleyici dükkânı
**cleanliness** /'klenlinis/ *a.* temizlik
**cleanly**[1] /'klenli/ *s.* temiz, temizliğe dikkat eden
**cleanly**[2] /'kli:nli/ *be.* temiz bir biçimde
**clean out** *e.* 1. temizlemek 2. *k. dili* soyup soğana çevirmek
**cleanse** /klenz/ *e.* (yara, vb.) temizlemek
**cleanser** /'klenzı/ *a.* temizlik maddesi

**clean up** *e.* 1. temizlemek, tertemiz yapmak 2. *k. dili* çok kâr etmek, vurgun vurmak
**clear**[1] /kliı/ *s.* 1. açık, parlak, berrak: *The sky is so clear tonight you can see all the stars.* 2. açık, anlaşılır, net, belirgin: *It wasn't clear what she wanted.* 3. anlayışlı, kolayca kavrayan 4. emin, kararlı 5. suçsuz, belasız 6. açık, engelsiz, tehlikesiz, boş 7. masum, temiz 8. arı, saf, lekesiz 9. açık, belirgin, ortada, aşikâr 10. (ücret, vb.) net 11. **in the clear** *k. dili* dertten beladan uzak
**clear**[2] /kliı/ *be.* 1. açıkça, net bir şekilde: *Speak loud and clear.* 2. tamamen 3. uzağa, uzakta; dışarı
**clear**[3] /kliı/ *e.* 1. temizlemek, açmak 2. temizlemek 3. temizlemek, ortadan kaldırmak 4. temize çıkarmak, aklamak 5. değmeden geçmek, aşmak 6. (resmen) temiz çıkmak, uygun olmak 7. resmi izin vermek, geçiş/çıkış izini, vb. vermek 8. (borç) temizlemek, ödemek 9. **clear the air** sürtüşmeyi/tatsızlığı ortadan kaldırmak
**clearance** /'kliırıns/ *a.* 1. (gemi, vb.) geçiş izni 2. temizleme 3. açıklık yer
**clear away** *e.* (bir yeri) temizlemek, toplamak
**clear-cut** /kliı'kat/ *s.* 1. biçimli, düzgün 2. açık ve net
**clear-headed** /kliı'hedid/ *s.* anlayışlı, mantıklı
**clearing** /'kliıring/ *a.* (orman) açıklık, meydan, ağaçsız yer
**clearly** /'kliılli/ *be.* 1. açık bir biçimde, açık seçik, açıkça 2. şüphesiz, kesinlikle, düpedüz
**clear off** *e, k. dili* tabanları yağlamak, sıvışmak, tüymek: *They cleared off when the car's owner arrived.*
**clear out** *e.* 1. *k. dili* sıvışmak, tüymek, kaçmak: *The students cleared out as soon as the bell rang.* 2. (istenmeyen eşyayı) toplayıp atmak: *I cleared out the old clothes from my wardrobe.* 3. tertemiz etmek, tepeden tırnağa temizlemek: *The whole house has been cleared out from top to bottom.*

**C**

**clearout** /'klıraut/ *a, k. dili* tepeden tırnağa temizleme

**clear-sighted** /klıı'saytid/ *s.* 1. keskin gözlü, keskin görüşlü 2. ileriyi görebilen, mantıklı

**clear up** *e.* 1. düzenlemek, toparlamak, düzene sokmak: *I wish you'd clear up your books and papers.* 2. açıklamak, bir yanıt bulmak: *The police still haven't cleared up that murder case.* 3. düzelmek, iyiye gitmek, yoluna girmek: *My son's rash has completely cleared up.*

**cleavage** /'kli:vic/ *a.* 1. yarma 2. yarık, çatlak 3. bölünme 4. *k. dili* memelerin arasındaki boşluk

**cleave** /kli:v/ *e.* [*pt* **cleaved/clove/** cleft /klouv/ /kleft/, *pp* **cleaved/** **cleft/cloven** /kleft/ /'klouvın/] yarmak, bölmek

**cleaver** /'kli:vı/ *a.* kasap satırı

**clef** /klef/ *a, müz.* anahtar

**cleft** /kleft/ *pt, pp bkz.* **cleave**

**clemency** /'klemınsi/ *a.* 1. acıma, merhamet 2. (hava) yumuşaklık

**clement** /'klemınt/ *s.* 1. merhametli, yufka yürekli 2. (hava) yumuşak

**clench** /klenç/ *e.* 1. (diş, el, vb.) sıkmak, sımsıkı kapamak 2. sıkıca kavramak

**clergy** /'klö:ci/ *a.* ruhban sınıfı, rahipler sınıfı

**clergyman** /'klö:cimın/ *a.* papaz, rahip

**clerical** /'klerikıl/ *s.* 1. rahiplerle ilgili, rahiplere özgü 2. daire/büro işleriyle ilgili

**clerk** /kla:k/ *a.* 1. yazman, kâtip 2. tezgâhtar, satıcı

**clever** /'klevı/ *s.* 1. akıllı, zeki: *She's the cleverest student in the class.* 2. usta, becerikli 3. parlak 4. **clever clever** *k. dili* akıllı geçinen, bilgiçlik taslayan 4. **clever dick** *hkr, arg.* ukala dümbeleği 5. **too clever by half** *hkr, k. dili* fazla akıllı, sivri

**cliché** /'kli:şey/ *a, hkr.* basmakalıp söz, beylik laf

**click**[1] /klik/ *a.* tıkırtı

**click**[2] /klik/ *e.* 1. tıkırdamak 2. tıkırdatmak 3. *k. dili* anlaşılmak, çakılmak 4. *k. dili* başarılı olmak, tutulmak

**client** /'klayınt/ *a.* 1. müşteri, alıcı 2. *huk.* müvekkil

**clientele** /kli:ın'tel/ *a.* müşteriler, müşteri

**cliff** /klif/ *a.* uçurum

**cliffhanger** /'klifhengı/ *a, k. dili* 1. büyük çekişme, heyecanlı yarış 2. (radyo/tv) en heyecanlı yerinde kesilen dizi, arkası yarın

**climactic** /klay'mektik/ *s.* (heyecan, vb.) doruğa ulaştıran

**climate** /'klaymit/ *a.* 1. iklim 2. ortam, hava

**climatic** /klay'metik/ *s.* iklimsel

**climatology** /klaymı'tolıci/ *a.* klimatoloji, iklimbilim

**climax**[1] /'klaymeks/ *a.* 1. en heyecanlı bölüm 2. orgazm

**climax**[2] /'klaymeks/ *e.* en heyecanlı noktaya ulaşmak, doruğa ulaşmak

**climb**[1] /klaym/ *e.* 1. tırmanmak, çıkmak: *The two boys climbed the tree.* 2. yükselmek

**climb**[2] /klaym/ *a.* 1. tırmanış, tırmanma 2. yokuş

**climb down** *e.* 1. *k. dili* alttan almak: *After seeing the evidence he had to climb down and change his opinion.* 2. (el ve ayaklarla tutunarak) inmek

**climber** /'klaymı/ *a.* 1. tırmanıcı 2. dağcı 3. *k. dili* toplumda yükselmek isteyen kişi

**clinch**[1] /klinç/ *a.* sarılma, kucaklaşma

**clinch**[2] /klinç/ *e.* 1. perçinlemek 2. *k. dili* halletmek, çözümlemek 3. sarılmak, kucaklaşmak

**cling** /kling/ *e.* [*pt, pp* **clung** /klang/] yapışmak, sıkı sıkı tutmak, bırakmamak

**clinging** /'klinging/ *s.* 1. (giysi) yapışan, sıkan, dar 2. çok bağlı, kopamayan, yapışan

**clinic** /'klinik/ *a.* klinik

**clinical** /'klinikıl/ *s.* 1. klinik 2. soğuk, ilgisiz, umursamaz

**clink**[1] /klink/ *e.* 1. çınlamak, tınlamak 2. çınlatmak, tınlatmak

**clink**[2] /klink/ *a.* 1. çınlama, tınlama 2. *arg.* kodes

**clip**[1] /klip/ *a.* 1. ataş 2. toka 3. klips 4. şarjör 5. kesme, kırılma 6. *k. dili* darbe

**clip**[2] /klip/ *e.* 1. (ataş, vb. ile) tutturmak 2. kesmek, kırkmak 3. *k. dili* vurmak

**clippers** /'klipız/ *a.* 1. kırpma makası 2. **nail clippers** tırnak makası

**clipping** /'kliping/ *a.* 1. kesilen şey, kesik 2. *Aİ.* kupür

**clique** /kli:k/ *a, hkr.* klik, hizip

**clit** /klit/ *a, Aİ, arg.* klitoris, bızır

**clitoris** /'klitıris/ *a.* klitoris, dılak, bızır

**cloak**[1] /klouk/ *a.* 1. pelerin 2. perde, paravana

**cloak**[2] /klouk/ *e.* gizlemek, örtmek, saklamak: *He always cloaked his feelings.*

**cloakroom** /'kloukrum/ *a.* 1. vestiyer 2. *ört.* tuvalet

**clobber** /'klobı/ *e, k. dili* 1. pataklamak, marizlemek 2. yenmek, haklamak 3. sürekli ve acımasız saldırılar yapmak

**clock**[1] /klok/ *a.* 1. masa/duvar saati 2. *k. dili* hız göstergesi; hızölçer 3. **around/round the clock** gece gündüz 4. **watch the clock** *hkr, k. dili* dört gözle işbitimini beklemek

**clock**[2] /klok/ *e.* saat tutarak süresini ölçmek

**clock in** *e.* 1. işe başlamak: *He always clocks in at about 9 a.m.* 2. işe geliş saatini kaydetmek: *The workers here must clock in every day.*

**clock out** *e.* 1. işten çıkmak 2. işten çıkış saatini kaydetmek

**clock up** *e, k. dili* (uzaklık, puan, vb.) kaydetmek, katetmek: *They have clocked up thousands of kilometres on their travels.*

**clock-watcher** /'klokwoçı/ *a, hkr, k. dili* dört gözle çıkış saatini bekleyen kimse

**clockwise** /'klokwayz/ *s, be.* saat yelkovanı yönünde

**clockwork** /'klokwö:k/ *a.* 1. saati çalıştıran düzenek 2. **like clockwork** *k. dili* saat gibi, tıkır tıkır

**clod** /klod/ *a.* 1. (kil, vb.) toprak 2. *k. dili* aptal, salak

**clodhopper** /'klodhopı/ *a, k. dili* hödük, andavallı, kıro

**clog**[1] /klog/ *a.* nalın, takunya

**clog**[2] /klog/ *e.* 1. tıkamak 2. tıkanmak

**cloister** /'kloystı/ *a.* 1. kemerli yol 2. manastır

**cloistered** /'kloystıd/ *s.* 1. manastıra

kapanmış 2. dünyadan uzak; ot gibi

**clone**[1] /kloun/ *a.* klon

**clone**[2] /kloun/ *e.* klonlamak: *a cloned sheep*

**clop** /klop/ *a.* nal sesi

**close**[1] /klouz/ *e.* 1. kapatmak: *Close your eyes and go to sleep.* 2. kapanmak: *The grocer's closed at 5 o'clock.* 3. eylemi durmak: *His business closed when he died.* 4. eylemini durdurmak: *Polio closed the school.* 5. birleşmek: *The handcuffs closed around his wrists.* 6. birleştirmek: *He closed his fingers around her wrist.* 7. son vermek: *The director closed the meeting.*

**close**[2] /klouz/ *a.* son, bitim, sonuç, nihayet

**close**[3] /klous/ *a.* 1. katedral alanı 2. kilise avlusu 3. mezarlık geçidi

**close**[4] /klous/ *s.* 1. yakın: *The bank is close to the post office.* 2. yakın, samimi: *Close friends.* 3. sık, az aralıklı 4. dar, sınırlı 5. dikkatli, titiz 6. (hava) sıkıntılı, boğucu 7. havasız, kapalı 8. az farklı, hemen hemen eşit 9. ketum, ağzı sıkı 10. eli sıkı, cimri, hasis 11. (para, kredi, vb.) bulunması zor, kıt 12. aslına uygun, sadık, doğru 13. **close call/shave/thing** *k. dili* kıl payı kurtuluş 14. **close season** av yasağıdönemi

**close**[5] /klous/ *be.* 1. yakın, yakından, yakına: *The car drove too close to the bus and scraped it.* 2. **close on** *k. dili* hemen hemen: *We got home close on 10.*

**closed** /klouzd/ *s.* 1. kapalı: *All the shops are closed.* 2. **closed book** birinin anlamadığı/bilmediği şey 3. **closed circuit** kapalı devre televizyon sistemi 4. **closed shop** yalnız sendika üyelerini çalıştıran işyeri

**close down** *e.* (TV, radyo) kapanmak

**closefisted** /klous'fistid/ *s, arg.* cimri, pinti

**close in** *e.* 1. sarmak, kuşatmak' *The police closed in on the terrorists' headquarters.* 2. (günler) kısalmak: *Winter is here and the days have closed in.*

**close-knit** /klous'nit/ *s.* kopmaz bağlarla birbirine bağlanmış, çok yakın, ayrılmaz

**close out** *e, Aİ.* tasfiye etmek

**close-set** /klous'set/ *s.* birbirine yakın

**closet** /'klozit/ *a.* 1. *Aİ.* gömme dolap 2. tuvalet 3. küçük oda

**close-up** /'klousap/ *a.* yakından çekilen fotoğraf

**close up** *e.* 1. kapatmak, tıkamak, engellemek: *The road has been closed up by the snow.* 2. yaklaşmak: *They closed up together to make more room.*

**close with** *e, İİ.* 1. uzlaşmak, anlaşmaya varmak: *After weeks of discussion they are unable to close with each other.* 2. kabul etmek, onaylamak: *As soon as he dropped his price the company closed with it.*

**closure** /'klouji/ *a.* 1. kapatma 2. kapanma, son 3. tartışmayı kesip oylamaya koyma

**clot**[1] /klot/ *a.* 1. pıhtı 2. *k. dili* aptal, salak, sersem

**clot**[2] /klot/ *e.* pıhtılaşmak

**cloth** /klot/ *a.* 1. kumaş 2. bez 3. örtü

**clothe** /kloud/ *e.* giydirmek

**clothes** /kloudz, klouz/ *a.* giysi, elbise

**clotheshorse** /'kloudzho:s/ *a, İİ.* çamaşır kurutma askısı

**clothesline** /'kloudzlayn/ *a.* çamaşır ipi

**clothing** /'klouding/ *a.* giyecek, giyim, kıyafet

**cloud**[1] /klaud/ *a.* 1. bulut 2. karaltı, gölge 3. küme 4. korku ya da üzüntü kaynağı olan şey 5. **on cloud nine** *k. dili* sevinçten havalara uçmuş 6. **under a cloud** bir şeyden şüphelenerek

**cloud**[2] /klaud/ *e.* 1. bulutlanmak 2. bulandırmak, karıştırmak

**cloudburst** /'klaudbö:st/ *a.* ani bastıran şiddetli yağmur, sağanak

**cloudy** /'klaudi/ *s.* 1. bulutlu 2. bulanık

**clout**[1] /klaut/ *a, k. dili* 1. darbe, yumruk 2. nüfuz, torpil

**clout**[2] /klaut/ *e, k. dili* vurmak, patlatmak, yapıştırmak, çakmak

**clove**[1] /klouv/ *a.* 1. karanfil 2. sarmısak dişi

**clove**[2] /klouv/ *pt bkz.* **cleave**

**cloven** /'klouvın/ *pp bkz.* **cleave**

**clover** /'klouvı/ *a.* 1. yonca 2. **in clover** *k.*

*dili* refah içinde, hali vakti yerinde, zengin

**clown**[1] /klaun/ *a.* 1. palyaço 2. *hkr.* soytarı, şaklaban, maskara

**clown**[2] /klaun/ *e.* soytarılık etmek, maskaralık etmek

**cloy** /kloy/ *e.* bıkkınlık vermek, gına getirmek, içini bayıltmak

**club**[1] /klab/ *a.* 1. kulüp, dernek 2. sopa 3. golf sopası 4. *isk.* sinek 5. **join the club** *arg, ünl.* Al benden de o kadar! Aynen!

**club**[2] /klab/ *e.* sopa ile vurmak/dövmek

**clubhouse** /'klabhaus/ *a.* (spor, vb.) kulüp binası

**club together** *e.* masrafı paylaşmak: *The office staff clubbed together to buy the secretary's present.*

**cluck**[1] /klak/ *a.* gıdaklama

**cluck**[1] /klak/ *e.* gıdaklamak

**clue** /klu:/ *a.* 1. ipucu 2. **not have a clue** *k. dili* anlayamamak, hiçbir şey bilmemek, hiçbir fikri olmamak: *I haven't got a clue.*

**clued up** *s, k. dili* (bir konuda) çok bilgisi olan, anlayan

**clue in** *e, k. dili* ipucu vermek: *Clue me in on what's happened while I was away.*

**clump**[1] /klamp/ *a.* 1. küme, yığın 2. ayak sesi, ayak patırtısı 3. tok ses

**clump**[2] /klamp/ *e.* ağır ve gürültülü adımlarla yürümek

**clumsy** /'klamzi/ *s, hkr.* 1. beceriksiz, sakar 2. biçimsiz

**clung** /klang/ *pt, pp bkz.* **cling**

**cluster**[1] /'klastı/ *a.* 1. salkım, demet 2. küme, grup

**cluster**[2] /'klastı/ *e.* 1. kümelenmek, bir araya gelmek, toplanmak 2. kümelemek, bir araya getirmek, toplamak

**clutch**[1] /klaç/ *e.* kavramak, sıkıca tutmak, sarmak

**clutch**[2] /klaç/ *a.* 1. kavrama, tutma 2. pençe 3. debriyaj, kavrama 4. **in the clutches of** -in elinde

**clutter**[1] /'klatı/ *e.* karmakarışık etmek, dağıtmak, darmadağın etmek

**clutter**[2] /'klatı/ *a.* 1. karışıklık, darmadağınlık 2. saçıştırılmış şeyler

**coach**[1] /kouç/ *a.* 1. at arabası, fayton 2.

*İİ.* yolcu otobüsü 3. yolcu vagonu 4. özel öğretmen 5. *sp.* antrenör, koç, çalıştırıcı

**coach**[2] /kouç/ *e.* çalıştırmak, yetiştirmek

**coachwork** /'kouçwö:k/ *a.* karoser

**coagulant** /kou'egyulınt/ *a.* pıhtılaştırıcı madde

**coagulate** /kou'egyuleyt/ *e.* 1. koyulaşmak, pıhtılaşmak 2. pıhtılaştırmak

**coagulation** /kouegyu'leyşın/ *a.* pıhtılaşma

**coal** /koul/ *a.* 1. kömür 2. **carry/take coals to Newcastle** *k. dili* denize su taşımak, gereksiz yere eşya götürmek 3. **haul over the coals** *k. dili* fırça çekmek, haşlamak

**coalbunker** /'koulbankı/ *a.* kömürlük

**coalesce** /kouı'les/ *e.* birleşerek bir bütün haline gelmek, bütünleşmek, birleşmek

**coalescence** /kouı'lesıns/ *a.* birleşme, bütünleşme

**coalfield** /'koulfi:ld/ *a.* kömür yatağı

**coalition** /kouı'lişın/ *a.* koalisyon, birleşme

**coalmine** /'koulmayn/ *a.* kömür ocağı

**coarse** /ko:s/ *s.* 1. kaba, terbiyesiz 2. bayağı, adi 3. işlenmemiş, kaba

**coast**[1] /koust/ *a.* 1. kıyı, sahil 2. *Aİ.* kızakla kayılabilecek yokuş 3. *Aİ.* yokuştan kızakla kayma 4. **the coast is clear** *k. dili* ortalık sakin, tehlike geçti

**coast**[2] /koust/ *e.* 1. kıyı boyunca gitmek 2. yokuş aşağı inmek

**coaster** /'koustı/ *a.* 1. *den.* koster 2. bardak altlığı, altlık 3. *Aİ.* kızak

**coastguard** /'koustga:d/ *a.* 1. sahil koruma görevlisi 2. sahil koruma

**coastline** /'koustlayn/ *a.* kıyı, sahil şeridi

**coat**[1] /kout/ *a.* 1. ceket 2. palto 3. mont 4. post 5. tabaka, kat 6. **coat of arms** arma

**coat**[2] /kout/ *e.* kaplamak: *He coated the boat with varnish.*

**coating** /'kouting/ *a.* tabaka, kat, astar, kaplama

**coax** /kouks/ *e.* 1. tatlılıkla ikna etmek: *They coaxed their father into taking them to the beach.* 2. tatlılıkla elde etmek: *She tried to coax a smile from the little boy.*

**cob** /kob/ *a.* mısır koçanı

**cobalt** /'koubo:lt/ *a.* kobalt

**cobble**[1] /'kobıl/ *e.* kaldırım taşı döşemek

**cobble**[2] /'kobıl/ *a.* arnavut kaldırım taşı

**cobbler** /'koblı/ *a.* 1. ayakkabı tamircisi 2. *hkr.* sakar işçi

**cobblers** /'koblız/ *a, İİ, arg.* aptalca konuşma, saçmalık, zırva

**cobblestone** /'kobılstoun/ *a.* arnavut kaldırım taşı

**cobra** /'kobrı/ *a, hayb.* kobra

**cobweb** /'kobweb/ *a.* örümcek ağı

**cocaine** /kou'keyn/ *a.* kokain

**cock**[1] /kok/ *a.* 1. horoz 2. tetik 3. musluk 4. saman yığını 5. *İİ, arg.* ahbap 6. *kab, arg.* yarak 7. *arg.* zırva, saçmalık, aptallık 8. *k. dili* cüret 9. **cock of the walk** *k. dili* grup lideri, horoz 10. **go off at half cock** *k. dili* çok erken ve hazırlıksız başlamak 11. **live like fighting cocks** *k. dili* krallar gibi yaşamak

**cock**[2] /kok/ *e.* 1. (silah) kurmak, tetiğe almak 2. (kulak, vb.) dikilmek, kalkmak, kabarmak 3. dikmek, kaldırmak, kabartmak 4. (şapka, vb.) yana yatırmak, yan giymek 5. (saman) yığmak

**cockade** /ko'keyd/ *a.* şapka arması

**cockatoo** /kokı'tu:/ *a, hayb.* Avustralya tepeli papağanı

**cockcrow** /'kokkrou/ *a.* şafak, sabahın ilk saatleri

**cockerel** /'kokırıl/ *a.* yavru horoz

**cockeyed** /kok'ayd/ *s, k. dili* 1. *hkr.* aptal, salak, saçma 2. yamuk, yan, yatık

**cockfight** /'kokfayt/ *a.* horoz döğüşü

**cockhorse** /kok'ho:s/ *a.* oyuncak at, tahta at

**cockle** /'kokıl/ *a.* 1. bir tür midye 2. **warm the cockles of sb's heart** *k. dili* (birinin) gönlünü hoş etmek, sevindirmek, mutlu etmek

**Cockney** /'kokni/ *a, s.* (Doğu) Londralı

**cockpit** /'kokpit/ *a.* 1. horoz dövüşü yapılan küçük alan 2. pilot kabini 3. yarış arabasında sürücü yeri

**cockroach** /'kokrouç/ *a, hayb.* hamamböceği

**cockscomb** /'kokskoum/ *a.* horoz ibiği, ibik

**cocksure** /kok'şuı/ *s, k. dili, hkr.* ukala, kendini beğenmiş

**cocktail** /'kokteyl/ *a.* kokteyl

**cock-up** /'kok-ap/ *a, İİ, arg.* kargaşa, boktan durum

**cocky** /'koki/ *s, k. dili, hkr.* ukala, kendini beğenmiş

**coco** /'koukou/ *a.* hindistancevizi ağacı

**cocoa** /'koukou/ *a, bitk.* kakao

**coconut** /'koukınat/ *a, bitk.* hindistancevizi

**cocoon** /kı'ku:n/ *a.* koza

**cod** /kod/ *a.* morina balığı

**coda** /'koudı/ *a, müz.* koda, final

**coddle** /'kodl/ *e.* 1. ağır ateşte kaynatmak 2. üzerine titremek, şımartmak, çok üstüne düşmek

**code**[1] /koud/ *a.* 1. şifre 2. kod 3. kural

**code**[2] /koud/ *e.* 1. şifrelemek, şifreyle yazmak 2. kodlamak

**codein** /'koudi:n/ *a.* kodein

**codex** /'koudeks/ *a.* eski ya da kutsal bir kitabın orijinali

**codicil** /'koudisil/ *a, huk.* vasiyetnameye yapılan ek

**codify** /'koudifay/ *e.* düzenlemek, kodlamak

**codswallop** /'kodzwolıp/ *a, esk, arg.* saçmalık, zırva

**coed**[1] /kou'ed/ *a, Aİ, k. dili* karma okulda kız öğrenci

**coed**[2] /kou'ed/ *s.* (okul) karma eğitim yapan, karma

**coeducation** /kouecu'keyşın/ *a.* karma eğitim

**coefficient** /koui'fişınt/ *a.* katsayı

**coerce** /kou'ö:s/ *e.* 1. zorlamak 2. baskı yapmak

**coercion** /kou'ö:şın/ *a.* zorlama, baskı

**coercive** /kou'ö:siv/ *s.* zorlayıcı

**coexist** /kouig'zist/ *e.* 1. bir arada olmak, aynı anda var olmak: *Extreme poverty and wealth coexist in the world.* 2. (karşıt siyasetli ülkeler) bir arada barış içinde yaşamak: *Many different nationalities coexist in America.*

**coffee** /'kofi/ *a.* kahve

**coffeepot** /'kofipot/ *a.* cezve

**coffer** /'kofı/ *a.* sandık, çekmece, kasa, kutu

**coffin** /'kofin/ *a.* 1. tabut 2. **nail in sb's coffin** *k. dili* birinin mahvına neden olacak şey

**cog** /kog/ *a.* çark dişi, diş

**cogency** /'koucınsi/ *a.* telkin gücü, ikna yeteneği

**cogent** /'koucınt/ *s.* ikna edici, inandırıcı, telkin edici

**cogitate** /'kociteyt/ *e.* (bir şey üzerinde) dikkatle ve ciddi olarak düşünmek, enine boyuna iyice düşünmek

**cogitation** /koci'teyşın/ *a.* iyice düşünme, enine boyuna düşünme

**cognac** /'konyek/ *a.* konyak

**cognate** /'kogneyt/ *s.* aynı kökenli, aynı soydan gelen, akraba

**cognition** /kog'nişın/ *a.* bilme, kavrama, idrak

**cognitive** /'kognitiv/ *s.* bilmeye, kavramaya ya da idrak etmeye ilişkin

**cogwheel** /'kogwi:l/ *a.* dişli, çark

**cohabit** /kou'hebit/ *e.* birlikte yaşamak; karı koca gibi yaşamak

**cohabitation** /kouhebi'teyşın/ *a.* birlikte yaşama

**cohere** /kou'hiı/ *e.* 1. yapışmak, birleşmek 2. uyuşmak, tutarlı olmak, birbirini tutmak

**coherent** /kou'hiırınt/ *s.* 1. uygun, tutarlı, birbirini tutan 2. kolayca anlaşılan

**cohesion** /kou'hi:jın/ *a.* 1. yapışma, birbirini tutma 2. kohezyon

**coiffeur** /kwo'fö:/ *a.* kuaför

**coiffure** /kwo:fyuı/ *a.* kuaförlük

**coil**[1] /koyl/ *e.* 1. dolanmak, kangal haline gelmek 2. dolamak

**coil**[2] /koyl/ *a.* 1. kangal 2. bobin 3. tutam 4. gebeliği önleyici alet

**coin**[1] /koyn/ *a.* 1. madeni para 2. **pay sb in his own coin** *k. dili* birisine onun başkalarına davrandığı gibi davranmak

**coin**[2] /koyn/ *e.* 1. para basmak 2. (sözcük, vb.) uydurmak, icat etmek

**coinage** /'koynic/ *a.* 1. madeni para basma 2. madeni para 3. (yeni sözcük, vb.) uydurma, icat

**coincide** /kouin'sayd/ *e.* 1. aynı zamana rastlamak, çatışmak 2. (düşünce, vb.)

uymak, uyuşmak
coincidence /kou'insidıns/ *a.* 1. rastlantı, tesadüf 2. uygunluk
coincidental /kouinsi'dentl/ *s.* rastlantısal, tesadüfi
coir /koyı/ *a.* hindistancevizi lifi
coition /kou'işın/ *a, bkz.* **coitus**
coitus /'koytıs/ *a.* cinsel birleşme
coke /kouk/ *a.* 1. kokkömürü 2. *arg.* kokain 3. *k. dili* koka kola
cola /'koulı/ *a.* kolalı içecekler
colander /'kalındı/ *a.* süzgeç, kevgir
cold[1] /kould/ *s.* 1. soğuk: *It's very cold outside.* 2. soğuk, itici 3. üşümüş: *Are you cold?* 4. frijit, soğuk 5. **(out) cold** bilinçsiz, kendini kaybetmiş 6. **cold comfort** teselli, avunç; züğürt tesellisi 7. **cold feet** *k. dili* yüreksizlik, korkaklık 8. **cold fish** soğuk kimse, buzdolabı 9. **cold shoulder** *k. dili* (the ile) sırt çevirme, soğuk davranma 10. **cold war** soğuk savaş
cold[2] /kould/ *a.* 1. soğuk hava, soğuk 2. soğuk algınlığı 3. **(out) in the cold** *k. dili* açıkta, istenmeyen
cold-blooded /kould'bladid/ *s.* 1. (hayvan) soğukkanlı 2. *hkr.* duygusuz, acımasız 3. *k. dili* sürekli üşüyen, soğuğa çok duyarlı
cold-hearted /kould'ha:tid/ *s, hkr.* soğuk, duygusuz, itici, kaba, acımasız
colic /'kolik/ *a, hek.* kolik, buruntu, sancı
collaborate /kı'lebıreyt/ *e.* 1. birlikte çalışmak, işbirliği yapmak 2. *hkr.* düşmanla işbirliği yapmak
collaboration /kılebı'reyşın/ *a.* işbirliği
collage /'kola:j/ *a.* kolaj, kolaj resim
collapse[1] /kı'leps/ *e.* 1. çökmek: *When she sat down, the chair collapsed.* 2. çöktürmek 3. katlamak 4. katlanmak 5. başarısızlığa uğramak, suya düşmek 6. düşmek, yığılmak, bayılmak 7. güçten düşmek, çökmek 8. yıkılmak
collapse[2] /kı'leps/ *a.* 1. çöküş, yıkılış, çökme, yıkılma 2. ani düşüş, yıkım 3. başarısızlık 4. güçten düşme
collapsible /kı'lepsıbıl/ *s.* katlanabilir, açılır kapanır: *I bought a collapsible bed yesterday.*

collar[1] /'kolı/ *a.* 1. yaka 2. tasma
collar[2] /'kolı/ *e, k. dili* 1. yakalamak 2. araklamak, yürütmek
collarbone /'kolıboun/ *a, anat.* köprücükkemiği
collate /kı'leyt/ *e.* 1. karşılaştırmak 2. sıraya koymak, dizmek, düzenlemek
collateral[1] /kı'letırıl/ *s.* 1. yan yana, paralel 2. yardımcı, ikincil, ek 3. aynı soydan gelen
collateral[2] /kı'letırıl/ *a.* maddi teminat
colleague /'koli:g/ *a.* meslektaş
collect /kı'lekt/ *e.* 1. toplamak, biriktirmek: *He collects butterflies.* 2. toplanmak, birikmek: *A crowd collected to meet the visiting officials.* 3. toparlamak: *He tried to collect himself but burst into tears.* 4. uğrayıp almak: *I'll collect you after dinner.*
collected /kı'lektid/ *s.* kendine hâkim, sakin
collection /kı'lekşın/ *a.* 1. toplama; toplanma 2. koleksiyon, derlem, biriktiri 3. iane, toplanan para 4. yığın 5. posta kutusunu boşaltma
collective[1] /kı'lektiv/ *s.* 1. ortak, ortaklaşa, toplu, kolektif 2. **collective agreement** toplu sözleşme 3. **collective bargaining** toplu pazarlık 4. **collective noun** *dilb.* topluluk adı
collective[2] /kı'lektiv/ *a.* kolektif şirket
collector /kı'lektı/ *a.* 1. vergi toplayan kişi, tahsildar 2. koleksiyoncu
college /'kolic/ *a.* 1. yüksekokul, fakülte 2. heyet, birlik
collide /kı'layd/ *e.* 1. çarpışmak: *The planes collided in mid air.* 2. çatışmak, zıt olmak, zıt görüşte olmak: *Unionists have collided with the employers again.*
collier /'kolı/ *a.* 1. kömür işçisi 2. kömür gemisi
colliery /'kolyıri/ *a.* kömür ocağı, kömür madeni
collision /kı'lijın/ *a.* 1. çarpışma 2. çatışma, düşünce ayrılığı
colloquial /kı'loukwiıl/ *s.* konuşma diline özgü
colloquialism /kı'loukwiılizım/ *a.* 1. konuşma diline özgü söz/sözcük/ifade 2.

konuşma dili

**colloquy** /'kolıkwi/ *a.* resmi konuşma

**collude** /kı'lu:d/ *e.* dolap çevirmek, tezgâh hazırlamak

**collusion** /kı'lu:jın/ *a.* gizli anlaşma, dolap, tezgâh

**collywobbles** /'koliwobılz/ *a, k. dili* heyecan ya da korkudan oluşan hafif karın ağrısı: *Many great actresses and actors get the collywobbles before a performance.*

**cologne** /kı'loun/ *a.* kolonya

**colon**[1] /'koulın/ *a.* iki nokta üst üste (:)

**colon**[2] /'koulın/ *a, anat.* kolon

**colonel** /'kö:nıl/ *a.* albay

**colonial** /kı'louniıl/ *s.* 1. sömürgeyle ilgili 2. sömürgeci

**colonialism** /kı'louniılizım/ *a.* sömürgecilik

**colonize** /'kolınayz/ *a.* kolonileştirmek, sömürgeleştirmek

**colony** /'kolıni/ *a.* 1. sömürge; koloni 2. yabancı bir ülkede yaşayan millet 3. *biy.* koloni

**color** /'kalı/ *a, AĬ, bkz.* **colour**

**colossal** /kı'losıl/ *s.* büyük, kocaman, devasa, muazzam

**colossus** /kı'losıs/ *a.* dev

**colour**[1] /'kalı/ *a.* 1. renk 2. renk duyumu 3. boya 4. ten rengi 5. canlılık, hareketlilik 6. **colour bar/line** ırk ayrımı 7. **oil colours** yağlıboya 8. **water colours** suluboya

**colour**[2] /'kalı/ *e.* 1. boyamak, renklendirmek 2. renk değiştirmek 3. yüzü kızarmak 4. etkilemek

**colour-blind** /'kalıbland/ *s.* renk körü

**coloured** /'kalıd/ *s.* 1. renkli 2. *ört.* beyaz ırktan olmayan

**colourfast** /'kalıfa:st/ *s.* boyası çıkmaz, solmaz

**colourful** /'kalıfıl/ *s.* 1. renkli, rengârenk 2. canlı, parlak, renkli, hareketli

**colouring** /'kalıring/ *a.* 1. boya, gıda boyası 2. boyama, renklendirme 3. ten rengi

**colourless** /'kalılıs/ *s.* 1. renksiz 2. solgun 3. sıkıcı, itici, donuk, renksiz

**colours** /'kalız/ *a.* 1. bayrak 2. (okul, takım, kulüp, vb.) simgesel giysi, takı, şapka, vb. 3. **in its true colours** olduğu gibi, aynen 4. **lower one's colours** teslim bayrağını çekmek, direnmekten vazgeçmek 5. **with flying colours** büyük başarıyla

**colt** /koult/ *a.* 1. tay; sıpa 2. *k. dili* acemi, toy, çaylak 3. kolt tabanca

**column** /'kolım/ *a.* 1. sütun 2. (gazete) sütun 3. köşe yazısı 4. (insan, araç, hayvan, vb.) dizi, kuyruk

**columnist** /'kolımist/ *a.* sütun yazarı, köşe yazarı

**coma** /'koumı/ *a, hek.* 1. koma 2. **go into a coma** komaya girmek

**comatose** /'koumıtous/ *s.* komada, bilinçsiz

**comb**[1] /koum/ *a.* 1. tarak 2. tarama 3. bal peteği 4. horoz ibiği

**comb**[2] /koum/ *e.* 1. taramak: *Your hair needs combing.* 2. (bir yeri) aramak, taramak

**combat**[1] /'kombet/ *e.* mücadele etmek, savaşmak: *Doctors have to combat ignorance and poverty as well as disease.*

**combat**[2] /'kombet/ *a.* 1. mücadele, savaşım 2. çarpışma, savaş

**combatant** /'kombıtınt/ *a.* savaşçı

**combination** /kombi'neyşın/ *a.* 1. birleştirme 2. birleşme 3. bileşim, terkip 4. birlik 5. sepetli motosiklet 6. şifreli bir kilidi açan harf ya da sayılar 7. *mat.* kombinasyon

**combine**[1] /kım'bayn/ *e.* 1. birleşmek: *The river combined with a small stream.* 2. birleştirmek: *He combined two different grapes to make the wine.*

**combine**[2] /'kombayn/ *a.* 1. birlik, kartel 2. **combine harvester** biçerdöver

**combo** /'kombou/ *a, k. dili* küçük caz topluluğu

**combustible** /kım'bastibıl/ *s.* yanabilir, kolayca tutuşabilir, yanıcı

**combustion** /kım'basçın/ *a.* yanma, tutuşma

**come**[1] /kam/ *e.* [*pt* **came** /keym/, *pp* **come** /kam/] 1. gelmek: *The dog came to its master's call. Has she come? Many tourists come to the beach every* year. 2. ulaşmak: *The snow came up to the windows.* 3. gelip çatmak: *Summer is coming.* 4. olmak: *How did he come to be chosen for the job?* 5. başlamak: *He usually offered me coffee and I came to expect it.* 6. elde edilmek, üretilmek, gelmek: *Wool comes from sheep.* 7. görünmek: *The ship came over the horizon and sailed out of sight again* 8. *arg.* orgazma varmak, boşalmak, (beli) gelmek: *I'm coming!* 9. **come again** *k. dili, ünl.* ne dedin! buyur! 10. **come it a bit (too) strong** *k. dili* abartmak, saptırmak 11. **come (out) right** yoluna girmek, iyi sonuçlanmak 12. **come unstuck** zor duruma düşmek 13. **how come** *k. dili* nasıl olur, nasıl oldu da ... 14. **to come** gelecekteki, gelecek

come² /kam/ *a, arg.* bel, meni

come about *e.* olmak: *I don't know how this situation came about.*

come across *e.* 1. karşılaşmak, rastlamak: *I came across Harry in the pub today.* 2. *k. dili* etkileyici olmak, iyi etki yapmak: *His lessons always come across well.*

come along *e.* 1. ilerlemek, gelişmek, gitmek: *The boat he's building is coming along really well.* 2. (sağlık) iyiye gitmek: *How's your mother coming along after her operation?* 3. olmak, ortaya çıkmak: *He manages every situation that comes along.* 4. izlemek, takip etmek: *We can go on ahead. The others are coming along in another car.* 5. *ünl, k. dili* haydi çabuk!: *Come along! We'll be late.*

come apart *e.* kopuvermek, dağılıvermek: *The old shawl just came apart when I picked it up.*

come at/for *e.* üstüne üstüne gelmek: *He came at her with a knife.*

come away *e.* 1. *İİ.* terk etmek, ayrılmak, çekilmek: *Come away from there! You'll fall.* 2. kopuvermek: *I went to lift the bag but the strap came away.*

comeback /'kambek/ *a.* 1. dönüş, geri dönüş 2. akıllıca ve çabuk yanıtlama, karşılık

come back *e.* 1. yeniden gözde olmak: *I wonder if miniskirts will come back.* 2. hatırına gelmek, aklına gelmek: *Oh! His name has just come back to me.*

come by *e.* 1. elde etmek, sahip olmak: *He came by a small fortune when his father died.* 2. kazara ya da tesadüfen edinmek: *I came by an original Picasso in a secondhand shop.* 3. karşılaşmak, rastlamak: *I came by an old schoolfriend yesterday.*

comedian /kı'mi:diın/ *a.* 1. komedyen 2. *k. dili* şamatacı, gırgır kimse

comedienne /kımi:di'en/ *a.* (bayan) komedyen

comedown /'kamdaun/ *a, k. dili* 1. düşme, saygınlığını yitirme 2. düşkırıklığı

come down *e.* 1. (geçmişten bugüne) gelmek: *The recipe has come down from mother to daughter.* 2. ucuzlamak: *Prices never come down. They only go up.* 3. *arg.* (uyuşturucunun etkisi geçtikten sonra) ayılmak: *He was tripping for twelve hours before he came down.* 4. gözden düşmek, saygınlığını yitirmek: *After the scandal the politician's popularity came down.* 5. düşmek, yıkılmak, çökmek: *The tent came down in the storm.* 6. (büyük şehirden küçük bir yere) gelmek, inmek: *The owner of the beach house only comes down in summer* 7. **come down in the world** yoksullaşmak, gerilemek, düşmek 8. **come down to earth** gerçeğe dönmek, gerçekçi olmak

come down on *e.* 1. üstelemek, zorlamak: *His father came down on him to clean the car.* 2. cezalandırmak: *The judge always comes down heavily on drug users.* 3. acımasızca azarlamak: *She is always coming down on one of her children.*

come down with *e, k. dili* (hastalık) kapmak: *He's come down with the flu again.*

comedy /'komidi/ *a.* komedi, güldürü

come-hither /kam'hidı/ *s, k. dili* seksi, çekici, davetkâr

**come in** *e.* 1. gözde olmak, moda olmak: *Bright colours have come in this year.* 2. (oyun, yarış, vb. de) gelmek: *He fell and came in last.* 3. seçilmek, başa geçmek: *If he comes in to power again inflation will rise.* 4. varmak, gelmek: *What time does his bus come in?* 5. olmak: *The axe may come in handy. Take it with you.*

**come in for** *e.* (suç, vb.) maruz kalmak: *Her behaviour has come in for considerable disapproval.*

**come in on** *e, k. dili* katılmak, yer almak: *Do you want to come in on our business venture?*

**come into** *e.* 1. miras olarak almak: *He thinks he'll come into a lot of money when his grandfather dies.* 2. başlamak: *The new government came into power after the elections.*

**comely** /'kamli/ *s, yaz.* güzel, hoş, iç açıcı, çekici

**come of** *e.* 1. -den gelmek: *He comes of a family of lawyers.* 2. ortaya çıkmak: *His ideas are good but nothing ever comes of them.* 3. **come of age** reşit olmak: *He comes of age next month.*

**come off** *e.* 1. kopmak: *The cup's handle came off when I picked it up.* 2. olmak, gerçekleşmek: *The party finally came off a week late.* 3. başarmak, başarılı olmak: *Fortunately the kidnapping didn't come off.* 4. (film, oyun, vb.) gösterimden çıkarılmak, kalkmak: *The film came off after ten weeks.* 5. **come off it** *k. dili ünl.* Bırak numarayı! Saçmalama! Bırak bu ayakları!

**come-on** /'kamon/ *a.* 1. alıcılara verilen armağan, ikram 2. *arg.* baştan çıkarıcı bakış, davet

**come on** *e.* 1. görünmek; ortaya çıkmak: *The footballers came on ten minutes late.* 2. *k. dili* ele alınmak: *The inquiry comes on on the tenth.* 3. *k. dili* başlamak: *The film comes on at nine.* 4. gelişmek, ilerlemek, gitmek: *How's your new book coming on?* 5. (sağlık) iyiye gitmek: *His father is coming on well*

*after a heart attack.* 6. takip etmek, izlemek: *The men have already left. The women will come on soon.* 7. karşılaşmak, rastlamak: *I came on Terry in the street.* 8. *ünl.* haydi: *Come on! Let's go!*

**come out** *e.* 1. görünmek; ortaya çıkmak: *The moon came out from behind the clouds.* 2. bilinmek, ortaya çıkmak, anlaşılmak: *The news of their divorce soon came out.* 3. (anlam) açık olmak; anlaşılmak: *The importance of the discovery didn't come out for years.* 4. çıkmak: *This photo of you came out well.* 5. basılmak, piyasaya çıkmak: *His new book will come out next month.* 6. silinmek, çıkmak, yok olmak: *When I washed my shirt the dye came out.* 7. çalışmayı reddetmek, grev yapmak: *The dock workers have come out in protest.*

**come out against** *e.* karşı çıkmak: *The country's leading newspaper has come out against the government's proposals.*

**come out with** *e, k. dili* atılıvermek: *She's always coming out with embarrassing statements.*

**come over** *e.* 1. (bir yerden) gelmek: *He came over from Greece in the* 1950's. 2. uğramak: *Come over for lunch tomorrow.* 3. taraf/görüş değiştirmek: *He came over from the opposition.* 4. bastırmak, sıkmak, rahatsız etmek: *Fear suddenly came over the group.*

**come round** *e.* 1. ayılmak, kendine gelmek: *The patient hasn't come round yet.* 2. düşünce/taraf değiştirmek, dönmek: *She has finally come round and now agress to our plan.* 3. barışmak: *He always argues with his father. He'll never come round.* 4. gelmek, olmak: *Pay day never comes round quickly enough.* 5. yön değiştirmek: *The yacht came round and hastened back to port.* 6. normalden fazla yol gitmek: *The highway was closed and we had to come round via back roads.* 7. sakinleşmek, yatışmak: *Let him sulk. He'll come round soon.* 8. uğramak: *Can you* *come round on Saturday?*

comet /'komit/ *a.* kuyrukluyıldız, komet

come through *e.* 1. gelmek: *The news about the earthquake has just come through.* 2. -den sonra hayatta kalmak, yaşamak; atlatmak: *He has come through the war without injury.*

come to *e.* 1. gelmek: *He's a clever scientist but is lost when it comes to literature.* 2. ulaşmak, varmak: *The cost of a holiday came to more than they could afford.* 3. birden aklına gelmek: *It's just come to me where I met him.* 4. ayılmak, kendine gelmek: *He hasn't come to after the accident.*

come under *e.* 1. ... tarafından idare edilmek/yönetilmek/denetlemek: *Which government department does your office come under?* 2. karşılaşmak, uğramak: *The village came under attack.*

come up *e.* 1. ele alınmak, gündeme gelmek: *His submission to the council comes up for approval tomorrow.* 2. *k. dili* (piyango, vb. de) çekilmek: *His number came up and he won the lottery.* 3. olmak: *Is there anything interesting coming up?* 4. yükselmek, itibar kazanmak: *He has come up from nothing to managing director.* 5. yaklaşmak: *He came up to them and shook hands.*

come up against *e.* karşı karşıya kalmak, karşılaşmak: *He has always come up against opposition with his radical suggestions.*

come-uppance /kam'apıns/ *a, k. dili* hakedilmiş ceza

come up to *e.* denk olmak, eşit olmak: *The plan didn't come up to the official specifications.*

come up with *e, k. dili* düşünmek, üretmek, bulmak: *I have to come up with a good advertising slogan.*

comfort[1] /'kamfıt/ *a.* 1. rahatlık, ferahlık 2. refah, konfor 3. avuntu, teselli 4. yardım, destek

comfort[2] /'kamfıt/ *e.* rahatlatmak, ferahlatmak, avutmak, teselli etmek

comfortable /'kamfıtıbıl/ *s.* 1. rahat 2.

konforlu 3. huzurlu

comfy /'kamfi/ *s, k. dili* rahat, konforlu

comic[1] /'komik/ *s.* 1. komik, gülünç 2. komediyle ilgili, komedi ...

comic[2] /'komik/ *a.* 1. resimli mizah dergisi 2. *k. dili* komedyen

comical /'komikıl/ *s.* gülünç, komik, tuhaf

comics /'komiks/ *a.* 1. resimli mizah dergileri 2. karikatür öyküsü

comic strip /'komik strip/ *a.* karikatür şeklinde öykü dizisi

coming[1] /'kaming/ *a.* gelme, geliş, varış

coming[2] /'kaming/ *s.* 1. gelen, gelmekte olan, gelecek 2. *k. dili* başarılı, ilerleyen

comma /'komı/ *a.* virgül

command[1] /kı'ma:nd/ *e.* 1. buyurmak, emretmek: *The guard commanded them to stop.* 2. komuta etmek, kumanda etmek, yönetmek: *That officer commands these troops.* 3. hâkim olmak: *Command yourself! You can't lose your temper here.* 4. hak etmek, layık olmak: *Our boss commands everyone's respect.*

command[2] /kı'ma:nd/ *a.* 1. buyruk, emir, komut 2. kontrol, komuta, kumanda, yönetim 3. yetki 4. hâkimiyet

commandant /komın'dent/ *a.* komutan

commandeer /komın'diı/ *e, ask.* el koymak

commander /kı'ma:ndı/ *a.* 1. komutan 2. deniz yarbayı 3. **commander-in-chief** başkomutan

commandment /kı'ima:ndmınt/ *a.* `on emir'den biri: *the Ten Commandments*

commando /kı'ma:ndou/ *a, ask.* komando

commemorate /kı'memıreyt/ *e.* 1. anmak, anısını kutlamak 2. anısı olmak, anısına olmak

commence /kı'mens/ *e.* başlamak: *Classes will commence in two weeks.*

commencement /kı'mensmınt/ *a.* 1. başlangıç, başlama 2. diploma töreni

commend /kı'mend/ *e.* 1. övmek, takdir etmek: *He was commended for his bravery.* 2. emanet etmek: *He commended his children to his sister.*

commendable /kı'mendıbıl/ *s.* övgüye layık, övülmeye değer

commendation /komın'deyşın/ *a.* 1. övgü, övme, takdir 2. resmi takdirname, onurlandırma, ödül

commensurate /kı'menşırit/ *s.* uygun, oranlı, eşit: *When will women's pay be commensurate with the work they do?*

comment[1] /'koment/ *a.* yorum: *No comment.*

comment[2] /'koment/ *e.* yorum yapmak: *When asked his opinion he refused to comment.*

commentary /'komıntıri/ *a.* 1. açıklama, yorum 2. (maç, vb.) anlatma, nakil

commentate /'komınteyt/ *e.* (maç, vb.) anlatmak

commentator /'komınteytı/ *a.* (maç, vb.) anlatıcı

commerce /'komö:s/ *a.* tecim, ticaret

commercial[1] /kı'mö:şıl/ *s.* 1. tecimsel, ticari 2. kâr amaçlı, ticari 3. **commercial vehicle** ticari araç, nakil aracı

commercial[2] /kı'mö:şıl/ *a.* televizyon/radyo reklamı

commercialize /kı'mö:şılayz/ *e.* ticarete dökmek: *Mother's Day has been commercialized too much.*

commie /'komi/ *a, k. dili, hkr.* komünist

commiserate /kı'mizıreyt/ *e.* (with ile) acısını paylaşmak: *We all commiserated with John when he lost his job.*

commiseration /kımizı'reyşın/ *a.* acısını paylaşma, derdine ortak olma

commission[1] /kı'mişın/ *a.* 1. iş, görev 2. yetki 3. kurul, heyet, komisyon, yarkurul 4. komisyon, yüzde 5. *ask.* terfi belgesi

commission[2] /kı'mişın/ *e.* 1. görev vermek, görevlendirmek 2. (gemiyi) hizmete sokmak 3. *ask.* terfi belgesi vermek 4. sipariş etmek

commissionaire /kımişı'neı/ *a.* (sinema, otel, vb. de) kapıcı

commissioner /kı'mişını/ *a.* 1. komisyon üyesi 2. hükümet temsilcisi 3. (devlet dairesinde) yetkili memur, şube müdürü 4. *arg.* bahisçi, bahis toplayıcısı

commit /kı'mit/ *e.* 1. yapmak, işlemek, kalkışmak: *He committed suicide.* 2. teslim etmek: *The criminal was committed to prison for life.* 3. (kendini) sorumlu kılmak; üstlenmek; vaadetmek: *She has committed herself to looking after her aging parents.* 4. **commit to memory** ezberlemek

commitment /kı'mitmınt/ *a.* 1. taahhüt, üstlenme, söz 2. sorumluluk 3. bağlılık 4. teslim etme

committal /kı'mitl/ *a.* (birini) tutukevine/akıl hastanesine gönderme, teslim

committed /kı'mitid/ *s.* kendini adamış

committee /kı'miti/ *a.* komisyon, heyet, komite, yarkurul

commodity /kı'moditi/ *a.* 1. eşya, mal 2. ürün

commodore /'komıdo:/ *a.* 1. tuğamiral 2. ticari gemi filosu, kaptanı, komodor 3. yelken kulübü başkanı

common[1] /'komın/ *s.* 1. ortak, genel 2. sıradan 3. toplumsal, kamusal, topluma ait, ortak 4. çok rastlanan, yaygın, bilinen, çok kullanılan 5. *hkr.* bayağı, adi, kaba 6. **common law** yazısız hukuk, örf ve âdet hukuku 7. **Common Market** Ortak Pazar 8. **common noun** *dilb.* cins ismi 9. **common room** öğretmenler odası 10. **common sense** sağduyu

common[2] /'komın/ *a.* 1. halka açık yeşil alan, park 2. ortak, müşterek

commonalty /'komınlti/ *a.* sıradan insanlar, vatandaşlar

commoner /'komını/ *a.* halk tabakasından olan kimse

commonly /'komınli/ *be.* 1. genellikle, çoğunlukla, ekseriya 2. *hkr.* adi/bayağı bir şekilde

commonplace /'komınpleys/ *s.* 1. alelade, sıradan, basit 2. *hkr.* beylik, basmakalıp

Commons /'komınz/ *a.* 1. Avam Kamarası (üyeleri) 2. **House of Commons** Avam Kamarası

commonwealth /'komınwelt/ *a.* 1. ulus 2. cumhuriyet 3. **The Commonwealth** İngiliz Uluslar Topluluğu

commotion /kı'mouşın/ *a.* kargaşa, karışıklık

communal /'komyunıl/ *s.* 1. halka ait, toplumsal 2. ortaklaşa kullanılan, ortak

commune[1] /kı'myu:n/ *e.* görüş alışverişinde bulunmak, söyleşmek

commune[2] /'komyu:n/ a. 1. (komünist ülkelerde) çalışanlar grubu, komün 2. komün yaşamı süren grup, komün

communicable /kı'myu:nikıbıl/ s. 1. bulaşıcı 2. (görüş, vb.) yayılan

communicate /kı'myu:nikeyt/ e. 1. (haber, bilgi, görüş, düşünce, vb.) geçirmek, nakletmek, iletmek, bildirmek, açıklamak: *He communicated his ideas easily.* 2. (with ile) görüş alışverişi yapmak, iletişim kurmak: *Has he communicated with you since he left?* 3. birleşmek: *Their hotel rooms had a communicating bathroom.*

communication /kımyu:ni'keyşın/ a. 1. iletişim, haberleşme, komünikasyon 2. haber, mesaj 3. ç. komünikasyon sistemi 4. **communication cord** (trende) imdat freni

communicative /kı'myu:nikıtiv/ s. konuşkan, geveze, boşboğaz

communion /kı'myu:niın/ a. görüş alışverişi; duygu, düşünce, vb. paylaşma

communiqué /kı'myu:nikey/ a. bildiri

communism /'komyunizım/ a. komünizm

communist /'komyunist/ a, s. komünist

community /kı'myu:niti/ a. 1. halk, toplum 2. topluluk 3. ortak iyelik, ortaklaşalık

commute /kı'myu:t/ e. 1. (cezayı) hafifletmek: *His sentence has been commuted from fifteen to five years.* 2. ev ile iş arasında gidip gelmek: *He commutes 60 kilometres to work and back each day.* 3. değiş tokuş etmek: *He commuted his superannuation from a pension into a lump sum.*

compact[1] /kım'pekt/ s. 1. sık, sıkı, yoğun 2. özlü, kısa 3. sıkıca paketlenmiş 4. az yer kaplayan, küçük

compact[2] /'kompekt/ a. 1. pudra kutusu, pudriyer 2. küçük otomobil 3. antlaşma, sözleşme

compact[3] /'kompekt/ e. anlaşmak, anlaşma yapmak, sözleşme yapmak

companion /kım'peniın/ a. 1. arkadaş, yoldaş 2. yardımcı 3. kılavuz, el kitabı 4. eş, diğer parça

companionable /kım'peniınıbıl/ s. arka-

daş canlısı, sokulgan

companionship /kım'peniınşip/ a. arkadaşlık, dostluk, yoldaşlık

company /'kampıni/ a. 1. şirket 2. arkadaşlık, eşlik 3. arkadaş, dost 4. misafir 5. arkadaşlar, arkadaş çevresi 6. birlik, grup 7. *den.* tayfa 8. *ask.* bölük

comparable /'kompırıbıl/ s. karşılaştırılabilir

comparative[1] /kım'perıtiv/ s. 1. karşılaştırmalı, mukayeseli 2. göreli, göreceli, nispi

comparative[2] /kım'perıtiv/ a, dilb. üstünlük derecesi

comparatively /kım'perıtivli/ be. 1. bir dereceye kadar 2. oldukça 3. karşılaştırmalı olarak

compare /kım'peı/ e. 1. karşılaştırmak, mukayese etmek: *Compare the two houses before buying one of them.* 2. benzetmek: *The poet compared the sound of bombs to thunder.* 3. (with ile) kıyaslanmak, mukayese edilmek: *His car doesn't compare with my Rolls Royce.*

comparison /kım'perisın/ a. 1. karşılaştırma, mukayese 2. benzerlik

compartment /kım'pa:tmınt/ a. 1. bölme, daire 2. (tren) kompartıman 3. **glove compartment** *oto.* torpido gözü, torpido

compartmentalize /kompa:t'mentlayz/ e. bölmelere ayırmak

compass /'kampıs/ a. 1. pusula 2. pergel 3. sınır, alan, erim

compassion /kım'peşın/ a. acıma, merhamet, acısını paylaşma, şefkat, sevecenlik

compassionate /kım'peşınit/ s. sevecen, merhametli, müşfik

compatible /kım'petıbıl/ s. bir arada olabilir, uyuşabilir, bağdaşabilir, uyum içinde

compatriot /kım'petriıt/ a. yurttaş, hemşeri

compel /kım'pel/ e. zorlamak, zorunda bırakmak, gerektirmek: *He had so many debts he was compelled to sell his house.*

compendious /kım'pendiıs/ s. kısa, net,

öz

compendium /kım'pendiım/ a. kısa ve detaylı özet

compensate /'kompınseyt/ e. 1. tazminat ödemek: *The drug company had to compensate thousands affected by their faulty drug.* 2. karşılamak, bedelini vermek, acısını telafi etmek: *You can't compensate them for the death of their child.*

compensation /kompın'seyşın/ a. 1. bedel, tazminat 2. yerini doldurma, telafi

compensatory /kım'pensıtıri/ s. telafi edici

compere, compère [1] /'kompeı/ a, ii. sunucu

compere, compère[2] /'kompeı/ e, ii. sunuculuk yapmak, sunmak

compete /kım'pi:t/ e. yarışmak

competence /'kompitıns/ a. 1. yetenek, beceri, ustalık 2. yetki

competent /'kompitınt/ s. 1. yetenekli, becerili, usta 2. doyurucu, çok iyi 3. yetkili

competition /kompi'tişın/ a. 1. yarışma, müsabaka 2. rekabet, çekişme 3. deneme, sınama

competitive /kım'petitiv/ s. 1. rekabete dayanan 2. rekabetçi

competitor /kım'petitı/ a. 1. yarışmacı 2. rakip

compilation /kompi'leyşın/ a. derleme

compile /kım'payl/ e. derlemek: *She is compiling a phrasebook for travellers.*

complacency /kım'pleysınsı/ a. kendi kendine yetme, halinden memnun olma, gönül rahatlığı

complacent /kım'pleysınt/ s. kendi kendine yeten, halinden memnun, rahat, keyfi yerinde

complain /kım'pleyn/ e. şikâyet etmek, yakınmak: *He complained to the hotel manager about the poor food, bad service and dirty room.*

complaint /kım'pleynt/ a. 1. yakınma, şikâyet 2. resmi şikâyet 3. hastalık, rahatsızlık, şikâyet

complaisant /kım'pleyzınt/ s. müşfik, lütufkâr, hoşgörülü

complement[1] /'komplimınt/ a. 1. tamamlayıcı, tamamlayıcı şey 2. tam kadro

complement[2] /'kompliment/ e. tamamlamak

complementary /kompli'mentiri/ s. tamamlayıcı

complete[1] /kım'pli:t/ s. 1. tam, eksiksiz 2. tamam, bitmiş

complete[2] /kım'pli:t/ e. tamamlamak, bitirmek: *When will you complete this work?*

completely /kım'pli:tli/ be. tamamen, bütünüyle, tam anlamıyla: *The bottle is completely empty.*

complex[1] /'kompleks/ s. 1. birçok parçadan oluşmuş, çok parçalı 2. karmaşık, karışık

complex[2] /'kompleks/ a. kompleks

complexion /kım'plekşın/ a. 1. ten, ten rengi 2. karakter, doğa, tutum

compliance /kım'playıns/ a. uyma, itaat, razı olma, rıza

compliant /kım'playınt/ s. yumuşakbaşlı, uysal, itaatkâr

complicate /'komplikeyt/ e. karıştırmak, güçleştirmek: *This new information complicates everything.*

complicated /'komplikeytid/ s. karışık, komplike; zor

complication /kompli'keyşın/ a. 1. karışıklık 2. yeni sorun, durumu güçleştiren şey

complicity /kım'plisiti/ a. suç ortaklığı, yardakçılık

compliment[1] /'komplimınt/ a. 1. övgü, iltifat, kompliman 2. ç. selamlar, saygılar, iyi dilekler

compliment[2] /'kompliment/ e. övmek, tebrik etmek: *He complimented the chef on the excellent food.*

complimentary /kompli'mentiri/ s. 1. övgü niteliğinde, hayranlık belirtici, övücü 2. bedava, parasız

comply /kım'play/ e. (with ile) uymak; razı olmak: *You must comply with the regulations.*

component /kım'pounınt/ a. (makine, vb.) parça; bileşen

compose /kım'pouz/ e. 1. birleştirmek,

oluşturmak, meydana getirmek 2. yazmak 3. bestelemek, beste yapmak 4. yatıştırmak, sakinleştirmek
**composer** /kım'pouzı/ *s.* besteci
**composite** /'kompızit/ *s.* birçok parçalardan oluşan, karma, karışık, bileşik
**composition** /kompı'zişın/ *a.* 1. beste 2. bestecilik 3. bileşim 4. kompozisyon 5. düzenleme, tertip
**compositor** /kım'pozitı/ *a.* dizgici
**compost** /'kompost/ *a.* çürümüş organik maddeli gübre
**composure** /kım'pouji/ *a.* soğukkanlılık, kendine hâkimiyet, kontrol
**compote** /'kompout/ *a.* komposto, hoşaf
**compound**[1] /kım'paund/ *e.* 1. katmak, eklemek, artırmak 2. birleştirmek
**compound**[2] /'kompaund/ *s.* 1. bileşik 2. **compound interest** bileşik faiz
**compound**[3] /'kompaund/ *a.* 1. bileşim 2. duvar, çit, vb. ile çevrili binalar topluluğu
**comprehend** /kompri'hend/ *e.* anlamak, kavramak: *I didn't really comprehend what he was saying.*
**comprehensible** /kompri'hensıbıl/ *s.* anlaşılabilir
**comprehension** /kompri'henşın/ *a.* 1. anlama, kavrama 2. (okulda) kavrama testi
**comprehensive** /kompri'hensiv/ *s.* 1. etraflı, geniş, ayrıntılı 2. *İİ.* (eğitim) çok yönlü 3. **comprehensive (school)** sanat okulu, çok amaçlı okul
**compress**[1] /kım'pres/ *e.* 1. basmak, sıkıştırmak, bastırmak 2. birkaç sözcükle anlatmak, özetlemek
**compress**[2] /'kompres/ *a, hek.* kompres
**compression** /kım'preşın/ *a.* 1. sıkıştırma 2. özetleme
**compressor** /kım'presı/ *a.* kompresör, sıkmaç, sıkıştırıcı
**comprise** /kım'prayz/ *e.* -den oluşmak: *Concrete comprises sand, gravel, water and cement.*
**compromise**[1] /'komprımayz/ *a.* uzlaşma
**compromise**[2] /'komprımayz/ *e.* 1. uzlaşmak 2. şerefini tehlikeye atmak, şerefine gölge düşürmek
**compulsion** /kım'palşın/ *a.* 1. zorlama,

zor, baskı 2. güçlü istek, tutku
**compulsive** /kım'palsiv/ *s.* zorunlu, mecburi
**compulsory** /kım'palsıri/ *s.* zorunlu, mecburi
**compunction** /kım'pankşın/ *a.* vicdan azabı, pişmanlık; utanma
**computation** /kompyu'teyşın/ *a.* ölçüm, hesap, hesaplama, ölçümleme
**compute** /kım'pyu:t/ *e.* hesap yapmak, hesaplamak
**computer** /kım'pyu:tı/ *a.* bilgisayar
**computerize** /kım'pyu:tırayz/ *e.* 1. bilgisayarlaştırmak 2. bilgisayara yüklemek
**comrade** /'komrid/ *a.* 1. arkadaş, yazgı arkadaşı 2. (komünist ülkelerde) yoldaş
**comradeship** /'komridşip/ *a.* dostluk, arkadaşlık
**con**[1] /kon/ *a.* 1. aleyhte nokta/kimse 2. *k. dili* karşı, üçkâğıt 3. *arg.* mahkûm, tutuklu 4. **pros and cons** lehte ve aleyhte noktalar/kimseler
**con**[2] /'kon/ *e, k. dili* kazıklamak, dolandırmak: *He tried to con money out of her.*
**concave** /kon'keyv/ *s.* çukur, içbükey
**conceal** /kın'si:l/ *e.* gizlemek, saklamak: *He had a pistol concealed in his luggage.*
**concede** /kın'si:d/ *e.* 1. kabul etmek, itiraf etmek: *He finally conceded I was right.* 2. vermek, teslim etmek, bahşetmek, bırakmak: *The country has been forced to concede trading rights to neighbouring countries.*
**conceit** /kın'si:t/ *a.* kendini beğenmişlik, kibir, kurum
**conceited** /kın'si:tid/ *s.* kendini beğenmiş, burnu büyük, kibirli, kurumlu
**conceivable** /kın'si:vıbıl/ *s.* akla yatkın, olası
**conceive** /kın'si:v/ *e.* 1. tasarlamak, kurmak, düşünmek 2. gebe kalmak 3. (of ile) tasavvur etmek, düşünmek
**concentrate**[1] /'konsıntreyt/ *e.* 1. konsantre olmak 2. bir yerde toplamak, deriştirmek 3. toplanmak, derişmek
**concentrate**[2] /'konsıntreyt/ *a.* konsantre, derişik madde

**concentrated** /'konsıntreytid/ *s.* çok güçlü, yoğun

**concentration** /konsın'treyşın/ *a.* 1. toplama 2. toplanma 3. konsantrasyon 4. **concentration camp** toplama kampı

**concentric** /kın'sentrik/ *s.* eşmerkezli

**concept** /'konsept/ *a.* genel kavram, genel düşünce

**conception** /kın'sepşın/ *a.* 1. anlayış, kavrayış, kavrama 2. düşünce, görüş, kavram, fikir 3. gebe kalma

**conceptual** /kın'sepçuıl/ *s.* kavramsal

**concern**[1] /kın'sö:n/ *e.* 1. hakkında olmak, ilgili olmak: *The article concerns poverty in the world today.* 2. ilgilendirmek, etkilemek: *The death of the president concerns all the people.* 3. kaygılandırmak, endişelendirmek, ilgilendirmek

**concern**[2] /kın'sö:n/ *a.* 1. mesele, sorun, iş 2. kaygı, endişe 3. şirket, firma

**concerned** /kın'sö:nd/ *s.* 1. ilgili, ilişkili 2. endişeli, kaygılı 3. **as far as I'm concerned** bence, bana kalırsa

**concerning** /kın'sö:ning/ *ilg.* hakkında -e dair, ile ilgili: *I'm inquring concerning the latest report you issued.*

**concert** /'konsıt/ *a.* 1. dinleti, konser 2. **in concert** birlikte, işbirliği içinde

**concerted** /kın'sö:tid/ *s.* 1. birlikte planlanmış/yapılmış, ortak 2. *k. dili* çok güçlü, sıkı

**concertina** /konsı'ti:nı/ *a, müz.* akordeona benzer bir çalgı

**concerto** /kın'çö:tou/ *a, müz.* konçerto

**concession** /kın'seşın/ *a.* 1. ödün, taviz 2. ayrıcalık, imtiyaz

**conciliate** /kın'silieyt/ *e.* gönlünü almak, gönlünü yapmak

**conciliation** /kınsili'eyşın/ *a.* gönül alma

**conciliatory** /kın'silitiri/ *s.* gönül alıcı

**concise** /kın'says/ *s.* kısa, özlü

**conclude** /kın'klu:d/ *e.* 1. bitirmek, sona erdirmek 2. bitmek, sona ermek 3. sonucuna varmak 4. çözmek, halletmek, anlaşmak, karara varmak

**conclusion** /kın'klu:jın/ *a.* 1. son, bitim 2. sonuç 3. karar, yargı 4. anlaşma 5. **in conclusion** neticede, özetle, sonuç olarak

**conclusive** /kın'klu:siv/ *s.* kesin, şüpheleri ortadan kaldıran

**concoct** /kın'kokt/ *e.* 1. birbirine karıştırıp hazırlamak 2. uydurmak, kafadan atmak

**concomitant** /kın'komitınt/ *s.* birlikte olan, beraberinde gelen

**concord** /'konko:d/ *a.* uyum, anlaşma, birlik, dostluk, barış

**concourse** /'konko:s/ *a.* 1. gelme, toplanma, kalabalık 2. geniş yer, meydan

**concrete**[1] /'konkri:t/ *s.* 1. somut 2. açık, kesin, belli, somut

**concrete**[2] /'konkri:t/ *a.* beton

**concrete**[3] /'konkri:t/ *e.* betonlamak, betonla kaplamak

**concupiscence** /kın'kyu:pisıns/ *a.* cinsel arzu, şehvet

**concur** /kın'kö:/ *e.* 1. anlaşmak, uyuşmak: *He concurred with them in praizing the new proposals.* 2. aynı zamanda oluşmak, aynı zamana rastlamak, üst üste gelmek: *Everything that could go wrong seemed to concur.*

**concurrent** /kın'karınt/ *s.* 1. aynı zamanda oluşan, rastlantısal, tesadüfi 2. anlaşma içinde, anlaşmış, uyuşmuş, mutabık

**concussion** /kın'kaşın/ *a.* 1. beyin sarsıntısı 2. sarsıntı, şok

**condemn** /kın'dem/ *e.* 1. kınamak, ayıplamak: *He has always condemned the public carrying guns.* 2. mahkûm etmek: *He was condemned to life imprisonment.* 3. kullanıma uygunsuz bulmak: *The building has been condemned since the earthquake.*

**condensation** /konden'seyşın/ *a.* 1. yoğunlaşma, sıvılaşma 2. buğu 3. özetleme, özet

**condense** /kın'dens/ *e.* 1. (gaz) yoğunlaşmak, sıvılaşmak, koyulaşmak 2. yoğunlaştırmak 3. özetlemek

**condenser** /kın'densı/ *a.* 1. kondansatör, yoğunlaç 2. kondansör, yoğuşturucu

**condescend** /kondi'send/ *e.* 1. tenezzül etmek: *The officer condescended to drink with his men.* 2. *hkr.* havalara girmek, tepeden bakmak: *She thinks she is superior to everyone and is always* condescending.

condign /kın'dayn/ s. (ceza, vb.) hak edilmiş, yerinde, müstahak

condiment /'kondimınt/ a. baharat, sos, çeşni

condition¹ /kın'dişın/ a. 1. durum, hal, vaziyet 2. koşul, şart 3. toplumsal durum, konum, mevki 4. gerekli ya da zorunlu olan şey 5. genel sağlık durumu, kondisyon, form 6. **on condition that** eğer, şartıyla 7. **on no condition** asla, hiçbir surette

condition² /kın'dişın/ e. 1. şartlandırmak, koşullandırmak: *The public is conditioned to believe that what they read in newspapers is the truth.* 2. düzenlemek: *The amount of spare time he has is conditioned by the hours he works.* 3. alıştırmak: *The athletes are conditioning themselves for the Olympics.*

conditional /kın'dişınıl/ s. 1. şartlı, koşullara bağlı, şarta bağlı 2. **conditional clause** *dilb.* koşul yantümcesi

condole /kın'doul/ e. (with ile) 1. başsağlığı dilemek 2. acısını paylaşmak, avutmak, teselli etmek

condolence /kın'doulıns/ a. 1. başsağlığı 2. acısını paylaşma paylaşma, avutma

condom /'kondım/ a. kaput, prezervatif

condominium /kondı'miniım/ a. 1. bir ülke üzerinde iki ya da daha fazla devletin ortak egemenliği 2. bu şekilde yönetilen ülke 3. *Aİ, k. dili* içinde oturanların sahip olduğu apartman/kat

condone /kın'doun/ e. bağışlamak, affetmek, göz yummak: *I can't condone his gambling.*

condor /'kondo:/ a, hayb. (özellikle Güney Amerika'da bulunan) iri bir tür akbaba

conduce /kın'dyu:s/ e. (to/towards ile) yardım etmek, katkıda bulunmak: *It's possible exposure to violence conduces towards violent behaviour.*

conducive /kın'dyu:siv/ s. yardım eden, olanak sağlayan: *A noisy room is not conducive to studying.*

conduct¹ /'kondakt/ a. 1. davranış 2. yönetme, idare

conduct² /kın'dakt/ e. 1. davranmak, hareket etmek 2. götürmek, kılavuzluk etmek, rehberlik etmek 3. yönetmek, idare etmek 4. taşımak, nakletmek 5. (elektrik, ısı, vb.) iletmek, geçirmek 6. *müz.* orkestra yönetmek

conduction /kın'dakşın/ a. 1. taşıma, götürme 2. iletme

conductive /kın'daktiv/ s. iletken

conductor /kın'daktı/ a. 1. orkestra şefi 2. biletçi, kondüktör 3. iletken

cone /koun/ a. 1. koni 2. kozalak 3. külah

confection /kın'fekşın/ a. şekerleme

confectionery /kın'fekşınıri/ a. tatlı, pasta, çikolata, vb. şekerleme

confederacy /kın'fedırısi/ a. konfederasyon, birlik

confederate¹ /kın'fedırıt/ s. konfedere, birleşik

confederate² /kın'fedırıt/ a. 1. müttefik 2. suçortağı

confederate³ /kın'fedıreyt/ e. 1. birleşmek 2. birleştirmek

confederation /kınfedı'reyşın/ e. konfederasyon, birlik

confer /kın'fö:/ e. 1. (on/upon ile) (unvan, vb.) vermek 2. (with ile) danışmak, görüşmek

conference /'konfırıns/ a. (fikir alışverişi için düzenlenen) toplantı, görüşme, müzakere

confess /kın'fes/ e. 1. itiraf etmek: *He finally confessed his crime.* 2. (günahlarını) papaza söylemek 3. günah çıkarmak

confessed /kın'fest/ s. aleni, açık; kimseden gizlemeyen

confession /kın'feşın/ a. 1. itiraf 2. günah çıkarma

confessional /kın'feşınıl/ a. papazın günah çıkardığı gizli oda

confessor /kın'fesı/ a. günah çıkarma yetkisine sahip papaz

confetti /kın'feti/ a. konfeti

confidant /'konfident, konfi'dent/ a. birisinin (özellikle aşk konularında) sırrını açtığı kimse

confide /kın'fayd/ e. 1. (sır, vb.) söylemek, açmak: *He confided to me that he*

**confidence** 114

*was afraid.* 2. (in ile) güvenmek, açılmak: *My sister always confides in me.*
confidence /'konfidıns/ *a.* 1. güven 2. sır, gizli şey 3. **in confidence** gizlilikle, özel olarak
confident /'konfidınt/ *s.* kendinden emin
confidential /konfi'denşıl/ *s.* 1. gizli 2. güvenilir
confiding /kın'fayding/ *s.* saf; herkese güvenen
configuration /konfigyu'reyşın/ *a.* biçim, şekil
confine /kın'fayn/ *e.* 1. kapatmak, hapsetmek 2. sınırlandırmak, sınır koymak 3. (doğum yapmak üzere olan kadını) yatırmak, yatakta tutmak
confinement /kın'faynmınt/ *a.* 1. kapatma, hapsetme 2. kapatılma, hapsedilme 3. sınırlama, sınır koyma 4. loğusalık
confines /'konfaynz/ *a.* sınırlar: *That's beyond the confines of human knowledge.*
confirm /kın'fö:m/ *e.* 1. doğrulamak 2. pekiştirmek 3. onaylamak 4. (kiliseye) kabul etmek, üye etmek
confirmation /konfı'meyşın/ *a.* 1. doğrulayıcı, pekiştirici, kanıtlayıcı şey, kanıt 2. kiliseye üye ayini
confirmed /kın'fö:md/ *s.* alışkanlıklarını değiştirmez, sürekli, müzmin
confiscate /'konfiskeyt/ *e.* el koymak
confiscation /konfis'keyşın/ *a.* el koyma
conflagration /konflı'greyşın/ *a.* büyük yangın
conflict[1] /'konflikt/ *a.* 1. savaş, çatışma, çarpışma 2. uyuşmazlık, zıtlık, anlaşmazlık, çatışma
conflict[2] /kın'flikt/ *e.* uyuşmamak, bağdaşmamak, çatışmak
confluence /'konfluıns/ *a.* iki akıntının/ırmağın karışması, bir arada akma
conform /kın'fo:m/ *e.* uymak: *Most people conform to society's rules.*
conformist /kın'fo:mist/ *a, s.* konformist, uymacı, uygitsinci
conformity /kın'fo:miti/ *a.* 1. uymacılık 2. uyum
confound /kın'faund/ *e.* 1. karıştırmak, allak bullak etmek, birbirine katmak,

kafasını karıştırmak 2. şaşırtmak
confront /kın'frant/ *e.* 1. karşı koymak, göğüs germek: *He confronted the man who had cheated him and demanded his money back.* 2. (with ile) yüzleşmek: *They confronted him with the evidence.*
confrontation /konfrın'teyşın/ *a.* karşılama, karşı karşıya gelme
confuse /kın'fyu:z/ *e.* 1. şaşırtmak, kafasını karıştırmak: *There was so much noise I got confused.* 2. birbirine karıştırmak, karıştırmak: *I confused my sister's house with the one next to it.*
confusion /kın'fyu:jın/ *a.* 1. kargaşa 2. karışıklık, karıştırma 3. düzensizlik
congeal /kın'ci:l/ *e.* 1. (sıvı) katılaşmak, pıhtılaşmak 2. katılaştırmak, pıhtılaştırmak
congenial /kın'ci:niıl/ *s.* hoş, kafa dengi, kafasına uygun
congenital /kın'cenitl/ *s.* (hastalık) doğuştan
congested /kın'cestid/ *s.* tıkanmış, tıkalı
congestion /kın'cesçın/ *a.* 1. hek. kan birikmesi 2. tıkanıklık
conglomerate /kın'glomırit/ *a.* 1. küme, yığın 2. büyük işletme/şirket 3. *tek.* çakıl kayaç
conglomeration /kınglomı'reyşın/ *a.* kümelenme, yığın, birikinti
congrats /kın'grets/ *ünl, k. dili* tebrikler!
congratulate /kın'greçuleyt/ *e.* kutlamak, tebrik etmek: *He congratulated them on the birth of their son.*
congratulation /kıngreçu'leyşın/ *a.* 1. kutlama, tebrik 2. *ç.* tebrikler
congratulatory /kıngreçu'leytıri/ *s.* kutlama niteliğinde, tebrik niteliğinde, tebrik eden
congregate /'kongrigeyt/ *e.* bir araya gelmek, toplanmak
congregation /kongri'geyşın/ *a.* cemaat, topluluk
congress[1] /'kongres/ *a.* 1. kongre, kurultay 2. toplantı, kongre
congress[2] /'kongres/ *a.* (A.B.D'de) Millet Meclisi
congruous /'kongruıs/ *s.* uygun, yakışır

conic /'konik/ *s, bkz.* **conical**

conical /'konikıl/ *s.* koni biçiminde, konik

conifer /'kounifı/ *a, bitk.* kozalaklı ağaç

conjectural /kın'cekçırıl/ *s.* varsayıma dayanan

conjecture /kın'cekçı/ *a.* 1. varsayım 2. tahmin, kestirim

conjugal /'koncugıl/ *s.* karı kocaya/evliliğe ait, evlilikle ilgili

conjugate /'koncugeyt/ *e, dilb.* 1. (eylem) çekmek 2. (eylem) çekilmek

conjugation /koncu'geyşın/ *a, dilb.* eylem çekimi

conjunction /kın'cankşın/ *a.* 1. *dilb.* bağlaç 2. birleşme, birleşim 3. **in conjunction with** ile birlikte

conjure /'kancı/ *e.* 1. hokkabazlık yapmak 2. el çabukluğu ile çıkarmak

conjurer /'kancırı/ *a.* hokkabaz, sihirbaz

conjure up *e.* 1. (hayalinde) canlandırmak: *His story conjured up all kinds of images in my mind.* 2. hatırlatmak, anımsatmak: *The song conjured up memories of my childhood.* 3. canlandırmak, yaratmak: *The medium conjured up spirits from the past during the seance.* 4. çabucak yapıvermek: *She managed to conjure up an excellent meal from nothing.*

conjuror /'kancırı/ *a, bkz.* **conjurer**

conk /konk/ *a, İİ, arg.* burun

conker /'konkı/ *k. dili* atkestanesi

conk out *e, k. dili* 1. bozulmak, arıza yapmak 2. (yorgunluktan) bitmek, ölmek

connect /kı'nekt/ *e.* 1. bağlamak, birleştirmek: *He connected the pipes to the sink.* 2. (telefonla) bağlamak: *Wait a moment and I will connect you.* 3. (tren, vb.) birleşmek, aktarmalı olmak: *Does this train connect with the one to Paris?*

connected /kı'nektid/ *s.* 1. bağlı, ilgili 2. **well-connected** arkası sağlam, torpilli

connection /kı'nekşın/ *a.* 1. bağlantı 2. ilişki, bağ 3. aktarma, aktarmalı taşıt 4. müşteri 5. **in connection with** ile ilgili olarak

connivance /kı'nayvıns/ *a.* göz yumma, görmezlikten gelme

connive /kı'nayv/ *e.* 1. gizlice işbirliği

yapmak: *The group had been conniving for years to overthrow the government.* 2. (at ile) göz yummak, görmezlikten gelmek: *The teacher connived at the student's cheating.*

connoisseur /konı'sö:/ *a.* uzman, ehil

connotation /konı'teyşın/ *a.* yan anlam

conquer /'konkı/ *e.* 1. almak, fethetmek, zapt etmek 2. yenmek 3. üstesinden gelmek, alt etmek

conqueror /'konkırı/ *a.* fatih

conquest /'konkwest/ *e.* 1. fetih, fethetme, ele geçirme 2. yenme, alt etme, üstesinden gelme 3. ele geçirilmiş şey/kimse

consanguinity /konsen'gwiniti/ *a.* kan akrabalığı, kan bağı

conscience /'konşıns/ *a.* 1. vicdan, bulunç, duyunç 2. **prick of conscience** vicdan azabı

conscientious /konşi'enşıs/ *s.* 1. vicdanlı, dürüst 2. özenle yapılmış, özenli dikkatli

conscious /'konşıs/ *s.* 1. bilinçli, kendinde 2. farkında, bilincinde 3. kasıtlı, kasti

consciousness /'konşısnis/ *a.* bilinç

conscript[1] /'konskript/ *a.* askere alınmış kimse

conscript[2] /kın'skript/ *e.* askere almak

conscription /kın'skripşın/ *a.* askere alma

consecrate /'konsikreyt/ *e.* 1. kutsamak 2. adamak

consecutive /kın'sekyutiv/ *s.* art arda gelen, ardışık

consensus /kın'sensıs/ *a.* ortak karar, oybirliği, anlaşma

consent[1] /kın'sent/ *e.* izin vermek, razı olmak

consent[2] /kın'sent/ *a.* 1. izin, rıza 2. **age of consent** rüşt, erginlik

consequence /'konsikwıns/ *a.* 1. sonuç 2. önem

consequently /'konsikwıntli/ *be.* sonuç olarak, bu nedenle: *The drought lasted all year and consequently the crops failed.*

conservation /konsı'veyşın/ *a.* 1. koruma 2. idareli kullanma

**conservatism** /kın'sö:vıtizım/ *a.* tutuculuk, muhafazakârlık
**conservative**[1] /kın'sö:vıtiv/ *s.* 1. tutucu, muhafazakâr 2. gösterişsiz, sade, yalın, alçakgönüllü 3. dikkatli, önlemli, mantıklı
**conservative**[2] /kın'sö:vıtiv/ *a, s.* 1. tutucu, muhafazakâr, muhafazakâr parti üyesi 2. **the Conservative Party** (İngiltere'de) Muhafazakâr Parti
**conservatoire** /kın'sö:vıtwa:/ *a.* konservatuvar
**conservatory** /kın'sö:vıtıri/ *a.* 1. konservatuvar 2. limonluk, ser
**conserve** /kın'sö:v/ *e.* korumak: *Governments should conserve the world's forests.*
**consider** /kın'sidı/ *e.* 1. iyice düşünüp taşınmak, hesaba katmak: *I'm considering your offer to buy my car.* 2. olduğunu düşünmek, saymak, gözü ile bakmak: *He was always considered a good man.* 3. göz önünde tutmak, dikkate almak, hesaba katmak: *When you consider how hot it is, it's not surprising noone is working.*
**considerable** /kın'sidırıbıl/ *s.* büyük, önemli, hatırı sayılır
**considerably** /kın'sidırıbli/ *be.* çok: *Opinions vary considerably on this matter.*
**considerate** /kın'sidırit/ *s.* düşünceli, saygılı
**consideration** /kınsıdı'reyşın/ *a.* 1. dikkat; göz önünde tutma 2. düşünce, saygı 3. husus, etmen 4. ödeme; ödül, karşılık 5. **take into consideration** göz önünde bulundurmak
**considering** /kın'sidıring/ *ilg.* -e göre, -e karşın: *She's very healthy considering the amount she drinks.*
**consign** /kın'sayn/ *e.* 1. (satılmak amacıyla bir şey) göndermek, sevk etmek 2. vermek, teslim etmek 3. tahsis etmek 4. emanet etmek, vermek
**consignment** /kın'saynmınt/ *a.* 1. mal gönderme 2. gönderilen mal, parti
**consist** /kın'sist/ *e.* (of ile) 1. oluşmak: *This ring consists of gold and silver.* 2. (in ile) bağlı olmak, dayanmak: *Happiness consists in being healthy.*

**consistence** /kın'sistıns/ *a, bkz.* **consistency**
**consistency** /kın'sistınsi/ *a.* 1. koyuluk, yoğunluk, kıvam 2. kararlılık, tutarlılık, uyum
**consistent** /kın'sistınt/ *s.* 1. birbirini tutar, istikrarlı, tutarlı, uygun 2. tutarlı, sürekli, devamlı
**consistently** /kın'sistıntli/ *be.* sürekli olarak, durmadan
**consolation** /konsı'leyşın/ *a.* teselli, avunç, avuntu
**console**[1] /kın'soul/ *e.* avutmak, teselli etmek: *It was impossible to console him.*
**console**[2] /'konsoul/ *a.* 1. konsol 2. dirsek, destek
**consolidate** /kın'solideyt/ *e.* 1. güçlendirmek, sağlamlaştırmak, pekiştirmek 2. güçlenmek, sağlamlaşmak, pekişmek 3. birleştirmek 4. birleşmek
**consolidation** /kınsoli'deyşın/ *a.* 1. sağlamlaştırma 2. birleşim, ünite 3. birleştirme, birleşme
**consommé** /kın'somey, 'konsımey/ *a.* konsome, et suyu
**consonant** /'konsınınt/ *a, dilb.* ünsüz harf, ünsüz: *"B" is a consonant.*
**consort**[1] /'konso:t/ *a.* 1. karı, koca, eş 2. refakat gemisi
**consort**[2] /kın'so:t/ *e.* (with ile) düşüp kalkmak, sürtmek, takılmak: *He has been known to consort with criminals.*
**consortium** /kın'so:tiım/ *a.* konsorsiyum, birlik
**conspicuous** /kın'spikyuıs/ *s.* göze çarpan, çarpıcı, dikkat çekici
**conspiracy** /kın'spirısi/ *a.* komplo, tezgâh
**conspirator** /kın'spirıtı/ *a.* komplocu
**conspire** /kın'spayı/ *e.* 1. plan yapmak, komplo kurmak 2. (olaylar) bir araya gelmek, birleşmek, üst üste gelmek
**constable** /'kanstıbıl/ *a, İİ.* polis memuru
**constabulary** /kın'stebyulıri/ *a.* polis örgütü
**constancy** /'konstınsi/ *a.* 1. direşim, karar, metanet, sebat 2. değişmezlik, tutarlılık 3. bağlılık
**constant** /'konstınt/ *s.* 1. direşimli, sebat-

kâr, metin, kararlı 2. değişmez, sabit 3. vefalı, sadık

**constellation** /konsti'leyşın/ *a.* takımyıldız

**consternation** /konstı'neyşın/ *a.* şaşkınlık, dehşet, korku, şok

**constipate** /'konstipeyt/ *e.* 1. kabız etmek 2. *k. dili* kabız olmak

**constipation** /konsti'peyşın/ *a.* kabızlık, peklik

**constituency** /kın'stiçuınsi/ *a.* 1. seçmenler 2. seçim bölgesi

**constituent**[1] /kın'stiçuınt/ *a.* 1. seçmen 2. bileşen, öğe

**constituent**[2] /kın'stiçuınt/ *s.* oluşturan, bileşen

**constitute** /'konstityu:t/ *e.* 1. oluşturmak: *52 weeks constitute a year.* 2. kurmak: *A committee was constituted to decide the matter.*

**constitution** /konsti'tyu:şın/ *a.* 1. oluşum, bileşim 2. yapı, bünye 3. anayasa 4. kural, yol yordam

**constitutional** /konsti'tyu:şınıl/ *a.* 1. yapısal, bünyesel 2. anayasal

**constrain** /kın'streyn/ *e.* zorlamak, zorunda bırakmak: *His wife constrained him to take back his resignation.*

**constrained** /kın'streynd/ *s.* (davranış, vb.) doğal olmayan, zorlamalı

**constraint** /kın'streynt/ *a.* 1. kısıtlama, zorlama 2. baskı, tehdit, zor 3. gerçek duygularını saklama; uslu durma

**constrict** /kın'strikt/ *e.* 1. daraltmak 2. sıkmak 3. kısmak

**construct** /kın'strakt/ *e.* 1. inşa etmek, yapmak: *They've constructed a new bridge.* 2. kurmak: *His sentences were badly constructed and difficult to understand.*

**construction** /kın'strakşın/ *a.* 1. yapılış, yapım, inşa 2. bina, yapı, inşaat 3. yapı endüstrisi 4. *dilb.* tümce kuruluşu, tümce yapısı 5. anlam, anlam verme

**constructive** /kın'straktiv/ *s.* geliştirici, yapıcı, yardımcı, yararlı

**construe** /kın'stru:/ *e.* 1. yorumlamak, anlam vermek: *I construed from his letter that he was angry.* 2. *dilb.* (cümle) analiz etmek: *Can you construe this sentence for me?*

**consul** /'konsıl/ *a.* konsolos

**consular** /'konsyulı/ *s.* konsolosluk ilgili

**consulate** /'konsyulit/ *a.* 1. konsolosluk 2. konsolosluk binası

**consult** /kın'salt/ *e.* 1. danışmak, başvurmak: *You should consult your doctor about your headaches.* 2. (with ile) görüşmek, görüş alışverişinde bulunmak: *I want to consult with my lawyer about that.*

**consultant** /kın'saltınt/ *a.* 1. *İİ.* danışman doktor, başhekim 2. uzman, danışman, bilirkişi

**consultation** /konsıl'teyşın/ *a.* 1. danışma, başvurma 2. *hek.* konsültasyon

**consume** /kın'syu:m/ *e.* 1. tüketmek 2. yemek, içmek 3. yok etmek, yakmak, kül etmek

**consumer** /kın'syu:mı/ *a.* tüketici

**consummate**[1] /kın'samit/ *s.* tam, eksiksiz, mükemmel

**consummate**[2] /'konsımeyt/ *e.* 1. tamamlamak, mükemmelleştirmek 2. (evliliği) cinsel ilişkiyle tamamlamak

**consummation** /konsı'meyşın/ *a.* tamamlama

**consumption** /kın'sampşın/ *a.* 1. tüketim 2. verem

**contact**[1] /'kontekt/ *a.* 1. dokunma, temas, değme 2. bağlantı, bağ, irtibat 3. bağlantı kurulan kimse 4. kontak 5. *k. dili* kontaklens

**contact**[2] /'kontekt/ *e.* görüşmek, bağlantı kurmak: *You must contact your parents immediately.*

**contact lens** /'kontekt lenz/ *a.* kontaklens, lens

**contagious** /kın'teycıs/ *s.* 1. (hastalık) temasla geçen, bulaşıcı 2. (insan) bulaşıcı hastalığı bulunan 3. *k. dili* bulaşıcı, herkesi etkileyen

**contain** /kın'teyn/ *e.* 1. içermek, kapsamak: *The box contained old books.* 2. tutmak, zapt etmek, bastırmak: *He couldn't contain himself and burst out laughing.*

**container** /kın'teynı/ *a.* (kutu, şişe, vb.)

contaminate 118

kap
contaminate /kın'temineyt/ e. 1. bulaştırmak, pisletmek, kirletmek 2. zehirlemek, bozmak
contemplate /'kontımpleyt/ e. 1. bakmak: *He sat contemplating the young woman opposite him.* 2. niyetinde olmak, tasarlamak: *What do you contemplate doing next year?* 3. üzerinde düşünmek, düşünüp taşınmak: *The judge contemplated the trial he had to conduct.*
contemplation /kontım'pleyşın/ a. 1. derin düşünme, düşünceye dalma 2. niyet 3. beklenti
contemplative /kın'templıtiv/ s. derin düşünceye dalmış, düşünceli, dalgın
contemporaneous /kıntempı'reyniıs/ s. aynı zamanda olan
contemporary[1] /kın'tempırıri/ s. 1. aynı zamana ait 2. çağdaş, modern
contemporary[2] /kın'tempırıri/ a. 1. yaşıt, akran 2. diğeriyle aynı dönemde doğan/yaşayan kimse, çağdaş 3. çağdaş müzisyen, ozan, yazar, vb. kimse
contempt /kın'tempt/ a. 1. teessüf; aşağısama 2. küçümseme 3. saygısızlık
contemptible /kın'temptıbıl/ s. alçak, alçakça, aşağılık, adi
contemptuous /kın'tempçuıs/ s. hor gören, küçümseyici, aşağılayıcı
contend /kın'tend/ e. çekişmek, yarışmak: *He is contending for the first prize.* 2. iddia etmek: *Scientists contend that the earth's ozone layer is being destroyed.*
contender /kın'tendı/ a, sp. yarışmacı
content[1] /kın'tent/ s. memnun, hoşnut, mutlu, doygun
content[2] /kın'tent/ e. doyurmak, hoşnut etmek, tatmin etmek: *They contented themselves with a quick snack as they were in a hurry.*
content[3] /'kontent/ a. içerik
contented /kın'tentid/ s. memnun, hoşnut, doygun
contention /kın'tenşın/ a. 1. tartışma, çekişme, mücadele 2. iddia; bakış açısı, görüş
contentious /kın'tenşıs/ s. 1. tartışmacı,

kavgacı 2. tartışmalı, tartışma konusu olan
contents /'kontents/ a. içindekiler
contest[1] /'kontest/ a. 1. mücadele 2. yarışma
contest[2] /kın'test/ e. 1. yarışmak, çekişmek, rekabet etmek: *No one is contesting for the position of chairman.* 2. doğruluğu hakkında tartışmak: *His sons contested his will because he left all his money to charity.*
contestant /kın'testınt/ a. yarışmacı
context /'kontekst/ a. 1. bağlam, kontekst 2. genel durum
continent /'kontinınt/ a. 1. *coğ.* kıta, anakara 2. **the Continent** *İİ.* Britanya dışındaki Avrupa ülkeleri
continental /konti'nentl/ s. 1. kıtasal 2. Avrupa'ya ait 3. **continental quilt** *İİ.* kuştüyü yorgan
contingency /kın'tincınsi/ a. olasılık
contingent[1] /kın'tincınt/ s. 1. -e bağlı: *When I depart is contingent upon when my visa is issued.* 2. şans eseri olan, umulmadık; tesadüfi: *He gained some contingent support from a radical group.*
contingent[2] /kın'tincınt/ a. 1. *ask.* birlik, grup 2. bölüm, grup
continual /kın'tinyuıl/ s. sürekli, devamlı, sık
continuation /kıntinyu'eyşın/ a. 1. sürme, devam etme 2. devam
continue /kın'tinyu:/ e. 1. devam etmek, sürmek: *The war continued for many months.* 2. devam ettirmek, sürdürmek: *Lack of government funds continued the problem of poor education.* 3. kalmak: *He will continue in his job until he finds another.*
continuity /konti'nyu:iti/ a. süreklilik
continuous /kın'tinyuıs/ s. sürekli, devamlı
contort /kın'to:t/ e. (yüz, vb.) 1. buruşturmak 2. buruşmak
contour /'kontuı/ a. 1. dış hatlar 2. (haritada) yükseklik çizgisi, kontur
contraband[1] /'kontrıbend/ a. 1. kaçak eşya, kaçak mal 2. kaçakçılık
contraband[2] /'kontrıbend/ s. kaçak

contrabass /kontrı'beys/ *a, müz.* kontrbas

contraception /kontrı'sepşın/ *a.* doğum kontrolü, gebelikten korunma

contraceptive /kontrı'septiv/ *a, s.* gebelik önleyici

contract[1] /'kontrekt/ *a.* sözleşme, kontrat

contract[2] /kın'trekt/ *e.* 1. sözleşme yapmak 2. (hastalık, vb.) kapmak 3. küçülmek, büzülmek 4. küçültmek, büzmek 5. kısalmak 6. kısaltmak

contraction /kın'trekşın/ *a.* 1. (hastalık, vb.) kapma 2. küçülme, büzülme 3. küçültme, büzme 4. (kas) kasılma

contractor /kın'trektı/ *a.* müteahhit

contractual /kın'trekçuıl/ *s.* sözleşmeye bağlanmış, sözleşmeli

contradict /kontrı'dikt/ *e.* 1. inkâr etmek, yadsımak 2. yalanlamak 3. birbirini tutmamak, çelişmek

contradiction /kontrı'dikşın/ *a.* 1. tersini söyleme, inkâr, yadsıma 2. yalanlama 3. zıtlık, çelişki

contradictory /kontrı'diktıri/ *s.* çelişkili, tutarsız, birbirini tutmayan

contralto /kın'treltou/ *a, müz.* kontralto

contraption /kın'trepşın/ *a, k. dili* garip alet/makine, zamazingo, zımbırtı

contrary[1] /'kontrıri/ *s.* 1. karşıt, aksi, zıt 2. tamamen farklı 3. karşı, aykırı, ters

contrary[2] /kın'treıri/ *s.* huysuz, inatçı, kafasının dikine giden

contrary[3] /'kontrıri/ *a.* 1. zıt, karşıt olan şey 2. **on the contrary** bilakis, aksine, tersine

contrast[1] /'kontra:st/ *a.* 1. karşıtlık, tezat, fark, farklılık 2. karşılaştırma, mukayese 3. zıt şey

contrast[2] /kın'tra:st/ *e.* 1. çelişmek, tezat oluşturmak 2. (farkı görmek için) karşılaştırmak, mukayese etmek

contravene /kontrı'vi:n/ *e.* 1. karşı gelmek, aykırı davranmak, ihlal etmek, çiğnemek 2. karşı çıkmak, reddetmek 3. uyuşmamak, çatışmak

contribute /kın'tribyu:t/ *e.* 1. katkıda bulunmak, katılmak 2. -de payı olmak, neden olmak 3. yazı hazırlamak, yazmak

contribution /kontri'byu:şın/ *a.* 1. katılım 2. katkı, yardım 3. yazı, makale

contributory /kın'tribyutıri/ *s.* payı olan, neden olan

contrite /'kontrayt/ *s.* pişman, suçluluk duyan

contrition /kın'trişın/ *a.* pişmanlık

contrive /kın'trayv/ *e.* 1. bulmak, icat etmek, uydurmak 2. planlamak, kurmak 3. bir yolunu bulup yapmak, becermek, ayarlamak

contrived /kın'trayvd/ *s.* yapmacık, zoraki

control[1] /kın'troul/ *e.* 1. hâkim olmak, dizginlemek: *The teacher couldn't control the class.* 2. düzenlemek 3. kontrol etmek, denetlemek

control[2] /kın'troul/ *a.* 1. denetim, kontrol 2. düzenleme 3. idare, hâkimiyet, yönetim 4. ç. (uçak, vb.) kumanda donanımı 5. **under control** kontrollu, disiplinli, düzenli

controversial /kontrı'vö:şıl/ *s.* tartışmaya yol açan

controversy /'kontrıvö:si/ *a.* 1. tartışma 2. anlaşmazlık, uyuşmazlık

conurbation /konö:'beyşın/ *a.* birleşik kentler

convalesce /konvı'les/ *e.* iyileşmek

convalescence /konvı'lesıns/ *a.* nekahet, iyileşme dönemi

convalescent /konvı'lesınt/ *s, a.* iyileşen

convection /kın'vekşın/ *a, fiz.* konveksiyon, ısıyayım

convene /kın'vi:n/ *e.* 1. toplantıya çağırmak 2. buluşmak, toplanmak

convenience /kın'vi:niıns/ *a.* 1. uygunluk, elverişlilik 3. rahat, çıkar 4. uygun zaman 5. *İİ.* halk tuvaleti

convenient /kın'vi:niınt/ *s.* 1. uygun, elverişli, müsait: *Is it convenient if I come at seven?* 2. yakın, ulaşması kolay

convent /'konvınt/ *a.* rahibe manastırı

convention /kın'venşın/ *a.* 1. toplama, toplanma 2. toplantı 3. kongre, konferans 4. âdet, gelenek

conventional /kın'venşınıl/ *s.* 1. törel, geleneksel, uzlaşımsal 2. (silah) konvansiyonel

**converge** /kın'vö:c/ *e.* bir noktada birleşmek: *People converged on the town from all over the district.*

**conversant** /kın'vö:sınt/ *s.* (with ile) bilgisi olan, bilen: *Are you conversant with his music?*

**conversation** /konvı'seyşın/ *a.* konuşma; sohbet, muhabbet

**converse**[1] /kın'vö:s/ *e.* konuşmak, sohbet etmek: *He likes conversing on any subject.*

**converse**[2] /'konvö:s/ *a, s.* zıt, ters, karşıt

**conversion** /kın'vö:şın/ *a.* 1. değişme, dönüşme 2. değiştirme, dönüştürme 3. din değiştirme

**convert**[1] /kın'vö:t/ *e.* 1. değiştirmek, dönüştürmek: *Heat converts water into hydrogen and oxygen.* 2. değişmek, dönüşmek: *The spy's cigarette lighter converted into a miniature camera.* 3. döndürmek: *The politician has converted many people to his party.* 4. dönmek, geçmek: *She has converted to Islam.*

**convert**[2] /'konvö:t/ *a.* belli bir din/siyasi inancı kabul etmeye ikna edilen kimse

**convertible**[1] /kın'vö:tıbıl/ *s.* 1. (para) konvertibl 2. başka bir şeye dönüştürülebilen

**convertible**[2] /kın'vö:tıbıl/ *a.* üstü açılır araba

**convex** /kon'veks/ *s.* dışbükey

**convey** /kın'vey/ *e.* 1. taşımak, nakletmek, götürmek 2. açığa çıkarmak, ifade etmek

**conveyor belt** /kın'veyı belt/ *a.* taşıyıcı kayış

**convict**[1] /kın'vikt/ *e.* suçlu bulmak: *He was convicted for arson.*

**convict**[2] /'konvikt/ *a.* mahkûm

**conviction** /kın'vikşın/ *a.* 1. mahkûmiyet 2. sağlam ve içten inanç, kanı, kanaat

**convince** /kın'vins/ *e.* inandırmak, ikna etmek: *I tried to convince them I was right but they didn't believe my theories.*

**convincing** /kın'vinsing/ *s.* ikna edici, inandırıcı

**convivial** /kın'vivııl/ *s.* neşeli, muhabbetli

**convocation** /konvı'keyşın/ *a.* 1. çağrı,

davet 2. toplantı, meclis

**convoke** /kın'vouk/ *e.* toplantıya çağırmak, toplamak

**convoluted** /'konvılu:tid/ *s.* 1. kıvrık, büklümlü 2. anlaşılması güç, karışık, dolambaçlı

**convolution** /konvı'lu:şın/ *a.* kat, kıvrım, büklüm

**convoy**[1] /'konvoy/ *e.* (korumak amacıyla) eşlik etmek

**convoy**[2] /'konvoy/ *a.* konvoy

**convulse** /kın'vals/ *e.* şiddetle sarsmak: *He was convulsed with anger at their remarks.*

**convulsion** /kın'valşın/ *a.* çırpınma, sarsılma, kıvranma

**coo** /ku:/ *e.* 1. (kumru gibi) ötmek 2. öpüşüp koklaşmak, kumru gibi sevişmek 3. sevmek

**cook**[1] /kuk/ *a.* aşçı

**cook**[2] /kuk/ *e.* 1. (yemek) pişirmek: *She likes cooking. He cooked himself some steak.* 2. pişmek: *The soup's cooking on the stove.*

**cooker** /'kukı/ *a.* ocak, gaz ocağı

**cookery** /'kukıri/ *a.* aşçılık

**cookie** /'kuki/ *a.* 1. kurabiye, bisküvi 2. *k. dili* adam

**cook up** *e.* uydurmak, kafadan atmak: *They cooked up a really flimsy alibi.*

**cooky** /'kuki/ *a, bkz.* **cookie**

**cool**[1] /ku:l/ *s.* 1. serin 2. sakin, soğukkanlı, serinkanlı 3. (davranış) soğuk, uzak 4. *k. dili* kafasına göre takılan 5. küstah 6. *arg.* çok iyi

**cool**[2] /ku:l/ *e.* 1. soğumak, serinlemek 2. soğutmak, serinletmek

**cool**[3] /ku:l/ *a.* 1. serinlik 2. *k. dili* sakinlik, serinkanlılık

**cool**[4] /ku:l/ *be.* 1. serinkanlılıkla, heyecanlanmadan 2. **play it cool** soğukkanlılıkla hareket etmek

**coolant** /'ku:lınt/ *a, tek.* soğutucu

**cooler** /'ku:lı/ *a.* 1. soğutucu 2. *arg.* kodes

**cool down** *e.* 1. sakinleşmek, yatışmak 2. sakinleştirmek, yatıştırmak

**coolie** /'ku:li/ *a, arg.* vasıfsız işçi

**coon** /ku:n/ *a.* 1. *hkr, arg.* zenci, marsık, karaköpek 2. *k. dili, hayb, Aİ.* rakun

coop /ku:p/ *a.* kümes
co-op /'kouop/ *a, k. dili* kooperatif
cooper /'ku:pı/ *a.* fıçıcı
cooperate /kou'opıreyt/ *e.* iş birliği yapmak
cooperation /koupı'reyşın/ *a.* 1. birlikte çalışma, işbirliği, elbirliği 2. yardım, destek
cooperative[1] /kou'opırıtiv/ *s.* 1. yardımcı, yardımsever 2. elbirliğiyle yapılan
cooperative[2] /kou'opırıtiv/ *a.* kooperatif
co-opt /kou'opt/ *e.* üye olarak kabul etmek
coop up *e.* kapatmak, hapsetmek, tıkmak, kafeslemek
coordinate /kou'o:dineyt/ *e.* 1. etkinliği artırmak için birlikte çalışmak, işbirliği yapmak 2. düzenlemek, ayarlamak
coordination /kouo:di'neyşın/ *a.* koordinasyon, eşgüdüm
coot /ku:t/ *a, hayb.* sutavuğu
cop /kop/ *a, k. dili* polis, aynasız
cope[1] /koup/ *a.* cüppe
cope[2] /koup/ *e.* (with ile) başa çıkmak, üstesinden gelmek: *He couldn't cope with all the housework while his wife was away.*
copious /'koupiıs/ *s.* 1. bol, çok 2. (yazar) çok yazmış, verimli
cop out *e, k. dili* sorumluluktan kaçmak
copper /'kopı/ *a.* 1. bakır 2. *İİ, k. dili* düşük değerli bakır para 3. *k. dili* polis, aynasız 4. bakır rengi
copra /'koprı/ *a.* kurutulmuş hindistan cevizi
copse /kops/ *a.* çalılık; koru
copulate /'kopyuleyt/ *e.* (hayvan) çiftleşmek
copy[1] /'kopi/ *a.* 1. kopya, suret 2. gazete, vb. nin bir tek sayısı, sayı, nüsha 3. **good copy** ilginç haber
copy[2] /'kopi/ *e.* 1. kopyasını yapmak, kopyasını çıkarmak 2. örnek almak, taklit etmek 3. *hkr.* kopya çekmek
copycat /'kopiket/ *a, k. dili, hkr.* sürekli başkalarını taklit eden kimse, taklitçi
copyright /'kopirayt/ *a.* telif hakkı
coral /'korıl/ *a.* mercan
cord /ko:d/ *a.* 1. ip, sicim 2. tel, şerit 3.

(ses) tel
cordial[1] /'ko:dııl/ *s.* candan, yürekten, içten, sıcak, dostça
cordial[2] /'ko:dııl/ *a.* 1. meyve suyu 2. likör
cordially /'ko:dııli/ *be.* içtenlikle, yürekten
cordon[1] /'ko:dn/ *a.* 1. polis kordonu, askeri kordon 2. kordon, şerit
cordon[2] /'ko:dn/ *e.* (off ile) kordon altına almak
cords /ko:dz/ *a, k. dili* fitilli kadife pantolon
corduroy /'ko:dıroy/ *a.* 1. fitilli kadife kumaş 2. ç. fitilli kadife pantolon
core /ko:/ *a.* 1. (meyve) göbek, koçan, eşelek 2. bir şeyin en önemli yeri ya da merkezi, öz, çekirdek 3. **to the core** sapına kadar, tamamen
corgi /'ko:gi/ *a.* kısa bacaklı küçük bir köpek türü
cork[1] /ko:k/ *a.* şişe mantarı
cork[2] /ko:k/ *e.* (şişe, vb.) mantarla tıkamak
corkscrew /'ko:kskru:/ *a.* 1. tirbuşon 2. sarmal, burgu, spiral, helezon
cormorant /'ko:mırınt/ *a, hayb.* karabatak
corn[1] /ko:n/ *a.* 1. buğday 2. mısır 3. ekin, tahıl, tane 4. **corn flour** mısır unu
corn[2] /ko:n/ *a.* nasır
cornea /'ko:niı/ *a, anat.* kornea
corner[1] /'ko:nı/ *a.* 1. köşe 2. (futbol) köşe vuruşu, korner 3. **cut corners** *k. dili* hızlı, kolay ve geçiştirerek yapmak 4. **in a tight corner** köşeye sıkışmış vaziyette, zor durumda
corner[2] /'ko:nı/ *e.* 1. kıstırmak, köşeye sıkıştırmak 2. (taşıt) köşe dönmek 3. (ticarette) öne geçmek, alım satımı/üretimi ele geçirmek
cornerstone /'ko:nıstoun/ *a.* 1. köşe taşı 2. temel, esas
cornet /'ko:nit/ *a.* 1. *müz.* kornet 2. dondurma külahı, kornet
cornflakes /'ko:nfleyks/ *a.* mısır gevreği
cornice /'ko:nis/ *a.* 1. pervaz, korniş 2. saçak silmesi
cornstarch /'ko:nsta:ç/ *a, Aİ.* mısır unu
corny /'ko:ni/ *s, k. dili* modası geçmiş, eski, bayat
corollary /kı'roliri/ *a.* bir şeyin doğal

sonucu, sonuç
**coronary**[1] /'korınıri/ *s, anat.* 1. kalple ilgili
2. **coronary thrombosis** kalp krizi
**coronary**[2] /'korınıri/ *a, k. dili* kalp krizi
**coronation** /korı'neyşın/ *a.* taç giyme
töreni
**coroner** /'korını/ *a.* 1. sorgu yargıcı 2.
kuşkulu ölüm olaylarını kovuşturan gö-
revli
**coronet** /'korınit/ *a.* küçük taç
**corporal**[1] /'ko:pırıl/ *s.* gövdesel, beden-
sel, vücuda ait
**corporal**[2] /'ko:pırıl/ *a, ask.* onbaşı
**corporate** /'ko:pırit/ *s.* 1. birleşmiş, ortak,
kolektif, birlik halinde 2. *huk.* tüzel,
hükmi
**corporation** /ko:pı'reyşın/ *a.* 1. dernek,
kurum 2. lonca 3. tüzel kişi 4. kuruluş,
şirket 5. *arg.* şişko göbek
**corps** /ko:ps/ *a.* 1. kurul, heyet 2. *ask.*
kolordu
**corpse** /ko:ps/ *a.* ceset, ölü
**corpulent** /'kopyulınt/ *s.* çok şişman,
şişko
**corpus** /'ko:pıs/ *a.* külliyat
**corpuscle** /'ko:pısıl/ *a, anat.* yuvar
**corral** /ko'ra:l/ *a.* çevresi çitle sarılı bü-
yükbaş koyun ağılı
**correct**[1] /kı'rekt/ *e.* düzeltmek: *Correct
these mistakes, please.*
**correct**[2] /kı'rekt/ *s.* 1. doğru, yanlışsız 2.
kurala uygun
**correction** /kı'rekşın/ *a.* 1. düzeltme 2.
*ört.* ceza, cezalandırma
**corrective** /kı'rektiv/ *s, a.* düzeltici
**correlation** /kori'leyşın/ *a.* karşılıklı ba-
ğıntı, ilişki, korelasyon, ortak bağ
**correspond** /kori'spond/ *e.* 1. uymak,
uyuşmak, uygun olmak 2. -in karşılığı
olmak, uyuşmak, birbirini karşılamak 3.
(düzenli olarak) yazışmak, mektuplaş-
mak
**correspondence** /kori'spondıns/ *a.* 1.
uygunluk, birbirini tutma, benzerlik, u-
yuşma 2. mektuplaşma, yazışma 3.
yazışmalar, mektuplar 4. **correspon-
dence course** mektupla öğretim
**correspondent** /kori'spondınt/ *a.* 1. bir
kimseyle sürekli mektuplaşan kişi 2.

taşra ya da dış ülke muhabiri
**corresponding** /kori'sponding/ *s.* uygun,
mutabık, benzer
**corridor** /'korido:/ *a.* 1. koridor, aralık,
geçit 2. iki ülke arasındaki dar arazi
**corroborate** /kı'robıreyt/ *e.* kanıtlarla
desteklemek, doğrulamak, onaylamak:
*The results of his experiment corrobo-
rated my theory.*
**corrode** /kı'roud/ *e.* 1. aşındırmak, çürüt-
mek 2. aşınmak, çürümek, oksitlenmek,
paslanmak
**corrosion** /kı'roujın/ *a.* 1. aşındırma,
paslandırma, çürütme 2. aşınma, çürü-
me, paslanma, korozyon
**corrugated** /'korıgeytid/ *s.* dalgalı, kıvrım-
lı, katlı
**corrupt**[1] /kı'rapt/ *e.* 1. (insanı) bozmak,
baştan çıkarmak, kötüleştirmek, yozlaş-
tırmak 2. rüşvet vermek 3. özgünlüğünü
bozmak, kötü duruma sokmak, laçkalaş-
tırmak
**corrupt**[2] /kı'rapt/ *s.* 1. ahlaksız, yozlaş-
mış; kötü 2. namussuz, rüşvet yiyici 3.
yanlış, bozuk, laçka
**corruption** /kı'rapşın/ *a.* 1. kötüleştirme,
yozlaştırma, bozma 2. namussuzluk,
ahlaksızlık 3. rüşvet yiyicilik, rüşvetçilik
4. (sağlık) bozulma, zayıflama
**corset** /'ko:sit/ *a.* korsa
**cortege** /ko:'teyj/ *a.* kortej, tören alayı
**cos** /kız/ *bağ, k. dili, bkz.* **because**
**cosh**[1] /koş/ *a, İİ, k. dili* cop
**cosh**[2] /koş/ *e, İİ, k. dili* coplamak
**cosmetic**[1] /koz'metik/ *a.* kozmetik
**cosmetic**[2] /koz'metik/ *s.* 1. kozmetikle
ilgili, kozmetik 2. *hkr.* (sorunun) yalnız
dış görünümüyle ilgili, dış görüntüye
önem veren
**cosmic** /'kozmik/ *s.* 1. evrensel 2. engin,
geniş, sınırsız
**cosmology** /koz'molıci/ *a.* evrenbilim,
kozmoloji
**cosmonaut** /'kozmıno:t/ *a.* Sovyet uza-
yadamı, kozmonot
**cosmopolitan** /kozmı'politn/ *s.* 1. koz-
mopolit 2. (insan, düşünce, vb.) geniş,
sınırsız, geniş görüşlü
**cosmos** /'kozmos/ *a.* evren

cosset /'kosit/ e. üzerine düşmek, şımartmak, üzerine titremek: *He had been cossetted as a child and grew up totally unable to look after himself.*

cost[1] /kost/ a. 1. fiyat 2. değer, paha 3. masraf, maliyet 4. **at all costs** ne pahasına olursa olsun

cost[2] /kost/ e. [pt, pp **cost**] 1. mal olmak: *It cost me a fortune.* 2. değerinde olmak, etmek, yapmak: *How much does a ticket to New York cost?* 3. maliyet hesaplamak 4. **cost of living** geçim gideri

co-star /'kousta:/ a. baş rol oyuncularından biri

costly /'kostli/ s. 1. pahalı 2. pahalıya mal olan

costume /'kostyum/ a. 1. giysi, kostüm 2. **costume ball** kıyafet balosu

cosy[1] /'kouzi/ s. rahat, sıcacık

cosy[2] /'kouzi/ a. örtü, kılıf

cot /kot/ a. 1. beşik 2. baraka, kulübe

cotangent /kou'tencınt/ a, mat. kotanjant

cottage /'kotic/ a. küçük ev, kulübe, kır evi

cotton /'kotn/ a. 1. pamuk 2. pamuk ipliği 3. pamuk bezi 4. **cotton wool** ham pamuk

cotton on e, İİ, k. dili anlamak, çakmak, çakozlamak

couch[1] /kauç/ e. ifade etmek, belirtmek, bildirmek

couch[2] /kauç/ a. divan, sedir, kanape

couchette /ku:'şet/ a. (trende) kuşet

cougar /'ku:gı/ a, hayb. puma

cough[1] /kof/ e. öksürmek

cough[2] /kof/ a. 1. öksürük 2. öksürme

could /kıd, kud/ e. 1. ('can' eyleminin geçmiş biçimi olarak) -ebilirdi, -abilirdi: *I could play the piano when I was seven.* 2. (dolaylı anlatımda 'can'in yerine) -ebilir, -ebileceği: *He said he could come next week.* 3. (olasılık belirtir) -ebilir, -abilir: *"What's that noise?" "It could be the cat."* *He could have caught the train if he had hurried.* 4. (rica belirtir) -ebilir, -abilir: *Could you pass the butter, please?*

council[1] /'kaunsıl/ a. konsey, danışma kurulu, meclis

council[2] /'kaunsıl/ s. (ev, daire, vb.) yerel idare tarafından yapılan, denetlenen, kiraya verilen

councillor /'kaunsılı/ a. meclis üyesi

counsel[1] /'kaunsıl/ a. 1. avukat 2. öneri, tavsiye

counsel[2] /'kaunsıl/ e. önermek, tavsiye etmek, akıl vermek

counsellor /'kaunsılı/ a. 1. danışman 2. avukat

counselor /'kaunsılı/ a, Aİ, bkz. **counsellor**

count[1] /kaunt/ e. 1. (sayı) saymak: *Most children learnt to count quite easily.* 2. içermek, saymak, kapsamak, içine almak: *There were twenty people on board the ship not counting the crew.* 3. olduğunu düşünmek, olarak saymak: *He was always counted as a great writer.* 4. önemi olmak, değeri olmak: *What you say doesn't count when you do the opposite.* 5. **count the cost** bütün riskleri hesaplamak, enine boyuna düşünmek 6. **count for nothing/little** çok önemsiz/beş para etmez olmak

count[2] /kaunt/ a. 1. sayma, sayım 2. hesap 3. sayı, toplam 4. huk. şikâyet maddesi 5. k. dili önemseme, umursama, dikkat 6. **lose count** sayısını unutmak

count[3] /kaunt/ a. kont

countable /'kauntıbıl/ s. sayılabilen, sayılabilir

countdown /'kauntdaun/ a. gerisayım

count down e. (sıfıra kadar) geriye doğru saymak

countenance[1] /'kauntinıns/ a. 1. yüz ifadesi 2. uygun bulma, onama, destek, onay, tasvip, izin

countenance[2] /'kauntinıns/ e. desteklemek, onaylamak, uygun bulmak, izin vermek

counter[1] /'kauntı/ a. 1. tezgâh 2. İİ. marka, fiş 3. sayıcı, sayaç

counter[2] /'kauntı/ e. 1. karşı çıkmak, karşısında olmak, muhalefet etmek 2. karşılamak, karşı koymak; karşılık vermek

counter[3] /'kauntı/ s, be. karşı: *He always*

*acts counter to what the rest of us want.*
**counteract** /'kauntı'rekt/ *e.* 1. karşılık vermek, mukabele etmek 2. (etkisini) yok etmek, gidermek
**counterattack**[1] /'kauntırıtek/ *a.* karşı saldırı, kontratak
**counterattack**[2] /'kauntırıtek/ *e.* karşı saldırı yapmak, kontratak yapmak
**counterbalance**[1] /'kauntıbelıns/ *a.* eş ağırlık, karşılık
**counterbalance**[2] /'kauntıbelıns/ *e.* denkleştirmek, denk ağırlıkla karşılamak
**counterclockwise** /kauntı'klokwayz/ *s, be.* saat yönünün tersine
**counterfeit**[1] /'kauntıfit/ *e.* (para, vb.) sahtesini yapmak, basmak, taklit etmek: *They tried to counterfeit the English pound but couldn't.*
**counterfeit**[2] /'kauntıfit/ *s.* sahte, taklit
**counterfoil** /'kauntıfoyl/ *a.* çek ya da makbuzun dip koçanı
**countermand** /kauntı'ma:nd/ *e.* yeni bir emirle geçersiz kılmak, iptal etmek
**counterpane** /'kauntıpeyn/ *a.* yatak örtüsü
**counterpart** /'kauntıpa:t/ *a.* tam benzeri, kopyası
**countersign**[1] /'kauntısayn/ *a.* 1. *ask.* parola 2. onay imzası
**countersign**[2] /'kauntısayn/ *e.* (onay için) ayrıca imzalamak
**countess** /'kauntis/ *a.* kontes
**count in** *e, k. dili* katmak, dahil etmek: *Count me in. I want to be there.*
**countless** /'kauntlis/ *s.* çok fazla, sayısız
**count on/upon** *e.* 1. bel bağlamak, güvenmek: *You can't count on John. He isn't reliable.* 2. beklemek, hesaba katmak: *I hadn't counted on so many people coming to the party.*
**count out** *e.* 1. birer birer saymak: *The grocer counted out my change.* 2. (boks) 10'a kadar sayıp yenik ilan etmek: *He was counted out.* 3. *k. dili* dahil etmemek, saymamak: *Count me out. I don't want anything to do with the scheme.*
**country**[1] /'kantri/ *a.* 1. ülke, yurt, vatan 2. ulus, halk 3. kır, taşra, kırsal kesim 4. bölge, yöre

**country**[2] /'kantri/ *s.* 1. taşraya özgü, kırsal 2. **country music** kantri müzik
**countryman** /'kantrimın/ *a.* 1. vatandaş, yurttaş, hemşeri 2. taşralı, köylü
**countryside** /'kantrisayd/ *a.* kırsal bölge
**county** /'kaunti/ *a.* 1. *Aİ.* ilçe 2. kontluk 3. il, idare bölgesi
**coup** /ku:/ *a.* 1. başarılı hareket 2. hükümet darbesi
**coup d'état** /ku:dey'ta:/ *a.* hükümet darbesi
**coupé** /'ku:pey/ *a.* iki kapılı spor araba
**coupe** /ku:p/ *a, bkz.* **coupé**
**couple**[1] /'kapıl/ *e.* 1. birleştirmek 2. (hayvan) çiftleşmek
**couple**[2] /'kapıl/ *a.* 1. çift 2. karı koca, çift 3. (of ile) *k. dili* birkaç, iki-üç
**couplet** /'kaplit/ *a.* beyit
**coupon** /'ku:pon/ *a.* kupon
**courage** /'karic/ *a.* yüreklilik, cesaret, mertlik
**courageous** /kı'reycıs/ *s.* yürekli, cesur, yiğit, mert
**courgette** /kuı'jet/ *a, İİ.* bir çeşit dolmalık kabak
**courier** /'kurii/ *a.* 1. haberci, kurye 2. turist rehberi
**course**[1] /'ko:s/ *a.* 1. yön, rota 2. akış, cereyan, gidişat 3. saha, alan, pist 4. kurs 5. dizi, seri 6. eğitim, tahsil 7. davranış biçimi, eylem biçimi, yöntem, yol 8. yemeğin bölümlerinden biri, tabak, yemek 9. **a matter of course** (bir şeyin) olacağı, kaçınılmaz son, beklenen son 10. **in due course** zamanında, vaktinde 11. **of course** elbette, tabii
**course**[2] /ko:s/ *e.* (sıvı) akmak
**court**[1] /ko:t/ *a.* 1. mahkeme 2. mahkeme üyeleri 3. oturum 4. saray, saray halkı 5. avlu 6. *sp.* kort, saha
**court**[2] /ko:t/ *e.* 1. gözüne girmeye çalışmak, teveccühünü kazanmaya çalışmak, dalkavukluk etmek 2. kur yapmak 3. riskine girmek, atılmak
**courteous** /'kö:tiıs/ *s.* ince, kibar, nazik
**courtesy** /'kö:tisi/ *a.* incelik, nezaket, kibarlık
**courtier** /'ko:tiı/ *a.* saray adamı, nedim

court-martial[1] /ko:t'ma:şıl/ a. askeri mahkeme, divanıharp

court-martial[2] /ko:t'ma:şıl/ e. askeri mahkemede yargılamak

courtship /'ko:tşip/ a. kur yapma, kur, iltifat

courtyard /'ko:tya:d/ a. avlu

cousin /'kazın/ a. kuzen

cove /kouv/ a. koy, körfezcik

coven /'kavın/ a. cadılar toplantısı

covenant /'kavınınt/ a. 1. (dinsel) anlaşma 2. sözleşme, anlaşma, mukavele

Coventry /'kovıntri/ a: **send sb to Coventry** birisiyle konuşmayı/ilişkiyi kesmek, dışlamak

cover[1] /'kavı/ e. 1. örtmek, tıkamak, kapatmak: *He covered the tank with bushes so it couldn't be seen.* 2. kaplamak: *Snow covered the ground.* 3. (yol) katetmek: *They covered hundreds of kilometres each day in their attempt to cross the continent.* 4. gözlemek, göz altında tutmak: *The security guards thought they had covered the airport but the hijackers got in.* 5. (ayrıntıları, vb.) aktarmak, rapor etmek: *The media covered the event.* 6. yetmek, karşılamak: *I hope twenty dollars will cover the cost of the meal.* 7. sigortalamak: *Are your house and contents covered against fire?* 8. silahla korumak: *The officer covered his men as they advanced on the enemy.* 9. -e silah tutmak/doğrultmak: *He covered the burglar with a rifle until the police arrived.* 10. içermek, kapsamak: *The English course covered American, Australian and British writers.* 11. (gelmeyen birinin) yerine geçmek: *The teacher had to cover for his sick workmate and the students didn't like him.* 12. *sp.* markaja almak: *"I want you to cover that player", said the basketball captain.* 13. *sp.* savunmak

cover[2] /'kavı/ a. 1. kapak, örtü, koruyucu 2. kitap kabı, kap 3. zarf, kılıf 4. siper, sığınak 5. maske, perde, paravana 6. sigorta

coverage /'kavıric/ a. (TV, gazete, vb.'de) bir olaya ayrılan yer/zaman

covering /'kavıring/ a. 1. kat, örtü 2. **covering letter** bir paket, vb. ile gönderilen mektup/not

covert /'kavıt/ s. gizli, saklı, örtülü

cover up /'kavırap/ a. 1. örtbas 2. başkalarından gizleme

covet /'kavit/ e. göz dikmek: *She coveted beautiful things but couldn't afford them.*

cow[1] /kau/ a. 1. inek 2. fil gibi iri hayvanların dişisi

cow[2] /kau/ e. yıldırmak, korkutmak, sindirmek: *He was a violent man and had cowed all his children.*

coward /'kauıd/ a. korkak

cowardice /'kauıdis/ a. korkaklık

cowardly /'kaudli/ s. korkak

cowboy /'kauboy/ a. kovboy, sığırtmaç

cower /'kauı/ e. sinmek, büzülmek

cowl /kaul/ a. başlıklı rahip cüppesi

cowpat /'kaupet/ a. tezek

cowslip /'kauslip/ a, bitk. çuhaçiçeği

cox /koks/ a, k. dili dümenci

coxswain /'koksın/ a, sp. dümenci

coy /koy/ s. 1. çekingen, utangaç 2. nazlı, cilveli

coyote /'koyout, koy'outi/ a, hayb. kır kurdu

coypu /'koypu:/ a, hayb. bataklık kunduzu

cozy /'kouzi/ s, a, Aİ, bkz. **cosy**

crab[1] /kreb/ a, hayb. 1. yengeç 2. kasıkbiti

crab[2] /kreb/ e, k. dili 1. eleştirmek 2. şikâyet etmek, dırdır etmek

crabby /'krebi/ s. huysuz, dırdırcı

crack[1] /krek/ e. 1. çatlamak 2. çatlatmak 3. şaklamak 4. şaklatmak 5. vurmak, çarpmak 6. çarptırmak 7. (up ile) (güçlüklere) boyun eğmek, bitmek, tükenmek 8. k. dili (espri, fıkra, vb.) patlatmak 9. şifresini, sırrını çözmek, keşfetmek

crack[2] /krek/ s. başarılı, usta, yetenekli

crack[3] /krek/ a. 1. çatlak 2. şaklama, çatırtı 3. vuruş, darbe, tokat 4. k. dili girişim 5. şaka, nükte

crackdown /'krekdaun/ a. yasaklama, kısıtlama, engelleme

crack down e. acımasızlaşmak, daha katı olmak

cracked /krekt/ s, k. dili çatlak, kaçık,

üşütük
cracker /'krekı/ *a.* 1. kraker 2. çatapat 3. *arg.* fıstık, yavru, piliç
crackers /'krekız/ *s, İİ, k. dili* deli, çatlak, üşütük, kaçık
crackle[1] /'krekl/ *e.* 1. çatırdamak, çıtırdamak 2. çatırdatmak, çıtırdatmak
crackle[2] /'krekl/ *a.* çatırtı, çıtırtı
crackling /'krekling/ *a.* 1. çatırtı, çıtırtı 2. kızarmış jambon kabuğu
crackpot /'krekpot/ *a, s, k. dili* kaçık, çatlak, çılgın, uçuk
cradle[1] /'kreydl/ *a.* 1. beşik 2. bir şeyin başladığı yer, köken, beşik 3. insan yaşamının ilk yılları, çocukluk yılları 4. (inşaat, vb.) tahta, tezgâh, kızak
cradle[2] /'kreydl/ *e.* 1. beşikte sallamak 2. beşikteymiş gibi sallamak
craft /kra:ft/ *a.* 1. sanat, beceri, hüner, ustalık, maharet 2. kurnazlık, hile 3. gemi, uçak 4. teknik eleman
craftsman /'kra:ftsmın/ *a.* usta, zanaatçı
crafty /'kra:fti/ *s.* kurnaz, dalavereci, üçkâğıtçı
crag /kreg/ *a.* yalçın kayalık
craggy /'kreg/ *s.* dik ve pütürlü
cram /krem/ *e.* 1. tıkmak, sıkıştırmak 2. tıka basa doldurmak, ağzına kadar doldurmak 3. acele ile sınava hazırlanmak, ineklemek
cramp[1] /kremp/ *a.* 1. kramp, kasınç 2. mengene 3. engel
cramp[2] /kremp/ *e.* 1. engel olmak, kısıtlamak 2. tıkıştırmak, sıkıştırmak: *They cramped themselves in to the tiny car.* 3. **cramp sb's style** *k. dili* birisinin yeteneklerini tam olarak göstermesine engel olmak, arabasına taş koymak, harcamak
cramped /krempt/ *s.* (yer) dar, sıkışık
cranberry /'krenbırı/ *a, bitk.* keçiyemişi, yabanmersini
crane[1] /kreyn/ *a.* 1. vinç 2. *hayb.* turna
crane[2] /kreyn/ *e.* (boynunu) uzatmak
cranium /'kreyni:m/ *a, anat.* kafatası
crank /krenk/ *a.* 1. *tek.* dirsek, kol, kanırtmaç 2. *k. dili* saplantılı kimse; deli, kaçık
cranky /'krenki/ *s, k. dili* 1. acayip, tuhaf,

garip 2. *Aİ.* sinirli, huysuz, aksi 3. (alet, vb.) laçka, gevşek, bozuk
crap /krep/ *a, arg.* 1. bok 2. zırva, saçmalık; boktan laf 3. ıvır zıvır döküntü, bok
craps /kreps/ *a.* iki zarla oynanan kumar, barbut
crash[1] /kreş/ *e.* 1. (araba, vb.) gürültüyle çarpmak 2. çarptırmak 3. düşmek 4. düşürmek 5. iflas etmek, top atmak 6. paldır küldür gitmek/hareket etmek
crash[2] /kreş/ *a.* 1. çatırtı, gürültü 2. (uçak, otomobil, vb.) kaza 3. batkı, iflas 4. **crash helmet** kask
crash[3] /kreş/ *s.* acele, ivedi, hızlı, hızlandırılmış
crash-land /'kreşlend/ *e.* (uçak) olabildiğince az hasar verecek şekilde indirmek/inmek
crass /kres/ *s.* 1. aptal, aptalca 2. kaba, duygusuz 3. (aptallık, vb.) büyük, tam, aşırı derecede
crate /kreyt/ *a.* 1. kafesli sandık, kasa 2. *arg.* külüstür araba/uçak
crater /'kreytı/ *a.* 1. krater, yanardağ ağzı 2. çukur
cravat /krı'vet/ *a, İİ.* boyunbağı, kravat
crave /kreyv/ *e.* çok istemek, -e can atmak, için deli olmak: *He craved affection and would do anything to be liked.*
craven /'kreyvın/ *a, s, hkr.* ödlek, korkak
craving /'kreyving/ *a.* arzu, tutku
crawl[1] /kro:l/ *e.* 1. emeklemek, sürünmek 2. ağır ağır yürümek/ilerlemek 3. (böcek, vb. ile) dolu olmak, kaynamak 4. tüyleri ürpermek, karıncalanmak 5. *k. dili* yaltaklanmak, yağlamak, dalkavukluk etmek, yağ çekmek
crawl[2] /kro:l/ *a.* 1. krol yüzme 2. çok yavaş hareket; ağır gidiş
crayfish /'kreyfiş/ *a, hayb.* kerevit, kerevides
crayon /'kreyın/ *a.* renkli kalem, boyalı kalem
craze[1] /kreyz/ *e.* 1. çılgına çevirmek, çıldırtmak, deli etmek 2. çok heyecanlandırmak
craze[2] /kreyz/ *a.* geçici akım, moda, çılgınlık, düşkünlük, hayranlık
crazy /'kreyzi/ *s.* 1. deli, çılgın: *You must*

*be crazy!* 2. olanaksız, aptalca, saçma, çılgınca 3. aptal, salak 4. (about ile) *k. dili* hayran, tutkun, hasta, deli: *I'm crazy about you.* 5. **like crazy** *k. dili* deli gibi

creak¹ /kri:k/ *a.* gıcırtı

creak² /kri:k/ *e.* gıcırdamak

creaky /'kri:ki/ *s.* (kapı, vb.) gıcırtılı, gıcırdayan

cream¹ /kri:m/ *a.* 1. kaymak, krema 2. krem 3. merhem 4. bir şeyin en iyi bölümü, kaymak

cream² /kri:m/ *a, s.* krem rengi

cream³ /kri:m/ *e.* 1. (sütün) kaymağını almak 2. (off ile) (en iyileri) seçmek, ayıklamak

creamy /'kri:mi/ *s.* 1. krem gibi, yumuşak, kaygan 2. kremalı, krema içeren, kaymaklı

crease¹ /kri:s/ *a.* 1. buruşukluk, kırışıklık 2. kat, pli

crease² /kri:s/ *e.* 1. buruşmak, kırışmak 2. buruşturmak, kırıştırmak

create /kri'eyt/ *e.* 1. yaratmak: *He created a beautiful garden around the house.* 2. -e yol açmak, neden olmak, yaratmak: *Wherever he goes he creates excitement.* 3. atamak: *The King created six new Knights of the British Empire.*

creation /kri'eyşın/ *a.* 1. yaratma 2. yaradılış 3. acun, evren 4. kreasyon

creative /kri'eytiv/ *s.* yaratıcı

creator /kri'eytı/ *a.* 1. yaratıcı 2. **the Creator** Tanrı, Yaradan

creature /'kri:çı/ *a.* yaratık

crèche /kreş/ *a.* kreş, bebekevi, yuva

credence /'kri:dıns/ *a.* 1. inanma, güven, doğru kabul etme 2. **give/attach credence** inanmak, kabul etmek

credentials /kri'denşılz/ *a.* güven belgesi, itimatname

credibility /kredi'biliti/ *a.* güvenilirlik, inanılırlık

credible /'kredıbıl/ *s.* inanılır, güvenilir

credit¹ /'kredit/ *a.* 1. inanç, güven, sadakat 2. övgü, onur, şereflendirme 3. kredi 4. saygınlık, itibar 5. onur kaynağı 6. veresiye 7. **credit card** kredi kartı

credit² /'kredit/ *e.* 1. inanmak, güvenmek, itimat etmek 2. para yatırmak

creditable /'kreditıbıl/ *s.* 1. şerefli 2. övgüye değer

creditor /'kreditı/ *a.* kredi veren, alacaklı

credulous /'kredyulıs/ *s.* her şeye inanan, saf

creed /kri:d/ *a.* inanç, iman, itikat

creek /kri:k/ *a.* 1. *İİ.* çay, ırmak kolu 2. *Aİ.* dere 3. **up the creek** *arg.* berbat, kelek, boktan

creep¹ /kri:p/ *e.* [*pt, pp* **crept** /krept/] 1. sürünmek, sürünerek ilerlemek 2. sessizce sokulmak 3. (sarmaşık, vb.) sarılmak, sarılarak büyümek 4. ürpermek, tüyleri ürpermek

creep² /kri:p/ *a, arg.* 1. dalkavuk, yağcı 2. gıcık, kıl

creeper /'kri:pı/ *a.* sürüngen bitki, sarmaşık

creeps /kri:ps/ *a, k. dili* (the ile) ürperti, korku: *He gives me the creeps.*

creepy /'kri:pi/ *s.* tüyler ürpertici

cremate /kri'meyt/ *e.* (ölüyü) yakmak

crematorium /kremı'to:riım/ *a.* ölülerin yakıldığı yer, krematoryum

creole /'kri:oul/ *a, s.* 1. hem Avrupa hem de Afrika soyundan gelen (kişi) 2. bu kişilerin konuştuğu (dil)

creosote /'kri:ısout/ *a.* katran ruhu, kreozot

crepe /kreyp/ *a.* 1. krep 2. **crepe paper** krepon kâğıdı

crept /krept/ *pt, pp bkz.* **creep**

crescendo /kri'şendou/ *a, müz.* kreşendo

crescent /'kresınt/ *a.* hilal, ayça, yeniay

cress /kres/ *a, bitk.* tere

crest /krest/ *a.* 1. ibik, taç 2. tepe, doruk

crestfallen /'krestfo:lın/ *s.* üzgün, mutsuz, kırgın, yılgın

cretin /'kretin/ *a.* 1. *k. dili* salak, aptal, geri zekâlı 2. *hek.* kreten

crevasse /kri'ves/ *a.* (buz, vb.'de) derin yarık

crevice /'krevis/ *a.* (kaya, vb.'de) çatlak, yarık

crew /kru:/ *a.* 1. tayfa, mürettebat 2. ekip

crib¹ /krib/ *a.* 1. *Aİ.* çocuk karyolası 2. hayvan yemliği

crib² /krib/ *e, k. dili* kopya çekmek: *He was disqualified from the race for crib-*

C

*bing.*
**crick** /krik/ *a.* boyun tutulması, kasılma
**cricket¹** /'krikit/ *a, hayb.* cırcırböceği
**cricket¹** /'krikit/ *a, sp.* kriket
**crime** /kraym/ *a.* 1. suç 2. aptallık, mantıksızlık, mantıksızca hareket
**criminal¹** /'kriminıl/ *s.* 1. suçla ilgili 2. cezai 3. *k. dili* çok kötü
**criminal²** /'kriminıl/ *a.* suçlu
**crimson** /'krimzın/ *s, a.* koyu kırmızı
**cringe** /krinc/ *e.* 1. korkudan sinmek, büzülmek 2. (birinin önünde) iki büklüm olmak
**crinkle** /'krinkıl/ *e.* 1. buruşturmak, kırıştırmak, katlamak 2. buruşmak, kırışmak
**cripple¹** /'kripıl/ *a.* sakat, topal, kötürüm
**cripple²** /'kripıl/ *e.* 1. sakatlamak 2. *ört.* baltalamak, bozmak, engellemek
**crisis** /'kraysis/ *a.* bunalım, kriz
**crisp¹** /krisp/ *s.* 1. gevrek 2. körpe, taze 3. yeni, gıcır gıcır 4. çabuk, tez, hızlı 5. (hava) soğuk
**crisp²** /krisp/ *a, İİ.* cips
**crispy** /'krispi/ *s.* gevrek, körpe, taze
**crisscross** /'kriskros/ *s.* çapraz çizgili
**criterion** /kray'tiiriın/ *a.* ölçüt, kriter
**critic** /'kritik/ *a.* 1. eleştirmen 2. eleştiren kimse
**critical** /'kritikıl/ *s.* 1. kusur bulan, eleştiren 2. eleştiri niteliğinde, eleştirel 3. tehlikeli, ciddi, kritik
**criticism** /'kritisizım/ *a.* 1. eleştiri, kritik 2. kusur bulma 3. olumsuz eleştiri
**criticize** /'kritisayz/ *e.* 1. kusur bulmak 2. eleştirmek
**critique** /kri'ti:k/ *a.* eleştiri yazısı, kritik
**croak¹** /krouk/ *e.* 1. kurbağa sesi çıkarmak, vraklamak 2. çatlak sesle konuşmak/söylemek 3. *arg.* nalları dikmek
**croak²** /krouk/ *a.* 1. kurbağa sesi, vırak 2. hırıltı
**crochet¹** /'krouşey/ *a.* tığ işi
**crochet²** /'krouşey/ *e.* 1. tığ işi yapmak 2. tığ ile örmek
**crock¹** /krok/ *a.* çanak, çömlek, toprak kap
**crock²** /krok/ *a, k. dili* 1. külüstür araba, hurda 2. moruk, işi bitmiş adam 3. yaşlı at

**crockery** /'krokıri/ *a.* çanak, çömlek
**crocodile** /'krokıdayl/ *a.* 1. *hayb.* timsah 2. **crocodile tears** sahte gözyaşları, sahte üzüntü
**crocus** /'kroukıs/ *a, bitk.* çiğdem
**croissant** /'krwa:song/ *a.* ayçöreği
**crone** /kroun/ *a.* kocakarı
**crony** /'krouni/ *a, k. dili* yakın arkadaş, dost
**crook¹** /kruk/ *a.* 1. kanca 2. sopa, değnek 3. *k. dili* hırsız, dolandırıcı
**crook²** /kruk/ *e.* 1. kıvırmak, bükmek 2. kıvrılmak, bükülmek
**crooked** /'krukid/ *s.* 1. eğri, yamuk 2. *k. dili* namussuz
**croon** /kru:n/ *e.* yumuşak sesle (şarkı) söylemek
**crop¹** /krop/ *a.* 1. ekin, ürün, mahsul 2. yığın 3. grup, küme, topluluk 4. kısa kesilmiş saç 5. kursak
**crop²** /krop/ *e.* 1. (hayvan) otlamak, yemek 2. (saç/kuyruk) kesmek, kırpmak 3. ekmek 4. ürün vermek
**crop up** *e, k. dili* beklenmedik biçimde ortaya çıkmak: *I can't come. Something has just cropped up.*
**croquet** /'kroukey/ *a.* krikete benzer bir açık hava oyunu, kroket
**cross¹** /kros/ *a.* 1. çarpı/artı işareti 2. çarmıh 3. haç 4. üzüntü, gam, elem 5. çapraz
**cross²** /kros/ *e.* 1. geçmek, öbür tarafına geçmek: *Look before you cross the road.* 2. kesişmek: *There was a large tree where the paths crossed.* 3. (kol, bacak) kavuşturmak, üst üste atmak: *He crossed his arms to try and keep warm.* 4. karşı koymak; engellemek: *John crosses everything I try to do.* 5. melezlemek: *If you cross a donkey with a horse a mule is born.* 6. **cross oneself** haç çıkarmak
**cross³** /kros/ *s.* kızgın, sinirli, ters, aksi, huysuz
**crossbow** /'krosbou/ *a.* tatar yayı
**crossbred** /'krosbred/ *s.* melez
**crossbreed¹** /'krosbri:d/ *e.* melezlemek
**crossbreed²** /'krosbri:d/ *a.* melez
**crosscheck** /'krosçek/ *e.* bir işlemin,

yanıtın vb. sonucunu başka kaynaklardan ikinci kez kontrol etmek, sağlamasını yapmak

**cross-country** /kros'kantri/ *s, be.* kırlar boyunca, kırlarda

**cross-examine** /krosig'zemin/ *e.* (bir tanığı, vb.) önceki yanıtlarla karşılaştırmak için sorguya çekmek, çaprazlama sorguya çekmek

**cross-eyed** /'krosayd/ *s.* şaşı

**crossfire** /'krosfayı/ *a, ask.* çapraz ateş

**crossing** /'krosing/ *a.* 1. deniz yolculuğu 2. (iki yolun, nehrin, vb.) birleştiği yer, geçit 3. geçiş yeri, geçiş

**cross-legged** /kros'legd/ *s, be.* bacak bacak üstüne atmış, bacak bacak üstüne

**cross off** *e.* üstünü çizip çıkarmak

**cross out** *e.* üstünü çizmek

**cross-purposes** /kros'pö:pısiz/ *a.* 1. farklı ve zıt amaçlar 2. yanlış anlama

**cross-refer** /krosri'fö:/ *e.* kitap içinde okuru başka bir yere göndermek

**cross-reference** /kros'refırıns/ *a.* iç gönderme

**crossroads** /'krosroudz/ *a.* 1. birkaç yolun kesiştiği yer 2. dönüm noktası

**cross-section** /'krossekşın/ *a.* yatay kesit

**crossword (puzzle)** /'kroswö:d (pazıl)/ *a.* çapraz bulmaca

**crotch** /kroç/ *a.* 1. kasık 2. pantolon ağı, apışlık 3. dalın ağaç gövdesinden ayrıldığı yer, çatak

**crotchet** /'kroçit/ *a.* 1. *müz.* çeyrek nota 2. garip, saçma düşünce

**crotchety** /'kroçiti/ *s, k. dili* (yaşlı) huysuz, aksi, dırdırcı

**crouch** /krauç/ *e.* çömelmek, sinmek

**croupier** /'kru:pii/ *a.* krupiye

**crow¹** /krou/ *a.* 1. karga 2. **as the crow flies** düz bir çizgi üzerinde, dolaşmadan

**crow²** /krou/ *e.* 1. (horoz) ötmek 2. *k. dili* böbürlenmek, hava atmak

**crow³** /krou/ *a.* horoz ötüşü

**crowbar** /'krouba:/ *a.* demir kol, manivela, levye

**crowd¹** /kraud/ *e.* 1. toplanmak, doluşmak, kalabalık oluşturmak 3. (bir alan) doldurmak, tıkıştırmak, sıkıştırmak

**crowd²** /kraud/ *a.* 1. kalabalık 2. belirli bir toplumsal grup, topluluk 3. yığın

**crowded** /'kraudid/ *s.* kalabalık, tıkış tıkış, dopdolu

**crown¹** /kraun/ *e.* 1. taç giydirmek 2. bir şeyin tepesini/üsütünü kaplamak 3. tamamlamak, tamam etmek 4. *k. dili* kafasına vurmak 5. (diş) kaplamak 6. **to crown it all** üstüne üstlük, bu kadarla da kalmayıp

**crown²** /kraun/ *a.* 1. taç 2. çiçeklerden yapılmış taç 3. krallık, kraliyet iktidarı 4. tepe, üst kısım 5. 25 penny değerinde madeni para 6. şampiyonluk 7. mükemmellik, kusursuzluk 8. **crown prince** veliaht

**crucial** /'kru:şıl/ *s.* çok önemli, kesin, son

**crucifix** /'kru:sifiks/ *a.* İsa'lı haç

**crucifixion** /kru:si'fikşın/ *a.* 1. çarmıha germe 2. İsa'nın çarmıha gerilmesini simgeleyen resim vb. 3. İsa'nın çarmıha gerilerek öldürülmesi

**crucify** /'kru:sifay/ *e.* çarmıha gererek öldürmek, çarmıha germek

**crude** /kru:d/ *s.* 1. ham, işlenmemiş 2. kaba, inceliksiz 3. iyi yapılmamış, baştan savma, kaba saba

**cruel** /'kru:il/ *s.* 1. acımasız, zalim, gaddar 2. çok acı, dayanılmaz

**cruelty** /'kru:ılti/ *a.* acımasızlık, gaddarlık, zulüm

**cruet** /'kru:it/ *a.* baharatlık, baharat kutusu

**cruise¹** /kru:z/ *e.* 1. gemiyle gezmek, deniz gezisi yapmak 2. (otomobil, uçak, vb.) ortalama bir hızla gitmek 3. *arg.* karı peşinde dolaşmak, eline alıp dolaşmak

**cruise²** /kru:z/ *a.* deniz gezisi, tekne gezisi

**cruiser** /'kru:zı/ *a.* 1. bir ya da iki kamaralı büyük motor, kotra 2. kruvazör

**crumb** /kram/ *a.* 1. ekmek kırıntısı, kırıntı 2. kırıntı, çok az miktar 3. *Al, arg.* ciğeri beş para etmez adam

**crumble** /'krambıl/ *e.* 1. çok küçük parçalara ayırmak, ufalamak 2. ufalanmak, harab olmak

**crumbly** /'krambli/ *s.* kolayca ufalanan

**crumpet** /'krampit/ *a.* 1. hamburger ek-

meği 2. *arg.* kafa 3. *arg.* seksi karı
crumple /'krampıl/ *e.* 1. buruşturmak, kırıştırmak 2. buruşmak, kırışmak
crunch[1] /kranç/ *e.* 1. çatır çutur yemek 2. çatırdamak 3. çatırdatmak
crunch[2] /kranç/ *a.* 1. çatırtı, çuturtu 2. *k. dili* zor an, karar anı, dönüm noktası
crusade[1] /kru:'seyd/ *a.* 1. Haçlı Seferi 2. (bir ilke, düşünce, ideal, vb. için) savaşım, müdacele
crusade[2] /kru:'seyd/ *e.* savaşım vermek, mücadele etmek
crush[1] /kraş/ *e.* 1. ezmek, sıkıştırarak ezmek 2. izdiham oluşturmak, sıkışıp tepişmek
crush[2] /kraş/ *a.* 1. izdiham, kalabalık 2. sıkma meyve suyu 3. *k. dili* abayı yakma, aptalca aşk
crust /krast/ *a.* 1. kabuk, ekmek kabuğu 2. tabaka, kabuk
crustacean /kra'steyşın/ *a, s, hayb.* kabuklu
crusty /'krasti/ *s.* 1. kabuklu, gevrek 2. ters, huysuz, aksi
crutch /kraç/ *a.* 1. koltuk değneği 2. kasık 3. pantolon ağı, apışlık
crux /kraks/ *a.* sorunun merkezi/en önemli noktası
cry[1] /kray/ *e.* 1. ağlamak: *As she cried great tears rolled down her cheeks.* 2. bağırmak, haykırmak: *He cried out when they jolted his broken leg.* 3. bağırarak istemek/çağırmak, feryat etmek: *"Stop thief, " he cried.* 4. (kuş, vb.) ötmek: *He could hear the seagulls crying above the wind.* 5. **cry one's eyes/heart out** hüngür hüngür ağlamak
cry[2] /kray/ *a.* 1. çığlık, feryat 2. haykırma, bağırma, yüksek ses, seslenme 3. ağlama 4. (hayvan ve kuş) ses
crying /'kraying/ *s, k. dili* büyük: *There's a crying need for a doctor in the village.*
cry off *e.* sözünden dönmek, caymak: *He agreed to be chairman but later cried off.*
cry out against *e.* karşı gelmek: *The public cried out against massive cuts to the expenditure for education.*
cry out for *e.* şiddetle gereksinim

duymak: *The city is crying out for a revised traffic system.*
crypt /kript/ *a.* yeraltı türbesi
cryptic /'kriptik/ *s.* gizli, kapalı, örtük
crystal /'kristl/ *a.* 1. kristal 2. kırılca 3. billur
crystallize /'kristılayz/ *e.* 1. billurlaşmak 2. billurlaştırmak 3. belirginleşmek 4. belirginleştirmek
cub /kab/ *a.* 1. yavru ayı/aslan/kaplan/tilki 2. yavrukurt, izci 2. acemi, toy
cube[1] /kyu:b/ *a.* küp
cube[2] /kyu:b/ *e.* 1. (bir şeyi) küp biçiminde kesmek, doğramak 2. *mat.* bir sayının küpünü almak
cubic /'kyu:bik/ *s.* küp biçiminde, kübik
cubicle /'kyu:bikıl/ *a.* küçük oda, kabin, odacık
cuckoo[1] /'kuku:/ *a.* 1. guguk kuşu 2. **cuckoo clock** guguklu saat
cuckoo[2] /'kuku:/ *s, arg.* deli, çılgın, kaçık; salak
cucumber /'kyu:kambı/ *a, bitk.* salatalık, hıyar
cuddle[1] /'kadl/ *e.* 1. sarılmak, kucaklamak: *Go and cuddle her.* 2. kucaklaşmak
cuddle[2] /'kadl/ *a.* kucaklama, sarılma: *Give me a cuddle.*
cuddly /'kadli/ *s.* insanın sarılası gelen
cudgel /'kacıl/ *a.* kısa kalın sopa
cue /kyu:/ *a.* 1. başlama işareti, işaret 2. ipucu, işaret 3. bilardo sopası, isteka
cuff[1] /kaf/ *a.* 1. kolluk, manşet, yen 2. *Al.* katlanmış pantolon paçası 3. tokat 4. **off the cuff** hazırlıksız, düşünmeden
cuff[2] /kaf/ *e.* tokat atmak
cuisine /kwi'zi:n/ *a.* yemek pişirme yöntemi, aşçılık, mutfak: *Turkish cuisine.*
cul-de-sac /'kaldısek/ *a.* 1. çıkmaz sokak 2. çıkmaz
culinary /'kalınıri/ *s.* yemek pişirmeyle ilgili, mutfakla ilgili
cull /kal/ *e.* 1. içinden en iyileri seçip ayırmak, seçip almak 2. güçsüz/hasta hayvanları seçip öldürmek
cullender /'kalindı/ *a, bkz.* **colander**
culminate /'kalmineyt/ *e.* (in ile) doruğuna yükselmek, sonuçlanmak: *His hard work*

*has culminated in an award for his designs.*

**culpable** /'kalpıbıl/ *s.* suçlanmayı hakeden

**culprit** /'kalprit/ *a.* sanık, suçlu

**cult** /kalt/ *a.* 1. mezhep 2. tapınma 3. merak, rağbet, moda

**cultivate** /'kaltiveyt/ *e.* 1. toprağı işlemek, ekip biçmek 2. yetiştirmek 3. dostluğunu kazanmaya/ilerletmeye çalışmak

**cultivated** /'kaltiveytid/ *s.* 1. kültürlü, terbiyeli, görgülü 2. işlenmiş, ekili

**cultivation** /kalti'veyşın/ *a.* toprağı işleme

**cultural** /'kalçırıl/ *s.* kültürel, ekinsel

**culture** /'kalçı/ *a.* 1. kültür, ekin 2. yetiştirme 3. *biy.* kültür

**cultured** /'kalçıd/ *s.* kültürlü

**cumbersome** /'kambısım/ *s.* biçimsiz, hantal, kullanışsız, taşıması zor

**cumin** /'kamin/ *a.* kimyon

**cumulative** /'kyu:myulıtiv/ *s.* gittikçe artan

**cunning**[1] /'kaning/ *s.* kurnaz

**cunning**[2] /'kaning/ *a.* kurnazlık

**cunt** /kant/ *a, kab.* 1. am, amcık 2. amcık herif, itoğlu it, puşt, saloz

**cup**[1] /kap/ *a.* 1. fincan 2. kupa

**cup**[2] /kap/ *e.* (ellerini, vb.) yuvarlak bir şey tutar gibi yapmak

**cupboard** /'kabıd/ *a.* dolap

**cupidity** /kyu'piditi/ *a, hkr.* açgözlülük, hırs

**cur** /kö:/ *a.* 1. sokak köpeği, adi köpek 2. korkak/adi herif, aşağılık köpek

**curate** /'kyuırit/ *a.* papaz yardımcısı

**curative** /'kyuırıtiv/ *s.* iyileştirici, sağaltıcı, şifa verici

**curator** /'kyu'reytı/ *a.* sanat galerisi/müze/kütüphane müdürü

**curb**[1] /kö:b/ *a.* 1. fren, engel, zapt etme, kontrol: *She should learn to keep a curb on her bad temper.* 2. *Aİ.* kaldırım kenarı

**curb**[2] /kö:b/ *e.* tutmak, engellemek, dizginlemek

**curd** /kö:d/ *a.* kesmik, lor

**curdle** /'kö:dl/ *e.* (süt) 1. kesilmek 2. kesmek

**cure**[1] /kyuı/ *e.* 1. (hastayı) iyileştirmek, sağaltmak, tedavi etmek 2. (kötü bir durumu) iyileştirmek, iyi duruma getirmek, düzeltmek 3. tuzlamak 4. tütsülemek

**cure**[2] /kyuı/ *a.* 1. sağaltım, tedavi 2. ilaç, çare 3. iyileşme, iyi olma, şifa

**curfew** /'kö:fyu:/ *a.* sokağa çıkma yasağı

**curio** /'kyuıriou/ *a.* nadir ve değerli eşya, antika

**curiosity** /kyuıri'ositi/ *a.* 1. bilseme, merak 2. garip, tuhaf şey

**curious** /'kyuırııs/ *s.* 1. meraklı, bilmek isteyen 2. meraklı, her şeye burnunu sokan, herkesin işine karışan 3. garip, acayip, tuhaf

**curl**[1] /kö:l/ *e.* 1. (saç) kıvırmak 2. kıvrılmak, bükülmek 3. kıvrılarak/dönerek hareket etmek

**curl**[2] /kö:l/ *a.* 1. büklüm, kıvrım 2. bukle 3. helezon, sarmal biçimde herhangi bir şey

**curler** /'kö:lı/ *a.* bigudi

**curly** /'kö:li/ *s.* kıvırcık, kıvrımlı: *He's got dark curly hair.*

**currant** /'karınt/ *a.* 1. kuşüzümü 2. frenküzümü

**currency** /'karınsi/ *a.* 1. geçerlilik, revaç 2. para

**current**[1] /'karınt/ *s.* 1. şimdiki, bugünkü, güncel 2. yaygın, geçer, geçerli, genel, cari 3. genel, yaygın 4. **current/checking account** cari hesap

**current**[2] /'karınt/ *a.* 1. akıntı 2. akım, cereyan

**curriculum** /kı'rikyulım/ *a.* müfredat programı, öğretim izlencesi

**curriculum vitae** /kırikyulım'vayti:/ *a.* meslek yaşamının özeti

**curry** /'kari/ *a.* içinde et, yumurta, balık, vb. bulunan acılı bir Hint yemeği, köri

**curse**[1] /kö:s/ *a.* 1. lanet, ilenç 2. lanetleme 3. küfür

**curse**[2] /kö:s/ *e.* 1. ilenmek, lanet etmek, lanetlemek, beddua etmek 2. küfür etmek

**cursor** /'kö:sı/ *a, biliş.* imleç

**cursory** /'kö:sırı/ *s.* acele, üstünkörü, gelişigüzel, baştansavma

**curt** /kö:t/ *s.* 1. (söz) kısa, sert 2. kısa ve sert konuşan

**curtail** /kö:'teyl/ *e.* 1. kısa kesmek: *They had to curtail their stay and leave early.* 2. kısmak, azaltmak: *His father has curtailed his allowance.*

**curtain** /'kö:tn/ *a.* 1. perde 2. tiyatro perdesi

**curtsy**[1] /'kö:tsi/ *a.* (kadınların yaptığı) reverans

**curtsy**[2] /'kö:tsi/ *e.* reverans yapmak

**curvature** /'kö:vıçı/ *a.* 1. eğrilik derecesi, eğim derecesi 2. *hek.* eğrilik

**curve**[1] /kö:v/ *e.* 1. eğmek 2. eğilmek

**curve**[2] /kö:v/ *a.* eğri, kavis, dönemeç, eğmeç

**cushion**[1] /'kuşın/ *a.* 1. minder, yastık 2. (bilardo) bant, kenar

**cushion**[2] /'kuşın/ *e.* rahatlatmak

**cushy** /'kuşi/ *s, k. dili* rahat, kolay

**custard** /'kastıd/ *a, İİ.* 1. muhallebi 2. krema

**custodian** /ka'stoudiın/ *a.* (kütüphane, müze, vb.) sorumlu, yönetici kimse

**custody** /'kastıdi/ *a.* 1. gözetim bakım 2. nezaret, gözaltı

**custom** /'kastım/ *a.* 1. gelenek, görenek, töre 2. alışkanlık, âdet, huy 3. müşteri

**customary** /'kastımıri/ *s.* geleneksel, alışılmış

**customer** /'kastımı/ *a.* alıcı, müşteri

**customs** /'kastımz/ *a.* 1. gümrük vergisi 2. gümrük

**cut**[1] /kat/ *e.* [*pt, pp* **cut**] 1. kesmek: *He cut his hand on the broken glass.* 2. dilimlemek: *The butcher cut the meat for her.* 3. kesilmek, dilimlenmek: *This wood won't cut.* 4. açmak: *They have cut a subway under the road.* 5. çıkartmak, atmak: *The censors have cut many scenes from this film.* 6. (diş) çıkarmak: *Their child has just cut his first tooth.* 7. kısaltmak: *Cut this report to two hundred words.* 8. kısmak, azaltmak, seyrekleştirmek: *The council has cut all the transport services.* 9. incitmek, kırmak, üzmek: *She was cut by his rudeness.* 10. *k. dili* asmak, kırmak: *Let's cut classes and go to the cinema.* 11. *isk.* (kâğıdı) kesmek: *I cut and he dealt the cards.* 12. sapmak, aniden dönmek, yön

değiştirmek: *The fox cut in the other direction to escape.* 13. *k. dili* (plak) doldurmak: *How many records has he cut?* 14. **cut corners** kestirmeden gitmek, kısa yoldan gitmek 15. **cut it fine** kendine zamanı/parayı, vb. ancak sağlamak 16. **cut one's losses** iyice batmadan istifa etmek

**cut**[2] /kat/ *a.* 1. kesik, yarık, yara 2. dilim, parça 3. kısıntı, kesinti 4. azaltma, indirim 5. *isk.* kesme 6. *k. dili* pay 7. **a cut above** *k. dili* -den daha iyi, daha üstün

**cut across** *e.* 1. kestirmeden gitmek: *They cut across the field.* 2. sınırlarını aşmak, ötesine gitmek: *The aims of the group cut across religious and political affiliations.*

**cut-and-dried** /katın'drayd/ *s.* değişmez, sabit, kararlaştırılmış: *The whole matter is cut- and-dried.*

**cut-and-dry** /katın'dray/ *s, bkz.* **cut-and-dried**

**cutback** /'katbek/ *a.* indirim, kesinti

**cut back** *e.* 1. budamak: *He cut back the vines.* 2. kesinti yapmak, kısmak, azaltmak: *The factory has cut back production this year.*

**cut down** *e.* 1. kesip düşürmek, devirmek: *You should cut that tree down.* 2. azaltmak, kısmak: *He has cut down drinking since his illness.* 3. fiyatı indirmeye ikna etmek: *I tried to cut him down from £ 100 to £ 75.*

**cute** /kyu:t/ *s.* şirin, hoş, sevimli

**cuticle** /'kyu:tikıl/ *a.* tırnakların çevresindeki ölü deri, üst deri

**cut in** *e, k. dili* 1. müdahale etmek, lafa girmek: *I was trying to explain when he cut in.* 2. aniden öndeki arabanın önüne geçmek: *The car behind cut in and I had to brake suddenly.*

**cutlass** /'katlıs/ *a.* pala, kıvrık uçlu kısa kılıç

**cutler** /'katlı/ *a.* bıçakçı

**cutlery** /'katlıri/ *a.* çatal-bıçak-kaşık, sofra takımı

**cutlet** /'katlit/ *a.* pirzola, külbastı

**cut off** *e.* 1. kesip ayırmak, kesmek:

*She cut him off a slice of bread.* 2. bağlantısını kesmek: *I telephoned my father but we were cut off.* 3. mirastan, vb. mahrum etmek: *His father cut him off without a penny.* 4. izole etmek, kapatmak, giriş çıkışı engellemek: *The town has been cut off by deep snow.*
**cut out** *e.* 1. kesmek, kesip çıkarmak: *He cut the picture out of a magazine.* 2. stop etmek, durmak: *The plane's engine cut out and it crashed.* 3. *k. dili* kesmek, bırakmak: *The doctor told him he must cut out eating between meals.* 4. açmak, yarmak: *They cut out steps in the limestone cliff.* 5. **cut it/that out** *k. dili* (kavgayı) kesmek, bırakmak 6. **cut out (the) dead wood** *k. dili* işe yaramayan kısımları kesip atmak, çıkarmak, temizlemek 7. **cut out for sth** bir şey için biçilmiş kaftan, uygun
**cut-price** /kat'prays/ *s.* ucuz, indirimli
**cut-rate** /kat'reyt/ *s.* ucuz, piyasanın altında
**cutter** /'katı/ *a.* 1. kesici 2. filika
**cutting¹** /'kating/ *a.* 1. *İİ.* kupür, kesik 2. dal çeliği, budanmış parça 3. geçit, yarık, tünel
**cutting²** /'kating/ *s.* 1. acı, kırıcı, kalp kırıcı, incitici 2. (rüzgâr) soğuk, kesici, içe işleyen
**cut up** *e.* 1. doğramak: *Cut up the carrots for me please.* 2. yıkmak, mahvetmek: *The machinegun fire cut up the entire troop.* 3. yıkımına neden olmak, acı çektirmek, çıldırtmak: *She was really cut up when he left her.* 4. acımasızca eleştirmek, yerden yere vurmak: *Critics completely cut up the play's first performance.*
**cyanide** /'sayınayd/ *a.* siyanür
**cybernetics** /saybı'netiks/ *a.* sibernetik, güdümbilim
**cyclamen** /'siklımın/ *a, bitk.* siklamen, tavşankulağı
**cycle¹** /'saykıl/ *a.* 1. devir, tur, dönüş 2. bisiklet 3. motosiklet
**cycle²** /'saykıl/ *e.* bisiklet sürmek
**cyclic** /'sayklik/ *s.* periyodik
**cyclist** /'sayklist/ *a.* bisikletçi

**cyclone** /'saykloun/ *a.* kasırga, siklon
**cygnet** /'signit/ *a.* kuğu yavrusu
**cylinder** /'silindı/ *a.* silindir, yuvgu
**cylindrical** /si'lindrikıl/ *s.* silindirik, yuvgusal
**cymbal** /'simbıl/ *a, müz.* büyük zil
**cynic** /'sinik/ *a.* insanların her davranışında mutlaka bir çıkar bulunduğuna inanan kimse, iyiliğe inanmayan kimse, alaycı, sinik, kinik
**cynicism** /'sinisizım/ *a.* siniklik
**cynical** /'sinikıl/ *s.* sinik, iyiliğe inanmayan
**cypher** /sayfı/ *a, bkz.* **cipher**
**cypress** /'saypris/ *a, bitk.* servi
**cyst** /sist/ *a, hek.* kist
**czar** /za:/ *a.* çar

# D

**D, d** /di:/ *a.* 1. İngiliz abecesinin dördüncü harfi 2. Romen rakamlarından 500
**dab¹** /deb/ *a.* dokunma, hafif vuruş
**dab²** /deb/ *e.* hafifçe dokunmak, hafifçe vurmak
**dab³** /deb/ *a, k. dili* uzman, usta
**dabble** /'debıl/ *e.* (at/in ile) bir işle amatörce uğraşmak, takılmak: *He has dabbled at painting for some time, but has now decided to study it seriously.*
**dad** /ded/ *a, k. dili* baba
**daddy** /'dedi/ *a, k. dili* baba, babacığım
**daffodil** /'defıdil/ *a, bitk.* zerrin, fulya, nergis
**daft** /da:ft/ *s, k. dili* aptal, salak, budala
**dagger** /'degı/ *a.* hançer, kama
**daily¹** /'deyli/ *s.* günlük, gündelik
**daily²** /'deyli/ *be.* her gün
**daily³** /'deyli/ *a.* günlük gazete, (pazar hariç) her gün çıkan gazete
**dainty¹** /'deynti/ *s.* ince, sevimli, tatlı
**dainty²** /'deynti/ *a.* lezzetli şey, özellikle küçük lezzetli kurabiye
**dairy** /'deıri/ *a.* 1. mandıra, süthane 2. sütçü dükkânı, yalnız süt ve süt ürünleri satan dükkân
**dais** /'deyis, deys/ *a.* konuşmacı kürsüsü
**daisy** /'deyzi/ *a.* papatya
**dale** /deyl/ *a, yaz.* vadi

**dally** /'deli/ e. (about/over ile) oyalanmak, sallanmak

**dalmatian** /del'meyşın/ a. siyah benekli beyaz bir cins iri köpek

**dam**[1] /dem/ a. baraj, set, su bendi

**dam**[2] /dem/ e. 1. baraj yapmak, su bendi yapmak 2. set çekmek, kapamak

**damage**[1] /'demic/ a. zarar, ziyan, hasar

**damage**[2] /'demic/ e. zarar vermek

**damages** /'demiciz/ a, huk. tazminat, zarar ziyan tazminatı

**damask** /'demısk/ a. Şam kumaşı, damasko

**dame** /deym/ a, Aİ, k. dili kadın

**damn**[1] /dem/ e. 1. (din) ölümden sonra cezalandırmak 2. lanet etmek, beddua etmek, lanetlemek 3. sövmek, yerin dibine batırmak 4. rezil etmek, mahvetmek 5. **God damn it** arg. Allah kahretsin!

**damn**[2] /dem/ ünl, arg. kahretsin! lanet olsun!

**damn**[3] /dem/ s, be, arg. 1. o biçim, süper, son derece, müthiş: He worked damn hard all day. 2. **damn all** hiçbir bok, hiçbir şey: After the fire he was left with damn all. 3. **damn well** pekâlâ, çok iyi, kesinlikle: Don't lie to me you knew damn well what was happening.

**damnation** /dem'neyşın/ a. 1. lanetleme, lanet 2. lanetlenme

**damning** /'deming/ s. -e son derece karşı, zıt, aleyhinde

**damp**[1] /demp/ a. ıslaklık, nem, rutubet

**damp**[2] /demp/ s. nemli, rutubetli

**damp**[3] /demp/ e. (ateşi) yavaşlatmak, küllemek, boğmak

**dampen** /'dempın/ e. 1. ıslatmak, nemlendirmek 2. ıslanmak, nemlenmek 3. (mutluluk, coşku, vb. için) kaçırmak, bastırmak, gölge düşürmek

**damsel** /'demzıl/ a, yaz. soylu aileden gelen genç ve bekâr kız

**damson** /'demzın/ a, bitk. mürdümeriği

**dance**[1] /da:ns/ e. dans etmek

**dance**[2] /da:ns/ a. 1. dans etme 2. dans 3. eğlence, danslı toplantı, dans

**dandelion** /'dendilayın/ a, bitk. karahindiba

**dandruff** /'dendrıf/ a. başta olan kepek, konak

**dandy** /'dendi/ a. züppe, çıtkırıldım

**danger** /'deyncı/ a. tehlike

**dangerous** /'deyncırıs/ s. tehlikeli

**dangle** /'dengıl/ e. 1. sallamak, sarkmak 2. sallanmak, sarkıtmak

**dank** /denk/ s. nemli, soğuk, yaş

**dapper** /'depı/ s. şık ve hareketli

**dappled** /'depıld/ s. benekli, puanlı, nokta nokta

**dare**[1] /deı/ e. 1. kalkışmak, cesaret etmek, cüret etmek: I wouldn't dare do that. 2. zorlamak; meydan okumak: She dared him to dive from the ship's mast.

**dare**[2] /deı/ a. meydan okuma, yürekli olma

**daresay** /deı'sey/ e: I daresay sanırım, galiba: I daresay he'll be home soon.

**daring**[1] /'deıring/ s. çok yürekli, gözü pek, cüretkâr

**daring**[2] /'deıring/ a. yiğitlik, cüret, cesaret

**dark**[1] /da:k/ s. 1. karanlık: It was very dark because there was no moon that night. 2. esmer, koyu, siyaha yakın: He's got short, dark hair. 3. gizli, karanlık: He kept his intention to marry dark. 4. **dark horse** hakkında çok şey bilinmeyen ve başarılı olan kimse, karanlık kimse

**dark**[2] /da:k/ a. 1. karanlık 2. **in the dark** gizli bir şekilde, gizlilikle

**darken** /'da:kın/ e. 1. kararmak 2. karartmak

**darkness** /'da:knıs/ a. karanlık

**darling**[1] /'da:ling/ a. sevgili, sevgilim; tatlım, canım: I love you my darling.

**darling**[2] /'da:ling/ s. sevgili, sevimli, cici, tatlı

**darn**[1] /da:n/ e. (giysi, çorap, vb.) iğne ile örerek onarmak, yamamak, örmek

**darn**[2] /da:n/ a, s, be, ünl, bkz. **damn**

**dart**[1] /da:t/ a. 1. küçük ok 2. ani hareket 3. (dikiş) pens

**dart**[2] /da:t/ e. 1. (across/out/towards, vb. ile) ani ve hızlı hareket etmek: The mouse darted down a crack in the floor. 2. fırlatmak, atmak: She darted an angry look at her husband.

darts /da:ts/ *a.* dart oyunu

dash /deş/ *e.* 1. çarpmak, vurmak: *She dashed the baby's head against the wall.* 2. fırlamak, hızla koşmak: *The dog dashed out in front of the car.* 3. (ümit, vb.) yıkmak: *She said no to his invitation and dashed all his hopes.*

dashboard /deşbo:d/ *a.* kumanda tablosu, gösterge tablosu

dashing /'deşing/ *s.* canlı, atılgan, enerjik, hareketli

data /'deytı/ *a.* veri, bilgi, karakteristik, olaylar, veriler

date[1] /deyt/ *a.* 1. tarih, zaman 2. randevu, buluşma 3. *Aİ, k. dili* flört, arkadaş 4. **out of date** eski, modası geçmiş 5. **up to date** modern, çağdaş, yenilenmiş 6. **to date** bugüne dek, şimdiye kadar

date[2] /deyt/ *e.* 1. tarihini yazmak/belirtmek; tarih atmak: *Make sure you date the page.* 2. tarihini saptamak: *He dated the artifacts somewhere in the second century B. C.* 3. modası geçmek: *That style of dress will soon date.* 4. *Aİ, k. dili* ile çıkmak, flört etmek: *John is dating Sue now.*

date[3] /deyt/ *a, bitk.* hurma

dated /'deytid/ *s.* modası geçmiş, eski

date from *e.* -den gelmek: *His fame dates from the silent movies.*

dative /'deytiv/ *a, dilb.* ismin -e hali, yönelme durumu

daub[1] /do:b/ *e.* (with/on ile) sıvamak, (yumuşak bir şeyle) kaplamak, sürmek

daughter /'do:tı/ *a.* kız çocuk, kız evlat

daughter-in-law /'do:tırinlo:/ *a.* gelin

daunt /do:nt/ *e.* yıldırmak, korkutmak, cesaretini kırmak: *He was daunted by the huge pile of work on his desk.*

dauntless /'do:ntlıs/ *s.* gözü pek, korkusuz

dawdle /'do:dl/ *e, k. dili* salınmak, zaman harcamak, sallanmak: *Hurry up! Stop dawdling!*

dawn[1] /do:n/ *a.* şafak, günün ilk ışıkları, tan

dawn[2] /do:n/ *e.* (gün) ağarmak, aydınlanmak, doğmak

day /dey/ *a.* 1. gün 2. gündüz 3. çalışma süresi 4. zaman, çağ, dönem 5. başarı/ün yılları, parlak günler 6. **call it a day** *k. dili* paydos etmek 7. **day after day/day in day out** sürekli, devamlı 8. **from day to day/day by day** günden güne, günbegün 9. **make sb's day** *k. dili* birini çok mutlu etmek, birini sevindirmek 10. **the other day** geçen gün, geçenlerde

daybreak /'deybreyk/ *a.* tan, şafak, seher

daydream[1] /'deydri:m/ *a.* hayal, düş

daydream[2] /'deydri:m/ *e.* hayal kurmak, dalmak

daydreamer /'deydri:mı/ *a.* hayalci

daylight /'deylayt/ *a.* gün ışığı, gündüz

days /deyz/ *a.* yaşam

daytime /'deytaym/ *a.* gündüz

day-to-day /deytı'dey/ *s.* günlük, her günkü

daze[1] /deyz/ *e.* 1. sersemletmek, afallatmak

daze[2] /deyz/ *a.* **in a daze** sersemlemiş, şaşkın bir durumda

dazzle /'dezıl/ *e.* 1. (gözlerini) kamaştırmak 2. şaşırtmak

deacon /'di:kın/ *a.* kilise işlerinde papaza yardımcı kimse, diyakoz

deaconess /'di:kınis/ *a.* kadın diyakoz

dead[1] /ded/ *s.* 1. ölü: *I think he's dead.* 2. ölmüş, işi bitmiş; geçersiz 3. bozuk 4. tam 5. uyuşmuş, uyuşuk; hissiz 6. cansız, renksiz, sıkıcı 7. *k. dili* çok yorgun 8. **dead beat** *k. dili* bitkin, yorgunluktan ölmüş, leşi çıkmış 9. **dead heat** iki ya da daha çok kimsenin aynı anda bitirdiği yarış 10. **dead loss** fiyasko 11. **dead toll** ölü sayısı 12. **dead wood** işe yaramaz kısım 13. **the dead** ölüler

dead[2] /ded/ *a.* hareketsiz/ ölü vakit: *They escaped in the dead of night.*

dead[3] /ded/ *be.* 1. ansızın ve tümüyle: *The car ahead stopped dead.* 2. *k. dili* tamamen, tam 3. *k. dili* doğrudan doğruya, direk olarak

deadbeat /'dedbi:t/ *a, arg.* kaldırım mühendisi, tembel kimse

deaden /'dedn/ *e.* köreltmek, azaltmak, körletmek, yok etmek: *The dentist gave him an anaesthetic to deaden the pain.*

**dead end** /'ded end/ *a.* 1. açmaz, çıkmaz 2. çıkmaz sokak

**deadline** /'dedlayn/ *a.* son teslim tarihi, son mühlet

**deadlock** /'dedlok/ *a.* çözümlenemeyen anlaşmazlık, çıkmaz

**deadly**[1] /'dedli/ *s.* 1. öldürücü 2. çok etkili 3. *hkr.* sıkıcı, bayıcı

**deadly**[2] /'dedli/ *be.* 1. çok: *He is always deadly serious.* 2. ölü/ ölüm gibi: *Her face was deadly white from shock.*

**deadpan** /'dedpen/ *s, k. dili* cansız, ölü gibi, duygusuz, ruhsuz

**deaf** /def/ *s.* 1. sağır 2. kulak asmayan, duymamazlıktan gelen, sağır

**deafen** /'defın/ *e.* sağır etmek, sağırlaştırmak

**deaf-mute** /'defmyu:t/ *a, s.* sağır-dilsiz

**deal**[1] /di:l/ *e.* [*pt, pp* **dealt** /delt/] 1. *isk.* dağıtmak, vermek: *He dealt the cards.* 2. paylaştırmak, dağıtmak: *She dealt out the soup to her guests.* 3. vurmak, patlatmak: *The boxer dealt a blow to his opponent's chin.*

**deal**[2] /di:l/ *a.* 1. *isk.* kâğıtları dağıtma sırası: *Whose deal is it?* 2. anlaşma, iş: *They closed the deal over lunch.* 3. miktar: *There was a great deal of noise in the room.* 4. **dirty/raw deal** *k. dili* kötü muamele

**dealer** /'di:lı/ *a.* 1. tüccar, satıcı 2. *isk.* kâğıtları dağıtan kimse

**deal in** *e.* alıp satmak, ticaretiyle uğraşmak: *He deals in kitchenware.*

**dealing** /'di:ling/ *a.* 1. iş 2. muamele

**dealings** /'di:lingz/ *a.* 1. ilişkiler 2. iş, alışveriş

**dealt** /delt/ *pt, pp bkz.* **deal**

**deal with** *e.* 1. iş/ticaret/alışveriş yapmak: *He's been dealing with the same butcher all his life.* 2. ele almak, uğraşmak, davranmak: *I can't deal with this any longer.* 3. hakkında olmak, ilgili olmak: *His lecture dealt with drug usage among teenagers.* 4. başa çıkmak

**dean** /di:n/ *a.* 1. dekan 2. baş papaz

**dear**[1] /dıı/ *s.* 1. sevgili, değerli, aziz 2. *İİ.* pahalı 3. (mektup başında) sevgili, sayın

**dear**[2] /dıı/ *a.* sevilen kimse, sevgili

**dear**[3] /dıı/ *ünl.* aman! canım! deme! hay Allah! vah vah!

**dearly** /'dıılı/ *be.* 1. çok: *They missed their parents dearly.* 2. pahalıya, pahalı bir biçimde: *She paid dearly for her mistakes.*

**dearth** /dö:t/ *a.* yokluk, kıtlık

**death** /det/ *a.* 1. ölüm 2. son, yıkım 3. **death duty/tax** *esk.* veraset vergisi 4. **death warrant** idam hükmü 5. **put to death** öldürmek 6. **sick to death of** - den bıkmış, bezmiş, canına tak etmiş, illallah demiş: *I'm sick to death of you!* 7. **to death** aşırı derecede

**deathblow** /'detblou/ *a.* öldürücü darbe, son darbe

**deathly** /'detli/ *s.* ölüm gibi

**deb** /deb/ *a, k. dili, bkz.* **debutante**

**debar** /di'ba:/ *e.* (from ile) mahrum bırakmak, alıkoymak

**debase** /di'beys/ *e.* alçaltmak, itibarını düşürmek: *Don't debase yourself by getting drunk.*

**debatable** /di'beytıbıl/ *s.* şüpheli, kuşku uyandıran

**debate**[1] /di'beyt/ *a.* tartışma, müzakere, görüşme

**debate**[2] /di'beyt/ *e.* tartışmak, görüşmek: *What are they debating in parliament today?*

**debauch**[1] /di'bo:ç/ *a.* sefahat

**debauch**[2] /di'bo:ç/ *e.* ayartmak, baştan çıkarmak, doğru yoldan saptırmak: *Alcohol and excessive behaviour have debauched him.*

**debauched** /di:'bo:çt/ *s.* sefih, zampara, uçarı, âlemci

**debauchery** /di'bo:çırı/ *a, hkr.* sefahat, uçarılık; zamparalık; âlemcilik

**debilitate** /di'biliteyt/ *e.* güçsüzleştirmek, zayıflatmak, takatten düşürmek: *His long illness has debilitated him.*

**debility** /di'biliti/ *a.* güçsüzlük, takatsızlık, zayıflık

**debit**[1] /'debit/ *a.* deftere kaydedilen borç, açık; zimmet

**debit**[2] /'debit/ *e.* zimmetine geçirmek: *The shop wrongly debitted 500 dollars* *against my account.*

debrief /di:'bri:f/ e. -den bilgi almak: *The spies were debriefed as soon as they returned.*

debris /'debri, 'deybri/ a. enkaz, yıkıntı, çöküntü

debt /det/ a. 1. alacak, borç 2. borçlu olma, borçlanma 3. **run into debt** borca girmek

debtor /'detı/ a. borçlu

debunk /di:'bank/ e, k. *dili* (yanlış bir düşünceyi) çürütmek: *Science has debunked many superstitions believed by our ancestors.*

debut /'deybyu:, 'debyu:/ a. sosyal bir alanda ilk beliriş, sahneye ilk kez çıkış

debutante /'debyuta:nt/ a. sosyeteye ilk kez çıkan genç kız

decade /'dekeyd/ a. on yıl

decadent /'dekıdınt/ s. gözden düşen, itibarını yitiren

decant /di'kent/ e. (şarap, vb.) bir kaptan diğerine aktarmak, boşaltmak

decanter /di'kentı/ a. şarap sürahisi

decapitate /di'kepiteyt/ e. başını kesmek, boynunu vurmak

decathlon /di'ketlon/ a, sp. dekatlon, onlu yarış

decay[1] /di'key/ e. 1. bozmak, çürütmek 2. bozulmak, çürümek 3. güçten düşmek, sağlığını yitirmek

decay[2] /di'key/ a. çürüme, bozulma; çöküş

decease /di'si:s/ a. ölüm, ölme

deceased /di'si:st/ a. merhum, ölü

deceit /di'si:t/ a, hkr. yalancılık, hilekârlık, düzenbazlık, namussuzluk

deceitful /di'si:tfıl/ s, hkr. 1. hilekâr, yalancı, namussuz 2. aldatıcı, sahte, yapmacık

deceive /di'si:v/ e. aldatmak: *He deceived everyone about his origins.*

December /di'sembı/ a. aralık (ayı)

decency /'di:sınsi/ a. terbiye, incelik, topluma uygunluk, ılım

decent /'di:sınt/ s. 1. terbiyeli, yakışık alır; saygılı 2. uygun, makul 3. k. *dili* oldukça iyi, tatmin edici, iyi, hoş 4. k. *dili* nazik, ince, kibar

decentralize /di:'sentrılayz/ e. merkezden birkaç yere yetki dağıtmak

deception /di'sepşın/ a. 1. aldatma; aldanma 2. hile

deceptive /di'septiv/ s. aldatıcı, yanıltıcı

decibel /'desibel/ a, tek. desibel

decide /di'sayd/ e. 1. karar vermek, kararlaştırmak: *You must decide which job to take.* 2. seçim yapmak, hüküm vermek: *She decided she didn't believe in Christianity.* 3. sonuçlandırmak: *The atom bomb decided the outcome of the second world war.*

decided /di'saydid/ s. 1. açık, anlaşılır, net 2. kararlı, değişmez

deciduous /di'sicuıs/ s. (ağaç) her yıl yaprakları dökülen

decimal[1] /'desimıl/ s, mat. ondalık

decimal[2] /'desimıl/ a, mat. ondalık sayı/kesir

decimalize /'desimılayz/ e. ondalık sisteme çevirmek

decimate /'desimeyt/ e. büyük kısmını yok etmek, kırmak, kırıp geçirmek: *A locust plague decimated all the vegetation.*

decipher /di'sayfı/ e. şifresini/anlamını çözmek

decision /di'sijın/ a. 1. karar 2. kararlılık

decisive /di'saysiv/ s. 1. kararlı 2. kesin, sonuca götüren 3. şüphesiz, kesin

deck[1] /dek/ a. 1. güverte 2. *Al.* (iskambil) deste 3. kat

deck[2] /dek/ e. süslemek, donatmak: *They decked out a huge hall for the wedding.*

deckchair /'dekçeı/ a. şezlong

declaim /di'kleym/ e. yüksek sesle ve el kol hareketleriyle konuşmak/söylemek

declaration /deklı'reyşın/ a. 1. bildiri, deklarasyon 2. demeç

declare /di'kleı/ e. 1. ilan etmek: *He was declared President after the coup.* 2. iddia etmek: *She declared she knew nothing about the robbery.* 3. bildirmek, haber vermek, deklare etmek: *You must declare your income to the goverment each year.*

declared /di'kleıd/ s. olarak kabul edilen, bilinen; şaşmaz, değişmez: *He's a de-*

*clared Moslem.*

**decline**[1] /di'klayn/ *e.* 1. geri çevirmek, reddetmek: *He declined when I asked him to speak at the meeting.* 2. azalmak, zayıflamak, düşmek, kötüye gitmek; çökmek: *The world's forests are rapidly declining.* 3. (güneş) batmak: *In the west, the sun was declining.*

**decline**[2] /di'klayn/ *a.* iniş, gerileme, düşme, kötüye gidiş, çöküş

**decode** /di:'koud/ *e.* şifresini çözmek

**decompose** /di:kım'pouz/ *e.* 1. çürümek, bozulmak 2. çürütmek, bozmak 3. ayrışmak 4. ayrıştırmak

**décor** /'deyko:/ *a.* dekor

**decorate** /'dekıreyt/ *e.* 1. süslemek, donatmak, dekore etmek 2. badanalamak, boyamak 3. duvar kâğıdıyla kaplamak 4. (for ile) nişan vermek

**decoration** /dekı'reyşın/ *a.* 1. süsleme, dekorasyon 2. süs 3. nişan, madalya

**decorative** /'dekırıtiv/ *s.* süsleyici, dekoratif

**decorator** /'dekıreytı/ *a.* 1. dekoratör 2. badanacı

**decorous** /'dekırıs/ *s.* 1. ağırbaşlı, efendi; yakışık alır, uygun 2. kibar

**decorum** /di'ko:rım/ *a.* uygun davranış

**decoy** /'di:koy/ *a.* tuzak; yem; hile

**decrease** /di'kri:s/ *e.* 1. azalmak: *Sales decreased this year because of inflation.* 2. azaltmak: *Science has greatly decreased disease in the world.*

**decree**[1] /di'kri:/ *a.* 1. emir, kararname 2. *huk.* karar, hüküm

**decree**[2] /di'kri:/ *e.* emretmek, buyurmak

**decrepit** /di'krepit/ *s, hkr.* eli ayağı tutmaz, yıpranmış, moruk

**decry** /di'kray/ *e.* kötülemek, yermek

**dedicate** /'dedikeyt/ *e.* 1. adamak: *She dedicated herself to helping orphans.* 2. ithaf etmek: *The playwright dedicated her new play to her mother.*

**dedicated** /'dedikeytid/ *s.* (işine) kendini adamış

**dedication** /dedi'keyşın/ *a.* 1. adama 2. ithaf

**deduce** /di'dyu:s/ *e.* anlamak, ortaya çıkarmak, sonucuna varmak: *The police*

*deduced he was a big man from his footprints.*

**deduct** /di'dakt/ *e.* çıkarmak, azaltmak, indirmek, eksiltmek: *He deducted twenty from eighty and gave me sixty.*

**deduction** /di'dakşın/ *a.* 1. kesinti, indirme, azaltma 2. tümdengelim, türetim 3. sonuç

**deed** /di:d/ *a.* 1. iş, hareket, eylem, edim 2. *huk.* senet, tapu senedi

**deem** /di:m/ *e.* saymak, sanmak, zannetmek

**deep**[1] /di:p/ *s.* 1. derin 2. (renk) koyu 3. (uyku) derin 4. (ses) boğuk, alçak 5. (duygu) derin, içten 6. yoğun, ciddi 7. anlaşılmaz, karmaşık 8. ciddi, kötü 9. derine inen, yüzeyde kalmayan 10. **deep freeze** dipfriz, derin dondurucu 11. **go off the deep end** *k. dili* tepesi atmak 12. **in deep water** başı dertte

**deep**[2] /di:p/ *be.* 1. derine, dibe, derinden, derin: *She dived deep and swam to the bottom.* 2. geç vakte kadar, geç vakitte: *The enemy advanced deep into the night.* 3. **Still waters run deep** *ats.* Durgun sular derinden akar.

**deep**[3] /di:p/ *a.* (the ile) *yaz.* deniz

**deepen** /'di:pın/ *e.* 1. derinleşmek 2. derinleştirmek

**deep-seated** /di:p'si:tid/ *s.* köklü, yerleşmiş

**deer** /diı/ *a, hayb.* geyik, karaca

**deface** /di'feys/ *e.* görünüşünü bozmak, çirkinleştirmek, tahrif etmek

**defame** /di'feym/ *e.* kara çalmak, ününe leke sürmek

**default**[1] /di'fo:lt/ *e.* 1. bir görevi yerine getirmemek 2. bir borcu ödememek 3. mahkemeye gelmemek 4. yarışmaya katılmamak

**default**[2] /di'fo:lt/ *a.* 1. hazır bulunmayış, katılmayış, gelmeme 2. yapmama, savsama

**defeat**[1] /di'fi:t/ *e.* 1. yenmek, bozguna uğratmak: *He has defeated all his opponents.* 2. boşa çıkarmak, suya düşürmek, mahvetmek, yıkmak: *His hopes of being a doctor were defeated when he failed his entrance exam.*

**D**

defeat² /di'fi:t/ a. 1. yenilgi, bozgun 2. yenilgiye uğrama 3. yenilgiye uğratma

defeatism /di'fi:tizım/ a. bozgunculuk

defecate /'defikeyt/ e. dışkı boşaltmak

defect¹ /'di:fekt/ a. hata, kusur, eksiklik

defect² /di'fekt/ e. kendi ülke/parti, vb.'ni terk etmek; iltica etmek: How many people have defected to the U. S. S. R. in the last decade?

defective /di'fektiv/ s. hatalı, kusurlu, eksik

defence /di'fens/ a. savunma

defend /di'fend/ e. savunmak, korumak, müdafaa etmek

defendant /di'fendınt/ a, huk. sanık, davalı

defense /di'fens/ a, Aİ, bkz. defence

defensive /di'fensiv/ s. savunan, savunucu, savunmalı, koruyucu

defer /di'fö:/ e. ertelemek, sonraya bırakmak: The meeting has been deferred until the director returns.

defer to e. saygı göstermek, kabul etmek; boyun eğmek: John has always deferred to his father's advice.

deference /'defırıns/ a. uyma, saygı gösterme, riayet etme

defiant /di'fayınt/ s. meydan okuyan, küstah, cüretkâr

deficiency /di'fişınsi/ a. 1. eksiklik, kusur 2. yetersizlik

deficient /di'fişınt/ s. 1. yetersiz 2. eksik

deficit /'defisit/ a. (bütçe, hesap) açık

defile /di'fayl/ e. kirletmek: Graffitti defiled the monument.

define /di'fayn/ e. 1. tanımlamak: How would you define "futurism"? 2. belirtmek: The job specifications clearly defined his responsibilities.

definite /'definit/ s. belirli, açık, kesin

definitely /'definitli/ be. kesinlikle: He will definitely be here tomorrow.

definition /defi'nişın/ a. 1. tanım 2. açıklık, berraklık, netlik

definitive /di'finitiv/ s. 1. nihai, kesin 2. tam, eksiksiz, kusursuz

deflate /di'fleyt, di'fleyt/ e. 1. havasını boşaltmak, söndürmek 2. sönmek 3. piyasadaki para miktarını azaltmak

deflation /di:'fleyşın/ a. deflasyon, paradarlığı

deflect /di'flekt/ e. 1. sapmak, sekmek 2. saptırmak, sektirmek

deform /di'fo:m/ e. biçimini bozmak, deforme etmek

deformity /di'fo:miti/ a. biçimsizlik, sakatlık

defraud /di'fro:d/ e. dolandırmak, aldatmak, hakkını yemek

defrost /di:'frost/ e. buzlarını çözmek/temizlemek

deft /deft/ s. becerikli, eli çabuk, marifetli

defunct /di'fankt/ s. ölü, ölmüş

defuse /di:'fyu:z/ e. (patlayıcı) fitilini sökmek

defy /di'fay/ e. 1. karşı gelmek, başkaldırmak: The soldiers defied their officer's orders and retreated. 2. kafa tutmak; meydan okumak: I defy you to speak to me like that again.

degeneracy /di'cenırisi/ a. yozlaşma, soysuzlaşma

degenerate¹ /di'cenırit/ s. yozlaşmış, yoz

degenerate² /di'cenıreyt/ e. 1. yozlaşmak: He used to be a fine young man but he has degenerated. 2. düşmek, dönüşmek: His work used to be excellent but it has degenerated into mediocrity.

degeneration /dicenı'reyşın/ a. bozulma, yozlaşma, dejenerasyon

degrade /di'greyd/ e. küçük düşürmek, alçaltmak: Stop bullying others. It degrades you.

degree /di'gri:/ a. 1. tek. derece 2. düzey, derece, kademe 3. öğrenim derecesi

dehydrate /di:hay'dreyt/ e. suyunu almak, kurutmak

deify /'di:ifay, 'deyfay/ e. tanrılaştırmak, yüceltmek, ululaştırmak, tapmak

deign /deyn/ e, hkr. tenezzül etmek: I didn't deign to answer his ridiculous accusation.

deity /'di:iti, 'deyti/ a. tanrı, tanrıça

déjà vu /deyja: 'vyu:, deyja 'vu:/ a. "bunu daha önceden yaşamıştım" duygusu

dejected /di'cektid/ s. üzgün, hüzünlü, mahzun

delay¹ /di'ley/ e. 1. gecikmek: There's no

*time to delay. Come now.* 2. geciktir-
mek: *A fire in the underground delayed
all the trains.* 3. ertelemek: *We have
had to delay buying a car till next year.*
delay² /di'ley/ *a.* gecikme
delectable /di'lektıbıl/ *s.* nefis
delegate¹ /'deligit/ *a.* temsilci, delege
delegate² /'deligeyt/ *e.* 1. temsilci olarak
görevlendirmek/atamak 2. delege olarak
göndermek
delegation /deli'geyşın/ *a.* 1. delegasyon
2. yetki verme, görevlendirme
delete /di'li:t/ *e.* silmek, çıkarmak: *The
censors had deleted many words from
the letter.*
deliberate¹ /di'libırıt/ *s.* 1. kasıtlı 2. tem-
kinli, ağır, dikkatli
deliberate² /di'libıreyt/ *e.* 1. düşünmek,
üzerinde durmak 2. tartışmak
deliberately /di'libırıtli/ *be.* kasten, bile
bile
delicacy /'delikısı/ *a.* 1. incelik, duyarlılık,
narinlik 2. az bulunur/pahalı/leziz yiye-
cek
delicate /'delikıt/ *s.* 1. narin, zarif, ince 2.
kolayca incinen, hassas, nazik 3. dikkat
isteyen, ince 4. (alet, vb.) duyarlı, has-
sas 5. (yemek) leziz ve hafif
delicatessen /delikı'tesın/ *a.* mezeci
dükkânı, şarküteri
delicious /di'lişıs/ *s.* nefis, leziz: *This food
is really delicious.*
delight¹ /di'layt/ *e.* 1. zevk vermek, mem-
nun etmek, sevindirmek: *The ballet de-
lighted the audience.* 2. (in ile) zevk
almak: *He was delighted by their
thoughtful present.*
delight² /di'layt/ *a.* 1. zevk, haz 2. sevinç
3. **Turkish delight** lokum
delightful /di'laytfıl/ *s.* zevkli, hoş
delinquency /di'linkwınsi/ *a.* 1. görevi
ihmal etme 2. suç işleme; kurallara uy-
mama
delinquent /di'linkwınt/ *s.* 1. suçlu, suç
işleyen 2. görevini yerine getirmeyen
delirious /di'liırıs/ *s.* 1. sayıklamalı,
sayıklayan 2. çılgın gibi, azgın
delirium /di'liriım/ *a.* 1. sayıklama 2.
coşma, azma

deliver /di'livı/ *e.* 1. (alıcının evi-
ne/işyerine) teslim etmek, götürmek,
dağıtmak 2. (from ile) kurtarmak, koru-
mak 3. doğurtmak 4. (up/over ile) ver-
mek, teslim etmek 5. (konuşma, vb.)
okumak, yapmak 6. (demeç, ders, vb.)
vermek
deliverance /di'livırıns/ *a.* 1. kurtarma 2.
kurtulma, kurtuluş
delivery /di'livıri/ *a.* 1. teslim, dağıtım,
servis 2. doğum 3. konuşma biçimi
delta /'deltı/ *a.* 1. Yunan abecesinin
dördüncü harfi, delta 2. *coğ.* delta, çata-
lağız
delude /di'lu:d/ *e.* kandırmak, aldatmak:
*Don't delude yourself. You have no tal-
ent.*
deluge¹ /'delyu:c/ *a.* 1. büyük sel, su
baskını 2. şiddetli yağmur
deluge² /'delyu:c/ *e.* ... yağmuruna tut-
mak: *The star was deluged by requests
for autographs.*
delusion /di'lu:jın/ *a.* 1. aldatma 2. al-
danma 3. saplantı; yanlış inanç, kuruntu
de luxe /di'laks/ *s.* lüks, kaliteli
delve /delv/ *e.* (into/among ile) derinle-
mesine araştırmak
demagogic /demı'gogik/ *s.* demagojik
demagogue /'demıgog/ *a, hkr.* demagog,
halkavcısı
demand¹ /di'ma:nd/ *a.* 1. istek, talep 2.
rağbet 3. **in demand** rağbette
demand² /di'ma:nd/ *e.* 1. istemek, talep
etmek: *He demanded to speak to the
manager.* 2. gerektirmek: *Poverty in
undeveloped countries demands some
solutions.*
demanding /di'ma:nding/ *s.* ça-
ba/dikkat/bakım/ilgi gerektiren
demarcation /dima:'keyşın/ *a.* ayırma,
sınırlarını belirtme
demean /di'mi:n/ *e.* küçük düşürmek,
alçaltmak
demeanour /di'mi:nı/ *a.* davranış biçimi,
tavır, tutum
demented /di'mentid/ *s.* deli, çılgın
demise /di'mayz/ *a, huk.* ölüm
demo /'demou/ *a, k. dili* gösteri
demobilization /dimoubilay'zeyşın/ *a,*

*ask.* 1. terhis 2. seferberliğin bitmesi
**demobilize** /di:'moubilayz/ *e.* terhis etmek
**democracy** /di'mokrısi/ *a.* 1. demokrasi, elerki 2. demorkasiyle yönetilen ülke 3. sosyal eşitlik
**democrat** /'demıkret/ *a.* demokrat, elerkçi, halkerkçi
**democratic** /demı'kretik/ *s.* demokratik
**demography** /di'mogrıfi/ *a.* demografi, nüfusbilim
**demolish** /di'moliş/ *e.* yıkmak, yok etmek
**demolition** /demı'lişın/ *a.* 1. yıkma, yok etme 2. yıkılma, yıkım
**demon** /'di:mın/ *a.* şeytan
**demonstrable** /di'monstrıbıl/ *s.* 1. kanıtlanabilir 2. açık, ortada
**demonstrate** /'demınstreyt/ *e.* 1. göstermek: *At the agricultural exhibition they were demonstrating how to work a harvester.* 2. (örneklerle) kanıtlamak, göstermek: *He demonstrated Newton's theory of gravity.* 3. kullanılışını göstermek: *The store was demonstrating its new kitchen appliances.* 4. gösteri yapmak/düzenlemek: *Thousands marched in the streets to demonstrate against the use of nuclear armaments.*
**demonstration** /demın'streyşın/ *a.* 1. gösteri 2. kullanılışını gösterme
**demonstrative** /di'monstrıtiv/ *s.* 1. duygularını gizlemeyen 2. **demonstrative pronoun** *dilb.* işaret zamiri, gösterme adılı
**demoralize** /di'morılayz/ *e.* 1. cesaretini kırmak, moralini bozmak 2. ahlaksızlaştırmak
**demote** /di'mout/ *e.* rütbesini indirmek
**demur** /di'mö:/ *e.* itiraz etmek, karşı çıkmak: *She never demurred when asked to work late.*
**demure** /di'myuı/ *s.* ağırbaşlı, uslu
**den** /den/ *a.* 1. in, mağara 2. yatak, uğrak 3. *k. dili* çalışma odası
**denial** /di'nayıl/ *a.* 1. inkâr, yadsıma, yoksama 2. yalanlama
**denim** /'denim/ *a.* 1. blucin kumaşı, kot 2. *ç. k. dili* blucin, kot
**denomination** /dinomi'neyşın/ *a.* 1. mezhep 2. birim 3. ad

**denote** /di'nout/ *e.* belirtmek, göstermek, anlamına gelmek
**denounce** /di'nauns/ *e.* alenen suçlamak, kınamak
**dense** /dens/ *s.* 1. sıkışık, kalabalık, yoğun 2. (sis, duman, vb.) yoğun, koyu 3. (orman) sık 4. *k. dili* aptal, kalın kafalı
**density** /'densiti/ *a.* 1. yoğunluk 2. sıklık 3. *fiz.* yoğunluk
**dent**$^1$ /dent/ *a.* 1. ezik, vuruk, çukur, girinti 2. *k. dili* incinme
**dent**$^2$ /dent/ *e.* 1. göçürmek, yamultmak 2. göçmek, yamulmak
**dental** /'dentl/ *s.* dişlerle ilgili, diş ...
**dentist** /'dentist/ *a.* dişçi, diş hekimi
**dentistry** /'dentistri/ *a.* dişçilik
**denture** /'dençı/ *a.* takma diş
**denude** /di'nyu:d/ *e.* soymak, çıplak hale getirmek
**denunciation** /dinansi'eyşın/ *a.* 1. alenen suçlama, kınama 2. kınanma
**deny** /di'nay/ *e.* 1. inkâr etmek, yadsımak: *I knew he had been in prison but he always denied it.* 2. yalanlamak, tanımamak, yoksamak: *After he made a lot of money he denied his old friends.* 3. esirgemek: *He gave all the love to his children that he had been denied as a child.*
**deodorant** /di:'oudırınt/ *a.* deodoran, kokugideren
**depart** /di'pa:t/ *e.* 1. ayrılmak, gitmek, hareket etmek, kalkmak: *The plane departs at eleven.* 2. (from ile) sapmak, ayrılmak, dönmek: *The witnesses' stories departed from each other on several points.*
**departed** /di'pa:tid/ *s.* geçmiş, bitmiş, tükenmiş, ölmüş
**department** /di'pa:tmınt/ *a.* 1. kısım, bölüm, reyon; şube, daire, kol 2. **department store** (çeşitli reyonlardan oluşan) büyük mağaza
**departure** /di'pa:çı/ *a.* hareket, gidiş, kalkış
**depend** /di'pend/ *e.* (on/upon ile) 1. güvenmek; bel bağlamak: *You can depend on Mary to cook an excellent meal.* 2. bağlı olmak, ihtiyaç duymak: *He still*

depends on his father although he is now 25. 3. göre değişmek, bağlı olmak: Which hotel I stay at depends on their prices. 4. **It depends** duruma göre değişir, belli olmaz, emin değilim: *"Will you come on Saturday?" "It depends."*

**dependable** /di'pendıbıl/ s. güvenilir

**dependant** /di'pendınt/ a. birine ekonomik bağımlılığı olan kimse

**dependence** /di'pendıns/ a. 1. bağımlılık 2. güven, güvenme 3. (uyuşturucu, vb. ne) bağlılık

**dependent**[1] /di'pendınt/ s. 1. bağlı 2. muhtaç

**dependent**[2] /di'pendınt/ a, bkz. **dependant**

**depict** /di'pikt/ e. 1. göstermek 2. dile getirmek, betimlemek

**deplete** /di'pli:t/ e. 1. tüketmek, bitirmek 2. boşaltmak

**deplorable** /di'plo:rıbıl/ s. acınacak, çok kötü; üzücü

**deplore** /di'plo:/ e. teessüf etmek, üzülmek

**deploy** /di'ploy/ e, ask. 1. mevzilenmek, konuşlanmak 2. mevzilendirmek, konuşlandırmak

**deployment** /di'ploymınt/ a, ask. yayılma

**deport** /di'po:t/ e. sınır dışı etmek, yurtdışına sürmek

**deportment** /di'po:tmınt/ a. 1. davranış 2. duruş/yürüyüş biçimi

**depose** /di'pouz/ e. 1. tahttan indirmek 2. azletmek, görevden çıkarmak

**deposit**[1] /di'pozit/ e. 1. koymak, bırakmak 2. (bankaya) yatırmak 3. (kaparo) vermek 4. (tortu) bırakmak

**deposit**[2] /di'pozit/ a. 1. yatırılan para, mevduat 2. kaparo, depozit 3. tortu 4. **deposit account** mevduat hesabı

**depositor** /di'pozitı/ a. mudi, yatıran

**depot** /'depou/ a. 1. depo, ambar 2. ask. cephanelik 3. küçük istasyon

**deprave** /di'preyv/ e. ahlaksızlaştırmak

**depraved** /di'preyvd/ s. ahlaksız

**depreciate** /di'pri:şieyt/ e. 1. (para, vb.) değer kaybetmek 2. küçümsemek, hor görmek

**depress** /di'pres/ e. 1. üzmek, keyfini

kaçırmak, içini karartmak: *Hearing about others' misfortune always depresses me.* 2. basmak, bastırmak: *You have to depress that lever to open the gate.* 3. durgunlaştırmak: *Inflation has depressed spending throughout the country.*

**depressed** /di'prest/ s. 1. keyifsiz, morali bozuk, üzgün 2. sanayisi gelişmemiş

**depression** /di'preşın/ a. 1. depresyon, çökkünlük, çöküntü, bunalım 2. ekonomik daralma, bunalım, depresyon 3. çukur

**deprive** /di'prayv/ e. (of ile) yoksun bırakmak, mahrum etmek: *Living organisms die when they are deprived of water.*

**deprived** /di'prayvd/ s. sosyal haklardan yoksun; yoksul, muhtaç

**depth** /dept/ a. 1. derinlik 2. **in depth** derinlemesine araştırılmış, yapılmış, ciddiyetle yapılmış 3. **out of one's depth** boyunu aşan, bilgi ve yeteneğini aşan, bilgisi dışında

**deputation** /depyu'teyşın/ a. temsilciler heyeti

**depute** /di'pyu:t/ e. 1. vekil tayin etmek, yetki vermek: *My assistant has been deputed to do my work while I'm away.* 2. (yetki) vermek, devretmek: *I will depute my sister to look after my financial affairs.*

**deputize** /'depyutayz/ e. birine vekalet etmek

**deputy** /'depyuti/ a. 1. vekil 2. milletvekili

**derail** /di:'reyl/ e. (tren) raydan çıkarmak

**derange** /di'reync/ e. 1. düzenini bozmak 2. (akli dengesini) bozmak, delirtmek

**derby** /'da:bi, 'dö:bi/ a. 1. *Aİ.* melon şapka 2. **the Derby** İngiltere'de Epsom'da her yıl yapılan geleneksel at yarışı

**derelict** /'derilikt/ s. terk edilmiş, metruk, sahipsiz

**deride** /di'rayd/ e. ile alay etmek, kahkahalarla gülmek: *They used to deride his art but now he is famous.*

**derision** /di'rijın/ a. 1. alay, alay etme 2. **object of derision** alay konusu

**derisive** /di'raysiv/ s. 1. alay edici, alaycı

2. komik, gülünç, alay edilecek türden
derisory /di'raysırı/ s, bkz. **derisive**
derivation /deri'veyşın/ a. 1. köken 2.
türeme 3. türetme
derivative /di'rivıtiv/ s, a. türemiş, türev
derive /di'rayv/ e. (from ile) 1. elde etmek,
çıkarmak, almak: *You can derive
knowledge from books.* 2. gelmek, tü-
remek: *Heroin is derived from opium.*
dermatitis /dö:mı'taytis/ a, hek. dermatit,
deri yangısı
derogatory /di'rogıtıri/ s. küçültücü, onur
kırıcı, hakaret edici, aşağılayıcı
derrick /'derik/ a. 1. vinç 2. petrol sondaj
kulesi
descend /di'send/ e. 1. (aşağı) inmek,
alçalmak: *The elevator was descending
when it got stuck between floors.* 2.
(güneş) batmak: *As the sun descended,
the sky turned scarlet.* 3. kalmak: *These
recipes have descended from my great
grandmother.* 4. (on/upon ile) aniden
saldırmak, hücum etmek, üşüşmek: *The
wolves descended upon the sleeping
sheep.* 5. (to ile) tenezzül etmek, düş-
mek: *He descended to cheating to pass
his exams.*
descendant /di'sendınt/ a. -in soyundan
gelen kimse; torun
descent /di'sent/ a. 1. iniş, inme 2. soy,
nesil 3. ani saldırı, baskın
describe /di'skrayb/ e. 1. tanımlamak,
betimlemek, anlatmak: *Can you de-
scribe the man you saw robbing the
shop?* 2. (as ile) görmek, saymak, gö-
züyle bakmak: *I wouldn't describe him
as a good carpenter.* 3. çizmek: *He de-
scribed a series of patterns on the page.*
description /di'skripşın/ a. 1. tanımlama,
betimleme 2. tanım, tarif 3. k. dili çeşit,
tür
descriptive /di'skriptiv/ s. tanımlayıcı,
betimsel
desecrate /'desikreyt/ e. kutsallığını
bozmak, kirletmek
desert[1] /'dezıt/ a. çöl
desert[2] /di'zö:t/ e. 1. terk etmek, bırakıp
gitmek: *The families deserted their
houses as the floods advanced.* 2. yü-

züstü bırakmak: *He went to Norway
deserting his family in Turkey.* 3. kaç-
mak, firar etmek: *The Russian sailor
deserted the ship and sought political
asylum in New Zealand.*
deserter /di'zö:tı/ a. asker kaçağı, firari
deserve /di'zö:v/ e. hak etmek, layık
olmak: *What have I done to deserve
this?*
deservedly /di'zö:vidli/ be. hakkıyla,
layıkıyla
desiccate /'desikeyt/ e. (meyve, vb.)
kurutmak
design[1] /di'zayn/ e. 1. çizmek, plan çiz-
mek 2. planını çizmek 3. tasarlamak
design[2] /di'zayn/ a. 1. plan, proje 2.
tasarım, çizim, dizayn 3. desen, taslak,
resim 4. maksat, niyet 5. entrika, komp-
lo 6. **have designs on/against** ele ge-
çirmek için planlar yapmak
designate /'dezigneyt/ e. 1. belirtmek,
göstermek, işaret etmek 2. atamak, gö-
revlendirmek 3. (as ile) unvanlandırmak
designer /di'zaynı/ a. tasarımcı, tasarçi-
zimci, dizaynı
desirable /di'zayırıbıl/ s. istenilir, arzu
edilir, hoş
desire[1] /di'zayı/ e. arzu etmek, istemek;
arzulamak
desire[2] /di'zayı/ a. 1. arzu, emel 2. istek,
dilek 3. cinsel istek, arzu
desirous /di'zayırıs/ s. istekli, arzulu,
tutkulu
desist /di'zist/ e. -den kendini almak,
bırakmak, vazgeçmek: *Sometimes I
can't desist from laughing at him.*
desk /desk/ a. 1. okul sırası 2. yazı ma-
sası 3. resepsiyon
desolate /'desılıt/ s. 1. ıssız, terk edilmiş,
boş 2. yalnız, arkadaşsız, terk edilmiş
desolation /desı'leyşın/ a. 1. kimsesizlik,
yalnızlık, terk edilmişlik
despair[1] /di'speı/ e. (of ile) umudunu
kesmek: *We started to despair of finding
our way in the fog.*
despair[2] /di'speı/ a. umutsuzluk
despatch /di'speç/ a, e, bkz. **dispatch**
desperado /despı'ra:dou/ a. gözü dön-
müş kimse

**desperate** /'despırıt/ *a.* 1. umutsuz, çaresizliğe kapılmış 2. gözü dönmüş 3. çok ciddi, ağır, tehlikeli
**desperation** /despı'reyşın/ *a.* gözü dönmüşlük, umarsızlık, çaresizlik
**despicable** /di'spikıbıl/ *s.* aşağılık, adi
**despise** /di'spayz/ *e.* küçümsemek, hor görmek, aşağılamak
**despite** /di'spayt/ *ilg.* -e rağmen, -e karşın: *Despite repeated warnings he continues to drink heavily.*
**despondency** /di'spondınsi/ *a.* umutsuzluk, melankoli, bunalım
**despondent** /di'spondınt/ *s.* umutsuzluğa kapılmış
**despot** /'despot, 'despıt/ *a, hkr.* despot, zorba
**despotism** /'despıtizım/ *a.* despotluk
**dessert** /di'zö:t/ *a.* (yemeğin sonunda yenen) tatlı
**destination** /desti'neyşın/ *a.* gidilecek/gönderilen yer
**destine** /'destin/ *e.* kaderini/geleceğini önceden belirlemek: *She comes from a family of actors and is destined for the stage.*
**destiny** /'destini/ *a.* alınyazısı, yazgı, kader
**destitute** /'destityu:t/ *s.* 1. yoksul 2. -den yoksun
**destroy** /di'stroy/ *e.* yok etmek, mahvetmek; yıkmak: *The earthquake destroyed the town.*
**destroyer** /di'stroyı/ *a.* 1. yıkıcı, yok edici kimse/şey 2. *ask.* destroyer, muhrip
**destruction** /di'strakşın/ *a.* 1. yıkma, yok etme 2. yıkım, yok olma
**destructive** /di'straktiv/ *s.* yıkıcı
**desultory** /'desıltıri, 'dezıltıri/ *s.* sistemsiz, amaçsız, kopuk, dağınık
**detach** /di'teç/ *e.* ayırmak, sökmek, çözmek
**detached** /di'teçt/ *s.* 1. ayrı, bağlantısız 2. yansız 3. (ev) müstakil
**detachment** /di'teçmınt/ *a.* 1. ayırma, çıkarma 2. ayrılma, çıkma 3. *ask.* müfreze
**detail** /'di:teyl/ *a.* ayrıntı, detay
**detailed** /'di:teyld/ *s.* ayrıntılı, detaylı

**detain** /di'teyn/ *e.* alıkoymak, tutmak: *He has been detained by the heavy traffic.*
**detect** /di'tekt/ *e.* bulmak, ortaya çıkarmak: *The geologist detected traces of gold in the rocks.*
**detection** /di'tekşın/ *a.* bulma, ortaya çıkarma
**detective** /di'tektiv/ *a.* dedektif, hafiye
**détente** /'deytont, dey'tont, dey'ta:nt/ *a.* uluslararası gerginliğin yumuşaması
**detention** /di'tenşın/ *a.* 1. alıkoyma, engelleme, tutma 2. alıkonma
**deter** /di'tö:/ *e.* alıkoymak, vazgeçirmek, caydırmak: *The hard work didn't deter him becoming a doctor.*
**detergent** /di'tö:cınt/ *a.* deterjan, arıtıcı
**deteriorate** /di'tiirıreyt/ *e.* 1. kötüleşmek, kötüye gitmek 2. kötüleştirmek
**determination** /ditö:mi'neyşın/ *a.* 1. azim, kararlılık 2. belirleme, saptama, kararlaştırma 3. belirlenme
**determine** /di'tö:min/ *e.* 1. karar vermek 2. kararlaştırmak 3. karar verdirtmek 4. belirlemek, saptamak
**determined** /di'tö:mind/ *s.* kararlı, azimli
**determiner** /di'tö:minı/ *a, dilb.* belirtici, bir adın anlamını sınırlayan ve bu adı tanımlayan sözcük
**determinism** /di'tö:minizım/ *a, fel.* determinizm, gerekircilik
**detest** /di'test/ *e.* nefret etmek: *I detest dishonesty.*
**detonate** /'detıneyt/ *e.* 1. patlamak 2. patlatmak
**detonation** /detı'neyşın/ *a.* patlama
**detour**[1] /'di:tuı/ *a.* dolambaçlı yol
**detour**[2] /'di:tuı/ *e.* dolambaçlı yoldan gitmek ya da göndermek
**detract** /di'trekt/ *e.* (from ile) düşürmek, eksiltmek, azaltmak: *His unkempt clothes don't detract from his charm.*
**detriment** /'detrimınt/ *a.* zarar, hasar
**detrimental** /detri'mentl/ *s.* zararlı
**deuce** /dyu:s/ *a.* (tenis) düs, 40-40 berabere
**devaluation** /di:velyu'eyşın/ *a.* devalüasyon, değer düşürümü
**devalue** /di:'velyu:/ *e.* 1. paranın değerini düşürmek 2. değerini düşürmek

**devastate** /'devɪsteyt/ *e.* harap etmek
**devastating** /'devɪsteying/ *s.* 1. yok edici, yıkıcı 2. *k. dili* çok iyi; çekici
**devastation** /'devɪ'steyşın/ *a.* harap etme/olma
**develop** /di'velıp/ *e.* 1. gelişmek, büyümek, artmak 2. geliştirmek, büyütmek, artırmak 3. harekete geçmek, görünmeye başlamak, ortaya çıkmak 4. harekete geçirmek 5. (hastalık) geçirmek 6. (filmi) banyo etmek 7. işlenecek hale getirmek
**development** /di'velıpmınt/ *a.* 1. gelişme 2. geliştirme 3. kalkınma 4. (film) banyo
**deviant** /'di:viınt/ *s.* olağan dışı, alışılmışın dışında, anormal, sapkın
**deviate** /'di:vieyt/ *e.* sapmak, ayrılmak: *He never deviates from his morning routine.*
**deviation** /di:vi'eyşın/ *a.* sapma
**device** /di'vays/ *a.* 1. aygıt, alet 2. hile, oyun, plan
**devil** /'devıl/ *a.* 1. (the ile) şeytan 2. kötü ruh 3. **poor devil** *k. dili* zavallı, zavallıcık 4. **What the devil** *arg.* Ne bok ...: *What the devil are you doing?*
**devilish** /'deviliş/ *s.* şeytani, melun, zalim
**devious** /'di:vıs/ *s.* 1. dolambaçlı 2. *hkr.* namussuz, üçkâğıtçı
**devise** /di'vayz/ *e.* planlamak, kurmak, bulmak, keşfetmek: *The government must devise a way to reduce pollution.*
**devoid** /di'voyd/ *s.* yoksun: *He is devoid of pity.*
**devolution** /di:vı'lu:şın/ *a.* yetki verme, başkasını yetkilendirme
**devolve** /di'volv/ *e.* (on/upon ile) kalmak, devrolmak: *In his absence the chairman's duties have devolved on the secretary.*
**devote** /di'vout/ *e.* (to ile) -e adamak, vermek: *He devotes his time to charity.*
**devoted** /di'voutid/ *s.* sadık, bağlı, düşkün: *She is devoted to her parents.*
**devotee** /devı'ti:/ *a.* hayran, düşkün
**devotion** /di'vouşın/ *a.* 1. adama 2. (zaman) ayırma 3. bağlılık, düşkünlük 4. dindarlık
**devour** /di'vau/ *e.* 1. hırsla yiyip yutmak, silip süpürmek 2. bitirmek, yok etmek

**devout** /di'vaut/ *s.* 1. dindar 2. içten, samimi, yürekten
**dew** /dyu:/ *a.* çiy, şebnem
**dewy** /'dyu:i/ *s.* buğulu, nemli, çiyli
**dexterity** /dek'steriti/ *a.* yetenek, el becerisi, hüner, ustalık
**dexterous** /'dekstırıs/ *s.* becerikli, hünerli, usta
**diabetes** /dayı'bi:ti:z/ *a, hek.* şeker hastalığı, diyabet
**diabetic** /dayı'betik/ *s, a, hek.* 1. diyabetik 2. şeker hastası
**diabolical** /dayı'bolikıl/ *s, hkr.* 1. şeytani, acımasız, zalim 2. *k. dili* berbat, boktan
**diagnose** /'dayıgnouz/ *e.* teşhis etmek, tanılamak
**diagnosis** /dayıg'nousis/ *e.* teşhis, diyagnoz, tanı
**diagonal**[1] /day'egınıl/ *a.* köşegen
**diagonal**[2] /day'egınıl/ *s.* çapraz
**diagram** /'dayıgrem/ *a.* diyagram, çizenek
**dial**[1] /'dayıl/ *a.* (saat/telefon, vb.) kadran
**dial**[2] /'dayıl/ *e.* (telefon) numaraları çevirmek
**dialect** /'dayılekt/ *a.* lehçe, diyalekt
**dialectic** /dayı'lektik/ *a.* diyalektik, eytişim
**dialog** /'dayılog/ *a, AI, bkz.* **dialogue**
**dialogue** /'dayılog/ *a.* diyalog, söyleşme
**diameter** /day'emitı/ *a.* çap
**diametrically** /dayı'metrikli/ *be.* tümüyle, tamamen
**diamond** /'dayımınd/ *a.* 1. elmas 2. baklava biçimi 3. (iskambil) karo
**diaper** /'dayıpı/ *a, AI.* çocuk bezi
**diaphragm** /'dayıfrem/ *a.* 1. *anat.* diyafram 2. *fiz.* diyafram, ışık bebeği, zar 3. bir doğum kontrol aygıtı, diyafram
**diarrhea** /dayı'rii/ *a, bkz.* **diarrhoea**
**diarrhoea** /dayı'rii/ *a.* diyare, ishal, sürgün, amel
**diary** /'dayıri/ *a.* 1. günlük, anı defteri 2. günlük, günce, not defteri
**dice**[1] /days/ *a.* zar, oyun zarları
**dice**[2] /days/ *e.* 1. (yemek) kuşbaşı doğramak, küp şeklinde kesmek 2. (for/with ile) zar atmak, zarlarla oynamak 3. **dice with death** büyük riske girmek, ölümle kumar oynamak
**dicey** /'daysi/ *s, k. dili* riskli

**dichotomy** /day'kotımi/ *a.* bölünme, ayrılma, ikilik

**dick** /dik/ *a, arg.* yarak, sik

**dictate** /dik'teyt/ *e.* 1. dikte etmek, yazdırmak 2. zorla kabul ettirmek

**dictation** /dik'teyşın/ *a.* 1. dikte, yazdırma 2. (bir dilin bilinme derecesini ölçmek için yapılan) test, dikte

**dictator** /dik'teytı/ *a, hkr.* diktatör

**dictatorship** /dik'teytışip/ *a, hkr.* 1. diktatörlük 2. diktatörlükle yönetilen ülke

**diction** /'dikşın/ *a.* telaffuz, diksiyon

**dictionary** /'dikşınıri/ *a.* sözlük

**did** /did/ *pt bkz.* **do**

**didactic** /day'dektik/ *s.* (konuşma ya da yazı) didaktik, öğretici, öğretsel

**die**[1] /day/ *e.* 1. ölmek: *He died of cancer.* 2. sona ermek, bitmek, ölmek: *Her love for him died when he hit her.* 3. **be dying for/to** *k. dili* can atmak, çok istemek, ölmek: *I'm dying for a cup of coffee. I'm not dying to go out.*

**die**[2] /day/ *a.* 1. metal kalıp 2. oyun zarı

**die away** *e.* (ses, ışık, rüzgâr, vb.) azalmak, kısılmak

**die down** *e.* azalmak, kesilmek, sönmek, sakinleşmek

**die off** *e.* birer birer ölmek

**die out** *e.* tamamen yok olmak, geçmişte kalmak

**diesel** /'di:zıl/ *a.* 1. dizel, mazot 2. **diesel engine** dizel motor 3. **diesel oil** mazot

**diet**[1] /'dayıt/ *a.* 1. yiyecek, günlük besin 2. perhiz, rejim 3. **go on a diet** rejim yapmak

**diet**[2] /'dayıt/ *e.* perhiz yapmak, rejim yapmak

**differ** /'difı/ *e.* 1. (from ile) farklı olmak: *A pony differs from a horse in size.* 2. (with ile) farklı görüşte olmak, anlaşamamak: *My husband differs with everything I say.*

**difference** /'difırıns/ *a.* 1. fark, ayrım 2. farklılık 3. anlaşmazlık, uyuşmazlık

**different** /'difırınt/ *s.* 1. farklı 2. başka, değişik 3. ayrı 4. çeşitli

**differential** /difı'renşıl/ *a.* 1. ücret farkı 2. diferansiyel

**differentiate** /difı'renşieyt/ *e.* 1. ayırmak, ayırt etmek 2. ayrım yapmak, fark gözetmek

**difficult** /'difikılt/ *s.* 1. zor, güç 2. müşkülpesent, güç beğenir 3. huysuz, kavgacı, geçinmesi zor 4. alıngan

**difficulty** /'difikılti/ *a.* 1. zorluk, güçlük 2. sorun

**diffident** /'difidınt/ *s.* çekingen, özgüvensiz

**diffuse**[1] /di'fyu:s/ *s.* 1. yayılmış, dağınık 2. *hkr.* gereksiz laflarla dolu

**diffuse**[2] /di'fyu:z/ *e.* 1. yaymak, dağıtmak 2. yayılmak

**diffusion** /di'fyu:jın/ *a.* 1. yayma 2. yayılma 3. *fiz.* yayınım

**dig**[1] /dig/ *e.* [*pt, pp* **dug** /dag/] 1. kazmak 2. kazı yapmak 3. *arg.* anlamak, beğenmek, tutmak, sevmek

**dig**[2] /dig/ *a.* 1. *k. dili* dürtme 2. iğneli laf 3. kazı yeri

**digest**[1] /day'cest/ *e.* 1. sindirmek, hazmetmek 2. sindirilmek 3. kafada şekillendirmek, kavramak

**digest**[2] /'daycest/ *a.* özet

**digestion** /day'cesçın/ *a.* sindirim

**dig into** *e.* 1. *k. dili* yemeğe başlamak, yumulmak 2. batırmak, saplamak 3. iyice araştırmak

**digit** /'dicit/ *a.* 1. rakam 2. parmak

**dignified** /'dignifayd/ *s.* efendi, ağırbaşlı

**dignitary** /'dignitıri/ *a.* yüksek mevki sahibi, ileri gelen

**dignity** /'digniti/ *a.* 1. değer, saygınlık 2. ciddiyet 3. yüksek mevki, rütbe 4. ağırbaşlılık

**dig out** *e.* 1. kazıp ortaya çıkarmak 2. arayıp bulmak

**digress** /day'gres/ *e.* konu dışına çıkmak

**digression** /day'greşın/ *a.* konu dışı söz, arasöz

**digs** /digz/ *a, İİ, k. dili* pansiyon

**dig up** *e.* 1. kazıp çıkarmak 2. kazmak, çukur açmak

**dike** /dayk/ *a.* 1. set, bent 2. hendek

**dilapidated** /di'lepideytid/ *s.* kırık dökük, köhne, bakımsız, döküntü

**dilate** /day'leyt/ *e.* 1. genişlemek, açılmak, irileşmek 2. genişletmek, açmak

**dilemma** /di'lemı/ *a.* ikilem, dilemma
**diligent** /'dilicınt/ *s.* dikkatli, çalışkan, gayretli
**diligence** /'dilicıns/ *a.* dikkat, çalışkanlık, gayret
**dilute**[1] /day'lu:t/ *e.* seyreltmek, sulandırmak
**dilute**[2] /day'lu:t/ *s.* seyreltik, sulu
**dilution** /day'lu:şın/ *a.* 1. seyreltme, sulandırma 2. seyrelme
**dim**[1] /dim/ *s.* 1. loş, sönük, bulanık, belirsiz 2. *k. dili* ahmak, budala, salak
**dim**[2] /dim/ *e.* 1. sönükleşmek, loşlaşmak, belirsizleşmek, kararmak 2. loşlaştırmak, karartmak
**dime** /daym/ *a.* (ABD. ve Kanada'da) 10 sent değerindeki madeni para
**dimension** /day'menşın, di'menşın/ *a.* 1. boyut 2. **three dimensional** üç boyutlu
**dimensions** /day'menşınz/ *a.* boyutlar, ebat
**diminish** /di'miniş/ *e.* 1. azalmak 2. a-zaltmak
**diminutive** /di'minyutiv/ *s.* çok küçük, minik
**dimple** /'dimpıl/ *a.* gamze
**din** /din/ *a, hkr.* kulak tırmalayıcı ses, patırtı, gürültü
**dine** /dayn/ *e.* akşam yemeği yemek
**diner** /'daynı/ *a.* 1. yemek yiyen kimse 2. *Aİ.* vagon restoran 3. *Aİ.* (yol kenarında) küçük lokanta
**dingdong** /ding'dong/ *a.* 1. çan/zil sesi, ding dong 2. **dingdong struggle/battle** bir bir tarafın, bir diğer tarafın lehine gelişen mücadele
**dinghy** /'dingi/ *a.* 1. küçük sandal 2. lastik bot
**dingy** /'dinci/ *s.* 1. kirli 2. soluk
**dining room** /'dayning ru:m/ *a.* yemek odası
**dinner** /'dinı/ *a.* 1. akşam yemeği 2. (bazen) öğle yemeği 3. yemek, iş yemeği 4. **dinner jacket** smokin
**dinosaur** /'daynıso:/ *a, hayb.* dinozor
**diocese** /'dayısis/ *a.* piskoposluk bölgesi
**dip**[1] /dip/ *e.* 1. daldırmak, batırmak, sokmak 2. (güneş, vb.) batmak, alçalmak 3. azalmak, düşmek, inmek 4. azaltmak,

düşürmek, indirmek 5. (ışık) kısmak 6. inip yükselmek 7. indirip yükseltmek
**dip**[2] /dip/ *a.* 1. yokuş, iniş 2. *k. dili* kısa yüzüş, dalıp çıkma
**diphtheria** /dif'tiıriı/ *a, hek.* difteri, kuşpalazı
**diphthong** /'diftong/ *a, dilb.* diftong, ikili ünlü, ikizünlü
**diploma** /di'ploumı/ *a.* diploma
**diplomacy** /di'ploumısi/ *a.* 1. diplomasi, diplomatlık 2. insanlarla ilişkide incelik, başarı, ikna yeteneği, ustalık
**diplomat** /'diplımet/ *a.* diplomat
**diplomatic** /diplı'metik/ *s.* 1. diplomatik 2. nazik, ince, dikkatli, usta
**dire** /'dayı/ *s.* 1. korkunç, berbat 2. (gereksinim) şiddetli, büyük
**direct**[1] /di'rekt, day'rekt/ *e.* 1. yolu tarif etmek: *She directed the tourists to the museum.* 2. yönetmek: *She directed the business successfully for years.* 3. emretmek: *The officer directed the troops to attack the bridge.* 4. yöneltmek, doğrultmak, çevirmek: *He stopped daydreaming and directed his attention to the meeting.*
**direct**[2] /di'rekt/ *s.* 1. doğru, düz, direkt 2. dolaysız 3. dosdoğru, tereddütsüz 4. dürüst 5. kesin, tam
**direct**[3] /di'rekt/ *be.* dosdoğru, direkt, duraklamadan: *Does the plane fly direct or do we have to change?*
**direction** /di'rekşın, day'rekşın/ *a.* 1. yön 2. kontrol, idare, yönetim 3. talimat, yönerge
**directive** /di'rektiv/ *a.* direktif, yönerge
**directly**[1] /di'rektli/ *be.* 1. doğrudan doğruya, direkt olarak 2. hemen, derhal
**directly**[2] /di'rektli/ *bağ, k. dili* -er -mez: *They left the classroom directly the bell rang.*
**director** /di'rektı/ *a.* 1. müdür, yönetici 2. yönetmen
**directory** /di'rektıri/ *a.* 1. adres rehberi 2. telefon rehberi
**dirge** /dö:c/ *a.* ağıt
**dirt** /dö:t/ *a.* 1. kir, pislik 2. çamur, toz, toprak 3. **treat sb like dirt** hiçe saymak, hor görmek, adam yerine koymamak

**dirty**[1] /'dö:ti/ *s.* 1. pis, kirli 2. terbiyesiz, pis, çirkin, iğrenç 3. *k. dili* (hava) bozuk, fırtınalı 4. *k. dili* adi, alçakça, pis 5. **dirty trick** adilik, pislik, kalleşlik

**dirty**[2] /'dö:ti/ *e.* 1. kirlenmek 2. kirletmek

**disability** /disı'biliti/ *a.* 1. sakatlık 2. yetersizlik 3. **disability pension** sakatlık maaşı, maluliyet maaşı

**disable** /dis'eybıl/ *e.* 1. sakatlamak 2. mahrum etmek

**disabled** /dis'eybıld/ *a.* (the ile) sakatlar

**disadvantage** /disıd'va:ntic/ *a.* 1. dezavantaj 2. zarar, kayıp

**disadvantageous** /disedvın'teycıs/ *s.* dezavantajlı; elverişsiz; zararlı

**disagree** /disı'gri:/ *e.* (with ile) 1. aynı düşüncede olmamak: *I disagree with his theory of creation.* 2. yaramamak, dokunmak: *Seafood disagrees with me.*

**disagreeable** /disı'gri:ıbıl/ *s.* 1. hoşa gitmeyen, nahoş, tatsız, rahatsız edici 2. huysuz, aksi

**disagreement** /disı'gri:mınt/ *a.* anlaşmazlık, uyuşmazlık

**disallow** /disı'lau/ *e.* reddetmek, kabul etmemek, karşı çıkmak

**disappear** /disı'pii/ *e.* 1. gözden kaybolmak 2. ortadan kalkmak, yok olmak

**disappearance** /disı'piırıns/ *a.* kayboluş, kaybolma, gözden kayboluş

**disappoint** /disı'poynt/ *e.* hayal kırıklığına uğratmak: *He often disappoints his mother by forgetting her birthday.*

**disappointed** /disı'poyntid/ *s.* düş kırıklığına uğramış, üzgün

**disappointing** /disı'poynting/ *s.* düş kırıklığına uğratıcı

**disappointment** /disı'poyntmınt/ *a.* 1. düş kırıklığı 2. düş kırıklığına uğratan şey/kimse

**disapproval** /disı'pru:vıl/ *a.* uygun görmeme, onaylamama; hoşnutsuzluk

**disapprove** /disı'pru:v/ *e.* (of ile) uygun görmemek, onamamak, tasvip etmemek

**disarm** /dis'a:m/ *e.* 1. silahsızlandırmak, silahını almak 2. (ülke) silahsızlanmak 3. yatıştırmak, yumuşatmak

**disarmament** /dis'a:mımınt/ *a.* silahsızlanma

**disarrange** /disı'reync/ *e.* bozmak; dağıtmak; karıştırmak

**disarray** /disı'rey/ *a.* düzensizlik, karışıklık

**disassociate** /disı'souşieyt/ *e, bkz.* **dissociate**

**disaster** /di'za:stı/ *a.* 1. felaket, yıkım 2. talihsizlik

**disastrous** /di'za:strıs/ *s.* felaket getiren, feci

**disband** /dis'bend/ *e.* 1. terhis etmek 2. dağıtmak 3. dağılmak

**disbelief** /disbi'li:f/ *a.* inançsızlık, güvensizlik, inanmazlık, kuşku

**disbelieve** /disbi'li:v/ *e.* inanmamak

**disc** /disk/ *a.* 1. yuvarlak yüzey 2. yuvarlak şey 3. disk, plak 4. *anat.* disk 5. **a slipped disc** kaymış disk 6. **disc jockey** diskcokey, plak sunucu

**discard** /dis'ka:d/ *e.* atmak, ıskartaya çıkarmak, başından atmak

**discern** /di'sö:n/ *e.* (güçlükle) görmek, fark etmek, ayırt etmek, seçmek

**discerning** /di'sö:ning/ *s.* zeki, anlayışlı, sezişi güçlü

**discharge**[1] /dis'ça:c/ *e.* 1. (yük) yerine getirmek, yapmak 2. boşaltmak 3. tahliye etmek 4. (borç) ödemek 5. (silah, ok, vb.) ateşlemek, atmak 6. (gaz, sıvı, vb.) akıtmak; çıkarmak; göndermek 7. akmak, çıkmak

**discharge**[2] /dis'ça:c/ *a.* 1. yerine getirme, yapma 2. boşaltma 3. tahliye 4. terhis 5. ateş etme; atma 6. akma; çıkma 7. akıtma; çıkarma

**disciple** /di'saypıl/ *a.* mürit, havari

**disciplinarian** /disipli'neıriın/ *a.* disiplinci, disiplin kuran kimse

**discipline**[1] /'disiplin/ *a.* 1. disiplin 2. ceza 3. bilgi dalı

**discipline**[2] /'disiplin/ *e.* 1. kontrol altında tutmak, eğitmek, disipline etmek 2. cezalandırmak

**disclaim** /dis'kleym/ *e.* yadsımak, yoksamak, kabul etmemek

**disclose** /dis'klouz/ *e.* 1. bildirmek; söylemek 2. açığa vurmak, ifşa etmek

**disclosure** /dis'klouju/ *a.* açıklama, ifşaat

**disco** /'diskou/ *a, k. dili* disko

discolour /dis'kalı/ e. 1. rengini değiştirmek, bozmak 2. rengi değişmek, bozulmak

discomfort /dis'kamfıt/ a. 1. rahatsızlık 2. rahatsızlık veren şey, dert, sıkıntı

disconcert /diskın'sö:t/ e. huzurunu kaçırmak, telaşlandırmak

disconnect /dis'kınekt/ e. bağlantısını kesmek; ayırmak

disconnected /diskı'nektid/ s. karışık, iyi planlanmamış, kopuk, dağınık

disconsolate /dis'konsılit/ s. çok üzüntülü, kederli, yıkılmış

discontent /diskın'tent/ a. hoşnutsuzluk

discontinue /diskın'tinyu:/ e. 1. devam etmemek, bırakmak, durdurmak, kesmek 2. durmak, bitmek

discord /'disko:d/ a. 1. düşünce ayrılığı, uyuşmazlık, anlaşmazlık, ihtilaf 2. müz. uyumsuzluk, ahenksizlik

discordant /dis'ko:dınt/ s. 1. anlaşmayan, uyuşmayan, karşı, muhalif 2. uyumsuz, düzensiz, ahenksiz, kulak tırmalayıcı

discotheque /'diskıtek/ a. diskotek, disko

discount[1] /'diskaunt/ a. indirim

discount[2] /dis'kaunt/ e. 1. (senet, bono) kırmak 2. kırdırmak 3. tamamen inanmamak

discourage /dis'karic/ e. 1. cesaretini kırmak, gözünü korkutmak, yıldırmak 2. vazgeçirmek, caydırmak 3. önlemek, engellemek

discourse /'disko:s/ a. 1. söylev 2. vaız

discourteous /dis'kö:tiıs/ s. kaba, saygısız

discourtesy /dis'kö:tısi/ a. kabalık, saygısızlık

discover /dis'kavı/ e. 1. keşfetmek, bulmak: Who discovered Australia? 2. bulmak, ortaya çıkarmak, keşfetmek; farkına varmak, anlamak: Have you ever discovered what happened to Harry?

discovery /dis'kavıri/ a. keşif, buluş

discredit[1] /dis'kredit/ e. 1. gözden düşürmek 2. inanmamak, kuşkuyla bakmak

discredit[2] /dis'kredit/ a. 1. gözden düşme, saygınlığını yitirme 2. yüzkarası, leke 3. inanmama, şüphe

discreditable /dis'kreditıbıl/ s. utanç verici, ayıp

discreet /di'skri:t/ s. sağduyulu, saygılı, sakınımlı, dikkatli ve nazik

discrepancy /di'skrepınsi/ a. fark, ayrılık, uyumsuzluk, çelişki

discretion /di'skreşın/ a. 1. sağduyu 2. takt, denlilik

discriminate /di'skrimineyt/ e. 1. (between ile) ayırmak; farkı görmek 2. (against ile) fark gözetmek, ayrım yapmak

discrimination /diskrimi'neyşın/ a. 1. (against ile) ayrım, fark gözetme 2. ince farkları görebilme yeteneği 3. racial discrimination ırk ayrımı

discursive /di'skö:siv/ s. daldan dala atlayan, düzensiz

discus /'diskıs/ a, sp. disk

discuss /di'skas/ e. ele almak, tartışmak, görüşmek

discussion /di'skaşın/ a. tartışma, görüşme

disdain[1] /dis'deyn/ a. küçük görme, tepeden bakma, hor görme, saygısızlık

disdain[2] /dis'deyn/ e. 1. küçük görmek, hor görmek, tepeden bakmak: He has always disdained snobbery. 2. tenezzül etmemek: She disdained to answer his invitation.

disease /di'zi:z/ a. hastalık

diseased /di'zi:zd/ s. hastalıklı

disembark /disim'ba:k/ e. 1. (gemiden) karaya çıkmak 2. karaya çıkarmak

disembodied /disim'bodid/ s. 1. gövdeden ayrılmış, bedenden kurtulmuş 2. (ses, vb.) nerden geldiği bilinmeyen, sahipsiz

disembody /disim'bodi/ e. gövdeden ayırmak, cisimden tecrit etmek

disenchanted /disin'çantid/ s. (bir şeyin değerine olan) inancını yitirmiş: He soon became disenchanted with married life.

disengage /disin'geyc/ e. 1. ayırmak; gevşetmek; kurtarmak 2. ayrılmak; gevşemek; kurtulmak 3. (savaşı) bırakmak, ayrılmak, çıkmak 4. çıkarmak

disentangle /disin'tengıl/ e. 1. (düğüm, vb.) çözmek 2. çözülmek 3. ayırdetmek

**D**

**disfavour** /dis'feyvı/ *a.* 1. hoşnutsuzluk, beğenmeme, hoşlanmama 2. hoşlanılmama, hoşa gitmeme, beğenilmeme

**disfigure** /dis'figı/ *e.* güzelliğini bozmak, şeklini bozmak, biçimsizleştirmek

**disgrace¹** /dis'greys/ *e.* 1. küçük düşürmek, itibarını zedelemek 2. gözden düşürmek, rezil etmek

**disgrace²** /dis'greys/ *a.* 1. gözden düşürücü şey, yüzkarası, kara leke 2. gözden düşme

**disgruntled** /dis'grantld/ *s.* (at/with ile) üzgün, canı sıkılmış, düş kırıklığına uğramış, bozulmuş

**disguise¹** /dis'gayz/ *e.* 1. görünüşünü/kılığını değiştirmek 2. saklamak, gizlemek

**disguise²** /dis'gayz/ *a.* 1. sahte kılık 2. kılık 3. maske, numara

**disgust¹** /dis'gast/ *a.* iğrenme, tiksinme, tiksinti

**disgust²** /dis'gast/ *e.* tiksindirmek, iğrendirmek

**disgusting** /dis'gasting/ *s.* iğrenç

**dish** /diş/ *a.* 1. tabak 2. yemek

**dishearten** /dis'ha:tn/ *e.* 1. cesaretini kırmak 2. umutsuzluğa düşürmek

**dishes** /'dişiz/ *a.* tabak çanak; bulaşık: *Have you done the dishes?*

**dishevelled** /di'şevıld/ *s.* (saç, giysi) dağınık; düzensiz

**dishonest** /dis'onist/ *s.* namussuz, sahtekâr

**dishonour¹** /dis'onı/ *e.* namusuna leke sürmek

**dishonour²** /dis'onı/ *a.* onursuzluk, şerefsizlik; leke

**dish out** *e, k. dili* dağıtmak, vermek: *She coped with any work he dished out.*

**dish up** *e.* 1. yemek servisi yapmak 2. *k. dili* hazırlamak, sunmak

**dishwasher** /'dişwoşı/ *a.* 1. bulaşıkçı 2. bulaşık makinesi

**dishwater** /'dişwo:tı/ *a.* bulaşık suyu

**dishy** /'dişi/ *s.* seksi

**disillusion** /disi'lu:jın/ *e.* gözünü açmak, yanlış bir düşünceden kurtarmak: *She disillusions many young idealists with her cynical views.*

**disillusioned** /disi'lu:jınd/ *s.* (at/about/with ile) üzgün, kırgın, kırık, hayal kırıklığına uğramış, bozulmuş

**disinclined** /disin'klaynd/ *s.* isteksiz

**disinfect** /disin'fekt/ *e.* dezenfekte etmek, arınıklaştırmak

**disinfectant** /disin'fektınt/ *a.* dezenfektan, arınıklaştıran

**disinherit** /disin'herit/ *e.* mirastan mahrum etmek: *He said he would disinherit his son if he married her.*

**disintegrate** /dis'intigreyt/ *e.* 1. parçalamak, dağıtmak, ufalamak 2. parçalanmak, dağılmak, ufalanmak

**disinterested** /dis'intristid/ *s.* 1. kişisel duygularla etkilenmeyen, yansız, önyargısız 2. *k. dili* ilgisiz, umursamaz

**disjoint** /dis'coynt/ *e.* parçalarına ayırmak

**disjointed** /dis'coyntid/ *s.* (konuşma, yazı, vb.) bağlantısız, kopuk

**disk** /disk/ *a, AI, bkz.* **disc**

**dislike¹** /dis'layk/ *e.* sevmemek, hoşlanmamak

**dislike²** /dis'layk/ *a.* 1. sevmeme, hoşlanmama, hoşlanmayış 2. birinin sevmediği şey/kimse

**dislocate** /'dislıkeyt/ *e.* 1. (kemik) yerinden çıkarmak 2. altüst etmek

**dislodge** /dis'loc/ *e.* yerinden çıkartmak

**disloyal** /dis'loyıl/ *s.* vefasız

**disloyalty** /dis'loyılti/ *a.* vefasızlık

**dismal** /'dizmıl/ *s.* kasvetli, üzücü, iç karartıcı

**dismantle** /dis'mentl/ *e.* sökmek, parçalarına ayırmak

**dismay¹** /dis'mey/ *e.* dehşete düşürmek, korkutmak, yıldırmak

**dismay²** /dis'mey/ *a.* korku, dehşet, yılgı, ümitsizlik

**dismember** /dis'membı/ *e.* 1. parçalamak 2. bölmek

**dismiss** /dis'mis/ *e.* 1. (işten) çıkarmak, yol vermek, kovmak 2. gitmesine izin vermek, göndermek 3. bırakmak, kafasından çıkarmak, düşünmemek

**dismissal** /dis'misıl/ *a.* 1. çıkarma, kovma 2. bırakma, gönderme 3. kafasından çıkarma, düşünmeme

**dismount** /dis'maunt/ *e.* (at, bisiklet, vb.

den) inmek
disobedience /dısı'bi:dııns/ a. söz dinlemezlik, itaatsizlik
disobedient /dısı'bi:dıınt/ s. söz dinlemez, itaatsiz
disobey /dısı'bey/ e. 1. söz dinlememek, itaat etmemek, itaatsizlik etmek 2. (kural, yasa, vb.) çiğnemek, uymamak
disoblige /dısı'blayc/ e. hatırını kırmak, yardımı reddetmek
disorder¹ /dis'o:dı/ a. 1. karışıklık, düzensizlik 2. kargaşa, patırtı 3. hastalık, rahatsızlık
disorder² /dis'o:dı/ e. karıştırmak, bozmak
disorderly /dis'o:dıli/ s. 1. dağınık, düzensiz 2. azgın, vahşi 3. kanunsuz
disorganize /dis'o:gınayz/ e. altüst etmek
disorientate /dis'o:riınteyt/ e. yönünü şaşırtmak
disown /dis'oun/ e. tanımamak, sahip olduğunu reddetmek, kabul etmemek, inkâr etmek
disparage /di'speric/ e. hor görmek, küçümsemek
disparate /'dispırıt/ s. tamamen farklı, kıyaslanabilemez
disparity /di'speriti/ a. eşitsizlik, fark
dispassionate /dis'peşınit/ s. 1. yansız, tarafsız 2. serinkanlı, sakin
dispatch¹ /di'speç/ e. 1. göndermek, yollamak 2. bitirivermek, halletmek 3. öldürmek
dispatch² /di'speç/ a. 1. yollama, gönderme 2. mesaj 3. rapor 4. hız, acele
dispel /di'spel/ e. dağıtmak, defetmek; yok etmek, gidermek: The doctor dispelled all his worries about his health.
dispensable /di'spensıbıl/ s. gereksiz; vazgeçilebilir
dispensary /di'spensıri/ a. dispanser, bakımevi
dispensation /dispın'seyşın/ a. 1. genel kuralın dışına çıkabilme izni, özel izin 2. dağıtma, verme 3. takdiri ilahi
dispense /di'spens/ e. 1. dağıtmak, vermek 2. (ilaç/reçete, vb.) hazırlamak
dispense with e. 1. -siz idare etmek: We will have to dispense with a holiday

this year. 2. -i gereksiz kılmak: This kitchen appliance dispenses with hours of drudgery.
disperse /di'spö:s/ e. 1. dağılmak, yayılmak 2. yaymak, dağıtmak
dispirit /di'spirit/ e. cesaretini/umudunu kırmak
displace /dis'pleys/ e. 1. yerinden çıkarmak 2. -in yerine geçmek 3. ülkesinden çıkarmak, sürmek
display¹ /di'spley/ e. 1. göstermek 2. sergilemek
display² /di'spley/ a. 1. gösterme, sergileme 2. gösteri 3. sergi
displease /dis'pli:z/ e. 1. sinirlendirmek, canını sıkmak; kızdırmak 2. gücendirmek
displeasure /dis'plejı/ a. hoşnutsuzluk, beğenmeme
disposable /di'spouzıbıl/ s. kullandıktan sonra atılan
disposal /di'spouzıl/ a. 1. elden çıkarma 2. düzenleme 3. idare, kontrol, yönetim; kullanım
dispose /di'spouz/ e. 1. (of ile) kurtulmak, başından atmak; alt etmek 2. düzenlemek, yerleştirmek, dizmek 3. isteklendirmek, hazırlamak, heveslendirmek
disposed /di'spouzd/ s. hevesli, niyetli, istekli
disposition /dispı'zişın/ a. 1. mizaç, karakter, doğa, yapı 2. düzenleme 3. eğilim, istek, isteklilik
dispossess /dispı'zes/ e. (malını) elinden almak
disproportionate /disprı'po:şınit/ s. oransız, çok fazla ya da çok az
disprove /dis'pru:v/ e. yanlış olduğunu kanıtlamak, çürütmek
disputable /di'spyu:tıbıl/ s. tartışılabilir, kuşkulu, su götürür
dispute¹ /di'spyu:t/ e. 1. tartışmak 2. çekişmek, kavga etmek 3. karşı çıkmak, itiraz etmek, kabul etmemek
dispute² /di'spyu:t/ a. 1. tartışma 2. çekişme, kavga 3. anlaşmazlık, uyuşmazlık
disqualify /dis'kwolifay/ e. diskalifiye etmek

**disquiet** 152

**disquiet** /dis'kwayıt/ *e.* telaşlandırmak, kaygılandırmak, huzurunu kaçırmak

**disregard**[1] /disri'ga:d/ *e.* aldırmamak, önemsememek, saymamak, umursamamak

**disregard**[2] /disri'ga:d/ *a.* 1. aldırmazlık, önemsememe; ilgisizlik 2. ihmal, savsaklama

**disrepair** /disri'peı/ *a.* bakımsızlık, tamire ihtiyaç

**disreputable** /dis'repyutıbıl/ *s.* adı çıkmış, kötü ünlü

**disrepute** /disri'pyu:t/ *a.* kötü ün

**disrespect** /disri'spekt/ *a.* saygısızlık, kabalık

**disrespectful** /disri'spektful/ *s.* saygısız, kaba

**disrupt** /dis'rapt/ *e.* dağıtmak, bozmak, bölmek

**dissatisfaction** /disetis'fekşın, disseetis'fekşın/ *a.* doyumsuzluk, hoşnutsuzluk

**dissatisfy** /di'setisfay, dis'setisfay/ *e.* doyuramamak, memnun edememek

**dissect** /di'sekt/ *e.* 1. incelemek üzere kesip ayırmak 2. dikkatle incelemek

**disseminate** /di'semineyt/ *e.* (düşünce, haber, vb.) yaymak, saçmak

**dissension** /di'senşın/ *a.* anlaşmazlık, uyuşmazlık, kavga

**dissent**[1] /di'sent/ *e.* aynı görüşte olmamak

**dissent**[2] /di'sent/ *a.* görüş ayrılığı, uyuşmazlık, anlaşmazlık

**dissenter** /di'sentı/ *a.* muhalif

**disservice** /di'sö:vis/ *a.* zararlı davranış, kötülük

**dissidence** /'disidıns/ *a.* görüş ayrılığı, muhalefet; anlaşmazlık

**dissident** /'disidınt/ *a, s.* muhalif

**dissimilar** /di'similı/ *s.* benzemez, ayrı, farklı

**dissipate** /'disipeyt/ *e.* 1. dağıtmak, yok etmek, gidermek 2. dağılmak, yok olmak 3. çarçur etmek, aptalca harcamak

**dissipated** /'disipeytid/ *s.* sefih, maceracı

**dissociate** /di'souşieyt/ *e.* ayırmak, ayrı tutmak: *He wants to dissociate himself from the party policy.*

**dissolute** /'disılu:t/ *s.* ahlaksız, kötü, rezil

**dissolution** /disı'lu:şın/ *a.* 1. sona erme 2. bozma 3. bozulma

**dissolve** /di'zolv/ *e.* 1. erimek 2. eritmek 3. feshetmek, dağıtmak 4. feshedilmek, dağılmak 5. kendini kaybetmek, kaptırmak, kendini tutamamak, kapılmak

**dissuade** /di'sweyd/ *e.* caydırmak, vazgeçirmek: *Please try and dissuade him from joining the police force.*

**dissuasion** /di'sweyjın/ *a.* caydırma, vazgeçirme

**distance** /'distıns/ *a.* 1. mesafe, uzaklık 2. soğukluk, mesafe 3. **keep one's distance** uzak durmak

**distant** /'distınt/ *s.* 1. uzak, uzakta 2. (akraba) uzaktan, uzak 3. soğuk, ilgisiz, mesafeli 4. hafif, belirsiz

**distaste** /dis'teyst/ *e.* sevmeme, hoşlanmama, nefret

**distasteful** /dis'teystfıl/ *s.* tatsız, nahoş

**distend** /di'stend/ *e.* 1. şişmek 2. şişirmek

**distil** /di'stil/ *e.* 1. imbikten çekmek, damıtmak 2. (konu, vb.) özünü çıkarmak, özünü almak

**distill** /di'stil/ *e, Aİ, bkz.* **distil**

**distillation** /disti'leyşın/ *a.* 1. damıtma 2. damıtık madde

**distillery** /di'stiliri/ *a.* içki yapan fabrika

**distinct** /di'stinkt/ *s.* 1. farklı, ayrı 2. açık, belirgin

**distinction** /di'stinkşın/ *a.* 1. fark, ayırım 2. ayrı tutma, ayrı olma, ayrım 3. üstünlük 4. ün, şan, saygınlık 5. nişan, şeref 6. ödül

**distinctive** /di'stinktiv/ *s.* diğerlerinden ayrı, ayıran, özel

**distinguish** /di'stingwiş/ *e.* 1. ayırt etmek, ayırmak, farkı görmek 2. tanımak, seçmek, görmek 3. ayırmak, ayrı kılmak 4. (kendini) göstermek, sivrilmek

**distinguishable** /di'stingwişıbıl/ *s.* 1. ayırt edilebilir 2. görülebilir, seçilir

**distinguished** /di'stingwişt/ *s.* seçkin, ünlü

**distort** /di'sto:t/ *e.* 1. eğri büğrü etmek, biçimini bozmak 2. çarpıtmak, saptırmak, değiştirmek

**distract** /di'skrekt/ *e.* 1. (dikkatini) başka

yöne çevirmek, dağıtmak 2. (işinden) alıkoymak, meşgul etmek
**distracted** /di'strektid/ s. kafası karışmış, telaşlı
**distraction** /di'strekşın/ a. 1. dikkat dağıtıcı şey 2. dikkatini dağıtma 3. eğlence, vakit geçirecek şey 4. **drive sb to distraction** çılgına çevirmek, deli etmek
**distraught** /di'stro:t/ s. aklı başından gitmiş, çılgına dönmüş
**distress**[1] /di'stres/ a. 1. acı, ıstırap, üzüntü, sıkıntı 2. tehlike
**distress**[2] /di'stres/ e. üzmek, acı çektirmek, ıstırap vermek
**distressing** /di'stresing/ s. acı veren, üzücü, ıstırap verici
**distribute** /di'stribyu:t/ e. 1. dağıtmak, vermek 2. sınıflamak, gruplara ayırmak 3. pay etmek, bölüştürmek 4. yaymak, saçmak
**distribution** /distri'byu:şın/ a. 1. dağıtma, dağıtım 2. yayılma, yaygın olma
**distributor** /di'stribyutı/ a. 1. dağıtıcı, dağıtımcı 2. tek. distribütör, dağıtaç
**district** /'distrikt/ a. bölge
**distrust**[1] /dis'trast/ e. güvenmemek, itimat etmemek: I have always distrusted him.
**distrust**[2] /dis'trast/ a. güvenmeme, itimatsızlık
**disturb** /di'stö:b/ e. 1. rahatsız etmek: Please do not disturb. 2. üzmek, kaygılandırmak 3. bozmak 4. karıştırmak
**disturbance** /di'stö:bıns/ a. 1. rahatsız etme 2. rahatsızlık 3. karışıklık, huzursuzluk
**disturbed** /di'stö:bd/ s. rahatsız, huzursuz
**disuse** /dis'yu:s/ a. kullanılmayış, geçersizlik
**ditch**[1] /diç/ a. hendek
**ditch**[2] /diç/ e, k. dili başından atmak, bırakmak
**dither**[1] /'didı/ e, k. dili telaşa kapılmak, kararsızlık ve heyecana kapılmak
**dither**[2] /'didı/ a, k. dili telaş; kararsızlık
**ditto** /'ditou/ a. 1. aynı şey 2. denden (işareti)
**ditty** /'diti/ a. kısa ve basit şarkı
**divan** /di'ven/ a. divan, sedir

**dive**[1] /dayv/ e. [pt **dived**/ Aİ. **dove** /douv/, pp **dived**] 1. (suya) balıklama atlamak 2. dalmak 3. (aşağı doğru) hızla hareket etmek 4. elini daldırmak
**dive**[2] /dayv/ a. 1. balıklama atlayış; dalış 2. k. dili batakhane
**diver** /'dayvı/ a. dalgıç
**diverge** /day'vö:c/ e. (yol, görüş, vb.'den) ayrılmak, uzaklaşmak
**diverse** /day'vö:s/ s. 1. çeşitli 2. farklı, değişik
**diversify** /day'vö:sifay/ e. çeşitlendirmek
**diversion** /day'vö:şın/ a. 1. yönünü değiştirme, çevirme, saptırma, sapma 2. eğlence, oyalayıcı şey 3. dikkati başka yöne çeken şey
**diversity** /day'vö:siti/ a. farklılık, değişim, farklı olma, fark
**divert** /day'vö:t/ e. 1. başka yöne çevirmek, saptırmak 2. oyalamak, eğlendirmek 3. -in dikkatini başka yöne çekmek, dikkatini dağıtmak
**divest** /day'vest/ e. (of ile) yoksun bırakmak: He divested himself of all his possessions and became a Buddhist monk.
**divide** /di'vayd/ e. 1. bölmek: She divided the cake in half. 2. ayırmak 3. ayrılmak 4. mat. bölmek 5. mat. bölünmek
**dividend** /di'vidınd/ a. 1. pay, hisse, kâr hissesi 2. mat. bölünen 3. **pay dividends** avantaj sağlamak, ilerde yararlı olmak
**dividers** /di'vaydız/ a. pergel
**divine**[1] /di'vayn/ s. 1. kutsal, tanrısal 2. ilahi, ulu 3. k. dili süper, çok iyi
**divine**[2] /di'vayn/ e. 1. gelecek ya da bilinmeyenden haber vermek, kehanette bulunmak 2. (toprağın altında su, maden, vb.) bulmak
**divinity** /di'viniti/ a. 1. tanrısallık 2. ilahiyat, tanrıbilim 3. tanrı, tanrıça
**divisible** /di'vizıbıl/ s. bölünebilir
**division** /di'vijın/ a. 1. paylaştırma, pay etme, bölme 2. kısım, bölüm, parça 3. fikir ayrılığı, uzlaşmazlık 4. mat. bölme; bölünme 5. ask. tümen
**divisive** /di'vaysiv/ s. bölücü, ayırıcı, ara bozucu, ihtilaf çıkaran
**divorce**[1] /di'vo:s/ a. boşanma

**divorce**² /di'vo:s/ *e.* 1. boşanmak 2. boşamak 3. ayırmak
**divorcé** /di'vo:si:, di'vo:sey/ *a.* dul erkek
**divorcee** /divo:'si:/ *a.* boşanmış kimse, dul kimse
**divorcée** /di'vo:si:/ *a.* dul kadın
**divulge** /day'valc/ *e.* açığa vurmak
**dizzy**¹ /'dizi/ *s.* 1. başı dönen 2. baş döndürücü 3. *k. dili* aptal 4. **feel dizzy** başı dönmek
**dizzy**² /'dizi/ *e.* başını döndürmek
**do**¹ /du:/ *e.* [*pt* **did** /did/, *pp* **done** /dan/] 1. yapmak, etmek: *Have you done your homework yet?* 2. yeterli olmak, yetmek: *Half a kilo of tomatoes will do.* 3. kazıklamak: *He was really done by that carpet seller.* 4. *k. dili* cezalandırmak: *His brother really did him last night.* 5. hizmet etmek: *Who are you doing after Mrs. Lenthall?* 6. -i oynamak, taklit etmek: *My neice did Desdamona in the school plays.* 7. düzeltmek, düzenlemek: *She still hasn't done the table.* 8. temizlemek: *It's time you did your rooms. It's filthy.* 9. hazırlamak: *Can you do the phrasebook before Christmas?* 10. davranmak, hareket etmek: *I think you'd better do like the others.* 11. uygun olmak: *Will this coat do for your sister?* 12. **do-it-yourself** *k. dili* (kendi işini) kendin yap 13. **How do you do** (tanıştırılınca) Nasılsınız, Memnun oldum. 14. **make do (with sth)** (ile) idare etmek
**do**² /du:/ *a, k. dili* 1. *İİ.* büyük toplantı, parti 2. **dos and don'ts** davranış kuralları
**do**³ /dou/ *a, müz. bkz.* **doh**
**do away with** *e.* 1. son vermek, bitirmek, kaldırmak 2. *k. dili* öldürmek
**docile** /'dousayl/ *s.* yumuşak başlı, uysal
**dock**¹ /dok/ *a.* 1. rıhtım 2. gemi havuzu, dok 3. (mahkemede) sanık yeri
**dock**² /dok/ *e.* 1. (kuyruğunu) kesmek 2. (ücret, vb.) kısmak, azaltmak, kesmek 3. (gemi) limana girmek 4. limana sokmak
**docker** /'dokı/ *a.* rıhtım işçisi
**dockyard** /'dokya:d/ *a.* tersane
**doctor**¹ /'doktı/ *a.* 1. doktor, hekim 2.

doktora yapmış kişi, doktor 3. *Aİ.* diş doktoru, dişçi
**doctor**² /'doktı/ *e.* 1. *k. dili* iyileştirmek, tedavi etmek 2. *hkr.* değiştirmek, saptırmak 3. (hayvan) kısırlaştırmak
**doctrinaire** /doktri'neı/ *s, hkr.* kuramcı
**doctrine** /'doktrin/ *a.* öğreti, doktrin
**document**¹ /'dokyumınt/ *a.* belge
**document**² /'dokyument/ *e.* belge ile kanıtlamak; belgelemek
**documentary**¹ /dokyu'mentırı/ *a.* 1. belgesel 2. belgeli
**documentary**² /dokyu'mentırı/ *s.* belgeli
**doddering** /'dodıring/ *s, k. dili* zayıf, titrek, halsiz
**doddle** /'dodl/ *a, İİ, k. dili* çocuk oyuncağı, çok kolay şey
**dodge**¹ /doc/ *e.* 1. (bir şeyden) birden kenara çekilip kurtulmak, atlatmak 2. *k. dili* atlatmak, hileyle kurtulmak, yırtmak
**dodge**² /doc/ *a.* 1. yana kaçış 2. *k. dili* üçkâğıt, oyun, namussuzluk 3. *k. dili* plan, yol
**dodgy** /'doci/ *s, İİ, k. dili* 1. riskli, tehlikeli 2. üçkâğıtçı, namussuz
**dodo** /'doudou/ *a.* 1. dodo kuşu 2. **(as) dead as a dodo** *k. dili* ölmüş, tarihe karışmış
**doe** /dou/ *a.* dişi geyik ya da tavşan
**dog**¹ /dog/ *a.* 1. köpek 2. (kurt, tilki, vb.) köpekgillerin erkeği 3. *k. dili* hıyar, köpek herif 4. **Give dog a bad name (and hang him).** Birinin adı çıkacağına canı çıksın. 5. **Let sleeping dogs lie** bırak, dokunma, kurcalama, dert arama, uyuyan köpeği elleme 6. **not have a dog's chance** *k. dili* hiç şansı olmamak 7. **top dog** *k. dili* üstün kimse, zirvedeki, güçlü kimse 8. **You can't teach an old dog new tricks** Can çıkar, huy çıkmaz.
**dog**² /dog/ *e.* izlemek, peşini bırakmamak
**dog days** /'dog deyz/ *a.* yılın en sıcak günleri
**dog-eared** /'dogııd/ *s.* sayfa uçları kıvrık
**dogfish** /'dogfiş/ *a, hayb.* küçük köpekbalığı
**dogged** /'dogid/ *s.* inatçı
**doggie** /'dogi/ *a, bkz.* **doggy**
**doggy** /'dogi/ *a, ç. dili* kuçukuçu, köpek

doghouse /'doghaus/ *a.* 1. *AÍ.* köpek kulübesi 2. **in the doghouse** *k. dili* küçük düşürücü/rezil bir durumda

dogma /'dogmı/ *a.* dogma, inak

dogmatic /dog'metik/ *s.* dogmatik, inaksal, inakçı

dogsbody /'dogzbodi/ *a, İİ, k. dili* angarya ve ayak işlerini yapan kişi

dog-tired /dog'tayıd/ *s, k. dili* çok yorgun, leşi çıkmış

doh /dou/ *a, müz.* do notası

do in *e, k. dili* 1. öldürmek 2. çok yormak

doing /'du:ing/ *a.* 1. (birisinin yaptığı) iş: *I'm sure it's his doing.* 2. sıkı çalışma

doldrums /'doldrımz/ *a:* **in the doldrums** *k. dili* canı sıkkın, morali bozuk, keyifsiz, neşesiz

dole[1] /doul/ *a:* **go/be on the dole** *İİ, k. dili* hükümetten işsizlik maaşı almak

dole[2] /doul/ *e.* (out ile) gereksinen kişilere para ya da yiyecek vermek

doleful /'doulfıl/ *s.* üzgün, kederli, mahzun

doll /dol/ *a.* 1. oyuncak bebek, taş bebek 2. *k. dili* (aptal) güzel kadın, bebek

dollar /'dolı/ *a.* dolar

dollop /'dolıp/ *a, k. dili* (yiyecek, vb.) yığın

doll up *e, k. dili* 1. güzelce giyinmek, giyinip kuşanmak 2. giydirmek

dolly /'doli/ *a, k. dili, bkz.* **doll**

dolphin /'dolfin/ *a, hayb.* yunusbalığı

domain /dı'meyn/ *a.* 1. beylik arazi 2. ülke 3. alan

dome /doum/ *a.* kubbe

domed /'doumd/ *s.* kubbeli, kubbe şeklinde, yuvarlak

domestic[1] /dı'mestik/ *s.* 1. ev/aile ile ilgili 2. evcil 3. yerli

domestic[2] /dı'mestik/ *a.* hizmetçi

domesticate /dı'mestikeyt/ *e.* 1. (hayvan) evcilleştirmek 2. ev işlerine alıştırmak

domesticity /doumes'tisiti/ *a.* 1. ev/aile yaşamı 2. ev/aile yaşamını sevme

domicile /'domisayl/ *a.* ev, ikametgâh

dominance /'dominıns/ *a.* egemenlik, üstünlük

dominant /'dominınt/ *s.* 1. egemen 2. üstün 3. yüksek 4. *biy.* başat, dominant

dominate /'domineyt/ *e.* 1. egemen

olmak, hâkim olmak, hükmetmek 2. -de etkin olmak, en önemli yeri tutmak 3. -den daha yüksekte olmak

domination /domi'neyşın/ *a.* egemenlik, hâkimiyet

domineering /domi'niıring/ *s, hkr.* despotça davranan, baskıcı, zorba

dominion /dı'miniın/ *a.* 1. *yaz.* egemenlik; yönetme hakkı 2. dominyon 3. yönetilen bölge/ülke

domino /'dominou/ *a.* 1. domino taşı 2. ç. domino oyunu

don /don/ *a.* 1. (İngiltere'de) üniversitede öğretim görevlisi, öğretmen 2. (İspanya'da) Bay, Beyefendi, Bey

donate /dou'neyt/ *e.* (para, vb.) bağışlamak, bağışta bulunmak

donation /dou'neyşın/ *a.* bağış

done[1] /dan/ *s.* 1. bitmiş, sona ermiş, yapılmış 2. çok yorgun 3. pişmiş 4. **Done!** Tamam! Kabul! 5. **not done** uygunsuz, kaba, ayıp, yakışık almaz

done[2] /dan/ *pp bkz.* **do**

donkey /'donki/ *a.* eşek

donkeywork /'donkiwö:k/ *a, İİ, k. dili* angarya

donor /'dounı/ *a.* 1. bağışta bulunan kimse 2. (organ, kan, vb.) bağışlayan kimse, donör, verici

doodle /'du:dl/ *e.* amaçsızca bir şeyler karalamak, çiziktirmek

doom[1] /du:m/ *a.* 1. kötü kader, yazgı 2. ölüm, son, akıbet

doom[2] /du:m/ *e.* mahkûm etmek: *Their business venture was doomed to go bankrupt.*

doomsday /'du:mzdey/ *a.* 1. kıyamet günü 2. **till Doomsday** *k. dili* daima, kıyamete kadar

door /do:/ *a.* 1. kapı 2. giriş 3. ev; bina 4. **at the back door** gizlice, hileyle; el altından 6. **out of doors** dışarıda

doorkeeper /'do:ki:pı/ *a.* kapıcı

doormat /'do:met/ *a.* paspas

doorstep /'do:step/ *a.* eşik

doorway /'do:wey/ *a.* kapı aralığı, kapı boşluğu, giriş

do out *e, k. dili* tepeden tırnağa temizlemek

**D**

**do out of** *e, k. dili* -den etmek: *He's been done out of a job by the boss's son.*

**dope**[1] /doup/ *a.* 1. uyuşturucu madde 2. budala, salak 3. bilgi, haber

**dope**[2] /doup/ *e, k. dili* 1. uyuşturucu madde vermek; uyuşturucu katmak 2. (at, vb. ye) doping yapmak

**dopey** /'doupi/ *s, k. dili* 1. budala, salak 2. (uyuşturucuyla) uyuşmuş 3. uykulu

**dopy** /'doupi/ *s, k. dili, bkz.* **dopey**

**dorm** /do:m/ *a, k. dili, bkz.* **dormitory**

**dormant** /'do:mınt/ *s.* 1. hareketsiz, etkin olmayan 2. uykuda

**dormitory** /'do:mitıri/ *a.* 1. yatakhane, koğuş 2. *Aİ.* öğrenci yurdu

**dormouse** /'do:maus/ *a, hayb.* fındıkfaresi

**dorsal** /'do:sıl/ *s, anat.* sırtla ilgili, sırt ..., arka ...

**dosage** /'dousic/ *a.* dozaj, düzem

**dose**[1] /dous/ *a.* 1. doz, düze 2. miktar

**dose**[2] /dous/ *e.* belli bir dozda ilaç vermek

**doss**[1] /dos/ *a, İİ, k. dili* kısa uyku, şekerleme

**doss**[2] /dos/ *e.* (down ile) *İİ, k. dili* yatmak

**dossier** /'dosiey/ *a.* dosya

**dot**[1] /dot/ *a.* 1. nokta 2. benek 3. **on the dot** *k. dili* tam vaktinde

**dot**[2] /dot/ *e.* 1. noktasını koymak 2. **sign on the dotted line** *k. dili* kabullenmek, onaylamak

**dotage** /'doutic/ *a.* bunaklık

**dote** /dout/ *e.* (on/upon ile) çok sevmek, üzerine titremek

**doting** /'douting/ *s.* düşkün, üzerine titreyen

**dotty** /'doti/ *s, k. dili* üşütük, çatlak, kaçık

**double**[1] /'dabıl/ *s.* 1. çift, iki 2. iki kişilik: *I want a double room, please.* 3. iki misli

**double**[2] /'dabıl/ *a.* 1. benzer, eş 2. duble (içki) 3. **on the double** *k. dili* çok çabuk

**double**[3] /'dabıl/ *be.* iki misli, iki katı: *We have to pay double what we used to for buses.*

**double**[4] /'dabıl/ *e.* 1. iki katına çıkartmak, iki misli yapmak 2. iki misli olmak 3. iki kat etmek, kıvırmak, katlamak

**double back** *e.* aynı yolu geri dönmek

**double-barrelled** /dabıl'berıld/ *s.* 1. çift

namlulu 2. iki anlamlı

**double-breasted** /dabıl'brestid/ *s.* (giysi) kruvaze

**double-check** /dabıl'çek/ *e.* iki kere denetlemek

**double-cross** /dabıl'kros/ *e, k. dili* ikiyüzlülük etmek, sırtından vurmak, ihanet etmek

**double-dealer** /dabıl'di:lı/ *a.* ikiyüzlü

**double-decker** /dabıl'dekı/ *a.* iki katlı otobüs

**double-dutch** /dabıl'daç/ *a, k. dili* anlaşılmaz yazı/konuşma, zırva

**double-glaze** /dabıl'gleyz/ *e.* çift cam takmak

**double-glazing** /dabıl'gleyzing/ *a.* çift cam

**double-jointed** /dabıl'coyntid/ *s.* iki eklemli

**double-quick** /dabıl'kwik/ *s, be, k. dili* çok hızlı, jet gibi

**doubles** /'dabılz/ *a.* (tenis) çiftler maçı

**double-talk** /'dabılto:k/ *a, k. dili* laf salatası

**doubly** /'dabli/ *be.* 1. iki misli, iki kat 2. iki yönden

**doubt**[1] /daut/ *e.* 1. -den kuşkulanmak: *I often doubt the decisions I make.* 2. güvenmemek: *She always doubted him and knew he often lied.* 3. zannetmemek; emin olmamak, kuşkusu olmak: *I doubt that we'll hear from him before next month.*

**doubt**[2] /daut/ *a.* kuşku

**doubtful** /'dautfıl/ *s.* 1. kuşkulu, karanlık, güvenilmez 2. kesin olmayan, şüpheli

**doubtless** /'dautlis/ *be.* 1. kuşkusuz, şüphesiz, kesin 2. muhtemelen

**dough** /dou/ *a.* 1. hamur 2. *k. dili* para

**doughnut** /'dounat/ *a.* lokma benzeri bir tür tatlı

**do up** *e.* 1. iliklemek 2. onarmak 3. (kendini) güzelleştirmek 4. (paket) yapmak, sarmak

**dour** /dul/ *s.* sert, soğuk, suratsız

**douse** /daus/ *e.* 1. ıslatmak, sulamak 2. *k. dili* söndürmek

**dove**[1] /dav/ *a.* güvercin, kumru

**dove**[2] /douv/ *pt bkz.* **dive**

**dowdy** /'daudi/ s. 1. hkr. (kadın) kılıksız, rüküş 2. (giysi) demode, rüküş

**do with** e. 1. gereksinmek, istemek: She could do with some money. 2. zamanını geçirmek: I didn't know what to do with myself when she left me. 3. yapmak: What have you done with my glasses? 4. ile ilgisi olmak: I have nothing to do with the government.

**do without** e. -siz idare etmek: I can do without a car.

**down**[1] /daun/ be. 1. aşağı, aşağıya: He fell down when I hit him. 2. aşağıda: There's an animal trapped down there. 3. güneye doğru, güneyde: We're going down to Antalya from İstanbul. 4. sıkıca, sağlam bir şekilde: Stick down the back of the envelope. 5. kâğıt üstünde, yazı olarak: Did you write down the address? 6. kötüye, kötü bir duruma, daha düşük bir düzeye: The factory shut down last year. 7. geçmişten: Human knowledge has passed down the centuries. 8. **down under** k. dili Avustralya ya da Yeni Zelanda`ya/'da 9. **down with** -den hasta 10. **Down with** Kahrolsun: Down with the management!

**down**[2] /daun/ s. 1. üzgün, hüzünlü, neşesiz: I'm feeling down and I don't know what to do. 2. **down-and-out** şanssız, talihsiz, sefil

**down**[3] /daun/ ilg. 1. aşağısına: The ball rolled down the street. 2. aşağısında: What's the next town down the coast? 3. boyunca: The small boys ran down the footpath.

**down**[4] /daun/ e. 1. yere vurmak 2. yutuvermek

**down**[5] /daun/ a. 1. yumuşak tüy, kuş tüyü 2. ç. (İngiltere'deki) çimenli alçak tepeler

**downcast** /'daunka:st/ s. 1. üzgün, mahzun 2. (gözler) yere doğru bakan

**downfall** /'daunfo:l/ a. 1. düşüş, yıkılma, çöküş, mahvolma 2. ani yağış, sağanak

**downgrade** /'daungreyd/ e. (rütbe, derece, vb.) indirmek, alçaltmak

**downhearted** /daun'ha:tid/ s. üzgün, mutsuz

**downhill**[1] /'daunhil/ be. 1. yokuş aşağı 2.

**go downhill** kötüye gitmek

**downhill**[2] /daun'hil/ s. 1. yokuş aşağı giden 2. k. dili kolay, çocuk oyuncağı

**download**[1] /daun'loud/ e. biliş. indirmek, internetten bilgisayara dosya kopyalamak

**download**[2] /daun'loud/ a. biliş. 1. indirme, internetten bilgisayara dosya kopyalama 2. indilen dosya

**downloadable** /daun'loudıbıl/ s. indirilebilir, internetten bilgisayara kopyalanabilir

**downpour** /'daunpo:/ a. sağanak

**downright** /'daunrayt/ be, k. dili tamamen, büsbütün, resmen

**downstairs**[1] /daun'steız/ be. 1. alt katta, aşağıda 2. alt kata, aşağıya

**downstairs**[2] /daun'steız/ a, s. alt kat

**down-to-earth** /dauntı'ö:t/ s. gerçekçi

**downtrodden** /'dauntrodn/ s. kötü davranılmış, ezilmiş, haksızlığa uğramış

**downward** /'daunwıd/ s. 1. aşağı inen, düşen 2. Aİ, bkz **downwards**

**downwards** /'daunwıdz/ be. aşağıya doğru

**downwind** /'daunwind/ s, be. rüzgâr yönünde

**dowry** /'dauıri/ a. çeyiz

**dowse** /daus/ e, bkz. **douse**

**doze**[1] /douz/ a. şekerleme, kestirme

**doze**[2] /douz/ e. şekerleme yapmak, kestirmek, uyuklamak

**dozen** /'dazın/ a. düzine

**dozy** /'douzi/ s. 1. uykulu 2. uyuşturucu 3. k. dili anlayışsız, sersem, mankafa

**drab** /dreb/ s. 1. sıkıcı, tekdüze 2. (renk) donuk, sönük

**drabs** /drebz/ a. bkz. **dribs**

**draft**[1] /dra:ft/ a. 1. taslak 2. karalama, müsvedde 3. poliçe 4. Aİ. askere alma 5. Aİ. askere alan heyet 6. Aİ, bkz. **draught**

**draft**[2] /dra:ft/ e. 1. taslağını çizmek 2. Aİ. askere almak

**draftsman** /'dra:ftsmın/ a, Aİ. bkz. **draughtsman**

**drafty** /'dra:fti/ s, Aİ, bkz. **draughty**

**drag**[1] /dreg/ a. 1. çekme, sürükleme 2. sürüklenen şey 3. tırmık, tarak 4. k. dili engel, ayakbağı 5. k. dili (sigara) fırt:

**drag2** 158

*Can I have drag on your fag?* 6. *k. dili* can sıkıcı şey/kimse: *What a drag!* 7. *k. dili* (erkeğin giydiği) kadın kıyafeti

**drag²** /dreg/ *e.* 1. sürüklemek, sürümek, çekmek 2. (ağ, kanca, vb. ile) dibini yoklamak, taramak, sürümek 3. sürüklemek, sürünmek 4. geride kalmak, ağır hareket etmek **drag on** *e.* gereksiz yere uzamak, uzayıp gitmek: *His speech dragged on and on.*

**dragon** /'dregın/ *a.* 1. ejder, ejderha 2. *k. dili* şirret kadın, cadaloz kocakarı

**dragonfly** /'dregınflay/ *a, hayb.* yusufçuk

**drag out** *e.* 1. gereksiz yere uzamak 2. uzatmak 3. zorla söyletmek

**drag up** *e, k. dili* 1. gereksiz yere ortaya koymak: *My mother always drags up embarrassing stories about my chilhood.* 2. kötü yetiştirmek: *His manners are terrible. He must have been dragged up.*

**drain¹** /dreyn/ *e.* 1. akmak 2. akıtmak 3. kurumak 4. kurutmak 5. güçsüzleşmek, tükenmek 6. güçsüzleştirmek, tüketmek

**drain²** /dreyn/ *a.* 1. pissu borusu; kanal, lağım; akaç; akak 2. sürekli zaman, para, vb. harcatan şey, masraf 3. **go down the drain** *k. dili* boşa gitmek, ziyan olmak

**drainage** /'dreynic/ *a.* 1. suları akıtma, akaçlama 2. kanalizasyon, akaklama

**drainpipe** /'dreynpayp/ *a.* pissu akıtma borusu, akak

**drake** /dreyk/ *a.* erkek ördek

**dram** /drem/ *a.* dirhem

**drama** /'dra:mı/ *a.* 1. (radyo, televizyon ya da tiyatroda oynanan) oyun 2. drama, tiyatro sanatı 3. heyecanlı olaylar dizisi

**dramatic** /drı'metik/ *s.* 1. tiyatroyla ilgili, dramatik 2. heyecanlandırıcı

**dramatics** /drı'metiks/ *a.* 1. tiyatroculuk, oyun yazma/oynama sanatı 2. amatör tiyatro çalışmaları

**dramatist** /'dremıtist/ *a.* oyun yazarı

**dramatize** /'dremıtayz/ *e.* 1. oyunlaştırmak, sahneye uyarlamak 2. (olayı) heyecanlı bir şekle sokmak, abartmak

**drank** /drenk/ *pt bkz.* **drink**

**drape** /dreyp/ *e.* 1. (kumaş, vb. ile) üstünü örtmek, kaplamak, sermek 2. süslemek 3. uzatmak, yaymak

**draper** /'dreypı/ *a.* kumaşçı

**drapery** /'dreypıri/ *a, İİ.* 1. kumaşçılık 2. kumaş

**drapes** /dreyps/ *a, Aİ.* perde

**drastic** /'drestik/ *s.* güçlü, şiddetli, etkili

**draught** /dra:ft/ *a.* 1. cereyan, hava akımı 2. yudum 3. geminin yüzebileceği derinlik 4. *İİ.* dama taşı 5. **draught beer** fıçı birası

**draughts** /'dra:fts/ *a, İİ.* dama oyunu

**draughtsman** /'dra:ftsmın/ *a.* 1. teknik ressam 2. dama taşı

**draughty** /'dra:fti/ *s.* soğuk cereyanlı

**draw¹** /dro:/ *e.* [*pt* **drew** /dru:/, *pp* **drawn** /dro:n/] 1. (resim) çizmek, yapmak: *She often drew small faces on her page.* 2. çekmek: *The mule was drawing a huge hay cart.* 3. çekmek, almak: *Quickly he drew the sword from its scabbard.* 4. ilerlemek, gelmek: *Summer is drawing to an end.* 5. ilgisini çekmek, cezbetmek, çekmek: *The rally drew a lot of people.* 6. (oyun, savaş, vb.) berabere bitirmek/bitmek: *At the end of the game the two teams had drawn* 1-1. 7. (nefes) çekmek: *The diver drew up a deep breath, then dived.* 8. (baca, pipo, vb.) çekmek: *My pipe won't draw properly because it needs cleaning.* 9. **draw the line** çizgiyi çekmek, karşı çıkmak

**draw²** /dro:/ *a.* 1. kura, çekiliş 2. (maç, vb.) beraberlik 3. ilgi toplayan şey/kimse

**draw away** *e.* 1. (bir şeyi) hızla çekmek, uzaklaştırmak 2. gittikçe uzaklaşmak, ilerlemek, arayı açmak

**draw back** *e.* 1. gerilemek 2. düşünmekten/yapmaktan çekinmek, kaçınmak, kaçmak

**drawback** /'dro:bek/ *a.* 1. dezavantaj 2. engel; sorun, güçlük

**drawer** /'dro:/ *a.* çekmece, göz

**draw in** *e.* 1. (yolun) kenarına çekilip durmak 2. her yandan kuşatmak

**drawing** /'dro:ing/ *a.* 1. resim çizme sanatı 2. çizim 3. resim, plan, tasar 4. **drawing pin** raptiye 5. **drawing room** salon, misafir odası

**D**

drawl /dro:l/ e. sözcükleri uzatarak ko-
nuşmak
drawn[1] /dro:n/ s. 1. (yüz) asık 2. (oyun)
berabere
drawn[2] /dro:n/ pp bkz. **draw**
draw on/upon e. kullanmak, yararlan-
mak: *You must draw on your savings.*
draw out e. 1. (zaman içinde) uzatmak,
yaymak 2. (günler) uzamak
draw up e. 1. oluşturmak, yaparak
ortaya koymak 2. (taşıt) belli bir noktaya
ulaşıp durmak 3. gururlu ve dik bir şe-
kilde durmak
dread[1] /dred/ e. çok korkmak
dread[2] /dred/ a. 1. korku, dehşet 2. korku
nedeni
dreadful /'dredfıl/ s. 1. korkutucu, ürkütü-
cü, korkunç 2. *k. dili* berbat, kötü, rezil
dreadfully /'dredfıli/ be. 1. *k. dili* çok 2.
çok fena, dehşetle, korkunç bir şekilde
dream[1] /dri:m/ a. 1. düş, rüya: *I had a
strange dream last night.* 2. düş, hayal,
olmayacak şey 3. *k. dili* çok güzel şey,
rüya gibi güzel şey 4. çok istenen şey,
arzu
dream[2] /dri:m/ e. [pt, pp
**dreamt/dreamed** /dremt/] 1. rüya gör-
mek: *I was dreaming when you woke
me.* 2. rüyasında görmek: *I dreamed
about you.* 3. düşlemek, düş kurmak,
hayal kurmak 4. (of ile) düşünü kurmak,
hayal etmek
dream away e. (zaman) çarçur etmek,
boşa harcamak
dreamer /'dri:mı/ a. 1. rüya gören kimse
2. hayalperest kimse
dreamt /dremt/ pt, pp bkz. **dream**
dreamy /'dri:mi/ s. 1. hayalci, dalgın, düş
dünyasında yaşayan 2. *k. dili* harika,
nefis, güzel
dreary /'drıırı/ s. 1. üzgün, üzücü 2. sıkın-
tılı, can sıkıcı, kasvetli: *What a dreary
day.*
dredge[1] /drec/ e. 1. tarak makinesi kul-
lanmak 2. taramak
dredge[2] /drec/ e. (yiyeceğin üzerine un,
şeker, vb.) serpmek
dredger /'drecı/ a. tarak makinesi

dregs /dregz/ a. 1. tortu, çökelek, çökelti
2. en değersiz, en aşağı kısım, pislik
drench /drenç/ e. ıslatmak, sırılsıklam
etmek
dress[1] /dres/ e. 1. giydirmek 2. giyinmek
3. saç yapmak 4. yaraya pansuman
yapmak, sarmak 5. (yemeği) hazırla-
mak, süslemek
dress[2] /dres/ a. 1. giysi, elbise 2. kılık
kıyafet, giyim
dress[3] /dres/ s. 1. elbiselik 2. (giysi)
uygun, düzgün
dresser /'dresı/ a. 1. mutfak rafı, tabaklık
2. *Aİ.* şifoniyer
dress **down** e. azarlamak: *I dressed him
down when he broke my vase.*
dressing /'dresing/ a. 1. giydirme 2.
giyinme kuşanma 3. pansuman, sargı 4.
salça, mayonez, sos, vb. yemek mal-
zemesi 5. **dressing gown** sabahlık 6.
**dressing table** tuvalet masası
dress up e. 1. eğlenmek için başkasının
giysisini giymek 2. çekici ve farklı kıl-
mak, ilginçleştirmek
dressy /'dresi/ s. şık, iyi giyimli, gösterişli
drew /dru:/ pt bkz. **draw**
dribble /'dribl/ e. 1. (salya, vb.) damlamak
2. damlatmak, salya akıtmak 3. *sp.* top
sürmek
dribs /dribz/ a: **dribs and drabs** *k. dili*
nebze nebze, çok az miktarlarda
drier /'drayı/ a, bkz. **dryer**
drift[1] /drift/ a. 1. sürükleme, sürüklenme
2. sürüklenen şey 3. genel anlam
drift[2] /drift/ e. 1. sürüklemek 2. sürüklen-
mek: *The rope broke and the boat
drifted away from the shore.* 3. (kar,
kum, vb.) biriktirmek, yığmak 4. birik-
mek, yığılmak
drifter /'driftı/ a. avare, başıboş, serseri,
aylak
drill[1] /dril/ e. 1. (matkapla delik) açmak,
delmek 2. alıştırmak, eğitmek, öğret-
mek, talim yaptırmak
drill[2] /dril/ a. 1. delgi, matkap 2. alıştırma
3. talim
drink[1] /drink/ e. [pt **drank** /drenk/, pp
**drunk** /drank/] 1. içmek: *I don't want to
drink milk.* 2. içki içmek: *His father*

*drinks a lot.* 3. (in ile) içinde hissetmek
4. (to ile) sağlığına/başarısına, vb. iç-
mek
**drink**² /drink/ *a.* 1. içilecek şey, içecek 2.
(alkollü) içki: *Let's go and have a drink.*
3. içki düşkünlüğü, içki içme
**drinkable** /'drinkıbıl/ *s.* içilebilir: *Is this
water drinkable?*
**drinker** /'drinkı/ *a.* (çok) içki içen kimse,
içkici
**drip**¹ /drip/ *e.* 1. damlamak 2. damlatmak
**drip**² /drip/ *a.* 1. damlama 2. damlayan
su, damla 3. damlama sesi 4. *arg.* se-
vimsiz, renksiz, itici kimse
**drip-dry** /'dripdray/ *s.* (giysi) asılarak
kurutulan, ütü istemeyen
**dripping** /'driping/ *a.* pişirilen etten dam-
layan yağ
**drive**¹ /drayv/ *e.* [*pt* **drove** /drouv/, *pp*
**driven** /drivın/] 1. götürmek, yürütmek,
sürmek: *They drove the sheep to the
stockyards.* 2. (taşıt) sürmek: *Do you
know how to drive?* 3. (araba, vb. ile)
götürmek: *Can you drive me to the air-
port?* 4. -e zorlamak, sevk etmek, yön-
lendirmek, durumuna getirmek, ... et-
mek: *You drive me crazy.* 5. -e güç sağ-
lamak 6. çalışmaya zorlamak 7. vurmak,
çakmak 8. **drive sth home** bir şeyi ke-
sin açığa kavuşturmak, tam belirlemek
**drive**² /drayv/ *a.* 1. taşıtta yolculuk 2.
(park yerine) giriş yolu 3. topa sert vuruş
4. girişim 5. dürtü 6. pratik zekâ 7. (ara-
ba, vb.) çekiş
**drive at** *e, k. dili* demeye getirmek, ima
etmek, demek istemek: *I don't get what
he is driving at.*
**drive-in** /'drayvin/ *a, s.* otomobille girilen
(sinema, lokanta, vb. yer)
**drivel**¹ /'drivıl/ *a.* saçma sapan söz, saç-
ma, saçmalık
**drivel**² /'drivıl/ *e.* saçma sapan konuşmak
**driven** /drivın/ *pp bkz.* **drive**
**driver** /'drayvı/ *a.* 1. sürücü, şoför 2.
**driver's license** *Aİ.* sürücü belgesi,
ehliyet
**driving licence** /'drayving laysıns/ *a.*
sürücü belgesi, ehliyet
**drizzle**¹ /'drizıl/ *e.* (yağmur) ince ince

yağmak, çiselemek
**drizzle**² /'drizıl/ *a.* ince yağmur, çisenti
**droll** /droul/ *s.* tuhaf, acayip, gülünç,
eğlenceli, komik
**dromedary** /'dramıdıri, 'dromıdiri/ *a.* tek
hörgüçlü deve, hecin devesi
**drone** /droun/ *a.* 1. erkek arı 2. *hkr.* asa-
lak, parazit, başkalarının sırtından geçi-
nen kimse
**drool** /dru:l/ *e, hkr.* ağzının suyu akmak,
ağzı sulanmak
**droop** /dru:p/ *e.* 1. çökmek, sarkmak,
aşağı düşmek, eğilmek 2. üzülmek, za-
yıflamak
**drop**¹ /drop/ *a.* 1. damla 2. küçük yuvar-
lak tatlı 3. düşüş uzaklığı, düşüş 4. **a
drop in the ocean** okyanusta damla,
devede kulak 5. ani düşüş, iniş, düşme
6. paraşütle atılan insan ya da malzeme
7. damla biçiminde küçük şeker
**drop**² /drop/ *e.* 1. (yere) düşürmek:
*You've dropped your money.* 2. düşmek
3. *k. dili* (arabadan) indirmek, atıvermek
4. bırakmak, durdurmak, kesmek 5.
dışarda bırakmak, çıkarmak 6. çıkagel-
mek, damlamak 7. geri kalmak 8. **drop
a brick/clanger** *İİ, k. dili* çam devirmek,
pot kırmak
**drop off** *e.* azalmak, düşme göstermek
**dropout** /'dropaut/ *a.* 1. okulu yarım
bırakan öğrenci 2. başka bir yaşam bi-
çimi için toplumdan kopan kimse
**drop out** *e.* ayrılmak, bırakmak: *She
only attended University for three
months then dropped out.*
**dropper** /'dropı/ *a.* damlalık
**droppings** /'dropingz/ *a.* ters, hayvan
dışkısı
**dross** /dros/ *a.* cüruf, süprüntü, artık
**drought** /draut/ *a.* kuraklık, susuzluk
**drove**¹ /drouv/ *a.* insan ya da hayvan
sürüsü
**drove**² /drouv/ *pt bkz.* **drive**
**drown** /draun/ *e.* 1. (suda) boğulmak:
*She drowned two hours after the boat
sank.* 2. boğmak 3. suyun altında bı-
rakmak 4. (sesi) bastırmak, boğmak
**drowse** /drauz/ *e.* kestirmek, uyuklamak
**drowsy** /'drauzi/ *s.* 1. uyumak üzere olan,

uykulu 2. uyutan, uyutucu

drudge /drac/ *e.* ağır, zor ve tatsız iş yapmak

drudgery /'dracıri/ *a.* ağır, tatsız iş

drug[1] /drag/ *a.* 1. ilaç 2. uyuşturucu madde

drug[2] /drag/ *e.* 1. ilaç vermek 2. uyuşturucu vermek, ilaçla uyutmak

druggist /'dragist/ *a, Aİ.* eczacı

drugstore /'dragsto:/ *a, Aİ.* eczane

Druid, druid /'dru:id/ *a.* Hıristiyanlık'tan önce İngiltere, İrlanda ve Fransa'da eski Seltik dönemi papazı

drum[1] /dram/ *a.* 1. davul, bateri, dümbelek 2. davul şeklinde şey

drum[2] /dram/ *e.* 1. davul çalmak 2. davul sesi çıkartmak

drum into *e, k. dili* zorla kafasına sokmak, beynine yerleştirmek

drummer /'dramı/ *a.* davulcu, baterist

drumstick /'dramstik/ *a.* 1. davul sopası, baget 2. *k. dili* tavuk ya da kuş butu

drum up *e, k. dili* her türlü yolu deneyip elde etmek

drunk[1] /drank/ *a, s.* sarhoş: *You were very drunk last night.*

drunk[2] /drank/ *pp bkz.* **drink**

drunkard /'drankıd/ *a, hkr.* ayyaş, sarhoş

drunken /'drankın/ *s.* sarhoş

dry[1] /dray/ *s.* 1. kuru: *Are the clothes dry?* 2. kurumuş, kupkuru, susuz 3. susamış 4. yavan, sevimsiz, kuru 5. basit, sade ve eğlendirici; mecazi 6. (içki) sek 7. **dry dock** gemi havuzu 8. **dry ice** katı karbondioksit 9. **dry rot** (havasızlık, vb.'den) ahşap bina, vb.'nin çürümesi

dry[2] /dray/ *e.* 1. kurumak: *Has my white shirt dried yet?* 2. kurutmak: *He dried his hands on the towel.*

dry-clean /dray'kli:n/ *e.* kuru temizleme yapmak

dry cleaner's /dray 'kli:nız/ *a.* kuru temizleme dükkânı

dryer /'drayı/ *a.* kurutma makinesi: *hair dryer*

dry out *e.* 1. alkolizmden kurtulmak 2. alkolizmden kurtarmak, içkiyi bıraktırmak 3. kupkuru olmak 4. kupkuru etmek

dual /'dyu:ıl/ *s.* 1. ikili, iki eş parçalı, dual,

çift 2. **dual carriageway** *İİ.* iki yönlü yol

dub[1] /dab/ *e.* 1. şövalye unvanı vermek 2. lakap takmak

dub[2] /dab/ *e.* (film, vb.) seslendirmek, dublaj yapmak

dubious /'dyu:biıs/ *s.* 1. kuşku ve kararsızlık uyandırıcı, kesin olmayan 2. kuşkulu, kararsız 3. güvenilmez

duchess /'daçis/ *a.* düşes

duck[1] /dak/ *a.* 1. ördek 2. **lame duck** işe yaramaz kimse 3. **like water off a duck's back** *k. dili* etkisiz

duck[2] /dak/ *e.* 1. (kafasını) eğmek 2. (başını) suya daldırmak 3. *k. dili* kaçmak, kaytarmak

duckling /'dakling/ *a.* yavru ördek

duct /dakt/ *a.* 1. guddelerden salgıları akıtan kanal 2. boru

dud[1] /dad/ *s, k. dili* 1. işe yaramaz 2. bozuk 3. geçersiz

dud[2] /dad/ *a, k. dili* 1. işe yaramaz şey/kimse 2. geçersiz şey

due[1] /dyu:/ *s.* 1. hak edilen, gerekli 2. tam, uygun, yeterli 3. (para) ödeme zamanı gelmiş 4. beklenen: *The film was due to start at 5 p. m.*

due[2] /dyu:/ *a.* hak, kişinin hakkı

due[3] /dyu:/ *be.* direkt olarak, tam olarak, doğruca

duel[1] /'dyu:ıl/ *a.* düello

duel[2] /'dyu:ıl/ *e.* düello yapmak

dues /dyu:z/ *a.* resmi vergiler, aidat

due to *ilg.* ... yüzünden: *The school has been closed due to an outbreak of cholera.*

duet /dyu:'et/ *a, müz.* düet

duffel coat /'dafıl kout/ *a.* çoban biçimi palto, kalın tüylü kaban

dug /dag/ *pt, pp bkz.* **dig**

dugout /'dagaut/ *a.* 1. kütükten oyularak yapılmış kayık 2. *ask.* yeraltı sığınağı

duke /dyu:k/ *a.* dük

dulcet /'dalsit/ *s.* (ses, vb.) tatlı, hoş, huzur veren

dull[1] /dal/ *s.* 1. (renk, hava, vb.) sönük, donuk 2. açık ve kesin olmayan, boğuk 3. yavaş düşünen, zor anlayan 4. sıkıcı, renksiz, tekdüze, monoton

dull[2] /dal/ *e.* 1. sönükleştirmek, donuklaştırmak, köreltmek 2. körelmek, donuklaşmak

**duly** /'dyu:li/ *be.* zamanında; tam olarak, layıkıyla, hakkıyla

**dumb** /dam/ *s.* 1. dilsiz 2. dilini yutmuş, sessiz, suskun 3. *k. dili* aptal

**dumbbell** /'dambel/ *a.* halter, dambıl

**dumbfound** /dam'faund/ *e.* hayretten konuşamaz hale getirmek, şaşkına çevirmek, aptallaştırmak

**dumdum** /'damdam/ *a.* dumdum kurşunu

**dummy** /'dami/ *a.* 1. (cansız) manken 2. emzik 3. yapma şey, taklit 4. *arg.* aptal, salak

**dump¹** /damp/ *e.* 1. yere dökmek, düşürmek 2. indirim yapmak, fiyatta damping yapmak

**dump²** /damp/ *a.* 1. çöplük/artık yığma yeri 2. *arg.* çok pis ve dağınık yer, çöplük, batakhane

**dumpling** /'dampling/ *a.* 1. meyveli bir tatlı 2. etli hamur

**dumps** /damps/ *a, k. dili* 1. üzücü durum, hüzün, gam, üzüntü, neşesizlik 2. **(down) in the dumps** *k. dili* üzgün, hüzünlü, çökmüş

**dumpy** /'dampi/ *s.* tıknaz, bodur, kısa ve şişman

**dunce** /dans/ *a.* 1. kolay öğrenemeyen kimse 2. aptal

**dune** /dyu:n/ *a.* kum tepesi, kumul

**dung** /dang/ *a.* hayvan gübresi

**dungarees** /dangı'ri:z/ *a.* kalın işçi tulumu

**dungeon** /'dancın/ *a.* zindan

**dunk** /dank/ *e.* (çaya, kahveye, vb.) batırmak, banmak

**duo** /'dyu:ou/ *a, müz.* düo, ikili

**dupe¹** /dyu:p/ *a.* kandırılan, aldatılan, kazıklanan kişi

**dupe²** /dyu:p/ *e.* kandırmak, aldatmak, kazıklamak

**duplicate¹** /'dyu:plikit/ *a, s.* 1. diğerinin aynısı, kopyası, eşi 2. iki kısımlı, ikili, çift

**duplicate²** /'dyu:plikeyt/ *e.* kopya etmek, aynısını yapmak

**duplicator** /'dyu:plikeytı/ *a.* teksir makinesi, çoğaltıcı

**duplicity** /dyu:'plisiti/ *a.* ikiyüzlülük, düzenbazlık, hile

**durable** /'dyuırıbıl/ *s.* dayanıklı, uzun ömürlü, uzun süren

**duration** /dyu'reyşın/ *a.* süre, devam süresi

**duress** /dyu'res/ *a.* zorlama

**during** /'dyuıring/ *be.* sırasında, esnasında, süresince: *They all sat silent during the ceremony.*

**dusk** /dask/ *a.* akşam karanlığı

**dusky** /'daski/ *s.* koyu renkli, gölgeli

**dust¹** /dast/ *a.* 1. toz 2. pudra 3. toz toprak, çöp 4. toz bulutu

**dust²** /dast/ *e.* 1. toz almak, tozunu almak 2. tozlamak, toz halinde bir maddeyle kaplamak

**dustbin** /'dastbin/ *a.* çöp kutusu, çöp tenekesi

**dustcart** /'dastka:t/ *a, İİ.* çöp kamyonu

**dust jacket** /'dast cekit/ *a.* kâğıt kitap kabı

**dustman** /'dastmın/ *a.* çöpçü

**dustpan** /'dastpen/ *a.* faraş

**dustup** /'dastap/ *a, İİ, k. dili* tartışma, kavga

**dusty** /'dasti/ *s.* 1. tozlu 2. sıkıcı, cansız, kuru, tatsız

**Dutch** /daç/ *s.* 1. Hollandaya/Hollanda diline ilişkin; Hollanda'lı 2. **Dutch courage** *k. dili* sarhoş cesareti 3. **Dutch treat** Alman usulü 4. **go Dutch** masrafları paylaşmak, Alman usulü yapmak

**dutiful** /'dyu:tiful/ *s.* sorumluluk taşıyan, görevine bağlı

**duty** /'dyu:ti/ *a.* 1. görev, vazife, sorumluluk 2. hizmet, iş 3. vergi 4. **on duty** nöbetçi, iş başında, nöbette

**duty-free** /dyu:ti'fri:/ *s, be.* gümrüksüz, gümrükten muaf

**duvet** /'du:vey/ *a, İİ.* yorgan

**dwarf¹** /dwo:f/ *a.* cüce

**dwarf²** /dwo:f/ *e.* küçük göstermek, gölgede bırakmak

**dwell** /dwel/ *e.* [pt, pp **dwelt** /dwelt/] oturmak, yaşamak, ikamet etmek

**dwelling** /'dweling/ *a.* ikametgâh

**dwell on/upon** *e.* üzerinde kafa patlatmak, çok düşünmek

**dwelt** /dwelt/ *pt, pp bkz.* **dwell**

**dwindle** /'dwindl/ *e.* azalmak, küçülmek

**dye¹** /day/ *a.* kumaş boyası, boya maddesi

dye² /day/ e. 1. boyamak: *He is dyeing his t-shirt black.* 2. boyanmak, boyanabilmek, boya tutmak: *I don't think that hat will dye.*

dyke /dayk/ a, bkz. **dike**

dynamic /day'nemik/ s. 1. dinamik, enerjik, hareketli, aktif 2. tek. dinamik

dynamics /day'nemiks/ a. devimbilim, dinamik

dynamism /'daynımizım/ a. devingenlik, canlılık, hareketlilik, dinamizm

dynamite¹ /'daynımayt/ a. 1. dinamit 2. k. dili şaşırtıcı, hayranlık uyandırıcı şey/kimse, bomba

dynamite² /'daynımayt/ e. dinamitlemek; dinamitle havaya uçurmak

dynamo /'daynımou/ a. dinamo

dynasty /'dinısti/ a. hanedan

dysentery /'disıntıri/ a, hek. dizanteri

dyslexia /dis'leksii/ a. yazı okuyamama, yazı körlüğü

dyspepsia /dis'pepsii/ a, hek. sindirim güçlüğü, hazımsızlık

dyspeptic /dis'peptik/ s. 1. hazımsızlıkla ilgili 2. hazımsızlık çeken

# E

E, e /i:/ a. İngiliz abecesinin beşinci harfi

each¹ /i:ç/ s. her, her biri: *She had an orange in each hand.*

each² /i:ç/ be. her biri, her birine, tanesi, tanesine: *The lemons are two hundred TL. each.*

each³ /i:ç/ adl. 1. her biri: *There was a balloon for each of the children at the party.* 2. **each other** birbiri, birbirini: *They love each other very much.*

eager /'i:gı/ s. istekli, hevesli, arzulu, gayretli, can atan; sabırsız: *They were eager to finish the work.*

eagle /'i:gıl/ a. kartal

eagle-eyed /i:gıl'ayd/ s. keskin gözlü, dikkatli, gözünden bir şey kaçmayan

ear /iı/ a. 1. kulak 2. müz. kulak 3. başak 4. **up to one's ears in** k. dili ile çok meşgul, kaptırmış

eardrum /'ııdram/ a. kulakzarı

earl /ö:l/ a. İngiliz kontu

earlobe /'ııloub/ a. kulakmemesi

early¹ /'ö:li/ s. 1. erken: *He always catches the early train to work.* 2. önceki, ilk 3. eski 4. **at the earliest** en erken

early² /'ö:li/ be. 1. erken, erkenden: *They left early to avoid the traffic.* 2. -in başlarında, ilk zamanlarında: *Early in the 20th century.*

earmark /'ııma:k/ e. (özellikle para) belirli bir amaç için bir kenara ayırmak

earn /ö:n/ e. kazanmak: *How much do you earn a week? He earns his living selling books.*

earnest¹ /'ö:nist/ s. ciddi, kararlı, azimli

earnest² /'ö:nist/ a. ciddiyet

earnings /'ö:ningz/ a. kazanç

earphone /'ııfoun/ a. kulaklık

earring /'ııring/ a. küpe

earshot /'ıışot/ a. duyma menzili, işitme mesafesi

earth /ö:t/ a. 1. yerküre, dünya 2. toprak, yer 3. doğa 4. elek. toprak hattı 5. hayvan ini 6. **on earth** k. dili (soru sözcükleriyle, vurgu artırmak için kullanılır): *Where on earth have you been? What on earth are you waiting for?*

earthenware /'ö:tınweı/ a. çanak, çömlek

earthly /'ö:tli/ s. 1. dünyevi, maddi 2. k. dili olası, mümkün, olabilecek

earthquake /'ö:tkweyk/ a. deprem

earthy /'ö:ti/ s. bedensel zevklerle ilgili, bedensel

earwig /'ııwig/ a, hayb. kulağakaçan

ease¹ /i:z/ a. 1. rahatlık, kolaylık, rahat, huzur, refah 2. kolaylık 3. **ill at ease** huzursuz, sıkkın

ease² /i:z/ e. 1. hafifletmek, dindirmek, yatıştırmak: *This will ease your headache.* 2. kolaylaşmak, yumuşamak 3. dikkatle hareket ettirmek, taşımak 4. gevşetmek

easel /'i:zıl/ a. ressam sehpası

easily /'i:zili/ be. 1. kolayca, kolaylıkla, rahat rahat 2. kuşkusuz, şüphesiz, kesinlikle

east¹ /i:st/ a. doğu

east² /i:st/ be. doğuya doğru, doğuya

**Easter** /'i:stı/ *a.* Paskalya yortusu

**easterly** /'i:stıli/ *s.* 1. doğuya doğru 2. (rüzgâr) doğudan esen

**eastern** /'i:stın/ *s.* doğu

**eastward** /'i:stwıd/ *s.* doğuya giden, doğu yönünde olan

**easy**[1] /'i:zi/ *s.* 1. basit, kolay 2. sakin, rahat, sorunsuz 3. **easy chair** koltuk 4. **I'm easy** *k. dili* Bence sakıncası yok; Uyar.

**easy**[2] /'i:zi/ *be.* 1. kolaylıkla, kolayca, rahatlıkla 2. **go easy on** *k. dili* a) (birine) nazik olmak b) çok kullanmamak 3. **Take it easy** kendini yorma; kolayına bak; sakin ol; kızma

**easygoing** /i:zi'gouing/ *s.* yumuşak başlı, uysal, iyi geçinen

**eat** /i:t/ *e.* [*pt* **ate** /et, eyt/, *pp* **eaten** /'i:tn/] 1. yemek, yemek yemek: *Have you eaten? I ate his sandwich too.* 2. (away/into ile) çürütmek, aşındırmak, kemirmek, yemek 4. **be eaten up with** (kıskançlık, ihtiras, vb. ile) kendini yiyip bitirmek 5. **eat one's words** tükürdüğünü yalamak

**eatable** /'i:tıbıl/ *s.* yenilebilir durumda, yenir

**eaten** /'i:tn/ *pp bkz.* **eat**

**eats** /'i:ts/ *a, k. dili* yiyecek, yemek

**eau de cologne** /ou dı kı'loun/ *a.* kolonya

**eaves** /i:vz/ *a.* dam saçağı

**eavesdrop** /'i:vzdrop/ *e.* (başkalarını) gizlice dinlemek

**ebb**[1] /eb/ *a.* 1. suların alçalması, git, cezir 2. **low ebb** düşüş, başarısızlık, düşük düzey

**ebb**[2] /eb/ *e.* 1. (deniz) çekilmek 2. azalmak, düşmek, zayıflamak

**ebony** /'ebıni/ *a, s.* abanoz

**ebullient** /i'baliınt, i'buliınt/ *s.* neşeli, sevinçli, coşkun

**eccentric**[1] /ik'sentrik/ *s.* 1. tuhaf, ayrıksı, eksantrik 2. *mat.* dışmerkezli

**eccentric**[2] /ik'sentrik/ *a.* eksantrik kimse

**ecclesiastical** /ikli:zi'estikıl/ *s.* Hıristiyan kilisesine ilişkin

**echo**[1] /'ekou/ *a.* 1. yankı 2. birinin ya da bir şeyin benzeri/kopyası

**echo**[2] /'ekou/ *e.* 1. yankı yapmak 2. yan-

kılanmak 3. taklit etmek; tekrarlamak

**éclair** /i'kleı/ *a.* parmak şeklinde içi kremalı pasta

**eclipse**[1] /i'klips/ *a.* 1. güneş/ay tutulması 2. etkisini, parlaklığını, gücünü, vb. yitirme, başarısızlık, düşüş

**eclipse**[2] /i'klips/ *e.* 1. (güneş/ay) tutmak 2. gölgede bırakmak, geçmek

**ecology** /i'kolıci/ *a.* çevrebilim, ekoloji

**economic** /ekı'nomik/ *s.* ekonomik, iktisadi

**economical** /ekı'nomikıl/ *s.* az masraflı, keseye uygun, hesaplı, ekonomik

**economics** /ekı'nomiks/ *a.* ekonomi, iktisat bilimi

**economist** /i'konımist/ *a.* ekonomist, iktisatçı

**economize** /i'konımayz/ *e.* idareli harcamak, kullanmak, tasarruf etmek, masrafları kısmak

**economy**[1] /i'konımi/ *a.* 1. ekonomi, iktisat 2. tutum, ekonomi, tasarruf 3. ekonomik sistem

**economy**[2] /i'konımi/ *s.* ucuz, ekonomik

**ecstasy** /'ekstısi/ *a.* kendinden geçme, aşırı mutluluk, coşku

**ecstatic** /ik'stetik/ *s.* kendinden geçirici, coşturucu, mutlu edici

**ecumenical** /i:kyu'menikıl/ *s.* bütün dünyada Hıristiyan birliğini amaçlayan

**eczema** /'eksımı/ *a, hek.* egzama, mayasıl

**eddy** /'edi/ *a.* burgaç, anafor, girdap

**Eden** /'i:dn/ *a.* (İncil'de) Adem ile Havva'nın yaşadığı cennet bahçesi

**edge**[1] /ec/ *a.* 1. kenar, kenar çizgisi, uç 2. ağız, keskin kenar 3. **have the edge on** -den üstün olmak, avantajlı olmak 4. **on edge** stresli, sinirli

**edge**[2] /ec/ *e.* 1. kenarlarını belirginleştirmek, kenar yapmak: *The tablecloth was edged with lace.* 2. kenardan yavaş yavaş ilerlemek 3. ilerletmek

**edgeways** /'ecweyz/ *be.* 1. kenara doğru, yana doğru, yanlamasına, yan yan 2. **get a word in edgeways** *k. dili* (başkası konuşurken) konuşma fırsatı bulabilmek

**edging** /'ecing/ *a.* sınırlayıcı, sınır, kenar belirtici şey, kenar, şerit edgy /'eci/ s. sinirli, stresli

edible /'edıbıl/ s. yenilebilir, yenmesinde sakınca olmayan, yenir

edict /'i:dikt/ a. 1. (eski) irade, ferman 2. buyruk, emir

edifice /'edifis/ a. büyük, gösterişli yapı, bina

edify /'edifay/ e. (kişilik ya da akıl) geliştirmek

edit /'edit/ e. (kitap, film, vb.) yayına hazırlamak

edition /i'dişın/ a. baskı, yayın

editor /'editı/ a. yayıncı, editör

editorial[1] /edi'to:rııl/ a, İl. (gazetede) başyazı

editorial[2] /edi'to:rıil/ s. yayıncıya ait

educate /'edyukeyt, 'ecıkeyt/ e. eğitmek, öğretmek, okutmak: Every government should educate its people.

education /edyu'keyşın, ecı'keyşın/ a. 1. öğrenim, tahsil 2. öğretim, eğitim

educational /edyu'keyşınıl, ecı'keyşınıl/ s. eğitimsel, öğretimsel, eğitsel

educationist /edyu'keyşınist, ecı'keyşınist/ a. öğretim/ eğitim uzmanı, öğretmen, eğitmen

eel /i:l/ a, hayb. yılanbalığı

eerie /'iıri/ s. ürkütücü, ürkünç

efface /i'feys/ e. silmek; silerek yüzeyini bozmak

effect[1] /i'fekt/ a. 1. sonuç 2. etki 3. anlam 4. efekt 5. in effect a) yürürlükte, geçerli b) etki itibariyle 6. take effect yürürlüğe girmek; sonuç vermeye başlamak

effect[2] /i'fekt/ e. başarmak, sonuçlandırmak, gerçekleştirmek: He couldn't effect his aim.

effective /i'fektiv/ s. 1. sonuç verici, sonuçlandırıcı 2. etkileyici, etkili 3. gerçek, fiili

effects /i'fekts/ a. kişisel varlık, mal, eşya

effectual /i'fekçuıl/ s. etkili, istenen sonucu veren

effeminate /i'feminit/ s, hkr. kadınsı, efemine

effervesce /efı'ves/ e. köpürmek, kabarmak, köpüklenmek

efficacious /efi'keyşıs/ s. istenen sonucu veren, amaca hizmet eden, etkili, yararlı

efficient /i'fişınt/ s. iyi çalışan, hızlı ve verimli, becerikli

effigy /'efici/ a. insan resmi, heykeli, vb.

effluent /'efluınt/ a. fabrika artığı sıvı

effort /'efıt/ a. 1. güç, gayret, çaba, emek 2. çabalama, çaba harcama

effortless /'efıtlis/ s. gayretsiz, çaba göstermeyen

effrontery /i'frantıri/ a. küstahlık, yüzsüzlük, arsızlık

effusive /i'fyu:siv/ s, hkr. taşkın, azgın

egalitarian /igeli'teırıın/ s. eşitlikçi

egg /eg/ a. 1. yumurta 2. put all one's eggs in one basket k. dili varını yoğunu tehlikeye atmak, tüm varlığını bir işe yatırmak

egghead /'eghed/ a, hkr. çok bilgili kişi, aydın

eggplant /'egpla:nt/ a, bitk. patlıcan

egg on e. dolduruşa getirmek, cesaretlendirmek: His brothers egged him on to throw the snowball at the teacher.

ego /'i:gou/ a. ben, benlik, ego

egocentric /i:gou'sentrik/ s, hkr. bencil, beniçinci

egoism /'i:gouizım/ a. bencillik, egoizm

egoist /'i:gouist/ a. bencil, egoist

egoistic /i:gou'istik/ s. bencil, egoist

egotism /'i:goutizım/ a, hkr. hep kendinden söz etme, kendini yüceltme, benlikçilik, egotizm

egotist /'egıtist/ a, hkr. benlikçi

eiderdown /'aydıdaun/ a. kuştüyü yorgan

eight /eyt/ a, s. sekiz

eighteen /ey'ti:n/ a, s. on sekiz

eighteenth /ey'ti:nt/ a, s. on sekizinci

eighth /eytt/ s. a. sekizinci

eightieth /'eytıt/ a, s. sekseninci

eighty /'eyti/ a, s. seksen

either[1] /'aydı/ s, adl. 1. ikisinden biri; iki; her iki: He took two books with him but didn't read either. 2. her iki: The seats on either side of the door are empty.

either[2] /'aydı/ be. (olumsuz cümlelerde) de, da, de (değil): I haven't seen John and I haven't seen Paul, either.

either[3] /'aydı/ bağ. (or ile) ya ... ya da: You can use either sugar or honey.

ejaculate /i'cekyuleyt/ e. 1. aniden söyle-

**ejaculation** 166

yivermek 2. sperm boşaltmak; boşalmak
**ejaculation** /icekyu'leyşın/ *a.* 1. feryat 2.
cinsel boşalma
**eject** /i'cekt/ *e.* 1. dışarı atmak, fırlatmak
2. kovmak, kapı dışarı etmek
**eke** /i:k/ *e.* (out ile) 1. idareli kullanmak 2.
**eke out a living** güçlükle geçinmek
**elaborate**[1] /i'lebırıt/ *s.* 1. ayrıntılı, detaylı,
incelikli 2. özenle hazırlanmış
**elaborate**[2] /i'lebıreyt/ *e.* ayrıntıyla donat-
mak, karmaşıklaştırmak;
ayrıntılandırmak
**elapse** /i'leps/ *e.* (zaman) geçmek, akıp
gitmek
**elastic**[1] /i'lestik/ *s.* 1. esnek, elastik 2.
değişebilir, esnek 3. **elastic band** *İl.*
yuvarlak lastik, lastik bant
**elastic**[2] /i'lestik/ *a.* silgi
**elated** /i'leytid/ *s.* mutlu, sevinçli, bahtiyar,
memnun
**elbow**[1] /'elbou/ *a.* dirsek
**elbow**[2] /'elbou/ *e.* dirseklemek, dirsek
atmak, dirsekle dürtmek
**elbowroom** /'elbourum/ *a.* rahatça hare-
ket edilebilecek yer, geniş yer
**elder**[1] /'eldı/ *s.* (yaşça) büyük: *Pamela is
Penny's elder sister by four years.*
**elder**[2] /'eldı/ *a.* 1. iki kişiden büyük olanı
2. kıdemli kişi
**elderly** /'eldıli/ *s.* yaşlı
**eldest** /'eldist/ *s.* yaşça en büyük
**elect**[1] /i'lekt/ *e.* 1. oylayarak seçmek 2.
(önemli bir) karar vermek
**elect**[2] /i'lekt/ *s.* seçilmiş
**election** /i'lekşın/ *a.* 1. seçim 2. **by-
election** ara seçim 3. **general election**
genel seçim 4. **local election** yerel se-
çim
**electorate** /i'lektırıt/ *a.* seçmenler, oy
kullanma hakkına sahip kişiler
**electric** /i'lektrik/ *s.* 1. elektrikle ilgili,
elektriksel 2. elektrikli 3. *k. dili* çok he-
yecanlı 4. **electric chair** elektrikli san-
dalye 5. **electric shock therapy** elektrik
şoku tedavisi
**electrical** /i'lektrikıl/ *s.* 1. elektrikle ilgili,
elektrik ... 2. **electrical engineer** elekt-
rik mühendisi
**electrician** /ilek'trişın/ *a.* elektrikçi

**electricity** /ilek'trisiti/ *a.* elektrik
**electrify** /ilek'trifay/ *e.* 1. elektriklendirmek
2. heyecanlandırmak
**electrocute** /i'lektrıkyu:t/ *e.* elektrik akımı
vererek öldürmek
**electrode** /i'lektroud/ *a.* elektrot
**electron** /i'lektron/ *a.* elektron
**electronic** /ilek'tronik/ *s.* elektronik
**electronics** /ilek'troniks/ *a.* elektronik,
elektronik bilimi
**elegance** /'eligıns/ *a.* incelik, güzellik,
zarafet, şıklık
**elegant** /'eligınt/ *s.* 1. zarif, ince, güzel,
şık 2. düzenli
**elegy** /'elici/ *a.* ağıt
**element** /'elimınt/ *a.* 1. öge, unsur, ele-
man, element 2. bütünün gerekli parçası
3. küçük bir miktar, bir parça 4. **in one's
element** havasında, işinden memnun,
keyfi yerinde
**elemental** /eli'mentl/ *s.* doğanın gücüyle
ilgili
**elementary** /eli'mentırı/ *s.* 1. basit, kolay
2. (eğitim, öğretim) ilk, temel
**elements** /'elimınts/ *a.* başlangıç, ilk
adımlar
**elephant** /'elifınt/ *a, hayb.* fil
**elevate** /'eliveyt/ *e.* 1. (aklı ya da ruhu)
geliştirmek, yüceltmek 2. yükseltmek
**elevation** /eli'veyşın/ *a.* 1. yükselme, terfi
2. deniz seviyesine oranla yükseklik
**elevator** /'eliveytı/ *a, Aİ.* asansör
**eleven** /i'levın/ *a, s.* on bir
**eleventh** /i'levınt/ *a, s.* on birinci
**elf** /elf/ *a.* cin, peri
**elicit** /i'lisit/ *e.* çıkartmak, ortaya çıkarmak
**eligible** /'elicıbıl/ *s.* 1. hak sahibi, haklı 2.
uygun, seçilebilir
**eliminate** /i'limineyt/ *e.* 1. elemek, atmak
2. -den kurtarmak, çıkarmak
**elimination** /ilimi'neyşın/ *a.* eleme, çı-
karma, atma
**elite** /ey'li:t/ *a.* seçkin sınıf, seçkinler, elit
**elitism** /ey'li:tizım/ *a.* seçkincilik, elitizm
**elixir** /i'lıksı/ *a, yaz.* yaşam iksiri, iksir
**elk** /elk/ *a, hayb.* büyük boynuzlu iri bir
geyik türü, elk
**ellipse** /i'lips/ *a.* elips
**elliptical** /i'liptikıl/ *s.* beyzi, oval, eliptik

elm /elm/ a. karaağaç
elocution /elı'ku:şın/ a. güzel konuşma, güzel söz söyleme sanatı, hitabet
elongate /'i:loŋgeyt/ e. (bir nesneyi) uzatmak, daha uzun duruma getirmek
elope /i'loup/ e. sevgilisi ile kaçmak
eloquence /'elıkwıns/ a. belagat, uzsözlülük, uzdil
eloquent /'elıkwınt/ s. belagatli, uzsözlü, uzdilli
else /els/ be. 1. başka, daha: *Do you want anything else?* 2. yoksa, aksi takdirde: *I have to go now or else my mother will worry.*
elsewhere /els'weı/ be. başka yerde, başka yere
elucidate /i'lu:sideyt/ e. açıklamak, aydınlatmak, anlatmak, açığa kavuşturmak
elude /i'lu:d/ e. -den sıyrılmak, kurtulmak, yakasını kurtarmak, tehlikeyi atlatmak, kaçmak: *He has been eluding the police for two years.*
elusive /i'lu:siv/ s. 1. yakalanması/bulunması zor 2. anımsanması zor, bir türlü akla gelmeyen
'em /ım/ adl, k. dili, bkz. them
emaciated /i'meyşieytid/ s. sıska, bir deri bir kemik
email¹ /'i:meyl/ a. 1. e-posta 2. email address e-posta adresi
email² /'i:meyl/ e. e-posta göndermek
emanate /'emıneyt/ e. (from ile) çıkmak, meydana gelmek, oluşmak, doğmak
emancipate /i'mensipeyt/ e. özgürlüğüne kavuşturmak, bağlarından kurtarmak, serbest bırakmak
embalm /im'ba:m/ e. (ölüyü) mumyalamak
embankment /im'benkmınt/ a. toprak set, set, bent
embargo¹ /im'ba:gou/ a. ambargo
embargo² /im'ba:gou/ e. ambargo koymak
embark /im'ba:k/ e. 1. gemiye binmek 2. gemiye bindirmek, yüklemek
embarrass /im'berıs/ e. 1. sıkmak, rahatsız etmek 2. bozmak, şaşırtmak 3. utandırmak, mahcup etmek
embarrassing /im'berısing/ s. 1. utandırıcı, mahçup edici 2. can sıkıcı, huzursuz edici
embassy /'embısi/ a. elçilik
embed /im'bed/ e. iyice yerleştirmek, oturtmak, sokmak, gömmek
embellish /im'beliş/ e. 1. süsleyerek güzelleştirmek 2. kendi düşüncelerini katarak süslemek
ember /'embı/ a. kor, köz
embezzle /im'bezıl/ e. (para) zimmetine geçirmek, çalmak
embitter /im'bitı/ e. üzmek, canından bezdirmek
emblem /'emblım/ a. simge, amblem
embody /im'bodi/ e. 1. cisimleştirmek, somutlaştırmak 2. katmak, eklemek, dahil etmek
emboss /im'bos/ e. üzerine kabartma yapmak
embrace¹ /im'breys/ a. kucaklama, bağrına basma, sarılma
embrace² /im'breys/ e. 1. kucaklamak, sarılmak 2. içermek, içine almak, kapsamak 3. benimsemek, kabul etmek, inanmak
embroider /im'broydı/ e. nakış işlemek
embroidery /im'broydıri/ a. nakış, nakış işleme
embroil /im'broyl/ e. karışmak, araya girmek: *I don't want to get embroiled in your arguments.*
embryo /'embriou/ a. embriyon, oğulcuk, dölet
emerald /'emırıld/ a, s. zümrüt, zümrüt yeşili
emerge /i'mö:c/ e. ortaya çıkmak: *A rowboat suddenly emerged from behind a large ship.*
emergence /i'mö:cıns/ a. ortaya çıkma, belirme
emergency /i'mö:cınsi/ a. acil vaka, olağanüstü durum
emergent /i'mö:cınt/ s. gelişmekte olan, gelişen
emery /'emıri/ a. zımpara
emetic /i'metik/ a. kusturucu ilaç
emigrant /'emigrınt/ a. göçmen
emigrate /'emigreyt/ e. (başka bir ülkeye) göç etmek

**emigration** /emi'greyşın/ *a.* göç, dışgöç
**eminence** /'eminıns/ *a.* yükseklik, şöhret, saygınlık, ün
**eminent** /'eminınt/ *s.* yüksek, seçkin, ünlü, saygın
**eminently** /'eminıntli/ *be.* çok; son derece; müthiş
**emir** /e'miı/ *a.* emir
**emirate** /'emirıt/ *a.* emirlik
**emissary** /'emisıri/ *a.* 1. özel bir görevle gönderilmiş memur 2. gizli ajan, casus
**emit** /i'mit/ *e.* göndermek, yollamak, vermek, yaymak, salmak
**emolument** /i'molyumınt/ *a.* gelir, kazanç, ücret
**emotion** /i'mouşın/ *a.* 1. güçlü duygu 2. coşku, heyecan, duygu
**emotional** /i'mouşınıl/ *s.* duygusal, duygulu
**emotive** /i'moutiv/ *s.* duygulandırıcı
**empathy** /'empıti/ *a.* kendini bir diğer insanla özdeşleştirme, başka bir insanın/şeyin özelliklerini kendinde bulma
**emperor** /'empırı/ *a.* imparator
**emphasis** /'emfısis/ *a.* 1. vurgu 2. bir şeye verilen önem, üzerinde durma
**emphasize** /'emfısayz/ *e.* üzerinde durmak, belirtmek, vurgulamak
**emphatic** /im'fetik/ *s.* vurgulu, önemli
**empire** /'empayı/ *a.* imparatorluk
**empirical** /im'pirikıl/ *s.* görgül, deneysel, ampirik
**empiricism** /im'pirisizım/ *a, fel.* görgücülük, deneycilik, ampirizm
**employ¹** /im'ploy/ *e.* 1. iş vermek, çalıştırmak 2. kullanmak 3. görevlendirmek, memur etmek
**employ²** /im'ploy/ *a.* iş verme
**employee** /im'ployi:/ *a.* işçi, hizmetli, çalışan
**employer** /im'ployı/ *a.* işveren
**employment** /im'ploymınt/ *a.* 1. çalışma, iş alma 2. çalıştırma, iş verme 3. uğraş, iş
**empower** /im'pauı/ *e.* yetki vermek, izin vermek, güçlendirmek
**empress** /'empris/ *a.* imparatoriçe
**emptily** /'emptili/ *be.* aptalca, mantıksızca, boş boş

**empty¹** /'empti/ *s.* 1. boş: *an empty box/empty streets* 2. *hkr.* boş, saçma, abuk sabuk: *empty words* 3. *k. dili* aç
**empty²** /'empti/ *e.* 1. boşaltmak, içini boşaltmak, dökmek: *Empty the dustbin, will you?* 2. boşalmak
**emu** /'i:myu:/ *a, hayb.* Avustralya'ya özgü bir cins devekuşu
**emulate** /'emyuleyt/ *e.* bir diğer kişiden daha iyisini yapmaya çalışmak
**emulsion** /i'malşın/ *a.* merhem, sübye, emülsiyon
**enable** /i'neybıl/ *e.* olanaklı kılmak, imkân tanımak: *His money enables him to do anything he wants.*
**enact** /i'nekt/ *e.* (yasa) çıkarmak
**enamel¹** /i'nemıl/ *e.* 1. minelemek, mine ile süslemek 2. parlatmak
**enamel²** /i'nemıl/ *a.* 1. mine, emay 2. diş minesi 3. parlatıcı boya
**enamoured** /i'nemıd/ *s.* (of/with ile) düşkün, hayran
**encampment** /in'kempmınt/ *a.* kamp yeri
**encase** /in'keys/ *e.* kılıfa sokmak, kılıflamak, kaplamak, kutulamak, örtmek
**enchant** /in'ça:nt/ *e.* 1. büyülemek, büyü yapmak 2. zevk vermek
**enchanting** /in'ça:nting/ *s.* büyüleyici
**encircle** /in'sö:kıl/ *e.* 1. kuşatmak, çevrelemek 2. daire içine almak
**enclave** /'enkleyv/ *a.* yerleşim bölgesi, yerleşme bölgesi
**enclose** /in'klouz/ *e.* 1. çevresini sarmak, kuşatmak 2. içine koymak, iliştirmek
**enclosure** /in'kloujı/ *a.* 1. çevirme, kuşatma 2. çit, duvar 3. ilişikte gönderilen şey
**encompass** /in'kampıs/ *e.* kuşatmak, çevrelemek
**encore** /'onko:/ *ünl.* bir kere daha! tekrar!
**encore** /'onko:/ *a.* 1. (bir şarkının tekrarı için, vb.) yapılan istek 2. tekrar
**encounter¹** /in'kauntı/ *e.* 1. karşılaşmak, rastlaşmak, karşı karşıya kalmak 2. (biriyle) tesadüfen karşılaşmak
**encounter²** /in'kauntı/ *a.* karşılaşma, rastgelme
**encourage** /in'karic/ *e.* yüreklendirmek, cesaretlendirmek

encroach /in'krouç/ *e.* 1. ileri gitmek, haddini aşmak 2. (birinin hakkına) tecavüz etmek

encrusted /in'krastid/ *s.* (mücevher, vb.) kaplı, kaplanmış

encumber /in'kambı/ *e.* ayakbağı olmak, ayağına dolaşmak, güçlük çıkartmak, engel olmak

encyclopedia /insayklı'pi:diı/ *a.* ansiklopedi, bilgilik

end[1] /end/ *a.* 1. son, bitim 2. bitiş noktası, son nokta, uç nokta, bitim 3. son, son kısım 4. amaç, erek 5. **in the end** sonunda, nihayet 6. **make ends meet** geçinebilmek, kıt kanaat geçinmek, iki yakasını bir araya getirebilmek 7. **no end of** *k. dili* çok, büyük, sonsuz, fazla

end[2] /end/ *e.* 1. sona erdirmek, bitirmek: *They will end the course with a party.* 2. bitmek: *The road ended at the river.*

endanger /in'deyncı/ *e.* tehlike yaratmak, tehlikeye sokmak, tehlikeye atmak

endear /in'diı/ *e.* (to ile) sevdirmek; kendini sevdirmek

endearment /in'diımınt/ *a.* sevgi ifadesi, sevgi belirtisi, sevgi

endeavor /in'devı/ *e, Aİ, bkz.* **endeavour**

endeavour /in'deyvı/ *e.* çalışmak, çabalamak, denemek

endemic /en'demik/ *s.* (hastalık, vb.) belli bir yere özgü

end in *e.* sonuçlanmak: *I'm sure their business venture will end in success.*

ending /'ending/ *a.* bitiş, son, sonuç: *The film has a happy ending.*

endless /'endlıs/ *s.* sonsuz

endorse /in'do:s/ *e.* 1. desteklemek, onaylamak 2. ciro etmek 3. (ceza, isim, vb.) yazmak

endow /in'dau/ *e.* (okul, hastane, vb.'ne) bağışta bulunmak, para bağışlamak

end up *e.* bitirmek; sonuçta -e varmak: *Whatever he does he will end up rich.*

endurance /in'dyuırıns/ *a.* dayanma, katlanma, çekme, tahammül, sabır, dayanıklılık

endure /in'dyuı/ *e.* 1. dayanmak, çekmek, katlanmak, tahammül etmek: *He couldn't endure the pain any more.* 2. uzun

süre dayanmak, uzun süre etkisini ve gücünü korumak, sürmek

enemy /'enımi/ *a.* düşman

energetic /enı'cetik/ *s.* çalışkan, enerjik, güçlü

energy /'enıci/ *a.* enerji, güç, erke

enforce /in'fo:s/ *e.* 1. zorlamak, zorla yaptırmak, zorla elde etmek, zorla kabul ettirmek 2. uygulamak, yürütmek, infaz etmek

enfranchise /in'frençayz/ *e.* oy hakkı vermek

engage /in'geyc/ *e.* 1. ücretle tutmak, çalıştırmak, işe almak 2. birbirine geçirmek, tutturmak 3. birbirine geçmek 4. saldırmak, hücum etmek

engaged /in'geycd/ *s.* 1. (telefon hattı) meşgul 2. nişanlı: *She's engaged to a teacher.* 3. meşgul

engagement /in'geycmınt/ *a.* 1. nişan, nişanlanma 2. söz, randevu

engaging /in'geycing/ *a.* çekici, alımlı

engine /'encin/ *a.* 1. motor 2. lokomotif 3. makine

engineer[1] /enci'niı/ *a.* mühendis

engineer[2] /enci'niı/ *e.* (kötü bir şeye) planla neden olmak

engineering /enci'niıring/ *a.* mühendislik

English[1] /'ingliş/ *s.* İngiliz: *Are you English?*

English[2] /'ingliş/ *a.* 1. İngilizce: *Do you speak English?* 2. (the ile) İngilizler

engrave /in'greyv/ *e.* oymak, hakketmek

engrossed /in'groust/ *s.* kaptırmış, dalmış, kendini vermiş: *He was so engrossed in a book he didn't hear me come in.*

engrossing /in'grousing/ *s.* çok ilginç, ilgi çekici, sürükleyici

engulf /in'galf/ *e.* içine çekmek, yutmak, yok etmek

enhance /in'ha:ns/ *e.* (değer, güç, güzellik, vb.) artırmak, çoğaltmak

enigma /i'nigmı/ *a.* muamma, anlaşılmaz şey

enigmatic /enig'metik/ *s.* bilmece gibi; anlaşılmaz, esrarengiz, muammalı

enjoin /in'coyn/ *e.* 1. buyurmak, emretmek 2. menetmek

enjoy /in'coy/ *e.* 1. zevk almak, hoşlanmak, beğenmek, sevmek: *I enjoy drinking beer.* 2. sahip olmak, yararlanmak, kullanmak: *He enjoys a big house.* 3. **enjoy oneself** mutlu olmak, eğlenmek: *Are you enjoying yourself?*

enjoyable /in'coyıbıl/ *s.* zevkli, hoş, güzel, eğlenceli

enjoyment /in'coymınt/ *a.* zevk, haz

enlarge /in'la:c/ *e.* 1. büyütmek, genişletmek 2. büyümek, genişlemek 3. (on ile) uzatmak: *He enlarged on the story.*

enlargement /in'la:cmınt/ *a.* büyütme, genişletme

enlighten /in'laytn/ *e.* aydınlatmak, bilgi vermek, açıklamak

enlist /in'list/ *e.* 1. askere almak 2. asker olmak 2. (yardım, sempati, vb.) kazanmak, sağlamak

enliven /in'layvın/ *e.* canlandırmak, hareketlendirmek

enmity /'enmiti/ *a.* düşmanlık, husumet

ennoble /i'noubıl/ *e.* soylulaştırmak, asilleştirmek

enormity /i'no:miti/ *a.* 1. büyük kötülük, alçaklık 2. büyüklük

enormous /i'no:mıs/ *s.* çok geniş, çok büyük, koskoca, kocaman, devasa

enormously /i'no:mısli/ *be.* çok, pek çok, aşırı derecede: *She has become an enormously successful writer.*

enough[1] /i'naf/ *s.* yeterli, yeter: *He didn't eat enough food and lost weight.*

enough[2] /i'naf/ *be.* 1. yeterince, yeteri kadar: *She could sing with the opera. She sings well enough.* 2. **strangely enough** ne gariptir ki; buna rağmen: *Strangely enough I never see him although we live in the same street.*

enquire /in'kwayı/ *e.* soruşturmak

enquiry /in'kwayıri/ *a.* soruşturma

enrage /in'reyc/ *e.* kızdırmak, öfkelendirmek

enrapture /in'repçı/ *e.* coşturmak, kendinden geçirmek, aşka girdirmek

enrich /in'riç/ *e.* zenginleştirmek

enrol, enroll /in'roul/ *e.* 1. üye olmak 2. üye etmek, kaydetmek

en route /on'ru:t/ *be.* yolda, ... yolunda

ensconce /in'skons/ *e.* (güvenli ve rahat bir biçimde) oturmak, yerleşmek, kendini yerleştirmek

ensemble /on'sombıl/ *a.* 1. birlik, grup, takım 2. küçük müzik topluluğu, grup

ensign /'ensayn, 'ensın/ *a.* 1. (donanma, vb.) bayrak 2. *Aİ.* deniz teğmeni

ensue /in'syu:/ *e.* (sonuç olarak ya da sonra) ortaya çıkmak, ardından gelmek

ensure /in'şuı/ *e.* 1. (olmasını) kesinleştirmek 2. sağlama almak, garantiye almak

entail /in'teyl/ *e.* gerektirmek, zorunlu kılmak, istemek

entangle /in'tengıl/ *e.* (ip, saç, vb.) dolaştırmak, karıştırmak

enter /'entı/ *e.* 1. girmek: *He entered through the bathroom window.* 2. yazmak, kaydetmek 3. üyesi olmak

enter into *e.* 1. başlamak, girişmek 2. yer almak, katılmak

enterprise /'entıprayz/ *a.* 1. girişim, yatırım 2. cesaret, girişkenlik, açıkgözlülük

enterprising /'entıprayzing/ *s.* girişken

entertain /entı'teyn/ *e.* 1. (misafir) ağırlamak 2. eğlendirmek, hoşça vakit geçirtmek 3. (bir öneriyi, vb.) göz önünde bulundurmak, aklında tutmak

entertaining /entı'teyning/ *s.* eğlendirici, ilginç

entertainment /entı'teynmınt/ *a.* eğlence

enthral, enthrall /in'tro:l/ *e.* (genellikle bir şey anlatarak) büyülemek, tüm dikkati üzerine toplamak, çekmek

enthrone /in'troun/ *e.* tahta çıkarmak, taç giydirmek

enthuse /in'tyu:z/ *e, k. dili* hayranlık göstermek, çok ilgi göstermek

enthusiasm /in'tyu:ziezım/ *a.* büyük ilgi, isteklilik, heves

entice /in'tays/ *e.* ayartmak, kandırmak

entire /in'tayı/ *s.* bütün, tüm, tam

entirely /in'tayıli/ *be.* bütünüyle, tümüyle

entirety /in'tayırıti/ *a.* bütünlük, tümlük, tüm, bütün

entitle /in'taytl/ *e.* 1. ad vermek, isimlendirmek 2. yetki vermek, hak vermek

entity /'entiti/ *a.* tek ve bağımsız varlık, mevcudiyet

**entomology** /entı'molıci/ *a.* böcekbilim, entomoloji

**entourage** /'ontura:j/ *a.* maiyet, önemli bir şahsın yanındaki/çevresindeki kimseler

**entrails** /'entreylz/ *a.* sakatat

**entrance**[1] /'entrıns/ *a.* 1. giriş yeri, kapı, antre 2. girme, giriş 3. giriş hakkı

**entrance**[2] /in'tra:ns/ *e.* kendinden geçirmek, büyülemek, esritmek

**entrant** /'entrınt/ *a.* 1. bir mesleğe giren, kabul edilen kişi 2. yarışmacı

**entreat** /in'tri:t/ *e.* yalvarmak, yakarmak, dilemek, rica etmek

**entrenched** /in'trençt/ *s.* yerleşik, köklü

**entrepreneur** /ontrıprı'nö:/ *a.* 1. müteşebbis, girişimci 2. müteahhit, üstenci

**entrust** /in'trast/ *e.* emanet etmek, sorumluluğuna vermek: *He entrusted his family to his brother's keeping.*

**entry** /'entri/ *a.* 1. giriş 2. yarışmacı(lar)

**entwine** /in'twayn/ *e.* birbirine geçirmek, sarmak, dolaştırmak

**enumerate** /i'nyu:mıreyt/ *e.* sıralamak, belirtmek, birer birer saymak

**enumeration** /inyu:mı'reyşın/ *a.* sayma, sayım, liste

**enunciate** /i'nansieyt/ *e.* 1. telaffuz etmek 2. düşünceleri açıkça belirtmek, kesinlikle ifade etmek

**envelop** /in'velıp/ *e.* sarmak, sarmalamak, örtmek, kapatmak, kaplamak

**envelope** /'envıloup/ *a.* mektup zarfı, zarf

**enviable** /'enviıbıl/ *s.* imrenilecek, özenilecek, kıskanılacak, gıpta edilecek; başarılı

**envious** /'enviıs/ *s.* kıskanç: *John has always been envious of his famous younger brother.*

**environment** /in'vayırınmınt/ *a.* çevre, ortam

**environmental** /invayırın'mentl/ *s.* çevresel

**envisage** /in'vizic/ *e.* usunda canlandırmak, gözünün önüne getirmek, imgelemek

**envoy** /'envoy/ *a.* 1. delege 2. elçi

**envy**[1] /'envi/ *e.* gıpta etmek, kıskanmak, imrenmek: *She has always envied her sister's beauty.*

**envy**[2] /'envi/ *a.* kıskançlık, çekememezlik

**enzyme** /'enzaym/ *a.* enzim

**epaulet, epaulette** /epı'let/ *a.* apolet

**ephemeral** /i'femırıl/ *s.* kısa ömürlü, geçici

**epic**[1] /'epik/ *s.* epik, destansı

**epic**[2] /'epik/ *a.* epik, destan

**epicure** /'epikyuı/ *a.* (yemek, içki, vb. den) anlayan, zevk sahibi kimse

**epidemic** /epi'demik/ *a.* (hastalık) salgın

**epigram** /'epigrem/ *a.* nükteli şiir/söz

**epilepsy** /'epilepsi/ *a, hek.* sara, tutarık, epilepsi

**epileptic** /epi'leptik/ *a, s, hek.* saralı, tutarıklı

**epilogue** /'epilog/ *a.* 1. son deyiş 2. son bölüm, bitim, kapanış

**episcopal** /i'piskıpıl/ *s.* 1. piskoposlarla ilgili 2. (kilise) piskoposlar tarafından yönetilen

**episode** /'episoud/ *a.* 1. olay, serüven 2. (roman, vb.) bölüm

**epistle** /i'pisıl/ *a.* önemli, ayrıntılı ve uzun mektup

**epitaph** /'epita:f/ *a.* sin yazıtı, mezar taşı yazıtı, mezar taşı kitabesi

**epithet** /'epitet/ *a.* yakıştırma, sıfat, lakap

**epitome** /i'pitımi/ *a.* somut örnek, ideal: *The nun was the epitome of virtue.*

**epitomize** /i'pitımayz/ *e.* somut örneği olmak

**epoch** /'i:pok/ *a.* çağ, devir, çığır, dönem

**equable** /'ekwıbıl/ *s.* değişmez, dengeli, sakin

**equal**[1] /'i:kwıl/ *s.* eşit, eş, denk: *The man left his children equal shares in his business. They were equal in intelligence.*

**equal**[2] /'i:kwıl/ *e.* -e eşit olmak: *Can you equal my score?*

**equal**[3] /'i:kwıl/ *a.* eş, akran

**equality** /i'kwoliti/ *a.* eşitlik

**equalize** /'i:kwılayz/ *e.* eşitlemek

**equalizer** /'i:kwılayzı/ *a.* eşitleyici, ekolayzer

**equally** /'i:kwıli/ *be.* eşit olarak, aynı derecede, eşit bir biçimde

**equanimity** /i:kwı'nimiti/ *a.* soğukkanlılık, temkin, sakinlik

**equate** /i'kweyt/ e. eşit yapmak, eşit saymak, eşitlemek, dengelemek, aynı kefeye koymak

**equation** /i'kweyjın/ a, mat. denklem

**equator** /i'kweytı/ a. ekvator, eşlek

**equestrian** /i'kwestriın/ s, a. binicilikle ilgili; atlı, binici

**equilateral** /i:kwi'letırıl/ s. (üçgen) eşkenar

**equilibrium** /i:kwi'libriım/ a. denge

**equine** /'ekwayn/ s. atla ilgili, ata ilişkin

**equinox** /'i:kwinoks/ a. gün tün eşitliği, ekinoks, ılım

**equip** /i'kwip/ e. donatmak, teçhiz etmek

**equipment** /i'kwipmınt/ a. donatma, donatım, donatı, teçhizat, gereç

**equitable** /'ekwitıbıl/ s. adil, tarafsız

**equitably** /'ekwitıbli/ be. adilane, tarafsızca

**equity** /'ekwiti/ a. adalet, dürüstlük

**equivalent** /i'kwivılınt/ a, s. eşdeğer, denk, karşılık, eşit

**equivocal** /i'kwivıkıl/ s. 1. (sözcük) iki anlamlı, iki anlama gelebilen, lastikli, kaçamaklı 2. (davranış, olay, vb.) gizemli, belirsiz, kuşkulu, şüpheli, karanlık

**era** /'iırı/ a. devir, çağ, zaman, dönem

**eradicate** /i'redikeyt/ e. yok etmek, kökünü kurutmak

**erase** /i'reyz/ e. (yazı, vb.) silmek: *Time had erased the inscription from the head stone.*

**eraser** /i'reyzı/ a. İİ. silgi

**erect**[1] /i'rekt/ s. 1. dik, dimdik 2. (penis, göğüs uçları) dik

**erect**[2] /i'rekt/ e. 1. dikmek: *They erected the marquee for the circus.* 2. yapmak, dikmek, inşa etmek: *This monument was erected to Atatürk.*

**erection** /i'rekşın/ a. 1. yapma, kurma, dikme, inşa 2. yapı, bina 3. (penis) sertleşme, ereksiyon

**ermine** /'ö:min/ a, hayb. ermin, as

**erode** /i'roud/ e. 1. yemek, aşındırmak, yıpratmak 2. aşınmak, yıpranmak

**erosion** /i'roujın/ a. aşınma, aşındırma, erozyon

**erotic** /i'rotik/ s. kösnül, erotik

**eroticism** /i'rotisizım/ a. kösnüllük, erotizm

**err** /ö:/ e. yanılmak, hata etmek, yanlış yapmak

**errand** /'erınd/ a. 1. ayak işi 2. **fool's errand** olmayacak iş

**errant** /'erınt/ s. yanlış, hatalı

**erratic** /i'retik/ s. hareketleri düzenli olmayan, değişen, kararsız, düzensiz

**erroneous** /i'rouniıs/ s. (ifade, görüş, inanç, vb.) yanlış, hatalı

**error** /'erı/ a. 1. yanlışlık, yanlış, hata 2. yanlış kanı, yanlış düşünce, görüş, vb.

**erudite** /'erudayt/ s. bilgili, engin bilgili

**erupt** /i'rapt/ e. 1. (yanardağ) patlamak, püskürmek 2. patlak vermek, çıkmak, oluşmak

**eruption** /i'rapşın/ a. 1. patlama, püskürme 2. hek. döküntü, isilik

**escalate** /'eskıleyt/ e. 1. (savaşı) kışkırtmak 2. (fiyat, ücret) yükselmek, artmak, çoğalmak

**escalator** /'eskıleytı/ a. yürüyen merdiven

**escapade** /'eskıpeyd/ a. çılgınlık, aptalca hareket

**escape**[1] /i'skeyp/ e. 1. kaçmak: *They escaped from their pursuers.* 2. atlatmak, yakayı kurtarmak, -den kurtulmak, kaçmak: *We played cards to escape boredom.* 3. aklından/hatırından çıkmak: *What she said escapes me.*

**escape**[2] /i'skeyp/ a. 1. kaçma, kaçış, firar 2. kurtuluş 3. (gaz, sıvı, vb.) sızma, sızıntı, kaçak

**escapism** /i'skeypizım/ a, hkr. gerçekten kaçış

**escarpment** /i'ska:pmınt/ a. dik kayalık

**escort**[1] /'esko:t/ a. 1. muhafız, maiyet 2. kavalye, refakatçi

**escort**[2] /i'sko:t/ e. refakat etmek, eşlik etmek

**esophagus** /i'sofıgıs/ a, bkz. **oesophagus**

**esoteric** /esı'terik/ s. (bilgi, ilgi, vb.) belirli bir kesime hitap eden

**especial** /i'speşıl/ s. özel, ayrı

**especially** /i'speşıli/ be. özellikle: *I came here especially to see you.*

**espionage** /'espiına:j/ a. casusluk

**esplanade** /'esplıneyd/ a. (özellikle deniz

kıyısında) gezinti yeri, kordon
**espy** /i'spay/ *e.* görmek, fark etmek, gözüne ilişmek
**esquire** /i'skwayı/ *a.* bay, efendi
**essay** /'esey/ *a.* deneme
**essayist** /'eseyist/ *a.* deneme yazarı
**essence** /'esıns/ *a.* 1. asıl, öz, esas 2. esans
**essential**[1] /i'senşıl/ *s.* 1. gerekli, şart 2. başlıca, esaslı, öz, temel
**essential**[2] /i'senşıl/ *a.* 1. esas 2. ç. gerekli şeyler
**essentially** /i'senşıli/ *be.* 1. esasen, aslında, gerçekte 2. gerekli olarak, gerekerek
**establish** /i'stebliş/ *e.* 1. kurmak, tesis etmek: *He established a bank during the gold rush.* 2. yerleştirmek: *She was established as managing director in the new firm.* 3. kanıtlamak, doğruluğunu ortaya koymak: *The police established that he could not have committed the crime.* 4. tanıtmak, kabul ettirmek: *The painter established himself in the art circle.* 5. bir dini bir ulusun, bir devletin resmi dini ilan etmek
**establishment** /i'steblişmınt/ *a.* 1. kuruluş, kurum, tesis 2. kurma, tesis etme
**estate** /i'steyt/ *a.* 1. *İl.* arazi, mülk, emlak 2. arsa 3. *huk.* ölen kimseden kalan mal varlığı 4. **estate agent** emlak komisyoncusu 5. **estate car** pikap 6. **personal estate** taşınabilir mallar 7. **real estate** taşınamaz mallar
**esteem**[1] /i'sti:m/ *a.* saygı, itibar
**esteem**[2] /i'sti:m/ *e.* 1. saymak, saygı göstermek, değer vermek, takdir etmek 2. saymak, düşünmek, gözüyle bakmak: *He was esteemed to be the best writer in the country.*
**estimable** /'estimıbıl/ *s.* saygıdeğer
**estimate**[1] /'estimeyt/ *e.* 1. değer biçmek, değerlendirmek 2. tahmin etmek 3. hesaplamak
**estimate**[2] /'estimit/ *a.* 1. hesap, tahmin, takdir, düşünce 2. teklif, işi kabul etme
**estimation** /esti'meyşın/ *a.* kanı, düşünce, yargı, takdir
**estrange** /i'streync/ *e.* soğutmak, aralarını

bozmak, uzaklaştırmak, yabancılaştırmak
**estuary** /'esçuıri/ *a, coğ.* haliç
**et cetera** /et'setırı/ *be.* ve saire, ve benzeri
**etch** /eç/ *e.* asitle maden üzerine resim oymak, hakketmek
**eternal** /i'tö:nıl/ *s.* sonsuz, hiç bitmeyen, öncesiz sonrasız, ebedi
**eternity** /i'tö:niti/ *a.* sonsuzluk
**ether** /'i:tı/ *a, kim.* eter
**ethereal** /i'tiırııl/ *s.* dünyevi olmayan, uçuk
**ethic** /'etik/ *a.* ahlak sistemi
**ethical** /'etikıl/ *s.* 1. ahlaki, törel 2. (davranış, vb.) ahlaklı
**ethics** /'etiks/ *a.* 1. törebilim, etik, ahlak bilimi 2. aktöre, ahlak, ahlak kuralları
**ethnic** /'etnik/ *s.* budunsal, etnik
**ethnology** /et'nolıci/ *a.* budunbilim, etnoloji
**etiquette** /'etiket/ *a.* görgü kuralları
**etymology** /eti'molıci/ *a.* kökenbilim, etimoloji
**eucalyptus** /yu:kı'liptıs/ *a, bitk.* okaliptüs, sıtmaağacı
**Eucharist** /'yu:kırist/ *a.* 1. İsa'nın son akşam yemeği üzerine düzenlenen tören 2. bu törende yenilen ekmek ve içilen şarap
**eulogize** /'yu:lıcayz/ *e.* övmek, methetmek
**eulogy** /'yu:lıci/ *a.* övgü, methiye
**eunuch** /'yu:nık/ *a.* hadım, haremağası
**euphemism** /'yu:fimizım/ *a.* sert sözcüklerin yerine daha yumuşaklarını kullanma sanatı, örtmece
**euphoria** /yu:'fo:rıı/ *a.* mutluluk ve neşe, coşku
**euro** /'yuırou/ *a.* avra, yuro
**European** /yuırı'piın/ *a, s.* 1. Avrupalı, Avrupa ile ilgili, Avrupa ... 2. **European Community** Avrupa Topluluğu, AT 3. **European Union** Avrupa Birliği
**euthanasia** /yu:tı'neyzii/ *a.* acısız ölüm
**evacuate** /i'vekuyeyt/ *e.* 1. (bir yerden insanları) boşaltmak, tahliye etmek 2. tehlikeden uzaklaştırmak
**evacuee** /i'vekyu'i:/ *a.* bir yerden tahliye edilen kimse

**evade** /i'veyd/ e. 1. hkr. -den kaçmak, kaytarmak, yan çizmek, savmak 2. -den kaçmak, sıvışmak

**evaluate** /i'velyueyt/ e. değer biçmek, değerlendirmek

**evangelical** /i:ven'celikıl/ s. İncil ya da İsa'nın öğretisi ile ilgili, protestan

**evangelist** /i'vencilist/ a. İncil yazarı, evan

**evaporate** /i'vepıreyt/ e. 1. buharlaşmak 2. buharlaştırmak 3. uçup gitmek, yok olmak

**evasion** /i'veyjın/ a, hkr. 1. kaçma, kurtulma, atlatma, yakasını kurtarma 2. yan çizme, kaçınma, kaytarma, kaçamak

**evasive** /i'veysiv/ s. kaçamaklı, baştansavma: He gave me an evasive answer.

**eve** /i:v/ a. arife, öngün

**even**[1] /'i:vın/ s. 1. düz, düzgün, engebesiz, yatay, pürüzsüz: Her hair was cut even at the ends. 2. eşit, aynı: She added a little to each, until they were even. 3. (sayı) çift

**even**[2] /'i:vın/ be. 1. bile: Even a baby could do it, why don't you try? 2. hatta, neredeyse: You could call him an animal, even a monster. 3. da, daha da, bile: He has grown so much, he is even taller than his father. 4. **even if/though** -se bile, -e rağmen, öyle olsa da, -e karşın: You must be polite even if you don't like her. 5. **even now/so/then** öyle olduğu halde, ona rağmen, yine de: He has often been punished but even now he talks too much in lessons.

**evening** /'i:vning/ a. akşam

**even out** e. 1. denklemek, eşitlemek 2. eşitlenmek

**event** /i'vent/ a. 1. olay 2. sonuç 3. sp. karşılaşma 4. **in the event of** durumunda, takdirde

**eventful** /i'ventfıl/ s. olaylı

**eventual** /i'vençuıl/ s. sonuç olarak, sonunda olan

**eventuality** /ivençu'eliti/ a. olasılık, ihtimal, olası sonuç

**eventually** /i'vençuıli/ be. sonunda, en sonunda, sonuç olarak, neticede

**ever** /'evı/ be. 1. herhangi bir zamanda: If you ever go to London you must see Buckingham Palace. 2. hiç, hayatında, şu ana kadar: Have your ever seen a kangaroo? 3. şimdiye kadar, hayatında: It's the most snow he has ever seen. 4. hep: I have been afraid of snakes ever since I was bitten by one. 5. **ever so/such** İİ, k. dili çok: It's ever so exciting. 6. **than ever** şu ana kadar olmuş olduğundan, daha öncekinden, eskisinden: "Aren't you tired of me?" "No, I love you more than ever. "

**evergreen** /'evıgri:n/ s, a. (ağaç) yaprak dökmeyen

**everlasting** /evı'la:sting/ s. 1. ölümsüz, sonsuz, daima, ebedi 2. hiç bitmeyen, ardı arkası kesilmeyen, sonu gelmeyen, sürekli

**evermore** /evı'mo:/ be. her zaman, sonsuza kadar, ebediyen: May you have health and happiness evermore.

**every** /'evri/ s. her, her bir: They go to the seaside every summer. His every action shows that he's in love. She made every excuse for him.

**everybody** /'evribodi/ adl. herkes: Everybody in the plane was killed.

**everyday** /'evridey/ s. her günkü, günlük: Road accidents are an everyday occurence here.

**everything** /'evriting/ adl. her şey: Are you sure you have everything you need to take on holiday?

**everywhere** /'evriweı/ be. her yerde, her yere: I looked everywhere in the house for my glasses.

**evict** /i'vikt/ e, huk. tahliye ettirmek

**evidence** /'evidıns/ a. 1. kanıt, delil 2. tanıklık, ifade 3. **in evidence** göz önünde, ortada, meydanda

**evident** /'evidınt/ s. besbelli, açık, ortada, aşikâr

**evil**[1] /'i:vıl/ s. 1. fena, kötü, kem 2. zararlı, kötü 3. uğursuz, aksi

**evil**[2] /'i:vıl/ a. 1. fenalık, kötülük 2. zarar 3. kaza, bela, felaket

**evildoer** /i:vıl'du:ı/ a. kötü, muzır kimse, şeytan

**evince** /i'vins/ e. göstermek, açığa vurmak, belli etmek, açıkça göstermek: *He evinced his evil thoughts.*

**evocative** /i'vokıtiv/ *s.* (anıları, vb.) uyandıran, anımsatan

**evoke** /i'vouk/ *a.* anımsatmak, aklına getirmek, uyandırmak: *That song always evokes memories for me.*

**evolution** /i:vı'luşın, evı'lu:şın/ *a.* 1. evrim 2. değişim, gelişme, gelişim

**evolutionary** /i:vı'lu:şınıri/ *s.* evrimsel

**evolve** /i'volv/ *e.* gelişmek, değişmek, evrim geçirmek

**ewe** /yu:/ *a.* dişi koyun

**ewer** /'yu:ı/ *a.* ibrik

**exacerbate** /ig'zesıbeyt/ *e.* (acı, hastalık, vb.) şiddetlendirmek, kötüleştirmek, ağırlaştırmak

**exact**[1] /ig'zekt/ *e.* istemek ve zorla almak, tehditle almak, zorla elde etmek

**exact**[2] /ig'zekt/ *s.* 1. tam, kesin, doğru, kati 2. titiz, dikkatli

**exacting** /ig'zekting/ *s.* çok emek ve sabır isteyen, güç, yorucu

**exactly** /ig'zektli/ *be.* 1. tam, tamamen, tam anlamıyla, tam olarak: *They arrived at exactly ten o'clock.* 2. aynen: *"Is that really what she said?" "Exactly!"*

**exaggerate** /ig'zecıreyt/ *e.* abartmak, şişirmek: *It was just a little dog, not a wolf. You're exaggerating again.*

**exaggeration** /igzecı'reyşın/ *a.* abartma, büyütme, abartı, şişirme

**exalt** /ig'zo:lt/ *e.* 1. övmek, göklere çıkarmak 2. yükseltmek, yüksek bir konuma, rütbeye, vb. getirmek, yüceltmek

**exaltation** /egzo:l'teyşın/ *a.* büyük sevinç ya da heyecan, coşkunluk, vecit

**exalted** /ig'zo:ltid/ *s.* 1. (rütbe, mevki, vb.) yüksek 2. yüce

**exam** /ig'zem/ *a.* sınav

**examination** /igzemi'neyşın/ *a.* 1. sınav 2. yoklama, muayene

**examine** /ig'zemin/ *e.* 1. incelemek, gözden geçirmek, yoklamak, muayene etmek 2. sınamak, sınavdan geçirmek

**example** /ig'za:mpıl/ *a.* 1. örnek 2. **for example** örneğin, mesela

**exasperate** /ig'za:spıreyt/ *e.* kızdırmak, canını sıkmak, deli etmek, öfkelendir-

mek

**excavate** /'ekskıveyt/ *e.* kazmak, (çukur) açmak

**excavator** /ekskı'veytı/ *a.* kazı makinesi

**exceed** /ik'si:d/ *e.* aşmak, geçmek: *He was fined for exceeding the speed limit.*

**exceedingly** /ik'si:dingli/ *be.* çok, müthiş, fazlasıyla

**excel** /ik'sel/ *e.* çok iyi olmak, üstün olmak, geçmek

**excellence** /'eksılıns/ *a.* üstünlük, mükemmellik

**Excellency** /'eksılınsi/ *a.* ekselans

**excellent** /'eksılınt/ *s.* çok iyi, üstün, mükemmel, kusursuz

**except**[1] /ik'sept/ *e.* ayırmak, saymamak, ayrı tutmak, hariç tutmak: *I will except John from the homework, the rest of you must do it.*

**except**[2] /ik'sept/ *ilg.* hariç, -den başka, dışında: *You can come any day except Sundays. He likes all his teachers except his history teacher. The all went home at ten except one person who stayed till twelve.*

**excepted** /ik'septid/ *s.* hariç

**excepting** /ik'septing/ *ilg.* hariç: *Everyone on board, not excepting the crew, must go to the forward deck immediately.*

**exception** /ik'sepşın/ *a.* 1. istisna etme, hariç tutma, dışta bırakma 2. ender durum, istisna 3. **with the exception of** -in dışında, -hariç

**exceptional** /ik'sepşınıl/ *s.* olağanüstü, istisnai

**excerpt** /'eksö:pt/ *a.* alıntı

**excess**[1] /'ekses/ *s.* aşırı, fazla, katma, ek: *A lot of people didn't come to the function so the excess food was given to a hospital.*

**excess**[2] /ik'ses/ *a.* 1. aşırılık, fazlalık, ölçüsüzlük 2. *hkr.* çok fazla, çok, haddinden fazla, ölçüsüz, aşırı

**excessive** /ik'sesiv/ *s.* aşırı, çok fazla, haddinden fazla

**exchange**[1] /iks'çeync/ *e.* karşılıklı değişmek, değiş tokuş etmek: *I exchanged the red sweater for a blue one.*

**exchange**[2] /iks'çeync/ *a.* 1. değiştirme,

değiş tokuş 2. borsa 3. kambiyo 4. (telefon) merkez, santral 5. **exchange rate** döviz kuru

exchequer /iks'çekı/ a. 1. hazine, devlet hazinesi 2. Maliye Bakanlığı

excise[1] /'eksayz/ a. bir ülkede üretilen ve kullanılan kimi mallardan alınan vergi

excise[2] /ik'sayz/ e. kesmek, kesip çıkarmak, keserek almak: *The doctor excised the small growth on his hand.*

excitable /ik'saytıbıl/ s. kolay heyecanlanır

excite /ik'sayt/ e. 1. heyecanlandırmak 2. yol açmak, uyandırmak, tahrik etmek 3. -e neden olmak, çıkarmak

excited /ik'saytid/ s. heyecanlı, heyecanlanmış: *The children were really excited about going to the circus.*

excitement /ik'saytmınt/ a. 1. heyecan 2. heyecan verici olay

exciting /ik'sayting/ s. heyecanlandırıcı, heyecan verici, heyecanlı: *We had an exciting trip down the Amazon.*

exclaim /ik'skleym/ e. bağırmak, haykırmak, çığlık koparmak

exclamation /ekskıl'meyşın/ a. 1. ünlem 2. bağırış, haykırış 3. **exclamation mark** ünlem işareti

exclude /iks'klu:d/ e. 1. kabul etmemek, içeri sokmamak, uzak tutmak 2. saymamak, istisna etmek, dışlamak, hesaba katmamak 3. dışarı atmak, çıkarmak, kovmak 4. (olasılık, neden, vb.) kafasından atmak, düşünmemek, kafasından çıkarmak

excluding /iks'klu:ding/ ilg. hariç, -den başka, -in dışında: *The bill for the meal was 80. 000 T. L excluding the wine.*

exclusion /iks'klu:jın/ a. 1. çıkarma, çıkarılma 2. hariç tutma, dışlama

exclusive[1] /ik'sklu:siv/ s. 1. herkese açık olmayan; lüks; pahalı 2. paylaşılmayan, özel, kişiye ait 3. **exclusive of** ... hariç, -in dışında

exclusive[2] /ik'sklu:siv/ a. özel haber, yalnızca bir tek gazetede yayınlanan haber

exclusively /ik'sklu:sivli/ be. sadece, yalnız

excommunicate /ekskı'myu:nikeyt/ e. aforoz etmek

excrement /'ekskrimınt/ a. dışkı

excreta /ik'skri:tı/ a. dışkı, sidik, ter

excrete /ik'skri:t/ e. (dışkı, sidik, ter) vücuttan çıkarmak

excruciating /ik'skru:şieyting/ s. (ağrı, acı) çok kötü, şiddetli

excursion /ik'skö:şın/ a. kısa gezi, gezinti

excusable /ik'skyu:zıbıl/ s. bağışlanabilir, affedilebilir

excuse[1] /ik'skyu:z/ e. 1. bağışlamak, mazur görmek, kusuruna bakmamak: *Excuse the noise. We will finish the job shortly.* 2. haklı çıkarmak, mazur göstermek: *Is there anything that will excuse your recent behaviour?* 3. izin vermek, muaf tutmak: *I excused him from lessons to attend his father's funeral.* 4. **Excuse me** Affedersiniz

excuse[2] /ik'skyu:s/ a. 1. özür, mazeret 2. bahane: *What a bad excuse.*

execrable /'eksikrıbıl/ s. çok kötü, berbat, iğrenç

execute /'eksikyu:t/ e. 1. idam etmek 2. yürütmek, uygulamak, gerçekleştirmek, icra etmek 3. *müz.* çalmak, icra etmek

execution /eksi'kyu:şın/ a. 1. yapma, yürütme, uygulama, ifa, icra 2. idam, infaz

executioner /eksi'kyu:şını/ a. cellat

executive[1] /ig'zekyutiv/ s. yürütücü, yürütmeye ilişkin, icrai, yetki sahibi

executive[2] /ig'zekyutiv/ a. yönetici, idareci

executor /ig'zekyutı/ a, huk. vasiyet hükümlerini yerine getiren kimse

exemplary /ig'zemplıri/ s. 1. örnek olarak gösterilmeye uygun, örnek gösterilen, örnek 2. ibret verici, ibret vermek için yapılan

exemplify /ig'zemplifay/ e. 1. -in örneği olmak 2. örneklerle açıklamak, göstermek

exempt[1] /ig'zempt/ s. bağışık, muaf, hariç tutulmuş

exempt[2] /ig'zempt/ e. muaf tutmak, hariç tutmak

exercise[1] /'eksısayz/ a. 1. antrenman,

idman, egzersiz 2. *ask.* talim, tatbikat 3. alıştırma, egzersiz

**exercise**[2] /'eksısayz/ *e.* 1. egzersiz/alıştırma yapmak 2. egzersiz yaptırmak 3. uygulamak 4. kullanmak

**exert** /ig'zö:t/ *e.* (çaba, gayret, güç, vb.) sarfetmek, kullanmak: *They exerted all the power they had but it didn't change the government's policy.*

**exertion** /ig'zö:şın/ *a.* çaba, gayret, efor, güç harcama

**exhale** /eks'heyl/ *e.* 1. (soluk) dışarı vermek 2. (koku, gaz, vb.) çıkarmak, yaymak

**exhaust**[1] /ig'zo:st/ *e.* 1. çok yormak, yorgunluktan tüketmek 2. tüketmek, bitirmek

**exhaust**[2] /ig'zo:st/ *a.* egzoz

**exhausted** /ig'zo:stid/ *s.* çok yorgun, bitkin

**exhaustion** /ig'zo:sçın/ *a.* yorgunluk, bitkinlik, tükenmişlik

**exhaustive** /ig'zo:stiv/ *s.* ayrıntılı, etraflı, enine boyuna, eksiksiz

**exhibit**[1] /ig'zibit/ *e.* 1. göstermek, ortaya koymak 2. sergilemek, teşhir etmek

**exhibit**[2] /ig'zibit/ *a.* 1. sergilenen şey 2. sergi, sergileme

**exhibition** /eksi'bişın/ *a.* 1. sergi 2. sergileme, gösterme, ortaya koyma

**exhibitionism** /eksi'bişınizım/ *a.* teşhircilik, göstermecilik

**exhibitionist** /eksi'bişınist/ *a.* teşhirci, göstermeci

**exhilarate** /ig'zilıreyt/ *e.* keyif vermek, neşelendirmek, canlandırmak, keyiflendirmek

**exhort** /ig'zo:t/ *e.* hararetle öğütlemek, teşvik etmek: *In his final speech to us, our headmaster exhorted us all to do our best.*

**exhume** /ig'zyu:m, eks'hyu:m/ *e.* (ölüyü) mezardan çıkarmak

**exile**[1] /'eksayl, 'egzayl/ *a.* 1. yurdundan sürülme, sürgün 2. sürülen kişi, sürgün

**exile**[2] /'eksayl, 'egzayl/ *e.* sürgüne göndermek, sürgün etmek, sürmek

**exist** /ig'zist/ *e.* 1. var olmak, mevcut olmak, olmak, bulunmak, yaşamak 2.

yaşamak, yaşamını (güç koşullar altında) sürdürmek, hayatta kalmak

**existence** /ig'zistıns/ *a.* 1. varlık, var oluş, mevcudiyet 2. yaşam, hayat 3. yaşam biçimi, yaşayış biçimi, ömür

**existential** /egzi'stenşıl/ *s.* 1. varlıkla ilgili, varoluşa değin 2. *fel.* varoluşçulukla ilgili

**existentialism** /egzi'stenşılizım/ *a, fel.* varoluşçuluk

**exit**[1] /'egzit, 'eksit/ *a.* 1. çıkma, çıkış 2. çıkış yeri, çıkış

**exit**[2] /'egzit, 'eksit/ *e.* çıkmak, çıkıp gitmek

**exodus** /'eksıdıs/ *a.* 1. toplu yola çıkma, akın 2. göç

**exonerate** /ig'zonıreyt/ *e.* suçsuz çıkarmak, beraat ettirmek, aklamak

**exorbitant** /ig'zo:bitnt/ *s.* (talep, maliyet, fiyat, vb.) çok fazla, aşırı, fahiş

**exorcist** /'ekso:sist/ *a.* kötü ruhları kovan kimse

**exorcize** /'ekso:sayz/ *e.* dua ya da büyü ile şeytan kovmak, kötü ruhları kovmak

**exotic** /ig'zotik/ *s.* 1. egzotik, yabancıl 2. ilginç, çekici

**expand** /ik'spend/ *e.* 1. genişlemek, büyümek: *The business has expanded rapidly in the last few years.* 2. genişletmek, büyütmek 3. (on ile) uzatmak: *to expand on a story*

**expanse** /ik'spens/ *a.* geniş alan

**expansion** /ik'spenşın/ *a.* genişleme, genleşme, büyüme, yayılma

**expansive** /ik'spensiv/ *s.* 1. geniş, büyük 2. (insan) içten, arkadaşça, açık yürekli

**expatriate** /ek'spetriıt/ *a.* (kendi yurdundan ayrılıp) yabancı bir ülkede yaşayan kimse

**expect** /ik'spekt/ *e.* 1. (olmasını/gelmesini) beklemek: *I can't leave now. I'm expecting a phone call.* 2. ummak, beklemek: *I don't expect you to understand.* 3. *k. dili* sanmak: *I expect the bus will be crowded.*

**expectancy** /ik'spektınsi/ *a.* ümit, beklenti

**expectant** /ik'spektınt/ *s.* 1. bekleyen, uman 2. umutlu

**expectation** /ekspek'teyşın/ *a.* 1. bekleme, umut 2. beklenti

**expediency** /ik'spi:diınsi/ *a.* 1. yararlılık,

yarar, uygunluk 2. *hkr.* çıkar, menfaat

**expedient**[1] /ik'spi:diınt/ *s.* uygun, yerinde, yararlı

**expedient**[2] /ik'spi:diınt/ *a.* umar, çare, yol, önlem

**expedite** /'ekspidayt/ *e.* çabuklaştırmak, kolaylaştırmak, hızlandırmak

**expedition** /ekspi'dişın/ *a.* yolculuk, sefer

**expeditionary** /ekspi'dişınıri/ *s.* seferberlikle ilgili

**expel** /ik'spel/ *e.* 1. çıkarmak, dışarı atmak: *The container dropped and expelled its contents on the road.* 2. kovmak, atmak: *He was expelled from school for hitting his teacher.*

**expend** /ik'spend/ *e.* tüketmek, harcamak, sarfetmek

**expendable** /ik'spendıbıl/ *s.* harcanılabilen, feda edilebilen

**expenditure** /ik'spendiçı/ *a.* gider, masraf, harcama

**expense** /ik'spens/ *a.* 1. harcama, gider, masraf 2. **at the expense of** -i yitirerek 3. **at sb's expense of** -in hesabından/parasıyla

**expensive** /ik'spensiv/ *s.* pahalı, masraflı

**experience**[1] /ik'spiiriıns/ *a.* 1. deneyim, tecrübe 2. başa gelen şey, serüven, olay, yaşantı

**experience**[2] /ik'spiiriıns/ *e.* görmek, görüp geçirmek, çekmek, yaşamak: *Did you experience any difficulties on your travels?*

**experienced** /ik'spiiriınst/ *s.* deneyimli, tecrübeli

**experiment**[1] /ik'sperimınt/ *a.* deney

**experiment**[2] /ik'sperimınt/ *e.* deney yapmak

**experimental** /iksperi'mentl/ *s.* deneysel

**expert** /'ekspö:t/ *a.* uzman, bilirkişi, eksper

**expertise** /ekspö:'ti:z/ *a.* 1. uzmanlık 2. bilirkişi raporu

**expiration** /ekspi'reyşın/ *a.* 1. sona erme, bitiş, süre sonu, son 2. soluk verme

**expire** /ik'spayı/ *e.* 1. *yaz.* ölmek 2. süresi dolmak, sona ermek

**explain** /ik'spleyn/ *e.* açıklamak

**explanation** /eksplı'neyşın/ *a.* açıklama

**explanatory** /ik'splenıtıri/ *s.* açıklayıcı

**expletive** /ik'spli:tiv/ *a.* kızınca söylenen, çoğu zaman anlamsız sözcük

**explicable** /'eksplikıbıl/ *s.* açıklanabilir

**explicit** /ik'splisit/ *s.* açık, apaçık, net, belirgin

**explode** /ik'sploud/ *e.* 1. patlamak: *The bomb exploded destroying the buildings around.* 2. patlatmak

**exploit**[1] /'eksployt/ *a.* olağanüstü başarı, serüven, kahramanlık, yüreklilik

**exploit**[2] /ik'sployt/ *e.* 1. işletmek: *They could exploit solar energy much more.* 2. kendi çıkarı için kullanmak, istismar etmek, sömürmek: *He exploits his close friends.*

**exploration** /eksplı'reyşın/ *a.* araştırma, keşif

**explore** /ik'splo:/ *e.* 1. keşfe çıkmak, inceleme gezisi yapmak 2. dikkatle incelemek, araştırmak

**explorer** /ik'splorı/ *a.* kâşif

**explosion** /ik'sploujın/ *a.* patlama

**explosive** /ik'splousiv/ *a, s.* patlayıcı

**exponent** /ik'spounınt/ *a.* 1. (görüş, inanç) taraftar, savunucu, yandaş 2. *mat.* üs

**export**[1] /ik'spo:t/ *e.* 1. ihracat yapmak, dışsatım yapmak 2. ihraç etmek, dışarıya vermek

**export**[2] /'ekspo:t/ *a.* 1. dışsatım, ihracat, ihraç 2. ihraç malı

**exportation** /ekspo:'teyşın/ *a.* dışsatım, ihracat

**exporter** /ik'spo:tı/ *a.* dışsatımcı kişi ya da ülke, ihracatçı

**expose** /ik'spouz/ *e.* 1. açmak, korunmasız bırakmak: *The house was exposed to gales from the sea.* 2. ifşa etmek, açığa vurmak, meydana çıkarmak 3. (film) ışığa tutmak

**exposé** /ek'spouzey/ *a.* ifşa, teşhir, kamuya açıklama

**exposition** /ekspı'zişın/ *a.* 1. açıklama, izahat 2. uluslararası sergi

**exposure** /ik'spoujı/ *a.* 1. korunmasızlık 2. ortaya çıkarma, ifşa 4. poz, kare

**expound** /ik'spaund/ *e.* açıklamak, belirtmek

express[1] /ik'spres/ s. 1. (buyruk, istek, vb.) açık, kesin 2. hızlı, süratli, ekspres express[2] /ik'spres/ a. 1. ekspres tren 2. İl. ekspres posta, ekspres taşımacılık express[3] /ik'spres/ e. 1. anlatmak, dile getirmek, belirtmek, ifade etmek: *She expressed her love with a letter.* 2. göstermek, belli etmek, açığa vurmak: *Her face expressed happiness.* express[4] /ik'spres/ be. ekspres servisle, ekspres

expression /ik'spreşın/ a. 1. anlatım, ifade 2. duygularını katma, ruh; yüz ifadesi, eda, ton 3. deyim, deyiş

expressionism /ik'spreşınizım/ a. dışavurumculuk, ekspresiyonizm

expressionless /ik'spreşınlis/ s. (yüz, ses, vb.) ifadesiz

expressive /ik'spresiv/ s. anlatan, ifade eden, gösteren; anlamlı

expressly /ik'spresli/ be. açık ve net bir şekilde

expressway /ik'spreswey/ a, Al. karayolu

expropriate /ik'sprouprieyt/ e. kamulaştırmak, istimlak etmek

expropriation /iksproupri'eyşın/ a. kamulaştırma, istimlak

expulsion /ik'spalşın/ a. 1. kovma, çıkarma, atılma 2. kovulma, çıkarılma, atılma

expurgate /'ekspıgeyt/ e. sansürlemek, makaslamak

exquisite /ik'skwizit/ s. 1. çok iyi, mükemmel, enfes, harika, ince 2. (acı ya da zevk) şiddetli, çok büyük, derin 3. (duyular) keskin, duyarlı, ince

extempore /ik'stempıri/ s, be. hazırlıksız, doğaçtan, irticalen

extend /ik'stend/ e. 1. erişmek, yayılmak, sürmek, uzamak: *The time he was given to finish the dictionary was extended until the end of May.* 2. daha uzun ya da büyük bir hale getirmek, uzatmak, genişletmek: *The government is planning to extend the highway a further 500 kilometres.* 3. germek, uzatmak: *He extended his arm but couldn't reach the light switch.* 4. vermek, sunmak, sağlamak: *He extended his hospitality to many people.*

extension /ik'stenşın/ a. 1. uzatma, büyütme, genişletme 2. uzama, büyüme, genişleme 3. ilave, ek 4. (telefon) dahili hat, dahili numara

extensive /ik'stensiv/ s. 1. (alan) geniş, büyük 2. büyük, derin, kapsamlı

extent /ik'stent/ a. 1. uzunluk, büyüklük, boy, miktar, alan, genişlik, kapsam 2. ölçü, derece, mertebe

exterior[1] /ik'stiıriı/ s. dış, harici, dışarıda olan, dışardan gelen

exterior[2] /ik'stiıriı/ a. 1. dış, dış taraf, hariç 2. görünüş, dış görünüş

exterminate /ik'stö:mineyt/ e. yok etmek, öldürmek, kırmak, kökünü kazımak

external /ik'stö:nıl/ s. dış, harici, dışa ait, dıştan gelen

extinct /ik'stinkt/ s. (hayvan, vb.) nesli tükenmiş, soyu tükenmiş

extinguish /ik'stingwiş/ e. (ışık, ateş) söndürmek

extinguisher /ik'stingwişı/ a. küçük yangın söndürücü

extol /ik'stoul/ e. övmek, methetmek, göklere çıkarmak

extort /ik'sto:t/ e. (from ile) tehditle, sıkıştırarak ya da baskıyla almak, gasp etmek, tehditle koparmak: *He was caught using blackmail to extort money from people.*

extortionate /ik'sto:şınit/ s, hkr. (istek, fiyat, vb.) çok fazla, fahiş, aşırı, kazık

extra[1] /'ekstrı/ s, be. gereğinden fazla, ek, fazla, ek olarak, ilaveten, fazladan, ekstra

extra[2] /'ekstrı/ a. 1. ek, ilave, ekstra 2. figüran

extract[1] /ik'strekt/ e. 1. çekmek, çekip çıkarmak, sökmek 2. elde etmek, çıkarmak 3. almak 4. parça, vb. seçmek, seçip çıkarmak, almak, aktarmak

extract[2] /'ekstrekt/ a. 1. seçme parça, seçme 2. öz, ruh, esans, hulasa 3. özet

extraction /ik'strekşın/ a. 1. çekme, çıkarma 2. soy, köken

extractor /ik'strektı/ a. aspiratör

extracurricular /ekstrıkı'rikyulı/ s. ders programının dışında, müfredat dışı

extradite /'ekstrıdayt/ e. 1. *huk.* suçluyu

ülkesine iade etmek 2. suçluyu almak

**extraneous** /ik'streyniıs/ *s.* konu ile ilgili olmayan, konu dışı

**extraordinary** /ik'stro:dınıri/ *s.* 1. görülmemiş, alışılmamış, garip, acayip, olağandışı 2. olağanüstü, fevkalade, harikulade

**extrapolate** /ik'strepıleyt/ *e.* (bildikleriyle gelecekte olacak bir şeyi) tahmin etmek

**extraterrestrial** /ekstrıtı'restriıl/ *s.* dünya dışından gelen, dünya dışı

**extravagance** /ik'strevıgıns/ *a, hkr.* 1. savurganlık, israf 2. aşırılık, ölçüsüzlük, mantıksızlık

**extravagant** /ik'strevıgınt/ *s, hkr.* 1. savurgan, müsrif 2. aşırı, haddinden fazla 3. saçma, mantıksız, aşırı, ölçüsüz

**extravert** /'ekstrıvö:t/ *a, bkz.* **extrovert**

**extreme**[1] /ik'stri:m/ *s.* 1. en uçtaki, had safhadaki, son, sınır, aşırı 2. çok büyük, son derece, çok 3. (düşünce, vb.) aşırı, müfrit

**extreme**[2] /ik'stri:m/ *a.* 1. en uzak nokta, sınır, uç 2. son derece, son had 3. **go/be driven to extremes** aşırıya kaçmak, sapıtmak 4. **in the extreme** çok, son derece

**extremely** /ik'stri:mli/ *be.* son derece, çok, aşırı

**extremism** /ik'stri:mizım/ *a, hkr.* (siyasi düşünce, vb.'de) aşırılık, aşırı uçta olma

**extremity** /ik'stremiti/ *a.* 1. (acı, üzüntü, vb.) en yüksek derece, son safha 2. **extremities** eller ve ayaklar

**extricate** /'ekstrikeyt/ *e.* (zor bir durumdan) çıkarmak, kurtarmak

**extrovert** /'ekstrıvö:t/ *a.* dışadönük kişi

**exuberant** /ig'zyu:bırınt/ *a.* 1. coşkun, taşkın 2. (bitki) bol, verimli, bereketli

**exude** /ig'zyu:d/ *e.* 1. sızmak, akmak, yayılmak 2. sızdırmak, akıtmak, yaymak

**exult** /ig'zalt/ *e.* çok sevinmek, sevinçten uçmak, bayram etmek, coşmak

**exultant** /ig'zaltınt/ *s.* sevinçli, mutlu, bayram eden, sevinçten uçan, coşkun

**eye**[1] /ay/ *a.* 1. göz 2. görme gücü, görüş 3. iğne deliği 4. dişi kopça 5. delik, göz 6. bakış, göz, nazar 7. **in the eyes of** -in gözünde 8. **keep an eye on** *k. dili*

göz kulak olmak 9. **keep an eye out for** anımsamaya çalışmak 10. **more than meets the eye** *k. dili* göründüğünden fazla 11. **my eye** *k. dili* yok canım! hadi ordan! 12. **see eye to eye (with)** uyuşmak, anlaşmak, tamamen aynı fikirde olmak, uymak 13. **under/before one's very eyes** -in gözü önünde 14. **up to the eyes in** *k. dili* gırtlağına kadar, aşırı, çok 15. **with one's eyes open** göz göre göre, bile bile

**eye**[2] /ay/ *e.* dikkatle bakmak, gözünü dikip bakmak

**eyeball** /'aybo:l/ *a.* göz küresi, göz yuvarlağı

**eyebrow** /'aybrau/ *a.* kaş

**eye-catching** /'aykeçing/ *s.* dikkat çekici, göze çarpan

**eyelash** /'ayleş/ *a.* kirpik

**eyelid** /'aylid/ *a.* gözkapağı

**eye-opener** /'ayoupını/ *a.* ibret, göz açan şey, öğrenek

**eyesight** /'aysayt/ *a.* görme gücü, görme yeteneği

**eyesore** /'ayso:/ *a.* gözü rahatsız eden, göze batan çirkin şey

**eyestrain** /'aystreyn/ *a.* göz yorgunluğu

**eyewitness** /'aywitnıs/ *a.* görgü tanığı, şahit

# F

**F, f** /ef/ *a.* İngiliz abecesinin altıncı harfi

**fa** /fa:/ *a, müz.* fa notası

**fable** /'feybıl/ *a.* 1. masal, hayvan masalı, fabl, öykünce 2. söylence

**fabric** /'febrik/ *a.* 1. dokuma, kumaş, bez 2. (bina) yapı, çatı, iskelet, bünye

**fabricate** /'febrikeyt/ *e.* 1. uydurmak, icat etmek, kandırmak amacıyla uydurmak 2. yapmak, kurmak

**fabrication** /'febrikeyşın/ *a.* 1. uydurma, yalan 2. yapma, yapım, imal, imalat, fabrikasyon

**fabulous** /'febyulıs/ *s.* 1. inanılmaz, şaşılacak 2. *k. dili* mükemmel, harika, müthiş 3. düşsel, uydurma, masal ürünü

**fabulously** /'febyulısli/ *be.* inanılmaz

derecode, müthiş

**facade, façade** /fı'sa:d/ *a.* 1. binanın ön yüzü, bina cephesi, alnaç, fasat 2. yanıltıcı, aldatıcı görünüm

**face**[1] /feys/ *a.* 1. yüz, surat, çehre 2. görünüş, şekil 3. dış görünüş 4. itibar, saygınlık, şeref 5. **face to face** yüz yüze 6. **have the face** yüzü tutmak, cüret etmek 7. **in the face of** -e karşın, -e rağmen, karşısında 8. **on the face of it** görünüşe bakılırsa, görünüşte 9. **to sb's face** yüzüne karşı

**face**[2] /feys/ 1. bakmak, karşı karşıya olmak: *Our school faces a vacant piece of land.* 2. karşılamak, karşı karşıya gelmek, göğüs germek: *The expedition faced numerous hazards.* 3. örtmek, sıvamak, kaplamak: *The building was faced with small tiles.* 4. **face the music** sonucuna katlanmak, zorluğa katlanmak

**facecloth** /'feysklot/ *a.* el-yüz havlusu

**faceless** /'feyslıs/ *s.* kim olduğu belirsiz, kimliği belirsiz

**face-lift** /'feyslift/ *a.* yüz gerdirme ameliyatı, estetik ameliyat

**face-pack** /'feyspek/ *a.* teni güzelleştirmek için yüze uygulanan krem maskesi, yüz maskesi

**facet** /'fesit/ *a.* 1. tıraş edilmiş elmas ya da diğer değerli taşların yüzü, façeta 2. bir konunun ya da herhangi bir şeyin çeşitli yüzleri

**facetious** /fı'si:şıs/ *s, hkr.* sulu, patavatsız, uygunsuz şakalar yapan

**facial**[1] /'feyşıl/ *s.* yüze ilişkin, yüzle ilgili

**facial**[2] /'feyşıl/ *a.* yüz bakımı, yüz masajı

**facile** /'fesayl/ *s, hkr.* 1. kolay yapılmış, kolay elde edilmiş, kolay 2. derinliği olmayan, anlamsız, yüzeysel, basit

**facilitate** /fı'siliteyt/ *e.* kolaylaştırmak, yardım etmek

**facility** /fı'siliti/ *a.* 1. yetenek, beceri, ustalık, rahatlık 2. avantaj, elverişlilik, olanak, kolaylık, fırsat 3. kolaylık 4. yararlı her türlü kuruluş, her türlü şey

**facing** /'feysing/ *a.* dış yüzey, dış kaplama, dış görünüm

**facsimile** /fek'simili/ *a.* kopya, suret, tıpkısı, tıpkıbasım

**fact** /fekt/ *a.* 1. gerçek, olgu, olmuş şey 2. olay, gerçek olay 3. bilgi, doğru bilgi, gerçek 4. **as a matter of fact, in (actual) fact, in point of fact** gerçekten, hakikatte, işin doğrusu, hatta 5. **facts of life** *ört.* (özellikle çocuklara anlatılması gereken) cinsel yaşamın ayrıntıları

**faction** /'fekşın/ *a.* 1. bölek, klik, hizip 2. bir topluluk içinde anlaşmazlık, kavga, ayrılık

**factor** /'fektı/ *a.* 1. etmen, faktör 2. *mat.* çarpan

**factory** /'fektıri/ *a.* fabrika, üretimlik

**factual** /'fekçuıl/ *s.* gerçeklere, olgulara dayanan

**faculty** /'fekıltı/ *a.* 1. yetenek, beceri 2. yeti 3. fakülte

**fad** /fed/ *a.* geçici ilgi, geçici heves, tutku, merak

**fade** /feyd/ *e.* 1. solmak: *All the flowers faded.* 2. soldurmak

**fade away** *e.* ortadan kaybolmak, gözden kaybolmak, yok olmak

**fade out** *e.* (film, ses, vb.) 1. yavaş yavaş kısmak 2. kısılmak

**faeces** /'fi:si:z/ *a.* dışkı, pislik

**fag** /feg/ *a, k. dili* 1. angarya 2. *İİ.* sigara 3. *Aİ.* ibne

**fagged** /'fegd/ *s, İİ, k. dili.* çok yorgun, bitkin

**faggot** /'fegıt/ *a.* 1. çalı çırpı demeti, çıra demeti 2. *Aİ, k. dili* ibne 3. *İİ.* sevimsiz kimse 4. köfte

**fagot** /'fegıt/ *a, Aİ, bkz.* **faggot**

**fail**[1] /feyl/ *e.* 1. başaramamak, becerememek, başarısız olmak, geçememek, kalmak: *He failed the driving test, so can't get a licence.* 2. (sınıfta) bırakmak, çaktırmak: *The teacher failed half the students.* 3. beklenen sonucu verememek 4. yetmemek, yetersiz kalmak 5. düş kırıklığına uğratmak, umutlarını boşa çıkarmak 6. zayıflamak, güçsüzleşmek, tükenmek

**fail**[2] /feyl/ *a.* 1. başarısızlık 2. **without fail** kesinlikle

**failing**[1] /'feyling/ *a.* zayıflık, kusur, hata

**failing**[2] /'feyling/ *ilg.* olmazsa: *Failing the expected pay rise we will have to sell* *our car.*

**failure** /'feylyı/ *a.* 1. başarısızlık 2. yetersizlik, eksiklik, güçsüzlük 3. başarısız kimse/şey 4. yetmezlik: *heart failure*

**faint¹** /feynt/ *s.* 1. zayıf, güçsüz, bilincini yitirmek üzere, bayılmak üzere 2. çok küçük 3. soluk, donuk, sönük, zayıf, silik

**faint²** /feynt/ *e.* 1. bayılmak 2. güçsüzleşmek

**faint³** /feynt/ *a.* baygınlık, bayılma

**fair¹** /feı/ *s.* 1. dürüst, doğru, eşit, adil: *He was fair to everyone and treated them equally.* 2. orta, vasat, şöyle böyle 3. (hava) açık, güzel 4. sarışın, kumral 5. (ten, saç) açık renkli 6. (kadın) güzel, çekici 7. temiz, net

**fair²** /feı/ *be.* 1. adilane, hakça, dürüstçe, kurallara uygun 2. **fair and square** a) dürüst bir şekilde b) doğrudan, direkt

**fair³** /feı/ *a.* 1. *İİ.* panayır 2. pazar 3. fuar

**fairground** /'feıgraund/ *a.* panayır yeri

**fairly** /'feıli/ *be.* 1. dürüst bir biçimde, hakça, yansızca, kurallara uygun biçimde 2. oldukça: *It was fairly hot yesterday.*

**fairy** /'feıri/ *a.* 1. peri 2. *k. dili* ibne

**fairy tale** /'feıri teyl/ *a.* 1. peri masalı 2. palavra, uydurma, yalan, masal

**fait accompli** /feyt ı'kompli:/ *a.* oldubitti, olupbitti, emrivaki

**faith** /feyt/ *a.* 1. güven, güvenç, güçlü inanç: *Have faith in me, you won't be sorry.* 2. söz, şeref sözü 3. inanç, iman, itikat, din 4. bağlılık, sadakat

**faithful** /'feytfıl/ *s.* 1. bağlı, sadık 2. inançlı, imanlı, dinine bağlı 3. aslına uygun, doğru, yanlışsız

**faithfully** /'feytfıli/ *be.* 1. içtenlikle 2. tam olarak 3. **yours faithfully** (mektup sonlarında) saygılarımla

**faithless** /'feytlıs/ *s.* 1. sadakatsiz, vefasız, hain 2. imansız, inançsız 3. güvenilmez

**fake¹** /feyk/ *e.* 1. taklidini/sahtesini yapmak 2. *k. dili* ayak yapmak, takınmak, numara yapmak 3. *sp.* feyk atmak

**fake²** /feyk/ *a.* 1. sahtekâr 2. sahte şey, taklit

**fake³** /feyk/ *s.* sahte

**falcon** /'fo:lkın/ *a, hayb.* şahin, doğan

**fall¹** /fo:l/ *e.* [*pt* **fell** /fel/, *pp* **fallen** /'fo:lın/] 1. düşmek: *The baby fell off the balcony into the street.* 2. azalmak, düşüş göstermek, düşmek, inmek: *The water level in the reservoir fell as the drought continued.* 3. yağmak: *The rain was falling heavily.* 4. yıkılmak, çökmek: *That tree fell down last summer.* 5. yaralanmak, ölmek, vurulmak: *Many men fell in the fighting.* 6. yenilmek, işgal edilmek, düşmek: *The city fell to the enemy in the afternoon.* 7. asılmak: *When he heard he had failed, his face fell.* 8. rastlamak, denk gelmek: *New Year's Day fell on a Friday in* 1988. 9. sarkmak, aşağı sallanmak: *Her hair falls to her knees.* 10. olmak: *She fell ill after drinking the water.* 11. **fall flat** beklenen sonucu verememek 12. **fall on one's feet** *k. dili* dört ayak üzerine düşmek, atlatmak 13. **fall over backwards** çok istekli olmak, elinden geleni yapmak 14. **fall short** suya düşmek, beklenen sonucu vermemek

**fall²** /fo:l/ *a.* 1. düşüş, düşme 2. azalma 3. çöküş, yıkılma 4. *Aİ.* sonbahar, güz

**fall about** *e, k. dili* (gülmekten) katılmak

**fallacious** /fı'leyşıs/ *s.* yanlış, hatalı, mantıksız

**fallacy** /'felısi/ *a.* 1. yanlış düşünce ya da inanç 2. yanlış mantık

**fall back** *e.* geri çekilmek

**fall back on** *e.* (başka bir yola/şeye) başvurmak

**fall behind** *e.* zamanında bitirememek

**fallen** /'fo:lın/ *pt, pp bkz.* **fall**

**fall for** *e.* 1. kazıklanmak, aldatılmak 2. *k. dili* -e âşık olmak, aşka düşmek

**fallible** /'felıbıl/ *s.* hataya düşebilir, yanılabilir

**fall off** *e.* (kalite, miktar, vb.) düşmek

**fall on** *e.* vahşice saldırmak

**fall out** *e.* tartışmak, çatışmak, kapışmak

**fallout** /'fo:laut/ *a.* nükleer bir patlama nedeniyle havaya yayılan radyoaktif madde

**fallow¹** /'felou/ *a.* nadasa bırakılmış toprak

**fallow²** /'felou/ s. nadasa bırakılmış, ekilmemiş
**falls** /'fo:lz/ a. çağlayan, çavlan, şelale
**fall through** e. tamamlanamamak, yarım kalmak
**fall to** e. 1. başlamak: *He fell to drinking when his wife left him.* 2. düşmek: *It fell to me to pay my brother's debts when he died.* 3. saldırmak 4. yemeye başlamak, girişmek
**false** /fo:ls/ s. 1. yanlış: *Your answer is false.* 2. takma: *He was wearing a false moustache.* 3. yapma, taklit 4. sadık olmayan 5. **false teeth** takma dişler
**falsehood** /'fo:lshud/ a. 1. yalan 2. yalancılık
**falsify** /'fo:lsifay/ e. değiştirmek, tahrif etmek, saptırmak
**falsity** /'fo:lsiti/ a. 1. yanlışlık, yanlış olma 2. yalan
**falter** /'fo:ltı/ e. 1. sendelemek 2. duraksamak, bocalamak, tereddüt etmek
**fame** /feym/ a. ün, şöhret
**famed** /'feymd/ s. ünlü, şöhretli, meşhur
**familiar** /fı'miliı/ s. 1. bildik, tanıdık 2. bilen, anlayan, aşina, alışık: *I'm not very familiar with jazz.* 3. *hkr.* laubali, sulu, fazla samimi
**familiarity** /fımili'eriti/ a. 1. iyi bilme, aşinalık 2. yakınlık, içtenlik, samimilik, laubalilik
**familiarize** /fı'miliırayz/ e. alıştırmak, tanıtmak
**familiarly** /fı'miliılli/ be. teklifsizce, samimilikle, dostça
**family** /'femıli/ a. 1. aile 2. soy, familya 3. çocuklar 4. **family planning** aile planlaması 5. **family tree** soyağacı, hayatağacı, şecere
**famine** /'femin/ a. kıtlık
**famish** /'femiş/ e. 1. çok aç olmak, aç kalmak, açlık çekmek 2. *k. dili* açlıktan ölmek
**famished** /'femişt/ s. aç, açlık çeken
**famous** /'feymıs/ s. ünlü, meşhur
**famously** /'feymısli/ be, k. dili çok iyi
**fan¹** /fen/ a. 1. yelpaze 2. pervane, vantilatör
**fan²** /fen/ e. 1. yelpazelemek, yellenmek 2. (out ile) yayılmak

**fan³** /fen/ a. hayran: *He receives thousands of letters from his fans each week.*
**fanatic** /fı'netik/ s. 1. bağnaz, fanatik 2. aşırı meraklı
**fanaticism** /fı'netisizım/ a. bağnazlık, fanatizm
**fancier** /'fensiı/ a. özellikle hayvan/bitki meraklısı
**fanciful** /'fensifıl/ s. 1. düşe dayanan, düşsel, hayale dayanan 2. gerçek dışı, düşsel, hayal ürünü
**fancy¹** /'fensi/ e. 1. imgelemek, aklında canlandırmak, düşünmek: *Fancy John getting married. It's hard to believe.* 2. istemek, arzu etmek: *What do you fancy to eat?* 3. sanmak: *He fancied he smelt something burning.* 4. **fancy oneself** kendini ... sanmak: *He rather fancies himself as an actor, but he's hopeless.*
**fancy²** /'fensi/ a. 1. hayal gücü, imgelem 2. hayal 3. kuruntu 4. istek, arzu
**fancy³** /'fensi/ s. 1. süslü, parlak renkli 2. sıradan olmayan
**fancy-free** /fensi'fri:/ s. bağımsız, özgür, serbest
**fanfare** /'fenfeı/ a. trampet temposu
**fang** /feng/ a. uzun sivri diş
**fantastic** /fen'testik/ s. 1. düşsel, inanılmaz, hayal ürünü, fantastik 2. acayip, garip 3. *k. dili* harika, müthiş, çok iyi, süper
**fantasy** /'fentısi/ a. 1. imgelem, düş gücü 2. düş, hayal, fantezi, düşlem
**far¹** /fa:/ be. 1. uzakta; uzağa: *How far can you swim underwater?* 2. çok, pek çok, bir hayli: *I'm far too tired to dance.* 3. **far from** -den ziyade; -in yerine: *Far from being pleased with what you have done he is furious.* 4. **how far** ne kadar: *How far has he got with his invention? Is it working?* 5. **so far** a) şimdiye dek: *We have had a lovely time so far.* b) belli bir noktaya kadar, bir yere kadar: *You can only help someone so far. Then they must help themselves.*
**far²** /fa:/ s. 1. uzak 2. öte, daha uzaktaki, ötedeki, öbür

**faraway** /'fa:rıwey/ *s.* 1. uzak 2. dalmış, dalgın, uzaklara gitmiş

**farce** /fa:s/ *a.* 1. sulu komedi, kaba güldürü, fars 2. hava civa

**fare**[1] /feı/ *e.* üstesinden gelmek, başarmak

**fare**[2] /feı/ *a.* 1. yol parası 2. yiyecek

**farewell** /feı'wel/ *a.* alahaısmarladık, elveda, veda

**farfetched** /fa:'feçt/ *s.* uydurma, inanılması zor

**far-flung** /fa:'flang/ *s.* yaygın, geniş

**farm**[1] /fa:m/ *a.* 1. çiftlik 2. çiftlik evi

**farm**[2] /fa:m/ *e.* çiftçilik yapmak

**farmer** /'fa:mı/ *a.* çiftçi

**farmhouse** /'fa:mhaus/ *a.* çiftlik evi

**farming** /'fa:ming/ *a.* çiftçilik

**farm out** *e.* (iş) havale etmek

**farmyard** /'fa:mya:d/ *a.* çiftlik avlusu

**farsighted** /fa:'saytid/ *s.* 1. uzağı iyi gören, hipermetrop 2. ilerigörüşlü, öngörüşlü, ileriyi görür

**fart**[1] /fa:t/ *a, k. dili* osuruk

**fart**[2] /fa:t/ *e, k. dili* osurmak: *OK! Who's farted?*

**farther**[1] /'fa:dı/ *s.* uzak, daha uzaktaki, ötedeki

**farther**[2] /'fa:dı/ *be.* daha ileri, daha uzağa, daha uzakta: *He swam farther than the others so was tired.*

**farthest** /'fa:dist/ *s, be.* en uzak, en ileri, en uzağa, en uzakta: *Pluto is the planet farthest from Earth.*

**fascinate** /'fesineyt/ *e.* etkilemek, büyülemek

**fascinating** /'fesineyting/ *s.* etkileyici, büyüleyici

**fascism** /'feşizım/ *a.* faşizm

**fascist** /'feşist/ *a, s.* faşist

**fashion**[1] /'feşın/ *a.* 1. moda 2. biçim, tarz, üslup 3. tavır, davranış 4. **after a fashion** şöyle böyle, az çok 5. **out of fashion** demode, modası geçmiş

**fashion**[2] /'feşın/ *e.* (elleri kullanarak) yapmak, biçimlendirmek, belli bir biçim vermek

**fashionable** /'feşınıbıl/ *s.* modaya uygun, moda

**fast**[1] /fa:st/ *s.* 1. hızlı, süratli, seri, çabuk

2. sıkı, sağlam, sabit 3. solmaz, sabit 4. (saat) ileri

**fast**[2] /fa:st/ *be.* 1. hızla, süratle 2. sıkıca, sağlamca 3. **fast asleep** derin uykuda, derin uykuya dalmış

**fast**[3] /fa:st/ *e.* oruç tutmak: *Christians fast for one month during Lent.*

**fast**[4] /fa:st/ *a.* oruç

**fasten** /'fa:sın/ *e.* 1. bağlamak: *Fasten your safety belts, please.* 2. iliştirmek, tutturmak 3. (giysi) iliklemek

**fastener** /'fa:sını/ *a.* tutturucu, bağlayıcı şey, *bağ,* toka

**fastening** /'fa:sıning/ *a.* kapı yada pencere kilidi, mandal ya da sürgü

**fasten on/upon** *e.* (düşünce, vb.) kavramak, kapmak, kullanmak

**fastidious** /fe'stidiıs/ *s.* müşkülpesent, titiz, zor beğenir

**fastness** /'fa:stnis/ *a.* (renk, vb.) kalıcılık, sağlamlık

**fat**[1] /fet/ *s.* 1. (et) yağlı 2. şişman, tombul, şişko 3. kalın, şişkin, dolgun, yüklü 4. **a fat lot of** *k. dili* hiç

**fat**[2] /fet/ *a.* 1. yağ, içyağı 2. **live on the fat of the land** bolluk içinde yaşamak

**fatal** /'feytl/ *s.* 1. ölümcül, öldürücü 2. tehlikeli, zararlı, kötü

**fatalism** /'feytlizım/ *a.* yazgıcılık, kadercilik

**fatalist** /'feytlist/ *a.* yazgıcı, kaderci

**fatality** /fı'teliti/ *a.* ölümle sonuçlanan kaza, ölüm, felaket

**fate** /feyt/ *a.* 1. yazgı, alınyazısı, kader 2. son, akıbet, ölüm 3. kısmet, gelecek

**fateful** /'feytfıl/ *s.* 1. hayati önemi olan 2. kaçınılmaz, alında yazılı olan

**father**[1] /'fa:dı/ *a.* 1. baba 2. **father figure** tavsiye ve yardımına başvurulan kimse, babalık eden kimse

**father**[2] /'fa:dı/ *e.* babalık yapmak, babası olmak

**Father** /'fa:dı/ *a.* 1. papaz 2. Tanrı, Allah 3. **Father Christmas** Noel Baba

**fatherhood** /'fa:dıhud/ *a.* babalık

**father-in-law** /'fa:dırinlo:/ *a.* kayınpeder

**fatherly** /'fa:dıli/ *s.* babacan, baba gibi

**fathom**[1] /'fedım/ *a.* kulaç, 1.8 metrelik derinlik

fathom² /'fedım/ e. anlamak, kavramak, idrak etmek
fatigue¹ /fı'ti:g/ a. 1. aşırı yorgunluk, bitkinlik 2. tek. kağşama, maden yorgunluğu
fatigue² /fı'ti:g/ e. yormak, yorgunluk vermek
fatten /'fetn/ e. şişmanlatmak, semirtmek
fatty /'feti/ s. (yiyecek) yağlı
fatuous /'feçuıs/ s. saçma, akılsız
faucet /'fo:sit/ a, Aİ. musluk
fault¹ /fo:lt/ a. 1. hata, yanlışlık 2. suç: *It's not my fault.* 3. kusur, arıza, bozukluk, eksiklik 4. *yerb.* fay, çatlak
fault² /fo:lt/ e. hata bulmak, kusur bulmak
faultless /'fo:ltlis/ s. hatasız, kusursuz, mükemmel
faulty /'fo:lti/ s. hatalı, kusurlu, arızalı, eksik
fauna /'fo:nı/ a, hayb. fauna, direy
faux pas /fou'pa:/ a. gaf, hata; kabalık, uygunsuz hareket
favor /'feyvı/ a, e, Aİ, bkz. **favour**
favour¹ /'feyvı/ a. onaylama, onay, destek 2. kayırma, iltimas 3. iyilik, yardım, lütuf 4. **in favour of** -in yanında, tarafında, lehinde
favour² /'feyvı/ e. 1. yüreklendirmek, desteklemek, onaylamak, lehinde olmak, yanında olmak 2. iltimas etmek, kayırmak
favourable /'feyvırıbıl/ s. 1. olumlu, lehte 2. uygun, elverişli
favourite¹ /'feyvırit/ a. 1. gözde, sevgili, favori 2. kazanacağı umulan kişi ya da at, favori 3. *hkr.* kayırılan kimse
favourite² /'feyvırit/ s. en çok beğenilen, en çok sevilen, favori
favouritism /'feyvırıtizım/ a. iltimas, kayırmacılık, adam kayırma
fawn¹ /fo:n/ a. 1. *hayb.* yavru geyik 2. açık kahverengi
fawn on/upon e. 1. (köpek) birisinin üzerine atılıp sevgi gösterisi yapmak 2. yaltaklanmak, yağ çekmek
fear¹ /fiı/ e. 1. korkmak, ürkmek, çekinmek 2. (for ile) endişe etmek, telaşlanmak 3. **I fear** korkarım, korkarım ki
fear² /fiı/ a. 1. korku, dehşet 2. kaygı,

endişe 3. **No fear** *k. dili* Hayatta olmaz
fearful /'fiıfıl/ s. 1. korkunç, müthiş, dehşetli 2. endişeli, kaygılı, korkulu 3. korku dolu, korkulu
fearless /'fiılıs/ s. korkusuz, yürekli
fearsome /'fiısım/ s. korkutucu, müthiş
feasible /'fi:zıbıl/ s. yapılabilir, olası, olanaklı, makul, mantıklı
feast¹ /fi:st/ a. 1. şölen, ziyafet 2. yortu, bayram
feast² /fi:st/ e. 1. iyi beslemek, ziyafet vermek 2. bol bol yiyip içmek
feat /fi:t/ a. ustalık, beceri ya da cesaret isteyen hareket, marifet
feather¹ /'fedı/ a. 1. kuştüyü, tüy 2. **a feather in one's cap** iftihar edilecek başarı 3. **birds of a feather** aynı karakterde insanlar, aynı yolun yolcuları
feather² /'fedı/ e. 1. tüyle kaplamak 2. **feather one's nest** köşeyi dönmek, küpünü doldurmak, avantadan zengin olmak
featherweight /'fedıweyt/ s. 1. (boks) tüysıklet 2. çok hafif, tüy gibi 3. önemsiz
feathery /'fedıri/ s. 1. tüylü 2. yumuşak, hafif
feature¹ /'fi:çı/ a. 1. yüzün herhangi bir tarafı 2. bir şeyin göze çarpan tarafı, özellik, belirleyici nitelik 3. uzun film 4. makale
feature² /'fi:çı/ e. 1. -in belirleyici/göze çarpan özelliği olmak 2. (göze çarpan bir özellik olarak) içermek, yer/rol vermek 3. yer/rol almak
February /'februıri/ a. şubat
feces /'fi:si:z/ a, Aİ, bkz. **faeces**
feckless /'feklıs/ s. dikkatsiz, düşüncesiz, sorumsuz
fed /fed/ *pt, pp bkz.* **feed**
federal /'fedırıl/ s. federal, birleşik
federalism /'fedırılizım/ a. federalizm
federate /'fedıreyt/ e. 1. federasyon halinde birleştirmek 2. birleşmek
federation /fedı'reyşın/ a. federasyon, birlik
fed up /fed'ap/ s, *k. dili* 1. bıkkın, sıkkın 2. **be fed up with** *k. dili* bıkmak, usanmak: *I'm fed up with you.*
fee /fi:/ a. 1. ücret, vizite 2. giriş ücreti

feeble /'fi:bıl/ s. 1. zayıf, güçsüz 2. (şaka, düşünce, vb.) iyi düşünülmemiş, zayıf, soğuk, aptal, anlamsız, saçma
feebleminded /fi:bıl'mayndid/ s, hkr. şapşal, geri zekâlı
feed[1] /fi:d/ e. [pt, pp fed /fed/] 1. beslemek, yiyecek vermek: Have you fed the cat? 2. beslenmek, yemek 3. gereksinimlerini sağlamak, beslemek
feed[2] /fi:d/ a. 1. yiyecek, besin 2. yem, ot 3. mama
feedback /'fi:dbek/ a. geribildirim, geribesleme, besleni
feel[1] /fi:l/ e. [pt, pp felt /felt/] 1. duyumsamak, duymak, hissetmek: She felt very depressed when her mother died. 2. (dokunarak, elleyerek) hissetmek: He could feel the softness of her skin as he caressed her. 3. el yordamıyla aramak, yoklamak: He felt in his pocket for his keys. 4. kanısında olmak, inanmak, sanmak, zannetmek, hissetmek: The guests felt they had stayed too long. 5. gibi görünmek, gibi gelmek, gibi olmak: This chair feels realy soft. 6. sezmek, hissetmek: I feel that something bad will happen soon. 7. feel in one's bones that -den emin olmak, kuvvetle sezmek 8. feel like canı istemek: I don't feel like working.
feel[2] /fi:l/ a. 1. duygu, duyumsama, hissetme 2. k. dili yoklama, arama 3. get the feel of -e alışmak
feeler /'fi:lı/ a, hayb. duyarga, anten, dokunaç
feel for e. için üzülmek, acımak
feeling /'fi:ling/ a. 1. duygu, his 2. dokunma, dokunum 3. duyarlık, hassasiyet 4. sezgi, sanı, zan 5. duygu, kanı, izlenim, kanaat, his 6. heyecan 7. duyma, bilinç, farkında olma
feign /feyn/ e. 1. ... numarası yapmak, gibi yapmak: He always feigns a bad back when he is asked to lift anything. 2. (bahane, vb.) uydurmak
feint /feynt/ a. savaş hilesi, sahte saldırı
feline /'fi:layn/ s, a, hayb. kedigil
fell[1] /fel/ e. 1. (ağaç) kesmek 2. düşürmek, vurup devirmek, vurmak

fell[2] /fel/ pt, pp bkz. fall
fellow[1] /'felou/ a. 1. k. dili adam, herif, ahbap 2. arkadaş, dost 3. akademi üyesi
fellow[2] /'felou/ s. benzer, hemcins
fellow feeling /felou 'fi:ling/ a. başkasının halinden anlama, duygusal yakınlık, duygu yakınlığı, sempati
fellowship /'felouşip/ a. 1. dernek, grup 2. üniversite bursu, üniversite vakfı 3. duygu birliği, başkasının halinden anlama, duygularını paylaşma 4. arkadaşlık
felony /'felıni/ a. ağır suç
felt[1] /felt/ a. keçe, fötr
felt[2] /felt/ pt, pp bkz. feel
felt-tip pen /felttip'pen/ a. keçeli kalem
female[1] /'fi:meyl/ a. 1. dişi 2. kadın
female[2] /'fi:meyl/ s. 1. dişi 2. dişilere ilişkin, dişil
feminine /'feminin/ s. 1. kadınla ilgili, kadınsı 2. dilb. dişil
femininity /femi'niniti/ a. kadınsılık
feminism /'feminizm/ a. kadın haklarını savunma, kadın yandaşlığı, feminizm
fen /fen/ a. bataklık arazi, bataklık
fence[1] /fens/ a. 1. çit, tahta perde, parmaklık 2. k. dili çalınmış eşya alıp satan adam 3. sit on the fence tartışmada taraf tutmaktan kaçınmak
fence[2] /fens/ e. 1. etrafını çitle çevirmek 2. eskrim sporu yapmak 3. baştan savma yanıt vermek, kaçamak yanıt vermek
fencing /'fensing/ a. 1. sp. eskrim 2. çit ya da duvar
fend /fend/ e. 1. (off ile) kendini -den korumak, atlatmak 2. fend for oneself kendine bakmak, başının çaresine bakmak
fender /'fendı/ a. 1. ocak, şömine çerçevesi 2. AI, oto. çamurluk
ferment[1] /fı'ment/ e. 1. mayalanmak 2. mayalamak 3. heyecanlanmak, telaşlanmak 4. heyecanlandırmak, telaşlandırmak
ferment[2] /'fö:ment/ a. 1. heyecan, karışıklık, huzursuzluk, telaş, galeyan 2. maya
fermentation /fö:men'teyşın/ a. mayalanma, fermentasyon

fern /fö:n/ *a, bitk.* eğreltiotu

ferocious /fı'rouşıs/ *s.* yırtıcı, sert, acıma-sız, haşin, vahşi, şiddetli

ferret[1] /'ferit/ *a, hayb.* yaban gelinciği

ferret[2] /'ferit/ *e.* (about/around ile) *k. dili* karıştırarak aramak

ferrous /'ferıs/ *s.* demirle ilgili, demirli, demirden, demir

ferry[1] /'feri/ *e.* taşımak, bir araçla taşı-mak, götürmek

ferry[2] /'feri/ *a.* 1. feribot, araba vapuru 2. rıhtım, iskele

fertile /'fö:tayl/ *s.* 1. verimli, bereketli, üretken 2. doğurgan

fertility /'fö:tiliti/ *a.* verimlilik, bereketlilik, üretkenlik, doğurganlık

fertilize /'fö:tilayz/ *e.* 1. döllemek, aşıla-mak 2. gübrelemek, verimli kılmak

fertilizer /'fö:tilayzı/ *a.* gübre

fervent /'fö:vınt/ *s.* coşkun, gayretli, ateşli, hevesli, tutkulu

fervor /'fö:vı/ *a, Al, bkz.* **fervour**

fervour /'fö:vı/ *a.* coşku, heves, tutku

fester /'festı/ *e.* (yara) mikrop kapmak, irinlenmek

festival /'festivıl/ *a.* şenlik, festival

festive /'festiv/ *s.* festival/şenlik ile ilgili

festivity /fe'stiviti/ *a.* şenlik, eğlence

festoon[1] /fe'stu:n/ *a.* çiçek ya da yaprak zinciri

festoon[2] /fe'stu:n/ *e.* çiçek ya da yaprak zincirleriyle süslemek

fetch /feç/ *e.* 1. gidip getirmek, gidip almak: *The dog fetched the paper.* 2. *k. dili* belirli bir fiyata satılmak, kazanç ge-tirmek

fetch up *e.* geri dönmek

fête[1] /feyt/ *a.* eğlence, şenlik, şölen

fête[2] /feyt/ *e.* onurlandırmak, iyi ağırlamak

fetid /'fi:tid/ *s.* (su, vb.) pis kokulu

fetish /'fetiş/ *a.* 1. tapıncak, fetiş 2. aşırı ilgi, dikkat, saplantı, hastalık

fetishism /'fetişizım/ *a.* tapıncakçılık, fetişizm

fetter[1] /'fetı/ *a.* pranga, zincir

fetter[2] /'fetı/ *e.* pranga vurmak, zincire vurmak

fettle /'fetl/ *a.* akıl, ruh ve beden durumu, hal, durum, form

fetus /'fi:tıs/ *a, bkz.* **foetus**

feud[1] /fyu:d/ *e.* kan gütmek, kin besle-mek, kan davasını sürdürmek

feud[2] /fyu:d/ *a.* kan davası, kavga, kin, düşmanlık

feudal /'fyu:dl/ *s.* derebeyliğe ilişkin, feodal

feudalism /'fyu:dlizım/ *a.* derebeylik, feodalizm

fever /'fi:vı/ *a.* 1. *hek.* ateş 2. heyecan, telaş

feverish /'fi:vıriş/ *s.* 1. ateşli, hararetli 2. heyecanlı, telaşlı, hummalı

few /fyu:/ *s, adl, a.* 1. az: *There were so few students they cancelled the class. There are fewer guests in the hotel this week.* 2. birkaç: *It's only a few weeks to summer. Few of them had been out of the country.* 3. birkaç kişi/şey/tane: *Only a few came to the party. There are only a few left.* 4. **a good few** birçok 5. **few and far between** arada sırada olan, sık sık olmayan 6. **no fewer than** en az, en azından, hiç yoksa 7. **quite a few** bir çok 8. **some few** birçok

fez /fez/ *a.* fes

fiancé /fi'onsey/ *a.* (erkek) nişanlı

fiancée /fi'onsey/ *a.* (kız) nişanlı

fiasco /fi'eskou/ *a.* başarısızlık, fiyasko

fib[1] /fib/ *a, k. dili* küçük ve önemsiz yalan, zararsız yalan, beyaz yalan

fib[2] /fib/ *e.* küçük yalan söylemek

fiberglass /'faybıgla:s/ *a, Al, bkz.* **fibre-glass**

fibre /'faybı/ *a.* 1. lif, tel, elyaf, iplik 2. karakter sağlamlığı

fibreglass /'faybıgla:s/ *a.* fiberglas, cam-yünü

fickle /'fikıl/ *s.* vefasız, dönek

fiction /'fikşın/ *a.* 1. kurmaca yazın, düş ürünü yapıt, kurgu 2. uydurma, düş, icat

fictional /'fikşınıl/ *s.* (öykü, yapıt, vb.) uydurma

fictitious /fik'tişıs/ *s.* gerçek olmayan, imgesel, uydurma, kurmaca

fiddle[1] /'fidl/ *a, k. dili* 1. keman 2. dolandı-rıcılık, üçkâğıt 3. **play second fiddle (to)** ikinci derecede rol oynamak, -in gölgesinde kalmak 4. **(as) fit as a fiddle**

**fiddle2** 188

turp gibi, zinde, sağlıklı
**fiddle**² /'fidl/ *e, k. dili* 1. keman çalmak 2. (with/about/around ile) oyalanmak, zaman öldürmek; oyuncak etmek, amaçsızca oynamak, kurcalamak 3. *k. dili* üzerinde oynamak, üçkâğıt yapmak
**fiddler** /'fidlı/ *a.* 1. *k. dili* kemancı 2. *arg.* düzenbaz, dolandırıcı, üçkâğıtçı 3. *arg.* serseri
**fidelity** /fi'deliti/ *a.* 1. bağlılık, sadakat 2. aslına uygunluk
**fidget**¹ /'ficit/ *a, k. dili* yerinde duramayan kimse
**fidget**² /'ficit/ *e.* kıpırdanmak, huzursuzlanmak, yerinde duramamak
**field** /fi:ld/ *a.* 1. tarla 2. alan, saha, açık arazi 3. kır, kırlık 4. otlak, çayır, mera 5. çalışma, iş, etkinlik alanı 6. (at yarışı) yarışmaya katılanlar 7. **field day** *ask.* manevra günü 8. **field events** *sp.* atlama ve atma karşılaşmaları 9. **field glasses** arazi dürbünü 10. **field marshal** *ask.* mareşal 11. **field sports** açık hava sporları
**fieldwork** /'fi:ld wö:k/ *a.* belirli bir alanda bilimsel çalışma, alan çalışması
**fiend** /fi:nd/ *a.* 1. şeytan, iblis, kötü ruh 2. (bir şeye) düşkün
**fiendish** /'fi:ndiş/ *s.* 1. haşin, acımasız 2. *k. dili* çok zeki, şeytani
**fierce** /fiıs/ *s.* 1. azılı, acımasız, vahşi, kızgın 2. çok büyük, çok fazla, aşırı
**fiery** /'fayıri/ *s.* ateşten, ateşli, ateş gibi, kızgın
**fiesta** /fi'estı/ *a.* yortu, bayram, fiesta
**fifteen** /fif'ti:n/ *a, s.* onbeş
**fifteenth** /fif'ti:nt/ *a, s.* onbeşinci
**fifth** /'fift/ *a, s.* beşinci
**fifty** /'fifti/ *a, s.* elli
**fifty-fifty** /fifti'fifti/ *s, be.* yarı yarıya, ortaklaşa, eşit olarak
**fig** /fig/ *a, bitk.* 1. incir 2. incir ağacı
**fight**¹ /fayt/ *e.* [pt, pp **fought** /fo:t/] 1. savaşmak, çarpışmak 2. kavga etmek, dövüşmek 3. ... ile savaşmak, -e karşı savaşım vermek 4. tartışmak, didişmek
**fight**² /fayt/ *a.* 1. dövüş, kavga 2. savaş 3. savaşım, mücadele 4. kavgacılık ruhu
**fighter** /'faytı/ *a.* 1. kavgacı, savaşçı 2.

*ask.* avcı uçağı
**fight off** *e.* ile mücadele etmek; defetmek
**figment** /'figmınt/ *a.* hayal ürünü ya da uydurma şey
**figurative** /'figyurıtiv/ *s.* değişmeceli, mecazi
**figure**¹ /'figı/ *a.* 1. biçim, şekil, figür 2. beden yapısı, boy bos, endam 3. sayı, rakam 4. önemli kişi, şahsiyet 5. **figure of speech** mecaz, istiare, değişmece, eğretileme
**figure**² /'figı/ *e.* 1. *Aİ.* sanmak, inanmak, saymak 2. olarak yer almak
**figurehead** /'figıhed/ *a.* 1. gemi aslanı 2. kukla başkan, göstermelik yönetici
**figure on** *e.* planlamak, hesaba katmak
**figure out** *e.* düşünerek bulmak, çözmek, anlamak, hesaplamak: *Can you figure out what this letter means?*
**filament** /'filımınt/ *a.* filaman, ince tel
**filch** /filç/ *e, k. dili* aşırmak, çalmak, yürütmek
**file**¹ /fayl/ *a.* eğe, törpü
**file**² /fayl/ *e.* eğelemek, törpülemek
**file**³ /fayl/ *a.* 1. dosya, klasör 2. bir konu hakkında toplanan belgeler
**file**⁴ /fayl/ *e.* 1. dosyalamak, dosyaya koymak 2. resmi işleme koymak 3. sıralamak, tasnif etmek
**file**⁵ /fayl/ *a.* sıra, kuyruk
**file**⁶ /fayl/ *e.* tek sıra halinde yürümek
**filet** /'filit/ *a, Aİ, bkz.* **fillet**
**filial** /'filil/ *s.* evlada ilişkin, evlatla ilgili
**filibuster** /'filibastı/ *e.* (parlamento, vb.'de) işi uzatmak, ağırdan almak
**filigree** /'filigri/ *a.* altın ya da gümüşü tel biçiminde işleme, telkâri
**filings** /'faylingz/ *a.* eğe talaşı
**fill**¹ /fil/ *e.* 1. doldurmak: *Can you fill the bucket with sand?* 2. dolmak 3. dolmak, kaplamak, yayılmak 4. yapmak, icra etmek, yerine getirmek 5. karşılamak, doyurmak, tatmin etmek
**fill**² /fil/ *a.* istiap haddi; istenilen/gereksinilen miktar
**fillet**¹ /'filit/ *a.* kemiksiz/kılçıksız et, fileto
**fillet**² /'filit/ *e.* (eti) fileto kesmek, kılçığını ya da kemiklerini ayıklamak
**fill in** *e.* 1. doldurmak, tamamlamak 2.

(birini) aydınlatmak, bilgi vermek 3. birinin yerini almak

**filling** /'filing/ *a.* 1. doldurma 2. dolgu, diş dolgusu 3. **filling station** benzinci, benzin istasyonu

**fill out** *e.* 1. giderek şişmanlamak 2. doldurmak

**fill up** *e.* 1. dolmak, taşmak 2. doldurmak, taşırmak

**filly** /'fili/ *a.* yavru kısrak, dişi tay

**film**[1] /film/ *a.* 1. ince tabaka, ince örtü, ince deri, zar 2. film

**film**[2] /film/ *e.* 1. film çekmek 2. filme almak

**filmy** /'filmi/ *s.* ince, saydam, şeffaf

**filter**[1] /'filtı/ *a.* süzgeç, filtre

**filter**[2] /'filtı/ *e.* 1. süzmek, filtreden geçirmek 2. süzülmek

**filth** /'filt/ *a.* pislik

**filthy** /'filti/ *s.* 1. pis, kirli 2. kaba, çirkin, pis 3. **filthy rich** *k. dili* bok gibi zengin

**fin** /fin/ *a.* 1. *hayb.* yüzgeç 2. yüzgece benzer şey

**final**[1] /'faynıl/ *s.* 1. sonda gelen, sonuncu, son 2. kesin, kati, nihai

**final**[2] /'faynıl/ *a.* 1. *sp.* final, son karşılaşma 2. dönem sonu sınavı, final

**finale** /fi'na:li/ *a, müz.* final

**finalist** /'faynılist/ *a.* finalist

**finally** /'faynıli/ *be.* 1. sonunda, en sonunda, nihayet 2. kesin olarak, tamamen

**finance**[1] /'faynens, fi'nens/ *a.* 1. maliye 2. finanse, iş kurmada gereken para 3. *ç.* mali durum

**finance**[2] /'faynens/ *e.* paraca desteklemek, gereken parayı vermek, finanse etmek

**financial** /fi'nenşıl, fay'nenşıl/ *s.* mali

**financier** /fi'nensii/ *a.* 1. maliyeci 2. anamalcı, sermayedar

**finch** /finç/ *a, hayb.* ispinoz

**find**[1] /faynd/ *e.* [pt, pp **found** /faund/] bulmak: *Have you found the keys? I wonder when they'll find a cure for AIDS. Much to his suprise he found himself the director of the company. Did you find the film interesting? The jury found her guilty. The arrow found the* target. *He couldn't find the energy to go out. Please find when the plane arrives.*

**find**[2] /faynd/ *a.* buluş, keşif, bulunan şey, bulgu

**finding** /'faynding/ *a.* 1. bulgu, bulunmuş, keşfedilmiş şey 2. *huk.* sonuç, karar

**find out** *e.* 1. çözmek, keşfetmek, anlamak, öğrenmek, ortaya çıkarmak: *I couldn't find out who phoned while I was out.* 2. suç üstü yakalamak: *I found him out stealing from my purse.*

**fine**[1] /fayn/ *a.* para cezası

**fine**[2] /fayn/ *e.* para cezasına çarptırmak

**fine**[3] /fayn/ *s.* 1. güzel, iyi, kaliteli 2. çok ince, incecik 3. ince, küçük, kırıntılar halinde 4. (hava) güzel, açık, parlak 5. sağlıklı, rahat, keyfi yerinde 6. (iş) dikkatli, iyi, ustaca yapılan 7. (maden) saf, som 8. **fine arts** güzel sanatlar

**fine**[4] /fayn/ *be.* 1. ince ince 2. çok iyi, iyi bir şekilde

**finely** /'faynli/ *be.* 1. çok iyi bir biçimde, güzel güzel 2. ince ince

**finery** /'faynıri/ *a.* süslü takılı güzel elbise

**finesse** /fi'nes/ *a.* (insan ilişkilerinde) kurnazlık, incelik, yönetme yeteneği, ustalık

**finger**[1] /'fingı/ *a.* 1. parmak 2. **(have) a finger in every pie** *k. dili* her işte parmağı olmak 3. **burn one's fingers/get one's fingers burnt** ağzı yanmak 4. **keep one's fingers crossed** *k. dili* en iyisini dilemek 5. **lift a finger** kılını kıpırdatmak, parmağını kıpırdatmak, tınmak 6. **put one's finger on** bulmak 7. **pull one's finger out** *k. dili* sıkı çalışmaya başlamak, işe girişmek

**finger**[2] /'fingı/ *e.* 1. parmaklarla tutmak, parmaklamak 2. (müzik aletini) parmakla çalmak

**fingernail** /'fingıneyl/ *a.* tırnak

**fingerprint** /'fingıprint/ *a.* parmak izi

**fingertip** /'fingıtip/ *a.* parmak ucu

**finicky** /'finiki/ *s.* huysuz, güç beğenir, müşkülpesent, mızmız

**finish**[1] /'finiş/ *e.* 1. bitirmek, tamamlamak, sona erdirmek: *They want to finish the hotel for summer.* 2. bitmek, sona ermek: *The class finished on time.* 3.

(yorgunluktan, vb.) bitirmek, gücünü kesmek: *Hard work in the field finished me.* 4. (yiyecek, içecek) bitirmek: *Finish what's on your plate. Have you finished your drink?*

**finish**[2] /'finiş/ *a.* 1. bitiş, son, finiş 2. son, bitirme, bir şeyin bitmiş hali

**finished** /'finişt/ *s.* 1. bitik, tükenmiş, bitmiş 2. tamamlanmış, bitirilmiş, tam

**finish with** *e.* ile işini bitirmek, ilişkisini kesmek, işi kalmamak: *After our argument I finished with him.*

**finite** /'faynayt/ *s.* sonu olan, sonlu, sınırlı

**fiord** /'fi:o:d, fyo:d/ *a, bkz.* **fjord**

**fir** /fö:/ *a, bitk.* köknar

**fire**[1] /'fayı/ *a.* 1. ateş, alev, yanma 2. yangın 3. parıltı, parlaklık 4. ateş etme, ateş 5. *İİ.* (elektrikli ya da gazlı) ısıtma aygıtı 6. **catch fire** alev almak, tutuşmak 7. **fire alarm** yangın alarmı 8. **fire brigade** itfaiye 9. **fire engine** itfaiye arabası 10. **fire escape** yangın merdiveni 11. **fire station** itfaiye merkezi 12. **on fire** alevler içinde, yanmakta

**fire**[2] /'fayı/ *e.* 1. yakmak, tutuşturmak, ateşe vermek 2. ateş etmek, ateşlemek 3. (seramik, vb.) pişirmek, fırınlamak 4. dağlamak 5. ateşlendirmek, heyecanlandırmak, gayrete getirmek, canlandırmak 6. *k. dili* işten atmak, işten kovmak

**firearm** /'fayıra:m/ *a.* ateşli silah

**firefly** /'fayıflay/ *a, hayb.* ateşböceği

**fireguard** /'fayıga:d/ *a.* şömine ızgarası

**fireman** /'fayımın/ *a.* itfaiyeci

**fireplace** /'fayıpleys/ *a.* şömine, ocak

**fire-raising** /'fayıreyzing/ *a.* kundakçılık

**fireside** /'fayısayd/ *a.* (ev içinde) şömine yanı, ocak başı, ateş yanı

**firewood** /'fayıwud/ *a.* odun

**firework** /'fayıwö:k/ *a.* havai fişek

**firing line** /'fayıring layn/ *a, ask.* ateş hattı

**firm**[1] /fö:m/ *s.* 1. sert, katı 2. sağlam, dayanıklı, sıkı 3. sabit, değişmez

**firm**[2] /fö:m/ *a.* firma, şirket

**firmament** /'fö:mımınt/ *a, yaz.* gök, gökyüzü

**first**[1] /fö:st/ *a.* 1. ilk, birinci, diğerlerinden önce gelen kimse/şey 2. İngiltere'de en yüksek üniversite derecesi 3. **at first** başlangıçta, önceleri

**first**[2] /fö:st/ *s, be.* 1. birinci, ilk: *This is my first cigarette today.* 2. baş, başta 3. ilk kez 4. **first aid** ilkyardım 5. **first and foremost** en önemlisi, ilk önce, her şeyden önce 6. **first class** birinci sınıf, birinci mevki 7. **first floor** a) *İİ.* birinci kat b) *Al.* zemin katı 8. **first lady** başbakanın karısı 9. **first of all** en önce, ilkin

**first-class** /fö:st'kla:s/ *s.* birinci sınıf, çok iyi, mükemmel

**firsthand** /fö:st'hend/ *s, be.* ilk elden, dolaysız

**firstly** /'fö:stli/ *be.* önce, ilk önce, birincil olarak, her şeyden önce, ilk başta

**first-rate** /fö:st'reyt/ *s.* 1. birinci kalite, birinci sınıf 2. *k. dili* çok iyi, harika, mükemmel

**fiscal** /'fiskıl/ *s.* mali

**fish**[1] /fiş/ *a.* 1. balık 2. balık eti

**fish**[2] /fiş/ *e.* balık tutmak: *He likes fishing very much.*

**fisherman** /'fişmın/ *a.* balıkçı

**fishing** /'fişing/ *a.* balıkçılık

**fishmonger** /'fişmangı/ *a.* balık satıcısı, balıkçı

**fishy** /'fişi/ *s.* 1. balık tadında ya da balık kokulu 2. şüpheli, karanlık, içinde bit yeniği olan, inanılması güç

**fission** /'fişın/ *a.* 1. bölünme, yarılma, yarma 2. atom çekirdeğinin parçalanması

**fissure** /'fişı/ *a.* çatlak, yarık

**fist** /fist/ *a.* yumruk

**fit**[1] /fit/ *a.* 1. hastalık nöbeti 2. galeyan, nöbet, kriz 3. **by/in fits and starts** kesik kesik, düzensiz 4. **have a fit** *k. dili* çılgına dönmek, tepesi atmak

**fit**[2] /fit/ *s.* 1. uygun, elverişli 2. sağlıklı, zinde, formda, gücü kuvveti yerinde

**fit**[3] /fit/ *e.* 1. ayak uydurmak, kendini bir şeye uydurmak 2. (giysi) uymak, iyi gelmek, uygun olmak: *These shoes don't fit me.* 3. hazırlamak, uygun duruma getirmek 4. **fit the bill** tam istediği şey olmak 5. **fit like a glove** tam uymak, kalıp gibi oturmak

**fit**[4] /fit/ *a.* uygun gelme, uygunluk, uyma

**fitful** /'fitfıl/ *s.* rahatsız, düzensiz

**fit in** *e.* 1. uymak 2. uydurmak 3. (birisini/bir şeyi görmek için) zaman bulmak/ayarlamak

**fitment** /'fitmınt/ *a.* teçhizat, donanım, takım

**fitness** /'fitnis/ *a.* 1. zindelik, form, sağlık 2. uygunluk

**fitted** /'fitid/ *s.* 1. (with ile) ile donatılmış, -lı 2. yerleştirilmiş, oturtulmuş

**fitter** /'fitı/ *a.* 1. makine montajcısı 2. makastar

**fitting**[1] /'fiting/ *s.* uygun, yakışık alır, doğru

**fitting**[2] /'fiting/ *a.* 1. terzi provası 2. bina tesisatı, tertibat

**fit up** *e.* düzenlemek, donatmak, gerekli olan şeyleri sağlamak

**five** /fayv/ *a, s.* beş

**fiver** /'fayvı/ *a, İİ, k. dili* beş sterlin

**fix**[1] /fiks/ *e.* 1. saptamak, belirlemek, düzenlemek, kararlaştırmak: *We fixed a date for the meeting next Monday.* 2. onarmak, tamir etmek: *Can you fix this door for me?* 3. sıkıca tutturmak, yerleştirmek, sabitleştirmek, oturtmak 4. şike yapmak 5. (birisine yiyecek, içecek, vb.) hazırlamak 6. *k. dili* ile ilgilenmek, icabına bakmak, hakkından gelmek

**fix**[2] /fiks/ *a, k. dili* 1. kötü ve güç durum, boktan durum 2. uyuşturucu iğnesi

**fixation** /fik'seyşın/ *a.* 1. yerleştirme, oturtma, takma 2. güçlü ve sağlıksız tutku, saplantı

**fixed** /fikst/ *s.* 1. sabit, oynamaz 2. değişmez 3. belirlenmiş, kararlaştırılmış

**fix on** *e.* 1. -de karar kılmak 2. (gözlerini, vb.) doğrultmak, yöneltmek, sabitleştirmek

**fixture** /'fiksçı/ *a.* 1. *sp.* fikstür 2. sabit eşya, demirbaş

**fix up** *e.* (with ile) sağlamak, ayarlamak, tedarik etmek: *Can you fix them up with a place to stay?*

**fizz**[1] /fiz/ *e.* (gazoz gibi) vızlamak, fışırdamak

**fizz**[2] /fiz/ *a.* 1. fışırtı, vızıltı 2. *k. dili* şampanya

**fizzle** /'fizıl/ *e.* (out ile) boşa çıkmak, kötü

sonuçlanmak, fos çıkmak

**fjord** /'fyo:d/ *a, coğ.* fiyort

**flabbergasted** /'flebıga:stid/ *s, k. dili* çok şaşırmış, şaşkın: *I was flabbergasted to hear they were married.*

**flabby** /'flebi/ *s.* gevşek, yumuşak, sarkık, pörsük

**flaccid** /'fleksid/ *s.* yumuşak, sarkık, gevşek

**flag**[1] /fleg/ *a.* 1. bayrak, sancak 2. *den.* bandıra, flama

**flag**[2] /fleg/ *a.* geniş yassı taş, kapak taşı

**flag**[3] /fleg/ *e.* canlılığını yitirmek, güçten kesilmek, güçsüzleşmek

**flagon** /'flegın/ *a.* bir tür kulplu sürahi

**flagrant** /'fleygrınt/ *s.* (kötü bir şey) alenen yapan/yapılan

**flagship** /'flegşip/ *a.* amiral gemisi

**flagstone** /'flegstoun/ *a, bkz.* **flag**[2]

**flail** /fleyl/ *e.* sağa sola sallamak/sallanmak

**flair** /fleı/ *a.* özel yetenek, beceri

**flake**[1] /fleyk/ *a.* ince tabaka, ince parça

**flake**[2] /fleyk/ *e.* (off ile) ince tabakalar halinde dökülmek, pul pul dökülmek

**flake out** *e, k. dili* bayılmak, yıkılmak, çökmek

**flamboyant** /flem'boyınt/ *s.* gösterişli, havalı, tantanalı

**flame**[1] /fleym/ *a.* 1. alev 2. ateş 3. **old flame** eski sevgili, eski aşk

**flame**[2] /fleym/ *e.* 1. alev alev yanmak, alevlenmek 2. parlamak, kızarmak

**flamingo** /flı'mingou/ *a, hayb.* flaman kuşu, flamingo

**flammable** /'flemıbıl/ *s.* çabuk yanar, kolay tutuşur

**flan** /flen/ *a.* meyveli pasta

**flange** /flenc/ *a.* kenar, yaka, kulak, flanş, çıkıntı

**flank**[1] /flenk/ *a.* 1. böğür, yan 2. *ask.* kanat, cenah

**flank**[2] /flenk/ *e.* 1. yandan kuşatmak 2. yanında yer almak

**flannel** /'flenl/ *a.* 1. pazen, flanel 2. fanila

**flap**[1] /flep/ *a.* 1. kanat çırpma, vb. sesi 2. (zarf, cep, vb.) kapak 3. *k. dili* telaş, panik

**flap**[2] /flep/ *e.* 1. (kanat) çırpmak 2. çarp-

mak, vurmak, sallanmak, çırpınmak 3.
*k. dili* meraklanmak, telaşa kapılmak
**flare**[1] /fleɪ/ *a.* 1. titrek parlak ışık ya da
alev 2. işaret fişeği
**flare**[2] /fleɪ/ *e.* 1. parlak ve titrek bir alevle
yanmak 2. birden alev almak, patlak
vermek
**flared** /fleɪd/ *s.* (etek, pantolon) alt kısmı
geniş
**flash**[1] /fleş/ *e.* 1. (ışık) birden parlamak,
(şimşek gibi) çakmak 2. parlamak, ışıl-
damak, parıldamak 3. (telgraf ya da
radyo mesajı) yollamak, göndermek 4.
çok hızlı hareket etmek, hızla geçip git-
mek 5. birdenbire akla gelmek 6. *arg.*
cinsel organlarını göstermek, teşhircilik
yapmak
**flash**[2] /fleş/ *a.* 1. ani ışık, çakış, parlama
2. parıltı, ışıltı 3. flaş haber 4. çok kısa
süre, an 5. (fotoğraf) flaş 6. **in a/like a
flash** çabucak, bir an önce
**flashback** /'fleşbek/ *a.* (film) geriye dö-
nüş, fleşbek
**flash back** *e.* bir an geçmişe dönmek
**flasher** /'fleşı/ *a.* 1. *oto.* flaşör 2. *arg.*
teşhirci
**flashlight** /'fleşlayt/ *a.* 1. el feneri 2. flaş
**flashy** /'fleşi/ *s.* parlak, gösterişli, göz
kamaştırıcı, cafcaflı
**flask** /fla:sk/ *a.* 1. dar boyunlu küçük şişe
2. cebe konan küçük yassı içki şişesi 3.
termos
**flat**[1] /flet/ *s.* 1. düz: *The country around
the town was flat.* 2. yassı, yayvan 3.
(içki) gazı gitmiş, gazsız 4. sıkıcı, tekdü-
ze 5. mat, donuk 6. (iş, vb.) durgun 7.
(lastik) havasız 8. (pil) bitik 9. *müz.* be-
mol 10. tam, kesin, kati, değişmez 11.
**that's flat** *k. dili* işte o kadar, kararım
değişmez
**flat**[2] /flet/ *a.* 1. düz arazi, ova 2. sığlık,
bataklık 3. düz yüzey 4. *müz.* bemol
**flat**[3] /flet/ *be.* 1. tamamen, bütün bütün,
tam 2. *müz.* bemol
**flat**[4] /flet/ *a.* apartman dairesi, kat: *He
lives in a small flat in Camden Town.*
**flat-footed** /flet'futid/ *s.* düztaban
**flat out** *be.* 1. azami hızla, son hız, tam
gaz 2. (konuşma) dolaysız olarak, açık-
ça

**flatly** /'fletli/ *be.* 1. sıkıcı bir şekilde 2.
tamamen, kesinlikle
**flat rate** /'flet reyt/ *a.* tek fiyat, sabit fiyat
**flatten** /'fletn/ *e.* 1. düzleştirmek, yassılaş-
tırmak 2. düzleşmek, yassılaşmak
**flatter** /'fletı/ *e.* 1. dalkavukluk etmek,
yağlamak, yağ çekmek 2. (fotoğraf ya
da resimde) olduğundan daha güzel
göstermek 3. memnun etmek, gururunu
okşamak 4. **flatter oneself** sanmak,
kendini inandırmak: *She always flat-
tered herself that she played guitar
really well.*
**flattery** /'fletıri/ *a.* dalkavukluk, yağcılık
**flatulence** /'fletyulıns/ *a.* midedeki gaz
**flaunt** /'flo:nt/ *e, hkr.* havasını atmak: *I
wish she wouldn't always flaunt how
much money she has.*
**flautist** /'flo:tist/ *a.* flüt çalan kimse, flütçü
**flavor** /'fleyvı/ *a, e, Aİ, bkz.* **flavour**
**flavour**[1] /'fleyvı/ *a.* tat, lezzet, çeşni
**flavour**[2] /'fleyvı/ *e.* tat vermek, lezzet
vermek
**flavouring** /'fleyvıring/ *a.* tatlandırıcı şey,
çeşni
**flaw** /flo:/ *a.* kusur
**flawless** /'flo:lis/ *s.* kusursuz, mükemmel
**flaxen** /'fleksın/ *s.* soluk sarı, lepiska
**flea** /fli:/ *a, hayb.* pire
**flea market** /'fli: ma:kit/ *a.* bitpazarı
**fleck**[1] /flek/ *a.* benek
**fleck**[2] /flek/ *e.* benekleşmek
**fled** /fled/ *pt, pp bkz.* **flee**
**flee** /fli:/ *e.* [*pt, pp* **fled** /fled/] kaçmak
**fleece**[1] /fli:s/ *a.* koyun postu, yapağı
**fleece**[2] /fli:s/ *e, k. dili* soymak, yolmak,
kazıklamak
**fleet** /fli:t/ *a.* filo
**fleeting** /'fli:ting/ *s.* (zaman) kısa, kısa
süreli, hızlı
**flesh** /fleş/ *a.* 1. et 2. vücut, beden 3.
bedensel zevkler 4. **flesh and blood**
akrabalar, aile 5. **in the flesh** gerçek
yaşamda
**fleshy** /'fleşi/ *s.* 1. etli, et gibi 2. şişmanca,
toplu
**flex**[1] /fleks/ *e.* bükmek, germek
**flex**[2] /fleks/ *a.* tel, kordon, esnek kablo

flexibility /'fleksi'biliti/ *a.* bükülgenlik, esneklik

flexible /'fleksıbıl/ *s.* bükülgen, esnek

flew /flu:/ *pt bkz.* **fly**

flick[1] /flik/ *a.* fiske, hafif vuruş

flick[2] /flik/ *e.* 1. hafifçe vurmak, fiske vurmak 2. seğirmek, çırpınmak

flicker[1] /'flikı/ *e.* titremek, titreşmek, sönüp yanmak

flicker[2] /'flikı/ *a.* titreme, titreşme

flick knife /'flik nayf/ *a.* sustalı çakı

flies /flayz/ *a.* pantolonun önündeki yarık, fermuar yeri

flight /flayt/ *a.* 1. uçuş 2. (kuş, uçak, vb.) sürü 3. bir kat merdiven 4. kaçış

flightless /'flaytlis/ *s.* uçamayan

flighty /'flayti/ *s.* havai, dönek, kararsız, değişken, maymun iştahlı

flimsy /'flimzi/ *s.* 1. zayıf, güçsüz 2. çürük, dayanıksız

flinch /flinç/ *e.* geri çekilmek, kaçmak, kaçınmak, ürkmek

fling[1] /fling/ *e.* [*pt, pp* **flung** /flang/] fırlatıp atmak, savurmak

fling[2] /fling/ *a.* 1. atma, atış, fırlatma 2. bir İskoç dansı 3. deneme, girişim 4. çılgınca zaman

flint /flint/ *a.* çakmaktaşı

flip[1] /flip/ *e.* 1. fiske vurmak, fiske atmak 2. döndürmek 3. *k. dili* galeyana gelmek, coşmak, fıttırmak 4. (through ile) okuyup geçmek

flip[2] /flip/ *a.* fiske

flippant /'flipınt/ *s.* saygısız, hiçbir şeyi ciddiye almayan, küstah

flipper /'flipı/ *a.* 1. ayıbalığı, vb. balıkların kolu 2. (yüzmede kullanılan) palet

flirt[1] /flö:t/ *e.* 1. flört etmek, kur yapmak 2. (with ile) ilgileniyormuş gibi görünmek, öylesine takılmak

flirt[2] /flö:t/ *a.* flört eden kimse, flört

flit /flit/ *e.* uçmak, uçuşmak, gitmek

float[1] /'flout/ *e.* 1. yüzmek, batmadan yüzmek, suyun üstünde kalmak 2. yüzdürmek 3. havada süzülmek, uçmak 4. hisse senedi satarak iş kurmak 5. (söylenti, vb.) yaymak, dolaştırmak

float[2] /'flout/ *a.* 1. hafif şamandıra, duba 2. sergi arabası 3. birikmiş para, gere-

kince kullanmak için ayrılmış para, birikim

floating /'flouting/ *s.* değişken, yerleşik olmayan, durağan olmayan, hareketli

flock[1] /flok/ *a.* 1. (hayvan) sürü 2. *k. dili* (insan) sürü, kalabalık 3. kiliseye düzenli giden topluluk, cemaat

flock[2] /flok/ *e.* toplanmak, üşüşmek

floe /flou/ *a.* denizdeki buz tabakası, yüzen buz kitlesi

flog /flog/ *e.* 1. dövmek, kırbaçlamak 2. *k. dili* satmak, satmaya çalışmak 3. **flog a dead horse** *k. dili* havanda su dövmek, boşa nefes tüketmek

flogging /'floging/ *a.* kırbaç cezası, kamçılama

flood[1] /flad/ *a.* su basması, sel

flood[2] /flad/ *e.* 1. su basmak, sel basmak 2. taşmak 3. çok sayıda olmak, sel gibi taşmak

floodgate /'fladgeyt/ *a.* taşkınları önlemek için akarsulara yapılan kapılar, kapaklar, bent kapağı

floodlight[1] /'fladlayt/ *a.* projektör

floodlight[2] /'fladlayt/ *e.* [*pt, pp* **floodlighted/floodlit** /'fladlit/] projektörle aydınlatmak

floodlit /'fladlit/ *pt, pp bkz.* **floodlight**

floor[1] /flo:/ *a.* 1. döşeme, zemin, taban 2. (bina) kat 3. Parlamento Binası, vb. de üyelerin oturdukları salon

floor[2] /flo:/ *e.* 1. döşemek 2. *k. dili* vurup yere yıkmak, devirmek, yıkmak 3. şaşırtmak, şoke etmek

flop[1] /flop/ *e.* 1. çırpınmak 2. *k. dili* (plan, vb.) batmak, suya düşmek, başarısızlığa uğramak

flop[2] /flop/ *a.* 1. çarpma sesi, düşme sesi, flop sesi 2. başarısızlık, fiyasko

floppy /'flopi/ *s.* yumuşak ve sarkık

flora /'flo:rı/ *a.* bitey, flora

floral /'flo:rıl/ *s.* çiçeklerle ilgili; çiçekli; çiçek ...

florid /'flo:rid/ *s.* 1. *hkr.* gösterişli, süslü, cafcaflı 2. (yüz) kırmızı

florist /'flo:rist/ *a.* çiçekçi

flotilla /flı'tilı/ *a.* küçük filo, filotilla

flounce /'flauns/ *e.* öfke ya da sabırsızlıktan fırlayıp yürümek

**flounder** /'flaundı/ *e.* 1. çırpınmak, batmamak için çabalamak 2. bata çıka ilerlemek 3. bocalamak

**flour** /flauı/ *a.* un

**flourish**[1] /'flariş/ *e.* 1. el sallamak, elini kolunu sallayarak dikkat çekmeye çalışmak 2. sağlıklı bir biçimde büyümek, gelişmek

**flourish**[2] /'flariş/ *a.* gösteriş, hava

**flout** /flaut/ *e.* saygısızca karşı gelmek, zıddına gitmek, küçümsemek, burun kıvırmak

**flow**[1] /flou/ *e.* 1. (sıvı) akmak: *There was a lot of water flowing down the street.* 2. (kan, vb.) dolaşmak, deveran etmek 3. akın akın gitmek, akıp gitmek

**flow**[2] /flou/ *a.* 1. akma, akış 2. akıntı 3. akın 4. denizin kabarması, gel, met

**flower**[1] /'flauı/ *a.* 1. çiçek 2. **flower people** (60'lı yıllarda) barışçı hippiler, çiçek çocukları 3. **flower power** barışçı hippilerin savunduğu ilkeler

**flower**[2] /'flauı/ *e.* çiçek vermek, çiçek açmak

**flowerbed** /'flauıbed/ *a.* çiçek tarhı

**flowered** /'flauıd/ *s.* çiçekli, çiçeklerle süslü

**flowerpot** /'flauıpot/ *a.* çiçek saksısı

**flowery** /'flauıri/ *s.* çiçekli, çiçeklerle süslü

**flown** /floun/ *pp bkz.* **fly**

**flu** /flu:/ *a.* grip

**fluctuate** /'flakçueyt/ *e.* inip çıkmak, bir yükselip bir azalmak

**flue** /flu:/ *a.* boru, baca borusu

**fluency** /'flu:insi/ *a.* (konuşma) akıcılık

**fluent** /'flu:ınt/ *s.* akıcı, rahat, pürüzsüz

**fluff**[1] /flaf/ *a.* 1. toz topağı 2. yumuşak tüy, kuş tüyü 3. (battaniye, halı, vb.) tüy

**fluff**[2] /flaf/ *e.* 1. kabartmak 2. *k. dili* bir şeyi yanlış yapmak, yüzüne gözüne bulaştırmak, tökezlemek

**fluffy** /'flafi/ *s.* tüy gibi yumuşak; yumuşak ve kaba tüylü

**fluid**[1] /'flu:id/ *s.* akıcı, akışkan, sıvı

**fluid**[2] /'flu:id/ *a.* sıvı

**fluke** /flu:k/ *a, k. dili* beklenmedik talih, talih eseri bir rastlantı, şans

**flummox** /'flamıks/ *e, k. dili* şaşırtmak, affallatmak, kafasını karıştırmak

**flung** /flang/ *pt, pp bkz.* **fling**

**fluorescent** /fluı'resınt/ *s, fiz.* ışınır, floresan

**flurry**[1] /'flari/ *a.* 1. coşku, heyecan 2. ani ve sert rüzgâr/kar/yağmur; sağanak

**flurry**[2] /'flari/ (birisinin) kafasını karıştırmak

**flush**[1] /flaş/ *a.* 1. fışkırma, fışkırtma 2. basınçlı su ile temizleme 3. yüze kan hücumu, yüz kızarması, yüzü kızarma

**flush**[2] /flaş/ *e.* 1. fışkırmak 2. fışkırtmak 3. basınçlı su ile temizlemek 4. yüzü kızarmak 5. kızartmak

**flush**[3] /flaş/ *s.* 1. düz, aynı düzeyde, bir hizada 2. *k. dili* çok paralı, varlıklı, parası bol

**flush**[4] /flaş/ *be.* düzgün bir biçimde, aynı boyda olarak

**fluster**[1] /'flastı/ *e.* şaşırtmak, telaşlandırmak, kafasını karıştırmak

**fluster**[2] /'flastı/ *a.* telaş, heyecan, şaşkınlık, bocalama

**flute** /flu:t/ *a, müz.* flüt

**flutist** /'flu:tist/ *a, Aİ.* flütçü

**flutter**[1] /'flatı/ *e.* 1. (kanat) çırpmak 2. uçmak 3. (sağa sola ya da aşağı yukarı) hareket etmek

**flutter**[2] /'flatı/ *a.* 1. *k. dili* telaş, heyecan 2. kanat çırpma

**flux** /flaks/ *a.* sürekli değişiklik, değişim, oynaklık, değişkenlik

**fly**[1] /flay/ *a.* 1. sinek 2. **fly in the ointment** küçük ama mide bulandıran bir pürüz

**fly**[2] /flay/ *e.* [*pt* **flew** /flu:/, *pp* **flown** /floun/] 1. uçmak: *Birds and some insects fly.* 2. uçakla gitmek, uçmak: *We can fly there.* 3. uçurmak: *I want to fly my kite.* 4. *k. dili* çok hızlı hareket etmek, jet gibi gitmek, uçmak: *He had to fly to get there on time.* 5. geçip gitmek, uçup gitmek: *The lesson flew it was so interesting.* 6. -den kaçmak, tüymek: *He went to the pub to fly his wife's anger.* 7. **fly off the handle** *k. dili* aniden tepesi atmak

**flying**[1] /'flaying/ *s.* 1. uçan 2. kısa süreli 3. **get off to a flying start** çok iyi bir başlangıç yapmak; iyi başlamak

flying[2] /'flaying/ a. 1. havacılık 2. uçuş
flying saucer /flaying'so:sı/ a. uçandaire
flyover /'flayouvı/ a. üstgeçit
foal /foul/ a. tay
foam[1] /foum/ a. köpük
foam[2] /foum/ e. köpürmek, köpüklenmek
fob /fob/ e. 1. (off ile) dirsek çevirmek, başından savmak 2. kakalamak, kazıklamak, yutturmak
focal point /foukıl 'poynt/ a. merkez noktası, ilgi merkezi
focus[1] /'foukıs/ a. 1. odak, fokus, merkez 2. merkez nokta, ilgi merkezi, ilgi odağı
focus[2] /'foukıs/ e. 1. ayar etmek, odak ayarı yapmak 2. bir noktaya toplamak
fodder /'fodı/ a. hayvan yemi, kuru ot, saman
foe /fou/ a, yaz. düşman
foetus /'fi:tıs/ a. cenin, dölüt
fog[1] /fog/ a. sis
fog[2] /fog/ e. 1. sislemek 2. sislenmek 3. (gözlük, vb.) buğulanmak 3. şaşırtmak, kafasını karıştırmak
fogbound /'fogbaund/ s. sis yüzünden mahsur kalmış, sis yüzünden işlemeyen
foggy /'fogi/ s. 1. sisli, dumanlı 2. not have the foggiest (idea) k. dili en ufak bir fikri olmamak: "What's the time?" "I haven't the foggiest. "
foible /'foybıl/ a. zayıf yan, zaaf; aptalca alışkanlık
foil[1] /foyl/ a. 1. metal yaprak, varak 2. yaldız kâğıdı 3. eskrim kılıcı, meç
foil[2] /foyl/ e. işini bozmak, engel olmak, önlemek
foist /foyst/ e. kakalamak, yutturmak, kazıklamak, yamamak: He foisted a television on us which doesn't work.
fold[1] /fould/ a. 1. ağıl 2. kat, kıvrım, pli 3. oyuk, çukur 4. koyun sürüsü
fold[2] /fould/ e. 1. katlamak: Help me fold these sheets, please. 2. katlanmak 3. (el, vb.) bağlamak, kavuşturmak 4. sarmak 5. k. dili iflas etmek, top atmak, batmak
folder /'fouldı/ a. dosya
foliage /'fouliic/ a. ağaç yaprakları, yapraklar
folio /'fouliou/ a. 1. iki ya da dörde kat-

lanmış kâğıt tabakası 2. bu biçimde katlanmış yapraklardan oluşmuş kitap
folk[1] /fouk/ a. 1. halk 2. insanlar, ahali 3. folk dance halk oyunu 4. folk music halk müziği 5. folk singer halk türküleri sanatçısı 6. folk song halk türküsü
folk[2] /fouk/ s, müz. halk, folk
folklore /'fouklo:/ a. halkbilim, folklor
folks /fouks/ a, k. dili 1. akraba 2. Aİ. halk, millet
follow /'folou/ e. 1. izlemek, peşinden gitmek, takip etmek: The police are following the murderer. 2. arkasından gelmek, hemen ardından yer almak: C follows B in the alphabet. 3. anlamak: She couldn't follow their conversation as they spoke too quickly. 4. dikkatle dinlemek: The students followed every word he said. 5. uymak: Why don't you follow your father's advice? 6. -in sonucu olmak, -in ardından gelmek, oluşmak, izlemek: Failure follows laziness. 7. follow in sb's footsteps izinden yürümek
follower /'folouı/ a. yandaş, taraftar, destekçi, hayran
following[1] /'folouing/ s. 1. belirtilen, sözü edilen, aşağıdaki: To make the cake use the following ingredients. 2. ertesi: She has changed her appointment to the following week.
following[2] /'folouing/ a. 1. yandaş grubu, destekçiler grubu 2. sözü edilen, belirtilen şey ya da kişiler
following[3] /'folouing/ ilg. -den sonra, -in ardından: There will be a film following the discussion.
follow through e. 1. bir işin sonunu getirmek, bitirmek, tamamlamak
follow up e. 1. izlemek, takip etmek 2. sonuna kadar götürmek
folly /'foli/ a. akılsızlık, aptallık, aptalca hareket
fond /fond/ s. 1. sever, düşkün: I'm very fond of music. 2. aşırı seven, fazla üstüne düşen: She is very fond of her baby. 3. saf, umutlu
fondle /'fondl/ e. okşamak, sevmek
fondly /'fondli/ be. 1. sevgiyle, düşkünlük-

le, sevecenlikle 2. saflıkla, safça, boşuna

**font** /font/ *a.* vaftiz kurnası

**food** /fu:d/ *a.* yiyecek, besin, gıda, yemek: *Is the food ready?*

**fool**[1] /fu:l/ *a.* 1. aptal, ahmak, budala, enayi: *You're a big fool!* 2. **make a fool of sb** aptal yerine koymak 3. **play the fool** aptalca davranmak

**fool**[2] /fu:l/ *e.* 1. kandırmak, aldatmak, aptal yerine koymak: *He fooled everyone for years that he was an accountant.* 2. (around/about ile) aptalca davranmak, aptallık etmek 3. alaya almak, dalga geçmek

**foolery** /'fu:lıri/ *a.* aptalca davranış, aptallık

**foolhardy** /'fu:lha:di/ *s.* gözü pek, gözükara, delidolu, çılgın

**foolish** /'fu:liş/ *s.* 1. saçma, budalaca, aptalca, saçma sapan 2. aptal, akılsız

**foolproof** /'fu:lpru:f/ *s.* 1. şaşmaz, sağlam, güvenilir 2. *k. dili* (kullanımı, anlaşılması, vb.) çok basit

**foolscap** /'fu:lskep/ *a.* büyük dosya kâğıdı

**foot**[1] /fut/ *a.* 1. ayak: *Go and wash your feet.* 2. bir şeyin aşağı kısmı, alt, dip, etek 3. ayak, 30.48 cm.'lik uzunluk ölçüsü 4. **get/have cold feet** cesaretini yitirmek, korkmak 5. **have one foot in the grave** bir ayağı çukurda olmak 6. **on foot** yayan, yürüyerek 7. **put one's best foot forward** elinden geleni yapmak 8. **be run off one's feet** *k. dili* çok meşgul olmak

**foot**[2] /fut/ *e, k. dili* (hesabı) ödemek

**football** /'futbo:l/ *a.* 1. ayaktopu, futbol 2. futbol topu 3. **football pools** sportoto

**footballer** /'fu:tbo:lı/ *a.* futbolcu

**footbridge** /'futbric/ *a.* yaya köprüsü

**foothill** /'futhil/ *a.* dağ eteğindeki tepe

**foothold** /'futhould/ *a.* ayak basacak sağlam yer, basamak

**footing** /'futing/ *a.* 1. ayak basacak sağlam yer, basılan yer 2. temel, esas 3. karşılıklı ilişki, insan ilişkileri 4. durum, hal 5. yeni bir çevreye, işe, vb. giriş 6. ayak izi, iz

**footlights** /'futlayts/ *a.* sahnenin önündeki ışıklar

**footling** /'fu:tling/ *s.* değersiz, önemsiz, beş para etmez

**footloose** /'futlu:z/ *s.* özgür, başıboş, serbest

**footnote** /'futnout/ *a.* dipnot

**footpath** /'futpa:t/ *a.* 1. keçiyolu, patika 2. yaya kaldırımı

**footprint** /'futprint/ *a.* ayak izi

**footsore** /'futso:/ *s.* ayakları acımış/şişmiş

**footstep** /'futstep/ *a.* 1. ayak sesi 2. ayak izi 3. adım 4. basamak

**footwear** /'futweı/ *a.* ayakkabı, çizme, vb. ayağa giyilen şeyler

**for**[1] /fı, fo:/ *ilg.* 1. için: *I bought a book for John and a record for Sue.* 2. süresince, zarfında, -dır: *He had been a teacher for six years.* 3. uğruna, için: *As a soldier you must fight for your country.* 4. yerine, namına, adına, için: *Can you post this letter for me?* 5. yerine: *Don't use the plate for an asthray.* 6. karşılığında: *He gave me a dozen beer for my help.* 7. -den dolayı, yüzünden, nedeniyle: *He couldn't get there on time for the traffic.* 8. -e uygun: *I have no food for my guests.* 9. şerefine: *The firm had a dinner for his retirement.* 10. -e elverişli, uygun: *The land was for future development.* 11. -e göre: *It's cold for this time of year.* 12. -e rağmen: *He couldn't manage it for all his effort.* 13. olarak, diye: *They employed him for management skills but he didn't have any.* 14. -e, -a, karşılığında: *He bought it for 2000 T. L.* 15. -e karşı: *I have a great desire for caviar.*

**for**[2] /fı/ *bağ.* çünkü, zira: *They had to stop working for they were drinking too much.*

**forage** /'foric/ *e.* yiyecek, vb. araştırmak

**foray** /'forey/ *a.* akın, yağma, baskın

**forbade** /fı'beyd, fı'bed/ *pt bkz.* **forbid**

**forbear** /fo:'beı/ *e.* [*pt* **forbore** /fo:'bo:/, *pp* **forborne** /fo:'bo:n/] 1. kendini tutmak, çekinmek, sakınmak, kaçınmak, boş vermek 2. sabırlı olmak, sabretmek

**forbearance** /fo:'beırıns/ *a.* sabır, müsamaha, hoşgörü

**forbid** /fı'bid/ *e.* [*pt* **forbade** /fı'beyd, fı'bed/, *pp* **forbidden** /fı'bidn/] yasaklamak

**forbidden**[1] /fı'bidn/ *s.* yasak: *Smoking is forbidden on public transport.*

**forbidden**[2] /fı'bidn/ *pp bkz.* **forbid**

**forbidding** /fı'biding/ *s.* 1. sert, ekşi yüzlü, ters 2. tehlikeli, tehditkâr

**forbore** /fo:'bo:/ *pt bkz.* **forbear**

**forborne** /fo:'bo:n/ *pp bkz.* **forbear**

**force**[1] /fo:s/ *a.* 1. güç, kuvvet 2. zor, baskı, şiddet 3. etki, hüküm 4. ikna gücü, inandırma gücü 5. birlik, kuvvet 6. **by force** zorla 7. **in force** a) çok sayıda b) yürürlükte, geçerli

**force**[2] /fo:s/ *e.* 1. zorlamak: *Don't force the door.* 2. mecbur etmek, zorlamak: *She forced me to clean the room.* 3. (ısı vererek bitkiyi) vaktinden önce olgunlaştırmak

**forced** /fo:st/ *s.* zorunlu, zoraki, mecburi

**forceful** /'fo:sfıl/ *s.* 1. güçlü, zorlu, ikna edici 2. etkili, etkin, etkileyici

**forceps** /'fo:seps/ *a, hek.* 1. forseps, doğumkaşığı 2. pens, kıskaç

**forcible** /'fo:sıbıl/ *s.* 1. zorla yapılan, güç kullanarak yapılan 2. etkili, güçlü, ikna edici

**ford**[1] /fo:d/ *a.* (ırmak, dere, vb. de) sığ geçit yeri

**ford**[2] /fo:d/ *e.* derenin sığ yerinden geçmek

**fore**[1] /fo:/ *s.* ön: *The captain called all the passengers to the fore part of the ship.*

**fore**[2] /fo:/ *a:* 1. **come to the fore** sivrilmek; ön plana geçmek 2. **to the fore** el altında, kullanılmaya, yararlanmaya hazır

**forearm** /'fo:ra:m/ *a.* dirsekle bilek arası, önkol

**foreboding** /fo:'bouding/ *a.* kötülüğü sezme, sezi, içe doğma, önsezi

**forecast**[1] /'fo:ka:st/ *e.* [*pt, pp* **forecast/forecasted**] tahmin etmek: *What did the weather bureau forecast for tomorrow?*

**forecast**[2] /'fo:ka:st/ *a.* tahmin: *The long range forecast says next year will be a drought year.*

**forecourt** /'fo:ko:t/ *a.* ön avlu

**forefather** /'fo:fa:dı/ *a.* ata, cet

**forefinger** /'fo:fingı/ *a.* işaretparmağı

**forefront** /'fo:frant/ *a.* ön taraf, ön sıra

**foregoing** /'fo:gouing/ *s.* önceki, yukarıdaki, yukarıda sözü edilen

**foregone** /'fo:gon/ *s.* önceden belirlenmiş, önceden bilinen, kaçınılmaz, beklenen

**foreground** /'fo:graund/ *a.* ön plan, en öndeki görüntü

**forehead** /'forid, 'fo:hed/ *a.* alın

**foreign** /'forin/ *s.* 1. yabancı: *foreign countries/foreign languages* 2. dış: *foreign aid*

**foreigner** /'forinı/ *a.* yabancı

**foreleg** /'fo:leg/ *a, hayb.* ön ayak

**foreman** /'fo:mın/ *a.* ustabaşı

**foremost** /'fo:moust/ *s.* en başta gelen, en önemli olan, en başta ele alınması gereken

**forename** /'fo:neym/ *a.* ad, ilk ad

**forensic** /fı'rensik/ *s.* mahkemeye ait, adli

**forerunner** /'fo:ranı/ *a.* haberci, müjdeci

**foresaw** /fo:'so:/ *pt bkz.* **foresee**

**foresee** /fo:'si:/ *e.* [*pt* **foresaw** /fo:'so:/, *pp* **foreseen** /fo:'si:n/] önceden görmek, tahmin etmek, ummak

**foreseeable** /fo:'si:ıbıl/ *s.* önceden görülebilen, tahmin edilebilir

**foreseen** /fo:'si:n/ *pp bkz.* **foresee**

**foreshadow** /fo:'şedou/ *e.* önceden göstermek, belirtisi olmak

**foresight** /'fo:sayt/ *a.* sağgörü, öngörü, seziş

**foreskin** /'fo:skin/ *a.* penisin başını örten deri

**forest** /'forist/ *a.* orman

**forestall** /fo:'sto:l/ *e.* önce davranıp engellemek, engel olmak, işini bozmak

**forester** /'foristı/ *a.* ormancı

**forestry** /'foristri/ *a.* ormancılık

**foretell** /fo:'tel/ *e.* [*pt, pp* **foretold** /fo:'tould/] önceden haber vermek, geleceği haber vermek, kestirimde bulunmak, kehanette bulunmak

**forethought** /'fo:to:t/ *a.* ileriyi görme, öngörürlük, basiret

**foretold** /fo:'tould/ *pt, pp bkz.* **foretell**
**forever** /fı'revı/ *be.* her zaman, hep, daima, ebediyen, sonsuza kadar: *I'll love you forever.*
**forewarn** /fo:'wo:n/ *e.* önceden uyarmak, önceden haber vermek
**foreword** /'fo:wö:d/ *a.* önsöz
**forfeit**[1] /'fo:fit/ *e.* kaybetmek, yoksun kalmak
**forfeit**[2] /'fo:fit/ *a.* ceza, kayıp
**forgave** /fı'geyv/ *pt bkz.* **forgive**
**forge**[1] /'fo:c/ *a.* demirhane
**forge**[2] /'fo:c/ *e.* 1. demir dövmek 2. (pasaport, para, imza, vb.) sahtesini yapmak, taklidini yapmak; kalpazanlık yapmak
**forge**[3] /'fo:c/ *e.* birden hızlanmak, güçlenmek, başa geçmek, atak yapmak
**forger** /'fo:cı/ *a.* 1. sahtekâr 2. kalpazan
**forgery** /'fo:cıri/ *a.* 1. sahtekârlık 2. kalpazanlık
**forget** /fı'get/ *e.* [*pt* **forgot** /fı'got/, *pp* **forgotten** /fı'gotn/] 1. unutmak: *I've forgotten her telephone number.* 2. **forget oneself** kendini kaybetmek, tepesi atmak
**forgetful** /fı'getfıl/ *s.* unutkan
**forget-me-not** /fı'getminot/ *a, bitk.* unutmabeni çiçeği
**forgivable** /fı'givıbıl/ *s.* bağışlanabilir, affedilebilir
**forgive** /fı'giv/ *e.* [*pt* **forgave** /fı'geyv/, *pp* **forgiven** /fı'givın/] bağışlamak, affetmek: *I'll never forgive him for his rude behaviour.*
**forgiven** /fı'givın/ *pp bkz.* **forgive**
**forgiveness** /fı'givnıs/ *a.* 1. af 2. affetme, bağışlama 3. bağışlanma
**forgiving** /fı'giving/ *s.* bağışlayıcı
**forgo** /'fo:gou/ *e.* bırakmak, vazgeçmek, feragat etmek
**forgot** /fı'got/ *pt bkz.* **forget**
**forgotten** /fı'gotn/ *pp bkz.* **forget**
**fork**[1] /'fo:k/ *a.* 1. çatal 2. çatallı bel, yaba
**fork**[2] /'fo:k/ *e.* 1. yaba ile kaldırmak 2. (ikiye) ayrılmak, çatallaşmak
**forked** /'fo:kt/ *s.* çatal biçiminde, çatallı: *Many snakes have forked tongues.*
**fork out** *e, k. dili* (para) sökülmek, uçlanmak, istemeyerek ödemek: *How much did you fork out at the disco last night?*
**forlorn** /fı'lo:n/ *s.* terk edilmiş ve mutsuz, üzgün, mahzun
**form**[1] /fo:m/ *a.* 1. biçim, görünüş, şekil 2. çeşit, tür, biçim 3. basılı kâğıt, form 4. form, kondisyon 5. ruh durumu, form 6. (okul) sınıf
**form**[2] /fo:m/ *e.* 1. biçim vermek, biçimlendirmek, şekillendirmek 2. oluşturmak 3. oluşmak 4. olmak 5. (up ile) düzenlemek 6. düzenlenmek
**formal** /'fo:mıl/ *s.* 1. resmi 2. biçimsel
**formality** /fo:'meliti/ *a.* 1. resmiyet 2. formalite
**format** /'fo:met/ *a.* 1. kitap boyu, format 2. genel düzen, biçim, program
**formation** /fo:'meyşın/ *a.* oluşum
**formative** /'fo:mıtiv/ *s.* oluşma ya da gelişmeyle ilgili
**former**[1] /'fo:mı/ *s.* önceki, ilk, evvelki, eski: *He was the former chairman of the board.*
**former**[2] /'fo:mı/ *a.* ilk, önceki şey/kimse: *I don't understand the meaning of the former of the two expressions.*
**formerly** /'fo:mıli/ *be.* eskiden, önceden
**formidable** /'fo:midıbıl/ *s.* 1. korkunç, ürkütücü, korkutucu 2. yenmesi güç, zorlu, çetin
**formula** /'fo:myulı/ *a.* 1. formül 2. reçete
**formulate** /'fo:myuleyt/ *e.* 1. açık ve kesin bir biçimde belirtmek 2. formülleştirmek
**fornicate** /'fo:nikeyt/ *e.* zina yapmak
**forsake** /fı'seyk/ *e.* [*pt* **forsook** /fı'suk/, *pp* **forsaken** /fı'seykın/] bırakmak, terk etmek, vazgeçmek
**forsaken** /fı'seykın/ *pp bkz.* **forsake**
**forsook** /fı'suk/ *pt bkz.* **forsake**
**forswear** /fo:'swei/ *e.* [*pt* **forswore** /fo:'swo:/, *pp* **forsworn** /fo:'swo:n/] tövbe etmek, bırakmaya yemin etmek: *I've forsworn alcohol.*
**forswore** /fo:'swo:/ *pt bkz.* **forswear**
**forsworn** /fo:'swo:n/ *pp bkz.* **forswear**
**fort** /fo:t/ *a.* 1. kale 2. **hold the fort** göz kulak olmak, bakmak, ayakta tutmak, işleri sürdürmek

**foxtrot**

forte /'fo:tey/ *a.* bir kişinin en iyi yaptığı şey

forth /fo:t/ *be.* 1. ileri 2. dışarı 3. **and so forth** ve saire

forthcoming /fo:t'kaming/ *s.* 1. gelecek, gelecekte olacak, ileriki, gelecekteki çıkacak 2. hazır, sağlanmış 3. *k. dili* candan, arkadaşça, yardımsever, yardıma hazır

forthright /'fo:trayt/ *s.* açık, candan, samimi, dobra dobra

forthwith /fo:t'wid, fo:t'wit/ *be.* hemen, derhal, gecikmeden, bir an önce

fortieth /'fo:ti:t/ *a, s.* kırkıncı

fortification /fo:tifi'keyşın/ *a.* 1. güçlendirme, berkitme, sağlamlaştırma, tahkim, takviye 2. istihkâm

fortify /'fo:tifay/ *e.* güçlendirmek, berkitmek

fortitude /'fo:tityu:d/ *e.* dayanıklılık, yüreklilik, metanet, cesaret, sabır

fortnight /'fo:tnayt/ *a.* iki hafta

fortnightly /'fo:tnaytli/ *be.* iki haftada bir

fortress /'fo:tris/ *a.* büyük kale, istihkâm

fortuitous /fo:'tyu:itıs/ *s.* rastlantısal, şans eseri olan, kazara, tesadüfi

fortunate /'fo:çınıt/ *s.* 1. şanslı, talihli 2. uğurlu, hayırlı

fortunately /'fo:çınıtli/ *be.* Allahtan, şükür ki, neyse ki, şansa

fortune /'fo:çın/ *a.* 1. şans, talih 2. kısmet 3. gelecek 4. servet

fortuneteller /'fo:çıntelı/ *a.* falcı

forty /'fo:ti/ *a, s.* kırk

forum /'fo:rım/ *a.* forum

forward[1] /'fo:wıd/ *s.* 1. ön, öndeki: *They were playing volleyball on the forward deck.* 2. gelişmiş, ileri: *He was very forward for his age.* 3. cüretkâr, küstah, şımarık: *He was very forward and upset his superiors by using their first names.*

forward[2] /'fo:wıd/ *be, ilg.* ileri, ileriye, ileriye doğru: *He bend forward to pick up the bottle.* 2. daha erken bir tarihe, daha önceye: *They decided to bring their marriage forward because she was pregnant.* 3. gündeme: *He brought forward an objection to the plan.*

forward[3] /'fo:wıd/ *e.* göndermek

fossil[1] /'fosıl/ *a.* fosil, taşıl

fossil[2] /'fosıl/ *s.* 1. fosilleşmiş, taşıllaşmış, fosil 2. çok eski, köhne

fossilize /'fosilayz/ *e.* 1. fosilleşmek 2. fosilleştirmek

foster /'fo:stı/ *e.* 1. beslemek, bakmak, büyütmek: *They fostered the young boy for two years while his mother was in prison.* 2. gelişmesine yardım etmek, geliştirmek, teşvik etmek, canlandırmak: *Hitler fostered dislike for Jewish people.*

fought /fo:t/ *pt, pp bkz.* **fight**

foul[1] /faul/ *s.* 1. kirli, pis, iğrenç 2. (hava) kötü, bozuk, fırtınalı 3. kötü, haince, hain 4. *k. dili* berbat

foul[2] /faul/ *a, sp.* faul

foul[3] /faul/ *e.* 1. kirletmek, pisletmek 2. kirlenmek, pislenmek 3. *sp.* faul yapmak

**foul up** *e, k. dili* içine etmek, içine sıçmak, berbat etmek

found[1] /faund/ *e.* 1. kurmak, yapmak, inşa etmek: *Topkapı Palace was founded overlooking the Golden Horn.* 2. kurmak, desteklemek, yaptırmak, temelini atmak: *When he died his widow founded an orphanage in his memory.*

found[2] /faund/ *pt, pp bkz.* **find**

foundation /faun'deyşın/ *a.* 1. kuruluş, tesis, vakıf 2. temel 3. kurma, yapma

founder[1] /'faundı/ *a.* kurucu

founder[2] /'faundı/ *e.* 1. (gemi) su dolup batmak 2. başarısızlıkla sonuçlanmak, batmak

foundry /'faundri/ *a.* dökümhane

fountain /'fauntin/ *a.* 1. çeşme 2. fıskıye 3. kaynak, köken, asıl 4. **fountain-pen** dolmakalem

four /fo:/ *a, s.* dört

fourteen /fo:'ti:n/ *a, s.* ondört

fourteenth /fo:'ti:nt/ *a, s.* ondördüncü

fourth /fo:t/ *a, s.* dördüncü

fowl /faul/ *a.* kümes hayvanı

fox[1] /foks/ *a.* tilki

fox[2] /foks/ *e, k. dili* 1. aldatmak, kazıklamak, kandırmak 2. anlaşılması çok güç olmak 3. ... numarası yapmak, ayağına yatmak

foxtrot /'fokstrot/ *a, müz.* bir tür dans, fokstrot

**F**

**foxy** /'foksi/ *s, hkr.* tilki gibi, kurnaz, güvenilmez, üçkâğıtçı

**foyer** /'foyey/ *a.* fuaye, giriş, antre

**fracas** /'freka:/ *a.* gürültü, patırtı, gürültülü kavga

**fraction** /'frekşın/ *a.* 1. küçük parça, bölüm, kesim 2. *mat.* kesir

**fractional** /'frekşınıl/ *s.* 1. çok küçük, çok ufak, önemsiz 2. *mat.* kesirli

**fractionally** /'frekşınıli/ *be.* azıcık, birazcık

**fractious** /'frekşıs/ *s.* kavgacı, huysuz, aksi

**fracture**[1] /'frekçı/ *a.* 1. kırılma, çatlama 2. kırık, çatlak

**fracture**[2] /'frekçı/ *e.* 1. kırılmak, çatlamak 2. kırmak, çatlatmak

**fragile** /'frecayl/ *s.* 1. kırılgan 2. narin, nazik

**fragment**[1] /'fregmınt/ *a.* parça, kırıntı

**fragment**[2] /'freg'ment/ *e.* 1. parçalanmak, parçalara ayrılmak 2. bölük börçük olmak

**fragmentary** /'fregmıntıri/ *s.* 1. parça parça, parçalar halinde 2. eksik, bölük börçük, yarım yamalak

**fragrance** /'freygrıns/ *a.* güzel koku

**fragrant** /'freygrınt/ *s.* güzel kokulu

**frail** /freyl/ *s.* zayıf, dayanıksız, narin, sağlıksız

**frailty** /'freylti/ *a.* zayıflık, dayanıksızlık, narinlik

**frame**[1] /freym/ *e.* 1. çerçevelemek 2. dile getirmek, belirtmek, ifade etmek 3. *k. dili* uydurma kanıtlarla suçsuz birini suçlu göstermek ya da mahkûm ettirmek 4. *k. dili* dalavere yapmak, gizli dolaplar çevirmek

**frame**[2] /freym/ *a.* 1. iskelet, çatı 2. çerçeve 3. beden, gövde, vücut biçimi 4. **frame of mind** ruh hali, ruhsal durum

**framework** /'freymwö:k/ *a.* çatı, iskelet, kafes

**franc** /frenk/ *a.* frank

**franchise** /'frençayz/ *a.* 1. oy hakkı 2. ayrıcalık, hak, imtiyaz

**frank**[1] /frenk/ *s.* doğru sözlü, açıksözlü, içten, samimi

**frank**[2] /frenk/ *e.* (mektup) damgalamak

**frankfurter** /'frenkfö:tı/ *a.* domuz ya da sığır etinden yapılan baharatlı bir tür sosis

**frankly** /'frenkli/ *be.* açıkça, dobra dobra, açıkçası

**frantic** /'frentik/ *s.* çılgın

**fraternal** /frı'tö:nıl/ *s.* kardeşlerle ilgili, kardeş gibi, kardeşçe

**fraternity** /frı'tö:niti/ *a.* 1. kardeşlik 2. birlik, cemiyet, dernek

**fraternize** /'fretınayz/ *e.* kardeşçe davranmak, dost olmak

**fraud** /fro:d/ *a.* 1. sahtekârlık, dolandırıcılık, hile 2. *hkr.* düzenbaz, dolandırıcı

**fraudulent** /'fro:dyulınt/ *s.* hileli, hileyle kazanılan

**fraught** /fro:t/ *s.* 1. dolu, yüklü: *His job was fraught with problems.* 2. *k. dili* endişeli, kaygılı, gergin: *She felt really fraught by the thought of the difficult journey.*

**fray**[1] /frey/ *a, yaz.* kavga, arbede, çekişme, yarışma, tartışma

**fray**[2] /frey/ *e.* 1. yıpranmak, aşınmak 2. yıpratmak, aşındırmak

**freak**[1] /fri:k/ *a.* 1. hilkat garibesi, ucube 2. *k. dili* acayip huyları/düşünceleri olan kimse, üşütük, kaçık 3. garip olay 4. *k. dili* koyu hayran, düşkün, hasta

**freak**[2] /fri:k/ *s.* görülmemiş, anormal, acayip, tuhaf

**freakish** /'fri:kiş/ *s.* acayip, tuhaf, garip, anlamsız

**freak out** *e, k. dili* 1. uyuşturucu etkisine girmek, uçmak 2. uçurmak

**freckle** /'frekıl/ *a.* çil

**free**[1] /fri:/ *s.* 1. özgür, hür 2. bağımsız 3. boş, serbest 4. parasız, bedava 5. (with ile) eli açık, cömert 6. (davranış) özgür, rahat, doğal, içten 7. sabit olmayan, bağsız, gevşek 8. kullanılmayan, boş: *Excuse me. Is this seat free?* 9. (yol, geçit) açık, serbest 10. *hkr.* laubali, teklifsiz 11. (from/of ile) -sız, -den uzak: *She was never free from guilt.* 12. **free and easy** rahat, kaygısız, teklifsiz

**free**[2] /fri:/ *be.* 1. özgür biçimde 2. bedavadan, parasız olarak, bedava

**free**[3] /fri:/ *e.* 1. özgür bırakmak, özgürlü-

günü vermek, serbest bırakmak, özgür-lüğüne kavuşturmak, azat etmek: *Free me!* 2. çözmek, gevşetmek, kurtarmak 3. izin vermek, muaf tutmak
**freedom** /'fri:dım/ *a.* 1. özgürlük 2. bağımsızlık
**free-for-all** /'fri:fıro:l/ *a, k. dili* 1. herkese açık yarışma, tartışma, vb. 2. herkesin katıldığı kavga, meydan kavgası
**freehand** /fri:'hend/ *s.* (çizim, resim, vb.) alet kullanmadan elle yapılmış
**freehold** /'fri:hould/ *a.* 1. mülkiyet 2. mülk
**freelance** /'fri:la:ns/ *a.* serbest yazar/sanatçı
**freeload** /'fri:loud/ *e, k. dili, Aİ.* otlakçılık etmek, başkalarının sırtından geçinmek
**freeloader** /'fri:loudı/ *a, k. dili, Aİ.* otlakçı, beleşçi
**freely** /'fri:li/ *be.* 1. çekinmeden, rahatça, seve seve 2. açıkça, dobra dobra, saklamadan 3. serbestçe, kısıtlanmadan, engellenmeden
**Freemason** /'fri:meysın/ *a.* Farmason
**freeway** /'fri:wey/ *a, Aİ.* karayolu
**freewheel** /fri:'wi:l/ *a.* yokuş aşağı pedal çevirmeden sürmek
**free will** /fri:'wil/ *a.* istem özgürlüğü, irade özgürlüğü
**freeze**[1] /fri:z/ *e.* [*pt* **froze** /frouz/, *pp* **frozen** /'frouzın/] 1. donmak 2. dondurmak 3. (hava) çok soğuk olmak, buz gibi olmak 4. *k. dili* çok üşümek, donmak: *I'm freezing.* 5. donakalmak 6. (fiyat, ücret, vb.) dondurmak, narh koymak
**freeze**[2] /fri:z/ *a.* 1. donma 2. soğuk hava, don, dondurucu soğuk 3. (ücret fiyat, vb.) dondurma
**freezer** /'fri:zı/ *a.* soğutucu, buzluk, dondurucu
**freezing point** /'fri:zing poynt/ *a.* donma noktası
**freight** /freyt/ *a.* 1. taşıma, nakliye 2. yük, eşya
**freighter** /'freytı/ *a.* yük gemisi/uçağı, kargo
**French**[1] /frenç/ *s.* 1. Fransız 2. **French fries** *Aİ.* patates kızartması, patates tava 3. **French windows/doors** bir bahçeye ya da balkona açılan büyük

pencereli kapı
**French**[2] /frenç/ *a.* 1. Fransızca 2. (the ile) Fransızlar
**frenetic** /fri'netik/ *s.* çılgın, azgın
**frenzied** /'frenzid/ *s.* çılgın, çılgınca, delice, taşkın, coşkun
**frenzy** /'frenzi/ *a.* çılgınlık, delilik, taşkınlık, cinnet, azgınlık, kudurganlık
**frequency** /'fri:kwınsi/ *a.* 1. sık sık oluş, sıklık 2. frekans
**frequent**[1] /'fri:kwınt/ *s.* yaygın, sık sık olan, olağan, alışılmış, sık görülen, sık geçen
**frequent**[2] /fri'kwent/ *e.* sık sık gitmek, dadanmak
**frequently** /'fri:kwıntli/ *be.* sık sık: *She frequently visits her parents.*
**fresh** /freş/ *s.* 1. taze, körpe 2. yeni 3. temiz 4. tatlı 5. temiz, kullanılmamış 6. (yemek) yeni, taze pişmiş 7. (su, vb.) tatlı 8. yorulmamış, dinç, taze 9. sağlıklı, genç, taze 10. *k. dili* (hava) rüzgârlı ve serin, sert 11. (kişi) deneyimsiz, toy, acemi, çiçeği burnunda 12. *k. dili* küstah, arsız, sulu
**freshen** /'freşın/ *e.* (rüzgâr) sertleşmek
**freshen up** *e.* 1. yıkanmak, yıkanarak serinlemek, rahatlamak, canlanmak 2. yenileştirmek, tazelemek, tazeleştirmek, canlandırmak
**fresher** /'freşı/ *a, k. dili* üniversitede birinci sınıf öğrencisi
**freshman** /'freşmın/ *a, k. dili, bkz.* **fresher**
**freshly** /'freşli/ *be.* anca, henüz, daha şimdi
**freshwater** /freş'wo:tı/ *s.* tatlı su ...: *freshwater fish*
**fret** /fret/ *e.* (sürekli olarak) üzülmek, sıkılmak, kaygılanmak, huysuzlanmak
**fretful** /'fretfıl/ *s.* sıkıntılı, ters, huysuz
**fretwork** /'fretwö:k/ *a.* ağaç oymacılığı/oyma
**friar** /'frayı/ *a.* keşiş, papaz
**friction** /'frikşın/ *a.* 1. sürtme, sürtünme 2. anlaşmazlık, sürtüşme
**Friday** /'fraydi/ *a.* cuma
**fridge** /fric/ *a, k. dili* buzdolabı
**friend** /frend/ *a.* 1. arkadaş, dost 2. **make friends (with)** arkadaşlık kurmak, arka-

daş olmak
friendly /'frendli/ s. 1. dost, dostça, arkadaşça 2. yardımsever 3. içten, sıcak
friendship /'frendşip/ a. dostluk, arkadaşlık
frieze /fri:z/ a. duvar ya da tavan süsü, friz
frigate /'frigit/ a, ask. firkateyn
fright /frayt/ a. korku
frighten /'fraytn/ e. korkutmak, ürkütmek
frightened /'fraytnd/ s. korkmuş, ürkmüş
frightful /'fraytfıl/ s. 1. korkunç, korku verici, ürkütücü, müthiş 2. k. dili berbat
frigid /'fricid/ s. 1. çok soğuk, buz gibi, dondurucu 2. (kişi, davranış, vb.) soğuk, cansız, resmi, buz gibi 3. (kadın) (cinsel yönden) soğuk, frijit
frigidity /fri'ciditi/ a. soğukluk
frill /fril/ a. 1. farbala, fırfır 2. gereksiz süs
frilly /'frili/ s. fırfırlı
fringe /frinc/ a. 1. saçak 2. perçem 3. kenar
frippery /'fripıri/ a. 1. cicili bicili, ucuz giysi 2. değersiz süs
frisk /frisk/ e. 1. sıçrayıp oynamak, hoplayıp zıplamak, koşuşmak, oynaşmak 2. k. dili (birinin) üstünü aramak
frisky /'friski/ s. oynak, oyuncu, canlı
fritter /'fritı/ e. (away ile) hkr. (para, zaman, vb.) çarçur etmek, boşa harcamak, öldürmek
frivolity /fri'voliti/ a. 1. havailik, sululuk 2. saçmalık
frivolous /'frivılıs/ s, hkr. sulu, havai, hoppa
frizz /friz/ e, k. dili (saç) kıvırmak
frizzy /'frizi/ s, k. dili (saç) kıvırcık
fro /frou/ be: to and fro öteye beriye
frock /frok/ a. kadın giysisi
frog /frog/ a. kurbağa
frogman /'frogmın/ a. kurbağaadam
frolic[1] /'frolik/ a. gülüp oynama, eğlenme, eğlenti, neşe
frolic[2] /'frolik/ e. hoplayıp sıçramak, oynamak
from /frım, from/ ilg. 1. -den, -dan: He had come to Turkey from Australia. Where are you from? 2. itibaren, -den beri, -den bu yana: From Saturday to

Tuesday I'm free. I've many friends from my school days. You can phone me any time from 8 pm. 3. nedeniyle, yüzünden, -den ötürü: The child died from neglect. The business went bankrupt from bad management. 4. -den, -dan: I stopped him from falling down. Wealthy nations should do more to save others from disease and starvation
frond /frond/ a, bitk. 1. eğreltiotu 2. palmiye yaprağı
front[1] /frant/ a. 1. ön, ön taraf: To the front of them was a high wall so they turned back. He had "Make love not war" written on the front of his T-shirt. 2. en önemli ya da en öndeki konum, en önemli mevki, en ön yer 3. yüz, cephe: The front of the building was really well-kept but the back was neglected. 4. yüz, çehre 5. ask. cephe 6. yaygın ve etkin politik hareket 7. k. dili paravana, maske: The business was just a front for a smuggling operation. 8. davranış, tavır, hareket 9. in front önde, önden 10. in front of -in önünde
front[2] /frant/ e. ile karşı karşıya olmak, -e bakmak, -in karşısında olmak: The school fronts a park.
front[3] /frant/ s. önde yer alan, önde bulunan, öndeki, önle ilgili, önde gelen, ön: He entered the house through the front door.
frontage /'frantic/ a. bina cephesi
frontal /'frantl/ s. 1. ön 2. (saldırı) cepheden
frontier /'frantiı/ a. sınır, hudut
frost[1] /frost/ a. 1. ayaz, don 2. kırağı
frost[2] /frost/ e. 1. donmak, buzlanmak 2. kırağı ile kaplanmak 3. (cam) buzlandırmak
frostbite /'frostbayt/ a. soğuk ısırması
frosty /'frosti/ s. 1. dondurucu 2. içten olmayan, soğuk
froth[1] /frot/ a. köpük
froth[2] /frot/ e. köpürmek, köpüklenmek
frothy /'froti/ s. köpüklü
frown /fraun/ e. kaşlarını çatmak
frown on/upon e. uygun görmemek, karşı çıkmak

**froze** /frouz/ *pt bkz.* **freeze**

**frozen** /'frouzın/ *pp bkz.* **freeze**

**frugal** /'fru:gıl/ *s.* 1. tutumlu 2. ucuz

**frugality** /fru:'geliti/ *a.* 1. tutumluluk, tutum 2. ucuzluk

**fruit¹** /fru:t/ *a.* 1. meyve 2. sonuç, ürün, meyve 3. **fruit machine** *İİ.* para makinesi, tek kollu haydut

**fruit²** /fru:t/ *e.* meyve vermek

**fruiterer** /'fru:tırı/ *a.* meyve satıcısı, meyveci

**fruitful** /'fru:tfıl/ *s.* sonuç veren, verimli

**fruition** /fru:'işın/ *a.* muradına erme, istediğini elde etme, gerçekleşme

**fruitless** /'fru:tlıs/ *s.* 1. meyvesiz, kısır 2. sonuçsuz, başarısız, kârsız, verimsiz

**fruity** /'fru:ti/ *s.* 1. meyve tadında, meyve kokusunda, meyve gibi 2. meyveli 3. olgun

**frustrate** /fra'streyt/ *e.* 1. boşa çıkarmak, engel olmak, bozmak, engellemek 2. düş kırıklığına uğratmak, hüsrana uğratmak, sinirlerini bozmak: *He was frustrated when he couldn't get her on the phone.*

**frustration** /fra'streyşın/ *a.* 1. engelleme, bozma, engellenme 2. düş kırıklığı, hüsran 3. sinir bozucu şey

**fry** /fray/ *e.* 1. (yağda) kızartmak 2. kızarmak

**frying-pan** /'frayingpen/ *a.* tava

**fry-pan** /fraypen/ *a*, Ai, *bkz.* **frying-pan**

**fuchsia** /'fyu:şı/ *a, bitk.* küpeçiçeği

**fuck¹** /fak/ *e, kab, arg.* 1. sikişmek: *They were fucking when I walked in.* 2. sikmek 3. **not care/give a fuck** siklememek, sikine takmamak: *I don't give a fuck what you do!* 4. (about/around ile) aptalca davranmak: *Stop fucking about!*

**fuck²** /fak/ *a, kab, arg.* 1. sikiş: *What she needs is a good fuck.* 2. sikişen kimse, sikici: *Is he a good fuck?*

**fuck³** /fak/ *ünl, kab, arg.* kahretsin! hay anasını!

**fucker** /'fakı/ *a, kab, arg.* 1. salak, aptal, kafasız 2. sikici, vurucu

**fucking** /'faking/ *s, be, kab, arg.* kahrolası, Allahın cezası, lanet olası: *Give me that fucking book! Piss off! You're a fucking idiot!*

**fuck off** *e, kab, arg.* 1. siktir olup gitmek 2. *ünl.* siktir git! 3. *Aİ.* aptalca davranmak

**fuck up** *e, kab, arg.* içine sıçmak, sıçıp batırmak: *Don't ask Fred. He always fucks things up.*

**fuddy-duddy** /'fadidadi/ *a, hkr.* eski kafalı, tutucu, örümcek kafalı kimse

**fudge** /fac/ *a.* bir çeşit yumuşak şekerleme

**fuel¹** /'fyuıl/ *a.* 1. yakıt 2. yakacak 3. benzin

**fuel²** /'fyuıl/ *e.* 1. yakıt vermek 2. yakıt almak

**fugitive¹** /'fyu:citiv/ *s.* 1. kaçak 2. anımsanması güç, akılda tutulması zor 3. uzun sürmeyen, geçici, gidici

**fugitive²** /'fyu:citiv/ *a.* kaçak kimse, kaçak

**fulcrum** /'fulkrım/ *a, tek.* (kaldıraç) dayanak noktası, taşıma noktası, mesnet

**fulfil** /ful'fil/ *e.* 1. yerine getirmek, yapmak: *The builder always fulfilled his contracts.* 2. gereksinimlerini gidermek, tatmin etmek: *His job didn't fulfil him.* 3. gerçekleştirmek, yapmak: *She couldn't fulfil her hopes to be a model.*

**fulfill** /ful'fil/ *e, Aİ, bkz.* **fulfil**

**fulfilment** /ful'filmınt/ *a.* yapma, yerine getirme, gerçekleştirme, ifa

**full¹** /ful/ *s.* 1. dolu: *The tank was full when we set off.* 2. dolu, kalabalık: *The bus is full.* 3. tam, tamam, tüm 4. doymuş, tok 5. (giysi) gevşek, bol 6. en çok, en yüksek, en fazla, maksimum: *full speed* 7. (of ile) yalnızca -i düşünen, -den başka şey düşünmeyen, -le dopdolu: *He's full of memories of Turkey.* 8. yuvarlak, toparlak 9. dopdolu, taşkın, coşkun

**full²** /ful/ *be.* 1. doğruca, doğrudan, direkt olarak 2. çok 3. **in full** tamamen, tam olarak 4. **to be full** son derece, çok, tümüyle

**full-blown** /ful'bloun/ *s.* 1. (çiçek) tamamen açılmış 2. gerekli tüm niteliklere sahip, tam

**full-grown** /ful'groun/ *s.* tam gelişmiş, iyi

gelişmiş

**full-length** /ful'lent/ s. 1. (fotoğraf, resim, vb.) insanı tam olarak gösteren, boy ... 2. (giysi) yere kadar uzanan 3. (oyun, kitap, vb.) olağandan uzun

**full moon** /ful'mu:n/ a. dolunay

**full-scale** /ful'skeyl/ s. 1. aslının ölçüsünde, orijinal ölçülerde 2. tüm gücünü kullanan

**full stop** /ful'stop/ a. 1. nokta (.) 2. **come to a full stop** tamamen durmak, bitmek, noktalanmak, son bulmak

**full-time** /ful'taym/ s, be. tam gün, tam gün olan/çalışan/yapılan: *I don't want to work full-time.*

**fully** /'fuli/ be. 1. en az, en azından 2. tamamen, tam olarak, tümüyle

**fully-fledged** /fuli'flecd/ s. tam eğitilmiş

**fumble** /'fambıl/ e. 1. el yordamıyla aramak, yoklamak 2. el yordamıyla yürümek 3. beceriksizce yapmak, elleri dolaşmak

**fume**[1] /fyu:m/ a. duman, buhar, gaz

**fume**[2] /fyu:m/ e. 1. öfkelenmek, kızmak, patlamak, köpürmek 2. duman çıkarmak, tütmek

**fumigate** /'fyu:migeyt/ e. buharla dezenfekte etmek, tütsülemek

**fun** /fan/ a. 1. oyunculuk, neşe 2. eğlence, zevk: *Did you have fun at the party?* 3. **for fun/for the fun of it** gırgırına, zevk olsun diye 4. **in fun** şaka olsun diye 5. **make fun of** -e gülmek/güldürmek, alay etmek 6. **poke fun at** -e gülmek/güldürmek, alay etmek

**function**[1] /'fankşın/ a. 1. görev, iş, işlev, fonksiyon 2. amaç 3. resmi ya da özel tören, merasim

**function**[2] /'fankşın/ e. çalışmak, işlemek, iş görmek

**functional** /'fankşınıl/ s. 1. işlevsel, fonksiyonel 2. görevini yapar, iş görür, pratik

**fund**[1] /fand/ a. 1. sermaye, para, fon 2. stok, birikim

**fund**[2] /fand/ e. para sağlamak, finanse etmek

**fundamental**[1] /fandı'mentl/ s. esas, ana, belli başlı, temel, en gerekli, önemli

**fundamental**[2] /fandı'mentl/ a. kural, temel

ilke

**funeral** /'fyu:nırıl/ a. 1. cenaze töreni, gömme 2. cenaze alayı 3. **it/that is your funeral** o senin sorunun, bu senin bileceğin iş, beni ilgilendirmez

**funereal** /fyu'niırıl/ s. 1. mahzun, üzgün, hüzünlü, kasvetli 2. cenaze törenine yakışır

**funfair** /'fanfeı/ a, İİ. eğlence parkı, lunapark

**fungus** /'fangıs/ a, bitk. mantar

**funicular** /fyu'nikyulı/ a. dağ demiryolu

**funk**[1] /fank/ a, İİ, k. dili büyük korku, dehşet

**funk**[2] /fank/ e, hkr. (bir şeyden) çekinmek, uzak durmak, korkmak, kaçmak

**funky** /'fanki/ s, k. dili 1. müz. fanki 2. çok iyi, müthiş, acayip, o biçim, süper

**funnel**[1] /'fanıl/ a. 1. huni 2. tek. baca

**funnel**[2] /'fanıl/ e. 1. huniden geçirmek, akıtmak, aktarmak 2. (dar/kalabalık bir yerden) zorlukla geçmek

**funnily** /'fanili/ be. 1. garip bir şekilde, komik bir şekilde 2. **funnily enough** ne gariptir ki ...

**funny** /'fani/ s. 1. gülünç, komik 2. acayip, tuhaf, garip

**fur** /fö:/ a. 1. kürk, post 2. dil pası 3. kazan taşı

**furious** /'fyuırııs/ s. 1. öfkeli, kızgın, köpürmüş, kudurmuş, tepesi atmış, sinirli 2. şiddetli, güçlü, azgın

**furl** /fö:l/ e. (şemsiye, yelken, bayrak, vb.) sarmak

**furlong** /'fö:long/ a. furlong, 201 metrelik uzunluk

**furnace** /'fö:nis/ a. ocak, fırın

**furnish** /'fö:niş/ e. 1. vermek, sağlamak, tedarik etmek 2. döşemek, donatmak

**furniture** /'fö:niçı/ a. mobilya

**furore** /fyu'ro:ri, 'fyuıro:/ a. taşkınlık, kızgınlık, velvele

**furrier** /'fariı/ a. kürkçü

**furrow**[1] /'farou/ a. 1. (toprakta) saban izi 2. (alın ya da yüzde) kırışıklık, çizgi

**furrow**[2] /'farou/ e. 1. iz açmak 2. kırıştırmak

**furry** /'fö:ri/ s. 1. kürklü 2. kürk gibi

**further**[1] /'fö:dı/ be. 1. daha fazla: *I can't*

*do anything further without your help.* 2. daha ileri, daha uzağa, daha ilerde, daha uzakta: *They can't drive further without a permit.* 3. başka yere, başka yerde: *Don't go any further than the backyard.* 4. ayrıca, üstelik: *Please return my books and further the money you owe me.*
**further**² /'fö:dı/ *s.* 1. başka, bir başka, daha: *I haven't anything further to say.* 2. bundan başka, başka bir, yeni: *Please cancel my subscription until you hear further from me.* 3. daha uzak, daha uzaktaki: *John didn't want to speak to Sue and went to the further side of the room.*
**further**³ /'fö:dı/ *e.* ilerlemesine yardım etmek, destek olmak
**furthermore** /fö:dı'mo:/ *be.* bundan başka, ayrıca, üstelik, bunun yanında
**furthermost** /'fö:dımoust/ *s.* en uzak, en uzağa, en uzakta: *Yesterday we reached the furthermost village on the island.*
**furthest** /'fö:dist/ *be, s.* en uzak, en uzağa: *What is the furthest town from here?*
**furtive** /'fö:tiv/ *s.* şüphe uyandıran, kaçamak, sinsi, suçlu izlenimi uyandıran
**fury** /'fyuıri/ *a.* 1. korkunç öfke, kızgınlık, hiddet 2. şiddet
**fuse**¹ /fyu:z/ *a.* 1. *elek.* sigorta 2. *ask.* tapa
**fuse**² /fyu:z/ *e.* 1. (metal) eritmek, eriterek birleştirmek 2. (metal) erimek, eriyerek birleşmek 3. (sigorta) atmak 4. (sigorta) attırmak
**fuselage** /'fyu:zıla:j/ *a.* uçak gövdesi
**fusion** /'fyu:jın/ *a.* 1. erime, ergime, eritilme 2. birleşme, kaynaşma, kaynaşım
**fuss**¹ /fas/ *a.* 1. gürültü patırtı, yaygara, velvele 2. gereksiz telaş / kızgınlık / sabırsızlık 3. **kick up a fuss** sorun çıkarmak, can sıkmak
**fuss**² /fas/ *e.* 1. gereksiz yere telaşlanmak, ortalığı velveleye vermek 2. rahatsız etmek, can sıkmak, sinirlendirmek
**fussy** /'fasi/ *s.* 1. huysuz, yaygaracı 2. titiz, mızmız, kılı kırk yaran, müşkülpe-

sent
**fusty** /'fasti/ *s.* 1. *hkr.* küflü, küf kokulu 2. köhne, eski kafalı, küflü
**futile** /'fyu:tayl/ *s.* boş, boşuna, beyhude
**future**¹ /'fyu:çı/ *a.* 1. gelecek, istikbal 2. **in future** bundan sonra, artık
**future**² /'fyu:çı/ *s.* 1. gelecek: *future years* 2. müstakbel, ileriki: *He is her future husband.*
**futurism** /'fyu:çırizım/ *a.* fütürizm, gelecekçilik
**futuristic** /fyu:çı'ristik/ *s, k. dili* modern, acayip
**fuzz** /faz/ *a.* 1. kısa tüy, hav 2. *arg.* polis, aynasız
**fuzzy** /'fazi/ *s.* 1. (saç) kıvırcık, kabarık 2. (kumaş, vb.) tüylü, havlu 3. bulanık, belirsiz

# G

**G, g** /ci:/ *a.* İngiliz abecesinin yedinci harfi
**gab** /geb/ *a, k. dili* 1. gevezelik 2. **the gift of the gab** konuşkanlık, çenebazlık yeteneği
**gabardine** /'gebıdi:n/ *a.* gabardin
**gabble** /'gebıl/ *e.* çabuk çabuk ve anlaşılmaz biçimde konuşmak
**gable** /'geybıl/ *a.* üçgen biçiminde dam
**gad** /ged/ *e.* (about ile) başıboş dolaşmak, dolanmak, gezmek
**gadget** /'gecit/ *a, k. dili* becerikli alet, dalga, zımbırtı
**gag**¹ /geg/ *a.* 1. ağız tıkacı 2. *k. dili* şaka, espri, komik öykü
**gag**² /geg/ *e.* 1. ağzını tıkamak 2. susturmak
**gage** /geyc/ *a, e, Aİ, bkz.* **gauge**
**gaggle** /'gegıl/ *a.* kaz sürüsü
**gaiety** /'geyiti/ *a.* 1. neşe, neşelik 2. şenlik, eğlenti, eğlence
**gaily** /'geyli/ *be.* neşeli bir şekilde, neşeyle
**gain**¹ /geyn/ *a.* 1. kazanç, kâr 2. çıkar, yarar, fayda 3. ilerleme, artma, artış
**gain**² /geyn/ *e.* 1. kazanmak, elde etmek, edinmek: *He gained top marks in the exam.* 2. kazanmak, sağlamak: *She*

gait 206

gained time by getting a taxi instead. 3.
-e varmak, ulaşmak: *The mountaineers
gained the mountain summit at nightfall.*
4. (saat) ileri gitmek: *My watch gains 5
minutes every twelve hours.*
**gait** /geyt/ *a.* yürüyüş, gidiş, yürüyüş
biçimi
**gala** /'ga:lı/ *a.* gala, şenlik
**galaxy** /'gelıksi/ *a.* 1. galaksi, gökada 2.
seçkin kişiler topluluğu, şöhretler 3. **the
Galaxy** Samanyolu
**gale** /geyl/ *a.* 1. sert rüzgâr, bora 2. ani
kahkaha
**gall** /go:l/ *a.* 1. safra, öd 2. kin, nefret 3.
kabalık, küstahlık 4. sürtünme sonucu
oluşan yara
**gallant**[1] /'gelınt/ *s.* 1. yürekli, yiğit, cesur
2. güzel, görkemli
**gallant**[2] /gı'lent/ *s.* (erkek) kibar, şık
**gallantry** /'gelıntri/ *a.* 1. kadınlara karşı
incelik, kibarlık 2. yüreklilik, yiğitlik, ce-
saret, kahramanlık
**galleon** /'geliın/ *a.* kalyon
**gallery** /'gelıri/ *a.* galeri
**galley** /'geli/ *a.* 1. kadırga 2. gemi mutfağı
**gallivant** /'gelivent/ *e, k. dili* gezip toz-
mak, eğlence/serüven peşinde koşmak
**gallon** /'gelın/ *a.* galon (*İl.* 4. 54 lt. , *Al.* 3.
78 lt.)
**gallop**[1] /'gelıp/ *a.* dörtnal
**gallop**[2] /'gelıp/ *e.* dörtnala gitmek
**gallows** /'gelouz/ *a.* darağacı
**Gallup poll** /'gelıp poul/ *a.* kamuoyu
araştırması
**galore** /gı'lo:/ *be, s.* pek çok, bol bol
**galosh** /gı'loş/ *a.* ayakkabının üzerine
giyilen lastik, galoş
**galvanize** /'gelvınayz/ *e.* 1. galvanizlemek
2. canlandırmak, kışkırtmak, harekete
geçirmek, teşvik etmek
**galvanometer** /gelvı'nomıtı/ *a.* galvano-
metre, küçük akımölçer
**gambit** /'gembit/ *a.* 1. (satranç) gambit 2.
hesaplı hareket
**gamble**[1] /'gembıl/ *a.* rizikolu iş, kumar
**gamble**[2] /'gembıl/ *e.* 1. kumar oynamak
2. (away ile) kumarda kaybetmek
**gambler** /'gemblı/ *a.* kumarbaz
**gambol**[1] /'gembıl/ *e.* sıçramak, hoplamak,

zıplamak
**gambol**[2] /'gembıl/ *a.* hoplayıp sıçrama
**game**[1] /geym/ *a.* 1. oyun 2. parti, oyun
partisi 3. av 4. hile, dolap, plan, oyun 5.
maç, karşılaşma
**game**[2] /geym/ *s.* 1. istekli, hevesli, hazır
2. harekete hazır, gözü pek 3. topal 4.
(kol, vb.) sakat
**gamekeeper** /'geymki:pı/ *a.* av bekçisi
**gammon** /'gemın/ *a.* tütsülenmiş jambon
**gamut** /'gemıt/ *a.* 1. *müz.* nota dizisi, gam
2. bir şeyin tamamı, tümü
**gander** /'gendı/ *a.* erkek kaz
**gang** /geng/ *a.* 1. arkadaş grubu, ekip,
takım 2. çete
**gangling** /'gengling/ *s.* zayıf ve uzun
boylu, sırık gibi
**gangplank** /'gengplenk/ *a.* iskele tahtası
**gangrene** /'gengri:n/ *a, hek.* kangren
**gangrenous** /'gengrinıs/ *s.* kangrenli
**gangster** /'gengstı/ *a.* gangster
**gang up** *e.* (on/against ile) *hkr.* (birisine
karşı) birlik olmak
**gangway**[1] /'gengwey/ *a.* 1. aralık, geçit 2.
borda iskelesi
**gangway**[2] /'gengwey/ *ünl.* Değmesin!
Yağlı boya! Yoldan!
**gantry** /'gentri/ *a.* (demiryolu) sinyal
köprüsü
**gaol**[1] /ceyl/ *a, İl.* cezaevi, hapishane
**gaol**[2] /ceyl/ *e, İl.* cezaevine kapatmak,
hapse atmak
**gaoler** /'ceylı/ *a, İl.* gardiyan, zindancı
**gap** /gep/ *a.* 1. boşluk, aralık, yarık 2.
(görüş) ayrılık
**gape** /geyp/ *e.* 1. ağzı açık kalmak, ağzını
açıp alık alık bakmak 3. açılmak, yarıl-
mak
**garage**[1] /'gera:j, 'geric/ *a.* 1. garaj 2.
benzin istasyonu
**garage**[2] /'gera:j, 'geric/ *e.* garaja koymak
**garbage** /'ga:bic/ *a.* 1. süprüntü, çöp 2.
zırva 3. **garbage can** *Al.* çöp tenekesi
**garbled** /'ga:bıld/ *s.* karmaşık, karışık,
yanlış
**garden**[1] /'ga:dn/ *a.* 1. bahçe 2. **lead (sb)
up the garden path** *k. dili* kafaya al-
mak, işletmek
**garden**[2] /'ga:dn/ *e.* bahçede çalışmak,

bahçıvanlık yapmak, bahçeyle uğraş-
mak
gardener /'ga:dnı/ a. bahçıvan
gargantuan /ga:'geçuın/ s. çok büyük,
koca, devasa
gargle[1] /'ga:gıl/ e. gargara yapmak
gargle[2] /'ga:gıl/ a. gargara
gargoyle /'ga:goyl/ a. insan ya da hayvan
başlı taş oluk
garish /'geıriş/ s. gösterişli, parlak, cafcaf-
lı
garland /'ga:lınd/ a. çelenk, çiçekten
yapılmış taç
garlic /'ga:lik/ a. sarmısak
garment /'ga:mınt/ a. giyim eşyası, giysi
garnet /'ga:nit/ a. lal taşı
garnish[1] /'ga:niş/ a. süs, garnitür
garnish[2] /'ga:niş/ e. (yemek) süslemek
garret /'gerit/ a. tavan arası
garrison /'gerisın/ a, ask. garnizon
garrulous /'gerılıs/ s. çenebaz, geveze
garter /'ga:tı/ a. jartiyer
gas[1] /ges/ a. 1. (hava) gaz 2. sıvı gaz 3.
Al, k. dili benzin 4. k. dili boş laf, zırva 5.
gas chamber gaz odası 6. gas mask
gaz maskesi 7. gas station Al. benzin
istasyonu 8. step on the gas gaza bas-
mak
gas[2] /ges/ e. 1. gaz ile zehirlemek 2.
(about ile) laklak etmek, çene çalmak,
havadan sudan konuşmak
gaseous /'gesiıs/ s. gaz gibi, gazlı
gash[1] /geş/ a. derin yara
gash[2] /geş/ e. derin yara açmak
gasket /'geskit/ a. conta
gasoline /'gesıli:n/ a, Al, k. dili benzin
gasometer /ge'somitı/ a, İİ, k. dili gazo-
metre
gasp[1] /ga:sp/ e. 1. güçlükle solumak,
güçlükle soluk almak 2. (şaşkınlıktan,
vb.) soluğunu tutmak
gasp[2] /ga:sp/ a. güçlükle soluma, soluk
soluğa konuşma
gassy /'gesi/ s. gazlı, gaz dolu, gaz gibi
gastric /'gestrik/ s, hek. mide ile ilgili,
mide ...
gastritis /ge'straytis/ a, hek. gastrit, mide
yangısı
gastroenteritis /gestrouentı'raytis/ a,

hek. gastroenterit, mide-bağırsak yangı-
sı
gastronomy /ge'stronımi/ a. iyi yemek
yeme ve pişirme sanatı, gastronomi
gasworks /'geswö:ks/ a. havagazı fabri-
kası
gate /geyt/ a. 1. kapı 2. giriş yeri, giriş
kapısı 3. bir maçı, gösteriyi, vb. izleyen-
lerin sayısı 4. hasılat
gatecrash /'geytkreş/ e. (parti, vb.'ne)
davetsiz gitmek
gatepost /'geytpoust/ a. kapı direği
gather /'gedı/ e. 1. (round ile) toplanmak,
bir araya gelmek: The children gathered
closely round their teacher to hear her.
2. toplamak, bir araya getirmek: They
were gathered for the peace demonstra-
tion. 3. toplamak, koparmak: He went to
the garden to gather some tomatoes. 4.
(bilgi, vb.) kazanmak, toplamak: The
police slowly gathered enough evidence
to convict him. 5. anlamak, sonuç çı-
karmak: I couldn't hear properly, but I
gather she can't come. 6. büzmek, kır-
ma yapmak: The curtains were gath-
ered at the top.
gathering /'gedıring/ a. toplantı
gauche /gouş/ s. patavatsız, beceriksiz
gaudy /'go:di/ s. gösterişli, parlak, cırtlak,
cart, şatafatlı
gauge[1] /geyc/ a. 1. ölçü, ayar 2. ölçü
aygıtı
gauge[2] /geyc/ e. 1. ölçmek 2. ölçüp
biçmek, değerlendirmek, yargılamak
gaunt /go:nt/ s. sıska, bir deri bir kemik,
cılız
gauntlet /'go:ntlit/ a. uzun eldiven
gauze /go:z/ a. tül
gave /geyv/ pt bkz. give
gawk /go:k/ e. aval aval bakmak, öküzün
trene baktığı gibi bakmak
gawky /'go:ki/ s. hantal, beceriksiz, sakar
gawp /go:p/ e, İİ. aval aval bakmak
gay /gey/ s. 1. şen, neşeli, mutlu 2. par-
lak, canlı 3. k. dili ibne; sevici
gayness /'geynis/ a. 1. k. dili ibnelik;
sevicilik 2. neşelilik, neşe
gaze[1] /geyz/ e. gözünü dikerek bakmak
gaze[2] /geyz/ a. sürekli bakış

**gazelle** /gı'zel/ *a, hayb.* ceylan, gazel

**gazette** /gı'zet/ *a.* resmi gazete

**gazump** /gı'zamp/ *e, İl, k. dili* birisine (evini) satmaktan vazgeçip daha fazla para veren başka birisine satmak

**gear** /giı/ *a.* 1. takım, tertibat, donatı 2. çark, dişli 3. vites 4. *k. dili* kıyafet 5. **gear lever/stick/shift** vites kolu

**gearbox** /'gııboks/ *a.* vites kutusu

**geisha** /'geyşı/ *a.* geyşa

**gel** /cel/ *e, bkz.* **jell**

**gelatine** /'celıtin/ *a.* jelatin

**gelatinous** /ci'letıns/ *a.* jelatinli, jelatin gibi

**gelignite** /'celignayt/ *a.* nitrik asit ve gliserinden yapılmış güçlü patlayıcı

**gem** /cem/ *a.* 1. değerli taş, mücevher 2. önemli, değerli şey/kişi, cevher

**Gemini** /'cemini, 'ceminay/ *a.* İkizler Burcu

**gen** /cen/ *a, İl, esk, k. dili* doğru haber, tam bilgi, malumat

**gendarme** /'jonda:m/ *a.* jandarma

**gender** /'cendı/ *a, dilb.* cins

**gene** /ci:n/ *a.* gen

**genealogy** /ci:ni'elıci/ *a.* soy, soy kütüğü, şecere

**general**[1] /'cenırıl/ *s.* 1. genel 2. yaygın, genel 3. baş, şef 4. **general election** genel seçim 5. **General Staff** Genelkurmay 6. **general strike** genel grev

**general**[2] /'cenırıl/ *a.* 1. general 2. **brigadier general** tuğgeneral 3. **full general** orgeneral 4. **lieutenant general** korgeneral 5. **major general** tümgeneral

**generality** /cenı'reliti/ *a.* 1. genellik 2. çoğunluk 3. yuvarlak laflar, genel sözler

**generalization** /cenırılay'zeyşın/ *a.* 1. genelleştirme 2. genelleme

**generalize** /'cenırılayz/ *e.* 1. genelleştirmek 2. genelleme yapmak

**generally** /'cenırıli/ *be.* 1. çoğunlukla, genellikle 2. genelde, genellikle 3. ayrıntısız, genel olarak

**generate** /'cenıreyt/ *e.* 1. oluşturmak, doğurmak 2. *tek.* (ısı, elektrik, vb.) üretmek

**generation** /cenı'reyşın/ *a.* 1. (elektrik, vb.) üretme, üretim 2. kuşak, nesil 3. **beat generation** asi gençlik

**generator** /'cenıreytı/ *a.* üreteç, jeneratör

**generic** /ci'nerik/ *s.* 1. cinsle ilgili 2. genel

**generosity** /cenı'rosıti/ *a.* cömertlik

**generous** /'cenırıs/ *s.* eli açık, cömert

**genesis** /'cenisis/ *a.* başlangıç, başlama noktası

**Genesis** /'cenisis/ *a.* Eski Ahit'in ilk kitabı

**genetic** /ci'netik/ *s.* kalıtsal, kalıtımsal

**genetics** /ci'netiks/ *a.* genetik, kalıtımbilim

**genial** /'ci:niıl/ *s.* 1. hoş, tatlı, cana yakın, güler yüzlü, nazik 2. (hava) ılıman, yumuşak

**genie** /'ci:ni/ *a.* cin

**genital** /'cinitl/ *s.* üreme organlarıyla ilgili

**genitals** /'cenitlz/ *a.* cinsel organlar, üreme organları

**genitive** /'cenitiv/ *a, dilb.* -in hali, tamlayan durumu

**genius** /'ci:nııs/ *a.* 1. üstün yetenek, deha 2. dâhi

**genocide** /'cenısayd/ *a.* soykırım

**gent** /cent/ *a, k. dili* centilmen

**genteel** /cen'ti:l/ *s.* ince, kibar, nazik, terbiyeli

**gentile** /'centayl/ *a, s.* Yahudi olmayan (kimse)

**gentle** /'centl/ *s.* 1. ince, kibar, nazik 2. tatlı, yumuşak, hafif, yavaş

**gentleman** /'centlmın/ *a.* 1. centilmen 2. bey, beyefendi, adam

**gently** /'centli/ *be.* 1. yavaşça 2. tatlılıkla, nazik bir şekilde, yumuşak bir şekilde

**gentry** /'centri/ *a.* yüksek sınıf, kibar sınıf

**Gents** /cents/ *a, İl, k. dili* erkekler tuvaleti

**genuine** /'cenyuin/ *s.* hakiki, gerçek

**gen up** *e, İl, k. dili* iyice öğrenmek/öğretmek

**genus** /'ci:nıs/ *a.* cins, tür

**geographer** /ci'ogrıfı/ *a.* coğrafyacı

**geographical** /ciı'grefikıl/ *s.* coğrafi

**geography** /ci'ogrıfi/ *a.* coğrafya

**geology** /ci'olıci/ *a.* yerbilim, jeoloji

**geometric** /cıı'metrik/ *s.* geometrik

**geometry** /ci'omitri/ *a.* geometri

**geophysics** /ci:ou'fiziks/ *a.* jeofizik, yer fiziği

**geopolitics** /ci:ou'politiks/ *a.* jeopolitik

**geranium** /cı'reyniım/ *a, bitk.* sardunya

**geriatrics** /ceri'etriks/ *a.* yaşlılık hekimliği

germ /cö:m/ a. 1. mikrop 2. başlama noktası, başlangıç

germinate /'cö:mineyt/ e. 1. (tohum) filizlenmek, çimlenmek 2. filizlendirmek

gerund /'cerınd/ a, dilb. ulaç, isim-fiil

gestation /ces'tyeşın/ a. gebelik

gesticulate /ce'stikyuleyt/ e. (konuşurken) el kol hareketleri yapmak

gesture¹ /'cesçı/ a. jest, el kol hareketi

gesture² /'cesçı/ e. el kol hareketi yapmak

get /get/ e. [pt got /got/, pp got (Aİ. gotten) /'gotn/] 1. almak, elde etmek: He got a postcard from Spain. I got a bee sting. I'll go and get a visa tomorrow. Have you got your jacket from the dry cleaner's yet? 2. olmak, hale gelmek: He got very angry when I dropped the clock. 3. varmak, ulaşmak: They got to Paris on Monday. 4. uğraşmak, ilgilenmek, bakmak: Can you get the order from those customers for me? 5. gidip getirmek, gidip almak: His daughter got him his shoes. 6. (belirli bir duruma) getirmek: He'll get the demonstration organized. 7. ettirmek, yaptırmak, -tirmek, -tırmak: They got him to organize the demonstration. 8. hazırlamak: She was getting breakfast when they arrived. 9. götürmek: You should get her to a doctor. 10. vurmak: I got her on the nose with the ball. 11. anlamak: Can you say that again? I didn't get you. 12. (hastalık, soğuk) kapmak, almak, tutulmak, -e yakalanmak: He got hepatitis in India. 13. k. dili kızdırmak, canını sıkmak, gıcık etmek: I don't like the way he talks. He really gets me. 14. **get sth done** a) yaptırmak, ettirmek, (yapılmış hale) getirmek b) başına gelmek, -tirmek 15. **have got** -e sahip olmak, -sı olmak: Have you got any money? I've got a headache. She hasn't got a car.

**get about/around** e. 1. iyileşmek 2. k. dili seyahat etmek, gezmek, dolaşmak 3. (haber, vb.) yayılmak

**get across** e. 1. anlaşılmak, kabul edilmek, benimsenmek: Rock groups get across to millions of listeners. 2. anla-

şılmasını sağlamak

**get ahead** e. ilerlemek, önüne geçmek

**get along** e. 1. gitmek, ayrılmak 2. ilerlemek, iyi gitmek, gelişmek 3. sürdürmek, devam etmek, idare etmek 4. iyi ilişkiler içinde olmak, geçinmek

**get around/round to** e. vakit bulmak, -e zaman ayırmak

**get at** e. 1. ulaşmak, erişmek 2. demek istemek 3. k. dili kaba şeyler söylemek

**get away** e. kaçmak

**get** G

**getaway** /'getıwey/ a, k. dili kaçma, kaçış, tüyme, sıvışma, firar

**get away with** e. kötü bir şey yapmak ve cezasından kurtulmak

**get back** e. 1. dönmek, geri gelmek, geri dönmek: They'll get back from France next week. 2. **get back at sb** k. dili -den intikam almak, öc almak

**get by** e. 1. yaşamını sürdürmek 2. şöyle böyle olmak, idare eder olmak, iyi sayılır olmak

**get down** e. 1. yazmak, kaydetmek 2. güçlükle yutmak 3. rahatsız etmek, üzmek, hasta etmek

**get down to** e. dört elle sarılmak, ciddiyetle girişmek

**get in** e. 1. içeri girmek 2. gelmek, varmak: She never gets in before midnight. 3. (taşıta) binmek 4. seçilmek, iktidara gelmek 5. (at/on ile) yer almak 6. (bir şey) söylemek

**get into** e. 1. binmek 2. öğrenmek, alışmak 3. **get (sb) into** durumuna koymak; (derde, vb.) sokmak

**get off** e. 1. (bir araçtan, vb.) inmek 2. hareket etmek, yola çıkmak, ayrılmak 3. kurtulmak 4. (işten) paydos etmek, çıkmak 5. cezadan kurtulmak 6. kurtarmak

**get off with** e, İİ, k. dili (karşı cinsten biriyle) ilişki kurmak

**get on** e. 1. anlaşmak, geçinmek: Do you get on well with Wendy? 2. ilerlemek, gitmek 3. binmek: Get on the bus. 4. başarmak 5. devam etmek, sürdürmek 6. (for ile) (zaman, yaş, vb.) -e gelmek, varmak

**get onto** e. 1. ile konuşmak/yazışmak, bağlantı kurmak 2. bulmak, ortaya çıkarmak 3. hakkında konuşmaya başlamak, konusuna gelmek 4. binmek

**get out** *e.* 1. ayrılmak, gitmek, çıkmak, terk etmek: *Let's get out of here.* 2. kaçmak, sıvışmak, tüymek 3. kaçmasına sebep olmak, kaçırmak 4. (sır, vb.) sızmak, yayılmak 5. üretmek

**get out of** *e.* 1. sorumluluktan kaçmak 2. bırakabilmek, vazgeçebilmek 3. -den zorla almak 4. -den kazanmak, elde etmek

**get over** *e.* 1. atlatmak, yırtmak 2. anlaşılmak 3. anlaşılmasını sağlamak 4. iyileşmek, kurtulmak, atlatmak

**get round** *e.* 1. ikna etmek, kandırmak 2. kendi lehine çevirmek, yararlanmak

**get round to** *e.* lehine çevirmek, yararlanmak

**get through** *e.* 1. (telefonda) çıkarmak, bulmak, görüşebilmek: *She couldn't get through her mother on the telephone.* 2. anlaşılmak 3. anlaşılmasını sağlamak 4. bitirmek 5. başarıyla bitirmek, başarmak

**get-together** /'gettɪgedı/ *a.* toplantı, buluşma

**get together** *e.* toplanmak, bir araya gelmek, buluşmak

**getup** /'getap/ *a, k. dili* kılık, giysi

**get up** *e.* 1. yataktan kalkmak: *We'll have to get up early to catch the ferry.* 2. yataktan kaldırmak 3. (rüzgâr, yangın, vb.) çıkmak, artmak, şiddetlenmek 4. yükseltmek

**get up to** *e.* 1. varmak, yetişmek 2. (özellikle kötü bir şey) yapmak, yapmak üzere olmak

**geyser** /'gi:zı/ *a.* 1. gayzer, kaynaç 2. *İİ.* şofben

**ghastly** /'ga:stli/ *s.* 1. sarı benizli, sapsarı, soluk 2. korkunç 3. *k. dili* berbat

**gherkin** /'gö:kin/ *a.* turşuluk hıyar

**ghetto** /'getou/ *a.* azınlıkların ve yoksulların oturdukları mahalle, geto

**ghost** /goust/ *a.* 1. hayalet, hortlak 2. **give up the ghost** ruhunu teslim etmek, ölmek 3. **the ghost of a** bir parçacık, çok az, azıcık ...

**ghostly** /'goustli/ *s.* hayalet gibi

**ghost town** /'goust taun/ *a.* hayalet kasaba, terk edilmiş kasaba ya da şehir

**ghoul** /gu:l/ *a.* 1. mezardan ölü çalıp onları yiyen hortlak, cin, gulyabani 2. iğrenç şeylerden zevk alan kimse

**giant** /'cayınt/ *a.* dev

**gibberish** /'cibıriş/ *a.* anlamsız ses ya da konuşma

**gibbet** /'cibit/ *a.* darağacı

**gibbon** /'gibın/ *a, hayb.* uzun kollu ve kuyruksuz bir tür maymun, jibon

**gibe** /cayb/ *a.* alay, istihza

**giblets** /'ciblits/ *a.* tavuk, kuş, vb. nin yürek, ciğer, katı gibi iç organları

**giddy** /'gidi/ *s.* 1. başı dönen 2. baş döndürücü 3. hoppa, uçarı

**gift** /gift/ *a.* 1. armağan, hediye 2. Allah vergisi, yetenek 3. *İİ, k. dili* çocuk oyuncağı, basit iş 4. *İİ, k. dili* kelepir, çok ucuz şey

**gifted** /'giftid/ *s.* yetenekli

**gig** /gig/ *a, k. dili* çalgıcının icraatı

**gigantic** /cay'gentik/ *s.* devasa, kocaman

**giggle**[1] /'gigıl/ *e.* kıkır kıkır gülmek, kıkırdamak

**giggle**[2] /'gigıl/ *a.* 1. kıkırdama 2. **do sth for a giggle** *k. dili* şamata olsun diye yapmak, gırgırına yapmak

**gigolo** /'jigılou/ *a.* jigolo

**gild** /gild/ *e.* yaldızlamak

**gill** /cil/ *a.* solungaç

**gilt** /gilt/ *a.* yaldız

**gimmick** /'gimik/ *a, k. dili* (dikkat çekmek için yapılan) hile, numara

**gin** /cin/ *a.* (içki) cin

**ginger**[1] /'cıncı/ *a.* 1. *bitk.* zencefil 2. canlılık, çaba

**ginger**[2] /'cıncı/ *a, s.* kızıl renk, kızıl

**ginger ale** /cincır'eyl/ *a.* zencefilli gazoz

**gingerly** /'cıncılı/ *be.* dikkatle, ihtiyatla

**gingham** /'gingım/ *a.* çizgili ya da damalı pamuklu kumaş

**gipsy** /'cipsi/ *a.* Çingene

**giraffe** /ci'ra:f/ *a, hayb.* zürafa

**girder** /'gö:dı/ *a.* kiriş, direk

**girdle** /'gö:dl/ *a.* kuşak, kemer, korse

**girl** /gö:l/ *a.* 1. kız 2. *k. dili* kadın 3. kadın işçi 4. *k. dili* sevgili, kız arkadaş

**girlfriend** /'gö:lfrend/ *a.* 1. sevgili, kız arkadaş 2. *Al.* kız arkadaş giro /'cayırou/ *a.* ciro

girth /gö:t/ *a.* 1. bel ölçüsü, çevre ölçüsü 2. kolan

gist /cist/ *a.* öz, ana fikir, ana noktalar

give[1] /giv/ *e.* [*pt* gave /geyv/, *pp* given /'givın/] 1. vermek: *Give me the glass please. Can't you give me another chance? Watching television gave her a headache.* 2. doğruluğunu kabullenmek, tanımak, itiraf etmek: *He often lies, I give you that, but not this time.* 3. bel vermek, eğilmek: *This bed is really hard; I wish it would give a bit.* 4. **give way** a) fikrini kabul etmek: *He eventually gave way and admitted defeat.* b) yıkılmak, çökmek: *The bridge gave way under the constant traffic.* c) önemini yitirmek, gözden düşmek, yenilmek: *Kerosene and gas lamps gave way to electric lights.* d) kapılmak: *When he lost his job he gave way to depression.* 5. **What gives** *k. dili* Ne oluyor?

give[2] /giv/ *a.* esneklik

give-and-take /givın'teyk/ *a.* karşılıklı özveri

giveaway /'givıwey/ *a.* gizli bir şeyi/sırrı belli eden/açığa vuran

give away *e.* 1. vermek, armağan etmek; dağıtmak: *I gave all my records away.* 2. ele vermek, açık etmek 3. kocaya vermek, evermek

give back *e.* geri vermek: *Give me the money back.*

given[1] /'givın/ *s.* 1. belirlenmiş, belirli 2. eğilimli, düşkün

given[2] /'givın/ *ilg.* göz önünde tutulursa, bakılırsa

given[3] /'givın/ *pp bkz.* **give**

give in *e.* 1. teslim olmak, boyun eğmek 2. teslim etmek, vermek

give off *e.* (koku, duman, sıvı, vb.) çıkarmak, yaymak

give out *e.* 1. dağıtmak 2. bitmek, tükenmek, sona ermek

give over *e, k. dili* vazgeçmek, bırakmak

give up *e.* 1. vazgeçmek, bırakmak: *He tried to give up smoking many times.* 2. umudunu kesmek: *He had been missing so long she finally gave him up.* 3. tes-

lim etmek, ele vermek: *The hijackers gave themselves up.*

gizzard /'gizıd/ *a.* (kuşlarda) katı, taşlık

glacial /'gleyşıl/ *s.* buz ya da buzulla ilgili

glacier /'glesiı/ *a.* buzul

glad /gled/ *s.* 1. mutlu, memnun, hoşnut: *I'm very glad to see you again.* 2. mutluluk verici, memnun edici, sevinçli: *They announced the glad news of their engagement.*

gladden /'gledn/ *a.* sevindirmek, mutlu etmek

glade /gleyd/ *a.* ormanda ağaçsız alan, kayran

gladiator /'gledieytı/ *a.* gladyatör

gladly /'gledli/ *be.* gönülden, zevkle, istekle, seve seve, memnuniyetle

glamor /'glemı/ *a, AÍ, bkz.* **glamour**

glamorize /'glemırayz/ *e.* gerçekte olduğundan daha iyi/daha güzel/daha çekici göstermek, abartmak, şişirmek

glamorous /'glemırıs/ *s.* çekici, göz alıcı

glamour /'glemı/ *a.* çekicilik, alım

glance[1] /gla:ns/ *e.* göz atmak, bakmak

glance[2] /gla:ns/ *a.* 1. kısaca bakış 2. **at a glance** bir bakışta, hemen

gland /glend/ *a, anat.* bez

glare[1] /gleı/ *e.* 1. (göz kamaştırıcı biçimde) parlamak, parıldamak 2. öfkeyle bakmak, ters ters bakmak, kötü kötü bakmak

glare[2] /gleı/ *a.* 1. göz kamaştırıcı ışık, parıltı 2. kızgın bakış, ters bakış

glaring /'gleıring/ *s.* 1. çok parlak, göz kamaştırıcı 2. dikkat çeken, göze batan

glass /gla:s/ *a.* 1. cam 2. cam eşya 3. bardak

glasses /'gla:siz/ *a.* gözlük: *You've ruined my glasses. You know I can't see without them.*

glassware /'gla:sweı/ *a.* zücaciye, cam eşya

glassy /'gla:si/ *s.* 1. cam gibi 2. (bakış) cansız, donuk

glaze[1] /gleyz/ *e.* 1. sırlamak 2. cam takmak 3. (bakış) anlamsızlaşmak, donuklaşmak

glaze[2] /gleyz/ *a.* sır, perdah, cila

glazier /'gleyziı/ *a.* camcı

**gleam**[1] /gli:m/ *a.* ışık, parıltı, pırıltı
**gleam**[2] /gli:m/ *e.* parıldamak, parlamak
**glean** /gli:n/ *e.* azar azar, zor bela toplamak
**glee** /gli:/ *a.* sevinç, neşe
**gleeful** /'gli:fıl/ *s.* neşeli, şen, sevinçli
**glen** /glen/ *a.* küçük vadi, dar vadi
**glib** /glib/ *s.* 1. rahat ve iyi konuşan, dilli 2. (söz) inandırıcı olmayan
**glide** /glayd/ *e.* 1. kaymak, akmak, süzülmek 2. planörle uçmak
**glider** /'glaydı/ *a.* planör
**glimmer**[1] /'glimı/ *e.* zayıf bir şekilde parlamak
**glimmer**[2] /'glimı/ *a.* 1. donuk ışık 2. zerre
**glimpse**[1] /glimps/ *a.* gözüne ilişme, bir anlık görme
**glimpse**[2] /glimps/ *e.* bir an için görmek, gözüne ilişmek
**glint**[1] /glint/ *a.* parıltı
**glint**[2] /glint/ *e.* parıldamak, parlamak
**glisten** /'glisın/ *e.* parıldamak, parlamak
**glitter**[1] /'glitı/ *e.* 1. parlamak, parıldamak 2. **All that glitters is not gold** Her parlayan altın değildir; görünüşe aldanmamalı
**glitter**[2] /'glitı/ *a.* parıltı
**glittering** /'glitıring/ *s.* görkemli, mükemmel, parlak
**gloat** /glout/ *e.* (over ile) şeytani bir zevkle bakmak/düşünmek: *She gloated over her success in defeating the others.*
**global** /'gloubıl/ *s.* geniş çaplı, ayrıntılı 2. tüm dünya ile ilgili, dünya çapında, evrensel
**globe** /gloub/ *a.* 1. top, küre 2. dünya
**globetrotter** /'gloubtrotı/ *a.* durmadan dünyayı dolaşan kimse
**globular** /'globyulı/ *s.* 1. küre biçiminde 2. katı damla biçiminde
**globule** /'globyu:l/ *a.* kürecik, damla
**gloom** /glu:m/ *a.* 1. karanlık 2. üzüntü, hüzün
**gloomy** /'glu:mi/ *s.* 1. karanlık 2. üzüntülü, mahzun, karanlık
**glorify** /'glo:rifay/ *e.* 1. övmek 2. ululamak, yüceltmek 3. güzel göstermek
**glorious** /'glo:rııs/ *s.* 1. şanlı, şerefli 2. görkemli, parlak, güzel

**glory** /'glo:ri/ *a.* 1. şan, ün, şeref 2. görkem 3. güzellik, güzel görünüş
**glory in** *e.* (bencilce) zevk almak; zevkini çıkarmak: *They gloried in their victory.*
**gloss**[1] /glos/ *a.* parlaklık
**gloss**[2] /glos/ *a.* açıklayıcı yazı, açıklama, yorum
**glossary** /'glosıri/ *a.* ek sözlük
**gloss over** *e.* geçiştirmek, saklamak, önemsiz göstermek: *I asked him about his illness but he just glossed over it as if it were nothing.*
**glossy** /'glosi/ *s.* parlak ve düz
**glove** /glav/ *a.* 1. eldiven 2. **fit like a glove** çok iyi uymak, tam oturmak 3. **handle with kid gloves** çok nazik ve dikkatli davranmak, üzerine titremek
**glow**[1] /glou/ *e.* 1. sıcaklık/ışık vermek: *The radiator glowed in the small room.* 2. (yüz) kızarmak, ateş basmak: *He had drunk too much and his face glowed.*
**glow**[2] /glou/ *a.* 1. kızıl ışık, kızıllık 2. parlaklık 3. ateş, sıcaklık, hararet 4. çaba, gayret, şevk
**glower** /'glauı/ *e.* ters ters bakmak: *The teacher glowered at the talkative student.*
**glow-worm** /'glouwö:m/ *a.* ateşböceği
**glucose** /'glu:kous/ *a.* glikoz
**glue**[1] /glu:/ *a.* tutkal, zamk
**glue**[2] /glu:/ *e.* tutkallamak, yapıştırmak
**gluey** /'glu:i/ *s.* 1. yapışkan 2. tutkallanmış, zamklanmış
**glum** /glam/ *s.* asık suratlı, üzgün, morali bozuk, hüzünlü
**glut**[1] /glat/ *e.* 1. fazla doldurmak, taşırmak 2. **glut oneself** tıka basa yemek
**glut**[2] /glat/ *a.* bolluk, furya
**glutinous** /'glu:tinıs/ *s.* yapışkan, yapış yapış
**glutton** /'glatn/ *a.* obur
**gluttonous** /'glatınıs/ *s.* obur, açgözlü, pisboğaz
**gluttony** /'glatıni/ *a.* oburluk
**glycerin(e)** /'glisırin/ *a.* gliserin
**gnarled** /na:ld/ *s.* boğumlu, budaklı, pürüzlü, çarpık çurpuk
**gnash** /neş/ *e.* (diş) gıcırdatmak
**gnat** /net/ *a, hayb.* sivrisinek, tatarcık

gnaw /no:/ e. 1. kemirmek: *The dog gnawed a piece of wood in boredom.* 2. üzmek, içini kemirmek: *The problem gnawing him for days.*

gnawing /'no:ing/ s. acı, sıkıntı veren, üzücü

gnome /noum/ a. (masallarda) cüce

go[1] /gou/ e. [pt **went** /went/, pp **gone** /gon/] 1. gitmek: *I must go. Does this plane go soon? They wanted to go. Let's go home.* 2. ulaşmak, uzanmak, gitmek: *The railway line goes to the coast.* 3. belli bir yeri olmak, ait olmak, belli bir yerde durmak: *The books go in the library.* 4. işlemek, çalışmak: *The car wasn't going, so they walked.* 5. olmak: *My mother's gone deaf. The bread went stale.* 6. (belirli bir durumda) kalmak, durumunu sürdürmek: *Although others knew, his wife went in ignorance of his affairs.* 7. satılmak, gitmek: *It went for 200 quid at the auction.* 8. harcanmak, tükenmek, gitmek: *Most of his money goes on cigarettes and alcohol.* 9. uymak, uyuşmak, gitmek: *His sweater doesn't go with his trousers.* 10. **be going to** -ecek, -acak: *I'm going to visit my uncle tomorrow. It's going to be hot. They're going to be here at 5 o'clock.*

go[2] /gou/ a, k. dili 1. canlılık, enerji 2. deneme, girişim 3. (oyun, vb.'de) sıra, oynama sırası: *It's your go.*

go about e. 1. (birisiyle) birlikte olmak, takılmak 2. gezmek, dolaşmak 3. den. orsalamak, ters yöne dönmek 4. (iş) yapmak 5. -de çalışmaya başlamak, işe girişmek

goad /goud/ a. kışkırtıcı şey

goad into e. -e kışkırtmak, dolduruşa getirmek: *He goaded me into hitting him.*

go after e. kazanmaya, elde etmeye çalışmak, peşinden koşmak, izlemek

go against e. 1. -e karşı gelmek, karşı koymak 2. aleyhinde olmak

go ahead e. (with ile) 1. başlamak 2. devam etmek, sürmek 3. ünl. (izin belirtir) Buyrun; çekinmeyin: *"Can I use your lighter?" "Go ahaed. "*

go-ahead[1] /'gouıhed/ a. izin

go-ahead[2] /'gouıhed/ s. girgin, açıkgöz, yenilikçi

goal /goul/ a. 1. amaç, erek, hedef, gaye 2. sp. kale 3. gol: *How many goals did you kick yesterday?*

goalkeeper /'goulki:pı/ a, sp. kaleci

go along e. 1. aynı düşüncede olmak, desteklemek 2. ilerlemek, gelişmek, ileri gitmek

go around/round e. 1. (hastalık) yayılmak 2. (with ile) birisiyle birlikte olmak, takılmak 3. herkese yetecek kadar olmak

goat /gout/ a. keçi, teke

go at/for e. saldırmak, hücum etmek

gob /gob/ a, İİ, k. dili ağız

go back e. 1. dönmek 2. (eskiye) uzanmak

go back on e. (söz, anlaşma, vb.'den) dönmek

gobble[1] /'gobıl/ e. çabuk çabuk yemek

gobble[2] /'gobıl/ a. hindi sesi

goblet /'goblit/ a. kadeh

goblin /'goblin/ a. gulyabani, cin

go by e. 1. geçmek, geçip gitmek 2. -e göre davranmak

god /god/ a. mabut, put, tapı

God /god/ a. 1. Tanrı, Allah 2. **for God's sake** Allah aşkına 3. **God forbid/grant that** Allah göstermesin, Allah korusun 4. **God (alone) knows** k. dili Allah bilir 5. **God willing** inşallah, Allah isterse 6. **Oh God/My God/Good God** Aman Tanrım 7. **Thank God** Allah'a şükür

godchild /'godçayld/ a. vaftiz çocuğu

goddam(n) /'godem/ s, be, Aİ, arg, bkz. **damn**

goddess /'godis/ a. tanrıça

godfather /'godfa:dı/ a. vaftiz babası

god-fearing /'godfiiring/ s. dindar

godforsaken /'godfıseykın/ s. (yer) kasvetli, sıkıcı, terk edilmiş, boş

godless /'godlıs/ s. Allahsız, dinsiz

godlike /'godlayk/ s. tanrısal

godly /'godli/ s. dindar, sofu

godmother /'godmadı/ a. vaftiz anası

go down e. 1. azalmak, düşmek: *The*

**G**

standard of living has gone down. 2. batmak: *We waited for her till the sun went down.* 3. (şişliği) inmek: *His sprained wrist went down.* 4. kabul e-dilmek, benimsenmek: *The President's explanation of the arms deal didn't go down well.* 5. kaydedilmek, geçmek: *He will go down in history as a famous writer.*

**godparent** /'godpeırınt/ *a.* vaftiz annesi ya da vaftiz babası

**godsend** /'godsend/ *a.* büyük şans, devlet kuşu, nimet, düşeş

**go far** *e.* 1. başarılı olmak, başarmak: *He'll go far in politics.* 2. (birçok gereksinimi) karşılamak, yetmek, doyurmak: *We'll need more money; this won't go far.*

**go for** *e.* 1. saldırmak: *The dog is savage and goes for others.* 2. elde etmeye çalışmak, peşinden koşmak: *He will go for the world boxing championship.* 3. sevmek, hoşlanmak: *He didn't go for classical music.* 4. **go for nothing** boşa gitmek, ziyan olmak, işe yaramamak: *All his efforts to please her went for nothing and she left him.*

**goggle** /'gogıl/ *e.* hayretle bakmak

**goggles** /'gogılz/ *a.* koruyucu gözlük

**go in for** *e.* 1. katılmak, yer almak: *Lots of people went in for the lottery.* 2. alışkanlık haline getirmek, zevk almak: *She doesn't go in for television.*

**going**[1] /'gouing/ *a.* 1. gidiş, ayrılış 2. yol durumu 3. gidiş hızı

**going**[2] /'gouing/ *s.* 1. şu anki 2. mevcut, yaşayan 3. işleyen, çalışan

**going-over** /'gouing'ouvı/ *a, k. dili* iyice gözden geçirme, elden geçirme

**goings-on** /gouingz'on/ *a.* olaylar, durumlar, gidişat, olup bitenler

**go into** *e.* 1. (yer, iş, vb.'e) girmek: *He will go into public office.* 2. girişmek, ilgilenmek, araştırmak: *The social worker is going into who beat the child.*

**go-kart** /'gouka:t/ *a.* küçük yarış arabası, gokart

**gold** /gould/ *a.* 1. altın 2. altın rengi 3. **gold dust** altın tozu

**golden** /'gouldın/ *s.* 1. altından, altın 2. altın rengi 3. altın gibi 4. **golden handshake** emeklilik ikramiyesi 5. **golden jubilee** ellinci yıldönümü 6. **golden wedding** evliliğin ellinci yıldönümü

**goldfinch** /'gouldfinç/ *a, hayb.* saka kuşu

**goldfish** /'gouldfiş/ *a.* kırmızı balık

**goldmine** /'gouldmayn/ *a.* 1. altın madeni 2. çok kârlı iş, altın madeni

**goldsmith** /'gouldsmit/ *a.* kuyumcu

**golf** /golf/ *a, sp.* 1. golf 2. **golf course/links** golf sahası 3. **golf club** a) golf kulübü b) golf sopası

**gondola** /'gondılı/ *a.* gondol

**gondolier** /gondı'lii/ *a.* gondolcu

**gone** /gon/ *pp bkz.* **go**

**gong** /gong/ *a.* gong

**gonorrhea** /gonı'rii/ *a, hek.* belsoğukluğu

**gonorrhoea** /gonı'rii/ *a, bkz.* **gonorrhea**

**good**[1] /gud/ *s.* 1. iyi: *He's got a good job.* 2. uygun yerinde, iyi 3. iyi ahlaklı, namuslu 4. (insan) iyi, yardımsever, iyiliksever, sevecen 5. (özellikle çocuk) uslu, iyi: *Be good.* 6. tam, komple 7. sağlam, güvenilir 8. yetenekli, becerikli 9. saygıdeğer 10. başarılı, iyi 11. **a good deal** oldukça çok 12. **as good as** aynen, hemen hemen 13. **in good time** erken, erkenden

**good**[2] /gud/ *a.* 1. iyi, iyilik 2. yarar, çıkar, kazanç, fayda 3. (the ile) iyi insanlar, iyiler 4. **for good** temelli, ebediyen 5. **no good** faydasız, boşuna 6. **up to no good** niyeti kötü, kötü niyetli

**good afternoon** /gud a:ftı'nu:n/ *ünl, a.* tünaydın

**goodbye** /gud'bay/ *ünl, a.* allahaısmarladık, hoşça kal

**good evening** /gud'i:vning/ *ünl, a.* iyi akşamlar

**good-for-nothing** /'gudfınating/ *s.* değersiz, beş para etmez, hiçbir işe yaramaz

**good-humoured** /gud'hyu:mıd/ *s.* neşeli, şen, güleryüzlü

**goodish** /'gudiş/ *s.* 1. oldukça iyi, iyice, idare eder 2. epeyce, hayli

**good-looking** /gud'luking/ *s.* çekici, güzel, yakışıklı

**good morning** /gud'mo:ning/ *ünl, a.*

günaydın

**good-natured** /gud'neyçıd/ s. iyi huylu, yumuşak, yardımsever, hoşgörülü

**goodness** /'gudnıs/ a. 1. iyilik 2. (bir şeyin) en iyi bölümü, en iyi kısmı 3. **For goodness' sake** Allah aşkına 4. **Goodness Gracious (me)** Tanrım! Hay Allah! Aman Tanrım! 5. **My goodness** Tanrım! Allahım! Yarabbim!

**good night** /gud'nayt/ ünl, a. iyi geceler

**goods** /gudz/ a. 1. eşya, mal 2. yük

**goodwill** /gud'wil/ a. 1. iyi niyet 2. (şirket, mağaza) isim, prestij

**goody** /'gudi/ a. 1. şekerleme, tatlı 2. sevilen, çekici, hoş, tatlı, vb. şeyler 3. ünl. Harika! Ne güzel!

**goody-goody** /'gudigudi/ a. dürüst görünen/yapmacık kimse

**gooey** /'gu:i/ s. yapışkan

**goof**[1] /gu:f/ a, k. dili aptalca hata, pot, gaf **goof**[2] /gu:f/ e, k. dili aptalca bir hata yapmak, gaf yapmak, pot kırmak

**go off** e. 1. patlamak: *The bomb went off.* 2. yüksek sesle çalmak, ötmek, ses çıkarmak, vb. 3. uyumak ya da bilinçsiz duruma gelmek 4. kesilmek, sönmek, bitmek 5. başarmak 6. başarısız olmak 7. *İl.* (yiyecek, içecek) bozulmak 8. ilgisini, sevgisini kaybetmek, bıkmak 9. **go off with** izinsiz alıp götürmek, alıp gitmek

**goofy** /'gu:fi/ s. aptal, çatlak, kaçık

**goon** /gu:n/ a, k. dili aptal, salak, şapşal

**go on** e. 1. olmak, yer almak: *Is there anything going on today?* 2. devam etmek, sürdürmek: *You'll be ill if you go on like that.* 3. (zaman) geçmek: *The work became easier as it went on.* 4. (işlemeye, çalışmaya, vb.) başlamak, harekete geçmek: *The street lights go on every night.* 5. (at ile) yakınmak, azarlamak: *He's always going on at that student.* 6. konuşmayı sürdürmek: *He just goes on and on.* 7. (kanıt, neden, vb. olarak) kullanmak: *The evidence they had to go on was very flimsy.* 8. **go on (with you)** Hadi ordan! İnanmam! 9. **to be going/go on with** k. dili idareten (kullanmak): *There's enough here to go*

*on with. There'll be more later.*

**goose** /gu:s/ a, hayb. kaz

**gooseberry** /'guzbıri/ a. bektaşiüzümü

**gooseflesh** /'gu:sfleş/ a, k. dili diken diken olmuş deri

**go out** e. 1. dışarı çıkmak: *They often go out to eat.* 2. (together/with ile) (karşı cinsten biriyle) çıkmak: *I expect they'll get engaged as they've been going out for a long time.* 3. (to ile) yolculuğa çıkmak: *He went out into the desert.* 4. (ateş, ışık, şöhret, vb.) sönmek 5. modası geçmek: *Wearing hats and gloves went out long ago.*

**go over** e. 1. bakmak, gözden geçirmek, incelemek: *He will go over the exam papers tonight.* 2. (parti, din, vb.) değiştirmek: *She was disillusioned with communism and went over to the socialist party.*

**gore** /go:/ e. boynuzla yaralamak, boynuzlamak

**gorge** /go:c/ a, coğ. geçit, boğaz

**gorge on/with** e. tıka basa yemek, tıkınmak

**gorgeous** /'go:cıs/ s. çok güzel, tatlı, hoş, harika

**gorilla** /gı'rilı/ a, hayb. goril

**go round** e, bkz. **go around**

**gorse** /go:s/ a, bitk. karaçalı

**gory** /'go:ri/ s. kanlı

**gosh** /goş/ ünl. Allah Allah, vay canına, hayret

**gosling** /'gozling/ a, hayb. kaz palazı

**go-slow** /gou'slou/ a, İl. işi yavaşlatma eylemi

**gospel** /'gospıl/ a. 1. k. dili hakikat, gerçek 2. ilke 3. **the Gospel** İncil

**gossamer** /'gosımı/ a. 1. örümcek ağı 2. çok ince şey

**gossip**[1] /'gosip/ a. 1. dedikodu 2. dedikoducu kimse

**gossip**[2] /'gosip/ e. dedikodu yapmak

**got** /got/ pt, pp bkz. **get**

**go through** e. 1. resmen kabul edilmek, onaylanmak: *The new school plans went through.* 2. (acı) çekmek, -e uğramak: *She has gone through a lot including her parents' death.* 3. bitirmek: *They*

*went through three bottles of milk each day.*
**Gothic** /'gotik/ *s, a.* Gotik
**gotta** /'gotı/ *e, k. dili* 1. -meli, -malı: *You gotta be there by nine.* 2. -e sahip olmak, -si olmak: *Gotta map?*
**gotten** /'gotn/ *pp bkz.* **get**
**gouge** /gauc/ *a.* 1. heykeltıraş kalemi 2. küçük orak 3. ucu kıvrık bıçak
**gouge out** *e.* oyup çıkarmak: *He gouged out a hole in the wood.*
**goulash** /'gu:leş/ *a.* tas kebabı
**go under** *e.* 1. (gemi, vb.) batmak, suyun dibini boylamak 2. başarısız olmak, batmak, çuvallamak: *His firm went under due to mismanagement.*
**go up** *e.* 1. yükselmek, çıkmak: *Unemployment has gone up to 12%.* 2. yükselmek, yapılmak, inşa edilmek: *A lot of new buildings have gone up in the city.* 3. (yangın, vb.'de) yok olmak, havaya uçmak: *The oil tanker went up in flames in the collision.*
**gourd** /guıd/ *a, bitk.* sukabağı
**gourmet** /'guımey/ *a.* yemek ve içkinin iyisinden anlayan kimse
**gout** /gaut/ *a, hek.* gut, damla sayrılığı
**govern** /'gavın/ *e.* 1. yönetmek, idare etmek 2. yönlendirmek, etkilemek
**governess** /'gavınıs/ *a.* mürebbiye
**government** /'gavımınt/ *a.* 1. yönetme, idare etme, yönetim 2. hükümet
**governor** /'gavını/ *a.* 1. vali 2. yönetici 3. şef, amir 4. *k. dili* patron, işveren 5. *Aİ.* eyalet başkanı
**go with** *e.* 1. uymak, gitmek: *White wine goes with fish.* 2. birbirini tamamlamak, eşlik etmek, aynı zamanda olmak: *Ill health often goes with poverty.* 3. *k. dili* ile düşüp kalkmak: *She's been going with several men recently.*
**go without** *e.* 1. -sız idare etmek, -sız yapmak: *They had so little money the children went without shoes.* 2. **it goes without saying** söylemeye gerek yok, gayet açık, herkes bilir
**gown** /gaun/ *a.* 1. uzun kadın giysisi, gece giysisi 2. cüppe 3. önlük
**grab¹** /greb/ *e.* kapmak, yakalamak: *The*

*thief grabbed my bag and ran.*
**grab²** /greb/ *a.* kapma, kapış
**grace¹** /greys/ *a.* 1. zarafet, güzellik 2. lütuf, kayra 3. şükran duası 4. mühlet, süre
**grace²** /greys/ *e.* 1. donatmak, süslemek, bezemek 2. şereflendirmek, şeref vermek, teşrif etmek
**graceful** /'greysfıl/ *s.* 1. zarif, hoş, güzel, çekici 2. nazik
**graceless** /'greyslıs/ *s.* 1. kaba, görgüsüz 2. göze batan
**gracious** /'greyşıs/ *s.* 1. ince, hoş, nazik 2. (tanrı) bağışlayıcı, merhametli 3. (yaşam) rahat, zengin 4. yüce, saygıdeğer
**gradation** /grı'deyşın/ *a.* derece derece değişme
**grade¹** /greyd/ *a.* 1. rütbe 2. derece 3. cins 4. *Aİ.* eğim, yokuş, meyil 5. *Aİ.* sınıf 6. not 7. **make the grade** başarmak, işi götürmek
**grade²** /greyd/ *e.* ayırmak, sınıflandırmak
**gradient** /'greydiınt/ *a.* eğim, eğiklik, meyil, yokuş
**gradual** /'grecuıl/ *s.* derece derece olan, aşamalı
**gradually** /'grecuıli/ *be.* yavaş yavaş, azar azar: *Add milk gradually, stirring the mixture all the time.*
**graduate¹** /'grecuit/ *a.* 1. üniversite mezunu 2. *Aİ.* herhangi bir kursu, okulu bitirmiş, bir eğitimi tamamlamış kimse, mezun 3. *Aİ.* mastır yapan öğrenci
**graduate²** /'grecueyt/ *e.* 1. (üniversiteden) mezun olmak: *He graduated from University last year and is now working as an engineer.* 2. mezun etmek, diploma vermek
**graduation** /grecu'eyşın/ *a.* 1. mezuniyet 2. diploma töreni
**graffiti** /gre'fi:ti/ *a.* duvar yazıları
**graft¹** /gra:ft/ *a.* 1. bitk. aşı 2. hek. (doku) yama 3. rüşvet, yolsuzluk 4. *İİ, k. dili* sıkı çalışma
**graft²** *e.* 1. (ağaç) aşı yapmak, aşılamak 2. hek. doku yerleştirmek
**grain** /greyn/ *a.* 1. tahıl, hububat 2. tane 3. parça, zerre
**gram** /grem/ *a.* gram

grammar /'gremı/ *a.* 1. dilbilgisi, gramer 2. gramer kitabı 3. **grammar school** *İİ.* (üniversiteye hazırlayan) orta dereceli okul
grammatical /grı'metıkıl/ *s.* dilbilgisel
gramme /'grem/ *a, bkz.* **gram**
gramophone /'gremıfoun/ *a.* gramofon
gran /gren/ *a, İİ, k. dili* büyükanne, nine
granary /'grenıri/ *a.* 1. tahıl ambarı 2. çok tahıl yetişen bölge, tahıl ambarı
grand[1] /grend/ *s.* 1. ulu, yüce, görkemli, büyük, heybetli 2. görkemli, parlak, debdebeli, muhteşem 3. *k. dili* tatlı, güzel, hoş, çok iyi, enfes, mükemmel 4. baş, yüksek 5. en önemli, ana 6. ince, kibar 7. tam, bütün, genel 8. (insan) önemli
grand[2] /grend/ *a.* 1. *AÍ, arg.* bin dolar 2. *k. dili* kuyruklu piyano
grandad, granddad /'grended/ *a, k. dili* büyükbaba, dede
grandchild /'grençayld/ *a.* torun
granddaughter /'grendo:tı/ *a.* kız torun
grandeur /'grencı/ *a.* büyüklük, görkem
grandfather /'grenfa:dı/ *a.* büyükbaba, dede
grandiose /'grendious/ *s.* gösterişli, tantanalı, görkemli
grandma /'grenma:/ *a, k. dili* büyükanne, nine
grandmother /'grenmadı/ *a.* büyükanne, nine
grandpa /'grenpa:/ *a, k. dili* büyükbaba, dede
grandparent /'grenpeırınt/ *a.* büyükbaba ya da büyükanne
grand piano /grend'pi'enou/ *a.* kuyruklu piyano
grandson /'grensan/ *a.* erkek torun
grandstand /'grendstend/ *a.* tribün
grange /greync/ *a.* çiftlik evi ile ambarları
granite /'grenit/ *a.* granit
granny /'greni/ *a, k. dili* büyükanne, nine
grant[1] /'gra:nt/ *e.* 1. vermek, bahşetmek 2. onaylamak, varsaymak, kabul etmek 3. **take sth/sb for granted** itirazsız kabul etmek
grant[2] /gra:nt/ *a.* 1. burs 2. ödenek, tahsisat 3. bağış
granular /'grenyulı/ *s.* taneli, tanecikli

granulated /'grenyuleytid/ *s.* 1. tanelenmiş, taneli, tane haline getirilmiş 2. **granulated sugar** tozşeker
granule /'grenyu:l/ *a.* tanecik
grape /greyp/ *a, bitk.* üzüm
grapefruit /'greypfru:t/ *a.* greyfurt, altıntop
grapevine /'greypvayn/ *a.* 1. *bitk.* asma 2. söylenti, rivayet, dedikodu yayma
graph /gra:f/ *a.* çizge, grafik
graphic /'grefik/ *s.* 1. çizgesel, grafik 2. (anlatımı, vb.) canlı, açık, tam
graphically /'grefikli/ *be.* 1. açık ve canlı bir şekilde 2. çizgisel olarak
grapple /'grepıl/ *e.* (with ile) boğuşmak: *They grappled for several minutes before being seperated. /He's been grappling with the maths question for hours.*
grasp[1] /gra:sp/ *e.* 1. yakalamak, kavramak, tutmak 2. anlamak, kavramak
grasp[2] /gra:sp/ *a.* 1. sıkı sıkı tutma, kapma, kavrama, yakalama 2. elin yetişebileceği mesafe 3. kavrama, anlama, anlayış, kavrayış
grasp at *e.* -e uzanmak, tutmaya çalışmak, el uzatmak: *She grasped at any suggestion she was given.*
grasping /'gra:sping/ *s, hkr.* açgözlü, gözü doymaz
grass /gra:s/ *a.* 1. çimen, çim, ot 2. çayır, çimenlik, otlak 3. *İİ, arg.* ispiyoncu, gammaz 4. *arg.* ot, esrar, marihuana 5. **be on the grass** *arg.* esrar çekmek 6. **grass roots** halk
grasshopper /'gra:shopı/ *a.* çekirge
grassland /'gra:slend/ *a.* otlak
grassy /'gra:si/ *s.* çimenlerle kaplı, çimenli, otlu
grate[1] /greyt/ *a.* ocak ızgarası
grate[2] /greyt/ *e.* 1. rendelemek 2. gıcırdatmak 3. gıcırdamak
grateful /'greytfıl/ *s.* minnettar, müteşekkir
grater /'greytı/ *a.* rende
gratify /'gretifay/ *e.* sevindirmek, mutlu etmek
grating[1] /'greyting/ *a.* ızgara, demir parmaklık
grating[2] /'greyting/ *s.* (ses) kulak tırmalayıcı
gratis /'gretis, 'gra:tis/ *s, be.* bedava,

bedavadan, karşılıksız: *He gave me the ticket gratis, though I offered to pay.*
**gratitude** /'grætityu:d/ *a.* minnettarlık
**gratuitous** /grı'tyu:ıtıs/ *s.* 1. karşılıksız, bedava, karşılık beklemeden 2. *hkr.* hakedilmemiş, gereksiz, mantıksız
**gratuity** /grı'tyu:ıti/ *a.* 1. bahşiş 2. *İİ.* işten ayrılan kimseye verilen fazladan para
**grave**[1] /greyv/ *a.* 1. mezar 2. **have one foot in the grave** bir ayağı çukurda olmak 3. **turn in one's grave** mezarında kemikleri sızlamak: *If his mother knew he was in prison she'd turn in her grave.*
**grave**[2] /greyv/ *s.* 1. ciddi 2. ağır
**gravel**[1] /'grevıl/ *a.* çakıl
**gravel**[2] /'grevıl/ *e.* (yola) çakıl döşemek
**gravestone** /'greyvstoun/ *a.* mezar taşı
**graveyard** /'greyvya:d/ *a.* mezarlık
**gravitate** /'greviteyt/ *e.* (to/towards ile) -e hareket etmek, gitmek, çekilmek, yönelmek: *Funny how the men at a party always gravitate towards the booze.*
**gravitation** /grevi'teyşın/ *a.* 1. gitme, yönelme 2. yerçekimi
**gravity** /'greviti/ *a.* 1. yerçekimi 2. ciddiyet, ağırlık, önem
**gravy** /'greyvi/ *a.* 1. et suyu 2. salça, sos 3. *arg.* havadan, hak etmeden kazanılan para/kâr 4. **get on the gravy train** *arg.* havadan para getiren bir işe girmek
**gray** /grey/ *s, a, Aİ, bkz.* **grey**
**graze**[1] /greyz/ *e.* 1. otlamak: *The sheep were grazing in the meadow.* 2. otlatmak: *He took the goats to the mountain top to graze them.*
**graze**[2] /greyz/ *e.* 1. sıyırmak: *When he fell he grazed both his knees.* 2. sıyırıp geçmek: *Luckily the bullet just grazed his cheek and passed on.*
**graze**[3] /greyz/ *a.* sıyrık
**grease**[1] /gri:s/ *a.* 1. (hayvansal) yağ 2. gres, katıyağ 3. briyantin
**grease**[2] /gri:s, gri:z/ *e.* 1. yağlamak 2. **grease sb's palm** rüşvet vermek
**greasy** /'gri:si, 'gri:zi/ *s.* 1. yağlı 2. kaygan
**great** /greyt/ *s.* 1. büyük 2. önemli 3. yetenekli, büyük 4. *k. dili* kocaman, koca 5. *k. dili* harika, nefis, çok iyi, müthiş 6. **a**

**great deal** çok 7. **great-grandfather** babasının dedesi 8. **great-grandson** oğlunun/kızının erkek torunu 9. **the Great War** Birinci Dünya Savaşı
**greatly** /'greytli/ *be.* çok: *I've always felt the heat greatly in summer.*
**greed** /gri:d/ *a.* açgözlülük
**greedy** /'gri:di/ *s.* açgözlü
**green**[1] /gri:n/ *s.* 1. yeşil 2. (meyve) ham, olmamış 3. *k. dili* toy, deneyimsiz, saf, keriz 4. benzi sararmış, solgun 5. **green belt** yeşil alan, yeşil kuşak 6. **green with envy** kıskançlıktan kudurmuş 7. **have green fingers** bahçe işlerinden iyi anlamak 8. **the green light** izin, yeşil ışık
**green**[2] /gri:n/ *a.* 1. yeşil renk, yeşil 2. yeşillik, çayır 3. *ç.* yeşil yapraklı sebzeler, yeşillik
**greenery** /'gri:nıri/ *a.* yeşil yapraklar, ağaç yaprakları
**green-eyed** /gri:n'ayd/ *s.* 1. kıskanç 2. **green-eyed monster** kıskançlık
**greengage** /'gri:ngeyc/ *a, bitk.* bardakeriği
**greengrocer** /'gri:ngrousı/ *a.* manav
**greenhouse** /'gri:nhaus/ *a.* limonluk, ser
**greet** /gri:t/ *e.* 1. selamlamak, selam vermek 2. karşılamak
**greeting** /'gri:ting/ *a.* 1. selam 2. iyi dilek, tebrik
**gregarious** /grı'geırııs/ *s.* 1. sürü/topluluk halinde yaşayan 2. sokulgan, sosyal
**grenade** /grı'neyd/ *a.* el bombası
**grew** /gru:/ *pt bkz.* **grow**
**grey**[1] /grey/ *s.* 1. gri, külrengi 2. kır saçlı: *He's gone grey since I last saw him.* 3. (saç) kır, ağarmış 4. (yüz) soluk, bembeyaz 5. sıkıcı, sönük, hareketsiz
**grey**[2] /grey/ *a.* gri renk, gri, külrengi
**grey**[3] /grey/ *e.* (saç) kırlaşmak, ağarmak
**greyhound** /'greyhaund/ *a.* tazı
**grid** /grid/ *a.* 1. ızgara, parmaklık 2. elektrik şebekesi
**griddle** /'gridl/ *a.* (et, vb. kızartmak için) saç ızgara
**grief** /gri:f/ *a.* 1. acı, keder, üzüntü 2. **come to grief** başarısız olmak, zarar görmek: *You'll come to grief if you never take advice.* 3. **good grief** Hay Allah!

grievance /'gri:vıns/ a. yakınma, şikâyet, dert

grieve /gri:v/ e. 1. üzülmek, acı çekmek 2. çok üzmek, mutsuz etmek

grievous /'gri:vıs/ s. acı, zarar veren, ağır, acı veren

grill[1] /gril/ a. 1. ızgara 2. ızgara et

grill[2] /gril/ e. 1. ızgarada pişirmek 2. k. dili sorguya çekmek

grille /gril/ a. (kapı, pencere, vezne, vb.'de) demir parmaklık

grim /grim/ s. 1. sert, amansız, acımasız 2. korkulu 3. k. dili zevksiz, neşesiz

grimace /'gri'meys/ e. yüzünü ekşitmek, yüzünü buruşturmak

grime /graym/ a. kir tabakası, kir

grin[1] /grin/ a. sırıtma, sırıtış

grin[2] /grin/ e. 1. sırıtmak 2. **grin and bear it** k. dili yakınmadan katlanmak, çekmek

grind[1] /graynd/ e. [pt, pp **ground** /graund/] 1. öğütmek 2. bilemek 3. (diş, vb.) bastırmak, gıcırdatmak 4. k. dili hafızlamak, ineklemek

grind[2] /graynd/ a. 1. sıkıcı zor iş, angarya 2. Aİ, k. dili çok çalışan öğrenci, hafız, inek 3. k. dili uzun ve sıkıcı konuşma, vaaz, nutuk

grinder /'grayndı/ a. öğütücü

grindstone /'grayndstoun/ a. 1. bileğitaşı 2. değirmen taşı

grip[1] /grip/ e. 1. sımsıkı tutmak, yakalamak, yapışmak, kavramak: She gripped the railing to keep herself from falling. 2. (dikkatini, vb.) çekmek, etkilemek, sarmak: The teacher had gripped their attention.

grip[2] /grip/ a. 1. sıkıca tutma, kavrama 2. anlama/yapma gücü 3. yolculuk çantası 4. tutamak, tutturucu şey 5. sap, kulp 6. **come/get to grips with** ile uğraşmak, üzerinde ciddi olarak durmak: Although they discussed many topics they never came to grips with them.

gripe[1] /grayp/ e. (at/about ile) k. dili yakınmak, sızlanmak: His friends are tired of him griping about his mother-in-law.

gripping /'griping/ s. ilgi çekici, dikkat çekici, sürükleyici: It was such a gripping tale nobody even moved.

grisly /'grizli/ s. korkunç, ürkütücü, dehşet verici; tatsız, nahoş

gristle /'grisıl/ a, anat. kıkırdak

grit /grit/ a. 1. çakıl 2. k. dili azim, kararlılık, yüreklilik, dayanıklılık

grizzly /'grizli/ a, hayb. Kuzey Amerika'ya özgü iri ve vahşi, gri ayı

groan[1] /groun/ e. inlemek

groan[2] /groun/ a. inilti

grocer /'grousı/ a. bakkal

groceries /'grousıriz/ a. bakkaliye

groggy /'grogi/ s, k. dili dizleri tutmayan, halsiz, dermansız, bitkin

groin /groyn/ a, anat. kasık

groom[1] /gru:m/ a. 1. damat 2. seyis

groom[2] /gru:m/ e. 1. (at) tımar etmek 2. üstüne başına bakmak, çeki düzen vermek 3. (birini) bir iş için hazırlamak, çalıştırmak, eğitmek

groove /gru:v/ a. 1. yiv, oluk 2. plağın çizgileri 3. alışkanlık edinilmiş yaşam biçimi

groovy /'gru:vi/ s, arg. moda olmuş, moda

grope /group/ e. 1. el yordamıyla aramak, yoklamak: She groped in her bag for her lipstick. 2. arg. ellemek, sarkıntılık etmek: She was groped at the cinema by the man next to her.

gross[1] /grous/ s. 1. şişko, şişman, iriyarı, hantal 2. kaba, inceliksiz, saldırgan 3. bağışlanamaz, arsız, sulu 4. toplam, brüt

gross[2] /grous/ a. on iki düzine, 144'lük grup

grotesque /grou'tesk/ s. 1. acayip, garip, komik, saçma 2. grotesk

grotto /'grotou/ a. mağara

grotty /'groti/ s, arg. berbat, felaket, rezil, iğrenç, pis

grouch[1] /grauç/ a, k. dili 1. yakınma, dırdır 2. dırdırcı, durmadan sızlanan kimse

grouch[2] /grauç/ e. yakınmak, şikâyet etmek, dırdır etmek, homurdanmak

ground[1] /graund/ a. 1. yer, zemin 2. toprak 3. alan, saha 4. zemin 5. temel, esas

ground[2] /graund/ e. 1. (gemi) karaya

oturmak 2. karaya oturtmak 3. (uçak, vb.) yerde kalmaya zorlamak, kalkışına olanak tanımamak 4. *elek.* toprak hattı bağlamak

**ground**[3] /graund/ *pt, pp bkz.* **grind**

**grounding** /'graunding/ *a.* köklü bilgi, köklü eğitim, temel

**groundless** /'graundlıs/ *s.* (duygu, düşünce, vb.) yersiz, nedensiz

**groundnut** /'graundnat/ *a, İİ.* yerfıstığı

**grounds** /'graundz/ *a.* 1. telve, tortu 2. neden

**groundsman** /'graundzmın/ *a, İİ.* oyun alanlarına ya da büyük bahçelere bakan adam

**groundwork** /'graundwö:k/ *a.* temel, esas

**group**[1] /gru:p/ *a.* topluluk, grup, küme

**group**[2] /gru:p/ *e.* 1. gruplara ayırmak, gruplamak 2. gruplara ayrılmak, gruplaşmak

**groupie** /'gru:pi/ *a, k. dili* pop grubu üyeleriyle sevişmek için onların konserlerine giden kız

**grouping** /'gru:ping/ *a.* gruplama

**grouse**[1] /graus/ *a.* bir tür keklik, ormantavuğu

**grouse**[2] /graus/ *e.* yakınmak, söylenmek, homurdanmak, dırdır etmek

**grouse**[3] /graus/ *a, k. dili* yakınma, şikâyet, homurdanma

**grove** /grouv/ *a.* koru, ağaçlık

**grovel** /'grovıl/ *e, hkr.* 1. (korku, vb.'den) yerlerde sürünmek 2. dizlerine kapanmak, yağ çekmek

**grow** /grou/ *e.* [*pt* **grew** /gru:/, *pp* **grown** /groun/] 1. büyümek, gelişmek: *My nephew has grown so much none of his clothes fit him.* 2. (saç, sakal, bıyık, vb.) uzatmak, bırakmak: *In the late sixties many men grew their hair very long. He's growing a beard.* 3. (bitki, vb.) yetişmek: *There are trees growing by the river.* 4. yetiştirmek: *Turkey grows many kinds of fruit.* 5. olmak, -leşmek: *We all grow old.* 6. artmak, çoğalmak: *The world's population is growing.*

**grow away from** *e.* yakınlığını, ilişkisini azaltmak, uzaklaşmak: *He's grown away from his school friends now.*

**grower** /'grouı/ *a.* (meyve, vb.) yetiştirici

**grow into** *e.* olmak, haline gelmek: *The colt's grown into a famous racehorse.*

**growl** /graul/ *a.* hırıltı, hırıldama

**grown**[1] /graun/ *s.* büyümüş, yetişkin

**grown**[2] /groun/ *pp bkz.* **grow**

**grown-up**[1] /'grounap/ *s.* yetişkin, olgun

**grown-up**[2] /'grounap/ *a, k. dili* yetişkin, büyük

**grow on** *e.* sevilmeye başlamak, sarmak, alışılmak, benimsenmek

**growth** /grout/ *a.* 1. büyüme, gelişme 2. artış, yükseliş 3. büyümüş/gelişmiş şey 4. ur, tümör

**grub**[1] /grab/ *e.* toprağı kazmak, eşelemek

**grub**[2] /grab/ *a.* 1. larva 2. *k. dili* yiyecek, yemek

**grubby** /'grabi/ *s.* pis, kirli

**grudge**[1] /grac/ *e.* 1. esirgemek, çok görmek 2. vermek istememek, istemeyerek vermek, kıyamamak

**grudge**[2] /grac/ *a.* 1. kin, garaz, haset 2. **bear a grudge/grudges** kin beslemek

**grudging** /'gracing/ *s.* gönülsüz, isteksiz

**gruel** /'gru:ıl/ *a.* bulamaç

**grueling** /'gru:ıling/ *s, Aİ, bkz.* **gruelling**

**gruelling** /gru:ıling/ *s.* çok zor ve yorucu

**gruesome** /'gru:sım/ *s.* korkunç, ürkünç, tüyler ürpertici

**gruff** /graf/ *s.* sert, hırçın, kaba

**grumble**[1] /'grambıl/ *e.* 1. yakınmak, söylenmek, homurdanmak, şikâyet etmek 2. (gök) gürlemek, gümbürdemek

**grumble**[2] /'grambıl/ *a.* dırdır, yakınma, şikâyet

**grumpy** /'grampi/ *s.* huysuz, somurtkan, aksi

**grunt**[1] /grant/ *e.* 1. (hayvan) hırıldamak, hırlamak 2. (insan) homurdanmak

**grunt**[2] /grant/ *a.* hırıltı, homurtu

**guarantee**[1] /gerın'ti:/ *a.* 1. güvence, teminat, garanti 2. kefil

**guarantee**[2] /gerın'ti:/ *e.* 1. güvence vermek, garanti etmek, kefil olmak 2. (bir şeyin olacağına) söz vermek, güvence vermek

**guarantor** /gerın'to:/ *a.* güvence veren kimse, teminatçı, kefil, garantör

**guaranty** /'gerınti/ *a.* güvence, garanti,

teminat, kefalet
**guard**[1] /ga:d/ *a*. 1. nöbet, koruma 2. savunma pozisyonu, gard 3. koruma görevlisi, koruyucu, bekçi, nöbetçi 4. koruyucu nesne
**guard**[2] /ga:d/ *e*. 1. korumak 2. beklemek 3. önlem almak, tedbirli olmak, korunmak 4. nöbet tutmak 5. denetlemek, denetim altına almak, kontrol etmek
**guarded** /'ga:did/ *s*. (konuşma) dikkatli, önlemli, öz
**guardian** /'ga:diın/ *a*. 1. koruyucu kişi/yer 2. *huk*. koruyucu, vasi, veli
**guava** /'gwa:vı/ *a, bitk*. tropikal bir meyve, guava
**guerilla, guerrilla** /gı'rilı/ *a*. gerilla
**guess**[1] /ges/ *e*. 1. tahmin etmek: *Guess how many fish I caught.* 2. doğru tahmin etmek, doğru kestirmek: *He always guesses the right answer.* 3. *Aİ, k. dili* sanmak, zannetmek: *I guess they will marry soon.* 4. **keep sb guessing** meraktan çatlatmak, ne olacağını söylememek
**guess**[2] /ges/ *a*. 1. kestirim, sanı, tahmin 2. **at a guess** tahminen
**guesswork** /'geswö:k/ *a*. tahmin, tahmin işi
**guest** /gest/ *a*. 1. konuk, misafir 2. otel ya da pansiyon müşterisi, pansiyoner 3. **be my guest** tabi, elbette, hiç çekinme
**guesthouse** /'gesthaus/ *a*. pansiyon
**guffaw**[1] /gı'fo:/ *a*. gürültülü kahkaha
**guffaw**[2] /gı'fo:/ *e*. gürültülü kahkaha atmak
**guidance** /'gaydıns/ *a*. yardım; öğüt, akıl, yol gösterme
**guide**[1] /gayd/ *a*. kılavuz, rehber
**guide**[2] /gayd/ *e*. kılavuzluk etmek, yol göstermek, rehberlik etmek
**guidelines** /'gaydlaynz/ *a*. meselenin ana noktaları
**guild** /gild/ *a*. dernek, lonca, esnaf loncası
**guile** /gayl/ *a*. hile, hilekârlık, kurnazlık
**guileless** /'gayllıs/ *s*. dürüst, hilesiz, saf
**guillotine**[1] /'gilıti:n/ *a*. 1. giyotin 2. giyotin, bıçak, kâğıt kesme makinesi
**guillotine**[2] /'gilıti:n/ *e*. giyotinle kafasını

uçurmak
**guilt** /gilt/ *a*. 1. suçluluk 2. sorumluluk 3. suçluluk duygusu, utanç
**guilty** /'gilti/ *s*. suçlu
**guinea** /'gini/ *a*. eskiden 21 şiling şimdi 1.05 pound'lık para birimi
**guinea pig** /'gini pig/ *a*. 1. *hayb*. kobay 2. denek
**guise** /gayz/ *a*. (aldatıcı) dış görünüş, kılık
**guitar** /gi'ta:/ *a*. gitar
**guitarist** /gi'ta:rist/ *a*. gitarist
**gulch** /galç/ *a, Aİ*. taşlı vadi
**gulf** /galf/ *a*. 1. körfez 2. uçurum 3. büyük görüş ayrılığı, uçurum
**gull** /gal/ *a, hayb*. 1. martı 2. enayi, saf
**gullet** /'galit/ *a, k. dili* boğaz, gırtlak, yemek borusu
**gullible** /'galıbıl/ *s*. saf, enayi, kolay kanan
**gully** /'gali/ *a*. 1. küçük vadi 2. arık, su oluğu
**gulp** /galp/ *e*. 1. yutuvermek, aceleyle yutmak 2. yutkunmak
**gum**[1] /gam/ *a*. 1. dişeti 2. zamk 3. sakız 4. çiklet
**gum**[2] /gam/ *e*. zamkla yapıştırmak
**gumption** /'gampşın/ *a, k. dili* sağduyu ve beceriklilik, girişkenlik, yüreklilik
**gun** /gan/ *a*. ateşli silah, top, tüfek, tabanca
**gunboat** /'ganbout/ *a, ask*. gambot
**gun down** *e*. silahla vurup düşürmek
**gunfire** /'ganfayı/ *a*. 1. silah sesi 2. atış, ateş
**gunman** /'ganmın/ *a*. silahlı haydut
**gunner** /'ganı/ *a, ask*. topçu
**gunpoint** /'ganpoynt/ *a*: **at gunpoint** silah zoruyla
**gunpowder** /'ganpaudı/ *a*. barut
**gunrunner** /'ganranı/ *a*. silah kaçakçısı
**gunshot** /'ganşot/ *a*. 1. atış 2. menzil
**gurgle**[1] /'gö:gıl/ *a*. lıkırtı
**gurgle**[2] /'gö:gıl/ *e*. lıkırdamak
**gush**[1] /gaş/ *e*. 1. fışkırmak 2. aşırı hayranlık göstermek, bayılmak
**gush**[2] /gaş/ *s*. gırtlaktan, gırtlakla ilgili, gırtlak ...
**gust** /gast/ *a*. bora, ani rüzgâr

gusto /'gastou/ a. zevk, haz, heves

gut[1] /gat/ a. 1. anat. bağırsak 2. hek. bağırsaktan yapılan iplik 3. müz. bağırsak tel

gut[2] /gat/ s. içten gelen, içe doğan

gut[3] /gat/ e. 1. bağırsaklarını çıkarmak, içini temizlemek 2. (bir binanın içini, vb.) yok etmek, yakıp, kül etmek

guts /gats/ a, k. dili 1. bağırsaklar 2. cesaret, göt; azim, kararlılık 3. içerik, öz

gutter /'gatı/ a. 1. oluk, suyolu 2. sefalet

guttural /'gatırıl/ s. gırtlaktan, gırtlakla ilgili, gırtlak

guy /gay/ a, k. dili adam, herif

guzzle /'gazıl/ e. hapur hupur yemek, höpür höpür içmek

gym /cim/ a, k. dili 1. jimnastik salonu 2. beden eğitimi, jimnastik

gymkhana /cim'ka:nı/ a. yerel spor karşılaşması, yarış

gymnasium /cim'neyziım/ a. jimnastik salonu

gymnast /'cimnest/ a. jimnastikçi, jimnastik uzmanı

gymnastics /cim'nestiks/ a. jimnastik

gynaecology /gayni'kolıcı/ a, hek. jinekoloji

gypsum /'cipsım/ a. alçıtaşı

gypsy /'cipsi/ a, bkz. gipsy

gyrate /cay'reyt/ e. kendi ekseni çevresinde dönmek

gyroscope /'cayırıskoup/ a. topaç, cayraskop, jiraskop

# H

H, h /eyç/ a. İngiliz abecesinin sekizinci harfi

haberdasher /'hebıdeşı/ a. 1. İİ. tuhafiyeci, terzilik malzemeleri satan kimse 2. Aİ. erkek giyimi satan kimse

haberdashery /'hebıdeşırı/ a. tuhafiye; tuhafiye dükkânı

habit /'hebit/ a. 1. alışkanlık: She had a bad habit of biting her fingernails. 2. (rahip ve rahibeler için) özel kılık

habitable /'hebitıbıl/ s. oturmaya elverişli, oturulabilir, ikamet edilebilir

habitat /'hebitet/ a. bir hayvan ya da bitkinin yetiştiği doğal ortam

habitation /hebi'teyşın/ a. 1. oturma, ikamet 2. ev, konut, oturacak yer

habitual /hı'biçuıl/ s. 1. alışılagelmiş, alışılmış, âdet haline gelmiş: It's habitual in America to eat turkey for Thanksgiving. 2. her zamanki 3. bir şeyi alışkanlık haline getirmiş, alışmış

hack[1] /hek/ e. (at/away ile) kesmek, yarmak

hack[2] /hek/ a. 1. yaşlı ve yorgun at 2. kira beygiri, binek atı 3. çok sayıda düşük kaliteli eserler yazan yazar

hacking cough /'heking kof/ a. rahatsız edici öksürük, kötü sesli öksürük

hackneyed /'heknid/ s. (söz) bayat, çok yinelenmiş, basmakalıp, beylik, eskimiş

hacksaw /'hekso:/ a. demir testeresi, vergel testere

had[1] /hed/ e: be had k. dili kazıklanmak, aldatılmak: He was had! The picture he bought was a fake.

had[2] /hıd, hed/ pt, pp bkz. have

haddock /'hedık/ a, hayb. bir tür morina balığı

hag /heg/ a. yaşlı/çirkin kadın, acuze, cadı, cadaloz

haggard /'hegıd/ s. (yüz) yorgun, kırışık, bitkin

haggle /'hegıl/ e. pazarlık etmek, çekişmek, tartışmak: The carpet seller haggled with the tourist about the cost.

hail[1] /heyl/ a. dolu

hail[2] /heyl/ e. dolu yağmak: It hailed so hard windows were broken.

hail[3] /heyl/ e. (birini) çağırmak, seslenmek, selamlamak

hail as e. ... olarak değerlendirmek, ... demek: He was hailed as a genius.

hail from e. -den gelmek, -li olmak: She hails from Adelaide.

hailstone /'heylstoun/ a. dolu tanesi

hailstorm /'heylsto:m/ a. dolu fırtınası

hair /heı/ a. 1. kıl, tüy 2. saç: Get your hair cut. 3. let one's hair down k. dili rahat hareket etmek, resmiyeti bırakmak, sakin olmak 4. make sb's hair stand on end ödünü koparmak, çok

korkutmak, tüylerini ürpertmek 5. **not
turn a hair** *k. dili* kılı deprememek, kılını
kıpırdatmamak, tınmamak 6. **split hairs**
*hkr.* kılı kırk yarmak
hairbrush /'heıbraş/ *a.* saç fırçası
haircut /'heıkat/ *a.* 1. saç tıraşı 2. saç
kesilme biçimi, saç kesimi
hairdo /'heıdu:/ *a, k. dili* 1. biçim verilmiş
saç, yapılı saç 2. saç biçimi, saç tuvaleti
hairdresser /'heıdresı/ *a.* kuaför
hairgrip /'heıgrip/ *a.* saç tokası
hairline /'heılayn/ *a.* 1. alında saç çizgisi
2. **hairline crack** ince çizgi/çatlak
hairnet /'heınet/ *a.* saç filesi
hairpiece /'heıpi:s/ *a.* takma saç, peruka
hairpin /'heıpin/ *a.* 1. firkete, saç tokası 2.
**hairpin bend** keskin viraj 3. **hair's
breadth** kıl payı (uzaklık): *There was a
hair's bredth between the two cars.*
hair-raising /'heırayzing/ *s.* korkunç,
tüyler ürpertici
hair-splitting /'heıspliting/ *a.* kılı kırk
yarma
hairy /'heıri/ *s.* 1. kıllı: *She's got hairy
legs.* 2. *k. dili* heyecanlandırıcı, korkutu-
cu, müthiş
halcyon /'helsiın/ *s, yaz.* sakin, huzurlu
hale /heyl/ *s.* sağlıklı, dinç, zinde
half[1] /ha:f/ *a.* 1. yarı, buçuk: *She cut the
melon and gave Robert and Kirsten a
half each.* 2. (para, içecek, bilet, vb.)
yarım: *"How many tickets do you want?"
"One for me and a half for my son. "* 3.
**go halves** *k. dili* (masrafı) paylaşmak:
*Let's go halves.*
half[2] /ha:f/ *s.* 1. yarı, yarısı: *Half the
students went home early.* 2. yarım: *half
a kilo*
half[3] /ha:f/ *be.* 1. yarı, yarı yarıya, kıs-
men: *They were only half ready when
the taxi arrived.* 2. **not half** *İİ, k. dili* a)
çok b) hiç
halfback /'ha:fbek/ *a, sp.* hafbek
half-baked /ha:f'beykd/ *s.* (düşünce)
saçma, mantıksız
half-brother /'ha:fbradı/ *a.* üvey erkek
kardeş
half-caste /'ha:fka:st/ *a, s.* (insan) melez
half-hearted /ha:f'ha:tid/ *s.* isteksiz,

gönülsüz
half-mast /ha:f'ma:st/ *a.* yarı gönder:
*When Atatürk died the flags in Turkey
were flown at half-mast.*
half-sister /'ha:fsistı/ *a.* üvey kız kardeş
half term /ha:f'tö:m/ *a.* (İngiltere'de okul-
larda) iki üç günlük kısa dönem tatili
half time /ha:f'taym/ *a, sp.* haftaym, ara
halfway /ha:f'wey/ *s, be.* 1. ortada, yarı
yolda 2. işi bitirmeden, tamamlamadan:
*There's no point going halfway. Finish
what you start.* 3. **meet sb halfway** or-
tak bir noktada (yarı yarıya) anlaşmak
half-wit /'ha:fwit/ *a.* aptal, budala, geri
zekâlı
half-witted /ha:f'witid/ *s.* geri zekâlı
halibut /'helibıt/ *a.* kalkana benzer yassı
ve büyük bir balık
hall /ho:l/ *a.* 1. toplantı salonu, büyük
salon 2. koridor, hol 3. (okul, üniversite,
vb.) salon, yemekhane
hallelujah /heli'lu:yı/ *ünl.* Elhamdülillah!
Allah'a şükür!
hallmark[1] /'ho:lma:k/ *a.* altın ya da gü-
müşte ayar damgası
hallmark[2] /'ho:lma:k/ *e.* ayar damgası
vurmak
hallo /hı'lou/ *a, bkz.* **hello**
hallow /'helou/ *e.* kutsamak, kutsallaştır-
mak
Hallowe'en /helou'i:n/ *a.* Azizler Günü'-
nün arifesi (31 ekim gecesi)
hallucinate /hı'lu:sineyt/ *e.* halüsinasyon
görmek
hallucination /hılu:si'neyşın/ *a.* sanrı,
halüsinasyon, varsam
hallway /'ho:lwey/ *a, Aİ.* koridor, geçit, hol
halo /'heylou/ *a.* ışık halkası, hale, ağıl
halt[1] /ho:lt/ *e.* 1. durmak 2. durdurmak
halt[2] /ho:lt/ *a.* duruş, durma
halter /'ho:ltı/ *a.* yular, dizgin
halting /'ho:lting/ *s.* duraksayan, durak-
samalı
halve /ha:v/ *e.* 1. yarıya bölmek 2. yarıya
indirmek
ham /hem/ *a.* 1. jambon 2. *k. dili* abartma-
lı oyuncu, sunucu, vb. 3. amatör telsizci
hamburger /'hembö:gı/ *a.* hamburger
ham-fisted /hem'fistid/ *s.* sakar, becerik-

siz

**hamlet** /'hemlit/ a. küçük köy
**hammer**[1] /'hemı/ a. 1. çekiç 2. tokmak 3. (tüfek, vb.) horoz 4. sp. çekiç 5. anat. çekiçkemiği 6. **be/go at it hammer and tongs** (iki kişi) fena kapışmak/dövüşmek/atışmak
**hammer**[2] /'hemı/ e. 1. çekiçle vurmak, çakmak 2. k. dili yenmek
**hammer out** e. ayrıntılarıyla ele alıp hakkında bir karara varmak: *The couple hammered out their problem with their son.*
**hammock** /'hemık/ a. hamak
**hamper**[1] /'hempı/ e. engel olmak, engellemek, zorluk çıkarmak
**hamper**[2] /'hempı/ a. kapaklı sepet
**hamster** /'hemstı/ a, hayb. hamster, cırlak sıçan
**hamstring** /'hemstring/ a, anat. diz arkasında bulunan iki büyük kirişten biri
**hand**[1] /hend/ a. 1. el: *She burnt her hand while cooking.* 2. akrep, yelkovan, ibre: *The hands of the clock had got stuck.* 3. (iskambilde) el 4. elleriyle çalışan kimse, işçi: *He's a good hand at carpentry.* 5. yardım, el uzatma: *Could you give me a hand to push that car please?* 6. kontrol, yönetim: *My son is getting out of my hand.* 7. alkış: *The audience gave a big hand after the concert.* 8. **by hand** elle; elden 9. **change hands** el değiştirmek: *Do you know if this house has changed hands before?* 10. **get/keep one's hand in** (işe) alışmak, kapmak, pratiğini kaybetmemek 11. **give sb a free hand** arzusuna bırakmak, istediği gibi yapmasına izin vermek 12. **hand in glove (with)** sıkı fıkı 13. **hand in hand** a) el ele b) birbirini izleyen, bağlı, birlikte oluşan 14. **hand luggage** yolculuk çantası, seyahat çantası, bavul 15. **have a hand in** -de katkısı bulunmak 16. **on hand** el altında, hazır 17. **on the one/other hand** bir/diğer yanda 18. **play into (sb's) hands** (rakibinin) ekmeğine yağ sürmek 19. **to hand** el altında, yakın bir yerde
**hand**[2] /hend/ e. 1. (elden ele) vermek,

uzatmak: *The students handed the book round.* 2. **hand it to (sb)** k. dili hakkını vermek, kabullenmek
**handbag** /'hendbeg/ a. el çantası
**handbook** /'hendbuk/ a. el kitabı, rehber
**handbrake** /'hendbreyk/ a. el freni
**handcuff** /'hendkaf/ e. kelepçelemek, kelepçe takmak
**handcuffs** /'hendkafs/ a. kelepçe
**handful** /'hendful/ a. 1. avuç dolusu: *He threw a handful of small stones at the dog.* 2. az sayıda (insan), bir avuç: *There were only a handful of people at the party.* 3. ele avuca sığmaz, yaramaz: *His son has always been handful and is now in trouble with the police.*
**handicap**[1] /'hendikep/ a. 1. dezavantaj, engel: *Being left-handed is sometimes a handicap when writing.* 2. (yarış, vb. de) daha güçlülere daha zor olmak üzere verilen dezavantaj
**handicap**[2] /'hendikep/ e. engellemek, engel olmak: *He was handicapped by ill health.*
**handicraft** /'hendikra:ft/ a. el becerisi, el sanatı
**hand in** e. vermek, sunmak, teslim etmek
**handiwork** /'hendiwö:k/ a. 1. el işi, iş, el becerisi 2. (yapanın imzasını taşıyan) elişi, iş
**handkerchief** /'henkıçif/ a. mendil
**handle**[1] /'hendl/ a. sap, kulp, tutamaç, kabza, kol: *Handle of the door.*
**handle**[2] /'hendl/ e. 1. eline almak, el sürmek, ellemek 2. kontrol altında tutmak, yönetmek, idare etmek, başa çıkmak 3. (işte) kullanmak, bulundurmak
**handlebars** /'hendlba:z/ a. (bisiklet ya da motorsiklette) gidon, yönelteç
**handler** /'hendlı/ a. hayvan terbiyecisi
**handout** /'hendaut/ a. 1. (özellikle yoksullara) bedava dağıtılan yiyecek, giyecek, vb. yardım 2. bildiri
**handpicked** /hend'pikt/ s. özenle seçilmiş, titizlikle seçilmiş
**hands** /hendz/ a. iyelik, sahip olma, el: *Her children have been off her hands since they left home. The children were in good hands with their grandmother.*

**handshake** /'hendşeyk/ *a.* el sıkma, tokalaşma

**handsome** /'hensım/ *s.* 1. yakışıklı 2. güzel, iyi görünümlü 3. hoş, cömert

**handstand** /'hendstend/ *a.* ellerin üzerinde durma, amud

**hand-to-mouth** /hendtı'maut/ *s, be.* geleni anında harcayarak, savurgan, müsrif: *They live hand- to-mouth.*

**handwriting** /'hendrayting/ *a.* el yazısı

**handy** /'hendi/ *s.* 1. kolay kullanımlı, kullanışlı, pratik 2. el becerisi olan, eli işe yatkın 3. *k. dili* el altında, hazır, yakın

**handyman** /'hendimen/ *a.* elinden her iş gelen erkek, eli işe yatkın erkek

**hang**[1] /heng/ *e.* [*pt, pp* **hung** /hang/] 1. asmak: *She hung the clothes in the wardrobe.* 2. asılmak, asılı durmak 3. duvar kâğıdı kaplamak

**hang**[2] /heng/ *e.* idam etmek, asmak: *The lynch mob hanged two men.*

**hang**[3] /heng/ *a:* **get/have the hang of sth** *k. dili* bir şeyin işleyişini anlamak ya da bir yeteneği geliştirmek, kavramak, kapmak

**hang about/around** *e, k. dili* 1. başıboş gezerek oyalanmak, sürtmek 2. oyalanmak, yavaş hareket etmek, sallanmak, kıçını sallamak

**hangar** /'hengı/ *a.* hangar

**hang back** *e.* çekinmek, duraksamak, tereddüt etmek

**hanger** /'hengı/ *a.* askı, elbise askısı

**hanger-on** /hengır'on/ *a, hkr.* yağcı, dalkavuk

**hang gliding** /'heng glayding/ *a.* uçma sporu

**hanging** /'henging/ *a.* idam, asma

**hangman** /'hengmın/ *a.* cellat

**hang on** *e, k. dili* 1. tutmak, yapışmak 2. beklemek: *Hang on a minute.* 3. peşini bırakmamak, bir şeyi yapmaya devam etmek

**hang onto** *e.* korumaya/elde tutmaya çalışmak

**hangover** /'hengouvı/ *a.* 1. akşamdan kalmışlık, mahmurluk: *I've got a hangover.* 2. (önceki bir olaydan) kalmış şey,

kalıntı, sonuç

**hang up** *e.* 1. (telefonu) kapamak 2. **be hung up on/about** *k. dili* saplantısı olmak, takılıp kalmak

**hang-up** /'hengap/ *a, k. dili* saplantı, takıntı

**hanker** /'henkı/ *e, k. dili* (after/for ile) arzulamak, özlemini çekmek, can atmak: *I really hanker for a piece of chocolate.*

**hankie** /'henki/ *a, k. dili, bkz.* **hanky**

**hanky** /'henki/ *a, k. dili* mendil

**hanky-panky** /henki'penki/ *a, k. dili* (ciddi olmayan) dümen, hile, pislik, adilik

**haphazard** /hep'hezıd/ *s.* gelişigüzel, plansız, programsız, dağınık

**happen** /'hepın/ *e.* 1. olmak: *He's broken his leg. How did it happen?* 2. başına gelmek, olmak: *I don't know what has happened to them. They aren't usually late.* 3. tesadüfen -mek: *She happened to see him in the street.*

**happening** /'hepıning/ *a.* olay

**happily** /'hepili/ *be.* 1. mutlulukla, neşeyle: *The children played happily together.* 2. Allahtan, bereket versin ki: *Happily she could come.*

**happiness** /'hepinıs/ *a.* mutluluk

**happy** /'hepi/ *s.* 1. mutlu: *They felt happy as it was a lovely day.* 2. uygun, yerinde: *Don't think about death. It's not a happy thought.* 3. sevinçli, memnun: *He said he was happy to help his friend.*

**happy-go-lucky** /hepigou'laki/ *s.* kaygısız, tasasız, vurdumduymaz

**harangue**[1] /hı'reng/ *a.* uzun ve sıkıcı konuşma, nutuk

**harangue**[2] /hı'reng/ *e.* nutuk çekmek, vaaz vermek

**harass** /'herıs/ *e.* usandırmak, bezdirmek

**harassment** /'herısmınt/ *a.* usanç

**harbor** /'ha:bı/ *a, e, Aİ, bkz.* **harbour**

**harbour**[1] /'ha:bı/ *a.* 1. liman 2. sığınak, barınak

**harbour**[2] /'ha:bı/ *e.* barındırmak, korumak

**hard**[1] /ha:d/ *s.* 1. sert, katı: *As the concrete dried it went hard.* 2. güç, zor: *I can't learn Turkish. It's too hard.* 3. kuvvet isteyen, kuvvetli: *She gave the win-*

*dow a hard pull to open it.* 4. zorlu, güçlük dolu, tatsız: *He had a really hard day.* 5. (on ile) katı, hoşgörüsüz, merhametsiz, zalim: *He was very hard on his students.* 6. (su) sert, kireçli 7. (uyuşturucu) bağımlı kılan, alışkanlık yaratan 8. **hard of hearing** ağır işitir; sağır

**hard²** /ha:d/ *be.* 1. büyük gayretle, sıkı, çok: *Sportsmen have to train hard.* 2. çok miktarda, yoğun, ağır, çok: *The wind blew so hard it took off rooves.* 3. **be hard hit (by)** (yüzünden) zarar etmek, zarara uğramak: *Small businesses were hard hit by rising inflation.* 4. **hard done by** *İİ.* haksızlığa uğramış: *He always felt hard done by and thought others had a better life.* 5. **hard at it** *k. dili* harıl harıl çalışan 6. **take (it) hard** derin acı duymak: *He lost his job and is taking it hard.*

**hard-and-fast** /ha:dın'fa:st/ *s.* (kurallar) değişmez, ayrıcalık tanımaz, sabit, kesin

**hardback** /'ha:dbek/ *a.* ciltli kitap

**hardboard** /'ha:dbo:d/ *a.* kalın mukavva

**hard-boiled** /ha:d'boyld/ *s.* (yumurta) çok pişmiş, katı

**hard cash** /ha:d 'keş/ *a.* nakit para, madeni para

**hard-core** /ha:d'ko:/ *s, hkr.* sabit fikirli, değişmez, inatçı

**hard core** /ha:d 'ko:/ *a.* 1. (parti, vb.'de) aşırı uçtaki kimseler 2. bir şeyin altında yatan şey, temel, öz, çekirdek

**harden** /'ha:dn/ *e.* 1. sertleşmek, katılaşmak 2. sertleştirmek, katılaştırmak

**hardheaded** /ha:d'hedid/ *s.* mantıklı, açıkgöz

**hard-hearted** /ha:d'ha:tid/ *s.* katı yürekli, acımasız

**hard-line** /ha:d'layn/ *s, k. dili* sıkı, sert

**hard-lines** /ha:d'laynz/ *ünl, a, k. dili, bkz.* **hard luck**

**hard luck** /ha:d'lak/ *İİ, ünl, a, k. dili* şanssızlık, talihsizlik, kötü şans, kör talih

**hardly** /'ha:dli/ *be.* 1. hemen hemen hiç: *He's a bit deaf and can hardly hear.* 2. ancak, yeni yeni: *I've only met her once*

and hardly know her. 3. hiç değil, hiç: *He can hardly refuse to take us to the beach, he suggested it.*

**hard-on** /'ha:don/ *a, Aİ, kab, arg.* kalkmış yarak

**hardship** /'ha:dşip/ *a.* sıkıntı, güçlük, zorluk

**hard up** /ha:d'ap/ *s.* darda, sıkıntıda

**hardware** /'ha:dweı/ *a.* 1. madeni eşya, hırdavat 2. (bilgisayar) donanım

**hardwearing** /ha:d'weıring/ *s, İİ.* (giyecek) dayanıklı, uzun ömürlü, sağlam

**hardwood** /'ha:dwud/ *a.* mobilyacılıkta kullanılan sert tahtalı ağaç

**hardy** /'ha:di/ *s.* 1. dayanıklı, güçlü 2. (bitki) soğuğa dayanıklı

**hare¹** /heı/ *a, hayb.* yabani tavşan

**hare²** /heı/ *e.* (off ile) *İİ, k. dili* çok hızlı koşmak, kaçmak, fırlamak, tüymek: *We tried to catch him but he hared off over the hill.*

**harebrained** /'heıbreynd/ *s.* aptalca, kuş beyinli, kafasız

**harelip** /'heı'lip/ *a, hek.* yarık dudak, tavşandudağı

**harem** /'heırım/ *a.* harem

**hark** /ha:k/ *e.* (back ile) *k. dili* geçmişte olan şeylerden sözetmek, geçmişte yaşamak

**harlot** /'ha:lıt/ *a.* fahişe, orospu

**harm¹** /ha:m/ *a.* 1. zarar, ziyan, hasar: *She dropped her watch but it didn't do it any harm.* 2. kötülük: *I won't do you any harm.* 3. **out of harm's way** tehlikeden uzak

**harm²** /ha:m/ *e.* zarar vermek, incitmek: *The fire burned the building but nobody was harmed.*

**harmless** /'ha:mlıs/ *s.* zararsız

**harmonica** /ha:'monikı/ *a, müz.* armonika

**harmonize** /'ha:mınayz/ *e.* 1. *müz.* armonisini yapmak 2. (with ile) uyum sağlamak, uyumlu olmak, uyum oluşturmak, uyum yaratmak

**harmony** /'ha:mıni/ *a.* 1. *müz.* armoni 2. uyum, ahenk, uygunluk

**harness¹** /'ha:nis/ *a.* koşum takımı

**harness²** /'ha:nis/ *e.* 1. (atı) koşmak 2. (doğal güçleri) kullanmak, yararlanmak:

*If they harnessed the wind here they could power the city.*
harp /ha:p/ *a, müz.* harp
harpist /'ha:pist/ *a, müz.* harpçı
harp on *e, hkr.* (about ile) durmadan (sıkıntılarını) anlatmak, hep aynı telden çalmak
harpoon[1] /ha:'pu:n/ *a.* zıpkın
harpoon[2] /ha:'pu:n/ *e.* zıpkınlamak
harpsichord /'ha:psiko:d/ *a, müz.* harpsikord
harrow /'herou/ *a.* tırmık, sürgü, tapan
harrowing /'herouing/ *s.* üzücü, hırpalayıcı, acı veren
harsh /ha:ş/ *s.* 1. duyuları yıpratıcı, sert 2. (renk) cırtlak 3. kaba, zalim, haşin
harvest[1] /'ha:vist/ *a.* 1. hasat, ekin toplama 2. hasat zamanı 3. toplanan ekin, mahsul, ürün
harvest[2] /'ha:vist/ *e.* biçmek, tarladan kaldırmak
has /hız, hez/ *e, bkz.* **have**
has-been /'hezbi:n/ *a, k. dili* modası geçmiş kimse/şey
hash /heş/ *a.* 1. kıymalı yemek 2. arapsaçı, karmakarışık şey, altüst olmuş şey 3. *k. dili* haşiş, esrar 4. **make a hash of it** yüzüne gözüne bulaştırmak, arapsaçına çevirmek
hashish /'heşi:ş/ *a.* haşiş, esrar
hasp /ha:sp/ *a.* asma kilit köprüsü, kenet
hassle[1] /'hesıl/ *a, k. dili* 1. güçlük, zorluk, bela 2. mücadele, tartışma, kavga
hassle[2] /'hesıl/ *e, k. dili* güçlük çıkarmak, kızdırmak, sinir etmek, huzursuz etmek
haste /heyst/ *a.* acele, telaş: *Why all this haste?*
hasten /'heysın/ *e.* 1. acele etmek 2. acele ettirmek 3. hemen söylemek
hasty /'heysti/ *s.* acele, aceleyle/telaşla yapılan, aceleye gelmiş
hat /het/ *a.* 1. şapka 2. **at the drop of a hat** aniden, birdenbire 3. **old hat** modası geçmiş 4. **pass the hat round** (birine) para toplamak 5. **take one's hat off to (sb)** takdir etmek 6. **talk through one's hat** *arg.* zırvalamak, saçma sapan konuşmak
hatch[1] /heç/ *e.* 1. (civciv) yumurtadan

çıkmak, yumurtasını kırmak 2. (yumurta) kırılmak, kırılıp civciv çıkarmak 3. (plan, vb.) kurmak, tasarlamak 4. **Don't count your chickens before they're hatched** Dereyi görmeden paçaları sıvama
hatch[2] /heç/ *a.* 1. ambar ağzı, ambar kapağı 2. gemi ya da uçakta yolcu kapısı
hatchback /'heçbek/ *a.* steyşın araba
hatchet /'heçit/ *a.* 1. küçük balta, el baltası 2. **bury the hatchet** kavgayı kesip dost olmak
hate[1] /heyt/ *a.* nefret
hate[2] /heyt/ *e.* 1. nefret etmek: *He hated injustice and fought for human rights.* 2. *k. dili* hoşlanmamak, beğenmemek, nefret etmek: *He hates getting up early.*
hateful /'heytfıl/ *s.* nefret verici, tatsız, iğrenç: *Torture is a hateful practice and should be opposed by everyone.*
hatred /'heytrid/ *a.* nefret, kin
hatter /'hetı/ *a.* 1. şapkacı 2. **as mad as a hatter** kaçık, zırdeli
haughty /'ho:ti/ *s, hkr.* kibirli, kendini beğenmiş
haul[1] /ho:l/ *e.* çekmek, sürüklemek, taşımak
haul[2] /ho:l/ *a.* 1. çekme, çekiş 2. bir ağdan çıkan balık miktarı 3. ganimet, vurgun
haulage /'ho:lic/ *a.* 1. nakliye, taşıma 2. nakliye ücreti
haunch /ho:nç/ *a.* kalça, kıç, but
haunt[1] /ho:nt/ *e.* 1. (cin, peri, vb.) uğramak, sık sık görünmek 2. ziyaret etmek, dadanmak 3. hiç aklından çıkmamak
haunt[2] /ho:nt/ *a.* sık sık uğranan yer, düzenli olarak ziyaret edilen yer, uğrak yeri
haunting /'ho:nting/ *s.* akıldan çıkmayan, güç unutulan
have[1] /hıv, hev/ *e.* 1. (yardımcı fiil): *I have stopped smoking. He has seen that film. "Have you done your homework?" "No, I haven't."* 2. **had better/best** -meli, -malı, -se iyi olur: *You'd better hurry up and finish that work. Hadn't you better write to him?* 3. **have (got) to** -meli, -malı, -mek zorunda olmak: *I have to start work*

H

at nine every morning. Sorry, I've got to go now. Do you have to ask silly questions all the time? 4. **have had it** k. dili bozulmak, ölmek, boku yemek: This cassette has had it.

**have**[2] /hɪv, hev/ e. [pt, pp **had** /hɪd, hed/]
1. **(have got):** sahip olmak, -si olmak: I have a lot of things to do. She has got beautiful eyes. Have you got any sugar? 2. almak: She had a package from him yesterday. 3. yapmak: I heard you had an argument with her. 4. yemek, içmek: Why don't you have a whisky? Where did you have dinner? 5. izin vermek: She wouldn't have any talking during lessons. 6. doğurmak: Miriam had both her sons at home. 7. davet etmek, çağırmak: My mother is having thirty people to celebrate her birthday. 8. (rüya) görmek: Last night he had a nightmare about slaughtering horses. 9. geçirmek: They had a wonderful time in İstanbul. 10. karşılaşmak: If you have any trouble, ring me. 11. **have sth done** -tirmek, -tırmak: We've had the house repainted. It's time you had your teeth checked. 12. **have done with** bitirmek, son vermek, ile işi kalmamak: I have done with that job. I never want to do something like that again. 13. **have it in for (sb)** k. dili -e zıt gitmek, kaba davranmak, kıl olmak, gıcık olmak: Sue really has it in for John. She can't say a nice word to him. 14. **have it off/away with** İİ, k. dili ile düşüp kalkmak: He's having it off with his neighbour's wife. 15. **have/be to do with** -le bir ilgisi olmak: That's Fred's problem. It's nothing to do with me.

**haven** /'heyvın/ a, yaz. sığınak, liman, barınak

**have on** e. 1. üzerinde ... olmak, giymek: She had on her red shoes. 2. İİ, k. dili kafaya almak, işletmek: I was just having him on. It wasn't true. 3. yapacak bir işi/programı olmak: Have you something on tomorrow, or can you come out?

**have out** e. 1. (diş, vb.) çektirmek, aldırmak: He's had his appendix out. 2. (tar-

tışarak) çözümlemek; tartışmak: They've been having it out all morning. Everyone could hear them.

**have up** e, İİ, k. dili mahkemeye vermek: The tramp was had up for vagrancy.

**havoc** /'hevık/ a. 1. hasar, zarar ziyan, yıkım 2. kargaşa

**hawk**[1] /ho:k/ a, hayb. doğan, atmaca

**hawk**[2] /ho:k/ e. gezgin satıcılık yapmak, sokakta öteberi satmak

**hawthorn** /'ho:to:n/ a, bitk. akdiken, alıç

**hay** /hey/ a. saman, kuru ot

**hay fever** /'hey fi:vı/ a. saman nezlesi

**hayrick** /'heyrik/ a, bkz. **haystack**

**haystack** /'heystek/ a. saman yığını, tınaz

**haywire** /'heywayı/ s. 1. karmakarışık, karman çorman 2. **go haywire** arapsaçına dönmek, altüst olmak

**hazard**[1] /'hezıd/ a. tehlike: There is a fire hazard today. It's so hot and dry.

**hazard**[2] /'hezıd/ e. riske etmek, tehlikeye atmak

**haze** /heyz/ a. ince sis, duman, pus

**hazel**[1] /'heyzıl/ a, bitk. fındık ağacı

**hazel**[2] /'heyzıl/ a, s. ela: His eyes are hazel not brown.

**hazel-nut** /'heyzılnat/ a. fındık

**hazy** /'heyzi/ s. bulutlu, sisli, puslu, bulanık

**H-bomb** /'eyç bom/ a. hidrojen bombası

**he**[1] /hi:/ adl. 1. (erkek) o: Is he her brother? 2. kendi: Does everyone know what he is to do if the ship sinks?

**he**[2] /hi:/ a. erkek: They thought the cat a he until she had kittens.

**head**[1] /hed/ a. 1. baş, kafa: She hit him on the head. 2. baş, baş taraf: A picture hung over the head of the bed. 3. akıl, beyin, kafa: He doesn't use his head but acts on impulse. 4. lider, başkan, baş: He was promoted to head gardener. 5. üst kısım, ön taraf, baş: Before you give me your exam paper write your name at the head. 6. metal paranın resimli yüzü, tura 7. su, buhar basıncı 8. **a/per head** kişi başı, adam başı: The concert was 10. 000 liras per head. 9. **above/over sb's head** anlama kapasitesinin üstünde, çok zor 10. **come to a head** dönüm noktasına gelmek 11. **go to sb's head** başını döndürmek, coşturmak, aklını başından almak, burnunu büyütmek 12. **have one's head in the clouds** aklı bir karış havada olmak 13. **lose one's head** sapıtmak, pusulayı şaşırmak 14. **not able to make head or tail of** *k. dili* anlayamamak 15. **off one's head** *k. dili* kaçık, üşütük

**head**² /hed/ *e.* 1. başında olmak, başı çekmek: *Steve was heading the rebellion.* 2. sorumlu olmak, yönetmek, baş olmak, bir yöne doğru hareket etmek ya da ettirmek 3. (topa) kafa vurmak

**headache** /'hedeyk/ *a.* baş ağrısı: *I've got a terrible headache.*

**headband** /'hedbend/ *a.* kafa bandı

**headdress** /'heddres/ *a.* başlık

**headfirst** /hed'fö:st/ *s, be.* başı önde, başı ilerde olarak, baş aşağı: *She fell into the pool headfirst.*

**headgear** /'headgiı/ *a.* başlık

**heading** /'heding/ *a.* (yazılarda) başlık

**headland** /'hedlend/ *a, coğ.* burun

**headlight** /'hedlayt/ *a, oto.* far

**headline** /'hedlayn/ *a.* 1. başlık, manşet 2. özet haber

**headlong** /'hedlong/ *be, s.* 1. başı önde 2. paldır küldür, düşünmeksizin, aceleyle

**headmaster** /hed'ma:stı/ *a.* okul müdürü

**head-on** /hed'on/ *be, s.* burun buruna: *There was a head-on collision between a bus and a milktruck.*

**headphones** /'hedfounz/ *a.* (ikili) kulaklık

**headquarters** /'hedkwo:tız/ *a.* 1. *ask.* karargâh 2. merkez büro

**headroom** /'hedru:m/ *a.* boşluk payı, yükseklik

**headset** /'hedset/ *a, Aİ.* (ikili) kulaklık

**headshrinker** /'hedşrinkı/ *a, k. dili* psikiyatrist

**head start** /hed'sta:t/ *a.* (yarış, vb.'de) avantaj, üstünlük

**headstone** /'hedstoun/ *a.* mezar taşı

**headstrong** /'hedstrong/ *s.* inatçı, dik başlı, kafasının dikine giden

**headway** /'hedwey/ *a:* **make headway** (güçlükler karşısında) ilerlemek, gelişmek

**headwind** /'hedwind/ *a.* karşıdan esen rüzgâr

**heady** /'hedi/ *s.* 1. (alkol) sarhoş edici, çarpıcı, sert 2. başı dönmüş, heyecanlı

**heal** /hi:l/ *e.* 1. (yara, vb.) iyileşmek 2. iyileştirmek 3. son vermek, bitirmek

**health** /helt/ *a.* sağlık

**healthy** /'helti/ *s.* sağlıklı

**heap**¹ /hi:p/ *a.* yığın, küme

**heap**² /hi:p/ *e.* yığmak, kümelemek

**hear** /hiı/ *e.* [*pt, pp* **heard** /hö:d/] 1. işitmek, duymak: *Can you hear what I'm saying?* 2. haber almak, duymak, öğrenmek: *They heard that the fighting was over.* 3. dikkatle dinlemek

**hear about** *e.* duymak, haberini almak, bilmek, haberdar olmak: *They heard about the accident on the radio.*

**heard** /hö:d/ *pt, pp bkz.* **hear**

**hear from** *e.* (mektup, vb. ile) haber almak: *When their daughter left home they hear from her every week.*

**hearing** /'hiıring/ *a.* 1. işitme duyusu, işitme 2. işitme alanı, ses erimi 3. kendi durumunu çevreye duyurma 4. *huk.* duruşma, oturum

**hear of** *e.* bahsini işitmek, (adını) duymak, bilmek, hakkında bilgisi olmak: *They'd heard of Sergio Leone.*

**hear out** *e.* (birisini konuşması bitene kadar) dinlemek: *I know I'm taking a long time to explain but hear me out.*

**hearsay** /'hiısey/ *a.* söylenti, şayia

**hearse** /hö:s/ *a.* cenaze arabası

**heart** /ha:t/ *a.* 1. kalp, yürek: *I can hear your heart beat?* 2. kalp, gönül, yürek 3. merkez: *He went into the heart of the desert to be alone.* 4. kararlılık, azim, yüreklilik, cesaret: *She tried to make bread but lost heart when it never rose.* 5. *isk.* kupa: *queen of hearts* 6. **after one's own heart** tam gönlüne göre, kafasına göre 7. **break sb's heart** kalbini kırmak 8. **by heart** ezbere 9. **set one's heart on** -e gönlünü vermek, çok istemek 10. **take (sth) to heart** yüreğinde hissetmek, ciddiye almak

**heartache** /'ha:teyk/ *a.* gönül yarası,

**heart attack** 230

ıstırap, acı
**heart attack** /'ha:t ıtek/ *a.* kalp krizi
**heartbeat** /'ha:tbi:t/ *a.* kalp atışı
**heartbreak** /'ha:tbreyk/ *a.* ıstırap, acı, derin üzüntü, kalp yarası
**heartbreaking** /'ha:tbreyking/ *s.* kalp kırıcı, çok üzücü
**heartbroken** /'ha:tbroukın/ *s.* üzüntülü, kalbi kırık, kederli
**heartburn** /'ha:tbö:n/ *a, hek.* mide ekşimesi
**hearten** /'ha:tn/ *e.* 1. yüreklendirmek, cesaret vermek 2. neşelendirmek: *The tourists were heartened by everyone's friendliness.*
**heartfelt** /'ha:tfelt/ *s.* içten, yürekten, samimi, gerçek
**hearth** /ha:t/ *a.* ocak, şömine
**heartily** /'ha:tili/ *be.* 1. iştahla, istekle: *They ate and drank heartily at the party.* 2. çok, fazla, fazlasıyla: *They were heartily sick of his boring jokes.*
**heartless** /'ha:tlıs/ *s.* acımasız, katı yürekli, zalim, kalpsiz
**heartrending** /'ha:trending/ *s.* yürek parçalayıcı, üzücü, çok acıklı
**heartstrings** /'ha:tstringz/ *a.* güçlü sevgi duyguları
**heart-to-heart** /ha:ttı'ha:t/ *s, a.* içten, saklısız, açık, samimi (konuşma)
**hearty** /'ha:ti/ *s.* 1. içten, yürekten, samimi 2. (yiyecek) doyurucu, bol 3. **hale and hearty** güçlü ve sağlıklı, kanlı canlı
**heat**[1] /hi:t/ *a.* 1. ısı: *Is there much heat left in the soup?* 2. sıcaklık, sıcak: *The heat at midday was too much to work.* 3. eleme yarışı 4. (dişi ve memeli hayvanlarda) çiftleşme isteği; atışli/azgın dönem: *Lassie is on the heat again.* 4. **heat wave** sıcak hava dalgası
**heat**[2] /hi:t/ *e.* 1. ısınmak 2. ısıtmak: *Will you heat the water for my bath?*
**heated** /'hi:tid/ *s.* hararetli, heyecanlı, kızgın, ateşli: *He always gets very heated when he discusses politics.*
**heater** /'hi:tı/ *a.* ısıtıcı
**heath** /hi:t/ *a.* 1. fundalık, kır, çalılık 2. funda, süpürgeotu
**heathen** /'hi:dın/ *s.* putperest, dinsiz

**heather** /'hedı/ *a, bitk.* funda, süpürgeotu
**heating** /'hi:ting/ *a.* ısıtma sistemi, ısıtma
**heatstroke** /'hi:tstrouk/ *a, bkz.* **sunstroke**
**heave**[1] /hi:v/ *e.* 1. kaldırmak, yukarı çekmek 2. *k. dili* fırlatmak, kaldırıp atmak 3. inip kalkmak, şişip inmek 4. **heave a sigh** of çekmek
**heave**[2] /hi:v/ *e.* [*pt, pp* **hove** /houv/] (gemi) seyretmek, belli bir rotada gitmek
**heaven**[1] /'hevın/ *a.* 1. cennet 2. *ç.* gökyüzü
**Heaven**[2] /'hevın/ *a.* 1. Tanrı 2. **For Heaven's sake** Allah aşkına 3. **(Good) Heavens** Tanrım 4. **Heaven forbid** Allah göstermesin 5. **Thank Heaven** Tanrıya şükür
**heavenly** /'hevınli/ *s.* 1. cennete ilişkin, cennet gibi, göksel, tanrısal 2. *k. dili* harika, nefis 3. **heavenly bodies** gökcisimleri
**heavenwards** /'hevınwıdz/ *be.* gökyüzüne/cennete doğru
**heavily** /'hevili/ *be.* ağır bir biçimde
**heavy** /'hevi/ *s.* 1. ağır: *The bookcase was too heavy to move alone.* 2. yoğun, ağır, şiddetli: *There was really heavy snow in March which disrupted the whole city.* 3. ciddi, ağır: *His poetry was very heavy.* 4. (davranış, duygu) ağır, yavaş 5. yorucu, güç, ağır 6. (yiyecek) ağır, sindirimi güç 7. (hava) ağır, boğucu, yoğun (denizde) dalgalı, fırtınalı 8. üzgün, hüzünlü 9. **make heavy weather of sth** *k. dili* işi zorlaştırmak
**heavy-duty** /hevi'dyuti/ *s.* güç koşullara dayanıklı yapılmış, ağır iş için elverişli, dayanıklı, evladiyelik, uzun ömürlü
**heavy-handed** /hevi'hendid/ *s.* kaba, patavatsız, can sıkıcı
**heavyhearted** /hevi'ha:tid/ *s.* üzgün, kederli
**heavyweight** /'heviweyt/ *s, sp.* ağırsıklet
**Hebrew**[1] /'hi:bru:/ *a.* 1. İbrani, Yahudi 2. İbranice
**Hebrew**[2] /'hi:bru:/ *s.* İbraniler/İbranice ile ilgili
**heckle** /'hekıl/ *e.* sıkıştırmak, sorularla sözünü kesmek
**hectare** /'hekta:, 'hekteı/ *a.* hektar

**hectic** /'hektik/ *s.* heyecanlı, telaşlı, hareketli

**hedge**[1] /hec/ *a.* 1. çit, çalı 2. (against ile) koruma

**hedge**[2] /hec/ *e.* 1. çitle çevirmek 2. lafı dolandırmak, doğrudan doğruya yanıt vermekten kaçınmak

**hedgehog** /'hechog/ *a, hayb.* kirpi

**hedgerow** /'hecrou/ *a.* (yol kenarında, vb.) sıra sıra çalılar

**hedonism** /'hi:dınizım/ *a, fels.* hedonizm, hazcılık

**heed**[1] /hi:d/ *e.* dikkat etmek, önemsemek, dinlemek, kulak vermek: *You should heed what he says.*

**heed**[2] /hi:d/ *a.* 1. dikkat, önem 2. **pay/give heed (to)** önem vermek, dikkat etmek 3. **take heed (of)** önem vermek, dikkat etmek

**heehaw** /'hi:ho:/ *a.* eşek anırması 2. gürültülü kahkaha

**heel**[1] /hi:l/ *a.* 1. *anat.* topuk 2. ökçe, topuk 3. **at/on one's heels** hemen arkasından, çok yakın 4. **down at heel** kılıksız, pejmürde

**heel**[2] /hi:l/ *e.* (ayakkabıya) ökçe takmak

**hefty** /'hefti/ *s.* iri, güçlü kuvvetli, etkili

**hegemony** /hi'gemıni/ *a.* üstünlük, egemenlik, hegemonya

**heifer** /'hefı/ *a.* doğurmamış genç inek, düve

**height** /hayt/ *a.* 1. yükseklik 2. yüksek yer, pozisyon 3. doruk, en üst derece, zirve, ana nokta

**heighten** /'haytın/ *e.* 1. yükselmek 2. yükseltmek, artırmak

**heir** /eı/ *a.* vâris, mirasçı, kalıtçı

**heiress** /'eıris/ *a.* kadın mirasçı

**heirloom** /'eılu:m/ *a.* kuşaktan kuşağa geçen değerli şey

**held** /held/ *pt, pp bkz.* **hold**

**helicopter** /'helikoptı/ *a.* helikopter

**heliport** /'helipo:t/ *a.* helikopter pisti, helikopter alanı

**helium** /'hi:liım/ *a, kim.* helyum

**hell**[1] /hel/ *a.* 1. cehennem 2. *k. dili* (vurguyu artırmak için kullanılır): *What the hell are you doing? Where the hell have you been? Who the hell are you?*

*There's a hell of a storm outside.* 3. **for the hell of it** *k. dili* gırgırına, şamata olsun diye: *"Why did you do that?" "Just for the hell of it"* 4. **give sb hell** *k. dili* fırça atmak, haşlamak: *My boss gave me hell for the mistake I made in the audit.* 5. **like hell** *k. dili* deli gibi: *He ran like hell to catch the train.*

**hell**[2] /hel/ *ünl, k. dili* kahrolasıca! kahretsin! lanet olsun!: *Hell! The coffee boiled over.*

**hellish** /'heliş/ *s, k. dili* berbat, cehennem gibi, tatsız, can sıkıcı

**hello** /hı'lou/ *ünl.* 1. merhaba: *Hello! How are you?* 2. alo: *Hello! Can I speak to Mr Bell please?* 3. a! hay Allah!: *Hello! Someone's stolen all the apples!* 4. hey: *Hello? Is anybody home?*

**helm** /helm/ *a.* 1. *den.* dümen 2. lider, baş, yönetici

**helmet** /'helmit/ *a.* kask, miğfer, tolga

**helmsman** /'helmzmın/ *a.* 1. yönetici, idareci 2. *den.* dümenci

**help**[1] /help/ *e.* 1. yardım etmek: *Will you help me? It's impossible on my own.* 2. işe yaramak, daha iyi yapmak: *Getting drunk won't help.* 3. (can't help) elinde olmamak, -meden edem- emek: *I couldn't help being late. There was a traffic jam. I can't help laughing.* 4. (to ile) (kendine) almak: *Help yourself to a cigarette.*

**help**[2] /help/ *a.* 1. yardım: *I wish you would give some help to your sister.* 2. yardımcı: *The telephone has been a great help speeding communications.* 3. **Help** İmdat! Yetişin!

**helpful** /'helpfıl/ *s.* yardımcı, yararlı

**helping** /'helping/ *a.* yemek servisi, porsiyon

**helpless** /'helplıs/ *s.* yardıma muhtaç, çaresiz, âciz

**helter-skelter** /heltı'skeltı/ *be, s.* aceleyle, apar topar, paldır küldür, aceleyle/telaşla (yapılan)

**hem**[1] /hem/ *a.* (giysi) kenar, baskı

**hem**[2] /hem/ *e.* kıvırıp kenarını bastırmak

**he-man** /'hi:men/ *a.* güçlü adam

**hem in** *e.* kuşatmak, çevresini sarmak:

H

*She felt hemmed in by her neighbours.*
hemisphere /'hemisfiı/ *a.* yarıküre
hemline /'hemlayn/ *a.* etek boyu, etek ucu
hemlock /'hemlok/ *a, bitk.* 1. köknara benzer bir çam ağacı 2. baldıran, ağıoutu
hemoglobin /hi:mı'gloubin/ *a.* hemoglobin
hemophilia /hi:mı'filiı/ *a, hek.* hemofili
hemorrhage /'hemıric/ *a, hek.* kanama
hemorrhoid /'hemıroyd/ *a, hek.* basur, hemoroit
hemp /hemp/ *a.* kenevir, kendir
hen /hen/ *a.* 1. tavuk 2. dişi kuş
hence /hens/ *be.* 1. bu nedenle, bundan dolayı 2. buradan, şu andan itibaren
henceforth /hens'fo:t/ *be.* bundan böyle, şimdiden sonra, bu andan itibaren
henchman /'hençmın/ *a, hkr.* dalkavuk
henna /'henı/ *a, bitk.* kına
hepatitis /hepı'taytis/ *a, hek.* hepatit, karaciğer yangısı
her[1] /hö:, hı, ı/ *adl.* (dişil) 1. onu, ona: *George loves her very much. Please tell her I can't come on Tuesday.* 2. o: *Is that her with the green umbrella?*
her[2] /hö:/ *s.* onun: *What's her name?*
herald[1] /'herıld/ *a.* haberci, müjdeci
herald[2] /'herıld/ *e.* bir şeyin müjdecisi olmak
heraldry /'herıldri/ *a.* arma, armacılık
herb /hö:b/ *a.* (nane, vb.) ot, bitki
herbaceous /hı'beyşıs/ *s.* otsu, otsul
herbalist /'hö:bılist/ *a.* şifalı bitkiler yetiştiren/satan kimse
herbivorous /hö:'bivırıs/ *s.* (hayvan) otobur, otçul
herd[1] /hö:d/ *a.* 1. hayvan sürüsü 2. sığırtmaç, çoban 3. *hkr.* (insanlar için) koyun sürüsü
herd[2] /hö:d/ *e.* (into ile) 1. bir araya toplanmak 2. toplamak
herdsman /'hö:dzmın/ *a.* çoban, sığırtmaç
here /hiı/ *be.* 1. burada, buraya: *Put it here. Have you been here before?* 2. bu noktada, burada: *Here our ideas differ.* 3. işte: *Here is the shirt you wanted.* 4.

hey: *Here! What's going on?* 5. **here and there** şurada burada 6. **Here you are** işte, buyurun
hereabouts /hiırı'bauts/ *be.* buralarda, yakında
hereafter[1] /hiır'a:ftı/ *be.* bundan sonra, gelecekte
hereafter[2] /hiır'a:ftı/ *a.* ölümden sonraki yaşam, ahret
hereby /hiı'bay/ *be.* şimdi, bu vesileyle, bundan ötürü
hereditary /hi'reditırı/ *s.* kalıtsal
herein /hiır'in/ *be.* bunda, bu yazının içinde
heresy /'herisi/ *a.* dinsel/toplumsal değerlere aykırı görüş
heretic /'heritik/ *a.* kabul olunmuş doktrinlere karşı olan kimse, kendi dininin inançlarına karşı gelen kimse
herewith /hiı'wid/ *be.* ilişikte, beraberinde
heritage /'heritic/ *a.* miras, kalıt
hermetic /hö:'metik/ *s.* sımsıkı kapalı, havageçirmez
hermit /'hö:mit/ *a.* münzevi kimse
hermitage /'hö:mitic/ *a.* inziva yeri
hernia /'hö:niı/ *a, hek.* fıtık
hero /'hiırou/ *a.* kahraman
heroic /hi'rouik/ *s.* 1. yiğitçe, kahramanca 2. kahramanlıkla ilgili
heroics /hi'rouiks/ *a.* abartmalı söz ya da davranışlar
heroin /'herouin/ *a.* eroin
heroine /'herouin/ *a.* kadın kahraman
heroism /'herouizım/ *a.* kahramanlık
heron /'herın/ *a, hayb.* balıkçıl
herring /'hering/ *a, hayb.* ringa balığı
hers /hö:z/ *adl.* (dişil) onunki, onun: *This book is hers, not mine.*
herself /ı'self, hı'self, hö:'self/ *adl.* (dişil) kendisi: *She bought herself a new coat. She did it herself. Has she come to herself?*
hesitant /'hezitınt/ *s.* kararsız, ikircikli
hesitate /'heziteyt/ *e.* tereddüt etmek, duraksamak
heterogeneous /hetırou'ci:niıs/ *s.* heterojen, çoktürel
heterosexual /hetırı'sekşuıl/ *s.* karşı cinse ilgi duyan, heteroseksüel, zıtcinsel

**het up** /het 'ap/ s, k. dili heyecanlı, telaşlı

**hew** /hyu:/ e. [pt **hewed,** pp **hewed**/ **hewn** /hyu:n/] kesmek, yarmak

**hewn** /hyu:n/ pp bkz. **hew**

**hexagon** /'heksıgın/ a. altıgen

**hey** /hey/ ünl. hey: Hey! What are you doing in my yard?

**heyday** /'heydey/ a. en parlak dönem, altın çağ

**hi** /hay/ ünl, k. dili, bkz. **hello**

**hiatus** /hay'eytıs/ a. boşluk, eksiklik

**hibernate** /'haybıneyt/ e. kış uykusuna yatmak

**hiccup**[1] /'hikap/ a. hıçkırık

**hiccup**[2] /'hikap/ e. hıçkırmak, hıçkırık tutmak

**hick** /hik/ a, Aİ, arg. hödük, kıro

**hid** /hid/ pt bkz. **hide**

**hide**[1] /hayd/ e. [pt **hid** /hid/, pp **hidden** /'hidn/] 1. saklamak, gizlemek: She hid the photo in a book. 2. gizlenmek, saklanmak: Where are my cigarettes hiding?

**hidden** /'hidn/ pp bkz. **hide**

**hide**[2] /hayd/ e. deri, post

**hidebound** /'haydbaund/ s. dar görüşlü, sabit fikirli

**hideous** /'hidıs/ s. çirkin, berbat, iğrenç, korkunç

**hiding** /'hayding/ a, k. dili dayak: I'll give you a good hiding if you do that again.

**hierarchy** /'hayıra:ki/ a. hiyerarşi, aşama düzeni, sıradüzen

**hieroglyphics** /hayırı'glifiks/ a. hiyeroglif, resimyazı

**hi-fi** /'hayfay, hay'fay/ a, s. sesi çok doğal bir biçimde veren (müzik seti, pikap, vb.)

**higgledy-piggledy** /higıldi'pigıldi/ be, s, k. dili karmakarışık, altüst, karman çorman

**high**[1] /hay/ s. 1. yüksek: The tower was very high. 2. yüce, ulu, hayranlık uyandırıcı, yüksek: He has very high hopes for all his children. 3. (zaman) tam: They arrived at the party in high time. 4. (yiyecek) bayat: This meat is really high. Throw it away. 5. k. dili sarhoş: After six whiskies he was really high. 6. k. dili uyuşturucu etkisi altında, uçmuş, uçuşta: She's been high all week. 7. **high**

**court** yüksek mahkeme 8. **high fidelity** bkz. **hi-fi** 9. **high jump** yüksek atlama 10. **high school** lise 11. **high street** ana cadde 12. **high tea** erken akşam yemeği

**high**[2] /hay/ be. 1. yükseğe, yüksekte 2. **high and dry** k. dili çaresiz, dımdızlak ortada kalmış 3. **high and low** her yerde

**high**[3] /hay/ a. 1. yüksek nokta, yüksek derece, doruk 2. k. dili büyük heyecan, coşku, mutluluk 3. yüksek yer 4. **on high** cennette

**highbrow** /'haybrau/ a, s. aydın (kimse)

**high-class** /hay'kla:s/ s. kaliteli, birinci sınıf

**higher education** /hayıredyu'keyşın/ a. yüksek öğrenim

**high-flown** /hay'floun/ s. (dil) tumturaklı, ağdalı

**high-handed** /hay'hendid/ s, hkr. despot, zorba

**highland** /'haylınd/ a, s. dağlık (bölge)

**high-level** /hay'levıl/ s. çok önemli, zirve

**highlight**[1] /'haylayt/ a. 1. (resimde) parlak nokta 2. en önemli/göze çarpan kısım

**highlight**[2] /'haylayt/ e. (bir şeyin özel bir bölümüne) dikkati çekmek, önem vermek

**highly** /'hayli/ be. 1. çok, yüksek derecede: The work was done by a highly skilled carpenter. 2. çok iyi: He is very highly thought of.

**highly-strung** /hayli'strang/ s. sinirli, heyecanlı, gergin

**high-minded** /hay'mayndid/ s. yüce gönüllü, prensip sahibi

**Highness** /'haynis/ a. (His/Her/Your ile) Ekselansları

**high-powered** /hay'pauıd/ s. güçlü, hızlı, kuvvetli: He was a high-powered businessman and achieved a lot.

**high-pressure** /hay'preşı/ s. 1. yüksek basınçlı 2. üstüne düşen, zorlayan, enerjik, girgin

**high-rise** /'hayrayz/ s, a. yüksek (yapı)

**high-spirited** /hay'spiritid/ s. canlı, oynak

**highway** /'haywey/ a. anayol, karayolu

**highwayman** /'hayweymın/ a. eşkıya,

soyguncu
**hijack** /'haycek/ *e.* (uçak, gemi, vb.) kaçırmak
**hijacker** /'hayceki/ *a.* uçak, gemi, vb. kaçıran kimse, korsan
**hike**[1] /hayk/ *a.* (kırda) uzun yürüyüş
**hike**[2] /hayk/ *e.* uzun yürüyüşe çıkmak
**hilarious** /hi'leırııs/ *s.* gülünç, komik, neşeli, şamatalı
**hilarity** /hi'leriti/ *a.* neşe, şamata
**hill** /hil/ *a.* tepe
**hillock** /'hilık/ *a.* küçük tepe, tepecik
**hillside** /'hilsayd/ *a.* yamaç
**hilt** /hilt/ *a.* 1. kabza 2. **(up) to the hilt** tamamen
**him** /im, him/ *adl.* (eril) 1. onu, ona: *Will you give him this book? We met him last year.* 2. o: *That's him.*
**himself** /im'self, him'self/ *adl.* (eril) kendisi: *He caught sight of himself in the mirror.*
**hind** /haynd/ *s.* arka: *The rabbit was caught in the trap by its hind leg.*
**hinder** /'hindı/ *e.* engellemek
**hindrance** /'hindrıns/ *a.* engel
**hindsight** /'hayndsayt/ *a.* bir şeyin nitelik ya da anlamını sonradan anlama
**Hindu** /'hindu:/ *a.* Hinduizm dininden olan kimse, Hindu
**hinge**[1] /hinc/ *a.* menteşe
**hinge**[2] /hinc/ *e.* menteşe takmak
**hint**[1] /hint/ *a.* 1. sezindirme, ima 2. belirti, işaret 3. yararlı öğüt
**hint**[2] /hint/ *e.* ima etmek, dokundurmak, sezindirmek, çıtlatmak
**hinterland** /'hintılend/ *a.* iç bölge
**hip** /hip/ *a.* kalça
**hippie** /'hipi/ *a.* hippi
**hippo** /'hipou/ *a, k. dili* suaygırı
**hippopotamus** /hipı'potımıs/ *a, hayb.* suaygırı
**hippy** /'hipi/ *a, bkz.* **hippie**
**hire**[1] /'hayı/ *e.* 1. kiralamak, tutmak: *How much would it cost to hire a car for a week?* 2. (adam) tutmak, iş vermek: *I don't think they'll hire him. They want somebody more experienced.*
**hire**[2] /'hayı/ *a.* 1. kira, kiralama 2. **hire purchase** taksit sistemi, taksit

**hire out** *e.* kiraya vermek: *They hire out horses to ride.*
**his**[1] /hiz, iz/ *s.* (eril) onun: *His name is Smith.*
**his**[2] /hiz/ *adl.* onunki, onun: *That hat is his.*
**hiss**[1] /his/ *e.* tıslamak, ıslıklamak
**hiss**[2] /his/ *a.* tıslama, ıslık
**historian** /hi'sto:rıın/ *a.* tarihçi
**historic** /hi'storik/ *s.* (olay, yer) tarihi, tarihsel, önemli
**historical** /hi'storikıl/ *s.* 1. tarihsel, tarihi; tarihe geçmiş 2. tarihle ilgili
**history** /'histıri/ *a.* 1. tarih: *The history of this country is very interesting.* 2. tarihsel öykü/olay 3. geçmiş: *The family has a history of insanity.* 4. **make history** tarihe geçecek bir şey yapmak
**histrionic** /histri'onik/ *s.* 1. tiyatral 2. *hkr.* yapmacık
**histrionics** /histri'oniks/ *a, hkr.* yapmacık davranış, rol, artistlik, ayak
**hit**[1] /hit/ *e.* [*pt, pp* **hit**] 1. vurmak: *Some mothers never hit their children.* 2. çarpmak, vurmak 3. çarptırmak: *He hit his foot on the chair.* 4. *k. dili* varmak, ulaşmak: *The railway hit the coast in the south.* 5. **hit it off (with)** *k. dili* (ile) iyi geçinmek, iyi ilişkiler içinde olmak 6. **hit the roof/ceiling** *Aİ, k. dili* tepesi atmak
**hit**[2] /hit/ *a.* 1. tokat, yumruk, vuruş, vurma, darbe 2. (şarkı, vb.) sevilen/tutulan şey, başarı: *The play was a hit and was seen by millions.* 3. isabet, hedefe ulaşma
**hitch**[1] /hiç/ *e.* 1. bağlamak, takmak 2. *k. dili* otostop yapmak: *Let's hitch.*
**hitch**[2] /hic/ *a.* 1. çekiş, ani çekme 2. engel, terslik, pürüz
**hitchhike** /'hiçhayk/ *e.* otostop yapmak
**hitchhiker** /'hiçhaykı/ *a.* otostopçu
**hither** /'hidı/ *be.* 1. buraya: *Come hither.* 2. **hither and thither** her tarafa
**hitherto** /hidı'tu:/ *be.* şimdiye dek, şimdiye kadar
**hit on/upon** *e.* tesadüfen bulmak, buluvermek
**hit out at/against** *e.* karşı çıkmak, sözlerle saldırmak
**hive** /hayv/ *a.* arı kovanı

hoard[1] /ho:d/ *a.* istif

hoard[2] /ho:d/ *e.* istif etmek, biriktirmek, stoklamak

hoarding /'ho:ding/ *a.* 1. ilan tahtası 2. tahta perde, çit

hoarfrost /'ho:frost/ *a.* kırağı

hoarse /ho:s/ *s.* 1. (ses) kısık, boğuk 2. kısık sesli

hoary /'ho:ri/ *s.* (saç) kır, ak

hoax[1] /houks/ *a.* aldatmaca, oyun, muziplik

hoax[2] /houks/ *e.* işletmek, gırgır geçmek, kafaya almak

hobble /'hobıl/ *e.* topallamak

hobby /'hobi/ *a.* hobi, düşkü

hobbyhorse /'hobiho:s/ *a.* 1. at başlı sopa 2. sabit fikir, saplantı

hobnob /'hobnob/ *e.* (özellikle kendinden mevkice yüksek biriyle) sıkıfıkı olmak, arkadaşlık etmek

hobo /'houbou/ *a, Aİ, k. dili* aylak, serseri, boş gezenin boş kalfası

hock /hok/ *a.* beyaz Alman şarabı

hockey /'hoki/ *a, sp.* hokey

hod /hod/ *a.* tuğla ve harç tenekesi

hoe[1] /hou/ *a.* çapa, bahçe çapası

hoe[2] /hou/ *e.* çapalamak

hog[1] /hog/ *a.* 1. *Aİ.* domuz, besi domuzu 2. *k. dili* obur ve pis kimse, pisboğaz, açgözlü domuz 3. **go (the) whole hog** *k. dili* bir işi tam yapmak, sonunu getirmek

hog[2] /hog/ *e, k. dili* (bir şeyin tümünü) kendine saklamak, açgözlülük yapmak

hoist[1] /hoyst/ *e.* yükseltmek, kaldırmak, yukarı çekmek

hoist[2] /hoyst/ *a.* 1. yükseltme, yukarı kaldırma 2. ağır yük asansörü

hold[1] /hould/ *e. [pt, pp* held /held/] 1. tutmak: *I want to hold your hand.* 2. tutturmak: *The curtains were held in place with ribbon.* 3. geride tutmak, kontrol altına almak: *The football fans were held back by the stadium officials.* 4. içine almak, almak: *How many litres does the bottle hold?* 5. sahip olmak, elinde tutmak: *They all held equal shares in the company.* 6. (bir şeyi) oluşturmak, yapmak: *A church service*

was held every Sunday. 7. belli bir durumda tutmak, belli bir pozisyonda tutmak: *He held them on the starting blocks till they were all still.* 8. saymak, farz etmek, inanmak: *I still hold that we should have sold the house.* 9. sürmek, devam etmek: *I don't think this will hold much longer.* 10. **Hold it** Öyle kal! Kıpırdama!

hold[2] /hould/ *a.* 1. tutma, tutuş 2. tutamak, tutunacak yer 3. **have a hold over** elinde kozu olmak

hold[3] /hould/ *a.* gemi ambarı

holdall /'houldo:l/ *a.* seyahat çantası

hold against *e.* (birisi hakkındaki) görüşlerini etkilemesine izin vermek, ön yargıyla davranmasına neden olmak: *His criminal record is held against him every time he tries to get a job.*

hold back 1. zapt etmek, tutmak: *The infantry held back the advancing enemy.* 2. gelişmesini engellemek: *Absence from school was holding back his studies.* 3. gizli tutmak: *The man's sister held back information that would lead to his arrest.*

hold down *e.* 1. (bir işi) yürütmek, sürdürmek 2. aşağıda tutmak, yükselmesini önlemek: *The new business manager had been successful in holding down expenditure.*

holder /'houldı/ *a.* sahip, hamil

hold forth *e.* nutuk çekmek, lafı iyice uzatmak

holding /'houlding/ *a.* 1. mal, arazi, tahvil 2. **holding company** holding şirketi

hold off *e.* 1. uzakta tutmak, yaklaştırmamak: *The rock star's manager held off the reporters.* 2. geciktirmek: *The judge will hold off the verdict until tomorrow.*

hold on *e.* 1. (telefonda) beklemek: *Can you hold on while I see if he's in?* 2. (güçlüklere karşın) sürdürmek, devam ettirmek, dayanmak: *Hold on, I'll be back in a minute.*

hold onto *e, bkz.* **hang onto**

hold out *e.* 1. ileri sürmek, sunmak, vermek: *You can hold out your hand to*

**H**

*him in friendship.* 2. dayanmak: *Do you think the food will hold out till Monday?*
**hold out for** *e.* (bir talebin gerçekleşmesini) beklemek: *They are holding out for better working conditions.*
**hold over** *e.* ertelemek: *The discussion was held over until the next meeting.*
**hold to** *e.* korumak, sürdürmek, izlemek, bağlı kalmak: *Once he makes a commitment he always holds to it.*
**hold together** *e.* tutturmak, bir arada tutmak: *The papers were held together with a staple.*
**hold up** *e.* 1. geciktirmek: *The bridge's completion was held up by strikes.* 2. (tehdit ederek) soymak; yolunu kesmek, yolunu kesip soymak: *A gang of robbers held up the bank. The criminals held up a security van yesterday.* 3. (örnek olarak) göstermek: *Her work was always held up as an example to the others.*
**holdup** /'houldap/ *a.* 1. (trafik nedeniyle) gecikme 2. *k. dili* silahlı soygun
**hold with** *e.* uzlaşmak, aynı düşüncede olmak: *He didn't hold with his son's political views.*
**hole¹** /houl/ *a.* 1. delik, oyuk 2. kovuk, oyuk, in 3. (golf) delik, top çukuru 4. *k. dili* in, izbe, karanlık ve pis yer 5. **pick holes in sth** kusur bulmak, ince eleyip sık dokumak
**hole²** /houl/ *e.* (golf) topu deliğe sokmak
**holiday¹** /'holidey, 'holidi/ *a.* tatil, dinlence: *He's on holiday.*
**holiday²** /'holidey, 'holidi/ *e.* tatil yapmak
**holidaymaker** /'holidimeykı/ *a.* tatil yapan kimse, tatile çıkmış kimse
**holiness** /'houlinis/ *a.* kutsallık
**holler** /'holı/ *e, Aİ, k. dili* bağırmak
**hollow¹** /'holou/ *s.* 1. boş, oyuk, içi boş, çukur 2. (ses) yankı yapan, boşluktan gelen
**hollow²** /'holou/ *a.* çukur, oyuk, delik
**holly** /'holi/ *a, bitk.* çobanpüskülü
**holocaust** /'holıko:st/ *a.* özellikle yangın sonucu olan kırım, büyük tahribat
**holster** /'houlstı/ *a.* tabanca kılıfı
**holy** /'houli/ *s.* kutsal
**homage** /'homic/ *a.* saygı, hürmet

**home¹** /houm/ *a.* 1. ev, yuva, aile ocağı 2. yurt, vatan 3. **be/feel at home** kendini evindeymiş gibi hissetmek, rahat olmak: *They were so hospitable he felt at home immediately.* 4. **make oneself at home** kendini evindeymiş gibi hissetmek, serbest davranmak, rahatına bakmak: *Make yourself at home.*
**home²** /houm/ *be.* 1. evde: *Is John home?* 2. eve: *He had an accident going home.* 3. **bring home to/come home to sb** anlamak, kafasına dank etmek, anlaşılmasını sağlamak
**home³** /houm/ *s.* 1. eve ilişkin, yuvayla ilgili, eve özgü, kökene ilişkin 2. yabancı kökenli olmayan, yerel 3. evde yapılmış, evde hazırlanmış 4. (maç) kendi sahasında 5. (takım) ev sahibi
**homecoming** /'houmkaming/ *a.* eve dönüş, yuvaya dönüş
**homeland** /'houmlend/ *a.* anavatan, yurt, memleket
**homely** /'houmli/ *s.* 1. basit, yalın, sade, gösterişsiz 2. *Aİ.* kaba saba, çirkin, tipsiz
**homemade** /houm'meyd/ *s.* evde yapılmış
**Home Office** /'houm ofis/ *a.* İçişleri Bakanlığı
**homeopathy** /houmi'opıti/ *a, bkz.* **homoeopathy**
**homesick** /'houmsik/ *s.* sıla hasreti çeken, yurtsamış
**homestead** /'houmsted, 'houmstid/ *a.* 1. ev ve çevresindeki arazi; çiftlik evi 2. *Aİ.* devlet tarafından ekip biçmek ve üzerinde yaşamak şartıyla verilen arazi
**home truth** /houm 'tru:t/ *a.* acı gerçek
**homeward** /'houmwıd/ *s.* 1. eve doğru olan, eve doğru giden 2. *Aİ, bkz.* **homewards**
**homewards** /'houmwıdz/ *be.* eve, eve doğru
**homework** /'houmwö:k/ *a.* ev ödevi
**homicidal** /'homisaydl/ *s.* adam öldürmeye yatkın
**homicide** /'homisayd/ *a.* 1. adam öldürme, cinayet 2. katil, cani
**homily** /'homili/ *a.* 1. vaız veya hitabe 2.

*hkr.* uzun ve sıkıcı nasihat, vaaz

homing /'houming/ *s.* 1. (güvercin) yolu bulabilen 2. (modern savaş silahları) hedefini bulan

homoeopathy /houmi'opıti/ *a, hek.* bir hastalığı benzeri ile tedavi etme yöntem ve kuramı

homogeneous /houmı'ci:nııs/ *s.* homojen, türdeş, tektürel

homogenize /hı'mocinayz/ *e.* homojenleştirmek

homonym /'homınim/ *a.* okunuş ve yazılışları özdeş, anlamları ayrı sözcük, eşadlı

homosexual /houmı'sekşuıl/ *a, s.* homoseksüel, eşcinsel

hone /houn/ *e.* (bıçak, kama, vb.) bilemek

honest /'onist/ *s.* dürüst, namuslu, güvenilir

honestly /'onistli/ *be.* 1. dürüstçe 2. gerçekten, doğruyu söylemek gerekirse, aslında

honesty /'onisti/ *a.* dürüstlük, doğruluk

honey /'hani/ *a.* 1. bal 2. *Aİ.* tatlım, canım, sevgilim, şekerim

honeycomb /'hanikoum/ *a.* petek, bal peteği

honeymoon /'hanimu:n/ *a.* balayı

honeysuckle /'hanisakıl/ *a, bitk.* hanımeli

honk¹ /honk/ *a.* kaz sesi, korna sesi

honk² /honk/ *e.* 1. ötmek 2. (korna) öttürmek

honor /'onı/ *a, e, Aİ, bkz.* **honour**

honorary /'onırıri/ *s.* 1. (üniversite, iş, vb.) şeref payesi olarak verilmiş, onursal 2. fahri

honour¹ /'onı/ *a.* 1. onur, şeref 2. saygı, saygıdeğerlik, itibar 3. **on one's honour** şerefi üzerine

honour² /'onı/ *e.* 1. onur vermek, şereflendirmek 2. (bono, çek, vb.) kabul edip ödemek

honourable /'onırıbıl/ *s.* namuslu, onurlu, saygıdeğer, saygın

honours /'onız/ *a.* 1. mezuniyet derecesi 2. şeref payesi 3. **do the honours** *k. dili* ikramda bulunmak, misafir ağırlamak 4. **(full) military honours** askeri cenaze töreni

hood /hud/ *a.* 1. kukuleta, kapişon, başlık 2. *Aİ, oto.* kaput

hoodwink /'hudwink/ *e.* kandırmak, aldatmak

hoof /hu:f/ *a.* toynak

hook¹ /hu:k/ *a.* 1. çengel, kanca 2. olta iğnesi 3. kopça 4. orak 5. (boks) dirsek 6. **be/get off the hook** sıkıntıyı belayı atlatmak, paçayı kurtarmak

hook² /hu:k/ *e.* 1. olta ile tutmak 2. çengellemek, asmak

hooked /hukt/ *s.* 1. çengel biçiminde, çengel ... 2. *k. dili* (uyuşturucuya) müptela 3. *k. dili* (bir şeye) düşkün, hasta, meraklı, tutkun: *He's hooked on blues.*

hooligan /'hu:ligın/ *a.* serseri, kabadayı

hoop /hu:p/ *a.* çember

hooray /hu'rey/ *ünl, bkz.* **hurray**

hoot¹ /hu:t/ *e.* (at/with ile) 1. ötmek 2. öttürmek

hoot² /hu:t/ *a.* 1. baykuş sesi 2. otomobil ya da vapur kornası sesi 3. yuhalama 4. *k. dili* **not care a hoot/two hoots** *k. dili* iplememek, şeyine takmamak

hooter /'hu:tı/ *a.* 1. siren, düdük 2. paydos düdüğü

hoover¹ /'hu:vı/ *a.* elektrikli süpürge

hoover² /'hu:vı/ *e.* elektrikli süpürgeyle temizlemek

hop¹ /hop/ *e.* 1. tek bacak üstünde zıplamak, sekmek 2. sıçramak, hoplamak 3. **Hop it** *İİ, k. dili* Bas git 4. **hopping mad** çok sinirli, kudurmuş

hop² /hop/ *a.* 1. sıçrama, zıplama, sekme 2. *k. dili* uçak yolculuğu 3. **catch sb on the hop** *k. dili* birini hazırlıksız yakalamak

hop³ /hop/ *a, bitk.* şerbetçiotu

hope¹ /houp/ *e.* umut etmek, ummak: *I hope you'll pass your exams.*

hope² /houp/ *a.* umut, ümit

hopeful /'houpfıl/ *s.* umut verici, umutlandırıcı, umutlu

hopefully /'houpfıli/ *be.* 1. umut verici bir biçimde, umut vererek 2. umarım, inşallah: *Hopefully they will find a cure for AIDS soon.*

hopeless /'houplıs/ *s.* 1. umutsuz, ümitsiz 2. yararsız, boşuna, işe yaramaz 3. ye-

teneksiz, beceriksiz, kötü
**hopscotch** /'hopskoç/ *a.* seksek oyunu
**horde** /ho:d/ *a.* kalabalık, sürü
**horizon** /hı'rayzın/ *a.* ufuk, çevren
**horizontal** /hori'zontl/ *s.* yatay, düz
**hormone** /'ho:moun/ *a.* hormon
**horn** /ho:n/ *a.* 1. boynuz 2. korna, klakson 3. *müz.* boru
**hornet** /'ho:nit/ *a, hayb.* eşekarısı
**horny** /'ho:ni/ *s.* 1. sert ve kaba 2. *kab, arg.* abaza, azgın, azmış
**horoscope** /'horıskoup/ *a.* yıldız falı, burç
**horrendous** /hı'rendıs/ *s.* korkunç
**horrible** /'horıbıl/ *s.* 1. korkunç 2. *k. dili* berbat, rezil, iğrenç, korkunç
**horrid** /'horid/ *s.* 1. kaba, çirkin, iğrenç 2. korkunç 3. *k. dili* berbat
**horrific** /hı'rifik/ *s.* korkunç
**horrify** /'horifay/ *e.* korkutmak, dehşete uğratmak
**horror** /'horı/ *a.* 1. korku, dehşet 2. **horror film** korku filmi
**hors d'oeuvre** /o:'dö:v/ *a.* ordövr, meze, çerez
**horse** /ho:s/ *a.* 1. at, beygir 2. *sp.* atlama beygiri 3. **dark horse** yetenekleri bilinmeyen kimse 4. **look a gift horse in the mouth** hediyede kusur aramak 5. **put the cart before the horse** yemeğe tatlıdan başlamak
**horseback** /'ho:sbek/ *a.* at sırtı: *on horseback*
**horsebox** /'ho:sboks/ *a.* atların taşıdığı römork
**horse chestnut** /ho:s 'çesnat/ *a, bitk.* atkestanesi
**horseman** /'ho:smın/ *a.* atlı, binici
**horseplay** /'ho:spley/ *a.* gürültülü/hoyratça davranış, eşek şakası
**horsepower** /'ho:spaul/ *a.* beygirgücü
**horse-racing** /'ho:sreysing/ *a.* at yarışı
**horseradish** /'ho:srediş/ *a, bitk.* yabanturpu, karaturp
**horseshoe** /'ho:sşu:/ *a.* at nalı, nal
**horsy** /'ho:si/ *s.* 1. at, at yarışı hastası, atlara düşkün kimse 2. at gibi
**horticulture** /'ho:tikalçı/ *a.* bahçecilik, bahçıvanlık
**hose**[1] /houz/ *a.* 1. su hortumu, hortum 2.

ç. (külotlu) çorap
**hose**[2] /houz/ *e.* hortumla sulamak, hortum tutmak
**hosiery** /'hoziıri/ *a.* çoraplar, iç çamaşırı
**hospitable** /'hospitıbıl/ *s.* konuksever, misafirperver
**hospital** /'hospitl/ *a.* hastane
**hospitality** /hospi'teliti/ *a.* konukseverlik
**hospitalize** /'hospitılayz/ *e.* hastaneye yatırmak, hastaneye kaldırmak
**host**[1] /houst/ *a.* 1. ev sahibi, mihmandar, konukçu 2. hancı, otelci 3. takdimci, sunucu
**host**[2] /houst/ *e.* ev sahipliği yapmak, konuk ağırlamak
**host**[3] /houst/ *a.* çok sayı: *There were hosts of people on the beach.*
**hostage** /'hostic/ *a.* tutak, rehine
**hostel** /'hostl/ *a.* 1. yurt, öğrenci yurdu 2. **youth hostel** özellikle (üyeliği olan) genç turistlerin kaldığı otel
**hostess** /'houstis/ *a.* 1. ev sahibesi 2. hostes 3. konsomatris
**hostile** /'hostayl/ *s.* 1. düşmanca, düşman 2. düşmana özgü, düşmana ait, düşman ...
**hostility** /ho'stiliti/ *a.* 1. düşmanlık, kin 2. ç. savaş
**hot** /hot/ *s.* 1. sıcak: *The water was too hot to put his hands into.* 2. biberli, acı: *He likes hot pepper.* 3. (haber) sıcak, taze 4. *k. dili* şehvetli, ateşli, azgın 5. *k. dili* bilgili, ilgili 6. **hot air** boş laf, anlamsız konuşma, hava cıva 7. **hot dog** sıcak sosisli sandviç 8. **hot under the collar** kızgın, kızışmış, kavgaya hazır 9. **not so hot** *k. dili* fena değil, idare eder 10. **the hot seat** a) *k. dili* zor durum b) *arg.* elektrikli sandalye
**hotbed** /'hotbed/ *a.* (kötülük) yuvası, batak
**hot-blooded** /hot'bladid/ *s.* ihtiraslı, tutkulu
**hotchpotch** /'hoçpoç/ *a.* karmakarışık şey
**hotel** /hou'tel/ *a.* otel
**hotelier** /hou'teliı/ *a.* otelci, otel sahibi
**hotfoot** /'hot'fut/ *e, k. dili* hızlı hareket etmek, gazlamak

hothead /'hothed/ *a.* düşünmeden hareket eden kimse, aceleci

hothouse /'hothaus/ *a.* limonluk, ser, çamlık

hotly /'hotli/ *be.* 1. öfke ve kaba kuvvetle, kızgınlıkla 2. yakından ve hevesle

hotplate /'hotpleyt/ *a.* ocak üzerindeki metal yüzey

hot up *e.* hareketlenmek, kızışmak: *By the end of the week sales had hotted up and they needed more staff.*

hot-water bottle /hot'wo:tı botl/ *a.* termofor

hound[1] /haund/ *a.* av köpeği, tazı

hound[2] /haund/ *e.* peşini bırakmamak, izlemek

hour /auı/ *a.* 1. saat: *There are 24 hours in a day.* 2. at all hours gece gündüz, sürekli her saat 3. at the eleventh hour son anda 4. the small hours gece yarısından sonraki üç dört saat 5. visiting hours ziyaret saatleri 6. working hours çalışma saatleri

hourly /'auıli/ *s, be.* (olaylar, vb.) her saat ya da saatte bir

house[1] /haus/ *a.* 1. ev 2. ev halkı, aile 3. meclis, kamara 4. bring the house down herkesi gülmekten kırıp geçirmek 5. get on like a house on fire hemen arkadaş olmak 6. on the house beleş, şirketten, patrondan

house[2] /hauz/ *e.* barındırmak

houseboat /'hausbout/ *a.* yüzen ev

housebound /'hausbaund/ *s.* (hastalık nedeniyle) eve bağlı, evden çıkamayan, yatalak

housebreaker /'hausbreykı/ *a.* ev hırsızı

housebroken /'hausbroukın/ *s, Aİ, bkz.* house-trained

household /'haushould/ *a.* 1. ev halkı 2. household name/word herkesçe bilinen şey/kimse

householder /'haushouldı/ *a.* ev sahibi, bir evden sorumlu olan kimse, evi yöneten kimse

housekeeper /'hauski:pı/ *a.* evi yöneten kimse, kahya

housekeeping /'hauski:ping/ *a.* ev idaresi

houseman /'hausmın/ *a.* stajyer doktor

housemaster /'hausma:stı/ *a.* yatılı okulda yönetici öğretmen

house-proud /'hauspraud/ *s.* aşırı titiz, temizlik delisi

house-trained /'haustreynd/ *s.* (evcil hayvan) tuvaletini dışarıda yapmaya eğitilmiş

housewarming /'hauswo:ming/ *a.* yeni eve taşınanlar tarafından dostlarına verilen parti

housewife /'hauswayf/ *a.* ev kadını

housework /'hauswö:k/ *a.* ev işi

housing /'hauzing/ *a.* 1. barınak, barınacak yer, iskân 2. bir makinenin bölümlerini koruyan çerçeve ya da levha 3. housing estate site, toplu konutlar

hove /houv/ *pt, pp bkz.* heave

hovel /'hovıl/ *a.* mezbele, ahır gibi ev

hover /'hovı/ *e.* 1. (over/around ile) havada belli bir noktada durmak 2. bekleyip durmak

hovercraft /'hovıkra:ft/ *a.* hoverkraft

how[1] /hau/ *be.* 1. nasıl: *How are you? How do you make this cake?* 2. ne kadar: *How high is this building? How old are you?* 3. ne kadar, nasıl da: *How they screamed when they saw the snake. How lovely you look.* 4. How come *k. dili* nasıl olur, neden, nasıl olur da ...: *How come she wasn't invited?* 5. How do you do? Memnun oldum; Nasılsınız? 6. How long ne kadar zamandır: *How long have you been here?* 7. How many kaç tane, kaç: *How many eggs do you want?* 8. How much a) ne kadar: *How much sugar did you buy?* b) kaç para: *How much is this book?*

how[2] /hau/ *bağ.* hangi yolla, nasıl: *Do you know how they did that? I don't know how to play the saxophone.*

however[1] /hau'evı/ *bağ.* her nasıl, nasıl: *In another country you should behave however they do.*

however[2] /hau'evı/ *be.* 1. ne derecede, ne kadar: *We're going for a picnic on Sunday however bad the weather is.* 2. bununla birlikte, yine de: *She doesn't like housework. However the house is always very clean.* 3. (hayret belirtir)

nasıl olurda, nasıl, ne şekilde: *However did you find the way without a map?*
**howl¹** /haul/ *e.* ulumak, inlemek
**howl²** /haul/ *a.* uluma, inleme, inilti
**hub** /hab/ *a.* 1. *oto.* tekerlek göbeği 2. hareket ya da önem merkezi
**hubbub** /'habab/ *a.* gürültü
**hubcap** /'habkep/ *a, oto.* jant kapağı
**huddle¹** /'hadl/ *e.* bir araya sıkışmak, birbirine sokulmak, toplanmak
**huddle²** /'hadl/ *a.* 1. birbirine sokulmuş insanlar 2. düzensiz ve karışık toplanmış eşya, yığın
**hue** /hyu:/ *a.* 1. renk 2. **hue and cry** gürültü, velvele, yaygara
**huff** /haf/ *a.* huysuzluk, dargınlık
**hug¹** /hag/ *e.* 1. sevgiyle sarılmak, sıkıca kucaklamak, bağrına basmak 2. yakınından geçmek
**hug²** /hag/ *a.* sarılma, kucaklama, bağrına basma
**huge** /hyu:c/ *s.* iri, çok büyük, kocaman, büyük
**hugely** /'hyu:cli/ *be, k. dili* çok
**hulk** /halk/ *a.* gemi enkazı
**hulking** /'halking/ *s.* ağır, hantal, iri
**hull¹** /hal/ *a.* gemi omurgası, geminin tekne kısmı
**hull²** /hal/ *e.* kabuğunu ya da çanağını çıkarmak
**hullabaloo** /'halıbılu:/ *a.* gürültü, velvele, yaygara
**hullo** /ha'lou/ *ünl, a, bkz.* **hello**
**hum** /ham/ *e.* 1. vızıldamak 2. (şarkı) mırıldanmak 3. canlanmak, hızlanmak
**human¹** /'hyu:mın/ *s.* 1. insana ilişkin, insani, insan ...: *The human brain consists of millions of nerve cells.* 2. insancıl, insanca, insan gibi, insani: *She was so cold and unfriendly she didn't seem human.*
**human²** /'hyu:mın/ *a.* insan
**human being** /hyu:mın 'bi:ing/ *a.* insan, insanoğlu
**humane** /hyu:'meyn/ *s.* insancıl, sevecen, uygar
**humanism** /'hyu:mınizm/ *a.* hümanizm, insancılık
**humanist** /'hyu:mınist/ *a, s.* hümanist,

insancı, insancıl
**humanitarian** /hyu:meni'teırıın/ *a, s.* iyilik seven, yardımsever, insancıl (kimse)
**humanities** /hyu:'menitiz/ *a.* (yazın, dil, tarih, vb.) konusu insan olan bilimler
**humanity** /hyu:'meniti/ *a.* insanlık
**humanize** /'hyu:mınayz/ *e.* insanlaştırmak, insancıllaştırmak
**humanly** /'hyu:mınli/ *be.* insan gücü yettiğince, insanın elinden geldiğince
**humble¹** /'hambıl/ *s.* 1. alçakgönüllü, gösterişsiz 2. önemsiz, sıradan 3. fakir 4. (rütbe, vb.) düşük, alt 5. **eat humble pie** utanıp özür dilemek
**humble²** /'hambıl/ *e.* gururunu kırmak, alçaltmak
**humbug** /'hambag/ *a.* 1. saçmalık 2. *İİ.* nane şekeri
**humdrum** /'hamdram/ *s.* sıradan, tekdüze, monoton, yavan
**humerus** /'hyu:mırıs/ *a, anat.* pazı kemiği, karaca kemiği, üst kol kemiği
**humid** /'hyu:mid/ *s.* (hava) nemli, yaş
**humidify** /hyu:'midifay/ *e.* nemlendirmek
**humidity** /hyu:'miditi/ *a.* havadaki nem, nem oranı
**humiliate** /hyu'milieyt/ *e.* gururunu kırmak, utandırmak, rezil etmek, küçük düşürmek, bozmak
**humility** /hyu:'militi/ *a.* alçakgönüllülük, tevazu
**humor** /'hyu:mı/ *a, Aİ, bkz.* **humour**
**humorist** /'hu:mırist/ *a.* 1. şakacı kimse 2. güldürü yazarı
**humorous** /'hyu:mırıs/ *s.* komik, gülünç, güldürücü
**humour¹** /'hyu:mı/ *a.* 1. gülünçlük, komiklik 2. mizah, güldürü 3. mizaç, huy 4. **sense of humour** mizah/espri anlayışı
**humour²** /'hyu:mı/ *e.* eğlendirmek, güldürmek, istediğini yerine getirmek, gönlünü yapmak
**hump¹** /hamp/ *a.* 1. kambur 2. hörgüç 3. tümsek
**hump²** /hamp/ *e, İİ, k. dili* sırtta taşımak
**humus** /hyu:mıs/ *a.* kara toprak, humus
**hunch¹** /hanç/ *a.* önsezi
**hunch²** /hanç/ *e.* (gövdeyi) eğmek, bükmek, kamburlaştırmak

hunchback /'hançbek/ a. kambur
hundred /'handrıd/ a, s. yüz
hundredth /'handrıdt/ a, s. yüzüncü
hung /hang/ pt, pp bkz. **hang**
hunger /'hangı/ a. 1. açlık 2. yiyecek kıtlığı 3. şiddetli istek 4. **hunger strike** açlık grevi
hunger for/after e. çok istemek, -e acıkmak: He has hungered after her for years.
hungry /'hangri/ s. 1. aç: Are you hungry? 2. acıktırıcı 3. **go hungry** aç kalmak
hunk /hank/ a. (özellikle yiyecek) iri parça
hunt[1] /hant/ e. 1. avlamak 2. araştırmak, aramak
hunt[2] /hant/ a. avlanma, av
hunter /'hantı/ a. avcı
hurdle[1] /'hö:dl/ a. 1. engel, çit 2. aşılması gereken güçlük, engel
hurdle[2] /'hö:dl/ e. engel atlamak
hurl /hö:l/ e. fırlatmak, fırlatıp atmak
hurly-burly /'hö:libö:li/ a. gürültü, kargaşa, har gür
hurrah /hu'ra:/ ünl, bkz. **hurray**
hurray /hu'rey/ ünl. yaşa! hurra!
hurricane /'harikın/ a. 1. kasırga 2. **hurricane lamp** gemici feneri
hurried /'harid/ s. telaşla yapılmış, aceleyle yapılmış, acele
hurry[1] /'hari/ e. 1. acele etmek: You don't have to hurry. We have plenty of time. 2. acele ettirmek 3. aceleyle gitmek/göndermek
hurry[2] /'hari/ a. acele, telaş
hurry **up** e. 1. hızlanmak, acele etmek: Hurry up and finish that. Everyone else has. 2. hızlandırmak: They had to hurry up the production to complete the order in time.
hurt /hö:t/ e. [pt, pp **hurt** /hö:t/] 1. acıtmak, incitmek: He hurt his back lifting a heavy weight. 2. acımak, incinmek: My eyes are hurting. 3. kırmak, incitmek: His rude remarks hurt her.
hurtful /'hö:tfıl/ s. acı veren, incitici, zararlı
hurtle /'hö:tl/ e. hızla hareket etmek, fırlamak
husband /'hazbınd/ a. koca, eş

husbandry /'hazbındri/ a. çiftçilik, ziraatçilik
hush[1] /haş/ e. 1. susmak 2. susturmak
hush[2] /haş/ a. sessizlik
hush-hush /haş'haş/ s, k. dili gizli, örtülü
hush up e. gizli tutmak, örtbas etmek: The government hushed up the news that they had broken their agreement.
husk /hask/ a. (bitki) dış yapraklar, kabuk
husky[1] /'haski/ s. (ses) kısık, boğuk
husky[2] /'haski/ a. Eskimo köpeği, kızak köpeği
hussy /'hasi/ a. edepsiz, civelek, aşüfte
hustings /'hastingz/ a. oy toplamak için yapılan konuşmalar, seçim nutku
hustle[1] /'hasıl/ e. 1. itip kakmak, acele ettirmek 2. acele etmek 3. (into ile) aceleyle ikna etmek, kandırmak: The carpet seller hustled the tourists into buying a rug.
hustle[2] /'hasıl/ a. itişip kakışma, acele, telaş, hummalı faaliyet
hustler /'haslı/ a, Aİ. hileli satış yapan kimse, dolandırıcı, kazıkçı
hut /hat/ a. kulübe
hutch /haç/ a. kafes, küçük hayvan kafesi
hyacinth /'hayisint/ a, bitk. sümbül
hyaena /hay'i:nı/ a, bkz. **hyena**
hybrid /'haybrid/ a. melez
hydrant /'haydrınt/ a. yangın musluğu
hydraulic /hay'drolik, hay'dro:lik/ s. hidrolik, su basınçlı
hydraulics /hay'droliks/ a. hidrolik bilimi
hydroelectric /haydroui'lektrik/ s. hidroelektrik
hydrofoil /'haydrıfoyl/ a. kızaklı bot
hydrogen /'haydrıcın/ a. 1. hidrojen 2. **hydrogen bomb** hidrojen bombası
hydrophobia /haydrı'foubii/ a, hek. kuduz
hydroplane /'haydrıpleyn/ a. su yüzeyinde hızla giden deniz motoru
hyena /hay'i:nı/ a, hayb. sırtlan
hygiene /'hayci:n/ a. 1. sağlık bilgisi 2. temizlik
hygienic /hay'ci:nik/ s. 1. sağlıklı, hijyenik, sağlıksal 2. temiz
hymen /'haymın/ a, anat. kızlık zarı
hymn /him/ a. ilahi
hyperbole /hay'pö:bıli/ a. abartma, bü-

yütme
**hypermarket** /'haypıma:kit/ *a.* hipermarket
**hypertension** /'haypı'tenşın/ *a.* hipertansiyon
**hyphen** /'hayfın/ *a.* kısa çizgi, tire
**hyphenate** /'hayfıneyt/ *e.* tire ile birleştirmek
**hypnosis** /hip'nousis/ *a.* hipnoz
**hypnotism** /'hipnıtizım/ *a.* hipnotizma, bayıma
**hypnotize** /'hipnıtayz/ *e.* hipnotize etmek
**hypochondriac** /haypı'kondriek/ *a.* hastalık hastası
**hypocrisy** /hi'pokrisi/ *a.* ikiyüzlülük
**hypocrite** /'hipıkrit/ *a.* ikiyüzlü
**hypocritical** /hipı'kritikl/ *s.* ikiyüzlü
**hypodermic**[1] /haypı'dö:mik/ *a.* iğne, şırınga
**hypodermic**[2] /haypı'dö:mik/ *s.* deri altı ile ilgili
**hypothermia** /haypı'tö:miı/ *a, hek.* vücut ısısının normalin altına düşmesi, hipotermi
**hypothesis** /hay'potisis/ *a.* hipotez, varsayım
**hypothetical** /haypı'tetikıl/ *s.* varsayımlı, varsayıma dayanan
**hysterectomy** /histı'rektımi/ *a, hek.* rahmin ameliyatla alınması
**hysteria** /hi'stiırı/ *a.* 1. *hek.* isteri 2. aşırı coşku, büyük heyecan, curcuna
**hysterical** /hi'sterikıl/ *s.* 1. isterik 2. (duygular) kontrolsuz, coşkun
**hysterics** /hi'steriks/ *a.* isteri krizi

# I

**I, i** /ay/ *a.* İngiliz abecesinin dokuzuncu harfi
**I** /ay/ *adl.* ben: *I am a photographer. I come from Japan. I don't like intolerance. You and I.*
**ice**[1] /ays/ *a.* 1. buz 2. dondurma 3. **break the ice** resmiyeti atmak, samimi olmak, buzları kırmak 4. **ice age** buzul çağı 5. **ice cream** dondurma 6. **skating on thin ice** tehlikeli bir durumda riske giren

7. **keep sth on ice** sonra kullanmak için saklamak
**ice**[2] /ays/ *e.* 1. dondurmak, buzla soğutmak 2. buzla kaplamak 3. kek, vb. üzerini şekerle kaplamak
**iceberg** /'aysbö:g/ *a.* buzdağı, aysberg
**icebox** /'aysboks/ *a.* 1. buzluk 2. *Al.* buzdolabı
**icicle** /'aysikıl/ *a.* saçak buzu, buz salkımı
**icing** /'aysing/ *a.* şekerli krema
**icon** /'aykon/ *a.* kutsal kişilerin resmi, ikon
**icy** /'aysi/ *s.* 1. çok soğuk, buz gibi 2. buzlu
**idea** /ay'diı/ *a.* 1. düşünce, fikir 2. tasarı, plan, öneri 3. kanı, görüş, kanaat
**ideal**[1] /ay'diıl/ *s.* ideal, mükemmel, kusursuz
**ideal**[2] /ay'diıl/ *a.* 1. yetkin örnek, ideal 2. ülkü, ideal
**idealism** /ay'diılizım/ *a.* idealizm, ülkücülük
**idealist** /ay'diılist/ *a.* idealist, ülkücü
**idealize** /ay'diılayz/ *e.* mükemmel olarak görmek
**identical** /ay'dentikıl/ *s.* 1. (with/to ile) benzer, hemen hemen aynı: *Her case is identical to his.* 2. aynı: *The teacher knew they were cheating because their answers were identical.*
**identification** /aydentifi'keyşın/ *a.* 1. tanıma, kimlik saptaması, teşhis 2. kimlik, hüviyet
**identify** /ay'dentifay/ *e.* 1. tanımak, kimliğini saptamak, teşhis etmek 2. fark gözetmemek, aynı saymak, bir tutmak
**identify with** *e.* 1. (birisinin) ... ile bir ilişkisi/bağı olduğunu düşünmek, -e bağlamak 2. ... ile duygularını paylaşmak, destek olmak, kendini -e yakın bulmak
**identity** /ay'dentiti/ *a.* 1. benzerlik, özdeşlik 2. kimlik 3. **identity (card)** kimlik (kartı)
**ideology** /aydi'olıci/ *a.* 1. ideoloji, düşünyapı 2. verimsiz düşünce
**idiocy** /'idiısi/ *a.* aptallık, ahmaklık
**idiom** /'idiım/ *a.* deyim
**idiomatic** /idiı'metik/ *s.* 1. deyimsel 2. deyimlerle dolu
**idiosyncrasy** /idiı'sinkrısi/ *a.* kişisel özel-

lik
**idiot** /'idiıt/ *a.* 1. aptal, salak, ahmak 2. doğuştan geri zekâlı kimse
**idle¹** /'aydl/ *s.* 1. işsiz, aylak 2. tembel 3. yararsız, sonuçsuz, boş
**idle²** /'aydl/ *e.* 1. zaman öldürmek 2. (motor, vb.) yavaş çalışmak, yavaş gitmek
**idol** /'aydl/ *a.* 1. put, tapıncak 2. çok sevilen kimse/şey
**idolatry** /ay'dolıtri/ *a.* puta tapma, putperestlik
**idolize** /'aydılayz/ *e.* putlaştırmak, tapmak
**idyll, idyl** /'idl, aydl/ *a, yaz.* idil
**if** /if/ *bağ.* 1. eğer, ise: *Put on a jumper if you're cold. You'll be hungry if you don't eat.* 2. -e rağmen, -sa bile: *He was a brilliant if unsociable man.* 3. acaba, - mı, olup olmadığı: *Did she say if she would return?* 4. **if I were you** senin yerinde olsam: *If I were you I'd change my job.* 5. **if only** keşke, bir ...: *If only he talked to me.* 6. **as if** sanki, -mış gibi: *He acted as if he was poor.* 7. **even if** - se bile: *I'll go for a walk even if it rains.*
**igloo** /'iglu:/ *a.* Eskimo evi
**igneous** /'igniıs/ *s.* (kaya) volkanik
**ignite** /ig'nayt/ *e.* 1. tutuşmak 2. tutuşturmak
**ignition** /ig'nişın/ *a.* 1. tutuşma, tutuşturma 2. *oto.* ateşleme, kontak
**ignoble** /ig'noubıl/ *s.* 1. alçak, rezil, onursuz, şerefsiz 2. ayıp, yüz kızartıcı
**ignominy** /'ignımini/ *a.* alçaklık, rezalet, kepazelik, alçakça davranış
**ignoramus** /ignı'reymıs/ *a, hkr.* cahil, cahil kimse
**ignorance** /'ignırıns/ *a.* bilgisizlik, cahillik, cehalet
**ignorant** /'ignırınt/ *s.* 1. bilisiz, bilgisiz, cahil 2. *k. dili* görgüsüz, kaba, inceliksiz
**ignore** /ig'no:/ *e.* aldırmamak, önem vermemek, bilmemezlikten gelmek, görmemezlikten gelmek: *Ignore him if he speaks.*
**ikon** /'aykon/ *a, bkz.* **icon**
**ill¹** /il/ *s.* 1. hasta 2. kötü, fena, zararlı
**ill²** /il/ *be.* 1. kötü biçimde, acımasızca, hoş olmayan bir biçimde: *The horse has been ill used for years.* 2. anca, güçlükle, ucu ucuna: *They could ill afford to go to lunch there was so much work.*
**ill³** /il/ *a.* kötü şey, kötülük
**ill-advised** /ilıd'vayzd/ *s.* düşüncesiz, akılsız, mantıksız
**ill-bred** /il'bred/ *s.* terbiyesiz, görgüsüz, kaba
**illegal** /i'li:gıl/ *s.* yasadışı, yolsuz
**illegality** /ili'geliti/ *a.* yasadışılık, yolsuzluk
**illegible** /i'lecıbıl/ *s.* okunaksız
**illegitimate** /ili'citimit/ *s.* 1. yasalara aykırı, kurallara aykırı, yolsuz 2. (çocuk) evlilik dışı doğmuş, gayri meşru
**ill-fated** /il'feytid/ *s.* şanssız, talihsiz
**ill-favoured** /il'feyvıd/ *s.* çirkin
**ill-gotten** /il'gotn/ *s.* yolsuz biçimde kazanılmış
**illicit** /i'lisit/ *s.* yasaya aykırı, yasadışı, yasak
**illiterate** /i'litırit/ *s.* okuma yazma bilmeyen
**ill-mannered** /il'menıd/ *s.* kaba, saygısız
**ill-natured** /il'neyçıd/ *s.* huysuz, ters, kaba
**illness** /'ilnis/ *a.* hastalık, sayrılık
**illogical** /i'locikıl/ *s.* mantığa aykırı, mantıksız
**illuminate** /i'lu:mineyt/ *e.* aydınlatmak, ışıklandırmak
**illumination** /ilu:mi'neyşın/ *a.* aydınlatma, ışıklandırma
**illusion** /i'lu:jın/ *a.* 1. aldatıcı görünüş; yanlış görüş, yanılsama: *The moon is not bigger when it's near the horizon. It's just an optical illusion.* 2. düş, kuruntu, hayal: *She had no illusions about her work and knew she would never be a great artist.*
**illusionist** /i'lu:jınist/ *a.* illüzyonist, gözbağcı
**illustrate** /'ilıstreyt/ *e.* 1. (kitap, sözlük, vb.) resimlemek, resimler koymak 2. örneklerle açıklamak/göstermek
**illustration** /ilı'streyşın/ *a.* 1. resim 2. örnek 3. **by way of illustration** örneğin, örnek olarak
**illustrative** /'ilıstreytiv, 'ilıstrıtiv/ *s.* (anlamını) açıklayıcı, aydınlatıcı

**illustrator** /'ılıstreytı/ *a.* (kitap, dergi, vb.'de) ressam

**illustrious** /i'lastriıs/ *s.* ünlü

**ill will** /il'wil/ *a.* nefret, kin

**image** /'imic/ *a.* 1. imge, hayal, görüntü 2. izlenim, imaj 3. kopya, eş, aynı 4. put, tapıncak

**imagery** /'imicıri/ *a, yaz.* söz sanatları

**imaginable** /i'mecınıbıl/ *s.* düşünülebilen, akla gelen, düşlenebilen

**imaginary** /i'mecınıri/ *s.* düşsel, hayali, gerçek olmayan: *When he was drunk he spoke to imaginary people.*

**imagination** /imeci'neyşın/ *a.* 1. imgelem, düş gücü, hayal gücü 2. yaratma gücü 3. *k. dili* düş, düş ürünü, kuruntu

**imaginative** /i'mecınıtiv/ *s.* hayal gücü kuvvetli, yaratıcı: *It was a very imaginative drawing.*

**imagine** /i'mecin/ *e.* 1. imgelemek, hayalinde canlandırmak, hayal etmek: *I imagine there being peace in the world.* 2. sanmak, düşünmek: *She imagines people are talking about her.*

**imbalance** /im'belıns/ *a.* dengesizlik, oransızlık

**imbecile** /'imbısi:l/ *a.* 1. *hek.* geri zekâlı, embesil 2. *k. dili* aptal, ahmak, geri zekâlı

**imbibe** /im'bayb/ *e.* 1. içmek 2. öğrenmek, kapmak

**imbue** /im'byu:/ *e.* (with ile) aşılamak, doldurmak: *He imbued his students with a love of literature.*

**imitate** /'imiteyt/ *e.* 1. taklit etmek, öykünmek: *The impersonator could imitate any one.* 2. örnek almak: *If you imitate his behaviour you'll be all right.* 3. benzemek: *The table was a synthetic made to imitate wood.*

**imitation** /imi'teyşın/ *a.* 1. taklit 2. taklit eser, yapma, imitasyon

**immaculate** /i'mekyulit/ *s.* 1. tertemiz, lekesiz, sağlam, yepyeni 2. kusursuz, tam, mükemmel

**immaterial** /imı'tiırııl/ *s.* 1. önemsiz 2. maddi olmayan, tinsel, manevi

**immature** /imı'çuı/ *s.* olgunlaşmamış, çocukça: *Although he's 40 he's so immature you'd think he was 20.*

**immeasurable** /i'mejırıbıl/ *s.* ölçülemez, ölçüsüz

**immediacy** /i'mi:dıısi/ *a.* yakınlık, ivedilik, önem: *There was no immediacy so they left it till the next day.*

**immediate** /i'mi:dııt/ *s.* 1. acele, acil, çabuk 2. en yakın 3. şimdiki, hazır

**immediately[1]** /i'mi:dııtli/ *be.* hemen, derhal, bir an önce: *They went immediately to the station.*

**immediately[2]** /i'mi:dııtli/ *bağ, İİ.* -er, -ermez: *She dived immediately she heard the gun.*

**immemorial** /imi'mo:rııl/ *s.* çok eski: *Man and Woman have been disagreeing since time immemorial.*

**immense** /i'mens/ *s.* uçsuz bucaksız, kocaman, çok geniş

**immensely** /i'mensli/ *be.* çok: *They were immensely wealthy and owned six cars.*

**immerse** /i'mö:s/ *e.* 1. daldırmak: *You need to immerse it in water to get it wet all over.* 2. (kendini bir şeye) kaptırmak

**immigrant** /'imigrınt/ *a.* göçmen

**immigrate** /'imigreyt/ *e.* göç etmek, göçmek

**immigration** /imi'greyşın/ *a.* göç

**imminence** /'iminıns/ *a.* yakınlık, yaklaşma: *The imminence of her mother's arrival made her hurry.*

**imminent** /'iminınt/ *s.* yakın, yakında olacak: *The birth of his child was imminent.*

**immobile** /i'moubayl/ *s.* devinimsiz, durağan, kımıltısız, hareketsiz, sabit

**immobilize** /i'moubilayz/ *e.* devinimsizleştirmek, durağanlaştırmak, hareketsizleştirmek: *The army was immobilized when the railway was destroyed.*

**immoderate** /i'modırit/ *s.* aşırı, ölçüsüz, çok fazla

**immodest** /i'modist/ *s, hkr.* 1. alçakgönüllülükten yoksun, iyi yönleriyle hava atan 2. kendini beğenmiş 3. (giysi) fazla dekolte

**immoral** /i'morıl/ *s.* ahlaka aykırı, ahlaksız, terbiyesiz

**immortal** /i'mo:tıl/ *s.* ölümsüz

immortalize /i'mo:tılayz/ e. ölümsüzleş-tirmek: *He was immortalized when a book was written about him.*

immovable /i'mu:vıbıl/ s. kımıldamaz, yerinden oynamaz, değişmez, sabit: *He remained immovable and wouldn't change his position in the discussion.*

immune /i'myu:n/ s. 1. bağışık, muaf 2. dokunulmaz

immunity /i'myu:niti/ a. 1. bağışıklık 2. dokunulmazlık

immunize /'imyunayz/ e. bağışıklık kazandırmak, bağışık kılmak

immutable /i'myu:tıbıl/ s. değişmez, kesin, sabit

imp /imp/ a. 1. küçük şeytan 2. yaramaz çocuk, afacan çocuk, şeytan

impact /'impekt/ a. 1. çarpma, çarpışma, çarpma şiddeti 2. güçlü etki, etkileme

impair /im'peı/ e. zayıflatmak, zarar vermek: *People's vision is usually impaired by age.*

impale /im'peyl/ e. 1. kazığa oturtmak 2. delip geçmek, delmek

impart /im'pa:t/ e. 1. vermek 2. söylemek, bildirmek, açığa vurmak

impartial /im'pa:şıl/ s. yansız, tarafsız, adil

impartiality /impa:şi'eliti/ a. yansızlık, tarafsızlık

impassable /im'pa:sıbıl/ s. (yol, vb.) geçilmez, geçit vermez, bozuk

impasse /em'pa:s/ a. çıkmaz, içinden çıkılmaz durum

impassioned /im'peşınd/ s. derin duygularla dolu, ateşli, heyecanlı, coşkun

impassive /im'pesiv/ s. lakayt, umursamaz, kayıtsız, ruhsuz: *She was always impassive even when her husband died.*

impatience /im'peyşıns/ a. sabırsızlık

impatient /im'peyşınt/ s. sabırsız

impeach /im'pi:ç/ e. suçlamak, itham etmek

impeccable /im'pekıbıl/ s. kusursuz, mükemmel

impecunious /impi'kyu:nııs/ s. meteliksiz, parasız, züğürt

impede /im'pi:d/ e. engel olmak

impediment /im'pedimınt/ a. özür, engel,

mâni: *The radio station didn't hire her because of a slight speech impediment.*

impel /im'pel/ e. zorlamak, sevk etmek: *She resigned very quickly; impelled by anger.*

impending /im'pending/ s. olması yakın

impenetrable /im'penitrıbıl/ s. 1. içinden geçilmez, içine girilmez 2. anlaşılmaz, akıl ermez

imperative[1] /im'perıtiv/ s. zorunlu, gerekli, şart: *The doctor said it was imperative he stopped smoking.*

imperative[2] /im'perıtiv/ a, dilb. emir, buyruk

imperceptible /impı'septıbıl/ s. duyulmaz, duyumsanamaz, hissedilemez, görülemez

imperfect /im'pö:fikt/ s. kusurlu, eksik, hatalı

imperial /im'piırıl/ s. 1. imparator/imparatorluk ile ilgili 2. yüce 3. (ölçüler) İngiliz standartında

imperialism /im'piırıılizım/ a. emperyalizm

imperialist /im'piırıılist/ s, a. emperyalist

imperil /im'peril/ e. tehlikeye sokmak, tehlikeye atmak

imperious /im'piırııs/ s. buyurucu, otoriter, emir altında tutan, hükmeden

impersonal /im'pö:sınıl/ s. kişisel olmayan

impersonate /im'pö:sıneyt/ e. rolüne girmek, canlandırmak, kişileştirmek, taklidini yapmak: *He is very clever at impersonating politicians.*

impertinent /im'pö:tinınt/ s. saygısız, kaba, terbiyesiz, küstah

imperturbable /impı'tö:bıbıl/ s. soğukkanlı, sakin, heyecanlanmaz

impervious /im'pö:vııs/ s. 1. su, vb. geçirmez 2. etki altında kalmaz, etkilenmez

impetuous /im'peçuıs/ s. coşkun, atılgan, tez canlı, düşünmeden hareket eden, aceleci

impetus /'impitıs/ a. 1. şiddet, hız, enerji 2. yüreklendirme, teşvik

impiety /im'payiti/ a. (dine, kutsal şeylere, tanrıya, vb. karşı) büyük saygısızlık

**impinge** /im'pinc/ *e.* (on ile) etkisi olmak, etkili olmak: *Her feelings always impinge on his actions.*

**impious** /'impiıs/ *s.* (dine karşı) saygısız, dinsiz

**impish** /'impiş/ *s.* şeytani, yaramaz

**implacable** /im'plekıbıl/ *s.* tatmin olmaz, doymaz, açgözlü

**implant** /im'pla:nt/ *e.* kafasına sokmak, aşılamak

**implement**[1] /'implimınt/ *a.* alet

**implement**[2] /'impliment/ *e.* tamamlamak, yerine getirmek: *The government will implement a new educational policy next year.*

**implicate** /'implikeyt/ *e.* (suç, vb.'de) ilişiği olduğunu göstermek, bulaştırmak: *He destroyed all the evidence that implicated him in the matter.*

**implication** /impli'keyşın/ *a.* 1. (suç) bulaştırma, karıştırma, suçlama 2. ima, anlam, kinaye

**implicit** /im'plisit/ *s.* 1. dolaylı olarak belirten, kapalı, imalı, örtük: *Her meaning was implicit though she didn't really state it.* 2. tam, kesin: *I have implicit trust in your judgement and will do what you say.*

**implore** /im'plo:/ *e.* yalvarmak, dilemek, rica etmek: *She implored him to stay but he left.*

**imply** /im'play/ *e.* 1. demek olmak, anlamına gelmek 2. dolayısıyla anlatmak, sezindirmek, ima etmek 3. içermek, kapsamak, gerektirmek

**impolite** /impı'layt/ *s.* kaba, inceliksiz, terbiyesiz

**impolitic** /im'politik/ *s.* amaca uymayan, akılsız, sağgörüsüz

**imponderable** /im'pondırıbıl/ *s.* ölçülemez, tartılamaz, önem değeri bilinmez

**import**[1] /im'po:t/ *e.* ithal etmek, getirtmek

**import**[2] /'impo:t/ *a.* 1. ithal, dışalım 2. ithal malı

**importance** /im'po:tıns/ *a.* önem

**important** /im'po:tınt/ *s.* önemli

**importation** /impo:'teyşın/ *a.* ithalat, dışalım

**importunate** /im'po:çunit/ *s.* 1. sürekli bir

şeyler isteyen, doymaz, gözü doymayan, açgözlü 2. acil

**importune** /impo'tyu:n/ *e.* durmadan istemek, tutturmak

**impose** /im'pouz/ *e.* 1. (vergi) koymak, yüklemek 2. zorla kabul ettirmek 3. yük olmak: *She stayed at a hotel because she didn't want to impose on her friends' hospitality.*

**imposing** /im'pouzing/ *s.* heybetli, görkemli

**impossible** /im'posıbıl/ *s.* 1. imkânsız, olanaksız 2. çekilmez, güç, dayanılmaz

**imposter** /im'postı/ *a, AI, bkz.* **impostor**

**impostor** /im'postı/ *a.* sahtekâr

**impotent** /'impıtınt/ *s.* 1. güçsüz, yetersiz 2. (erkek) iktidarsız

**impound** /im'paund/ *e, huk.* haczetmek, el koymak

**impoverish** /im'povıriş/ *e.* yoksullaştırmak

**impracticable** /im'prektikıbıl/ *s.* yapılamaz, uygulanamaz

**impractical** /im'prektikıl/ *s.* 1. yapılamaz, uygulanamaz 2. mantıksız, saçma 3. pratikten yoksun

**impregnable** /im'pregnıbıl/ *s.* alınmaz, ele geçirilmez, zapt edilemez

**impregnate** /'impregneyt/ *e.* 1. hamile bırakmak 2. emdirmek

**impresario** /impri'sa:riou/ *a.* konser, opera, vb. organizatörü

**impress** /im'pres/ *e.* 1. hayran bırakmak, etkilemek: *He was impressed by the height of the mountain.* 2. kafasına sokmak: *Her mother impressed on her the need to be honest.*

**impression** /im'preşın/ *a.* 1. etki, izlenim, kanı, fikir 2. baskı 3. taklit

**impressionable** /im'preşınıbıl/ *s.* çabuk etkilenir, kolay etkilenir, duyarlı

**impressionism** /im'preşınizım/ *a.* empresyonizm, izlenimcilik

**impressive** /im'presiv/ *s.* etkileyici

**imprint**[1] /im'print/ *e.* 1. basmak, damgalamak 2. kafasına sokmak, iyice yerleştirmek: *He read the map till it was imprinted on his brain.*

**imprint**[2] /'imprint/ *a.* 1. damga, marka, iz

2. yayıncı, yayınevi adı
**imprison** /im'prizın/ e. hapsetmek, hapse atmak
**imprisonment** /im'prizınmınt/ a. tutukluluk, hapis, hapsetme
**improbable** /im'probıbıl/ s. olmayacak, inanılmaz
**impromptu** /im'promptyu:/ s, be. hazırlıksız, önceden tasarlanmadan, hemen o anda yapılıveren, doğaçlama
**improper** /im'propı/ s. 1. uygunsuz, yersiz, yakışıksız 2. yanlış 3. ahlaksız, terbiyesiz, açık saçık
**impropriety** /imprı'prayiti/ a. 1. uygunsuzluk, yersizlik, yakışıksızlık 2. ahlaksızlık, terbiyesizlik 3. hata
**improve** /im'pru:v/ e. 1. geliştirmek, ilerletmek: *You need to practice to improve your English.* 2. gelişmek, iyiye gitmek: *His painting is improving.*
**improvement** /im'pru:vmınt/ a. ilerleme, gelişme
**improvidence** /im'providıns/ a. tutumsuzluk, savurganlık
**improvident** /im'providınt/ s. tutumsuz, savurgan
**improvise** /'imprıvayz/ e. 1. irticalen söylemek, doğaçtan söylemek 2. uyduruvermek, yapıvermek: *He wasn't given time to prepare the lesson and had to improvise.*
**imprudence** /im'pru:dıns/ a. düşüncesizlik, mantıksızlık, akılsızlık
**imprudent** /im'pru:dınt/ s. düşüncesiz, mantıksız, akılsız
**impudence** /'impyudıns/ a. arsızlık, yüzsüzlük, saygısızlık, küstahlık
**impudent** /'impyudınt/ s. arsız, yüzsüz, saygısız, küstah
**impulse** /'impals/ a. 1. itme, itiş, itici güç 2. içtepi, güdü, ani bir istek
**impulsive** /im'palsiv/ s. 1. itici 2. atılgan, düşüncesizce hareket eden
**impunity** /im'pyu:niti/ a. cezalanmayacağından emin olma: *He stole with impunity knowing the police would never catch him.*
**impure** /im'pyuı/ s. 1. pis, kirli 2. karışık, katışık, arı olmayan 3. açık saçık, ah-

laksız
**impurity** /im'pyuıriti/ a. 1. kirlilik, pislik 2. açık saçıklık, ahlaksızlık 3. katışkı, katışık şey
**impute** /im'pyu:t/ e. (to ile) (suç) yüklemek, atmak: *The drop in tourist numbers was imputed to the increased cost of airfares and accommodation.*
**in¹** /in/ ilg. 1. içinde, -de, -da: *There's nothing in this box. She lives in Paris. I met Frank in the street. He used to work in a bank. Is he still in hospital? We're going to go there in August. I'll be back in 10 minutes. You're always in my thoughts. People usually retire in their sixties.* 2. içine, -e, -a: *He put the car in the garage. He threw the letter in the bin.* 3. -e, -a, -ye, -ya: *She divided the cake in four.* 4. ile: *Please write in pencil.* 5. -li, -lı: *The film was in colour. Can you see that lady in black?* 6. -e, -a, -e karşı: *We have great faith in Steve.* 7. -lik içinde, -likle: *She lived in solitude. There are some things which should only be done in private.* 8. ... yönünden, -den, -dan: *The country is poor in natural sources. He's lacking in respect.* 9. ... işinde, -de, -da: *He is in the government. She's been in the tourist industry a long time.* 10. **in all** toplam: *There were twenty chairs in all.* 11. **in that** - dığı için, çünkü: *Small cars have become popular in that they're more economical.*
**in²** /in/ be. 1. içeriye, içeride, içeri: *David opened the door to Brigid's room and threw the cat in. Please come in. Shut the window. You're letting the cold air in.* 2. evde: *I'll be in until ten p.m.* 3. gelmiş: *Can you tell me if the bus is in?* 4. (yiyecek) elde edilebilecek mevsimde, mevsimi gelmiş: *Peaches have finished but oranges are in now.* 5. moda: *Short hair is in again.* 6. iktidarda: *The Liberal Party is in.* 7. **day in, day out** her gün, değişmeksizin: *The routine is the same day in, day out.* 8. **in for** başına gelmek üzere: *Looks like we're in for a storm.* 9. **in on** -de payı olan, bilen: *How many*

*people are in on the new project?* 10. **the ins and outs of** içi dışı: *He knows all the ins and outs of the law.*

**in**[3] /in/ *s.* 1. dahili, iç 2. *k. dili* moda, gözde: *Turkey is the in place for tourists this year.* 3. belli birkaç kişiye özgü, herkesin anlamadığı: *The group has known each other for years and no one understands their in jokes.*

**inability** /inı'biliti/ *a.* yeteneksizlik, yetersizlik; yapamama

**inaccessible** /inık'sesıbıl/ *s.* ulaşılmaz

**inaccurate** /in'ekyurit/ *s.* yanlış, hatalı

**inaction** /in'ekşın/ *a.* hareketsizlik, eylemsizlik

**inactive** /in'ektiv/ *s.* hareketsiz, pasif

**inadequacy** /in'edikwisi/ *a.* yetersizlik

**inadequate** /in'edikwit/ *s.* yetersiz

**inadvertent** /inıd'vö:tınt/ *s.* yanlışlıkla ya da kazara yapılan, dikkatsiz, kasıtsız

**inalienable** /in'eyliınıbıl/ *s.* vazgeçilmez, alınamaz

**inane** /i'neyn/ *s.* anlamsız, aptal, saçma, boş

**inanimate** /in'enimit/ *s.* cansız, ölü

**inapplicable** /in'eplikıbıl/ *s.* 1. uygulanamaz 2. konuyla ilgisiz

**inappropriate** /inı'proupriıt/ *s.* uygunsuz, yakışıksız

**inarticulate** /ina:'tikyulit/ *s.* 1. (konuşma) anlaşılmaz, belirsiz 2. anlaşılmaz konuşan, iyi ifade edemeyen

**inasmuch as** /inız'maç ız/ *bağ.* çünkü, -dığı için: *Inasmuch as you have failed to pay this account we are putting it in the hands of a debt collector.*

**inattention** /inı'tenşın/ *a.* dikkatsizlik

**inattentive** /inı'tentiv/ *s.* dikkatsiz

**inaudible** /in'o:dıbıl/ *s.* işitilemez, duyulamaz

**inaugurate** /i'no:gyureyt/ *e.* 1. törenle açmak 2. törenle göreve getirmek

**inauspicious** /ino:'spişıs/ *s.* uğursuz

**inborn** /in'bo:n/ *s.* doğuştan: *She seemed to possess an inborn gift for languages.*

**inbred** /in'bred/ *s.* 1. yakın akraba evliliğinden doğmuş 2. küçük yaştan alışılmış, öğrenilmiş

**inbreeding** /'inbri:ding/ *a.* yakın akraba

ilişkisinden çocuk sahibi olma

**incalculable** /'in'kelkyulıbıl/ *s.* hesaplanamaz

**incandescent** /inken'desınt/ *s, fiz.* akkor

**incantation** /inkın'teyşın/ *a.* büyü, sihir, sihirli sözler

**incapable** /in'keypıbıl/ *s.* yeteneksiz, güçsüz, gücü yetmeyen, elinden gelmez, yapamaz

**incapacitate** /inkı'pesiteyt/ *e.* yetersiz kılmak, âciz bırakmak, olanak vermemek: *The child was mentally incapacitated from birth.*

**incapacity** /inkı'pesiti/ *a.* yetersizlik

**incarcerate** /in'ka:sıreyt/ *e.* hapsetmek

**incarnate** /in'ka:nit/ *s.* vücutça var olan, insan şeklinde olan

**incarnation** /inka:'neyşın/ *a.* 1. vücut bulma, canlanma 2. canlı simge, somut örnek

**incendiary** /in'sendiıri/ *s.* 1. yangın çıkartan, yangına neden olan 2. fesatçı, kışkırtıcı

**incense**[1] /'insens/ *a.* tütsü, günlük

**incense**[2] /in'sens/ *e.* kızdırmak, çileden çıkarmak: *She was incensed by their bad behaviour.*

**incentive** /in'sentiv/ *a.* dürtü, güdü

**inception** /in'sepşın/ *a.* başlangıç

**incessant** /in'sesınt/ *s.* aralıksız, sürekli

**incest** /'insest/ *a.* hısımla cinsel ilişki

**inch**[1] /inç/ *a.* 1. inç, pus (2. 54 cm.) 2. **inch by inch** azar azar, milim milim 3. **every inch** tam, komple, sapına kadar 4. **within an inch of** çok yakın, burun buruna

**inch**[2] /inç/ *e.* güçlükle yol açmak, güçlükle ilerlemek

**incidence** /'insidıns/ *a.* tekrar oranı, oran: *There's a high incidence of child mortality in poor countries.*

**incident** /'insidınt/ *a.* olay

**incidental** /insidentıl/ *s.* 1. tesadüfi 2. küçük ve önemsiz

**incidentally** /insi'dentıli/ *be.* 1. bu arada, aklıma gelmişken 2. tesadüfen

**incinerate** /in'sinıreyt/ *e.* yakmak, yakıp kül etmek

**incipient** /in'sipiınt/ *s.* yeni başlamış

incision /in'sijın/ *a.* 1. kesme, yarma 2. kesik, yarık

incisive /in'saysiv/ *s.* soruna doğrudan eğilen, direkt

incisor /in'sayzı/ *a.* ön diş, kesicidiş

incite /in'sayt/ *e.* kışkırtmak, dolduruşa getirmek, körüklemek, tahrik etmek: *The riot was incited by a small group of agitators.*

incitement /in'saytmınt/ *a.* kışkırtma, tahrik, teşvik

inclement /in'klemınt/ *s.* (hava) sert, soğuk, fırtınalı

inclination /inkli'neyşın/ *a.* 1. eğilim 2. eğiklik, eğim

incline[1] /in'klayn/ *e.* 1. eğmek 2. eğilmek 3. fikrini vermek, yönlendirmek 4. (bir şeye) eğilimi olmak, meyletmek

incline[2] /in'klayn/ *a.* yokuş, bayır, eğim

inclined /in'klaynd/ *s.* eğimli, yatkın, meyilli

include /in'klu:d/ *e.* 1. katmak, dahil etmek: *Will you include him in the party?* 2. içine almak, kapsamak, içermek: *This price doesn't include the tax.*

included /in'klu:did/ *s.* dahil: *Eat all your meal, the vegetables included.*

including /in'klu:ding/ *s.* dahil: *They are selling the house including the furniture and carpets.*

inclusion /in'klu:jın/ *a.* 1. dahil etme, alma 2. dahil edilme, alınma 3. ilave, ek

inclusive /in'klu:siv/ *s.* içine alan, dahil, her şey dahil

incognito /inkog'ni:tou/ *s, be.* takma adlı, takma adla

incoherent /inkou'hiırınt/ *s.* birbirini tutmayan, tutarsız, anlamsız, abuk sabuk

income /'inkam/ *a.* 1. gelir, kazanç 2. **income tax** gelir vergisi

incoming /'inkaming/ *s.* 1. gelmekte olan, gelen 2. yeni başlayan, yeni

incommunicado /inkımyu:ni'ka:dou/ *s.* dışardakilerle görüştürülmeyen

incomparable /in'kompırıbıl/ *s.* 1. eşsiz, benzersiz 2. kıyaslanamaz, karşılaştırılamaz

incompatible /inkım'petıbıl/ *s.* birbirine zıt, uyuşmaz, bağdaşmaz: *They have separated. They were incompatible.*

incompetence /in'kompitıns/ *a.* yeteneksizlik, yetersizlik, beceriksizlik

incompetent /in'kompitınt/ *s, a.* yeteneksiz, yetersiz, beceriksiz (kimse)

incomplete /inkım'pli:t/ *s.* tamamlanmamış, bitmemiş, eksik

incomprehensible /inkompri'hensıbıl/ *s.* anlaşılmaz, akıl ermez

incomprehension /inkompri'henşın/ *a.* kavrayamama, anlayamama

inconceivable /inkın'si:vıbıl/ *s.* 1. tasavvur olunamaz, hayal edilemez, inanılmaz 2. *k. dili* olanaksız, inanılamaz

inconclusive /inkın'klu:siv/ *s.* yetersiz, sonuçsuz

incongruous /in'kongruıs/ *s.* birbirine uymayan, uyuşmaz, bağdaşmaz: *His casual sandals were incongruous with the suit he wore.*

inconsequential /inkonsi'kwenşıl/ *s.* önemsiz

inconsiderable /inkın'sidırıbıl/ *s.* önemsiz, az, küçük, ufak

inconsiderate /inkın'sidırit/ *s, hkr.* başkalarını düşünmez, düşüncesiz, bencil

inconsistent /inkın'sistınt/ *s.* 1. çelişkili, tutarsız, birbirini tutmayan 2. değişken, saati saatine uymayan

inconsolable /inkın'soulıbıl/ *s.* avutulamaz, yatıştırılamaz, rahatlatılamaz, dinmez

inconspicuous /inkın'spikyuıs/ *s.* göze çarpmayan, önemsiz

incontinent /in'kontinınt/ *s.* çişini tutamayan

incontrovertible /inkontrı'vö:tıbıl/ *s.* apaçık, kesin, tartışılmaz, su götürmez

inconvenience[1] /inkın'vi:niıns/ *a.* 1. sıkıntı, rahatsızlık 2. sakınca, uygunsuzluk

inconvenience[2] /inkın'vi:niıns/ *e.* zahmet olmak, işini zorlaştırmak, yük olmak: *Will it inconvenience you to post my letter?*

inconvenient /inkın'vi:niınt/ *s.* 1. rahatsız edici, sıkıcı, sıkıntı veren 2. uygun olmayan, uygunsuz, elverişsiz

incorporate /in'ko:pıreyt/ *e.* 1. birleştirmek, katmak, dahil etmek, içine almak

2. birleşmek, katılmak
**incorporated** /in'ko:pıreytid/ s. birleşmiş, anonim
**incorporation** /inko:pı'reyşın/ a. 1. birleştirme, birleşme 2. ortaklık, şirket
**incorrect** /inkı'rekt/ s. yanlış
**incorrigible** /in'korıcıbıl/ s. adam olmaz, düzelmez
**incorruptible** /inkı'raptıbıl/ s. namuslu, dürüst, rüşvet yemez
**increase**[1] /in'kri:s/ e. 1. artmak, çoğalmak, yükselmek: *Inflation has increased dramaticaly in the last few years.* 2. artırmak, çoğaltmak: *They'll increase the wages next month.*
**increase**[2] /'inkri:s/ a. artış
**increasingly** /in'kri:singli/ be. gittikçe: *My work is increasingly easy.*
**incredible** /in'kredıbıl/ s. 1. inanılmaz, akıl almaz 2. *k. dili* harika, müthiş, süper
**incredulous** /in'kredyulıs/ s. kuşkulu, inanmadığını belirten
**increment** /'inkrimınt/ a. 1. artma, artış 2. zam
**incriminate** /in'krimineyt/ e. suçlamak, suçlu çıkarmak, suçlu olduğunu göstermek
**incubate** /'inkyubeyt/ e. 1. kuluçkaya yatmak 2. kuluçkaya yatırmak
**incubation** /inkyu'beyşın/ a. kuluçkaya yatma
**incubator** /'inkyubeytı/ a. 1. kuluçka makinesi 2. erken doğan bebekleri yaşatma aygıtı, kuvöz
**inculcate** /'inkalkeyt/ e. (with/in ile) kafasına sokmak, aşılamak: *They were inculcated with confidence in themselves from an early age.*
**incumbent** /in'kambınt/ s. görev olarak yükletilmiş, zorunlu, üzerine vazife olan, boynunun borcu: *It's incumbent on his father to guide him.*
**incur** /in'kö:/ e. -e uğramak, girmek, yakalanmak: *His policies incurred a lot of resentment.*
**incurable** /in'kyuırıbıl/ s. tedavi edilemez, çaresiz
**incursion** /in'kö:şın/ a. akın, baskın
**indebted** /in'detid/ s. 1. borçlu 2. borçlu, minnettar, müteşekkir
**indecent** /in'di:sınt/ s. 1. uygunsuz, yersiz 2. açık saçık, çirkin, edepsiz 3. kaba
**indecision** /indi'sijın/ a. kararsızlık
**indecisive** /indi'saysiv/ s. 1. kesin olmayan, kesin bir sonuca bağlanmayan, belirsiz, ortada 2. kararsız
**indeed** /in'di:d/ be. gerçekten, cidden, hakikaten: *I was very sad indeed to hear of your father's death.* *"He said he loved you." "Did he, indeed?"* Thank you very much indeed.
**indefensible** /indi'fensıbıl/ s. 1. savunulamaz 2. bağışlanamaz
**indefinable** /indi'faynıbıl/ s. anlatılamaz, tanımlanamaz, tarifsiz
**indefinite** /in'definıt/ s. 1. belirsiz 2. sınırsız, sonsuz 3. **the indefinite article** *dilb.* belgisiz tanımlık ("a", "an")
**indefinite** /in'definıtli/ be. sınırsız bir süre için, süresiz, mühletsiz
**indelible** /in'delibıl/ s. silinmez, çıkmaz, sabit: *indelible pencil*
**indelicate** /in'delikit/ s. kaba, inceliksiz
**indemnify** /in'demnifay/ e. zararını ödemek, tazmin etmek
**indemnity** /in'demniti/ a. ödence, tazminat
**indent** /in'dent/ e. 1. çentmek, kertmek 2. (satır) içerden başlamak
**independence** /indi'pendıns/ a. bağımsızlık
**independent** /indi'pendınt/ s. bağımsız
**indescribable** /indis'kraybıbıl/ s. anlatılmaz, tanımlanamaz, betimlenemez, tarifsiz
**indestructible** /indi'straktıbıl/ s. yıkılamaz, yok edilemez
**indeterminate** /indi'tö:minit/ s. kesin olmayan, belirsiz, ortada
**index**[1] /'indeks/ a. 1. dizin, fihrist, indeks 2. gösterge 3. **index finger** işaretparmağı
**index**[2] /in'deks/ e. indeksle göstermek, indeksini yapmak
**Indian** /'indiın/ a, s. 1. Hintli, Hint 2. **American Indian** Kızılderili
**indicate** /'indikeyt/ e. 1. göstermek 2. belirtisi olmak, göstergesi olmak, belirt-

mek 3. sinyal vermek

**indication** /indi'keyşın/ a. belirti, iz, işaret

**indicative** /in'dikıtiv/ s. gösterici, belirtici

**indicator** /'indikeytı/ a. 1. oto. sinyal 2. ibre, gösterge

**indices** /'indisi:z/ a, ç, bkz. **index**

**indict** /in'dayt/ e, huk. suçlamak, itham etmek

**indictment** /in'daytmınt/ a, huk. suçlama, itham

**indifference** /in'difırıns/ a. ilgisizlik, aldırışsızlık, kayıtsızlık

**indifferent** /in'difırınt/ s. 1. ilgisiz, aldırışsız, kayıtsız 2. şöyle böyle, orta, vasat

**indigenous** /in'dicınıs/ s. yerli

**indigestible** /indi'cestıbıl/ s. hazmı güç, zor hazmedilen

**indigestion** /indi'cesçın/ a. sindirim güçlüğü

**indignant** /in'dignınt/ s. kızgın, içerlemiş, dargın

**indignation** /indig'neyşın/ a. kızgınlık, dargınlık

**indignity** /in'digniti/ a. onur kırıcı/küçük düşürücü durum

**indirect** /indi'rekt/ s. 1. direkt/doğrudan olmayan 2. dolaylı 3. dolambaçlı 4. imalı 5. **indirect speech** dilb. dolaylı anlatım

**indiscipline** /in'disiplin/ a. disiplinsizlik

**indiscreet** /indi'skri:t/ s. düşüncesiz, patavatsız, boşboğaz

**indiscretion** /indi'skreşın/ a. boşboğazlık, düşüncesizlik, patavatsızlık

**indiscriminate** /indi'skriminit/ s. 1. rasgele, karışık, gelişigüzel 2. ayırım yapmayan, fark gözetmeyen

**indispensable** /indi'spensıbıl/ s. vazgeçilmez, gerekli, zorunlu, kaçınılmaz

**indisposed** /indi'spouzd/ s. 1. hasta, rahatsız, keyifsiz 2. isteksiz, gönülsüz

**indisputable** /indi'spyu:tıbıl/ s. tartışılmaz, kesin, su götürmez

**indistinct** /indi'stinkt/ s. hayal meyal, belli belirsiz

**indistinguishable** /indi'stingwişıbıl/ s. ayırt edilemez, seçilemez

**individual**[1] /indi'vicuıl/ s. 1. bireysel 2. kişisel, özel 3. tek

**individual**[2] /indi'vicuıl/ a. 1. kişi, birey 2.

k. dili insan

**individuality** /indivicu'eliti/ a. kişilik, bireylik, özellik

**individually** /indi'vicuıli/ be. ayrı olarak, teker teker: He packed the plates individually so they wouldn't break.

**indivisible** /indi'vizıbıl/ s. bölünmeyen, bölünmez

**indoctrinate** /in'doktrineyt/ e, hkr. (fikir) aşılamak, öğretmek, doldurmak

**indolence** /'indılıns/ a. tembellik, uyuşukluk, üşengeçlik

**indolent** /'indılınt/ s. tembel, uyuşuk, üşengeç

**indomitable** /in'domitıbıl/ s. yılmaz, boyun eğmez, inatçı

**indoor** /'indo:/ s. ev içinde olan/yapılan

**indoors** /'indo:z/ be. ev içinde, ev içine: They came indoors when it rained.

**indubitable** /in'dyu:bitıbıl/ s. kesin, kuşkulanılmaz, kuşkusuz, muhakkak

**induce** /in'dyu:s/ e. 1. -e ikna etmek, kandırmak: He was induced to buy insurance. 2. -e neden olmak: Poverty induces crime.

**inducement** /in'dyu:smınt/ a. 1. kandırma, ikna, teşvik 2. neden, güdü

**induction** /in'dakşın/ a. 1. tümevarım 2. göreve getirme

**indulge** /in'dalc/ e. 1. isteklerini yerine getirmek, şımartmak, yüz vermek: He indulges his wife all the time. 2. k. dili (yemek, içmek, vb.'de) aşırıya kaçmak, kaptırmak: He doesn't usually smoke but sometimes indulges at parties.

**indulgence** /in'dalcıns/ a. 1. göz yumma, hoşgörü 2. şımartma 3. şımartılma 4. düşkünlük, zevk

**indulgent** /in'dalcınt/ s. göz yuman, hoşgören

**industrial** /in'dastriıl/ s. endüstriyel, işleyimsel

**industrialist** /in'dastriılist/ a. sanayici, fabrikatör

**industrialize** /in'dastriılayz/ e. 1. sanayileştirmek 2. sanayileşmek

**industrious** /in'dastriıs/ s. çalışkan

**industry** /'indıstri/ a. 1. endüstri, sanayi 2. çalışkanlık, sıkı çalışma

**inebriate**[1] /i'ni:brieyt/ *e.* sarhoş etmek
**inebriate**[2] /i'ni:briıt/ *a, s.* ayyaş, sarhoş
**inebriated** /i'ni:brieytid/ *s.* sarhoş
**inedible** /in'edıbıl/ *s.* (yiyecek) yenmez
**ineffable** /in'efıbıl/ *s.* anlatılmaz, tanımlanmaz, betimlenemez, tarifsiz
**ineffective** /inı'fektiv/ *s.* etkisiz, sonuçsuz
**inefficient** /ini'fişınt/ *s.* etkisiz, yetersiz, verimsiz
**inelegant** /in'eligınt/ *s.* 1. kaba, yontulmamış, inceliksiz 2. çirkin, kaba
**ineligible** /in'elicıbıl/ *s.* uygun olmayan, seçilemez
**inept** /i'nept/ *s.* 1. beceriksiz, yeteneksiz 2. uygunsuz, yersiz, ahmakça
**inequality** /ini'kwoliti/ *a.* 1. eşitsizlik 2. pürüzlülük
**inert** /i'nö:t/ *s.* 1. hareketsiz, cansız 2. yavaş, tembel, uyuşuk
**inertia** /i'nö:şı/ *a.* 1. atalet, süredurum 2. tembellik, uyuşukluk
**inescapable** /inis'keypıbıl/ *s.* kaçınılamaz
**inessential**[1] /ini'senşıl/ *s.* gereksiz, önemsiz
**inessential**[2] /ini'senşıl/ *a.* gereksiz/önemsiz şey
**inestimable** /in'estimıbıl/ *s.* hesaplanamaz, çok önemli
**inevitable** /i'nevitıbıl/ *s.* 1. kaçınılmaz: *Death is inevitable.* 2. *k. dili* eksik olmaz, kaçmaz: *They drank the inevitable cup of tea when they got there.*
**inexact** /inig'zekt/ *s.* doğru olmayan, yanlış
**inexcusable** /inik'skyu:zıbıl/ *s.* bağışlanamaz, hoşgörülemez, affedilemez
**inexhaustible** /inig'zo:stıbıl/ *s.* tükenmez, bitmez tükenmez
**inexorable** /in'eksırıbıl/ *s.* yılmaz, değişmez, direngen
**inexpedient** /inik'spi:dıınt/ *s.* uygunsuz, amaca uymayan
**inexpensive** /inik'spensiv/ *s.* ucuz
**inexperience** /inik'spiırıins/ *a.* tecrübesizlik, deneyimsizlik
**inexperienced** /inik'spiırıinst/ *s.* tecrübesiz, deneyimsiz
**inexplicable** /inik'splikıbıl/ *s.* anlatılması ve anlaşılması güç, açıklanamaz

**inexpressible** /inik'spresıbıl/ *s.* (duygular) anlatılamaz, tanımlanamaz, sözcüklerle anlatılamayacak denli güçlü
**inextricable** /in'ekstrikıbıl, inik'strikıbıl/ *s.* 1. kaçılmaz, kaçınılmaz 2. ayrılmaz, çözülemez
**infallible** /in'felibıl/ *s.* yanılmaz, şaşmaz
**infamous** /'infımıs/ *s.* 1. alçak, rezil 2. ayıp, iğrenç
**infamy** /'infımi/ *a.* rezalet, alçaklık
**infancy** /'infınsi/ *a.* 1. bebeklik, çocukluk 2. başlangıç
**infant** /'infınt/ *a.* küçük çocuk, bebek
**infantile** /'infıntayl/ *s.* çocukla ilgili, çocuksu, çocukça: *It's infantile to suck your thumb as an adult.*
**infantry** /'infıntri/ *a, ask.* piyade
**infatuated** /in'feçueytid/ *s.* (with ile) sırılsıklam âşık, deli gibi âşık
**infatuation** /infeçu'eyşın/ *a.* delicesine aşık olma
**infect** /in'fekt/ *e.* (hastalık) bulaştırmak, geçirmek
**infection** /in'fekşın/ *a.* 1. hastalık, enfeksiyon 2. mikrop kapma 3. (hastalık) bulaşma, bulaştırma
**infectious** /in'fekşıs/ *s.* bulaşıcı
**infer** /in'fö:/ *e.* (from ile) sonucunu çıkarmak, anlamak: *They inferred from his behaviour that he wished to leave.*
**inferior**[1] /in'fiıriı/ *s.* (to ile) aşağı, alt, ikinci derecede, ast
**inferior**[2] /in'fiıriı/ *a.* aşağı derecede olan kimse, rütbe ve mevkice küçük kimse, ast
**infernal** /in'fö:nıl/ *s.* 1. *k. dili* berbat, rahatsız edici, sinir bozucu 2. cehennemi, şeytani
**inferno** /in'fö:nou/ *a.* cehenneme benzer yer/durum, cehennem
**infertile** /in'fö:tayl/ *s.* 1. kısır 2. verimsiz, çorak
**infest** /in'fest/ *e.* (with ile) (fare, vb.) istila etmek, sarmak
**infestation** /infe'steyşın/ *a.* istila
**infidel** /'infidl/ *a.* kâfir, imansız
**infidelity** /infi'deliti/ *a.* sadakatsizlik, aldatma
**infighting** /'infayting/ *a.* rekabet, sürtüş-

me
**infiltrate** /'infiltreyt/ *e.* (in/into ile) içeri sızmak, süzülmek, girmek
**infinite** /'infinit/ *s.* sonsuz, sınırsız
**infinitesimal** /infini'tesimıl/ *s.* çok küçük
**infinitive** /in'finitiv/ *a, dilb.* mastar, eylemlik
**infinity** /in'finiti/ *a.* sonsuzluk
**infirm** /in'fö:m/ *s.* (yaşlılıktan, vb.) güçsüz, zayıf, halsiz, dermansız
**infirmary** /in'fö:mıri/ *a.* revir, hastane
**infirmity** /in'fö:miti/ *a.* bedensel ve zihinsel güçsüzlük, halsizlik
**inflame** /in'fleym/ *e.* tutuşturmak, alevlendirmek
**inflamed** /in'fleymd/ *s.* kızarmış ve kabarmış
**inflammable** /in'flemıbıl/ *s.* tutuşur, yanar, yanıcı
**inflammation** /inflı'meyşın/ *a, hek.* iltihap, yangı
**inflammatory** /in'flemıtıri/ *s.* tahrik eden, alevlendiren, kışkırtıcı
**inflatable** /in'fleytıbıl/ *s.* şişirilebilir, şişme
**inflate** /in'fleyt/ *e.* 1. şişirmek 2. şişmek
**inflated** /in'fleytid/ *s.* 1. şişik, şişmiş 2. kibirli
**inflation** /in'fleyşın/ *a.* 1. enflasyon, para bolluğu 2. şişme, şişkinlik
**inflationary** /in'fleyşınıri/ *s.* enflasyonla ilgili
**inflect** /in'flekt/ *e.* 1. *dilb.* çekmek 2. kullanıma göre sözcüğün biçimini değiştirmek
**inflexible** /in'fleksıbıl/ *s.* 1. eğilmez, bükülmez 2. değişmez, inatçı, kararlı
**inflict** /in'flikt/ *e.* (on/upon ile) 1. zorlamak, zorla kabul ettirmek 2. yamamak, yüklemek
**infliction** /in'flikşın/ *a.* eziyet, ceza, zorlama
**influence**[1] /'influıns/ *a.* 1. etki: *Their mother had a very strong influence on them.* 2. nüfuz, sözü geçerlik, torpil: *Can you use your influence to help me?* 3. etkili/nüfuzlu kimse, sözü geçen kimse: *She is a good influence on my son.* 4. **under the influence of** -in etkisi altında: *He was under the influence of drugs*

*when he committed the crime.*
**influence**[2] /'influıns/ *e.* etkilemek: *You shouldn't let others influence your choice.*
**influential** /influ'enşıl/ *s.* güçlü, etkili
**influenza** /influ'enzı/ *a, hek.* grip
**influx** /'inflaks/ *a.* 1. istila, akın, üşüşme 2. içeriye akma
**inform** /in'fo:m/ *e.* 1. haberdar etmek, bildirmek, bilgi vermek: *I wasn't informed about the change of timetable.* 2. (against/on/upon ile) ihbar etmek
**informal** /in'fo:mıl/ *s.* 1. resmi olmayan, gayri resmi 2. teklifsiz 3. gündelik
**informant** /in'fo:mınt/ *a.* haber/bilgi veren kimse
**information** /infı'meyşın/ *a.* 1. bilgi, haber 2. danışma
**informative** /in'fo:mıtiv/ *s.* bilgi verici, aydınlatıcı
**informed** /in'fo:md/ *s.* bilgili, haberdar
**informer** /in'fo:mı/ *a.* gammaz, muhbir
**infrared** /infrı'red/ *s.* kızılötesi
**infrastructure** /'infrıstrakçı/ *a.* altyapı sistemi
**infrequency** /in'fri:kwınsi/ *a.* seyreklik
**infrequent** /in'fri:kwınt/ *s.* seyrek, sık gerçekleşmeyen, nadir
**infringe** /in'frinc/ *e.* (hakkını) çiğnemek, bozmak, ihlal etmek: *When you drive dangerously you infringe other peoples' safety.*
**infuriate** /in'fyuırieyt/ *e.* çileden çıkarmak
**infuse** /in'fyu:z/ *e.* 1. demlemek 2. aşılamak
**ingenious** /in'ci:niıs/ *s.* becerikli, usta, ustaca yapılmış
**ingenuity** /inci'nyu:iti/ *a.* zekâ, ustalık beceri
**ingenuous** /in'cenyuıs/ *s.* saf, toy, deneyimsiz
**ingot** /'ingıt/ *a.* külçe
**ingrained** /in'greynd/ *s.* kökleşmiş, yerleşmiş
**ingratiate** /in'greyşieyt/ *e:* **ingratiate oneself with sb** -e yağ çekmek, yağcılık etmek
**ingratitude** /in'gretityu:d/ *s.* nankörlük
**ingredient** /in'gri:diınt/ *a.* karışımı oluştu-

ran madde

**inhabit** /in'hebit/ e. -de yaşamak, oturmak: *Many different species of animals inhabit Africa.*

**inhabitant** /in'hebitınt/ a. sakin, oturan

**inhale** /in'heyl/ e. içine çekmek: *He inhaled the gas fumes and dived.*

**inherent** /in'hiırınt/ s. doğasında olan, doğal: *Is agression inherent in man or learned?*

**inherit** /in'herit/ e. miras olarak almak: *They inherited a fortune from their father.*

**inheritance** /in'heritıns/ a. kalıt, miras

**inhibit** /in'hibit/ e. tutmak, dizginlemek, engellemek: *Their father inhibits them from speaking freely.*

**inhibited** /in'hibitid/ s. çekingen, utangaç: *They are not inhibited and express themselves freely.*

**inhibition** /inhi'bişın/ a. çekingenlik, utangaçlık

**inhospitable** /inho'spitıbıl/ s. konuk sevmez

**inhuman** /in'hyu:mın/ s. acımasız, gaddar

**inhumane** /inhyu:'meyn/ s. insafsız, acımasız, kaba, insanlık dışı

**inhumanity** /inhyu:'meniti/ a. insanlık dışı davranış, acımasızlık

**inimitable** /i'nimitıbıl/ s. eşsiz, taklit edilemez

**iniquitous** /i'nikwitıs/ s. adaletsiz, kötü

**initial**[1] /i'nişıl/ s. ilk, önceki

**initial**[2] /i'nişıl/ a. ilk harf: *U. N. are the initials for United Nations.*

**initial**[3] /i'nişıl/ e. parafe etmek

**initially** /i'nişıli/ be. başlangıçta, baştan, önceden, ilkin, önce: *Initially they will go to Japan and then to China.*

**initiate** /i'nişieyt/ e. 1. başlamak, başlatmak: *The company has initiated a new pension scheme for all employees.* 2. (into ile) (dernek, kulüp, vb.'ne) almak, kabul etmek: *He was initiated into the boy scouts last week.*

**initiative** /i'nişitiv/ a. 1. ilk adım, başlangıç 2. inisiyatif, başkalarının yardımı olmadan karar verme yeteneği

**inject** /in'cekt/ e. 1. iğne yapmak 2. zerk etmek, enjekte etmek

**injection** /in'cekşın/ a. iğne, enjeksiyon

**injudicious** /incu'dişıs/ s. (davranış) düşüncesiz, mantıksız

**injunction** /in'cankşın/ a. emir, karar, resmi emir

**injure** /'incı/ e. 1. incitmek, yaralamak: *They were injured in the explosion.* 2. zarar vermek, incitmek: *You will injure her feelings if you don't visit her.*

**injured** /'incıd/ s. yaralı

**injury** /'incıri/ a. 1. hasar, zarar, ziyan 2. **add insult to injury** üstüne tüy dikmek

**injustice** /in'castis/ a. 1. haksızlık, adaletsizlik 2. **do sb an injustice** yanlış değerlendirmek, haksız davranmak

**ink** /ink/ a. mürekkep

**inkling** /'inkling/ a. seziş, kuşku: *He didn't have an inkling about how I really felt.*

**inlaid** /in'leyd/ s. (with ile) kakma, işlemeli

**inland**[1] /'inlınd/ s. ülkenin iç kısmında olan, iç

**inland**[2] /in'lend/ be. ülkenin iç bölgelerine doğru, içerilerde

**in-laws** /'inlo:z/ a. evlilik yoluyla akrabalar

**inlay** /'inley/ a. kakma, kakma işi

**inlet** /'inlet, 'inlit/ a. 1. körfezcik, koy 2. giriş, ağız

**inmate** /'inmeyt/ a. (hastane, hapishane, vb.'de) oda arkadaşı

**in memoriam** /in mi'morıım/ ilg. (mezar taşına yazılır) -in anısına/hatırasına: *In memoriam Robert Wood 1925-1969.*

**inmost** /'inmoust/ s, bkz. **innermost**

**inn** /in/ a. han, otel

**innate** /i'neyt/ s. (nitelik) doğuştan

**inner** /'inı/ s. 1. iç, içerdeki 2. merkeze en yakın, iç

**innermost** /'inımoust/ s. en içerdeki, en içteki

**innocent** /'inısınt/ s. 1. masum, suçsuz 2. zararsız 3. saf, temiz kalpli

**innocuous** /i'nokyuıs/ s. zararsız, incitmeyen

**innovation** /inı'veyşın/ a. yenilik, buluş

**innuendo** /inyu'endou/ a. sezindirme, ima, dokundurma, kinaye: *I'm tired of your innuendos about my behaviour.*

**innumerable** /i'nyu:mırıbıl/ s. sayısız

inoculate /i'nokuleyt/ e. (with/against ile) aşılamak: *Have you been inoculated against smallpox?*

inoffensive /inı'fensiv/ s. zararsız, incitmeyen

inopportune /in'opıtyu:n/ s. zamansız, sırasız, yersiz, uygunsuz, mevsimsiz: *His parents' visit came at a very inopportune time.*

inordinate /i'no:dınit/ s. aşırı, gereğinden çok: *He paid an inordinate amount for the painting.*

inorganic /ino:'genik/ s. inorganik

inpatient /in'peyşınt/ a. hastanede tedavi gören hasta

input /'input/ a. 1. girdi 2. giriş

inquest /'inkwest/ a. soruşturma

inquire /in'kwayı/ e. 1. sormak: *I inquired if they were comfortable.* 2. bilgi almak, sorup öğrenmek, araştırmak: *Will you inquire about the plane departures?*

inquiring /in'kwayıring/ s. araştırıcı, öğrenmek isteyen, meraklı

inquiry /in'kwayıri/ a. soruşturma, araştırma: *Their inquiries about the murder found out nothing.*

inquisition /inkwi'zişın/ a, hkr. sorgu, sorgulama

inquisitive /in'kwizitiv/ s. başkalarının işleriyle ilgilenen, meraklı

inroads /'inroudz/ a. 1. akın, baskın: *The new settlers made inroads into Indian territory.* 2. engelleme, gedik: *Their efforts made inroads into the pile of work.*

insane /in'seyn/ s. deli, çılgın

insanitary /in'senitırı/ s. sağlığa zararlı, sağlıksız

insanity /in'seniti/ a. 1. delilik, çılgınlık 2. aptallık

insatiable /in'seyşıbıl/ s. doymak bilmez, açgözlü, obur, pisboğaz

inscribe /in'skrayb/ e. yazmak: *His initials were inscribed in gold on his briefcase.*

inscription /in'skripşın/ a. kitabe, yazıt

inscrutable /in'skru:tıbıl/ s. anlaşılmaz, esrarengiz, gizemli

insect /'insekt/ a. böcek

insecticide /in'sektisayd/ a. böcek öldürücü ilaç, böcek zehiri

insecure /insi'kyuı/ s. 1. kendine güveni olmayan, güvensiz, endişeli 2. emniyetsiz, güvenilmez, sakat

insensible /in'sensıbıl/ s. 1. bilinçsiz, baygın 2. bilgisiz, habersiz

insensitive /in'sensitiv/ s. 1. duygusuz, anlayışsız 2. duyarsız, etkilenmeyen

inseparable /in'sepırıbıl/ s. ayrılmaz, bağlı, yapışık: *The twins were inseparable.*

insert /in'sö:t/ e. sokmak, içine koymak: *He inserted the needle into a vein and withdrew a blood sample.*

insertion /in'sö:şın/ a. 1. ekleme 2. eklenen şey

inshore /in'şo:/ be. kıyıya, sahile (doğru)

inside[1] /in'sayd/ a. 1. iç, iç kısım: *The inside of the box was red and the outside black.* 2. ç, k. dili mide: *He complained his insides were always aching.* 3. **inside out** tersyüz: *He wore his shirt inside out.*

inside[2] /in'sayd/ s. 1. iç, içteki: *The inside doors were all painted red.* 2. iç, gizli: *Their inside man gave them the information.*

inside[3] /in'sayd/ be. 1. içerde, içeriye: *They had to play inside as it was cold outside.* 2. arg. kodeste, içerde: *He's been inside three or four times.*

inside[4] /in'sayd/ ilg. içerisine, içerisinde, içine, içinde: *He put the dog inside the kennel.*

insider /in'saydı/ a. kendisine özel bilgiler ve ayrıcalık tanıyan bir grubun üyesi

insidious /in'sidiıs/ s. sinsi, gizlice zarar veren: *Smoking has an insidious effect on health.*

insight /'insayt/ a. kavrama, kavrayış, anlayış

insignia /in'signi/ a. nişanlar, rütbeler

insignificant /insig'nifikınt/ s. değersiz, önemsiz

insincere /insin'siı/ s. içtenliksiz, samimiyetsiz, ikiyüzlü

insinuate /in'sinyueyt/ e. üstü kapalı söylemek, ima etmek, anıştırmak: *He is always insinuating that others are stupid.*

**insinuation** /insinyu'eyşın/ *a.* ima, kinaye, dolaylı söz, anıştırma

**insipid** /in'sipid/ *s.* tatsız, yavan, lezzetsiz, sönük

**insist** /in'sist/ *e.* (on/upon ile) ısrar etmek, dayatmak: *They insisted that they be allowed to see their son.*

**insistence** /in'sistıns/ *a.* 1. ısrar 2. ısrarlılık

**insistent** /in'sistınt/ *s.* 1. ısrarlı: *He always asks for help and is very insistent.* 2. ısrarlı, sürekli: *The insistent ringing of the telephone bothers me.*

**in situ** /in'sityu:/ *be.* asıl yerinde, doğal durumunda

**insofar as** /insı'fa:rız/ *bağ.* -diğince, -diği kadar: *She helped me insofar as she could.*

**insolent** /'insılınt/ *s.* saygısız, terbiyesiz, kaba

**insoluble** /in'solyubıl/ *s.* 1. çözünmez, erimez 2. içinden çıkılmaz, çözülemez

**insolvable** /in'solvıbıl/ *s, Aİ, bkz.* **insoluble**

**insolvent** /in'solvınt/ *s, a.* borcunu ödeyemeyen, müflis

**insomnia** /in'somniı/ *a.* uykusuzluk, uyuyamama

**insomniac** /in'somniek/ *s.* uykusuz, uyuyamayan

**inspect** /in'spekt/ *e.* 1. denetlemek, incelemek: *The hospital will be inspected by the health department.* 2. gözden geçirmek, yoklamak: *You should always inspect a document carefully before you sign it.*

**inspection** /in'spekşın/ *a.* denetim, yoklama

**inspector** /in'spektı/ *a.* 1. müfettiş 2. polis komiseri

**inspiration** /inspi'reyşın/ *a.* 1. esin, ilham, ilham kaynağı 2. parlak fikir

**inspire** /in'spayı/ *e.* 1. esinlemek, ilham vermek: *Beauty inspires many great works of art.* 2. (with/in ile) -de ... uyandırmak, ile doldurmak: *He inspired everyone with respect.*

**instability** /instı'biliti/ *a.* kararsızlık, değişkenlik

**install** /in'sto:l/ *e.* 1. (aygıt) döşemek, hazırlamak, düzenlemek, kurmak: *They are installing air conditioning in the building.* 2. yerleştirmek: *He was installed as chairman at the last meeting.*

**installation** /instı'leyşın/ *a.* 1. tesisat, donanım 2. yerleştirme

**installment** /in'sto:lmınt/ *a, Aİ, bkz.* **instalment**

**instalment** /in'sto:lmınt/ *a.* 1. taksit 2. (oyun, kitap, vb.) kısım, bölüm

**instance** /'instıns/ *a.* 1. örnek 2. **for instance** mesela, örneğin, sözgelimi 3. **in the first instance** önce, başlangıç olarak

**instant**[1] /'instınt/ *a.* an, dakika

**instant**[2] /'instınt/ *s.* 1. hemen olan, acil 2. (yiyecek, vb.) çabuk ve kolay hazırlanabilen 3. **instant coffee** neskafe

**instantaneous** /instın'teyniıs/ *s.* anlık, bir anda olan

**instantly** /'instıntli/ *be.* hemen, anında: *They went instantly the bell rang.*

**instead** /in'sted/ *be.* 1. onun yerine: *They decided not to buy a house but to rent one instead.* 2. **instead of** -in yerine: *He decided to buy a motorbike instead of a car.*

**instep** /'instep/ *a.* ayağın üst kısmı

**instigate** /'instigeyt/ *e.* başlatmak, ön ayak olmak, teşvik etmek, kışkırtmak: *He usually instigated what they all did.*

**instigation** /insti'geyşın/ *a.* teşvik, öneri, uyarı: *They stopped at the policeman's instigations.*

**instil** /in'stil/ *e.* (in/into ile) (fikir) aşılamak, öğretmek: *Punctuality was instilled into me by my mother.*

**instill** /in'stil/ *e, Aİ, bkz.* **instil**

**instinct** /'instinkt/ *a.* içgüdü: *Many birds migrate thousands of miles by instinct.*

**institute**[1] /'instityu:t/ *a.* enstitü, kurum: *He studied engineering at the institute of technology.*

**institute**[2] /'instityu:t/ *e.* kurmak: *He joined the society instituted by his father.*

**institution** /insti'tyu:şın/ *a.* 1. kurum, kuruluş, dernek 2. yerleşmiş gelenek, kurum, yerleşmiş yasa 3. kurma

**instruct** /in'strakt/ *e.* 1. bilgi vermek, öğretmek: *He instructed me how to assemble the kite.* 2. talimat vermek, emretmek: He was instructed to complete the work the

**instruction** /in'strakşın/ *a.* 1. öğretim 2. talimat, yönerge, tarifname

**instructive** /in'straktiv/ *s.* öğretici

**instructor** /in'straktı/ *a.* eğitmen, öğretmen

**instrument** /'instrımınt/ *a.* 1. aygıt, alet 2. *müz.* çalgı

**instrumental** /instrı'mentıl/ *s.* 1. (in ile) yardımcı, aracı olan 2. *müz.* enstrümantal

**insubordinate** /insı'bo:dınit/ *s.* baş kaldıran, itaatsiz, asi, kafa tutan

**insubstantial** /insıb'stenşıl/ *s.* güçsüz, zayıf, kuvvetsiz, yetersiz

**insufferable** /in'safırıbıl/ *s.* (davranış) katlanılmaz, çekilmez: *His behaviour is insufferable.*

**insufficient** /insı'fişınt/ *s.* yetersiz, eksik: *There was insufficient light to read by.*

**insular** /'insyu:lı/ *s.* dar görüşlü

**insulate** /'insyuleyt/ *e.* (from/against ile) 1. izole etmek, yalıtmak: *A sheep's wool insulates it against heat and cold.* 2. ayırmak, ayrı tutmak, korumak: *Wealthy people are insulated from the problems of the poor.*

**insulation** /insyu'leyşın/ *a.* 1. tecrit, yalıtım, izolasyon 2. izolasyon maddesi

**insult**[1] /in'salt/ *e.* aşağılamak, hakaret etmek: *He hit the man who'd insulted him.*

**insult**[2] /in'salt/ *a.* hakaret

**insuperable** /in'syu:pırıbıl/ *s.* aşılması güç, zorlu: *They met insuperable problems and had to return.*

**insurance** /in'şuırıns/ *a.* 1. sigorta: *Have you any life insurance?* 2. sigortacılık, sigorta: *My uncle works for an insurance company.* 3. sigorta parası: *Have you paid the car insurance this year?* 4. (against ile) koruma: *He bought a special safe as insurance against theft.*

**insure** /in'şuı/ *e.* 1. sigorta ettirmek: *The building is insured against theft.* 2. *Al.*

garantilemek, sağlama almak: *He ran to insure he caught the bus.*

**insurgent** /in'sö:cınt/ *s, a.* asi, başkaldıran, ayaklanan

**insurmountable** /insı'mauntıbıl/ *s.* çok büyük, çok güç, yenilemez, başa çıkılmaz

**insurrection** /insı'rekşın/ *a.* isyan, ayaklanma

**intact** /in'tekt/ *s.* bozulmamış, tam, bütün: *If you want it to remain intact you must be very careful with it.*

**intake** /'inteyk/ *a.* içeri alınan miktar ya da sayı, giriş: *The universities' student intake is huge.*

**intangible** /in'tencıbıl/ *s.* fiziksel varlığı olmayan, elle tutulamaz, görülemez, duyumsanabilir

**integer** /'intıcı/ *a, mat.* tamsayı

**integral** /'intıgrıl/ *s.* 1. gerekli, önemli 2. *mat.* integral, tümlev

**integrate** /'intıgreyt/ *e.* (with/into ile) 1. bütünleşmek, kaynaşmak 2. katmak, kaynaştırmak: *The government is trying to integrate criminals back into ordinary life.*

**integrated** /'intigreytid/ *s.* bütünleşmiş

**integrity** /in'tegriti/ *a.* 1. güvenilirlik, doğruluk, dürüstlük 2. bütünlük, tamlık

**intellect** /'intilekt/ *a.* akıl, zihin

**intellectual**[1] /inti'lekçuıl/ *s.* 1. akli, zihinsel, anlıksal 2. akıllı, zeki

**intellectual**[2] /inti'lekçuıl/ *a.* aydın, entelektüel

**intelligence** /in'telicıns/ *a.* 1. zekâ, akıl 2. istihbarat, haber alma

**intelligent** /in'telicınt/ *s.* zeki, akıllı

**intelligible** /in'telicıbıl/ *s.* anlaşılabilir, açık, net

**intend** /in'tend/ *e.* 1. tasarlamak, niyet etmek, planlamak: *I intend to buy a new car.* 2. (... için) olmak: *The letter was intended for his wife but he read it.*

**intense** /in'tens/ *s.* 1. şiddetli, güçlü 2. heyecanlı, ateşli

**intensify** /in'tensifay/ *e.* 1. yoğunlaşmak: *The heat intensified during the day.* 2. yoğunlaştırmak

**intensity** /in'tensiti/ *a.* güçlülük, yoğunluk

**intensive** /in'tensiv/ s. 1. yoğun 2. **intensive care** yoğun bakım

**intent**[1] /in'tent/ a. amaç, niyet: *His intent was to buy a television but he bought a washing machine.*

**intent**[2] /in'tent/ s. 1. dikkatli 2. niyetli, azimli, istekli: *He's intent on being a doctor.*

**intention** /in'tenşın/ a. 1. niyet, maksat 2. kasıt

**intentional** /in'tenşınıl/ s. kasıtlı

**intentionally** /in'tenşınıli/ be. kasten, bile bile

**inter** /in'tö:/ e. gömmek, defnetmek

**interact** /intı'rekt/ e. (with ile) biribirini etkilemek: *His work interacted with his colleagues.*

**interaction** /intı'rekşın/ a. etkileşim

**intercede** /intı'si:d/ e. (with/for ile) (korumak için) araya girmek: *The murderer's lawyer interceded with the government on his behalf.*

**intercept** /intı'sept/ e. durdurmak, yolunu kesmek: *Customs intercepted the smuggled diamonds.*

**interchange**[1] /intı'çeync/ e. 1. yerlerini değiştirmek 2. değiş tokuş etmek

**interchange**[2] /'intıçeync/ a. 1. yer değiştirme, takas, değiş tokuş 2. araçların giriş ya da dönüş yapabildiği ve bir hız yoluyla diğer bir yolun kesiştiği kavşak

**interchangeable** /intı'çeyncıbıl/ s. (with ile) birbirinin yerine geçebilir

**intercom** /'intıkom/ a. iç telefon sistemi

**intercommunication** /intıkomyuni'keyşın/ a. dahil haberleşme, iç haberleşme

**intercontinental** /intıkonti'nentıl/ s. kıtalararası

**intercourse** /'intıko:s/ a. 1. (cinsel) birleşme: *sexual intercourse* 2. görüşme, ilişki

**interdependent** /intıdi'pendınt/ s. birbirine bağlı, birbirine muhtaç

**interest**[1] /'intrist/ a. 1. (in ile) ilgi, merak: *I've always had an interest in travelling.* 2. ilgi uyandırma, ilgi çekme: *That's of no interest to me.* 3. ilgi kaynağı, ilgi merkezi, merak: *Reading seems to be his only interest in life.* 4. yarar, çıkar:

*Listen to me carefully, you will hear something to your interest.* 5. faiz: *He will get twelve per cent interest for his investment.*

**interest**[2] /'intrist/ e. 1. ilgilendirmek: *Does art interest you?* 2. ilgisini çekmek, merakını uyandırmak: *Will it interest you to see a film?*

**interested** /'intristid/ s. 1. ilgili, meraklı: *He's always been interested in politics.* 2. çıkar gözeten: *There are some interested businessmen who will be upset by the decision.*

**interesting** /'intristing/ s. ilgi çekici, ilginç

**interfere** /intı'fiı/ e. (with/in/between ile) 1. yoluna çıkmak, engellemek, karışmak: *Don't interfere in my affairs.* 2. hkr. başkasının işine burnunu sokmak, her şeye maydanoz olmak: *The young couple were annoyed with interfering relatives.* 3. sarkıntılık etmek, sataşmak

**interference** /intı'fiırıns/ a. 1. (with ile) karışma, engelleme 2. elek. parazit

**interim**[1] /'intırim/ a. (zaman) aralık, ara, boşluk

**interim**[2] /'intırim/ s. geçici, ara, aradaki

**interior** /in'tiıriı/ a, s. iç: *We've just finished decorating the interior of the house.*

**interject** /intı'cekt/ e. arada söylemek, eklemek, aniden söylemek

**interjection** /intı'cekşın/ a. ünlem, nida

**interlock** /intı'lok/ e. 1. birbirine bağlamak 2. birbirine bağlanmak: *The hinges on the gate interlock securely.*

**interloper** /'intıloupı/ a. gereksiz kimse, fazlalık

**interlude** /'intılu:d/ a. 1. ara, teneffüs, iş arasındaki boşluk, dinlenme 2. (sinema, tiyatro, vb.) perde arası, ara 3. müz. ara faslı

**intermarry** /intı'meri/ e. (farklı gruptan insanlar) evlenmek, evlenerek birbirine bağlanmak

**intermediary** /intı'mi:diıri/ a. arabulucu, aracı

**intermediate** /intı'mi:diıt/ s. arada bulunan, ara, orta

**interment** /in'tö:mınt/ a. (ölüyü) gömme,

defnetme

**interminable** /in'tö:minıbıl/ *s.* bitmez, tükenmez, sonsuz

**intermission** /intı'mişın/ *a, Aİ.* perde arası, ara

**intermittent** /intı'mitınt/ *s.* kesik kesik, aralıklı, süreksiz

**intern**[1] /in'tö:n/ *e.* enterne etmek, gözaltına almak

**intern**[2] /'intö:n/ *a.* 1. stajyer 2. stajyer doktor

**internal** /in'tö:nl/ *s.* dahili, iç

**international** /intı'neşınıl/ *s.* uluslararası

**internet** /'intınet/ *a.* 1. internet 2. **internet café** interent kafe 3. **internet service provider** internet servis sağlayıcı 4. **internet user** internet kullanıcısı

**interplay** /'intıpley/ *a.* karşılıklı etkileşim

**interpose** /intı'pouz/ *e.* (in/between/among ile) araya girmek, lafa karışmak, arada söylemek, eklemek: *He interposed a new argument into the debate.*

**interpret** /in'tö:prit/ *e.* 1. (konuşarak) çevirmenlik yapmak, tercümanlık yapmak 2. (as ile) yorumlamak 3. anlamını açıklamak

**interpretation** /intö:pri'teyşın/ *a.* yorum, tefsir, açıklama

**interpreter** /in'tö:pritı/ *a.* tercüman, dilmaç

**interrogate** /in'terıgeyt/ *e.* sorguya çekmek, sorgulamak

**interrogation** /interı'geyşın/ *a.* sorgu

**interrogative**[1] /intı'rogıtiv/ *a, s.* 1. soru belirten, sorulu, soru soran (cümle, sözcük, vb.) 2. soru şeklinde

**interrogative**[2] /intı'rogıtiv/ *a.* soru sözcüğü

**interrupt** /intı'rapt/ *e.* 1. sözünü kesmek: *Don't interrupt me when I'm speaking.* 2. akışını durdurmak, düzenini bozmak, kesmek, yarıda kesmek

**interruption** /intı'rapşın/ *a.* kesilme, yarıda kesme

**intersect** /intı'sekt/ *e.* (yol, çizgi, vb.) kesişmek, birbiri üzerinden geçmek

**intersection** /intı'sekşın/ *a.* 1. kesişme 2. kavşak

**intersperse** /intı'spö:s/ *e.* (with ile) oraya buraya serpmek, arasına katmak

**interval** /'intıvıl/ *a.* 1. ara, aralık 2. perde arası, ara

**intervene** /intı'vi:n/ *e.* 1. (in ile) araya girmek, karışmak, müdahale etmek: *The police intervened to keep the peace.* 2. olaylar arasında oluşmak, arada olmak, geçmek

**interview**[1] /'intıvyu:/ *a.* 1. mülakat, görüşme 2. röportaj

**interview**[2] /'intıvyu/ *e.* 1. görüşmek 2. röportaj yapmak

**interweave** /int'wi:v/ *e.* [*pt* **interwove** /intı'wouv/, *pp* **interwoven** /intı'wouvın/] (with ile) birlikte dokumak, örmek

**interwove** /intı'wouv/ *pt bkz.* **interweave**

**interwoven** /intı'wouvın/ *pp bkz.* **interweave**

**intestate** /in'testeyt, in'testit/ *s, huk.* vasiyetnamesiz: *He hadn't made a will so died intestate.*

**intestine** /in'testin/ *a, anat.* bağırsak

**intimacy** /'intimısi/ *a.* 1. (with ile) özel olma, mahremlik, kişisellik 2. yakın arkadaşlık, dostluk

**intimate**[1] /'intimit/ *s.* 1. (with ile) (cinsel yönden) yakın 2. kişisel, özel 3. detaylı, ayrıntılı

**intimate**[2] /'intimeyt/ *e.* ima etmek, sezindirmek: *They have intimated a desire to sell their house.*

**intimidate** /in'timideyt/ *e.* (birini) korkutmak, gözünü korkutmak, gözdağı vermek

**into** /'intı, 'intu, 'intu:/ *ilg.* 1. içine, -e, -a: *He dived into the swimming pool. She put the clothes into the wardrobe. He's always getting into trouble.* 2. *k. dili* -e meraklı, hasta: *He's been into yoga for years.* 3. (bölme işleminde) -de, -da: *6 into 24 is 4.*

**intolerable** /in'tolırıbıl/ *s.* çekilmez, dayanılmaz

**intolerant** /in'tolırınt/ *s.* hoşgörüsüz

**intonation** /intı'neyşın/ *a.* ses perdesi, titremleme

**intoxicate** /in'toksikeyt/ *e.* sarhoş etmek

**intractable** /in'trektıbıl/ *s.* kontrol edilmesi

zor, ele avuca sığmaz

**intransigent** /in'trensicint/ *s.* uzlaşmaz, sabit fikirli, değişmez

**intransitive** /in'trensitiv/ *a, s, dilb.* (eylem) geçişsiz

**intravenous** /intrı'vi:nıs/ *s.* damar içi, damardan

**intrepid** /in'trepid/ *s.* korkusuz, cesur

**intricacy** /'intrikısi/ *a.* 1. karışıklık, anlaşılmazlık 2. karışık şey

**intricate** /'intrikit/ *s.* karmakarışık: *The lace was very intricate work.*

**intrigue¹** /in'tri:g/ *e.* 1. ilgisini çekmek: *She always intrigued him.* 2. entrika çevirmek

**intrigue²** /'intri:g/ *a.* entrika, dolap

**intrinsic** /in'trinsik/ *s.* gerçek, aslında olan, esas

**introduce** /intrı'dyu:s/ *e.* 1. tanıştırmak, tanıtmak: *I'll introduce you to the new staff members.* 2. ilk kez getirmek, ortaya çıkarmak: *Eucalyptus trees were introduced into the country from Australia.* 3. ilk kısmını oluşturmak: *Her speech will introduce the next speaker.*

**introduction** /intrı'dakşın/ *a.* 1. tanıtma, tanıtım, takdim 2. tanıştırma, takdim 3. önsöz 4. giriş, başlangıç 5. kılavuz kitap

**introductory** /intrı'daktîri/ *s.* giriş niteliğinde, tanıtıcı: *There was an introductory offer of a free record with the new product.*

**introspection** /intrı'spekşın/ *a.* murakabe, kendi duygu ve düşüncelerini inceleme

**introvert** /'ıntrıvö:t/ *a.* içedönük kimse

**introverted** /'intrıvö:tid/ *s.* içedönük, içine kapanık

**intrude** /in'tru:d/ *e.* izinsiz ya da davetsiz girmek, rahatsız etmek: *He didn't want any one to intrude on him so put a high fence.*

**intruder** /in'tru:dı/ *a.* davetsiz misafir

**intrusion** /in'tru:jın/ *a.* (on ile) zorla girme, tecavüz

**intuition** /intyu'işın/ *a.* sezgi, önsezi, içine doğma: *Her intuition is often right where logic fails.*

**inundate** /'ınındeyt/ *e.* 1. sel basmak 2. gark etmek, boğmak: *He was inundated*

*with letters applying for the job.*

**invade** /in'veyd/ *e.* 1. istila etmek: *Countries have invaded each other throughout history.* 2. akın etmek, doldurup taşırmak: *They were invaded by relatives every holiday.* 3. baskın yapmak, basmak, tecavüz etmek: *The police invaded my privacy.*

**invalid¹** /'invılid/ *a, ask.* hasta, sakat

**invalid²** /in'velid/ *s.* hükümsüz, geçersiz

**invalidate** /in'velideyt/ *e.* geçersiz kılmak, çürütmek

**invaluable** /in'velyubıl/ *s.* çok değerli, paha biçilmez: *The painting was invaluable.*

**invariable** /in'veırıbıl/ *s.* değişmeyen, her zaman aynı olan, değişmez

**invasion** /in'veyjın/ *a.* akın, saldırı, istila

**invective** /in'vektiv/ *a.* hakaret, sövgü

**invent** /in'vent/ *e.* 1. icat etmek, bulmak: *Who invented the steam engine?* 2. uydurmak, düzmek, kıvırmak: *He invented an excuse to give to his wife.*

**invention** /in'venşın/ *a.* icat, buluş

**inventive** /in'ventiv/ *s.* yaratıcı, bulucu

**inventor** /in'ventı/ *a.* mucit, bulucu

**inventory** /'invıntri/ *a.* sayım çizelgesi, envanter

**inverse** /'invö:s/ *a, s.* ters

**invert** /in'vö:t/ *e.* tersyüz etmek

**invertebrate** /in'vö:tibrit, in'vö:tibreyt/ *s, a, hayb.* omurgasız

**inverted comma** /invö:tid 'komı/ *a, İl.* tırnak işareti

**invest** /in'vest/ *e.* (in ile) para yatırmak, yatırım yapmak: *She invested in gold.*

**investigate** /in'vestigeyt/ *e.* araştırmak, soruşturmak: *The government is investigating big businesses thought to be avoiding taxes.*

**investigation** /investi'geyşın/ *a.* araştırma, soruşturma

**investigator** /in'vestigeytı/ *a.* müfettiş

**investiture** /in'vestiçı/ *a.* (birini) yüksek memuriyete atama töreni

**investment** /in'vestmınt/ *a.* 1. yatırım 2. sağlanan gelir

**inveterate** /in'vetirit/ *s.* 1. yerleşmiş, kökleşmiş 2. alışmış, tiryaki

**invidious** /in'vidiıs/ *s.* gücendirici, kıskandırıcı, haksız

**invigilate** /in'vicileyt/ *e, İİ.* (sınavda) gözcülük etmek

**invigilator** /in'vicileytı/ *a.* sınav gözcüsü

**invigorate** /in'vigıreyt/ *s.* güçlendirmek, canlandırmak, dinçleştirmek

**invincible** /in'vinsıbıl/ *s.* yenilmez

**invisible** /in'vizıbıl/ *s.* 1. görünmez, görülemez 2. (özellikle kâr zarar hesaplarında) deftere kayıtlı olmayan, resmi hesaplarda görülmeyen

**invitation** /invi'teyşın/ *a.* davet, çağrı

**invite** /in'vayt/ *e.* 1. davet etmek, çağırmak: *They invited him to dinner.* 2. yüreklendirmek, davetiye çıkarmak

**inviting** /in'vayting/ *s.* davetkâr, çekici, göz alıcı

**invoice**[1] /'invoys/ *a.* fatura

**invoice**[2] /'invoys/ *e.* 1. fatura göndermek 2. fatura yazmak

**invoke** /in'vouk/ *e.* 1. yakarmak, dua etmek 2. istemek, dilemek: *The government invoked the people's co-operation.*

**involuntary** /in'volıntıri/ *s.* istenilmeden yapılan, gönülsüz yapılan, istençdışı: *He had an involuntary twitch in his eyelid.*

**involve** /in'volv/ *e.* 1. (in/with ile) karıştırmak, sokmak, bulaştırmak: *I don't want to be involved in your plans.* 2. içermek, kapsamak, gerektirmek: *The work involves many hours but it is easy.*

**involved** /in'volvd/ *s.* 1. karmaşık, anlaşılmaz 2. (with ile) (kişisel ya da cinsel yönden) yakın, ilgili: *Why do I always get involved with such people?*

**inward** /'inwıd/ *s.* 1. içeride olan, iç 2. *Aİ, bkz.* **inwards**

**inwards** /'inwıdz/ *be.* içeriye doğru: *He crawled inwards and soon reached the centre.*

**iodine** /'ayıdi:n/ *a, kim.* iyot

**ion** /'ayın/ *a.* iyon

**iota** /ay'outı/ *a.* zerre, parça: *I don't give an iota for what you think.*

**irascible** /i'resıbıl/ *s.* sinirli, huysuz, öfkesi burnunda

**irate** /ay'reyt/ *s.* kızgın, öfkeli

**iridescent** /iri'desınt/ *s, yaz.* yanardöner

**iris** /'ayıris/ *a.* 1. *bitk.* süsen çiçeği 2. *anat.* iris

**irk** /ö:k/ *e.* usandırmak, bıktırmak, canını sıkmak, bezdirmek: *It irked him to repeat what he said.*

**irksome** /'ö:ksım/ *s.* usandırıcı, bıktırıcı, sıkıcı

**iron**[1] /'ayın/ *a.* 1. demir 2. ütü

**iron**[2] /'ayın/ *e.* ütülemek: *Can you iron this shirt for me?*

**Iron Curtain** /ayın 'kö:tın/ *a.* demirperde

**ironic** /ay'ronik/ *s.* alaylı, alaycı, istihzalı

**ironing board** /'ayıning bo:d/ *a.* ütü sehpası

**ironmonger** /'ayınmangı/ *a, İİ.* hırdavatçı

**ironmongery** /'ayınmangıri/ *a.* hırdavat

**irons** /'ayınz/ *a, İİ.* pranga, zincir

**irony** /'ayırıni/ *a.* istihza, ince alay

**irrational** /i'reşınıl/ *s.* akılsız, mantıksız

**irreconcilable** /irekın'saylıbıl/ *s.* uzlaştırılamaz, barıştırılamaz

**irrefutable** /iri'fyu:tıbıl/ *s.* reddedilemez, itiraz kaldırmaz, su götürmez

**irregular** /i'regyulı/ *s.* 1. (biçim) çarpık, eğri, yamuk 2. (zaman) düzensiz, eşit olmayan 3. düzensiz, kuralsız, başıbozuk, usulsüz 4. *dilb.* kural dışı, düzensiz

**irrelevance** /i'relivıns/ *a.* 1. konu dışı olma 2. konu dışı olan şey ya da durum

**irrelevant** /i'relivınt/ *s.* konu dışı, ilgisiz, önemsiz

**irreparable** /i'repırıbıl/ *s.* telafisi olanaksız, onarılamaz, onmaz: *Gossip did irreparable damage to the firm's reputation.*

**irreplaceable** /iri'pleysıbıl/ *s.* yeri doldurulamaz

**irrepressible** /iri'presıbıl/ *s.* bastırılamaz, zaptolunamaz, taşkın

**irreproachable** /iri'prouçıbıl/ *s.* hatasız, kusursuz

**irresistible** /iri'zistıbıl/ *s.* karşı konulamaz, dayanılmaz, çok güçlü

**irrespective** /iri'spektiv/ *ilg.* (of ile) -e bakmaksızın, -e aldırmadan, -i düşünmeden: *I'm going irrespective of what you say.*

**irresponsible** /iri'sponsıbıl/ *s.* sorumsuz

**irreverent** /i'revırınt/ *s.* (özellikle dine karşı) saygısız

**irrevocable** /i'revıkıbıl/ *s.* dönülemez, geri alınamaz, değiştirilemez: *The judge's verdict was irrevocable.*

**irrigate** /'irigeyt/ *e.* (toprağı) sulamak

**irritable** /'iritıbıl/ *s.* çabuk kızan, alıngan

**irritant** /'iritınt/ *s, a.* tahriş edici (madde)

**irritate** /'iriteyt/ *e.* 1. kızdırmak, sinirlendirmek 2. tahriş etmek

**is** /iz/ *e, bkz.* **be**

**Islam** /'isla:m/ *a.* İslam, İslamiyet

**island** /'aylınd/ *a.* ada

**isle** /ayl/ *a, yaz.* ada

**isolate** /'aysıleyt/ *e.* ayırmak, izole etmek, yalıtmak, tecrit etmek

**isolated** /'aysıleytid/ *s.* izole, ayrılmış, tek

**isolation** /aysı'leyşın/ *a.* izolasyon, yalıtım, yalnızlık

**issue¹** /'işu:, 'isyu:/ *a.* 1. piyasaya çıkarma, yayımlama 2. baskı, sayı 3. önemli nokta 4. dağıtım

**issue²** /'işu:/ *e.* 1. yayımlamak, dağıtmak 2. donatmak: *He was issued with enough food for two days.* 3. (from ile) -den gelmek, kaynaklanmak

**isthmus** /'ismıs/ *a.* kıstak, berzah

**it** /it/ *adl.* 1. o, onu, ona: *Is it yours? Could you give it to her? It's raining. It's no use worrying. I think I've lost it. I don't like it at all. It's too late to work. What do you think of it?*

**italics** /i'teliks/ *a.* italik yazı: *Write an example in italics.*

**itch¹** /iç/ *e.* 1. kaşınmak 2. *k. dili* can atmak, çok istemek: *He disagreed with everyone and was obviously itching for a fight.*

**itch²** /iç/ *a.* 1. kaşıntı 2. güçlü istek, şiddetli arzu

**itchy** /'içi/ *s.* kaşıntılı, kaşınan: *I've got itchy hands.*

**item** /'aytim/ *a.* 1. parça, adet, tane 2. madde, fıkra 3. **news item** kısa haber, özet haber

**itemize** /'aytimayz/ *e.* ayrıntıları ile yazmak: *Could you itemize this list for me?*

**itinerant** /ay'tinırınt/ *s.* dolaşan, gezgin, gezici

**itinerary** /ay'tinırıri/ *a.* yolculuk planı, yolculuk programı

**its** /its/ *s.* onun, -ın, -in: *The cat washed its whiskers.*

**itself** /it'self/ *adl.* kendisi, kendi

**ivory** /'ayvıri/ *a.* fildişi

**ivy** /'ayvi/ *a, bitk.* sarmaşık

# J

**J, j** /cey/ *a.* İngiliz abecesinin onuncu harfi

**jab¹** /ceb/ *e.* (away/at ile) dürtmek, itmek, saplamak

**jab²** /ceb/ *a.* 1. dürtme, itme, saplama 2. *k. dili* iğne, şırınga

**jabber** /'cebı/ *e.* hızlı ve anlaşılmaz bir biçimde konuşmak

**jack** /cek/ *a.* 1. kriko 2. (iskambil) vale, bacak

**jackal** /'ceko:l/ *a, hayb.* çakal

**jackdaw** /'cekdo:/ *a.* (küçük parlak nesnelerle uçtuğuna inanılan) bir tür karga

**jacket** /'cekit/ *a.* 1. ceket, mont 2. patates kabuğu 3. ciltli kitabın üzerine geçirilen kâğıt kap 4. *Aİ.* plak kabı

**jack knife** /'ceknayf/ *a.* büyük çakı

**jack-knife** /'ceknayf/ *e.* (motorlu araç) aksı kırılmak, kontrolden çıkmak

**jack-of-all-trades** /cekıv'o:ltreydz/ *a.* iyi kötü her işi yapan kimse

**jackpot** /'cekpot/ *a.* pot, ortada biriken para, büyük ikramiye

**jack up** *e.* krikoyla kaldırmak

**jade** /ceyd/ *a.* yeşimtaşı, yeşim

**jaded** /'ceydid/ *s.* çok yorgun, bitkin, bıkkın

**jagged** /'cegid/ *s.* çentikli, sivri uçlu

**jaggy** /'cegi/ *s, bkz.* **jagged**

**jaguar** /'cegyuı/ *a, hayb.* jaguar

**jail¹** /ceyl/ *a.* hapishane, cezaevi

**jail²** /ceyl/ *e.* hapishaneye kapatmak, hapsetmek

**jailbreak** /'ceylbreyk/ *a.* hapishaneden kaçış, firar

**jailer** /'ceylı/ *a.* gardiyan

**jalopy** /cı'lopi/ *a.* külüstür araba

**jam¹** /cem/ *a.* 1. reçel 2. sıkışıklık, tıkanıklık 3. **get into/be in a jam** k. dili başı derde girmek, başı dertte olmak 4. **traffic jam** trafik sıkışıklığı

**jam²** /cem/ e. 1. sıkıştırmak, tıkamak, tıkmak: *Their luggage jammed the hallway.* 2. bastırmak: *She jammed on the car brakes.* 3. sıkışmak, tutukluk yapmak: *This drawer is jammed. It won't open.* 4. (radyo mesajını) bozmak

**jamb** /cem/ a. kapı ya da pencere pervazı

**jamboree** /cembı'ri:/ a. cümbüş, âlem, eğlenti

**jam-packed** /cem'pekd/ s, k. dili tıka basa dolu, ana baba günü gibi kalabalık

**jangle** /'cengıl/ e. ahenksiz sesler çıkartmak

**janitor** /'cenitı/ a. kapıcı, hademe

**January** /'cenyuıri/ a. ocak (ayı)

**jar¹** /ca:/ a. 1. kavanoz 2. şok, sarsıntı

**jar²** /ca:/ e. 1. kulak tırmalamak 2. sarsmak 3. (with ile) uyuşmamak, gitmemek, uyumsuzluk oluşturmak

**jargon** /'ca:gın/ a. anlaşılmaz dil, teknik dil

**jasmine** /'cezmin/ a, bitk. yasemin

**jaundice** /'co:ndis/ a, hek. sarılık

**jaundiced** /'co:ndist/ s. 1. sarılıklı 2. kötü niyetli, güvenilmez

**jaunt¹** /co:nt/ e. (about/around ile) gezinti yapmak, gezintiye çıkmak

**jaunt²** /co:nt/ a. kısa gezinti

**jaunty** /'co:nti/ s. kaygısız, yaşamaktan ve kendinden hoşnut, canlı, neşeli

**javelin** /'cevılin/ a. 1. sp. cirit 2. kargı, mızrak

**jaw** /co:/ a. çene

**jay** /cey/ a, hayb. alakarga

**jaywalk** /'ceywo:k/ e. dikkatsizce ve tehlikeli bir biçimde karşıdan karşıya geçmek

**jazz** /cez/ a. 1. caz 2. arg. zırva, boş laf, caz 3. **and all that jazz** arg. ve bunun gibi ıvır zıvır

**jazz up** e, k. dili hareket katmak, canlandırmak, renklendirmek

**jazzy** /'cezi/ s, k. dili 1. caz müziğine benzer, caz gibi 2. dikkat çekici, parlak, renkli

**jealous** /'celıs/ s. kıskanç

**jealousy** /'celısi/ a. kıskançlık

**jeans** /ci:nz/ a. blucin, kot pantolon

**jeep** /ci:p/ a. cip

**jeer** /ciı/ e. alay etmek, gülmek: *The audience jeered at the politician's speech.*

**jell** /cel/ e. 1. peltekleşmek, donmak, katılaşmak 2. şekil almak, biçime girmek, anlaşılır olmak

**jelly** /'celi/ a. 1. jöle, pelte 2. marmelat 3. jelatin

**jellyfish** /'celifiş/ a. denizanası

**jemmy** /'cemi/ a. kısa demir çubuk, domuztırnağı, levye

**jeopardize** /'cepıdayz/ e. tehlikeye atmak: *If you fail this exam it may jeopardize your whole future.*

**jeopardy** /'cepıdi/ a. tehlike

**jerk¹** /cö:k/ e. 1. şiddetle ve aniden çekmek 2. silkinmek, silkip atmak, silkelemek

**jerk²** /cö:k/ a. 1. ani çekiş 2. ani hareket, refleks 3. *Aİ, arg.* aptal, ayı, kazma

**jerkin** /'cö:kin/ a. yelek

**jerk off** e, kab, arg. otuzbir çekmek, tek atmak

**jerry-built** /'ceribilt/ s. (ev, vb.) kötü malzemeyle inşa edilmiş

**jersey** /'cö:zi/ a. kazak

**jest¹** /cest/ e. şaka yapmak, takılmak: *Death is not something to jest about.*

**jest²** /cest/ a. 1. şaka, espri 2. **in jest** şakadan, gırgırına

**jester** /'cestı/ a. soytarı

**jet¹** /cet/ a. 1. jet uçağı 2. fıskiye, fıskiye ağızlığı 3. fışkırma 4. siyah kehribar

**jet²** /cet/ e. (out ile) 1. fışkırmak 2. fışkırtmak

**jet-black** /cet'blek/ s. parlak koyu siyah, simsiyah

**jet set** /'cet set/ a. ünlü, zengin ve başarılı genç insanlar

**jettison** /'cetisın/ e. (tehlike anında eşyayı) gemiden atmak, atıp kurtulmak, fırlatıp atmak

**jetty** /'ceti/ a. dalgakıran, mendirek

**Jew** /cu:/ a. Yahudi

**jewel** /'cu:ıl/ a. 1. değerli taş 2. mücevher,

taki

jeweler /'cu:ılı/ *a, Aİ, bkz.* **jeweller**

jeweller /'cu:ılı/ *a.* kuyumcu

jewellery /'cu:ılri/ *a.* 1. mücevherat 2. kuyumculuk

jewelry /'cu:ılri/ *a, bkz.* **jewellery**

jib /cib/ *a, den.* flok yelkeni

jibe /cayb/ *a, bkz.* **gibe**

jiffy /'cifi/ *a, k. dili* an, saniye, dakika: *Just wait a jiffy and I'll come.*

jig¹ /cig/ *a.* oynak ve hızlı bir dans, cig dansı/müziği

jig² /cig/ *e.* 1. cig dansı yapmak 2. sıçramak, zıplamak 3. zıplatmak

jiggle /'cigıl/ *e, k. dili* sallamak, çalkalamak

jigsaw /'cigso:/ *a.* 1. makineli oyma testeresi 2. bozyap (oyunu) 3. **jigsaw puzzle** bozyap (oyunu)

jilt /cilt/ *e.* evlilikten caymak, sevgiliyi reddetmek, yüzüstü bırakmak

jimmy /'cimi/ *a, Aİ, bkz.* **jemmy**

jingle¹ /'cingıl/ *e.* 1. şıngırdamak: *The horse's harness jingled as it trotted.* 2. şıngırdatmak

jingle² /'cingıl/ *a.* 1. şıngırtı 2. basit vezinli şiir

jinx¹ /cinks/ *a.* uğursuzluk getiren şey, uğursuzluk, lanet

jinx² /cinks/ *e, k. dili* uğursuzluk getirmek

jitters /'citız/ *a, k. dili* stres, heyecan: *She always had the jitters before a performance.*

jive /cayv/ *a.* 1. hızlı bir tür caz müziği 2. bu müzikle yapılan dans 3. *Aİ, arg.* yanıltıcı/saçma konuşma

job /cob/ *a.* 1. iş, görev, meslek: *His job was too many hours so he left it. She's looking for a job.* 2. iş: *There are a lot of jobs to be done around the house.* 3. yapılması güç şey, güçlük, zorluk, iş: *I had a job getting to the bank.* 4. **get a job** işe girmek 5. **job lot** birlikte alınıp satılan çeşitli eşya 6. **just the job** *k. dili* tam aranılan şey

jockey /'coki/ *a.* cokey

jocular /'cokyulı/ *s.* şaka türünden, şakacı, gırgır

jocund /'cokınd/ *s, yaz.* neşeli

jodhpurs /'codpız/ *a.* binici pantolonu, potur

jog¹ /cog/ *e.* 1. dürtmek, itmek 2. yavaş yavaş koşmak 3. ağır aksak ilerlemek 4. **jog sb's memory** hatırlamasını sağlamak, hafızasını tazelemek

jog² /cog/ *a.* dürtme, hafifçe vurma, itme, sarsma

jogging /'coging/ *a.* yavaş koşu

john /con/ *a, Aİ, k. dili* tuvalet, yüz numara

join¹ /coyn/ *e.* 1. birleştirmek: *He joined the two planks with some screws.* 2. birleşmek: *Does this road join the highway?* 3. katılmak: *He was joined by some friends.* 4. üye olmak, katılmak: *There are a lot of clubs to join in this area.*

join² /coyn/ *a.* iki şeyin birleştiği yer, birleşme noktası

joiner /'coynı/ *a.* doğramacı, marangoz

joinery /'coynıri/ *a.* doğramacılık, marangozluk

joint¹ /coynt/ *a.* 1. eklem, ek yeri 2. et parçası 3. *k. dili, hkr.* ucuz/adi eğlence yeri, batakhane 4. *k. dili* esrarlı sigara, sarıkız

joint² /coynt/ *s.* iki ya da daha fazla kişi tarafından paylaşılan, müşterek, ortak, birleşik

joint³ /coynt/ *e.* 1. bitiştirmek, eklemek 2. (et) eklem yerlerinden ayırmak

join up *e.* askere yazılmak, orduya katılmak

joist /coyst/ *a.* kiriş

joke¹ /couk/ *a.* 1. şaka 2. fıkra: *Tell us a joke. Come on!* 3. **no joke** *k. dili* ciddi/güç durum, komik olmayan şey: *It was no joke digging the garden.* 4. **play a joke on sb** oyun oynamak, kafaya almak, işletmek, şaka yapmak

joke² /couk/ *e.* (with/about ile) şaka yapmak, takılmak: *Take it easy, man! I was only joking.*

joker /'coukı/ *a.* 1. şakacı kimse 2. *isk.* joker

jolly¹ /'coli/ *s.* mutlu, neşeli, hoşnut

jolly² /'coli/ *e, k. dili* heveslendirmek, gönlünü yapmak, razı etmek: *Try and*

jolly him into going to the party.
jolly³ /'coli/ be, İİ, k. dili çok: The film was jolly good.
jolt¹ /coult/ e. 1. sarsmak 2. sarsılmak 3. şoke olmak 4. şoke etmek
jolt² /coult/ a. şok, sarsıntı
jostle /'cosıl/ e. itmek, itip kakmak, dürtüklemek
jot¹ /cot/ a. parça, zerre: I don't care a jot what you think.
jot² /cot/ e. (down ile) not almak, hızlı hızlı yazmak, kaydetmek
jotter /'cotı/ a. not defteri
journal /'cö:nıl/ a. 1. gazete, dergi 2. günlük
journalism /'cö:nılizım/ a. gazetecilik
journalist /'cö:nılist/ a. gazeteci
journey¹ /'cö:ni/ a. seyahat, yolculuk
journey² /'cö:ni/ e, yaz. yolculuk yapmak
joust /caust/ e. at üzerinde mızrak dövüşü yapmak
jovial /'couviıl/ s. iyi huylu, arkadaş canlısı
jowl /caul/ a. gerdan, gıdık, yanak altı, çene
joy /coy/ a. sevinç, mutluluk, neşe, zevk
joyful /'coyfıl/ s. neşeli, sevinçli, sevindirici
joyless /'coylıs/ s. neşesiz, keyifsiz, mutsuz
joyous /'coyıs/ s, yaz. sevinçli
joyride /'coyrayd/ a, k. dili çalıntı araç kullanma
joystick /'coystik/ a. (uçak, bilgisayar, vb.'de) manevra kolu
jubilant /'cu:bilınt/ s. neşe dolu, çok sevinçli
jubilee /'cu:bili:, cu:bi'li:/ a. 1. yıldönümü şenliği 2. jübile 3. **diamond jubilee** altmışıncı yıldönümü 4. **golden jubilee** ellinci yıldönümü 5. **silver jubilee** yirmi beşinci yıldönümü
Judaism /'cu:deyizım/ a. Yahudilik
judder /'cadı/ e. (araba, vb.) sarsılmak, titremek
judge¹ /cac/ e. 1. -e yargıçlık etmek: Who is judging the murder case next week? 2. (yarışma, vb.'de) değerlendirmek, değerlendirme/hakemlik yapmak: He

was asked to judge at the beauty contest. 3. hakkında yargıda bulunmak, değerlendirmek: Don't judge people by their clothes. 4. tahmin etmek: He judged the river to be fifty metres wide.
judge² /cac/ a. 1. hâkim, yargıç 2. hakem 3. bilirkişi
judgement /'cacmınt/ a, bkz. **judgment**
judgment /'cacmınt/ a. 1. yargı, hüküm, karar 2. doğru düşünüp karar verme yetisi, yargılama 3. görüş, düşünce, kanı 4. **judgment day** kıyamet günü
judicial /cu:'dişıl/ s. adli, türel, hukuki, tüzel
judiciary /cu:'dişıri/ a. adliye, yargıçlar
judicious /cu:'dişıs/ s. sağgörülü, doğru karar veren, iyi düşünebilen
judo /'cu:dou/ a, sp. judo
jug /cag/ a. testi, sürahi
juggernaut /'cagıno:t/ a, İl, k. dili büyük kamyon, tır
juggle /'cagıl/ e. 1. hokkabazlık yapmak 2. hile yapmak, yolsuzluk yapmak, üzerinde değişiklik yapmak, oynamak: He had been juggling the hospital funds to his own benefit.
juice /cu:s/ a. 1. meyve/sebze/et suyu 2. (vücut) salgı
juicy /'cu:si/ s. 1. sulu 2. k. dili ilginç, merak uyandırıcı
jukebox /'cu:kboks/ a. parayla çalışan otomatik pikap
July /cu'lay/ a. temmuz
jumble¹ /'cambıl/ e. 1. birbirine karışmak, karmakarışık olmak 2. karmakarışık etmek
jumble² /'cambıl/ a. 1. düzensizlik, karmakarışık şey 2. **jumble sale** kullanılmış eşya satışı
jumbo /'cambou/ s. normalden büyük, kocaman
jump¹ /camp/ e. 1. sıçramak, atlamak: He jumped into the swimming pool. 2. üzerinden atlamak: The dog jumped the fence and escaped. 3. yerinden sıçramak: The sound of a gunshot made him jump in fright. 4. birdenbire yükselmek, fırlamak: Inflation jumped a great deal that year. 5. **jump to it** k. dili acele et-

mek, fırlamak: *Jump to it or you'll be late.* 6. **jump the queue** (kuyrukta) başkasının sırasını kapmak

**jump²** /camp/ *a.* sıçrama, atlama, zıplama, sıçrayış

**jump at** e. hemen kabul etmek, dünden razı olmak, can atmak, atlamak: *He jumped at the offer of a promotion.*

**jumper** /'campı/ *a.* 1. *İİ.* kazak, süveter 2. bluz ya da kazak üzerine giyilen kolsuz elbise

**jumpy** /'campi/ *s.* sinirli, gergin, heyecanlı, telaşlı

**junction** /'cankşın/ *a.* kavşak

**juncture** /'cankçı/ *a.* nazik zaman, önemli an, bunalım: *Let's break for coffee at this juncture of the proceedings.*

**June** /cu:n/ *a.* haziran

**jungle** /'cangıl/ *a.* balta girmemiş orman, cengel

**junior** /'cu:niı/ *a, s.* 1. yaşça küçük, daha genç: *He was his junior by five years.* 2. ast: *Because he joined the firm last he was the junior partner.*

**Junior** /'cu:niı/ *a, Aİ.* genç, küçük: *Sammy Davis Junior is the son of Sammy Davis.*

**junk¹** /cank/ *a, k. dili* 1. ıvır zıvır, döküntü eşya, pılı pırtı, süprüntü, çöp 2. kalitesiz, boktan şey: *He never reads a good book, only junk.*

**junk²** /cank/ *a.* Çinli'lere özgü altı düz yelkenli gemi

**junkie** /'canki/ *a, arg.* eroinman, keş

**junky** /'canki/ *a, bkz.* **junkie**

**junta** /'cantı/ *a.* cunta

**Jupiter** /'cu:pitı/ *a.* Jüpiter

**jurisdiction** /cuıris'dikşın/ *a, huk.* yargılama yetkisi

**jurisprudence** /cuıris'pru:dıns/ *a, huk.* hukuk, hukuk bilimi

**jurist** /'cuırist/ *a, huk.* hukuk uzmanı, hukukçu

**juror** /'cuırı/ *a.* jüri üyesi

**jury** /'cuıri/ *a.* 1. *huk.* jüri 2. yarışma jürisi, jüri

**juryman** /'cuırimın/ *a, huk.* jüri üyesi

**jurywoman** /'cuıriwumın/ *a, huk.* bayan jüri üyesi

**just¹** /cast/ *s.* adil, doğru, dürüst

**just²** /cıst, cast/ *be.* 1. tam, tastamam: *It was just by the door. It's just my size. Just as I arrived it started to rain.* 2. ancak, darı darına, güç bela, zar zor: *It was just above waist level.* 3. sadece, yalnızca: *Just keep still. I just want some peace and quiet.* 4. **just about** az kalsın, neredeyse, hemen hemen: *He is just about finished the book.* 5. **just now** a) şu anda: *She is out just now.* b) az önce, daha şimdi, demin: *They left just now. You may catch them if you hurry.*

**justice** /'castis/ *a.* 1. adalet, doğruluk, dürüstlük: *There is no justice in your accusations. I didn't do it.* 2. adliye, mahkeme 3. *Aİ.* yargıç 4. **do justice to sb, do sb justice** -e dürüst davranmak

**justifiable** /'castifayıbıl/ *s.* savunulabilir, haklı çıkarılabilir

**justify** /'castifay/ *e.* haklı çıkarmak, haklı göstermek, doğruluğunu kanıtlamak, savunmak: *You will have to justify your claim with facts.*

**jut** /cat/ *e.* (out ile) çıkıntı yapmak, dışarı doğru fırlamış olmak: *The window jutted out about two feet from the wall.*

**jute** /cu:t/ *a, bitk.* hintkeneviri

**juvenile¹** /'cu:vınayl/ *s.* genç, gençlere özgü: *He has very juvenile behaviour although he is an adult.*

**juvenile²** /'cu:vınayl/ *a.* genç

**juxtapose** /cakstı'pouz/ *e.* sıralamak, yanyana koymak

**juxtaposition** /cakstıpı'zişın/ *a.* yanyana koyma

# K

**K, k** /key/ *a.* İngiliz abecesinin on birinci harfi

**kaftan** /'keften/ *a.* kaftan

**kaleidoscope** /kı'laydıskoup/ *a.* çiçek dürbünü, kaleydoskop

**kangaroo** /kengı'ru:/ *a, hayb.* kanguru

**kaolin** /'keyılin/ *a, kim.* kaolin, arıkil

**karaoke** /keri'ouki/ *a.* karaoke

karat /'kerıt/ *a. bkz.* **carat**
karate /kı'ra:ti/ *a.* karate
kayak /'kayek/ *a.* Eskimo kayığı
kebab /ki'beb/ *a.* kebap, şiş kebap
keel /ki:l/ *a.* 1. gemi omurgası 2. **on an even keel** değişmez, sürekli; dertsiz belasız, sakin
keel over *e.* alabora olmak, devrilip düşmek
keen /ki:n/ *s.* 1. güçlü, canlı, yoğun, hararetli, hevesli 2. (akıl, duygu, duyu, vb.) keskin, güçlü 3. sivri, keskin 4. *k. dili* (on ile) meraklı, hevesli, hasta: *Are you keen on football?*
keep[1] /ki:p/ *e.* [*pt, pp* **kept** /kept/] 1. almak, saklamak, -de kalmak, bulundurmak: *She said he could keep it.* 2. korumak, elde tutmak, saklamak, bulundurmak: *You can keep my car while I'm away.* 3. (belli bir durumda) kalmak/tutmak: *Put it in the fridge to keep it cold. His laziness keeps him in a bad job.* 4. devam etmek, sürdürmek: *She keeps on talking all the time.* 5. korumak, bakmak: *She kept a lot of cats.* 6. alıkoymak, geciktirmek, engellemek: *Her father kept her from the party.* 7. yerine getirmek, tutmak: *I can't keep my doctor's appointment.* 8. **keep one's head** sakin olmak, kendine hâkim olmak 9. **keep sb company** ile kalmak: *He kept her company while she was ill.*
keep[2] /ki:p/ *a.* 1. geçim, yiyecek, yemek, boğaz 2. kale
keep back *e.* söylememek, vermemek, saklamak: *He kept back a lot when the police asked him for information.*
keep down *e.* 1. kontrol altına almak, çoğalmasını önlemek: *You'll have to keep down those weeds if you want good vegetables.* 2. zulmetmek, eziyet etmek, baskı altında tutmak
keeper /'ki:pı/ *a.* bekçi, bakıcı
keeping /'ki:ping/ *a.* 1. koruma: *She left her valuables in his keeping.* 2. **in keeping** bağdaşan, uyan 3. **out of keeping** bağdaşmayan, zıt: *His clothes are out of keeping with his position.*
keep in with *e.* ile dost kalmak: *He tried*

to keep in with everyone.
keep off *e.* -den uzak durmak: *Keep off that chair. It's broken.*
keep on *e.* 1. -e devam etmek, sürdürmek: *I'll keep on loving you.* 2. elden çıkarmamak, bulundurmaya devam etmek: *He kept on the hotel because he couldn't sell it.*
keep out *e.* 1. girmemek, uzak durmak: *The sign said, "Keep Out". 2.* sokmamak, uzak tutmak: *Keep out the dog. I don't like it inside.*
keepsake /'ki:pseyk/ *a.* hatıra, yadigâr
keep to *e.* 1. bağlı kalmak, sadık olmak: *She never keeps to her promises.* 2. kendini vermek: *Keep to the subject.*
keep up *e.* 1. yukarda tutmak: *She kept her hair up with hair pins.* 2. bakımını sağlamak, iyi durumda tutmak: *She kept up the property after her husband's death.* 3. devam etmek, sürdürmek: *How long will this wind keep up?* 4. yataktan kalkmak/kaldırmak: *He kept up late every night.* 5. (with ile) yetişmek, ayak uydurmak: *He couldn't keep up with them and they got there first.* 6. **keep up with the Joneses** *hkr.* sidik yarıştırmak, zamana ayak uydurmak
keg /keg/ *a.* küçük fıçı, varil
kennel /'kenl/ *a.* köpek kulübesi
kennels /'kenlz/ *a.* sahipleri yokken evcil hayvanların ücret karşılığı bakıldığı yer
kept /kept/ *pt, pp bkz.* **keep**
kerb /kö:b/ *a.* yaya kaldırımının kenar taşı
kernel /'kö:nl/ *a.* 1. çekirdek, çekirdek içi 2. esas, öz
kerosene /'kerısi:n/ *a, AI.* gazyağı, gaz
kestrel /'kestrıl/ *a, hayb.* kerkenez
ketchup /'keçıp/ *a.* ketçap, domates sosu
kettle /'ketl/ *a.* 1. çaydanlık 2. güğüm 3. kazan 4. tencere
kettledrum /'ketldram/ *a.* orkestra davulu
key[1] /ki:/ *a.* 1. anahtar 2. (to ile) çözüm yolu, anahtar, açıklama 3. (piyano, daktilo, vb.) tuş 4. müzik anahtarı 5. **key ring** anahtarlık
key[2] /ki:/ *e.* (to ile) daha uygun hale getirmek, ayarlamak: *The Rate of production must be keyed to the level of*

buying.

**key**[3] /ki:/ *s.* çok önemli, başarı için gerekli: *There were some key words missing from the letter so it couldn't be understood.*

**keyboard** /'ki:bo:d/ *a.* klavye, tuş

**keyed up** /'ki:d ap/ *s.* endişeli, gergin, heyecanlı, sinirli: *The football team was all keyed up before the match.*

**keyhole** /'ki:houl/ *a.* anahtar deliği

**keynote** /'ki:nout/ *a.* temel düşünce, ana ilke, temel, dayanak: *The keynote of his arguement convinced his listeners.*

**khaki** /'ka:ki/ *a, s.* 1. haki renk, haki 2. özellikle askerlerin giydiği haki renkli elbise

**kibbutz** /ki'buts/ *a.* (İsrail'de) ortaklaşa kullanılan çiftlik/yerleşim bölgesi

**kick**[1] /kik/ *e.* 1. tekmelemek, tekme atmak: *You shouldn't have kicked that dog.* 2. (gol) atmak: *The team only kicked ten goals all season.* 3. çifte atmak, tepmek 4. (silah) tepmek

**kick**[2] /kik/ *a.* 1. tekme 2. *k. dili* heyecan, zevk, coşku: *It gives me a kick.* 3. *k. dili* (alkol, uyuşturucu, vb.) etki

**kick around** *e. k. dili* 1. -e gereksiz emirler vermek 2. dolaşmak, sürtmek, gezinmek 3. -e hoyratça davranmak

**kickoff** /'kikof/ *a.* (futbol) başlama vuruşu, ilk vuruş

**kick off** *e.* (futbol) maça başlamak, başlatmak

**kick out** *e.* kovmak, defetmek

**kick up** *e, k. dili* kavga etmek, kavga çıkarmak

**kid**[1] /kid/ *a.* 1. *k. dili* çocuk 2. *Aİ.* genç, delikanlı 3. *Aİ, k. dili* (kardeş) genç olan, küçük

**kid**[2] /kid/ *a.* 1. oğlak 2. oğlak derisi

**kid**[3] /kid/ *e, k. dili* 1. takılmak, şaka yapmak, aldatmak, işletmek, ayak yapmak 2. **You're kidding** Hadi ordan! İnanmam! Atma! Dalga geçiyorsun!

**kidnap** /'kidnep/ *e.* (adam/çocuk) kaçırmak

**kidney** /'kidni/ *a, anat.* böbrek

**kill**[1] /kil/ *e.* 1. öldürmek: *They were killed by radiation.* 2. yok etmek, öldürmek: *He killed his opportunity for promotion when he was rude to his boss.* 3. **kill time** zaman öldürmek, vakit geçirmek: *He had a cup of coffee to kill time.* 4. **kill two birds with one stone** bir taşla iki kuş vurmak

**kill**[2] /kil/ *a.* 1. avda öldürülmüş hayvan, av 2. (av) öldürme

**killer** /'kilı/ *a, k. dili* katil

**killing**[1] /'kiling/ *a.* vurgun, büyük kazanç: *The businessman made a killing on the gold market.*

**killing**[2] /'kiling/ *s.* öldürücü, yorucu

**killjoy** /'kilcoy/ *a.* neşe kaçıran kimse, oyunbozan, kıl, gıcık, uyuz

**kiln** /kiln/ *a.* ocak, fırın

**kilo** /'ki:lou/ *a, k. dili* kilo

**kilogram** /'kilıgrem/ *a.* kilogram

**kilogramme** /'kilıgrem/ *a, bkz.* **kilogram**

**kilometer** /'kilımi:tı, ki'lomitı/ *a, Aİ, bkz.* **kilometre**

**kilometre** /'kilımi:tı, ki'lomitı/ *a.* kilometre

**kilowatt** /'kilıwot/ *a.* kilovat

**kilt** /kilt/ *a.* İskoç erkeklerinin giydiği eteklik

**kimono** /ki'mounou/ *a.* kimono

**kin** /kin/ *a.* 1. akraba, hısım 2. **next of kin** en yakın akraba

**kind**[1] /kaynd/ *a.* 1. tür, çeşit, cins: *He reads all kinds of magazines.* 2. tip: *He's the kind I get on with.* 3. **kind of** *k. dili* âdeta, az çok: *He's kind of upset by your remark. He kind of thought it would be unnecessary.*

**kind**[2] /kaynd/ *s.* nazik, kibar, iyi kalpli, sevecen, ince, candan, yürekten: *She's very kind to children.*

**kindergarten** /'kindıga:tn/ *a.* anaokulu

**kind-hearted** /kaynd'ha:tid/ *s.* iyi kalpli, sevecen, iyi niyetli

**kindle** /'kindl/ *e.* 1. yakmak, tutuşturmak 2. yanmak, tutuşmak

**kindling** /'kindling/ *a.* (gaz, çıra, ot, vb.) tutuşturucu madde

**kindly**[1] /'kayndli/ *s.* arkadaşça, müşfik, sevecen: *He has such a kindly face.*

**kindly**[2] /'kayndli/ *be.* 1. nazikçe, kibarca: *Our teacher always speaks kindly to us.* 2. lütfen: *Will you kindly sit down?*

**kindness** /'kayndnis/ *a.* 1. şefkat, sevecenlik 2. incelik, nezaket
**kindred**[1] /'kindrid/ *a.* 1. akrabalık, soy 2. akraba, aile
**kindred**[2] /'kindrid/ *s.* birbirine benzer, aynı türden, kafa dengi
**kinetic** /ki'netik/ *s, tek.* kinetik, devimsel
**kinetics** /ki'netiks/ *a.* kinetik bilimi
**king** /king/ *a.* 1. kral 2. (satranç) şah 3. (iskambil) papaz
**kingdom** /'kingdım/ *a.* 1. krallık 2. *bitk, hayb.* âlem
**kingfisher** /'kingfişı/ *a, hayb.* yalıçapkını, iskelekuşu
**kingpin** /'kingpin/ *a.* baş, elebaşı
**kink** /kink/ *a.* 1. halat, tel, ip, saç, vb.'nin dolaşması 2. acayiplik, tuhaflık, saçmalama, sapıtma
**kinky** /'kinki/ *s.* 1. karışık, dolaşmış, birbirine girmiş 2. acayip, tuhaf
**kinsfolk** /'kinzfouk/ *a.* birisinin ailesinden kimseler
**kiosk** /'ki:osk/ *a.* 1. küçük kulübe 2. *İİ.* telefon kulübesi
**kip**[1] /kip/ *e, İİ, k. dili* uyumak, kestirmek, şekerleme yapmak
**kip**[2] /kip/ *a, İİ, k. dili* uyku, şekerleme, kestirme
**kipper** /'kipı/ *a.* tütsülenmiş ringa balığı
**kiss**[1] /kis/ *e.* öpmek: *He kissed his wife goodbye.*
**kiss**[2] /kis/ *a.* öpücük, öpüş: *Give me a kiss.*
**kit**[1] /kit/ *a.* 1. teçhizat, donatı 2. avadanlık, alet takımı
**kit**[2] /kit/ *e.* (out/up ile) gerekli şeylerle donatmak: *The new army recruits were kitted out on arrival.*
**kitchen** /'kiçın/ *a.* 1. mutfak 2. **kitchen garden** meyve ve sebze bahçesi
**kitchenette** /kiçi'net/ *a.* odanın mutfak olarak kullanılan bölümü, küçük mutfak
**kite** /kayt/ *a.* 1. uçurtma 2. *hayb.* çaylak
**kith and kin** /kit ın 'kin/ *a.* 1. dostlar ve akrabalar 2. hısım, akraba
**kitten** /'kitn/ *a.* kedi yavrusu, yavru kedi
**kittenish** /'kitıniş/ *s.* oyunbaz, civelek, yavru kedi gibi
**kitty**[1] /'kiti/ *a.* yavru kedi, kedi, pisi

**kitty**[2] /'kiti/ *a.* 1. *isk.* ortaya konan para 2. *k. dili* (mutfak masrafı, vb. harcamalar için) gerekince kullanmak üzere toplanan para
**kiwi** /'kiwi:/ *a, hayb.* kivi
**kleptomania** /kleptı'meyniı/ *a.* çalma hastalığı, kleptomani
**kleptomaniac** /kleptı'meyniek/ *a.* çalma hastası, kleptoman
**knack** /nek/ *a, k. dili* ustalık, beceri, yetenek
**knacker** /'nekı/ *a.* 1. sakat, vb. atları alıp et ve derisini satan kimse 2. yıkmacı, yıkıcı
**knave** /neyv/ *a.* 1. hilekâr, üçkâğıtçı 2. (iskambil) bacak, vale
**knead** /ni:d/ *e.* 1. yoğurmak 2. ovmak
**knee**[1] /ni:/ *a.* 1. diz 2. (giyside) diz, diz yeri 3. **bring sb to his knees** yola getirmek, diz çöktürmek, boyun eğdirmek 4. **go/fall on one's knees** yola gelmek, diz çökmek
**knee**[2] /ni:/ *e.* (in ile) diz vurmak, diz atmak
**kneecap** /'ni:kep/ *a.* dizkapağı
**knee-deep** /ni:'di:p/ *s.* diz boyu
**kneel** /ni:l/ *e.* [pt, pp **knelt** (*Aİ.* **kneeled**) /nelt/] (down/on ile) diz çökmek
**knell** /nel/ *a.* matem çanı
**knelt** /nelt/ *pt, pp bkz.* **kneel**
**knew** /nyu:/ *pt bkz.* **know**
**knickers** /'nikız/ *a.* kadın külotu
**knick-knack** /'niknek/ *a, k. dili* süs eşyası, cici bici
**knife**[1] /nayf/ *a.* 1. bıçak 2. **have/get one's knife in sb** *k. dili* -e düşmanca davranmak, diş bilemek
**knife**[2] /nayf/ *e.* bıçaklamak
**knight**[1] /nayt/ *a.* 1. şövalye 2. asilzade, şövalye unvanını kazanan kimse 3. (satranç) at
**knight**[2] /nayt/ *e.* (birine) şövalye unvanı vermek
**knighthood** /'naythud/ *a.* şövalyelik
**knit** /nit/ *e.* [pt, pp **knitted/knit**] 1. örmek: *Will you knit me a pullover?* 2. birleşmek, kaynaşmak: *Her broken bone didn't knit properly and she had a bent arm.* 3. **knit one's brows** kaşlarını çatmak
**knitting** /'niting/ *a.* 1. örgü 2. **knitting**

**needle** örgü şişi
**knitwear** /'nitweı/ *a.* örgü eşya, el örgüsü giysi
**knob** /nob/ *a.* 1. top, yumru 2. topuz, tokmak 3. kontrol düğmesi
**knobbly** /'nobli/ *s.* yuvarlak, yumru yumru, yumrulu
**knobby** /'nobi/ *s, Aİ, bkz.* **knobbly**
**knock**[1] /nok/ *e.* 1. vurmak: *Please knock at the door before entering.* 2. *k. dili* kusur bulmak, acımasızca eleştirmek: *He's always knocking other people.* 3. *k. dili* şoke etmek: *I was really knocked by his remark.*
**knock**[2] /nok/ *a.* 1. vurma sesi, (kapı) çalma sesi, tak tak, vurma 2. darbe, sıkıntı, dert
**knock about** *e, k. dili* 1. bulunmak, olmak, sürtmek: *That film's been knocking about for years.* 2. ile ilişki kurmak, takılmak: *They've been knocking about together since kindergarten.* 3. kaba davranmak: *She left her husband because he knocked her about.*
**knock around** *e, bkz.* **knock about**
**knock back** *e, İİ, k. dili* hızla içmek, içip bitirmek, devirmek: *She knocks back about four brandies before every meal.*
**knock down** *e.* 1. yıkmak, yok etmek: *They're knocking down the old buildings and rebuilding.* 2. çarpıp düşürmek, vurup yere sermek: *He knocked down an old man.* 3. (fiyat) düşürmek, indirmek 4. düşürtmek, indirtmek: *She knocked him down to half the original price.*
**knocker** /'nokı/ *a.* kapı tokmağı
**knock off** *e.* 1. *k. dili* durmak/durdurmak, kesmek, mola vermek: *They went to the pub when they knocked off.* 2. toplam ödentiden almak: *He'll knock off 20 during the sale.* 3. *İİ, k. dili* soymak: *The burglars knocked off the house and stole her jewels.*
**knock-kneed** /nok'ni:d/ *s.* çarpık bacaklı
**knockout** /'nokaut/ *a.* 1. (boks) nakavt 2. *k. dili* çekici kimse/şey
**knock out** *e.* 1. (uyuşturucu) uyutmak 2. (boks) nakavt etmek 3. yarışmadan at-

tırmak, kovmak
**knock over** *e.* çarpıp düşürmek, vurup yere sermek
**knock up** *e, İİ, k. dili* aceleyle yapıvermek: *She quickly knocked up an omelette.*
**knoll** /noul/ *a.* küçük tepe, tepecik
**knot**[1] /not/ *a.* 1. düğüm 2. *bitk.* budak 3. insan kümesi, grup 4. deniz mili
**knot**[2] /not/ *e.* düğümlemek, düğüm atmak: *Can you knot this rope for me?*
**knotty** /'noti/ *s.* düğüm düğüm, düğümlü
**know** /nou/ *e.* [*pt* **knew** /nyu:/, *pp* **known** /noun/] 1. bilmek: *I don't know the answer.* 2. tanımak: *They've known each other for a long time.* 3. görmek, geçirmek, yaşamak, çekmek: *He has known hunger.* 4. **know a thing or two/the ropes** *k. dili* işi bilmek 5. **know all the answers** *k. dili, hkr.* çok bilmişlik yapmak, bilgiçlik taslamak 6. **know one's own mind** ne istediğini bilmek 7. **know sth backwards** bir şeyi çok iyi anlamak, avucunun içi gibi bilmek 8. **you know** yani, demek istiyorum ki, biliyorsun
**know-all** /'nouo:l/ *a, hkr.* çok bilmiş kimse, ukala
**know-how** /'nouhau/ *a, k. dili* ustalık, beceri, teknik
**knowing** /'nouing/ *s.* 1. bilgiç, uyanık, kurnaz 2. **there's no knowing** hiç bilinmez, Allah bilir
**knowingly** /'nouingli/ *be.* 1. bilgiçlikle, kurnazlıkla 2. bilerek, bile bile, kasten: *She wouldn't knowingly kill even an ant.*
**knowledge** /'nolic/ *a.* bilgi: *Knowledge is the enemy of ignorance.*
**knowledgeable** /'nolicıbıl/ *s.* bilgili: *All teachers should be knowledgeable.*
**known**[1] /noun/ *s.* tanınmış, bilinen, tanınan, ünlü: *Although he's a mathematician he's better known as a science fiction writer.*
**known**[2] /noun/ *pp bkz.* **know**
**know of** *e.* 1. -den haberi olmak, duymuş olmak, bilmek: *Do you know of a good place to eat?* 2. **not that I know of** benim bildiğime göre değil, hayır, ben öyle bir şey bilmiyorum

knuckle /'nakıl/ a. parmağın oynak yeri
knuckle down e, k. dili işe koyulmak: Knuckle down and work or you'll fail.
knuckle-duster /nakıl'dastı/ a. demir muşta
knuckle under e. (to ile) boyun eğmek, yenilgiyi kabullenmek, teslim olmak
koala /kou'a:lı/ a, hayb. koala
Koran /ko:'ra:n, kı'ra:n, 'ko:ren/ a. Kuran
kosher /'kouşı/ s. (et, vb.) Yahudilere haram olmayan
kowtow /kau'tau/ e. (to ile) k. dili soru sormaksızın itaat etmek, sorgusuz sualsiz boyun eğmek
kudos /'kyu:dos/ a, İİ. onur, gurur, şeref: He didn't get any kudos for his time and efforts for the firm.
kung fu /kang 'fu:, kung'fu:/ a. kung fu

# L

L, I /el/ a. 1. İngiliz abecesinin on ikinci harfi 2. Romen rakamlarından 50
lab /leb/ a, k. dili laboratuvar
label[1] /'leybıl/ a. etiket, yafta
label[2] /'leybıl/ e. 1. etiketlemek, etiket yapıştırmak 2. sınıflandırmak, tanımlamak: He was labelled as a bore and he was.
labor /leybı/ a, e, Aİ, bkz. labour
laboratory /lı'borıtri/ a. laboratuvar
laborious /lı'bo:rııs/ s. yorucu, zahmetli, güç
labour[1] /'leybı/ a. 1. çalışma, emek, iş 2. işçi, işçi sınıfı 3. doğum, doğurma 4. labour exchange iş ve işçi bulma kurumu 5. labour of love karşılık beklemeden seve seve yapılan iş 6. labour union işçi sendikası
labour[2] /'leybı/ e. 1. çalışmak, çabalamak, emek harcamak 2. güçlükle hareket etmek, boğuşmak 3. ayrıntılara girmek
Labour /'leybı/ a, s. 1. İşçi Partisi üyesi, İşçi Partisi'ne ilişkin 2. Labour Party İşçi Partisi
labourer /'leybırı/ a. işçi, emekçi
labyrinth /'lebırint/ a. labirent

lace[1] /leys/ a. 1. bağcık, bağ 2. dantela
lace[2] /leys/ e. 1. bağlamak: She laced on her ice skates. 2. (hafif bir içkiye) az miktar sert içki katmak
lacerate /'lesıreyt/ e. yırtmak, yaralamak, tırmalamak, parçalamak: His hands were lacerated by the broken bottle.
lack[1] /lek/ a. -sizlik çekmek, -den yoksun olmak: They lacked food and water for three days.
lack[2] /lek/ a. olmayış, yokluk, eksiklik, -sizlik: The child didn't develop properly through lack of love.
lackey /'leki/ a. dalkavuk, yağcı, yalaka
lacking /'leking/ s. 1. eksik, kayıp, yok 2. be lacking in sth -si eksik olmak, -den yoksun olmak: He's always been lacking in good manners.
laconic /lı'konik/ s. veciz, az ve öz söz kullanılan, kısa ve anlamlı
lacquer[1] /'lekı/ a. 1. vernik, cila 2. (saç) sprey
lacquer[2] /'lekı/ e. verniklemek, cilalamak
lactic /'lektik/ s, kim. laktik
lacy /'leysi/ s. dantel gibi, dantelli
lad /led/ a, k. dili delikanlı, genç
ladder[1] /'ledı/ a. 1. el merdiveni 2. çorap kaçığı
ladder[2] /'ledı/ e, İİ. (çorap) 1. kaçmak 2. kaçırmak
laden /'leydn/ s. (with ile) yüklü, dolu: The tree was laden with peaches.
ladle[1] /'leydl/ a. kepçe
ladle[2] /'leydl/ e. kepçeyle koymak/servis yapmak
lady /'leydi/ a. 1. hanımefendi 2. kadın, bayan
ladybird /'leydibö:d/ a, hayb. uğurböceği
lady-in-waiting /'leydiin'weyting/ a. nedime
lag[1] /leg/ e. (behind ile) yavaş ilerlemek, arkadan gelmek
lag[2] /leg/ e. (boru) keçe ya da asbest kaplamak
lager /'la:gı/ a. bir tür hafif bira
lagoon /lı'gu:n/ a, coğ. denizkulağı, kıyı gölü
laid /leyd/ pt, pp bkz. lay
lain /leyn/ pp bkz. lie

**lair** /leı/ a. vahşi hayvan ini
**lake** /leyk/ a. göl
**lama** /'la:mı/ a. Budist rahip, lama
**lamb**[1] /lem/ a. 1. kuzu 2. kuzu eti
**lamb**[2] /lem/ e. kuzulamak
**lame**[1] /leym/ s. 1. topal, aksak 2. zayıf, inanılması güç: *His excuse for not attending their wedding was really lame.*
**lame**[2] /leym/ e. topal etmek
**lament**[1] /lı'ment/ e. ağlayıp sızlamak, yasını tutmak
**lament**[2] /lı'ment/ a. 1. ağıt 2. ağlama, inleme, yasını tutma
**lamentable** /'lemıntıbıl, lı'mentıbıl/ s. içler acısı, acınacak, ağlanacak
**laminate**[1] /'lemineyt/ e. ince tabakalar halindeki bir maddeyi üst üste koyarak daha dayanıklı bir madde haline getirmek
**laminate**[2] /'leminit, 'lemineyt/ a. ince tabakaların üstüste konmasından elde edilen madde
**lamp** /lemp/ a. lamba
**lampoon** /lem'pu:n/ a. taşlama, hiciv
**lamppost** /'lemppoust/ a. elektrik direği
**lampshade** /'lempşeyd/ a. abajur
**lance** /la:ns/ a. mızrak, kargı
**land**[1] /lend/ a. 1. toprak, kara parçası 2. ülke, vatan 3. aynı türden toprak parçası, alan, arazi 4. toprak 5. kişisel arazi, arsa
**land**[2] /lend/ e. 1. karaya çıkmak: *The boat landed at midnight.* 2. karaya indirmek, karaya getirmek: *They landed the troops at the beach.* 3. iniş yapmak, yere inmek: *Has the helicopter landed?* 4. konmak 5. *k. dili* belli bir duruma gelmek/getirmek: *His behaviour will land him in trouble one day.* 7. **land on one's feet** şansı yaver gitmek, dört ayak üstüne düşmek, paçayı kurtarmak
**landed** /'lendid/ s. geniş arazisi olan, büyük toprak sahibi olan
**landing** /'lending/ a. 1. karaya çıkma/çıkarma 2. (uçak) iniş 3. iskele 4. merdiven sahanlığı
**landlady** /'lendleydi/ a. 1. ev sahibesi 2. pansiyoncu kadın
**landlocked** /'lendlokt/ s. kara ile çevrili

**landlord** /'lendlo:d/ a. 1. mal sahibi, emlak sahibi 2. otelci, pansiyoncu
**landmark** /'lendma:k/ a. 1. sınır taşı 2. dönüm noktası 3. (bir yeri bulmada, vb.) işaret olarak kullanılan nesne, yer, vb.
**landscape**[1] /'lendskeyp/ a. 1. kır manzarası 2. peyzaj
**landscape**[2] /'lendskeyp/ e. (ev, fabrika, vb.) çevresini yeşillendirmek, çevresine bahçe yapmak
**landslide** /'lendslayd/ a. 1. heyelan, toprak kayması 2. (seçimde) büyük başarı
**landslip** /'lendslip/ a. toprak kayması
**lane** /leyn/ a. 1. dar sokak, dar yol, dar geçit 2. yol, şerit
**language** /'lengwic/ a. dil, lisan: *Do you speak any foreign languages?*
**languid** /'lengwid/ s. uyuşuk, ağır hareket eden, halsiz
**languish** /'lengwiş/ e. 1. isteksiz olmak, güçsüzleşmek, gevşemek 2. (in ile) erimek, çürümek, acı çekmek: *To languish in prison.*
**languor** /'lengı/ a, yaz. 1. halsizlik, bitkinlik, güçsüzlük 2. gevşeklik, rehavet
**lank** /lenk/ s. (saç) düz ve cansız
**lanky** /'lenki/ s. uzun boylu ve zayıf, sırık gibi
**lantern** /'lentın/ a. fener
**lap**[1] /lep/ a. 1. kucak, oturan kimsenin kalçasından dizine kadar olan ön bölümü 2. (yarışta) tur
**lap**[2] /lep/ e. (yarışta) 1. tam tur atmak 2. rakibini bir turluk farkla geçmek
**lap**[3] /lep/ e. 1. yalayarak içmek: *The lion lapped the water at the river's edge.* 2. (against ile) küçük dalgalar halinde çarpmak, yalamak: *The sea lapped against the rocks.*
**lap**[4] /lep/ a. dalgaların çarpması, çarpma sesi
**lapel** /lı'pel/ a. klapa
**lapse**[1] /leps/ a. 1. küçük kusur, hata, yanlış 2. (zaman) geçme, ara
**lapse**[2] /leps/ e. 1. (into ile) derece derece azalmak, düşmek, azalmak, batmak, gömülmek 2. (from ile) inanç ve prensiplerinden vazgeçmek 3. (iş anlaşması)

son bulmak, yürürlükten kalkmak
**larceny** /'la:sını/ *a, huk.* hırsızlık
**larch** /la:ç/ *a, bitk.* çam
**lard** /la:d/ *a.* domuz yağı
**larder** /'la:dı/ *a.* kiler
**large** /la:c/ *s.* 1. büyük, iri: *a large dog.* 2. geniş 3. bol, çok 4. **as large as life** gerçek, hakiki, orijinal ölçüde 5. **at large** a) başıboş, serbest b) bir bütün olarak, geniş çaplı c) genelde 6. **by and large** genelde, her şeyi göz önüne alınca
**largely** /'la:cli/ *be.* çoğunlukla, ekseriyetle, ziyadesiyle
**largess** /la:'ces/ *a, Aİ, bkz.* **largesse**
**largesse** /la:'ces/ *a.* ihsan, bağış
**lariat** /'leriıt/ *a, Aİ, bkz.* **lasso**
**lark** /la:k/ *a.* 1. *k. dili* şaka, eğlenme, takılma, gırgır 2. *hayb.* tarlakuşu
**larva** /'la:vı/ *a.* larva, tırtıl, kurtçuk
**laryngitis** /lerin'caytis/ *a, hek.* larenjit, gırtlak yangısı
**larynx** /'lerinks/ *a, anat.* gırtlak
**lascivious** /lı'siviıs/ *s.* şehvetli, şehvet düşkünü
**laser** /'leyzı/ *a.* lazer (aygıtı)
**lash**[1] /leş/ *e.* 1. kırbaçlamak 2. (about ile) aniden hareket etmek ya da vurmak, şiddetle çarpmak 3. sıkıca bağlamak
**lash**[2] /leş/ *a.* 1. kamçı darbesi 2. ani ve haşin hareket
**lash out** *e.* (at/against ile) 1. (silah, el, ayak, vb. bir şeyle) saldırmak, hücum etmek 2. azarlamak, paylamak
**lasso** /lı'su:, 'lesou/ *a.* kement
**last**[1] /la:st/ *a, adl.* 1. son, en son, sonuncu: *She was the last to join the class.* 2. **at (long) last** nihayet, en sonunda 3. **breathe one's last** son nefesini vermek, ölmek 4. **to the last** sonuna kadar
**last**[2] /la:st/ *be.* 1. her şeyden sonra, herkesten sonra, sonuncu olarak: *That man came last.* 2. son olarak, en son: *He last went to Paris in May.*
**last**[3] /la:st/ *e.* 1. sürmek, devam etmek: *I hope this wind lasts till tomorrow.* 2. bozulmamak, dayanmak: *The fruit won't last long in this heat.*
**lasting** /'la:sting/ *s.* bitmeyen, tükenmeyen, sürekli, kalıcı

**lastly** /'la:stli/ *be.* son olarak
**latch**[1] /leç/ *a.* 1. kapı mandalı 2. kapı kilidi
**latch**[2] /leç/ *e.* kilitlemek, mandallamak
**latch on** *e, k. dili* anlamak, çakozlamak, uyanmak
**latch onto** *e, k. dili* 1. anlamak, çakozlamak 2. bırakmamak, esir almak
**late**[1] /leyt/ *s.* 1. geç, gecikmiş: *Sorry, I'm late.* 2. (saat, zaman) geç: *It was late evening when they ate dinner.* 3. son, yeni, taze: *There were three accidents reported on the late news.* 4. sabık, eski, rahmetli: *His late wife was called Mary.*
**late**[2] /leyt/ *be.* 1. geç olarak, geç: *Their bus arrived two hours late.* 2. sonuna doğru, sonlarında: *late in the afternoon.*
**lately** /'leytli/ *be.* son günlerde, son zamanlarda, yakınlarda: *I haven't smoked lately.*
**latent** /'leytınt/ *s.* ortada olmayan, gizli
**lateral** /'letırıl/ *s, tek.* yan, yanal
**latest**[1] /'leytist/ *s.* 1. en son 2. en yeni 3. en geç 4. **at (the) latest** en geç: *I have to be there at 8 at the latest.*
**latest**[2] /'leytist/ *a.* en yeni şey, en son haber/moda
**latex** /'leyteks/ *a, bitk.* lateks
**lathe** /leyd/ *a.* torna tezgâhı
**lather**[1] /'la:dı/ *a.* sabun köpüğü, köpük
**lather**[2] /'la:dı/ *e.* 1. (sabun) köpürmek 2. köpürtmek, sabunlamak
**Latin** /'letin/ *a, s.* Latin, Latince
**latitude** /'letityu:d/ *a.* 1. *coğ.* enlem 2. rahatlık, serbestlik, özgürlük
**latitudes** /'letityu:dz/ *a.* bölge
**latrine** /lı'tri:n/ *a.* (özellikle kamplarda) hela
**latter** /'letı/ *s.* 1. sonraki, son: *In his latter years he was very poor.* 2. ikincisi, iki şeyden sonuncusu, son söylenilen: *She bought shoes and socks but the latter were too small.*
**latterly** /'letıli/ *be.* son zamanlarda, bu yakınlarda
**lattice** /'letis/ *a.* kafes
**laudable** /'lo:dıbıl/ *s.* (davranış, vb.) övgüye değer, beğenilen
**laugh**[1] /la:f/ *e.* (kahkahayla) gülmek:

*What are you laughing at?*
laugh² /la:f/ *a.* gülüş, kahkaha
laughable /'la:fıbıl/ *s.* gülünç, komik
laugh at *e.* -e gülmek; gülüp geçmek, umursamamak: *They laughed at his ideas.*
laugh away *e, bkz.* **laugh off**
laugh off *e.* -e gülmek, önemsememek, gülüp geçmek, aldırmamak, küçümsemek: *She was hurt by his remark but laughed it off.*
laughter /'la:ftı/ *a.* kahkaha, gülüş
launch¹ /lo:nç/ *e.* 1. (gemi) denize indirmek 2. (roket) fırlatmak 3. (plan, hareket, yeni bir yaşam, vb.) başlatmak 4. (at ile) fırlatmak, hızla atmak
launch² /lo:nç/ *a.* (gemiyi) suya indirme
launch³ /lo:nç/ *a.* büyük motorlu sandal, motorbot
launder /'lo:ndı/ *e.* (giysi) yıkayıp ütülemek
launderette /lo:n'dret/ *a.* çamaşırhane
laundromat /'lo:ndrımet/ *a, AI, bkz.* **launderette**
laundry /'lo:ndri/ *a.* 1. çamaşırhane 2. çamaşır
laurel /'lorıl/ *a, bitk.* defne ağacı
lav /lev/ *a, İl, k. dili* yüznumara
lava /'la:vı/ *a.* lav
lavatory /'levıtıri/ *a.* hela, tuvalet, yüznumara
lavender /'levindı/ *a, bitk.* lavanta
lavish¹ /'leviş/ *s.* 1. savurgan, tutumsuz 2. bol, çok
lavish² /'leviş/ *e.* (on ile) cömertçe vermek: *She lavished presents on them.*
law /lo:/ *a.* 1. kanun, yasa 2. kural 3. hukuk 4. *k. dili* polis
law-abiding /'lo:ıbayding/ *s.* yasaya saygı gösteren
lawful /'lo:fıl/ *s.* 1. yasalara uygun, yasal 2. yasalara uyan
lawless /'lo:lis/ *s.* 1. vahşi, kontrolsüz, serkeş, başıbozuk 2. yasadışı
lawn /lo:n/ *a.* çim, çimenlik
lawsuit /'lo:syu:t/ *a, huk.* dava
lawyer /'lo:yı/ *a.* avukat
lax /leks/ *s.* 1. ilgisiz, umursamaz, kaygısız 2. dikkatsiz 3. tembel, savsak 4.

kontrolsüz
laxative /'leksıtiv/ *a, s.* müshil
lay¹ /ley/ *e.* [pt, pp laid /leyd/] 1. yaymak, sermek: *He laid a mat in front of the door.* 2. koymak: *The priest laid his hand on the child's head.* 3. dizmek, yerleştirmek: *Help me to lay these bricks, will you?* 4. döşemek: *They are laying a new pipeline to the town.* 5. sürmek, değdirmek, dokundurmak: *If you lay a finger on me I'll scream.* 6. hazırlamak: *Who will lay the table for dinner?* 7. yumurtlamak: *That hen has never laid an egg.* 8. yatıştırmak: *He always manages to lay her anxiety.* 9. yüklemek, isnat etmek: *What charge have the police laid against you?* 10. yatırmak, üstüne oynamak: *Which horse did he lay a bet on?* 11. *kab, arg.* düzmek, sikmek, kaymak
lay² /ley/ *s.* 1. rahip sınıfından olmayan 2. (hukuk, tıp, vb. belli bir öğrenim dalında) profesyonel olmayan, eğitim görmemiş
lay³ /ley/ *pt bkz.* **lie**
layabout /'leyıbaut/ *a, İl, k. dili* tembel, işten kaçan kimse, kaytarıkçı
lay aside *e.* 1. bir kenara koymak, saklamak, biriktirmek 2. elinden bırakmak, bir kenara bırakmak 3. bırakmak, vaz geçmek
lay-by /'leybay/ *a, İl.* (otoyol) park yeri
lay down *e.* 1. belirlemek, saptamak, koymak 2. ilerisi için saklamak, depolamak 3. yere bırakmak
layer¹ /'leyı/ *a.* 1. tabaka, kat: *ozone layer* 2. bir şey yayan kimse/makine, yayıcı
layer² /'leyı/ *e.* tabakalar halinde yaymak
lay in *e.* depolamak, saklamak: *They laid in food for the cattle for winter.*
lay into *e.* saldırmak
layman /'leymın/ *a.* 1. rahip olmayan kimse 2. meslekten olmayan kimse
lay-off /'leyof/ *a.* işten çıkarma
lay off *e.* işten çıkarmak: *The factory laid off some workers till sales improved.*
lay on *e.* temin etmek, sağlamak: *They laid on food and drinks for the wedding guests.*
lay out *e.* 1. yere sermek, vurup düşür-

mek 2. yaymak, düzenlemek 3. tasarımlamak, planlamak
**layout** /'leyaut/ *a.* 1. bahçe, kent, vb. yerlerin planlaması 2. yapı plan ya da çizimi
**lay up** *e.* 1. ilerisi için saklamak, depolamak 2. (hastalık) yatağa düşürmek 3. (gemiyi) tamire sokmak
**laze**¹ /leyz/ *e.* (away/around/about ile) tembelce vakit geçirmek, tembellik etmek
**laze**² /leyz/ *a.* tembellikle ya da hareketsiz geçirilen kısa süre, tembellik
**lazy** /'leyzi/ *s.* 1. tembel: *Don't be so lazy.* 2. ağır, uyuşuk, yavaş hareket eden 3. tembellik/uyuşukluk veren: *It was a lazy afternoon.*
**lead**¹ /li:d/ *e.* [*pt, pp* **led** /led/] 1. götürmek, rehberlik etmek: *He led the horse down the hill.* 2. (bir yere) götürmek, ulaştırmak: *Where does this road lead to?* 3. inandırmak, ikna etmek: *Some people can be led to believe anything.* 4. yönetmek, liderlik etmek, idare etmek: *The experts were leading the discussion.* 5. önde/önünde olmak, başta gitmek 6. (belli bir yaşam biçimi) sürdürmek/sürmek: *She led him a dog's life. The Queen leads a life of luxury.*
**lead**² /li:d/ *a.* 1. kılavuzluk, öncülük 2. başrol: *Who will play the lead in your new film?* 3. (of/over ile) (uzaklık, sayı, vb.) ileride olma, önde gelme 4. tasma kayışı 5. ara kablosu 6. ipucu, delil
**lead**³ /led/ *a.* 1. kurşun 2. kalem kurşunu, grafit 3. anterlin
**leaden** /'ledn/ *s.* 1. kurşuni renkli 2. üzgün, kederli
**leader** /'li:dı/ *a.* 1. önde gelen kimse, başta gelen kimse 2. lider, önder, başkan 3. başyazı, başmakale
**leadership** /'li:dışip/ *a.* liderlik, önderlik
**leading** /'li:ding/ *s.* 1. en önemli, ana, temel 2. yol gösteren, kılavuzluk eden, yöneten, önde olan
**lead on** *e, k. dili* yutturmak, kandırmak, inandırmak
**lead to** *e.* -e yol açmak, neden olmak: *Drinking alcohol can lead to cirrhosis.*

**lead up to** *e.* sözü belli bir noktaya getirmek
**leaf**¹ /li:f/ *a.* 1. (bitki) yaprak: *the falling leaves* 2. sayfa, yaprak 3. (özellikle altın ve gümüş) ince tabaka, yaprak 4. **turn over a new leaf** yeni bir sayfa açmak, yeni bir yaşama başlamak
**leaf**² /li:f/ *e, bkz.* **leaf through**
**leaflet** /'li:flit/ *a.* broşür
**leaf through** *e.* (kitap, dergi, vb.) sayfalarını hızlı hızlı çevirmek, göz gezdirmek
**leafy** /'li:fi/ *s.* yapraklarla kaplı, yapraklı
**league** /li:g/ *a.* 1. dernek 2. birlik 3. lig
**leak**¹ /li:k/ *a.* 1. su sızdıran delik ya da çatlak 2. (gaz, vb.) sızıntı 3. (haber, vb.) sızma, sızıntı
**leak**² /li:k/ *e.* 1. (gaz, vb.) sızdırmak 2. sızmak 3. (haber, vb.) sızdırmak
**leakage** /'li:kic/ *a.* sızıntı, sızma
**leak out** *e.* (haber, vb.) ortaya çıkmak, sızmak
**leaky** /'li:ki/ *s.* sızıntılı, sızdıran, delik
**lean**¹ /li:n/ *e.* [*pt, pp* **leant/leaned** /lent/] 1. yana yatmak: *That wall is leaning so much it will soon fall.* 2. (öne doğru) eğilmek: *He leaned over to pick up his shoes.* 3. dayanmak, yaslanmak: *He leant against the wall.*
**lean**² /li:n/ *s.* 1. çok zayıf, sıska 2. (et) yağsız 3. verimsiz, kıt
**leaning** /'li:ning/ *a.* eğilim: *She has a leaning towards literature rather than science.*
**leant** /lent/ *pt, pp bkz.* **lean**
**leap**¹ /li:p/ *e.* [*pt, pp* **leapt/leaped** /lept/] 1. sıçramak, atlamak: *The cat leapt in fright.* 2. (üstünden) atlamak: *The horse leaped over the fallen tree.*
**leap**² /li:p/ *a.* 1. sıçrama, atlama 2. atlanılan uzaklık, sıçrama uzaklığı 3. ani yükselme, fırlama, artış
**leap at** *e.* bayıla bayıla kabul etmek, atlamak
**leapt** /lept/ *pt, pp bkz.* **leap**
**leap year** /'li:p yiı/ *a.* artıkyıl
**learn** /lö:n/ *e.* [*pt, pp* **learnt/learned** /lö:nt/] 1. öğrenmek: *He is learning how to play the guitar.* 2. **learn one's lesson** dersini almak, ağzı yanmak

L

**learned** /'lö:nid/ *s.* bilgili
**learner** /'lö:nı/ *a.* öğrenci, bir şeyi öğrenmekte olan kimse
**learning** /'lö:ning/ *a.* bilgi
**learnt** /lö:nt/ *pt, pp bkz.* **learn**
**lease**[1] /li:s/ *a.* kira kontratı
**lease**[2] /li:s/ *e.* (out ile) kontratla kiralamak
**leash** /li:ş/ *a.* tasma
**least**[1] /li:st/ *be.* en az, en küçük
**least**[2] /li:st/ *a, adl.* 1. en küçük sayı, en küçük miktar, en az 2. **at least** en az, en azından, hiç olmazsa: *You must give him at least* 10. 000 TL.
**leather** /'ledı/ *a.* deri: *His shoes were made of very soft leather.*
**leathery** /'ledıri/ *s.* kösele gibi, sert, kalın
**leave**[1] /li:v/ *e.* [*pt, pp* **left** /left/] 1. ayrılmak, bırakmak, terk etmek: *He will leave his wife and marry again. The plane leaves in 40 minutes.* 2. bırakmak: *He left his car with us. Is there any food left?* 3. bakımına bırakmak, sorumluluğuna bırakmak: *She left her daughter with her mother.*
**leave**[2] /li:v/ *a.* 1. izin: *I've got a month's leave this year.* 2. **on leave** izinli 3. **by/with your leave** izninizle
**leave out** *e.* 1. eklemeyi unutmak, atlamak 2. atmak, dahil etmemek, hariç bırakmak, çıkarmak: *Leave that sentence out.*
**lecher** /'leçı/ *a.* aşırı seks düşkünü, azgın
**lecherous** /'leçırıs/ *s, hkr.* şehvet düşkünü, azgın
**lechery** /'leçıri/ *a.* seks düşkünlüğü
**lectern** /'lektın/ *a.* kürsü, konuşmacı kürsüsü
**lecture**[1] /'lekçı/ *a.* 1. konferans 2. (üniversitede) ders 3. azarlama, paylama
**lecture**[2] /'lekçı/ *e.* 1. ders vermek 2. konferans vermek 3. azarlamak, paylamak
**lecturer** /'lekçırı/ *a.* 1. konferansçı 2. okutman 3. doçent
**led** /led/ *pt, pp bkz.* **lead**
**ledge** /lec/ *a.* 1. rafa benzer düz çıkıntı 2. çıkıntılı kaya tabakası
**ledger** /'lecı/ *a.* defteri kebir, ana hesap defteri

**leech** /li:ç/ *a.* 1. *hayb.* sülük 2. asalak, parazit, sülük
**leek** /li:k/ *a.* pırasa
**leer**[1] /liı/ *a.* yan bakış, alaycı ya da şehvetli bakış
**leer**[2] /liı/ *e.* (at ile) 1. yan gözle bakmak 2. şehvetle bakmak, kesmek
**leeway** /'li:wey/ *a.* fazladan yer, zaman, para, vb.
**left**[1] /left/ *a.* sol: *It's on the left. Politically he's always supported the left.*
**left**[2] /left/ *s.* sol: *She broke her left leg in the accident.*
**left**[3] /left/ *be.* sola: *Turn left.*
**left**[4] /left/ *pt, pp bkz.* **leave**
**left-hand** /left'hend/ *s.* 1. solda, sola, sol yanda 2. sol elle yapılan, sol elle ilgili
**left-handed** /left'hendid/ *s.* 1. solak 2. solaklar için yapılmış
**leftist** /'leftist/ *a, s.* solcu
**leftovers** /'leftouvız/ *a.* artık yemek
**leftwards** /'leftwıdz/ *be.* sola doğru, sola
**left wing** /left wing/ *s, a.* (politik parti) sol kanat
**leg** /leg/ *a.* 1. (hayvanlarda) but 2. bacak: *She has nice legs.* 3. (giysi) bacağı örten bölüm, bacak 4. (eşya) ayak, bacak: *leg of the table* 5. bölüm: *They made the last leg of their trip by bus.*
**legacy** /'legısi/ *a.* miras, kalıt
**legal** /'li:gıl/ *s.* yasal, yasaya uygun
**legality** /li'geliti/ *a.* yasallık, yasaya uygunluk
**legalize** /'li:gılayz/ *e.* yasallaştırmak
**legation** /li'geyşın/ *a.* ortaelçilik
**legend** /'lecınd/ *a.* 1. efsane, söylence 2. büyük, ünlü kimse, efsane 3. (harita, vb.'de) açıklayıcı bilgiler
**legendary** /'lecındıri/ *s.* 1. efsanevi, söylencesel 2. ünlü
**leggings** /'legingz/ *a.* tozluk
**leggy** /'legi/ *s.* uzun bacaklı
**legible** /'lecıbıl/ *s.* okunaklı
**legion** /'li:cın/ *a.* 1. lejyon 2. kalabalık insan topluluğu
**legislate** /'lecisleyt/ *e.* (for/against ile) yasa yapmak, yasamak
**legislative** /'lecislıtiv/ *s.* 1. yasamaya ilişkin 2. yasama yetkisi olan, kanun

koyan
legislature /'lecisleyçı/ *a.* yasama meclisi
legitimate /li'citimit/ *s.* 1. yasal 2. meşru
doğmuş 3. mantıklı, akla yatkın
leisure /'lejı/ *a.* 1. boş vakit 2. **at leisure**
a) boş, serbest b) acele etmeden, ace-
lesiz
leisured /'lejıd/ *s.* bol bol boş zamanı
olan, serbest
leisurely /'lejıli/ *s.* acelesiz yapılan, ya-
vaş, sakin
lemon /'lemın/ *a.* limon
lemonade /lemı'neyd/ *a.* 1. *İİ.* gazoz 2.
*Aİ.* limonata
lend /lend/ *e.* [*pt, pp* **lent** /lent/] 1. ödünç
vermek, borç vermek: *Can you lend me
some money until Monday?* 2. eklemek,
katmak, vermek: *The music lent gaiety
to the occaision.*
length /lengt/ *a.* 1. uzunluk, boy: *The
carpet is 5 metres in length.* 2. parça:
*He used a length of wire to mend the
fence.* 3. **at length** a) uzun bir süre son-
ra, sonunda b) ayrıntılı, çok detaylı,
uzun uzadıya
lengthen /'lengtın/ *e.* 1. uzatmak 2. uza-
mak
lengthways /'lengtweyz/ *be.* uzunlaması-
na, uzunluğuna
lengthwise /'lengtwayz/ *be, bkz.* **length-
ways**
lengthy /'lengti/ *s.* upuzun, çok uzun,
fazlasıyla uzun
lenient /'li:niınt/ *s.* müşfik, yumuşak
lens /lenz/ *a.* 1. mercek 2. göz merceği 3.
objektif 4. gözlük camı
Lent /lent/ *a.* Hıristiyanlıkta Paskalya'dan
önceki kırk gün boyunca yapılan büyük
perhiz
lent /lent/ *pt, pp bkz.* **lend**
lentil /'lentl/ *a.* mercimek
Leo /'li:ou/ *a.* Aslan burcu
leopard /'lepıd/ *a, hayb.* leopar
leopardess /'lepıd/ *a, hayb.* dişi leopar
leper /'lepı/ *a.* cüzzamlı
leprosy /'leprısi/ *a.* cüzzam
lesbian /'lezbiın/ *s.* lezbiyen, sevici
lesion /'li:jın/ *a.* yara, bere
less[1] /les/ *be.* daha az: *You must smoke
less or you will ruin your health. Today
is less hot than yesterday.*
less[2] /les/ *s.* daha az: *Use less milk. I
have less money than you.*
less[3] /les/ *adl.* 1. daha az şey/kimse:
*There are less to feed with the children
away.* 2. **none the less** yine de: *Al-
though I don't love him I'll marry him
none the less.*
less[4] /les/ *a.* daha az, daha az miktar: *I
can't do the job for less than 300 dol-
lars.*
lessen /'lesın/ *e.* 1. azaltmak 2. azalmak
lesser /'lesı/ *s.* daha az/küçük: *It is one of
his lesser known songs.*
lesson /'lesın/ *a.* 1. ders: *The English
lesson finished at 9 o'clock.* 2. ders,
ibret: *She lost all her money but it
taught her a lesson to be more careful.*
lest /lest/ *bağ.* -mesin diye, -ecek diye:
*Write it down lest we forget.*
let /let/ *e.* [*pt, pp* **let**] 1. izin vermek,
bırakmak: *She let her friend drive her
car. Let me go.* 2. -meli, -malı, -ecek, -
sin: *Don't tell them the answer, let them
find it out. Let there be more light.* 3. *İİ.*
(**to/out** ile): kiraya vermek, kiralamak 4.
**let alone** ... bırak, şöyle dursun 5. **let
go** bırakmak, koyvermek
letdown /'letdaun/ *a, k. dili* hayal kırıklığı
let down *e.* 1. hayal kırıklığına uğratmak;
yüzüstü bırakmak: *Don't let me down.* 2.
(elbise, etek, vb.) boyunu uzatmak
lethal /'li:tıl/ *s.* öldürücü
lethargy /'letıci/ *a.* 1. uyuşukluk, atalet,
ilgisizlik 2. *hek.* letarji
let in *e.* içeri bırakmak, içeri almak: *They
let the dog in because it was cold.*
let off *e.* 1. (işten, cezadan) serbest
bırakmak; affetmek: *The students were
let off for the afternoon.* 2. (bir araçtan)
indirmek
let on *e, k. dili* (sır) söylemek
let out *e.* 1. koyvermek, bırakmak, salı-
vermek 2. (giysi) genişletmek, bollaştır-
mak
letter /'letı/ *a.* 1. mektup: *She took the
letter to the post office when she fin-
ished writing it.* 2. harf: *There are 26*

letters in the English alphabet. 3. (yasa, anlaşma, vb.) harfi harfine anlamı
**letterbox** /'letıboks/ *a.* mektup kutusu
**letterhead** /'letıhed/ *a.* mektup kâğıdı başlığı, antet
**lettering** /'letıring/ *a.* harf ya da sözcük yazım karakteri
**let through** *e.* geçmesine izin vermek, geçirmek
**lettuce** /'letis/ *a.* salata, marul
**letup** /'letap/ *a.* azalma, dinme, durma
**let up** *e.* durmak, dinmek, azalmak: *When the snow lets up we'll go outside.*
**leukemia** /lu:'ki:miı/ *a, hek.* lösemi, kan kanseri
**level**[1] /'levıl/ *a.* 1. yüzey, yatay yüzey: *This place is 600 metres above sea level.* 2. düzlük, düz yer: *They build the school on the level near the river.* 3. (of ile) miktar, derece, düzey, seviye, ölçü 4. **on the level** *k. dili* dürüstçe, doğrulukla, dürüst, doğru
**level**[2] /'levıl/ *e.* 1. düzleştirmek, düzeltmek: *Level the floor carefully before you lay tiles.* 2. yıkmak, düzlemek: *Everything was levelled to build the apartments.*
**level**[3] /'levıl/ *s.* 1. düz: *The ground wasn't level and she fell over.* 2. aynı düzeyde, aynı hizada, bir seviyede: *The table top was level with the bottom of the window.* 3. seviyeli, dengeli, düzgün: *This book is a level one.* 4. **level-headed** sakin, dengeli, mantıklı 5. **one's level best** *k. dili* elinden gelen, yapabileceğinin en iyisi
**level**[4] /'levıl/ *be.* düz olarak, düzgün bir biçimde
**level at** *e.* -e yöneltmek, doğrultmak
**lever**[1] /'li:vı/ *a.* 1. manivela, manivela kolu, kaldıraç 2. birini emek harcamaya zorlayan şey
**lever**[2] /'li:vı/ *e.* manivela ile hareket ettirmek/kaldırmak
**leverage** /'li:vırıc/ *a.* 1. manivela hareketi/kuvveti 2. sonuç almak için kullanılan güç, dürtü, vb.
**leveret** /'levırıt/ *a.* yavru yabani tavşan
**levitate** /'leviteyt/ *e.* gözbağcılıkla havaya yükselmek/yükseltmek
**levity** /'leviti/ *a.* ciddiyetsizlik, laubalilik
**levy**[1] /'levi/ *a.* 1. zorla toplama 2. toplanan para
**levy**[2] /'levi/ *e.* (on/upon ile) zorla toplamak
**lewd** /lu:d/ *s.* 1. şehvet düşkünü 2. açık saçık, müstehcen
**lexical** /'leksikıl/ *s.* sözcüksel
**lexicon** /'leksikın/ *a.* sözlük
**liability** /layı'biliti/ *a.* 1. sorumluluk 2. ödenecek borç 3. engel
**liable** /'layıbıl/ *s.* 1. sorumlu: *His father was liable for the cost of the accident.* 2. maruz: *She's always liable to asthma.* 3. eğilimli: *Don't trust him, he's liable to steal.*
**liaise** /li'eyz/ *e.* (with ile) birlikte çalışmak
**liaison** /li'eyzın/ *a.* 1. bağlantı 2. evlilik dışı cinsel ilişki
**liar** /'layı/ *a.* yalancı
**lib** /lib/ *a, k. dili* özgürlük
**libel**[1] /'laybıl/ *a, huk.* onur kırıcı yayın, karalayıcı yerme, iftira
**libel**[2] /'laybıl/ *e.* onur kırıcı yayın yapmak, karalamak
**libellous** /'laybılıs/ *s.* onur kırıcı, yerici, karalayıcı
**liberal**[1] /'libırıl/ *s.* 1. liberal, erkinci 2. cömert, eliaçık 3. geniş görüşlü, hoşgörülü
**liberal**[2] /'libırıl/ *a.* liberal kimse
**Liberal** /'libırıl/ *a, s.* Liberal Parti üyesi, Liberal
**liberalism** /'libırılizım/ *a.* liberalizm, erkincilik
**liberality** /libı'reliti/ *a.* 1. cömertlik, eli açıklık 2. geniş görüşlülük
**liberally** /'libırıli/ *be.* el açıklığıyla, cömertlikle, büyük miktarda
**liberate** /'libıreyt/ *e.* serbest bırakmak: *The government will liberate all political prisoners next year.*
**liberated** /'libıreytid/ *s.* (sosyal ve cinsel yönden) özgür, serbest
**liberty** /'libıti/ *a.* özgürlük
**libido** /li'bi:dou/ *a.* cinsellik içgüdüsü, libido
**Libra** /'li:brı/ *a.* Terazi burcu
**librarian** /lay'breiriın/ *a.* kütüphaneci

**library** /'laybrıri/ *a.* kütüphane
**licence**[1] /'laysıns/ *a.* 1. ruhsat, izin, ehliyet 2. aşırı serbestlik 3. **driving licence** sürücü belgesi, ehliyet
**licence**[2] /'laysıns/ *e.* ruhsat vermek, resmi izin vermek, yetki vermek
**license** /'laysıns/ *a.* 1. *Aİ, bkz.* **licence** 2. **license plate** *Aİ, oto.* plaka
**licentious** /lay'senşıs/ *s.* şehvetli, azgın
**lichen** /'laykın/ *a, bitk.* liken
**lick**[1] /lik/ *e.* 1. yalamak: *He licked the plate clean.* 2. yalayıp yutmak 3. *k. dili* dayak atmak, pataklamak 4. *İİ, k. dili* kafasını karıştırmak, şaşırtmak 5. **lick sb's boots** yağ çekmek, dalkavukluk etmek
**lick**[2] /lik/ *a.* 1. yalama, yalayış 2. (of ile) az bir şey, az bir miktar: *Just a lick of paint will be enough.*
**licorice** /'likıris/ *a, bkz.* **liquorice**
**lid** /lid/ *a.* 1. kapak 2. gözkapağı
**lido** /'li:dou/ *a.* halka açık havuz
**lie**[1] /lay/ *e.* [*pt* **lay** /ley/, *pp* **lain** /leyn/] 1. yatmak, uzanmak, durmak: *She left the towel lying on the floor.* 2. (down ile) yatmak, uzanmak: *Lie down and go to sleep.* 3. yer almak, bulunmak: *The town lies beyond that mountain.* 4. yatmak, durmak: *The government let the plans lie for some years as they hadn't any money.*
**lie**[2] /lay/ *e.* yalan söylemek: *She lied to me. He's lying.*
**lie**[3] /lay/ *a.* yalan: *Stop telling me lies.*
**lie about** *e.* tembellik etmek, aylaklık etmek: *My son just lies about all day and won't work.*
**lie behind** *e.* arkasında gizli olmak: *His desire to leave the country lay behind his decision to marry a foreigner.*
**lie-down** /lay'daun/ *a, k. dili* uzanma, kısa dinlenme
**lie in** *e, İİ.* sabah geç saatlere kadar uyumak
**lie-in** /lay'in/ *a, İİ, k. dili* sabah geç saatlere kadar yatakta kalmak, çok uyuma
**lieu** /lu:/ *a:* **in lieu** -in yerine: *He gave her a flat and meals in lieu of payment.*
**lieutenant** /lef'tenınt/ *a.* teğmen

**life** /layf/ *a.* 1. hayat, yaşam: *Many scientists think there is life somewhere else in the universe.* 2. kişi, can, yaşam: *How many lives were lost in the bombing?* 3. hareket, canlılık, hayat: *There is no life in the suburbs.* 4. can katan kimse ya da şey 5. **change of life** menopoz 6. **come to life** canlanmak, hareketlenmek, tepki göstermek 7. **not on your life** kesinlikle hayır 8. **to the life** aynen, tıpatıp
**lifeblood** /'layfblad/ *a.* can damarı: *Agriculture was the area's lifeblood.*
**lifeboat** /'layfbout/ *a.* cankurtaran sandalı
**lifeguard** /'layfga:d/ *a.* cankurtaran yüzücü
**life jacket** /'layf cekit/ *a.* can yeleği
**lifeless** /'layflis/ *s.* 1. ölü, cansız 2. ruhsuz, donuk, ölgün, cansız
**lifelike** /'layflayk/ *s.* canlı gibi görünen
**lifeline** /'layflayn/ *a, den.* cankurtaran halatı
**lifelong** /'layflong/ *s.* ömür boyu
**life-size** /layf'sayz/ *s.* doğal büyüklükte
**lifetime** /'layftaym/ *a.* ömür
**lift**[1] /lift/ *e.* 1. kaldırmak, yükseltmek: *Superman can lift a car.* 2. (bulut, sis, vb.) yükselmek, dağılmak 3. bitmek, ortadan kaldırmak, son vermek: *The ban on smoking was lifted because it was unsuccessful.* 4. *k. dili* araklamak, yürütmek 5. *k. dili* (başkasına ait düşünce, yazı, vb.) çalmak, kendine mal etmek
**lift**[2] /lift/ *a.* 1. kaldırma, yükseltme 2. kaldırma kuvveti 3. *İİ.* asansör 4. arabasına alma, parasız götürme/gitme: *He got a lift with a truck.* 5. *k. dili* neşe, rahatlık, rahatlama duygusu, ferahlık: *She got a real lift from the good news.*
**lift off** *e.* (uçak, vb.) havalanmak, kalkmak
**lift-off** /'liftof/ *a.* (uçak) kalkış, havalanma
**ligament** /'ligımınt/ *a, anat.* kiriş, bağ
**light**[1] /layt/ *a.* 1. ışık, aydınlık: *There wasn't much light in the room as there were no windows.* 2. güneş ışığı, gün ışığı 3. lamba, ışık: *The light went off when the electricity failed.* 4. (kibrit, çak-

**L**

mak, vb.) ateş: *Have you got a light?* 5. parlaklık, pırıltı, sevinç ya da heyecan pırıltısı, ışık 6. anlaşılma, ortaya çıkma, gün ışığına kavuşma: *The new evidence has brought the matter to light.* 7. bakış açısı: *You will see things in a different light when you are older.* 8. **light year** ışık yılı

**light²** /layt/ *s.* 1. aydınlık, ışıklı, parlak 2. (renk) açık: *The room was painted light green.*

**light³** /layt/ *e.* [*pt, pp* **lighted/lit** /lit/] 1. yakmak: *He lit her cigarette.* 2. yanmak 3. aydınlatmak, ışık vermek: *He had a torch to light the way.* 4. parlamak, ışıldamak, aydınlanmak: *Their eyes lit up when they heard they had won the lottery.*

**light⁴** /layt/ *s.* 1. hafif: *I'll carry it, it's very light.* 2. hafif, yumuşak: *He ate a light breakfast.* 3. (uyku) hafif

**light⁵** /layt/ *be.* hafifçe, yüksüz olarak, fazla yük almayarak: *I like to travel light.*

**lighten¹** /'laytn/ *e.* 1. aydınlatmak 2. aydınlanmak

**lighten²** /'laytn/ *e.* 1. hafiflemek 2. hafifletmek 3. neşelenmek 4. neşelendirmek

**lighter** /'laytı/ *a.* 1. yakıcı aygıt 2. çakmak

**light-fingered** /layt'fingıd/ *s, k. dili* eli uzun, araklayıcı

**light-headed** /layt'hedid/ *s.* 1. kafası dumanlı, sarhoş, çakırkeyif 2. sersem, laubali, saçma

**light-hearted** /layt'ha:tid/ *s.* neşeli, mutlu, tasasız, kaygısız

**lighthouse** /'laythaus/ *a.* fener kulesi

**lighting** /'layting/ *a.* 1. aydınlatma, ışıklandırma, yakma 2. ışıklandırma sistemi

**lightly** /'laytli/ *be.* 1. hafifçe, nazikçe 2. az bir derecede, az bir dereceye kadar 3. düşünmeksizin, sebepsiz yere 4. ciddiye almadan

**lightning** /'laytning/ *a.* 1. şimşek 2. anı/çabuk/kısa süren şey

**lightweight** /'laytweyt/ *s, a.* 1. normalin altındaki kiloda (insan ya da şey) 2. hafifsıklet (boksör)

**likable** /'laykıbıl/ *s.* hoşa giden, çekici, hoş, cana yakın, sevimli

**like¹** /layk/ *e.* 1. beğenmek, sevmek, hoşlanmak: *I like Shakespeare. Do you like this music?* 2. istemek, dilemek: *I would like to go to London. What would you like to eat?*

**like²** /layk/ *s.* benzer: *We have like ideas about life.*

**like³** /layk/ *ilg.* 1. gibi: *She cried like a baby. I saw many animals, like lions, giraffes, elephants and zebras in Africa.* 3. -in özelliği: *It's not like John to be late.* 4. **feel like** (canı) istemek: *I feel like a beer. I don't feel like anything. Do you feel like driving?* 5. **like anything/hell/blazes/mad/crazy** *arg.* deli gibi: *He ran like hell to catch the bus.* 6. **like that** öyle, o şekilde: *Don't talk to me like that.* 7. **look like** -e benzemek: *It looks like being a nice day. It looks like England will win. He looks like John Lennon.* 8. **something like** gibi bir şey, yaklaşık, civarında: *I think he paid something like five thousand pounds for that car.*

**like⁴** /layk/ *a.* benzeri: *I don't want his like in my house.*

**like⁵** /layk/ *bağ, k. dili* 1. gibi: *Do it like he does.* 2. -miş gibi: *He talked like he was an expert on the subject.*

**likeable** /'laykıbıl/ *s, bkz.* **likable**

**likely¹** /'laykli/ *s.* 1. olası, muhtemel: *Is the plane likely to be late?* 2. uygun, mantıklı, iyi: *Ask John. He is the most likely to know the answer.*

**likely²** /'laykli/ *be.* 1. galiba, muhtemelen: *He'll very likely bring Susan.* 2. **as likely as not** muhtemelen 3. **not likely** *k. dili* kesinlikle hayır

**likeness** /'layknis/ *a.* benzeyiş, benzerlik

**liken** /'laykın/ *e.* (to ile) benzetmek: *Those two artists are often likened to each other.*

**likewise** /'laykwayz/ *be.* 1. aynı şekilde: *Go and get ready; I'll do likewise.* 2. de, da, ayrıca, bir de: *He hated arriving early and likewise being late.*

**liking** /'layking/ *a.* (for ile) sevme, düşkünlük: *He has a liking for children.*

**lilac** /'laylık/ *a.* 1. *bitk.* leylak 2. leylak

rengi
**Lilo** /'laylou/ *a.* deniz yatağı
**lily** /'lili/ *a, bitk.* zambak
**lily-livered** /lili'livıd/ *s.* korkak, yüreksiz, tabansız
**limb** /lim/ *a.* 1. kol, bacak, kanat gibi gövdeye bağlı organ 2. geniş ağaç dalı
**limber** /'limbı/ *e.* (up ile) kasları geliştirerek bir yarışa, vb. hazırlamak
**limbo**[1] /'limbou/ *a.* bilinmeyen durum, çıkmaz, belirsizlik
**limbo**[2] /'limbou/ *a.* limbo dansı
**lime** /laym/ *a.* 1. kireç 2. *bitk.* ıhlamur 3. **lime tree** ıhlamur ağacı
**limelight** /'laymlayt/ *a.* halkın aşırı ilgisi: *Actors and actresses are always in the limelight.*
**limerick** /'limırik/ *a.* beş dizelik nükteli şiir
**limestone** /'laymstoun/ *a.* kireçtaşı
**limit**[1] /'limit/ *a.* limit, uç, sınır, had
**limit**[2] /'limit/ *e.* (to ile) kısıtlamak, sınırlandırmak: *They will limit the number of students to 20 a class.*
**limitation** /limi'teyşın/ *a.* sınırlama
**limited** /'limitid/ *s.* 1. sınırlı 2. (şirket) limitet
**limiting** /'limiting/ *s.* sınırlayıcı, kısıtlayıcı, gelişmeyi engelleyici
**limousine** /'limızi:n/ *a.* limuzin
**limp**[1] /limp/ *a.* topallama
**limp**[2] /limp/ *e.* topallamak
**limp**[3] /limp/ *s.* gevşek, yumuşak, güçsüz, zayıf
**limpet** /'limpit/ *a.* deniz salyangozu
**limpid** /'limpid/ *s, yaz.* duru, berrak, saydam
**linctus** /'linktıs/ *a, İl.* öksürük şurubu
**linden** /'lindın/ *a, bitk.* ıhlamur ağacı
**line**[1] /layn/ *e.* (with ile) 1. içini kaplamak, astarlamak 2. çizgi çizmek 3. sıra oluşturmak
**line**[2] /layn/ *a.* 1. satır, çizgi, hat, yol: *He drew a line across the page.* 3. sınır belirten çizgi, hat: *That runner was last to cross the line. There's a fine line between sanity and insanity.* 4. dizi, sıra, saf: *The students waited in line.* 5. ip, sicim, olta ipi 6. telefon hattı: *All the international lines were busy.* 7. demir-

yolu hattı 8. (hava ve deniz) hat, yol 9. iş, meslek, hizmet, uğraşı: *Literature is my line, not history.* 10. stil, desen, şekil, çizgi: *Clothing manufacturers are always bringing out new lines.* 11. **draw the line (at)** çizgi çekmek, dur demek 12. **in line with** ile bağıntılı, bağdaşık 13. **read between the lines** örtük anlamını çıkarmak
**lineage** /'liniic/ *a.* nesil, soy
**linear** /'linii/ *s.* doğrusal, çizgisel
**lineman** /'laynmın/ *a.* telefon, telgraf ya da demiryolu hatlarını kontrol eden görevli
**linen** /'linin/ *a.* 1. keten kumaş 2. (yatak, masa, vb.) keten örtü, keten çarşaf
**liner** /'laynı/ *a.* 1. büyük yolcu gemisi 2. astar, kaplama maddesi
**lines** /laynz/ *a, tiy.* replik
**linesman** /'laynzmın/ *a.* 1. *sp.* yan hakemi, çizgi hakemi 2. *bkz.* **lineman**
**lineup** /'laynap/ *a.* 1. (eşya, insan) sıra, saf 2. (olay, vb.) dizi
**line up** *e.* 1. sıraya girmek 2. sıraya sokmak 3. programlamak, düzenlemek, ayarlamak
**linger** /'lingı/ *e.* (on/over ile) 1. gitmemek, takılıp kalmak, oyalanmak: *He lingered outside her house.* 2. (ağrı, vb.) kolay kolay geçmemek, sürüp gitmek: *She left the room but her perfume lingered on.*
**lingerie** /'lenjıri:/ *a.* kadın iç çamaşırı
**linguist** /'lingwist/ *a.* 1. dilbilimci, dilci 2. yabancı diller üzerine çalışan ve bu dilleri iyi bilen kimse
**linguistic** /lin'gwistik/ *s.* dilbilimsel, dilsel
**linguistics** /lin'gwistiks/ *a.* dilbilim
**liniment** /'linimınt/ *a.* eklem ve romatizma ağrılarını hafifletmek için kullanılan merhem
**lining** /'layning/ *a.* astar
**link**[1] /link/ *a.* 1. bağlantı, bağ 2. zincir halkası
**link**[2] /link/ *e.* (together/up ile) bağlamak, birleştirmek
**linkage** /'linkic/ *a.* 1. zincir 2. bağlantı
**links** /'links/ *a.* golf sahası
**linkup** /'linkap/ *a.* bağlantı noktası, bağ-

lantı yeri, birleşme noktası
**lino** /'laynou/ *a, İİ, k. dili, bkz.* **linoleum**
**linoleum** /li'nouliım/ *a.* yer döşeme malzemesi, muşamba
**linseed** /'linsi:d/ *a, bitk.* keten tohumu
**lint** /lint/ *a, hek.* sargı bezi, keten tiftiği
**lintel** /'lintl/ *a.* lento, üst eşik
**lion** /'layın/ *a.* 1. aslan 2. **the lion's share** aslan payı
**lioness** /'layınes/ *a.* dişi aslan
**lip** /lip/ *a.* 1. dudak 2. kenar 3. **pay lip service to** sadece söz ile desteklemek
**lip-read** /'lipri:d/ *e.* dudak okumak
**lipstick** /'lipstik/ *a.* dudak boyası, ruj
**liquefy** /'likwifay/ *e.* 1. sıvılaşmak 2. sıvılaştırmak
**liqueur** /li'kyuı/ *a.* likör
**liquid**[1] /'likwid/ *a.* sıvı, likid
**liquid**[2] /'likwid/ *s.* 1. sıvı, akışkan 2. (yiyecek, vb.) sulu 3. (ses) berrak, akıcı
**liquidate** /'likwideyt/ *e.* 1. kurtulmak, başından savmak, yok etmek 2. (iş) tasfiye etmek, kapatmak
**liquidation** /likwi'deyşın/ *a.* tasfiye
**liquidize** /'likwidayz/ *e.* ezmek, suyunu çıkarmak
**liquidizer** /'likwidayzı/ *a, İİ.* mikser, karıştırıcı
**liquor** /'likı/ *a.* 1. alkollü içki 2. *Aİ.* (viski, vb.) alkollü sert içki
**liquorice** /'likıris/ *a, bitk.* meyankökü
**lisp**[1] /lisp/ *e.* peltek konuşmak
**lisp**[2] /lisp/ *a.* pelteklik
**lissom** /'lisım/ *s.* kıvrak, çevik, atik
**lissome** /'lisım/ *s, bkz.* **lissom**
**list**[1] /list/ *a.* liste, dizelge: *Make a list or you'll forget what to buy.*
**list**[2] /list/ *e.* listesini yapmak
**list**[3] /list/ *e.* yan yatmak
**list**[4] /list/ *a.* geminin yan yatması
**listen**[1] /'lisın/ *e.* dinlemek: *He is listening to his teacher.*
**listen**[2] /'lisın/ *a, k. dili* dinleme, kulak verme
**listener** /'lisını/ *a.* dinleyici
**listen for** *e.* kulak vermek, dikkat etmek, dinlemek
**listen in** *e.* 1. radyo(da) dinlemek: *They listened in to the late news.* 2. (on/to ile)

kulak misafiri olmak
**listen out** *e.* kulak vermek
**listless** /'listlis/ *s.* yorgun, bitkin, cansız, uyuşuk
**lit** /lit/ *pt, pp bkz.* **light**
**litany** /'litıni/ *a.* mukabele ile okunan dua
**liter** /'li:tı/ *a, Aİ, bkz.* **litre**
**literacy** /'litırısi/ *a.* okuryazarlık
**literal** /'litırıl/ *s.* 1. tam 2. kelimesi kelimesine, harfi harfine: *literal translation* 3. düz anlamlı, yalın, sade
**literally** /'litırıli/ *be.* 1. tam olarak, tam 2. kelimesi kelimesine 3. düz olarak, genel anlamıyla 4. abartmasız, gerçekten
**literary** /'litırıri/ *s.* edebi, yazınsal
**literate** /'litırit/ *s.* 1. okuryazar 2. iyi eğitim görmüş, bilgili, okumuş
**literature** /'litırıçı/ *a.* 1. edebiyat, yazın 2. *k. dili* tanıtıcı kitap, broşür
**lithe** /layd/ *s.* esnek, kıvrak
**litigant** /'litigınt/ *a, huk.* davacı
**litigate** /'litigeyt/ *e, huk.* mahkemeye başvurmak, dava açmak
**litmus** /'litmıs/ *a.* 1. turnusol 2. **litmus paper** turnusol kâğıdı
**litre** /'li:tı/ *a.* litre
**litter**[1] /'litı/ *a.* 1. çöp 2. (hayvan) bir batında doğan yavrular
**litter**[2] /'litı/ *e.* karmakarışık etmek, dağıtmak: *There's a lot of rubbish littering the street.*
**little**[1] /'litl/ *s.* 1. küçük, ufak: *There were some little insects on the tree.* 2. az, kısa: *Please wait a little time.* 3. genç, küçük: *I have a daughter and a little boy.* 4. önemsiz, değersiz, küçük: *Everyone should enjoy the little things of life.* 5. **little finger** serçeparmak
**little**[2] /'litl/ *be.* az miktarda, birazcık, az: *She ate very little.*
**little**[3] /'litl/ *a.* 1. az miktar: *I understood little of what he said.* 2. **a little** biraz: *He was a little surprised at the cost.* 3. **little by little** azar azar, yavaş yavaş: *You can do it little by little.* 4. **make little of** küçümsemek
**liturgy** /'litıci/ *a.* tapınma, ayin
**livable** /'livıbıl/ *s.* 1. içinde yaşamaya uygun, yaşamaya elverişli, uygun 2.

yaşanabilir, yaşamaya değer
**live¹** /liv/ e. 1. yaşamak: He only lived for three hours after the explosion. 2. oturmak, yaşamak: Where do you live? 3. gereksinimlerini karşılamak, geçinmek: You can't live on that wage. 4. **live and let live** hoşgörülü olmak
**live²** /layv/ s. 1. diri, canlı: There were live animals on display. 2. (bomba, vb.) patlamamış, canlı 3. elektrikle yüklü, cereyanlı 4. (yayın) canlı: The band was playing live in New York.
**liveable** /'livıbıl/ s, bkz. **livable**
**live by** e. 1. ile yaşamak, geçinmek: She lives by teaching. 2. **live by the book** dürüstçe yaşamak, yasalara uymak
**live down** e. (kötü bir şeyi) unutturmak, unutulmasını sağlamak: He'll never live down his behaviour last week.
**livelihood** /'layvlihud/ a. geçim, geçinme
**lively** /'layvli/ s. 1. canlı, hareketli, hayat dolu, neşeli 2. canlı, gerçeğe uygun: Lively description.
**liven** /'layvın/ e. (up ile) 1. canlandırmak: He can always liven up a dull party. 2. canlanmak
**live off** e. -den geçimini sağlamak: He lives off the money his father left him.
**live on** e. 1. ile geçinmek: It's impossible to live on minimum wages now. 2. ile beslenmek
**live with** e. 1. ile birlikte yaşamak 2. kabullenmek, dayanmak
**liver** /'livı/ a, anat. karaciğer
**livery** /'livıri/ a. (uşakların, vb. giydiği) üniforma
**livestock** /'layvstok/ a. çiftlik hayvanları, mal
**livid** /'livid/ s. 1. mor 2. k. dili öfkeden kudurmuş, gözü dönmüş
**living¹** /'living/ s. 1. canlı, yaşayan, sağ 2. yaşayan, kullanılan, geçerli
**living²** /'living/ a. 1. geçim, geçinme 2. yaşam standardı, yaşama 3. **living room** oturma odası
**lizard** /'lizıd/ a, hay. kertenkele
**llama** /'la:mı/ a, hayb. lama
**load¹** /loud/ a. 1. yük 2. taşınan miktar 3. elek. şarj 4. (makine, vb.'nin yaptığı) iş

4. **a load of/loads of** k. dili bir sürü, dolu: She thought what he said was a load of nonsense.
**load²** /loud/ e. 1. yüklemek: He loaded the lorry with sand. 2. doldurmak, şarj etmek: The soldier loaded his gun.
**loaded** /'loudid/ s. 1. yüklü, dolu 2. hileli, tuzak dolu 3. k. dili zengin, paralı, yüklü
**loaf¹** /louf/ a. 1. somun: Can I have a loaf of bread please? 2. arg. saksı, beyin, kafa: He doesn't use his loaf.
**loaf²** /louf/ e. (about ile) k. dili vakit öldürmek, kaytarmak
**loafer** /'loufı/ a. aylaklık eden kimse, aylak
**loam** /loum/ a. verimli toprak
**loan¹** /loun/ a. 1. ödünç verilen şey 2. ödünç verme
**loan²** /loun/ e. ödünç vermek
**loath** /lout/ s. isteksiz, gönülsüz
**loathe** /loud/ e. nefret etmek, tiksinmek, iğrenmek
**loathing** /'louding/ a. tiksinme, nefret, iğrenme
**loathsome** /'loudsım/ s. iğrenç
**lob¹** /lob/ e. (topu) havada kavis çizecek biçimde atmak ya da bu şekilde topa vurmak
**lob²** /lob/ a. (kriket ve tenis) uzun kavis çizecek biçimde atılan top
**lobby¹** /'lobi/ a. 1. lobi, hol 2. kulis faaliyeti, lobi
**lobby²** /'lobi/ e. 1. oylarını kazanmak amacıyla senatörlerle görüşmek 2. toplumu ilgilendiren konularda değişiklik yapmak için faaliyette bulunmak
**lobe** /loub/ a. 1. kulakmemesi 2. herhangi bir organın yuvarlak bölümü
**lobster** /'lobstı/ a, hayb. ıstakoz
**local¹** /'loukıl/ s. 1. yerel, yöresel 2. hek. lokal 3. **local government** yerel yönetim
**local²** /'loukıl/ a, İİ, k. dili semt birahanesi, lokal
**locality** /lou'keliti/ a. 1. yer, yöre 2. olay yeri
**localize** /'loukılayz/ e. belirli bir yere sınırlamak, yereltmek
**locally** /'loukıli/ be. 1. yerel olarak 2.

**locate** 284

yakınlarda, yakında: *He lives locally.*
**locate** /lou'keyt/ *e.* 1. yerini öğrenmek 2. yerleştirmek, kurmak
**location** /lou'keyşın/ *a.* yer
**lock**[1] /lok/ *a.* 1. kilit 2. hareketli kanal seddi 3. **lock, stock and barrel** tamamen
**lock**[2] /lok/ *e.* 1. kilitlemek: *Lock the door.* 2. kilitlenmek: *The door won't lock.*
**lock**[3] /lok/ *a.* bukle
**lock away** *e.* 1. kilitleyip saklamak 2. saklamak, gizli tutmak
**locker** /'lokı/ *a.* kilitli çekmece ya da dolap
**locket** /'lokit/ *a.* madalyon
**lock in** *e.* hapsetmek, kapatmak, üzerine kapıyı kilitlemek
**lockout** /'lokaut/ *a.* lokavt
**lock out** *e.* (of ile) 1. dışarıda bırakmak 2. lokavt yapmak 3. (işçileri) işyerine sokmamak
**lock up** *e.* 1. kilitlemek 2. kapatmak, içeri tıkmak
**locomotion** /loukı'mouşın/ *a.* hareket
**locomotive**[1] /loukı'moutiv/ *s.* harekete ilişkin, hareket ettiren
**locomotive**[2] /loukı'moutiv/ *a.* lokomotif
**locum** /'loukım/ *a.* vekil
**locust** /'loukıst/ *a.* çekirge
**lodge**[1] /loc/ *e.* 1. kısa süreli kirada oturmak 2. pansiyonda kalmak 3. takılmak, takılıp kalmak: *The ball lodged between the wall and a tree.* 4. resmi demeç vermek, beyanatta bulunmak
**lodge**[2] /loc/ *a.* 1. kulübe 2. kapıcı evi 3. bodrum kat
**lodger** /'locı/ *a.* pansiyoner, kiracı
**lodging** /'locing/ *a.* kiralık oda, geçici olarak oturulan yer
**lodgings** /'locingz/ *a.* pansiyon
**loft** /loft/ *a.* tavan arası
**lofty** /'lofti/ *s.* yüce, yüksek
**log**[1] /log/ *a.* 1. kütük 2. (gemi, uçak, vb.) seyir defteri, seyir jurnali 3. biliş. günlük 4. **sleep like a log** leş gibi uyumak
**log**[2] /log/ *e.* 1. seyir defterine kaydetmek 2. **log in/on** biliş. oturumu açmak 3. **log off/out** biliş. oturumu kapamak
**log**[3] /log/ *a, k. dili* logaritma
**loganberry** /'lougınbıri/ *a.* bir tür böğürt-

len
**logarithm** /'logıridım/ *a.* logaritma
**loggerheads** /'logıhedz/ *a.* sürüp giden anlaşmazlık: *I'm always at loggerheads with my parents.*
**logic** /'locik/ *a.* mantık
**logical** /'locikıl/ *s.* 1. mantıksal 2. mantıklı
**logistics** /lı'cistiks/ *a, ask.* lojistik
**loincloth** /'loynklot/ *a.* peştamal
**loins** /loynz/ *a.* bel
**loiter** /'loytı/ *e.* (about ile) duraklayarak, oyalanarak yürümek
**loll** /lol/ *e.* 1. (about/around ile) tembelce uzanmak, tembel tembel yatmak 2. (out ile) aşağı doğru sarkmak 3. sarkıtmak
**lollipop** /'lolipop/ *a.* 1. saplı şeker, lolipop 2. **lollipop man** öğrencilerin caddede karşıdan karşıya emniyetle geçmelerini sağlayan memur
**lolly** /'loli/ *a, İİ.* lolipop
**lone** /loun/ *s.* kimsesiz, yalnız, tek
**loneliness** /'lounlinıs/ *a.* yalnızlık
**lonely** /'lounli/ *s.* 1. yalnız ve mutsuz, kimsesiz 2. ıssız
**loner** /'lounı/ *a.* zamanının çoğunu yalnız başına geçiren kimse, yalnızlığı seven kimse
**lonesome** /'lounsım/ *s, AI, k. dili, bkz.* **lonely**
**long**[1] /long/ *s.* 1. uzun: *The Nile is the longest river in the world.* 2. **in the long run** nihayet, sonunda 3. **long drink** bira gibi alkol derecesi az olan ve çok miktarlarda içilen içki 4. **long jump** uzun atlama 5. **long wave** (radyo) uzun dalga
**long**[2] /long/ *be.* 1. uzun zaman, uzun zamandır: *She hasn't long finished her exams.* 2. **as/so long as** eğer, şartıyla: *You can go out as long as you're home for dinner.* 3. **long ago** uzun süre önce 4. **so long** *k. dili* hoşça kal
**long**[3] /long/ *a.* uzun süre: *I didn't wait for long.*
**long**[4] /long/ *e.* (for/to ile) çok istemek, can atmak: *She was so tired she was longing to go to bed. His mother was longing for a letter from him.*
**longbow** /'longbou/ *a.* (ok atmak için) büyük yay

**long-distance** /long'distıns/ *s, be.* 1. uzun mesafe 2. (telefon) şehirlerarası: *a long-distance call*

**longevity** /lon'ceviti/ *a.* uzun yaşam

**longhand** /'longhend/ *a.* el yazısı

**longing**[1] /'longing/ *a.* özlem, güçlü istek, arzu, hasret: *I have a longing for home.*

**longing**[2] /'longing/ *s.* arzulu, istekli

**longitude** /'loncityu:d/ *a, coğ.* boylam

**long-playing record** /longpleying 'rekıd/ *a.* uzunçalar, longpley, albüm

**long-range** /long'reync/ *s.* uzun menzilli

**longsighted** /long'saytid/ *s.* uzağı görebilen, hipermetrop

**longstanding** /long'stending/ *s.* uzun süredir var olan, çok eski

**long-term** /long'tö:m/ *s.* uzun vadeli

**longways** /'longweyz/ *be.* uzunlamasına

**longwinded** /long'windid/ *s.* uzun ve sıkıcı, sözü bitmez

**loo** /lu:/ *a, İİ, k. dili* yüznumara, tuvalet

**look**[1] /luk/ *e.* 1. bakmak: *Look at that man. I looked but saw nothing. Don't look away when I'm talking to you.* 2. görünmek: *She looks sad. You look frightened. What happened? It looks strange to me.* 3. (like ile) benzemek: *You don't look like your father. She looks like Susan.* 4. göstermek: *She doesn't look her age.* 5. dikkat etmek, görmek, bakmak: *Look where you're going!* 6. **look like/as if** olacağa benzemek, gibi görünmek, gibi gelmek: *It looks like it'll rain. He looks as if he's been drinking.*

**look**[2] /luk/ *a.* 1. bakış: *The look she gave him kept him quiet.* 2. yüz anlatımı, yüz ifadesi 3. görüntü, görünüş: *I like the look of that old building.*

**look after** *e.* bakmak, gözetmek, ilgilenmek, kollamak: *She looks after eight children.*

**look ahead** *e.* ilerisi için plan yapmak, geleceğe bakmak

**look around/round** *e.* (for ile) araştırmak, tüm olasılıkları düşünmek

**look at** *e.* 1. bakmak, seyretmek: *Look at me.* 2. bakmak, yargılamak, düşünmek: *Try and look at it more objectively.* 3. ele almak, incelemek, dikkat etmek 4. ibret almak: *Look at what smoking did to his health.*

**look back** *e.* 1. (to/on ile) hatırlamak, anımsamak 2. **never look back** tam bir başarı elde etmek

**look down on** *e.* (birini) hor görmek, küçümsemek, tepeden bakmak

**look for** *e.* aramak: *He's looking for his cigarettes.*

**look forward to** *e.* dört gözle beklemek, iple çekmek: *She's looking forward to her holidays. I'm looking forward to seeing you again.*

**look into** *e.* araştırmak, incelemek

**look on** *e.* seyretmek, seyirci kalmak

**look on/upon** *e.* (as/with ile) varsaymak, farz etmek, gözüyle bakmak, olarak görmek: *He's always looked on him as a father.*

**lookout** /'lukaut/ *a.* 1. arayış: *She's always on the lookout for bargains.* 2. gözcü, gözetleyici 3. gözetleme yeri 4. *k. dili* ileriki olasılık 5. **one's own lookout** *k. dili* kendi sorunu

**look out** *e.* dikkat etmek: *Look out! A car is coming.*

**look over** *e.* göz gezdirmek, kısaca incelemek, yoklamak

**look round** *e.* (özellikle alışverişten önce) etrafa bakınmak, göz gezdirmek, çevreyi kolaçan etmek

**looks** /luks/ *a.* iyi görünüm, çekici görünüm

**look through** *e.* gözden geçirmek, incelemek

**look up** *e.* 1. iyiye gitmek, gelişmek: *Life is looking up.* 2. (kitaptan) bulmak, aramak, bakmak: *You can look up the answer in the encyclopedia.* 3. ziyaret etmek, yoklamak

**look up to** *e.* -e saygı göstermek

**loom**[1] /lu:m/ *a.* dokuma tezgâhı

**loom**[2] /lu:m/ *e.* (up ile) aslından daha büyük ve korkunç gözükmek

**loony** /'lu:ni/ *a, s, k. dili* deli, kaçık, çatlak

**loop**[1] /lu:p/ *a.* ilmik, ilik

**loop**[2] /lu:p/ *e.* 1. ilmik yapmak 2. bağlamak

**loophole** /'lu:phoul/ *a.* (özellikle yasal) boşluk, kaçamak noktası

**loose**[1] /lu:s/ *s.* 1. bağsız, serbest, başıboş 2. dağınık, ayrı ayrı 3. gevşek, sıkı olmayan, çözülmüş 4. (giysi) bol, gevşek 5. kesin olmayan, şüpheli 6. ahlaksız, laçka, hafifmeşrep, hoppa 7. **let loose** serbest bırakmak

**loose**[2] /lu:s/ *e.* serbest bırakmak, salıvermek

**loose**[3] /lu:s/ *be.* gevşek bir biçimde, serbestçe, başıboşlukla

**loose**[4] /lu:s/ *a.* başıboşluk, serbestlik: *There are escaped prisoners on the loose.*

**loosen** /'lu:sın/ *e.* 1. gevşetmek, çözmek: *It was hot so he loosened his tie.* 2. gevşemek, çözülmek

**loosen up** *e.* kasları gevşetmek, kasları ısıtmak

**loot**[1] /lu:t/ *a.* ganimet, çapul, yağma

**loot**[2] /lu:t/ *e.* yağmalamak, yağma etmek

**looter** /'lu:tı/ *a.* çapulcu, yağmacı

**lop** /lop/ *e.* 1. kesmek, kesip çıkarmak 2. (ağaç) budamak

**lope** /loup/ *e.* koşmak: *The dog was loping down the street.*

**lop-sided** /lop'saydid/ *s, k. dili* orantısız, bir tarafa meyilli, dengesiz

**loquacious** /lou'kweyşıs/ *s.* geveze, çenesi düşük

**lord**[1] /lo:d/ *a.* 1. efendi, sahip 2. lord

**lord**[2] /lo:d/ *e:* **lord it over sb** *hkr.* -e yüksekten bakmak, efendilik taslamak

**Lord**[1] /lo:d/ *a.* 1. (the ile) Allah, Tanrı 2. (unvan) lort

**Lord**[2] /lo:d/ *ünl.* Aman Tanrım! Hay Allah!

**lordly** /'lo:dli/ *s.* lort gibi, asil, yüce

**lordship** /'lo:dşip/ *a.* 1. lortluk 2. lort

**lore** /lo:/ *a.* bilgi

**lorgnette** /lo:'nyet/ *a.* uzun saplı gözlük

**lorry** /'lori/ *a.* kamyon

**lose** /lu:z/ *e.* [*pt, pp* **lost** /lost/] 1. kaybetmek, yitirmek: *She lost her purse.* 2. kaybettirmek: *His drinking lost him many friends.* 3. yenilmek, kaybetmek, kazanamamak: *America lost to Japan in table tennis.* 4. harcamak, israf etmek, kaybetmek: *He lost time looking for his bag.* 5. duyamamak, görememek ya da anlayamamak, kaçırmak: *She lost the point of what he was saying.* 6. (saat) geri kalmak: *My watch loses 5 minutes in 24 hours.* 7. **lose one's head** kontrolünü kaybetmek, sapıtmak: *Don't lose your head.* 8. **lose one's temper** tepesi atmak, küplere binmek: *He lost his temper with them.*

**loser** /'lu:zı/ *a.* mağlup, kaybeden, yenilen: *He's a bad loser and always gets angry when he's beaten.*

**loss** /los/ *a.* 1. kaybetme, kayboluş, kaybolma: *Tho loss of his new watch upset him.* 2. kayıp: *His absence was not a loss to the other students.* 3. zarar, ziyan: *The fire caused huge losses for the factory.* 4. **at a loss** şaşkın, afallamış, kafası karışmış 5. **be a dead loss** *k. dili* bir boka yaramamak

**lost**[1] /lost/ *s.* 1. kayıp: *Did you read about the lost child?* 2. yitirilmiş, geçmiş: *They talked for hours about their lost youth.* 3. boşa gitmiş, kaçırılmış, değerlendirilmemiş: *It was just another lost opportunity.* 4. **get lost** kaybolmak: *We got lost in the heavy fog.*

**lost**[2] /lost/ *pt, pp bkz.* **lose**

**lot**[1] /lot/ *a, k. dili* 1. çok miktar, çok sayı, çok: *I've got a lot of photos of my holiday. He caught lots and lots of fish. There's lots to eat in the kitchen.* 2. hepsi, tümü: *There were only ten apples left so she bought the lot. The whole lot of them were killed.* 3. grup, miktar, parti: *I got the second lot of photos today. Another lot of tourists arrived at the hotel.* 4. çok, pek: *This car is a lot more expensive than the other one. The weather's a lot worse today.*

**lot**[2] /lot/ *a.* 1. kura, adçekme 3. talih, kısmet, yazgı 3. açık artırma ile satılan eşya (grubu) 4. arsa, parsel 5. aynı türden eşya grubu, parti 6. film stüdyosu, çekim yeri 7. **a bad lot** *k. dili* kötü kimse 8. **draw/cast lots** kura çekmek 9. **parking lot** park yeri

**lotion** /'louşın/ *a.* losyon

**lottery** /'lotıri/ *a.* piyango

**lotus** /'loutıs/ *a, bitk.* nilüfer

**loud**[1] /laud/ *s.* 1. yüksek sesli, gürültülü 2. abartılı, cırtlak

**loud**[2] /laud/ *be.* yüksek sesle: *Talk louder. I can't hear you.*

**loudly** /'laudli/ *be.* 1. yüksek sesle 2. gürültüyle

**loudspeaker** /laud'spi:kı/ *a.* hoparlör

**lounge**[1] /launc/ *a.* 1. salon 2. **lounge suit** (erkek) günlük kıyafet

**lounge**[2] /launc/ *e.* (about/around ile) tembelce uzanmak, yayılıp oturmak

**lour** /'lauı/ *e.* (at ile) surat asmak, kaş çatmak, somurtmak

**louse** /laus/ *a.* 1. bit 2. *k. dili* işe yaramaz adam

**louse up** *e, AI, k. dili* yüzüne gözüne bulaştırmak, içine etmek

**lousy** /'lauzi/ *s.* 1. *k. dili* berbat, rezil: *The lunch today was lousy.* 2. bitli

**lout** /laut/ *a.* kaba herif, hödük, ayı

**love**[1] /lav/ *a.* 1. aşk, sevgi, sevi 2. sevgili 3. *İl.* canım 4. (tenis) sıfır 5. **love affair** aşk macerası 6. **not for love nor money** hiçbir şekilde, olanaksız

**love**[2] /lav/ *e.* 1. sevmek: *I love you.* 2. ile sevişmek: *"I want to love you all night" he said.*

**lovely** /'lavli/ *s.* 1. güzel, hoş: *He thought she was lovely.* 2. *k. dili* nefis, harika: *We ate a lovely meal. The holiday was lovely.*

**lovemaking** /'lavmeyking/ *a.* sevişme

**lover** /'lavı/ *a.* 1. âşık, sevgili 2. seks arkadaşı: *She told him he was a wonderful lover.* 3. âşık, tutkun, hasta: *He's a real book lover.*

**lovesick** /'lavsik/ *s.* sevdalı, kara sevdalı

**loving** /'laving/ *s.* sevgi dolu, aşk dolu, seven

**low**[1] /lou/ *s.* 1. alçak, yüksek olmayan: *a low bridge* 2. alçak, düşük, az 3. zayıf, cansız, neşesiz, halsiz 4. (ses) az, yumuşak, alçak 5. rezil, aşağılık, saygısız 6. adi, bayağı, sıradan

**low**[2] /lou/ *be.* 1. aşağıya, alta, aşağıda 2. yere yakın, alçak 3. sessizce, yumuşak bir şekilde

**low**[3] /lou/ *a.* alçak derece/düzey: *The value of the dollar was at an all time low.*

**lowbrow** /'loubrau/ *a, hkr.* sanattan anlamaz, kültürsüz, odun

**lowdown** /'loudaun/ *a, k. dili* gerçek, bir işin içyüzü

**low-down** /'loudaun/ *s.* alçakça, adi

**lower**[1] /'louı/ *s.* 1. alt: *He came from the lower class but had made a lot of money.* 2. **lower class** işçi sınıfı, alt tabaka, aşağı tabaka

**lower**[2] /'louı/ *e.* 1. azaltmak, kısmak, düşürmek: *They lowered the number of students in the class.* 2. azalmak, kısılmak, düşmek 3. indirmek: *Can you lower that? I can't reach it* 4. (kendini) küçük düşürmek, küçültmek: *I won't lower myself to do that.*

**lower**[3] /'louı/ *e, bkz.* **lour**

**low-key** /lou'ki:/ *s.* uyumlu, sade

**lowland** /'loulınd/ *a.* ova

**lowly** /'louli/ *s, be.* 1. düşük, aşağı 2. alçakgönüllü, sade, yalın

**low-lying** /lou'laying/ *s.* (arazi) deniz seviyesinden yüksek olmayan, alçak

**low-pitched** /lou'piçt/ *s.* (ses) pes

**loyal** /'loyıl/ *s.* vefalı, sadık, bağlı

**loyalist** /'loyılist/ *a.* her zaman yönetime bağlı kalan kimse

**loyally** /'loyıli/ *be.* sadık kalarak, sadakatle, bağlılıkla

**loyalty** /'loyılti/ *a.* bağlılık, sadakat

**lozenge** /'lozinc/ *a.* pastil

**L-plate** /'el pleyt/ *a, İl.* acemi sürücü işareti

**lubricant** /'lu:brikınt/ *a.* yağlayıcı madde

**lubricate** /'lu:brikeyt/ *e.* yağlamak, yağlayarak kolay işler hale getirmek

**lucid** /'lu:sid/ *s.* 1. açık seçik, anlaşılır, net 2. mantıklı, aklı başında

**luck** /lak/ *a.* 1. şans, talih: *It was bad luck that you lost your money. Good luck. Have a good holiday.* 2. uğur, şans: *I wish you luck.* 3. **be in luck** şanslı olmak 4. **be out of luck** şanssız olmak 5. **for luck** şans getirsin diye 6. **worse luck** ne yazık ki

**luckily** /'lakili/ *be.* çok şükür, bereket versin ki, Allahtan, neyse ki: *Luckily she*

*heard the car and got out of the way.*
**lucky** /'laki/ *s.* 1. şanslı, talihli 2. uğurlu
**lucrative** /'lu:krıtiv/ *s.* kârlı, kazançlı
**ludicrous** /'lu:dikrıs/ *s.* saçma, aptalca, gülünç, komik
**lug** /lag/ *e, k. dili* zorlukla çekmek, sürüklemek, taşımak
**luggage** /'lagic/ *a.* bagaj
**lugubrious** /lu:'gu:briıs/ *s.* kederli, hüzünlü, sıkıntılı, kasvetli
**lukewarm** /lu:k'wo:m/ *s.* 1. (sıvı) ılık 2. kayıtsız, ilgisiz, soğuk
**lull¹** /lal/ *e.* 1. uyutmak, hareketsizleştirmek 2. hareketsizleşmek
**lull²** /lal/ *a.* hareketsizlik, cansızlık
**lullaby** /'lalıbay/ *a.* ninni
**lumbago** /lam'beygou/ *a, hek.* bel ağrısı, lumbago
**lumber¹** /'lambı/ *e.* 1. ağır hareket etmek, hantal hantal yürümek 2. (with ile) *İİ, k. dili* istenmeyen bir şey/iş/sorumluluk vermek, angarya yüklemek: *She was lumbered with all the cleaning up.*
**lumber²** /'lambı/ *a.* 1. *Aİ.* kereste 2. *İİ.* gereksiz eşya, ıvır zıvır
**lumberjack** /'lambıcek/ *a.* ağaç kesen kimse, oduncu
**luminary** /'luminıri/ *a.* bilgili ve saygıdeğer kimse
**luminous** /'lu:minıs/ *s.* ışık saçan, parlak, aydınlık
**lump¹** /lamp/ *a.* 1. parça, küme, yığın, topak 2. yumru, şiş 3. (şeker) küp 4. **have a lump in one's/the throat** boğazı düğümlenmek
**lump²** /lamp/ *a.* peşin para, peşin ödenen para, peşin
**lump³** /lamp/ *e.* 1. *k. dili* ister istemez kabul etmek, dayanmak, kabullenmek, razı olmak 2. (together ile) bir araya koymak
**lumpy** /'lampi/ *s.* yumrulu, pütürlü, topak topak
**lunacy** /'lu:nısi/ *a.* delilik, çılgınlık
**lunar** /'lu:nı/ *s.* 1. ayla ilgili, aya ait 2. **lunar month** kameri ay, 28 günlük ay
**lunatic** /'lu:nıtik/ *a, s.* 1. deli, çılgın, kaçık, çatlak 2. **lunatic asylum** tımarhane
**lunch¹** /lanç/ *a.* öğle yemeği: *Do you want*

*some lunch today?*
**lunch²** /lanç/ *e.* öğle yemeği yemek: *Where would you like to lunch?*
**luncheon** /'lançın/ *a.* öğle yemeği
**lunchtime** /'lançtaym/ *a.* öğlen vakti, yemek vakti
**lung** /lang/ *a.* akciğer: *Smoking is bad for your lungs.*
**lunge¹** /lanc/ *e.* (at/out ile) saldırmak, hamle yapmak
**lunge²** /lanc/ *a.* hamle, saldırış
**lurch¹** /lö:ç/ *a.* 1. yalpa, yalpalama 2. **leave sb in the lurch** *k. dili* yüzüstü bırakmak
**lurch²** /lö:ç/ *e.* yalpalamak, sendelemek: *The sailors lurched on deck in the rough seas.*
**lure¹** /luı/ *a.* 1. çekim, çekicilik 2. tuzak, kapan, yem
**lure²** /luı/ *e.* ayartmak, çekmek
**iurid** /'luırid/ *s.* 1. renkli, parlak 2. korkunç, dehşet verici
**lurk** /lö:k/ *e.* gizlenmek, pusuya yatmak
**luscious** /'laşıs/ *s.* tatlı, nefis
**lush** /laş/ *s.* (bitki) verimli, bol, gür
**lust¹** /last/ *a.* şehvet, kösnü
**lust²** /last/ *e.* (for/after ile) sahip olmaya çalışmak, arzulamak: *He's been lusting after her a long time.*
**lustful** /'lastfıl/ *s.* şehvetli, azgın
**luster** /'lastı/ *a, Aİ, bkz.* **lustre**
**lustre** /'lastı/ *a.* parlaklık, parıltı
**lusty** /'lasti/ *s.* 1. güçlü, sağlıklı, canlı 2. şehvetli, azgın
**lute** /lu:t/ *a, müz.* ut, kopuz
**luxuriant** /lag'zyuriınt/ *s.* bereketli, bol
**luxuriate** /lag'juırieyt/ *e.* (in ile) oyalanmak, eğlenmek
**luxurious** /lag'zyuırıs/ *s.* konforlu, lüks
**luxury** /'lakşıri/ *a.* 1. konfor, lüks 2. gereksiz/pahalı şey, lüks
**lynch** /linç/ *e.* linç etmek
**lynx** /links/ *a, hayb.* vaşak
**lyre** /layı/ *a.* lir
**lyric¹** /'lirik/ *a.* lirik şiir
**lyric²** /'lirik/ *s.* lirik
**lyrical** /'lirikıl/ *s.* lirik, heyecanlı, coşkun
**lyricist** /'lirisist/ *a.* şarkı sözü yazarı
**lyrics** /'liriks/ *a.* güfte, şarkı sözleri: *The*

*lyrics to the song were hard to hear.*

# M

**M, m** /em/ *a.* 1. İngiliz abecesinin on üçüncü harfi 2. Romen rakamlarından 1000

**ma** /ma:/ *a, k. dili* 1. anne, ana 2. (yaşlı) kadın, ana

**ma'am** /mem, ma:m/ *a.* madam, bayan

**mac** /mek/ *a, İİ, k. dili* yağmurluk

**macabre** /mı'ka:brı/ *s.* korkunç

**macadam** /mı'kedım/ *a.* şose

**macaroni** /mekı'rouni/ *a.* makarna

**macaw** /mı'ko:/ *a.* uzun kuyruklu bir tür papağan

**mace** /meys/ *a.* 1. gürz, topuz 2. tören asası

**Mach** /mek/ *a.* uçağın ses hızına oranla hızı

**machete** /mı'çeyti/ *a.* büyük ve keskin bıçak

**machine¹** /mı'şi:n/ *a.* makine

**machine²** /mı'şi:n/ *e.* makineyle yapmak, üretmek

**machinegun** /mı'şi:ngan/ *a.* makineli tüfek

**machinery** /mı'şi:nıri/ *a.* 1. makineler 2. mekanizma

**machinist** /mı'şi:nist/ *a.* makine işçisi, makinist

**mack** /mek/ *a, k. dili* yağmurluk

**mackerel** /'mekırıl/ *a, hayb.* uskumru

**mackintosh** /'mekintoş/ *a.* yağmurluk

**mad** /med/ *s.* 1. deli, çılgın: *He's gone mad.* 2. kaçık, çatlak: *You're mad!* 3. düşkün, deli, hasta: *She's mad on music.* 4. *k. dili* kızgın, kudurmuş 5. **drive sb mad** kızdırmak, deli etmek, çıldırtmak 6. **like mad** *k. dili* deli gibi: *He drove like mad to get there on time.*

**madam** /'medım/ *a.* bayan, hanımefendi

**madcap** /'medkep/ *a, s.* çılgın, çatlak, kaçık

**madden** /'medn/ *e.* çıldırtmak, deli etmek, kudurtmak

**maddening** /'medıning/ *s, k. dili* çıldırtıcı, deli edici

**made¹** /meyd/ *s.* 1. -den yapılmış, -den: *My shoes are made of leather.* 2. tamamen uygun, tam uyan: *It was a film made for children.* 3. başarıdan emin: *After he was in his first film, he was made.*

**made²** /meyd/ *pt, pp bkz.* **make**

**madly** /'medli/ *be.* 1. deli gibi, çılgınca 2. *k. dili* çok, delicesine: *He was madly in love with her.*

**madness** /'mednıs/ *a.* delilik, çılgınlık

**Madonna** /mı'donı/ *a.* Meryem Ana

**madrigal** /'medrigıl/ *a.* çalgısız söylenen çok sesli şarkı, madrigal

**maelstrom** /'meylstrım/ *a.* 1. girdap 2. vurdu kırdı, hayhuy, kargaşa

**maestro** /'maystrou/ *a.* orkestra şefi, maestro

**mafia** /'mefiı/ *a.* mafya

**mag** /meg/ *a, k. dili* dergi, magazin

**magazine** /megı'zi:n/ *a.* 1. dergi, magazin 2. depo, ambar, cephane 3. şarjör

**maggot** /'megıt/ *a.* kurtçuk, kurt

**magic¹** /'mecik/ *a.* 1. büyü, sihir 2. büyücülük, sihirbazlık 3. çekicilik, büyü

**magic²** /'mecik/ *s.* büyülü, sihirli

**magical** /'mecikıl/ *s.* esrarengiz, büyülü, etkileyici

**magician** /mı'cişın/ *a.* büyücü, sihirbaz

**magisterial** /meci'striırıl/ *s.* buyurucu, hâkimane

**magistrate** /'mecistreyt/ *a.* sulh yargıcı

**magma** /'megmı/ *a.* magma

**magnanimous** /meg'nenimıs/ *s.* yüce gönüllü, bağışlayıcı

**magnate** /'megneyt/ *a.* patron, kodaman

**magnet** /'megnit/ *a.* mıknatıs

**magnetic** /meg'netik/ *s.* 1. mıknatıslı, manyetik 2. çekici

**magnetism** /'megnitizm/ *a.* 1. manyetizma 2. çekicilik 3. **animal magnetism** cinsel çekicilik

**magnetize** /'megnitayz/ *e.* 1. mıknatıslamak 2. çekmek, büyülemek

**magnificent** /meg'nifisınt/ *s.* görkemli, olağanüstü, muhteşem

**magnify** /'megnifay/ *e.* büyütmek

**magnifying glass** /'megnifaying gla:s/ *a.* büyüteç

**magnitude** /'megnityu:d/ *a.* 1. büyüklük 2. önem

**magnolia** /meg'noulii/ *a, bitk.* manolya

**magpie** /'megpay/ *a, hayb.* saksağan

**maharaja** /ma:hı'ra:cı/ *a.* mihrace

**mahogany** /mı'hogıni/ *a.* mahun, maun

**maid** /meyd/ *a.* 1. bayan hizmetçi 2. evlenmemiş kız

**maiden**[1] /'meydn/ *a, yaz.* evlenmemiş kız, bakire

**maiden**[2] /'meydn/ *s.* 1. evlenmemiş 2. ilk: *The Titanic was making its maiden voyage when it sank.*

**mail**[1] /meyl/ *a.* 1. posta 2. zırh

**mail**[2] /meyl/ *e.* postalamak

**mailbox** /'meylboks/ *a, Aİ.* posta kutusu

**maim** /maym/ *e.* sakatlamak

**main**[1] /meyn/ *a.* 1. ana boru 2. **in the main** genellikle, çoğunlukla

**main**[2] /meyn/ *s.* asıl, ana, temel, en önemli: *His main topic of conversation is football.*

**mainland** /'meynlınd/ *a.* ana toprak, kara

**mainly** /'meynli/ *be.* 1. başlıca 2. çoğunlukla: *The rain falls mainly in winter.*

**mainspring** /'meynspring/ *a.* bir hareketin arkasındaki esas neden

**mainstay** /'meynstey/ *a.* en büyük destek: *He's been the mainstay of the family since his father's death.*

**maintain** /meyn'teyn/ *e.* 1. paraca desteklemek, geçindirmek, bakmak: *He had to maintain his sister's family.* 2. sürdürmek, devam ettirmek: *Tropical climates maintain a lot of plant and animal life.* 3. iyi halde tutmak, korumak, bakmak, bakımını yapmak: *He didn't maintain his house and now it is in ruins.* 4. savunmak, savlamak, iddia etmek: *He has always maintained that nuclear armaments are dangerous.*

**maintenance** /'meyntınıns/ *a.* 1. bakım 2. nafaka

**maize** /meyz/ *a, İİ.* mısır

**majestic** /mı'cestik/ *s.* görkemli, muhteşem, şahane

**majesty** /'mecisti/ *a.* 1. görkem, haşmet, heybet 2. **His Majesty** Kral Hazretleri

**major**[1] /'meycı/ *s.* daha büyük, daha önemli: *The bridge was a major engineering project for the company.*

**major**[2] /'meycı/ *a.* 1. *huk.* büyük, reşit 2. *fel.* büyük önerme 3. (üniversitede) ana dal, esas dal 4. *müz.* majör 5. *ask.* binbaşı

**majority** /mı'coriti/ *a.* 1. çoğunluk: *The government is elected by majority vote.* 2. sayı farkı, fark 3. *huk.* rüşt

**make**[1] /meyk/ *e.* [*pt, pp* **made** /meyd/] 1. yapmak: *He made a chair out of pine.* 2. yapmak, hazırlamak, düzeltmek: *I must make the beds.* 3. meydana getirmek, -e neden olmak, yapmak: *The engine was making a strange noise.* 4. (para, başarı, vb.) kazanmak, yapmak, sağlamak, elde etmek: *The company made a huge profit last year.* 5. -tirmek, -dırmak: *He made me carry his bags.* 6. -e eşit olmak, etmek: *One and two make three.* 7. varmak, ulaşmak, yetişmek, gelmek: *We made it to school on time.* 8. yol almak, katetmek, gitmek 9. olmak: *She has made a good mother.* 10. -e kalkışmak, -mek üzere olmak: *They made to leave, but we asked them to stay.* 11. *arg.* düzmek, kaymak: *He said he wanted to make me.* 12. *k. dili* tamamlamak: *Her clothes make her.* 13. etmek, haline sokmak: *Her experience of men has made her bitter.* 14. -inci olmak, etmek: *One more kilo will make 6 kilos.* 15. ... diye hesaplamak, ortaya çıkarmak: *I make it 25 who are coming. Am I right?* 16. **make believe** ... gibi davranmak, ... rolü yapmak: *He made believe that he was a bull and chased the laughing children.* 17. **make do (with sth)** (ile) idare etmek: *They didn't have enough beds so they made do with cushions on the floor.* 18. **make it** *k. dili* a) vaktinde varmak b) başarmak, üstesinden gelmek 19. **make love (to)** sevişmek: *He said he wanted to make love to me.* 20. **make one's way** gitmek, yolunu tutmak: *I made my way home.*

**make**[2] /meyk/ *a.* 1. yapı, biçim 2. marka, çeşit: *There are many makes of refrig-*

*erator. What make is your car?* 3. **on the make** *k. dili, hkr.* çıkar peşinde

make-believe /'meykbi'li:v/ *a.* yalandan yapma, yapmacık, sahtelik

make for *e.* 1. -e yönelmek, -e doğru yol almak: *The enemy opened fire and they made for the woods.* 2. -e neden olmak, sağlamak

make of *e.* -den anlamak, anlam çıkartmak: *It was a very unusual painting and the people didn't know what to make of it.*

make off *e.* aceleyle kaçmak, tüymek, savuşmak

make out *e.* 1. (güçlükle) anlamak, çözmek: *They couldn't make out what he was doing.* 2. yazmak, yazıp doldurmak: *You can make out the bill to me.* 3. *k. dili* başarılı olmak: *Has she made out OK?* 4. *k. dili* gibi davranmak, iddia etmek: *They always make out to be very rich but they're not.*

make over *e.* devretmek, bırakmak: *He made over his property to his wife.*

maker /'meykı/ *a.* yapımcı

makeshift /'meykşift/ *s.* geçici, eğreti

make-up /'meykap/ *a.* 1. yaradılış, kişilik, doğa, huy, mizaç 2. bileşim 3. makyaj

make up *e.* 1. uydurmak, atmak, sallamak 2. makyaj yapmak 3. hazırlamak 4. tamamlamak 5. ödemek, geri vermek 6. yeniden dost olmak

make up for *e.* affettirmek, gidermek, telafi etmek, karşılamak: *He was very polite to make up for his past rudeness.*

make up to *e.* 1. gözüne girmeye çalışmak, yaranmaya çalışmak 2. **make it up to sb** -in karşılığını vermek, altında kalmamak: *If you can help me now I'll make it up to you later.*

making /'meyking/ *a.* 1. yapım, üretim 2. gelişme/başarı nedeni: *Life in the army was the making of him.* 3. *ç.* yetenek, gerekli özellikler: *That novel has the makings for a good film script.*

maladjusted /melı'castid/ *s.* (çevreye) uyamayan, uyumsuz

malady /'melıdi/ *a.* hastalık, illet

malaria /mı'leırii/ *a, hek.* sıtma

malcontent /'melkıntent/ (belli bir politikadan) memnun olmayan, doyumsuz

male /meyl/ *a, s.* erkek: *It's a male cat. There are 9 males and 27 females in the class.*

malevolent /mı'levılınt/ *s, yaz.* kötü kalpli, kötü niyetli, sadist

malformation /melfo:'meyşın/ *a.* şekil bozukluğu, bozuk şekil

malice /'melis/ *a.* 1. kötülük, kötü niyet, kin, kötülük etme isteği 2. **bear malice** kin beslemek

malign /mı'layn/ *e.* kötülemek, dil uzatmak, günahına girmek: *He has been much maligned by his enemies.*

malignant /mı'lignınt/ *s.* kötü niyetli, kötücül

malinger /mı'lingı/ *e.* hasta numarasıyla işten kaçmak, kaytarmak

mallard /'melıd/ *a, hayb.* yabanördeği, yeşilbaş

malleable /'melııbıl/ *s.* 1. (maden) dövülgen 2. (insan) yumuşak, uysal

mallet /'melit/ *a.* tahta çekiç, tokmak

malnutrition /melnyu'trişin/ *a.* kötü beslenme

malpractice /mel'prektis/ *a.* 1. yasa dışı eylem, yasaya aykırı hareket, yolsuzluk 2. *hek.* yanlış tanı, tedavi ya da ihmal

malt /mo:lt/ *a.* biralık arpa, malt

maltreat /mel'tri:t/ *e.* kötü davranmak, zulmetmek

mama /'ma:mı/ *a.* anne, ana

mammal /'memıl/ *a, hayb.* memeli

mammoth /'memıt/ *a, hayb.* mamut

mammy /'memi/ *a.* anne, ana

man[1] /men/ *a.* 1. adam, erkek 2. insan, kişi 3. insanlık 4. (satranç, vb.) taş 5. **as one man** herkesin kabul etmesiyle, oybirliğiyle 6. **the man in the street** sıradan bir kimse, sokaktaki adam 7. **man of the world** görmüş geçirmiş kimse

man[2] /men/ *e.* adam vermek, adamla donatmak

manacle /'menıkıl/ *a.* kelepçe

manage /menic/ *e.* 1. yönetmek, idare etmek: *He managed the business for the last ten years.* 2. kontrol altına almak, dizginlemek, dize getirmek: *I can't manage this horse. She can't manage her children.* 3. başarmak, becermek, yapmak, üstesinden gelmek: *She managed to get everything ready in half an hour. How do you manage with working and studying at the same time?* 4. *k. dili* yemek/içmek/almak/istemek: *Can you manage another bowl of soup?*

**manageable** /'menicıbıl/ *s.* 1. yönetilebilir 2. kullanışlı

**management** /'menicmınt/ *a.* 1. yönetim, idare 2. yönetim kurulu

**manager** /'menicı/ *a.* 1. müdür 2. yönetici 3. manajer

**manageress** /menici'res/ *a.* müdire, kadın yönetici

**managerial** /meni'cirııl/ *s.* idari, yönetimsel, yönetimle ilgili

**mandate** /'mendeyt/ *a.* 1. buyruk, emir 2. manda, vekillik

**mandatory** /'mendıtıri/ *a.* zorunlu

**mandible** /'mendıbıl/ *a.* altçene

**mandolin** /mendı'lin/ *a, müz.* mandolin

**mane** /meyn/ *a.* yele

**maneuver** /mı'nu:vı/ *a, e, Aİ, bkz.* **manoeuvre**

**manganese** /'mengıni:z/ *a, kim.* manganez

**mange** /meync/ *a.* uyuz hastalığı

**manger** /'meyncı/ *a.* 1. yemlik 2. **dog in the manger** kendisinin yararlanmadığı şeyden başkasının yararlanmasını istemeyen kimse

**mangle**[1] /'mengıl/ *e.* parçalamak, ezmek, yırtmak

**mangle**[2] /'mengıl/ *a.* çamaşır sıkma makinesi

**mango** /'mengou/ *a, bitk.* mango, hintkirazı

**mangrove** /'mengrouv/ *a, bitk.* mangrov

**mangy** /'meynci, 'menci/ *s.* uyuz

**manhandle** /'menhendl/ *e.* (kaba bir şekilde) itip kakmak

**manhole** /'menhoul/ *a.* caddelerdeki yeraltına iniş deliği

**manhood** /'menhud/ *a.* erkeklik

**mania** /'meyniı/ *a.* 1. manyaklık, delilik, çılgınlık 2. düşkünlük, hastalık, delilik

**maniac** /'meyniek/ *a.* manyak, deli

**manic** /'menik/ *s.* manik, delilikle ilgili, delilik ...; deli

**manicure** /'menikyuı/ *a.* manikür

**manifest**[1] /'menifest/ *s.* açık, belli, görülür

**manifest**[2] /'menifest/ *e.* göstermek, ortaya koymak

**manifestation** /menife'steyşın/ *a.* belli etme, ortaya koyma

**manifesto** /meni'festou/ *a.* bildirge, bildiri

**manifold** /'menifould/ *s.* türlü türlü, çok: *The species of life the earth supports are manifold.*

**manila** /mı'nilı/ *a.* kalın kahverengi kâğıt, ambalaj kâğıdı

**manilla** /mı'nilı/ *a, bkz.* **manila**

**manipulate** /mı'nipyuleyt/ *e.* 1. beceriyle kullanmak, ustalıkla yönetmek 2. kendi amacı doğrultusunda yönlendirmek, etkilemek

**mankind** /men'kaynd/ *a.* insanlık, insanoğlu

**manly** /'menli/ *s.* mert, yiğit, erkek

**man-made** /men'meyd/ *s.* 1. insan yapımı 2. sentetik

**manner** /'menı/ *a.* 1. tarz, biçim, yol 2. davranış, davranış şekli 3. **all manner of** her tür 4. **by no manner of means** hiçbir şekilde, kesinlikle

**mannered** /'menıd/ *s.* yapmacık

**mannerism** /'menırizım/ *a.* kişisel özellik

**manners** /'menız/ *a.* görgü: *He has no manners.*

**mannish** /'meniş/ *s.* (kadın) erkek gibi, erkeksi

**manoeuvre**[1] /mı'nu:vı/ *a.* 1. manevra 2. hile, dolap

**manoeuvre**[2] /mı'nu:vı/ *e.* 1. manevra yapmak 2. hile yapmak, dalavere yapmak, dolap çevirmek

**manor** /'menı/ *a.* malikâne

**manpower** /'menpauı/ *a.* el emeği, insan gücü

**mansion** /'menşın/ *a.* konak

**manslaughter** /'menslo:tı/ *a, huk.* kasıtsız adam öldürme, kasıtsız cinayet

**mantelpiece** /'mentlpi:s/ *a.* şömine rafı

**mantis** /'mentis/ *a, hayb.* peygamberdevesi

**mantle** /'mentl/ *a.* 1. kolsuz manto, har-

mani 2. örtü
manual[1] /'menyuıl/ s. elle yapılan, el ...:
manual work
manual[2] /'menyuıl/ a. el kitabı, kılavuz
manufacture[1] /menyu'fekçı/ a. imal,
yapım
manufacture[2] /menyu'fekçı/ e. imal
etmek, yapmak
manure /mı'nyuı/ a. gübre
manuscript /'menyuskript/ a. yazma, el
yazması
many /meni/ s, adl, a. 1. çok, birçok:
There are many different birds. Many
people went to the party. 2. birçoğu,
çoğu: Many of the students failed. 3.
**how many** kaç tane: How many records
do you have? 4. **many a man/time** bir-
çok insan/kere 5. **many's the time** bir-
çok kereler, sık sık 6. **too many** çok
fazla: There were too many people on
the bus for comfort.
map[1] /mep/ a. harita
map[2] /mep/ e. 1. haritasını çıkarmak 2.
(out ile) planlamak, tasarlamak: They
mapped out a route through eastern
Turkey.
maple /'meypıl/ a, bitk. akçaağaç
mar /ma:/ e. bozmak, lekelemek: A large
scar on her face mars her beauty.
marathon /'merıtın/ a. maraton
marauding /mı'ro:ding/ s. yağmacı,
çapulcu
marble /'ma:bıl/ a. 1. mermer 2. bilye,
zıpzıp, misket
March /ma:ç/ a. mart
march[1] /ma:ç/ a. 1. askeri yürüyüş 2.
yürüyüş 3. yürünen mesafe 4. gösteri
yürüyüşü, yürüyüş 5. müz. marş 6. iler-
leme
march[2] /ma:ç/ e. 1. düzenli adımlarla
yürümek 2. ilerlemek 3. yürütmek, önü-
ne katmak
marchioness /ma:şı'nes/ a. markiz
mare /meı/ a, hayb. kısrak
margarine /ma:cı'ri:n/ a. margarin
margin /'ma:cin/ a. 1. sınır, kenar 2. sayfa
kenarındaki boşluk 3. pay, ihtiyat payı,
tolerans 4. kâr miktarı
marginal /'ma:cinıl/ s. 1. kenarda olan,

sınırsal 2. kenarda yazılı 3. marjinal
marihuana /meri'wa:nı/ a, bkz. **mari-
juana**
marijuana /meri'wa:nı/ a. esrar, marihua-
na
marina /mı'ri:nı/ a. marina, küçük liman
marine[1] /mı'ri:n/ s. deniz/denizcilik ile
ilgili, deniz ...
marine[2] /mı'ri:n/ a. bahriyeli
mariner /mı'ri:nı/ a, yaz. denizci, tayfa
marionette /merıı'net/ a. kukla
marital /'meritl/ s. 1. evlilikle ilgili 2. **mari-
tal status** medeni hal
maritime /'meritaym/ s. denizle ilgili,
deniz ...; denizcilikle ilgili, denizcilik ...
marjoram /'ma:cırım/ a, bitk. mercan-
köşk, sıçankulağı, şile
mark[1] /ma:k/ a. 1. işaret, çizgi, im 2. çizik,
leke 3. belirti, iz, alamet 4. not, numara
5. marka 6. etiket 7. iz, yara izi 8. etki, iz
9. damga 10. hedef, nişan 11. istenen
düzey ya da nitelik
mark[2] /ma:k/ e. 1. işaret koymak, işaret-
lemek 2. damgalamak 3. not vermek 4.
göstermek, belirtmek, işaret etmek 5.
lekelemek, iz bırakmak 6. lekelemek
mark[3] /ma:k/ a. Alman parası, mark
mark down e. (fiyatını) düşürmek, indir-
mek: A lot of clothes are marked down
at the end of summer and winter.
marked /ma:kt/ s. göze çarpan
marker /'ma:kı/ a. 1. işaretleyen şey,
işaretleyici 2. puan yazıcı
market[1] /'ma:kit/ a. 1. çarşı, pazar 2.
piyasa 3. borsa 4. istek, talep 5. **market
price** piyasa fiyatı 6. **on the market**
piyasada (satılan)
market[2] /'ma:kit/ e. 1. alışveriş yapmak 2.
satmak, satışa çıkarmak 3. pazarlamak
marketing /'ma:kiting/ a. pazarlama
marketplace /'ma:kitpleys/ a. pazar yeri
marksman /'ma:ksmın/ a. nişancı
mark up e. (fiyat) artırmak
markup /'ma:kap/ a. fiyat artışı, zam
marmalade /'ma:mıleyd/ a. marmelat,
reçel
marmoset /'ma:mızet/ a, hayb. ipek
maymun, marmoset
maroon /mı'ru:n/ a, s. kestanerengi

**marquee** /ma:'ki/ a. büyük çadır, otağ

**marquis** /'ma:kwis/ a. marki

**marquess** /'ma:kwis/ a, bkz. **marquis**

**marriage** /'meric/ a. 1. evlenme, evlenme töreni 2. evlilik

**married** /'merid/ s. 1. evli: *Are you married? She is married to a doctor.* 2. evlilikle ilgili, evlilik ...: *married life.*

**marrow** /'merou/ a. 1. ilik, kemik iliği 2. öz 3. bitk. sakızkabağı

**marry** /'meri/ e. 1. evlendirmek: *He managed to marry his six daughters to good husbands.* 2. (ile) evlenmek: *She recently married a doctor.*

**Mars** /ma:z/ a. Mars

**marshal**[1] /'ma:şıl/ a. 1. ask. mareşal 2. teşrifatçı 3. *AI.* (polis, itfaiye, vb.) şef

**marshal**[2] /'ma:şıl/ e. 1. dizmek, sıralamak 2. doğru yere götürmek, yol göstermek

**marsh** /ma:ş/ a. bataklı

**marshy** /'ma:şi/ s. bataklı

**martial** /'ma:şıl/ s. 1. savaşla ilgili 2. savaşçı 3. **martial law** sıkıyönetim

**Martian** /'ma:şın/ s, a. 1. Marslı 2. Mars'la ilgili

**martin** /'ma:tin/ a, hayb. kırlangıç

**martyr**[1] /'ma:tı/ a. şehit

**martyr**[2] /'ma:tı/ e. şehit etmek

**martyrdom** /'ma:tıdım/ a. şehitlik

**marvel** /'ma:vıl/ a. şaşılacak şey, mucize

**marvellous** /'ma:vılıs/ s. harika, müthiş, fevkalade, süper

**marvelous** /'ma:vılıs/ s, Ai, bkz. **marvellous**

**Marxism** /'ma:ksizım/ a. Marksizm, Marksçılık

**Marxist** /'ma:ksist/ a, s. Marksist, Marksçı

**mascara** /mı'ska:rı/ a. rimel, maskara

**mascot** /'meskıt/ a. uğur, maskot

**masculine** /'meskyulin/ s. 1. erkeklere özgü, erkeksi 2. dilb. eril

**mash**[1] /meş/ a. 1. lapa, ezme 2. patates püresi

**mash**[2] /meş/ e. ezmek: *Have you mashed the potatoes?*

**mask**[1] /ma:sk/ a. 1. maske 2. örtü 3. yüz kalıbı

**mask**[2] /ma:sk/ e. 1. maske takmak 2. gizlemek, saklamak, maskelemek

**masochist** /'mesıkist/ a. mazoşist

**masochism** /'mesıkizım/ a. mazoşizm, özezerlik

**mason** /'meysın/ a. 1. duvarcı 2. mason

**masonry** /'meysınri/ a. 1. duvarcılık 2. masonluk 3. taş

**masquerade**[1] /meskı'reyd/ a. 1. maskeli balo 2. gerçeği gizleme, rol yapma

**masquerade**[2] /meskı'reyd/ e. (as ile) -mış gibi yapmak, rolü yapmak, ayağına yatmak: *He's always masquerading as someone important to impress people.*

**mass**[1] /mes/ a. 1. yığın, küme 2. çokluk 3. kütle 4. **mass media** kitle iletişim 5. **mass production** seri üretim

**mass**[2] /mes/ s. 1. çok kişiyi ilgilendiren 2. kalabalık 3. toptan, seri

**mass**[3] /mes/ e, yaz. bir araya gelmek, kümelenmek, kalabalık oluşturmak

**massacre**[1] /'mesıkı/ a. katliam, kırım

**massacre**[2] /'mesıkı/ e. katliam yapmak

**massage**[1] /'mesa:j/ a. masaj: *She's very good at giving massages.*

**massage**[2] /'mesa:j/ e. masaj yapmak

**masses** /'mesiz/ a. (the ile) çalışan sınıf, işçi sınıfı, emekçiler

**masseur** /me'sö:/ a. masör

**massive** /'mesiv/ s. 1. büyük, iri, kocaman 2. güçlü, kuvvetli

**mast** /ma:st/ a. 1. gemi direği 2. bayrak direği, gönder

**master**[1] /'ma:stı/ a. 1. efendi 2. sahip 3. müdür, yönetici, direktör 4. aile reisi 5. (erkek) öğretmen 6. işveren, patron, usta 7. üstat, usta 8. master derecesi, yüksek lisans 9. **Master of Arts** lisansüstü öğrenim görmüş fakülte mezunu

**master**[2] /'ma:stı/ s. asıl, baş, en önemli

**master**[3] /'ma:stı/ e. 1. yenmek, denetimi altına almak, egemen olmak, hâkim olmak 2. iyi bilmek, hâkim olmak, tam öğrenmek: *He was able to master the violin in a few years.*

**masterful** /'ma:stıfıl/ s. hâkim, dediğini yaptıran, egemen

**master key** /'ma:stı ki:/ a. maymuncuk

**masterly** /'ma:stıli/ s. ustaca, mükemmel

**mastermind**[1] /'ma:stımaynd/ a. çok zeki kimse

mastermind² /'ma:stımaynd/ e, k. dili
akıllıca planlamak, tezgâhlamak
masterpiece /'ma:stıpi:s/ a. şaheser,
başyapıt
masticate /'mestikeyt/ e. çiğnemek
mastiff /'mestif/ a. bir tür iri bekçi köpeği,
mastif
masturbate /'mestıbeyt/ e. mastürbasyon
yapmak
masturbation /mestı'beyşın/ a. mastür-
basyon
mat¹ /met/ a. 1. hasır 2. paspas 3. altlık
mat² /met/ s. donuk, mat
matador /'metıdo:/ a. boğa güreşçisi,
matador
match¹ /meç/ a. 1. eş, akran, denk 2.
benzer 3. evlenme 4. maç, karşılaşma
5. kibrit
match² /meç/ e. 1. uymak, iyi gitmek: *His
shirt and trousers didn't match.* 2. eşi
benzeri olmak, boy ölçüşmek: *She can't
be matched in tennis.* 3. -e uygun bir
şey bulmak: *She wanted some material
to match her sweater.*
matchbox /'meçboks/ a. kibrit kutusu
matching /'meçing/ s. uyumlu, birbirine
giden
matchless /'meçlıs/ s. eşsiz, benzersiz,
eşi benzeri olmayan
matchmaker /'meçmeykı/ a. çöpçatan
mate¹ /meyt/ a. 1. arkadaş, dost 2. *İİ, k.
dili* ahbap, arkadaş 3. *den.* ikinci kaptan
4. (hayvan) eş
mate² /meyt/ e. 1. çiftleşmek 2. çiftleştir-
mek
material¹ /mı'tiırııl/ s. maddi, özdeksel
material² /mı'tiırııl/ a. 1. madde, özdek 2.
kumaş 3. malzeme, gereç, materyal
materialism /mı'tiırılizım/ a. materyalizm,
özdekçilik
materialize /mı'tiırılayz/ e. gerçekleşmek:
*She was always making plans that
never materialized.*
maternal /mı'tö:nıl/ s. 1. anaya özgü, ana
... 2. (akrabalık) ana tarafından
maternity /mı'tö:niti/ a. 1. analık 2. gebe-
lik
math /met/ a, Al, k. dili matematik
mathematician /meti'mıtişın/ a. matema-

tikçi
mathematics /meti'metiks/ a. matematik
maths /mets/ a, İİ, k. dili matematik
matiné /'metiney/ a. matine
matins /'metinz/ a. kilisede sabahları
yapılan ibadet
matriarch /'meytria:k/ a. aile reisi kadın
matriarchy /'meytria:ki/ a. anaerkil düzen
matricide /'metrisayd/ a. 1. ana katili 2.
ana katilliği
matriculate /mı'trikyuleyt/ e. 1. üniversi-
teye girmek 2. üniversiteye almak
matrimony /'metrimıni/ a. evlilik
matron /'meytrın/ a. 1. başhemşire 2.
okul yöneticisi kadın 3. evli kadın, ana
kadın
matt /met/ s. donuk, mat
matte /met/ a, Al. donuk, mat
matter¹ /'metı/ a. 1. özdek, madde, cisim
2. iş, sorun, konu, mesele 3. konu, içerik
4. neden, sebep, vesile 5. önem 6. so-
run, mesele, aksilik, dert: *What's the
matter with you? Is something the mat-
ter?* 7. irin, cerahat 8. yazılı belge, yazılı
şey 9. **a matter of course** olağan bir
şey, sıradan olay 10. **a matter of life or
death** ölüm kalım meselesi 11. **as a
matter of fact** aslında, işin doğrusu
matter² /'metı/ e. 1. önemi olmak, önemli
olmak, fark etmek: *It doesn't matter.* 2.
irinlenmek, iltihaplanmak
matting /'meting/ a. hasır
mattins /'metinz/ a, bkz. matins
mattock /'metık/ a. kazma
mattress /'metris/ a. döşek, şilte
mature¹ /mı'çuı/ s. 1. olgun, mantıklı 2.
(peynir, şarap, vb.) olmuş, olgun
mature² /mı'çuı/ e. 1. olgunlaşmak, olmak
2. olgunlaştırmak
maturity /mı'çuıriti/ a. olgunluk
maudlin /'mo:dlin/ s. ağlayacak kadar
duygulu, duyarlı, aşırı duygusal, cıvık
maul /mo:l/ e. 1. hırpalamak, kaba dav-
ranmak 2. yaralamak, tırmalamak, par-
çalamak
mausoleum /mo:sı'liım/ a. anıtkabir
mauve /mouv/ a, s. leylak rengi
maverick /'mevırik/ a. (belli bir grubun
ilkeleri, vb.) dışında olan kimse, bağım-

**M**

sız

**maxim** /'meksim/ *a.* özdeyiş

**maximize** /'meksimayz/ *e.* en yüksek dereceye çıkarmak

**maximum**[1] /'meksimım/ *a.* en yüksek derece, maksimum

**maximum**[2] /'meksimım/ *s.* en yüksek, maksimum

**may**[1] /mey/ *e.* 1. (olasılık belirtir) - ebilmek: *Don't stand up. The boat may turn over.* 2. (izin belirtir) -ebilmek: *May I use your telephone?* 3. (dilek belirtir) - sin, -ir inşallah: *May there be many more good times like today. May you both be happy.*

**may**[2] /mey/ *a.* akdiken çiçekleri

**May** /mey/ *a.* mayıs

**maybe** /'meybi/ *be.* belki: *Maybe I'll go. I don't know.*

**mayday** /'meydey/ *a.* imdat çağıran telsiz sinyali

**May Day** /'mey dey/ *a.* Bir Mayıs

**mayonnaise** /meyı'neyz/ *a.* mayonez

**mayor** /meı/ *a.* belediye başkanı

**mayoress** /'meıris/ *a.* 1. belediye başkanının karısı 2. bayan belediye başkanı

**maze** /meyz/ *a.* labirent

**me** /mi, mi:/ *adl.* 1. beni: *He can't beat me at tennis.* 2. bana: *Tell me the truth.* 3. ben: *It's me. You and me.*

**meal** /mi:l/ *a.* 1. yemek vakti 2. öğün, yemek 3. **have a meal** yemek yemek

**mean**[1] /mi:n/ *s.* 1. pinti, cimri 2. kaba, çirkin 3. huysuz, haşin 4. adi, bayağı, alçak, acımasız

**mean**[2] /mi:n/ *e.* [pt, pp **meant** /ment/] 1. anlamına gelmek, demek olmak: *What does that word mean? A white flag means "We surrender". You mean everything to me.* 2. demek istemek, kastetmek: *What do you mean? He tried to explain but I didn't understand what he meant.* 3. istemek, niyet etmek: *I didn't mean to hurt you. He meant to catch the train to Liverpool but caught the wrong one.* 4. **be meant for** için olmak, -e ait olmak: *The letter was meant for John. You shouldn't have opened it.* 5. **be meant to** -mek zorunda olmak, -mesi

gerekmek: *You're meant to be at work at nine. Why are you late? In England you're meant to drive on the left.* 6. **mean business** *k. dili* ciddi olmak, niyetli olmak 7. **mean well** (bir işe yaramasa bile) iyi niyetli olmak

**mean**[3] /mi:n/ *a, mat.* aritmetik ortalama

**meander** /mi'endı/ *e.* 1. (ırmak) kıvrıla kıvrıla gitmek 2. salınmak, dolanmak, başıboş gezmek 3. yavaş ve amaçsız bir şekilde konuşmak

**meaning**[1] /'mi:ning/ *a.* 1. anlam: *What's the meaning of "superstition"?* 2. önem, değer, anlam: *My life has no meaning without you.*

**meaning**[2] /'mi:ning/ *s.* anlamlı

**meaningful** /'mi:ningfıl/ *s.* anlamlı

**meaningless** /'mi:ninglis/ *s.* anlamsız, amaçsız

**means** /'mi:nz/ *a.* 1. yol, yöntem, çare, vasıta 2. gelir, para, servet 3. **by all means** elbette 4. **by means of** kullanarak, sayesinde 5. **by no means** kesinlikle, hiç

**meant** /ment/ *pt, pp bkz.* **mean**

**meantime** /'mi:ntaym/ *be:* **in the meantime** bu arada

**meanwhile** /'mi:nwayl/ *be.* bu arada

**measles** /'mi:zılz/ *a, hek.* kızamık

**measly** /'mi:zli/ *s, k. dili* değersiz, önemsiz, sıradan, adi

**measure**[1] /'mejı/ *a.* 1. ölçü 2. ölçü, ölçü birimi 3. ölçme aygıtı 4. ölçme sistemi 5. miktar, ölçü, oran, derece, nispet 6. sınır 7. önlem

**measure**[2] /'mejı/ *e.* 1. ölçmek 2. ölçüsünde olmak

**measurement** /'mejımınt/ *a.* 1. ölçüm 2. ölçü

**measure up** *e.* -e yeterli olmak, için yeterli nitelikte olmak: *He didn't measure up to his father's expectations.*

**meat** /mi:t/ *a.* 1. et 2. önemli konu, öz 3. *arg.* yarak

**meatball** /'mi:tbo:l/ *a.* köfte

**mechanic** /mi'kenik/ *a.* 1. makinist 2. tamirci

**mechanical** /mi'kenikıl/ *s.* makineyle ilgili, mekanik

mechanics /mi'keniks/ *a.* mekanik

mechanism /'mekınızım/ *a.* mekanizma

mechanize /'mekınayz/ *e.* makineleştirmek

medal /medl/ *a.* madalya

medallion /mi'deliın/ *a.* madalyon

medallist /'medilist/ *a.* madalya sahibi

meddle /'medl/ *e.* karışmak, burnunu sokmak

media /'mi:diı/ *a.* kitle iletişim araçları

mediaeval /medi'i:vıl/ *s, bkz.* **medieval**

mediate /'mi:dieyt/ *e.* arabuluculuk etmek

medical[1] /'medikıl/ *s.* tıbbi

medical[2] /'medikıl/ *a, k. dili* tıbbi muayene

medicate /'medikeyt/ *e.* içine ilaç katmak

medicinal /mi'disınıl/ *s.* 1. iyileştirici 2. tıbbi

medicine /'medsın/ *a.* 1. ilaç 2. tıp, hekimlik

medieval /medi'i:vıl/ *s.* ortaçağ ..., ortaçağa ait

mediocre /mi:di'oukı/ *s.* orta, vasat, şöyle böyle

meditate /'mediteyt/ *e.* 1. enine boyuna düşünmek 2. meditasyon yapmak

meditation /medi'teyşın/ *a.* meditasyon

meditative /'medittiv/ *s.* düşünceli, derin düşünceli

medium[1] /'mi:diım/ *a.* 1. çevre, ortam 2. vasıta, araç 3. orta durum 4. medyum

medium[2] /'mi:diım/ *s.* orta

medley /'medli/ *a.* 1. karışım 2. *müz.* potpuri, medley

meek /mi:k/ *s.* uysal, yumuşak başlı, alçakgönüllü

meet /mi:t/ *e. [pt, pp* **met** */met/]* 1. rastlamak, rast gelmek, karşılaşmak: *They didn't know each other well, but sometimes met at the bus stop. I met Roger in the street.* 2. karşılaşmak, karşı karşıya gelmek: *They often met danger on their journey through the desert.* 3. tanışmak: *He wants to meet my sister.* 4. karşılamak: *They will meet you there.* 5. buluşmak, görüşmek: *Let's meet more often. I enjoy your company.* 6. toplanmak: *The company's directors meet regulary to discuss policy.* 7. değmek, dokunmak, buluşmak: *The bat met the*

ball with a bang. 8. karşılamak, yerine getirmek, tatmin etmek, doyurmak: *She was difficult to please and he couldn't meet her wishes.* 9. ödemek: *He was given more money but still couldn't meet his bills.* 10. karşılamak, yanıtlamak: *His arrival on stage was met with loud applause.* 11. **more (in/to sth) than meets the eye** göründüğü gibi değil

meeting /'mi:ting/ *a.* 1. karşılaşma 2. buluşma 3. toplantı, miting

megalomania /megılou'meyniı/ *a, ruhb.* büyüklük tutkusu, megalomani

megaphone /'megıfoun/ *a.* megafon

megaton /'megıtan/ *a.* megaton

melancholy[1] /melınkıli/ *a.* karaduygu, melankoli, hüzün

melancholy[2] /'melınkıli/ *s.* hüzünlü, melankolik

mêlée /'meley/ *a.* arbede, kör dövüşü

mellifluous /mi'lifluıs/ *s.* (konuşma, ses, müzik, vb.) tatlı, yumuşak, akıcı

mellow[1] /'melou/ *s.* 1. olgun, tatlı, sulu 2. yumuşak, hoş, tatlı 3. olgun, hoşgörülü

mellow[2] /'melou/ *e.* 1. olgunlaşmak 2. olgunlaştırmak

melodic /mi'lodik/ *s.* 1. melodik 2. tatlı, hoş, uyumlu, kulağa hoş gelen

melodious /mi'loudiıs/ *s.* tatlı, kulağa hoş gelen, uyumlu, melodik

melodrama /'melıdra:mı/ *a.* melodram

melon /'melın/ *a, bitk.* kavun

melt /melt/ *e.* 1. erimek: *Eat your ice cream. It's melting.* 2. eritmek: *She melted the butter in a pan.* 3. kaybolmak: *He tried to be strict with her but always his resolve melted.*

melt away *e.* yok olmak, uçup gitmek, gözden kaybolmak: *The ship melted away into the night.*

member /'membı/ *a.* 1. üye: *Member of Parliament* 2. organ 3. *ört.* penis

membership /'membışip/ *a.* 1. üyelik 2. üyeler

membrane /'membreyn/ *a.* ince zar

memento /mi'mentou/ *a.* hatıra

memo /'memou/ *a.* kısa not

memoirs /'memwa:z/ *a.* yaşam öyküsü

memorable /'memırıbıl/ *s.* anılmaya

değer
**memorandum** /memı'rendım/ a. 1. not 2. nota, muhtıra 3. tezkere, memorandum
**memorial** /mı'mo:rııl/ a. anıt
**memorize** /'memırayz/ e. ezberlemek
**memory** /'memıri/ a. 1. bellek, hafıza 2. anı, hatıra 3. hatır
**menace¹** /'menis/ a. 1. tehdit, tehlike 2. k. dili baş belası
**menace²** /'menis/ e. tehdit etmek
**menacing** /'menising/ s. tehditkâr
**menagerie** /mi'necıri/ a. (sirk, vb.'de) halka gösterilen yabani hayvanlar
**mend¹** /mend/ e. 1. onarmak, tamir etmek: *Can this watch be mended?* 2. düzeltmek 3. düzelmek 4. (yırtık, sökük, vb.) dikmek, yamamak 5. iyileşmek 6. **mend one's ways** davranış şeklini düzeltmek
**mend²** /mend/ a. 1. onarılan yer ya da şey 2. **on the mend** iyileşen
**menial** /'mi:nııl/ s. (iş) adi, bayağı, sıradan
**menopause** /'menıpo:z/ a. menopoz, âdet kesilmesi, yaşdönümü
**menstruate** /'menstrueyt/ e. âdet görmek
**menstruation** /menstru'eyşın/ a. âdet, aybaşı
**mental** /'mentl/ s. 1. zihinsel, akılsal 2. akli 3. k. dili çatlak, kaçık, deli 4. **mental hospital** akıl hastanesi
**mentality** /men'teliti/ a. 1. düşünüş, zihniyet 2. akıl, zekâ, zihin
**menthol** /'mentol/ a. mentol
**mention¹** /'menşın/ a. 1. anma, adını anma 2. ima, söz etme, söyleme
**mention²** /'menşın/ e. -den söz etmek, bahsetmek, anmak: *His name is not mentioned in the report.*
**mentor** /'mentı/ a. akıl hocası
**menu** /'menyu:/ a. yemek listesi, menü
**mercantile** /'mö:kıntayl/ s. tecimsel, ticari
**mercenary** /'mö:sınıri/ a. paralı asker
**merchandise** /'mö:çındayz/ a. ticaret eşyası, mal
**merchant** /'mö:çınt/ a. tüccar, tacir
**merciful** /'mö:sifıl/ s. sevecen, bağışlayıcı, merhametli, şefkatli
**merciless** /'mö:silis/ s. merhametsiz, acımasız, amansız

**mercurial** /mö:'kyuırııl/ s. çabuk değişen, dakikası dakikasına uymayan, sebatsız
**mercury** /'mö:kyuri/ a. cıva
**Mercury** /'mö:kyuri/ a. Merkür
**mercy** /'mö:si/ a. 1. merhamet, acıma, insaf: *He showed no mercy to his rival.* 2. af, lütuf
**mere** /mii/ s. 1. sırf, sadece, yalnız: *He failed the exam by a mere two points.* 2. **the merest** en ufak, en önemsiz
**merely** /'miıli/ be. sadece, yalnızca: *I merely want to talk to you.*
**meretricious** /meri'trişıs/ s. gösterişli, cafcaflı, sahte güzel
**merge** /mö:c/ e. 1. içine karıştırmak, birleştirmek 2. içine karışmak, birleşmek
**merger** /'mö:cı/ a. bir firma ya da şirketin bir diğeriyle birleşmesi
**meridian** /mı'ridiın/ a. meridyen
**meringue** /mı'reng/ a. yumurta akı ve şekerle yapılan bir tür kurabiye
**merino** /mı'ri:nou/ a. 1. merinos koyunu 2. merinos yünü
**merit¹** /'merit/ a. 1. değer, liyakat 2. fazilet, erdem, meziyet
**merit²** /'merit/ e. hak etmek, layık olmak
**meritocracy** /meri'tokrısi/ a. yeteneğe göre mevki verme sistemi
**merriment** /'merimınt/ a. şenlik, neşe, keyif
**merry** /'meri/ s. 1. neşeli, şen, güleç, keyifli 2. İİ, k. dili çakırkeyif, kafası kıyak
**merry-go-round** /'merigouraund/ a. atlıkarınca
**merrymaking** /'merimeyking/ a. eğlence, şenlik, cümbüş, âlem
**mesh¹** /meş/ a. 1. ağ gözü 2. ağ, tuzak
**mesh²** /meş/ e. 1. (çark dişleri) birbirine geçmek 2. (ağla balık, vb.) yakalamak 3. uyuşmak, bağdaşmak
**mesmerize** /'mezmırayz/ e. çok şaşırtmak, büyülemek
**mess** /mes/ a. 1. karışıklık, düzensizlik 2. kirlilik, pislik 3. kötü durum, zor durum, dert, bela 4. *ask.* orduevinin lokanta kısmı: *officers' mess* 5. *ask.* karavana 6. **make a mess of** yüzüne gözüne bulaştırmak, berbat etmek
**mess about** e. 1. tembellik etmek, boş

şeylerle uğraşıp zaman öldürmek, oyalanmak: *Stop messing about and do some work.* 2. aptalca davranmak ya da konuşmak, saçmalamak, zırvalamak 3. kötü davranmak, düşüncesizce davranmak, kaba davranmak

**message** /'mesic/ *a.* haber, mesaj, ileti

**messenger** /'mesıncı/ *a.* haberci, ulak

**messiah** /mi'sayı/ *a.* 1. kurtarıcı 2. İsa Peygamber

**Messrs** /'mesız/ (Mr sözcüğünün çoğulu olup özellikle firma adlarıyla kullanılır) baylar, beyler, efendiler

**messy** /'mesi/ *s.* 1. dağınık, düzensiz, karmakarışık 2. kirli, pis

**met** /met/ *pt, pp bkz.* **meet**

**metabolism** /mi'tebılizım/ *a.* metabolizma

**metal** /'metl/ *a.* metal, maden

**metallic** /mi'telik/ *s.* metalik, madeni

**metallurgy** /'metılö:ci, mi'telıci/ *a.* metalürji, metalbilim

**metamorphosis** /metı'mo:fısis/ *a.* başkalaşım, metamorfoz

**metaphor** /'metıfı/ *a.* eğretileme, istiare

**metaphysics** /metı'fiziks/ *a.* doğaötesi, fizikötesi, metafizik

**meteor** /'mi:tiı/ *a.* akanyıldız, göktaşı, meteor

**meteoric** /mi:ti'orik/ *s.* 1. meteorik, meteor ... 2. göz kamaştırıcı, hızlı

**meteorite** /'mi:tırayt/ *a.* meteorit, göktaşı

**meteorology** /mi:tiı'rolıci/ *a.* meteoroloji, havabilgisi

**meter** /'mi:tı/ *a.* 1. ölçme aygıtı, sayaç, saat 2. *Al.* metre

**methane** /'mi:teyn/ *a, kim.* metan

**method** /'metıd/ *a.* 1. yöntem, yol, metot 2. düzen, tertip, sistem

**methodical** /mi'todikıl/ *s.* sistemli, düzenli, yöntemli

**methodology** /metı'dolıci/ *a.* yöntembilim, metodoloji

**meticulous** /mi'tikyulıs/ *s.* titiz, dikkatli, kılı kırk yaran, özenli

**metre** /'mi:tı/ *a.* 1. metre 2. ölçü, vezin

**metric** /'metrik/ *s.* metrik

**metro** /'metrou/ *a.* metro

**metronome** /'metrınoum/ *a, müz.* metronom

**metropolis** /mi'tropılis/ *a.* 1. büyük kent, anakent, metropol 2. başkent

**metropolitan** /metrı'politn/ *s.* başkentle/büyük kentle ilgili

**mettle** /'metl/ *a.* yiğitlik, cesaret, heves, çaba

**mew**[1] /nyu:/ *e.* miyavlamak

**mew**[2] /myu:/ *a.* miyavlama

**mews** /myu:z/ *a.* ahırlar sokağı, sıra ahırlar

**mezzanine** /'mezıni:n, 'metsıni:n/ *a.* asma kat, ara kat

**mi** /mi:/ *a, müz.* mi notası

**miaow**[1] /mi'au/ *a.* miyav, miyavlama

**miaow**[2] /mi'au/ *e.* miyavlamak

**mica** /'maykı/ *a.* mika

**microbe** /'maykroub/ *a.* mikrop

**microchip** /'maykrıçip/ *a.* miniyonga, bir entegre devreyi taşıyan yarı iletken

**microcosm** /'maykrıkozım/ *a.* küçük evren, küçük bir evren olarak düşünülen insan

**microfilm** /'maykrıfilm/ *a.* mikrofilm

**microorganism** /maykrou'o:gınızım/ *a.* mikroorganizma

**microphone** /'maykrıfoun/ *a.* mikrofon

**microprocessor** /'maykrou'prousesı/ *a.* (bilgisayar) mikroişlem birimi, mikroişlemci, mikroişleyici

**microscope** /'maykrıskoup/ *a.* mikroskop

**microscopic** /maykrı'skopik/ *s.* mikroskobik

**microwave** /'maykrıweyv/ *a.* bin ile otuz bin megahertz arasında titreşimi olan elektromanyetik dalga, mikrodalga

**midday** /mid'dey/ *a.* öğle vakti, öğle

**middle**[1] /'midl/ *s.* 1. ortadaki, orta: *The middle room is Brigid's.* 2. **Middle Ages** ortaçağ 3. **middle class** orta sınıf 4. **Middle East** Ortadoğu

**middle**[2] /'midl/ *a.* 1. orta: *The boat was in the middle of the river.* 2. *k. dili* bel 3. **in the middle of sth/doing sth** ile meşgul, -mekte, -makta

**middleman** /'midlmın/ *a.* komisyoncu, aracı

**middle-of-the-road** /midlıv dı'roud/ *s.* çoğunluğun görüşünü paylaşan; aşırı görüşleri olmayan; sıradan

**M**

**middleweight** /'midlweyt/ *a.* (boks) ortasıklet

**middling** /'midling/ *s.* orta, vasat

**midge** /mic/ *a, hayb.* tatarcık, titrersinek

**midget** /'micit/ *s.* 1. cüce 2. çok küçük

**midland** /'midlınd/ *a.* 1. bir ülkenin iç kısmı 2. **the Midlands** Orta İngiltere

**midnight** /'midnayt/ *a.* gece yarısı: *They met at midnight.*

**midriff** /'midrif/ *a, anat.* diyafram

**midshipman** /'midşipmın/ *a.* deniz asteğmeni

**midway** /mid'wey/ *s, be.* yarı yolda, ortasında

**midweek** /mid'wi:k/ *a.* hafta arası

**midwife** /'midwayf/ *a.* ebe

**mien** /mi:n/ *a, yaz.* eda, çehre, görünüş

**might**[1] /mayt/ *e.* 1. (olasılık belirtir) -ebilmek: *He's late. He might have had an accident. They might be at home. Might she be there?* 2. *İl.* (rica belirtir) -ebilmek: *"Might I borrow your pen?" "Yes, you may. "* 3. (dolaylı anlatımda `may' in yerine kullanılır) -ebilmek: *He said he might come soon. (He said, "I may come soon").* 4. -meli, -malı: *David might have written to say he's all right. I might have known she wouldn't come.* 5. **might as well** -se de olur, -memek için bir neden yok: *We've waited half an hour. We might as well go.* 6. **might well** -ebilmek: *It looks fine but it might well rain later.*

**might**[2] /mayt/ *a.* güç, kuvvet, kudret

**mighty** /mayti/ *s.* 1. güçlü, kuvvetli, kudretli 2. **high and mighty** *hkr.* kibirli, gururlu, kendini beğenmiş

**migraine** /'mi:greyn, 'maygreyn/ *a, hek.* migren

**migrant** /'maygrınt/ *a.* 1. göçebe, göçmen 2. göçmen kuş

**migrate** /may'greyt/ *e.* göç etmek, göçmek

**migration** /may'greyşın/ *a.* göç, göçme

**mike** /mayk/ *a, k. dili* mikrofon

**mild** /mayld/ *s.* 1. yumuşak başlı, iyi huylu, uysal, kibar 2. ılımlı, ılıman, mutedil 3. (yiyecek, içecek, vb.) hafif

**mildew** /'mildyu:/ *a.* küf

**mildly** /'mayldli/ *be.* 1. tatlılıkla, nezaketle, yumuşakça 2. hafifçe, biraz 3. **to put it mildly** en hafif deyişle

**mile** /mayl/ *a.* mil (1609 m.)

**mileage** /'maylic/ *a.* mil hesabıyla uzaklık

**milestone** /'maylstoun/ *a.* 1. üzerinde mil işareti olan taş, kilometre taşı 2. önemli olay, dönüm noktası

**milieu** /'mi:lyö:/ *a.* muhit, çevre

**militant**[1] /'militınt/ *s.* saldırgan, savaşçı, kavgaya hazır

**militant**[2] /'militınt/ *a.* militan

**military**[1] /'militıri/ *a.* askerler, ordu

**military**[2] /'militıri/ *s.* askeri: *military hospital*

**militate** /'militeyt/ *e.* (against ile) engel olmak

**militia** /mi'lişı/ *a.* milis

**milk** /milk/ *a.* 1. süt 2. **cry over spilt milk** telafisi olanaksız bir şey için boşuna üzülmek, boşuna gözyaşı dökmek 3. **milk shake** meyveli/çikolatalı süt 4. **milk tooth** sütdişi

**milkman** /'milkmın/ *a.* sütçü

**milksop** /'milksop/ *a.* hanımevladı, muhallebi çocuğu

**milky** /'milki/ *s.* 1. sütlü 2. bulanık, süt gibi 3. **the Milky Way** Samanyolu

**mill**[1] /mil/ *a.* 1. değirmen 2. el değirmeni 3. fabrika, imalathane

**mill**[2] /mil/ *e.* 1. değirmende öğütmek 2. (maden) frezelemek, şekil vermek, işlemek

**mill about/around** *e, k. dili* sürü halinde dolaşmak

**millennium** /mi'leniım/ *a.* 1. bin yıl, bin yıllık dönem 2. herkesin mutluluk ve refah içinde yaşayacağı varsayılan gelecek

**millepede** /'milipi:d/ *a, bkz.* **millipede**

**miller** /'milı/ *a.* değirmenci

**millet** /'milit/ *a.* darı

**milligram** /'miligrem/ *a.* miligram

**millilitre** /'mililitı/ *a.* mililitre

**milliner** /'milinı/ *a.* kadın şapkacısı

**million** /'milyın/ *a.* milyon

**millionaire** /milyı'neı/ *a.* milyoner

**millipede** /'milipi:d/ *a, hayb.* kırkayak

**millstone** /'milstoun/ *a.* 1. değirmen taşı

2. *mec.* yük
mime¹ /maym/ *a.* 1. pandomim; mimik 2. pandomim oyuncusu
mime² /maym/ *e.* pandomim yapmak, taklidini yapmak
mimic¹ /'mimik/ *a.* taklit eden kimse, taklitçi
mimic² /'mimik/ *e.* taklidini yapmak, taklit etmek
minaret /minı'ret/ *a.* minare
mince¹ /mins/ *e.* 1. kıymak, doğramak 2. yapmacık nezaketle konuşmak 3. kırıtmak 4. **not to mince matters/one's words** sözünü esirgememek, açık konuşmak
mince² /mins/ *a.* kıyma
mincemeat /'minsmi:t/ *a.* 1. kuru üzüm, meyve kurusu, kurutulmuş portakal kabuğu, vb. den yapılarak pasta içine konulan karışım 2. **make mincemeat of** *k. dili* paramparça etmek, pestilini çıkarmak
mind¹ /maynd/ *a.* 1. us, akıl: *Use your mind.* 2. kafa, anlak, zekâ 3. bellek, anımsama, hafıza 4. dikkat, akıl 5. düşünce, kanı, fikir 6. eğilim 7. kafalı adam, zeki insan, beyin 8. **change one's mind** fikrini değiştirmek 9. **in one's right mind** aklı başında 10. **make up one's mind** kararını vermek 11. **out of one's mind** deli
mind² /maynd/ *e.* 1. dikkat etmek: *Mind how you drive. There's a lot of traffic. Mind where you walk. Mind the dog. He bites.* 2. aldırmak, önem vermek: *He didn't mind the loud music. Don't mind what he says. He's only joking.* 3. bakmak, ilgilenmek: *My mother minds my children while I work.* 4. karşı çıkmak, karşı koymak: *I wouldn't mind something to eat. I wouldn't mind going to the pictures.* 5. **Do/Would you mind** sizce bir sakıncası var mı: *Do you mind if I smoke? Would you mind if I sat here? Would you mind being quiet? I can't work.* 6. **mind you** şunu da göz önünde bulundurun ki; bu arada belirteyim ki; dikkatini çekerim 7. **Mind your own business** Başkalarının işine karışma.

Sen kendi işine bak. 8. **Never mind** Boş ver; Önemi yok; Aldırma; Sağlık olsun
mindful /'mayndfıl/ *s.* -e dikkat eden, önem veren: *You should be mindful of others' feelings.*
mindless /'mayndlıs/ *s.* 1. sersem, akılsız, aptal 2. dikkat etmeyen, aldırış etmeyen, dikkatsiz
mine¹ /mayn/ *adl.* benim, benimki: *That's your umbrella. This is mine. I've borrowed my sister's coat because mine is at the cleaner's. That song is a favourite of mine.*
mine² /mayn/ *a.* 1. maden ocağı 2. mayın
mine³ /mayn/ *e.* 1. (maden, vb.) çıkarmak 2. maden ocağını işletmek 3. mayın döşemek
minefield /'maynfi:ld/ *a.* mayın tarlası
minelayer /'maynleyı/ *a.* (denize mayın döşeyen) mayın gemisi/uçağı
miner /'maynı/ *a.* 1. maden işçisi 2. mayın döşeyen asker
mineral /'minırıl/ *a, s.* 1. mineral 2. **mineral water** madensuyu
mingle /'mingıl/ *e.* 1. karıştırmak, katmak 2. karışmak, katılmak
mini /'mini/ *s.* küçük, mini
miniature /'miniıçı/ *a.* minyatür
minibus /'minibas/ *a.* minibüs
minimal /'minimıl/ *s.* en az, en küçük
minimize /'minimayz/ *e.* 1. en aza indirgemek, azaltmak 2. küçümsemek, önemsememek
minimum /'minimım/ *a.* 1. en küçük miktar, en düşük derece 2. **minimum wage** asgari ücret
mining /'mayning/ *a.* madencilik
miniskirt /'miniskö:t/ *a.* mini etek
minister /'ministı/ *a.* 1. bakan 2. orta elçi 3. papaz
ministerial /mini'stiıriıl/ *s.* bakana ait
ministration /mini'streyşın/ *a.* yardım, hizmet
ministry /'ministri/ *a.* 1. bakanlık 2. papazlık
mink /mink/ *a.* 1. *hayb.* vizon 2. vizon kürk
minor¹ /'maynı/ *s.* 1. daha küçük, daha az 2. önemsiz, küçük, ikincil 3. *müz.* minör

M

minor² /'maynı/ a, huk. ergin olmayan çocuk

minority /may'noriti/ a. azınlık

minster /'minstı/ a. büyük kilise

minstrel /'minstrıl/ a. ortaçağ halk ozanı

mint¹ /mint/ a. 1. bitk. nane 2. k. dili nane şekeri 3. darphane 4. k. dili yığın, para yığını, büyük para 5. **in mint condition** iyi durumda, yeni, eskimemiş

mint² /mint/ e. (madeni para) basmak

minus /'maynıs/ a, s, ilg. eksi

minuscule /'minıskyu:l/ s. çok küçük

minute¹ /'minit/ a. 1. dakika: I've been waiting for twenty minutes. 2. kısa süre, an: I'll be back in a minute. 3. **the minute (that)** -ir -mez: They started the minute he arrived.

minute² /may'nyu:t/ s. 1. çok küçük 2. çok titiz, ayrıntılı, dikkatli

minutes /'minits/ a. tutanak

miracle /'mirıkıl/ a. mucize

miraculous /mi'rekyulıs/ s. mucizevi, şaşılacak

mirage /'mira:j/ a. serap, ılgın

mirror¹ /'mirı/ a. ayna

mirror² /'mirı/ e. yansıtmak, aksettirmek

mirth /mö:t/ a. neşe, sevinç, gülme

misadventure /misıd'vençı/ a. kaza, talihsizlik

misanthrope /'misıntroup/ a. insanlardan kaçan/nefret eden kimse

misanthropic /misın'tropik/ s. insanlardan kaçan/nefret eden

misanthropy /mis'entrıpi/ a. insandan kaçma/nefret etme

misapply /misı'play/ e. yanlış kullanmak

misapprehend /misepri'hend/ e. yanlış anlamak

misappropriate /misı'prouprieyt/ e. kötüye kullanmak

misbehave /misbi'heyv/ e. terbiyesizlik etmek, kötü davranmak

misbehaviour /misbi'heyvıı/ a. kötü davranış, terbiyesizlik

miscalculate /mis'kelkyuleyt/ e. yanlış hesaplamak

miscarriage /mis'keric/ a. 1. çocuk düşürme, düşük 2. başarısızlık

miscarry /mis'keri/ e. 1. (çocuk) düşürmek; düşük yapmak 2. başarısız olmak, boşa gitmek, suya düşmek

miscellaneous /misı'lenyııs/ s. çeşitli

miscellany /mi'selını/ a. derleme

mischance /mis'ça:ns/ a. şanssızlık, talihsizlik

mischief /'misçif/ a. 1. yaramazlık 2. hasar, zarar

misconception /miskın'sepşın/ a. yanlış anlama

misconduct /mis'kondakt/ a. kötü davranış, terbiyesizlik

misconstruction /miskın'strakşın/ a. yanlış anlama

misconstrue /miskın'stru:/ e. yanlış anlamak, ters anlam vermek

misdeed /mis'di:d/ a. kötülük, kötü davranış, kabahat

misdemeanour /misdi'mi:nı/ a. hafif suç

misdirect /misdi'rekt/ e. yanlış yön göstermek, yanlış yola sokmak

miser /'mayzı/ a, hkr. cimri, para canlısı

miserable /'mizırbıl/ s. 1. mutsuz, perişan, sefil 2. kötü, berbat

misery /'mizıri/ a. mutsuzluk, sefalet, ıstırap

misfire /mis'fayı/ e. 1. (silah) tutukluk yapmak 2. suya düşmek, bekleneni vermemek

misfit /'misfit/ a. çevresine uymayan kimse

misfortune /mis'fo:çın/ a. 1. şanssızlık, talihsizlik 2. felaket, kaza

misgiving /mis'giving/ a. kuşku, kaygı

misgovern /mis'gavın/ e. (ülkeyi) kötü yönetmek

misguide /mis'gayd/ e. yanlış yola saptırmak

misguided /mis'gaydid/ s. yanlış yola sapmış, yanlış

mishandle /mis'hendl/ e. kötü kullanmak, hor kullanmak

mishap /'mishep/ a. aksilik, terslik, talihsizlik, kaza

misinform /misin'fo:m/ e. -e yanlış bir şey söylemek, yanlış bilgi vermek

misinterpret /misin'tö:prit/ e. yanlış anlamak, yanlış yorumlamak

misjudge /mis'cac/ e. yanlış hüküm

vermek, yanlış değerlendirmek
mislaid /mis'leyd/ *pt, pp bkz.* **mislay**
mislay /mis'ley/ *e.* [*pt, pp* **mislaid** /mis'leyd/] nereye koyduğunu unutmak
mislead /mis'li:d/ *e.* [*pt, pp* **misled** /mis'led/] yanlış yola sevk etmek, saptırmak, yanıltmak
misled /mis'led/ *pt, pp bkz.* **mislead**
mismanage /mis'menic/ *e.* kötü yönetmek
misnomer /mis'noumı/ *a.* yanlış ad, yanlış adlandırma
misogynist /mi'socinist/ *a.* kadın düşmanı
misplace /mis'pleys/ *e.* 1. yanlış yere koymak 2. nereye koyduğunu unutmak
misprint /mis'print/ *a.* baskı hatası
mispronounce /misprı'nauns/ *e.* yanlış telaffuz etmek
misquote /mis'kwout/ *e.* yanlış yazmak, yanlış nakletmek
misread /mis'ri:d/ *e.* [*pt, pp* **misread** /mis'red/] yanlış okumak, yanlış anlamak ya da yorumlamak
misrepresent /misrepri'zent/ *e.* saptırmak: *Newspapers often misrepresent what people have said.*
miss¹ /mis/ *e.* 1. vuramamak, ıskalamak: *He shot at a rabbit and missed.* 2. kaçırmak, yetişememek: *She ran for the bus but missed it.* 3. özlemek: *She missed him when she went away.* 4. yokluğunu keşfetmek, olmadığının farkına varmak: *She didn't miss her money until she wanted to buy some bread.* 5. **miss the boat** *k. dili* fırsatı kaçırmak, vapuru kaçırmak
miss² /mis/ *a.* 1. vuramama, ıskalama, ıska 2. **give sth a miss** *k. dili* -e boş vermek: *He gave the party a miss because he had too much work.*
miss³ /mis/ *a.* hanımefendi, bayan
Miss /mis/ *a.* (evlenmemiş bayanlara hitap ederken) Bayan: *Our teacher, Miss Smith, is getting married next week.*
misshapen /mis'şeypın/ *s.* biçimsiz, şekilsiz, bozuk şekilli
missile /'misayl/ *a.* 1. füze 2. mermi

missing /'mising/ *s.* kayıp, yitik, eksik, namevcut
mission /'mişın/ *a.* 1. özel görev, misyon 2. kurul, misyon 3. misyonerler kurulu
missionary /'mişınıri/ *a.* misyoner
miss out *e.* 1. kapsamamak, dahil etmemek, içine almamak, dışarda bırakmak: *She missed out some words when she typed the letter.* 2. şansı/fırsatı/eğlenceyi kaçırmak: *She missed out on a lot fun because she worked so hard.*
misspell /mis'spel/ *e.* [*pt, pp* **misspelt** /mis'spelt/ **misspelled** /mis'spelt/] harflerini yanlış söylemek
misspelt /mis'spelt/ *pt, pp bkz.* **misspell**
misspend /mis'spend/ *e.* [*pt, pp* **misspent** /mis'spent/] israf etmek, boşa harcamak
misspent /mis'spent/ *pt, pp bkz.* **misspend**
mist¹ /mist/ *a.* 1. sis, duman 2. buğu
mist² /mist/ *e.* (over/up ile) 1. buğulanmak 2. buğulandırmak
mistake¹ /mis'teyk/ *e.* [*pt* **mistook** /mi'stuk/, *pp* **mistaken** /mi'steykın/] 1. yanlış anlamak: *We mistook his directions and went the wrong way.* 2. (for ile) -e benzetmek: *He was often mistaken for a TV star because he looked like him.* 3. şaşırmak, karıştırmak: *We have mistaken the flat and knocked at the wrong door.*
mistake² /mis'teyk/ *a.* 1. yanlış, hata 2. yanılma, yanlışlık 3. **by mistake** yanlışlıkla
mistaken¹ /mi'steykın/ *s.* 1. yanılmış 2. yanlış, hatalı, yersiz
mistaken² /mi'steykın/ *pp bkz.* **mistake**
Mister /'mistı/ *a.* Bay
mistletoe /'misıltou/ *a, bitk.* ökseotu
mistook /mi'stuk/ *pt bkz.* **mistake**
mistress /'mistris/ *a.* 1. evin hanımı 2. kadın öğretmen 3. metres
mistrust¹ /mis'trast/ *e.* güvenmemek
mistrust² /mis'trast/ *e.* güvensizlik
misty /'misti/ *s.* sisli, puslu
misunderstand /misandı'stend/ *e.* [*pt, pp* **misunderstood** /misandı'stud/] yanlış

anlamak

**misunderstanding** /misandı'stending/ *a.* yanlış anlama, yanlış anlaşılma, karışıklık

**misunderstood** /misandı'stud/ *pt, pp bkz.* **misunderstand**

**misuse**[1] /mis'yu:z/ *e.* 1. yanlış yerde kullanmak, kötü kullanmak 2. kötüye kullanmak

**misuse**[2] /mis'yu:s/ *a.* 1. yanlış kullanma 2. kötüye kullanma, suiistimal

**mite** /mayt/ *a.* 1. *hayb.* kene; peynir kurdu; uyuz böceği 2. (zavallı) çocuk, yavrucak

**mitigate** /'mitigeyt/ *e.* hafifletmek, azaltmak: *His good behaviour mitigated his past bad conduct.*

**miter** /'maytı/ *a,* Ai, bkz **mitre**

**mitre** /'maytı/ *a.* piskoposların giydiği uzun başlık

**mitt** /mit/ *a, k. dili* 1. parmaksız eldiven 2. el

**mitten** /'mitn/ *a.* parmaksız eldiven

**mix**[1] /miks/ *e.* 1. karıştırmak: *Mix the eggs with a little milk.* 2. karışmak: *The old furniture mixed well with the new.* 3. kaynaşmak, uyum sağlamak: *The new immigrants didn't mix with the rest of the population.*

**mix**[2] /miks/ *a.* karışım, birleşim

**mixed** /'mikst/ *s.* karışık, karma, çeşitli

**mixer** /'miksı/ *a.* 1. karıştırıcı, mikser 2. herkesle hemen kaynaşıveren kimse, sokulgan kimse

**mixture** /'miksçı/ *a.* 1. karışım 2. karışma, karıştırma

**mix-up** /'miksap/ *a, k. dili* karışıklık, kargaşa, telaş

**mix up** *e.* 1. karıştırmak, düzenini bozmak: *Don't mix up those books, they're all in alphabetical order.* 2. karıştırmak, -e benzetmek: *He's always being mixed up with his brother.*

**moan**[1] /moun/ *a.* 1. inilti 2. sızlanma, dırdır

**moan**[2] /moun/ *e.* 1. inlemek 2. *hkr.* ağlamak, sızlanmak, zırıldamak

**moat** /mout/ *a.* hisar hendeği

**mob**[1] /mob/ *a.* 1. çete 2. serseri grubu 3.

gürültücü kalabalık

**mob**[2] /mob/ *e.* çevresini sarmak, başına üşüşmek, etrafına toplanmak

**mobile**[1] /'moubayl/ *s.* 1. hareket eden, oynak 2. seyyar, gezici 3. **mobile phone** cep telefonu

**mobile**[2] /'moubayl/ *a.* rüzgârın etkisiyle hareket eden küçük süs eşyası

**mobilization** /moubilay'zeyşın/ *a.* seferberlik

**mobilize** /'moubilayz/ *e.* silah altına almak, seferber etmek

**moccasin** /'mokısin/ *a.* makosen

**mocha** /'mokı, 'moukı/ *a.* Yemen kahvesi

**mock**[1] /mok/ *e.* 1. alay etmek, eğlenmek 2. taklidini yapmak, maskara etmek

**mock**[2] /mok/ *s.* yapmacık, sahte

**mockery** /'mokırı/ *a.* 1. alay 2. gülünç taklit 3. maskaralık, komedi, rezalet

**modal**[1] /moudl/ *a, dilb.* (can, must gibi) kip belirteci

**modal**[2] /moudl/ *s, dilb.* kiplerle ilgili, kip ...

**mod con** /mod'kon/ *a:* **all mod cons** *İİ, k. dili* (evde) her türlü konfor

**mode** /moud/ *a.* tarz, yol, biçim

**model**[1] /'modl/ *a.* 1. örnek, model 2. model, manken 3. kalıp 4. tip, model

**model**[2] /'modl/ *e.* 1. modelini yapmak, kalıbını çıkarmak 2. modellik etmek, modellik yapmak

**model on/upon** *e.* -e örnek almak: *If you model yourself on her you will be successful.*

**modem** /'moudem/ *a.* modem

**moderate**[1] /'modırit/ *s.* 1. orta 2. görüşleri aşırıya kaçmayan, ılımlı

**moderate**[2] /'modırit/ *a.* ılımlı kimse, makul kimse

**moderate**[3] /'modıreyt/ *e.* 1. hafifletmek, azaltmak 2. hafiflemek, azalmak

**moderately** /'modıritli/ *be.* bir dereceye kadar, kısmen, biraz

**moderation** /modı'reyşın/ *a.* 1. ılımlılık 2. **in moderation** makul ölçüler içinde, aşırıya kaçmadan

**modern** /'modn/ *s.* çağdaş, modern

**modernize** /'modınayz/ *e.* yenileştirmek, modernize etmek

**modest** /'modist/ *s.* 1. alçakgönüllü 2.

ılımlı, makul 3. sade, yalın, gösterişsiz
modesty /'modisti/ a. alçakgönüllülük
modicum /'modikım/ a. bir parça, azıcık
miktar: *They worked quickly and with a modicum of noise.*
modifier /'modifayı/ a, dilb. anlam değiştirici, niteleyici
modify /'modifay/ e. değişiklik yapmak, değiştirmek
modish /'moudiş/ s. modaya uygun, moda
modulate /'modyuleyt/ e. modüle etmek, ayarlamak
module /'modyu:l/ a. 1. ölçü birimi 2. modül mobilya 3. (uzay aracında) modül
mohair /'mouheı/ a. tiftik
Mohammedan /mou'hemidn/ a, s. Müslüman
moist /moyst/ s. rutubetli, nemli
moisture /'moysçı/ a. rutubet, nem
molar /'moulı/ a. azıdişi
molasses /mı'lesiz/ a. şeker pekmezi, melas
mold /mould/ a, e, Aİ, bkz. mould
mole[1] /moul/ a. ben
mole[2] /moul/ a. 1. hayb. köstebek 2. k. dili muhbir, ajan
molecule /'molikyu:l/ a. molekül, özdecik
molehill /'moulhil/ a. 1. köstebek tepeciği 2. **make a mountain out of a molehill** pireyi deve yapmak
molest /mı'lest/ e. 1. saldırmak, rahatsız etmek 2. ört. sarkıntılık etmek
mollify /'molifay/ e. yumuşatmak, yatıştırmak, sakinleştirmek
mollusc /'molısk/ a, hayb. yumuşakça
molt /moult/ a, e, Aİ. bkz. moult
molten /'moultn/ s. erimiş, dökme
mom /mom/ a, Aİ, k. dili anne
moment /'moumınt/ a. 1. kısa süre, an: *Wait a moment, please.* 2. önem 3. **at the moment** şu anda, şimdi: *Mr. Lake is busy at the moment.*
momentary /'moumıntıri/ s. bir anlık, geçici: *a momentary lapse of reason*
momentous /mou'mentıs/ s. önemli, ciddi
momentum /mou'mentım/ a. 1. fiz. moment, devinirlik 2. hız
momma /'momı/ a, Aİ. 1. k. dili ana, anne

2. arg. kadın, karı
mommy /'momi/ a, Aİ. anne
monarch /'monık/ a. tekerk, mutlak hükümdar
monarchic /'mına:kik/ s. monarşik
monarchy /'monıki/ a. tekerki, monarşi
monastery /'monıstri/ a. manastır
Monday /'mandi, 'mandey/ a. pazartesi
monetary /'manitıri/ s. parasal
money /'mani/ a. 1. para 2. servet
mongol /'mongıl/ a. mongol
mongrel /'mangrıl/ a. melez, kırma
monitor[1] /'monitı/ a. 1. sınıf başkanı 2. monitör, denetlik
monitor[2] /'monitı/ e. (yayın, telsiz, vb.) izlemek, denetlemek, dinlemek
monk /mank/ a. keşiş, rahip
monkey /'manki/ a. 1. maymun 2. k. dili yaramaz çocuk, afacan 3. **monkey business** k. dili dolap, hile, üçkâğıt
mono /'monou/ s. mono
monochrome /'monıkroum/ s. 1. tek renkli 2. (TV) siyah-beyaz
monocle /'monıkıl/ a. tek gözlük, monokl
monogamy /mı'nogımi/ a. tekeşlilik, monogami
monogram /'monıgrem/ a. (baş) harflerle yapılan marka
monologue /'monılog/ a. monolog
monomania /monou'meynii/ a. saplantı deliliği, tek bir konu deliliği
monoplane /'monıpleyn/ a. tek düzlemli uçak
monopolize /mı'nopılayz/ e. tekeline almak: *She often monopolized the conversation and didn't allow others to speak.*
monopoly /mı'nopıli/ a. tekel
monosyllable /'monısilıbıl/ a. tek heceli sözcük
monotone /'monıtoun/ a. tekdüzelik, monotonluk
monotonous /mı'notınıs/ s. tekdüze, monoton
monotony /mı'notıni/ a. tekdüzelik, monotonluk
monsoon /mon'su:n/ a. muson
monster /'monstı/ a. 1. canavar 2. dev, azman 3. canavar ruhlu kimse

**monstrosity** /mon'strositi/ *a.* çirkin şey, zevksizlik timsali

**monstrous** /'monstrıs/ *s.* 1. kocaman, dev 2. iğrenç, rezil, adi

**montage** /'monta:j/ *a.* kurgu, montaj

**month** /mant/ *a.* ay: *There are twelve months in a year. I'll go there at the end of the month. She stayed in Japan for three months.*

**monthly**[1] /'mantli/ *s, be.* ayda bir, aylık: *This magazine comes out monthly.*

**monthly**[2] /'mantli/ *a.* aylık dergi

**monument** /'monyumınt/ *a.* 1. anıt 2. olağanüstü eser, dev yapıt

**monumental** /monyu'mentl/ *s.* 1. anıtsal 2. çok büyük, muazzam

**moo** /mu:/ *a.* 1. inek sesi, mö 2. *İl, arg.* aptal kadın

**mood**[1] /mu:d/ *a.* 1. ruhsal durum, ruh hali, hava: *I'm not in the mood. She's in bad mood.* 2. aksilik, huysuzluk

**mood**[2] /mu:d/ *a, dilb.* kip

**moody** /'mu:di/ *s.* 1. dakikası dakikasına uymaz, değişken, kaprisli 2. aksi, ters, huysuz

**moon** /mu:n/ *a.* 1. ay 2. uydu 3. **cry for the moon** olmayacak şey istemek 4. **full moon** dolunay 5. **new moon** hilal, ayça 6. **once in a blue moon** kırk yılda bir 7. **over the moon** çok mutlu, sevinçten uçan 8. **promise sb the moon** birisine yapamayacağı bir şeyi vaadetmek

**moon about/around** *e, k. dili* mutsuz, amaçsız bir şekilde başıboş gezmek, avarelik etmek

**moonbeam** /'mu:nbi:m/ *a.* ay ışını

**moonlight** /'mu:nlayt/ *a.* ay ışığı, mehtap

**moonlit** /'mu:nlit/ *s.* ay ışığı ile aydınlanmış, mehtaplı

**moor**[1] /muı/ *a.* çalılık arazi, fundalık arazi, kır

**moor**[2] /muı/ *e, den.* palamarla bağlamak

**moorings** /'muıringz/ *a.* gemi bağlama yeri

**moorland** /'muılınd/ *a.* fundalık arazi, kır

**moose** /mu:s/ *a, hayb.* Amerika geyiği, mus

**moot point** /mu:t'poynt/ *a.* kararlaştırılmamış sorun, tartışma konusu

**mop**[1] /mop/ *a.* 1. saplı tahta bezi 2. *k. dili* dağınık saç

**mop**[2] /mop/ *e.* 1. saplı bezle silmek 2. bezle kurulamak, silmek

**mope** /moup/ *e.* neşesiz, kederli olmak

**mope about/around** *e.* hüzünlü/neşesiz bir halde gezinmek

**moped** /'mouped/ *a.* motorlu bisiklet, moped

**moral**[1] /'morıl/ *s.* 1. ahlaki, törel 2. dürüst, ahlaklı 3. manevi, tinsel 4. **moral support** moral takviyesi

**moral**[2] /'morıl/ *a.* 1. alınacak ders, kıssadan hisse 2. ahlak dersi

**morale** /mı'ra:l/ *a.* moral

**morality** /mı'reliti/ *a.* ahlaklılık, erdem

**morals** /'morılz/ *a.* ahlak

**morass** /mı'res/ *a.* bataklık

**moratorium** /morı'to:riım/ *a.* borçların ertelenmesi, moratoryum

**morbid** /'mo:bid/ *s, hkr.* iğrenç şeylere ilgi duyan, iğrenç

**more** /mo:/ *s, be, adl.* 1. daha, daha çok *She is more intelligent than her brother. He has more money than his friends. Can you eat more? If you don't drive more carefully, you'll have an accident. She wants two more children. Do it once more. Give me more. What more can I say? We see more of him recently. I want to sleep more.* 2. **and what's more** üstelik 3. **any more** artık: *She doesn't smoke any more.* 4. **more and more** gittikçe, gitgide: *The cost of living got more and more expensive.* 5. **more or less** aşağı yukarı, yaklaşık 6. **no more** bir daha hiç, artık hiç: *I want no more of this nonsense.* 7. **the more ... the more ...** ne kadar ... o kadar ...: *The more you work, the more you earn.*

**morello** /mı'relou/ *a, bitk.* vişne

**moreover** /mo'rouvı/ *be.* bundan başka, üstelik, zaten: *It's very good food here and moreover it's cheap.*

**morgue** /mo:g/ *a.* morg

**morn** /mo:n/ *a.* sabah

**morning** /'mo:ning/ *a.* sabah

**moron** /'mo:ron/ *a.* 1. geri zekâlı 2. *hek.* moron

morose /mı'rous/ s. huysuz, somurtkan, aksi, suratsız

morpheme /'mo:fi:m/ a, dilb. morfem, biçimbirim

morphine /'mo:fi:n/ a. morfin

morrow /'morou/ a, yaz. yarın

Morse code /mo:s'koud/ a. Mors alfabesi

morsel /'mo:sıl/ a. lokma, parça, zerre

mortal[1] /'mo:tl/ s. 1. fani, ölümlü 2. öldürücü, ölümcül 3. k. dili çok büyük, aşırı

mortal[2] /'mo:tl/ a. fani, ölümlü, insan

mortality /mo:'teliti/ a. 1. ölümlülük 2. ölüm oranı

mortally /'mo:tıli/ be. öldürücü biçimde

mortar[1] /'mo:tı/ a. 1. havan, dibek 2. ask. havan topu 3. harç

mortar[2] /'mo:tı/ e. harç ile sıvamak

mortgage[1] /'mo:gic/ a. rehin, ipotek

mortgage[2] /'mo:gic/ e. rehine koymak, ipotek etmek

mortify /'mo:tifay/ e. küçük düşürmek, utandırmak: The student was mortified when the others laughed at his failure to answer the simplest questions.

mortuary /'mo:çuıri/ a. morg

mosaic /mou'zeyik/ a. mozaik

Moslem /'mozlim/ a, s. Müslüman

mosque /mosk/ a. cami

mosquito /mı'ski:tou/ a. sivrisinek

moss /mos/ a. 1. yosun 2. **A rolling stone gathers no moss.** Yuvarlanan taş yosun tutmaz.

mossy /'mosi/ s. yosunlu

most[1] /moust/ be. 1. en, en çok: That is the most expensive restaurant here. You left me just when I needed you most. 2. çok, pek, son derece: They saw a most amusing film.

most[2] /moust/ s, adl, a. 1. en çok, en fazla: She made the most mistakes. 2. çoğu: Most of the students passed the exam. Most trees in Australia are evergreens. 3. **at (the) most** en çok, en fazla, olsa olsa 4. **for the most part** genellikle, çoğunlukla 5. **make the most of** en iyi şekilde değerlendirmek; yararlanmak

mostly /'moustli/ be. çoğunlukla, çoğu, çoğu kez: Mostly they stay home and

only rarely go out.

motel /mou'tel/ a. motel

moth /moth/ a. güve

mothball /'mothbo:l/ a. güve ilacı, naftalin

mother[1] /'madı/ a. 1. ana, anne 2. kaynak, köken 3. ana, esas 4. **every mother's son** herkes 5. **mother country** anavatan, memleket 6. **Mother Nature** tabiat ana 7. **mother tongue** anadili

mother[2] /'madı/ e. 1. annelik etmek, analık yapmak 2. hkr. annelik taslamak 3. doğurmak

motherhood /'madıhud/ a. annelik

mother-in-law /'madırinlo:/ a. kaynana

motherly /'madıli/ s. ana gibi, anaya özgü

motif /mou'ti:f/ a. motif

motion[1] /'mouşın/ a. 1. devinim, hareket 3. önerge 4. tek. işleme, çalışma 5. **motion picture** sinema filmi 6. **slow motion** ağır çekim

motion[2] /'mouşın/ e. işaret etmek

motionless /'mouşınlis/ s. hareketsiz

motivate /'moutiveyt/ e. harekete geçirmek, motive etmek

motivation /mouti'veyşın/ a. neden, güdüleme, güdü, motivasyon

motive[1] /'moutiv/ a. neden, güdü, dürtü

motive[2] /'moutiv/ s. devindirici, hareket ettirici

motley /'motli/ s. çeşit çeşit, yüz çeşit, her tür

motocross /'moutoukros/ a. motosiklet yarışı, motokros

motor[1] /'moutı/ a. motor

motor[2] /'moutı/ s. 1. hareket ettirici 2. motorlu

motor[3] /'moutı/ e. otomobille gezmek/gitmek

motorbike /'moutıbayk/ a, k. dili motosiklet

motorboat /'moutıbout/ a. deniz motoru, motor

motorcar /'moutıka:/ a. otomobil, araba

motorcycle /'moutısaykıl/ a. motosiklet

motoring /'moutıring/ a. araba kullanma, sürücülük

motorist /'moutırist/ a. otomobil sürücüsü, şoför

**motorize** /'moutırayz/ *e.* motorla donatmak, motorize etmek
**motorway** /'moutıwey/ *a.* otoyol
**mottled** /'motıld/ *s.* benekli, alacalı
**motto** /'motou/ *a.* düstur, parola, slogan
**mould**[1] /mould/ *a.* 1. bahçe toprağı 2. küf
**mould**[2] /mould/ *a.* kalıp, dökme kalıp
**mould**[3] /mould/ *e.* kalıba dökmek, kalıba sokmak
**moulder** /'mouldı/ *e.* çürümek, dökülmek
**moult** /moult/ *e.* tüylerini dökmek
**mound** /maund/ *a.* tümsek, tepecik, yığın
**mount**[1] /maunt/ *a.* 1. dağ, tepe 2. binek hayvanı
**mount**[2] /maunt/ *e.* 1. binmek: *He tried to mount the horse but couldn't.* 2. çıkmak, tırmanmak: *She mounted the stairs three at a time.* 3. (up ile) yükselmek, çoğalmak, artmak: *If you save a little each week your money soon mounts up.* 4. yerleştirmek: *She mounted the picture in a blue frame.* 5. (saldırı) hazırlamak/başlatmak: *They decided to mount the attack at dawn.*
**mountain** /'mauntin/ *a.* dağ
**mountaineer** /maunti'niı/ *a.* dağcı
**mountaineering** /maunti'niıring/ *a.* dağlık
**mountainous** /'mauntinıs/ *s.* dağlık
**mourn** /mo:n/ *e.* (for/over ile) yasını tutmak
**mourner** /'mo:nı/ *a.* cenazeye katılan kimse, yaslı kimse
**mournful** /'mo:nfıl/ *s.* 1. yaslı 2. hüzünlü, kederli
**mourning** /'mo:ning/ *a.* 1. yas 2. yas giysisi
**mouse** /maus/ *a.* fare
**mousetrap** /'maustrep/ *a.* fare kapanı
**moustache** /mı'sta:ş/ *a.* bıyık: *He's grown a moustache.*
**mousy** /'mausi/ *s.* 1. *hkr.* sessiz/sıkıcı/çekingen 2. (saç, kıl) mat kahverengi
**mouth**[1] /maut/ *a.* 1. ağız 2. giriş yeri, ağız 3. **down in the mouth** neşesiz 4. **take the words out of sb's mouth** lafı ağzından almak
**mouth**[2] /maud/ *e.* 1. dırdır etmek, zırlamak, sürekli aynı şeyleri söylemek 2.

dudaklarını kıpırdatmak
**mouthful** /'mautfıl/ *a.* 1. ağız dolusu lokma 2. söylenmesi güç ve çok uzun sözcük
**mouthorgan** /'mauto:gın/ *a, müz.* ağız mızıkası
**mouthpiece** /'mautpi:s/ *a.* 1. ağızlık 2. sözcü
**mouth-watering** /'mautwo:tıring/ *s.* ağız sulandırıcı, nefis
**movable**[1] /'mu:vıbıl/ *s.* menkul, taşınır
**movable**[2] /'mu:vıbıl/ *a, huk.* taşınır eşya
**move**[1] /mu:v/ *e.* 1. hareket ettirmek, kımıldatmak, oynatmak: *The doctor asked the patient to try to move his fingers.* 2. hareket etmek, kımıldamak: *His lips didn't move when he spoke.* 3. ilerlemek, yürümek, gitmek: *They jumped onto the ferry as it started moving.* 4. ilerlemek, gelişmek, sona yaklaşmak: *The new building project couldn't move without more money.* 5. taşınmak: *He has to move to another suburb.* 6. birlikte olmak, zamanını geçirmek: *He moves among different people now he has money.* 7. etkilemek, duygulandırmak: *Everyone was moved by the film.* 8. önermek: *The chairman moved that the meeting finish.*
**move**[2] /mu:v/ *a.* 1. kımıldama, hareket etme, hareket 2. (satranç) hamle 3. taşınma 4. hareket, girişim 5. **get a move on** *k. dili* acele etmek 6. **make a move** harekete geçmek, gitmek
**moveable** /'mu:vıbıl/ *s, bkz.* **movable**
**move along** *e.* ilerlemek
**move in** *e.* eve taşınmak, yerleşmek
**movement** /'mu:vmınt/ *a.* 1. hareket 2. hareket, eylem, faaliyet 3. *müz.* tempo, ritim, hareket 4. *müz.* bölüm, kısım 5. mekanizma
**move off** *e.* ayrılmak, hareket etmek, kalkmak: *The bus moved off when the last passenger got on.*
**move on** *e.* 1. değiştirmek, yenilemek, -e geçmek: *They moved on to the next topic for discussion.* 2. göndermek, kovmak 3. gitmek, yer değiştirmek: *The council official told the gypsies to move*

*on.*

**movie** /'mu:vi/ *a, Aİ, k. dili* 1. film: *There's a movie on TV. She's a movie star.* 2. **the movies** sinema: *Let's go to the movies.*

**moving** /'mu:ving/ *s.* 1. dokunaklı, acıklı, duygulandırıcı 2. hareket eden, oynak

**mow** /mou/ *e.* [*pt* **mowed,** *pp* **mown** /moun/] biçmek

**mow down** *e.* öldürmek, yok etmek: *The town's people were mown down by the terrorists' machine guns.*

**mower** /'mouı/ *a.* çim biçme makinesi

**mown** /moun/ *pp bkz.* **mow**

**Mr** /'mistı/ *a.* Bay, By

**Mrs** /'misız/ *a.* (evli) Bayan, Bn

**Ms** /miz, mız/ *a.* (evli ya da bekâr) Bayan, Bn

**much**[1] /maç/ *be.* 1. çok: *He's much taller than his brother. Thank you very much. You look much better now.* 2. hemen hemen, birçok yönden: *I read three of his books and they were all much alike.* 3. pek: *I don't like him much. I can't hear very much as I'm deaf in one ear.*

**much**[2] /maç/ *s, adl, a.* 1. çok, fazla: *We haven't got much food in the fridge. John's got a lot of money but his sister hasn't got much. He didn't have much to say.* 2. **how much** a) ne kadar: *How much sugar shall I buy?* b) kaç para, ne kadar: *How much is this shirt?* 3. **make much of** gözünde büyütmek, abartmak 4. **much as** -e rağmen: *Much as he wanted to lose weight he couldn't stop eating.* 5. **not much of a** iyi bir ... değil: *It wasn't much of a meal.* 6. **not up to much** *k. dili* pek iyi değil, yaramaz 7. **so much for** -in sonu: *He was late again. So much for his promises to be on time.* 8. **think much of** ... hakkında iyi düşünmek: *I don't think much of him.* 9. **this/that much** bu/şu kadar 10. **too much for** ... için başa çıkamayacak kadar zor; çok fazla: *Looking after five children and her parents is too much for her.*

**muck** /mak/ *k. dili* 1. pislik 2. hayvan boku, gübre

**muck about/around** *e, k. dili* aptalca davranmak, saçmalamak

**muck in** *e, k. dili* birlikte çalışmak, işbirliği yapmak

**muck up** *e, k. dili* 1. pisletmek, kirletmek 2. berbat etmek, içine etmek

**mucus** /'myu:kıs/ *a.* sümük

**mud** /mad/ *a.* 1. çamur 2. **throw mud at** çamur atmak

**muddle**[1] /madl/ *a.* 1. karışıklık, dağınıklık, düzensizlik, karmaşa 2. şaşkınlık, sersemlik

**muddle**[2] /madl/ *e.* (up ile) 1. dağıtmak, karıştırmak 2. kafasını karıştırmak, şaşkına çevirmek

**muddle through** *e.* üstesinden gelmek, atlatmak, başarmak

**muddy** /'madi/ *s.* çamurlu: *muddy shoes*

**mudguard** /'madga:d/ *a, İl.* çamurluk

**muffle** /'mafıl/ *e.* (sesi) boğmak, hafifletmek

**muffler** /'maflı/ *a.* 1. atkı, fular 2. *Aİ.* susturucu

**mug**[1] /mag/ *a.* 1. kulplu bardak, maşrapa 2. bir maşrapa dolusu 3. *arg.* yüz, surat 4. *İl, k. dili* enayi, avanak

**mug**[2] /mag/ *e.* saldırıp soymak

**muggy** /'magi/ *s.* (hava) kapalı, boğucu, bunaltıcı

**Muhammadan** /mu'hemıdın/ *a, s.* Müslüman

**mulberry** /'malbıri/ *a, bitk.* dut

**mulch** /malç/ *a.* saman ya da kuru yaprak örtüsü

**mule** /myu:l/ *a.* 1. *hayb.* katır 2. **as obstinate/stubborn as a mule** katır gibi inatçı

**mull** /mal/ *e.* (bira ya da şarabı) baharatla kaynatmak

**mullah** /'malı/ *a.* molla

**mullet** /'malit/ *a, hayb.* tekir balığı

**mull over** *e.* üzerinde düşünmek

**multifarious** /malti'feırıs/ *s.* çeşitli, türlü, çeşit çeşit

**multilateral** /malti'letırıl/ *s.* çok yanlı

**multilingual** /malti'lingwıl/ *s.* 1. bir çok dili kapsayan, çok dilli 2. bir çok dil konuşabilen

**multiple**[1] /'maltipıl/ *s.* çok, birçok, çeşitli

**M**

multiple² /'maltipıl/ *a, mat.* kat

multiplication /maltipli'keyşın/ *a.* 1. *mat.* çarpım 2. artış, çoğalma 3. **multiplication table** çarpım tablosu

multiply /'maltiplay/ *e.* 1. *mat.* (by ile) çarpmak: *Multiply four by three and you get twelve.* 2. çoğalmak 3. çoğaltmak 4. üremek

multiracial /malti'reyşıl/ *s.* çok ırklı

multistorey /malti'sto:ri/ *s.* (bina) çok katlı

multitude /'maltityu:d/ *a.* çok sayı, çokluk, kalabalık

mum /mam/ *a, İİ, k. dili* anne

mumble /'mambıl/ *e.* mırıldanmak, ağzında gevelemek

mummify /'mamifay/ *e.* mumyalamak

mummy¹ /'mami/ *a.* mumya

mummy² /'mami/ *a, İİ, k. dili* anne

mumps /mamps/ *a, hek.* kabakulak

munch /manç/ *e.* hatır hutur yemek

mundane /man'deyn/ *s.* günlük, olağan, sıradan, sıkıcı

municipal /myu:'nisipıl/ *s.* belediye/kent ile ilgili

municipality /myu:nisi'peliti/ *a.* belediye

munificence /myu:'nifisıns/ *a.* cömertlik, eliaçıklık

munificent /myu:'nifisınt/ *s.* cömert, eliaçık

munitions /myu:'nişınz/ *a, ask.* mühimmat, cephane

mural /'myuırıl/ *a.* duvara yapılmış resim, duvar resmi, fresk

murder¹ /'mö:dı/ *a.* 1. adam öldürme, cinayet 2. *k. dili* çok zor iş, ölüm

murder² /'mö:dı/ *e.* 1. katletmek, öldürmek: *He was murdered ten years ago.* 2. içine etmek, katletmek: *They've murdered that lovely old song.*

murderer /'mö:dırı/ *a.* katil

murderous /'mö:dırıs/ *s.* cinai, öldürücü

murky /'mö:ki/ *s.* 1. karanlık, nahoş 2. utanç verici, karanlık

murmur¹ /'mö:mı/ *a.* 1. mırıldanma, mırıltı 2. söylenme, mızmızlanma

murmur² /'mö:mı/ *e.* 1. mırıldanmak 2. homurdanmak, söylenmek

muscle /'masıl/ *a.* 1. kas, adale 2. güç, kuvvet 3. **muscle tone** kas tonusu 4.

**not move a muscle** kılını kıpırdatmamak

muscle in *e.* zorla girişmek, dalmak

muscular /'maskyulı/ *s.* 1. kaslarla ilgili 2. kaslı, adaleli, güçlü

muse /myu:z/ *e.* (over/up/upon ile) derin derin düşünmek, derin düşüncelere dalmak

museum /myu:'zi:m/ *a.* müze

mush /maş/ *a.* ezme

mushroom¹ /'maşru:m/ *a, bitk.* mantar

mushroom² /'maşru:m/ *e.* mantar gibi bitmek, hızla çoğalmak

music /'myu:zik/ *a.* 1. müzik 2. nota, makam 3. **face the music** eleştirilere katlanmak, sonucuna katlanmak, göğüs germek 4. **music centre/set** müzik seti 5. **music hall** müzikhol

musical¹ /'myu:zikıl/ *s.* 1. müzikal, müzikle ilgili, müzikli 2. müzik sever, müziğe yetenekli 3. tatlı, hoş, uyumlu

musical² /'myu:zikıl/ *a.* müzikal

musician /myu:'zişın/ *a.* müzisyen

musk /mask/ *a, bitk.* misk

musket /'maskit/ *a.* eski tip tüfek

musketeer /maski'tiı/ *a.* silahşör

Muslim /'mazlim/ *a, s.* Müslüman

muslin /'mazlin/ *a.* muslin

mussel /'masıl/ *a.* midye

must¹ /mıst, mast/ *e.* 1. (zorunluluk, gereklilik belirtir) -meli, -malı: *I must finish this work before I go out tonight.* 2. (tahmin belirtir) -meli, -malı: *You must be tired. You've been working all day. He must have gone out.*

must² /mast/ *a.* gerekli şey, yapılması gereken şey

mustache /mı'sta:ş, 'masteş/ *a, Aİ.* bıyık

mustang /'masteng/ *a, hayb.* mustang, küçük ve vahşi bir tür Amerikan atı

mustard /'mastıd/ *a.* hardal

muster /'mastı/ *e.* 1. toplanmak, bir araya gelmek 2. toplamak

musty /'masti/ *s.* küf kokulu, küflü

mutation /myu:'teyşın/ *a.* 1. değişme, dönüşme 2. *biy.* değişinim, mutasyon

mute¹ /myu:t/ *s.* 1. sessiz 2. *dilb.* (harf) okunmayan

mute² /myu:t/ *a.* dilsiz

mute³ /myu:t/ *e.* sesini kısmak, azaltmak
muted /'myu:tid/ *s.* (ses, renk) yumuşatılmış
mutilate /'myu:tileyt/ *e.* 1. kötürüm etmek, sakatlamak 2. bozmak, içine etmek
mutineer /myu:ti'nir/ *a.* isyancı, asi
mutiny /'myu:tini/ *a.* isyan, ayaklanma
mutter /'matı/ *e.* 1. mırıldanmak 2. söylenmek, homurdanmak
mutton /matn/ *a.* koyun eti
mutual /'myu:çuıl/ *s.* 1. ortak 2. karşılıklı
muzzle¹ /'mazıl/ *a.* 1. hayvan burnu 2. burunsalık 3. top/tüfek ağzı
muzzle² /'mazıl/ *e.* 1. burunsalık takmak 2. susturmak, çanına ot tıkamak
my¹ /may/ *s.* benim: *This is my dictionary.*
my² /may/ *ünl.* Vay! Vay be! Vay canına!
myopic /may'opik/ *s.* miyop
myriad¹ /'mirıd/ *s.* çok, sayısız
myriad² /'mirıd/ *a.* çok sayı
myrtle /'mö:tl/ *a, bitk.* mersin ağacı
myself /may'self/ *adl.* 1. ben, kendim, kendimi, kendime: *I saw myself in the mirror.* 2. **by myself** yalnız başıma, kendi kendime, yardımsız: *I built my house by myself.*
mysterious /mi'stiırııs/ *s.* esrarengiz, gizemli
mystery /'mistıri/ *a.* 1. sır, giz 2. anlaşılmaz şey, gizem, esrar
mystic¹ /'mistik/ *s.* 1. gizemli, mistik 2. gizemcilikle ilgili
mystic² /'mistik/ *a.* gizemci
mystical /'mistikıl/ *s.* 1. gizemcilikle ilgili 2. gizemli
mysticism /'mistisizım/ *a.* tasavvuf, gizemcilik
mystify /'mistifay/ *e.* meraklandırmak, şaşırtmak
myth /mit/ *a.* 1. söylence, mit, efsane 2. uydurma şey, masal
mythical /'mitikıl/ *s.* 1. efsanevi, söylencesel 2. uydurma
mythological /mitı'locikıl/ *s.* mitolojik
mythology /mi'tolıci/ *a.* mitoloji, söylencebilim

# N

N, n /en/ *a.* İngiliz abecesinin on dördüncü harfi
nab /neb/ *e, k. dili* enselemek, yakalamak
nag¹ /neg/ *a.* 1. hasta yaşlı at 2. *k. dili* at, beygir
nag² /neg/ *e.* 1. (at ile) başının etini yemek, dırdır etmek 2. rahat vermemek
nail¹ /neyl/ *a.* 1. tırnak 2. çivi 3. **hit the nail on the head** *k. dili* tam üstüne basmak, taşı gediğine koymak 4. **nail file** tırnak törpüsü
nail² /neyl/ *e.* (to/on ile) çivilemek, mıhlamak, çakmak
nail down *e.* 1. çivilemek 2. (to ile) söyletmek
naive /nay'i:v/ *s.* saf, bön, toy
naked /'neykid/ *s.* çıplak
name¹ /neym/ *a.* 1. ad, isim 2. ün, şöhret, nam 3. ünlü kişi 4. **by name** ismen, adıyla 5. **in the name of** adına, hakkı için, namına: *in the name of law* 6. **to one's name** *k. dili* kendi adına, kendisinin, malı olarak
name² /neym/ *e.* 1. ad vermek; adını vermek, ad koymak, adlandırmak: *They named their first son Christopher.* 2. adını söylemek 3. seçmek, atamak
namedrop /'neymdrop/ *e, hkr.* ünlü kişileri tanıdığını belirterek hava atmak
nameless /'neymlis/ *s.* 1. adsız, bilinmeyen, meçhul 2. anlatılamaz, tarifi olanaksız
namely /'neymli/ *be.* yani
namesake /'neymseyk/ *a.* adaş
nanny /'neni/ *a.* 1. dadı 2. **nanny goat** dişi keçi
nap¹ /nep/ *e.* 1. kestirmek, şekerleme yapmak 2. **catch sb napping** *k. dili* kaytarırken yakalamak
nap² /nep/ *a.* kısa uyku, kestirme, şekerleme
napalm /'neypa:m/ *a.* bomba yapımında kullanılan yanıcı madde, napalm
nape /neyp/ *a.* ense
naphthalene /'neftıli:n/ *a.* naftalin
napkin /'nepkin/ *a.* 1. peçete 2. *İl.* bebek bezi
nappy /'nepi/ *a.* bebek bezi

**narcissism** 312

**narcissism** /'na:sisizm/ *a.* narsisizm, özseverlik
**narcissus** /na:'sısıs/ *a, bitk.* nergis
**narcotic** /na:'kotik/ *a, s.* 1. uyuşturucu 2. uyuşturucu ile ilgili 3. narkotik
**narrate** /nı'reyt/ *e.* anlatmak, aktarmak
**narration** /nı'reyşın/ *a.* 1. anlatma, anlatım 2. öyküleme, anlatı
**narrative¹** /'nerıtiv/ *a.* öykü, anlatı
**narrative²** /'nerıtiv/ *s.* öyküsel, öykü biçiminde, öykülü
**narrator** /nı'reytı/ *a.* anlatıcı
**narrow¹** /'nerou/ *s.* 1. dar: *The road was too narrow for two cars to pass.* 2. sınırlı, az 3. anca yeten, kıt kanaat
**narrow²** /'nerou/ *e.* 1. daralmak 2. daraltmak
**narrowly** /'nerouli/ *be.* zar zor, anca, darı darına
**narrow-minded** /nerou'mayndid/ *s, hkr.* dar görüşlü, bağnaz
**nasal** /'neyzıl/ *s.* 1. burunla ilgili 2. *dilb.* genzel, genizsel
**nasty** /'na:sti/ *s.* 1. pis, kirli 2. çirkin, kötü, berbat, pis, iğrenç 3. açık saçık, edepsiz, terbiyesiz, ahlaksız 4. ağır, ciddi, tehlikeli
**nation** /'neyşın/ *a.* millet, ulus
**national¹** /'neşınıl/ *s.* 1. ulusal 2. **national anthem** milli marş 3. **national park** milli park 4. **national service** askerlik hizmeti
**national²** /'neşınıl/ *a.* yurttaş, uyruk
**nationalism** /'neşınılizım/ *a.* milliyetçilik, ulusçuluk
**nationalist** /'neşınılist/ *a, s.* milliyetçi, ulusçu
**nationalistic** /neşını'listik/ *s.* aşırı milliyetçi
**nationality** /neşı'nelıti/ *a.* 1. milliyet, ulusallık 2. ulus 3. uyrukluk: *What nationality are you?*
**nationalize** /'neşınılayz/ *e.* devletleştirmek, kamulaştırmak
**nationwide** /neyşın'wayd/ *s.* yurt çapında, tüm yurtta gerçekleşen
**native¹** /'neytiv/ *s.* 1. yerli 2. doğuştan 3. (to ile) -e özgü, -de yetişen
**native²** /'neytiv/ *a.* yerli

**Nativity** /nı'tiviti/ *a.* İsa'nın doğumu
**natter** /'netı/ *e, İİ, k.* dili laklak etmek, gevezelik etmek
**natty** /'neti/ *s, k. dili* şık, zarif, iyi giyimli
**natural¹** /'neçırıl/ *s.* 1. doğaya özgü, doğal: *natural gas* 2. olağan, normal, doğal 3. doğuştan 4. **natural history** tabiat bilgisi, doğa bilgisi 5. **natural resources** doğal kaynaklar 6. **natural science** doğal bilimler 7. **natural selection** doğal ayıklanma
**natural²** /'neçırıl/ *a.* 1. doğuştan yetenekli kişi, başarılı kişi 2. (bir işe) çok uygun kişi/şey
**naturalist** /'neçırılist/ *a.* doğa bilimleri uzmanı, natüralist, doğalcı
**naturalize** /neçırılayz/ *e.* 1. yurttaşlığa kabul etmek 2. benimsemek, kabul etmek
**naturally** /'neçırıli/ *be.* doğal olarak, doğallıkla
**nature** /'neyçı/ *a.* 1. tabiat, doğa 2. yaradılış, doğa, mizaç, özellik 3. tür, çeşit, tip 4. **call of nature** *ört.* tuvalet ihtiyacı
**naturism** /'neyçırizım/ *a.* çıplak yaşama öğretisi, çıplak yaşama, doğacılık
**naught** /no:t/ *a.* 1. hiç, hiçbir şey, sıfır 2. **come to naught** boşa gitmek, ziyan olmak
**naughty** /'no:ti/ *s.* 1. yaramaz, haylaz 2. edepsiz, ahlaksız
**nausea** /'no:ziı/ *a.* mide bulantısı
**nauseate** /'no:zieyt/ *e.* mide bulandırmak
**nautical** /'no:tikıl/ *s.* 1. gemi/gemici/gemicilik/deniz/denizcilik ile ilgili 2. **nautical mile** deniz mili
**naval** /'neyvıl/ *s.* bahriyeye/donanmaya ait
**navel** /'neyvıl/ *a.* göbek
**navigable** /'nevigıbıl/ *s.* gemilerin yüzebileceği kadar derin
**navigate** /'nevigeyt/ *e.* (gemi, uçak, vb.) yönlendirmek, yönünü belirtmek/söylemek
**navigation** /nevi'geyşın/ *a.* 1. deniz ya da uçak yolculuğu, sefer 2. denizcilik, gemicilik, dümencilik
**navigator** /'nevigeytı/ *a.* (gemi, uçak, vb.) rotacı, dümenci

navy /'neyvi/ *a.* 1. deniz kuvvetleri, bahriye 2. deniz filosu, donanma

nay[1] /ney/ *be.* 1. yok, hayır 2. *yaz.* hatta, üstelik

nay[2] /ney/ *a.* 1. olumsuz oy 2. olumsuz oy veren kimse

Nazi /'na:tsi/ *a.* Nazi

near[1] /nii/ *s.* 1. yakın: *The nearest shop is a bakery. I'll come at the nearest time possible.* 2. daha yakındaki: *On the near side of the bridge was a church.*

near[2] /nii/ *be, ilg.* yakın, yakında, yanında, yakınında: *The post office is near the chemist.*

near[3] /nii/ *e.* yaklaşmak: *As they neared the village they could hear drums beating.*

nearby /nii'bay/ *be.* yakın, yakında

nearly /'niili/ *be.* hemen hemen, neredeyse: *He nearly got hit by a car. It's nearly midnight. Have you nearly finished the book? I nearly bought the house but I changed my mind.*

nearsighted /nii'saytid/ *s, Al.* miyop

neat /ni:t/ *s.* 1. temiz, derli toplu, düzenli 2. tertipli, düzensever 3. zeki, etkileyici 4. (içki) katıksız, sek 5. *Al, k. dili* çok iyi, süper

nebula /'nebyuli/ *a.* bulutsu, nebula

nebulous /'nebyulıs/ *s.* belirsiz, açık ve net olmayan, kapalı

necessarily /'nesisırili/ *be.* mutlaka, ille de: *It wasn't necessarily his fault. Others were involved. Wealth doesn't necessarily make you happy.*

necessary /'nesisiri/ *s.* 1. gerekli, zorunlu: *It isn't necessary to book in advance.* 2. kaçınılmaz 3. vazgeçilmez

necessitate /ni'sesiteyt/ *e.* gerektirmek, zorunlu kılmak

necessity /ni'sesiti/ *a.* 1. zorunluluk, mecburiyet 2. ihtiyaç, gereksinim: *Necessity is the mother of invention* 3. yoksulluk

neck[1] /nek/ *a.* 1. boyun 2. giysi boynu, yaka 3. *coğ.* dil, kıstak 4. **break one's neck** *k. dili* çok çalışmak 5. **neck and neck** *k. dili* (yarışta) kafa kafaya, başa baş 6. **up to one's neck** *k. dili* boğazına

kadar

neck[2] /nek/ *e, k. dili* (cinsel birleşme yapmadan) sevişmek, yiyişmek

neckerchief /'nekıçif/ *a.* boyun atkısı

necklace /'neklis/ *a.* kolye, gerdanlık

necktie /'nektay/ *a, Al.* kravat

nectar /'nektı/ *a.* 1. tanrıların içkisi, nektar 2. tatlı ve güzel içecek, nektar 3. balözü

née /ney/ *be.* kızlık soyadıyla

need[1] /ni:d/ *a.* 1. lüzum, gerek 2. ihtiyaç, gereksinim: *There's a need for more schools here.* 3. yoksulluk 4. **if need be** gerekirse

need[2] /ni:d/ *e.* -e ihtiyacı olmak, gereksinim duymak, gereksinmek: *I need you. The house needs painting.*

need[3] /ni:d/ *e.* -mesi gerekmek, -meli, -malı: *You needn't worry. I've found the key. Do you need to go to the bank? Need we hurry?*

needle /'ni:dl/ *a.* 1. dikiş iğnesi, iğne 2. şiş, tığ 3. ibre 4. pikap iğnesi 5. şırınga iğnesi

needless /'ni:dlis/ *s.* 1. gereksiz, lüzumsuz 2. **needless to say** tabii ki, söylemeye gerek yok

needlework /'ni:dlwö:k/ *a.* iğne işi, işleme

needy /'ni:di/ *s.* yoksul, fakir

ne'er /neı/ *be, esk.* hiç, asla

ne'er-do-well /'neıdu:wel/ *a, hkr.* işe yaramaz/tembel kimse

negate /ni'geyt/ *e.* 1. etkisiz duruma getirmek 2. yadsımak, reddetmek, inkâr etmek

negative[1] /'negıtiv/ *s.* negatif, olumsuz

negative[2] /'negıtiv/ *a.* 1. olumsuz yanıt 2. (film) negatif

neglect[1] /ni'glekt/ *e.* 1. boşlamak, savsaklamak, ihmal etmek: *He's been neglecting his wife lately.* 2. yapmamak, yapmayı unutmak: *He neglected to post the letter.*

neglect[2] /ni'glekt/ *a.* boşlama, savsaklama, ihmal

negligence /'neglicıns/ *a.* savsaklama, boşlama, özensizlik, dikkatsizlik, ihmal, kayıtsızlık

negligent /'neglicınt/ *s.* ihmalci, kayıtsız, dikkatsiz

**negligible** /'neglıcıbıl/ *s.* önemsiz, sözünü etmeye değmez, kayda değmez

**negotiable** /ni'gouşııbıl/ *s.* 1. ciro edilebilir, devredilebilir, satılabilir 2. *k. dili* (yol, vb.) geçilebilir

**negotiate** /ni'gouşieyt/ *e.* 1. görüşmek 2. akdetmek 3. *k. dili* rahatça geçmek

**negotiation** /nigouşi'eyşın/ *a.* 1. görüşme 2. ciro etme, devretme

**Negress** /'ni:gris/ *a, hkr.* zenci kadın

**Negro** /'ni:grou/ *a, hkr.* zenci

**neigh**[1] /ney/ *e.* kişnemek

**neigh**[2] /ney/ *a.* kişneme

**neighbor** /'neybı/ *a, Aİ, bkz.* **neighbour**

**neighbour** /'neybı/ *a.* komşu

**neighbourhood** /'neybıhud/ *a.* 1. komşular, konu komşu, komşuluk 2. çevre, yöre, semt

**neighbouring** /'neybıring/ *s.* (yer) yakındaki, komşu: *neighbouring village*

**neither**[1] /'naydı/ *s.* (ikisinden) hiçbiri, hiçbir: *Neither pair of jeans fitted him. Neither of the brothers spoke English.*

**neither**[2] /'naydı/ *adl.* hiçbiri: *Do you want this one or that one?" "Neither!"*

**neither**[3] /'naydı/ *bağ.* 1. de değil, ne de ...: *My sister can't drive, neither can I.* 2. **neither ... nor** ne ... ne de: *Neither John nor Susan were at the party.*

**neolithic** /ni:ı'litik/ *s.* cilalı taş devrine ait

**neologism** /ni:'olıcizım/ *a.* 1. yeni sözcük/deyim/ifade 2. bir sözcüğün yeni anlamı 3. yeni sözcük/anlamların kullanımı

**nephew** /'nevyu:, 'nefyu:/ *a.* erkek yeğen

**nepotism** /'nepıtizım/ *a.* yakınlarını kayırma, hısım akraba kayırıcılığı, dayıcılık

**nerve**[1] /nö:v/ *a.* 1. sinir 2. *hkr.* arsızlık, yüzsüzlük, küstahlık, cüret 3. sinirlere hâkim olma 4. **get on one's nerves** -in sinirine dokunmak, gıcık etmek

**nerve**[2] /nö:v/ *e.* cesaret vermek

**nervous** /'nö:vıs/ *s.* 1. sinirlere ilişkin, sinirsel 2. heyecanlı, ürkek, sinirleri gergin: *He's a very nervous driver.* 3. **nervous breakdown** sinirsel çöküntü, ağır sinir bozukluğu, sinir krizi 4. **nervous system** sinir sistemi

**nest**[1] /nest/ *a.* 1. yuva 2. **nest egg** ilerde kullanmak için saklanan para, birikim

**nest**[2] /nest/ *e.* yuva yapmak

**nestle** /'nesıl/ *a.* 1. yerleşmek, kurulmak 2. barındırmak, sığındırmak 3. yaslamak, dayamak

**net**[1] /net/ *a.* 1. ağ 2. file 3. tuzak

**net**[2] /net/ *e.* (ağ ile) yakalamak

**net**[3] /net/ *s.* net, katıksız, kesintisiz

**net**[4] /net/ *e.* kazanmak, kâr etmek

**nether** /'nedı/ *s.* alt, aşağı, alttaki, aşağıdaki

**nettle**[1] /'netl/ *a, bitk.* ısırgan

**nettle**[2] /'netl/ *e.* kızdırmak, öfkelendirmek, sabırsızlandırmak, kıl etmek

**network** /'netwö:k/ *a.* ağ, şebeke

**neurology** /nyu'rolıci/ *a.* sinirbilim, nevroloji

**neurosis** /nyu'rousis/ *a.* nevroz, sinirce

**neurotic** /nyu'rotik/ *a.* nevrozlu, sinirceli

**neuter**[1] /'nyu:tı/ *s.* 1. *dilb.* eril/dişil olmayan 2. yansız 3. nötr, cinsiyetsiz, eşeysiz

**neuter**[2] /'nyu:tı/ *a, dilb.* ne eril ne dişil sözcük, nötr sözcük

**neuter**[3] /'nyu:tı/ *e.* iğdiş etmek

**neutral**[1] /'nyu:trıl/ *s.* 1. yansız, tarafsız 2. *kim.* yansız, nötr 3. (vites) boşta

**neutral**[2] /'nyu:trıl/ *a.* 1. vitesin boşta olması 2. tarafsız ülke/kimse

**neutrality** /nyu:'treliti/ *a.* (savaş, vb.'de) tarafsız olma, yansızlık

**neutralize** /'nyu:trılayz/ *e.* 1. etkisiz hale getirmek 2. yansızlaştırmak

**neutron** /'nyu:trın/ *a.* 1. nötron 2. **neutron bomb** nötron bombası

**never** /'nevı/ *be.* 1. asla, hiç, hiçbir zaman: *I never eat meat. I'm a vegetarian.* 2. **never mind** *k. dili* zararı yok, boş ver, aldırma; sağlık olsun

**nevermore** /nevı'mo:/ *be, yaz.* bir daha hiç

**nevertheless** /nevıdı'les/ *be.* bununla birlikte, yine de

**new**[1] /nyu:/ *s.* 1. yeni: *I bought a new car yesterday.* 2. taze 3. yeni, acemi

**new**[2] /nyu:/ *be.* yeni olarak, yeni

**newcomer** /'nyu:kamı/ *a.* yeni gelen

**newfangled** /nyu:'fengıld/ *s.* yeni, alışılmamış, uyduruk

**newly** /'nyu:li/ *be.* 1. yakınlarda, yeni 2. yeni bir biçimde

**newlywed** /'nyu:liwed/ *s.* yeni evli

**news** /nyu:z/ *a.* 1. haber 2. **news agency** haber ajansı 3. **news conference** basın toplantısı

**newsagent** /'nyu:zeycınt/ *a.* gazete/dergi, vb. satıcısı, gazeteci

**newsboy** /'nyu:zboy/ *a.* gazete dağıtan çocuk/adam

**newscast** /'nyu:zka:st/ *a.* haber yayını

**newscaster** /'nyu:zka:stı/ *a.* haber spikeri

**newspaper** /'nyu:speypı/ *a.* gazete

**newsprint** /'nyu:zprint/ *a.* gazete kâğıdı

**newsreel** /'nyu:zri:l/ *a.* aktüalite/haber filmi

**newsstand** /'nyu:zstend/ *a.* gazete bayii

**newsworthy** /'nyu:zwö:di/ *s.* haber olabilecek değer ve önemde, haber olabilir, haber değeri olan

**newt** /nyu:t/ *a, hayb.* semender

**next**[1] /nekst/ *s.* 1. en yakın, en bitişik: *They live in the next street.* 2. bir sonraki, gelecek, önümüzdeki: *When does the next bus leave? I'm going to London next week.* 3. **next of kin** en yakın akraba

**next**[2] /nekst/ *be.* 1. sonra, bundan sonra: *He's already been to Paris, London and New York. Where will he go next?* 2. **next to** bitişik, yanında, -e yakın, hemen hemen 3. **next door** bitişiğinde, yakında

**next-door** /nekst'do:/ *s.* bitişik, yandaki: *The people next-door are from Italy.*

**nib** /nib/ *a.* uç, kalem ucu

**nibble** /'nibıl/ *e.* 1. (away/at/on ile) dişlemek, ufak parçalar koparmak 2. (at ile) ilgi duymak, ilgilenmek, benimsemek

**nice** /nays/ *s.* 1. güzel, sevimli, tatlı, hoş: *His girlfriend is very nice.* 2. iyi 3. ince, düşünceli, nazik, kibar 4. ince, duyarlı, nazik 5. *k. dili* kötü, nahoş, yanlış: *That's a nice way to talk to your mother. Apologize!*

**nicely** /'naysli/ *be.* hoş bir biçimde, iyi bir biçimde

**nicety** /'naysti/ *a.* 1. hassas nokta, ayrıntı

2. hoş, güzel şey

**niche** /niç, ni:ş/ *a.* 1. duvarda oyuk 2. uygun yer/iş/mevki

**nick**[1] /nik/ *a.* 1. çentik, sıyrık 2. *İl, k. dili* kodes 3. **in the nick of time** tam vaktinde

**nick**[2] /nik/ *e.* 1. çentmek, sıyırmak 2. *İl, k. dili* araklamak, yürütmek: *Somebody's nicked my pen.*

**nick**[3] /nik/ *a, İl, k. dili* sağlık durumu, form, kondisyon

**nickel** /'nikıl/ *a.* 1. *kim.* nikel 2. beş sent

**nicknack** /'niknek/ *a, k. dili, bkz.* **knickknack**

**nickname**[1] /'nikneym/ *a.* takma ad, lakap

**nickname**[2] /'nikneym/ *e.* ad takmak, lakap takmak

**nicotine** /'nikıti:n/ *a.* nikotin

**niece** /ni:s/ *a.* kız yeğen

**nifty** /'nifti/ *s, k. dili* çok iyi, çekici, etkileyici, acayip, süper

**niggard** /'nigıd/ *a, hkr.* cimri, pinti kimse

**niggardly** /'nigıdli/ *s, hkr.* 1. cimri, pinti 2. azıcık, değerinin çok altında

**nigger** /'nigı/ *a, kab, arg.* zenci

**night** /nayt/ *a.* 1. gece 2. (özel bir olayın olduğu) gece, akşam 3. **all night (long)** bütün gece boyunca 4. **make a night of it** *k. dili* gecenin tadını çıkarmak 5. **night after night** *k. dili* her gece 6. **night and day/day and night** *k. dili* hep, sürekli, gece gündüz, her zaman 7. **night school** akşam okulu 8. **night shift** gece vardiyası 9. **night watchman** gece bekçisi

**nightcap** /'naytkep/ *a.* 1. yatak takkesi 2. yatmadan önce içilen içki

**nightclub** /'naytklab/ *a.* gece kulübü

**nightdress** /'naytdres/ *a.* gecelik

**nightfall** /'naytfo:l/ *a.* akşam vakti, akşam karanlığı

**nightgown** /'naytgaun/ *a, Aİ.* gecelik

**nightie** /'nayti/ *a, k. dili* gecelik

**nightly** /'naytli/ *s, be.* her gece, her gece olan, geceleyin

**nightmare** /'naytmeı/ *a.* kâbus, karabasan

**nighttime** /'nayttaym/ *a.* gece vakti

**nihilism** /'nayilizım/ *a, fel.* yokçuluk,

nihilizm

**nil** /nil/ *a.* hiç, sıfır

**nimble** /'nimbıl/ *s.* çevik, atik

**nimbus** /'nimbıs/ *a.* yağmur bulutu, nimbus

**nine** /nayn/ *a, s.* dokuz

**nineteen** /nayn'ti:n/ *a, s.* 1. on dokuz 2. **talk nineteen to the dozen** *k. dili* hızlı ve sürekli konuşmak, çene çalmak

**nineteenth** /nayn'ti:nt/ *a, s.* on dokuzuncu

**ninetieth** /'nayntiit/ *a, s.* doksanıncı

**ninety** /'naynti/ *a, s.* doksan

**ninny** /'nini/ *a, k. dili* salak

**ninth** /'naynt/ *a, s.* dokuzuncu

**nip¹** /nip/ *e.* 1. çimdiklemek, kıstırmak, ısırmak 2. *İİ, k. dili* fırlamak, acele etmek 3. **nip in the bud** engellemek, baltalamak

**nip²** /nip/ *a.* 1. soğuk, ayaz 2. çimdik, ısırma 3. *k. dili* (az miktarda) içki, yudum

**nipper** /'nipı/ *a, k. dili* küçük oğlan çocuk

**nipple** /'nipıl/ *a.* 1. meme ucu 2. *Aİ.* biberon emziği 3. *tek.* meme başı

**nippy** /'nipi/ *s.* 1. soğuk 2. atik, acele, hızlı

**nit** /nit/ *a.* 1. bit, vb. yumurtası, sirke, yavşak 2. *İİ, hkr.* salak, şapşal, aptal

**nitpicking¹** /'nitpiking/ *s, hkr.* kılı kırk yaran

**nitpicking²** /'nitpiking/ *a.* kılı kırk yarma

**nitrate** /'naytreyt/ *a, kim.* nitrat

**nitrogen** /'naytrıcın/ *a, kim.* nitrojen

**nitroglycerine** /naytrou'glisırin/ *a, kim.* nitrogliserin

**nitwit** /'nitwit/ *a, k. dili* salak, şapşal

**no¹** /nou/ *be.* hayır, olmaz, yok: *No, thanks.*

**no²** /nou/ *s.* hiç: *I have no money.*

**no³** /nou/ *a.* yok yanıtı

**nobility** /nou'biliti/ *a.* 1. soyluluk, asalet 2. soylular sınıfı

**noble¹** /'noubıl/ *a.* soylu kimse, asilzade, soylu

**noble²** /'noubıl/ *s.* 1. soylu, soydan asil 2. yüce, asil, yüksek

**nobleman** /'noubılmın/ *a.* soylu, asilzade

**nobly** /'noubli/ *be.* asil bir şekilde

**nobody¹** /'noubıdi/ *adl.* hiç kimse: *Nobody knows where he is. There was nobody there.*

**nobody²** /'noubıdi/ *a.* önemsiz kişi, sıradan kimse: *He's a nobody.*

**nocturnal** /nok'tö:nl/ *s.* geceleyin olan, gece ...

**nod¹** /nod/ *e.* 1. başını sallamak: *Just nod if you can hear me.* 2. başıyla selam vermek 3. *k. dili* uyuklarken başı öne düşmek, uyuklamak

**nod²** /nod/ *a.* baş sallama

**nodule** /'nodyu:l/ *a.* şişlik, yumru

**noise** /noyz/ *a.* gürültü, patırtı, ses: *Stop making noise.*

**noisy** /'noyzi/ *s.* gürültülü, patırtılı, gürültücü

**nomad** /'noumed/ *a.* göçebe

**nom de plume** /nom dı 'plum/ *a.* yazarın takma adı

**nomenclature** /nou'menklıçı/ *a.* bilimsel adlandırma

**nominal** /'nominıl/ *s.* 1. (fiyat) saymaca, itibari 2. *dilb.* adlarla ilgili 3. yalnızca ad olarak varolan, adı var kendi yok, sözde 4. önemsiz düşük

**nominate** /'nomineyt/ *e.* 1. aday olarak göstermek, adaylığını önermek 2. atamak, tayin etmek

**nomination** /nomi'neyşın/ *a.* aday gösterme, adaylık

**nominative¹** /'nominıtiv/ *a, dilb.* yalın hal

**nominative²** /'nominıtiv/ *s, dilb.* yalın

**nonaggression** /nonı'greşın/ *a.* saldırmazlık

**nonaligned** /nonı'laynd/ *s.* (ülke) bağlantısız

**nonchalant** /'nonşılınt/ *s.* kayıtsız, soğuk, ilgisiz

**noncombatant** /non'kombıtınt/ *a.* savaş dışı kimse, orduda savaşa katılmayan asker

**noncommissioned officer** /nonkımişınd 'ofisı/ *a.* astsubay, gedikli erbaş

**noncommittal** /nonkı'mitl/ *s.* suya sabuna dokunmaz, çekimser, fikrini söylemeyen, yansız

**nonconformist** /nonkın'fo:mist/ *a, s.* 1. topluma/geleneklere uymayan 2. Anglikan kilisesine bağlı olmayan

**nondescript** /'nondiskript/ *s.* 1. tanımlanamaz, ne olduğu belirsiz, tuhaf 2. sıradan, sıkıcı, yavan

**none**[1] /nan/ *adl.* 1. hiçbiri: *There was much snow none of the students could get to school.* 2. hiç: *"Is there any bread?" No, there's none.* 3. **none but** sadece, yalnız

**none**[2] /nan/ *be.* 1. hiç: *After years of study his knowledge is none the better.* 2. **none too** pek ... değil: *The conditions at the factory were none too good.*

**nonentity** /no'nentiti/ *a.* önemsiz/değersiz kişi, ciğeri beş para etmez adam

**nonetheless** /nandı'les/ *be, bkz.* **nevertheless**

**nonflammable** /non'flemıbıl/ *s.* yanmaz

**nonplus** /non'plas/ *e.* şaşırtmak, elini ayağını dolaştırmak

**nonplussed** /non'plast/ *s.* şaşkın, ne yapacağını şaşırmış, eli ayağına dolaşmış

**nonsense** /'nonsıns/ *a.* 1. anlamsız söz, saçma, saçmalık, zırva, fasafiso 2. aptalca davranış

**nonsensical** /non'sensikıl/ *s.* saçma, anlamsız, aptalca, mantıksız

**nonsmoker** /non'smoukı/ *a.* 1. sigara içmeyen kimse 2. *İl.* sigara içilmeyen kompartıman

**nonstandard** /non'stendıd/ *s, dilb.* standard olmayan, normal dilde kullanılmayan

**nonstarter** /non'sta:tı/ *a, İl, k. dili* umutsuz girişim/kimse

**nonstick** /non'stik/ *s.* (tava) yapışmaz

**nonstop** /non'stop/ *s, be.* 1. (yolculuk) hiçbir yerde durmadan, direkt 2. *k. dili* hiç durmadan, sürekli

**nonviolence** /non'vayılıns/ *a.* şiddet kullanmadan yapılan direniş, pasif direniş

**noodle** /'nu:dl/ *a.* şehriye

**nook** /nuk/ *a.* köşe, kuytu yer

**noon** /nu:n/ *a.* öğle vakti, öğle: *See you at noon.*

**no one** /'nou wan/ *adl.* hiç kimse: *No one saw him leave.*

**noose** /nu:s/ *a.* (darağacı, vb.) ilmik

**nor** /no:/ *bağ.* ne de: *I haven't seen John nor Micheal today.*

**norm** /no:m/ *a.* 1. örnek, numune, tip 2. fels. ilke, ölçü, düzgü, norm

**normal** /'no:mıl/ *s.* 1. normal, olağan 2. orta, ortalama

**normalcy** /'no:mılsi/ *a, Aİ.* normallik

**normality** /no:'meliti/ *a.* normallik

**normally** /'no:mıli/ *be.* 1. normal bir şekilde 2. normalde, normal olarak, genelde

**north**[1] /no:t/ *a.* kuzey: *Sinop is in the north of Turkey.*

**north**[2] /no:t/ *be.* kuzeye doğru, kuzeye: *They sailed north.*

**northbound** /'no:tbaund/ *s.* kuzeye doğru giden

**northeast**[1] /no:t'i:st/ *a.* kuzeydoğu

**northeast**[2] /no:t'i:st/ *be.* kuzeydoğuya doğru

**northeastern** /no:t'i:stın/ *s.* kuzeydoğuyla ilgili, kuzeydoğu ...

**northerly** /'no:dıli/ *s.* 1. kuzeyden gelen/esen, kuzey ... 2. kuzeye yönelen, kuzeyde olan

**northern** /'no:dın/ *s.* kuzey

**North Pole** /no:t'poul/ *a.* Kuzey Kutbu

**northward** /'no:twıd/ *s.* 1. kuzeye doğru 2. *Aİ, bkz.* **northwards**

**northwards** /'no:twıdz/ *be.* kuzeye doğru

**northwest**[1] /no:t'west/ *a.* kuzeybatı

**northwest**[2] /no:t'west/ *be.* kuyezbatıya doğru

**northwestern** /no:t'westın/ *s.* kuzeybatıyla ilgili, kuzeybatı ...

**nose**[1] /nouz/ *a.* 1. burun: *Your nose is bleeding. Don't poke your nose into my business.* 2. koku alma gücü 3. bir şeyin ön/uç kısmı, burun: *The nose of the plane was badly damaged.* 4. **look down one's nose at** *k. dili* hor görmek, küçümsemek, tepeden bakmak 5. **pay through the nose** *k. dili* aşırı para ödemek 6. **put sb's nose out of joint** *k. dili* gözden düşürmek, havasını söndürmek, kıskandırmak, bozmak 7. **under sb's (very) nose** *k. dili* burnunun dibinde, gözünün önünde

**nose**[2] /nouz/ *e.* 1. koklamak, kokusunu almak 2. burnunu sürmek, burnu ile dürtmek, itmek 3. yavaşça ya da dikkatle ilerlemek, gitmek

**nosebag** /'nouzbeg/ *a.* atın yem torbası

**nosebleed** /'nouzbli:d/ *a.* burun kanaması

**nosedive** /'nouzdayv/ *a.* pike, baş aşağı dalış

**nosey** /'nouzi/ *s, bkz.* **nosy**

**nosh** /noş/ *a, İİ, k. dili* yiyecek

**nostalgia** /no'stelcı/ *a.* 1. nostalji, geçmişe özlem 2. yurtsama

**nostril** /'nostril/ *a.* burun deliği

**nosy** /'nouzi/ *s, hkr.* her şeye burnunu sokan

**not** /not/ *be.* 1. değil, yok: *He's not at home.* 2. **Not at all** bir şey değil, rica ederim: *"Thank you very much." "Not at all."*

**notable**[1] /'noutıbıl/ *s.* 1. dikkate değer, önemli, anmaya değer 2. tanınmış

**notable**[2] /'noutıbıl/ *a.* ileri gelen/saygın/tanınmış kişi

**notably** /'noutıbli/ *be.* 1. özellikle 2. epeyce

**notary** /'noutıri/ *a.* noter

**notation** /nou'teyşın/ *a.* rakamlar ve işaretler sistemi

**notch**[1] /noç/ *a.* çentik, kertik

**notch**[2] /noç/ *e.* 1. çentmek, kertik açmak 2. (up ile) *k. dili* (başarı) kaydetmek, kazanmak

**note**[1] /nout/ *e.* 1. not etmek, kaydetmek 2. dikkat etmek, önem vermek 3. farkına varmak

**note**[2] /nout/ *a.* 1. *müz.* nota 2. (ses) ifade 3. not, hatırlatma yazısı 4. banknot 5. muhtıra 6. senet 7. önem 8. **of note** tanınmış, ünlü, önemli

**notebook** /'noutbuk/ *a.* defter

**noted** /'noutid/ *s.* ünlü, bilinen, tanınmış, meşhur: *The area was noted for its beautiful beaches.*

**noteworthy** /'noutwö:di/ *s.* dikkate değer, önemli, kayda değer

**nothing** /'nating/ *adl.* 1. hiçbir şey: *There was nothing to eat.* 2. önemsiz şey, hiç, sıfır: *Money is nothing to him.* 3. **for nothing** bedava, parasız; boşuna, boşa 4. **nothing but** sadece 5. **nothing for it** başka çare yok 6. **nothing to do with** ile ilgisi yok: *It's got nothing to do with me.*

**nothingness** /'natingnıs/ *a.* hiçlik, yokluk

**notice**[1] /'noutis/ *a.* 1. duyuru, ilan 2. bildiri, uyarı 3. dikkat 4. haber, bildirme 5. eleştiri 6. **give notice** önceden haber vermek, bildirmek 7. **notice board** ilan tahtası 8. **take notice of** dikkate almak, umursamak

**notice**[2] /'noutis/ *e.* -e dikkat etmek: *Did you notice what she was wearing?*

**noticeable** /'noutisıbıl/ *s.* göze çarpan, dikkate değer, önemli

**notification** /noutifi'keyşın/ *a.* tebliğ, bildiri, bildirge

**notify** /'noutifay/ *e.* bildirmek, haberdar etmek, haber vermek

**notion** /'nouşın/ *a.* fikir, görüş, kanı

**notoriety** /noutı'rayıti/ *a.* kötü şöhret, adı çıkma

**notorious** /nou'to:riıs/ *s.* kötü tanınmış, adı çıkmış, kötü şöhretli, namlı

**notwithstanding**[1] /notwit'stending/ *ilg.* -e rağmen, -e karşın: *They got home on time notwithstanding the traffic.*

**notwithstanding**[2] /notwit'stending/ *be.* buna rağmen, yine de: *The snow started falling but they reached the mountain top notwithstanding.*

**nougat** /'nu:ga:/ *a.* kozhelva, nuga

**nought** /no:t/ *a.* 1. *İİ.* sıfır 2. hiç

**noun** /naun/ *a, dilb.* isim, ad

**nourish** /'nariş/ *e.* 1. beslemek 2. gelişmesine yardım etmek, beslemek, desteklemek

**nourishment** /'narişmınt/ *a.* besin, gıda, yiyecek

**novel**[1] /'novıl/ *a.* roman

**novel**[2] /'novıl/ *s.* yeni, yeni çıkmış, alışılmamış, tuhaf

**novelette** /novı'let/ *a.* kısa roman

**novelist** /'novılist/ *a.* romancı, roman yazarı

**novelty** /'novılti/ *a.* 1. yenilik 2. yeni çıkmış şey, alışılmamış şey 3. ıvır zıvır

**November** /nou'vembı/ *a.* kasım

**novice** /'novis/ *a.* yeni kimse, toy, acemi, çırak

**now**[1] /nau/ *be.* 1. şimdi, şu anda: *Now I*

*want to go home. He's in the army now.*
2. **(every) now and then/again** ara
sıra, bazen, arada bir 3. **from now on**
bundan böyle, bundan sonra 4. **just
now** şu anda, hemen şimdi, daha şimdi,
az önce, demin: *The plane arrived just
now.*
**now**² /nau/ *a.* şimdiki zaman, şu an
**nowadays** /'nauıdeyz/ *be.* bu günlerde,
şimdilerde, bu aralar: *I used to play ten-
nis, but nowadays I haven't the time.*
**no way** /'nou wey/ *be.* 1. hiçbir şekilde,
asla 2. *k. dili* hayır, yok, olmaz, hayatta
olmaz: *"Can you lend me some
money?" "No way!"*
**nowhere** /'nouweı/ *be.* hiçbir yerde/yere:
*I've travelled to many places in the
north, but nowhere in the south.*
**noxious** /'nokşıs/ *s.* 1. zararlı, tehlikeli 2.
zehirli
**nozzle** /'nozıl/ *a.* hortum başı, ağızlık,
meme
**nuance** /'nyu:a:ns/ *a.* ince ayrıntı, küçük
fark, nüans
**nubile** /'nyu:bayl/ *s.* genç ve seksi
**nuclear** /'nyu:kliı/ *s.* 1. nükleer, çekirdek-
sel 2. **nuclear disarmament** nükleer
silahsızlanma
**nucleus** /'nyu:kliıs/ *a.* 1. çekirdek 2. öz,
esas
**nude**¹ /nyu:d/ *s.* çıplak
**nude**² /nyu:d/ *a.* 1. çıplak kimse (resmi) 2.
çıplaklık 3. **in the nude** anadan doğma,
çırılçıplak
**nudge** /nac/ *e.* dirsekle dürtmek, dürtük-
lemek
**nudism** /'nyu:dizım/ *a.* çıplak yaşama
öğretisi, çıplak yaşama
**nudist** /'nyu:dist/ *a, s.* 1. çıplak 2. **nudist
camp** çıplaklar kampı
**nudity** /'nyu:diti/ *a.* çıplaklık
**nugget** /'nagit/ *a.* (altın, vb.) külçe
**nuisance** /'nyu:sıns/ *a.* sıkıntı veren
şey/kimse, baş belası: *It was a nuisance
when the electricity went off because he
hadn't finished his work. You're a bloody
nuisance!*
**nuke**¹ /nyu:k/ *a, k. dili* nükleer silah
**nuke**² /nyu:k/ *e, k. dili* nükleer silahla

saldırmak
**null** /nal/ *s.* 1. geçersiz, hükümsüz 2.
önemsiz, değersiz, boş, sıfır 3. **null and
void** geçersiz, hükümsüz
**nullify** /'nalifay/ *e.* geçersiz kılmak, iptal
etmek, etkisizleştirmek
**numb**¹ /nam/ *s.* uyuşmuş, uyuşuk
**numb**² /nam/ *e.* uyuşturmak
**number**¹ /'nambı/ *a.* 1. sayı 2. rakam 3.
numara 4. sayı, toplam 5. nicelik, miktar
6. sayı, nüsha 7. **a number of** birkaç 8.
**any number of** *k. dili* çok, birçok 9.
**numbers of** çok, çok sayıda
**number**² /'nambı/ *e.* 1. (toplamı) -e ulaş-
mak, -e varmak 2. saymak 3. numara-
lamak 4. saymak, dahil olmak 5. **his
days are numbered** *k. dili* günleri sayılı
**numberplate** /'nambıpleyt/ *a, oto.* plaka
**numeral**¹ /'nyu:mırıl/ *a.* rakam, sayı
**numeral**² /'nyu:mırıl/ *a.* sayısal, rakamsal
**numerate** /'nyu:mırit/ *s, İl.* matematikten
anlayan, matematik kafası olan
**numerator** /'nyu:mıreytı/ *a, mat.* pay
**numerical** /nyu:'merikıl/ *s.* sayısal
**numerous** /'nyu:mırıs/ *s.* birçok, sayısız
**nun** /nan/ *a.* rahibe
**nunnery** /'nanıri/ *a.* rahibe manastırı
**nuptial** /'napşıl/ *s.* evlenme/düğün ile ilgili
**nurse**¹ /nö:s/ *a.* 1. hemşire, hastabakıcı
2. çocuk bakıcısı, dadı
**nurse**² /nö:s/ *e.* 1. bakmak, iyileştirmek,
hastabakıcılık yapmak 2. bakmak, ilgi-
lenmek 3. meme vermek, emzirmek 4.
(kin, vb.) beslemek
**nursemaid** /'nö:smeyd/ *a.* çocuk bakıcısı,
dadı
**nursery** /'nö:sıri/ *a.* 1. çocuk odası 2.
çocuk yuvası, kreş 3. fidanlık 4. **nursery
school** anaokulu
**nursing** /'nö:sing/ *a.* 1. hemşirelik, hasta-
bakıcılık 2. **nursing home** özel sağlık
yurdu
**nurture** /'nö:çı/ *e. yaz.* bakmak, büyüt-
mek, yetiştirmek
**nut** /nat/ *a.* 1. fındık 2. ceviz 3. vida so-
munu 4. *k. dili* çatlak, kaçık, üşütük 5. *k.
dili* düşkün, hayran, hasta 6. *k. dili* kafa,
baş 7. *kab, arg.* taşak 8. **a hard/tough
nut to crack** çetin ceviz 9. **for nuts** *k.*

*dili* hiç

**nutcase** /'natkeys/ *a, k. dili* delik, kaçık, üşütük

**nutcracker** /'natkrekı/ *a.* fındıkkıran, kıracak

**nuthouse** /'nathaus/ *a, k. dili* tımarhane

**nutmeg** /'natmeg/ *a.* küçük hindistancevizi

**nutrient** /'nyu:triınt/ *s, a.* besleyici (gıda)

**nutrition** /nyu:'trişın/ *a.* 1. beslenme 2. yiyecek, besin, gıda

**nutritious** /nyu:'trişıs/ *s.* besleyici, yararlı

**nuts** /nats/ *s, k. dili* deli, kaçık, çatlak, üşütük

**nutshell** /'natşel/ *a.* 1. fındık kabuğu 2. *k. dili* özet, kısa açıklama 3. *arg.* deli, kaçık, çatlak, üşütük

**nuzzle** /'nazıl/ *e.* burnu ile dürtmek

**nylon** /'naylon/ *a.* naylon

**nymph** /nimf/ *a.* peri

**nympho** /'nimfou/ *a, s, arg.* nemfoman, erkek delisi

**nymphomania** /nimfı'meynii/ *a.* nemfomani, erkeğedoymazlık

**nymphomaniac** /nimfı'meyniek/ *a, s.* nemfoman, erkeğedoymaz

# O

**O, o** /ou/ *a.* 1. İngiliz abecesinin on beşinci harfi 2. (konuşmada) sıfır

**oaf** /ouf/ *a.* sakar ve hantal kimse, ayı

**oak** /ouk/ *a.* 1. meşe ağacı 2. meşe odunu

**oakum** /'oukım/ *a.* üstüpü

**oar** /o:/ *a.* kürek, sandal küreği

**oarsman** /'o:zmın/ *a.* kürekçi

**oasis** /ou'eysis/ *a.* vaha

**oat** /out/ *a.* yulaf tanesi

**oath** /out/ *a.* 1. ant, yemin 2. sövgü, küfür 3. **on/under oath** *huk.* gerçeği söyleyeceğine yeminli

**oatmeal** /'outmi:l/ *a.* yulaf ezmesi

**oats** /'outs/ *a.* 1. yulaf 2. yulaf ezmesi

**obdurate** /'obcurit/ *s.* inatçı

**obedience** /ı'bi:di:ıns/ *a.* itaat, uyma, söz dinleme

**obedient** /ı'bi:diınt/ *s.* itaatkâr, söz dinler,

**uysal**

**obelisk** /'obılisk/ *a.* dikilitaş

**obese** /ou'bi:s/ *s.* çok şişman, şişko

**obey** /ou'bey/ *e.* 1. itaat etmek, uymak, riayet etmek: *If you don't obey the rules, you'll be punished.* 2. denileni yapmak, söz dinlemek

**obfuscate** /'obfıskeyt/ *e.* şaşırtmak, sersemletmek

**obituary** /ı'biçuıri/ *a.* ölüm ilanı

**object**[1] /'obcikt/ *a.* 1. nesne, şey, madde, obje 2. amaç 3. mevzu, konu 4. *dilb.* nesne 5. **no object** basit şey, iş değil

**object**[2] /ıb'cekt/ *e.* karşı çıkmak, itiraz etmek

**objection** /ıb'cekşın/ *a.* 1. itiraz 2. sakınca, engel

**objectionable** /ıb'cekşınıbıl/ *s.* itiraz edilebilir, nahoş

**objective**[1] /ıb'cektiv/ *s.* 1. tarafsız, yansız 2. nesnel, objektif

**objective**[2] /ıb'cektiv/ *a.* 1. amaç, hedef 2. mercek, objektif

**oblation** /ı'bleyşın/ *a.* adak

**obligate** /'obligeyt/ *e.* bağlamak, mecbur etmek: *If I accept his help it obligates me to him.*

**obligation** /obli'geyşın/ *a.* 1. zorunluluk, mecburiyet 2. yükümlülük 3. ödev 4. senet, borç senedi

**obligatory** /ı'bligtıri/ *s.* zorunlu, bağlayıcı

**oblige** /ı'blayc/ *e.* 1. zorunda bırakmak, zorlamak: *He was obliged to give back the money.* 2. lütufta bulunmak, lütfetmek, iyilikte bulunmak, minnetar bırakmak: *He obliged her by carrying her bags.* 3. **I'm much obliged to you** Size minnettarım

**obliging** /ı'blaycing/ *s.* yardıma hazır

**oblique** /ı'bli:k/ *s.* 1. dolaylı 2. eğri, eğik, yatık, meyilli

**obliterate** /ı'blitıreyt/ *e.* yok etmek, izini bırakmamak, silmek

**oblivion** /ı'bliviın/ *a.* 1. unutulma 2. unutma, dikkatsizlik, dalgınlık

**oblivious** /ı'bliviıs/ *s.* bihaber, farkında olmayan

**oblong** /'oblong/ *s, a.* dikdörtgen

**obloquy** /'oblıkwi/ *a.* 1. kötüleme, yerme,

kınama, azarlama 2. gözden düşme, saygınlığını yitirme, itibarını kaybetme

**obnoxious** /ıb'nokşıs/ *s.* uygunsuz, çirkin, kötü, pis, iğrenç

**oboe** /'oubou/ *a, müz.* obua

**obscene** /ıb'si:n/ *s.* açık saçık, müstehcen

**obscenity** /ıb'seniti/ *a.* 1. müstehcenlik 2. müstehcen şey

**obscure**[1] /ıb'skyuı/ *s.* 1. anlaşılması güç, kapalı, anlaşılmaz 2. karanlık 3. pek tanınmamış, silik

**obscure**[2] /ıb'skyuı/ *e.* 1. anlaşılmaz hale getirmek, karıştırmak 2. gizlemek, gözden saklamak, örtmek

**obsequious** /ıb'si:kwiıs/ *s.* itaatkâr, boyun eğen

**observance** /ıb'zö:vıns/ *a.* 1. itaat, yerine getirme, yapma 2. görenek

**observation** /obzıv'veyşın/ *a.* 1. inceleme, gözlem 2. gözlem 3. gözleme, gözetleme 4. düşünce, görüş 5. **under observation** bakımda

**observatory** /ıb'zö:vıtıri/ *a.* rasathane, gözlemevi

**observe** /ıb'zö:v/ *e.* 1. dikkat etmek, dikkatle bakmak, gözlemek 2. incelemek, gözlem yapmak, gözlemlemek 3. gözetlemek 4. -e uymak, saygı göstermek, riayet etmek 5. görüş belirtmek, söylemek, demek

**obsess** /ıb'ses/ *e.* hiç aklından çıkmamak, kafasında yer etmek, kafasına takılmak

**obsession** /ıb'seşın/ *a.* takınak, saplantı, sabit fikir

**obsessive** /ıb'sesiv/ *s.* saplantısal

**obsolescent** /obsı'lesınt/ *s.* eskimeye yüz tutmuş, demode olmaya başlamış

**obsolete** /'obsıli:t/ *s.* eskimiş, eski, modası geçmiş

**obstacle** /'obstıkıl/ *a.* engel

**obstetrics** /ıb'stetriks/ *a.* doğum doktorluğu, doğumbilim

**obstetrician** /obsti'trişın/ *a.* doğum uzmanı

**obstinate** /'obstinit/ *s.* inatçı

**obstruct** /ıb'strakt/ *e.* 1. tıkamak 2. engellemek: *The building was obstructing the view.*

**obstruction** /ıb'strakşın/ *a.* engelleme, engel

**obstructive** /ıb'straktiv/ *s.* engelleyici, zorluk çıkarıcı

**obtain** /ıb'teyn/ *e.* 1. elde etmek, edinmek, sağlamak: *He obtained high marks in the exams.* 2. almak: *I obtained a new car yesterday.*

**obtrusive** /ıb'tru:siv/ *s.* 1. sıkıntı veren, sırnaşık, yılışık, askıntı 2. göze batan

**obtuse** /ıb'tyu:s/ *s.* 1. aptal, kalın kafalı 2. (açı) geniş

**obverse** /ıb'vö:s/ *a.* para, madalya, vb.'nin ön yüzü

**obviate** /'obvieyt/ *e.* üstesinden gelmek, çözmek, halletmek

**obvious** /'obviıs/ *s.* apaçık, belli, gün gibi ortada, besbelli: *It's obvious he doesn't like her.*

**obviously** /'obviısli/ *be.* besbelli, belli ki: *He is obviously very angry.*

**occasion** /ı'keyjın/ *a.* 1. fırsat 2. münasebet, vesile 3. özel olay, önemli gün 4. neden 5. uygun zaman, sıra 6. durum, hal 7. gerek, lüzum, ihtiyaç, icap 8. **on occasion** ara sıra, arada bir

**occasional** /ı'keyjınıl/ *s.* arada sırada olan

**occasionally** /ı'keyjınıli/ *be.* arada sırada, ara sıra, bazen

**occult** /'okalt/ *s.* 1. gizli 2. büyülü, gizemli, esrarengiz

**occupant** /'okyupınt/ *a.* bir yerde oturan kimse, sakin

**occupation** /okyu'peyşın/ *a.* 1. meslek, iş 2. işgal

**occupational** /okyu'peyşınıl/ *s.* mesleki, meslekle ilgili, iş

**occupier** /'okyupayı/ *a.* bir yerde oturan kimse, sakin

**occupy** /'okyupay/ *e.* 1. işgal etmek, zapt etmek 2. -de oturmak 3. işgal etmek, doldurmak 4. meşgul etmek

**occur** /ı'kö:/ *e.* 1. vuku bulmak, meydana gelmek, olmak: *What time did the accident occur?* 2. bulunmak, yer almak, var olmak

**occur to** *e.* aklına gelmek: *It didn't occur*

to him to ring his mother.
occurrence /ı'karıns/ a. olay
ocean /'ouşın/ a. 1. okyanus 2. **oceans of** k. dili çok, sürüyle
oceanography /ouşın'ogrıfi/ a. oşinografi, okyanusbilim
o'clock /ı'klok/ be. (tam saatlerde kullanılır) saat ...: It's 1 o'clock.
octagon /'oktıgın/ a, mat. sekizgen
octave /'oktiv, 'okteyv/ a, müz. oktav
October /ok'toubı/ a. ekim
octopus /'oktıpıs/ a, hayb. ahtapot
oculist /'okyulist/ a. göz doktoru
odd /od/ s. 1. acayip, tuhaf, garip 2. çifti olmayan, tek, eşi yok 3. (sayı) tek 4. (sayı) k. dili küsur: 20 odd years 5. arada sırada olan, düzensiz
oddity /'oditi/ a. acayip kişi ya da şey, antika
oddly /'odli/ be. 1. garip/tuhaf bir şekilde 2. **oddly enough** ne gariptir ki, tuhaftır ki ...
oddment /'odmınt/ a. artık, kalıntı, döküntü
odds /'odz/ a. 1. olasılık, şans, ihtimaller 2. (bahiste) ikramiye oranı 3. **at odds (with)** ile anlaşmazlık içinde 4. **it/that makes no odds** İl. fark etmez, önemi yok 5. **odds and ends** ufak tefek şeyler, ıvır zıvır
odds-on /odz'on/ s. (yarışta) kazanması beklenen
ode /oud/ a, yaz. uzun bir tür şiir, od
odious /'oudiıs/ s. iğrenç, nefret uyandırıcı, tiksindirici
odor /oudı/ a, Aİ, bkz. odour
odour /'oudı/ a. (ter, vb.) koku: body odour
odyssey /'odisi/ a. uzun ve serüvenli yolculuk
o'er /ouı/ be, ed, yaz, bkz. over
oesophagus /i'sofıgıs/ a, anat. yemek borusu
oestrogen /'i:strıcın/ a. östrojen
of /ıv, ı, ov/ ilg. 1. -in, -ın, -nin, -nın: The leg of the chair is broken. That is one of her paintings. 2. ... sahibi, -li: She is a woman of great talent. 3. -den, -dan: The roof was made of iron. 4. -den, -

dan, -yüzünden: He died of cancer. 5. hakkında, ilgili, üstüne: She watched a film of Australia on television. 6. içeren, içinde olan: He bought a packet of cigarettes.
off[1] /of/ be, s. 1. uzakta, uzağa, uzak: They could see the mountains a long way off. He grabbed her bag and ran off. 2. gitmiş, ayrılmış: We must be off now or we'll be late. 3. izinli: Tuesday is his day off. 4. sönmüş, kapalı, çalışmayan: Make sure the machines are off before you leave. 5. tamamen: He finished off the painting today. 6. kötü, her zamanki gibi iyi değil: The band's playing has been off lately. It was one of her off days. 7. (yiyecek, içecek) bozulmuş, bozuk: This meat is really off. Don't eat it. 8. k. dili kötü, kaba: I didn't like his joke. It was a bit off. 9. suya düşmüş, ertelenmiş, vazgeçilmiş: Their party next Saturday is off. 10. (para, vb.) sahibi: My sister has a very good job and is better off than I am. 11. **off and on/on and off** ara sıra, bazen, ikide birde: He's been coughing on and off all day. 12. **off season** ölü sezon
off[2] /of/ ilg. 1. -den, -dan: He fell off the balcony. She got off the bus stop nine. 2. -den uzak: Keep your feet off the table. 3. -den ayrılan, sapan: Take the next road off the highway. 4. yakınında; açıklarında: There were some fishing boats just off the shore. 5. -den uzak, soğumuş/bıkmış/vazgeçmiş: The doctor's told him to stay off drinking.
offal /'ofıl/ a. 1. sakatat 2. süprüntü, artık, çerçöp
offbeat /of'bi:t/ s, k. dili olağandışı, garip, tuhaf, acayip
offence /ı'fens/ a. 1. suç, kusur, kabahat, yasaya aykırı davranış 2. saldırı 3. gücendirme, kırma, hakaret
offend /ı'fend/ e. 1. suç işlemek 2. gücendirmek, kırmak 3. rahatsız etmek, hoş gelmemek
offender /ı'fendı/ a, ört. suçlu, suç işlemiş kimse
offense /ı'fens/ a, Aİ, bkz. offence

offensive¹ /ı'fensiv/ s. 1. pis, kötü, çirkin, tiksindirici, iğrenç 2. saldırıyla ilgili
offensive² /ı'fensiv/ a. 1. sürekli saldırı 2. **on the offensive** sürekli saldıran 3. **take the offensive** saldırıya geçmek
offer¹ /'ofı/ e. teklif etmek: *He offered her a lift home. He offered her a £1000 for the painting. She offered him a coffee. She offered to do the washing-up.*
offer² /'ofı/ a. 1. teklif: *I received an offer for a job.* 2. sunma, takdim, arz 3. fiyat teklifi: *He didn't accept their offer.*
offering /'ofıring/ a. 1. bağış, adak, kurban 2. teklif
offhand /of'hend/ s, be. 1. inceliksiz, saygısız, kaba 2. hazırlıksız, düşünmeden
office /'ofis/ a. 1. yazıhane, büro, ofis 2. devlet dairesi, kalem 3. iş, memuriyet 4. görev 5. bakanlık
officer /'ofisı/ a. 1. görevli, memur 2. polis memuru 3. subay
official¹ /ı'fişıl/ s. resmi
official² /ı'fişıl/ a. görevli, memur
officially /ı'fişıli/ be. resmi olarak, resmen
officiate /ı'fişieyt/ e. görev yapmak, vazife görmek
officious /ı'fişıs/ s, hkr. işgüzar, her işe burnunu sokan, ukala, çokbilmiş
offing /'ofing/ a: **in the offing** olmak üzere
off-license /'oflaysıns/ a, İİ. içki satılan dükkân
offline /of'layn/ s. 1. çevrimdışı 2. **read one's email offline** iletilerini çevrimdışı okumak, internete bağlanmadan iletilerini okumak
off-peak /of'pi:k/ s. daha az meşgul, sakin
offset¹ /'ofset/ a. ofset, ofset baskı
offset² /'ofset/ e. dengelemek, denkleştirmek
offshoot /'ofşu:t/ a. 1. bitk. filiz, sürgün, dal 2. kök, filizlenme, doğuş
offshore /of'şo:/ be, s. kıyıdan uzak, kıyıdan uzakta, denizde
offside /of'sayd/ a, sp. ofsayt
offspring /'ofspring/ a. 1. çoluk çocuk, döl 2. yavru hayvan

oft /oft/ be, yaz. sık sık
often /'ofın, 'oftın/ be. 1. sık sık: *He often falls in love.* 2. **every so often** bazen, ara sıra 3. **more often than not** çoğu zaman, çoğunlukla, genellikle
ogle /'ougıl/ e. ilgiyle/arzuyla bakmak, süzmek, kesmek: *He was ogling every woman who passed.*
ogre /'ougı/ a. 1. dev 2. korkunç kimse
ogress /'ougris/ a. dişi dev
ohm /oum/ a, elek. om
oil¹ /oyl/ a. 1. yağ 2. yağlıboya 3. petrol 4. zeytinyağı 5. **oil painting** yağlıboya resim (sanatı) 6. **oil slick** su üzerinde yüzen petrol tabakası
oil² /oyl/ e. yağ sürmek, yağlamak
oilcloth /'oylklot/ a. muşamba
oilskin /'oylskin/ a. muşamba, muşambadan yapılmış şey
oily /'oyli/ s. 1. yağlı, yağla ilgili 2. hkr. aşırı nazik, yağcı
oink¹ /oynk/ a, k. dili domuz sesi
oink² /oynk/ e. domuz sesi çıkarmak
ointment /'oyntmınt/ a. merhem
okay¹ /ou'key/ be, k. dili peki, kabul, tamam, oldu, okey: *Okay! Let's go!*
okay² /ou'key/ e, k. dili onaylamak, okeylemek
okay³ /ou'key/ s, k. dili 1. iyi: *Are you okay?* 2. uygun: *That's okay with me.* 3. idare eder, fena değil: *"Is she a good dancer?" "She's okay."*
okay⁴ /ou'key/ a, k. dili onay, izin, olur, okey
old /ould/ s. 1. yaşlı: *He's quite old.* 2. ... yaşında: *I'm 22 years old.* 3. eski: *It's an old car.* 4. eski, önceki: *Our old teacher was better.* 5. deneyimli, pişkin 6. **of old** uzun zaman önce, geçmişteki, uzun süredir 7. **old age pension** yaşlılık maaşı 8. **old boy** İİ. eski öğrenci 9. **old hand** deneyimli kimse, eski kurt
olden /'ouldın/ s, yaz. geçmiş, uzun süre önceki
old-fashioned /ould'feşınd/ s. eski, modası geçmiş, demode
old-timer /ould'taymı/ a. 1. (bir işte/yerde) eski olan kimse 2. *Aİ.* yaşlı adam
oligarchy /'oliga:ki/ a. takımerki, oligarşi

O

**olive** 324

Olympic /ı'limpik/ *s.* 1. olimpik 2. **Olympic Games** Olimpiyat Oyunları, Olimpiyatlar

omelet /'omlit/ *a.* omlet

omelette /'omlit/ *a.* omlet

omen /'oumın/ *a.* 1. kehanet 2. alamet

ominous /'ominıs/ *s.* kötülük habercisi, uğursuz

omission /ou'mişın/ *a.* 1. dahil etmeme, atlama, çıkarma 2. atlanan şey/kimse

omit /ou'mit/ *e.* 1. dahil etmemek, atlamak, geçmek, çıkarmak 2. ihmal etmek, yapmamak

omnibus[1] /'omnibıs/ *a.* 1. (bir yazarın bir çok yapıtını içeren) kitap 2. otobüs

omnibus[2] /'omnibıs/ *s.* bir çok şey içeren

omnipotent /om'nipıtınt/ *s.* her şeyi yapabilecek güçte olan, gücü sınırsız

omniscient /om'nişınt/ *s.* her şeyi bilen

on[1] /on/ *ilg.* 1. üstünde, üstüne: *Your pipe is on the shelf. He put the loudspeakers on the wardrobe.* 2. -de, -da: *He's on the football club committee.* 3. hakkında, üzerine: *He was reading a book on nuclear disarmament.* 4. kenarında, yanında, kıyısında: *Trabzon is on the Black Sea.* 5. yönünde, -e doğru, -e: *The army advanced on the city during the night.* 6. ile: *A cactus can live on very little water. This lorry runs on diesel.* 7. *k. dili* yanında, üzerinde: *Have you a match on you?* 8. amacıyla, için: *I went to New York on business.*

on[2] /on/ *be.* 1. aralıksız, durmadan, boyuna, sürekli: *Although he was tired he drove on.* 2. ileriye doğru, ileri: *He ran on to the finish when the others stopped.* 3. giymiş, üzerinde: *He worked with his hat on.* 4. yanmakta, çalışmakta, açık: *The television was turned on.* 5. **and so on** ve benzeri şeyler, ve saire 6. **later on** daha sonra 7. **not on** *k. dili* yapması olanaksız 8. **on and off** ara sıra, bazen, aralıklı olarak 9. **on and on** durmadan, boyuna

on[3] /on/ *s.* 1. giyilmiş, giymiş: *Put your shoes on.* 2. çalışmakta, açık, yanmakta, yanık: *The light was on.* 3. (film, oyun, vb.) oynamakta, gösterilmekte, sergilenmekte: *Are there any good exibitions on?*

once[1] /wans/ *be.* 1. bir kez, bir kere: *I see her once a week. I've only been there once.* 2. bir zamanlar, eskiden: *I smoked once but not now.* 3. **all at once** aniden, birdenbire 4. **at once** derhal, hemen, bir an önce, aynı anda 5. **once and for all** ilk ve son kez 6. **once in a blue moon** kırk yılda bir 7. **once in a while** arada bir, bazen 8. **once more** bir kez daha, yine 9. **once or twice** bir iki kez 10. **once upon a time** a) bir zamanlar b) bir varmış bir yokmuş

once[2] /wans/ *bağ.* -diği zaman; -dimi; -ince: *Once he starts drinking he's hard to stop. Once she comes we can leave.*

once-over /'wansouvı/ *a, k. dili* şöyle bir bakma, göz atma, üstünkörü inceleme

oncoming /'onkaming/ *s.* ilerleyen, yaklaşan, gelen

one[1] /wan/ *a, s.* 1. bir: *See you at one o'clock. There's only one egg in the fridge. It's on page one. He's one of my best friends. Come to my office one day.* 2. tek: *He's the one person who will understand it.* 3. aynı: *They all went at the one time.* 4. **It's all one to me** Benim için hepsi bir. Fark etmez.

one[2] /wan/ *adl.* 1. bir tane: *I've run out of cigarettes. Can you give me one? These tomatoes are bad. I want those ones over there.* 2. insan: *One should be careful near electric wires.*

one another /wan ı'nadı/ *adl.* birbirini, birbirine: *They've been writing to one another for a long time.*

one-armed bandit /wana:md'bendit/ *a, k. dili* kollu kumar makinesi

one-off /wan'of/ *a, s, k. dili* özel, özel olarak yapılan

onerous /'onırıs/ *s.* ağır, külfetli, güç, zahmetli

oneself /wan'self/ *adl.* 1. kendisi, kendi kendine 2. **be oneself** kendinde olmak 3. **by oneself** yalnız başına, yardımsız, kendi kendine 4. **to oneself** kendine,

kendisine özel, kendisi için
**one-sided** /wan'saydid/ *s.* 1. yan tutan, taraf tutan, tek yanlı 2. bir yanı daha güçlü, eşit olmayan, denk olmayan
**onetime** /'wantaym/ *s.* eski
**one-way** /wan'wey/ *s.* 1. tek yönlü 2. (bilet) gidiş
**ongoing** /'ongouing/ *s.* devam eden, süren
**onion** /'anyın/ *a, bitk.* soğan
**online** /'onlayn/ *s.* 1. çevrimiçi, onlayn 2. **online banking** internet bankacılığı 3. **online shopping** internet üzerinden alışveriş
**onlooker** /'onlukı/ *a.* olaylara katılmayıp yalnızca izleyen kişi, seyirci
**only**[1] /'ounli/ *s.* biricik, tek: *You can't have two, that is the only pair I have.*
**only**[2] /'ounli/ *be.* 1. ancak, yalnız, yalnızca, sadece, sırf: *He will be there only a week.* 2. **if only** ah bir ..., ah keşke ... 3. **only too** çok, tamamen
**only**[3] /'ounli/ *bağ.* ama, ne var ki, ancak: *John is coming only he'll be late.*
**onrush** /'onraş/ *a.* saldırı, atak, hücum, hamle
**onset** /'onset/ *a.* (kötü bir şey için) başlangıç ya da ilk saldırı, ilk atak
**onshore** /on'şo:/ *s, be.* denizden karaya, kıyıya
**onside** /on'sayd/ *s, be, sp.* ofsayt olmayan
**onslaught** /'onslo:t/ *a.* şiddetli saldırı
**onto** /'ontu/ *ilg.* üstüne, üzerine: *He put the kettle onto the stove.*
**onus** /'ounıs/ *a.* yük, sorumluluk, görev
**onward** /'onwıd/ *s.* ilerleyen
**onwards** /'onwıdz/ *be.* ileriye doğru, ileri
**onyx** /'oniks/ *a.* damarlı akik, oniks
**oops** /ups/ *ünl, k. dili* hop! aman!
**ooze**[1] /u:z/ *a.* sızıntı
**ooze**[2] /u:z/ *e.* 1. sızmak 2. sızdırmak
**ooze**[3] /u:z/ *a.* sulu çamur, balçık, bataklık
**opal** /'oupıl/ *a.* panzehirtaşı, opal
**opaque** /ou'peyk/ *s.* 1. ışık geçirmez, saydamsız 2. anlaşılması güç, anlaşılmaz
**open**[1] /'oupın/ *s.* 1. açık: *Is the door open?* 2. etrafı çevrilmemiş, açık: *That*

*night they slept in the open air.* 3. (giysi, vb.) açık, iliklenmemiş 4. çözümlenmemiş, askıda: *The matter was left open.* 5. içten, açık, dürüst, samimi: *He's a very open person.* 6. herkese açık, girişi serbest 7. kullanıma hazır, açık 8. **open season** av mevsimi 9. **Open University** açık üniversite, açık öğretim
**open**[2] /'oupın/ *e.* 1. açmak: *Open the door.* 2. açılmak: *The door opened.*
**open**[3] /'oupın/ *a.* açık hava: *They slept in the open.*
**open-air** /oupın'eı/ *s.* 1. açık hava ... 2. **open-air theatre** açık hava tiyatrosu
**open-ended** /oupın'endid/ *s.* kısıtlamasız, sınırsız
**opener** /'oupını/ *a.* açacak: *Where's the bottle opener?*
**open-handed** /oupın'hendid/ *s.* eli açık, cömert
**openhearted** /oupın'ha:tid/ *s.* 1. açık kalpli, içten, samimi 2. eli açık, cömert
**opening**[1] /'oupıning/ *a.* 1. açılış 2. boşluk 3. açık alan 4. iyi şartlar, fırsat
**opening**[2] /'oupıning/ *s.* ilk, başlangıçta/açılışta yer alan, açış ...
**openly** /'oupınli/ *be.* açıkça, açık açık, saklısız gizlisiz
**open-minded** /oupın'mayndid/ *s.* açık fikirli
**open out** *e.* daha rahat konuşmak, açılmak
**open up** *e.* 1. (to ile) -e açmak, başlatmak 2. *k. dili* kapıyı açmak 3. rahat konuşmak, açılmak
**opera** /'opırı/ *a.* opera
**operate** /'opıreyt/ *e.* 1. işletmek, çalıştırmak: *Can you operate a computer?* 2. işlemek, çalışmak: *The photocopier isn't operating.* 3. ameliyat etmek 4. **operating theatre** ameliyat odası
**operatic** /opı'retik/ *s.* opera ile ilgili, opera ...
**operation** /opı'reyşın/ *a.* 1. iş, çalışma 2. işletme 3. işleme, çalışma, işleme tarzı 4. ameliyat, operasyon 5. yürürlük 6. *ask.* harekât, operasyon
**operational** /opı'reyşınıl/ *s.* 1. kullanıma hazır 2. işletme/işleme ile ilgili

**operative** /'opırıtiv/ *s.* 1. işleyen, faal 2. geçerli, yürürlükte 3. etkili, etkin
**operator** /'opıreytı/ *a.* 1. operatör, işletmen 2. *arg.* işi bilen kimse, uzman
**operetta** /opı'retı/ *a.* operet
**ophthalmic** /of'telmik/ *s.* göz doktorluğu/tedavisi ile ilgili
**opiate** /'oupieyt/ *a.* uyku ilacı
**opinion** /ı'pinyın/ *a.* 1. fikir, düşünce, kanı 2. teşhis, yargı 3. **in my opinion** bence, kanımca 4. **public opinion** kamuoyu
**opinionated** /ı'pinyıneytid/ *s, hkr.* fikrinden dönmez, dik kafalı
**opium** /'oupiım/ *a.* afyon
**opossum** /ı'posım/ *a, hayb.* (keselisıçangillerden) opossum
**opponent** /ı'pounınt/ *a.* aleyhtar, muhalif, rakip
**opportune** /'opıtyu:n/ *s.* uygun, elverişli, yerinde
**opportunism** /'opıtyu:nizım/ *a, hkr.* fırsatçılık
**opportunist** /'opıtyu:nist/ *a, hkr.* fırsatçı
**opportunity** /opı'tyu:niti/ *a.* fırsat, elverişli zaman
**oppose** /ı'pouz/ *e.* 1. karşı koymak, karşı çıkmak 2. **as opposed to** -in aksine, -e zıt olarak, -den farklı
**opposite**[1] /'opızit/ *a.* karşıt, zıt, karşı: *The opposite of hot is cold.*
**opposite**[2] /'opızit/ *s.* 1. karşıt, zıt, ters, aksi 2. karşısında, karşıda 3. **opposite number** (başka bir şubedeki) meslektaş, iş arkadaşı 4. **opposite sex** karşı cins
**opposite**[3] /'opızit/ *ilg.* -in karşısında: *The bank is opposite the post office.*
**opposition** /opı'zişın/ *a.* 1. karşıtlık, karşı koyma, itiraz 2. direnme, karşı koyma 3. karşıtlık, zıtlık 4. muhalefet
**oppress** /ı'pres/ *e.* 1. bunaltmak, sıkmak, sıkıntı vermek, içini daraltmak 2. ezmek, baskı uygulamak, eziyet etmek
**oppression** /ı'preşın/ *a.* 1. sıkıntı, bunalma 2. baskı, eziyet, zulüm
**oppressive** /ı'presiv/ *s.* 1. zalim, ezici 2. bunaltıcı
**opt** /opt/ *e.* 1. (for ile) -e yeğlemek, -e tercih etmek 2. (out ile) *k. dili* -den çe-

kilmek, yapmamayı tercih etmek
**optic** /'optik/ *s.* gözle ilgili
**optical** /'optikıl/ *s.* görme duyusuyla ilgili
**optician** /op'tişın/ *a.* gözlükçü
**optics** /'optiks/ *a.* ışıkbilgisi, optik
**optimism** /'optimizım/ *a.* iyimserlik
**optimist** /'optimist/ *a.* iyimser kimse
**optimistic** /opti'mistik/ *s.* iyimser
**optimum** /'optimım/ *s.* en iyi/yüksek/uygun
**option** /'opşın/ *a.* 1. seçme hakkı, tercih hakkı 2. seçilen şey 3. seçme, tercih
**optional** /'opşınıl/ *s.* isteğe bağlı, seçmeli
**opulence** /'opyulıns/ *a.* refah, zenginlik, bolluk, varlık
**opulent** /'opyulınt/ *s.* 1. varlıklı, zengin 2. bol, gür 3. süslü
**or** /o:/ *bağ.* 1. ya da, veya, veyahut, yoksa: *Do you want a beer or a whisky? He wants to be a doctor or a lawyer.* 2. yoksa: *Take an umbrella or you'll get wet.* 3. **or else** yoksa 4. **or so** ... civarında, ... ya da daha fazla
**oracle** /'orıkıl/ *s.* 1. en iyi öğüt verebilecek kimse, nasihatçı 2. (eski Yunanistan'da) tanrıların halkın sorularına cevap verdiğine inanılan yer
**oral** /'o:rıl/ *s.* 1. sözel, sözlü, ağızdan 2. ağızla ilgili, ağızdan, oral
**orange**[1] /'orinc/ *a, bitk.* portakal
**orange**[2] /'orinc/ *a, s.* portakalrengi, turuncu
**orangutang** /o:rengu'teng/ *a, hayb.* orangutan
**oration** /ı'reyşın/ *a.* söylev, nutuk
**orator** /'orıtı/ *a.* hatip, konuşmacı
**oratorio** /orı'to:riou/ *a, müz.* oratoryo
**oratory** /'orıtri/ *a.* hitabet, güzel konuşma sanatı
**orb** /o:b/ *a.* küre
**orbit**[1] /'o:bit/ *a.* yörünge
**orbit**[2] /'o:bit/ *e.* yörüngede dönmek
**orchard** /'o:çıd/ *a.* meyve bahçesi
**orchestra** /'o:kistrı/ *a.* orkestra
**orchid** /'o:kid/ *a, bitk.* orkide
**ordain** /o:'deyn/ *e.* 1. papaz yapmak 2. buyurmak, emretmek 3. mukadder kılmak
**ordeal** /o:'di:l/ *a.* çetin sınav, ateşten

gömlek
order¹ /'o:dı/ a. 1. düzen, tertip, intizam 2. düzenlik, asayiş 3. sıra, düzen 4. buyruk, emir 5. sipariş, ısmarlama 6. durum, hal 7. kural, usul, yol 8. sınıf, tabaka 9. havale 10. rütbe 11. tür, çeşit, sınıf 12. in order uygun 13. in order that -mesi için, -sin diye 14. in order to -mek için, -mek amacıyla 15. orders are orders k. dili emir emirdir 16. out of order çalışmaz, bozuk; düzensiz
order² /'o:dı/ e. 1. buyurmak, emretmek: He ordered them to clean the barracks. 2. ısmarlamak; sipariş vermek: Have you ordered anything yet? 3. düzenlemek, tertiplemek
ordered /'o:dıd/ s. düzenli, derli toplu, tertipli
orderly¹ /'o:dıli/ s. 1. düzenli, derli toplu, tertipli 2. sistemli, düzenli, tertipli 3. sakin, uslu, yumuşakbaşlı, uysal
orderly² /'o:dıli/ a. 1. emir eri 2. hastane hademesi
ordinal¹ /'o:dinıl/ s. sıra gösteren, sıra belirten
ordinal² /'o:dinıl/ a, mat. sıra sayısı
ordinance /'o:dinıns/ a. 1. buyruk, emir, ferman 2. yasa, yönetmelik
ordinarily /'o:dınırili/ be. 1. her zaman olduğu gibi, alışılmış biçimde, her zamanki gibi 2. genellikle, çoğunlukla
ordinary /'o:dınri/ s. 1. sıradan, alışılmış, olağan: We had a very ordinary day. 2. out of the ordinary olağandışı, alışılmamış
ordination /o:di'neyşın/ a. papazlığa atama töreni
ore /o:/ a. maden cevheri
organ /'o:gın/ a. 1. organ 2. araç, vasıta, alet 3. müz. org 4. kitle iletişim araçları 5. yayın organı
organic /o:'genik/ s. organik
organism /'o:gınizim/ a. organizma
organist /'o:gınist/ a, müz. orgçu
organization /o:gınay'zeyşın/ a. 1. örgüt 2. örgütlenme 3. organizasyon
organize /'o:gınayz/ e. 1. kurmak, örgütlemek 2. düzenlemek
orgasm /'o:gezım/ a. orgazm, doyunum,

cinsel doyum: to have an orgasm
orgy /'o:ci/ a. 1. seks partisi 2. âlem, cümbüş
Orient¹ /'o:riınt/ a. 1. Doğu 2. Doğu Ülkeleri, Asya, Uzakdoğu
orient² /'o:riınt/ e, Al. yönlendirmek
oriental /o:ri'entl/ s. doğuya özgü, doğu ...
orientate /'o:riınteyt/ e. yönlendirmek
orientation /o:riın'teyşın/ a. yönlendirme
orifice /'orifis/ a. ağız, delik
origin /'oricin/ a. 1. başlangıç, kaynak 2. kök, köken
original¹ /ı'ricinıl/ s. 1. orijinal, özgün 2. yaratıcı
original² /ı'ricinıl/ a. asıl, orijinal
originality /ırici'neliti/ a. 1. orijinallik, özgünlük 2. yaratıcılık
originally /ı'ricinıli/ be. 1. başlangıçta, aslında 2. özgün bir biçimde
originate /ı'ricineyt/ e. 1. kaynaklanmak, çıkmak, başlamak 2. başlatmak
ornament¹ /'o:nımınt/ a. süs, süs eşyası
ornament² /'o:nımınt/ e. süslemek
ornamental /o:nı'mentıl/ s. 1. süs olarak kullanılan, süsleyici 2. süslü, cafcaflı
ornate /o:'neyt/ s. çok süslü
ornithology /o:ni'tolıci/ a. kuş bilimi
orphan¹ /'o:fın/ a. öksüz, yetim
orphan² /'o:fın/ e. öksüz bırakmak
orphanage /'o:fınic/ a. yetimler yurdu
orthodox /'o:tıdoks/ s. 1. herkesin inandığına inanan, ortodoks 2. alışılmış, geçerli, kabul edilmiş
orthography /o:'togrıfi/ a. imla, yazım
orthopaedic /o:tı'pi:dik/ s. ortopedik
orthopaedics /o:tı'pi:diks/ a, hek. ortopedi
orthopedic /o:tı'pi:dik/ s, bkz orthopaedic
oscillate /'osileyt/ e. sarkaç gibi sallanmak, salınmak
oscillation /osi'leyşın/ a. salınım
osprey /'ospri, 'osprey/ a, hayb. balıkkartalı
ostensible /o'stensibıl/ s. görünüşte, sözde, gerçek olmayan
ostentation /ostın'teyşın/ a, hkr. gösteriş, çalım, hava

ostracize /'ostrısayz/ e. toplum dışı bırakmak, ilişiğini kesmek, soyutlamak

ostrich /'ostriç/ a, hayb. devekuşu

other /'adı/ s, adl. 1. diğer, öteki, öbür, başka, diğeri, öbürü, başkası: *The other glasses are in the cupboard. Have you seen the others? I know the knife is blunt, but there's no other. What other sizes have you got? Do you know if there are any other buses tonight?* 2. **each other** birbirini, birbirine: *They hate each other.* 3. **other than** ... hariç, ... dışında 4. **the other day** geçen gün

otherwise /'adıwayz/ be. 1. başka türlü, farklı bir şekilde: *I did what I was ordered. I couldn't do otherwise.* 2. başka bakımlardan 3. yoksa, aksi takdirde: *Put on a shirt; otherwise you'll get sunburnt.*

otter /'otı/ a. 1. hayb. susamuru 2. samur kürk

ouch /auç/ ünl. (acı belirtir) ah!

ought /o:t/ e. 1. (ödev/zorunluluk belirtir) -meli, -malı, -mesi gerek, -se iyi olur: *She ought to write to her mother more often. You ought to drive more carefully. You oughtn't to be rude to your father. Oughtn't you be at work by nine? He ought to have done his military service last year, oughtn't he?* 2. (tavsiye belirtir) -meli, malı: *You ought to read his book. It's very interesting. You oughtn't to wash that in the machine. It'll shrink.* 3. (olasılık/tahmin belirtir) -meli, -malı: *The train left at two. It ought to be in London now.*

ounce /auns/ a. 1. ons (28. 35 gr.) 2. zerre, parça, birazcık

our /a:, auı/ s. 1. bizim: *That is our house. Our teacher is very nice.* 2. **Our Lady** Meryem Ana

ours /'auız/ adl. bizimki: *This isn't our car. Ours is being repaired.*

ourselves /auı'selvz/ adl. biz, kendimiz: *We built our house ourselves.*

oust /aust/ a. dışarı atmak, zorla çıkarmak

out[1] /aut/ be. 1. dışarı, dışarıya: *I want to go out.* 2. dışarıda: *The manager is out.* 3. yüksek sesle, bağırarak: *Speak out. I*

can't hear. 4. adamakıllı, tamamıyla, bütünüyle: *I was tired out.* 5. modası geçmiş: *Long hair for men is out now.* 6. **out and about** yataktan kalkıp evden çıkacak halde 7. **Out with it!** Söyle şunu! 8. **Out you go!** Çık dışarı!

out[2] /aut/ s. 1. dışta yer alan, dış, harici 2. uzak, uzakta olan 3. olanaksız 4. (ışık, ateş, vb.) sönmüş, sönük 5. (tahmin, hesap, vb.) yanlış 6. **out and out** komple, tam 7. **out for** -in peşinde 8. **out to** -meye çalışmakta

outbid /aut'bid/ e. [pt, pp **outbid**] -den daha fazlasını teklif etmek

outboard motor /autbo:d 'moutı/ a. küçük botların arkasına takılan motor

outbreak /'autbreyk/ a. 1. patlak verme, çıkma 2. salgın

outbuilding /'autbilding/ a. ek bina

outburst /'autbö:st/ a. patlama, patlak verme

outcast /'autka:st/ a, s. toplumdan atılmış, serseri

outclass /aut'kla:s/ e. -den çok üstün olmak

outcome /'autkam/ a. sonuç

outcrop /'autkrop/ a. yeryüzüne çıkmış katman ya da kaya

outcry /'autkray/ a. halk protestosu

outdated /aut'deytid/ s. modası geçmiş

outdid /aut'did/ pt bkz. **outdo**

outdistance /aut'distıns/ e. daha hızlı gitmek ya da daha ileri gitmek, geçmek, geride bırakmak

outdo /aut'du:/ e. [pt **outdid** /aut'did/, pp **outdone** /aut'dan/] -den üstün olmak, yenmek, geçmek: *He always tries to outdo everybody else.*

outdone /aut'dan/ pp bkz. **outdo**

outdoor /aut'do:/ s. açık havada, açık havada olan/yapılan, açık hava ...

outdoors[1] /aut'do:z/ a. açık hava, dışarısı

outdoors[2] /aut'do:z/ be. açık havada, dışarıda

outer /'autı/ s. 1. harici, dış, dıştaki 2. **outer space** uzay

outermost /'autımoust/ s. en dıştaki, en uzaktaki

outfit /'autfit/ a. 1. teçhizat, takım, donatı

2. *k. dili* grup, ekip
**outgoing** /aut'gouing/ *s.* 1. giden, ayrılan 2. canayakın
**outgoings** /'autgouingz/ *a.* masraf, gider
**outgrew** /aut'gru:/ *pt bkz.* **outgrow**
**outgrow** /aut'grou/ *e.* [*pt* **outgrew** /aut'gru:/, *pp* **outgrown** /aut'groun/] 1. -den daha çabuk büyümek: *He's outgrown everybody else in the class.* 2. sığmamak; ... için fazla büyümüş olmak: *My son has outgrown all his clothes. She has outgrown her dolls.*
**outgrown** /aut'groun/ *pp bkz.* **outgrow**
**outgrowth** /'autgrout/ *a.* 1. doğal sonuç 2. büyüyen, gelişen şey
**outing** /'auting/ *a.* gezinti, gezi
**outlandish** /aut'lendiş/ *s.* garip, acayip, tuhaf
**outlast** /aut'la:st/ *e.* -den daha uzun sürmek
**outlaw**[1] /'autlo:/ *a.* kanun kaçağı, haydut
**outlaw**[2] /'autlo:/ *e.* 1. suçlu ilan etmek 2. (bir şeyi) yasadışı ilan etmek
**outlay** /'autley/ *a.* (on/for ile) harcanan para, gider, masraf
**outlet** /'autlet/ *a.* çıkış yeri, delik, ağız
**outline**[1] /'autlayn/ *a.* 1. ana hatlar, taslak 2. özet 3. şekil
**outline**[2] /'autlayn/ *e.* şeklini/taslağını çıkarmak
**outlive** /aut'liv/ *e.* -den daha uzun yaşamak
**outlook** /'autluk/ *a.* 1. görünüm 2. bakış açısı 3. ileriki olasılıklar
**outlying** /'autlaying/ *s.* merkezden uzak, uzak
**outmanoeuvre** /autmı'nu:vı/ *e.* 1. (rakibinden) daha etkili hareket etmek 2. (rakibine) üstünlük sağlamak
**outmoded** /aut'moudid/ *s.* modası geçmiş
**outmost** /'autmoust/ *s.* en dıştaki, en uzaktaki
**outnumber** /aut'nambı/ *e.* sayıca üstün olmak
**out of** *ilg.* 1. -den dışarı, dışına, dışında: *They went out of the room.* 2. -siz, -sız: *The shop is out of cigarettes.* 3. -den, -dan: *She poured the water out of the jug.* 4. -den dolayı, -den: *She did it out*

*of kindness.* 5. -den yapılmış, -den, -dan: *His house is made out of bricks.* 6. **out of doors** dışarısı, dışarıda 7. **out of one's head/mind** *k. dili* çatlak, üşütük, kaçık, deli 8. **out of the question** olanaksız 10. **out-of-date** /autıv'deyt/ *s.* modası geçmiş
**out-of-the-way** /autıvdı'wey/ *s.* ücra, uzak, sapa, ıssız
**outpatient** /'autpeyşınt/ *a.* ayakta tedavi edilen hasta
**outpost** /'autpoust/ *a.* ileri karakol
**output** /'autput/ *a.* 1. verim, randıman 2. üretim, ürün 3. bilgisayardan alınan bilgi, çıktı
**outrage**[1] /'autreyc/ *e.* 1. nefret uyandırıcı hareket, zulüm 2. büyük öfke, nefret
**outrage**[2] /'autreyc/ *e.* öfkelendirmek, nefretini uyandırmak
**outrageous** /aut'reycıs/ *s.* 1. terbiyesiz, çirkin, öfke uyandırıcı 2. ahlaksız, utanmak 3. şok edici
**outright**[1] /aut'rayt/ *be.* 1. tamamen, bütünüyle 2. açıkça, dobra dobra
**outright**[2] /'autrayt/ *s.* 1. tam, kesin, katıksız 2. içten, açıksözlü, gerçek
**outset** /'autset/ *a.* başlangıç
**outshine** /aut'şayn/ *e.* [*pt, pp* **outshone** /aut'şon/] -den daha fazla parlamak
**outshone** /aut'şon/ *pt, pp bkz.* **outshine**
**outside**[1] /aut'sayd/ *a.* 1. dış, dış taraf 2. **at the (very) outside** en fazla, taş çatlasa, olsa olsa
**outside**[2] /'autsayd/ *s.* 1. dış, harici 2. açık havada olan, dışarıdaki 3. dıştan gelen, dış 4. en çok, en yüksek, azami 5. (şans, olasılık, vb.) uzak 6. **outside left** *sp.* solaçık 7. **outside right** *sp.* sağaçık
**outside**[3] /aut'sayd/ *be.* dışarıda, dışarıya: *They went outside.*
**outside**[4] /aut'sayd/ *ilg.* dışında, dışına: *There's a small garden outside the house.*
**outsider** /aut'saydı/ *a.* 1. bir grubun dışında olan kimse, yabancı 2. kazanma olasılığı az olan yarışmacı/hayvan
**outsize** /'autsayz/ *s.* (giysi) çok büyük boy
**outskirts** /'autskö:ts/ *a.* kentin dışı, dış mahalle, varoş

O

**outsmart** /aut'sma:t/ *e, k. dili* kurnazlıkla üstesinden gelmek, hakkından gelmek, yenmek, altetmek

**outspoken** /aut'spoukın/ *s.* dobra dobra konuşan, açık sözlü

**outspread** /aut'spred/ *s.* (kol, vb.) açık, gerilmiş

**outstanding** /aut'stending/ *s.* 1. diğerlerinden iyi, çok iyi, göze çarpan 2. henüz yapılmamış, yarım kalmış 3. ödenmemiş

**outstretched** /aut'streçt/ *s.* uzanmış, gerilmiş, açık

**outstrip** /aut'strip/ *e.* -den daha iyi yapmak, geçmek, geride bırakmak

**outward** /'autwıd/ *s.* 1. dış 2. *Al, bkz.* **outwards**

**outwardly** /'autwıdli/ *be.* dıştan, görünüşte

**outwards** /'autwıdz/ *be.* dışarıya

**outweigh** /aut'wey/ *e.* -den daha ağır basmak, -den daha önemli olmak

**outwit** /aut'wit/ *e.* kurnazlıkla alt etmek, yenmek

**outworn** /aut'wo:n/ *s.* modası geçmiş, geçerliliğini yitirmiş

**oval** /'ouvıl/ *s.* yumurta biçiminde, oval

**ovary** /'ouvıri/ *a.* 1. yumurtalık 2. *bitk.* tohumluk

**ovation** /ou'veyşın/ *a.* coşkunca alkış/beğeni

**oven** /'avın/ *a.* fırın

**over**[1] /'ouvı/ *be.* 1. yere, aşağıya: *The tree fell over in the storm.* 2. ters: *They rolled the log over to find some scorpions.* 3. karşıya, öbür tarafa: *He walked over to the butcher's.* 4. başından sonuna, iyice, adamakıllı: *Think it over before you buy it.* 5. yine, tekrar: *He finished his test and read it over carefully.* 6. artan, arta kalan: *They still had a hundred dollars over after their holiday.* 7. üzerinde, üstünde, fazla: *All the basketball players were at least 6 foot and over.* 8. üzerini kaplayacak şekilde: *There's a lot of graffiti that will have to be painted over.* 9. birbirlerinin yerine geçecek şekilde: *Can you change the chairs over, please?* 10. aşırı: *He's always over polite. It's hard to believe*

him. 11. başkasına geçecek/el değiştirecek şekilde: *He signed all his property over to charity.* 12. her yerinde/tarafında, her yeri: *English is spoken the world over. The car is muddy all over.* 13. **over and over again** tekrar tekrar, defalarca: *I've told you not to do that over and over again.*

**over**[2] /'ouvı/ *ilg.* 1. -in üzerine, üstüne, üstünde: *She put a mat over the hole in the carpet.* 2. (alttaki şeye değmeksizin) -in üzerinde, üzerine: *There's a picture of Atatürk over the blackboard. The chandelier hung over the centre of the room.* 3. (rütbece) -den üstün, -in üzerinde: *Is John's position over yours? He has no control over his temper.* 4. baştan başa: *He's sailed all over the Pacific.* 5. her tarafında/tarafına: *Bob Marley was famous all over the world.* 6. -in öbür tarafına/tarafında: *He was shot trying to escape over the border.* 7. -e kadar: *Why don't you stay over next week?* 8. -den fazla: *He swam over ten miles to shore. I think he's over seventy.* 9. esnasında, sırasında: *We had lots of visitors over the holidays.* 10. ile ilgilenirken/uğraşırken: *They discussed business over a game of chess.* 11. konusunda, hakkında, üzerinde, -de, -da: *He's had a lot of problems over his son's education.* 12. aracılığıyla, -den, -dan: *The announcement of his death was made over the radio.* 13. **over and above** -e ilaveten, -in yanında: *He gets an expense account over and above his salary.*

**over**[3] /'ouvı/ *s.* bitmiş, sona ermiş: *When the film was over they went for a coffee. The war is over.*

**overall** /ouvır'o:l/ *be, s.* 1. her şey dahil, tüm, toplam 2. ayrıntılı, geniş kapsamlı 3. sonuçta, genelde

**overalls** /'ouvıro:lz/ *a.* işçi tulumu, tulum

**overawe** /ouvır'o:/ *e.* korkutmak, sindirmek

**overbalance** /ouvı'belıns/ *e.* 1. dengesini kaybedip düşmek 2. dengesini bozup düşürmek overbearing /ouvı'beıring/ s. mütehakkim, buyurucu

overboard /'ouvıbo:d/ be. 1. den. gemiden denize 2. **go overboard for/about** k. dili -e kapılmak, hastası olmak

overburden /ouvı'bö:dn/ e. (with ile) -e fazla yük taşıtmak, fazla yüklenmek

overcame /ouvı'keym/ pt bkz. **overcome**

overcast /ouvı'ka:st/ s. bulutlu, kapalı

overcharge /ouvı'ça:c/ e. fazla fiyat istemek, fazla hesap yazmak, kazıklamak: I think you've overcharged us. We had only two beers. I was overcharged ten pounds.

overcoat /'ouvıkout/ a. palto

overcome /ouvı'kam/ e. [pt **overcame** /ouvı'keym/, pp **overcome**] 1. üstesinden gelmek, alt etmek 2. galip gelmek 3. (duygu, vb.) davranışları etkilemek

overcrowd /ouvı'kraud/ e. (with ile) çok fazla insanla doldurmak, aşırı kalabalık yapmak, tıka basa doldurmak

overdid /ouvı'did/ pt bkz. **overdo**

overdo /ouvı'du:/ e. [pt **overdid** /ouvı'did/, pp **overdone** /auvı'dan/] 1. abartmak, şişirmek 2. gereğinden fazla kullanmak 3. aşırı duygusallık göstermek

overdone[1] /ouvı'dan/ s. 1. fazla pişmiş 2. abartılmış, şişirilmiş 3. aşırı, çok fazla, aşırıya kaçmış

overdone[2] /auvı'dan/ pp bkz. **overdo**

overdose /'ouvıdous/ a. aşırı doz

overdraft /'ouvıdra:ft/ a. hesabından fazla para çekme izni, açık kredi

overdraw /ouvı'dro:/ e. [pt **overdrew** /ouvı'dru:/, pp **overdrawn** /ouvı'dro:n/] (bankadaki hesabından) fazla para çekmek

overdrawn /ouvı'dro:n/ pt, pp bkz. **overdraw**

overdrew /ouvı'dru:/ pt bkz. **overdraw**

overdue /ouvı'dyu:/ s. 1. vadesi geçmiş 2. rötarlı, geçikmiş

overestimate /ouvır'estimeyt/ e. olduğundan fazla değer biçmek, abartmak

overflow[1] /ouvı'flou/ e. 1. taşmak 2. -in dışına taşmak, sığamamak

overflow[2] /ouvı'flou/ a. 1. taşma 2. taşkın 3. oluk

overgrown /ouvı'groun/ s. 1. yabanıl bitkilerle kaplı 2. fazla/hızlı büyümüş

overhang /ouvı'heng/ e. [pt, pp **overhung** /ouvı'hang/] sarkmak

overhaul /ouvı'ho:l/ e. 1. elden geçirmek, yoklamak, onarmak 2. yetişip geçmek

overhead /ouvı'hed/ s, be. kafasının üstünde, yukarıda, tepede

overheads /'ouvıhedz/ a. işletme giderleri

overhear /ouvı'hiı/ e. [pt, pp **overheard** /ouvı'hö:d/] kulak misafiri olmak, gizlice dinlemek

overheard /ouvı'hö:d/ pt, pp bkz. **overhear**

overhung /ouvı'hang/ pt, pp bkz. **overhang**

overjoyed /ouvı'coyd/ s. çok sevinçli

overkill /'ouvıkil/ a. 1. gereğinden fazla silah 2. sınırını aşınca zarar veren şey

overland /ouvı'lend/ s, be. karayolu ile yapılan, karadan

overlap /ouvı'lep/ e. 1. üst üste binmek 2. kısmen kaplamak

overload /ouvı'loud/ e. 1. aşırı yüklemek 2. fazla elektrik kullanmak

overlook /ouvı'luk/ e. 1. -e nazır olmak, bakmak: Our house overlooks the sea. 2. gözden kaçırmak, görememek, atlamak 3. göz yummak, affetmek

overmuch /ouvı'maç/ s, be. aşırı, gereğinden fazla

overnight /ouvı'nayt/ be, s. 1. geceleyin, gece 2. aniden, bir anda

overpass /'ouvıpa:s/ a, Aİ, bkz. **flyover**

overpower /ouvı'pauı/ e. yenmek, ezmek, hakkından gelmek, alt etmek

overran /ouvı'ren/ pt bkz. **overrun**

overrate /ouvı'reyt/ e. fazla değer vermek, büyütmek, abartmak

override /ouvı'rayd/ e. [pt **overrode** /ouvı'roud/, pp **overridden** /ouvı'ridn/] umursamamak, önem vermemek

overridden /ouvı'ridn/ pp bkz. **override**

overrode /ouvı'roud/ pt bkz. **override**

overrule /ouvı'ru:l/ e. reddetmek, iptal etmek, geçersiz kılmak

overrun /ouvı'ran/ e. [pt **overran** /ouvı'ren/, pp **overrun**] 1. istila etmek 2. (sınır, bitiş süresi, vb.) aşmak, uzamak

oversaw /ouvı'so:/ *pt bkz.* **oversee**
overseas /ouvı'si:z/ *be, s.* denizaşırı
oversee /ouvı'si:/ *e.* [*pt* **oversaw**
/ouvı'so:/, *pp* **overseen** /ouvı'si:n/] göz
kulak olmak, bakmak, izlemek
overseen /ouvı'si:n/ *pp bkz.* **oversee**
oversell /ouvı'sel/ *e, k. dili* aşırı övmek,
göklere çıkartmak
overshadow /ouvı'şedou/ *e.* gölge dü-
şürmek, gölgelemek
overshoot /ouvı'şu:t/ *e.* [*pt, pp* **overshot**
/ouvı'şot/] çok hızlı gidip kaçırmak, ge-
çip gitmek: *The train overshot the sta-
tion and had to reverse.*
overshot /ouvı'şot/ *pt, pp bkz.* **overshoot**
oversight /'ouvısayt/ *a.* dikkatsizlik,
gözden kaçırma, dalgınlık
oversimplify /ouvı'simplifay/ *e.* yalınlaştı-
rarak anlamını çarpıtmak, bozmak, fazla
basitleştirmek
oversleep /ouvı'sli:p/ *e.* [*pt, pp* **overslept**
/ouvı'slept/] uyuya kalmak
overslept /ouvı'slept/ *pt, pp bkz.* **over-
sleep**
overstate /ouvı'steyt/ *e.* abartmak, bü-
yütmek, şişirmek
overstep /ouvı'step/ *e.* aşmak, çok ileri
gitmek, çizgiyi aşmak
overstrung /ouvı'strang/ *s.* aşırı duyarlı
ve heyecanlı
overt /'ouvö:t/ *s.* gizli olmayan, ortada,
açık, aleni
overtake /ouvı'teyk/ *e.* [*pt* **overtook**
/ouvı'tuk/, *pp* **overtaken** /ouvı'teykın/] 1.
yetişip geçmek, sollamak 2. ansızın
yakalamak, bastırmak
overtaken /ouvı'teykın/ *pt, pp bkz.* **over-
take**
overtax /ouvı'teks/ *e.* 1. ağır vergi koy-
mak 2. fazla vergi istemek 3. sınırını
zorlamak
overthrew /ouvı'tru:/ *pt bkz.* **overthrow**
overthrow /ouvı'trou/ *e.* [*pt, pp* **over-
threw** /ouvı'tru:/, *pp* **overthrown**
/ouvı'troun/] (hükümet, vb.) devirmek,
yıkmak
overthrown /ouvı'troun/ *pp bkz.* **over-
throw**
overtime /'ouvıtaym/ *a, be.* fazla mesai

overtook /ouvı'tuk/ *pt bkz.* **overtake**
overture /'ouvıçuı/ *a.* 1. *müz.* uvertür 2. ç.
görüşme önerisi, öneri
overturn /'ouvıtö:n/ *e.* 1. devirmek 2.
devrilmek
overweight /ouvı'weyt/ *a.* 1. şişman,
kilolu 2. ağırlığı fazla olan şey, kilo faz-
lası olan şey
overwhelm /ouvı'welm/ *e.* 1. yenmek,
ezmek, bastırmak 2. gark etmek, boğ-
mak
overwhelming /ouvı'welming/ *s.* çok
büyük, ezici
overwork[1] /ouvı'wö:k/ *e.* 1. fazla çalış-
mak 2. fazla çalıştırmak
overwork[2] /ouvı'wö:k/ *s.* aşırı heyecanlı,
gergin
ovulation /ovyu'leyşın/ *a.* ovülasyon,
yumurtlama
ovum /'ouvım/ *a, biy.* yumurta
owe /ou/ *e.* 1. borcu olmak, borçlu olmak:
*His brother owed him five hundred dol-
lars.* 2. borçlu olmak: *I owe you my life.*
owing /'ouing/ *s.* ödenmemiş
owing to *ilg.* -den dolayı, yüzünden:
*Owing to bad weather the plane has
been delayed.*
owl /aul/ *a, hayb.* baykuş, puhu
own[1] /oun/ *s, adl.* 1. kendi, kendisinin: *It
wasn't her own idea, she had read it
somewhere.* 2. **have/get one's own
back** acısını çıkarmak, intikamını almak
3. **on one's own** kendi kendine, tek
başına, yalnız, yardımsız
own[2] /oun/ *e.* 1. sahip olmak: *She owns a
lot of houses.* 2. tanımak, kabul etmek,
itiraf etmek: *She finally owned she was
tired and went to bed.*
owner /'ounı/ *a.* sahip, mal sahibi
ownership /'ounışip/ *a.* mülkiyet, sahiplik
ox /oks/ *a, hayb.* öküz
oxcart /'okska:t/ *a.* öküz arabası, kağnı
oxide /'oksayd/ *a, kim.* oksit
oxidize /'oksidayz/ *e.* 1. oksitlemek 2.
oksitlenmek
oxygen /'oksicın/ *a, kim.* 1. oksijen 2.
**oxygen mask** oksijen maskesi 3. **oxy-
gen tent** oksijen çadırı
oyster /oystı/ *a, hayb.* istiridye

ozone /'ouzoun/ a. 1. *kim.* ozon 2. *k. dili* temiz hava 3. **ozone layer** ozon tabakası

# P

P, p /pi:/ a. İngiliz abecesinin on altıncı harfi

pa /pa:/ a, k. dili baba

pace¹ /peys/ a. 1. adım 2. yürüyüş 3. sürat, hız 4. **keep pace with** k. dili ayak uydurmak, yetişmek 5. **put sb through his paces** yeteneklerini ölçmek, sınamak

pace² /peys/ e. 1. ağır ya da düzgün adımlarla yürümek 2. adımla ölçmek, adımlamak 3. koşu ya da yürüyüş hızını belirlemek

pacemaker /'peysmeykı/ a. 1. diğerlerine örnek olan kimse 2. kalp atışlarını düzenleyen aygıt

pacific /pı'sifik/ s. barışsever, barışçı

pacifism /'pesifizım/ a. barışseverlik

pacifist /'pesifist/ a. barışsever, barışçı

pacify /'pesifay/ e. 1. yatıştırmak, sakinleştirmek, rahatlatmak 2. barışı/güvenliği sağlamak

pack¹ /pek/ a. 1. bohça, çıkın 2. sürü 3. (iskambil) deste 4. *Aİ.* paket

pack² /pek/ e. 1. bavul hazırlamak: *I haven't packed yet.* 2. bohçalamak, paket yapmak, paketlemek 3. sarmak 4. tıka basa doldurmak 5. (yiyecek) kutulara koymak, konservelemek 6. koruyucu bir madde ile doldurmak, sarmak, kaplamak 7. **send sb packing** k. dili sepetlemek, başından savmak

package /'pekic/ a. 1. paket, bohça, ambalaj 2. **package deal** k. dili birçok şeyi içeren anlaşma 3. **package tour** (acentanın ayarladığı) grup turu, paket tur

packed /pekt/ s, k. dili tıka basa dolu, kalabalık

packet-out /pekt'aut/ s, bkz. **packed**

packet /'pekit/ a. paket: *a packet of cigarettes*

pack in e, k. dili 1. ilgi çekmek, sarmak 2.

**pack it in** durdurmak

packing /'peking/ a. 1. paketleme, ambalaj, paketleme malzemesi 2. **packing case** tahta kasa/sandık

pack off e, k. dili sepetlemek, göndermek

pack up e, k. dili 1. işi bitirmek 2. *İİ.* (makine) durmak, stop etmek 3. (eşyasını) toplamak

pact /pekt/ a. antlaşma, pakt

pad¹ /ped/ a. 1. (koruyucu) yastık 2. (pamuklu, vb. yumuşak) tıkaç 3. kâğıt destesi, bloknot 4. ıstampa 5. (hayvan) taban 6. k. dili ev, daire

pad² /ped/ e. 1. içini doldurmak 2. (konuşma, vb.) şişirmek, uzatmak 3. sessizce yürümek

padding /'peding/ a. 1. vatka 2. kıtık

paddle¹ /'pedl/ a. 1. kısa kürek 2. (masa tenisi) raket 3. **paddle steamer** yandan çarklı gemi 4. **paddle wheel** (gemi) çark

paddle² /'pedl/ e. 1. kısa kürekle yürütmek, kısa kürek kullanmak 2. suda gezinmek 3. k. dili tokat atmak 4. **paddle one's own canoe** k. dili kendi işini kendi görmek, kendi yağıyla kavrulmak

paddock /'pedık/ a. küçük çayır alan, padok

paddy /'pedi/ a. 1. çeltik, pirinç 2. çeltik tarlası

padlock /'pedlok/ a. asma kilit

paediatrics /pi:di'etriks/ a, bkz **pediatrics**

pagan /'peygın/ a, s. dinsiz

page¹ /peyc/ a. sayfa: *Turn page sixteen please.*

page² /peyc/ a. 1. (otel, vb.) garson 2. iç oğlanı

page³ /peyc/ e. adını anons etmek, çağırmak

pageant /'pecınt/ a. 1. kutlama töreni 2. gösteri

pageantry /'pecıntri/ a. parlak gösteri

paid /peyd/ pt, pp bkz. **pay**

paid-up /peyd'ap/ s. ödenmiş

pail /peyl/ a. kova, gerdel

pain¹ /peyn/ a. 1. ağrı, sızı: *I've got a pain in my back.* 2. acı, ıstırap 3. baş belası 4. **pain in the neck/ass** k. dili baş belası, dert

pain² /peyn/ e. üzmek, kırmak, incitmek,

kalbini kırmak
**pained** /peynd/ *s.* 1. incinmiş 2. sıkıntılı
**painful** /'peynfıl/ *s.* acı veren
**painkiller** /'peynkılı/ *a.* ağrı kesici
**painless** /'peynlis/ *s.* acısız, ağrısız
**pains** /peynz/ *a.* zahmet, gayret
**painstaking** /'peynzteyking/ *s.* dikkatli, özenli
**paint**[1] /peynt/ *e.* 1. boyamak: *Paint it black.* 2. (boya ile) resmini yapmak 3. betimlemek, tasvir etmek 4. makyaj yapmak, boyanmak 5. **paint the town red** *k. dili* eğlenceye takılmak
**paint**[2] /peynt/ *a.* boya
**paintbrush** /'peyntbraş/ *a.* boya fırçası
**painter** /'peyntı/ *a.* 1. ressam 2. badanacı, boyacı
**painting** /'peynting/ *a.* 1. ressamlık 2. yağlıboya resim, tablo
**pair**[1] /pei/ *a.* 1. çift: *a pair of socks.* 2. karı koca, çift 3. **in pairs** ikişer ikişer, çiftler halinde
**pair**[2] /pei/ *e.* 1. çift çift düzenlemek 2. çift olmak, eş olmak, eşlik etmek
**pair up** *e.* çift oluşturmak
**pajamas** /pı'ca:mız/ *a, Aİ.* pijama
**pal** /pel/ *a, k. dili* arkadaş, dost, ahbap
**palace** /'pelis/ *a.* saray
**palatable** /'pelıtıbıl/ *s.* 1. tadı güzel, lezzetli 2. makul, hoş
**palate** /'pelit/ *a.* 1. damak 2. ağız tadı
**palatial** /pı'leyşıl/ *s.* saray gibi, görkemli
**pale**[1] /peyl/ *a.* 1. (yüz) soluk 2. (renk, vb.) solgun, cansız: *You look pale. Are you all right?*
**pale**[2] /peyl/ *e.* 1. solmak: *The flowers paled.* 2. soldurmak 3. sönük kalmak, önemsiz kalmak
**paleolithic** /peliou'litik/ *s.* yontma taş devrine ait
**palette** /'pelit/ *a.* ressam paleti, palet
**pall**[1] /po:l/ *a.* 1. tabut örtüsü 2. *Aİ.* (içinde ölü olan) tabut 3. kasvet veren örtü, perde
**pall**[2] /po:l/ *e.* usandırmak, bıktırmak, yavanlaşmak, sıkmak
**pallid** /'pelid/ *s.* solgun, soluk, benzi atmış
**pallor** /'pelı/ *a.* solgunluk, soluk benizlilik
**palm**[1] /pa:m/ *a, bitk.* palmiye; hurma ağacı
**palm**[2] /pa:m/ *a.* avuç içi, aya
**palm off** *e, k. dili* kakalamak, kazıklamak, okutmak, yutturmak
**palmist** /'pa:mist/ *a.* el falcısı
**palmistry** /'pa:mistri/ *a.* el falı
**palpable** /'pelpıbıl/ *s.* 1. elle dokunulabilir, ele gelir, gözle görünür, somut 2. belli, apaçık, ortada, düpedüz
**palpitate** /'pelpiteyt/ *e.* 1. (yürek) hızlı ve düzensizce atmak 2. titremek
**palpitation** /pelpi'teyşın/ *a.* düzensiz kalp atışı, çarpıntı
**palsy** /'po:lzi/ *a.* inme, felç
**paltry** /'po:ltri/ *s.* önemsiz, değersiz, düşük
**pamper** /'pempı/ *e.* üzerine çok düşmek, şımartmak
**pamphlet** /'pemflit/ *a.* kitapçık, broşür
**pan**[1] /pen/ *a.* 1. tava 2. lavabo taşı 3. elek 4. suda yüzen ince buz 5. **a flash in the pan** kuru gürültü, boşa çıkan gayret
**pan**[2] /pen/ *e.* 1. elemek, süzmek, elekle aramak 2. *k. dili* acımasızca eleştirmek 3. (kamerayı) sağa sola çevirmek
**panacea** /penı'siı/ *a.* (sözde) her derde deva ilaç
**panache** /pı'neş/ *a.* gösteriş
**pancake** /'penkeyk/ *a.* tava keki, gözleme
**pancreas** /'penkrıs/ *a, anat.* pankreas
**panda** /'pendı/ *a, hayb.* panda
**pandemonium** /pendi'mouniım/ *a.* şamata, curcuna, tantana
**pander** /'pendı/ *a.* pezevenk
**pander to** *e, hkr.* (çirkin arzularını) tatmin etmek: *He's always pandering to her. He does whatever she wants.*
**pane** /peyn/ *a.* pencere camı
**panel** /penl/ *a.* 1. kapı aynası 2. kaplama tahtası 3. kontrol panosu, panel 4. giysilere konulan kumaş parçası 5. dar uzun resim/fotoğraf 6. jüri heyeti 7. **panel discussion** açık oturum
**pang** /peng/ *a.* ani ve şiddetli ağrı, sancı, acı
**panic**[1] /'penik/ *a.* panik, ürkü
**panic**[2] /'penik/ *e.* 1. paniğe uğratmak 2. paniğe kapılmak: *Don't panic.*
**panic-stricken** /'penikstrikın/ *s.* paniğe

kapılmış

**pannier** /'penıı/ *a.* küfe, sepet

**panorama** /penı'ra:mı/ *a.* 1. panorama 2. toplu görünüm

**pansy** /'penzi/ *a.* 1. *bitk.* hercaimenekşe 2. *k. dili* ibne, oğlan

**pant**[1] /pent/ *e.* 1. sık sık nefes almak, nefes nefese kalmak 2. nefes nefese söylemek

**pant**[2] /pent/ *a.* kısa ve çabuk soluk

**pantheism** /'pentiizım/ *a.* kamutanrıcılık, panteizm

**pantheist** /'pentiist/ *a.* kamutanrıcı, panteist

**panther** /'pentı/ *a, hayb.* 1. panter 2. *Aİ.* puma

**panties** /'pentiz/ *a. k. dili* kadın külotu

**pantomime** /'pentımaym/ *a.* pandomim, sözsüz oyun

**pantry** /'pentri/ *a.* kiler

**pants** /pents/ *a.* 1. *İİ.* kadın külotu 2. *Aİ.* pantalon

**papa** /'papı/ *a, Aİ, k. dili* baba

**papacy** /'peypısi/ *a.* papalık

**papal** /'peypıl/ *s.* Papa/Papalık ile ilgili

**papaya** /pı'payı/ *a, bitk.* papaya

**paper**[1] /'peypı/ *a.* 1. kâğıt 2. *k. dili* gazete 3. yazı, bildiri 4. ç. evrak 5. sınav soruları 6. **on paper** kâğıt üzerinde 7. **paper clip** ataş

**paper**[2] /'peypı/ *e.* duvar kâğıdıyla kaplamak

**paperback** /'peypıbek/ *a.* kâğıt kapaklı kitap

**paperboy** /'peypıboy/ *a.* gazete dağıtıcısı

**paperweight** /'peypıweyt/ *a.* kâğıtların uçmasını önleyen ağırlık

**paperwork** /'peypıwö:k/ *a.* kırtasiyecilik

**papery** /'peypıri/ *s.* kâğıt gibi, kâğıt inceliğinde

**paprika** /'peprikı/ *a.* kırmızıbiber

**papyrus** /pı'payırıs/ *a.* papirüs

**par** /pa:/ *a.* nominal değer, itibari kıymet, eşit düzey

**parable** /'perıbıl/ *a.* mesel, ibret alınacak öykü

**parachute**[1] /'perışu:t/ *a.* paraşüt

**parachute**[2] /'perışu:t/ *e.* paraşütle atlamak

**parachutist** /'perışu:tist/ *a.* paraşütçü

**parade**[1] /pı'reyd/ *a.* 1. geçit töreni 2. gezinti yeri 3. gösteriş

**parade**[2] /pı'reyd/ *e.* 1. *ask.* sıraya dizilmek 2. gösteriş yapmak, hava atmak

**paradise** /'perıdays/ *a.* 1. cennet 2. cennet bahçesi 3. **fool's paradise** yalancı mutluluk

**paradox** /'perıdoks/ *a.* paradoks, yanıltmaç

**paraffin** /'perıfin/ *a.* parafin

**paragon** /'perıgın/ *a.* 1. en iyi örnek 2. **a paragon of virtue** fazilet örneği

**paragraph** /'perıgra:f/ *a.* paragraf

**parakeet** /'perıki:t/ *a, hayb.* bir tür ufak papağan

**parallel**[1] /'perılel/ *s.* 1. koşut, paralel 2. kıyaslanabilir 3. benzer, yakın

**parallel**[2] /'perılel/ *a.* 1. paralel çizgi 2. benzerlik 3. örnek, benzer 4. *coğ.* enlem

**parallel**[3] /'perılel/ *e.* benzemek, eşit olmak

**paralyse** /'perılayz/ *e.* felç etmek, felce uğratmak

**paralysis** /pı'relisis/ *a.* inme, felç

**paralytic**[1] /perı'litik/ *a.* felçli kimse

**paralytic**[2] /perı'litik/ *s.* 1. felçli 2. felce uğratıcı, felç edici 3. *k. dili* körkütük sarhoş, küfelik

**paramilitary** /perı'militri/ *s.* askeri nitelikli

**paramount** /'perımaunt/ *s.* üstün, yüce, en büyük, en önemli

**paranoia** /perı'noyı/ *a, ruhb.* paranoya

**paranoiac** /perı'noyek/ *a, s, ruhb.* paranoyak

**paranoid** /'perınoyd/ *s, ruhb.* paranoyak

**parapet** /'perıpit/ *a.* korkuluk, parmaklık, siper

**paraphernalia** /perıfı'neyliı/ *a.* takım taklavat, donatı, alet edevat

**paraphrase**[1] /'perıfreyz/ *e.* başka sözcüklerle açıklamak, açımlamak

**paraphrase**[2] /'perıfreyz/ *a.* açımlama

**paraplegic** /perı'pli:cik/ *a, s.* belden aşağısı felçli

**parasite** /'perısayt/ *a.* 1. asalak, parazit 2. başkalarının sırtından geçinen kişi, asalak, parazit

**parasol** /'perısol/ *a.* güneş şemsiyesi

paratrooper /'perıtru:pı/ *a, ask.* paraşütçü
paratroops /'perıtru:ps/ *a, ask.* paraşütçü
kıtası
parcel /'pa:sıl/ *a.* 1. paket, koli 2. *hkr.*
sürü, yığın, takım 3. arazi parçası, par-
sel 4. **part and parcel of** ayrılmaz par-
çası
parcel out *e.* taksim etmek, parsellemek,
bölümlere/hisselere ayırmak
parcel up *e.* paketlemek
parch /pa:ç/ *e.* 1. (güneş) kavurmak 2.
(susuzluktan) kavrulmak
parchment /'pa:çmınt/ *a.* tirşe, parşömen
pardon[1] /'pa:dn/ *a.* 1. af, bağışlama 2.
**beg pardon** *k. dili* Efendim? Buyur? Ne
dedin? 3. **I beg your pardon** Affedersi-
niz. Efendim? Kusura bakmayın. 4. **Par-
don** *k. dili* Affedersiniz. Efendim? 5.
**Pardon me** affedersiniz, özür dilerim;
Efendim?
pardon[2] /'pa:dn/ *e.* bağışlamak, affetmek
pardonable /'pa:dınıbıl/ *s.* bağışlanabilir,
affedilir
pare /peı/ *e.* 1. kabuğunu soymak 2.
(tırnak) kesmek
pare down *e.* (fiyat, vb.) indirmek, dü-
şürmek
parent /'peırınt/ *a.* 1. ana ya da baba, veli
2. *ç.* ana baba, ebeveyn
parentage /'peırıntic/ *a.* nesil, soy, asıl
parenthesis /pı'rentisis/ *a.* 1. ayraç,
parantez 2. ara söz
parenthood /'peırınthud/ *a.* analık ya da
babalık
pariah /pı'rayı/ *a.* toplumun kabul etmedi-
ği kimse
parish /'periş/ *a.* 1. bir papazın ruhani
bölgesi 2. bucak, bölge, mahalle
parity /'periti/ *a.* eşitlik, denklik
park[1] /pa:k/ *a.* 1. park, yeşil alan 2. **car
park** otopark
park[2] /pa:k/ *e.* 1. park etmek 2. *k. dili*
koymak, bırakmak
parka /'pa:kı/ *a.* parka
parking /'pa:king/ *a.* 1. park yapma 2. **No
Parking** Park yapılmaz 3. **parking lot**
*Al.* otopark 4. **parking meter** parkmet-
re, otopark sayacı
parley /'pa:li/ *a.* toplantı, zirve toplantısı,

barış görüşmesi
parliament /'pa:lımınt/ *a.* parlamento,
meclis
parliamentarian /pa:lımın'teırıın/ *a.* par-
lamenter
parliamentary /pa:lı'mentıri/ *s.* parlamen-
toya ait
parlour /'pa:lı/ *a.* salon
parochial /pı'roukiıl/ *s.* (görüş, vb.) sınırlı,
dar
parody /'perıdi/ *a.* 1. parodi, gülünçleme
2. adi kopya
parole[1] /pı'roul/ *a.* 1. tutukluya verilen
izin, şartlı tahliye 2. söz, namus sözü,
şeref sözü
parole[2] /pı'roul/ *e.* şartlı tahliye etmek
paroxysm /'perıksizım/ *a.* (gülme, vb.)
kriz
parquet /'pa:key/ *a.* parke
parrot[1] /'perıt/ *a, hayb.* papağan
parrot[2] /'perıt/ *e.* papağan gibi tekrarla-
mak
parry /'peri/ *e.* 1. savuşturmak 2. geçiş-
tirmek
parsimonious /pa:si'mouniıs/ *s.* cimri,
pinti
parsley /'pa:sli/ *a.* maydanoz
parsnip /'pa:snip/ *a.* yabani havuç
parson /'pa:sın/ *a.* papaz
part[1] /pa:t/ *a.* 1. bölüm, kısım, parça 2.
pay, hisse 3. yan, taraf 4. görev 5. rol 6.
*müz.* fasıl 7. **for my part** kendi hesabı-
ma, bence 8. **for the most part** çoğun-
lukla 9. **in part** kısmen 10. **part of
speech** sözcük türü 11. **play a part** rol
oynamak 12. **take in good part** darıl-
mamak, gücenmemek
part[2] /pa:t/ *be.* kısmen
part[3] /pa:t/ *s.* kısmi
part[4] /pa:t/ *e.* 1. ayırmak 2. ayrılmak
partake /pa:'teyk/ *e.* [*pt* partook /pa:'tuk/,
*pp* **partaken** /pa:'teykın/] katılmak, pay-
laşmak, yemek, içmek
partaken /pa:'teykın/ *pp bkz.* **partake**
partial /'pa:şıl/ *s.* 1. bölümsel, tikel, kısmi
2. tarafgir, yan tutan 3. düşkün
partiality /pa:şi'eliti/ *a.* 1. yan tutma,
tarafgirlik 2. düşkünlük
partially /'pa:şıli/ *be.* 1. kısmen 2. yan

tutarak

**participant** /pa:'tisipınt/ a. katılan kişi, katılımcı, iştirakçi

**participate** /pa:'tisipeyt/ e. katılmak, iştirak etmek

**participation** /pa:tisi'peyşın/ a. katılma, katılım

**participle** /'pa:tisipıl/ a, dilb. ortaç

**particle** /'pa:tikıl/ a. 1. parça, zerre, tane 2. dilb. işlevsel sözcük, ilgeç, tanımlık, bağlaç

**particular** /pı'tıkyulı/ s. 1. özel, olağandışı, dikkate değer 2. belirli, diğerlerinden farklı, tek 3. müşkülpesent, titiz 4. tam, ayrıntılı 5. mahsus, özgü 6. **in particular** özellikle

**particularly** /pı'tikyulıli/ be. özellikle

**particulars** /pı'tikyulız/ a. 1. ayrıntılar, detaylar 2. **go into particulars** ayrıntılara girmek

**partisan** /pa:ti'zen/ a. 1. yandaş, taraftar, partizan 2. ask. çeteci, partizan

**partition** /pa:'tişın/ a. 1. bölünme, ayrılma 2. bölme, ince duvar

**partly** /'pa:tli/ be. kısmen, bir dereceye kadar

**partner** /'pa:tnı/ a. 1. ortak 2. eş 3. arkadaş, oyun arkadaşı 4. kavalye, dam 5. k. dili erkek arkadaş

**partnership** /'pa:tnışip/ a. ortaklık

**partook** /pa:'tuk/ pt bkz. **partake**

**partridge** /'pa:tric/ a, hayb. keklik

**part-time** /pa:t'taym/ s. (iş) günün yalnızca belli bir bölümünü alan, yarım günlük

**party** /'pa:ti/ a. 1. eğlenti, parti 2. grup, birlik, ekip 3. (siyasi) parti 4. şahıs, kimse

**pasha** /'peşı/ a. paşa

**pass**[1] /pa:s/ e. 1. geçmek, ilerlemek: The traffic was so busy the bus couldn't pass. 2. (önünden, vb.) geçmek: She passed the Post Office on her way to work. 3. yetişip geçmek, sollamak: Don't pass that car. There's one coming from the other way. 4. vermek, uzatmak: Can you pass me the salt, please? 5. (zaman) geçmek: As you grow older time seems to pass more quickly. 6. (zaman) geçirmek: They passed the hour playing

cards. 7. (sınav) geçmek, kazanmak: She didn't pas the university entrance exam. 8. onaylamak, kabul etmek, geçirmek: The council wouldn't pass the plans for the new hotel. 9. geçmek, dinmek, bitmek: Gradually her love for him passed. 10. olmak, geçmek: I don't know what has passed between them but they don't talk any more. 11. dönüşmek: Winter passed into spring. 12. geçirmek: The teacher passed only two students. 13. geçmek, kalmak: Everything he owns will pass to his wife when he dies. 14. söylemek, bildirmek, belirtmek: I've never heard him pass a kind word to his son. 15. sp. pas vermek, atmak: he caught the ball and passed it to the centre forward. 16. geçmek, kabul edilmek, sayılmak, sanılmak: He passed as the bidding got higher. 18. **pass the time of day (with)** şöyle bir merhaba demek, takılmak 19. **pass water** ört. işemek

**pass**[2] /pa:s/ a. 1. geçit, boğaz 2. geçme, geçiş 3. geçiş, giriş-çıkış izni 4. paso 5. sınavda geçme 6. sp. pas 7. paso 8. pasaport 9. k. dili kur, baştan çıkarma

**passable** /'pa:sıbıl/ s. 1. iyi, geçer 2. (yol, ırmak, vb.) geçilebilir, aşılabilir, geçilir

**passage** /'pesic/ a. 1. geçiş, geçme 2. pasaj, koridor 3. dar yol, geçit 4. bölüm, paragraf, parça 5. deniz yolculuğu

**pass away/on** e. 1. ört. ölmek, göçmek 2. geçmek, yok olmak

**pass by** e. 1. önünden geçmek: He passed by me without saying hello. 2. önemsememek, boş vermek: They passed by my suggestions.

**passenger** /'pesincı/ a. yolcu

**passerby** /pa:sı'bay/ a. tesadüfen geçen kimse, yoldan geçen

**pass for** e. olarak kabul edilmek, sanılmak

**passing** /'pa:sing/ s. 1. geçen, ilerleyen 2. geçici, kısa süren

**passion** /'peşın/ a. 1. ihtiras, tutku, hırs 2. ani öfke 3. k. dili düşkünlük, tutku, hastalık

**passionate** /'peşınıt/ s. 1. ihtiraslı, hırslı

2. şiddetli, ateşli

**passive** /'pesiv/ *s.* 1. pasif 2. *dilb.* edilgen 3. **passive voice** *dilb.* edilgen çatı

**pass off** *e.* 1. durmak, geçmek, dinmek 2. meydana gelmek, olmak, geçmek 3. ... süsü vermek, ... diye yutturmak: *He's been passing himself off as a mechanic for three years.*

**pass out** *e.* 1. bayılmak, kendinden geçmek 2. *Aİ.* dağıtmak, dağıtımını yapmak

**pass over** *e.* aldırmamak, boş vermek, yok saymak, göz yummak: *They always passed over the way he died.*

**passport** /'pa:spo:t/ *a.* pasaport

**pass up** *e.* kaçırmak: *He passed up a good job because he didn't want to move.*

**password** /'pa:swö:d/ *a.* parola

**past¹** /pa:st/ *s.* 1. geçmiş, geçmişte kalan: *In past times there were more people in the village.* 2. geçen: *There's been a lot of hot weather in the past two months.* 3. bitmiş, sona ermiş: *Winter is past and spring has come.* 4. eski, sabık: *A past student came today to see his old teachers.* 5. *dilb.* geçmiş: *The simple past tense.*

**past²** /pa:st/ *ilg.* 1. -den sonra, geçe: *at half past six* 2. ötesinde, uzağında: *The library is a little past the school.* 3. -siz, -sız: *The accident victim was past help and died.* 4. **past caring** boşvermiş, boşlamış, aldırmaz, umursamaz 5. **past master** usta, erbab

**past³** /pa:st/ *a.* 1. geçmiş zaman, geçmiş: *In the past disease, famine and wars were common.* 2. bir kimsenin geçmişi, geçmiş 3. *dilb.* geçmiş zaman

**paste¹** /peyst/ *a.* 1. hamur 2. çiriş, kola 3. macun 4. ezme

**paste²** /peyst/ *e.* (kâğıt) yapıştırmak

**pasteboard** /'peystbo:d/ *a.* mukavva

**pastel** /'pestl/ *a.* 1. pastel boya kalemi 2. pastel resim 3. soluk renk, pastel renk

**pasteurize** /'pesçırayz/ *e.* pastörize etmek

**pastille** /pe'sti:l/ *a, hek.* pastil

**pastime** /'pa:staym/ *a.* hoşça vakit geçir-

mek için yapılan şey, uğraş

**pastor** /'pa:stı/ *a.* papaz

**pastoral** /'pa:stırıl/ *s.* 1. pastoral 2. dini, manevi

**pastrami** /pı'stra:mi/ *a.* pastırma

**pastry** /'peystri/ *a.* 1. hamur işi 2. pasta

**pasturage** /'pa:sçıric/ *a.* 1. otlatma, otlatma hakkı 2. otlak, çayır, mera 3. ot

**pasture¹** /'pa:sçı/ *a.* 1. ot 2. otlak, çayır, mera

**pasture²** /'pa:sçı/ *e.* çayıra salmak, otlatmak

**pasty¹** /'pesti/ *a.* etli börek

**pasty²** /'pesti/ *s.* (yüz) solgun

**pat¹** /pet/ *a.* 1. hafifçe vurma, okşama 2. ufak kalıp tereyağı 3. **pat on the back** *k. dili* tebrik, övgü

**pat²** /pet/ *e.* elle hafifçe vurmak, hafifçe vurarak okşamak

**pat³** /pet/ *be, s.* 1. tam yerinde, tam zamanında 2. tamamiyle uygun, münasip

**patch¹** /peç/ *a.* 1. yama 2. (değişik renkte) yer/parça 3. küçük bitki yetiştirme 4. **bad patch** *İİ.* kötü zaman, şanssızlık anı

**patch²** /peç/ *e.* yamamak, yama yapmak

**patch up** *e.* 1. uzlaştırmak, yatıştırmak, barıştırmak 2. yamamak

**patchwork** /'peçwö:k/ *a.* yama işi

**patchy** /'peçi/ *s.* yarım yamalak, şöyle böyle

**patent¹** /'peytnt/ *s.* 1. görünen, açık, besbelli, meydanda, ortada 2. patentli 3. **patent leather** rugan

**patent²** /'peytnt/ *a.* patent

**patent³** /'peytnt/ *e.* patent almak

**paternal** /pı'tö:nl/ *s.* 1. babayla ilgili 2. (akrabalık) baba tarafından 3. *hkr.* babalık taslayan

**paternity** /pı'tö:niti/ *a.* babalık

**path** /pa:t/ *a.* 1. keçiyolu, patika 2. yol 3. (bir şeyin izlediği) yön, rota, yol

**pathetic** /pı'tetik/ *s.* 1. acıklı, dokunaklı, üzücü 2. *hkr.* boktan, beş para etmez, işe yaramaz

**pathological** /peti'locikıl/ *s.* 1. patolojik 2. *k. dili* anlamsız, boş, nedensiz

**pathologist** /pı'tolıcist/ *a.* patolog

**pathology** /pı'tolıci/ *a.* patoloji,

sayrılıkbilim
pathos /'peytos/ *a, yaz.* dokunaklılık
pathway /'pa:twey/ *a.* patika
patience /'peyşıns/ *a.* sabır
patient[1] /'peyşınt/ *s.* sabırlı: *Be patient.*
patient[2] /'peyşınt/ *a.* hasta
patriarch /'peytria:k/ *a.* 1. patrik, piskopos 2. aile reisi, kabile reisi
patriarchal /'peytria:kıl/ *s.* ataerkil
patriarchy /'peytria:ki/ *a.* ataerkil toplum düzeni, ataerkillik
patricide /'petrisayd/ *a.* 1. baba katli 2. baba katili
patrimony /'petrimıni/ *a.* ana babadan kalan mal, kalıt, miras
patriot /'petriıt/ *a.* yurtsever
patriotic /petri'otik/ *s.* yurtsever
patriotism /'petriıtizım/ *a.* yurtseverlik
patrol[1] /pı'troul/ *a.* 1. devriye gezme 2. *ask.* devriye
patrol[2] /pı'troul/ *e.* devriye gezmek
patrolman /pı'troulmın/ *a, Aİ.* devriye polisi
patron /'peytrın/ *a.* 1. hami, koruyucu 2. sürekli müşteri
patronage /'petrınic/ *a.* 1. himaye, koruma 2. sürekli müşteriler 3. (kayırarak) önemli mevkiye atama
patronize /'petrınayz/ *e.* 1. sürekli müşteri olmak 2. tenezzülen iltifat etmek, lütuf göstermek
patter /'petı/ *a.* 1. pat pat (sesi), patırtı 2. hızlı komik konuşma
pattern[1] /'petn/ *a.* 1. numune, örnek 2. desen, resim 3. kalıp, patron, model 4. gidiş, gidişat, seyir 5. şablon
pattern[2] /'petn/ *e.* 1. aynen kopya etmek, kopyasını çıkarmak 2. -e uydurmak
paunch /po:nç/ *a.* şiş göbek, koca göbek
pauper /'po:pı/ *a.* yoksul, fakir
pause[1] /po:z/ *a.* 1. durma, ara, mola 2. durak, durgu
pause[2] /po:z/ *e.* duraklamak, ara vermek
pave /peyv/ *e.* 1. kaldırım döşemek 2. **pave the way for** -i kolaylaştırmak, yolunu açmak
pavement /'peyvmınt/ *a.* 1. İİ. kaldırım 2. Aİ. yol döşemesi, asfalt
pavilion /pı'vilyın/ *a.* 1. büyük çadır 2.

pavyon 3. köşk 4. *İİ, sp.* oyuncuların maçı izlediği yer
paving /'peyving/ *a.* 1. (yol) döşeme malzemesi 2. **paving stone** kaldırım taşı
paw[1] /po:/ *a.* 1. hayvan pençesi 2. *k. dili* el
paw[2] /po:/ *e.* 1. pençelemek, pençe atmak 2. (at/about ile) *k. dili* orasını burasını ellemek, mıncıklamak
pawn[1] /po:n/ *e.* rehine vermek, rehine koymak
pawn[2] /po:n/ *a.* 1. (satranç) piyon, piyade 2. kukla, piyon, alet, maşa
pawnbroker /'po:nbroukı/ *a.* rehinci
pawpaw /'po:po/ *a, İİ, bkz.* **papaya**
pay[1] /pey/ *e.* [*pt, pp* **paid** /peyd/] 1. ödemek: *How much did you pay for your car? I paid him eighty pounds. He was paid 50. 000 TL a week.* 2. yararı olmak, yarar sağlamak: *It doesn't pay to lie.* 3. kâr getirmek: *They had to close the restaurant because it didn't pay.* 4. karşılığını vermek, cezasını çekmek, ödemek: *He's paying now for his former laziness as he can't find a good job.* 5. **pay attention/heed** dikkat etmek, kulak vermek 6. **pay a visit** ziyaret etmek 7. **pay one's respects** saygılarını sunmak 8. **pay one's way** peşin ödemek
pay[2] /pey/ *a.* 1. ödeme 2. ücret, maaş 3. **in the pay of** *hkr.* -in hizmetinde 4. **pay envelope** *Aİ.* maaş zarfı 5. **pay packet** maaş zarfı
payable /'peyıbıl/ *s.* 1. ödenecek, ödenmesi gerek 2. ödenebilir
pay back *e.* 1. (borcunu) ödemek, geri vermek 2. (kötülüğü, vb.) ödetmek, hesabını sormak
payday /'peydey/ *a.* maaş günü
payee /pey'i:/ *a.* alacaklı
payment /'peymınt/ *a.* 1. ödeme 2. ücret, maaş
pay off *e.* 1. (borcunu) tamamen ödemek, temizlemek, kapatmak 2. parasını eline verip kovmak, ücretini verip yol vermek 3. başarılı olmak
payoff /'peyof/ *a, k. dili* 1. ödeme, ödeme vakti 2. ceza, hakedilmiş ceza

**P**

**pay out** *e.* ödemek, vermek
**payroll** /'peyroul/ *a.* ücret bordrosu
**pea** /pi:/ *a, bitk.* bezelye
**peace** /pi:s/ *a.* 1. barış 2. rahat, huzur 3. asayiş, güvenlik 4. **break the peace** asayişi bozmak 5. **hold one's peace** sesini çıkarmamak, susmak 6. **keep the peace** asayişi korumak
**peaceable** /'pi:sıbıl/ *s.* barışçıl
**peaceful** /'pi:sfıl/ *s.* 1. barışsever, barışçı, barışçıl 2. sakin, rahat, huzurlu
**peach** /pi:ç/ *a.* şeftali
**peacock** /'pi:kok/ *a.* tavuskuşu
**peahen** /'pi:hen/ *a.* dişi tavuskuşu
**peak¹** /pi:k/ *a.* 1. uç, doruk, zirve 2. en yüksek nokta, en yüksek sınır 3. sivri uç 4. kasket siperi
**peak²** /pi:k/ *e.* doruğa ulaşmak
**peal¹** /pi:l/ *a.* 1. çan sesi, çınlama 2. gürültü, gürleme
**peal²** /pi:l/ *e.* 1. çınlamak 2. çınlatmak
**peanut** /'pi:nat/ *a.* 1. amerikanfıstığı, yerfıstığı 2. **peanut butter** krem fıstık
**pear** /peı/ *a, bitk.* armut
**pearl** /pö:l/ *a.* 1. inci 2. **mother-of-pearl** sedef
**pearly** /'pö:li/ *s.* inci gibi
**peasant** /'pezınt/ *a.* 1. köylü 2. *hkr.* hödük, andavallı
**peasantry** /'pezıntri/ *a.* köylü sınıfı
**peat** /pi:t/ *a.* bataklık kömürü, turba
**pebble** /'pebıl/ *a.* çakıl taşı
**peck¹** /'pek/ *e.* 1. gagalamak 2. *k. dili* aceleyle/ruhsuz bir şekilde öpmek
**peck²** /pek/ *a.* 1. gagalama 2. *k. dili* acele/ruhsuz öpüş
**pecker** /'pekı/ *a.* 1. *Aİ, kab, arg.* yarak 2. **keep one's pecker up** *İİ, k. dili* neşesini yitirmemek
**peckish** /'pekiş/ *s, İİ, k. dili* acıkmış, aç
**peculate** /'pekyuleyt/ *e.* zimmetine para geçirmek
**peculiar** /pi'kyu:liı/ *s.* 1. acayip, tuhaf, olağandışı: *There was a peculiar smell in the room.* 2. (to ile) özgü, mahsus: *Kiwis are peculiar to New Zeland.* 3. kaçık, çatlak 4. *k. dili* hasta 5. özel
**peculiarity** /pikyu:li'eriti/ *a.* 1. özellik 2. tuhaflık, acayiplik 3. -e özgü olma

**peculiarly** /pi'kyu:liıli/ *be.* 1. özellikle 2. tuhaf bir şekilde
**pecuniary** /pi'kyu:niıri/ *s.* paraya ilişkin, parasal
**pedagogue** /'pedıgog/ *a.* pedagog, eğitimci
**pedagogy** /'pedıgoci/ *a.* pedagoji, eğitbilim
**pedal** /pedl/ *a.* ayaklık, pedal
**pedant** /'pednt/ *a, hkr.* kılı kırk yaran, titiz
**peddle** /'pedl/ *e.* seyyar satıcılık yapmak
**peddler** /'pedlı/ *a.* seyyar satıcı
**pederast** /'pedırest/ *a.* kulampara, oğlancı
**pedestal** /'pedistl/ *a.* 1. (heykel, sütun, vb.) taban, kaide 2. **put/set sb on a pedestal** göğe çıkarmak, övmek
**pedestrian¹** /pi'destriın/ *s.* ilginç olmayan, alelade, sıradan
**pedestrian²** /pi'destriın/ *a.* 1. yaya 2. **pedestrian crossing** yaya geçidi
**pediatrician** /pi:diı'trişın/ *a, hek.* pediatrist, çocuk doktoru
**pediatrics** /pi:di'etriks/ *a, hek.* pediatri
**pedicure** /'pedikyuı/ *a.* ayak bakımı, pedikür
**pedigree** /'pedigri:/ *a.* 1. soyağacı 2. soy
**pedlar** /'pedlı/ *a.* seyyar satıcı
**pee¹** /pi:/ *e, k. dili* işemek
**pee²** /pi:/ *a, k. dili* 1. işeme 2. çiş
**peek¹** /pi:k/ *e, k. dili* dikizlemek, röntgenlemek: *She peeked through the curtains to see what they were doing.*
**peek²** /pi:k/ *a, k. dili* dikizleme, röntgen
**peel¹** /pi:l/ *e.* 1. kabuğunu soymak: *Peel the potatoes.* 2. (kabuğu/derisi) soyulmak, pul pul dökülmek: *I got sunburnt last week. Now I'm peeling.*
**peel²** /pi:l/ *a.* (meyve, sebze, vb.) kabuk
**peelings** /'pi:lingz/ *a.* (patates, vb.) kabuk
**peep¹** /pi:p/ *e, k. dili* 1. gizlice bakmak, dikizlemek, röntgenlemek 2. **peeping Tom** röntgenci
**peep²** /pi:p/ *a.* 1. *k. dili* dikiz 2. ötme sesi, cik
**peer¹** /piı/ *a.* 1. eş, emsal 2. lord, asilzade
**peer²** /piı/ *e.* dikkatle bakmak
**peerage** /'piıric/ *a.* 1. asilzadeler sınıfı 2. asilzadelik

**peerless** /'pıılıs/ s. eşsiz, rakipsiz
**peeve** /pi:v/ e, k. dili kızdırmak, gıcık etmek
**peevish** /'pi:viş/ s. huysuz, hırçın, aksi
**peg**[1] /peg/ a. 1. ağaç çivi 2. mandal 3. kanca, askı 4. **a square peg in a round hole** yerine uymayan kimse 5. **take sb down a peg (or two)** k. dili burnunu kırmak, bozum etmek
**peg**[2] /peg/ e. 1. mandallamak 2. (fiyat, vb.) sabitleştirmek
**peg out** e, İİ, k. dili gebermek, nalları dikmek
**pejorative** /pi'corıtiv/ s. küçük düşürücü, kötüleyici, yermeli
**pelican** /'pelikın/ a, hayb. pelikan
**pellet** /'pelit/ a. 1. ufak top 2. saçma tanesi, ufak kurşun, misket
**pelmet** /'pelmit/ a. pencere/kapının üst kısmını örten perde
**pelt**[1] /pelt/ a. pösteki, post, deri, kürk
**pelt**[2] /pelt/ e. 1. (with ile) saldırmak 2. (down ile) şakır şakır yağmak 3. deli gibi koşmak
**pelvis** /'pelvis/ a, anat. pelvis, leğen
**pen**[1] /pen/ a. 1. tükenmezkalem 2. dolmakalem 3. yazarlık, kalem 4. yazar, kalem 5. kümes, ağıl 6. **pen-friend** İİ. mektup arkadaşı 7. **pen name** (yazar) takma ad 8. **pen pal** Aİ. mektup arkadaşı
**pen**[2] /pen/ e. yazmak
**pen**[3] /pen/ e. 1. ağıla/kümese kapatmak 2. dar bir yere tıkmak, kapatmak
**penal** /'pi:nl/ s. cezai
**penalize** /'pi:nılayz/ e. ceza vermek, cezalandırmak
**penalty** /'penlti/ a. 1. ceza 2. sp. penaltı 3. **pay the penalty** cezasını çekmek
**penance** /'penıns/ a. 1. ceza 2. kefaret
**pence** /pens/ İİ, bkz. **penny**
**pencil**[1] /'pensıl/ a. 1. kurşunkalem 2. kaş kalemi
**pencil**[2] /'pensıl/ e. kurşunkalemle yazmak, çizmek
**pendant** /'pendınt/ a. pandantif
**pending**[1] /'pending/ ilg. -e kadar: He's in prison pending his trial in September.
**pending**[2] /'pending/ s. kararlaştırılmamış, askıda

**pendulous** /'pendyulıs/ s. sarkık, sallanan
**pendulum** /'pendyulım/ a. sarkaç
**penetrate** /'penitreyt/ e. 1. girmek, dalmak: The explorers penetrated deep into the jungle. 2. içine girmek, yarmak: The bayonet penetrated his heart. 3. nüfuz etmek, delip geçmek: The ship's lights penetrated the fog. 4. anlamak, çözmek: Lois Lane is always trying to penetrate Superman's disguise.
**peninsula** /pi'ninsyulı/ a, coğ. yarımada
**penis** /'pi:nis/ a. penis, kamış
**penitence** /'penitıns/ a. pişmanlık
**penitent** /'penitınt/ s. pişman
**penitentiary** /peni'tenşıri/ a. hapishane, cezaevi
**penknife** /'pen-nayf/ a. çakı
**pennant** /'penınt/ a. flama, flandra
**penniless** /'penilıs/ s. züğürt, meteliksiz
**penny** /'peni/ a. 1. Pound'un yüzde biri, peni 2. Aİ. sent 3. **in for a penny, in for a pound** battı balık yan gider 4. **penny pincher** k. dili cimri, pinti 5. **spend a penny** ört. işemek 6. **the penny (has) dropped** İİ, k. dili jeton düştü
**pension**[1] /'penşın/ a. emekli maaşı
**pension**[2] /'ponsion/ a. pansiyon
**pensioner** /'penşını/ a. emekli aylığı alan kimse, emekli
**pension off** e. aylık bağlayıp işten çıkarmak
**pensive** /'pensiv/ s. düşünceli, dalgın
**pent** /pent/ s. 1. kapanmış, hapsedilmiş 2. gizli kalmış
**pentagon** /'pentıgın/ a. beşgen
**pentathlon** /pen'tetlın/ a, sp. pentatlon
**penthouse** /'penthaus/ a. çatı katı
**penultimate** /pi'naltimit/ s. sondan bir önceki
**people** /'pi:pıl/ a. 1. insanlar, kalabalık 2. halk 3. kişi, kimse 4. millet, ulus 5. aile üyeleri, akrabalar
**pep** /pep/ a, k. dili enerji, güç, kuvvet
**pepper** /'pepı/ a. biber
**peppermint** /'pepımint/ a. 1. bitk. nane 2. nane şekeri
**peppery** /'pepıri/ s. 1. biberli 2. çabuk

P

# per

kızan

**per** /pı, pö:/ *ilg.* 1. -de, -da, başına, her biri için: *I pay fifty dollars per week for my flat.* 2. vasıtasıyla, eliyle, tarafından: *The box arrived per special delivery.* 3. **per annum** yılda 4. **per capita** kişi başına (düşen) 5. **per cent** yüzde: *25 per cent*

**perambulator** /pı'rembyuleytı/ *a.* çocuk arabası

**perceive** /pı'si:v/ *e.* algılamak, kavramak, anlamak, görmek

**percentage** /pı'sentic/ *a.* 1. yüzdelik, yüzde oranı 2. komisyon, yüzdelik

**perceptible** /pı'septıbıl/ *s.* algılanabilir, duyulabilir, görülebilir, fark edilebilir

**perception** /pı'sepşın/ *a.* algı, kavrayış, seziş

**perceptive** /pı'septıv/ *s.* kavrayışlı, zeki

**perch¹** /pö:ç/ *a.* 1. tünek 2. yüksek yer 3. *hayb.* tatlı su levreği

**perch²** /pö:ç/ *e.* konmak, tünemek

**percolate** /'pö:kıleyt/ *e.* 1. (through ile) süzülmek, sızmak 2. süzmek

**percolator** /'pö:kıleytı/ *a.* süzgeçli kahve ibriği

**percussion** /pı'kaşın/ *a.* 1. vurma, çarpma 2. *müz.* vurmalı çalgılar

**percussionist** /pı'kaşınist/ *a.* vurmalı çalgılar çalan müzisyen

**peremptory** /pı'remptıri/ *s.* buyurucu, buyurgan, dediği dedik

**perennial¹** /pı'reniıl/ *s.* 1. bir yıl süren 2. (bitki) uzun ömürlü

**perennial²** /pı'reniıl/ *a, bitk.* uzun ömürlü bitki

**perfect¹** /'pö:fikt/ *s.* 1. mükemmel, kusursuz, eksiksiz: *His English is perfect.* 2. tam

**perfect²** /pı'fekt/ *e.* mükemmelleştirmek

**perfection** /pı'fekşın/ *a.* 1. mükemmellik 2. tamamlama 3. kusursuz kişi ya da şey, eşsiz örnek

**perfectionist** /pı'fekşınist/ *a.* her şeyin mükemmel olmasını isteyen, kılı kırk yaran, aşırı titiz kimse

**perfectly** /'pö:fiktli/ *be.* 1. mükemmel bir şekilde, kusursuzca 2. tamamen, tam olarak

**perfidious** /pı'fidiıs/ *s.* hain, kalleş, vefasız

**perfidy** /'pö:fidi/ *a.* vefasızlık, hainlik, kalleşlik

**perforate** /'pö:fıreyt/ *e.* 1. delmek, delikler açmak 2. (defter, pul, vb.) kolay koparılması için kenarına sırayla delikler açmak

**perform** /pı'fo:m/ *e.* 1. yapmak, yerine getirmek, icra etmek: *A heart transplant is a difficult operation to perform.* 2. oynamak, temsil etmek: *The play was performed every night for 6 weeks.* 3. rol almak, rol oynamak: *The actor couldn't perform in the play because he had a broken leg.* 4. *müz.* çalmak

**performance** /pı'fo:mıns/ *a.* 1. ifa, icra, yapma 2. gösteri, oyun 3. performans, başarım

**performer** /pı'fo:mı/ *a.* sanatçı, oyuncu, müzisyen

**perfume** /'pö:fyu:m/ *a.* 1. güzel koku 2. parfüm

**perfunctory** /pı'fanktıri/ *s.* yarım yamalak, baştan savma, acele yapılan

**perhaps** /pı'heps/ *be.* belki: *He isn't here yet. Perhaps he missed the bus.*

**peril** /'peril/ *a.* tehlike

**perilous** /'perilıs/ *s.* tehlikeli, riskli

**perimeter** /pı'rimitı/ *a, mat.* çevre

**period** /'piırid/ *a.* 1. dönem, devre 2. devir, çağ 3. süre 4. âdet, aybaşı: *I've got my period.* 5. ders 6. *Aİ.* nokta

**periodic** /piırı'odik/ *s.* periyodik

**periodical¹** /piırı'odikıl/ *a.* sürekli yayın

**periodical²** /piırı'odikıl/ *s.* periyodik

**peripatetic** /peripı'tetik/ *s.* yerinde duramayan, gezici, seyyar, gezgin

**peripheral** /pı'rifırıl/ *s.* 1. ikincil, önemsiz, kenardaki 2. çevresel

**periphery** /pı'rifıri/ *a.* muhit, çevre

**periscope** /'periskoup/ *a.* periskop

**perish** /'periş/ *e.* 1. ölmek, yok olmak 2. *İl.* bozulmak, çürümek 3. bozmak, çürütmek

**perishable** /'perişıbıl/ *s.* (yiyecek) çabuk bozulan

**perishing** /'perişing/ *s, İl, k. dili* (hava) buz gibi

perjure /'pö:cı/ e: **perjure oneself** mahkemede yalan yere yemin etmek, yalan söylemek

perjurer /'pö:cırı/ a. yalancı tanık

perjury /'pö:cıri/ a. yalan yere yemin etme

perk /pö:k/ a, k. dili avanta

perk up e, k. dili 1. neşelenmek, canlanmak 2. neşelendirmek, canlandırmak

perky /'pö:ki/ s. sulu, laubali

perm¹ /pö:m/ a, k. dili perma

perm² /pö:m/ e, k. dili perma yapmak

permanence /'pö:mınıns/ a. süreklilik

permanent¹ /'pö:mınınt/ a, Aİ, k. dili perma

permanent² /'pö:mınınt/ s. sürekli

permeate /'pö:mieyt/ e. (through ile) sızmak, nüfuz etmek

permissible /pı'mısıbıl/ s. izin verilebilir

permission /pı'mişın/ a. müsaade, izin, ruhsat

permissive /pı'misiv/ s. aşırı müsaadekâr, her şeye açık

permit¹ /pı'mit/ e. izin vermek, bırakmak: *Her father wouldn't permit her out at night.*

permit² /'pö:mit/ a. ruhsatname, izin kâğıdı, izin

permutation /pö:myu'teyşın/ a, mat. permutasyon

pernicious /pı'nişıs/ s. zararlı, kötü

pernickety /pı'nikiti/ s, k. dili müşkülpesent, aşırı titiz

perpendicular¹ /pö:pın'dikyulı/ s. dik, dikey

perpendicular² /pö:pın'dikyulı/ a. dikey çizgi, dikey, dikme

perpetrate /'pö:pitreyt/ e. (suç, vb.) işlemek, yapmak

perpetual /pı'peçuıl/ s. 1. kalıcı, ebedi 2. sürekli, aralıksız, bitmez tükenmez

perpetuate /pı'peçueyt/ e. sürdürmek, devam ettirmek, ölümsüzleştirmek, korumak

perplex /pı'pleks/ e. şaşırtmak, kafasını karıştırmak

perplexity /pı'pleksiti/ a. şaşkınlık

perquisite /'pö:kwizit/ a. ek ödenek, ikramiye, yan ödeme

persecute /'pö:sikyu:t/ e. 1. zulmetmek, acı çektirmek 2. rahat vermemek

persecution /pö:si'kyu:şın/ a. zulüm, eziyet

perseverance /pö:si'viırıns/ a. sebat, azim

persevere /pö:si'viı/ e. sebat etmek, azimle devam etmek

persist /pı'sist/ e. 1. inat etmek, ısrar etmek, vazgeçmemek, üstelemek: *He persisted in asking her out although she always said no.* 2. sürmek, sürüp gitmek, devam etmek, kalmak: *Many curable diseases persist in poor countries.*

persistence /pı'sistıns/ a. ısrar, inat, sebat

persistent /pı'sistınt/ s. 1. inatçı, ısrarlı, vazgeçmez 2. sürekli, geçmeyen, bitmek bilmeyen

person /'pö:sın/ a. 1. kişi, birey, şahıs 2. insan, adam, kimse 3. k. dili şahıs 4. **in person** şahsen, bizzat

personable /'pö:sınıbıl/ s. yakışıklı, güzel, çekici

persona /pı'sounı/ a. 1. ruhb. bürünülen kişilik 2. **persona non grata** istenmeyen kişi, istenmeyen adam

personage /'pö:sınıc/ a. ünlü ya da önemli kimse

personal /'pö:sınıl/ s. 1. kişisel 2. özel 3. bedensel 4. huk. menkul 5. **personal pronoun** dilb. şahıs zamiri 6. **personal property/estate** huk. taşınabilir mal

personality /pö:sı'neliti/ a. 1. kişilik, karakter, şahsiyet 2. önemli kişi, şahsiyet

personalize /'pö:sınılayz/ e. 1. şahsiyete dökmek 2. belli bir kişinin malı olduğunu belirtmek

personally /'pö:sınıli/ be. 1. kendi, bizzat 2. kişi olarak, şahsen

personification /pısonifi'keyşın/ a. 1. kişileştirme 2. canlı örnek, simge

personify /pı'sonifay/ e. 1. -in canlı örneği olmak, simgesi olmak 2. kişilik vermek, kişileştirmek

personnel /pö:sı'nel/ a. personel, görevliler

perspective /pı'spektiv/ a. 1. perspektif,

görünge 2. bakış açısı, perspektif
**perspicacious** /pö:spi'keyşıs/ *s.* anlayışlı, kavrayışlı
**perspiration** /pö:spi'reyşın/ *a.* ter
**perspire** /pı'spayı/ *e.* terlemek
**persuade** /pı'sweyd/ *e.* 1. ikna etmek: *He persuaded her to change her job.* 2. inandırmak
**persuasion** /pı'sweyjın/ *a.* 1. ikna etme, ikna 2. ikna kabiliyeti 3. inanç
**persuasive** /pı'sweysiv/ *s.* ikna edici, inandırıcı
**pert** /pö:t/ *s.* sulu, cıvık, şımarık
**pertain** /pı'teyn/ *e.* (to ile) -e ait olmak, ile ilgisi olmak: *He read all the books pertaining to Shakespeare's life.*
**pertinacious** /pö:ti'neyşıs/ *s.* inatçı, kararlı
**pertinent** /'pö:tinınt/ *s.* uygun, yerinde, ilgili
**perturb** /pı'tö:b/ *e.* 1. üzmek, kaygılandırmak, canını sıkmak, telaşlandırmak, rahatsız etmek 2. bozmak, karıştırmak, rahatsız etmek
**peruse** /pı'ru:z/ *e.* dikkatle okumak, incelemek
**pervade** /pı'veyd/ *e.* (koku, duygu, düşünce, vb.) yayılmak, doldurmak, kaplamak
**perverse** /pı'vö:s/ *s.* 1. huysuz, ters, kötü huylu, aksi, inatçı 2. sapık
**perversion** /pı'vö:şın/ *a.* 1. baştan çıkarma, ayartma 2. sapıklık 3. **sexual perversion** cinsel sapıklık
**pervert**[1] /pı'vö:t/ *e.* 1. baştan çıkarmak, ayartmak, ahlakını bozmak 2. kötü amaç için kullanmak, kötüye kullanmak
**pervert**[2] /'pö:vö:t/ *a, hkr.* cinsel sapık
**pessimism** /'pesimizım/ *a.* kötümserlik
**pessimist** /'pesimist/ *a.* kötümser
**pest** /pest/ *a.* 1. zararlı böcek, hayvan 2. *k. dili* baş belası, musibet
**pester** /'pestı/ *e.* rahatsız etmek, sıkmak, başının etini yemek
**pesticide** /'pestisayd/ *a.* böcek zehiri
**pestle** /'pesıl, 'pestl/ *a.* havaneli
**pet**[1] /pet/ *a.* 1. evde beslenen hayvan, ev hayvanı 2. sevgili, gözde
**pet**[2] /pet/ *e.* 1. okşamak, sevmek 2. *k. dili*

sevişmek, oynaşmak
**petal** /'petl/ *a, bitk.* taçyaprağı
**peter** /'pi:tı/ *e.* (out ile) yavaş yavaş tükenmek, son bulmak, bitmek
**petite** /pı'ti:t/ *s.* (kadın) narin yapılı, minyon
**petition**[1] /pi'tişın/ *a.* 1. dilekçe 2. toplu dilekçe 3. talep
**petition**[2] /pi'tişın/ *e.* 1. dilekçe vermek 2. talep etmek
**petrify** /'petrifay/ *e.* 1. taşlaşmak 2. taşlaştırmak 3. *k. dili* şok etmek
**petrol** /'petrıl/ *a.* 1. benzin 2. **petrol station** benzin istasyonu, benzinci
**petroleum** /pi'trouliım/ *a.* petrol
**petrology** /pi'trolıci/ *a.* kayabilim
**petticoat** /'petikout/ *a.* içeteklik
**petty** /'peti/ *s.* 1. önemsiz, ikinci planda gelen, küçük 2. *hkr.* dar kafalı 3. **petty officer** deniz astsubayı
**petulant** /'peçulınt/ *s.* huysuz, hırçın, küseğen, alıngan
**petunia** /pi'tyu:niı/ *a, bitk.* petunya
**pew** /pyu:/ *a.* 1. uzun bank/sıra 2. *k. dili* oturacak yer
**pewter** /'pyu:tı/ *a.* kalay ve kurşun alaşımı (nesne)
**phallus** /'felıs/ *a.* cinsel güç sembolü
**phantom** /'fentım/ *a.* hayalet
**pharaoh** /'feırou/ *a.* firavun
**pharmacist** /'fa:mısist/ *a.* eczacı
**pharmacology** /fa:mı'kolıci/ *a.* farmokoloji, embilim
**pharmacy** /'fa:mısi/ *a.* 1. eczacılık 2. eczane
**phase**[1] /feyz/ *a.* 1. evre, aşama, safha 2. *fiz.* evre, faz
**phase**[2] /feyz/ *e.* evrelendirmek, aşamalandırmak
**pheasant** /'fezınt/ *a, hayb.* sülün
**phenomenal** /fi'nominıl/ *s.* olağanüstü, şaşılacak, süper
**phenomenon** /fi'nominın/ *a.* 1. olay, olgu, hadise 2. olağanüstü kimse/şey/olay 3. fenomen, görüngü
**phial** /'fayıl/ *a.* küçük (ilaç) şişesi
**philanthropist** /fi'lentrıpist/ *a.* hayırsever
**philanthropic** /filın'tropik/ *s.* insansever, hayırsever

philanthropy /fi'lentrıpi/ *a.* insanseverlik, hayırseverlik

philately /fi'letıli/ *a.* pulculuk, pul toplama

philology /fi'lolıci/ *a.* filoloji

philosopher /fi'losıfı/ *a.* filozof

philosophic /fili'sofik/ *s, bkz.* **philosophical**

philosophical /fili'sofikıl/ *s.* 1. felsefi 2. mantıklı, sakin, aklı başında

philosophy /fi'losıfi/ *a.* 1. felsefe 2. yaşam felsefesi

phlegm /flem/ *a.* 1. balgam, sümük 2. soğukkanlılık, heyecansızlık

phlegmatic /fleg'metik/ *s.* sakin, soğukkanlı, heyecanlanmaz

phobia /'foubiı/ *a.* fobi, ürkü

phoenix /'fi:niks/ *a.* Anka kuşu

phone[1] /foun/ *a.* 1. *k. dili* telefon 2. **phone-in** *İİ.* telefonla halka sorular sorulan radyo/televizyon programı

phone[2] /foun/ *e, k. dili* telefon etmek

phonecard[2] /'founka:d/ *a.* telefon kartı

phoneme /'founi:m/ *a, dilb.* sesbirim

phonetic /fı'netik/ *s.* sesçil, fonetik

phonetics /fı'netiks/ *a.* sesbilim, sesbilgisi

phoney[1] /'founi/ *s, k. dili, hkr.* yapmacık, sahte

phoney[2] /'founi/ *a, k. dili, hkr.* yapmacık kimse, sahtekâr

phosphate /'fosfeyt/ *a, kim.* fosfat

phosphorus /'fosfırıs/ *a, kim.* fosfor

photo /'foutou/ *a, k. dili* fotoğraf

photocopier /'foutoukopiı/ *a.* fotokopi makinesi

photocopy[1] /'foutoukopi/ *a.* fotokopi

photocopy[2] /'foutoukopi/ *e.* fotokopisini çekmek

photogenic /foutou'cenik/ *s.* fotojenik

photograph[1] /'foutıgra:f/ *a.* fotoğraf

photograph[2] /'foutıgra:f/ *e.* fotoğrafını çekmek

photographer /fı'togrıfı/ *a.* fotoğrafçı

photography /fı'togrıfi/ *a.* fotoğrafçılık

photosynthesis /foutou'sintisis/ *a, bitk.* fotosentez

phrase[1] /freyz/ *a.* 1. *dilb.* birkaç sözcükten oluşan anlamlı birim, sözcük öbeği, sözce 2. kısa ve uygun anlatım

phrase[2] /freyz/ *e.* uygun sözcük ya da

tümcelerle ifade etmek

phrasebook /'freyzbuk/ *a.* 1. seyahat rehberi 2. konuşma kılavuzu

physical /'fizikıl/ *s.* 1. fiziksel 2. bedensel 3. **physical education** beden eğitimi 4. **physical jerks** *k. dili* jimnastik

physician /fi'zişın/ *a.* doktor, hekim

physicist /'fizisist/ *a.* fizikçi

physics /'fiziks/ *a.* fizik

physiological /fizii'locikıl/ *s.* fizyolojik

physiology /fizi'olıci/ *a.* fizyoloji

physiotherapy /fiziou'terıpi/ *a.* fizyoterapi

physique /fi'zi:k/ *a.* vücut yapısı, fizik

pianist /'piınist, 'pya:nist/ *a.* piyanist

piano /pi'enou/ *a.* piyano

piccolo /'pikılou/ *a, müz.* pikolo

pick[1] /pik/ *e.* 1. seçmek, seçip ayırmak, seçip almak: *She picked a book to read.* 2. toplamak, koparmak: *She picked a bunch of flowers from the garden.* 3. ayıklamak, sıyırmak, kemirmek: *The ants had picked the skeleton clean.* 4. sivri bir aletle kazmak/delmek/açmak/kırmak: *He was out in the garden picking holes.* 5. karıştırmak: *You should use a toothpick to pick your teeth, not your fingernail. Stop picking your nose.* 6. araklamak, yürütmek, çarpmak, aşırmak: *He had his wallet picked at the races.* 7. (kilit) maymuncukla/telle açmak 8. *Al.* telli çalgı çalmak 9. **pick and choose** çok dikkatli seçmek 10. **pick holes in** kusurunu bulmak

pick[2] /pik/ *a.* 1. seçme, seçenek, seçim 2. **Take your pick** Seçimini yap 3. **the pick of** -in en iyisi

pick[3] /pik/ *a.* 1. kürdan 2. kazma

pick at *e.* (yemeği) isteksizce yemek

pickaxe /'pikeks/ *a.* kazma

picker /'pikı/ *a.* toplayıcı

picket[1] /'pikit/ *a.* 1. grev gözcüsü 2. kazık 3. *ask.* ileri karakol

picket[2] /'pikit/ *e.* gözcülük etmek

pickle[1] /'pikıl/ *a.* 1. turşu 2. turşu suyu 3. **in a pickle** *k. dili* zor durumda

pickle[2] /'pikıl/ *e.* turşusunu kurmak

pickled /'pikıld/ *s.* 1. turşu halinde 2. *k. dili* sarhoş, matiz pick-me-up /'pikmiap/ *a, k. dili* dinçleştirici/canlandırıcı içki/ilaç

pick off *e.* birer birer vurmak

pick on *e, k. dili* (suçlayacak/cezalandıracak adam) bulmak, seçmek

pick out *e.* 1. seçmek 2. seçmek, görmek, fark etmek: *He's so tall he's easy to pick out in the crowd.*

pickpocket /'pikpokit/ *a.* yankesici

pick up *e.* 1. tutup kaldırmak 2. toplamak, ortadan kaldırmak 3. gelişmek, ilerlemek 4. elde etmek, edinmek, bulmak 5. (yine) başlamak/başlatmak 6. uğrayıp almak 7. arabasına almak 8. *k. dili* (kız) tavlamak 9. (suçlu) yakalamak 10. (radyoda) duymak 11. (kendini) toparlamak, toparlanmak

pick-up /'pikap/ *a.* 1. pikap kolu 2. kamyonet, pikap

picnic[1] /'piknik/ *a.* piknik: *Let's go for a picnic.*

picnic[2] /'piknik/ *e.* piknik yapmak

pictorial /pik'to:rııl/ *s.* resimli, resmedilmiş

picture[1] /'pikçı/ *a.* 1. resim, tablo 2. fotoğraf 3. film 4. görülmeye değer şey ya da kişi, pek güzel kimse ya da şey 5. -in mükemmel örneği, timsal 6. görüntü 7. tasvir 8. *ç, k. dili* sinema

picture[2] /'pikçı/ *e.* 1. resmini yapmak, çizmek 2. betimlemek 3. düşlemek, hayal etmek, tasavvur etmek: *It's hard to picture her as a successful businesswoman.*

picturesque /pikçı'resk/ *s.* 1. pitoresk 2. (dil) net, açık, canlı

piddle /'pidl/ *e, k. dili* işemek

piddling /'pidling/ *s, hkr.* küçük, önemsiz

pidgin /'picin/ *a.* karma dil, tarzanca

pie /pay/ *a.* 1. börek, çörek, tart, turta 2. **as easy as pie** *k. dili* çocuk oyuncağı 3. **have a finger in every pie** her işte parmağı olmak 4. **pie in the sky** *k. dili* olmayacak şey, düş, hayal

piebald /'paybo:ld/ *a, s.* (at) alaca, benekli

piece /pi:s/ *a.* 1. parça 2. tane 3. oyun, piyes 4. (satranç, dama, vb.) taş 5. numune, örnek 6. *İl.* madeni para 7. **a**

**piece of cake** *k. dili* çocuk oyuncağı 8. **give sb a piece of one's mind** fırça çekmek, azarlamak 9. **go (all) to pieces** eli ayağına dolaşmak, şaşkına dönmek 10. **in one piece** *k. dili* hasar görmemiş, sağlam, tek parça halinde 11. **pull to pieces** anlamsızlığını belirtmek

piecemeal /'pi:smi:l/ *s, be.* parça parça, azar azar, bölüm bölüm, aşama aşama

piece together *e.* parçalarını birleştirmek, tamamlamak

piecework /'pi:swö:k/ *a.* parçabaşı iş

pied /payd/ *s.* (kuş, vb.) alaca, alacalı

pier /pii/ *a.* 1. iskele 2. destek, payanda

pierce /'pııs/ *e.* delmek, delip geçmek

piercing /'pıısing/ *s.* 1. (rüzgâr) sert, soğuk, içe işleyen 2. (ses) güçlü, keskin, acı

piety /'payıti/ *a.* dindarlık

pig /pig/ *a.* 1. *hayb.* domuz 2. *hkr.* pisboğaz 3. *arg, hkr.* aynasız, polis 4. **make a pig of oneself** *k. dili* domuz gibi yemek/içmek

pigeon /'picin/ *a, hayb.* güvercin

piggybank /'pigibenk/ *a.* (domuz şeklinde) kumbara

pigheaded /pig'hedid/ *s, hkr.* inatçı

piglet /'piglit/ *a, hayb.* domuz yavrusu

pigment /'pigmınt/ *a.* boya maddesi, pigment

pigmy /'pigmi/ *a, bkz.* **pygmy**

pigpen /'pigpen/ *a, Al, bkz.* **pigsty**

pigsty /'pigstay/ *a.* 1. domuz ahırı 2. *k. dili* pis oda/yer, izbe

pike /payk/ *a.* 1. mızrak, kargı 2. *hayb.* turnabalığı

pile[1] /payl/ *a.* 1. yığın, küme: *There's a pile of sand in front of the building.* 2. *k. dili* büyük miktarda para, servet 3. *k. dili* yığınla: *I've got piles of time now that I'm retired.* 4. direk, kazık 5. hav, tüy 6. kuru pil

pile[2] /payl/ *e.* yığmak, yığın haline getirmek, istif etmek

pileup /'paylap/ *a, k. dili* zincirleme kaza

pile up *e.* 1. yığmak 2. yığılmak

piles /paylz/ *a, k. dili* basur

pilgrim /'pilgrim/ *a.* hacı

pilgrimage /'pilgrimic/ *a.* 1. hac, hacılık 2.

**go on/make a pilgrimage** hacca gitmek

**pill** /pil/ *a.* 1. hap 2. doğum kontrol hapı 3. *k. dili* gıcık kimse, kıl 4. **be/go on the pill** *k. dili* düzenli olarak doğum kontrol hapı almak

**pillage**[1] /'pilic/ *e.* yağma etmek, yağmalamak

**pillage**[2] /'pilic/ *a.* yağma, yağmacılık

**pillar** /'pilı/ *a.* 1. sütun 2. direk 3. önemli üye/destekçi/yandaş

**pillar-box** /'pilıboks/ *a.* posta kutusu

**pillion** /'piliın/ *a.* (motorsiklet) terki, arka koltuk

**pillow** /'pilou/ *a.* 1. yastık 2. **pillow slip** yastık kılıfı

**pillowcase** /'piloukeys/ *a.* yastık kılıfı

**pilot**[1] /'paylıt/ *a.* 1. pilot 2. *den.* kılavuz

**pilot**[2] /'paylıt/ *e.* 1. pilotluk yapmak 2. kılavuzluk yapmak, yol göstermek

**pimp** /pimp/ *a.* pezevenk

**pimple** /'pimpıl/ *a.* sivilce

**pimply** /'pimpli/ *s.* sivilceli

**pin**[1] /pin/ *a.* 1. topluiğne 2. broş, iğne 3. mandal 4. **pins and needles** *k. dili* karıncalanma

**pin**[2] /pin/ *e.* 1. iğnelemek, iliştirmek 2. kıpırdayamaz hale sokmak, sıkıştırmak

**pinafore** /'pinıfo:/ *a.* göğüslük, önlük

**pinball** /'pinbo:l/ *a.* tilt oyunu

**pincers** /'pinsız/ *a.* 1. kerpeten 2. (yengeç, vb.) kıskaç

**pinch**[1] /pinç/ *e.* 1. kıstırmak, sıkıştırmak 2. çimdiklemek: *She pinched his arm.* 3. acı vermek, sıkıp acıtmak 4. *k. dili* araklamak, yürütmek: *Somebody's pinched my book.*

**pinch**[2] /pinç/ *a.* 1. çimdik 2. tutam 3. **at/in a pinch** gerekirse 4. **feel the pinch** darda olmak

**pincushion** /'pinkuşın/ *a.* iğnelik, iğne yastığı

**pin down** *e.* 1. bağlamak, hareketsiz kılmak 2. karar vermeye zorlamak, yüklenmek, sıkboğaz etmek

**pine**[1] /payn/ *e.* 1. (away ile) güçten kuvvetten düşmek, erimek, iğne ipliğe dönmek 2. (gerçekleşemeyecek) arzusu olmak, özlemini çekmek

**pine**[2] /payn/ *a, bitk.* çam

**pineapple** /'paynepıl/ *a, bitk.* ananas

**pinetree** /'payntri:/ *a.* çam ağacı

**ping** /ping/ *e, Aİ.* (araba) teklemek

**ping-pong** /'pingpon/ *a, k. dili* pingpong, masatenisi

**pinion** /'piniın/ *e.* elini ayağını bağlamak, hareketsizleştirmek

**pink**[1] /pink/ *a, s.* 1. pembe 2. **in the pink (of condition/health)** çok iyi, tam formunda, sağlıklı 3. **see pink elephants** *k. dili* kafayı bulmak, matiz olmak

**pink**[2] /pink/ *s.* sosyalist eğilimli

**pink**[3] /pink/ *e, İİ.* (araba) teklemek

**pinkie** /'pinki/ *a, Aİ.* serçeparmak

**pinkish** /'pinkiş/ *s.* pembemsi

**pinky** /'pinki/ *a, bkz.* **pinkie**

**pinnacle** /'pinıkl/ *a.* 1. en yüksek nokta, doruk, zirve 2. sivri tepeli kule

**pinpoint** /'pinpoynt/ *e.* 1. tam yerini göstermek, belirlemek, tam olarak saptamak 2. gerçek nedenini bulmak

**pin on** *e.* (suç, vb.) yüklenmek, üstüne almak

**pinprick** /'pinprik/ *a.* iğne deliği

**pinstripe** /'pinstrayp/ *a.* (giysi) ince çizgi

**pint** /paynt/ *a.* 1. galonun sekizde biri (*İİ.* 0.568 lt; *Aİ.* 0.473 lt) 2. *k. dili* bu kadar bira

**pinup** /'pinap/ *a.* şarkıcı, çıplak kadın, vb. resmi

**pioneer**[1] /payı'nii/ *a.* öncü

**pioneer**[2] /payı'nii/ *e.* öncülük etmek

**pious** /'payıs/ *s.* dindar

**pip**[1] /pip/ *a, k. dili* 1. oyun kâğıtlarındaki işaretlerin her biri 2. *İİ.* rütbe belirten yıldız 3. meyve çekirdeği 4. sinyal 5. **give sb the pip** *k. dili* canını sıkmak, keyfini kaçırmak

**pip**[2] /pip/ *e, İİ, k. dili* yarışta yenmek, geçmek 2. (sınavda) çakmak/çaktırmak

**pipe**[1] /payp/ *a.* 1. boru: *Water pipe.* 2. pipo 3. çubuk: *Pipes of peace.* 4. kaval 5. ç, *k. dili* gayda 6. **pipe dream** olmayacak iş, hayal

**pipe**[2] /payp/ *a.* 1. borularla taşımak 2. kaval/gayda çalmak

**pipe down** *e, k. dili* susmak, sesini kesmek

**pipeline** /'payplayn/ *a.* 1. boru hattı 2. **in the pipeline** yolda

**piper** /'paypı/ *a.* 1. kavalcı 2. gaydacı

**pipe up** *e, k. dili* konuşmaya/şarkı söylemeye başlamak

**piping** /'payping/ *be.* çok: *piping hot*

**piquant** /'pi:kınt/ *s.* 1. acı/keskin tadı olan 2. ilginç, hoş

**pique**[1] /pi:k/ *a.* 1. güceniklik, kırgınlık 2. **in a fit of pique** gücenerek, kırgın bir şekilde

**pique**[2] /pi:k/ *e.* gücendirmek, incitmek, gururunu kırmak

**piracy** /'payırısi/ *a.* korsanlık

**piranha** /pi'ra:nyı, pi'ra:nı/ *a, hayb.* piranha

**pirate**[1] /'payırıt/ *a.* korsan

**pirate**[2] /'payırıt/ *e.* korsan satış yapmak

**pirouette** /piru'et/ *a.* (balede) tek ayak üzerinde dönüş, piruet

**Pisces** /'paysi:z/ *a.* Balık Burcu

**piss**[1] /pis/ *e, kab.* 1. işemek: *He pissed in the garden.* 2. (yağmur) şakır şakır yağmak: *It's pissing down outside.* 3. **piss oneself** (gülmekten) altına işemek

**piss**[2] /pis/ *a, kab.* 1. çiş, sidik; işeme 2. **take the piss out of** alay etmek

**piss about/around** *e, arg.* serserilik etmek, göt gezdirmek

**pissed** /pist/ *s.* 1. sarhoş, matiz: *He's really pissed.* 2. **get pissed** sarhoş olmak 3. **pissed as a newt** küfelik, zom

**piss off** *e, kab, arg.* 1. *ünl.* siktir git 2. siktir olup gitmek 3. bıktırmak, kafasını bozmak 4. **pissed off** tepesi atmış, gıcık olmuş, kızgın: *I'm really pissed off with you.*

**pistachio** /pi'sta:şiou/ *a.* fıstık

**pistol** /'pistl/ *a.* tabanca

**piston** /'pistn/ *a.* piston

**pit**[1] /pit/ *a.* 1. çukur 2. maden ocağı 3. (araba yarışında) süper hızla tamirat yeri 4. hastalık lekesi 5. (tiyatro) parter 6. *Aİ.* meyve çekirdeği 7. **dig a pit for sb** çukurunu kazmak 8. **the pits** *k. dili* rezaletin daniskası

**pit**[2] /pit/ *e.* 1. *Aİ.* (meyvenin) çekirdeğini ayıklamak 2. (çiçek hastalığı) çopur bırakmak

**pitch**[1] /piç/ *e.* ziftlemek

**pitch**[2] /piç/ *e.* 1. konmak, konaklamak 2. (kamp, çadır, vb.) kurmak 3. (dışarı) atmak 4. düşmek, takılıp devrilmek 5. *müz.* sesin perdesini ayarlamak 6. (gemi) baş vurmak, toslamak

**pitch**[3] /piç/ *a.* 1. *sp.* saha, alan 2. pazarcının satış yeri 3. *müz.* perde 4. derece, düzey 5. zift 6. (bina) eğim 7. yalpalama 8. (beyzbol) atış, fırlatma 9. *k. dili* satıcının ağız yapması

**pitch-black** /piç'blek/ *s.* zifiri karanlık

**pitcher** /'piçı/ *a.* 1. testi, sürahi, ibrik 2. (beyzbol) atıcı

**pitchfork** /'piçfo:k/ *a.* yaba, diren

**pitch in** *e, k. dili* 1. işe girişmek 2. yemeğe yumulmak

**piteous** /'pitiıs/ *s.* acıklı

**pitfall** /'pitfo:l/ *e.* güçlük, tehlike, tuzak

**pith** /pit/ *a.* 1. *bitk.* öz 2. öz, ruh, en önemli kısım

**pithead** /'pithed/ *a.* maden ocağı girişi

**pithy** /'piti/ *s.* 1. özlü 2. anlamlı

**pitiable** /'pitiıbıl/ *s.* acınacak

**pitiful** /'pitifıl/ *s.* 1. acıklı, acınacak 2. merhametli

**piton** /'pitın/ *a.* kısa metal dağcı kazığı

**pittance** /'pitıns/ *a.* çok düşük ücret, acınacak miktarda az ücret

**pity**[1] /'piti/ *a.* 1. merhamet, acıma 2. acınacak şey 3. **for pity's sake** Allah aşkına, ne olur, lütfen 4. **have/take pity on (sb)** -e acımak 5. **more's the pity** *k. dili* ne yazık ki ... 6. **out of pity** acıyarak, acıdığı için 7. **What a pity** Ne yazık

**pity**[2] /'piti/ *e.* merhamet etme, acımak

**pivot**[1] /'pivıt/ *a.* eksen, mil

**pivot**[2] /'pivıt/ *e.* bir eksen çevresinde dönmek

**pixie** /'piksi/ *a.* küçük peri

**pixy** /'piksi/ *a, bkz.* **pixie**

**pizza** /'pi:tsı/ *a.* piza

**placard** /'pleka:d/ *a.* duvar ilanı, afiş, pankart, poster

**placate** /plı'keyt/ *e.* kızgınlığını yatıştırmak

**placatory** /plı'keytıri/ *s.* yatıştırıcı, sakinleştirici

**place**[1] /pleys/ *a.* 1. yer: *We need a place*

# 349 platonic

to stay. 2. alan, bölge 3. (yarış, kuyruk, vb.'de) sıra 4. *mat.* hane, basamak 5. oturacak yer 6. memuriyet, görev 7. mevki, konum 8. yapılması gereken şey, görev 9. *k. dili* ev 10. **in place** yerinde, uygun 11. **in place of** -in yerine 12. **in the first place** her şeyden önce 13. **out of place** yersiz, uygunsuz 14. **take place** meydana gelmek, olmak
place$^2$ /pleys/ *e.* 1. koymak, yerleştirmek 2. (para) yatırmak 3. tam olarak hatırlamak, çıkarmak 4. (sipariş) vermek 5. saymak, görmek 6. önem vermek
placid /ˈplesid/ *s.* sakin, durgun
plagiarism /ˈpleycırızım/ *a.* intihal, aşırma
plagiarize /ˈpleycırayz/ *e.* -den aşırmalar yapmak, intihal etmek
plague$^1$ /pleyg/ *a.* 1. veba 2. baş belası, dert, musibet 3. öldürücü salgın hastalık 4. istila
plague$^2$ /pleyg/ *e.* sıkmak, bezdirmek: *He plagued the teachers with silly questions.*
plaice /pleys/ *a, hayb.* pisibalığı
plain$^1$ /pleyn/ *a.* ova
plain$^2$ /pleyn/ *s.* 1. düz 2. yalın, basit, sade, süssüz: *She wore a plain black dress. He likes his macaroni plain.* 3. açık, kolay anlaşılır, net: *plain language* 4. (kadın) çirkin, alımsız 5. dobra, açıksözlü, dürüst: *plain words* 6. **plain sailing** rahat ve kolay iş, dertsiz belasız iş
plainly /ˈpleynli/ *be.* 1. açık ve net bir şekilde, açıkça 2. süssüz biçimde 3. dobra, dobra
plainspoken /pleynˈspoukın/ *s.* açıksözlü, lafını esirgemeyen
plaint /pleynt/ *a.* 1. *huk.* dava 2. *yaz.* hüzün ifadesi, keder
plaintiff /ˈpleyntif/ *a, huk.* davacı
plaintive /ˈpleyntiv/ *s.* hüzünlü, ağlamaklı, acıklı, dokunaklı
plait$^1$ /pleyt/ *a.* örgü, saç örgüsü
plait$^2$ /pleyt/ *e.* (saç, vb.) örmek
plan$^1$ /plen/ *a.* 1. plan, kroki, taslak, tasar 2. plan, niyet 3. proje, tasarı 4. **go according to plan** planlandığı gibi gitmek
plan$^2$ /plen/ *e.* 1. planlamak, tasarlamak

2. planını çizmek 3. düzenlemek
plane$^1$ /pleyn/ *a.* 1. *k. dili* uçak 2. planya, rende 3. *mat.* düzlem 4. seviye, düzey 5. *bitk.* çınar
plane$^2$ /pleyn/ *e.* rendelemek
plane$^3$ /pleyn/ *s.* 1. düz, dümdüz 2. **plane geometry** düzlem geometri
planet /ˈplenit/ *a.* gezegen
plank$^1$ /plenk/ *a.* 1. uzun tahta, kalas 2. (partinin) ana prensibi
plank$^2$ /plenk/ *e.* kalaslarla kaplamak
plankton /ˈplenktın/ *a, biy.* plankton
planner /ˈplenı/ *a.* 1. planlamacı 2. **town planner** şehir planlamacısı
plant$^1$ /plaːnt/ *a.* 1. bitki 2. fabrika 3. demirhane
plant$^2$ /plaːnt/ *e.* 1. dikmek, ekmek 2. sıkıca yerleştirmek 3. *k. dili* (çalınan ya da yasak bir şeyi) birisinin üzerine saklayıp onu suçlu göstermek
plantation /plenˈteyşın/ *a.* 1. fidanlık 2. büyük çiftlik
planter /ˈplaːntı/ *a.* ekici
plaque /plek/ *a.* plaket, levha, tabela
plasma /ˈplezmı/ *a, biy.* plazma, kansu
plaster$^1$ /ˈplaːstı/ *a.* 1. sıva 2. plaster 3. *hek.* yakı 4. **plaster cast** alçı 5. **plaster of Paris** alçı
plaster$^2$ /ˈplaːstı/ *e.* 1. sıvamak 2. yapıştırmak
plastic /ˈplestik/ *a, s.* 1. plastik 2. **plastic surgery** estetik ameliyat/cerrahlık 3. **the plastic arts** plastik sanatlar
plasticine /ˈplestisiːn/ *a.* modelci çamuru
plate$^1$ /pleyt/ *a.* 1. tabak 2. levha, plaka, tabaka 3. kaporta, levha biçiminde korugan 4. kaplama 5. *sp.* kupa 6. fotoğraf klişesi 7. plaka, plaket 8. takma diş takımı 9. *elek.* anot
plate$^2$ /pleyt/ *e.* (metal) kaplamak
plateau /ˈpletou/ *a, coğ.* yayla
platform /ˈpletfoːm/ *a.* 1. peron 2. kürsü 3. (seçimden önce) parti programı
plating /ˈpleyting/ *a.* kaplama
platinum /ˈpletinım/ *a.* platin
platitude /ˈpletityuːd/ *a, hkr.* basmakalıp laf, klişe, yavan söz
platonic /plıˈtonik/ *s.* (iki kişi arasındaki sevgi/arkadaşlık) fiziksel olmayan, duy-

gusal

**platoon** /plı'tu:n/ *a, ask.* müfreze, takım

**platter** /'pletı/ *a, AÎ.* düz ve büyük tabak

**plaudit** /'plo:dit/ *a.* memnuniyet gösterisi, beğeni

**plausible** /'plo:zibıl/ *s.* 1. makul, akla yatkın 2. inandırıcı

**play¹** /'pley/ *a.* 1. oyun, eğlence 2. oyun, piyes 3. şaka, oyun 4. kumar 5. hareket özgürlüğü 6. hareket, faaliyet 7. oynaşma

**play²** /'pley/ *e.* 1. oynamak: *Let's play table tennis.* 2. eğlenmek 3. (oyun) etmek: *They played a trick on him.* 4. hızla hareket etmek 5. *tiy.* oynamak, sahnelemek, temsil etmek 6. (müzik aleti) çalmak: *He plays the saxophone very well.* 7. ... gibi yapmak, ... rolü oynamak: 8. bir müzik parçasını seslendirmek, çalmak 9. yönelmek/yöneltmek, -e doğru tutmak 10. **play dead** ölü numarası yapmak 11. **play for time** kasten zaman geçirmek, zaman kazanmaya çalışmak 12. **play hard to get** umursamaz görünüp ilgi çekmek 13. **play it by ear** *k. dili* gelişmelere göre hareket etmek, olduğuna bırakmak 14. **play it cool** *k. dili* soğukkanlılığını yitirmemek, sakin kalmak 15. **play (it) safe** *k. dili* işi sağlama almak 16. **play the fool** aptalca davranmak 17. **play the game** adil ve dürüst olmak 18. **play with fire** ateşle oynamak, büyük riske girmek

**play-act** /'pleyekt/ *e.* numara yapmak, rol yapmak

**playback** /'pleybek/ *a.* pleybek

**play back** *e.* (plak, kayıt, vb.) yeniden çalmak, tekrarlamak

**playboy** /'pleyboy/ *a.* eğlence peşinde koşan zengin delikanlı, pleyboy

**play down** *e.* önemsizleştirmek

**player** /'pleyı/ *a.* oyuncu

**playfellow** /'pleyfelou/ *a.* oyun arkadaşı

**playful** /'pleyfıl/ *s.* şen, şakacı, oyuncu

**playground** /'pleygraund/ *a.* çocukların oyun alanı

**playgroup** /'pleygru:p/ *a.* anaokulu

**playhouse** /'pleyhaus/ *a.* tiyatro

**playing card** /'pleying ka:d/ *a.* iskambil

kâğıdı

**playmate** /'pleymeyt/ *a.* oyun arkadaşı

**play off** *e.* birbirine düşürmek

**play-off** /'pleyof/ *a.* beraberliği bozmak için oynanan oyun, final

**playpen** /'pleypen/ *a.* çocuk kafesi

**plaything** /'pleyting/ *a.* oyuncak

**play up** *e, k. dili* oyun oynamak, sorun çıkarmak

**playwright** /'pleyrayt/ *a.* oyun yazarı

**plea** /pli:/ *a.* 1. yalvarma, rica 2. özür, mazeret 3. savunma, itiraz

**plead** /pli:d/ *e.* [*pt, pp* **pleaded/pled** /pled/] 1. yalvarmak, dilemek, rica etmek 2. özür dilemek; özür olarak öne sürmek 3. dava açmak 4. savunmak 5. suçlamak

**pleasant** /'plezınt/ *s.* 1. hoş, tatlı, güzel 2. sevimli, cana yakın, şirin, yakın, sıcak, samimi

**pleasantry** /'plezıntri/ *a.* hoş şaka, espri

**please** /pli:z/ *e.* 1. mutlu etmek, memnun etmek, sevindirmek, gönlünü etmek: *She is very easy to please.* 2. hoşuna gitmek 3. lütfen: *Please don't go.* 4. **if you please** isterseniz 5. **please yourself** *k. dili* kafana göre takıl

**pleased** /pli:zd/ *s.* memnun, hoşnut: *She was pleased with her exam results. I'm very pleased to meet you.*

**pleasing** /'pli:zing/ *s.* hoş, tatlı, sevindirici

**pleasurable** /'plejırbıl/ *s.* zevk veren, hoş

**pleasure** /'plejı/ *a.* 1. zevk, haz 2. keyif, eğlence

**pleat¹** /pli:t/ *e.* pli yapmak

**pleat²** /pli:t/ *a.* kıvrım, pli, plise

**plebeian** /pli:'bi:ın/ *a, s, hkr.* halk tabakasından olan, aşağı tabaka

**plebiscite** /'plebisit/ *a.* halkoylaması, plebisit, tümdanış

**plectrum** /'plektrım/ *a, müz.* mızrap, pena

**pled** /pled/ *pt, pp bkz.* **plead**

**pledge¹** /plec/ *a.* 1. tutu, rehin 2. söz, karşılıklı anlaşma, güvence, teminat 3. kanıt, işaret

**pledge²** /plec/ *e.* 1. rehine koymak 2. söz vermek 3. güvence vermek, taahhüt etmek

**plenary** /'pli:nıri/ *s.* (hükümet gücü) tam,

sınırsız
**plenipotentiary** /plenipı'tenşıri/ *a, s.* tam yetkili (elçi)
**plenteous** /'plentiıs/ *s, yaz.* bereketli, bol
**plentiful** /'plentifıl/ *s.* bereketli, bol
**plenty** /plenti/ *a.* 1. bolluk, çokluk 2. bol miktar 3. **plenty of** pek çok ..., bol ... , yığınla ...: *There's plenty of food in the fridge.*
**plethora** /'pletırı/ *a.* gereğinden fazlalık
**pliable** /'playıbıl/ *s.* 1. bükülgen, yumuşak 2. itaatkâr, uysal
**pliers** /'playız/ *a.* kerpeten, kargaburun, pens
**plight** /playt/ *a.* kötü durum, ciddi durum
**plimsoll** /'plimsıl, plimsoul/ *a.* lastik tabanlı bez ayakkabı, kes
**plinth** /plint/ *a.* sütun tabanı
**plod** /plod/ *e.* 1. yavaş ve zorlukla yürümek 2. (away ile) (sıkıcı bir iş üzerinde) sürekli çalışmak
**plodder** /'plodı/ *a.* yavaş ama verimli çalışan işçi
**plonk** /plonk/ *a, k. dili* ucuz şarap, köpeköldüren
**plot¹** /plot/ *a.* 1. arsa, parsel 2. entrika, suikast 3. (roman, vb.'de) olay örgüsü
**plot²** /plot/ *e.* 1. komplo kurmak 2. haritada göstermek 3. işaretlemek
**plough¹** /plau/ *a.* 1. saban, pulluk 2. **the Plough** Büyükayı
**plough²** /plau/ *e.* 1. sabanla sürmek, çift sürmek 2. yol açmak, ilerlemek
**plough back** *e.* (kazanılan parayı) tekrar işe yatırmak
**ploy** /ploy/ *a, k. dili* numara yapma, rol
**pluck¹** /plak/ *a.* yiğitlik, cesaret
**pluck²** /plak/ *e.* 1. koparmak 2. tüylerini yolmak, kopartmak 3. (telli çalgı) çalmak 4. **pluck up (one's) courage** cesaretini toplamak
**plucky** /'plaki/ *s.* cesur ve azimli, yılmaz
**plug¹** /plag/ *a.* 1. tapa, tıkaç 2. (elektrik) fiş 3. buji 4. *k. dili* reklam
**plug²** /plag/ *e.* 1. tıkamak 2. *k. dili* reklamını yapmak
**plum** /plam/ *a, bitk.* erik
**plumage** /'plu:mic/ *a.* kuşun tüyleri
**plumb¹** /plam/ *a.* çekül, şakul

**plumb²** /plam/ *e.* 1. anlamını çıkartmaya çalışmak 2. **plumb the depths (of)** (-in) derinliklerine inmek, gömülmek
**plumber** /'plamı/ *a.* su tesisatçısı, muslukçu
**plumbing** /'plaming/ *a.* 1. su tesisatı 2. boru tesisatçılığı, muslukçuluk
**plume** /plu:m/ *a.* kuş tüyü
**plummet** /'plamit/ *e.* (aniden) düşmek
**plunder¹** /'plandı/ *e.* yağma etmek, yağmalamak
**plunder²** /'plandı/ *a.* 1. yağma, yağmacılık 2. yağmalanan mal, ganimet 3. çalınmış eşya
**plunge¹** /planc/ *a.* 1. dalma, dalış 2. **take the plunge** düşünüp taşındıktan sonra işe girişmek
**plunge²** /planc/ *e.* fırlamak
**plunge into** *e.* 1. batırmak, daldırmak, sokmak, saplamak 2. dalmak, gömülmek
**plural** /'pluırıl/ *a, s, dilb.* çoğul: *The plural of "ox" is "oxen". "Books" is a plural noun.*
**plus¹** /plas/ *a.* artı işareti
**plus²** /plas/ *s.* 1. sıfırdan büyük, artı 2. artı, pozitif 3. -in üstünde: *I think he's 15 plus.*
**plus³** /plas/ *ilg.* ile, ve, artı: *4 plus 5 is 9.*
**plush¹** /plaş/ *a.* pelüş
**plush²** /plaş/ *s, k. dili* müthiş, süper, görkemli
**pluto** /'plu:tou/ *a.* Plüton
**plutocracy** /plu:'tokrısi/ *a.* varsılerki, zenginerki
**plutocrat** /'plu:tıkret/ *a.* nüfuzlu zengin, plutokrat, varsılerkçi
**plutonium** /plu:'touniım/ *a.* plutonyum
**ply¹** /play/ *e.* 1. düzenli sefer yapmak, gidip gelmek, işlemek: *The ferry plies regularly between Eminönü and Kadıköy.* 2. *yaz.* çalışmak, iş yapmak
**ply²** /play/ *a.* kat, katmer
**plywood** /'playwud/ *a.* kontrplak
**pneumatic** /nyu:'metic/ *s.* pnömatik, havalı
**pneumonia** /nyu:'moniı/ *a, hek.* zatürree, akciğer yangısı
**poach¹** /pouç/ *e.* 1. (yumurtayı) kırıp

P

kaynar suda pişirmek 2. (balık) yavaş yavaş kaynatmak

**poach**² /pouç/ *e.* 1. başkasının arazisinde kaçak avlanmak, izinsiz (hayvan) avlamak 2. (başkasının hakkına) tecavüz etmek

**pocket**¹ /'pokit/ *a.* 1. cep 2. torba, kese 3. grup, kesim 4. **be/live in each other's pockets** *k. dili* birbirlerinin kıçından ayrılmamak 5. **have sb in one's pocket** -i parmağında oynatmak 6. **line one's pockets** cebini doldurmak, yolunu bulmak 7. **out of pocket** *İİ.* zararda, zarar etmiş 8. **pocket money** cep harçlığı

**pocket**² /'pokit/ *e.* 1. cebe koymak 2. cebe indirmek, cebine atmak

**pocketbook** /'pokitbuk/ *a.* 1. not defteri 2. *Aİ, esk.* sapsız bayan çantası 3. kese

**pocketful** /'pokitful/ *a.* 1. cep dolusu 2. *k. dili* sürüyle

**pocketknife** /'pokitnayf/ *a.* çakı

**pockmark** /'pokma:k/ *a.* çopur, iz

**pod**¹ /pod/ *a.* bezelye, fasulye, vb. kabuğu

**pod**² /pod/ *e.* kabuğunu soymak

**podgy** /'poci/ *s.* bodur, tıknaz

**podium** /'poudıım/ *a.* podyum

**poem** /'pouim/ *a.* şiir

**poet** /'pouit/ *a.* şair, ozan

**poetic** /pou'etik/ *s.* şiirsel

**poetry** /'pouitri/ *a.* 1. şiir, koşuk 2. şiir sanatı 3. şiirler 4. şiirsel güzellik

**poignant** /'poynyınt/ *s.* 1. üzücü, dokunaklı, acı 2. acı, keskin

**point**¹ /poynt/ *a.* 1. nokta 2. uç, sivri uç 3. yer 4. an 5. durum 6. puan 7. *mat.* virgül 8. derece 9. husus, nokta 10. anlam, neden, yarar, amaç 11. konu 12. özellik, nitelik 13. priz, duy 14. namlu 15. *coğ.* burun 16. **at the point of** -in eşiğinde, -mek üzere 17. **boiling point** koynama noktası 18. **come/get to the point** sadede gelmek 19. **off the point** meseleden uzak, konunun dışında 20. **point of view** görüş, bakım, bakış açısı

**point**² /poynt/ *e.* 1. ucunu sivriltmek 2. işaret etmek, göstermek: *He pointed to the bank across the road.* 3. önemine işaret etmek 4. doğrultmak, üzerine çe-

virmek 5. noktalamak 6. (duvar) boşlukları doldurmak, sıvamak 7. **point the finger at** *k. dili* -i suçlamak

**point-blank** /poynt'blenk/ *s, be.* 1. burnunun dibinden, yakından, yakın: *He was killed with a bullet fired point-blank.* 2. doğrudan, açıkça, direkt

**pointed** /'poyntid/ *s.* 1. sivri uçlu 2. anlamlı

**pointer** /'poyntı/ *a.* 1. işaret değneği 2. gösterge 3. av köpeği, puanter 4. öğüt, yararlı öneri

**pointless** /'poyntlıs/ *s.* 1. anlamsız 2. yararsız, gereksiz

**point out** *e.* -e dikkat çekmek: *He pointed out that the train was about to leave.*

**points** /poynts/ *a.* (demiryolu) makas

**poise**¹ /poyz/ *a.* 1. özgüven 2. denge, duruş şekli

**poise**² /poyz/ *e.* iliştirmek, dengesiz biçimde yerleştirmek

**poised** /poyzd/ *s.* 1. dengeli 2. (harekete) hazır 3. özgüvenli

**poison**¹ /'poyzın/ *a.* 1. zehir 2. *arg.* içki

**poison**² /'poyzın/ *e.* 1. zehirlemek 2. olumsuz yönde etkilemek

**poisonous** /'poyzınıs/ *s.* 1. zehirli 2. kötü 3. iğrenç, berbat

**poke** /pouk/ *e.* 1. sokmak: *He poked a stick into the hole in the ground.* 2. dürtmek 3. çıkarmak 4. **poke fun at** ile alay etmek 5. **poke one's nose into sth** burnunu sokmak

**poke about** *e, k. dili* aramak, araştırmak

**poker** /'poukı/ *a.* 1. ocak demiri 2. poker

**poky** /'pouki/ *s, k. dili* (yer, oda) dar, küçük, basık

**polar** /'poulı/ *s.* 1. kutupsal, kutuplarla ilgili 2. **polar bear** kutup ayısı

**polarity** /pou'leriti/ *a.* 1. polarite, ucaylık 2. iki kutupluluk, karşıtlık

**polarize** /'poulırayz/ *e.* 1. (iki ayrı noktada) toplamak 2. toplanmak 3. *fiz.* polarmak, ucaylanmak

**pole** /poul/ *a.* 1. direk, sırık 2. kutup 3. *fiz.* kutup, ucay 4. **pole star** Kutupyıldızı 5. **pole vault** *sp.* sırıkla atlama

**police**¹ /pı'li:s/ *a.* 1. polis örgütü, polisler, polis 2. **police state** *hkr.* polis devleti 3.

**police station** karakol
police[2] /pı'li:s/ *e.* 1. polis denetiminde bulundurmak 2. denetlemek, kontrol etmek
policeman /pı'li:smın/ *a.* polis memuru
policewoman /pı'li:swumın/ *a.* kadın polis
policy /'polisi/ *a.* 1. siyaset, politika 2. davranış biçimi, politika 3. poliçe
polio /'pouliou/ *a, hek.* çocuk felci
poliomyelitis /poulioumayı'laytis/ *a, bkz.* polio
polish[1] /'poliş/ *e.* 1. parlatmak, cilalamak 2. (ayakkabı) boyamak 3. terbiye etmek, zarafet vermek
polish[2] /'poliş/ *a.* 1. cila, perdah 2. ayakkabı boyası 3. parlak, cilalı yüzey 4. parlaklık 5. kibarlık, incelik
polish off *e, k. dili* 1. bitirmek 2. alt etmek, yenmek
polite /pı'layt/ *s.* nazik, kibar
politic /'politik/ *s.* 1. akıllı, kurnaz 2. ihtiyatlı, tedbirli
political /pı'litikıl/ *s.* 1. siyasal, politik 2. politikayla ilgilenen
politician /poli'tişın/ *s.* politikacı
politics /'politiks/ *a.* 1. siyaset, politika 2. politik görüşler
polka /'polkı/ *a, müz.* polka
poll[1] /poul/ *a.* 1. seçim 2. oylama, oy verme 3. oy sayısı 4. kamuoyu yoklaması
poll[2] /poul/ *e.* 1. oy almak 2. oy vermek
pollen /'polın/ *a, bitk.* 1. polen, çiçektozu 2. **pollen count** havadaki polen miktarı
pollination /poli'neyşın/ *a, bitk.* tozlaşma
polling /'pouling/ *a.* 1. oylama, oy verme 2. **polling booth/station** oy kullanılan gizli yer
pollutant /pı'lu:tınt/ *a.* kirletici madde
pollute /pı'lu:t/ *e.* kirletmek
pollution /pı'lu:şın/ *a.* kirletme, kirlenme, kirlilik: *Air pollution is a problem in industrial cities.*
polo /'poulou/ *a.* 1. *sp.* polo 2. **polo neck** boğazlı yaka
poly /'poli/ *a, İİ, k. dili, bkz.* **polytechnic**
polyandry /poli'endri/ *a.* çokkocalılık, poliandri
polyester /'poliestı/ *a.* polyester

polyethylene /poli'etıli:n/ *a, Aİ, bkz.* **polythene**
polygamy /pı'ligımi/ *a.* çokkarılılık, poligami
polygon /'poligon/ *a.* poligon, çokgen
polystyrene /poli'stayıri:n/ *a.* polistiren
polytechnic /poli'teknik/ *a.* sanat/fen kolu
polythene /'politi:n/ *a.* polietilen
polytheism /'politi:izım/ *a.* çoktanrıcılık, politeizm
pomade /pı'ma:d, pı'meyd/ *a.* pomat, saç merhemi, briyantin
pomegranate /'pomigrenit/ *a, bitk.* nar
pomp /pomp/ *a.* 1. büyük resmi seremoni, gösteri 2. görkem, tantana, şatafat
pom-pom /'pompom/ *a.* ponpon
pompous /'pompıs/ *s, hkr.* 1. kendini beğenmiş, havalara giren 2. ağdalı, cafcaflı, tumturaklı
poncho /'ponçou/ *a.* uzun yün başlık
pond /pond/ *a.* 1. gölcük 2. havuz
ponder /'pondı/ *e.* düşünüp taşınmak: *He pondered about what to do for time.*
ponderous /'pondırıs/ *s.* 1. büyük ve ağır 2. ağır, hantal 3. *hkr.* can sıkıcı
pong[1] /pong/ *a, İİ, k. dili* pis koku
pong[2] /pong/ *e, İİ, k. dili* pis koku çıkarmak; kokmak
pontiff /'pontif/ *a.* 1. baş rahip 2. papa
pontificate /pon'tifikeyt/ *e.* yalnız kendi bildiği doğruymuş gibi konuşmak/yazmak
pontoon /pon'tu:n/ *a.* 1. duba, tombaz 2. (iskambil) yirmi bir
pony /'pouni/ *a, hayb.* midilli
ponytail /'pouniteyl/ *a.* (saç) at kuyruğu
poodle /'pu:dl/ *a.* fino köpeği
poof /pu:f, puf/ *a, İİ, hkr, arg.* ibne
poofter /'pu:ftı/ *a, bkz.* **poof**
pooh-pooh /pu:'pu:/ *e, k. dili* hor görmek, iplememek
pool[1] /pu:l/ *a.* 1. havuz 2. gölcük 3. su birikintisi 4. Amerikan bilardosu 5. ekip, takım 6. tröst, birlik 7. ortaya konan para 8. *ç.* sportoto
pool[2] /pu:l/ *e.* 1. birleştirmek 2. paylaşmak
poop /pu:p/ *a, den.* kıç, pupa

**poor** 354

poor /puı/ *s.* 1. yoksul, fakir: *They're very poor.* 2. az, yetersiz: *His wages are very poor.* 3. kalitesiz, düşük kaliteli, kötü: *This material is very poor.* 4. sağlıksız 5. talihsiz, şanssız 6. zavallı: *Poor dog. Its leg is broken.* 7. verimsiz, kısır: *The soil here is poor.* 8. adi, bayağı
**poorly** /'puıli/ *s, İİ.* hasta, rahatsız
**pop**[1] /pop/ *e.* 1. pat diye ses çıkarmak, patlamak 2. *k. dili* yerinden fırlamak, yaylanmak 3. *k. dili* gelmek, gelivermek; gitmek, gidivermek: *I'll pop in some time in the afternoon.* 4. **pop the question (to)** *k. dili* evlenme teklif etmek
**pop**[2] /pop/ *a.* 1. patlama sesi, pat 2. *k. dili* gazoz 3. *Aİ, k. dili* baba 4. *müz.* pop 5. yaşlı adam, moruk 6. **pop art** pop sanat
**popcorn** /'popko:n/ *a.* patlamış mısır
**pope** /poup/ *a.* papa
**poplar** /'poplı/ *a, bitk.* kavak
**pop off** *e, k. dili* 1. aniden çekip gitmek 2. ölmek, nalları dikmek
**poppa** /'popı/ *a, Aİ, k. dili* baba
**poppet** /'popit/ *a, İİ, k. dili* cici çocuk/hayvan
**poppy** /'popi/ *a, bitk.* 1. gelincik 2. afyon, haşhaş
**populace** /'popyulıs/ *a.* halk, ayaktakımı, avam
**popular** /'popyulı/ *s.* 1. sevilen, tutulan, gözde, popüler: *This song is very popular now.* 2. halka ait, halka özgü 3. genel, yaygın
**popularity** /popyu'leriti/ *a.* sevilme, tutulma, rağbet, popülerlik
**popularize** /'popyulırayz/ *e.* 1. halkın anlayabileceği şekilde kolaylaştırmak, açıklamak 2. halka sevdirmek, tanıtmak
**popularly** /'popyulıli/ *be.* genelde, bir çok insan tarafından
**populate** /'popyuleyt/ *e.* 1. belirli bir yerde yerleşmek 2. insan yerleştirmek
**population** /popyu'leyşın/ *a.* 1. nüfus: *Turkey has a population of over 50 million.* 2. ahali, halk 3. **population explosion** nüfus patlaması
**populism** /'popyulizım/ *a.* halkçılık
**populous** /'popyulıs/ *s.* kalabalık nüfuslu, nüfusu yoğun

**porcelain** /'po:slin/ *a.* porselen, çini
**porch** /po:ç/ *a.* sundurma
**porcupine** /'po:kyupayn/ *a, hayb.* kirpi
**pore**[1] /po:/ *e.* (over ile) dikkatini vererek okumak, okumaya dalmak
**pore**[2] /po:/ *a.* gözenek, delikçik
**pork** /po:k/ *a.* domuz eti
**porky** /'po:ki/ *s, İİ, k. dili* şişko, domuz gibi
**porn** /po:n/ *a, k. dili* pornografi
**pornographic** /po:nı'grefik/ *s.* açık saçık, müstehcen, pornografik
**pornography** /po:'nogrıfi/ *a.* pornografi
**porous** /'po:rıs/ *s.* gözenekli, geçirgen
**porpoise** /'po:pıs/ *a, hayb.* yunusbalığına benzer bir balık
**porridge** /'poric/ *a.* yulaf lapası
**port** /po:t/ *a.* 1. liman 2. liman kenti 3. *den.* lombar 4. porto şarabı 5. **port of call** uğranılacak liman 6. **port of departure** çıkış limanı 7. **port of destination** gidilecek liman
**portable** /'po:tıbıl/ *s.* taşınabilir, portatif
**portage** /'po:tic/ *a.* 1. taşıma 2. taşıma yeri 3. taşıma ücreti
**portal** /'po:tıl/ *a.* büyük kapı, ana kapı, giriş kapısı
**portcullis** /po:t'kalis/ *a.* (eskiden kale, vb.'de) yukarıdan inen parmaklıklı büyük kapı
**portend** /po:'tend/ *e.* (kötü bir şeyin) habercisi/işareti olmak
**portent** /'po:tent/ *a.* iyi ya da kötü bir şeyin habercisi
**portentous** /po:'tentıs/ *s.* (kötü bir şeyin) haberci/işareti olan
**porter** /'po:tı/ *a.* 1. kapıcı 2. (otel, vb.'de) kapıcı, kapı görevlisi 3. (okul, hastane, vb.'de) hademe
**portfolio** /po:t'fouliou/ *a.* 1. evrak çantası 2. bakanlık
**porthole** /'po:thoul/ *a.* yuvarlak uçak penceresi
**portico** /'po:tikou/ *a.* sütunlu giriş, revak
**portion**[1] /'po:şın/ *a.* 1. parça, bölüm 2. porsiyon 3. pay, hisse
**portion**[2] /'po:pıs/ *e.* (out ile) hisselere ayırmak, bölüştürmek, paylaştırmak
**portmanteau** /po:t'mentou/ *a.* bavul
**portrait** /'po:trit/ *a.* 1. insan resmi, portre

2. *yaz.* portre

**portraiture** /'**po**:triçi/ *a.* portrecilik sanatı

**portray** /'**po**:trey/ *e.* 1. resmini yapmak, resmetmek 2. betimlemek, tasvir etmek 3. (rol) oynamak, canlandırmak

**pose**[1] /pouz/ *e.* 1. poz vermek: *He asked her to pose for the advertisment.* 2. poz verdirmek 3. ortaya çıkarmak, ortaya atmak, getirmek: *Inflation poses many problems for the government.* 4. (as ile) poz yapmak, numara yapmak: *He's been posing as an accountant for years.*

**pose**[2] /pouz/ *a.* 1. duruş, poz 2. *hkr.* yapmacık tavır, poz

**posh** /poş/ *s, k. dili* gösterişli, şık, lüks, havalı

**position**[1] /pı'zişın/ *a.* 1. durum, vaziyet, hal, duruş: *If you stay in that position you'll get a bad back.* 2. yer, konum: *I don't like that picture's position. Can you move it?* 3. konum, mevki, rütbe: *Doctors have always held a high position in society.* 4. iş, görev, memuriyet: *He applied for a position at the bank.* 5. **be in a position to** -cek durumda olmak: *He's in a position to be promoted soon.*

**position**[2] /pı'zişın/ *e.* 1. yerleştirmek: *He positioned the restaurant's tables differently.* 2. yerini belirlemek

**positive**[1] /'pozitiv/ *s.* 1. mutlak, kesin 2. emin, şüphesiz: *I'm positive about it.* 3. faydalı, yararlı, olumlu 4. *mat.* artı, pozitif 5. (fotoğraf) pozitif 6. *hek.* pozitif, hastalık belirtisi gösteren 7. *k. dili* tam, gerçek

**positive**[2] /'pozitiv/ *a.* 1. *mat.* sıfırdan büyük nicelik, artı nicelik 2. (foto) pozitif resim

**positively** /'pozitivli/ *be.* 1. olumlu şekilde 2. *k. dili* gerçekten, çok: *That's a positively ridiculous idea!*

**possess** /pı'zes/ *e.* 1. sahip olmak, -si olmak: *I may not possess much, but I'm happy.* 2. etkilemek, etkisi altına almak: *He was possessed with anger when he killed her.*

**possessed** /pı'zest/ *s.* çılgın, deli

**possession** /pı'zeşın/ *a.* 1. iyelik, sahiplik 2. *ç.* mal mülk, servet 3. egemenlik,

hüküm 4. sömürge 5. **take possession** ele geçirmek, almak

**possessive**[1] /pı'zesiv/ *s.* 1. *hkr.* kendine müslüman, sahip olmak isteyen 2. *dilb.* iyelik gösteren 3. **possessive pronoun** *dilb.* mülkiyet zamiri, iyelik adılı

**possessive**[2] /pı'zesiv/ *a, dilb.* -in hali, iyelik durumu, tamamlayan durumu

**possessor** /pı'zesı/ *a.* 1. sahip 2. mal sahibi

**possibility** /posi'biliti/ *a.* 1. olanak, imkân 2. olasılık, olabilirlik, ihtimal

**possible** /'posibıl/ *s.* 1. olanaklı, mümkün: *Is it possible for you to come next week?* 2. olası, olabilir, muhtemel 3. makul, akla yatkın

**possibly** /'posibli/ *be.* 1. belki: *Possibly I can come on Saturday.* 2. imkân dahilinde: *I can't possibly help you.*

**possum** /'posım/ *a, k. dili* 1. opossum, keseli sıçan 2. **play possum** uyuma numarası yapmak

**post**[1] /poust/ *a.* 1. posta 2. (yarışta) başlama/bitiş noktası 3. direk, kazık 4. iş, görev 5. nöbet, posta 6. *ask.* garnizon, kışla 7. polis noktası, karakol 8. **by post** posta ile 9. **post office** postane

**post**[2] /poust/ *e.* 1. postaya atmak, postalamak: *Can you post this letter for me?* 2. ilan etmek 3. yerleştirmek, dikmek, koymak 4. (adam) göndermek, tayin etmek, atamak 5. **keep sb posted** gelişmelerden haberdar etmek

**postage** /'poustic/ *a.* 1. posta ücreti 2. **postage due** taksa 3. **postage stamp** posta pulu

**postal** /'poustl/ *s.* 1. posta ile ilgili 2. **postal convention** uluslararası posta anlaşması 3. **postal/money order** posta havalesi 4. **postal union** uluslararası posta birliği

**postbox** /'poustboks/ *a.* posta kutusu

**postcard** /'poustka:d/ *a.* kartpostal

**postcode** /'poustkoud/ *a.* posta kodu

**postdate** /poust'deyt/ *e.* (çek, vb.'ne) ileri bir tarih yazmak

**poster** /'poustı/ *a.* poster, afiş

**posterior**[1] /po'stiirıı/ *s.* 1. arka, arkadaki 2. sonraki

posterior² /po'steriiriı/ *a.* kıç, popo
posterity /po'steriti/ *a.* 1. gelecek kuşaklar 2. nesil, döl
postgraduate /poust'grecuit/ *a, s.* lisansüstü (yapan öğrenci)
posthaste /poust'heyst/ *be.* hızla, süratle, acele ile
posthumous /'postyumıs/ *s.* ölümünden sonra gelen
postman /'poustmın/ *a.* postacı
postmark /'poustma:k/ *a.* posta damgası
postmaster /'poustma:stı/ *a.* postane müdürü
postmortem /poust'mo:tım/ *a.* otopsi
postnatal /poust'neytl/ *s.* doğumdan sonrasıyla ilgili
postpone /pıs'poun/ *e.* ertelemek: *I'll have to postpone my appointment for a week.*
postscript /'poustskript/ *a.* (mektupta) not, dipnot
postulate /'postyuleyt/ *e.* gerçek olarak kabul etmek, gerçek olduğunu varsaymak
posture¹ /'posçı/ *a.* bedenin genel duruşu, duruş
posture² /'posçı/ *e.* kasım kasım kasılmak
postwar /poust'wo:/ *s.* savaş sonrasına ait
posy /'pouzi/ *a.* çiçek demeti
pot¹ /pot/ *a.* 1. çömlek, kap, kavanoz 2. lazımlık, oturak 3. *k. dili* (para) bol miktar, yığın 4. *k. dili* ıska, karavana 5. *k. dili* kupa 6. saksı 7. *arg.* marihuana, esrar, ot 8. **big pot** *k. dili* önemli zat, kodaman 9. **go to pot** *k. dili* boşa gitmek, bok olmak 10. **take pot luck** verileni almak, bulduğunu yemek
pot² /pot/ *e.* 1. saksıya koymak 2. vurup öldürmek, avlamak
potato /pı'teytou/ *a.* 1. patates 2. **potato chip** *Aİ.* cips
potbelly /'potbeli/ *a, k. dili* şiş göbek, koca göbek
potency /'poutınsi/ *a.* güç, iktidar
potent /'poutınt/ *s.* 1. güçlü, kuvvetli 2. kuvvetli, etkili 3. (erkek) cinsel güce sahip, iktidarlı

potentate /'poutınteyt/ *a.* hükümdar
potential¹ /pı'tenşıl/ *s.* potansiyel, gizil
potential² /pı'tenşıl/ *a.* 1. güç, potansiyel 2. *fiz.* gizilgüç, potansiyel 3. *elek.* gerilim
pothole /'pothoul/ *a.* (yolda oluşan) çukur
potion /'pouşın/ *a, yaz.* ilaç, iksir, zehir
potshot /'potşot/ *a, k. dili* ıska, karavana
potter /'potı/ *a.* çömlekçi
potter about *e, k. dili* oyalanmak, ufak tefek işlerle uğraşmak
pottery /'potıri/ *a.* 1. çanak çömlek 2. çömlekçilik
potty /'poti/ *s, İİ, k. dili* 1. aptal 2. kaçık, üşütük 3. (about ile) hayran, hasta, deli
pouch /pauç/ *a.* 1. kese, torba 2. *hayb.* cep, kese
pouf /pu:f/ *a.* yumuşak oturak, puf
pouffe /pu:f/ *a, bkz.* **pouf**
poultice /'poultis/ *a.* yara lapası
poultry /'poultri/ *a.* kümes hayvanları
pounce /pauns/ *e.* (at/on/upon ile) aniden saldırmak, atılmak
pound¹ /paund/ *a.* 1. İngiliz lirası, Sterlin, Paund 2. libre (453,6 gr.) 3. sahipsiz hayvanların ya da yasak yere park eden arabaların alıkonduğu yer
pound² /paund/ *e.* 1. dövmek, ezmek, un ufak etmek 2. çarpmak, vurmak 3. (kalp) küt küt atmak
pour /po:/ *e.* 1. dökmek, akıtmak: *She poured the water on to the garden.* 2. dökülmek, akmak: *Water poured from the broken pipe.* 3. (çay, vb.) koymak: *Can you pour me some tea?* 4. şakır şakır yağmak: *It's been pouring all day.*
pour out *e.* 1. içini dökmek 2. rahatça anlatmak
pout /paut/ *e.* somurtmak, surat asmak
poverty /'povıti/ *a.* 1. yoksulluk 2. **poverty-stricken** çok yoksul, gariban
powder /'paudı/ *a.* 1. toz, toz halinde şey 2. pudra 3. barut 4. **keep one's powder dry** savaşa hazır olmak 5. **powder room** *ört.* bayanlar tuvaleti
power¹ /'pauı/ *a.* 1. yeti, yetenek, yapma gücü 2. güç, kuvvet, kudret: *He lost his power as he got old.* 3. erk, iktidar: *Which party is in power at the moment?* 4. etki, nüfuz, sözü geçerlik 5. yetke,

otorite 6. vekâletname, vekâlet 7. elektrik, enerji: *We haven't had any power for two days.* 8. *mat.* kuvvet 9. *k. dili* çok: *The holiday did him a power of good.* 10. **power cuts** enerji kısıntısı 11. **power of attorney** *huk.* vekâletname, temsil yetkisi 12. **power plant** *Aİ.* elektrik santralı 13. **power station** *İİ.* elektrik santralı
power² /'pauı/ *e.* 1. güç sağlamak 2. *k. dili* hızla gitmek
powerful /'pauıfıl/ *s.* 1. güçlü 2. etkili
powerless /'pauılis/ *s.* güçsüz, kuvvetsiz, zayıf, yetersiz
practicable /'prektikıbıl/ *s.* uygulanabilir, kullanılabilir, yapılabilir
practical¹ /'prektikıl/ *s.* 1. pratik, uygulamalı, kılgısal 2. kullanışlı, elverişli 3. becerikli, deneyimli, pratik zekâya sahip 4. **practical joke** muziplik, eşek şakası
practical² /'prektikıl/ *a, k. dili* uygulamalı ders/sınav
practically /'prektikıli/ *be.* 1. hemen hemen 2. uygun olarak, kullanışlı olarak, pratik olarak
practice¹ /'prektis/ *a.* 1. pratik, idman, alıştırma, antrenman 2. uygulama, eylem 3. alışkanlık 4. doktorluk/avukatlık 5. **out of practice** körelmiş, pratiğini yitirmiş
practice² /'prektis/ *e, Aİ, bkz.* **practise**
practise¹ /'prektis/ *e.* 1. pratik yapmak, antrenman yapmak 2. uygulamak, yapmak, denemek 3. çalışmak
practise² /'prektis/ *a, Aİ, bkz.* **practice**
practised /'prektist/ *s.* becerikli
practitioner /prek'tişını/ *a.* 1. doktor 2. avukat
pragmatic /preg'metik/ *s.* pragmatik, pratik
pragmatism /'pregmıtizm/ *a, fel.* yararcılık, pragmatizm
prairie /'preıri/ *a.* bozkır
praise¹ /preyz/ *a.* 1. övme, övgü 2. şükran 3. **sign the praise of** göklere çıkarmak
praise² /preyz/ *e.* 1. övmek 2. şükretmek
praiseworthy /'preyzwö:di/ *s.* övülmeye değer

pram /prem/ *a, İİ.* çocuk arabası
prance /pra:ns/ *e.* 1. (at) zıplayıp oynamak, sıçramak 2. kasıla kasıla yürümek
prank /prenk/ *a.* muziplik, şaka, oyun
prate /preyt/ *e, hkr.* (about ile) (hakkında) saçma sapan konuşmak, zırvalamak
prattle² /'pretl/ *e.* çocukça/saçma sapan konuşmak
prattle² /'pretl/ *a, k. dili* zırva, saçma konuşma
prawn /pro:n/ *a.* büyük karides
pray /prey/ *e.* dua etmek, yakarmak
prayer /'preı/ *a.* dua, yakarı, yakarış
preach /pri:ç/ *e.* 1. vaaz etmek, vaaz vermek 2. öğütlemek, öğüt vermek 3. *hkr.* vaaz çekmek
preacher /'pri:çı/ *a.* vaiz
preamble /'pri:embıl/ *a.* açış konuşması/yazısı, giriş, önsöz
prearrange /pri:ı'reync/ *e.* önceden düzenlemek
precarious /pri'keırııs/ *s.* 1. sağlam olmayan, güvenilmez, şüpheli 2. tehlikeli
precaution /pri'ko:şın/ *a.* tedbir, önlem
precede /pri'si:d/ *e.* 1. -den önde yer almak 2. -den önce gelmek 3. -den üstün olmak
precedent /'presidınt/ *a.* teamül, geçmiş örnek, emsal
preceding /pri'si:ding/ *s.* önceki
precept /'pri:sept/ *a.* 1. ana kural, temel, temel prensip 2. *huk.* mahkeme emri
precinct /'pri:sinkt/ *a.* 1. etrafı çevrili alan 2. belirli bir amaç için ayrılmış alan 3. semt, bölge 4. *ç.* komşuluk, komşu çevre
precious¹ /'preşıs/ *s.* kıymetli, değerli
precious² /'preşıs/ *be, k. dili* çok: *I have precious little to do at night.*
precipice /'presipis/ *a.* uçurum, yar
precipitate¹ /pri'sipiteyt/ *e.* 1. hızlandırmak 2. *kim.* çökelmek 3. *kim.* çökeltmek
precipitate² /pri'sipitit/ *a, kim.* çökelti
precipitate³ /pri'sipitit/ *s.* acele, apar topar, telaşlı, acelesi
precipitation /prisipi'teyşın/ *a.* 1. telaş, acele 2. yağış 3. *kim.* çökelme
precipitous /pri'sipitıs/ *s.* yüksek, sarp, yalçın, dik

**précis** /'preysi:/ *a.* özet
**precise** /pri'says/ *s.* 1. tam, doğru, kesin 2. titiz, kusursuz
**precisely** /pri'saysli/ *be.* 1. tam olarak, tam 2. evet, öyle, kesinlikle, aynen öyle
**precision** /pri'sijın/ *a.* tamlık, kesinlik, doğruluk
**preclude** /pri'klu:d/ *a.* önüne geçmek, engellemek, meydan vermemek
**precocious** /pri'kouşıs/ *s.* erken gelişmiş, erken büyümüş
**precocity** /pri'kositi/ *a.* hızlı gelişim
**precognition** /pri:kog'nişın/ *a.* 1. önbiliş, önceden bilme 2. *huk.* ilk soruşturma
**preconceived** /pri:kın'si:vd/ *s.* önyargılı, ön yargıya dayalı
**preconception** /pri:kın'sepşın/ *a.* önyargı
**precursor** /pri'kö:sı/ *a.* haberci, müjdeci, öncü, işaret, belirti
**predator** /'predıtı/ *a, hayb.* yırtıcı hayvan
**predatory** /'predıtıri/ *s.* 1. *hayb.* yırtıcı 2. yağmacı, talancı
**predecessor** /'pri:disesı/ *a.* 1. öncel, selef 2. ata
**predestination** /pridesti'neyşın/ *a.* 1. yazgı, alınyazısı, kader, kısmet 2. alınyazısına inanma
**predestine** /pri'destin/ *e.* yazgısını önceden belirlemek, alnına yazmak
**predetermine** /pri:di'tö:min/ *e.* 1. önceden belirlemek, önceden saptamak 2. önceden kararlaştırmak
**predicament** /pri'dikımınt/ *a.* zor durum, çıkmaz
**predicate**[1] /'predikit/ *a, dilb.* yüklem
**predicate**[2] /'predikeyt/ *e.* 1. dayandırmak, isnat etmek 2. belirlemek, belirtmek 3. kurmak
**predicative** /pri'dikıtiv/ *s, dilb.* yüklemin parçası olarak kullanılan, yüklemcil: *"Asleep" is a predicative adjective.*
**predict** /pri'dikt/ *e.* önceden bildirmek: *I can't predict the weather.*
**predictable** /pri'diktıbıl/ *s.* önceden bildirilebilir, tahmin edilebilir
**prediction** /pri'dikşın/ *a.* önceden haber verme, kestirim, tahmin, kehanet
**predilection** /pri:di'lekşın/ *a.* özel tutku, sevgi, hayranlık

**predispose** /pri:dis'pouz/ *e.* etkilemek
**predisposition** /pri:dispı'zişın/ *a.* -e yatkınlık
**predominance** /pri'dominıns/ *a.* üstünlük, ağır basma
**predominant** /pri'dominınt/ *s.* üstün, baskın, hâkim, ağır basan
**predominate** /pri'domineyt/ *e.* üstün olmak, baskın olmak, ağır basmak, hâkim olmak
**preeminent** /pri:'eminınt/ *s.* üstün
**preempt** /pri:'empt/ *e.* 1. etkisizleştirmek, etkisiz/geçersiz kılmak 2. -den önce davranmak 3. ele geçirmek 4. kötüye kullanmak
**preen** /pri:n/ *e.* 1. (kuş) gagasıyla tüylerini düzeltmek 2. üstünü başını düzeltmek
**prefab** /'pri:feb/ *a, k. dili* küçük prefabrik ev
**prefabricate** /pri:'febrikeyt/ *e.* parçalarını önceden hazırlamak
**prefabricated** /pri'febrikeytid/ *s.* (ev, gemi, vb.) prefabrike
**prefabrication** /pri:febri'keyşın/ *a.* parçalarını önceden hazırlama, prefabrikasyon
**preface** /'prefis/ *a.* önsöz
**prefer** /pri'fö:/ *e.* 1. tercih etmek, yeğlemek: *She preferred swimming to tennis.* 2. *huk.* sunmak
**preferable** /'prefırıbıl/ *s.* tercih edilir, daha uygun, daha iyi, yeğ
**preferably** /'prefrıbıli/ *be.* tercihan
**preference** /'prefırıns/ *a.* 1. tercih, yeğleme 2. öncelik hakkı, üstünlük
**preferential** /prefı'renşıl/ *s.* tercihli, ayrıcalıklı
**prefix** /'pri:fiks/ *a, dilb.* önek
**pregnancy** /'pregnınsi/ *a.* gebelik, hamilelik
**pregnant** /'pregnınt/ *s.* 1. gebe, hamile 2. verimli, semereli 3. anlamlı
**prehistoric** /pri:hi'storik/ *s.* tarihöncesine ilişkin, prehistorya
**prehistory** /pri:'histıri/ *a.* tarihöncesi bilimi, prehistorya
**prejudge** /pri:'cac/ *e.* önyargıda bulunmak, önyargıyla yaklaşmak
**prejudice**[1] /'precıdis/ *a.* önyargı

prejudice² /'precıdis/ e. 1. önyargı verdirmek, etkilemek, önyargılı olmasına neden olmak 2. zayıflatmak, zarar vermek, kırmak

prejudiced /'precıdist/ s. önyargılı

prejudicial /precu'dişıl/ s. zararlı

prelate /'prelit/ a. yüksek rütbeli rahip

preliminary¹ /pri'liminıri/ a. başlangıç, giriş, ön hazırlık

preliminary² /pri'liminıri/ s. başlangıç niteliğinde, ilk, ön

prelude /'prelyu:d/ a. 1. müz. prelüd, peşrev 2. başlangıç

premarital /pri:'meritıl/ s. evlilik öncesi

premature /'premıçı/ s. 1. erken, vakitsiz, mevsimsiz 2. erken doğmuş, prematüre

premeditate /pri:'mediteyt/ e. önceden tasarlamak

premeditated /pri:'mediteytid/ s. önceden tasarlanmış, kasti

premier¹ /'premii/ s. ilk, birinci, baştaki, baş

premier² /'premii/ a. başbakan

premiere /'premiei/ a. gala

premise /'premis/ a. dayanak noktası

premises /'premisiz/ a. bina ve müştemilatı

premium /'pri:miım/ a. 1. sigorta primi 2. ödül, prim 3. **at a premium** nadir, zor bulunur

premonition /premı'nişın, pri:mı'nişın/ a. önsezi

premonitory /pri'monitıri/ s. uyaran, ikaz eden

prenatal /pri:'neytl/ s. doğum öncesine ait

preoccupation /pri:okyu'peyşın/ a. 1. kaygı, endişe, tasa 2. zihin meşguliyeti

preoccupied /pri:'okyupayd/ s. kafası meşgul, gözü bir şey görmeyen, düşünceli

preoccupy /pri:'okyupay/ e. zihnini meşgul etmek, kafasını kurcalamak, düşündürmek

prep /prep/ a, İİ, k. dili 1. ev ödevi 2. ders çalışma, derse hazırlanma 3. **prep school** k. dili hazırlık okulu

prepaid /pr:'peyd/ pt, pp bkz. **prepay**

preparation /prepı'reyşın/ a. 1. hazırlama, hazırlanma, hazırlık 2. hazır ilaç

preparatory /pri'perıtıri/ a. 1. hazırlayıcı 2. **preparatory school** hazırlık okulu

prepare /pri'pei/ e. 1. hazırlamak: He prepared a report for the meeting. She prepared a meal for the guests. 2. hazırlanmak: Have you prepared for tomorrow's meeting?

prepared /pri'peıd/ s. 1. önceden hazırlanmış, hazır 2. gönüllü, istekli

prepay /pri:'pey/ e. [pt, pp **prepaid** /pri:'peyd/] peşin ödemek, başından ödemek

preponderance /pri'pondırıns/ a. (miktar, sayı, vb. bakımından) daha büyük olma, üstünlük

preposition /prepı'zişın/ a, dilb. edat, ilgeç: "on" "in" "at" "by" "to" "from" "with" "under" are prepositions.

prepossessing /pri:pı'zesing/ s. çekici, hoş, tatlı

preposterous /pri'postırıs/ s. mantıksız, saçma, akla sığmaz, mantık dışı

prerequisite /pri:'rekwizit/ a, s. önceden olması zorunlu, ön gereksinim duyulan, önceden gerekli olan (şey)

prerogative /pri'rogıtiv/ a. imtiyaz, ayrıcalık

presage /'presic, pri'seyc/ e, yaz. habercisi olmak, önceden bildirmek

prescribe /pri'skrayb/ e. 1. buyurmak, emretmek 2. (doktor) ilaç vermek, salık vermek, tavsiye etmek 3. reçete yazmak

prescription /pri'skripşın/ a. 1. buyruk, emir 2. hek. reçete 3. huk. zamanaşımına dayanan hak

presence /'prezıns/ a. 1. hazır bulunma, orada bulunma, huzur, varlık 2. görünüş, duruş, kişilik 3. **in the presence of sb** -in gözü önünde 4. **presence of mind** pratik zekâ

present¹ /'prezınt/ a. armağan, hediye

present² /pri'zent/ e. 1. vermek, takdim etmek, sunmak: Will you present my appreciation to the chef for the meal? 4. tanıtmak, tanıştırmak, takdim etmek: She was presented to the President at the ball. 5. sahnede göstermek, temsil etmek 6. göstermek

present³ /'prezınt/ s. 1. mevcut: He wasn't present at the meeting. 2. şimdiki, bugünkü, şu anki: *The present news is very bad.* 3. **present participle** *dilb.* şimdilik ortacı, İngilizce'de eylemin "ing" li biçimi

present[4] /'prezınt/ *a.* 1. şimdiki zaman, halihazır 2. *dilb.* şimdiki zaman 3. **at present** şu anda, şimdi 4. **for the present** şimdilik

presentable /pri'zentıbıl/ *s.* uygun, düzgün, yerinde

presentation /prezın'teyşın/ *a.* 1. sunma, takdim 2. tanıtma 3. gösterme

present-day /prezınt'dey/ *s.* şimdiki, günümüzdeki, modern

presently /'prezıntli/ *be.* 1. yakında, kısa süre sonra, birazdan 2. şu anda, şimdi

preservation /prezı'veyşın/ *a.* koruma, korunma

preservative[1] /pri'zö:vıtiv/ *a.* yiyeceklerin bozulmasını önleyici kimyasal madde, katkı maddesi, koruyucu

preservative[2] /pri'zö:vıtiv/ *s.* koruyucu, bozulmayı önleyici

preserve[1] /pri'zö:v/ *e.* 1. korumak: *His life jacket preserved him from drowning.* 2. saklamak, korumak, muhafaza etmek 3. (meyve, vb.) bozulmasını/çürümesini önlemek, korumak 4. sürdürmek, devam ettirmek, muhafaza etmek: *He didn't preserve his temper very well.* 5. konservesini yapmak

preserve[2] /pri'zö:v/ *a.* 1. reçel 2. özel avlanma yeri

preside /pri'zayd/ *e.* başkanlık etmek, yönetmek

presidency /'prezidınsi/ *a.* başkanlık

president /'prezidınt/ *a.* 1. başkan 2. rektör 3. cumhurbaşkanı

press[1] /pres/ *a.* 1. sıkıştırma, baskı, tazyik 2. (el) sıkma 3. sıkma makinesi, pres, cendere, makine 4. iş çokluğu, iş sıkışıklığı 5. *k. dili* ütü yapma, ütüleme 6. bası 7. basın mensupları, gazeteciler 8. basımevi, matbaa 9. baskı, basım 10. baskı makinesi, matbaa makinesi 11. **press agent** basın sözcüsü 12. **press conference** basın toplantısı

press[2] /pres/ *e.* 1. bastırmak, basmak: *Could you press the button please?* 2. sıkıştırmak 3. sıkmak, sıkıp suyunu çıkarmak 4. ütülemek 5. çabuklaştırmak, hızlandırmak 6. ısrar etmek, üstelemek 7. toplaşmak, üşüşmek, koşuşmak, toplanmak, hızla ilerlemek

pressed /prest/ *s.* sıkışık, -si olmayan: *They're really pressed for money at the moment. They were pressed for time.*

pressgang /'presgeng/ *e, k. dili* sıkboğaz etmek

pressing /'presing/ *s.* acele, ivedi, acil

pressman /'presmın/ *a, İİ, k. dili* gazeteci

pressure /'preşı/ *a.* 1. basınç, tazyik 2. baskı, zorlama 3. basma, sıkma 3. sıkıntı, baskı 4. **pressure cooker** düdüklü tencere 5. **pressure group** baskı grubu 6. **under pressure** baskı altında

pressurize /'preşırayz/ *e.* 1. zorlamak, baskı yapmak 2. (uçakta) hava basıncını kontrol etmek

prestige /pre'sti:j/ *a.* saygınlık, itibar, prestij

presumably /pri'zyu:mıbli/ *be.* herhalde, galiba, tahminen, belki de, muhtemelen: *Presumably they'll be here in two weeks.*

presume /pri'zyu:m/ *e.* 1. saymak, varsaymak, kabul etmek, farz etmek: *I presume they'll be giving us supper.* 2. haddini bilmemek, cüret etmek: *You presume too much.*

presume **upon/on** *e.* (-in iyi yanını) çıkarı için kullanmak, suiistimal etmek, sömürmek

presumption /pri'zampşın/ *a.* 1. varsayım, tahmin 2. cüret, küstahlık

presumptuous /pri'zampçuıs/ *s, hkr.* haddini bilmez, küstah

presuppose /pri:sı'pouz/ *e.* 1. önceden varsaymak 2. koşul olarak gerektirmek

pretence /pri'tens/ *a.* rol, yalandan yapma, numara

pretend /pri'tend/ *e.* 1. -miş gibi yapmak: *She pretended not to hear him. The children were pretending they were astronauts.* 2. numara yapmak, rol yapmak: *He's not really sympathetic. He's only pretending.* 3. kendine ... süsü vermek, ... numarası yapmak: *He pretended blindness to obtain money begging.* 4. (to ile) -e sahipmiş gibi davranmak: *He pretends to a knowlegde of art.*

pretender /pri'tendı/ *a.* (kraliyet tahtında) hak iddia eden kimse

pretension /pri'tenşın/ *a.* 1. hak iddia etme, iddia 2. gösteriş

pretentious /pri'tenşıs/ *s.* kendini beğenmiş, gösterişçi, yüksekten atıp tutan

pretext /'pri:tekst/ *a.* 1. bahane, vesile, kulp 2. **under/on the pretext of** ... bahanesiyle

pretty[1] /'priti/ *s.* 1. hoş, güzel, çekici, tatlı, sevimli 2. iyi

pretty[2] /'priti/ *be.* 1. bir hayli, oldukça, epey 2. **pretty much/well** hemen hemen

pretzel /'pretsıl/ *a.* çubuk kraker

prevail /pri'veyl/ *e.* 1. yenmek, üstün gelmek, baskın çıkmak 2. egemen olmak, hüküm sürmek, geçerli olmak

prevail upon/on *e.* ikna etmek, kandırmak

prevalent /'prevılınt/ *s.* yaygın, genel

prevaricate /pri'verikeyt/ *e.* kaçamak yanıtlarla gerçeği gizlemeye çalışmak, boğuntuya getirmek

prevent /pri'vent/ *e.* (from ile) önlemek, önüne geçmek, engellemek, -den alıkoymak: *I couldn't prevent him (from) going.*

preventative /pri'ventıtiv/ *a, s, bkz.* **preventive**

prevention /pri'venşın/ *a.* önleme, önüne geçme

preventive /pri'ventiv/ *a, s.* engelleyici, önleyici, koruyucu

preview /'pri:vyu:/ *a.* (film, vb.'nin) halka gösterilmeden önce özel olarak gösterilmesi, özel gösterim

previous /'pri:viıs/ *s.* önceki, önceden olan: *I got good reference from my previous employer.*

previously /'pri:viısli/ *be.* önceden

previous to *ilg.* -den önce

prevision /pri:'vijın/ *a.* önceden görme, öngörü, önbiliş

prey /prey/ *a.* 1. hayvanın avı 2. avlaya-

rak yaşama 3. **bird of prey** alıcı kuş, avcı kuş

prewar /pri:'wo:/ *s.* savaş öncesine ait

price[1] /prays/ *a.* 1. fiyat, eder 2. değer, kıymet, paha 3. bedel, karşılık 4. **at a price** yüksek fiyatla 5. **not at any price** hiçbir şekilde, katiyen, hayatta (olmaz) 6. **price ceiling** tavan fiyat 7. **price discrimination** farklı fiyat uygulaması 8. **price fixing** narh, fiyatları dondurma 9. **price tag** fiyat etiketi, fiyat 10. **price war** rekabet için maliyetin altında satış

price[2] /prays/ *e.* 1. fiyatını belirlemek, değer biçmek 2. fiyat koymak

priceless /'prayslıs/ *s.* 1. paha biçilmez 2. *k. dili* gülünç, çok komik

pricey /'praysi/ *s, İİ, k. dili* pahalı, tuzlu, kazık, kazık marka

prick[1] /prik/ *a.* 1. delik 2. delme, sokma, batırma 3. küçük keskin acı, iğne acısı 4. diken, iğne 5. *kab, arg.* yarak 6. *kab, arg.* ahmak, hıyar 7. **kick against the pricks** boşuna dırlanmak, boşa zırlanmak 8. **prick of conscience** vicdan azabı

prick[2] /prik/ *e.* 1. batmak, delmek 2. sokmak, iğnelemek 3. iğne ya da batma acısı duymak 4. azap vermek 5. **prick up one's ears** kulaklarını dikmek, kulak kabartmak

prickle[1] /'prikıl/ *a.* 1. diken, sivri uç 2. iğnelenme, karıncalanma

prickle[2] /'prikıl/ *e.* iğnelenmek, karıncalanmak

prickly /'prikli/ *s.* 1. dikenli 2. *k. dili* çabuk kızan, huysuz

pricy /'praysi/ *s, bkz.* **pricey**

pride[1] /prayd/ *a.* 1. gurur 2. *hkr.* kendini beğenmişlik 3. onur, özsaygı, haysiyet 4. övünme, iftihar 5. kendisiyle övünülen kişi ya da şey, övünç

pride[2] /prayd/ *e.* (on ile) övünmek

priest /pri:st/ *a.* papaz, rahip

priesthood /'pri:sthud/ *a.* papazlık

prig /prig/ *s, hkr.* kendini beğenmiş, ukala

prim /prim/ *a, hkr.* kurallara fazla bağlı, müsamahasız

primacy /'praymısi/ *a.* öncelik, üstünlük, önde gelme

**P**

prima donna /pri:mı'donı/ *a.* 1. prima-
donna 2. *hkr.* nazlı kimse
primarily /'praymırıli/ *be.* her şeyden
önce, aslında
primary /'praymıri/ *s.* 1. baş, başlıca, ana,
temel 2. ilk, birinci 3. **primary school**
ilkokul
primate[1] /'praymit/ *a.* başpiskopos
primate[2] /'praymeyt/ *a, hayb.* primat
prime /praym/ *s.* 1. ilk, baş, başlıca 2. en
önemli 3. en kaliteli, en iyi 4. **Prime
Minister** Başbakan 5. **prime number**
*mat.* asal sayı
primer /'praymı/ *a.* 1. ilk okuma kitabı 2.
*ask.* kapsül 3. astar boya
primeval /pray'mi:vıl/ *s.* en eski, dünyanın
en eski çağlarına özgü
primitive /'primitiv/ *s.* ilkel
primrose /'primrouz/ *a, bitk.* çuhaçiçeği
prince /prins/ *a.* prens
princely /'prinsli/ *s.* 1. prens gibi, prense
ait, prens ... 2. güzel, görkemli, değerli
princess /prin'ses/ *a.* prenses
principal[1] /'prinsipıl/ *s.* başlıca, baş,
esas, temel, en önemli
principal[2] /'prinsipıl/ *a.* 1. okul müdürü 2.
yönetici, başkan, şef 3. anapara
principality /prinsi'peliti/ *a.* prenslik
principle /'prinsipıl/ *a.* 1. ilke, prensip 2.
ana kaynak, köken 3. *ç.* ahlak, dürüstlük
4. *ç.* yol, yöntem 5. **on principle** pren-
sip itibarıyla
print[1] /print/ *e.* 1. basmak, matbaada
basmak, tabetmek 2. bastırmak, yayın-
latmak 3. damga vurmak, damgalamak
4. klişeden basılmış resim çıkarmak,
tabetmek 5. derin etki bırakmak, damga
vurmak 6. matbaa harfleriyle yazı yaz-
mak
print[2] /print/ *a.* 1. iz 2. tabı, bası 3. dam-
ga, kalıp 4. basılmış yazı, matbua 5.
emprime, basma kumaş
printer /'printı/ *a.* matbaacı
printing /'printing/ *a.* 1. baskı 2. matbaa-
cılık 3. **printing office/house/shop**
matbaa, basımevi 4. **printing press**
basım makinesi
prior /'prayı/ *s.* 1. önce, önceki, öncelikli
2. daha önemli

priority /pray'oriti/ *a.* 1. öncelik, üstünlük
2. önemli, öncelikli şey
prior to *ilg.* -den önce
prise /prayz/ *e.* (kapak, vb.) zorlayıp
açmak, kaldırmak, kırmak
prism /'prizm/ *a.* prizma, biçme
prismatic /priz'metik/ *s.* 1. prizmatik 2.
(renk) parlak, canlı
prison /'prizın/ *a.* tutukevi, cezaevi, ha-
pishane
prisoner /'prizını/ *a.* 1. tutuklu, mahpus 2.
tutsak, esir 3. **prisoner of war** savaş
esiri
privacy /'privısi, 'prayvısi/ *a.* mahremiyet,
gizlilik
private[1] /'prayvit/ *s.* 1. özel: *I don't want
my private life being interrupted by jour-
nalists.* 2. gözlerden uzak, yalnız, sakin,
tenha 3. **in private** gizlilikle, insanlardan
uzak, diğerleri yokken 4. **private detec-
tive/investigator** özel dedektif 5. **pri-
vate enterprise** özel teşebbüs 6. **pri-
vate eye** *k. dili* özel hafiye 7. **private
parts** *ört.* mahrem yerler, cinsel organ-
lar 8. **private school** özel okul
private[2] /'prayvit/ *a.* 1. *ask.* er, asker 2. *ç,
k. dili* takım taklavat, cinsel organlar
privation /pray'veyşın/ *a.* mahrumiyet,
yokluk, eksiklik
privatize /'prayvıtayz/ *e.* özelleştirmek
privilege /'privilic/ *a.* 1. ayrıcalık, imtiyaz
2. özel hak 3. nasip, şeref
privileged /'privilicd/ *s.* 1. ayrıcalıklı,
imtiyazlı 2. nasipli, şereflendirilmiş
privy /'privi/ *s.* (to ile) -e sırdaş olan,
sırrını paylaşan
prize[1] /prayz/ *a.* 1. ödül 2. ikramiye
prize[2] /prayz/ *s.* 1. ödül kazanan, ödüllü
2. *k. dili* ödüle layık, büyük, kalite 3. ödül
olarak verilen
prize[3] /prayz/ *e.* çok değer vermek
prize[4] /prayz/ *e.* (kapak, vb.) kaldırmak,
zorlayıp açmak, kırmak
pro[1] /prou/ *a.* 1. yandaş, taraftar, destek-
leyen fikir 2. **pros and cons (of)** lehte
ve aleyhte düşünceler/savunmalar
pro[2] /prou/ *be.* lehinde, yanında
pro[3] /prou/ *a, k. dili* 1. profesyonel 2. *İl.*
orospu, fahişe

probability /probı'biliti/ a. 1. ihtimal, olasılık 2. **in all probability** büyük olasılıkla

probable /'probıbıl/ s. muhtemel, olası

probably /'probıbli/ be. büyük olasılıkla, muhtemelen: *We'll probably be there for dinner.*

probate /'proubit/ a. vasiyetnamenin doğruluğunu kanıtlayan resmi belge

probation /prı'beyşın/ a. 1. deneme, tecrübe, staj 2. deneme süresi 3. *huk.* gözaltında tutma koşuluyla salıverme

probationer /prı'beyşını/ a. 1. stajyer 2. stajyer hemşire 3. *huk.* gözaltındaki kimse

probe¹ /proub/ a. 1. *hek.* sonda 2. araştırma 3. insansız uzay roketi

probe² /proub/ e. 1. (çubuk, vb. ile) aramak, deşmek 2. araştırmak, yoklamak

probity /'proubiti/ a. doğruluk, dürüstlük

problem /'problım/ a. 1. problem, sorun 2. *mat.* problem

problematic /problı'metik/ s. şüpheli, kesinleşmemiş, askıda

proboscis /prı'bosis/ a, hayb. 1. (fil) hortum 2. (sivrisinek, vb.) hortum

procedure /prı'si:cı/ a. prosedür, yordam

proceed /prı'si:d/ e. 1. ilerlemek, sürmek, yürümek 2. (with ile) devam etmek, sürdürmek

proceeding /prı'si:ding/ a. 1. ilerleme, ileri gitme 2. hareket tarzı 3. işlem, yöntem, muamele 4. *ç, huk.* yargılama usulleri, dava, tutanak

proceeds /'prousi:dz/ a. hasılat, kazanç

process¹ /'prouses/ a. 1. oluşum, süreç 2. yöntem, işlem, yol 3. ilerleme, gidiş, seyir 4. *huk.* dava 5. *huk.* çağrı kâğıdı, celpname

process² /'prouses/ e. 1. belli bir işleme tabi tutmak 2. bilgisayarda denetlemek, verileri (denetlemek için) işlemek

procession /prı'seşın/ a. 1. geçit töreni 2. tören alayı

proclaim /prı'kleym/ e. 1. duyurmak, ilan etmek, bildirmek 2. *yaz.* açıkça göstermek

proclamation /proklı'meyşın/ a. 1. beyanname, bildirge 2. ilan, duyuru, bildirme

proclivity /prı'kliviti/ a. (özellikle kötüye doğru) eğilim, meyil

procrastinate /prı'krestineyt/ e. kaytarmak: *Stop procrastinating and do some work!*

procreate /'proukrieyt/ e. 1. üretmek 2. hayat vermek

procure /prı'kyuı/ e. 1. sağlamak, elde etmek, edinmek, kazanmak 2. kadın bulmak, kadın sağlamak, pezevenklik etmek

prod /prod/ e. 1. dürtmek 2. kışkırtmak, özendirmek, gaz vermek

prodigal /'prodigıl/ s. savurgan

prodigious /prı'dicıs/ s. şaşılacak, olağanüstü, harika, mükemmel, muazzam, müthiş

prodigy /'prodici/ a. 1. olağanüstü şey 2. dâhi

produce¹ /prı'dyu:s/ e. 1. üretmek, yapmak: *They produce kitchen utensils here.* 2. yetiştirmek 3. neden olmak 4. (film) sahneye koymak 5. getirmek, göstermek, ortaya koymak 6. doğurmak

produce² /'prodyu:s/ a. ürün

producer /prı'dyu:sı/ a. 1. üretici 2. yapımcı

product /'prodakt/ a. 1. ürün 2. sonuç 3. *mat.* çarpım

production /prı'dakşın/ a. 1. üretim, yapım, imal 2. üretilen miktar 3. ürün, mahsul 4. yapıt, eser 5. sahneye koyma

productive /prı'daktiv/ s. 1. verimli 2. yaratıcı 3. üretken 4. sonuç getiren

productivity /prodak'tiviti/ a. verimlilik

prof /prof/ a, arg. profesör

profane¹ /prı'feyn/ e. kutsal şeylere karşı saygısızlık göstermek

profane² /prı'feyn/ s. kutsal şeylere karşı saygısız

profanity /prı'feniti/ a. kutsal şeylere karşı saygısızlık

profess /prı'fes/ e. açıkça söylemek, açıklamak, itiraf etmek: *She professed her love for him.*

profession /prı'feşın/ a. 1. iş, meslek, uğraş: *What is your profession?* 2. açıklama, itiraf, beyan 3. belli bir meslek

üyeleri
**professional**[1] /prı'feşınıl/ s. 1. profesyonel 2. mesleki
**professional**[2] /prı'feşınıl/ a. profesyonel
**professor** /prı'fesı/ a. 1. profesör 2. *AÌ.* (üniversitede) öğretmen
**proffer** /'profı/ e. önermek, sunmak, teklif etmek, ikram etmek
**proficiency** /prı'fişınsi/ a. ustalık, yeterlik
**proficient** /prı'fişınt/ s. (at/in ile) usta, becerikli
**profile** /'proufayl/ a. 1. yandan görünüş, profil 2. kısa özgeçmiş 3. **keep a low profile** dikkat çekmekten sakınmak
**profit**[1] /'profit/ a. 1. kazanç, kâr 2. yarar, çıkar 3. **profit and loss account** kâr zarar hesabı 4. **profit margin** maliyet fiyatı ile satış fiyatı arasındaki fark 5. **profit sharing** kâr bölüşümü
**profit**[2] /'profit/ e. yararı dokunmak, kâr sağlamak, kazanç getirmek
**profitable** /'profitıbıl/ s. kazançlı, kârlı, yararlı
**profit by/from** e. -den yarar sağlamak, -den öğrenmek, ibret almak
**profiteer**[1] /profi'tiı/ a, hkr. vurguncu
**profiteer**[2] /profi'tiı/ e, hkr. vurgun vurmak, haksız yere çok kazanç sağlamak
**profligate** /'profligit/ s. 1. müsrif, savurgan 2. ahlaksız, utanmaz
**profound** /prı'faund/ s. 1. derin: *a profound sigh* 2. bilgili, etkileyici: *He's not a very profound thinker.*
**profoundly** /prı'faundli/ be. 1. derinden 2. çok, son derece
**profundity** /prı'fanditi/ a. (duygu, vb.) derinlik
**profuse** /prı'fyu:s/ s. çok, bol
**profusion** /prı'fyu:jın/ a. bolluk
**progeny** /'procini/ a. çocuklar, yavrular
**prognosis** /prog'nousis/ a, hek. tahmin, prognoz
**program**[1] /'prougrem/ a. 1. bilgisayar programı 2. *AÌ, bkz.* **programme**
**program**[2] /'prougrem/ e. (bilgisayar) programlamak
**programme**[1] /'prougrem/ a. program, izlence
**programme**[2] /'prougrem/ e. planlamak,

programlamak, düzenlemek
**programmer** /'prougremı/ a. bilgisayar programcısı
**progress**[1] /'prougres/ a. 1. ilerleme, devam etme 2. gelişme, ilerleme, iyileşme
**progress**[2] /prı'gres/ e. 1. ilerlemek: *They progressed 50 miles up the river.* 2. ilerlemek, gelişmek, kalkınmak: *The country is progressing rapidly.*
**progression** /prı'greşın/ a. ilerleme, gelişme
**progressive** /prı'gresiv/ s. ileri giden, ilerleyen 2. kalkınan, gelişen, iyiye giden, aşama yapan 3. ilerici 4. **progressive tax** artan oranlı vergi
**prohibit** /prı'hibit/ e. 1. yasaklamak: *Tresspassing is prohibited.* 2. engel olmak, olanak vermemek
**prohibition** /prouhi'bişın/ a. yasaklama, yasak
**prohibitive** /prı'hibitiv/ s. 1. yasaklayıcı 2. engelleyici
**project**[1] /'procekt/ a. tasarı, plan, proje
**project**[2] /prı'cekt/ e. 1. çıkıntı oluşturmak, kenara doğru çıkmak 2. atmak, fırlatmak 3. yöneltmek, tasarlamak, kurmak, planlamak, proje çizmek 4. *mat.* izdüşürmek
**projectile** /prı'cektayl/ a. mermi, roket
**projection** /prı'cekşın/ a. 1. atma, fırlatma 2. *mat.* izdüşüm 3. çıkıntı 4. gösterim
**projector** /prı'cektı/ a. 1. projektör, gösterici 2. projektör, ışıldak
**proletarian** /prouli'teıriın/ a, s. emekçi, işçi, proleter
**proletariat** /prouli'teıriıt/ a. işçi sınıfı, emekçi sınıfı, proleterya
**proliferate** /prı'lifıreyt/ e. hızla çoğalmak, artmak
**prolific** /prı'lifik/ s. 1. verimli 2. doğurgan
**prolog** /'proulog/ a, *AÌ, bkz.* **prologue**
**prologue** /'proulog/ a. öndeyiş, giriş, giriş bölümü
**prolong** /'proulong/ e. uzatmak
**prolonged** /prı'longd/ s. uzun süredir devam eden, uzun süreli
**prom** /prom/ a, *İÌ, k. dili* sahil yolu
**promenade** /promı'na:d/ e. gezinmek, piyasa yapmak

prominence /'promınıns/ a. 1. çıkıntı 2. ün 3. önem, göze batma

prominent /'promınınt/ s. 1. çıkık, çıkıntılı, fırlak 2. belirgin, belli, göze çarpan 3. ünlü, önemli, seçkin

promiscuous /prı'miskyuıs/ s, hkr. önüne gelenle yatıp kalkan

promise¹ /'promis/ e. 1. söz vermek, vaat etmek: *I promised to be home at ten.* 2. önceden haber vermek, göstermek, belirtisi olmak

promise² /'promis/ a. 1. söz, vaat: *It's only an empty promise.* 2. umut, beklenti 3. **break a promise** sözünü tutmamak, sözünden dönmek 4. **give/make a promise** söz vermek 5. **keep a promise** sözünü tutmak

promising /'promising/ s. umut verici, geleceği parlak

promontory /'promıntıri/ a, coğ. burun

promote /prı'mout/ e. 1. yükseltmek, terfi ettirmek 2. ilerletmek, gelişmesine yardımcı olmak 3. reklamını yapmak

promoter /prı'moutı/ a. 1. teşvikçi, destekleyici 2. teşebbüs sahibi, kurucu

promotion /prı'mouşın/ a. 1. yükselme, terfi 2. destek, teşvik

prompt¹ /prompt/ e. 1. -e sevk etmek, teşvik etmek, -tirmek 2. suflörlük yapmak

prompt² /prompt/ s. seri, çabuk, tez, dakik, anında yapılan

prompt³ /prompt/ be, k. dili tam olarak, tam

prompter /'promptı/ a. suflör

prone /proun/ s. 1. yüzükoyun 2. eğilimli, -e dayanıksız

prong /prong/ a. çatal dişi

pronoun /'prounaun/ a, dilb. zamir, adıl

pronounce /prı'nauns/ e. 1. söylemek, telaffuz etmek 2. resmen bildirmek 3. bildirmek

pronounced /prı'naunst/ s. 1. güçlü, etkili 2. göze çarpan

pronouncement /prı'naunsmınt/ a. resmi bildiri, beyan, ilan

pronunciation /prınansi'eyşın/ a. telaffuz, söylem, sesletim

proof¹ /pru:f/ a. 1. kanıt, delil, kanıtlama, tanıtlanım, ispat 2. deneme, sınama 3. içkinin alkol derecesinin ölçüsü 4. prova

proof² /pru:f/ s. 1. (içki) belli bir ayarda olan 2. -e dayanıklı, geçirmez, işlemez: *water-proof, wind-proof*

proof³ /pru:f/ e. 1. -e karşı dayanıklı hale getirmek, ... geçirmez hale getirmek 2. *Al.* prova okumak, baskı yanlışlarını düzeltmek

proofread /'pru:fri:d/ e. prova okumak, yanlışları düzeltmek

prop¹ /prop/ a. destek

prop² /prop/ e. desteklemek

propaganda /propı'gendı/ a. yaymaca, propaganda

propagate /'propıgeyt/ e. 1. üremek, çoğalmak 2. çoğaltmak, üretmek 3. yaydırmak, yaymasını sağlamak

propel /prı'pel/ e. ileriye doğru sürmek, yürütmek, itmek

propeller /prı'pelı/ a. pervane

propensity /prı'pensiti/ a. meyil, eğilim

proper /'propı/ s. 1. doğru, doğru dürüst, tam 2. k. dili gerçek, hakiki 3. münasip, uygun 4. düzgün 5. kusursuz 6. **proper noun** dilb. özel ad

properly /'propıli/ be. 1. gereği gibi, doğru dürüst, hakkıyla, tam anlamıyla 2. uygun bir biçimde 3. gerçekten, aslında 4. düzgün bir şekilde

property /'propıti/ a. 1. mal 2. mülk, arazi, emlak 3. iyelik, mülkiyet, sahiplik 4. özellik, nitelik 5. **lost property** kayıp eşya 6. **man of property** zengin 7. **property tax** emlak vergisi

prophecy /'profisi/ a. kestirim, kehanet, önbili

prophesy /'profisay/ e. 1. kestirimde bulunmak, gelecekten haber vermek 2. önceden tahmin etmek, önceden haber vermek

prophet /'profit/ a. 1. peygamber 2. kâhin 3. **prophet of doom** hkr. hep kötülük kehanetlerinde bulunan kimse

prophetic /prı'fetik/ s. gelecek olayları doğru bilen

prophylactic /profi'lektik/ s, hek. hastalıktan koruyan, koruyucu

propitiate /prı'pişieyt/ e. gönlünü almak

**propitious** /prı'pişıs/ s. avantajlı, uygun
**proponent** /prı'pounınt/ a. yandaş, taraftar, savunan
**proportion** /prı'po:şın/ a. 1. oran 2. orantı 3. pay 4. bölüm, kısım 5. ç. boyutlar 6. **in proportion** mantıklı bir şekilde 7. **in proportion to** -e oranla 8. **out of proportion** mantıksızca
**proportional** /prı'po:şınıl/ s. orantılı
**proportionate** /prı'po:şınit/ e. orantılı, uygun
**proposal** /prı'pouzıl/ a. 1. öneri, teklif 2. evlenme teklifi
**propose** /prı'pouz/ e. 1. önermek, teklif etmek, ileri sürmek: *He proposed they wait before deciding and the others agreed.* 2. düşünmek, kurmak, niyet etmek, niyetlenmek: *She proposes to change her job and finishes here tomorrow.* 3. evlenme teklif etmek
**proposition**[1] /propı'zişın/ a. 1. öneri, önerme, teklif 2. önerme, sav 3. iş teklifi, öneri 4. *ört.* sevişme teklifi
**proposition**[2] /propı'zişın/ e, k. dili sevişme teklif etmek
**propound** /prı'paund/ e. ileri sürmek, ortaya atmak
**proprietary** /prı'prayıtıri/ s. müseccel, birinin malı olan, tescilli, patentli
**proprietor** /prı'prayıti/ a. mal sahibi
**propriety** /prı'prayiti/ a. 1. uygunluk, yerindelik, doğruluk 2. dürüstlük
**propulsion** /prı'palşın/ a. itici güç
**prosaic** /prou'zeyik/ s. sıkıcı, yavan, tatsız
**proscribe** /prou'skrayb/ e. yasaklamak
**prose** /prouz/ a. düzyazı, nesir
**prosecute** /'prosikyu:t/ e, huk. 1. hakkında kovuşturma açmak, kovuşturmak 2. aleyhinde dava açmak
**prosecution** /prosi'kyu:şın/ a, huk. 1. kovuşturma 2. davacı
**prosecutor** /'prosikyu:tı/ a, huk. 1. davacı 2. savcı 3. **public prosecutor** cumhuriyet savcısı
**prospect**[1] /'prospekt/ a. 1. olasılık, ihtimal 2. beklenti, umut 3. görünüş, manzara
**prospect**[2] /prı'spekt/ e. (petrol, altın, vb.) aramak, araştırmak

**prospective** /prı'spektiv/ s. 1. umulan, beklenen, olası 2. niyetli
**prospector** /prı'spektı/ a. altın, petrol, vb. arayan kimse
**prospectus** /prı'spektıs/ a. prospektüs, tanıtmalık
**prosper** /'prospı/ e. başarılı olmak
**prosperity** /pro'speriti/ a. başarı, refah, gönenç
**prosperous** /'prospırıs/ s. başarılı, zengin, gönençli
**prostate** /'prosteyt/ a, anat. prostat
**prostitute**[1] /'prostityu:t/ e. 1. fahişelik yapmak 2. para için kendini alçaltmak
**prostitute**[2] /'prostityu:t/ a. orospu, fahişe
**prostitution** /prosti'tyu:şın/ a. 1. orospuluk, fahişelik 2. (şerefini) iki paralık etme
**prostrate**[1] /'prostreyt/ s. 1. yüzükoyun yatmış 2. bitkin, tükenmiş
**prostrate**[2] /pro'streyt/ e. 1. yüzükoyun yatmak 2. yüzükoyun yatırmak
**prosy** /'prouzi/ s. bıktırıcı bir şekilde konuşan
**protagonist** /prou'tegınist/ a. 1. (roman, oyun, vb.) kahraman 2. elebaşı, öncü
**protect** /prı'tekt/ e. 1. korumak: *A high wall protected the house from intruders.* 2. yabancı mala yüksek gümrük koyarak yerli malı korumak
**protection** /prı'tekşın/ a. 1. koruma 2. korunma aracı, koruyucu
**protectionism** /prı'tekşınizım/ a. yabancı mallara ağır gümrük vergileri uygulayarak yerli ekonomiyi koruma yöntemi, korumacılık politikası
**protective** /prı'tektiv/ s. koruyucu
**protector** /prı'tektı/ a. koruyucu
**protectorate** /prı'tektırit/ a. güçlü bir devletin koruması altındaki küçük devlet
**protégé** /'protijey/ a. bir kimse tarafından kayrılan/korunan kişi
**protein** /'prouti:n/ a. protein
**protest**[1] /'proutest/ a. 1. itiraz, karşı çıkma, protesto 2. *tic.* protesto 3. **under protest** gönülsüzce, isteksizce
**protest**[2] /prı'test/ e. 1. karşı çıkmak, itiraz etmek, protesto etmek 2. iddia etmek, bildirmek
**Protestant** /'protistınt/ a. Protestan

protestation /proti'steyşın/ a. karşı çıkma, itiraz, protesto

protocol /'proutıkol/ a. 1. protokol 2. tutanak

proton /'prouton/ a, fiz. proton

prototype /'proutıtayp/ a. ilk örnek, prototip

protract /prı'trekt/ e. (süresini) uzatmak

protractor /prı'trektı/ a, mat. iletki

protrude /prı'tru:d/ e. 1. dışarı çıkmak, dışarı fırlamak, çıkıntı oluşturmak 2. dışarı çıkartmak

protuberance /prı'tyu:bırıns/ a. kabarıklık, şişlik

protuberant /prı'tyu:bırınt/ s. kabarık, şiş

proud /praud/ s. 1. onurlu, şerefli 2. kurumlu, gururlu, mağrur 3. kendini beğenmiş, kibirli 4. görkemli, muhteşem, heybetli 5. **be proud of** ile gurur duymak: *He's proud of his son.* 6. **do sb proud** çok iyi ağırlamak, onurlandırmak

prove /pru:v/ e. [pt **proved,** pp **proved/proven** /'pru:vın/] 1. kanıtlamak: *The police couldn't prove he was guilty.* 2. bulunmak, çıkmak: *Although she was young she proved to be a very good accountant.* 3. *mat.* sağlamasını yapmak

proven /'pru:vın/ pp bkz. **prove**

provender /'provindı/ a. 1. yem, hayvan yemi 2. *k. dili* yiyecek

proverb /'provö:b/ a. atasözü

proverbial /prı'vö:biıl/ s. çok kişi tarafından bilinen, konuşulan, meşhur

provide /prı'vayd/ e. 1. sağlamak, vermek: *The bakery couldn't provide enough bread for the whole village.* 2. koşul olarak koymak, şart koşmak: *The contract provided that accommodation be supplied.*

provided /prı'vaydid/ bağ. 1. -mek şartıyla, yeter ki: *I'll go provided you go too.* 2. **provided/providing that** -mek şartıyla: *He'll stay with the firm provided that he gets a rise.*

providence /'providıns/ a. 1. ilahi takdir 2. hazırlık, öngörü

provident /'providınt/ s. tutumlu, idareli, ihtiyatlı

providing /prı'vayding/ bağ. -mek şartıyla, yeter ki

province /'provins/ a. 1. il 2. ç. taşra 3. ilgi alanı, uzmanlık

provincial[1] /prı'vinşıl/ a. taşralı

provincial[2] /prı'vinşıl/ s. 1. ile ait, il ... 2. taşraya ait, taşra ... 3. kaba, görgüsüz, taşralı

provision[1] /prı'vijın/ a. 1. sağlama, edinme tedarik 2. tedarik, hazırlık, biriktirim 3. *huk.* hüküm, madde, koşul 4. ç. erzak

provision[2] /prı'vijın/ e. erzağını sağlamak, gerekli şeyleri vermek, donatmak

provisional /prı'vijınıl/ s. 1. geçici, şimdilik geçerli olan 2. **provisional budget** geçici bütçe

proviso /prı'vayzou/ a. sözleşmeye konulan koşul

provocation /provı'keyşın/ a. 1. kışkırtma, tahrik 2. kızdırma, öfkelendirme 3. kızılacak şey, öfkelendirici şey

provoke /prı'vouk/ e. 1. kışkırtmak, tahrik etmek: *His unfaithfulness provoked her to divorce him.* 2. kızdırmak, öfkelendirmek: *Stop provoking me or I'll hit you.* 3. -e neden olmak: *His gentleness provoked kindness in others.*

prow /prau/ a, den. pruva

prowess /'prauis/ a. beceri, ustalık

prowl[1] /praul/ e. 1. av peşinde dolaşmak, av aramak 2. fırsat kollayarak, sessiz ve gizli bir şekilde dolaşmak, etrafı kolaçan etmek

prowl[2] /praul/ a, k. dili 1. sessizce dolaşma 2. **on the prowl** av peşinde

proximate /'proksimit/ s. en yakın

proximity /prok'simiti/ a. yakınlık

proxy /'proksi/ a. 1. vekil 2. vekâlet 3. vekâletname

prude /pru:d/ a, hkr. aşırı erdemlilik taslayan kimse

prudence /'pru:dıns/ a. ihtiyat, öngörü, mantıklı düşünüş

prudent /'pru:dınt/ s. ihtiyatlı, öngörülü, mantıklı

prudery /'pru:dıri/ a, hkr. erdemlilik taslama

prune[1] /pru:n/ a. kuru erik, çir

prune[2] /pru:n/ e. budamak

P

**prurient** /'pruırıınt/ s. seks düşkünü

**pry** /pray/ e. 1. başkasının özel yaşamına burnunu sokmak 2. (kapak, vb.) zorlayarak açmak, kaldırmak, kırmak

**psalm** /sa:m/ a. ilahi

**pseud** /syu:d/ a, İİ, k. dili ukala, çokbilmiş

**pseudonym** /'syu:dınim/ a. takma ad

**psyche** /'sayki/ a. 1. insan ruhu, tin 2. insan aklı

**psychiatrist** /say'kayıtrist/ a. psikiyatr, ruh hekimi

**psychiatry** /say'kayıtri/ a. psikiyatri, ruh hekimliği

**psychic** /'saykik/ s. 1. ruhsal 2. geleceği görme gibi garip olaylarla ilgili

**psychic**[2] /'saykik/ a. medyum

**psychical** /'saykikıl/ s, bkz. **psychic**

**psycho** /'saykou/ a, arg. sapık, psikopat

**psychoanalyse** /saykou'enılayz/ e. psikanaliz tedavisi uygulamak

**psychoanalysis** /saykouı'nelisis/ a. psikanaliz, ruh çözümleme

**psychoanalyst** /saykou'enılist/ a. psikanalist

**psychological** /saykı'locikıl/ s. 1. psikolojik, ruhbilimsel 2. **psychological warfare** ruhsal savaş

**psychologist** /say'kolıcist/ a. ruhbilimci

**psychology** /say'kolıci/ a. psikoloji, ruhbilim

**psychopath** /'saykıpet/ a. psikopat, ruh hastası

**psychosis** /say'kousis/ a. psikoz, çıldırı

**psychosomatic** /saykousı'metik/ s. psikosomatik

**psychotherapist** /saykou'terıpist/ a. psikoterapist, ruhsağaltımcı

**psychotherapy** /saykou'terıpi/ a. psikoterapi, ruhsağaltım

**psychotic** /say'kotik/ a, s. psikozlu, çıldırılı

**pub** /pab/ a. içkievi, meyhane, birahane, pab

**puberty** /'pyu:bıti/ a. ergenlik, erinlik

**pubic** /'pyu:bik/ s. cinsel organların çevresinde olan: pubic hair

**public**[1] /'pablik/ s. 1. halk için, kamuya ait, kamusal 2. herkese ait, genel 3. herkese açık, aleni 4. herkesçe bilinen,

herkesin bildiği 5. devlete ait, ulusal 6. **make public** halka duyurmak, bildirmek 7. **public conveniences** İİ. halk tuvaleti 8. **public house** birahane, pab 9. **public opinion** kamuoyu 10. **public relations** halkla ilişkiler

**public**[2] /'pablik/ a. 1. kamu, halk 2. **in public** alenen, herkesin önünde, milletin içinde

**publican** /'pablikın/ a. meyhaneci

**publication** /pabli'keyşın/ a. 1. yayım, yayımlama 2. yayın

**publicist** /'pablisist/ a. halka tanıtan, reklamını yapan kimse, tanıtımcı

**publicity** /pa'blisiti/ a. 1. tanıtma, reklam 2. halkın dikkati

**publicize** /'pablisayz/ e. reklamını yapmak, halka tanıtmak

**publish** /'pabliş/ e. 1. yayımlamak, basmak: His new book will be published this year. 2. herkese yaymak, açık etmek, açığa vurmak: Please don't publish what I've just told you.

**publisher** /'pablişı/ a. yayımcı, yayınevi

**pucker**[1] /'pakı/ e. büzmek, buruşturmak

**pucker**[2] /'pakı/ a. buruşukluk, kırışıklık, kat

**pudding** /'puding/ a. puding, muhallebi

**puddle** /'padl/ a. su birikintisi, gölcük

**puerile** /'pyuırayl/ s. çocukça, çocuksu, aptalca

**puff**[1] /paf/ a. 1. (sigara) fırt 2. üfleme, üfürük 3. esinti 4. k. dili soluk, nefes

**puff**[2] /paf/ e. 1. üflemek, püflemek 2. (sigara) içmek 3. (buhar, duman, vb.) çıkarmak/çıkmak 4. soluk soluğa kalmak, solumak

**puffin** /'pafin/ a. iri gagalı bir deniz kuşu

**puff out** e. 1. (havayla) şişmek 2. şişirmek

**puff up** e. 1. kabarmak, şişmek 2. kabartmak, şişirmek

**puffy** /'pafi/ s. 1. kabarık, şişik 2. k. dili nefes nefese kalmış, şişmiş

**pug** /pag/ a. yassı yüzlü ve kısa tüylü bir tür küçük köpek

**pugnacious** /pag'neyşıs/ s. kavgacı

**puke**[1] /pyu:k/ e, k. dili kusmak

**puke**[2] /pyu:k/ a, k. dili kusmuk

**pull**[1] /pul/ *e.* 1. çekmek: *The engine was pulling ten carriages.* 2. çekmek, asılmak, çekiştirmek: *The child pulled her grandfather's beard.* 3. koparmak, yolmak, toplamak: *You must pull those carrots soon.* 4. çekmek, toplamak: *The rock concert pulled in a huge crowd of young people.* 5. **pull a face** surat asmak 6. **pull a fast one (on)** *k. dili* kazık atmak 7. **pull one's weight** kendisine düşen işi yapmak

**pull**[2] /pul/ *a.* 1. çekme, çekiş 2. zorlu tırmanış 3. yudum 4. fırt 5. *k. dili* kısa sandal gezintisi 6. *k. dili* etki, nüfuz, iltimas, torpil

**pull away** *e.* kaçmak, kurtulmak 2. (taşıt) harekete geçmek, kalkmak

**pull down** *e.* 1. (birini) halsiz bırakmak, zayıf düşürmek, sağlığını bozmak 2. yıkmak, yok etmek

**pullet** /'pulit/ *a.* piliç

**pulley** /'puli/ *a.* makara, kasnak

**pull-in** /'pulin/ *a, İİ, k. dili* şehirlerarası yolların kenarlarında bulunan kafeterya

**pull in** *e.* 1. (tren) istasyona girmek 2. (taşıt) kenara çekilip durmak 3. *k. dili* (çok para) kazanmak

**pull off** *e.* 1. *k. dili* becermek, halletmek 2. yolun kenarına sürmek

**pullout** /'pulaut/ *a.* dergi ya da gazete eki

**pull out** *e.* 1. (tren) istasyondan ayrılmak 2. ayrılmak, çıkmak, çekilmek, vazgeçmek 3. çıkarmak, atmak

**pull over** *e.* yolun kenarına çekmek

**pullover** /'pulouvı/ *a.* kazak

**pull through** *e.* 1. sağ kalmak, yaşamak 2. yaşatmak 3. güçlükleri yenmek, başarılı olmak 4. başarısına yardım etmek

**pull together** *e.* 1. duygularına hâkim olmak 2. (kendini) toplamak 3. çekip çevirmek 4. birlikte çalışmak

**pull up** *e.* 1. durmak 2. durdurmak 3. durumunu düzeltmek 4. azarlamak

**pulmonary** /'palmınıri/ *s, hek.* akciğerlerle ilgili, akciğerleri etkileyen, akciğer ...

**pulp**[1] /palp/ *a.* 1. meyve eti 2. kâğıt hamuru 3. **beat sb to a pulp** öldüresiye dövmek 4. **reduce sb to a pulp** şoka uğratmak, ne yapacağını şaşırtmak

**pulp**[2] /palp/ *e.* 1. hamurlaşmak 2. hamurlaştırmak

**pulpit** /'pulpit/ *a.* kürsü, mimber

**pulsate** /'palseyt/ *e.* 1. titremek, titreşmek 2. (yürek, nabız, vb.) atmak, çarpmak

**pulse**[1] /pals/ *a.* nabız, nabız atışı

**pulse**[2] /pals/ *e.* nabız gibi atmak, çarpmak

**pulse**[3] /pals/ *a.* bakliyat

**pulverize** /'palvırayz/ *e.* 1. ezmek, toz haline getirmek 2. toz haline gelmek 3. *k. dili* alt etmek, hezimete uğratmak 4. *k. dili* fena dövmek/vurmak

**puma** /'pyu:mı/ *a, hayb.* puma

**pumice** /'pamis/ *a.* süngertaşı

**pummel** /'pamıl/ *e.* yumruklamak

**pump**[1] /pamp/ *a.* 1. pompa 2. tulumba

**pump**[2] /pamp/ *e.* 1. pompalamak 2. *k. dili* ağzını aramak

**pumpkin** /'pampkin/ *a, bitk.* balkabağı

**pun** /pan/ *a.* cinas, sözcük oyunu

**punch**[1] /panç/ *e.* 1. yumruklamak: *He punched him in the stomach.* 2. zımbalamak 3. bizle delmek

**punch**[2] /panç/ *a.* 1. yumruk 2. zımba 3. matkap, delgi 4. punç 5. güç, etki 6. **punch line** (şaka, öykü, vb.'nin) en önemli noktası/esprisi

**punch-up** /'pançap/ *a, İİ, k. dili* kavga, dövüş

**punctilious** /pank'tilıs/ *s.* titiz, dikkatli, özenli

**punctual** /'pankçuıl/ *s.* dakik, zamanında olan/yapan

**punctuate** /'pankçueyt/ *e.* 1. *dilb.* noktalama işaretlerini koymak 2. (sözü, vb.) ikide bir kesmek

**punctuation** /pankçu'eyşın/ *a.* 1. noktalama 2. **punctuation mark** *dilb.* noktalama işareti

**puncture**[1] /'pankçı/ *a.* 1. küçük delik 2. (lastikte, vb.) patlak

**puncture**[2] /'pankçı/ *e.* 1. patlamak 2. delmek, delik açmak

**pundit** /'pandit/ *a.* bilgin, bilge, bilirkişi

**pungent** /'pancınt/ *s.* 1. keskin kokulu, sert, acı, keskin 2. (davranış, söz, yazı, vb.) sert, ısırıcı

**punish** /'paniş/ *e.* 1. cezalandırmak 2. *k.*

P

*dili* kötü biçimde dövmek, hırpalamak, katlamak

**punishing** /'panişing/ *s, k. dili* yorucu, öldürücü

**punishment** /'panişmınt/ *a.* 1. ceza 2. cezalandırma 3. *k. dili* kötü davranma, zarar verme

**punitive** /'pyu:nitiv/ *s.* 1. ceza kabilinden, cezayla ilgili 2. acımasız, çok sert

**punk**[1] /pank/ *s.* 1. pank 2. *Aİ, arg.* siktiriboktan 3. *Aİ, arg.* hasta, rahatsız

**punk**[2] /pank/ *a.* 1. çürümüş odun 2. *k. dili* zırva, saçmalık 3. pankçı

**punnet** /'panit/ *a.* meyve sepeti

**punt**[1] /pant/ *a.* altı düz sandal

**punt**[2] /pant/ *a.* altı düz sandalla geçmek

**punter** /'pantı/ *a, İİ, k. dili* at yarışı oynayan kimse, bahis sahibi

**pup**[1] /pap/ *a.* 1. yavru fok 2. yavru köpek

**pup**[2] /pap/ *e.* (köpek) doğurmak, yavrulamak

**pupa** /'pyu:pı/ *a, hayb.* pupa

**pupil** /'pyu:pıl/ *a.* 1. öğrenci 2. gözbebeği

**puppet** /'papit/ *a.* 1. kukla 2. *hkr.* başkasının oyuncağı, kukla

**puppeteer** /papi'tiı/ *a.* kuklacı

**puppy** /'papi/ *a.* köpek yavrusu

**purchase**[1] /'pö:çis/ *e.* 1. satın almak 2. (çaba, özveri, vb. karşılığında) elde etmek, kazanmak

**purchase**[2] /'pö:çis/ *a.* 1. satın alma, alım 2. satın alınan şey 3. **purchasing power** satın alma gücü

**purchaser** /'pö:çısı/ *a.* müşteri, alıcı

**pure** /pyuı/ *s.* 1. katıksız, arı, saf, halis 2. temiz 3. safkan 4. saf, masum, namuslu, iffetli 5. soyut, kuramsal

**puree**[1] /'pyuırey/ *a.* ezme, püre

**puree**[2] /'pyuırey/ *e.* püre yapmak

**purely** /'pyuıli/ *be.* tamamen, sırf, yalnız

**purgative** /'pö:gıtiv/ *s, a. hek.* müshil, içsürdürücü, pürgetif

**purgatory** /'pö:gıtiri/ *a.* 1. Araf 2. acı çekilen dönem/durum/yer

**purge**[1] /pö:c/ *a.* 1. (parti, vb.'den) istenmeyen kişileri temizleme, tasfiye 2. *hek.* müshil, içsürdürücü

**purge**[2] /pö:c/ *e.* 1. temizlemek, arıtmak 2. günahtan arındırmak, temizlemek, kur-

tarmak: *Purge the soul.* 3. zararlı kişilerden kurtarmak, tasfiye etmek 4. *hek.* müshil ile bağırsakları temizlemek 5. *huk.* aklamak, temize çıkarmak

**purify** /'pyuırifay/ *e.* temizlemek, arındırmak, arıtmak

**purist** /'pyuırist/ *a.* (dilin kullanımında) aşırı dikkatli, titiz kimse, arıtımcı

**puritan** /'pyuıritın/ *a, s.* yobaz, bağnaz, sofu

**purity** /'pyuıriti/ *a.* saflık, temizlik, arılık

**purl** /pö:l/ *a.* ters ilmik

**purloin** /pö:'loyn/ *e.* yürütmek, araklamak

**purple** /'pö:pıl/ *a, s.* mor

**purport**[1] /'pö:po:t/ *a.* anlam, niyet

**purport**[2] /'pö:po:t/ *e.* gibi görünmek, iddia etmek

**purpose** /'pö:pıs/ *a.* 1. amaç, gaye, maksat, erek 2. niyet, kasıt 3. kararlılık, niyet 4. **answer/serve the same purpose** aynı işi görmek, amacı karşılamak 5. **for the purpose of** ... amacıyla 6. **on purpose** kasten, bile bile

**purpose-built** /pö:pıs'bilt/ *s, İİ.* belli bir amaç için özel yapılmış

**purposeful** /'pö:pısfıl/ *s.* bir amaca yönelik, amaçlı

**purposeless** /'pö:pıslis/ *s.* amaçsız, anlamsız

**purposely** /'pö:pısli/ *be.* kasten, mahsus, bilerek

**purr**[1] /pö:/ *e.* 1. (kedi) mırlamak 2. (motor) hırıldamak 3. tatlı bir sesle söylemek

**purr**[2] /pö:/ *a.* 1. kedi mırlaması, mırıltı 2. motor hırlaması, hırıltı

**purse**[1] /pö:s/ *a.* 1. küçük para çantası, para kesesi 2. *Aİ.* kadın el çantası 3. alım gücü, kese 4. toplanan para, ödül

**purse**[2] /pö:s/ *e.* (dudak) büzmek

**purser** /'pö:sı/ *a.* gemi muhasebecisi/veznedarı

**pursuance** /pı'syu:ıns/ *a.* sürdürme, devam, takip

**pursue** /pı'syu:/ *e.* 1. kovalamak, peşine düşmek, izlemek 2. (talihsizlik, vb.) peşini bırakmamak 3. (şöhret, vb.) peşinden koşmak 4. (işe, vb.) devam etmek, sürdürmek

**pursuit** /pı'syu:t/ *a.* 1. kovalama, takip, peşine düşme 2. meşgale, uğraş, iş 3. **in pursuit of** -in peşinde

**purvey** /pö:'vey/ *e.* (gıda, vb.) tedarik etmek, bulundurmak

**purveyor** /pö:'veyı/ *a.* tedarikçi, satıcı

**pus** /pas/ *a.* cerahat, irin

**push**[1] /puş/ *e.* 1. itmek: *They pushed the car off the road.* 2. basmak, bastırmak: *He pushed the button for the tenth floor.* 3. sıkıştırmak, zorlamak, baskı yapmak: *Her parents are pushing her to get married.* 4. *k. dili* reklamını yapmak 5. *k. dili* uyuşturucu satmak 6. *k. dili* ... yaşına merdiven dayamak: *He's pushing forty.* 7. **push one's luck** şansını zorlamak, riske girmek

**push**[2] /puş/ *a.* 1. itme, itiş, kakma, dürtme: *Give the car a push or it won't start.* 2. ilerleme, hücum 3. çaba, gayret, güç, enerji 4. girginlik, girişkenlik 5. destek, yardım 6. *k. dili* işten kovulma, atılma 7. **get the push** *arg.* sepetlenmek, işten atılmak 8. **give sb the push** *arg.* sepetlemek, işten atmak

**push along** *e, k. dili* 1. gitmek, kaçmak, yaylanmak 2. devam etmek

**push around** *e, k. dili* boyun eğmeye zorlamak, şamar oğlanına çevirmek

**pushbike** /'puşbayk/ *a, İİ, k. dili* bisiklet

**pushchair** /'puşçeı/ *a.* çocuk arabası

**pushed** /'puşt/ *s, k. dili* 1. sıkışık, parasız, kesik 2. meşgul, işi başından aşkın

**pusher** /'puşı/ *a.* 1. *k. dili* fırsatçı 2. *arg.* uyuşturucu satıcısı

**push for** *e.* can atmak, arzulamak, elde etmeye çalışmak

**push in** *e, k. dili* kabaca (sözünü) kesmek

**push off** *e. arg.* siktir olup gitmek, defolmak

**push on** *e.* 1. acele etmek 2. ilerlemek, yoluna devam etmek 3. cesaret vermek, gaz vermek 4. (angarya, vb.) üzerine yıkmak

**push out** *e.* kovmak, başından atmak, defetmek

**pushover** /'puşouvı/ *a, k. dili* çocuk oyuncağı

**push-up** /'puşap/ *a, Aİ.* şınav

**pushy** /'puşi/ *s.* (kendi işlerinde) çok titiz, tezcanlı

**puss** /pus/ *a, k. dili* 1. kedi, pisi pisi 2. kız 3. yüz, surat

**pussy** /'pusi/ *a.* 1. *k. dili* kedi, pisipisi 2. *kab, arg.* am, amcık

**pussycat** /'pusiket/ *a, k. dili* kedi, pisi pisi

**put** /put/ *e.* [*pt, pp* **put**] 1. koymak, yerleştirmek: *She put the books on the shelf. He put the dog in its kennel.* 2. açıklamak, ifade etmek: *He didn't put that very well. No one understood.* 3. çevirmek, tercüme etmek: *The article was put into seven languages.* 4. sormak: *The matter was put to the committee for consideration.* 5. yazmak, oymak: *Put your signature there.* 6. (gülle, vb.) atmak, fırlatmak 7. uydurmak 8. para yatırmak 9. bahis tutuşmak 10. yapmak, etmek, yüklemek, koymak: *Everyone put their faith in their leader. Put your suspicions out of your head. His friendliness put everyone at ease.* 11. gitmek, ilerlemek, koşmak 12. önermek, teklif etmek, oya sunmak 13. **put an end to** -e bir son vermek 14. **put it there** (anlaşma, uzlaşmada) ver elini 15. **put paid to** *İl.* mahvetmek, berbat etmek, yok etmek 16. **put the blame on** suçu -e yüklemek 17. **put to death** öldürmek 18. **stay put** *k. dili* yerinde durmak, konduğu yerde kalmak

**put about** *e, k. dili* (haber) yaymak

**put across** *e.* anlatmak, açıklamak, anlaşmasını sağlamak

**put aside** *e.* biriktirmek, bir kenara koymak

**putative** /'pyu:tıtiv/ *s.* öyle olduğu sanılan, öyle kabul edilen, varsayılan, farz edilen, sözde ... olan

**put away** *e.* 1. kaldırmak, yerine koymak 2. saklamak, bir tarafa koymak 3. (para, vb.) sonrası için bir kenara koymak, ayırmak, saklamak 4. (yaşlı/hasta bir hayvanı) öldürmek 5. (düşünce) bırakmak, vazgeçmek, bir kenara atmak

**put back** *e.* 1. geri almak: *Put your watch back an hour.* 2. geciktirmek 3. ertele-

mek
**put by** *e.* (para, vb.) sonrası için bir kenara koymak, ayırmak, saklamak
**put-down** /'putdaun/ *a, k. dili* hakaret niteliğinde/ küçük düşürücü söz, aşağılama
**put down** *e.* 1. denetim altına almak, bastırmak, alt etmek 2. (yaşlı/hasta bir hayvanı) öldürmek 3. yazmak, not etmek 4. (for ile) listeye kaydetmek 5. (for ile) (birisini) ... yerine koymak, ... olarak görmek 6. (birini) küçük düşürmek, bozmak: *They're always putting him down for living with his mother.* 7. (uçak) inmek/indirmek 8. depozit ödemek 9. (taşıttan) indirmek 10. (to ile) (nedenini) -e bağlamak
**put forward** *e.* 1. (düşünce, öneri, vb.) ileri sürmek, öne sürmek, ortaya atmak 2. adaylığını koymak 3. (saat) ileri almak 4. (toplantı, vb.) daha erken bir tarihe almak, öne almak
**put in** *e.* 1. (gemi) limana girmek 2. *k. dili* uğramak, takılmak 3. ... diye eklemek, araya girip söylemek 4. vurmak, çalmak 5. (iş, vb.) yapmak 6. (para/zaman) harcamak 7. talepte bulunmak, ricada bulunmak
**put in for** *e.* 1. ... için başvurmak 2. adaylığını koymak, başvuruda bulunmak 3. yarışa sokmak, yarıştırmak
**put into** *e.* 1. -e ... katmak 2. -e para vermek, para yatırmak 3. -e tercüme etmek, çevirmek 4. (gemi) -e girmek/sokmak
**put-off** /'putof/ *a, k. dili* bahane, mazeret, ayak
**put off** *e.* 1. ileriye almak, ertelemek: *They put off the concert for another week.* 2. geciktirmek 3. (taşıttan) indirmek 4. atlatmak 5. cesaretini kırmak, hevesini kaçırmak 6. tiksindirmek 7. (su, gaz, vb.) kesmek, kapatmak 8. (radyo, ışık, vb.) kapatmak 9. (bir şey yapmasına) engel olmak, zevkini kaçırmak, isteğini kaçırmak
**put-on** /'puton/ *a, k. dili* 1. numara, poz, ayak 2. *Aİ.* şaka
**put on** *e.* 1. giymek, takmak: *Put on your*

red shoes. 2. ... numarası yapmak, ... pozuna bürünmek, ... takınmak 3. artırmak, çoğaltmak, fazlalaştırmak 4. (kilo) almak 5. sahneye koymak 6. eklemek 7. *Aİ, arg.* işletmek, kafaya almak 8. (radyo, vb.) açmak 9. tedarik etmek, sağlamak, hizmete sokmak 10. (saat) ileri almak
**put onto** *e, k. dili* ... hakkında bilgi vermek
**put out** *e.* 1. söndürmek: *Put the fire out.* 2. üzmek, canını sıkmak, rahatsız etmek, darıltmak 3. üretmek 4. yayınlamak 5. zorluk çıkarmak, zahmete sokmak 6. **put oneself out** zahmete girmek
**put over** *e.* 1. (gemi) yana yatmak 2. anlatmak, açıklamak, anlaşılmasını sağlamak
**putrefaction** /pyu:tri'fekşın/ *a.* 1. çürüme, kokuşma 2. çürümüş, kokmuş şey
**putrefy** /'pyu:trifay/ *e.* 1. çürümek 2. çürütmek
**putrid** /'pyu:trid/ *s.* 1. çürük, kokmuş, kokuşmuş 2. *arg.* beş para etmez, rezil, berbat
**put through** *e.* 1. (bir işi) başarmak, başarıyla sonuçlandırmak, gerçekleştirmek 2. (telefon) bağlamak, istenilen numarayı vermek 3. (öneriyi) kabul ettirmek 4. telefon etmek 5. -e tabi tutmak, -e sokmak 6. (acı, vb.) çektirmek
**put to** *e.* 1. (kapı, vb.) sıkıca kapatmak 2. (gemi) sahile doğru gitmek/sürmek 3. -e tabi tutmak, sokmak 4. sunmak
**put together** *e.* 1. kurmak, (grup) oluşturmak 2. toplamak, bir araya getirmek 3. birleştirmek
**putt** /pat/ *e.* (golf) deliğe sokmak için hafifçe (topa) vurmak
**putty** /'pati/ *s.* 1. cam macunu 2. **be putty in sb's hands** -in elinde oyuncak olmak
**put up** *e.* 1. kaldırmak, yükseltmek 2. (ilan, vb.) asmak 3. (fiyat) artırmak 4. misafir etmek, ağırlamak: *Thank you for putting us up.* 5. yiyecek, yer, vb. sağlamak 6. -e adaylığını koymak 7. (para) sağlamak 8. satışa sunmak, satılığa çıkarmak 9. (iş, vb. için) önermek 10. yerine koymak, ortadan kaldırmak 11.

(sanığı) mahkemeye çağırmak 12. (kavgada) kendini göstermek

**put-upon** /'putıpon/ s. kullanılmış, sömürülmüş

**put up to** e. 1. (bir şey yapma) fikrini vermek, ... aklını vermek 2. (bir şey) önermek

**put up with** e. tahammül etmek, katlanmak, dayanmak, çekmek: *I don't know how I put up with you.*

**puzzle**¹ /'pazıl/ e. 1. şaşırtmak, kafasını karıştırmak 2. (about/over/as to ile) çözmeye, anlamaya çalışmak; bir yanıt bulmaya çalışmak

**puzzle**² /'pazıl/ a. 1. bilmece, bulmaca 2. muamma, anlaşılmaz/açıklanmaz şey

**pygmy** /'pigmi/ a. 1. pigme 2. cüce

**pyjamas** /pı'ca:mız/ a. pijama

**pylon** /'paylın/ a. çelik elektrik direği

**pyramid** /'pirımid/ a. 1. mat. piramit 2. ehram, piramit

**pyre** /payı/ a. ölü yakmak için toplanan odun yığını

**pyromania** /payırou'meynii/ a, ruhb. yakma deliliği

**pyrotechnics** /payırou'tekniks/ a. 1. fişekçilik 2. havai fişek gösterisi 3. aşırı gösteriş, şatafat

**python** /'paytın/ a, hayb. piton yılanı

# Q

**Q, q** /kyu:/ a. İngiliz abecesinin onyedinci harfi

**quack** /kwek/ a. 1. ördek sesi, vak 2. yalancı doktor, şarlatan

**quad** /kwod/ a, k. dili 1. avlu, bahçe 2. dört ayaklı hayvan 3. dördüz

**quadrangle** /'kwodrengıl/ a. 1. avlu, bahçe 2. mat. dörtgen

**quadrant** /'kwodrınt/ a, mat. 1. çeyrek daire 2. açıölçer

**quadraphonic** /kwodrı'fonik/ s. (ses) dört kanallı, kuadrofonik

**quadrilateral** /kwodri'letırıl/ s, a. dörtgen

**quadrillion** /kwo'driliın/ a. katrilyon

**quadruped** /'kwodruped/ a, hayb. dört ayaklı hayvan

**quadruple**¹ /'kwodrupıl/ e. 1. dörtle çarpmak 2. dört katı olmak, dört kat büyük olmak

**quadruple**² /'kwodrupıl/ s, a. dörtlü; dört katı

**quadruplet** /'kwodruplit/ a. dördüz

**quagmire** /'kwegmayı/ a. bataklık

**quail**¹ /kweyl/ a, hayb. bıldırcın

**quail**² /kweyl/ e. korkudan sinmek, ürkmek, titremek

**quaint** /kweynt/ s. (eski olduğu için) ilginç, çekici, değişik

**quake**¹ /kweyk/ e. titremek, sallanmak

**quake**² /kweyk/ a, k. dili deprem

**qualification** /kwolifi'keyşın/ a. 1. nitelendirme, niteleme 2. nitelik, özellik, yeterlik, vasıf 3. şart, sınırlama, vasıf

**qualified** /'kwolifayd/ s. 1. nitelikli, kalifiye, vasıflı 2. şartlı, sınırlı

**qualify** /'kwolifay/ e. 1. hak kazanmak, yeterli olmak, kalifiye olmak 2. hak kazandırmak, yeterli kılmak, kalifiye etmek 3. sınırlandırmak, değiştirmek

**qualitative** /'kwolititiv/ s. nitel

**quality** /'kwoliti/ a. 1. nitelik, kalite, vasıf 2. özellik

**qualm** /kwa:m/ a. 1. mide bulantısı 2. kuşku, kaygı, huzursuzluk, endişe, kuruntu

**quandary** /'kwondırı/ a. kararsızlık

**quantify** /'kwontifay/ e. (miktar) ölçmek

**quantitative** /'kwontititiv/ s. nicel

**quantity** /'kwontiti/ a. 1. nicelik 2. miktar

**quarantine**¹ /'kworınti:n/ a. karantina

**quarantine**² /'kworınti:n/ e. karantinaya almak

**quarrel**¹ /'kworıl/ a. 1. kavga, atışma, çekişme, bozuşma: *They had a quarrel last night.* 2. kavga nedeni, anlaşmazlık

**quarrel**² /'kworıl/ e. kavga etmek, kapışmak, çekişmek, atışmak, bozuşmak

**quarrelsome** /'kworılsım/ s. kavgacı

**quarry** /'kwori/ a. 1. av 2. taş ocağı

**quart** /kwo:t/ a. galon'un dörtte biri, kuart (1,137 lt.)

**quarter**¹ /'kwo:tı/ a. 1. çeyrek: *He gave me a quarter of his orange.* 2. çeyrek saat: *It's a quarter to nine.* 3. üç aylık süre: *The magazine is published each* *quarter.* 4. *Aİ.* 25 sent, çeyrek dolar 5. dört bir yan 6. mahalle, semt, bölge 7. aman 8. ç, *ask.* kışla, konak 9. **at close quarters** yan yana, yakın 10. **from all quarters** dört bir yandan 11. **give no quarter** aman vermemek 12. **quarter day** üç aylık (kira) ödeme günü

quarter² /'kwo:tı/ *e.* 1. dörde bölmek 2. *ask.* (kışlaya) yerleştirmek, oturtmak

quarterdeck /'kwo:tıdek/ *a.* subaylara mahsus güverte

quarterfinal /kwo:tı'faynl/ *a.* çeyrek final

quarterly /'kwo:tıli/ *s, be.* üç ayda bir olan, üç aylık

quartermaster /'kwo:tıma:stı/ *a.* 1. *ask.* levazım subayı 2. *den.* serdümen

quartet /kwo:'tet/ *a, müz.* dörtlü, kuartet

quartz /kwo:ts/ *a.* kuvars

quash /kwoş/ *e.* 1. feshetmek, iptal etmek, kaldırmak 2. bastırmak, dizginlemek

quatrain /'kwotreyn/ *a.* dört dizelik şiir, dörtlük

quaver¹ /'kweyvı/ *a.* 1. *müz.* ses titreterek söylemek, tril yapmak 2. titrek sesle söylemek

quaver² /'kweyvı/ *a.* titreme, sesi titretme, tril

quay /ki:/ *a.* rıhtım

queasy /'kwi:zi/ *s.* midesi bulanmış, kusacak halde

queen /'kwi:n/ *a.* 1. kraliçe 2. (iskambil) kız, dam 3. (satranç) vezir 4. *arg.* ibne 5. **queen mother** ana kraliçe

queer¹ /kwiı/ *s.* 1. acayip, tuhaf, garip 2. *k. dili* kaçık, üşütük 3. *k. dili, hkr.* ibne 4. **in queer street** *İİ, arg.* borç içinde, borçlu, darda, başı dertte

queer² /kwiı/ *e.* bozmak, mahvetmek

quell /kwel/ *e.* bastırmak, ezmek, önünü almak

quench /kwenç/ *e.* 1. söndürmek 2. dindirmek, yatıştırmak 3. (susuzluk, vb.) gidermek

querulous /'kwırulıs/ *s, hkr.* yakınan, şikâyet eden, söylenen, mızmız, dırdırcı

query¹ /'kwiıri/ *a.* 1. sorgu, soru 2. kuşku, şüphe

query² /'kwiıri/ *e.* 1. sormak, sorguya çekmek, soruşturmak 2. -den kuşkulanmak 3. (yazıda anlaşılmayan bir ifadenin yanına) soru işareti koymak

question¹ /'kwesçın/ *a.* 1. soru 2. sorgu 3. konu, sorun, mesele, problem 4. kuşku, şüphe 5. **call (sth) in/into question** -den şüphelenmek 6. **come into question** gündeme gelmek 7. **in question** söz konusu olan, gündemdeki 8. **out of the question** söz konusu olamaz, imkânsız, olanaksız 9. **question mark** soru işareti 10. **there's no question of** ... olasılığı yok

question² /'kwesçın/ *e.* 1. sorguya çekmek: *The police questioned all the witnesses to the accident.* 2. kuşkulanmak, şüphelenmek, -den şüphe etmek: *I always question his statements as he's often wrong.*

questionable /'kwesçınıbıl/ *s.* 1. kesin olmayan, tartışılabilir 2. kuşkulu, şüpheli, kuşku uyandıran

questioning /'kwesçınıng/ *s.* soru sorar gibi, sorgu dolu, kuşkulu

questionnaire /kwesçı'neı/ *a.* anket

queue¹ /kyu:/ *a, İİ.* 1. kuyruk, sıra 2. **join the queue** kuyruğa girmek 3. **jump the queue** kuyruktakilerin önüne geçmek, kaynak yapmak

queue² /kyu:/ *e, İİ.* kuyruk oluşturmak, kuyruğa girmek

quibble¹ /'kwibıl/ *e.* önemsiz konular üzerinde tartışmak

quibble² /'kwibıl/ *a.* 1. gerçek sorundan uzaklaşıp küçük şeylerle tartışma 2. lafı çevirme

quick¹ /kwik/ *s.* 1. çabuk, hızlı, süratli 2. tez, çabuk 3. çabuk kavrayan, anlayışlı, zeki 4. çabuk parlayan, ateşli

quick² /kwik/ *a.* 1. tırnak altındaki duyarlı et 2. **cut sb to the quick** kalbini kırmak, derinden yaralamak

quick³ /kwik/ *be.* çabucak, süratle, hemen

quicken /'kwikın/ *e.* 1. çabuklaşmak, hızlanmak 2. çabuklaştırmak, hızlandırmak

quicklime /'kwiklaym/ *a.* sönmemiş kireç

quickly /'kwikli/ *be.* çabucak, süratle, hızla: *He got in quickly.*

quicksand /'kwiksend/ *a.* bataklık
quicksilver /'kwiksilvı/ *a, kim.* cıva
quickstep /'kwikstep/ *a.* bir tür dans (müziği)
quick-witted /kwik'witid/ *s.* kavrayışlı, zeki, akıllı, çabuk anlayan/davranan
quid /kwid/ *a.* 1. ağızda çiğnenen tütün 2. *II, k. dili* paund, sterlin: *I paid ten quid for this.*
quiescent /kway'esınt/ *s.* devinimsiz, hareketsiz, sessiz, sakin, dinlenmede
quiet[1] /'kwayıt/ *a.* 1. sessizlik, sakinlik, durgunluk 2. **on the quiet** *k. dili* kimseye çaktırmadan
quiet[2] /'kwayıt/ *s.* 1. gürültüsüz, sessiz, sakin: *Be quiet.* 2. durgun, hareketsiz 3. dertsiz, belasız, huzurlu 4. mütevazi, yalın, sade, basit, gösterişsiz 5. (renk) donuk, mat
quiet[3] /'kwayıt/ *e, AI, bkz.* **quieten**
quieten /'kwayıtın/ *e.* (down ile) 1. susturmak 2. susmak 3. sakinleştirmek 4. sakinleşmek
quietus /kway'itıs/ *a, yaz.* 1. ölüm 2. hareketsizlik
quill /kwil/ *a.* 1. iri kuş tüyü 2. tüy kalem 3. kirpi dikeni
quilt /kwilt/ *a.* yorgan
quince /kwins/ *a.* ayva
quinine /'kwini:n/ *a, hek.* kinin
quintessence /kwin'tesıns/ *a.* timsal, mükemmel örnek
quintet /kwin'tet/ *a, müz.* beşli
quintuplet /'kwintyuplit, kwin'tyu:plit/ *a.* beşiz
quip /kwip/ *a.* alaylı/zekice söz, nükteli söz, iğneli söz
quirk /kwö:k/ *a.* 1. garip rastlantı, garip olay 2. acayiplik, garip davranış (eğilimi)
quit /kwit/ *e, k. dili* [*pt, pp* **quit/quitted**] 1. bırakıp gitmek: *He quitted her after an argument.* 2. -den ayrılmak, terk etmek: *He quit his job last week.* 3. bırakmak, vazgeçmek: *He's tried to quit smoking many times.*
quite /kwayt/ *be.* 1. tamamen, tümüyle, büsbütün, tam olarak: *It was quite dark outside and they needed a torch.* 2. bir dereceye kadar, epey, az çok, oldukça,

hayli: *The play was quite interesting but I have seen much better.* 3. *ünl.* Aynen öyle. Doğru 4. **quite something** *k. dili* olağanüstü, süper, büyük (şey), şaşılacak şey
quits /kwits/ *s.* (with ile) *k. dili* 1. aynı düzeyde, denk, fit, anlaşmaya varmış 2. **call it quits** sorunun çözüldüğünü kabul etmek 3. **double or quits** ya mars ya fit
quiver[1] /'kwivı/ *a.* ok kılıfı, sadak, okluk
quiver[2] /'kwivı/ *a.* titreme
quiver[3] /'kwivı/ *e.* titretmek
quixotic /kwik'sotik/ *s.* Don Kişot gibi idealist ve hayalci
quiz[1] /kwiz/ *a.* 1. kısa sınav, yoklama 2. bilgi yarışması
quiz[2] /kwiz/ *e.* sorular sormak, sorguya çekmek
quizzical /'kwizikıl/ *s.* şakacı, alaycı, komik, eğlenceli
quoit /'kwoyt, koyt/ *a.* 1. çubuğa geçirmek için atılan halka 2. ç. halka oyunu
quorum /'kwo:rım/ *a.* yeter çoğunluk, salt çoğunluk
quota /'kwoutı/ *a.* 1. pay 2. kota, kontenjan
quotation /kwou'teyşın/ *a.* 1. *yaz.* alıntı, iktibas, aktarma, parça 2. geçer değer, rayiç, piyasa 3. maliyet belirleme, maliyet tahmini 4. **quotation mark** *dilb.* tırnak işareti
quote[1] /'kwout/ *e.* 1. alıntı yapmak, iktibas etmek 2. anmak, zikretmek 3. *tic.* fiyat vermek
quote[2] /kwout/ *a, k. dili* 1. iktibas, alıntı 2. sunulan fiyat
quotient /'kwouşınt/ *a, mat.* Bölüm

**Q**

# R

**R, r** /a:/ *a.* İngiliz abecesinin onsekizinci harfi
**rabbi** /'rebay/ *a.* haham
**rabbit**[1] /'rebit/ *a.* adatavşanı, tavşan
**rabbit**[2] /'rebit/ *e.* (on ile) *k. dili, hkr.* dırdır etmek, kafa ütülemek
**rabble** /'rebıl/ *a.* 1. gürültücü kalabalık 2. ayaktakımı
**rabble-rousing** /'rebılrauzing/ *s.* (halkı) galeyana getirici, kışkırtıcı
**rabid** /'rebid/ *s.* 1. kuduz hastası 2. aşırı bağnaz, azgın
**rabies** /'reybi:z/ *a.* kuduz hastalığı
**raccoon** /rı'ku:n, re'ku:n/ *a, Aİ, hayb.* rakun
**race**[1] /reys/ *a.* 1. yarış 2. su akıntısı 3. ç. at yarışı
**race**[2] /reys/ *e.* 1. yarışmak 2. çok hızlı gitmek 3. çok hızlı götürmek, yetiştirmek 4. yarışa sokmak, yarıştırmak 5. (motor) fazla hızlı çalışmak
**race**[3] /reys/ *a.* 1. ırk 2. soy 3. **the human race** insan nesli
**racecourse** /'reysko:s/ *a.* (hipodromda) koşu alanı
**racetrack** /'reystrek/ *a.* yarış pisti, koşuyolu
**racial** /'reyşıl/ *s.* ırkla ilgili, ırksal
**racialism** /'reyşılizım/ *a, hkr.* ırkçılık
**racialist** /'reyşılist/ *a, s.* ırkçı
**racism** /'reysizım/ *a, hkr.* ırkçılık
**racist** /'reysist/ *a, s, hkr.* ırkçı
**rack**[1] /rek/ *a.* 1. parmaklıklı raf, askı 2. işkencede kullanılan germe aleti 3. **rack and ruin** yıkık dökülük, harabelik
**rack**[2] /rek/ *e.* 1. çok acı vermek 2. *hkr.* fazla kira istemek
**racket** /'rekit/ *a.* 1. tenis raketi 2. *k. dili* gürültü, patırtı 3. *k. dili, hkr.* tehditle ya da kazıklayarak para kazanma, haraççılık, dolandırıcılık
**racketeer** /reki'tiı/ *a, hkr.* haraççı, dolandırıcı
**raconteur** /rekon'tö:/ *a.* iyi öykü anlatan kimse
**racoon** /rı'ku:n/ *a, İİ, hayb.* rakun

**racy** /'reysi/ *s.* 1. eğlendirici, canlı 2. seksle ilgili, ayıplı
**radar** /'reyda:/ *a.* radar
**radial**[1] /'reydiıl/ *s.* 1. merkezden çıkan, radyal 2. ışınsal 3. yarıçapla ilgili 4. **radial tyre** radyal lastik
**radial**[2] /'reydiıl/ *a.* radyal lastik
**radiance** /'reydiıns/ *a.* 1. parlaklık, aydınlık 2. neşe, sevinç
**radiant** /'reydiınt/ *s.* 1. ışık saçan, parlak 2. ısı yayan 3. neşe saçan, sevinçli
**radiate** /'reydieyt/ *e.* 1. ışık saçmak 2. ısı yaymak 3. (neşe, vb.) saçmak 3. (from ile) -den gelip yayılmak
**radiation** /reydi'eyşın/ *a.* 1. ısı/ışın saçma 2. radyasyon, ışınım
**radiator** /'reydieytı/ *a.* 1. radyatör, kalorifer 2. *oto.* radyatör
**radical**[1] /'redikıl/ *s.* 1. (değişiklik) köklü 2. radikal, köktenci 3. *mat.* kökle ilgili
**radical**[2] /'redikıl/ *a.* 1. radikal, köktenci 2. *mat.* kök 3. *mat.* kök işareti
**radicalism** /'redikılizım/ *a.* radikalizm, köktencilik
**radio**[1] /'reydiou/ *a.* 1. radyo 2. telsiz 3. telsiz telefon ya da telgraf
**radio**[2] /'reydiou/ *e.* telsizle (haber) göndermek
**radioactive** /reydiou'ektiv/ *s.* ışınetkin, radyoaktif
**radioactivity** /reydiouek'tiviti/ *a.* ışınetkinlik, radyoaktivite
**radiograph** /'reydiougra:f/ *a.* röntgen filmi, radyograf
**radiography** /reydi'ogrıfi/ *a.* ışınçekim, radyografi
**radiology** /reydi'olıci/ *a.* röntgenbilim, radyoloji
**radiotherapy** /reydiou'terıpi/ *a.* radyoterapi
**radish** /'rediş/ *a, bitk.* turp
**radium** /'reydiım/ *a, kim.* radyum
**radius** /'reydiıs/ *a.* 1. *mat.* yarıçap 2. *anat.* önkol kemiği
**raffia** /'refiı/ *a.* rafya
**raffle** /'refıl/ *a.* eşya piyangosu, çekiliş
**raft** /ra:ft/ *a.* 1. sal 2. şişme (cankurtaran) bot 3. **a raft of** *Aİ, k. dili* yığınla ..., bir sürü ...

**rafter** /'ra:ftı/ *a.* çatı kirişi
**rag**[1] /reg/ *a.* 1. bez parçası, paçavra 2. eski püskü giysi, paçavra 3. zerre, kırıntı 4. eşek şakası, muziplik 5. kesik tempolu müzik 6. *k. dili, hkr.* adi gazete, paçavra 7. **feel like a wet rag** *k. dili* çok yorgun hissetmek 8. **glad rags** en iyi kıyafet, ciciler 9. **rag doll** bez bebek
**rag**[2] /reg/ *e.* 1. alay etmek, eşek şakası yapmak 2. dalga geçmek
**ragamuffin** /'regımafin/ *a.* pis çocuk
**ragbag** /'regbeg/ *a.* arapsaçı
**rage**[1] /reyc/ *a.* 1. öfke, hiddet 2. düşkünlük, tutku 3. *k. dili* moda 4. **(all) the rage** *k. dili* çok moda 5. **fly into a rage** tepesi atmak, köpürmek
**rage**[2] /reyc/ *e.* 1. öfkeden kudurmak, tepesi atmak 2. (hastalık) şiddetle hüküm sürmek, kırıp geçirmek 3. (deniz, vb.) kudurmak, köpürmek 4. (rüzgâr) şiddetle esmek 5. yatışmak, dinmek, sakinleşmek
**ragged** /'regid/ *s.* 1. (giysi) yırtık pırtık, eski püskü, lime lime, pejmürde 2. pejmürde kılıklı, kılıksız 3. (iş) yarım yamalak, uyduruk
**ragtag** /'regteg/ *a, hkr.* ayaktakımı
**ragtime** /'regtaym/ *a.* kesik tempolu bir tür caz müziği
**raid**[1] /reyd/ *a.* 1. akın, baskın 2. polis baskını
**raid**[2] /reyd/ *e.* akın yapmak, hücum etmek, baskın yapmak, basmak
**raider** /'reydı/ *a.* akıncı, baskıncı, yağmacı
**rail**[1] /reyl/ *a.* 1. parmaklık, tırabzan 2. ray 3. demiryolu 4. **go off the rails** kafayı oynatmak, raydan çıkmak
**rail**[2] /reyl/ *e.* 1. parmaklıkla çevirmek, parmaklıkla kapatmak 2. (against/at ile) -den yakınmak, -e kızmak
**railing** /'reyling/ *a.* parmaklık
**railroad**[1] /'reylroud/ *e.* 1. aceleye getirip - tirmek 2. meclisten bir yasayı/planı süratle geçirmek
**railroad**[2] /'reylroud/ *a, AÍ.* demiryolu
**railway** /'reylwey/ *a, İİ.* demiryolu
**raiment** /'reymınt/ *a, yaz.* kıyafet, giysi
**rain**[1] /reyn/ *a.* 1. yağmur 2. **as right as**

**rain** *k. dili* turp gibi, sağlıklı 3. **rain forest** tropikal orman
**rain**[2] /reyn/ *e.* 1. (yağmur) yağmak: *It's raining again.* 2. yağmur gibi yağmak 3. yağdırmak, ... yağmuruna tutmak 4. **it never rains but it pours** felaketler hep üstüste gelir 5. **rain cats and dogs** bardaktan boşanırcasına yağmak
**rainbow** /'reynbou/ *a.* gökkuşağı, alkım
**raincoat** /'reynkout/ *a.* yağmurluk
**raindrop** /'reyndrop/ *a.* yağmur damlası
**rainfall** /'reynfo:l/ *a.* yağış miktarı, yağış
**rain off** *e, k. dili* yağmur yüzünden durdurmak: *The football match was rained off.*
**rainproof** /'reynpru:f/ *s.* yağmur geçirmez
**rains** /reynz/ *a.* 1. muson yağmurları 2. muson
**rainy** /'reyni/ *s.* 1. yağmurlu 2. **for a rainy day** zor günler için, kara gün için
**raise**[1] /reyz/ *e.* 1. kaldırmak, yukarı kaldırmak, yükseltmek: *The students raised their hands to answer. He raised the ladder against the wall.* 2. dikmek, inşa etmek: *They raised a statue in his memory.* 3. yükseltmek: *The audience raised a round of applause when the actor appeared.* 4. üretmek, beslemek, yetiştirmek, büyütmek: *A lot of cattle are raised in Australia.* 5. toplamak, bir araya getirmek: *Many organizations raise money for people in need.* 6. ortaya atmak, ileri sürmek, üzerinde konuşmak: *The committee member raised a new topic for discussion.* 7. artırmak, çoğaltmak: *The factory raised the workers' wages.* 8. -e yol açmak, uyandırmak: *The new law raised anger among the poeple.* 9. (yasa, ambargo, vb.) kaldırmak, son vermek
**raise**[2] /reyz/ *a, AÍ.* ücret artışı, zam
**raisin** /'reyzın/ *a.* kuru üzüm
**raj** /ra:c/ *a.* Hindistan'daki İngiliz yönetimi
**rajah** /'ra:cı/ *a.* raca
**rake**[1] /reyk/ *a.* tırmık
**rake**[2] /reyk/ *e.* 1. tırmıklamak, tırmıkla düzeltmek, taramak 2. (about/around ile) aramak, arayıp taramak
**rake**[3] /reyk/ *e.* 1. *den.* hafif yan yatmak 2.

R

yana yatırmak

**rake**[4] /reyk/ *a. esk.* çapkın, hovarda, zampara

**rake in** *e, k. dili* (çok para) kazanmak

**rake-off** /'reykof/ *a.* haksız kâr payı

**rake up** *e, k. dili* 1. zar zor toplamak, bir araya getirmek 2. (eski defterleri) karıştırmak, deşmek, lafını etmek

**rakish** /'reykiş/ *s.* 1. gösterişli, uçarı 2. özgür, serbest, rahat, laubali

**rally**[1] /'reli/ *e.* 1. (belirli bir amaç) bir araya gelmek, bir araya toplanmak 2. bir araya getirmek 3. iyileşmek, düzelmek, toparlanmak

**rally**[2] /'reli/ *a.* 1. toplantı, miting 2. otomobil yarışı, ralli 3. (tenis) uzun sayı mücadelesi

**rally**[3] /'reli/ *e.* eğlenmek, takılmak, dalga geçmek, alay etmek

**rally round** *e, k. dili* zor durumda yardımına koşmak

**ram**[1] /rem/ *a.* 1. *hayb.* koç 2. (eskiden kale kapılarını kırmakta kullanılan) kütük 3. tokmak, şahmerdan 4. **the Ram** Koç (burcu)

**ram**[2] /rem/ *e.* 1. toslamak, şiddetle çarpmak 2. bastırmak 3. **ram sth down sb's throat** kafasına dank ettirmek

**Ramadan** /'remıden, 'remıda:n/ *a.* ramazan

**ramble**[1] /'rembıl/ *e.* 1. dolaşmak, gezinmek, gezmek 2. (about ile) abuk sabuk konuşmak/yazmak 3. (bitki) düzensiz biçimde her tarafa yayılıp büyümek

**ramble**[2] /'rembıl/ *a.* yürüyüş, gezinme, dolaşma

**ramble on** *e.* 1. yürümek, gezmek, dolaşmak 2. abuk sabuk konuşmak/yazmak, zırvalamak

**rambler** /'remblı/ *a.* gezip dolaşan kimse

**rambling** /'rembling/ *s.* 1. (konuşma, yazı, vb.) karışık, daldan dala atlayan 2. (ev, yol, vb.) yamuk 3. (bitki) yayılan

**ramification** /remifi'keyşın/ *a.* 1. dallanıp budaklanma; kollara ayrılma 2. sonuç

**ramify** /'remifay/ *e.* 1. kollara ayrılmak, dallanmak 2. kollara ayırmak, dallandırmak

**ramp** /remp/ *a.* 1. yokuş, rampa 2. *İİ, k.*

*dili* kazık, dolandırıcılık, dümen

**rampage**[1] /rem'peyc, 'rempeyc/ *e.* deliler gibi sağa sola koşuşmak, azmak, kudurmak

**rampage**[2] /rem'peyc/ *a.* 1. azgınlık, taşkınlık 2. **be/go on the rampage** azmak, taşkınlık çıkarmak

**rampant** /'rempınt/ *s.* (suç, hastalık, inanç, vb.) yaygın, kol gezen, dizginsiz

**rampart** /'rempa:t/ *a.* siper, sur

**ramrod** /'remrod/ *a.* tüfek temizleme çubuğu, harbi

**ramshackle** /'remşekıl/ *s.* köhne, harap, viran

**ran** /ren/ *pt bkz.* **run**

**ranch** /ra:nç/ *a.* büyük çiftlik

**rancher** /'ra:nçı/ *a.* büyük çiftlik sahibi

**rancid** /'rensid/ *s.* kokmuş, bayat, bozulmuş

**rancor** /'renkı/ *a,* Ai, *bkz.* **rancour**

**rancour** /'renkı/ *a.* garez, kin, hınç

**random** /'rendım/ *s.* 1. rasgele, gelişigüzel, rastlantısal 2. **at random** öylesine, amaçsızca, rasgele

**randy** /'rendi/ *s, k. dili* azgın, şehvetli, abaza

**rang** /reng/ *pt bkz.* **ring**

**range**[1] /reync/ *a.* 1. sıra, dizi 2. silsile, sıra 3. atış uzaklığı, erim, menzil 4. el, göz ya da ses erimi 5. alan, saha, meydan 6. atış alanı, poligon 7. otlak 8. takım, set 9. tür, sınıf, cins 10. anlayış gücü, kavrama 11. mutfak ocağı 12. derece, hız, vb. farkı 13. dağılım

**range**[2] /reync/ *e.* 1. (dağlar) sıra oluşturmak, dizi oluşturmak 2. sıraya koymak, dizmek 3. sıra olmak, dizilmek 4. menzili ... olmak 5. arasında değişmek, arasında olmak 6. (over/through ile) dolaşmak, gezinmek

**ranger** /'reyncı/ *a.* 1. orman bekçisi 2. *Aİ.* atlı polis

**rank**[1] /renk/ *s.* 1. (bitki) sık ve yaygın, gür, bol 2. (koku ya da tat) kötü, ekşi, acı, keskin

**rank**[2] /renk/ *a.* 1. sınıf, derece, paye 2. sıra, dizi 3. sınıf, tabaka 4. yüksek konum, yüksek mevki, yüksek rütbe 5. rütbe 6. saf 7. **rank and file** a) örgütteki

alt bireyler b) *ask.* erat
rank³ /renk/ *e.* 1. sıraya koymak, sıralamak, dizmek, düzene koymak 2. saymak, addetmek 3. sayılmak, gelmek, yer almak 4. belli bir yeri ya da rütbesi olmak 5. en yüksek derece ya da rütbede olmak 6. rütbe vermek
ranking /'renking/ *s, Aİ.* en rütbeli
rankle /'renkıl/ *e.* (acısı) içinden çıkmamak, sürmek, yüreğine dert olmak
ransack /'rensek/ *e.* 1. altını üstüne getirmek, aramak 2. yağmalamak
ransom¹ /'rensım/ *a.* 1. fidye 2. **a king's ransom** büyük para
ransom² /'rensım/ *e.* fidye ödeyerek kurtarmak
rant¹ /rent/ *e.* (ağız kalabalığı ile) ateşli bir şekilde konuşmak
rant² /rent/ *a.* ağız kalabalığı
rap¹ /rep/ *a.* 1. hafifçe vuruş 2. **beat the rap** *Aİ, arg.* cezadan kurtulmak, yırtmak, paçayı kurtarmak 3. **give a rap on/over the knuckles** azarlamak, haşlamak 4. **not care/give a rap** *k. dili* iplememek, umursamamak 5. **take a rap** *Aİ, k. dili* darbe almak 6. **take the rap** *k. dili* suçu üstüne almak
rap² /rep/ *e.* 1. hafifçe vurmak 2. *Aİ.* rahat ve serbest bir şekilde konuşmak 3. şiddetle eleştirmek, kınamak
rapacious /rı'peyşıs/ *s.* açgözlü, yağmacı
rape¹ /reyp/ *a, bitk.* kolza
rape² /reyp/ *e.* ırzına geçmek
rape³ /reyp/ *a.* 1. ırza geçme, ırza tecavüz 2. bozma, mahvetme
rapid¹ /'repid/ *s.* 1. hızlı: *Be careful. There's a rapid current here.* 2. (yokuş) dik
rapid² /'repid/ *a.* (ırmak, vb.) en hızlı akan yeri, ivinti
rapidly /'repidli/ *be.* hızla, süratle
rapier /'reypiı/ *a.* meç, ince kılıç
rapist /'reypist/ *a.* ırza tecavüzden suçlu kimse, ırz düşmanı
rapport /re'po:/ *a.* dostça ilişki, karşılıklı anlayış
rapprochement /re'proşmon/ *a.* (iki düşman ülke arasında) uzlaşma
rapt /rept/ *s.* kendini vermiş şekilde, can kulağıyla
rapture /'repçı/ *a.* 1. büyük sevinç, esrime 2. **go to raptures** (sevincinden) havalara uçmak
rare /reı/ *s.* 1. nadir, seyrek 2. (et) az pişmiş 3. *k. dili* süper, müthiş, harika 4. **rare earth** nadir element
rarefied /'reırifayd/ *s.* 1. (hava) yoğun olmayan, oksijeni az 2. seçkin, yüksek
rarefy /'reırifay/ *e.* yoğunluğunu azaltmak, seyreltmek
rarely /'reıli/ *be.* nadiren, seyrek olarak, binde bir: *I rarely go out during the week. I'm too busy.*
rarity /'reıriti/ *a.* 1. nadirlik, azlık, seyreklik 2. nadide şey, az bulunur şey
rascal /'ra:skıl/ *a.* 1. namussuz, alçak, hergele 2. yaramaz, kerata, haydut
rash¹ /reş/ *s.* düşüncesiz, atak, gözükara, ihtiyatsız, acelecı
rash² /reş/ *a, hek.* isilik
rasp¹ /ra:sp/ *a.* 1. raspa, kaba törpü 2. törpü sesi, kulak tırmalayıcı ses
rasp² /ra:sp/ *e.* 1. törpülemek, rendelemek 2. rahatsız etmek, sinirlendirmek, dokunmak 3. gıcırdamak
raspberry /'ra:zbırı/ *a.* ahududu, ağaççileği
rat¹ /ret/ *a.* 1. iri fare, sıçan 2. *k. dili* hain, kalleş, dönek 3. **rat race** hengame, koşuşturma, yaşam kavgası 4. **smell a rat** *k. dili* bityeniği sezmek, kuşkulanmak
rat² /ret/ *e, k. dili* kalleşlik etmek, döneklik etmek, sözünden dönmek
ratchet /'reçit/ *a.* dişli çark mandalı, kastanyola
rate¹ /reyt/ *a.* 1. oran, nispet 2. rayiç 3. derece, çeşit, sınıf 4. hız, sürat 5. fiyat, ücret 6. fiyat listesi, tarife 7. mülk vergisi 8. **at any rate** her durumda, ne olursa olsun 9. **at this/that rate** böyle giderse, bu gidişle 10. **rate of exchange** döviz kuru
rate² /reyt/ *e.* 1. saymak, ... gözü ile bakmak, ... olarak değerlendirmek: *The painting was rated as one of his best.* 2. (ev, vb.) vergi değerini saptamak
rateable value /'reytıbıl velyu:/ *a.* vergi için biçilen değer

**rather**[1] /'ra:dı/ *be.* 1. tercihan: *I would rather stay home today. Wouldn't you rather have a job you liked than more money? "Would you like to come with us?" "No, I'd rather not. " I'd rather be a doctor than a dentist.* 2. daha doğrusu: *He asked me to shut the door, or rather ordered.* 3. daha çok, daha ziyade: *I want to eat fish rather than meat tonight.* 4. oldukça, epeyce: *The weather's been rather hot this summer. He's been rather ill lately. He said the hotel was rather expensive.*

**rather**[2] /ra:'dı/ *ünl, İİ, k. dili* elbette, tabii: *"Would you like to go skiing?" "Rather!"*

**ratify** /'retifay/ *e.* imzalamak, onaylamak

**rating** /'reyting/ *a.* 1. beğenilme, tutulma 2. *İİ.* deniz eri, tayfa 3. iş sorumluluğu

**ratio** /'reyşiou/ *a.* oran, nispet

**ration**[1] /'reşın/ *a.* istihkak, pay

**ration**[2] /'reyşın/ *e.* 1. istihkakını saptamak 2. karneye bağlamak

**rational** /'reşınıl/ *s.* 1. makul, aklı başında, mantıklı 2. akla yatkın 3. *mat.* rasyonel, oranlı

**rationale** /reşı'na:l/ *a.* temel, mantık, açıklama

**rationality** /reşı'neliti/ *a.* mantıklılık, akla uygunluk, makulluk

**rationalism** /'reşınılizım/ *a, fel.* usçuluk, rasyonalism

**rationalize** /'reşınılayz/ *e.* 1. kılıf uydurmak, neden göstermek 2. *İİ.* (yöntem, dizge) geliştirmek, verimlileştirmek

**ration out** *e.* karneyle vermek

**rattle**[1] /'retl/ *a.* bebek çıngırağı, kaynanazırıltısı, cırcır

**rattle**[2] /'retl/ *e.* 1. şıngırdamak, tıngırdamak, tangırdamak 2. şıngırdatmak, tıngırdatmak, tangırdatmak 3. *k. dili* gıcık etmek, sinir etmek

**rattle off** *e.* ezberden çabucak tekrarlamak

**rattle on/away** *e.* habire konuşmak, cırcır konuşmak

**rattlesnake** /'retlsneyk/ *a, hayb.* çıngıraklıyılan

**rattle through** *e.* yapıvermek, bitirivermek

**ratty** /'reti/ *s.* 1. *İİ, k. dili* tepesi atmış, kızgın, sinirli 2. sıçanla ilgili, sıçan gibi

**raucous** /'ro:kıs/ *s.* (ses) kısık, boğuk, kaba

**raunchy** /'ro:nçi/ *s, Aİ, k. dili* azgın, şehvetli, abaza

**ravage** /'revic/ *e.* 1. mahvetmek, kırıp geçirmek 2. yağmalamak, soymak

**ravages** /'reviciz/ *a.* tahribat

**rave** /reyv/ *e.* deli gibi abuk sabuk konuşmak, saçmalamak, sayıklamak

**rave about** *e, k. dili* hayranlıkla söz etmek

**raven** /'reyvın/ *a, hayb.* kuzgun

**ravenous** /'revinıs/ *s.* kurt gibi aç

**rave-up** /'reyvap/ *a, k. dili* çılgın parti, cümbüş, âlem

**ravine** /rı'vi:n/ *a, coğ.* dar ve derin koyak

**raving** /'reyving/ *s, be, k. dili* saçmalayan, saçmalayarak

**ravioli** /revi'ouli/ *a.* bir tür mantı

**ravish** /'reviş/ *e.* 1. *yaz.* ırzına geçmek 2. zevk vermek, esritmek

**ravishing** /'revişing/ *s.* büyüleyici, aklı baştan alan, çok güzel

**raw** /ro:/ *s.* 1. (yiyecek) pişmemiş, çiğ 2. işlenmemiş, ham 3. (insan) eğitilmemiş, deneyimsiz, acemi 4. (cilt) ağrılı, acıyan 5. (hava) soğuk ve yağışlı, nemli 6. **raw deal** *k. dili* haksızlık, adilik, kötü muamele 7. **touch (sb) on the raw** bamtenine basmak

**rawhide** /'ro:hayd/ *a.* işlenmemiş inek derisi

**ray** /rey/ *a.* ışın

**rayon** /'reyon/ *a.* yapay ipek, rayon

**raze** /reyz/ *e.* yerle bir etmek, dümdüz etmek

**razor** /'reyzı/ *a.* 1. ustura 2. tıraş makinesi

**re**[1] /ri:/ *ilg.* (iş mektuplarında) -e dair, ... hakkında, ile ilgili olarak: *Re your letter of the* 16th February ...

**re**[2] /rey/ *a, müz.* re notası

**reach**[1] /ri:ç/ *e.* 1. uzanmak: *She reached across and grabbed the child.* 2. yetişmek: *The child couldn't reach the light switch.* 3. uzatmak, uzatıp vermek: *She reached him his coat.* 4. ulaşmak, varmak: *They will reach İzmir at midnight.*

5. ile iletişim kurmak, görüşmek, temas kurmak: *He can be reached at this address.* 6. -e varmak, bulmak: *The temperature reached 45 in the shade.*

**reach²** /ri:ç/ *a.* 1. elin erişebileceği uzaklık 2. kol uzunluğu 3. erim, menzil 4. anlayış, kavrayış, kavrama gücü

**reach out** *e.* (el/kol) uzatmak: *She reached out her hand to him.*

**react** /ri'ekt/ *e.* 1. tepki göstermek 2. *kim.* tepkimek 3. karşılık vermek, mukabele etmek 4. aksi yönde hareket etmek

**reaction** /ri'ekşın/ *a.* 1. tepki, reaksiyon 2. *kim.* tepkime 3. gericilik, irtica

**reactionary** /ri'ekşınıri/ *s, a, hkr.* gerici

**reactivate** /ri'ektiveyt/ *e.* yeniden canlanmak, yeniden harekete geçmek

**reactive** /ri'ektiv/ *s, kim.* tepki oluşturan, tepkin, reaktif

**reactor** /ri'ektı/ *a.* nükleer reaktör

**read¹** /ri:d/ *e.* [*pt, pp* **read** /red/] 1. okumak: *He has been able to read for two years. He was reading a magazine when I came in.* 2. anlamak, sökmek, çözmek: *The graffiti was impossible to read.* 3. (üniversitede) okumak, öğrenim görmek, tahsil etmek: *He's reading psychology at the University.* 4. (termometre, vb.) göstermek: *The speedometer read ten km. per hour.* 5. anlamak, kavramak 6. anlam vermek, yorumlamak 7. **read between the lines** kapalı anlamını bulmak 8. **take sth as read** araştırmadan kabul etmek

**read²** /ri:d/ *a, İİ, k. dili* 1. okuma, okuyuş 2. okunacak şey

**readable** /'ri:dıbıl/ *s.* 1. okumaya değer 2. (yazı) okunaklı

**readdress** /ri:ı'dres/ *e.* (mektuba) farklı bir adres yazmak, üzerindeki adresi değiştirmek

**reader** /'ri:dı/ *a.* 1. okuyucu, okur 2. *İİ.* doçent 3. düzeltmen 4. okuma kitabı

**readership** /'ri:dışip/ *a.* okuyucu sayısı, okur sayısı

**readily** /'redili/ *be.* 1. isteyerek, seve seve, gönülden 2. kolayca, güçlük çekmeden

**readiness** /'redinis/ *a.* 1. gönüllülük, isteklilik, heveslilik 2. hazır olma

**reading** /'ri:ding/ *a.* 1. okuma 2. kitaptan elde edilen bilgi, kitabi bilgi 3. yorum 4. termometre, vb. nin gösterdiği sayı 5. okuma parçası, metin 6. konferans

**read into** *e.* anlam çıkarmaya çalışmak, alt anlamı olduğunu sanmak

**readjust** /ri:ı'cast/ *e.* 1. yeniden alışmak 2. alıştırmak

**read up** *k. dili* içini dışını bilmek/öğrenmek, kitabını yazmak

**ready¹** /'redi/ *s.* 1. hazır: *Is the car ready to drive? Are you ready?* 2. istekli, gönüllü, hazır: *Her mother is always ready to look after the children.* 3. kolay, çabuk, seri 4. eli çabuk

**ready²** /'redi/ *a.* peşin para, nakit

**ready³** /'redi/ *a.* hazır olma

**ready-made** /redi'meyd/ *s.* (giysi) hazır

**real** /rııl/ *s.* gerçek, hakiki, sahici: *Is that a real diamond or is it cut glass? The book was about real places not imaginary ones.*

**real estate** /'rııl isteyt/ *a.* taşınmaz mal, gayrimenkul

**realism** /'rıılizım/ *a.* gerçekçilik

**realist** /'rıılist/ *a.* gerçekçi

**realistic** /rıı'listik/ *s.* 1. gerçekçiliğe ilişkin, realist 2. gerçeğe uygun, gerçekçi

**reality** /rıı'eliti/ *a.* 1. gerçek, hakikat 2. gerçeklik, realite 3. **in reality** gerçekte, aslında 3. **escape from reality** gerçeklerden kaçmak

**realize** /'rıılayz/ *e.* 1. anlamak, kavramak, ayrımına varmak, fark etmek: *I didn't realize he was married. I thought he was single.* 2. gerçekleştirmek, uygulamak: *He realized his ambition to be a journalist.* 3. satmak 4. (para, kâr) getirmek

**really** /'rııli/ *be.* gerçekten, sahiden, cidden, hakikaten: *Are they really going to buy a car? I'm really sorry about that.*

**realm** /relm/ *a.* 1. krallık 2. alan, ülke

**real property** /rııl 'propıti/ *a.* taşınmaz mal, mülk, varlık

**ream** /ri:m/ *a.* 1. *İİ.* 480 tabakalık kâğıt topu 2. *Aİ.* 500 tabakalık kâğıt topu 3. *k. dili* (yazı) çok, tomar tomar

**reap** /ri:p/ *e.* 1. (ekin) biçmek, biçip kaldırmak, toplamak 2. (kâr, vb.) kaldırmak, elde etmek, sağlamak
**reaper** /'ri:pı/ *a.* biçici
**reappear** /ri:ı'piı/ *e.* yeniden ortaya çıkmak, görünmek
**reappraisal** /ri:ı'preyzıl/ *a.* yeniden gözden geçirme, denetleme, yoklama
**rear**[1] /riı/ *e.* 1. yetiştirmek, büyütmek, beslemek, bakmak 2. dikmek, inşa etmek 3. kaldırmak, yukarı kaldırmak 4. (at, vb.) şaha kalkmak, şahlanmak
**rear**[2] /riı/ *a.* 1. geri, arka, art 2. *ask.* en geri saf 3. *ört.* kıç, popo 4. **bring up the rear** en sonuncu gelmek 5. **rear admiral** tuğamiral 6. **rear view mirror** dikiz aynası
**rearm** /ri:'a:m/ *e.* yeniden silahlandırmak
**rearmament** /ri:'a:mımınt/ *a.* yeniden silahlanma/silahlandırma
**rearrange** /ri:ı'reync/ *e.* yeniden düzenlemek
**reason**[1] /'ri:zın/ *a.* 1. neden, sebep 2. us, akıl, sağduyu 3. gerekçe 4. **beyond/past all reason** mantıksız, aşırı 5. **bring sb to reason** mantıklı olmaya ikna etmek 6. **by reason of** ... yüzünden, -den dolayı, ... nedeniyle 7. **do anything within reason** makul ölçüler içinde her şeyi yapmak 8. **it/that stands to reason** gayet açıktır ki, herkes biliyor, son derece aşikâr ki ... 9. **listen to/hear reason** laf dinlemek 10. **lose one's reason** aklını bozmak 11. **with reason** haklı olarak
**reason**[2] /'ri:zın/ *e.* 1. düşünmek, yargılamak, usa vurmak, uslamlamak, muhakeme etmek 2. -den sonuç çıkarmak 3. tartışmak, görüşmek, ikna etmeye çalışmak
**reasonable** /'ri:zınıbıl/ *s.* 1. akla uygun, makul, haklı 2. akıllı, düşünen 3. (fiyat) aşırı olmayan, orta karar, uygun, makul
**reasoning** /'ri:zıning/ *a.* 1. mantıklı düşünme 2. usa vurma, uslamlama, muhakeme
**reason with** *e.* inandırmaya çalışmak, ikna etmek
**reassurance** /ri:ı'şuırıns/ *a.* rahatlatma, güven verme, yatıştırma
**reassure** /ri:ı'şuı/ *e.* güven vermek; korku, kaygı, vb.'den kurtarmak, rahatlatmak
**rebate** /'ri:beyt/ *a.* indirim
**rebel**[1] /'rebıl/ *a.* asi, isyancı
**rebel**[2] /ri'bel/ *e.* baş kaldırmak, isyan etmek, ayaklanmak
**rebellion** /ri'belyın/ *a.* ayaklanma, baş kaldırma, isyan
**rebellious** /ri'belyıs/ *s.* ayaklanan, baş kaldıran, asi, isyancı
**rebirth** /ri:'bö:t/ *a.* yeniden doğma, yeniden canlanma, uyanma
**reborn** /ri:'bo:n/ *s, yaz.* yeniden doğmuş gibi, yeniden canlanmış
**rebound**[1] /ri'baund/ *e.* geri sıçramak, çarpıp geri gelmek, sekmek, geri tepmek
**rebound**[2] /'ri:baund/ *a.* 1. (basketbol) ribaund 2. **on the rebound** a) (top, vb.) sekerken, geri teperken b) öfkeyle kalkıp, gücenerek, bozularak, nispet olsun diye
**rebuff**[1] /ri'baf/ *a.* ters yanıt, tersleme, ret
**rebuff**[2] /ri'baf/ *e.* kabaca reddetmek, terslemek
**rebuild** /ri:'bild/ *e.* [pt, pp **rebuilt** /ri:'bilt/] yeniden inşa etmek
**rebuilt** /ri:'bilt/ *pt, pp bkz.* **rebuild**
**rebuke**[1] /ri'byu:k/ *e.* azarlamak
**rebuke**[2] /ri'byu:k/ *a.* azar, azarlama
**rebut** /ri'bat/ *e.* yanlışlığını göstermek, yanlış olduğunu kanıtlamak, çürütmek
**recalcitrant** /ri'kelsitrınt/ *a, s.* boyun eğmeyen, dik kafalı, kafa tutan, inatçı, yılmaz
**recall**[1] /ri'ko:l/ *e.* 1. geri çağırmak 2. anımsamak, hatırlamak 3. geri almak, iptal etmek 4. görevden almak, azletmek
**recall**[2] /ri'ko:l/ *a.* 1. geri çağırma 2. geri gelme işareti ya da emri 3. anımsama, hatırlama 4. görevden alma, azil
**recant** /ri'kent/ *e.* -den dönmek, caymak, -i bırakmak
**recapitulate** /ri:kı'piçuleyt/ *e.* önemli noktaları yinelemek, özetlemek
**recapture** /ri:'kepçı/ *e.* 1. yeniden yakalamak, ele geçirmek 2. yeniden zapt

**R**

etmek/yenmek/kazanmak 3. *yaz.* aklına getirmek, anımsatmak

recede /ri'si:d/ *e.* 1. geri çekilmek, çekilmek, uzaklaşmak 2. (fiyat, vb.) düşmek, gerilemek 3. geriye doğru gitmek

receipt /ri'si:t/ *a.* 1. alındı, makbuz, fiş, fatura 2. alma, alınma 3. *ç.* gelir, hasılat 4. reçete

receive /ri'si:v/ *e.* 1. almak: *My mother hasn't received the flowers you sent.* 2. - e uğramak, maruz kalmak, almak: *He received a broken arm in the accident.* 3. evine almak, konuk kabul etmek, karşılamak 4. taşımak, içine almak 5. **be on the receiving end (of)** *k. dili* -e maruz kalmak, -den çekmek

receiver /ri'si:vı/ *a.* 1. alan, kabul eden kimse 2. (radyo, vb.) alıcı 3. ahize, almaç 4. tahsildar 5. çalıntı mal alıp satan kimse

recent /'ri:sınt/ *s.* yeni, yakında olan, son günlerdeki, son: *His illness is very recent.*

recently /'ri:sıntli/ *be.* son günlerde, son zamanlarda, bu yakında, bu aralar: *I bought a new car recently.*

receptacle /ri'septıkıl/ *a.* içine öteberi konan kap

reception /ri'sepşın/ *a.* 1. alma 2. karşılama, kabul 3. kabul töreni 4. konuk kabulü 5. resepsiyon 6. (radyo, tv, vb.) alış kalitesi, görüntü kalitesi, netlik

receptionist /ri'sepşınist/ *a.* resepsiyon memuru, resepsiyonist

receptive /ri'septiv/ *s.* yenilikçi, ilerici, yeni düşüncelere açık, modern görüşlü

recess[1] /ri'ses/ *a.* 1. dinlenme, dinlenme anı, paydos, ara verme 2. okul tatili 3. duvarda girinti, niş 4. iç taraf, gizli yer

recess[2] /ri'ses/ *e.* 1. duvar girintisini koymak, yerleştirmek 2. dinlenmek, ara vermek, paydos etmek, tatil yapmak

recession /ri'seşın/ *a.* 1. geri çekilme, gerileme 2. (işlerde) durgunluk, azalma, düşüş

recipe /'resipi/ *a.* 1. yemek tarifesi 2. reçete, çözüm, yol

recipient /ri'sipiınt/ *a.* alan kimse, alıcı

reciprocal /ri'siprıkıl/ *s.* karşılıklı, iki taraflı

reciprocate /ri'siprıkeyt/ *e.* karşılığını vermek, karşılığını yerine getirmek

recital /ri'saytl/ *a.* 1. anlatma, nakletme 2. ezber okuma 3. *müz.* resital 4. hesap, rapor

recite /ri'sayt/ *e.* 1. ezberden okumak 2. anlatmak, söylemek, sayıp dökmek 3. (listesini) vermek

reckless /'reklıs/ *s.* korkusuz, pervasız, kayıtsız, umursamaz, ihtiyatsız

reckon /'rekın/ *e.* 1. hesaplamak: *He reckoned the coast of building materials to be more than 5000 dollars.* 2. *k. dili* sanmak, tahmin etmek: *I reckon it's going to rain tomorrow. Who do you reckon will win the match?* 3. saymak, ... gözüyle bakmak: *She is reckoned to be a very good artist. I reckon him as a fool.*

reckoning /'rekıning/ *a.* 1. sayma, hesaplama, hesap 2. *den.* mevki tahmini, yer tahmini 3. **day of reckoning** hesap günü, kıyamet günü

reckon on *e.* beklemek, ummak

reckon with *e.* 1. ile hesaplaşmak 2. hesaba katmak 3. **to be reckoned with** ciddiye alınacak, hesaba katılacak, dikkat edilecek

reckon without *e.* hesaba katmamak: *They reckoned without the public's opposition.*

reclaim /ri'kleym/ *e.* 1. düzeltmek, iyileştirmek, kurtarmak, ıslah etmek 2. geri istemek 3. tarıma ya da oturmaya elverişle duruma getirmek

recline /ri'klayn/ *e.* 1. arkaya dayanmak, yaslanmak 2. uzanmak, yatmak

recluse /ri'klu:s/ *s.* her şeyden elini ayağını çekmiş, tek başına yaşayan, münzevi

recognition /rekıg'nişın/ *a.* 1. tanıma, tanınma, kabul, onaylanma 2. **change beyond/out of all recognition** tanınmaz hale getirmek

recognize /'rekıgnayz/ *e.* 1. tanımak: *She didn't recognize him because he had shaved off his beard.* 2. tanımak, onaylamak: *They didn't recognize his qualification.* 3. farkına varmak, görmek 4.

**R**

takdir etmek

**recoil**[1] /'rikoyl/ *e.* 1. irkilmek, geri çekilmek 2. (silah) geri tepmek

**recoil**[2] /'ri:koyl, 'rikoyl/ *a.* 1. geri çekilme 2. geri tepme

**recollect** /rekı'lekt/ *e.* anımsamak, hatırlamak

**recollection** /rekı'lekşın/ *a.* 1. anımsama, hatırlama 2. hatırlanan şey, anı

**recommend** /rekı'mend/ *e.* 1. salık vermek, önermek, tavsiye etmek: *He was recommended as a very good doctor.* 2. öğütlemek: *What do you recommend that I eat here?* 3. beğendirmek, iyi bir izlenim uyandırmak

**recommendation** /rekımen'deyşın/ *a.* 1. tavsiye, salık 2. öğüt 3. tavsiye mektubu

**recompense**[1] /'rekımpens/ *e.* karşılığını vermek, ödemek, zararını ödemek, telafi etmek, tazmin etmek

**recompense**[2] /'rekımpens/ *a.* ödence, ödenti, karşılık, tazminat

**reconcile** /'rekınsayl/ *e.* 1. barıştırmak, aralarını bulmak, uzlaştırmak 2. (düşünce, görüş, vb.) bağdaştırmak 3. (to ile) kabul ettirmek, razı etmek

**reconciliation** /rekınsili'eyşın/ *a.* barışma, uzlaşma, barış

**recondite** /'rekındayt/ *s.* derin, çapraşık, anlaşılması güç, az kimse tarafından bilinen

**recondition** /ri:kın'dişın/ *e.* onarmak, yenilemek, tamir etmek, tekrar çalışır hale getirmek

**reconnaissance** /ri'konisıns/ *a, ask.* keşif

**reconnoitre** /rekı'noytı/ *a, ask.* keşfe çıkmak

**reconsider** /ri:kın'sidı/ *e.* yeniden düşünmek, yeniden incelemek ya da ele almak

**reconstitute** /ri:'konstityu:t/ *e.* 1. tekrar kurmak, yenilemek 2. (kurutulmuş yiyeceği) su katarak yenilir/içilir hale getirmek

**reconstruct** /ri:kın'strakt/ *e.* 1. yeniden kurmak, yeniden inşa etmek 2. bulgulardan sonuç çıkarmak, çözmek, su yüzüne çıkarmak

**record**[1] /ri'ko:d/ *e.* 1. yazmak, kaydet-

mek, deftere kaydetmek 2. (aygıt) kaydetmek, göstermek 3. (görüntü, ses) almak, kaydetmek, kayıt yapmak

**record**[2] /'reko:d/ *a.* 1. kayıt 2. tutanak 3. sicil, defter 4. dosya, sicil 5. rekor 6. plak 7. ün, isim, şöhret 8. **off the record** *k. dili* gayriresmi (olarak) 9. **on record** kayıtlara geçmiş, kayıtlardaki 10. **record player** pikap, plakçalar

**record**[3] /'reko:d/ *s.* rekor düzeyde, rekor

**recorder** /ri'ko:dı/ *a.* 1. *müz.* flavta 2. kayıt aygıtı, teyp 3. kayıt memuru 4. yargıç

**recording** /ri'ko:ding/ *a.* kayıt

**recount**[1] /ri'kaunt/ *e.* anlatmak

**recount**[2] /ri:'kaunt/ *e.* yeniden saymak

**recount**[3] /ri:'kaunt/ *a.* (oy, vb.) ikinci sayım, yeni sayım

**recoup** /ri'ku:p/ *e.* (harcırah, vb.) almak, geri almak

**recourse** /ri'ko:s/ *a.* 1. başvurma, yardım dileme, yardım 2. **have recourse to** -e (yardım için) başvurmak, yardım dilemek, sığınmak

**recover** /ri'kavı/ *e.* 1. yeniden elde etmek, geri almak: *He recovered the wallet he had left on the bus.* 2. iyileşmek, düzelmek, kendine gelmek, toparlanmak: *She hasn't recovered yet.* 3. *huk.* tazmin ettirmek, mahkeme yoluyla ödetmek

**re-cover** /ri:'kavı/ *e.* yeniden kaplamak

**recovery** /ri'kavırı/ *a.* 1. geri alma, geri alınma 2. iyileşme, düzelme

**recreate** /ri:kri'eyt/ *e.* yeniden yaratmak, yeniden canlandırmak

**recreation** /rekri'eyşın/ *a.* eğlence, dinlenme

**recriminate** /ri'krimineyt/ *e.* birbirini suçlamak, karşılıklı atışmak, kapışmak

**recrimination** /rikrimi'neyşın/ *a.* suçlamaya suçlama ile karşılık verme, karşılıklı suçlama, atışma

**recrudescence** /ri:kru'desıns/ *a.* yeniden olma, nüksetme, patlak verme

**recruit**[1] /ri'kru:t/ *a.* 1. acemi er 2. yeni üye

**recruit**[2] /ri'kru:t/ *e.* 1. askere almak 2. (üyeliğe) almak, üye yapmak 3. işe almak, çalıştırmak

**rectal** /'rektl/ *s, hek.* rektumla ilgili

**rectangle** /'rektengıl/ a. dikdörtgen
**rectangular** /rek'tengyulı/ s. dikdörtgen biçiminde
**rectifier** /'rektifayı/ a. 1. doğrultucu, düzeltici 2. redresör, doğrultmaç
**rectify** /'rektifay/ e. 1. düzeltmek 2. kim. arıtmak, damıtmak 3. elek. dalgalı akımı doğru akıma çevirmek
**rectitude** /'rektityu:d/ a. doğruluk, dürüstlük
**rector** /'rektı/ a. 1. rektör 2. papaz
**rectory** /'rektıri/ a. papaz evi
**rectum** /'rektım/ a, anat. düzbağırsak, göden, gödenbağırsağı, rektum
**recumbent** /ri'kambınt/ s. uzanmış, uzanıp yatmış
**recuperate** /ri'kyu:pıreyt/ e. iyileşmek, sağlığına kavuşmak
**recur** /ri'kö:/ e. tekrar meydana gelmek, yinelenmek, tekrar vuku bulmak
**recurrence** /ri'karıns/ a. yinelenme, tekrar olma, tekrar vuku bulma, tekerrür
**recycle** /ri:'saykıl/ e. (kullanılmış maddeleri) yeniden işleyip kullanılır hale getirmek
**red**[1] /red/ s. 1. kırmızı: He bought a red car. 2. (saç) kızıl: She's got long red hair. 3. (cilt) pembe 4. hkr. komünist, kızıl 5. **red carpet** özel karşılama 6. **Red Crescent** Kızılay 7. **Red Cross** Kızılhaç 8. **Red Indian** Kızılderili 9. **red tape** bürokrasi, kırtasiyecilik 10. **see red** tepesi atmak, gözü dönmek, öfkeden kudurmak
**red**[2] /red/ a. 1. kırmızı 2. hkr. komünist, kızıl 3. **in the red** borç içinde
**red-blooded** /red'bladid/ s. güçlü, yürekli, gözü pek
**redbrick** /'redbrik/ a. İngiltere'de 19. yüzyıl sonlarında (Londra dışında) kurulmuş Üniversite
**redcurrant** /red'karınt/ a, bitk. frenküzümü
**redden** /'redn/ e. 1. kızarmak 2. kızartmak, kırmızılaştırmak
**reddish** /'rediş/ s. kırmızımsı, kırmızımtırak
**redeem** /ri'di:m/ e. 1. bedelini vererek geri almak 2. (günahtan) kurtarmak 3. yap-

mak, yerine getirmek, ifa etmek 4. (rehin, borç, vb.'den) kurtarmak
**redemption** /ri'dempşın/ a. 1. geri alma 2. ödeme 3. kurtarma
**redeploy** /ri:di'ploy/ e. (asker, işçi, vb.) yerlerini değiştirmek, daha verimli biçimde düzenlemek
**red-handed** /red'hendid/ s. suçüstü: He was caught red-handed.
**redhead** /'redhed/ a, k. dili kızıl saçlı kadın, kızıl
**red-hot** /red'hot/ s. 1. (metal) kızarmış, akkor halinde, çok kızgın 2. çok öfkeli, ateş püskürür halde, çok kızgın
**redid** /ri:'did/ pt bkz. **redo**
**redirect** /ri:'day'rekt, ri:di'rekt/ e, bkz. **readdress**
**red-letter** /red'letı/ a. özel bir gün, çok mutlu bir gün, bayram
**redo** /ri:'du:/ e. [pt **redid** /ri:'did/, pp **redone** /ri:'dan/] yeniden yapmak, tekrar yapmak: I redid my homework.
**redolent** /'redılınt/ s. ... kokan, ... kokulu, ... havası olan
**redone** /ri:'dan/ pp bkz. **redo**
**redouble** /ri:'dabıl/ e. 1. büyük ölçüde artmak 2. büyük ölçüde arttırmak
**redoubtable** /ri'dautıbıl/ s. çok saygı duyulan ve korkulan, büyük
**redound** /ri'daund/ e. (to ile) katkıda bulunmak, artırmak, ilerletmek, yararı dokunmak
**redress**[1] /ri'dres/ e. düzeltmek
**redress**[2] /ri'dres/ a. tazminat, karşılık
**reduce** /ri'dyu:s/ e. 1. azaltmak, indirmek, düşürmek: During the sale the prices were all reduced. 2. k. dili kilo vermek, zayıflamak: She wants to reduce so is exercising. 3. (to ile) zorunda bırakmak, -e düşürmek, -e zorlamak: She was reduced to prostitution to support her family. 4. boyun eğdirmek, fethetmek: The city was reduced to a pile of rubble. 5. (rütbesini, vb.) indirmek 6. **reduce sb to tears** gözyaşlarına boğmak, ağlatmak
**reduction** /ri'dakşın/ a. 1. azaltma, indirme 2. indirim, tenzilat: Can't you make any reduction? 3. küçültülmüş resim,

harita, vb.

**redundancy** /ri'dandınsi/ *a.* gereğinden fazlalık, gereksizlik, bolluk, aşırı emek, emek bolluğu

**redundant** /ri'dandınt/ *s.* 1. gereksiz, lüzumsuz, fazla, aşırı, bol 2. işten çıkarılan

**reed** /ri:d/ *a.* 1. *bitk.* kamış, saz 2. *müz.* düdük dili, sipsi

**reef** /ri:f/ *a.* 1. *den.* camadan 2. *coğ.* resif

**reek**[1] /ri:k/ *a.* kötü koku

**reek**[2] /ri:k/ *e.* kötü kokmak

**reel**[1] /ri:l/ *a.* 1. makara, bobin 2. çıkrık 3. (teyp) makara

**reel**[2] /ri:l/ *e.* 1. sallanmak, sendelemek, sarhoş gibi gitmek, yalpalamak 2. kafası karışmak, şaşırmak 3. fırıl fırıl dönmek, döner gibi olmak 4. makaraya sarmak

**reel off** *e.* (ezberden) okuyuvermek, takır takır tekrarlamak

**reentry** /ri:'entri/ *a.* 1. yeniden girme 2. uzay aracının dönüp dünya atmosferine girmesi

**ref** /ref/ *a, k. dili, sp.* hakem

**refectory** /ri'fektıri/ *a.* yemekhane

**refer** /ri'fö:/ *e.* (to ile) 1. -den söz etmek, ağzına almak: *He always referred to his mother-in-law as `that woman'.* 2. ilgili olmak, ilgilendirmek, kapsamak: *The company's change in policy doesn't refer to you, only to office staff.* 3. göndermek, havale etmek: *He was referred to the manager with his enquiry.* 4. başvurmak, danışmak: *You should refer to an encyclopedia for that information.*

**referee**[1] /refı'ri:/ *a.* 1. *sp.* hakem 2. *huk.* bilirkişi

**referee**[2] /refı'ri:/ *e.* hakemlik yapmak

**reference** /'refırıns/ *a.* 1. bahsetme, ağzına alma, söz etme 2. başvurma, danışma 3. referans, bonservis 4. **in/with reference to** -e dair, -e ilişkin, ile ilgili olarak, -e gelince 5. **reference book** (sözlük, ansiklopedi, vb.) başvuru kitabı

**referendum** /refı'rendım/ *a.* halkoylaması, referandum

**refill**[1] /ri:'fil/ *e.* yeniden doldurmak

**refill**[2] /'ri:fil/ *a.* yedek (kâğıt, pil, kalem içi, kurşun, vb.)

**refine** /ri'fayn/ *e.* arıtmak, arılaştırmak, tasfiye etmek, rafine etmek

**refined** /ri'faynd/ *s.* 1. arıtılmış, tasfiye edilmiş, rafine 2. ince, kibar, zarif

**refinement** /ri'faynmınt/ *a.* 1. arıtma, tasfiye 2. incelik, kibarlık, zarafet 3. yararlı ilave, aksesuar

**refinery** /ri'faynıri/ *a.* arıtımevi, rafineri

**reflect** /ri'flekt/ *e.* 1. yansıtmak, aksettirmek: *Mirrors don't reflect vampires.* 2. göstermek, dile getirmek, ifade etmek, yansıtmak: *His writings reflected his beliefs.* 3. düşünmek, iyice düşünüp taşınmak

**reflection** /ri'flekşın/ *a.* 1. yansıma, aksetme 2. yankı, akis, hayal 3. derin düşünce 4. **cast reflections on** hakkında kötü şeyler söylemek, kötülemek

**reflective** /ri'flektiv/ *s.* düşünceli

**reflector** /ri'flektı/ *a.* yansıtaç, reflektör

**reflex** /'ri:fleks/ *a.* refleks, tepki, yansı

**reflexive** /ri'fleksiv/ *s, dilb.* dönüşlü

**reform**[1] /ri'fo:m/ *e.* 1. düzeltmek, geliştirmek 2. düzelmek, gelişmek 3. -de reform yapmak

**reform**[2] /ri'fo:m/ *a.* reform, düzeltim

**reformation** /refı'meyşın/ *a.* reformasyon, düzeltim

**reformer** /ri:'fo:mı/ *a.* düzeltimci, ıslahatçı, reformcu

**refract** /ri'frekt/ *e.* (ışık) kırmak

**refraction** /ri'frekşın/ *a, fiz.* kırılma

**refractory** /ri'frektıri/ *s.* 1. karşı gelen, karşı koyan, dik başlı, inatçı 2. (hastalık) iyileştirilmesi zor, tedavisi güç, inatçı 3. (metal) ergimesi zor, sıcağa dayanıklı, kolay işlenemez

**refrain**[1] /ri'freyn/ *e.* kendini tutmak, kaçınmak, çekinmek, sakınmak: *I wish you'd refrain from smoking while I'm eating.*

**refrain**[2] /ri'freyn/ *a.* nakarat

**refresh** /ri'freş/ *e.* 1. canlandırmak, güçlendirmek, dinçleştirmek 2. serinletmek 3. (anıları, vb.) tazelemek, yenilemek, canlandırmak

**refresher course** /ri'freşı ko:s/ *a.* bilgi tazeleme kursu

R

**refreshing** /ri'freşing/ *s.* 1. güçlendirici, canlandırıcı, dinlendirici, dinçleştirici 2. serinletici 3. hoş, ilginç, değişik

**refreshment** /ri'freşmınt/ *a.* 1. canlanma, güçlenme, dinlenme 2. yiyecek, içecek

**refrigerate** /ri'fricıreyt/ *e.* soğutmak, serinletmek

**refrigerator** /ri'fricıreytı/ *a.* buzdolabı

**refuel** /ri:'fyuıl/ *e.* yakıt ikmal etmek

**refuge** /'refyu:c/ *a.* 1. sığınak, barınak 2. orta kaldırım, refüj 3. **take refuge (in)** sığınmak

**refugee** /refyu'ci:/ *a.* mülteci, sığınık

**refund**[1] /ri'fand/ *e.* (parayı) geri vermek, geri ödemek

**refund**[2] /'ri:fand/ *a.* geri verilen para, geri ödeme

**refusal** /ri'fyu:zıl/ *a.* 1. kabul etmeme, ret, geri çevirme 2. reddetme hakkı

**refuse**[1] /ri'fyu:z/ *e.* reddetmek, kabul etmemek, geri çevirmek: *She refused his invitation to the party.*

**refuse**[2] /'refyu:s/ *a.* döküntü, süprüntü, çöp, artık

**refute** /ri'fyu:t/ *e.* yanlış olduğunu kanıtlamak, çürütmek

**regain** /ri'geyn/ *e.* 1. yeniden elde etmek, yeniden kavuşmak 2. *yaz.* (bir yere) tekrar varmak, tekrar dönmek

**regal** /'ri:gıl/ *s.* 1. kral ya da kraliçe gibi 2. krallara layık, şahane

**regale** /ri'geyl/ *e.* (with ile) eğlendirmek, hoşça vakit geçirtmek

**regalia** /ri'geyliı/ *a.* 1. tören kıyafeti 2. tören süslemeleri

**regard**[1] /ri'ga:d/ *e.* 1. bakmak 2. gözü ile bakmak, gibi görmek, olarak ele almak, saymak: *I regard him as an honest man.* 3. göz önünde tutmak, umursamak, önemsemek, aldırmak, kulak asmak

**regard**[2] /ri'ga:d/ *a.* 1. saygı, itibar 2. önemseme, aldırış, saygı, dikkat 3. bakış 4. *ç.* selam, iyi dilekler 5. **in/with regard to** hakkında, -e gelince, -e dair

**regarding** /ri'ga:ding/ *ilg.* hakkında, ilişkin, hususunda, ile ilgili, -e dair, -e gelince

**regardless** /ri'ga:dlis/ *be, k. dili* ne olursa olsun, mutlaka

**regardless of** *ilg.* -i düşünmeden, -e bakmaksızın, -e aldırmadan: *She will leave home regardless of what her parents say.*

**regatta** /ri'getı/ *a.* kayık ya da yelkenli tekne yarışı

**regency** /'ri:cınsi/ *a.* kral naipliği

**regent** /'ri:cınt/ *a.* kral naibi

**reggae** /'regey/ *a, müz.* rege

**regime** /rey'ci:m/ *a.* 1. yönetim, rejim 2. perhiz, rejim

**regimen** /'recimin/ *a.* rejim, perhiz

**regiment**[1] /'recimınt/ *a.* 1. *ask.* alay 2. kalabalık, sürü

**regiment**[2] /'reciment/ *e, hkr.* sıkı disiplin altında tutmak

**region** /'ri:cın/ *a.* 1. bölge, yöre 2. **in the region of** yaklaşık, ... civarında

**regional** /'ri:cınıl/ *s.* bölgesel, yöresel

**register**[1] /'recistı/ *a.* 1. sicil, kütük 2. kayıt defteri, liste defteri, dosya 3. liste, kayıt 4. *müz.* ses perdesi 5. kayıt eden aygıt, saat, sayaç 6. regülatör 7. **cash register** otomatik yazar kasa 8. **register/registry office** sicil dairesi, evlendirme dairesi

**register**[2] /'recistı/ *e.* 1. kütüğe kaydetmek, sicile geçirmek 2. kaydetmek, listeye yazmak 3. (aygıt) kaydetmek, göstermek 4. belirtmek, dışa vurmak, ifade etmek, belli etmek 5. (mektubu) taahhütlü olarak göndermek

**registered** /'recistıd/ *s.* 1. (mektup) taahhütlü 2. kayıtlı, tescilli

**registrar** /reci'stra:/ *a.* sicil memuru, nüfus memuru

**registration** /reci'streyşın/ *a.* 1. (kütüğe) kaydetme 2. listeye alma, kaydetme 3. kayıt, tescil 4. **registration number** plaka numarası

**registry** /'recistri/ *a.* sicil dairesi

**regress** /ri'gres/ *e.* gerilemek, ilkelleşmek

**regret**[1] /ri'gret/ *e.* 1. pişman olmak: *I regret that I missed your party.* 2. gözünde tütmek, özlemini çekmek, aramak: *Now that it's gone, I regret my car.* 3. **I regret to say that ...** üzülerek söyliyeyim ki ..., maalesef ..., ne yazık ki ...

**regret**$^2$ /ri'gret/ *a.* 1. üzüntü 2. pişmanlık 3. **have no regrets** bir pişmanlık duymamak, hiç pişman olmamak 4. **much to my regret** üzülerek söyliyeyim ..., maalesef ..., kusura bakmayın ...
**regretful** /ri'gretfıl/ *s.* üzüntülü
**regrettable** /ri'gretıbıl/ *s.* üzücü, acınacak, ayıp
**regroup** /ri:'gru:p/ *e.* 1. yeniden gruplaşmak, grup kurmak 2. yeniden gruplandırmak
**regular**$^1$ /'regyulı/ *s.* 1. düzgün, muntazam: *A bell rang at regular intervals of two hours.* 2. her zamanki, mutat, düzenli: *Dave doesn't keep regular hours but works when he wants to.* 3. usule uygun, yoluna göre, nizami: *He's a very regular committee member and attends every meeting.* 4. meslekten, muvazzaf: *regular officer* 5. *k. dili* tam, gerçek, tam anlamıyla: *He's a regular charmer with women, they all fall in love with him.* 6. normal, sıradan 7. düzgün, güzel biçimli: *He has very regular teeth.* 8. *dilb.* düzenli: `Live' is a regular verb.*
**regular**$^2$ /'regyulı/ *a.* 1. *ask.* muvazzaf 2. *k. dili* devamlı müşteri, gedikli
**regularity** /regyu'leriti/ *a.* düzen, düzenlilik, düzenli biçimde olma, intizam
**regularly** /'regyulıli/ *be.* düzenli olarak, muntazaman
**regulate** /'regyuleyt/ *e.* 1. düzene sokmak, düzenlemek, yoluna koymak, denetim altına almak, kontrol etmek 2. ayarlamak
**regulation** /regyu'leyşın/ *a.* 1. düzenleme, tanzim 2. ayarlama 3. *ç.* yönetmelik, tüzük
**regulator** /'regyuleytı/ *a.* ayarlayıcı, düzenleyici, düzengeç, regülatör
**regurgitate** /ri'gö:citeyt/ *e.* kusmak, kusacak gibi olmak
**rehabilitate** /ri:hı'biliteyt/ *e.* 1. yararlı duruma getirmek, düzeltmek, ıslah etmek 2. tedavi ederek sağlığına kavuşturmak, eski haline getirmek, normal hale getirmek 3. eski görev, rütbe ya da haklarını geri vermek
**rehabilitation** /ri:hıbili'teyşın/ *a.* 1. eski

sağlığına kavuşturma, rehabilitasyon 2. eski görev, rütbe ya da haklarını geri verme
**rehearsal** /ri'hö:sıl/ *a.* 1. *tiy.* prova 2. anlatma, sayıp dökme
**rehearse** /ri'hö:s/ *e.* 1. prova etmek 2. anlatmak, sayıp dökmek
**rehouse** /ri:'hauz/ *e.* yeni/daha iyi bir eve yerleştirmek
**reign**$^1$ /reyn/ *a.* hükümdarlık, saltanat
**reign**$^2$ /reyn/ *e.* 1. saltanat sürmek 2. *yaz.* oluşmak, olmak, vuku bulmak
**reimburse** /ri:im'bö:s/ *e.* (parasını) geri vermek, ödemek, birinin yaptığı masrafı ödemek
**rein** /reyn/ *a.* 1. dizgin 2. **give (free) rein to** (duyguları) serbest bırakmak, kaptırmak, dalmak, dizginlerini koyuvermek 3. **keep a tight rein on** dizginlemek, sıkı denetlemek
**reincarnate** /ri:in'ka:neyt/ *e.* öldükten sonra yeni bir bedende diriltmek; (ruha) yeni bir beden vermek
**reincarnation** /ri:inka:'neyşın/ *a.* başka bir bedende dirilme
**reindeer** /'reyndiı/ *a, hayb.* rengeyiği
**reinforce** /ri:in'fo:s/ *e.* güçlendirmek, takviye etmek, berkitmek
**reinforcement** /ri:in'fo:smınt/ *a.* 1. güçlendirme, takviye, destek, berkitme 2. *ç, ask.* takviye birliği
**reinstate** /ri:in'steyt/ *e.* eski mevkiini geri vermek
**reiterate** /ri:'itıreyt/ *e.* (birkaç kez) yinelemek, tekrarlamak
**reject**$^1$ /ri'cekt/ *e.* 1. reddetmek, kabul etmemek, geri çevirmek: *He rejected the job.* 2. bir tarafa atmak, ıskartaya çıkarmak, atmak: *The shop rejected the shirts because they were poor quality.*
**reject**$^2$ /'ri:cekt/ *a.* bir kenara atılan yararsız şey, ıskarta
**rejection** /ri'cekşın/ *a.* kabul etmeme/edilmeme, ret, geri çevirme
**rejoice** /ri'coys/ *e.* 1. çok sevinçli olmak, sevinmek 2. **rejoice sb's heart** mutlu etmek, yüzünü güldürmek
**rejoicing** /ri'coysing/ *a.* büyük sevinç, bayram sevinci, şenlik

**rejoin** /ri'coyn/ *e.* 1. sert yanıt vermek 2. yanıt vermek, karşılık vermek 3. (kamp, gemi, vb.'ne) geri dönmek
**rejoin** /ri:'coyn/ *e.* yeniden birleştirmek
**rejoinder** /ri'coyndı/ *a.* 1. yanıt 2. kaba yanıt
**rejuvenate** /ri'cu:vıneyt/ *e.* gençleştirmek
**relapse**[1] /ri'leps/ *e.* 1. kötüye gitmek, kötüleşmek 2. (kötü yola) sapmak, dönmek
**relapse**[2] /ri'leps/ *a.* 1. kötüye gitme, kötüleşme 2. (kötü yola) sapma, dönme
**relate** /ri'leyt/ *e.* 1. anlatmak, nakletmek, hikâye etmek 2. arasındaki farkı görmek/göstermek 3. (to ile) ile bağdaştırmak, ilişki kurmak 4. (to ile) -e yönelik olmak, kapsamak, ait olmak
**related** /ri'leytid/ *s.* ilgili, ilişkili, bağlantılı
**relation** /ri'leyşın/ *a.* 1. akraba 2. ilgi, ilişki, bağlantı 3. *ç.* karşılıklı ilişki
**relationship** /ri'leyşınşip/ *a.* 1. akrabalık 2. ilgi, ilişki, bağlantı
**relative**[1] /'relıtiv/ *a.* akraba
**relative**[2] /'relıtiv/ *s.* 1. göreli, oranlı, nispi 2. bağlı, ilişkin 3. **relative pronoun** *dilb.* ilgi adılı
**relatively** /'relıtivli/ *be.* 1. oranla, nispeten 2. oldukça
**relativity** /relı'tiviti/ *a.* izafiyet, görelik
**relax** /ri'leks/ *e.* 1. gevşemek, gevşeyip dinlenmek, yorgunluğunu atmak, rahatlamak 2. gevşetmek, rahatlatmak, dinlendirmek 3. (güç, kontrol, vb.) gevşetmek, hafifletmek
**relaxation** /ri:lek'seyşın/ *a.* 1. gevşeme, yumuşama, hafifleme 2. gevşetme, yumuşatma, hafifletme 3. gevşeklik
**relay**[1] /'ri:ley/ *a.* 1. nöbetleşe çalışan ekip, vardiya, posta 2. yedek malzeme 3. *elek.* röle 4. *k. dili* bayrak yarışı
**relay**[2] /'ri:ley/ *e.* naklen yayınlamak
**release**[1] /ri'li:s/ *e.* 1. serbest bırakmak 2. bırakmak, koyuvermek 3. çözmek 4. (filmi) gösterime sokmak 5. (haber) duyurmak, bildirmek, yayınlamak 6. piyasaya sürmek, satışa çıkarmak, (piyasaya) çıkarmak 7. *huk.* feragat etmek, vazgeçmek ya da devretmek
**release**[2] /ri'li:s/ *a.* 1. serbest bırakma,

özgürlüğüne kavuşturma, salma, salıverme, tahliye 2. tahliye kâğıdı 3. gevşetme, çözme 4. kurtarma, kurtuluş, kurtulma 5. (film) piyasada gösterilme izni 6. (kitap, haber, vb.) yayınlama izni 7. deklanşör 8. *tek.* salıverme düzeneği, yay 9. **on general release** (film) gösterimde
**relegate** /'religeyt/ *e.* 1. göndermek, havale etmek 2. aşağı bir durum ya da mevkiye indirmek
**relent** /ri'lent/ *e.* yumuşamak, acıyıp merhamete gelmek, gevşemek
**relentless** /ri'lentlıs/ *s.* amansız, acımasız
**relevant** /'relivınt/ *s.* konu ile ilgili
**reliable** /ri'layıbıl/ *s.* 1. güvenilir 2. güvenli, emniyetli
**reliance** /ri'layıns/ *a.* güvenç, güven, inan, itimat
**reliant** /ri'layınt/ *s.* bağlı, bağımlı, dayalı: *He's still reliant on his parents' support.*
**relic** /'relik/ *a.* 1. kalıntı 2. ölü kalıntısı 3. hatıra, andaç
**relief** /ri'li:f/ *a.* 1. ferahlama, rahatlama 2. kurtarma, kurtuluş 3. takviye kuvvetleri 4. iç rahatlığı, iç ferahlığı, avuntu 5. yardım, imdat 6. çare, derman 7. nöbet değiştirme, nöbeti devralan kişi 8. kabartma, rölyef
**relieve** /ri'li:v/ *e.* 1. (ağrı, acı, sıkıntı, vb.) dindirmek, hafifletmek, azaltmak, yatıştırmak, teskin etmek, bastırmak 2. ferahlatmak, rahatlatmak, avutmak, avundurmak, gönül ferahlığı vermek 3. nöbeti devralmak, nöbet değiştirmek 4. (kuşatılmış kenti) kurtarmak 5. tekdüzeliğini gidermek, ilginçleştirmek, güzelleştirmek, hareketlendirmek, canlandırmak
**relieved** /ri'li:vd/ *s.* rahatlamış, ferahlamış, yatışmış, rahat, ferah
**relieve of** *e.* (ağır bir yükü) elinden almak, -den kurtarmak
**religion** /ri'licın/ *a.* 1. din 2. mezhep 3. inanç, iman
**religious** /ri'licıs/ *s.* 1. dinsel, dini 2. dindar: *He's a very religious man.*
**religiously** /ri'licısli/ *be.* 1. imanla 2. düzenli bir şekilde
**relinquish** /ri'linkwiş/ *e.* vazgeçmek,

bırakmak, feragat etmek
**relish**[1] /'reliş/ *a.* 1. istek, zevk, haz, iştah
2. çeşni, tat, lezzet
**relish**[2] /'reliş/ *e.* hoşlanmak, hoşuna
gitmek, zevk almak, hoşnut olmak
**relive** /ri:'liv/ *e.* yeniden yaşamak, anımsamak: *Looking at the photos he relived
his holiday.*
**relocate** /ri:lou'keyt/ *e.* (başka bir yere)
taşımak, kurmak, yerleştirmek
**reluctance** /ri'laktıns/ *a.* isteksizlik, gönülsüzlük
**reluctant** /ri'laktınt/ *s.* isteksiz, gönülsüz
**rely** /ri'lay/ *e.* (on ile) güvenmek, itimat
etmek, bel bağlamak: *Don't rely on him.
He says he'll help but doesn't.*
**remade** /ri:'meyd/ *pt, pp* bkz. **remake**
**remain** /ri'meyn/ *e.* kalmak: *Nothing
remained of the village after the earthquake. He remained until all the others
left. He remained silent throughout the
proceedings. He remained a farmer all
his life.*
**remainder** /ri'meyndı/ *a.* 1. artan, geri
kalan, kalan 2. artık
**remains** /ri'meynz/ *a.* 1. artık, kalıntı 2.
ölü, ceset
**remake** /ri:'meyk/ *e.* [*pt, pp* **remade**
/ri:'meyd/] (film, vb.) yeniden yapmak
**remand**[1] /ri:ma:nd/ *e.* (tekrar mahkemeye
çıkmak üzere) cezaevine geri göndermek
**remand**[2] /ri'ma:nd/ *a.* 1. tekrar cezaevine
gönderme 2. **on remand** yargılanmasını
beklemede
**remark**[1] /ri'ma:k/ *e.* söylemek, belirtmek:
*He remarked that he hadn't seen him.*
**remark**[2] /ri'ma:k/ *a.* söz, düşünce, görüş:
*I didn't like his remark.*
**remarkable** /ri'ma:kıbıl/ *s.* dikkate değer,
sözü edilmeye değer, olağanüstü: *It was
a remarkable performance.*
**remark on/upon** *e.* hakkında görüşünü
belirtmek: *She remarked on my dress.*
**remedial** /ri'mi:dııl/ *s.* sağaltıcı, iyileştirici,
iyi edici, tedavi edici, çare niteliğinde
**remedy**[1] /'remidi/ *a.* 1. çıkar yol, umar,
çare 2. ilaç, derman, deva
**remedy**[2] /'remidi/ *e.* 1. sağaltmak, iyi

etmek, iyileştirmek, tedavi etmek 2. düzeltmek 3. çare bulmak, gereğine bakmak, önlemek
**remember** /ri'membı/ *e.* 1. anımsamak,
hatırlamak: *Can you remember your
school days well?* 2. aklında tutmak,
hatırında tutmak, unutmamak: *Remember to buy some milk when you go to
the shop.* 3. *ört.* armağan, bahşiş, vb.
vermek, görmek: *When you give
Christmas presents remember your
aunt.* 4. (to ile) *k. dili* -den selam götürmek, -in selamını söylemek: *Remember
me to your mother when you write to
her.*
**remembrance** /ri'membrıns/ *a.* 1. anma,
hatırlama, yâd etme 2. anı, hatıra 3.
anmalık, andaç, hatıra, yadigâr
**remind** /ri'maynd/ *e.* hatırlatmak, aklına
getirmek: *I have to go to the bank tomorrow. Please remind me. Remind him
to pay the electricity bill.*
**reminder** /ri'mayndı/ *a.* mektup, not,
pusula, vb. anımsatıcı şey
**remind of** *e.* -i hatırlatmak, aklına getirmek: *You remind me of your brother.*
**reminisce** /remi'nis/ *e.* eski günlerden
konuşmak
**reminiscence** /remi'nisıns/ *a.* 1. anımsama, hatırlama 2. anımsanan şeyler, anı
3. ç. anılar, hatırat
**reminiscent** /remi'nisınt/ *s.* -i hatırlatan,
benzeri
**remiss** /ri'mis/ *s.* dikkatsiz, gevşek, dalgacı, ihmalkâr
**remission** /ri'mişın/ *a.* 1. bağışlama,
affetme, af 2. ceza indirimi, cezayı hafifletme 3. (hastalık) hafifleme süresi
**remit** /ri'mit/ *e.* 1. (borç, ceza, vb.'den)
kurtarmak 2. postayla (para, çek, vb.)
göndermek 3. ara vermek, mola vermek
**remittance** /ri'mitıns/ *a.* para havalesi,
postayla gönderilen para
**remnant** /'remnınt/ *a.* 1. artık, geri kalan
şey, kalıntı 2. parça kumaş
**remonstrance** /ri'monstrıns/ *a.* yakınma,
şikâyet, itiraz
**remonstrate** /'remınstreyt/ *e.* yakınmak,
şikâyet etmek, karşı çıkmak, itiraz et-

mek
remorse /ri'mo:s/ a. 1. pişmanlık, vicdan
azabı 2. **without remorse** merhamet-
sizce, acımasızca, acımadan
remorseful /ri'mo:sfıl/ s. vicdan azabı
çeken, pişmanlık duyan, pişman
remorseless /ri'mo:slis/ s. vicdansız,
kalpsiz, acımasız
remote /ri'mout/ s. 1. uzak 2. (davranış)
soğuk 3. (şans, olasılık, vb.) küçük, az
4. **remote control** uzaktan kumanda
remotely /ri'moutli/ be. küçük bir derece-
ye kadar, birazcık
removal /ri'mu:vıl/ a. 1. kaldırma 2. ta-
şınma 3. çıkarma 4. kovulma, görevden
alınma 5. yerini değiştirme 6. **removal
van** nakliye kamyonu
remove /ri'mu:v/ e. 1. çıkarmak: *She
asked him to remove his clothes.* 2.
temizlemek, silmek, çıkarmak: *He re-
moved the dirt from the windscreen be-
fore driving the car.* 3. kovmak, atmak:
*That man never works. He'll have to be
removed.* 4. kaldırmak, alıp götürmek:
*Remove these empty bottles from the
kitchen.* 5. uzaklaştırmak, defetmek:
*The player was removed from the field
by the referee for violence.* 6. taşınmak:
*Our headquarters was removed from
İstanbul to Ankara last week.* 7. **re-
moved from** -den uzak, -den farklı, ile
ilgisiz
remunerate /ri'myu:nıreyt/ e. emeğinin
karşılığını ödemek, hakkını ödemek,
ödüllendirmek, yaptığının karşılığını
ödemek
remunerative /ri'myu:nırıtiv/ s. 1. (iş)
paralı, iyi para getiren 2. kârlı, kazançlı;
yararlı
Renaissance /ri'neysıns/ a. Rönesans
rend /rend/ e. [pt, pp **rent** /rent/] 1. yırt-
mak, yarmak, koparmak, bölmek, ayır-
mak 2. zorla çekip almak, koparmak,
ayırmak
render /'rendı/ e. 1. (yardım, vb.) vermek,
sunmak 2. hale getirmek, etmek, kıl-
mak: *Their canoe was rended useless
when a rock tore a hole in its bottom.* 3.
icra etmek, sunmak 4. (into ile) -e ter-

cüme etmek, -e çevirmek
rendering /'rendıring/ a. 1. sunma, icra,
oynama, temsil 2. tercüme, çeviri
rendezvous /'rondivu:, 'rondeyvu:/ a. 1.
buluşma, randevu 2. buluşma yeri
rendition /ren'dişın/ a. icra, sunma, temsil
renegade /'renigeyd/ a, hkr. hain, dönek
renew /ri'nyu:/ e. 1. yenilemek, yenileş-
tirmek, tazelemek 2. canlandırmak,
dinçleştirmek 3. yinelemek, tekrarlamak
renewable /ri'nyu:ıbıl/ s. 1. yenilenebilir 2.
yenilenmesi gereken
renewal /ri'nyu:ıl/ a. 1. yenileme 2. yeni-
lenen şey
renounce /ri'nauns/ e. 1. vazgeçmek, terk
etmek 2. bırakmak, feragat etmek
renovate /'renıveyt/ e. yenilemek, onar-
mak
renown /ri'naun/ a. ün, ad, şan, şöhret
rent[1] /rent/ a. 1. kira 2. kira bedeli: *What's
the rent?* 3. **free of rent** kirasız, bedava
rent[2] /rent/ e. 1. kiralamak, kira ile tutmak:
*He rented an apartment in the city.* 2.
kiraya vermek: *She rented her house to
some Arabs.*
rent[3] /rent/ a. yırtık, yarık, delik
rent[4] /rent/ pt, pp bkz. **rend**
rental /'rentl/ a. kira bedeli, kira
rent-free /'rent'fri:/ be, s. kirasız, kirasız
oturulan, kira ödemeden
renunciation /rinansi'eyşın/ a. vazgeçme,
feragat
reorganize /ri:'o:gınayz/ e. yeniden dü-
zenlemek, yeniden organize etmek
rep /rep/ a, k. dili 1. satış memuru, satıcı
2. bkz. **repertory**
repaid /ri'peyd/ pt, pp bkz. **repay**
repair[1] /ri'peı/ e. 1. onarmak, tamir etmek:
*Can you repair my watch?* 2. (hatayı)
düzeltmek, gidermek
repair[2] /ri'peı/ a. 1. onarım, tamirat 2. **in
bad repair** tamire muhtaç, kötü durum-
da 3. **under repair** onarımda
reparation /repı'reyşın/ a. tazminat
repartee /repa:'ti:/ a. 1. hazırcevaplık 2.
hazırcevap
repast /ri'pa:st/ a. yemek
repatriate /ri:'petrieyt/ e. yurduna geri
göndermek, iade etmek

**repay** /ri'pey/ *e.* [*pt, pp* **repaid** /ri'peyd/] 1. (para) geri vermek, ödemek 2. karşılığını vermek, altında kalmamak, ödemek 3. ödüllendirmek, karşılığını vermek
**repayable** /ri'peyıbıl/ *s.* 1. geri ödenebilir 2. geri ödenilmesi gereken
**repayment** /ri'peymınt/ *a.* 1. geri ödeme 2. karşılık
**repeal**[1] /ri'pi:l/ *e.* yürürlükten kaldırmak, feshetmek, iptal etmek
**repeal**[2] /ri'pi:l/ *a.* yürürlükten kaldırma, fesih, iptal
**repeat**[1] /ri'pi:t/ *e.* 1. tekrarlamak, yinelemek: *I didn't hear what you said. Can you repeat it?* 2. **not bear repeating** (sözler) tekrarlanmayacak kadar kötü olmak 3. **repeat a course/year** bir yıl daha aynı sınıfta okumak, sınıf tekrarlamak 4. **repeat oneself** hep aynı olmak, değişmemek, hep aynı şeyi tekrarlamak/söylemek
**repeat**[2] /ri'pi:t/ *a.* 1. yeniden yayınlanan program 2. *müz.* nakarat, nakarat işareti
**repeated** /ri'pi:tid/ *s.* defalarca yinelenen, tekraralanan
**repeatedly** /ri'pi:tidli/ *be.* defalarca, tekrar tekrar, sık sık
**repeater** /ri'pi:tı/ *a.* 1. kesintisiz ateş eden silah 2. çalar saat
**repel** /ri'pel/ *e.* 1. geri püskürtmek 2. iğrendirmek, tiksindirmek
**repellent**[1] /ri'pelınt/ *s.* iğrenç, tiksindirici, nahoş
**repellent**[2] /ri'pelınt/ *a.* sinek, vb. kovucu, uzaklaştırıcı madde
**repent** /ri'pent/ *e.* pişman olmak, pişmanlık duymak: *I don't think he'll repent of getting divorced.*
**repentance** /ri'pentıns/ *a.* pişmanlık
**repentant** /ri'pentınt/ *s.* pişmanlık duyan, pişman
**repercussion** /ri:pı'kaşın/ *a.* 1. yansıma, geri tepme 2. tepki, yankı, yan etki
**repertoire** /'repıtwa:/ *a.* 1. repertuvar 2. dağarcık
**repertory** /'repıtıri/ *a.* aynı tiyatroda aynı oyuncuların her gün değişik bir oyun sahneye koyması
**repetition** /repi'tişın/ *a.* 1. tekrarlama,

yineleme 2. tekrar, yinelenen şey
**repetitious** /repi'tişıs/ *s, hkr.* defalarca tekrarlanmış, basmakalıp
**repetitive** /ri'petitiv/ *s, hkr, bkz.* **repetitious**
**repine** /ri'payn/ *e.* yakınmak, söylenmek, üzülmek, küsmek, bozulmak
**replace** /ri'pleys/ *e.* 1. eski yerine koymak 2. (with/by ile) değiştirmek: *She replaced the dirty sheets with clean ones.* 3. -in yerini almak, -in yerine geçmek
**replacement** /ri'pleysmınt/ *a.* 1. yenisiyle değiştirme, yenileme 2. yerini alan kimse/şey, yedek, vekil
**replay**[1] /ri:'pley/ *e.* 1. (maç) tekrarlamak, tekrar oynamak 2. (müzik) tekrar çalmak
**replay**[2] /'ri:pley/ *a.* 1. tekrar oynanan maç 2. (görüntü, ses, kayıt, vb.) tekrar
**replenish** /ri'pleniş/ *e.* yeniden doldurmak, ikmal etmek
**replete** /ri'pli:t/ *s.* 1. tıka basa doymuş, patlamak üzere 2. ağzına kadar dolu
**replica** /'replikı/ *a.* aslına çok benzeyen, kopya
**replicate** /'replikeyt/ *e.* kopya etmek, kopyasını yapmak
**reply**[1] /ri'play/ *e.* 1. yanıt vermek, yanıtlamak, cevap vermek: *He hasn't replied to my letter.* 2. karşılık vermek: *"No", he replied.*
**reply**[2] /ri'play/ *a.* 1. yanıt 2. karşılık 3. **in reply** yanıt olarak
**report**[1] /ri'po:t/ *a.* 1. rapor 2. haber, gazete haberi, açıklama, bilgi 3. bildiri, tebliğ 4. tutanak 5. öğrenci karnesi 6. söylenti, rivayet 7. patlama sesi
**report**[2] /ri'po:t/ *e.* 1. anlatmak, söylemek 2. bildirmek, haber vermek 3. rapor vermek, rapor yazmak 4. (suçu, vb.) bildirmek, ihbar etmek, şikâyet etmek 5. tutanağını tutmak, özetini çıkarmak 6. hazır bulunmak, mevcudiyetini bildirmek 7. haber yazmak
**reportedly** /ri'po:tidli/ *be.* söylendiğine göre, söylentilere bakılırsa
**reported speech** /ripo:tid 'spi:ç/ *a, dilb.* dolaylı anlatım
**reporter** /ri'po:tı/ *a.* 1. gazete muhabiri, muhabir 2. raportör

R

repose¹ /ri'pouz/ *e.* 1. uzanmak, dinlenmek 2. dayanmak, yaslanmak
repose² /ri'pouz/ *a.* 1. dinlenme, istirahat, uyku 2. dinginlik, sakinlik, sessizlik 3. erinç, rahat, huzur 4. **in repose** (yüz) ifadesiz
repository /ri'pozitıri/ *a.* 1. depo, ambar 2. ... hakkında kendisine özel olarak bilgi verilen kimse
reprehend /repri'hend/ *e.* 1. azarlamak, paylamak 2. suçlamak
reprehensible /repri'hensıbıl/ *s.* suçlanmayı/azarlanmayı hakeden
represent /repri'zent/ *e.* 1. göstermek, betimlemek, tasvir etmek, simgelemek: *His painting represented the Blue Mosque.* 2. temsil etmek, -in adına hareket etmek: *Peter represented the other teachers at the meeting.* 3. -in simgesi olmak: *The blue lines on the map represent rivers.* 4. *huk.* -in vekili olmak, temsil etmek 5. rolünü oynamak, canlandırmak 6. (as ile) olarak tanımlamak/göstermek, saymak: *He represented her as a feminist.*
representation /reprizen'teyşın/ *a.* 1. temsil 2. betimleme, tasvir 3. oyun, temsil, oynama, canlandırma 4. temsilcilik, mümessillik 5. simge, işaret 6. gösterme
representative¹ /repri'zentıtiv/ *s.* 1. temsil eden 2. örnek, tipik
representative² /repri'zentıtiv/ *a.* temsilci, vekil
repress /ri'pres/ *e.* 1. bastırmak, önlemek, tutmak, gemlemek: *He had learned to repress his feelings and never showed any emotion.* 2. baskı altında tutmak: *The country was poor and its workers were repressed.*
repressed /ri'prest/ *s.* 1. (kişi) baskı altına alınmış, baskı altında olan, ezilmiş 2. (duygu) bastırılmış
repression /ri'preşın/ *a.* 1. önleme, bastırma, engelleme, tutma 2. *ruhb.* baskı
repressive /ri'presiv/ *s, hkr.* (yasa, vb.) baskı uygulayıcı, sert, acımasız
reprieve¹ /ri'pri:v/ *e.* 1. *huk.* ölüm cezasını ertelemek 2. *mec.* mahvını ertelemek
reprieve² /ri'pri:v/ *a, huk.* ölüm cezasının

ertelenmesi
reprimand¹ /'reprima:nd/ *a.* (resmi) tekdir, kınama
reprimand² /'reprima:nd/ *e.* (resmi olarak) kınamak
reprint¹ /ri:'print/ *e.* (kitap) yeniden basmak
reprint² /'ri:print/ *a.* yeni baskı
reprise /ri'pri:z/ *a.* bir müzik parçasının bir bölümünün ya da tümünün ikinci kez çalınması
reproach¹ /ri'prouç/ *a.* 1. azar, tekdir, serzeniş, sitem, kınama 2. suçlama 3. leke, yüzkarası 4. **above/beyond reproach** mükemmel, hatasız, kusursuz
reproach² /ri'prouç/ *e.* sitem etmek, serzenişte bulunmak, ayıplamak
reprobate /'reprıbeyt/ *s, a.* kötü, kötü karakterli
reproduce /ri:prı'dyu:s/ *e.* 1. üremek, çoğalmak, yavrulamak 2. kopyasını çıkarmak, kopya etmek 3. (görüntü/ses) vermek
reproduction /ri:prı'dakşın/ *a.* 1. üreme, çoğalma 2. çoğaltma 3. röprodüksiyon, özdeşbaskı
reproof /ri'pru:f/ *a.* azar, ayıplama, kınama
reprove /ri'pru:v/ *e.* azarlamak, paylamak
reptile /'reptayl/ *a, hayb.* sürüngen
reptilian¹ /rep'tiliın/ *s.* sürüngenlere ait, sürüngen
reptilian² /rep'tiliın/ *a, hayb.* sürüngen
republic /ri'pablik/ *a.* cumhuriyet
republican¹ /ri'pablıkın/ *s.* 1. cumhuriyete ait 2. cumhuriyetçi
republican² /ri'pablıkın/ *a.* cumhuriyetçi
repudiate /ri'pyu:dieyt/ *e.* 1. kabul etmemek, geri çevirmek 2. inkâr etmek, yadsımak 3. tanımamak, reddetmek 4. (borç) ödememek, inkâr etmek
repugnance /ri'pagnıns/ *a.* iğrenme, tiksinme, tiksinti, nefret
repugnant /ri'pagnınt/ *s.* çirkin, iğrenç, tiksindirici, pis, terbiyesiz
repulse¹ /ri'pals/ *e.* 1. (saldırı) geri püskürtmek 2. (öneri, vb.) kabaca reddetmek, geri çevirmek
repulse² /ri'pals/ *a.* 1. püskürtme 2. (ar-

R

kadaşlık önerisini) kabaca geri çevirme, reddetme

**repulsion** /ri'palşın/ *a.* 1. iğrenme, tiksinti ve korku; nefret 2. birbirini uzaklaştırma gücü, itici güç

**repulsive** /ri'palsiv/ *s.* 1. tiksindirici, iğrenç 2. itici 3. **repulsive forces** itici güçler

**reputable** /'repyutıbıl/ *s.* ünlü, tanınmış, saygın, saygıdeğer

**reputation** /repyu'teyşın/ *a.* 1. ün, ad, nam, isim, şöhret: *That hotel has a very good reputation. The woman had a bad reputation.* 2. **live up to one's reputation** insanların kendisinden beklediği şekilde davranmak

**repute** /ri'pyu:t/ *a.* 1. ün, şöhret, ad, nam 2. iyi ad, itibar, saygınlık

**reputed** /ri'pyu:tid/ *s.* ... sayılan, ... farz edilen, ... sanılan: *She is reputed to be the best surgeon in the country.*

**reputedly** /ri'pyu:tidli/ *be.* dediklerine göre

**request**[1] /ri'kwest/ *a.* 1. rica, dilek, istek 2. talep, istek 3. **at sb's request** -in isteği üzerine 4. **by request** istek üzerine 5. **much in request** revaçta, tutulan, aranılan, talep edilen 6. **on request** istenildiğinde, istenildiği zaman 7. **request stop** istek üzerine konulan otobüs durağı

**request**[2] /ri'kwest/ *e.* rica etmek, dilemek, istemek: *He requested the manufacturer to exchange the faulty machine for a good one.*

**requiem** /'rekwiım/ *a.* ölünün ruhu için okunan dua/ilahi

**require** /ri'kwayı/ *e.* 1. istemek; gerektirmek: *We will require extra workers to finish the job on time.* 2. dilemek, istemek, rica etmek: *They were all required to open their bags for the customs officials.*

**requirement** /ri'kwayımınt/ *a.* 1. ihtiyaç, gereksinim 2. icap, gerek 3. **meet sb's requirements** -in gereksinimini karşılamak

**requisite**[1] /'rekwizit/ *s.* gerekli, zorunlu, zaruri

**requisite**[2] /'rekwizit/ *a.* gerekli şey, ihtiyaç, gereç

**requisition**[1] /rekwi'zişın/ *a.* resmi/askeri talep, dilek

**requisition**[2] /rekwi'zişın/ *e.* 1. resmen talep etmek 2. resmen el koymak

**requite** /ri'kwayt/ *e.* (with ile) karşılığını ... ile ödemek, ile karşılığını vermek

**reran** /ri:'ren/ *pt bkz.* **rerun**

**rerun**[1] /'ri:ran/ *e.* [*pt* **reran** /ri:'ren/, *pp* **rerun**] 1. (film, vb.) tekrar göstermek 2. (yarış) tekrar koşmak, tekrarlamak

**rerun**[2] /ri:'ran/ *a.* tekrar gösterilen film/şov

**rescind** /ri'sind/ *e, huk.* yürürlükten kaldırmak, iptal etmek, feshetmek

**rescript** /'ri:skript/ *a.* resmi bildirge, beyan

**rescue**[1] /'reskyu:/ *e.* kurtarmak: *They rescued the three climbers from the avalanche.*

**rescue**[2] /'reskyu/ *a.* 1. kurtarma, kurtulma, kurtuluş 2. **come to sb's rescue** imdadına yetişmek, yardımına koşmak

**research**[1] /ri'sö:ç/ *a.* araştırma

**research**[2] /ri'sö:ç/ *e.* araştırmak, araştırma yapmak, incelemek: *He is researching the life and times of Chaucer.*

**researcher** /ri'sö:çı/ *a.* araştırmacı

**resemblance** /ri'zemblıns/ *a.* benzerlik

**resemble** /ri'zembıl/ *e.* benzemek: *He resembles his father.*

**resent** /ri'zent/ *e.* kızmak, içerlemek, kırılmak, gücenmek, alınmak: *I resented his interference.*

**resentful** /ri'zentfıl/ *s.* gücenik, alınmış, kırgın

**resentment** /ri'zentmınt/ *a.* kızma, gücenme, küskünlük, dargınlık

**reservation** /rezı'veyşın/ *a.* 1. kuşku, şüphe 2. yer ayırtma, rezervasyon 3. şart, koşul 4. *Al.* Kuzey Amerika'lı yerlilere ayrılan arazi 5. **without reservation** çekinmeden, tereddüt etmeden

**reserve**[1] /ri'zö:v/ *e.* 1. ayırmak, saklamak, korumak, tahsis etmek: *These parking spaces are reserved for government officials.* 2. ayırtmak: *Have you reserved a table at the restaurant?*

**reserve**[2] /ri'zö:v/ *a.* 1. yedek, rezerv 2. belirli bir amaç için ayrılmış arazi/bölge 3. çekingenlik 4. *sp.* yedek oyuncu, yedek 5. *ask.* yedek güçler

R

reserved /ri'zö:vd/ s. 1. çekingen 2. tutulmuş, ayırtılmış 3. yedek

reservoir /'rezıvwa:/ a. sarnıç, su deposu

reshuffle /ri:'şafıl/ a. bir kuruluşta çalışanların mevkiilerinin değiştirilmesi

reside /ri'zayd/ e. -de ikamet etmek, oturmak

residence /'rezidıns/ a. 1. konut 2. oturma, ikamet 3. residence permit oturma izni

resident /'rezidınt/ s, a. sakin, mukim, bir yerde oturan

residential /rezi'denşıl/ s. oturmaya ayrılmış, oturmaya elverişli

residual /ri'zicuıl/ s. artan, kalan, artık

residue /'rezidyu:/ a. 1. kalan, artık, kalıntı 2. kim. tortu

resign /ri'zayn/ e. 1. istifa etmek, çekilmek, ayrılmak 2. resign oneself to yakınmadan kabul etmek, kabullenmek

resignation /rezig'neyşın/ a. 1. çekilme, istifa 2. boyun eğme, kabullenme

resigned /ri'zaynd/ s. boyun eğmiş, kabullenmiş; yakınmadan kabul eden

resilience /ri'ziliıns/ a. esneklik

resilient /ri'ziliınt/ s. 1. esnek 2. sağlığını, gücünü çabuk toplayan, çabuk iyileşen

resin /'rezin/ a. çamsakızı, reçine

resist /ri'zist/ e. 1. karşı koymak, direnmek, göğüs germek 2. dayanmak, -meden edebilmek: She couldn't resist eating the last peach.

resistance /ri'zistıns/ a. 1. karşı koyma, direnme 2. dayanıklılık 3. dayanma, dayanma gücü 4. karşı çıkma, direniş 5. fiz. direnç

resistant /ri'zistınt/ s. direnen, dirençli, dayanıklı: This watch is water resistant.

resistor /ri'zistı/ a, elek. rezistans, direnç

resolute /'rezılu:t/ s. dirençli, kararlı, azimli, sağlam

resolution /rezı'lu:şın/ a. 1. kararlılık, azim, azimlilik 2. karar 3. önerge, teklif, yasa tasarısı 4. çözüm 5. kim. çözünme, çözülme; eritme

resolve¹ /ri'zolv/ e. 1. karar vermek 2. çözmek, halletmek 3. parçalarına ayırmak, ayrıştırmak 4. oy ile -e karar vermek 5. kim. eritmek, çözmek 6. erimek,

çözünmek

resolve² /ri'zolv/ a. karar, azim, niyet, azimlilik

resonance /'rezınıns/ a. 1. tınlama 2. fiz. seselim, rezonans

resonant /'rezınınt/ s. çınlayan, tınlayan, yankılanan

resort¹ /ri'zo:t/ a. 1. dinlence yeri, mesire 2. -e başvurma, yoluna gitme, -den yararlanma 3. in the last resort başka çare kalmazsa, hiçbiri olmazsa, her şey kötü giderse

resort² /ri'zo:t/ e. (to ile) -e başvurmak, yoluna gitmek, çareyi -de bulmak: She finally resorted to tears to get him to stay.

resound /ri'zaund/ e. 1. çınlamak, yankılanmak 2. ... sesiyle dolmak, inlemek

resounding /ri'zaunding/ s. 1. çınlayan, yankılanan, gürültülü 2. çok büyük

resource /ri'zo:s, ri'so:s/ a. 1. kaynak, zenginlik 2. umar, çare 3. beceriklilik 4. leave sb to his own resources vaktini istediğince geçirmesine izin vermek, kendi haline bırakmak 5. natural resources doğal kaynaklar

respect¹ /ri'spekt/ a. 1. saygı, hürmet 2. uyma, riayet, saygı 3. bakım, yön, nokta 4. without respect to -e bakmadan, -i düşünmeden, aldırmadan 5. with respect to -e gelince, ile ilgili olarak

respect² /ri'spekt/ e. 1. saygı göstermek, saygı duymak 2. -e riayet etmek, uymak

respectable /ri'spektıbıl/ s. 1. saygıdeğer, saygın 2. oldukça iyi, epey, hatırı sayılır 3. temiz, namuslu, dürüst

respectful /ri'spektfıl/ s. saygılı

respective /ri'spektiv/ s. kendi, kişisel, şahsi: After dancing they returned to their respective seats.

respectively /ri'spektivli/ be. anılan sıraya göre, biri ... öteki ...: Tom and John opened their Christmas presents; a sweater and a shirt respectively.

respiration /respi'reyşın/ a. solunum

respirator /'respireytı/ a. solunum aygıtı, respiratör

respiratory /ri'spirıtıri, 'respireytıri/ s. solunumla ilgili

R

respire /ri'spayı/ *e.* soluk almak

respite /'respit, 'respayt/ *a.* mola, dinlenme, soluklanma

resplendent /ri'splendınt/ *s.* parlak, pırıl pırıl, görkemli, göz kamaştırıcı

respond /ri'spond/ *e.* 1. yanıt vermek, yanıtlamak 2. (by/with ile) ile karşılık vermek, karşılamak

respondent /ri'spondınt/ *a, huk.* davalı, savunan kişi

respond to *e.* ... sonucu olarak iyiye gitmek, -e iyi tepki göstermek: *He didn't respond to the antibiotics.*

response /ri'spons/ *a.* 1. yanıt 2. karşılık

responsibility /risponsı'biliti/ *a.* sorumluluk

responsible /ri'sponsıbıl/ *s.* 1. (for/to ile) -den sorumlu, -e karşı sorumlu, sorumlu 2. sorumluluk sahibi, güvenilir, emin 3. sorumluluk isteyen, sorumluluk gerektiren 4. **be responsible for** -in nedeni/sorumlusu olmak, -den sorumlu olmak

responsive /ri'sponsiv/ *s.* yanıt veren, karşılık veren

rest¹ /rest/ *a.* 1. dinlenme: *I need a rest.* 2. erinç, huzur, rahat, sükun 3. uyku 4. işlemezlik, hareketsizlik, durma 5. dayanak, mesnet, destek 6. *müz.* es, durak 7. **at rest** hareketsiz, ölü 8. **come to rest** durmak 9. **lay sb to rest** *ört.* gömmek, defnetmek 10. **rest room** *Aİ.* tuvalet 11. **set sb's mind/fears at rest** rahatlatmak, yatıştırmak, yüreğine su serpmek

rest² /rest/ *e.* 1. dinlenmek: *You should rest; you look tired.* 2. dinlendirmek: *Stop reading and rest your eyes.* 3. dayamak, yaslamak: *He rested his feet on the chair.* 4. durup dinlenmek, durmak, ara vermek, soluk almak: *He stopped digging to rest for a few minutes.* 5. dayandırmak, oturtmak: *He rested his claims.* 6. elinde olmak, bağlı olmak: *The completion of the job rests on him.* 7. güvenmek, dayanmak, bel bağlamak: *Their hopes rested in their eldest son.* 8. yatmak, gömülü olmak: *Many soldiers rest in foreign lands.* 9. **rest assured**

emin olmak

rest³ /rest/ *a.* 1. artık, kalan: *He ate the meat on his plate and left the rest.* 2. ötekiler, diğerleri, kalanlar: *My brother went to the beach and the rest of us stayed home.*

restaurant /'restront/ *a.* lokanta

restaurateur /restırı'tö:/ *a.* lokanta sahibi, lokantacı

restful /'restfıl/ *s.* dinlendirici, rahat, sakin, huzurlu, huzur verici

restitution /resti'tyu:şın/ *a.* 1. iade, sahibine geri verme 2. zararı ödeme, tazmin

restive /'restiv/ *s.* yerinde duramayan, rahat durmayan, huzursuz, inatçı

restless /'restlıs/ *s.* 1. yerinde duramayan, hareketli, kıpır kıpır, kıpırdak 2. rahatsız, huzursuz

rest on/upon *e.* 1. -e dayalı olmak, -e dayanmak, ile desteklenmek 2. (göz, bakış) -e yönelmek

restoration /restı'reyşın/ *a.* 1. onarım, yenileme, restorasyon 2. sahibine geri verme; iade 3. yeniden kurma

restorative¹ /ri'sto:rıtiv/ *s.* güçlendiren, sağlık veren

restorative² /ri'sto:rıtiv/ *a.* güç/sağlık veren ilaç, yiyecek, vb.

restore /ri'sto:/ *e.* 1. sahibine geri vermek, iade etmek 2. eski yerine koymak, geri koymak 3. yeniden kurmak, düzeltmek 4. eski görevine, işine, vb. yeniden getirmek, iade etmek 5. yeniden sağlığına kavuşturmak, iyileştirmek 6. onarmak, yenilemek, restore etmek

restrain /ri'streyn/ *e.* engellemek, dizginlemek, zapt etmek, tutmak, -den önlemek

restrained /ri'streynd/ *s.* kontrollü, sakin, kendine hâkim

restraint /ri'streynt/ *a.* 1. tutma, dizginleme, zapt 2. kendini tutma, kendine hâkim olma 3. sınırlama, baskı, zorlama

restrict /ri'strikt/ *e.* sınırlamak

restricted /ri'striktid/ *s.* 1. sınırlı, kısıtlı, kontrollü 2. yalnızca belirli bir kesimin kullanımına özgü, belirli bir grup için, hizmete mahsus 3. dar, sınırlı

restriction /ri'strikşın/ *a.* sınırlama

**restrictive** /ri'striktiv/ s. sınırlayıcı
**rest with** e. -in sorumluluğu olmak, -e bağlı olmak, -in elinde olmak
**result**[1] /ri'zalt/ e. 1. (from ile) -den sonuçlanmak, meydana gelmek, çıkmak, doğmak 2. (in ile) ile sonuçlanmak
**result**[2] /ri'zalt/ a. 1. sonuç 2. mahsul, ürün, semere 3. **as a result (of)** ... yüzünden, ... nedeniyle
**resultant** /ri'zaltınt/ s. sonucunda ortaya çıkan, sonuçta oluşan
**resume** /ri'zyu:m/ e. 1. (ara verdikten sonra) yeniden başlamak, sürdürmek, devam etmek 2. geri almak, yeniden elde etmek
**résumé** /'rezyumey, 'reyzyumey/ a. 1. özet 2. özgeçmiş
**resurgence** /ri'sö:cıns/ a. yeniden güçlenme, dirilme, yeniden aktiflik kazanma
**resurrect** /rezı'rekt/ e. 1. yeniden canlandırmak, diriltmek 2. yeniden kullanmak, geçerli kılmak
**resurrection** /rezı'rekşın/ a. 1. yenileme, canlanma, dirilme, tekrar ortaya çıkma, doğma 2. (the ile) İsa'nın dirilişi
**resuscitate** /ri'sasiteyt/ e. (ölmek üzere olan birini) yaşama döndürmek, canlandırmak, diriltmek
**retail**[1] /'ri:teyl/ e. 1. perakende satmak 2. (at ile) perakende olarak ... fiyatına satılmak 3. dedikodu yaymak
**retail**[2] /'ri:teyl/ a. perakende satış
**retail**[3] /'ri:teyl/ be. perakende olarak, perakendeciden, perakende
**retailer** /'ri:teylı/ a. perakendeci
**retain** /ri'teyn/ e. 1. tutmak, yitirmemek, sahip olmak: *She retained her interest in art until her death.* 2. huk. parayla (avukat) tutmak
**retaliate** /ri'telieyt/ e. misilleme yapmak, kötülüğe kötülükle karşılık vermek
**retard** /ri'ta:d/ e. geciktirmek, yavaşlatmak
**retarded** /ri'ta:did/ s. (çocuk) yavaş gelişen, geri zekâlı
**retch** /reç/ e. kusmaya çalışmak, kusacak gibi olmak
**retention** /ri'tenşın/ a. (akılda, vb.) tutma
**retentive** /ri'tentiv/ s. (aklında, vb.) tutan,

unutmayan
**rethink** /ri:'tink/ e. tekrar düşünmek, tekrar gözden geçirmek
**reticent** /'retisınt/ s. suskun, ağzı sıkı, konuşmayan, ketum, sessiz
**retina** /'retinı/ a. retina, ağkatman
**retinue** /'retinyu:/ a. maiyet, heyet
**retire** /ri'tayı/ e. 1. çekilmek, bir köşeye çekilmek, gitmek 2. yatmaya gitmek 3. ask. geri çekilmek 4. emekliye ayırmak, emekliye sevk etmek 5. emekli olmak, emekliye ayrılmak: *My father retired when he was sixty.* 6. **retiring age** emeklilik yaşı
**retired** /ri'tayıd/ s. emekli: *There's a retired general living in our street.*
**retirement** /ri'tayımınt/ a. 1. emekliye ayrılma 2. emeklilik
**retiring** /ri'tayıring/ s. çekingen, içine kapanık
**retort**[1] /ri'to:t/ e. sert yanıt vermek, karşılık vermek
**retort**[2] /ri'to:t/ a. sert yanıt, karşılık
**retort**[3] /ri'to:t/ a, kim. imbik
**retouch** /ri:'taç/ e. rötuş yapmak
**retrace** /ri'treys, ri:'treys/ e. tekrarlamak, geriye/kaynağına gitmek
**retract** /ri'trekt/ e. 1. geri çekmek, içeri çekmek 2. (sözünü) geri almak
**retreat**[1] /ri'tri:t/ a. 1. çekilme, gerileme 2. ask. geri çekilme, ricat 3. bir köşeye çekilip dinlenme, inziva 4. inziva köşesi, sığınak
**retreat**[2] /ri'tri:t/ e. 1. çekilmek, geri çekilmek, gerilemek 2. dinlenmek için çekilmek, gitmek, inzivaya çekilmek
**retrial** /ri:'trayıl/ a, huk. (davayı) yeniden görme
**retribution** /retri'byu:şın/ a. hak edilen ceza
**retrieve** /ri'tri:v/ e. 1. geri almak, yeniden ele geçirmek, kavuşmak, yeniden edinmek 2. düzeltmek, telafi etmek, çaresini bulmak 3. (av köpeği) vurulan avı bulup getirmek
**retroactive** /retrou'ektiv/ s, huk. önceki olayları kapsayan
**retrograde** /'retrıgreyd/ s. gerileyen, kötüye giden

**R**

**retrogress** /retrı'gres/ e. gerilemek, kötüye gitmek

**retrospect** /'retrıspekt/ a. 1. geçmişi düşünme, geçmişe bakış 2. **in retrospect** geçmişe bakıldığında

**retrospective** /retrı'spektiv/ s. 1. geçmişle ilgili 2. huk. önceki olayları kapsayan

**return**[1] /ri'tö:n/ e. 1. dönmek, geri gelmek: *I will return from Ankara on Thursday.* 2. geri vermek, geri götürmek, iade etmek: *She returned the books to the library.* 3. geri çevirmek, geri göndermek: *The letter wasn't for him so he returned it to the post office.* 4. yanıt vermek, karşılık vermek: *He told her she looked nice. "So do you", she returned.* 5. seçmek 6. huk. karar vermek 7. (kâr, kazanç) getirmek, sağlamak 8. açıklamak, beyan etmek, resmen bildirmek 9. (mal) ilk sahibine dönmek 10. **return a favour** yapılan iyiliğin karşılığını vermek

**return**[2] /ri'tö:n/ a. 1. dönüş, geri geliş, dönüp gelme 2. geri verme, geri götürme 3. geri gönderme, geri çevirme, iade 4. yanıt, karşılık 5. yeniden olma, tekrarlama, tekrarlama 6. resmi rapor 7. beyanname 8. kâr, kazanç 9. gidiş-dönüş bileti 10. ç. kazanç, gelir, hasılat 11. **by return** ilk postayla 12. **in return (for)** -e karşılık, karşılığında

**return**[3] /ri'tö:n/ s, İl. (bilet) 1. gidiş-dönüş 2. **return ticket** gidiş-dönüş bileti

**returnable** /ri'tö:nıbıl/ s. 1. geri verilebilir 2. geri verilmesi gereken

**reunion** /ri:'yu:niın/ a. 1. yeniden bir araya gelme 2. toplantı, arkadaş toplantısı

**reunite** /ri:yu:'nayt/ e. 1. yeniden bir araya gelmek, toplanmak, birleşmek 2. yeniden bir araya getirmek, birleştirmek

**rev**[1] /rev/ a, k. dili devir, tur

**rev**[2] /rev/ e. (up ile) k. dili (motorun) hızını artırmak

**revalue** /ri:'velyu:/ e. (bir ülke parasının) değerini yükseltmek

**reveal** /ri'vi:l/ e. 1. açığa vurmak 2. göstermek, belli etmek

**revealing** /ri'vi:ling/ s. anlamlı

**revel**[1] /'revıl/ e. 1. eğlenmek, cümbüş yapmak, âlem yapmak 2. (in ile) -den haz duymak, büyük zevk almak

**revel**[2] /'revıl/ a. eğlence, cümbüş, eğlenti, şenlik

**revelation** /revı'leyşın/ a. açığa vurma, ifşa

**revelry** /'revılri/ a. şenlik, eğlenti, cümbüş, âlem

**revenge**[1] /ri'venc/ a. öç, intikam: *He took revenge on the man who smashed his car.*

**revenge**[2] /ri'venc/ e. -in öcünü almak: *He revenged his sister by burning their house.*

**revenue** /'revinyu:/ a. gelir, hükümetin vergi geliri

**reverberate** /ri'vö:bıreyt/ e. yankılanmak

**revere** /ri'viı/ e. saymak, büyük saygı ve hayranlık göstermek, sevip saymak

**reverence** /'revırıns/ a. 1. derin saygı 2. saygı ile eğilme, reverans

**reverend** /'revırınd/ s. (papaz) saygıdeğer, muhterem, sayın, aziz

**reverent** /'revırınt/ s. saygılı

**reverie** /'revıri/ a. düş, hayal, düşlere dalma

**reversal** /ri'vö:sıl/ a. ters dönme, dönme

**reverse**[1] /ri'vö:s/ s. 1. ters, arka, aksi 2. tersine dönmüş 3. karşıt, zıt

**reverse**[2] /ri'vö:s/ e. 1. ters çevirmek, tersyüz etmek 2. geri gitmek/götürmek: *He reversed the car.* 3. yerlerini değiştirmek 4. aksi yönde değiştirmek: *He reversed his decision.* 5. **reverse the charges** ödemeli telefon görüşmesi yapmak

**reverse**[3] /ri'vö:s/ a. 1. ters taraf, ters yüz, ters 2. aksi, zıt, zıttı, tersi, karşıtı 3. aksilik, terslik 4. başarısızlık, yenilgi 5. geri vites

**reversion** /ri'vö:şın/ a. 1. eski haline ya da alışkanlığına dönme 2. (mülk) ilk sahibine dönme 3. huk. kalıtım hakkı, veraset hakkı

**revert** /ri'vö:t/ e. (to ile) 1. (eski durumuna, alışkanlıklarına, inançlarına, vb.) geri dönmek, yeniden dönmek 2. huk. ilk sahibine dönmek

review¹ /ri'vyu:/ a. 1. bir daha gözden geçirme, yeniden inceleme 2. eleştiri, kitap eleştirisi 3. yazın ve düşünce dergisi 4. ask. teftiş 5. huk. yargıtayca mahkeme kararının yeniden incelenmesi
review² /ri'vyu:/ e. 1. bir daha gözden geçirmek, yeniden incelemek 2. eleştirmek, eleştiri yazmak 3. ask. teftiş etmek 4. huk. mahkeme kararını yeniden incelemek
reviewer /ri'vyu:ı/ a. eleştirmen, kitap eleştirmeni
revile /ri'vayl/ e. sövmek, küfretmek, hakaret etmek, lanetlemek
revise¹ /ri'vayz/ e. 1. gözden geçirip düzeltmek, yeniden elden geçirmek 2. (görüş, vb.) değiştirmek 3. İİ. (ders) tekrarlamak, bir daha gözden geçirmek
revise² /ri'vayz/ a. ikinci prova
revision /ri'vijın/ a. 1. gözden geçirip düzeltme 2. bir daha gözden geçirme, tekrar 3. düzeltilmiş baskı
revisionism /ri'vijınizım/ a. revizyonizm
revitalize /ri:'vaytılayz/ e. canlandırmak, güçlendirmek
revival /ri'vayvıl/ a. 1. yeniden canlanma, dirilme 2. eski bir oyunu yeniden oynama 3. uyanış
revive /ri'vayv/ e. 1. canlanmak, sağlıklı olmak 2. canlandırmak 3. tekrar kullanılmaya başlamak, geri gelmek, ortaya çıkmak 4. tekrar kullanmaya başlamak, geri getirmek
revoke /ri'vouk/ e. (izin, yasa, karar, vb.) geri almak, hükümsüz kılmak, iptal etmek, kaldırmak, feshetmek
revolt¹ /ri'voult/ e. 1. (against ile) başkaldırmak, karşı gelmek, ayaklanmak, isyan etmek 2. iğrenmek, tiksinmek 3. iğrendirmek, tiksindirmek
revolt² /ri'voult/ a. başkaldırma, başkaldırı, ayaklanma, isyan
revolting /ri'voulting/ s. iğrenç: It looks revolting.
revolution /revı'lu:şın/ a. 1. ihtilal, devrim 2. köklü değişiklik, devrim 3. dönme, tur, devir, dolanma 4. devir süresi, devre
revolutionary /revı'lu:şınıri/ s, a. devrimci

revolutionize /revı'lu:şınayz/ e. -de devrim yaratmak
revolve /ri'volv/ e. 1. dönmek, devretmek 2. döndürmek, çevirmek 2. iyice düşünüp taşınmak, üzerinde derin derin düşünmek 3. (around ile) çevresinde oluşmak/merkezlenmek
revolver /ri'volvı/ a. tabanca
revue /ri'vyu:/ a. revü
revulsion /ri'valşın/ a. 1. tiksinme, iğrenme, tiksinti, iğrenti 2. (düşüncelerde, görüşlerde, vb.) ani değişiklik, sapma
reward¹ /ri'wo:d/ e. ödül vermek, ödüllendirmek: They rewarded him for his hard work.
reward² /ri'wo:d/ a. ödül, mükâfat, karşılık
rewarding /ri'wo:ding/ s. denemeye değer
rewire /ri:'wayı/ e. (binaya) yeni elektrik telleri döşemek
rewrite /ri:'rayt/ e. [pt rewrote /ri:'rout/, pp rewritten /ri:'ritn/] yeniden yazmak, yeniden daha uygun bir şekilde yazmak
rewritten /ri:'ritn/ pp bkz. rewrite
rewrote /ri:'rout/ pt bkz. rewrite
rhapsody /'repsıdi/ a. 1. müz. rapsodi 2. aşırı övgü, bayılma
rhetoric /'retrik/ a. 1. konuşma sanatı, uzsözlülük, belagat 2. hkr. cafcaflı konuşma/yazı
rheumatic /ru:'metik/ s. romatizma ile ilgili, romatizmalı
rheumatism /'ru:mıtizım/ a, hek. romatizma
rhino /'raynou/ a, k. dili gergedan
rhinoceros /ray'nosırıs/ a, hayb. gergedan
rhubarb /'ru:ba:b/ a, bitk. ravent
rhyme¹ /raym/ a. 1. uyak, kafiye 2. uyaklı şiir 3. rhyme or reason anlam, mantık, akıl fikir
rhyme² /raym/ e. 1. ile uyak oluşturmak, uyaklı olmak 2. şiir yazmak
rhythm /'ridım/ a. 1. dizem, ritim 2. vezin
rhythmic /'ridmik/ s. ritmik, dizemli
rib¹ /rib/ a. 1. anat. kaburga kemiği 2. pirzola 3. den. kaburga 4. şemsiye teli 5. yaprak damarı 6. rib cage anat. göğüs kafesi

R

**rib²** /rib/ *e, k. dili* takılmak, dalga geçmek, kafaya almak

**ribald** /'ribıld/ *s.* kaba, açık saçık, müstehcen

**ribbon** /'ribın/ *a.* 1. kurdele 2. şerit 3. daktilo şeridi

**rice** /rays/ *a.* 1. *bitk.* pirinç 2. pilav

**rich** /riç/ *s.* 1. zengin, varsıl: *Who is the richest man in the world?* 2. bitek, verimli, bereketli, zengin 3. bol, çok 4. (yemek) yağlı, ağır 5. canlı, parlak 6. (ses) gür, dolgun, kalın 7. pahalı, ağır, lüks 8. *k. dili* gülünç, komik 9. (the ile) zenginler

**riches** /'riçiz/ *a, yaz.* varlık, zenginlik, servet

**richly** /'riçli/ *be.* görkemli/şatafatlı bir şekilde

**richness** /'riçnis/ *a.* zenginlik

**rick¹** /rik/ *a.* kuru ot, saman, vb. yığını

**rick²** /rik/ *e.* 1. (saman, vb.) yığmak 2. burkulmak, bükülmek

**rickets** /'rikits/ *a.* kemik hastalığı, raşitizm

**rickety** /'rikiti/ *s.* zayıfça tutturulmuş, çürük

**ricksha** /'rikşo:/ *a, bkz.* **rickshaw**

**rickshaw** /'rikşo:/ *a.* Uzak Doğu'da insan gücüyle çekilen iki tekerlekli küçük fayton

**ricochet¹** /'rikışey/ *a.* (taş, kurşun, vb.) sekme

**ricochet²** /'rikışey/ *e.* (off ile) (taş, kurşun, vb.) sekmek

**rid** /rid/ *e.* (of ile) [*pt, pp* **rid**] 1. -den kurtarmak, temizlemek: *They want to rid the country of terrorists.* 2. **get rid of** -den kurtulmak, -den yakasını sıyırmak, başından atmak, defetmek: *He can't get rid of his cold. They got rid of their old car. Get rid of him.*

**riddance** /'ridıns/ *a, k. dili* 1. -den kurtulma, başından atma, atlatma 2. **Good riddance** Çok şükür! Kurtulduk! Çok şükür, başımızdan attık!

**ridden** /'ridn/ *pp bkz.* **ride**

**riddle¹** /'ridl/ *a.* 1. bilmece 2. sır, giz, esrar

**riddle²** /'ridl/ *a.* kalbur

**riddle³** /'ridl/ *e.* 1. kalburdan geçirmek, elemek 2. (with ile) delik deşik etmek, kalbura çevirmek

**ride¹** /rayd/ *e.* [*pt* **rode** /roud/, *pp* **ridden** /'ridn/] 1. (at, bisiklet, motosiklet, vb.) sürmek, binmek: *Can you ride a motorbike? He rode to work on a bicycle.* 2. ata binmek, at gezintisi yapmak: *She rides for two hours every day.* 3. (in ile) yolculuk etmek, gitmek: *I rode in a Ferrari last week. I don't like riding in buses.* 4. (su) üstünde kalmak: *The small boat couldn't ride the big waves and sank.* 5. süzülmek: *The eagle was riding (on) the wind.* 6. *k. dili* sataşmak, gıcık etmek, eleştirmek: *Janet's boss has been riding her all week.* **let it ride** *k. dili* olduğuna bırakmak, üstünde durmamak, uğraşmamak

**ride²** /rayd/ *a.* 1. gezinti, tur: *Let's go for a ride in my new car.* 2. **take sb for a ride** *k. dili* kazıklamak: *You've been taken for a ride. It's not antique.*

**ride out** *e.* -den sağ salim kurtulmak, dertsiz belasız atlatmak: *They rode out the storm.*

**rider** /'raydı/ *a.* 1. binici, atlı, sürücü 2. *huk.* ek görüş/öneri

**ridge** /ric/ *a.* 1. sırt, bayır 2. dağ sırası

**ridicule¹** /'ridikyu:l/ *a.* eğlenme, alay, alay konusu olma

**ridicule²** /'ridikyu:l/ *e.* ile alay etmek, gülmek: *They ridiculed my idea.*

**ridiculous** /ri'dikyulıs/ *s, hkr.* gülünç, komik, saçma: *What a ridiculous thing to say!*

**riding** /'rayding/ *a.* binicilik

**rife** /rayf/ *s.* 1. (kötü şeyler) yaygın, hüküm süren, genel 2. (kötü şeylerle, kötülüklerle) dolu

**riffraff** /'rifref/ *a.* en aşağı halk tabakası, ayak takımı

**rifle¹** /'rayfıl/ *e.* soymak, yağma etmek

**rifle²** /'rayfıl/ *a.* tüfek

**rift** /rift/ *a.* 1. yarık, çatlak 2. (ilişki) ayrılık, uçurum

**rig¹** /rig/ *e.* 1. (gemi) donatmak 2. -e hile karıştırmak, çıkarına göre düzenlemek

**rig²** /rig/ *a.* 1. (gemi) arma, donanım 2. *k. dili* kılık kıyafet 3. alet

**right¹** /rayt/ *s.* 1. doğru: *Is that right?* 2.

düz, doğru 3. doğru, gerçeğe uygun 4. haklı: *You're right.* 5. elverişli, uygun: *It's not the right time to do that.* 6. iyi, sağlam 7. dürüst, doğru, namuslu, güvenilir 8. gereken, aranan 9. sağlam, sağlıklı, iyi, aklı başında 10. sağ: *He's lost a finger on his right hand.* 11. sağ, tutucu 12. **put right** düzeltmek, iyileştirmek 13. **right angle** dik açı 14. **right as rain** *k. dili* turp gibi, bomba gibi, çok iyi 15. **right enough** beklendiği gibi 16. **right in one's head** makul, aklı başında, mantıklı 17. **Right you are** Tamam! Peki! Kabul! Olur!

right² /rayt/ *a.* 1. hak, yetki 2. doğruluk, dürüstlük 3. doğru olan şey, doğru 4. sağ taraf 5. (siyaset) sağ kanat, sağ 6. **right of way** a) *huk.* yol geçirme hakkı b) (trafik) geçiş hakkı 7. **women's rights** kadın hakları

right³ /rayt/ *be.* 1. doğru olarak, doğru: *Do it right.* 2. doğru, adaletli 3. dosdoğru, doğruca 4. düzgün, yolunda 5. uygun biçimde 6. **all right** peki, pekâlâ, kabul, tamam, iyi 7. **right and left** sağda solda, orda burda, her yerde 8. **right away** bir an önce, hemen, gecikmeden

right⁴ /rayt/ *e.* 1. doğrultmak 2. düzeltmek

righteous /'rayçıs/ *s.* dürüst, doğru, erdemli, hak tanır, adil

rightful /'raytfıl/ *s.* yasal, yasaya uygun, meşru

right-hand /rayt'hend/ *s.* 1. sağ, sağdaki, sağa 2. **right-hand man** sağ kol

right-handed /rayt'hendid/ *s.* 1. sağ eliyle iş gören 2. sağ elle kullanılan

rightist /'raytist/ *a, s.* sağcı

rightly /'raytli/ *be.* 1. doğru olarak 2. gereği gibi, hakkıyla 3. *k. dili* kesinlikle, kesin olarak 4. **rightly or wrongly** doğru ya da yanlış

right-minded /rayt'mayndid/ *s.* doğru düşünceli

rightward /'raytwıd/ *s, be.* sağa doğru

right wing /'rayt wing/ *a, s.* 1. sağ kanat, sağcılar, sağ 2. *sp.* sağ kanat, sağ açık

rigid /'ricid/ *s.* 1. sert, eğilmez, bükülmez, katı 2. sert, şiddetli, katı, değişmez 3. **shake sb rigid** *k. dili* ödünü koparmak,

aklını başından almak, şaşkına çevirmek

rigmarole /'rigmıroul/ *a, k. dili, hkr.* 1. uzun ve karışık hikâye, deli saçması 2. birtakım anlamsız (formalite) işler

rigor /'rigı/ *a, Aİ, bkz.* **rigour**

rigor mortis /rigı'mo:tis, raygo:'mo:tis/ *a.* ölümden sonra kasların sertleşmesi, ölüm katılığı

rigorous /'rigırıs/ *s.* 1. sert, şiddetli 2. özenli, dikkatli, sıkı, titiz

rigour /'rigı/ *a.* 1. sertlik, katılık 2. sertlik, acımasızlık, şiddet 3. sıkıntı, güçlük, zorluk, cefa

rile /rayl/ *e, k. dili* kızdırmak, sinirlendirmek, gıcık etmek

rill /ril/ *a, yaz.* dere

rim /rim/ *a.* 1. kenar 2. çerçeve

rind /raynd/ *a.* kabuk

ring¹ /ring/ *e.* [*pt* **rang** /reng/, *pp* **rung** /rang/] 1. (zil, vb.) çalmak, çınlatmak: *Who rang the bell?* 2. çınlamak, çalmak: *Has the bell rung?* 3. zil çalmak 4. (kulak) çınlamak: *My ears are ringing.* 5. *İİ.* (up ile) telefon etmek: *I'll ring you (up) tomorrow.* 6. etrafını kuşatmak, çember içine almak 7. **ring a bell** *k. dili* bir şey hatırlatmak, yabancı gelmemek 8. **ring false** yanlış gibi gelmek, inandırıcı olmamak 9. **ring the changes (on)** -de değişiklik/çeşit yapmak 10. **ring true** doğru gibi gelmek, inandırıcı olmak, kulağa mantıklı gelmek

ring² /ring/ *a.* 1. çan sesi, zil sesi 2. çınlama sesi 3. etki, nitelik 4. halka 5. çember, daire 6. yüzük 7. şebeke, çete, grup 8. ring 9. **give sb a ring** -e telefon etmek 10. **ring of truth** doğruluk payı, gerçeklik 11. **ring road** çevre yolu

ringleader /'ringli:dı/ *a.* çete başı, elebaşı

ringlet /'ringlit/ *a.* 1. ufak halka 2. saç lülesi

ringmaster /'ringma:stı/ *a.* sirk müdürü

ring off *e, İİ.* telefon görüşmesini bitirmek, telefonu kapatmak

ring out *e.* yüksek sesle çınlamak

ring up *e.* (ödenen parayı) otomatik yazar kasaya işlemek

rink /rink/ *a.* paten alanı, buz alanı

**rinse**[1] /rins/ *e.* temiz sudan geçirmek, durulamak: *Have you rinsed the clothes?*

**rinse**[2] /rinse/ *a.* 1. durulama 2. sıvı saç boyası

**riot**[1] /'rayıt/ *a.* 1. ayaklanma, isyan, başkaldırı 2. kargaşa, gürültü, hengame 3. *k. dili* büyük eğlence/başarı, şamata 4. **a riot of colour** renk cümbüşü 5. **read the riot act** (çocuklara) susmalarını tembihlemek, fırça çekmek, azarlamak

**riot**[2] /'rayıt/ *e.* ayaklanmak, isyan etmek

**riotous** /'rayıtıs/ *s.* 1. kargaşalık çıkaran, isyan çıkaran, huzuru bozan 2. gürültülü, curcunalı

**rip**[1] /rip/ *e.* 1. yırtmak, sökmek, parçalamak: *He ripped the sheet to make bandages.* 2. yırtılmak, sökülmek 3. yarmak

**rip**[2] /rip/ *a.* yarık, yırtık, sökük

**rip**[3] /rip/ *a.* anafor, girdap

**ripcord** /'ripko:d/ *a.* paraşüt açma ipi

**ripe** /rayp/ *s.* 1. olgunlaşmış, olmuş, olgun: *Are the melons ripe?* 2. yetişmiş, olgun 3. tam kıvamında, tam vakti gelmiş 4. hazır

**ripen** /'raypın/ *e.* 1. olgunlaşmak 2. olgunlaştırmak

**rip-off** /'ripof/ *a, k. dili* kazıklama, kazık

**rip off** *e, k. dili* 1. kazıklamak, yolmak: *He's been ripped off.* 2. araklamak, yürütmek

**ripple**[1] /'ripıl/ *a.* 1. dalgacık, hafif dalgalanma 2. şapırtı, şarıltı

**ripple**[2] /'ripıl/ *e.* 1. hafifçe dalgalanmak 2. hafifçe dalgalandırmak 3. şapırdamak

**rip up** *e.* parça parça etmek, parçalamak, yırtmak

**rise**[1] /rayz/ *e.* [*pt* **rose** /rouz/, *pp* **risen** /'rizın/] 1. doğmak: *The sun hasn't risen yet.* 2. yükselmek, çıkmak: *The plane rose higher and higher into the sky.* 3. yataktan kalkmak: *He always rises at 6 o'clock.* 4. kalkmak, doğrulmak, ayağa kalkmak: *She rose from her chair and walked out.* 5. yükselmek, çoğalmak, artmak: *The cost of living is rising quickly.* 6. (ırmak) doğmak, çıkmak: *This river rises in those mountains.* 7. su yüzüne çıkmak: *The diver's breath rose in a stream of bubbles.* 8. yükselmek, terfi etmek: *He rose from office clerk to executive in ten years.* 9. (hamur) kabarmak: *When I make bread it never rises.* 10. kuvvetlenmek, şiddetlenmek, azmak: *The yacht went back to port because the wind rose.* 11. ortaya çıkmak, görünmek: *The kite rose high above the tree tops.* 12. erişmek, yetişmek: *The corn rose above their shoulders.* 13. neşelenmek, ferahlamak, rahatlamak, sevinmek: *Their spirits rose when they finally reached the end of their long journey.*

**rise**[2] /rayz/ *a.* 1. (güneş, ay, vb.) doğuş, yükseliş 2. yükseliş, yükselme 3. bayır, tümsek 4. artış, artma, çoğalma; zam 5. çıkış 6. yükselme, terfi 6. kaynak, menba 7. **give rise to** -e neden olmak, yol açmak

**rise against** *e.* -e başkaldırmak, karşı çıkmak, isyan etmek

**risen** /'rizın/ *pt, pp bkz.* **rise**

**risible** /'rizıbıl/ *s.* güldürücü, gülünç, gülünecek, komik

**rising** /'rayzing/ *a.* ayaklanma, baş kaldırma, isyan

**risk**[1] /risk/ *a.* 1. tehlike, risk 2. riziko, zarar olasılığı 3. **at one's own risk** sorumluluğu üzerinde, tehlikeyi göze almış

**risk**[2] /risk/ *e.* 1. tehlikeye atmak: *He risked everything he owned when he started a new business.* 2. göze almak: *I can't risk it.* 3. **risk one's neck** yaşamını tehlikeye atmak

**risky** /'riski/ *s.* tehlikeli, riskli, rizikolu

**risqué** /'riskey/ *s.* müstehcen, açık saçık, terbiyesiz

**rissole** /'risoul/ *a.* bir tür et ya da balık köftesi

**rite** /rayt/ *a.* (dinsel) alışkı, töre, âdet

**ritual**[1] /'riçuıl/ *s.* dinsel törene ilişkin, törensel

**ritual**[2] /'riçuıl/ *a.* 1. (dinsel) tören 2. alışkı, âdet, alışkanlık

**rival**[1] /'rayvıl/ *a, s.* rakip

**rival**[2] /'rayvıl/ *e.* -e rakip olmak, ile rekabet etmek: *She rivals her sister in everything except tennis.*

**rivalry** /'rayvılri/ *a.* rekabet, rakiplik

**river** /'rivı/ *a.* nehir, ırmak

**riverbed** /'rivıbed/ *a.* nehir yatağı

**riverside** /'rivısayd/ *a.* nehir kenarı

**rivet**[1] /'rivit/ *a.* perçin çivisi

**rivet**[2] /'rivit/ *e.* 1. perçinlemek 2. (dikkatini) çekmek

**riveting** /'riviting/ *s.* çok ilginç, sürükleyici, çekici

**riviera** /rivi'eırı/ *a.* rivyera

**road** /roud/ *a.* 1. yol 2. *den.* demirleyecek yer, dış liman 3. **by road** arabayla 4. **on the road** seyahatte, yolda, turda 5. **road hog** hızlı ve bencil sürücü 6. **take to the road** serseri olmak, avare olmak

**roadblock** /'roudblok/ *a.* yolu kapayan engel

**roadside** /'roudsayd/ *a, s.* yol kenarı, yol kenarında olan

**roadway** /'roudwey/ *a.* yol ortası

**roadworthy** /'roudwö:di/ *s.* (taşıt) yola çıkabilecek durumda, iyi durumda, sağlam

**roam** /roum/ *e.* aylak aylak dolaşmak, sürtmek, gezinmek, dolanmak

**roar**[1] /ro:/ *e.* 1. gürlemek, gümbürdemek 2. kükremek: *The lion roared.*

**roar**[2] /ro:/ *a.* 1. kükreme 2. gürleme, gümbürtü, gürüldeme

**roaring** /'ro:ring/ *be.* çok, çok büyük

**roast**[1] /roust/ *e.* 1. kızartmak 2. kavurmak 3. kızarmak 4. kavrulmak

**roast**[2] /roust/ *a.* 1. kızartma 2. kızartma et, rosto

**roasting** /'rousting/ *be, s.* çok sıcak, cehennem gibi: *It's roasting outside today.*

**rob** /rob/ *e.* 1. soymak: *The bank was robbed today.* 2. çalmak: *She was robbed of her jewellery.*

**robber** /'robı/ *a.* soyguncu

**robbery** /'robıri/ *a.* 1. soygun 2. **daylight robbery** *k. dili* düpedüz soygun, kazık

**robe** /roub/ *a.* 1. cüppe 2. kaftan 3. bornoz

**robin** /'robin/ *a, hayb.* kızılgerdan

**robot** /'roubot/ *a.* robot

**robust** /rı'bast/ 'roubast/ *s.* turp gibi, sağlam, sıhhatli, güçlü

**rock**[1] /rok/ *e.* 1. sallamak: *She rocked the baby's cradle.* 2. sallanmak 3. şaşırtmak, sarsmak, şok etmek

**rock**[2] /rok/ *a, müz.* 1. rak 2. **rock and roll** rakınrol

**rock**[3] /rok/ *a.* 1. kaya 2. kayalık 3. bir tür şekerleme 4. **on the rocks** a) (içki) buzlu b) (ilişki) sallantıda

**rock bottom** /rok'botım/ *a.* (fiyat) asgari, taban: *rock bottom prices*

**rocker** /'rokı/ *a.* 1. *Aİ.* sallanan sandalye 2. sallanan sandalyenin bacağı 3. (60'lı yıllarda) deri montlu ve motosikletli genç rakınrolcu 4. **off one's rocker** *k. dili* üşütük, çatlak, kaçık

**rockery** /'rokıri/ *a.* taş döşeli küçük bahçe

**rocket**[1] /'rokit/ *a.* 1. roket, füze 2. havai fişek füzesi

**rocket**[2] /'rokit/ *e.* (düzey, miktar, vb.) hızla ve aniden artmak

**rocking chair** /'roking çeı/ *a.* sallanan sandalye

**rock 'n' roll** /rok ın'roul/ *a, müz.* rakınrol

**rocky** /'roki/ *s.* 1. kayalık 2. kaya gibi sert

**rococo** /rı'koukou/ *a.* rokoko

**rod** /rod/ *a.* 1. değnek, çubuk 2. baston, asa 3. sırık, kamış 4. sopa 5. *Aİ, arg.* tabanca 6. **Spare the rod and spoil the child.** Kızını dövmeyen dizini döver.

**rode** /roud/ *pt bkz.* **ride**

**rodent** /'roudınt/ *a, hayb.* kemirgen

**rodeo** /rou'deyou, 'roudiou/ *a.* rodeo

**roe** /rou/ *a, hayb.* 1. karaca 2. balık yumurtası

**rogue** /roug/ *a.* 1. namussuz, dolandırıcı, hilekâr, üçkâğıtçı 2. kerata, yaramaz, haydut

**roisterer** /'roystırı/ *a, esk.* gürültücü, şamatacı

**role** /roul/ *a.* rol

**roll**[1] /roul/ *a.* 1. tomar, top, rulo 2. topak 3. sandviç ekmeği, yuvarlak ufak ekmek 4. silindir, merdane 5. liste, defter, sicil, kayıt 6. gürültü, gümbürdeme, gürleme 7. dalgalanma, yükselip alçalma 8. (gemi) yalpa 9. yuvarlama, tekerleme, yuvarlanma, tekerlenme

**roll**[2] /roul/ *e.* 1. yuvarlamak: *She rolled the ball to the dog.* 2. yuvarlanmak 3.

tomar yapmak, dürmek, top etmek, sarmak 4. silindirle düzlemek 5. yaprak haline getirmek 6. oklava ile açmak 7. fıldır fıldır oynatmak, sağa sola oynatmak, devirmek 8. (taşıtla) gitmek, gezmek, dolaşmak 9. (ay) dönmek, devretmek 10. gürlemek, gümbürdemek 11. yalpa vurmak, sallamak 12. yalpa vurdurmak, sallamak 13. (davul, vb.) çabuk çabuk, gümbür gümbür çalmak 14. sallanarak yürümek, salınmak 15. (arazi) inişli yokuşlu uzayıp gitmek

**roller** /'roulı/ a. 1. silindir, üstüvane, merdane 2. küçük tekerlek 3. yuvarlak çubuk 4. sahile çarpan büyük dalga 5. **roller blind** İİ. stor, makaralı güneşlik 6. **roller skate** tekerlekli paten

**rollicking** /'roliking/ s. eğlenceli, cümbüşlü

**rolling** /'rouling/ s. (arazi) inişli çıkışlı

**rolling pin** /'rouling pin/ a. oklava

**rolling stock** /'rouling stok/ a. demiryolu taşıtı

**rolling stone** /'roling stoun/ a. 1. çok gezen, serbest, sorumluluğu olmayan kimse 2. **A rolling stone gathers no moss.** Yuvarlanan taş yosun tutmaz.

**roll out** e. 1. oklavayla açmak, yaymak 2. k. dili bol sayıda üretmek

**roll up** e. 1. k. dili gelmek, çıka gelmek 2. araba, vb. ile gelmek 3. (kolunu, paçasını, vb.) sıvamak

**Roman** /'roumın/ a, s. 1. eski Roma'ya ilişkin, Roma'lı 2. **Roman numerals** Romen rakamları

**romance**[1] /rou'mens, rı'mens/ a. 1. roman, öykü, masal 2. düş, hayal 3. içli aşk ve serüven romanı 4. aşk, aşk macerası

**romance**[2] /rou'mens/ e. abartmak, abartarak anlatmak, ballandırmak, şişirmek: He's always romancing events.

**romantic**[1] /rou'mentik, rı'mentik/ s. 1. romantik 2. coşumcu 3. hayalci

**romantic**[2] /rou'mentik/ a. romantik kimse

**romanticism** /rou'mentisizım/ a. romantizm, coşumculuk

**romanticize** /rou'mentisayz/ e. 1. romantikleştirmek 2. romantikleşmek 3. abartmak

**romp**[1] /romp/ a. 1. sıçrayıp oynama, hoplayıp zıplama, gürültüyle oynama 2. kolay yengi

**romp**[2] /romp/ e. 1. gürültüyle oynamak, azmak, kudurmak 2. kolayca yenmek/geçmek

**roof**[1] /ru:f/ a. 1. çatı, dam 2. ev, yuva 3. en yüksek nokta ya da düzey 4. **a roof over one's head** başını sokacak bir yer 5. **roof rack** İİ. arabanın tepesindeki bagaj, portbagaj 6. **under the same roof** aynı çatı altında

**roof**[2] /ru:f/ e. çatı ile örtmek, çatı olmak

**roofing** /'ru:fing/ a. çatı kaplama malzemesi

**rook** /ruk/ a. 1. (satranç) kale 2. hayb. ekinkargası 3. hileci, üçkâğıtçı

**room** /ru:m, rum/ a. 1. oda: There are three rooms in this flat. 2. ç. daire, apartman, pansiyon 3. yer, meydan: Is there enough room for the car to park? 4. yer, neden 5. fırsat, olanak

**roommate** /'ru:mmeyt, 'rummeyt/ a. oda arkadaşı

**roomy** /'ru:mi/ s. geniş, ferah

**roost**[1] /ru:st/ a. tünek

**roost**[2] /ru:st/ e. tünemek

**rooster** /'ru:stı/ a, Aİ. horoz

**root**[1] /ru:t/ a. 1. kök 2. köken 3. kaynak, merkez 4. **root crop** havuç, vb. 5. **square root** mat. karekök 6. **take/strike root** kök salmaya/gelişmeye başlamak

**root**[2] /ru:t/ e. 1. kök salmak, kök tutmak, köklenmek 2. kökeni ya da temeli olmak, kökü olmak 3. (out ile) defetmek, yok etmek, kökünü kazımak 4. (about/around/for ile) bir şey bulmak için altını üstüne getirmek, karıştırmak

**rooted** /'rutid/ s. köklü, kök salmış (gibi)

**rootless** /'ru:tlis/ s. evsiz, köksüz, kökenleri olmayan

**rope**[1] /roup/ a. 1. ip, halat 2. **know the ropes** kuralları bilmek, işi bilmek 3. **rope ladder** ip merdiven

**rope**[2] /roup/ e. iple/halatla bağlamak

**rope in** e, k. dili (yardıma) ikna etmek, kandırmak

**rope off** e. ip/halat gererek ayırmak

**ropy** /'roupi/ *s.* 1. ip gibi, tel tel, lif lif 2. *k. dili* berbat, niteliksiz

**rosary** /'rouzıri/ *a.* 1. tespih 2. tespih çekilirken edilen dualar 3. incik-boncuk

**rose**[1] /rouz/ *a.* 1. *bitk.* gül 2. gül rengi 3. **a bed of roses** güllük gülistanlık durum

**rose**[2] /rouz/ *s.* pembemsi kırmızı

**rose**[3] /rouz/ *pt bkz.* **rise**

**rosé** /'rouzey/ *a.* pembe şarap, roze şarabı

**rosebud** /'rouzbad/ *a, bitk.* gül goncası

**rosette** /rou'zet/ *a.* rozet

**rosemary** /'rouzmıri/ *a, bitk.* biberiye

**rose-water** /'rouzwo:tı/ *a.* gülsuyu

**rose window** /'rouz windou/ *a.* renkli camlarla süslü yuvarlak pencere

**roster** /'rostı/ *a.* 1. liste 2. nöbet cetveli

**rostrum** /'rostrım/ *a.* kürsü, platform

**rosy** /'rouzi/ *s.* 1. gül renkli, pembe, pembemsi 2. umut verici, parlak

**rot**[1] /rot/ *e.* 1. çürümek, bozulmak 2. çürütmek

**rot**[2] /rot/ *a.* 1. çürüme, bozulma 2. çürük, çürümüş şey 3. *İİ, k. dili* boş laf, saçma, zırva

**rota** /'routı/ *a.* liste, görev listesi, sıra listesi

**rotary** /'routıri/ *s.* bir eksen etrafında dönen, dönel

**rotate** /rou'teyt/ *e.* 1. (bir eksen üzerinde) dönmek 2. döndürmek 3. art arda dönüp gelmek 4. (bir işi) sıra ile yer değiştirerek yapmak 5. sıra ile yer değiştirmek, yer değiştirerek çalıştırmak

**rotation** /rou'teyşın/ *a.* 1. dönme, dönüş, deveran 2. devir 3. (işi) sıra ile yapma, nöbetleşme, rotasyon

**rote** /rout/ *a.* ezber, ezbercilik

**rotor** /'routı/ *a.* döneç, rotor

**rotten** /'rotn/ *s.* 1. çürük, bozuk, kokmuş 2. kaba, kötü 3. *arg.* berbat, boktan, rezil

**rotund** /rou'tand/ *s.* toparlak, şişman, tombul

**rouble** /'ru:bıl/ *a.* ruble

**rouge** /ru:j/ *a.* allık

**rough**[1] /raf/ *s.* 1. pürüzlü, pürtüklü 2. engebeli, inişli yokuşlu 3. taşlık 4. kaba dokunmuş, tüylü 5. hoyrat, kaba 6. kaba, sert 7. işlenmemiş, yontulmamış, ham 8. güç, zor, çetin 9. kabataslak 10. fırtınalı, rüzgârlı, dalgalı 11. sert, acımasız, katı 12. yaklaşık, aşağı yukarı 13. açık saçık, müstehcen 14. *k. dili* haksız, talihsiz 15. **rough and ready** basit ve rahatsız, kaba saba

**rough**[2] /raf/ *a.* 1. kabadayı, külhanbeyi 2. engebeli arazi 3. karalama, taslak 4. **take the rough with the smooth** iyi şeylerle birlikte kötü şeyleri de yakınmadan kabul etmek 5. **rough it** *k. dili* sefalet çekmek, sürünmek, kötü şartlarda yaşamak

**rough**[3] /raf/ *be.* 1. kabaca 2. rahatsız bir şekilde

**roughcast** /'rafka:st/ *a.* kaba sıva

**roughly** /'rafli/ *be.* 1. kaba, kabaca 2. aşağı yukarı, yaklaşık olarak, kabaca

**rough out** *e.* taslağını hazırlamak, taslak yapmak, kabasını çizmek

**roulette** /ru:'let/ *a.* rulet

**round**[1] /raund/ *s.* 1. yuvarlak: *a round table, a round swimming pool; The Earth is round.* 2. yuvarlak, toparlak, top gibi: *She has pretty round cheeks.* 3. **in round figures/numbers** yuvarlak hesap ile, yaklaşık 4. **round table** herkesin eşit konumda olduğu toplantı, yuvarlak masa toplantısı 5. **round trip** gidiş-dönüş, gidiş-dönüş yolculuğu

**round**[2] /raund/ *be.* 1. aksi yöne, aksi yönde: *He turned the car round and drove back.* 2. bir daire şeklinde hareket ederek, başlangıç noktasına dönerek: *Summer will soon be round again. It's a beautiful lake. Let's walk round. They sat and watched the waterwheel going round and round.* 3. çevresi, çevre olarak: *The wheel is 27 inches round.* 4. etrafa, etrafta, çevrede, her tarafta: *The building has a security fence all round. They gathered round to see the accident.* 5. birinden diğerine/diğerlerine, etrafa, çevreye: *Please pass these photocopies round. Gossip about his love affair quickly spread round. They went into the town to look round.* 6. daha uzun bir yoldan, dolaşarak: *The driver*

**R**

took me the long way round. 7. birisinin bulunduğu yere: *Brigid went round to see Peter and Bob. Do you want to come round for dinner?* 8. civarda: *They visited the city and the villages round. The explosion was seen for miles round.* 9. **the other way round** tam aksi, tam tersine: *"Sue doesn't like John." "No. It's the other way round; John doesn't like Sue".*

**round³** /raund/ *ilg.* 1. etrafında, çevresinde, çevresine: *The Earth moves round the sun. They drove round the town. The ship sailed round the world. They sat round the fire. She wore a silver belt round her waist.* 2. -e saparak/dönerek: *He ran round a bend in the road.* 3. -in her tarafını/tarafına/tarafında: *They travelled round America last year. They showed us round their house.* 4. ... civarında, yaklaşık: *It cost me round about 2000 dollars.* 5. **round the bend** *k. dili* deli, üşütük: *She's gone round the bend.*

**round⁴** /raund/ *a.* 1. yuvarlak şey; daire 2. (ekmek, sandviç, vb.) dilim 3. dağıtım, servis: *He starts his milk round at midnight and finishes it at 7:30.* 4. dizi, seri: *There's always a continual round of parties over Christmas.* 5. *sp.* tur: *They finished the first round of the tennis championship.* 6. (boks) raunt: *He knocked him out in the third round.* 7. atış, el; kurşun, mermi: *He pulled out his revolver and fired four rounds.* 8. devriye: *The policeman did his daily round.* 9. *müz.* kanon 10. herkese verilen içki, vb.: *It's your turn to buy the round.* 11. içkileri alma sırası: *It's your round.*

**round⁵** /raund/ *e.* 1. dönmek, sapmak: *He rounded the corner on two wheels.* 2. yuvarlaklaştırmak: *She rounded the pastry into balls.* 3. yuvarlaklaşmak: *His eyes rounded in surprise.*

**roundabout¹** /'raundıbaut/ *a, İİ.* 1. atlıkarınca 2. ada kavşak

**roundabout²** /'raundıbaut/ *s.* dolambaçlı, dolaylı, dolaşık

**roundel** /'raundl/ *a.* 1. askeri uçakların milliyetini belirten yuvarlak simge 2. yuvarlak pencere

**roundly** /'raundli/ *be.* 1. yuvarlak biçimde 2. tamamen, tamamıyla 3. kesinlikle, şiddetle

**rounds** /'raundz/ *a.* devriye, kontrol, kol

**roundsman** /'raundzmın/ *a.* devriye

**round off** *e.* güzel/hoş bir şekilde bitirmek: *They rounded off the dinner with coffee and liqueurs.*

**round-the-clock** /raunddı'klok/ *s.* bütün gün süren, gece gündüz devam eden, gece gündüz

**round-trip** /raund'trip/ *s, Aİ.* (bilet) gidişdönüş

**roundup** /'raundap/ *a.* dağılmış şeylerin, sürünün, insanların, vb. toplanması

**round up** *e.* 1. bir araya toplamak: *The dog rounded up the sheep.* 2. (suçluları) yakalamak 3. (hesap, sayı) yuvarlamak, yuvarlak hesap yapmak

**rouse** /rauz/ *e.* 1. uyandırmak: *The barking dog roused him.* 2. harekete geçirmek, canlandırmak, tahrik etmek, uyarmak

**rousing** /'rauzing/ *s.* milleti heyecanlandıran

**rout¹** /raut/ *a.* bozgun

**rout²** /raut/ *e.* bozguna uğratmak

**route¹** /ru:t/ *a.* 1. rota, yol 2. izlenecek yol

**route²** /ru:t/ *e.* (by/through ile) ... yoluyla yollamak, ... yolu üzerinden göndermek

**routine¹** /ru:'ti:n/ *a.* 1. alışılmış çalışma yöntemi 2. görenek, âdet, usul, alışkanlık haline gelmiş şey

**routine²** /ru:'ti:n/ *s.* alışılagelen, alışılmış, her zamanki

**rove¹** /rouv/ *e.* dolaşmak, gezmek

**rove²** /rouv/ *e.* 1. (iplik) bükmek 2. (yün) taramak

**rover** /'rouvı/ *a, yaz.* gezgin, serüvenci

**row¹** /rou/ *e.* 1. kürekle yürütmek 2. kürek çekmek 3. kayıkla taşımak

**row²** /rou/ *a.* 1. kürek çekme 2. sandal gezisi

**row³** /rou/ *a.* 1. sıra, dizi, saf 2. sıra evler

**row⁴** /rou/ *a, k. dili* 1. gürültü, patırtı, şamata 2. ağız kavgası, atışma, kapışma

**rowan** /'rouın, 'rauın/ *a, bitk.* üvez ağacı

rowdy /'raudi/ s. gürültülü, patırtılı; kaba
rowlock /'rolık/ a. ıskarmoz
royal¹ /'royıl/ s. 1. krala ya da krallığa ilişkin, kraliyet ...: *Royal Academy* 2. krallara yaraşır, şahane 3. çok büyük, muazzam 4. **Royal Highness** Prens/Prenses Hazretleri
royal² /'royıl/ a. kraliyet ailesine mensup kimse
royalist /'royılist/ a. kralcı
royalty /'royılti/ a. 1. krallık, hükümdarlık 2. kraliyet ailesi 3. hak sahibine verilen pay 4. kitap yazarına verilen pay, telif hakkı ücreti
rub¹ /rab/ e. 1. ovmak, ovalamak: *He rubbed her aching back for her.* 2. sürtmek, sürtünmek: *The tree is rubbing against the side of the house.*
rub² /rab/ a. 1. sürtme, sürtünme 2. ovma, ovalama 3. güçlük
rub along e. iyi geçinmek: *We've lived together for three years and we rub along.*
rubber¹ /'rabı/ a. 1. lastik, kauçuk 2. *AI.* silgi 3. lastik ayakkabı 4. ovucu 5. *k. dili, AI.* kaput, prezervatif 6. **rubber band** ince lastik halka 7. **rubber plant** *bitk.* kauçuk 8. **rubber tree** kauçuk ağacı
rubber² /'rabı/ a, isk. 1. üç oyundan ikisini kazanma 2. berabere kalınca kazananı belirlemek için oynanan oyun
rubbish¹ /'rabiş/ a. 1. süprüntü, döküntü, çöp 2. saçmalık, saçma, zırva
rubbish² /'rabiş/ ünl, k. dili saçma
rubbishy /'rabişi/ s, k. dili saçma, aptalca
rubble /'rabıl/ a. moloz, taş yığını
rub down e. 1. kurulamak 2. düzleştirmek, düzlemek
rubella /ru:'belı/ a, hek. kızamıkçık
rub in e. 1. ovarak yedirmek, içine nüfuz ettirmek 2. **rub it in** *k. dili* başına kakmak
ruble /'ru:bıl/ a, bkz. **rouble**
rub off e. sürttürüp çıkarmak/çıkmak
rub out e. 1. *İİ.* (silgiyle) silmek 2. *AI, arg.* gebertmek, temizlemek
rubric /'ru:brik/ a. 1. kırmızı renkte veya özel tipte basılmış başlık 2. kural, yön
rub up e. 1. ovarak parlatmak 2. **rub sb**

up the wrong way sinir etmek, kızdırmak
ruby /'ru:bi/ a. 1. yakut 2. yakut rengi, parlak, kırmızı renk
ruck¹ /rak/ a. kırışıklık
ruck² /rak/ e: **ruck up** kırışmak, buruşmak
rucksack /'raksek/ a. sırt çantası
ructions /'rakşıns/ a. kızgın sözler, protestolar, gürültülü tartışmalar
rudder /'radı/ a. 1. dümen, dümen bedeni 2. kılavuz, rehber
ruddy /'radi/ s. 1. (yüz) sağlıklı, pembe 2. parlak kırmızı, al 3. *arg.* kahrolasıca, lanet olasıca, lanet
rude /ru:d/ s. 1. terbiyesiz, inceliksiz, kaba 2. sert, şiddetli 3. kabaca yapılmış, kaba saba, kabataslak 4. ilkel, cahil 5. işlenmemiş, ham, doğal 5. ayıp, müstehcen
rudimentary /ru:di'mentıri/ a. 1. basit 2. ilk öğrenilen, temel, ana
rudiments /'ru:dimınts/ a. ilke, ilk adım, temel
rue¹ /ru:/ e. üzüntü duymak, pişmanlık duymak, esef etmek
rue² /ru:/ a, bitk. sedefotu
rueful /'ru:fıl/ s. esefli, üzüntülü, pişmanlık belirten
ruff¹ /raf/ a. 1. kırmalı yaka 2. (iskambilde) koz ile alma
ruff² /raf/ e. (iskambilde) koz ile almak
ruffian /'rafiın/ a. kötü/kaba adam, vahşi
ruffle¹ /'rafıl/ e. 1. buruşturmak, kırıştırmak 2. bozmak, karıştırmak 3. sinirlendirmek, telaşlandırmak, huzurunu bozmak 4. (kuş) tüylerini kabartmak 5. (kumaş) büzgü yapmak, kırma yapmak
ruffle² /'rafıl/ a. kırmalı yaka ya da dantel, farbala, büzgü
rug /rag/ a. 1. küçük halı, kilim 2. battaniye, örtü
rugby /'ragbi/ a, sp. ragbi
rugged /'ragid/ s. 1. engebeli 2. pürüzlü 3. kaba, yontulmamış 4. sağlam
ruin¹ /'ru:in/ a. 1. yıkılma, yıkım, yıkılış 2. ören, yıkıntı, harabe, kalıntı 3. batkı, batma, iflas 4. *ç.* enkaz 5. **in ruins** enkaz halinde

**R**

**ruin**[2] /'ru:in/ *e.* mahvetmek, harap etmek: *The drought ruined the fruit crop. The village was ruined by a cyclone. You've ruined my records. They're all scratched.*

**ruination** /ru:in'eyşın/ *a, k. dili* iflas nedeni, iflas

**ruinous** /'ru:inıs/ *s.* 1. iflas ettirici, batırıcı 2. yıkık dökük, viran

**rule**[1] /ru:l/ *a.* 1. kural, ilke: *Do you know the rules of the game?* 2. usul, yol, yöntem, âdet 3. yönetim, egemenlik 4. *huk.* tüzük, ilke 5. düzçizer, cetvel 6. **as a rule** genelde, çoğunlukla 7. **rules and regulations** ufak sıkıcı formaliteler

**rule**[2] /ru:l/ *e.* 1. yönetmek 2. hükümdarlık etmek, saltanat etmek 3. -e egemen olmak, hükmetmek, buyurmak 4. *huk.* hükmetmek, karar vermek 5. cetvelle çizmek

**rule out** *e.* 1. olmayacağını söylemek, olabilirliğini yadsımak, boşlamak 2. olanaksızlaştırmak, engellemek, önlemek

**ruler** /'ru:lı/ *a.* 1. yönetici 2. hükümdar 3. cetvel

**ruling**[1] /'ru:ling/ *a.* resmi karar, yargı, hüküm

**ruling**[2] /'ru:ling/ *s.* en başta gelen, başlıca, en büyük, en önemli, en güçlü

**rum** /ram/ *a.* 1. *İİ.* rom 2. *Aİ.* alkollü içki

**rumba** /'rambı/ *a, müz.* rumba

**rumble**[1] /'rambıl/ *a.* gürleme, gümbürdeme, gürültü

**rumble**[2] /'rambıl/ *e.* 1. gürlemek, gümbürdemek 2. (mide) guruldamak 3. *İİ, k. dili* içyüzünü anlamak, ne mal olduğunu anlamak; -e kanmamak

**ruminant**[1] /'ru:minınt/ *a, hayb.* gevişgetiren hayvan

**ruminant**[2] /'ru:minınt/ *s, hayb.* gevişgetiren

**ruminate** /'ru:mineyt/ *e.* 1. *hayb.* geviş getirmek 2. (about/over ile) derin derin düşünmek

**rummage**[1] /'ramic/ *e.* altüst edip aramak

**rummage**[2] /'ramic/ *a.* altını üstüne getirme

**rummy** /'rami/ *a.* ellibire benzer bir tür iskambil oyunu

**rumor** /'ru:mı/ *a, e, Aİ,* bkz **rumour**

**rumour**[1] /'ru:mı/ *a.* 1. söylenti, dedikodu, şayia 2. **Rumour has it (that)** söylentiye göre, söylentilere bakılırsa, şaiyalara göre

**rumour**[2] /'ru:mı/ *e.* söylenti çıkarmak, dedikodu çıkarmak, yaymak

**rump** /ramp/ *a.* 1. sağrı 2. but, sığır butu 3. *k. dili* popo, kıç 4. kalıntı, artık

**rumple** /'rampıl/ *e.* 1. buruşturmak, kırıştırmak 2. karmakarışık etmek

**rumpus** /'rampıs/ *a, k. dili* velvele, gürültü patırtı, atışma

**run**[1] /ran/ *e.* [*pt* **ran** /ren/, *pp* **run**] 1. koşmak: *They ran some of the way and walked the rest.* 2. çabuk gitmek, çabuk yürümek, seğirtmek 3. koşturmak, yarıştırmak: *He didn't run his greyhound last week because it was ill.* 4. (taşıt, vb.) hızlı gitmek, hızla ilerlemek 5. çalıştırmak, işletmek: *Run the machine a minute. I want to check it.* 6. çalışmak, işlemek: *The car isn't running properly.* 7. işlemek, gidip gelmek, hareket etmek, kalkmak: *How often do buses run between Ankara and İstanbul?* 8. (sıvı, kum, vb.) akmak, dökülmek: *Water ran down the windows.* 9. (musluktan, vb.) akıtmak: *You have to leave the water running till it gets hot.* 10. erimek, yayılmak, dağılmak: *Her ice cream ran down her fingers because of the heat.* 11. uzanmak, sürmek, devam etmek, gitmek: *The road runs along the coast to the next town.* 12. (araba) sahibi olmak, kullanmak: *What kind of car do you run?* 13. *k. dili* (arabayla, vb.) bir yere bırakmak, götürmek: *He ran her to the bus stop.* 14. kaçakçılığı yapmak: *They were imprisoned for running drugs.* 15. yönetmek, işletmek, idare etmek: *He has been running the business since his father's death.* 16. yürürlükte olmak, geçmek, geçerli olmak: *My car registration only runs a year.* 17. (film, oyun, vb.) sürekli oynamak, afişte kalmak: *He didn't read the report properly but ran his eyes over it.* 26. **run into the ground** aşırı çalışmaktan yorul-

mak/yormak 27. **run short** eldekini tüketmek, kıtlığını çekmek, azalmak, kısalmak 28. **run the chance/danger of** ... riskini göze almak, riskine girmek **run²** /ran/ *a.* 1. koşma 2. koşu, yarış 3. gidilen ya da koşulan mesafe, yolculuk 4. balık sürüsü 5. akış, seyir, cereyan 6. istek, rağbet 7. serbestçe kullanma ya da dolaşma 8. çeşit, sınıf 9. ard arda geliş, devam 10. çay, dere 11. (çorap) kaçık, kaçan yer 12. çevresi kapalı hayvan barınağı 13. **in the long run** zamanla, sonunda, eninde sonunda 14. **on the run** kaçmaya/saklanmaya çalışan, kaçak, aranan
**run across** *e.* -e rastlamak, ile karşılaşmak: *I ran across my uncle in the bank.*
**run after** *e.* peşinden koşmak
**run along** *ünl, k. dili* (özellikle çocuklara söylenir) Hadi bakalım, kış kış
**run-around** /'ranıraund/ *a.* 1. atlatma, oyalama, baştan savma 2. *k. dili* **give the run-around** (eşini) boynuzlamak
**run around** *e.* (with/together ile) birlikte gezmek, dolaşmak, çıkmak, takılmak
**runaway¹** /'ranıwey/ *a.* kaçan kimse, kaçak
**runaway²** /'ranıwey/ *s.* 1. kaçak 2. denetimden çıkmış, kontrolden çıkmış, denetimsiz 3. gizli
**run away** *e.* kaçmak, kaçıp gitmek: *He ran away to sea when he was* 16.
**run away with** *e.* 1. alıp götürmek, çalmak, aşırmak: *He ran away with all the money in the till.* 2. (âşığı) ile birlikte kaçmak 3. (yarışı) kolayca kazanmak, yenmek 4. -e mal olmak 5. kontrolden çıkarmak, sinirlerini bozmak 5. ... fikrine kapılmak, kolayca inanmak, kendini inandırmak
**run-down¹** /'randaun/ *a.* ayrıntılı rapor
**run-down²** /'randaun/ *s.* 1. halsiz, bitkin, hasta, sağlıksız, yıpranmış 2. eski püskü, yıkık dökük
**run down** *e.* 1. arabayla çarpıp devirmek, çarpmak: *He ran down an old man.* 2. arkasından koşup yakalamak 3. araştırıp bulmak, arayıp bulmak 4. hakkında kötü konuşmak, yermek, eleştirmek,

aşağılamak, küçümsemek: *He always runs his sister down.* 5. (pil, saat, vb.) bitmek, durmak 6. (iş, vb.) yavaş yavaş durmak/durdurmak
**rung¹** /rang/ *a.* el merdiveni basamağı
**rung²** /rang/ *pp bkz.* **ring**
**run in** *e.* 1. (motoru) alıştırmak 2. *k. dili* yakalamak, tutuklamak
**run into** *e.* 1. (arabayı) -e çarptırmak 2. (araba) -e çarpmak 3. *k. dili* -e rastlamak, ile karşılaşmak 4. (miktar, vb.) -e ulaşmak, -i bulmak
**runner** /'ranı/ *a.* 1. koşucu 2. kızak demiri
**runner-up** /ranır'ap/ *a.* (koşu, yarış, vb.'de) ikinci gelen kimse/takım
**running¹** /'raning/ *a.* 1. koşma, koşu 2. **in the running** kazanma ümidi olan 3. **out of the running** kazanma ümidi olmayan
**running²** /'raning/ *s.* 1. koşan 2. sürekli 3. üst üste 4. akan, akar 5. işlek 6. genel 7. içinde bulunulan 8. kaygan, oynar 9. cari 10. **in running order** (makine) tam randımanlı, iyi çalışan
**running³** /'raning/ *be.* arka arkaya, üst üste
**runny** /'rani/ *s, k. dili* 1. cıvık, sulu: *The custard is still runny.* 2. (göz, vb.) sulu
**run-off** /'ranof/ *a.* kazananı belirleyen yarış
**run off** *e.* 1. kaçmak 2. akıtmak 3. yayınlamak, basmak
**run-of-the-mill** /ranıdı'mil/ *s.* tekdüze, sıradan, özelliksiz, bayağı
**run on** *e.* 1. devam etmek, sürmek 2. (zaman) geçmek 3. durmadan konuşmak 4. (düşünce, konuşma, vb.) ile ilgili olmak
**run out** *e.* 1. tükenmek, bitmek, suyunu çekmek: *The petrol has run out.* 2. (süre) bitmek: *Time is running out.* 3. -si tükenmek, -siz kalmak: *I've run out of cigarettes.*
**run out of** *e.* 1. -i tüketmek, bitirmek; bitmek, tükenmek, -siz kalmak: *We've run out of bread.* 2. *k. dili* -i (bir yerden) sürmek, dışına çıkarmak, zorla göndermek, kovmak
**run out on** *e.* -i yüzüstü bırakmak, terk etmek

**R**

**run over** *e.* 1. (su, vb.) taşmak 2. (arabayla) ezmek, çiğnemek 3. prova etmek, tekrarlamak
**runs** /ranz/ *a, k. dili* (the ile) ishal, amel
**run-through** /'rantru:/ *a.* tekrar, alıştırma, prova
**run through** *e.* 1. içinden koşarak geçmek 2. çabucak göz gezdirmek, gözden geçirmek 3. tekrarlamak, prova etmek 4. harcamak, yiyip bitirmek, çarçur etmek 5. (kılıç) saplamak 6. sokmak, arasından geçirmek, batırmak 7. batmak, arasından geçmek 8. -in bir bölümünü oluşturmak, -e yayılmak
**run to** *e.* 1. -i karşılayacak gücü/parası olmak: *We can't run to a new car.* 2. (para) -e yeterli olmak, -i karşılamak 3. -e eğilimi olmak, -e kaçmak
**run-up** /'ranap/ *a.* süreç
**run up** *e.* 1. (bayrak) çekmek 2. dikivermek, uyduruvermek 3. (borca, vb.) girmek 4. (fiyat, vb.) yükseltmek
**runway** /'ranwey/ *a.* uçak pisti
**rupee** /ru:'pi:/ *a.* Hindistan, Pakistan, Sri Lanka, Nepal, Mauritus ve Maldive Adaları'nın para birimi, rupi
**rupture¹** /'rapçı/ *a.* 1. kırılma, kopma, yırtılma 2. *hek.* fıtık
**rupture²** /'rapçı/ *e.* 1. koparmak, kırmak, yırtmak 2. fıtık etmek
**rural** /'ruırıl/ *s.* kırsal
**ruse** /ru:z/ *a.* hile, dalavere, oyun, kurnazlık, numara
**rush¹** /raş/ *e.* 1. acele etmek: *Don't rush. You've got plenty of time.* 2. koşmak, seğirtmek: *The crowd rushed to escape the fire.* 3. acele ettirmek, koşturmak 4. aceleyle/baştansavma yapmak, aceleye getirmek 5. sıkboğaz etmek, sıkıştırmak: *The work must be done carefully, so don't rush him.* 6. saldırmak, üstüne çullanmak: *The soldiers rushed the enemy.* 7. **rush sb off his feet** sıkıştırmak, iki ayağını bir pabuca sokmak
**rush²** /raş/ *a.* 1. acele, telaş 2. itip kakma 3. saldırı, hamle 4. üşüşme 5. rağbet, talep, istek 6. *bitk.* hasırotu, saz 7. **rush hour** işe gidiş-geliş saatleri, trafiğin en yoğun olduğu saatler

**rusk** /rask/ *a.* peksimet
**russet** /'rasit/ *a, s, yaz.* kırmızımsı kahverengi
**Russian** /'raşın/ *a, s.* 1. Rus 2. Rusça
**rust¹** /rast/ *a.* 1. pas 2. pas rengi
**rust²** /rast/ *e.* 1. paslanmak 2. paslandırmak
**rustic¹** /'rastik/ *s.* 1. kırlara, köylere ilişkin, kırsal 3. kaba, kaba saba
**rustic²** /'rastik/ *a.* taşralı, hödük
**rustle¹** /'rasıl/ *a.* hışırtı
**rustle²** /'rasıl/ *e.* 1. hışırdamak 2. hışırdatmak 3. *Aİ.* (at, sığır, vb.) çalmak
**rustler** /'raslı/ *a, Aİ.* at hırsızı
**rustle up** *e.* 1. bulmak 2. çabucak hazırlayıvermek
**rustproof** /'rastpru:f/ *s.* paslanmaz
**rusty** /'rasti/ *s.* 1. paslı 2. (konusunu) unutmuş 3. unutulmuş, paslanmış
**rut¹** /rat/ *a.* (özellikle geyik ve benzeri hayvanlarda) cinsel kızgınlık, azgınlık dönemi
**rut²** /rat/ *a.* 1. tekerlek izi 2. **get into a rut** tekdüze bir yaşama başlamak
**ruthless** /'ru:tlis/ *s.* acımasız, zalim, amansız, merhametsiz, insafsız
**rye** /ray/ *a.* 1. *bitk.* çavdar 2. **rye bread** çavdar ekmeği 3. **rye whisky** çavdar viskisi

# S

**S, s** /es/ *a.* İngiliz abecesinin on dokuzuncu harfi
**Sabbath** /'sebıt/ *a.* (Hıristiyanların pazar, Yahudilerin cumartesi günü olan) dinsel tatil günü
**sabbatical¹** /sı'betikıl/ *a.* gezmek ya da öğrenim amacıyla işten alınan ücretli izin
**sabbatical²** /sı'betikıl/ *s.* (izin) ücretli: *sabbatical leave*
**saber** /'seybı/ *a, Aİ, bkz.* **sabre**
**sable** /'seybıl/ *a.* 1. *hayb.* samur 2. samur kürk
**sabotage¹** /'sebıta:j/ *a.* baltalama, sabotaj
**sabotage²** /'sebıta:j/ *e.* baltalamak, sabote etmek

saboteur /sebı'tö:/ a. sabotajcı
sabre /'seybı/ a, İİ. süvari kılıcı
sac /sek/ a, biy. kese
saccharin /'sekırin/ a. sakarin
saccharine /'sekıri:n/ s. çok tatlı, aşırı tatlı
sachet /'seşey/ a. (içindeki nesne bir defada kullanılıp biten) küçük plastik kutu/torba
sack¹ /sek/ a. 1. çuval, torba 2. kahverengi büyük kesekâğıdı 3. bir çuval dolusu miktar 4. çuval benzeri giysi, bol ve biçimsiz giysi 5. İİ, k. dili kovma, sepetleme, işten atma 6. Al, k. dili yatak 7. get the sack k. dili işten kovulmak, sepetlenmek 8. hit the sack k. dili yatmak
sack² /sek/ e, k. dili işten atmak, kovmak, sepetlemek
sack³ /sek/ a. yağma, çapul, talan
sack⁴ /sek/ e. (bir kenti) yağma etmek, yağmalamak, talan etmek
sacrament /'sekrımınt/ a. (Hıristiyanlıkta) dinsel tören
sacred /'seykrid/ s. 1. dinsel 2. kutsal 3. bozulmaması gerken, kutsal
sacrifice¹ /'sekrifays/ a. 1. kurban 2. özveri, fedakârlık 3. sell (sth) at a sacrifice zararına satmak
sacrifice² /'sekrifays/ e. 1. kurban etmek 2. feda etmek, uğrunda harcamak, gözden çıkarmak 3. k. dili zararına satmak
sacrificial /sekri'fişıl/ s. kurbanla ilgili, kurban edilen, kurbanlık: The sacrificial lamb escaped.
sacrilege /'sekrilic/ a. kutsal kişi ya da şeylere saygısızlık, küfür
sacrosanct /'sekrousenkt/ s. çok önemli, kutsal
sad /sed/ s. 1. üzgün, üzüntülü, kederli, hüzünlü: You look sad. Is something wrong? 2. acınacak, hazin, acıklı, üzücü: It was a sad story.
sadden /'sedn/ e. 1. üzmek 2. üzülmek
saddle¹ /'sedl/ a. 1. eyer, semer 2. sele, oturak 3. (koyun, vb.) sırtın alt ucundan kesilmiş et 4. coğ. bel, boyun
saddle² /'sedl/ e. 1. eyerlemek, eyer ya da semer vurmak 2. (tatsız bir iş) vermek, yüklemek

saddlebag /'sedlbeg/ a. 1. eyer çantası, heybe 2. (bisiklet, vb.) sele çantası
sadism /'seydizım/ a, ruhb. sadizm
sadist /'seydist/ a, ruhb. sadist
sadly /'sedli/ be. 1. üzüntüyle 2. ne yazık ki 3. sadly mistaken büyük yanılgıya düşmüş
sadomasochism /seydou'mesıkizım/ a, ruhb. sadomazoşizm
safari /sı'fa:ri/ a. safari
safe¹ /seyf/ s. 1. güvenlikte, emniyette: We're safe here. 2. emin, sağlam, güvenilir 3. güvenilir, önemli, ihtiyatlı 4. tehlikesiz 5. atlatmış, kurtulmuş 6. kesin, olumlu sonuçlanacağı kesin 7. as safe as houses k. dili tam güvenlik altında 8. play it safe k. dili riske girmemek 9. safe and sound sağ salim
safe² /seyf/ a. 1. kasa: The robbers couldn't open the safe. 2. yiyecek dolabı
safe-conduct /seyf'kondakt/ a. geçiş izni
safe-deposit /seyfdi'pozit/ a. (bankada) kiralık kasada değerli eşyanın saklanılması
safeguard /'seyfga:d/ a. koruyucu şey, koruma, korunma, koruyucu
safekeeping /'seyfki:ping/ a. koruma, saklama, korunma, saklanma, güvenlikte olma
safety /'seyfti/ a. 1. güven, güvenlik, emniyet 2. safety belt emniyet kemeri 3. safety glass dağılmaz cam 4. safety match yalnızca kutusundaki eczaya sürtüldüğünde yanan kibrit 5. safety pin çengelliiğne 6. safety razor jiletli tıraş makinesi 7. safety valve güvenlik subapı
saffron /'sefrın/ a. safran
sag¹ /seg/ e. 1. eğilmek, bükülmek, çökmek, sarkmak, bel vermek 2. (neşe, mutluluk, vb.) azalmak, kaybolmak, kaçmak
sag² /seg/ a. çöküntü, eğilme, bel verme, sarkma
saga /'sa:gı/ a. destan
sagacious /sı'geyşıs/ s, yaz. akıllı, sağgörülü
sage¹ /sayc/ s. akıllı, ağırbaşlı, bilge
sage² /seyc/ a. bilge

**sage**[3] /seyc/ *a, bitk.* adaçayı
**saggy** /'segi/ *s.* sarkık
**Sagittarius** /seci'teırıs/ *a.* Yay (burcu)
**sago** /'seygou/ *a.* hintirmiği, sagu
**said**[1] /sed/ *s.* adı geçen, sözü edilen
**said**[2] /sed/ *pt, pp bkz.* **say**
**sail**[1] /seyl/ *a.* 1. yelken 2. yelkenli 3. yelkenli gezintisi, deniz yolculuğu 4. yeldeğirmeni kanadı
**sail**[2] /seyl/ *e.* 1. yelkenli, gemi, vb. ile gitmek: *He sailed up the river to the next town.* 2. su üzerinde seyretmek, gitmek: *This boat has sailed all the seas.* 3. (yelkenli, gemi, vb.) yönetmek, götürmek: *He sailed his small yacht across the Atlantic.* 4. yelken açmak, yola çıkmak: *This ship sails for Jamaica in half an hour.* 5. süzülmek: *She sailed across the ice on one skate.* 6. kolayca geçmek: *He sailed through his driving test and got his licence.*
**sailing** /'seyling/ *a.* 1. gemicilik 2. yelken kullanma, yelkencilik 3. deniz yolculuğu, sefer
**sailor** /'seylı/ *a.* 1. denizci, gemici 2. *ask.* bahriyeli, denizci
**saint** /seynt/ *a.* aziz, evliya, ermiş, eren
**sake** /seyk/ *a.* 1. hatır: *He didn't do it because he wanted to but for his mother's sake.* 2. amaç: *He did it for honour's sake, not for the sake of money.* 3. **for God's sake** *k. dili* Allah aşkına 4. **for the sake of** a) -in hatırı için, -in uğruna b) amacıyla, maksadıyla
**salacious** /sı'leyşıs/ *s.* açık saçık, müstehcen
**salad** /'selıd/ *a.* salata
**salamander** /'selımendı/ *a, hayb.* semender
**salami** /sı'la:mi/ *a.* salam
**salaried** /'selırid/ *s.* aylıklı; aylık ücret alan/veren
**salary** /'selıri/ *a.* aylık, maaş
**sale** /seyl/ *a.* 1. satış, satım 2. sürüm, istek, talep 3. indirimli satış, indirim 4. açık artırma, mezat 5. **for/on sale** satılık
**saleroom** /'seylru:m, 'seylrum/ *a.* açık artırma ile satış yapılan yer, mezat salonu

**sales** /seylz/ *s.* satışla ilgili, satış
**salesclerk** /'seylzkla:k/ *a, Aİ.* tezgâhtar
**salesman** /'seylzmın/ *a.* satıcı, satış memuru
**saleswoman** /'seylzwumın/ *a.* satıcı, satış memuresi
**salient** /'seyliint/ *s.* göze çarpan, çarpıcı, önemli, belirgin
**saline** /'seylayn/ *s.* tuzlu, tuzla ilgili
**saliva** /sı'layvı/ *a.* tükürük, salya
**salivary** /'selivıri/ *s.* 1. tükürük/salya ile ilgili 2. **salivary glands** tükürük bezleri
**salivate** /'seliveyt/ *e.* tükürük salgılamak, ağzı salyalanmak
**sallow**[1] /'selou/ *s.* (ten) soluk, sağlıksız
**sallow**[2] /'selou/ *a, bitk.* bodur söğüt
**sally** /'seli/ *a.* 1. *ask.* çıkış hareketi, çemberi yarma, saldırı 2. nükteli söz, nükte 3. *k. dili* gezme, dolaşma, gezinti
**salmon** /'semın/ *a, hayb.* som balığı
**salon** /'selon/ *a.* salon: *She works in a beauty salon.*
**saloon** /sı'lu:n/ *a.* 1. *Aİ.* büyük araba 2. *Aİ.* bar, meyhane 3. *İİ.* salon bar
**salt**[1] /so:lt/ *a.* 1. tuz 2. tuzluk 3. tat, tat tuz, çeşni 4. heyecan verici şey, ilginç şey 5. **old salt** yaşlı, deneyimli denizci/gemici, deniz kurdu 6. **rub salt in sb's wound** yarasına tuz biber ekmek 7. **the salt of the earth** yüksek nitelikleri olan kimse(ler)
**salt**[2] /so:lt/ *e.* 1. tuz koymak, tuzlamak 2. tuzlayarak saklamak 3. heyecan katmak, ilginçleştirmek, renklendirmek
**salt**[3] /so:lt/ *s.* 1. tuzlu, tuzlanmış 2. **salt lake** tuz gölü
**salt away** *e, k. dili* ilerisi için (para) biriktirmek
**saltcellar** /'so:ltselı/ *a.* tuzluk
**saltpan** /'so:ltpen/ *a.* tuzla
**saltshaker** /'so:ltşeykı/ *a, Aİ.* tuzluk
**saltwater** /'so:ltwo:tı/ *s.* tuzlu suya ait, deniz suyuna ait
**salty** /'so:lti/ *s.* tuzlu, tuzlanmış
**salubrious** /sı'lu:briıs/ *s.* sağlığa yararlı, sağlıklı, iyi
**salutary** /'selyutıri/ *s.* etkileyici, geliştirici, akıllandırıcı, ders verici
**salutation** /selyu'teyşın/ *a.* selamlama,

S

selam
salute¹ /sɪ'lu:t/ e. 1. selamlamak, selam vermek 2. top ya da bayraklarla selamlamak 3. karşılamak
salute² /sɪ'lu:t/ a. 1. selam 2. selam verme, selamlama, karşılama
salvage¹ /'selvic/ a. 1. (yangından, batan gemiden, vb.) mal kurtarma 2. kurtarılan mal 3. kurtarma parası
salvage² /'selvic/ e. (yangından, kazadan) kurtarmak
salvation /sel'veyşın/ a. 1. kurtarma, kurtarılma 2. kurtuluş, selamet 3. kurtarıcı
salve¹ /sa:v, selv/ a. merhem
salve² /sa:v, selv/ e. rahatlatmak, yatıştırmak
salver /'selvı/ a. gümüş tepsi
salvo /'selvou/ a. (selamlama, vb. amacıyla) yaylım ateş, top ateşi, salvo
samba /'sembı/ a, müz. samba
same¹ /seym/ s. 1. aynı: *He's always telling the same jokes. They both came from the same city. I go to bed at the same time every night.* 2. **one and the same** aynı: *Holland and the Netherlands are one and the same country.* 3. **same here** k. dili ben de, aynen: *"I've got a headache." "Same here!".*
same² /seym/ adl. 1. aynı şey, aynısı: *Can you do the same?* 2. **same to you** k. dili sana da, size de, aynen: *"Good luck for your exam!" "Same to you."*
same³ /seym/ be. 1. aynı şekilde: *He sounds the same as his father.* 2. **all the same** yine de: *I've seen that film before, but I'll go all the same. Thank you all the same.*
sameness /'seymnıs/ a. 1. aynılık, benzerlik 2. sıkıcılık, tekdüzelik, monotonluk
samovar /'semıva:/ a. semaver
sample¹ /'sa:mpıl/ a. örnek, model, mostra
sample² /'sa:mpıl/ e. 1. örneklemek, örnek seçmek, örnek olarak denemek 2. tatmak, tadına bakarak kalitesini saptamak
samurai /'semuray/ a. Japon savaşçısı, samuray

sanatarium /senı'teırıım/ a, AI, bkz. **sanatorium**
sanatorium /senı'to:rıım/ a. sanatoryum, sağlıkevi
sanctify /'senktifay/ e. 1. kutsallaştırmak 2. kutsamak, takdis etmek
sanctimonious /senkti'mounııs/ s, hkr. yalancı sofu, dindarlık taslayan
sanction¹ /'senkşın/ a. 1. onay, onaylama, izin, kabul, tasdik 2. yaptırım, ceza
sanction² /'senkşın/ e. onaylamak, uygun görmek, tasdik etmek, kabul etmek, izin vermek
sanctity /'senktiti/ a. kutsallık
sanctuary /'senkçuıri/ a. 1. kutsal yer, tapınak 2. sığınılacak yer, sığınak 3. korunak
sanctum /'senktım/ a. 1. kutsal yer 2. k. dili özel oda, özel çalışma odası
sand¹ /send/ a. 1. kum 2. ç. kumsal, plaj 3. ç. kum saatiyle ölçülen zaman
sand² /send/ e. 1. kum serpmek, kumla örtmek 2. zımparalamak, zımparayla düzeltmek
sandal /'sendl/ a. sandal, sandalet, burnu açık terlik
sandalwood /'sendlwud/ a. 1. bitk. sandal ağacı 2. kahverengi tonda bir renk
sandbank /'sendbenk/ a. kumsal sığlık
sandcastle /'sendka:sıl/ a. kumdan yapılan kale
sand-dune /'senddyu:n/ a, bkz. **dune**
sandglass /'sendgla:s/ a. kum saati
sandpaper¹ /'sendpeypı/ a. zımpara kâğıdı
sandpaper² /'sendpeypı/ e. zımparalamak
sandpit /'sendpit/ a, İİ. (çocuklar için) kum havuzu
sandstone /'sendstoun/ a. kumtaşı
sandstorm /'sendsto:m/ a. kum fırtınası
sandwich¹ /'senwiç/ a. 1. sandviç 2. **sandwich board** sırta ve göğüse asılan reklam yaftası 3. **sandwich course** teorik ve uygulamalı çalışma kursu
sandwich² /'senwiç/ e. 1. sandviç yapmak 2. iki şeyin arasına sıkıştırmak
sandy /'sendi/ s. 1. kumlu 2. (saç) kum rengi

**S**

**sane** /seyn/ *s.* 1. aklı başında, akıllı 2. makul, mantıklı, akla yatkın

**sang** /seng/ *pt bkz.* **sing**

**sangfroid** /son'frwa:/ *a.* kendine hâkimiyet, özdenetim, soğukkanlılık

**sanguinary** /'sengwınıri/ *s.* 1. (savaş, vb.) kanlı 2. kana susamış, kan dökücü, zalim

**sanguine** /'sengwin/ *s.* 1. umutlu, iyimser, ümitli, neşeli 2. kan renginde, kırmızı

**sanitary** /'senitıri/ *s.* 1. sağlığa ilişkin, sağlıkla ilgili, sağlıksal 2. temiz, sağlıklı, sıhhi 3. **sanitary towel/napkin** âdet bezi

**sanitation** /seni'teyşın/ *a.* sağlık koruma

**sanitorium** /seni'to:rıım/ *a, Aİ, bkz.* **sanatorium**

**sanity** /'seniti/ *a.* akıl sağlığı

**sank** /senk/ *pt bkz.* **sink**

**sap**[1] /sep/ *a.* 1. *bitk.* besisuyu, özsu 2. canlılık, dirilik, güç 3. *arg.* aptal

**sap**[2] /sep/ *a, ask.* lağım, sıçanyolu

**sap**[3] /sep/ *e.* 1. *ask.* sıçanyolu kazmak 2. temelinden yıkmak, altını kazmak, çökertmek 3. azaltmak, zayıflatmak

**sapling** /'sepling/ *a.* 1. *bitk.* fidan 2. delikanlı

**sapphire** /'sefayı/ *a.* 1. gökyakut, safir 2. mavi renk

**sappy** /'sepi/ *s.* 1. *bitk.* özlü 2. *İİ, k. dili* güçlü, hareketli 3. *Aİ, k. dili* aptalca, saçma 4. aşırı derecede romantik, fazla duygusal

**sarcasm** /'sa:kezım/ *a.* acı alay, küçümseme, alay, iğneleme

**sarcastic** /sa:'kestik/ *s.* iğneleyici, alaylı, küçümseyici

**sardine** /sa:'di:n/ *a.* 1. *hayb.* sardalye 2. **like sardines** *k. dili* sıkış tepiş, balık istifi gibi

**sardonic** /sa:'donik/ *s.* acı, alaylı, şeytanca

**sash** /seş/ *a.* 1. kuşak 2. pencere çerçevesi

**sat** /set/ *pt, pp bkz.* **sit**

**Satan** /'seytn/ *a.* şeytan

**satanic** /sı'tenik/ *s.* 1. şeytan gibi, şeytanla ilgili, şeytani: *satanic verses* 2. zalim, acımasız, melun

**satanism** /'seytınizım/ *a.* şeytana tapma

**satchel** /'seçıl/ *a.* sırtta taşınan okul çantası

**sate** /seyt/ *e.* 1. gidermek, tatmin etmek 2. doyurmak, tıka basa yedirmek

**satellite** /'setilayt/ *a.* 1. uydu 2. yapay uydu 3. bağımlı ülke

**satiate** /'seyşieyt/ *e.* 1. doyurmak, tatmin etmek, tam doyuma ulaştırmak 2. tıka basa yedirmek, bıktırmak, usandırmak

**satin** /'setin/ *a.* saten, atlas

**satire** /'setayı/ *a, yaz.* taşlama, yergi, yerme, hiciv

**satirical** /sı'tirikıl/ *s.* taşlamalı, yergili, yerici, hicivli

**satirist** /'setirist/ *a.* taşlamacı, yergi yazarı, hicivci

**satirize** /'setirayz/ *e.* taşlamak, yermek, hicvetmek

**satisfaction** /setis'fekşın/ *a.* 1. memnunluk, memnuniyet, hoşnutluk 2. tatmin, doyum 3. tazmin, ödeme

**satisfactory** /setis'fektıri/ *s.* doyurucu, tatmin edici, memnun edici, yeterli, elverişli

**satisfy** /'setisfay/ *e.* 1. memnun etmek, hoşnut etmek, sevindirmek: *The work I did didn't satisfy him.* 2. doyurmak, tatmin etmek: *I can't satisfy my wife. She always wants more.* 3. gidermek: *The food didn't satisfy my hunger.* 4. karşılamak, -e uymak, yetmek: *Do his qualifications satisfy the job requirements?* 5. inandırmak, ikna etmek: *He satisfied the police that he didn't commit the crime.*

**satisfying** /'setisfaying/ *s.* doyurucu, tatmin edici

**satsuma** /set'su:mı/ *a. bitk.* bir tür ufak portakal, satsuma

**saturate** /'seçıreyt/ *e.* 1. *kim.* doyurmak, doymuş hale getirmek 2. ıslatmak, sırılsıklam etmek 3. (kafasını) iyice doldurmak, sindirmek, yutmak 4. iyice doldurmak

**Saturday** /'setıdi, 'setıdey/ *a.* cumartesi

**Saturn** /'setın/ *a.* Satürn

**satyr** /'setı/ *a.* 1. gövdesinin yarısı insan yarısı teke olan tanrı, satir 2. *k. dili* şehvet düşkünü adam

sauce¹ /so:s/ *a.* 1. salça, sos, terbiye 2. *k. dili* yüzsüzlük, arsızlık, pişkinlik, şımarıklık, küstahlık, saygısızlık
sauce² /so:s/ *e.* küstahça karşılık vermek, yüzsüzlük etmek, arsızlık etmek
saucepan /'so:spın/ *a.* kulplu tencere
saucer /'so:sı/ *a.* çay tabağı, fincan tabağı
saucy /'so:si/ *a, k. dili* saygısız, terbiyesiz, küstah
sauna /'so:nı/ *a.* sauna
saunter /'so:ntı/ *e.* sallana sallana yürümek, aylak aylak gezinmek, tembel tembel gezinmek
sausage /'sosic/ *a.* 1. sucuk, sosis 2. **sausage roll** sucuklu sandviç
savage¹ /'sevic/ *s.* 1. yabanıl, yabani, vahşi, yırtıcı 2. canavar ruhlu, acımasız, zalim, vahşi 3. *k. dili* çok sinirli, öfkeli, tepesi atmış, gözü dönmüş
savage² /'sevic/ *a.* 1. vahşi adam 2. zalim, acımasız, gaddar adam
savage³ /'sevic/ *e.* saldırıp ısırmak, paralamak, parçalamak
savagery /'sevicırı/ *a.* acımasızlık, merhametsizlik, vahşilik
savanna /sı'venı/ *a.* ağaçsız büyük ova, bozkır, savan
savannah /sı'venı/ *a, bkz.* **savanna**
savant /'sevınt/ *a.* bilgin, alim
save¹ /seyv/ *e.* 1. kurtarmak: *She saved her baby from the fire.* 2. (para) biriktirmek, artırmak: *She saved for three years to stop work and travel round the world. I'm saving money. He saves stamps.* 3. korumak, saklamak, idareli kullanmak, kazanmak: *If you fly you will save time. He worked slowly to save his energy for the next day.* 4. saklamak, ayırmak: *Will you save me a seat on the bus please? Save this book for me. I'll get it on Monday.* 5. korumak: *He never made any money but saved his self-respect.*
save² /seyv/ *ilg.* -den başka, hariç: *I got everything on the shopping list save the milk.*
save on *e.* israfından kaçınmak, idareli kullanmak, israf etmemek: *They had to save on water because of the drought.*
saver /'seyvı/ *a.* 1. kurtarıcı, korucuyu 2. para biriktiren kimse
saving¹ /'seyving/ *a.* 1. koruma, kurtarma 2. tutum, tasarruf
saving² /'seyving/ *s.* 1. kurtarıcı 2. koruyan 3. tutumlu
saving³ /'seyving/ *ilg, bkz.* **save**
savings /'seyvingz/ *a.* 1. birikmiş para, tasarruf 2. **savings account** tasarruf hesabı
saviour /'seyviı/ *a.* kurtarıcı
savor /'seyvı/ *a, e, Aİ, bkz.* **savour**
savory /'seyvıri/ *s, a,* Ai, *bkz.* **savoury**
savour¹ /'seyvı/ *a.* 1. tat, lezzet, çeşni 2. koku 3. ilginçlik
savour² /'seyvı/ *e.* tadını çıkarmak, hoşlanmak
savoury¹ /'seyvıri/ *s.* (et, peynir, sebze, vb.) çok tatlı olmayan, hoş
savoury² /'seyvıri/ *a.* küçük tuzlu yiyecek
savvy¹ /'sevi/ *e, arg.* çakmak, çakozlamak, işi uyanmak
savvy² /'sevi/ *a, k. dili* ustalık, beceriklilik
saw¹ /so:/ *a.* testere, bıçkı
saw² /so:/ *e.* [*pt* **sawed**, *pp* **sawn/sawed**) /so:n/] testere ile kesmek, doğramak, biçmek
saw³ /so:/ *a.* atasözü, özdeyiş
saw⁴ /so:/ *pt bkz.* **see**
sawdust /'so:dast/ *a.* talaş
sawmill /'so:mil/ *a.* bıçkı fabrikası
sawn /so:n/ *pp bkz.* **saw**
saxophone /'seksıfoun/ *a.* saksofon: *She plays the saxophone very well.*
say¹ /sey/ *e.* [*pt, pp* **said** /sed/] 1. demek, söylemek: *He said he loved her. Can you hear what he's saying? He says he's hungry.* 2. okumak: *He is saying his prayers now.* 3. varsaymak, farz etmek, tutmak: *Say it rains on Saturday, will they still have the football match?* 4. **it goes without saying** söylemeye gerek yok, gayet açık ki, tabi ki, elbette 5. **that is to say** yani, bu demek oluyor ki 6. **they say** diyorlar ki 7. **to say nothing of** da cabası 8. **you don't say (so)** *k. dili* Yok ya! Hadi ya! Deme ya! Hadi canım sen de!

say² /sey/ *a.* 1. söz söyleme/karar verme hakkı/gücü, söz sahibi olma 2. **have one's say** söz söyleme fırsatı bulmak, görüşünü dile getirebilmek

saying /'seying/ *a.* söz, özdeyiş, atasözü

scab /skeb/ *a.* 1. yara kabuğu 2. *hkr, arg.* greve katılmayan/grevcilerin işini yapan işçi, grev kırıcı

scabbard /'skebıd/ *a.* (kılıç, vb.) kın

scabies /'skeybiz/ *a, hek.* uyuz

scaffold /'skefıld, 'skefould/ *a.* 1. yapı iskelesi 2. darağacı

scaffolding /'skefılding/ *a.* yapı iskelesi malzemesi

scald¹ /sko:ld/ *e.* 1. haşlamak 2. kaynar su ya da buharla temizlemek 3. (süt, vb.) kaynatmak

scald² /sko:ld/ *a.* haşlanma sonucu oluşan yanık

scale¹ /skeyl/ *a.* 1. terazi gözü, kefe 2. ç. tartı, terazi 3. ölçek 4. taksimat, bölüntü 5. ölçü, çap 6. cetvel 7. *müz.* gam, skala, ıskala 8. derece, kademe 9. balık/yılan vb. pulu 10. taş, kefeki; tortu

scale² /skeyl/ *e.* 1. tırmanmak, çıkmak 2. tartmak 3. (belli bir orana göre) artırıp düşürmek, dengelemek

scallop /'skolıp/ *a.* 1. *hayb.* tarak 2. tarak kabuğu şeklinde oya

scallywag /'skeliweg/ *a.* baş belası, haylaz, yaramaz

scalp¹ /skelp/ *a.* kafa derisi

scalp² /skelp/ *e.* 1. kafa derisini yüzmek 2. *Aİ, k. dili* karaborsa bilet satmak

scalpel /'skelpıl/ *a, hek.* küçük bıçak, skalpel, bistüri

scamp /skemp/ *e.* hızla koşmak, kaçmak, seğirtmek

scampi /'skempi/ *a, İİ.* büyük karides (yemeği)

scan /sken/ *e.* 1. inceden inceye gözden geçirmek, iyice incelemek, süzmek 2. şöyle bir göz gezdirmek, göz atmak, üstünkörü bakmak 3. dizeleri duraklara ayırmak

scandal /'skendl/ *a.* 1. skandal, rezalet, kepazelik 2. kara çalma, iftira, dedikodu

scandalous /'skendılıs/ *s.* rezil, kepaze, lekeleyici, utanılacak

Scandinavian /skendi'nayviın/ *a, s.* İskandinavyalı, İskandinavya'ya ilişkin, İskandinav

scant /skent/ *s.* az, kıt, zar zor yeten

scanty /'skenti/ *s.* az, yetersiz, kıt

scapegoat /'skeypgout/ *a.* başkasının suçunu yüklenen kimse, şamar oğlanı, abalı

scar¹ /ska:/ *a.* yara izi

scar² /ska:/ *e.* yara izi bırakmak

scarab /'skerıb/ *a, hayb.* bokböceği

scarce /skeıs/ *s.* nadir, seyrek, az bulunur, kıt

scarcely /'skeısli/ *be.* güç bela, anca, zar zor, hemen hemen hiç, pek az: *I know scarcely any English.*

scarcity /'skeısiti/ *a.* azlık, kıtlık

scare¹ /skeı/ *a.* ani korku, ürkü, panik

scare² /skeı/ *e.* 1. korkutmak: *The earthquake scared everybody.* 2. korkmak 3. (off/away ile) korkutup kaçırmak

scare³ /skeı/ *s.* korkutucu, korkunç

scarecrow /'skeıkrou/ *a.* bostan korkuluğu

scared /skeıd/ *s.* korkan, korkmuş: *I'm scared of snakes. Are you scared?*

scarf /ska:f/ *a, s.* 1. al, kırmızı 2. scarlet /'ska:lit/ *a.* 1. al, kırmızı 2. **scarlet fever** *hek.* kızıl 3. **scarlet woman** *ört.* orospu, yosma

scary /'skeıri/ *s, k. dili* korkutucu, ürkütücü, korkunç

scathing /'skeyding/ *s.* sert, kırıcı

scatter /'sketı/ *e.* saçmak, serpmek, dağıtmak

scatterbrain /'sketıbreyn/ *a, k. dili* unutkan, dağınık kafalı kimse

scatty /'sketi/ *s, İİ, k. dili* 1. hafif kaçık, üşütük 2. düşünmeden hareket eden, dikkatsiz, unutkan

scavenge /'skevinc/ *e.* 1. çöp karıştırmak, işe yarayacak şeyler aramak/bulmak 2. (hayvan) leş yemek

scavenger /'skevincı/ *a.* 1. leş yiyen hayvan 2. çöp karıştıran kimse

scenario /si'na:riou/ *a.* senaryo

scene /si:n/ *a.* 1. sahne 2. olay yeri 3. sahne, tablo 4. dekor, mizansen 5. görünüm, manzara 6. *k. dili* olay, rezalet, patırtı 7. olay, heyecan 8. **behind the scenes** perde arkasından, gizlice 9. **make a scene** olay/rezalet çıkarmak 10. **make the scene** *arg.* teşrif etmek, bulunmak 11. **set the scene** -e sahne hazırlamak 12. **steal the scene** *k. dili* dikkati başka tarafa çekmek

scenery /'si:nıri/ *a.* 1. görünüm, manzara 2. sahne dekoru

scenic /'si:nik/ *s.* doğal manzaralı

scent[1] /sent/ *e.* 1. kokusunu almak, koklayarak izini aramak 2. kokusunu almak, sezmek, -den kuşkulanmak 3. koku ile doldurmak

scent[2] /sent/ *a.* 1. güzel koku 2. av kokusu 3. *İl.* parfüm 4. (hayvan) koku alma gücü 5. sezi 6. **on the scent (of)** izi üstünde, -i keşfetmek üzere

scepter /'septı/ *a, Aİ, bkz.* **sceptre**

sceptic /'skeptik/ *a.* kuşkucu, şüpheci kimse, septik

sceptical /'skeptikıl/ *s.* 1. *fel.* kuşkuculuğa ilişkin, septik 2. kuşkucu, şüpheci, kuşkulu

scepticism /'skeptisizım/ *a, fel.* kuşkuculuk, şüphecilik

sceptre /'septı/ *a.* hükümdar asası

schedule[1] /'şedyu:l/ *a.* 1. program 2. liste, cetvel, çizelge 3. *Aİ.* (tren, otobüs, vb.) tarife 4. fiyat listesi 5. **on schedule** planlanan/beklenen saatte

schedule[2] /'şedyu:l/ *e.* 1. tasarlamak, planlamak, ileri bir tarih için gününü, saatini saptamak 2. listeye kaydetmek 3. tarifesini yapmak 4. **scheduled flight** tarifeli uçuş

schema /'ski:mı/ *a.* şema

schematic /ski:'metik/ *s.* şematik, sistemli

scheme[1] /ski:m/ *a.* 1. entrika, dolap, dalavere 2. plan, proje, tasarı

scheme[2] /ski:m/ *e.* 1. entrika düzenlemek, dalavere yapmak, dolap çevirmek 2. tasarlamak, plan kurmak, düzenlemek

schism /'sizım, 'skizım/ *a.* bölünme, bölüntü, hizip, hizipleşme

schizoid /'skitsoyd/ *s, ruhb.* şizoid, içe kapanık

schizophrenia /skitsou'fri:nıı, skitsı'fri:nıı/ *a, ruhb.* şizofreni

schizophrenic /skitsou'frenik/ *a, s, ruhb.* şizofrenili, şizofren

scholar /'skolı/ *a.* 1. çok bilgili kimse, bilgin 2. burslu öğrenci 3. *k. dili* tahsilli kimse

scholarship /'skolışip/ *a.* 1. derin bilgi, bilginlik 2. ciddi çalışma 3. burs

scholastic /skı'lestik/ *s.* 1. okullara ve öğretime ilişkin 2. *fel.* skolastik 3. kılı kırk yaran

school[1] /sku:l/ *a.* 1. okul 2. ekol 3. fakülte 4. *Aİ.* üniversite 5. **school report** karne

school[2] /sku:l/ *e.* öğretmek, yetiştirmek, eğitmek

school[3] /sku:l/ *a.* balık sürüsü

schoolboy /'sku:lboy/ *a.* erkek öğrenci

schoolfellow /'sku:lfelou/ *a.* okul arkadaşı

schoolmaster /'sku:lma:stı/ *a, İl.* erkek öğretmen

schoolgirl /'sku:lgö:l/ *a.* kız öğrenci

schooling /'sku:ling/ *a.* eğitim, öğretim

schoolmate /'sku:lmeyt/ *a.* okul arkadaşı

schoolmistress /'sku:lmistris/ *a, İl.* bayan öğretmen

schoolwork /'sku:lwö:k/ *a.* dersler, okul çalışmaları

schooner /'sku:nı/ *a.* 1. iki direkli yelkenli, uskuna 2. uzun içki bardağı

sciatica /say'etikı/ *a, hek.* siyatik

science /'sayıns/ *a.* 1. bilim, ilim 2. bilgi

science fiction /sayıns'fikşın/ *a.* bilimkurgu

scientific /sayın'tifik/ *s.* bilimsel

scientist /'sayıntist/ *a.* bilgin, bilim adamı

sci-fi /say'fay/ *a, k. dili* bilimkurgu

scintillate /'sintileyt/ *e.* titreşerek parıldamak, kıvılcım saçmak, ışıldamak

scissors /'sizız/ *a.* makas: *a pair of scissors*

scoff /skof/ *e.* 1. (at ile) ile alay etmek, gülmek 2. *k. dili* hapur hupur yemek

scold /skould/ *e.* azarlamak, paylamak, haşlamak: *She scolded her son for spilling the tea.*

scolding /'skoulding/ *a.* azar, paylama

scollop /'skolıp/ *a, bkz.* **scallop**

scone /skon, skoun/ *a.* bir tür yağlı çörek

**scoop**[1] /sku:p/ *a.* 1. kepçe 2. kaşık biçiminde cerrah aleti 3. (gazetecilikte) haber atlatma 4. *k. dili* vurgun
**scoop**[2] /sku:p/ *e.* 1. kepçeyle çıkarmak 2. (gazetecilikte) haber atlatmak
**scoot** /sku:t/ *e, k. dili* hızla koşmak, tabanları yağlamak
**scooter** /'sku:tı/ *a.* 1. küçük motosiklet, skuter 2. trotinet
**scope** /skoup/ *a.* 1. anlama yeteneği, kavrama gücü 2. hareket serbestliği, fırsat, olanak 3. faaliyet alanı, alan, saha, konu
**scorch** /sko:ç/ *e.* 1. (güneş, vb.) yakmak, kavurmak, kurutmak 2. alazlamak, hafifçe yakmak, kavurmak, ateşe tutmak 3. *k. dili* (otomobil, vb.) çok hızlı gitmek, uçmak
**scorcher** /'sko:çı/ *a, k. dili* çok sıcak gün, cehennem
**score**[1] /sko:/ *a.* 1. çizgi, kertik, çentik, işaret 2. sıyrık 3. sayı, puan, skor 4. neden, sebep 5. hınç, hesap, kuyruk acısı 6. *müz.* partisyon 7. hesap 8. *k. dili* günün olayları, aktüalite 9. yirmi sayısı 10. **know the score** *k. dili* işi bilmek, işten anlamak 11. **on that score** o konu üzerinde 12. **scores of people** sürüyle insan
**score**[2] /sko:/ *e.* 1. (sayı, puan) kazanmak, almak 2. (gol) atmak 3. skoru kaydetmek 4. çentmek 5. (başarı, zafer, ödül, vb.) kazanmak, elde etmek 6. (of/against/over ile) sözlerle atışmak 7. *arg.* sikişmek 8. **score off** *k. dili* morartmak, bozmak, ağzının payını vermek
**scoreboard** /'sko:bo:d/ *a.* puan tahtası, skorbord
**scorer** /'sko:rı/ *a, sp.* 1. golcü oyuncu, skorer 2. puanları kaydeden kimse
**scorn**[1] /sko:n/ *a.* tepeden bakma, hor görme, küçümseme
**scorn**[2] /sko:n/ *e.* 1. hor görmek, tepeden bakmak, küçümsemek 2. tenezzül etmemek, reddetmek
**scornful** /'sko:nfıl/ *s.* hor gören, küçümseyen
**Scorpio** /'sko:piou/ *a.* Akrep Burcu
**scorpion** /'sko:piın/ *a, hayb.* akrep

**scotch** /skoç/ *e.* sonlandırmak, bitirmek, son vermek
**Scotch** /'skoç/ *a.* 1. Skoç viski 2. **scotch tape** *AÍ.* seloteyp
**scot-free** /skot'fri:/ *s, k. dili* cezalanmadan, zarar görmeden
**Scotland Yard** /skotlınd'ya:d/ *a.* Londra Emniyet Teşkilatı
**scoundrel** /'skaundrıl/ *a.* alçak, kötü adam, hergele
**scour**[1] /skauı/ *e.* baştan başa dolaşmak, her tarafı dolaşarak karış karış taramak
**scour**[2] /skauı/ *e.* 1. (down/out/off ile) ovarak temizlemek, sürterek kazımak 2. (out ile) (su) aşındırmak
**scourge**[2] /skö:c/ *a.* 1. kırbaç, kamçı 2. bela, musibet, afet, felaket, dert
**scourge**[2] /skö:c/ *e.* 1. kamçılamak, kırbaçlamak 2. *yaz.* cezalandırmak 3. büyük zarar vermek, felaket getirmek, acı çektirmek
**scout**[1] /skaut/ *e.* keşfe çıkmak, keşif için dolaşmak, arayışına çıkmak, aramak
**scout**[2] /skaut/ *a.* 1. keşif eri, öncü, gözcü 2. izci 3. ufak tiyatroları, oyunları izleyerek yetenekli yıldız adayları arayan kimse, yıldız avcısı 4. izci 5. keşif uçağı ya da gemisi 6. keşif, gözcülük
**scoutmaster** /'skautma:stı/ *a.* oymak beyi, izcibaşı
**scowl**[1] /skaul/ *e.* kaşlarını çatmak, tehditkâr bir şekilde bakmak
**scowl**[2] /skaul/ *a.* kaş çatma
**scrabble** /'skrebıl/ *e.* 1. *k. dili* (about ile) eşeleyip aramak 2. kargacık burgacık yazmak, çiziktirmek, karalamak
**Scrabble** /'skrebıl/ *a.* bir tür sözcük türetme oyunu
**scraggy** /'skregi/ *s.* sıska, bir deri bir kemik
**scram** /skrem/ *e, arg.* siktir olup gitmek, basıp gitmek, tüymek
**scramble**[1] /'skrembıl/ *e.* 1. çabucak tırmanmaya ya da ilerlemek 2. dalaşmak, çekişmek, kapışmak, itişip kakışmak 3. karıştırmak, sırasını bozmak 4. yumurtanın akıyla sarısını karıştırarak pişirmek
**scramble**[2] /'skrembıl/ *a.* 1. tırmanma,

ilerleme 2. kapışma, dalaşma, çekişme, itişip kakışma

scrap¹ /skrep/ *a.* 1. ufak parça, kırıntı 2. döküntü, ıskarta, kırık dökük eşya, artık 3. *ç.* yemek artıkları

scrap² /skrep/ *e.* 1. ıskartaya çıkarmak, atmak 2. *k. dili* kapışmak, dalaşmak

scrap³ /skrep/ *a.* 1. *k. dili* atışma, kapışma, şamata, dalaş 2. **scrap heap** döküntü yığını

scrape¹ /skreyp/ *e.* 1. kazımak, kazıyarak çıkartmak, temizlemek 2. sıyırmak, sıyırtmak 3. sıyırıp geçmek, sürtmek 4. sürtünmek, hafifçe dokunmak 5. zar zor geçinmek, kıt kanaat geçinmek, güç bela idare etmek 6. zar zor başarmak, kıl payı kurtarmak

scrape² /skreyp/ *a.* 1. kazıma 2. sürtme 3. sıyrık, çizik 4. gıcırtı 5. *k. dili* çıkmaz, varta, güç durum, bela

scraper /'skreypı/ *a.* 1. raspa 2. greyder

scratch¹ /skreç/ *e.* 1. tırmalamak: *The cat scratched his arm.* 2. çizmek: *The record was badly scratched.* 3. kaşımak: *He scratched his chin thoughtfully.* 4. eşelemek, kurcalamak: *She scratched around in her bag for the keys.* 5. (listeden) çıkarmak: *Horse number five has been scratched.*

scratch² /skreç/ *a.* 1. tırmık, çizik, sıyrık 2. cızırtı, çıtırtı 3. kaşıma 4. derme çatma hazırlanmış şey 5. **from scratch** *k. dili* sıfırdan başlayarak 6. **up to scratch** *k. dili* kaliteli, iyi

scratchy /'skreçi/ *s.* (plak, kayıt, vb.) cızırtılı

scrawl /skro:l/ *e.* kargacık burgacık yazmak, çiziktirmek, karalamak

scrawny /'skro:ni/ *s, hkr.* bir deri bir kemik, sıska

scream¹ /skri:m/ *a.* 1. bağırış, çığlık, feryat 2. *k. dili* komik kimse/şey, komedi

scream² /skri:m/ *e.* bağırmak, çığlık atmak, feryat etmek

scree /skri:/ *a.* dağ eteğindeki taş/çakıl yığını

screech /skri:ç/ *a.* 1. acı bağırış, keskin çığlık, feryat 2. gıcırtı, ani fren sesi

screed /skri:d/ *a.* 1. uzun ve sıkıcı konuşma, nutuk 2. uzun mektup, destan 3. uzun liste 4. *tek.* şap

screen¹ /skri:n/ *a.* 1. perde, kafes, paravana, bölme, tahta perde 2. elek, kalbur 3. beyazperde 4. sinema endüstrisi, sinema 5. (televizyon, vb.) ekran

screen² /skri:n/ *e.* 1. elemek, sınamadan geçirmek 2. (from ile) korumak 3. saklamak, gizlemek, perdelemek 4. (film) göstermek, oynatmak, gösterime sokmak

screenplay /'skri:npley/ *a.* senaryo

screw¹ /skru:/ *a.* 1. vida 2. pervane, uskur 3. kâğıt külah 4. *İİ, arg.* maaş, ücret 5. *arg.* gardiyan 6. *İİ, k. dili* yaşlı, zayıf at 7. *İİ, k. dili* cimri, pinti 8. *İİ.* kâğıt rulosu 9. *arg.* sikiş 10. *arg.* yatak arkadaşı 11. **have a screw loose** *k. dili* bir tahtası eksik olmak

screw² /skru:/ *e.* 1. vidalamak 2. çevirmek, burmak, çevirerek sıkıştırmak 3. vida gibi dönmek, sıkışmak 4. (out of ile) zorla almak, yolmak, sövüşlemek 5. *arg.* kazıklamak, dolandırmak 6. *kab, arg.* sikişmek 7. *kab, arg.* sikmek 8. **have one's head screwed on (right)** aklını başına toplamak, mantıklı hareket etmek

screw up *e.* 1. *arg.* içine sıçmak, sıçıp batırmak, bok etmek 2. **screw up one's courage** cesaretini toplamak

screwy /'skru:i/ *s, k. dili* kaçık, çatlak, üşütük; tuhaf, cins

scribble¹ /'skribıl/ *e.* 1. karalamak, çiziktirmek 2. çalakalem yazıvermek

scribble² /'skribıl/ *a.* karalama, çiziktirme

scribe /skrayb/ *a.* yazıcı

scrimmage¹ /'skrimic/ *a.* itiş kakış, kavga, didişme, kör döğüşü

scrimmage² /'skrimic/ *e.* itişip kakışmak, döğüşmek

scrimp /skrimp/ *e.* 1. dişinden tırnağından artırıp (para) biriktirmek 2. -den tasarruf etmek, idareli kullanmak

script /skript/ *a.* 1. el yazısı 2. alfabe, abece 3. senaryo

scripture /'skripçı/ *a.* Kutsal Kitap

scriptwriter /'skriptraytı/ *a.* senaryo/oyun yazarı

S

**scroll** /skroul/ *a.* uzun ve kıvrımlı kâğıt belge

**scrooge** /skru:c/ *a, k. dili, hkr.* cimri, pinti, paragöz

**scrounge** /skraunc/ *e.* (off ile) otlanmak, çalışmadan/para vermeden almak

**scrub**[1] /skrab/ *a, bitk.* bodur çalılık, fundalık

**scrub**[2] /skrab/ *e.* 1. fırçalamak, ovalamak, fırçalayarak ya da ovalayarak temizlemek 2. iptal etmek

**scrubby** /'skrabi/ *s.* 1. çalılık, fundalık, çalılarla kaplı 2. *k. dili, hkr.* önemsiz, ufak, küçük 3. pis, pasaklı, dağınık

**scruff** /skraf/ *a.* 1. *İİ, k. dili* pis, pasaklı kimse 2. **the scruff of the neck** ense

**scruffy** /'skrafi/ *s.* pis, kirli, leş gibi, dağınık

**scrumptious** /'skrampşıs/ *s, k. dili* nefis, leziz, enfes

**scruple**[1] /'skru:pıl/ *a.* 1. vicdan 2. bilinç

**scruple**[2] /'skru:pıl/ *e.* vicdanı el vermemek; kaçınmak

**scrupulous** /'skru:pyulıs/ *s.* 1. vicdanının sesini dinleyen, vicdanlı, adil 2. dikkatli, titiz

**scrutinize** /'skru:tinayz/ *e.* dikkatle bakmak, incelemek, dikkatle gözden geçirmek, ince eleyip sık dokumak

**scrutiny** /'skru:tini/ *a.* dikkatli inceleme, araştırma

**scuba** /'skyu:bı/ *a.* oksijen tüplü dalma aygıtı

**scud** /skad/ *e, yaz.* hızla geçip gitmek

**scuff** /skaf/ *e.* sürtmek, çizmek

**scuffle**[1] /'skafıl/ *a.* itişme, çekişme, kavga

**scuffle**[2] /'skafıl/ *e.* itişip kakışmak

**scull**[1] /skal/ *a.* 1. tek kürek 2. tek kürekle yürütülen tek kişilik küçük sandal

**scull**[2] /skal/ *e.* kürekle küçük sandal sürmek

**scullery** /'skalıri/ *a.* bulaşıkhane

**sculptor** /'skalptı/ *a.* yontucu, heykeltıraş

**sculpture**[1] /'skalpçı/ *a.* 1. yontuculuk, heykeltıraşlık, heykel sanatı 2. yontu, heykel

**sculpture**[2] /'skalpçı/ *e.* yontusunu yapmak, oymak

**scum** /skam/ *a.* 1. kir tabakası 2. *hkr.*

kötü insan(lar), toplumun yüz karası

**scupper** /'skapı/ *e.* 1. *İİ, k. dili* mahvetmek, içine etmek 2. (gemi, vb.) kasten batırmak

**scurf** /skö:f/ *a.* kepek, ölü deri

**scurrilous** /'skarilıs/ *s.* küfürlü, sövgülü, kaba, kötüleyici

**scurry** /'skari/ *e.* acele etmek, seğirtmek

**scurvy**[1] /'skö:vi/ *a, hek.* iskorbüt

**scurvy**[2] /'skö:vi/ *s.* adi, alçak, iğrenç, şerefsiz

**scuttle**[1] /'skatıl/ *e.* 1. sıvışmak, tüymek, seğirtmek 2. (gemi) batırmak

**scuttle**[2] /'skatıl/ *a.* 1. kömür kovası 2. *den.* lumbar ağzı, lumbuz

**scythe**[1] /saydı/ *a.* tırpan

**scythe**[2] /saydı/ *e.* (down/off ile) tırpanlamak

**sea** /si:/ *a.* 1. deniz 2. **at sea** *k. dili* -den anlamaz, çakmaz, kafası karışmış, şaşkın 3. **by sea** deniz yoluyla 4. **sea change** ani ve köklü değişiklik 5. **sea legs** *k. dili* denize alışkınlık 6. **sea lion** *hayb.* deniz aslanı 7. **sea urchin** *hayb.* denizkestanesi

**seabed** /'si:bed/ *a.* deniz dibi

**seaboard** /'si:bo:d/ *a.* (ülkenin) sahil kesimi, kıyı

**seaborne** /'si:bo:n/ *s.* deniz tarafından taşınmış, getirilmiş

**seafaring** /'si:feiring/ *s.* denizcilikle uğraşan

**seafood** /'si:fu:d/ *a.* yenilebilen deniz ürünü

**seafront** /'si:frant/ *a.* bir kentin deniz kıyısından bulunan bölümü, sahil, kıyı

**seagirt** /'si:gö:t/ *s.* deniz tarafından çevrilmiş, denizle çevrili

**seagull** /'si:gal/ *a, hayb.* martı

**seahorse** /'si:ho:s/ *a, hayb.* denizatı

**seal**[1] /si:l/ *a, hayb.* fok, ayıbalığı

**seal**[2] /si:l/ *a.* 1. damga, mühür 2. conta

**seal**[3] /si:l/ *e.* 1. mühürlemek 2. mühür basmak, damgalamak 3. kesinleştirmek, karara bağlamak

**seal in** *e.* içeri kapatmak, içerde tutmak, mahsur bırakmak

**seal off** *e.* girişi çıkışı engellemek

**seam**[1] /si:m/ *a.* 1. dikiş yeri, dikiş 2. bağ-

lantı yeri, ek yeri 3. yara izi, kırışıklık 4.
*yerb.* katman, tabaka, damar
seam² /si:m/ *e.* dikmek
seaman /'si:mın/ *a.* denizci, gemici, tayfa
seamstress /'si:mstris/ *a.* dikişçi kadın,
 kadın terzi
seamy /'si:mi/ *s.* kötü, çirkin
séance /'seya:ns/ *a.* ruh çağırma toplantısı
seaplane /'si:pleyn/ *a.* deniz uçağı
seaport /'si:po:t/ *a.* liman kenti
sear¹ /sii/ *s.* kurumuş, sararmış
sear² /sii/ *e.* 1. yakmak, kavurmak, dağlamak 2. (etin dış tarafını) kızartmak
search¹ /sö:ç/ *e.* 1. aramak, araştırmak:
 *She searched through all the drawers
 for her lipstick.* 2. araştırmak, arama
 tarama yapmak 3. üstünü aramak: *The
 security guards searched every passenger as they entered the airport.* 4.
 yoklamak, bakmak, dikkatle incelemek
search² /sö:ç/ *a.* 1. arama, araştırma 2.
 yoklama, bakma 3. **in search of** -in
 arayışı içinde 4. **search party** arama
 ekibi
searching /'sö:çing/ *s.* 1. araştırıcı, inceden inceye araştıran, sıkı, meraklı 2.
 keskin, içe işleyen, nüfuz eden
searchlight /'sö:çlayt/ *a.* ışıldak, projektör
seashell /'si:şel/ *a, hayb.* deniz hayvanı
 kabuğu
seashore /'si:şo:/ *a.* deniz kıyısı, sahil
seasick /'si:sik/ *s.* deniz tutmuş
seaside /'si:sayd/ *a, İİ.* deniz kıyısı, sahil
season¹ /'si:zın/ *a.* 1. mevsim: *four seasons* 2. süre, zaman, vakit 3. uygun
 zaman 4. dönem, devre, sezon
season² /'si:zın/ *e.* 1. (with ile) yemeğe
 baharat koymak, çeşnilendirmek 2. yumuşatmak, şiddetini azaltmak 3. (odun)
 iyice kurutmak 4. (odun) kurumak 5.
 alıştırmak, deneyim kazandırmak, eğitmek
seasonable /'si:zınıbıl/ *s.* 1. mevsime
 uygun 2. yerinde, zamanında gelen
seasonal /'si:zınıl/ *s.* mevsimlik
seasoned /'si:zınd/ *s.* (alanında) deneyimli, eğitilmiş
seasoning /'si:zıning/ *a.* baharat, çeşni,

yemeğe tat katan şey
seat¹ /si:t/ *a.* 1. oturacak yer, iskemle,
 koltuk: *Excuse me, is this seat free?* 2.
 koltuk, mevki 3. yer, merkez 4. ata oturuş biçimi 5. **seat belt** emniyet kemeri 6.
 **take/have a seat** lütfen oturun, buyrun
 oturun
seat² /si:t/ *e.* 1. oturtmak 2. yerleştirmek
 3. ... kişilik oturma kapasitesi olmak:
 *The theatre seats 600 people.*
seating /'si:ting/ *a.* oturacak yer
seawards /'si:wıdz/ *be.* denize doğru
seaway /'si:wey/ *a.* 1. deniz trafiği, rota 2.
 (büyük gemilerin yüzmesine elverişli)
 kanal, ırmak, su yolu
seaweed /'si:wi:d/ *a.* deniz yosunu
seaworthy /'si:wö:di/ *s.* (gemi) denize
 dayanıklı, yola çıkabilir
secateurs /'sekıtö:z/ *a, İİ.* bahçıvan
 makası
secede /si'si:d/ *e.* üyelikten çekilmek,
 ayrılmak
secession /si'seşın/ *a.* üyelikten çekilme,
 ayrılma
seclude /si'klu:d/ *e.* inzivaya çekmek,
 başkalarından uzak tutmak: *He secluded himself in a small village.*
secluded /si'klu:did/ *s.* 1. münzevi 2.
 içerlek, ıssız, tenha, gözden uzak
seclusion /si'klu:jın/ *a.* inziva, bir köşeye
 çekilip yaşama
second¹ /'sekınd/ *s.* 1. ikinci: *This is the
 second time I've been here. I live on the
 second floor.* 2. ikinci derecede 3. diğer,
 öteki, öbür 4. **second childhood** bunaklık, ikinci çocukluk 5. **second nature**
 huy, tabiat, alışkanlık 6. **second sight**
 ileriyi görme gücü, altıncı his 7. **second
 to none** *k. dili* en iyi, en iyi olan, en iyisi
second² /'sekınd/ *a.* 1. saniye: *There are
 60 seconds in a minute.* 2. an, kısa süre: *I'll be back in a second.* 3. yardımcı,
 muavin 4. (düello) tanık 5. *ç.* ikinci kalite
 mallar 6. ikinci vites
second³ /'sekınd/ *e.* yardım etmek, bir
 öneriyi desteklemek
second⁴ /'si'kond/ *e, İİ.* geçici olarak
 göreve getirmek
secondary /'sekındıri/ *s.* 1. ikinci derece-

**S**

de olan, ikinci gelen, ikincil 2. **secondary school** ortaokul

**second-best** /sekınd'best/ s. en iyisinden hemen sonra gelen, ikinci düzeyde, ikinci kalite

**second-class** /sekınd'kla:s/ s. 1. ikinci sınıf 2. ikinci mevki

**second class** /sekınd 'kla:s/ a. 1. ikinci sınıf posta 2. (tren, vb.) ikinci mevki

**second-degree** /sekınd di'gri:/ s. ikinci dereceden, ikincil önemde

**second-hand** /sekınd'hend/ s, be. 1. kullanılmış, elden düşme, ikinci elden 2. ikinci elden, başkasından alınmış

**second-rate** /sekınd'reyt/ s. ikinci kalite, ikinci sınıf, ikinci derecede

**secrecy** /'si:krisi/ a. 1. sır saklama, ağız sıkılığı 2. gizlilik, gizli tutulma

**secret**[1] /'si:krit/ s. 1. gizli; saklı: *There's a secret drawer in the desk.* 2. gizemli, esrarlı 3. **secret agent** gizli ajan

**secret**[2] /'si:krit/ a. 1. gizli şey, giz, sır: *I told him a secret.* 2. gizem, esrar, muamma 3. **in secret** gizlilik içinde, gizlice 4. **keep a secret** sır tutmak, sır saklamak: *Can you keep a secret?*

**secretarial** /sekrı'teıriıl/ s. sekreterlikle ilgili

**secretariat** /sekrı'teıriıt/ a. sekreterlik, sekreterya

**secretary** /'sekrıtıri/ a. 1. yazman, yazıcı, sekreter 2. bakan

**secrete** /si'kri:t/ e. 1. *biy.* salgılamak, salmak 2. saklamak, gizlemek, gizli bir yere koymak

**secretion** /si'kri:şın/ a. 1. salgılama, salgı 2. gizleme, saklama

**secretive** /'si:kritiv, si'kri:tiv/ s. ağzı sıkı, ketum, sır vermez

**sect** /sekt/ a. tarikat, mezhep

**sectarian**[1] /sek'teıriın/ s. 1. tarikatla ilgili, tarikatçı 2. parti çıkarını gözeten, bağnaz yandaş, dar kafalı, yobaz

**sectarian**[2] /sek'teıriın/ a. 1. tarikatçı kimse 2. dar kafalı, yobaz, bağnaz yandaş

**section**[1] /'sekşın/ a. 1. parça, kısım, bölüm 2. kesit 3. bölge 4. şube, dal, kol

**section**[2] /'sekşın/ e. parçalara ayırmak,

bölümlere ayırmak, bölmek

**sectional** /'sekşınıl/ s. 1. bölgesel 2. sökülüp takılacak biçimde yapılmış

**sectionalism** /'sekşınılizım/ a. bölgecilik

**sector** /'sektı/ a. 1. daire dilimi, kesme, sektör 2. bölge, kesim, sektör 3. *ask.* mıntıka, bölge

**secular** /'sekyulı/ s. 1. dünyevi 2. dinsel olmayan, laik

**secure**[1] /si'kyuı/ e. 1. güvenli, güvencede, emniyette, emin 2. sağlam, güvenli, emin 3. kesin, kuşkusuz, şüphesiz, garantili 4. sıkı sıkı kapalı

**secure**[2] /si'kyuı/ e. 1. güvence altına almak, korumak 2. ele geçirmek, elde etmek, sağlamak, almak 3. sağlamlaştırmak, sıkı sıkı kapamak

**security** /si'kyuıriti/ a. 1. güvenlik, emniyet 2. koruma: *security police* 3. güvence, teminat 4. kefalet, rehin, emanet 5. kefil

**sedan** /si'den/ a, *Aİ.* dört kapılı büyük araba

**sedan-chair** /si'den çeı/ a. tahtırevan

**sedate**[1] /si'deyt/ s. sakin, ağırbaşlı, durgun

**sedate**[2] /si'deyt/ e. 1. sakinleştirmek, yatıştırmak 2. uyku ilacı verip uyutmak

**sedative** /'sedıtiv/ s, a. yatıştırıcı, sakinleştirici, uyutucu, uyku ilacı

**sedentary** /'sedıntıri/ s. 1. oturularak yapılan, oturularak geçirilen 2. bir yere yerleşmiş, yerleşik

**sediment** /'sedimınt/ a. tortu, çökel, çökelti, posa, telve

**sedimentation** /sedimın'teyşın/ a. 1. çökme, çöküm, tortulaşma 2. kan çökümü, sedimantasyon

**sedition** /si'dişın/ a. (hükümete karşı) kışkırtıcı yazı/konuşma/eylem, kışkırtma

**seditious** /si'dişıs/ s. (hükümete karşı) kışkırtıcı

**seduce** /si'dyu:s/ e. 1. baştan çıkarmak, ayartmak, kanına girmek 2. kandırmak, iğfal etmek

**seduction** /si'dakşın/ a. 1. baştan çıkarma, ayartma 2. iğfal, kandırma 3. çekicilik, baştan çıkartan şey

**seductive** /si'daktiv/ s. ayartıcı, baştan

çıkarıcı, karşı konulmaz

**sedulous** /'sedyulıs/ *s.* çalışkan, sürekli çalışan, dikkatli, sebatlı, azimli

**see** /si:/ *e.* [*pt* **saw** /so:/, *pp* **seen** /si:n/] 1. görmek: *It's so dark I can't see anything. Have you seen John today? I saw that film last year.* 2. anlamak, kavramak, farkına varmak, görmek: *I'm sorry but I can't see what you mean.* 3. gereğini yapmak, -den emin olmak, ile meşgul olmak: *Please see that all the taps are turned off.* 4. kabul etmek, ile görüşmek, görmek: *Mrs. White can't see you know; she's seeing someone else.* 5. karar vermek, bakmak: *I'll see about that later.* 6. görmek, görüp geçirmek, yaşamak: *You mustn't complain any more, dear, you know that we've seen worse times.* 7. düşünmek, düşlemek, gözünde canlandırmak: *I can't see us going to the States next year.* 8. ile gitmek, eşlik etmek: *He asked if he could see her home.* 9. **let me see** bir düşüneyim, bir bakayım 10. **Seeing is believing.** *k. dili* Gözümle görmeden inanmam. 11. **see fit to** -e karar vermek 12. **see one's way to** yapabileceğine inanmak 13. **see red** tepesi atmak, küplere binmek, çok kızgın olmak 14. **see the back/last of** *k. dili* ile ilişkisini kesmek, bağlarını koparmak 15. **see the light** a) anlamak, gerçeği kabul etmek b) (dinde) doğru yolu görmek/seçmek c) doğmak, ortaya çıkmak 16. **see things** gözlerine inanamamak, hayal gördüğünü sanmak 17. **So I see** belli, görüyorum, biliyorum, öyle 18. **you see** ee, şey yani, diyeceğim ... 19. **We'll see** bakarız, sonra düşünürüz, görürüz

**see about** *e.* ile ilgilenmek, uğraşmak: *We'd better see about buying the tickets for tonight's film.*

**seed¹** /si:d/ *a.* 1. *bitk.* tohum 2. asıl, kaynak, köken 3. döl, evlat 4. meni, sperm, atmık

**seed²** /si:d/ *e.* 1. tohum ekmek 2. tohum vermek 3. tohum ya da çekirdeğini çıkarmak

**seedbed** /'si:dbed/ *a, bitk.* fidelik

**seedling** /'si:dling/ *a, bitk.* fide

**seedy** /'si:di/ *s.* 1. tohumlu 2. partal, eski püskü, kılıksız 3. keyifsiz

**seek** /si:k/ *e.* [*pt, pp* **sought** /so:t/] 1. aramak, araştırmak, bulmaya çalışmak 2. sormak 3. (-meye) çalışmak, çabalamak, uğraşmak

**seem** /si:m/ *e.* (gibi) görünmek: *He seems to be very happy today. The book seems quite difficult. It seems he's lost his money. It seems all right to me.*

**seeming** /'si:ming/ *s.* görünüşte, sözde

**seemingly** /'si:mingli/ *be.* görünüşe bakılırsa, anlaşılan: *Seemingly he's lost his job.*

**seemly** /'si:mli/ *s.* uygun, yakışır, münasip

**seen** /si:n/ *pp bkz.* **see**

**see off** *e.* 1. yolcu etmek, uğurlamak, geçirmek: *I went to the airport to see her off on Monday.* 2. kovmak, zorla göndermek

**see out** *e.* 1. bitirmek, sonunu getirmek, sonuna kadar sürmek: *Have we enough wood to see out this week?* 2. kapıya kadar geçirmek: *Let me see you out.*

**see over** *e.* 1. denetlemek, incelemek, gözden geçirmek, kontrol etmek 2. ziyaret edip incelemek

**seep** /si:p/ *e.* (sıvı) sızmak

**seer** /sii/ *a.* bilici, kahin, falcı

**seesaw¹** /'si:so:/ *a.* 1. tahterevalli 2. ileri geri ya da aşağı yukarı hareket, inip çıkma

**seesaw²** /'si:so:/ *e.* aşağı yukarı ya da ileri geri sallanmak

**seethe** /si:d/ *e.* kaynamak, fokurdamak

**see-through** /'si:tru:/ *s.* saydam, içi görünen, şeffaf

**see through** *e.* 1. -e kanmamak, aldanmamak, gerçeği sezmek 2. -in sonuna kadar idare etmek, geçindirmek, yardım etmek, gereksinimlerini karşılamak: *He only had enough money to see him through the week.*

**see to** *e.* ilgilenmek, bakmak: *Can you see to the drinks while I serve the food?*

**segment¹** /'segmınt/ *a.* 1. parça, bölüm, kesim, kısım, dilim 2. *mat.* daire parçası 3. *tek.* segman 4. *hayb.* bölüt

**S**

segment² /'segment/ e. 1. parçalara ayırmak, bölmek 2. bölünmek

segmentation /segmın'teyşın/ a. bölüm, kesimleme

segregate /'segrigeyt/ e. ayırmak, ayrı tutmak

segregation /segri'geyşın/ a. 1. ayrı tutma, fark gözetme, ayrım 2. toplumsal kopma

seigneur /se'nyö:/ a. derebeyi, senyör

seismic /'sayzmik/ s. depreme ilişkin, sismik

seismograph /'sayzmıgra:f/ a. depremyazar, sismograf

seismology /sayz'molıci/ a. deprembilim, sismoloji

seize /si:z/ e. 1. tutmak, yakalamak, kavramak, kapmak: *He seized the dog by the collar.* 2. el koymak: *The company seized his possessions to pay his debt.* 3. gasp etmek, zapt etmek 4. ele geçirmek, yakalamak, tutuklamak 5. değerlendirmek: *You should seize the opportunity to go overseas.*

seize up e, İl. (makine) tutukluk yapmak, çalışmamak

seizure /'si:jı/ a. 1. el koyma 2. yakalama 3. ele geçirme, zapt 4. ani hastalık nöbeti, kriz

seldom /'seldım/ be. nadiren, seyrek, pek az, kırk yılda bir: *I have seldom seen him since our school days. She seldom goes out.*

select¹ /si'lekt/ s. seçme, seçkin

select² /si'lekt/ e. seçmek, seçip ayırmak: *Select some records for me.*

selection /si'lekşın/ a. 1. seçme 2. seçme şey

selective /si'lektiv/ s. ayıran, seçici, seçmeli

selector /si'lektı/ a. seçici

self¹ /self/ a. 1. kendi: *I don't feel my usual self today.* 2. kişi, öz, şahıs 3. karakter, kişilik 3. kişisel çıkar, bencillik

self² /self/ adl. kendisi, bizzat

self³ /self/ s. kişisel, bizzat

self-addressed /selfıd'rest/ (mektup, vb.) gönderene geri gönderilen

self-assurance /selfı'şuırıns/ a. kendine güvenme, özgüveni

self-centred /self'sentıd/ s. bencil

self-confessed /selfkın'fest/ s. kendisinin ... olduğunu itiraf eden

self-confidence /self'konfidıns/ a. kendinden emin olma, kendine güvenme

self-conscious /self'konşıs/ s. 1. sıkılgan, çekingen, utangaç 2. kendini bilen, kendinin ne olduğunu bilen

self-contained /selfkın'teynd/ s. 1. (daire, vb.) müstakil, bağımsız, ortak kullanılmayan 2. (kişi) duygularını gizleyen, arkadaşlık gereksinimi duymayan

self-control /selfkın'troul/ a. kendine hâkimiyet, özdenetim: *He hasn't any self-control.*

self-defence /selfdi'fens/ a. kendini savunma, özsavunma, meşru müdafaa

self-denial /selfdi'nayıl/ a. kendi nefsinden feragat, kendini tutma, özveri

self-determination /selfditö:mi'neyşın/ a. 1. kendi kendine karar verme hakkı, elindelik, özgür istem 2. kamunun kendi geleceğini saptaması, bir ulusun kendi yönetim biçimine kendisinin karar vermesi

self-discipline /self'disiplin/ a, ruhb. öz disiplin

self-drive /self'drayv/ s. (kiralık otomobil) kiralayan kimse tarafından kullanılan

self-effacing /selfi'feysing/ s. alçakgönüllü, ağırbaşlı

self-employed /selfim'ployd/ s. kendi işinde çalışan, serbest meslek sahibi

self-esteem /selfi'sti:m/ a. benbencilik, kendini beğenme

self-evident /self'evidınt/ s. apaçık, besbelli, ortada, kanıt gerektirmeyen, açık

self-examination /selfigzemi'neyşın/ a. içgözlem

self-government /self'gavımınt/ a. kendi kendini yönetme, özerklik, bağımsızlık

self-help /self'help/ a. kendi kendine yetme

self-importance /selfim'po:tıns/ a. kibir, kurum, kendini çok beğenme

self-important /selfim'po:tınt/ s. kendini beğenmiş

self-indulgence /selfin'dalcıns/ a. kendi

zevk ve rahatına düşkünlük
**self-indulgent** /selfin'dalcınt/ *s.* kendi rahatına fazla düşkün
**self-interest** /self'intrist/ *a.* kişisel çıkar
**selfish** /'selfiş/ *s.* bencil: *You're very selfish. You never think of others.*
**selfless** /'selflıs/ *s.* kendini ya da çıkarını düşünmeyen, başkalarını düşünen, özgeci
**self-made** /self'meyd/ *s.* kendi çabalarıyla başarıya ulaşmış, kendi kendini yetiştirmiş
**self-opinionated** /selfı'pinyıneytid/ *s.* kendi düşüncesinden, başkasına inanmayan
**self-pity** /self'piti/ *a.* kendini zavallı hissetme, kendi kendine acıma
**self-possessed** /selfpı'zest/ *s.* temkinli, serinkanlı, kendine hâkim
**self-possession** /selfpı'zeşın/ *a.* soğukkanlılık, ölçülülük, sakinlik, temkin
**self-preservation** /selfprezı'veyşın/ *a.* kendini koruma
**self-reliance** /selfri'layıns/ *a.* özgüven
**self-reliant** /selfri'layınt/ *s.* özgüvenli, bağımsız
**self-respect** /selfri'spekt/ *a.* izzetinefis, özsaygı
**self-righteous** /self'rayçıs/ *s.* kendini beğenmiş, bilgiç
**self-sacrifice** /self'sekrifays/ *a.* fedakârlık, özveri
**selfsame** /'selfseym/ *s.* tamamen aynı, tıpkı
**self-satisfaction** /selfsetis'fekşın/ *a.* kendini beğenme, büyüklenme
**self-satisfied** /self'setisfayd/ *s.* kendini beğenmiş, şımarık
**self-seeking** /self'si:king/ *a, s.* çıkarcı, bencil
**self-service** /self'sö:vis/ *a, s.* selfservis
**self-styled** /self'stayld/ *s.* kendine unvan uydurmuş, uydurma unvanlı
**self-sufficient** /selfsı'fişınt/ *s.* kendine yeten, başkasına muhtaç olmayan
**self-supporting** /selfsı'po:ting/ *s.* kendi kendini geçindiren, kendi ekmeğini kendi kazanan, bağımsız
**self-will** /self'wil/ *a.* inatçılık, dik kafalılık

**sell**[1] /sel/ *e.* [*pt, pp* **sold** /sould/] 1. satmak: *This shop sells fruit and vegetables. He sold his car to pay his debts.* 2. satılmak, alıcı bulmak: *Those jeans sell very well.* 3. sattırmak: *It's the brand that sells those shirts.* 4. *k. dili* ikna etmek, benimsetmek, inandırmak, kabul ettirmek, satmak: *They were really sold on his plans for the new school.* 5. *k. dili* kandırmak, aldatmak, yutturmak: *They got sold trying to buy a carpet in the town.* 6. **sell oneself** a) kendini satmak, ilkelerinden vazgeçmek: *He sold himself for money.* b) kendini/düşüncelerini kabul ettirmek, kendini göstermek: *You'll never get a better job if you don't sell yourself.*
**sell**[2] /sel/ *a, k. dili* dalavere, oyun, dolap, üçkâğıt
**seller** /'selı/ *a.* 1. satıcı, bayi 2. **best-seller** en çok satan kitap, vb.
**sell off** *e.* elden çıkarmak, (ucuza) satıp kurtulmak, satıp savmak
**sellotape** /'selıteyp/ *a.* seloteyp
**sell-out** /'selaut/ *a.* 1. tüm biletlerin satıldığı oyun, film, gösteri, sergi, vb. , kapalı gişe 2. *k. dili* ihanet, kendini (paraya) satma
**sell out** *e.* 1. (bilet, vb.) hepsini satmak: *Sorry, we've sold out.* 2. (para için ilkelerini arkadaşlarını, vb.) satmak, ihanet etmek
**sell up** *e.* (her şeyini) satıp savmak
**selvage** /'selvic/ *a.* etek baskısı
**semantic** /si'mentik/ *s.* anlamsal, anlambilimsel
**semantics** /si'mentiks/ *a.* anlambilim, semantik
**semaphore** /'semıfo:/ *a.* semafor, flama
**semblance** /'semblıns/ *a.* 1. biçim 2. benzerlik 3. görünüş, dış görünüş
**semen** /'si:mın/ *a.* meni, bel
**semester** /si'mestı/ *a.* dönem, devre, sömestr, yarıyıl
**semi** /'semi/ *a, k. dili* tek duvarla bitişik müstakil ev
**semicircle** /'semisö:kıl/ *a.* yarım daire
**semicolon** /semi'koulın/ *a.* noktalı virgül
**semiconductor** /semikındaktı/ *a.* yarı

**semidetached**    426

iletken

**semidetached** /semidi'teçt/ s. (ev) bir duvarı yandaki eve bitişik, yan evle bir ortak bir duvarı olan

**semifinal** /semi'faynl/ s. yarıfinal

**seminary** /'seminıri/ a. papaz okulu

**semiology** /semi'olıci/ a. göstergebilim, semiyoloji, imbilim

**semiprecious** /semi'preşıs/ s. (mücevher, taş, vb.) ikinci derecede değerli

**Semitic** /si'mitik/ s. Samilerle ilgili, Sami

**semiweekly** /semi'wi:kli/ be, s. haftada iki kere olan/çıkan, haftada iki kere

**semolina** /semı'li:nı/ a. irmik

**senate** /'senit/ a. senato

**senator** /'senıtı/ a. senatör

**send** /send/ e. [pt, pp **sent** /sent/] 1. göndermek, yollamak: He sent her some flowers for her birthday. 2. etmek, -e çevirmek: Disco music sends me mad. 3. (for ile) çağırmak, getirtmek, istetmek: They sent for the police. 4. (radyo sinyali) göndermek, yaymak: The policeman used his car radio to send for reinforcements. 5. zorunda bırakmak, -e mecbur etmek: The sound of a gun shot sent them running. 6. k. dili heyecanlandırmak, çok memnun etmek: They were really sent by the new record. **send away** e. 1. (başka bir yere) göndermek 2. postayla sipariş etmek

**send down** e. 1. İİ. üniversiteden atmak 2. (fiyat, vb.) düşmesine sebep olmak, düşürmek 3. İİ, k. dili hapse tıkmak

**sender** /'sendı/ a. 1. gönderen 2. verici, yollayıcı

**send-off** /'sendof/ a. uğurlama töreni

**send off** e. 1. postalamak 2. İİ, sp. oyuncuyu dışarı atmak 3. (başka bir yere) göndermek

**send out** e. dağıtmak, göndermek

**send-up** /'sendap/ a. taklit, parodi

**send up** e. 1. İİ. (birinin) taklidini yapmak, dalga geçmek, alay etmek 2. yukarı doğru çıkarmak/yükseltmek

**senile** /'si:nayl/ s. bunak, yaşlı, güçsüz

**senior**[1] /'si:nii/ s. 1. yaşça daha büyük 2. kıdemli 3. son sınıfa ilişkin 4. **senior citizen** 60-65 yaş arası kimse

**senior**[2] /'si:nii/ a. 1. daha yaşlı olan kişi 2. kıdemli kişi 3. son sınıf öğrencisi

**seniority** /si:ni:'oriti/ a. kıdemlilik, kıdem

**sensation** /sen'seyşın/ a. 1. duyu, duyma, duyum, duyulanma 2. duygu, duyarlık 3. heyecan yaratan olay, sansasyon

**sensational** /sen'seyşınıl/ s. 1. heyecanlı, sansasyonel 2. k. dili harika, müthiş, çok iyi

**sense**[1] /sens/ a. 1. duyu, duyum 2. duygu, his 3. anlam 4. anlayış, anlama yetisi 5. akıl, zekâ 6. düşünce, kanı 7. genel düşünce, yön, eğilim 8. **in a sense** bakıma 9. **make sense** anlamı olmak, bir anlama gelmek, mantıklı olmak: It doesn't make any sense. 10. **make sense (out) of** anlamak, bir şey anlamak 11. **talk sense** k. dili mantıklı konuşmak

**sense**[2] /sens/ e. hissetmek, sezmek

**senseless** /'senslıs/ s. 1. kendinden geçmiş, baygın 2. amaçsız, saçma, abes, anlamsız

**sensibility** /sensı'biliti/ a. duyarlık, duyarlılık, hassasiyet

**sensible** /'sensıbıl/ s. 1. akla uygun, makul, mantıklı: Be sensible. 2. akıllı, aklı başında, anlayışlı 3. duyarlı, hassas 4. sezilir, duyulur, farkına varılır, hissedilir

**sensitive** /'sensitiv/ s. 1. duyarlı, hassas, narin 2. (alet) duyarlı, hassas: a very sensitive microphone 3. alıngan, hassas, çok duygusal 4. duyguları çok iyi belirten

**sensory** /'sensiri/ s. duyumsal, duygusal, duyulara ilişkin

**sensual** /'senşuıl/ s. 1. tensel, bedenle ilgili, bedensel, nefsi 2. şehvetli

**sensuality** /senşu'eliti/ a. şehvet

**sensuous** /'senşuıs/ s. duyguları okşayıcı

**sent** /sent/ pt, pp bkz. **send**

**sentence**[1] /'sentıns/ a. 1. dilb. tümce, cümle 2. huk. yargı, karar, hüküm, ilam

**sentence**[2] /'sentıns/ e. (to ile) huk. mahkûm etmek: He was sentenced to life imprisonment.

**sententious** /sen'tenşıs/ s. özdeyişli

sözlerle dolu, özdeyişlerle konuşan
**sentient** /'senşınt/ *s.* sezgili, duygulu, duygun
**sentiment** /'sentimınt/ *a.* 1. duygu, his 2. duyarlık, hassasiyet, içlilik 3. düşünce, fikir, kanı
**sentimental** /senti'mentl/ *s.* duygusal, duygulu, içli
**sentinel** /'sentinıl/ *a.* nöbetçi, gözcü
**sentry** /'sentri/ *a.* nöbetçi er
**separable** /'sepırıbıl/ *s.* ayrılabilir
**separate**[1] /'sepıreyt/ *e.* 1. ayırmak 2. bölmek 3. ayrılmak 4. (karı koca) ayrı yaşamak
**separate**[2] /'sepırit/ *s.* 1. ayrı, ayrılmış 2. farklı 3. (from ile) -den uzak, ayrı
**separately** /'sepıritli/ *be.* ayrı ayrı, başka başka, bağlantısız olarak, ayrı olarak
**separation** /sepı'reyşın/ *a.* 1. ayırma, ayrılma, ayrılış 2. ayrılık, ayrı yaşama
**separatist** /'sepırtist/ *a.* ayrıklıkçı grup üyesi
**sepia** /'si:piı/ *a.* 1. mürekkep balığının mürekkebi 2. siyaha yakın koyu kahverengi renk
**September** /sep'tembı/ *a.* eylül
**septic** /'septik/ *s.* mikroplu
**septuagenarian** /sepçuıci'neıriın/ *a, s.* 70-79 yaş arasındaki kimse, yetmişlik
**sepulchre** /'sepılkı/ *a.* gömüt, mezar, sin
**sequel** /'si:kwıl/ *a.* 1. bir şeyin devamı, arkası 2. sonuç, son
**sequence** /'si:kwıns/ *a.* 1. art arda geliş, zincirleme gitme, ardışık, ardıllık 2. sıra, düzen, seri, silsile, zincir, dizi
**sequestrate** /si'kwestreyt/ *e, huk.* el koymak, haczetmek, kamulaştırmak
**sequin** /'si:kwin/ *a.* pul, payet
**seraglio** /si'ra:lyou/ *a.* 1. saray 2. harem dairesi
**serenade**[1] /seri'neyd/ *a.* serenat
**serenade**[2] /seri'neyd/ *e.* serenat yapmak
**serene** /si'ri:n/ *s.* 1. durgun, dingin, sessiz, huzurlu, sakin 2. yüce
**serf** /sö:f/ *a.* toprağa bağlı köle, serf
**serfdom** /'sö:fdım/ *a.* kölelik, serflik
**serge** /sö:c/ *a.* şayak
**sergeant** /'sa:cınt/ *a.* 1. *ask.* çavuş 2. komiser muavini 3. **sergeant major**

*ask.* başçavuş
**serial**[1] /'siıriıl/ *s.* 1. seri halinde, sıra izleyen, dizi halinde 2. **serial number** seri numarası
**serial**[2] /'siıriıl/ *a.* 1. (radyo, tv.) dizi 2. tefrika
**serialize** /'siıriılayz/ *e.* dizi olarak yayınlamak, dizi haline getirmek
**series** /'siıri:z/ *a.* sıra, silsile, seri, dizi
**serious** /'siıriıs/ *s.* 1. ciddi, ağırbaşlı: *He's a very serious man.* 2. önemli, şakaya gelmeyen, ciddi: *The present situation looks very serious.* 3. ağır, tehlikeli, ciddi 4. şaka yapmayan, ciddi: *Are you serious? You can't be serious.*
**seriously** /'siıriısli/ *be.* 1. ciddi olarak, ciddi bir şekilde, ciddiyetle 2. **take (sb/sth) seriously** ciddiye almak: *I wouldn't take what he says seriously.*
**sermon** /'sö:mın/ *a.* 1. dinsel konuşma, vaaz 2. *k. dili* uzun ve sıkıcı öğüt, nutuk
**serpent** /'sö:pınt/ *a, yaz.* yılan
**serpentine** /'sö:pıntayn/ *s.* yılan gibi kıvrılan, yılankavi
**serrated** /si'reytid, se'reytid/ *s.* testere dişli, testere gibi uçları olan
**serried** /'serid/ *s.* sık, sıkışık, omuz omuza
**serum** /'siırım/ *a.* serum
**servant** /'sö:vınt/ *a.* 1. hizmetçi, uşak 2. köle, kul 3. **civil servant** devlet memuru
**serve**[1] /sö:v/ *e.* 1. -e hizmet etmek, hizmet vermek: *He has served the company well for twenty years.* 2. hizmetinde olmak, çalışmak: *He has served in the police force since he was eighteen.* 3. bir yerde çalışmak, bir iş yapmak: *He served many years as chairman on the committee.* 4. gereksinimini karşılamak, yetmek, yeterli olmak, işini görmek, işine yaramak: *If you haven't got a coat this one of mine should serve.* 5. (yemek) vermek, servis yapmak: *When is breakfast served here?* 6. istediği şeyleri vermek, bakmak, servis yapmak: *Have you served that customer yet?* 7. hapiste geçirmek, içerde yatmak, cezasını çekmek: *He has served part of his sentence for killing a man.* 8. *huk.* tebliğ

etmek: *He was out when the police served a summons on him for drunken driving.* 9. *sp.* servis atmak: *Whose turn is it to serve?* 10. **serve sb right** *k. dili* - e müstehak olmak: *It serves him right.*

serve² /'sö:v/ *a.* memuriyet, servis, hizmet

server /'sö:vı/ *a.* 1. *sp.* servis atan oyuncu 2. (yemek) servis yapan kimse 3. (yemek) servis aleti

service¹ /'sö:vis/ *a.* 1. hizmet 2. görev, iş, vazife 3. tapınma, ibadet, tören, ayin 4. askerlik 5. yarar, yardım, fayda 6. hizmetçilik, uşaklık 7. memuriyet 8. *sp.* servis 9. (otel, vb. de) servis 10. takım, set, servis 11. *huk.* tebliğ 12. **at your service** emrinize amade, emrinizde 13. **of service** yardımcı, yararlı 14. **service station** benzin istasyonu

service² /'sö:vis/ *e.* bakmak, bakımını sağlamak, bakımını yapmak, onarmak

serviceable /'sö:visıbıl/ *s.* 1. dayanıklı 2. kullanışlı, işe yarar, yararlı

serviceman /'sö:vismın/ *a.* ordu/donanma, vb. üyesi, asker

serviette /sö:vi'et/ *a, İİ.* peçete, sofra peçetesi

servile /'sö:vayl/ *s, hkr.* köle gibi, köle gibi davranan, kulluk eden

servitude /'sö:vityu:d/ *a.* kölelik, kulluk

session /'seşın/ *a.* 1. oturum, celse 2. toplantı 3. *Aİ.* (üniversitede) dönem

set¹ /set/ *e.* [*pt, pp* set] 1. koymak: *She set a vase of flowers in front of the window.* 2. hazırlamak, kurmak: *Have you set the table yet?* 3. saptamak, belirlemek: *They have set the starting time for three o'clock. He's set the price at 2000.* 4. gerçekleştirmek: *She has set a new record for the 200 m. freestyle.* 5. batmak: *The sun always sets in the west.* 6. ... olmasına neden olmak, ... olmasını sağlamak, ... bırakmak: *He set the slaves free. The dogs were set loose after the escaped prisoner.* 7. başlatmak: *The remarks set them arguing.* 8. (ödev/iş olarak) vermek: *The teacher set a difficult test.* 9. film, kitap, vb.'ye belli bir ortam vermek: *The film was set in a fourteeenth century monastery.* 10.

(müziğe) uyarlamak: *Can you set this poem to music?* 11. tutmak, monte etmek: *He set the sapphires in a ring.* 12. (kırık, çıkık) yerine oturtmak: *They set his broken arm at the hospital.* 13. (kırık, çıkık) yerine oturmak: *His collar bone won't set.* 14. katılaşmak: *Cement sets faster in hot weather.* 15. katılaştırmak: *He set the alarm for 6 o'clock.* 19. **set a good example** iyi örnek olmak: *You should set a good example for your brother.* 20. **Set a thief to catch a thief** Dinsizin hakkından imansız gelir. 21. **set foot in/on** ayak basmak: *Neil Armstrong was the first to set foot on the moon.* 22. **set one's heart/hopes/mind on** -e gönül vermek, -i aklına koymak: *I've set my heart on going to England.* 23. **set to rights** iyileştirmek, düzeltmek, adam etmek: *The office was in a mess, but we soon set it to rights.* 24. **set to work** işe/çalışmaya başlamak: *They all set to work with enthusiasm.*

set² /set/ *s.* 1. niyetli, kararlı, kafasına koymuş: *He's really set on being a doctor.* 2. hazır: *The car was packed and they were all set to go.* 3. sabit, değişmez: *He'll never agree to the new design. He has very set ideas.* 4. belirli, belirlenmiş, kararlaştırılmış: *What are the set books for English this year?*

set³ /set/ *a.* 1. takım, set 2. seri, koleksiyon 3. grup, takım 4. cihaz, set 5. (güneş) batma, batış, grup 6. duruş, vaziyet 7. (giysi) vücuda oturuş 8. film çekilen yer, set 9. *tiy.* dekor, stüdyo düzlüğü 10. *sp.* set 11. dönme, dönemeç 12. fidan 13. gidiş ya da akış yönü 14. eğilim, yön, meyil

set about *e.* başlamak

set against *e.* 1. birbirine düşürmek, arasını bozmak 2. ile dengelemek

set aside *e.* 1. bir kenara koymak, biriktirmek, ayırmak, saklamak 2. bir kenara bırakmak, önem vermemek 3. *huk.* bozmak, geçersiz kılmak, iptal etmek, feshetmek

setback /'setbek/ *a.* 1. gerileme, kötüleme, kötüye gitme, düşme 2. başarısız-

lık, yenilgi
**set back** *e.* 1. (saati) geri almak 2. gecik-tirmek, ilerlemesine, gelişmesine engel olmak 3. *k. dili* mal olmak, patlamak
**set down** *e.* 1. yazmak, kaydetmek 2. *İİ.* durup yolcu indirmek
**set free** *e.* serbest bırakmak
**set-in** /'setin/ *s.* birbirine dikilmiş
**set in** *e.* 1. (özellikle kötü bir şey) başla-mak, gelip çatmak 2. ortaya çıkmak, meydana gelmek
**set-off** /'setof/ *a.* 1. süsleme, donatma, dekorasyon 2. karşılık, bedel
**set off** *e.* 1. yolculuğa başlamak, yola çıkmak: *When are we setting off?* 2. (bomba, vb.) patlatmak: *They set the bomb off.* 3. daha göze çarpar hale ge-tirmek, meydana çıkarmak: *The colour of her blouse set off her green eyes.* 4. - e neden olmak, başlatmak: *His rude-ness set off a fight.*
**set on** *e.* 1. saldırmak: *A gang of youths set on him and stole his wallet.* 2. üstü-ne salmak, saldırtmak: *He set the dog on the intruder.*
**set out** *e.* 1. yola çıkmak 2. (to ile) baş-lamak 3. açıklamak, belirtmek 4. düzen-lemek
**set piece** /'set pi:s/ *a.* yerleşik kurallara ya da biçeme uygun olarak yaratılmış yazınsal ya da sanatsal yapıt
**setscrew** /'setskru:/ *a.* kontrol vidası, ayar vidası
**set square** /'set skwei/ *a.* gönye
**settee** /se'ti:/ *a.* kanepe
**setter** /'seti/ *a, hayb.* bir tür av köpeği, seter
**setting** /'seting/ *a.* 1. koyma, yerleştirme 2. batma 3. çerçeve, yuva 4. konunun geçtiği yer ve zaman, ortam 5. bir kişilik yemek takımı
**settle** /'setl/ *e.* 1. -de koloniler kurmak: *Australia was settled by the English in the eighteenth century.* 2. yerleşmek: *They've decided to settle in Liverpool.* 3. konmak: *The dust settled on all the fur-niture.* 4. (rahat edecek şekilde) yerleş-tirmek: *She settled herself on the cush-ions.* 5. yatıştırmak: *The doctor gave*

*her some vallium to settle her nerves.* 6. yatışmak: *His stomach settled after he got off the boat.* 7. halletmek, çözmek, tatlıya bağlamak: *He told them to shake hands and settle the argument.* 8. kara-ra bağlamak, kararlaştırmak: *Have you and your husband settled where to go for Christmas?* 9. ödemek: *Have you stettled the doctor's account yet?* 10. dibe çökmek, çökelmek: *Don't drink your coffee until it settles.* 11. çökelt-mek: *The scientist added some chemi-cals to the liquid to settle the sediment.*
**settled** /'setld/ *s.* 1. sabit, değişmez, yerleşmiş: *She has very settled ideas on the subject.* 2. yerleşik: *Most large cities haven't got settled populations.* 3. meskûn, oturulan, şenelmiş: *There are very few places left in the world which aren't settled.*
**settle down** *e.* 1. oturmak, kurulmak, yerleşmek: *They settled down to watch the match on TV.* 2. oturtmak, yatırmak, yerleştirmek: *The nurse settled the pa-tients down for the night.* 3. sakin bir yaşam sürmeye başlamak: *He likes travelling too much to settle down.* 4. alışmak: *The giant panda that China gave to America couldn't settle down and died.* 5. durulmak, sakinleşmek, yatışmak: *The terrorists' activities on the border have settled down.* 6. sakinleş-tirmek, yatıştırmak, susturmak: *The teacher settled the noisy class down.*
**settle for** *e.* razı olmak, fit olmak: *He wanted 4000 for his race horse but he settled for 3500.*
**settle in** *e.* 1. (yeni bir ortama) alışmak: *Her cat soon settled in its new home.* 2. alışmasına yardımcı olmak: *They set-tled their grandmother in the spare room.*
**settlement** /'setlmınt/ *a.* 1. yeni küçük yerleşim alanı: *They've established set-tlements near the oil fields.* 2. göç: *Many people believe that the settlement of other planets will eventually occur.* 3. uzlaşma, anlaşma, karar: *The settle-ment of his custody case went against*

*him.* 4. ödeme: *He has sold his house and the settlement is in one month.*

**settle up** *e.* (borcunu) ödemek, (hesabını) kapatmak: *The butcher asked him to settle up his account.*

**settler** /'setlı/ *a.* yeni bir yere gidip yerleşen kimse, göçmen

**set-up** /'setap/ *a.* organizasyon, yapı

**set up** *e.* 1. (iş, vb.) kurmak 2. dikmek 3. (as ile) olarak işe başlamak/başlatmak 4. iyileştirmek, sağlığına kavuşturmak 5. (birisinin) başını belaya sokmak

**seven** /'sevın/ *a, s.* yedi

**seventeen** /sevın'ti:n/ *a, s.* on yedi

**seventeenth** /sevın'ti:nt/ *a, s.* on yedinci

**seventh** /'sevınt/ *a, s.* yedinci

**seventieth** /'sevıntiıt/ *a, s.* yetmişinci

**seventy** /'sevınti/ *a, s.* yetmiş

**sever** /'sevı/ *e.* 1. kesmek 2. kesilmek 3. parçalamak 4. parçalanmak 5. kopmak 6. koparmak 7. ayırmak 8. ayrılmak

**several**[1] /'sevırıl/ *s.* 1. birkaç: *I've been there several times.* 2. ayrı ayrı, farklı, kendi: *The buses left for their several destinations.*

**several**[2] /'sevırıl/ *adl.* birkaçı, kimi, bazısı: *Most of the guests left early but several stayed.*

**severally** /'sevırıli/ *be.* 1. ayrı ayrı 2. birer birer

**severe** /si'viı/ *s.* 1. sert, katı: *She is very severe with her students.* 2. acı veren, şiddetli: *He had a severe headache.* 3. sert, şiddetli: *It was a very severe winter.* 4. kıran kırana, şiddetli: *The course for the marathon was very severe.* 5. sade, gösterişsiz: *She wore a severe black dress.*

**sew** /sou/ *e.* [*pt* **sewed**, *pp* **sewn/sewed** /soun/] 1. dikmek: *Can you sew this button on my shirt?* 2. dikiş dikmek: *She can sew very well.*

**sewage** /'syu:ic, 'su:ic/ *a.* 1. lağımdan akan artık madde, lağım pisliği 2. lağım boşaltma

**sewer** /'syu:ı, 'su:ı/ *a.* lağım

**sewing** /'souing/ *a.* dikiş

**sewn** /soun/ *pp bkz.* **sew**

**sex** /seks/ *a.* 1. cinsiyet 2. cinsellik 3.

cinsel ilişki, seks 4. **sex appeal** cinsel çekicilik, seksapel

**sexagenarian** /seksıci'neıriın/ *a.* 60-69 yaş arasındaki kimse, altmışlık

**sexism** /'seksizım/ *a.* karşı cinsin zayıf olduğunu savunan zihniyet, seksizm

**sexist** /'seksist/ *s, a.* karşı cinsin daha zayıf/yeteneksiz olduğuna inanan, seksist

**sexless** /'sekslıs/ *s.* 1. cinsiyetsiz 2. cinsel çekiciliği olmayan

**sextant** /'sekstınt/ *a.* sekstant

**sexton** /'sekstın/ *a.* kilise hademesi, zangoç

**sextuplet** /sek'styu:plit/ *a.* altız

**sexual** /'sekşuıl, 'seksyuıl/ *s.* 1. cinsel 2. **sexual intercourse** cinsel birleşme

**sexuality** /sekşu'eliti, seksyu'eliti/ *a.* 1. seks düşkünlüğü, sekse ilgi duyma 2. cinsel özellikler

**sexy** /'seksi/ *s.* seksi: *She always looks very sexy. What a sexy dress!*

**shabby** /'şebi/ *s.* 1. eski, yıpranmış, eski püskü, pejmürde: *She was wearing a very shabby coat.* 2. kılıksız, pejmürde: *He looks very shabby.* 3. aşağılık, adi, berbat, rezil: *He was given shabby treatment at the hotel.*

**shack** /şek/ *a.* kulübe

**shackle** /'şekıl/ *a.* 1. köstek 2. pranga, zincir 3. engel

**shade**[1] /şeyd/ *a.* 1. gölge, karanlık 2. gölgelik yer 3. perde, stor 4. renk tonu, gölge 5. (resimde) gölge, gölgeleme 6. küçük fark, ayrıntı, nüans 7. hayalet, ruh 8. *ç, k. dili* güneş gözlüğü

**shade**[2] /şeyd/ *e.* gölgelemek, gölgelendirmek, gölge vermek, karartmak

**shadow**[1] /'şedou/ *a.* 1. gölge, karanlık 2. keder, hüzün 3. iz, eser 4. hayalet, ruh 5. zerre, nebze 6. ayrılmaz arkadaş, gölge 7. koruma, himaye 8. **shadow cabinet** muhalif parti liderleri

**shadow**[2] /'şedou/ *e.* 1. gölgelendirmek, gölgelemek, gölgesiyle örtmek, karartmak 2. gölgesi gibi izlemek, gizlice izlemek, gözetlemek, peşinden ayrılmamak, gölgesi olmak

**shadowy** /'şedoui/ *s.* 1. gölgeli, karanlık,

**loş** 2. belli belirsiz, hayal meyal
**shady** /'şeydi/ s. 1. gölgeli 2. gizli saklı 3. k. dili namussuz, üçkâğıtçı, güvenilmez
**shaft** /şa:ft/ a. 1. mil, şaft 2. ok 3. araba oku 4. sütun gövdesi 5. ışın 6. hava bacası 7. çekiç, vb. aletlerin sapı
**shag** /şeg/ a. sert tütün
**shaggy** /'şegi/ s. 1. kaba tüylü, sert kıllı, çok kıllı, pösteki gibi 2. kabarcık, taranmış 3. yontulmamış, pürüzlü
**shah** /şa:/ a. şah
**shake**[1] /şeyk/ e. [pt **shook** /şuk/, pp **shaken** /'şeykın/] 1. sallamak, sarsmak: He shook the tree to make the fruit drop. 2. sallanmak, sarsılmak: The trees shook in the wind. 3. silkelemek, silkmek: He shook the dust off his coat. 4. sarsmak, allak bullak etmek: The whole world was shaken by the catastrophe. 5. çalkalamak: She shook the medicine before pouring it. 6. (el) sıkışmak: They shook hands as they parted. 7. **shake one's head** kafasını sallayarak "hayır" demek
**shake**[2] /şeyk/ a. 1. sarsıntı, sarsma, titreme, sallama, sallanma, silkme 2. el sıkışma 3. k. dili an, saniye
**shakedown** /'şeykdaun/ a. 1. uydurma yatak, yer yatağı 2. arg. para sızdırma, şantaj 3. k. dili derinlemesine araştırma, inceleme 4. alıştırma, deneme
**shake down** e. 1. yer yatağında uyumak 2. (yeni işe, çevreye, vb.) alışmak 3. sarsarak düşürmek
**shaken** /'şeykın/ pt, pp bkz. **shake**
**shake off** e. -den kurtulmak, kaçmak, başından atmak, silkip atmak: She shook off her bad mood and went out.
**shake out** e. silkelemek: Shake out the tablecloth.
**shaker** /'şeykı/ a, Aİ. tuzluk/biberlik
**shake-up** /'şeykap/ a. köklü değişiklik, yeniden örgütleme, düzenleme
**shake up** e. 1. yeniden örgütlemek, düzenlemek, değişiklik yapmak 2. sarsmak, allak bullak etmek 3. çalkalamak
**shaky** /'şeyki/ s. 1. titrek, sarsak 2. sallanan, çürük, güvenilmez

**shale** /şeyl/ a. katmanlarına ayrılabilen yumuşak kaya
**shall** /şıl, şel/ e. 1. (yardımcı fiil olarak) - ecek, -acak: We shall visit my mother next Thursday. 2. (kural/yasa/emir/söz belirtir) -ecek, -acak: You shall start work at 9 every morning. The new regulations shall start on Monday. 3. (`I' ve `we' ile öneri belirtir) -eyim mi, -elim mi: Shall I start cooking? Shall we go out to dinner? What time shall we come?
**shallot** /şı'lot/ a, bitk. soğancık
**shallow** /'şelou/ s. 1. derin olmayan, sığ 2. yüzeysel 3. dar
**sham**[1] /şem/ a. taklit, yapmacık, yalan
**sham**[2] /şem/ e. numara yapmak, ayak yapmak, rol yapmak
**shamble** /'şembıl/ e. ayaklarını sürterek yürümek
**shambles** /'şembılz/ a. 1. kanara, mezbaha 2. savaş alanı 3. k. dili darmadağın yer
**shame**[1] /şeym/ a. 1. utanç: She felt no shame for having become pregnant. His father felt the shame of his son's misdeeds. 2. utanma: Have you no shame? 3. şerefsizlik, leke, utanç: His dishonesty brought shame on his whole family. 4. ayıp, utanılacak şey: It's a shame for him to sit when old women are standing. 5. yazık, şanssızlık: It's a shame it rained and spoiled the picnic. 6. **put sb/sth to shame** -den utandıracak derecede üstün olmak: Her cooking puts everyone else's to shame. 7. **shame on you** Ayıp sana!
**shame**[2] /şeym/ e. utandırmak: His drunken behaviour often shames his wife.
**shamefaced** /şeym'feyst/ s. utanmış: He felt very shamefaced when he realised that his nasty remark had been overheard.
**shameful** /'şeymfıl/ s. ayıp, utanç verici, yüz kızartıcı
**shameless** /'şeymlis/ s. utanmaz, arlanmaz, yüzsüz, arsız
**shampoo**[1] /şem'pu:/ a. şampuan
**shampoo**[2] /şem'pu:/ e. şampuanlamak

**shamrock** /'şemrok/ *a, bitk.* yonca

**shandy** /'şendi/ *a, İİ.* bira ve gazoz karışımı bir içki

**shank** /şenk/ *a.* 1. bacak 2. baldır, incik 3. aletin orta yeri 4. çiçek/yaprak sapı

**shanty** /'şenti/ *a.* 1. kulübe 2. gemici şarkısı

**shape**[1] /şeyp/ *a.* 1. biçim, şekil 2. kalıp 3. *k. dili* form, kondisyon

**shape**[2] /şeyp/ *e.* 1. biçim vermek, biçimlendirmek 2. etkilemek, yönlendirmek, biçimlendirmek 3. gelişmek

**shapely** /'şeypli/ *s.* (kadın vücudu, vb.) biçimli, düzgün, güzel

**share**[1] /şeı/ *a.* 1. pay, hisse 2. hisse senedi, aksiyon

**share**[2] /şeı/ *e.* 1. paylaşmak: *They shared the food between them. I share a room with my sister. He doesn't like sharing.* 2. paylaştırmak, bölüştürmek: *They shared out the year's profit between- the company directors.* 3. **share and share alike** *k. dili* her şeyi ortak kullanmak, paylaşmak, eşit haklara sahip olmak

**share**[3] /şeı/ *a.* saban demiri

**shareholder** /'şeıhouldı/ *a.* hissedar

**shark** /şa:k/ *a.* 1. köpekbalığı 2. *k. dili* hilekâr, dolandırıcı, üçkâğıtçı

**sharp**[1] /şa:p/ *s.* 1. keskin: *Be careful. The axe is very sharp.* 2. sivri: *The cat's claws are very sharp. He has very sharp features.* 3. keskin, içe işleyici: *The wind is very sharp today.* 4. keskin, ekşimsi: *This wine has a rather sharp taste.* 5. ani: *There's been a sharp drop in the price of tomatoes.* 6. net, açık seçik: *Your camera takes very sharp photographs.* 7. ani ve sert: *The policeman gave him a sharp blow with his cosh and knocked him out.* 8. iğneleyici, incitici, kırıcı, sert: *His mother's sharp words made him cry.* 9. uyanık, açıkgöz, kurnaz, üçkâğıtçı: *My accountant is very sharp and saves me from paying a lot of income tax.* 10. *müz.* diyez: *C sharp*

**sharp**[2] /şa:p/ *be.* 1. tam: *The lecture begins at five sharp.* 2. aniden: *The road goes down the hill and turns sharp left at the bottom.* 3. *müz.* diyez 4. **look**

**sharp** acele etmek, elini çabuk tutmak: *Come on! Look sharp! The taxi is waiting.*

**sharp**[3] /şa:p/ *a, müz.* 1. diyez nota 2. diyez işareti

**sharpen** /'şa:pın/ *e.* 1. bilemek, sivriltmek, keskinleştirmek 2. sivrilmek, keskinleşmek

**sharpener** /'şa:pını, 'şa:pnı/ *a.* 1. bileyici 2. kalemtıraş

**sharper** /'şa:pı/ *a.* dolandırıcı, üçkâğıtçı, hileci

**shat** /şet/ *pt, pp bkz.* **shit**

**shatter** /'şetı/ *e.* 1. kırmak, paramparça etmek: *Gravel shattered the car's windscreen.* 2. kırılmak, paramparça olmak: *Her crystal vase shattered into a thousand pieces.* 3. bozmak, mahvetmek, suya düşürmek: *The dreadful weather shattered their plans for the picnic.* 4. bozulmak, mahvolmak: *Her dreams shattered by her father's death.* 6. *İİ, k. dili* yorgunluktan öldürmek: *Just walking up those stairs has shattered me.*

**shave**[1] /şeyv/ *e.* 1. tıraş olmak: *He always shaves with an old-fashioned razor.* 2. tıraş etmek: *She never shaves her armpits. He has shaved off his moustache.* 3. rendelemek, kesmek: *He shaved some wood from the window so it wouldn't jam.*

**shave**[2] /şeyv/ *a.* 1. tıraş: *You need a shave.* 3. **a close/narrow shave** *k. dili* kıl payı kaçış/kurtuluş

**shaver** /şeyvı/ *a.* tıraş makinesi

**shaving** /'şeyving/ *a.* 1. tıraş 2. ç. talaş, yonga

**shawl** /şo:l/ *a.* şal, atkı

**she**[1] /şi, şi:/ *adl.* 1. (dişil) o: *Carol is my sister. She lives in Hong Kong.* 2. (ülkeler ve taşıtlar için) o: *I've just bought a yacht. She's great.*

**she**[2] /şi:/ *a.* dişi: *Is your cat a he or a she?*

**shear** /şiı/ *e.* [*pt* **sheared,** *pp* **shorn/sheared** /şo:n/] 1. makasla kesmek 2. saçını kesmek 3. (koyun tüyünü) kırkmak, kırpmak

**shears** /'şiız/ *a.* yün kırkma makası,

büyük makas
**sheath** /şi:t/ *a.* 1. kın, kılıf 2. prezervatif, kılıf
**sheathe** /şi:d/ *e.* 1. kınına/kılıfına koymak 2. gizlemek
**shed**[1] /şed/ *e.* [*pt, pp* **shed**] 1. dökmek, saçmak, akıtmak: *Oh, little darling. Don't shed no tears. The trees are shedding their leaves.* 2. kan akıtmak 3. (kıl, deri, vb.) dökmek 4. çıkarmak, atmak
**shed**[2] /şed/ *a.* 1. sundurma 2. kulübe, baraka 3. hangar
**sheen** /şi:n/ *a.* parlaklık
**sheep** /şi:p/ *a.* 1. koyun 2. **black sheep** yüz karası, olumsuz fert/üye
**sheepdog** /'şi:pdog/ *a.* çoban köpeği
**sheepish** /'şi:piş/ *s.* utangaç, çekingen
**sheepskin** /'şi:pskin/ *a.* koyun pöstekisi
**sheer**[1] /şii/ *s.* 1. katıksız, sırf, safi, halis: *It was sheer chance that he wasn't on the plane that crashed.* 2. dimdik, sarp: *There are sheer cliffs along the Black Sea coast for miles.* 3. tül gibi, incecik: *She wore a sheer cotton blouse.*
**sheer**[2] /şii/ *be.* dimdik: *The cliffs rise sheer from the sea.*
**sheer**[3] /şii/ *e.* (bir şeye çarpmamak için) aniden yön değiştirmek, sapmak: *The horse galloped towards the fence but sheered away at the last minute.*
**sheet** /şi:t/ *a.* 1. çarşaf, yatak çarşafı 2. kâğıt yaprağı, tabaka 3. levha 4. *arg.* gazete
**sheikh** /şeyk/ *a.* şeyh
**shelf** /şelf/ *a.* 1. sergen, raf 2. düz kaya
**shell**[1] /şel/ *a.* 1. deniz hayvanı kabuğu, deniz kabuğu 2. kabuk 3. bina iskeleti 4. topçu mermisi 5. yarış sandalı, kik
**shell**[2] /şel/ *e.* 1. kabuğunu çıkarmak, kabuğunu soymak, ayıklamak 2. topa tutmak, topçu mermisi atmak
**shellac** /şı'lek/ *a.* gomalak
**shellfish** /'şelfiş/ *a.* kabuklu deniz hayvanı
**shell out** *e, k. dili* (parayı) sökülmek, ödemek, uçlanmak
**shelter**[1] /'şeltı/ *a.* 1. sığınak, barınak, korunak, siper 2. sığınma, korunma
**shelter**[2] /'şeltı/ *e.* 1. barındırmak, koru-
mak: *The mare sheltered her foal from the cold wind.* 2. sığınmak: *The animals sheltered behind the wall.*
**shelve** /şelv/ *e.* 1. rafa koymak, raflara dizmek 2. bir kenara atmak, rafa kaldırmak, ertelemek 3. (down/up ile) (arazi) meyillenmek
**shepherd**[1] /'şepıd/ *a.* 1. çoban 2. önder, kılavuz
**shepherd**[2] /'şepıd/ *e.* 1. gütmek 2. yol göstermek, kılavuzluk etmek, önderlik etmek, -e götürmek
**sherbet** /'şö:bıt/ *a.* 1. *İİ.* şerbet 2. meyveli dondurma
**sheriff** /'şerif/ *a.* (Amerika'da) şerif, polis şefi
**sherry** /'şeri/ *a.* beyaz İspanyol şarabı, şeri
**shield**[1] /şi:ld/ *a.* 1. kalkan 2. siper, koruyucu
**shield**[2] /şi:ld/ *e.* korumak, siper olmak
**shift**[1] /şift/ *a.* 1. değişme, değiştirme, değişiklik 2. vardiya, nöbet 3. çalışma süresi, iş nöbeti 4. çuval giysi 5. *oto.* şanjman, şanzıman 6. kaçamak, bahane, hile 7. çare, tedbir 8. **shift key** klavyede büyük harf tuşu
**shift**[2] /şift/ *e.* 1. (başka bir yere) taşımak/kaldırmak 2. değişmek 3. değiştirmek 3. (rüzgâr) yön değiştirmek 4. (suç, vb.) atmak, yüklemek 5. *Aİ.* (vites) değiştirmek 6. geçinmek, idare etmek, yaşamak
**shiftless** /'şiftlıs/ *s.* amaçsız, tembel, uyuşuk, uyuntu
**shifty** /'şifti/ *s.* güvenilmez
**shilling** /'şiling/ *a.* şilin
**shimmer**[1] /'şimı/ *a.* titrek ışık, parıltı
**shimmer**[2] /'şimı/ *e.* parıldamak, titrek ışıkla parıldamak
**shin**[1] /şin/ *a, anat.* incik
**shin**[2] /şin/ *e.* (up/down ile) (direğe, ağaca, vb.) maymun gibi tırmanmak, çabucak ve kolayca tırmanmak
**shine**[1] /şayn/ *e.* [*pt, pp* **shone** /şon/] 1. parlamak, parıldamak, ışıldamak: *The sun is shining.* 2. kendini göstermek, parlamak 3. parlatmak: *She shone the glasses.*

**shine²** /şayn/ *a.* 1. parlaklık, parıltı 2. cila, cilalama, parlatma 3. **rain or shine** hava nasıl olursa olsun 4. **take a shine to sb** *k. dili* -e kanı ısınmak

**shingle¹** /'şingıl/ *a.* 1. tahta kiremit, tahta pul, padavra 2. yuvarlak çakıl 3. çakıllı deniz kıyısı 4. alagarson kesilmiş kadın saçı

**shingle²** /'şingıl/ *e.* 1. (dam, vb.) tahta kiremitle kaplamak 2. saçı alagarson kesmek

**shingles** /'şingılz/ *a, hek.* zona

**shiny** /'şayni/ *s.* parlak, gıcır gıcır

**ship¹** /şip/ *a.* 1. gemi, vapur 2. *k. dili* büyük uçak ya da uzay gemisi, uzay aracı

**ship²** /şip/ *e.* 1. gemiyle taşımak/göndermek 2. gemiye yüklemek 3. gemiye binmek 4. gemiye tayfa olarak almak/girmek 5. (birini bir yere) yollamak, göndermek 6. (mal) yollamak, göndermek, nakletmek

**shipboard** /'şipbo:d/ *s.* gemide, gemi güvertisinde

**shipment** /'şipmınt/ *a.* 1. (mal) gönderme, yollama, taşıma, nakliye 2. gönderilen mal

**shipper** /'şipı/ *a.* nakliyeci

**shipping** /'şiping/ *a.* 1. gemiler, filo, ticaret filosu 2. gemicilik 3. nakletme, nakliye, taşıma

**shipshape** /'şipşeyp/ *s.* düzgün, düzenli, muntazam, temiz

**shipwreck¹** /'şiprek/ *a.* 1. karaya oturma, batma 2. deniz kazası

**shipwreck²** /'şiprek/ *e.* 1. gemiyi karaya oturtmak/batırmak 2. mahvetmek, bozmak, yıkmak

**shipyard** /'şipya:d/ *a.* tersane

**shirk** /şö:k/ *e.* (işten, vb.) kaçmak, kaytarmak

**shirt** /şö:t/ *a.* 1. gömlek 2. **put one's shirt on sth** *k. dili* -e bütün parasını yatırmak

**shirting** /'şö:ting/ *a.* gömleklik kumaş

**shirtsleeve** /'şö:tsli:v/ *a.* gömlek kolu

**shirty** /'şö:ti/ *s, k. dili* huysuz, kaba, aksi

**shish kebab** /'şişkibeb/ *a.* şişkebabı

**shit¹** /şit/ *a, kab.* 1. bok 2. sıçma 3. *arg.* esrar, haşiş 4. saçmalık, zırva 5. bok herif, bir boka yaramaz kimse 6. *ünl.* Allah kahretsin! Lanet olsun! Anasını ... 7. **not give a shit** sikine takmamak, siklememek 8. **not worth a shit** bir boka yaramamak, beş para etmemek

**shit²** /şit/ *e, kab.* [*pt, pp* shit, shat /şet/] 1. sıçmak 2. sıçıp batırmak 3. **shit oneself** altına kaçırmak, korkudan altına etmek

**shits** /şits/ *a, kab.* 1. ishal, amel 2. **give sb the shits** -i gıcık etmek, midesini bulandırmak, uyuz etmek: *He gives me the shits.*

**shitty** /'şiti/ *s, kab.* boktan, siktiriboktan

**shiver¹** /'şivı/ *a.* titreme, ürperti

**shiver²** /'şivı/ *e.* titremek, ürpermek: *She shivered with cold.*

**shoal¹** /şoul/ *a.* 1. sığ yer, sığlık 2. balık sürüsü 3. kalabalık

**shoal²** /şoul/ *e.* sürü halinde toplanmak ya da dolaşmak

**shock¹** /şok/ *a.* 1. tahıl balyaları, demet yığını 2. gür ve karmakarışık saç

**shock²** /şok/ *a.* 1. darbe, vuruş, çarpma 2. sarsma, sarsıntı 3. elektrik çarpması 4. şok 5. **shock troops** *ask.* baskın birlikleri

**shock³** /şok/ *e.* 1. çok sarsmak, çok şaşırtmak, şok etmek: *I was shocked to hear about his death.* 2. sarsmak, şiddetle çarpmak

**shocking** /'şoking/ *s.* 1. şaşırtıcı, şaşılacak, şok edici, şok etkisi yapan 2. berbat, çok kötü

**shockproof** /'şokpru:f/ *s.* darbeye dayanıklı, çarpmaya dayanıklı

**shod** /şod/ *s, yaz.* pabuç giymiş, pabuçlu

**shoddy¹** /'şodi/ *a.* kaba yünlü kumaş

**shoddy²** /'şodi/ *s.* 1. kalitesiz, baştansavma, uydurma 2. adi, bayağı, şerefsiz

**shoe** /şu:/ *a.* 1. ayakkabı 2. at nalı 3. **in sb's shoes** -in yerinde, -in durumunda: *If I were in your shoes I wouldn't do that.*

**shoehorn** /'şu:ho:n/ *a.* ayakkabı çekeceği, kerata

**shoelace** /'şu:leys/ *a.* ayakkabı bağı

**shoestring** /'şu:string/ *a.* 1. *Al.* ayakkabı bağı 2. **on a shoestring** çok az para ile shone /şon/ pt, pp bkz. **shine**

shoo[1] /şu:/ ünl. hoşt, pist, kış

shoo[2] /şu:/ e. kovmak, kışkışlamak: *She shooed the dog away.*

shook /şuk/ pt bkz. **shake**

shoot[1] /şu:t/ e. [pt, pp **shot** /şot/] 1. ateş etmek: *Don't shoot!* 2. atmak, fırlatmak 3. (ateş edip) vurmak, yaralamak, öldürmek: *I shot the sheriff.* 4. yıldırım gibi geçmek 5. aniden fırlamak 6. (film, resim) çekmek: *The film was shot in Africa.*

shoot[2] /şu:t/ a. 1. bitk. filiz, sürgün 2. atış 3. av partisi 4. av alanı

shoot down e. 1. (uçak) düşürmek 2. k. dili -e "hayır" demek, karşı çıkmak

shooting star /şu:ting'sta:/ a. göktaşı, akanyıldız

shoot out e. 1. aniden çıkmak, dışarı fırlamak 2. aniden çıkarmak

shout-out /'şu:taut/ a. silahlı çatışma

shoot up e. 1. hızla yükselmek 2. rasgele ateş etmek

shop[1] /şop/ a. 1. dükkân, mağaza 2. işlik, atölye, yapımevi 3. **set up shop** işe başlamak 4. **shop assistant** satış elemanı, tezgâhtar

shop[2] /şop/ e. alışverişe çıkmak, alışveriş yapmak

shopkeeper /'şopki:pı/ a. dükkâncı

shoplift /'şoplift/ e. dükkânlardan eşya çalmak

shopping /'şoping/ a. 1. alışveriş 2. **go shopping** alışverişe çıkmak

shopping-centre /'şoping sentı/ a. alışveriş merkezi

shore[1] /şo:/ a. 1. kıyı, sahil 2. kara

shore[2] /şo:/ e. desteklemek

shore[3] /şo:/ a. dayanak, destek, payanda

shorn /şo:n/ pp bkz. **shear**

short[1] /şo:t/ s. 1. kısa: *It's a very short river. He finished the work in a very short time.* 2. kısa boylu: *He is shorter than me.* 3. kısa süren: *He's got a short memory. He can't remember anything longer than a month.* 4. parasız, yeterli parası olmayan: *I can't afford to go out tonight. I'm short until I get paid.* 5. yeterli -si olmayan: *We'd better catch a*

taxi. *We're very short of time.* 6. az, kıt, yetersiz, kısıtlı: *Oil is in short supply because of the conflict in the Middle East.* 7. -si eksik: *Can you lend me some money for the taxi? I'm two dollars short.* 8. -e ... kala: *They ran out of petrol a mile short of the town.* 9. kısa ve sert konuşan, aksi, ters: *He's always short with people and upsets them.* 10. kısa ve sert, ters: *He gave a very short reply to her question.* 11. (viski, vb. içki) küçük bardakla ve az miktarda içilen: *short drink* 12. (kek, pasta, vb.) kolayca ufalanan, gevrek 13. **for short** kısaca: *Her name is Penelope, "Penny" for short.* 14. **in short** kısacası, sözün kısası, yani: *I wish you wouldn't leave the kitchen in a mess. In short, clean it.* 15. **short and sweet** k. dili kısa ve öz: *His speech was short and sweet.* 16. **short for** -in kısası, kısa şekli: *"Fridge" is short for "refrigerator."* 17. **short list** (iş, vb. için) adaylar listesi 18. **short wave** (radyo) kısa dalga

short[2] /şo:t/ be. 1. aniden: *The conversation stopped short when she entered the room.* 2. **short of** -in dışında, hariç: *He will do anything short of stealing to get the money. He can't avoid military service short of leaving the country.*

short[3] /şo:t/ a. 1. kısa devre, kontak 2. (viski, vb.) az miktarlarda içilen sert içki: *Do you want a long drink or a short?*

shortage /'şo:tic/ a. yokluk, kıtlık, sıkıntı, açık, eksik

shortbread /'şo:tbred/ a. şekerli galeta

shortcake /'şe:tkeyk/ a. 1. İİ. kalın şekerli galeta 2. Aİ. meyveli kurabiye

short-change /şo:t'çeync/ e. 1. paranın üstünü eksik vermek 2. k. dili aldatmak, kandırmak

shortcoming /'şo:tkaming/ a. kusur, eksiklik, eksik, noksan

shortcut /'şo:tkat/ a. kestirme yol, kısa yol, kestirme

shorten /'şo:tn/ e. 1. kısalmak: *The days are shortening as winter approaches.* 2. kısaltmak: *She's going to shorten her dress.*

**shortening** /'şo:tning/ *a.* yağ
**shortfall** /'şo:tfo:l/ *a.* açık, eksik
**shorthand** /'şo:thend/ *a.* 1. stenografi, steno 2. **shorthand typist** stenograf
**shorthanded** /şo:t'hendid/ *s.* işçisi az
**short-list** /'şo:tlist/ *e, İl.* aday listesini almak
**short-lived** /şo:t'livd/ *s.* kısa ömürlü, geçici: *Their romance was short-lived and they parted after two months.*
**shortly** /'şo:tli/ *be.* 1. kısaca 2. yakında, az sonra
**short-range** /şo:t'reync/ *s.* kısa dönemli, kısa vadeli
**shorts** /şo:ts/ *a.* 1. kısa pantalon, şort 2. *Aİ.* erkek külotu
**shortsighted** /şo:t'saytid/ *s.* 1. miyop 2. ileriyi göremeyen, sağgörüsüz, basiretsiz
**short-term** /şo:t'tö:m/ *s.* kısa dönemli, kısa vadeli
**shot**[1] /'şot/ *a.* 1. atış 2. erim, atım, menzil 3. silah sesi 4. mermi, saçma 5. gülle 6. nişancı 7. girişim, deneme 8. *k. dili* iğne, aşı 9. vuruş 10. şut 11. resim, enstantane fotoğraf 12. *k. dili* kadeh, yudum 13. **big shot** *hkr.* kodaman 14. **like a shot** *k. dili* hemen, istekle, anında 15. **shot in the arm** *k. dili* taze kan, iyiye götüren şey 16. **shot in the dark** *k. dili,* kaba tahmin
**shot**[2] /şot/ *s.* 1. yanardöner, şanjan 2. hasta, yorgun, bitkin 3. eski, eskimiş
**shot**[3] /şot/ *pt, pp bkz.* **shoot**
**shotgun** /'şotgan/ *a.* av tüfeği, çifte
**should** /şıd, şud/ *e.* 1. (öneri ya da gereklilik belirtir) -meli, -malı: *If you don't feel well you should go to the doctor. You should study harder unless you want to fail. You shouldn't pick the flowers in the park. Should I change my job?* 2. (beklenti ya da olasılık belirtir) -meli, -mesi gerek: *His plane should be arriving in an hour. It should be a nice day tomorrow. He should pass his exams as he's worked very hard.* 3. (dolaylı anlatımda "shall"in yerine kullanılır) -ecek, -acak: *"I shall go to Italy next week, " said John. John said he should go to Italy next*

week. 4. -mesi, -ması: *They decided that Harry should leave earlier. It's funny that you should say that* 5. (if tümcelerinde) -ecek (olursa): *If I should be late, don't wait. What would you do if the teacher should see you now?* 6. **How should I know** Nereden bileyim? Ne bileyim ben? 7. **I should like** ... istiyorum, isterim: *Mary, I should like to introduce you to Tom.* 8. **I should think** sanırım, herhalde: *I should think that you'll pass your exam.*
**shoulder**[1] /'şouldı/ *a.* 1. omuz 2. destek 3. banket 4. **shoulder blade** *anat.* kürekkemiği
**shoulder**[2] /'şouldı/ *e.* 1. omuzla itmek, omuzlayarak kendine yol açmak 2. omuza almak, omuzlamak 3. kabul etmek, üstüne almak, yüklenmek
**shout**[1] /şaut/ *e.* 1. bağırmak: *Don't shout at me. "George", he shouted.* 2. seslenmek: *He shouted to me to come back.*
**shout**[2] /şaut/ *a.* bağırma, bağırış
**shout down** *e.* bağırarak sesini bastırmak: *I tried to talk but they shouted me down.*
**shove** /şav/ *e.* ittirmek
**shove around** *e, k. dili* itip kakmak; şamar oğlanına çevirmek
**shovel**[1] /'şavıl/ *a.* 1. kürek 2. bir kürek dolusu miktar
**shovel**[2] /'şavıl/ *e.* kürekle atmak, küremek
**shove off** *e.* 1. *k. dili, ünl.* ittir git! çek git! toz ol! 2. sahilden ayrılmak
**show**[1] /şou/ *e.* [*pt* **showed,** *pp* **shown** /şoun/] 1. göstermek: *He showed his identity card to the policeman. Can you show me how the photocopier works? He showed his love for her in many different ways. His experiment shows that water is heavier than oil. He showed no pity for the beggar.* 2. (film) oynamak, gösterilmek: *There's a good film showing on TV tonight.* 3. sergilenmek, gösterilmek: *Whose paintings are showing at the art exhibiton?* 4. görülmek, göze çarpmak: *There's a stain on the table-*

*cloth that shows.* 5. **it (all) goes to show** *k. dili* bu da kanıtlıyor ki...: *My wallet was found and returned to me. It goes to show most people are honest.* 6. **show one's face** insan içine çıkmak: *After the fight he didn't show his face in public for two weeks.* 7. **show one's hand/cards** niyetini açığa vurmak: *The new director didn't show his hand till the end of the meeting.* 8. **to show for** -den eline geçen bir şey olarak: *She's been a good wife for twenty years and has nothing to show for it.*

**show**² /şou/ *a.* 1. görünüş 2. gösteriş 3. sergi, teşhir 4. gösteri, oyun, temsil, şov 5. *k. dili* fırsat, olanak 6. *arg.* iş, girişim 7. **show biz** *k. dili bkz.* **show business** 8. **show business** (film, tiyatro, şov, vb.) eğlence işi

**showcase** /'şoukeys/ *a.* vitrin

**showdown** /'şoudaun/ *a, k. dili* anlaşmazlığı çözme

**shower**¹ /'şauı/ *a.* 1. sağanak 2. duş: *Is there a shower in the bathroom? I'm going to have a shower.*

**shower**² /'şauı/ *e.* 1. yağmak 2. yağdırmak 3. ... yağmuruna tutmak 4. duş almak

**showing** /'şouing/ *a.* gösterme, gösterim, sergileme

**showing-off** /'şouingof/ *a.* gösteriş, caka, fiyaka, hava

**showman** /'şoumın/ *a.* 1. tiyatro, sirk, vb. müdürü 2. şovmen

**shown** /şoun/ *pp bkz.* **show**

**show-off** /'şouof/ *a, k. dili* hava atan kimse, artist, gösterişçi: *He's a show-off.*

**show off** *e.* gösteriş yapmak, hava atmak: *You're always showing off.*

**show over** *e.* (satılık yer, vb.) gezdirmek, göstermek

**showroom** /'şourum, 'şouru:m/ *a.* sergi salonu

**show up** *e.* 1. görünür hale getirmek, göstermek: *The walls are so clean now they show up the dirty carpet.* 2. gözükmek, görünmek 3. ortaya çıkarmak, açığa vurmak, ifşa etmek: *He has shown Susan up as a liar.* 4. *k. dili* gel-

mek, teşrif etmek, bulunmak: *The Italian delegate hasn't shown up yet.* 5. utandırmak, rezil etmek: *He always shows his parents up with his bad behaviour.*

**showy** /'şoui/ *s.* (fazla) dikkat çeken, cart, cırtlak, cafcaflı, havalı

**shrank** /şrenk/ *pt bkz.* **shrink**

**shrapnel** /'şrepnıl/ *a.* şarapnel

**shred**¹ /şred/ *a.* parça, lime, dilim

**shred**² /şred/ *e.* parçalamak, ince ince doğramak, kıymak: *She shredded the lettuce.*

**shrewd** /şru:d/ *s.* zeki, kurnaz

**shriek**¹ /şri:k/ *e.* çığlık atmak, haykırmak

**shriek**² /şri:k/ *a.* acı feryat, çığlık

**shrill** /şril/ *s.* tiz, keskin, cırtlak

**shrimp** /şrimp/ *a, hayb.* karides, teke

**shrine** /şrayn/ *a.* 1. kutsal emanetlerin saklandığı kutu 2. türbe

**shrink**¹ /şrink/ *e.* [*pt* **shrank** /şrenk/, *pp* **shrunk** /şrank/] 1. çekmek, büzülmek, küçülmek: *My trousers shrank at the dry cleaner's.* 2. çekmesine neden olmak, küçültmek: *My mother shrank my jumper by putting it in the washing machine.* 3. azalmak 4. kaçınmak, kaçmak, sinmek

**shrink**² /şrink/ *a, Aİ, arg.* psikiyatrist

**shrive** /şrayv/ *e.* itiraf edilen günahları dinlemek

**shrivel** /'şrivıl/ *e.* kuruyup büzülmek, buruşmak, kıvrılmak, pörsümek

**shroud** /şraud/ *a.* 1. kefen 2. örtü

**shrub** /şrab/ *a.* funda, çalı

**shrubbery** /'şrabırı/ *a.* çalılık

**shrug** /şrag/ *e.* omuz silkmek

**shrug off** *e.* kafasına takmamak, aldırış etmemek

**shrunk** /şrank/ *pt, pp bkz.* **shrink**

**shudder** /'şadı/ *e.* ürpermek, titremek

**shuffle**¹ /'şafıl/ *e.* 1. (oyun kâğıdı) karıştırmak, karmak: *Shuffle the cards before dealing.* 2. karıştırmak, karman çorman etmek 3. ayak sürümek 4. yer değiştirmek, elden ele dolaştırmak

**shuffle**² /'şafıl/ *a.* 1. kâğıt karma, karıştırma 2. karıştırma, karışıklık 3. ayak sürüme

**shun** /şan/ *e.* çekinmek, kaçmak, uzak

**S**

shut 438

durmak, sakınmak, kaçınmak
**shut** /şat/ *e.* [*pt, pp* **shut**] 1. kapamak, kapatmak: *Can you shut the window? Shut your mouth.* 2. kapanmak: *The door shut on the cat's tail.*
**shut away** *e.* elini ayağını çekmek, diğerlerinden ayrı tutmak
**shutdown** /'şatdaun/ *a.* (fabrika, iş, vb.) kapanma, tatil, iş durdurma
**shut down** *e.* (fabrikayı, işi, vb.) kapatmak, tatil etmek
**shut-eye** /'şatay/ *a, k. dili* uyku
**shutter**[1] /'şatı/ *a.* 1. kepenk, panjur 2. objektif kapağı
**shutter**[2] /'şatı/ *e.* panjur ya da kepenkleri kapatmak, indirmek
**shuttle**[1] /şatl/ *a.* 1. mekik 2. uzay mekiği
**shuttle**[2] /şatl/ *e.* gidip gelmek, mekik dokumak
**shy**[1] /şay/ *s.* 1. utangaç, çekingen 2. (hayvan) ürkek 3. **once bitten twice shy** *k. dili* sütten ağzı yanan yoğurdu üfleyerek yer
**shy**[2] /şay/ *e.* 1. (at) ürkmek 2. çekinmek
**shy**[3] /şay/ *e, k. dili* atmak, fırlatmak
**shy**[4] /şay/ *a.* 1. atış 2. deneme, tecrübe
**sibling** /'sibling/ *a.* kardeş
**sibyl** /'sibil/ *a.* kadın bilici, kahin
**sick** /sik/ *s.* 1. hasta: *Are you sick?* 2. bulantılı, midesi bulanmış, kusacağı gelmiş: *I feel sick.* 3. (of ile) bıkmış, bezmiş: *I'm sick of your complaints.* 4. iğrenç, hasta edici, mide bulandırıcı 5. **be sick** kusmak 6. **make sb sick** *k. dili* gıcık etmek, kıl etmek, hasta etmek 7. **sick pay** hastalık süresinde memura ödenen para 8. **worried sick** çok telaşlı
**sicken** /'sikın/ *e.* 1. iğrendirmek, midesini bulandırmak 2. (herhangi bir hastalık) belirtileri göstermek, hasta olmak
**sickle** /'sikıl/ *a.* orak
**sickly** /'sikli/ *s.* 1. hastalıklı 2. hastalık yapan 3. zayıf, soluk 4. mide bulandırıcı
**sickness** /'siknis/ *a.* 1. hastalık 2. bulantı, kusma
**sickroom** /'sikrum, 'sikru:m/ *a.* hasta odası
**side**[1] /sayd/ *a.* 1. yan, yan taraf: *The left side of the car was smashed in.* 2. ke-

nar: *The three sides of the triangle were equal.* 3. yüz, taraf: *"Fragile" was written on all six sides of the box. Can you play the other side of the record?* 4. bölüm, taraf, kısım: *One side of his face was badly scarred. He was driving on the wrong side of the road.* 5. yön: *They discussed all sides of the new propasal.* 6. taraf: *Which side do you think will win the war? Whose side are you on?* 6. taraf, takım: *Which side are you barracking for?* 7. (akrabalık) taraf: *He's Kurdish on his father's side.* 8. **on the high/low/short/cheap side** oldukça yüksek/düşük/kısa/ucuz: *She's on the short side.* 9. **on the side** ek olarak: *He's a civil servant and makes money on the side as a tax accountant.* 10. **put on/to one side** bir kenara bırakmak: *She put her sewing to one side when the guests arrived. He put the novel he was writing to one side and got a job as a barman.* 11. **side by side** yan yana: *They lay side by side on the sand.* 12. **take sides** taraf tutmak: *He never takes sides in his children's arguments.*
**side**[2] /sayd/ *s.* 1. yan: *A burglar had broken a side window and entered the house. They kept off the main roads and only used side roads.* 2. **side effect** yan etki: *What are the side effects of this drug?* 3. **side street** yan sokak
**side**[3] /sayd/ *e.* (with/against ile) tarafını tutmak: *She always sides with her mother against her father.*
**sideboard** /'saydbo:d/ *a.* büfe
**sideboards** /'saydbo:dz/ *a, İİ.* (saç) favoriler
**sideburns** /'saydbö:nz/ *a, Aİ, bkz.* **sideboards**
**sidelight** /'saydlayt/ *a.* 1. yandan gelen ışık 2. ilginç ama çok önemli olmayan bilgi, ikincil bilgi, yan bilgi 3. büyük pencere ya da kapının yanında bulunan dar pencere, yan pencere 4. (taşıtlarda) yan lamba
**sideline** /'saydlayn/ *a.* 1. yan hat, yan çizgi, kenar çizgisi 2. ek iş, ek görev
**sidelong** /'saydlong/ *s, be.* yanlamasına,

yan
sidereal /say'diırııl/ s. yıldızlara ilişkin
sideshow /'saydşou/ a. ek gösteri
sidestep /'saydstep/ e. 1. -den kaçınmak
2. yana kaçmak, yana adım atmak
sidetrack /'saydtrek/ e. 1. treni yan hata
geçirmek 2. saptırmak, konudan saptır-
mak, dikkatini dağıtmak
sidewalk /'saydwo:k/ a, Aİ. yaya kaldırımı
sidewards /'saydwıdz/ be. yana doğru,
yanlamasına, yan yan
siding /'sayding/ a. kısa demiryolu hattı,
yan hat
sidle /'saydl/ e. korkarak ya da gizlice
sokulmak, yanaşmak
siege /si:c/ a. kuşatma
sierra /si'erı/ a. sivri dağlık arazi, dağ
silsilesi
siesta /si'estı/ a. öğle uykusu
sieve[1] /siv/ a. kalbur, kevgir, elek
sieve[2] /siv/ e. elemek, kalburdan geçir-
mek
sift /sift/ e. 1. elemek, kalburdan geçir-
mek 2. (through ile) incelemek, gözden
geçirmek, araştırmak, taramak
sigh[1] /say/ a. iç çekme, göğüs geçirme,
of (çekme): She heaved a sigh.
sigh[2] /say/ e. iç çekmek, göğüs geçirmek,
of çekmek
sight[1] /sayt/ a. 1. görme gücü, görüş 2.
görme, görüş 2. göz erimi, görüş alanı
4. görülen şey, görünüş, görünüm,
manzara 5. ç. görülmeye değer yerler 6.
nişangâh 7. görüş, düşünce, kanı 8. k.
dili korkunç ya da gülünç hal 9. at first
sight ilk görüşte: It was love at first
sight. 10. catch sight of bir an gözüne
ilişmek, bir an görmek
sight[2] /sayt/ e. 1. görmek 2. nişan almak
sighted /'saytid/ s. gözleri gören, kör
olmayan
sightseeing /'saytsi:ing/ a. görülmeye
değer yerleri gezip dolaşma
sightseer /'saytsi:ı/ a. turist
sign[1] /sayn/ a. 1. işaret, im: The dollar
sign "$" is known internationally. 2. belir-
ti, işaret, ifade: He held up his hand as a
sign to stop. 3. işaret levhası: There
was a large sign by the cliff saying

"Danger". 4. belirti, alamet: Her clear
skin was a sign of good health. 5. burç:
What star sign are you?
sign[2] /sayn/ e. 1. imzalamak: Sign these
papers, please. 2. işaret etmek, işaret
vermek: The policeman signed to the
cars to pass. 3. sözleşmeyle işe almak:
The film studio has signed a new ac-
tress. 4. sözleşmeyle işe girmek
signal[1] /'signıl/ a. işaret, sinyal
signal[2] /'signıl/ e. işaret vermek, işaret
etmek, işaretle bildirmek
signal[3] /'signıl/ s. dikkate değer, göze
çarpan, açık
signatory /'signıtıri/ a. imza eden kişi,
imza sahibi
signature /'signıcı/ a. imza
sign away e. bir belge imzalayarak hak-
kından vazgeçmek
signet /'signit/ a. mühür
significance /sig'nifikıns/ a. 1. önem 2.
anlam, değer
significant /sig'nifikınt/ s. 1. önemli 2.
anlamlı, değerli
signify /'signifay/ e. 1. bildirmek, belirt-
mek, ifade etmek 2. demek olmak, an-
lamına gelmek
sign off e. 1. (radyo, TV) kapanış sinyali
vermek, yayını bitirmek 2. mektubu (im-
zalayıp) bitirmek
sign on e. 1. (radyo, TV) açılış sinyali
vermek, yayına başlamak 2. sözleşme
imzalayıp işe almak 3. sözleşme imza-
layıp işe girmek
sign over e. resmen başkasına devret-
mek
signpost /'saynpoust/ a. karayollarında
tabela, yol gösteren levha, işaret direği
silence[1] /'saylıns/ a. 1. sessizlik 2. susma
3. dinginlik 4. sır saklama 5. mektup
yazmama
silence[2] /'saylıns/ e. susturmak
silencer /'saylınsı/ a. susturucu, ses
azaltıcı
silent /'saylınt/ s. 1. sessiz 2. gürültüsüz
3. suskun 4. telaffuz edilmeyen, yazılıp
da söylenmeyen 5. silent partner Aİ,
bkz. sleeping partner
silhouette /silu:'et/ a. gölge, karaltı, siluet

silica /'silikı/ *a.* silis
silicate /'silikeyt/ *a.* silikat
silicon /'silikın/ *a.* 1. silisyum 2. **silicon chip** yonga, çip, bilgisayar yongası
silicone /'silikoun/ *a.* silikon
silk /silk/ *a.* 1. ipek 2. ipekli kumaş
silken /'silkın/ *s.* 1. ipekten yapılmış, ipekli 2. ipek gibi yumuşak, parlak, ipeksi
silkworm /'silkwö:m/ *a.* ipekböceği
silky /'silki/ *s.* ipekli, ipek gibi, ipeksi
sill /sil/ *a.* eşik
silly /'sili/ *s.* 1. aptal, ahmak, akılsız, budala: *Don't be silly.* 2. ahmakça, gülünç, budalaca, saçma: *What a silly thing to do!*
silo /'saylou/ *a.* silo
silt /silt/ *a.* alüvyon, balçık
silvan /'silvın/ *s.* ağaçlarla ve kırlarla ilgili; ağaçlık, kırsal
silver[1] /'silvı/ *a.* 1. gümüş 2. gümüş çatal bıçak takımı, gümüş sofra takımı
silver[2] /'silvı/ *s.* 1. gümüş: *Where's my silver chain?* 2. gümüş rengi, gümüşi
silver[3] /'silvı/ *e.* 1. gümüş kaplamak 2. aynayı sırlamak
silversmith /'silvısmit/ *a.* gümüşçü
silvery /'silvıri/ *s.* 1. gümüş gibi 2. (ses) tatlı ve berrak
similar /'simili/ *s.* 1. benzer: *He and his brother are very similar.* 2. aynı türden, benzer: *They have very similar ideas.*
similarity /simi'leriti/ *a.* benzerlik
simile /'simili/ *a, yaz.* teşbih, benzetme
simmer /'simı/ *e.* 1. yavaş yavaş kaynamak 2. yavaş yavaş kaynatmak 3. (with ile) dolup taşmak, kudurmak, köpürmek, coşmak
simmer down *e.* sakinleşmek, yatışmak, kendine hâkim olmak
simper /'simpı/ *e.* pişmiş kelle gibi sırıtmak
simple /'simpıl/ *s.* 1. sade, gösterişsiz, süssüz: *She wore a very simple black dress.* 2. basit, yalın, kolay anlaşılır: *She wrote the note in simple English.* 3. basit, sıradan, olağan: *Their bad health is from simple lack of good food.* 4. karmaşık olmayan, basit: *A bicycle is a very simple machine. This is a simple sentence.* 5. saf, katışıksız, içten, dürüst: *He's full of simple kindness.* 6. saf, toy: *He's so simple he'll believe anything.* 7. içinde kötülük olmayan, masum: *She's a very simple woman and hasn't any vices.*
simpleminded /simpıl'mayndid/ *s.* saf
simplicity /sim'plisiti/ *a.* 1. kolaylık 2. yalınlık, sadelik, basitlik 3. saflık, bönlük
simplify /'simplifay/ *e.* kolaylaştırmak, basitleştirmek
simply /'simpli/ *be.* 1. basit/sade bir şekilde: *The directions were written very simply. They haven't very much money and live simply. He spoke very simply to the children.* 2. sırf, sadece: *I want to move. I stay simply for my parents.* 3. gerçekten, çok, son derece: *I simply hate gardening.*
simulate /'simyuleyt/ *e.* taklit etmek, numara yapmak, ... numarası yapmak: *She simulated enthusiasm though she didn't want to go.*
simulated /'simyuleytid/ *s.* taklit, gerçeği gibi
simultaneous /simıl'teyniıs/ *s.* aynı zamanda yapılan, aynı zamanda olan, eşzamanlı, simultane
sin[1] /sin/ *a.* 1. günah 2. suç, kabahat 3. **commit a sin** günah işlemek
sin[2] /sin/ *e.* günah işlemek, günaha girmek
since[1] /sins/ *be.* 1. ondan beri, ondan sonra, o zamandan beri: *He left work at 6 o'clock and hasn't been seen since. He had his first concert in New York and has since had two in London.* 2. **ever since** o zamandan beri: *He went to Japan in April and has been there ever since.*
since[2] /sins/ *ilg.* -den beri: *I haven't had a holiday since last September. She hasn't been to work since her accident. I haven't seen her since yesterday. He's been working in that company since February. I've smoked since I left school.*
since[3] /sins/ *bağ.* 1. -den beri, -den bu

yana: *Where has he been since you last visited him? It's only two days since I started work here.* 2. -dığı için, mademki: *Since you don't like loud music we won't go to the disco. Let's go for a swim since it's such a nice day.*

**sincere** /sin'sıı/ s. içten, candan, gerçek, samimi

**sincerely** /sin'sııli/ be. 1. içtenlikle 2. **Yours sincerely** (mektup sonunda) Saygılarımla

**sincerity** /sin'seriti/ a. içtenlik, candanlık, samimiyet

**sinecure** /'saynikyuı, 'sinikyuı/ a. kolay ve paralı iş

**sinew** /'sinyu:/ a. 1. *anat.* kiriş, veter, sinir 2. güç, kas gücü

**sinful** /'sinfıl/ s. 1. günahkâr 2. günah niteliğinde, ayıp, kötü

**sing** /sing/ e. [pt **sang** /seng/, pp **sung** /sang/] 1. (şarkı) söylemek: *He sings very well. She sang that song again.* 2. (kuş) ötmek, şakımak 3. ıslık gibi ses çıkarmak, vızıldamak 4. çınlamak, uğuldamak

**singe** /sinc/ e. (saçı, vb.) alazlamak, hafifçe yakmak

**single**[1] /'singıl/ s. 1. tek: *There was a single glass on the table. My single ambition is to travel.* 2. çift olmayan, *tek,* tek kat: *She wore a single string of pearls.* 3. ayrı, bir: *He remembered every single word of the poem.* 4. bekâr: *He's been single all his life.* 5. tek kişilik: *I want a single room for two nights.* 6. *Aİ.* (bilet) yalnız gidiş: *I want a single ticket to Chicago.*

**single**[2] /'singıl/ a. 1. *İİ.* gidiş bileti: *Can I have a single to Birmingham, please?* 2. 45'lik plak, kısaçalar: *He cut his first single when he was seventeen.* 3. *k. dili* (otel, vb.'de) tek kişilik oda: *Have you got a single with a bathroom?* 4. *k. dili* bir dolarlık/paundluk kâğıt para, teklik: *Can you change this 5 note for singles, please?*

**single-handed** /singıl'hendid/ s, be. tek başına, yalnız, yardımcısız

**single-minded** /singıl'mayndid/ s. kararlı,

azimli, tek amaçlı

**singles** /'singılz/ a. (tenis, vb.) tekler maçı

**singlet** /'singlit/ a. kolsuz fanila

**singly** /'singli/ be. teker teker, birer birer, ayrı ayrı

**singular**[1] /'singyulı/ s. 1. yalnız, *tek,* ayrı 2. tuhaf, garip, acayip 3. olağanüstü, benzersiz, eşsiz 4. *dilb.* tekil

**singular**[2] /'singyulı/ a, dilb. tekil sözcük

**sinister** /'sinistı/ s. 1. uğursuz 2. kötü, tehditkâr, fesat

**sink**[1] /sink/ e. [pt **sank** /senk/, pp **sunk** /sank/] 1. batmak: *The Titanic sank on its maiden voyage. The sun is sinking.* 2. batırmak: *The torpedo hit the ship and sank it. Nothing can sink our plans.* 3. yatırmak: *The company sank a lot of money in high technology.* 4. azalmak: *Because of the droughts the number of farmers in the area has sunk.* 5. kötüye gitmek, güçten kesilmek: *My grandfather has been ill a long time and now he's sinking fast.* 6. açmak, kazmak: *They are sinking new oil wells along the coast.*

**sink**[2] /sink/ a. 1. lavabo, musluk taşı 2. lağım

**sinker** /'sinkı/ a. (balık oltasındaki) kurşun

**sink in** e. 1. iyice anlaşılmak: *Although I explained it twice it hasn't sunk in.* 2. içine işlemek, nüfuz etmek: *Wipe the oil off the carpet before it sinks in.*

**sink into** e. 1. batırmak, saplamak, sokmak 2. (uyku, vb.'ne) dalmak

**sinner** /'sinı/ a. günahkâr

**sinuous** /'sinyuıs/ s. kıvrımlı, bükümlü, dolaşık, yılankavi

**sinus** /'saynıs/ a, anat. sinüs, boşluk

**sip**[1] /sip/ e. yudumlamak

**sip**[2] /sip/ a. yudum: *Can I have a sip of your drink?*

**siphon** /'sayfın/ a. sifon

**sir** /sö:/ a. efendim, beyefendi, efendi, sör: *"Good morning, sir", said the class. "Utopia" was written by Sir Thomas More.*

**siren** /'sayırın/ a. 1. canavar düdüğü, siren 2. çekici ve tehlikeli kadın

**sirloin** /'sö:loyn/ a. sığır filetosu

S

**sisal** /'saysıl/ *a.* liflerinden halat, vb. yapılan bir bitki

**sissy** /'sisi/ *a, s, k. dili* hanım evladı, kız gibi (oğlan)

**sister** /'sistı/ *a.* 1. kız kardeş 2. hemşire, hastabakıcı 3. rahibe

**sister-in-law** /'sistırinlo:/ *a.* görümce, baldız, yenge, elti

**sit** /sit/ *e.* [*pt, pp* **sat** /set/] 1. oturmak: *They sat at the table. He's been sitting on that chair for two hours. Sit down, please. May I sit here?* 2. oturtmak: *He sat his son next to him.* 3. (on ile) yer almak, görev almak: *He's been asked to sit on the Board of Directors.* 4. (for ile) (sınava) girmek: *I sat for my chemistry exam yesterday.* 5. toplantı yapmak: *The jury has been sitting for three hours now.*

**sit about/around** *e, k. dili* hiçbir şey yapmamak, parmağını oynatmamak

**sitar** /si'ta:/ *a, müz.* sitar

**sit back** *e.* dinlenmek, hiçbir şey yapmamak, boş boş oturmak

**site** /sayt/ *a.* 1. yer, mevki 2. arsa

**sit-in** /'sitin/ *a.* protesto amacıyla bir yeri işgal etme

**sit in** *e.* 1. vekâlet etmek, yerine bakmak 2. protesto amacıyla bir yeri işgal etmek

**sit on** *e, k. dili* savsaklamak, geciktirmek: *The report was finished two weeks ago. Somebody must be sitting on it.*

**sit out** *e.* 1. sonuna kadar kalmak: *Although we weren't enjoying the disco we sat it out.* 2. yer almamak, katılmamak: *They were tired so they sat out the last dance.*

**sitter** /'sitı/ *a.* 1. (ressama) poz veren kimse 2. bebek bakıcısı

**sitting**[1] /'siting/ *a.* 1. oturma, oturuş 2. poz verme 3. oturum, celse

**sitting**[2] /'siting/ *s.* 1. oturan, oturmakta olan 2. bir yerde yerleşmiş bulunan, oturan

**sitting room** /'siting rum/ *a.* oturma odası

**situated** /'siçueytid/ *s.* bulunan, yerleşmiş

**situation** /siçu'eyşın/ *a.* 1. konum, yer, durum, mevki 2. durum, hal 3. iş, memuriyet

**sit up** *e.* 1. geç saatlere kadar oturmak, gece geç yatmak 2. dik oturmak 3. masada yerini almak, oturmak

**six** /siks/ *a, s.* altı

**sixteen** /sik'sti:n/ *a, s.* on altı

**sixteenth** /sik'sti:nt/ *a, s.* on altıncı

**sixth** /'sikst/ *a, s.* 1. altıncı 2. **sixth sense** altıncı his

**sixtieth** /'sikstiit/ *a, s.* altmışıncı

**sixty** /'siksti/ *a, s.* altmış

**sizable** /'sayzıbıl/ *s.* oldukça büyük, geniş

**size**[1] /sayz/ *a.* 1. büyüklük 2. boy: *What size packet do you want? Small, medium or large?* 3. oylum, hacim 4. boyut, ölçü, ebat 5. (ayakkabı) numara: *What size shoe do you take?* 6. (giysi) beden: *I want a larger size.*

**size**[2] /sayz/ *a.* çiriş, tutkal, ahar

**size**[3] /sayz/ *e.* çirişlemek

**size up** *e.* değerlendirmek

**sizzle** /'sizıl/ *e.* cızırdamak

**skate**[1] /skeyt/ *a, hayb.* tırpana balığı

**skate**[2] /skeyt/ *a.* 1. buz pateni 2. tekerlekli paten 3. **get/put one's skates on** *k. dili* acele etmek

**skate**[3] /skeyt/ *e.* 1. patenle kaymak, paten kaymak 2. **skate on thin ice** riskli bir işe girmek, tehlikeye atılmak

**skateboard** /'skeytbo:d/ *a.* kaykay

**skate over/round** *e.* geçiştirivermek, savsaklamak, önem vermemek, boşlamak

**skein** /skeyn/ *a.* çile, kangal

**skeleton** /'skelitn/ *a.* 1. iskelet 2. çatı, kafes 3. taslak 4. çok zayıf kimse, iskelet

**skeptic** /'skeptik/ *a, Aİ, bkz.* **sceptic**

**sketch**[1] /skeç/ *a.* 1. taslak 2. kabataslak resim 3. kroki 4. skeç, kısa öykü ya da piyes

**sketch**[2] /skeç/ *e.* 1. taslak yapmak 2. kabataslak resmini yapmak 3. kısaca tarif etmek

**sketchy** /'skeçi/ *s.* kabataslak, yüzeysel, üstünkörü, yarım yamalak

**skew** /skyu:/ *s.* eğri, çarpık, yan

**skewer** /'skyu:ı/ *a.* kebap şişi

**ski**[1] /ski:/ *a.* kayak: *Have you got any skis?*

ski² /ski:/ e. kayak yapmak: *They went skiing.*
skid¹ /skid/ a. 1. kayma, yana kayma 2. kızak 3. takoz
skid² /skid/ e. (otomobil, vb.) yana kaymak, yana doğru savrulmak
skiff /skif/ a. tek kişilik ufak kayık
skilful /'skilfıl/ s. becerikli, usta, hünerli
skill /skil/ s. beceri, ustalık, hüner, marifet, maharet
skilled /'skild/ s. becerikli, usta, deneyimli, vasıflı, kalifiye
skillet /'skilit/ a, Aİ. tava
skillful /'skilfıl/ s, Aİ, bkz. skilful
skim /skim/ e. 1. yüzeyini sıyırmak, sıyırıp geçmek 2. gözden geçirmek 3. köpüğünü almak, kaymağını almak
skim milk /'skimmilk/ a. kaymak altı, kaymağı alınmış süt
skimp /'skimp/ e. (on ile) -den kısmak, tasarruf etmek, az harcamak, idareli kullanmak: *My mother never skimps on food. There's always too much.*
skimpy /'skimpi/ s. küçük, az; yetersiz, ufacık
skin¹ /skin/ a. 1. deri, cilt 2. post, pösteki 3. kabuk 4. **by the skin of one's teeth** k. dili kıl payı, son anda
skin² /skin/ e. 1. derisini soymak, derisini yüzmek 2. kabuğunu soymak
skin-deep /'skindi:p/ s. yüzeysel
skin-dive /'skindayv/ e. tüpsüz suya dalmak
skinflint /'skinflint/ a, hkr. cimri, pinti
skinhead /'skinhed/ a. dazlak, skinhed
skinny /'skini/ s, hkr. bir deri bir kemik, sıska
skint /skint/ s, İİ, k. dili meteliksiz, züğürt, beş parasız
skip¹ /skip/ e. 1. hoplamak, sıçramak, zıplamak, sekmek 2. (konudan konuya, vb.) atlamak 3. atlamak, geçmek, boş vermek 4. ip atlamak
skip² /skip/ a. 1. hoplayıp sıçrama, zıplama, sekme, atlama 2. inşaat asansörü, kafes
skipper /'skipı/ a, k. dili kaptan
skirmish¹ /'skö:miş/ a. 1. çatışma, çarpışma 2. çekişme

skirmish² /'skö:miş/ e. çatışmak, çarpışmak
skirt¹ /skö:t/ a. 1. etek, eteklik 2. kenar 3. arg. kadın, karı
skirt² /skö:t/ e. çevresinden dolaşmak
skirting board /'sköting bo:d/ a, İİ. süpürgelik
skit /skit/ a. 1. skeç 2. şaka
skittish /'skitiş/ s. canlı, hareketli, oyuncu, oynak
skive /skayv/ e, İİ, k. dili kaytarmak
skivvy /'skivi/ a, İİ, hkr. ayak işleri yapan hizmetçi
skulk /skalk/ e. sinsi sinsi dolaşmak
skull /skal/ a. 1. kafatası 2. k. dili çok çalışkan öğrenci ya da işçi
skullcap /'skalkep/ a. takke
skunk /skank/ a, hayb. kokarca
sky¹ /skay/ a. gök, gökyüzü
sky² /skay/ e. topa çok hızlı vurarak havalandırmak, topu çok yükseğe atmak
sky-high /skay'hay/ be, s, k. dili çok yüksek
skylark /'skayla:k/ a, hayb. tarlakuşu
skylight /'skaylayt/ a. dam penceresi
skyline /'skaylayn/ a. ufuk çizgisi
skyscraper /'skayskreypı/ a. gökdelen
slab /sleb/ a. kalın dilim, kat
slack¹ /slek/ s. 1. gevşek, sarkık 2. ağır, yavaş 3. dikkatsiz 4. (iş) durgun, kesat
slack² /slek/ e. kaytarmak, tembellik etmek
slack³ /slek/ a. 1. ip, tel, vb. nin sarkık kısmı 2. kömür tozu 3. ç. bol pantolon
slag /sleg/ a. cüruf, dışık
slain /sleyn/ pp bkz. slay
slake /sleyk/ e. (susuzluk) gidermek
slalom /'sla:lım/ a, sp. slalom
slam¹ /slem/ a. 1. kapıyı çarparak kapama 2. kapının çarpma sesi 3. (briçte) şlem
slam² /slem/ e. 1. çarparak kapamak: *Don't slam the door.* 2. çarpılarak kapanmak: *The door slammed.* 3. hızla vurmak, yere çalmak 4. k. dili şiddetle eleştirmek, yerden yere vurmak
slander¹ /'slendı/ a. kara çalma, karalama, iftira

**slander²** /'slendı/ e. kara çalmak, karalamak, iftira etmek

**slang** /sleng/ a. argo: *slang words*

**slant¹** /sla:nt/ e. 1. yana yatmak, eğilmek 2. eğmek 3. eğimli olmak, meyilli olmak 4. (gerçeği) çarpıtmak, -in lehinde ifade etmek

**slant²** /sla:nt/ a. 1. eğim 2. görüş, görüş açısı 3. yan bakış

**slap¹** /slep/ e. 1. tokatlamak, tokat atmak, vurmak: *She slapped her son.* 2. kabaca çarpmak, çalmak: *They slapped some paint over the graffiti on the wall.*

**slap²** /slep/ a. tokat

**slap³** /slep/ be, k. dili küt diye, doğruca

**slapdash** /'slepdeş/ s. baştan savma

**slap-up** /'slepap/ s, İİ, k. dili (yemek) nefis

**slash¹** /sleş/ e. 1. kesmek, yarmak: *Vandals had slashed the upholstery of the seats.* 2. iyice indirmek: *During the sales all the prices were slashed.*

**slash²** /sleş/ a. 1. uzun kesik, yarık 2. yırtmaç 3. arg. işeme

**slat** /slet/ a. tiriz, lata

**slate¹** /sleyt/ e. 1. arduvaz kaplamak 2. bir işe seçmek

**slate²** /sleyt/ a. 1. kayağantaş, kara kayağan, arduvaz 2. koyu maviye çalar kurşun rengi 3. taş tahta, yaz boz tahtası, karatahta 4. aday listesi 5. geçmişteki hatalar, tatsızlıklar

**slattern** /'sletın/ a. pasaklı kadın

**slaughter¹** /'slo:tı/ a. 1. hayvan kesme, kesim 2. büyük kıyım, kan dökme, kesim, katliam, toptan öldürme

**slaughter²** /'slo:tı/ e. 1. (hayvan) kesmek, boğazlamak 2. kıyım yapmak, kan dökmek, katliam yapmak 3. k. dili (oyunda) çok kötü yenmek, katlamak

**slaughterhouse** /'slo:tıhaus/ a. mezbaha, kesimevi

**slave¹** /sleyv/ a. 1. köle 2. **slave driver** k. dili kölecibaşı

**slave²** /sleyv/ e. (away ile) köle gibi çalışmak

**slaver¹** /'slevı/ e. salyası akmak

**slaver²** /'slevı/ a. salya

**slavery** /'sleyvıri/ a. kölelik

**slavish** /'sleyviş/ s. 1. köle gibi, başkalarına boyun eğen 2. kopya edilmiş, kopyası

**slay** /sley/ e. [pt **slew** /slu:/, pp **slain** /sleyn/] vahşice öldürmek, katletmek

**sleazy** /'sli:zi/ s. ucuz ve pis, döküntü

**sled** /sled/ a, e, bkz **sledge**

**sledge¹** /slec/ a. kızak

**sledge²** /slec/ e. 1. İİ. kızakla kaymak 2. Al. kızakla taşımak/gezmek

**sledgehammer** /'slechemı/ a. balyoz

**sleek** /sli:k/ s. 1. (saç, vb.) düz, parlak, bakımlı 2. temiz, derli toplu, modaya uygun

**sleep¹** /sli:p/ e. [pt, pp **slept** /slept/] 1. uyumak: *Hush. The baby is sleeping.* 2. yatacak yer sağlamak

**sleep²** /sli:p/ a. 1. uyku 2. **go to sleep** a) uyumak b) (bacak, vb.) uyuşmak: *My leg's gone to sleep.* 3. **put to sleep** a) uyutmak, yatırmak: *Put the baby to sleep.* b) (hasta bir hayvanı, vb.) öldürmek: *They had the cat put to sleep.*

**sleeper** /'sli:pı/ a. 1. uyuyan kimse 2. İİ. demiryolu traversi 3. yataklı tren

**sleep in** e. 1. (bir iş yerinde) yatılı çalışmak, yatılı olmak 2. gündüz geç saatlere kadar uyumak

**sleeping partner** /'sli:ping pa:tnı/ a, İİ. işe karışmayan ortak

**sleeping pill** /'sli:ping pil/ a. uyku hapı

**sleeping sickness** /'sli:ping siknis/ a. uyku hastalığı

**sleepless** /'sli:plis/ s. uykusuz

**sleeplessness** /'sli:plısnıs/ a. uykusuzluk

**sleep through** e. ... boyunca uyumak, uyuya kalıp kaçırmak: *He slept through the opera.*

**sleep together** e, ört. sevişmek, yatmak: *They've been sleeping together for a long time.*

**sleepwalker** /'sli:pwo:kı/ a. uyurgezer

**sleep with** e, ört. ile sevişmek, yatmak: *He boasted that he slept with her last night.*

**sleepy** /'sli:pi/ s. 1. yorgun ve uykulu 2. sessiz, sakin, hareketsiz

**sleet¹** /sli:t/ a. sulusepken

**sleet²** /sli:t/ e. sulusepken yağmak

**sleeve** /sli:v/ a. 1. giysi kolu, yen 2. İİ.

plak kabı 3. **have/keep sth up one's sleeve** koz olarak saklamak
**sleigh** /sley/ *a.* atlı kızak
**sleight** /sleyt/ *a.* el çabukluğu, marifet
**slender** /'slendı/ *s.* 1. incecik, narin, ince, dal gibi 2. az, yetersiz
**slept** /slept/ *pt, pp bkz.* **sleep**
**sleuth** /slu:t/ *a, k. dili* hafiye, dedektif
**slew**[1] /slu:/ *e.* (round/around ile) aniden kendi çevresinde dönmek
**slew**[2] /slu:/ *pt bkz.* **slay**
**slice**[1] /slays/ *a.* dilim: *Can you pass me a slice of bread, please?*
**slice**[2] /slays/ *e.* dilimlemek, dilimlere ayırmak, dilmek
**slick**[1] /slik/ *s.* 1. düz, parlak ve kaygan 2. yüze gülücü, yapmacık kibar, tatlı dilli 3. kurnaz, üçkâğıtçı
**slick**[2] /slik/ *a.* ince petrol tabakası
**slick down** *e.* (saçı) parlatmak, düzleştirmek
**slid** /slid/ *pt, pp bkz.* **slide**
**slide**[1] /slayd/ *e.* [*pt, pp* **slid** /slid/] 1. kaymak: *He slid down the bannisters.* 2. kaydırmak: *He slid the glass along the bar to him.* 3. sessizce gitmek: *The cat slid under the table.* 4. **let sth slide** *k. dili* ihmal etmek, boşlamak
**slide**[2] /slayd/ *a.* 1. kayma 2. kayılan yer, kaydırak 3. sürgü 4. toprak kayması, heyelan 5. diyapozitif, slayt 6. saç tokası 7. lam
**slight**[1] /slayt/ *s.* 1. ince, narin, zayıf: *She's very slight.* 2. küçük, ufak, önemsiz: *There's been a slight drop in the temperature.* 3. **not in the slightest** hiç, kesinlikle: *His silly behaviour didn't annoy her in the slightest.*
**slight**[2] /slayt/ *e.* önemsememek, hor görmek, küçümsemek, aşağılamak
**slight**[3] /slayt/ *a.* hiçe sayma, aşağılama, saygısızlık, hakaret
**slightly** /'slaytli/ *be.* 1. biraz, azıcık, bir parça, hafifçe: *The bicycle wheel was slightly bent after the accident.*
**slim**[1] /slim/ *s.* 1. ince yapılı, ne şişman ne de zayıf olan: *She's very slim.* 2. (olasılık, şans, vb.) zayıf
**slim**[2] /slim/ *e.* zayıflamak, incelmek

**slime** /slaym/ *a.* 1. balçık 2. salgı 3. salyangoz sümüğü 4. *arg.* yavşak, kıl
**slimy** /'slaymi/ *s.* 1. yapış yapış, yapışkan 2. aşırı nazik, yapmacık, kibar
**sling**[1] /sling/ *e.* [*pt, pp* **slung** /slang/] 1. atmak, fırlatmak 2. iple asmak
**sling**[2] /sling/ *a.* 1. sapan 2. *den.* izbiro 3. kol askısı
**slink** /slink/ *e.* [*pt, pp* **slunk** /slank/] gizlice sessiz sessiz yürümek
**slip**[1] /slip/ *e.* 1. kaymak: *She slipped on the wet grass and fell over.* 2. (gizlice) sıvışmak, kaçmak, süzülmek: *The dog slipped in through the open door.* 3. (farkında olmadan) geçip gitmek: *We were having a very good holiday and time slipped past quickly.* 4. giymek: *She slipped on a pair of sandals and ran outside.* 5. çıkarmak: *She slipped off her coat when she got inside.* 6. düşmek, kötüye gitmek: *The service here has slipped since I was here last.* 7. çaktırmadan vermek, eline tutuşturmak: *She slipped him a note as she passed.* 8. **let slip** a) ağzından kaçırmak: *By mistake he let slip that he had been out with another woman.* b) kaçırmak: *I was offered a good job with another company but foolishly let it slip.* 9. **slip one's mind** kafasından/aklından çıkmak: *Their wedding anniversary slipped his mind.*
**slip**[2] /slip/ *a.* 1. kayma, kayış 2. yanlışlık, hata, sürçme: *a slip of the tongue* 3. kadın iç gömleği, kombinezon 4. yastık yüzü 5. gemi kızağı 6. kâğıt, pusula 7. **give sb the slip** *k. dili* -den kaçmak, paçayı kurtarmak, atlatmak, ekmek 8. **slip road** *İl.* ara yol, ana yola/yoldan çıkan yol
**slipknot** /'slipnot/ *a.* ilmek, ilmik, eğreti düğüm
**slipper** /'slipı/ *a.* terlik
**slippery** /'slipıri/ *s.* 1. kaygan, kayağan 2. *k. dili* güvenilmez, kaypak
**slip-up** /'slipap/ *a.* önemsiz yanlışlık, ufak hata, sürçme
**slipshod** /'slipşod/ *s.* dikkatsiz, düzensiz, dağınık

S

**slip up** e. küçük bir hata yapmak

**slit**[1] /slit/ e. [pt, pp **slit**] yarmak, uzunluğuna kesmek

**slit**[2] /slit/ a. 1. kesik, yırtık, yarık 2. dar aralık

**slither** /'slidı/ e. kaymak, kayarak gitmek, yılan gibi süzülmek: *A snake slithered through the grass.*

**sliver** /'slivı/ a. 1. kıymık 2. ince dilim

**slob** /slob/ a, k. dili hantal, kılıksız, ayı

**slobber**[1] /'slobı/ e. ağzından salyalar akıtmak: *The dog jumped up and slobbered all over his face.*

**slobber**[2] /'slobı/ a. salya

**sloe** /slou/ a, bitk. çakaleriği

**slog**[1] /slog/ e, İİ. zor ve sıkıcı iş yapmak, angarya yapmak

**slog** /slog/ a, İİ. zor ve sıkıcı iş, angarya

**slogan** /'slougın/ a. slogan

**sloop** /slu:p/ a. küçük yelkenli, şalopa

**slop**[1] /slop/ a. 1. lapa, sulu yemek 2. ç. bulaşık suyu 3. ç. yemek artığı

**slop**[2] /slop/ e. 1. taşırmak, dökmek 2. taşmak, dökülmek

**slope**[1] /sloup/ e. eğimli olmak, eğimlenmek

**slope**[2] /sloup/ a. 1. yokuş, bayır 2. eğim, meyil

**slope off** e, İİ, k. dili kaçmak, sıvışmak, kaytarmak

**sloppy** /'slopi/ s. 1. ıslak ve kirli, çamurlu 2. baştansavma, uyduruk 3. pasaklı, dağınık 4. aptalca, saçma

**slosh** /sloş/ e. 1. sudan/çamurdan geçmek 2. (sıvı) taşmak

**slot**[1] /slot/ a. 1. yarık, delik 2. k. dili (radyo, vb.) program

**slot**[2] /slot/ e. 1. yarık açmak 2. İİ. (in/into ile) yer ayırmak, yer vermek, vakit ayırmak

**sloth** /slout/ a. tembellik, miskinlik

**slothful** /'sloutfıl/ s, yaz. tembel, miskin

**slot machine** /'slot mışi:n/ a. 1. İİ. (içine para atılarak içki, sigara, vb. alınan) otomatik makine 2. kollu kumar makinesi

**slouch** /slauç/ e. kendini koyvererek kambur gibi yürümek ya da durmak

**slouching** /'slauçing/ s. 1. hımbıl, tembel

2. kamburu çıkmış

**slough**[1] /slau/ a. 1. bataklık 2. kötü durum, batak

**slough**[2] /slau/ e. (off ile) (yılan, vb.) deri değiştirmek

**sloven** /'slavın/ a. pasaklı, kılıksız

**slovenly** /'slavınli/ s. 1. düzensiz, baştansavma, derme çatma 2. pasaklı, pis, dağınık

**slow**[1] /slou/ s. 1. yavaş, ağır: *He took the slow train to Ankara.* 2. (saat) geri: *I think my watch is slow.* 3. güç anlayan, kalın kafalı: *He's a rather slow student.* 4. **slow motion** ağır çekim

**slow**[2] /slou/ be. yavaş: *How slow you drive! We'll be late.*

**slow**[3] /slou/ e. (up/down ile) 1. yavaşlamak 2. yavaşlatmak

**slowcoach** /'sloukouç/ a, İİ, k. dili hantal, uyuşuk kimse, mıymıntı

**slowly** /'slouli/ be. yavaş yavaş, ağır ağır, yavaşça: *He walked slowly because he was tired.*

**sludge** /slac/ a. 1. sulu çamur 2. pis artık yağ

**slue** /slu:/ e, Aİ, bkz. **slew**

**slug**[1] /slag/ a. 1. kabuksuz sümüklüböcek 2. jeton 3. k. dili sert yumruk ya da darbe 4. metal kübü

**slug**[2] /slag/ e, Aİ, k. dili yumruk patlatmak

**sluggard** /'slagıd/ a. tembel, aylak kimse

**sluggish** /'slagiş/ s. uyuşuk, tembel, mıymıntı, ağır

**sluice**[1] /slu:s/ a. bent kapağı, savak

**sluice**[2] /slu:s/ e. 1. bol suda yıkamak 2. üstüne su dökmek

**slum** /slam/ a, k. dili 1. gecekondu mahallesi, kenar mahalle 2. çok dağınık yer

**slumber**[1] /'slambı/ e. uyumak, uyuklamak

**slumber**[2] /'slambı/ a. uyku, uyuklama

**slump**[1] /slamp/ e. 1. birdenbire düşmek, küt diye düşmek, yığılmak 2. (sayıca, vb.) düşmek, azalmak, kötüye gitmek

**slump**[2] /slamp/ a. 1. birdenbire ve hızla düşme 2. (iş, ticaret, fiyat, vb.'de) düşme, kötüleşme, durgunluk, kriz

**slung** /slang/ pt, pp bkz. **sling**

**slunk** /slank/ pt, pp bkz. **slink**

**slur**[1] /slö:/ e. 1. kara çalmak, çamur

atmak 2. (sarhoşluktan, vb.) sözcükleri kötü telaffuz etmek

slur² /slö:/ *a.* 1. kara çalma, iftira, leke (sürme) 2. sözcükleri kötü telaffuz etme

slurp /slö:p/ *e, k. dili* höpürdetmek, şapırdatarak içmek: *Stop slurping your soup.*

slush /slaş/ *a.* 1. sulu çamur 2. yarı erimiş kar

slut /slat/ *a, hkr.* 1. pasaklı, tembel kadın 2. ahlaksız kadın; orospu

sly /slay/ *s.* 1. kurnaz, şeytan 2. şakacı, muzip 3. **a sly dog** ne yapacağı belli olmayan kimse 4. **on the sly** gizlice

smack¹ /smek/ *e.* 1. şaplak atmak, tokatlamak 2. (of ile) ... kokmak/tadı vermek/hissi uyandırmak 3. **smack one's lips** şapırtıyla ağzını açıp kapamak

smack² /smek/ *a.* 1. şamar, tokat, şaplak 2. şaklama, şak sesi 3. şapırtı 4. şapırtılı öpücük 5. **have a smack at** *k. dili* bir denemek

smack³ /smek/ *a.* küçük balıkçı teknesi

smack⁴ /smek/ *be, k. dili* küt diye, güm diye

smack of *e.* ... kokmak, altında ... yatmak: *It smacks of dishonesty.*

small¹ /smo:l/ *s.* 1. küçük, ufak: *He was very small as a child. Small cars are usually cheaper to run.* 2. önemsiz, ufak: *She typed the letter very well except for one small mistake.* 3. küçük, önemsiz, küçük işlerle uğraşan: *My grandfather has been a small businessman for thirty years.* 4. **feel small** utanmak, bozulmak, küçük düşmek 5. **small change** bozuk para 6. **small hours** sabahın çok erken saatleri 7. **small intestine** incebağırsak 8. **small talk** sohbet, laklak, muhabbet 9. **small wonder** tevekkeli değil

small² /smo:l/ *be.* küçük küçük, ufak ufak: *He gets a lot on the page because he writes very small.*

smallholding /'smo:lhoulding/ *a.* küçük çiftlik

small-minded /smo:l'mayndid/ *s.* 1. dar kafalı, bağnaz 2. bencil, aşağılık, adi

smallpox /'smo:lpoks/ *a, hek.* çiçek hastalığı

small-time /smo:l'taym/ *s.* önemsiz, basit, sıradan

smarmy /'sma:mi/ *s, İİ, k. dili* kibarlık budalası, yağcı, dalkavuk

smart¹ /sma:t/ *e.* 1. acımak, sızlamak, yanmak 2. üzülmek, kırılmak, incinmek

smart² /sma:t/ *s.* 1. acıtan, sert 2. keskin, şiddetli 3. çabuk, çevik 4. şık, zarif 5. açıkgöz, kurnaz 6. yakışıklı, gösterişli 7. **smart alec(k)** *arg.* ukala dümbeleği, çok bilmiş, kendini beğenmiş

smart arse /'sma:t a:s/ *a, İİ, arg.* bok yedi başı, ukala dümbeleği

smarten /'sma:tn/ *e.* (up ile) 1. güzelleştirmek, çekidüzen vermek 2. güzelleşmek

smash¹ /smeş/ *e.* 1. parçalamak, kırmak, paramparça etmek: *He smashed the bottle against the wall.* 2. parçalanmak, kırılmak, paramparça olmak: *The plate fell to the floor and smashed.* 3. şiddetle çarpmak: *The taxi smashed into a parked car.* 4. (rekor) kırmak: *He smashed the record.* 5. iflas etmek, batmak

smash² /smeş/ *a.* 1. kırılma, parçalanma 2. şangırtı, çatırtı 3. çarpışma, kaza 4. sert vuruş, güçlü darbe 5. batma, iflas 6. büyük kaza 7. çok başarılı oyun, film, şarkı, vb. hit

smashed /'smeşt/ *s, k. dili* sarhoş

smasher /'smeşı/ *a, k. dili* çok kıyak şey/kimse

smashing /'smeşing/ *s, İİ, k. dili* mükemmel, harika, nefis, süper

smash-up /'smeşap/ *a.* büyük kaza, büyük çarpışma

smattering /'smetıring/ *a.* çat pat bilgi, yüzeysel bilgi

smear¹ /smii/ *a.* 1. leke, bulaşık leke 2. mikroskopta incelenmek üzere alınan parça 3. karalama, leke, iftira

smear² /smii/ *e.* 1. sürmek, bulaştırmak, lekelemek 2. lekelenmek 3. karalamak, lekelemek, iftira etmek

smell¹ /smel/ *e.* [*pt, pp* **smelt/smelled** /smelt/] 1. koklamak: *I can smell something burning. I can't smell because my nose is blocked.* 2. kokmak: *These* *flowers smell lovely. Your hair smells of shampoo.* 3. kokuşmak, pis kokmak: *His breath smells.* 4. kokusunu almak, sezmek

**smell**[2] /smel/ *a.* 1. koku alma duyusu 2. koku 3. koklama 4. iz, eser

**smelly** /'smeli/ *s.* pis kokulu, kokmuş: *If you wear the same socks for a month your feet will be very smelly.*

**smelt**[1] /smelt/ *e.* (madeni arıtım için) eritmek, kal etmek

**smelt**[2] /smelt/ *pt, pp bkz.* **smell**

**smile**[1] /smayl/ *e.* gülümsemek: *Keep smiling. She smiled at me.*

**smile**[2] /smayl/ *a.* gülümseme: *He gave her a smile.*

**smiley** /'smayli/ *a.* duygu simgesi, internette duyguları belirtmek için kullanılan simge/karakter(ler)

**smirch** /smö:ç/ *a.* leke, ayıp

**smirk**[1] /smö:k/ *e.* sırıtmak, zorla gülümsemek, yapmacıklı biçimde gülümsemek

**smirk**[2] /smö:k/ *a.* sırıtma, sırıtış

**smite** /smayt/ *e.* [*pt* **smote** /smout/, *pp* **smitten** /'smitn/] vurmak: *He smote him with his sword.*

**smith** /smit/ *a.* demirci

**smithereens** /smidı'ri:nz/ *a, k. dili* 1. bin bir parça, tuzla buz 2. **into/to smithereens** bin bir parçaya

**smithy** /'smidi/ *a.* demirhane, nalbanthane

**smitten**[1] /'smitın/ *s.* 1. etkilenmiş, kapılmış: *She was smitten with sadness.* 2. âşık, vurgun: *He was smitten with Jane.*

**smitten**[2] /'smitn/ *pt, pp bkz.* **smite**

**smock**[1] /smok/ *a.* iş gömleği, önlük

**smock**[2] /smok/ *e.* (giysiyi) büzgüyle süslemek

**smocking** /'smoking/ *a.* büzgü

**smog** /smog/ *a.* dumanlı sis, sanayi sisi

**smoke**[1] /smouk/ *a.* 1. duman 2. (sigara) içme 3. *k. dili* sigara; puro 4. **go up in smoke** suya düşmek, duman olmak, uçup gitmek

**smoke**[2] /smouk/ *e.* 1. (sigara, pipo, esrar, vb.) içmek: *Can I smoke here? He smokes two packets of cigarettes a day.*

*He was smoking a pipe.* 2. tütmek: *The chimneys are smoking.* 3. (balık, et, vb.) tütsülemek: *smoked fish*

**smoker** /'smoukı/ *a.* 1. sigara içen kimse 2. sigara içenlere ayrılmış vagon

**smokescreen** /'smoukskri:n/ *a.* 1. düşmana görünmemek için çıkarılan duman 2. gerçek niyetini gizlemek için uydurulan şey, paravana, maske

**smoky** /'smouki/ *s.* 1. dumanlı, tüten, duman dolu 2. dumanrengi, koyu füme

**smooth**[1] /smu:d/ *s.* 1. düz, düzgün: *The sheets are clean and smooth.* 2. sarsıntısız: *The bus trip wasn't smooth.* 3. (tat) hoş: *The whisky was old and smooth.* 4. akıcı, hoş, yumuşak: *The lecturer had a deep smooth voice.* 5. aşırı kibar: *That car salesman is too smooth for my liking.* 6. topaksız: *The pudding was smooth and creamy.*

**smooth**[2] /smu:d/ *e.* 1. düzeltmek, düzleştirmek, düzlemek 2. kolaylaştırmak

**smote** /smout/ *pt bkz.* **smite**

**smother** /'smadı/ *e.* 1. havasızlıktan ölmek, boğulmak 2. boğmak 3. kaplamak

**smoulder** /'smouldı/ *e.* 1. alevsiz yanmak, için için yanmak 2. için için köpürmek/kudurmak

**smudge**[1] /smac/ *e.* 1. bulaşmak, kirlenmek 2. bulaştırmak, kirletmek

**smudge**[2] /smac/ *a.* bulaşık leke, is lekesi

**smug** /smag/ *s.* kendini beğenmiş

**smuggle** /'smagıl/ *e.* ... kaçakçılığı yapmak, kaçırmak: *They smuggled heroin into America.*

**smuggler** /'smaglı/ *a.* kaçakçı

**smut**[1] /smat/ *a.* 1. is, kurum 2. küf

**smut**[2] /smat/ *e.* islenmek, kurumlanmak

**smutty** /'smati/ *s.* ahlaksız, açık saçık, müstehcen

**snack** /snek/ *a.* hafif yemek

**snag** /sneg/ *a.* 1. kırık dal, budak 2. fırlak diş 3. beklenmedik engel ya da güçlük

**snail** /sneyl/ *a.* 1. salyangoz 2. **snail's pace** kaplumbağa hızı

**snake** /sneyk/ *a.* yılan

**snap**[1] /snep/ *e.* 1. (at ile) dişlemek, kapmak; ısırmaya çalışmak: *The dog* snapped at the postman's leg. 2. kopmak, kırılmak:*The ship's mast snapped in half during the storm*. 3. koparmak, kırmak: *He snapped the match in two*. 4. tükenmek: *She was so slow at answering his patience snapped*. 5. şaklatmak: *The lion tamer snapped his whip*. 6. şaklamak: *The whip snapped and the horses started to pull the cart*. 7. (at ile) bağırmak: *"Shut up", he snapped*. 8. *k. dili* fotoğrafını çekmek: *He snapped me when I wasn't looking*. 9. şıklatmak: *They snapped their fingers in time to the music*. 10. **snap out of it** *k. dili* kötü bir durumdan çıkmak, kendini vazgeçirmek: *You've been moody all day. Snap out of it!*

snap² /snep/ *a.* 1. dişlemeye çalışma 2. şaklama 3. çatırdama 4. parmak şıklatma, şıklama 5. tatlı bisküvi 6. *k. dili* şipşak resim, fotoğraf 7. *k. dili* enerji, gayret 8. bir iskambil oyunu

snap³ /snep/ *s.* aceleyle yapılmış, paldır küldür

snapdragon /'snepdregın/ *a, bitk.* aslanağzı

snappy /'snepi/ *s.* 1. canlı, çevik, enerjik 2. şık, zarif 3. **Make it snappy** *k. dili* Acele et.

snapshot /'snepşot/ *a.* enstantane fotoğraf, şipşak

snap up *e.* hevesle almak, atlamak, kapmak: *The best bargains at the sale were quickly snapped up*.

snare¹ /sneı/ *a.* tuzak, kapan

snare² /sneı/ *e.* tuzağa düşürmek, tuzakla yakalamak, kapana kıstırmak

snarl¹ /sna:l/ *e.* 1. hırlamak 2. kaba ve öfkeli bir sesle konuşmak

snarl² /sna:l/ *a.* hırlama, hırıltı

snarl³ /sna:l/ *e.* dolaştırmak, karmakarışık etmek

snarl⁴ /sna:l/ *a.* karmakarışık şey, arapsaçı

snatch¹ /sneç/ *e.* 1. kapmak, kavramak 2. (at ile) elde etmek için elinden geleni yapmak, yakalamaya çalışmak

snatch² /sneç/ *a.* 1. kapış, kapma 2. elde etmeye çalışma, gayret 3. parça, kırıntı

4. kısa süre, an

sneak¹ /sni:k/ *e.* 1. sinsice/gizlice ilerlemek, gitmek, sıvışmak, sokulmak, süzülmek: *He was home late and he tried to sneak in so as not to wake his parents*. 2. *k. dili* (öğretmene, vb.) gammazlamak, şikâyet etmek: *Barry is always sneaking on the other students*. 3. *arg.* araklamak, aşırmak: *He sneaked an orange when no one was looking*. 4. (çaktırmadan bakış) atmak: *She sneaked a look at my exam paper when the teacher wasn't looking*.

sneak² /sni:k/ *a.* 1. muhbir, gammaz 2. sinsi kimse

sneaker /'sni:kı/ *a, Aİ.* bez spor ayakkabı, kes

sneaking /'sni:king/ *s.* gizli

sneak up *e.* sinsi sinsi/sessizce yaklaşmak

sneaky /'sni:ki/ *s.* sinsi

sneer¹ /sniı/ *e.* dudak bükmek, küçümsemek, alay etmek, hor görmek

sneer² /sniı/ *a.* dudak bükme, küçümseme, alay, hor görme

sneeze¹ /sni:z/ *e.* aksırmak

sneeze² /sni:z/ *a.* aksırık

snicker /'snikı/ *e, a, Aİ, bkz.* **snigger**

sniff¹ /snif/ *e.* 1. burnunu çekmek 2. koklamak

sniff² /snif/ *a.* 1. burnunu çekme 2. havayı koklama

sniff at *e.* burun kıvırmak

sniffle¹ /'snifıl/ *e.* burnunu çekmek

sniffle² /'snifıl/ *a.* burun çekme

snigger¹ /'snigı/ *e.* kıs kıs gülmek

snigger² /'snigı/ *a.* kıs kıs gülüş

snip¹ /snip/ *a.* 1. kırpma, kırkma 2. makasla kesilmiş parça, kırpıntı, kesinti 3. *İİ, k. dili* kelepir

snip² /snip/ *e.* makasla kesmek, kırpmak

snipe¹ /snayp/ *a.* bataklık çulluğu

snipe² /snayp/ *e.* 1. gizli bir yerden ateş etmek, siperden ateş etmek 2. haince saldırmak

snippet /'snipit/ *a.* 1. ufak parça, lokma 2. azıcık haber, bilgi

snivel /'snivıl/ *e.* 1. burnunu çekerek ağlamak, ağlayıp sızlamak 2. burnu akmak, burnunu çekmek

**snob** /snob/ *a.* züppe

**snobbery** /'snobıri/ *a.* züppelik

**snooker¹** /'snu:kı/ *e, k. dili* zor duruma sokmak, belaya sokmak

**snooker²** /'snu:kı/ *a.* on beş kırmızı ve altı değişik renkli topla delikli masada oynanan bir tür bilardo oyunu

**snoop** /snu:p/ *e.* başkalarının işine burnunu sokmak

**snooper** /'snu:pı/ *a.* başkalarının işine burnunu sokan kimse

**snooty** /'snu:ti/ *s, k. dili* tepeden bakan, küçümseyen, kaba

**snooze¹** /snu:z/ *a, k. dili* kısa uyku, şekerleme

**snooze²** /snu:z/ *e, k. dili* kestirmek, şekerleme yapmak

**snore¹** /sno:/ *a.* horlama, horultu

**snore²** /sno:/ *e.* horlamak: *You always snore.*

**snorkel** /'sno:kıl/ *a.* şnorkel

**snort¹** /sno:t/ *e.* 1. burnundan gürültüyle soluk çıkarmak, horuldamak 2. *k. dili* kahkaha ile gülmek

**snort²** /sno:t/ *a.* 1. öfke belirten ses, horultu 2. kahkaha

**snout** /snaut/ *a, hayb.* (domuz, vb.) burun

**snow¹** /snou/ *a.* 1. kar 2. *arg.* kokain

**snow²** /snou/ *e.* 1. kar yağmak: *It's snowing.* 2. *Aİ, arg.* gözünü boyamak, gözüne girmek

**snowball¹** /'snoubo:l/ *a.* kartopu

**snowball²** /'snoubo:l/ *e.* çığ gibi çoğalmak, kartopu gibi büyümek

**snowbound** /'snoubaund/ *s.* yoğun kardan mahsur kalmış

**snowdrift** /'snoudrift/ *a.* rüzgârın oluşturduğu kar kümesi, kar yığını, kürtün, kürtük

**snowdrop** /'snoudrop/ *a, bitk.* kardelen

**snowfall** /'snoufo:l/ *a.* 1. kar yağışı 2. bir defada yağan kar miktarı

**snowflake** /'snoufleyk/ *a.* kar tanesi

**snowman** /'snoumın/ *a.* kardan adam

**snowplough** /'snouplau/ *a.* 1. kar temizleme makinesi/aracı 2. (kayakta) kar sapanı

**snowstorm** /'snousto:m/ *a.* kar fırtınası

**snow-white** /snou'wayt/ *s.* kar beyazı

**snowy** /'snoui/ *s.* 1. karlı 2. bembeyaz, kar gibi, kar beyazı

**snub¹** /snab/ *e.* küçümsemek, hiçe saymak, aşağılamak, hor davranmak, terslemek

**snub²** /snab/ *a.* hiçe sayma, aşağılama, küçümseme, tersleme, hor görme

**snuff¹** /snaf/ *e, a, bkz.* **sniff**

**snuff²** /snaf/ *a.* enfiye

**snuff³** /snaf/ *e.* (out ile) (mum, vb.) söndürmek

**snuffle** /'snafıl/ *e, a, bkz.* **sniffle**

**snug** /snag/ *s.* 1. rahat ve sıcacık 2. (giysi) tam oturan

**snuggle** /'snagıl/ *e.* sokulmak: *She snuggled up to him in front of the fire.*

**so¹** /sou/ *be.* 1. öylesine, öyle, o kadar: *It was so cold that the water pipes froze. Her diction was so clear we heard every word she said.* 2. bu kadar: *She indicated with her hand and said, "My brother's so tall."* 3. o kadar (çok), o derece, öyle, çok: *He was so happy to see her. You don't need to shout so.* 4. (o) kadar: *She doesn't speak English so well as you.* 5. bu şekilde, böyle, şu şekilde, şöyle: *Hold it just so. Wind the handle so to grind the coffee.* 6. öyle: *"Is he in his office?" "I think so." He always wanted to go to America and he finally did so. The weather report predicts rain tomorrow and if so the picnic's off. I don't like his personality, but even so I admire his work.* 7. de, da: *He likes to talk about politics and so do I. "I'd really like a cup of tea." "So would I." "I've been there." "So have I."* 8. gerçekten de, hakikaten: *"Isn't that John over there?" "So it is." "Look, there's a dog down the hole." "So there is." "He's just caught a fish." "So he has."* 9. **and so on/forth** ve saire, ve benzeri şeyler: *The shop sells pens, pencils, notebooks, magazines, and so on.* 10. **Just/Quite so** *İl.* Evet, Aynen öyle 11. **so as to** -mek için, -cek biçimde, -mek amacıyla: *He hurriedly finished the letter so as to catch the next post.* 12. **So**

**long** k. dili Güle güle, Hoşça kal.

**so²** /sou/ bağ. 1. bu yüzden, bu nedenle, onun için: *It was raining, so we didn't go out. He smashed his car so he bought a new one.* 2. -mesi için, -sin diye, ... amacıyla: *He took a torch so that he could see the way. He put on a jumper so he wouldn't get cold.* 3. demek (ki): *So you passed your exams.* 4. **So what** k. dili Bana ne; Ne yani; Ne olmuş: *"Your father's coming over." "So what?"*

**so³** /sou/ s. doğru, öyle: *It isn't necessarily so. Is that really so?*

**so⁴** /souk/ a, bkz. **sol**

**soak¹** /souk/ e. 1. iyice ıslatmak, sırılsıklam etmek 2. suda ıslatmak 3. ıslanmak 4. (çay) demlemek 5. k. dili kazıklamak 6. (up ile) emmek, nüfuz etmek

**soak²** /souk/ a. 1. ıslatma, ıslanma 2. arg. ayyaş

**soaked** /soukt/ s. sırılsıklam

**soaking** /'souking/ be, s. çok, sırılsıklam

**so-and-so** /'souınsou/ a. 1. falan kişi/şey, filanca 2. hkr. Allah'ın cezası kimse, puşt

**soap¹** /soup/ a. 1. sabun 2. **soap opera** hafif ve sürekli melodram dizisi

**soap²** /soup/ e. 1. sabunlamak 2. k. dili yağ çekmek

**soar** /so:/ e. 1. çok yükseklerde uçmak, süzülmek, süzülerek yükselmek 2. (fiyat, vb.) çok yükselmek, fırlamak 3. gözü yükseklerde olmak, -e göz dikmek

**sob¹** /sob/ e. hıçkıra hıçkıra ağlamak

**sob²** /sob/ a. ağlarken içini çekme, hıçkırık

**sober** /'soubı/ s. 1. ayık, sarhoş olmayan 2. ılımlı, ölçülü 3. ciddi, ağırbaşlı 4. yalın, sade, gösterişsiz

**sober up** e. 1. ayılmak: *He drank so much he didn't sober up till the next afternoon.* 2. ayıltmak

**so-called** /sou'ko:ld/ s. sözde, sözümona, lafta: *A so-called friend never repaid the money he owed.*

**soccer** /'sokı/ a, İİ. futbol

**sociable** /'souşıbıl/ s. 1. toplumcul, sokulgan, girgin, arkadaş canlısı 2. hoş-sohbet

**social¹** /'souşıl/ s. 1. toplumsal, sosyal 2. toplum içinde yaşayan 3. toplumcul, girgin, sokulgan, arkadaş canlısı 4. **social democracy** sosyal demokrasi 5. **social science/studies** sosyal bilimler, toplum bilimleri 6. **social security** işsizlik, yaşlılık, hastalık, vb. durumlarda devlet yardımı 7. **social service** polis, sağlık kurumu, vb. kamu hizmetleri 8. **social work** kötü sosyal koşulları geliştirici sosyal çalışmalar 9. **social worker** sosyal hizmet görevlisi

**social²** /'souşıl/ a. toplantı

**socialism** /'souşılizım/ a. toplumculuk, sosyalizm

**socialist** /'souşılist/ a, s. toplumcu, sosyalist

**society** /sı'sayiti/ a. 1. toplum 2. topluluk 3. dernek, kurum, cemiyet 4. ortaklık, şirket 5. dostluk, arkadaşlık 6. sosyete

**sociologist** /sousi'olıcist/ a. toplumbilimci, sosyolog

**sociology** /sousi'olıci/ a. toplumbilim, sosyoloji

**sock** /sok/ a. 1. kısa çorap 2. arg. tokat, yumruk 3. **pull one's socks up** İİ, k. dili aklını başına toplamak, işe koyulmak

**socket** /'sokit/ a. 1. oyuk, yuva, çukur 2. priz

**sod¹** /sod/ a. 1. çim 2. çimen parçası

**sod²** /sod/ a, İİ, arg. 1. gıcık, kıl, sinir herif 2. herif, ahbap, hıyar 3. baş belası 4. **not give/care a sod** iplememek 5. **sod it** Kahretsin! Lanet olsun! Anasını ...!

**soda** /soudı/ a. 1. soda 2. karbonat, sodyum bikarbonat 3. gazoz 4. dondurmalı ve sodalı bir içecek

**soda water** /'soudı wo:tı/ a. 1. gazoz 2. maden sodası

**sodden** /'sodn/ s. sırılsıklam, çok ıslak

**sodium** /'soudiım/ a, kim. sodyum

**sod off** e, İİ, kab, arg. siktirip gitmek

**sodomite** /'sodımayt/ a. oğlan, oğlancı, ibne, sapık

**sodomy** /'sodımi/ a. oğlancılık, (erkekler arası) anal birleşme

**sofa** /soufı/ a. kanepe, sedir

**soft** /soft/ s. 1. yumuşak: *a soft bed, soft skin, soft material, soft music* 2. rahatsız etmeyen: *soft lights* 3. alkolsüz: *soft drinks* 4. *k. dili* fazla hoşgörülü, uysal: *She's too soft with him.* 5. *k. dili* aptal, deli: *Are you soft in the head?* 6. az zararlı, hafif: *Marijuana is a soft drug.* 7. sert olmayan, hafif: *a soft breeze* 8. yumuşak, yıkamaya elverişli: *soft water* 9. kolay: *He's got a really soft job with the government.* 10. sevecen, müşfik: *She has a very soft heart.* 11. **have a soft spot for** -e düşkün olmak: *I've always had a soft spot for Susan.*

**soft-boiled** /soft'boyld/ *s.* (yumurta) rafadan

**soften** /'sofın/ *e.* 1. yumuşatmak 2. yumuşamak 3. gevşetmek 4. gevşemek 5. tatlılaşmak 6. tatlılaştırmak

**softhearted** /soft'ha:tid/ *s.* yufka yürekli

**soft-spoken** /soft'spoukın/ *s.* tatlı sesli, tatlı dilli

**software** /'softweı/ *a.* bilgisayar gereçleri, yazılım

**soggy** /'sogi/ *s.* çok ıslak, sırılsıklam, sulu

**soh** /sou/ *a, bkz.* **sol**

**soil**[1] /soyl/ *a.* 1. toprak 2. arazi, toprak 3. ülke, yurt

**soil**[2] /soyl/ *a.* kir, leke

**soil**[3] /soyl/ *e.* 1. kirletmek, lekelemek 2. kirlenmek

**sol** /sol/ *a, müz.* sol notası

**solace** /'solis/ *a.* avuntu, teselli, avunma

**solar** /'soulı/ *s.* 1. güneşle ilgili 2. **solar system** güneş sistemi

**solarium** /sou'leırıım/ *a.* solaryum, güneşlik

**sold** /sould/ *pt, pp bkz.* **sell**

**solder**[1] /'soldı/ *a.* lehim

**solder**[2] /'soldı/ *e.* lehimlemek

**soldier** /'soulcı/ *a.* 1. er, asker 2. **soldier of fortune** maceracı

**soldier on** *e, İl.* her şeye rağmen işe devam etmek, yılmadan çalışmak

**sole**[1] /soul/ *a.* taban, pençe

**sole**[2] /soul/ *e.* pençe vurmak, pençe yapmak

**sole**[3] /soul/ *a.* dilbalığı

**solemn** /'solım/ *s.* 1. dinsel, dinsel törenle yapılan 2. resmi 3. kutsal 4. ağırbaşlı, ciddi, vakur 5. heybetli

**solemnity** /sı'lemniti/ *a.* 1. ciddiyet, resmiyet 2. tantanalı tören

**solemnize** /'solımnayz/ *e.* (evlilik, vb. için) tören yapmak/düzenlemek

**solicit** /sı'lisit/ *e.* 1. ısrarla rica etmek, yalvarmak, istemek, talep etmek 2. fahişelik yapmak, askıntı olmak

**solicitor** /sı'lisitı/ *a.* 1. avukat 2. istekli, talip

**solicitous** /sı'lisitıs/ *s.* 1. endişeli, kaygılı, meraklı 2. istekli

**solicitude** /sı'lisityu:d/ *a.* 1. kaygı, endişe, merak 2. ilgi, özen, dikkat

**solid**[1] /'solid/ *s.* 1. katı: *Water is liquid, ice is solid.* 2. içinde boşluk olmayan, içi dolu, dolma: *He thought the statue was solid but discovered it was hollow.* 3. sıkı, sağlam, ağırlığa dayanıklı: *The house is built on a solid foundation.* 4. aralıksız, kesintisiz, deliksiz: *I worked for six solid hours without a break. He's slept fourteen hours solid.* 5. kaliteli, sağlam, dayanıklı: *This bed is very solid.* 6. som: *The chalice was made of solid gold.* 7. *mat.* üç boyutlu: *A cube is a solid figure.* 8. güvenilir, sağlam: *Fergusons is known as a solid company.*

**solid**[2] /'solid/ *a.* 1. katı madde: *Iron is a solid.* 2. katı yiyecek 3. üç boyutlu cisim

**solidarity** /soli'deriti/ *a.* dayanışma, birlik

**solidify** /sı'lidifay/ *e.* 1. katılaştırmak 2. katılaşmak 3. sağlamlaştırmak, pekiştirmek

**solidity** /sı'liditi/ *a.* 1. katılık 2. sağlamlık

**solitaire** /soli'teı/ *a.* tek taş mücevher

**solitary**[1] /'solitıri/ *s.* 1. yalnız yaşayan, münzevi 2. yalnız, tek, arkadaşsız 3. ıssız, tenha

**solitary**[2] /'solitıri/ *a.* tek başına yaşayan kimse, münzevi

**solitude** /'solityu:d/ *a.* 1. yalnızlık, tek başına yaşama 2. ıssızlık, tenhalık

**solo**[1] /'soulou/ *a, müz.* solo

**solo**[2] /'soulou/ *s, be.* tek, tek başına, yalnız başına

**soloist** /'soulouist/ *a, müz.* solist

**solstice** /'solstis/ *a.* gündönümü

**soluble** /'solyubıl/ *s.* 1. çözünür, eriyebilir, eritilebilir 2. çözülebilir, halledilebilir

S

solution /sɪ'lu:şın/ *a.* 1. eriyik, çözelti 2. erime, çözünme 3. çözüm, çare, çözüm yolu

solve /solv/ *e.* çözmek, halletmek: *Can you solve this equation? He solved the puzzle in five minutes. I've solved my problems.*

solvent[1] /'solvınt/ *s.* ödeme gücü olan, borcunu ödeyebilen, muteber

solvent[2] /'solvınt/ *a, kim.* çözücü, eriten

sombre /'sombı/ *s.* 1. can sıkıcı, kasvetli, sıkıntılı 2. karanlık, loş

some[1] /sım, sam/ *s.* 1. biraz: *Can you lend me some money? I need some petrol for the car.* 2. birkaç: *Buy some eggs. I asked some friends to the party. He's bought some records, hasn't he?* 3. bazı, kimi: *Some classical music is very popular.* 4. (herhangi) bir: *They're looking for some woman called Janet. Some idiot has broken the window. He lives in some town in New Zealand.* 5. (oldukça uzun) bir: *He's been gone for some time, I wonder what's happened. They were still some distance from their destination.* 6. bir çeşit, bir dereceye kadar: *He might be some help, but I doubt it.* 7. **some ... or an (other)** herhangi bir: *He works in some office or other in the city.*

some[2] /sam/ *be.* 1. yaklaşık: *I met him some ten years ago in Paris.* 2. *Aİ.* biraz, oldukça: *You're driving some faster than usual.* 3. **some few/little** çok, oldukça fazla: *There were some few people at the wedding.*

some[3] /sam/ *adl.* 1. bazısı, bazıları, kimi: *Some of her friends didn't come. I don't approve of some of his girlfriends.* 2. bir bölümü, bazı bölümleri, bazı kısmı: *I only understood some of his lecture.*

somebody /'sambıdı, 'sambodi/ *adl.* 1. biri, birisi: *Somebody rang while you were out. I need somebody to talk to. Will somebody clean the blackboard, please?* 2. önemli birisi: *He started off with nothing, but he's a real somebody now.*

someday /'samdey/ *be.* bir gün, ilerde, gelecekte: *I'd like to go overseas some-*

day.

somehow /'samhau/ *be.* 1. her nasılsa, ne yapıp edip, bir yolla: *I haven't got a map, but I'll find the place somehow.* 2. nasıl olduysa: *The window has been broken somehow.* 3. her nedense, nedense: *I've never believed his stories somehow.*

someplace /'sampleys/ *be, adl, Aİ, bkz.* **somewhere**

somersault[1] /'samıso:lt/ *a.* takla

somersault[2] /'samıso:lt/ *e.* takla atmak

something /'samting/ *adl.* 1. bir şey: *I can see something on the road. I need something to drink. Do you have something similar in red? Something's wrong with the camera.* 2. (hiç yoktan iyi) bir şey: *At least no one was hurt in the accident. That's something. It's something to get your money back.* 3. **or something** ya da öyle bir şey: *He had been killed with a knife or something.* 4. **something like** a) gibi: *It tastes something like a peach.* b) *İİ, k. dili* yaklaşık, civarında: *He's sold something like two million records.* 5. **something of ...** gibi bir şey, bir tür, bir yerde: *He's something of a fool.* 6. **have something to do with** ile ilgisi/bağlantısı olmak: *He has something to do with the police department. It's got nothing to do with me.*

sometime[1] /'samtaym/ *be.* bir ara: *I'll see you sometime tomorrow.*

sometime[2] /'samtaym/ *s.* eski: *Sometime director of the Board.*

sometimes /'samtaymz/ *be.* bazen, ara sıra: *I sometimes go to work by bus.*

someway /'samwey/ *be, Aİ, k. dili, bkz.* **somehow**

somewhat /'samwot/ *be.* 1. biraz, oldukça: *He is somewhat older than I expected.* 2. **somewhat of** bir çeşit, bir derece, oldukça: *The holiday was somewhat of a disaster.*

somewhere[1] /'samweı/ *be.* 1. bir yere: *Let's go somewhere at the weekend. They went somewhere else.* 2. bir yerde: *It's somewhere in the bedroom. It's a town somewhere in the south.*

**S**

**somewhere**[2] /'samweı/ *adl.* bir yer: *He's looking for somewhere to stay.*

**somnambulism** /som'nembyulizım/ *a.* uyurgezerlik

**somnolent** /'somnılınt/ *s.* uyku basmış, uyuklayan

**son** /san/ *a.* 1. oğul: *He's got three sons.* 2. **son of a bitch** *kab.* alçak, orospu çocuğu, itoğlu it: *Fuck off, you son of a bitch!* 3. **son of a gun** *k. dili* fırlama, şamata herif

**sonar** /'souna:, 'sounı/ *a.* sonar

**sonata** /sı'na:tı/ *a, müz.* sonat

**song** /song/ *a.* 1. şarkı, türkü 2. şarkı söyleme, şarkıcılık 3. **for a song** *k. dili* çok ucuza, kelepir

**sonic** /'sonik/ *s.* sesle ilgili

**son-in-law** /'saninlo:/ *a.* damat

**sonnet** /'sonit/ *a, yaz.* sone

**sonorous** /'sonırıs, sı'no:rıs/ *s.* 1. ses çıkaran, sesli, tınlayan, öten 2. dolgun, çın çın öten 3. tantanalı, etkileyici

**soon** /su:n/ *be.* 1. kısa bir süre içinde, yakında, birazdan: *We'll soon be there.* 2. erken: *I have to leave soon. The sooner we go the sooner we'll be there.* 3. tercihan: *I'd sooner stay home than go there.* 4. **as soon as** ... -ir ... -mez: *As soon as Mary arrives we'll start eating.* 5. **no sooner ... than** ... -ir ... -mez: *He had no sooner sat down than the bus started.* 6. **soon after** -den hemen sonra: *He went to the police station soon after the accident.* 7. **sooner or later** er geç: *Sooner or later you'll have to do your military service.* 8. **sooner than** -mektense: *I'd wash dishes sooner than work for him.*

**soot** /sut/ *a.* is, kurum

**soothe** /su:d/ *e.* 1. yatıştırmak, sakinleştirmek, yumuşatmak 2. (ağrı) azaltmak, dindirmek

**sop** /sop/ *a.* 1. (çorba, vb.'ne bandırılmış) ekmek, vb. 2. rüşvet, sus payı, susmalık

**sophism** /'sofizm/ *a.* sofizm, bilgicilik, yanıltmaca, safsata

**sophisticated** /sı'fistikeytid/ *s.* 1. karmaşık, gelişmiş, komplike 2. kaşarlanmış, pişkin, bilgiç, görmüş geçirmiş, kültürlü

**sophistry** /'sofistri/ *a.* safsata, yanıltmaca

**sophomore** /'sofımo:/ *a.* lise ya da üniversitede ikinci sınıf öğrencisi

**soporific** /sopı'rifik/ *s.* uyutucu, uyku getirici

**sopping** /'soping/ *be, s.* sırılsıklam: *sopping wet*

**soppy** /'sopi/ *s, İİ, k. dili* içli, aşırı duyarlı

**soprano** /sı'pra:nou/ *a, müz.* soprano

**sorbet** /'so:bit/ *a.* şerbet

**sorcerer** /'so:sırı/ *a.* büyücü, sihirbaz

**sorcery** /'so:sıri/ *a.* 1. büyü, sihir 2. büyücülük

**sordid** /'so:did/ *s.* 1. kirli, pis 2. alçak, aşağılık, adi, sefil 3. çıkarcı, paragöz

**sore**[1] /so:/ *s.* 1. acıyan, ağrıyan: *I've got a sore leg.* 2. hassas, duyarlı: *Marriage is a sore point with him since his wife left.* 3. kırgın, küskün, gücenmiş: *He's still sore because we forgot his birthday.*

**sore**[2] /so:/ *a.* yara

**sorely** /'so:li/ *be.* şiddetle, çok, acıyla: *We sorely miss our father who died a month ago.*

**sorrow**[1] /'sorou/ *a.* üzüntü, keder, hüzün, acı, dert

**sorrow**[2] /'sorou/ *e.* kederlenmek, üzülmek

**sorry**[1] /'sori/ *s.* 1. üzgün: *He's sorry that he can't come. I'm sorry I've lost your book. I'm sorry but you can't smoke here.* 2. acınacak: *He was in a sorry state. What a sorry excuse.* 3. **be/feel sorry for** -e acımak, için üzülmek: *I'm really sorry for Joe, who has had a lot of bad luck recently.*

**sorry**[2] /'sori/ *ünl.* 1. üzgünüm; maalesef; affedersiniz: *Sorry, I can't help you.* 2. *İİ.* Efendim?: *"It's £6. 50." "Sorry?" "£6. 50."*

**sort**[1] /so:t/ *a.* 1. tür, çeşit: *What sort of books do you read?* 2. *k. dili* kimse, tip: *I like Jane. She's a really good sort.* 3. **of sorts** güya, sözümona, hesapta: *It's a car of sorts, but it doesn't go.* 4. **out of sorts** keyifsiz, neşesiz: *I don't want to go out tonight. I feel out of sorts.* 5. **sort of** *k. dili* bir yerde, bir bakıma: *He's sort of expecting us to come tonight.*

sort² /so:t/ e. türlerine göre ayırmak, sınıflandırmak, sınıflamak, tasnif etmek

sortie /'so:ti/ a. 1. ask. hücum, huruç, çıkma hareketi 2. (bilinmeyen bir yere) gezi

sort out e. 1. ayıklamak, ayırmak 2. İİ. düzeltmek, çözmek, halletmek

so-so /'sousou/ s, be. şöyle böyle

sot /sot/ a. ayyaş

soufflé /'su:fley/ a. sufle

sought /so:t/ pt, pp bkz. seek

soul¹ /soul/ a. 1. ruh, tin, can 2. öz, esas 3. temel direk, ruh 4. canlılık 5. kişi, kimse 6. müz. soul 7. simge 8. **keep body and soul together** kıt kanaat geçinmek

soul² /soul/ s. 1. Aİ, k. dili zencilere ait, zencilerle ilgili 2. **soul brother** Aİ, arg. zenci

soul-destroying /'souldistroying/ s. ruh köreltici, can sıkıcı

soulful /'soulfıl/ s. duygusal, duygulu

soulless /'soullis/ s. ruhsuz, cansız, soğuk

sound¹ /saund/ s. 1. sağlam, kusursuz 2. iyi halde 3. sağlıklı, salim, esen 4. emin, güvenilir 5. geçerli, sağlam 6. (uyku) derin, deliksiz

sound² /saund/ be. (uyku) derin, deliksiz, mışıl mışıl: He was sound asleep.

sound³ /saund/ a. 1. ses, gürültü 2. ses erimi 3. etki, izlenim 4. coğ. boğaz 5. **sound barrier** ses duvarı

sound⁴ /saund/ e. 1. (gibi) gelmek/görünmek: He sounds truthful. It sounds interesting. It sounds like there might be another war. 2. çalmak, öttürmek: He sounded the alarm. 3. çalmak, ötmek, ses çıkarmak: The drums sounded through the streets in the early morning.

sound⁵ /saund/ e. iskandil etmek, derinliğini yoklamak

sound off e. atıp tutmak, ileri geri konuşmak, ötmek: He's always sounding off about religion.

sound out e. (on/about ile) görüşlerini/niyetini öğrenmeye çalışmak, ağzını aramak: Let's sound out the boss on an extra day-off.

soundproof¹ /'saundpru:f/ s. sesgeçirmez

soundproof² /'saundpru:f/ e. sesgeçirmez hale getirmek

soundtrack /'saundtrek/ a. film müziği

soup /su:p/ a. 1. çorba 2. **in the soup** Aİ, k. dili belada, zor durumda: We're in the soup, man!

soup up e, k. dili 1. motorun gücünü artırmak 2. ilginçleştirmek, çekici hale getirmek, canlandırmak

sour¹ /sauı/ s. 1. ekşi 2. (süt) ekşimiş, kesilmiş 3. ters, hırçın, huysuz: You're very sour today.

sour² /sauı/ e. kesilmek, bozulmak, ekşimek

source /so:s/ a. 1. kaynak, memba: Where's the river source? 2. kaynak: source of energy

souse /saus/ e. salamura

south¹ /saut/ a. 1. güney: Antalya is in the south of Türkiye. 2. **South Pole** güney kutbu

south² /saut/ be. güneye doğru, güneye

southbound /'sautbaund/ s. güneye giden

southeast¹ /saut'i:st/ a. güneydoğu

southeast² /saut'i:st/ be. güneydoğuya doğru

southeasterly /saut'i:stıli/ s. 1. güneydoğuya giden 2. (rüzgâr) güneydoğundan esen

southeastern /saut'i:stın/ s. güneydoğu

southeastward /saut'i:stwıd/ s. güneydoğuya giden

southerly /'sadıli/ s. 1. güneye doğru 2. (rüzgâr) güneyden esen

southern /'sadın/ s. güneye ait, güney

southward /'sautwıd/ s. güneye giden

southwest¹ /saut'west/ a. güneybatı

southwest² /saut'west/ be. güneybatıya doğru

southwestern /saut'westın/ s. güneybatı

souvenir /su:vı'nii/ a. andaç, hatıra

sou'wester /sau'westı/ a. 1. muşamba denizci şapkası 2. lodos

sovereign¹ /'sovrin/ a. 1. hükümdar 2. (eskiden) bir paundluk altın para

sovereign² /'sovrin/ s. 1. yüce, en yüksek

**S**

2. yöneten, egemen, hâkim 3. bağımsız 4. çok etkili, birebir

**sovereignty** /'sovrınti/ *a.* egemenlik, hâkimiyet, bağımsızlık

**Soviet** /'souviıt/ *a, s.* 1. Sovyet 2. **the Soviet Union** Sovyetler Birliği

**sow**[1] /sou/ *e.* [*pt* **sowed,** *pp* **sown/sowed** /soun/] (tohum) ekmek: *The farmers are all sowing their fields.*

**sow**[2] /sou/ *a.* dişi domuz

**sown** /soun/ *pp bkz.* **sow**

**soya bean** /'soyı bi:n/ *a.* soya fasulyesi

**soybean** /'soybi:n/ *a, bkz.* **soya bean**

**spa** /spa:/ *a.* kaplıca

**space**[1] /speys/ *a.* 1. yer, alan 2. aralık, mesafe 3. süre, zaman, müddet 4. uzay 5. espas, aralık 6. **space shuttle** uzay mekiği

**space**[2] /speys/ *e.* aralıklı dizmek, aralık bırakmak, aralıklara bölmek

**spacecraft** /'speyskra:ft/ *a.* uzay aracı

**spaceship** /'speysşip/ *a.* uzaygemisi

**spacious** /'speyşıs/ *s.* geniş, ferah, havadar

**spade**[1] /speyd/ *a.* 1. bahçıvan beli 2. (iskambil) maça 3. **call a spade a spade** *k. dili* dobra dobra konuşmak

**spade**[2] /speyd/ *e.* bellemek

**spaghetti** /spı'geti/ *a.* çubuk makarna, spagetti

**spam**[1] /spem/ *a.* istenmeyen e-posta, e-posta bağanağı

**spam**[2] /spem/ *e.* aynı e-postayı birçok kişiye göndermek, istenmeyen e-posta göndermek

**span** /spen/ *a.* 1. karış 2. aralık, mesafe, uzaklık 3. kısa süre, an 4. çifte koşulmuş at, öküz, vb. 5. kemer ya da köprü ayakları arasındaki açıklık

**spangle**[1] /'spengıl/ *a.* pul, payet

**spangle**[2] /'spengıl/ *e.* pul ya da payetlerle süslemek

**spank** /spenk/ *e.* kıçına şaplak atmak

**spanner** /'spenı/ *a.* somun anahtarı

**spar**[1] /spa:/ *a, den.* seren, direk

**spar**[2] /spa:/ *e.* tartışmak, ağız kavgası etmek

**spare**[1] /speı/ *s.* 1. yedek 2. az, kıt 3. sıska, arık, zayıf 4. fazla, artan, boş,

serbest 5. **spare time** boş zaman

**spare**[2] /speı/ *a.* yedek parça

**spare**[3] /speı/ *e.* 1. kıymamak, canını bağışlamak 2. esirgemek 3. ayırmak

**sparing** /'speıring/ *s.* 1. tutumlu 2. az kullanan

**spark**[1] /spa:k/ *a.* 1. kıvılcım 2. nebze, zerre 3. işaret, eser, iz 4. **spark/sparking plug** buji

**spark**[2] /spa:k/ *e.* 1. kıvılcım saçmak 2. kışkırtmak

**sparkle**[1] /'spa:kıl/ *a.* 1. parlayış, parıltı, pırıltı 2. canlılık, parlaklık 3. kıvılcım

**sparkle**[2] /'spa:kıl/ *e.* 1. kıvılcımlar saçmak 2. pırıldamak, parlamak

**sparkling** /'spa:kling/ *s.* parlak

**spark off** *e, İİ.* neden olmak: *His comment sparked off an argument.*

**sparrow** /'sperou/ *a.* serçe

**sparse** /spa:s/ *s.* seyrek

**spartan** /'spa:tn/ *s.* basit, sıradan, lüks olmayan

**spasm** /'spezım/ *a, hek.* spazm, kasılma

**spasmodic** /spez'modik/ *s.* 1. kasılımlı 2. süreksiz, düzensiz, aralıklı, kesik kesik, kopuk kopuk

**spastic** /'spestik/ *a, s, hek.* spastik, kasılımlı

**spat**[1] /spet/ *a.* ağız kavgası, ağız dalaşı

**spat**[2] /spet/ *e.* ağız kavgası etmek, ağız dalaşı yapmak

**spat**[3] /spet/ *pt, pp bkz.* **spit**

**spate** /speyt/ *a.* 1. sel, sağanak 2. *İİ.* büyük sayı/miktar

**spatial** /'speyşıl/ *s.* uzaysal

**spatter**[1] /'spetı/ *a.* (çamur, vb.) sıçratmak

**spatter**[2] /'spetı/ *a.* 1. sıçrayan çamur, vb. 2. serpinti, sağanak

**spatula** /'spetyulı/ *a.* 1. mablak, spatül, boya bıçağı 2. *hek.* dilbasan

**spawn**[1] /spo:n/ *a.* balık yumurtası

**spawn**[2] /spo:n/ *e.* 1. (balık, kurbağa, vb.) yumurtlamak 2. çok sayıda üretmek

**spay** /spey/ *e.* (dişi hayvanı) kısırlaştırmak

**speak** /spi:k/ *e.* [*pt* **spoke** /spouk/, *pp* **spoken** /'spoukın/] 1. konuşmak: *Can I speak to you for a moment? He hasn't spoken to his mother for a week. He's*

speed1

been speaking on the phone for an hour. 2. konuşabilmek, bilmek: *Do you speak Turkish? He speaks English fluently.* 3. söylemek: *He doesn't speak the truth.* 4. konuşma yapmak: *He has been asked to speak on his visit to Africa.* 5. düşünceleri iletmek: *Actions speak louder than words. Her look spoke volumes.* 6. **so to speak** tabir caizse, yani 7. **speak one's mind** görüşlerini çekinmeden söylemek 8. **to speak of** kayda değer, sözünü etmeğe değer

speaker /'spi:kı/ *a.* 1. konuşmacı 2. sözcü 3. hoparlör, kolon

speak for *e.* 1. adına konuşmak, sözcülük etmek, -in derdini dile getirmek 2. önceden ayırtmak: *Some of the seats have been spoken for but there are still plenty left.*

speak out *e.* 1. sesini yükselterek konuşmak 2. hiç çekinmeden konuşmak, serbestçe ve açık bir şekilde konuşmak

speak up *e.* daha yüksek sesle konuşmak

spear[1] /spiı/ *a.* 1. kargı, mızrak 2. zıpkın

spear[2] /spiı/ *e.* mızrakla vurmak, saplamak, zıpkınlamak

spearhead /'spiıhed/ *a.* 1. mızrak başı 2. öncü, ön ayak olan kişi

spearmint /'spiımint/ *a, bitk.* nane

special[1] /'speşıl/ *s.* 1. özel, sıradan olmayan, olağandışı: *He only wore his best suit on special occasions. There's a special bus that picks the children up from school.* 2. ekstra, ek, özel: *When he first got home from Europe his family gave him special treatment.*

special[2] /'speşıl/ *a.* özel herhangi bir şey

specialist /'speşılist/ *a.* uzman

speciality /speşi'eliti/ *a.* 1. özellik, -e özgü şey 2. uzmanlık

specialize /'speşılayz/ *e.* uzmanlaşmak

specially /'speşılı/ *be.* 1. özel olarak 2. özelikle

species /'spi:şi:z/ *a, bitk, hayb.* tür, cins

specific /spi'sifik/ *s.* 1. özgül 2. özel, belirli 3. bir türe özgü, kendine özgü 4. kesin, açık 5. **specific gravity** özgül

ağırlık

specification /spesifi'keyşın/ *a.* 1. belirtme 2. tarifname 3. şartname

specify /'spesifay/ *e.* açıkça belirtmek

specimen /'spesimın/ *a.* 1. örnek, örneklik, model 2. *k. dili* acayip, antika kimse ya da şey

specious /'spi:şıs/ *s.* görünüşte doğru, aldatıcı, yanıltıcı, sahte

speck /spek/ *a.* 1. nokta, benek 2. zerre

speckle /'spekıl/ *a.* ufak benek, leke, nokta, çil

specs /speks/ *a, k. dili* gözlük

spectacle /'spektıkıl/ *a.* 1. görülecek şey 2. görünüm, manzara 3. gösteri, temsil, oyun

spectacles /'spektıkılz/ *a.* gözlük

spectacular[1] /spek'tekyulı/ *s.* olağanüstü, görülmeye değer, şaşırtıcı, mükemmel

spectacular[2] /spek'tekyulı/ *a.* olağanüstü gösteri, görülmeye değer eğlence

spectator /spek'teytı/ *a.* izleyici, seyirci

spectral /'spektrıl/ *s.* 1. hayalet gibi, hayaletlere özgü, hayaletlerle ilgili 2. tayfla ilgili

spectre /'spektı/ *a.* hayalet

spectrum /'spektrım/ *a, fiz.* tayf

speculate /'spekyuleyt/ *e.* 1. kuramsal olarak düşünmek, kuramlar yürütmek, tahmin etmek 2. borsada oynamak, spekülasyon yapmak, vurgunculuk yapmak

speculation /spekyu'leyşın/ *a.* 1. kuram 2. tahmin 3. spekülasyon, borsa oyunu, vurgunculuk, vurgun

speculative /'spekyulıtiv/ *s.* 1. kuramsal, tahmin niteliğinde 2. borsa oyunuyla ilgili, spekülatif

sped /sped/ *pt, pp bkz.* **speed**

speech /spi:ç/ *a.* 1. konuşma yeteneği, söyleme yetisi 2. konuşma 3. konuşma tarzı 4. söylev, demeç, konuşma: *During the dinner some of the guests gave speeches.*

speechless /'spi:çlıs/ *s.* 1. dili tutulmuş, sessiz, suskun 2. dilsiz 3. sözle anlatılamaz

speed[1] /spi:d/ *a.* 1. hız, ivinti, sürat, çabukluk 2. vites 3. *arg.* amfetamin 4. **at**

**speed** çok hızlı, hızla
speed² /spi:d/ *e.* [*pt, pp* **sped/speeded** /sped/] 1. çabuk gitmek, hızla gitmek 2. hız sınırını aşmak
speedboat /'spi:dbout/ *a.* sürat motoru
speedo /'spi:dou/ *a, İİ, k. dili* hızölçer
speedometer /spi'domitı, 'spi:domitı/ *a.* hızölçer, hız göstergesi
speed up *e.* 1. hızlanmak 2. hızlandırmak
speedway /'spi:dwey/ *a.* 1. motosiklet ya da otomobil yarışı pisti 2. motosiklet yarışçılığı 3. *Aİ.* sürat yolu, ekspres yol
speedy /'spi:di/ *s.* hızlı, çabuk, seri
spell¹ /spel/ *a.* büyü, sihir, tılsım, büyülü söz
spell² /spel/ *e.* [*pt, pp* **spelt/spelled** /spelt/] 1. harf harf söylemek/yazmak, harflemek: *"How do you spell your surname, please?" "B-E-L-U-S-H-I".* 2. (bir sözcüğün harflerini) düzgün bir sıraya yerleştirmek: *Most of the children in the class couldn't spell properly.* 3. (bir sözcüğü) oluşturmak: *B-I-R-D spells "bird".* 4. anlamına gelmek, demek olmak: *This bad weather spells the end to our holiday.*
spell³ /spel/ *a.* 1. nöbet, iş nöbeti 2. süre, dönem, devre 3. nöbet, kriz
spelling /'speling/ *a.* imla, yazım, yazılış
spell out *e.* 1. harf harf okumak/yazmak 2. ayrıntılarıyla açıklamak
spelt /spelt/ *pt, pp bkz.* **spell**
spend /spend/ *e.* [*pt, pp* **spent** /spent/] 1. (para) harcamak: *He spent a lot on holiday. I spent 500 dollars in a week.* 2. geçirmek: *She spent three weeks in Marmaris.* 3. tüketmek, bitirmek, kaybetmek: *He spent all his energy digging in the garden.*
spendthrift /'spendtrift/ *a.* müsrif, savurgan
spent¹ /spent/ *s.* 1. kullanılmış 2. tükenmiş, bitkin, perişan
spent² /spent/ *pt, pp bkz.* **spend**
sperm /spö:m/ *a.* atmık, sperm, meni
spew /spyu:/ *e, k. dili* kusmak
sphere /sfiı/ *a.* 1. yuvar, küre 2. alan 3. çevre 4. sınıf, tabaka 5. **sphere of influence** etki/ilgi alanı

spherical /'sferikıl/ *s.* küresel
sphinx /sfinks/ *a.* sfenks
spice¹ /spays/ *a.* 1. bahar, baharat 2. tat veren şey
spice² /spays/ *e.* baharat katmak
spick-and-span /spikın'spen/ *s.* tertemiz, yepyeni, gıcır gıcır
spicy /'spaysi/ *s.* 1. baharlı, baharatlı 2. açık saçık, edepsiz, muzır
spider /'spaydı/ *a.* örümcek
spike /spayk/ *a.* 1. sivri (demir, vb.) uç; sivri uçlu şey 2. krampon çivisi 3. başak
spill /spil/ *e.* [*pt, pp* **spilt/spilled** /spilt/] 1. dökmek: *Be careful or you'll spill your tea.* 2. dökülmek: *My drink has spilt.* 3. üstünden atmak: *The horse spilt its rider on the ground.* 4. **spill blood** kan dökmek 5. **spill the beans** *k. dili* (sırrı) ağzından kaçırmak, açığa vurmak, ötmek: *It was meant to be a surprise party but somebody spilt the beans.*
spilt /spilt/ *pt, pp bkz.* **spill**
spin¹ /spin/ *e.* [*pt, pp* **spun** /span/] 1. (iplik) eğirmek: *She spins her own wool.* 2. (ağ) örmek: *The spider had spun a web in the corner.* 3. fırıl fırıl döndürmek: *The child was spinning a top.* 4. (tenis, vb.) kesme vuruş yapmak, kesmek: *He spun the ball.* 5. hızla dönmek: *He spun around at the sound of the noise.* 6. **spin a yarn** palavra atmak, hikâye anlatmak
spin² /spin/ *a.* 1. fırıl fırıl dönme 2. gezinti
spinach /'spinic, 'spiniç/ *a.* ıspanak
spinal /'spaynıl/ *s, anat.* 1. belkemiğiyle ilgili 2. **spinal cord** *anat.* omurilik
spindle /'spindıl/ *a.* 1. iğ 2. mil, dingil
spindly /'spindli/ *s.* uzun, ince ve zayıf
spine /spayn/ *a.* 1. *anat.* omurga, belkemiği 2. *hayb, bitk.* diken
spineless /'spaynlis/ *s.* 1. *hayb.* omurgasız 2. korkak, yüreksiz
spinet /spi'net/ *a, müz.* piyanoya benzer bir tür çalgı
spinning /'spining/ *a.* 1. eğirme, bükme 2. **spinning jenny** iplik eğirme makinesi, çıkrık makinesi 3. **spinning wheel** çıkrık
spin-off /'spinof/ *a.* yan ürün
spin out *e.* (gereksiz yere) uzatmak: *He*

*spun the story out.*

**spinster** /'spinstı/ *a.* evlenmemiş yaşlı kız, kız kurusu

**spiral**[1] /'spayırıl/ *a.* 1. helezon, helis 2. *hek.* spiral

**spiral**[2] /'spayırıl/ *s.* sarmal, helezoni

**spiral**[3] /'spayırıl/ *e.* döne döne inmek/çıkmak

**spire** /'spayı/ *a.* kulenin sivri tepesi

**spirit**[1] /'spirit/ *a.* 1. can, yürek: *Although he wasn't there they felt he was with them in spirit.* 2. cin, peri: *Do you believe in spirits?* 3. ruh: *During the seance they contacted the spirit of Marilyn Monroe.* 4. heyecan, canlılık, heves, ruh: *There are always some men filled with the spirit of adventure. He always shows a lot of spirit in everything he does.* 5. tutum: *They had the right spirit even if they didn't win.* 6. gerçek anlam, öz: *They couldn't decide the spirit of his will.* 7. (viski, vb.) sert alkollü içki: *I don't drink spirits.* 8. ispirto 9. ç. ruh hali, keyif: *What has put him out of spirits?* 10. **in high spirits** neşeli, keyifli 11. **in low/poor spirits** neşesiz, keyifsiz, üzgün, mutsuz: *He's been in low spirits since his wife left him.*

**spirit**[2] /spirit/ *e.* canlandırmak, cesaret vermek

**spirited** /'spiritid/ *s.* canlı, ateşli, cesaretli, hevesli: *a spirited conversation*

**spiritual**[1] /'spiriçuıl/ *s.* 1. tinsel, ruhsal, manevi 2. dinsel, kutsal, kiliseye ait 3. ruhani

**spiritual**[2] /'spiriçuıl/ *a.* zencilerin söylediği ilahi

**spiritualism** /'spiriçuılizım/ *a, fel.* tinselcilik, spiritualizm

**spirituality** /spiriçu'eliti/ *a.* tinsellik, ruhsallık, manevilik

**spit**[1] /spit/ *a.* 1. şiş, kebap şişi 2. *coğ.* dil

**spit**[2] /spit/ *e.* saplamak

**spit**[3] /spit/ *e.* [*pt, pp* spat/(*Aİ.* spit) /spet/] tükürmek: *Don't spit on the ground.*

**spit**[4] /spit/ *a.* tükürük

**spite**[1] /spayt/ *a.* 1. kin, garez 2. **out of/from spite** garezinden: *She spread malicious gossip about Pamela out of*

*spite.* 3. **in spite of** -e aldırmadan, -e rağmen, -i umursamadan: *She got married in spite of her parents' opposition.*

**spite**[2] /spayt/ *e.* kasten kızdırmak, sinir etmek: *She gave away his favourite shirt to spite him.*

**spittle** /'spitıl/ *a.* tükürük, salya

**splash**[1] /'spleş/ *e.* 1. (su, çamur, vb.) sıçramak 2. sıçratmak 3. *İİ.* (out ile) para saçmak

**splash**[2] /'spleş/ *a.* 1. sıçrayan çamur 2. leke 3. şapırtı 4. *k. dili* gösteriş, caka, fiyaka

**splat** /splet/ *a.* şapırtı

**spleen** /spli:n/ *a.* 1. dalak 2. terslik, huysuzluk

**splendid** /'splendid/ *s.* 1. görkemli, muhteşem, çok güzel, çok parlak 2. *k. dili* mükemmel, çok iyi

**splendor** /'splendı/ *a, Aİ, bkz.* **splendour**

**splendour** /'splendı/ *a.* parlaklık, görkem, tantana, ihtişam

**splice**[1] /'splays/ *e.* (örerek, yapıştırarak) tutturmak, eklemek, uçlarını birbirine eklemek

**splice**[2] /'splays/ *a.* 1. bağlantı yeri 2. ekleme

**splint** /splint/ *a.* süyek, cebire, kırık sarmada kullanılan tahta

**splinter**[1] /'splintı/ *a.* kıymık

**splinter**[2] /'splintı/ *e.* yarıp uzun parçalara ayırmak

**split**[1] /split/ *e.* [*pt, pp* split] 1. yarmak: *He split the log in two with the axe.* 2. yarılmak: *The wood split when he hammered in the nail.* 3. sökülmek, yırtılmak, yarılmak: *His jeans split when he bent over.* 4. ayırmak, bölmek: *He split the class into four groups.* 5. ayrılmak, bölünmek: *The group split into pairs to practise their English.* 6. ayrılmak: *Jack and Diane have split up.* 7. dağılmak: *When did the Beatles split up?* 8. bölmek: *Don't split your votes.* 9. paylaşmak, bölüşmek: *They split the bill between them.* 10. **split second** an, lahza, saniye

**split**[2] /split/ *a.* 1. yarık, çatlak 2. bölünme, ayrılık, ihtilaf, bozuşma 3. hisse, pay

**S**

**split-level** /split'levıl/ s. (ev, bina, vb.) odaları değişik yüksekliklerde olan
**splitting** /'spliting/ s. (baş ağrısı, vb.) keskin, şiddetli
**splutter** /'splatı/ e. 1. şapırdamak 2. şaşkınlık ya da öfkeden karmakarışık şeyler söylemek
**spoil**[1] /spoyl/ a. çalınmış mal, ganimet
**spoil**[2] /spoyl/ e. [pt, pp **spoilt/spoiled** /spoylt/] 1. berbat etmek, mahvetmek, bozmak, içine etmek: *The draught has spoiled the crops. Our holiday was spoilt by the weather. You have spoiled my evening.* 2. bozulmak, çürümek: *If you leave the meat out of the fridge it will spoil.* 3. şımartmak: *They've spoiled their child. I sat in front of the television and spoiled myself with a box of chocolates.*
**spoilt** /spoylt/ pt, pp bkz. **spoil**
**spoke**[1] /spouk/ a. 1. tekerlek parmağı 2. (bisiklette) jant teli
**spoke**[2] /spouk/ pt bkz. **speak**
**spoken** /'spoukın/ pp bkz. **speak**
**spokesman** /'spouksmın/ a. sözcü
**sponge**[1] /spanc/ a. 1. sünger 2. k. dili otlakçı, beleşçi, asalak
**sponge**[2] /spanc/ e. 1. süngerle silmek 2. hkr. otlanmak, sırtından geçinmek, otlakçılık etmek
**sponger** /'spancı/ a, k. dili, hkr. otlakçı, beleşçi, asalak
**sponsor**[1] /'sponsı/ a. 1. kefil 2. radyo-TV programının masraflarını karşılayıp reklam yapan firma
**sponsor**[2] /'sponsı/ e. 1. kefil olmak 2. korumak
**spontaneous** /spon'teyniıs/ s. 1. kendi kendine olan, kendiliğinden olan 2. doğal, içten gelen
**spoof** /spu:f/ a. parodi
**spook** /spu:k/ a, k. dili hayalet, hortlak
**spooky** /'spu:ki/ s, k. dili ürkünç, korkunç
**spool** /spu:l/ a. makara
**spoon**[1] /spu:n/ a. kaşık
**spoon**[2] /spu:n/ e. kaşıkla almak, kaşıklamak
**spoonful** /'spu:nful/ a. kaşık dolusu
**sporadic** /spı'redik/ s. ara sıra görülen, seyrek, dağınık
**spore** /spo:/ a, bitk, biy. spor
**sport**[1] /spo:t/ a. 1. spor 2. k. dili kafa dengi, gırgır kimse 3. sportmen kimse, şaka kaldıran kimse
**sport**[2] /spo:t/ e. 1. eğlenmek, oynamak 2. k. dili gösterişli bir şey takmak/giymek
**sportive** /'spo:tiv/ s. 1. sportif 2. oyuncu, şakacı
**sports** /'spo:ts/ a. 1. spor karşılaşması 2. **sports car** spor araba
**sportsman** /'spo:tsmın/ a. 1. sporcu 2. sportmen
**sportsmanship** /'spo:tsmınşip/ a. sportmenlik
**sporty** /'spo:ti/ s. 1. sporcuya yakışır 2. gösterişli, şık 3. canlı, neşeli
**spot**[1] /spot/ a. 1. yer, mahal 2. benek, nokta, leke 3. (yüzdeki) ben 4. namus lekesi, ayıp 5. güç durum 6. kısa reklam 7. projektör ışığı 8. arg. hüküm giyme, mahkûmiyet
**spot**[2] /spot/ e. 1. beneklemek, lekelemek 2. ayırt etmek, seçmek, görmek, tanımak 3. bulmak
**spotless** /'spotlıs/ s. 1. lekesiz, tertemiz, pırıl pırıl 2. kusursuz
**spotlight** /'spotlayt/ a. 1. projektör ışığı 2. halkın ilgisi, gündem
**spotted** /'spotid/ s. benekli, lekeli
**spotty** /'spoti/ s. 1. benekli, noktalı 2. lekeli 3. eksik
**spouse** /spaus, spauz/ a, huk. eş, karı ya da koca
**spout**[1] /spaut/ e. 1. fışkırtmak 2. fışkırmak 3. püskürmek 4. k. dili heyecanla okumak/konuşmak
**spout**[2] /spaut/ a. 1. içinden su, vb. akan ağız, burun, uç, vb. emzik, meme 2. musluk 3. oluk ağzı 4. fıskıye
**sprain**[1] /spreyn/ e. burkmak: *I sprained my ankle playing basketball.*
**sprain**[2] /spreyn/ a. burkulma
**sprang** /spreng/ pt bkz. **spring**
**sprat** /spret/ a. bir tür ufak ringa balığı
**sprawl**[1] /spro:l/ e. 1. yayılarak oturmak/yatmak 2. (bitki) gelişigüzel yayılmak
**sprawl**[2] /spro:l/ a. 1. yayılarak oturma ya

da yatma 2. gelişigüzel yayılma, gelişme, büyüme

**spray¹** /sprey/ *a.* 1. püskürtülen ilaç, püskürtülen sıvı, serpinti 2. püskürtme aracı, sprey

**spray²** /sprey/ *e.* toz halinde serpmek, püskürtmek

**spread¹** /spred/ *e.* [*pt, pp* **spread**] 1. yaymak: *The army spread the news of the conquest.* 2. yayılmak: *The fire started in a rubbish bin and quickly spread through the whole park.* 3. yaymak, sermek, örtmek: *She spread the cover over the bed.* 4. açmak: *He spread his arms and she flew into them. The eagle spread its wings and took to the air.* 5. açılmak, kenara çekilmek: *The crowd spread to let the ambulance through.* 6. sürmek: *She spread the marmalade on her toast.* 7. uzanıp gitmek: *Trees spread in all directions as far as he could see.* 8. bölmek, bölüştürmek, dağıtmak: *She's going to pay for her television in instalments spread over the next ten months.*

**spread²** /spred/ *a.* 1. yayılış, dağılma 2. örtü 3. genişlik

**spree** /spri:/ *a.* cümbüş, âlem

**sprig** /sprig/ *a.* ince dal, filiz

**sprightly** /'spraytli/ *s.* neşeli, şen, canlı

**spring¹** /spring/ *e.* [*pt* **sprang** /spreng/, *pp* **sprung** /sprang/] 1. sıçramak, fırlamak: *The tiger crouched ready to spring. He sprang out of bed.* 2. ortaya çıkıvermek, belirivermek: *Flowers sprang up after the rain.* 3. yaylanmak: *The suitcase sprang open when I dropped it.* 4. çıkıp gelmek: *Where have you sprung from? I thought you were in America.* 5. sürpriz olarak hazırlamak/yapmak: *He was really surprised when they sprang a party in his honour.* 6. **spring a leak** su sızdırmaya başlamak: *A water pipe in the kitchen has sprung a leak.*

**spring²** /spring/ *a.* 1. sıçrama, fırlama 2. yay, zemberek 3. *oto.* makas 4. esneklik, yaylılık

**spring³** /spring/ *a.* 1. ilkbahar 2. pınar,

memba 3. başlangıç, köken, neden

**springboard** /'springbo:d/ *a.* sıçrama tahtası, tramplen

**spring-clean¹** /spring'kli:n/ *a.* bahar temizliği

**spring-clean²** /spring'kli:n/ *e.* bahar temizliği yapmak

**springy** /'springi/ *s.* esnek, yaylı, elastik

**sprinkle¹** /'sprinkıl/ *e.* 1. serpmek 2. ekmek, saçmak 3. çiselemek

**sprinkle²** /'sprinkıl/ *a.* 1. serpinti 2. çisenti

**sprint¹** /sprint/ *e.* tabana kuvvet koşmak

**sprint²** /sprint/ *a.* sürat koşusu

**sprite** /sprayt/ *a.* peri, cin

**sprout¹** /spraut/ *e.* 1. filizlenmek: *These potatoes are sprouting.* 2. çıkarmak: *The young goats are sprouting horns.*

**sprout²** /spraut/ *a, bitk.* 1. filiz, tomurcuk, sürgün 2. brüksellahanası, küçüklahana

**spruce¹** /spru:s/ *a, bitk.* ladin ağacı, alaçam

**spruce²** /spru:s/ *s.* 1. şık, giyiminde titiz, temiz giyimli 2. temiz, derli toplu

**spruce³** /spru:s/ *e.* şıklaştırmak, şık giydirmek

**sprung** /sprang/ *pp bkz.* **spring**

**spry** /spray/ *s.* dinç, canlı, çevik, faal

**spud** /spad/ *a.* 1. kazma 2. *k. dili* patates

**spume** /spyu:m/ *a.* köpük

**spun** /span/ *pt, pp bkz.* **spin**

**spunk** /spank/ *a.* 1. *k. dili* cesaret 2. *İl, kab.* bel, meni

**spunky** /'spanki/ *s, k. dili* 1. cesur 2. seksi

**spur¹** /spö:/ *a.* 1. mahmuz 2. teşvik eden şey, dürtü, güdü

**spur²** /spö:/ *e.* 1. mahmuzlamak 2. kışkırtmak

**spurious** /'spyuırıs/ *s.* sahte, taklit, düzme

**spurn** /spö:n/ *e.* 1. tekme ile kovmak 2. reddetmek, burun kıvırmak

**spurt¹** /spö:t/ *e.* 1. fışkırmak 2. fışkırtmak

**spurt²** /spö:t/ *a.* 1. fışkırma 2. sızma 3. atak, çaba, gayret

**sputter¹** /'spatı/ *e.* 1. kekelemek, kekeler gibi konuşmak 2. guruldamak

**sputter²** /'spatı/ *a.* kuru gürültü

**sputum** /'spyutım/ *a.* salya, tükürük

**spy¹** /spay/ *a.* 1. casus 2. gözetleme

spy² /spay/ e. 1. casusluk etmek, gözetlemek 2. uzaktan görmek, fark etmek

spyglass /'spaygla:s/ a. küçük dürbün

squabble¹ /'skwobıl/ a. ağız kavgası, atışma, patırtı

squabble² /'skwobıl/ e. (önemsiz bir şey için) döğüşmek, patırtı çıkarmak

squad /skwod/ a. 1. takım, ekip, küçük grup 2. ask. manga 3. **squad car** Aİ. polis arabası

squadron /'skwodrın/ a, ask. 1. filo 2. süvari bölüğü

squalid /'skwolid/ s. kirli, pis, sefil, bakımsız

squall¹ /skwo:l/ e. yaygara koparmak, feryat etmek, ciyak ciyak bağırmak

squall² /skwo:l/ a. yaygara, feryat

squall³ /skwo:l/ a. bora

squander /'skwondı/ e. boş yere harcamak, saçıp savurmak, israf etmek, çarçur etmek

square¹ /skweı/ a. 1. dördül, kare 2. alan, meydan 3. gönye 4. mat. kare 5. k. dili örümcek kafalı, çağının gerisinde kalmış, eski kafalı kişi 6. **square one** İİ. en baş, başlangıç noktası 7. **square root** mat. karekök

square² /skweı/ s. 1. dördül, kare 2. kesirsiz, tam, eşit 3. dürüst, doğru, insaflı 4. açık, kesin 5. k. dili eski kafalı 6. eşit, başabaş 7. **square deal** dürüst muamele 8. **square meal** dört dörtlük yemek

square³ /skweı/ e. 1. dört köşe yapmak 2. mat. karesini almak 3. doğrultmak 4. (hesabı) ödemek, temizlemek, görmek 5. halletmek, düzeltmek, yoluna koymak 6. ödeşmek 7. arg. rüşvetle bir işi halletmek 8. -e uymak, bağdaşmak

square⁴ /skweı/ be, k. dili dosdoğru, direkt

square up e, k. dili hesabı ödemek

squash¹ /skwoş/ e. 1. ezmek, sıkıştırmak: *The tomatoes got squashed in the bottom of the bag.* 2. ezilmek 3. sıkışmak: *They squashed up to let him sit down.* 4. susturmak, bastırmak: *Their enthusiasm was squashed by his indifference.*

squash² /skwoş/ a. 1. şap sesi 2. pelte gibi ezilmiş şey 3. meyve suyu, meşrubat 4. arg. kalabalık, izdiham 5. sp. bir tür kapalı tenis oyunu

squash³ /skwoş/ a, bitk. balkabağı

squat¹ /skwot/ e. 1. çömelmek 2. bağdaş kurup oturmak 3. gecekondu yaparak yerleşmek

squat² /skwot/ s. bodur, bücür, bastıbacak

squat³ /skwot/ a. çömelme

squatter /'skwotı/ a. (boş bina, vb.) bir yere izinsiz yerleşen kimse

squaw /skwo:/ a. Kızılderili kadın

squawk /skwo:k/ e. 1. (tavuk, ördek, vb.) ciyaklamak 2. arg. dırdır etmek

squeak¹ /skwi:k/ e. 1. (fare, vb.) cik cik ses çıkarmak 2. gıcırdamak 3. gıcırdatmak 4. k. dili ötmek, gammazlık etmek

squeak² /skwi:k/ a. 1. cikcik 2. gıcırdama

squeal¹ /skwi:l/ e. 1. ciyaklamak 2. k. dili ötmek, gammazlık etmek

squeal² /skwi:l/ a. 1. ciyaklama 2. haykırış, bağırışma

squeamish /'skwi:miş/ s. 1. iğrenen 2. midesi hemen bulanıveren 3. alıngan 4. güç beğenir, çok titiz

squeeze¹ /skwi:z/ e. 1. sıkmak, ezmek 2. sıkıştırmak 3. sığdırmak, tıkıştırmak 4. zorla koparmak, sızdırmak

squeeze² /skwi:z/ a. 1. sıkma, sıkıştırma 2. el sıkma 3. kalabalık, izdiham

squelch /skwelç/ e. susturmak, bastırmak

squib /skwib/ a. 1. fişek, maytap 2. yergi, hiciv

squid /skwid/ a, hayb. mürekkepbalığı

squint¹ /skwint/ e. 1. gözlerini kısmak 2. yan bakmak 3. şaşı bakmak

squint² /skwint/ a. 1. şaşılık 2. bakış, yan bakış

squire /skwayı/ a. köyağası, bey, toprak sahibi

squirm /skwö:m/ e. kıvranmak

squirrel /skwirıl/ a, hayb. sincap

squirt /skwö:t/ e. 1. fışkırmak 2. fışkırtmak

stab¹ /steb/ a. 1. bıçaklama 2. bıçak yarası 3. deneme 4. **have a stab at** denemek

S

stab² /steb/ *e.* 1. bıçaklamak: *He was stabbed to death.* 2. (bıçak, ağrı, vb.) saplamak

stabbing /'stebing/ *s.* (ağrı, vb.) ani ve keskin, bıçak gibi

stability /stı'biliti/ *a.* 1. sağlamlık 2. denge 3. değişmezlik, durağanlık, kararlılık, istikrar 3. kalımlılık, süreklilik

stabilize /'steybilayz/ *e.* 1. değişmezleştirmek, dengede tutmak 2. sağlamlaştırmak

stable¹ /'steybıl/ *a.* 1. ahır 2. ahırdaki atlar

stable² /'steybıl/ *e.* ahıra koymak

stable³ /'steybıl/ *s.* 1. değişmez, durağan, sabit, kararlı 2. sağlam 3. sürekli, devamlı, kalıcı

stack¹ /stek/ *a.* 1. yığın, istif 2. bolluk 3. baca

stack² /stek/ *e.* yığmak

stadium /'steydiım/ *a.* stadyum

staff¹ /sta:f/ *a.* 1. değnek, çomak, asa 2. çalışanlar, memur kadrosu, personel 3. kurmay

staff² /sta:f/ *e.* eleman sağlamak, personel sağlamak

stag /steg/ *a.* 1. erkek geyik 2. **stag party** erkekler toplantısı

stage¹ /steyc/ *a.* 1. sahne 2. tiyatro sahnesi 3. tiyatro, sahne yaşamı, tiyatroculuk 4. aşama, evre, safha 5. menzil, konak

stage² /steyc/ *e.* 1. sahneye koymak, sahnelemek 2. sahneye konmaya elverişli olmak

stagecoach /'steyckouç/ *a.* posta arabası

stagestruck /'steycstrak/ *s.* sahne aşığı, tiyatro hastası

stagger /'stegı/ *e.* 1. sendelemek, sendeleyerek yürümek 2. şaşırtmak, afallatmak, sersemletmek 3. ayrı ayrı zamanlara göre düzenlemek

stagnant /'stegnınt/ *s.* 1. (su) akmaz, durgun 2. (iş, vb.) durgun, kesat

stagnate /'steg'neyt/ *e.* durgunlaşmak

staid /steyd/ *s.* ciddi, sıkıcı

stain¹ /steyn/ *e.* 1. lekelemek 2. lekelenmek 3. boyamak

stain² /steyn/ *a.* 1. leke 2. boya, vernik

stainless /'steynlıs/ *s.* 1. lekesiz, kusur-

suz, tertemiz 2. paslanmaz 3. **stainless steel** paslanmaz çelik

stair /steı/ *a.* 1. merdiven basamağı 2. *ç.* merdiven: *He walked up the stairs.*

staircase /'steıkeys/ *a.* merdiven

stairway /'steıwey/ *a, bkz.* **staircase**

stake¹ /steyk/ *a.* 1. kazık 2. (eskiden) insanların öldürülmek, yakılmak, vb. amacıyla bağlandığı kazık 3. kazığa bağlayarak öldürme 4. çıkar 5. ortaya konan para 6. *ç.* ödül

stake² /steyk/ *e.* 1. kazığa bağlamak, kazıkla desteklemek 2. (para, vb.) koymak, yatırmak 3. tehlikeye atmak

stalactite /'stelıktayt/ *a.* sarkıt

stalagmite /'stelıgmayt/ *a.* dikit

stale /steyl/ *s.* 1. bayat: *This bread is stale.* 2. adi 3. yıpranmış

stalemate /'steylmeyt/ *a.* (satranç) pat

stalk¹ /sto:k/ *e.* 1. sezdirmeden izleyip avlamak, yakalamak 2. azametle yürümek

stalk² /sto:k/ *a, bitk.* sap

stall¹ /sto:l/ *a.* 1. ahır 2. önü açık küçük dükkân, tezgâh 3. (sinema, tiyatro, vb.'de) koltuk 4. bahane, kaçamak yanıt

stall² /sto:l/ *e.* 1. durmak, duruvermek, stop etmek 2. stop ettirmek 3. ahıra kapatmak 4. çamur, vb.'ne saplanmak 5. *k. dili* oyalanmak, geciktirmek

stallion /'stelin/ *a.* aygır, damızlık at

stalwart¹ /'sto:lwıt/ *s.* 1. sağlam yapılı, gürbüz, iri yapılı 2. korkusuz, cesur 3. sağlam, güvenilir, sadık

stalwart² /'sto:lwıt/ *a.* ateşli yandaş

stamen /'steymın/ *a, bitk.* erkeklik organı, erkek organ

stamina /'steminı/ *a.* dayanma gücü, dayanıklılık, güç, direnç

stammer¹ /'stemı/ *e.* kekelemek

stammer² /'stemı/ *a.* 1. kekeleme 2. kekemelik

stammerer /'stemırı/ *a.* kekeme

stamp¹ /stemp/ *e.* 1. damgalamak 2. pul yapıştırmak 3. (para) basmak 4. ayağını hızla yere vurmak, tepinmek 5. kafasına yerleştirmek, belleğine kazımak

stamp² /stemp/ *a.* 1. pul, posta pulu 2. damga 3. ıstampa 4. iz, marka, işaret,

S

alamet 5. tür, nitelik, karakter 6. zımba
**stampede** /'stempi:d/ a. (korkudan) dar-
madağınık kaçış, bozgun, panik
**stamp out** e. yok etmek, kökünü kazımak
**stanch** /sta:nç/ e. *Aİ, bkz.* **staunch**
**stand**[1] /stend/ e. [pt, pp **stood** /stud/] 1.
ayakta durmak, dikelmek: *They've been
standing in the queue for two hours.* 2.
(ayağa) kalkmak: *He stood up to give
her his seat.* 3. dikeltmek: *The soldiers
stood the prisoners up against the wall
and shot them.* 4. durmak, kalmak: *He
stood back from the door to let her
pass. Stand still.* 5. ... boyunda olmak:
*She stands 180 cm.* 6. aynı kalmak,
değişmeden kalmak: *The city wall has
been standing since eleventh century.
He wanted to change the lyrics, but she
told him to let them stand.* 7. olmak,
gelmek: *He stands first in line for pro-
motion.* 8. olmak, bulunmak: *The fire
brigade always stands ready. She
stands in fear of his anger.* 9. geçerlili-
ğini korumak, değişmemek: *The price I
gave you last month still stands.* 10. yer
almak, olmak, bulunmak: *The cupboard
stood next to the stove.* 11. ayakta kal-
mak: *After the cyclone there was noth-
ing left standing in the city.* 12. ... duru-
munda olmak: *If the business can't find
some finance, it stands to go bankrupt.*
13. dikmek, dayamak: *She stood the
mattress against the wall in the spare
room.* 14. ısmarlamak: *He stood every-
body in the bar drinks.* 15. (for ile) aday
olmak, adaylığını koymak: *I can't stand
this music. Turn it off! How can you
stand him? She couldn't stand her hus-
band any longer so left him.* 17. **stand a
chance** şansı olmak: *He doesn't stand
a chance of marrying her.* 18. **standing
on one's head** *k. dili* çok kolay bir şe-
kilde: *She said she could do it standing
on her head.* 19. **stand on one's own
(two) feet/legs** kendi yağıyla kavrul-
mak, kendi gücüyle ayakta durmak,
yardım görmeden geçinmek: *I've stood
on my own two feet since I was sixteen.*
20. **stand sth on its head** altüst etmek:

*The whole department was stood on its
head when he resigned.*
**stand**[2] /stend/ a. 1. durma, duruş, mola 2.
yer, mevki 3. durak 4. direnme, direniş,
mukavemet 5. satış sergisi, tezgâh 6.
işyeri, mağaza, dükkân 7. ayak, destek,
sehpa 8. tribün 9. *Aİ.* mahkemede tanık
yeri
**standard**[1] /'stendıd/ a. 1. standart 2.
bayrak, sancak 3. **standard of living**
yaşam standartı
**standard**[2] /'stendıd/ s. 1. standart: *stan-
dard size.* 2. kabul edilen, standart:
*Standard English.*
**standardize** /'stendıdayz/ e. standardize
etmek
**standby** /'stendbay/ a. yedek
**stand by** e. 1. seyirci kalmak: *Three or
four people stood by and watched him
murder her.* 2. hazır beklemek, harekete
hazır olmak: *Four battallions have been
ordered to the battle front and other
troops are standing by.* 3. destek olmak,
yanında olmak: *He stood by his friend
through all his troubles.* 4. sadık kalmak:
*She stood by her promise and gave me
the money.*
**stand down** e. 1. (mahkemede) tanık
yerinden ayrılmak, tanık yerini terk et-
mek 2. (askerlere) izin vermek
**stand for** e. 1. anlamına gelmek: *"BBC"
stands for "British Broadcasting Corpo-
ration".* 2. desteklemek, tutmak, yandaşı
olmak: *We've never discussed politics,
so I don't know what he stands for.* 3.
kabul etmek, katlanmak, çekmek, razı
olmak: *I won't stand for any more of
your rudeness.*
**stand-in** /'stendin/ a. 1. dublör 2. vekil
**standing**[1] /'stending/ s. 1. ayakta duran
2. akmaz, durgun 3. sürekli, daimi, de-
vamlı
**standing**[2] /'stending/ a. 1. süreklilik,
devam 2. geçerlilik, yürürlük 3. saygın-
lık, şöhret, mevki
**standoffish** /stend'ofiş/ s. soğuk, ciddi,
itici
**stand out** e. 1. göze çarpmak: *He's so
tall he always stands out in a crowd.* 2.

kendini göstermek, göze çarpmak: *She stood out as the most intelligent person there during the discussion.*

**standpoint** /'stendpoynt/ *a.* görüş noktası, görüş, bakım

**standstill** /'stendstil/ *a.* durma, durgu, duraklama, sekte

**stand up** *e.* 1. ayağa kalkmak: *They all stood up when I entered the room.* 2. sağlam kalmak, göğüs germek, karşı koymak, dayanmak: *The roads were very bad, but the car stood up to them very well.* 3. *k. dili* ekmek: *She was meant to go to the cinema with me, but she stood me up.* 4. (for ile) desteklemek, savunmak: *There's a lot of gossip about Alice, but her friends are standing up for her.*

**stank** /stenk/ *pt bkz.* **stink**

**stanza** /'stenzı/ *a, yaz.* şiir kıtası, kesim

**staple**[1] /'steypıl/ *a.* 1. zımba teli 2. tel, lif 3. bir yerin başlıca ürünü, başlıca ürün 4. en önemli kısım, başlıca konu, esas 5. hammadde

**staple**[2] /'steypıl/ *e.* zımbalamak

**stapler** /'steyplı/ *a.* tel zımba

**star** /sta:/ *a.* 1. yıldız 2. star, yıldız 3. talih

**starboard** /'sta:bıd/ *a, den.* sancak

**starch**[1] /sta:ç/ *a.* 1. nişasta 2. kola

**starch**[2] /sta:ç/ *e.* kolalamak

**starchy** /'sta:çi/ *s.* 1. nişastalı 2. kolalı 3. sert, katı, resmi

**stardom** /'sta:dım/ *a.* şöhret, yıldızlık

**stare**[1] /steı/ *e.* (at ile) dik dik bakmak, gözünü dikip bakmak: *Why are you staring at me?*

**stare**[2] /steı/ *a.* gözünü dikip bakma, sabit bakış

**starfish** /'sta:fiş/ *a, hayb.* denizyıldızı

**stargazer** /'sta:geyzı/ *a.* 1. gökbilimci, astronom 2. yıldızbilimci, astrolog

**stargazing** /'sta:geyzing/ *a.* hayallere dalıp gitme, hayalcilik

**stark** /sta:k/ *s.* 1. süssüz, sade, yalın, çıplak 2. **stark naked** *k. dili* anadan doğma

**starlet** /'sta:lit/ *s.* henüz meşhur olmamış genç aktris

**starling** /'sta:ling/ *a, hayb.* sığırcık

**start**[1] /sta:t/ *e.* 1. başlamak: *When did the film start? She started after the others but quickly caught them. Can I start eating? It started to snow. The bidding for the painting started at ten. The river starts as a small stream in the mountains. He's started work in a bank. If you haven't started this book yet, I'd like to borrow it.* 2. başlatmak: *Who started the fight? She's started a new fashion. His joke started them all laughing.* 3. çalışmak: *The car won't start. There must be something wrong with the engine.* 4. çalıştırmak: *Can you show me how to start this photocopier? Quick! Start the car!* 5. irkilmek, sıçramak, yerinden hoplamak: *The rabbit started at the gunshot.* 6. (back ile) geri dönmek için yola çıkmak: *They started back for the village at four in the afternoon.* 7. (out ile) yola çıkmak, ayrılmak: *They started out for the town in the morning and arrived five hours later.* 8. **to start with** a) her şeyden önce, bir kere, birincisi: *Don't buy it. To start with it's the wrong colour, and secondly, it doesn't fit you.* b) başlangıçta: *There were only five students to start with. Now there are twenty.*

**start**[2] /sta:t/ *a.* 1. başlangıç, başlama 2. kalkış, hareket 3. *sp.* çıkış, start 4. sıçrama, irkilme 5. avans, avantaj

**starter** /'sta:tı/ *a.* 1. *oto.* marş 2. yoğurt mayası 3. yarışa katılan kişi/at 4. *sp.* starter, çıkışçı 5. meze türünden ilk yemek

**startle** /'sta:tl/ *e.* korkutmak, şaşırtmak, ürkütmek, ürkmek

**starvation** /sta:'veyşın/ *a.* şiddetli açlık, açlıktan ölme

**starve** /sta:v/ *e.* 1. açlıktan ölmek 2. açlıktan öldürmek 3. *k. dili* kurt gibi acıkmak, açlıktan ölmek: *I'm starving.*

**starveling** /'sta:vling/ *a.* açlıktan ölmek üzere olan insan/hayvan

**state**[1] /steyt/ *a.* 1. durum, hal, vaziyet 2. mevki 3. görkem, debdebe, tantana, ihtişam 4. devlet 5. eyalet 6. *k. dili* heyecan, stres

**state**[2] /steyt/ *e.* ifade etmek, açıklamak,

belirtmek: *The report stated that the conditions were very poor.*

**stateless** /'steytlıs/ *s.* yurtsuz, vatansız

**stately** /'steytli/ *s.* 1. görkemli, debdebeli, tantanalı 2. soylulara ait

**statement** /'steytmınt/ *a.* 1. söz, ifade 2. demeç 3. hesap

**States** /steyts/ *a, k. dili* Amerika: *We're going to the States next week.*

**statesman** /'steytsmın/ *a.* devlet adamı

**static**[1] /'stetik/ *s.* değişmeyen, devinimsiz, duruk, dural, statik

**static**[2] /'stetik/ *a.* radyo paraziti

**statics** /'stetiks/ *a.* dinginlikbilim, statik

**station**[1] /'steyşın/ *a.* 1. istasyon 2. durak 3. yer, mevki 4. karakol, merkez 5. toplumsal konum, makam, rütbe

**station**[2] /'steyşın/ *e.* yerleştirmek, dikmek

**stationary** /'steyşınıri/ *s.* yerinde duran, durağan, sabit

**stationer** /'steyşını/ *a.* kırtasiyeci

**stationery** /'steyşınıri/ *a.* kırtasiye

**statistician** /stetis'tişın/ *a.* istatistikçi

**statistics** /stı'tistiks/ *a.* istatistik

**statuary** /'steçuri/ *a.* 1. yontuculuk, heykeltıraşlık 2. yontular, heykeller

**statue** /'steçu:/ *a.* yontu, heykel

**statuesque** /steçu'esk/ *s.* heykel gibi

**statuette** /steçu'et/ *a.* heykelcik, küçük yontu

**stature** /'steçı/ *a.* 1. boy, boy pos, endam 2. önem, kişilik

**status** /'steytıs/ *a.* 1. durum, hal 2. toplumsal ya da mesleki durum, konum, mevki, statü 3. yasal durum

**status quo** /steytıs'kwou/ *a.* mevcut durum, statüko

**statute** /'steçu:t/ *a.* yasa, kural, tüzük

**statutory** /'steçutıri/ *s.* kurallarla belirlenmiş, yasalarla saptanmış, yasal

**staunch**[1] /sto:nç/ *e.* (kan, vb.) akışını durdurmak

**staunch**[2] /sto:nç/ *s.* 1. güvenilir, sadık 2. sağlam

**stave**[1] /steyv/ *a.* 1. fıçı tahtası 2. değnek 3. şiir kıtası, kesim

**stave**[2] /steyv/ *e.* 1. [*pt, pp* **staved/stove** /stouv/] (**in** ile) (sandal, fıçı, vb.) delmek, delik açmak 2. [*pt, pp* **staved**] (**off** ile)

savmak, uzaklaştırmak, bertaraf etmek, defetmek, önüne geçmek

**stay**[1] /stey/ *e.* 1. kalmak: *Where are you staying? I can't stay any longer. I must go home. Why don't you stay the night? Stay with me. They're staying for dinner.* 2. ... olarak kalmak: *He decided to stay a bachelor.* 3. durmak: *Stay away from me!* 4. durdurmak, ertelemek, geciktirmek: *The bank stayed his cheque.* 5. sürdürüp tamamlamak, dayanmak: *He couldn't stay the distance and dropped out of the marathon.* 6. bastırmak, geçiştirmek: *He stayed his hunger with a hamburger.* 7. **stay put** kıpırdamadan durmak; bir yerde kalmak: *They've been travelling for two years and have decided to stay put for a while.* 8. **stay the course** yarışı tamamlamak: *I don't think George will stay the course.*

**stay**[2] /stey/ *a.* 1. kalış, kalma 2. *huk.* erteleme

**stay in** *e.* 1. dışarı çıkmamak, evde kalmak: *I had to stay in at the weekend because I had no money left.* 2. (ceza olarak) ders bittikten sonra okulda kalmak

**stay on** *e.* kalmaya devam etmek: *He was asked to stay on as the director.*

**stay out** *e.* 1. (evden) dışarda kalmak: *Don't stay out late.* 2. grevi sürdürmek, grevde kalmak: *The coal miners stayed out for six months.*

**stead** /sted/ *a.* yer

**steadfast** /'stedfa:st/ *s.* sadık, dönmez

**steadily** /'stedili/ *be.* 1. durmadan, boyuna, gittikçe 2. ısrarla, sebatla, muntazaman

**steady**[1] /'stedi/ *s.* 1. sallanmaz, oynamaz, sağlam, sabit 2. şaşmaz, dönmez 3. düzgün, düzenli, muntazam, değişmez, sürekli, daimi, devamlı 4. sebatkâr, sarsılmaz, metin 5. akıllı uslu, aklı başında, mazbut, ciddi

**steady**[2] /'stedi/ *e.* 1. sallanmaz hale getirmek, sabit kılmak 2. yatıştırmak, teskin etmek

**steady**[3] /'stedi/ *be.* durmadan, muntazaman

steady⁴ /'stedi/ *a, arg.* dost, sevgili, âşık

steak /steyk/ *a.* biftek

steal¹ /sti:l/ *e.* [*pt* **stole** /stoul/, *pp* **stolen** /'stoulın/] 1. çalmak, aşırmak: *He was caught stealing money.* 2. hırsızlık yapmak: *He's been stealing since he was fifteen.* 3. gizlice hareket etmek, süzülmek: *She stole into the house at 4 a.m.* 4. **steal the show** (başkasının yerine) bütün dikkatleri üzerine çekmek, herkesin hayranlığını kazanmak: *The new actress stole the show at the party.*

steal² /sti:l/ *a, k. dili* kelepir

stealth /'stelt/ *a.* 1. gizli iş ya da eylem 2. gizlilik

steam¹ /sti:m/ *a.* 1. buhar 2. buğu 3. güç, kuvvet, enerji 4. öfke, hiddet

steam² /sti:m/ *e.* 1. istimle hareket etmek, gitmek 2. buhar salıvermek, dumanı çıkmak, buğusu çıkmak 3. buğuda/buharda pişirmek

steamer /'sti:mı/ *a.* vapur

steamroller¹ /'sti:mroulı/ *a.* buharlı yol silindiri

steamroller² /'sti:mroulı/ *e, k. dili* baskı yapmak, zorlamak

steam up *e.* 1. sinirlendirmek, kızdırmak, kışkırtmak, öfkelendirmek 2. buğulanmak 3. buğulandırmak

steel¹ /sti:l/ *a.* çelik

steel² /sti:l/ *e.* sertleştirmek, katılaştırmak

steelworks /'sti:lwö:ks/ *a.* çelik fabrikası

steely /'sti:li/ *s.* çelik gibi, sert, katı, sağlam

steelyard /'sti:lya:d/ *a.* topuzlu kantar

steep¹ /sti:p/ *s.* 1. dik, sarp, yalçın: *The hill's too steep to climb.* 2. *k. dili* (fiyat, miktar, vb.) çok fazla, haddinden fazla, aşırı, fahiş

steep² /sti:p/ *e.* 1. suda bırakmak, ıslatmak 2. (çay) demlemek 3. demlenmek

steeple /'sti:pıl/ *a.* kilise kulesi, çan kulesi

steeplechase /'sti:pılçeys/ *a.* engelli koşu/at yarışı

steer¹ /stiı/ *a.* hadım öküz

steer² /stiı/ *e.* 1. dümen kullanmak, dümenle yönetmek, seyretmek 2. yönetmek

steer³ /stiı/ *a, arg.* bilgi, haber

steering wheel /'stiıring wi:l/ *a.* direksiyon

steersman /'stiızmın/ *a.* dümenci

stellar /'stelı/ *s.* yıldızlarla ilgili

stem¹ /stem/ *a.* 1. ağaç gövdesi 2. sap 3. *dilb.* gövde 4. *den.* pruva 5. sap benzeri şey 6. pipo sapı 7. soy, köken, soy sop, aile kökleri

stem² /stem/ *e.* (akışını) durdurmak

stem from *e.* -den gelmek: *He stems from a long line of doctors.*

stench /stenç/ *a.* kötü koku, leş kokusu, pis koku

stencil /'stensıl/ *a.* 1. kalıp, delikli marka kalıbı, işaret, harfler, marka 2. mumlu kâğıt

stenographer /stı'nogrıfı/ *a.* stenograf

stenography /stı'nogrıfi/ *a.* stenografi, steno

stentorian /sten'to:riın/ *s.* (ses) yüksek, güçlü, boğuk

step¹ /step/ *a.* 1. adım 2. basamak 3. ayak sesi 4. ayak izi 5. girişim, önlem, tedbir 6. kademe, derece 7. *ç., İİ.* seyyar merdiven 8. **step by step** adım adım, yavaş yavaş 9. **watch one's step** *k. dili* ayağını denk almak

step² /step/ *e.* 1. adım atmak, girmek: *He stepped into the garden from the back door.* 2. basmak: *She stepped on the cat's tail by mistake.* 3. **step out of line** çizginin dışına çıkmak, yanlış hareket etmek: *If you step out of line again, I'll fire you.*

stepbrother /'stepbradı/ *a.* üvey erkek kardeş

stepchild /'stepçayld/ *a.* üvey çocuk

step down *e.* istifa edip yerini başkasına devretmek, kenara çekilmek

step in *e.* müdahale etmek, araya girmek

stepladder /'stepledı/ *a.* seyyar merdiven

stepparent /'stepperınt/ *a.* üvey anne ya da baba

steppe /step/ *a.* bozkır, step

stepsister /'stepsistı/ *a.* üvey kız kardeş

step up *e, k. dili* artırmak: *The factory has stepped up production from fifty to fifty-five cars a day.*

stereo¹ /'steriou, 'stiıriou/ *a.* stereo pikap/teyp/cihaz, müzik seti

**S**

**stereo**[2] /'steriou, 'stiıriou/ *s.* stereo
**stereophonic** /steriı'fonik/ *s.* stereo
**stereoscope** /'steriıskoup/ *a.* stereoskop
**stereotype** /'steriıtayp/ *a.* klişeleşmiş örnek, beylik olay, beylik örnek, basmakalıp örnek
**sterile** /'sterayl/ *s.* 1. kısır, dölsüz 2. verimsiz 3. mikropsuz, steril 4. sıkıcı
**sterilize** /'sterilayz/ *e.* 1. kısırlaştırmak 2. mikropsuzlaştırmak, sterilize etmek
**sterling** /'stö:ling/ *a.* sterlin
**stern**[1] /stö:n/ *s.* 1. sert, haşin, katı 2. acımasız, amansız, sert 3. şiddetli, kuvvetli
**stern**[2] /stö:n/ *a, den.* kıç
**stethoscope** /'stetıskoup/ *a, hek.* stetoskop
**stevedore** /'sti:vido:/ *a, İİ.* rıhtım işçisi
**stew**[1] /styu:/ *a.* 1. türlü, güveç, yahni 2. *k. dili* üzüntü, heyecan, telaş
**stew**[2] /styu:/ *e.* 1. hafif ateşte kaynatmak 2. **stew in one's own juice** *k. dili* yaptığının cezasını çekmek
**steward**[1] /'styu:ıd/ *a.* 1. kâhya 2. erkek hostes 3. kamarot, gemi garsonu
**steward**[2] /'styu:ıd/ *e.* kâhyalık yapmak, vekilharçlık yapmak
**stewardess** /styu:ı'des/ *a.* 1. hostes 2. kadın kamarot
**stick**[1] /stik/ *a.* 1. sopa, değnek 2. baston 3. **get the wrong end of the stick** *k. dili* yanlış anlamak
**stick**[2] /stik/ *e.* [*pt, pp* **stuck** /stak/] 1. saplamak 2. saplanmak 3. koymak 4. sokmak 5. takmak 6. yapışmak 7. yapıştırmak 8. **stick one's neck out** *k. dili* riske girmek
**stick around** *e, k. dili* beklemek, kalmak
**stick at** *e.* 1. -de sıkı çalışmaya devam etmek 2. (kötü bir şeyi) yapmayı reddetmek
**stick by** *e, k. dili* desteklemeye devam etmek
**sticker** /'stikı/ *a.* 1. yapışkan adam 2. çıkartma
**sticking plaster** /'stiking pla:stı/ *a.* plaster, yapışkan yakı
**stickiness** /'stikinıs/ *a.* yapışkanlık
**stickler** /'stiklı/ *a.* disiplini seven, kılı kırk yaran kişi
**stick out** *e.* 1. dışarı çıkarmak, uzatmak 2. çıkıntılı olmak, ucu çıkmak: *Don't put it there. It sticks out.* 3. *k. dili* besbelli olmak, ortada olmak 4. sonuna kadar dayanmak, peşini bırakmamak
**stick to** *e.* bırakmayı/değiştirmeyi reddetmek, yapışmak: *He'll always stick to the job until it finishes.*
**stick together** *e, k. dili* birbirine sadık kalmak
**stick up** *e.* 1. dikmek 2. dik durmak, dikilmek 3. *k. dili* silah zoruyla soymak 4. (for ile) *k. dili* savunmak
**sticky** /'stiki/ *s.* 1. yapış yapış, yapışkan: *sticky hands.* 2. *k. dili* güç, zor 3. *k. dili* cimri 4. **come to a sticky end** *k. dili* bok yoluna gitmek
**stiff**[1] /stif/ *s.* 1. katı, sert, pek 2. eğilmez, bükülmez 3. tutulmuş, kasılmış 4. pekişmiş 5. sıkı 6. koyu 7. güç, zor 8. kuvvetli, şiddetli 9. soğuk, resmi 10. *k. dili* çok yüksek, fahiş
**stiff**[2] /stif/ *a, arg.* ceset, leş
**stiffen** /'stifın/ *e.* 1. sertleşmek, katılaşmak 2. sertleştirmek, katılaştırmak 3. kasmak 4. kasılmak 5. ciddileşmek, soğuklaşmak
**stifle** /'stayfıl/ *e.* 1. boğmak, boğulmak 2. bastırmak, tutmak, zapt etmek
**stigma** /'stigmı/ *a.* 1. damga 2. namus lekesi, ayıp 3. *bitk.* tepecik
**stile** /stayl/ *a.* turnike
**stiletto** /sti'letou/ *a.* ufak hançer
**still**[1] /stil/ *s, be.* 1. hareketsiz; kıpırdamadan: *He asked the student to sit still. Keep still! There's a snake behind you.* 2. sessiz, durgun: *It was a really still night.* 3. rüzgârsız, esintisiz 4. dalgasız, durgun: *The sea was completely still.* 5. (şarap, vb.) köpüksüz, gazsız: *This is a still wine, not a sparkling one.* 6. **still life** ölü doğa, natürmort
**still**[2] /stil/ *be.* 1. hâlâ: *I'm surprised she still loves him. It was still snowing three days later. Is he still in the toilet? We've still got time to catch the train.* 2. yine de, buna rağmen: *I didn't expect a present, still, he could have sent a card. He*

*was a bad husband, still, she wouldn't leave him. Still, I think he's right.* 3. (daha) da: *This computer is very good but that one is better still.*

**still³** /stil/ *e.* yatıştırmak, sakinleştirmek, susturmak: *She put a dummy in the baby's mouth to still it.*

**still⁴** /stil/ *a.* sessizlik, sakinlik: *The drum echoed through the streets in the still of the night.*

**still⁵** /stil/ *a.* imbik

**stillbirth** /'stilbö:t/ *a.* ölü doğmuş çocuk

**stillborn** /'stilbo:n/ *s.* ölü doğmuş

**stilt** /stilt/ *a.* ayaklık, cambaz ayaklığı

**stilted** /'stiltid/ *s.* çok resmi, azametli, tumturaklı

**stimulant** /'stimyulınt/ *a.* 1. uyarıcı, tahrik edici şey 2. uyarıcı ilaç

**stimulate** /'stimyuleyt/ *e.* 1. uyarmak, canlandırmak, kışkırtmak, uyandırmak, kamçılamak, tahrik etmek 2. teşvik etmek, özendirmek, gayrete getirmek

**stimulation** /stimyu'leyşın/ *a.* 1. dürtme, teşvik 2. uyarma, uyarım

**stimulus** /'stimyulıs/ *a.* uyaran, uyarıcı

**sting¹** /sting/ *e.* [*pt, pp* **stung** /stang/] 1. sokmak: *The bee stung my hand.* 2. acıtmak, sızlatmak, yakmak: *The cold wind stung my face.* 3. acımak, sızlamak, yanmak: *The cut on my hand stung when I put on iodine.*

**sting²** /sting/ *a.* 1. batma 2. acı, sızı 3. (arı, akrep, vb.) iğne 4. ısırgan tüyü

**stingray** /'stingrey/ *a, hayb.* dikenli bir tür iri vatoz

**stingy** /'stinci/ *s, k. dili* cimri, pinti

**stink¹** /stink/ *e.* [*pt* **stank** /stenk/, *pp* **stunk** /stank/] 1. pis kokmak, leş gibi kokmak: *This room stinks.* 2. *arg.* berbat olmak

**stink²** /stink/ *a.* pis koku

**stinking¹** /'stinking/ *s.* 1. pis kokulu, kokmuş 2. *arg.* berbat

**stinking²** /'stinking/ *be.* çok

**stint¹** /stint/ *e.* 1. dar tutmak, yeteri kadar vermemek, kısmak, esirgemek 2. cimrilik etmek, tutumlu hareket etmek, hasislik etmek

**stint²** /stint/ *a.* 1. belli bir iş/görev 2. sınır, had

**stipple** /'stipıl/ *e.* noktalarla çizmek/boyamak/resim yapmak

**stipulate** /'stipyuleyt/ *e.* şart koşmak, öngörmek

**stipulation** /stipyu'leyşın/ *a.* şart koşma, şart

**stir¹** /stö:/ *e.* 1. karıştırmak: *Add eggs to the mixture and stir. He stirred his tea.* 2. kıpırdamak, kımıldamak: *Nothing in the city was stirring.* 3. kıpırdatmak, kımıldatmak: *The wind stirred the branches of the tress.* 4. harekete geçirmek, canlandırmak: *His story stirred their imagination.*

**stir²** /stö:/ *a.* 1. karıştırma 2. hareket, canlılık, heyecan, telaş

**stirring** /'stö:ring/ *a.* heyecanlı, heyecanlandırıcı

**stirrup** /'stirıp/ *a.* üzengi

**stir up** *e.* (sorun) çıkarmak

**stitch¹** /stiç/ *a.* 1. dikiş 2. ilmik 3. ani ve keskin sancı, batma

**stitch²** /stiç/ *e.* 1. dikmek 2. dikiş dikmek, dikişlerle süslemek

**stoat** /stout/ *a, hayb.* kakım, as

**stock¹** /stok/ *a.* 1. stok, mevcut mal 2. hisse senedi, devlet tahvili 3. ağaç gövdesi, kütük 4. çiftlik hayvanları 5. soy, nesil 6. (tüfek) kundak 7. sap, kabza 8. *bitk.* şebboy çiçeği 9. *ç.* gemi inşaat kızağı 10. **stock exchange** borsa 11. **take stock (of)** enine boyuna düşünmek, değerlendirmesini yapmak

**stock²** /stok/ *e.* stok etmek

**stock³** /stok/ *s.* 1. beylik, basmakalıp 2. alelade, beklenen 3. damızlık 3. stok olarak elde tutulan

**stockade** /'stokeyd/ *a.* şarampol

**stockbreeder** /'stokbri:dı/ *a.* büyükbaş hayvan

**stockbroker** /'stokbroukı/ *a.* borsa tellalı

**stocking** /'stoking/ *a.* uzun çorap: *Where are her stockings?*

**stockist** /'stokist/ *a.* stokçu

**stockman** /'stokmın/ *a.* sığır çobanı

**stock-still** /stok'stil/ *be.* hiç hareket etmeden, kıpırdamadan, hareketsiz

**stocky** /'stoki/ *s.* kısa ve kalın, bodur,

tıknaz

**stodgy** /'stoci/ *s.* 1. (yemek) sindirimi güç, ağır 2. ağır, sıkıcı 3. eski kafalı

**stoic** /'stouik/ *a, s.* acıya dayanıklı, sabırlı

**stoical** /'stouikıl/ *s.* acıya dayanıklı, sabırlı

**stoicism** /'stousizım/ *e, fel.* stoacılık

**stoke** /stouk/ *e.* ateşe kömür, vb. atmak, canlandırmak

**stole** /stoul/ *pt bkz.* **steal**

**stolen** /'stoulın/ *pp bkz.* **steal**

**stolid** /'stolid/ *s.* duygusuz, vurdumduymaz, kayıtsız, heyecansız, ruhsuz

**stomach**[1] /'stamık/ *a.* 1. mide 2. karın 3. iştah 4. istek, heves

**stomach**[2] /'stamık/ *e.* katlanmak, dayanmak, kaldırmak: *I can't stomach this music any more.*

**stomachache** /'stamıkeyk/ *a.* karın ağrısı: *I have a very bad stomachache.*

**stomp** /stomp/ *e, k. dili* paldır küldür yürümek/dans etmek

**stone**[1] /stoun/ *a.* 1. taş 2. değerli taş, mücevher 3. meyve çekirdeği 4. 6350 gramlık ağırlık ölçüsü 5. **leave no stone unturned** her yolu denemek 6. **stone's throw** kısa mesafe

**stone**[2] /stoun/ *e.* 1. taşlamak, taşa tutmak 2. çekirdeğini çıkarmak

**stoned** /stound/ *s, k. dili* 1. uyuşturucuyla uçmuş 2. zom, küfelik, matiz, zilzurna sarhoş

**Stone Age** /'stoun eyc/ *a.* taş devri

**stone-blind** /'stounblaynd/ *s.* tamamen kör

**stone-dead** /'stounded/ *s.* tamamen ölmüş

**stone-deaf** /'stoundef/ *s.* küp gibi sağır, duvar gibi sağır

**stonemason** /'stounmeysın/ *a.* taş ustası

**stoneware** /'stounweı/ *a.* taş işi kap kacak

**stonework** /'stounwö:k/ *a.* inşaatın taş kısmı

**stony** /'stouni/ *s.* 1. taşlık, taşlı 2. taş gibi, acımasız, katı, sert, amansız, zalim

**stood** /stud/ *pt, pp bkz.* **stand**

**stool** /stu:l/ *a.* 1. tabure 2. dışkı

**stoop**[1] /stu:p/ *e.* 1. öne doğru eğilmek 2. kambur durmak 3. alçalmak, tenezzül etmek

**stoop**[2] /stu:p/ *a.* 1. eğilme 2. kambur durma 3. alçalma, tenezzül

**stop**[1] /stop/ *e.* 1. durmak: *This train doesn't stop at all the stations.* 2. durdurmak: *A fallen tree stopped all the traffic on the road.* 3. önlemek, engellemek, durdurmak, mâni olmak, alıkoymak: *He couldn't stop his daughter marrying a man he didn't like.* 4. durmak, kesilmek, bitmek: *I wish this heatwave would stop.* 5. kalmak, durmak: *They stopped the night at the hotel.* 6. tıkamak: *He stopped the hole in the wall with cement.* 7. **stop short of** -de tereddüt etmek, çekinmek: *He wouldn't stop short of murder for money.*

**stop**[2] /stop/ *a.* 1. durdurma 2. durma, duruş 3. durak 4. engel, mâni 5. nokta 6. **pull all the stops out** (işi bitirmek için) yapılabilecek her şeyi yapmak 7. **stop press** gazeteye en son eklenen haber

**stop by** *e.* uğramak, ziyaret etmek

**stopcock** /'stopkok/ *a.* vana

**stopgap** /'stopgep/ *a.* geçici önlem

**stop off** *e, k. dili* (yolculukta) durmak, mola vermek, -e uğramak

**stop-off** /'stopof/ *a.* (yolculukta) mola

**stopover** /'stopouvı/ *a.* 1. (yolculukta) mola 2. mola yeri

**stoppage** /'stopic/ *a.* 1. durdurma, durma 2. tıkama 3. stopaj

**stopper** /'stopı/ *a.* 1. tapa, tıkaç 2. durdurucu, durduran kimse

**stopwatch** /'stopwoç/ *a.* kronometre

**storage** /'sto:ric/ *a.* 1. depolama, depo etme, depoya koyma 2. ambar, depo 3. ardiye ücreti

**store**[1] /sto:/ *a.* 1. stok 2. *Aİ.* dükkân, mağaza 3. ambar, depo 4. bolluk 5. *ç.* erzak, kumanya

**store**[2] /sto:/ *e.* 1. depolamak, depo etmek, ambara koymak 2. saklamak, biriktirmek 3. doldurmak

**storehouse** /'sto:haus/ *a.* ambar, depo

**storeroom** /'sto:rum/ *a.* ambar, depo, kiler

**storey** /'sto:ri/ *a.* (binada) kat

S

stork /sto:k/ *a.* leylek

storm[1] /sto:m/ *a.* 1. fırtına 2. öfke, kıyamet, heyecan 3. ani duygusal taşkınlık 4. yüksek ses

storm[2] /sto:m/ *e.* 1. fırtına patlamak, fırtına çıkmak 2. çok öfkelenmek, kıyameti koparmak 3. *ask.* hücum etmek

stormy /'sto:mi/ *s.* 1. fırtınalı 2. şiddetli, gürültülü, sinirli

story /'sto:ri/ *a.* 1. öykü, hikâye 2. *k. dili* masal, yalan, martaval 3. masal 4. makale 5. (birinin başından geçen) olay 6. *Aİ.* (binada) kat

storyteller /'sto:ritelı/ *a.* 1. öykü anlatan kimse, öykücü, masalcı 2. yalancı, martavalcı

stout[1] /staut/ *s.* 1. şişman ve iri yarı 2. kalın 3. kuvvetli, sağlam 4. cesur, yiğit

stout[2] /staut/ *a.* bir tür sert ve koyu bir bira

stouthearted /staut'ha:tid/ *s.* yürekli, yiğit, cesur

stove[1] /stouv/ *a.* 1. soba 2. fırın, ocak

stove[2] /stouv/ *pt, pp bkz.* **stave**

stow /stou/ *e.* istif etmek, yerleştirmek

stowaway /'stouıwey/ *a.* kaçak yolcu

stow away *e.* biletsiz yolculuk etmek

straddle /'stredl/ *e.* 1. ata biner gibi üzerine oturmak 2. bacaklarını iyice açıp oturmak/dikilmek

straggle /'stregıl/ *e.* 1. düzensiz bir biçimde yayılmak: *straggling vines* 2. (grup, sürü, bölük, vb.'den) arkada gitmek/yürümek: *straggling sheep*

straight[1] /streyt/ *s.* 1. düz: *She's got straight black hair.* 2. düz, paralel: *The picture hasn't been hung straight.* 3. düzenli: *He spent an hour putting his desk straight.* 4. dürüst, kaçamak olmayan, doğru: *He never gives a straight answer.* 5. dürüst, namuslu: *John is the straightest man I know.* 6. *k. dili* eski kafalı, tutucu, geneklere bağlı 7. *k. dili* karşı cinse ilgi duyan, zıtcinsel 8. ciddi: *He tried hard not to laugh but he couldn't keep a straight face.* 9. (içki) sek: *I'll have a straight whisky, please.*

straight[2] /streyt/ *be.* 1. düz, dümdüz, doğru: *Walk straight down the street to the post office.* 2. direkt, doğruca, dosdoğru: *I always go straight home from work.* 3. **straight away/off** hemen, bir an önce 4. **straight out** çekinmeden, açık açık: *He told me straight out that he didn't like me.*

straight[3] /streyt/ *a.* (yarış, vb.'de) düzlük: *the final straight*

straightaway /streytı'wey/ *be.* hemen, derhal, bir an önce

straighten /'streytın/ *e.* 1. düzeltmek, doğrultmak 2. düzelmek, doğrulmak 3. çözmek, halletmek

straightforward /streyt'fo:wıd/ *s.* doğru sözlü, açıksözlü

strain[1] /streyn/ *a.* 1. soy, ırk, kan, nesil 2. soydan ya da doğuştan gelen özellik, iz, eser 3. biçim, tarz, ifade, hava 4. melodi, ezgi, nağme

strain[2] /streyn/ *e.* 1. (at ile) germek, asılmak: *The horse strained at the rope tying it to the fence.* 2. zorlanmak, büyük çaba harcamak: *It was very dark and she strained to see if somebody was coming.* 3. zorlamak: *She strained her eyes to see her sewing.* 4. zarar vermek, incitmek: *He strained his back lifting the table.* 5. (against ile) vücuduyla bastırmak, itmek: *The dolphin strained against the fish net but couldn't free itself.* 6. süzmek: *She strained the macaroni.*

strain[3] /streyn/ *a.* 1. gerginlik 2. gerilme, zora gelme 3. burkulma, burkulup incinme 4. zor, çaba

strained /'streynd/ *s.* 1. yapmacık, sahte, zoraki: *a strained laugh* 2. yorgun, gergin

strainer /'streynı/ *a.* süzgeç: *tea strainer*

strait /streyt/ *a, coğ.* 1. boğaz 2. ç. sıkıntı, darlık, güç durum

straitjacket /'streytcekit/ *a.* deli gömleği

straitlaced /streyt'leyst/ *s, hkr.* bağnaz

strand[1] /strend/ *a.* kıyı, sahil, yalı

strand[2] /strend/ *e.* 1. karaya oturmak 2. karaya oturtmak

strand[3] /strend/ *a.* 1. halatın bir kolu 2. tel, iplik

stranded /'strendid/ *s.* 1. (gemi) karaya

oturmuş 2. güç durumda, parasız
strange /streync/ s. 1. tuhaf, garip, acayip: *I heard a strange noise. There's a strange smell in this room. He has very strange ideas. What a strange man.* 2. yabancı, alışık olmayan: *He's still strange to this country.*
stranger /'streyncı/ a. yabancı: *Don't talk to strangers. I'm a stranger in this city.*
strangle /'strengıl/ e. boğazlamak, boğazını sıkarak öldürmek
strap¹ /strep/ a. 1. kayış 2. şerit, atkı, bant 3. berber kayışı, ustura kayışı
strap² /strep/ e. 1. kayışla bağlamak 2. kayışla dövmek
strapping /'streping/ s. iriyarı, güçlü
stratagem /'streticim/ a. savaş hilesi, tuzak
strategic /strı'ti:cik/ s. 1. stratejik 2. elverişli, uygun
strategy /'stretici/ a. strateji
stratosphere /'stretısfiı/ a. katyuvarı, stratosfer
stratum /'streytım/ a. 1. katman, tabaka 2. kat 3. toplumsal sınıf, tabaka
straw /stro:/ a. 1. saman 2. kamış, kamış çubuk 3. önemsiz şey 4. **the last straw** bardağı taşıran son damla
strawberry /stro:bırı/ a, bitk. çilek
stray¹ /strey/ e. 1. yolunu yitirmek, başıboş dolaşmak 2. doğru yoldan sapmak, doğru yoldan ayrılmak 3. uzaklaşmak
stray² /strey/ s. 1. serseri 2. tek tük 3. rasgele, tesadüfi 4. kayıp
stray³ /strey/ a. 1. serseri 2. kaybolmuş çocuk/hayvan
streak¹ /stri:k/ a. yol, çizgi, çubuk
streak² /stri:k/ e. 1. çizgilemek, yol yol yapmak 2. hızla geçmek, hızla gitmek
stream¹ /stri:m/ a. 1. akarsu, çay, dere 2. akıntı 3. akım 4. yağmur, sel 5. gidiş, akış, eğilim
stream² /stri:m/ e. 1. akmak 2. (rüzgârda) dalgalanmak
streamer /'stri:mı/ a. flama, fors
streamline /'stri:mlayn/ e. 1. (işyeri, vb.) verimlilik düzeyini artırmak 2. aerodinamik şekil vermek
streamlined /'stri:mlaynd/ s. aerodinamik

biçimli
street /stri:t/ a. 1. sokak, cadde 2. **streets ahead of** k. dili -den kat kat iyi
streetcar /'stri:tka:/ a, Aİ. tramvay
strength /strengt/ a. 1. güç, kuvvet 2. dayanıklılık, dayanma gücü 3. sertlik 4. şiddet, etkililik
strengthen /'strengtın/ e. 1. güçlendirmek, sağlamlaştırmak, desteklemek, kuvvet vermek 2. güç kazanmak
strenuous /'strenyuıs/ s. 1. güç, ağır, yorucu 2. gayretli, faal, etkili
streptomycin /streptou'maysin/ a, hek. streptomisin
stress¹ /stres/ a. 1. gerilim, gerginlik, sıkıntı, bunalım, stres 2. baskı, etki 3. önem 4. dilb. vurgu
stress² /stres/ e. 1. önem vermek, üzerinde durmak, belirtmek, vurgulamak 2. üzerine basmak, vurgu koymak
stretch¹ /streç/ e. 1. germek, uzatmak 2. gerilmek, uzamak 3. yayılmak 4. gerinmek
stretch² /streç/ a. 1. germe 2. gerilme 3. gerinme 4. gerginlik 5. geniş yer 6. uzam 7. aralıksız süre
stretcher /'streçı/ a. sedye
strew /stru:/ a. [pt **strewed,** pp **strewed/strewn** /stru:n/] saçmak, yaymak
strewn /stru:n/ pp bkz. **strew**
stricken /'strikın/ s. (dert, hastalık, vb.'den) çeken
strict /strikt/ s. 1. sıkı 2. dikkatli 3. sert, hoşgörüsüz 4. tam 5. katı, değişmez 6. titiz
stricture /'strikçı/ a. şiddetli eleştiri ya da kınama, ayıplama
stridden /'stridn/ pp bkz. **stride**
stride¹ /strayd/ e. [pt **strode** /stroud/, pp **stridden** /'stridn/] uzun adımlarla yürümek/geçmek
stride² /strayd/ a. uzun adım
strident /'stridınt/ s. (ses) keskin, tiz
strife /strayf/ a. sorun, kavga, çekişme
strike¹ /strayk/ e. [pt, pp **struck** /strak/] 1. vurmak: *She struck him on the head. Joe struck the first blow.* 2. çarpmak: *The car struck a tree. Lightning struck*

the plane and caused it to crash. 3. çakmak, yakmak: *He struck a match but it didn't light.* 4. yanmak: *None of the matches would strike because they were wet.* 5. (kazarak, vb.) bulmak: *While drilling for oil they struck natural gas.* 6. çalmak, basmak, vurmak: *He struck a wrong note while playing the song. The clock struck ten.* 7. grev yapmak: *What are they striking for?* 8. etkilemek, düşündürmek, bir izlenim bırakmak: *They were all struck by her foresight and agreed to the plan.* 9. aklına gelivermek: *It suddenly struck me that I'd seen her before.* 10. basmak: *A limited number of gold coins were struck to commemorate the occasion.* 11. bulmak: *They struck the right way by chance.* 12. ... etmek, -leştirmek, -laştırmak: *He was struck dumb by the shock.* 13. salmak, saçmak, doldurmak: *The unexpected attack struck fear into all the troops.* 14. indirmek: *The flag was struck to indicate surrender.* 15. (off/out ile) yola çıkmak: *They decided to strike out for the mountains at sunrise.* 16. **strike a bargain** anlaşmaya varmak, uzlaşmak 17. **strike a balance** dengeyi bulmak, denge sağlamak 18. **strike a cutting** toprağa daldırma/çelik ekmek 19. **strike camp** çadırları toplamak 20. **strike it rich** *k. dili* bir anda köşeyi dönmek 21. **strike root** kök salmak 22. **strike while the iron is hot** demir tavında dövülür

strike² /strayk/ *a.* 1. vurma, vuruş, çarpma 2. petrol, vb. bulma 3. işbırakımı, grev

**strikebreaker** /'straykbreykı/ *a.* grev kırıcı işçi

strike off *e.* 1. (balta, vb. ile) kesip koparmak, uçurmak: *He struck off his head.* 2. basmak: *How many copies of this book have been struck off?* 3. çıkarmak: *His name was struck off the list.*

strike on/upon *e.* buluvermek, bulmak: *He struck on a good idea for the next party.*

strike out *e.* 1. yola koyulmak 2. yumruklarını sallamak, saldırmak 3. yeni ve bağımsız bir yol izlemek: *He decided to strike out on his own.* 4. (belli bir yöne) sıkı bir şekilde yüzmek

**striker** /'straykı/ *a.* 1. grevci 2. vurucu

strike up *e.* 1. çalmaya başlamak: *The band struck up "When a Man Loves a Woman. "* 2. (arkadaşlık, vb.) başlatmak, kurmak: *John and Peter have struck up a friendship.*

striking /'strayking/ *s.* dikkat çekici, çarpıcı, göz alıcı

string¹ /'string/ *a.* 1. sicim, ip 2. tel 3. bağ, şerit, kordon 4. dizi, sıra 5. boncuk, vb. dizisi 6. hevenk 7. kılçık, sinir 8. *k. dili* koşul, şart, kayıt 9. *ç, müz.* telli çalgılar 10. **pull strings** iltimas yaptırmak, torpil kullanmak 11. **stringed instrument** *müz.* telli çalgı

string² /string/ *e.* [*pt, pp* strung /strang/] 1. (çalgıya) tel takmak 2. ipliğe dizmek ya da geçirmek 3. **highly strung** çok duygusal, hassas, kolay heyecanlanan

string along *e, k. dili* boş vaatlerle kandırmak, boşa ümitlendirmek

stringent /'strincınt/ *s.* 1. (kural) uyulması zorunlu, sıkı, katı 2. para sıkıntısı çeken, darda

string up *e.* (yüksek bir yere) asmak

stringy /'stringi/ *s.* incecik, sıska

strip¹ /strip/ *e.* 1. (giysi, kabuk, vb.) soymak 2. yolmak 3. soymak, soyup soğana çevirmek 4. soyunmak

strip² /strip/ *a.* 1. uzun ve dar parça 2. şerit 3. *sp.* forma

stripe /strayp/ *a.* 1. kumaş yolu, çizgi, çubuk 2. biçim, tip

stripper /'stripı/ *a, k. dili* striptizci

striptease /'stripti:z/ *a.* striptiz

stripy /'straypi/ *s.* yollu, çizgili

strive /strayv/ *e.* [*pt* **strove** /strouv/, *pp* **striven** /'strivın/] 1. çalışmak, çabalamak 2. çekişmek 3. uğraşmak

striven /'strivın/ *pt, pp bkz.* **strive**

strode /stroud/ *pt bkz.* **stride**

stroke¹ /strouk/ *a.* 1. vuruş, çarpma, darbe 2. inme, felç 3. çaba, hareket 4. kalem darbesi, hat, çizgi 5. okşama,

okşayış 6. beklenmedik darbe, şanssızlık 7. yüzme tarzı
stroke² /strouk/ e. 1. okşamak 2. (topa) vurmak
stroll /stroul/ e. gezinmek, dolaşmak
strong /strong/ s. 1. güçlü, kuvvetli: *He's so strong he could lift a car.* 2. metin 3. sağlam 4. sert, keskin 5. şiddetli 6. ağır 7. (çay, vb.) koyu 8. ağır kokulu 9. (içki, sigara, vb.) sert 10. **strong language** küfür
strongbox /'strongboks/ a. kasa
stronghold /'stronghould/ a. kale
strong-minded /strong'mayndid/ s. bildiğinden şaşmayan
strontium /'strontiım/ a, kim. stronsiyum
strop /strop/ a. ustura kayışı
strove /strouv/ pt bkz. **strive**
struck /strak/ pt, pp bkz. **strike**
structural /'strakçırıl/ s. yapısal
structure¹ /'strakçı/ a. 1. yapı, bünye 2. yapı, bina
structure² /'strakçı/ e. bütünüyle tasarımlamak, planlamak
struggle¹ /'stragıl/ a. 1. savaşım, savaş, mücadele 2. çabalama, çaba, uğraş, gayret
struggle² /'stragıl/ e. 1. çabalamak, uğraşmak 2. savaşım vermek, savaşmak, boğuşmak, mücadele etmek
strum /stram/ e, k. dili acemice çalmak, zımbırdatmak, tıngırdatmak: *He strummed the guitar.*
strung /strang/ pt, pp bkz. **string**
strut¹ /strat/ e. kasıla kasıla yürümek
strut² /strat/ a. destek, payanda
stub /stab/ a. 1. sigara izmariti 2. dip koçanı 3. kütük
stub out e. (sigara) söndürmek
stubble /'stabıl/ a. 1. ekin anızı 2. hafif uzamış sakal
stubborn /'stabın/ s. inatçı, direngen
stubby /'stabi/ s. 1. kısa ve kalın 2. güdük
stucco /'stakou/ a. duvar sıvası
stuck¹ /stak/ s. 1. şaşırıp kalmış 2. saplanmış 3. takılmış 4. yapışmış
stuck² /stak/ pt, pp bkz. **stick**
stuck-up /stak'ap/ s, k. dili kibirli, havalı
stud¹ /stad/ a. 1. damızlık at, aygır 2. hara

stud² /stad/ a. 1. iri başlı çivi 2. yaka düğmesi
stud³ /stad/ e. çivilemek
student /'styu:dınt/ a. 1. öğrenci 2. uzman 3. **students union** öğrenci derneği
studied /'stadid/ s. iyice düşünülmüş
studio /'styu:diou/ a. stüdyo
studious /'styu:diıs/ s. 1. çalışkan 2. dikkatli
study¹ /'stadi/ a. 1. çalışma, okuma 2. inceleme 3. taslak 4. çalışma odası
study² /'stadi/ e. 1. okumak, çalışmak: *What subjects are you studying at the university?* 2. ... öğrenimi görmek: *He studied law.* 3. incelemek: *She studied the map to find the way.*
stuff¹ /staf/ a. 1. malzeme, madde: *I need some stuff to clean the windows.* 2. k. dili şey, nesne, zımbırtı, ızır zıvır: *What's this stuff called?* 3. **do one's stuff** k. dili kendini göstermek
stuff² /staf/ e. 1. doldurmak, tıkmak: *She stuffed more feathers into the pillow.* 2. tıkamak: *They stuffed a gag in his mouth.* 3. k. dili tıka basa yedirmek: *He stuffed himself with food.* 4. (ölü hayvan) doldurmak: *Can you stuff this eagle for me?* 5. (tavuk, vb. yiyecek) içini doldurmak: *She stuffed the goose for dinner.* 6. **Get stuffed** kab, arg. Hassiktir! Siktir ordan!
stuffy /'stafi/ s. 1. havasız, havası pis: *The room was very stuffy.* 2. sıkıcı, resmi 3. eski kafalı, tutucu
stumble /'stambıl/ e. 1. tökezlemek 2. hataya düşmek, yanlışlık yapmak, sapmak 3. k. dili sürçmek, kekelemek
stumble across/on e. -e rastlamak, ile karşılaşmak
stump¹ /stamp/ a. 1. kütük 2. kesilen bir şeyin kalan parçası 3. küçülmüş kalem 4. sigara izmariti
stump² /stamp/ e. 1. k. dili şaşkına çevirmek, sersemletmek, şaşırtmak 2. paldır küldür yürümek
stumpy /'stampi/ s. tıknaz
stun /stan/ e. 1. sersemletmek 2. şaşırtmak, afallatmak 3. bayıltmak

stung /stang/ *pt, pp bkz.* **sting**

stunk /stank/ *pp bkz.* **stink**

stunning /'staning/ *s.* çok çekici, hoş, güzel

stunt[1] /stant/ *e.* engellemek, gelişmesini engellemek

stunt[2] /stant/ *a.* 1. beceri gerektiren iş 2. beceri, ustalık, hüner, numara 3. akrobatik uçuş gösterisi 4. **stunt man** (tehlikeli sahnelerde oynayan) dublör

stupefy /'styu:pifay/ *e.* 1. sersemletmek, bunaltmak 2. şaşkına çevirmek, aptallaştırmak

stupendous /styu:'pendıs/ *s.* muazzam, harikulade, müthiş, büyük

stupid /'styu:pid/ *s.* 1. aptal, salak, ahmak: *I think he's stupid.* 2. saçma, aptalca: *What a stupid thing to do! That's a stupid book.*

stupidity /styu:'piditi/ *a.* aptallık, ahmaklık, budalalık

stupor /'styu:pı/ *a.* uyuşukluk, sersemlik

sturdy /'stö:di/ *s.* 1. güçlü, kuvvetli, gürbüz, sağlam 2. azimli, sebatkâr

sturgeon /'stö:cın/ *a.* mersinbalığı

stutter /'statı/ *e.* kekelemek

sty /stay/ *a.* 1. domuz ahırı 2. pis yer 3. (göz) arpacık

stye /stay/ *a.* (göz) arpacık

style[1] /stayl/ *a.* 1. tarz, üslup, biçem, stil 2. moda 3. çeşit, tip 4. tavır

style[2] /stayl/ *e.* biçimlendirmek

stylish /'stayliş/ *s.* şık, modaya uygun, moda

stylist /'staylist/ *a.* modacı, desinatör

stylistic /stay'listik/ *s.* üsluba ilişkin, biçeme ilişkin, biçemsel

stylize /'staylayz/ *e.* stilize etmek

stylus /'staylıs/ *a.* pikap iğnesi

suave /swa:v/ *s.* nazik, tatlı, güler yüzlü

sub /sab/ *a, k. dili* 1. üye aidatı 2. denizaltı

subcommittee /'sabkımiti/ *a.* alt komisyon

subconscious /sab'konşıs/ *a, s.* bilinçaltı

subcontinent /sab'kontinınt/ *a, coğ.* yarı kıta

subdivide /sabdi'vayd/ *e.* tekrar bölmek

subdue /sıb'dyu/ *e.* 1. boyunduruk altına almak 2. yumuşatmak, azaltmak, yatıştırmak

subdued /sıb'dyu:d/ *s.* 1. yumuşak, hafif, kısık 2. davranışlarında aşırı yumuşak, munis, çok sessiz

subhuman /sab'hyu:mın/ *s.* insanlıkdışı

subject[1] /'sabcikt/ *a.* 1. kul, bende: *Sir Walter Raleigh was a favourite subject of Queen Elizabeth.* 2. konu, mevzu 3. ders: *My favourite subject is chemistry.* 4. denek 5. *dilb.* özne

subject[2] /'sabcikt/ *s.* 1. tabi, bağımlı: *He lived at home and was always subject to his mother's wishes.* 2. olası, muhtemel, meyilli: *This programme is subject to change without notification.* 3. bağlı: *What we do next week is subject to whether you finish your work.*

subject[3] /sıb'cekt/ *e.* (to ile) tabi tutmak: *During the war everyone was subject to great hardship.*

subjective /sıb'cektiv/ *s.* 1. öznel 2. düşsel

subjugate /'sabcugeyt/ *e.* boyun eğdirmek

subjunctive /sıb'canktiv/ *a, s, dilb.* dilek kipi, dilek kipiyle ilgili

sublet /sab'let/ *e.* [*pt, pp* **sublet**] (asıl kiracı tarafından) bir başkasına kiraya vermek, devretmek

sublime /sı'blaym/ *s.* gurur verici, yüce, ulu, son derece güzel, muhteşem

submarine[1] /'sabmıri:n, sabmı'ri:n/ *a.* denizaltı: *The submarine dived to the bottom of the sea.*

submarine[2] /'sabmıri:n/ *s.* denizaltında olan, denizaltı ile ilgili, denizaltı: *He's involved in submarine research.*

submerge /sıb'mö:c/ *e.* 1. batırmak, daldırmak 2. batmak, dalmak

submission /sıb'mişın/ *a.* 1. (to ile) boyun eğme, uyma, itaat 2. teklif, öneri, sunuş

submissive /sıb'misiv/ *s.* uysal, boyun eğen, itaatkâr

submit /sıb'mit/ *e.* 1. boyun eğmek, itaat etmek, iradesine teslim olmak: *She always submits to his demands.* 2. ileri sürmek, önermek, sunmak: *He submitted his thesis to his history professor.*

S

**subnormal** /sab'no:mıl/ *s.* (özellikle zekâca) eksik, yetersiz, normalin altında
**subordinate**[1] /sı'bo:dinıt/ *s, a.* alt, ikincil, ast
**subordinate**[2] /sı'bo:dineyt/ *e.* ikinci dereceye koymak, ikinci plana almak
**subscribe** /sıb'skrayb/ *e.* (to ile) 1. abone olmak 2. teberru etmek, bağışta bulunmak 3. kabul etmek, onaylamak
**subscriber** /sıb'skraybı/ *a.* 1. bağışta bulunan kimse, teberru yapan kimse, yardımsever 2. abone
**subscription** /sıb'skripşın/ *a.* 1. abone ücreti, bağış miktarı, üye aidatı 2. abone
**subsequent** /'sabsikwınt/ *s.* sonradan ortaya çıkan, sonradan gelen, sonraki
**subservient** /sıb'sö:viınt/ *s.* (to ile) boyun eğen, itaat ve hizmet eden
**subside** /sıb'sayd/ *e.* 1. (yapı, arazi, vb.) yavaş yavaş çökmek, dibe çökmek 2. yatışmak, sakinleşmek, durulmak
**subsidence** /sıb'saydıns, 'sabsidıns/ *a.* çökme, dibe çökme, toprağa gömülme
**subsidiary**[1] /sıb'sidiıri/ *a.* bayi, şube
**subsidiary**[2] /sıb'sidiıri/ *s.* tali, ikincil, ek, yardımcı, ikinci planda gelen
**subsidize** /'sabsidayz/ *e.* (hükümet, vb.) para vermek, desteklemek
**subsidy** /'sabsidi/ *a.* sübvansiyon, destek akça
**subsist** /sıb'sist/ *e.* (on ile) kıt kanaat geçinmek, yaşamak, idare etmek: *They subsisted on what they could grow themselves.*
**subsistence** /sıb'sistıns/ *a.* 1. geçim 2. varlık
**subsonic** /sab'sonik/ *s.* sesten yavaş uçan, sesten yavaş
**substance** /'sabstıns/ *a.* 1. madde, materyal, cisim, özdek 2. (the ile) önemli bölüm, asıl anlam, öz
**substandard** /sab'stendıd/ *s.* yetersiz, belli düzeyin altında, standartın altında
**substantial** /sıb'stenşıl/ *s.* 1. katı, dayanıklı, sağlam, güçlü 2. özlü, önemli, gerçek 3. büyük, önemli
**substantially** /sıb'stenşıli/ *be.* çok, yeteri kadar çok
**substantiate** /sıb'stenşieyt/ *e.* kanıtlamak, doğrulamak

**substitute**[1] /'sabstityu:t/ *a.* vekil, temsilci
**substitute**[2] /'sabstityu:t/ *e.* 1. vekâlet etmek, yerine geçmek 2. yerine koymak/kullanmak
**substitution** /sabsti'tyu:şın/ *a.* 1. yerine koyma 2. ornatma
**subterfuge** /'sabtıfyu:c/ *a.* 1. kaçamak, bahane 2. hile, dolap, dalavere
**subterranean** /sabtı'reyniın/ *s.* yeraltı
**subtitles** /'sabtaytlz/ *a.* (film) altyazı: *an English film with Turkish subtitles*
**subtle** /'satl/ *s.* 1. güç algılanan, güç fark edilen, ince 2. kurnaz, zeki
**subtlety** /'satılti/ *a.* 1. incelik: *The diplomat handled the situation with subtlety.* 2. ince ayrıntı, detay 3. zekice fikir
**subtract** /sıb'trekt/ *e.* (from ile) çıkarmak, eksiltmek: *Subtract 8 from 9 and you will get 1.*
**subtraction** /sıbtrek'şın/ *a.* 1. *mat.* çıkarma 2. çıkarma, eksilme, eksiltme
**suburb** /'sabö:b/ *a.* varoş, banliyö, yörekent
**suburbia** /sı'bö:biı/ *a.* varoşlar, kenar mahalleler
**subversive** /sıb'vö:siv/ *s.* (iktidardakileri) devirmeyi tasarlayan, yıkıcı
**subvert** /sıb'vö:t/ *e.* (iktidardakileri) devirmeye çalışmak
**subway** /'sabwey/ *a.* 1. yeraltı geçidi 2. *AÍ.* metro, altulaşım
**succeed** /sık'si:d/ *e.* 1. (in ile) başarmak, başarıya ulaşmak: *You will never succeed in life if you don't work hard.* 2. yerini almak, -den sonra gelmek
**success** /sık'ses/ *a.* 1. başarı 2. başarılı kimse/şey
**successful** /sık'sesfıl/ *s.* başarılı
**succession** /sık'seşın/ *a.* 1. birbirini izleme, ardıllık 2. yerini alma, yerine geçme 3. sıra, dizi
**successive** /sık'sesiv/ *s.* birbirini izleyen, ardıl
**successor** /sık'sesı/ *a.* halef, ardıl
**succinct** /sık'sinkt/ *s.* az ve öz
**succor** /'sakı/ *a, e, AÍ, bkz.* **succour**
**succour**[1] /'sakı/ *a.* yardım, imdat
**succour**[2] /'sakı/ *e.* yardımına koşmak,

imdadına yetişmek
**succulent** /'sakyulınt/ s. (meyve, vb.) sulu
**succumb** /sı'kam/ e. (to ile) yenilmek, dayanamamak, boyun eğmek: *She has finally succumbed to his charms.*
**such**[1] /saç/ s. 1. öyle, böyle, bu gibi: *There's no such word in English. I've never heard such nonsense. On such a day we should be outside. I can't get on well with such people. Nobody has such attitudes any more.* 2. öylesine, çok: *They had such a good holiday in Türkiye.* 3. o kadar, o kadar çok, öylesine: *It wasn't such a hot day as they expected. I've never seen such strange people before. He has such a funny accent. Don't be such an idiot. He's got such a lot of friends.* 4. o kadar fazla, öylesine çok: *His influence was such that everybody was frightened to disobey him.* 5. bu, böyle, bu şekilde, o şekilde: *Such is life. Such was the way she was. Such had been their love for each other.* 6. **such as** gibi: *She likes music such as rock, blues and reggae. People such as actors and politicians live in this suburb.* 7. **such that** öyle ... ki: *It was such a long way that they decided not to go. He's such a good businessman that he never loses money.*
**such**[2] /saç/ adl. 1. öylesi, öyleleri: *Murderers and all such should be hanged.* 2. bu, o: *He became quite famous though such wasn't his aim.*
**suchlike** /'saçlayk/ adl, s, k. dili benzeri şeyler, bunun gibi, böylesi, benzeri
**suck**[1] /sak/ e. 1. emmek: *Stop sucking your thumb.* 2. **(It) sucks** arg. Rezil bir şey, Beş para etmez, Kahrolsun
**suck**[2] /sak/ a. emme
**sucker** /'sakı/ a. 1. emici 2. bitk. sürgün, fişkın 3. k. dili budala, enayi
**suckle** /'sakıl/ e. emzirmek
**suckling** /sakling/ a. memede olan bebek ya da hayvan
**suck up** e, k. dili (to ile) yağcılık etmek, yaltaklanmak
**suction** /'sakşın/ a. 1. emme 2. **suction pump** emme basma tulumba

**sudden** /'sadn/ s. 1. ani, ansız, beklenmedik 2. **all of a sudden** ansızın, birdenbire
**suddenly** /'sadınli/ be. birdenbire, aniden
**suds** /sadz/ a. sabun köpüğü
**sue** /su:, syu:/ e, huk. dava etmek, dava açmak
**suede** /sweyd/ a. süet
**suet** /'su:it, 'syu:it/ a. böbrek yağı
**suffer** /'safı/ e. 1. ıstırap çekmek, acı çekmek: *She's suffered all her life.* 2. -e uğramak, acısı çekmek: *He suffered a huge loss on the stock exchange.* 3. kötüye gitmek, kalitesi düşmek, değer kaybetmek: *He's very happy with his new job but his marriage is suffering.*
**sufferable** /'safırıbıl/ s. katlanılabilir, çekilebilir, dayanılabilir: *His pain is only sufferable when he takes painkillers.*
**sufferer** /safırı/ a. (hastalıktan ötürü) acı çeken kimse, ıstırap çeken kimse, hasta
**suffer from** e. -den çekmek, ... acısı çekmek: *She suffers from migraines.*
**suffering** /'safıring/ a. acı, güçlük
**suffice** /sı'fays/ e. 1. yetmek, yeterli olmak 2. doyurmak
**sufficiency** /sı'fişınsi/ a. 1. yeterlilik 2. yeterli şey
**sufficient** /sı'fişınt/ s. yeterli
**suffix** /'safiks/ a, dilb. sonek
**suffocate** /'safıkeyt/ e. 1. (havasızlıktan) boğulmak 2. boğmak
**sugar**[1] /'şugı/ a. 1. şeker 2. k. dili şekerim, tatlım 3. **sugar beet** şekerpancarı 4. **sugar cube/lump** kesmeşeker 5. **sugar daddy** k. dili yaşlı hovarda
**sugar**[2] /'şugı/ e. şeker koymak
**sugarcane** /'şugıkeyn/ a. şekerkamışı
**sugary** /'şugıri/ s. 1. şekerli 2. tatlı, hoş, ince, nazik, şeker gibi
**suggest** /sı'cest/ e. 1. önermek: *He suggested I change my job.* 2. belirtmek, göstermek, işaret etmek: *Rapidly increasing prices suggest a high rate of inflation.*
**suggestible** /sı'cestıbıl/ s. kolay etkilenen, etki altında kalan
**suggestion** /sı'cesçın/ a. 1. öneri 2. eser, iz

suggestive /'sıcestiv/ *s.* müstehcen, açık saçık, ayıp şeyler öneren

suicidal /su:i'saydl, syu:i'saydl/ *s.* 1. intihara eğilimli, intihar etmek isteyen 2. son derece tehlikeli, öldürücü, intihar niteliğinde

suicide /'su:isayd, 'syu:isayd/ *a.* 1. intihar, kendini öldürme 2. **commit suicide** intihar etmek

suit[1] /su:t, syu:t/ *a.* 1. takım elbise 2. belli amaçla kullanılan giysi, takım 3. iskambilde takım 4. *huk.* dava

suit[2] /su:t, syu:t/ *e.* 1. işine yaramak, memnun etmek, uymak, uygun olmak: *Will it suit you to come on Monday?* 2. uymak, uygun olmak, yakışmak: *His moustache didn't suit him at all.*

suitable /'su:tıbıl, 'syu:tıbıl/ *s.* uygun, yerinde, elverişli: *Can you suggest a suitable time for the meeting?*

suitcase /'su:tkeys, 'syu:tkeys/ *a.* bavul, valiz

suite /swi:t/ *a.* 1. (otel, vb.) daire, süit, oda takımı 2. (mobilya) takım 3. *müz.* süit

suitor /'su:tı, 'syu:tı/ *a.* bir kıza talip erkek

sulfur /'salfı/ *a, Aİ, bkz.* **sulphur**

sulk /salk/ *e.* somurtmak, surat asmak, küsmek

sulky /'salki/ *s.* somurtkan, küskün

sullen /'salın/ *s.* 1. (yüz) asık 2. somurtkan, asık suratlı 3. kasvetli, karanlık, iç karartıcı

sulphur /'salfı/ *a, kim.* kükürt

sultan /'saltın/ *a.* sultan

sultana /sul'ta:nı/ *a.* 1. sultan karısı/annesi/kız kardeşi/kızı, hanım sultan 2. çekirdeksiz kuru üzüm, sultani

sultry /'saltri/ *s.* 1. (hava) boğucu, sıcak, bunaltıcı 2. cinsel yönden çekici, seksi

sum /sam/ *a.* 1. işlem, problem 2. meblağ, tutar 3. (the ile) toplam, yekûn

summarize /'samırayz/ *e.* özetlemek: *Summarize the story.*

summary[1] /'samıri/ *a.* özet

summary[2] /'samıri/ *s.* acele yapılan, derhal yapılan

summer /'samı/ *a.* yaz: *We went to Marmaris last summer.*

summerhouse /'samıhaus/ *a.* kameriye, çardak

summertime /'samıtaym/ *a.* yaz mevsimi

summing-up /saming'ap/ *a.* 1. özet 2. *huk.* dava özeti

summit /'samit/ *a.* 1. zirve, doruk, uç 2. zirve toplantısı 3. **summit talk/meeting** zirve toplantısı

summon /'samın/ *e.* (to ile) emirle davet etmek, celp etmek

summons[1] /'samınz/ *a. huk.* celp, çağrı

summons[2] /'samınz/ *e. huk.* mahkemeye celp etmek

summon up *e.* (gücünü) toplamak

sumptuous /'samçuıs/ *s.* büyük, pahalı, tantanalı, muhteşem

sum up *e.* 1. özetlemek 2. hüküm vermek, tartmak, değerlendirmek, ele almak

sun[1] /san/ *a.* güneş: *The sun is shining. Let's sit in the sun.*

sun[2] /san/ *e.* 1. güneşlenmek 2. güneşlendirmek: *The lizard was sunning itself on the rocks.*

sunbathe /'sanbeyd/ *e.* güneş banyosu yapmak, güneşlenmek

sunbeam /'sanbi:m/ *a.* güneş ışını

sunburn /'sanbö:n/ *a.* 1. güneş yanığı 2. güneşten yanma

sunburnt /'sanbö:nt/ *s.* 1. *İİ.* bronz tenli, bronzlaşmış 2. *Aİ.* güneşten yanmış, güneş yanığı acısı çeken

sundae /'sandey/ *a.* meyveli dondurma

Sunday /'sandi, 'sandey/ *a.* 1. pazar (günü) 2. **Sunday school** pazar günleri çocuklar için yapılan din eğitimi

sundial /'sandayıl/ *a.* güneş saati

sundown /'sandaun/ *a.* günbatımı, güneş batması

sundry /'sandri/ *s.* çeşitli, türlü türlü

sunflower /'sanflauı/ *a.* ayçiçeği, günebakan

sung /sang/ *pp bkz.* **sing**

sunglasses /'sangla:siz/ *a.* güneş gözlüğü

sunk /sank/ *pp bkz.* **sink**

sunken /'sankın/ *s.* 1. batmış, batık 2. çukur, içeri gömük, çökmüş

sunlamp /'sanlemp/ *a.* morötesi ışınlar

veren elektrik lambası

**sunlight** /'sanlayt/ *a.* güneş ışığı

**sunlit** /'sanlit/ *s.* güneşli, aydınlık

**sunny** /'sani/ *s.* 1. güneşli: *It was sunny yesterday.* 2. neşeli

**sunrise** /'sanrayz/ *a.* gündoğumu, güneş doğması

**sunset** /'sanset/ *a.* günbatımı, güneş batması

**sunshade** /'sanşeyd/ *a.* güneş şemsiyesi, güneşlik

**sunshine** /'sanşayn/ *a.* güneş ışığı

**sunstroke** /'sanstrouk/ *a.* güneş çarpması

**suntan** /'santen/ *a.* güneş yanığı, bronzlaşma

**super** /'su:pı, 'syu:pı/ *s, k. dili* süper, müthiş

**superannuated** /su:pır'enyueytid/ *s.* 1. çalışamayacak kadar yaşlı 2. modası geçmiş, demode

**superannuation** /su:pırenyu'eyşın/ *a.* emeklilik maaşı

**superb** /su:'pö:b/ *s.* mükemmel, harika, süper: *The supper was superb.*

**supercharger** /'su:pıça:cı/ *a.* kompresör

**supercilious** /'su:pısiliıs/ *s, hkr.* kibirli, mağrur, burnu büyük, kendini beğenmiş

**superficial** /su:pı'fişıl/ *s.* 1. yüzeysel, yüzeyde olan 2. yüzeysel, üstünkörü, yarım yamalak

**superfluous** /su:'pö:fluıs/ *s.* gereksiz, lüzumsuz, fazla

**superhuman** /su:pı'hyu:mın/ *s.* insanüstü

**superimpose** /su:pır'impouz/ *e.* (on ile) üstüne koymak, eklemek: *The photographer had superimposed President's head on the body of an ass.*

**superintend** /su:pırin'tend/ *e.* 1. yönetmek, idare etmek 2. denetlemek

**superintendent** /su:pırin'tendınd/ *a.* 1. yönetici 2. müfettiş, denetmen 3. *İl.* polis memuru

**superior**[1] /su:'piıriı/ *s.* 1. (sınıf, mevki, vb.) üst, yüksek 2. yüksek kaliteli, üstün nitelikli 3. *hkr.* gururlu, kibirli, mağrur, kendini beğenmiş

**superior**[2] /su:'piıriı/ *a.* 1. amir, üst 2. dinsel grup başkanı

**superiority** /su:peri'oriti/ *a.* üstünlük

**superlative**[1] /su:'pö:lıtiv/ *a, dilb.* 1. en üstünlük derecesi 2. enüstünlük derecesinde sözcük

**superlative**[2] /su:'pö:lıtiv/ *s.* 1. en iyi, en üstün, eşsiz, süper 2. **the superlative degree** *dilb.* enüstünlük derecesi

**supermarket** /'su:pıma:kit/ *a.* süpermarket

**supernatural** /su:pıneçırıl/ *s.* doğaüstü

**supersede** /su:pı'si:d/ *e.* yerine geçmek, yerini almak

**supersonic** /su:pı'sonik/ *s.* sesten hızlı, süpersonik

**superstar** /'su:pısta:/ *a.* süperstar

**superstition** /su:pı'stişın/ *a.* batıl inanç

**superstitious** /su:pı'stişıs/ *s.* batıl inançlı, boş şeylere inanan

**superstructure** /'su:pıstrakçı/ *a.* 1. üstyapı 2. *den.* palavra üstündeki yapı

**supervise** /'su:pıvayz/ *e.* nezaret etmek, denetlemek

**supervision** /su:pı'vijın/ *a.* nezaret, denetim

**supervisor** /'su:pıvayzı/ *a.* 1. müfettiş, denetçi 2. (üniversitede) danışman

**supine** /'su:payn/ *s.* sırtüstü yatmış, sırtüstü

**supper** /'sapı/ *a.* akşam yemeği

**supplant** /sı'pla:nt/ *e.* yerine geçmek, ayağını kaydırıp yerini kapmak

**supple** /'sapıl/ *s.* bükülgen, esnek

**supplement**[1] /'saplimınt/ *a.* ilave, ek

**supplement**[2] /sapli'ment/ *e.* (by/with ile) - e eklemeler yapmak

**supplementary** /sapli'mentıri/ *s.* (to ile) ilaveli, ilave olan, ek

**supplicate** /'saplikeyt/ *e.* (yardım) dilemek, yalvarmak

**supplier** /sı'playı/ *a.* tedarik eden kimse/firma

**supplies** /sı'playz/ *a.* levazım, erzak, gereçler

**supply**[1] /sı'play/ *e.* vermek, tedarik etmek, sağlamak: *All the workmen were supplied with work boots.*

**supply**[2] /sı'play/ *a.* 1. tedarik, temin, sağlama sistemi: *The town always had trouble with its water supply in summer.*

2. mevcut, stok, miktar: *They had a big supply of coal under the house.* 3. sağlanması gerekli miktar, verilmesi gerekli oran: *They rarely ate meat because of the supply.* 4. **supply and demand** arz ve talep, sunu ve istem

support¹ /sı'po:t/ *e.* 1. (ağırlığını) çekmek, kaldırmak, dayanmak: *The rafters were too weak to support the roof and broke.* 2. bakmak, geçindirmek: *He had to support his family when his father died.* 3. desteklemek, savunmak: *I'm afraid I can't support your point of view.* 4. (takım, vb.) tutmak: *Which football team do you support?*

support² /sı'po:t/ *a.* 1. destekleme, tutma 2. destek, mesnet, dayanak 3. geçim, geçim kaynağı, iaşe 4. destek olan kimse ya da şey, yardım, destek

supporter /sı'po:tı/ *a.* taraftar, savunucu

suppose¹ /sı'pouz/ *e.* 1. zannetmek, sanmak, varsaymak: *I suppose the buses will be crowded. It's six o'clock.* 2. inanmak, sanmak: *He is supposed to be living in America now.* 3. **be supposed to** -meli, -malı, -mesi gerek: *You are supposed to finish that today.*

suppose² /sı'pouz/ *bağ.* 1. eğer, farz edelim: *Suppose it rains, do you still want to go for a picnic?* 2. bence ... -se iyi olur: *Suppose we go to the cinema tomorrow.*

supposedly /sı'pouzidli/ *be.* söylendiğine göre, diyorlar ki, -dığı farz ediliyor: *The painting is supposedly by a very famous artist.*

supposition /sapı'zişın/ *a.* 1. varsayım 2. tahmin

suppress /sı'pres/ *e.* 1. (bir hareket ya da durumu) bastırmak, sindirmek 2. gizlemek, saklı tutmak, zapt etmek: *He always supressed his feelings.*

supremacy /sı'premısi/ *a.* üstünlük

supreme /su:'pri:m/ *s.* 1. üstün, yüce, ulu, en yüksek 2. **Supreme Court** Yüce Divan, Anayasa Mahkemesi 3. **Supreme Military Council** *ask.* Yüksek Askeri Şura

surcharge /'sö:ça:c/ *a.* 1. alışılmış bir yükün üzerine eklenen fazladan yük, sürşarj 2. yeni fiyatlı posta pulu

sure¹ /şuı/ *s.* 1. emin, şüphesiz, kesin: *I'm sure you will have a good time in England.* 2. kesin, muhakkak, mutlak: *Bet on that horse. It's sure to win.* 3. güvenilir, sağlam, emin: *Buy gold. It's a sure investment.* 4. **make sure of/that** -den emin olmak, garantiye almak, sağlama almak: *Make sure that the door is locked.* 5. **sure of oneself** kendine güvenen

sure² /şuı/ *be.* 1. *k. dili* elbette, tabi, kesinlikle: *Sure you can come.* 2. **for sure** kesinlikle öyle, mutlaka, kesin

sure³ /şuı/ *ünl.* tabii, elbette: *"Can I use your telephone?" "Sure!"*

surely /'şuıli/ *be.* 1. kesinlikle, kesin olarak 2. mutlaka, sanırım, umarım, eminim 3. elbette, tabi

surety /'şuıriti/ *a.* 1. kefalet, teminat, güvence, garanti 2. kefil

surf¹ /sö:f/ *a.* dalga köpüğü, çatlayan dalgalar

surf² /sö:f/ *e.* 1 sörf yapmak 2. **surf the Net/Internet** internette gezinmek, internette bilgi araştırmak

surface¹ /'sö:fis/ *a.* 1. yüzey: *the surface of the moon* 2. (the ile) dış görünüş 3. **on the surface** görünüşte, dıştan

surface² /'sö:fis/ *e.* 1. su yüzüne çıkmak: *The whales surfaced for air then dived deep.* 2. (yol, vb.) sert bir maddeyle kaplamak

surface³ /'sö:fis/ *s.* (posta) adi

surfeit /'sö:fit/ *a.* aşırı miktar

surge¹ /sö:c/ *a.* büyük dalga, dalgalanma: *There was a surge of water from the pipe as the pump started working.*

surge² /sö:c/ *e.* 1. dalgalanmak: *The cattle surged back and forwards with in the yard.* 2. yükselmek: *Laughter surged from the crowd as they watched the clowns.*

surgeon /'sö:cın/ *a, hek.* cerrah

surgery /'sö:cıri/ *a, hek.* 1. cerrahlık, ameliyat 2. *İİ.* muayenehane

surgical /'sö:cıkıl/ *s, hek.* cerrahi

surly /'sö:li/ *s.* kızgın, öfkeli, ters, sert,

huysuz

**surmise** /sɪ'mayz/ *e.* sanmak, zannetmek, tahmin etmek: *From the look of his clothes I surmised he was very poor.*

**surmount** /sɪ'maunt/ *e.* üstesinden gelmek, alt etmek, yenmek

**surname** /'sö:neym/ *a.* soyad

**surpass** /sɪ'pa:s/ *e.* geçmek, üstün olmak, baskın çıkmak, aşmak

**surplus**[1] /'sö:plıs/ *a.* gereğinden fazla miktar, fazlalık

**surplus**[2] /'sö:plıs/ *s.* gereğinden fazla, aşırı, fazla

**surprise**[1] /sɪ'prayz/ *a.* 1. sürpriz: *It was a surprise when he gave me the money he had borrowed. What a nice surprise!* 2. şaşkınlık 3. *ask.* baskın 4. **take by surprise** ansızın olmak, şaşırtmak 5. **To my surprise** Bir de baktım ki ..., -e çok şaşırdım: *To my surprise she had arrived there before me.*

**surprise**[2] /sɪ'prayz/ *e.* 1. şaşırtmak, hayrete düşürmek, şaşkınlığa uğratmak: *Don't tell them I'm here. I want to surprise them. I was surprised at his answer.* 2. beklenmedik anda yakalamak, baskın yapmak

**surprising** /sɪ'prayzing/ *s.* şaşırtıcı

**surrealism** /sɪ'rıılizım/ *a.* sürrealizm, gerçeküstücülük

**surrealistic** /sırıı'listik/ *s.* sürrealist, gerçeküstü

**surrender**[1] /sɪ'rendı/ *e.* 1. teslim olmak: *They wouldn't surrender to the enemy.* 2. teslim etmek 3. hakkından vazgeçmek, feragat etmek

**surrender**[2] /sɪ'rendı/ *a.* 1. teslim 2. vazgeçme, feragat

**surreptitious** /sarıp'tişıs/ *s.* gizli, gizlice yapılan

**surround**[1] /sɪ'raund/ *e.* kuşatmak, etrafını sarmak, çevirmek: *The enemy surrounded the city.*

**surround**[2] /sɪ'raund/ *a.* kenar

**surrounding** /sɪ'raunding/ *s.* çevredeki, civardaki

**surroundings** /sɪ'raundingz/ *a.* çevre

**surveillance** /sö:'veylıns/ *a.* 1. gözetim, gözaltı 2. **under surveillance** gözaltında

**survey**[1] /sɪ'vey/ *e.* 1. bakmak, incelemek, dikkatle göz gezdirmek 2. (bir yapıyı) yoklamak, muayene etmek, durumunu sınamak, teftiş etmek 3. haritasını çıkarmak

**survey**[2] /'sö:vey/ *a.* 1. yaygın kanı, genel görüş/inceleme 2. harita çizme, haritasını çıkarma 3. teftiş, tetkik, inceleme 4. yüzölçümü, ölçüm

**surveyor** /sɪ'veyı/ *a.* mesahacı

**survival** /sɪ'vayvıl/ *a.* 1. kalım, hayatta kalma, yaşamı sürdürme 2. eskiden kalma şey, eskiden beri süregelen şey

**survive** /sɪ'vayv/ *e.* 1. hayatta kalmak, yaşamayı sürdürmek: *He only just survives.* 2. sağ salim çıkmak, -den sağ kurtulmak: *Did anybody survive the accident?*

**survivor** /sɪ'vayvı/ *a.* ölümden dönen kimse, hayatta kalan

**susceptible** /sɪ'septıbıl/ *s.* (to ile) 1. kolay etkilenen, etki altında kalan 2. -e dayanıksız, -den çabuk etkilenen, -e karşı hassas

**suspect**[1] /sɪ'spekt/ *e.* 1. şüphelenmek, kuşkulanmak, kuşku duymak, farz etmek, zannetmek: *I suspect I'll fail that exam. I didn't study.* 2. suçlu olduğuna inanmak, kuşkulanmak: *The police suspected him of committing a crime.* 3. -den şüphelenmek, değerinden şüphe etmek: *His employers began to suspect his qualifications after repeated bad work.*

**suspect**[2] /'saspekt/ *a.* sanık

**suspect**[3] /'saspekt/ *s.* şüpheli, su götürür

**suspend** /sɪ'spend/ *e.* 1. asmak, sallandırmak: *The hammock was suspended between two trees.* 2. belli bir süre için durdurmak, ertelemek, askıya almak: *The government suspended work on the building due to lack of money.* 3. (okul, vb.'den) uzaklaştırmak

**suspender** /sɪ'spendı/ *a.* çorap askısı

**suspenders** /sɪ'spendız/ *a, Aİ.* pantalon askısı

**suspense** /sɪ'spens/ *a.* askıda kalma, kararsızlık, şüpheli beklenti

**suspension** /sı'spenşın/ *a.* 1. asma, asılma 2. erteleme 3. *kim.* süspansiyon, asıltı 4. *oto.* süspansiyon, askı 5. **suspension bridge** asma köprü

**suspicion** /sı'spişın/ *a.* 1. şüphe, kuşku, zan 2. itimatsızlık, güvenmeme 3. az miktar, zerre

**suspicious** /sı'spişıs/ *s.* şüpheli, kuşkulu

**suss** /sas/ *e.* (out ile) *k. dili* 1. keşfetmek, bulmak 2. keşif yapmak, incelemek

**sustain** /sı'steyn/ *e.* 1. güçlendirmek, güçlü tutmak, güç vermek 2. uzun süre korumak, sürdürmek, devam ettirmek 3. (acı, vb.) çekmek

**sustenance** /'sastının s/ *a.* 1. besleme, güç verme 2. gıda, besin

**swab**[1] /swob/ *a.* temizleme bezi

**swab**[2] /swob/ *e.* (down ile) temizlemek, silmek, paspaslamak

**swag** /sweg/ *a, arg.* soygunda ele geçirilen mal/para, ganimet

**swagger**[1] /'swegı/ *e.* kasıla kasıla yürümek

**swagger**[2] /'swegı/ *a.* kasıntılı yürüyüş, kasılma

**swallow**[1] /'swolou/ *e.* 1. yutmak: *Ugh! I've swallowed a fly.* 2. yutkunmak 3. *k. dili* inanmak, yemek, yutmak: *It was impossible for her to swallow his lies any longer.*

**swallow**[2] /'swolou/ *a.* yutma, yutkunma

**swallow**[3] /'swolou/ *a.* kırlangıç

**swallow up** *e.* yiyip yutmak, yok etmek: *Many small businesses have been swallowed by large multinational companies.*

**swam** /swem/ *pt bkz.* **swim**

**swamp**[1] /swomp/ *a.* bataklık, batak

**swamp**[2] /swomp/ *e.* 1. suyla doldurmak, taşırmak 2. (iş, vb.) yüklemek

**swan** /swon/ *a.* kuğu

**swank** /swenk/ *e, k. dili* caka satmak, gösteriş yapmak, hava atmak

**swanky** /'swenki/ *s, k. dili* 1. şık, gösterişli, havalı 2. tantanalı, debdebeli

**swap**[1] /swop/ *e, k. dili* değiş tokuş etmek, takas etmek, değiştirmek: *I swapped my casette player for a record player.*

**swap**[2] /swop/ *a, k. dili* değiş tokuş, değiş-

tirme, takas

**swarm**[1] /swo:m/ *a.* 1. (arı, vb.) küme, oğul 2. sürü, kalabalık

**swarm**[2] /swo:m/ *e.* küme halinde ilerlemek

**swarm with** *e.* dolup taşmak, kaynamak: *The sea was swarming with jellyfish. The room is swarming with mosquitoes.*

**swarthy** /'swo:di/ *s.* esmer, yağız

**swat**[1] /swot/ *e.* (böcek, sinek, vb.) yassı bir şey ile vurmak, ezmek

**swat**[2] /swot/ *a.* vurma, ezme

**swathe** /sweyd/ *e.* (in ile) 1. kumaşla sarmak, sargı ile sarmak 2. çevrelemek, sarmak

**sway**[1] /swey/ *e.* 1. sallamak 2. sallanmak 3. etkilemek

**sway**[2] /swey/ *a.* sallanma

**swear** /sweı/ *e.* [pt **swore** /swo:/, pp **sworn** /swo:n/] 1. küfretmek, sövmek: *He swore at me and I hit him.* 2. yemin etmek, ant içmek: *He swore he had told the truth.* 3. yemin ettirmek

**swear by** *e, k. dili* inanmak, -den şaşmamak

**swear in** *e.* bağlılık yemini ettirmek

**swearword** /'sweıwö:d/ *a.* küfür, sövgü

**sweat**[1] /swet/ *a.* 1. ter 2. telaş 3. *k. dili* zor iş

**sweat**[2] /swet/ *e.* 1. terlemek: *I'm sweating.* 2. alın teri dökmek, çok çalışmak

**sweater** /'swetı/ *a.* kazak

**sweatshirt** /'swetşö:t/ *a.* uzun kollu pamuklu kazak

**sweaty** /'sweti/ *s.* 1. terli 2. ter kokulu 3. terletici 4. çok sıcak

**swede** /swi:d/ *a, bitk.* şalgam

**sweep**[1] /swi:p/ *e.* [pt, pp **swept** /swept/] 1. süpürmek, süpürerek temizlemek: *She swept the floor clean.* 2. hızla ilerlemek, şiddetle ilerlemek 3. hız ve gururla ilerlemek 4. (bir alanı) çevrelemek, çevirmek 5. **sweep sb off his feet** a) kendine âşık etmek b) ikna etmek, kandırmak, aklını çelmek

**sweep**[2] /swi:p/ *a.* 1. süpürme 2. geniş alan 3. silkeleme, sallama 4. *k. dili* baca temizleyicisi 5. (at yarışı, vb.) bahis 6. **clean sweep** a) tam temizlik, köklü de-

S

ğişim b) tam zafer

**sweeper** /'swi:pı/ *a.* süpürücü

**sweeping** /'swi:ping/ *s.* 1. geniş içerikli 2. genel

**sweepstake** /'swi:psteyk/ *a.* (at yarışı, vb.) bahis

**sweet¹** /swi:t/ *s.* 1. tatlı: *He likes his tea very sweet.* 2. tatlı, sevimli, hoş, şirin: *She is a very sweet person.* 3. **sweet corn** *İİ.* mısır 4. **sweet pea** *bitk.* kokulu bezelye çiçeği, ıtırşahi

**sweet²** /swi:t/ *a, İİ.* 1. tatlı 2. şekerleme

**sweeten** /'swi:tn/ *e.* 1. tatlanmak, tatlılaşmak 2. tatlandırmak, tatlılaştırmak 3. *k. dili* yumuşatmak, pohpohlamak

**sweetener** /'swi:tını/ *a.* şeker yerine kullanılan tat verici madde, tatlandırıcı

**sweetheart** /'swi:tha:t/ *a, ünl.* canım, tatlım, sevgilim

**swell¹** /swel/ *e.* [*pt* **swelled,** *pp* **swollen** /'swouln/] 1. şişmek, kabarmak: *His foot swelled after the bee stung it.* 2. şişirmek, kabartmak

**swell²** /swel/ *a.* 1. denizin dalgalanması 2. sesin yükselmesi

**swell³** /swel/ *s, Aİ, k. dili* çok iyi, süper, kalite

**swelling** /'sweling/ *a.* kabarık, şiş, şişlik

**sweltering** /'sweltıring/ *s, k. dili* çok sıcak, cehennem gibi

**swept** /swept/ *pt, pp bkz.* **sweep**

**swerve¹** /swö:v/ *e.* 1. aniden yana sapmak: *The bus swerved to avoid the accident.* 2. (amaçtan) sapmak, dönmek: *He never swerved in his duty as a soldier.* 3. saptırmak, döndürmek

**swerve²** /swö:v/ *a.* ani dönüş, sapma

**swift¹** /swift/ *s.* çabuk, atik, tez, hızlı

**swift²** /swift/ *a, hayb.* kılıç kırlangıcı

**swig** /swig/ *e, k. dili* doya doya içmek

**swill¹** /swil/ *e.* 1. (out/down ile) bol suyla çalkalamak/yıkamak 2. *k. dili* açgözlülükle içmek, bol bol içmek

**swill²** /swil/ *a.* 1. bol suyla yıkama/çalkalama 2. domuz yemi

**swim¹** /swim/ *e.* [*pt* **swam** /swem/, *pp* **swum** /swam/] 1. yüzmek: *Can you swim?* 2. yüzerek geçmek: *He swam the English Channel.* 3. (baş) dönmek:

*My head is swimming.* 4. (with/in ile) dolu/kaplı olmak: *The floor was swimming in water.*

**swim²** /swim/ *a.* yüzme: *They all went for a swim.*

**swimming** /'swiming/ *a.* 1. yüzme, yüzme sporu, yüzücülük 2. **swimming bath** *İİ.* (halka açık) yüzme havuzu 3. **swimming costume** kadın mayosu 4. **swimming trunks** erkek mayosu, mayo

**swimsuit** /'swimsu:t, 'swimsyu:t/ *a.* kadın mayosu

**swindle¹** /'swindl/ *e.* (out of ile) dolandırmak, parasını çarpmak

**swindle²** /'swindl/ *a.* dolandırıcılık

**swine** /swayn/ *a.* 1. *k. dili* pis herif 2. domuz

**swing¹** /swing/ *e.* [*pt, pp* **swung** /swang/] 1. sallanmak: *The window was swinging on one hinge.* 2. sallamak: *She swung her little brother on the swing.* 3. aniden geriye dönmek, ani dönüş yapmak: *They heard a noise behind them and swung round to see what it was.* 4. salınarak yürümek 5. *k. dili* hoş bir ritmi olmak 6. *k. dili* hoş bir ritimle çalmak

**swing²** /swing/ *a.* 1. sallanış, sallanma, sallandırma 2. salıncak 3. dikkat çeken değişiklik, göze batan değişiklik 4. **in full swing** en hareketli anında; tam faaliyette: *The party was in full swing when they arrived.*

**swingeing** /'swincing/ *s.* (özellikle paraya ilişkin ayarlamalarda) en yüksek derecede, çok miktarda

**swinging** /'swinging/ *s.* canlı, hareketli, yaşam dolu

**swipe¹** /swayp/ *a.* kuvvetli darbe, kuvvetli vuruş

**swipe²** /swayp/ *e.* 1. *k. dili* çalmak, yürütmek, araklamak 2. (at ile) kolunun bütün hızıyla vurmak, kuvvetli darbe indirmek

**swirl¹** /swö:l/ *e.* girdap yaparak dönmek

**swirl²** /swö:l/ *a.* 1. (su, toz, duman, vb.) girdap 2. girdap gibi dönme

**swish¹** /swiş/ *e.* 1. ıslık sesi çıkarmak 2. hışırdamak

**swish²** /swiş/ *a.* hışırtı

**swish³** /swiş/ *s, k. dili* gösterişli, pahalı

**switch¹** /swiç/ *a.* 1. şalter, devre anahtarı, elektrik düğmesi 2. (beklenmedik) değişiklik, değişim 3. çubuk, ince ve kısa sopa 4. *Aİ.* demiryolu makası

**switch²** /swiç/ *e.* 1. değiştirmek, değiş tokuş etmek: *I often switch clothes with my sister.* 2. dönmek: *She switched from her job at the bank to singing in a night club.* 3. düğmeye basıp açmak/kapatmak/değiştirmek: *Will you switch the channel, please? I want to see that film.*

**switchboard** /'swiçbo:d/ *a.* telefon santralı

**switch off** *e.* 1. (düğmeye basıp) kapatmak/söndürmek: *Can you switch off the radio, please?* 2. *k. dili* lafa kulak tıkamak: *I often switch off when he talks, he is so boring.*

**switch on** *e.* (düğmeye basıp) açmak: *He switched on the light.*

**switch over** *e.* 1. (TV, radyo) kanal değiştirmek 2. (to/from ile) tümüyle değişmek

**swivel** /'swayvıl/ *e.* (round ile) 1. kendi etrafında dönmek 2. döndürmek

**swollen¹** /'swoulın/ *s.* 1. şişmiş, şiş, kabarık: *His hand was very swollen from a bee sting.* 2. gururlu, şişinmiş, kendini beğenmiş

**swollen²** /swoulın/ *pp bkz.* **swell**

**swoon** /swu:n/ *e.* bayılmak

**swoop¹** /swu:p/ *e.* üstüne çullanmak

**swoop²** /swu:p/ *a.* üstüne çullanma, ani saldırı

**swop** /swop/ *a, e, bkz.* **swap**

**sword** /so:d/ *a.* kılıç

**swordfish** /'so:dfiş/ *a, hayb.* kılıçbalığı

**swordsman** /'so:dzmın/ *a.* kılıç kullanmakta usta olan kimse

**swore** /swo:/ *pt bkz.* **swear**

**sworn¹** /swo:n/ *s.* ezeli, değişmez

**sworn²** /swo:n/ *pp bkz.* **swear**

**swot¹** /swot/ *a, k. dili* hafız, inek, çok çalışan kimse/öğrenci

**swot²** /swot/ *e, k. dili* çok çalışmak, hafızlamak, ineklemek

**swum** /swam/ *pp bkz.* **swim**

**swung** /swang/ *pt, pp bkz.* **swing**

**sycamore** /'sikımo:/ *a, bitk.* 1. firavuninciri 2. *Aİ.* çınar

**sycophant** /'sikıfınt/ *a, hkr.* dalkavuk, yağcı

**syllable** /'silıbıl/ *a, dilb.* hece, seslem

**syllabus** /'silıbıs/ *a.* müfredat programı, öğretim izlencesi

**symbol** /'simbıl/ *a.* sembol, simge

**symbolic** /sim'bolik/ *s.* sembolik, simgesel

**symbolical** /sim'bolikıl/ *s.* sembolik, simgesel

**symbolism** /'simbılizım/ *a.* sembolizm, simgecilik

**symbolize** /'simbılayz/ *e.* 1. sembolü olmak, sembolize etmek 2. simgelerle anlatmak

**symmetric** /si'metrik/ *s.* simetrik, bakışımlı

**symmetrical** /si'metrikıl/ *s.* simetrik, bakışımlı

**symmetry** /'simitri/ *a.* simetri, bakışım

**sympathetic** /simpı'tetik/ *s.* (to ile) karşısındakinin duygularına katılan, duygudaş

**sympathies** /'simpıtiz/ *a.* karşısındaki ile aynı duyguyu paylaşma, duygudaşlık

**sympathize** /'simpıtayz/ *e.* (with ile) 1. (duygularına) katılmak: *I symphatize with your ideas.* 2. duygularını paylaşmak: *She sympathized with him over his father's death.*

**sympathy** /'simpıti/ *a.* 1. acıma, şefkat, halden anlama 2. başkalarının duygularını paylaşma/anlama, duygudaşlık

**symphony** /'simfıni/ *a, müz.* senfoni

**symphonic** /sim'fonik/ *s, müz.* senfonik

**symptom** /'simptım/ *a.* 1. *hek.* araz, bulgu, semptom 2. bulgu, belirti, işaret

**synagogue** /'sinıgog/ *a.* sinagog, havra

**synchronize** /'sinkrınayz/ *e.* 1. (saat) aynı zamana ayarlamak, ayarlarını birbirine uydurmak 2. eş zamanlı/eş hızlı olmak 3. eş zamanlı/eş hızlı kılmak, senkronize etmek

**syndicate¹** /'sindikit/ *a.* sendika

**syndicate²** /'sindikeyt/ *e.* sendika oluşturmak, sendikalaşmak

syndication /sindi'keyşın/ *a.* sendikasyon
syndrome /'sindroum/ *a, hek.* hastalık
belirtileri, tüm semptomlar, sendrom
synod /'sınıd/ *a.* kilise meclisi toplantısı
synonym /'sınınim/ *a.* eşanlamlı sözcük,
eşanlamlı
synonymous /si'nonimıs/ *s.* (with ile)
eşanlamlı
synopsis /si'nopsis/ *a.* özet
syntactic /sin'tektik/ *s, dilb.* sözdizimsel
syntax /'sinteks/ *a, dilb.* sentaks,
sözdizim
synthesis /'sintisis/ *a.* sentez, bireşim
synthesize /'sintisayz/ *e.* 1. sentez yapa-
rak oluşturmak 2. sentezle birleştirmek
synthesizer /'sintisayzı/ *a, müz.*
sintisayzır
synthetic /sin'tetik/ *a.* sentetik, yapay
syphilis /'sifilis/ *a, hek.* frengi
syphon /'sayfın/ *a, e, bkz.* **siphon**
syringe¹ /si'rinc/ *a.* şırınga
syringe² /si'rinc/ *e.* 1. şırıngalamak 2.
şırıngayla temizlemek
syrup /'sırıp/ *a.* şurup
syrupy /'sırıpi/ *s.* 1. şurup gibi, şuruplu,
ağdalı 2. çok tatlı 3. aşırı duygusal
system /'sistım/ *a.* sistem
systematic /sistı'metik/ *s.* sistemli, siste-
matik
systematization /sistımıtay'zeyşın/ *a.*
sistemleştirme
systematize /'sistımıtayz/ *e.* sistemleş-
tirmek, sistematize etmek
systems analyst /'sistımz enılist/ *a.*
sistem analisti

# T

T, t /ti:/ *a.* 1. İngiliz abecesinin yirminci
harfi 2. **to a T** *k. dili* tam tamına, tam,
kusursuz biçimde
ta /ta:/ *ünl, İİ, arg.* 1. sağ ol, eyvallah 2.
**Ta ever so** çok sağ ol
tab /teb/ *a.* 1. etiket 2. brit, askı 3. *Aİ, k.
dili* fatura, hesap 4. **keep tabs/a tab on**
*k. dili* dikkat etmek, kontrol etmek
tabby /'tebi/ *a.* tekir kedi
tabernacle /'tebınekıl/ *a.* seyyar Yahudi
tapınağı
table¹ /'teybıl/ *a.* 1. masa 2. yemek, sofra
3. tablo, çizelge 4. **at table** sofrada 5.
**table tennis** *sp.* masatenisi 6. **turn the
tables (on sb)** kendi kazdığı kuyuya
düşürmek
table² /'teybıl/ *e, İİ.* tasarıyı müzakereye
sunmak
tablecloth /'teybılklot/ *a.* sofra örtüsü,
masa örtüsü
table d'hôte /ta:bıl 'dout/ *a.* tabldot
tablespoon /'teybılspu:n/ *a.* servis kaşığı
tablet /'teblit/ *a.* 1. *hek.* tablet 2. kitabe,
yazıt, tablet
tabloid /'tebloyd/ *a.* küçük sayfalı, bol
resimli gazete
taboo¹ /tı'bu:, te'bu:/ *a.* tabu, yasak
taboo² /tı'bu:/ *s.* tabu, yasak
tabulate /'tebyuleyt/ *e.* cetvel haline
koymak, çizelgelemek
tacit /'tesit/ *s.* söylenmeden anlaşılan
taciturn /'tesitö:n/ *s.* sessiz, sakin, sus-
kun, az konuşan
taciturnity /tesi'tö:niti/ *a.* suskunluk,
sessizlik
tack¹ /tek/ *a.* 1. ufak çivi, raptiye, pünez 2.
*den.* gidiş, yol, rota 3. teyel
tack² /tek/ *e.* 1. çivi ya da raptiye ile
tutturmak, çakmak 2. *den.* orsa etmek 3.
kumaşı teyellemek, çatmak
tackle¹ /'tekıl/ *a.* 1. halat takımı 2. takım,
donatı 3. *sp.* markaj, tutma, durdurma
tackle² /'tekıl/ *e.* 1. uğraşmak, çaresine
bakmak, üstesinden gelmek 2. *sp.* topu
kapmak, ayağından almak 3. *k. dili* ya-
kalamak 4. *k. dili* saldırmak

**tack on** *e, k. dili* (to ile) (kitap, konuşma, vb. sonunda) eklemek, ilave etmek

**tacky** /'teki/ *s.* 1. yapışkan: *tacky paint* 2. *k. dili* adi, kalitesiz, üçüncü sınıf, boktan: *That carpet is really tacky.*

**tact** /tekt/ *a.* 1. zaman ve durumun gerektirdiği biçimdeki davranış 2. davranış inceliği, insanlarla anlaşabilme yetisi

**tactful** /'tektfıl/ *s.* ince düşünüşlü, sezgisi güçlü, nazik, sezinçli

**tactic** /'tektik/ *a.* taktik, yönlem

**tactical** /'tektıkıl/ *s.* taktik

**tactics** /'tektiks/ *a, ask.* taktik

**tactile** /'tektayl/ *s, biy.* dokunma duyusuna ilişkin, dokunsal

**tactless** /'tektlis/ *s.* patavatsız, düşüncesiz, sezinçsiz, densiz

**tadpole** /'tedpoul/ *a, hayb.* iribaş

**tag**[1] /teg/ *a.* 1. etiket, fiş 2. çok sık kullanılan laf, beylik laf

**tag**[2] /teg/ *e.* 1. etiketlemek, fiş takmak 2. eklemek 3. (along/on ile) *k. dili* peşine takılmak, birlikte gitmek, takılmak

**tag**[3] /teg/ *a.* elim sende oyunu

**tail**[1] /teyl/ *a.* 1. kuyruk 2. *arg.* göt 3. bozuk paranın resimsiz tarafı, yazı 4. **heads or tails** yazı mı, tura mı 5. **tail end** son kısım, son bölüm, son 6. **turn tail** kaçmak

**tail**[2] /teyl/ *e, k. dili* kuyruk gibi peşine takılmak, yakından izlemek

**tail off/away** *e.* kötüye gitmek, azalmak, düşmek, zayıflamak

**tailor**[1] /'teylı/ *a.* terzi

**tailor**[2] /'teylı/ *e.* 1. elbise dikmek 2. yeni bir biçim vermek

**tailor-made** /teylı'meyd/ *s.* 1. ısmarlama dikilmiş 2. uygun

**tails** /teylz/ *a.* frak

**taint**[1] /teynt/ *e.* lekelemek, leke sürmek, kara çalmak, bozmak

**taint**[2] /teynt/ *a.* 1. leke 2. pis koku 3. ayıp, kusur

**take**[1] /teyk/ *e.* [*pt* **took** /tuk/, *pp* **taken** /'teykın/] 1. almak: *He took the book that she gave him.* 2. götürmek: *He took some tomatoes to his friend. They took him to the hospital.* 3. kiralamak; tutmak: *Is the table by the window taken?*

4. kazanmak; almak: *His painting took third place in the exhibiton.* 5. (sınav) girmek: *He had to take a medical examination before they would give him a visa.* 6. (fotoğrafını) çekmek: *That photographer has taken many famous people. He took my photo when I wasn't looking.* 7. kabullenmek, üstlenmek, almak: *He takes criticism very well.* 8. gerektirmek, istemek: *It took great strength to lift the weight. It takes great skill to paint like that.* 9. (içine) almak, taşımak: *This container takes six litres.* 10. yapmak, almak: *You should take a shower every day.* 11. dayanmak, tahammül etmek: *She couldn't take the arguments any longer and left him.* 12. tutmak, rağbet görmek, başarılı olmak: *Sometimes new fashions don't take.* 13. çıkarmak: *Take five from eight to get three.* 14. binmek, ile gitmek: *You'll have to take the ferry to Kadıköy.* 15. (hasta) olmak 16. (zaman) sürmek, çekmek: *The flight will take hours.* 17. **take it from me** inan bana, inan ki ... 18. **take one's time (over)** a) acele etmemek, gerektiği kadar zaman harcamak b) fazla vaktini almak 19. **take place** olmak, meydana gelmek

**take**[2] /teyk/ *a.* 1. *k. dili* hasılat, para, kâr 2. çekim

**take aback** *e.* şaşırtmak: *I was taken aback by his rudeness.*

**take after** *e.* 1. -e benzemek, çekmek: *He takes after his father.* 2. gibi davranmak/görünmek: *She tries to take after Marilyn Monroe.*

**take apart** *e.* sökmek, parçalarına ayırmak

**takeaway**[1] /'teykıwey/ *a, İİ.* hazır yemek satan dükkân

**takeaway**[2] /'teykıwey/ *s, İİ.* hazır yemek satan dükkândan alınan

**take back** *e.* geri almak

**take down** *e.* 1. sökmek, parçalarına ayırmak 2. yazmak, kaydetmek

**take in** *e.* 1. almak, içeriye almak, ev sağlamak 2. içine almak, içermek 3. (giysi) daraltmak 4. anlamak 5. kandırmak, aldatmak, yutturmak

taken /'teykın/ *pt, pp bkz.* **take**

takeoff /'teykof/ *a.* 1. havalanma 2. *k. dili* taklit

take off *e.* 1. çıkarmak: *It was so cold inside he didn't take off his coat.* 2. (uçak) havalanmak, kalkmak 3. *k. dili* (birini) taklit etmek

take on *e.* 1. işe almak, işe başlatmak, görev vermek: *They've taken on a new secretary.* 2. ile dövüşmek, kavga etmek: *Despite being small he took on a really big guy.* 3. üstlenmek, üstüne almak: *He's taken on too much extra work.* 4. almak, takınmak: *He's taken on a look of prosperity.*

take out *e.* 1. içinden çıkarmak, çekip almak, çıkarmak 2. bir yere götürmek 3. resmen elde etmek, edinmek 4. **take sb out of himself** neşelendirmek, yüzünü güldürmek 5. **take it out of sb** *k. dili* bütün gücünü tüketmek

take out on *e, k. dili* hırsını -den almak, acısını -den çıkartmak: *He took out his bad temper on his children.*

takeover /'teykouvı/ *e.* devralma, ele geçirme, yönetimi alma, devir

take over *e.* devralmak, yönetimi almak, üzerine almak: *The business has been taken over by an international company.*

take to *e.* 1. kanı kaynayıvermek, hoşlanmak: *My mother has really taken to my new boyfriend.* 2. -e başlamak, alışkanlık edinmek: *Fred's taken to jogging every morning.* 3. (dinlemek için) -e gitmek, çekilmek, kaçmak: *She had a headache and took to her bed early.*

take up *e.* 1. girişmek, başlamak, ilgilenmek, merak sarmak: *He's taken up jogging to get fit.* 2. (yer, zaman, vb.) kaplamak, tutmak, işgal etmek, doldurmak, almak 3. sürdürmek, devam etmek 4. (on ile) (birinin önerisini) kabul etmek 5. **taken up (with)** ile çok meşgul

take up with *e, k. dili* ile arkadaş olmak

taking /'teyking/ *s, k. dili* çekici

takings /'teykingz/ *a.* kâr, kazanç, hasılat, gelir

talc /telk/ *a.* talk pudrası

talcum powder /'telkım paudı/ *a.* talk pudrası

tale /teyl/ *a.* 1. hikâye, masal 2. palavra, yalan, masal 3. dedikodu

talent /'telınt/ *a.* doğal yetenek

talented /'telıntid/ *s.* yetenekli

talisman /'telizmın/ *a.* tılsım, uğur, uğurluk

talk[1] /to:k/ *e.* konuşmak: *He didn't learn to talk until he was three. He's been talking on the phone for half an hour. I want to talk to you. Stop talking rubbish!*

talk[2] /to:k/ *a.* 1. konuşma, görüşme: *I'm going to have a talk with my boss today. They had a long talk.* 2. sohbet: *He gave us a talk about Africa.* 3. konuşma biçimi, konuşma 4. boş laf

talkative /'to:kıtiv/ *s.* konuşkan, çenesi düşük, geveze

talk down to *e.* biriyle küçümseyici bir biçimde konuşmak

talker /'to:kı/ *a.* konuşmacı

talking-to /'to:kingtı/ *a, k. dili* azarlama, paylama, azar, fırça

talk into *e.* -meye ikna etmek: *I tried to talk her into going out but she wouldn't.*

talk out of *e.* 1. -memeye ikna etmek, -den vazgeçirmek: *I wish I had talked him out of going to Libya.* 2. **talk one's way out of** içini dökmek, konuşup rahatlamak

talk over *e.* (with ile) görüşmek, tartışmak

talk round *e.* (to ile) caydırmak, fikrinden vazgeçirmek; ikna etmek: *We soon talked him round to our way of thinking.*

tall /to:l/ *s.* 1. uzun boylu: *She is taller than me.* 2. ... boyunda 16. 3. yüksek: *That building is really tall.* 4. **tall order** yapılması hemen hemen olanaksız iş, olmayacak iş 5. **tall story** inanılması güç hikâye, palavra, maval, masal

tallow /'telou/ *a.* donyağı

tally[1] /'teli/ *a.* 1. hesap 2. çetele 3. skor

tally[2] /'teli/ *e.* (with ile) 1. birbirini tutmak, uymak, sonuçları eşit olmak, bağdaşmak 2. sonucunu eşitlemek, birbirini tutturmak, bağdaştırmak

talon /'telın/ *a, hayb.* pençe

tambourine /tembı'ri:n/ *a, müz.* tef

**tame1**       

tame¹ /teym/ s. 1. evcil 2. yumuşak başlı, uysal 3. *k. dili* sıkıcı, yavan, tatsız
tame² /teym/ e. 1. evcilleştirmek, ehlileştirmek 2. dize getirmek
tamer /'teymı/ a. vahşi hayvan eğiticisi
tamper /'tempı/ e. (with ile) karıştırmak, kurcalamak, oynamak
tampon /'tempon/ a. (adet zamanı kullanılan) tampon
tan¹ /ten/ e. 1. (hayvan derisi) tabaklamak, sepilemek 2. güneşte yanmak, bronzlaşmak 3. bronzlaştırmak
tan² /ten/ a. 1. güneş yanığı 2. sarımsı kahverengi
tandem /'tendım/ a. iki kişilik bisiklet
tang /teng/ a. 1. keskin koku 2. keskin tat
tangent /'tencınt/ a, mat. tanjant, teğet
tangerine /tencı'ri:n/ a, bitk. mandalina
tangible /'tencıbıl/ s. 1. dokunulabilir, elle hissedilebilen 2. gerçek, elle tutulur, somut, kesin
tangle¹ /'tengıl/ e. 1. dolaştırmak, karmakarışık etmek, arapsaçına çevirmek: *The wind tangled her hair.* 2. arapsaçına dönmek, dolaşmak, karışmak: *The ball of wool tangled.*
tangle² /'tengıl/ a. dolaşık şey, karmakarışık şey, arapsaçı, düğüm
tangle with e, k. dili atışmak, kapışmak, tartışmak
tango¹ /'tengou/ a, müz. tango
tango² /'tengou/ e. tango yapmak
tank /tenk/ a. 1. ask. tank 2. (gaz, sıvı, vb.) depo, tank, sarnıç 3. oto. benzin deposu
tankard /'tenkıd/ a. maşrapa
tanker /'tenkı/ a. tanker
tantalize /'tentlayz/ e. boşuna ümit vermek, umutlandırıp vermemek
tantamount /'tentımaunt/ s. (to ile) eşit, eşdeğer, aynı değerde, eşdeğerde
tantrum /'tentrım/ a. öfke nöbeti, sinir krizi
tap¹ /tep/ a. 1. musluk 2. tapa, tıkaç 3. **on tap** a) (bira) fıçıdan b) hazır
tap² /tep/ e. 1. tapa ya da musluğu açmak 2. (telefon konuşmalarını) gizli bağlantı kurarak dinlemek 3. delip ya da kesip içindeki sıvıyı çekmek 4. kullanmak
tap³ /tep/ e. hafifçe vurmak

tap⁴ /tep/ a. 1. hafif vuruş 2. **tap dancing** step dansı
tape¹ /teyp/ a. 1. şerit 2. bant, ses kayıt bantı 3. kaset, bant 4. **tape deck** yükselticisiz ve hoparlörsüz kasetçalar, dek teyp 5. **tape measure** mezura 6. **tape recorder** teyp
tape² /teyp/ e. 1. banda kaydetmek, banda çekmek 2. (up ile) şeritle bağlamak
taper¹ /'teypı/ e. 1. uca doğru incelmek, sivrilmek 2. inceltmek, ucunu sivriltmek
taper² /teypı/ a. ince ve uzun mum
tapestry /'tepistri/ a. duvar halısı
tapeworm /'teypwö:m/ a. tenya, şerit, bağırsak solucanı
tappet /'tepit/ a. kol, manivela
tar¹ /ta:/ a. 1. asfalt 2. katran
tar² /ta:/ e. 1. asfaltlamak, asfalt dökmek 2. katranla kaplamak
tarantula /tı'rentyulı/ a, hayb. büyük zehirli bir örümcek, tarantula
tardy /'ta:di/ s. ağır, yavaş, geç, gecikmiş
target /'ta:git/ a. 1. hedef, hedef tahtası 2. amaç, erek, hedef 3. alay konusu kimse/şey; şamar oğlanı
tariff /'terif/ a. 1. tarife 2. gümrük vergisi
tarmac /'ta:mek/ a. asfalt, asfalt alanı
tarmacadam /ta:mı'kedım/ a, bkz. **tarmac**
tarnish /'ta:niş/ e. 1. sönükleşmek, kararmak, donuklaşmak 2. karartmak, donuklaştırmak, sönükleştirmek
tarot /'terou/ a. fal bakmak için kullanılan 22'lik iskambil destesi
tarpaulin /ta:'po:lin/ a. katranlı muşamba
tart¹ /ta:t/ a. 1. turta 2. arg, hkr. orospu
tart² /ta:t/ s. 1. keskin, acı 2. ters, aksi, acı, iğneleyici
tartan /'ta:tn/ a. ekose (kumaş)
tartar /'ta:tı/ a. 1. kefeki, pesek 2. şirret, bela, vahşi kimse 3. **tartar sauce** sos tartar, balık sosu
task /ta:sk/ a. 1. vazife, görev, iş 2. **take sb to task** azarlamak, paylamak, fırça çekmek 3. **task force** polis ya da asker gücü, özel birlik
taskmaster /'ta:skma:stı/ a. başkasına iş yükleyen kimse, angaryacı

tassel /'tesıl/ *a.* püskül

taste[1] /teyst/ *e.* 1. tatmak, tadına bakmak: *Would you like to taste my dessert?* 2. tat almak, tadını almak: *I can't taste any salt in this soup.* 3. belli bir tadı olmak: *This tastes like lamb to me.*

taste[2] /teyst/ *a.* 1. tat: *This food has a funny taste.* 2. tadımlık: *Can I have a taste of your wine?* 3. beğeni, zevk: *She has good taste in everything she wears.*

tasteful /'teystfıl/ *s.* zevkli

tasteless /'teystlıs/ *s.* 1. tatsız: *This soup is tasteless.* 2. zevksiz: *You're so tasteless.*

taster /'teystı/ *a.* çeşnici, içki ya da yemeklerin tadına bakan kimse

tasty /'teysti/ *s.* lezzetli, tatlı

ta-ta /te'ta:/ *ünl, k. dili* hoşça kal, eyvallah

tattered /'tetıd/ *s.* yırtık pırtık, eski püskü

tatters /'tetız/ *a.* yırtık pırtık giysi, paçavra

tattoo[1] /te'tu:, tı'tu:/ *e.* dövme yapmak

tattoo[2] /te'tu:/ *a.* dövme

tattoo[3] /te'tu:/ *a.* 1. trampet sesi 2. *ask.* bando gösterisi

tatty /'teti/ *s, k. dili* dağınık, pejmürde, eski püskü

taught /to:t/ *pt, pp bkz.* **teach**

taunt[1] /to:nt/ *e.* alay etmek, sataşmak, iğnelemek

taunt[2] /to:nt/ *a.* alay, sataşma, iğneleme

Taurus /'to:rıs/ *a.* Boğa burcu

taut /to:t/ *s.* 1. gerili, sıkı, gergin 2. gergin, gerilmiş, telaşlı

tautology /to:'tolıci/ *a.* gereksiz tekrar

tavern /'tevın/ *a.* taverna

tawdry /'to:dri/ *s.* adi, zevksiz, cafcaflı

tawny /'to:ni/ *s.* esmer, sarımsı kahverengi

tax[1] /teks/ *e.* 1. vergilendirmek, vergi koymak 2. yormak, zorlamak

tax[2] /teks/ *a.* 1. vergi 2. külfet, yük

taxable /'teksıbıl/ *s.* vergiye tabi

taxation /tek'seyşın/ *a.* 1. vergilendirme 2. vergi miktarı, vergi

tax-free /teks'fri:/ *s, be.* vergiden muaf

taxi[1] /'teksi/ *a.* 1. taksi 2. **taxi rank/stand** taksi durağı

taxi[2] /'teksi/ *e.* (uçak) yerde ilerlemek, taksi yapmak

taxicab /'teksikeb/ *a.* taksi

taxidermy /'teksidö:mi/ *a.* hayvan postunu doldurma sanatı

taximeter /'teksimi:tı/ *a.* taksimetre

tax with *e.* ile suçlamak

tea /ti:/ *a.* 1. çay: *They grow and drink a lot of tea in Türkiye.* 2. bitki çayı: *She drinks camomile tea to help her sleep.* 3. öğleden sonraları yenen hafif yemek 4. **high tea** erken yenen akşam yemeği 5. **one's cup of tea** *k. dili* -in sevdiği şey 6. **tea caddy** çay kavanozu/kutusu 7. **tea cosy** çaydanlık örtüsü 8. **tea towel** bulaşık kurulama bezi

teabag /'ti:beg/ *a.* poşet çay

teach /ti:ç/ *e.* [*pt, pp* **taught** /to:t/] 1. öğretmek: *My mother taught me to be polite to everyone.* 2. ders vermek: *She teaches at London University.*

teacher /'ti:çı/ *a.* öğretmen

teaching /'ti:çing/ *a.* 1. öğretim 2. ders, öğreti 3. öğretmenlik

teacup /'ti:kap/ *a.* 1. çay fincanı 2. **storm in a teacup** bir bardak suda fırtına

teagarden /'ti:ga:dn/ *a.* 1. çay ve hafif yiyecekler bulunduran açık hava lokantası 2. çay yetiştirilen geniş arazi

teak /ti:k/ *a, bitk.* tik ağacı

tealeaf /'ti:li:f/ *a.* çay yaprağı

team /ti:m/ *a.* 1. takım 2. grup, ekip 3. aynı aracı çeken hayvanlar 4. **team spirit** takım ruhu

team up *e.* (with ile) birlikte çalışmak, ekip halinde çalışmak, ekip çalışması yapmak

teamwork /'ti:mwö:k/ *a.* ekip çalışması

teapot /'ti:pot/ *a.* demlik

tear[1] /tiı/ *a.* gözyaşı

tear[2] /teı/ *e.* [*pt* **tore** /to:/, *pp* **torn** /to:n/] 1. yırtmak: *He tore a page out of the book.* 2. yırtılmak 3. kopmak 4. koparmak 5. hızla ilerlemek, paldır küldür gitmek: *The car tore down the road and hit a tree.* 6. **tear a strip off sb** *k. dili* fırça çekmek, paylamak, haşlamak, azarlamak

tear[3] /teı/ *a.* (giysi, kâğıt, vb.) yırtık, sökük

tearaway /'teırıwey/ *a, k. dili* gürültücü, vahşi genç

T

**tear down** e. yıkmak, alaşağı etmek, yerle bir etmek: *Tear down the wall!*

**teardrop** /'tiidrop/ a. gözyaşı damlası

**tearful** /'tııfıl/ s. 1. ağlayan, gözü yaşlı 2. ağlamaklı

**tear into** e. (özellikle sözle) saldırmak

**tearoom** /'ti:ru:m, 'ti:rum/ a. çay ve hafif yemekler bulunduran lokanta

**tear up** e. yırtarak parçalamak, parça parça etmek

**tease**[1] /'ti:z/ e. 1. sataşmak, takılmak, alay etmek: *She often cried when they teased her about her parents.* 2. rahatsız etmek, rahat vermemek: *Her sister often teased her till she lost her temper.*

**tease**[2] /ti:z/ a. sataşan, alaycı, muzip kimse

**teaser** /'ti:zı/ a, k. dili 1. zor soru/sorun 2. sataşan, alaycı, muzip kimse

**teaspoon** /'ti:spu:n/ a. çay kaşığı

**teat** /ti:t/ a. 1. meme ucu 2. biberon emziği

**teatime** /'ti:taym/ a. (öğleden sonra) çay saati

**tech** /tek/ a, k. dili teknik okul

**technical** /'teknikıl/ s. 1. teknik 2. **technical college** teknik okul

**technician** /tek'nişın/ a. teknisyen

**technique** /tek'ni:k/ a. teknik, yordam

**technological** /teknı'locikıl/ s. teknolojik

**technology** /tek'nolıci/ a. teknoloji, uygulayımbilim

**teddy bear** /'tedi beı/ a. oyuncak ayı

**tedious** /'ti:diıs/ s. sıkıcı, usandırıcı, bezdirici

**tedium** /'ti:diım/ a. usandırıcılık, bıktırıcılık, sıkıcılık

**tee** /ti:/ a. (golf) ilk vuruşun yapıldığı yer

**teem**[1] /ti:m/ e. (with ile) dolu olmak, kaynaşmak: *The river is teeming with trout.*

**teem**[2] /ti:m/ e, k. dili bardaktan boşanırcasına yağmak

**teenage** /'ti:neyc/ s. 13-19 yaş arası gençlerle ilgili

**teenager** /'ti:neycı/ a. 13-19 yaş arası genç

**teens** /'ti:nz/ a. 13. 19 arasındaki yaş

**tee shirt** /'ti: şö:t/ a. tişört

**teeter** /'ti:tı/ e. düşecek gibi olmak, sallanmak, sendelemek: *She teetered in her new high- heeled shoes.*

**teeth** /ti:t/ a. 1. dişler 2. **armed to the teeth** tepeden tırnağa silahlı

**teethe** /ti:d/ e. (bebek) diş çıkarmak

**teetotal** /ti:'toutl/ s. yeşilaycı, içki içmeyen

**teetotaller** /ti:'toutılı/ a. içki içmeyen kimse, yeşilaycı

**tele** /'teli/ a, Aİ, k. dili televizyon

**telecast** /'telika:st/ a. televizyon yayını

**telecommunications** /telikımyu:ni'keyşınz/ a. telekomünikasyon, iletişim

**telegram** /'teligrem/ a. telgraf, telyazı

**telegraph**[1] /'teligra:f/ a. telgraf, telgraf sistemi

**telegraph**[2] /'teligra:f/ e. telgraf çekmek

**telepathic** /teli'petik/ s. telepatik

**telepathy** /ti'lepıti/ a. telepati, uzaduyum, öteduyum

**telephone**[1] /'telifoun/ a. 1. telefon 2. **telephone booth** telefon kulübesi 3. **telephone directory** telefon rehberi 4. **telephone exchange** telefon santrali

**telephone**[2] /'telifoun/ e. telefon etmek

**telephonist** /tı'lefınist/ a. santral memuru

**telephoto lens** /telifoutou 'lenz/ a. teleobjektif

**telescope**[1] /'teliskoup/ a. teleskop

**telescope**[2] /'teliskoup/ e. 1. iç içe geçerek kısalmak 2. iç içe geçirip kısaltmak

**telescopic** /teli'skopik/ s. 1. teleskopa ilişkin, teleskopik 2. iç içe girerek uzayıp kısalan, geçmeli

**Teletext** /'telitekst/ a. teletekst, tele-metin, yazı görüntüleme

**televise** /'telivayz/ e. televizyonda göstermek, yayınlamak

**television** /'telivijın/ a. televizyon

**telex**[1] /'teleks/ a. 1. teleks 2. teleks haberi

**telex**[2] /'teleks/ e. teleks çekmek, teleksle haber yollamak

**tell** /tel/ e. [pt, pp told /tould/] 1. söylemek: *Tell me your name. I told you the truth.* 2. anlatmak: *Tell us another story. He told me a very funny joke.* 3. tembihlemek: *She told them not to go to near the fire or they might get burnt.* 4. emretmek: *He told his men to attack the* *bridge.* **5.** bildirmek: *She told me the plane arrived at ten o'clock.* **6.** göstermek, belli etmek: *The tears in her eyes told how unhappy she was.* **7.** etkili olmak, göze çarpmak, belli olmak: *They had studied hard and it told in their excellent exam results.* **8.** bilmek, tahmin etmek, seçmek, ayırt etmek: *They couldn't tell whether it would rain or not. I can't tell the difference between these two wines.* **9.** başkasına söylemek: *I broke the window. Please don't tell.*

**teller** /'telı/ *a.* **1.** banka veznedarı **2.** oy sayıcı

**telling** /'teling/ *s.* **1.** etkili, tesirli **2.** (duygu, görüş, vb.) açığa çıkaran, gösteren, belirten

**tell off** *e, k. dili* azarlamak, paylamak, fırça çekmek, haşlamak: *He told me off for talking in class.*

**tell on** *e.* **1.** kötü etkisi olmak, kötü etkilemek **2.** *k. dili* gammazlamak, ispiyonlamak, ihbar etmek

**telltale**[1] /'telteyl/ *a, k. dili* gammaz, muhbir, ispiyoncu

**telltale**[2] /'telteyl/ *s.* (duygu, düşünce, suç, vb.) belli eden, açığa vuran

**telly** /'teli/ *a, İİ, k. dili* televizyon

**temerity** /ti'meriti/ *a.* gözü peklik, ataklık, aptalca cesaret, cüret

**temper**[1] /'tempı/ *a.* **1.** hal, keyif **2.** huy, tabiat, mizaç **3.** kızgınlık, öfke **4.** **fly/get into a temper** aniden tepesi atmak **5.** **keep one's temper** sakinliğini korumak **6.** **lose one's temper** tepesi atmak, kızmak

**temper**[2] /'tempı/ *e.* **1.** (metal) sertleştirmek, tavlamak **2.** hafifletmek, yumuşatmak

**temperament** /'tempırımınt/ *a.* huy, tabiat, mizaç, yaradılış, yapı, doğa

**temperamental** /tempırı'mentıl/ *s.* **1.** değişken doğalı, saati saatine uymayan **2.** yapıdan ileri gelen, tabiatından kaynaklanan

**temperance** /'tempırıns/ *a.* **1.** ılımlılık, itidal, nefse hâkimiyet, özdenetim **2.** içki içmeme, alkolden kaçınma

**temperate** /'tempırit/ *s.* **1.** ılımlı, ölçülü **2.** ılıman, ılık, mutedil

**temperature** /'tempırıçı/ *a.* **1.** sıcaklık derecesi **2.** **have/run a temperature** ateşlenmek, ateşi olmak **3.** **take sb's temperature** ateşini ölçmek

**tempest** /'tempist/ *a, yaz.* fırtına

**tempestuous** /tem'pesçuıs/ *s.* fırtınalı

**temple** /'tempıl/ *a.* **1.** tapınak **2.** *anat.* şakak

**tempo** /'tempou/ *a.* tempo

**temporal** /'tempırıl/ *s.* **1.** zamanla ilgili **2.** maddi **3.** geçici

**temporary** /'tempırıri/ *s.* geçici: *He has a temporary position in a travel agency.*

**tempt** /tempt/ *e.* **1.** şeytana uydurmak, ayartmak, baştan çıkarmak, teşvik etmek: *His poverty tempted him to steal.* **2.** cezbetmek, özendirmek: *The holiday brochure tempted us to go to Spain.*

**temptation** /temp'teyşın/ *a.* **1.** istek uyandıran şey, cezbedici şey **2.** ayartma, baştan çıkarma **3.** baştan çıkma, şeytana uyma

**ten** /ten/ *a, s.* on

**tenable** /'tenıbıl/ *s.* **1.** savunulabilir **2.** (of ile) elde tutulabilir

**tenacious** /ti'neyşıs/ *s.* **1.** inatçı, direngen **2.** (hafıza) güçlü

**tenacity** /ti'nesiti/ *a.* inat, azim, sebat

**tenancy** /'tenınsi/ *a.* **1.** kira süresi **2.** kiracılık

**tenant** /'tenınt/ *a.* kiracı

**tend** /tend/ *e.* **1.** (to ile) meyletmek, eğinmek, eğilimi olmak: *The books he writes tend to be very long.* **2.** yönelmek, -e yönelik olmak: *Her political views tend towards communism.* **3.** bakmak, ilgilenmek: *Who is tending your garden when you're away?*

**tendency** /'tendınsi/ *a.* eğilim

**tender**[1] /'tendı/ *s.* **1.** yumuşak, gevrek, körpe **2.** duyarlı, kolay incinir, hassas **3.** *yaz.* genç, toy, deneyimsiz **4.** sevecen, müşfik, şefkatli **5.** dokununca acıyan

**tender**[2] /'tendı/ *a.* kömür vagonu

**tender**[3] /'tendı/ *a.* teklif, fiyat teklifi

**tender**[4] /'tendı/ *e.* teklif etmek, sunmak

**tender for** *e.* (ihale için) teklifte bulunmak

**tenderhearted** /tendı'ha:tid/ *s.* yufka

yürekli, müşfik, şefkatli, duyarlı, duygusal

**tendon** /'tendın/ *a, anat.* kiriş

**tendril** /'tendril/ *a, bitk.* asma bıyığı, sülükdal

**tenement** /'tenimınt/ *a.* çok kiracılı ucuz apartman

**tenet** /'tenit/ *a.* inanç, prensip

**tennis** /'tenis/ *a, sp.* 1. tenis 2. **tennis court** tenis sahası

**tenor** /'tenı/ *a.* 1. *müz.* tenor, en tiz erkek sesi 2. genel anlam

**tense**[1] /tens/ *a, dilb.* zaman

**tense**[2] /tens/ *s.* 1. gergin, sıkı, gerilmiş, gerili 2. sinirli, gergin, telaşlı

**tense**[3] /tens/ *e.* (up ile) 1. gerilmek, gerginleşmek 2. germek, gerginleştirmek

**tension** /'tenşın/ *a.* 1. (ip, tel, vb.) gerginlik derecesi 2. *elek.* gerilim, voltaj 3. gerginlik, zihin yorgunluğu, asabiyet, stres

**tent** /tent/ *a.* çadır

**tentacle** /'tentikıl/ *a, hayb.* dokunaç

**tentative** /'tentıtiv/ *s.* deneme niteliğinde, öneri niteliğinde, kesin olmayan

**tenth** /tent/ *a, s.* onuncu

**tenuous** /'tenyuıs/ *s.* çok zayıf, az, hafif

**tenure** /'tenyı, 'tenyuı/ *a.* 1. işinde kalabilme hakkı 2. sahiplik hakkı 3. memuriyet/kullanım süresi

**tepee** /'ti:pi:/ *a.* yuvarlak çadır, kızılderili çadırı

**tepid** /'tepid/ *s.* ılık: *The bath water was tepid.*

**tequila** /ti'ki:lı/ *a.* tekila

**term**[1] /tö:m/ *a.* 1. (okul) dönem 2. süre 3. terim: *technical terms*

**term**[2] /tö:m/ *e.* adlandırmak, çağırmak, demek

**terminal**[1] /'tö:minıl/ *s.* 1. ölümcül, öldürücü 2. ölen 3. dönemle ilgili, dönem ... 4. sonda bulunan, son

**terminal**[2] /'tö:minıl/ *a.* 1. terminal, otobüs terminalı 2. *elek.* kutup

**terminate** /'tö:mineyt/ *e.* 1. bitirmek, son vermek: *They terminated the course because there were too few students.* 2. bitmek, sona ermek: *The railway line terminates at the next town.*

**terminology** /tö:mi'nolıci/ *a.* terminoloji, terimler dizgesi

**terminus** /'tö:minıs/ *a.* son durak

**termite** /'tö:mayt/ *a, hayb.* beyaz karınca, termit

**terms** /'tö:mz/ *a.* 1. şartlar, koşullar, anlaşma koşulları 2. **come to terms with** kabullenmek, boyun eğmek 3. **in no uncertain terms** açık açık, kızgınlıkla 4. **in terms of** -e göre 5. **on good terms with** ile iyi ilişkiler içinde, ile iyi arkadaş 6. **think in terms of** düşünmek, gözden geçirmek

**terrace** /'teris/ *a.* 1. sıra evler 2. teras, taraça 3. set 4. *sp.* tribün basamağı

**terra firma** /terı'fö:mı/ *a.* kara toprak, kuru arazi

**terrain** /te'reyn, ti'reyn/ *a.* arazi

**terrapin** /'terıpin/ *a.* küçük su kaplumbağası

**terrestrial** /ti'restriıl/ *s.* 1. karaya ait, karasal 2. dünyevi, dünya ile ilgili

**terrible** /'terıbıl/ *s.* 1. korkunç: *It was a terrible war.* 2. *k. dili* rezil, berbat: *That book is terrible.*

**terribly** /'terıbli/ *be.* 1. korkunç bir şekilde, çok kötü: *He was terribly wounded by the bomb explosion.* 2. *k. dili* çok, son derece, müthiş: *She was terribly happy to see him.*

**terrier** /'teriı/ *a.* teriyer, küçük av köpeği

**terrific** /tı'rifik/ *s, k. dili* 1. çok iyi, mükemmel, harika, süper 2. korkunç, müthiş, süper

**terrifically** /tı'rifikli/ *be, k. dili* çok, o biçim, süper

**terrify** /'terifay/ *e.* çok korkutmak, ödünü patlatmak: *Lightning always terrifies her.*

**territorial** /teri'to:riıl/ *s.* 1. karaya ait, karasal 2. bölgesel 3. **territorial waters** karasuları

**territory** /'teritıri/ *a.* 1. toprak, arazi 2. bölge 3. ülke, memleket

**terror** /'terı/ *a.* 1. tedhiş, terör 2. dehşet, korku 3. *k. dili* baş belası: *That kid is a real terror.*

**terrorism** /'terırizım/ *a.* tedhişçilik, terörizm

**terrorist** /'terırist/ *a, s.* tedhişçi, terörist

terrorize /'terırayz/ e. korkutmak, yıldırmak

terse /tö:s/ s. (söz) kısa ve özlü

tertiary /'tö:şıri/ s. üçüncü sırada yer alan, üçüncü dereceden, üçüncü

Terylene /'terili:n/ a. terilen

test[1] /test/ a. 1. sınav, test 2. deneme, sınama 3. ölçü, ayar 4. muayene 5. deney 6. *kim.* çözümleme 6. **test pilot** deneme pilotu 7. **test tube** deney tüpü 8. **test-tube baby** tüp bebek

test[2] /test/ e. 1. muayene etmek, kontrol etmek 2. denemek, sınamak 3. araştırmak

testament /'testımınt/ a. 1. vasiyetname 2. **New Testament** Yeni Ahit 3. **Old Testament** Eski Ahit

testicle /'testikıl/ a. testis, erbezi, taşak

testify /'testifay/ e. 1. tanıklık etmek: *He testified on behalf of the accused.* 2. kanıtlamak, doğrulamak

testimonial /testi'mouniıl/ a. 1. bonservis 2. takdirname, başarı belgesi

testimony /'testimıni/ a. *huk.* 1. tanıklık 2. ifade

testy /'testi/ s. 1. sabırsız 2. kolay kızan

tetanus /'tetınıs/ a, hek. tetanos, kazıklıhumma

tether /'tedı/ a. 1. hayvan zinciri/ipi 2. **at the end of one's tether** dayanacak sabrı/gücü kalmamış

text /tekst/ a. 1. metin, tekst, parça 2. konu 3. İncil'de ayet

textbook /'tekstbuk/ a. ders kitabı

textile /'tekstayl/ a. 1. tekstil, dokuma, dokumacılık 2. dokuma kumaş, dokuma

textual /'teksçuıl/ s. metne ait, metne bağlı

texture /'teksçı/ a. 1. yumuşaklık/sertlik derecesi 2. dokuma

than /dın, den/ *bağ.* 1. -den, -dan: *Today is hotter than yesterday. I earn more than my brother.* 2. **more often than not** çoğunlukla, genellikle 3. **nothing more or less than** -den başka bir şey değil, sırf, sadece

thank /tenk/ e. 1. teşekkür etmek: *He didn't even thank me.* 2. **have (oneself) to thank** -den sorumlu olmak 3. **thank God/goodness/heaven** Allah'a şükür, çok şükür 4. **thank you** teşekkür ederim, sağ olun

thankful /'tenkfıl/ s. 1. müteşekkir, minnettar 2. şükreden, memnun, mutlu

thankless /'tenklis/ s. 1. nankör, iyilikbilmez 2. (emeğinin) karşılığını vermeyen: *"Teaching is a thankless job", she said.*

thanks /tenks/ a. 1. şükran, teşekkür 2. **thanks to** -in yüzünden, sayesinde 3. *ünl, k. dili* teşekkürler, sağ ol

thanksgiving /tenks'giving/ a. 1. şükür, şükran, minnet 2. *Al.* **Thanksgiving Day** Şükran Yortusu

thankyou /'tenkyu:/ a. 1. teşekkür 2. **thankyou card** teşekkür kartı

that[1] /det/ s, adl. 1. şu, o: *That book is mine. Don't do that!* 2. **that's that** (işte) o kadar

that[2] /det/ be, k. dili o kadar, öylesine: *He didn't know it would be that hot today.*

that[3] /dıt, det/ bağ. ki, -dığı(nı), -diği(ni): *I think that he's a doctor. I know that she is a good worker.*

that[4] /dıt, det/ adl. 1. ki o, -en, -an: *The man that stole my car was arrested. I didn't see the car that caused the accident.* 2. ki onu, ki ona, -dığı, -diği: *The book that you wrote was very good. Where's the umbrella that I lent you*

thatch /teç/ a. (saz/samandan) dam örtüsü

thaw /to:/ e. 1. erimek 2. eritmek 3. yakınlaşmak, samimileşmek, açılmak

the /dı, di, di:/ *belgili tanımlık* (tekil ya da çoğul adlardan önce gelerek onlara belirlilik kavramı verir): *She made a cake and a pie. The pie was very good. Where's the post office? The moon is full tonight. Who is the manager of the bank? Do you read the Times? The rich don't care about the poor. The unemployod feel depressed. The English play cricket. The kangaroo is a symbol of Australia. He plays the guitar. Can you play the saxophone? Do you sell materials by the metre or the yard? It is priced by the weight. During the 60s and 70s there were a lot of demonstra-*

**T**

tions by students.

theater /'tiıtı/ a, AÍ, bkz. theatre

theatre /'tiıtı/ a, İİ. 1. tiyatro 2. olay yeri, sahne 3. operating theatre ameliyat odası

theatrical /ti'etrikıl/ s. 1. tiyatroya ait, tiyatral 2. yapmacık, abartmalı

thee /di:/ adl. eski sen, siz

theft /teft/ a. hırsızlık

their /dı, deı/ s. onların: They put their raincoats in the hall. Their house is bigger than ours.

theirs /deız/ adl. onların, onlarınki: Is that car theirs?

theism /'ti:izım/ a. Tanrı'ya inanma

theist /'ti:ist/ a. Tanrı'ya inanan

them /dım, dem/ adl. onları, onlara, onlar: The sheep are thirsty. Give them some water.

theme /ti:m/ a. 1. konu, anakonu, tema, izlek 2. müz. tema 3. theme song/tune film müziği, ana müzik, anatema

themselves /dım'selvz/ adl. kendileri, kendilerini, kendilerine: They built the house themselves.

then[1] /den/ be. 1. o zaman, o zamanlar, o süre içinde: I was very young then and was very shy. 2. sonra, ondan sonra, daha sonra: First we went to the beach then to the restaurant to eat. 3. bu durumda, öyleyse, madem öyle: If you haven't a good education then you can't get a good job. 4. but then (again) yine de, bununla birlikte, öte yandan: I don't like meat but then I eat it when I'm out.

then[2] /den/ s. o zamanki: Mr Smith, the then chairman of the committee, wrote the report.

thence /dens/ be. oradan: We will drive to Marmaris and thence to Bodrum.

thenceforth /dens'fo:t/ be. o zamandan beri: He broke his back in July and thenceforth has been in a wheelchair.

thenceforward /dens'fo:wıd/ be. o zamandan beri

theocracy /ti'okrısı/ a. teokrasi, dinerki

theologian /tiı'loucın/ a. ilahiyatçı, tanrıbilimci

theology /ti'olıci/ a. teoloji, tanrıbilim

theorem /'tiırım/ a. teorem, sav, önerme

theoretic /tiı'retik/ s. teorik, kuramsal

theoretical /tiı'retikıl/ s. teorik, kuramsal

theorist /'tiırist/ a. kuramcı

theorize /'tiırayz/ e. kuram oluşturmak

theory /'tiıri/ a. 1. teori, kuram 2. in theory teoride, teorik olarak

therapeutic /terı'pyu:tik/ s. 1. tedaviye ait 2. iyileştirici, sağaltıcı

therapist /'terıpist/ a. terapist, sağaltman

therapy /'terıpi/ a. terapi, sağaltım

there[1] /deı/ be. 1. orada, oraya, orayı: Put the flowers over there. What did you do there? 2. işte: There goes the bus. We'll have to wait. 3. There you are a) demedim mi, al işte, buyur bakalım, gördün mü, söylemiştim sana b) buyur, al, işte

there[2] /deı, dı/ adl. ... var: There were a lot of people on the bus. Is there anybody home?

thereabouts /deıı'bauts/ be. o civarda, o yakınlarda, o ara, oralarda

thereafter /deı'ra:ftı/ be. ondan sonra, daha sonra

thereby /deı'bay/ be. o suretle, suretiyle, -erek: He arrived late thereby missing the beginning of the film.

therefore /'deıfo:/ be. bu yüzden, bu nedenle, onun için: He was cold, therefore he put on his pullover.

therein /deir'in/ be. bu bakımdan: He came from a very poor family and therein was the reason he wanted to make money.

thereof /deı'rov/ be. onun: She left him her house and the contents thereof.

thereto /deı'tu:/ be. ona: He finished writing the report and fixed the appendix thereto.

thereupon /deıı'pon/ be. bunun üzerine, o an: He finished his speech, thereupon they all rose and applauded.

therm /tö:m/ a, İİ. ısı birimi

thermal /'tö:mıl/ s. termik, sıcaklıkla ilgili

thermometer /tı'momıtı/ a. termometre, sıcakölçer

thermos /'tö:mıs/ a. termos

**thermostat** /'tö:mıstet/ *a.* termostat, ısıdenetir

**thesaurus** /'ti'so:rıs, 'tesırıs/ *a.* kavramlar dizini (kitabı)

**these** /di:z/ *adl, s.* bunlar

**thesis** /'ti:sis/ *a.* 1. iddia, sav 2. (üniversitede) tez, bitirme araştırması

**they** /dey/ *adl.* 1. onlar: *John and Mary are in Paris. They went there last week.* 2. insanlar, millet, ilgililer: *They say there will be another war. They should clean the city and plant more trees.*

**thick**[1] /tik/ *s.* 1. kalın: *a thick piece of wood* 2. (sıvı) koyu, katı: *This soup is very thick.* 3. sık: *a thick hedge* 4. yoğun 5. (with ile) ile dolu, kaplı 6. *k. dili* kalın kafalı 7. **as thick as thieves** *k. dili* sıkı fıkı, çok samimi 8. **lay it on thick** *k. dili* övmek, göklere çıkarmak, minnet duymak

**thick**[2] /tik/ *a.* en hareketli an, yoğunluk, curcuna, keşmekeş

**thicken** /'tikın/ *e.* 1. kalınlaşmak 2. kalınlaştırmak 3. koyulaşmak 4. koyulaştırmak 5. karmaşıklaşmak 6. karmaşıklaştırmak

**thicket** /'tikit/ *a, bitk.* çalılık, ağaçlık

**thickset** /tik'set/ *s.* bodur

**thick-skinned** /tik'skind/ *a.* duygusuz, duyarsız, vurdumduymaz, karnı geniş

**thief** /ti:f/ *a.* hırsız

**thieve** /ti:v/ *e.* çalmak, hırsızlık etmek

**thigh** /tay/ *a, anat.* uyluk, but

**thimble** /'timbıl/ *a.* yüksük

**thin**[1] /tin/ *s.* 1. ince: *a thin notebook* 2. zayıf, cılız: *She's very thin.* 3. sulu, cıvık 4. seyrek 5. hafif, zayıf, güçsüz, sudan: *a thin excuse* 6. **thin on the ground** *k. dili* nadir, ender, seyrek

**thin**[2] /tin/ *e.* 1. incelmek 2. inceltmek 3. seyrekleşmek 4. seyrekleştirmek 5. ayırmak

**thing** /ting/ *a.* 1. şey, nesne: *What's this thing called?* 3. olay 4. yaratık, canlı 5. *k. dili* gerekli şey, ihtiyaç

**thingamabob** /'tingımibob/ *a, k. dili, bkz.* **thingamajig**

**thingamajig** /'tingımicig/ *a, k. dili* adı akla gelmeyen şey/kimse, nesne, zamazin-

go, şey, zımbırtı, zırıltı, karın ağrısı

**things** /tingz/ *a.* 1. eşya 2. gidişat, durum, vaziyet, işler 3. **How is/are things?** Nasıl gidiyor? İşler nasıl?

**thingummy** /'tingımi/ *a, k. dili, bkz.* **thingamajig**

**think** /tink/ *e.* [*pt, pp* **thought** /to:t/] 1. düşünmek: *They say that man is the only animal that thinks.* 2. sanmak: *I think he is in America.* 3. hatırlamak, anımsamak: *She couldn't think where she had put the keys.* 4. beklemek, ummak, tahmin etmek: *He didn't think there would be so much traffic on the road.* 5. **think aloud** düşündüğünü söylemek, düşüncelerini olduğu gibi söylemek 6. **think twice** iyi düşünmek, düşünüp taşınmak

**thinking** /'tinking/ *a.* 1. düşünme 2. düşünce, görüş

**think of** *e.* 1. düşünmek, tasarlamak: *They were thinking of employing more workers later in the year.* 2. hatırlamak, anımsamak: *He couldn't think of the address when asked.* 3. önermek: *She thought of a good name for the film.* 4. **think better of** vazgeçmek 5. **think nothing of** hiçe saymak, önememek, sıradan görmek 6. **think nothing of it** rica ederim, hiç önemi yok

**think out/through** *e.* 1. düşünüp taşınmak, enine konuna düşünmek 2. düşünüp taşınıp karara varmak

**think over** *e.* üzerinde düşünüp taşınmak, iyice düşünmek: *He thought over the job offer before accepting it. Think it over.*

**think up** *e.* uydurmak, icat etmek, ortaya çıkarmak: *Can you think up an easier way to do this?*

**thinner** /'tinı/ *a.* inceltici, tiner

**thin-skinned** /tin'skind/ *s.* fazla duygusal, alıngan, buluttan nem kapan

**third** /tö:d/ *a, s.* 1. üçüncü 2. **third party** *huk.* üçüncü şahıs 3. **Third World** az gelişmiş ülkeler, üçüncü dünya

**third-rate** /tö:d'reyt/ *s.* kalitesiz, adi, üçüncü sınıf

**thirst** /tö:st/ *a.* 1. susuzluk, susamışlık 2.

güçlü arzu, ihtiras, susamışlık

**thirst for/after** *e.* -e susamak, arzulamak, hasretini çekmek

**thirsty** /'tö:sti/ *s.* 1. susamış: *I'm thirsty. Give me some water.* 2. susatıcı

**thirteen** /tö:'ti:n/ *a, s.* on üç

**thirteenth** /tö:'ti:nt/ *a, s.* on üçüncü

**thirtieth** /tö:tiıt/ *a, s.* otuzuncu

**thirty** /'tö:ti/ *a, s.* otuz

**this**[1] /dis/ *s, adl.* 1. bu: *This wine we are drinking is excellent. This is my brother. I like this.* 2. **like this** böyle, bu şekilde, bunun gibi: *You must sit like this. I'll show you.*

**this**[2] /dis/ *be, k. dili* bu kadar, böylesine: *I've never seen him this unhappy before.*

**thistle** /'tisıl/ *a, bitk.* devedikeni

**thither** /'didı/ *be.* oraya, o yöne

**tho'** /dou/ *be, k. dili, bkz.* **though**

**thong** /tong/ *a.* 1. sırım, kamçı sırımı 2. kayış

**thorax** /'to:reks/ *a, hayb.* göğüs

**thorn** /to:n/ *a.* 1. diken 2. dikenli bitki 3. **thorn in one's flesh/side** başının belası

**thorny** /'to:ni/ *s.* 1. dikenli 2. zor

**thorough** /'tarı/ *s.* 1. tam ve dikkatli, eksiksiz 2. titiz

**thoroughbred** /'tarıbred/ *a, s.* safkan, soylu

**thoroughfare** /'tarıfeı/ *a.* halk trafiğine açık cadde/yol, işlek cadde

**those** /'douz/ *adl, s.* onlar, şunlar

**though**[1] /dou/ *bağ.* 1. -se bile, -e rağmen: *She finished the book though she found it boring.* 2. **as though** -mış gibi: *He looked as though he had been running.*

**though**[2] /dou/ *be.* yine de, her şeye rağmen: *I've already seen that film. I'll watch it again though.*

**thought**[1] /to:t/ *a.* 1. düşünüş, düşünme, düşünce 2. görüş, kanı, düşünce 3. niyet, kasıt, düşünce 4. **on second thoughts** sonradan düşününce, tekrar düşününce

**thought**[2] /to:t/ *pt, pp bkz.* **think**

**thoughtful** /'to:tfıl/ *s.* 1. derin derin düşünen, düşünceye dalmış, düşünceli 2.

düşünceli, nazik

**thoughtless** /'to:tlis/ *s.* 1. düşüncesiz 2. bencil 3. dikkatsiz

**thousand** /'tauzınd/ *a, s.* bin

**thousandth** /'tauzınt/ *a, s.* bininci

**thrash** /treş/ *e.* 1. (sopa/kırbaç ile) dövmek 2. yenmek, mahvetmek 3. (about ile) kıvranmak

**thrashing** /'treşing/ *a.* 1. dayak atma, dayak 2. yenme, mahvetme

**trash out** *e.* tartışarak çözümlemek

**thread** /tred/ *a.* 1. iplik 2. lif, tel 3. yiv 4. **hang by a thread** pamuk ipliğiyle bağlanmak, tehlikede olmak

**threadbare** /'tredbeı/ *s.* (giysi, vb.) eski püskü, yıpranmış, yırtık pırtık

**threat** /tret/ *a.* 1. tehdit, gözdağı 2. tehlike işareti, tehlike

**threaten** /'tretn/ *e.* 1. tehdit etmek, gözdağı vermek: *He threatened him with a gun.* 2. (olası bir tehlikeye) işaret olmak: *The heat and the north wind threatened forest fires.*

**three** /tri:/ *a, s.* üç

**three-dimensional** /tri:day'menşınıl/ *s.* üç boyutlu

**three-quarter** /tri:'kwo:tı/ *s.* dörtte üç

**thresh** /treş/ *e.* harman dövmek

**threshold** /'treşhould, 'treşould/ *a.* 1. eşik 2. başlangıç, eşik 3. **on the threshold of** -in eşiğinde

**threw** /tru:/ *pt bkz.* **throw**

**thrice** /trays/ *be.* üç kere

**thrift** /trift/ *a.* tutum, idare

**thrifty** /'trifti/ *s.* tutumlu, idareli

**thrill**[1] /tril/ *a.* 1. heyecan 2. korku 3. heyecan verici şey

**thrill**[2] /tril/ *e.* 1. heyecanlanmak 2. heyecanlandırmak

**thriller** /'trilı/ *a.* heyecanlı kitap/oyun/film: *There's a thriller on TV tonight. That book is a good thriller.*

**thrive** /trayv/ *e.* [*pt* **thrived/throve** /trouv/, *pp* **thrived**] 1. iyi gelişmek, iyiye gitmek, iyileşmek 2. başarılı olmak 3. büyümek, serpilmek

**throat** /trout/ *a.* 1. boğaz 2. gırtlak

**throb** /trob/ *e.* küt küt atmak, zonklamak: *His thumb was throbbing from being hit* *with a hammer.*

**throes** /trouz/ *a.* 1. şiddetli ağrı, sancılar 2. **death throes** ölüm sancıları 3. **in the throes of** ile mücadele eden, can çekişen

**thrombosis** /trom'bousis/ *a. hek.* kan pıhtılaşması, tromboz

**throne** /troun/ *a.* taht

**throng**[1] /trong/ *a.* kalabalık

**throng**[2] /trong/ *e.* kalabalık halinde gitmek, akın etmek

**throttle**[1] /'trotl/ *e.* boğazlamak, boğmak, gırtlaklamak

**throttle**[2] /trotl/ *a.* kısma valfı, kelebek

**through**[1] /tru:/ *ilg.* 1. -den geçerek, içinden, arasından: *She had to walk through a large forest to get to the town.* 2. yoluyla, sayesinde, aracılığıyla; -den: *They always came into the house through the back door.* 3. yüzünden, nedeniyle, sayesinde: *She passed her exams through hard work.* 4. her yanında, orasında burasında, her yanına: *Last year he travelled through Europe and this year through Africa.* 5. başından sonuna dek: *Can you check through this letter for typing errors?* 6. süresince: *She looked after him through his illness.* 7. geçerek: *The thieves went through the road block.*

**through**[2] /tru:/ *be.* 1. içeriye: *The crowd parted to let the doctor through.* 2. başından sonuna kadar: *Although it was boring he saw the film through.* 3. başarılı bir sonuca: *The exam was difficult but she got through.* 4. *k. dili* sonunda, sonuna, bitirmiş, bitmiş, ilişkisi kalmamış: *She's through with her boss. She resigned.* 5. **through and through** tamamen, tümüyle, her yönden

**through**[3] /tru:/ *s.* direkt, aktarmasız: *She caught the through train so didn't have to stop on route.*

**throughout** /tru:'aut/ *be.* 1. baştanbaşa: *There are large windows throughout the building.* 2. başından sonuna kadar, hep: *The prisoner remained calm throughout his trial.*

**throve** /trouv/ *pt bkz.* **thrive**

**throw**[1] /trou/ *e.* [*pt* **threw** /tru:/, *pp* **thrown** /troun/] 1. atmak, fırlatmak: *They threw stones at him.* 2. *k. dili* (parti, yemek, vb.) vermek, düzenlemek, atmak: *Let's throw a party this weekend.* 3. *k. dili* şok etmek, afallatmak, şaşkına çevirmek: *His decision to resign really threw me.* 4. **throw a fit** tepesi atmak

**throw**[2] /trou/ *a.* atma, atış, fırlatma

**throw away** *e.* boşa harcamak, çarçur etmek, aptalca kaybetmek, kaçırmak: *He's had many opportunities to find work but has thrown them all away.*

**throw in** *e, k. dili* bedavadan katmak, ücretsiz sağlamak: *She sold her house with the furniture thrown in.*

**thrown** /troun/ *pp bkz.* **throw**

**throw off** *e.* üstünden atmak, başından atmak, kurtulmak: *I can't throw off the feeling that we're being watched.*

**throw out** *e.* 1. reddetmek, fırlatıp atmak, kabul etmemek: *They have brought in a new teaching method and unfortunately thrown out a lot of good ideas with the old one.* 2. kovmak, dışarı atmak: *He has been thrown out of the court room for interrupting.*

**throw over** *e.* ile ilişkisini kesmek, ayrılmak: *Jane has thrown over Robert in favour of Bill.*

**throw together** *e.* 1. acele yapıvermek, uyduruvermek: *She managed to throw together a wonderful meal for the unexpected guests.* 2. bir araya getirmek: *Their mutual interest in painting threw them together.*

**throw up** *e.* 1. bırakmak, vazgeçmek, ayrılmak: *He had an excellent job but threw it up to travel.* 2. *k. dili* kusmak: *He drank so much he threw up.*

**thru** /tru:/ *be, s, ilg, Aİ, k. dili, bkz.* **through**

**thrush** /traş/ *a.* 1. *hayb.* ardıçkuşu 2. *hek.* pamukçuk

**thrust** /trast/ *e.* [*pt, pp* **thrust**] 1. sokmak, saplamak: *He thrust a stick into the ants' nest.* 2. itmek, dürtmek

**thud** /tad/ *a.* gümbürtü, pat, küt

**thug** /tag/ *a.* cani, katil, haydut

**thumb**[1] /tam/ *a.* 1. başparmak 2. **under sb's thumb** *k. dili* -in parmağında, elinde, etkisi/kontrolu altında

**thumb**[2] /tam/ *e.* 1. *k. dili* otostop çekmek 2. (through ile) (kitaba) göz atıvermek, göz gezdirmek

**thumbtack** /'tamtek/ *a, AI.* raptiye

**thump** /tamp/ *e.* yumruklamak, güm güm vurmak

**thunder**[1] /'tandı/ *a.* gök gürültüsü

**thunder**[2] /'tandı/ *e.* 1. (gök) gürlemek 2. gümbürdemek 3. bağırmak, gürlemek

**thunderbolt** /'tandıboult/ *a.* 1. yıldırım 2. ani şaşırtıcı, telaşlandırıcı haber

**thunderclap** /'tandıklep/ *a.* gök gürlemesi

**thunderstorm** /'tandısto:m/ *a.* yıldırımlı fırtına

**thunderstruck** /'tandıstrak/ *s.* yıldırım çarpmışa dönmüş, şaşkın

**Thursday** /'tö:zdi, 'tö:zdey/ *a.* perşembe

**thus** /das/ *be.* 1. böylece 2. bu sonuçla, böyle 3. **thus far** şu ana kadar

**thwart** /two:t/ *e.* engellemek, önlemek, önüne geçmek

**thy** /day/ *s, esk.* senin, sizin

**thyme** /taym/ *a, bitk.* kekik

**thyroid** /'tayroyd/ *a.* 1. tiroit, kalkanbezi 2. **thyroid gland** tiroit bezi

**tic** /tik/ *a.* tik

**tick** /tik/ *a.* 1. tıkırtı, tiktak 2. "doğru" işareti, kontrol işareti 3. *İl, k. dili* an, saniye 4. *hayb.* kene, sakırga 5. *k. dili* veresiye

**ticker** /'tikı/ *a, arg.* 1. saat 2. kalp, yürek

**ticket** /'tikit/ *a.* 1. bilet 2. etiket 3. (trafik) para cezası 4. **get one's ticket** *k. dili* ordudan atılmak

**tickle**[1] /'tikıl/ *e.* 1. gıdıklamak: *Stop tickling me.* 2. eğlendirmek

**tickle**[2] /'tikıl/ *a.* gıdıklama, gıdıklanma

**ticklish** /'tikliş/ *s.* 1. gıdıklanır: *Are you ticklish?* 2. zor, özel dikkat isteyen, nazik

**tick off** *e, k. dili* fırça çekmek, paylamak, haşlamak: *Her sister ticked her off for being late.*

**tidal** /'taydl/ *s.* 1. gelgitle ilgili, gelgitli 2. **tidal wave** dev okyanus dalgası

**tidbit** /'tidbit/ *a, AI, bkz.* **titbit**

**tide** /tayd/ *a.* 1. gelgit 2. akın

**tide over** *e.* yardım etmek, idare etmek, geçindirmek: *Can you lend me some money to tide me over till I'm paid?*

**tidings** /'taydingz/ *a.* haber

**tidy**[1] /'taydi/ *s.* 1. derli toplu, temiz 2. *k. dili* oldukça büyük

**tidy**[2] /'taydi/ *e.* (up ile) derleyip toplamak, çekidüzen vermek

**tie**[1] /tay/ *a.* 1. kravat 2. bağ 3. beraberlik, sonuç eşitliği 4. düğüm, düğüm ipi 5. ayakbağı, bağ

**tie**[2] /tay/ *e.* 1. bağlamak: *They tied him to a tree.* 2. bağlanmak 3. berabere kalmak, eşit olmak: *Two boys tied for first place in the race.*

**tie down** *e.* 1. ayakbağı olmak, özgürlüğünü kısıtlamak, bağlamak 2. zorlamak

**tie in** *e.* (with ile) ile uyuşmak, birbirini tutmak, uymak: *What you said earlier doesn't tie in with what you say now.*

**tier** /'tayı/ *a.* kat, sıra, dizi

**tie up** *e.* 1. (with ile) birleştirmek 2. (kullanımı) kısıtlamak, sınırlandırmak

**tiff** /tif/ *a.* atışma, tartışma

**tiger** /'taygı/ *a.* kaplan

**tight**[1] /tayt/ *s.* 1. sıkı, sımsıkı: *Her jeans are very tight.* 2. gergin 3. (para) zor elde edilir 4. *k. dili* sarhoş 5. *k. dili* cimri, sıkı, pinti: *He's very tight.* 6. **in a tight corner/spot** sıkışık bir durumda, sıkıntıda, zor durumda, belada

**tight**[2] /tayt/ *be.* 1. sıkı sıkı, sıkıca: *Hold me tight.* 2. **sit tight** olduğu yerde kalmak

**tighten** /'taytn/ *e.* 1. sıkılaştırmak, sıkmak, daraltmak 2. sıkılaşmak, daralmak

**tightfisted** /tayt'fistid/ *s, k. dili* pinti, elisıkı, sıkı, cimri

**tightrope** /'taytroup/ *a.* cambaz ipi

**tights** /tayts/ *a.* 1. külotlu çorap 2. balerin/akrobat pantolonu

**tigress** /'taygris/ *a.* dişi kaplan

**tile**[1] /tayl/ *a.* 1. kiremit 2. çini

**tile**[2] /tayl/ *e.* kiremit kaplamak

**till**[1] /til/ *ilg, bağ, bkz.* **until**

**till**[2] /til/ *a.* para çekmecesi, kasa

**tiller** /'tilı/ *a.* dümen yekesi

**tilt**[1] /tilt/ *e.* 1. eğmek, yana yatırmak: *He*

tilted *the cupboard to put the carpet underneath.* 2. eğilmek, yana yatmak
**tilt²** /tilt/ *a.* 1. eğiklik, yana yatıklık 2. **(at) full tilt** *k. dili* son sürat
tilt at *e.* 1. (konuşma ya da yazı ile) saldırmak 2. **tilt at windmills** hayali düşmanlarla savaşmak
**timber** /'timbı/ *a.* kereste
**time¹** /taym/ *a.* 1. zaman, vakit: *Time is running out.* 2. müddet, süre 3. *müz.* tempo 4. devir, çağ 5. an 6. kere, defa 7. **all the time** durmadan, sürekli, boyuna 8. **at the same time** aynı zamanda, yine de, bununla birlikte 9. **bide one's time** uygun bir fırsat beklemek 10. **for a time** kısa bir süre için 11. **for the time being** şimdilik 12. **from time to time** ara sıra, bazen 13. **in one's own good time** *k. dili* hazır olduğunda 14. **in no time (at all)** çok çabuk, çabucak 15. **in time** vaktinde, erken 16. **keep time** a) (saat) düzgün çalışmak b) tempo tutmak 17. **kill time** zaman öldürmek, vakit geçirmek 18. **many a time** sık sık 19. **on time** vaktinde, tam vaktinde 20. **once upon a time** bir zamanlar; bir varmış bir yokmuş 21. **pass the time of day** laklak etmek 22. **play for time** zaman geçirmek, oyalanmak 23. **take one's time** yavaş olmak, acele etmemek, kendi hızında gitmek 24. **time after time** sık sık, tekrar tekrar 25. **time and (time) again** sık sık, tekrar tekrar 26. **time bomb** saatli bomba 27. **What's the time? What time is it?** Saat kaç?
**time²** /taym/ *e.* 1. zamanlamak, zamanı -e göre ayarlamak 2. zamanını/hızını kaydetmek
**timekeeper** /'taymki:pı/ *a.* saat hakemi
**timeless** /'taymlis/ *s.* değişmeyen, sonsuz
**timely** /'taymli/ *s.* tam vaktinde, yerinde, uygun
**timer** /'taymı/ *a.* 1. saat hakemi 2. kronometre
**times¹** /taymz/ *ilg.* kere, çarpı: *4 times 6 is 24.*
**times²** /taymz/ *a.* 1. şimdiki zaman, devir 2. kere, kez, defa: *Take these pills three times a day.* 3. **at times** bazen 4. **be-**

hind the times demode, modası geçmiş, eski kafalı 5. **move with the times** zamana ayak uydurmak
**timetable** /'taymteybıl/ *a.* 1. (tren, otobüs, vb.) tarife 2. ders programı
**timid** /'timid/ *s.* 1. korkak, ürkek, yüreksiz 2. çekingen, sıkılgan, utangaç
**timing** /'tayming/ *a.* zamanlama
**timorous** /'timırıs/ *s.* 1. korkak, ürkek, yüreksiz 2. heyecanlı, gergin
**timpani** /'timpıni/ *a, müz.* timpani, timballer
**tin¹** /tin/ *a.* 1. kalay 2. teneke 3. teneke kutu 4. konserve kutusu 5. **tin opener** *İl.* konserve açacağı
**tin²** /tin/ *e.* (yiyecek, vb.) konservelemek, kutulamak
**tin³** /tin/ *s.* tenekeden yapılmış, teneke
**tincture** /'tinkçı/ *a.* tentür
**tinder** /'tindı/ *a.* çabuk yanan nesne
**tinfoil** /'tinfoyl/ *a.* kalay yaprağı, ince levha kalay
**tinge¹** /tinc/ *a.* az miktar, nebze
**tinge²** /tinc/ *e.* 1. renklendirmek, renk katmak 2. belirtmek, göstermek
**tingle** /'tingıl/ *e.* ürpermek, diken diken olmak
**tinker¹** /'tinkı/ *a.* tenekeci
**tinker²** /'tinkı/ *e.* (with ile) kurcalamak, oynamak: *He's always tinkering with the car's engine.*
**tinkle¹** /'tinkıl/ *a.* 1. çıngırtı 2. *İl, k. dili* işeme, su dökme
**tinkle²** /'tinkıl/ *e.* 1. çınlamak 2. çınlatmak
**tinny** /'tini/ *s.* 1. teneke gibi, tenekeli 2. çıngırtılı 3. *arg.* beş para etmez, boktan, tenekeden
**tint¹** /tint/ *a.* 1. hafif renk 2. renk tonu
**tint²** /tint/ *e.* (saç) hafifçe boyamak
**tiny** /'tayni/ *s.* küçücük, minicik: *The mouse the cat ate was tiny.*
**tip¹** /tip/ *a.* 1. (burun, parmak, vb.) uç 2. çöplük 3. bahşiş 4. tavsiye, öğüt 5. **have (sth) on the tip of one's tongue** dilinin ucunda olmak
**tip²** /tip/ *e.* 1. eğmek, yana yatırmak 2. eğilmek, yana yatmak 3. devirmek 4. devrilmek 5. boşaltmak, dökmek 6. (çöp, vb.) atmak, bırakmak 7. bahşiş

**T**

vermek, görmek
**tip-off** /'tipof/ *a.* ihbar, uyarı, gizli bilgi
**tip off** *e.* gizli bilgi vermek, uyarmak, ihbar etmek
**tipple** /'tipıl/ *a, k. dili* içki
**tipster** /'tipstı/ *a.* tiyocu, tiyo veren kimse
**tipsy** /'tipsi/ *a.* çakırkeyf
**tiptoe**[1] /'tiptou/ *a:* **on tiptoe** ayaklarının ucuna basarak
**tiptoe**[2] /'tiptou/ *e.* ayaklarının ucuna basarak yürümek
**tip-top** /tip'top/ *s, k. dili* en iyi kalite, mükemmel
**tirade** /tay'reyd, ti'reyd/ *a.* uzun sıkıcı konuşma, nutuk, paylama, tirad
**tire**[1] /tayı/ *e.* 1. yormak 2. yorulmak
**tire**[2] /tayı/ *a, AI, bkz.* **tyre**
**tired** /tayıd/ *s.* 1. yorgun: *He's very tired.* 2. (of ile) -den bıkmış, bezmiş: *I'm tired of answering your silly questions.*
**tireless** /'tayılis/ *s.* yorulmak bilmeyen, yorulmaz
**tire out** *e.* bitkin düşürmek: *Climbing the stairs tired him out.*
**tiresome** /'tayısım/ *s.* 1. bezdirici, sinir edici 2. yorucu 3. sıkıcı
**tissue** /'tişu:, 'tisyu/ *a.* 1. *anat.* doku 2. ince yumuşak kâğıt 3. kâğıt mendil
**tit**[1] /tit/ *a, arg.* 1. meme, ayva 2. memebaşı 3. *II.* salak 4. **get on one's tits** gıcık etmek, uyuz etmek
**tit**[2] /tit/ *a, hayb.* baştankara
**titbit** /'titbit/ *a.* lezzetli lokma
**titillate** /'titileyt/ *e.* heyecanlandırmak, coşturmak, zevklendirmek, icini gıcıklamak
**titivate** /'titiveyt/ *e, k. dili* çekidüzen vermek, toparlamak
**title** /'taytl/ *a.* 1. başlık, ad: *What was the title of the film?* 2. unvan 3. *huk.* hak, istihkak 4. *sp.* şampiyonluk 5. **title deed** tapu senedi 6. **title role** başrol
**titter** /'titı/ *e.* kıkır kıkır gülmek, kıkırdamak
**tittle-tattle** /'titl tetl/ *a, k. dili* dedikodu
**to** /tı, tu, tu:/ *ilg.* 1. -e doğru, -e: *Does this bus go to Ankara?* 2. -e kadar, -e: *He can count to a hundred in English.* 3. -e karşı, -e: *He has always been very nice*

to me. 4. (saat) kala, var: *The time is twenty to six.* 5. her birinde, -de: 6. -e göre: *His paintings are good, but they've nothing to what they were before.* 7. -mek, -mak: *He's afraid to walk home alone.* 8. -ması, -mesi: *He taught his brother to swim. Tell him to come in.* 9. -mek için: *She studied hard to please her parents.*
**toad** /toud/ *a, hayb.* karakurbağası
**toadstool** /'toudstu:l/ *a.* zehirli bir tür mantar
**toast**[1] /toust/ *a.* 1. kızarmış ekmek 2. sağlığına içme, kutlama, tebrik etme 3. sağlığına içilen kimse
**toast**[2] /toust/ *e.* 1. kızartmak: *He toasted the bread for breakfast.* 2. ısıtmak 3. sağlığına içmek: *Let's toast the bridegroom.*
**toaster** /'toustı/ *a.* ekmek kızartma makinesi
**tobacco** /tı'bekou/ *a.* tütün, tütün yaprağı
**tobacconist** /tı'bekınist/ *a.* tütün/sigara satıcısı, tütüncü
**toboggan** /tı'bogın/ *a.* kar kızağı
**today** /tı'dey/ *a, be.* bugün: *Today is the first day of the rest of your life. What are you doing today?*
**toddle** /'todl/ *e.* tıpış tıpış yürümek
**toddler** /'todlı/ *a.* yeni yürümeye başlayan çocuk
**to-do** /tı'du:/ *a, k. dili* tantana, patırtı, gürültü, çıngar
**toe**[1] /tou/ *a.* 1. ayak parmağı 2. **on one's toes** harekete hazır, tetikte
**toe**[2] /tou/ *e:* **toe the line** emirlere uymak
**toenail** /'touneyl/ *a.* ayak tırnağı
**toffee** /'tofi/ *a.* bonbon, şekerleme
**toffy** /'tofi/ *a, bkz.* **toffee**
**toga** /'tougı/ *a.* eski Roma giysisi
**together**[1] /tı'gedı/ *be.* 1. bir araya, bir arada: *A large group came together for the rock concert.* 2. birlikte, beraber: *She and her brother went to Paris together.* 3. aynı anda, hep birden, üst üste: *The washing machine, refrigerator and hot water system stopped working together.* 4. durmadan, sürekli, kesintisiz: *He seemed to talk for hours to-*

gether.

together² /tı'gedı/ *s, k. dili* düzenli, toplu, özdenetimli

togetherness /tı'gedınis/ *a.* birliktelik, beraberlik, arkadaşlık

toggle /'togıl/ *a.* tahta düğme

togs /togz/ *a, k. dili* giysi, elbise, takım

tog up *e, k. dili* giyinip kuşanmak, şık giyinmek

toil /toyl/ *e.* 1. yorulmadan çalışmak, çok çalışmak 2. zar zor ilerlemek, güçlükle hareket etmek

toilet /'toylit/ *a.* 1. hela, tuvalet 2. çekidüzen, giyim kuşam, tuvalet 3. **toilet paper** tuvalet kâğıdı 4. **toilet roll** bir top tuvalet kâğıdı 5. **toilet water** hafif parfüm, hoş koku

toiletries /'toylitriz/ *a.* tuvalet takımı, tuvalet eşyaları

token /'toukın/ *a.* 1. belirti, iz, gösterge 2. jeton 3. kart, marka, fiş

told /tould/ *pt, pp bkz.* **tell**

tolerable /'tolırıbıl/ *s.* 1. şöyle böyle, idare eder, orta 2. dayanılabilir, çekilir

tolerance /'tolırıns/ *a.* 1. tahammül, dayanma, dayanıklılık 2. müsamaha, hoşgörü

tolerate /'tolıreyt/ *e.* 1. müsamaha etmek, hoş görmek 2. tahammül etmek, katlanmak

toleration /tolı'reyşın/ *a.* müsamaha, hoşgörü

toll¹ /toul/ *a.* 1. (yol, köprü, vb.) geçiş ücreti 2. bedel 3. çan sesi, çınlama

toll² /toul/ *e.* (çan) çalmak: *The bell tolled every hour.*

tollgate /'toulgeyt/ *a.* geçiş ücreti ödenen yer

tom /tom/ *a, k. dili* erkek kedi

tomahawk /'tomıho:k/ *a.* küçük balta

tomato /tı'ma:tou/ *a, bitk.* domates

tomb /tu:m/ *a.* 1. mezar, kabir, gömüt 2. türbe

tomboy /'tomboy/ *a.* erkek fatma

tombstone /'tu:mstoun/ *a.* mezar taşı

tomcat /'tomket/ *a.* erkek kedi

tome /toum/ *a.* büyük kitap

tomfoolery /tom'fu:lıri/ *a.* aptalca davranış, saçmalık

tomorrow /tı'morou/ *a, be.* yarın

tom-tom /'tomtom/ *a.* tamtam

ton /tan/ *a.* 1. ton (*İİ.* 1016. 047 kg. , *Aİ.* 907. 2 kg) 2. ton (1000 kg.) 3. *den.* tonilato 4. *k. dili* yığın, sürü, büyük miktar, ton

tone /toun/ *a.* 1. ses 2. ses tonu, ton 3. *müz.* perde, ton 4. renk tonu, ton 5. tarz, tavır, hava 6. *hek.* tonus

tone-deaf /toun'def/ *s.* notaları ayırdedemeyen, müzik kulağı olmayan

tone down *e.* tonunu hafifletmek, yumuşatmak, kabalığını azaltmak

tone in *e.* (with ile) uyum sağlamak, uymak, gitmek, uyumlu olmak

toneless /'tounlis/ *s.* renksiz, cansız, ruhsuz, zevksiz, tekdüze

tone up *e.* güçlendirmek, dinçleştirmek, canlandırmak

tongs /tongz/ *a.* maşa

tongue /tang/ *a.* 1. dil 2. lisan, dil 3. **bite one's tongue off** *k. dili* söylediğine pişman olmak 4. **hold one's tongue** sesini kesmek, çenesini kapatmak 5. **set tongues wagging** dillere destan olmak 6. **tongue in cheek** *k. dili* gırgırına, şakadan, öylesine 7. **tongue twister** tekerleme

tongue-tied /'tangtayd/ *s.* 1. dili tutulmuş 2. ağzı var dili yok

tonic /'tonik/ *a.* 1. kuvvet ilacı 2. güçlendirici şey 3. tonik 4. **tonic water** tonik

tonight /tı'nayt/ *a, be.* bu gece: *What are you doing tonight?*

tonnage /'tanic/ *a.* tonaj, tonilato

tonsillitis /tonsi'laytis/ *a. hek.* bademcik yangısı

too /tu:/ *be.* 1. (gereğinden) çok, fazla, aşırı: *The waters's too hot.* 2. de, da, dahi, ayrıca: *My sister is tall and I am, too.* 3. öyle, öyle yahu: *"I haven't smoked any cigarettes today". "You have you too, I saw you smoking."* 4. **only too** çok: *He was only too happy to help her.*

took /tuk/ *pt bkz.* **take**

tool /tu:l/ *a.* 1. alet 2. başkasına alet olan kimse, alet, oyuncak, maşa, kukla 3. **down tools** *k. dili* çalışmayı bırakmak,

işi bırakmak
**toot** /tu:t/ *e.* 1. ötmek 2. öttürmek: *The man in the car behind tooted his horn.*
**tooth** /tu:t/ *a.* 1. diş 2. **long in the tooth** *k. dili* yaşlı 3. **sweet tooth** tatlı yiyeceklere düşkünlük 4. **tooth and nail** dişe diş, kana kan, vahşice
**toothache** /'tu:teyk/ *a.* diş ağrısı: *I've got toothache.*
**toothbrush** /'tu:tbraş/ *a.* diş fırçası
**toothpaste** /'tu:tpeyst/ *a.* diş macunu
**toothpick** /'tu:tpik/ *a.* kürdan
**top**[1] /top/ *a.* 1. tepe, doruk, üst 2. baş 3. örtü, kapak 4. en üstün yer, zirve, doruk 5. üste giyilen şey, üstlük 6. topaç 7. **at top speed** çok hızlı, son sürat 8. **get on top of** *k. dili* -e fazla gelmek, aşmak, için aşırı olmak 9. **on top (of)** ayrıca, üstelik, üstüne üstlük
**top**[2] /top/ *s.* 1. en üstün, en iyi, baş: *She's the top student in the medical faculty.* 2. en üst, en üstteki: *The keys are in the top drawer.* 3. **top dog** *k. dili* kodaman, en üst mevkideki kimse
**top**[3] /top/ *e.* 1. tepe oluşturmak 2. -den daha yüksek/iyi/fazla olmak 3. (meyve, sebze, vb.) sapını koparmak 4. **top the bill** başrol oyuncusu olmak
**topaz** /'toupez/ *a.* sarı yakut, topaz
**topcoat** /'topkout/ *a.* palto
**topic** /'topik/ *a.* konu
**topical** /'topikıl/ *s.* gündemde, güncel
**topless** /'toplis/ *s.* sutyensiz, üstsüz
**topmost** /'topmoust/ *s.* en yüksek
**topography** /tı'pogrıfı/ *a.* topografya, yerbetim
**topple** /'topıl/ *e.* 1. sendelemek, düşmek 2. devirmek, düşürmek
**top-secret** /top'si:krit/ *s.* çok gizli
**topsy-turvy** /topsi'tö:vi/ *s, be.* karman çorman, arapsaçına dönmüş, altüst, karmakarışık
**torch** /to:ç/ *a.* 1. el feneri 2. meşale 3. *Al.* alev makinesi
**tore** /to:/ *pt bkz.* **tear**
**torment**[1] /'to:ment/ *a.* büyük acı, sancı, eziyet
**torment**[2] /to:'ment/ *e.* acı çektirmek, eziyet etmek

**torn**[1] /to:n/ *s.* ayrı, zıt güçlerle ayırılmış, bölünmüş
**torn**[2] /to:n/ *pp bkz.* **tear**
**tornado** /to:'neydou/ *a.* kasırga
**torpedo** /to:'pi:dou/ *a, ask.* torpil
**torpid** /'to:pid/ *s.* hareketsiz, yavaş, ağır
**torrent** /'torınt/ *a.* sel
**torrid** /'torid/ *s.* 1. çok sıcak, kavurucu, yakıcı 2. kontrolsüz duygularla ilgili
**torsion** /'to:şın/ *a.* bükme, bükülme
**torso** /'to:sou/ *a.* kolsuz, bacaksız, ve başsız insan vücudu, gövde
**tortoise** /'to:tıs/ *a.* kaplumbağa
**tortuous** /'to:çuıs/ *s.* 1. dolambaçlı, dönen 2. kaçamaklı, dolambaçlı, dolaylı
**torture**[1] /'to:çı/ *a.* işkence
**torture**[2] /'to:çı/ *e.* işkence etmek: *They tortured him to death.*
**toss**[1] /tos/ *e.* 1. atmak 2. yazı-tura atmak 3. sallamak 4. sallanmak 5. yavaş yavaş karıştırmak
**toss**[2] /tos/ *a.* 1. sallama, sallanma, silkeleme 2. atma, fırlatma 3. yazı-tura
**toss off** *e.* fazla üstünde durmadan ortaya atıvermek/yapıvermek: *Without thinking he tossed off a price for his car.*
**toss-up** /'tosap/ *a, k. dili* şans işi
**tot**[1] /tot/ *e.* (up ile) toplamak, ilave etmek
**tot**[2] /tot/ *a.* 1. ufak çocuk 2. bir yudum içki, yudum
**total**[1] /'toutl/ *s.* toplam, tüm, bütün, tam
**total**[2] /'toutl/ *a.* 1. toplam 2. toplam miktar, tutar
**total**[3] /'toutl/ *e.* 1. toplamı -e ulaşmak, bulmak, etmek: *Their business expenses totalled three thousand dollars.* 2. toplamak, tutarını bulmak
**totalitarian** /touteli'teırıın/ *a.* totaliter, erktekelci
**totality** /tou'teliti/ *a.* 1. bütünlük, tamlık 2. yekûn, toplam miktar, tutar 3. tam ay/güneş tutulması
**tote** /tout/ *e, k. dili* taşımak
**totem** /'toutım/ *a.* totem, ongun
**totter** /'totı/ *e.* sendelemek, yalpalamak
**tottery** /'totıri/ *s.* 1. sallantılı 2. sarsak
**toucan** /'tu:kın, 'tu:ken/ *a, hayb.* tukan
**touch**[1] /taç/ *e.* 1. değmek: *He was so tall his hat touched the ceiling.* 2. dokun-

mak, ellemek: *She put out her hand and touched his shoulder.* 3. elini sürmek, kullanmak: *Since his recent illness he can't touch fatty foods.* 4. eline su dökmek, boy ölçüşmek: *No one can touch him at chess.* 5. dokunmak, etkilemek, duygulandırmak: *She was touched by their kindness and consideration.* 6. **touch wood** nazar değmesin diye tahtaya vurmak

touch$^2$ /taç/ *a.* 1. dokunma duyusu 2. temas, dokunma, değme 3. az miktar 4. *sp.* taç 5. yetenek 6. tamamlayıcı ilave 7. temas, bağlantı 8. **get in touch with** ile temasa geçmek, bağlantı kurmak 9. **in touch with** -den haberdar 10. **keep in touch with** ile teması sürdürmek, ile ilişkiyi koparmamak 11. **lose touch with** ile teması kaybetmek, bağlantıyı koparmak, haber almamak

touch-and-go /taçın'gou/ *s.* 1. riskli 2. meçhul, belirsiz

touch down *e.* (uçak) yere inmek

touched /taçt/ *s.* 1. minnettar, müteşekkir 2. *k. dili* üşütük, kaçık, çatlak

touch for *e. k. dili* (para vermeye) ikna etmek, para koparmak

touchline /'taçlayn/ *a, sp.* taç çizgisi

touch off *e.* 1. patlatmak 2. başlatmak, neden olmak

touch on/upon *e.* (konuya) değinmek

touchstone /'taçstoun/ *a.* kriter, ölçüt

touchy /'taçi/ *s.* 1. alıngan 2. fazla duyarlı

tough$^1$ /taf/ *s.* 1. güçlü, dayanıklı 2. (et, vb.) sert, kart 3. çetin, zor, güç 4. katı, sert, haşin 5. *k. dili* berbat, rezil, şanssız, talihsiz

tough$^2$ /taf/ *a, k. dili* kabadayı, külhanbeyi, bıçkın

toughen /'tafın/ *e.* 1. sertleşmek 2. sertleştirmek

toupee /'tu:pey/ *a.* küçük erkek perukası

tour$^1$ /tuı/ *a.* 1. tur, gezi 2. turne

tour$^2$ /tuı/ *e.* gezmek, dolaşmak

tour de force /tuı dı 'fo:s/ *a.* yetenek/güç gösterisi

tourism /'tuırizım/ *a.* turizm

tourist /'tuırist/ *a.* turist

tournament /'tuınımınt, 'to:nımınt/ *a.* turnuva, yarışma

tourniquet /'tuınikey, 'to:nikey/ *a.* kanamayı durdurucu sargı, sargı bezi

tousle /'tauzıl/ *e.* (saç, vb.) karıştırmak, arapsaçına çevirmek

tout$^1$ /taut/ *e.* müşteri toplamak, almaya ikna etmek

tout$^2$ /taut/ *a.* çığırtkan, müşteri toplayıcı

tow$^1$ /tou/ *e.* (taşıt) yedekte çekmek

tow$^2$ /tou/ *a.* 1. yedekte çekme 2. **in tow** *k. dili* yakın takipte

toward /tı'wo:d/ *ilg, Aİ, bkz.* **towards**

towards /tı'wo:dz/ *ilg.* 1. -e doğru, yönünde: *The car swerved towards a bus to avoid a pedestrian.* 2. -e doğru, sularında: *They all left towards midnight.* 3. ile ilgili, -e karşı: *Nobody knows his views towards politics.*

towel$^1$ /'tauıl/ *a.* Havlu

towel$^2$ /'tauıl/ *e.* havluyla kurulamak

towelling /'tauıling/ *a.* havluluk bez

tower$^1$ /'tauı/ *a.* 1. kule 2. burç 3. **tower block** apartman, yüksek bina

tower$^2$ /'tauı/ *e.* (above/over ile) yükselmek, çok yüksek/uzun olmak

town /taun/ *a.* 1. şehir, kent 2. kasaba 3. şehrin iş/alışveriş merkezi, çarşı 4. şehir halkı 5. **go to town** *k. dili* kafasına göre takılmak, yiyip içmek, bol para harcamak 6. **town council** belediye meclisi 7. **town hall** belediye binası

township /'taunşip/ *a.* (Güney Afrika'da) siyahilerin yaşadığı yer

toxic /'toksik/ *s.* zehirli

toxicology /toksi'kolıci/ *a.* zehirbilim

toxin /'toksin/ *a.* toksin

toy /toy/ *a.* oyuncak

toy with *e.* ile amaçsızca oynamak, oyuncak etmek

trace$^1$ /treys/ *e.* 1. izini sürmek, izlemek 2. bulmak 3. ortaya çıkarmak 4. (kopya kâğıdıyla) kopyasını çıkarmak

trace$^2$ /treys/ *a.* 1. iz 2. az miktar, zerre 3. kalıntı

tracing /'treysing/ *a.* kopya

track$^1$ /trek/ *a.* 1. iz 2. patika, keçiyolu 3. ray 4. pist, yarış pisti 5. parça, şarkı, müzik 6. palet, tırtıl 7. **in one's tracks** *k. dili* olduğu yerde; aniden 8. **keep track**

**(of)** -den haberdar olmak, haber almak
9. **on the right track** doğru yolda, iyi düşünen/çalışan 10. **a one-track mind** *k. dili* sabit fikirlilik, bir şeyi kafasına takma
track² /trek/ *e.* izini takip etmek, izini sürmek
**track down** *e.* 1. izleyerek bulmak 2. avlamak
tracksuit /'treksu:t/ *a.* eşofman
tract /trekt/ *a.* 1. arazi, alan, toprak 2. *anat.* sistem 3. risale
tractable /'trektıbıl/ *s.* 1. kolay kontrol edilir, uysal, uslu 2. kolay işlenir
traction /'trekşın/ *a.* çekme, çekiş, çekilme
tractor /'trektı/ *a.* traktör
trade¹ /treyd/ *a.* 1. ticaret, alışveriş 2. meslek, sanat, iş 3. iş, satış 4. **trade name** ad, marka 5. **trade union** sendika, işçi sendikası 6. **trade wind** alize rüzgârı
trade² /treyd/ *e.* 1. (in/with ile) ticaret yapmak 2. almak 3. satmak 4. değiş tokuş etmek, değişmek: *They traded eggs for honey with their neighbours.*
trade in *e.* üstüne para verip (yenisiyle) değiştirmek: *Can I trade in my motorbike for a car?*
trademark /'treydma:k/ *a.* alameti farika, marka
trader /'treydı/ *a.* tüccar, tacir, tecimen
tradesman /'treydzmın/ *a.* esnaf, dükkâncı, satıcı
tradition /trı'dişın/ *a.* gelenek
traditional /trı'dişınıl/ *s.* geleneksel
traduce /trı'dyu:s/ *s.* çamur atmak, leke sürmek, kara çalmak
traffic /'trefik/ *a.* 1. trafik 2. ticaret, alım-satım 3. **traffic jam** trafik sıkışıklığı 4. **traffic lights** trafik ışıkları 5. **traffic signs** trafik işaretleri
traffic in *e.* ... ticareti yapmak, alıp satmak
tragedy /'trecidi/ *a.* 1. trajedi, ağlatı 2. facia, felaket
tragic /'trecik/ *s.* 1. trajik 2. üzücü, talihsiz 3. *k. dili* müthiş, korkunç
trail¹ /treyl/ *a.* 1. iz, koku 2. patika, keçiyo-

lu 3. kuyruk
trail² /treyl/ *e.* 1. izini sürmek, izlemek 2. peşinden sürüklemek 3. sürüklenmek
trailer /'treylı/ *a.* 1. römork, treyler 2. fragman, tanıtma filmi 3. *Aİ.* karavan
train¹ /treyn/ *a.* 1. tren 2. kafile, kervan, sürü 3. elbise kuyruğu 4. olaylar/düşünceler zinciri
train² /treyn/ *e.* 1. yetiştirmek, eğitmek 2. yetişmek, eğitim görmek 3. (on/upon ile) -e nişan almak, -e yükseltmek, üstüne tutmak, çevirmek
trainee /trey'ni:/ *a.* 1. stajyer 2. öğrenci
trainer /'treynı/ *a.* antrenör, çalıştırıcı
training /'treyning/ *a.* 1. terbiye, eğitim 2. *sp.* antrenman, idman, çalışma
trait /treyt/ *a.* özellik, karakter
traitor /'treytı/ *a.* hain, vatan haini
trajectory /trı'cektıri/ *a.* yörünge
tram /trem/ *a.* tramvay
tramcar /'tremka:/ *a.* tramvay
tramp¹ /tremp/ *a.* 1. serseri, avare 2. rap rap sesi 3. uzun yürüyüş 4. *Aİ.* orospu
tramp² /tremp/ *e.* 1. ağır adımlarla yürümek 2. yürüyüp geçmek, çiğnemek
trample /'trempıl/ *e.* basmak, ezmek, çiğnemek: *The elephants trampled flat everything in their path.*
trampoline /'trempıli:n/ *a.* tramplen
trance /tra:ns/ *a.* kendinden geçme, esrime, trans
tranquil /'trenkwil/ *s.* 1. sakin, sessiz 2. durgun
tranquillize /'trenkwilayz/ *e.* sakinleştirmek, yatıştırmak
tranquillizer /'trenkwilayzı/ *a.* sakinleştirici, yatıştırıcı ilaç
transact /tren'zekt/ *e.* (iş) görmek, bitirmek, yapmak
transaction /tren'zekşın/ *a.* 1. iş görme, yapma 2. iş, muamele, işlem
transatlantic /trenzıt'lentik/ *s.* transatlantik, Atlas Okyanusunu aşan, Atlantikaşırı
transcend /tren'send/ *e.* geçmek, aşmak
transcendent /tren'sendınt/ *s.* üstün, ulu, yüce
transcendental /trensen'dentl/ *s.* deneyüstü, insanüstü

transcontinental /trenzkonti'nentl, trenskonti'nentl/ *s.* kıtayı kateden, kıtaötesi

transcribe /tren'skrayb/ *e.* 1. kopya etmek, suretini çıkarmak 2. *müz.* uyarlamak

transcript /'trenskript/ *a.* kopya, suret

transfer[1] /trens'fö:/ *e.* 1. nakletmek, taşımak 2. taşınmak 3. *sp.* transfer etmek 4. *sp.* transfer olmak 5. taşıt değiştirmek, aktarma yapmak 6. *huk.* devretmek

transfer[2] /'trensfö:/ *a.* 1. *sp.* transfer 2. *huk.* devir 3. çıkartma, yapıştırma, baskı 4. aktarma bileti 5. nakil

transfigure /trens'figı/ *e.* şeklini değiştirip yüceltmek

transfix /trens'fiks/ *e.* şaşkına çevirmek, afallatmak, sersemletmek, dondurmak

transform /trens'fo:m/ *e.* biçimini değiştirmek, dönüştürmek

transformation /trensfı'meyşın/ *a.* dönüşüm, dönüştürüm

transformer /trens'fo:mı/ *a.* transformatör, trafo

transfuse /trens'fyu:z/ *e.* (kan) nakletmek

transfusion /trens'fyu:jın/ *a.* kan nakli

transgress /trenz'gres/ *e.* 1. (sınırı) aşmak 2. bozmak, çiğnemek, karşı gelmek

transient /'trenziınt/ *s.* geçici, kısa süreli, süreksiz

transistor /tren'zistı, tren'sistı/ *a.* 1. transistor 2. transistorlu radyo

transit /'trensit, 'trenzit/ *a.* 1. taşıma, aktarma 2. geçiş

transition /tren'zişın/ *a.* geçiş

transitive /'trensitiv/ *s, a, dilb.* geçişli (eylem)

translate /trenz'leyt, trens'leyt/ *e.* tercüme etmek, çevirmek: *Can you translate this letter into Enlish?*

translation /trenz'leyşın/ *a.* tercüme, çeviri

translator /trenz'leytı/ *a.* tercüman, çevirmen

translucent /trenz'lu:sınt/ *s.* yarısaydam

transmission /trenz'mişın/ *a.* 1. gönderme, iletme 2. geçirme, taşıma 3. (radyo,

TV) yayın 4. transmisyon, vites

transmit /trenz'mit/ *e.* 1. göndermek 2. yayınlamak 3. geçirmek, iletmek 4. (hastalık, vb.) geçirmek, bulaştırmak

transmitter /trenz'mitı/ *a.* verici, iletici

transparency /tren'sperınsi/ *a.* 1. saydamlık 2. slayt

transparent /tren'sperınt/ *s.* 1. saydam 2. açık, net, anlaşılır

transpire /tren'spayı/ *e.* 1. ortaya çıkmak, bilinmek 2. *k. dili* olmak, vuku bulmak

transplant[1] /'trenspla:nt/ *a.* 1. nakledilen şey, aktarılan şey 2. organ nakli

transplant[2] /trens'pla:nt/ *e.* 1. (bitki) başka bir yere dikmek/aktarmak 2. (organ, saç, vb.) nakletmek

transplantation /trenspla:n'teyşın/ *a.* nakil, aktarma

transport[1] /'trenspo:t/ *a.* 1. nakil, taşıma 2. taşımacılık 3. araç, taşıt

transport[2] /tren'spo:t/ *e.* 1. taşımak, götürmek, nakletmek 2. sürgüne göndermek, sürmek

transportation /trenspo:'teyşın/ *a.* 1. sürgüne gönderme, sürme, sürgün 2. *Aİ.* nakil, gönderme, taşıma 3. *Aİ.* taşımacılık

transporter /tren'spo:tı/ *a.* 1. araba nakil aracı 2. nakliyeci

transpose /tren'spouz/ *e.* 1. yerlerini/sırasını değiştirmek 2. *müz.* perdesini değiştirmek

transverse /trenz'vö:s/ *s.* enine, çaprazlama

transvestite /trenz'vestayt/ *s, a.* karşıt cinsin elbiselerini giyen, travesti

trap[1] /trep/ *a.* 1. tuzak 2. kapan 3. *k. dili* ağız 4. iki tekerlekli at arabası

trap[2] /trep/ *e.* tuzağa düşürmek: *He trapped four rabbits.*

trapeze /trı'pi:z/ *a.* trapez

trapper /'trepı/ *a.* tuzakçı, avcı

trash /treş/ *a.* 1. *Aİ.* çerçöp, süprüntü 2. *Aİ.* ayaktakımı

trashcan /'treşken/ *a, Aİ.* çöp tenekesi

trashy /'treşi/ *s.* değersiz, beş para etmez, saçma

trauma /'tro:mı, 'traumı/ *a, hek.* travma

traumatic /tro:'metik/ *s.* sarsıcı, şok edici,

**travel**[1] /'trevıl/ *e.* 1. seyahat etmek, yolculuk yapmak: *They will travel through Europe next year.* 2. yol almak, gitmek: *Light travels faster than sound.* 3. *arg.* tüymek, topuklamak, gazlamak: *His new motorbike could really travel.* 4. **travel light** az eşyayla yolculuk yapmak

**travel**[2] /'trevıl/ *a.* 1. seyahat, yolculuk 2. **travel agency/bureau** seyahat acentası

**traveler** /'trevılı/ *a, Aİ, bkz.* **traveller**

**traveller** /'trevılı/ *a.* 1. seyyah, yolcu 2. **traveller's cheque** seyahat çeki

**traverse** /'trevö:s/ *e.* içinden/üzerinden geçmek: *To go from the Northern to the Southern Hemisphere you must traverse the equator.*

**travesty** /'trevisti/ *a.* kötü/gülünç taklit, travesti

**trawl**[1] /tro:l/ *a.* tarak ağı, trol

**trawl**[2] /tro:l/ *e.* tarak ağıyla balık tutmak

**trawler** /'tro:lı/ *a.* tarak ağlı balıkçı gemisi

**tray** /trey/ *a.* 1. tepsi 2. tabla

**treacherous** /'treçırıs/ *s.* 1. hain, dönek 2. tehlikeli

**treachery** /'treçıri/ *a.* 1. hainlik, ihanet, döneklik 2. sahtelik 3. vefasızlık

**treacle** /'tri:kıl/ *a.* şeker pekmezi

**tread**[1] /tred/ *e.* [*pt* **trod** /trod/, *pp* **trodden** /'trodn/] 1. üzerinde yürümek, katetmek: *The cows always trod the same path home.* 2. basmak, çiğnemek, ezmek: *He trod on the cat's tail.* 3. **tread on sb's toes** gücendirmek, incitmek

**tread**[2] /tred/ *a.* 1. ayak basışı/sesi 2. lastik tırtılı 3. merdiven basamağı

**treadle** /'tredl/ *a.* pedal, ayaklık

**treason** /'tri:zın/ *a.* vatan hainliği, ülkesine ihanet

**treasure**[1] /'trejı/ *a.* 1. hazine, define, gömü 2. çok değerli şey/varlık

**treasure**[2] /'trejı/ *e.* çok kıymetli tutmak, büyük değer vermek

**treasurer** /'trejırı/ *a.* haznedar, veznedar

**treasury** /'trejıri/ *a.* 1. hazine 2. maliye dairesi

**treat**[1] /tri:t/ *e.* 1. muamele etmek, davranmak: *She always treats animals very kindly.* 2. ele almak: *The business treated all customer's complaints with respect.* 3. düşünmek, saymak, görmek: *My mother treats all my opinions as immature.* 4. (to ile) ikram etmek, ısmarlamak, vermek: *I treated myself to a new car.* 5. kimyasal işleme tabi tutmak, elden geçirmek: *The material was treated to be waterproof.* 6. tedavi etmek, geçirmek: *There are many diseases they still don't know how to treat.*

**treat**[2] /tri:t/ *a.* zevk, hoş şey, hoş sürpriz: *He took me to the circus for a treat.*

**treatise** /'tri:tis, 'tri:tiz/ *a.* bilimsel inceleme, tez

**treatment** /'tri:tmınt/ *a.* 1. muamele, davranış 2. tedavi, sağaltım

**treaty** /'tri:ti/ *a.* antlaşma

**treble**[1] /'trebıl/ *a, müz.* 1. soprano 2. tiz

**treble**[2] /'trebıl/ *s, be.* 1. üç misli, üç kat, üç bölüm, üçlü 2. *müz.* tiz

**treble**[3] /'trebıl/ *e.* 1. üç misli olmak 2. üç misline çıkarmak

**tree** /tri:/ *a.* ağaç

**trek**[1] /trek/ *e.* uzun ve zor yolculuk yapmak

**trek**[2] /trek/ *a.* uzun ve zor yolculuk

**trellis** /'trelis/ *a.* bitki kafesi, sırık

**tremble**[1] /'trembıl/ *e.* 1. titremek: *His hands were trembling.* 2. ürpermek: *She was trembling with fear after the nasty experience.*

**tremble**[2] /'trembıl/ *a.* 1. titreme 2. ürperme, ürperti 3. **all of a tremble** *k. dili* tir tir, zangır zangır titreyen

**tremendous** /tri'mendıs/ *s.* 1. büyük, çok büyük, çok fazla, kocaman 2. harika, şahane, nefis, olağanüstü

**tremor** /'tremı/ *a.* titreme, sarsıntı

**tremulous** /'tremyulıs/ *s.* 1. titrek, titremeli 2. heyecanlı, gergin

**trench** /trenç/ *a.* 1. hendek, çukur 2. *ask.* siper 3. **trench coat** trençkot, yağmurluk

**trend** /trend/ *a.* 1. eğilim 2. akım, moda 3. **set the trend** moda başlatmak/yaymak

**trendy** /'trendi/ *s, k. dili* çok moda, modaya uyan

**trepidation** /trepi'deyşın/ *a.* telaş, kaygı

**trespass**[1] /'trespıs, 'trespes/ *e.* (başkası-

nın arazisine) izinsiz girmek: *You shouldn't tresspass on private property.*
**trespass**[2] /'trespıs/ *a.* başkasının arazisine izinsiz girme, araziye tecavüz
**trespass on/upon** *e.* suiistimal etmek, kötüye kullanmak, sömürmek, aşırı derecede kullanmak: *I'd rather stay at a hotel than trespass on their hospitality.*
**trestle** /'tresıl/ *a.* masa ayaklığı, sehpa
**trial** /'trayıl/ *a.* 1. *huk.* duruşma, yargılama 2. deneme, sınav 3. baş belası, dert 4. **stand trial** mahkemede yargılanmak 5. **trial and error** deneme-yanılma yöntemi
**triangle** /'trayengıl/ *a.* 1. üçgen 2. *müz.* üçköşe, triangel
**triangular** /tray'engyulı/ *s.* üçgen, üç köşeli
**tribe** /trayb/ *a.* kabile, boy, oymak
**tribesman** /'traybzmın/ *a.* oymak üyesi
**tribulation** /tribyu'leyşın/ *a.* sıkıntı, dert, sorun, keder
**tribunal** /tray'byu:nıl/ *a, huk.* mahkeme
**tributary** /'tribyutıri/ *a, coğ.* kol, akarsu, geleğen
**tribute** /'tribyu:t/ *a.* 1. takdir, övgü 2. baç, haraç, vergi
**trice** /trays/ *a, k. dili* **in a trice** en kısa zamanda, bir an önce
**trick**[1] /trik/ *a.* 1. hüner, numara, el çabukluğu 2. marifet, ustalık, beceri, incelik 3. muziplik, şeytanlık 4. (iskambil) el 5. hile, düzen, dolap, oyun, dalavere 6. **do the trick** *k. dili* işini görmek, amacını karşılamak 7. **play tricks on** -e muziplik etmek, oyun oynamak
**trick**[2] /trik/ *s, k. dili* 1. muziplik için yapılmış, muzip, muzur 2. zor, kazık
**trick**[3] /trik/ *e.* (into ile) aldatmak, kandırmak, keleğe getirmek, üçkâğıda getirmek
**trickery** /'trikıri/ *a.* hilekârlık, dolap, dalavere, düzen, üçkâğıt
**trickle** /'trikıl/ *e.* damlamak, akmak, süzülmek
**trickster** /'tirkstı/ *a.* hileci, düzenbaz, üçkâğıtçı, dalavereci, kazıkçı
**tricky** /'triki/ *s.* 1. ustalık ve dikkat isteyen, nazik, ince, hassas 2. kurnaz, uyanık 3.

üçkâğıtçı, düzenbaz
**tricycle** /'traysaykıl/ *a.* üç tekerlekli bisiklet
**trident** /'traydınt/ *a.* üç dişli çatal; üç çatallı zıpkın
**tried** /trayd/ *s.* güvenilir, denenmiş
**trifle** /'trayfıl/ *a.* 1. ıvır zıvır, değersiz şey 2. meyveli tatlı, bir tür jöle 3. **a trifle** oldukça, epey, bir dereceye kadar
**trifle with** *e.* hafife almak: *Don't trifle with me. I really love you.*
**trifling** /'trayfling/ *s.* önemsiz, değersiz
**trigger**[1] /'trigı/ *a.* tetik
**trigger**[2] /'trigı/ *e.* (off ile) başlatmak, neden olmak, yol açmak: *The strike at the factory triggered off others all over the country.*
**trigonometry** /trigı'nomitri/ *a.* trigonometri
**trill** /tril/ *a.* 1. ses titremesi 2. *müz.* tril
**trillion** /'trilyın/ *a.* trilyon (*İl.* 10X18, *Al.* 10X12)
**trim**[1] /trim/ *e.* 1. (off ile) kesip düzeltmek, budamak, kırkmak 2. (with ile) süslemek 3. kısmak, azaltmak 4. yenmek 5. (gemi, uçak) dengelemek 6. dengelenmek
**trim**[2] /trim/ *s.* düzenli, derli toplu
**trim**[3] /trim/ *a.* 1. kesme, kırkma 2. intizam, düzen 3. form, kondisyon
**trimester** /tray'mestı/ *a, Al.* üç aylık öğrenim süresi
**trimming** /'triming/ *a.* 1. süs 2. garnitür 3. kesilmiş parça
**trinket** /'trinkit/ *a.* incik boncuk, değersiz ziynet
**trio** /'tri:ou/ *a.* 1. üçlü, üç kişilik grup 2. *müz.* trio, üçlü
**trip**[1] /trip/ *e.* 1. çelme takmak, sendeletmek: *He tripped his opponent.* 2. tökezlemek, sendelemek, takılmak: *She tripped over a toy on the floor and fell over.* 3. hata yapmak 4. (up ile) hata yaptırmak, yanıltmak: *The policeman tried to trip up the suspect he was questioning.* 5. sekmek, seke seke gitmek
**trip**[2] /trip/ *a.* 1. gezi, gezinti, kısa yolculuk: *We took a day trip to the island.* 2. takılma, tökezleme 3. düşme 4. hata, yanılma 4. (dil) sürçme 5. *arg.* uyuşturucu etkisi, uçuş, trip

**tripartite** /tray'pa:tayt/ s. üç bölümlü, üç kısımlı

**tripe** /trayp/ a. 1. işkembe 2. *k. dili* zırva, saçmalık

**triple**[1] /'tripıl/ s. 1. üç bölümlü 2. üç misli, üç kat fazla 3. **triple jump** *sp.* üç adım atlama

**triple**[2] /'tripıl/ e. 1. üç katına çıkmak 2. üç katına çıkarmak

**triplet** /'triplit/ a. üçüz

**triplicate** /'triplikit/ s. üç benzer bölümden oluşan, üçlü

**tripod** /'traypod/ a. 1. üç ayaklı sehpa 2. üç ayaklık

**trip out** e, arg. uyuşturucu almak, uçmak

**trite** /trayt/ s. basmakalıp, beylik, cıvımış, suyu çıkmış

**triumph** /'trayımf/ a. zafer, utku, yengi

**trivia** /'triviı/ a. ıvır zıvır

**trivial** /'triviıl/ s. önemsiz, havadan sudan: *The conversation was very trivial. It was a trivial mistake.*

**trod** /trod/ *pt bkz.* **tread**

**trodden** /'trodn/ *pp bkz.* **tread**

**trolley** /'troli/ a. 1. el arabası 2. yemek servis arabası

**trolleybus** /'trolibas/ a. troleybüs

**trombone** /trom'boun/ a, *müz.* trombon

**troop** /tru:p/ a. 1. küme, takım, sürü, grup 2. ç. askerler 3. *ask.* bölük, tabur, alay 4. izci grubu

**trooper** /'tru:pı/ a. 1. süvari eri 2. *Aİ.* eyalet polisi 3. **swear like a trooper** ana avrat düz gitmek, kalaylamak, çok pis küfretmek

**trophy** /'troufi/ a. 1. yarışmacıya verilen ödül, ödül 2. ganimet, av

**tropic** /'tropik/ a. 1. dönence 2. ç. tropikal bölge, sıcak bölge

**tropical** /'tropikıl/ s. 1. tropikal 2. çok sıcak

**trot**[1] /trot/ a. 1. tırıs 2. **have the trots** *arg.* amel olmak 3. **on the trot** *k. dili* üst üste, art arda

**trot**[2] /trot/ e. 1. tırıs gitmek 2. tırısa kaldırmak 3. *k. dili* gitmek, kaçmak

**trotter** /'trotı/ a. domuz paçası

**trouble**[1] /'trabıl/ e. 1. üzmek, telaşlandırmak, sıkmak: *He was constantly trou-*

*bled by his son's behaviour.* 2. rahatsız etmek, zahmet vermek: *Can I trouble you to help me lift this table?* 3. zahmet etmek: *You needn't trouble to cook breakfast for me.* 4. acı çektirmek, acı vermek: *She's always been troubled with migraines.* 5. **fish in troubled waters** bulanık suda balık avlamak

**trouble**[2] /'trabıl/ a. 1. müşkül, zorluk, güçlük 2. zor durum, tehlike, dert, bela 3. zahmet 4. (sosyal/siyasal) düzensizlik 5. ısdırap, üzüntü, sıkıntı 6. sorun, kötü taraf, yanlış 7. rahatsızlık, hastalık 8. **ask/look for trouble** bela aramak 9. **get into trouble** başına dert almak, başını derde sokmak 10. **take trouble** zahmete girmek, zahmet etmek

**troublemaker** /'trabılmeykı/ a. baş belası

**troubleshooter** /'trabılşu:tı/ a. aksaklıkları gideren kimse, düzeltici

**troublesome** /'trabılsım/ s. 1. zahmetli, güç, zor 2. sorun çıkaran, baş belası

**trough** /trof/ a. 1. yalak, tekne 2. iki dalga arasındaki çukur 3. alçak basınçlı hava sahası

**troupe** /tru:p/ a. şarkıcı/dansçı/oyuncu grubu

**trousers** /'trauzız/ a. pantolon

**trousseau** /'tru:sou/ a. çeyiz, gelin eşyası

**trout** /traut/ a. alabalık

**trowel** /'trouıl/ a. 1. mala 2. çepin, küçük bahçe çapası

**truant** /'truınt/ a. 1. okul kaçağı 2. *hkr.* kaytarıcı 3. **play truant** okuldan kaçmak, dersleri kırmak

**truce** /tru:s/ a. ateşkes, ateşkes antlaşması

**truck** /track/ a. 1. *Aİ.* kamyon 2. *İİ.* yük vagonu

**trucking** /'traking/ a, *Aİ.* kamyonculuk, kamyon taşımacılığı

**truckle** /'trakıl/ e. (to ile) boyun eğmek: *Don't truckle to his demands.*

**truculent** /'trakyulınt/ s. vahşi, saldırgan, kavgacı

**trudge**[1] /trac/ e. ağır adımlarla yürümek, güçlükle yürümek

**trudge**[2] /trac/ a. uzun yorucu yürüyüş

**true** /tru:/ s. 1. doğru, gerçek: *I don't know*

*if the news is true*. 2. halis, hakiki, gerçek, katışıksız 3. içten, samimi, gerçek: *I think he's found true love at last*. 4. tam, eksiksiz 5. düzgün 6. sadık: *I've always been true to you*. 7. **come true** gerçekleşmek: *I hope my dreams come true*. 8. **true blue** *İl*. muhafazakâr, tutucu, muhafazakâr parti üyesi 9. **true to - e** uygun, ile bağdaşan 10. **true to type** beklendiği gibi hareket eden, tipine uygun hareket eden

true-blue /tru:'blu:/ s. 1. dürüst, namuslu 2. sadık 3. muhafazakâr, tutucu

truehearted /tru:'ha:tid/ s. sadık, vefalı

true-life /tru:'layf/ s. gerçeğe dayalı

truffle /'trafıl/ a. 1. *bitk*. yer mantarı, domalan 2. hafif tatlı

truism /'tru:izım/ a. herkesçe bilinen gerçek, su götürmez gerçek

truly /'tru:li/ be. 1. tamamen, tam olarak, tam 2. gerçekten 3. içtenlikle 3. **yours truly** (mektup sonlarında) saygılarımla

trump¹ /tramp/ a. 1. (iskambil) koz 2. **play one's trump card** son kozunu oynamak 3. **turn/come up trumps** yardımcı olmak, yardımda bulunmak

trump² /tramp/ e. *isk*. koz çakmak, kozla almak

trumpet /'trampit/ a. 1. *müz*. trompet, boru 2. borazan 3. fil sesi 4. bağırış, çığlık, böğürtü

trump up e. (yalan, iftira, vb.) uydurmak, icat etmek: *The political agitator was arrested on a trumped up charge*.

truncate /tran'keyt/ e. kısaltmak, kısa kesmek

truncheon /'trançın/ a. cop

trundle /'trandl/ e. 1. güçlükle ilerlemek 2. güçlükle sürmek

trunk /trank/ a. 1. ağaç gövdesi 2. kolsuz, bacaksız ve kafasız insan vücudu 3. fil hortumu 4. *Aİ*. araba bagajı 5. büyük eşya kutusu 6. ç. erkek mayosu 7. **trunk call** *esk*. şehirlerarası telefon konuşması 8. **trunk road** anayol

truss¹ /tras/ e. (up ile) sımsıkı bağlamak

truss² /tras/ a. 1. kiriş, makas, destek 2. *hek*. kasık bağı

trust¹ /trast/ a. 1. güven 2. sorumluluk 3.

bakım, koruma 4. *huk*. mutemetlik 5. tröst 6. **take on trust** kanıtsız kabul etmek, güvenmek 7. **trust company** tröst şirketi 8. **trust deed** vekâletname 9. **trust fund** tesis/vakıf parası 10. **trust territory** Birleşmiş Milletler egemenliğindeki bir ülkece yönetilen bölge

trust² /trast/ e. 1. güvenmek, inanmak: *I don't trust him*. 2. ümit etmek, ummak: *I trust you had a good holiday*.

trustee /tras'ti:/ a. 1. mütevelli 2. emanetçi

trustful /'trastfıl/ s. herkese güvenen, saf

trust in e. inanmak, güvenmek: *In God we trust*.

trustworthy /'trastwö:di/ s. güvenilir: *He's always been a trustworthy employee*.

trusty /'trasti/ s. sadık, güvenilir

truth /tru:t/ a. 1. gerçek, hakikat: *Tell me the truth*. 2. doğruluk, gerçeklik 3. içtenlik 4. dürüstlük 5. **in truth** gerçekten, aslında

truthful /'tru:tfıl/ s. 1. doğru, kesin 2. doğru sözlü, dürüst

try¹ /tray/ e. 1. denemek: *He tried every new product for baldness but none worked*. 2. uğraşmak, çalışmak: *Please try to come*. 3. *huk*. yargılamak: *He was tried for arson and found quilty*. 4. kızdırmak, sıkmak, sinirlerini bozmak: *Her children have really been trying her this week*.

try² /tray/ a. deneme, kalkışma, girişim: *He let her have a try at driving the car*.

try for e, *İl*. elde etmeye çalışmak, elde etmek için çekişmek: *She tried for the job but didn't get it*.

try on e. 1. (giysi) prova etmek, giyip denemek, denemek: *I tried on the jeans and they fitted*. 2. **try it on** *arg*. üstüne üstüne gitmek, sabrını taşırmak: *Stop trying it on!*

try-out /'trayaut/ a, k. *dili* deneme, sınama

try out e. denemek: *He's going to try out the new car this afternoon*.

try out for e, *Aİ*, bkz. **try for**

tsar /za:/, tsa:/ a. çar

tsarina /za:'ri:nı, tsa:'ri:nı/ a. çariçe

**tsetse** /'tetsi, 'tsetsi, 'setsi/ *a, hayb.* 1. çeçe, çeçe sineği 2. **tsetse fly** çeçe sineği

**T-shirt** /'ti: şö:t/ *a.* tişört

**tub** /tab/ *a.* 1. tekne, leğen 2. *k. dili* küvet 3. yuvarlak (plastik) kap

**tuba** /'tyu:bı/ *a, müz.* tuba

**tubby** /'tabi/ *s, k. dili* tıknaz, bıdık

**tube** /tyu:b/ *a.* 1. tüp 2. boru 3. *İİ.* metro, yeraltı treni

**tuber** /'tyu:bı/ *a, bitk.* yumru kök

**tuberculosis** /tyu:bö:kyu'lousis/ *a, hek.* tüberküloz, verem

**tubing** /'tyu:bing/ *a.* tüp/boru şeklinde şey, tüp, boru

**tubular** /'tyu:byulı/ *s.* tüp/boru şeklinde, borulu

**tuck**[1] /tak/ *e.* 1. (içine) sokmak 2. tıkmak 3. katlamak

**tuck**[2] /tak/ *a.* 1. pli, kırma 2. *İİ.* pasta, şeker, vb.

**tuck away** *e.* ortadan kaldırmak, emin/gizli bir yere koymak

**tuck-in** /'takin/ *a, k. dili* büyük yemek, ziyafet

**tuck in** *e.* iştahla yemek, yumulmak

**Tuesday** /'tyu:zdi:/ *a.* salı

**tuft** /taft/ *a.* 1. küme, öbek, top 2. püskül

**tug**[1] /tag/ *e.* şiddetle çekmek, asılmak

**tug**[2] /tag/ *a.* 1. kuvvetli çekiş 2. römorkör

**tugboat** /'tagbout/ *a.* römorkör

**tug-of-war** /tagıv'wo:/ *a.* 1. halat çekme oyunu 2. mücadele, rekabet, çekişme

**tuition** /tyu:'işın/ *a.* 1. öğretim 2. okul harcı/taksiti

**tulip** /'tyu:lip/ *a.* lale

**tumble**[1] /'tambıl/ *e.* 1. düşmek, yuvarlanmak 2. *k. dili* çakmak, uyanmak, jetonu düşmek, çakozlamak

**tumble**[2] /'tambıl/ *a.* 1. düşme 2. karışıklık, kargaşa

**tumbledown** /'tambıldaun/ *s.* yıkık dökük, harap

**tumbler** /'tamblı/ *a.* su bardağı, sapsız bardak

**tummy** /'tami/ *a, k. dili* karın, mide

**tumor** /'tyu:mı/ *a, Ai, bkz.* **tumour**

**tumour** /'tyu:mı/ *a, hek.* tümör, ur

**tumult** /'tyu:malt/ *a.* kargaşa, gürültü, patırtı, heyecan

**tuna** /'tyu:nı/ *a.* tonbalığı, orkinos

**tundra** /'tandrı/ *a, coğ.* tundra, soğuk ağaçsız ova

**tune**[1] /tyu:n/ *a.* 1. nağme, hava, ezgi 2. akort 3. uyum 4. **in tune** a) akortlu b) uyumlu 5. **to the tune of** miktarına kadar

**tune**[2] /tyu:n/ *e.* 1. akort etmek: *Can you tune this guitar for me?* 2. (makineyi) ayarlamak, düzen vermek

**tuneful** /'tyu:nfıl/ *s.* ahenkli, kulağa hoş gelen, dinlemesi zevkli

**tuneless** /'tyu:nlis/ *s.* ahenksiz, zevksiz

**tuner** /'tyu:nı/ *a.* 1. tuner, alıcı cihaz, radyo 2. akortçu

**tunic** /'tyu:nik/ *a.* 1. tunik 2. asker/polis ceketi

**tuning fork** /'tyu:ning fo:k/ *a, müz.* diyapazon

**tunnel**[1] /'tanl/ *a.* tünel

**tunnel**[2] /'tanl/ *e.* tünel açmak

**tunny** /'tani/ *a, bkz.* **tuna**

**tuppence** /'tapıns/ *a, İİ, k. dili* iki peni

**turban** /'tö:bın/ *a.* 1. sarık 2. türban

**turbine** /'tö:bayn/ *a, tek.* türbin

**turbo** /'tö:bou/ *a, k. dili* turbo

**turbocharger** /'tö:bouça:cı/ *a.* turbo kompresör, turbo

**turbot** /'tö:bot, 'tö:bıt/ *a, hayb.* kalkan

**turbulence** /'tö:byulıns/ *a.* 1. hava akımı, çalkantılı hava 2. sertlik, haşinlik 3. karışıklık, düzensizlik, kargaşa

**turbulent** /'tö:byulınt/ *s.* 1. vahşi, sert, haşin 2. düzensiz, karışık 3. fırtınalı 4. kontrolsüz

**tureen** /tyu'ri:n/ *a.* büyük çorba kâsesi

**turf**[1] /tö:f/ *a.* 1. çimenlik, çimen, çim 2. at yarışı 3. **turf account** (at yarışı) bahis defteri tutan kimse

**turf**[2] /tö:f/ *e.* çimle kaplamak, çimlendirmek

**turf out** *e, k. dili* sepetlemek, kovmak, atmak

**turgid** /'tö:cid/ *s.* (dil, vb.) tumturaklı, abartmalı, şişirilmiş

**Turk** /tö:k/ *a.* Türk

**turkey** /'tö:ki/ *a.* 1. hindi 2. **cold turkey** *arg.* uyuşturucuyu bir anda bırakma(nın

etkisi)
**Turkish** /'tö:kiş/ *s.* 1. Türk 2. Türkçe 3. **Turkish bath** hamam 4. **Turkish delight** lokum
**turmoil** /'tö:moyl/ *a.* kargaşa, karışıklık, telaş
**turn**[1] /tö:n/ *e.* 1. çevirmek, döndürmek: *He turned the door handle but the door didn't open.* 2. çevrilmek, dönmek: *The merry-go-round started to turn.* 3. dönmek: *She heard me call and turned.* 4. sapmak, dönmek: *The bus turned into the station.* 5. saptırmak, döndürmek: *He turned the tractor at the end of the field.* 6. yöneltmek, doğrultmak, üstüne tutmak: *The terrorists turned their guns on the passengers.* 7. kıvırmak, katlamak: *Don't turn down the corner of the page. Use a bookmark.* 8. dönüşmek: *He was a naughty child but turned into a nice man.* 9. dönüştürmek: *The officer turned the new man into good soldiers.* 10. ekşitmek: *The weather has turned the yoghurt.* 11. varmak, ulaşmak: *David turned 33 this year.* 12. **turn one's stomach** midesini bulandırmak: *The sight of the accident turned his stomach.*
**turn**[2] /tö:n/ *a.* 1. dönme, döndürme, dönüş 2. sapma, yönelme 3. değişim, değişiklik 4. devir 5. bir şeyi yapma sırası, sıra: *Whose turn is it to play?* 6. *k. dili* hastalık nöbeti, nöbet 7. *k. dili* şok, sürpriz, heyecan 8. dönemeç 9. yetenek 10. eğilim 11. **a good turn** iyilik, yardım 12. **at every turn** her yerde, her an 13. **by turns** sırayla, art arda 14. **out of turn** sırasız, yersiz, uygunsuz 15. **take turns** sırayla yapmak 16. **to a turn** (yemek) tam kararında pişmiş
**turnabout** /'tö:nıbaut/ *a.* 1. sapma, dönme 2. döneklik
**turn against** *e.* 1. karşı çıkmak 2. düşman olmak 3. düşman etmek
**turn away** *e.* 1. geri çevirmek: *The stadium was so full that many people were turned away.* 2. sırt çevirmek, burun kıvırmak 3. reddetmek 4. sırtını dönmek, bakmamak

**turn back** *e.* 1. geri dönmek 2. geri döndürmek 3. (sayfa, vb.) kıvırmak, katlamak
**turncoat** /'tö:nkout/ *a, hkr.* (partiden, vb.) dönen, dönek
**turncock** /'tö:nkok/ *a, İİ.* musluk, vana
**turn down** *e.* 1. sesini kısmak, azaltmak: *Turn down that music! It's too loud.* 2. gücünü azaltmak, kısmak: *Can you turn down the heater? It's too hot.* 3. geri çevirmek, reddetmek: *She was offered a trip to America but turned it down.*
**turner** /'tö:nı/ *a.* tornacı
**turn in** *e.* 1. *k. dili* yatmak: *I'm tired. I'm going to turn in.* 2. (polise) vermek, teslim etmek: *His neighbours turned him in to the police.* 3. geri vermek, geri getirmek, iade etmek: *When you leave remember to turn in your key.*
**turning** /'tö:ning/ *a.* 1. dönemeç 2. **turning point** dönüm noktası
**turnip** /'tö:nip/ *a, bitk.* şalgam
**turnkey** /'tö:nki:/ *a.* gardiyan
**turn-off** /'tö:nof/ *a, Al.* yan yol
**turn off** *e.* 1. kapatmak, söndürmek, kesmek: *Turn off the lights when you leave.* 2. başka bir yola sapmak, sapmak: *The truck turned off the highway.* 3. *k. dili* sıkmak, baymak: *Disco music turns me off.*
**turn on** *e.* 1. açmak: *Can you turn on the light please?* 2. aniden saldırmak: *Suddenly the dog turned on me and bit me.* 3. *arg.* heyecanlandırmak, cinsel arzu uyandırmak, azdırmak: *You really turn me on, babe.* 4. *arg.* (uyuşturucuyla) çılgınlaşmak, uçmak/uçurmak: *He was turned on for the first time last night.* 5. -e bağlı olmak: *His election to parliament turns on your votes.*
**turnout** /'tö:naut/ *a.* 1. toplantı mevcudu, iştirakçi sayısı, toplantıya katılanların sayısı 2. ürün, üretim miktarı 3. giyim zevki/biçimi, giyiniş tarzı 3. *Al.* geniş sapak, park yeri
**turn out** *e.* 1. söndürmek, kapatmak, kesmek: *He turned the lights out at six.* 2. kovmak, göndermek, yol vermek: *The angry father turned his son out of home.*

3. toplanmak, bir araya gelmek: *Thousands turned out for the demonstration.* 4. üretmek: *How many loaves does the bakery turn out each day?* 5. (dolap, vb.) boşaltmak: *Those cupboards are very untidy. Turn them out.* 6. olmak, çıkmak, olagelmek: *The film turned out to be very good.*

**turnover** /'tö:nouvı/ *a.* 1. iş miktarı, yapılan iş, görülen iş 2. toplam satış, ciro 3. yeni alınan işçi sayısı 4. sermaye devri 5. meyveli turta 6. **labour turnover** işçi devri 7. **turnover tax** muamele vergisi

**turn over** *e.* 1. üzerinde düşünmek, ele almak: *Don't decide right now. Turn it over a few days.* 2. (motor, vb.) asgari hızda çalışmak, en düşük hızda çalışmak: *This machine needs repairs. It isn't turning over properly.* 3. en düşük hızda çalıştırmak: *The mechanic asked me to turn over the engine.* 4. -lik iş/satış yapmak: *How much did your business turn over this year?*

**turn over to** *e.* denetimini -e bırakmak/vermek: *He turned his company over to his son when he retired.*

**turnpike** /'tö:npayk/ *a, Aİ.* (paralı) özel sürat yolu

**turnstile** /'tö:nstayl/ *a.* 1. turnike 2. dönerkapı

**turntable** /'tö:nteybıl/ *a, müz.* 1. pikap 2. pikap platformu

**turn to** *e.* 1. yardım istemek, başvurmak: *She had many friends to turn to for help.* 2. bakmak: *She turned to the last page and read.* 3. çalışmaya başlamak, işe koyulmak, çalışmak: *They all turned to and quickly finished the work.*

**turn-up** /'tö:nap/ *a.* 1. *Aİ.* yukarı doğru kıvrılmış pantolon paçası 2. *k. dili* sürpriz, şaşırtıcı olay

**turn up** *e.* 1. bulmak: *Archaeologists have recently turned up some ancient manuscripts.* 2. bulunmak: *The murder weapon turned up last week.* 3. paçalarını kıvırmak: *Why don't you turn up your jeans?* 4. çıkıp gelmek, gelmek: *He turned up at the party with Sue.* 5. (sesini, gücünü, vb.) artırmak, açmak: *I can't hear. Turn it up!* 6. olmak: *I'm bored. I hope something turns up.* 7. *İİ, arg.* midesini bulandırmak, kusturmak: *Oh, you really turn me up sometimes.* 8. **turn up one's nose at** *k. dili* burun kıvırmak: *Nothing ever pleases him. He turns up his nose at everything.*

**turpentine** /'tö:pıntayn/ *a.* neftyağı

**turpitude** /'tö:pityu:d/ *a.* adilik, alçaklık, ahlaksızlık

**turquoise** /'tö:kwoyz, 'tö:kwa:z/ *s, a.* turkuaz

**turret** /'tarit/ *a.* 1. küçük kule 2. *ask.* taret

**turtle** /'tö:tl/ *a.* su kaplumbağası

**turtleneck** /'tö:tlnek/ *a, Aİ.* balıkçı yaka

**tusk** /task/ *a.* fil/yabandomuzu dişi

**tusker** /'taskı/ *a, k. dili* fil

**tussle[1]** /'tasıl/ *e.* (with ile) *k. dili* kapışmak, döğüşmek

**tussle[2]** /'tasıl/ *a, k. dili* kapışma, döğüşme, kavga

**tut** /tat/ *ünl.* hay aksi! tüh!

**tutor** /'tyu:tı/ *a.* 1. özel öğretmen 2. *İİ.* (üniversitede) öğretmen

**tutorial** /tyu:'to:rııl/ *a, İİ.* (üniversitede) küçük sınıfa verilen ders

**tux** /taks/ *a, Aİ, k. dili* smokin

**tuxedo** /tak'si:dou/ *a, Aİ.* smokin

**twaddle** /'twodl/ *a, k. dili* saçmalık, zırva

**twang** /tweng/ *a.* 1. genizden konuşma 2. tıngırtı

**twat** /twot, twet/ *a, kab, arg.* 1. *esk.* am, amcık 2. *İİ.* dalyarak, dangalak

**tweak** /twi:k/ *e.* (kulak, burun, vb.) burkuvermek, bükmek

**tweed** /twi:d/ *a.* tüvit, iskoç kumaşı

**tweet[1]** /twi:t/ *a.* cik, cikleme, cıvıltı

**tweet[2]** /twi:t/ *e.* ciklemek, cıvıldamak: *The birds are tweeting in the trees.*

**tweeter** /'twi:tı/ *a.* tivitır, yüksek frekanslı (tiz) hoparlör

**tweezers** /'twi:zız/ *a.* cımbız

**twelfth** /twelft/ *a, s.* on ikinci

**twelve** /twelv/ *a, s.* on iki

**twentieth** /'twentiıt/ *a, s.* yirminci

**twenty** /'twenti/ *a, s.* yirmi

**twice** /tways/ *be.* 1. iki kere: *He saw the film twice.* 2. iki katı: *She gets paid twice the amount he does.*

**twiddle** /'twidl/ *e.* (parmaklarını) oynatmak

**twig** /twig/ *a.* ince dal

**twilight** /'twaylayt/ *a.* alacakaranlık

**twill** /twil/ *a.* kabarık dokunmuş kumaş, tuval

**twin** /twin/ *a.* 1. ikiz 2. ikili, çifte, çift

**twine**[1] /twayn/ *a.* kınnap, kalın sicim

**twine**[2] /twayn/ *e.* döndürmek, çevirmek, bükmek, kıvırmak: *He twined the ends of the wires together.*

**twinge** /twinc/ *a.* sancı

**twinkle**[1] /'twinkıl/ *e.* parıldamak: *His eyes twinkled with amusement.*

**twinkle**[2] /'twinkıl/ *a.* parıltı

**twinkling** /'twinkling/ *a.* 1. an, çok kısa zaman 2. **in the twinkling of an eye** göz açıp kapayıncaya kadar

**twirl** /twö:l/ *e.* 1. hızla dönmek: *The little girl twirled around faster and faster then fell over.* 2. hızla döndürmek, çevirmek

**twist**[1] /twist/ *e.* 1. bükmek, kıvırmak: *He twisted a wire around the fence post.* 2. çevirmek, döndürmek: *He twisted the knob on the radio till he found the right station.* 3. şeklini değiştirmek, bükmek: *He twisted the handle of the spoon to straighten it.* 4. bükülmek: *The handle of the spoon twisted.* 5. kıvırtmak: *She twisted and turned to escape his grasp.* 6. burkmak: *I twisted my ankle playing basketball.* 7. anlamını saptırmak, çevirmek: *The newspaper twisted the politician's words in their report.*

**twist**[2] /twist/ *a.* 1. bükme, bükülme, kıvırma 2. çevirme, döndürme 3. anlamını saptırma 4. dönemeç 5. beklenmedik değişiklik, cilve 6. *müz.* tvist 7. meyil, eğilim

**twister** /'twistı/ *a.* üçkâğıtçı, düzenbaz, dolandırıcı

**twit** /twit/ *a, k. dili* aptal, salak, budala

**twitch**[1] /twiç/ *e.* 1. aniden kıpırdatmak 2. aniden kıpırdamak, seğirmek: *My eyelid is twitching.* 3. aniden çekmek, asılmak

**twitch**[2] /twiç/ *a.* 1. seğirme, kıpırtı 2. ani çekiş

**twitter** /'twitı/ *e.* 1. cıvıldamak, şakımak 2. hızlı/heyecanlı bir şekilde konuşmak

**two** /tu:/ *a, s.* 1. iki 2. **in two** iki parça, iki parçaya 3. **one or two** bir iki, birkaç

**twofaced** /tu:'feyst/ *s.* ikiyüzlü

**two-piece** /tu:'pi:s/ *s.* iki parçalı, iki parçadan oluşan, ikili

**twosome** /'tu:sım/ *a, k. dili* ikili, iki şey/kişi

**two-way** /tu:'wey/ *s.* çift yönlü, gidiş-geliş

**tycoon** /tay'ku:n/ *a.* kodaman, büyük işadamı

**type**[1] /tayp/ *a.* 1. tip, çeşit, tür: *What type of person is she?* 2. matbaa harfi, hurufat 3. örnek

**type**[2] /tayp/ *e.* 1. daktilo ile yazmak: *Can you type this for me?* 2. daktilo kullanmak: *I don't know how to type.*

**typecast** /'taypka:st/ *e.* hep aynı tür rol vermek

**typeface** /'taypfeys/ *a.* basılan harf ölçüsü/stili

**typewriter** /'taypraytı/ *a.* daktilo, yazı makinesi

**typhoid** /'tayfoyd/ *a, hek.* tifo

**typhoon** /tay'fu:n/ *a.* tayfun

**typhus** /'tayfıs/ *a, hek.* tifüs

**typical** /'tipikıl/ *s.* tipik: *He's a typical soldier.*

**typify** /'tipifay/ *e.* -in tipik bir örneği olmak: *This song typifies traditional folk music.*

**typist** /'taypist/ *a.* daktilo kullanan kimse, daktilo

**tyrannize** /'tirınayz/ *e.* zalimce yönetmek, zorbalık etmek

**tyranny** /'tirıni/ *a.* 1. zorbalık, zulüm 2. zorba hükümet

**tyrant** /'tayırınt/ *a.* 1. zorba 2. zorba hükümdar, tiran

**tyre** /tayı/ *a, oto.* dış lastik

**tzar** /za:, tsa:/ *a.* çar

# U

**U, u** /yu:/ *a.* 1. İngiliz abecesinin yirmi birinci harfi 2. *İl.* her yaşa uygun film

**U** /yu:/ *s, İl.* (film) her yaşa uygun

**ubiquitous** /ju:'bikwitıs/ *s.* her yerde olan

**udder** /'adı/ *a.* hayvan memesi

**ugh** /uks, ag/ *ünl.* (iğrenme belirtir) öö, böö

**ugly** /'agli/ s. 1. çirkin: *I think she's really ugly. What an ugly building!* 2. kötü, çirkin, tatsız, iğrenç: *The friendly quarrel turned ugly.* 3. ters, aksi: *He's in a very ugly mood tonight.*

**ukulele** /yu:'kıleyli/ *a, müz.* kitara

**ulcer** /'alsı/ *a, hek.* ülser

**ulterior** /al'tiıriı/ *s.* gizli, saklı

**ultimate** /'altimit/ *s.* 1. son, en son 2. *k. dili* mükemmel, en büyük, en iyi

**ultimately** /'altimitli/ *be.* en sonunda, sonuçta

**ultimatum** /alti'meytım/ *a.* ültimatom

**ultramarine** /altrımı'ri:n/ *a, s.* çok açık parlak mavi, deniz mavisi

**ultrasonic** /altrı'sonik/ *s.* (ses dalgaları) ultrasonik, insan kulağının duyamayacağı derecede

**ultraviolet** /altrı'vayılit/ *s.* ultraviyole, morötesi

**umbilical cord** /ambilikıl 'ko:d/ *a.* göbek bağı

**umbrage** /'ambric/ *a:* **take umbrage** gücendiğini göstermek, alınmak

**umbrella** /am'brelı/ *a.* 1. şemsiye 2. himaye, koruyucu güç

**umpire**[1] /'ampayı/ *a.* hakem

**umpire**[2] /'ampayı/ *e.* hakemlik etmek, hakemlik yapmak

**umpteen** /amp'ti:n/ *s, k. dili* birçok, pek çok sayıda, çok: *I've made the same make mistake umpteen times.*

**unabashed** /anı'beşt/ *s.* utanmaz, yüzsüz

**unabated** /anı'beytid/ *s.* dinmek bilmeyen, kesilmeyen, azalmayan

**unable** /an'eybıl/ *s.* yapamaz, elinden gelmez, gücü yetmez: *I'm unable to come.*

**unabridged** /anı'bricd/ *s.* (yazı) kısaltılmamış, tam, eksiksiz

**unaccompanied** /anı'kampınid/ *s.* 1. yalnız, eşlik edilmeyen 2. (şarkı) müziksiz

**unaccountable** /anı'kauntıbıl/ *s.* şaşırtıcı, garip, açıklanamaz, anlaşılmaz

**unaccustomed** /anı'kastımd/ *s.* 1. garip, tuhaf 2. (to ile) alışmamış, yadırgayan

**unadulterated** /anı'daltıreytıd/ *s.* 1. katışıksız, saf 2. tam, katışıksız: *He is an unadulterated gentleman.*

**unadvised** /anıd'vayzd/ *s.* mantıksız, düşüncesizce, aceleyle yapılan

**unaffected** /anı'fektid/ *s.* 1. etkilenmemiş 2. yapmacıksız, doğal

**unanimous** /yu:'nenimıs/ *s.* hemfikir, aynı fikirde, ortak

**unapproachable** /anı'prouçıbıl/ *s.* (insan) uzak, ulaşılması güç, yaklaşılmaz, soğuk

**unarmed** /an'a:md/ *s.* silahsız

**unassuming** /anı'syu:ming/ *s.* alçakgönüllü, gösterişsiz, sessiz

**unattached** /anı'teçt/ *s.* 1. bağlı/birleşik olmayan; kopuk, serbest 2. evli/nişanlı olmayan

**unattended** /anı'tendid/ *s.* yalnız, kimsesiz, başıboş

**unaware** /anı'weı/ *s.* habersiz, farkında olmayan: *I was unaware that they were coming. He was unaware of her feelings.*

**unawares** /anı'weız/ *be.* 1. farkında olmadan, bilmeyerek, habersiz: *He was caught unawares.* 2. **take sb unawares** gafil avlamak, şaşırtmak

**unbalanced** /an'belınst/ *s.* dengesiz, kaçık, üşütük

**unbearable** /an'beırıbıl/ *s.* dayanılmaz, çekilmez

**unbelievable** /anbi'li:vıbıl/ *s.* inanılmaz, şaşırtıcı

**unbend** /an'bend/ *e.* [pt, pp **unbent** /an'bent/] teklifsizleşmek, ciddiyeti bırakmak, açılmak, rahat hareket etmek: *She is usually very serious but unbends when she's had a few drinks.*

**unbending** /an'bending/ *s.* kararlı, azimli, kararından dönmez

**unbent** /an'bent/ *pt, pp* bkz. **unbend**

**unborn** /an'bo:n/ *s.* henüz doğmamış

**unbounded** /an'baundid/ *s.* sınırsız

**unbridled** /an'braydld/ *s.* kontrolsüz, dizginsiz, önüne geçilemeyen

**unburden** /an'bö:dn/ *e.* derdini açmak, içini boşaltmak, ferahlamak

**unbutton** /an'batn/ *e.* düğmelerini çözmek: *She unbuttoned her shirt.*

**uncalled-for** /an'ko:ldfo:/ *s.* yanlış, yersiz,

haksız, hak edilmemiş, gereksiz
uncanny /an'keni/ s. anlaşılmaz, esra-
rengiz, acayip, gizemli
uncared-for /an'keıdfo:/ s. ihmal edilmiş,
özen gösterilmemiş, bakımsız: *The gar-
den is uncared-for.*
unceremonious /anseri'mouniıs/ s. 1.
samimi, teklifsiz, resmiyetten uzak 2.
inceliksiz, kaba, damdan düşme, apar
topar
uncertain /an'sö:tn/ s. 1. kuşkulu, şüpheli
2. kararsız, karar veremeyen 3. karar-
laştırılmamış, kesin olmayan 4. değişe-
bilir, kararsız
uncharitable /an'çeritıbıl/ s. hoşgörüsüz,
acımasız, sert
uncharted /an'ça:tid/ s, yaz. bilinmeyen,
balta girmemiş
unchecked /an'çekt/ s. serbest bırakıl-
mış, kontrolünden çıkmış, başıboş
uncle /'ankıl/ a. 1. amca 2. enişte 3. dayı
4. **Uncle Sam** k. dili Amerika, Sam Am-
ca 5. **Uncle Tom** Aİ, hkr. beyazlarla
laubali olan zenci
uncoloured /an'kalıd/ s. renksiz, basit,
sıradan
uncomfortable /an'kamftıbıl/ s. 1. rahat-
sız, rahat olmayan, konforsuz 2. rahat-
sız edici
uncommitted /ankı'mitid/ s. 1. (to ile)
bağımsız, bağlı olmayan 2. söz verme-
miş
uncommon /an'komın/ s. 1. nadir, sey-
rek, yaygın olmayan 2. acayip, olağan-
dışı
uncommonly /an'komınli/ be. 1. çok 2.
olağandışı
uncompromising /an'komprımayzing/ s.
uzlaşmaz, kararından dönmez
unconcerned /ankın'sö:nd/ s. 1. kayıtsız,
ilgisiz, aldırmaz 2. kaygısız
unconditional /ankın'dişınıl/ s. kayıtsız
şartsız, mutlak
unconscious[1] /an'konşıs/ s. 1. baygın,
kendinde değil 2. bilmeden, kasıtsız
unconscious[2] /an'konşıs/ a. bilinçaltı
uncork /an'ko:k/ e. (şişenin) tıpasını
açmak: *Uncork the wine.*
uncountable /'ankauntıbıl/ s. sayılama-

yan
uncouth /an'ku:t/ s. kaba saba, görgü-
süz, yontulmamış
uncover /an'kavı/ e. 1. örtüsünü ya da
kapağını açmak 2. ortaya çıkarmak,
meydana çıkarmak
uncritical /an'kritikıl/ s. (of ile) eleştirme-
yen, olduğu gibi kabul eden
unctuous /'ankçuıs/ s. yapmacık nezaket
gösteren, yapmacıklı
uncut /an'kat/ s. 1. (film, kitap, vb.) kısal-
tılmamış, kesilmemiş 2. (değerli taş)
yontulmamış, işlenmemiş
undaunted /an'do:ntid/ s. yiğit, gözü pek,
korkusuz, yılmaz
undecided /andi'saydid/ s. 1. askıda,
kararlaştırılmamış 2. kararsız, karar
vermemiş
undeniable /andi'nayıbıl/ s. inkâr edile-
mez, yadsınamaz, kesin
under[1] /'andı/ be. altında, altına: *You can
get in free if you are twelve or under.*
under[2] /'andı/ ilg. 1. altında, altına, altın-
dan: *The cat sat under the table.* 2. -den
az, -den aşağı, -in altında: *He was un-
der 25 when he became manager.* 3. -in
yönetiminde: *For many years India was
under British rule.* 4. **under age** reşit
olmamış 5. **under cover (of)** -e sığın-
mış/gizlenmiş
underarm[1] /'andıra:m/ s, be, sp. elle
yapılan, omuzdan yukarısı hareketsiz
olarak
underarm[2] /'andıra:m/ a, s. koltukaltı
undercarriage /'andıkeric/ a. (uçak) iniş
takımı, tekerlekler
undercharge /andı'ça:c/ e. değerinden az
para istemek
underclothes /'andıkloudz/ a. iç çamaşırı
undercoat /'andıkout/ a. astar boya
undercover /andı'kavı/ s. gizli
undercurrent /'andıkarınt/ a. 1. dip akın-
tısı 2. gizli eğilim
undercut /andı'kat/ e. [pt, pp **undercut**]
başkalarından daha ucuza satmak
underdeveloped /andıdi'velıpt/ s. 1. az
gelişmiş 2. **underdeveloped coun-
try/nation** az gelişmiş ülke
underdog /'andıdog/ a. 1. ezilen kişi,

U

mazlum 2. (yarışma, vb.'de) kaybetmesi beklenen taraf

**underdone** /andı'dan/ *s.* az pişmiş, tam pişmemiş

**underestimate** /andır'estimeyt/ *e.* az/düşük olarak tahmin etmek: *He underestimated her age. She was 40, not 35.*

**underfoot** /andı'fut/ *be.* ayak altında, yerde

**undergo** /andı'gou/ *e.* [*pt* **underwent** /andı'went/, *pp* **undergone** /andı'gon/] - e uğramak, çekmek, geçirmek: *The country will undergo many changes in the next decade.*

**undergone** /andı'gon/ *pp bkz.* **undergo**

**undergrad** /'andıgred/ *a, k. dili* üniversiteli

**undergraduate** /andı'grecyuit/ *a.* üniversite öğrencisi

**underground**[1] /'andıgraund/ *s.* 1. yeraltı 2. gizli

**underground**[2] /'andıgraund/ *a, İİ.* yeraltı treni, metro

**undergrowth** /'andıgrout/ *a, bitk.* ormanaltı bitkileri

**underhand** /andı'hend/ *s.* gizli, el altından, hileli

**underlain** /andı'leyn/ *pp bkz.* **underlie**

**underlay** /andı'ley/ *pt bkz.* **underlie**

**underlie** /andı'lay/ *e.* [*pt* **underlay** /andı'ley/, *pp* **underlain** /andı'leyn/] -in altında yatmak, temelinde olmak, temelini oluşturmak

**underline** /andı'layn/ *e.* 1. altını çizmek 2. vurgulamak, belirtmek

**undermanned** /andı'mend/ *s.* personeli yetersiz, az çalışanı olan

**undermentioned** /andı'menşınd/ *s.* aşağıda sözügeçen

**undermine** /andı'mayn/ *e.* 1. baltalamak, yıkmak, el altından çökertmeye çalışmak 2. temelini çürütmek

**underneath**[1] /andı'ni:t/ *ilg, be.* altına, altından, altında: *We put up a beach umbrella and lay underneath. It was buried underneath a pile of sand.*

**underneath**[2] /andı'ni:t/ *a.* bir şeyin alt bölümü, bir şeyin altı, alt: *The manufacturer put his brand on its underneath.*

**undernourish** /andı'nariş/ *e.* kötü beslemek, yeterli beslememek

**underpants** /'andıpents/ *a.* külot, don

**underpass** /'andıpa:s/ *a.* yeraltı geçidi

**underprivileged** /andı'privilicd/ *s.* temel sosyal haklardan yoksun

**underrate** /andı'reyt/ *e.* hafife almak, küçümsemek, gereğinden az değer vermek

**underscore** /andı'sko:/ *e.* altını çizmek

**undershirt** /andı'şö:t/ *a, Aİ.* atlet, fanila

**underside** /'andısayd/ *a.* alt kısım, alt bölüm, alt, taban

**undersigned** /'andısaynd/ *s.* aşağıda imzası bulunan

**undersize** /andı'sayz/ *s, bkz.* **undersized**

**undersized** /andı'sayzd/ *s.* çok küçük, normalden daha küçük, gelişmemiş

**understaffed** /andı'sta:ft/ *s.* personeli yetersiz

**understand** /andı'stend/ *e.* [*pt, pp* **understood** /andı'stud/] 1. anlamak: *Nobody understood what the tourist said. He understands all my moods.* 2. işitmek, öğrenmek, haberi olmak: *I understand you have been here three years.* 3. **make oneself understood** derdini anlatmak, amacını açıkça belirtebilmek

**understanding**[1] /andı'stending/ *s.* anlayışlı: *He's a very understanding person.*

**understanding**[2] /andı'stending/ *a.* 1. anlayış 2. anlama, karşılıklı anlayış 3. anlaşma, uzlaşma

**understate** /andı'steyt/ *e.* hafife almak, küçümsemek: *He understated how ill he was and they were very surprised when he died.*

**understatement** /andı'steytmınt/ *a.* (anlatmaya) yetersiz kalan ifade

**understood** /andı'stud/ *pt, pp bkz.* **understand**

**understudy** /'andıstadi/ *a.* yedek aktör

**undertake** /andı'teyk/ *e.* [*pt* **undertook** /andı'tuk/, *pp* **undertaken** /andı'teykın/] 1. üzerine almak, üstlenmek, sorumluluğunu almak: *He undertook to care for the family after his father's death.* 2. (işe) girişmek, başlamak: *He undertook the job.* 3. söz vermek, garanti etmek undertaken /andı'teykın/ *pp bkz.* **undertake**

undertaker /'andıteykı/ *a.* cenaze kaldırıcısı

undertaking /andı'teyking/ *a.* 1. iş, girişim 2. söz, garanti, vaat

undertone /'andıtoun/ *a.* alçak ses

undertook /andı'tuk/ *pt bkz.* **undertake**

underwater /andı'wo:tı/ *s, be.* sualtı; sualtında

underwear /'andıweı/ *a.* iç çamaşırı

underweight /andı'weyt/ *s.* normalden hafif

underwent /andı'went/ *pt bkz.* **undergo**

underworld /'andıwö:ld/ *a.* 1. ölüler diyarı 2. yeraltı dünyası, suçlular dünyası

undesirable[1] /andi'zayırıbıl/ *s.* istenmeyen, hoşa gitmeyen, nahoş

undesirable[2] /andi'zayırıbıl/ *a.* istenmeyen, sevilmeyen kimse

undeveloped /andi'velıpt/ *s.* (yer) gelişmemiş

undid /an'did/ *pt bkz.* **undo**

undistinguished /andi'stingwişt/ *s.* sıradan, vasat; üstün özellikleri olmayan

undivided /andi'vaydid/ *s.* tam, bölünmemiş

undo /an'du:/ *e.* [*pt* **undid** /an'did/, *pp* **undone** /an'dan/] 1. çözmek, açmak: *She undid her shoe laces. He undid the present she gave him.* 2. mahvetmek, yok etmek: *She cleaned the house but her children soon undid all her efforts.*

undoing /an'du:ing/ *a.* felaket nedeni, mahvolma sebebi

undone[1] /an'dan/ *s.* 1. yapılmamış, tamamlanmamış: *The job is still undone.* 2. çözülmüş, açılmış, bağlanmamış

undone[2] /an'dan/ *pp bkz.* **undo**

undoubted /an'dautid/ *s.* kesin, su götürmez, kuşku götürmez, şüphesiz

undreamed-of /an'dri:mdıv/ *s.* hayal edilemez, tasavvur edilemez, düşlenemez

undress /an'dres/ *e.* 1. soyunmak 2. soymak, giysilerini çıkarmak

undue /an'dyu:/ *s.* 1. aşırı, çok fazla 2. yersiz, yakışıksız, uygunsuz: *The teacher gave the student a lot of undue attention.*

undulate /'andyuleyt/ *e.* dalgalanmak ya da dalgalı görünümde olmak

unduly /an'dyu:li/ *be.* aşırı derecede, gereğinden çok, aşırı, çok

unearth /an'ö:t/ *e.* kazıp çıkarmak

unearthly /an'ö:tli/ *s.* 1. doğaüstü, esrarengiz, korkunç 2. *k. dili* yersiz, vakitsiz, uygunsuz

uneasy /an'i:zi/ *s.* sıkıntılı, tedirgin, rahatsız, endişeli

uneconomic /ani:kı'nomik, anekı'nomik/ *s.* ekonomik olmayan, masraflı, zararlı, kârsız

uneducated /an'ecukeytid/ *s.* tahsilsiz, eğitimsiz

unemployed /anim'ployd/ *s.* 1. işsiz: *He's been unemployed for three months.* 2. **the unemployed** işsizler

unemployment /anim'ploymınt/ *a.* işsizlik

unenlightened /anin'laytınd/ *s.* aydın olmayan, cahil, bilgisiz, eğitimsiz

unenviable /an'enviıbıl/ *s.* hoşa gitmeyen, tatsız, istenmeyen, nahoş

unequal /an'i:kwıl/ *s.* 1. eşit olmayan 2. yetersiz, yeterli seviyede olmayan

unequalled /an'i:kwıld/ *s.* eşsiz, benzersiz

unequivocal /ani'kwivıkıl/ *s.* açık, net, anlaşılır, dolambaçsız, dolaysız

unerring /an'ö:ring/ *s.* yanlışsız, hatasız, şaşmaz, isabetli

uneven /an'i:vın/ *s.* 1. düz olmayan, yamuk, eğri, eğri büğrü, pürüzlü: *This part of the road is very uneven.* 2. değişken, kararsız, düzensiz: *He has a very uneven temper.*

unfailing /an'feyling/ *s.* hiç eksilmez, bitmez, tükenmez, sonsuz, azalmaz

unfaithful /an'feytfıl/ *s.* 1. vefasız 2. eşine sadık olmayan, eşini aldatan

unfathomable /an'fedımıbıl/ *s.* anlaşılmaz, akıl sır ermez

unfavourable /an'feyvırıbıl/ *s.* uygun olmayan, elverişsiz, aksi, ters, kötü

unfeeling /an'fi:ling/ *s.* acımasız, insafsız, katı, zalim, duygusuz

unflagging /an'fleging/ *s.* durmaz, yorulmaz, yılmaz, bıkmaz

**unflinching** /ʌn'flinçing/ *s.* korkusuz, azimli, kararlı, sağlam
**unfold** /ʌn'fould/ *e.* 1. (katlanmış bir şeyi) açmak 2. göz önüne sermek, açıklamak, ortaya çıkarmak 3. göz önüne serilmek, çözülmek, ortaya çıkmak
**unforeseen** /ʌnfo:'si:n/ *s.* beklenmedik, umulmadık, önceden tahmin edilmeyen
**unforgettable** /ʌnfı'getıbıl/ *s.* unutulmaz
**unfortunate**[1] /ʌn'fo:çunit/ *s.* 1. talihsiz, şanssız, bahtsız 2. yersiz, uygunsuz
**unfortunate**[2] /ʌn'fo:çunit/ *a.* şanssız, bahtsız kimse, kara bahtlı
**unfortunately** /ʌn'fo:çunitli/ *be.* maalesef, ne yazık ki: *I tried to ring but unfortunately the telephone wasn't working.*
**unfounded** /ʌn'faundid/ *s.* asılsız, esassız, yersiz, gereksiz, temelsiz
**unfurl** /ʌn'fö:l/ *e.* (yelken, bayrak, vb.) açmak, çekmek, fora etmek
**ungainly** /ʌn'geynli/ *s.* 1. hantal, kaba 2. sakar
**ungovernable** /ʌn'gavınıbıl/ *s.* kontrol edilemez, zapt edilemez, önüne geçilemez
**ungracious** /ʌn'greyşıs/ *s.* terbiyesiz, inceliksiz, kaba
**ungrateful** /ʌn'greytfıl/ *s.* nankör
**unguarded** /ʌn'ga:did/ *s.* sakınmasız, ihtiyatsız, dikkatsiz
**unhappily** /ʌn'hepili/ *be.* 1. mutsuzca 2. maalesef, ne yazık ki
**unhappy** /ʌn'hepi/ *s.* 1. mutsuz: *She had an unhappy childhood.* 2. uygunsuz, yersiz: *an unhappy decision*
**unhealthy** /ʌn'helti/ *s.* 1. sağlıksız, hastalıklı: *They lived in poverty and were always unhealthy.* 2. sağlıksız, sağlığa zararlı: *Modern, processed food is often unhealthy.* 3. *k. dili* tehlikeli, sağlıksız: *He thought that watching violence in films and on television was unhealthy.* 4. anormal, sağlıksız: *He has an unhealthy interest in pornography.*
**unheard** /ʌn'hö:d/ *s.* duyulmamış, dinlenmemiş, güme gitmiş
**unheard-of** /ʌn'hö:dıv/ *s.* olağan dışı, görülmemiş, tuhaf, acayip
**unhinge** /ʌn'hinc/ *e.* 1. menteşelerini

sökmek 2. (aklını) oynatmak: *He became unhinged after a terrible accident.*
**unhook** /ʌn'huk/ *e.* 1. kancadan kurtarmak 2. çözmek
**unicorn** /yu:'niko:n/ *a,* mit. tek boynuzlu at
**unidentified** /ʌnay'dentifayd/ *s.* kimliği belirlenememiş, kimliği saptanmamış
**uniform**[1] /'yu:nifo:m/ *a.* üniforma
**uniform**[2] /'yu:nifo:m/ *s.* 1. tek biçimli, aynı, birörnek 2. düzenli
**uniformed** /'yu:nifo:md/ *s.* üniformalı
**unify** /'yu:nifay/ *e.* 1. bir örnek yapmak, tekbiçimli kılmak 2. bütünleştirmek, birleştirmek, bütün haline getirmek
**unilateral** /yu:ni'letırıl/ *s.* tek yanlı
**unimpeachable** /ʌnim'pi:çıbıl/ *s.* 1. suçlanamaz 2. kuşkulanılamaz, dürüst
**uninformed** /ʌnin'fo:md/ *s.* 1. habersiz 2. bilgisiz, cahil 3. cahilce yapılmış
**uninhabitable** /ʌnin'hebitıbıl/ *s.* içinde oturulmaz, içinde yaşanmaz
**uninhibited** /ʌnin'hibitid/ *s.* serbest davranışlı, teklifsiz, çekinmesiz
**uninterested** /ʌn'intristid/ *s.* (in ile) ilgisiz: *He seems uninterested in art.*
**uninterrupted** /ʌnintı'raptid/ *s.* devamlı, sürekli, kesintisiz
**union** /'yu:niın/ *a.* 1. birleşme, birleştirme 2. birlik 3. sendika 4. dernek 5. evlilik, birleşme 6. **Union Jack** İngiliz bayrağı
**unionization** /yu:niınay'zeyşın/ *a.* sendikalaşma
**unionize** /'yu:niınayz/ *e.* 1. sendikalaşmak 2. sendikalaştırmak
**unique** /yu:'nik/ *s.* 1. yegâne, tek, biricik 2. *k. dili* nadir, az bulunur, eşsiz
**unisex** /'yu:niseks/ *s, k. dili* (giysi, vb.) hem kadın hem erkek için olan, üniseks
**unison** /'yu:nisın/ *a.* uyum, ahenk, birlik
**unit** /'yu:nit/ *a.* 1. birim: *The monetary unit of Türkiye is the lira.* 2. ünite 3. parça, eşya, takım 4. *ask.* birlik 5. 1 sayısı 6. tek basamaklı sayı
**unite** /yu:'nayt/ *e.* 1. birleşmek 2. birleştirmek 3. (belli bir amaç için) birlikte hareket etmek, birlikte olmak
**united** /yu:'naytid/ *s.* 1. birleşmiş, birleşik 2. ortak amaçlı 3. **United Nations** Bir-

leşmiş Milletler

unity /'yu:niti/ *a.* 1. birlik 2. birleşme

universal /yu:ni'vö:sıl/ *s.* 1. genel, yaygın 2. bir grubun tüm üyelerini ilgilendiren, ortak 3. dünyanın her yerinde o-lan/yapılan

universe /'yu:nivö:s/ *a.* evren

university /yu:ni'vö:siti/ *a.* üniversite

unkempt /an'kempt/ *s.* (saç) dağınık

unkind /an'kaynd/ *s.* 1. düşüncesiz, kaba, kırıcı 2. zalim, sert

unknown /an'noun/ *a, s.* bilinmeyen, meçhul, tanınmayan

unlawful /an'lo:fıl/ *s.* yasalara aykırı, yasadışı, yolsuz

unleash /an'li:ş/ *e.* (köpek) çözmek, salıvermek

unleavened /an'levınd/ *s.* (ekmek) maya-sız

unless /an'les, ın'les/ *bağ.* -medikçe, -madıkça, -mezse: *I can't go to America unless I get a visa. You won't pass your exams unless you study.*

unlike[1] /an'layk/ *ilg.* 1. -den farklı: *The flower was quite unlike any other.* 2. -e benzemeyen, -den farklı: *The two children were unlike each other.* 3. -e uy-mayan, ... için olağandışı olan: *It's unlike her to be sad. She is always laughing.*

unlike[2] /an'layk/ *s.* farklı, değişik: *The two models of the car are quite unlike.*

unlikely /an'laykli/ *s.* muhtemel olmayan, olasısız: *It's unlikely that it will rain.*

unload /an'loud/ *e.* (yük, silah, film, vb.) boşaltmak

unlock /an'lok/ *e.* kilidini açmak: *He unlocked the door.*

unlooked-for /an'luktfo:/ *s, yaz.* beklen-medik, ani

unloose /an'lu:s/ *e, yaz.* 1. gevşetmek 2. çözmek

unloosen /an'lu:sın/ *e.* çözmek, açmak, gevşetmek

unlucky /an'laki/ *s.* şanssız, talihsiz: *He's always been unlucky in business.*

unmade /an'meyd/ *s.* (yatak) yapılmamış, hazırlanmamış

unmarried /an'merid/ *s.* evlenmemiş,

bekâr: *She remained unmarried.*

unmask /an'ma:sk/ *e.* maskesini düşür-mek, foyasını ortaya çıkarmak

unmentionable /an'menşınıbıl/ *s.* ağıza alınmaz, sözedilmesi çirkin

unmistakable /anmi'steykıbıl/ *s.* aşikâr, kolay tanınan, başkasıyla karıştırılma-yan, belli

unmoved /an'mu:vd/ *s.* 1. etkilenmeyen, acımayan, duygusuz 2. sakin, rahat, lakayt, aldırmaz, umursamaz

unnatural /an'neçırıl/ *s.* 1. doğal olmayan 2. anormal 3. sapık, anormal

unnecessary /an'nesisıri/ *s.* gereksiz

unnerve /an'nö:v/ *e.* cesaretini kırmak

unobtrusive /anıb'tru:siv/ *s.* kolay görü-lemeyen, fark edilmeyen, göze çarpma-yan, silik, dikkat çekmeyen

unofficial /anı'fişıl/ *s.* gayri resmi, resmi olmayan

unorthodox /an'o:tıdoks/ *s.* alışılmışın dışında, geleneksel olmayan

unpack /an'pek/ *e.* 1. (bavul, paket, vb.) açmak, boşaltmak: *He unpacked the box.* 2. eşyalarını çıkarmak: *I've got to unpack.*

unparalleled /an'perıleld/ *s.* benzersiz, eşsiz

unpleasant /an'plezınt/ *s.* 1. nahoş, tatsız, çirkin: *There's an unpleasant smell in the room.* 2. kaba: *I find him quite unpleasant.*

unprecedented /an'presidentid/ *s.* eşi görülmemiş, emsalsiz, eşsiz, bu güne kadar görülmemiş

unpretentious /anpri'tenşıs/ *s.* gösteriş-siz, basit, mütevazi

unprincipled /an'prinsipıld/ *s.* kişiliksiz, karaktersiz, ahlaksız

unprintable /an'printıbıl/ *s.* basılması uygun düşmeyen, basılamaz

unprofessional /anprı'feşınıl/ *s.* (davra-nış) meslek kurallarına aykırı

unprovoked /anprı'voukt/ *s.* kışkırtılma-dan yapılmış

unqualified /an'kwolifayd/ *s.* 1. vasıfsız, ehliyetsiz, yetersiz 2. sınırsız, tam

unquestionable /an'kwesçınıbıl/ *s.* su götürmez, kesin, tartışmasız: *His hon-*

esty is unquestionable.
unravel /an'revıl/ e. 1. (iplik, giysi, vb.) çözmek, sökmek 2. çözülmek, sökülmek 3. açıklığa kavuşturmak, çözmek, ortaya çıkarmak
unreal /an'riıl/ s. gerçek olmayan, düşsel
unreasonable /an'ri:zınıbıl/ s. 1. mantıksız, saçma, akılsız 2. (fiyat, vb.) aşırı, fahiş
unreasoning /an'ri:zıning/ s. mantıksız, mantık dışı, nedensiz
unrelenting /anri'lenting/ s. sürekli, yavaşlamayan, düşme göstermeyen
unreliable /anri'layıbıl/ s. güvenilmez: Don't ask him to do it. He's unreliable.
unrelieved /anri'li:vd/ s. sürekli, dinmeyen, bitmez, tam: After the accident he suffered unrelieved pain.
unrequited /anri'kwaytid/ s. karşılıksız, karşılık görmeyen: unrequited love
unreserved /anri'zö:vd/ s. 1. açık, içten 2. sınırsız, kayıtsız
unrest /an'rest/ a. huzursuzluk, kargaşa
unrestrained /anri'streynd/ s. aşırı, zapt edilmemiş, önü alınmamış, dinmeyen
unrivalled /an'rayvıld/ s. rakipsiz, eşsiz, çok iyi
unroll /an'roul/ e. (örtü, vb.) açmak, yaymak
unruly /an'ru:li/ s. azgın, ele avuca sığmaz, başa çıkılmaz
unsaid /an'sed/ s. söylenmemiş, dile getirilmemiş: Although we spoke for hours a lot was left unsaid.
unsavoury /an'seyvıri/ s. rezil, aşağılık, çirkin, ahlaksız
unscathed /an'skeydd/ s. hasar görmemiş, sağ sağlım, yaralanmamış, burnu bile kanamamış
unscrew /an'skru:/ e. 1. çevirerek açmak, döndüre döndüre açmak 2. (bir şeyin) vidalarını sökmek
unscrupulous /an'skru:pyulıs/ s. ahlaksız, vicdansız
unseat /an'si:t/ e. 1. görevden almak 2. (at) binicisini düşürmek
unseemly /an'si:mli/ s. uygunsuz, yakışık almaz, yakışıksız
unsettle /an'setl/ e. 1. huzurunu kaçırmak

2. midesini bozmak, rahatsızlık vermek, hasta etmek
unsettled /an'setld/ s. (hava) değişken, kararsız
unshakable /an'şeykıbıl/ s, bkz. unshakeable
unshakeable /an'şeykıbıl/ s. (inanç) sarsılmaz, sağlam
unsightly /an'saytli/ s. çirkin, berbat, göz zevkini bozan
unskilled /an'skild/ s. 1. vasıfsız, deneyimsiz, beceriksiz 2. (iş) vasıfsız, özel beceri gerektirmeyen
unsophisticated /ansı'fistikeytid/ s. 1. deneyimsiz, toy 2. mütevazı, basit, sıradan
unsound /an'saund/ s. 1. (düşünce) sağlam temele oturmayan 2. çürük, sağlam olmayan, sağlıksız, güçsüz
unsparing /an'speıring/ s. art niyetsiz, çıkarsız
unspeakable /an'spi:kıbıl/ s. korkunç, müthiş, sözle anlatılmaz
unstuck /an'stak/ s. 1. bağlı/yapışık olmayan, kopuk 2. come unstuck kötü gitmek, başarısız olmak
unstudied /an'stadid/ s. zorlanmamış, yapmacıksız, doğal
unswerving /an'swö:ving/ s. şaşmaz, yolundan sapmaz, sadık
untangle /an'tengıl/ e. (karışık bir şeyi) açmak, çözmek
untapped /an'tept/ s. kullanılmayan, yararlanılmayan
untenable /an'tenıbıl/ s. (inanç, tartışma, vb.) çürük, savunulamaz
unthinkable /an'tinkıbıl/ s. olanaksız, düşünülmez, inanılmaz, düşünmesi bile hoş olmayan
unthinking /an'tinking/ s. düşüncesiz, dikkatsiz
untidy /an'taydi/ s. düzensiz, dağınık: The office was very untidy.
untie /an'tay/ e. çözmek: She untied the package.
until /an'til, ın'til/ bağ, ilg. -e kadar, -e dek, -inceye kadar: You can't leave until next week. Walk until the next corner then turn right. Wait here until I come

*back.*

**untimely** /an'taymli/ *s.* 1. vakitsiz, zamanından önce, mevsimsiz 2. uygunsuz, yersiz

**untiring** /an'tayring/ *s.* yorulmaz, yorulmak nedir bilmez

**unto** /'antu:/ *ilg,* eski, *bkz.* **to**

**untold** /an'tould/ *s.* 1. muazzam, sayısız, büyük 2. anlatılmamış

**untoward** /antı'wo:d/ *s.* yersiz, istenmeyen, talihsiz, aksi, ters

**untruth** /an'tru:t/ *a.* yalan

**untruthful** /an'tru:tfıl/ *s.* 1. yalancı 2. yalan, uydurma

**unused¹** /an'yu:zd/ *s.* kullanılmamış: *unused cars*

**unused²** /an'yu:st/ *s.* (to ile) alışmamış, alışık olmayan: *I'm unused to hot weather.*

**unusual** /an'yu:juıl, an'yu:jıl/ *s.* olağan olmayan, alışılmamış, ender, görülmedik: *unusual ideas*

**unusually** /an'yu:juıli/ *be.* 1. ender olarak, alışılmamış bir biçimde 2. çok, aşırı derecede

**unveil** /an'veyl/ *e.* 1. örtüsünü açmak 2. ortaya çıkarmak

**unwarranted** /an'worıntid/ *s.* nedensiz, yersiz, haksız

**unwell** /an'wel/ *s.* hasta, rahatsız, kötü

**unwieldy** /an'wi:ldi/ *s.* hantal, havaleli, ağır

**unwind** /an'waynd/ *e.* [*pt, pp* **unwound** /an'waund/] 1. (yumak) çözmek, açmak 2. çözülmek, açılmak 2. *k. dili* gevşemek, rahatlamak

**unwitting** /an'witing/ *s.* kasıtsız, bilmeden yapılan

**unwound** /an'waund/ *pt, pp bkz.* **unwind**

**unzip** /an'zip/ *e.* fermuarını açmak: *He unzipped his bag.*

**up¹** /ap/ *be.* 1. yukarıya: *The birds flew up when they heard the noise. Can you put it up on the cupboard?* 2. yukarıda, yüksekte: *They were* 20. 000 m. up when the plane caught fire. 3. kuzeye, kuzeyde: *She lived in Izmir and often went up to Istanbul.* 4. sıkı sıkı, sıkıca: *Wrap up this present for me. He wired up the*

*gate to keep out trespassers.* 5. bir araya getirecek şekilde: *Pick your clothes up and put them away. He gathered up the dishes and took them to the kitchen.* 6. bitirecek şekilde, sonuna kadar: *They used up all their savings on a holiday. Drink up. I want to go.* 7. **up and down** bir yukarı bir aşağı, bir ileri bir geri

**up²** /ap/ *ilg.* 1. yukarısında, yukarısına, yukarıya, -e, -a, -de, -da: *The cat ran up the tree. They were climbing up the rock face when they fell.* 2. akıntıya karşı: *Salmon swim up the river to spawn.*

**up³** /ap/ *s.* 1. (yol) onarımda, onarılmakta olan 2. yukarı giden 3. **up against** karşı karşıya, yüz yüze 4. **up and about** ayakta, yataktan çıkmış 5. **What's up** *k. dili* Ne oluyor? Ne var? Ne oldu? Sorun ne?

**up⁴** /ap/ *e, k. dili* 1. artırmak, yükseltmek: *up the prices* 2. kalkmak, zıplamak

**up-and-coming** /apın'kaming/ *s.* geleceği parlak

**upbraid** /ap'breyd/ *e.* azarlamak, paylamak

**upbringing** /'apbringing/ *a.* çocuk bakım ve eğitimi, yetişme, yetişim

**update** /ap'deyt/ *e.* modernleştirmek, çağdaşlaştırmak

**upend** /ap'end/ *e.* dikine çivermek, dikmek, dikine oturtmak

**upgrade** /ap'greyd/ *e.* terfi ettirmek, yükseltmek

**upheaval** /ap'hi:vıl/ *a.* büyük değişiklik

**upheld** /ap'held/ *pt, pp bkz.* **uphold**

**uphill** /ap'hil/ *s, be.* yokuş yukarı

**uphold** /ap'hould/ *e.* [*pt, pp* **upheld** /ap'held/] 1. desteklemek, tarafını tutmak, arka çıkmak 2. onaylamak

**upholster** /ap'houlstı/ *e.* (koltuk) döşemek, kumaş kaplamak

**upholstery** /ap'houlstıri/ *a.* 1. döşemecilik 2. döşemelik eşya, döşeme

**upkeep** /'apki:p/ *a.* bakım, bakım masrafı

**upland** /'aplınd/ *a.* yayla, yüksek arazi

**uplift** /ap'lift/ *e.* coşturmak

**upon** /ı'pon/ *ilg.* üzerinde, üzerine: *It's upon the mantelpiece. Upon the instruments of death the sunlight brightly*

*gleams.*
**upper¹** /'apı/ *s.* 1. üst, üstteki: *upper lip* 2.
**upper class** yüksek tabaka, üst sınıf, yüksek sınıf
**upper²** /'apı/ *a.* ayakkabının üst kısmı
**uppercut** /'apıkat/ *a.* (boks) aparkat
**uppermost** /'apımoust/ *be, s.* en başta gelen, başlıca, egemen, en üstte, en yukarda
**upright¹** /'aprayt/ *s.* 1. dik, dikey 2. doğru, dürüst, namuslu
**upright²** /'aprayt/ *be.* dimdik, dik: *The chair fell over and he set it upright.*
**uprising** /'aprayzing/ *a.* başkaldırı, ayaklanma, isyan
**uproar** /'apro:/ *a.* gürültü, patırtı, velvele, şamata
**uproot** /ap'ru:t/ *e.* kökünden sökmek
**ups and downs** /apsın'daunz/ *a.* inişler ve çıkışlar, iyi ve kötü zamanlar
**upset¹** /ap'set/ *e.* [*pt, pp* **upset**] 1. devirmek: *The cow upset the bucket of milk.* 2. devrilmek: *A large yacht passed and the rowboat upset.* 3. bozmak, altüst etmek: *Tom upset our arrangements by being late.* 4. üzmek, neşesini kaçırmak, telaşlandırmak: *Come home on time and don't upset your mother.* 5. (midesini) bozmak: *She feels sick. She must have eaten something to upset her.*
**upset²** /ap'set/ *s.* 1. üzgün, üzüntülü, tedirgin: *He felt upset when his friends didn't arrive.* 2. rahatsız, hasta 3. (mide) bulanmış, bozuk
**upset³** /'apset/ *a.* 1. devirme, devrilme 2. altüst olma, allak bullak olma 3. (mide) bozukluk, rahatsızlık
**upshot** /'apşot/ *a.* netice, sonuç
**upside down** /apsayd 'daun/ *be.* 1. altüst, karmakarışık: *The thieves turned the room upside down searching for valuables.* 2. tepetaklak, baş aşağı, ters: *She turned the ketchup bottle upside down to get the last bit.*
**upstage¹** /ap'steyc/ *be.* sahne arkasına doğru
**upstage²** /ap'steyc/ *s, k. dili* kendini beğenmiş, kibirli
**upstairs¹** /ap'steız/ *be, s.* yukarıya, üst

kata, yukarıda, üst katta: *He ran upstairs. She's upstairs.*
**upstairs²** /ap'steız/ *a.* üst kat
**upstart** /'apsta:t/ *a, hkr.* türedi, sonradan görme, yeni zengin
**upstream** /ap'stri:m/ *be, s.* akıntıya karşı
**upsurge** /'apsö:c/ *a.* (duygu, öfke, vb.) patlama
**uptight** /'aptayt/ *s, k. dili* eli ayağına dolaşmış, telaşlı, heyecanlı
**up to** *ilg.* 1. -e kadar: *The bus seats up to 52 passengers.* 2. -e uygun, yeterli: *I can't go to the party. I don't feel up to it.* 3. -e bağlı, -e kalmış: *"What shall we do tonight?" "It's up to you."* 4. -e niyetli, -in peşinde: *The police were sure he was up to something so were watching him.*
**up to date** /ap tı 'deyt/ *s.* çağdaş, modern
**upward** /'apwıd/ *s.* 1. artan, yükselen 2. *Al, bkz.* **upwards**
**upwards** /'apwıdz/ *be.* yukarıya doğru
**uranium** /yu'reyniım/ *a, kim.* uranyum
**Uranus** /yu'reynıs/ *a.* Uranüs
**urban** /'ö:bın/ *s.* kent ile ilgili, şehirsel, kentsel
**urbane** /ö:'beyn/ *s.* nazik, yumuşak
**urchin** /'ö:çin/ *a.* afacan, yumurcak
**urge¹** /ö:c/ *e.* 1. (on ile) teşvik etmek, sıkıştırmak, zorlamak 2. (on) ileri sürmek, sevk etmek 3. ısrar etmek, ısrarla söylemek
**urge²** /ö:c/ *a.* dürtü, şiddetli istek, gereksinim
**urgency** /'ö:cınsi/ *a.* 1. acele 2. ısrar 3. zorunluluk
**urgent** /'ö:cınt/ *s.* acil, ivedi
**urinal** /'yuırinıl/ *a.* 1. ördek, idrar kabı 2. işeme duvarı, hela
**urinate** /'yuırineyt/ *e.* işemek, idrara çıkmak
**urine** /'yuırin/ *a.* idrar, sidik
**urn** /ö:n/ *a.* 1. semaver 2. yakılan ölü küllerinin saklandığı vazo
**us** /ıs, s, as/ *adl.* bizi, bize, biz: *Is anybody watching us? Tell us another story.*
**usage** /'yu:zic, 'yu:sic/ *a.* 1. kullanım, kullanış 2. *dilb.* kullanım
**use¹** /yu:s/ *a.* 1. kullanma, kullanım 2.

kullanma hakkı, yararlanma hakkı, kullanma yetisi 3. amaç, kullanım amacı 4. fayda, yarar: *What's the use of crying?* 5. **in use** kullanılan, kullanılmakta, geçerli 6. **of use** yararlı 7. **out of use** kullanılmayan, modası geçmiş
use² /yu:z/ *e.* 1. kullanmak: *Can I use your telephone?* 2. kullanmak, suistimal etmek 3. kullanıp bitirmek, tüketmek
use³ /yu:s/ *e.* (to ile) (eskiden) -erdi, -ardı: *I used to live in Izmir. She usedn't to smoke.*
used¹ /yu:zd/ *s.* kullanılmış, eski: *Fred sells used cars.*
used² /yu:st/ *s.* (to ile) alışkın: *He comes from England and isn't used to hot weather.*
useful /'yu:sfıl/ *s.* 1. yararlı 2. yardımcı
useless /'yu:slis/ *s.* yararsız, işe yaramaz: *This knife is useless. It won't cut.*
usher¹ /'aşı/ *a.* 1. teşrifatçı 2. (sinema, tiyatro, vb.) yer gösterici
usher² /'aşı/ *e.* (in/out ile) 1. eşlik etmek, götürmek 2. içeri getirmek
usherette /aşı'ret/ *a.* (sinema, tiyatro, vb.) bayan yer gösterici
usual /'yu:juıl, 'yu:jıl/ *s.* 1. olağan, her zamanki, alışılmış: *They had their usual breakfast of bacon and eggs.* 2. **as usual** her zaman olduğu gibi: *He came late as usual.*
usually /'yu:juıli, 'yu:jıli/ *be.* çoğunlukla, genellikle: *Janet usually gets up at 7 o'clock.*
usurp /yu:'zö:p/ *e.* gasp etmek, zorla almak
usury /'yu:jıri/ *a, hkr.* tefecilik
utensil /yu:'tensıl/ *a.* 1. alet, aygıt 2. kap
uterus /'yu:tırıs/ *a, anat.* uterus, rahim, dölyatağı
utility /yu:'tiliti/ *a.* 1. yarar, fayda, yararlı olma, işe yararlık 2. kamu hizmeti yapan kuruluş
utilize /'yu:tilayz/ *e.* kullanmak, yararlanmak, değerlendirmek: *They utilized every bit of their garden growing vegetables or flowers.*
utmost /'atmoust/ *a, s, yaz.* elden gelen en büyük (gayret)

utopia /yu:'toupiı/ *a.* kusursuz toplum düşüncesi, kusursuz toplum, ütopya
utter¹ /'atı/ *s.* halis, tam, su katılmadık: *It was an utter mistake.*
utter² /'atı/ *e.* 1. söylemek, demek: *"I don't believe it", she uttered in dismay.* 2. (çığlık, vb.) atmak, basmak, koparmak: *She uttered a sharp cry when she hit her shin.*
utterance /'atırıns/ *a.* 1. dilb. ifade, sözce
U-turn /'yu:tö:n/ *a.* U dönüşü
uxorious /ak'so:riıs/ *s.* karısına çok düşkün

# V

V, v /vi:/ *a.* 1. İngiliz abecesinin yirmi ikinci harfi 2. Romen rakamlarından 5
vacancy /'veykınsi/ *a.* 1. (otel, pansiyon, vb.) boş oda, boş yer 2. (iş) boş yer, münhal yer 3. boşluk
vacant /'veykınt/ *s.* 1. (ev, otel, vb.) boş 2. (iş) boş, açık, münhal 3. boş, dalgın
vacate /vı'keyt/ *e.* boşaltmak, tahliye etmek
vacation /vı'keyşın/ *a.* 1. *İl.* (üniversite) tatil 2. tatil: *What will you do during your vacation?*
vaccinate /'veksineyt/ *e.* aşılamak, aşı yapmak
vaccine /'veksi:n/ *a.* aşı
vacillate /'vesileyt/ *e.* bocalamak, tereddüt etmek: *Stop vacillating and make a decision.*
vacuous /'vekyuıs/ *s.* saçma, aptalca, mantıksız, akılsız
vacuum¹ /'vekyuım/ *a.* 1. boşluk 2. boşay, vakum
vacuum² /'vekyuım/ *e, k. dili* elektrik süpürgesiyle temizlemek: *Have you vacuumed the floor?*
vagabond /'vegıbond/ *a.* serseri, başıboş kimse, avare
vagary /'veygıri/ *a.* kapris, acayip davranış
vagina /vı'cayni/ *a, anat.* dölyolu, vajina
vagrant /'veygrınt/ *a, s.* serseri
vague /veyg/ *s.* belirsiz, anlaşılmaz, üstü

**vain** 524

kapalı: *The explanation was vague and gave no concrete facts.*
**vain** /veyn/ *s.* 1. boş, yararsız, sonuçsuz 2. kibirli, kendini beğenmiş 3. **in vain** boşuna, boş yere: *She looked for him in vain.*
**valance** /'velıns/ *a.* 1. karyola eteği, farbala 2. *Aİ.* perde tahtası
**vale** /veyl/ *a, yaz.* vadi
**valency** /'veylınsi/ *a, kim.* valans, birleşme değeri, değerlik
**valentine** /'velıntayn/ *a.* 1. gönderilen kart, mektup, resim, vb. 2. sevgili
**valet** /'velit, 'veley/ *a.* 1. uşak, vale 2. (otel) oda hizmetçisi, vale
**valiant** /'veliınt/ *s.* kahraman, yiğit, cesur, yürekli
**valid** /'velid/ *s.* 1. sağlam temele oturtulmuş, makul, mantıklı, geçerli 2. yasal, meşru 3. *huk.* geçerli, muteber, yasal, kanuni
**validate** /'velideyt/ *e.* geçerli kılmak, tasdik etmek, onaylamak: *He had to validate his birth date by producing his original birth certificate.*
**valley** /'veli/ *a, coğ.* vadi, koyak
**valor** /'velı/ *a, Aİ, bkz.* **valour**
**valour** /'velı/ *a.* (özellikle savaşta) büyük kahramanlık
**valuable** /'velyubıl/ *s.* 1. değerli, kıymetli 2. çok yararlı, değerli
**valuables** /'velyubılz/ *a.* değerli şeyler, mücevherat, vb.
**valuation** /velyu'eyşın/ *a.* 1. (of ile) değer biçme, kıymet takdiri 2. fiyat, biçilen değer
**value**[1] /'velyu:/ *a.* 1. değer, kıymet 2. para değeri, kıymet, değer 3. önem, itibar 4. ç. değer yargısı
**value**[2] /'velyu:/ *e.* 1. değer biçmek, kıymet takdir etmek 2. önem vermek, değer vermek, kıymetini bilmek
**value-added tax** /velyu: 'edid teks/ *a.* katma değer vergisi
**valuer** /'velyuı/ *a.* kıymet biçici, muhammin
**valve** /velv/ *a.* 1. valf, supap 2. radyo lambası
**vampire** /'vempayı/ *a.* vampir

**van** /ven/ *a.* 1. kamyonet 2. *İİ.* eşya ya da yük vagonu
**vandal** /'vendl/ *a.* yararlı ya da güzel şeyleri tahrip eden kimse, vandal
**vandalism** /'vendılizım/ *a.* vandallık, vandalizm
**vandalize** /'vendılayz/ *e.* (özellikle halkın kullandığı eşya, araç, vb.'ni) tahrip etmek, zarar vermek
**vane** /veyn/ *a.* 1. yeldeğirmeni kanadı, pervane kanadı 2. rüzgâr fırıldağı, rüzgârgülü
**vanguard** /'venga:d/ *a.* 1. *ask.* öncü kuvvet, öncü kolu 2. öncü, elebaşı
**vanilla** /vı'nilı/ *a.* vanilya
**vanish** /'veniş/ *e.* 1. gözden kaybolmak, kayıplara karışmak, ortadan yok olmak: *We don't know where Steve is. He's vanished.* 2. yok olmak, nesli tükenmek, tarihe karışmak
**vanity** /'veniti/ *a.* 1. kendini beğenmişlik, kibirlilik, kibir, azamet 2. işe yaramazlık, boşunalık, beyhudelik
**vanquish** /'venkwiş/ *e, yaz.* yenmek, mağlup etmek
**vapor** /'veypı/ *a, Aİ, bkz.* **vapour**
**vaporize** /'veypırayz/ *e.* 1. buharlaştırmak 2. buharlaşmak
**vapour** /'veypı/ *a.* 1. buğu 2. buhar
**variability** /veırı'biliti/ *a.* değişkenlik
**variable**[1] /'veırıbıl/ *s.* 1. değişken 2. kararsız, değişken, sebatsız
**variable**[2] /'veırıbıl/ *a, tek.* değişken nicelik
**variance** /'veırıns/ *a.* 1. karşıtlık 2. anlaşmazlık, uyuşmazlık 3. **be at variance (with)** ile uyuşamamak, uyuşmazlık içinde olmak
**variant**[1] /'veırıınt/ *s.* değişik, değişiklik gösteren
**variant**[2] /'veırıınt/ *a.* değişik biçim, varyant
**variation** /veırı'eyşın/ *a.* 1. değişme miktarı, değişme derecesi 2. değişim, değişme, varyasyon
**varicose veins** /'verikous veynz/ *a, hek.* genişlemiş damar, varis
**varied** /'veırid/ *s.* 1. değişik, farklı, değişken 2. çeşitli, türlü türlü

variegated /'veıriıgeytid/ s. (çiçek, vb.) alacalı, rengârenk

variety /vı'rayıti/ a. 1. değişiklik, çeşitlilik 2. (of ile) tür, nevi, cins 3. varyete, şov

various /'veırııs/ s. 1. çeşitli, değişik, türlü türlü 2. çok sayıda, birçok

varnish¹ /'va:niş/ a. 1. vernik 2. cila 3. parlaklık

varnish² /'va:niş/ e. 1. verniklemek, cilalamak 2. içyüzünü gizlemek

vary /'veıri/ e. 1. çeşitli olmak, değişik olmak 2. değişmek, başka hale dönmek 3. değiştirmek

vase /va:z/ a. vazo

vasectomy /vı'sektımi/ a, hek. meni kanalı ameliyatı, vasektomi, kısırlaştırma (ameliyatı)

vast /va:st/ s. 1. çok geniş, engin 2. çok, pek çok, hesapsız

vastly /'va:stli/ be. çok

vat /vet/ a. fıçı, tekne

vault¹ /vo:lt/ a. 1. yeraltı mezarı 2. kubbe

vault² /vo:lt/ e. üzerinden atlamak: *He vaulted the gate and ran across the garden.*

vault³ /vo:lt/ a. atlama

vaulting horse /'vo:lting ho:s/ a, sp. atlama beygiri

veal /vi:l/ a. dana eti

veer /viı/ e. yön değiştirmek, dönmek: *The car veered to the right to avoid a pedestrian.*

vegetable /'vectıbıl/ a. sebze

vegetarian¹ /veci'teırıın/ a. vejetaryen, etyemez: *Mary is a vegetarian.*

vegetarian² /veci'teırıın/ s. etyemezler için: *There's a vegetarian restaurant down the street.*

vegetate /'veciteyt/ e. ot gibi yaşamak

vegetation /veci'teyşın/ a. bitki örtüsü, bitey

vehemence /'vıımıns/ a. sertlik, şiddet, öfke

vehement /'vıımınt/ s. öfkeli, şiddetli, sert

vehicle /'vi:ikıl/ a. 1. binek aracı, taşıt, nakil aracı 2. araç, iletme aracı

vehicular /vi:'hikyulı/ s. taşıtlara ilişkin, taşıtlara özgü

veil¹ /veyl/ a. 1. peçe, yaşmak 2. (bir şeyi) örten ya da gizleyen şey, maske, paravana

veil² /veyl/ e. 1. peçe ile örtmek 2. gizlemek, saklamak

veiled /veyld/ s. 1. peçe takmış, yaşmaklı 2. gizli, saklı, örtük, dolaylı

vein /veyn/ a. 1. anat. damar 2. (yaprak) damar 3. (böcek kanadı) damar 4. huy, mizaç, yapı 4. maden damarı

velocity /vi'lositi/ a. çabukluk, sürat, hız

velour /vı'luı/ a. velur, kadife

velvet /'velvit/ a. kadife

velvety /'velviti/ s. kadife gibi, yumuşacık

venal /'vi:nl/ s. 1. yiyici, rüşvetçi 2. para için yapılan

venality /vi:'neliti/ a. rüşvet alma, yiyicilik

vender /'vendı/ a, bkz. **vendor**

vendetta /ven'detı/ a. kan davası

vending machine /'vending mışi:n/ a. içine para atarak, sigara, pul, içki, vb. satın alınabilen makine

vendor /'vendı/ a. satıcı

veneer /vi'niı/ a. 1. kaplama maddesi, ince kaplamalık tahta 2. sahte görünüş, maske

venerable /'venırbıl/ s. 1. saygıdeğer, kıymetli, muhterem 2. kutsal, mübarek

venerate /'venıreyt/ e. saygı göstermek, tapmak

veneration /venı'reyşın/ a. büyük saygı

venereal /vı'nıırııl/ s, hek. 1. zührevi 2. **venereal disease** zührevi hastalık

venetian blind /vi'ni:şın blaynd/ a. jaluzi, stor

vengeance /'vencıns/ a. 1. öç, intikam: *She wants vengeance after the way she was treated.* 2. **take vengeance** intikam almak 3. **with a vengeance** k. dili şiddetle, aşırı derecede, fena şekilde, delice: *He beat him with a vengeance in the second game.*

vengeful /'vencfıl/ s, yaz. intikamcı, intikam peşinde

venison /'venisın/ a. geyik eti

venom /'venım/ a. 1. (yılan, böcek, vb.) zehir 2. nefret, kin

vent¹ /vent/ e. (on ile) (sinirini, vb.) -den çıkarmak: *He vented his anger on his wife.*

**vent²** /vent/ *a.* 1. delik, menfez 2. (palto, ceket, vb.) yırtmaç 3. çıkak, çıkıt, mahreç 4. **give vent to** (güçlü bir duygu) tutamamak, ifade etmek, ortaya dökmek
**ventilate** /'ventileyt/ *e.* (oda, yapı, vb.) havalandırmak
**ventilation** /venti'leyşın/ *a.* havalandırma
**ventilator** /'ventileytı/ *a.* vantilatör, havalandırma sistemi
**ventriloquism** /ven'trilıkwizım/ *a.* vantriloku, karından konuşma sanatı
**ventriloquist** /ven'trilıkwist/ *a.* vantrilok
**venture¹** /'vençı/ *e.* 1. tehlikeye atmak 2. tehlikeye atılmak 3. cüret etmek, göze almak
**venture²** /'vençı/ *a.* tehlikeli girişim, tehlikeli iş, macera
**venue** /'venyu:/ *a.* 1. buluşma yeri 2. buluşma, randevu 3. *sp.* karşılaşma yeri
**Venus** /'vi:nıs/ *a.* Venüs gezegeni, Zühre
**veranda** /vı'rendı/ *a.* balkon, veranda
**verandah** /vı'rendı/ *a, bkz.* **veranda**
**verb** /vö:b/ *a, dilb.* fiil, eylem: *"Sing" is a verb.*
**verbal** /'vö:bıl/ *s.* 1. sözlü, ağızdan, sözel 2. kelimesi kelimesine, aynen 3. *dilb.* fiilden türemiş 4. **verbal noun** *dilb.* fiil ismi, ulaç, gerundium
**verbalize** /'vö:bılayz/ *e.* sözcüklerle ifade etmek, açıklamak
**verbally** /'vö:bıli/ *be.* sözlü olarak, ağızdan
**verbiage** /'vö:bic/ *a.* yazı/konuşmada laf kalabalığı
**verbose** /'vö:bous/ *s.* gereksiz sözlerle dolu
**verbosity** /vö:'bo:siti/ *a.* gereğinden çok söz kullanma, laf salatası
**verdant** /'vö:dınt/ *s, yaz.* yeşillikli
**verdict** /'vö:dikt/ *a.* 1. *huk.* jüri kararı 2. *k. dili* kanı, hüküm, karar
**verge** /vö:c/ *a.* (yol, patika, vb.) kenar, sınır
**verge on/upon** *e.* -in eşiğinde olmak: *She was verging on tears.*
**verify** /'verifay/ *e.* doğruluğunu kanıtlamak
**verisimilitude** /verisi'milityu:d/ *a.* gerçeğe benzerlik

**veritable** /'veritıbıl/ *s.* gerçek, tam: *He's a veritable hero.*
**vermilion** /vı'miliın/ *a, s.* alev kırmızısı
**vermin** /'vö:min/ *a.* zararlı böcek ya da hayvanlar
**vermouth** /'vö:mıt/ *a.* vermut
**vernacular¹** /vı'nekyulı/ *s.* anadilini kullanan
**vernacular²** /vı'nekyulı/ *a.* anadil, yerli dil
**verruca** /vı'ru:kı/ *a.* nasır
**versatile** /'vö:sıtayl/ *s.* 1. çok yönlü, elinden her iş gelen 2. birden fazla kullanım alanı olan, çok yönlü
**versatility** /vö:sı'tiliti/ *a.* çok yönlülük
**verse** /vö:s/ *a.* 1. şiir, nazım, koşuk 2. mısra, dize 3. ayet
**versed** /vö:st/ *s.* (in ile) -den anlayan, deneyimli: *He's very well versed in computer technology.*
**version** /'vö:şın/ *a.* 1. yorum: *The two witnesses gave their versions of the accident.* 2. çeviri, tercüme 3. versiyon, uyarlama
**versus** /'vö:sıs/ *ilg.* -e karşı: *It will be Chapman versus McDonald in the finals.*
**vertebra** /'vö:tibrı/ *a, anat.* omur, fıkra
**vertebrate** /'vö:tibrit/ *a, s, hayb.* omurgalı
**vertical** /'vö:tikıl/ *s.* dikey, düşey
**vertigo** /'vö:tigou/ *a.* baş dönmesi
**verve** /vö:v/ *a.* coşku, canlılık, şevk
**very¹** /'veri/ *be.* 1. çok: *I'm very tired. I think he's very rich. He drives very fast. It sounds very interesting. I find it very difficult.* 2. (enüstünlük derecesinde sıfatlar veya `first', `last', `own', `same' gibi sıfatlardan önce vurguyu artırmak için kullanılır): *This is the very best wine we have. It was made of the very finest silk. I saw the very first film she made. This is the very last time I do your work for you. At last I've got my very own room. We went to the very same hotel that we had been to on our honeymoon.* 3. **very well** tamam tamam, pekâlâ, öyle olsun: *"You should apologize to her". "Oh, very well."*
**very²** /'veri/ *s.* 1. tam: *This is the very thing Roger needs.* 2. ta kendisi, aynı:

*That is the very bike I used to ride to school.* 3. bile: *The very thought of snakes terrify her.* 4. en: *Let's start from the very beginning. My lighter is at the very bottom of my bag.*

**vespers** /'vespız/ *a.* (kilisede) akşam duası

**vessel** /'vesıl/ *a.* 1. (kova, fıçı, şişe, vb.) kap 2. gemi, tekne 3. **blood vessel** damar

**vest**[1] /vest/ *a.* 1. *İİ.* atlet, fanila 2. *Aİ.* yelek

**vest**[2] /vest/ *e.* vermek: *He was vested with the right to buy and sell for the company. "By the power vested in me I proclaim you husband and wife", he joked.*

**vested interest** /vestid 'intrist/ *a.* menfaat, çıkar

**vestibule** /'vestibyu:l/ *a.* antre, hol

**vestige** /'vestic/ *a.* iz, eser: *By the end of the day there wasn't a vestige of good humour left in the group.*

**vestment** /'vestmınt/ *a.* papaz giysisi

**vestry** /'vestri/ *a.* 1. kilisede papazların giysilerini koydukları/giydikleri yer 2. ayin/toplantı yapılan yer

**vet**[1] /vet/ *a, k. dili* veteriner, baytar

**vet**[2] /vet/ *e, k. dili* 1. (birinin geçmişini, vb.) araştırmak 2. muayene etmek

**veteran** /'vetırın/ *a, s.* 1. (of ile) kıdemli, eski, deneyimli 2. (eşya) eski, emektar 3. (otomobil) 1916'dan önce yapılmış 4. gazi

**veterinarian** /vetıri'neırıın/ *a, Aİ.* veteriner

**veterinary** /'vetırınıri/ *s.* 1. hayvan hastalıklarıyla ilgili 2. **veterinary surgeon** *İİ.* veteriner

**veto**[1] /'vi:tou/ *a.* veto

**veto**[2] /'vi:tou/ *e.* veto etmek

**vex** /veks/ *e.* kızdırmak, canını sıkmak

**via** /'vayı/ *ilg.* 1. yolu ile, -den geçerek: *She went from Australia to London via America.* 2. *k. dili* aracılığıyla: *Frank received the note via John.*

**viable** /'vayıbıl/ *s.* 1. uygulanabilir 2. varlığını sürdürebilir

**viaduct** /'vayıdakt/ *a.* viyadük, köprü, aşıt

**vibrant** /'vaybrınt/ *s.* 1. canlı, hareketli,

yaşam dolu 2. (renk, ışık) parlak, canlı

**vibrate** /vay'breyt/ *e.* 1. titremek 2. titretmek

**vibration** /vay'breyşın/ *a.* titreşim

**vicar** /'vikı/ *a, İİ.* bölge papazı, mahalle papazı

**vicarious** /vi'keırııs/ *s.* 1. vekil edilmiş, vekâlet verilmiş 2. başkası için yapılan

**vice**[1] /vays/ *a.* 1. ahlak bozukluğu, ahlaksızlık 2. kötülük 3. *k. dili* kötü alışkanlık

**vice**[2] /vays/ *a.* mengene

**viceroy** /'vaysroy/ *a.* kral naibi, genel vali

**vice versa** /vays 'vö:sı, vaysi'vö:sı/ *be.* 1. kısasa kısas, tersine 2. karşılıklı olarak: *She loves him and vice versa. (He loves her, too.)*

**vicinity** /vi'siniti/ *a.* semt, çevre, yöre

**vicious** /'vişıs/ *s.* 1. kötü amaçlı, gaddar, garazlı 2. tehlikeli 3. huysuz, saldırgan 4. **vicious circle** kısır döngü

**victim** /'viktim/ *a.* kurban: *He's just a victim of circumstances.*

**victimize** /'viktimayz/ *e.* kurban etmek, mağdur etmek, haksızca davranmak: *He was victimized because of his colour.*

**victor** /'viktı/ *a.* 1. kazanan, galip 2. fatih

**Victorian** /vik'to:rıın/ *s, a.* 1. Kraliçe Viktorya dönemine ait (kimse) 2. Kraliçe Viktorya dönemindeki gibi

**victorious** /vik'to:rııs/ *s.* muzaffer, galip

**victory** /'viktıri/ *a.* zafer, utku, galibiyet

**video** /'vidiou/ *a, s.* video

**videotape**[1] /'vidiouteyp/ *a.* videoteyp, video bantı

**videotape**[2] /'vidiouteyp/ *e.* videoya çekmek

**vie** /vay/ *e.* (with/for ile) rekabet etmek, yarışmak, çekişmek

**view**[1] /vyu:/ *a.* 1. görüş, görünüş 2. manzara 3. bakış 4. görüş, düşünce, kanı 5. **in view of** -e bakarak, -i göz önünde bulundurarak 6. **take a dim/poor view of** *k. dili* küçük görmek 7. **with a view to** amacıyla, -mek için

**view**[2] /vyu:/ *e.* 1. incelemek, tetkik etmek 2. bakmak, görmek, muayene etmek 3. üzerinde düşünmek, değerlendirmek

**viewer** /'vyu:ı/ *a.* televizyon izleyen kimse, seyirci, izleyici

**viewpoint** /'vyu:poynt/ *a.* görüş açısı, bakış açısı

**vigil** /'vicil/ *a.* (nöbet, vb. için) geceleyin uyumama, nöbet tutma

**vigilant** /'vicilınt/ *s.* uyanık, tetikte

**vigilante** /vici'lenti/ *a.* yasal yetkisi olmadan kendi düşüncesine göre düzen korumaya çalışan kimse

**vigor** /'vigı/ *a, Aİ, bkz.* **vigour**

**vigour** /'vigı/ *a.* güç, kuvvet, dinçlik

**vigorous** /'vigırıs/ *s.* güçlü, dinç, enerjik

**vile** /vayl/ *s.* 1. aşağılık, rezil, alçak, adi, utanmaz 2. *k. dili* iğrenç, berbat, rezil

**vilify** /'vilifay/ *e.* yermek, kötülemek, kara çalmak

**villa** /'vilı/ *a.* villa

**village** /'vilic/ *a.* köy

**villager** /'vilicı/ *a.* köylü

**villain** /'vilın/ *a.* 1. (öykü, film, vb.'de) kötü adam 2. *İİ, k. dili* suçlu

**villainy** /'vilıni/ *a.* kötü davranış, alçaklık

**vinaigrette** /vini'gret, viney'gret/ *a.* zeytinyağı, sirke, tuz ve karabiber karışımı sos

**vindicate** /'vindikeyt/ *e.* haklı çıkarmak, doğruluğunu kanıtlamak, temize çıkarmak

**vindictive** /vin'diktiv/ *s.* kinci, kin güden

**vine** /vayn/ *a, bitk.* 1. asma 2. sarmaşık

**vinegar** /'vinigı/ *a.* sirke

**vineyard** /'vinyıd/ *a.* üzüm bağı

**vintage¹** /'vintic/ *s.* 1. (şarap) iyi mevsimde yapılmış 2. (otomobil) 1916-1930 yılları arasında üretilmiş 3. başarılı bir dönemde yapılmış

**vintage²** /'vintic/ *a.* bağbozumu

**vinyl** /'vaynil/ *a, kim.* vinil

**viola** /vi'oulı/ *a, müz.* viyola

**violate** /'vayıleyt/ *e.* 1. bozmak, çiğnemek, uymamak: *He has violated every rule for decent behaviour.* 2. saygısızlık etmek: *The church was violated by vandals.* 3. tecavüz etmek, ırzına geçmek: *She was attacked and violated.*

**violation** /vayı'leyşın/ *a.* 1. bozma, ihlal 2. tecavüz

**violence** /'vayılıns/ *a.* 1. şiddet 2. zorbalık

**violent** /'vayılınt/ *s.* 1. sert, şiddetli 2.

zorlu 3. acı veren, can yakan 4. şiddet yüzünden olan

**violet¹** /'vayılıt/ *a.* menekşe

**violet²** /'vayılıt/ *a, s.* menekşe rengi

**violin** /vayı'lin/ *a, müz.* keman, viyolon

**violinist** /vayı'linist/ *a.* kemancı, viyolonist

**violoncello** /vayılın'çelou/ *a, müz.* viyolonsel

**viper** /'vaypı/ *a, hayb.* engerek

**virgin¹** /'vö:cin/ *a.* bakire, kız

**virgin²** /'vö:cin/ *s.* 1. erden, bakire 2. el değmemiş, saf, bozulmamış

**virginity** /vö:'ciniti/ *a.* bekâret, erdenlik

**Virgin Mary** /vö:cin 'meıri/ *a.* Meryem Ana

**Virgo** /'vö:gou/ *a.* Başak burcu

**virile** /'virayl/ *s.* 1. güçlü, enerjik, erkekçe 2. (cinsel yönden) güçlü, iktidarlı

**virility** /vi'riliti/ *a.* erkeklik gücü, erkeklik

**virtual** /'vö:çuıl/ *s.* ismen olmasa da fiilen var olan, gerçek, asıl

**virtually** /vö:çuıli/ *be.* hemen hemen, neredeyse: *The house is virtually ready. It just needs curtains.*

**virtue** /'vö:çu:/ *a.* 1. fazilet, erdem 2. üstünlük, avantaj 3. **by virtue of** -den dolayı, -in sayesinde

**virtuoso** /vö:çu'ouzou/ *a.* 1. *müz.* virtüöz 2. usta

**virtuous** /'vö:çuıs/ *s.* 1. erdemli 2. dürüst

**virulent** /'virulınt/ *s.* 1. öldürücü, zehirli 2. (duygu) sert, nefret dolu, keskin, şiddetli

**virus** /'vayırıs/ *a.* virüs

**visa** /'vi:zı/ *a.* vize

**visage** /'vizic/ *a, yaz.* yüz, çehre

**vis-à-vis** /vi:z a:'vi:, vi:zı'vi:/ *ilg.* 1. ile karşılaştırınca, -e bakınca 2. karşı karşıya, yüz yüze

**viscount** /'vaykaunt/ *a.* vikont

**viscountess** /'vaykauntis/ *a.* vikontes

**viscous** /'viskıs/ *s.* (sıvı) yapışkan, koyu

**vise** /vays/ *a, Aİ.* mengene

**visibility** /vizı'biliti/ *a.* görüş netliği (derecesi)

**visible** /'vizıbıl/ *s.* görülebilir, görünür

**vision** /'vijın/ *a.* 1. görme gücü, görme 2. ileriyi görme, yaratıcılık 3. hayal, düş, tasavvur 4. kuruntu

**visionary¹** /'vijınıri/ *s.* 1. ileriyi gören,

görüş gücü olan 2. düşsel, hayali
visionary² /'vijınıri/ a. hayalci, hayalperest
visit¹ /'vizit/ e. 1. ziyaret etmek, görmeye gitmek: *I'm going to visit my uncle tomorrow.* 2. teftiş etmek, resmi ziyarete gitmek 3. (doktor) muayene etmek
visit² /'vizit/ a. 1. ziyaret 2. teftiş, resmi ziyaret 3. muayene, vizite
visitation /vizi'teyşın/ a. teftiş, resmi ziyaret
visitor /'vizitı/ a. ziyaretçi
visor /'vayzı/ a. (kasket) siperlik, siper
vista /'vistı/ a. uzak manzara
visual /'vijuıl/ s. 1. görsel 2. **visual aid** görsel eğitim aracı
visualize /'vijuılayz/ e. gözünde canlandırmak, tasavvur etmek, hayal etmek, düşünmek
vital /'vaytl/ s. 1. çok önemli, can alıcı, çok gerekli: *The information is vital. It's vital that we contact Mr. Peck by tonight.* 2. canlı, hayat dolu: *Sue is such a vital person she cheers everybody up.* 3. yaşam için gerekli, hayati: *The heart is a vital organ.* 4. **vital statistics** a) k. dili kadının göğüs, bel, kalça ölçüleri b) yaşam istatistikleri
vitality /vay'teliti/ a. hayatiyet, canlılık, dirilik
vitally /'vaytıli/ be. en yüksek derecede
vitamin /'vitımin, 'vaytımin/ a. vitamin
vitiate /'vişieyt/ e. bozmak, berbat etmek
vitreous /'vitriıs/ s. 1. cam gibi 2. camla ilgili, cam. . . 3. camlaşmış
vitriolic /vitri'olik/ s. sert, vahşi, kırıcı
vivacious /vi'veyşıs/ s. şen şakrak, yaşam dolu, neşeli, canlı
vivid /'vivid/ s. 1. (ışık/renk) parlak, canlı, güçlü 2. canlı, akılda kalıcı, güçlü
vivisection /vivi'sekşın/ a. deney için canlı hayvan kesme, dirikesim
vixen /'viksın/ a. 1. hayb. dişi tilki 2. cadaloz kadın, cadı
viz /viz/ be. ismen, ki bu/bunlar, yani
vocabulary /vı'kebyulıri, vou'kebyulıri/ a. 1. kelime hazinesi, sözcük dağarcığı 2. kısa sözlük
vocal /'voukıl/ s. 1. sesle ilgili 2. k. dili

rahat konuşan 3. **vocal cords** ses telleri
vocalist /'voukılist/ a. şarkıcı
vocation /vou'keyşın/ a. 1. (for ile) yetenek, kabiliyet 2. yetenek isteyen iş, meslek 3. Allah çağrısı
vocational /vou'keyşınıl/ s. mesleki
vociferous /vı'sifırıs/ e. tantanalı, gürültücü
vodka /'vodkı/ a. votka
vogue /voug/ a. moda
voice¹ /voys/ a. 1. ses: *She's got a beautiful voice. Don't raise your voice to me.* 2. düşünce, fikir 3. *dilb.* çatı: *passive voice* 4. **give voice to** ifade etmek, açıklamak
voice² /voys/ e. dile getirmek, söylemek
void¹ /voyd/ s. 1. boş 2. (of ile) -den yoksun, -sız: *His face was completely void of expression.* 3. *huk.* geçersiz, hükümsüz
void² /voyd/ a. boşluk
volatile /'volıtayl/ s. 1. maymun iştahlı, değişken, dönek 2. (sıvı) uçucu, gaza dönüşebilen
volcano /vol'keynou/ a. volkan, yanardağ
vole /voul/ a. tarlafaresi
volition /vı'lişın/ a. istem, irade: *He never does anything of his own volition.*
volley /'voli/ a. 1. yaylım ateşi 2. *sp.* topa yere değmeden yapılan vuruş, vole
volleyball /'volibo:l/ a, *sp.* voleybol
volt /voult/ a. volt
voltage /'voultic/ a. voltaj
volte-face /volt'fa:s/ a. yüz geri etme, yüzseksen derecelik dönüş
voluble /'volyubıl/ s. 1. konuşkan, dilli, geveze 2. (konuşma) akıcı
volume /'volyu:m/ a. 1. (ses) güç, şiddet: *Turn the volume down.* 2. hacim, oylum: *What's the volume of this box?* 3. cilt, sayı: *Look in volume four of the encyclopedia.* 4. miktar, yığın: *Large volumes of oil leaked over the sea.*
voluminous /vı'lu:minıs/ s. 1. (giysi) bol, dökümlü 2. hacimli, büyük, geniş 3. (yazar) verimli
voluntary /'volıntıri/ s. 1. gönüllü 2. iradi, istençli
volunteer¹ /volın'tiı/ a. gönüllü: *He works*

*as a volunteer for Red Cross.*
**volunteer²** /volın'tii/ *e.* 1. (orduya) gönüllü girmek, gönüllü asker olmak 2. bir hizmete gönüllü olarak girmek 3. (bir şeyi) sorulmadan anlatmak 4. gönüllü olarak teklif etmek, yapmaya gönüllü olmak
**voluptuous** /vı'lapçuıs/ *s.* 1. şehvetli 2. seksi
**vomit¹** /'vomit/ *e.* kusmak: *Namık drank too much and vomitted all down the stairs.*
**vomit²** /'vomit/ *a.* kusmuk
**voodoo** /'vu:du:/ *a.* büyü, büyü dini
**voracious** /vı'reyşıs/ *s.* obur, doymak bilmez
**vortex** /'vo:teks/ *a.* girdap
**vote¹** /vout/ *a.* 1. oy 2. (the ile) oy hakkı 3. **put sth to the vote** oya koymak 4. **take a vote on sth** oya koymak
**vote²** /vout/ *e.* 1. oy vermek 2. önermek 3. *k. dili* bildirmek, ilan etmek 4. **vote sth down** oylarla yenmek, alt etmek, reddetmek
**voter** /'voutı/ *a.* seçmen
**vouch** /vauç/ *e.* (for ile) kefil olmak: *I can vouch for his honesty.*
**voucher** /'vauçı/ *a.* 1. senet, makbuz, belge 2. *İİ.* (çay, yemek, vb. için) fiş
**vow¹** /vau/ *a.* 1. yemin, ant 2. **make/take a vow** ant içmek
**vow²** /vau/ *e.* yemin etmek, ant içmek: *He vowed to defend his country.*
**vowel** /'vauıl/ *a.* ünlü, sesli harf
**voyage¹** /'voyic/ *a.* seyahat, yolculuk, gezi
**voyage²** /'voyic/ *e.* uzun gemi yolculuğu yapmak
**vulgar** /'valgı/ *s.* 1. kaba, terbiyesiz, bayağı, adi: *Spitting in the street is vulgar.* 2. zevksiz, adi: *The furnishings in the apartment were vulgar though expensive.*
**vulgarity** /val'geriti/ *a.* 1. terbiyesizlik, kabalık, bayağılık 2. kaba konuşma ya da davranış
**vulnerable** /'valnırıbıl/ *s.* 1. kolay incinir, hassas 2. korunmasız, savunmasız, zayıf: *The city was vulnerable to attack.*
**vulture** /'valçı/ *a, hayb.* akbaba

# W

**W, w** /'dabılyu:/ *a.* İngiliz abecesinin yirmi üçüncü harfi
**wad¹** /wod/ *a.* 1. tutam, tomar 2. tıkaç, tapa, tampon 3. deste
**wad²** /wod/ *e.* 1. tomar yapmak 2. (tıkaç, vb. ile) tıkamak
**waddle¹** /'wodl/ *e.* (ördek gibi) salına salına yürümek, badi badi yürümek
**waddle²** /'wodl/ *a.* badi badi yürüyüş
**wade** /weyd/ *e.* (su, çamur, vb. içinde) güçlükle ilerlemek, geçmek
**wade into** *e, k. dili* 1. (zor bir işe) girişmek 2. saldırmak
**wade through** *e, k. dili* güç bela bitirmek: *He waded through the pile of work on his desk.*
**wafer** /'weyfı/ *a.* 1. ince bisküvi 2. mayasız ekmek
**waffle¹** /'wofıl/ *a.* 1. bir tür gözleme 2. *İİ, k. dili* zırvalama
**waffle²** /'wofıl/ *e, İİ, k. dili* zırvalamak, saçma sapan konuşmak, gevelemek
**wag¹** /weg/ *a.* 1. sallama, sallanış 2. şakacı kimse, gırgır kimse
**wag²** /weg/ *e.* 1. sallamak: *Cats wag their tails when angry.* 2. sallanmak
**wage¹** /weyc/ *e.* (savaş, mücadele, vb.) açmak, başlatmak, sürdürmek
**wage²** /weyc/ *a.* ücret, maaş: *My wages are too low to save money.*
**wager¹** /'weycı/ *a.* bahis
**wager²** /'weycı/ *e.* 1. bahse girmek, bahis tutuşmak 2. (para) yatırmak, koymak
**waggish** /'wegiş/ *s.* 1. şakacı, muzip 2. gülünç, güldürücü, komik
**waggle¹** /'wegıl/ *e.* 1. sallamak, sağa sola oynatmak: *The dog waggled its tail.* 2. sallanmak
**waggle²** /'wegıl/ *a.* sallanma, sallanış
**waggon** /'wegın/ *a.* 1. dört tekerlekli yük arabası, at arabası, kağnı 2. *İİ.* yük vagonu
**wagon** /'wegın/ *a, Aİ, bkz.* **waggon**
**waif** /weyf/ *a.* evsiz barksız, kimsesiz, bakımsız çocuk, gariban çocuk
**wail¹** /weyl/ *e.* 1. ağlamak, feryat etmek 2.

sızlanmak, yakınmak, dövünmek, yırtınmak 3. (rüzgâr) uğuldamak

**wail**[2] /weyl/ *a.* ağlama, feryat

**waist** /weyst/ *a.* bel: *She has a small waist.*

**waistband** /'weystbend/ *a.* kemer, kuşak

**waistcoat** /'weyskout, 'weskıt/ *a.* yelek

**wait**[1] /weyt/ *e.* beklemek: *Wait for me. They've been waiting in the queue for two hours. The matter is urgent. It can't wait.*

**wait**[2] /weyt/ *a.* 1. bekleme, bekleyiş 2. **lie in wait** pusuya yatmak

**waiter** /'weytı/ *a.* garson

**waiting room** /'weyting rum/ *a.* bekleme salonu

**wait on** *e.* 1. hizmet etmek 2. **wait on sb hand and foot** canla başla hizmet etmek

**waitress** /'weytris/ *a.* bayan garson

**waive** /weyv/ *e.* vazgeçmek, feragat etmek: *The embassy officials wouldn't waive the visa requirements for anyone.*

**wake**[1] /weyk/ *e.* [*pt* **woke** /wouk/, *pp* **woken** /'woukın/] (up ile) 1. uyanmak: *I woke up at 6 o'clock this morning.* 2. uyandırmak: *Wake me up before you go.* 3. canlandırmak, harekete geçirmek: *I'm bored. I wish there was something to wake me up.* 4. farkına varmak, varlığından haberdar olmak: *He's just waken up to the fact nobody likes him.*

**wake**[2] /weyk/ *a.* (gemi, vb.'nin) suda bıraktığı iz, dümen suyu

**wakeful** /'weykfıl/ *s.* 1. uyanık, uyuyamayan 2. uykusuz

**waken** /'weykın/ *e.* 1. uyandırmak 2. uyanmak

**waking** /'weyking/ *s.* uyanıkken olan, ayakta geçen

**walk**[1] /wo:k/ *e.* 1. yürümek: *We walked all the way home. I like walking.* 2. yürüyerek gitmek: *I usually walk to work.* 3. üzerinde yürümek: *The pirates made him walk the plank.* 4. yürüyüşe çıkarmak, gezdirmek: *"Where is Sarah?", "She's walking the dog."* 5. gezinmek, dolaşmak: *He has walked all the public footpaths in Wales.* 6. -e yürüyerek eşlik

etmek: *He walked me to the front door.*

**walk**[2] /wo:k/ *a.* 1. yürüyüş, gezinti: *They went for a walk.* 2. yürüme, yürüyüş 3. yürüyüş biçimi: *He's got a funny walk.* 4. yürüyüş yeri: *There are many nice walks in London.*

**walkaway** /'wo:kıwey/ *a.* çok kolay kazanılan yarış, çocuk oyuncağı

**walkie-talkie** /wo:ki'to:ki/ *a.* portatif alıcı-verici aygıt

**walking**[1] /'wo:king/ *a.* 1. yürüme, yürüyüş 2. **walking stick** baston

**walking**[2] /'wo:king/ *s, k. dili* canlı, ayaklı: *He's a walking encyclopedia.*

**walk off/away with** *e, k. dili* 1. yürütmek, araklamak, alıp gitmek: *When he left he walked off with my lighter.* 2. kolayca kazanmak

**walkout** /'wo:kaut/ *a.* 1. grev 2. (toplantı, vb.'ni) terk etme

**walk out on** *e, k. dili* yüzüstü bırakmak, terk etmek: *She walked out on her family two years ago.*

**walkover** /'wo:kouvı/ *a, k. dili* kolay yengi, kolay zafer

**walk over** *e, k. dili* 1. kötü davranmak, eziyet etmek 2. katlamak, yenmek, ezip geçmek

**walk-up** /'wo:kap/ *a, Aİ, k. dili* asansörsüz apartman

**wall** /wo:l/ *a.* 1. duvar 2. sur

**wallaby** /'wolıbi/ *a, hayb.* küçük bir tür kanguru

**wallchart** /'wo:lça:t/ *a.* öğretim aracı olarak kullanılan duvar resmi

**wallet** /'wolit/ *a.* cüzdan

**wallflower** /'wo:lflauı/ *a, bitk.* sarı şebboy

**wallop** /'wolıp/ *a.* sert vuruş

**walloping** /'wolıping/ *s, k. dili* büyük, kocaman

**wallow** /'wolou/ *e.* (in ile) 1. yuvarlanmak, debelenmek: *The hippopotamuses were wallowing in the mud.* 2. zevklenmek: *He had done very well in his exams and was wallowing in others' praize.* 3. acı çekmek: *He's had a series of misfortunes and is wallowing in misery.* 4. yüzmek: *He's wallowing in money.*

**wallpaper**[1] /'wo:lpeypı/ *a.* duvar kâğıdı

W

**wallpaper**[2] /'wo:lpeypı/ *e.* duvar kâğıdıyla kaplamak

**walnut** /'wo:lnat/ *a.* 1. ceviz 2. ceviz ağacı

**walrus** /'wo:lrıs/ *a, hayb.* mors

**waltz**[1] /wo:ls/ *a, müz.* vals

**waltz**[2] /wo:ls/ *e.* vals yapmak

**wand** /wond/ *a.* sihirbaz değneği

**wander** /'wondı/ *e.* 1. (belli bir amacı olmadan) dolaşmak, gezmek: *The tourist wandered around the city. He wandered the world for several years.* 2. doğru yoldan ayrılmak, sapmak: *The track was difficult to see and he wandered off it.* 3. (off ile) (esas konudan) ayrılmak, sapmak: *While he was talking he wandered off the point.* 4. konudan konuya atlamak, farklı şeylere dalıp gitmek, karışmak: *Now that he's old, his mind often wanders.*

**wanderer** /'wo:ndırı/ *a.* avare, amaçsızca dolaşan kimse

**wanderlust** /'wondılast/ *a.* yerinde duramama, gezip dolaşma arzusu

**wane** /weyn/ *e.* 1. azalmak, eksilmek, zayıflamak 2. batmak, sönmek 3. (ay) gittikçe küçülmek 4. sonuna yaklaşmak, bitmek

**wangle** /'wengıl/ *e, k. dili* 1. ayarlamak: *He wangled a friend into doing his work.* 2. koparmak, sızdırmak: *He wangled a free ticket to the concert.* 3. paçayı kurtarmak

**wank**[1] /wenk/ *e, İİ, kab, arg.* otuzbir çekmek, tek atmak

**wank**[2] /wenk/ *a, İİ, kab, arg.* otuzbir çekme, tek atma

**wanker** /'wenkı/ *a, İİ, arg.* 1. otuzbirci 2. bir işle ciddi olarak ilgilenmeyen kimse

**want**[1] /wont/ *e.* 1. istemek: *I'm thirsty. I want some water.* 2. -e gereksinimi olmak, istemek, ihtiyacı olmak: *This lawn wants cutting.* 3. -e gereksinimi olmak, -ması gerekmek: *You want to give up smoking.* 4. -sız olmak, -den yoksun olmak: *He has always wanted manners. His rudeness upsets everyone.* 5. aramak: *They are wanted by the police for arson.* 6. sıkıntı çekmek, muhtaç olmak: *There are always people in large cities who want.*

**want**[2] /wont/ *a.* 1. gereksinim, gereksinme, ihtiyaç, lüzum 2. istek 3. yokluk 4. eksiklik, noksan 5. yoksulluk, fakirlik, sıkıntı 6. ç. ihtiyaçlar, gereksinimler, eksikler, istekler

**want for** *e.* ... sıkıntısı çekmek, muhtaç olmak: *His parents are very wealthy and he wants for nothing.*

**wanting** /'wonting/ *s.* 1. eksik, noksan 2. **be found wanting** yetersiz bulunmak

**wanton** /'wontın/ *s.* 1. *yaz.* değişken, kaprisli, oyunbaz 2. kontrolsüz, vahşi 3. mantıksız, nedensiz

**war**[1] /wo:/ *a.* 1. savaş 2. savaşım, çatışma, mücadele, kavga 3. **civil war** iç savaş 4. **wage war against/on** savaş açmak

**war**[2] /wo:/ *e.* savaşmak

**warble**[1] /'wo:bıl/ *a.* kuş ötüşü, şakıma

**warble**[2] /'wo:bıl/ *e.* ötmek, şakımak

**warbler** /'wo:blı/ *a, hayb.* çalıbülbülü, ötleğen

**ward**[1] /wo:d/ *a.* 1. semt, bölge 2. koğuş 3. vasilik, vesayet 4. vesayet altındaki kimse 5. koruma

**ward**[2] /wo:d/ *e.* (off ile) önlemek, kendini -den korumak: *He warded off the blow with his arm.*

**warden** /'wo:dn/ *a.* 1. bekçi 2. muhafız 3. *AI.* cezaevi müdürü 4. kolej, vb. müdürü

**warder** /'wo:dı/ *a.* gardiyan, bekçi

**wardrobe** /'wo:droub/ *a.* 1. giysi dolabı, gardırop 2. kişisel giysiler

**warehouse** /'weıhaus/ *a.* 1. depo, ambar 2. büyük mağaza

**wares** /weız/ *a.* mal, eşya

**warfare** /'wo:feı/ *a.* 1. savaş 2. savaşım, mücadele

**warhead** /'wo:hed/ *a, ask.* patlayıcı savaş başlığı

**warily** /'weırili/ *be.* sakınarak, ihtiyatla, dikkatle

**warlike** /'wo:layk/ *s.* 1. savaşsever, savaşçı 2. savaşla ilgili, askeri

**warm**[1] /wo:m/ *s.* 1. sıcak, ılık: *It's quite warm today.* 2. sıcak tutan: *Put some warm clothes on. It's cold outside.* 3. içten, candan: *They gave David a warm*

welcome when he returned from Egypt.
4. canlı, hoş: *I like warm colours.* 5. ne-
şeli, sıcak, dostça: *He's got a warm
voice.* 6. (oyun, vb.'de) sonuca/yanıta
yakın: *You're getting warm.*
warm² /wo:m/ *e.* 1. ısıtmak 2. ısınmak 3.
heyecanlandırmak
warm³ /wo:m/ *a.* 1. sıcak yer, sıcak 2.
ısınma
warm-blooded /wo:m'bladid/ *s, hayb.*
sıcakkanlı
warm-hearted /wo:m'ha:tid/ *s.* iyi kalpli,
cana yakın
warmonger /'wo:mangı/ *a, hkr.* savaş
kışkırtıcısı, savaşa teşvik eden kimse
warmth /wo:mt/ *a.* 1. sıcaklık 2. içtenlik
warm to/towards *e.* 1. *k. dili* sevmeye
başlamak, hoşlanmak, ısınmak 2. ilgi-
lenmek, ilgilenmeye başlamak
warm up *e.* 1. ısıtmak: *She warmed up
the soup for dinner.* 2. ısınmak: *They
did some exercises to warm up before
the match.* 3. (tartışma, vb.) canlanmak,
kızışmak, alevlenmek
warn /wo:n/ *e.* uyarmak, ikaz etmek: *I
warned you not to touch the stove.*
warning /'wo:ning/ *a.* 1. uyarı, ikaz, ihtar,
tembih 2. ibret
warp¹ /wo:p/ *a.* 1. eğrilik, çarpıklık 2.
çözgü, arış 3. *den.* palamar
warp² /wo:p/ *e.* 1. eğrilmek, yamulmak 2.
eğriltmek, yamultmak 3. saptırmak
warrant¹ /'worınt/ *a.* 1. yetki 2. ruhsat 3.
teminat, garanti 4. **search warrant** a-
rama emri
warrant² /'worınt/ *e.* 1. mazur göstermek,
hak tanımak: *The police's intervention at
the demonstration was not warranted.* 2.
garanti etmek: *Go and see the film but
I'll warrant you won't like it.*
warrantee /worın'ti:/ *a.* kendisine garanti
belgesi verilen kimse
warranty /'worınti/ *a.* garanti, garanti
belgesi
warren /'worın/ *a.* 1. tavşan kolonisi 2.
aşırı kalabalık yer, labirent gibi yer
warrior /'worii/ *a.* 1. savaşçı 2. asker
warship /'wo:şip/ *a.* savaş gemisi
wart /wo:t/ *a.* siğil

wartime /'wo:taym/ *a.* savaş zamanı
wary /'weıri/ *s.* 1. sakıngan, ihtiyatlı,
tedbirli 2. uyanık, tetikte, açıkgöz
was /wız/ *pt bkz.* **be**
wash¹ /woş/ *e.* 1. yıkamak: *Go and wash
your hands.* 2. ellerini, yüzünü, vb. yı-
kamak, temizlenmek: *He washes as
soon as he gets up every morning.* 3.
yıpranmadan yıkanabilir olmak: *Cotton
always washes well.* 4. yalamak: *The
river washed over its banks.* 5. taşımak,
sürüklemek: *The wave washed every-
thing off the deck into the sea.* 6. *k. dili*
inanılmak, yutulmak, yenmek: *I don't
believe what he told me. It doesn't
wash.* 7. **wash one's hands of** *k. dili* -
den artık sorumlu olmadığını belirtmek:
*He washed his hands of the whole af-
fair.*
wash² /woş/ *a.* 1. yıkama 2. yıkanma 3.
(yıkanacak) çamaşırlar: *Have you done
the wash yet? All my clothes are in the
wash.* 4. çamaşırhane, çamaşır yıkama
yeri: *Can you pick up the clothes that
are at the wash?* 5. dalga/su sesi, çır-
pıntı
washable /'woşıbıl/ *s.* yıkanır, yıkanabilir:
*Is this coat washable.*
washbasin /'woşbeysın/ *a.* lavabo
washbowl /'woşboul/ *a, Aİ.* lavabo
wash down *e.* 1. bol suyla yıkamak 2. su,
vb. yardımı ile yutmak
washed-out /woşd'aut/ *s, k. dili* yorgun-
luktan ölmüş, bitkin
washed-up /woşd'ap/ *s, k. dili* mahvol-
muş, hiç başarı şansı kalmamış, bitmiş,
tükenmiş, ölmüş
washer /'woşı/ *a.* 1. yıkayıcı 2. çamaşır
makinesi 3. delikli pul, rondela
washhouse /'woşhaus/ *a.* çamaşırhane
washing /'woşing/ *a.* 1. çamaşır 2. **wash-
ing machine** çamaşır makinesi
washing-up /woşing'ap/ *a, İİ, k. dili* bula-
şık yıkama, bulaşıklar: *I haven't done
the washing- up yet.*
wash out *e.* 1. (kir, vb.) yıkayarak çıkar-
mak, temizlemek 2. (yağmur, vb. ile)
engellemek, bozmak
washout /'woşaut/ *a, k. dili* fiyasko

**W**

**wash up** *e, k. dili* 1. *İl.* bulaşık yıkamak 2. *Al.* elini yüzünü yıkamak 3. sahile sürüklemek

**wasp** /'wosp/ *a.* eşekarısı

**wastage** /'weystic/ *a.* 1. israf, sarfiyat 2. zarar

**waste**[1] /weyst/ *a.* 1. israf, savurganlık: *It's just a waste of time and money.* 2. artık madde, artık: *Many factories pour their chemical waste into the sea and pollute it.* 3. boş/kullanılmayan arazi: *We used to play on the waste opposite the school.*

**waste**[2] /weyst/ *s.* 1. artık: *The restaurant gives its waste food to a farmer for his pigs.* 2. boş, çorak, kıraç, işe yaramaz: *They are draining the waste land to make farms on.* 3. artık madde taşıyan: *The waste pipe leads into the river.*

**waste**[3] /weyst/ *e.* 1. israf etmek, çarçur etmek: *Don't waste your money gambling.* 2. güçten düşmek, zayıflamak: *He wasted away when he was in prison.* 3. güçten düşürmek, zayıflatmak

**wastebasket** /'weystba:skit/ *a.* çöp sepeti

**wasteful** /'weystfıl/ *s.* savurgan, müsrif

**watch**[1] /woç/ *e.* 1. seyretmek, izlemek: *He hates watching television.* 2. beklemek, kollamak: *The thief watched for an opportunity to grab her bag.* 3. ile ilgilenmek, bakmak, dikkat etmek: *Can you watch that none of the children fall in the swimming pool? Watch the car while I'm away.* 4. dikkat etmek, dikkatle izlemek: *She watched her mother cooking.* 5. **Watch it** *k. dili* Dikkat et!

**watch**[2] /woç/ *s.* 1. gözetleme 2. nöbet 3. nöbetçi 4. cep saati, kol saati

**watchband** /'woçbend/ *a.* saat kayışı

**watchdog** /'woçdog/ *a.* bekçi köpeği

**watch for** *e.* beklemek, kollamak: *Watch for a chance.*

**watchful** /'woçfıl/ *s.* tetikte, uyanık, dikkatli, sakıngan

**watchmaker** /'woçmeykı/ *a.* saatçi

**watchman** /'woçmın/ *a.* 1. bekçi, gözcü 2. **night watchman** gece bekçisi

**watch out** *e, k. dili* dikkat etmek: *Watch out! He's going to shoot.*

**watch over** *e.* korumak, göz kulak olmak: *He has always watched over his brother.*

**watchword** /'woçwö:d/ *a.* 1. parola 2. slogan

**water**[1] /'wo:tı/ *a.* 1. su 2. **above water** *k. dili* sıkıntıdan, dertten uzak, rahat 3. **get in/into hot water** *k. dili* başı derde girmek, ayvayı yemek 4. **spend money like water** su gibi para harcamak 5. **still waters run deep** Yumuşak huylu atın çiftesi sert olur; Durgun sular derinden akar 6. **throw cold water on** *k. dili* yıldırmak, desteklememek 7 **water buffalo** *hayb.* manda 8. **water closet** tuvalet, hela, yüznumara 9. **water lily** *bitk.* nilüfer 10. **water main** su taşıyan büyük yeraltı borusu 11. **water polo** *sp.* su topu 12. **water skiing** su kayağı

**water**[2] /'wo:tı/ *e.* 1. sulamak: *Can you water the flowers while I'm away?* 2. (ağız, göz) sulanmak: *My eyes are watering.*

**water-bird** /'wo:tıbö:d/ *a.* su kuşu

**waterborne** /'wo:tıbo:n/ *s.* gemiyle taşınan, su yoluyla taşınan

**watercolour** /'wo:tıkalı/ *a.* 1. suluboya 2. suluboya resim

**watercourse** /'wo:tıko:s/ *a.* su yolu, dere

**watercress** /'wo:tıkres/ *a, bitk.* suteresi

**water down** *e.* sulandırmak, su katmak

**waterfall** /'wo:tıfo:l/ *a.* çağlayan, şelale

**waterfront** /'wo:tıfrant/ *a.* kentin su kıyısında olan kısmı, rıhtım

**waterline** /'wo:tılayn/ *a.* (gemilerde) su düzeyi

**waterlogged** /'wo:tılogd/ *s.* suyla dolu, taşmış

**watermark** /'wo:tıma:k/ *a.* filigran

**watermelon** /'wo:tımelın/ *a.* karpuz

**watermill** /'wo:tımil/ *a.* su değirmeni

**waterpower** /'wo:tıpauı/ *a.* su gücü

**waterproof**[1] /'wo:tıpru:f/ *s.* sugeçirmez: *This watch is waterproof.*

**waterproof**[2] /'wo:tıpru:f/ *a.* sugeçirmez, yağmurluk

**waterproof**[3] /'wo:tıpru:f/ *e.* sugeçirmez hale getirmek

**waters** /'wo:tız/ *a.* 1. sular, deniz 2. su

kitlesi

**watershed** /'wo:tışed/ *a.* 1. iki nehri ayıran arazi 2. dönüm noktası

**waterside** /'wo:tısayd/ *a.* deniz, ırmak, göl, vb. kıyısı

**waterspout** /'wo:tıspaut/ *a.* hortum

**watertight** /'wo:tıtayt/ *s.* 1. sugeçirmez, sızdırmaz 2. kusursuz, eksiksiz, hatasız

**waterway** /'wo:tı:wey/ *a.* seyre elverişli su yolu/kanal/geçit

**waterwheel** /'wo:tıwi:l/ *a.* su çarkı

**waterworks** /'wo:tıwö:ks/ *a.* 1. su dağıtım tesisatı 2. *k. dili* gözyaşı

**watery** /'wo:tıri/ *s.* 1. sulu, cıvık, çok sulu 2. (renk) soluk

**watt** /wot/ *a.* vat

**wave¹** /weyv/ *e.* 1. sallamak: *She waved her handkerchief to attract his attention.* 2. sallanmak 3. el sallamak: *My friends were waving as I left.* 4. el etmek: *She waved at the taxi to stop it.* 5. (saç, vb.) dalgalanmak: *The flags waved at half mast.* 6. dalgalandırmak 7. el sallayarak hareket ettirmek

**wave²** /weyv/ *a.* 1. dalga 2. radyo dalgası 3. saç dalgası, kıvrım 4. (el) sallama 5. **long wave** uzun dalga 6. **medium wave** orta alga 7. **short wave** kısa dalga 8. **wave band** radyo kanalı

**wave aside** *e.* burun kıvırmak, aldırmamak: *She waved aside his objections.*

**wavelength** /'weyvlengt/ *a.* dalga boyu, dalga uzunluğu

**waver** /'weyvı/ *a.* 1. tereddüt etmek, duraksamak, bocalamak: *He wavered between a choice of two cars.* 2. zayıflamak, sürekliliğini yitirmek, boyun eğmek: *His confidence wavered as he faced the huge audience.*

**wavy** /'weyvi/ *s.* (saç) dalgalı

**wax¹** /weks/ *a.* 1. balmumu 2. kulak kiri

**wax²** /weks/ *e.* balmumu sürmek, mumlamak

**wax³** /weks/ *e.* (ay) giderek büyümek

**way¹** /wey/ *a.* 1. yol: *Can you help me? I've lost may way. Which is the way out? Get out of my way! My father has always stood in my way.* 2. yön, taraf: *Walk this way.* 3. mesafe: *It's only a* short way home now. 4. şekil, biçim, tarz: *I don't like his way of speaking. I like the way you do your hair. He's got a funny way of walking.* 5. yöntem, yol: *This is the best way to cook eggs. What way should I do this?* 6. yön, bakım: *In some ways I don't like this book.* 7. imkân, olasılık, yol: *There's no way we'll finish the work tonight.* 8. hal, durum: *The country is in a bad way at the moment.* 9. **by the way** sırası gelmişken, bu arada, aklıma gelmişken: *By the way, have you seen John lately?* 10. **by way of** a) yolu ile: *He came to Turkey by way of the Greek islands. He got into the building by way of his press card.* b) amacıyla, niyetiyle, mahiyetinde, yollu: *He gave her flowers by way of apology.* 11. **get/have one's own way** kendi bildiğine gitmek 12. **get under way** başlamak: *The wedding didn't get under way until eight.* 13. **give way** boyun eğmek: *He gave way to his father.* 14. **have it both ways** her iki durumdan da yararlanmak 15. **mend one's ways** davranışlarını düzeltmek, adam olmak: *You'd better mend your ways or I'll fire you.* 16. **no way** *k. dili* hayatta olmaz: *"Come in for a swim!" "No way! It's too cold."* 17. **out of the way** olağandışı, anormal 18. **pay one's way** a) borca girmemek b) kendi hesabını kendi ödemek 19. **put sb out of the way** ortadan kaldırmak, öldürmek; başından atmak: *We'll have to put him out of the way as he knows too much.* 20. **right of way** (trafikte) geçiş hakkı 21. **to my way of thinking** bence, bana göre

**way²** /wey/ *be.* uzakta, uzak mesafede: *They're way ahead of us.*

**waylaid** /wey'leyd/ *pt, pp bkz.* **waylay**

**waylay** /'weyley/ *e.* [*pt, pp* **waylaid** /wey'leyd/] yolunu kesmek, durdurmak

**way-out** /wey'aut/ *s, k. dili* acayip, çok iyi, süper

**ways** /weyz/ *a.* 1. alışkanlıklar, huylar, âdetler 2. *Aİ.* mesafe, yol

**wayside** /'weysayd/ *a.* yol kenarı

**wayward** /'weywıd/ *s.* sağı solu belli

**W**

olmaz, kararsız, değişken

**we** /wi, wi:/ *adl.* biz: *Where are we going tomorrow? We passed our exams.*

**weak** /wi:k/ *s.* 1. güçsüz, zayıf: *He hadn't eaten for three days and felt weak.* 2. zayıf, yetersiz: *Her French is excellent but her English is weak.* 3. sulu, açık: *The coffee here is always very weak.*

**weaken** /'wi:kın/ *e.* 1. zayıflamak, güçsüzleşmek 2. zayıflatmak, güçsüzleştirmek

**weak-kneed** /wi:k'ni:d/ *s.* 1. korkak, yüreksiz, tavşan yürekli 2. heyecanlı

**weal** /wi:l/ *a.* 1. mutluluk, refah, hayır 2. kamçı, vb. izi, bere

**wealth** /welt/ *a.* 1. varlık, servet, para 2. bolluk, çokluk

**wealthy** /'welti/ *s.* zengin, varlıklı

**wean** /wi:n/ *e.* 1. sütten kesmek 2. *k. dili* vazgeçirmek

**weapon** /'wepın/ *a.* silah: *nuclear weapons*

**wear**[1] /weı/ *e.* [*pt* **wore** /wo:/, *pp* **worn** /wo:n/] 1. giymek: *I haven't got anything clean to wear. She was wearing jeans, a jumper and sport shoes.* 2. takmak: *He has to wear glasses for reading.* 3. takınmak: *She wore a worried frown.* 4. aşınmak, yıpranmak: *The knees of his jeans have worn.* 5. aşındırmak, yıprandırmak, yıpratmak: *Too many people always wear my nerves.* 6. açmak: *The sheep have worn a narrow track around the hill.* 7. dayanmak: *Don't buy that shirt. It won't wear well.* 8. genç kalmak: *She's past sixty but has worn well and only looks forty.*

**wear**[2] /weı/ *a.* 1. giyme, giyinme, kullanma, kullanılma 2. giyim eşyası, giyim, elbise 3. aşınma, yıpranma, eskime 4. dayanıklılık, dayanma

**wear away** *e.* 1. zamanla aşınmak 2. aşındırmak

**wear down** *e.* 1. aşınmak 2. aşındırmak, yıpratmak 3. (gücünü, etkinliğini, vb.) azaltmak, zayıflatmak, kırmak, yenmek

**wearing** /'weıring/ *s.* yorucu, bezdirici

**wearisome** /'wiırisım/ *s.* sıkıcı, yorucu, bezdirici

**wear off** *e.* yavaş yavaş azalmak, geç-mek: *As the effects of the drug wore off he could feel the pain.*

**wear on** *e.* uzamak, bitmek bilmemek: *The evening wore on.*

**wear out** *e.* 1. eskimek, yıpranmak, kullanılmaz hale gelmek: *My socks have worn out already.* 2. eskitmek, yıpratmak, kullanılmaz hale getirmek: *He wore out his shoes in two months.* 3. çok yormak, yorgunluktan bitirmek, yıpratmak: *They were all worn out after the long bus trip.*

**weary**[1] /'wiıri/ *s.* 1. yorgun, bitkin 2. bıkkın, usanmış, bezmiş 3. yorucu 4. yorgunluk gösteren

**weary**[2] /'wiıri/ *e.* bıkmak, yorulmak, usanmak

**weasel** /'wi:zıl/ *a, hayb.* gelincik

**weather**[1] /'wedı/ *a.* 1. hava: *"What's the weather like?" "It's cold."* 2. **make heavy weather of** gözünde büyütmek 3. **weather forecast** hava raporu, hava tahmini 4. **weather station** meteoroloji istasyonu

**weather**[2] /'wedı/ *e.* 1. (fırtına, güçlük, vb.'yi) atlatmak, savuşturmak, geçiştirmek 2. hava etkisiyle değişmek

**weather-beaten** /'wedıbi:tn/ *s.* güneş, rüzgâr, vb.'den etkilenmiş

**weathercock** /'wedıkok/ *a.* rüzgâr gülü

**weatherman** /'wedımen/ *a.* (TV/radyoda) hava raporunu okuyan kimse

**weatherproof** /'wedıpru:f/ *s.* rüzgârgeçirmez: *Is your coat weatherproof?*

**weave**[1] /wi:v/ *e.* [*pt* **wove** /wouv/, *pp* **woven** /'wouvın/] 1. dokumak 2. örmek 3. kıvırmak, bükmek, sarmak, dolamak 4. ileri sürmek, sunmak, önermek, bildirmek, anlatmak

**weave**[2] /wi:v/ *a.* 1. dokuma 2. örme

**weave**[3] /wi:v/ *e.* zikzak yapmak, zikzak yaparak ilerlemek

**weaver** /'wi:vı/ *a.* dokumacı

**web** /web/ *a.* 1. örümcek ağı 2. ağ 3. dokuma 4. (ördek, vb. gibi hayvanların parmakları arasında bulunan) perde, deri, zar 5. dünyanın herhangi bir yerindeki bilgisayara erişme ve iletişim kurma sistemi, web 6. **web browser** web tarayıcısı, tarayıcı 7. **web designer** web tasarımcısı 8. **web editor** web düzenleyicisi

webbed /webd/ *s.* (ördek, vb. ayağı) perdeli

webcam /'webkem/ *a.* internet kamerası

webcast[1] /'webka:st/ *a.* internet yayını

webcast[12] /'webka:st/ *e.* internet üzerinden canlı yayınlamak

web-footed /web'futid/ *s, hayb.* perdeayaklı

webpage /'webpeyc/ *a.* web sayfası

website /'websayt/ *a.* web sitesi

wed /wed/ *e, yaz.* [pt, pp **wedded/wed**] evlenmek

wedding /'weding/ *a.* nikâh, düğün

wedge[1] /wec/ *a.* kıskı, kama, takoz

wedge[2] /wec/ *e.* 1. kama ile sıkıştırmak 2. araya sıkışmak/sıkıştırılmak

wedlock /'wedlok/ *a.* 1. evlilik 2. **out of wedlock** evlilik dışı

Wednesday /'wenzdi, 'wenzdey/ *a.* çarşamba

wee[1] /wi:/ *a.* çiş

wee[2] /wi:/ *e.* çiş yapmak

weed[1] /wi:d/ *a.* 1. yabani ot, zararlı ot 2. *hkr.* çok zayıf kimse, iskelet, kemik torbası 3. *arg.* esrar, marihuana

weed[2] /wi:d/ *e.* (bir yerden) zararlı otları temizlemek

weed out *e.* başından atmak, -den kurtulmak: *She weeded out the unused clothes to give to charity.*

week /wi:k/ *a.* hafta: *I've been here for a week. They are going go to Chicago next week.*

weekday /'wi:kdey/ *a.* hafta içi, iş günü

weekend /wi:k'end, 'wi:kend/ *a.* hafta sonu

weekly[1] /'wi:kli/ *s, be.* haftalık, haftada bir

weekly[2] /'wi:kli/ *a.* haftalık gazete ya da dergi

weep /wi:p/ *e.* [pt, pp **wept** /wept/] ağlamak, gözyaşı dökmek: *She wept over the death of her child.*

weft /weft/ *a.* atkı, argaç

weigh /wey/ *e.* 1. (ağırlığını) tartmak: *He weighed the tomatoes.* 2. ... ağırlığında

olmak: *What do you weigh? I weigh seventy kilos.* 3. ölçünmek, düşünmek, tartmak: *I have to weigh the options carefully before I decide.*

weigh down *e.* yüklemek: *The small donkey was weighed down with a huge load.*

weigh on *e.* üzmek, düşündürmek: *The problem has been weighing on my mind for a few weeks.*

weigh out *e.* tartmak: *They weighed out half a kilo of rice for each family in the famine area.*

weight[1] /weyt/ *a.* 1. ağırlık 2. tartı 3. *sp.* halter 4. önem, değer 5. sıkıntı, yük 6. **carry weight** önem taşımak; önemli/etkili olmak 7. **lose weight** kilo vermek 8. **over weight** fazla kilolu 9. **pull one's weight** yapılan işe eşit oranda katılmak 10. **put on weight** kilo almak 11. **under weight** zayıf, normal kilonun altında 12. **throw one's weight about/around** ağırlığını koymak, istediğini yaptırmaya/lafını geçirmeye çalışmak 13. **weight lifting** haltercilik, halter sporu

weight[2] /weyt/ *e.* 1. üzerine ağırlık koymak 2. ağırlaştırmak

weight down *e.* yüklemek

weighted /'weytid/ *s.* avantaj sağlayan

weighting /'weyting/ *a, İİ.* (belli bir yerde diğer yerlerden fazla olan hayat pahalılığı için verilen) ek ücret

weightless /'weytlis/ *s.* (uzayda) ağırlıksız

weigh up *e.* anlamak: *He quickly weighed up the situation and took action.*

weighty /'weyti/ *s.* önemli, ciddi

weir /wir/ *a.* su bendi

weird /wird/ *s.* 1. esrarlı, tuhaf 2. *k. dili* garip, acayip, tuhaf: *He wears weird clothes.*

welcome[1] /'welkım/ *ünl.* Hoş geldiniz: *Welcome to the Hotel California.*

welcome[2] /'welkım/ *a.* karşılama: *He was given a warm welcome on his return.*

welcome[3] /'welkım/ *s.* 1. istenilen, sevindirici: *After two weeks of heatwave the rain was welcome.* 2. serbest: *You're*

**W**

welcome to come any time you want. 3. **make (sb) welcome** (bir misafiri) içtenlikle kabul etmek, ağırlamak: *They made him very welcome during his stay.* 4. **You're welcome** Rica ederim, Bir şey değil: *"Thank you very much." "You're welcome."*
**welcome**[4] /'welkım/ *e.* 1. içtenlikle karşılamak: *The receptionist welcomed the guests to the hotel.* 2. kabul etmek, hoş karşılamak: *The class welcomed the suggestion to go for a picnic.*
**weld**[1] /weld/ *e.* 1. kaynak yaparak birleştirmek: *He welded the two pieces of iron together.* 2. kaynakla birleşmek
**weld**[2] /weld/ *a.* kaynak
**welder** /'weldı/ *a.* kaynakçı
**welfare** /'welfeı/ *a.* 1. refah, gönenç, rahat: *He's always concerned about his mother's welfare.* 2. **welfare state** a) refah devleti b) *Aİ.* işsizlere, hastalara, sakatlara, vb. yapılan hükümet yardımları 3. **welfare work** *Aİ.* hükümet tarafından yapılan muhtaç insanları refaha kavuşturma çalışmaları 4. **welfare worker** *Aİ.* bu tür çalışmalarda görevli kimse
**well**[1] /wel/ *a.* 1. su/petrol kuyusu, kuyu 2. memba, pınar, kaynak 3. merdiven/asansör boşluğu
**well**[2] /wel/ *s.* 1. sağlığı yerinde, iyi: *You're looking very well. "How are you?" "I'm very well, thank you."* 2. iyi, uygun, yerinde: *It would be well to get there before five.* 3. şanslı, talihli: *It was well that you left the country before the war started.* 4. **It's all very well** (hoşnutsuzluk belirtir) çok iyi, harika: *It's all very well for you but I don't like it.*
**well**[3] /wel/ *be.* 1. iyi: *Ritchie plays the guitar very well. He doesn't know the way well. How well does he speak English? Your shirt goes well with your trousers. You did well to report him to the police.* 2. iyice: *Wipe your shoes well before you come inside. Shake the bottle well.* 3. övgüyle: *He always speaks well of you.* 4. muhtemelen, belki: *He may well come on Saturday.* 5. uy-

gun/makul/haklı olarak: *You can't very well refuse his invitation. She may well ask for an explanation.* 6. oldukça, hayli: *The piano was well out of tune. The parachutist fell well off the target.* 7. **as well** de, da, ayrıca: *We visited the mosques, and the museums as well.* 8. **as well as** -e ek olarak, ile birlikte: *He's studying economics as well as politics.* 9. **be well out of** -i atlatmak, -den zarara uğramadan kurtulmak, -den paçayı kurtarmak: *He left the company before they were charged with fraud and is well out of it.* 10. **do well out of** -den kâr etmek: *He did very well out of his last job.* 11. **just as well** iyi ki: *It's just as well we missed the flight. The plane crashed.* 12. **pretty well** a) hemen hemen, neredeyse: *He's pretty well built the house himself. I've pretty well finished the book.* b) oldukça iyi: *I know her pretty well.* 13. **well and truly** *k. dili* müthiş, çok, aşırı, süper: *After five days of mountain climbing they were well and truly tired.* 14. **Well done** Aferin! 15. **well up in** -den iyi anlayan, ... konusunda bilgili: *He's always well up in the overseas political situation.* 16. **wish sb well** -e şans ve başarı dilemek: *I wish you well.*
**well**[4] /wel/ *ünl.* 1. (şaşkınlık belirtir) vay, vay canına: *Well well. Fancy seeing you here. Well, I didn't know that.* 2. (rahatlama belirtir) oh çok şükür: *Well, I thought we'd never get here.* 3. (şartları kabullenme belirtir) Elden ne gelir, ne yapalım, Eh: *Well, we'll just have to wait for the next bus.* 4. (anlaşma belirtir) pekâlâ, oldu: *Well, okay, let's do that.* 5. (bir olayı anlatırken) işte, neyse: *Well, after that we went home.* 6. peki, pekâlâ: *Well, how long have you been here? Well, passport, please.* 7. ee, şey: *Well, I don't know.* 8. **Oh well** Sağlık olsun
**well**[5] /wel/ *e.* fışkırıp akmak: *Oil welled out from the hole in the tin. Blood welled out of the bullet wound in his leg.*
**well-advised** /welıd'vayzd/ *s.* akıllıca, mantıklı, akla yatkın, makul

well-appointed /welɪ'poyntid/ s. gerekli her türlü malzeme/donanıma sahip

well-balanced /wel'belɪnst/ s. 1. aklı başında, mantıklı, dengeli 2. (beslenme, gıda) dengeli

wellbeing /wel'bi:ing/ a. 1. refah, gönenç 2. vücut sağlığı 3. mutluluk, huzur

wellborn /wel'bo:n/ s. soylu bir aileden gelen

well-bred /wel'bred/ s. kibar, terbiyeli, iyi yetiştirilmiş

well-connected /welkɪ'nektid/ s. yüksek mevkideki kimselerle yakınlığı olan

well-disposed /weldis'pouzd/ s. iyi niyetli, nazik, yardıma hazır

well-done /wel'dan/ s. (et, vb.) iyi pişmiş

well-earned /wel'ö:nd/ s. hak edilmiş

well-found /wel'faund/ s. (gemi, vb.) her türlü donanımı mevcut

well-founded /wel'faundid/ s. gerçeklere dayanan, yersiz olmayan

well-groomed /wel'gru:md/ s. temiz görünümlü, şık

well-grounded /wel'graundid/ s. 1. gerçeklere dayanan, yersiz olmayan 2. (belli bir konuda) yeterli eğitim ve bilgiye sahip

well-heeled /wel'hi:ld/ s, k. dili zengin

well-informed /welin'fo:md/ s. bilgili, kültürlü

wellington /'welingtın/ a. dize kadar uzanan sugeçirmez (lastik) çizme

well-intentioned /welin'tenşınd/ s. (işe yaramasa bile) iyi niyetli

well-knit /wel'nit/ s. 1. sıkı sıkı birleştirilmiş, sağlam 2. (vücut) sağlam, kaslı, atletik

well-known /wel'noun/ s. 1. tanınmış, ünlü 2. birçok kişi tarafından bilinen

well-lined /wel'laynd/ s, k. dili 1. (cep, vb.) para dolu 2. (mide) dolu, tok

well-meaning /wel'mi:ning/ s. iyi niyetli

well-meant /wel'ment/ s. iyi niyetle yapılmış/söylenmiş, iyi niyetli

well-nigh /'welnay/ be. neredeyse, hemen hemen: It's well-nigh impossible to distinguish between the twins.

well-off /wel'of/ s. 1. zengin: He's very welloff. 2. şanslı: You don't know when you're well-off.

well-read /wel'red/ s. çok okumuş, kültürlü

well-spoken /wel'spoukın/ s. konuşması düzgün

well-thought-of /wel'to:tıv/ s. sevilen, sayılan, takdir edilen: He's a very well-thought-of man.

well-timed /wel'taymd/ s. vaktinde, uygun zamanda: His arrival was well-timed. We were having a party.

well-to-do /weltı'du:/ s, k. dili zengin

well-tried /wel'trayd/ s. (yöntem, vb.) önceden denenip faydalı bulunmuş

well-wisher /'welwişı/ a. iyilik/mutluluk dileyen kimse

well-worn /wel'wo:n/ s. (söz, deyim, vb.) aşırı kullanılmaktan etkisini yitirmiş

welt /welt/ a. 1. kırbaç, sopa, vb. izi 2. vardela, kösele şerit

welter /'weltı/ a. karmaşa, karışıklık

wench[1] /wenç/ a. 1. genç kadın, kız 2. fahişe

wench[2] /wenç/ e. fahişelerle düşüp kalkmak

wend /wend/ e: wend one's way 1. ağır ağır gitmek 2. ayrılmak, gitmek, yola çıkmak

went /went/ pt bkz. go

wept /wept/ pt, pp bkz. weep

were /wı, wö:/ pt bkz. be

werewolf /'wiıwulf, 'weıwulf/ a. kurtadam

west[1] /west/ a. 1. batı: California is on the west coast of America. 2. the West (Batı) Avrupa ve Amerika, Batı ülkeleri, Batı 3. the West End Londra'nın işlek olan batı kısmı

west[2] /west/ be. 1. batıya doğru: They sailed west. 2. go west k. dili ölmek; kaybolmak, mahvolmak

westbound /'westbaund/ s. batıya doğru yol alan, batıya giden: He caught a westbound bus.

westerly /'westıli/ s. 1. batıya giden 2. (rüzgâr) batıdan esen

western[1] /'westın/ s. batı

western[2] /'westın/ a. kovboy filmi/romanı: Do you like westerns?

westward /'westwıd/ s. 1. batıya doğru 2.

*Aİ, bkz.* **westwards**

westwards /'westwıdz/ *be.* batıya doğru: *We're going to travel westwards.*

wet[1] /wet/ *s.* 1. ıslak, yaş: *If you go out in the rain without an umberalla you'll get wet.* 2. (boya) kurumamış: *The paint is still wet.* 3. yağmurlu: *We've had very wet weather lately.* 4. *k. dili, hkr.* pısırık: *I don't like him. He's wet.* 5. **wet blanket** *k. dili, hkr.* milletin neşesini kaçıran kimse, oyunbozan 6. **wet through** sırılsıklam

wet[2] /wet/ *a.* 1. yağmur, yağmurlu hava 2. ıslaklık

wet[3] /wet/ *e.* [*pt, pp* **wet/wetted**] 1. ıslatmak: *The rain wet all the clothes on the line.* 2. işemek, ıslatmak: *He wet his pants with fear.*

whack[1] /wek/ *a.* 1. küt diye vurma 2. vuruş sesi, küt, pat 3. *k. dili* pay, hisse

whack[2] /wek/ *e.* küt diye vurmak

whacked /wekt/ *s, k. dili* yorgunluktan ölmüş, çok yorgun: *I'm whacked.*

whacking[1] /'weking/ *be, k. dili* çok: *We had a whacking good time at the party.*

whacking[2] /'weking/ *a.* dayak: *He deserves a good whacking for his behaviour.*

whale /weyl/ *a.* 1. *hayb.* balina 2. **whale of a time** *k. dili* çok iyi vakit: *We had a whale of a time at the disco last night.*

whaler /'weylı/ *a.* 1. balina avcısı 2. balina avında kullanılan gemi

whaling /'weyling/ *a.* balina avcılığı

wharf /wo:f/ *a.* iskele, rıhtım

what /wot/ *s, adl.* 1. ne: *What is your name? What do you want? Tell me what you think. I don't know what to do. What kind of film was it? What time did you get up? What have I done to deserve this? What a nice surprise! What pretty shoes! What a stupid thing to do! What I need is a good holiday. What you should do is ring the police.* 2. hangi: *What colours do you like? He asked me what bus to catch. What street do you live in?* 3. **What for** ne için, niçin: *"I need a man." "What for?" What did she swear at her for?* 4. **What have you** *k.*

*dili* ve benzeri ıvır zıvır: *The shed was full of old boxes, tools, bottles and what have you.* 5. **What if** ya ... ise: *What if there's nobody home? "What if I sit here?" "That's fine." What if he sees you smoking?* 6. **what ... like** nasıl, nasıl bir şey: *What was the weather like in London? What's the film like? What's the new manager like? What's it like, living in a foreign country?* 7. **what d'you call him/her/it/them** *k. dili* adı aklıma gelmiyor, her ne karın ağrısıysa 8. **What's his/her/its/their name** *k. dili* adı aklıma gelmiyor, neydi adı ... 9. **What's more** üstelik, dahası: *I can't go out with you tonight and, what's more, I don't want to go out with you ever again.* 10. **What of it** *k. dili* ne olmuş yani, ne çıkar, kime ne 11. **What it takes** *k. dili* başarı için gerekli nitelikler: *You've got what it takes.* 12. **What's what** neyin ne olduğu, neyin iyi neyin kötü olduğu: *He knows what's what.* 13. **and what not** *k. dili* ve benzeri şeyler, vesaire: *We should take shorts, bathers, towels, suntan lotions and what not.* 14. **so what** *k. dili* ne olmuş yani, ne var bunda 15. **give sb what for** *k. dili* fırça çekmek, azarlamak, cezalandırmak, yuvasını yapmak 16. **what though** -se ne fark eder, -se bile 17. **what with** -in yüzünden: *What with the cooking, the ironing and the children I haven't got time to finish writing my book.* 18. **what you may call it** *k. dili* zımbırtı, zamazingo

whatever[1] /wo'tevı/ *s.* 1. her türlü, her çeşit, ne tür olursa, her: *They use whatever waste materials they are given.* 2. herhangi bir: *He's decided to resign for whatever reason.* 3. hiç: *I haven't any clean clothes whatever to wear.*

whatever[2] /wo'tevı/ *adl.* 1. her ne, ne: *I'll marry her whatever my parents say. Take whatever you want. You can do whatever you like.* 2. (şaşkınlık belirtir) ne, neyin nesi: *Whatever is that strange noise? Whatever have you done with your hair? It looks very funny.* 3. ne olursa, fark etmez: *"What do you want* to do tonight?" "Whatever." 4. **or whatever** k. dili ya da öyle bir şey, ya da her neyse: Let's go to the football, or whatever.

**whatsoever** /wɒtsou'evı/ s, adl, bkz. **whatever**

**wheat** /wi:t/ a. buğday

**wheedle** /'wi:dl/ e. 1. tatlı dille ikna etmek 2. (out ile) tatlılıkla/yağcılıkla koparmak: He's always wheedling money out of other people.

**wheel** /wi:l/ a. 1. tekerlek: This lorry has six wheels. 2. direksiyon: Hold the wheel.

**wheelbarrow** /'wi:lberou/ a. el arabası

**wheelbase** /'wi:lbeys/ a. dingil açıklığı, iki dingil arasındaki mesafe

**wheelchair** /'wi:lçeı/ a. tekerlekli sandalye

**wheeze¹** /wi:z/ e. hırıltıyla solumak

**wheeze²** /wi:z/ a. hırıltı

**whelk** /welk/ a. (yenir) bir tür deniz salyangozu

**when¹** /wen/ be. 1. ne zaman: When does the train leave? When did you come to Turkey? I don't remember when I saw him last. 2. -dığı zaman: It was a carefree period of my life when I lived there. When I'm in England I'll take an English course.

**when²** /wen/ bağ. 1. -dığı zaman: We were having dinner when the police arrived. 2. -e rağmen, -dığı halde: He still works when he doesn't need to. 3. iken, -dığı sürece: It won't be nice to take a holiday when it's so hot. 4. iken, -ken: They waste a lot of money on expensive clothes when they don't afford to buy good food.

**when³** /wen/ adl. ne zaman: Since when have you had this car?

**whence** /wens/ be. 1. nereden, nere: I don't know from whence he came. 2. -dığı yerden, -diği yere: You'll have to take the puppy back whence it came.

**whenever** /we'nevı/ be, bağ. 1. her ne zaman, ne zaman: You can come here whenever you like. Whenever I want to have a shower there's no hot water. 2. (şaşkınlık belirtir) ne zaman: Whenever

did you see that?

**where¹** /weı/ be. 1. nereye: Where are you going to? Have you decided where to go? Where will all this fighting lead us? 2. nerede: Where is Penny? Where have you been? I don't know where he works. 3. nereden: Where did you buy your shoes? 4. -dığı, -diği: I want to live in a place where there are a lot of trees and not many people.

**where²** /weı/ bağ. 1. -dığı yere; -dığı yerde: Where I come from there are no skyscrapers. Put the plates where they belong. 2. iken: He likes watching television where his wife likes going to the theatre.

**whereabouts¹** /weırı'bauts/ be. nereye, nerelere, nerede, nerelerde: Whereabouts did you last see him?

**whereabouts²** /'weırıbauts/ a. (bulunduğu) yer: The police are searching for the whereabouts of the kidnapped child.

**whereas** /weı'rez/ bağ. iken: I went to university whereas my brother started work at fifteen.

**whereby** /weı'bay/ be. ki onun sayesinde, ki bu şekilde: They introduced new regulations whereby imported goods could be more cheaply obtained.

**wherein** /weı'rin/ be, bağ. 1. ki içinde: It's the second act of the play wherein he gets married. 2. hangi yönden, ne bakımdan, ne şekilde, nasıl, nerde: Wherein is he wrong?

**whereof** /weı'rov/ be, bağ. ki onun hakkında; ki onun: The village whereof he spoke was little known.

**whereon** /weı'ron/ be, bağ. ki onun üzerinde

**wheresoever** /weısou'evı/ be, bağ. (her) nereye, (her) nerede

**whereupon** /weırı'pon/ bağ. bunun üzerine, bundan dolayı: The alarm went off, whereupon he got out of bed.

**wherever** /weı'revı/ be, bağ. 1. her nereye, her nerede, nereye, nerede: His dog goes whereover he does. You can sit wherever you want. Whereever you go, you'll find Coca-Cola. 2. (şaşkınlık belirtir) nerede, nereye: *Wherever are you going now? Wherever did you find that old photograph?*

**wherewithal** /'weɪwɪdoːl/ *a.* gerekli para, vb.: *I'd like a holiday but I haven't the wherewithal.*

**whet** /wet/ *e.* 1. bilemek: *He whetted the axe.* 2. **whet sb's appetite** iştahını iyice kabartmak, daha fazlasını elde etmek için kışkırtmak

**whether** /'wedɪ/ *bağ.* 1. -ip -mediği(ni); -ip, -meyeceği(ni): *Do you know whether the plane's arrived? The interviewer asked whether I could type. I have to decide whether to go to America or get married. I wonder whether he's coming. I don't care whether you want to go to school or not. You have to! Whether to marry her or not caused him hours of worry.* 2. -se de, -mese de: *The football match will be on whether it rains or not.*

**whey** /wey/ *a.* kesilmiş sütün suyu

**which¹** /wiç/ *s.* hangi: *Which car do you think is best? Which bus do we take? I haven't decided which job to take yet.*

**which²** /wiç/ *adl.* 1. hangisi(ni): *Which did you buy? Ask Peter which he wants. Which of them do you prefer? Which of you can do this? I don't know which to take with me. They're so alike that I can't tell which is which.* 2. ki o, -en, -an: *Where is the book which is about spiders? The dog which is barking is the neighbours'.* 3. ki o, ki onu, ki ona, -dığı, -diği: *The film which I saw was a horror film. The book which I borrowed from the library is missing. The holiday, about which I was telling you, only cost three hundred pounds.* 4. ki bu, ki o, ve bu: *He told us a joke, which made us all laugh. He told her that he loved her, which was a lie.*

**whichever** /wi'çevɪ/ *s, adl.* 1. herhangi, hangi: *You can have whichever balloon you like.* 2. herhangi bir(i): *Get whichever you want.* 3. (şaşkınlık belirtir) hangi: *Whichever of the applications did you answer?*

**whiff** /wif/ *a.* 1. esinti 2. koku: *The wind brought us a whiff of the sea as we approached it.*

**while¹** /wayl/ *a.* 1. süre, zaman: *I'll be back in a little while. Wait a while.* 2. **worth (one's) while** (harcanacak zamana) değer: *It'll take too long to paint the house which isn't worth while.*

**while²** /wayl/ *bağ.* 1. -ken: *The telephone rang three times while I was having a shower. While you're up can you turn on the lights? While in Paris he studied art. Will you look after the children while I'm away?* 2. -ken, -e karşın: *John was studying music while his brother was studying economics.* 3. -e rağmen: *While I agree with it in theory I don't think it will work in practice.*

**while away** *e.* (zamanı) tembelce geçirmek: *They whiled the hours away playing cards.*

**whilst** /waylst/ *bağ, İİ, bkz.* **while²**

**whim** /wim/ *a.* kapris

**whimper¹** /'wimpɪ/ *e.* 1. inildemek, inlemek 2. sızlanmak, ağlamaklı bir şekilde konuşmak/söylemek

**whimper²** /'wimpɪ/ *a.* iniltı

**whimsical** /'wimzikɪl/ *s.* kaprisli, garip fikirleri/istekleri olan

**whine¹** /wayn/ *e.* 1. haykırmak, ciyak ciyak ötmek/bağırmak 2. sızlanmak, zırıldamak: *Stop whining!* 3. dırdır etmek, zırlamak

**whine²** /wayn/ *a.* 1. ciyaklama, çığlık 2. zırıltı 3. motor, vb. gürültüsü, homurtu

**whinny¹** /'wini/ *e.* kişnemek

**whinny²** /'wini/ *a.* kişneme

**whip¹** /wip/ *a.* 1. kırbaç, kamçı 2. parlamentoda parti denetçisi 3. (tilki avında) tazıları idare eden kimse

**whip²** /wip/ *e.* 1. kırbaçlamak, kamçılamak: *He whipped the horse.* 2. (yumurta, krema, vb.) çırpmak: *Whip the cream.* 3. *k. dili* yenmek: *Our team whipped them.* 4. hızla çıkarmak: *He whipped out a knife.* 5. hızla ilerlemek: *He whipped around the corner of the house and ran inside.* 6. hızla almak: *The child whipped the apples off the stall.* 7. *k. dili* araklamak, yürütmek:

*Someone's whipped my book.*

**whipping** /'wiping/ *a.* kırbaçla cezalandırma, kırbaçlama

**whip-round** /'wipraund/ *a, İİ, k. dili* para toplama: *They had a whip-round in the office for Tony's birthday.*

**whip up** *e.* 1. tahrik/teşvik etmek: *The opposition whipped up a lot of support with their proposals.* 2. yapıvermek: *She whipped up a quick meal for the unexpected guests.*

**whirl**¹ /wö:l/ *e.* 1. fırıl fırıl döndürmek: *The clown whirled the six plates on top of sticks.* 2. fırıl fırıl dönmek: *The music got faster and the dancers started to whirl.* 3. hızla geçmek: *The houses whirled past as the car gathered speed.* 3. (baş) dönmek

**whirl**² /wö:l/ *a.* 1. hızla dönme, fırıl fırıl dönme 2. curcuna, keşmekeş 3. kafa karışıklığı

**whirlpool** /'wö:lpu:l/ *a.* girdap, burgaç, çevrinti

**whirlwind** /'wö:lwind/ *a.* hortum, kasırga

**whir** /wö:/ *a, e, Aİ, bkz.* **whirr**

**whirr**¹ /wö:/ *a.* kanat, pervane, vb. sesi, pır pır

**whirr**² /wö:/ *e.* pır pır etmek

**whisk**¹ /wisk/ *a.* 1. toz fırçası 2. (yumurta, vb.) çırpma aleti 3. silkinme: *The horse made a whisk at the flies.*

**whisk**² /wisk/ *e.* 1. silkmek, sallamak: *The dog whisked its tail in circles.* 2. apar topar/ hemen/hızla götürmek: *The waiter whisked away our glasses before we'd finished our drinks.* 3. çırpmak: *She whisked the egg whites until they were stiff.*

**whisker** /'wiskı/ *a.* 1. kedi, fare, vb. bıyığı 2. *ç.* favori: *He has long whiskers.*

**whiskey** /'wiski/ *a.* İrlanda ya da Amerikan yapımı viski

**whisky** /'wiski/ *a.* viski

**whisper**¹ /'wispı/ *a.* 1. fısıltı 2. dedikodu

**whisper**² /'wispı/ *e.* 1. fısıldaşmak, fısıltı ile konuşmak: *There were two girls at the back of the class whispering.* 2. fısıldamak: *He whispered in my ear.*

**whist** /wist/ *a.* dört kişiyle eşli oynanan bir iskambil oyunu

**whistle**¹ /'wisıl/ *a.* 1. 1. ıslık 2. düdük

**whistle**² /'wisıl/ *e.* 1. ıslık çalmak: *He whistled at the pretty girl.* 2. düdük çalmak: *The referee whistled to stop the match.* 3. ıslıkla çalmak: *He whistles the same song all day.*

**Whit** /wit/ *a, bkz.* **Whitsun**

**white**¹ /wayt/ *s.* 1. beyaz: *Where is my white shirt?* 2. soluk benizli, solgun: *He went white with shock.* 3. beyaz ırktan olan 4. (kahve) sütlü 5. **the White House** Beyaz Saray 6. **White paper** hükümet raporu

**white**² /wayt/ *a.* 1. beyaz renk, beyaz 2. beyaz ırktan kimse, beyaz: *Apartheid segregates blacks from whites.* 3. yumurta akı 4. göz akı, gözün beyaz kısmı

**white-collar** /wayt'kolı/ *s.* (iş/işçi) bedensel olmayıp masa başında, büroda, dairede, vb. olan/çalışan, büro ...: *White-collar jobs/workers.*

**Whitehall** /'waytho:l/ *a.* İngiliz hükümeti (politikası)

**whiten** /'waytın/ *e.* 1. beyazlaşmak 2. beyazlaştırmak

**whitewash**¹ /'waytwoş/ *a.* 1. badana 2. (örtbas etmek için kullanılan) paravana, maske

**whitewash**² /'waytwoş/ *e.* 1. badanalamak 2. örtbas etmeye çalışmak

**whither** /'widı/ *be.* 1. nereye: *Whither are you going?* 2. ki oraya, -diği: *I don't know the place whither he is going.* 3. -in geleceği ne, nereye: *Whither is the country going?*

**whiting** /'wayting/ *a.* 1. *hayb.* mezgitbalığı, merlanos 2. ispanya beyazı, kaba üstübeç

**Whitsun** /'witsın/ *a.* Paskalya yortusundan sonraki yedinci Pazar günü

**whittle** /'witl/ *e.* 1. yontmak 2. azaltmak

**whiz**¹ /wiz/ *a.* 1. vızıltı 2. **whiz kid** *k. dili* hayatta çabuk ilerleyen açıkgöz kimse

**whiz**² /wiz/ *e, k. dili* vın diye gitmek, vınlamak, vızıldamak

**who** /hu:/ *adl.* 1. kim: *Who are you? Who's that girl? Who are you going to the party with? Who else did you see*

W

there? I don't know who he is. 2. kime: Who can you trust? 3. kimi: Who do you love? 4. ki o, -en, -an: The man who sold me this car is dead now. What's the name of the woman who is talking to Charles? My sister, who is pregnant again, is coming to stay. This is my brother, who goes to university. My other brother works. 5. ki onu/ona, -dığı, -diği: The salesman who you punched yesterday is at the door with a policeman.

**whoa** /wou, hou/ ünl. (atı durdurmak için) çüş

**whoever** /hu:'evı/ adl. 1. her kim; herkes: The writing competition is open to whoever wants to enter. 2. her kim ise, kim olursa olsun: Tell whoever is at the door to go away. 3. (şaşkınlık belirtir) kim: Whoever told you that?

**whole**[1] /houl/ s. 1. tek parça, bütün: He ate the cake whole. None of the soldiers in the hospital had a whole body. The vase was still whole after she dropped it. 2. bütün: He ate the whole cake. The whole class laughed. The whole village was destroyed. He was there the whole weekend. 3. mat. tam, kesirsiz: whole number

**whole**[2] /houl/ a. 1. bütün: Four quarters make a whole. We were at the beach for the whole of the day. He tries to teach them as individuals rather than as a whole. 2. **on the whole** neticede, genelde: On the whole I enjoyed the lecture.

**whole-hearted** /houl'ha:tid/ s. yürekten, candan, içten, samimi: His thanks were whole-hearted.

**wholemeal** /'houlmi:l/ s. kepekli: wholemeal bread

**wholesale**[1] /'houlseyl/ a. toptancılık, toptan satış

**wholesale**[2] /'houlseyl/ s, be. 1. toptan: They buy their goods wholesale from the manufacturer. 2. toplu: It was a wholesale massacre.

**wholesaler** /'houlseylı/ a. toptancı

**wholesome** /'houlsım/ s. 1. sağlığa yarar-

lı 2. sağlıklı

**wholly** /'houli/ be. tamamen, tümüyle: John was wholly to blame for the fight.

**whom** /hu:m/ adl. 1. kim, kimi, kime: Whom do you want to visit? To whom were you talking? With whom did you go out? 2. ki o/onu/ona, -dığı, -diği: I saw a friend whom I knew at school. The artist gave the boy whom he had painted some money.

**whoop**[1] /hu:p, wu:p/ a. (neşeyle) bağırma, bağırış

**whoop**[2] /hu:p, wu:p/ e. bağırmak, bağrışmak: The children whoopped with pleasure at their uncle's arrival.

**whopper** /'wopı/ a, k. dili 1. kocaman bir şey: The snake they caught was a whopper. 2. kuyruklu yalan: Don't tell such whoppers.

**whore** /ho:/ a. 1. fahişe 2. hkr. orospu

**whorl** /wö:l/ a. (salyangoz, parmak izi, vb.'deki gibi) helezonlu şekil, sarmal şekil

**whose** /hu:z/ adl. 1. kimin: Whose coat is this? Whose is that book? Do you know whose car this is? 2. ki onun, -en, -an: He's the one whose wife was murdered. Our doctor, whose books on child care are well-known, has gone to Egypt. 3. (nesneler için) ki onun, -en, -an: The hotel whose kitchen was burnt has had to close.

**whosoever** /hu:sou'evı/ adl, bkz. **whoever**

**why** /way/ be. 1. niçin, neden, niye: Why did he hit her? Do you know why they left? He asked her why she had stopped painting. I can't understand why she said that. Tell me why you did it. Why me? I don't know why. 2. **the reason why** (-in) nedeni: Do you know the reason why he lost his job 3. **Why not** (öneri belirtir) neden olmasın: "Let's take a taxi." "Why not?" Why not try another restaurant? Why don't we go away for the weekend?

**wick** /wik/ a. (mum, gaz lambası, vb.) fitil: Can you buy a new wick for the oil lamp?

wicked /'wikid/ s. 1. kötü, şeytani: *The wicked witch put a curse on them.* 2. nefret dolu: *He dealt him a wicked blow to the stomach.* 3. *k. dili* yaramaz, muzip: *You're a wicked little boy.* 4. ayıplanacak derecede kötü: *It was a wicked waste of food.*

wicker /'wikı/ a. (sepet, mobilya, vb. yapımında kullanılan) ince dal; saz, vb.: *She gave her a wicker basket full of fruit.*

wickerwork /'wikıwö:k/ a. ince dal/saz, vb.'den yapılmış eşya: *They sell wickerwork in this shop.*

wicket /'wikit/ a. (krikette) kale

wide[1] /wayd/ s. 1. geniş: *These streets aren't wide enough for modern vehicles.* 2. ... genişliğinde: *The room is five metres long and four metres wide.* 3. geniş bir alanı kaplayan, geniş, geniş çaplı: *He can talk on a wide range of subjects. There has been wide support for the opposition.* 4. iyice açılmış: *wide eyes*

wide[2] /wayd/ be. 1. iyice: *The dentist asked him to open his mouth wide.* 2. tamamen: *The children are wide awake.* 3. (hedeften) uzağa: *The arrow flew wide of the target.*

widely /'waydli/ be. 1. her tarafa, sağa sola, geniş bir alana/alanda: *The wind scattered the seeds widely. He has travelled widely.* 2. geniş çapta, birçok kişi tarafından: *He's widely known.* 3. oldukça, büyük ölçüde: *The group is widely opposed to killing whales.*

widen /'waydn/ e. 1. genişlemek 2. genişletmek: *They are widening the road.*

widespread /'waydspred/ s. yaygın, geniş alana yayılmış: *The English language is very widespread. Islam is a widespread religion.*

widow /'widou/ a. dul kadın: *She's a widow.*

widowed /'widoud/ s. dul: *She/He was widowed early in life.*

widower /'widouı/ a. dul erkek

width /widt/ a. 1. genişlik 2. genişlik, en: *The backyard is ten metres in width.* 3. belli bir boyda kumaş parçası: *They*

bought some widths of canvas to make an awning.*

wield /wi:ld/ e. sahip olmak ve kullanmak: *Who wields the most power in your country?*

wife /wayf/ a. karı, hanım, eş: *My wife is pregnant.*

wifely /'wayfli/ s. 1. iyi bir karı özelliklerine sahip: *She's a very wifely woman.* 2. karıya yakışır

wig /wig/ a. peruka

wiggle /'wigıl/ e. 1. kıpır kıpır oynatmak, kıpırdatmak: *My father can wiggle his ears.* 2. kıpır kıpır oynamak, kıpırdaşmak: *Stop wiggling!*

wigwam /'wigwem/ a. Kızılderili çadırı

wild[1] /wayld/ s. 1. vahşi, yabani: *wild animals, wild flowers, wild tribes* 2. hiddetli, kızgın: *I was wild with him and his bad manners.* 3. şiddetli, sert: *There's a wild storm raging.* 4. fırtınalı: *a wild night, wild weather* 5. çılgın: *He's got very wild ideas. The children drove her wild.* 6. deli, hasta, düşkün: *She's always been wild about horses.* 7. çılgınca: *It was a really wild party.* 8. (kurşun) serseri: *A wild bullet hit him in the leg while he was hunting.* 9. rasgele/düşünmeden yapılan: *a wild guess* 10. **run wild** istediği gibi hareket etmek, başıboş bir şekilde davranmak, kontrolden çıkmak: *He ran wild as a youth and ended up in prison. The garden has run wild.*

wild[2] /wayld/ a. vahşi tabiat, vahşi yerler/bölgeler: *He's always wanted to live in the wild.*

wildcat[1] /'wayldket/ s. yasadışı ve beklenmedik, düzensiz: *a wildcat strike*

wildcat[2] /'wayldket/ a. 1. yabankedisi 2. hırçın kimse

wilderness /'wildınis/ a. 1. ekilmemiş boş arazi, çöl, kır 2. yığın: *The new suburb was a wilderness of concrete and tiles.*

wildfire /'wayldfayı/ a: **like wildfire** hızla, çok çabuk: *The news spread like wildfire.*

wildfowl /'wayldfaul/ a. av kuşları

wild-goose chase /wayld'gu:s çeys/ a. 1.

boş arayış 2. yararsız girişim

**wildlife** /'wayldlayf/ *a.* yabani hayvanlar ve bitkiler, vahşi tabiat

**wildly** /'wayldli/ *be.* 1. çılgınca, çılgın gibi: *The frightened horses galloped widly in all directions.* 2. çok: *The children were wildly excited when they were told they were going to Disneyland.*

**wiles** /waylz/ *a.* oyun, hile, düzenbazlık

**wilful** /'wilfıl/ *s.* 1. kafasının dikine giden, inatçı 2. kasıtlı

**will**[1] /wil/ *e.* 1. -ecek, -acak: *What will you wear to the party?* 2. -er, -ar, -ır: *Will you please be quiet? I hope you'll be happy. Ice will turn to water when heated.* 3. -yor: *The car won't start. This cassette player won't work.* 4. -ebilir, -abilir: *This container will hold two litres.* 5. -meli, -malı: *I'll answer the phone. It will be my mother.* 6. **... will you** ... olur mu, emi: *Post these letters for me, will you?*

**will**[2] /wil/ *a.* 1. irade, istem, istenç 2. istek, niyet 3. arzu 4. vasiyetname 5. takdir: *They believe their child will live or die by God's will.* 6. **at will** istediği zaman, istediği gibi

**will**[3] /wil/ *e.* 1. (gerçekleşeceğine) kendini inandırmak, düşlemek, imgelemek: *He willed her to smile at him but she didn't even looked at him.* 2. iradesini kullanarak -e zorlamak: *He willed himself to reach the top of the mountain.* 3. takdir etmek: *If God wills it, there won't be another war.* 4. vasiyetle bırakmak: *His grandfather willed the company to him.*

**willing** /'wiling/ *s.* 1. gönüllü 2. razı, hazır, istekli

**willow** /'wilou/ *a, bitk.* söğüt

**willowy** /'wiloui/ *s.* fidan gibi, ince, narin

**willpower** /'wilpauı/ *a.* irade, irade gücü

**willy-nilly** /'wili'nili/ *be.* ister istemez

**wilt** /wilt/ *e.* 1. (çiçek, vb.) solmak 2. soldurmak

**wily** /'wayli/ *s.* kurnaz, cingöz

**win**[1] /win/ *e.* [*pt, pp* **won** /wan/] 1. kazanmak: *Who won the game? I hope I win the lottery. He won an Oscar as the best director. He's finally won her heart.*

2. ulaşmayı başarmak: *They won the mountain peak after three days of heavy climbing* 3. **win hands down** *k. dili* kolayca başarmak/kazanmak: *He won the race hands down.* 4. (over/round ile) -e ikna etmek, çekmek: *His argument won them over to his way of thinking.*

**win**[2] /win/ *a.* galibiyet, yengi

**wince** /wins/ *e.* irkilmek

**winch**[1] /winç/ *a.* vinç

**winch**[2] /winç/ *e.* vinçle kaldırmak/çıkarmak/sökmek

**wind**[1] /wind/ *a.* 1. rüzgâr, yel 2. nefes, soluk 3. (midede) gaz 4. boş laf, hava cıva 5. **break wind** *k. dili* osurmak, yellenmek 6. **get the wind up** *k. dili* ödü kopmak, korkudan ödü patlamak 7. **get wind of** *k. dili* duymak, haberdar olmak, şüphelenmeye başlamak 8. **put the wind up** *k. dili* ödünü patlatmak 9. **the wind** *müz.* üflemeli çalgılar 10. **wind instrument** *müz.* üflemeli çalgı

**wind**[2] /wind/ *e.* soluğunu kesmek

**wind**[3] /waynd/ *e.* [*pt, pp* **wound** /waund/] 1. sarmak, dolamak: *He wound the rope around the post.* 2. (çevirip) sıkmak/kurmak: *He wound up the alarm clock.* 3. (bir kolu, vb. çevirerek) hareket ettirmek, açmak/kapatmak/indirmek/yükseltmek: *She wound down the bucket into the well. Wind up the window please.* 4. (yol, nehir, vb.) dolanmak, döne döne gitmek 5. (down ile) (saat) iyice yavaşlamak, duracak gibi olmak 6. (down ile) dinlenmek, rahatlamak, yatışmak 7. (up ile) (saat) kurmak 8. (up ile) bitmek, sona ermek 9. (up ile) bitirmek, sona erdirmek 10. (up ile) *k. dili* son bulmak: *Stop worrying or you'll wind up with a nervous breakdown.* 11. (up ile) telaşlandırmak, ateşlendirmek, azdırmak, heyecanlandırmak

**windfall** /'windfo:l/ *a.* 1. rüzgârla düşen meyve 2. beklenmedik para/şans

**winding** /'waynding/ *s.* dolambaçlı: *The long and winding road.*

**windmill** /'windmil/ *a.* yel değirmeni

**window** /'windou/ *a.* 1. pencere, cam:

*Can you open a window, please?* 2. vitrin 3. **window dressing** a) vitrin dekorasyonu b) göz boyama 4. **window envelope** üzerinde şeffaf adres yeri bulunan mektup zarfı 5. **window shade** *Al.* güneşlik, yukarıdan aşağı doğru çekilen rulo şeklinde perde, stor 6. **window-shopping** vitrin gezmesi

**windowledge** /'windoulec/ *a, bkz.* **windowsill**

**windowpane** /'windoupeyn/ *a.* pencere camı

**windowsill** /'windousil/ *a.* pencere eşiği

**windpipe** /'windpayp/ *a.* soluk borusu

**windscreen** /'windskri:n/ *a, oto.* 1. ön cam 2. **windscreen wiper** silecek

**windshield** /'windşi:ld/ *a, oto, Ai, bkz.* **windscreen**

**windsock** /'windsok/ *a.* rüzgâr hortumu

**windswept** /'windswept/ *s.* 1. rüzgâra açık 2. dağınık

**windy** /'windi/ *s.* 1. rüzgârlı: *It was very windy yesterday.* 2. boş konuşan, çalçene

**wine** /wayn/ *a.* şarap

**wing¹** /wing/ *a.* 1. kanat: *The bird had a broken wing. The wing of the plane caught fire. His politics are left wing.* 2. binanın yan çıkıntısı, ek bina 3. *sp.* kanat: *He plays right wing.* 4. *sp.* kanat oyuncusu: *Who's your left wing?* 5. *İl. oto.* çamurluk 6. **add/lend wings to** hızlandırmak 7. **on the wing** uçan 8. **take wings** uçmak, uçup gitmek, yok olmak 9. **wing commander** Kraliyet Hava Kuvvetleri'nde yarbay

**wing²** /wing/ *e.* 1. kanatlandırmak, uçurmak 2. kanatlanmak, uçmak 3. kanadından vurmak/yaralamak 4. *k. dili* kolundan yaralamak

**wingspan** /'wingspen/ *a.* kanat açıklığı, açık iki kanat arası mesafe

**wink¹** /wink/ *e.* 1. göz kırpmak: *She winked at me.* 2. parıldayıp sönmek, parıldamak

**wink²** /wink/ *a.* 1. göz kırpma 2. çok kısa süre

**winkle¹** /'winkıl/ *a.* yenilebilir bir tür deniz salyangozu

**winkle²** /'winkıl/ *e.* (out ile) *k. dili* zorla çıkarmak/almak, elde etmek, sökmek: *He tried to winkle her address out of her but she wouldn't say.*

**winner** /'winı/ *a.* kazanan, galip

**winning** /'wining/ *s.* çekici

**winnings** /'winingz/ *a.* (at yarışı, bahis, kumar, vb.'de) kazanılan para

**winsome** /'winsım/ *s.* güzel, hoş, çekici

**winter¹** /'wintı/ *a.* kış: *It was a very cold winter.*

**winter²** /'wintı/ *e.* kışlamak, kışı geçirmek

**wintertime** /'wintıtaym/ *a.* kış, kış mevsimi

**wintery** /'wintri/ *s, bkz.* **wintry**

**wintry** /'wintri/ *s.* soğuk, kış gibi, kış

**wipe¹** /wayp/ *e.* 1. silmek: *He wiped his hands on the towel. Wipe your shoes before you come inside.* 2. silip çıkarmak, silmek: *She wiped the dust off the mantelpiece.* 3. (out ile) yok etmek, ortadan kaldırmak: *The bomb wiped out the whole village.* 4. (up ile) bezle silmek/kurulamak: *Can you wipe up the tea you spilt, please?*

**wipe²** /wayp/ *a.* silme, temizleme

**wiper** /'waypı/ *a, oto.* silecek

**wire¹** /'wayı/ *a.* 1. tel 2. *k. dili* telgraf 3. **barbed wire** dikenli tel 4. **wire netting** tel örgü

**wire²** /'wayı/ *e.* 1. elektrik teli, vb. bağlamak: *They wired the building.* 2. telgraf göndermek

**wireless¹** /'wayılis/ *a, İl, esk.* radyo

**wireless²** /'wayılis/ *s.* telsiz, kablosuz

**wiring** /'wayıring/ *a.* elektrik tertibatı

**wiry** /'wayıri/ *s.* adaleli ve ince

**wisdom** /'wizdım/ *a.* 1. akıllılık, akıl 2. bilgelik 3. **wisdom tooth** akıldişi

**wise** /wayz/ *s.* 1. akıllı 2. akıllıca, mantıklı 3. **none the wiser** bihaber, habersiz 4. **wise guy** *k. dili* ukala dümbeleği, kendini beğenmiş

**wisecrack¹** /'wayzkrek/ *a, k. dili* ukalalık, ukalaca laf

**wisecrack²** /'wayzkrek/ *e, k. dili* ukalaca laflar etmek

**wish¹** /wiş/ *e.* 1. (şu anda olanaksız bir şey) istemek, dilemek: *I wish you were* here. *I wish I could play the guitar. I wish I hadn't got married.* 2. dilemek: *I wish you the best of luck in your exams.* 3. istemek, arzu etmek: *I wish you wouldn't play the music so loudly.* 4. (on ile) -in başına gelmesini istemek: *I wouldn't wish this weather on anybody.* 5. **wish ill** kötülük dilemek, beddua etmek 6. **wish well** iyilik/mutluluk dilemek: *I wish you well.*

**wish²** /wiş/ *a.* 1. dilek, istek, arzu 2. **last wish** son arzu: *What's your last wish?* 3. **make a wish** dilekte bulunmak, dilek tutmak

**wishbone** /'wişboun/ *a.* lades kemiği

**wishful thinking** /wişfıl 'tinking/ *a.* hüsnükuruntu, hayal

**wishy-washy** /'wişiwoşi/ *s.* 1. *hkr.* sudan, zayıf, temelsiz 2. (çay, çorba, vb.) sulu

**wisp** /wisp/ *a.* 1. tutam 2. demet

**wisteria** /wi'stiırit/ *a, bitk.* morsalkım

**wistful** /'wistfıl/ *s.* özlemli, hüzünlü

**wit** /wit/ *a.* 1. akıl, zekâ, anlayış, zekâ kıvraklığı 2. nükte 3. nükteci kimse 4. **at one's wits end** eli ayağına dolaşmış, ne yapacağını/diyeceğini şaşırmış, şaşkın 5. **have/keep one's wits about one** kıvrak, dikkatli ve mantıklı olmak

**witch** /wiç/ *a.* 1. büyücü, cadı 2. büyüleyici/çekici kadın

**witchcraft** /'wiçkra:ft/ *a.* büyücülük, büyü

**witchdoctor** /'wiçdoktı/ *a.* kabile büyücüsü, büyücü

**witch-hunt** /'wiçhant/ *a.* düzene karşı olanları yıldırma çalışmaları

**with** /wid, wit/ *ilg.* 1. ile, -le, -la: *Will you come with me for a holiday? Green doesn't go well with purple. Who is she going out with now? He always drinks whisky with water. Critics often compare his work with Picasso's. His sorrow decreased with time. I'm with you on that point. He killed his wife with an axe. He bought a new car with the money he won in the lottery. She filled the bag with potatoes. He recoiled with horror. He always argues with his father.* 2. -li, -lı: *The guy with glasses is a lawyer. She married a man with a lot of money.* 3. -e

rağmen: *With all the work she has to do, she still has time for her children.* 4. -in lehinde, -den yana: *Which party did you vote with in the last election?* 5. yanında, üzerinde: *She didn't take a jumper with her. I haven't any aspirins with me.* 6. nedeniyle, sayesinde, ile: *With new electronic equipment we can do the work much faster.* 7. ile olan ilişkisini kesecek şekilde: *I've finished with my job. He separated with his wife last year.* 8. -e karşı: *You should be more understanding with the children.* 9. ile ilgili: *I don't want anything to do with this affair.* 10. **Down with ...** Kahrolsun ...: *Down with the government!* 11. **On with ... devam etsin:** *On with the show!* 12. **Out with you** Çık dışarı 13. **Up with ...** Yaşasın ...: *"Up with sex, drugs and rock'n'roll"* shouted the students.

**withdraw** /wid'dro:, wit'dro:/ *e.* [*pt* **withdrew** /wid'dru:/, *pp* **withdrawn** /wid'dro:n/] 1. geri çekmek: *He withdrew his hand when the dog snapped at it.* 2. (geri) çekilmek: *The troops had to withdraw. She withdrew from the contest.* 3. çekmek: *He withdrew all his money from the bank.* 4. geri almak: *I won't withdraw what I've said about you.*

**withdrawal** /wid'dro:ıl, wit'dro:ıl/ *a.* 1. geri çekme/alma 2. geri çekilme

**withdrawn¹** /wid'dro:n, wit'dro:n / *s.* içine kapanık

**withdrawn²** /wid'dro:n, wit'dro:n / *pp bkz.* **withdraw**

**withdrew** /wid'dru:/ *pt bkz.* **withdraw**

**wither** /'widı/ *e.* 1. solmak, kurumak: *These roses have withered.* 2. soldurmak, kurutmak 3. sönmek, yok olmak: *His hopes of going to England withered.* 4. utandırmak, susturmak: *She withered him with a look.*

**withering** /'widıring/ *s.* 1. solan 2. utandıran, susturan, dondurucu

**withheld** /wid'held/ *pt, pp bkz.* **withhold**

**withhold** /wid'hould, wit'hould/ *e.* [*pt, pp* **withheld** /wid'held/] saklamak, vermemek: *They witheld the information from the police.*

within[1] /wi'din/ *ilg.* 1. içinde: *Can you finish the work within five days? Within the prison there are two hundred cells.* 2. -in dışına çıkmayacak şekilde, aşmadan: *Tell the children to stay within the fence.*

within[2] /wi'din/ *be.* içeride, içeriye

without[1] /wi'daut/ *ilg.* 1. -sız, -siz: *He's been without a job for a couple of months. She always drinks her coffee without sugar. I can't live without music.* 2. -meden, -meksizin: *He walked on without saying a word. She always passes her exams without studying.*

without[2] /wi'daut/ *be.* onsuz, (o) olmadan: *We haven't got any ketchup, so we'll have to eat the macaroni without.*

withstand /wid'stend, wit'stend/ *e.* [*pt, pp* **withstood** /wid'stud/] karşı koymak, direnmek, dayanmak, göğüs germek: *Women can withstand a higher degree of pain than men.*

withstood /wid'stud/ *pt, pp bkz.* **withstand**

witness[1] /'witnis/ *a.* 1. tanık, şahit 2. tanıklık 3. kanıt, delil 4. **bear witness to** -e delil olmak, kanıtlamak, göstermek 5. **witness box/stand** tanık kürsüsü

witness[2] /'witnis/ *e.* 1. tanık olmak: *I witnessed the murder.* 2. tanıklık etmek 3. göstermek, kanıtlamak

witticism /'witisizım/ *a.* nükteli söz, espri

witty /'witi/ *s.* zekice, nükteli

wizard[1] /'wizıd/ *a.* 1. sihirbaz, büyücü 2. deha, usta: *He's a pinball wizard.*

wizard[2] /'wizıd/ *s, arg.* müthiş, süper

wizened /'wiznd/ *s.* buruşuk, buruşmuş: *a wizened face*

wo /wou/ *ünl, bkz.* **whoa**

woad /woud/ *a.* 1. *bitk.* çivitotu 2. çivitotundan elde edilen mavi boya

wobble[1] /'wobıl/ *e.* 1. sallanmak, dingildemek: *His bike wobbled as he slowed down.* 2. sallamak, dingildetmek 3. tereddüt etmek, bocalamak 4. titremek

wobble[2] /'wobıl/ *a.* 1. sallanma 2. titreme

wobbly /'wobli/ *s.* sallantılı, titrek

woe /wou/ *a.* 1. üzüntü, dert, keder 2. üzüntü kaynağı

woebegone /'woubigon/ *s.* kederli, hüzünlü

woeful /'woufıl/ *s.* 1. kederli, hüzünlü 2. üzücü

woke /wouk/ *pt bkz.* **wake**

woken /'woukın/ *pt, pp bkz.* **wake**

wolf[1] /wulf/ *a.* 1. *hayb.* kurt 2. *hkr.* zampara, kurt 3. **a wolf in sheep's clothing** koyun postuna bürünmüş kurt 4. **cry wolf** ortada hiçbir şey yokken tehlike işareti vermek 5. **keep the wolf from the door** kıt kanaat geçinmek

wolf[2] /wulf/ *e.* kurt gibi yemek, abur cubur yemek

woman /'wumın/ *a.* 1. kadın: *Was it a man or a woman who rang?* 2. kadınlar, kadın: *Woman is often reffered to as the weaker sex.* 3. bayan: *There are a lot of women lawyers nowadays.*

womanhood /'wumınhud/ *a.* kadınlık

womanish /'wumıniş/ *s.* kadınsı, kadın gibi

womanize /'wumınayz/ *e.* kadın peşinde dolaşmak

womanizer /'wumınayzı/ *a.* zampara

womankind /'wumınkaynd/ *a.* kadınlar

womanly /'wumınli/ *s.* kadınsı, kadına yakışır bir şekilde

womb /wu:m/ *a, anat.* rahim, dölyatağı

wombat /'wombet/ *a, hayb.* Avustralya'da yaşayan ayıya benzer keseli bir hayvan

womenfolk /'wiminfouk/ *a, k. dili* kadın milleti

won /wan/ *pt, pp bkz.* **win**

wonder[1] /'wandı/ *a.* 1. şaşkınlık, merak, hayret 2. harika: *What are the seven wonders of the world?* 3. şaşılacak şey, büyük olay 4. *k. dili* mucize 5. *k. dili* mucizeler yaratan kimse, dahi 6. **It's wonder (that)** Hayrettir (ki) 7. **(It's) no wonder** tabii ki, doğal olarak, haliyle: *No wonder he fainted. He's broken his leg.* 8. **work wonders** harikalar yaratmak

wonder[2] /'wandı/ *s.* harika

wonder[3] /'wandı/ *e.* 1. hayret etmek, şaşmak: *He wondered at her speed.* 2. (acaba diye) merak etmek: *I wonder if they're home yet. I wonder where she is*

**W**

_now._

**wonderful** /'wandıfıl/ _s._ harika, şaşılacak derecede iyi: _It was a wonderful show._

**wonky** /'wonki/ _s, İİ, k. dili_ 1. oynak, çürük, sakat, güvenilmez 2. bitkin, halsiz

**wont** /wount/ _a._ alışkanlık

**woo** /wu:/ _e._ 1. kur yapmak 2. desteğini kazanmaya çalışmak 3. elde etmeye çalışmak

**wood**[1] /wud/ _a._ 1. odun, ağaç, tahta 2. küçük orman, koru 3. **be unable to see the wood for the trees** ayrıntılara dalmaktan temeli anlayamamak: _He can't see the wood for the trees._ 4. **out of the wood** dertten beladan uzak

**wood**[2] /wud/ _s._ tahta; ahşap

**woodcutter** /'wudkatı/ _a._ oduncu, ağaç kesen adam

**wooded** /'wudid/ _s._ ağaçlık, ağaçlı, ağaçlarla kaplı, ormanlık

**wooden** /'wudn/ _s._ 1. tahta, ahşap: _He had a wooden leg._ 2. odun gibi, katı

**woodland** /'wudlınd, 'wudlend/ _a._ ormanlık ülke/bölge/arazi

**woodpecker** /'wudpekı/ _a, hayb._ ağaçkakan

**woodwind** /'wudwind/ _a._ (tahtadan yapılmış) üflemeli çalgılar

**woodwork** /'wudwö:k/ _a._ 1. marangozluk, dülgerlik, tahta işi 2. bir binanın ahşap kısımları

**woodworm** /'wudwö:m/ _a._ 1. ağaçkurdu, tahtakurdu 2. ağaçkurdunun verdiği zarar

**woody** /'wudi/ _s._ 1. ağaçlık, ormanlık 2. odun gibi, odunsu

**woof** /wuf/ _a, ünl, k. dili_ havlama sesi, hav hav

**wool** /wul/ _a._ 1. yün 2. yapağı 3. **pull the wool over sb's eyes** aldatmak, kandırmak

**woolen** /'wulın/ _s, Aİ, bkz._ **woollen**

**woolgathering**[1] /'wulgedıring/ _s._ dalgın, aklı bir karış havada

**woolgathering**[2] /'wulgedıring/ _a._ dalgınlık, aklı başka yerde olma

**woollen** /'wulın/ _s._ yünlü, yün: _He was wearing a woollen jacket._

**woollens** /'wulınz/ _a._ yünlü giysiler, yünlüler

**woolly**[1] /'wuli/ _s._ 1. yünlü 2. yün gibi 3. (düşünce, vb.) karışık, bulanık, dağınık

**woolly**[2] /'wuli/ _a, k. dili_ yünlü giysi

**woolly-headed** /wuli'hedid/ _s._ dağınık kafalı

**woozy** /'wu:zi/ _s, k. dili_ sersem, şaşkın, başı dönen

**word**[1] /wö:d/ _a._ 1. kelime, sözcük 2. söz 3. mesaj, haber, bilgi 4. kısa konuşma/görüşme: _Can I have a word with you?_ 5. emir 6. **be as good as one's word** sözünü tutmak, sözünde durmak 7. **big words** böbürlenme, büyük söz 8. **break one's words** sözünü tutmamak 9. **eat one's words** tükürdüğünü yalamak, sözünü geri alıp özür dilemek 10. **from the word go** baştan 11. **give sb one's word** söz vermek: _I give you my word._ 12. **have words (with)** atışmak, tartışmak, kavga etmek, kapışmak 13. **in a/one word** kısacası 14. **in other words** başka bir deyişle, yani 15. **keep one's word** sözünü tutmak, sözünde durmak 16. **not get a word in edgeways** (başkalarından) bir kelime konuşacak fırsat bulamamak 17. **say the word** _k. dili_ izin vermek, onaylamak, bırakmak 18. **take sb's word for it** söylediğine inanmak/kabul etmek: _Take my word for it._ 19. **word for word** kelimesi kelimesine 20. **word processor** yazı işlemci, kelime işlemci

**word**[2] /wö:d/ _e._ sözcüklerle ifade etmek, anlatmak

**wording** /'wö:ding/ _a._ ifade etmekte seçilen sözcükler, anlatım biçimi

**word-perfect** /wö:d'pö:fikt/ _s._ sözcükleri yinelemede kusursuz

**wordy** /'wö:di/ _s._ sözü fazla uzatan, gereğinden fazla sözcük kullanan/taşıyan

**wore** /wo:/ _pt bkz._ **wear**

**work**[1] /wö:k/ _a._ 1. iş, çalışma: _What work does he do? The work on the bridge will take another two years. He brought a lot of work home from the office. I go to work by bus._ 2. eser, yapıt: _The art gallery is full of the works of great artists._ 3.

**all in the day's work** normal, beklendiği gibi 4. **have one's work cut out** (belli bir müddet içinde bitirecek) zor bir işi olmak 5. **in work** iş sahibi 6. **make hard work of** gözünde büyütmek, olduğundan zor görmek 7. **make short work of** çabucak ve kolayca bitirmek 8. **out of work** işsiz, boşta 9. **set to work** başlamak, koyulmak 10. **work force** toplam işçi sayısı

**work²** /wö:k/ e. 1. çalışmak: *She works in a bank. He's working on the car. The telephone isn't working.* 2. çalıştırmak: *Do you know how to work the washing machine? The new foreman works the men very hard.* 3. işe yaramak: *His last invention didn't work. This garlic crusher doesn't work.* 4. (yavaş yavaş) ilerletmek, sağlamak: *Although he was tied hand and foot, he worked his way to the door.* 5. (yavaş yavaş) ilerlemek: *The nail worked through his shoe and into his foot.* 6. sokmak: *She worked herself into a tantrum.* 7. **work to rule** üretimi azalttığı halde çalışma şartlarına aşırı bağlı olmak

**workable** /'wö:kıbıl/ s. 1. çalışır 2. işe yarar, uygulanabilir 3. elle şekillendirilebilir

**workaday** /'wö:kıdey/ s. sıradan, tekdüze, sıkıcı

**workbench** /'wö:kbenç/ a. (atölye, vb.'de) tezgâh

**workbook** /'wö:kbuk/ a. alıştırma kitabı

**workday** /'wö:kdey/ a. iş günü

**worked up** /wö:kt'ap/ s. çok heyecanlı/telaşlı

**worker** /'wö:kı/ a. işçi

**work in/into** e. (araya) sokmak, katmak: *He always works some humour into his speeches.*

**working¹** /'wö:king/ a. 1. çalışma 2. ç. çalışma/işleme sistemi, işleyiş 3. **working capital** işletme sermayesi 4. **working conditions** çalışma şartları 5. **working day** iş günü 6. **working hours** çalışma saatleri 7. **working knowledge** gerekli iş bilgisi 8. **working party** inceleme heyeti

**working²** /'wö:king/ s. 1. çalışan 2. işle/çalışmayla ilgili, iş ...: *a working dinner* 3. (zaman) işte geçen 4. işte kullanılan 5. **working class** işçi sınıfı

**workman** /'wö:kmın/ a. işçi

**workmanlike** /'wö:kmınlayk/ s. iyi bir işçiye yakışır

**workmanship** /'wö:kmınşip/ a. işçilik, ustalık

**work off** e. 1. (çalışarak, vb.) yok etmek, ortadan kaldırmak: *He worked off his anger chopping wood.* 2. çalışarak ödemek: *He mowed her lawns to work off the money he borrowed.*

**workout** /'wö:kaut/ a, k. dili idman, antrenman

**work out** e. 1. hesaplamak: *Can you work out this bill for me, please?* 2. mantıklı bir hesaplaması olmak, hesaplanmak: *This sum doesn't work out.* 3. iyi bir sonuca ulaşmak, gitmek, yürümek: *The party worked out very well. Their marriage hasn't worked out.* 4. iyi bir sonuca ulaştırmak 5. bulmak, keşfetmek: *He's worked out a way to increase production.* 6. çözmek: *He couldn't work out the code.* 7. sonuçlanmak: *How do you think the situation in the Middle East will work out?* 8. anlamak: *I can't work out if he's joking or not.* 9. k. dili idman yapmak: *He works out in the gym every morning.*

**work over** e, k. dili, Aİ. saldırmak: *He was badly worked over by a brunch of thugs.*

**workroom** /'wö:krum/ a. çalışma odası

**works** /wö:ks/ a. 1. fabrika 2. mekanizma

**workshop** /'wö:kşop/ a. atelye, işyeri

**work-shy** /'wö:kşay/ s, hkr. kaytarıcı

**worktop** /'wö:ktop/ a. mutfakta yemek hazırlamak için düz yer

**work-to-rule** /wö:ktı'ru:l/ a. (üretimin yavaşlamasına neden olan) çalışma kurallarına aşırı bağlılık gösterme

**work up** e. 1. heyecanlandırmak, azdırmak: *His speech was expected to work the crowd up and it did.* 2. (bir şey) yapmak üzere olmak, ilerlemek: *He's very quiet. He must be working up to*

**W**

something. 3. ilerletmek, iyi bir duruma getirmek: *He worked the company up from nothing in twenty years.*

world /wö:ld/ *a.* 1. dünya: *What's the longest river in the world? I wonder if there's life on other worlds. He's been studying the plant and animal world for years. He's very famous in the world of sport. The whole world thought he was a spy. She has brought eight sons into the world.* 2. çok: *The holiday did him a world of good.* 3. **for all the world as if/like** tıpkı, aynı, -mış gibi: *He acts for all the world as if he's the boss.* 4. **have the best of both worlds** her iki seçenekten de yararlanabilmek 5. **in the world** (vurguyu artırmak için kullanılır): *Who in the world do you think you are?* 6. **not for the world** hiçbir şekilde, asla 7. **out of this world** *k. dili* süper, olağanüstü, müthiş 8. **worlds apart** tamamen farklı, ayrı dünyalara ait 9. **world power** (Amerika, Sovyetler Birliği, vb.) dünya gücü, güçlü ülke

world-class /wö:ld'kla:s/ *s.* dünya çapında iyi

worldly /'wö:ldli/ *s.* dünyevi, maddi

worldly-wise /wö:dli'wayz/ *s.* görmüş geçirmiş, gün görmüş, pişkin

worldwide /wö:ld'wayd/ *s, be.* dünya çapında

worm[1] /wö:m/ *a.* 1. kurt, solucan 2. korkak, ödlek

worm[2] /wö:m/ *e.* 1. ilerletmek 2. solucanlardan arıtmak, solucanları ayıklamak

worm out *e.* (bilgi, vb.) elde etmek

worn /wo:n/ *pp bkz.* **wear**

worn-out /wo:n'aut/ *s.* 1. yıpranmış, iyice eskimiş 2. bitkin, çok yorgun

worried /'warid/ *s.* endişeli, kaygılı, üzgün

worry[1] /'wari/ *e.* 1. üzülmek, kaygılanmak, merak etmek: *Don't worry. He's always worrying about money.* 2. üzmek, kaygılandırmak, rahatsız etmek: *The huge telephone bill worried him a lot.* 3. musallat olmak, ısırmak: *There was a large dog worrying the sheep.*

worry[2] /'wari/ *a.* kaygı, üzüntü, sıkıntı, sıkıntı kaynağı: *My daughter is a worry to me.*

worse[1] /wö:s/ *s.* 1. daha kötü: *The situation in South Africa has got worse.* 2. daha hasta: *"How's your mother?" "I'm afraid she's worse."* 3. **none the worse (for)** (-den) zarar görmemiş: *The child seems none the worse for falling in the river.*

worse[2] /wö:s/ *be.* 1. daha kötü: *He's speaking English worse than last year.* 2. daha çok, daha kötü: *It's raining worse now.*

worse[3] /wö:s/ *a.* 1. daha kötü şey 2. **a change for the worse** kötü bir değişiklik

worsen /'wö:sın/ *e.* 1. daha da kötüleşmek 2. daha da kötüleştirmek

worship[1] /'wö:şip/ *e.* 1. tapmak: *The Inkas worshipped the sun.* 2. ibadet etmek

worship[2] /'wö:şip/ *a.* 1. ibadet, tapınma 2. hayranlık, tapma 3. **your Worship** zatıaliniz

worst[1] /wö:st/ *s, be.* en kötü: *That was the worst film I've ever seen.*

worst[2] /wö:st/ *a.* 1. en kötü şey, en kötü 2. **at (the) worst** en kötü ihtimalle 3. **do one's worst** elinden gelen kötülüğü yapmak 4. **get the worst of (it)** yenilmek 5. **if the worst comes to the worst** en kötü aksilik çıksa

worsted /'wustid/ *a.* yünlü kumaş, yün

worth[1] /wö:t/ *s.* 1. değerinde, eder, -lik: *What's a new Rolls Royce worth? The painting was worth two hundred pounds.* 2. -e sahip: *He often gambled and was worth nothing when he died.* 3. (-meye) değer: *Is his concert worth going to?*

worth[2] /wö:t/ *a.* değer

worthless /'wö:tlis/ *s.* 1. değersiz 2. adi, karaktersiz, kötü

worthwhile /wö:t'wayl/ *s.* harcanan emeğe değer, yapmaya değer

worthy /'wö:di/ *s.* 1. layık, değer, hak eden: *He is worthy of great respect.* 2. saygıdeğer: *He's a very worthy man.*

would /wud/ *e.* 1. (`will'in geçmiş biçimi olarak) -cekti, -caktı: *They said it would*

W

be hot tomorrow. 2. -ecek, -acak: *She knew her husband wouldn't do the washing-up.* 3. -erdi, -ardı: *When he stayed in the hostel he would always wake up at eight.* 4. (hep) -er, -ar: *You would leave the money behind! What shall we do now?* 5. **would you** ... -er misiniz, -ar mısınız: *Would you please answer the phone?*

**wound¹** /wu:nd/ *a.* yara

**wound²** /wu:nd/ *e.* yaralamak: *He was wounded in the leg.*

**wound³** /waund/ *pt, pp bkz.* **wind**

**wove** /wouv/ *pt bkz.* **weave**

**woven** /'wouvın/ *pt, pp bkz.* **weave**

**wow** /wau/ *ünl, k. dili* vay, vay canına

**wrack** /rek/ *a.* (kıyıya vuran) deniz yosunu

**wrangle¹** /'rengıl/ *a.* gürültülü tartışma, ağız dalaşı

**wrangle²** /'rengıl/ *e.* atışmak, ağız dalaşı yapmak

**wrangler** /'renglı/ *a.* 1. kavgacı 2. *Aİ.* sığırtmaç, kovboy

**wrap¹** /rep/ *e.* 1. sarmak; sarmalamak: *Have you wrapped her present yet?* 2. katlamak, koymak, yaymak, sermek, dolamak: *He wrapped the blanket around her.*

**wrap²** /rep/ *a.* üste giyilen/örtülen atkı, şal, vb. şey, örtü

**wrapper** /'repı/ *a.* 1. (postayla gönderilen) gazete, kitap, dergi, vb.'ne sarılan kâğıt kap 2. sabahlık

**wrapping** /'reping/ *a.* 1. ambalaj, sargı 2. **wrapping paper** ambalaj kâğıdı

**wrap up** *e.* 1. sıcak giysiler giymek, bürünmek: *You'd better wrap up. It's cold outside.* 2. gizlemek 3. sarmak, sarmalamak, ambalajlamak 4. *k. dili* tamamlamak, bitirmek 5. **be wrapped up in** kendini kaptırmak/iyice vermek/adamak: *He is always wrapped up in music.*

**wrath** /rot/ *a, yaz.* gazap: *the wrath of God*

**wreak** /ri:k/ *e.* (öfke, hırs, vb.) salmak

**wreath** /ri:t/ *a.* 1. çelenk 2. çiçekten yapılmış taç 2. duman, vb. halkası

**wreathe** /ri:d/ *e.* 1. sarmak, kaplamak 2. (duman, vb.) süzülmek

**wreck¹** /rek/ *a.* 1. gemi enkazı 2. enkaz, mahvolmuş şey/kimse 3. mahvolma, yok olma, suya düşme 4. hurda, harabe, virane

**wreck²** /rek/ *e.* 1. mahvolmasına neden olmak 2. enkaz haline getirmek 3. mahvetmek, yok etmek, suya düşürmek

**wreckage** /'rekic/ *a.* enkaz, yıkıntı, kalıntı

**wren** /ren/ *a.* çalıkuşu, çitkuşu

**wrench¹** /renç/ *e.* 1. zorlayarak çekmek/asılmak/bükmek/kanırtmak: *He wrenched her bag from her and ran away.* 2. burkmak: *I think I've wrenched my ankle.*

**wrench²** /renç/ *a.* 1. çekme, bükme, asılma 2. burkma 3. *Aİ.* İngiliz anahtarı 4. *İİ.* kurbağacık, ayarlı pense

**wrest** /rest/ *e.* 1. çekip almak: *He wrested the baby away from her.* 2. (zorla) elde etmek: *The police couldn't wrest the truth out of him.* 3. (anlamını, vb.) saptırmak

**wrestle** /'resıl/ *e.* 1. güreşmek, güreş yapmak 2. boğuşmak

**wrestler** /'reslı/ *a.* güreşçi

**wrestling** /'resling/ *a.* güreş

**wretch** /reç/ *a.* 1. zavallı kimse, gariban 2. aşağılık kimse. işe yaramaz kimse/hayvan

**wretched** /'reçid/ *s.* 1. perişan, zavallı 2. berbat, rezil, kötü

**wriggle¹** /'rigıl/ *e.* 1. solucan gibi kıvrılmak, kıpır kıpır etmek: *The dog wriggled under the fence.* 2. kıpır kıpır oynatmak 3. rahatsız etmek, keyfini kaçırmak 4. **wriggle out of** kaçmak: *My brother is always wriggling out of the washing-up.*

**wriggle²** /'rigıl/ *a.* kıpır kıpır etme

**wring¹** /ring/ *e.* [*pt, pp* **wrung** /rang/] 1. burmak, bükmek: *He wrung the chicken's neck.* 2. sıkmak: *She stood nervously wringing her handkerchief.* 3. sıkıp (suyunu) çıkarmak: *She wrung the clothes.* 4. zorla almak/elde etmek: *The teacher eventually wrung out the truth from the class.* 5. **wringing wet** sırılsıklam: *When he came inside he was*

W

*wringing wet.*
**wring**[2] /ring/ *a.* sıkma
**wringer** /'ringı/ *a.* çamaşır mengenesi, sıkmaç
**wrinkle**[1] /'rinkıl/ *a.* 1. kırışıklık 2. *k. dili* ipucu
**wrinkle**[2] /'rinkıl/ *e.* 1. kırıştırmak 2. kırışmak: *My skirt wrinkled when I sat on it.*
**wrist** /rist/ *a.* kol bileği, bilek
**wristwatch** /'ristwoç/ *a.* kol saati
**writ** /rit/ *a.* ferman, ilam, buyruk
**write** /rayt/ *e.* [*pt* **wrote** /rout/, *pp* **written** /'ritn/] yazmak: *Do you know how to write? He hasn't written to me yet. She wrote an article for the newspaper. He writes for television.*
**write down** *e.* kaydetmek, yazmak
**write in** *e.* mektupla başvurmak: *We wrote in for a catalogue.*
**write off** *e.* 1. değersiz kılmak, başarısız olarak görmek, iptal etmek: *The company wrote off the account.* 2. mektupla siparişte bulunmak: *He wrote off to the record company for its latest release.*
**write-off** /'raytof/ *a.* hurdaya/harabeye dönmüş şey: *The motorbike was a write-off when they removed it from under the lorry.*
**write out** *e.* 1. hepsini yazmak, tam olarak yazmak: *He wrote out a report about the accident.* 2. (çek, vb.) yazmak: *Can you write out a receipt, please?*
**writer** /'raytı/ *a.* yazar
**write up** *e.* güzel bir şekilde (tekrar) yazmak: *He wrote up his notes after the lecture.*
**write-up** /'raytap/ *a, k. dili* makale, yazı, kritik, eleştiri yazısı
**writhe** /rayd/ *e.* kıvranmak: *The snake was writhing in agony.*
**writing** /'rayting/ *a.* 1. yazı 2. yazarlık 3. el yazısı 4. **see the writing on the wall** mahvolmanın yakın olduğunun farkına varmak 5. **writing paper** yazı kâğıdı
**written** /'ritn/ *pp bkz.* **write**
**wrong**[1] /rong/ *s.* 1. yanlış: *This answer is wrong.* 2. uygunsuz, ters: *He wore the wrong clothes for the occasion.* 3. hak-

sız: *Am I wrong?* 4. kötü, ahlakdışı: *It's wrong to cheat in an exam.* 5. bozuk: *There must be something wrong with the indicators.* 6. **What's wrong with ...** -in nesi var: *What's wrong with Peter's idea? What's wrong with the photocopier? What's wrong with you?*
**wrong**[2] /rong/ *be.* 1. yanlış bir şekilde, yanlış: *You've written the address wrong.* 2. **get sth wrong** yanlış anlamak: *I think you got it wrong.* 3. **go wrong** a) hata yapmak, yanılmak b) kötü sonuçlanmak, ters gitmek c) bozulmak, arıza yapmak
**wrong**[3] /rong/ *a.* 1. ahlak açısından yanlış olan şey, yanlış 2. haksızlık: *He did her wrong by using all her money.* 3. **in the wrong** hatalı, kabahatli
**wrong**[4] /rong/ *e.* haksızlık etmek, günahını almak: *I wronged him when I said he was a thief.*
**wrongdoer** /'rongdu:ı/ *a.* 1. kötülük eden kimse 2. günahkâr
**wrongdoing** /'rongdu:ing/ *a.* 1. kötülük 2. suç 3. günah
**wrongful** /'rongfıl/ *s.* 1. haksız 2. yasaya aykırı
**wrote** /rout/ *pt bkz.* **write**
**wrought** /ro:t/ *s.* 1. yapılmış 2. **wrought iron** dövme demir
**wrung** /rang/ *pt, pp bkz.* **wring**
**wry** /ray/ *s.* 1. eğri, çarpık 2. hoşnutsuzluk belirten

# X

**X, x** /eks/ *a.* 1. İngiliz abecesinin yirmi dördüncü harfi 2. Romen rakamlarından 10 3. *mat.* bilinmeyen sayı, x
**xenon** /'zenon/ *a, kim.* ksenon
**xenophobia** /zenı'foubiı/ *a, ruhb.* yabancı düşmanlığı
**xerox**[1] /'ziıroks, 'zeroks/ *e.* fotokopi çekmek
**xerox**[2] /'ziıroks/ *a.* fotokopi
**Xmas** /'krismıs, 'eksmıs/ *a, k. dili* Noel
**x-ray** /'eksrey/ *e.* 1. röntgenini çekmek: *They x-rayed his chest for tuberculosis.*

2. röntgenle muayene/tedavi etmek
**X-ray** /'eksrey/ *a.* 1. röntgen ışını 2. röntgen filmi 3. röntgen muayenesi
**xylophone** /'zaylıfoun/ *a, müz.* ksilofon

# Y

**Y, y** /way/ *a.* İngiliz abecesinin yirmi beşinci harfi
**yacht** /yot/ *a.* yat
**yachting** /'yoting/ *a.* yatçılık, kotracılık
**yachtsman** /'yotsmın/ *a.* yatçı
**yahoo** /yı'hu:, 'ya:hu:/ *a.* kaba herif, ayı
**yak**[1] /yek/ *a, hayb.* yak, Tibet sığırı
**yak**[2] /yek/ *e, k. dili* laklak etmek, havadan sudan konuşmak: *They've been yakking all day.*
**yam** /yem/ *a, Aİ.* tatlı patates
**yammer** /'yemı/ *e, Aİ.* 1. sızlanmak, yakınmak 2. durmadan konuşmak, kafa şişirmek
**yank** /yenk/ *e, k. dili* birden hızla çekmek
**Yank** /yenk/ *a, k. dili, bkz.* **Yankee**
**Yankee** /'yenki:/ *a, k. dili* (Kuzey) Amerikalı
**yap**[1] /yep/ *e.* 1. (köpek) acı acı havlamak 2. *arg.* zırvalamak, gevezelik etmek, boktan şeylerden konuşmak
**yap**[2] /yep/ *a.* 1. acı acı havlama 2. *arg.* gevezelik, boktan muhabbet
**yard** /ya:d/ *a.* 1. yarda (0. 914 m.) 2. *den.* seren 3. avlu 4. belli bir amaç için ayrılmış (kapalı) yer
**yarn**[1] /ya:n/ *a.* 1. iplik 2. *k. dili* hikâye, masal, maval 3. seyahat macerası
**yarn**[2] /ya:n/ *e, k. dili* (seyahat maceraları, vb.) anlatmak, muhabbet etmek: *The two old friends were yarning about their student days.*
**yaw** /yo:/ *e.* (gemi, uçak, vb.) rotadan çıkmak, sağa sola sapmak
**yawl** /yo:l/ *a.* 1. yelkenli 2. gemi sandalı, filika
**yawn**[1] /yo:n/ *e.* esnemek
**yawn**[2] /yo:n/ *a.* esneme
**ye** /yi:/ *adl. esk.* sen, siz
**yea** /yey/ *a.* olumlu oy, kabul oyu, olumlu oy veren kimse, olumlu yanıt

**yeah** /yeı/ *be, k. dili* evet
**year** /yiı, yö:/ *a.* 1. yıl, sene: *I've been here for a year. He went to Kenya last year.* 2. **all the year round** bütün yıl boyunca
**yearling** /'yiıling, 'yö:ling/ *a.* 1-2 yaş arası at, vb. hayvan
**yearly** /'yiıli, 'yö:li/ *s, be.* 1. her yıl 2. yılda bir kere
**yearn** /yö:n/ *e.* 1. görmek için can atmak, istemek: *She's yearning for her family.* 2. can atmak, yanıp tutuşmak, çok istemek: *He yearned to see his old friends.*
**yeast** /yi:st/ *a.* maya, bira mayası
**yell**[1] /yel/ *e.* (at/out ile) bağırmak, haykırmak: *Don't yell at me!*
**yell**[2] /yel/ *a.* 1. bağırış, feryat, çığlık 2. *Aİ.* tezahürat
**yellow**[1] /'yelou/ *a.* 1. sarı renk 2. yumurta sarısı
**yellow**[2] /'yelou/ *s.* 1. sarı 2. *arg.* ödlek, korkak 3. **yellow fever** *hek.* sarıhumma
**yelp**[1] /yelp/ *a.* ciyaklama
**yelp**[2] /yelp/ *e.* ciyak ciyak bağırmak, ciyaklamak
**yen** /yen/ *a.* 1. yen, Japon parası 2. şiddetli istek, tutku, arzu
**yeoman** /'youmın/ *a.* küçük çiftçi
**yes** /yes/ *be.* evet: *"Do you love me?" "Yes." Yes, he lives here.*
**yes-man** /'yesmen/ *a, hkr.* yağcı, dalkavuk
**yesterday**[1] /'yestıdi, 'yestıdey/ *be.* dün: *Where were you yesterday?*
**yesterday**[2] /'yestıdi, 'yestıdey/ *a.* dün: *Did you hear yesterday's news. I can't find yesterday's newspaper. Yesterday's hairstyles look funny now.*
**yet**[1] /yet/ *be.* 1. henüz, daha: *He hasn't come yet.* 2. şu ana kadar, hâlâ: *Haven't you finished the book yet?* 3. şu anda, şimdi: *Don't go yet.* 4. hâlâ: *There is yet time to catch the train.* 5. ilerde, şu anki duruma rağmen, hâlâ: *The team is third now and may yet win the championship.* 6. **as yet** şu/o ana kadar: *Everything has/had gone according to plan as yet.*
**yet**[2] /yet/ *bağ.* 1. ama, yine de: *They played very well yet they didn't win.* 2.

aynı zamanda: *He's handsome yet stupid.*

yew /yu:/ *a, bitk.* porsukağacı

yield[1] /yi:ld/ *e.* 1. ürün/meyve vermek: *The tomatoe bushes stopped yielding last week.* 2. (kâr) getirmek: *How much profit do your investments yield?* 3. çökmek, bel vermek, eğilmek, kırılmak: *The tree yielded against the wind.* 4. boyun eğmek: *He yielded to temptation and started drinking.* 5. teslim olmak: *The enemy yielded after the attack.* 6. teslim etmek, vermek: *They yielded the position to the opposing army.*

yield[2] /yi:ld/ *a.* 1. ürün: *We had a big yield from the wheat crop this year.* 2. kazanç, gelir

yippee /yi'pi:/ *ünl, k. dili* yaşasın, yihhu

yodel /'youdl/ *e.* sesinin perdesini sık sık değiştirerek şarkı söylemek

yoga /'yougı/ *a.* yoga

yoghurt /'yogıt/ *a.* yoğurt

yogi /'yougi/ *a.* yoga öğretmeni, yogi

yoke[1] /youk/ *a.* 1. boyunduruk 2. bağ 3. hizmet, kulluk 4. boyunduruğa koşulmuş çift hayvan

yoke[2] /youk/ *e.* 1. boyunduruğa koşmak 2. bağlamak 3. birlikte çalışmak

yokel /'youkıl/ *a, hkr.* hödük, maganda, kıro

yolk /youk/ *a.* yumurta sarısı

yon /yon/ *s, be, bkz.* **yonder**

yonder /yondı/ *s, be.* şuradaki, oradakı, şurada, orada: *Yonder farm is owned by Mr. Bailey.*

yore /yo:/ *a.* eski zaman, geçmiş

you /yı, yu, yu:/ *adl.* 1. sen, siz: *Who are you?* 2. seni, sizi: *I love you.* 3. sana, size: *Did Bob give you the book?* 4. seni ...: *You fool! You idiot!*

young[1] /yang/ *s.* 1. genç: *He isn't young any more. She looks younger than him.* 2. yeni, taze, körpe: *The young trees are growing well.*

young[2] /yang/ *a.* 1. (the ile) gençler, gençlik 2. (hayvan) yavru

youngster /'yangstı/ *a.* çocuk, delikanlı

your /yı; yo:/ *s.* senin, sizin: *What's your name? I saw your brother today. Your book is over there.*

yours /yo:z/ *adl.* senin, sizin, seninki, sizinki: *Is this pen yours? This letter is yours. My coat's here. Where's yours? I bought a painting of yours.*

yourself /yı'self, yo:'self/ *adl.* kendin, kendiniz, kendine, kendini: *Did you make your dress yourself? Please do the homework yourself. You'd better find yourself another place to stay.*

youth /yu:t/ *a.* 1. gençlik 2. gençler, gençlik 3. genç adam, genç

youthful /'yu:tfıl/ *s.* 1. genç 2. taze 3. gençlere özgü, gençlere yakışır

yowl /yaul/ *e.* 1. ulumak, ürümek 2. miyavlamak

yo-yo /'youyou/ *a.* yoyo

yule /yu:l/ *a.* Noel

yuletide /'yu:ltayd/ *a.* Noel

# Z

Z, z /zed/ *a.* İngiliz abecesinin yirmi altıncı ve son harfi

zany[1] /'zeyni/ *a.* soytarı

zany[2] /'zeyni/ *s.* komik, saçma ve gülünç

zeal /zi:l/ *a.* 1. istek, heves, çaba, gayret, şevk 2. coşkunluk, hararet

zealot /'zelıt/ *a.* bağnaz, fanatik

zealous /'zelıs/ *s.* gayretli, istekli, şevkli, hararetli, coşkun

zebra /'zi:brı/ *a.* 1. *hayb.* zebra 2. **zebra crossing** yaya geçidi

zebu /'zi:byu:, 'zi:bu:/ *a, hayb.* hörgüçlü inek, zebu

zed /zed/ *a, İl.* `z' harfi

zee /zi:/ *a, Al.* `z' harfi

Zen /zen/ *a.* Zen-Budizm

zenith /'zenit/ *a.* 1. başucu 2. doruk, zirve

zephyr /'zefı/ *a.* 1. hafif esinti, meltem 2. batı rüzgârı

zeppelin /'zepılin/ *a.* zeplin

zero /'ziırou/ *a.* sıfır

zero hour /ziırou'auı/ *a.* (eylem) başlangıç saati

zest /zest/ *a.* 1. tat, lezzet, çeşni 2. zevk, hoşlanma

ziggurat /'zigurıt/ *a.* zigurat

zigzag[1] /'zigzeg/ *a.* zikzak
zigzag[2] /'zigzeg/ *e.* zikzak yapmak
zinc /zink/ *a, kim.* çinko
Zionism /'zayınizım/ *a.* Siyonism
zip[1] /zip/ *a.* 1. fermuar 2. (kurşun) vız sesi 3. güç, çaba, enerji 4. **zip code** *Aİ.* posta kodu
zip[2] /zip/ *e.* 1. fermuarla açmak, fermuarla kapatmak: *Zip the bag open.* 2. vınlamak 3. (up ile) *İİ.* (elbisenin) fermuarını çekmek
zip-fastener /zip'fa:sını/ *a.* fermuar
zipper /'zipı/ *a.* fermuar
zither /'zidı/ *a, müz.* kanun
zizz /ziz/ *a, İİ, k. dili* şekerleme, kestirme, uyku: *take a zizz*
zodiac /'zoudiek/ *a.* burçlar kuşağı, zodyak
zombi /'zombi/ *a, bkz.* **zombie**
zombie /'zombi/ *a.* 1. zombi 2. *hkr.* uyuşuk kimse, ölü gibi hareket eden kimse, ruh
zonal /'zounıl/ *s.* bölgelerle ilgili
zone[1] /zoun/ *a.* 1. kuşak 2. bölge
zone[2] /zoun/ *e.* bölgelere ayırmak
zonked /zonkt/ *s, arg.* (içki/uyuşturucu ile) zom olmuş, uçmuş, kafayı bulmuş
zoo /zu:/ *a.* hayvanat bahçesi: *Let's go to the zoo.*
zoological /zouı'locikıl/ *s.* 1. hayvanbilimsel, zoolojik 2. **zoological gardens** hayvanat bahçesi
zoologist /zou'olıcist/ *a.* hayvanbilimci, zoolog
zoology /zou'olıci, zu'olıci/ *a.* hayvanbilim, zooloji
zoom /zu:m/ *e.* 1. vınlamak 2. (uçak) gürültü ile dikine yükselmek 3. zum yapmak
zucchini /zu:'ki:ni/ *a, Aİ, bitk.* kabak
zygote /'zaygout/ *a, biy.* zigot

# TÜRKÇE - İNGİLİZCE

# A

a *a.* the first letter of the Turkish alphabet

aba *a.* aba, cloak **aba altından değnek göstermek** to use an iron hand in a velvet glove **abayı yakmak** to fall in love (with)

abajur *a.* lampshade

abaküs *a.* abacus

abalı *s.* 1. wearing an aba 2. *mec.* poor, wretched

abanmak *e.* to lean against, to lean over, to push against

abanoz *a.* ebony

abartı *a.* exaggeration

abartılı *s.* exaggerated

abartma *a.* exaggeration

abartmak *e.* to exaggerate

abaza(n) *s, k. dili* horny, randy, hot, oversexed

abdal *a.* wandering dervish

abece *a.* alphabet

abecesel *s.* alphabetic(al)

abes *s.* 1. unnecessary, useless 2. unreasonable, foolish **abes kaçmak** to be out of place, to be improper, to be amiss

abi *a, k. dili, bkz.* **ağabey**

abide *a.* monument, memorial

abideleşmek *e.* to be commemorated, to be memorialized

abla *a.* elder sister

ablacı *a, k. dili* lesbian

ablak *s.* (face) round, chubby

ablatif *a, s, dilb.* ablative

abluka *a.* blockade **abluka etmek** to blockade **ablukaya almak** to blockade **ablukayı kaldırmak** to raise the blockade **ablukayı yarmak** to run the blockade

abone *a.* 1. subscription 2. subscriber **abone bedeli/ücreti** subscription fee **abone olmak** to subscribe (to)

abonman *a.* 1. subscription; season ticket 2. *k. dili* bus ticket

abstre *s.* abstract

abuk sabuk *be.* incoherent, nonsensical **abuk sabuk konuşmak** to talk nonsense, to babble, to drivel, to blether, to gibber, to burble, to jabber

abur cubur *a.* kickshaw

abus *s.* grim, sour-faced

acaba *be.* I wonder (if/whether)

acar *s.* 1. bold, plucky, hardy 2. clever, cunning 3. new

acayip *s.* strange, queer, bizarre, weird, peculiar, odd, curious, *arg.* super, very **acayibine gitmek** to seem strange (to sb)

acayiplik *a.* peculiarity, oddity, strangeness; kink

acele *a.* haste, hurry * *s.* urgent, hasty, hurried * *be.* hastily, in a hurry **acele etmek** to hurry (up), to make haste; to hasten **aceleye gelmek** to be done in a hurry (and improperly) **aceleye getirmek** a) to profit by another's haste b) to do *sth* sloppily and hastily

aceleci *s.* hasty, impatient

acelecilik *a.* hastiness

aceleyle *be.* in haste, quickly

Acem *a.* Persian, Iranian

acemi *s.* untrained, inexperienced, green, callow, raw * *a.* beginner, novice, tyro, greenhorn, colt **acemi çaylak** clumsy person, awkward person **acemi er** raw recruit, rookie

acemilik *a.* inexperience **acemilik çekmek** to suffer from inexperience

acente *a.* 1. agent, representative 2. agency 3. branch office

acentelik *a.* agency

acep *be, bkz.* **acaba**

acı *s.* 1. (pepper) hot 2. (coffee, beer, etc.) bitter 3. (smell or taste) acrid, sharp, biting, pungent 4. (remarks) harsh, caustic, pungent, biting 5. (butter) rancid 6. (cry) sharp, shrill, piercing 7. grievous, tragic, pitiful * *a.* 1. pain, ache, pang 2. agony, suffering, grief **acı çekmek** to suffer, to be in pain **acı çektirmek** to grieve, to persecute, to torment, to distress **acı vermek** to afflict, to inflict pain, to trouble, to give sb pain **acısını çekmek** to pay the penalty (of an action), to suffer for it **acısını çıkarmak** to be/get even (with, -den), to vent *sth* on sb/sth, to find an outlet for

acıbadem *a.* bitter almond **acıbadem kurabiyesi** macaroon, almond cóokie
acıbakla *a.* lupine
acıklı *s.* sad
acıkmak *e.* to feel hungry, to be hungry
acılı *s.* 1. grieved, mourning, sore 2. spicy, hot
acılık *a.* sourness, bitterness
acıma *a.* 1. pity, mercy, compassion, clemency 2. commiseration
acımak *e.* 1. to hurt, to ache 2. to feel sorry for, to have/take pity on, to pity, to show mercy
acımasız *s.* merciless, pitiless, cruel, ruthless, unmerciful, unrelenting
acımasızlık *a.* mercilessness, pitilessness, cruelty
acınacak *s.* 1. pitiable, deplorable, miserable 2. pathetic, woeful
acındırmak *e.* to arouse pity for *(sb),* to ask for sympathy
acısız *s.* 1. painless 2. (food) mild, not hot
acıtmak *e.* to cause pain, to pain, to hurt
acil *s.* 1. urgent, immediate, pressing 2. swift, quick **acil servis** *hek.* emergency room
acilen *be.* promptly, immediately, urgently
aciz *a.* inability, helplessness, weakness
aciz *s.* 1. unable, incapable 2. helpless, powerless, weak, destitute **aciz kalmak** to be incapable of
âcizane *be.* humbly, modestly
acun *a.* cosmos, universe
acuze *a, hkr.* hag, vixen
aç *s.* 1. hungry 2. greedy, covetous, insatiable **aç acına** with an empty stomach **aç bırakmak** to starve (a person), not to give any food to **aç biilaç** destitute, poor **aç kalmak** a) to go hungry b) to be poor **aç karnına** on an empty stomach **acından ölmek** a) to starve to death b) to be very hungry, to starve
açacak *a.* opener
açalya *a.* azalea
açar *a.* 1. key 2. hors d'oeuvre, appetizer
açgözlü *s.* greedy, insatiable, covetous, rapacious, avaricious
açgözlülük *a.* greed, avarice
açı *a.* angle
açık *s.* 1. open 2. uncovered 3. clear, distinct 4. frank, outspoken 5. naked, bare 6. clear, cloudless 7. (colour) light 8. vacant 9. blank 10. revealed, revealing * *a.* 1. open air 2. open sea 3. vacant position 4. deficit 5. *sp.* wing * *be.* openly, frankly **açığa çıkarmak** a) to bring out into the open b) to remove from a government office **açık açık** openly, frankly **açık artırma** public auction **açık çek** blank cheque **açık deniz** a) open sea b) high seas **açık eksiltme** purchase by Dutch auction **açık fikirli** broad-minded, enlightened, liberal-minded **açık hava** a) open air, outdoor, fresh air b) clear weather **açık havada** in the open air, outdoors, outside, out of doors **açık kalp ameliyatı** open-heart surgery **açık konuşmak** to talk frankly **açık liman** free port **açık oturum** panel discussion **açık pazar** open market **açık saçık** indecent, obscene **açık seçik** a) definitely, clearly b) clear, explicit, obvious **açık vermek** a) to have a deficit or shortage b) to lay oneself open to criticism **açıkta kalmak** a) to be homeless/jobless b) to be out in the cold
açıkça *be.* openly, clearly, frankly
açıkgöz *s.* clever, sharp, shrewd, cunning
açıkgöz(lü)lük *a.* shrewdness, slyness
açıklama *a.* explanation, statement **açıklama yapmak** to make a statement
açıklamak *e.* 1. to explain 2. to clarify 3. to make public
açıklayıcı *s.* explanatory, illustrative
açıklık *a.* 1. openness 2. space, open space 3. aperture 4. opening, gap 5. lightness 6. clarity, unambiguity
açık sözlü *s.* frank, outspoken, straightforward, unreserved
açık sözlülük *a.* frankness, outspokenness
açıktan *be.* 1. from a distance 2. without effort **açıktan açığa** openly, publicly
açıktohumlular *a, bitk.* gymnosperm
açılım *a.* 1. expansion, opening out 2. *gökb.* declination

açılır kapanır s. collapsible, folding
açılış a. 1. opening 2. inauguration **açılış töreni** opening ceremony
açılma a. 1. opening 2. *sin.* fade-in 3. *bitk.* dehiscence 4. *sp.* extended formation
açılmak e. 1. to be opened, to open 2. (weather) to become clear, to clear 3. to put/swim out (to sea) 4. to become relaxed 5. to open out to, to confide in 6. (post) to become vacant 7. to overspend 8. to move away
açımlama a. commentary, commenting, annotation
açımlamak e. to comment, to expound
açındırmak e, mat. to develop
açınım a, mat. development
açınmak e. to develop
açınsamak e, coğ. to explore
açıortay a. bisector
açıölçer a. protractor
açısal s. angular
açkı a. 1. polish 2. key 3. opener
açlık a. 1. hunger 2. starvation, famine 3. poverty **açlık çekmek** to be hungry, to be poor **açlık grevi** hunger strike **açlıktan ölmek** to starve to death, to starve
açma a. 1. opening 2. clearing 3. a savoury bun
açmak e. 1. to open 2. to uncover 3. to draw aside, to lift (a covering) 4. to roll out (dough) 5. to disclose 6. to unlock, to unbar, to unlatch 7. to begin, to open, to wage (a war, conversation, discussion, etc.) 8. to attract, to turn on 9. to untie, to undo (a knot) 10. to turn on, to switch on 11. to turn up (the volume) 12. to suit, to go well with (sb) 13. to please, to amuse 14. to whet, to sharpen one's appetite 15. to sharpen (a pencil) 16. to open flower, to leaf, to bloom 17. (weather) to clear up, to become good 18. to explain more fully
açmaz a. 1. (chess) difficult position 2. dilemma, impasse
açmazlık a. 1. difficulty 2. *mec.* secretiveness
ad a. 1. name 2. *dilb.* noun 3. reputation, fame, name, repute **ad çekimi** *dilb.* de-

clension **ad durumu** *dilb.* case **ad koymak** to name, to give a name **ad takmak** to nickname **ad tamlaması** possessive construction **ad vermek** to name, to give a name **adı batası(ca)** damn, bloody **adı çıkmak** to get a bad reputation **adı geçen** the abovementioned **adı geçmek** to be mentioned **adı sanı** one's name and reputation **adı üstünde** as befits the name, as the name implies **adına** in the name of **adını anmak** to mention
ada a. island
adabalığı a. sperm whale, cachalot
adabımuaşeret a. manners, etiquette
adaçayı a. 1. garden sage 2. sage tea
adak a. 1. vow 2. votive offering
adale a. muscle
adalet a. 1. justice 2. courts 3. equity
adaletli s. just, equitable, judicious
adaletsiz a. unjust, inequitable
adaletsizlik a. injustice, inequity
adalı a. islander
adam a. 1. man 2. person 3. human being 4. employee, worker **adam başı(na)** per head **adam etmek** a) to lick into shape, to make a man of *sb,* to straighten out b) to put in order; to rectify, to better **adam gibi** properly **adam olmak** a) to be a man b) to recover, to develop **adam olmaz** hopeless, incorrigible, desperate **adam öldürme** manslaughter, homicide, murder **adam sarrafı** a good judge of character **Adam sen de!** Who cares? Never mind! Too bad! **adam tutmak** *sp.* to mark a man **adam yerine koymak** to hold in esteem, to consider important **adamdan saymak** to treat with respect, to consider important
adamak e. 1. to devote, to vow 2. to dedicate, to devote
adamakıllı be. thoroughly, fully, completely
adamcağız a. poor man
adamcıl s. tame
adamotu a. mandrake
adamsendecilik a. indifference, callousness, lack of commitment, lack of inter-

est
**adap** *a.* 1. customs 2. proprieties, good manners
**adaptasyon** *a.* adaptation
**adapte** *s.* adapted **adapte etmek** to adapt
**adaptör** *a.* adaptor
**adaş** *a.* namesake
**adatavşanı** *a.* rabbit, cony
**aday** *a.* 1. candidate, nominee 2. applicant **aday adayı** candidate for nomination
**adaylık** *a.* candidacy **adaylığını koymak** to be a candidate, to apply for
**adçekme** *a.* 1. drawing of lots 2. drawing straws
**adçekmek** *e.* 1. to draw lots 2. to draw straws
**addetmek** *e.* to count, to deem, to esteem
**Adem** *a.* Adam
**âdemelması** *a.* Adam's apple
**âdemoğlu** *a.* 1. person 2. mankind, man, men, people
**âdet** *a.* 1. custom, usage, practice 2. habit 3. menstruation, periods **âdet bezi** sanitary towel, sanitary pad **âdet edinmek** to get into the habit (of) **âdet görmek** to have one's period, to menstruate **âdetten kesilmek** to reach menopause **âdet yerini bulsun diye** as a matter of form, for form's sake
**adet** *a.* 1. number 2. piece 3. unit
**âdeta** *be.* 1. nearly, almost 2. simply, merely
**adıl** *a, dilb.* pronoun
**adım** *a.* 1. step 2. pace 3. pitch (of a screw) **adım adım** step by step **adım atmak** a) to walk, to step b) to take the first step, to begin **adım atmamak** not to visit **adım başında** frequently
**adımlamak** *e.* 1. to pace 2. to measure by pacing
**adi** *s.* 1. mean, base, vulgar 2. ordinary, common 3. customary, usual 4. poor, shoddy, inferior **adi alacak** unsecured claim **adi iflas** nonfraudelent bankruptcy **adi mektup** ordinary letter **adi suç** ordinary crime **adi şirket/ortaklık**

unincorporated association
**adil** *s.* just, equitable, fair, judicious
**adilane** *be.* justly, equitably, fairly, judiciously
**adilik** *a.* 1. commonness, inferior quality 2. vulgarity, baseness
**adlandırmak** *e.* 1. to name, to call 2. to rate, to classify
**adlı** *s.* 1. named, called 2. famous, celebrated
**adli** *s.* judicial, juridical, legal **adli hata** legal error **adli sicil** record of previous convictions **adli tatil** period when the courts are closed **adli tıp** medical jurisprudence, forensic medicine
**adliye** *a.* (administration of) justice
**adres** *a.* address **adres defteri** address book **adres sahibi** addressee
**Adriyatik** *a.* Adriatic Sea
**adsız** *s.* 1. nameless 2. unknown, undistinguished 3. without reputation
**aerodinamik** *a.* aerodynamics \* *s.* aerodynamic
**af** *a.* 1. forgiveness, pardon 2. exemption 3. dismissal, discharge 4. amnesty **af dilemek** to apologize, to beg pardon
**afacan** *s.* unruly, mischievous, naughty
**afallamak** *e.* to be bewildered, to be taken aback, to be astounded, to be astonished, to be amazed
**afallatmak** *e.* to astonish, to bewilder, to confuse, to dumbfound, to astound, to amaze
**aferin** *ünl.* bravo, well done \* *a.* good mark
**afet** *a.* 1. calamity, disaster, catastrophe, cataclysm 2. *mec.* femme fatale, siren, temptress
**affetmek** *e.* 1. to pardon, to forgive, to excuse 2. to exempt 3. to discharge, to dismiss **affedersiniz** excuse me, I'm sorry, I beg your pardon
**afi** *a, arg.* show-off
**afili** *s, arg.* swaggering, showy, flashy, pretentious
**afiş** *a.* poster, placard, bill
**afiyet** *a.* health **afiyet olsun** good appetite
**aforoz** *a.* excommunication, anathema

**aforoz etmek** to excommunicate, to anathematize

Afrika *a.* Africa

Afrikalı *a.* African

afsun *a.* charm, spell, enchantment

afyon *a.* opium **afyonunu patlatmak** to make sb's blood boil

agnostik *a, s.* agnostic

agnostisizm *a.* agnosticism

agora *a.* agora

agorafobi *a.* agoraphobia

agrandisman *a.* enlargement

agrandizör *a.* enlarger

ağ *a.* 1. net 2. crotch (of trousers) 3. network 4. web, cobweb (of a spider) **ağ atmak** to cast a net **ağ çekmek** to draw the net **ağ örmek** to make a net **ağına düşürmek** to ensnare, to trap

ağa *a.* 1. (a title of a) feudal lord 2. an old title used among common people

ağabey *a.* 1. elder brother 2. a title used when addressing a respected person who is older than the speaker

ağaç *a.* 1. tree 2. wood, timber * *s.* wooden **ağaç dikmek** to plant a tree **ağaç gövdesi** trunk **ağaç kabuğu** bark **ağaç olmak** *k. dili* to take root, to wait for an extremely long time

ağaççık *a.* shrub

ağaççileği *a.* raspberry

ağaçkakan *a.* woodpecker

ağaçkavunu *a.* citron

ağaçlandırma *a.* afforestation

ağaçlandırmak *e.* to afforest

ağaçlı *s.* wooded

ağaçlık *a.* thicket, copse, wood * *s.* wooded, bosky

ağaçsı *s.* arboreal

ağaçsız *s.* treeless

ağarmak *e.* 1. (hair, sky) to turn white 2. to bleach, to whiten 3. to dawn **ağartmak** *e.* 1. to bleach, to whiten, to blanch 2. to grey 3. to fade

ağda *a.* 1. semisolid lemon/grape syrup 2. epilating wax, epilator

ağdalı *s.* 1. viscous 2. bombastic, high-flown, overloaded

ağı *a.* poison, venom

ağıl *a.* 1. sheep-fold, pen 2. halo

ağılamak *e.* to poison

ağılı *s.* poisonous, venomous

ağır *s.* 1. heavy 2. (work, etc.) heavy, difficult 3. (problem, etc.) serious, difficult 4. (sickness, wound) serious, severe 5. stuffy, oppressive, smelly 6. offensive, hurtful, cutting, biting, caustic 7. slow, ponderous 8. thick, viscous 9. (food) indigestible, rich, heavy 10. valuable, precious * *be.* slowly **ağır ağır** slowly **ağır ceza** major punishment **ağır ceza mahkemesi** criminal court (for major crimes) **ağır gelmek** a) to offend, to hurt, to touch (one's honour) b) to find *sth* difficult **ağır hapis cezası** heavy imprisonment **ağır hastalık** fatal disease **ağır iş** hard work **ağır işitmek** to be hard of hearing **ağır kanlı** lazy, sluggish, torpid **ağır ol!** a) slow down! b) Take it easy! **ağır para cezası** (heavy) fine **ağır sözler** harsh words **ağırdan almak** to take one's time, to procrastinate **ağırına gitmek** to offend, to hurt (the feelings of)

ağırbaşlı *s.* serious, sedate, dignified, grave

ağırbaşlılık *a.* sedateness, dignity

ağırküre *a.* barysphere

ağırlamak *e.* to entertain, to treat (a guest) with respect, to show hospitality to

ağırlaşmak *e.* 1. to become heavier 2. (illness) to become grave 3. to slow down 4. to get harder, to become more difficult

ağırlaştırmak *e.* 1. to aggravate 2. to make heavier, to weigh down 3. to make more difficult, to make harder 4. to slow (sth) down

ağırlık *a.* 1. weight 2. heaviness 3. (force of) gravity, gravitation 4. burden, responsibility 5. slowness 6. drowsiness, lethargy 7. (of a disease) severity 8. foulness **ağırlık basmak** (nightmare) to oppress *sb* **ağırlık merkezi** the centre of gravity **ağırlık olmak** to be a burden to

ağırsamak *e.* to treat (a guest) coldly; to scorn

**ağırsıklet** *a.* heavyweight
**ağıryağ** *a.* heavy fuel, heavy oil
**ağıt** *a.* lament, dirge, threnody, requiem, elegy **ağıt yakmak** to lament, to wail for; to keen
**ağız**[1] *a.* 1. mouth 2. rim, brim (of a cup, etc.) 3. muzzle (of a gun) 4. dialect, accent 5. entrance, opening 6. persuasive talk, eyewash 7. (of roads) intersection, corner **ağız açtırmamak** to give *(sb)* no opportunity to talk **ağız alışkanlığı** the habit of using a certain expression **ağız dalaşı** bicker, squabble **ağız kavgası** battle of words, spat, row, squabble *kon.* **ağız şakası** jesting **ağız tadı** harmony, peace **ağız tadı ile** with full enjoyment **ağız yapmak** a) to try the explain away a matter b) to make empty boasts **ağza alınmaz** obscene, unmentionable **ağızdan** a) orally, verbally b) by mouth **ağzı bozuk** abusive, coarse-mouthed **ağzı açık** a) open, without a cover b) idiotic, moronic **ağzı açık kalmak** to gape with astonishment **ağzı kulaklarına varmak** to grin from ear to ear **ağzı sıkı** secretive, reticent, close, tight-lipped, cagey *kon.* **ağzı var dili yok** very quiet, meek (and mild) **ağzı varmamak** not to have the heart (to say sth) **ağzına almamak** not to mention **ağzına kadar** up to the brim **ağzında bakla ıslanmamak** to be indiscreet **ağzında gevelemek** to mumble, to beat about the bush **ağzından** a) as heard directly from b) in the name of **ağzından baklayı çıkarmak** to spill the beans **ağzından bal akmak** to speak kindly/nicely/sweetly **ağzından kaçırmak** to let slip, to blurt out **ağzından laf almak** to wangle information out of (one), to pump *sb* **ağzından laf kaçırmak** to let slip, to let a secret out **ağzını bıçak açmamak** to be too distressed to talk, to have the blues **ağzını bozmak** to use bad language, to vituperate **ağzını hayra aç!** Heaven forbid! **ağzını sulandırmak** to make one's mouth water **ağzını tutmak** to hold one's tongue **ağzını yoklamak** to sound out

**ağzının payını almak** to get bitten, to be snubbed **ağzının tadını bilmek** to be a gourmet **ağzıyla kuş tutsa** even if he works miracles, no matter what he does **ağzıyla söylemek** to tell personally
**ağız**[2] *a.* first milk, beestings, colostrum
**ağızbirliği** *a.* agreement on what to say/do **ağızbirliği etmek** to agree to tell the same story
**ağızlık** *a.* 1. cigarette holder 2. mouthpiece 3. muzzle 4. funnel
**ağızsıl** *s.* oral **ağızsıl ünlü** pure vowel
**ağkepçe** *a.* landing net
**ağlamak** *e.* 1. to weep, to cry 2. to weep, to mourn (for) 3. to complain, to whine (about)
**ağlamaklı** *s.* ready to cry, tearful
**ağlaşmak** *e.* 1. to weep together 2. to lament
**ağlatı** *a, tiy.* tragedy
**ağlatmak** *e.* to make *(sb)* cry
**ağma** *a.* meteor, shooting star
**ağmak** *e.* 1. to rise, to ascend 2. to hang downward, to droop
**ağrı** *a.* ache, pain **ağrı vermek** to hurt
**ağrıkesici** *a.* painkiller; analgesic * *s.* analgesic
**ağrılı** *s.* aching, painful
**ağrımak** *e.* to ache, to hurt
**ağrısız** *s.* painless * *be.* painlessly
**ağrıtmak** *e.* to hurt, to make ache
**ağsı** *s.* webby, weblike
**ağtabaka** *a.* retina
**ağustos** *a.* August
**ağustosböceği** *a.* cicada
**ah** *ünl.* Ah! Oh! Alas! * *a.* 1. sigh 2. curse **ah etmek** a) to utter/heave a sigh, to sigh b) call down curses upon *(sb)*
**ahali** *a.* inhabitants, population, the people
**ahbap** *a.* 1. friend 2. *k. dili* buddy, chum, mate, fellow **ahbap olmak** to strike up a friendship with, to make friends with
**ahbaplık** *a.* friendship, acquaintance **ahbaplık etmek** to be friends with
**ahçı** *a.* cook
**ahçıbaşı** *a.* head cook, chef
**ahçılık** *a.* art of cooking, cookery, cuisine
**ahdetmek** *e.* to resolve, to take an oath

ahenk *a.* 1. harmony 2. accord, agreement
ahenkli *s.* 1. harmonious, in tune 2. in accord, in order
ahenksiz *s.* inharmonious, discordant, out of tune
aheste *s.* slow, gentle, calm **aheste aheste** slowly
ahım şahım *s, k. dili* beautiful, bright, excellent **ahım şahım bir şey değil** not much of a thing
ahır *a.* stable, shed, barn
ahize *a.* (telephone) receiver
ahkâm *a.* 1. judgments 2. laws, rules, provisions **ahkâm kesmek** to make judgments without restraint
ahlak *a.* 1. morals, ethics 2. manners, conduct 3. habit
ahlakçı *a.* moralist
ahlakdışı *s.* amoral
ahlaki *s.* moral, ethical
ahlaklı *s.* 1. well-behaved, decent 2. having (such a kind of) conduct
ahlaklılık *a.* good conduct, decency
ahlaksız *s.* 1. immoral, dissolute 2. disagreeable, impudent
ahlaksızlık *a.* 1. immorality, vice 2. depravity; impudence
ahlamak *e.* to sigh
ahlat *a.* wild pear
ahmak *a.* fool, idiot, ass, dullard, boob, dunce, booby * *s.* stupid, silly, dull, dumb, dense
ahmakça *be.* foolishly, stupidly
ahmaklık *a.* stupidity, idiocy
ahret *a.* afterlife, the next world, the Great Beyond
ahşap *s.* wooden, (made of) timber
ahtapot *a.* 1. octopus 2. *hek.* polypus
ahu *a.* gazelle **ahu gibi** very beautiful (girl)
ahududu *a.* raspberry
aidat *a.* membership fee to a society
aidiyet *a.* state of belonging, relation
aile *a.* 1. family 2. wife **aile ocağı** home, the family hearth **aile planlaması** family planning **aile reisi** head of the family
ailevi *s.* regarding the family, domestic, private, familial

ait *s.* concerning, relating to, pertaining to; belonging to **ait olmak** to belong to; to pertain to; to concern
ajan *a.* 1. agent, representative 2. secret agent
ajanda *a.* date book, engagement calendar
ajanlık *a.* agency
ajans *a.* 1. agency, news agency 2. news bulletin
ajur *a.* 1. openwork 2. hemstitch
ak *s.* 1. white 2. clean 3. honest * *a.* 1. white colour 2. white (of an egg/eye) **ak düşmek** (hair, etc.) to go grey, to become grey **akla karayı seçmek** to meet a lot of difficulties; to be hard put to do *sth*
akabinde *be.* immediately afterwards, subsequently
akaç *a.* drain-pipe
akaçlama *a.* drainage
akademi *a.* academy
akademici *a.* academician
akademik *s.* academic
akağaç *a.* silver birch
akamber *a.* ambergris
akanyıldız *a.* meteor, shooting star
akar *a.* landed property, real estate, real property
akaret *a.* property rented out
akarsu *a.* river, stream
akaryakıt *a.* liquid fuel
akasya *a.* acacia
akbaba *a.* vulture
akbalıkçıl *a.* great white heron
akbasma *a, hek.* cataract
akbenek *a, hek.* leucoma
akciğer *a.* lungs **akciğer veremi** pulmonary tuberculosis **akciğer yangısı** pneumonia **akciğer zarı** pleura
akçaağaç *a.* maple
akçakavak *a.* white poplar, silver poplar
akçe *a.* 1. money 2. a small silver coin
Akdeniz *a.* the Mediterranean
akdetmek *e.* to make (a contract, an agreement)
akdoğan *a.* a white falcon
akı *a.* flux
akıbet *a.* end, outcome, consequence

**akıcı** s. 1. fluid, liquid 2. fluent
**akıcılık** a. 1. fluidity 2. fluency
**akıl** a. 1. intelligence, wisdom, reason, wit 2. comprehension, mind 3. memory 4. advice 5. opinion, idea **akıl (sır) erdirememek** to be unable to make head or tail of **akıl almaz** incredible, inconceivable, unbelievable **akıl danışmak** to ask for advice, to consult **akıl erdirmek** to conceive **akıl ermez** impenetrable, incomprehensible **akıl etmek** to think of **akıl hastanesi** mental hospital/home **akıl hastası** mental patient; mad **akıl kârı olmamak** to be unreasonable or risky **akıl vermek** to give advice to **akıl yaşta değil baştadır** age is no guarantee of wisdom **akılda tutmak** to bear in mind, to keep in mind **akıllara durgunluk veren** mind-blowing, mind-boggling **akla gelmedik** unthinkable **akla hayale gelmez** incredible, unimaginable **akla sığmamak** to be unbelievable **akla yakın** reasonable, sensible **akla yatkın** rational, advisable, plausible **aklından çıkmak** to escape **aklı (başından) gitmek** to be confused; to lose one's head **aklı başına gelmek** to come to one's senses, to sober down **aklı başında** sensible **aklı durmak** to be shocked, to be astonished **aklı ermek** to be able to understand **aklı karışmak** to be confused **aklı kesmek** to believe that sth is possible **aklı sıra** he/she thinks/expects **aklı yatmak** to believe that sth is possible, to be convinced of **aklına esmek** to have sudden wish to do sth **aklına gelmek** a) to occur to b) to remember **aklına getirmek** to remind **aklına koymak** to have made up one's mind to **aklına uymak** to be tempted by sb and do sth silly **aklında tutmak** to keep in the memory, not to forget **aklından geçirmek** to think of **aklından zoru olmak** to have bats in the belfry, to have queer ideas **aklını başına devşirmek/toplamak** to collect one's thoughts/wits **aklını çelmek** to dissuade from, to bias **aklını kaçırmak/oynatmak** to go out of one's mind, to go mad
**akılcı** a. rationalist
**akılcılık** a. rationalism
**akıldışı** s. irrational
**akıldişi** a. wisdom tooth
**akıllanmak** e. to become wiser
**akıllı** s. 1. clever, intelligent, wise 2. sensible, reasonable **akıllı davranmak** to act wisely **akıllı geçinmek** to pass for a wise man **akıllı uslu** sober-minded, wise
**akıllılık** a. 1. intelligence, cleverness 2. an intelligent act **akıllılık etmek** to act intelligently, to do sth smart
**akılsız** s. foolish, stupid, silly
**akılsızlık** a. foolishness, stupidity, folly **akılsızlık etmek** to do sth stupid, to act stupidly
**akım** a. 1. current 2. trend, movement
**akın** a. 1. rush, influx 2. raid, incursion **akın akın** (rushing and surging) in crowds **akın etmek** a. to surge into, to rush into, to attack, to make a raid on
**akıncı** a. 1. raider 2. sp. forward
**akıntı** a. 1. current, stream 2. flow, leak 3. hek. flux
**akıntılı** s. flowing, sloping, having a current
**akıntısız** s. currentless, still
**akış** a. 1. flow, course 2. flow, succession
**akışkan** s. fluid
**akışkanlık** a. fluidity
**akıtmak** e. 1. to let (sth) flow 2. to pour 3. to shed (blood/tears, etc.) 4. to spill
**akide**[1] a. religious faith, creed
**akide**[2] a. sugar candy
**akik** a. agate
**akis** a. 1. reflection 2. echo 3. effect, reaction 4. inversion
**akit** a. 1. compact, treaty, agreement, contract 2. marriage agreement
**akkan** a. lymph
**akkarınca** a. termite, white ant
**akkavak** a. white poplar, silver poplar
**akkefal** a. bleak
**akkor** s. incandescent
**akkorluk** a. incandescence
**aklamak** e. 1. to acquit, to exculpate 2. to whiten, brighten

**aklan** *a, coğ.* 1. catchment area 2. mountain-slope
**aklanmak** *e.* 1. to be cleaned 2. to be acquitted, to be exonerated
**aklıselim** *a.* common sense
**akli** *s.* mental, rational **akli denge** mental balance
**akmak** *e.* 1. to flow 2. to leak 3. to run down, to overflow 4. to come in great amounts or in great crowds
**akne** *a.* acne
**akor** *a, müz.* chord
**akordeon** *a.* 1. *müz.* accordion 2. pleats
**akort** *a.* 1. tune 2. harmony **akort etmek** to tune
**akortçu** *a.* tuner
**akortsuz** *s.* out of tune
**akraba** *a.* relative(s)
**akrabalık** *a.* kinship, relationship
**akran** *s.* equal, peer, match
**akreditif** *a.* letter of credit
**akrep** *a.* 1. scorpion 2. (watch, clock) hour hand **Akrep burcu** Scorpio
**akrobasi** *a.* 1. acrobatics 2. stunt flying
**akrobat** *a.* acrobat
**akrobatlık** *a.* acrobatics
**akrostiş** *a.* acrostic
**aks** *a.* 1. axle, journal 2. axis
**aksak** *s.* 1. limping, lame 2. disorganized, unsystematic
**aksaklık** *a.* 1. lameness, lopsidedness 2. hitch, defect, disorganization
**aksam** *a.* 1. parts 2. spare parts
**aksamak** *e.* 1. to limp, to hitch 2. to have a hitch, to stall
**aksan** *a.* accent
**aksatmak** *e.* to hinder, to hamper, to paralyse
**akseptans** *a.* acceptance
**aksesuar** *a.* 1. accessory 2. stage prop 3. spare part
**aksetmek** *e.* 1. to be reflected, to echo, to reverberate 2. to come to the hearing of, to become known
**aksettirmek** *e.* 1. to reflect, to echo 3. to transmit, to convey (news, information) to 3. to cause to be known
**aksırık** *a.* sneeze
**aksırmak** *e.* to sneeze

**aksi** *s.* 1. opposite, contrary 2. adverse, unlucky, untoward 3. peevish, cross, perverse **aksi gibi** unfortunately **aksi halde** if not, otherwise **aksi şeytan!** damn! shit! hell! bloody hell! **aksi takdirde** or else, otherwise **aksi tesadüf** a) unluckily b) unfortunate coincidence **aksi tesir** undesired reaction, opposite reaction **aksini söylemek** to say the opposite
**aksilik** *a.* 1. unfortunate incident, misfortune, hitch 2. crossness, obstinacy, perversity **aksilik etmek** to be obstinate, to be stubborn
**aksine** *be.* 1. on the contrary 2. to the contrary
**aksiseda** *a.* echo
**aksiyom** *a.* axiom
**aksiyon** *a.* 1. action, event, development 2. share
**akson** *a.* axon
**aksu** *a.* cataract
**akşam** *a.* evening * *be.* in the evening **akşam akşam** this time of the night **akşam güneşi** evening sun, setting sun **akşam karanlığı** dusk, nightfall **akşam namazı** evening worship **akşam sabah** constantly, any old time **akşam vakti** about sunset time **akşam yemeği** supper, dinner **akşama** this evening, tonight **akşama doğru** towards evening **akşamdan** a) last night b) in the evening **akşamdan kalma** having a hangover **akşamı bulmak/etmek** to last/stay until evening
**akşamcı** *a.* 1. night-shift worker 2. evening class student 3. habitual evening drinker
**akşamki** *s.* evening
**akşamlamak** *e.* 1. to stay until evening 2. to spend the evening (in a place)
**akşamları** *be.* in the evening, evenings
**akşamleyin** *be.* in the evening
**akşamlık** *a.* 1. evening, for an evening 2. enough for one evening
**akşamüstü, akşamüzeri** *be.* towards evening
**Akşam yıldızı** *a.* evening star, Venus
**akşın** *s.* albino

**aktar** *a.* seller of medicinal herbs, herbalist

**aktarıcı** *a.* 1. (roof) tiler 2. *sp.* passer

**aktarlık** *a.* herbalist's trade

**aktarma** *a.* 1. transfer 2. change, connection 3. transmission 4. quotation, citation 5. (roof) retiling 6. *sp.* pass **aktarma etmek** to transfer, to tranship **aktarma yapmak** to change (trains, buses, etc.)

**aktarmak** *e.* 1. to transfer 2. (goods) to transship 3. *fiz.* to transmit 4. *yaz.* to quote 5. to translate 6. (roof) to retile 7. *hek.* to transplant

**aktarmalı** *s.* (train, etc.)connecting, indirect, connected

**aktif** *s.* active * *a.* assets

**aktinyum** *a.* actinium

**aktör** *a.* actor

**aktöre** *a.* good conduct, morals, ethics

**aktörlük** *a.* acting

**aktris** *a.* actress

**aktüalite** *a.* 1. actuality 2. newsreel

**aktüel** *s.* current, present-day

**akupunktur** *a.* acupuncture

**akustik** *s.* acoustic * *a.* acoustics

**akü(mülatör)** *a.* 1. accumulator 2. storage battery

**akvaryum** *a.* aquarium

**akyuvar** *a.* leucocyte

**akzambak** *a.* Madonna lily

**al¹** *a.* trick, fraud

**al²** *s.* 1. red, vermilion, scarlet 2. (horse) chestnut, bay * *a.* rouge **al bayrak/sancak** the Turkish flag

**ala** *s.* 1. colourful, speckled 2. light brown

**âlâ** *s.* very good, excellent

**alabalık** *a.* trout

**alabanda** *a.* inner side of a ship, broadside

**alabildiğine** *be.* 1. to the utmost 2. at full speed 5. to the brim

**alabora** *a, den.* capsizing, overturn

**alabros** *a.* (hair) crew-cut

**alaca** *s.* piebald, speckled, variegated

**alacak** *a.* 1. money owed to one, credit 2. *huk.* claim **alacak senedi** note receivable **alacağı olmak** to have money owed to one (by) **alacağı olsun!** I will make him pay for it! I'll show him!

**alacakaranlık** *a.* twilight

**alacaklı** *a.* creditor, obligee

**alacalanmak** *e.* to become variegated

**alacalı** *s.* motley, multicoloured, speckled

**alafranga** *s.* European, Occidental, in the European style

**alageyik** *a.* fallow deer

**alaka** *a.* 1. connection, relationship 2. attachment, affection 3. interest, concern **alaka göstermek** to take an interest (in) **alaka uyandırmak** to arouse interest **alakayı kesmek** to break off relations (with), to finish with

**alakadar** *s.* 1. interested 2. concerned, involved 3. connected **alakadar etmek** to concern, to interest **alakadar olmak** a) to be interested in, to be concerned with b) to see to

**alakalı** *s.* 1. interested, concerned, involved 2. related

**alakarga** *a.* jay

**alakart** *a.* à la carte

**alakasız** *s.* 1. uninterested, indifferent 2. not related, irrelevant

**alamana** *a.* fishing smack

**alamet** *a.* 1. sign, mark, symbol 2. omen, portent

**alan** *a.* 1. open space 2. field 3. area 4. airfield 5. (forest) clearing 6. domain, sphere, field **alan korkusu/ürküsü** agoraphobia

**alantopu** *a.* tennis

**alarga** *a, den.* open sea * *ünl.* keep clear!

**alarm** *a.* alarm, alert

**alaşağı etmek** *e.* 1. to overthrow, to depose 2. to tear down, to pull down, to topple

**alaşım** *a.* alloy

**alaturka** *s.* in the Ottoman/Turkish style

**alavere** *a.* 1. passing *sth* from hand to hand 2. *den.* gangway for (un)loading goods 3. utter confusion 4. speculation

**alay¹** *a.* 1. procession, parade 2. crowd, troop 3. *ask.* regiment

**alay²** *a.* mockery, ridicule, teasing, joke **alay etmek** to make fun (of), to tease, to ridicule, to laugh at, to mock, to deride, to gibe at, to twit, to taunt **alaya almak** to make fun (of), to guy alaycı *s.* derisive, disdainful, derisory, scornful, contemptuous

alaycılık *a.* scornfulness, disdain

alaylı *s.* scornful, disdainful, derisive

alaz *a.* flame, blaze

alazlamak *e.* to singe, to scorch

albastı *a.* puerperal fever

albatros *a.* albatross

albay *a.* 1. colonel 2. (navy) captain

albeni *a.* charm, attractiveness, allure, appeal

albüm *a.* album

albümin *a.* albumin

alçak *s.* 1. low 2. short 3. low, mean, vile, abject, ignoble * *a, ünl.* bastard

alçakça *s.* rather low * *be.* viciously, shamefully, meanly

alçakgönüllü *s.* humble, modest

alçaklık *a.* 1. lowness 2. shamefulness, vileness, meanness

alçalma *a.* 1. decline, descent 2. *coğ.* settling 3. ebb tide 4. degradation, humiliation

alçalmak *e.* 1. to decline, to go down 2. to lower/degrade oneself 3. to descend, to lose altitude

alçaltıcı *s.* degrading, humiliating

alçaltmak *e.* 1. to lower, to drop 2. to reduce 3. to degrade, to debase, to abase, to humiliate

alçı *a.* plaster (of Paris)

alçılamak *e.* to cover with plaster of Paris, to plaster

alçıtaşı *a.* gypsum, parget

aldanmak *e.* 1. to be deceived, to be duped, to be taken in (by) 2. to be wrong, to be mistaken

aldatıcı *s.* deceptive, deceitful

aldatmaca *a.* trick, catch

aldatmak *e.* 1. to mislead 2. to cheat, to deceive, to fool, to swindle 3. to be unfaithful, to cuckold, to cheat

aldehit *a.* aldehyde

aldırış *a.* care, attention **aldırış etmemek** not to care, not to pay any attention

aldırışsız *s.* indifferent, unheeding, lukewarm, unconcerned, nonchalant

aldırışsızlık *a.* indifference, disinterest, unconcern, nonchalance

aldırmak *e.* 1. to make *(sb)* buy or get *(sth)* 2. *hek.* to have *sth* removed 3. to care, to pay attention, to mind 4. to worry

aldırmamak *e.* to ignore, not to mind, to overlook, to pay no attention, not to worry

aldırmaz *s.* indifferent, disregardful

aldırmazlık *a.* indifference **aldırmazlıktan gelmek** (to pretend) not to care, to pay no attention

alegori *a.* allegory

alelacele *be.* hurriedly, hastily, in a hurry

alelade *s.* ordinary, usual, common

alem *a.* 1. flag 2. the crescent and the star on top of a minaret

âlem *a.* 1. world, universe 2. *hayb.* kingdom, class of beings 3. state, condition 4. all the world, everyone, the public 5. *k. dili* an eccentric/amusing person, character 6. realm 7. orgy, merrymaking, carousal, spree, binge, revelry, bust **âlem yapmak** to have a bust, to carouse, to have a binge, to go on the binge, to have an orgy

alenen *be.* publicly, openly

alengir *a, arg.* 1. trick, intrigue 2. splash, showing-off

alengirli *s, arg.* 1. tricky, fraudulent 2. showy, flashy

aleni *s.* public, open

aleniyet *a.* publicity, openness

alerji *a.* allergy

alerjik *s.* allergic

alesta *s, den.* ready, prepared

alet *a.* 1. tool, instrument, device, implement 2. apparatus, appliance 3. utensil 4. tool, instrument, person used by another for dishonest purposes **alet etmek** to make an instrument/tool **alet olmak** to be an instrument/tool

alev *a.* flame **alev alev** in flames, aflame **alev almak** to catch fire

Alevi *a.* 1. partisan of the caliph Ali 2. Alaouite, Shiite

Alevilik *a.* Shiism

alevlendirmek *e.* 1. to set on fire, to kindle 2. to exacerbate, to incite, to flame

**alevlenmek** *e.* 1. to take fire, to blaze 2. to grow violent, to flare up, to flame
**alevli** *s.* 1. in flames, flaming, blazing 2. furious, violent
**aleyh** *a.* opposition **aleyhinde** against sb/sth **aleyhinde olmak** to be against **aleyhine olmak** to be disadvantageous to *sb* **aleyhte** against, in opposition **aleyhte olmak** to be in opposition
**aleyhtar** *a.* opponent * *s.* opposed to
**alfabe** *a.* alphabet
**alfabetik** *s.* alphabetical **alfabetik sıra** alphabetical order
**algı** *a.* perception
**algılamak** *e.* to perceive
**alıcı** *a.* 1. purchaser, buyer, customer 2. receiver 3. addressee 4. movie camera **alıcı gözüyle bakmak** to look carefully and with interest **alıcı kuş** bird of prey
**alıç** *a.* azarole, Mediterranean medlar
**alık** *s.* clumsy, stupid, imbecile
**alıkoymak** *e.* 1. to keep, to keep back 2. to detain, to delay 3. to hinder, to stop, to prevent
**alım** *a.* 1. purchase, buying 2. attractiveness, charm 3. capacity, volume **alım satım** business, trade
**alımlı** *s.* attractive, charming
**alımlılık** *a.* attractiveness
**alımsız** *s.* unattractive
**alın** *a.* 1. forehead, brow 2. front **alın teri** great effort **alın teri dökmek** to make great effort (to earn), to work hard **alnı açık** honest, clean, blameless **alnının akıyla** honourably
**alındı** *a.* receipt
**alındılı** *s.* (mail) registered
**alıngan** *s.* touchy, sensitive, thin-skinned
**alınganlık** *a.* touchiness
**alınlık** *a.* 1. ornament worn on the forehead 2. façade, frontal
**alınmak** *e.* 1. to be taken/received/bought 2. to take offence, to be offended
**alıntı** *a.* quotation, citation **alıntı yapmak** to quote
**alıntılamak** *e.* to quote
**alınyazısı** *a.* fate, destiny
**alış** *a.* 1. taking, receiving 2. purchase, buying **alış fiyatı** purchase price

**alışık** *s.* accustomed (to), used (to)
**alışıklık** *a.* 1. (force of) habit 2. skill, good training
**alışılagelen** *s.* ordinary, usual
**alışılmamış** *s.* out of the ordinary
**alışılmış** *s.* usual, ordinary
**alışkanlık** *a.* 1. habit, custom, wont 2. addiction
**alışkı** *a.* habit, usage
**alışkın** *s.* used (to), accustomed (to)
**alışmak** *e.* 1. to be/get used (to), to be accustomed to 2. to be in the habit of 3. to become addicted 4. to become reconciled to 5. to inure oneself to
**alıştırma** *a.* 1. exercise 2. training
**alıştırmak** *e.* 1. to accustom, to habituate, to familiarize 3. to inure *sb* to 4. (animal) to train, to tame 5. to break in, to fit
**alışveriş** *a.* 1. trade, buying and selling, shopping 2. dealings, relations **alışveriş etmek** a) to shop, to go shopping b) to do business (with) **alışveriş yapmak** a) to go shopping b) to trade c) to have dealings (with sb) **alışverişe çıkmak** to go shopping
**âli** *s, esk.* high, sublime, exalted
**âlim** *s.* learned, wise * *a.* scholar; scientist
**alivre** *s.* to be delivered **alivre satış** time bargain
**alize** *a.* trade wind
**alkali** *a.* alkali
**alkış** *a.* applause, clap, cheer
**alkışlamak** *e.* to applaud, to clap, to acclaim
**alkol** *a.* alcohol
**alkolik** *a.* alcoholic
**alkolizm** *a.* alcoholism
**alkollü** *s.* 1. alcoholic, spirituous 2. intoxicated, drunk
**alkolsüz** *s.* non-alcoholic, soft
**Allah** *a.* God * *ünl.* 1. God! Jesus! 2. Great! **Allah Allah!** Goodness gracious! how strange! **Allah aşkına** for God's sake **Allah bağışlasın** God bless him/her **Allah belanı versin!** God damn you! **Allah belasını versin!** Damn! Damn him! **Allah bilir** God knows **Allah**

**göstermesin / etmesin / saklasın** God forbid **Allah için** to be fair, verily **Allah kavuştursun** may God unite you again **Allah rahatlık versin** goodnight **Allah rahmet eylesin** May God rest his soul **Allah razı olsun** may God be pleased (with you), thank you **Allah rızası için** for God's sake **Allah sabır versin** may God give you patience **Allah vergisi** God's gift, talent **Allah yarattı dememek** to punish severely, to beat to a pulp **Allaha şükür** thank God **Allahın belası/cezası** bloody, damn, blasted **Allahın izniyle** if possible, unless something comes up **Allahını seversen** please; for God's sake **Allahtan** fortunately, luckily; thank God **Allahtan korkmaz** cruel, ruthless

**allahaısmarladık** *ünl.* goodbye

**allahlık** *a.* simpleton, nitwit

**allahsız** *s.* 1. godless, atheist 2. cruel, ruthless

**allahsızlık** *a.* atheism

**allak bullak** *s.* confused, tangled, upside-down, messed-up * *be.* in utter confusion, upside down **allak bullak etmek** a) to make a mess (of), to upset b) to confuse, to bewilder **allak bullak olmak** a) to turn into a mess b) to be confused

**allamak pullamak** *e, k. dili* to decorate, to deck out

**allık** *a.* 1. redness, flame colour 2. rouge

**almaç** *a.* (telephone, radio) receiver

**almak** *e.* 1. to take 2. to get 3. to buy 4. to receive 5. to marry (a girl) 6. to take along 7. to capture, to conquer 8. to catch (cold) 9. to take on, to hire, to employ 10. to move 11. to remove, to take away 12. to sweep, to clean, to dust 13. to sense, to smell, to hear 14. to cover, to travel (a distance)

**almamazlık** *a.* refusal, rejection

**Alman** *a, s.* German

**almanak** *a.* almanac

**Almanca** *a.* German

**almangümüşü** *a.* German silver, nickel silver

**Almanya** *a.* Germany

**almaş** *a.* 1. alternation 2. permutation

**almaşık** *s.* 1. alternative 2. *bitk.* alternate

**alnaç** *a.* front

**alo** *ünl.* (on the phone) hello!

**alpaka** *a, hayb.* alpaca

**alşimi** *a, esk.* alchemy

**alt** *s.* lower, inferior, under, bottom * *a.* bottom, underside **alt alta üst üste** rough-and-tumble **alt etmek** to beat, to overcome, to defeat **alt kat** a) ground floor b) downstairs **altına kaçırmak** to mess one's clothes, *arg.* to piss/shit oneself **altında kalmak** to have no answer to **altından girip üstünden çıkmak** to squander, to blow **altından kalkmak** to overcome, to surmount **altını çizmek** to underline, to emphasize **altını ıslatmak** to wet one's clothes/bed **altını üstüne getirmek** to turn upside down **altta kalmak** to lose, to be defeated **alttan almak** to change one's tune, to sing another tune, to climb down

**altcins** *a.* subgenus

**altçene** *a.* the lower jaw, mandible

**altderi** *a.* corium, derma

**altdudak** *a.* lower lip

**alternatif** *a.* alternative * *s.* alternate

**alternatör** *a.* alternator

**altfamilya** *a.* subfamily

**altgeçit** *a.* underpass, subway

**altı** *a, s.* six

**altıgen** *a.* hexagon

**altılı** *a.* 1. (playing cards) six 2. *müz.* sextet, sextette * *s.* sixfold

**altın** *a.* 1. gold 2. gold coin * *s.* golden **altın kaplama** *a.* gold plating * *s.* gold-plated **altın sarısı** golden blonde

**altına** *be, ilg.* under, underneath, beneath

**altıncı** *s.* sixth

**altında** *be, ilg.* beneath, below, under, underneath

**altınkökü** *a, bitk.* ipecacuanha root

**altınsuyu** *a.* aqua regia, gilding wash

**altıntop** *a.* grapefruit

**altıpatlar** *a.* six-shooter, revolver

**altız** *a.* sextuplet

**altimetre** *a.* altimeter

**altkarşıt** *a, mant.* subcontrary

**altlık** *a.* 1. support 2. pad 3. pedestal 4.

doily

**altmış** *a, s.* six

**altmışıncı** *s.* sixtieth

**altmışlık** *s.* 1. containing sixty (parts) 2. sixty years old, sexagenarian * *a.* sexagenarian

**alto** *a.* alto

**altsınıf** *a.* subclass

**altşube** *a.* subbranch

**altüst** *s.* upside-down, topsy-turvy **altüst etmek** to turn upside down, to mess up, to disrupt **altüst olmak** to be disrupted, to be upset

**altyapı** *a.* 1. substructure 2. infrastructure

**altyapısal** *s.* 1. substructural 2. infrastructural

**altyazı** *a, sin.* subtitle

**alüminyum** *a.* aluminium

**alüvyon** *a.* alluvion

**alyans** *a.* wedding ring

**alyuvar** *a.* red blood cell, erythrocyte

**am** *a, kab.* cunt, pussy

**âmâ** *a.* blind

**ama** *bağ.* but, yet, still

**amaç** *a.* aim, goal, intention, objective, purpose, target **amacına ulaşmak** to reach one's goal

**amaçlamak** *e.* to aim (at), to intend, to purpose

**amaçlı** *s.* 1. having a purpose, having a goal 2. motivated 3. purposeful

**amaçsız** *s.* without a goal, purposeless, aimless

**amaçsızca** *be.* aimlessly

**amade** *s.* ready, prepared

**aman** *ünl.* oh! help! for goodness sake! * *a.* pardon, mercy, quarter **aman Allah!** oh my God! **aman dilemek** to ask for mercy/quarter **aman vermemek** to give no quarter **aman zaman dinlemez** merciless

**amanın** *ünl, k. dili* oh my! what now!

**amansız** *s.* merciless, cruel, ruthless, relentless

**amatör** *a, s.* amateur

**amazon** *a.* amazon

**ambalaj** *a.* 1. packing 2. package **ambalaj kâğıdı** wrapping paper **ambalaj yapmak** to make packages, to pack

**ambalajlamak** *e.* to pack, to wrap up

**ambale** *s.* (mind) stuffed, crammed, blocked

**ambar** *a.* 1. barn, granary 2. storehouse, warehouse

**ambargo** *a.* embargo **ambargo koymak** to put an embargo (on) **ambargoyu kaldırmak** to lift/raise/remove the embargo (from)

**amber** *a.* 1. ambergris 2. scent, perfume, fragrance

**amberbalığı** *a.* sperm whale, cachalot

**ambulans** *a.* ambulance

**amca** *a.* 1. (paternal) uncle 2. a familiar address to an older man

**amcalık** *a.* unclehood

**amel** *a.* 1. act, action, work, deed 2. practice, performance 3. diarrhoea, diarrhoea, the runs, the shits **amel olmak** to have the runs/shits, to have diarrhoea

**amele** *a.* worker, workman, labourer

**ameliyat** *a.* surgical operation **ameliyat etmek** to operate (on) **ameliyat masası** operating table **ameliyat odası** operating theatre **ameliyat olmak** to be operated, to have an operation

**ameliyathane** *a.* operating theatre/room

**ameliye** *a.* process, procedure, operation

**Amerika** *a.* America **Amerika Birleşik Devletleri** the United States of America

**amerikaarmudu** *a.* avocado

**Amerikalı** *a, s.* American

**Amerikan** *s.* American

**amerikanbezi** *a.* unbleached muslin; calico

**amerikatavşanı** *a.* chinchilla

**amerikyum** *a.* americium

**ametal** *a.* nonmetal

**ametist** *a.* amethyst

**amfi** *a.* 1. lecture room 2. amphitheatre

**amfiteatr** *a, bkz.* **amfi**

**amigo** *a.* cheerleader

**amil** *a.* factor, agent, motive, reason, cause

**âmin** *ünl.* amen

**aminoasit** *a.* amino acid

**amip** *a.* amoeba

**amir** *a.* superior, chief * *s.* commanding, imperative

amiral *a.* admiral
amma *bağ.* but, yet, still
amme *a.* the public
amonyak *a.* 1. ammonia 2. ammonia water
amonyum *a.* ammonium
amorti *a.* 1. redemption of a bond issue 2. (lottery) the smallest prize **amorti etmek** to amortize, to pay off
amortisman *a.* 1. amortizaton 2. the redemption of a damp
amortisör *a.* shock absorber, damper, dashpot
amper *a.* ampere
ampermetre *a.* ammeter
ampersaat *a.* ampere-hour
ampirik *s.* empirical
ampirizm *a.* empiricism
amplifikatör *a.* amplifier
ampul *a.* 1. electric bulb 2. *hek.* ampoule
amut *a, mat.* perpendicular **amuda kalkmak** to do a handstand
amyant *a.* asbestos
an[1] *a.* moment, instant
an[2] *a.* mind, perception, intelligence
ana[1] *a.* mother **ana avrat düz gitmek** to swear **ana baba** parents **ana baba günü** doomsday, tumult **ana kuzusu** a) baby-in-arms b) spoilt child **ana sütü** breast-milk **ana tarafından** on the mother's side **ana yüreği** mother's love **anadan doğma** a) stark naked b) from birth, congenital **anan güzel mi** I'm no fool **anası ağlamak** to suffer a lot **anasından emdiği süt burnundan gelmek** to suffer extreme hardship **anasını satayım** *arg.* Who cares? Never mind! Damn it! **anasının gözü** *arg.* very cunning, son of a gun
ana[2] *s.* main, principal, basic **ana cadde** main street **ana hat** main line
ana cadde *a.* high street
anaç *s.* 1. (animal/tree) mature 2. experienced, shrewd 3. grown up, big
anadil *a.* primitive language
anadili *a.* mother tongue, native tongue
Anadolu *a.* Anatolia
anaerki *a.* matriarchy
anaerkil *s.* matriarchal

anafor *a.* 1. counter current, eddy, counter flow 2. *arg.* illicit profit, rake-off, loot, boodle
anahtar *a.* 1. key 2. clue 3. code 4. wrench, spanner 5. *elek.* switch 6. *müz.* clef **anahtar deliği** keyhole
anahtarcı *a.* key-maker, locksmith
anahtarlık *a.* key holder, keyring
anakara *a.* continent
anakent *a.* metropolis
analı *s.* having a mother
analık *a.* 1. maternity, motherhood 2. stepmother, adoptive mother
analitik *s.* analytical
analiz *a.* analysis **analiz etmek** a) to analyse, to analyze *Aİ.* b) (tümce) to construe
anamal *a.* capital
anamalcı *a.* capitalist * *s.* capitalistic
anamalcılık *a.* capitalism
ananas *a.* pineapple
anane *a.* tradition
anaokulu *a.* nursery school, kindergarten
anapara *a.* capital
anarşi *a.* anarchy
anarşist *a.* anarchist
anarşizm *a.* anarchism
anasız *s.* motherless
anason *a.* anise
anatomi *a.* anatomy
anatomik *s.* anatomical
anavatan *a.* mother country, homeland, motherland
anayasa *a.* constitution
anayasal *s.* constitutional
anayol *a.* main road
anayön *a.* cardinal point (of the compass)
anayurt *a.* mother country, homeland, motherland
ancak *be.* hardly, barely, only, merely, just * *bağ.* but, on the other hand, however
ançüez *a.* anchovy
andaç *a.* souvenir, memento, keepsake
andıç *a.* memorandum, note
andırış *a.* 1. resemblance 2. analogy
andırmak *e.* to remind, to resemble, to border on
anekdot *a.* anecdote

anemi *a.* anaemia
anestezi *a.* anesthesia **anestezi yapmak** to anaesthetize
angaje *s.* engaged **angaje etmek** to engage
angarya *a.* drudgery, donkeywork, chore
Anglikan *a.* Anglican
Anglikanizm *a.* Anglicanism
Anglosakson *a.* Anglo-Saxon
angut *a.* 1. ruddy sheldrake 2. *k. dili* idiot, fool
anı *a.* 1. memory, remembrance 2. memoir
anık *s.* 1. apt, inclined, talented 2. ready
anımsamak *e.* to remember, to recall, to recollect
anırmak *e.* to bray, to hee-haw
anıştırmak *e.* to hint, to imply, to allude
anıt *a.* monument, memorial
anıtkabir *a.* mausoleum
anıtsal *s.* monumental
anız *a.* stubble
ani *s.* 1. sudden, unexpected 2. instantaneous, momentary
anide *be.* instantly, at once
aniden *be.* suddenly, all of a sudden
anilin *a.* aniline
anjin *a.* angina
Anka *a.* phoenix
anket *a.* public survey, inquiry, questionnaire **anket yapmak** to take a poll, to investigate
anlak *a.* intelligence
anlaklı *s.* intelligent, clever
anlam *a.* meaning, sense **anlamına gelmek** to mean, to signify, to amount to
anlamak *e.* 1. to understand, to comprehend 2. to find out 3. to know (about), to have knowledge (of) 4. to deduce, to realize 5. to appreciate, to enjoy **Anlamadım gitti** I just couldn't understand/get it.
anlamazlık *a.* lack of understanding, incomprehension **anlamazlıktan gelmek** to pretend not to understand
anlambilim *a.* semantics
anlamdaş *s.* synonymous
anlamdaşlık *a.* synonymity, synonymy

anlamlandırmak *e.* 1. to explain 2. to give a meaning (to)
anlamlı *s.* 1. meaningful, expressive 2. significant
anlamlılık *a.* meaningfulness
anlamsal *s.* semantic
anlamsız *s.* 1. meaningless 2. nonsensical, senseless 3. absurd 4. pointless 5. vacuous
anlamsızlık *a.* 1. meaninglessness 2. absurdity
anlaşılır *s.* clear, lucid, comprehensible
anlaşılmaz *s.* incomprehensible, unintelligible, complicated
anlaşma *a.* 1. agreement, understanding 2. harmony, mutual understanding 3. pact, treaty
anlaşmak *e.* 1. to understand each other 2. to come to an agreement, to come to terms 3. to get on well (with)
anlaşmalı *s.* 1. arranged by agreement 2. working under an agreement
anlaşmazlık *a.* 1. disagreement, dissension 2. misunderstanding
anlatı *a.* narration, narrative
anlatım *a.* exposition, expression
anlatımcılık *a.* expressionism
anlatmak *e.* 1. to tell 2. to explain, to expound 3. to describe
anlayış *a.* 1. understanding, comprehension 2. intelligence, perceptiveness 3. understanding, sympathy 4. intellect, mind **anlayış göstermek** to show understanding, to be tolerant
anlayışlı *s.* 1. intelligent 2. understanding
anlayışlılık *a.* understanding, sympathy
anlayışsız *s.* 1. insensitive, inconsiderate 2. lacking in understanding
anlayışsızlık *a.* 1. insensitivity, lack of consideration 2. incomprehension
anlık *a.* 1. intellect, understanding 2. cognition
anlıkçılık *a.* intellectualism
anlıksal *s.* intellectual, mental
anma *a.* 1. remembrance 2. commemoration
anmak *e.* 1. to call to mind, to remember, to think (of) 2. to talk (of), to mention 3. to commemorate 4. to call, to name, to

distinguish (with a nickname)
**anmalık** a. keepsake, souvenir
**anne** a. mother **anne olmak** to become a mother **anneciğim** mummy, ma, mum **anneler günü** Mother's Day
**anneanne** a. (maternal) grandmother
**anonim** s. 1. anonymous 2. incorporated **anonim şirket/ortaklık** incorporated company, joint stock company
**anons** a. announcement **anons etmek** to announce
**anorak** a. anorak
**anormal** s. abnormal
**anormallik** a. abnormality
**anot** a. anode
**ansımak** e. to call to mind, to remember
**ansıtmak** e. to remind, to call up
**ansızın** be. suddenly, all of a sudden
**ansiklopedi** a. encyclopedia, encyclopaedia
**ansiklopedik** s. encyclopedic, encyclopaedic
**ant** a. oath, pledge **ant içmek** to take an oath
**antant** a. agreement, entente
**Antarktik** s. Antarctic
**Antarktika** a. the Antarctic, Antarctica
**anten** a. aerial, antenna
**antepfıstığı** a. pistachio
**antet** a. letterhead
**antibiyotik** a, s. antibiotic
**anti demokratik** s. antidemocratic
**antifriz** a. antifreeze
**antijen** a. antigen
**antik** s. antique, ancient, archaic
**antika** a, s. antique * s, k. dili queer, funny, eccentric
**antikacı** a. antiquary, antiquarian
**antikalık** a. 1. antiquity 2. k. dili eccentricity, queerness
**antikor** a. antibody
**antilop** a. antelope
**antimon** a. antimony
**antipati** a. antipathy
**antipatik** s. antipathetic, cold
**antiseptik** a. antiseptic
**antitez** a. antithesis
**antitoksin** a. antitoxin
**antlaşma** a. pact, treaty

**antlaşmak** e. to conclude a treaty, to sign a treaty
**antoloji** a. anthology
**antrakt** a. intermission, interval
**antrasit** a. anthracite
**antre** a. entrance, doorway
**antrenman** a, sp. exercise, training, workout **antrenman yapmak** to work out
**antrenör** a, sp. trainer
**antrepo** a. bonded warehouse, entrepo
**antropolog** a. anthropologist
**antropoloji** a. anthropology
**anüs** a. anus
**aort** a. aorta
**apaçık** s. 1. wide open 2. very clear, evident; obvious
**apak** s. pure white, all white
**apandis** a. appendix
**apandisit** a. appendicitis **apandisit ameliyatı** appendectomy
**apansız(ın)** be. suddenly, all of a sudden, unexpectedly
**apar topar** be. pell-mell, helter-skelter, headlong
**apartman** a. apartment house, block of flats
**apaydın** s. very bright, well lit
**apaydınlık** a. great brightness
**apayrı** s. quite separate, quite different
**aperatif** a. aperitif, appetizer
**apış** a. the inner sides of the thighs **apış arası** crotch, the space between two legs
**apışmak** e. to be weary and helpless; to be astonished
**aplik** a. wall light, wall fixture
**apolet** a. epaulet
**apse** a. abscess
**apsent** a. absinthe
**apsis** a, mat. abscissa
**aptal** s. stupid, silly * a. fool, idiot
**aptalca** be. stupidly, foolishly * s. foolish, silly
**aptallaşmak** e. 1. to become confused, to be stupefied, to be dazed, to be flabbergasted, to be taken aback, to be shocked 2. to be addle
**aptallık** a. stupidity, foolishness, idiocy

aptes *a.* 1. ritual ablution 2. the state of canonical purity 3. bowel movement, faeces **aptes almak** *din.* to perform an ablution **aptes bozmak** to relieve nature, to empty the bowels **aptesi kaçmak** *din.* to have one's ritual ablution nullified (by urinating, etc.)

apteshane *a.* toilet, water-closet

aptesli *s.* ritually clean

aptessiz *s.* without ritual ablutions

ar¹ *a.* are (100 m)

ar² *a.* 1. shame 2. bashfulness, shyness, modesty

ara *a.* 1. distance, space 2. break, breather, short pause for rest 3. interval, pause, intermission 4. interlude 5. relation, terms, footing * *s.* 1. intermediate, intermediary 2. middle **ara bozmak** to destroy the friendship (between), to sow discord **ara bulmak** to reconcile, to settle a dispute (between) **ara sıra** occasionally, now and then, at times **ara vermeden** without a break, continuously, nonstop **ara vermek** a) to have break, to have/take a breather b) to discontinue **araları açık** they aren't on speaking terms, they are at loggerheads **araları açılmak** to be on strained terms **aralarına almak** to let *sb* join one's group **aramızda kalsın** between you and me **araya girmek** to interfere, to meddle

araba *a.* 1. car, motorcar, *Aİ.* auto, automobile 2. carriage, vehicle 3. cart, wagon **araba vapuru** car ferry

arabacı *a.* 1. driver, coachman, carter, wagoner 2. cartwright

arabesk *a.* arabesque

Arabistan *a.* Arabia

arabozan, arabozucu *a.* mischief-maker

arabulucu *a.* mediator, conciliator, go-between, peacemaker

arabuluculuk *a.* peacemaking, conciliation, mediation

aracı *a.* 1. mediator, go-between, intermediary 2. agent, broker, middleman

aracılık *a.* mediation, intervention **aracılık etmek** to mediate

araç *a.* 1. means 2. tool, implement; apparatus, device 3. vehicle

araçlı *s.* indirect

araçsız *s.* direct

arada *be.* in between **arada bir** (every) now and then, occasionally **arada kalmak** to be mixed up in an affair **arada kaynamak** to pass unnoticed **arada sırada** occasionally, now and then

aradan *be.* from then till now **aradan çıkarmak** to get (a small job) out of the way

araka *a.* variety of large peas

arakçı *a, arg.* 1. pilferer, shoplifter, booster, filcher 2. cribber

arakçılık *a, arg.* theft, pilferage, filchery

arakesit *a.* intersection

araklamak *e, arg.* to pilfer, to walk off with, to filch, to lift, to pinch, to nick, to snitch; to crib, to swipe; to collar

aralarında among, amongst

aralık *a.* 1. space, opening, interval, gap 2. interval, moment 3. corridor, passageway 4. December * *s.* ajar, half-open

aralıklı *s.* 1. spaced, having intervals 2. at intervals 3. intermittent, periodic

aralıksız *s.* continuous * *be.* continuously, nonstop

arama *a.* searching **arama emri** search warrant **arama tarama** body search, police search

aramak *e.* 1. to look for, to seek, to hunt for 2. to search 3. to long for, to miss 4. to ask for, to demand

aranjman *a, müz.* arrangement

Arap *a.* Arab, Arabian * *s.* Arabian, Arabic

Arapça *a.* Arabic

arapsabunu *a.* soft soap

arapsaçı *a.* 1. fuzzy hair 2. tangled affair, mess

arasına *ilg.* between, among

arasında *ilg.* between, among, amongst

arasından *ilg.* 1. from between/among 2. through

arasız *be.* continuously, without interruption

araştırı *a.* research; investigation

araştırıcı *a.* 1. researcher, investigator 2.

explorer
**araştırma** *a.* research, investigation, study
**araştırmacı** *a.* researcher
**araştırmak** *e.* 1. to search thoroughly 2. to investigate, to explore, to research, to study
**aratmak** *e.* 1. to make *sb* long for 2. to cause to search, to make *sb* search/look for (sth/sb)
**aratmamak** *e.* to make *sth* not be missed, to be a complete substitute (for)
**aratümce** *a.* parenthetical clause
**araya** between
**arayıcı** *a.* 1. searcher, seeker 2. *gökb.* finder
**arayış** *a.* searching, seeking
**araz** *a.* symptoms
**arazi** *a.* 1. land, country 2. ground 3. domain, estate, real property **arazi olmak** *arg.* to sneak off **arazi sahibi** landowner **arazi vergisi** land tax **araziye uymak** *arg.* to lay low
**arbede** *a.* row, noisy quarrel, tumult, uproar
**ardıç** *a.* juniper
**ardıl** *a.* successor * *s.* consecutive
**ardınca** *be.* behind, following
**ardışık** *s.* consecutive, successive
**ardiye** *a.* warehouse, storehouse
**arduaz** *a.* slate
**arena** *a.* arena
**areometre** *a.* areometer
**argın** *s.* tired, feeble, weak
**argo** *a.* 1. slang 2. cant; jargon, argot
**argon** *a.* argon
**arı**[1] *a.* bee **arı kovanı** beehive
**arı**[2] *s.* 1. clean 2. pure 3. unadulterated 4. innocent
**arıbeyi** *a.* queen bee
**arıcı** *a.* beekeeper, apiarist
**arıcılık** *a.* beekeeping, apiculture
**arıkuşu** *a.* bee eater
**arılaşmak** *e.* to become pure
**arılaştırmak** *e.* to purify
**arılık** *a.* 1. purity 2. cleanliness 3. innocence
**arındırmak** *e.* to purify
**arınma** *a.* purification

**arınmak** *e.* to become clean, to be purified
**arısütü** *a.* royal jelly
**arıtım** *a.* 1. refining, refinement 2. purification
**arıtımevi** *a.* refinery
**arıtma** *a.* 1. purification, cleaning 2. refining
**arıtmak** *e.* 1. to clean, to cleanse, to purify 2. to refine
**arıza** *a.* 1. failure, defect, breakdown, hitch 2. unevenness, roughness
**arızalı** *s.* 1. defective, out of order 2. uneven, rough, rugged, broken
**arızasız** *s.* 1. smooth, even, level 2. without a hitch, working
**arif** *s.* knowing, wise
**arife** *a.* eve
**aristokrasi** *a.* aristocracy
**aristokrat** *a.* aristocrat * *s.* aristocratic
**aristokratlık** *a.* aristocracy
**aritmetik** *a.* arithmetic * *s.* arithmetical **aritmetik dizi** arithmetical progression
**ark** *a.* 1. irrigation trench, canal 2. *elek.* arc
**arka** *a.* 1. back, rear 2. the reverse (side) 3. continuation, sequel 4. support, back-up, backing 5. supporter, backer 6. *k. dili* backside, buttocks, behind * *s.* 1. back 2. reverse 3. hind 4. posterior **arka arkaya** successively, consecutively **arka bacak** hind leg **arka çıkmak** to support, to help; to uphold **arka kapı** back door **arka koltuk** back seat **arka plan** background **arkası gelmek** to continue **arkası kesilmek** to discontinue, to cease, to stop **arkasında bırakmak** to leave behind **arkasından konuşmak** to backbite **arkasından koşmak** to run after **arkasını getirememek** to be unable to complete/accomplish
**arkada** *be.* behind **arkada bırakmak** to pass, to overtake; to outdistance, to leave behind **arkada kalmak** to stay behind, to be left behind
**arkadan** *be.* from behind
**arkadaş** *a.* 1. friend 2. companion 3. *k. dili* mate **arkadaş canlısı** friendly (person) **arkadaş çevresi** company **arka-**

**daş olmak** to become friends, to make friends (with), to be friends (with)
**arkadaşlık** *a.* friendship **arkadaşlık etmek** a) to accompany b) to make/be friends with
**arkaik** *s.* archaic
**arkalamak** *e.* 1. to take on one's back 2. to support, to back up
**arkalı** *s.* backed up
**arkalık** *a.* 1. back (of a chair) 2. porter's saddle
**arkasında** behind
**arkasından** after
**arkaya** backwards, back, behind
**arkeolog** *a.* archaeologist
**arkeoloji** *a.* archaeology, archeology
**arkeolojik** *s.* archaeological
**arktik** *s.* arctic **arktik kuşak** Arctic Zone
**Arktika** *a.* the Arctic
**arlanmak** *e.* to feel ashamed, to be ashamed
**arma** *a.* 1. coat of arms, armorial bearings 2. *den.* rigging
**armada** *a.* armada
**armağan** *a.* 1. gift, present 2. award, prize **armağan etmek** to present (to)
**armatör** *a.* ship-owner
**armoni** *a, müz.* harmony
**armonika** *a.* 1. harmonica 2. accordion
**armut** *a.* 1. pear 2. *arg.* sucker, pushover, sap
**arnavutciğeri** *a.* fried liver
**aroma** *a.* aroma
**arozöz** *a.* watering truck, sprinkler
**arpa** *a.* 1. barley 2. *arg.* money, dough **arpa boyu** very short distance
**arpacık** *a.* 1. *hek.* sty 2. *ask.* foresight, bead (of a gun)
**arpalık** *a.* 1. barley field 2. barley bin, granary for barley
**arsa** *a.* building land, building plot
**arsenik** *a.* arsenic
**arsız** *s.* 1. shameless, impudent, cheeky, saucy 2. (plant) vigorous, encroaching * *a.* cheeky person
**arsızlık** *a.* shamelessness, impudence, cheek, sauce
**arslan** *a, bkz.* **aslan**
**arş** *a.* the Ninth Heaven * *ünl.* march

**arşın** *a.* Turkish yard (approximately 68 cm.)
**arşidük** *a.* archduke
**arşiv** *a.* archives
**art** *a.* 1. back, rear, hinder part 2. sequel, end * *s.* 1. back 2. hind **art arda** one after another, following one another **art düşünce/niyet** real intention **ardı arkası kesilmemek** to continue without a break, to go on incessantly, to drag on/out **ardı sıra** immediately following (him) **ardına düşmek** to follow, to pursue **ardına kadar açık** wide open **ardını bırakmamak** to follow up, to stick to
**artağan** *s.* very productive, fertile, fruitful
**artakalan** *s.* remainder, remaining
**artakalmak** *e.* to be left over, to remain
**artan** *s.* remaining, left over
**artçı** *a.* rear guard
**arter** *a.* artery
**artezyen (kuyusu)** *a.* artesian well
**artı** *a.* plus sign * *s.* positive
**artık**[1] *a.* 1. waste, waste material, refuse 2. leftovers, remains 3. residue 4. remnant * *s.* 1. waste 2. left over, remaining 3. residual
**artık**[2] *a.* from now on; any more, any longer, no more, no longer
**artıkdeğer** *a.* surplus value
**artıkgün** *a.* leap-year day, leap day, February 29th.
**artıkyıl** *a.* leap year
**artım** *a.* increase
**artırım** *a.* economy, saving
**artırma** *a.* 1. saving, economizing 2. auction
**artırmak** *e.* 1. to increase, to augment, to enhance 2. to put away, to economize, to save 3. to offer more, to bid more
**artış** *a.* increase, augmentation
**artist** *a.* 1. actor, actress 2. performer 3. *arg.* show-off
**artistik** *s.* artistic
**artmak** *e.* 1. to increase, to go up 2. to grow 3. to rise 4. to remain, to be left over
**artzamanlı** *s.* diachronic
**artzamanlılık** *a.* diachrony
**aruz** *a.* prosody

arya *a, müz.* aria
arz¹ *a, esk.* the earth
arz² *a, esk.* width
arz³ *a.* 1. presentation, demonstration, showing 2. *eko.* supply 3. submitting, submission **arz etmek** a) to present b) to offer (an opinion) c) to submit **arz ve talep** supply and demand
arzu *a.* wish, desire, longing **arzu etmek** to wish, to desire
arzuhal *a.* petition, written application
arzuhalci *a.* writer of petitions, street letter-writer
arzulamak *e.* to desire, to wish, to long (for)
arzulu *s.* desirous, wishing, longing
as *a.* 1. ace 2. *hayb.* ermine
asa *a.* baton, stick, scepter, staff
asabi *s.* 1. nervous, irritable, edgy 2. neural
asabileşmek *e.* to get nervous, to be irritated
asabilik *a.* nervousness, irritability
asabiyeci *a.* neurologist
asal *s.* basic, fundamental **asal sayı** prime number
asalak *a.* 1. parasite 2. *mec.* hanger-on, sponger, moocher
asalakbilim *a.* parasitology
asalaklık *a.* 1. parasitism 2. *mec.* sponging, freeloading
asalet *a.* 1. nobility, nobleness 2. definitive appointment
asansör *a.* elevator, lift
asap *a.* nerves **asap bozukluğu** nervous disorder **asabı bozulmak** to get nervous, to be upset
asayiş *a.* public order, public security
asbaşkan *a.* deputy chief, vice-president
asbest *a.* asbestos
asetilen *a.* acetylene
aseton *a.* acetone
asfalt *a.* asphalt * *s.* asphalted **asfalt kaplamak** to asphalt, to surface (a road) with asphalt
asfaltlamak *e.* to asphalt
asgari *s.* minimum, least **asgari ücret** minimum wage
asık *s.* 1. sulky 2. hanging **asık surat**

sullen face **asık suratlı** sulky, sullen
asıl *a.* 1. foundation, base 2. reality, truth 3. origin, source 4. the original 5. essential part, essential substance * *s.* 1. real, true, genuine 2. essential, main, principal, primary 3. original * *be.* actually **asıl sayılar** cardinal numbers **aslı astarı yok** it's not true **aslı çıkmak** to be found to be true **aslına bakarsan** the truth of the matter is; to tell the truth
asılı *s.* 1. hanging, suspended 2. in suspense
asılmak *e.* 1. to hang, to be hung 2. to be hanged, to be executed 3. to pester, to insist 4. to pull, to grasp 5. to try to pick *sb* up
asılsız *s.* unfounded, baseless, trifling
asilzade *a.* 1. nobleman, aristocrat, peer 2. feudal lord
asır *a.* 1. century 2. age, time, period, era
asırlık *s.* a century old, centenary
asi *s.* rebellious, refractory * *a.* rebel
asil *s.* 1. noble, aristocratic 2. (action) honourable, praiseworthy, noble 3. (official) definitively appointed, permanent
asileşmek *e.* to rebel, to become rebellious
asilik *a.* 1. rebelliousness 2. rebellion
asillik *a.* nobility, high birth, blue blood
asimetrik *s.* asymmetric
asistan *a.* 1. assistant to a professor 2. assistant doctor
asistanlık *a.* assistantship
asit *a.* acid
asker *a.* 1. soldier, conscript 2. any member of the army, navy, etc. 3. military service, army 4. troops **asker kaçağı** deserter **asker ocağı** place of military service **askere almak** to conscript, to draft, to enlist, to recruit **askere gitmek** to join the army, to go into the army
askeri *s.* military **askeri akademi** military academy **askeri bölge/mıntıka** military zone **askeri heyet** military mission **askeri inzibat** military police, military policeman **askeri okul** military school
askerileştirmek *e.* to militarize
askerlik *a.* 1. the military profession 2.

compulsory military service **askerlik şubesi** recruiting office **askerlik yapmak** to do one's military service
**askı** a. 1. hanger, hook, coat-peg, stand, rack 2. suspenders, braces 3. suspension, banns 4. hangings, pendant 5. hek. sling 6. the posting (of an announcement)
**askılı** s. having a suspender or hanger **askılı etek** skirt with shoulder straps
**askılık** a. coat rack
**asla** be. never, in no way * ünl. no way!
**aslan** a. 1. lion 2. brave man **aslan ağzında olmak** to be very hard to get **Aslan burcu** Leo **aslan gibi** a) like a lion, strongly built b) healthy **aslan kesilmek** to become as bold and strong as a lion, to throw one's weight about **aslan payı** the lion's share **aslan sütü** k. dili Turkish rakı **aslan yürekli** lionhearted
**aslanağzı** a. 1. snapdragon 2. fountain
**aslanpençesi** a. 1. lady's mantle 2. hek. carbuncle, sore of anthrax
**aslen** be. originally, fundamentally, essentially, basically
**aslında** be. 1. actually 2. at bottom
**asli** s. fundamental, original, essential, principal **asli maaş** basic salary **asli üye** founding member
**asma** a. vine, grapevine * s. suspended, hung **asma kilit** padlock **asma köprü** suspension bridge **asma kütüğü** vine stock **asma yaprağı** grape leaf
**asma bahçe** a. hanging garden
**asmak** e. 1. to hang (up), to suspend 2. to hang, to execute (sb) 3. arg. to play truant, to cut
**asmakabağı** a. gourd
**aspiratör** a. 1. exhaust fan, suction fan 2. hek. aspirator
**aspirin** a. aspirin
**asri** s. modern, up-to-date, contemporary
**asrileşmek** e. to be modernized, to become modern
**ast** s. under, sub * a. subordinate
**astar** a. 1. lining 2. (paint) undercoat **Astarı yüzünden pahalı** The game's not worth the candle.
**astarlamak** e. 1. to line 2. to apply an

undercoat, to prime
**asteğmen** a. second-lieutenant
**astım** a. asthma
**astımlı** s. asthmatic
**astigmat** s, hek. astigmatic
**astigmatizm** a, hek. astigmatism
**astragan** a. astrakhan
**astrofizik** a. astrophysics
**astrolog** a. astrologer
**astroloji** a. astrology
**astronom** a. astronomer
**astronomi** a. astronomy
**astronomik** s. astronomical
**astronot** a. astronaut
**astsubay** a. non-commissioned officer
**Asya** a. Asia * s. Asian
**aş** a. cooked food
**aşağı** s. 1. lower, down, inferior 2. common, mean 3. less * a. the lower part, bottom * be. down, below **aşağı görmek** to look down (on), to despise **aşağı inmek** to go down, to walk down, to climb down, to descend **aşağı kalmak** to fall short (of) **aşağı tükürsen sakal, yukarı tükürsen bıyık** I have to choose between the devil and the deep (blue) sea **aşağı yukarı** approximately, more or less **aşağısı kurtarmaz** that's the last price; I can't go below that
**aşağıda** be. 1. below 2. downstairs 3. down
**aşağıdaki** s. following
**aşağıdan** be. from below **aşağıdan almak** to sing small, to climb down
**aşağılamak** e. to run down, to despise, to degrade, to look down, to lower
**aşağılık** a. baseness, lowness, meanness * s. base, mean, ignoble, dishonourable, shameful, low, vile **aşağılık kompleksi/duygusu** inferiority complex
**aşağısamak** e. to despise, to hold in contempt
**aşağısına** be, ilg.. down
**aşağısında** be, ilg. down, below
**aşağıya** be. 1. down, downwards 2. downstairs **aşağıya doğru** downwards, downward Al.
**aşama** a. 1. phase, stage, grade 2. rank **aşama aşama** gradually, step by step

**aşama kaydetmek** to progress, to make progress **aşama sırası** hierarchy
**aşamalı** *s.* gradual
**aşçı** *a.* cook
**aşçıbaşı** *a.* head cook, chef
**aşçılık** *a.* cooking, cookery
**aşermek** *e.* (pregnant woman) to crave a food, to long for unusual foods
**aşevi** *a.* 1. small restaurant 2. soup kitchen
**aşı** *a.* 1. vaccine 2. vaccination, inoculation 3. grafting, budding 4. scion, graft, bud **aşı kalemi** cutting used for grafting **aşı olmak** to be inoculated/vaccinated **aşı yapmak** a) to graft, to bud b) to inoculate
**aşıboyası** *a.* red ocher
**aşık** *a.* 1. knucklebone 2. purlin, horizontal beam **aşık atmak** to rival, to compete, to vie **aşık kemiği** anklebone, astragalus, talus
**âşık** *a.* 1. lover 2. wandering minstrel, bard, troubadour 3. absent-minded person * *s.* 1. in love 2. absent-minded **âşık olmak** to fall in love (with), to fall for
**aşılamak** *e.* 1. to vaccinate, to inoculate 2. to graft 3. to inculcate, to instill, to implant
**aşılı** *s.* 1. inoculated, vaccinated 2. grafted 3. bred
**aşındırmak** *e.* 1. to abrade, to wear away; to eat away, to corrode 2. to go often (to a place)
**aşınma** *a.* 1. abrasion, corrosion, wear 2. *coğ.* erosion 3. amortization, depreciation
**aşınmak** *e.* 1. to be worn away, to be worn out 2. to be corroded, to erode away 3. to depreciate
**aşırı** *s.* 1. excessive, extreme, exorbitant, immoderate 2. fulsome 3. *k. dili* steep * *be.* excessively, extremely **aşırı gitmek** to go too far
**aşırıdoyma** *a.* super saturation
**aşırılık** *a.* excessiveness
**aşırma** *a.* 1. conveying to the other side 2. theft, pilferage, filchery 3. plagiarism * *s.* 1. plagiarized 2. stolen, pilfered
**aşırmak** *e.* 1. to pass over 2. *k. dili* to

swipe, to pilfer, to filch, to nick, to crib, to pinch 3. plagiarize
**aşısız** *s.* 1. unvaccinated 2. ungrafted
**aşikâr** *s.* clear, open, manifest, evident, apparent
**aşina** *s.* familiar, knowing, conversant
**aşinalık** *a.* 1. acquaintance, intimacy 2. familiarity, proficiency
**aşiret** *a.* tribe
**aşk** *a.* 1. love 2. passion **aşk etmek** to slap, to strike **aşk ile** with great zeal **aşk macerası** love affair **aşk yapmak** to make love **aşka düşmek** to fall in love **aşka gelmek** to go into a rapture, to become exulted, to be carried away
**aşkın** *s.* 1. excessive 2. more than, beyond, over 3. transcendent, transcendental
**aşkolsun** *ünl.* 1. well done! bravo! 2. that's too bad of you! shame on you!
**aşmak** *e.* 1. to pass over, to go beyond, to climb over 2. to surpass, to exceed 3. to surmount, to overcome
**aşna fişne** *a, arg.* 1. secret lover/friend/mistress 2. secret friendship/love affair
**aşure** *a.* Noah's pudding, a dessert with wheat grains, nuts, dried fruit, etc.
**at** *a.* 1. horse 2. (chess) knight **at arabası** coach, cart, carriage **at cambazı** horse dealer **at koşmak** to harness **at meydanı** hippodrome **at nalı** horseshoe **at yarışı** horse race **ata binmek** to mount a horse, to ride (a horse) **atı alan Üsküdar'ı geçti** it's too late now **atın ölümü arpadan olsun** I know it's bad for me but I like it
**ata** *a.* 1. father 2. ancestor
**ataerki** *a.* patriarchy
**ataerkil** *s.* patriarchal
**atak** *s.* rash, audacious, reckless * *a.* attack
**ataklık** *a.* rashness, recklessness
**atalet** *a.* 1. laziness, lassitude 2. inertia, inactivity
**atama** *a.* appointment, designation
**atamak** *e.* to appoint, to designate
**atanmak** *e.* to be appointed
**atardamar** *a.* artery

atasözü *a.* proverb

ataş *a.* paper clip

ataşe *a.* attaché

Atatürkçü *a, s.* Kemalist

Atatürkçülük *a.* Kemalism

atçı *a.* horse breeder

ateist *a, s.* atheist

ateizm *a.* atheism

atelye *a.* 1. workshop 2. studio, atelier

ateş *a.* 1. fire 2. *hek.* fever, temperature 3. ardour, zeal, fervour 4. gunfire 5. light **ateş açmak** to open fire (on) **ateş almak** a) to catch fire, to take fire b) (of a gun) to fire **ateş almamak** (of a gun) to fail to fire **ateş etmek** to shoot, to fire **ateş olmayan yerden duman çıkmaz** there's no smoke without fire **ateş pahası** very expensive **ateş püskürmek** to be very angry, to fume **ateş yakmak** to make a fire, to light a fire **ateşe atılmak** to throw oneself into the fire, to risk one's life **ateşe vermek** to set fire to, to set on fire **ateşi çıkmak** to have a fire break out **ateşine yanmak** to fall in love with **ateşle oynamak** to play with fire **ateşten gömlek** ordeal

ateşböceği *a.* firefly

ateşçi *a.* fireman, stroker

ateşkes *a.* cease-fire, armistice, truce

ateşleme *a.* ignition

ateşlemek *e.* 1. to set fire (to), to set on fire 2. to ignite 3. to provoke, to inflame

ateşli *s.* 1. fiery 2. vivacious, fervent 3. feverish 4. passionate 5. desirous **ateşli silah** firearm

ateşperest *a.* fire-worshipper

atfen *be.* with reference to, considering

atfetmek *e.* to attribute to, to ascribe to, to impute to, to accredit with, to refer to

atıcı *a.* 1. marksman, good shot 2. *arg.* braggart, boaster, swaggerer

atıcılık *a.* 1. marksmanship 2. boastfulness, braggardism

atıf *a.* 1. attribution 2. reference

atık *s.* waste * *a.* effluent **atık su** waste water

atılgan *s.* dashing, bold, reckless, plucky

atılganlık *a.* audacity, boldness, dash

atılım *a.* 1. leap, dash, lunge 2. development, progress

atılmak *e.* 1. to be thrown 2. to be fired, to be shot off 3. to be discarded 4. to attack 5. to break in on, to burst in upon 6. to begin, to go into 7. *k. dili* to be dismissed, to get the sack

atım *a.* 1. (gun) range 2. (heart) beat, pulse, pulsation 3. ejaculation

atış *a.* 1. throwing, shooting, firing 3. (heart) beat

atışmak *e.* to quarrel, to bicker, to squabble

atıştırmak *e.* 1. *k. dili* to bold down, to gobble (food) 2. to drizzle, to mizzle

atik *s.* agile, alert

atkestanesi *a.* horse chestnut

atkı *a.* 1. shawl, scarf, muffler 2. woof, weft 3. pitchfork

atkuyruğu *a.* 1. mare's tail 2. ponytail

atlama *a.* 1. jump, spring, vault 2. skipping, omitting **atlama beygiri** vaulting horse **atlama taşı** steppingstone

atlamak *e.* 1. to jump, to spring, to leap, to hop 2. to leave out, to omit, to skip 3. *arg.* to fuck, to bang, to make, to lay

atlas *a.* 1. atlas 2. satin **Atlas Okyanusu** the Atlantic Ocean

atlasçiçeği *a.* cactus

atlatmak *e.* 1. to make jump, to leap 2. (illness) to recover from, to overcome 3. to have a narrow escape, to avoid 4. to put off, to get rid of, to cheat, to evade

atlet *a.* 1. *sp.* athlete 2. (sleeveless) undershirt

atletik *s.* athletic

atletizm *a.* athletics

atlı *s.* 1. mounted, riding on horseback 2. horse-drawn * *a.* rider, horseman

atlıkarınca *a.* roundabout, merry-go-round, carouselle

atmaca *a.* 1. sparrow hawk 2. slingshot

atmak *e.* 1. to throw 2. to drop 3. to send away 4. *k. dili* to chuck 5. to dismiss 6. to put out, to extend 7. to throw away 8. to fire 9. to postpone 10. (a garment) to throw on, to put on 11. to impute, to throw on (blame) 12. to expel *(sb)* from 13. to discard, to throw away 14. to stop using, to stop wearing 15. to reject, to expel 16. to blow up, to demolish 17. *k. dili* to lie, to tell yearns, to boast 18. (heart, artery) to pulsate, to beat 19. (cry, scream, laughter) to let out 21. (blow) to strike **atıp tutmak** to boast, to swagger, to brag; to criticise

**atmasyon** *a, arg.* lie, story * *s.* false, made up

**atmık** *a.* sperm

**atmosfer** *a.* atmosphere **atmosfer basıncı** atmospheric pressure

**atol** *a.* atoll

**atom** *a.* atom **atom ağırlığı** atomic weight **atom bombası** atom(ic) bomb **atom enerjisi** atomic energy **atom reaktörü** nuclear reactor, atomic pile

**atsineği** *a.* horsefly

**av** *a.* 1. hunt, hunting, chase, shooting, fishing 2. game, prey 3. victim, prey **av çantası** game bag **av eti** game, meat from game **av hayvanı** game animal **av köpeği** hunting dog, hound **av tüfeği** shotgun **ava çıkmak** to go hunting

**avadanlık** *a.* set of tools, equipment

**aval** *s, arg.* stupid, dummy, gawky **aval aval bakmak** *arg.* to gawp, to gawk (at)

**avam** *a.* the common people, the lower classes, the public **Avam kamarası** the House of Commons

**avanak** *a.* gull, boob, noodle * *s.* gullible

**avangart** *a, s.* avant-garde

**avans** *a.* advance **avans vermek** to advance money

**avanta** *a.* illicit profit, rake-off, pickings

**avantaj** *a.* advantage

**avantajlı** *s.* advantageous

**avare** *s.* idle, vagrant * *a.* hobo, tramp, vagaband, vagrant, loafer

**avarelik** *a.* idleness, vagrancy **avarelik etmek** to loaf, to idle

**avaz** *a.* cry, shout **avaz avaz bağırmak** to scream blue-murder **avazı çıktığı kadar bağırmak** to shriek

**avcı** *a.* 1. hunter, huntsman 2. *ask.* skirmisher **avcı uçağı** fighter plane, fighter

**avcılık** *a.* huntsmanship, hunting, shooting

**avize** *a.* chandelier

**avlak** *a.* hunting ground

**avlamak** *e.* 1. to hunt, to shoot 2. to deceive, to dupe

**avlanmak** *e.* 1. to be hunted 2. to be caught 3. to go hunting

**avlu** *a.* court, courtyard

**avokado** *a, bitk.* avocado

**Avrasya** *a.* Eurasia * *s.* Eurasian

**avra** *a.* euro

**avrat** *a.* 1. woman 2. wife

**avro** *a.* euro

**Avrupa** *a.* Europe * *s.* European **Avrupa Birliği** European Union

**Avrupai** *s.* European (style)

**Avrupalı** *a, s.* European

**avuç** *a.* 1. palm of the hand 2. handful **avuç açmak** a) to have to ask *(sb)* for money b) to beg, to go begging **avuç avuç** by handfuls, largely **avuç dolusu** a) handful b) plenty of, a lot of **avuç içi** palm (of the hand) **avuç içi kadar** very small, skimpy **avucunu yalamak** to be left empty-handed, to draw a blank **avucunun içi gibi bilmek** to know (a place) like the palm of one's hand

**avuçlamak** *e.* 1. to grasp 2. to take by handfuls

**avukat** *a.* lawyer, solicitor, advocate, barrister

**avukatlık** *a.* profession of a barrister, advocacy, attorneyship

**avunç** *a.* consolation, comfort

**avundurmak** *e.* to console, to comfort

**avunmak** *e.* 1. to be consoled, to be cheered up, to console oneself 2. to be distracted, to be preoccupied (with)

**avuntu** *a.* consolation, solace

**avurt** *a.* pouch of the cheek

**avutmak** *e.* 1. to soothe, to distract, to condole with, to solace 2. to comfort, to console 3. to amuse, to divert

**ay** *a.* 1. moon 2. month 3. crescent * *ünl.* 1. ouch! 2. ah! **ay başı** first days of a month **ay ışığı** moonlight **ay parçası** a beauty **ay tutulması** lunar eclipse **ay yılı** lunar year **ayda yılda bir** once in a blue moon **aydan aya** monthly, once a month **ayın on dördü** full moon

**aya** *a.* palm of the hand

**ayak** *a.* 1. foot 2. leg 3. base, pedestal,

footing 4. treadle (of a sewing machine) 5. tributary 6. gait, pace 7. *k. dili* act; lie **ayak ayak üstüne atmak** to cross one's legs **ayak bağı** fetter, tie, hindrance **ayak basmak** to arrive, to enter, to set foot in/on, to visit **ayak bileği** ankle **ayak diremek** to insist, to put one's foot down **ayak işi** errand, donkeywork **ayak izi** footprint **ayak kirası** messenger's fee **ayak parmağı** toe **ayak sesi** step, footstep **ayak tedavisi** treatment in the outpatient clinic **ayak uydurmak** to keep in step with, to keep up with **ayak yapmak** to put on an act **ayakta** standing, on foot **ayakta durmak** to stand **ayakta tutmak** to keep (sb/sth) alive/existing **ayağa kalkmak** a) to stand up b) to get better, to recover **ayağı alışmak** to frequent **ayağı ile** of one's own accord **ayağına çabuk** swift of foot **ayağına gelmek** to come to one by itself **ayağına gitmek** to visit *sb* personally **ayağına kadar gelmek** to show modesty by visiting **ayağına kapanmak** to implore mercy **ayağına yatmak** *arg.* to pretend to be **ayağını atmak** to set foot in, to enter **ayağını çekmek** to stop frequenting **ayağını çelmek** to trip up **ayağını denk almak** to watch one's step, to be on one's guard **ayağını kaydırmak** to supplant, to oust **ayağının altına almak** to beat, to give a beating, to trash **ayağının tozuyla** having just arrived

**ayakaltı** *a.* a place where everybody passes by, much-frequented place **ayakaltında dolaşmak** to get in sb's way

**ayakçı** *a.* errand-boy, foot servant

**ayakkabı** *a.* shoe **ayakkabı bağı** shoelace, shoestring *Aİ.* **ayakkabı boyacısı** bootblack, shoeshine boy **ayakkabı boyası** shoe polish **ayakkabı çekeceği** shoehorn

**ayakkabıcı** *a.* shoemaker; shoe-seller, shoe-dealer

**ayaklandırmak** *e.* 1. to make revolt, to cause to revolt 2. to arouse, to provoke

**ayaklanma** *a.* rebellion, revolt, mutiny, uprising, riot

**ayaklanmak** *e.* 1. to rebel, to revolt 2. to start walking

**ayaklı** *s.* having a foot or leg, footed, legged **ayaklı gazete** someone who seems to know every news **ayaklı kütüphane** very learned person, walking encyclopaedia

**ayaklık** *a.* 1. place to step on 2. pedal, treadle 3. stilts

**ayaktakımı** *a.* rabble, mob, riffraff

**ayaktopu** *a.* football

**ayakucu** *a.* 1. (of a bed, etc.) foot 2. *gökb.* nadir 3. tiptoe

**ayaküstü, ayaküzeri** *be.* in haste, without sitting down

**ayakyolu** *a.* toilet, water-closet, WC

**ayan** *s.* clear, evident, manifest

**ayar** *a.* 1. adjustment, setting, alignment 2. degree, grade 3. carat 4. accuracy, correctness 5. disposition, temper **ayar etmek** to adjust, to set, to regulate, to fix

**ayarlamak** *e.* 1. to regulate, to fix, to set, to adjust 2. to assay, to test, to gauge 3. to arrange, to put in order 4. *k. dili* to supply, to get 5. *arg.* to chat (a girl) up

**ayarlı** *s.* 1. regulated, adjusted 2. adjustable

**ayarsız** *s.* 1. not regulated, out of adjustment 2. unassayed, below standard

**ayartı** *a.* temptation, seduction

**ayartıcı** *s.* seductive, corrupting, perverting

**ayartmak** *e.* to entice, to lead astray, to seduce, to tempt

**ayaz** *a.* dry cold (daytime); frost (at night)

**ayazlamak** *e.* 1. (weather) to become clear and cold 2. to pass a frosty night in the open

**aybaşı** *a.* menstruation, periods **aybaşı olmak** to menstruate

**ayça** *a.* new moon, crescent

**ayçiçeği** *a.* sunflower

**aydede** *a, ç. dili* the moon

**aydın** *s.* 1. bright, luminous, clear 2. intellectual, enlightened, highbrow * *a.* intellectual, highbrow **aydın kesim** intelligentsia

**aydınger** *a.* tracing paper

aydınlanmak *e.* 1. to become luminous, to brighten up, to lighten 2. to become clear 3. (on a subject) to become informed, to be enlightened, to be filled in
aydınlatıcı *s.* 1. illuminating 2. enlightening, informative
aydınlatma *a.* 1. illumination 2. clarification 3. stage lighting
aydınlatmak *e.* 1. to illuminate, to illumine 2. to clarify, to explain 3. to enlighten
aydınlık *a.* 1. light, daylight 2. illumination, luminousness 3. clarity, clearness 4. light shaft, skylight
ayet *a.* verse of the Koran
aygın baygın *s.* languid * *be.* languidly, languorously
aygır *a.* stallion
aygıt *a.* apparatus, instrument, device
ayı *a.* 1. bear 2. *hkr.* boor, oaf, lout, clodhopper, bumpkin, hick, yokel, churl
ayıbalığı *a.* seal
ayık *s.* 1. sober 2. wide-awake, alert
ayıklamak *e.* 1. (rice, vegetables) to clean, to pick, to sort 2. (peas, beans, nuts) to shell
ayıklanma *a, biy.* selection
ayıklık *a.* soberness
ayılmak *e.* 1. to sober up, to recover 2. to come to, to come round (after fainting) 3. to come to one's senses, to see the light
ayıp *a.* 1. shame, disgrace, vice 2. fault, defect * *s.* 1. shameful, disgraceful 2. obscene, immoral * *ünl.* shame (on you) **ayıbını yüzüne vurmak** to reproach *sb,* to tell his fault to his face **ayıp etmek** to behave shamefully **ayıptır söylemesi** without wishing to boast I'd like to say that
ayıplamak *e.* to blame, to criticize, to condemn
ayıraç *a, kim.* reagent
ayıran *s, fiz.* dispersive
ayırıcı *s.* 1. used to separate 2. distinctive 3. discriminating * *a.* separator
ayırmak *e.* 1. to part, to separate 2. to detach, to divide 3. to break, to intersect 4. to disconnect, to dissever, to disjoin

5. to sift, to screen 6. to distinguish, to discern; to differentiate; to demarcate
ayırt etmek *e.* 1. to distinguish, to discern, to differentiate 2. to spot, to recognize
ayırtı *a.* nuance, shade
ayırtmak *e.* to reserve, to book
ayırtman *a.* examiner
ayıüzümü *a.* bearberry
ayin *a.* 1. rite 2. ceremony
aykırı *s.* 1. against, contrary to 2. crosswise, transverse, across 3. incongruous **aykırı düşmek** to be contrary (to), be incongruous (with) **aykırı olmak** to be contrary, to be opposite (to)
aykırılık *a.* difference, disagreement, incongruity
ayla *a.* halo
aylak *a.* vagabond, tramp, loafer, vagrant, wanderer * *s.* idle, vagrant **aylak aylak dolaşmak** to lounge, to loaf, to wander
aylaklık *a.* idleness, unemployment **aylaklık etmek** not to work, to loaf
aylık *s.* 1. monthly 2. ... months old 3. lasting a month * *a.* salary, monthly pay
aylıkçı *a.* person who lives on a monthly salary
aylıklı *s.* salaried
aymak *e.* to come to one's senses, to awake
aymaz *s.* unaware, heedless
aymazlık *a.* carelessness, inattention
ayna *a.* 1. mirror, looking-glass 2. panel (of a door) 3. reflection **ayna gibi** mirror-like, lustrous, clean, bright
aynalık *a, den.* stern-board, transom
aynasız *a, arg.* cop, copper, pig * *s.* bad, unpleasant, awry
aynen *be.* exactly (the same)
aynı *s.* same, identical, veritable **aynı şekilde** in the same way **aynı zamanda** at the same time **aynısı** the same (of)
aynılık *a.* identity, sameness
ayni *s.* in kind **ayni yardım** aid in kind
ayol *ünl.* well! hey! you!
ayraç *a.* parenthesis, bracket
ayran *a.* drink made of yoghurt and water
ayrı *s.* 1. separate, apart 2. different,

distinct 3. exceptional **ayrı ayrı** separately; one by one **ayrı düşmek** to become separated from each other **ayrımız gayrımız yok** we have all things in common

**ayrıca** *be.* 1. besides, to boot, in addition, as well, furthermore 2. separately

**ayrıcalık** *a.* privilege

**ayrıcalıklı** *s.* privileged

**ayrık** *s.* 1. separated 2. exceptional

**ayrıklı** *s.* exceptional

**ayrıklık** *a.* 1. exception 2. *gökb.* anomaly

**ayrıkotu** *a.* couch grass

**ayrıksı** *s.* 1. different, eccentric 2. *gökb.* anomalistic

**ayrıksız** *be.* without exception, indiscriminately

**ayrılaşmak** *e.* to become outstanding

**ayrılık** *a.* 1. separateness 2. remoteness, separation 3. difference, lack of accord, variance, dissent, disagreement 4. deviation 5. legal separation

**ayrılma** *a.* 1. separation 2. leaving, departure 3. *fiz.* divergence, deviation

**ayrılmak** *e.* 1. to leave, to depart 2. to part, 3. to split 4. to divorce

**ayrım** *a.* 1. differentiation, unequal treatment 2. part, chapter, section 3. difference 4. *sin.* sequence **ayırım yapmak** to treat differently, to discriminate

**ayrımlama** *a, sin.* continuity

**ayrımlaşmak** *e. biy.* to become differentiated

**ayrımlı** *s.* different; separate

**ayrımlılık** *a.* difference

**ayrımsamak** *e.* to differentiate, to distinguish, to perceive, to realize

**ayrımsız** *s.* similar, identical

**ayrımsızlık** *a.* similarity, identity

**ayrıntı** *a.* detail **ayrıntılara girmek** to go into details

**ayrıntılı** *s.* detailed **ayrıntılı olarak** in detail

**ayrışmak** *e, kim.* to be decomposed, to dissociate

**ayrıştırmak** *e, kim.* to decompose

**ayrıt** *a, mat.* edge, intersection of two planes

**aysberg** *a.* iceberg

**ayşekadın** *a.* string bean, green bean

**ayva** *a.* 1. quince 2. *arg.* tit, boob **ayvayı yemek** to get into difficulties, to be in hot water

**ayyaş** *a.* drunkard, inebriate, alcoholic, sot, boozer, soak(er), tippler * *s.* inebriate

**ayyaşlık** *a.* inebriation

**ayyuk** *a.* the highest point of the sky **ayyuka çıkmak** a) (sound) to be very loud b) (event) to be widely known

**az** *s.* 1. (amount) small, little 2. few, a few 3. too small, too few, not enough, insufficient 4. less (than) * *be.* 1. rarely, seldom 2. insufficiently 3. less **az buçuk** a) scanty, hardly enough b) a little, hardly enough **az çok** more or less, in some degree **az daha/kaldı/kalsın** almost, nearly **az önce** a short time ago, just now **az pişmiş** rare **az sonra** soon

**aza** *a, esk.* 1. member, participant 2. *anat.* limbs, organs

**azade** *s.* 1. free, untrammeled 2. free, released (from)

**azalmak** *e.* to become less, to lessen, to be reduced, to diminish, to decrease

**azaltmak** *e.* to lessen, to reduce, to lower, to decrease, to cut down

**azamet** *a.* 1. greatness, grandeur, majesty, magnificence, grandiosity, sublimity 2. arrogance, conceit

**azametli** *s.* 1. grand, great, magnificent, splendid 2. arrogant, conceited, ostentatious

**azami** *s.* greatest, maximum, utmost **azami hız** maximum speed

**azap** *a.* pain, torment, torture **azap çekmek** to suffer torments; to burn in hell **azap vermek** to torment, to cause *(sb)* pain

**azar** *a.* scolding, reproach **azar işitmek** to be scolded, to get a rocket

**azar azar** *be.* little by little, gradually; bit by bit, in small amounts

**azarlamak** *e.* to scold, to tell off, to give *sb* a rocket, to rebuke, to come down on

**azat** *a.* emancipation, liberation, setting free

**azdırmak** *e.* 1. to inflame, to irritate 2. to

tease, to drive wild, to excite sexually 3. (a child) to spoil, to indulge 4. to corrupt, to lead astray

**Azeri** *a, s.* Azerbaijani

**azgelişmiş** *s.* underdeveloped **azgelişmiş ülke** underdeveloped country

**azgelişmişlik** *a.* underdevelopment

**azgın** *s.* 1. furious, mad, fierce, wild 2. (skin) sensitive, tender 3. (child) naughty, mischievous 4. lustful, oversexed, horny, hot 5. (wind) wild, strong 6. (sea) very rough

**azgınlaşmak** *e.* 1. to get wild 2. to be inflamed 3. to become oversexed, to become lecherous

**azgınlık** *a.* 1. wildness, fierceness 2. naughtiness 3. being oversexed, heat

**azı** *a.* molar tooth

**azıcık** *s.* 1. very small, very little 2. just a little bit * *be.* just a moment

**azıdişi** *a.* molar tooth

**azık** *a.* 1. provisions 2. food

**azılı** *s.* ferocious, wild, savage

**azımsamak** *e.* 1. to regard *(sth)* as too little 2. to underestimate, to undervalue

**azınlık** *a.* minority **azınlıkta kalmak** to be in the minority

**azıştırmak** *e.* to aggravate, to add fuel to

**azıtmak** *e.* to get out of control, to get wild, to go too far

**azil** *a.* dismissal, removal

**azim** *a.* determination, resolution

**azimli** *s.* determined, resolute

**aziz** *a.* saint * *s.* 1. dearly, beloved 2. saintly, holy, sacred

**azizlik** *a.* 1. sainthood 2. practical joke, trick, prank **azizlik etmek** to play a trick (on)

**azletmek** *e.* to dismiss, to fire

**azmak** *e.* 1. to go too far, to get out of hand, to overstep the mark 2. to become depraved, to go astray 3. to be sexually excited, to rut 4. to get wild, to become furious 5. (sea) to get rough 6. (wound) to get inflamed, to fester 7. to be a hybrid 8. (river) to be in flood

**azman** *s.* 1. monstrous, enormous, overgrown 2. of mixed breed, hybrid

**azmetmek** *e.* to decide firmly, to resolve upon

**aznavur** *a.* bandit, brigand

**azot** *a.* nitrogen

**azotlu** *s.* nitrogenous

**Azrail** *a.* 1. Azrael, the angel of death 2. *mec.* death

# B

**B, b** the second letter of the Turkish alphabet

**baba** *a.* 1. father 2. *k. dili* dad, daddy, pa, papa 3. *den.* bollard 4. newel post 5. leader (of a big gang) * *s, k. dili* 1. very good, great 2. very difficult **baba bir** of the same father **baba ocağı** family home **baba tarafı** the father's side **baba tarafından** on the father's side **babadan kalma** inherited from one's father **babasının hayrına değil** not just for love; for his own benefit

**babaanne** *a.* father's mother, paternal grandmother

**babacan** *s.* fatherly, kindly

**babafingo** *a, den.* topgallant

**babalık** *a.* 1. fatherhood 2. stepfather, adoptive father 3. father-in-law 4. old man **babalık etmek** to father, to be the father of

**babayani** *s.* unpretentious, free and easy

**babayiğit** *a.* brave fellow * *s.* brave, virile

**baca** *a.* 1. chimney, flue 2. *den.* funnel 3. skylight, smoke hole 4. shaft, mine shaft

**bacak** *a.* 1. leg 2. shank 3. (cards) knave, jack **bacak kadar** tiny, very short, squat

**bacaksız** *s.* 1. having no legs, legless 2. short-legged * *a, k. dili* naughty child; kiddy; urchin

**bacanak** *a.* the husband of one's wife's sister

**bacı** *a.* 1. elder sister 2. sister

**badana** *a.* whitewash **badana etmek** to whitewash

**badanacı** *a.* whitewasher

**badanalamak** *e.* to whitewash

**badem** *a.* almond **badem gözlü** almondeyed **badem kurabiyesi** macaroon

**bademcik** *a.* tonsil **bademcik iltihabı**

tonsillitis **bademciklerini aldırmak** to have one's tonsils out/removed

**bademezmesi** *a.* almond paste, marzipan

**bademşekeri** *a.* sugared almond

**badire** *a.* unforeseen danger, misfortune

**bagaj** *a.* 1. luggage, baggage 2. *oto.* boot, trunk

**bağ**[1] *a.* 1. tie, string, cord 2. bandage 3. bunch of a vegetable, sheaf 4. bond, connection, link, relation 5. ligament 6. impediment, restraint

**bağ**[2] *a.* 1. vineyard 2. garden, orchard **bağ bahçe** vineyards and orchards **bağ bozmak** to harvest grapes

**bağbozumu** *a.* grape harvest, vintage

**bağcı** *a.* vine grower

**bağcık** *a.* cord, string, strap

**bağcılık** *a.* viniculture

**bağdadi** *a, mim.* lath and plaster, lathing

**bağdaş** *a.* sitting cross-legged **bağdaş kurmak** to sit cross-legged

**bağdaşık** *s.* homogeneous

**bağdaşıklık** *a.* homogeneity

**bağdaşım** *a.* coherence, accordance, harmony

**bağdaşmak** *e.* 1. to agree with, to suit 2. to get on well with

**bağdaşmazlık** *a.* incompatibility

**bağdaştırmak** *e.* to harmonize, to reconcile

**bağdoku** *a.* connective tissue

**bağfiil** *a, dilb.* gerund

**bağıl** *s.* 1. dependent, conditional 2. relative

**bağıldeğer** *a, mat.* relative value

**bağıllık** *a.* relativity

**bağılnem** *a, met.* relative humidity

**bağım** *a.* dependence

**bağımlı** *s.* dependent

**bağımlılık** *a.* dependence

**bağımsız** *s.* independent

**bağımsızlık** *a.* independence

**bağıntı** *a.* 1. relation, relationship 2. correlation

**bağıntıcılık** *a.* relativism

**bağıntılı** *s.* relative

**bağıntılılık** *a.* relativity

**bağır** *a.* 1. bosom, breast 2. middle part 3. bowels, internal organs **bağrı açık** with one's shirt open **bağrı yanık** heartsick, afflicted **bağrı yanmak** to endure great suffering

**bağırmak** *e.* to shout, to clamour, to yell, to cry out, to scream **bağırıp çağırmak** to make a big fuss, to make a lot of noise

**bağırsak** *a.* intestine(s), bowel(s), gut(s) * *s.* intestinal **bağırsak bozukluğu/düzensizliği** intestinal disorder

**bağırtı** *a.* outcry, shout

**bağış** *a.* grant, donation, charity

**bağışık** *s.* immune

**bağışıklık** *a.* immunity

**bağışıklıkbilim** *a.* immunology

**bağışlamak** *e.* 1. to give, to donate, to grant 2. to forgive, to pardon 3. to spare (another's life)

**bağıt** *a, huk.* agreement, contract

**bağlaç** *a, dilb.* conjunction

**bağlam** *a.* 1. bunch, bundle, sheaf 2. context

**bağlama** *a.* 1. binding, tying 2. *müz.* a plucked instrument with three double strings 3. brace, crossbeam **bağlama çekmek** *k. dili* to try to persuade *sb*, to inveigle *sb*

**bağlamak** *e.* 1. to tie 2. to fasten 3. to attach 4. to join 5. to bind, to bond 6. to hitch 7. to connect 8. to knot 9. to band 10. to invest (money) 11. to end up, to conclude (a speech, etc.) 12. to assaign (a salary) 13. *arg.* to arrange, to fix 14. *arg.* to chat (a girl/woman) up 15. to settle

**bağlanım** *a.* 1. fastening, tying 2. taking sides

**bağlanmak** *e.* 1. to be tied, to be connected 2. to be occupied (with) 3. to fall for

**bağlantı** *a.* tie, connection

**bağlantılı** *s.* 1. connected 2. related 3. engaged

**bağlaşık** *s.* allied

**bağlaşmak** *e.* to reach on agreement

**bağlayıcı** *s.* 1. connective, connecting 2. conjunctive 3. binding, obliging

**bağlı** *s.* 1. tied, bound 2. dependent (on)

3. related (to), connected (with) 4. devoted, faithful, committed (to) 5. impotent, spellbound
**bağlılaşmak** *e.* to be interrelated
**bağlılık** *a.* 1. dependence 2. devotion, faithfulness, affection 3. statistical correlation
**bağnaz** *s.* fanatical, bigoted
**bağnazlık** *a.* fanaticism
**bağrışmak** *e.* 1. to shout all at once 2. to shout at each other, to scold each other
**bahadır** *s.* brave, gallant, valiant
**bahane** *a.* excuse, pretext, alibi **bahane aramak** to seek a pretext **bahane bulmak** to find a pretext **bahane etmek** to plead, to allege
**bahar** *a.* 1. spring 2. flowers, blossoms 3. youth, youthful period of life
**bahar(at)** *a.* spices
**baharatlı** *s.* spicy
**bahçe** *a.* 1. garden 2. park
**bahçecilik** *a.* gardening, horticulture
**bahçıvan** *a.* gardener
**bahçıvanlık** *a.* gardening, horticulture
**bahis** *a.* 1. subject, topic 2. wager, bet, betting **bahis açmak** to bring up (a subject) **bahis tutuşmak** to make a bet/wager **bahse girerim ...** I bet ..., I'm sure ... **bahse girmek** to bet, to wager **bahsi kaybetmek** to lose the bet **bahsi kazanmak** to win the bet
**bahriye** *a.* navy
**bahriyeli** *a.* sailor in the navy, naval officer
**bahsetmek** *e.* to talk about, to mention
**bahşetmek** *e.* to give, to bestow, to grant
**bahşiş** *a.* tip, baksheesh
**baht** *a.* 1. luck, fortune, destiny 2. good fortune, good luck **bahtı açık** lucky **bahtı kara** unlucky, ill-starred
**bahtiyar** *s.* lucky, fortunate, happy
**bahtsız** *s.* unfortunate, unlucky, hapless
**bahtsızlık** *a.* ill fortune
**bakakalmak** *e.* to stand in wonder; to gawp
**bakalit** *a.* bakelite
**bakalorya** *a.* bachelor's degree
**bakan** *a.* minister, state secretary **Bakanlar Kurulu** Council of Ministers

**bakanlık** *a.* ministry
**bakara** *a.* baccarat
**bakarkör** *a.* unobservant person
**bakı** *a.* 1. inspection, care, treatment 2. *coğ.* exposure
**bakıcı** *a.* attendant, guard, nurse
**bakıcılık** *a.* nursing
**bakım** *a.* 1. care 2. attention, upkeep 3. viewpoint, point of view
**bakımevi** *a.* 1. dispensary, clinic 2. convalescent home, nursing home
**bakımlı** *s.* well-cared for, well-kept
**bakımsız** *s.* neglected, unkempt, disorderly
**bakımsızlık** *a.* neglect, lack of good care
**bakımyurdu** *a.* asylum for the destitute
**bakınmak** *e.* to look around
**bakır** *a.* copper **bakır kaplama** copper-plated
**bakırcı** *a.* coppersmith
**bakırtaşı** *a.* malachite
**bakış** *a.* glance, look, view
**bakışık** *s.* symmetrical
**bakışım** *a.* symmetry
**bakışımlı** *s.* symmetric
**bakışımsız** *a.* asymmetrical
**bakışmak** *e.* to look at one another
**baki** *s.* 1. enduring, permanent, everlasting 2. remaining **baki kalmak** to be left, to survive
**bakir** *s.* virgin(al), untouched
**bakire** *a.* virgin, maiden * *s.* virgin
**bakirelik** *a.* virginity
**bakiye** *a.* remainder
**bakkal** *a.* 1. grocer 2. grocery **bakkal çakkal** grocers and the like **bakkal dükkânı** grocery
**bakkaliye** *a.* 1. groceries 2. grocery store
**bakkallık** *a.* business of a grocer
**bakla** *a.* broad bean(s), horse bean 2. link of a chain **baklayı ağzından çıkarmak** to spill the beans
**baklagiller** *a.* leguminosae
**baklava** *a.* finely layered pastry filled with nuts and steeped in syrup **baklava biçiminde** diamond-shaped, rhombus-shaped
**bakmak** *e.* 1. to look (at) 2. to look for 3. to take care of, to look after 4. to face 5.

to overlook, to look out upon 6. to examine, to inspect, to test, to try, to check 7. to be in charge of, to be responsible for 8. to see (that *sth* is so) 9. to see to (*sth*) 10. to pay attention, to heed 11. to maintain, to support **bakarız** we'll see **bakar mısın(ız)?** excuse me

bakraç *a.* copper bucket

bakteri *a.* bacterium

bakteriyolog *a.* bacteriologist

bakteriyoloji *a.* bacteriology

bal *a.* honey **bal gibi** a) very sweet b) certainly

bala *a.* child, baby

balaban *a.* 1. sturdy, fat 2. huge, large

balad *a.* ballad

balans *a.* balance

balarısı *a.* honeybee

balata *a, oto.* brake lining

balayı *a.* honeymoon **balayı yapmak** to honeymoon **balayına çıkmak** to go on a honeymoon

balçık *a.* wet clay, mud

baldır *a.* calf **baldırı çıplak** vagabond, tramp, hobo

baldıran *a.* hemlock

baldız *a.* sister-in-law, wife's sister

bale *a.* ballet

balerin *a.* ballerina

balgam *a.* phlegm

balık *a.* fish **balık ağı** fishing net **balık avı** fishing **balık etinde** attractively fleshy/plump, buxom **balık istifi** packed like sardines **balık kavağa çıkınca** (when the fish climbs a poplar ...), pigs might fly, when pigs fly **balık oltası** fishing line **balık pazarı** fish market **balık tavası** fried fish **balık tutmak** to fish, to angle **balık yumurtası** fish roe **balığa çıkmak** to go (out) fishing

balıkadam *a.* skin diver; frogman

balıkçı *a.* 1. fisherman, fisher 2. fishmonger **balıkçı kayığı** fishing boat

balıkçıl *a.* heron, egret, bittern

balıkçılık *a.* fishery, fishing

balıketi(nde) *s.* plumpish, fleshy

balıkgözü *a.* eyelet

balıkhane *a.* wholesale fish market

balıkkartalı *a.* osprey

balıklama *be.* 1. headfirst, headlong 2. unthinkingly, thoughtlessly **balıklama dalmak/atlamak** to dive headfirst

balıkyağı *a.* 1. fish oil 2. cod-liver oil

baliğ *s.* pubescent **baliğ olmak** to reach puberty

balina *a.* whale **balina avcısı** whaler

balistik *a.* ballistics

balkabağı *a.* sweet gourd

Balkanlar *a.* the Balkans

balkon *a.* 1. balcony 2. *arg.* boob, tit, titty

ballandırmak *e.* to exaggerate; to praise extravagantly, to puff

ballanmak *e.* 1. to become covered with honey 2. (fruit) to get ripe and sweet

ballı *s.* 1. honeyed 2. *k. dili* unusually lucky, tinny

ballıbaba *a.* dead-nettle

balmumu *a.* wax, beeswax

balo *a.* ball, dance

balon *a.* 1. balloon 2. *k. dili* lie, empty words

balözü *a.* nectar

balta *a.* 1. axe, hatchet 2. *arg.* bumpkin; hick; boor, lout **balta girmemiş orman** virgin forest **balta olmak** to pester, to keep on at, to harass **baltayı taşa vurmak** to make a blunder, to drop a brick, to put one's foot in it

baltalama *a.* sabotage, blow

baltalamak *e.* 1. to strike with an axe, to cut down with an axe, to hew down 2. to sabotage, to paralyze

baltalayıcı *a.* saboteur

Baltık *a.* the Baltic **Baltık Denizi** the Baltic Sea

balya *a.* bale

balyalamak *e.* to bale, to make into bales

balyoz *a.* sledgehammer

bambaşka *s.* quite different, utterly different

bambu *a.* bamboo

bamteli *a.* 1. string giving the lowest sound 2. vital point, sore spot **bamteline basmak** to rub *sb* the wrong way, to touch *sb* on the raw, to irritate

bamya *a.* okra

bana *adl.* me, to me; for me **bana bak** look here **Bana bakma** Don't count on me. **Bana göre hava hoş** It doesn't make any difference (to me). It's all the same to me. **bana kalırsa** as far as I'm concerned **bana mısın dememek** a) to show no reaction to, not to care b) to have no effect, to change nothing, not to work **bana ne** what's that to me, who cares

bandaj *a.* bandage

bandıra *a, den.* flag, colours

bandırmak *e.* to dip (into), to dunk

bando *a, müz.* band

bandrol *a.* monopoly tax label

bangır bangır *be.* too loudly **bangır bangır bağırmak** to shout loudly

bank *a.* bench

banka *a.* bank **banka cüzdanı** bankbook, passbook **banka çeki** bank cheque/bill/draft **banka faiz oranı** bank rate **banka havalesi** money order **banka hesabı** bank account **banka hesabı açmak** to open a bank account **banka kartı** banker's card **banka kredisi** bank credit **banka mevduatı** deposits **banka müdürü** bank manager **banka şubesi** branch bank **bankaya yatırmak** to bank

bankacı *a.* banker

bankacılık *a.* banking

bankamatik *a.* cash dispenser, cashomat

banker *a.* 1. stockbroker 2. banker

banket *a.* shoulder of a road

banknot *a.* banknote, paper money

banko *a.* counter

banliyö *a.* suburb **banliyö treni** suburbantrain

banmak *e.* to dip (into), to dunk

bant *a.* 1. tape 2. band 3. ribbon, tie 4. sticky tape

bantlamak *e.* to stick with sticky tape

banyo *a.* 1. bath 2. bathtub 3. bathroom **banyo etmek** to develop (a film) **banyo yapmak** to have/take a bath, to bathe

bar *a.* 1. a kind of folk dance 2. bar, drinking bar

baraj *a.* 1. dam, barrage 2. (football) wall

baraka *a.* hut, shed

barbar *a.* barbarian * *s.* barbarian, barbaric, barbarous

barbarca *be.* barbarously

barbarlaşmak *e.* to become barbarous, to act barbarously

barbarlık *a.* barbarism, barbarity

barbunya *a.* 1. *hayb.* red mullet 2. *bitk.* kidney bean **barbunya fasulyesi** a small reddish-coloured bean

barbut *a.* a dice game

bardak *a.* glass, cup **bardağı taşıran son damla** the last straw **bardaktan boşanırcasına yağmur yağmak** to rain cats and dogs

barem *a.* scale of salaries

barfiks *a, sp.* horizontal bar

barınak *a.* shelter

barındırmak *e.* to shelter, to accommodate, to lodge, to house

barınmak *e.* 1. to take shelter (in) 2. to get along together

barış *a.* peace **barış antlaşması** peace treaty **barış içinde** in peace, peacefully **barış yapmak** to bury the hatchet, to make peace

barışçı *a.* pacifist * *s.* pacific, peaceful

barışçıl *s.* peace-loving, pacific

barışçılık *a.* pacifism

barışık *s.* at peace, reconciled

barışmak *e.* to be reconciled, to make peace with one another, to bury the hatchet

barışsever *s.* pacific, peaceful

barıştırmak *e.* to reconcile, to conciliate

bari *bağ.* 1. at least 2. if so, then 3. may/might as well

barikat *a.* barricade

barisfer *a.* barysphere

bariton *a.* baritone

bariyer *a.* safety fence

bariz *s.* 1. clear, obvious 2. blatant

barmen *a.* barman, bartender

baro *a.* bar, the body of the lawyers

barograf *a.* barograph

barok *a, s.* baroque

barometre *a.* barometer

baron *a.* baron

barones *a.* baroness

baronluk *a.* barony

baroskop *a.* baroscope

barut *a.* gunpowder **barut gibi** irascible, choleric, irritable **barut kesilmek** to fly

into a rage
**baryum** *a.* barium
**bas** *a, müz.* 1. bass 2. *k. dili* bass guitar, bass
**basamak** *a.* 1. step, stair, round 2. *mat.* order, degree
**başçı** *a, k. dili* bassist
**basgitar** *a.* bass, bass guitar
**bas gitarist** *a.* bassist
**bası** *a.* printing, impression
**basıcı** *a.* printer
**basık** *s.* 1. having a low ceiling, low 2. short, dwarfish, squat 3. pressed down, compressed
**basıklık** *a.* 1. flatness 2. lowness 3. *mat.* oblateness
**basılı** *s.* 1. pressed (in) 2. printed
**basım** *a.* printing, impression
**basımcı** *a.* printer
**basımcılık** *a.* printing
**basımevi** *a.* printing house, press
**basın** *a.* press, newspapers **basın toplantısı** press conference
**basınç** *a.* pressure
**basınçölçer** *a.* barometer
**basıölçer** *a.* manometer
**basil** *a.* bacillus
**basiret** *a.* insight, discernment, prudence
**basiretli** *s.* cautious, circumspect, watchful
**basiretsiz** *s.* imprudent, blind
**basit** *s.* 1. simple, plain 2. ordinary, common
**basitleştirmek** *e.* to simplify
**basitlik** *a.* simplicity
**basket** *a, k. dili* 1. basketball 2. basket **basket atmak** to make/shoot a basket
**basketbol** *a.* basketball
**basketçi** *a.* basketballer, basketball player
**baskı** *a.* 1. press 2. constraint, restraint, pressure 3. printing, edition, impression 4. (newspaper) circulation 5. hem **baskı altında** under strict control, under pressure **baskı makinesi** printing press **baskı sayısı** number printed, circulation **baskı yapmak** a) to put pressure on b) to use force (with) c) to oppress, to pressurize

**baskın** *a.* 1. raid 2. descent, unexpected visit 3. bust * *s.* dominant **baskın çıkmak** to come off best, to surpass **baskın yapmak** to bust, to raid; to descend on/upon
**baskıncı** *a.* raider
**baskül** *a.* weighing machine, scales
**basma** *a.* 1. printed cotton, calico 2. printed matter * *s.* printed
**basmak** *e.* 1. to tread (on), to stand (on), to step on 2. (age) to enter, to reach 3. to press, to weigh down 4. to impress, to stamp 5. to print 6. to raid, to attack 7. *k. dili* to descend (on) 8. to flood 9. (darkness, cold, pain) to set in 10. (book) to print 11. (cry) to let out, to utter 12. (blow) to bring down
**basmakalıp** *s.* 1. stereotyped 2. conventional, clichéd, commonplace
**bastıbacak** *s.* short-legged, fubsy, shorty
**bastırmak** *e.* 1. to have *(sth)* printed 2. to suppress, to extinguish 3. to beat, to overcome, to overtop, to surpass 4. (hunger) to appease 5. to hem 6. to give (an answer) swiftly 7. (bad weather, misfortune) to come all at once 8. to catch unawares, to surprise 9. to hush up, to cover (a scandal, etc.) 10. to have a book printed
**baston** *a.* walking stick, cane **baston yutmuş gibi** as stiff as a poker
**basur** *a.* piles, hemorrhoids
**baş** *a.* 1. head 2. chief, leader, head 3. beginning 4. basis 5. top, summit, crest 6. *den.* bow, prow * *s.* 1. head 2. main, chief, leading, principal **baş ağrısı** a) headache b) nuisance, pest **baş aşağı** upside down, headlong **baş başa** tête-à-tête **baş başa vermek** to put their heads together, to consult together **baş belası** nuisance, pest, plague **baş döndürücü** dazzling, dizzy, giddy **baş dönmesi** dizziness **baş edebilmek** to be able to cope (with), to manage successfully **baş edememek** to be unable to cope (with) **baş göstermek** to appear **baş göz etmek** *k. dili* to marry (off), to give in marriage **baş kaldırmak** to revolt, to rebel, to rise (against) **baş koy-**

mak to set one's heart/mind (on) **baş üstünde tutmak** to welcome **baş üstüne** with pleasure, yes **başa baş** a) on equal terms b) at par **başa çıkmak** to cope with, to be equal to, to manage successfully **başa geçmek** to reach the highest position **başa gelen çekilir** what can't be cured must be endured **başa gelmek** (something bad) to happen to **başa güreşmek** to struggle to get the best result **başı ağrımak** to have got a head *kon.* **başı belada** in trouble **başı belaya girmek** to get into trouble **başı çekmek** to take the lead, to lead **başı daralmak** to be pushed for money **başı derde girmek** to get into trouble **başı dertte** in trouble **başı dönmek** to feel dizzy/giddy **başı dumanlı** a) tipsy b) in love **başı kalabalık** busy **başın sağ olsun** please accept my condolences **başına bela olmak** to trouble, to cause trouble to, to worry **başına buyruk** independent; doing things without others' approval **başına çal** *arg.* (said when refusing a present, etc.) stick it up your ass **başına çorap örmek** to intrigue/plot against **başına dert/iş açmak** a) to borrow trouble b) to bring trouble on **başına dert etmek** to worry about **başına dikilmek** to stand over sb; to breathe down sb's neck **başına gelmek** to happen to, to befall **başına güneş geçmek** to get sunstroke **başına kakmak** to rub it in **başına vurmak** a) to intoxicate b) to muddle, to confuse **başında kavak yelleri esmek** to daydream **başından atmak** to get rid of **başından beri** all along **başından büyük işlere girişmek/kalkışmak** to bite off more than one can chew **başından geçmek** to experience **başından savmak** to get rid of, to send away **başını ağrıtmak** to annoy, to trouble, to pester **başını alıp gitmek** to go away (without letting others know) **başını bağlamak** to marry (off) **başını belaya/derde sokmak** a) to get into trouble b) to borrow trouble **başını dik tutmak** to keep one's head up **başını dinlemek**

to live quietly **başını gözünü yarmak** to make a mess of **başını kaşıyacak vakti olmamak** to be very busy **başını kurtarmak** to reach a position to support oneself **başını sokmak** to find (a place to live) **başının altından çıkmak** to be sb's doing, to be at the bottom of *sth* **başının çaresine bakmak** to save oneself, to fend for oneself, to look after oneself **başını yakmak** to get *sb* into a lot of trouble **başını yemek** a) to cause the death of b) to get *sb* into trouble **başının etini yemek** to nag, to badger, to pester **başında bulunmak** to be at the head of **başta gelmek** to lead, to be in the lead **baştan aşağı/başa** a) all along b) entirely c) throughout **baştan çıkarmak** a) to tempt b) to seduce **baştan çıkmak** to go astray **baştan savma** slipshod, shoddy, sloppy, slack

**başak** *a.* ear of grain, head, spike **Başak (burcu)** Virgo

**başaltı** *a.* 1. (wrestling) second class 2. *den.* forward crew-quarters, steerage

**başarı** *a.* success, accomplishment, achievement

**başarılı** *s.* successful

**başarısız** *s.* unsuccessful **başarısız olmak** to fail

**başarısızlık** *a.* failure

**başarmak** *e.* to accomplish, to achieve, to succeed in, to pull off

**başat** *s.* dominant

**başatlık** *a.* dominance, dominancy

**başbakan** *a.* prime minister, premier

**başbakanlık** *a.* 1. office of prime minister, premiership 2. the prime minister's office

**başbuğ** *a.* commander, chief, leader

**başçavuş** *a.* sergeant major

**başçık** *a, bitk.* anther

**başhakem** *a.* chief referee

**başhekim** *a.* head doctor

**başhemşire** *a.* head nurse

**başıboş** *s.* 1. untied, free 2. untamed 3. neglected, unattended 4. stray **başıboş bırakmak** to leave uncontrolled **başıboş dolaşmak/gezmek** to ramble, to wander

**başıbozuk** s. irregular, undisciplined
**başka** s. 1. another 2. other 3. different * be. else **başka bir deyişle** in other words **başka bir zaman** another time **başka biri** someone else; another person, another **başka yer(d)e** elsewhere **başkası/başkaları** others -**den başka** other than
**başkaca** be. 1. somewhat different 2. further
**başkaları** others
**başkalaşım** a. metamorphism
**başkalaşmak** e. to change, to grow different
**başkaldırı** a. revolt, uprising, rebellion, muting
**başkaldırmak** e. to revolt, to rebel
**başkalık** a. 1. difference 2. alteration, change
**başkan** a. president, chairman, chief
**başkanlık** a. presidency, chairmanship
**başkası** someone else
**başkâtip** a. head clerk
**başkent** a. capital
**başkilise** a. cathedral
**başkomutan** a. commander-in-chief
**başkomutanlık** a. supreme military command, High Command
**başkonsolos** a. consul general
**başkonsolosluk** a. consulate general
**başkumandan** a. commander-in-chief
**başlamak** e. to begin, to start, to commence
**başlangıç** a. 1. beginning, start 2. preface, foreword **başlangıç noktası** starting point
**başlangıçta** at first, initially, to start with
**başlatmak** e. 1. to start, to initiate, to institute 2. to cause to swear
**başlı** s. headed, having a head or knob
**başlı başına** be. on its own
**başlıca** s. principal, chief, main
**başlık** a. 1. cap, headgear, helmet 2. mim. capital 3. title, headline, heading, caption 4. money paid by the bridegroom to the bride's family, bride's price
**başmakale** a. editorial
**başmal** a. capital
**başmüdür** a. general director

**başmüfettiş** a. chief inspector
**başoyuncu** a. featured actor/actress, leading player
**başöğretmen** a. (school) principal
**başörtü(sü)** a. head scarf
**başparmak** a. thumb
**başpiskopos** a. archbishop
**başrol** a. lead, leading role
**başsağlığı** a. condolence **başsağlığı dilemek** to give sb one's condolences
**başsavcı** a. attorney general
**başsız** s. 1. headless 2. leaderless
**başşehir** a. capital
**baştan** be. from the beginning, again **baştan aşağı** a) from head to foot, from top to bottom b) entirely, throughout **baştan başa** be. entirely, through and through, from first to last
**başucu** a. 1. head, bedside 2. gökb. zenith
**başuzman** a. chief expert, chief specialist
**başvurmak** e. 1. to apply 2. to have recourse to 3. to resort 4. to appeal to
**başvuru** a. application, request **başvuru formu** application form **başvuru kitabı** reference book **başvuruda bulunmak** to make an application
**başyazar** a. editor, editorial writer
**başyazarlık** a. editorship
**başyazı** a. editorial
**başyazman** a. chief clerk
**batak** a. swamp, marsh * s. 1. swampy, marshy 2. bad **batağa saplanmak** to bog down; to get into a dilemma
**batakçı** a. bad payer, knocker
**batakhane** a. gambling den, den of thieves, joint, clip-joint
**bataklık** a. bog, marsh, swamp, fen, moor
**batarya** a, ask, elek. battery
**bateri** a, müz. drums
**baterist** a. drummer
**batı** a. 1. (the) west 2. the West, the Occident * s. 1. western 2. Occidental
**batık** s. sunk, sunken, submerged
**batıl** s. 1. superstitious 2. unreasoning **batıl inanç/itikat** superstition, superstitious belief
**batılı** s. Occidental, western * a. Occiden-

tal, westerner
batılılaşma *a.* westernization
batılılaşmak *e.* to become westernized
batılılaştırmak *e.* to westernize
batın *a, esk.* 1. abdomen 2. generation
batırmak *e.* 1. to sink; to founder 2. to submerge 3. to dip, to dunk 4. to stick, to thrust, to immerse 5. to ruin 6. to disparage 7. to dirty 8. *k. dili* to ruin, to spoil
batış *a.* 1. sinking 2. (sun) setting 3. decline, downfall
batik *a.* batik
batiskaf *a.* bathyscaph
batkı *a.* bankruptcy
batkın *a, s.* bankrupt
batkınlık *a.* bankruptcy
batmak *e.* 1. to sink 2. to founder 3. to submerge 4. to be ruined 5. to go bankrupt 6. (sun) to sink, to set, to go down 7. *k. dili* to go bust 8. to prick 9. to get dirty 10. to hurt, to offend 11. to disturb **bata çıka** with difficulty **battı balık yan gider** in for a penny, in for a pound
battal *s.* 1. large and clumsy, oversize 2. useless, void, abrogated, canceled
battaniye *a.* blanket
bavul *a.* suitcase, trunk
bay *a.* 1. Mr., Sir 2. gentleman
bayağı *s.* 1. coarse, vulgar, low 2. ordinary, plain, common * *be.* quite, simply, just, entirely
bayağı kesir *a.* common fraction
bayağılaşmak *e.* to become vulgar
bayağılık *a.* vulgarity; banality
bayan *a.* 1. Mrs., Miss, Ms. 2. lady, madame
bayat *s.* 1. stale, old 2. trite, corny
bayatlamak *e.* to get stale
baygın *s.* 1. unconscious 2. languorous, faint, languid 3. amorous, fond **baygın düşmek** to get very tired
baygınlık *a.* fainting fit, swoon, faint **baygınlık geçirmek** to feel faint, to have a blackout
bayılmak *e.* 1. to faint 2. to feel faint 3. *k. dili* to love, to adore, to go crazy over, to be fond of, to fall for 4. *arg.* (money) to pay up, to shell out, to cough up **bayıla**

bayıla willingly, eagerly
bayıltıcı *s.* 1. (smell, taste) sickly, nauseating, causing to faint 2. narcotic, anaesthetic
bayıltmak *e.* 1. to make swoon, to cause to faint 2. to anaesthetize
bayındır *s.* developed
bayındırlaştırmak *e.* 1. to improve, to build up 2. to provide public services (for)
bayındırlık *a.* 1. prosperity 2. public works
bayır *a.* slope, ascent
bayi *a.* vendor, seller, dealer
baykuş *a.* owl
bayrak *a.* flag, standard, colours **bayrak çekmek** to hoist the flag **bayrak dikmek** to plant a flag **bayrak direği** flagstaff, flagpole, mast **bayrak yarışı** relay race
bayram *a.* Bairam, (religious) festival, holiday **bayram etmek** to be delighted, to be greatly pleased, to be overjoyed **bayram havası** a holiday atmosphere, a festive air **bayramdan bayrama** rarely, very seldom, once in a blue moon **bayramınız kutlu olsun!** happy Bairam!
bayramlaşmak *e.* to exchange Bairam greetings
baytar *a.* veterinary surgeon, vet
baz *a.* base
bazal *s, kim.* basic
bazalt *a.* basalt
bazen *be.* sometimes, now and then
bazı *s.* some, certain **bazı bazı** now and then, from time to time, sometimes **bazısı/bazıları** a) some of them b) some people, some
bazilika *a.* 1. basilica 2. royal palace
bazlama(ç) *a.* flat bread baked on an iron sheet
bazuka *a.* bazooka
be *ünl, k. dili* hey! man! buddy!
bebek *a.* 1. baby 2. doll **bebek beklemek** to be pregnant **bebek bezi** nappy *İl. kon.*, napkin *İl.*, diaper *Al.* **bebek gibi** a) (woman) beautiful b) babyish, babylike, like a baby

**bebeklik** *a.* babyhood
**beceri** *a.* 1. skill, ability 2. *sp.* agility
**becerikli** *s.* skilful, adroit, resourceful, efficient, capable, clever, dexterous
**beceriklilik** *a.* skill, adroitness, dexterity
**beceriksiz** *s.* 1. clumsy, unskillful, awkward, incapable, incompetent 2. ineffectual, unsuccessful
**beceriksizlik** *a.* clumsiness, incompetence, incompetency, improficiency; awkwardness
**becermek** *e.* 1. to carry out successfully, to manage 2. *k. dili* to break up, to mess up, to ruin 3. *arg.* to seduce; to lay, to make
**bedava** *s.* 1. free, gratis, gratuitous 2. *arg.* buckshee \* *be.* gratis, for free, for nothing **bedava sirke baldan tatlıdır** free vinegar is sweeter than honey
**bedavacı** *a, k. dili* freeloader, sponger
**bedbaht** *s.* unlucky, unfortunate, unhappy
**bedbin** *s.* pessimistic
**beddua** *a.* curse, malediction, imprecation **beddua etmek** to curse
**bedel** *a.* 1. equivalent, substitute 2. price, value, worth **-e bedel** worth ...
**beden** *a.* 1. body 2. trunk 3. (garment) size **beden eğitimi** physical training, gym
**bedenen** *be.* physically
**begonya** *a.* begonia
**beğeni** *a.* taste, liking
**beğenilmek** *e.* to win approval
**beğenmek** *e.* 1. to like, to admire, to approve of, to be pleased (with) 2. to choose, to prefer, to select
**beğenmemek** *e.* 1. to disapprove (of) 2. to belittle
**beher** *s.* each, per
**bej** *a, s.* beige
**bek** *a.* 1. (gas) burner 2. (football) back
**bekâr** *s.* single, unmarried, bachelor
**bekâret** *a.* virginity, maidenhood **bekâret kemeri** chastity belt **bekâretini kaybetmek** to lose one's virginity
**bekârlık** *a.* bachelorhood, celibacy
**bekçi** *a.* 1. (night) watchman 2. guard, sentry

**bekleme** *a.* waiting, wait **bekleme odası/salonu** waiting room
**beklemek** *e.* 1. to wait (for) 2. to expect 3. to guard, to watch (over)
**beklemesiz** *s.* express
**beklenmedik** *s.* unexpected
**beklenti** *a.* expectation
**bekleşmek** *e.* to wait together
**bekletmek** *e.* 1. to make (sb) wait, to keep sb waiting 2. to delay, to postpone
**bektaşiüzümü** *a.* gooseberry
**bel**[1] *a.* 1. waist 2. loins 3. sperm, come 5. mountain pass **bel ağrısı** lumbago **bel bağlamak** to rely on, to trust **bel vermek** to bulge, to sag **beli bükük** unlucky, helpless **beli gelmek** *arg.* to ejaculate, to come off, to come **belini bükmek** a) (years) to bend double b) to weigh heavily on, to ruin, to cripple **belini doğrultmak** to recover
**bel**[2] *a.* 1. spade 2. digging fork
**bela** *a.* 1. calamity, misfortune, evil, trouble 2. nuisance, plague, pest **bela aramak** to look for trouble **bela çıkarmak** to make trouble, to cause a row **bela okumak** to curse **belasını bulmak** to get one's deserts **belaya girmek/çatmak** to run into trouble **belaya sokmak** to make trouble for, to get (sb) into trouble **belaya uğramak** to meet with misfortune
**belalı** *s.* 1. calamitous, troublesome 2. toughy, bully
**belde** *a.* city
**belediye** *a.* municipality **belediye başkanı** mayor **belediye binası** town hall **belediye meclisi** town council
**belediyeci** *a.* municipal employee
**beleş** *s, arg.* free, buckshee
**beleşçi** *a, arg.* freeloader, sponger, cadger
**belge** *a.* document, certificate
**belgelemek** *e.* to document
**belgeli** *s.* dismissed from school for repeated failures
**belgesel** *s.* documentary \* *a.* documentary film
**belgin** *s.* clear, precise
**belginlik** *a.* clarity, precision

belgisiz *s.* 1. indeterminate, vague 2. *dilb.* indefinite **belgisiz adıl** indefinite pronoun **belgisiz sıfat** indefinite adjective **belgisiz tanımlık** indefinite article
belgit *a.* 1. receipt 2. proof, evidence
belirgin *s.* clear, evident
belirginleşmek *e.* to become clear, to become evident
belirginlik *a.* clarity
belirleme *a.* designation, determination
belirlemek *e.* to designate, to determine
belirli *s.* determined, certain, definite **belirli belirsiz** dim, indistinct
belirmek *e.* to appear, to become visible, to loom
belirsiz *s.* 1. unknown, uncertain, indefinite, undetermined 2. imperceptible
belirsizlik *a.* indefiniteness
belirteç *a, dilb.* adverb
belirti *a.* 1. sign, symbol 2. symptom
belirtili *s.* 1. qualified by an adjective 2. defined **belirtili nesne** qualified noun **belirtili tamlama** possessive construction
belirtisiz *s.* undefined, unqualified **belirtisiz nesne** unqualified noun **belirtisiz tamlama** indeterminate genitival construction
belirtmek *e.* 1. to state, to make clear 2. to determine
belit *a.* axiom
belkemiği *a.* 1. *anat.* spine, backbone 2. *mec.* fundamental part, foundation
belki *be.* perhaps, maybe **belki de** it's possible that ..., maybe
bellek *a.* memory **belleğini yitirmek** to lose one's memory
bellemek *e.* 1. to learn by heart, to memorize 2. to suppose, to think 3. to dig with a spade
belleten *a.* bulletin, notice
belli *s.* 1. evident, obvious, known, clear 2. certain, definite **belli başlı** a) principal, chief, main b) certain, definite **belli belirsiz** hardly visible **belli etmek** to show, to reveal **belli olmak** to become perceptible, to become clear **belli olmaz** One never knows. It all depends.
belsoğukluğu *a.* gonorrhea, gonorrhoea,

*arg.* the clap
bembeyaz *s.* pure white, snow-white
ben *adl.* I, me * *a.* 1. mole, beauty-spot 2. *ruhb.* ego
bence *be.* as for me, in my opinion, as far as I'm concerned, I think
benci *s.* self-satisfied, smug
bencil *s.* selfish, egoistic
bencilik *a.* 1. egotism 2. egoism
bencilleşmek *e.* to be selfish
bencillik *a.* selfishness, egoism **bencillik etmek** to act selfishly, to be selfish
benek *a.* 1. spot, speck, freckle 2. *gökb.* sunspot **benek benek** speckled, spotted
benekli *s.* spotted, speckled
bengisu *a.* water of life
beni *adl.* me
benim *s.* my * *adl.* mine
benimki *adl.* mine
benimsemek *e.* 1. to appropriate to oneself, to make one's own, to consider one's own 2. to adopt, to assume, to claim
beniz *a.* colour of the face, complexion **benzi atmak** to grow pale **benzi sararmak** to grow pale (from illness)
benlik *a.* 1. conceit, self-respect 2. egotism 3. personality, ego
benlikçi *a.* egotist * *s.* egotistic
bent *a.* 1. dam, dike, weir 2. paragraph, article
benzemek *e.* to resemble, to look like
benzer *s.* similar, like, resembling
benzerlik *a.* similarity, resemblance, likeness, similitude
benzersiz *s.* unique, matchless
benzeş *a.* like one another, mutually similar
benzeşim *a.* resemblance, similarity
benzeşme *a, dilb.* assimilation
benzeşmek *e.* to resemble each other
benzeşmezlik *a.* dissimilation
benzeti *a.* comparison, simile, metaphor
benzetme *a.* 1. imitation 2. *yaz.* simile
benzetmek *e.* 1. to mistake (for) 2. to compare to, to liken 3. to ruin, to break, to smash 4. *k. dili* to beat, to trash
benzeyiş *a.* resemblance, similarity

**B**

benzin *a.* gasoline, petrol, benzine **benzin almak** to tank up **benzin deposu** petrol tank, gas tank **benzin istasyonu** filling station, petrol station, service station, gas station *Al.*

benzinci *a.* filling station, petrol station

benzol *a.* benzol

beraat *a, huk.* acquittal **beraat etmek** to be acquitted **beraat ettirmek** to acquit

beraber *be.* 1. together, accompanying 2. equal, level, in a line **berabere kalmak** *sp.* to draw, to tie

berabere *s.* drawn

beraberlik *a.* 1. unity, cooperation 2. *sp.* draw, tie

berbat *s.* 1. awful, terrible, dreadful 2. spoilt, ruined **berbat etmek** to spoil, to ruin, to wreck; to mess up **berbat olmak** to be spoilt, to be ruined

berber *a.* 1. barber 2. hairdresser

berberlik *a.* the profession of a barber, hairdressing

berduş *a.* vagabond, tramp, hobo, bum * *s.* vagrant

bere *a.* 1. beret 2. bruise

bereket *a.* 1. abundance, fertility, increase 2. blessing, divine gift 3. *k. dili* rain **bereket versin** (said by a person who receives money to the other) thank you **bereket versin (ki)** fortunately, luckily, thank God

bereketli *s.* blessed, fruitful, fertile, abundant

bereketsiz *s.* unfruitful, scanty, infertile, barren

berelemek *e.* to bruise

bergamot *a.* bergamot

beri *a.* the near side * *be.* this way * *ilg.* since; for **beri gel** come near!

beriberi *a, hek.* beriberi

beriki *adl.* the nearest, the nearer one, this one, the last mentioned

berilyum *a.* beryllium

berk *s.* 1. hard, solid, firm, 2. strong, firm

berkelyum *a.* berkelium

berkitmek *e.* to strengthen, to reinforce

bermuda *a.* Bermuda shorts

berrak *s.* clear, limpid

berraklaşmak *e.* to become clear, to be limpid

berraklık *a.* clearness, limpidity

bertaraf *s.* aside, out of the way **bertaraf etmek** to get rid of, to remove, to do away with, to eliminate

besbelli *s.* obvious, very clear * *be.* evidently

besi *a.* 1. fattening 2. nutrition, nourishing

besici *a.* breeder, stockbreeder

besili *s.* (animal) fat, fleshy, well-fed

besin *a.* nourishment, nutriment, food **besin maddesi** foodstuff

besisuyu *a.* sap

besleme *a.* 1. feeding, nourishing 2. girl servant brought up in the household

beslemek *e.* 1. to feed, to nourish 2. (animal) to fatten 3. to keep, to support, to maintain 4. to cherish, to nurse, to harbour

beslenmek *e.* 1. to be nourished 2. to take nourishment

besleyici *s.* nutritive, nutritious

beste *a.* tune, melody, composition

besteci *a.* composer

bestekâr *a.* composer

bestelemek *e.* to compose, to set to music

beş *a, s.* five **beş aşağı beş yukarı** after some haggling, approximately **beş para etmez** worthless, good for nothing, useless **beş paralık** useless; spoilt, ruined **beş parasız** broke, penniless; poor **beşer beşer** by fives

beşer *a.* man, mankind

beşeri *s.* human

beşeriyet *a.* mankind, humanity

beşgen *a.* pentagon

beşik *a.* cradle

beşinci *s.* fifth

beşiz *s.* quintuplet, quin

beşli *s.* fivefold, having five parts * *a. isk.* the five

beştaş *a.* jackstones, jacks

bet *s.* ugly, unseemly

beter *s.* worse **beterin beteri** the worst

beti *a.* figure, shape

betik *a.* book, letter, document

betimleme *a.* description

betimlemek *e.* to describe

betimsel *s.* descriptive

beton *a.* concrete **beton gibi** very strong

betonarme *a.* reinforced concrete

bevliye *a.* urology

bevliyeci *a.* urologist

bey *a.* 1. gentleman, sir 2. (after a first name) Mr. 2. prince, ruler 2. master 3. *isk.* ace

beyan *a.* declaration, announcement **beyan etmek** to declare, to announce

beyanat *a.* statement, declaration

beyanname *a.* declaration, written statement, manifest

beyaz *s.* white * *a.* 1. white 2. white, white person 3. *arg.* heroin, snow **Beyaz Saray** the White House

beyazımsı *s.* whitish

beyazlamak, beyazlaşmak *e.* 1. to get white 2. (hair) to go grey

beyazlaşmak *e.* 1. to whiten, to get white 2. (saç) to go grey

beyazlatmak *e.* to whiten, to bleach

beyazlık *a.* whiteness

beyazperde *a.* 1. movie screen 2. the movies, the cinema

beyazpeynir *a.* soft white cheese

beyefendi *a.* sir

beygir *a.* horse, packhorse, carthorse

beygirgücü *a.* horsepower

beyhude *be.* in vain * *s.* vain, futile, useless

beyin *a.* 1. brain 2. mind, brain, brains **beyin göçü** brain drain **beyin kanaması** cerebral hemorrhage **beyin yıkama** brainwashing **beyin yıkamak** to brainwash **beyni sulanmak** to become senile **beyninden vurulmuşa dönmek** to be shocked

beyincik *a.* cerebellum

beyinsel *s.* cerebral

beyinsiz *s.* brainless, stupid

beyit *a.* couplet, distich

beylik *s.* 1. belonging to the State, governmental 2. conventional, stereotyped, commonplace, trite * *a.* principality

beynelmilel *s.* international

beysbol *a.* baseball

beyzi *s.* oval, elliptical

bez *a.* 1. cotton material, cloth 2. dust-

cloth 3. *anat.* gland

bezdirici *s.* tiresome, irksome, wearying, tedious

bezdirmek *e.* to sicken, to plague, to harass, to tire out, to weary

beze *a.* 1. *anat.* gland 2. lump of dough 3. macaroon

bezek *a.* ornament, decoration

bezelye *a.* pea, peas

bezeme *a.* adornment, decoration

bezemek *e.* to deck, to adorn, to embellish, to decorate

bezenmek *e.* 1. to decorate oneself 2. to be adorned

bezeyici *a.* decorator

bezgin *s.* weary (of)

bezginlik *a.* weariness, lethargy

bezik *a.* bezique

bezir *a.* 1. linseed oil 2. flaxseed

bezmek *e.* to get tired (of), to be fed up (with)

bıçak *a.* knife **bıçak altına yatmak** to have an operation **bıçak çekmek** to threaten with a drawn knife **Bıçak kemiğe dayandı.** It's not bearable/tolerable any more

bıçaklamak *e.* to stab, to knife

bıçkı *a.* 1. two-handed saw, bucksaw 2. saddler's knife

bıçkın *a.* tough, toughy * *s.* brave, fearless

bıdık *s.* squat, tubby

bıkkın *s.* tired (of), sick (of), bored, fed-up

bıkkınlık *a.* weariness, boredom **bıkkınlık gelmek** to be fed up, to be tired, to be sick **bıkkınlık vermek** to tire out, to weary

bıkmak *e.* to be tired (of) to be sick (of), to be fed up (with), to get bored (with), to sicken of

bıktırmak *e.* to sicken, to weary, to tire out, to plague

bıldırcın *a.* quail

bıngıl bıngıl *s.* fat and quivering like jelly

bıngıldak *a, anat.* fontanel, fontanelle

bırakmak *e.* 1. to leave 2. to abandon 3. to quit 4. to stop 5. to give up 6. to cease 7. to let, to allow 8. to let go 9. to set free, to release 10. to forgo, to for-

**B**

sake 11. to desert 12. to relinquish 13. to bequeath 14. to put 15. to fail (a student) 16. to bring (profit) 17. (beard, moustache) to grow

**bıyık** *a.* 1. moustache 2. *hayb.* whisker 3. *bitk.* tendril **bıyık altından gülmek** to laugh up one's sleeve **bıyık bırakmak** to grow a moustache

**bıyıklı** *s.* having a moustache, moustached

**bıyıksız** *s.* without a moustache

**bızdık** *a, arg.* child, kiddy, tot

**bızır** *a.* clitoris

**biber** *a.* pepper **biber dolması** stuffed green pepper(s)

**biberiye** *a.* rosemary

**biberli** *s.* peppered, peppery

**biberlik** *a.* pepper-pot, pepper-shaker

**biberon** *a.* feeding bottle

**bibliyografya** *a.* bibliography

**bibliyomani** *a.* bibliomania

**biblo** *a.* knick-knack, trinket

**biçare** *s.* poor, wretched, helpless

**biçem** *a.* style

**biçerbağlar** *a.* reaper, binder

**biçerdöver** *a.* combine

**biçim** *a.* 1. shape, form 2. way, manner

**biçimbilim** *a.* morphology

**biçimbirim** *a, dilb.* morpheme

**biçimci** *a.* formalist

**biçimcilik** *a.* formalism

**biçimlendirmek** *e.* to give shape to, to put into a form

**biçimlenmek** *e.* to take shape, to shape up

**biçimli** *s.* well-shaped, well-cut, trim

**biçimsel** *s.* formal

**biçimsiz** *s.* 1. ill-shaped, ugly 2. unsuitable, improper, awkward 3. deformed

**biçimsizleşmek** *e.* 1. to become unshapely 2. to become deformed

**biçimsizlik** *a.* 1. unshapeliness 2. deformity

**biçme** *a.* 1. cut, cutout 2. *mat.* prism 3. cut stone

**biçmek** *e.* 1. to cut 2. to cut up, cut out 3. to reap, to mow 4. to estimate

**bidon** *a.* 1. oil drum, metal barrel 2. plastic jerry can

**biftek** *a.* beefsteak, steak

**bigudi** *a.* hair curler

**bihaber** *s.* unaware (of), ignorant (of), uninformed

**bikarbonat** *a.* bicarbonate

**bikini** *a.* bikini

**bilakis** *be.* on the contrary

**bilanço** *a.* balance, balance sheet

**bilardo** *a.* billiards

**bildik** *s.* known, not a stranger * *a.* acquaintance

**bildirge** *a.* written statement, declaration

**bildiri** *a.* communique, announcement

**bildirim** *a.* announcement, notice, decleration

**bildirişim, bildirişme** *a.* communication

**bildirmek** *e.* to tell, to inform, to notify

**bile** *be.* 1. even 2. already

**bileği** *a.* hone, grindstone

**bileğitaşı** *a.* whetstone

**bilek** *a.* wrist

**bilemek** *e.* to sharpen, to whet, to grind

**bileşen** *a.* component

**bileşik** *s.* compound **bileşik faiz** compound interest **bileşik kesir** compound fraction **bileşik sözcük** compound word

**bileşim** *a.* composition

**bileşke** *a.* resultant

**bileşmek** *e, kim.* to combine

**bileştirmek** *e.* to compound, to combine

**bilet** *a.* ticket **bilet gişesi** ticket window, box office, ticket booth **bilet kesmek** to sell tickets

**biletçi** *a.* 1. ticket seller 2. ticket collector, conductor

**bileyici** *a.* knife grinder

**bilezik** *a.* 1. bracelet 2. metal ring

**bilge** *s.* learned, wise, sagacious * *a.* wise man; scholar

**bilgelik** *a.* sagacity, wisdom

**bilgi** *a.* 1. knowledge 2. information **bilgi almak** to get information **bilgi edinmek** to obtain information **bilgi kuramı** epistemology **bilgi vermek** to give information, to inform

**bilgicilik** *a.* sophism

**bilgiç** *a.* pedant * *s.* pedantic

**bilgiçlik** *a.* pedantry **bilgiçlik taslamak** to be a smart aleck

603

bir

bilgiişlem *a.* data-processing
bilgili *s.* well-informed, learned
bilgilik *a.* encyclopaedia
bilgin *a.* scholar, scientist
bilgisayar *a.* computer
bilgisiz *s.* 1. ignorant 2. uninformed
bilgisizlik *a.* ignorance
bilhassa *be.* especially, particularly
bili *a.* knowledge, information
bilim *a.* science **bilim adamı** scientist
bilimkurgu *a.* science fiction
bilimsel *s.* scientific
bilinç *a.* the conscious, consciousness
  **bilincinde olmak** to be conscious of
bilinçaltı *a.* the subconscious
bilinçdışı *a.* the unconscious
bilinçlenmek *e.* to become conscious
bilinçli *s.* conscious
bilinçlilik *a.* consciousness
bilinçsiz *s.* unconscious
bilinçsizce *be.* unconsciously
bilinçsizlik *a.* unconsciousness
bilinemezci *a, s.* agnostic
bilinemezcilik *a.* agnosticism
bilinmeyen *s.* unknown
bilinmez *s.* 1. unknown 2. unidentified
bilirkişi *a.* expert
bilirkişilik *a.* expertise
bilişim *a.* data processing
billur *a.* crystal
billurlaşmak *e.* to crystallize
billurlu *s.* crystalline
bilmece *a.* riddle, puzzle
bilmek *e.* 1. to know 2. to guess (right) 3.
  to remember 4. to recognize 5. to con-
  sider, to regard as **bildiğim kadarıyla**
  as far as I know, for all I know **bildiğini
  okumak/yapmak** to go/take one's own
  way **bile bile** purposely, on purpose,
  intentionally, knowingly **bilemedin** at
  (the) most, or **bilerek** purposely, on
  purpose, deliberately **bilmeden** uninten-
  tionally
bilmezlik *a.* ignorance **bilmezlikten
  gelmek** to pretend not to know
bilumum *s.* in general, all
bilya *a.* 1. marble 2. *tek.* ball
bilye *a.* 1. marble 2. *tek.* ball
bin *a, s.* thousand **bin bir** great many, all

kinds of **bin pişman olmak** to be very
sorry, to regret greatly **binde bir** *k. dili*
once in a blue moon, very rarely **bini bir
paraya** a) many, a lot of, lots of b) dirt
cheap **binlerce** thousands of
bina *a.* building, edifice, structure **bina
  etmek** a) to build, to construct b) to
  base *(sth)* on **bina vergisi** building tax
binbaşı *a.* major; *den.* commander;
  (hava) squadron leader
bindi *a.* support, bearer
bindirim *a.* increase in price
bindirme *a.* 1. overlap 2. projection 3.
  corbel
bindirmek *e.* 1. to add on 2. to overlap 3.
  to see *(sb)* aboard, to put *(sb)* on 4. to
  collide (with), to run into, to bump into
binek *a.* mount, saddle beast **binek atı**
  saddle horse
binici *a.* rider, horseman
binicilik *a.* horsemanship, horse-riding
bininci *s.* thousandth
binlik *a.* a thousand lira banknote
binmek *e.* 1. to get on, to get into 2. to
  board 3. to mount 4. to ride 5. to overlap
  6. to be added
bir *s.* 1. *a,* an 2. one 3. unique 4. the
  same 5. united * *be.* 1. once 2. only,
  alone 3. just **bir an** for a moment **bir an
  önce** as soon as possible **bir ara** for a
  moment **bir arada** all together **bir araya
  gelmek** to come together, to gather **bir
  ayağı çukurda olmak** to have one foot
  in the grave **bir bakıma** in one respect,
  in one way, kind of **bir baltaya sap
  olamamak** to be unable to find a job **bir
  başına** all alone **bir bir** one by one **bir
  çırpıda** at once, in a jiffy/tick **bir daha**
  one more, once again, again **bir dakika**
  a) a minute b) just a minute **bir de** in
  addition to, and also **bir defa** once **bir
  defalık** for once only **bir derece** to a
  certain extent **bir gün** one day, some
  day **bir kapıya çıkmak** to come to the
  same result **bir kat daha** still more **bir
  kere** once **bir miktar** some, a little **bir
  parça** a bit **bir saniye** a) one second b)
  just a moment!, just a second! **bir süre**
  awhile, for a time **bir sürü** lots of, heaps

**B**

of **bir şey** something **bir şey değil** You are welcome. Don't mention it. That's all right. Not at all. **bir tutmak** to consider equal **bir türlü** in one way or another **bir varmış bir yokmuş** once upon a time **bir yer** somewhere **bir yer(d)e** a) somewhere, someplace *Al.* b) anywhere **bir zamanlar** at one time, once, once upon a time

bira *a.* beer

birader *a.* 1. brother 2. *k. dili* buddy, mate, man

birahane *a.* pub, beerhouse

biraz *s.* a little, some **biraz sonra** a little later

birazcık *s.* a little bit

birazdan *be.* in a little while, a little later, soon

birbiri *adl.* each other, one another **birbiri ardınca** one after the other **birbirine düşmek** to start quarrelling **birbirine düşürmek** to set at loggerheads **birbirine katmak** to set at loggerheads **birbirini yemek** to be constantly quarreling with each other

birçoğu *adl.* most (of them)

birçok *s.* many, a lot of, lots of

birden *be.* 1. suddenly, at once 2. at a time, in one lot

birdenbire *be.* suddenly

birdirbir *a.* leapfrog

birebir *s.* the most efficacious, *k. dili* just the job

birer *s.* one apiece, one each **birer birer** one by one

bireşim *a.* synthesis

bireşimli *s.* synthetic

birey *a.* individual

bireyci *s.* individualistic

bireycilik *a.* invidualism

bireyleşme *a.* individualization

bireyleştirmek *e.* to individualize

bireylik *a.* individuality

bireysel *s.* individual

bireysellik *a.* individualism

birgözeli *s, biy.* unicellular, one-celled

biri *adl.* 1. one (of them) 2. somebody, someone

biricik *s.* unique, only, sole

birikim *a.* 1. accumulation, buildup, aggregation 2. deposition

birikinti *a.* accumulation, heap

birikmek *e.* 1. to accumulate 2. to pile up 3. to mass 4. to collect (together), to gather

biriktirmek *e.* 1. to save (up) 2. to accumulate 3. to collect 4. to gather 5. to mass

birileri *adl.* some people

birim *a.* unit

birinci *s.* first * *a.* champion **birinci elden** at first hand **birinci gelmek/olmak** to be the first **birinci mevki** first class **birinci sınıf** a) first-class b) first-rate, excellent c) first grade (at school)

birincil *s.* primary

birincilik *a.* first rank, first place, championship

birisi *adl.* 1. one (of them) 2. somebody, someone

birkaç *s.* a few, some, several

birkaçı *adl.* (a) few of

birleşen *s.* concurrent

birleşik *s.* 1. united, joint 2. compound, composite

birleşim *a.* 1. session, sitting 2. union

birleşme *a.* 1. union 2. combination 3. association, alliance 4. junction, fusion 5. unification 6. coalition 7. merger 8. conjunction 9. (sexual) intercourse, coitus

birleşmek *e.* 1. to unite 2. to join 3. to connect 4. to combine 5. to couple 6. to coalesce 7. to conjoin 8. to amalgamate 9. to merge 10. to incorporate 11. to band together 12. to confederate **Birleşmiş Milletler** United Nations

birleşmiş *s.* united

birleştirici *s.* uniting, unifying

birleştirmek *e.* 1. to unite 2. to join 3. combine 4. to connect 5. to merge 6. to confederate 7. to conjoin 8. to amalgamate 9. to band together 10. to put together 11. to attach

birli *a, isk.* ace

birlik *a.* 1. unity, oneness, accord 2. sameness, identity, equality, similarity 3. union, association, corporation 4. *ask.*

unit
birlikte *be.* together, in company, along
birtakım *s.* some, a certain number of, certain
birterimli *s, mat.* monomial
bisiklet *a.* bicycle, *k. dili* bike, pushbike **bisiklete binmek** to bicycle, to bike *kon.*
bisikletçi *a.* 1. bicycle dealer/repairer 2. bicyclist, cyclist
bisküvi *a.* biscuit
bisturi *a.* lancet
bit *a.* louse **bit kadar** tiny; very small **bit pazarı** flea market **biti kanlanmak** to get rich
bitap *s.* exhausted, feeble, weary, deadbeat, tired out, all in **bitap düşmek** to be tired out
bitaraf *s.* neutral, impartial
bitek *s.* fertile
biteviye *be.* continuously, incessantly
bitey *a.* flora
bitik *s.* 1. exhausted, worn out, broken down 2. bad, serious, in trouble
bitim *a.* ending, end
bitimli *s.* finite, limited
bitimsiz *s.* infinite, limitless
bitirim *s.* smashing, crack, smart
bitirmek *e.* 1. to finish 2. to complete, to accomplish 3. *k. dili* to exhaust, to kill, to tire out
bitiş *a.* 1. ending, end 2. finish
bitişik *s.* contiguous, adjacent, joining, touching * *a.* next-door house, neighbour
bitişken *s, dilb.* agglutinative
bitişmek *e.* 1. to join, to grow together, to become contiguous 2. to adhere, to stick
bitiştirmek *e.* to join
bitki *a.* plant **bitki örtüsü** plant cover
bitkibilim *a.* botany
bitkibilimci *a.* botanist
bitkin *s.* exhausted, worn out, tired out
bitkinlik *a.* exhaustion
bitkisel *s.* vegetable, vegetal **bitkisel hayat/yaşam** *hek.* cabbage/vegetable existence
bitlenmek *e.* to be infested with lice

bitli *s.* infested with lice, lousy
bitmek *e.* 1. to finish, to end, to be over 2. to run out, to be used up 3. *k. dili* to be exhausted 4. to grow, to sprout 5. *k. dili* to fall for, to be fond of
bitpazarı *a.* flea market
bityeniği *a.* something fishy, catch, trick
biyografi *a.* biography
biyokimya *a.* biochemistry
biyolog *a.* biologist
biyoloji *a.* biology
biyolojik *s.* biological
biyopsi *a.* biopsy
biyosfer *a.* biosphere
biz[1] *adl.* we
biz[2] *a.* awl, bradawl
bize *adl.* (to) us
bizi *adl.* us
bizim *s.* our
bizimki *adl.* ours
bizmut *a.* bismuth
bizon *a.* bison
bizzat *be.* personally, in person
blok *a.* 1. block 2. writing-pad
blokaj *a.* blockage, blocking
bloknot *a.* writing-pad
blöf *a.* bluff **blöf yapmak** to bluff
blöfçü *a.* bluffer
blucin *a.* blue-jeans, jeans
bluz *a.* blouse
boa *a, hayb.* boa
bobin *a.* bobbin, spool, coil, reel
boca *a, den.* lee (side)
bocalamak *e.* to falter, to flounder, to stumble, to waver, to vacillate
bocurgat *a, den.* capstan
bodoslama *a, den.* sternpost
bodrum *a.* cellar **bodrum katı** basement
bodur *s.* 1. chunky, stumpy 2. (trees, etc.) dwarfish
boğa *a.* bull **Boğa (burcu)** Taurus **boğa güreşi** bullfight **boğa güreşçisi** bullfighter, toreador, matador
boğak *a.* angina
boğaz *a.* 1. throat 2. gullet, esophagus 3. (bottle) neck 4. pass, defile 5. *coğ.* strait **boğaz ağrısı** sore throat **boğaz boğaza gelmek** to have a violent quarrel, to be at one another's throats **boğaz toklu-**

**B**

ğuna çalışmak to work for one's board **boğazı düğümlenmek** to have a lump in one's throat **boğazına dizilmek** to lose one's appetite (due to worry) **boğazına düşkün** gourmet, gluttonous **boğazında kalmak** to stick in one's throat **boğazından kesmek** to cut down expenses on food **boğazını sıkmak** to throttle, to choke, to strangle

Boğaz(içi) a. the Bosphorus

boğazlamak e. 1. to throttle, to strangle, to choke 2. to cut sb's throat 3. to slaughter, to kill

boğmaca a. whooping-cough

boğmak e. 1. to choke, to strangle, to smother 2. to suffocate, to asphyxiate 3. to drown (in) 4. to constrict by binding 5. to overwhelm (with), to load, to heap

boğucu s. 1. suffocating, stifling 2. boiling hot, broiling, very hot

boğuk s. hoarse, raucous

boğuklaşmak e. (voice) to get hoarse

boğulmak e. 1. to be suffocated, to be strangled, to be choked 2. to be drowned, to drown 3. (engine) to be flooded

boğum a. 1. node 2. articulation, joint

boğumlu s. 1. having nodes, knotty 2. dilb. articulated

boğuntu a. 1. suffocation 2. cheating, duping **boğuntuya getirmek** arg. to prevaricate; to gull (sb)

boğuşmak e. 1. to quarrel, to fight 2. to struggle, to tussle, to grapple

bohça a. bundle, package

bohem a, s. bohemian

bok a, kab. shit, crap * s. 1. bloody, damn 2. shitty **bok atmak** to throw mud (at) **bok etmek** to bugger (up), to fuck (up), to murder, to mess up, to ball(s) up **bok ye** piss off! fuck off! eat shit! **bok yedi başı** smart arse/aleck; snooper **bok yemek düşmek** to have no right to say/do anything (against) much **bok yoluna gitmek** to be fucked up, to be ruined, to go down the drain **boka batmak** to come to a total deadlock **boktan** a) rotten, repellent, bad, dreadful b) foolish, silly, stupid, ridiculous **boku bokuna** for

nothing, in vain **boku çıkmak** to be no more pleasant **bokunda boncuk bulmak** to dote on/upon sb though they don't deserve it

bokböceği a. dung-beetle

boklu s. shitty

boks a, sp. boxing **boks yapmak** to box

boksineği a. dung fly

boksör a, sp. boxer

bol s. 1. plentiful, abundant, copious, ample 2. loose, wide **bol bol** abundantly, amply, generously **bol keseden atmak** to be free with, to scatter promises around

bolarmak e. 1. to become plentiful 2. to get wide or loose

bolca be. amply, abundantly

bolero a. bolero

bollanmak, bollaşmak e. 1. to get wide, to get loose 2. to abound, to become plentiful

bolluk a. plenty, abundance, amplitude, profusion, opulence

bomba a. bomb **bomba gibi** a) in good condition b) well prepared

bombalamak e. to bomb

bombardıman a. bombardment **bombardıman etmek** to bombard **bombardıman uçağı** bomber

bombok s, kab. terrible, awful, dreadful

bomboş s. altogether empty

bonbon a. candy

boncuk a. bead

bone a. 1. bonnet, lady's hat 2. bathing cap

bonfile a. sirloin steak, fillet steak

bono a. bond, bill

bonservis a. certificate of good service, testimonial

bor a. boron

bora a. squall, tempest, storm

boraks a. borax

boran a. thunderstorm

borasit a. boracite

borazan a. 1. trumpet 2. trumpeter

borç a. 1. debt, loan 2. obligation, duty **borcu olmak** to owe **borç almak** to borrow **borç harç** on loan **borç vermek** to lend, to loan **borç yemek** to live on borrowed money **borca girmek** to get into debt **borçtan kurtulmak** to get out of debt **borcunu kapatmak** to pay one's debt

borçlanmak *e.* 1. to get into debt 2. to become indebted (to)

borçlu *s.* 1. indebted 2. obliged, grateful * *a.* debtor **borçlu olmak** a) to owe b) *mec.* to be in sb's debt

borçsuz *s.* without any debt

borda *a, den.* broadside

bordo *a, s.* claret red

bordro *a.* 1. payroll 2. docket, list

bornoz *a.* 1. bathrobe 2. burnoose

borsa *a.* stock exchange, exchange

boru *a.* 1. pipe, tube 2. *müz.* horn, bugle **borusu ötmek** *k. dili* to be in authority, to be domineering

boruçiçeği *a, bitk.* trumpet-flower, datura

boruyolu *a.* pipeline

bostan *a.* 1. vegetable garden, kitchen garden 2. melon field **bostan korkuluğu** a) scarecrow b) puppet, figurehead

boş *s.* 1. empty 2. vacant 3. unemployed 4. free 5. vain, futile 6. (person) ignorant 7. (tape, etc.) blank **boş atıp dolu tutmak** to make a lucky shot, to draw a bow at a venture **boş bulunmak** to be taken unawares **boş gezenin boş kalfası** loafer, idler, bum, hobo, wanderer **boş laf** wind, claptrap, hot air, gas *hkr.* **boş oturmak** a) to be without a job, to be unemployed b) to have no work to do, to be without work **boş söz** empty word, vain promise **boş vakit** a) spare time b) leisure **boş ver** Never mind *kon.* **boş vermek** not to bother (about), not to worry (about) **boş yere** a) in vain b) without grounds, without a reason **boş zaman** a) spare time b) idle time **boşa çıkmak** to come to naught, to miscarry **boşa gitmek** a) to be wasted, to go up in smoke, to go down the drain b) to be of no use **boşta** unemployed; (car) out of gear **boşu boşuna** uselessly

boşalma *a.* 1. release, unburdening 2. evacuation 3. ejaculating, coming off

boşalmak *e.* 1. to be emptied, to run out 2. (gun, battery) to discharge 3. (rope) to uncoil 4. to become free, to become vacant 5. to get unwound, to run down 6. to unburden oneself, to release one's tensions 7. to ejaculate, to come off, to come

boşaltım *a.* excretion

boşaltmak *e.* 1. to empty 2. to pour out 3. (gun) to discharge 4. to evacuate, to vacate 5. to unload, to discharge

boşamak *e.* to divorce, to repudiate

boşanma *a.* divorce

boşanmak *e.* 1. to get divorced 2. to get loose 3. (tears) to run down

boşboğaz *s.* indiscreet, rash, reckless * *a.* reckless person

boşlamak *e.* to neglect, to abandon

boşluk *a.* 1. blank 2. cavity 3. *fiz.* vacuum

Boşnak *a, s.* Bosnian

boşuna *be.* in vain

bot *a.* 1. boat 2. boot

botanik *a.* botany

botanikçi *a.* botanist

boy[1] *a.* 1. length 2. height 3. size 4. stature **boy atmak** to grow tall **boy aynası** cheval glass **boy göstermek** to appear **boy ölçüşmek** to compete **boya çekmek** to shoot up **boydan boya** all along **boyunun ölçüsünü almak** to get one's deserts

boy[2] *a.* tribe

boya *a.* 1. paint 2. dye 3. colour

boyacı *a.* 1. dyer 2. housepainter 3. dealer in paints 4. shoeblack, bootblack

boyalı *s.* 1. painted 2. dyed 3. coloured

boyama *a.* painting; dyeing; colouring * *s.* painted; dyed

boyamak *e.* 1. to paint 2. to dye (hair, cloth, etc.) 3. to colour 4. to polish, to black (shoes, boots, etc.)

boyanmak *e.* 1. to be painted 2. to dye 3. to put on make-up

boyarmadde *a.* pigment

boyasız *s.* 1. unpainted 2. uncoloured, undyed 3. (shoe) unpolished

boykot *a.* boycott **boykot etmek** to boycott

boykotçu *a.* boycotter

boylam *a.* longitude

boylanmak *e.* to grow taller

**boylu** 608

B

**boylu** s. tall **boylu boslu** tall and well developed, handsome **boylu boyunca** a) at full length b) from end to end
**boynuz** a. 1. horn 2. antler 3. antenna **boynuz takmak** k. dili to be cuckolded
**boynuzlamak** e. 1. to gore 2. to cuckold, to cheat
**boynuzlanmak** e. 1. to become horned, to grow horns 2. k. dili to be cuckolded 3. to be gored
**boynuzlu** s. 1. horned 2. cuckolded
**boysuz** s. short, not tall
**boyun** a. 1. neck 2. cervix 3. coğ. pass, col **boyun atkısı** scarf **boyun eğmek** to submit, to yield **boynu bükük** unhappy, destitute **boynu tutulmak** to have a stiff neck **boynuna sarılmak** to embrace **boynunu bükmek** to show humility, to abase oneself
**boyuna** be. 1. lengthwise, longitudinally 2. all the time, continuously
**boyunbağı** a. necktie, tie
**boyunca** be. during, down, along
**boyunduruk** a. 1. yoke 2. den. crowfoot 3. lintel 4. oppression
**boyut** a. dimension
**boz** s. 1. grey, gray 2. (land) rough, waste, uncultivated
**boza** a. thick fermented grain drink
**bozayı** a. brown bear
**bozdurmak** e. 1. to have ... changed 2. to change, to cash
**bozgun** a. rout, defeat **bozguna uğramak** to be routed, to be defeated **bozguna uğratmak** to rout, to defeat
**bozguncu** a. defeatist
**bozkır** a. steppe
**bozma** a. 1. cassation, quashing 2. spoiling 3. cancellation * s. made out of, reconstructed
**bozmadde** a, anat. grey matter
**bozmak** e. 1. to undo, to demolish, to quash 2. to change (money) 3. to spoil, to ruin, to upset, to disturb 4. to taint, to adulterate 5. to break (an oath) 6. to disconcert 7. to violate 8. to change for the worse
**bozuk** s. 1. spoilt, ruined 2. out of order, on the blink, on the bum 3. broken (down) 4. (weather) bad 5. (meat, milk) gone bad, tainted 6. corrupt, depraved 7. not virgin **bozuk çalmak** to be in a bad mood **bozuk para** small change
**bozuk düzen** s. disorganized, uncoordinated, confused
**bozukluk** a. 1. small change 2. trouble, defect 3. disorder
**bozulmak** e. 1. to spoil, to go bad, to go sour 2. to become depraved 3. to corrupt 4. to be embarrassed, to be flustered 5. to be angry/upset 6. to break down
**bozum** a, arg. embarrassment, humiliation, discomfiture **bozum etmek** k. dili to embarrass, to discomfit, to humiliate **bozum olmak** k. dili to be embarrassed, to lose face
**bozuntu** a. discomfiture, embarrassment **bozuntuya vermemek** to hide one's displeasure, to put a bold face on it
**bozuşmak** e. to fall out with, to break with
**böbrek** a. kidney **böbrek sote** sautéed kidneys **böbrek yangısı/iltihabı** nephritis
**böbreküstü bezi** a, anat. adrenal gland
**böbürlenmek** e. to boast, to brag, to crow
**böcek** a. insect, bug, beetle **böcek ilacı** insecticide
**böcekbilim** a. entomology
**böcekçil** s, hayb. insectivorous
**böcekkapan** a, bitk. flytrap
**böceklenmek** e. to become bug-infested
**böcekli** s. bug-infested, buggy
**böğür** a. side, flank
**böğürmek** e. 1. to bellow, to low 2. to roar
**böğürtlen** a. blackberry, bramble
**böğürtü** a. bellow, roar
**bölen** a, mat. divisor
**bölge** a. district, region, zone, area
**bölgeci** a. regionalist
**bölgecilik** a. regionalism, favouring a region
**bölgesel** s. regional
**bölgesellik** a. regionalism
**bölme** a. 1. division 2. partition, dividing

wall 3. compartment 4. *den.* bulkhead

bölmek *e.* 1. to divide (into) 2. to separate

bölmeli *s.* partitioned

bölü *a, mat.* divided by

bölücü *s.* 1. dividing 2. divisive * *a.* 1. divider 2. intriguer, plotter, disrupter

bölücülük *a.* divisiveness

bölük *a.* 1. *ask.* company 2. squadron 3. part, division, subdivision 4. group, body of men 5. *mat.* order

bölüm *e.* 1. part, chapter 2. portion, division 3. *mat.* quotient 4. department

bölümleme *a.* classification

bölümlemek *e.* to classify

bölünebilme *a, mat.* divisibility

bölünen *a, mat.* dividend

bölünmek *e.* 1. to be divided 2. to break up, to split

bölünmez *s.* indivisible

bölüntü *a.* part, section

bölüşmek *e.* to share, to go shares (with)

bölüştürmek *e.* to distribute, to share out, to portion out

bölüt *a.* 1. *biy.* segment, metamere 2. lot, batch

bön *s.* stupid, foolish, simple, naive **bön bön bakmak** to gawp (at), to gape (at), to gawk (at)

börek *a.* pastry, pie

börülce *a.* kidney-bean, cowpea

böyle *s, be.* so, such, thus, like this, in this way **böyle gelmiş böyle gider** That's life. It's inevitable

böylece *be.* thus, so

böylelikle *be.* in this way, thus

böylesi *s.* such *a,* this kind of

böylesine *be.* as ... as this, such

branda *a.* sailor's hammock **branda bezi** canvas

branş *a.* branch

bravo *ünl.* bravo! well done!

briç *a.* bridge

brifing *a.* briefing

briket *a.* briquette, briquet

briyantin *a.* brilliantine

brokar *a.* brocade

brom *a.* bromine

bromür *a.* bromide

bronş *a, anat.* bronchus

bronşçuk *a, anat.* bronchiole

bronşit *a, hek.* bronchitis

bronz *a.* bronze

bronzlaşmak *e.* to bronze, to get brown

broş *a.* brooch

broşür *a.* brochure

bröve *a.* 1. certificate of capabilities 2. *ask.* brevet

brüksellahanası *a.* Brussels sprout

brülör *a.* burner

brüt *s.* gross

bu *s, adl.* this **bu akşam** this evening, tonight **bu arada** a) meanwhile b) among other things **bu bakımdan** in this respect, from this point of view **bu defa** this time **bu gibi** such **bu gidişle** at this rate **bu günlerde** a) recently, nowadays b) in the near future **bu kadar** this much, to this extent **bu nedenle** therefore, so, consequently, hence **bu takdirde** so, therefore, in this case **bu yüzden** accordingly, so, therefore, that's why **buna rağmen** still, notwithstanding **bundan sonra** from now on, in future **bunun gibi** suchlike

bucak *a.* 1. corner, nook 2. subdistrict

buçuk *s.* half

budak *a.* knot (in timber)

budaklı *s.* knotty, gnarled

budala *s.* 1. stupid, silly, birdbrained, blockheaded, dumb 2. mad on, silly about * *a.* idiot, fool, gull

budalalık *a.* foolishness, stupidity, idiocy **budalalık etmek** to behave foolishly, to be silly

budamak *e.* to prune, to trim, to lop off

Budist *a, s.* Buddhist

Budizm *a.* Buddhism

budun *a.* tribe, people, nation

budunbetim *a.* ethnography

budunbilim *a.* ethnology

budunsal *s.* ethnic

bugün *a, be.* today **bugün yarın** soon **bugünden tezi yok** right now **bugüne bugün** unquestionably, sure enough **bugünlerde** in these days, nowadays, recently

bugünkü *s.* of today, today's, present

**bugünlük** *be.* for today
**buğday** *a.* wheat
**buğu** *a.* 1. vapour, steam, fog 2. mist 3. dew
**buğulama** *s.* steamed, poached
**buğulamak** *e.* to steam
**buğulanmak** *e.* to become steamed up, to mist over, to mist up
**buğulaşmak** *e.* to evaporate, to vaporize
**buğulu** *s.* 1. fogged, steamed up 2. covered with condensation 3. misty 4. dewy
**buhar** *a.* steam, vapour
**buharlaşma** *a.* evaporation
**buharlaşmak** *e.* to evaporate, to vaporize
**buharlaştırmak** *e.* to vaporize, to evaporate
**buharlı** *s.* steamy, vaporous
**buhran** *a.* crisis
**buhur** *a.* incense
**buhurdan** *a.* censer, thurible
**buji** *a.* spark(ing)-plug
**bukağı** *a.* fetter, hobble
**bukalemun** *a.* chameleon
**buket** *a.* bunch of flowers, bouquet
**bukle** *a.* hair curl, lock
**bulamak** *e.* 1. to roll *(sth)* in (flour) 2. to besmear, to bedaub (with) 3. to smear (on)
**bulandırmak** *e.* 1. to muddy, to roil 2. (stomach) to turn
**bulanık** *s.* 1. turbid, muddy 2. cloudy, overcast **bulanık suda balık avlamak** to fish in troubled waters
**bulanıklık** *a.* 1. turbidity 2. cloudiness
**bulanmak** *e.* 1. to get muddy, to get dirty 2. to become turbid, to get cloudy 3. (stomach) to be upset
**bulantı** *a.* nausea **bulantı vermek** to nauseate
**bulaşıcı** *s.* contagious, infectious **bulaşıcı hastalık** contagious disease
**bulaşık** *a.* dirty dishes * *s.* smeared over; soiled, dirty **bulaşık bezi** dishcloth **bulaşık makinesi** dishwasher **bulaşık suyu** dishwater **bulaşık yıkamak** to wash/do the dishes, to do the washing-up
**bulaşıkçı** *a.* dishwasher (person)

**bulaşkan** *s.* 1. sticky, adhesive 2. contentious, combative, troublesome
**bulaşmak** *e.* 1. to be smeared, to get dirty 2. to soil, to get sticky 3. to be infected, to spread 4. to get involved in
**bulaştırmak** *e.* 1. to smear, to smudge, to blur 2. (disease) to infect, to spread
**buldok** *a.* bulldog
**buldozer** *a.* bulldozer
**bulgu** *a.* 1. discovery 2. invention, finding
**bulgur** *a.* boiled and pounded wheat **bulgur pilavı** cracked wheat cooked with tomatoes
**bulmaca** *a.* crossword puzzle
**bulmak** *e.* 1. to find 2. to find out 3. to discover 4. to invent 5. to amount to, to reach
**bulucu** *a.* 1. discoverer 2. *tek.* detector
**buluğ** *a.* puberty **buluğa ermek** to reach puberty
**bulunç** *a.* conscience
**bulundurmak** *e.* to provide, to have present, to have in stock
**bulunmak** *e.* 1. to be found, to be discovered 2. to *be,* to exist 3. to be present (at), to participate (in)
**bulunmaz** *s.* unobtainable, rare
**buluntu** *a.* 1. a find, antique 2. foundling
**buluş** *a.* 1. invention, discovery 2. original thought
**buluşma** *a.* meeting
**buluşmak** *e.* to meet, to come together
**buluşturmak** *e.* to bring together
**bulut** *a.* cloud **bulut gibi (sarhoş)** dead drunk, blind drunk
**bulutlanmak** *e.* to get cloudy
**bulutlu** *s.* cloudy, overcast
**bulutsu** *a, gökb.* nebula
**bulutsuz** *s.* cloudless
**bulvar** *a.* boulevard
**bumburuşuk** *s.* very creased, wrinkled all over
**bun** *a.* distress, depression, boredom
**bunak** *s.* senile * *a.* dotard
**bunaklık** *a.* dotage, senility
**bunalım** *a.* 1. depression, collapse 2. crisis
**bunalmak** *e.* 1. to feel suffocated 2. to get bored, to be depressed

bunaltıcı *s.* oppressive, muggy, sultry

bunaltmak *e.* 1. to suffocate 2. to weary, to bore

bunamak *e.* to become senile, to dote

bunamış *s.* in one's dotage, dotty

bunca *s.* this much, so much **bunca zaman** for such a long time

buncağız *s.* this poor little thing

bundan *be.* from this, about this **bundan başka** besides, furthermore, in addition **bundan böyle** a) from now on, henceforth b) after this **bundan dolayı** for this reason, therefore

bunlar *adl.* these

bunun *adl.* of this **bunun üzerine** thereupon **bununla birlikte** a) in addition to this b) still, nevertheless, however

bura *adl.* this place, this spot

burada *be.* here

buradan *be.* from here

buralarda hereabout, about

buraları *adl.* these places

buralı *a.* native of this place

buram buram *be.* a lot, in great quantities

burası *adl.* this place; here

buraya *be.* here

burcu *a.* scent **burcu burcu** fragrantly, smelling sweetly

burç *a.* 1. tower, bastion 2. zodiacal constellation 3. sign (of the zodiac)

burçak *a.* vetch

burgaç *a.* whirlpool, whirlwind, vortex

burgu *a.* 1. auger, gimlet 2. corkscrew 3. screw

burjuva *a.* bourgeois

burjuvazi *a.* bourgeoisie

burkmak *e.* to twist, to sprain

burkulmak *e.* to be twisted, to be sprained

burmak *e.* 1. to twist, to wring 2. to castrate 3. (bowels) to gripe

burs *a.* scholarship, grant, bursary

buruk *s.* acrid, astringent, puckery

burulmak *a.* to be twisted

burun *a.* 1. nose 2. beak, bill 3. *coğ.* cape, promontory 4. pride, arrogance **burun burmak** to turn one's nose up at **burun buruna** close together, very

close **burun buruna gelmek** a) almost to collide with b) to come face to face **burun kanaması** nosebleed **burun kıvırmak** to turn up one's nose at **burnu büyük** haughty, conceited **burnu büyümek** to become conceited, to have a swollen head **burnu havada** conceited, arrogant **burnundan gelmek** to suffer so much after having something good **burnundan getirmek** to spoil the pleasure **burnunu silmek** to blow one's nose **burnunu sokmak** to poke one's nose into, to nose into **burnunun dibinde** under one's very nose, very close **burnunun direği kırılmak** to feel suffocated by a bad smell

burunsalık *a.* muzzle

buruş buruş very wrinkled, very crumpled **buruş buruş olmak** to be badly wrinkled

buruşmak *e.* to crinkle (up), to pucker (up), to wrinkle, to crumple

buruşturmak *e.* to pucker (up), to crinkle (up), to wrinkle, to crumple

buruşuk *s.* crinkly, wrinkled, crumpled

buruşukluk *a.* pucker, wrinkle, crease

buse *a.* kiss

but *a.* 1. thigh 2. rump

butik *a.* boutique

buut *a.* dimension

buyruk *a.* command, decree, order

buyurmak *e.* 1. to command, to order 2. to come, to go pass, to enter 3. to say, to utter

buyurun a) here you are b) help yourself

buz *a.* ice **buz gibi** icy, very cold, freezing **buz kesilmek** a) to freeze, to be frozen b) to be stunned **buz kesmek** to freeze, to feel very cold **buz tutmak** to ice up/over, to freeze

buzağı *a.* calf, fawn

buzağılamak *e.* to calve

buzçözer *a.* defroster

buzdağı *a.* iceberg

buzdolabı *a.* refrigerator, fridge

buzhane *a.* 1. ice house, ice factory 2. cold storage plant

buzkıran *a.* icebreaker

buzlanmak *e.* to get icy, to become

covered with ice, to ice up/over
**buzlu** s. 1. iced, icy 2. (glass) translucent, frosted
**buzlucam** a. frosted glass
**buzluk** a. icebox
**buzul** a. glacier **buzul çağı** ice age
**buzullaşma** a. glaciation
**buzultaş** a. moraine
**bücür** s. short, squat, fubsy
**büfe** a. 1. sideboard 2. refreshment stall, buffet 3. kiosk
**bük** a. waterside thicket
**büken** a, biy. flexor
**bükey** a, mat. curve
**büklüm** a. 1. coil, twist, curl 2. fold **büklüm büklüm** in curls, curly
**bükmek** e. 1. to bend 2. to curl, to twist, to contort 3. to fold 4. to spin, to twine
**bükük** s. bent, twisted
**bükülgen** s. flexible
**bükülmek** e. to be bent/twisted
**bülbül** a. nightingale
**bülten** a. bulletin
**bünye** a. structure, constitution
**büro** a. office, bureau, bureaux
**bürokrasi** a. bureaucracy, red tape
**bürokrat** a. bureaucrat
**bürokratik** s. bureaucratic
**bürümek** e. 1. (smoke) to cover up, to fill 2. to wrap, to enfold
**bürünmek** e. 1. to wrap around oneself 2. to wrap oneself up (in) 3. to play the role of
**büsbütün** be. altogether, wholly, completely
**büst** a. bust
**bütçe** a. budget
**bütün** s. 1. whole, entire, total, complete 2. unbroken, undivided 3. all * a. 1. whole 2. total, sum 3. totality, integrity, wholeness **bütün bütün** totally, altogether, wholly, entirely
**bütüncül** s. totalitarian
**bütünleme** a. 1. completion 2. make-up examination
**bütünlemek** e. to complete, to integrate
**bütünlemeli** s. conditioned
**bütünler** s. complementary, supplementary **bütünler açı** supplementary angle

**bütünleşmek** e. to become a united whole
**bütünlük** a. wholeness, integrity, completeness
**bütünsel** s. total
**büyü** a. 1. magic, spell, incantation 2. sorcery, charm **büyü yapmak** to put a spell (on), to cast a spell (over) **büyüyü bozmak** to break a spell
**büyücü** a. 1. witch 2. magician, sorcerer
**büyücülük** a. sorcery, witchcraft
**büyük** s. 1. big, large, great 2. important, serious, chief 3. great, exalted 4. old, older, elder **büyük harf** capital letter, capital **büyük olasılıkla** probably **büyük ölçüde** on a large scale **büyük önerme** major premise **büyük söz** big talk **büyük (söz) söylemek** to talk big **büyük terim** major term
**büyükanne** a. grandmother, grandma
**Büyükayı** a. Big Dipper, Ursa Major, the Great Bear
**büyükbaba** a. grandfather
**büyükbaş** a. cattle
**büyükçe** s. somewhat large
**büyükelçi** a. ambassador
**büyükelçilik** a. embassy
**büyüklenmek** e. to become haughty/arrogant
**büyüklük** a. 1. greatness 2. importance, gravity 3. size 4. seniority **büyüklük göstermek** to show generosity, to act nobly **büyüklük taslamak** to put on airs
**büyülemek** e. 1. to bewitch, to enchant 2. to charm, to fascinate
**büyüleyici** s. fascinating, bewitching, charming
**büyültmek** e. to enlarge, to amplify
**büyülü** s. magical, magic
**büyümek** e. 1. to grow, to blossom (out) 2. to grow up 3. to expand 4. to develop
**büyüteç** a. magnifying glass
**büyütmek** e. 1. to enlarge, to make bigger 2. to exaggerate 3. to bring up, to foster, to rear
**büzgü** a. smocking, shirr
**büzgülü** s. smocked, shirred
**büzmek** e. to gather, to constrict, to pucker

# 613    can

büzük *s.* wrinkled, crumpled, puckered, constricted * *a.* 1. *kab.* arshole, anus 2. *arg.* guts, courage
büzülmek *e.* 1. to be gathered, to be puckered 2. to shrink, to dwindle 3. to crouch, to cower, to quail
büzüşmek *e.* to pucker (up), to wrinkle, to crinkle (up)
büzüşük *s.* puckered, wrinkled, crinkly

# C

C, c *a.* the third letter of the Turkish alphabet
caba *s.* 1. free, gratis 2. and * *be.* into the bargain, besides
cacık *a.* a dish made of chopped cucumber in garlic-flavoured yoghurt
cadaloz *a.* shrew, hag, vixen, old trout
cadde *a.* main road, main street, avenue
cadı *a.* 1. witch, wizard 2. hag, shrew
cadılık *a.* 1. witchcraft 2. bad temper
cafcaf *a, k. dili* pomp, showiness
cafcaflı *s.* pompous, showy, swanky, swagger
cahil *s.* 1. ignorant 2. illiterate, uneducated 3. inexperienced, untaught * *a.* ignorant person
cahillik *a.* 1. ignorance 2. inexperience cahillik etmek to act foolishly
caka *a.* show off, swagger, swank caka satmak to swagger, to show off
cakalı *s.* showy, swanky
cam *a.* 1. glass 2. window pane, window
cambaz *a.* 1. acrobat, rope dancer 2. horse dealer 3. swindler, shark
cambazlık *a.* 1. acrobatics 2. trickiness
camcı *a.* glazier camcı macunu putty
camekân *a.* shop window, showcase
camgöbeği *a, s.* glass-green
camgöz *a.* 1. artificial eye 2. avaricious, stingy 3. *hayb.* tope
camız *a.* water buffalo
cami *a.* mosque
camia *a.* group, body, community
campamuğu *a.* glass wool, glass fibre
camsuyu *a.* water glass, sodium silicate
camyünü *a.* glass wool, glass fibre

can *a.* 1. soul 2. life 3. person 4. individual 5. energy, zeal, vigour 6. darling can acısı (fearful) pain can alıcı nokta the crucial point can almak to kill can atmak to die for, to desire strongly, to be eager to, to pant after can ciğer very dear, intimate, bosom can damarı vital point can damarına basmak to touch *sb* on the raw can dayanmamak to be irresistable can derdine düşmek to struggle for one's own life can düşmanı mortal enemy can havliyle desperately can kaygısına düşmek to fight for one's very life can korkusu fear of death can kulağı ile dinlemek to be all ears, to breathe in can pazarı a matter of life and death can sağlığı health can sıkıcı boring, dull; bothersome, worrisome can sıkıntısı boredom can sıkıntısından patlamak to get bored to death can vermek a) to die b) to animate can yoldaşı congenial companion cana can katmak to enliven, to refresh cana yakın genial, amiable, affable, pleasant canı acımak to feel pain canı burnunda olmak to be exhausted, to be tired out canı cehenneme To hell with him! canı çekmek to long for canı istemek to feel like canı sıkılmak to be bored; to worry canı tatlı afraid of disturbances canı tez hustler canım a) darling, my dear b) my dear fellow c) precious, lovely canın isterse if you will, as you like canın sağ olsun Don't you worry! canına değmek to hit/touch the spot canına kıymak a) to commit suicide b) to kill canına minnet So much the better! canına okumak to destroy; to kill; to ruin canına susamak to thirst for one's blood canına tak demek to become intolerable, to have had enough canından bezmek to be tired of life canını acıtmak to hurt canını bağışlamak to spare one's life canını dişine takmak to make great efforts canını kurtarmak to save one's life canını sıkmak to annoy, to bother; to worry canını yakmak to hurt canla başla with heart and soul canan *a.* sweetheart, beloved

canavar *a.* 1. monster 2. brute **canavar düdüğü** siren **canavar gibi** *k. dili* very good

canavarlık *a.* savagery, ferocity, brutality

canciğer *s.* very close, intimate **canciğer kuzu sarması** very dear, intimate

candan *s.* sincere, cordial * *be.* cordially, sincerely

caneriği *a.* green plum

canhıraş *s.* 1. heart-rending, bitter 2. horrible, frightful

cani *a.* murderer

cankurtaran *a.* 1. ambulance 2. lifeguard **cankurtaran arabası** ambulance **cankurtaran filikası** lifeboat **cankurtaran kemeri** life belt **cankurtaran simidi** life buoy **cankurtaran yeleği** life jacket

canlandırıcı *s.* enlivening, refreshing * *a.* animator

canlandırmak *e.* 1. to liven up, to jazz up 2. to animate, to revive 3. to impersonate, to perform

canlanmak *e.* 1. to come to life, to be refreshed 2. to become active, to liven up

canlı *a.* 1. living creature, living being * *s.* 1. living, animate, alive 2. lively, brisk, active, vigorous **canlı cenaze** skinny, a bag of bones **canlı yayın** live broadcast

canlılık *a.* liveliness, vigour

cansız *s.* 1. lifeless 2. dull, uninteresting 3. listless, weak 4. quiet, dull, slack 5. inorganic

car car *be.* noisily

carcar *s, k. dili* chatty

cari *s.* 1. current, in force, present 2. flowing, running **cari fiyat** current price **cari hesap** current account

cariye *a.* female slave, concubine

cart *a.* tearing noise, ripping noise **cart curt etmek** to scatter threats about **cart curt ötmek** *k. dili* to brag

cascavlak *s.* completely bald/naked **cascavlak kalmak** to be left helpless, to be left out in the cold

casus *a.* spy

casusluk *a.* espionage **casusluk etmek** to spy

cavlak *s, k. dili* naked, hairless, featherless

caydırıcı *s.* dissuasive, deterrent

caydırıcılık *a.* dissuasiveness, deterrence

caydırmak *e.* to dissuade, to deter, to disincline

cayır cayır yanmak to burn furiously

cayırtı *a.* creak, rattle, crash

caymak *e.* to give up, to go back on, to back out of

caz *a.* jazz **caz yapmak** *arg.* to yammer, to squawk, to bellyache

cazcı *a.* jazz musician

cazgır *a.* (wrestling) announcer * *s.* vixenish

cazır cazır *be.* with a crackling noise

cazırdamak *e.* to crackle

cazırtı *a.* crackling

cazibe *a.* 1. charm, attractiveness 2. *fiz.* attraction

cazibeli *s.* charming, attractive

cazip *s.* attracting, attractive, alluring

cebir *a.* 1. algebra 2. compulsion, constraint, force

Cebrail *a.* the Archangel Gabriel

cebren *be.* by force, by compulsion

cefa *a.* suffering, pain **cefa çekmek** to suffer **cefa etmek** to inflict pain (on)

cefakâr *s.* who has suffered much

cehalet *a.* ignorance

cehennem *a.* hell, inferno

cehennemi *s.* infernal, hellish

cehennemlik *s.* deserving of hell

ceket *a.* jacket

celallenmek *e.* to get into a rage

celep *a.* drover, cattle-dealer

cellat *a.* executioner, hangman

celp *a.* 1. *huk.* summons 2. *ask.* call

celpname *a, huk.* summons, written citation

celse *a.* 1. session 2. *huk.* hearing, sitting

cemaat *a.* congregation, community

cemal *a.* (facial) beauty

cemiyet *a.* 1. society, association 2. gathering, community

cemre *a.* increase of warmth in February

cenabet *s.* 1. impure, unclean 2. *arg.* damn, bloody

cenah *a.* wing
cenap *a.* majesty, excellency
cenaze *a.* 1. funeral 2. corpse **cenaze alayı** funeral procession **cenaze levazımatçısı** undertaker, *Aİ.* mortician
cendere *a.* press, mangle
cengâver *a.* 1. hero, warrior 2. warlike
cengel *a.* jungle
cenin *a.* foetus, fetus
cenk *a.* battle, combat, war
cennet *a.* heaven; paradise
cennetkuşu *a.* bird of paradise
cennetlik *s.* deserving of heaven
centilmen *a.* gentleman
cep *a.* pocket **cep feneri** flashlight, torch **cep harçlığı** pocket money **cep sözlüğü** pocket dictionary **cep telefonu** mobile phone **cebi delik** penniless, broke **cebinden çıkarmak** to outdo *sb,* to excel **cebine atmak** to pocket **cebini doldurmak** to fill one's pockets, to line one's pocket
cephane *a.* ammunition, munitions
cephanelik *a.* ammunition store, arsenal
cephe *a.* 1. front 2. forehead 3. *mec.* side
cerahat *a.* matter, puss
cerahatlenmek *e.* to suppurate
cerahatli *s.* suppurating
cerbezeli *s.* convincing, loquacious
cereyan *a.* 1. flow 2. draught, air movement 3. *elek.* current 4. course of events 5. movement, tendency, trend **cereyan etmek** to happen, to occur, to take place
cereyanlı *s.* 1. drafty 2. plugged in, hot
cerrah *a.* surgeon
cerrahi *s.* surgical
cerrahlık *a.* surgery
cesaret *a.* courage, bravery, pluck, heart **cesaret almak** to take courage (from) **cesaret etmek** to venture, to dare **cesaret vermek** to encourage **cesareti olmamak** not have the courage (to do sth) **cesaretini kaybetmek/yitirmek** to lose courage/heart **cesaretini kırmak** to discourage, to dishearten **cesaretini toplamak** to pluck up one's courage
cesaretlendirmek *e.* to encourage
cesaretlenmek *e.* to gather one's cour-

age, to take courage
cesaretli *s.* courageous, bold
cesaretsiz *s.* timid, cowardly
ceset *a.* corpse, body
cesur *s.* brave, courageous, bold
cesurluk *a.* courage, bravery, audacity
cet *a.* 1. ancestor 2. grandfather
cetvel *a.* 1. list, table, schedule 2. ruler, straightedge
cevahir *a.* jewellery
cevap *a.* answer, reply **cevap almak** to receive/get an answer **cevap vermek** to answer, to reply (to), to give an answer
cevaplandırmak *e.* to answer
cevapsız *s.* unanswered
cevher *a.* 1. jewel, gem 2. ore 3. ability, capacity 4. *fels.* essence, substance
ceviz *a.* walnut
ceylan *a.* gazelle, antelope
ceza *a.* 1. punishment 2. penalty 3. fine **ceza almak** a) (student) to be punished b) to be fined **ceza kesmek/yazmak** to fine **ceza sahası** *sp.* penalty area **ceza vermek** a) to punish, to fine b) to pay a fine **ceza yemek** a) to be punished b) to be fined **cezasını bulmak** to get one's deserts **cezasını çekmek** a) to suffer for b) to serve a sentence **cezaya çarptırmak** to fine, to punish
cezaevi *a.* prison, jail
cezai *s.* 1. criminal 2. penal
cezalandırmak *e.* 1. to punish 2. to fine
cezalı *s.* punished; fined; penalized
cezbetmek *e.* to attract, to charm, to draw
cezve *a.* coffeepot
cıgara *a, k. dili* cigarette, fag
cılız *s.* puny, thin, undersized, weak
cılk *s.* 1. (egg) rotten 2. (wound) running, festering **cılk çıkmak** to be addled
cımbız *a.* tweezers
cırcır *a.* 1. party noisemaker, ratchet clacker 2. babbler
cır cır *be.* with a continuous chirring noise
cırcırböceği *a.* cricket
cırlak *s.* shrill, screechy
cıva *a.* mercury, quicksilver
cıvadra *a, den.* bowsprit

**cıvata** *a.* bolt

**cıvık** *s.* 1. soft, runny 2. impertinent, saucy, pert

**cıvıl cıvıl** *be.* (birds) chirping and twittering

**cıvıldamak** *e.* to chirp, to chirrup, to twitter

**cıvıldaşmak** *e.* to chirp together

**cıvıltı** *a.* tweet, chirp

**cıvımak** *e.* 1. (fruit) to get softy and drippy 2. to be impertinent, to become too familiar

**cıvıtmak** *e.* 1. to be impertinent 2. to spoil

**cıyak cıyak** *be.* with a shrill voice

**cız** *a.* sizzling or hissing sound **cız etmek** a) to make a sharp/sizzling noise b) to have a pang

**cızbız** *a.* grilled meat **cızbız köfte** grilled meatball

**cızır cızır** *be.* with a sizzling or creaking noise

**cızırdamak** *e.* to sizzle, to creak

**cızırtı** *a.* sizzling or creaking sound

**cibilliyet** *a.* nature, temperament, character

**cibinlik** *a.* mosquito net

**cici** *s, k. dili* nice, pretty, sweet, good

**cicianne** *a.* grandma

**cici bici** *a.* 1. knick-knack 2. gaudy clothes

**cicili bicili** *s.* gaudy, garish, fussy

**cicim** *a.* my dear, darling

**cidar** *a.* 1. wall 2. *biy.* membrane

**cidden** *be.* in earnest, seriously, truly, really

**ciddi** *s.* 1. serious, earnest 2. true, real 3. important, significant

**ciddileşmek** *e.* to become serious

**ciddilik, ciddiyet** *a.* seriousness

**ciğer** *a.* 1. liver 2. lungs 3. heart, affections **ciğer sarması** minced liver wrapped in lamb's fat **ciğeri beş para etmez** base, dishonourable **ciğeri yanmak** a) to suffer greatly (from) b) to feel great compassion **ciğerine işlemek** to hurt deeply

**cihan** *a.* 1. world 2. universe

**cihat** *a.* holy war

**cihaz** *a.* 1. apparatus, equipment 2. *anat.* system

**cihet** *a.* 1. side, direction, quarter 2. aspect, point of view

**cila** *a.* 1. polish, varnish 2. finish, luster, shine

**cilalamak** *e.* to polish, to shine, to finish

**cilalı** *s.* polished, shined, varnished

**cildiye** *a.* 1. dermatology 2. dermatological ward

**cildiyeci** *a.* dermatologist

**cilt** *a.* 1. skin 2. binding 3. volume **cilt hastalığı** skin disease

**ciltçi** *a.* 1. bookbinder 2. bindery

**ciltçilik** *a.* bookbinding, bookbindery

**ciltevi** *a.* bindery

**ciltlemek** *e.* to bind (a book)

**ciltli** *s.* bound

**cilve** *a.* coquetry, grace manifestation, apparition **cilve yapmak** to be flirtatious

**cilvelenmek** *e.* to put on coquettish airs

**cilveleşmek** *e.* 1. to flirt with each other, to bill and coo 2. to joke with each other

**cilveli** *s.* flirtatious, coquettish

**cimnastik** *a.* gymnastics, gym

**cimri** *s.* mean, miserly, closefisted, stingy, penny pinching, tight * *a.* miser

**cimrilik** *a.* stinginess, miserliness **cimrilik etmek** to be stingy

**cin** *a.* 1. genie, demon, sprite 2. gin **cin çarpmışa dönmek** to in a terrible state, to be shocked **cin gibi** astute **cinleri başına toplanmak/üşüşmek** to get furious, to lose one's head

**cinas** *a.* play on words, pun

**cinayet** *a.* murder, crime **cinayet işlemek** to commit murder

**cingöz** *s.* wily, cunning, crafty, sly

**cinnet** *a.* insanity, madness **cinnet getirmek** to go mad, to go off one's head

**cins** *a.* 1. sort, type, kind 2. genus 3. sex 4. *dilb.* gender 5. race, stock, family, breed * *s.* 1. purebred, thoroughbred 2. *arg.* eccentric, queer, weird

**cinsel, cinsi** *s.* sexual **cinsel birleşme** sexual intercourse **cinsel cazibe/çekicilik** sex appeal **cinsel ilişki** sexual relations/intercourse

**cinsellik** *a.* sexuality

**cinsiyet** *a.* sex, sexuality

cintonik *a.* gin and tonic
cip *a.* jeep
cips *a, İl.* crisps, *Aİ.* chips, French fries
cirit *a.* javelin, stick **cirit atmak** (rats, etc.) to swarm, to teem, to run wild
ciro *a.* endorsement **ciro etmek** to endorse
cirolu *s.* negotiable
cisim *a.* body, matter, substance
cisimcik *a.* corpuscle, particle
cismani *s.* 1. corporeal 2. material
civar *a.* neighbourhood, vicinity, environment, surroundings
civarında *be.* a) near b) about, approximately
civciv *a.* chick
civcivli *s.* lively, crowded and noisily
**civelek** *s.* lively, vivacious, playful, brisk
coğrafi *s.* geographical
coğrafya *a.* geography
coğrafyacı *a.* geographer
cokey *a.* jockey
conta *a.* gasket, sealing, seal, washer
cop *a.* truncheon, cosh
coşku *a.* exuberance, vigour, ebullience, enthusiasm
coşkulu *s.* enthusiastic, vigorous, exuberant, ebullient
coşkun *s.* 1. ebullient, exuberant, enthusiastic 2. gushing, violent
coşkunluk *a.* exuberance, enthusiasm, ebullience
coşmak *e.* 1. to get carried away, to become exuberant, to get enthusiastic, to brim over, to bubble over 2. (wind) to become violent 3. (river) to rise
coşturmak *e.* to excite, to stimulate, to incite
cömert *s.* 1. generous, liberal, openhanded 2. productive
cömertlik *a.* generosity, liberality, munificence
cuma *a.* Friday
cumartesi *a.* Saturday
cumba *a.* bay window
cumbadak *be.* with a splash
cumburlop *be.* plop, with a plop
cumhurbaşkanı *a.* president (of a republic)

cumhuriyet *a.* republic
cumhuriyetçi *a, s.* republican
cumhuriyetçilik *a.* republicanism
cunta *a.* junta
cup *ünl.* plop
cuppadak *be.* with a plash, plop
curcuna *a.* noisy confusion, uproar, hubbub, carousal, clambake
curnal *a, bkz.* **jurnal**
cüce *a, s.* dwarf
cücük *a.* 1. bud, young shoot 2. heart of an onion 3. tuft of beard, imperial 4. chick
cümbür cemaat *a.* the whole lot, the whole caboodle
cümbüş *a.* 1. merrymaking, revel, carousal, binge 2. *müz.* a mandolin with a metal body
cümle *a, s.* 1. sentence 2. whole, all **cümle âlem** all the world, everybody **cümlemiz** all of us, we all
cümlecik *a, dilb.* clause
cümleten *be.* all together
cüppe *a.* robe
cüret *a.* 1. boldness, courage 2. insolence, impudence **cüret etmek** to dare, to venture
cüretkâr *s.* 1. bold, courageous 2. insolent, impudent
cüretkârlık *a.* 1. boldness 2. insolence
cüretli *s.* 1. bold 2. insolent
cüruf *a.* slag, scoria
cürüm *a.* crime, felony, offence, guilt **cürüm işlemek** to commit a crime **cürmü meşhut halinde** *huk.* in flagrante delicto **cürmü meşhut halinde yakalamak** *huk.* to catch *sb* red-handed
cüsse *a.* body, bulk
cüsseli *s.* big-bodied, bulky
cüz *a.* 1. part, fragment, particle, component 2. fascicle
cüzam *a.* leprosy
cüzamlı *s.* leprous
cüzdan *a.* 1. wallet 2. purse 3. account book 4. portfolio
cüzi *s.* insignificant, trifling, small

# Ç

Ç, ç *a.* the fourth letter of the English alphabet

çaba *a.* effort, endeavour, striving **çaba göstermek** to make an effort, to strive, to strain, to endeavour, to exert oneself

çabalamak *e.* to strive, to struggle, to make an effort, to do one's best

çabucak *be.* quickly

çabuk *s.* quick, fast, hasty, swift * *be.* quickly, soon

çabuklaşmak *e.* to gain speed, to quicken

çabuklaştırmak *e.* to speed up, to accelerate

çabukluk *a.* quickness, speed, haste

çaçaron *a.* chatterbox, compulsive talker

çadır *a.* tent **çadır bezi** tent canvas **çadır direği** tent pole **çadır kurmak** to pitch a tent

çağ *a.* 1. time 2. age, period 3. era, epoch **çağ açmak** to open a period

çağanoz *a, hayb.* crab

çağcıl *s.* modern, up-to-date, contemporary

çağdaş[1] *s.* contemporary, modern

çağdaş[2] *a, s.* coeval

çağdaşlaşmak *e.* to become modernized, to become contemporary

çağdaşlaştırmak *e.* to modernize, to contemporize

çağdaşlık *a.* contemporaneity; modernity

çağdışı *s.* antiquated, outdated, old-fashioned

çağıldamak *e.* (water) to babble, to burble, to murmur

çağıltı *a.* burble, murmur

çağırmak *e.* 1. to call 2. to invite 3. to summon 4. to shout, to call out

çağla *a.* green almond

çağlamak *e.* to burble, to murmur, to babble

çağlayan *a.* waterfall, cascade

çağrı *a.* invitation

çağrılı *a.* invited person

çağrışım *a, ruhb.* association

çakal *a.* jackal

çakaleriği *a.* sloe, wild plum

çakı *a.* jackknife, pocketknife

çakıl *a.* 1. pebble 2. gravel **çakıl taşı** rounded pebble

çakıllı *s.* pebbly, gravelly, gravelled

çakır *s.* greyish blue

çakırkeyf *s.* slightly drunk, tipsy, happy

çakışmak *e.* 1. to coincide 2. to fit into one another 3. to clash 4. to collide with one another 5. *mat.* to be congruent

çakmak[1] 1. to pound, to nail 2. to light, to strike 3. *arg.* to notice, to twig 4. *arg.* (exam) to fail, to pip, to muff 5. *arg.* to deliver, to land, to strike

çakmak[2] *a.* lighter

çakmaktaşı *a.* flint

çakozlamak *e, arg.* to understand, to latch on, to twig

çaktırmadan *be.* stealthily, on the sly

çaktırmak *e.* 1. to let be noticed 2. *arg.* to fail (a student), to pluck, to pip

çalakalem *be.* with flowing pen, scribbling hastily

çalar saat *a.* alarm clock

çalçene *a.* chatterbox, babbler

çaldırmak *e.* 1. to make *sb* play (a musical instrument, song, etc.) 2. to get *sth* stolen

çalgı *a.* musical instrument

çalgıcı *a.* musician

çalı *a.* bush, shrub **çalı çırpı** sticks and twigs, brushwood **çalı süpürgesi** besom, broom made from heath

çalıfasulyesi *a.* string beans

çalıkuşu *a.* goldcrest, firecrest

çalılık *a.* thicket, bushes, brushwood

çalım *a.* 1. swagger, strut, swank, dash 2. *sp.* dribble **çalım satmak** to swagger, to show off, to swank, to brag

çalımlamak *e, sp.* to dribble

çalıntı *s.* stolen * *a.* stolen goods, plagiarism

çalışkan *s.* hard-working, diligent, studious, industrious

çalışkanlık *a.* diligence, industriousness

çalışma *a.* work, study

çalışmak *e.* 1. to work 2. to study 3. to try, to strive 4. (machine) to run, to work 5. (car, engine, etc.) to start

çalıştırıcı *a, sp.* trainer
çalıştırmak *e.* 1. to operate 2. to run 3. to start 4. to employ 5. to tutor
çalkalamak *e.* 1. to shake, to agitate 2. to rinse 3. (egg) to beat, to whip
çalkalanmak *e.* 1. to be shaken 2. (sea) to be rough 3. to be common knowledge
çalkalamak *e.* 1. to shake, to agitate 2. to toss around 3. to rinse
çalkantı *a.* 1. agitation 2. fluctuation 3. nausea
çalmak *e.* 1. to steal 2. (clock, bell) to strike, to ring 3. *müz.* to play 4. (door) to knock 5. (whistle, horn) to blow 6. to border on, to verge on 7. (butter) to smear 8. to add, to mix into
çalpara *a.* 1. castanets 2. lady crab
çam *a.* pine **çam devirmek** to drop a brick/clanger **çam yarması gibi** gigantic, huge
çamaşır *a.* 1. underwear 2. laundry **çamaşır asmak** to hang out the laundry **çamaşır değiştirmek** to change one's underwear **çamaşır ipi** clothes line **çamaşır makinesi** washing machine **çamaşır suyu** bleach **çamaşır tozu** washing powder **çamaşır yıkamak** to wash the clothes, to do the washing
çamaşırcı *a.* washerwoman, laundryman
çamaşırhane *a.* laundry
çamfıstığı *a.* pine nut
çamlık *a.* pine grove
çamsakızı *a.* pine resin **çam sakızı çoban armağanı** small present
çamur *a.* 1. mud, mire 2. mortar, plaster * *s, arg.* importunate, aggressive, filthy **çamur atmak** to slander, to throw mud at **çamur sıçratmak** to splash with mud, to sputter **çamura yatmak** *arg.* a) not to pay one's debts b) to break one's promise **çamurdan çekip çıkarmak** to raise *sb* from the dunghill
çamurlanmak *e.* to get muddy
çamurlaşmak *e.* 1. to turn into mud 2. to begin to pick up a quarrel
çamurlu *s.* muddy, miry
çamurluk *a.* 1. *oto, İl.* wing, *Al.* fender 2. muddy place 3. gaiters
çan *a.* 1. large bell 2. gong

çanak *a.* 1. earthenware pot 2. *bitk, anat.* calyx **çanak çömlek** pots and pans **çanak tutmak** to invite, to ask for (trouble) **çanak yalamak** to bootlick **çanak yalayıcı** bootlicker
çan çan *a.* loud and continuous chatter **çan çan etmek** to chatter loudly
çançiçeği *a.* bellflower
çangırtı *a.* clattering or crashing sound
çanta *a.* 1. bag 2. case **çantada keklik** in the bag
çap *a.* 1. diameter 2. *ask.* calibre 3. size, scale, stature 4. quality, worth **çaptan düşmek** to go downhill, to decline
çapa *a.* 1. hoe 2. *den.* anchor
çapaçul *s.* untidy, slovenly, sloppy
çapak *a.* 1. viscous crust round the eyes 2. burr
çapaklanmak *e.* (eye) to become gummy
çapaklı *s.* rheumy, crusty
çapalamak *e.* to hoe
Çapanoğlu *a.* snag, nigger in the woodpile
çapkın *a.* womanizer, casanova * *s.* coquettish, sensual
çapkınlık *a.* debauchery, profligacy **çapkınlık etmek/yapmak** to have one's fling, to go on the loose, to womanize
çapraşık *s.* involved, confused, entangled
çapraşıklaşmak *e.* to get confused and chaotic
çapraşıklık *a.* confusion, chaos
çapraşmak *e.* 1. to get confused and chaotic 2. to intersect, to cross each other
çapraz *s.* crosswise, diagonal, transversal * *be.* crosswise, diagonally, transversely
çaprazlama *be.* crosswise, diagonally, transversely
çaprazlamak *e.* to cross obliquely, to put crosswise
çapul *a.* booty, loot, plunder
çapulcu *a.* raider, pillager, looter
çaput *a.* 1. rag 2. coarse cloth
çar *a.* czar, tsar
çarçabuk *be.* very quickly
çarçur *a.* extravagance **çarçur etmek** to

waste, to squander, to fritter away

**çardak** a. bower, trellis, pergola, arbour

**çare** a. 1. way, means 2. remedy, cure, help **çare bulmak** to find a way, to remedy **çaresine bakmak** to see to, to settle

**çaresiz** s. 1. helpless 2. irreparable, incurable * be. inevitably **çaresiz kalmak** to be helpless

**çaresizlik** a. 1. helplessness 2. incurability

**çarık** a. rawhide sandal

**çariçe** a. czarina, tzarina

**çark** a. 1. wheel 2. lathe 3. flywheel 4. den. paddle wheel 5. grindstone 6. machine, machinery

**çarkçı** a. 1. den. engineer, mechanic 2. knife grinder

**çarkıfelek** a. 1. passion flower 2. fate, destiny

**çarlık** a. czardom, tsardom

**çarliston** a. Charleston

**çarmıh** a. 1. cross, crucifix 2. den. mainstays, shrouds **çarmıha germek** to crucify

**çarpan** a, mat. multiplier **çarpanlara ayırmak** to factor

**çarpı** a. 1. multiplication sign (x) 2. times, multiplied by

**çarpıcı** s. striking, impressive, dramatic

**çarpık** s. crooked, bent, warped, awry **çarpık bacaklı** bandylegged **çarpık çurpuk** crooked

**çarpıklık** a. crookedness, deformity

**çarpılan** a, mat. multiplicand

**çarpılmak** e. 1. to be multiplied 2. to be robbed 3. to become paralyzed 4. to become crooked/warped, to warp 5. mec. to be offended

**çarpım** a, mat. product **çarpım tablosu** multiplication table

**çarpıntı** a. palpitation, throbbing

**çarpışma** a. 1. collision 2. conflict, fight

**çarpışmak** e. 1. to collide 2. to fight

**çarpıtmak** e. 1. to make crooked, to contort 2. to distort (the) truth

**çarpma** a. 1. bump, blow, stroke 2. mat. multiplication 3. five pointed fishing hook

**çarpmak** e. 1. to strike 2. to hit, to knock 3. to run into, to dash, to bump 4. (heart) to beat, to throb 5. (evil spirit) to distort, to paralyze, to strike 6. mat. to multiply 7. (drink) to go to one's head 8. to steal, to rip off

**çarşaf** a. sheet, bedclothes **çarşaf gibi** (sea) calm

**çarşamba** a. Wednesday

**çarşı** a. shopping centre, market, bazaar, downtown **çarşı esnafı** tradesman **çarşı pazar** shopping district, shops **çarşıya çıkmak** to go shopping

**çaşıt** a. spy

**çat** a. sudden sharp noise, crash **çat kapı** (knocking at the door) unexpectedly **çat pat** a little, after a fashion

**çatal** a. 1. fork 2. prong * s. 1. forked, bifurcated 2. ambiguous 3 (voice) hoarse 4. (tongue) forked **çatal bıçak** knives and forks, silver **çatal dilli** forked-tongued **çatal ses** cracked voice

**çatalağız** a, coğ. delta

**çatallanmak** e. (road) to fork

**çatallaşmak** e. to get complicated/confusing

**çatana** a. small steamboat

**çatapat** a. firework cracker

**çatı** a. 1. framework 2. structure, skeleton 3. mim. roof 4. dilb. voice **çatı katı** garret

**çatık** s. 1. frowning, sulky 2. joined **çatık kaşlı** beetle-browed

**çatır çatır/çutur** be. 1. with a crackling/snapping noise 2. by force, like it or not 3. easily

**çatırdamak** e. 1. to crackle, to snap, to creak, to pop 2. (teeth) to chatter

**çatırtı** a. 1. cracking noise, crack, crash, snap 2. (teeth) chattering

**çatışık** s. contradictory, clashing

**çatışkı** a. antinomy

**çatışma** a. 1. argument, dispute 2. skirmish, short fight 3. conflict

**çatışmak** e. 1. to clash, collide 2. to have a quarrel 3. to be in conflict, to clash

**çatkı** a. 1. bandage wrapped around the head 2. chassis, frame

**çatlak** s. 1. split 2. cracked 3. (skin)

chapped 4. (voice) hoarse 5. *k. dili* cracked, crazy, nuts, barmy, crackbrained, bananas * *a.* crevice, crack, fissure

**çatlaklık** *a.* 1. crack 2. *k. dili* stupidity, craziness

**çatlamak** *e.* 1. to crack, to split 2. to burst with impatience 3. *k. dili* to die (from overeating, etc.) 4. *k. dili* to go mad (from jealousy, etc.)

**çatmak** *e.* 1. (arms) to stack, to pile 2. to baste together, to tack 3. to attack, to tilt at, to pick a quarrel with 4. to come up 5. to wrinkle, to knit

**çavdar** *a.* rye **çavdar ekmeği** rye bread

**çavlan** *a.* waterfall

**çavuş** *a.* 1. *ask.* sergeant 2. guard **çavuşu tokatlamak** *arg.* to wank, to jerk off

**çavuşüzümü** *a.* sweet white grape

**çay¹** *a.* 1. tea 2. tea plant 3. (tea) party **çay demlemek** to steep tea **çay fincanı** teacup **çay kaşığı** teaspoon

**çay²** *a.* brook, rivulet, stream

**çaycı** *a.* tea seller/maker

**çaydanlık** *a.* teapot

**çayevi, çayhane** *a.* teahouse

**çayır** *a.* 1. meadow, pasture 2. pasture grass, green fodder, fresh fodder

**çayırlık** *a.* a meadowy place

**çaylak** *a.* 1. *hayb.* black kite 2. inexperienced person

**çehre** *a.* 1. face, countenance 2. aspect, appearance

**çek** *a.* cheque, *Aİ.* check **çek defteri** chequebook

**çekap** *a, hek.* checkup

**çekçek** *a.* small four-wheeled handcart

**çekecek** *a.* shoehorn

**çekek** *a, den.* slipway, hard

**çekememek** *e.* 1. to be unable to stand 2. to be jealous of, to envy

**çekememezlik** *a.* envy, jealousy, intolerance

**çeker** *a.* weighing capacity

**çeki** *a.* a weight of 250 kilos (firewood)

**çekici** *s.* attractive, eye-catching, alluring, appealing, charming

**çekicilik** *a.* attractiveness, charm

**çekiç** *a.* hammer

**çekiçlemek** *e.* to hammer

**çekidüzen** *a.* tidiness, orderliness **çekidüzen vermek** to put in order, to tidy up

**çekik** *s.* 1. (eyes) slanting 2. drawn out 3. drawn in

**çekiliş** *a.* draw (for a lottery)

**çekilme** *a.* 1. withdrawal, drawing back 2. *coğ.* regression 3. *ask.* withdrawal 4. resignation

**çekilmek** *e.* 1. to withdraw, to draw back, to recede 2. to retreat 3. to resign 4. to move (aside) 5. to be bearable/tolerable/endurable

**çekilmez** *s.* unbearable, intolerable

**çekim** *a.* 1. attraction 2. *dilb.* inflection, declination, conjugation 3. *sin.* shot, take

**çekimser** *a.* abstainer

**çekimserlik** *a.* abstention

**çekince** *a.* 1. drawback, disadvantage 2. danger, risk

**çekinceli** *s.* dangerous, risky

**çekingen** *s.* timid, hesitant, shy, mousy, bashful, reserved

**çekingenlik** *a.* timidity, shyness

**çekinmek** *e.* 1. to avoid, to abstain, to draw back 2. to beware of, to shrink, to hesitate

**çekirdek** *a.* 1. pip, seed, stone 2. nucleus **çekirdek kahve** coffee beans **çekirdekten yetişme** trained from the cradle

**çekirdekli** *s.* having seeds

**çekirdeksiz** *s.* seedless

**çekirge** *a.* grasshopper, locust

**çekişme** *a.* 1. quarrel, argument 2. competition, rivalry

**çekişmek** *e.* 1. to quarrel, to argue 2. to pull in opposite directions 3. to compete, to contest

**çekişmeli** *s.* 1. leading to argument 2. contentious

**çekiştirmek** *e.* 1. to pull *(sth)* at both ends 2. to run down, to backbite

**çekmece** *a.* drawer

**çekmek** *e.* 1. to pull 2. to draw 3. to drag; to haul, to tug, to lug 4. to withdraw 5. (gun, etc.) to draw, to pull out 6. to suffer, to endure 7. to absorb, to inhale 8. to be able to bear/stand 9. to shrink 10.

Ç

to make a copy of, to copy 11. to pay 12. to take after 13. (telegram) to send 14. *k. dili* to drink 15. to carry 16. (photograph) to take 17. (coffee, etc.) to grind 18. (film) to shoot 19. to weigh 20. to attract 21. to magnetize 22. to charm 23. to distil 24. (cable, etc.) to lay 25. (a beating, a speech, etc.) to give 26. to give a meaning, to interpret 27. to last, to take 28. to drive 29. to put on, to wear, to pull on, to draw on 30. (paint) to apply **Çek arabanı** *hkr.* Go away! Piss off! **Çekeceğin var.** You're going to be in trouble (with) **çekip çevirmek** to manage, to organize **çekip gitmek** to go away

çekmekat *a.* penthouse

çekül *a.* plumb line

çelebi *a.* gentleman, educated person * *s.* courteous, well-mannered

çelenk *a.* wreath, garland

çelik[1] *a, s.* steel

çelik[2] *a.* 1. *bitk.* cutting, slip 2. *den.* belaying-pin, marlinspike

çelikçomak *a.* tipcat

çelim *a.* 1. stature, form 2. swagger, affected dignity

çelimsiz *s.* puny, frail, weak

çelişik *s.* contradictory

çelişiklik *a.* contradiction

çelişki *a.* contradiction

çelişkili *s.* contradictory

çelişmek *e.* to be in contradiction

çelme *a.* trip **çelme takmak** to trip up

çelmek *e.* 1. to divert, to deviate 2. to dissuade, to tempt

çelmelemek *e.* to trip

çeltik *a.* rice in the husk, paddy

çember *a.* 1. circle 2. circumference 3. hoop 4. wooden or metal ring 5. large printed kerchief 6. *sp.* basket ring **çember içine almak** *ask.* to encircle **çember sakal** round trimmed beard

çemen *a.* cummin

çemkirmek *e.* to scold, to answer rudely, to rejoin

çene *a.* 1. chin 2. jaw 3. *k. dili* talkativeness, jaw, garrulity, loquacity **çene çalmak** to chatter, to pass the time of

the day (with), to chat (away) **çene yarıştırmak** to talk nonstop **çene yormak** to talk in vain, to waste one's breath **çenesi açılmak/kopmak/düşmek** to start talking incessantly **çenesi düşük** talkative, loquacious, garrulous **çenesini tutmak** to hold one's tongue

çenebaz *s.* talkative, garrulous, loquacious

çenek *a.* 1. *anat.* mandible 2. *bitk, hayb.* valve

çeneli *s.* talkative, garrulous, loquacious

çenet *a, bitk.* valve

çengel *a.* hook

çengelli *a.* hooked, having a hook

çengelliiğne *a.* safety pin

çentik *a.* notch, nick * *s.* notched, nicked

çentiklemek *e.* to notch, to nick

çep(e)çevre *s.* all around

çeper *a, biy.* membrane

çerçeve *a.* 1. frame 2. window frame, sash 3. limit, limitation 4. shaft of a loom

çerçevelemek *e.* to frame

çerçeveli *s.* framed

çerçi *a.* peddler, hawker

çerçöp *a.* 1. twigs 2. sweepings

çerez *a.* 1. hors d'oeuvres, appetizers 2. kickshaw, snack, nuts

Çerkez *a, s.* Circassian

çeşit *a.* 1. kind, sort 2. variety 3. assortment 4. sample **çeşit çeşit** assorted, various

çeşitkenar *s, mat.* having unequal sides

çeşitleme *a.* variation

çeşitlemek *e.* to diversify

çeşitli *s.* different, assorted, various, miscellaneous

çeşitlilik *a.* variety, diversity, variation

çeşme *a.* fountain

çeşni *a.* flavour, taste

çete *a.* 1. gang, band, crew 2. guerrilla, guerilla

çeteci *a.* guerilla, brigand

çetele *a.* tally, tally stick

çetin *s.* 1. hard, difficult 2. perverse, intractable **çetin ceviz** a hard nut to crack

çetrefil *s.* complicated, confusing; incomprehensible

çevik *s.* nimble, agile, swift
çeviklik *a.* agility
çeviri *a.* translation
çevirim *a.* shooting, filming
çevirmek *e.* 1. to turn, to turn *(sth)* round 2. to spin (a top, etc.) 3. to wind 4. to rotate 5. to revolve 6. to reverse 7. to revoke, to annul 8. to send back 9. to translate (into) 10. to manage, to run 11. to convert 12. to turn into 13. to transform 14. to surround, to encircle, to encompass 15. to stop, to hold up 16. to make, to carry out (intrigues, plans, plots, etc.)
çevirmen *a.* translator
çevre *a.* 1. surroundings, environs, environment 2. milieu 3. circumference, periphery, contour **çevre kirliliği** environmental pollution
çevrebilim *a.* ecology
çevrebilimci *a.* ecologist
çevrelemek *e.* 1. to surround, to encircle, to enclose 2. to circumscribe
çevren *a.* horizon
çevresel *s.* environmental
çevresin(d)e about, around, round
çevrili *s.* 1. surrounded, bordered 2. turned toward, facing
çevrim *a.* cycle, period
çevrimiçi *s.* online
çevrimdışı *s.* offline
çevrimsel *s.* cyclic, periodic
çevriyazı *a.* transcription
çeyiz *a.* trousseau, dowry
çeyrek *a.* quarter **çeyrek final** *sp.* quarterfinal
çıban *a.* boil, abscess, pustule, carbuncle
çığ *a.* avalanche
çığır *a.* path, way; epoch **çığır açmak** to break new ground, to mark a new epoch **çığırından çıkmak** to go off the rails
çığırtkan *a.* 1. decoy bird 2. tout, crier
çığlık *a.* cry, scream, clamour **çığlık atmak** to scream, to shriek **çığlık çığlığa** with shrieks and cries
çıkagelmek *e.* to turn up, to come up, to blow in
çıkar *a.* self-interest, self-seeking; benefit, advantage, profit, interest

çıkarcı *a.* self-seeker * *s.* selfish, self-interested, self-seeking
çıkarcılık *a.* opportunism, avarice
çıkarım *a.* inference
çıkarma *a.* 1. the act of removing, producing or publishing 2. *mat.* subtraction 3. *ask.* landing
çıkarmak *e.* 1. to get (sth, sb) out, to put out, to take out 2. to extract 3. to take off 4. to remember 5. to find, to find out, to discover 6. to make out, to figure out, to get 7. to dislodge 8. to remove 9. to expel, to dismiss 10. to omit, to delete 11. to cross out/off 12. to dislocate, to displace 13. to produce, to bring out, to get out 14. to cause, to raise (difficulties, etc.) 15. to issue, to bring out 16. *mat.* to subtract 17. to vomit, to be sick, to throw up, to spew 18. to have (smallpox, etc.) 19. to play (a song etc.) by ear 20. to find/provide an outlet for
çıkarsama *a. fel.* inference
çıkartma *a.* 1. causing to take out 2. decal, transfer, sticker
çıkartmak *e.* 1. to cause to take out; to let take out 2. to cause to remove; to let remove
çıkık *s.* 1. prominent, projecting 2. *hek.* dislocated
çıkıkçı *a.* bone-setter
çıkın *a.* knotted bundle
çıkıntı *a.* 1. projecting part, salient part 2. marginal note 3. *anat.* process, promontory
çıkıntılı *s.* projecting, protruding
çıkış *a.* 1. exit 2. *ask.* sally, sortie 3. *(yarış)* start 4. outlet
çıkışamamak *e.* not to be able to compete with
çıkışmak *e.* 1. to rebuke, to scold 2. to be enough, to suffice
çıkma *a.* 1. bow-window, balcony 2. projection, promontory 3. marginal note
çıkmak *e.* 1. to get out, to go out 2. to leave 3. to come off/away 4. to climb/walk (up), to ascend 5. to be found 6. to cost 7. (road, etc.) to go, to get to, to lead to 8. to be enough for 9. (fire, war, etc.) to break out 10. to go up,

to increase, to rise 11. to be dislocated 12. to stick out 13. (book, etc.) to be published, to appear 14. to appear 15. to spring from 16. to come up 17. to occur, to arise 18. (opportunity, etc.) to come along 19. to be released 20. to come on (to) the market 21. *k. dili* to fork out/up (money) 22. (dreams, etc.) to come true 23. to go out with *(sb)* 24. to grow 25. to appear before 26. to turn out to *be,* to prove (to be) 27. to build (a storey) 28. to land 29. to fall to one's lot, to fall on/upon *sb* 30. (rumour, gossip, etc.) to start 31. to erupt 32. (sun, moon) to rise, to come out 33. (debts, etc.) to amount to 34. to go off (the rails/track, etc.)

**çıkmaz** *a.* 1. blind alley, cul-de-sac, dead-end 2. dilemma, impasse, deadlock **çıkmaz ayın son çarşambası** at Greek Kalends **çıkmaz sokak** blind alley **çıkmaza girmek** to come to a dead end, to reach a dead end **çıkmaza sokmak** a) to bring to a deadlock, to bring to an impasse b) to place in a dilemma

**çıkrık** *a.* 1. spinning wheel 2. winding wheel 3. pulley

**çıktı** *a.* output

**çılbır** *a.* poached eggs with yoghurt

**çıldırmak** *e.* to go crazy/crackers/nuts/insane/bananas/barmy, to go off one's head

**çıldırtmak** *e.* to madden, to drive *(sb)* mad/insane/crazy

**çılgın** *s.* mad, crazy, insane, lunatic **çılgına dönmek** to flip *arg.*, to have a fit, to throw a fit *kon.*

**çılgınca** *be.* madly, wildly

**çılgınlık** *a.* madness, insanity

**çıma** *a, den.* hawser

**çınar** *a.* plane tree

**çın çın** *be.* with a ringing or tinkling sound

**çıngar** *a.* quarrel, row **çıngar çıkarmak** to kick up a row, to make a scene

**çıngırak** *a.* 1. small bell 2. rattle

**çıngıraklıyılan** *a.* rattlesnake

**çıngırdamak** *e.* to jangle, to tinkle

**çınlamak** *e.* to tinkle, to ring, to clink, to chink

**çınlatmak** *e.* to ring, to clink, to jingle, to tinkle, to chink

**çıplak** *s.* naked, nude, bare **çıplaklar kampı** nudist camp

**çıplaklık** *a.* nakedness, nudity

**çıra** *a.* resinous piece of wood

**çırak** *a.* 1. apprentice 2. pupil, novice

**çıraklık** *a.* apprenticeship

**çır(ıl)çıplak** *s.* naked, nude * *be.* in the nude, in the buff

**çırçır** *a.* 1. cotton gin 2. trickling spring

**çırpı** *a.* 1. chip, clipping, dry twigs 2. chalk-line

**çırpınmak** *e.* 1. to flutter, to struggle, to flop about 2. to be all in a fluster, to bustle about

**çırpıntı** *a.* 1. flurry 2. (sea) slight agitation

**çırpıntılı** *s.* (sea) slightly agitated

**çırpışmak** *e.* to flutter

**çırpıştırmak** *e.* to skimp, to scrimp; to knock off

**çırpma** *a.* hemming stitch

**çırpmak** *e.* 1. to flutter, to flap, to beat 2. (hands) to clap 3. (laundry) to rinse 4. (eggs) to beat

**çıt** *a.* crack, cracking sound **çıt çıkarmamak** to make no noise, to keep silent **çıt çıkmamak** (place) to be completely silent **Çıt yok** There is no sound.

**çıta** *a.* lath, long narrow strip of wood

**çıtçıt** *a.* snap fastener, press-stud

**çıtı pıtı** *s.* dainty, delicate and lovely

**çıtır çıtır** *be.* with a crackling sound **çıtır çıtır yemek** to crunch

**çıtırdamak** *e.* to crackle, to snap

**çıtırtı** *a.* crackle, crackling

**çıtkırıldım** *s.* fragile, feeble, puny, weak

**çıtlatmak** *e.* 1. to crack 2. to drop a hint, to break

**çıyan** *a.* centipede

**çızıktırmak** *e.* to scribble, to scrawl

**çiçek** *a.* 1. flower 2. blossom, bloom 3. *hek.* smallpox **çiçek açmak** to bloom, to blossom **çiçek gibi** very clean **çiçeği burnunda** a) fresh b) very young

**çiçekbozuğu** *s.* pockmarked

**çiçekçi** *a.* florist

**çiçekçilik** *a.* floriculture, floristry

**çiçeklemek** *e.* 1. to plant flowers 2. to

decorate with flowers

**çiçeklenmek** *e.* to flower, to blossom, to bloom

**çiçekli** *s.* 1. in flower, in bloom 2. ornamented with flowers

**çiçeklik** *a.* 1. flower garden 2. vase

**çiçektozu** *a.* pollen

**çiçekyaprağı** *a.* perianth

**çift** *s.* 1. double, dual 2. (number) even * *a.* 1. double, pair 2. yoke (of oxen) 3. pincers **çift koşmak** to harness to the plough **çift sürmek** to plough **çift(er) çift(er)** in pairs, two by two

**çiftçi** *a.* farmer

**çiftçilik** *a.* agriculture, farming

**çifte** *s.* paired, double * *a.* 1. double-barreled shotgun 2. kick (of a horse, etc.) **çifte atmak** (animal) to kick

**çiftleşme** *a.* mating, copulation

**çiftleşmek** *e.* 1. to become a pair 2. to mate, to copulate

**çiftleştirmek** *e.* 1. to mate, to breed 2. to make a pair

**çiftlik** *a.* farm, ranch

**çiftsayı** *a.* even number

**çiğ** *s.* 1. raw, uncooked 2. unripe 3. crude **çiğ köfte** a dish made of minced meat, pounded wheat and chilli powder, raw meatballs

**çiğdem** *a.* crocus, meadow saffron

**çiğit** *a.* cotton seed

**çiğlik** *a.* 1. rawness 2. crudeness

**çiğnemek** *e.* 1. to chew 2. to run over 3. to tread, to crush 4. to disobey, to violate, to break

**çiklet** *a.* chewing gum

**çikolata** *a.* chocolate

**çikolatalı** *s.* (with) chocolate

**çil** *a.* freckle, speckle * *s.* 1. freckled, speckled 2. (coin) shiny, bright

**çile** *a.* 1. ordeal, trial, suffering 2. hank, skein 3. bowstring **çile çekmek** to suffer a lot **çileden çıkarmak** to infuriate, to exasperate **çileden çıkmak** to lose one's temper, to be in a rage

**çilek** *a.* strawberry

**çilekeş** *s.* suffering

**çileli** *s.* 1. suffering, enduring 2. causing suffering

**çilingir** *a.* locksmith **çilingir sofrası** *k. dili* table with drinks and hors-d'oeuvres

**çilli** *s.* freckled, speckled

**çim** *a.* grass, lawn

**çimdik** *a.* pinch **çimdik atmak** to pinch

**çimdiklemek** *e.* to pinch

**çimen** *a.* grass, meadow, lawn

**çimenlik** *a.* 1. grassy 2. meadow, lawn

**çimento** *a.* cement

**çimlendirmek** *e.* 1. to make (a seed) sprout 2. to grass over, to cover with grass

**çimlenmek** *e.* 1. to sprout, to germinate 2. to be covered with grass, to become grassy

**çinakop** *a.* medium-sized bluefish

**çinçilya** *a, hayb.* chinchilla

**Çingene** *a.* gypsy

**çingene** *s.* mean, stingy

**çingenelik** *a.* 1. state of being a gypsy 2. meanness, stinginess **çingenelik etmek** to be stingy/mean

**çini** *a.* 1. tile 2. china, porcelain **çini mürekkebi** India ink

**çinicilik** *a.* the art of tile-making

**çinili** *s.* tiled, decorated with painted tiles

**çinko** *a, s.* zinc

**çiriş** *a.* paste, glue

**çirkef** *a.* 1. filthy water, foul water 2. cesspool, sewer 3. disgusting person * *s.* disgusting

**çirkin** *s.* 1. ugly 2. unpleasant, unseemly, nasty 3. ugly, unbecoming, disgusting, shameful

**çirkinleşmek** *e.* to get ugly

**çirkinleştirmek** *e.* to make ugly

**çirkinlik** *a.* ugliness

**çiroz** *a.* 1. salted and dried mackerel 2. *k. dili* skinny person

**çiselemek** *e.* to drizzle

**çisenti** *a.* drizzle

**çiş** *a, k. dili* wee, wee-wee, piddle, *arg.* piss **çiş etmek/yapmak** *k. dili* to wee, to do a wee-wee, to piddle, *arg.* to piss

**çit** *a.* hedge, barrier, grill

**çitilemek** *e.* to rub (clothes) together while washing

**çitlembik** *a.* nettle tree berry

**çivi** *a.* 1. nail 2. peg, pin 3. tubercle, knot,

stud **çivi çakmak** to drive a nail **çivi gibi** healthy, strong **çivi kesmek** to feel very cold, to freeze

**çivileme** *a.* 1. nailing 2. feet-first dive

**çivilemek** *e.* to nail

**çivit** *a.* bluing, indigo, blue dye **çivit mavisi** indigo

**çivitlemek** *e.* 1. to dye with indigo 2. (laundry) to blue

**çiviyazısı** *a.* cuneiform

**çiy** *a.* dew

**çizelge** *a.* table, chart, list

**çizge** *a.* diagram, graph

**çizgi** *a.* 1. line 2. strap, striation 3. dash 4. scratch, mark **çizgi çekmek** to draw a line **çizgi film** (animated) cartoon **çizgi roman** comics

**çizgili** *s.* 1. marked with lines, ruled 2. striped, striated

**çizgisel** *s.* linear

**çizik** *a.* line, scratch * *s.* drawn, striated

**çiziktirmek** *e.* to scrawl, to scribble

**çizili** *s.* 1. ruled, lined 2. marked, scratched 3. drawn, delineated 4. canceled, crossed out

**çizim** *a.* 1. construction 2. drawing

**çizme** *a.* boot, top boot

**çizmek** *e.* 1. to draw 2. to sketch, to draw 3. to cross out, to cancel, to strike off 4. to scratch

**çoban** *a.* shepherd, herdsman **çoban köpeği** sheep dog

**Çobanyıldızı** *a, gökb.* Venus

**çocuk** *a.* 1. child 2. infant 3. kid, boy, childish person **çocuk aldırmak** to have one's child aborted, to have an abortion **çocuk arabası** pram, *Aİ.* baby carriage **çocuk bahçesi** children's park, playground **çocuk bakıcısı** nurse, nursemaid, baby-minder, baby-sitter **çocuk bakımı** child care **çocuk bezi** nappy, napkin, *Aİ.* diaper **çocuk doğurmak** to give birth to a child **çocuk doktoru** pediatrician **çocuk düşürmek** to have a miscarriage **çocuk gibi** a) childishly b) childlike **çocuk hastalığı** children's disease **çocuk işi** child's play, pushover **çocuk oyuncağı** a) toy b) child's play, pushover, a piece of cake, cinch **çocuk**

**olmak** to behave childishly, to be a child **çocuk yapmak** to have a child/children **çocuk yuvası** nursery scnool **çocuğu olmak** to have a child

**çocukbilim** *a.* paedology

**çocuklaşmak** *e.* to behave childishly

**çocukluk** *a.* 1. childhood 2. childishness **çocukluk etmek** to act childishly

**çocuksu** *s.* childish, childlike

**çocuksuz** *s.* childless

**çoğalma** *a.* increase

**çoğalmak** *e.* to increase, to multiply

**çoğaltmak** *e.* 1. to increase 2. to reproduce 3. to augment 4. to propagate, to multiply

**çoğu** *s, adl.* 1. most, most of 2. mostly, usually **çoğu zaman** usually, mostly

**çoğul** *a, s.* plural

**çoğulculuk** *a.* pluralism

**çoğunluk** *a.* majority

**çoğunlukla** *be.* mostly

**çok** *s, be.* 1. many, much 2. very, very much 3. a lot (of), lots (of), plenty (of), a deal (of), a good/great deal (of) 4. too **çok çok** at (the) most **çok geçmeden** soon, before long **çok gelmek** to be/seem too much **çok görmek** to begrudge, to grudge **çok olmak** to go too far, to overstep the mark/line **çok şükür** Thank God! Thank Heaven! **çok yanlı/yönlü** multilateral **çok yaşa** long live! **çokları** most of them **çoktan** a) long time ago b) already **çoktan beri** for a long time **çoktandır** for a long time

**çokanlamlı** *s.* polysemous

**çokanlamlılık** *a.* polysemy

**çokayaklılar** *a, hayb.* myriapods

**çokbilmiş** *s.* 1. sly, cunning 2. precocious

**çokça** *s.* somewhat abundant, a good many

**çokdüzlemli** *s, mat.* polyhedral

**çokeşli** *s.* polygamous

**çokeşlilik** *a.* polygamy

**çokgen** *a.* polygon

**çokgözeli** *s.* multicellular

**çokkarılı** *s.* polygynous

**çokkarılılık** *a.* polygyny

**çokkocalı** *s.* polyandrous

**çokkocalılık** *a.* polyandry

çokluk *a*. 1. abundance 2. majority * *be*. mostly, usually

çoksesli *s*. polyphonic

çokseslilik *a*. polyphony

çoktanrıcılık *a*. polytheism

çoktanrılı *s*. polytheist

çokterimli *s*. polynomial

çokuluslu *s*. multinational

çokyüzlü *s*. polyhedral

çolak *s*. one-handed, one-armed

Çolpan *a, gökb*. Venus

çoluk çocuk *a*. 1. household, family, wife and children 2. children, pack of children

çomak *a*. cudgel, stick, bat

**çomar** *a*. mastiff, large watchdog

çopur *a*. pockmark * *s*. pockmarked

çorak *s*. 1. arid, barren, desert 2. (water) bitter, undrinkable * *a*. 1. impervious clay 2. saltpetre bed

çoraklaşmak *e*. to become arid or desert

çoraklık *a*. 1. aridity, barrenness, infertility 2. (water) bitterness, brackishness

çorap *a*. 1. sock 2. stocking 3. hose **çorap kaçığı** ladder, run **çorap kaçmak** to ladder, *Aİ*. to run **çorap söküğü gibi** in rapid succession, easily and quickly

çorba *a*. 1. soup 2. mess **çorba gibi** in a mess, confused **çorba kaşığı** tablespoon **çorbaya döndürmek** to make a mess of **çorbaya dönmek** to become a mess

çökelek *a*. 1. skim-milk cheese 2. *kim*. precipitate

çökelmek *e, kim*. to settle, to precipitate

çökelti *a, kim*. precipitate

çökertmek *e*. 1. to make kneel 2. to cause to collapse, to break in, to stave in

çökkün *s*. 1. broken-down, collapsed 2. depressed

çökkünlük *a*. 1. collapse 2. depression

çökmek *e*. 1. to collapse, to come down 2. to fall down 3. to cave in, to fall in, to give way 4. to topple 5. to sink 6. to kneel/crouch down 7. to drop 8. to settle, to be precipitated 9. to subside 10. to break down 11. to decline 12. (darkness, etc.) to fall

çöküntü *a*. 1. debris, wreckage 2. sediment, deposit 3. subsidence (of land) 4. depression

çöküş *a*. 1. collapse 2. decline

çöl *a*. 1. desert 2. wilderness, wasteland, waste

çömelmek *e*. to squat (down)

çömez *a*. disciple

çömlek *a*. earthenware pot

çömlekçi *a*. potter

çömlekçilik *a*. pottery

çöp *a*. 1. chip, straw 2. sweepings, litter, rubbish, garbage 3. matchstick 4. stalk, peduncle of a fruit **çöp arabası** garbage truck **çöp gibi** very thin, skinny **çöp kebabı** pieces of grilled meat on a stick **çöp kutusu** dustbin *İl*., garbage can *Aİ*., trash-can *Aİ*., bin *İl*. **çöp tenekesi** garbage can, dustbin, trash can

çöpçatan *a*. matchmaker

çöpçatanlık *a*. matchmaking

çöpçü *a*. street sweeper, scavenger, dustman, *Aİ*. garbage collector

çöplenmek *e*. to get pickings

çöplük *a*. 1. garbage dump, rubbish heap 2. filthy place

çörek *a*. bun

çöreotu *a*. black cumin

çöreklenmek *e*. 1. (snake) to coil itself up, to be coiled 2. to settle down and stay

çöven *a*. soapwort

çözelti *a*. (liquid) solution

çözgü *a*. 1. warp 2. striped cotton sheeting

çözmek *e*. 1. to untie, to unfasten, to unbutton, to undo 2. to solve 3. to unravel 4. to disentangle

çözücü *a, s*. solvent

çözük *s*. 1. loose, untied, undone 2. unraveled

çözülmek *e*. 1. to come unfastened 2. to ravel 3. to be solved 4. to break up, to disintegrate 5. (ice) to thaw 6. *ask*. to disengage 7. to become weak, to loosen, to become loose

çözülüm *a*. 1. breakup, dispersal 2. *ruhb*. dissociation

çözüm *a*. solution

çözümleme *a.* analysis
çözümlemek *e.* to analyse
çözümsel *s.* analytic
çözünmek *e.* 1. to dissolve 2. to decompose
çözünü *s.* soluble
çözünürlük *a.* solubility
çözüşmek *e, kim.* to dissociate
çubuk *a.* 1. rod, bar 2. wand, staff 3. long tobacco pipe, long pipe stem **çubuk aşısı** grafting **çubuk kraker** pretzel
çuha *a.* broadcloth
çuhaçiçeği *a.* cowslip, polyanthus
çukur *a.* 1. hole, hollow, pit 2. pothole 3. ditch 4. *biy.* dimple 5. abyss, crater 6. *arg.* grave * *s.* hollow, sunken **çukur kazmak** to dig a hole **çukurunu kazmak** to dig sb's grave
çul *a.* 1. haircloth 2. horse-cloth 3. clothes
çulha *a.* weaver
çulluk *a, hayb.* woodcock
çulsuz *s.* poor, penniless
çuval *a.* sack **çuval gibi** loose, untidy
çuvaldız *a.* packing needle
çuvallamak *e.* 1. to bag, to put in sacks 2. *arg.* to fail, to flunk
çük *a, k. dili* penis, dick
çünkü *bağ.* because, for
çürük *s.* 1. rotten 2. decayed 3. flimsy; jerrybuilt, unstable, unsound 4. unfounded, untenable 5. *ask.* unfit for service, disabled * *a.* bruise **çürük çıkmak** a) to turn out rotten b) to prove to be untrue **çürük tahtaya basmak** to fall into a trap **çürüğe çıkarmak** to invalid out
çürüklük *a.* 1. rottenness 2. garbage dump 3. unsoundness 4. putrefaction
çürümek *e.* 1. to decay 2. to rot 3. to bruise 4. to go bad 5. to putrefy 6. to mortify 7. to be refuted
çürütmek *e.* 1. to cause to decay 2. to bruise, to contuse 3. to refute, to explode
çüş *ünl.* wo! whoa!

# D

D, d *a.* the fifth letter of the Turkish alphabet
da, de *bağ.* 1. too, as well, also 2. but 3. and 4. so, that's why
dadanmak *e.* 1. to frequent, to haunt 2. to acquire a taste, to want to have
dadaş *a.* 1. brother 2. young man, youth
dadı *a.* nurse, nursemaid, nanny
dağ *a.* 1. mountain 2. heap, mound 3. brand, mark 4. *hek.* cautery, cauterization **dağ başı** a) mountain top, summit b) the countryside c) wild and remote place **dağ eteği** lower slopes of a mountain **dağ gibi** mountainous **dağ silsilesi** mountain range **dağ taş** everywhere **dağa çıkmak** a) to climb a mountain b) to take to the hills **dağa kaldırmak** to kidnap **dağdan gelip bağdakini kovmak** to be an upstart who does not like the old-timers **dağ(lar) kadar** enormous, great
dağarcık *a.* 1. leather bag 2. repertory
dağcı *a.* mountain climber, mountaineer
dağcılık *a.* mountain climbing, mountaineering
dağdağa *a.* tumult, turmoil, confusion
dağılım *a.* 1. dispersion 2. distribution, allocation 3. dissociation
dağılış *a.* 1. dispersal 2. collapse, fall
dağılmak *e.* 1. to scatter, to disperse 2. to be dispersed 3. to fall into pieces 4. to be dissolved 5. to be spread 6. to break up
dağınık *s.* 1. scattered, dispersed 2. untidy, disorganized 3. messy
dağınıklık *a.* untidiness, disorder; mess
dağıtıcı *a.* distributor
dağıtım *a.* distribution, delivery
dağıtımcı *a.* distributor, seller
dağıtımcılık *a.* distribution
dağıtmak *e.* 1. to scatter, to disperse 2. to distribute 3. to spread 4. to dissipate 5. to dispel 6. to distribute 7. to hand *(sth)* out; to give out 8. to disband 9. to disarrange, to muss up, to mess up 10. to dissolve 11. to break up 12. to dis-

perse 13. *k. dili* to freak out, to lose one's self-control

**dağkeçisi** *a.* chamois

**dağlamak** *e.* 1. to brand 2. to cauterize

**dağlı** *s.* rough, harsh, coarse

**dağlıç** *a.* a kind of fat-tailed sheep

**dağlık** *s.* mountainous, hilly

**daha** *be.* 1. more, further 2. yet, still 3. more, again 4. plus **daha az** less **daha çok** more **daha doğrusu** or rather **daha iyi** better **Daha iyisi can sağlığı** Nothing could be better. **daha kötü** worse **Daha neler** What next! Rubbish! **daha önce** before **daha sonra** later, afterwards **daha şimdi** just now **Dahası var** That's not all.

**dahası** what's more

**dâhi** *a.* genius

**dahi** *bağ.* also, too, even

**dahil** *a.* the interior, inside * *be.* including, included **dahil etmek** to include, to count sb/sth in

**dahilen** *be.* internally, inwardly

**dahili** *s.* internal, interior, inner

**dahiliye** *a.* 1. *esk.* internal affairs 2. internal diseases 3. ward for internal diseases

**dahiliyeci** *a.* internist, doctor of internal medicine

**dâhiyane** *s.* brilliant, prodigious

**daima** *be.* always, forever

**daimi** *s.* constant, permanent, perpetual

**dair** *s.* about, concerning, relating to, on

**daire** *a.* 1. circle 2. department, office 3. flat, *Aİ.* apartment 4. limit, range

**dairesel** *s.* circular

**dairevi** *s.* circular

**dakik** *s.* 1. punctual, exact 2. minute, accurate, precise

**dakika** *a.* minute **dakikası dakikasına** punctually, on time

**daktilo** *a.* 1. typewriter 2. typist **daktilo etmek** to type **daktilo makinesi** typewriter

**daktilograf** *a.* typist

**daktilografi** *a.* typewriting

**dal** *a.* 1. branch, bough 2. branch, subdivision **dal gibi** slender, graceful **dal budak salmak** to shoot out branches,

to spread **daldan dala konmak** to jump from one thing to the other **dalına basmak** to tread on sb's corns, to annoy

**dalak** *a.* spleen

**dalamak** *e.* 1. (dog, bear) to bite 2. to sting, to prick

**dalaş** *a.* fight, quarrel

**dalaşmak** *e.* 1. (dogs) to fight savagely 2. to quarrel

**dalavere** *a, k. dili* trick, intrigue, hankypanky **dalavere çevirmek** to plot, to intrigue

**dalavereci** *a.* intriguer, trickster

**daldırmak** *e.* 1. to plunge, to dip 2. (shoot) to layer

**dalga** *a.* 1. wave 2. undulation 3. *arg.* trick, intrigue 4. *arg.* gadget, jigger 5. *arg.* affair, sweetie **dalga dalga** a) in waves b) (hair) wavy **dalga geçmek** a) to make fun of, to kid b) to shirk, to procrastinate, to slack off **dalgaya düşmek** *arg.* a) to fall into a trap b) to be absentminded **dalgaya getirmek** to pull the wool over sb's eyes

**dalgacı** *a, arg.* 1. daydreamer, woolgatherer 2. shirker, slacker; malingerer 3. tricky fellow

**dalgakıran** *a.* breakwater

**dalgalanmak** *e.* 1. (sea) to become rough 2. (flag) to wave 3. (price, exchange rate) to float

**dalgalı** *s.* 1. (sea) rough 2. wavy 3. undulating 4. (silk) watery 5. (metal) corrugated 6. *fiz.* alternating **dalgalı akım** alternating current

**dalgametre** *a, arg.* thingamabob, thingamajig, thingummy, gadget

**dalgıç** *a.* diver

**dalgıçlık** *a.* diving

**dalgın** *s.* absent-minded; preoccupied, abstracted, distracted; lost

**dalgınlık** *a.* absent-mindedness

**dalkavuk** *a.* flatterer, bootlicker, toady, sycophant

**dalkavukluk** *a.* flattery, sycophancy, toadyism **dalkavukluk etmek** to flatter, to blandish

**dallanmak** *e.* 1. to branch out, to ramify 2. to get complicated

**dalma** a. 1. plunging, diving 2. abstraction, absent-mindedness 3. falling off to sleep

**dalmak** e. 1. to dive 2. plunge (into) 3. to be engrossed in 4. to enter suddenly, plunge in 5. to fall asleep 6. to lose consciousness

**daltonizm** a. daltonism

**dalyan** a. fishpond, fishgarth

**dalyarak** a, kab. blockhead, pisser, ponce

**dam** a. 1. roof 2. stable, animal shed 3. arg. jail, jug, Aİ. can 4. (cards) queen 5. lady partner (at a dance) **damdan düşer gibi** out of the blue

**dama** a. draughts, Aİ. checkers **dama tahtası** draughtboard **dama taşı** draughtsman

**damacana** a. demijohn

**damak** a, anat. palate

**damaksı(l)** s, dilb. palatal

**damalı** s. checkered

**damar** a. 1. blood, vessel, vein 2. vein, lode 3. testiness, irritability, hot temper **damar sertliği** arteriosclerosis **damar tıkanıklığı** embolism **damarına basmak** to tread on one's corns, to exasperate **damarlarına işlemek** to become a part of one's character

**damarlı** s. 1. vascular 2. veined 3. having swollen veins

**damasko** a. damask

**damat** a. 1. bridegroom 2. son-in-law

**damatlık** a. clothes, gifts, etc. bought for the bridegroom

**damga** a. 1. stamp 2. brand 3. mark 4. official seal 5. stigma, blemish, brand **damga pulu** revenue stamp

**damgalamak** e. 1. to stamp 2. to brand 3. to stigmatize

**damgalı** s. 1. stamped, marked, franked 2. stigmatized 3. branded

**damgasız** s. umstamped, unmarked

**damıtıcı** a. 1. distiller 2. still, distilling apparatus

**damıtık** s. distilled

**damıtma** a. distillation **damıtma tesisi** distillery

**damıtmak** a. to distill

**damız** a. stable, animal shed

**damızlık** a. animal for breeding, stallion

**damla** a. 1. drop, bead 2. medicine dropper 3. hek. gout 4. very small quantity, bit **damla damla** drop by drop

**damlalık** a. 1. medicine dropper 2. draining board

**damlamak** e. 1. to drip, to drop 2. k. dili to turn up, to pop in **Damlaya damlaya göl olur** Many a little makes a mickle.

**damlasakızı** a. mastic, a resin used as chewing gum

**damlatmak** e. to drip, to drop, to let drop

**damper** a. dumper (truck)

**damperli** s. with dumper **damperli kamyon** dumper truck

**damping** a. dumping

**dana** a. calf **dana eti** veal

**danaburnu** a. mole cricket

**dangalak** s. stupid, birdbrained, blockheaded * blockhead, dummy

**danışık** a. 1. consultation, conversation 2. collusion

**danışıklı** s. prearranged, sham **danışıklı dövüş** a) sham, put-up job b) thrown game, rigged game

**danışma** a. 1. inquiry 2. information **danışma bürosu** information office

**danışmak** e. to confer (with), to consult

**danışman** a. counselor, adviser; mentor

**danışmanlık** a. counseling

**Danıştay** a. Council of State, state council

**daniska** s. the best, the finest **daniskası** to best of

**dans** a. dance **dans etmek** to dance

**dansçı** a. dancer

**dansör** a. male dancer

**dansöz** a. 1. female dancer 2. belly-dancer

**dantel(a)** a. lace, lacework

**dapdaracık** s. very narrow/tight

**dar** s. 1. narrow 2. tight 3. scant, scanty 4. (time) short 5. limited, restricted **dar açı** acute angle **dar boğaz** bottle neck **dar darına** narrowly, hardly, barely **dar gelirli** having a low income, poor **dar görüşlü** narrow-minded **dar kafalı** narrow-minded, old-fashioned **dar ünlü**

close vowel **dara düşmek** to be in a difficulty **dara gelmek** a) to come to a pinch b) to be pressed for time **darda kalmak** a) to be short of money b) to feel the pinch

dara *a.* tare **darasını düşmek** to deduct the tare of

daracık *s.* quite narrow

darağacı *a.* gallows, scaffold

daralmak *e.* 1. to shrink, to become narrow/tight, to narrow 2. to decrease, to become scanty 3. to become difficult

daraltmak *e.* 1. to narrow 2. to take in, to make narrow 3. to limit, to restrict 4. to scant

darbe *a.* 1. blow, stroke 2. shock

darbuka *a.* earthenware kettledrum

dargın *s.* offended, cross, angry

dargınlık *a.* anger, offence, irritability, falling-out

darı *a.* 1. millet, millet plant 2. corn, maize **Darısı başına** (for a happy event) May your (his) turn come next.

darılgan *s.* touchy, thin-skinned

darılmak *e.* 1. to be cross/angry, to be offended, to take offence (at) 2. to scold, to reprove

darıltmak *e.* to give/cause offense (to), to offend

darlaşmak *e.* 1. to get narrow 2. to get tight 3. to decrease, to get scanty 4. to get to be difficult

darlık *a.* 1. narrowness, tightness 2. scantiness 3. poverty, need 4. difficulty, straits

darmadağın(ık) *s.* 1. cluttered, messed up, messy, unkempt, jumbled, disarrayed 2. (hair, etc.) tousled, unkempt, rumpled, dishevelled, tangled **darmadağın etmek** to 1. to disaray, to clutter, to mess up 2. to rumple, to tousle, to dishevel

darphane *a.* mint

dava *a.* 1. suit, lawsuit, action 2. trial 3. claim, assertion, allegation, complaint, quarrel 4. proposition, thesis 5. problem, question, matter **dava açmak/etmek** to bring a suit (against), to sue **dava vekili** lawyer, barrister **davadan vazgeçmek** to give up a claim **davaya bakmak** to hear a case

davacı *a.* plaintiff, claimant, suitor, litigant

davalı *a.* defendant * *s.* contested, in dispute

davar *a.* 1. sheep, goat 2. flock of sheep or goats

davet *a.* 1. invitation 2. party, feast 3. call 4. *huk.* summons **davet etmek** a) to invite, to call b) to ask c) to summon

davetiye *a.* written invitation, invitation card

davetli *s.* invited * *a.* guest

davetsiz *s.* uninvited

davlumbaz *a.* 1. paddle box 2. chimney hood

davranış *a.* 1. behaviour, conduct 2. treatment, reception, attitude 3. action

davranışçılık *a.* behaviourism

davranmak *e.* 1. to act, to behave 2. to treat, to behave towards 3. to get ready for action, to prepare oneself

davul *a.* drum **davul çalmak** a) to drum b) *mec.* to shout sth from the rooftops

davulcu *a.* drummer

dayak *a.* 1. beating, thrashing, hiding 2. prop, support **dayak atmak** to give a thrashing/beating, to beat **dayak yemek** to get a thrashing/beating

dayalı *s.* 1. leaning against 2. propped up, shored **dayalı döşeli** (house) completely furnished

dayamak *e.* 1. to lean/set against 2. to base on 3. to thrust

dayanak *a.* 1. support, base 2. basis

dayandırmak *e.* 1. to lean *(sth)* on 2. to base on, to ground on

dayanıklı *s.* 1. strong, lasting, enduring 2. resistant, tough

dayanıklılık *a.* 1. endurance, tenacity 2. solidity, firmness, resistance

dayanıksız *s.* weak, frail, feeble

dayanıksızlık *a.* 1. lack of resistance, weakness 2. flimsiness

dayanılmaz *s.* 1. irresistible 2. unbearable, intolerable 3. insufferable

dayanışma *a.* solidarity

dayanışmak *e.* to act with solidarity

dayanmak *e.* 1. to lean 2. to be based on

3. to resist 4. to endure, to be able bear/stand, to put up with; to stomach 5. to withstand, to hold out, to last 6. to push, to press, to shove 7. to arrive, to reach 8. to wear, to endure continued use

**dayatmak** *e.* 1. to cause to lean 2. to insist

**dayı** *a.* 1. maternal uncle, mother's brother 2. protector, backer 3. bully, roughneck

**dayıcılık** *a.* nepotism

**dayılık** *a.* 1. being an uncle 2. *arg.* protection, nepotism 3. *arg.* bullying

**dazlak** *s.* bald **dazlak kafalı** bald, baldheaded

**de bağ.** also, too

**debdebe** *a.* pomp, display, splendour

**debdebeli** *s.* magnificent, showy, splendid

**debelenmek** *e.* 1. to thrash about, to welter 2. to struggle desperately

**debriyaj** *a.* clutch (pedal)

**dede** *a.* grandfather, grandpa

**dedektif** *a.* detective

**dedikodu** *a.* gossip, tittle-tattle **dedikodu etmek/yapmak** to gossip

**dedikoducu** *a.* gossip

**defa** *s.* time **defalarca** again and again, repeatedly

**defetmek** *e.* 1. to drive away, to repel 2. to expel, to eject

**defile** *a.* fashion show

**defin** *a.* burial, interment

**define** *a.* treasure

**defineci** *a.* treasure hunter

**deflasyon** *a, eko.* deflation

**defne** *a.* laurel, bay-tree

**defo** *a.* flaw, defect

**defolmak** *e.* to clear out, to go away, *arg.* to piss off **Defol** *arg.* Piss off! Go away! Beat it! Off with you!

**defolu** *s.* having a flaw, faulty

**defter** *a.* 1. notebook, copybook, exercise book 2. register, inventory 3. tax roll 4. account book

**defterdar** *a.* head of the financial department (of a province)

**defterdarlık** *a.* financial office (in a prov-

ince)

**değdirmek** *e.* to touch (one thing) to (another)

**değer** *s.* worth, worthy * *a.* 1. value, worth 2. price 3. merit, worth **değer biçmek** a) to evaluate b) to fix the price (of) **değer vermek** to esteem, to appreciate **değer yargısı** standard of judgment, value judgment **değerden düşmek** to lose its value **değeri düşmek** to go down in value **değerini yükseltmek** to raise the value of

**değerbilir** *s.* appreciative

**değerbilmez** *s.* unappreciative

**değerlendirme** *a.* 1. evaluation 2. putting *sth* to use

**değerlendirmek** *e.* 1. to put to good use, to turn to account, to utilize 2. to evaluate, to appraise 3. to appreciate

**değerlenmek** *e.* to appreciate, to increase in value

**değerli** *s.* 1. valuable, precious 2. talented, worthy, estimable

**değersiz** *s.* worthless

**değgin** *s.* concerning, related to, connected with, about

**değil** *be.* not

**değin** *ilg.* until, till, up to

**değinmek** *e.* to touch on, to mention

**değirmen** *a.* 1. mill 2. grinder **değirmen taşı** millstone **Değirmenin suyu nereden geliyor** Where the hell do the expenses come from?

**değirmenci** *a.* miller

**değirmi** *s.* round, circular

**değiş** *a.* exchange **değiş etmek** to exchange **değiş tokuş** exchange, barter **değiş tokuş etmek** to barter, to exchange, to trade

**değişik** *s.* 1. different 2. varied, various 3. new, unusual, original

**değişiklik** *a.* 1. change 2. variation, alteration 3. modification

**değişim** *a.* 1. changing, change 2. metamorphosis 3. *mat, biy.* variation 4. alteration 5. *den.* variation in the wind direction

**değişinim** *a, biy.* mutation

**değişke** *a, biy.* variation

değişken *s.* variable, changeable * *a, mat.* factor

değişkenlik *a.* variation, variability

değişkin *s.* modified

değişme *a.* 1. change 2. exchange 3. modulation

değişmek *e.* 1. to change 2. to alter 3. to vary 4. to exchange, to trade, to barter

değişmez *s.* 1. unchangeable, invariable 2. constant, stable

değiştirmek *e.* 1. to change 2. to modify 3. to vary 4. to alter, to convert 5. to turn 6. to transform 7. to shift 8. to exchange, to trade, to barter, to swap

değme *a.* contact, touch * *s.* every, any

değmek *e.* 1. to touch 2. to reach, to attain 3. to be worth

değnek *a.* stick, cane, wand, rod **değnek gibi** skinny, scraggy

deh *ünl.* giddap

deha *a.* genius

-de hali *a. dilb.* locative case

dehliz *a.* entrance-hall, vestibule, corridor

dehşet *a.* terror, horror * *s, k. dili* super, terrific **dehşet saçmak** to spread terror **dehşete düşmek/kapılmak** to be horrified

dehşetli *s.* terrible, horrible, dreadful

dejenere *s.* degenerate **dejenere olmak** to degenerate

dek *ilg.* until, till

dekalitre *a.* decalitre

dekametre *a.* decametre

dekan *a.* dean (of a faculty)

dekanlık *a.* dean's office

dekar *a.* one-tenth of a hectare

dekatlon *a.* decathlon

deklanşör *a.* (on a camera) shutter release

dekolte *s.* low-necked, décolleté

dekont *a.* deduction, statement of account

dekor *a.* 1. decoration 2. *sin.* set, setting 3. *tiy.* scenery

dekorasyon *a.* 1. *tiy.* scene-making 2. decoration

dekoratif *s.* decorative

dekoratör *a.* 1. set-designer 2. internal decorator

dekore etmek *e.* to decorate

dekovil *a.* narrow-gauge railway

delalet *a.* 1. guidance 2. indication, denotation **delalet etmek** a) to guide b) to indicate, to denote

delegasyon *a.* delegation

delege *a.* delegate, representative

delgeç *a.* perforator, perforating machine

delgi *a.* drill, gimlet, auger, bit

deli *s.* 1. mad, insane; crazy, lunatic, crackers, nuts, nutty 2. crazy/mad about, fond of * *a.* madman, madwoman, lunatic **deli divane olmak** to be madly fond of, to be wild about **deli etmek** to drive *sb* mad **deli gibi** a) madly b) recklessly c) like crazy/hell/mad **deli olmak** a) to go mad b) to be crazy about, to be nuts about/over **Deli olmak işten değil** It drives one crazy. **deli saçması** utter nonsense, bullshit **delisi** crazy about **deliye dönmek** to go crazy

delibozuk *s.* erratic, unstable, eccentric

delice *be.* 1. madly 2. like hell, like mad * *s.* nutty, crazy

delicesine *be.* madly, like mad

delidolu *s.* thoughtless, reckless, rash, tactless

deliduman *s.* foolhardy, daredevil

delifişek *s.* giddy; flighty; madcap

delik *a.* 1. hole, opening, orifice 2. *arg.* jail, jug, clink, can * *s.* bored, pierced **delik açmak** to make a hole, to drill, to bore **delik deşik** full of holes **delik deşik etmek** to riddle **delik deşik olmak** to be riddled **deliğe girmek** *arg.* to go to jail, to be locked up **deliğe tıkmak** *arg.* to put into jail

delikanlı *a.* young man, lad

delikanlılık *a.* youth, youthfulness, adolescence

delikli *s.* having a hole/holes, perforated

deliksiz *s.* without a hole, nonstop **deliksiz uyku** sound sleep

delil *a.* proof, evidence **delil göstermek** to adduce proofs

delilenmek *e.* to act crazily

delilik *a.* 1. madness, insanity 2. craze, mania 3. fad, rage **delilik etmek** to act foolishly

delinmek
```

**delinmek** *e.* 1. to wear through, to get a hole 2. to be pierced 3. to be punctured, to get a puncture

**delirmek** *e.* to go mad, to become insane

**delirtmek** *e.* to drive *(sb)* mad, to craze

**delişmen** *s.* flighty, giddy, madcap

**delmek** *e.* to pierce, to bore, to drill

**delta** *a, coğ.* delta

**dem** *a.* 1. moment, time 2. (tea) being steeped **dem vurmak** to talk about

**dem** *a.* blood

**demagog** *a.* demagogue

**demagoji** *a.* demagogy

**demeç** *a.* declaration, statement **demeç vermek** to make a statement

**demek** *e.* 1. to say 2. to call, to name 3. to mean **demek ki** *be.* so, thus, therefore, in this case **demek istemek** to mean **Deme** You don't say so! **demeğe gelmek** to come to mean, to add up to **demeye getirmek** to imply **demeye kalmadan** no sooner than **derken** a) while trying to, when intending to b) just at that moment **deyip geçmek** to underrate

**demet** *a.* 1. bunch, bouquet 2. bundle 3. *fiz.* beam 4. sheaf

**demetlemek** *e.* to tie in sheaves, to tie in bunch

**demin** *be.* just now, just a moment ago

**demincek** *be.* just a moment ago

**deminki** *be.* of a moment ago

**demir** *a.* 1. iron 2. *den.* anchor **demir almak** *den.* to weigh anchor **demir atmak** *den.* to cast anchor, to anchor **demir gibi** strong, tough **demir leblebi** a hard nut to crack **Demir tavında dövülür** Strike while the iron's hot.

**demirbaş** *a.* office stock, inventory stock/article

**demirci** *a.* 1. ironmonger 2. smith, blacksmith

**demirhane** *a.* ironworks

**demirhindi** *a, bitk.* tamarind

**demirlemek** *e.* 1. to cast anchor, to anchor 2. to bar (a door, gate, etc.)

**demirperde** *a.* the Iron Curtain

**demiryolu** *a.* railroad, railway

**demlemek** *e.* (tea) to steep, to brew

**demlenmek** *e.* 1. to brew, to be steeped, to infuse 2. to drink, to booze

**demli** *s.* (tea) well-steeped

**demlik** *a.* teapot

**demode** *s.* out of fashion, old-fashioned, out-of-date, dated, outdated; outmoded, obsolete, superannuated

**demografi** *a.* demography

**demokrasi** *a.* democracy

**demokrat** *a.* democrat * *s.* democratic

**demokratik** *s.* democratic

**denden** *a.* ditto mark

**denek** *a.* test subject, guinea pig

**denektaşı** *a.* touchstone

**deneme** *a.* 1. experiment, test 2. *yaz.* essay **deneme tahtası** something or somebody which is treated as a plaything

**denemeci** *a.* essayist

**denemek** *e.* 1. to try 2. to test 3. to attempt, to essay

**denet** *a.* 1. inspection, audit 2. control, supervision

**denetçi** *a.* inspector, auditor

**denetim** *a.* 1. inspection, auditing 2. control, supervision

**denetimsiz** *s.* uncontrolled

**denetleme** *a.* 1. inspection 2. supervision

**denetlemek** *e.* 1. to check, to inspect 2. to supervise, to oversee

**denetleyici** *a.* 1. inspector 2. supervisor 3. control mechanism

**deney** *a.* experiment, test **deney yapmak** to experiment

**deneyim** *a.* experience

**deneyimli** *s.* experienced

**deneyimsiz** *s.* inexperienced

**deneysel** *s.* experimental

**deneyüstü** *s.* 1. transcendental 2. metaphysical

**denge** *a.* 1. balance 2. equilibrium, equipoise 3. composure, self-possession **dengesini kaybetmek** to lose one's balance/equilibrium

**dengeli** *s.* 1. balanced 2. moderate 3. stable, stabilized

**dengesiz** *s.* 1. out of balance 2. immoderate 3. unstable 4. unbalanced, unhinged
```

**dengesizlik** *a.* 1. imbalance 2. immoderation, excessiveness 3. instability 4. mental instability

**-den hali** *a, dilb.* ablative case

**deniz** *a.* sea * *s.* 1. maritime, marine 2. naval, nautical **deniz banyosu** sea bathing **deniz feneri** lighthouse **deniz hukuku** maritime law **deniz kazası** shipwreck, accident at the sea **deniz kenarı** seashore **deniz kurdu** *k. dili* (old) salt, (Jack) tar, sea dog, *Al.* gob **deniz kuvvetleri** naval forces **deniz mili** nautical mile **deniz nakliyat şirketi** shipping company **deniz tutmak** to get seasick **deniz tutması** seasickness **deniz üssü** naval base **deniz yolculuğu** voyage, sail **deniz yolları** maritime lines **deniz yoluyla** by sea **denizden çıkmış balığa dönmek** to feel like a fish out of water **denize açılmak** to put (out) to sea **Denize düşen yılana sarılır** A drowning man will clutch at a straw. **denize girmek** to go swimming, to have a swim **denize indirmek** to launch

**denizaltı** *a, den.* submarine * *s.* submarine, undersea

**denizanası** *a.* jellyfish

**denizaşırı** *s.* oversea, overseas

**denizatı** *a.* sea horse

**denizayısı** *a.* sea cow, manatee

**denizbilim** *a.* oceanography

**denizci** *a.* 1. seaman 2. sailor 3. navigator

**denizcilik** *a.* 1. seamanship 2. navigation, sailing

**denizhıyarı** *a.* sea cucumber

**denizkaplumbağası** *a.* sea-turtle, turtle

**denizkestanesi** *a.* sea urchin

**denizkızı** *a.* mermaid

**denizköpüğü** *a.* meerschaum

**denizkulağı** *a.* 1. lagoon 2. haliotis, abalone

**denizördeği** *a.* storm petrel

**denizpalamudu** *a.* acorn barnacle

**denizşakayığı** *a.* sea anemone

**denizyıldızı** *a.* starfish

**denk** *a.* 1. bale 2. counterpoise 3. match, peer, equal * *s.* 1. equal, in equilibrium, balancing, in trim 2. suitable, timely, appropriate **denk gelmek** a) to be suitable b) to suit, to fit c) to run into, to come across **denk getirmek** a) to choose to right time, to act in the right time c) to hit (a target) **denk olmak** to be equal

**denklem** *a, mat.* equation

**denklemek** *e.* to balance, to make equal

**denkleşmek** *e.* 1. to reach equilibrium 2. to become equal

**denkleştirmek** *e.* 1. to balance, to make equal 2. to manage to find (money)

**denklik** *a.* equality, balance

**denli** *be.* so, so . . . that * *s.* tactful

**densiz** *s.* tactless

**densizlik** *a.* tactlessness, inconsiderateness

**deodoran** *a.* deodorant

**deontoloji** *a.* deontology

**deplasman** *a, sp.* playing away **deplasman maçı** away match **deplasmana gitmek/çıkmak** to play away

**depo** *a.* 1. depot 2. warehouse, store **depo etmek** to store

**depolamak** *e.* to store

**depozito** *a.* deposit

**deprem** *a.* earthquake, *k. dili* quake **deprem bölgesi** seismic zone

**deprembilim** *a.* seismology

**depremyazar** *a.* seismograph

**depresyon** *a, ruhb.* depression

**depreşmek** *e.* to reappear, to recur, to relapse

**derbeder** *a.* vagrant, vagabond, tramp * *s.* irregular, untidy, slovenly

**dere** *a.* brook, stream, rivulet **dere tepe düz gitmek** to go up hill and down dale **dereyi görmeden paçaları sıvamak** to count one's chickens before they are hatched

**derebeyi** *a.* feudal lord

**derebeylik** *a.* feudalism

**derece** *a.* 1. degree 2. rank, degree, grade 3. thermometer **derece almak** to place (in a competition) **derece derece** a) by degrees b) of various degrees

**dereceli** *s.* 1. graduated 2. graded

**dereotu** *a.* dill

**dergâh** *a.* dervish convent

**dergi** *a.* magazine, periodical, journal, review

**derhal** *be.* immediately, at once, right away/off

**deri** *a.* 1. skin, hide 2. leather 3. peel, rind **deri hastalığı** skin disease **derisini yüzmek** a) to flay, to skin b) to strip, to rob c) to torture to dead

**derialtı** *s.* subcutaneous

**derici** *a.* leather dealer

**dericilik** *a.* leather trade

**derin** *s.* 1. deep 2. profound 3. (sleep) sound 4. intensive, deep, thorough **derin derin** deeply **derin derin düşünmek** to think deeply, to meditate (on) **derinlere dalmak** to be plunged in thought

**derinlemesine** *be.* in depth, deeply, thoroughly

**derinleşmek** *e.* to deepen, to become deep

**derinleştirmek** *e.* to deepen, to make deep

**derinliğine** *be.* in depth, deeply, thoroughly

**derinlik** *a.* 1. depth 2. deepness 3. profundity

**derişik** *s.* concentrated

**derişme** *a.* concentration

**derişmek** *e.* to concentrate, to be concentrated

**derleme** *a.* collecting, compiling * *s.* collected, selected

**derlemek** *e.* to collect, to compile **derleyip toplamak** to tidy (up)

**derli toplu** *s.* 1. tidy, in order 2. well-organized

**derman** *a.* 1. strength, power, energy 2. remedy, cure **derman aramak** to seek a remedy **derman bulmak** to find a remedy **derman olmak** to be a remedy (for)

**dermansız** *s.* 1. exhausted, feeble 2. irremediable, incurable

**dermansızlık** *a.* 1. debility, weakness 2. being beyond cure

**dermatoloji** *a.* dermatology

**derme** *s.* collected * *a.* collection **derme çatma** jerrybuilt, rambling

**dermek** *e.* 1. to pick, to pick up 2. to gather, to collect

**dernek** *a.* association, society, club

**ders** *a.* 1. lesson, class, course; lecture 2. warning, example, lesson **ders almak** to take lessons from **ders anlatmak** to teach, to lecture **ders çalışmak** to study **ders kitabı** textbook **ders olmak** to be a lesson **ders programı** timetable, schedule *Al.* **ders vermek** a) to teach, to give lessons, to tutor b) to rebuke, to scold, to teach *sb* a lesson **dersi asmak** to cut a class, to play truant

**dershane** *a.* 1. classroom, schoolroom 2. private school offering specialized courses

**derslik** *a.* classroom

**dert** *a.* 1. trouble, worry, sorrow 2. suffering, pain 3. nuisance, bother 4. disease, sickness **dert çekmek** to suffer **dert olmak** to become a worry (to) **dert ortağı** fellow sufferer **dert yanmak** to pour out one's troubles (to), to complain **derde girmek** to get into trouble **derdine düşmek** to be deeply occupied with **derdini dökmek** to confide one's troubles to

**dertlenmek** *e.* to have troubles, to be troubled

**dertleşmek** *e.* to have a heart-to-heart talk (with)

**dertli** *s.* 1. troubled, having troubles 2. sick 3. aggrieved, complaining

**dertop etmek** *e.* to gather together

**dertop olmak** *e.* 1. to roll into a ball 2. to be gathered together

**dertsiz** *s.* untroubled, carefree; easy

**derviş** *a.* dervish

**derya** *a.* sea, ocean

**desen** *a.* 1. design, pattern, figure 2. drawing

**desigram** *a.* decigram

**desilitre** *a.* decilitre

**desimetre** *a.* decimetre

**desinatör** *a.* 1. artist, designer 2. draughtsman

**desise** *a.* trick, plot, intrigue

**despot** *a.* despot

**despotluk** *a.* despotism

**destan** *a.* epic **destan gibi** (letter, etc.)

very long

**deste** *a.* 1. bunch, bouquet 2. packet, package, quire 3. pack, deck (of playing cards)

**destek** *a.* 1. support, prop 2. *mim.* beam 3. stand, base, pedestal 4. supporter **destek olmak** to support **destek vurmak** to put a prop to, to shore

**desteklemek** *e.* 1. to prop up, to shore up 2. to support 3. to uphold 4. to maintain 5. to back up 6. to stand by

**destroyer** *a, ask.* destroyer

**destur** *a.* permission, leave * *ünl.* Gangway! Make way!

**deşarj** *a.* discharge **deşarj olmak** a) to be discharged b) to pour out one's feelings

**deşifre** *s.* deciphered **deşifre etmek** to decipher

**deşik** *s.* pierced * *a.* hole

**deşmek** *e.* 1. to lance (a boil) 2. to scratch open 3. to dig up, to dig into 4. (subject) to open up, to recall

**detay** *a.* detail

**detaylı** *s.* detailed

**detektif** *a.* detective

**detektör** *a, elek.* detector

**deterjan** *a.* detergent

**dev** *a.* giant * *s.* gigantic **dev gibi** huge, enormous, immense, titanic, gigantic

**deva** *a.* remedy, cure, medicine

**devalüasyon** *a.* devaluation

**devam** *a.* 1. continuation 2. continuance 3. continuity 4. stability 5. (at school, etc.) attendance 6. permanence * *ünl.* Go on! Keep on! Keep going! **devam etmek** a) to continue, to keep on, to go on, to keep going, to carry on b) to last, to endure c) to persevere, to persist d) to attend (regularly) **devam ettirmek** to maintain, to keep up, to sustain, to continue **devam mecburiyeti** compulsory attendance (at school, etc.) **devamı var** to be continued

**devamlı** *s.* 1. continuous, uninterrupted 2. constant, assiduous, regular

**devamlılık** *a.* continuity, continuousness

**devamsız** *s.* 1. without continuity 2. inconstant 3. irregular in attendance

**devamsızlık** *a.* 1. lack of continuity 2. irregular attendance, absenteeism

**devaynası** *a.* convex mirror, magnifying mirror

**deve** *a.* camel **devede kulak** a drop in the bucket/ocean **devenin başı/nalı/pabucu** *k. dili* Stuff and nonsense! Bullshit!

**devedikeni** *a.* thistle

**devekuşu** *a.* ostrich

**deveran** *a.* circulation

**devetabanı** *a, bitk.* philodendron

**devetüyü** *a.* 1. camel hair, camel's hair 2. light brown colour

**devim** *a.* movement, motion

**devimbilim** *a, fiz.* dynamics

**devimsel** *s.* kinetic

**devindirmek** *e.* to put in motion, to move

**devingen** *s, fiz.* 1. mobile, movable 2. dynamic

**devinim** *a, fiz.* movement, motion

**devinmek** *e.* to move

**devir** *a.* 1. revolution 2. period, epoch, era 3. tour, circuit 4. cycle, period 5. transfer

**devirmek** *e.* 1. to overturn, to turn upside down; to knock down 2. to overthrow, to subvert 3. to tilt to one side 4. *k. dili* to drink down, to toss off 5. *arg.* to lay, to make

**devlet** *a.* 1. state 2. government **devlet adamı** statesman **devlet baba** *k. dili* the government, the state **devlet bakanı** state minister **devlet bankası** national bank **devlet başkanı** head of the state, president **devlet hazinesi** state treasury, the Exchequer **devlet hizmeti** government service, civil service **devlet kuşu** windfall, godsend **devlet memuru** civil servant

**devletçilik** *a.* state control, statism

**devletleştirme** *a.* nationalization

**devletleştirmek** *e.* to nationalize

**devralmak** *e.* to take over

**devre** *a.* 1. period, term, epoch 2. *sp.* half time 3. *elek.* circuit **devre mülk** time sharing

**devren** *be.* by session, by transfer

**devretmek** *e.* to turn over, to transfer

**devrik** s. 1. folded, turndown, turned back on itself 2. *dilb.* inverted 3. overthrown

**devrilmek** e. 1. to be turned upside down, to be flipped over 2. to be capsized 3. to be overthrown 4. to fall over

**devrim** a. 1. revolution 2. reform

**devrimci** a. revolutionary, revolutionist * a. revolutionary

**devrişmek** e. 1. to gather, to collect, to pick 2. to fold, to roll up

**devriye** a. patrol **devriye gezmek** to patrol

**deyim** a. idiom, phrase, expression

**deyiş** a. 1. style of speech 2. folk poem, song 3. saying

**deyyus** s. cuckold, pander

**dezavantaj** a. disadvantage

**dezenfekte** s. disinfected **dezenfekte etmek** to disinfect

**dımdızlak** s, k. dili 1. bare, naked, bald 2. destitute, empty-handed

**dır dır** be. grumblingly, naggingly **dırdır etmek** to grumble, to squawk, to whine, to yammer, to whimper, to beef, to bleat, to murmur, to nag, to carp

**dırdırcı** a. grumble, squawk, whine

**dırdırcı** a. grumbler, whiner, nagger, nag

**dırıltı** a. 1. grumbling, beefing 2. squabble

**dırlanmak** e. to beef, to grumble, to whimper

**dış** a. outside, exterior * s. external, outer, foreign **dış açı** exterior angle **dış gebelik** ectopic pregnancy **dış haberler** foreign news **dış hat** external/international line **dış lastik** oto. tyre, Aİ. tire **dış pazar** foreign market **dış ticaret** foreign trade

**dışadönük** s. 1. connected with the outside 2. *ruhb.* extrovert, extravert

**dışalım** a. 1. importation 2. import(s)

**dışalımcı** a. importer

**dışarı** a. outside, exterior * be. 1. out 2. abroad **dışarı atmak** to throw out, to put out, to eject **dışarı çıkmak** to go out **dışarı gitmek** a) to go out b) to go abroad **dışarı vurmak** to show, to manifest

**dışarıda** be. 1. outside 2. abroad

**dışarıdan** be. 1. from the outside 2. from abroad 3. outwardly

**dışarıya** be. 1. out, outside 2. abroad **dışarıya çıkmak** a) to go out b) to take the air

**dışavurum** a. expression

**dışavurumcu** a. expressionist

**dışavurumculuk** a. expressionism

**dışbükey** s. convex

**dışderi** a. ectoderm

**dışevlilik** a. exogamy

**dışına** ilg. outside

**dışında** ilg. 1. outside 2. except (for)

**dışişleri** a. foreign affairs **Dışişleri Bakanı** Minister of Foreign Affairs

**dışkı** a. faeces, Aİ. feces, excrement

**dışlamak** e. to exclude, to externalize

**dışmerkez** a. epicentre

**dışmerkezli** s. eccentric

**dışsatım** a. 1. exportation 2. export

**dışsatımcı** a. exporter

**dıştersaçı** a. alternate exterior angle

**dışyüz** a. exterior, outer surface, appearance

**dibek** a. large mortar

**didaktik** s. didactic * a. didactics

**didik didik** s. pulled or picked to shreds **didik didik etmek** a) to pull to shreds b) to turn upside down, to search in every nook and cranny

**didiklemek** e. 1. to pull to shreds 2. to turn upside down, to search in every nook and cranny

**didinmek** e. to work hard, to toil, to slog, to drudge

**didişmek** e. to scuffle, to quarrel, to bicker, to wrangle

**diferansiyel** a. differential gear

**difteri** a. diphtheria

**diftong** a, dilb. diphthong

**diğer** s. 1. other 2. different 3. another

**dijital** s. digital

**dik** s. 1. perpendicular 2. straight, upright, erect 3. steep 4. intent, fixed, penetrating 5. *mat.* right **dik açı** right angle **dik başlı/kafalı** obstinate, pigheaded, stubborn **dik dik bakmak** to stare (at), to glare (at) **dik durmak** to stand upright

**dikdörtgen** a. rectangle

dikelmek *e.* 1. to become steep 2. to stand 3. to defiant, to oppose

diken *a.* 1. prickle, thorn 3. spine **diken üstünde oturmak** to be on tender hooks

dikendutu *a.* blackberry

dikenli *s.* 1. thorny, prickly 2. spiny 3. covered with thorny plants **dikenli tel** barbed wire

dikenlik *a.* bramble patch, thorn patch

dikensi *s.* thornlike

dikensiz *s.* 1. without thorns 2. spineless

dikey *s.* perpendicular, vertical

dikgen *a, mat.* rectangular

dikici *a.* 1. cobbler 2. tailor

dikilitaş *a.* stone monument, obelisk

dikilmek *e.* 1. to be planted 2. to be set vertically 3. to be sewn 4. to stand, to stand and wait 5. to become erect 6. (eyes) to be fixed on

dikim *a.* 1. planting 2. sewing

dikimevi *a.* sewing/tailoring workshop

dikine *be.* upright, vertically

dikiş *a.* 1. sewing 2. seam 3. *hek.* stitch, suture 4. gulp **dikiş dikmek** to sew **dikiş iğnesi** sewing needle **dikiş kutusu** sewing box **dikiş makinesi** sewing machine **dikiş tutturamamak** to be unable to settle down/keep up **dikiş yeri** a) seam b) stitch scars

dikişli *s.* 1. sewed 2. stitched

dikişsiz *s.* 1. seamless 2. without stitches 3. glued, not sewn

dikit *a.* stalagmite

dikiz *a, k. dili* peep, peek **dikiz aynası** rearview mirror **dikiz etmek** *arg.* to peep, to peek

dikizci *a, arg.* peeper, peeping Tom

dikizlemek *e.* to peep, to peek

dikkat *a.* 1. attention 2. care, carefulness, heed, assiduity, regard * *ünl.* Look out! Watch out! Be careful! Attention! **dikkat çekmek** to attract attention **dikkat etmek** a) to pay attention (to), to pay/give heed (to) b) to be careful c) to notice **dikkat kesilmek** to be all ears, to pay careful attention **dikkate almak** to take into consideration **dikkatini çekmek** to call sb's attention

dikkatle *be.* carefully

dikkatli *s.* careful, attentive; assiduous, diligent, regardful

dikkatlice *be.* attentively, carefully

dikkatsiz *s.* careless, inattentive, heedless

dikkatsizlik *a.* carelessness, inattentiveness

diklenmek, dikleşmek *e.* 1. to stand erect 2. to become steep 3. to be obdurate, to get stubborn

diklik *a.* 1. erectness, perpendicularity 2. steepness 3. escarpment 4. obstinacy, stubbornness

dikme *a.* 1. *mat.* perpendicular 2. pole, post 3. derrick, prop

dikmek *e.* 1. to sew, to stitch 2. to plant 3. to set up, to erect 4. (eyes) to stare 5. (ears) to prick up 6. to drink off, to drain

diksiyon *a.* diction

dikta *a.* dictate, authoritarian ruling

diktacı *a.* supporter of absolute rule

diktafon *a.* dictaphone

diktatör *a.* dictator

diktatörlük *a.* dictatorship

dikte *a.* dictation **dikte etmek** to dictate

dil *a.* 1. tongue 2. language **dil dökmek** to talk *sb* round/over, to flatter **dil uzatmak** to talk against, to defame **dilden dile dolaşmak** to be talked about, to become notorious **dile gelmek** a) to start to talk b) to become a subject of gossip **dile getirmek** to express, to depict **dile kolay** easy to say (but difficult to do), easier said thanz done **dili çözülmek** to start to talk, to find one's tongue **dili damağına yapışmak** to be very thirsty **dili dolaşmak** to splutter, to mumble **dili dönmemek** to be unable to get one's tongue around a word **dili tutuk** tongue-tied **dili tutulmak** to become tongue-tied **dili uzun** impudent, insolent **dili varmamak** not to be willing to say **dillerde dolaşmak** to be in the limelight **dillere destan olmak** to be on everybody's tongue **dillere düşmek** to become a subject of gossip **dilinde tüy bitmek** to be tired of repeating **dilinden düşürmemek** to keep on saying, to harp on **dilini çıkarmak** to put out one's tongue **dilini tutamamak** to be indiscreet, to be unable to hold one's tongue **dilini tutmak** to hold one's tongue **yutmak** to have lost one's tongue; to be greatly surprised **dilinin ucunda olmak** to be on the tip of one's tongue

**dilbalığı** *a.* sole

**dilbaz** *s.* eloquent, glib, talkative

**dilber** *s.* captivating, charming, beautiful * *a.* beautiful girl/woman

**dilbilgisel** *s.* grammatical

**dilbilgisi** *a.* grammar

**dilbilim** *a.* linguistics

**dilbilimci** *a.* linguist

**dilbilimsel** *s.* linguistic

**dilci** *a.* linguist

**dilcilik** *a.* language research

**dilek** *a.* wish, desire, request **dilek dilemek** to make a wish **dilek kipi** *dilb.* optative mood

**dilekçe** *a.* petition, application **dilekçe vermek** to make a petition, to petition

**dilemek** *e.* 1. to wish, to desire, to long (for) 2. to ask (for), to beg, to request

**dilenci** *a.* beggar, mendicant

**dilencilik** *a.* begging, mendicancy, mendicity

**dilenmek** *e.* 1. to beg, to panhandle 2. to beg, to ask for

**dilim** *a.* 1. slice, piece 2. segment **dilim dilim** in slices

**dilimlemek** *e.* to slice

**dilimli** *s.* cut up into slices

**dillenmek** *e.* 1. to begin to talk 2. to find one's tongue 3. to become overtalkative

**dilli** *s.* talkative, glib

**dilmaç** *a.* interpreter

**dilmaçlık** *a.* interpreting, profession of an interpreter

**dilpeyniri** *a.* a cheese made in long strips

**dilsel** *s.* linguistic

**dilsiz** *s.* 1. dumb, mute 2. *k. dili* silent, taciturn

**dimağ** *a.* brain

**dimdik** *s.* bolt upright, very steep

**din** *a.* religion **dini bütün** pious, religious **dini imanı para** all he/she thinks of is money **dinine yandığım** *arg.* damn,

bloody

**dinamik** *s.* dynamic * *a.* dynamics

**dinamit** *a.* dynamite

**dinamizm** *a.* dynamism

**dinamo** *a.* dynamo

**dinamometre** *a.* dynamometer

**dinar** *a.* dinar

**dinç** *s.* 1. vigorous, robust, healthy 2. untroubled, free from care, lighthearted

**dinçleşmek** *e.* to become vigorous, to become strong, to feel refreshed

**dinçlik** *a.* robustness, strength, vigour

**dindar** *s.* religious, devout, pious, faithful

**dindarlık** *a.* religiousness, devotion, piety

**dindaş** *s.* coreligionist

**dindışı** *s.* secular, temporal, civil

**dindirmek** *e.* 1. to stop, to cease 2. (thirst) to slake, to quench

**dingil** *a.* axle, arbor

**dingildemek** *e.* to rattle, to wobble

**dingin** *s.* 1. inert, motionless, static, stationary 2. exhausted

**dinginlik** *a.* 1. inertia, rest 2. quieteness, calm

**dini** *s.* religious

**dinlemek** *e.* 1. to listen to 2. to pay attention to, to obey 3. *hek.* to auscultate

**dinlence** *a.* holiday, vacation

**dinlendirici** *s.* relaxing, restful

**dinlendirmek** *e.* 1. (to allow) to rest 2. (field) to leave fallow 3. (wine) to mature

**dinlenme** *a.* rest, relaxation **dinlenme kampı** holiday camp **dinlenme yeri** resort, vacation place

**dinlenmek** *e.* 1. to be listened to or obeyed 2. to rest, to relax

**dinleti** *a.* concert

**dinleyici** *a.* listener **dinleyiciler** the audience

**dinmek** *e.* to cease, to stop, to die down, to calm down

**dinozor** *a.* dinosaur

**dinsel** *s.* religious

**dinsiz** *s.* 1. irreligious; godless, undevout 2. *k. dili* cruel, pitiless * *a.* atheist **Dinsizin hakkından imansız gelir** Diamond cut diamond.

**dinsizlik** *a.* 1. atheism, irreligion 2. *k. dili* cruelty

**dip** *a.* bottom, lowest part **dibe çökmek** to sink to the bottom **dibi görünmek** to be emptied **dibine darı ekmek** to use up, to finish off

**dipçik** *a.* butt (of a riffle)

**dipdiri** *s.* full of life, energetic, very robust

**dipfriz** *a.* deep-freeze

**diploma** *a.* diploma, degree

**diplomalı** *s.* having a diploma/degree, certificated, qualified

**diplomasız** *s.* not having a diploma, uncertificated, unqualified

**diplomasi** *a.* diplomacy

**diplomat** *a.* diplomat

**diplomatik** *s.* diplomatic **diplomatik dokunulmazlık** diplomatic immunity

**diplomatlık** *a.* 1. diplomacy 2. profession of a diplomat

**dipnot** *a.* footnote

**dipsiz** *s.* bottomless

**direk** *a.* 1. pole, post 2. *den.* mast, pole 3. pillar, column

**direksiyon** *a.* steering wheel

**direkt** *s, be.* direct

**direktif** *a.* directive, instruction, order

**direktör** *a.* director

**diren** *a.* large winnowing fork

**direnç** *a.* resistance

**dirençli** *s.* 1. resistant 2. tough, robust

**direniş** *a.* 1. resistance 2. boycott

**direnmek** *e.* 1. to put one's foot down 2. to insist (on) 3. to resist

**direşken** *s.* determined, persistent, insistent

**diretmek** *e.* to insist

**direy** *a, biy.* fauna

**dirhem** *a.* drachma **dirhem dirhem** bit by bit, in driblets

**diri** *s.* 1. alive, living 2. fresh 3. energetic, lively, sharp **diri diri** alive

**diriksel** *s.* animal, physiological

**dirilik** *a.* liveliness, vivacity, vitality

**diriliş** *a.* revival, invigoration, resurgence

**dirilmek** *e.* 1. to return to life 2. to be revived/resuscitated

**diriltmek** *e.* to bring to life, to resuscitate

**dirim** *a.* life

**dirimbilim** *a.* biology

**dirimkurgu** *a.* bionics

**dirlik** *a.* 1. peace 2. comfortable living, affluence 3. livelihood, subsistence **dirlik düzenlik** peace and harmony

**dirsek** *a.* 1. elbow 2. bend, turn 3. crank **dirsek çevirmek** to turn one's back on, to drop **dirsek çürütmek** to study long and hard

**disiplin** *a.* discipline

**disiplinli** *s.* disciplined

**disiplinsiz** *s.* undisciplined

**disk** *a.* 1. *sp.* discus 2. disc, disk

**diskalifiye** *s.* disqualified **diskalifiye etmek** to disqualify **diskalifiye olmak** to be disqualified

**diskjokey** *a.* disc jockey, DJ

**disket** *a, biliş.* floppy disk, floppy, diskette

**disko** *a.* disco

**disko(tek)** *a.* disco(theque)

**diskotek** *a.* discotheque

**dispanser** *a.* dispensary

**distribütör** *a.* distributor

**diş** *a.* 1. tooth 2. *tek.* tooth, cog 3. screw thread 4. clove (of garlic, etc.) **diş ağrısı** toothache **diş bilemek** to nurse a grudge **diş çekmek** to pull out a tooth **diş çektirmek** to have a tooth out/pulled **diş çıkarmak** to cut a tooth **diş çürüğü** tooth decay **diş fırçası** toothbrush **diş geçirememek** to be unable to order *(sb)* around **diş göstermek** to show one's teeth **diş hekimi** dentist **diş hekimliği** dentistry **diş macunu** toothpaste **dişe dokunur** worthwhile **dişi ağrımak** to have toothache **dişinden tırnağından artırmak** to pinch and save **dişine göre** within one's power, within the range of what one can handle **dişini gıcırdatmak** to gnash one's teeth **dişini sıkmak** to grit one's teeth and bear it **dişini tırnağına takmak** to work tooth and nail **dişlerini fırçalamak** to brush one's teeth, to do one's teeth

**dişbudak** *a.* ash tree

**dişçi** *a.* dentist

**dişçilik** *a.* dentistry

**dişeti** *a.* gum

**dişi** *s.* female

**dişil** *s, dilb.* feminine

**dişlek** s. bucktoothed, toothy

**dişlemek** s. to bite, to nibble, to gnaw

**dişlenmek** e. to gain authority, to become powerful

**dişli** s. 1. toothed, serrated, notched, jagged 2. formidable, influential * a. gear **dişli çark** cogwheel

**dişotu** a. leadwort, plumbago

**dişözü** a. dental pulp

**dişsiz** s. 1. toothless 2. unserrated, smooth

**diştacı** a. dental crown

**diştaşı** a. tartar

**divan** a. 1. divan, sofa, couch 2. council of a state 3. collected poems, divan

**divane** s. crazy, mad **divane olmak** to be crazy (about)

**divanıharp** a. court-martial, military court

**diyabet** a. diabetes

**diyafram** a. diaphragm

**diyalekt** a. dialect

**diyalektik** s. dialectic

**diyalog** a. dialogue

**diyanet** a. 1. piety, devoutness 2. religion

**diyapazon** a. tuning fork, diapason

**diyapozitif** a. slide, photographic plate

**diye** be, ilg. 1. in order to 2. so that, lest 3. saying 4. thinking that 5. called, named

**diyecek** a. something to say **diyeceği olmak** to have something to say **diyeceği olmamak** a) to have no objection b) to have nothing to say

**diyet**[1] a. blood money, ransom

**diyet**[2] a, hek. diet

**diyez** a, müz. sharp

**diz** a. knee **diz boyu** up to the knees, knee-deep **diz çökmek** to kneel (down) **dize gelmek** to give up, to surrender **dize getirmek** to bring sb to his knees, to bring to heel **dizini dövmek** to be bitterly sorry **dizlerine kapanmak** to fall at sb's feet **dizlerinin bağı çözülmek** to give way at the knees

**dizanteri** a. dysentery

**dizayn** a. design

**dizbağı** a. garter

**dize** a. line (of poetry)

**dizel** a. diesel **dizel motoru** diesel engine **dizel yağı** diesel oil

**dizelge** a. list, schedule

**dizem** a. rhythm

**dizemli** s. rhythmic

**dizge** a. system

**dizgeli** s. systematic

**dizgesiz** s. unsystematic

**dizgi** a. composition, typesetting **dizgi makinesi** typesetting machine **dizgi yanlışı** misprint

**dizgici** a. typesetter, compositor

**dizgin** a. rein, bridle **dizginleri ele almak** to take control

**dizginlemek** e. 1. to bridle (a horse) 2. to restrain, to curb

**dizginsiz** s. uncontrolled, unbridled

**dizi** a. 1. string (of beads) 2. row, line 3. series 4. müz. scale 5. mat. progression, series 6. (TV) series, serial

**dizici** a. typesetter, compositor

**dizilemek** e. to line up, to arrange in a row

**dizilmek** e. 1. to be arranged in an order, to line up 2. to be set in type 3. (beads) to be strung 4. to be lined up, to line up

**dizim** a. 1. composition, typesetting 2. dilb. syntagm

**dizin** a. index

**dizkapağı** a. kneecap

**dizlik** a. 1. knee-guard 2. knee-length drawers

**dizmek** e. 1. to arrange in a row 2. to string 3. to compose, to set up type

**dizmen** a. typesetter, compositor

**dizüstü bilgisayar** a. laptop computer

**do** a, müz. do, doh

**dobra dobra** be. bluntly, frankly

**doçent** a. lecturer, assistant professor

**doçentlik** a. associate professorship

**dogma** a. dogma

**dogmatik** s. dogmatic

**dogmatizm** a. dogmatism

**doğa** a. nature

**doğacı** a. naturist

**doğacılık** a. naturism

**doğaç** a. improvisation

**doğaçtan** be. extempore, ad lib

**doğal** s. natural **doğal ayıklanma** natural selection **doğal kaynaklar** natural re-

sources **doğal olarak** naturally
doğalcı *a.* naturalist
doğalcılık *a.* naturalism
doğallık *a.* naturalness
doğan *a, hayb.* falcon
doğaötesi *s.* metaphysical * *a.* metaphysics
doğaüstü *s.* supernatural
doğma *a.* birth **doğma büyüme** native, born and bred
doğmak *e.* 1. to be born 2. (sun, moon) to rise 3. to happen, to arise, to spring
doğrama *a.* 1. chopping to pieces 2. woodwork, joinery
doğramacı *a.* carpenter, joiner
doğramak *e.* to cut into pieces, to chop, to slice, to carve
doğru *s.* 1. straight 2. true 3. right 4. correct, accurate 5. proper, suitable 6. honest, faithful, straightforward * *a.* 1. *mat.* line 2. truth, right * *ilg.* 1. towards, toward 2. (time) around, about * *be.* 1. straight 2. rightly, correctly, truly **doğru akım** direct current **doğru bulmak** to approve **doğru çıkmak** to come true, to prove to be right **doğru durmak** a) to stand straight b) to sit still, to behave oneself **doğru dürüst** a) properly b) genuine, real, proper **doğru yol** the right way **doğru(yu) söylemek** to speak/tell the truth
doğruca *be.* straight, directly
doğrucu *s.* truthful, veracious **doğrucu Davut** truthful person
doğrudan *be.* directly **doğrudan doğruya** directly
doğrulamak *e.* to verify, to confirm
doğrulmak *e.* 1. to straighten out 2. to be straightened 3. to become erect 4. to sit up 5. to direct oneself (towards)
doğrultmaç *a.* rectifier
doğrultmak *e.* 1. to straighten 2. to correct 3. to point, to aim, to direct 4. *k. dili* (money) to get, take in
doğrultu *a.* direction
doğruluk *a.* 1. truth, uprightness, honesty 2. straightness
doğrulum *a, biy.* tropism
doğrusal *s.* linear **doğrusal denklem** linear equation

doğu *a.* 1. the east 2. the Orient, the East * *s.* 1. eastern 2. (wind, etc.) easterly, eastward
doğulu *a.* easterner * *s.* oriental
doğum *a.* birth **doğum günü** birthday **doğum kontrol hapı** contraceptive pill, the pill **doğum kontrolü** birth control, contraception **doğum oranı** birthrate **doğum sancısı** labour pain **doğum yapmak** to give birth (to) **doğum yeri** birthplace
doğumevi *a.* maternity hospital/ward
doğumlu *s.* born in (the year of)
doğurgan *s.* prolific, fecund
doğurganlık *a.* prolificacy, fecundity
doğurmak *e.* 1. to give birth (to), to bear 2. to bring about, to produce
doğurtmak *e.* to deliver (child)
doğuş *a.* 1. birth 2. rise, rising
doğuştan *s.* innate, from birth, congenital, inborn
dok *a, den.* dock
doksan *a.* ninety
doksanıncı *s.* ninetieth
doksanlık *s.* 1. containing ninety 2. ninety years old
doktor *a.* 1. doctor, physician 2. person with a doctorate
doktora *a.* 1. doctorate 2. doctoral examination
doktorluk *a.* 1. doctorate 2. profession of a doctor
doktrin *a.* doctrine
doku *a.* 1. *biy.* tissue 2. *hek.* texture
dokubilim *a.* histology
dokuma *a.* 1. weaving 2. cotton fabric, textile * *s.* woven, textile
dokumacı *a.* 1. weaver 2. textile worker
dokumacılık *a.* textile industry
dokumak *e.* to weave
dokunaç *a, biy.* feeler, tentacle
dokunaklı *s.* 1. moving, touching 2. bitting, harsh
dokunca *a.* 1. harm, injury 2. damage, loss
dokuncalı *s.* hazardous, risky, harmful
dokundurmak *e.* 1. to make touch, to let touch 2. to hint, to imply

**D**

**dokunmak** *e.* 1. to touch 2. to upset, to harm 3. to get on, to jar 4. to concern7. to be woven

**dokunulmaz** *s.* 1. untouchable 2. immune

**dokunulmazlık** *a.* immunity

**dokuz** *a, s.* nine **dokuz canlı** not likely to die **dokuz doğurmak** to be on pins and needles

**dokuzuncu** *s.* ninth

**doküman** *a.* document

**dokümanter** *s.* documentary

**dolama** *a.* 1. winding, twist 2. whitlow, felon

**dolamak** *e.* 1. to wind round, to encircle 2. to twist 3. to bandage 4. to wrap (one's arms) around

**dolambaç** *a.* 1. curve, bend 2. labyrinth

**dolambaçlı** *s.* 1. devious, roundabout 2. winding

**dolandırıcı** *a.* swindler, crook, cheat

**dolandırıcılık** *a.* swindle, cheat, bunko

**dolandırmak** *e.* to swindle, to cheat, to nick, to bunk

**dolanmak** *e.* 1. to get wound and tangled (around) 2. to be wrapped around 3. to be wound on to 4. to hang about, to rove, to stroll, to wander (about)

**dolap** *a.* 1. cupboard 2. wardrobe 3. water wheel 4. *k. dili* trick, plot, intrigue 5. fridge, refrigerator **dolap çevirmek** to pull a trick, to plot, to scheme

**dolar** *a.* dollar

**dolaşık** *s.* 1. (way, road) roundabout, indirect 2. confused, intricate 3. tangled

**dolaşım** *a.* circulation

**dolaşmak** *e.* 1. to walk around, to stroll 2. to take an indirect route, to go the long way around 3. (road) to be indirect 4. to get (en)tangled 5. (rumour, news) to go around 6. to circulate

**dolaştırmak** *e.* 1. to take for a walk, to walk 2. to show around 3. to entangle

**dolay** *a.* 1. environment, surroundings 2. suburbs, outskirts

**dolayı** *ilg.* because of, on account of, due to

**dolayısıyla** *be.* consequently, so * *ilg.* because of, on account of

**dolaylı** *s.* indirect, oblique **dolaylı olarak** indirectly, obliquely

**dolaysız** *s.* direct

**doldurmak** *s.* 1. to fill 2. (battery) to charge 3. (gun) to load 4. to urge, to egg *sb* on 5. to cram, to stuff

**dolgu** *a.* filling

**dolgun** *s.* 1. filled, stuffed, full 2. plump, buxom 3. (salary, etc.) high

**dolma** *s.* stuffed * *a.* stuffed vegetables

**dolmak** *e.* 1. to get full, to be filled 2. to be packed (with) 3. (term, period) to be over, to expire

**dolmakalem** *a.* fountain pen

**dolmuş** *s.* filled, stuffed, full * *a.* jitney, shared taxi, dolmush

**dolu** *a.* hail **dolu tanesi** hailstone **dolu yağmak** to hail

**dolu** *s.* 1. full (of), filled (with 2. abundant (in) 3. (gun) loaded 4. (battery) charged

**doludizgin** *be.* at full gallop, at full speed

**dolum** *a.* filling

**dolunay** *a.* full moon

**doluşmak** *e.* to crowd into a place

**domalan** *a, bitk.* truffle

**domalmak** *e.* to bend over

**domates** *a.* tomato

**domino** *a.* game of dominoes **domino taşı** domino

**dominyon** *a.* dominion

**domuz** *a.* pig, swine * *s.* obstinate, pigheaded **domuz eti** pork **domuz gibi** a) sturdy, strong b) obstinate, pigheaded

**domuzbalığı** *a.* porpoise, sea hog

**don** *a.* 1. frost, freeze 2. underpants 3. (horse) coat, colour

**donakalmak** *e.* to be petrified with, to freeze

**donamak** *e.* to decorate, to embellish

**donanım** *a.* rigging

**donanma** *a.* 1. fleet, navy 2. illuminations

**donanmak** *e.* 1. to dress up 2. to be decorated 3. to be equipped

**donatı** *a.* equipment, fittings

**donatım** *a.* equipment

**donatmak** *e.* 1. to deck out, to ornament 2. to equip, to rig 3. illuminate

**dondurma** *a.* 1. freezing, frosting 2. ice cream

dondurmacı *a.* ice cream seller
dondurmak *e.* to freeze, to chill, to frost
dondurucu *s.* freezing, cold, chilling * *a.* freezer
donma *a.* freezing **donma noktası** freezing point
donmak *e.* 1. to freeze 2. (cement) to set, to solidify 3. to curdle
donuk *s.* 1. frozen 2. matt, dim, dull 3. torpid, frigid
donuklaşmak *e.* to become frozen/dull/dim
donukluk *a.* dimness; dullness
dopdolu *s.* full-up, chock-full (of), chock-a-block (with), chock-a-block full (of)
doping *a.* doping **doping yapmak** to dope
doru *s.* (horse) bay
doruk *a.* 1. summit, peak, apex 2. top
dosdoğru *s.* correct, honest * *be.* straight (ahead)
dost *a.* 1. friend 2. lover, mistress, steady * *s.* friendly **dost düşman** everybody **dost olmak** to become/make friends
dostça *be.* in a friendly manner * *s.* friendly, amicable
dostluk *a.* 1. friendship, amity 2. friendliness
dosya *a.* file, dossier; folder
dosyalamak *e.* to file
doyasıya *be.* until satiated **doyasıya yemek/içmek** to eat/drink one's fill
doygun *s.* 1. satiated, satisfied 2. saturated
doygunluk *a.* 1. satiation, satisfaction 2. saturation
doymak *e.* 1. to eat one's fill, to be full (up) 2. to be satisfied 3. to be saturated (with)
doymaz *s.* insatiable, greedy
doymuş *s.* 1. saturated 2. satiated, full
doyum *a.* 1. satisfaction, satiety 2. orgasm **doyum olmaz** one cannot have enough of, one never gets sick of **doyuma ulaşmak** a) to achieve satisfaction, to be satisfied b) to have an orgasm
doyurmak *e.* 1. to fill up, to satisfy, to satiate 2. to saturate

doyurucu *s.* 1. (food) filling 2. satisfying, satisfactory 3. convincing, persuasive
doz *a.* dose **dozunu kaçırmak** to overdo
dozaj *a.* dosage
dozer *a.* bulldozer
dökme *a.* 1. pouring 2. casting * *s.* 1. poured 2. (metal) cast
dökmek *e.* 1. to pour (out), to spill 2. to empty 3. to throw away, to cast 4. (blood, tears, leaves, etc.) to shed
döktürmek *e.* 1. to have (sth) poured/thrown away/cast 2. *k. dili* to write/speak/dance, etc. well and easily
dökük *s.* 1. hanging down 2. worn out, shabby
dökülmek *e.* 1. to spill, to be spilled/poured (out) 2. (leaves, hair) to be shed 3. to get old and shabby 4. to drape, hang in folds 5. (people) to go out in large numbers, to spill over
döküm *a.* 1. casting, moulding 2. fall 3. inventory
dökümcü *a.* founder, metal worker
dökümevi, dökümhane *a.* foundry
döküntü *a.* 1. remains, remnants, remainder 2. debris 3. rubbish, trash
döl *a.* 1. semen, sperm 2. young, offspring, generation 3. race, stock
döleşi *a.* placenta
döllemek *e.* to inseminate, to impregnate
dölsüz *s.* childless, sterile
dölüt *a.* foetus, *Aİ.* fetus
dölyatağı *a.* uterus, womb
dölyolu *a.* vagina
döndürmek *e.* 1. to turn, to rotate 2. to wind, to spin 3. to reverse 4. to revolve 5. *k. dili* to turn into, to make, to drive 6. *k. dili* to manage, to run 7. to change (the subject)
dönek *s.* 1. fickle 2. untrustworthy 3. changeable
döneklik *a.* inconstancy, fickleness **döneklik etmek** to go back on one's word
dönem *a.* 1. period 2. term, semester
dönemeç *a.* bend, curve, corner, turning
dönemeçli *s.* (road) winding, curving
dönence *a.* tropic
döner *s.* turning, revolving, rotating **dö-**

ner **kapı** revolving door **döner kebap** compacted sliced meat, esp. lamb, on a vertical spit **döner koltuk** swivel chair **döner sermaye** revolving fund
**döngel** a. medlar
**döngü** a. vicious circle
**dönme** a. 1. rotation 2. conversion 3. arg. transsexual **dönme dolap** Ferris wheel
**dönmek** e. 1. to turn 2. to return, to come/go back 3. to turn to/round/away 4. to turn into, to become, to change into/to 5. to change 6. to go round 7. to swing 8. to spin 9. to swivel 10. to swerve 11. (head) to whirl, to swim, to spin 12. (mind) to reel 13. to change one's religion/beliefs, etc. 14. to go back on/upon, to break (a promise)
**dönük** s. 1. turned towards, facing 2. aimed at, addressed to
**dönüm** a. 1. a land measure of about 1000 m (1/4 acre) 2. turn, revolution **dönüm noktası** turning point
**dönüş** a. 1. turning 2. return
**dönüşlü** s. (verb) reflexive
**dönüşmek** e. to change/turn (into)
**dönüştürmek** e. 1. to change/turn (into), to convert (to) 2. to transform (into)
**dönüşüm** a. transformation
**dönüşümcülük** a. transformism
**dörder** s. four each
**dördül** a, s, mat. square
**dördün** a, gökb. quarter of moon etc.
**dördüncü** s. fourth
**dördüz** a. quadruplet
**dört** a, s. four **dört ayak üzerine düşmek** to land on one's feet, to fall on all fours **dört başı mamur** perfect, prosperous, flourishing **dört bir tarafı** all around it, on all sides (of) **dört dönmek** to search desperately for a remedy **dört dörtlük** perfect, excellent **dört elle sarılmak** to stick heart and soul, to work wholeheartedly **dört göz** k. dili four-eyed **dört gözle beklemek** to look forward to **dört köşeli** four-cornered, four-sided **dörtte bir** one fourth, a quarter
**dörtayak** a, hayb. quadruped * be. on all fours
**dörtgen** a. quadrangle

**dörtlemek** e. 1. to make four, to quadruple 2. k. dili to shift into fourth gear
**dörtlü** a. 1. isk. four 2. müz. quartet
**dörtlük** a. 1. yaz. quatrain 2. müz. a quarter note 3. gökb. quadrature
**dörtnal** a. gallop
**dörtnala** be. at a gallop, at full speed
**dörtyol** a. crossroads **dörtyol ağzı** crossroads, intersection
**döş** a. 1. breast, bosom 2. breast, brisket
**döşek** a. 1. mattress 2. bed 3. ship's bottom
**döşeli** s. 1. furnished 2. floored, laid
**döşem** a. installation
**döşeme** a. 1. flooring, floor 2. upholstery 3. furniture
**döşemeci** a. 1. upholsterer 2. furniture dealer
**döşemecilik** a. upholstery
**döşemek** e. 1. to furnish 2. to lay down, to spread 3. to pave, to floor
**döşemelik** s. flooring * a. upholstery
**döşenmek** e. 1. to be furnished 2. to write a diatribe
**döven** a. threshing sled
**döviz** a. 1. foreign currency, foreign exchange 2. motto, slogan **döviz kuru** exchange rate, rate of exchange
**dövme** a. 1. beating, battering, pounding 2. forging 3. tattoo * s. forged, wrought
**dövmek** e. 1. to beat 2. to hammer, to forge, to pound 3. to bombard
**dövülgen** s. malleable
**dövünmek** e. 1. to beat one's breast, to lament, to deplore 2. to be frantic with sorrow
**dövüş** a. 1. beating 2. fight
**dövüşçü** a. fighter
**dövüşken** s. bellicose, combative, belligerent
**dövüşmek** e. 1. to fight, to struggle 2. to combat 3. to box
**dövüştürmek** e. to pit against, to cause to struggle/fight (with)
**dragon** a. dragon
**drahoma** a. dower, dowry
**draje** a. 1. sugar-coated pill 2. dragée
**dram** a. 1. drama 2. tragedy
**dramatik** s. 1. dramatic 2. tragic

drenaj *a.* drainage

dua *a.* prayer **dua etmek** to pray **duasını almak** to receive sb's blessing

duba *a.* 1. *den.* barge, pontoon 2. floating bridge

dublaj *a.* dubbing **dublaj yapmak** to dub

dublajcı *a.* dubber

duble *a.* 1. double 2. lining

dubleks *s.* dublex

dublör *a.* 1. stunt-man 2. dubber

dudak *a.* lip **dudak boyası** lipstick **dudak bükmek** to curl one's lip, to despise **dudak dudağa** lip to lip **dudak ısırtmak** to fascinate, to astonish **dudağını ısırmak** to bite one's lip

dudaksıl *s, dilb.* labial

dudu *a.* Mrs. **dudu dilli** pleasant talker, soft-spoken

duhuliye *a.* entrance fee

dul *a.* (man) widower, (woman) widow * *s.* widowed **dul kalmak** to be widowed

dulavratotu *a.* burdock

dulluk *a.* widowhood

duman *a.* 1. smoke, fume(s) 2. mist, haze 3. *arg.* hash, hashish **duman attırmak** to whitewash, to intimidate **duman etmek** to defeat (completely) **dumanı üstünde** quite-new, fresh

dumanlanmak *e.* 1. to get smoky 2. to get confused

dumanlı *s.* 1. smoky 2. misty, foggy 3. tipsy, fuddled

dumanrengi *a.* smoke grey

dumansız *s.* smokeless

dumdum *a.* dumdum (bullet)

dumur *a.* atrophy

durağan *s.* fixed, stable, stationary

durağanlık *a.* stability, fixity

durak *a.* 1. (bus, train) stop 2. halt, pause, break

duraklama *a.* 1. pause 2. *ask.* standstill 3. hesitation

duraklamak *e.* 1. to pause, to stop 2. to hesitate

duraksama *a.* hesitation

duraksamak *e.* to hesitate, to falter, to waver

dural *s.* static, unchanging

duralamak *e.* to hesitate, to boggle, to falter, to waver

durdurmak *e.* 1. to stop; to cease; to quit 2. to detain 3. to stem; to staunch (blood etc.)

durgun *s.* 1. calm, quiet, still 2. stagnant, stationary

durgunlaşmak *e.* 1. to get calm, to calm down 2. to become dull, to become torpid

durgunluk *a.* 1. calmness 2. heaviness, dullness 3. stagnation

durmadan *be.* continuously, continually; all the time; nonstop

durmak *e.* 1. to stop, to cease 2. to remain, to stay 3. to suit, to go, to look 4. to wait

durmaksızın *be.* continuously, unceasingly, nonstop

duru *s.* clear, limpid

duruk *s.* static, motionless

durulamak *e.* to rinse

durulmak *e.* 1. to become clear 2. to settle down, to calm down

duruluk *a.* clearness, limpidity

durum *a.* 1. state, condition, case 2. situation, circumstances 3. status 4. position 5. *dilb.* case

durumunda in case of sth, in the event of sth

duruş *a.* position, pose, posture, attitude

duruşma *a, huk.* hearing, trial

duş *a.* shower **duş yapmak/almak** to have a shower

dut *a.* mulberry **dut gibi** blind drunk **dut yemiş bülbüle dönmek** to become tongue-tied

duvak *a.* bridal veil

duvar *a.* wall **duvar çekmek** to build a wall **duvar gazetesi** wall newspaper **duvar gibi** stone-deaf **duvar ilanı** poster **duvar kâğıdı** wallpaper **duvar örmek** to put up a wall **duvar resmi** fresco **duvar saati** wall clock **duvar yazısı** graffito, graffiti

duvarcı *a.* bricklayer, stonemason

duy *a.* (light) socket

duyar *s.* sensitive, sensible

duyar(lı)lık *a.* sensitivity, sensibility

duyarga *a, hayb.* antenna

**duyarlı** s. sensitive

**duyarsız** s. insensitive

**duyarsızlık** a. insensitivity

**duygu** a. 1. feeling 2. sense, sensation

**duygudaş** a. sympathizer

**duygudaşlık** a. sympathy

**duygulandırmak** e. to move, to affect, to touch

**duygulanmak** e. to be affected, to be moved, to be touched

**duygulu** s. 1. sensitive 2. emotional

**duygusal** s. 1. emotional 2. romantic, sentimental

**duygusallık** a. 1. being emotional 2. sentimentality

**duygusuz** s. unfeeling, hardhearted, callous

**duygusuzluk** a. insensitivity, heartlessness

**duymak** e. 1. to hear 2. to feel, to sense 3. to be aware of **duymazlıktan gelmek** to pretend not to have heard

**duyu** a. sense

**duyulur** s. perceptible

**duyum** a. sensation

**duyumsal** s. sensorial, sensual

**duyumsamak** e. to feel, to sense

**duyumsuz** s. insensible, senseless

**duyurmak** e. 1. to announce 2. to make known/heard

**duyuru** a. announcement, notice, notification

**duyusal** s. sensorial

**düdük** a. whistle, pipe **düdük çalmak** to whistle **düdük gibi** (clothes) short and tight

**düdüklemek** e, arg. to fuck, to lay, to screw, to make

**düdüklü (tencere)** a. pressure cooker

**düello** a. duel **düello yapmak** to duel, to fight a duel

**düet** a. duet

**düğme** a. 1. button 2. electric switch

**düğmelemek** e. to button up

**düğmeli** s. 1. having buttons 2. buttoned

**düğmesiz** s. buttonless

**düğüm** a. 1. knot 2. difficulty, rub 3. node 4. yaz. climax **düğüm açmak** to untie a knot **düğüm atmak** to tie a knot **düğüm**

**çözmek** to untie a knot **düğüm düğüm** in knots, knotted up **düğüm noktası** crucial point, vital point **düğüm olmak** to get knotted **düğümünü çözmek** to solve the mystery of

**düğümlemek** e. to knot

**düğümlü** s. knotted, tied in knots

**düğün** a. wedding (feast), marriage ceremony **düğün alayı** wedding procession **düğün dernek** festival, merry entertainment **düğün etmek** to rejoice, to exult **düğün yapmak** to hold a wedding

**düğünçiçeği** a. buttercup

**dük** a. duke

**dükkân** a. shop **dükkân açmak** to open a shop

**dükkâncı** a. shopkeeper

**düldül** a, k. dili crock

**dülger** a. carpenter, builder

**dülgerlik** a. carpentry

**dümbelek** a. tabor, timbal * s, k. dili silly, stupid

**dümdüz** s. very straight/smooth * be. straight ahead

**dümen** a. 1. rudder, helm 2. arg. trick, swindle **dümen çevirmek** to play tricks, to trick **dümen kırmak** to change course, to veer **dümen tutmak** to steer

**dümenci** a. 1. steersman, helmsman 2. arg. crook, swindler

**dün** a. 1. yesterday 2. past * be. yesterday **dün akşam** yesterday evening, last night **dünden hazır/razı** only too glad/pleased **dünden razı olmak** to jump at, to be only too glad (to)

**dünkü** s. 1. yesterday's, of yesterday 2. k. dili inexperienced, green

**dünür** a. the father-in-law or mother-in-law of one's child

**dünya** a. 1. world 2. earth 3. the universe 4. everybody, people **dünya âlem** all the world, everybody **dünya durdukça** for ever and ever **dünya evine girmek** to get married **dünya gözüyle görmek** to see (sth) before one dies **dünya kadar** a world of, lots of **dünya rekoru** world record **dünya şampiyonu** world champion **Dünya varmış** How wonderful! What a relief! **Dünya yıkılsa umurunda değil** He doesn't give a damn. **dünya zindan olmak** to be in great distress, to lead a dog's life **dünyadan elini eteğini çekmek** to give up all worldly things **dünyadan haberi olmamak** to be unaware of the happenings around oneself **dünyanın kaç bucak olduğunu göstermek** to teach sb a lesson **dünyanın öbür ucu** the far end of the world **dünyanın parası** a lot of money **dünyaya gelmek** to be born **dünyaya getirmek** to bring into the world **dünyaya gözlerini kapamak** to die **dünyayı toz pembe görmek** to see things through rose-coloured glasses **dünyayı zindan etmek** to lead sb a dog's life

dünyalık a, k. dili worldly goods, wealth, money

dünyevi s. worldly

düpedüz s. 1. absolutely flat 2. quite level 3. downright, simple * be. completely, sheer, openly

dürbün a. binoculars, field glasses

dürmek e. to roll up

dürtmek e. 1. to prod, to goad 2. to incite, to provoke, to stimulate

dürtü a. drive, motive, impulse

dürtüklemek e. to prod continually, to nudge

dürüm a. 1. roll, fold 2. pleat

dürüst s. honest, straightforward, upright, fair, frank * be. frankly

dürüstlük a. honesty, frankness

dürzü a, kab. scoundrel, traitor

düstur a, esk. 1. principle, rule 2. code of laws

düş a. dream **düş görmek** to have a dream **düş kurmak** to daydream

düşçü a. dreamer, daydreamer

düşes a. duchess

düşeş a. 1. (zar) double six 2. mec. windfall

düşey s. vertical

düşkün s. 1. addicted, fond of 2. worn-out, destitute, weak 3. immoral, wicked * a. devotee, addict, buff **düşkün olmak** to be keen on, to be hooked on, to be attached (to), to be addicted (to)

düşkünlük a. 1. decay 2. poverty, adversity, misfortune 3. addiction, fondness

düşlem a. fantasy, imagination

düşlemek e. to imagine

düşman a. enemy, foe, antagonist * s. hostile, antagonistic

düşmanca s. hostile, antagonistic * be. antagonistically

düşmanlık a. enmity, hatred, hostility, antagonism

düşmek e. 1. to fall 2. to fall down, to fall over 3. to fall on, to fall upon, to fall to (sb) 4. (number, prices, etc.) to fall off, to become fewer/less, to decrease, to go down, to sag 5. to drop 6. to decline 7. to deduct, to subtract 8. to condescend (to), to stoop (to) 9. to end up in, to land up 10. to chance on/upon 11. k. dili to reduce, to make a reduction 12. to fall for, to become addicted to, to take to (drinking, etc.) **düşüp kalkmak** a) to have an affair (with) b) to consort (with)

düşsel s. imaginary

düşük s. 1. fallen 2. (price, quality) low 3. (women) immoral, unchaste 4. (sentence) misconstrued * a, hek. miscarriage, abortion

düşüklük a. 1. lowness 2. looseness, incorrectness 3. coğ. landfall

düşün a. thought

düşünce a. 1. thought 2. idea, opinion 3. anxiety, worry, care **düşünceye dalmak** to be lost in thought

düşünceli s. 1. thoughtful, considerate 2. pensive, anxious

düşüncesiz s. 1. thoughtless, tactless, inconsiderate, unthinking 2. rash, heedless, incautious, impetuous 3. unworried, carefree 4. reckless

düşüncesizlik a. 1. thoughtlessness, tactlessness, inconsiderateness 2. recklessness 3. rashness 4. impetuosity **düşüncesizlik etmek** to act foolishly, to act without thought

düşündürmek e. 1. to make (sb) think 2. to worry, to disturb

düşündürücü s. thought-provoking

**düşünmek** *e.* 1. to think 2. to think about, to think of, to think over, to think up 3. to consider 4. to contemplate 5. to take into account 6. to imagine 7. to expect 8. to ponder, to think over 9. to reflect 10. to plan 11. to suppose 12. to guess 13. to be worried/bothered/anxious about 14. to conceive, to invent, to devise, to think up **düşünüp taşınmak** to think over, to think out, to ponder over

**düşünsel** *s.* intellectual, ideational

**düşünür** *a.* thinker

**düşünüş** *a.* way of thinking

**düşürmek** *e.* 1. to drop 2. to reduce 3. *hek.* (child) to miscarry 4. (government) to overthrow 5. *k. dili* to get *(sth)* easily/cheaply

**düşüş** *a.* 1. fall, falling 2. decrease

**düz** *s.* 1. smooth, even, flat 2. straight 3. plain, simple * *be.* straight

**düzayak** *s.* without stairs, on a level with the street

**düzeç** *a.* level, spirit level

**düzelmek** *e.* 1. to be put in order 2. to be straightened 3. to get better, to improve 4. to get well

**düzelti** *a.* proof

**düzeltici** *a.* proofreader

**düzelticilik** *a.* proofreading

**düzeltme** *a.* 1. proofreading 2. correction

**düzeltmek** *e.* 1. to smooth 2. to straighten 3. to put in order 4. to correct 5. to proofread 6. to tidy up

**düzeltmen** *a.* proofreader

**düzen** *a.* 1. order, regularity 2. regime 3. *müz.* tuning 4. *k. dili* trick, lie, invention **düzene koymak/sokmak** to put in order

**düzenbaz** *a.* cheat, trickster * *s.* tricky

**düzenek** *a.* mechanism

**düzenleme** *a.* arrangement

**düzenlemek** *e.* 1. to put in order 2. to arrange, to hold, to organize

**düzenleyici** *a.* 1. regulator 2. organizer

**düzenli** *s.* 1. in order, orderly, tidy 2. systematic 3. regular

**düzenlilik** *a.* orderliness

**düzensiz** *s.* 1. out of order, untidy 2. unsystematic 3. irregular

**düzensizlik** *a.* disorder, untidiness

**düzey** *a.* level

**düzgün** *s.* 1. smooth, level 2. well-arranged, orderly 3. correct 4. regular

**düzgünlük** *a.* regularity, order

**düzine** *a.* dozen

**düzlem** *a, mat.* plane **düzlem geometri** plane geometry

**düzlemek** *e.* to smooth, to flatten, to level

**düzleşmek** *e.* to become smooth, to become level, to become straight

**düzlük** *a.* 1. smoothness, flatness, levelness 2. straightness 3. flat place, plain

**düzme(ce)** *s.* false, forged, fake, sham

**düzmek** *e.* 1. to arrange, to compose 2. to prepare, to bring together 3. to make up, to invent 4. *kab.* to fuck, to screw, to lay, to make

**düztaban** *s.* 1. flat-footed 2. ill-omened * *a.* 1. narrow plane 2. *hek.* flatfoot, fallen arch

**düzüşmek** *e, kab.* to fuck, to screw, to have it off/away (with)

**düzyazı** *a.* prose

# E

**E, e** *a.* the sixth letter of the Turkish alphabet

**ebat** *a.* dimensions

**ebe** *a.* 1. midwife 2. (in a game) it

**ebedi** *s.* eternal, never-ending

**ebedilik** *a.* eternity, endlessness

**ebediyen** *be.* eternally, forever

**ebediyet** *a.* eternity

**ebegümeci** *a.* mallow

**ebelik** *a.* midwifery

**ebeveyn** *a.* parents

**ebleh** *s.* stupid

**ebonit** *a.* ebonite

**ebru** *a.* marbling, watering

**ebrulu** *s.* marbled

**ecdat** *a.* ancestors

**ece** *a.* queen

**ecel** *a.* time of death, death **ecel teri dökmek** to be in mortal fear **eceliyle ölmek** to die a natural death **eceline susamak** to run into the jaws of death,

to be daredevil
ecinni *a, k. dili* jinni
eciş bücüş *s.* out of shape, crooked, distorted
ecnebi *s.* foreign * *a.* foreigner
ecza *a.* drugs, medicines, chemicals
eczacı *a.* chemist, druggist, pharmacist
eczacılık *a.* pharmacy
eczalı *s.* containing chemicals
eczane *a.* drugstore, pharmacy, chemist's
eda *a.* manner, air, tone
edalı *s.* 1. having the air (of) 2. vivacious, coquettish
edat *a, dilb.* particle, preposition
edebi *s.* literary
edebiyat *a.* literature, letters **edebiyat yapmak** to use a pompous language
edebiyatçı *a.* 1. man of letters 2. teacher of literature
edep *a.* breeding, manners
edepli *s.* well-behaved, well-mannered
edepsiz *s.* ill-mannered, rude, shameless, insolent
edepsizce *be.* impertinently, rudely
edepsizlik *a.* bad manners, rudeness, impertinence **edepsizlik etmek** to misbehave
eder *a.* price, cost
edevat *a.* tools, instruments, implements
edilgen *s, dilb.* passive **edilgen çatı** passive voice
edim *a.* act, action
edimsel *s, fel.* actual
edinç *a.* 1. acquirement, gain 2. *dilb.* competence
edinmek *e.* to get, to acquire, to obtain
edinti *a.* acquisition
edip *a.* man of letters
editör *a.* 1. publisher 2. editor
efe *a.* swashbuckler
efekt *a.* effects
efektif *a.* cash, ready money
efendi *a.* 1. master 2. gentleman 3. *k. dili* husband * *s.* polite, gentlemanly, courteous; dignified
efendilik *a.* gentlemanly behaviour, politeness
efendim *ünl.* 1. sir! madam!; Yes! 2. I beg your pardon? What did you say?

efkâr *a.* 1. thoughts, ideas 2. wistfulness, dolefulness, the blues **efkâr basmak** to have the blues **efkâr dağıtmak** to drown one's sorrows
efkârlanmak *e.* to become wistfully sad, to worry
efkârlı *s.* wistful, doleful, dolorous, sad
eflatun *s.* lilac-coloured, lilac
efsane *a.* legend, myth, fable
efsaneleşmek *e.* to become legendary
efsanevi *s.* legendary, mythical
efsun *a.* charm, spell, enchantment
eften püften *s.* lightweight, insubstantial, flimsy
Ege *a.* Aegean **Ege Denizi** Aegean Sea
egemen *s.* sovereign, dominant
egemenlik *a.* sovereignty, dominance
egoist *s.* egoistic, egotistic * *a.* egoist, egotist
egoistlik *a.* egoism, egotism
egoizm *a.* egoism, egotism
egzama *a.* eczema
egzersiz *a.* exercise **egzersiz yapmak** to do exercise, to exercise
egzistansiyalizm *s.* existentialism
egzotik *s.* exotic
egzoz *a.* exhaust (pipe) **egzoz borusu** exhaust pipe
eğe *a.* file
eğelemek *e.* to file
eğer *bağ.* if
eğik *s.* 1. bent down 2. inclined, sloping down, slanted 3. *mat.* oblique
eğiklik *a.* 1. inclination 2. obliquity
eğilim *a.* tendency, inclination **eğilimi olmak** to have a leaning (towards), to incline, to tend
eğilimli *s.* having a tendency to
eğilmek *e.* 1. to bend, to bend down, to bend over 2. to bow 3. to stoop 4. to incline 5. to lean, to lean out 6. to bend to, to yield
eğim *a.* slope, declivity, inclination
eğimli *s.* inclined, sloping
eğirmek *e.* to spin
eğitbilim *a.* pedagogy
eğitici *s.* educational * *a.* 1. trainer 2. tutor, instructor
eğitim *a.* education, instruction, training

**eğitimci** *a.* educationalist, educator; pedagogue

**eğitimli** *s.* educated

**eğitimsiz** *s.* untrained, uneducated

**eğitmek** *e.* to educate; to train

**eğitmen** *a.* educator, instructor

**eğitsel** *s.* educational

**eğlemek** *e.* to retard, to delay; to stop

**eğlence** *a.* 1. amusement, entertainment, fun; recreation; pastime 2. plaything, joy

**eğlenceli** *s.* amusing, entertaining, funny

**eğlencelik** *a.* titbits, nuts, sweets

**eğlendirici** *s.* amusing, entertaining

**eğlendirmek** *e.* to entertain, to amuse

**eğlenmek** *e.* 1. to have a good time, to amuse oneself, to enjoy oneself, to have fun 2. to make fun (of), to joke (with), to poke fun (at) 3. to delay, to dawdle

**eğlenti** *a.* feast, party, jollity

**eğmek** *e.* 1. to tip, to tilt 2. to bow, to bend

**eğreltiotu** *a.* bracken, fern

**eğreti** *s.* 1. borrowed 2. temporary, makeshift 3. false, artificial

**eğretileme** *a.* metaphor

**eğri** *s.* 1. bent, crooked 2. bowed, curved 3. slanted, sloping * *a.* curved line **eğri büğrü** contorted, twisted

**eğrilik** *a.* 1. crookedness, warp 2. curvature

**eğrilmek** *e.* to become bent, to warp

**eğriltmek** *e.* to bend, to warp, to twist

**eğrim** *a.* whirlpool

**eh** *ünl.* well, all right, well enough

**ehemmiyet** *a.* importance **ehemmiyet vermek** to attach importance

**ehemmiyetli** *s.* important

**ehemmiyetsiz** *s.* unimportant

**ehil** *a.* 1. expert, connoisseur 2. owner, possessor

**ehli** *s.* tame, domestic

**ehlileşmek** *e.* to become tame

**ehlileştirmek** *e.* to tame

**ehliyet** *a.* 1. efficiency, capacity 2. driving licence

**ehliyetli** *s.* 1. capable, competent 2. having a (driving) licence

**ehliyetname** *a.* 1. certificate 2. licence 3. driving licence

**ehliyetsiz** *s.* 1. incapable, unqualified 2. not having a (driving) licence

**ejder(ha)** *a.* dragon

**ek** *a.* 1. addition 2. appendix 3. joint, patch 4. *dilb.* affix * *s.* additional, supplementary **ek olarak** in addition (to)

**ekâbir** *a.* 1. important people, bigwigs 2. *k. dili* smart aleck

**ekenek** *a.* cultivated land

**ekili** *s.* sown, planted

**ekim** *a.* 1. sowing, planting 2. October

**ekin** *a.* 1. crop, harvest 2. culture **ekin biçmek** to reap, to harvest

**ekinoks** *a.* equinox

**ekinsel** *s.* cultural

**ekip** *a.* team, group; crew

**eklem** *a, anat.* joint, articulation

**eklembacaklılar** *a, hayb.* arthropods

**eklemek** *e.* to add, to attach, to join, to append

**eklemlemek** *e.* 1. to connect by joints 2. *dilb.* to articulate

**eklenti** *a.* accessory

**ekmek**[1] *a.* 1. bread 2. food, subsistence **ekmek elden su gölden** living on others **ekmek kapısı** place where one earns his living, one's job **ekmek parası** modest livelihood, living **ekmek somunu** a loaf of bread **ekmeğine mani olmak** to take the bread out of sb's mouth **ekmeğine yağ sürmek** to play into sb's hands **ekmeğini çıkarmak** to earn one's bread **ekmeğini eline almak** to have a job **ekmeğini kazanmak** to earn one's bread **ekmeğini taştan çıkarmak** to make a living under difficult circumstances **ekmeğiyle oynamak** to threaten (one's) job

**ekmek**[2] *e.* 1. to sow, to plant 2. to spread, to sprinkle 3. *arg.* to give *sb* the slip, to drop, to ditch

**ekmekağacı** *a.* bread tree, breadfruit tree

**ekmekçi** *a.* baker, bread seller

**ekoloji** *a.* ecology

**ekolojik** *s.* ecological

**ekonomi** *a.* 1. economy 2. economics

**ekonomik** *s.* 1. economic 2. economical

**ekonomist** *a.* economist

ekose *s.* checked
ekran *a.* screen
eksantrik *s.* eccentric
ekselans *a.* Excellency
eksen *a.* 1. axis 2. axle
ekseri *s.* most
ekseriya *be.* usually, mostly
ekseriyet *a.* majority
ekseriyetle *be.* generally, mostly, usually
eksi *a, s.* 1. negative 2. minus
eksik *s.* 1. lacking, absent, missing, short
2. less (than) 3. incomplete, defective,
imperfect 4. less (than) * *a.* deficiency,
lack, defect **eksik çıkmak** to be lacking
**eksik etek** woman **eksik etmemek** to
have always in stock **eksik gedik** small
necessities **Eksik olma** Thank you!
**eksik olmamak** (always) to turn up
eksiklik *a.* 1. deficiency, defectiveness 2.
absence, lack
eksiksiz *s.* complete, perfect * *be.* com-
pletely, perfectly
eksilmek *e.* to decrease, to grow less
eksiltme *a.* 1. reduction, reducing 2.
putting up to tender
eksiltmek *e.* to reduce, to decrease
ekskavatör *a.* excavator, steam shovel
eksper *a.* expert
ekspres *a, s.* express
ekspresyonizm *a.* expressionism
ekstra *s.* 1. extra, additional 2. best
ekşi *s.* sour, tart, acid
ekşilik *a.* sourness, acidity, tartness
ekşimek *e.* 1. to become sour, to sour 2.
to ferment 3. (stomach) to be upset
ekşimsi, ekşimtırak *s.* sourish
ekşitmek *e.* to turn, to sour
ekvator *a.* equator
el¹ *a.* 1. hand 2. forefoot 3. handle 4.
discharge, shot 5. possession, owner-
ship 6. *isk.* deal **el alışkanlığı** skill,
practice **el altında** handy, on hand,
ready **el altından** underhandedly, se-
cretly, clandestinely **el arabası** wheel-
barrow **el arabasına binmek** *arg.* to
wank, to jerk off **el atmak** a) to lay
hands on, to seize b) to attempt **el ayak
çekilmek** to be deserted and quiet **el
bebek gül bebek** spoiled, coy **el bezi**

hand towel **el bombası** hand grenade
**el çantası** handbag, pursue *Al.* **el çek-
mek** to give up, to relinquish **el çektir-
mek** to dismiss, to fire **el değirmeni**
coffee mill, coffee grinder **el değiştir-
mek** to change hands **el değmemiş**
intact, untouched, virgin **el ele** hand in
hand **el ele tutuşmak** to take each
other by the hand **el ele vermek** to join
forces, to cooperate **el etmek** to wave
(to) **el freni** hand brake **el ilanı** handbill
**el işi** a) handwork b) handmade **el ka-
dar** very small **el kaldırmak** to raise
one's hand (to sb) **el kitabı** handbook,
manual **el koymak** to seize, to confis-
cate **el sallamak** to wave (one's hand)
**el sanatı** handicraft **el sıkmak** to shake
hands **el sürmek** to touch **el sürme-
mek** a) not to touch b) not to begin **el
şakası** practical joke **el üstünde tut-
mak** to treat with honour, to cherish **el
yazısı** handwriting **el yazması** manu-
script **el yordamı** groping **elde** in hand
**elde avuçta bir şey kalmamak** to have
nothing left **elde bir** certain, sure **elde
etmek** to get, to obtain **elde tutmak** to
keep in reserve **elden** by hand **elden
ayaktan düşmek** to be crippled by ill-
ness or old age **elden çıkarmak** to sell
off, to dispose of **elden düşme** second-
hand **elden ele** from hand to hand **el-
den ele dolaşmak** to change hands
many times **elden ele gezmek** to go
about, to circulate, to pass from hand to
hand **elden geçirmek** to overhaul, to go
over **elden gitmek** to be lost, to be
gone **ele alınır** in good condition **ele
almak** to take up, to deal with **ele avu-
ca sığmaz** out of hand, mischievous **ele
geçirmek** to take possession (of sth), to
secure **ele geçmek** to be caught **ele
geçmez** not easy to get, hard to find **ele
vermek** to inform against/on *(sb)* **eli
açık** generous **eli ağır** slow-working **eli
alışmak** a) to become skilful b) to get
used to **eli ayağı buz kesilmek** to be
very cold, to freeze **eli boş dönmek** to
return empty-handed **eli çabuk** fast
working, efficient **eli değmek** to find

time to do *sth* **eli ekmek tutmak** to earn one's bread **eli kulağında** about to happen, impending **eli maşalı** quarrelsome, shrew, virago **eli sıkı** closefisted, stingy, tight, tightfisted **eli uzun** thievish **eli yatkın** skilled, having a knack **eli yüzü düzgün** presentable **elinde bulunmak** to be owned (by) **elinde kalmak** to remain unsold **elinde olmak** to be in one's power **elinde olmamak** to be beyond one's power **elinde tutmak** a) to monopolize b) not to sell **elinden bir şey gelmemek** not to be able to help/do anything **elinden geleni yapmak** to do one's best **elinden gelmek** to be able to **elinden iş gelmek** to be skillful and productive **elinden kaçırmak** a) to slip through one's fingers b) to miss (a chance, etc.) **elinden kaza çıkmak** to cause an accident **elinden kurtulmak** to run away from *(sb)* **elinden tutmak** to help **eline bakmak** to depend on (for a living) **eline düşmek** a) to be caught (by) b) to fall into sb's power **eline geçmek** a) to earn b) to find, to get c) to catch **elini ayağını çekmek** a) to stop going (to a place) b) to stop doing *(sth)* **elini cebine atmak** to reach for one's wallet **elini çabuk tutmak** to hurry up **elini eteğini çekmek** to withdraw, to be through with *(sth)* **elini kana bulamak** to kill, to commit a murder **elini kolunu bağlamak** to make *(sb)* unable to do anything, to tie sb's hands **elini sıcak sudan soğuk suya sokmamak** not to do any housework, to lead a comfortable life **elinin altında** a) at one's disposal/service b) handy, within easy reach **eliyle** a) in care of, c/o. b) by the hand **eliyle koymuş gibi bulmak** to find very easily **elle** manually **Eller yukarı** Hands up

**el²** *a.* 1. stranger 2. people 3. country **el kapısı** another's house **el oğlu** stranger, outsider **ele güne karşı** in the eyes of everybody

**ela** *s.* (eyes) hazel

**elâlem** *a.* everybody, all the world

**elastiki** *s.* elastic, flexible

**elastikiyet** *a.* elasticity

**elbet(te)** *be, ünl.* certainly, of course; sure, surely

**elbette** *be, ünl.* certainly, naturally, of course, sure, surely, absolutely, definetely!

**elbirliği** *a.* cooperation

**elbise** *a.* 1. dress 2. clothes, garment 3. *k. dili* gear

**elçi** *a.* 1. ambassador 2. envoy 3. prophet

**elçilik** *a.* 1. ambassadorship 2. embassy

**eldiven** *a.* glove

**elebaşı** *a.* ringleader, chief, gang-leader

**elek** *a.* fine sieve **elekten geçirmek** a) to sift b) to examine minutely

**elektrifikasyon** *a.* electrification

**elektrik** *a.* electricity * *s.* electric; electrical **elektrik akımı** electric current **elektrik çarpması** electric shock **elektrik düğmesi** switch **elektrik kesintisi** power cut **elektrik mühendisi** electrical engineer **elektrik süpürgesi** vacuum cleaner, *k. dili* hoover

**elektrikçi** *a.* 1. electrician 2. electrician's

**elektrikli** *s.* 1. electric 2. (wire) live **elektrikli sandalye** electric chair, the chair

**elektrogitar** *a, müz.* electric guitar

**elektrokardiyografi** *a.* electrocardiography

**elektrolit** *a.* electrolyte

**elektroliz** *a.* electrolysis

**elektromanyetik** *s.* electromagnetic

**elektromanyetizma** *a.* electromagnetism

**elektromıknatıs** *a.* electromagnet

**elektromotor** *s.* electromotive

**elektron** *a.* electron

**elektronik** *s.* electronic * *a.* electronics **elektornik beyin** computer

**elektroskop** *a.* electroscope

**elektrot** *a.* electrode

**elem** *a.* sorrow, grief, pain

**eleman** *a.* 1. staff member, employee, worker 2. *kim.* element, component

**eleme** *a.* 1. sifting 2. elimination **eleme maçı** elimination match **eleme sınavı** preliminary/selection examination

**elemek** *e.* 1. to sift, to sieve 2. to eliminate, to select

element *a, kim.* element
elenmek *e.* to be eliminated
eleştirel *s.* critical
eleştiri *a.* criticism; critique; review
eleştirici *a.* critic * *s.* critical
eleştiricilik *a.* criticism
eleştirmek *e.* to criticize; to review
eleştirmen *a.* critic
eleştirmenlik *a.* criticism, work of a critic
elezer *a.* sadist
elezerlik *a.* sadism
elif *a.* the first letter of the Arabic alphabet
elim *s.* painful, grievous, deplorable
elips *a, mat.* ellipse
eliptik *s.* elliptic
elişi *a.* handwork, handiwork * *s.* handmade
elkitabı *a.* handbook, manual
ellemek *e.* 1. to touch (with the hand), to handle 2. to play with 3. to disturb
elli *a, s.* fifty
ellinci *s.* fiftieth
ellişer *s.* fifty each
elma *a.* apple **elma gibi** (cheeks) red as apples **elma şarabı** cider **elma şekeri** sugar-coated apple
elmacık *a.* high part of the cheek
elmacıkkemiği *a.* cheekbone
elmalık *a.* apple orchard
elmas *a.* diamond
elti *a.* sister-in-law
elulağı *a.* helper
elveda *ünl.* Farewell! Goodbye!
elverişli *s.* convenient, suitable
elverişlilik *a.* suitability, convenience
elverişsiz *s.* unsuitable, inconvenient
elverişsizlik *a.* unsuitability, inconvenience
elvermek *e.* 1. to be convenient 2. to be enough, to suffice
elvermemek *e.* not to be suitable, to be impossible
elyaf *a.* fibres
elzem *s.* indispensable
em *a.* medicine, remedy
emanet *a.* 1. trust, deposit 2. left luggage office, cloakroom **emanet etmek** to commend, to entrust **emanete hıyanet**

breach of trust **emanete vermek** to check
emanetçi *a.* consignee, depository
emaneten *be.* for safe keeping, on deposit
emare *a.* sign, mark, indication
emay *a.* enamel
emaye *s.* enamelled
embriyoloji *a.* embryology
embriyon *a, anat.* embryo
emdirmek *e.* to nurse
emek *a.* 1. work, labour 2. trouble, pains **emek vermek** to take pains with, to labour **emeği geçmek** to contribute efforts
emekçi *a.* worker, labourer, proletarian
emeklemek *e.* to creep, to crawl
emekli *s.* retired * *a.* pensioner **emekli aylığı** retirement pay, pension **emekli olmak** to retire **emekliye ayırmak** to retire, to pension off
emeklilik *a.* retirement
emektar *s.* old an faithful
emel *a.* desire, wish, ambition, goal
emici *s.* sucking, absorbent
emin *s.* 1. safe, secure 2. sure, certain, free from doubt 3. strong, firm 4. trustworthy **emin olmak** a) to be sure (of) b) to make certain/sure
emir *a.* 1. order, command 2. emir, emeer **emir almak** to receive orders **emir eri** *ask.* orderly **emir subayı** adjutant **emir vermek** to order, to command **emre amade** at one's service, ready **emrine girmek** to enter into sb's service **emrine vermek** to put under one's order
emirlik *a.* emirate
emisyon *a.* emission
emlak *a.* real estate, property **emlak komisyoncusu** estate agent
emlakçı *a.* real estate agent
emlakçılık *a.* the real estate business
emme *a.* 1. suction, sucking 2. absorption **emme basma tulumba** suction and force pump **emme tulumba** suction pump
emmeç *a.* aspirator, suction pump
emmek *e.* 1. to suck 2. to absorb

**emmi** *a.* (paternal) uncle

**emniyet** *a.* 1. safety, security 2. confidence, belief 3. the police, the law **emniyet altına almak** to make safe, to secure **emniyet amiri** chief of police **emniyet etmek** a) to trust b) to entrust **emniyet kemeri** safety belt **emniyet müdürü** chief of police **emniyet tedbiri** security measure

**emniyetli** *s.* 1. safe 2. trustworthy, reliable

**emniyetsiz** *s.* 1. unsafe 2. untrustworthy

**emperyalist** *a.* imperialist * *s.* imperialistic

**emperyalizm** *a.* imperialism

**empresyonist** *a.* impressionist * *s.* impressionistic

**empresyonizm** *a.* impressionism

**emprime** *a.* printed silk material

**emretmek** *e.* to order, to command

**emrivaki** *a.* accomplished fact, fait accompli

**emsal** *a.* 1. similars, equals 2. peer, compeer 3. precedent 4. *mat.* coefficient

**emsalsiz** *s.* matchless, peerless, unequaled

**emtia** *a.* stock, goods, merchandise

**emzik** *a.* 1. nipple 2. (baby's) feeding bottle 3. spout

**emzirmek** *e.* to breast-feed, to suckle

**en**[1] *be.* most **en aşağı** at least **en az** a) minimum, least b) at least **en azından** at least, fully **en baştan** from the very beginning **en çok** at (the) most **en düşük** minimum, least **en geç** at the latest **en iyi** best **en kötü** worst **en küçük** least, minimal **en önce** first of all **en sonra** last of all **en sonunda** at last, at long last, finally, eventually, at length **en yüksek** maximum

**en**[2] *a.* width, breadth **eninde sonunda** in the end, at last **enine** breadthways, in width **enine boyuna** a) in length and breadth b) fully, completely

**enayi** *a.* fool, gull, sucker, dupe * *s.* gullible, credulous **enayi dümbeleği** *arg.* idiot

**enayilik** *a.* stupidity, idiocy, dupery

**encümen** *a.* council, committee

**endam** *a.* stature, figure, shape, body

**endamlı** *s.* well-proportioned, shapely, statuesque

**ender** *s.* (very) rare * *be.* (very) rarely

**endişe** *a.* 1. anxiety, worry, care 2. doubt 3. fear **endişe etmek** to worry, to be anxious

**endişelenmek** *e.* to be anxious, to be troubled (about)

**endişeli** *s.* anxious, worried, thoughtful

**endişesiz** *s.* carefree, unworried, calm

**endüksiyon** *a.* induction

**endüstri** *a.* industry

**endüstrileşmek** *e.* to be industrialized

**enemek** *e.* to castrate

**enerji** *a.* energy

**enerjik** *s.* energetic

**enfarktüs** *a, hek.* infarction

**enfeksiyon** *a.* infection

**enfes** *s.* 1. delightful, excellent, brilliant 2. delicious

**enfiye** *a.* snuff **enfiye çekmek** to take snuff

**enflasyon** *a.* inflation

**enfraruj** *s.* infrared

**engebe** *a.* unevenness, roughness, rough ground

**engebeli** *s.* uneven, rough, broken

**engel** *a.* 1. difficulty, handicap, drawback 2. barrier, barricade, obstacle **engel çıkarmak** to raise difficulties **engel olmak** to hinder, prevent, to obstruct, to stop

**engelleme** *a.* hindrance, obstruction

**engellemek** *e.* to hinder, to impede, to obstruct, to prevent, to stop

**engelli** *s.* with obstacles **engelli koşu** hurdle race

**engelsiz** *s.* without hindrance, unimpeded

**engerek** *a, hayb.* adder, viper

**engin** *s.* wide, vast, boundless * *a.* the high sea, the open sea

**enginar** *a.* artichoke

**engizisyon** *a.* the Inquisition

**enik** *a.* pub, cub, whelp

**enikonu** *be.* thoroughly, fully

**enişte** *a.* aunt's/sister's husband

**enjeksiyon** *a.* injection

**enjekte etmek** *e.* to inject
**enkaz** *a.* wreckage, wreck, debris, ruins
**enlem** *a.* latitude
**enli** *s.* wide, broad
**ense** *a.* back of the neck, nape **ense kökü** nape of the neck **ense yapmak** *arg.* to lead a comfortable and lazy life; to indulge oneself doing no work, to shirk **ensesi kalın** *k. dili* a) able to pay, well-off, rich b) influential, powerful
**enselemek** *e, arg.* to seize, to nab, to nick
**ensiz** *s.* narrow
**enstantane** *s.* instantaneous * *a.* snapshot
**enstitü** *a.* institute
**enstrüman** *a, müz.* instrument
**enstrümantal** *s, müz.* instrumental
**ensülin** *a.* insulin
**entari** *a.* loose robe, dress
**entel** *a, s, hkr.* (so-called) intellectual
**entelektüel** *a, s.* intellectual
**entellektüel** *a, s.* intellectual
**enteresan** *s.* interesting
**enternasyonal** *s.* international
**entipüften** *s, k. dili* insignificant, ridiculous, flimsy, trivial
**entrika** *a.* intrigue, trick **entrika çevirmek** to intrigue, to plot
**entrikacı** *a.* schemer, trickster
**enüstünlük** *a, dilb.* superlative degree
**envanter** *a.* inventory
**epey** *be.* 1. rather, quite, fairly, considerably 2. a great deal of, a lot of
**epey(ce)** *be.* rather, quite, fairly, considerably, a great deal
**epeyce** *be.* rather, quite, fairly, pretty
**epik** *a, s.* epic
**epilasyon** *a.* removal of unwanted hair
**e-posta** *a.* e-mail **e-posta adresi** e-mail address
**er**¹ *a.* 1. man 2. brave man, manly man 3. private, soldier
**er**² *be.* early, soon **er geç** sooner or later
**erbap** *a.* expert
**erbaş** *a, ask.* noncommissioned officer
**erbezi** *a.* testicle
**erbiyum** *a.* erbium
**erdem** *a.* virtue

**erdemli** *s.* virtuous
**erdemlilik** *a.* virtuousness, virtue
**erden** *s.* virgin
**erdenlik** *a.* virginity
**erdişi** *s.* hermaphrodite
**erdişilik** *a.* hermaphroditism
**erek** *a.* aim, purpose, goal
**ergen** *s.* 1. adolescent 2. unmarried, single
**ergenlik** *a.* 1. adolescence 2. acne
**ergimek** *e.* to melt, to fuse
**ergin** *s.* 1. mature, ripe 2. adult, major
**erginleşmek** *e.* to mature, to ripen
**erginlik** *a.* maturity
**ergitmek** *e.* to melt
**erguvan** *a, bitk.* Judas tree, redbud
**erguvani** *s.* purple
**erik** *a.* plum
**eril** *s, dilb.* masculine
**erim** *a.* range, reach
**erimek** *e.* 1. to melt 2. to dissolve 3. to fuse 4. to get very thin (from illness, etc.) 5. to waste away, to pine
**erinç** peace, rest
**erinlik** *a.* puberty
**erirlik** *a.* solubility
**erişim** *a.* 1. arrival 2. communication
**erişkin** *s.* adult, mature, pubescent
**erişkinlik** *a.* maturity
**erişmek** *e.* 1. to reach 2. to mature, to ripen
**erişte** *a.* vermicelli
**eritmek** *e.* to melt, to dissolve
**eriyik** *a.* solution
**erk** *a.* power
**erkân** *a.* 1. great men, high officials 2. rules of conduc, way
**erke** *a.* energy
**erkek** *s.* 1. male, he 2. masculine 3. manly, virile, courageous, honest * *a.* 1. man 2. husband **erkek adam** brave man **erkek arkadaş** boyfriend **erkek çocuk** boy **erkek delisi** nymphomaniac, nympho **erkek gibi** mannish, manly
**erkekçe** *s, be.* manly, manfully
**erkeklik** *a.* 1. manhood 2. masculinity 3. courage 4. sexual virility **erkekliğe toz kondurmamak** to put a bold face on it
**erkeksi** *s.* (woman) manly, mannish, *arg.*

butch
**erken** *be.* early
**erkence** *s.* rather early, somewhat early
**erkenci** *a.* early riser, early comer
**erkenden** *be.* early
**erkin** *s.* free, liberal
**erlik** *a.* 1. manliness, courage, bravery 2. *ask.* soldierliness
**ermek** *e.* 1. to attain, to reach 2. to ripen, to mature 3. to become a saint
**Ermeni** *a, s.* Armenian
**ermiş** *a.* saint, holy person
**eroin** *a.* heroin, *arg.* junk
**eroinman** *a.* heroin addict, *arg.* junkie, junky
**erotik** *s.* erotic
**erotizm** *a.* erotism
**erozyon** *a.* erosion
**erselik** *a.* hermaphrodite
**ertelemek** *e.* to postpone, to defer, to put off (to a later time), to put off until later, to delay, to adjourn
**ertesi** *s.* the next, the following **ertesi gün** the next/following day
**erzak** *a.* provisions, stored food
**es** *a, müz.* rest **es geçmek** to pass over, to skip
**esans** *a.* perfume
**esaret** *a.* 1. slavery 2. captivity
**esas** *a.* 1. foundation, base 2. principle, essence * *s.* essential, real, basic, fundamental
**esasen** *be.* 1. fundamentally, essentially 2. as a matter of fact, to tell the truth, actually
**esaslı** *s.* 1. based, founded 2. principal, basic, main 3. true, solid
**esassız** *s.* 1. unfounded, baseless 2. false, untrue
**esef** *a.* regret **esef etmek** to be sorry, to regret **esefle** regretfully
**eseflenmek** *e.* to be sorry, to regret
**esen** *s.* healthy, well
**esenlik** *a.* health, healthiness
**eser** *a.* 1. work, work of art 2. trace, sign, mark
**esin** *a.* inspiration
**esinlemek** *e.* to inspire
**esinlenmek** *e.* to be inspired

**esinti** *a.* breeze, light wind
**esintili** *s.* breezy
**esir** *a.* 1. prisoner of war, captive 2. slave **esir almak** to take captive, to capture **esir düşmek** to be taken prisoner **esir etmek** to take captive, to enslave
**esirci** *a.* slave trader
**esirgemek** *e.* 1. to protect 2. to grudge, to begrudge
**esirgemezlik** *a.* altruism, unselfishness, self-sacrifice
**esirgeyici** *s.* protective
**esirlik** *a.* captivity, slavery
**eski** *s.* 1. old 2. ancient 3. former, veteran 4. obsolete, obsolescent 5. (word, expression, etc.) archaic 6. worn-out 7. secondhand 8. old-fashioned, out of date **Eski çamlar bardak oldu** A lot of water has flowed under the bridge. **eski eserler** antiques, antiquities **eski hamam eski tas** *k. dili* the same old thing **eski kafalı** old-fashioned; fuddy-duddy **eski kurt** old hand **eski püskü** shabby, worn out **eski toprak** *k. dili* old stager; oldster full of energy **eski zaman** antiquity **eskisi gibi** the way it used to be, as before, as in the past
**eskici** *a.* 1. junk dealer, ragman, ragpicker 2. shoe repairman, cobbler
**eskiçağ** *a.* prehistoric period
**eskiden** *be.* formerly, in the old days, in the past **eskiden kalma** handed down, passed down
**eskilik** *a.* oldness, seniority
**eskimek** *e.* 1. to become worn out, to become old 2. to grow old (in service)
**eskitmek** *e.* to wear away
**eskiz** *a.* preliminary sketch
**eskrim** *a, sp.* fencing
**eskrimci** *a, sp.* fencer
**esmek** *e.* 1. (wind) to blow 2. to come to one's mind
**esmer** *s.* dark, swarthy
**esmerleşmek** *e.* (skin) to brown, to tan
**esmerlik** *a.* darkness, brownness
**esna** *a.* moment, instant **esnasında** during, while
**esnaf** *a.* 1. trades, guilds 2. tradesmen
**esnaflık** *a.* the work of a tradesman

esnek *s.* elastic, flexible

esneklik *a.* elasticity, flexibility

esnemek *e.* 1. to yawn, to gape 2. to stretch, to bend

esnetmek *e.* 1. to make *(sb)* yawn 2. to stretch 3. to bore, to tire

espri *a.* wit, joke, crack, quip **espiri yapmak** to make a wisecrack, to crack a joke

esrar[1] *a.* 1. mystery 2. secrets

esrar[2] *a.* hashish, marijuana, *arg.* grass, shit **esrar çekmek** to smoke hash, to be on the grass **esrar tekkesi** hashish den

esrarengiz *s.* mysterious

esrarkeş *a.* hashish addict

esrarlı *s.* mysterious

esrik *s.* 1. drunk 2. over-excited

esrime *a.* ecstasy

esrimek *e.* 1. to get very excited 2. to get drunk 3. to become intoxicated

estağfurullah *ünl.* Don't mention it! Not at all!

ester *a.* ester

estetik *s.* aesthetic * *a.* aesthetics **estetik cerrahi** plastic surgery

estetikçi *a.* aesthete

esvap *a.* clothes, garment, clothing

eş *a.* 1. match, counterpart 2. partner 3. mate 4. spouse **eş dost** friends and acquaintances

eşanlam *a.* synonym

eşanlamlı *s.* synonymous **eşanlamlı sözcük** synonym

eşantiyon *a.* sample, model

eşarp *a.* scarf

eşbiçim *a.* isomorph

eşbiçimli *s.* isomorphous

eşbiçimlilik isomorphism

eşcinsel *a, s.* homosexual

eşcinsellik *a.* homosexuality

eşdeğer *a.* equivalence

eşdeğerli *s.* equivalent

eşdeğerlik *a.* equivalence

eşek *a.* 1. donkey, ass 2. stupid person, ass **Eşek hoşaftan ne anlar** It's like casting pearls before swine. **eşek kadar** grown up, mature, big **eşek sudan gelinceye kadar dövmek** to beat *sb* to a pulp **eşek şakası** coarse practical joke

eşekarısı *a.* wasp, hornet

eşeklik *a.* stupidity

eşelek *a.* core of a fruit

eşelemek *e.* 1. to scratch and scrabble 2. to investigate

eşelmobil *a.* sliding scale

eşey *a.* sex

eşeysel *s.* sexual

eşeysiz *s.* 1. sexless, asexual 2. *bitk.* agamic, agamous

eşgüdüm *a.* coordination

eşgüdümlü *s.* coordinated

eşgüdümsel *s.* coordinate

eşik *a.* threshold

eşit *s.* equal

eşitlemek *e.* to make equal, to equalize

eşitleşmek *e.* to become equal

eşitlik *a.* equality

eşitsiz *s.* unequal

eşitsizilk *a.* inequality

eşkâl *a.* 1. shapes, figures 2. appearance

eşkenar *s, mat.* equilateral **eşkenar dörtgen** rhomb, rhombus **eşkenar üçgen** equilateral triangle

eşkıya *a.* brigand, bandit

eşkıyalık *a.* brigandage, banditry

eşkin *a.* canter * *s.* cantering

eşlem *a.* copy

eşleme *a.* 1. pairing 2. *sin.* synchronization

eşlemek *e.* 1. to pair, to match 2. (film) to synchronize

eşlik *a.* 1. accompaniment 2. companionship **eşlik etmek** to accompany

eşmek *e.* to dig up, to scratch

eşmerkezli *s.* concentric

eşofman *a.* track suit

eşraf *a.* notables, rich people

eşsesli *a.* homophone

eşsıcak *s.* isothermal

eşsiz *s.* 1. unmatched, unique, peerless 2. unpaired

eşsizlik *a.* matchlessness, uniqueness

eşya *a.* 1. things, objects, goods, property 2. furniture 3. luggage, belongings

eşzamanlı *s.* synchronous

et *a.* 1. meat 2. flesh 3. *bitk.* pulp **et kafalı** beef-witted, blockheaded, stupid **et suyu** broth, stock **etine dolgun** plump

**etajer** *a.* shelves, whatnot

**etamin** *a.* coarse muslin

**etap** *a, sp.* lap, stage

**etçil** *s.* carnivorous

**etek** *a.* 1. skirt 2. bottom 3. foot (of a mountain) **etek öpmek** to flatter, to lick (sb's) boots **etekleri tutuşmak** to be exceedingly alarmed **etekleri zil çalmak** to walk on air

**eteklik** *a.* 1. skirt 2. material for a skirt

**etene** *a, anat.* placenta

**eter** *a, kim.* ether

**Eti** *a.* Hittite

**etiket** *a.* label, tag, sticker

**etiketlemek** *e.* to label

**etilen** *a.* ethylene

**etimoloji** *a.* etymology

**etimolojik** *s.* etymological

**etken** *a.* agent, factor * *s.* active

**etki** *a.* 1. effect, influence 2. impact 3. impression

**etkilemek** *e.* 1. to effect, to influence 2. to impress

**etkileşim** *a.* interaction

**etkileyici** *s.* impressive

**etkili** *s.* 1. effective, effectual 2. influential

**etkimek** *e, kim.* to act (on)

**etkin** *s.* active, effective

**etkinlik** *a.* activity

**etkisiz** *s.* ineffective; ineffectual

**etkisizleştirmek** *e.* to neutralize, to defuse, to hogtie

**etkisizlik** *a.* ineffectiveness

**etlenmek** *e.* to grow fat

**etli** *s.* 1. fleshy, plump 2. (fruit) pulpy, fleshy 3. containing meat, meaty **etli butlu** plump

**etmek** *e.* 1. to do, to make 2. to amount to 3. to be worth

**etmen** *a.* factor

**etnik** *s.* ethnic

**etnograf** *a.* ethnographer

**etnografya** *a.* ethnography

**etnolog** *a.* ethnologist

**etnoloji** *a.* ethnology

**etobur** *s.* carnivorous * *a.* carnivore

**etol** *a.* (woman's) stole

**etraf** *a.* 1. surroundings, environment 2. sides

**etrafına** *il.* around, round **etrafına bakınmak** to look around

**etrafında** *ilg.* around, round

**etraflı** *s.* detailed, exhaustive

**etraflıca** *be.* in detail, fully

**etsiz** *s.* 1. meatless, without flesh 2. thin

**ettirgen** *s, dilb.* causative

**etüt** *a.* study, research **etüt etmek** to study, to investigate

**etyemez** *a, s.* vegetarian

**etyemezlik** *a.* vegetarianism

**ev** *a.* 1. house 2. home 3. household, family **ev bark** household **ev bark sahibi** family man **ev halkı** household, family **ev idaresi** housekeeping **ev işi** housework **ev kadını** housewife **ev kirası** (house) rent **ev ödevi** homework **ev sahibesi** hostess; landlady **ev sahibi** a) host b) landlord **ev tutmak** to rent a house **evde kalmak** a) to stay home b) (girl) not to be able to get married, to have been left on the shelf **Evdeki hesap çarşıya uymaz** things don't work out as one calculates.

**evcek** *be.* with the whole family

**evci** *a.* weekly boarder **evci çıkmak** to come home (from a boarding school, etc.) for the weekend

**evcil** *s.* domestic, tame

**evcilik** *a.* playing at families

**evcilleşmek** *e.* to become tame

**evcilleştirmek** *e.* to tame, to domesticate

**evcimen** *s.* home-loving, domestic

**evegen** *s.* (illness) acute

**evermek** *e.* to marry (off)

**evet** *be.* yes **evet efendimci** yes-man

**evham** *a.* apprehensions, doubts, suspicions

**evhamlanmak** *e.* to become a hypochondriac, to have a nervous breakdown

**evhamlı** *s.* hypochondriac, full of anxieties

**evirmek** *e.* to change, to alter **evirip çevirmek** to turn over and over

**evirtim** *a, kim, mat.* inversion

**evladiyelik** *s.* (things) very strong, durable

**evlat** *a.* child, son, daughter **evlat edin-**

**mek** to adopt (a child)
evlatlık *a.* adopted child, foster child
**evlatlıktan reddetmek** to disown
evlendirmek *e.* to marry off, to give in marriage
evlenmek *e.* to get married; to marry
evli *s.* married, hitched
evlilik *a.* marriage **evlilik dışı** illegitimate, out of wedlock
evliya *a.* saint
evrak *a.* documents, papers **evrak çantası** briefcase
evre *a.* phase
evren *a.* universe, cosmos
evrenbilim *a.* cosmology
evrendoğum *a.* cosmogony
evrensel *s.* universal
evrensellik *a.* universality
evrik *s.* inverse
evrim *a.* evolution
evrimci *a.* evolutionist
evrimcilik *a.* evolutionism
evrimsel *s.* evolutionary
evropiyum *a.* europium
evsaf *a.* qualities
evsemek *e.* to be homesick
evvel *be.* ago, before, earlier * *a.* the first part, beginning **evvel Allah** with God's help **evvel zaman içinde** once upon a time
evvela *be.* first of all, in the first place
evvelce *be.* previously, formerly
evvelden *be.* 1. formerly, previously 2. in the past
evvelki, evvelsi *s.* the previous **evvelki/evvelsi gün** the day before yesterday, the previous day
ey *ünl.* O! Well! Hey! Ye!
eyalet *a.* province, state
eyer *a.* saddle
eyerlemek *e.* to saddle
eyerli *s.* saddled
eylem *a.* 1. action 2. *dilb.* verb
eylemci *a.* activist
eylemek *e.* to make, to do
eylemli *s.* 1. actual 2. (service) active
eylemlik *a, dilb.* infinitive
eylemsi *s, dilb.* verbal
eylül *a.* September

eytişim *a.* dialectics
eytişimsel *s.* dialectic, dialectical
eyvah *ünl.* Alas! Alack!
eyvallah *ünl, k. dili* 1. thanks! ta! 2. Goodbye! Ta-ra! Ta-ta! 3. Okay! All right!
eza *a.* torment, anguish **eza çekmek** to suffer torment, to suffer injustice
ezan *a.* call to prayer, the azan **ezan okumak** to recite the azan
ezber *a.* learning by heart, memorizing
ezberci *a, s.* (a student) who learns parrot fashion
ezbercilik *a.* rote learning
ezbere *be.* 1. by heart 2. without knowing **ezbere bilmek** to know *(sth)* thoroughly **ezbere konuşmak** to talk without knowing it
ezberlemek *e.* to learn by heart, to memorize
ezel *a.* past eternity
ezeli *s.* 1. eternal 2. *mec.* old
ezgi *a.* 1. melody, tune 2. song
ezici *s.* crushing, overwhelming
ezik *s.* crushed, squashed * *a.* bruise, contusion
eziklik *a.* 1. crushed, being squashed 2. bruise, contusion 3. frustration
eziyet *a.* torment, torture **eziyet çekmek** to suffer pain **eziyet etmek** to torment, to torture
eziyetli *s.* hard, painful, tiring
eziyetsiz *s.* without much effort, easy
ezkaza *be.* by chance, by accident, accidentally
ezme *a.* 1. crushing 2. purée, paste
ezmek *e.* 1. to crush 2. to mash 3. to run over 4. to tread, to trample 5. to oppress 6. to overwhelm, to suppress, to trounce 7. to defeat
Ezrail *a.* Azrael, the angle of death

# F

F, f *a.* the seventh letter of the Turkish alphabet
fa *a, müz.* fa
faal *s.* 1. active 2. industrious 3. busy 4. in working condition

**F**

**faaliyet** *a.* activity
**fabrika** *a.* factory, works, plant
**fabrikasyon** *a.* fabrication
**fabrikatör** *a.* factory owner, manufacturer
**facia** *a.* calamity, disaster
**faça** *a.* 1. *arg.* face 2. clothes 3. *den.* tacking
**fagot** *a, müz.* bassoon
**fahiş** *s.* excessive, exorbitant **fahiş fiyat** exorbitant price, unlawful price
**fahişe** *a.* prostitute
**fahişelik** *a.* prostitution
**fahrenhayt** *a.* Fahrenheit scale
**fahri** *s.* honorary, unpaid
**fail** *a.* 1. agent, author 2. *dilb.* subject
**faiz** *a.* interest **faiz almak** to charge interest **faiz oranı** interest rate, rate of interest **faize vermek** to lend (money) at interest **faize yatırmak** to put out at interest
**faizci** *a.* usurer, moneylender
**faizcilik** *a.* usury
**faizli** *s.* interest-bearing, at interest
**faizsiz** *s.* interest-free
**fak** *a.* snare, trap **faka basmak** *arg.* to be deceived, to be duped
**fakat** *bağ.* but, however, yet
**fakir** *s.* poor, indigent, needy * *a.* 1. pauper 2. (Hindu) fakir
**fakirhane** *a.* 1. old people's home 2. my (poor) house
**fakirleşmek** *e.* to get poor
**fakirlik** *a.* poverty, indigence
**faks** *a.* facsimile, fax
**faksimile** *a.* facsimile
**fakslamak** *e.* to fax
**faktör** *a.* factor
**fakülte** *a.* faculty
**fal** *a.* fortune-telling **fal bakmak** to tell fortunes **falına bakmak** to tell *sb* his/her fortune
**falaka** *a.* bastinado **falakaya yatırmak** to bastinado
**falan** *a, s.* 1. such and such, so-and-so 2. and such like **falan filan** and so on
**falanca** *s, adl.* so-and-so
**falcı** *a.* fortuneteller
**falcılık** *a.* fortunetelling
**falçeta, falçete** *a.* shoemaker's knife

**falso** *a.* 1. *müz.* false note 2. *k. dili* blunder, error **falso yapmak** a) to play a false note b) *k. dili* to make a blunder
**falsolu** *s.* 1. *müz.* having a false note 2. false, erroneous
**familya** *a.* family
**fanatik** *a, s.* fanatic
**fanatizm** *a.* fanaticism
**fani** *s.* mortal, transient
**fanila** *a.* flannel, vest, *Aİ.* undershirt
**fantastik** *s.* fantastic
**fantezi** *a.* fantasy; fancy * *s.* fancy
**fanus** *a.* 1. lantern 2. lamp glass
**far** *a.* 1. *oto.* headlight 2. eye shadow
**faraş** *a.* dustpan
**faraza** *be.* supposing (that)
**farazi** *s.* hypothetical
**faraziye** *a.* hypothesis, supposition
**farbala** *a.* furbelow
**fare** *a.* mouse, rat **fare kapanı** mousetrap
**farekulağı** *a, bitk.* primrose
**farenjit** *a, hek.* pharyngitis
**farfara** *s.* noisy, boasting
**fark** *a.* 1. difference 2. distinction 3. discrepancy **fark etmek** a) to notice, to perceive, to become aware of b) to realize c) to change d) to distinguish **Fark etmez** It doesn't make any difference. It doesn't matter. **fark gözetmek** to discriminate, to differentiate (between) **farkına varmak** to notice; to realize **farkında olmak** to be aware of
**farkında** conscious, aware (of)
**farklı** *s.* 1. different 2. distinct; separate 3. discrepant 4. variant
**farklılaşmak** *e.* to change, to become different
**farklılık** *a.* difference; diversity; variation; divergence; distinction
**farksız** *s.* identical, same
**farmakoloji** *a.* pharmacology
**farmason** *a.* freemason
**farmasonluk** *a.* freemasonry
**fars** *a, tiy.* farce
**farz** *a.* 1. religious duty 2. binding duty, obligation 3. supposition
**fasa fiso** *a.* fiddle-faddle, nonsense
**fasarya** *a, arg.* nonsense, empty talk
**fasıl** *a.* chapter, section

fasıla *a.* interval, interruption, break, pause

fasikül *a.* fascicle

fason *a.* cut, style

fasulye *a.* bean(s) **fasulye gibi kendini nimetten saymak** *k. dili* to be full of oneself, to have a high opinion of oneself **fasulye sırığı gibi** *k. dili* like a bean pole

faşing *a.* Fasching

faşist *a, s.* fascist

faşizm *a.* fascism

fatih *a.* conqueror

fatura *a.* invoice, receipt, bill

faul *a, sp.* foul **faul yapmak** to foul

fauna *a.* fauna

fava *a.* mashed broad beans

favori *a.* whiskers * *s.* favourite

fay *a, coğ.* fault

fayans *a.* faience, porcelain

fayda *a.* use, utility, value, advantage **fayda etmemek** to cut no ice, not to work **faydası dokunmak** to be of help (to) **Faydası yok** It's no use.

faydalanmak *e.* to benefit from, to make use of

faydalı *s.* useful

faydasız *s.* 1. useless 2. vain, of no use

fayton *a.* phaeton

faz *a.* phase

fazilet *a.* virtue

faziletli *s.* virtuous

fazla *s, be.* 1. too, too much, too many 2. excess, spare 3. excessive, extra **fazla gelmek** to be too much **fazla kaçırmak** to overdo **Fazla mal göz çıkarmaz** Store is no sore. **fazla mesai** overtime **fazla olmak** to go too far **fazladan** extra

fazlalaşmak *e.* to increase

fazlalık *a.* excess, superfluity

fecaat *a.* calamity, tragedy, catastrophe

feci *s.* tragic, terrible * *be, k. dili* extremely, very

feda *a.* sacrifice, sacrificing **feda etmek** to sacrifice **feda olmak** to be sacrificed

fedai *a.* bodyguard, bouncer

fedakâr *s.* self-sacrificing, self-denying, selfless, generous

fedakârlık *a.* self-sacrifice, sacrifice, altruism

federal *s.* federal

federalizm *a.* federalism

federasyon *a.* federation

federatif *s.* federative

federe *s.* federate

felaket *a.* disaster, calamity, catastrophe **felakete uğramak** to meet with a disaster

felaketzede *a.* disaster victim, survivor

felç *a.* paralysis, palsy; apoplexy, seizure **felç gelmek** to have a stroke **felç olmak** to become paralyzed **felce uğramak** to be paralysed **felce uğratmak** to paralyse

felçli *s.* paralyzed

feldispat *a.* feldspar

felek *a.* fate, destiny **felekten bir gün çalmak** to have a very enjoyable time, to go to town **feleğin çemberinden geçmek** to go through the mill

fellah *a.* 1. fellah 2. negro

fellek fellek *be.* anxiously hither and thither

fellik fellik *bkz.* **fellek fellek**

felsefe *a.* philosophy

felsefeci *a.* 1. philosopher 2. philosophy teacher

felsefi *s.* philosophical

feminist *a, s.* feminist

feminizm *a.* feminism

fen *a.* science

fena *s.* 1. bad 2. wicked 3. ill 4. unpleasant * *be.* 1. badly 2. a lot **fena değil/sayılmaz** not bad, fairly good **fena halde** badly; a lot **fena olmak** to feel bad/faint

fenalaşmak *e.* 1. to get worse, to go bad, to worsen 2. to feel faint

fenalık *a.* 1. badness, evil, mischief 2. fainting 3. injury, harm **fenalık geçirmek** to feel sick, to feel faint

fenci *a.* 1. scientist 2. *k. dili* science teacher

fener *a.* 1. lantern 2. lighthouse **fener alayı** torchlight procession

fenerbalığı *a.* angler

fenni *s.* 1. scientific 2. professional

fenol *a, kim.* phenol

**fenomen** *a.* phenomenon
**feodal** *s.* feudal
**feodalite** *a.* feudalism
**feragat** *a.* 1. abnegation, self-sacrifice 2. renunciation, cession **feragat etmek** to abnegate, to renounce, to abjure
**ferah** *s.* 1. spacious, roomy 2. contented, at ease, relieved
**ferahlamak** *e.* 1. to become spacious/airy 2. to feel relieved
**ferahlatmak** *e.* to relieve
**ferahlık** *a.* 1. spaciousness, roominess 2. contentment, relief
**feraset** *a, esk.* understanding; sagacity
**ferdi** *s.* individual
**ferdiyet** *a.* individuality
**feribot** *a.* ferryboat, ferry
**ferman** *a.* (imperial) decree, firman, command
**fermuar** *a.* zip, zip fastener, *Al.* zipper
**fert** *a.* person, individual
**feryat** *a.* cry, scream **feryat etmek** to cry out, to scream **feryadı basmak** to start wailing
**fes** *a.* fez
**fesat** *a.* 1. disturbance, disorder 2. mischief, sedition, treachery, intrigue * *s.* mischievous, factious **fesat çıkarmak** to conspire, to plot mischief
**fesatçı** *a.* mischief-maker, plotter
**fesatlık** *a.* sedition, disorder
**feshetmek** *e.* 1. to abolish, to cancel, to annul 2. to dissolve (a partnership, parliament, etc.)
**fesih** *a.* cancellation, annulment, abolition
**fesleğen** *a.* (sweet) basil
**festival** *a.* festival
**fethetmek** *e.* to conquer
**fetih** *a.* conquest
**fetiş** *a.* fetish
**fetişist** *a.* fetishist
**fetişizm** *a.* fetishism
**fettan** *s.* seducing, cunning
**feveran** *a.* effervescence, ebullition
**fevkalade** *s.* 1. extraordinary 2. exceptional 3. wonderful, great, very good * *be.* unusually, extraordinarily
**fevkaladelik** *a.* singularity, being extraordinary

**feza** *a.* outer space
**fıçı** *a.* barrel, cask **fıçı birası** draught beer **fıçı gibi** chunky, stumpy
**fıçılamak** *e.* to barrel, to cask
**fıkır fıkır** *be.* 1. with a bubbling noise 2. coquettishly
**fıkırdak** *s.* lively and flirtatious, coquettish
**fıkırdamak** *e.* 1. to bubble 2. to giggle, to flirt
**fıkırtı** *a.* bubbling noise
**fıkra** *a.* 1. anecdote, joke 2. column, short feature 3. paragraph 4. *huk.* clause, subsection **fıkra anlatmak** to tell jokes
**fıkracı** *a.* 1. anecdotist 2. columnist
**fındık** *a.* hazelnut, filbert
**fındıkfaresi** *a.* common house mouse
**fındıkkıran** *a.* nutcrackers
**fır** *be.* with a whirling motion **fır dönmek** to hover around *(sb)*
**fırça** *a.* brush **fırça atmak/çekmek** *arg.* to chew out, to come down on, to give *sb* beans
**fırçalamak** *e.* to brush
**fırdöndü** *a.* swivel
**fırfır** *a.* furbelow
**fırıldak** *a.* 1. weathercock 2. ventilator 3. spinning top 4. intrigue, trick, hanky-panky **fırıldak çevirmek** to intrigue
**fırın** *a.* 1. oven 2. bakery 3. furnace **fırın gibi** very hot
**fırıncı** *a.* baker
**fırınlamak** *e.* to kiln-dry; to bake
**fırlak** *s.* protruding, sticking out
**fırlama** *a.* 1. popping up, flying off 2. *arg.* bastard, son of a gun
**fırlamak** *e.* 1. to rush out 2. to fly off 3. to protrude, to stick out
**fırlatmak** *e.* to hurl, to fling, to launch
**fırsat** *a.* opportunity, chance, occasion **fırsat aramak** to seek an opportunity **fırsat beklemek** to wait for an opportunity **fırsat bulmak** to find an opportunity **fırsat düşkünü** opportunist **fırsat kollamak** to bide one's time, to watch for an opportunity **fırsat vermek** to give an opportunity **fırsatı kaçırmak** to miss an opportunity **fırsattan yararlanmak** to take advantage of an opportunity
**fırsatçı** *a.* opportunist

fırsatçılık *a.* opportunism

fırtına *a.* storm, tempest, gale **fırtına kopmak** a) (storm) to break out b) to break out in noisy arguments **fırtınaya yakalanmak** to be caught in a storm

fırtınakuşu *a.* storm petrel

fırtınalı *s.* stormy

fıs fıs *be.* in whispers, whispering

fısfıs *a, k. dili* atomizer

fısıldamak *e.* to whisper

fısıltı *a.* whisper

fıskıye *a.* water jet, fountain

fıstık *a.* 1. pistachio nut, peanut 2. *arg.* pretty girl, bird, *Aİ.* chick **fıstık gibi** a) very beautiful b) very good

fışırdamak *e.* 1. to rustle 2. (drink) to fizz

fışırtı *a.* rustling sound

fışkı *a.* horse dung

fışkın *a.* shoot, sucker

fışkırmak *e.* to gush out, to spurt out, to squirt

fışkırtmak *e.* to spout, to spurt, to squirt

fıtık *a.* hernia, rupture **fıtık olmak** a) to get a hernia b) *arg.* to become irritated

fıttırmak *e.* to go off one's head, to flip

fıttırtmak *e.* to drive *sb* mad

fıymak *e, arg.* to run away, to flee

fiber *a.* fibre

fiberglas *a.* fibreglass

fidan *a.* sapling, shoot **fidan gibi** tall and slender

fidanlık *a.* nursery, nursery garden

fide *a.* seedling

fidye *a.* ransom

figan *a, esk.* lamentation, wail

figür *a.* figure

figüran *a.* walk-on, extra

fihrist *a.* 1. index 2. catalogue, list

fiil *a.* 1. act, deed, action 2. *dilb.* verb

fiilen *be.* actually, really

fiili *s.* actual, real, de facto

fiilimsi *dilb.* verbal

fiiliyat *a, esk.* acts, deeds

fikir *a.* 1. thought, idea, opinion 2. advice, counsel **fikir edinmek** to form an opinion about **fikir yürütmek** to put forward an idea **fikrinde olmak** to be of the opinion **fikrini almak** to ask sb's opinion **fikrini söylemek** to state one's opinion

fikri *s.* mental, intellectual

fil *a.* 1. elephant 2. (in chess) bishop **fil gibi** huge, enormous, very fat **fil hastalığı** elephantiasis

filan *s, a.* 1. so and so 2. and such like, et cetera **filan falan** and so on

filarmoni *a.* philharmonic society

filarmonik *s.* philharmonic

filatelist *a.* philatelist, stamp-collector

fildişi *a.* ivory

file *a.* 1. string bag 2. hair net 3. netting

fileto *a.* fillet, loin, sirloin, tenderloin

filika *a.* ship's boat, lifeboat

filinta *a, ask.* carbine **filinta gibi** smart, handsome

filiz *a.* 1. young shoot, bud, tendril 2. ore

filizlenmek *e.* 1. to put forth shoots, to sprout 2. to begin to develop

film *a.* 1. film 2. film, movie **film çekmek** a) to make a movie, to shoot a film b) to take an X-ray **film çevirmek** to make a movie; to act in a film **film yıldızı** film star

filmci *a.* film-maker, movie producer

filmcilik *a.* film-making, film industry

filo *a.* 1. fleet 2. squadron

filolog *a.* philologist

filoloji *a.* philology

filozof *a.* philosopher

filtre *a.* filter

final *a.* 1. *sp.* final 2. *müz.* finale **final sınavı** final examination, finals

finalist *a.* finalist

finans *a.* finance

finanse etmek *e.* to finance

finansman *a.* financing, finance

fincan *a.* 1. cup 2. *elek.* porcelain insulator

fingirdek *s.* coquettish, frivolous

fingirdemek *e.* to behave coquettishly, to coquet

fink atmak *e, k. dili* to gallivant, to gad about

fino *a.* pet-dog, lap-dog

firar *a.* running away, flight, escape **firar etmek** to run away, to escape, to flee

firari *a, s.* 1. fugitive (prisoner) 2. *ask.* deserter

firavun *a.* pharaoh

**fire** *a.* ullage, wastage, shrinkage, loss, decrease **fire vermek** to be reduced by wastage, to diminish

**firkateyn** *a, ask.* frigate

**firkete** *a.* hairpin

**firma** *a.* firm, company, business

**firuze** *a.* turquoise

**fiske** *a.* 1. flick, flip 2. a very small amount, pinch 3. pimple, blister **fiske vurmak** to give a flick, to flick

**fiskos** *a.* furtive whispering

**fistan** *a.* 1. woman's dress 2. kilt

**fisto** *a.* 1. braiding 2. festoon

**fistül** *a.* fistula

**fiş** *a.* 1. *elek.* plug 2. (in games) counter, chip 3. receipt 4. voucher 5. card, card index

**fişek** *a.* 1. cartridge 2. rocket 3. fireworks

**fişeklik** *a.* 1. cartridge belt, bandoleer 2. cartridge box

**fişlemek** *e.* to make a card index (of)

**fit**[1] *a.* instigation, incitement **fit vermek/sokmak** to incite, to instigate

**fit**[2] *a.* quits **fit olmak** to be quits

**fit**[3] *a.* feet

**fitçi** *a.* mischief-maker, intriguer, provoker

**fitil** *a.* 1. wick 2. *hek.* suppository 3. *ask.* fuse **fitil gibi** drunk as a lord, blind drunk, as pissed as a newt **fitil olmak** to get very pissed/angry

**fitillemek** *e.* 1. to light the fuse of 2. to incite, to enrage

**fitlemek** *e.* to incite, to instigate

**fitne** *a.* instigation, disorder, sedition * *s.* mischief-making, factious, factional **fitne fücur** mischief-maker, instigator, intriguer

**fitneci** *a.* mischief-maker, intriguer

**fitnelemek** *e.* to inform (on); to sneak (on); to denounce

**fiyaka** *a.* showing off, swagger, swank **fiyaka satmak** *arg.* to show off **fiyakasını bozmak** to ridicule sb's showing-off

**fiyakalı** *s.* showy, nifty, swanky

**fiyasko** *a, k. dili* failure, fiasco, flop

**fiyat** *a.* price **fiyat biçmek** to estimate a price (for) **fiyat kırmak** to reduce the price **fiyat koymak** to fix the price (of) **fiyat veremk** to quote a price (for)

**fiyatlanmak** *e.* to get expensive, to go up in price

**fiyonk** *a.* bowknot, bow

**fiyort** *a, coğ.* fiord

**fizik** *a.* 1. physics 2. physique

**fizikçi** *a.* 1. physicist 2. physics teacher

**fiziki** *s.* physical

**fizikokimya** *a.* physicochemistry

**fizikötesi** *a.* metaphysics

**fiziksel** *s.* physical

**fizyoloji** *a.* physiology

**fizyolojik** *s.* physiological

**fizyonomi** *a.* physiognomy

**fizyoterapi** *a.* physiotherapy, physical therapy

**flama** *a.* signal flag, streamer, pennant

**flamingo** *a.* flamingo

**flandra** *a, den.* ships's pennant

**flanel** *a.* flannel

**flaş** *a.* flash

**flebit** *a, hek.* phlebitis

**flit** *a.* 1. spray insecticide 2. spray gun (for insecticides)

**flok** *a, den.* jibsail

**flor** *a.* fluorine

**flora** *a.* flora

**floresan** *s.* fluorescent **floresan lamba** fluorescent lamp

**floresans** *a.* fluorescence

**florin** *a.* florin, guilder

**florür** *a.* fluoride

**florya** *a, hayb.* greenfinch

**floş** *a.* 1. floss silk 2. *isk.* flush **floş royal** royal flush

**flöre** *a.* (eskrim) foil

**flört** *a.* 1. flirt 2. girlfriend, boyfriend **flört etmek** to flirt

**flüor** *a.* fluorine

**flüorit** *a.* fluorite

**flüorür** *a.* fluoride

**flüt** *a.* flute

**flütçü, flütist** *a.* flutist, *Aİ.* flautist

**fobi** *a.* phobia

**fodul** *s.* vain, presumptuous

**fok** *a, hayb.* seal

**fokur fokur** *be.* boiling up, bubbling noisily

**fokurdamak** *e.* to boil up, to bubble noisily

**fokurtu** a. bubbling sound

**fol** a. nest egg **Fol yok yumurta yok** k. dili There is no apparent reason for it.

**folklor** a. 1. folklore 2. folk dancing

**folklorcu** a. 1. folklorist 2. folk dancer

**folluk** a. nesting-box

**fon** a. 1. fund 2. background

**fondan** a. fondant

**fondöten** a. foundation, foundation cream

**fonem** a, dilb. phoneme

**fonetik** a. phonetics * s. phonetic **fonetik yazım** phonetic transcription

**fonksiyon** a. function

**fonograf** a. phonograph

**fonografi** a. phonography

**fonoloji** a. phonology

**fora** den, ünl. Open it! Unfurl! **fora etmek** a) to open, to unfurl b) arg. to pull sth off, do draw

**form** a. form **formda** in form **formsuz** out form

**forma** a. 1. form, shape 2. uniform, sports gear, colours 3. sheet of sixteen pages

**formalite** a. formality

**formik asit** a. formic acid

**formika** a. Formica

**formül** a. formula

**formüle etmek** e. to formulate

**fors** a. 1. flag or pennant of office 2. k. dili power, influence **forsu olmak** to have influence

**forsa** a. galley slave

**forseps** a, hek. forceps

**forslu** s. influential

**forum** a. forum

**forvet** a, sp. forward

**fos** s, arg. false, sham; empty, groundless, baseless, flimsy **fos çıkmak** to turn up false, to fizzle out

**fosfat** a, kim. phosphate

**fosfor** a, kim. phosphorus

**fosforlu** s. phosphorous, phosphoric

**fosil** a. fossil

**fosilleşmek** e. to fossilize

**fosseptik** a. septic tank

**fosur fosur** be. in puffs

**fosurdamak** e. to breathe noisily, to puff

**fosurdatmak** e. to puff

**fosurtu** a. puffing sound

**foto** a. 1. photo 2. photographer **foto muhabiri** newspaper photographer

**fotoğraf** a. photograph, k. dili photo, picture **fotoğraf çekmek** to take photos/pictures **fotoğraf çektirmek** to have one's photo taken **fotoğraf makinesi** camera

**fotoğrafçı** a. 1. photographer 2. photographer's shop

**fotoğrafçılık** a. photography

**fotojenik** s. photogenic

**fotokopi** a. photocopy **fotokopi makinesi** photocopier, copier **fotokopi(sini) çekmek** to photocopy

**fotometre** a. photometer

**fotomodel** a. model

**fotomontaj** a. photomontage

**fotoroman** a. photo-story

**fotosel** a. photocell

**fotosentez** a. photosynthesis

**fotosfer** a. photosphere

**foya** a. foil (for a gem) **foyası meydana/ortaya çıkmak** to give oneself away, to be shown up **foyasını meydana/ortaya çıkarmak** to debunk

**fötr** a. felt **fötr şapka** felt hat

**fragman** a. fragment

**frak** a. swallow-tailed coat

**francala** a. French bread, white bread

**frank** a. franc

**frapan** s. striking, attractive, eye-catching

**frekans** a, fiz. frequency

**fren** a. brake **fren pedalı** brake pedal **fren yapmak** to put on the brake, to brake

**frengi** a, hek. syphilis

**frengili** s, hek. syphilitic

**frenküzümü** a, bitk. red currant

**frenlemek** e. 1. to brake 2. to restrain, to bridle, to curb

**fresk** a. fresco

**frigo** a. chocolate ice-cream bar

**frikik** a. (futbol) free kick

**friksiyon** a. friction, massage

**früktoz** a. fructose, fruit sugar

**fuar** a. fair

**fuaye** a. foyer

**fuhuş** a. prostitution **fuhuş yapmak** to

act as a prostitute
fukara *s.* poor
fukaralık *a.* poverty
fular *a.* foulard
fulya *a, bitk.* jonquil
funda *a.* heath, heather
fundalık *a.* shrubbery
furgon *a.* freight-car
furya *a.* run, glut, rush
futbol *a.* football, soccer **futbol alanı/sahası** football field **futbol takımı** football team, soccer team
futbolcu *a.* footballer, football player
fuzuli *s.* unnecessary, needless * *be.* unnecessarily
füme *s.* 1. (fish, meat) smoked 2. smoke-coloured
füsun *a.* magic, magical charm
fütur *a.* abatement, languor
fütursuz *s.* indifferent, unconcerned, undeterred
fütürist *a.* futurist * *s.* futuristic
fütürizm *a.* futurism
füze *a.* rocket, missile
füzen *a.* 1. charcoal pencil 2. charcoal drawing
füzyon *a, fiz.* fusion

# G

G, g *a.* the eighth letter of the Turkish alphabet
gabardin *a.* gabardine, gaberdine
gabari *a.* 1. template 2. gauge
gabya *a, den.* topmast
gacır gucur *be.* creakily
gacırdamak *e.* to creak
gacırtı *a.* creak
gaco *a, arg.* 1. woman 2. mistress
gaddar *s.* cruel, pitiless, ruthless, merciless
gaddarlık *a.* cruelty, tyranny, ruthlessness
gaf *a.* faux pas, blunder, gaffe, bloomer **gaf yapmak** to blunder, to pull a bloomer
gafil *s.* inattentive, unwary **gafil avlamak** to catch unawares, to catch sb napping

gafil avlanmak to be caught unawares, to be caught off one's guard
gaflet *a.* carelessness, heedlessness, inattention **gaflete düşmek** to be careless, to be unaware
gaga *a.* 1. bill, beak 2. *arg.* mouth **gaga burun** aquiline nose
gagalamak *e.* to peck
gaile *a.* anxiety, trouble, worry
gaip *a.* the invisible world * *s.* absent, lost, missing **gaipten haber vermek** to foretell the future, to divine
gaklamak *e.* to croak
gala *a.* gala, festivity
galaksi *a.* galaxy
galebe *a.* 1. victory 2. supremacy, predominance **galebe çalmak** to conquer, to overcome
galeri *a.* gallery
galeta *a.* 1. hard biscuit, cracker 2. dried bread, rusk
galeyan *a.* 1. rage, agitation, excitement 2. ebullition **galeyana gelmek** to get worked up, to be agitated
galiba *be.* 1. probably 2. I think (so) 3. apparently, seemingly
galibiyet *a.* victory, triumph
galip *s.* 1. victorious 2. overwhelming **galip çıkmak** to come out victorious **galip gelmek** to win, to be victorious
galon *a.* gallon
galvaniz *a.* galvanization
galvanizlemek *e.* to galvanize
galvanizli *s.* galvanized
galvanizm *a.* galvanism
galvanometre *a.* galvanometer
galyum *a.* gallium
gam *a.* 1. grief, anxiety, worry, gloom 2. *müz.* scale **gam yememek** not to worry
gama *a.* gamma **gama ışınları** gamma rays
gambit *a.* (chess) gambit
gambot *a.* gunboat
gamet *a, biy.* gamete
gamlanmak *e.* to worry (about)
gamlı *s.* worried, sorrowful, sad, anxious, gloomy
gammaz *a.* telltale, informer, snitcher, squealer, tale-teller

gammazlamak *e.* to inform (on), to tell on, to report on, to tell tales (about), to squeal, to snitch

gammazlık *e.* informing, talebearing

gamsız *s.* untroubled, light hearted, happy-go-lucky

gamze *a.* dimple

gangster *a.* gangster

gani *s.* 1. abundant 2. rich, wealthy **gani gani** abundantly

ganimet *a.* spoils, booty, loot

ganyan *a.* 1. (horse) winner 2. winning ticket

gar *a.* large railway station

garaj *a.* 1. garage 2. bus terminal

garanti *a.* guaranty, guarantee, warranty **garanti etmek** a) to guarantee, to warrant b) to make sure **garantiye almak** to make sure, to make certain

garantilemek *e.* 1. to guarantee 2. to make certain, to make sure, to cinch

garantili *s.* guaranteed, assured

garantör *a.* guarantor

garaz, garez *a.* rancour, grudge, animosity, spite

gard *a, sp.* guard

gardırop *a.* 1. wardrobe 2. cloakroom

gardiyan *a.* prison guard, prison-warder

garez *a, bkz.* **garaz**

gargara *a.* gargle **gargara yapmak** to gargle **gargaraya getirmek** to prevaricate, to quibble

gariban *a, k. dili* poor-fellow

garip *s.* 1. strange, odd, queer, peculiar, unusual, funny 2. lonely 3. poor, destitute **garibine gitmek** to surprise one, to seem strange to

gariplik *a.* strangeness

garipsemek *e.* 1. to feel lonely, to feel out of place 2. to find strange

gark *a.* drowning **gark etmek** a) to submerge, to drown b) to overwhelm, to load with **gark olmak** a) to be submerged b) to be overwhelmed (with)

garnitür *a.* 1. trimmings 2. garnishing, trimmings, garniture

garnizon *a.* garrison

garp *a.* west

garson *a.* waiter

garsoniye *a.* service charge in a restaurant

garsoniyer *a.* bachelor's flat

gasıp *a.* seizure by violence, usurpation

gaspetmek *e.* to seize by violence, to usurp, to extort

gastrit *a, hek.* gastritis

gâvur *s.* 1. *kab.* Non-Moslem, Christian, infidel 2. atheist, unbeliever \* *s.* 1. merciless, cruel 2. obstinate, stubborn, pigheaded

gâvurluk *a.* 1. being a Non-Moslem 2. cruelty **gâvurluk etmek** to be cruel/stubborn

gayda *a.* bagpipe

gaydacı *a.* piper

gaye *a.* aim, purpose, goal

gayesiz *a.* purposeless, aimless

gayet *be.* quite, very

gayetle *be.* extremely

gayret *a.* exertion, effort, toil, labour, ardour, zeal, energy **gayret etmek** to exert oneself, to make an effort; to try hard, to strive

gayretli *s.* 1. hard-working, persevering 2. zealous

gayretsiz *s.* effortless

gayrı *be.* any more, no more

gayri *s.* other than, besides \* (a negative prefix before adjectives) im-, in-, un-, non **gayri ihtiyari** a) involuntary b) involuntarily **gayri menkul** a) immovable b) real estate, property **gayri meşru** a) illegal, illicit b) illegitimate **gayri Müslim** Non-Moslem **gayri resmi** unofficial, informal **gayri safi** *eko.* gross

gayzer *a.* geyser, hot spring

gaz *a.* 1. kerosene 2. *fiz.* gas 3. oil **gaz lambası** oil lamp **gaz maskesi** gasmask **gaz pedalı** *oto.* accelerator pedal **gaz sayacı** gas-meter **gaz sobası** gas stove, *Al.* kerosene stove **gaza basmak** to step on the gas, to accelerate

gaza *a.* holy war

gazal *a, hayb.* gazelle, antelope

gazap *a.* wrath, rage

gazel *a.* 1. lyric poem 2. *müz.* extempore tune

gazete *a.* newspaper, paper **gazete bayii**

newspaper wholesaler **gazete muhabiri** newspaper correspondent, newspaper reporter

gazeteci *a.* 1. journalist 2. newspaper seller

gazetecilik *a.* journalism

gazışıl *s, fiz.* luminescent

gazi *a.* 1. warrior for the Faith or Islam 2. ghazi, war veteran

gazino *a.* 1. large coffee house, refreshment bar 2. big night club 3. casino

gazlamak *e.* 1. to smear or sprinkle with kerosene 2. to step on the gas 3. *arg.* to run away

gazlaştırmak *e.* to gasify

gazlı *s.* containing gas/kerosene **gazlı bez** gauze for bandaging

gazolin *a.* gasoline

gazoz *a.* fizzy lemonade, pop **gazoz ağacı** *arg.* Pigs might fly, bull-shit

gazyağı *a.* kerosene, paraffin

gazyuvarı *a.* atmosphere

gebe *s.* pregnant **gebe bırakmak** to make pregnant, to impregnate **gebe kalmak** to become pregnant, to conceive

gebelik *a.* pregnancy **gebelik önleme** contraception **gebelik önleyici** contraceptive

gebermek *e, k. dili* to die, to peg out, to croak

gebertmek *e, k. dili* to kill, to croak, to bump off

gece *a, s.* night * *be.* by night, at night **gece bekçisi** night-watchman **gece gündüz** night and day, continuously **gece kulübü** nightclub **gece yarısı** midnight **gece yatısı** overnight visit

gececi *a.* 1. night-worker 2. nightwatchman

gecekondu *a.* shanty, squatter's house

gecelemek *e.* to spend the night (in a place)

geceleyin *be.* by night, at night

gecelik *a.* nightgown, nightdress, nightie * *s.* overnight, lasting the night

gecikme *a.* 1. delay 2. time lag 3. lateness

gecikmek *e.* to be late, to delay

gecikmeli *s.* delayed

geciktirmek *e.* to delay, to postpone, to make late

geç *s.* late, delayed **geç kalmak** to be late

geçe *be.* (for indication of time) past

geçen *s.* last, past **geçen gün** the other day **geçen hafta** last week

geçenlerde *be.* recently

geçer *s.* 1. current, in circulation, in common use 2. valid, available 3. desired, acceptable, in demand

geçerli *s.* 1. valid 2. current, in use

geçerlik *a.* validity, currency

geçerlilik *a.* validity

geçersiz *s.* invalid, null, null and void

geçersizlik *a.* invalidity, nullity

geçici *s.* 1. temporary, transitory, transient, passing 2. contagious, infectious

geçim *a.* 1. living, livelihood 2. getting along with one another, harmony, compatibility **geçim derdi** the struggle to make a living **geçim indeksi** cost of living index **geçim yolu** means of subsistence

geçimli *s.* easy to get along with, easygoing, complaisant

geçimsiz *s.* difficult to get on with, incompatible

geçimsizlik *a.* 1. discord, lack of harmony 2. incompatibility, fractiousness

geçindirmek *e.* to support, to maintain

geçinmek *e.* 1. to live on, to subsist 2. to get on well (with) 3. to pretend to be

geçirgen *s.* permeable

geçirgenlik *a.* permeability

geçirmek *e.* 1. to infect, to pass on 2. to slip on, to fit, to enter 3. to pass, to undergo, to experience 4. (time) to pass, to spend 5. to see (sb) off 6. *arg.* to defeat, to beat, to whip, to best (in a game, etc.)

geçiş *a.* 1. passing, crossing 2. *müz.* transition **geçiş üstünlüğü** (trafikte) right of way

geçişli *s, dilb.* transitive

geçişmek *e.* to intermix, to intermingle

geçişsiz *s, dilb.* intransitive

geçiştirmek *e.* 1. to avoid, to weather 2.

to evade, to parry
**geçit** *a.* 1. passageway, passage 2. mountain pass 3. ford 4. parade **geçit töreni** parade
**geçkin** *s.* 1. elderly, not so young 2. (fruit) overripe
**geçme** *a.* 1. passing, passage 2. tenon * *s.* fitted into, dovetailed
**geçmek** *e.* 1. to pass 2. to pass by/along/through 3. to cross, to go through, to pass 4. (time) to go by, to pass 5. to pass through, to experience 6. to give up, to stop 7. to happen, to take place, to pass 8. (ache, pain, etc.) to pass off, to stop, to end 9. (disease) to be transmitted, to be caught (by), to spread 10. overtake, to overhaul 11. to outstrip, to pass (in a race, etc.) 12. to beat, to pass 13. to do/be better than, to surpass, to exceed, to excel 14. leave out 15. to omit 16. to skip 17. to pass by, to pay no attention to; to disregard 18. to be mentioned 19. (watermelon, etc.) to overripe 20. to transfer 21. to sing, to play 22. (storm, etc.) to blow over, to pass by **geçip gitmek** a) to go by b) to pass by **geçmek bilmemek** to drag on, to wear on **Geçti Bor'un pazarı (sür eşeğini Niğde'ye)** *k. dili* It's too late now.
**geçmiş** *s.* past, bygone * *a.* past **Geçmiş olsun** Get well soon. **geçmiş zaman** *dilb.* past tense **Geçmişe mazi, yenmişe kuzu derler** Let bygones be bygones. **geçmişte** in the past
**gedik** *a.* 1. breach, gap 2. mountain pass 3. fault, defect
**gedikli** *s.* breached, gapped, notched * *a.* 1. regular customer, patron, habitué 2. *ask.* regular noncommissioned officer
**geğirmek** *e.* to burp, to belch
**geğirti** *a.* burp, belch
**gele** *a.* (in backgammon) blank throw
**gelecek** *a.* future * *s.* 1. future 2. next **gelecek hafta** next week **gelecek zaman** *dilb.* future tense
**gelecekçi** *a.* futurist
**gelecekçilik** *a.* futurism
**gelen** *s.* coming, arriving, reaching * *a.*

comer **gelen geçen** passerby **gelen giden** visitors, passers by
**gelenek** *a.* tradition, custom, convention
**gelenekçi** *a.* traditionalist
**gelenekçilik** *a.* traditionalism
**geleneksel** *s.* traditional, conventional
**geleneksellik** *a.* traditionalism
**gelgeç** *s.* fickle, inconstant, capricious
**gelgit** *a.* 1. useless coming and going 2. *coğ.* tide
**gelin** *a.* 1. bride 2. daughter-in-law **gelin alayı** bridal procession **gelin olmak** (girl) to get married
**gelinböceği** *a.* ladybug
**gelincik** *a.* 1. *bitk.* corn-poppy 2. *hayb.* weasel
**gelinçiçeği** *a.* cockscomb
**gelinkuşu** *a.* pencilled lark
**gelinlik** *s.* 1. bridal 2. (girl) marriageable * *a.* 1. wedding dress 2. the state of being a bride
**gelir** *a.* income, revenue **gelir gider** income and expense **gelir kaynağı** source of income **gelir vergisi** income tax
**gelişigüzel** *be.* casually, at random, by chance * *s.* casual, haphazard, random
**gelişim** *a.* development, progress
**gelişmek** *e.* 1. to grow up 2. to grow healthy 3. to mature 4. to take progress, to develop
**gelişmiş** *s.* developed
**geliştirmek** *e.* to develop, to improve
**gelmek** *e.* 1. to come 2. to come back, to return 3. to arrive 4. to reach 5. (a bullet, etc.) to hit 6. to fit, to suit 7. to seem, to appear 8. to need/want to (sleep, etc.) 9. to endure, to bear, to put up with 10. to suffer 11. to amount to 12. to pretend 13. to be added/put 14. to cost 15. to have an orgasm, to come **-e gelince** as for **gelip çatmak/dayanmak** (time) to come **gelip geçici** transient, passing, temporary **gelip gitmek** to come and go
**gem** *a.* (horse's) bit **gemi azıya almak** a) to take the bit between one's teeth b) to get out of control **gem vurmak** to restrain, to bridle
**gemi** *a.* ship, boat, vessel **gemi enkazı**

wreck **gemi ızgarası** stocks **gemi mürettebatı** crew, ship's company
**gemici** a. 1. sailor, mariner, seaman 2. shipowner
**gemicilik** a. 1. seamanship 2. navigation, seafaring
**gen¹** a, biy. gene
**gen²** s. 1. broad, wide 2. unploughed
**gencecik** s. very young
**genç** s. 1. young 2. youthful 3. juvenile * a. 1. young man, youth 2. juvenile **gençten** youngish, young
**gençleşmek** e. 1. to become young, to rejuvenate 2. to look younger
**gençleştirmek** e. 1. to make young, to rejuvenate 2. to make (sb) look younger
**gençlik** a. 1. youth, youthfulness 2. the young, youth
**gene** be. 1. again 2. still, nevertheless, even so **gene de** all the same, yet, still
**genel** s. 1. general 2. public **genel af** general amnesty **genel gider** general expenses **genel kurul** general meeting/assembly **genel merkez** central office **genel müdür** general director **genel olarak** in general, by and large **genel seçim** general election **genel sekreter** secretary general
**genelev** a. brothel, bordello
**genelge** a. circular, notice
**genelkurmay** a, ask. general staff
**genelleme** a. generalization
**genellemek** e. to generalize
**genelleşmek** e. to become general
**genelleştirmek** a. to generalize
**genellik** a. generality
**genellikle** be. generally, in general
**general** a, ask. general
**genetik** a. genetics * s. genetic **genetik mühendisliği** genetic engineering
**geniş** s. 1. wide, broad 2. spacious, extensive, vast 3. carefree **geniş açı** obtuse angle **geniş fikirli** broad-minded, liberal **geniş ölçüde** on a large scale **geniş zaman** present tense
**genişlemek** e. 1. to widen, to broaden 2. to expand, to extend 3. to ease up
**genişletmek** e. 1. to widen, to broaden 2. to expand, to extend

**genişlik** a. wideness, width, breadth
**geniz** a. nasal passages, nasal fossae
**genleşmek** e. to dilate, to expand
**genlik** a. 1. comfort 2. fiz. amplitude
**gensoru** a. interpellation
**geometri** a. geometry
**geometrik** s. geometric, geometrical
**gep(e)genç** s, be. very young
**gerçek** s. 1. real 2. genuine, true, authentic 3. factual 4. actual * a. 1. reality 2. truth 3. fact 4. actuality **gerçek sayı** mat. real number **gerçeği söylemek** to tell the truth
**gerçekçi** a. realist * s. realistic
**gerçekçilik** a. realism
**gerçekdışı** s. unreal
**gerçekdışılık** a. unreality
**gerçeklemek** e. 1. to confirm 2. to verify
**gerçekleşmek** e. 1. (dreams, etc.) to come true 2. to materialize, to become fact
**gerçekleştirmek** e. to realize, to materialize
**gerçeklik** a. reality
**gerçekte** be. in reality
**gerçekten** be. truly, really
**gerçeküstücü** a. surrealist * s. surrealistic
**gerçeküstücülük** a. surrealism
**gerçi** be. although, though
**gerdan** a. 1. neck, throat 2. double-chin **gerdan kırmak** to swing one's head (sexily)
**gerdanlık** a. necklace
**gerdek** a. bridal chamber, nuptial chamber **gerdek gecesi** wedding night **gerdeğe girmek** to enter the nuptial chamber
**gereç** a. material, equipment
**gereğince** be. as needed/required; in accordance with
**gerek** a. necessity, need * s. necessary, needed * bağ. whether . . . or **gereği gibi** as is due, properly
**gerekçe** a. 1. reason, motive, justification 2. huk. ground
**gerekçeli** s. motivated, justified, justifiable
**gerekçesiz** s. unmotivated, unjustified,

unjustifiable
**gerekircilik** *a.* determinism
**gerekli** *s.* necessary, needed, required
**gereklik** *a.* need, necessity
**gereklilik** *a.* necessity, need
**gerekmek** *e.* to be necessary, to be needed, to be required **gerekirse** if need *be,* if necessary
**gerekseme, gereksinim, gereksinme** *a.* need, necessity, requirement
**gereksemek, gereksinmek** *e.* to need, to require, to be in need (of)
**gereksinim** *a.* need, necessity, requirement
**gereksiz** *s.* unnecessary
**gereksizlik** *a.* lack of need, needlessness
**gerektirmek** *e.* to necessitate, to require, to need
**gergedan** *a, hayb.* rhinoceros, *k. dili* rhino
**gergedanböceği** *a, hayb.* rhinoceros beetle
**gergef** *a.* embroidery frame
**gergin** *s.* 1. taut, stretched, tight 2. strained, tense 3. jumpy
**gerginleşmek** *e.* 1. to get stretched/strained 2. to get tensed
**gerginleştirmek** *e.* 1. to tighten 2. to strain, to stretch
**gerginlik** *a.* tightness, tension
**geri** *a.* 1. back, rear 2. rest, remainder * *s.* 1. back, hind 2. backward, undeveloped 3. (watch, clock, etc.) slow 4. *arg.* stupid * *be.* back, backward(s) **geri almak** to get back, to take back **geri çekmek** to draw back, to withdraw **geri çekilmek** to withdraw, to recede **geri çevirmek** to send back, to turn back, to return **geri dönmek** to come back, to return **geri durmak** to refrain, to abstain (from) **geri gelmek** to come back **geri gitmek** a) to go back, to return b) to take a turn for the worse, to retrograde, to decline **geri göndermek** to return, to send back **geri kafalı** reactionary, old-fashioned; fuddy-duddy **geri kalmak** a) to stay behind, to remain behind b) (watch, clock, etc.) to be slow **geri kalmamak** a) to be as good as, to match,

to equal b) not to lag behind, not to hang back (from) c) not to fail (to do sth) **geri kalmış** underdeveloped **geri tepmek** to kick back, to backfire **geri vermek** to give back, to return **geri vites** *oto.* reverse, reverse gear **geri zekâlı** mentally retarded, *arg.* idiot **gerisin geriye gitmek** to return, to go back
**gerici** *a, s.* reactionary
**gericilik** *a.* reaction, reactionary attitudes
**geride** *be.* at the back **geride bırakmak** to leave behind, to pass, to overtake, to surpass
**gerileme** *a.* 1. recession 2. withdrawal 3. regression
**gerilemek** *e.* 1. to draw back, to go back, to recede 2. to retrograde, to retrogress
**geriletmek** *e.* to impede the progress of
**gerili** *s.* stretched, tight, taut
**gerilim** *a.* 1. tension, stress 2. *elek.* voltage 3. frustration
**gerilla** *a.* guerilla **gerilla savaşı** guerilla warfare
**gerilmek** *e.* 1. to be stretched/tightened 2. to be tensed
**gerinmek** *e.* to stretch oneself
**gerisinde** *ilg.* behind, at the back of
**geriye** *be.* back, backward(s), towards the back **geriye saymak** to count down
**germanyum** *a, kim.* germanium
**germek** *e.* 1. to stretch, to tighten 2. to stretch over
**getirmek** *e.* 1. to bring 2. to bring in, to yield, to give 3. to put forward, to bring 4. to bring forth
**getirtmek** *e.* 1. to send for 2. to order, to import from
**getto** *a.* ghetto
**gevelemek** *e.* 1. to chew, to champ 2. to mumble, to hum and haw
**geveze** *s.* talkative, chatty * *a.* chatterbox, chatterer
**gevezelik** *a.* 1. chattering, prattling, babbling 2. indiscreet talk **gevezelik etmek** a) to chatter, to babble b) to chat away, to have a chat
**geviş** *a.* rumination **geviş getirmek** to ruminate
**gevişgetirenler** *a, hayb.* ruminants

**gevrek** s. crisp, brittle, crackly, crusty * a. biscuit, cracker

**gevreklik** a. crispness

**gevremek** e. to become crisp/brittle

**gevşek** s. 1. loose 2. slack 3. baggy 4. lax

**gevşeklik** a. 1. looseness 2. slackness 3. laxity

**gevşemek** e. 1. to become loose/slack, to loosen 2. to relax 3. to slacken, to diminish

**gevşetmek** e. 1. to loosen, to slacken 2. to relax

**geyik** a. 1. hayb. deer, stag 2. arg. cuckold

**geyşa** a. geisha

**gez** a. 1. backsight (of a gun) 2. notch (of an arrow)

**gezdirmek** e. 1. to show around 2. to take out walking, to walk

**gezegen** a. planet

**gezgin** s. wandering * a. tourist

**gezginci** s. itinerant, pedlar

**gezgincilik** a. itinerancy

**gezi** a. 1. excursion, journey, tour, trip 2. promenade, walk, ride

**gezici** s. 1. itinerant 2. mobile, travelling, touring

**gezimcilik** a, fel. Peripateticism

**gezinmek** e. to wander about, to stroll, to ramble

**gezinti** a. 1. walk, stroll, outing, excursion, tour 2. floor, corridor

**gezmek** e. to wander, to ramble, to tour

**gıcık** a. 1. tickling sensation in the throat 2. arg. nerd, nerk, disagreeable person **gıcık etmek** arg. to irritate, to peeve, to vex, to get on one's nerves, to give sb the shits **gıcık olmak** to become irritated/peeved **gıcık vermek** to tickle one's throat

**gıcır** s, arg. brand-new, new

**gıcır gıcır** s. brand-new, crisp

**gıcırdamak** e. to creak, to squeak

**gıcırtı** a. creak, squeak

**gıda** a. 1. food 2. nourishment, nutriment **gıda maddeleri** foodstuffs

**gıdaklamak** e. (hen) to cackle

**gıdı(k)** a. the under part of the chin

**gıdıklamak** e. to tickle

**gıdıklanmak** e. 1. to have tickling sensation 2. to be tickled, to tickle 3. to be ticklish

**gık** : **gık dedirtmemek** not to give a chance to move **gık demek** to object, to complain **gık dememek, gıkı çıkmamak** to keep mum, to say nothing, not to object

**gına** a. disgust, weariness, boredom **gına gelmek** to be tired/sick of, to have had enough of

**gıpta** a. envy **gıpta etmek** to envy; to admire

**gırgır** a. 1. distraction, fun, teasing 2. carpet sweeper * s, k. dili funny, amusing **gırgır geçmek** to make fun (of)

**gırla** be. 1. abundantly, amply, too much 2. incessantly, to the upmost

**gırnata** a. clarinet

**gırtlak** a. 1. throat 2. larynx **gırtlak gırtlağa gelmek** to fly at one another's throat **gırtlağına basmak** to force (sb to do sth) **gırtlağına kadar borç içinde olmak** to be in debt up to one's neck **gırtlağına sarılmak** to choke, to throttle sb

**gırtlaklamak** e. to strangle, to throttle

**gıyaben** be. 1. in one's absence, in absentia 2. by name only, by repute 3. huk. by default

**gıyabi** s. 1. in absentia 2. huk. defaulting

**gıyap** a. absence **gıyabında** in his absence

**gibi** ilg. 1. like 2. as 3. as soon as, just after 4. (time) about **gibi gelmek** to seem, to appear, to sound (like) **gibi görünmek** to look like, to look as if, to appear **gibi yapmak** to pretend

**gider** a. expense, expenditure

**giderayak** be. at the last moment, just before leaving

**giderek** be. gradually, slowly, step by step, by degrees

**giderici** s. removing

**gidermek** e. 1. to remove 2. to cease, to stop 3. to quench, to slake, to satisfy

**gidici** s. about to go/die

**gidiş** a. 1. departure, going 2. course 3.

movement, gait 4. conduct, way of life
**gidiş bileti** single, *Aİ.* one way ticket
**gidiş dönüş** return *Iİ.*, round trip *Aİ.*
**gidiş dönüş/geliş bileti** return ticket,
*Aİ.* round trip ticket
gidişat *a.* 1. goings-on; affairs; situation
2. conduct
gidişgeliş *a.* coming and going, traffic
gidon *a.* 1. *den.* burgee 2. (bicycle)
handlebar
girdap *a.* whirlpool, eddy
girdi *a.* input **girdisini çıktısını bilmek** to
have *sth* at one's fingertips, to know the
ins and outs of
girgin *s.* sociable, companionable, gre-
garious
girginlik *a.* pushfulness, sociability
girift *s.* 1. involved, intricate 2. (writing)
interlaced
girinti *a.* 1. recess, indentation 2. intru-
sion
girintili *s.* indented, recessed **girintili
çıkıntılı** wavy, indented, zigzag
giriş *a.* 1. going in, entering 2. entry,
entrance 3. introduction **giriş çıkış** en-
trance and exit, going in and out
girişik *s.* intricate, complex
girişim *a.* 1. enterprise, undertaking 2.
*fiz.* interference
girişimci *a.* entrepreneur, contractor
girişimcilik *a.* entrepreneurship
girişken *s.* enterprising, pushful, ener-
getic
girişmek *e.* 1. to attempt 2. to attack
(food, etc.) 3. to undertake 4. to inter-
fere, to mix in
girmek *e.* 1. to enter 2. to come/go in(to)
3. to fit 4. to join, to participate in 5. to
go into (details) 6. to enter upon, to be-
gin 7. to start 8. to reach (the age of ...)
9. *arg.* to cost too much
gişe *a.* 1. box office (in a theatre, cinema,
etc.), ticket office/window 2. cash-desk,
pay-desk
gitar *a.* guitar
gitarcı, gitarist *a.* guitarist
gitgide *be.* gradually, more and more, by
degrees
gitmek *e.* 1. to go 2. to leave 3. to leave

for 4. (a road, etc.) to go, to reach, to
lead (to) 5. (a dress, etc.) to go with, to
suit, to become 6. to fit, to be suitable
(for) 7. to be enough (for), to suffice 8.
to last, to endure 9. to be over, to end,
to go 10. to be gone 11. to die, to pass
away, to pass on, to go 12. to be sold,
to go (for) 13. to be damaged
gittikçe *be.* gradually, more and more, by
degrees
giydirmek *e.* 1. to dress, to clothe *(sb)* 2.
to abuse, to reproach
giyecek *a.* clothes, clothing, garment,
gear
giyim *a.* clothing, clothes, attire, apparel,
garment, dressing **giyim kuşam** clothes
giyimevi *a.* clothing store
giyiniş *a.* mode of dressing
giyinmek *e.* to get dressed, to dress
oneself **giyinip kuşanmak** to dress
oneself up, to prink oneself up
giymek *e.* to wear, to put on, to slip on
giyotin *a.* guillotine
giysi *a.* clothes, costume, garments, gear
giz *a.* secret
gizem *a.* mystery
gizemci *a.* mystic
gizemcilik *a.* mysticism
gizemli *s.* mysterious
gizil *s, fiz.* potential, latent
gizilgüç *a, fiz.* potential
gizlemek *e.* 1. to hide 2. to conceal 3. to
secrete 4. to disguise
gizlenmek *e.* 1. to hide, to hide oneself 2.
to be kept secret
gizli *s.* 1. hidden, concealed 2. secret 3.
confidential, classified 4. occult, arcane
5. furtive **gizli ajan** secret agent **gizli
gizli** secretly **gizli kapaklı** clandestine,
obscure **gizli oturum/celse** secret ces-
sion **gizli oy** secret vote **gizli tutmak** to
hide, to keep secret **gizlisi saklısı ol-
mamak** to lay one's card on the table
gizlice *be.* secretly, *k. dili* on the quiet,
under the rose
gizlilik *a.* secrecy, stealth
gladyatör *a.* gladiator
glayöl *a, bitk.* gladiolus
glikojen *a, kim.* glycogen

**glikoz** *a.* glucose
**gliserin** *a.* glycerine
**glokom** *a.* glaucoma
**glüten** *a.* gluten
**goblen** *a.* 1. gobelin stitch 2. cloth with gobelin stitching
**gocuk** *a.* sheepskin cloak
**gocundurmak** *e.* to offend
**gocunmak** *e.* to take offence (at)
**gofret** *a.* waffle
**gol** *a, sp.* goal **gol atmak** to kick/to score a goal **gol yemek** to give away a goal
**golcü** *a, sp.* scorer
**golf** *a, sp.* golf **golf pantolon** plus fours
**gonca** *a.* bud
**gondol** *a.* gondola
**goril** *a.* 1. *hayb.* gorilla 2. *k. dili* bouncer
**gotik** *s.* Gothic **gotik harfler** Gothic type **gotik sanat** Gothic art
**göbek** *a.* 1. *anat.* navel, umbilicus 2. belly 3. *k. dili* paunch 4. heart, centre 5. the middle (of) 6. *oto.* rim 7. *bitk.* core 8. generation **göbek adı** name given at birth **göbek atmak** a) to dance the belly dance b) to be very pleased **göbek bağı** a) *anat.* umbilical cord b) *bitk.* funicle, funiculus **göbek bağlamak/salıvermek** to become paunchy **göbek dansı** belly-dance **göbek havası** a) belly-dance music b) great fun **göbek taşı** central massage platform in a Turkish bath **göbeği bağlı/beraber kesilmiş** inseparable (friends) **göbeği çatlamak** to exert oneself to the utmost
**göbeklenmek** *e.* to become paunchy, to get a potbelly
**göbekli** *s.* paunchy, potbellied
**göç** *a.* migration, emigration, immigration **göç etmek** to migrate, to emigrate, to immigrate
**göçebe** *a.* nomad * *s.* nomadic
**göçebeleşmek** *e.* to become a nomad/wanderer
**göçebelik** *a.* nomadic life, nomadism
**göçer** *s.* nomadic, migratory
**göçerkonar** *s.* nomadic, wandering
**göçertmek** *e.* to collapse, to cave in
**göçmek** *e.* 1. to migrate, to emigrate 2. to move house 3. (building, etc.) to col-

lapse, to cave in 4. to die, to pass away
**göçmen** *a.* immigrant, settler * *s.* migratory **göçmen kuş** migratory bird
**göçük** *a, coğ.* subsidence
**göçürmek** *e.* 1. to cause to migrate or move 2. to collapse, to cave in 3. *k. dili* to gobble up
**göden** *a.* large intestine, rectum
**göğüs** *a.* 1. chest, breast, thorax 2. breast, boobs, boobies **göğüs germek** to face, to stand up, to breast, to resist **göğüs kemiği** breastbone, sternum **göğsü kabarmak** to be proud, to swell with pride
**göğüslemek** *e.* 1. to breast 2. to stand to, to resist
**göğüslük** *a.* bib, apron
**gök** *a.* sky, heavens, firmament * *s.* blue, azure **gök gürlemek** to thunder **gök gürlemesi/gürültüsü** thunder **gök kubbe** the vault of heaven, the celestial vault **gök mavisi** sky blue **göklere çıkarmak** to praise *(sb)* to the skies **gökte ararken yerde bulmak** to find/meet (sb/sth) unexpectedly **gökten zembille inmek** to be faultless/perfect
**gökada** *a.* galaxy
**gökbilim** *a.* astronomy
**gökbilimci** *a.* astronomer
**gökbilimsel** *s.* astronomical
**gökcismi** *a.* celestial body, heavenly body
**gökçe** *s.* 1. celestial, heavenly 2. sky blue 3. beautiful, pretty
**gökdelen** *a.* skyscraper
**gökfiziği** *a.* astrophysics
**gökkuşağı** *a.* rainbow
**gökküresi** *a.* celestial sphere
**göksel** *s.* celestial, heavenly
**göktaşı** *a.* meteorite, aerolite, meteor
**gökyüzü** *a.* sky
**göl** *a.* lake **göl olmak** to become a puddle
**gölcük** *a.* small lake, pond
**gölet** *a.* 1. small lake, pond 2. tank, man-made pool
**gölge** *a.* shadow, shade **gölge düşürmek** to overshadow **gölge etmek** to shade, to cast a shadow on **gölge oyu-**

nu shadow play **gölgede bırakmak** to overshadow, to surpass **gölgede kalmak** to keep in the background
gölgelemek *e.* 1. to put in the shade 2. to overshadow 3. to shade in
gölgeli *s.* shady, shaded
gölgelik *a.* 1. shady spot 2. arbour, bower
gömlek *a.* 1. shirt 2. (doctor's) white coat 3. cover, case 4. generation 5. (snake) slough, skin 7. *tek.* sleeve
gömme *a.* burying, burial * *s.* 1. buried 2. let-in, countersunk, recessed, inlaid, flush, built-in **gömme banyo** sunken bathtub **gömme dolap** build-in wardrobe
gömmek *e.* 1. to bury 2. to embed, to inlay
gömü *a.* buried treasure
gömülmek *e.* 1. to be buried 2. to sink deeply (into)
gömüt *a.* grave, tomb
gömütlük *a.* cemetery
gön *a.* 1. thick leather 2. leather for shoe soles
gönder *a.* 1. pole, staff 2. flagpole, mast 3. goad
gönderen *a.* sender
göndermek *e.* 1. to send 2. to consign 3. to dispatch 4. to forward 5. to refer 6. to see *(sb)* off
gönenç *a.* prosperity
gönençli *s.* prosperous
gönendirmek *e.* to bring prosperity to, to please
gönenmek *e.* to prosper, to be happy
gönül *a.* 1. heart 2. soul 3. feelings 4. mind 5. inclination, desire, willingness **gönül almak** to placate, to please **gönül bağlamak** to set one's heart on **gönül borcu** gratitude **gönül darlığı** distress **gönül eğlencesi** toy of love **gönül eğlendirmek** to amuse oneself, to dally **gönül ferahlığı** contentment **gönül kırmak** to hurt the feelings **gönül rahatlığı** contentment **gönül vermek** a) to lose one's heart to, to fall for b) to set one's heart on **gönülden** a) heartfelt, sincere b) most sincerely, with all one's

heart, from the heart **gönlü bol** generous-hearted **gönlü geniş** generous, liberal **gönlü kalmak** to hanker after **gönlü olmak** a) to be willing b) to be in love with **gönlü razı olmamak** not to find it in one's heart **gönlü zengin** generous **gönlünce** after one's heart **gönlüne göre** according to one's heart's desire **gönlünü etmek** to prevail on, to coax **gönlünü hoş etmek** to please, to make contented
gönüllü *s.* 1. willing 2. voluntary * *a.* 1. volunteer 2. lover
gönülsüz *s.* unwilling, disinclined, reluctant
gönye *a.* set square
göre *ilg.* according to, as to, in respect of
görece *s.* relative
görecelik *a.* relativity
göreli *s.* relative
görelik *a, fel.* relation
görelilik *a.* relativity
görenek *a.* custom, tradition, usage
görenekçi *a.* conventionalist, traditionalist
görenekçilik *a.* conventionalism, traditionalism
göreneksel *a.* conventional, customary, traditional
görev *a.* 1. duty, task 2. mission, service 3. function **görevden alınmak** to be dismissed **görevden almak** to dismiss, to relieve of duty
görevlendirmek *e.* to commission, to charge
görevli *a.* official, employee * *s.* in charge, on duty
görgü *a.* 1. manner, etiquette 2. experience **görgü kuralları** rules of good manners, etiquette **görgü tanığı** eyewitness
görgücülük *a.* empiricism
görgül *s.* empirical
görgülü *s.* 1. polite, mannerly 2. experienced
görgüsüz *s.* 1. impolite, unmannerly, rude 2. inexperienced
görgüsüzlük *a.* 1. lack of manners, rudeness 2. inexperience, lack of ex-

perience
**görkem** *a.* splendour, magnificence, pomp
**görkemli** *s.* splendid, magnificent, splendiferous, grand
**görmek** *e.* 1. to see 2. to understand, to see 3. to experience 4. to have/take (lessons) 5. to consider, to deem 6. to visit 7. to regard (as) 8. to travel 9. to perform (duty, etc.) 10. to undergo (cure, etc.) 11. to pay (a bill, etc.) **görmüş geçirmiş** experienced **-meye görsün** once, from the moment that
**görmemiş** *s.* 1. upstart, parvenu 2. without social polish
**görmemişlik** *a.* lack of social polish, awkward behaviour
**görmez** *s.* blind
**görmezlik** *a.* connivance **görmezlikten gelmek** to pretend not to see, to beg the question, to turn a blind eye
**görsel** *s.* visual
**görsel-işitsel** *s.* audio-visual
**görü** *a.* vision
**görücü** *a.* woman sent to see a marriageable girl **görücüye çıkmak** (marriageable girl) to be seen/inspected **görücüye gitmek** to go and see a marriageable girl
**görülmemiş** *s.* unprecedented, unusual, singular, extraordinary
**görümce** *a.* husband's sister, wife's sister-in-law
**görüngü** *s.* phenomenon
**görünmek** *e.* 1. to be seen 2. to show oneself 3. to appear, to come in sight 4. to look 5. to seem 6. to seem to be
**görünmez** *s.* 1. invisible 2. unforeseen **görünmez kaza** completely unforeseen accident **görünmez olmak** a) to disappear b) to become invisible
**görüntü** *a.* 1. spectre, phantom 2. image, 3. frame, picture 4. vision
**görüntülemek** *e.* to produce as an image
**görünüm** *a.* 1. appearance, view 2. aspect
**görünüş** *a.* 1. appearance, sight, spectacle, semblance 2. external view 3. aspect **görünüşe göre** apparently **görü-**

**nüşte** apparently, seemingly
**görüş** *a.* 1. sight 2. point of view, opinion **görüş açısı** point of view **görüş alanı** field of view **görüş ayrılığı** difference of opinion, divergence **görüş birliği** agreement, consensus
**görüşme** *a.* 1. interview 2. discussion, negotiation 3. meeting
**görüşmek** *e.* 1. to see each other 2. to meet 3. to see 4. to talk over, to discuss
**gösterge** *a.* 1. indicator, pointer, needle 2. chart, table, index 3. *dilb.* sign
**göstergebilim** *a.* semiology
**gösteri** *a.* 1. demonstration, display 2. *sin, tiy.* show, performance 3. demonstration, protest **gösteri yürüyüşü** protest march
**gösterici** *a.* 1. indicator 2. *sin.* projector 3. demonstrator
**gösterim** *a.* 1. *sin.* projection 2. variety show
**gösteriş** *a.* 1. showing, demonstrating 2. showing off, ostentation 3. imposing appearance, striking appearance **gösteriş yapmak** to show off, to splurge
**gösterişçi** *s.* ostentatious, pretentious
**gösterişli** *s.* imposing, dashing, showy
**gösterişsiz** *s.* poor-looking, unimposing, inconspicuous, plain
**göstermek** *e.* 1. to show 2. to display 3. to demonstrate 4. to indicate, to denote 6. to point out 7. to prove 8. to look (younger, etc.) **göstere göstere** publicly, openly
**göstermelik** *a.* sample, specimen * *s.* for show only, not real
**göt** *a, kab.* 1. arse, ass, bottom, buttocks 2. bottom (of sth) 3. bravery, courage, guts **göt (içi) kadar** very narrow/small **götten bacaklı** dwarf **götü yemek** to have the guts (to do sth)
**götürmek** *e.* 1. to take (to), to take away 2. to kill, to carry off 3. to bear, to put up with, to accept 4. to lead/conduct to 5. to manage, to run (business, etc.) 6. to arrest 9. to destory
**götürü** *be.* by the piece, by the job, in the lump, by contract, in bulk **götürü almak** to buy in the lump **götürü çalışmak** to

do piecework **götürü iş** job work, piecework
**gövde** a. 1. body 2. trunk **gövde gösterisi** show of strength **gövdeye indirmek** to gulp down
**gövdesel** s. corporal, corporeal
**göz** a. 1. eye 2. glance, look 3. compartment, section, division 4. (net) mesh 5. spring, source 6. bud **göz açıp kapayıncaya kadar** in the twinkling of an eye **göz açtırmamak** to give no respite (to), to give no chance to recover **göz alabildiğine** as far as the eye can see **göz alıcı** eye-catching, striking, attractive **göz almak** to dazzle, to blind **göz aşinalığı** bowing acquaintance, knowing sb by sight **göz atmak** to glance (at), to run an eye over **göz aydına gitmek** to pay a visit of congratulation **göz banyosu** free show **göz boyamak** to hoodwink **göz damlası** eye drops, eye lotion **göz değmek** to be affected by the evil eye **göz dikmek** to long to possess, to covet **göz doktoru** oculist, ophthalmologist **göz etmek** to wink at **göz gezdirmek** to cast an eye (over) **göz göre göre** openly, publicly **göz göze gelmek** to catch each other's eye **göz kamaştırıcı** brilliant, wonderful **göz kamaştırmak** to dazzle, to blind **göz kararı** by rule of thumb, by just looking at it **göz kırpmak** to wink, to blink **göz koymak** to covet, to lust after **göz kulak olmak** to look after, to watch over; to keep an eye on **göz merceği** crystalline lens **göz nuru** eye-straining work **göz önünde tutmak** to bear in mind, to remember, to consider, take into consideration **göz önünde tutmak/bulundurmak** to bear in mind, to remember, to consider **göz önüne almak** to allow for, to make allowances for **göz süzmek** to make (sheep's) eyes at (sb) **göz ucuyla bakmak** to look out of the corner of one's eye **göz yummak** to close one's eyes (to); to condone **gözden çıkarmak** to be prepared to pay/sacrifice **gözden düşmek** to fall from favour, to come down **gözden geçirmek** to scrutinize, to go over, to look over **Gözden ırak olan gönülden de ırak olur.** Out of sight, out of mind. **gözden kaçırmak** to overlook **gözden kaçmak** to be overlooked, not to have been noticed **gözden kaybolmak** to disappear, to dissolve **göze almak** to venture, to risk **göze batmak** a) to be very inappropriate b) to attract attention **göze çarpmak** to strike/catch one's eyes **göze gelmek** to be affected by the evil eye, to be coveted **göze göz dişe diş** an eye for an eye **gözleri fal taşı gibi açılmak** to be moon-eyed **gözleri yaşarmak** (eyes) to fill with tears **gözlerine inanamamak** not to be able to believe one's eyes **gözlerini açmak** a) to wake up b) to be born **gözlerini kaçırmak** to turn one's eyes away **gözlerinin içi gülmek** to have one's eyes shine with joy **gözü aç** avaricious, insatiable, greedy **gözü açık** wide awake, shrewd, sharp **gözü açık gitmek** to die in disappointment **gözü açılmak** to become shrewd **gözü dalmak** to stare into space **gözü dışarıda** dissatisfied with what one has; likely to cheat one's spouse **gözü doymak** to become satisfied **gözü dönmek** to see red **gözü gönlü açılmak** to be cheered up **gözü ısırmak** to seem to know sb **gözü ilişmek** to notice **gözü kalmak** to hanker after **gözü kararmak** a) to feel near fainting b) to lose self-control, to lose temper **gözü kaymak** a) to be unable to avoid looking at b) to be slightly cross-eyed **gözü keskin** sharp-eyed, sharp-sighted **gözü korkmak** to show the white feather **gözü olmak** to have one's eyes on **gözü önünde** in front of one's eyes **gözü pek** plucky, bold, daredevil **gözü tok** contented, not covetous **gözü tutmak** to take a fancy to **gözü yememek** not to have the courage **gözü yolda** waiting for sb to come **gözü yollarda kalmak** to have been waiting for a long time **Gözün aydın** Congratulations! **gözünde büyümek** to assume great proportions (to sb) **gözünde büyütmek** to exaggerate, to overestimate

**gözünde tütmek** to long for **gözünden uyku akmak** to feel very sleepy **gözüne girmek** to find favour in sb's eyes, to win sb's favour **gözüne ilişmek** to glimpse **gözüne kestirmek** to feel oneself capable of **gözünü boyamak** to throw dust in sb's eyes **gözünü dikmek** to stare fixedly **gözünü dört açmak** to keep one's eyes skinned **gözünü kan bürümek** to see red **gözünü kapamak** a) to pretend not to see b) to die **gözünü kırpmadan** without batting an eyelid, pitilessly **gözünü kırpmamak** not to sleep a wink **gözünü korkutmak** to daunt, to intimidate **gözünü seveyim** please **gözünü yummak** a) to die b) to take no notice of **gözünün içine bakmak** to cherish dearly, to fuss over *sb* **gözünün önünde** under/before one's very eyes **gözünün önüne gelmek** to come vividly to mind, to be visualized **gözünün yaşına bakmamak** to have no pity (on) **gözüyle bakmak** to regard as, to consider **gözüyle görmek** to witness **-in gözünde** in the eyes of, in sb's eyes

**gözakı** *a.* the white of the eye
**gözaltı** *a.* house arrest **gözaltına almak** a) to put *sb* under house arrest b) to put in jail
**gözbağcı** *a.* magician, conjurer
**gözbağcılık** *a.* work of magician, conjuring
**gözbağı** *a.* magic, conjuring, deception
**gözbebeği** *a.* 1. pupil of the eye 2. apple of the eye
**gözcü** *a.* 1. watchman, scout, observer 2. *k. dili* oculist
**gözcülük** *a.* 1. observing, scouting 2. *k. dili* ophthalmology
**gözdağı** *a.* intimidation, threats **gözdağı vermek** to intimidate, to browbeat
**gözde** *s.* favourite, in favour * *a.* mistress
**göze** *a.* 1. *biy.* cell 2. spring, source
**gözenek** *a.* pore
**gözenekli** *s.* porous
**gözerimi** *a.* horizon
**gözetim** *a.* 1. supervision, surveillance 2. watch, care

**gözetlemek** *e.* to observe secretly, to watch, to spy on
**gözetmek** *e.* 1. to look after, to take care (of), to mind 2. to guard, to protect 3. to regard, to pay regard (to) 4. to observe
**gözetmen** *a.* supervisor
**gözevi** *a.* eye socket
**gözkapağı** *a.* eyelid
**gözlem** *a.* observation
**gözlemci** *a.* observer
**gözlemcilik** *a.* observation
**gözleme** *a.* 1. observing, observation 2. pancake
**gözlemek** *e.* 1. to watch for, to wait for 2. to observe
**gözlemevi** *a.* observatory
**gözlük** *a.* glasses, spectacles, eyeglasses, specs **gözlük takmak** to wear glasses
**gözlükçü** *a.* optician
**gözlüklü** *s.* 1. wearing glasses 2. (snake, bird) hooded, spectacled
**gözlüklüyılan** *a.* hooded snake
**gözpınarı** *a.* inner corner of the eye
**göztaşı** *a.* copper sulphate
**gözükmek** *e.* 1. to appear, to become visible, to be seen 2. to show oneself
**gözyaşı** *a.* tear
**gözyuvası** *a.* eye socket
**grafik** *a.* 1. graph, diagram, chart 2. graphics **grafik sanatlar** graphic arts, graphics
**grafiker** *a.* grapher
**grafit** *a.* graphite
**grafoloji** *a.* graphology
**gram** *a.* gram, gramme
**gramaj** *a.* weight in grams
**gramer** *a.* grammar
**gramofon** *a.* phonograph, gramophone
**grandi** *a, den.* mainmast
**grandük** *a.* grand duke
**grandüşes** *a.* grand duchess
**granit** *a.* granite
**gravür** *a.* engraving
**gravyer** *a.* Gruyère
**grekoromen** *a.* Graeco-Roman
**gres** *a.* grease
**grev** *a.* strike **grev gözcüsü** picket **grev kırıcı** strikebreaker, blackleg **grev**

**yapmak** to strike, to go on strike **greve gitmek** to go on strike
**grevci** a. striker
**greyder** a. grader
**greyfurt** a. grapefruit
**gri** a, s. grey, Aİ. gray
**grip** a. influenza, grippe, flu **grip olmak** to have influenza
**grizu** a. firedamp, pit gas, methane
**grosa** s. gross, twelve dozen
**grotesk** a, s. grotesque
**grup** a. group
**gruplandırmak** e. to group, to classify
**gruplanmak** e. 1. to form a group 2. to separate into groups
**gruplaşmak** e. to form groups
**guatr** a, hek. goitre, Aİ. goiter
**gudde** a, anat. gland
**gudubet** s. very ugly, hideous
**guguk** a. cuckoo
**guguklu** a. cuckoo clock **guguklu saat** cuckoo clock
**gulden** a. gulden
**gulet** a. schooner
**gulyabani** a. ogre, ogress
**gurbet** a. 1. foreign land, abroad 2. absence from home **gurbete düşmek** to be in a foreign/unfamiliar land **gurbette** away from home
**gurbetçi** a. 1. one living away from home 2. guest worker, gastarbeiter
**gurk** a. 1. broody hen 2. turkey cock **gurk olmak** (hen) to be broody
**guruldamak** e. (stomach) to rumble
**gurultu** a. rumble
**gurup** a. sunset, setting
**gurur** a. 1. pride 2. vanity, conceit **gurur duymak** to be/feel proud of, to take pride (in) **gururunu okşamak** to praise
**gururlanmak** e. 1. to flatter oneself 2. to be/feel proud
**gururlu** s. 1. proud, vain, haughty 2. conceited, arrogant
**gusül** a. ritual ablution of the whole body
**gut** a, hek. gout
**guvaş** a. gouache
**gübre** a. dung, manure, fertilizer
**gübrelemek** e. to manure, to fertilize, to dress

**gübreli** s. manured, fertilized
**gücendirmek** e. to offend, to affront, to hurt the feelings of
**gücenik** s. offended, hurt, cross, resentful, indignant, piqued
**güceniklik** a. resentment, umbrage, pique, indignation
**gücenmek** e. to resent, to take offence/amiss/umbrage, to be/feel offended
**gücümsemek** e. to find difficult
**güç** a. 1. energy 2. power 3. force 4. strength * s. difficult, hard * be. with difficulty **güç gelmek** to seem difficult to (sb) **güçten düşmek** a) to weaken, to get weak b) to lose one's power **gücü yetmek** a) to be strong enough b) to afford c) to be able to cope with **gücüne gitmek** to offend sb's feelings
**güçbela** be. with great difficulty
**güçlendirmek** e. to strengthen, to make strong
**güçlenmek** e. to get strong, to gain strength, to strengthen
**güçleşmek** e. to grow difficult
**güçleştirmek** e. to make difficult
**güçlü** s. strong, powerful **güçlü kuvvetli** very strong and healthy
**güçlük** a. difficulty, hardship, trouble **güçlük çekmek** to have difficultly in **güçlük çıkarmak** to make/raise difficulties **güçlüklere göğüs germek** to take the bull by the horns
**güçlükle** be. with difficulty
**güçlülük** a. strength, power
**güçsüz** s. weak, strengthless, powerless, languid, languorous, listless
**güçsüzlük** a. weakness, feebleness, powerlessness
**güderi** a. 1. buckskin, deerskin 2. washleather
**güdü** a. motive, incentive, drive
**güdük** s. 1. stumpy, short 2. incomplete, deficient, unfinished
**güdülenme** a, ruhb. motivation
**güdüm** a. management, guidance, direction
**güdümbilim** a. cybernetics
**güdümlü** s. controlled, directed **güdümlü**

**mermi** guided missile
güfte *a.* lyrics
güğüm *a.* copper vessel
güherçile *a.* saltpetre
gül *a.* rose **gül gibi** a) swimmingly, very well b) beautiful, charming **gül gibi geçinmek** to get along quite well **Gülü seven dikenine katlanır** There's no rose without a thorn.
güldeste *a.* anthology
güldür güldür *be.* very noisily
güldürmek *e.* to make *(sb)* laugh, to amuse
güldürü *a.* comedy
güldürücü *s.* comic, funny, amusing
güle güle *be.* 1. goodbye 2. laughing 3. happily
güleç *s.* smiling, happy-faced
güler yüz *a.* smiling face **güler yüz göstermek** to behave in a friendly manner **güler yüzlü** merry, cheerful
gülistan *a, esk.* rose garden, flower garden
güllaç *a.* rice wafers stuffed with nuts, cooked in milk
gülle *a.* 1. cannon ball, shell 2. *sp.* shot, weight **gülle atmak** *sp.* to put the shot
gülleci *a, sp.* shot-putter
güllük *a.* rose garden, rose bed **güllük gülistanlık** a bed of roses
gülmece *a.* humour
gülmek *e.* to laugh **gülmekten bayılmak** to faint with laughter, to be exhausted with laughter **gülmekten kırılmak/katılmak** to split one's sides, to be doubled up with laughter **gülmekten yerlere yatmak** to be doubled up with laughter **güle oynaya** happily, joyfully **güleyim bari** Don't make me laugh. **gülüp geçmek** to laugh at/off/away
gülsuyu *a.* rose water
gülücük *a.* smile, chuckle
gülümseme *a.* smile
gülümsemek *e.* to smile
gülünç *s.* 1. funny, laughable, amusing 2. ridiculous, foolish, laughable
gülünçleştirmek *e.* to caricature
gülüş *a.* laughter
gülüşmek *e.* to laugh together, to laugh

at each other
gülyağı *a.* attar of roses
güm *a.* hollow/booming sound/noise
gümbür gümbür *be.* with a loud booming noise
gümbürdemek *e.* 1. to boom, to thunder, to roar 2. *arg.* to peg out, to croak, to kick off
gümbürtü *a.* boom, booming sound
gümlemek *e.* 1. to give out a booming sound 2. *arg.* to croak, to kick off, to peg out
gümrük *a.* 1. customs 2. customs house 3. tariff, duty **gümrük almak** to collect duty (on) **gümrük beyannamesi** customs declaration **gümrük kaçakçısı** smuggler **gümrük kaçakçılığı** smuggling **gümrük komisyoncusu** customs broker **gümrük kontrolü** customs control **gümrük memuru** customs officer **gümrük tarifesi** customs rate list **Gümrük ve Tekel Bakanı** Minister for Customs and Monopolies **Gümrük ve Tekel Bakanlığı** Ministry for Customs and Monopolies **gümrük vergisi** customs duty **gümrükten geçirmek** to clear through customs **gümrükten geçmek** to pass through customs **gümrükten muaf** duty-free **gümrüğe tabi** dutiable, subject to duty
gümrükçü *a.* 1. customs officer 2. customs agent
gümrüklü *s.* dutiable, duty-paid
gümrüksüz *s.* duty-free
gümüş *a, s.* silver **gümüş kaplama** a) silver plating b) silver plated
gümüşbalığı *a.* sand-smelt, silversides, atherine
gün *a.* 1. day 2. sun 3. sunlight, sunshine 4. daytime 5. today, present 6. time 7. age, period 8. good times 9. date 10. at-home day **gün ağarmak** (day) to dawn **gün aşırı** every other day **gün doğmak** a) (sun, morning) to rise, to dawn, to break b) (one's luck/day) to come **gün geçmek** to get a sunstroke **gün görmek** to live prosperously **gün görmemiş** of no standing, inexperienced **gün ışığı** day light **gün ışığına çıkarmak** to

bring to light **günden güne** from day to day, gradually **günlerce** for days **günü geçmiş** (bill) overdue **günü gelmek** (bill) to fall due **günü gününe** to the very day **günün birinde** one day, someday **gününü gün etmek** to enjoy oneself
**günah** *a.* 1. sin 2. fault, blame **günah çıkarmak** to confess (one's sins) **günah işlemek** to commit a sin **günaha girmek** to *sin*, to commit a sin **günahına girmek** to accuse wrongly **günahını almak** to accuse wrongly, to wrong *(sb)* **günahını çekmek** to suffer for one's sin
**günahkâr** *a.* sinner, wrongdoer * *s.* sinful
**günahlı** *s.* sinful
**günahsız** *s.* sinless, innocent, faultless
**günaşırı** *be.* every other day, on alternate days
**günaydın** *ünl.* Good morning!
**günbatımı** *a.* sunset, sundown
**günbegün** *be.* from day to day
**günce** *a.* diary, journal
**güncel** *s.* current, actual, today's, daily
**güncelleşmek** *e.* to become current
**güncelleştirmek** *e.* to update
**güncellik** *a.* 1. actuality, currency 2. up-to-dateness
**gündelik** *s.* daily, everyday * *a.* daily wages
**gündelikçi** *a.* day labourer/worker **gündelikçi kadın** charwoman
**gündem** *a.* agenda **gündeme almak** to put on the agenda
**gündoğusu** *a.* 1. east 2. easterly wind
**gündönümü** *a.* equinox
**gündüz** *a.* 1. day, daytime 2. daylight * *be.* in the daytime, during the day **gündüz gözüyle** by the light of day **gündüzleri** during the day, in the daytime
**gündüzcü** *be.* 1. day worker 2. day pupil, day student
**gündüzlü** *s.* (student) day * *a.* day pupil, day student
**gündüzsefası** *a.* bindweed
**günebakan** *a.* sunflower
**güneş** *a.* 1. sun 2. sunshine **güneş açmak** to become sunny **güneş banyosu** sunbath, sunbathing **güneş**

**çarpmak** to get/have sunstroke **güneş çarpması** sunstroke, heatstroke **güneş enerjisi** solar energy **güneş görmek** (a place) to be light and sunny **güneş gözlüğü** sunglasses **güneş günü** solar day **güneş ışığı** sunlight **güneş ışını** sun ray, sunbeam **güneş lekesi** sunspot **güneş saati** sundial **güneş sistemi** solar system **güneş takvimi** solar calendar **güneş tutulması** solar eclipse **güneş yanığı** sunburn, tan **güneş yılı** solar year **güneşin alnında** in/under the sun
**güneşlenmek** *e.* to sunbathe, to sun oneself
**güneşli** *s.* sunny
**güneşlik** *a.* 1. sunny place 2. awning, sunshade, sunblind, parasol 3. *oto.* visor, sun visor 4. visor, peak (of a cap)
**güneşsiz** *s.* sunless
**güney** *a.* south * *s.* southern, southerly
**güneybatı** *a.* southwest * *s.* southwestern, southwesterly
**güneydoğu** *a.* southeast * *s.* southeastern, southeasterly
**günlük** *s.* 1. daily 2. everyday 3. . . . days old 4. lasting . . . days 5. of/for . . . days * *a.* 1. diary 2. memoirs 3. incense, frankincense **günlük güneşlik** sunny (weather/place)
**günübirlik, günübirliğine** *be.* for one day, one-day
**güpegündüz** *be.* in broad daylight
**gür** *s.* 1. abundant, dense, thick 2. gushing, strongly flowing
**gürbüz** *s.* sturdy, robust, healthy
**güreş** *a.* wrestling
**güreşçi** *a.* wrestler
**güreşmek** *e.* to wrestle
**gürgen** *a.* hornbeam, horn beech
**gürlemek** *e.* 1. to thunder, to roar 2. to boom, to roll
**gürleşmek** *e.* 1. to begin to flow strongly 2. to become abundant, to become thick
**gürlük** *a.* 1. abundance, luxuriance 2. bountifulness 3. thickness, density
**güruh** *a.* gang, band, group, mob, flock
**gürül gürül** *be.* 1. with a gurgling sound 2. in a loud/rich voice

**gürüldemek** *e.* 1. to burble 2. to thunder
**gürültü** *a.* 1. loud noise, din 2. uproar, confusion, clamour 3. noisy quarrel, row **gürültü çıkarmak** to kick up a row **gürültü yapmak** to make a noise **gürültüye gitmek** to be lost in the confusion
**gürültülü** *s.* noisy, turbulent, rowdy
**gürültüsüz** *s.* noiseless, quiet, soundless, silent, still
**gütbatısı** *a.* west
**gütmek** *e.* 1. to herd 2. (grudge, ambition, aim) to cherish, to nourish
**güve** *a., hayb.* clothes moth, moth
**güveç** *a.* 1. earthenware cooking pot 2. meat and vegetable stewed in an earthenware pot
**güven** *a.* 1. trust, confidence, reliance 2. security, safety **güven mektubu** credentials **güven olmaz** not trustworthy, unreliable **güveni olmak** to have confidence (in) **güveni sarsılmak** to distrust **güvenini kazanmak** to win (sb's) confidence
**güvence** *a.* guarantee **güvence vermek** to guarantee
**güvenç** *a.* trust, confidence, reliance
**güvenilir** reliable, trustworthy
**güvenilirlik** *a.* reliability, trustworthiness
**güvenilmez** *s.* unreliable, dubious *hkr.*, slippery *kon.*, shifty, insecure
**güvenli** *s.* 1. safe 2. trustworthy, reliable, dependable, faithful
**güvenlik** *a.* security, safety; safeness **güvenlik görevlisi** security guard **güvenlik vanası** safety valve
**güvenmek** *e.* to trust, to rely (on), to have faith (in), to believe (in)
**güvenoyu** *a.* vote of confidence **güvenoyu almak** to obtain a vote of confidence **güvenoyu vermek** to give a vote of confidence
**güvensiz** *s.* distrustful
**güvensizlik** *a.* lack of confidence
**güvercin** *a.* pigeon
**güvercinlik** *a.* pigeon loft, dovecote
**güverte** *a., den.* deck
**güvey** *a.* 1. bridegroom 2. son-in-law
**güvez** *s.* violet, dark red
**güya** *be.* supposedly, as if/though, it

seemed that, one would think that
**güz** *a.* autumn, fall
**güzel** *s.* 1. beautiful 2. pretty 3. nice 4. good 5. (weather) fine, pleasant, favourable \* *be.* 1. beautifully 2. well 3. nicely \* *a.* 1. beauty 2. beauty queen \* *ünl.* Fine! Good! Well! **güzel güzel** calmly, peacefully **güzel sanatlar** fine arts
**güzelavratotu** *a, bitk.* belladonna
**güzelce** *be.* 1. beautifully 2. properly, thoroughly
**güzelduyu** *a.* aesthetics
**güzelleşmek** *e.* to become beautiful
**güzelleştirmek** *e.* to beautify, to make beautiful
**güzellik** *a.* 1. beauty 2. goodness 3. gentleness, kindness **güzellik kraliçesi** beauty queen **güzellik salonu** beauty parlour, beauty shop **güzellik uykusu** beauty sleep **güzellik uzmanı** beautician **güzellik yarışması** beauty contest
**güzellikle** *be.* gently, without using force
**güzergâh** *a.* route
**güzide** *s.* distinguished, select, choice
**güzün** *be.* in the autumn

# H

**H, h** *a.* the tenth letter of the Turkish alphabet
**ha** *ünl.* 1. come on now 2. aha 3. eh, huh 4. Oh, Oh yeah, I see **ha babam** all the time, continuously, nonstop **ha bire** continuously, uninterruptedly **ha bugün ha yarın** soon, in a short time **ha deyince** on the spur of the moment **Ha Hoca Ali ha Ali Hoca** It's all the same.
**habbe** *a.* grain, seed, kernel **habbeyi kubbe yapmak** to make a mountain out of a molehill
**haber** *a.* 1. news, information, message 2. knowledge **haber ajansı** news agency **haber alma** intelligence **haber almak** to receive information, to hear **haber atlamak** to fail to report a news item **haber göndermek** to send a message **haber merkezi** information center

**haber salmak** *k. dili* to send news (to) **haber toplamak** to gather news **haber vermek** to inform, to report, to tell **haber uçurmak** a) to send a message (to sb) secretly b) to send an urgent message (to) **haberi olmak** to know; to have heard (of/about)

**haberci** *a.* messenger, courier, forerunner

**haberdar** *s.* knowing, aware of, informed **haberdar etmek** to inform *sb* of *sth*, to make *sb* aware of

**haberleşme** *a.* communication, correspondence

**haberleşmek** *e.* 1. to communicate 2. to correspond

**haberli** *s.* informed, knowing, having knowledge about

**habersiz** *s.* 1. uninformed, not knowing 2. without warning, without a word

**habis** *s.* 1. evil, bad, wicked 2. (tumour) malignant

**hac** *a.* hajj, hadj, pilgrimage (to Mecca) **hacca gitmek** to go an a pilgrimage to Mecca

**hacamat** *a.* 1. cupping 2. *arg.* stabbing, knifing **hacamat etmek** to wound slightly

**hacet** *a.* need, necessity, requirement **Hacet yok** There is no need.

**hacı** *a.* 1. hajji, hadji 2. Christian pilgrim

**hacıyağı** *a.* a kind of strong perfume (used by hajjis)

**hacıyatmaz** *a.* tumbler, roly-poly

**hacim** *a.* volume, capacity, bulk

**hacimli** *s.* having volume, bulky

**haciz** *a.* distraint, sequestration, seizure **haciz koymak** to sequestrate

**hacizli** *s.* distrained

**haczetmek** *e.* to sequestrate, to distrain

**haç** *a.* the cross **haç çıkarmak** to cross oneself

**Haçlılar** *a.* the Crusaders

**had** *a.* 1. limit, boundary 2. degree, extent **haddi hesabı yok** innumerable **haddi zatında** in itself, essentially **haddinden fazla** a) excessive b) excessively **haddini aşmak** to go too far, to overstep the limit **haddini bildirmek** to put *(sb)* in

his place **haddini bilmek** to know one's place **haddini bilmemek** to go too far, to presume **haddini bilmez** presumptuous

**hâd** *s.* acute

**hadde** *a.* roll, rolling mill **haddeden geçirmek** to roll

**hademe** *a.* manservant (in a public building, etc.)

**hadım** *a.* eunuch **hadım etmek** to castrate

**hadi** *ünl, bkz.* **haydi**

**hadis** *a.* (the study of) the Prophet Muhammad's sayings/deeds

**hadise** *a.* event, incident, occurrence **hadise çıkarmak** to provoke an incident

**haf** *a, sp.* halfback

**hafakan** *a.* palpitation **hafakanlar basmak/boğmak** to be exasperated

**hafız** *a.* 1. person who has learned the Koran by heart 2. *arg.* swot, *AI.* grind

**hafıza** *a.* memory

**hafızlamak** *e, arg.* to grind, to swot, to bone

**hafif** *s.* 1. light, buoyant 2. easy 3. weak, dilute 4. slight, little 5. mild 6. flighty 7. unimportant, insignificant **hafif hafif** gently, slowly **hafif müzik** light music **hafife almak** to make light of

**hafifçe** *be.* 1. lightly 2. gently

**hafiflemek** *e.* 1. to get lighter 2. to diminish, to subside 3. to be relieved

**hafifleşmek** *e.* 1. to get light 2. to become light-headed

**hafifletici** *s.* 1. lightening, reducing 2. *huk.* extenuating **hafifletici nedenler** mitigating causes

**hafifletmek** *e.* 1. to lighten 2. to lessen 3. to diminish, to abate 4. to relieve

**hafiflik** *a.* 1. lightness, slightness, mildness 2. relief, ease of mind 3. flightiness, frivolity

**hafifmeşrep** *s.* loose, frivolous, flighty

**hafifsemek** *e.* to consider unimportant

**hafifsıklet** *a, sp.* lightweight

**hafiften** *be.* lightly, gently

**hafiye** *a.* detective, investigator

**hafriyat** *a.* excavation(s)

**hafta** *a.* week **hafta başı** the first day of

the week (usually Monday) **hafta sonu** weekend **haftaya** in a week's time, next week

**haftalık** *s.* 1. weekly, once a week 2. lasting . . . weeks * *a.* weekly wages

**hah** *ünl.* Ah! Aha! There! **hah şöyle** very good!

**haham** *a.* rabbi

**hahambaşı** *a.* the chief rabbi

**hahamlık** *a.* rabbinate

**hain** *s.* 1. traitorous, treacherous 2. ungrateful, disloyal 3. malicious, cruel * *a.* traitor

**hainlik** *a.* 1. treachery, perfidy 2. malice

**haiz** *s.* possessing, containing

**Hak** *a.* God **Hak dini** Islam **Hak getire** there's no, he/she has no **Hakkın rahmetine kavuşmak** to die

**hak¹** *a.* 1. right 2. justice, equity 3. share, due **hak etmek** to deserve **hak iddia etmek** to claim **hak kazanmak** to have a right to, to deserve **hak sahibi** holder of a right **hak vermek** to acknowledge to be right **hak yemek** to be unjust/unfair **hak yolu** the right way **hakkı için** for the sake of **Hakkı var** He/she is right. **hakkından gelmek** e) to get the better of b) to defeat, to punish **hakkını almak** to get one's due, to take one's share **hakkını aramak** to insist on one's rights **hakkını vermek** to give *sb* his due **hakkını yemek** to be unfair (to sb), to cheat *sb* of his rights

**hak²** *a.* engraving, erasing

**hakan** *a.* khan, Turkish ruler, emperor, sultan

**hakaret** *a.* insult **hakaret etmek** to insult, to affront

**hakem** *a.* 1. arbitrator, adjudicator 2. *sp.* referee, umpire

**hakemlik** *a.* arbitration, refereeing

**haki** *a, s.* khaki

**hakikat** *a.* truth, reality * *be.* really, truly

**hakikaten** *be.* really, truly

**hakikatli** *s.* faithful, loyal, true, constant

**hakikatsiz** *s.* unfaithful, disloyal

**hakiki** *s.* 1. true 2. real, genuine 3. original 4. authentic 5. sincere

**hâkim** *a.* 1. ruler 2. judge * *s.* 1. ruling,

dominating 2. supreme, dominant 3. overlooking, dominating **hâkim olmak** a) to rule b) to dominate c) to overlook

**hâkimiyet** *a.* sovereignty, domination

**hâkimlik** *a.* judgeship

**hakir** *s.* vile, despicable, low **hakir görmek** to despise, to hold in contempt

**hakkâk** *a.* engraver

**hakkaniyet** *a.* justice, equity

**hakketmek** *e.* 1. to engrave 2. to erase

**hakkında** *ilg.* about, concerning, regarding, on

**hakkıyla** *be.* properly, duly, thoroughly

**haklamak** *e.* 1. to beat, to overcome, to crush, to suppress 2. to ruin, to spoil

**haklı** *s.* 1. right, just 2. rightful **haklı çıkarmak** to vindicate, to prove to be right **haklı çıkmak** to turn out to be right, to be justified **haklı olmak** to be right

**haklılık** *a.* justice, rightfulness

**haksever** *s.* just, fair

**haksız** *s.* 1. unjust, wrong, unfair 2. in the wrong, unjustifiable **haksız çıkarmak** to prove to be wrong **haksız çıkmak** to turn out to be in the wrong **haksız olmak** to be in the wrong **haksız yere** wrongly, unjustly

**haksızlık** *a.* unfairness, wrong, injustice **haksızlık etmek** to wrong, to be unfair (to)

**hal¹** *a.* 1. condition, state 2. state of affairs, circumstances 3. case 4. behaviour, attitude 5. the present time 6. strength, energy 7. *dilb.* case **hal böyleyken** and yet, nevertheless **hal hatır sormak** to inquire after sb's health **halden anlamak** to show sympathy, to be understanding **hali harap/duman olmak** to be in great trouble **hali kalmamak** to have no strength left, to be tired out/worn-out **hali vakti yerinde** well-off

**hal²** *a.* (covered) marketplace

**hal³** *a.* 1. solution 2. melting

**hala** *a.* paternal aunt, father's sister

**hâlâ** *be.* still, yet

**halat** *a.* rope, hawser

**halay** *a.* Anatolian folk dance

**halayık** *a.* female slave, female servant

**halbuki** *bağ.* but, however, whereas
**haldır haldır** *be.* speedily and noisily
**hale** *a.* halo, aureola, corona
**halef** *a.* successor
**halel** *a.* injury, harm **halel gelmek** to be injured
**halen** *be.* now, presently, at present
**halhal** *a.* anklet
**halı** *a.* carpet, rug
**halıcı** *a.* carpet maker, carpet seller
**halıcılık** *a.* carpet business
**haliç** *a.* inlet, bay, estuary
**halife** *a.* caliph
**halifelik** *a.* caliphate
**halihazır** *a.* the present time **halihazırda** at the present time
**halim** *s.* mild, gentle **halim selim** gentle and good-tempered
**halis** *s.* pure, unmixed
**haliyle** *be.* naturally, consequently
**halk** *a.* 1. people, nation, public; folk 2. people, populace **halk dansı** folk dance **halk dili** colloquial language, vernacular **halk edebiyatı** folk literature **halk kütüphanesi** public library **halk matinesi** cheap afternoon performance, cheap session **halk müziği** folk music **halk oyunu** folk dance **halk ozanı** folk poet **halk türküsü** folk song **halkla ilişkiler** public relations
**halka** *a.* 1. hoop 2. circle 3. link 4. ring, finger ring, earring **halka halka** in circles, in rings
**halkalı** *s.* ringed, linked, annular
**halkavcılığı** *a.* demagogy
**halkavcısı** *a.* demagogue
**halkbilim** *a.* folklore
**halkbilimci** *a.* folklorist
**halkçı** *a.* populist
**halkçılık** *a.* populism
**halkevi** *a.* people's house, community centre
**halkoylaması** *a.* referendum
**halkoyu** *a.* public opinion
**hallaç** *a.* carder, cotton or wool fluffer **hallaç pamuğu gibi atmak** to scatter about
**halletmek** *e.* 1. to solve, to work out 2. to dissolve, to melt 4. to complete, to finish up, to settle

**hallolmak** *e.* to be solved
**halojen** *a.* halogen
**halsiz** *s.* exhausted, weary, tired out, weak
**halsizlik** *a.* weakness, exhaustion, weariness
**halt** *a.* improper act, blunder **halt etmek** *k. dili* to do/say *sth* stupid **halt karıştırmak** *k. dili* to do *sth* improper **halt yemek** to make a great blunder, to put one's foot in it
**halter** *a.* dumbbell, barbell, weights
**halterci** *a.* weight-lifter
**ham** *s.* 1. unripe, green 2. raw, crude, unrefined 3. inexperienced, tyro 4. *sp.* out of training 5. vain, useless **ham petrol** crude oil
**ham hum** *be.* humming and hawing **ham hum etmek** to hum and haw
**hamail** *a, bkz.* **hamaylı**
**hamak** *a.* hammock
**hamal** *a.* porter, carrier **hamallığını etmek/yapmak** to do the donkeywork
**hamam** *a.* 1. Turkish bath, public bath 2. bathroom 3. very hot room/place **hamam gibi** very hot, boiling hot
**hamamböceği** *a.* cockroach
**hamarat** *s.* (woman) hard-working, industrious
**hamaylı** *a.* shoulder belt
**hamburger** *a.* hamburger
**hami** *a.* 1. protector, guardian 2. patron, sponsor
**hamil** *s.* possessing, bearing * *a.* 1. bearer 2. prop, support **hamiline** to bearer
**hamile** *s.* pregnant **hamile bırakmak** to impregnate, to make pregnant, to get (a girl) into trouble **hamile kalmak** to fall/become pregnant
**hamilelik** *a.* pregnancy **hamilelik testi** pregnancy test
**haminne** *a.* grannie
**hamlaşmak** *e.* to get out of condition/practice
**hamle** *a.* 1. attack, onslaught 2. sudden advance, great leap forward 3. (chess, etc.) move

**hamlık** *a.* 1. unripeness, greenness, rawness 2. inexperience 3. lack of condition

**hammadde** *a.* raw material

**hamsi** *a.* anchovy

**hamur** *a.* 1. dough, paste 2. paper pulp 3. grade, quality (of paper) 4. essence, nature **hamur açmak** to roll out dough **hamur işi** pastry **hamur yoğurmak** to knead dough

**han** *a.* 1. inn; caravanserai 2. large commercial building 3. khan, sovereign, ruler

**hancı** *a.* innkeeper

**hançer** *a.* dagger

**handikap** *a.* handicap

**hane** *a.* 1. house 2. household 3. division, section 4. *mat.* column 5. (chessboard, etc.) square

**hanedan** *a.* dynasty

**hangar** *a.* 1. large store 2. hangar

**hangi** *s.* which, whichever **Hangi akla hizmet ediyor** Why on earth is he/she doing such a silly thing? **hangi biri** which one **Hangi dağda kurt öldü** How come?

**hangisi** *adl.* which one, which (of them)

**hanım** *a.* 1. lady 2. mistress (of a house) 3. wife * *s.* ladylike **hanım evladı** mollycoddle, milksop, mother's darling **hanım hanımcık** a) model (housewife) b) proper (lady)

**hanımböceği** *a.* ladybug

**hanımefendi** *a.* 1. lady 2. madam, ma'am

**hanımeli** *a.* honeysuckle

**hani** *be.* 1. where 2. what happened to 3. you know; well 4. to tell the truth; actually; well 5. (said to *sb* who breaks his promise) you said/promised (that) **hanidir** for a long time, donkey's years

**hantal** *s.* 1. clumsy, coarse, awkward 2. cumbersome, awkward; bulky

**hap** *a.* pill, tablet **hapı yutmak** *k. dili* to be in trouble, to be done for

**hapçı** *a, arg.* drug addict

**hapır hapır, hapır hupur** *be.* (to eat) fast and noisily

**hapis** *a.* 1. imprisonment 2. prison, gaol, jail 3. prisoner **hapis yatmak** to be in prison, to serve time **hapse atmak** to gaol, to imprison, to jail *Aİ.*

**hapishane** *a.* prison, jail **hapishaneyi boylamak** to end up in jail

**hapislik** *a.* imprisonment

**hapsetmek** *e.* 1. to imprison, to put in prison/jail, to jail, to goal 2. to lock in 3. to confine

**hapşırık** *a.* sneeze

**hapşırmak** *e.* to sneeze

**hapşu** *ünl.* atishoo

**hara** *a.* stud farm, stud

**harabe** *a.* 1. ruins 2. tumbledown house, building, etc.

**harabelik** *a.* ruins

**haraç** *a.* tribute, racket **haraç mezat satmak** to sell by auction **haraca kesmek** to levy a tribute on

**haraççı** *a.* racketeer, extortionist

**harakiri** *a.* hara-kiri

**haram** *s.* forbidden by religion, unlawful, wrong **haram etmek** to forbid *sb* the use/enjoyment of

**harap** *s.* 1. ruined, in ruins 2. worn out, exhausted, tired out **harap etmek** to ruin, to destroy **harap olmak** to be ruined

**hararet** *a.* 1. heat 2. fever, temperature 3. thirst 4. ardour, fervour, exaltation **hararet basmak** to feel very thirsty **hararet söndürmek** to quench (one's) thirst

**hararetli** *s.* 1. feverish 2. active, excited, lively 3. vehement, intense, heated

**harbi** *a.* ramrod * *s.* 1. straight, trustworthy, honest, outspoken, 2. true, genuine, real

**harbiye** *a.* military affairs **Harbiye** *a.* War Academy, military college

**harcama** *a.* 1. spending 2. expenses, expenditure

**harcamak** *e.* 1. to spend 2. to use, to use up 3. to waste 4. to sacrifice 5. *arg.* to kill 6. *k. dili* to victimize

**harcırah** *a.* travel allowance/expenses

**harç**[1] *a.* 1. mortar, plaster 2. soil mixture, compost 3. raw materials, ingredients 4. trimming

**harç**[2] *a.* 1. expenditure, outlay, expenses 2. fees

**harçlık** *a.* pocket money, *Aİ.* allowance

**hardal** *a.* mustard

**hare** *a.* moiré, watering

**harekât** *a, ask.* operations, manoeuvres, *Aİ.* maneuvers

**hareket** *a.* 1. movement 2. move 3. motion 4. act, action 5. activity 6. behaviour 7. deed 8. departure **hareket etmek** a) to set out, to depart, to leave b) to move c) to act **hareket ettirmek** to move **harekete geçirmek** to set in motion; to activate **harekete geçmek** to make a move, to start (work)

**hareketlendirmek** *e.* to set in motion, to activate

**hareketlenmek** *e.* to get into action/motion

**hareketli** *s.* 1. moving, active 2. vivacious, animated

**hareketlilik** *a.* 1. activity 2. vivacity, animation

**hareketsiz** *s.* 1. motionless, inactive 2. still 3. static

**hareketsizlik** *a.* 1. immobility, stillness, still, calm 2. inactivity

**hareli** *s.* moiréd, wavy, watered

**harem** *a.* harem

**harf** *a.* letter (of the alphabet) **harfi harfine** exactly, completely, word for ford, to the letter

**harfiyen** *be.* completely, exactly, word for word

**harıl harıl** *be.* 1. continuously, incessantly 2. with great effort **harıl harıl çalışmak** to work hard, to work like hell

**harici** *s.* 1. external, exterior 2. foreign

**hariciye** *a.* 1. foreign affairs 2. external diseases

**hariciyeci** *a.* 1. diplomat 2. specialist in external diseases

**hariç** *a.* 1. the outside, exterior, outer surface 2. abroad, foreign country, foreign place * *s.* external; outside * *be.* except, except for, apart from, excluding

**harika** *a.* wonder, miracle * *s.* wonderful, great, marvellous

**harikulade** *s.* 1. extraordinary, unusual 2. wonderful, marvellous

**haris** *s.* greedy, acquisitive, ambitious

**harita** *a.* map, chart

**haritacı** *a.* cartographer

**haritacılık** *a.* cartography

**harman** *a.* 1. threshing 2. threshing floor 3. grain for threshing 4. harvest, harvest time 5. blend (of tea, tobacco, etc.) **harman dövmek** to thresh **harman etmek** to blend **harman savurmak** to winnow grain

**harmani(ye)** *a.* long cloak

**harmanlamak** *e.* 1. (tobacco, tea, etc.) to blend 2. to go in circles 3. *den.* to go in a circle

**harmoni** *a, müz.* harmony

**harp** *a.* 1. war 2. *müz.* harp **harp açmak** to wage war (against/on) **Harp Akademisi** War Academy **harp malulü** invalid, disabled soldier **Harp Okulu** Military College **harp zengini** war profiteer

**has** *s.* 1. peculiar to, special, proper to 2. pure, unmixed, unadulterated

**hasar** *a.* damage, loss **hasara uğramak** to suffer damage

**hasat** *a.* reaping, harvest **hasat etmek** to reap

**hasbelkader** *be.* by chance, accidentally

**hasbıhal** *a.* chitchat **hasbıhal etmek** to chat, to have a friendly talk

**haset** *a.* envy, jealousy, covetousness **haset etmek** to envy **hasetten çatlamak** to be consumed with jealousy

**hâsıl** *s.* resulting, produced **hâsıl etmek** to produce, to engender **hâsıl olmak** to result, to ensue; be produced, to be obtained

**hâsılat** *a.* 1. produce, products 2. revenue, returns, proceeds

**hâsılı** *a.* in brief, in short

**hasım** *a.* 1. enemy 2. rival

**hasımlık** *a.* enmity, antagonism, hostility

**hasır** *a.* rush *mat,* matting, wickerwork **hasır altı etmek** to shelve, to pigeonhole

**hasırotu** *a.* rush

**hasis** *s.* stingy, miserly, mean, tight

**hasislik** *a.* stinginess, niggardliness

**haslet** *a.* character, moral quality

**hasret** *a.* longing, yearning, nostalgia **hasret çekmek** to long for, to yearn for

**hasret kalmak** to feel the absence of, to miss **hasretini çekmek** a) to long to see again b) to miss, to suffer from the lack of

**hasretlik** *a.* 1. longing, yearning 2. homesickness

**hassas** *s.* 1. sensitive 2. touchy, thin-skinned, oversensitive 3. susceptible (to)

**hassasiyet** *a.* 1. sensitiveness, sensitivity 2. touchiness, oversensitiveness

**hasta** *s.* 1. ill, sick 2. *k. dili* cracked, mad 3. *k. dili* mad/crazy (about) * *a.* patient **hasta düşmek** a) to become ill, to get sick **hasta etmek** a) to make *(sb)* ill b) to drive *sb* mad **hasta olmak** a) to become ill, to get sick b) *mec.* to be mad (about), to be crazy (about), to be keen on, to be fond of **hasta yatağı** sickbed **hastası olmak** to be mad/crazy about, to be fond of **hastaya bakmak** to nurse a patient

**hastabakıcı** *a.* nurse

**hastalanmak** *e.* to get sick, to become ill

**hastalık** *a.* 1. sickness, illness 2. disease 3. addiction, passion **hastalık geçirmek** to be sick, to have an illness **hastalık hastası** hypochondriac **hastalığa yakalanmak** to get sick, to be taken ill

**hastalıklı** *s.* diseased, sickly, ailing, morbid

**hastane** *a.* hospital **hastaneye kaldırmak** to take to hospital **hastaneye yatırmak** to hospitalize

**hastanelik** *s.* needing hospitalization **hastanelik etmek** to bash/beat *(sb)* up

**hâşâ** *ünl.* God forbid! **Hâşâ huzurdan** saving your presence! Excuse the expression!

**haşarat** *a.* insects, vermin

**haşarı** *s.* (child) out-of-hand, naughty

**haşat** *s, arg.* very bad, worn out

**haşere** *a.* insect

**haşhaş** *a.* poppy

**haşır haşır, haşır huşur** *be.* with a scraping sound

**haşin** *s.* (person, behaviour) rude, harsh, rough

**haşinlik** *a.* harshness

**haşiye** *a.* footnote

**haşlama** *a.* boiling * *s.* boiled, stewed

**haşlamak** *e.* 1. to boil, to cook in boiled water 2. to scald 3. *k. dili* to scold, to tell off

**haşmet** *a.* majesty, pomp, grandeur

**haşmetli** *s.* 1. majestic, grand 2. His/Her majesty

**hat** *a.* line **hat bekçisi** linesman **hat çekmek** (telefon, vb.) to install a line

**hata** *a.* mistake, error **hata bulmak** to find fault (with) **hata etmek/yapmak** to make a mistake **hata işlemek** to commit an error, to make a mistake **hata yapmak** to make a mistake, to go wrong **hataya düşmek** to fall into error, to be mistaken

**hatalı** *s.* 1. faulty, erroneous, errant 2. wrong, mistaken

**hatasız** *s.* faultless, perfect **Hatasız kul olmaz** Nobody is perfect.

**hatır** *a.* 1. memory, mind 2. sake 3. one's feelings 4. influence, consideration, weight **hatır senedi** accommodation bill **hatır sormak** to ask after **hatırda kalmak** to be remembered **hatırda tutmak** to bear in mind **hatırı için** for the sake of **hatırı kalmak** to feel hurt, to take offence **hatırı sayılmak** to have influence **hatırı sayılır** a) considerable b) respected **hatırına gelmek** to occur to one, to come to mind **hatırına getirmek** to remind *sb* of *sth* **hatırından çıkarmak** to forget, to pass out of one's mind **hatırını hoş etmek** to please **hatırını kırmak** to hurt the feelings of

**hatır hutur** *be.* crunching **hatır hutur yemek** to crunch, to munch

**hatıra** *a.* 1. memory, remembrance, recollection, reminiscence 2. souvenir, memento, keepsake **hatıra defteri** diary

**hatırat** *a.* memoirs, recollections, memories, reminiscences

**hatırlamak** *e.* to remember

**hatırlatmak** *e.* to remind, to call attention (to)

**hatip** *a.* 1. preacher 2. orator

**hatta** *bağ, be.* 1. even 2. in fact, as a matter of fact 3. as well, also, besides,

moreover
hattat *a*. calligrapher
hatun *a*. 1. woman, lady 2. wife
hav *a*. nap, pile
hava *a*. 1. air 2. weather 3. atmosphere
4. climate 5. *müz*. air, tune 6. wind 7.
liking, pleasure 8. mood 9. style 10.
attractiveness, charm 11. showing-off,
airs 12. naught, nothing, nil **hava akımı**
air current, draught **hava akını** air raid
**hava almak** a) to take the air, to go for
a walk in the fresh air b) *arg*. to get
nothing, to draw a blank c) to let air in
**hava atmak** to show off, to cut a dash
**hava basıncı** atmospheric pressure
**hava basmak** a) to give oneself airs ᴃb)
to speak claptrap c) to pump air (into)
**hava boşluğu** a) air pocket, vacuum b)
air shaft **hava durumu** weather condi-
tion **hava filosu** air fleet **hava geçirmez**
airtight, airproof **hava kabarcığı** bubble
**hava kaçırmak** to lose air **hava karar-
mak** to get dark **hava kirlenmesi** air
pollution **hava kirliliği** air pollution **hava
koridoru** air corridor **hava kuvvetleri**
air forces **hava parası** key money **hava
raporu** weather report **hava tahmini**
weather forecast **hava trafiği** air traffic
**hava üssü** air base **havadan** a) effort-
lessly, for nothing b) empty, worthless
**havadan sudan** at random, randomly,
desultorily **havalara girmek** to put on
airs, to give oneself airs **havasında
olmak** to be in the mood **havasını bul-
mak** to enjoy oneself **havaya gitmek** to
go up in smoke **havaya savurmak** to
waste **havaya uçmak** a) to blow up, to
explode b) to go up in smoke **havaya
uçurmak** to blow up, to explode
havaalanı *a*. airport, airfield, aerodrome
havacı *a*. aviator, airman, pilot
havacılık *a*. aviation, aeronautics, air-
manship
havacıva *s*. trivial, useless
havadar *s*. airy, well-ventilated
havadis *a*. news
havagazı *a*. 1. coal gas, town gas 2. *arg*.
rubbish, nonsense
havai *s*. 1. sky blue 2. aerial 3. flighty,

frivolous
havaküre *a*. atmosphere
havalandırma *a*. ventilation, airing
havalandırmak *e*. 1. to air, to ventilate 2.
to fly, to cause to take off
havalanmak *e*. 1. to be aired 2. (aircraft)
to take off
havale *a*. 1. assignment 2. refer-
ring/transfer (of a matter) 2. money or-
der 3. *hek*. eclampsia **havale etmek** a)
to assign, to transfer b) to refer **havale
göndermek** to send a money order
havaleli *s*. bulky, top-heavy, cumber-
some
havalı *s*. 1. airy, well-ventilated 2. attrac-
tive, eye-catching 3. *arg*. showy, flashy,
swank, swanky 4. pneumatic
havali *a*. neighbourhood, environs
havalimanı *a*. airport
havan *a*. mortar **havan topu** howitzer
havari *a*. disciple, apostle
havasız *s*. airless, stuffy
havasızlık *a*. airlessness
havayolu *a*. airline, airway
havayuvarı *a*. atmosphere
havhav *a*, *ç*. *dili* 1. doggie 2. bark
havlamak *e*. to bark
havlu *a*. towel
havluluk *a*. towel rail/cupboard
havra *a*. synagogue
havsala *a*. 1. intelligence, comprehension
2. *anat*. pelvis **havsalası almamak** to
be unable to comprehend
havuç *a*. carrot
havuz *a*. 1. pond, pool 2. dry dock
Havva *a*. Eve
havyar *a*. caviare
havza *a*. river basin, catchment area
hay *ünl*. Hey! Ah! Oh! Alas! **Hay aksi**
Damn! Shit! **Haydan gelen huya gider**
Easy come easy go.
hayâ *a*. shame, modesty, bashfulness
haya *a*. testicle
hayal *a*. 1. dream; fantasy 2. image 3.
reflection 4. fancy, imagination 5. spec-
tre, phantom **hayal etmek** to imagine
**hayal gibi** like a dream **hayal kırıklığı**
disappointment **hayal kırıklığına uğ-
ramak** to be disappointed **hayal kırıklı-**

**ğına uğratmak** to disappoint **hayal kurmak** to dream, to build castles in the air, to daydream **hayal olmak** a) to remain as a memory in the past b) to fizzle out **hayale dalmak** to daydream, to fall into a reverie **hayale kapılmak** to build high hopes, to labour under a delusion

**hayalci** a. dreamer * s. visionary, fanciful

**hayalet** a. phantom, ghost, spectre, spook

**hayali** s. fantastic, imaginary

**hayalperest** a. dreamer * s. visionary, fanciful

**hayâsız** s. shameless, impudent

**hayat** a. 1. life 2. existence 3. living 4. liveliness, movement **hayat arkadaşı** spouse, wife, husband **hayat kadını** prostitute **hayat memat meselesi** a matter of life and death **hayat hikâyesi** life story **hayat pahalılığı** high cost of living **hayat sigortası** life insurance **hayat standardı** living standard, standard of living **hayata atılmak** to begin to work **hayata gözlerini yummak** to die **hayatı kaymak** arg. to be ruined **hayatına girmek** to come into (one's) life **hayatını kazanmak** to earn one's living **hayatını yaşamak** to live freely **hayatım** my dear, love, lovely, darling, sweetheart, sweetie **hayatta kalmak** to survive **hayatta olmak** to be alive **Hayatta olmaz** No way! Not on your life!

**hayatağacı** a. 1. anat. arborvitae 2. family tree, genealogical tree

**hayati** s. vital

**hayatiyet** a. 1. vitality, vigour 2. liveliness

**haybeden** s, arg. free, for nothing

**haydi, hadi** ünl. 1. Come on! 2. All right! OK! 3. maybe, say **Haydi bakalım** Come on then. **haydi haydi** all the more **Haydi oradan** a) Go away! b) I don't believe you.

**haydisene, hadisene** ünl, k. dili Come on! Come along!

**haydut** a. bandit, brigand, robber

**haydutluk** a. banditry, brigandage

**hayhay** be. certainly, sure, of course

**hayhuy** a. 1. uproar, tumult, confusion 2.

fruitless struggle

**hayıflanmak** e. to lament, to regret, to bemoan

**hayır**[1] be. no

**hayır**[2] a. 1. good, goodness 2. prosperity 3. fortune, well-being 4. usefulness, use 5. charity, beneficence **hayır kalmamak** to be of no more use **hayır kurumu** charitable institution **hayır sahibi** benefactor, donor **hayır gelmemek** to be of no help **Hayırdır inşallah** I hope all is well. I hope there is nothing the matter **Hayra alamet değil.** It augers no good. **hayra yormak** to interpret favourably **hayrını görmek** to benefit from, to enjoy the advantage of

**hayırdua** a. benediction, blessing **hayırdua etmek** to bless

**hayırlı** s. 1. good, advantageous, beneficial 2. auspicious, favourable **Hayırlı yolculuklar** Bon voyage! Have a good trip! **Hayırlısı olsun** Let's hope for the best.

**hayırsever** s. philanthropic, charitable

**hayırsız** s. 1. good for nothing, useless 2. unfaithful

**haykırı** a. scream, outcry, shout

**haykırış** a. cry, shout

**haykırmak** e. to cry out, to shout, to scream

**haylaz** s. idle, lazy * a. idler, loafer

**hayli** s, be. 1. quite, fairly 2. much, many 3. a lot

**hayran** a. admirer, fan, lover * s. filled with admiration **hayran bırakmak** to strike with admiration **hayran kalmak** to be filled with admiration **hayran olmak** to admire

**hayranlık** a. admiration **hayranlık duymak** to feel admiration (for) **hayranlık uyandırmak** to evoke admiration

**hayranlıkla** be. with admiration

**hayret** a. amazement, astonishment, surprise * ünl. Wow! Gosh! **hayret etmek** to be astonished, to be surprised (at) **hayretler içinde kalmak** to be lost in amazement

**hayrola** ünl. What's the matter? What's up?

**haysiyet** *a.* self-respect, personal dignity, amour-propre **haysiyet divanı** court of honour

**haysiyetli** *s.* self-respecting, dignified

**haysiyetsiz** *s.* undignified, dishonourable

**hayta** *a, k. dili* hooligan, hobo

**hayvan** *a.* 1. animal 2. beast of burden 3. *arg.* brute * *s.* 1. brute 2. boorish, rough **hayvan gibi** a) brute; brutal, brutally, brutishly b) enormous, huge, very big/large/great

**hayvanat** *a.* animals **hayvanat bahçesi** zoological garden, zoo

**hayvanbilim** *a.* zoology

**hayvanca** *be.* brutally, brutishly * *s.* brute, brutish

**hayvancılık** *a.* 1. stockbreeding 2. cattle dealing

**hayvani** *s.* 1. animal 2. bestial 3. *k. dili* huge, great, enormous

**hayvanlık** *a.* 1. animalism 2. brutishness, bestiality, brutality

**hayvansal** *s.* animal

**haz** *a.* pleasure, delight, enjoyment **haz duymak** to feel pleasure

**hazan** *a.* autumn, fall

**hazcılık** *a.* hedonism

**hazım** *a.* digestion

**hazımsızlık** *a.* indigestion

**hazır** *s.* 1. ready, prepared 2. present, attending 3. ready-made * *be.* now that, since, while, as long as **hazır bulunmak** to be present, to attend **hazır etmek** to prepare, to get *(sth)* ready **hazır giyim** ready-made clothing **Hazır ol** Attention! **hazır olmak** a) to prepare oneself b) to be present (at)

**hazırcevap** *s.* good at repartee, quick-witted, witty

**hazırlamak** *e.* 1. to prepare 2. to make ready 3. to accustom 4. to cause

**hazırlanmak** *e.* 1. to get ready 2. to prepare 3. to be prepared

**hazırlık** *a.* 1. readiness 2. preparation **hazırlık yapmak** to make preparations

**hazırlıklı** *s.* prepared, well-prepared

**hazırlıksız** *s.* unprepared

**hazırlop** *s.* 1. (egg) hard-boiled 2. got without effort

**hazin** *s.* sad, pathetic, touching, moving

**hazine** *a.* 1. treasure 2. treasury, strong room 3. treasure trove 4. national treasury

**haziran** *a.* June

**hazmetmek** *e.* 1. to digest 2. to stomach, to put up with, to be able to bear/stand

**hazne** *a.* 1. (water) reservoir 2. (gun) chamber 2. *esk.* vagina

**hazzetmek** *e.* to like, to relish

**he** *be, k. dili* yeah **he demek** to okay, to approve

**heba** *a.* waste, loss **heba etmek** to waste, to spoil **heba olmak** to be wasted, to go up in smoke

**hece** *a.* syllable **hece ölçüsü/vezni** syllabic meter

**hecelemek** *e.* to syllable, to utter the syllables of

**hecin** *a, hayb.* dromedary

**hedef** *a.* 1. target, mark 2. object, aim, goal **hedef olmak** to come under sth

**heder** *a.* waste, loss **heder etmek** to waste **heder olmak** to be wasted

**hediye** *a.* present, gift **hediye etmek** to give as a gift

**hediyelik** *s.* suitable to be used as a present

**hegemonya** *a.* hegemony

**hekim** *a.* doctor, physician

**hekimlik** *a.* 1. profession of a doctor 2. medicine, medical science

**hektar** *a.* hectare

**hektogram** *a.* hectogram

**hektolitre** *a.* hectolitre

**hektometre** *a.* hectometre

**hela** *a.* toilet, water closet

**helak** *a.* destruction **helak etmek** to destroy, to kill **helak olmak** to perish

**helal** *s.* canonically lawful, permissible * *a, k. dili* lawful spouse **helal etmek** to give up sth to sb **helalinden** legitimately, honestly, earned

**hele** *bağ, be.* 1. especially, above all 2. at last 3. at least 4. just **Hele şükür** Thank God!

**helecan** *a.* palpitation, excitement

**helezon** *a.* spiral, helix

**helezoni** *s.* helical, spiral

**helikopter** *a.* helicopter
**helis** *a, mat.* helix
**helva** *a.* halvah, halva, sweet made from cereals, pine nuts, sesame oil and honey
**helyum** *a, kim.* helium
**hem** *bağ, be.* 1. both . . . and 2. besides, and also 3. anyway, anyhow 4. in fact, actually **hem de nasıl** and how *kon.* **hem ... hem de** both ... and
**hematoloji** *a.* hematology
**hemcins** *s.* of the same kind/race
**hemen** *be.* 1. right now/away, at once, immediately 2. nearly, almost **hemen hemen** almost, nearly
**hemencecik** *be.* at once, right away
**hemfikir** *s.* of the same opinion, like-minded, agreeable
**hemoglobin** *a.* hemoglobin
**hemşeri** *a.* fellow countryman, fellow townsman, fellow citizen
**hemşerilik** *a.* citizenship
**hemşire** *a.* 1. sister 2. nurse
**hemzemin** *s.* on the same level **hemzemin geçit** level crossing
**hendek** *a.* ditch, trench, moat
**hengâme** *a.* uproar, tumult
**hentbol** *a, sp.* handball
**henüz** *be.* 1. yet, still 2. just now, only just, a little while ago
**hep** *be.* always, all the time * *adl.* all, the whole **hep beraber/birlikte** all together **hepimiz** all of us **hepiniz** all of you
**hepçil** *s.* omnivorous
**hepsi** *adl.* all of it, all of them
**hepten** *be.* completely, entirely
**her** *s.* 1. every 2. each **her an** (at) any moment **her bakımdan** in every respect **her bir** every, each **her biri** every/each one, each **her daim** always **her gün** every day **her iki** both **her kim** whoever **her nasılsa** somehow or other **her ne** whatever **her ne ise** a) anyway, anyhow b) whatever it is **her ne kadar** however much **her ne pahasına olursa olsun** at all costs **her ne zaman** whenever **her nedense** somehow, for some reason **her nerede** wherever **her nerede/nereye** wherever **her nereye** wher-

ever **her neyse** anyway, anyhow **her şey** everything **her şeyden önce** to start with, above all, first and foremost **her şeye rağmen** after all **her tarafta** all around, everywhere, on all sides **her yerde/yere** everywhere **her yerinde** all over **her zaman** always
**hercai** *s.* inconstant, fickle, capricious
**hercaimenekşe** *a, bitk.* wild pansy
**hergele** *a.* 1. unbroken horse 2. scoundrel, rake
**herhalde** *be.* 1. in all probability 2. in any case, no matter whatever happens
**herhangi** *s.* whoever, whatever, whichever **herhangi bir** any **herhangi bir şey** anything **herhangi birisi** anyone, anybody
**herif** *a.* fellow, guy, bloke
**herifçioğlu** *a.* fellow, guy
**herkes** *adl.* everybody, everyone
**hesap** *a.* 1. calculation 2. account 3. bill 4. arithmetic **hesaba almak/katmak** to take into account, to allow for, to make allowances for **hesaba geçirmek** to enter (an item) in an account **hesaba gelmez** countless **hesaba katmak** to take into account, to take into consideration, to consider **hesabı istemek** to ask for the bill/account **hesabı kapatmak** to pay one's debt **hesabını görmek** a) to settle (sb's) account b) to beat, to punish, to kill, to take care of **hesabını temizlemek** to pay one's account **hesap açmak** to open an account **hesap cetveli** slide rule **hesap cüzdanı** bankbook, passbook **hesap defteri** account book **hesap etmek** to calculate, to work out **hesap görmek** a) to pay the bill b) to settle accounts **hesap günü** doomsday **hesap kitap** a) after careful calculation b) after full consideration **hesap makinesi** calculator, calculating machine **hesap pusulası** bill **hesap sormak** to bring/call (*sb*) to account (for) **hesap vermek** to account for **hesaptan düşmek** to deduct
**hesaplamak** *e.* 1. to calculate, to compute, to reckon 2. to take into account
**hesaplaşmak** *e.* 1. to settle outstanding

accounts with each other 2. to settle old scores with, to get even with
**hesaplı** *s.* 1. economical 2. carefully thought out 3. reasonable, moderate
**hesapsız** *a.* 1. countless, incalculable 2. unplanned, not properly considered
**heterojen** *s.* heterogeneous
**hevenk** *a.* bunch of fruit hang up
**heves** *a.* 1. desire, enthusiasm, inclination, great interest, zeal 2. passing desire, fancy **heves etmek** to have a desire, to have a fancy for **hevesi kaçmak** to lose interest **hevesini almak** to satisfy a desire
**heveslenmek** *e.* to desire, to be eager
**hevesli** *s.* desirous, enthusiastic, keen, eager * *a.* dilettante, amateur
**hey** *ünl.* Hey!
**heybe** *a.* saddlebag
**heybet** *a.* grandeur, majesty
**heybetli** *s.* awe-inspiring, grand, imposing, majestic, stately
**heyecan** *a.* 1. excitement 2. enthusiasm, emotion **heyecan duymak** a) to get excited b) to be enthusiastic **heyecan uyandırmak** to arouse excitement
**heyecanlandırmak** *e.* 1. to excite, to thrill 2. to upset, to disturb
**heyecanlanmak** *e.* 1. to get excited, to get carried away 2. to be upset
**heyecanlı** *s.* 1. excitable, lively 2. excited, thrilled 3. exciting, thrilling
**heyecansız** *s.* 1. calm, unexcited 2. unexciting
**heyelan** *a.* landslide, landslip
**heyet** *a.* committee, commission, board
**heykel** *a.* statue **heykel gibi** statuesque
**heykelci** *a.* sculptor
**heykelcilik** *a.* sculpture
**heykeltıraş** *a.* sculptor
**heykeltıraşlık** *a.* sculpture
**heyula** *a.* bogy, spook, spectre
**hezeyan** *a.* 1. nonsensical talk 2. *hek.* delirium
**hezimet** *a.* crushing defeat, rout **hezimete uğramak** to be completely defeated **hezimete uğratmak** to rout
**hıçkırık** *a.* 1. hiccup, hiccough 2. sob **hıçkırık tutmak** to have the hiccups

**hıçkırmak** *e.* 1. to hiccup 2. to sob
**hıfzıssıhha** *a.* hygiene
**hık mık etmek** *e.* to hum and haw
**hım** *ünl, k. dili* hmm
**hımbıl** *s.* slothful, slack, lazy
**hımhım** *a.* one who speaks through his nose
**hıncahınç** *s.* chock-a-block, chock-full
**hınç** *a.* rancour, grudge, hatred **hıncını almak** to get one's revenge
**hınzır** *a.* 1. beast, swine 2. cunning foul fellow
**hınzırlık** *a.* dirty trick
**hır** *a.* 1. snarling sound 2. *arg.* quarrel **hır çıkarmak** *arg.* to start a quarrel, to kick up a row
**hırbo** *s, arg.* loutish, boorish * *a.* lemon, jerk, stupid bloke
**hırçın** *s.* 1. ill-tempered, cross, peevish 2. angry
**hırçınlık** *a.* bad temper, peevishness
**hırdavat** *a.* 1. hardware, ironmongery 2. junk, scraps, trash
**hırgür** *a, k. dili* noisy quarrel, squabble
**hırıldamak** *e.* to snarl, to growl
**hırıltı** *a.* 1. wheeze, wheezing sound 2. snarl
**Hıristiyan** *a, s.* Christian
**Hıristiyanlık** *a.* 1. Christianity 2. Christendom
**hırka** *a.* 1. cardigan 2. padded and quilted jacket
**hırlamak** *e.* 1. to snarl (at) 2. to wheeze 3. *k. dili* to rail (at)
**hırlaşmak** *e.* 1. (dogs) to snarl at each other 2. *k. dili* to wrangle, to squabble
**hırpalamak** *e.* 1. to ill-treat, to treat roughly, to manhandle 2. to rough up, to misuse 3. to beat
**hırpani** *s, k. dili* ragged, shabby, tattered
**hırs** *a.* 1. avarice, greed, ambition, passion 2. fury, anger, rage **hırsından çatlamak** to be ready to burst with anger **hırsını alamamak** to be unable to control one's anger **hırsını çıkarmak** to vent one's spleen (on)
**hırsız** *a.* thief, burglar * *s.* thieving
**hırsızlık** *a.* theft, thieving, thievery **hırsızlık etmek/yapmak** to steal, to thieve

H

**hırslanmak** *e.* to become furious, to get angry, to lose one's temper

**hırslı** *s.* 1. greedy, avaricious, ambitious, desirous 2. angry, furious 3. passionate

**hırt** *s.* silly, stupid, ninny, boor

**hısım** *a.* relative, kin **hısım akraba** kith and kin

**hısımlık** *a.* kinship, relationship

**hışıldamak** *e.* to wheeze

**hışıltı** *a.* wheeze, rustling noise

**hışım** *a.* anger, rage, fury **hışmına uğramak** to incur the wrath of

**hışır hışır** *be.* with a rustling sound

**hışırdamak** *e.* to rustle

**hışırtı** *a.* rustle

**hıyanet** *a.* 1. treachery, perfidy 2. treason

**hıyar** *a.* 1. cucumber 2. *arg.* lemon, nignog, duffer

**hıyarağa(sı)** *a, arg.* lemon, nignog, duffer

**hız** *a.* 1. speed 2. impetus, momentum 3. velocity **hız almak** to get up speed **hız göstergesi** *oto.* speedometer, *k. dili* speedo **hız yapmak** to speed **hızını alamamak** a) to be out of control, to be unable to slow down b) to be unable to get up to speed **hızını almak** a) to subside, to lose force b) to slow down

**hızar** *a.* large saw, pit saw

**hızlandırmak** *e.* to speed up, to accelerate

**hızlanmak** *e.* to gain speed, to be accelerated, to speed up

**hızlı** *s.* 1. fast, rapid, speedy, swift 2. quick 3. *k. dili* rakish * *be.* 1. fast 2. quickly

**hızlılık** *a.* speed, velocity

**hızölçer** *a.* anemometer

**hibe** *a.* donation, gift **hibe etmek** to donate, to give

**hiciv** *a.* satire; lampoon

**hicivci** *a.* satirist

**hicret** *a.* 1. emigration 2. the Hegira

**hicvetmek** *e.* to satirize

**hiç** *be.* 1. never, not at all 2. (in questions) ever * *a.* nothing **hiç de** in no way **hiç değilse/olmazsa** at least **hiç mi hiç** not in the least **hiç kimse** nobody, no one **hiç yoktan** for no reason, out of nothing **Hiç yoktan iyi** Better than nothing at all. **hiçe saymak** to think nothing of, to disregard

**hiçbir** *s.* no, not any **hiçbir şekilde** in no way, by no means **hiçbir şey** nothing **hiçbir yerde/yere** nowhere **hiçbir zaman** never

**hiçbiri** *adl.* none

**hiçci** *a, fel.* nihilist * *s.* nihilistic

**hiççilik** *a, fel.* nihilism

**hiçlik** *a.* 1. nothingness, nullity, utter insignificance 2. poverty

**hiddet** *a.* anger, rage, fury

**hiddetlendirmek** *e.* to anger, to exasperate

**hiddetlenmek** *e.* 1. to get furious 2. to be angry (with)

**hiddetli** *s.* angry, furious

**hidrat** *a, kim.* hydrate

**hidroelektrik** *s.* hydroelectric **hidroelektrik santral** hydroelectric power plant

**hidrofil** *s.* 1. absorbent 2. hydrophilic **hidrofil pamuk** absorbent cotton

**hidrofobi** *a.* hydrophobia

**hidrofor** *a.* air pressure tank

**hidrojen** *a, kim.* hydrogen **hidrojen bombası** hydrogen bomb, H-bomb

**hidrokarbon** *a, kim.* hydrocarbon

**hidroklorik asit** *a, kim.* hydrochloric acid

**hidroksit** *a, kim.* hydroxide

**hidrolik** *s.* hydraulic * *a.* hydraulics

**hidroloji** *a.* hydrology

**hidrometre** *a.* hydrometer

**hidrosfer** *a.* hydrosphere

**hidroterapi** *a.* hydrotherapy

**higrometre** *a.* hygrometer

**hikâye** *a.* 1. story, tale 2. short story 3. yarn, fable, story **hikâye anlatmak** a) to tell a story b) *mec.* to spin a yarn

**hikâyeci** *a.* 1. short story writer 2. storyteller, narrator

**hikâyelemek** *e.* to narrate

**hikmet** *a.* 1. wisdom 2. *esk.* philosophy 3. real meaning, hidden meaning 4. purpose, point

**hilal** *a.* crescent, new moon

**hile** *a.* trick, ruse, wile, stratagem, fraud **hile yapmak** to swindle, to cheat

**hilebaz** *a.* trickster, fraud, swindler * *s.* deceitful, tricky, wily hileci *bkz.* **hilebaz**

hilekâr *a.* trickster, fraud, swindler * *s.* deceitful, tricky, wily

hilekârlık *a.* deceit, guile

hileli *s.* 1. tricky, false 2. adulterate, impure **hileli iflas** fraudulent bankruptcy

hilesiz *s.* 1. free of trickery, free of fraud 2. pure, unadulterated

hilkat *a, esk.* 1. creation 2. natural disposition/form **hilkat garibesi** monstrosity, freak

himaye *a.* 1. protection, defence 2. patronage, support **himaye etmek** to protect, to patronize **himayesinde** under the protection of **himayesine almak** to take *sb* under one's protection, to patronize

himen *a, anat.* hymen

hindi *a.* turkey **hindi gibi kabarmak** to get puffed up

hindiba *a, bitk.* chicory, succory

hindistancevizi *a.* 1. coconut, coconut palm 2. nutmeg, nutmeg tree

hinoğluhin *a.* scoundrel, very crafty fellow

hintdomuzu *a.* 1. Indian wild boar 2. guinea pig, cavy

hintkamışı *a.* bamboo

hintkeneviri *a.* Indian hemp

hintyağı *a.* castor oil

hiperbol *a.* hyperbola

hiperbolik *s.* hyperbolic

hipermetrop *s.* longsighted, farsighted, hypermetropic

hipnotize *s.* hypnotized **hipnotize etmek** to hypnotize

hipnotizma *a.* hypnosis, hypnotism

hipnoz *a.* hypnosis

hipodrom *a.* hippodrome

hipofiz *a.* pituitary gland

hipopotam *a, hayb.* hippopotamus, *k. dili* hippo

hipotenüs *a.* hypotenuse

hipotez *a.* hypothesis

hippi *a.* hippie, hippy

his *a.* 1. feeling 2. emotion 3. sensation 4. sense **hislerine kapılmak** to be carried away by one's feelings

hisar *a.* castle, fort

hislenmek *e.* to be affected/moved/touched

hisli *s.* sensitive

hisse *a.* share, allotted portion, part, lot **hisse senedi** share certificate

hissedar *a.* shareholder, stock holder

hisseli *s.* divided into shares

hissetmek *e.* 1. to feel 2. perceive 3. to sense

hissi *a.* emotional, sentimental

hissiz *s.* 1. insensitive, callous, unfeeling, stolid 2. numb

histeri *a, hek.* hysteria

histoloji *a, hek.* histology

hiş, hişt *ünl, k. dili* 1. Hist! 2. Hey! Look here!

hitabe *a.* speech, address

hitaben *be.* addressing

hitap *a.* addressing, address **hitap etmek** to address

Hitit *a.* Hittite

hiyerarşi *a.* hierarchy

hiyeroglif *a.* hieroglyphics

hiza *a.* line, level, alignment **hizaya gelmek** a) to form a line, to line up b) *k. dili* to get into line, to shape up, to behave

hizip *a.* clique, faction

hizipçi *a.* member of a clique

hizipçilik *a.* factionalism, cliquishness

hizmet *e.* 1. service 2. duty 3. care, attention **hizmet etmek** to serve **hizmetinde olmak** to be in the service of

hizmetçi *a.* maidservant, maid

hizmetkâr *a.* manservant

hizmetli *a.* employee, servant

hobi *a.* hobby

hoca *a.* 1. hodja, Muslim preacher 2. teacher

hodbin *s.* selfish, egoistic, egotistic, conceited

hodri meydan *ünl, k. dili* Come and try! I dare you!

hohlamak *e.* to breathe upon

hokey *a, sp.* hockey

hokka *a.* 1. inkwell, inkstand 2. cup, pot

hokkabaz *a.* 1. juggler, conjurer 2. cheat, shyster

hol *a.* hall

H

**holding** *a.* holding company

**homo** *a, s, k. dili* homo, homosexual, gay

**homojen** *s.* homogeneous

**homoseksüel** *s.* homosexual

**homur homur** *be.* in a muttering manner

**homurdanmak** *e.* to mutter, to grumble, to grouch

**homurtu** *a.* 1. muttering, mutter 2. growl of a bear

**hop** *ünl.* Up! Now then! Jump! **hop dedik** Look out! Watch out! **hop diye** out of the blue, suddenly **hop hop** Stop!

**hoparlör** *a.* speaker, loudspeaker

**hoplamak** *e.* to jump up and down, to bounce

**hoplatmak** *e.* to bounce

**hoppa** *s.* flighty, frivolous, volatile

**hoppala** *ünl.* 1. There you go! That's it! 2. Upsydaisy! 3. How strange! Gosh!

**hoppalık** *a.* frivolity, flightiness

**hor** *s.* contemptible, despicable **hor görmek** to despise, to look down on/upon, to belittle **hor kullanmak** to misuse, to mishandle **hora geçmek** to be appreciated

**hora** *a.* cyclic dance **hora tepmek** to stomp

**horlamak** *e.* 1. to snore 2. to despise, to look down upon 3. to hurt (sb's) feelings

**hormon** *a, biy.* hormone

**horoz** *a.* 1. cock, rooster 2. hammer, cock (of a gun) **horoz dövüşü** cockfight **Horozu çok olan köyün sabahı geç olur** Too many cooks spoil the broth.

**horozlanmak** *e.* to strut, to swagger, to swank

**hortlak** *a.* ghost, spook

**hortlamak** *e.* to rise from the dead/grave, to rise again

**hortum** *a.* 1. hose, hosepipe 2. *hayb.* trunk, proboscis 3. tornado, waterspout

**horul horul** *be.* snoring loudly

**horuldamak** *e.* to snore

**horultu** *a.* snore, snoring

**hostes** *a.* stewardess, air hostess

**hoş** *s.* 1. pleasant, nice 2. charming * *be.* nicely * *bağ, be.* still, however, yet, nevertheless, even, well **Hoş geldiniz** Welcome. **hoş görmek** to tolerate, to allow

**hoş görmemek** to disapprove **hoş karşılamak** to approve, to connive **hoşa gitmek** to be liked **hoşuna gitmek** to please, to appeal (to sb)

**hoşaf** *a.* stewed fruit, compote **hoşaf gibi** exhausted, tired out, worn-out, deadbeat, all in **hoşafına gitmek** *k. dili* please, to amuse

**hoşbeş** *a.* chat **hoşbeş etmek** to chat, to have a chat

**hoşça** *be.* pleasantly **Hoşça kal/kalın** Goodbye.

**hoşgörü** *a.* tolerance, indulgence

**hoşgörülü** *s.* tolerant, indulgent

**hoşgörülülük** *a.* tolerance

**hoşgörüsüz** *s.* intolerant

**hoşgörüsüzlük** *a.* intolerance

**hoşlanmak** *e.* to like, to enjoy

**hoşlanmamak** *e.* to dislike

**hoşlaşmak** *e, k. dili* to like one another

**hoşluk** *a.* pleasantness, happiness, comfort

**hoşnut** *s.* satisfied, pleased, contented (with) **hoşnut etmek** to please **hoşnut olmak** to be pleased (with)

**hoşnutluk** *a.* satisfaction, contentment

**hoşnutsuz** *s.* discontented, displeased

**hoşnutsuzluk** *a.* dissatisfaction, discontent

**hoşsohbet** *s.* nice to talk to

**hovarda** *s.* spendthrift, prodigal * *a.* gadabout, debauchee, libertine

**hovardalık** *a.* rakishness, debauchery **hovardalık etmek** to go to town

**hoyrat** *s.* rough, coarse, clumsy

**hödük** *s.* boorish * *a.* boor; lout, bumpkin, hick, clodhopper, yahoo, yokel

**höpürdetmek** *e.* to slurp, to sip noisily

**höpürtü** *a.* noisy sip, slurp

**hörgüç** *a.* hump (of a camel)

**höst** *ünl.* Whoa! Wo!

**höyük** *a.* tumulus, mound

**hu** *ünl.* Hey! Hi (there)!

**hububat** *a.* cereals, grains

**hudut** *a.* 1. border, boundary 2. limit, end

**hudutlu** *s.* limited

**hudutsuz** *s.* unlimited, boundless

**hukuk** *a.* 1. law, jurisprudence 2. rights **Hukuk Fakültesi** the Law Faculty **hu-**

kuk müşaviri legal adviser
hukukçu a. jurist
hukuki s. legal, juridical
hukuki, hukuksal s. legal, juridical
hulasa a. summary, outline * be. in short
hulya a. daydream, fancy **hulyaya dalmak** to fall into a reverie
humma a. fever
hummalı s. feverish
humus a. humus
hunhar s. bloodthirsty
huni a. funnel
hurafe a. superstition, old wive's tale
hurda a. scrap, junk **hurda demir** scrap iron **hurda fiyatına** for its scrap value **hurdaya çıkarmak** to scrap, to junk
hurdacı a. scrap dealer, junkman
hurdahaş s. smashed to bits, bashed up
huri a. houri **huri gibi** very beautiful
hurma a. date **hurma ağacı** date palm
hurufat a. 1. type 2. typeface
husul a. occurring, taking place **husule gelmek** to occur, to come into existence **husule getirmek** to produce, to bring about
husumet a. enmity, hostility
husus a. 1. matter, subject, question 2. point, respect
hususi s. 1. special 2. particular 3. private, personal
hususiyet a. 1. peculiarity 2. characteristic 3. intimacy
husye a, anat. testicle
huy a. 1. habit, temper, disposition, temperament 2. nature, natural tendency **huyuna (suyuna) gitmek** to humour, to indulge
huylandırmak e. to disturb, to upset, to annoy, to make uneasy
huylanmak e. 1. to become nervous/uneasy/disturbed/upset/restless 2. (a horse, etc.) to become restive 3. to become suspicious
huylu s. 1. having (a certain) disposition 2. suspicious
huysuz s. bad-tempered, disagreeable, cranky, ill-tempered, ill-natured, ill-humoured, cantankerous
huysuzlanmak e. to become bad-

tempered, to fret
huzme a, fiz. beam
huzur a. 1. presence, attendance 2. peace, ease, quiet, comfort **huzurunu kaçırmak** to unsettle
huzurevi a. rest home, old age asylum
huzurlu s. 1. peaceful, tranquil 2. untroubled, happy 3. comfortable
huzursuz s. uneasy, troubled, restless
huzursuzluk a. uneasiness, disquiet, restlessness
hücre a. 1. cell 2. alcove, niche
hücum a. 1. attack, assault 2. rush **hücum etmek** a) to attack b) to mob, to rush
hücumbot a. assault boat
hükmen be, sp. by the decision of the referee **hükmen mağlup sayılmak** to default
hükmetmek e. 1. to rule, to dominate 2. to judge, to conclude
hüküm a. 1. rule, authority 2. command, edict 3. judgement, verdict 4. judicial sentence/decision 5. government 6. effect, influence 7. importance 8. provision, condition 9. influence, effect **hüküm giydirmek** to pass sentence (on) **hüküm giymek** to be sentenced, to be condemned **hüküm sürmek** to rule, to reign **hüküm vermek** a) to arrive at a decision/opinion b) to pass sentence **hükmü geçmek** a) to have authority (over), to carry weight (with) b) to expire (validity), to be over with **hükmü olmak** to be in force
hükümdar a. ruler, monarch, sovereign
hükümdarlık a. 1. sovereignty 2. kingdom
hükümet a. 1. government, administration 2. government office/building **hükümet darbesi** coup d'état **hükümet konağı** government office
hükümlü s. condemned, sentenced * a. convict
hükümran s. ruling, sovereign
hükümranlık a. sovereignty
hükümsüz s. invalid, null, null and void
hükümsüzlük a. nullity, invalidity
hümanist a, s. humanist

hümanizm *a.* humanism
hümayun *s.* 1. imperial 2. felicitous
hüner *a.* skill, talent, dexterity, knack
hünerli *s.* skilful, skilled, talented, dexterous, practised, adroit, adept
hüngür hüngür *be.* sobbingly **hüngür hüngür ağlamak** to cry one's eyes / heart out
hünkâr *a.* sovereign, sultan
hür *s.* free
hürmet *a.* respect, regard **hürmet etmek** to respect, to honour
hürmeten *be.* out of respect
hürmetli *s.* respectful, respectable
hürmetsiz *s.* disrespectful
hürmetsizlik *a.* disrespect
hürriyet *a.* freedom, liberty
hüsnükuruntu *a.* wishful thinking
hüsran *a.* disappointment, frustration **hüsrana uğramak** to be disappointed/frustrated
hüviyet *a.* 1. identity 2. *k. dili* identity card **hüviyet cüzdanı** identity card/certificate
hüzün *a.* sadness, melancholy, sorrow, grief, the blues
hüzünlendirmek *e.* to sadden, to grieve
hüzünlenmek *e.* to feel sad, to grieve
hüzünlü *s.* sad, sorrowful, mournful, woeful, heartsick; pensive, melancholy, blue

# I

I, ı *a.* the eleventh letter of the Turkish alphabet
ıhlamur *a.* 1. lime, lime tree, linden 2. lime tea
ıkınmak *e.* 1. to hold one's breath when making great efforts 2. to exert one's strength when bearing a child or defecating **ıkına sıkına** with great effort **ıkınıp sıkınmak** to grunt and strain
ılgım *a.* mirage
ılgın *a, bitk.* tamarisk
ılgıt ılgıt *be.* slowly, gently, lightly
ılıca *a.* hot spring, spa
ılık *s.* lukewarm, tepid
ılıkça *s.* slightly tepid, barely warm

ılıklık *a.* tepidity, tepidness
ılım *a.* moderation
ılıman *s.* temperate, mild
ılımlı *s.* moderate, equable, temperate
ılınmak *e.* to become tepid
ılıştırmak *e.* to make tepid/lukewarm
ılıtmak *e.* to make tepid, to warm up
ıpıslak *s.* sopping wet
ıpıssız *s.* (of a place) very lonely, desolate
ıra *a.* character
ırak *s.* far, distant, remote
ırakgörür *a.* 1. binoculars 2. telescope
ıraksak *s, mat, fiz.* divergent
ırgalamak *e.* 1. to shake, to rock, to move 2. *k. dili* to concern
ırgat *a.* 1. labourer, workman 2. *den.* capstan, windlass
ırk *a.* 1. race 2. lineage **ırk ayrımı** racial discrimination
ırkçı *a, s.* racialist, racist
ırkçılık *a.* racialism, racism
ırmak *a.* river
ırz *a.* 1. honour 2. purity 3. chastity **ırz düşmanı** rapist **ırza tecavüz** rape, violation **ırzına geçmek** to rape, to violate
ısı *a.* 1. heat 2. temperature **ısıya dayanıklı** heat resistant, heat resisting
ısıdenetir *a.* thermostat
ısıl *s.* thermal
ısın *a.* calorie
ısınmak *e.* 1. to grow warm, to warm up 2. to warm to, to begin to like 3. *sp.* warm up
ısıölçer *a.* calorimeter
ısırgan *a, bitk.* nettle
ısırık *a.* bite
ısırmak *e.* to bite
ısıtıcı *a.* heater
ısıtmak *e.* 1. to heat 2. to warm, to warm up
ıska *a, arg.* miss, muff **ıska geçmek** a) to miss (a target) b) *arg.* to disregard, to ignore
ıskalamak *e.* to miss
ıskarmoz *a, den.* 1. rib frame 2. rowlock, thole, tholepin
ıskarta *a.* discard, scrap * *s.* discarded **ıskartaya çıkarmak** to discard, to

scrap, to junk

ıskonto *a.* discount, reduction **ıskonto etmek** to discount

ıskuna *a, den.* schooner

ıslah *a.* improvement, reform, betterment **ıslah etmek** to improve, to better, to redress **ıslah olmak** to reform, to better, to improve

ıslahat *a.* reforms, improvements **ıslahat yapmak** to make reforms

ıslahatçı *a.* reformer

ıslahevi, ıslahhane *a.* approved school, *Aİ.* reformatory, reform school

ıslak *s.* wet

ıslaklık *a.* wetness

ıslamak *e.* to wet

ıslanmak *e.* to get wet

ıslatmak *e.* 1. to wet 2. *arg.* to cudgel, to beat 3. *k. dili* to drink to

ıslık *a.* whistle **ıslık çalmak** to whistle

ıslıklamak *e.* to hoot, to boo, to hiss

ısmarlama *a.* ordering * *s.* 1. ordered, made-to-measure, made-to-order 2. (of clothes) bespoke

ısmarlamak *e.* 1. to order 2. to buy (sb a drink, meal, etc.) 3. to entrust, to commend

ıspanak *a.* spinach

ıspatula *a.* spatula

ıspazmoz *a.* spasm

ısrar *a.* insistence **ısrar etmek** to insist (on)

ısrarla *be.* insistently

ısrarlı *s.* insistent

ıssız *be.* desolate, lonely, deserted

ıssızlaşmak *e.* to become deserted/desolate

ıssızlık *a.* loneliness, desolation

ıstakoz *a, hayb.* lobster

ıstampa *a.* 1. stamp 2. inking pad

ıstavroz *a.* cross **ıstavroz çıkarmak** to cross oneself

ıstırap *a.* pain, agony, anguish, misery, torment, suffering; sorrow **ıstırap çekmek** to suffer

ışık *a.* light **ışık saçmak** to shine, to give off light **ışık tutmak** a) to shed light (on) b) to light the way (for) **ışık yılı** light-year **(-in) ışığı altında** in the light of

ışıklandırmak *e.* to lighten, to illuminate

ışıklı *s.* illuminated, lightened **ışıklı reklam** neon sign

ışıklılık *a.* luminosity

ışıkölçer *a.* photometer

ışıkölçüm *a.* photometry

ışıksız *s.* without light, unlit, dark

ışıkyuvarı *a, gökb.* photosphere

ışıldak *a.* projector, floodlight

ışıldamak *e.* to gleam, to shine, to glow, to glitter, to twinkle

ışıl ışıl *be.* shining brightly

ışıltı *a.* flash, twinkle, glimmer, glitter, gleam

ışıltılı *s.* glittering, sparkling

ışıma *a.* radiation

ışımak *a.* 1. (of the day) to dawn 2. to shine

ışın *a.* 1. beam 2. ray

ışınetkin *s.* radioactive

ışınetkinlik *a.* radioactivity

ışınım *a.* radiation

ışınölçer *a.* radiometer

ışıtmak *e.* to illuminate

ıtır *a.* perfume, attar, essence **ıtır çiçeği** rose-scented geranium

ıtriyat *a.* perfumes

ıvır zıvır *a.* 1. trifles, trivia, bagatelles 2. baubles * *s.* trifling, trivial, frothy

ızbandut *a.* colossus, hulk, giant **ızbandut gibi** gigantic, colossal

ızgara *a.* 1. grate, grating 2. grid, gridiron, grill * *s.* grilled **ızgara köfte** grilled meatballs **ızgara yapmak** to grill

# i

İ, i *a.* the twelfth letter of the Turkish alphabet

iade *a.* 1. return 2. refusal **iade etmek** to return, to give back

iadeli *s.* (letter) reply-paid **iadeli taahhütlü** (letter) registered and reply paid

iane *a.* 1. donation (of money) 2. help, aid

iaşe *a.* feeding, victualing

ibadet *a.* worship **ibadet etmek** to worship

ibadethane *a.* temple, house of God

**ibare** *a.* sentence, expression, paragraph, clause

**ibaret** *s.* consisting (of), composed (of) **ibaret olmak** to consist (of), to be made up (of)

**ibibik** *a.* hoopoe

**ibik** *a.* 1. *hayb.* comb, crest 2. *anat.* crista

**iblis** *a.* 1. devil, demon, imp 2. evil person, demon

**iblis** *a.* Satan, the Devil

**ibne** *a, kab.* 1. gay, queer, queen, fairy, pansy, poof, poofter, *Aİ.* fag, faggot 2. *arg.* bastard, arsehole * *s.* gay, camp

**ibnelik** *a, kab.* 1. gayness 2. roguery

**ibra** *a.* acquittal, absolution **ibra etmek** to acquit

**ibraz** *a.* presentation, display **ibraz etmek** to present, to show

**ibre** *a.* 1. pointer, indicator 2. magnetic needle 3. hand (of clock/watch)

**ibret** *a.* lesson, example **ibret almak** to draw a lesson (from) **ibret olmak** to be a lesson to

**ibrik** *a.* ewer, long-spouted water pitcher

**ibrişim** *a.* silk thread

**icap** *a.* necessity, requirement **icap etmek** to be necessary, to require **icabına bakmak** a) to see to b) *arg.* to take care of *(sb),* to kill **icabında** if needed, if need *be,* if necessary

**icat** *a.* invention **icat etmek** to invent

**icra** *a.* 1. carrying out, execution 2. performance 3. legal action for collection of a debt **icra etmek** to execute, to perform **icra memuru** bailiff, executive officer **icraya vermek** to refer to the court of bailiff

**icraat** *a.* actions, operations, performances

**icracı** *a.* performer

**iç** *a.* 1. the inside, the interior 2. internal organs of the body 3. heart, mind, will * *s.* internal, interior, inner, inside **iç açıcı** cheering, pleasant **iç çamaşırı** underwear, underclothing **iç deniz** *bkz.* **içdeniz iç etmek** *arg.* to pocket, to pinch, to nick **iç hastalıkları** internal diseases **iç hat** a) domestic line b) domestic communications **iç içe** a) one within the other b) (room) one opening into another **iç lastik** *oto.* inner tube **iç organlar** internal organs, viscera **iç pazar** domestic market **iç savaş** civil war **iç ticaret** domestic trade, home trade **iç tüketim** home consumption **içi açılmak** to feel relieved, to be cheered up **içi bayılmak** a) to feel faint (with hunger) b) to feel sick (from eating sweets, etc.) **içi bulanmak** a) to feel nauseated b) to get suspicious **içi çekmek** to desire, to long for **içi daralmak** to get bored **içi ezilmek** to feel hungry **içi geçmiş** worn out with age **içi gitmek** to desire strongly, to be very anxious to have **içine sığmamak** to be unable to contain oneself **içi içini yemek** to fret about **içi kan ağlamak** to be in deep sorrow **içi parçalanmak** to be cut to the heart **içi rahat etmek** to be relieved **içi sıkılmak** to feel bored **içi titremek** a) to take great care b) to be very cold **içinden** a) from inside (of) b) spontaneously **içinden çıkmak** to solve (a problem, etc.) **içinden çıkamamak** to be unable to settle *(sth)* **içinden geçirmek** to consider, to think about **içinden gelmek** to feel like **içinden okumak** to read to oneself **içini açmak** to unburden one's heart **içini boşaltmak** a) to blow one's stack b) to pour out one's trouble (to) **içini çekmek** to sigh **içini dökmek** to unburden one's heart, to get *sth* off one's chest **içler acısı** heart-rending, heartbreaking, pathetic, miserable

**içbükey** *s, fiz.* concave

**içdeniz** *a, coğ.* inland sea

**içderi** *a.* endoderm

**içebakış** *a.* introspection

**içecek** *a.* beverage, drink

**içedönük** *s.* introverted

**içedönüklük** *a.* introversion

**içekapanık** *s.* schizoid, autistic

**içerde** *be.* 1. inside, in 2. *k. dili* in jail, in prison **içerden** from the inside

**içeri** *a.* inside, interior * *be.* in, inside, to the inside **içeri almak** to admit, to let sb/sth in, to show in **içeri atmak/tıkmak** to put *(sb)* in jail **İçeri buyurun** Please come in. **içeri düşmek** *k. dili* to go to jail **içeri girmek** a) to enter, to go in b) *k. dili* to lose money (in a business deal) c) *k. dili* to go to jail

**içerik** *a.* content, contents

**içerisi** *a.* inside, the interior

**içeriye** *be.* in, inwards

**içerlek** *s.* set back, standing back

**içerlemek** *e.* to resent, to be grieved

**içermek** *e.* to include, to contain, to comprise

**içevlilik** *a.* endogamy

**içgüdü** *a.* instinct

**içgüdüsel** *s.* instinctive

**içgüvey(i), içgüveyisi** *a.* son-in-law living in his wife's parents' house

**içim** *a.* 1. sip, draught 2. taste

**için** *ilg.* 1. for 2. to 3. about

**için için** *be.* 1. secretly 2. internally

**içinde** *ilg.* 1. in 2. within

**içindekiler** *a.* contents, index

**içine** *ilg.* into **içine almak** to include **içine atmak** a) to keep (a problem) to oneself b) to brood over an insult **içine dert olmak** to be a thorn in one's flesh **içine doğmak** to have a hunch, to sense **içine etmek/sıçmak** *kab.* to bugger up, to fuck up, to mess up, to ball(s) up **içine işlemek** a) to affect one deeply b) to chill (one) to the bone, to soak (one) to the skin **içine kapanık** withdrawn, introverted **içine koymak** to enclose, to embed, to insert **içine kurt düşmek** to feel suspicious **içine sinmek** to be satisfied/happy/relieved

**içişleri** *a.* internal affairs, home affairs **İçişleri Bakanı** Minister for Internal Affairs **İçişleri Bakanlığı** Ministry for Internal Affairs

**içitim** *a., hek.* injection

**içitmek** *e., hek.* to inject

**içki** *a.* (alcoholic) drink, liquor **içki âlemi** drinking bout, binge **içki ısmarlamak** to buy a drink (for), to stand *sb* a drink **içki içmek** to drink, to tipple **içkiye düşkün** addicted to drink **içkiyi fazla kaçırmak** to have taken a drop too much

**içkici** *a.* 1. maker or seller of alcoholic drinks 2. heavy drinker

**içkili** *s.* 1. drunk 2. (restaurant) selling alcoholic drinks

**içkulak** *a., anat.* inner ear

**içlenmek** *e.* to be emotionally affected, to take to heart

**içli** *s.* 1. sensitive, emotional 2. sad, touching, moving **içli köfte** meatballs stuffed with cracked wheat

**içlidışlı** *s.* intimate, familiar

**içme** *a.* 1. drinking 2. mineral spring **içme suyu** drinking water

**içmek** *e.* 1. to drink 2. to smoke

**içmeler** *a.* mineral springs

**içmimar** *a.* interior decorator

**içmimarlık** *a.* interior decoration

**içplazma** *a., biy.* endoplasm

**içsalgı** *a., anat.* endocrine, hormone

**içsalgıbezi** *a., anat.* endocrine gland, ductless gland

**içsel** *s.* 1. internal, inner 2. spiritual

**içten** *s.* 1. sincere, candid, frank, outspoken 2. true, unaffected * *be.* from within, from the inside **içten pazarlıklı** sneaky, stealthy **içten yanmalı motor** internal combustion engine

**içtenlik** *a.* sincerity, frankness

**içtenlikle** *be.* sincerely, frankly

**içtenliksiz** *s.* insincere

**içtüzük** *a.* internal regulations, bylaw, standing orders

**içyağı** *a.* suet

**içyüz** *a.* the inside story, the real truth

**idam** *a.* 1. capital punishment 2. execution **idam etmek** to execute **idam sehpası** gallows

**idame** *a.* continuation, perpetuation **idame etmek** to continue, to perpetuate

**idamlık** *s.* 1. (crime) capital 2. (person) condemned to death * *a., k. dili* gallows bird

**idare** *a.* 1. management, direction 2. administration 3. board 4. economy, thriftiness, frugality, austerity, thrift **İdare eder** It's all right/okay/enough. **idare etmek** a) to manage, to direct, to administer b) to control c) to economize, to skimp, to scrimp (on), to scrape, to be frugal d) to make do (with) e) to be enough/sufficient f) to tolerate g) to cover up, to conceal **idare meclisi** board of directors

**idareci** *a.* administrator, manager, organizer * *s.* 1. thrifty, frugal 2. tolerant

**idarecilik** *a.* administration, management

**idareli** *s.* 1. efficient, good at managing 2. economical 3. thrifty **idareli kullanmak** to skimp/economize on

**idareten** *be.* temporarily, as a stopgap

**idari** *s.* managerial, administrative

**iddia** *a.* 1. assertion, claim, thesis 2. false claim, pretension 3. insistence 4. wager, bet **iddia etmek** a) to claim b) to pretend, to purport, to allege c) to insist **iddiaya tutuşmak** to bet, to make a bet

**iddiacı** *a.* obstinate, stubborn

**iddialı** *s.* pretentious, arrogant

**iddianame** *a, huk.* indictment

**iddiasız** *s.* unpretentious

**ide(a)** *a, fel.* idea

**ideal** *a, s.* ideal

**idealist** *a.* idealist * *s.* idealistic

**idealizm** *a.* idealism

**idealleştirmek** *e.* to idealize

**ideoloji** *a.* ideology

**ideolojik** *s.* ideological

**idil** *a, yaz.* idyll, idyl

**idman** *a, sp.* 1. training, exercise, workout 2. sport **idman yapmak** to work out, to practise, to practice *Aİ.*

**idmanlı** *s.* well-trained

**idrak** *a.* 1. perception, comprehension, understanding 2. intelligence 3. attainment, reaching **idrak etmek** a) to perceive, to understand, to comprehend b) to attain, to reach

**idrar** *a.* urine **idrar yolu** urethra

**idrarzoru** *a.* retention of urine

**ifa** *a.* fulfilment, performance, carrying out **ifa etmek** to perform, to execute, to fulfil

**ifade** *a.* 1. expression 2. statement 3. *huk.* deposition, testimony **ifade etmek** to express, to explain, to convey **ifade vermek** to give evidence **ifadesini almak** a) to question b) to record one's testimony c) *arg.* to beat, to whip

**iffet** *a.* 1. chastity 2. honesty, uprightness

**iffetli** *s.* 1. chaste, virtuous 2. upright, honest

**iffetsiz** *s.* 1. unchaste 2. dishonest

**iflah** *a.* betterment, improvement, salvation **iflah olmak** to get better, to get well, to improve **iflah olmaz** incorrigible **iflahı kesilmek** *k. dili* to be exhausted, to be done for **iflahını kesmek** *k. dili* to exhaust, to tire out

**iflas** *a.* bankruptcy, insolvency **iflas bayrağını çekmek/borusunu çalmak** *k. dili* to go bankrupt **iflas etmek** to go bankrupt **iflas ettirmek** to bankrupt

**ifrat** *a.* 1. overdoing, excess 2. exaggeration **ifrata kaçmak** to overdo **ifrata vardırmak** to carry to excess

**ifraz** *a.* 1. parcelling out, allotment 2. secretion **ifraz etmek** a) to parcel out, to allot b) to secrete

**ifrazat** *a, esk.* secretions

**ifrit** *a.* demon **ifrit etmek** to infuriate **ifrit olmak** to go into a rage, to be furious

**ifşa** *a.* disclosure, divulgence **ifşa etmek** to disclose, to reveal

**ifşaat** *a.* revelations, disclosures

**iftar** *a.* 1. the breaking of the Ramadan fast 2. the evening meal during Ramadan **iftar etmek** to break one's fast

**iftihar** *a.* pride **iftihar etmek** to take pride (in), to be proud (of)

**iftira** *a.* slander, slur, smear, aspersion, calumny, libel **iftira atmak** to cast aspersions (on/upon), to slander **iftira etmek** to slander, to slur, to smear

**iftiracı** *a.* slanderer, calumniator

**iguana** *hayb.* iguana

**iğ** *a.* spindle

**iğde** *a, bitk.* oleaster, elaeagnus

**iğdiş** *s.* castrated, gelded, emasculated **iğdiş etmek** to castrate, to geld

**iğfal** *a.* seduction **iğfal etmek** to seduce

**iğne** *a.* 1. needle 2. pin, straight pin, safety pin 3. pointer, needle 4. *hayb.* spicule, sting 5. brooch, pin 6. fishhook 7. syringe, hypodermic syringe 8. injection, shot 9. *k. dili* pinprick, sarcasm **iğne atsan yere düşmez** very crowded **iğne deliği** a) the eye of a needle b) pinhole, pinprick **iğne ipliğe dönmek** to become skin and bones, to waste away

**iğne olmak** to have on injection **iğne yapmak** to give an injection **iğneye iplik geçirmek** to thread a needle

**iğneardı** *a.* backstitch

**iğneci** *a.* person who gives hypodermic injections

**iğnedenlik** *a.* pincushion

**iğnelemek** *e.* 1. to pin, to prick 2. to hurt sb's feelings being sarcastic; to cut *(sb)*

**iğneleyici** *s.* sarcastic, cutting, biting, sharp

**iğneli** *s.* 1. having a needle/pin/thorn/sting 2. pinned 3. sarcastic, biting, cutting, sharp

**iğnelik** *a.* pincushion

**iğrenç** *s.* disgusting, revolting, loathsome, repulsive, repellent, nasty

**iğrençlik** *a.* loathsomeness, repulsiveness

**iğrendirmek** *e.* to disgust, to revolt

**iğrenmek** *e.* to be disgusted, to loathe, to revolt (at), to detest, to abominate

**iğreti** *s.* 1. borrowed 2. temporary, makeshift 3. false, fake

**iğretileme** *a.* metaphor

**ihale** *a.* adjudication, awarding **ihale etmek** to adjudicate, to award **ihaleye çıkarmak** to put out to tender

**-i hali** *a, dilb.* accusative (case)

**ihanet** *a.* 1. treachery, treason, betrayal 2. unfaithfulness, infidelity, disloyalty **ihanet etmek** a) to betray, to go back on b) to be unfaithful (to), to play *(sb)* false

**ihbar** *a.* 1. denunciation 2. informing **ihbar etmek** a) to denounce, to inform against/on b) to inform, to notify

**ihbarcı** *a.* informer, denouncer

**ihbarlı** *s.* 1. informed 2. (telephone call) person-to-person

**ihbarname** *a.* notice, notification

**ihlal** *a.* violation, disobeying, infraction, infringement, transgression **ihlal etmek** to break to, to infringe, to violate

**ihmal** *a.* negligence, carelessness, inattention, laxity **ihmal etmek** to neglect, to be careless

**ihmalci** *s.* negligent, neglectful, lax

**ihmalcilik** *a.* neglectfulness, negligence,

laxity, laxness

**ihmalkâr** *s.* negligent, neglectful

**ihracat** *a.* exporting, exportation **ihracat yapmak** to export

**ihracatçı** *a.* exporter

**ihraç** *a.* 1. export, exportation 2. expulsion 3. extraction **ihraç etmek** a) to export b) to expel c) to extract

**ihsan** *a.* gift, grant **ihsan etmek** to grant, to bestow

**ihtar** *a.* 1. warning, caution 2. admonition, reprimand **ihtar etmek** to warn, to remind

**ihtarname** *a.* 1. official warning 2. protest

**ihtilaf** *a.* conflict, dispute, disagreement

**ihtilal** *a.* revolution

**ihtilalci** *a, s.* revolutionary

**ihtimal** *a.* probability, possibility * *s.* probable, possible * *be.* probably, very likely **ihtimal vermek** to deem likely

**ihtimam** *a.* care, careful attention, painstaking **ihtimam etmek/göstermek** to take great pains (with)

**ihtiras** *a.* 1. passion 2. greed 3. ambition

**ihtiraslı** *s.* passionate, ambitious

**ihtisas** *a.* specialization

**ihtişam** *a.* magnificence, grandeur, splendour, brilliancy, resplendence, resplendency

**ihtiva** *a.* inclusion, containing, hold **ihtiva etmek** a) to contain, to hold b) to include, to compromise

**ihtiyaç** *a.* 1. necessity, need, want, requirement 2. poverty **ihtiyaç duymak** to feel the need (for), to need **ihtiyaç olmak** to be necessary **ihtiyacı olmak** to be in need of, to need

**ihtiyar**[1] *a.* 1. old person 2. *k. dili* gaffer, geezer, oldster, old-timer * *s.* old, aged

**ihtiyar**[2] *a, esk.* selection, option

**ihtiyari** *s.* optional, voluntary

**ihtiyarlamak** *e.* to age, to grow old, to get old

**ihtiyarlık** *a.* oldness, old age **ihtiyarlık sigortası** old age insurance

**ihtiyat** *a.* 1. precaution 2. reserve **ihtiyat akçası** reserve fund **ihtiyat kaydı ile** with reservation

**ihtiyaten** *be.* as a reserve, by way of

precaution

**ihtiyatlı** s. cautious, prudent, provident

**ihtiyatsız** s. imprudent, incautious, rash

**ihtiyatsızlık** a. imprudence, rashness **ihtiyatsızlık etmek** to act imprudently

**ihya** a. vivification, revitalization **ihya etmek** a) to invigorate, to enliven b) to bring good fortune **ihya olmak** to be fortunate

**ikamet** a. residence, residing, dwelling **ikamet etmek** to dwell, to reside

**ikametgâh** a. residence, domicile

**ikaz** a. warning, caution **ikaz etmek** to warn

**ikbal** a. prosperity

**ikebana** a. ikebana

**iken** bağ. while, when

**iki** a, s. two **iki ateş arasında kalmak** to be caught between two fires **iki ayağını bir pabuca sokmak** to hustle, to rush (sb) **iki büklüm** bent double with age/infirmity **iki defa** twice **iki dirhem bir çekirdek** dressed up to the nines **iki eli kanda olsa** no matter how busy he is **iki gözü iki çeşme** in tears **iki gözüm** my dear **iki çift söz** a word or two, few words **iki dirhem bir çekirdek** dressed up to kill **iki kat** a) doubled, folded b) bent double c) twice **iki katı** double the amount of **iki kere** twice **iki nokta üst üste** colon **iki paralık** good for nothing, worthless **iki paralık etmek** to dishonour, to degrade **iki tek atmak** to have a drink **iki yakası bir araya gelmemek** to be unable to make two ends meet **ikide bir(de)** frequently, now and then, constantly, all the time

**ikianlamlı** s. ambiguous, equivocal

**ikici** a, s, fel. dualist

**ikicilik** a, fel. dualism

**ikidilli** s. bilingual

**ikidüzlemli** s, mat. dihedral

**ikieşeyli** s. bisexual

**ikilem** a. dilemma

**ikilemek** e. 1. to make two, to double 2. to get a second one 3. k. dili to change/shift into second gear

**ikili** s. 1. having two parts 2. double, dual 3. bilateral 4. mat. binary * a. 1. two-

some; couple 2. isk. two 3. müz. duet 4. müz. duo 5. mat. pair **ikili oynamak** to play both ends against the middle **ikili ünlü** diphthong

**ikilik** a. 1. duality 2. discord, disunion, difference 3. müz. half-note

**ikinci** s. 1. second 2. secondary * a. second

**ikincil** s. secondary

**ikindi** a. mid-afternoon

**ikircik** a. hesitancy, hesitation

**ikirciklenmek** e. 1. to hesitate, to be hesitant 2. to get suspicious

**ikircikli** s. hesitant

**ikircim** a. hesitancy, hesitation

**ikircimli** s. hesitant

**ikişekilli** s. dimorphous

**ikişer** s. two each, two at a time **ikişer ikişer** two by two, in twos

**ikiterimli** s, mat. binomial

**ikiyaşayışlı** s, hayb. amphibious * a. amphibian

**ikiyüzlü** s. hypocritical, two-faced * a. hypocrite, double-dealer

**ikiyüzlülük** a. hypocrisy, two-facedness

**ikiz** a, s. twin

**ikizkenar** s, mat. isosceles **ikizkenar üçgen** isosceles triangle **ikizkenar yamuk** isosceles trapezoid

**İkizler (burcu)** a, gökb. Gemini

**iklim** a. climate

**iklimleme** a. air conditioning

**iklimsel** s. climatic

**ikmal** a. 1. finishing, completion 2. servicing, supplying 3. ask. reinforcement, supply 4. make-up examination **ikmal etmek** to complete, to finish **ikmale kalmak** to be conditioned

**ikmalli** s. conditioned

**ikna** a. persuasion **ikna etmek** to persuade, to convince

**ikon** a. icon

**ikrah** a, esk. disgust, loathing, abhorrence **ikrah etmek** to loathe **ikrah getirmek** to begin to loathe

**ikram** a. 1. treating with respect and honour 2. gift, kindness 3. k. dili discount, reduction **ikram etmek** a) to show honour to b) to offer, to treat to c)

*k. dili* to discount
ikramiye *a.* 1. bonus 2. prize in a lottery **ikramiye kazanmak** to win a prize
ikrar *a, esk.* 1. confession 2. acknowledgement **ikrar etmek** to confess, to acknowledge
iksir *a.* elixir
iktibas *a, esk.* quotation, extract, excerpt **iktibas etmek** to quote
iktidar *a.* 1. ability, capacity, power 2. government, power 3. (male) sexual potency, virility **iktidar partisi** the party in power **iktidara gelmek** to come to power **iktidarda olmak** to be in power
iktidarlı *s.* powerful, competent
iktidarsız *s.* 1. weak, incompetent 2. (sexually) impotent
iktidarsızlık *a.* 1. weakness, incapacity 2. impotency
iktisaden *be.* economically
iktisadi *s.* 1. economic 2. economical 3. financial
iktisat *a.* 1. economics 2. economy 3. economy, thrift, saving
iktisatçı *a.* economist
il *a.* 1. administrative province (of a country) 2. country, nation
ila *ilg, esk.* from . . . to, between . . . and . . .
ilaç *a.* 1. medicine, drug 2. remedy, cure
ilaçlamak *e.* to apply medicine, to medicate; to disinfect
ilaçlı *s.* 1. containing medicine/chemical 2. medicated 3. disinfected
ilah *a.* god, deity
ilahe *a.* goddess
ilahi *a.* hymn, psalm * *ünl.* Christ! For Christ's sake!
ilahiyat *a.* theology
ilahiyatçı *a.* theologian
ilam *a, huk.* written copy of court decision
ilan *a.* 1. notice, written announcement 2. declaration, proclamation 3. advertisement, advert **ilan etmek** a) to declare, to announce b) to proclaim c) to advertise **ilanı aşk etmek** to declare one's love (to)
ilave *a.* 1. addition, increase 2. excess 3. extra 4. supplement * *s.* additional **ilave**

**etmek** to add (to)
ilaveli *s.* having a supplement/addition
ilaveten *be.* in addition
ilçe *a.* district, county; commune
ile *ilg, bağ.* 1. with 2. by 3. and **ile beraber/birlikte** a) as soon as, no sooner . . . than b) apart from c) although
ilelebet *be.* forever
ilenç *a.* curse, malediction
ilenmek *e.* to curse
iler(i)de *be.* 1. in the future, later on 2. further on, ahead 3. in front
ileri *a.* 1. front part, forward part 2. future, the future part, the part to come * *s.* 1. forward 2. advanced 3. (watch, clock) fast * *be.* forward, ahead **ileri almak** a) to take forward, to bring forward b) (clock) to put forward, to put on **ileri atılmak/çıkmak** to spring forward **ileri geçmek** to pass forward **ileri gelenler** notables **ileri gelmek** to result from, to arise from **ileri geri konuşmak** to talk out of place **ileri geri sözler** inappropriate words **ileri gitmek** a) to go forward b) to go too far **ileri götürmek** to pass the limit, to carry too far **ileri sürmek** to put forward, to bring forward **ileriyi görmek** to foresee the future, to predict the future
ilerici *a.* progressivist * *s.* progressive
ilericilik *a.* progressivism
ileride *be.* 1. in the future, later on 2. further on, ahead 3. in front
ileriye *be.* forward, ahead
ilerleme *a.* advance, improvement, progress
ilerlemek *e.* 1. to go forward, to move ahead, to advance 2. (time) to pass 3. to develop, to progress 4. to improve, to get better, to better
ilerletmek *e.* 1. to advance 2. to improve 3. to better
ileti *a.* message
iletim *a.* transmittal, transmission
iletişim *a.* communication **iletişim kopukluğu** lack of communication
iletken *a.* conductor * *s.* conducting, conductive
iletkenlik *a.* conductivity

**iletki** *a, mat.* protractor
**iletmek** *e.* 1. to convey, to transmit 2. *fiz.* to conduct
**ilgeç** *a, dilb.* postposition, particle; preposition
**ilgi** *a.* 1. relation, connection 2. concern, interest 3. *kim.* affinity **ilgi çekici** interesting **ilgi çekmek** to arouse interest, to draw attention **ilgi duymak** to be interested (in) **ilgi göstermek** to show interest **ilgi toplamak** to arouse interest, to attract attention **ilgi zamiri/adılı** relative pronoun **ilgisini uyandırmak** to arouse sb's interest
**ilgilendirmek** *e.* to concern, to interest
**ilgilenmek** *e.* to be interested (in), to pay attention
**ilgili** *s.* 1. interested (in) 2. concerned, involved 3. relevant 4. connected (with)
**ilginç** *s.* interesting
**ilgisiz** *s.* 1. indifferent, lukewarm 2. irrelevant, unconnected
**ilgisizlik** *a.* 1. lack of interest, indifference 2. irrelevance
**ilhak** *a, esk.* annexation
**ilham** *a.* inspiration **ilham etmek** to inspire
**ilik¹** *a.* bone marrow **iliklerine kadar ıslanmak** to be soaked to the skin **iliğine işlemek** to penetrate to the marrow **iliğini kurutmak** to make *sb* sick and tired
**ilik²** *a.* buttonhole, button loop
**iliklemek** *e.* to button up
**ilim** *a.* science
**ilinek** *a, fel.* accident
**ilineksel** *s, fel.* accidental
**ilinti** *a.* connection, relation
**ilintili** *s.* connected, related
**ilişik** *s.* 1. attached, enclosed 2. connected, related, relating (to) * *a.* connection, relation, bond **ilişiğini kesmek** a) to sever one's connection (with), to finish with b) to dismiss, to discharge
**ilişki** *a.* 1. relation, connection 2. affinity, bond **ilişki kurmak** a) to get in touch with b) to have sexual relations (with), to have an affair (with)
**ilişkili** *s.* connected, related

**ilişkin** *s.* relating to, concerning, regarding
**ilişkisiz** *s.* unrelated, unconnected
**ilişmek** *e.* 1. to touch lightly, to graze 2. to touch, to meddle with 3. to disturb, to bother 4. to perch, to sit the edge of *sth*
**iliştirmek** *e.* to attach, to fasten
**ilk** *s.* 1. first 2. initial, beginning 3. primary **ilk adım** first step, beginning **ilk defa** for the first time **ilk görüşte** at first sight **ilk göz ağrısı** a) first child b) first love, puppy love **ilk olarak** a) firstly, first b) to begin with **ilk önce** first of all **ilk yardım** *bkz.* **ilkyardım ilk yarı** *sp.* first half
**ilkah** *a, esk.* 1. fertilization 2. insemination
**ilkbahar** *a.* spring
**ilkçağ** *a.* antiquity
**ilkdördün** *a, gökb.* (moon's) first quarter
**ilke** *a.* 1. principle 2. element, basic unit 3. basis
**ilkel** *s.* primitive **ilkel toplum** primitive society
**ilkeleşmek** *e.* to become a principle
**ilkelleşmek** *s.* to become primitive
**ilkellik** *a.* primitiveness
**ilkin** *be.* 1. first, firstly, in the first place 2. at first, at the beginning
**ilkokul** *a.* primary school
**ilköğretim** *a.* primary education
**ilkönce** *be.* first of all, first, firstly
**ilkyardım** *a.* first aid
**ilkyaz** *a.* spring
**illa, illaki, ille** *be.* 1. in any case, whatever happens 2. or else 3. especially, particularly 4. necessarily
**illet** *a.* 1. disease, illness 2. bad habit, addiction 3. *fel.* cause, reason 4. *k. dili* nuisance, pest **illet olmak** to get mad/very angry
**illiyet** *a, esk, fel.* causality
**illüstrasyon** *a.* illustration
**ilmek** *a, bkz.* **ilmik**
**ilmi** *s.* scientific
**ilmik** *a.* 1. loop, bow 2. noose, running knot
**ilmühaber** *a.* certificate
**iltica** *a.* refuge **iltica etmek** to take refuge in

iltifat *a.* 1. courteous/kind treatment, favour 2. compliment **iltifat etmek** to pay a compliment, to compliment

iltihap *a.* inflammation

iltihaplanmak *e.* to get inflamed, to get infected

iltihaplı *s.* inflamed, infected

iltimas *a.* favouritism, protection, patronage **iltimas etmek** to favour, to protect

iltimasçı *a.* protector, patron

iltimaslı *s.* favoured, privileged

im *a.* sign, signal, symbol

ima *a.* 1. allusion, innuendo, hint 2. implication **ima etmek** to imply; to hint at

imaj *a.* image

imal *a.* manufacture, production, making **imal etmek** to make, to produce, to manufacture

imalat *a.* 1. manufactured goods, products 2. production

imalatçı *a.* manufacturer

imalathane *a.* factory, workshop

imalı *s.* 1. allusive 2. implicit

imam *a.* imam **imam nikâhı** wedding performed by an imam

imambayıldı *a.* split aubergines with tomatoes and onions, eaten cold with olive oil

iman *a.* 1. faith, belief 2. religion **iman etmek** to have faith in God **iman getirmek** to convert to Islam **iman sahibi** believer **imana gelmek** a) to convert to Islam b) to see reason **imanı gevremek** to be exhausted; to suffer a lot

imanlı *s.* believing, religious * *a.* believer

imansız *s.* 1. unbelieving 2. cruel, merciless * *a.* unbeliever **imansız peynir** skim milk cheese

imar *a.* public improvements, public works **imar etmek** to improve, to render prosperous

imbat *a.* cool Aegean summer seabreeze

imbik *a.* still, retort **imbikten çekmek** to distill

imdat *a.* help, aid, assistance * *ünl.* Help! **imdadına yetişmek** to come to the help of

imece *a.* collective work

imge *a.* image

imgelem *a.* imagination

imgelemek *e.* to imagine

imgesel *s.* imaginary

imha *a.* destruction, eradication, annihilation **imha etmek** to destroy, to eradicate, to annihilate

imkân *a.* 1. possibility 2. opportunity, chance 3. means **imkân vermek** to allow, to enable; to make it possible

imkânsız *s.* impossible

imkânsızlık *a.* impossibility

imla *a.* spelling, orthography

imleç *a.* *biliş.* cursor

imlemek *e.* 1. to indicate 2. to imply, to hint at

imparator *a.* emperor

imparatoriçe *a.* empress

imparatorluk *a.* 1. empire 2. emperorship

imren *a.* envy, desire, covetousness

imrendirmek *e.* to arouse sb's appetite, to make envious

imrenmek *e.* to envy, to covet

imrenti *a.* envy, desire

imsel *s.* symbolic

imtihan *a.* examination, exam, test **imhitan etmek** to examine **imtihan olmak** to take an examination **imtihana girmek** to take an examination, to sit (for) an exam

imtiyaz *a.* 1. special privilege 2. government concession, franchise 3. autonomy

imtiyazlı *s.* privileged

imza *a.* signature **imza atmak/etmek** to sign **imza sahibi** signer, signatory

imzalamak *e.* to sign

imzalı *s.* signed

imzasız *s.* unsigned

in *a.* 1. lair, den 2. cave

inadına *be.* deliberately, out of obstinacy/spite

inak *a, fel.* dogma

inakçılık *a, fel.* dogmatism

inaksal *s, fel.* dogmatic

inan *a.* 1. belief 2. faith, trust, confidence

inanca *a.* assurance, guarantee

inanç *a.* 1. belief 2. confidence, trust

inançlı *s.* believing, trusting

**inançsız** s. unbelieving, sceptical
**inançsızlık** a. disbelief, scepticism
**inandırıcı** s. convincing, plausible, persuasive
**inandırıcılık** a. plausibility, persuasiveness
**inandırmak** e. to persuade, to convince
**inanılır** s. believable, credible
**inanılmaz** s. unbelievable, incredible
**inanış** a. belief, faith
**inanmak** e. 1. to believe 2. to believe in 3. to trust
**inanmamak** e. 1. to disbelieve 2. not to believe in
**inat** a. 1. obstinacy, stubbornness, persistence 2. k. dili obstinate person **inat etmek** to be stubborn, to persevere **inadı tutmak** to have a fit of obstinacy
**inatçı** s. obstinate, stubborn, dogged, tenacious, adamant, persistant, hkr. bullheaded, pigheaded
**inatçılık** a. obstinacy, stubbornness, pertinacity, persistence
**inatlaşmak** e. to be obstinate with each other
**ince** s. 1. thin 2. slim 3. slender 4. fine 5. delicate 6. refined, subtle, graceful 7. sensitive 8. slight **ince eleyip sık dokumak** to split hairs **ince hastalık** bkz. **incehastalık ince iş** k. dili (love) affair **inceden inceye** minutely
**incebağırsak** a, anat. small intestine
**incecik** s. very slender, very thin
**incehastalık** a, k. dili tuberculosis
**inceleme** a. examination, investigation, research, study
**incelemek** e. 1. to examine 2. to investigate 3. to study
**incelik** a. 1. thinness, slimness 2. fineness, delicacy 3. subtlety, fine point 4. detail
**incelikli** s. refined, well-bred
**incelmek** e. 1. to thin, to become thin/fine 2. to be refined 3. to slim, to lose weight
**inceltici** a. (paint) thinner
**inceltmek** e. to make thin; to thin
**inci** a. pearl **inci gibi** a) (teeth) pearly b) regular, neat; neatly
**inciçiçeği** a, bitk. lily-of-the-valley

**incik** a. shin, shinbone
**incik boncuk** a. baubles, gewgaws, tinsel
**İncil** a. the New Testament; the Gospel
**incinmek** e. 1. to be hurt/injured/bruised/sprained 2. to be offended/hurt
**incir** a. fig **incir çekirdeğini doldurmaz** trifling, trivial
**incitmek** e. 1. to hurt, to injure, to strain 2. to offend, to hurt
**indeks** a. index
**indirgeme** a. reduction
**indirgemek** e. to reduce
**indirim** a. 1. reduction, discount 2. reduction, making sth less
**indirimli** s. reduced, at a discount **indirimli satış** sale
**indirimsiz** s. without discount, net
**indirmek** e. 1. to lower, to bring down 2. to reduce (price, etc.) 3. to let (sb) off (a car, etc.) 4. to land (a blow) 5. to break (a window, etc.)
**indiyum** a, kim. indium
**indüklemek** e, fiz. to induce
**inek** a. 1. cow 2. arg. swot, grind
**ineklemek** e, arg. to swot, to grind
**infaz** a, huk. execution, carrying out **infaz etmek** to execute, to carry out
**infilak** a. explosion, blast **infilak etmek** to burst, to explode, to go off
**İngiliz** s. English * a. Englishman **İngiliz anahtarı** monkey wrench
**İngilizce** a. English
**ingin** s. low, low-lying
**inhiraf** a, esk. deviation
**inhisar** a, esk. monopoly
**inik** s. 1. pulled down, lowered 2. deflated
**inildemek** e. to moan, to groan
**inilti** a. moan, groan
**inisiyatif** a. initiative
**iniş** a. 1. descent, landing 2. downward slope **iniş çıkış** a) descent and ascent b) rise and fall, fluctuation **iniş takımı** landing gear
**inişli** s. sloping downwards, having declivities **inişli çıkışlı/yokuşlu** uneven, uphill and downhill
**inkâr** a. denial, refusal **inkâr etmek** to

deny, to gainsay
inkılap *a.* revolution
inlemek *e.* 1. to moan, to groan 2. to resound
inletmek *e.* 1. to cause to groan 2. to make resound 3. to make suffer
inme *a.* 1. descent, going down 2. *hek.* stroke, paralysis 3. ebb tide **inme inmek** to have a stroke
inmek *e.* 1. to go/come/climb down, to descend 2. to get off/out of (a car, etc.) 3. (prices, etc.) to go down, to reduce 5. (aircraft) to land 6. (apoplexy) to attack, to strike
inmeli *s.* paralysed, struck by apoplexy
inorganik *s.* inorganic
insaf *a.* justice, moderation, fairness * *ünl.* Have a heart! Be fair! **insaf etmek** a) to take pity (on) b) to behave fairly (towards) **insafa gelmek** a) to show mercy b) to come to reason
insaflı *s.* just, equitable, fair
insafsız *s.* 1. unmerciful, merciless, cruel 2. unfair, unjust 3. unreasonable
insafsızca *be.* pitilessly, unjustly, cruelly
insafsızlık *a.* 1. cruelty, mercilessness 2. unfairness
insan *a.* human, human being, man, person * *s.* human, humane **insan doğası** human nature **insan gibi** properly, decently **insan hakları** human rights **insan içine çıkmak** to go out in public **insan ilişkileri** human relations
insanbilim *a.* anthropology
insanbilimci *a.* anthropologist
insanbilimsel *s.* anthropological
insanca *be.* humanely
insancı *s.* humanist
insancıl *s.* humanist
insancılık *a.* humanism
insani *s.* humane
insaniyet *a, bkz.* **insanlık**
insanlık *a.* 1. humanity, mankind, humankind 2. humaneness, kindness **insanlık hali** it's only human nature
insanoğlu *a.* man, human being
insanüstü *s.* superhuman
inşa *a.* construction, building **inşa etmek** to build, to construct

inşaat *a.* constructions, buildings **inşaat mühendisi** civil engineer
inşaatçı *a.* (building) contractor, builder
inşaatçılık *a.* the construction business, building
inşallah *ünl.* God willing! I hope so! I hope that ...
integral *a, mat.* integral **integral denklemi** integral equation **integral hesabı** integral calculus
integrasyon *a, mat.* integration
internet *a.* the internet **internet bankacılığı** internet banking, online banking **internet kafe** internet café **internet üzerinden alışveriş** online shopping
intiba *a, esk.* impression, feeling
intibak *a.* adjustment, adaptation, accommodation, conformation **intibak etmek** to adjust oneself (to), to conform
intihar *a.* suicide **intihar etmek** to commit suicide
intikal *a.* 1. transition, passing, passage 2. change of place 3. understanding, comprehension 4. transfer (by) inheritance **intikal etmek** to be inherited
intikam *a.* revenge, vengeance, reprisal **intikam almak** to have/take revenge (on), to take vengeance on/upon *(sb)* **(-in) intikamını almak** to revenge, to avenge
intizam *a.* order, orderliness
intizamlı *s.* 1. regular 2. orderly, tidy, neat
intizamsız *s.* 1. irregular, disordered 2. untidy
inzibat *a.* 1. discipline 2. military police
inziva *a.* seclusion, becoming a hermit **inzivaya çekilmek** to retire into seclusion, to seclude oneself
ip *a.* 1. light rope, cord, string 2. *k. dili* gallows **ip atlamak** to jump rope **ip cambazı** ropedancer, tightrope dancer **ipe çekmek** to hang (a criminal) **iple çekmek** to look forward to **ip merdiven** rope ladder **ipe sapa gelmez** irrelevant, nonsensical, without rhyme or reason **ipin ucunu kaçırmak** *k. dili* to lose control of, to lose the thread of **(-in) ipiyle kuyuya inilmez** he/she is not trustwor-

thy **iple çekmek** to look forward to
**ipek** a. silk * s. silky, silken, made of silk
**ipekböceği** a, hayb. silkworm
**ipekli** 1. made of silk, silken 2. silky
**ipince** s. very thin, very slender
**iplemek** e, arg. to care/give a damn, to give a shit/bugger
**iplememek** e. not to care/give a damn, not to give a shit/bugger
**iplik** a. thread
**iplikhane** a. spinning mill
**ipnotize** s. hypnotized **ipnotize etmek** to hypnotize
**ipnotizma** a. hypnotism
**ipnotizmacı** a. hypnotizer
**ipnoz** a. hypnosis
**ipotek** a. mortgage
**ipotekli** s. mortgaged
**ipsiz** s. 1. without rope 2. arg. drifting, footlose * a. vagabond, tramp, Aİ. hobo **ipsiz sapsız** a) (words) meaningless, without rhyme or reason b) vagabond
**iptal** a. 1. canceling, cancellation 2. annulment **iptal etmek** to cancel, to annul
**iptidai** s. primitive
**ipucu** a. 1. clue 2. indication, hint **ipucu vermek** to give sb a clue, to clue sb in
**irade** a. 1. will, desire 2. command, decree 3. volition
**iradedışı** s. involuntary
**iradeli** s. 1. strong-willed, resolute, forceful 2. volitional, voluntary
**iradesiz** s. 1. weak, irresolute 2. involuntary
**irat** a. income, revenue
**irdelemek** e. to examine, to study, to scrutinize
**irfan** a. 1. understanding, comprehension, insight 2. knowledge, culture
**iri** s. 1. large, big 2. coarse
**iribaş** a. tadpole
**iridyum** a, kim. iridium
**irikıyım** s. 1. coarsely chopped 2. huge, burly, big, colossal
**irileşmek** e. to grow large
**irili ufaklı** s. large and small
**irilik** a. largeness, bigness
**irin** a. pus

**irinlenmek** e. to suppurate, to fester
**irinli** s. purulent, suppurating
**iris** a, anat. iris
**iriyarı** s. burly, colossal, big, huge
**irkilmek** e. to be startled, to start
**irmik** a. semolina **irmik helvası** semolina helva
**irs** a. heredity
**irsaliye** a. waybill, dispatch list
**irsi** s. hereditary
**irsiyet** a. heredity
**irtibat** a. 1. communications, contact 2. connection, link **irtibat kurmak** to get in touch (with)
**irtica** a, esk. reaction
**irticai** s, esk. reactionary
**irticalen** be. extempore, impromptu, ad lib
**irtifa** a. altitude, elevation
**is** a. soot, lampblack
**İsa** a. Jesus (Christ)
**isabet** a. 1. hitting the mark 2. saying/doing exactly the right thing 3. falling by chance to 4. happy encounter **isabet almak** to be shot/struck/hit **isabet etmek** a) to hit the mark b) to say/do just the right thing c) (prize, etc.) to fall to, to win
**isabetli** s. very fitting/appropriate
**isabetsiz** s. inappropriate, ineffective
**ise** bağ. if **ise de** even if, although
**ishal** a. diarrhoea **ishal olmak** to have diarrhoea
**isilik** a. heat rash, heat spots **isilik olmak** to have heat spots
**isim** a. 1. name 2. title 3. dilb. noun 4. reputation **isim takmak** to nickname **isim vermek** to name, to give a name **isim yapmak** to become famous, to make a name for oneself **ismi geçmek** to be mentioned
**isimsiz** s. anonymous
**iskambil** a. 1. playing card(s) 2. card game 3. pack/deck of cards **iskambil kâğıdı** playing card(s) **iskambil oynamak** to play cards
**iskân** a. 1. providing with housing 2. causing to settle/inhabit, settling, inhabiting **iskân etmek** a) to house b) to set-

tle (people) in

iskandil *a.* sounding-lead **iskandil etmek** to sound

iskarpin *a.* shoe

iskele *a.* 1. quay, wharf, landing, jetty, pier 2. gangway, gangplank 3. port town, port 4. (builder's) scaffolding, scaffold 5. port side of a ship 6. catwalk

iskelet *a.* 1. skeleton 2. framework **iskelet gibi** very thin, skinny

iskemle *a.* chair, stool

iskete *a, hayb.* titmouse

iskonto *a.* discount

iskorpit *a.* scorpion fish

İslam *a.* Islam

İslami *s.* Islamic

İslamiyet *a.* Islamism

islemek *a.* to blacken *(sth)* with soot

isli *s.* sooty

islim *a.* steam

ismen *be.* by name

ispat *a.* 1. proving 2. proof, evidence **ispat etmek** to prove

ispatlamak *e.* to prove

ispenç *a, hayb.* bantam

ispinoz *a, hayb.* chaffinch

ispiritizma *a.* spiritualism

ispirto *a.* grain alcohol, ethyl alcohol, spirit

ispiyon *a, arg.* informer, squealer, stool pigeon, blabber

ispiyonlamak *e, arg.* to inform on, to squeal, to snitch, to peach (on)

israf *a.* extravagance, waste, wastefulness **israf etmek** to waste, to squander

istasyon *a.* 1. railway station 2. station

istatistik *a.* statistics * *s.* statistical

istavrit *a, hayb.* horse mackerel

istavroz *a.* cross, crucifix

istek *a.* 1. wish, desire 2. inclination, appetite 3. request **istek duymak** to want, to feel a desire for

isteka *a.* 1. billiard cue 2. bone folder

isteklendirmek *e.* to encourage, to motivate

istekli *s.* 1. willing 2. desirous 3. enthusiastic

isteksiz *s.* unwilling, disinclined, indisposed, reluctant, involuntary

isteksizce *be.* 1. unwillingly, involuntarily 2. grudgingly

isteksizlik *a.* unwillingness, reluctance; indisposition, disinclination

istem *a.* 1. formal request 2. demand 3. will, volition

istemek *e.* 1. to want 2. to ask for 3. to need, to require 4. to order (in a restaurant, etc.) **istemeye istemeye** unwillingly, grudgingly, involuntarily **istemiyerek** unwillingly, reluctantly **isteyerek** willingly, voluntarily, freely, readily

istemli *s.* 1. optional 2. voluntary

istemsiz *s.* involuntary

istenç *a.* willpower

istençdışı *s.* involuntary

istençsiz *s.* involuntary

ister *a.* requirement, necessity * *bağ.* whether ... or ... **ister inan ister inanma** believe it or not **ister istemez** willy-nilly **ister misin** say ..., suppose ..., what if ...

isteri *a, hek.* hysteria

isterik *s.* hysterical

istiap *a.* containing, holding **istiap haddi** a) load limit, capacity b) *den.* tonnage

istiare *a, yaz.* metaphor

istibdat *a.* despotism, absolute rule

istidat *a, esk.* natural ability, aptitude, talent

istidatlı *s.* gifted, talented

istif *a.* 1. stacking, stowage 2. storing, hoarding **istifini bozmamak** to keep up appearances **istif etmek** to stow, to hoard

istifa *a.* resignation **istifa etmek** to resign

istifade *a.* profiting, benefiting **istifade etmek** to benefit, to profit (from)

istifçi *a.* 1. packer, stevedore 2. hoarder

istifçilik *a.* 1. packing, stowage 2. hoarding, profiteering

istiflemek *e.* to stow, to hoard

istihbarat *a.* 1. news, information 2. secret information, intelligence **istihbarat bürosu** information bureau **istihbarat servisi** news desk **istihbarat subayı** intelligence officer

istihdam *a.* employment, employing

**istihdam etmek** to hire, to employ
**istihkak** *a, esk.* 1. deserving, merit, right 2. share, due, ration
**istihkâm** *a.* 1. fortification, stronghold 2. military engineering **istihkâm subayı** engineer officer
**istihsal** *a.* production **istihsal etmek** to produce
**istihza** *a, esk.* sarcasm, irony
**istikamet** *a.* direction
**istikbal** *a, esk.* future
**istiklal** *a.* independence **İstiklal Marşı** the Turkish National Anthem
**istikrar** *a.* stability, stabilization, steadiness
**istikrarlı** *s.* stable, stabilized, settled, steady
**istikrarsız** *s.* unstable, unsteady, unsettled, inconsistent
**istila** *a.* 1. invasion, occupation 2. spread, covering, overwhelming **istila etmek** a) to invade b) to flood, to cover
**istilacı** *a.* invader
**istim** *a.* steam
**istimbot** *a.* steamboat
**istimlak** *a.* legal expropriation; nationalization **istimlak etmek** to expropriate; to nationalize
**istinaden** *be.* based on, relying on
**istinat** *a, esk.* relying upon **istinat etmek** to lean upon, to be based
**istirahat** *a.* rest, repose **istirahat etmek** to rest, to relax
**istirham** *a.* imploring, requesting **istirham etmek** to implore, to plead
**istiridye** *a, hayb.* oyster
**istismar** *a.* 1. exploitation 2. misuse, abuse **istismar etmek** a) to exploit b) to misuse, to abuse
**istisna** *a.* exception **İstisnalar kaideyi bozmaz** Exceptions don't break the rule.
**istisnai** *s.* exceptional
**istisnasız** *be.* without any exceptions, bar none
**isyan** *a.* rebellion, revolt, mutiny, uprising, insurrection **isyan etmek** to rebel, to revolt, to rise (against)
**isyancı** *a.* rebel, mutineer * *s.* rebellious

**isyankâr** *s.* rebellious, mutinous
**iş** *a.* 1. work 2. job, occupation, profession, work 3. duty 4. labour 5. business 6. service 7. trade 8. profit, benefit 9. deed, act, doing 10. matter 11. *arg.* fuck, screw **iş başında** at work **iş değil** a) it's a child's play b) it's bad/improper **iş çıkarmak** a) to do a lot of work b) to cause difficulties **iş görmek** to be of use, to be of service **iş güç** occupation, business **iş işten geçmek** to be too late to do anything about *sth* **İş işten geçti** It's too late. **iş kazası** industrial accident **İş olacağına varır** What will be, will be. **iş olsun diye** just for the sake of doing *sth* **iş sözleşmesi** labour contract **iş ve işçi bulma kurumu** employment/labour exchange **iş vermek** to employ **iş yok** *k. dili* (it's) hopeless/useless **işe girmek** to get a job **işe koşmak** to make *(sb)* do a job **işe yaramak** to be useful, to be of use **işe yaramaz** useless **işi azıtmak** to go too far, to overstep the mark **işi başından aşmak/aşkın olmak** to be up to one's ears in work **işi bilmek** *k. dili* to know one's onions, to know the ropes **işi bitmek** to finish **işi düşmek** to need sb's help **işi olmak** to let matters take their natural course **işi yüzüne gözüne bulaştırmak** to make a mess of things **işin garibi** strange to say, funnily enough **işin içinden çıkamamak** to be unable to work out a solution **İşin içinde iş var** There are wheels within wheels. **işin içyüzü** the inside story, the real truth **işinden olmak** to lose one's job **işine gelmek** to suit one's interests, to accord with one's plans **işine yaramak** to serve **işini bilmek** to know one's business; to know which side one's bread is buttered **işini bitirmek** *arg.* to kill *(sb)*, to finish sb off **işten anlamak** to be an expert **işten çıkarmak** to dismiss, to sack
**işadamı** *a.* businessman
**işaret** *a.* 1. sign 2. mark 3. signal **işaret etmek** a) to point out, to indicate b) to make a mark **işaret sıfatı** demonstrative adjective **işaret vermek** to give a

signal **işaret zamiri** demonstrative pronoun
**işaretçi** *a.* signaller, flagger
**işaretlemek** *e.* 1. to mark 2. to point out
**işaretleşmek** *e.* to make signs to one another
**işaretli** *s.* marked, tagged
**işaretparmağı** *a.* forefinger, index finger
**işbaşı** *a.* hour at which work begins **işbaşı yapmak** to start work, to clock in
**işbırakımı** *a.* strike
**işbilim** *a.* ergonomics
**işbirliği** *a.* cooperation, collaboration; conjunction **işbirliği yapmak** to collaborate, to play ball *kon.*
**işbirlikçi** *a.* collaborator
**işbölümü** *a.* division of labour
**işbu** *s.* this
**işçi** *a.* worker, workman; labourer **İşçi Partisi** Labour Party **işçi sendikası** trade/labour union **işçi sınıfı** working class, proletariat
**işçilik** *a.* 1. worker's pay 2. workmanship
**işemek** *e.* to urinate, *k. dili* to piddle, to wee; *arg.* to piss
**işgal** *a.* 1. occupation, possession 2. distraction; obstruction **işgal altında** under military occupation **işgal etmek** a) to occupy, to hold by force, to take over b) to distract
**işgücü** *a.* manpower, workforce, labour force
**işgüder** *a.* chargé d'affaires
**işgünü** *a.* working day
**işgüzar** *s.* conceitedly officious, obtrusive
**işgüzarlık** *a.* conceited officiousness
**işitmek** *e.* to hear
**işitmezlik, işitmemezlik** *a.* pretending not to hear **işitmezlikten gelmek** to pretend not to hear
**işitsel** *s.* auditory
**işkadını** *a.* businesswoman
**işkembe** *a.* 1. rumen, paunch 2. tripe 3. *k. dili* tummy, stomach **işkembe çorbası** tripe soup **işkembeden atmak** *k. dili* to make up, to invent stories
**işkence** *a.* 1. torture 2. (carpenter's) clamp **işkence etmek/yapmak** to torture

**işkenceci** *a.* torturer
**işkil** *a.* doubt, suspicion
**işkillenmek** *e.* to become suspicious, to suspect
**işkilli** *s.* suspicious, doubtful
**işkolu** *a.* branch of industry
**işlek** *s.* (street, etc.) busy
**işlem** *a.* 1. *mat.* operation 2. transaction 3. operation, process, treatment
**işleme** *a.* 1. embroidery, handwork 2. processing 3. committing, commitment 4. working, running 5. treatment
**işlemek** *e.* 1. to work, to run 2. to process, to treat 3. to embroider 4. to commit (a crime) 5. to penetrate 6. to teach (a subject) 7. to influence 8. to cultivate (land) 9. (buses, etc.) to ply (between) 10. (a shop, etc.) to be much frequented 11. (a boil) to suppurate, to discharge
**işlemeli** *s.* embroidered
**işletme** *a.* 1. undertaking, enterprise 2. administrating, managing (a business enterprise) 3. operating (a machine)
**işletmeci** *a.* administrator, manager
**işletmecilik** *a.* 1. (science of) business administration 2. managership
**işletmek** *e.* 1. to run, to operate 2. to keep, to run 3. *k. dili* to have *sb* on, to pull sb's leg
**işletmen** *a.* operator
**işlev** *a.* function
**işlevcilik** *a.* functionalism
**işlevsel** *s.* functional
**işleyim** *a.* industry
**işlik** *a.* 1. workshop 2. atelier, factory studio 3. work clothes
**işporta** *a.* 1. street vender's pushcart 2. peddling, pedlary
**işportacı** *a.* street vender, pedlar, *Aİ.* peddler
**işportacılık** *a.* peddling, hawking
**işsiz** *s.* unemployed, out of work **işsiz güçsüz** idle
**işsizlik** *a.* unemployment **işsizlik sigortası** unemployment insurance
**iştah** *a.* 1. appetite 2. desire, urge **iştah açıcı** appetizing **iştah açmak** to whet (sb's) appetite **iştah kapamak** to kill one's appetite **iştahı açılmak** to de-

velop an appetite **iştahı kapanmak/kesilmek** to lose one's appetite **iştahını kaçırmak** to put *sb* off, to spoil *sb's* appetite

**iştahlanmak** *e.* 1. to have an appetite 2. to feel a desire, to get a craving for

**iştahlı** *s.* 1. having an appetite 2. desirous

**iştahsız** *s.* having no appetite

**iştahsızlık** *a.* lack of appetite

**işte** *ünl.* 1. Here! Here it is! 2. See! Look! 3. you see 4. There you are!

**iştirak** *a.* 1. partnership 2. participation, sharing **iştirak etmek** a) to participate (in), to join in (on) b) to share, to agree with

**işve** *a.* coquettishness, flirtatious airs

**işveli** *s.* coquettish

**işveren** *a.* employer

**işyeri** *a.* business, office

**it** *a.* 1. dog 2. *kab.* scoundrel, cur, rascal, rogue, bastard, son of a bitch/gun **it sürüsü** pack of dogs

**itaat** *a.* obedience **itaat etmek** to obey

**itaatkâr** *s.* obedient

**itaatli** *s.* obedient, dutiful

**itaatsiz** *s.* disobedient

**itaatsizlik** *a.* disobedience

**italik** *s.* italic * *a.* italics

**itdirseği** *a, hek.* sty, stye

**iteklemek** *e, k. dili* to push roughly, to manhandle

**itelemek** *e.* to push repeatedly, to nudge

**itfaiye** *a.* fire brigade **itfaiye arabası** fire engine

**itfaiyeci** *a.* fireman

**ithaf** *a.* dedication **ithaf etmek** to dedicate

**ithal** *a.* importation, importing * *s, k. dili* imported **ithal etmek** to import

**ithalat** *a.* 1. imports 2. importation, importing

**ithalatçı** *a.* importer

**ithalatçılık** *a.* import business

**itham** *a.* accusation, imputation **itham etmek** to accuse, to charge

**itibar** *a.* 1. esteem, consideration, regard, honour 2. *eko.* credit **itibar etmek** a) to esteem, to consider b) to respect **itibar görmek** a) to be respected b) to be in demand **itibarı olmak** to be held in esteem

**itibaren** *be.* from, beginning from, dating from, as from

**itibari** *s.* 1. conventional, theoretical 2. nominal **itibari kıymet** face- value, nominal value

**itibarlı** *s.* esteemed, influential

**itibarsız** *s.* discredited

**itici** *s.* pushing, motive, driving

**itidal** *a.* moderation, temperance **itidalini kaybetmek** to lose one's temper **itidalini muhafaza etmek** to keep one's temper

**itidalli** *s.* moderate, temperate

**itidalsiz** *s.* immoderate

**itikat** *a.* belief, creed **itikat etmek** to believe in

**itikatlı** *s.* believing

**itikatsız** *s.* unbelieving

**itilaf** *a, esk.* entente, mutual agreement

**itimat** *a.* reliance, trust, confidence **itimat etmek** to trust, to rely on **itimat etmemek** to mistrust, to distrust **itimat mektubu** letter of credence **itimat telkin etmek** to inspire confidence

**itimatlı** *s.* trustworthy

**itimatname** *a.* credentials, letter of credence

**itimatsız** *a.* distrustful

**itimatsızlık** *a.* distrust, mistrust

**itina** *e.* care, attention **itina etmek** to take great pains with, to give close attention to

**itinalı** *s.* careful, painstaking

**itinasız** *s.* careless, inattentive

**itiraf** *a.* 1. confession 2. admission **itiraf etmek** a) to confess b) to admit, to acknowledge

**itiraz** *a.* 1. objection, disapproval 2. *huk.* protest **itiraz etmek** to object (to), to raise an objection (against), to protest

**itirazsız** *be.* without any objection

**itişmek** *e.* to push one another

**itiyat** *a.* habit, custom **itiyat etmek/edinmek** to form the habit of

**itki** *a.* impulsion

**itlik** *a.* vileness, villainy

**itmek** *e.* to push **itip kakmak** to push and shove

**itoğlu it** *a, kab.* scoundrel, son of a bitch/gun

**ittifak** *a, esk.* 1. alliance 2. agreement, unanimity of purpose

**ittifakla** *be.* unanimously

**ittihat** *a, esk.* union

**itüzümü** *a, bitk.* black nightshade

**ivdirmek** *e.* 1. to hurry, to urge on 2. to accelerate

**ivecen** *s.* impatient, impulsive, hasty

**ivecenlik** *a.* impatience, impulsiveness, hastiness

**ivedi** *s.* 1. hasty, hurried 2. urgent * *a.* haste, hurry

**ivedilik** *a.* urgency

**ivedilikle** *be.* urgently, hurriedly

**ivinti** *a.* speed, quickness, rapidity

**ivme** *a.* 1. haste 2. *fiz.* acceleration

**ivmek** *e.* to hurry

**iye** *a.* possessor, owner

**iyelik** *a.* possession, ownership **iyelik adılı/zamiri** possessive pronoun **iyelik eki** possessive suffix

**iyi** *s.* 1. good 2. well 3. suitable * *be.* well * *a.* (the) good **iyi akşamlar** good evening **iyi etmek** a) to cure b) to do well c) *arg.* to steal, to pinch, to nick **iyi gelmek** a) to do good, to benefit b) to fit, to suit **iyi gitmek** a) to go well b) to suit **iyi gözle bakmamak** to have a bad opinion of **iyi gün dostu** fair-weather friend **iyi hal kâğıdı** certificate of good conduct **iyi kalpli** kindhearted **iyi ki** luckily, fortunately **iyi kötü** a) somehow, in someway or other b) more or less **iyi niyetli** well-intentioned **iyi olmak** to recover, to get better, to get over **iyiden iyiye** thoroughly, completely **iyisi mi** the best thing to do is ...

**iyice** *s.* pretty good, rather well, fairly good * *be.* thoroughly, completely

**iyicene** *be, k. dili* thoroughly

**iyicil** *s.* 1. benevolent, well-wishing 2. *hek.* benign

**iyileşmek** *e.* 1. to get better 2. to improve, to better 3. to recover

**iyileştirmek** *e.* 1. *hek.* to cure 2. to correct, to reform 3. to improve, to better

**iyilik** *a.* 1. goodness 2. kindness, favour 3. good health 4. benefit, advantage **iyilik bilmek** to be grateful **iyilik etmek** to do *(sb)* a favour **İyilik sağlık** Fine, thanks.

**iyilikbilir** *s.* grateful

**iyilikçi** *s.* benevolent, philanthropic

**iyilikle** *be.* with soft words, without quarelling/fighting

**iyiliksever** *s.* benevolent, philanthropic

**iyimser** *s.* optimistic

**iyimserlik** *a.* optimism

**iyon** *a.* ion

**iyonik** *s.* ionic

**iyonyuvarı** *a, gökb.* ionosphere

**iyot** *a.* iodine

**iz** *a.* 1. footprint, track 2. trace, mark, evidence, clue **iz sürmek** to trail, to trace **izini kaybetmek** to lose tract (of)

**izafi** *s.* relative

**izafiyet** *a.* relativity **izafiyet teorisi** theory of relativity

**izah** *a.* explanation **izah etmek** to explain

**izahat** *a.* explanations

**izan** *a, esk.* intelligence, understanding

**izbe** *s.* 1. secluded, isolated 2. dark, damp and dirty

**izci** *a.* 1. tracker 2. scout, boy scout

**izcilik** *a.* 1. tracking 2. scouting

**izdiham** *a.* throng, crowd, crush

**izdüşüm** *a, fiz, mat.* projection

**izdüşümsel** *s.* projective

**izge** *a.* spectrum

**izin** *a.* 1. permission 2. leave 3. *ask.* discharge **izin almak** to get permission **izin vermek** a) to give permission b) to let, to allow, to permit c) *ask.* to discharge **izine çıkmak** to go on vacation **iznini kullanmak** to take one's vacation

**izinli** *s.* on leave

**izinsiz** *be.* without permission

**izlemek** *e.* 1. to follow 2. to watch 3. to observe

**izlence** *a.* programme, *Aİ.* program

**izlenim** *a.* impression

**izlenimci** *a.* impressionist * *s.* impressionist, impressionistic

**izlenimcilik** *a.* impressionism

**izleyici** a. 1. spectator 2. onlooker
**izmarit** a. 1. hayb. sea bream 2. butt (of a cigarette)
**izobar** a. isobar
**izolasyon** a. 1. insulating, insulation 2. isolation
**izolatör** a. insulator
**izole** s. 1. insulated 2. isolated **izole bant** electric tape, friction tape **izole etmek** to insulate, to isolate
**izoterm** a. isotherm
**izotop** a, fiz. isotope
**izzet** a. glory, greatness, excellence, honour
**izzetinefis** a. self-respect

# J

**J, j** a the thirteenth letter of the Turkish alphabet
**jaguar** a, hayb. jaguar
**jakuzi** a. jacuzzi
**jaluzi** a. Venetian blind
**jambon** a. ham
**jandarma** a. 1. police soldier, gendarme 2. gendarmerie
**jant** a, oto. rim **jant kapağı** hubcap
**japongülü** a. camellia
**jarse** a. jersey
**jartiyer** a. garter
**jelatin** a. 1. gelatin 2. cellophane, cellophane paper
**jeneratör** a. generator
**jeodezi** a. geodesy
**jeofizik** a. geophysics
**jeolog** a. geologist
**jeoloji** a. geology
**jeolojik** s. geological
**jeomorfoloji** geomorphology
**jest** a. 1. gesture, sign, signal 2. nice gesture, beau geste
**jet** a. jet **jet gibi** double-quick **jet motoru** jet engine
**jeton** a. token
**jigolo** a. gigolo
**jilet** a. safety-razor **jilet bıçağı** razor blade **jilet gibi** very sharp
**jimnastik** a. gymnastics **jimnastik salo-**
**nu** gymnasium, gym
**jimnastikçi** a. gymnast
**jinekolog** a. gynaecologist
**jinekoloji** a. gynaecology
**jorjet** a. georgette
**jip** a. jeep
**joker** a. joker
**jokey** a. jockey
**jöle** a. jelly
**jön** a. 1. tiy, sin. juvenile 2. handsome/young man
**jönprömiye** a. juvenile lead
**judo** a. judo
**judocu** a. judoka
**jul** a. joule
**jurnal** a. report of an informer **jurnal etmek** to inform on, to denounce, to report (on)
**jurnalcı** a. informer, denouncer
**jübile** a. jubilee
**Jüpiter** a. Jupiter
**jüpon** a. underskirt
**jüri** a. jury **jüri üyesi** juror
**jüt** a. jute

# K

**K, k** a. the fourteenth letter of the Turkish alphabet
**kaba** s. 1. rude, impolite 2. rough 3. roughly made 4. coarse 5. crude 6. vulgar
**kabadayı** a. bully, tough guy, roughneck, rough kon., toughie kon.
**kabadayılık** a. bluster **kabadayılık etmek** to bully **kabadayılık taslamak** to bluster, to play the tough
**kabahat** a. 1. fault 2. offence, offense AI., guilt **kabahat bulmak** to find fault with **kabahat etmek** to commit a fault **kabahati birinin üzerine atmak** to lay the blame on sb **kabahati üzerine almak** to bear the blame
**kabahatli** s. guilty, in the wrong, faulty
**kabahatsiz** s. innocent, faultless, blameless
**kabak** a, bitk. 1. marrow, İl. vegetable marrow, squash, İl. courgette, AI. zuc-

chini 2. gourd, pumpkin * s. 1. bold, bare 2. (watermelon) unripe, tasteless **kabak başına patlamak** to carry the can **kabak çekirdeği** pumpkin seed **kabak çıkmak** (watermelon) to turn out to be tasteless **kabak çiçeği gibi açılmak** k. dili to become free and easy **kabak dolması** stuffed courgettes **kabak kızartması** fried marrows **kabak kafalı** bald, baldheaded **kabak tadı vermek** to become boring, to pall, to cloy **kabak tatlısı** pumpkin with syrup and walnuts

kabakulak a, hek. mumps **kabakulak olmak** to have the mumps

kabalaşmak e. 1. to become rough/coarse 2. to act rudely

kabalık a. 1. roughness 2. coarseness, vulgarity 3. rudeness **kabalık etmek** to behave rudely, to be rude (to)

kaban a. hooded overcoat, donkey-jacket

kabara a. 1. hobnail 2. ornamental brass-headed stud

kabarcık a. 1. bubble 2. blister, pimple

kabare a. cabaret

kabarık s. 1. swollen, puffy, turgid 2. blistered 3. bulgy

kabarıklık a. 1. blister 2. swelling 3. puffiness 4. bulge 5. bulginess

kabarma a. 1. rising, swelling 2. coğ. high tide 3. blistering

kabarmak e. 1. to swell 2. to be puffed out, to puff out 3. to increase 4. to expand 5. to become fluffy 6. (sea) to become rough 7. k. dili to be puffed up, to boast

kabartı a. 1. swelling 2. blister

kabartma a. 1. embossed design 2. bas-relief * s. raised, in relief; embossed

kabartmak e. to cause to swell

kabataslak s. roughly sketched out/outlined

Kâbe a. the Kaaba et Mecca

kabız a. constipation * s. constipated **kabız olmak** to be constipated

kabızlık a. constipation **kabızlık çekmek** to suffer from constipation

kabil[1] a. sort, kind **kabilinden** something like

kabil[2] s. possible, feasible, practicable

kabile a. tribe

kabiliyet a. ability, capability, competence

kabiliyetli s. able, capable, competent, skilful

kabiliyetsiz s. incapable, untalented

kabiliyetsizlik a. incompetence, incapability

kabin a. 1. cabin 2. changing cubicle 3. (telephone) booth

kabine a. 1. cabinet 2. (doctor's) consulting room 3. changing cubicle

kabir a. grave, tomb

kablo a. cable

kablolu televizyon a. cable television

kabotaj a. cabotage

kabristan a. cemetery, graveyard

kabuk a. 1. outer covering, cover 2. biy. cortex, scale 3. bitk. bark, rind, peel, shell, skin, jacket 4. hayb. skin, scale, shell, carapace 5. (earth's) crust 6. scab **kabuk bağlamak** to form a crust/scab **kabuğuna çekilmek** to withdraw into one's shell **kabuğunu soymak** to peel

kabuklu s. 1. having a shell/skin/bark 2. crustaceous

kabuksuz s. 1. peeled, shelled 2. without bark/skin/shell

kabul a. 1. acceptance 2. assent 3. acquiescence 4. admission 5. reception 6. approval * ünl. okay! agreed! **kabul etmek** a) to accept, to consent, to agree to b) to receive (sb) c) to approve **kabul salonu** reception room

kabullenmek e. 1. to accept 2. to appropriate

kaburga a. 1. rib 2. den. frame

kâbus a. nightmare **kâbus görmek** to have a nightmare

kabza a. handle, butt (of a gun)

kabzımal a. fruit and vegetable wholesaler

kaç s. 1. how many 2. many 3. (time) what **kaç para** how much (is it) **kaç para eder** what's the good/use of ..., what good is ... **kaç tane** how many

kaça be. how much?, how much is it?

kaçak a. 1. runaway, fugitive 2. ask.

deserter 3. leak, leakage * *s.* 1. smuggled, contraband 2. illegal **kaçak avlanmak** to poach **kaçak mal** smuggled goods, contraband goods **kaçak yapmak** (liquid, etc.) to leak **kaçak yolcu** stowaway

**kaçakçı** *a.* smuggler

**kaçakçılık** *a.* smuggling **kaçakçılık yapmak** to smuggle

**kaçamak** *a.* 1. flight; subterfuge 2. evasion 3. loophole 4. refuge, shelter * *s.* evasive **kaçamak cevap vermek** to prevaricate, to hedge, to give an evasive answer

**kaçamaklı** *s.* evasive, elusive

**kaçar** *s.* how many each

**kaçık** *s.* 1. *k. dili* cracked, nutty, barmy 2. (stockings) laddered * *a.* (in stockings) ladder, run

**kaçıncı** *s.* which (in order), how manyeth

**kaçınılmaz** *s.* inevitable, unavoidable, inescapable

**kaçınmak** *e.* to abstain (from), to avoid, to keep away from, to get out of

**kaçırmak** *e.* 1. to cause to escape 2. to miss (a bus, a chance, etc.) 3. to kidnap, to abduct (a child, etc.) 4. to smuggle 5. to steal, to walk away with 6. to drive/frighten *(sb)* away 7. to leak 8. to let slip 9. *k. dili* to go bananas/crackers/off one's head 10. to hijack

**kaçış** *a.* flight, escape, desertion

**kaçışmak** *e.* to run away in various directions

**kaçkın** *a.* deserter, fugitive, truant

**kaçmak** *e.* 1. to run away, to flee, to escape 2. *k. dili* to make a move, to go 3. to escape, to ooze, to leak 4. (stockings) to ladder, to run 5. (dust, insect etc.) to get into, to slip into 6. to avoid, to spare 7. to verge on, to border on

**kadana** *a.* big horse

**kadar** *ilg.* 1. as ... as 2. as big as 3. as much as 4. until, till, by 5. up to 6. to 7. as far as 8. about * *a.* amount, degree

**kadastro** *a.* land survey * *s.* cadastral

**kadavra** *a.* corpse, carcass

**kadeh** *a.* glass, cup, wineglass

**kadem** *a.* 1. foot (38 cm.) 2. good luck 3. pace

**kademe** *a.* 1. rank, grade 2. step, stair, rung 3. *ask.* echelon

**kademeli** *s.* 1. graded, gradated 2. *ask.* in echelons

**kader** *a.* fate, destiny

**kaderci** *a, s.* fatalist

**kadercilik** *a, fel.* fatalism

**kadı** *a.* cadi, kadi, Muslim judge

**kadın** *a.* 1. woman 2. married woman 3. lady 4. servant 5. female **kadın avcısı** wolf, womanizer **kadın berberi** hairdresser **kadın doktoru** gynaecologist **kadın düşmanı** misogynist **kadın hastalıkları** gynaecological diseases **kadın milleti** *k. dili* womankind, women, womenfolk **kadın olmak** to lose one's virginity, to be a woman **kadın peşinde koşmak** to run after women, to womanize, to cruise **kadın terzisi** dressmaker

**kadınbudu** *a.* meat and rice croquettes

**kadınca** *s.* womanly, feminine

**kadınlık** *a.* 1. womanhood 2. womanliness

**kadınsı** *s.* effeminate, sissy, womanish; womanly

**kadırga** *a, den.* galley

**kadife** *a.* velvet **kadife gibi** soft and bright, velvety

**kadir**[1] *a.* 1. worth, value, rank 2. *gökb.* magnitude **kadir gecesi** the night of power **kadir gecesi doğmak** to be born under a lucky star **kadrini bilmek** to appreciate, to know the value of

**kadir**[2] *s.* mighty, powerful, strong

**kadirbilir** *s.* appreciative, grateful

**kadirşinas** *s.* appreciative, grateful

**kadran** *a.* face, dial (of a clock, etc.)

**kadro** *a.* staff, personnel **kadro dışı** a) not on the permanent staff b) *sp.* on the bench

**kadrolu** *s.* on the permanent staff

**kafa** *a.* 1. head 2. mind, brain, brains, intelligence **kafa dengi** like-minded **kafa işçisi** white-collar worker **kafa kafaya vermek** to put their heads together **kafa kalmamak** to be unable to think **kafa patlatmak** to rack one's brains, to

cudgel one's brains **kafa şişirmek** to give *sb* a headache by noise or worrying, to bore **kafa ütülemek** *arg.* to bore, to badger, to nag, to pester **kafa tutmak** to oppose, to resist **kafa vurmak** to head **kafa yormak** to beat one's brains, to rack one's brains **kafadan ad lib** *kon.,* off the cuff **kafadan atmak** to make up **kafadan kontak** *k. dili* cracked, nuts **kafası almamak** to be unable to understand/get **kafası bozulmak** to get angry/annoyed **kafası çalışmak** to be on the ball **kafası işlemek** to have a quick mind **kafası karışmak** to get confused **kafası kazan olmak/şişmek** to be distraught/dozed **kafası kızmak** to get angry, to fly into a temper **kafasına dank etmek** to dawn on *sb* **kafasına girmek** to understand, to get **kafasına koymak** to set one's mind (on sth) **kafasına sokmak** to din into *sb* **kafasına takmak** to keep one's mind (on), to turn one's mind (to) **kafasını kızdırmak** to make sb's blood boil **kafasını kurcalamak** to worry, to make *(sb)* think **kafasının dikine gitmek** to go one's way **kafayı bulmak** *arg.* to get pissed **kafayı çekmek** *k. dili* to have booze-up, to booze **kafayı yemek** *kon.* to go off the rails
**kafadar** *a.* intimate friend, buddy, chum * *s.* intimate, like-minded
**kafakâğıdı** *a, k. dili* official identity card
**kafalı** *s.* intelligent, brainy
**kafasız** *s.* stupid, thickheaded, brainless, blockheaded
**kafatası** *a.* skull, cranium
**kafe** *a.* café, coffee bar *İİ.*
**kafein** *a.* caffeine
**kafes** *a.* 1. cage, coop 2. lattice, latticework 3. grating, grill 4. *mim.* framework 5. *arg.* can, jail **kafese girmek** to be duped, to be swindled **kafese koymak** to deceive, to gull, to swindle
**kafeslemek** *e, arg.* to swindle, to hoodwink
**kafeterya** *a.* cafeteria
**kâfi** *s.* enough, sufficient **kâfi gelmek** to suffice, to be enough
**kafile** *a.* convoy, procession

**kâfir** *a.* infidel, unbeliever, Non-Muslim
**kafiye** *a.* rhyme
**kafiyeli** *s.* rhyming, rhymed
**kafiyesiz** *s.* rhymeless
**kaftan** *a.* caftan, kaftan
**kâfur(u)** *a.* camphor
**kâgir** *s, mim.* built of stone or brick
**kâğan** *a.* khan, ruler
**kâğıt** *a.* 1. paper 2. playing card 3. letter, note **kâğıt dağıtmak** to deal (out) cards **kâğıt kaplamak** to paper **kâğıt mendil** tissue, paper hanky **kâğıt para** paper money, banknote **kâğıt sepeti** wastepaper basket **kâğıda dökmek** to commit to paper, to write down
**kâğıthelvası** *a.* pastry wafers
**kağnı** *a.* two-wheeled ox-cart
**kâh** *bağ.* sometimes **kâh ... kâh ...** now ... now, sometimes ... and sometimes ...
**kahır** *a.* grief, sorrow, distress **kahrını çekmek** to have to put up with *sb*
**kahırlanmak** *e.* to be grieved, to be distressed
**kâhin** *a.* soothsayer, seer, oracle
**kâhinlik** *a.* soothsaying, prophesying
**kahkaha** *a.* loud laughter, chuckle **kahkaha atmak** to laugh loudly **kahkahadan kırıp geçirmek** to bring the house down **kahkahayı basmak** to burst into laughter, to burst out laughing
**kahpe** *a.* prostitute, harlot, whore * *s.* fickle
**kahpelik** *a.* 1. prostitution 2. treachery, dirty trick
**kahraman** *a.* hero, heroine
**kahramanlık** *a.* heroism
**kahretmek** *e.* 1. to overpower, to crush 2. to distress *(sb)* greatly 3. to curse 4. to grieve deeply
**kahrolmak** *e.* to be grieved/depressed **kahrolsun** damn with! dawn with!
**kahvaltı** *a.* breakfast **kahvaltı etmek** to have breakfast
**kahve** *a.* 1. coffee 2. coffee tree, coffee bean 3. coffeehouse, café **kahve çekmek** to grind coffee **kahve değirmeni** coffee grinder, coffee mill **kahve cezvesi** coffeepot **kahve fincanı** coffee cup **kahve kaşığı** coffee spoon **kahve tel-**

**K**

**vesi** coffee grounds **kahve yapmak** to make coffee

**kahveci** a. keeper of a coffeehouse

**kahvehane** a. coffeehouse

**kahverengi** a, s. brown

**kâhya** a. 1. steward, major-domo 2. butler 3. parking lot attendant 4. k. dili busybody

**kaide** a. 1. rule, regulation 2. base, pedestal

**kâinat** a. cosmos, universe

**kaka** a. excrement, faeces * s, ç. dili dirty, bad **kaka yapmak** to defecate, to go potty

**kakao** a. cocoa

**kakırdamak** e. 1. to crackle, to rattle 2. arg. to die, to pop off

**kakma** a. 1. inlay work 2. push, shove * s. inlaid

**kakmacılık** a. ornamental inlaying, work of an inlayer

**kakmak** e. 1. to push, to prod 2. to drive in, to nail 3. to inlay

**kaktüs** a, bitk. cactus

**kâkül** a. bangs

**kala** ilg. to

**kalabalık** a. crowd, throng * s. crowded, thronged **kalabalık etmek** to be in the way, to be superfluous

**kalafat** a. 1. den. caulking 2. arg. cock, prick

**kalafatlamak** e. 1. den. to caulk 2. to restore, to repair

**kalakalmak** e. to be left open-mouthed/dumbstruck

**kalamar** a, hayb. squid, calamary

**kalan** s. remaining, residual * a. 1. remainder 2. rest

**kalantor** a, s. well-to-do (person)

**kalas** a. wooden beam, rafter, plank

**kalay** a. 1. tin 2. arg. swearing, cursing

**kalaylamak** e. 1. to tin 2. arg. to swear (at), to curse

**kalaylı** s. 1. tinned 2. containing tin, mixed with tin 3. arg. sham, falsely decked out

**kalbur** a. sieve, riddle **kalbur gibi** riddled **kalbura çevirmek** to riddle **kalbura dönmek** to be riddled **kalburdan ge-**

çirmek to sieve, to sift

**kalburlamak** e. to riddle, to sieve

**kalburüstü** s. select, elite

**kalça** a. hip, haunch **kalça kemiği** hipbone, haunch bone

**kaldıraç** a. lever, rank

**kaldırım** a. pavement, Aİ. sidewalk **kaldırım mühendisi** arg. loafer, tramp, bum

**kaldırmak** e. 1. to lift 2. to raise 3. to erect 4. to carry 5. to remove 6. to cancel, to abolish, to annul 7. to void 8. to put (sth) away 9. to wake (sb up) 10. to bear, to endure, to put up with, to support 11. arg. to steal, to pinch

**kale** a. 1. fortress, castle, citadel, stronghold 2. sp. goal post 3. (in chess) castle, rook **kale gibi** very strong/firm

**kaleci** a, sp. goalkeeper, goalie

**kalecilik** a, sp. goalkeeping

**kalem** a. 1. pen 2. chisel, gouge 3. clerical office 4. item, entry (in a register/account) 5. sort, kind **kalem açmak** to sharpen a pencil **kalem kutusu** pencil box **kaleme almak** to write **kalemiyle geçinmek** to live by one's pen

**kalemaşısı** a. graft

**kalemlik** a. 1. pencil box/tray/case 2. pen rack, penholder

**kalemtıraş** a. pencil sharpener

**kalender** s. carefree, easygoing, unconventional

**kalenderlik** a. modesty, unconventionality

**kaleydoskop** a. kaleidoscope

**kalfa** a. 1. master-builder, contractor 2. qualified workman, charge-hand 3. head of female servants

**kalıcı** s. permanent, lasting

**kalım** a. 1. survival 2. permanence

**kalımlı** s. 1. enduring, lasting, permanent 2. immortal

**kalımsız** s. 1. transient, transitory, impermanent 2. mortal

**kalın** s. 1. thick 2. stout, coarse 3. dense 4. arg. rich **kalın kafalı** thickheaded **kalın ünlü** back vowel

**kalınbağırsak** a, anat. large intestine

**kalınlaşmak** e. 1. to thicken, to become thick 2. (voice) to deepen

**kalınlık** a. 1. thickness, coarseness 2. deepness (of a voice)

**kalıntı** a. 1. remnant, remainder, leftovers 2. ruin, ruins, remains 3. residue

**kalınyağ** a. lubricating oil

**kalıp** a. 1. mould, matrix 2. last, shoetree, block 3. template, pattern, model 4. bar, cake, piece (of sth) 5. imposing appearance 6. shape **kalıp gibi oturmak** (clothes, etc.) to fit like a glove, to fit perfectly **kalıba dökmek** to cast, to mould **kalıbını almak** to take a mould (of) **kalıbını basmak** k. dili to guarantee, to be dead certain **kalıbını çıkarmak** to take a mould of

**kalıplaşmak** e. 1. to become stereotyped 2. to get rigid, to become inflexible

**kalıplaşmış** s. stereotyped, clichéd

**kalıt** a. inheritance

**kalıtçı** a. heir, inheritor

**kalıtım** a. 1. heritage, heredity 2. inheritance **kalıtım yoluyla** by heredity/inheritance

**kalıtımsal** s. hereditary

**kalıtsal** s. hereditary

**kalibre** a, ask. calibre

**kalifiye** s. qualified

**kalite** a. quality **kalite kontrolü** quality control

**kaliteli** s. of good quality

**kalitesiz** s. of poor quality

**kalkan** a. 1. shield 2. hayb. turbot

**kalkanbezi** a, anat. thyroid gland

**kalker** a. limestone

**kalkık** s. 1. raised, risen 2. lifted 3. erect

**kalkındırmak** e. to develop, to improve

**kalkınma** a. progress, improvement, development, recovery **kalkınma hızı** rate of economic development **kalkınma planı** development plan

**kalkınmak** e. to make progress, to develop, to advance

**kalkış** a. 1. departure 2. takeoff **kalkışa geçmek** to take off

**kalkışmak** e. to attempt, to try, to dare

**kalkmak** e. 1. to stand up 2. to get up 3. to rise 4. to depart, to leave 5. to take off 6. to recover 7. to end 8. to be cancelled/abolished/annulled 9. to attempt,

to try, to dare 10. to be nullified 11. (penis) to get erect, to get up 12. to cease to be fashionable, to go out **kalk borusu** ask. reveille

**kallavi** s. huge, large

**kalleş** s. fickle, mean, treacherous, traitorous

**kalleşlik** a. treachery, dirty trick **kalleşlik etmek** to play a dirty trick (on)

**kalma** a. remaining, staying * s. 1. left, remaining from 2. handed down (from) 3. dating from

**kalmak** e. 1. to remain 2. to be left 3. to be left behind 4. to be left over 5. to stay 6. to be, to spend time (somewhere) 7. to fail (in an examination, etc.) 8. to stop, to cease 9. to be postponed (to/until) 10.. to fall to (sb) 11. to be inherited (from), to be handed/passed down 12. to be prevented (from) **kala kala** only **kalacak yer** accommodation **kaldı ki** other than that, besides, moreover

**kalori** a. calorie

**kalorifer** a. 1. central heating 2. radiator

**kalorimetre** a. calorimeter

**kalp**[1] a. 1. heart 2. heart disease 3. sensitivity, sympathetic nature 4. centre, core, heart **kalp ağrısı** heartache **kalp atışı** heartbeat **kalp çarpıntısı** tachycardia **kalp krizi/sektesi** heart attack **kalbi atmak** to beat, to pulsate **kalbi çarpmak** to palpitate, to throb **kalbi olmak** to have a weak heart, to suffer from heart trouble **kalbini açmak** to open one's heart (to) **kalbini çalmak** to steal sb's heart **kalbini kırmak** to break sb's heart

**kalp**[2] s. counterfeit, false, forged, spurious **kalp para** counterfeit money

**kalpak** a. a kind of headgear of fur/leather

**kalpazan** a. counterfeiter

**kalpazanlık** a. counterfeiting, cheating

**kalpsiz** s. heartless, pitiless, cruel

**kalsit** a. calcite

**kalsiyum** a, kim. calcium

**kaltak** a. 1. k. dili whore, floozie 2. saddle without a crupper

**kalyon** *a.* galley, galleon
**kama** *a.* 1. dagger, poniard, dirk 2. wedge
**kamara** *a.* ship's cabin
**kamarot** *a.* (ship's) steward
**kamaşmak** *e.* 1. (eyes) to be dazzled 2. (teeth) to be set on edge
**kamaştırmak** *e.* 1. to dazzle 2. to set (one's teeth) on edge
**kambiyo** *a.* (foreign) exchange **kambiyo kuru** exchange rate, rate of exchange
**kambur** *a.* 1. hump, hunch 2. humpback, hunchback * *s.* humpbacked, hunchbacked **kambur felek** cruel fate **kambur üstüne kambur, kambur kambur üstüne** one trouble after another **kamburu çıkmak** to become hunchbacked **kamburunu çıkarmak** to arch, to stoop
**kamburluk** *a.* 1. being hunchbacked 2. protuberance
**kamçı** *a.* 1. whip 2. *den.* pendant, tail 3. *biy.* flagellum **kamçı çalmak** to whip, to lash, to scourge
**kamçılamak** *e.* 1. to whip, to flog 2. to stimulate, to whip up
**kamelya** *a, bitk.* camellia
**kamer** *a.* moon
**kamera** *a.* (movie, television) camera
**kameraman** *a.* cameraman
**kameriye** *a.* arbour, bower
**kamış** *a.* 1. reed 2. bamboo 3. fishing rod, fishing pole 4. cane 5. penis
**kamışçık** *a.* jeweler's blowpipe
**kamışlık** *a.* reedy field
**kâmil** *s.* 1. perfect, complete 2. mature; dignified
**kamp** *a.* 1. camp 2. camping **kamp kurmak/yapmak** to pitch/set up a camp; to camp **kamp yeri** campsite, campground
**kampana** *a.* bell
**kampanya** *a.* 1. drive, campaign 2. harvesting **kampanya açmak** to start a campaign, to begin a drive
**kampçı** *a.* camper
**kamping** *a.* campground, campsite
**kampus** *a.* campus
**kamu** *a.* the public, the people * *s.* public, civil **kamu düzeni** public order/safety **kamu hizmeti** public service **kamu ke-**simi public sector **kamu personeli** civil servant **kamu sağlığı** public health **kamu yararı** public interest
**kamuflaj** *a.* camouflage
**kamufle** *s.* camouflaged **kamufle etmek** to camouflage
**kamulaştırma** *a.* nationalization
**kamulaştırmak** *e.* to nationalize
**kamuoyu** *a.* public opinion **kamuoyu araştırması** Gallup poll
**kamusal** *s.* public
**kamyon** *a.* lorry, *Aİ.* truck
**kamyoncu** *a.* 1. lorry driver 2. transport-lorry operator
**kamyonet** *a.* small lorry, van, pickup
**kan** *a.* 1. blood 2. lineage, family **kan ağlamak** to shed tears of blood, to be deeply distressed **kan akıtmak** a) to sacrifice an animal b) to shed blood **kan akmak** (blood) to be shed **kan aktarımı** blood transfusion **kan almak** to take blood **kan bağı** blood tie **kan bankası** blood bank **kan basıncı** blood pressure **kan beynine çıkmak** to see red, to get furious **kan çanağı gibi** (eyes) bloodshot **kan çekmek** to resemble (a parent) **kan çıbanı** boil, furuncle **kan damarı** blood vessel **kan damlası** drop of blood **kan davası** blood feud, vendetta **kan dolaşımı** blood circulation **kan dökmek** to shed blood **kan gelmek** to bleed **kan gövdeyi götürmek** (a lot of people) to be killed **kan grubu** blood group/type **kan gütmek** to seek blood vengeance **kan kanseri** *hek.* leukaemia **kan kardeşi** blood brother **kan kaybetmek** to lose blood **kan kırmızı** blood-red, crimson **kan kusturmak** to cause great pains **kan nakli** blood transfusion **kan pıhtılaşması** blood coagulation **kan sayımı** blood count **kan tahlili** blood analysis, blood test **kan ter içinde** dripping with sweat **kana kan** blood for blood **kana susamış** bloodthirsty **kanı dindirmek** to staunch/stanch blood **kanı donmak** to be shocked/horrified/petrified **kanı ısınmak** to warm to **kanı kaynamak** to take to, to cotton to **kanı pahasına** at the

cost of one's life **kanına girmek** a) to have sb's blood on one's hands b) to deflower, to seduce (a girl) c) to tempt

**kana kana** *be.* to repletion

**kanaat** *a.* 1. conviction, opinion 2. contentment, satisfaction **kanaat etmek** to be satisfied **kanaat getirmek** to be convinced, to satisfy oneself

**kanaatkâr** *s.* contented, satisfied

**kanal** *a.* 1. *coğ.* canal 2. (television) channel 3. *anat.* canal, duct

**kanalizasyon** *a.* sewer system, sewerage

**kanama** *a.* bleeding, hemorrhage

**kanamak** *e.* to bleed

**kanara** *a.* slaughterhouse

**kanarya** *a, hayb.* canary

**kanat** *a.* 1. wing 2. (fish) fin 3. (windmill) sail 4. (door, window) wing, leaf, shutter **kanat açmak** to protect, to defend **kanadı altına almak** to take under one's protection

**kanatçık** *a.* 1. aileron 2. winglet, alula, bastard wing 3. *bitk.* wing

**kanatlanmak** *e.* 1. to develop wings 2. to take wing 3. to be overjoyed

**kanatlı** *s.* 1. winged 2. finned

**kanatmak** *e.* to make *(sth)* bleed

**kanca** *a.* hook **kancayı takmak** to have one's knife into *sb,* to set one's cap at

**kancalı** *s.* hooked

**kancalıiğne** *a.* safety pin

**kancık** *s.* 1. (animal) bitch, female 2. fickle, treacherous, mean * *a, arg.* woman, bitch

**kancıklık** *a.* treachery, dirty trick **kancıklık etmek** to double-cross, to play a dirty trick on

**kandaş** *s.* cognate, consanguineous

**kandırmak** *e.* 1. to deceive, to fool, to cheat, to delude, to dupe, to trick 2. to seduce 3. to entice 4. to satisfy

**kandil** *a.* oil-lamp

**kanepe** *a.* 1. sofa, couch, settee 2. canapé

**kangal** *a.* coil, loop

**kangal** *a.* coil, loop

**kangren** *a, hek.* gangrene **kangren olmak** to have gangrene, to become gangrenous, to gangrene

**kangren** *a, hek.* gangrene **kangren olmak** to have gangrene, to become gangrenous, to gangrene

**kangrenli** *s.* gangrenous

**kangrenli** *s.* gangrenous

**kanguru** *a, hayb.* kangaroo

**kanguru** *a, hayb.* kangaroo

**kanı** *a.* opinion, view **kanımca** in my opinion **kanısında olmak** to be of the opinion that

**kanı** *a.* opinion, view **kanımca** in my opinion **kanısında olmak** to be of the opinion that

**kanıksamak** *e.* 1. to get used/accustomed (to); to be inured (to) 2. to be sick/tired of

**kanıksamak** *e.* 1. to get used/accustomed (to); to be inured (to) 2. to be sick/tired of

**kanırmak** *e.* to twist, to bend, to force back

**kanırmak** *e.* to twist, to bend, to force back

**kanırtmaç** *a.* lever, crank

**kanırtmaç** *a.* lever, crank

**kanırtmak** *e.* to twist loose, to bend, to force back

**kanıt** *a.* evidence, proof

**kanıtlamak** *e.* to prove, to demonstrate, to attest, to establish, to substantiate

**kanlı** *s.* 1. bloody, bloodstained 2. (et) rare, underdone 3. bloody, sanguinary, gory 4. bloodshot 5. guilty of murder, bloodguilty

**kanmak** *e.* 1. *kon.* to believe, to swallow *kon.*, to buy *kon.* 2. to be fooled/cheated 3. to be satiated/satisfied

**kano** *a.* canoe

**kanser** *a.* cancer **kanser olmak** to have cancer

**kanserli** *s.* 1. cancerous 2. suffering from cancer

**kansız** *s.* 1. bloodless 2. *hek.* anaemic, *Aİ.* anemic 3. cruel 4. cowardly

**kansızlık** *a.* 1. *hek.* anemia, *Aİ.* anemia 2. bloodlessness

**kantar** *a.* 1. steelyard 2. scales, weighbridge

**kantaşı** *a.* bloodstone, hematite

**kantin** *a.* canteen

**kanto** *a, müz.* canto

**kanton** *a.* canton

**kanun** *a.* 1. law, rule 2. *müz.* zither **kanun dışı** illegal **kanun hükmünde olmak** to have the force of law **kanun koymak** to make a law, to legislate **kanun namına** in the name of the law **kanun tasarısı** bill, draft of a law **kanun tasarısını kabul etmek** to pass a bill **kanun tasarısını reddetmek** to throw out a bill **kanun teklifi** bill (of a law) **kanun yapmak** to enact a law **kanuna aykırı** illegal, unlawful **kanunu yürürlüğe koymak** to put a law into force

**kanunen** *be.* 1. by law, according to the law 2. legally

**kanuni**[1] *s.* lawful, legal, legitimate

**kanuni**[2] *a, müz.* zither player

**kanunlaşmak** *e.* to become a law

**kanunsuz** *s.* illegal, unlawful, lawless, illegitimate, illicit

**kanyak** *a.* cognac, brandy

**kanyon** *a, coğ.* canyon

**kap** *a.* 1. pot, vessel 2. dish, plate 3. container 4. cover 5. sleeve, *Aİ.* jacket (of a record) **kabına sığmamak** to be very excited **kap kacak** pots and pans

**kapak** *a.* 1. lid, cover 2. stopper, tap 3. (book) cover **(bir yere) kapağı atmak** to take refuge in

**kapakçık** *a.* valvula, valve

**kapaklanmak** *e.* 1. to fall flat on one's face 2. (sailboat) to capsize, to overturn

**kapalı** *s.* 1. closed, shut 2. (TV, radio, etc.) off 3. blocked 4. covered 5. secret 6. obscure 7. secluded 8. introverted **kapalı devre** closed circuit **kapalı gişe** full house **kapalı gişe oynamak** to play to a full house **kapalı hece** closed syllable **kapalı kutu** closed book **kapalı yer korkusu** claustrophobia **kapalı zarf usulüyle** by sealed tender

**kapamak** *e.* 1. to close, to shut 2. to block, to obstruct 3. to cover (up) 4. to fill 5. to turn/switch off 6. to close (an account) 7. to lock in; to confine 8. to hush up (a matter, etc.)

**kapan** *a.* trap **kapan kurmak** to set a trap **kapana kısılmak** to be caught in a trap

**kapanık** *s.* 1. closed, shut 2. (place) gloomy, oppressive 3. shy, unsociable, withdrawn

**kapanış** *a.* 1. closure 2. (radio, TV) closedown

**kapanmak** *e.* 1. to close, to shut; to be closed/shut 2. to be blocked off 3. to be covered/concealed 4. (a woman) to veil oneself 5. (wound) to heal up 6. (factory) to shut down

**kaparo** *a.* earnest money, key money **kaparo vermek** to deposit

**kapasite** *a.* capacity

**kapatma** *a.* 1. closing, closure, shutting 2. mistress, concubine

**kapatmak** *e.* 1. *bkz.* **kapamak** 2. to get (sth) cheaply/by deceit 3. to keep (a mistress)

**kapı** *a.* 1. door 2. gate 3. possibility 4. employment, place of employment 5. cause (for expenditure) 6 (in backgammon) point **kapı almak** (in backgammon) to make a block **kapı baca açık** unprotected **kapı dışarı etmek** to throw out, to dismiss **kapı gibi** large, colossal, big **kapı kapı dolaşmak** to go from door to door **kapı kolu** door handle **kapı tokmağı** knocker **kapısını aşındırmak** to visit frequently, to frequent **kapısını çalmak** to apply to (sb) **kapıya bakmak** to answer the door **kapıya dayanmak** a) to come/turn up b) to threaten (sb) to get (sth) **kapıyı çalmak** to knock at/on the door

**kapıcı** *a.* doorkeeper, caretaker, porter, janitor

**kapılanmak** *e.* to enter the service (of); to stay in a job

**kapılmak** *e.* 1. to be seized 2. to be deceived/overwhelmed (by) 3. to be carried away

**kapış** *a.* 1. way of seizing 2. snatch, seizing **kapış kapış** greedily, in a mad scramble **kapış kapış gitmek** to sell like hot cakes

**kapışmak** *e.* 1. to scramble for 2. to fight 3. to snatch (sth) from one another 4. to

compete (with)
**kapital** a. capital
**kapitalist** a. capitalist * s. capitalist, capitalistic
**kapitalizm** a. capitalism
**kapitone** s. padded, upholstered, quilted
**kapitülasyon** a. capitulation
**kapkaç** a. stealing by snatching
**kapkaççı** a. snatcher, snatch thief
**kapkara** s. pitch-black, pitch-dark
**kapkaranlık** s. completely dark
**kaplam** a, mant. extent, extension
**kaplama** a. 1. (act of) covering/coating/plating 2. coat, plate 3. plating, coating 4. (tooth) crowning 5. veneer 6. den. planking, planks * s. covered; coated; plated; crowned
**kaplamacı** a. 1. metal plater 2. veneerer
**kaplamak** e. 1. to cover 2. to coat 3. to plate 4. to surround 5. to include, to comprise 6. to veneer 7. (tooth) to crown 8. to overspread 9. to fill 10. to take up (room)
**kaplan** a, hayb. tiger
**kaplı** s. covered, coated, plated; sheathed
**kaplıca** a. hot spring, thermal spring, hot spring resort, spa
**kaplumbağa** a, hayb. tortoise, turtle
**kapmak** e. 1. to snatch, to seize, to grab 2. to grab (a seat, etc.) 3. to pick up, to learn quickly 4. to catch (a disease) 5. to carry off **kapanın elinde kalmak** to sell like hot cakes; to be in great demand
**kaporta** a. 1. companion, hatchway, hatch 2. oto. bonnet, Aİ. hood
**kapris** a. caprice, fancy, whim
**kaprisli** s. capricious, whimsical
**kapsam** a. scope, range, coverage, extension, extent
**kapsamak** e. to comprise, to contain, to include, to involve, to cover
**kapsamlı** s. comprehensive, extensive, overall
**kapsül** a. capsule
**kapşon** a. hood
**kaptan** a. captain
**kaptanlık** a. captaincy, captainship

**kaptıkaçtı** a. 1. minibus 2. a card game 3. sneak-thief
**kapuska** a. cabbage stew
**kaput** a. 1. military cloak 2. oto. bonnet, Aİ. hood 3. condom, rubber
**kâr** a. 1. profit 2. benefit **kâr bırakmak** to yield a profit **kâr etmek** a) to profit, to make a profit b) to help, to work **kâr getirmek** to bring profit **kâr haddi** profit limit **kâr oranı** rate of profit **kâr payı** dividend (from profits) **kâr ve zarar** profit and loss
**kar** a. snow **kar düşmek** to snow (on a place) **kar fırtınası** snowstorm **kar gibi** snow white **kar tanesi** snowflake **kar temizleme makinesi** snow plough **kar topu** snowball **kar topu oynamak** to play snowball **kar tutmak** (snow) to stick, to lie **kar yağmak** to snow **kardan adam** snowman
**kara**[1] s. 1. black 2. dark 3. gloomy 4. (news, etc.) black 5. bleak 6. bad * a. stain, dishonour, shame **kara cahil** grossly ignorant **kara çalmak** to calumniate, to slander **kara gün dostu** a friend in need, true friend **kara haber** black news **kara kara düşünmek** to brood **kara kuru** swarthy and skinny **kara kutu** flight recorder **kara liste** blacklist **kara listeye almak** to blacklist **kara mizah** black humour **kara tahta** bkz. **karatahta kara talih** misfortune, bad luck **karalar bağlamak** to put on mourning, to wear mourning
**kara**[2] a. land, shore * s. territorial, terrestrial **kara kuvvetleri** land forces **kara suları** territorial water **karada** on land, ashore, on shore **karadan** by land **karaya ayak basmak** to go ashore, to disembark, to land **karaya çıkmak** to land, to disembark, to go ashore **karaya oturmak** to run aground, to be grounded
**karaağaç** a. elm
**karabasan** a. nightmare
**karabaş** a. 1. priest, monk 2. French lavender 3. Anatolian sheep-dog
**karabatak** a, hayb. cormorant
**karabiber** a. black pepper

**K**

**karabina** *a.* carbine, blunderbuss

**karaborsa** *a.* black market

**karaborsacı** *a.* black marketeer

**karabuğday** *a.* buckwheat

**karabulut** *a.* nimbus

**karaca** *a, hayb.* roe, roe deer * *s.* dark, blackish

**karacı** *a.* member of land forces

**karaciğer** *a, anat.* liver

**karaçalı** *a.* 1. *bitk.* blackthorn 2. mischief-maker (between people)

**karaçam** *a.* black pine

**Karadeniz** *a.* the Black Sea

**karadul** *a, hayb.* black widow

**karaelmas** *a.* 1. carbonado, bort 2. coal

**karafatma** *a.* cockroach

**karagöz** *a, hayb.* (sea) bream

**karahindiba** *a, bitk.* dandelion

**karahumma** *a, hek.* typhus

**karakalem** *a.* charcoal pencil

**karakış** *a.* the dead of winter

**karakol** *a.* 1. police station 2. patrol, outpost

**karakter** *a.* character

**karakteristik** *a, s.* characteristic

**karaktersiz** *s.* characterless, unprincipled

**karalahana** *a, bitk.* savoy cabbage

**karalama** *a.* 1. calligraphic exercise 2. scribble(s), doodle(s) 3. crossing out 4. draft, rough draft 5. slander

**karalamak** *e.* 1. to scribble 2. to cross out/off 3. to draft, to sketch out 4. to blacken, to slander, to slur, to smear

**karaltı** *a.* 1. indistinct figure 2. silhouette 3. smudge, black spot

**karambol** *a.* 1. cannon (at billiards) 2. *k. dili* collision, smashup 3. confusion

**karamela** *a.* caramel

**karamsar** *s.* pessimistic * *a.* pessimist

**karamsarlık** *a.* pessimism

**karanfil** *a.* 1. clove pink, carnation 2. clove

**karanlık** *s.* 1. dark 2. obscure, murky * *a.* dark, darkness **karanlık basmak** (night) to fall **karanlık oda** darkroom **karanlıkta** in the dark

**karantina** *a.* quarantine **karantinaya almak** to put in quarantine

**karar** *a.* 1. decision 2. *huk.* judgement, sentence 3. resolution, decree 4. stability, predictability 5. proper degree, acceptable limit * *s.* reasonable, decent **karar almak** to make/take a decision **karar kılmak** to choose, to decide on **karar vermek** a) to decide (to) b) to make a decision **karara varmak** to reach/come to a decision

**karargâh** *a, ask.* headquarters

**kararınca** *s.* (amount, degree, etc.) reasonable * *be.* reasonably

**kararlama** *a.* estimation, rough calculation * *s.* estimated * *be.* by estimating roughly

**kararlamadan** *be.* at a guest, by rule of thumb

**kararlamak** *e.* to estimate roughly

**kararlaşmak** *e.* to be decided, to be agreed on

**kararlaştırmak** *e.* 1. to decide, to agree on 2. to arrange, to fix

**kararlı** *s.* 1. determined, resolute, decided 2. stable, constant, fixed

**kararlılık** *a.* 1. stability 2. decisiveness, determination

**kararmak** *e.* 1. to get dark 2. to turn black 3. (light) to fade

**kararname** *a.* written decree, decision or agreement

**kararsız** *s.* 1. indecisive 2. changeable 3. unstable 4. undecided

**kararsızlık** *a.* 1. indecision 2. instability

**karartma** *a.* 1. *ask.* blackout 2. darkening

**karartmak** *e.* 1. to darken 2. to black out

**karasaban** *a.* primitive plough

**karasal** *s.* terrestrial

**karasevda** *a.* melancholia

**karasevdalı** *s.* melancholic

**karasığır** *a.* water buffalo

**karasinek** *a.* housefly

**karasu** *a.* 1. slow flowing water 2. *hek.* glaucoma

**karasuları** *a.* international waters

**karaşın** *s.* swarthy, dark-complexioned

**karatahta** *a.* blackboard

**karatavuk** *a, hayb.* blackbird

**karate** *a.* karate

**karavan** *a.* caravan

**karavana** *a.* 1. mess-tin 2. mess 3. *arg.*

miss (in shooting)
karayazı *a.* unhappy fate
karayel *a.* northwest wind
karayılan *a.* blacksnake, black racer
karayolu *a.* main road, highway
karbon *a, kim.* carbon **karbon kâğıdı** carbon paper
karbonat *a.* carbonate
karbondioksit *a.* carbon dioxide
karbonhidrat *a, kim.* carbohydrate
karbonik *s.* carbonic **karbonik asit** carbonic acid
karbonmonoksit *a.* carbon monoxide
karbüratör *a, oto.* carburettor, *AI.* carburetor
kardelen *a.* snowdrop
kardeş *a.* brother, sister, sibling **kardeş kardeş** in a brotherly or sisterly way **kardeş payı** equal shares
kardeşlik *a.* 1. brotherhood, sisterhood, fraternity 2. friendship
kardinal *a.* cardinal
kardiyograf *a, hek.* cardiograph
kardiyografi *a, hek.* cardiography
kardiyogram *a, hek.* cardiogram
kardiyoloji *a, hek.* cardiology
kare *a, s.* square **karesini almak** to square
karekök *a, mat.* square root
kareli *s.* chequered, checked
karga *a.* crow
kargaburnu *a.* round pliers
kargaburun *s.* having a Roman nose
kargacık burgacık *s.* scrawly; scratchy
kargaşa *a.* 1. confusion, disorder, tumult, chaos 2. anarchy
kargaşalık *a.* confusion, disorder
kargatulumba *be.* frogmarching **kargatulumba etmek** to frogmarch
kargı *a.* pike, javelin, lance
kargımak *e.* to curse
kargış *a.* curse, imprecation **kargış etmek** to curse
kargışlamak *e.* to curse
kargo *a.* cargo
karı *a.* 1. wife 2. *kab.* woman **karı koca** husband and wife
karılık *a.* 1. wifehood 2. fickleness
karın *a.* 1. abdomen, belly 2. stomach, *k.*

*dili* tummy 3. womb * *s.* abdominal **karın ağrısı** a) stomachache b) nuisance, pest c) thingamajig, thingummy **karnı acıkmak** to be hungry, to get hungry **karnı ağrımak** to have a stomachache **karnı burnunda** pregnant **karnı geniş** lighthearted, carefree **karnı zil çalmak** *k. dili* to be starving **(-e) karnım tok** I'm not prepared to believe that **karnından konuşan** ventriloquist
karınca *a, hayb.* ant
karıncalanmak *e.* 1. to swarm 2. to prickle, to have pins and needles
karıncık *a, anat.* ventricle
karış *a.* span, hand span **karış karış** every inch of, inch by inch **karış karış bilmek** to know every inch of (a place)
karışık *s.* 1. mixed 2. complicated, complex 3. entangled 4. intricate 5. confused, confusing 6. untidy, disorderly 7. adulterated
karışıklık *a.* 1. confusion, disorder 2. civic turmoil, tumult **karışıklık çıkarmak** to stir up trouble, to kick up a row
karışım *a.* mixture
karışlamak *e.* to measure by the span
karışmak *e.* 1. to mix, to mingle 2. to interfere, to meddle 3. to become complicated, to be confused 4. to join (in) 5. (river, etc.) to run (into), to fall 6. to be involved in
karıştırıcı *a.* mixer * *s.* seditious, mischief-making
karıştırmak *e.* 1. to mix 2. to stir 3. to search (through/into), to rummage (about/through), to fumble (about/around) 4. to confuse 5. to play/toy with 6. to mistake (sb/sth) for 7. to confuse *(sth)* with
karides *a, hayb.* shrimp
karikatür *a.* 1. caricature 2. cartoon
karikatürcü *a.* caricaturist
karikatürist *a.* caricaturist
karina *a. den.* bilge, underwater hull, bottom
karine *a.* 1. evidence, trace 2. clue
kariyer *a.* career **kariyer yapmak** to build a career
kârlı *s.* profitable, advantageous, fruitful,

productive
**karlı** *s.* snowy
**karma** *a.* mixing * *s.* mixed **karma eğitim** coeducation **karma ekonomi** mixed economy **karma okul** coeducational school
**karmak** *e.* 1. to mix, to blend 2. to shuffle (cards)
**karmakarışık** *s.* in utter disorder, in a mess
**karman çorman** *s.* in utter confusion, in complete confusion
**karmaşa** *a.* 1. disorder, confusion, chaos 2. *ruhb.* complex
**karmaşık** *s.* complex, complicated
**karmaşıklık** *a.* complexity
**karnabahar** *a, bitk.* cauliflower
**karnaval** *a.* carnival
**karne** *a.* 1. school report, report card 2. ration card
**karnıyarık** *a.* split aubergines with (minced) meat filling
**karo** *a.* 1. *isk.* diamond 2. square cement floor tile
**karoser** *a, oto.* coachwork, bodywork, body
**karpuz** *a.* 1. *bitk.* watermelon 2. globe, globe-shaped glass lampshade
**karşı** *s, il, be.* 1. opposite 2. against 3. contrary 4. toward, towards, to * *a.* opposite side **karşı akın** *sp.* counterattack **karşı casusluk** counterespionage **karşı çıkmak** a) to oppose b) to object **karşı gelmek** to oppose, to buck **karşı karşıya** face to face **karşı karşıya gelmek** to come face to face, to come across **karşı koymak** to resist, to withstand **karşı olmak** a) to be against b) to face, to overlook
**karşıdevrim** *a.* counterrevolution
**karşıdevrimci** *a, s.* counterrevolutionist
**karşılama** *a.* 1. welcome, greeting 2. accepting, receiving
**karşılamak** *e.* 1. to welcome 2. to meet (a need, etc.) 3. to cover (an expense, etc.) 4. *sp.* to block up
**karşılaşma** *a.* 1. encounter 2. confrontation 3. meeting 4. *sp.* match, game
**karşılaşmak** *e.* 1. to meet 2. to come

across, to encounter, to run into 3. to confront
**karşılaştırma** *a.* comparison
**karşılaştırmak** *e.* 1. to compare 2. to confront with 3. to match
**karşılaştırmalı** *s.* comparative
**karşılayıcı** *a.* receiver, welcomer * *s.* 1. preventive 2. fulfilling 3. compensatory
**karşılık** *a.* 1. response, reaction 2. answer, response, reply 3. reciprocity 4. equivalent, counterpart 5. recompense, compensation, allowance **karşılık olarak** in reply to; in return **karşılık vermek** to answer back, to retort
**karşılıklı** *s.* 1. reciprocal, mutual 2. facing one another 3. corresponding * *be.* 1. mutually 2. alternatively
**karşılıksız** *s.* 1. complimentary, gratis 2. (cheque) dud, worthless 3. (love, etc.) unreturned 4. unanswered **karşılıksız çıkmak** (cheque) to bounce
**karşın** *ilg.* in spite of, despite * *be.* although, though
**karşısav** *a.* antithesis
**karşıt** *s.* contrary, opposite **karşıt anlamlı** antonym(ous)
**karşıtçı** *a.* opponent
**karşıtçılık** *a.* opposition
**karşıtduygu** *a, ruhb.* antipathy
**karşıtlamak** *e.* to put forward an opposite theory
**karşıtlaşmak** *e.* to be opposed to each other
**karşıtlık** *a.* 1. contrast 2. contradiction 3. *mat.* reciprocity 4. *biy.* antagonism
**kart** *a.* 1. card 2. calling/visiting card 3. postcard * *s.* 1. old, aged 2. tough, not fresh/tender
**kartal** *a, hayb.* eagle
**kartaloş, kartaloz** *s, arg.* aged, old
**kartel** *a, eko.* cartel
**karter** *a, oto.* crankcase
**kartlaşmak** *e.* 1. to grow old 2. to become tough
**kartograf** *a.* cartographer
**kartografi** *a.* cartography
**karton** *a.* pasteboard, cardboard
**kartonpiyer** *a.* papier-mâché
**kartopu** *a, bitk.* guelder rose

**kartotek** *a.* card catalogue, card file

**kartpostal** *a.* postcard

**kartuş** *a.* cartridge

**kartvizit** *a.* calling/visiting card

**karyola** *a.* bedstead, bed

**kas** *a.* muscle

**kasa** *a.* 1. safe, strongbox 2. cash register, till 3. safe-deposit box 4. box, chest 5. cab, bodywork 6. door/window frame 7. case (for bottles) 8. *sp.* horse 9. *den.* grommet, grummet

**kasaba** *a.* small town, borough **kasaba halkı** townsfolk, townspeople

**kasabalı** *a.* townsman, town-dweller

**kasadar** *a.* cashier, treasurer

**kasap** *a.* 1. butcher 2. butcher's shop

**kasaphane** *a.* slaughterhouse

**kasara** *a, den.* deck-cabin

**kasatura** *a.* bayonet

**kasavet** *a.* gloom, depression, desolation

**kasavetli** *s.* gloomy, depressed, desolate

**kasdoku** *a.* muscle tissue

**kâse** *a.* bowl

**kaset** *a.* cassette

**kasetçalar** *a.* tape recorder

**kasık** *a.* groin

**kasıkbağı** *a.* truss

**kasıkbiti** *a, hayb.* crab louse, crab

**kasılma** *a.* 1. contraction 2. spasm

**kasılmak** *e.* 1. to contract 2. to shorten, to get shorter 3. *arg.* to be lessened 4. to swagger, to swank, to give oneself airs, to brag

**kasım** *a.* November

**kasımpatı** *a, bitk.* chrysanthemum

**kasınç** *a.* cramp, spasm

**kasıntı** *a.* 1. *arg.* swagger, swank 2. stitching used to shorten a garment -s. swanky

**kasır** *a.* summer palace, pleasure-house

**kasırga** *a.* hurricane, cyclone

**kasıt** *a.* 1. intention, purpose 2. evil purpose **(-e) kastı olmak** to have evil intentions against

**kasıtlı** *s.* intentional, purposeful, deliberate

**kasıtsız** *s.* inadvertent, unwitting

**kaside** *a.* eulogy

**kasiyer** *a.* cashier

**kask** *a.* crash helmet, helmet

**kaskatı** *s.* 1. very hard, rigid 2. stock-still

**kasket** *a.* cap

**kasko** *a.* automobile insurance

**kaslı** *s.* muscular, brawny

**kasmak** *e.* 1. to take in (a garment) 2. to stretch tight **kasıp kavurmak** to terrorize, to tyrannize

**kasnak** *a.* 1. hoop, rim 2. embroidery frame, embroidery hoop 3. belt pulley

**kast** *a.* caste

**kastanyet** *a.* castanets

**kasten** *be.* intentionally, deliberately, purposely, on purpose

**kastetmek** *e.* 1. to purpose, to intend 2. to have a design against 3. to mean

**kasti** *s.* intentional, deliberate, premeditated

**kasvet** *a.* depression, gloom; desolation

**kasvetli** *s.* depressing, gloomy; desolate

**kaş** *a.* eyebrow **kaş göz etmek** to wink, to make signs with eye and brow **kaş yapayım derken göz çıkarmak** to make things worse (while trying to be helpful) **kaşla göz arasında** in the twinkling of an eye, in a trice, on the quiet **kaşlarını çatmak** to frown, to knit one's brows

**kaşağı** *a.* 1. currycomb 2. back-scratcher

**kaşağılamak** *e.* to curry, to groom

**kaşalot** *a, hayb.* cachalot, sperm whale

**kaşar** *a.* a kind of yellow cheese made of sheep's milk

**kaşarlanmak** *e.* to become callous/hard-boiled

**kaşarlanmış** *s.* callous, hard-boiled, hardened

**kaşe** *a.* 1. cachet, wafer capsule 2. cachet, distinctive stamp

**kaşık** *a.* 1. spoon 2. spoonful **kaşık düşmanı** *k. dili* one's wife, the missus, one's better half

**kaşıklamak** *e.* to spoon up

**kaşımak** *e.* to scratch

**kaşınmak** *e.* 1. to itch 2. to scratch an itchy place 3. *k. dili* to ask/look for trouble

**kaşıntı** *a.* itch

**kaşıntılı** *s.* itchy

K

**kâşif** *a.* explorer, discoverer

**kaşkaval** *a.* 1. round sheep's cheese 2. *arg.* idiot, silly person

**kaşkol** *a.* scarf, neckerchief

**kaşkorse** *a.* camisole

**kaşmir** *a.* cashmere

**kat** *a.* 1. floor, storey 2. layer, stratum, fold 3. coat, coating 4. time(s) **kat çıkmak** to add a storey **kat kat** a) in layers b) many times more, much more **kat mülkiyeti** ownership of a flat, condominium

**katafalk** *a.* catafalque

**katakulli** *a, arg.* trick, ruse, shift

**kataliz** *a.* catalysis

**katalizör** *a.* catalyst

**katalog** *a.* catalogue, *AI.* catalog

**katar** *a.* 1. train of wagons or animals 2. convoy 3. railway train

**katarakt** *a.* cataract

**katedral** *a.* cathedral

**kategori** *a.* category

**kategorik** *s.* categorical

**katetmek** *e.* to travel over, to traverse, to cover

**katı**[1] *s.* 1. hard, stiff, rigid 2. hard, tough 3. *fiz.* solid 4. (egg) hard-boiled 5. strict, severe

**katı**[2] *a, hayb.* gizzard

**katık** *a.* something eaten with one's bread

**katıksız** *s.* 1. (bread) eaten by itself 2. unadulterated, pure

**katılaşmak** *e.* 1. to harden, to stiffen, to become rigid 2. to become insensitive, to harden, to become unyielding 3. *fiz, kim.* to solidify

**katılaştırmak** *e.* to harden

**katılık** *a.* 1. hardness, rigidity, stiffness 2. hardheartedness, sternness, insensitivity 3. *kim, fiz.* solidity

**katılım** *a.* participation, joining in

**katılmak** *e.* 1. to be added (to), to be mixed (with) 2. to join 3. to enter (into), to participate 4. to be out of breath (from laughing or weeping) 5. to agree with

**katır** *a.* mule * *s, k. dili* stubborn, bad-tempered **katır gibi (inatçı)** as stubborn as a mule

**katır kutur** *be.* 1. with a crunching sound 2. making a clumping sound **katır kutur yemek** to crunch, to munch

**katırtırnağı** *a, bitk.* broom, besom

**katışık** *s.* mixed

**katışıksız** *s.* unadulterated, pure

**katışmak** *e.* to join in, to mix with

**katıştırmak** *e.* to add, to mix

**katıyağ** *a.* solid grease

**kati** *s.* definite, final, absolute

**kâtibe** *a.* woman secretary

**katil**[1] *a.* murderer, killer, assassin * *s.* murderous

**katil**[2] *a.* murder, killing, assassination

**katileşmek** *e.* to become definite

**kâtip** *a.* clerk, secretary

**katiyen** *be.* 1. by no means, never 2. absolutely, definitely

**katiyet** *a.* definiteness, finality, decisiveness

**katkı** *a.* 1. assistance, aid, help 2. contribution, addition 3. additive **katkıda bulunmak** to contribute to

**katkılı** *s.* adulterated

**katkısız** *s.* unadulterated

**katlamak** *e.* to fold, to fold up

**katlanır** *s.* folding, collapsible

**katlanmak** *e.* 1. to be folded 2. to put up with, to bear, to stand

**katletmek** *e.* to murder, to kill, to assassinate

**katlı** *s.* 1. folded 2. having . . . storeys

**katliam** *a.* massacre, slaughter; genocide, pogrom

**katma** *a.* adding, addition * *s.* added, additional **katma bütçe** supplementary budget **katma değer vergisi, KDV** value added tax, VAT

**katmak** *e.* 1. to add 2. to mix in 3. to send with 4. to annex

**katman** *a.* layer, stratum

**katmanbulut** *a.* stratus

**katmanlaşmak** *e.* to stratify

**katmer** *a.* 1. layer 2. flaky pastry

**katmerli** *s.* 1. in layers 2. (flower) double

**Katolik** *a, s.* Catholic

**Katoliklik** *a.* Catholicism

**katot** *a, kim.* cathode

**katran** *a.* tar; bitumen

**katranlı** *s.* tarred, tarry

**katrat** a. quadrat, quad
**katrilyon** a. quadrillion
**katsayı** a, mat. coefficient
**katyuvarı** a, gökb. stratosphere
**kauçuk** a. rubber
**kav** a. tinder, punk
**kavaf** a. dealer in ready-made shoes
**kavak** a, bitk. poplar
**kaval** a. shepherd's pipe, flageolet
**kavalkemiği** a, anat. tibia
**kavalye** a. male dancing-partner
**kavanoz** a. glass/earthenware jar, pot
**kavga** a. 1. quarrel, brawl, fight 2. struggle **kavga etmek** to fight/quarrel (with)
**kavgacı** s. quarrelsome, combative
**kavgalı** s. 1. disputed 2. cross/angry (with)
**kavim** a. tribe, people, nation
**kavis** a. arc, curve
**kavram** a. concept
**kavrama** a. 1. comprehension, understanding 2. coupling, clutch
**kavramak** e. 1. to comprehend, to understand 2. to grasp 3. to clutch
**kavramsal** s. conceptual
**kavrayış** a. comprehension
**kavrayışlı** s. quick/clever at understanding, apt
**kavrayışsız** s. unintelligent, dull
**kavruk** s. 1. scorched 2. dried up 3. undersized, stunted, wizened
**kavşak** a. junction, crossroads, intersection
**kavuk** a. quilted turban
**kavun** a, bitk. melon
**kavuniçi** s. pale orange
**kavurma** a. 1. roasting 2. fried meat * s. roasted, fried
**kavurmak** e. 1. to roast, to fry 2. (wind etc.) to scorch, to blast, to blight
**kavuşmak** e. 1. to come together 2. to regain 3. to reach 4. to attain 5. to obtain 6. to join
**kavuşturmak** e. to cause to meet, to bring together, to unite
**kavuşum** a, gökb. conjunction
**kaya** a. rock **kaya gibi** rock-hard
**kayabalığı** a, hayb. goby
**kayagüvercini** a, hayb. rock dove

**kayağan** s. slippery, slick
**kayak** a. 1. ski 2. skiing **kayak yapmak** to ski
**kayakçı** a. skier
**kayakçılık** a. skiing
**kayalık** s. rocky * a. rocky place
**kayalifi** a. asbestos
**kayatuzu** a. rock salt, halite
**kaybetmek** e. to lose
**kaybolmak** e. 1. to be/get lost 2. to disappear
**kaydetmek** e. 1. to enroll, to register 2. to record, to enter, to write down 3. (sound, music, etc.) to record
**kaydırak** a. 1. flat round stone 2. hopscotch 3. slide
**kaydırmak** e. to slide, to skid
**kaydolmak** e. to enrol, to enroll
**kaygan** s. slippery, slick
**kaygana** a. 1. omelette 2. dessert made with eggs
**kaygı** a. anxiety, worry
**kaygılandırmak** e. to worry, to make anxious
**kaygılanmak** e. to worry, to feel anxious
**kaygılı** s. anxious, worried, uneasy
**kaygısız** s. carefree, untroubled, jaunty
**kayık** a. boat, caique
**kayıkçı** a. boatman
**kayıkhane** a. boathouse
**kayın**[1] a. beech
**kayın**[2] a. brother-in-law
**kayınbaba** a. father-in-law
**kayınbirader** a. brother-in-law
**kayınpeder** a. father-in-law
**kayınvalide** a. mother-in-law
**kayıp** a. 1. loss 2. ask. casualties * s. lost, missing **kayıp eşya** lost property **kayıplara karışmak** to disappear, to vanish
**kayırmak** e. 1. to sponsor, to protect, to care for 2. to favour, to show favour, to treat preferentially
**kayısı** a, bitk. apricot
**kayış** a. strap, belt, thong, strop **kayış gibi** leathery, like leather
**kayıt** a. 1. registration, enrolment, record, enlistment 2. entry 3. restriction, limitation, restraint 4. caring, paying attention

5. recording **kayda değer** noteworthy **kayda geçirmek** to register, to enter in the register **kaydını silmek** to delete the record of **kayıt defteri** register, record book **kayıt yaptırmak** to check in (at), to check into

**kayıtlı** s. 1. recorded, registered, enrolled 2. bound by a restriction, restricted

**kayıtsız** s. 1. unconcerned, indifferent 2. unregistered, unrecorded 3. unrestricted **kayıtsız kalmak** to be indifferent (to) **kayıtsız şartsız** unconditionally

**kayıtsızlık** a. unconcern, indifference

**kaykılmak** e. to lean to (one side), to lean back

**kaymak¹** e. 1. to slip 2. to slide 3. to slid 4. to ski 5. to move (to one side) 6. to change (into) 7. arg. to lay, to fuck, to make

**kaymak²** a. 1. cream 2. clotted cream **kaymak bağlamak/tutmak** to cream, to form cream **kaymağını almak** to skim

**kaymakam** a. head official of a district

**kaymaklı** s. creamy

**kaynaç** a. geyser

**kaynak** a. 1. spring, fountain 2. origin 3. source 4. weld, welding **kaynak suyu** spring water **kaynak yapmak** a) to weld b) arg. to jump the queue

**kaynakça** a. bibliography

**kaynakçasal** s. bibliographical

**kaynakçı** a. welder

**kaynaklamak** e. 1. to weld 2. to patch

**kaynaklanmak** e. to arise from, to result from

**kaynama** a. 1. boiling 2. knitting (of broken bones) **kaynama noktası** boiling point

**kaynamak** e. 1. to boil 2. to ferment 3. (stomach) to burn 4. to surge up, to seethe 5. to swarm, to teem 6. (broken bone) to knit

**kaynana** a. mother-in-law

**kaynanadili** a, bitk. prickly pear

**kaynanazırıltısı** a. rattle

**kaynar** s. 1. boiling 2. very hot

**kaynarca** a. 1. hot spring, thermal spring 2. spring, fountainhead

**kaynaşmak** e. 1. to fuse, to join (with) 2.

to amalgamate 3. to swarm, to teem 4. kim. to combine

**kaynata** a. father-in-law

**kaynatmak** e. 1. to boil 2. to weld 3. k. dili to chat, to gossip

**kaypak** s. 1. slippery 2. unreliable, shifty, fickle

**kayra** a. grace, favour, benevolence, kindness

**kaytan** a. cotton/silk cord, braid **kaytan bıyıklı** with long and thin moustache

**kaytarıcı** a. shirker, goldbricker, slacker * s. slack

**kaytarmak** s. to shirk, to slack

**kayyum, kayyım** a. 1. esk. caretaker of a mosque 2. huk. administrator, trustee

**kaz** a. 1. goose 2. arg. fool, idiot **kaz adımı** goose step **kaz kafalı** stupid, thickheaded **Kazın ayağı öyle değil** The truth of the matter is different.

**kaza¹** a. 1. accident, casualty 2. mischance, mishap **kaza geçirmek** to have an accident **kaza ile** by accident **kaza kurşunu** stray bullet **kaza sigortası** accident insurance **kaza yapmak** to have an accident

**kaza²** a. 1. subdivision of a province 2. administration of justice, adjudication

**kazaen** be. by accident/chance

**kazak** a. pullover, jersey, jumper * s. (husband) despotic, masterful

**kazan** a. 1. cauldron, large kettle 2. boiler **kazan kaldırmak** to mutiny, to rebel against

**kazanç** a. 1. gain, earnings, profit 2. advantage, benefit **kazanç getirmek** to bring (sb) in sth

**kazançlı** s. 1. profitable 2. having profited, with profit

**kazançsız** s. 1. unprofitable, profitless 2. with no profit

**kazandibi** a. pudding with a caramel base

**kazanmak** e. 1. to earn (money, etc.) 2. to win (a race, struggle, competition, war, prize, bet, sb's heart, etc.) 3. to gain 4. to get, to obtain, to acquire

**kazara** be. by accident/chance, accidentally

kazaratar *a.* excavator
kazazede *a.* victim of an accident, castaway * *s.* wrecked, shipwrecked, struck down by accident
kazein *a.* casein
kazı *a.* 1. excavation, digging, dig 2. carving, engraving **kazı yapmak** to dig, to excavate **kazı yeri** excavation site
kazıbilim *a.* archaeology
kazıbilimci *a.* archaeologist
kazıbilimsel *s.* archaeological
kazıcı *a.* excavator, digger
kazık *a.* 1. stake, pale, pile 2. *arg.* trick, swindle * *s.* 1. exorbitant, dear, costly, too expensive 2. (question) hard, difficult **kazık atmak** a) to cheat, to deceive b) to overcharge, to fleece, to soak **kazık kadar** (man) huge, big **kazık yemek** to be cheated, to pay through the nose
kazıklamak *e.* 1. to stake off/out 2. to deceive, to have *(sb)* on 3. to overcharge, to fleece, to soak
kazıklanmak *e.* to be overcharged, to be cheated, to pay through the nose, to be had
kazıklıhumma *a.* tetanus, lockjaw
kazımak *e.* 1. so scrape, to scrape off 2. to shave
kazıntı *a.* 1. scrapings 2. erasure
kazma *a.* 1. pickaxe, *k. dili* pick, *Aİ.* pickax 2. digging, excavation 3. *arg.* fool, idiot
kazmak *e.* to dig, to excavate, to trench
kebap *a.* kebab
keçe *a.* 1. felt 2. *mat,* carpet
keçi *a.* goat * *s, k. dili* obstinate, stubborn **keçileri kaçırmak** to go out of one's mind, to go bananas
keçiboynuzu *a, bitk.* carob, locust-tree
keçisakal *a.* goatee
keçiyolu *a.* narrow footpath
keder *a.* grief, sorrow, woe
kederlenmek *e.* to grieve, to be sorrowful, to feel blue
kederli *s.* sorrowful, grieved, sad, blue
kedi *a.* cat
kedibalığı *a, hayb.* dogfish
kedigözü *a.* 1. *oto.* red rear-light 2. cat's eye (in the road)

kefal *a, hayb.* grey mullet
kefalet *a.* 1. *huk.* bail, surety 2. *eko.* security, bond **kefaletle** on bail **kefaletle salıvermek** to release on bail
kefaletname *a.* surety bond, bail bond
kefaret *a.* atonement, expiation **kefaretini ödemek** to atone, to expiate
kefe *a.* scale of a balance
kefeki *a.* tartar (on teeth)
kefen *a.* shroud **kefeni yırtmak** to cheat death, to return from death's door
kefil *a.* 1. guarantor, sponsor 2. bail, security, surety **kefil olmak** a) to stand as surety b) to go guarantor/bail (for sb)
kefillik *a.* guarantee, security
kehanet *a.* soothsaying, prediction, prophecy, augury **kehanette bulunmak** to prophesy, to divine, to foretell
kehribar *a.* amber
kek *a.* cake
keke *s.* stammering, stuttering
kekelemek *e.* 1. to stammer, to stutter 2. to falter, to stammer
kekeme *a.* stammerer, stutterer
kekemelik *a.* stammer, stutter
kekik *a, bitk.* thyme
keklik *a, hayb.* partridge
kekre *s.* (taste) astringent, acrid, pungent
kel *s.* bald * *a.* 1. bald spot 2. ringworm **kel başa şimşir tarak** unnecessary luxury **kel olmak** to become baldheaded, to go bald
kelam *a, esk.* utterance, remark
kelaynak *a, hayb.* hermit ibis
kelebek *a.* 1. butterfly 2. liver-fluke 3. butterfly valve
kelek *a.* 1. unripe melon 2. *arg.* fickleness * *s.* 1. unripe 2. partly bald 3. *arg.* fickle 4. *arg.* stupid **keleğe gelmek** *arg.* to be had
kelepçe *a.* 1. handcuffs 2. pipe clip
kelepçelemek *e.* to handcuff
kelepir *s, k. dili* very cheap, dirt cheap * *a.* bargain, buy **kelepire konmak** to get a bargain
kelepirci *a.* bargain-hunter
keler *a, hayb.* lizard
keleş *s.* 1. brave 2. beautiful, handsome 3. bald

**kelime** *a.* word **kelime hazinesi** vocabulary **kelime oyunu** pun, wordplay, play on words **kelimesi kelimesine** word-for-word

**kelle** *a.* head, knob **kellesini uçurmak** to behead, to cut off one's head

**kellifelli** *s.* well-dressed, serious, dignified, showy

**kellik** *a.* 1. baldness 2. favus, ringworm

**kem** *s.* bad, evil, malicious **kem göz** evil eye

**kem küm** *be.* hesitantly **kem küm etmek** to hum and haw

**kemal** *a.* 1. perfection 2. maturity, ripeness **kemale ermek** to reach perfection/maturity

**Kemalist** *a, s.* Kemalist

**Kemalizm** *a.* Kemalism

**keman** *a, müz.* violin

**kemancı** *a.* 1. violinist 2. violin maker

**kemençe** *a.* small three-stringed violin

**kement** *a.* lasso, *Aİ.* lariat **kement atmak** to throw a lasso at

**kemer** *a.* 1. belt 2. waist (of a garment) 3. arch, vault 4. aqueduct **kemerleri sıkmak** to tighten one's belt

**kemerli** *s.* 1. belted, girdled 2. arched, vaulted

**kemik** *a.* bone **kemik çıkmak** (bone) to be dislocated **kemik gibi** a) as hard as a bone b) bone-dry **kemikleri sayılmak** to be skinny, to have one's ribs show **kemikleri sızlamak** to turn in one's grave **kemiklerine kadar işlemek** to penetrate right to one's bones **kemiklerini kırmak** to beat *sb* up, to tan sb's hide

**kemikbilim** *a.* osteology

**kemikdoku** *a.* bone tissue

**kemikleşmek** *e.* to ossify

**kemikli** *s.* 1. having bones 2. bony, large boned

**kemiksi** *s.* osteoid; bonelike

**kemiksiz** *s.* boneless, without bones

**kemirgen** *s, hayb.* rodent

**kemirgenler** *a, hayb.* rodents

**kemirici** *s.* 1. gnawing 2. corrosive

**kemirmek** *e.* 1. to gnaw 2. to corrode 3. to eat into

**kemiyet** *a.* quantity

**kenar** *a.* 1. edge, brim, border, brink 2. side 3. corner, nook 4. bank, shore **kenar mahalle** slums, outskirts **kenara çekilmek** to get out of the way, to step aside **kenara kaldırmak** to put aside

**kenarortay** *a, mat.* median

**kendi** *adl.* self * *s.* own * *be.* in person **kendi aleminde yaşamak** to live in one's own world **kendi başına** on one's own, by himself **kendi derdine düşmek** to be preoccupied with one's own troubles **Kendi düşen ağlamaz** As you make your bed, so you must lie in it. **kendi eliyle** himself, with his own hand **kendi halinde** harmless, quiet **kendi havasında olmak** to do what strikes one's fancy **kendi kazdığı kuyuya kendi düşmek** to be hoist with one's own petard **kendi kendime** by myself, to myself **kendi kendine** a) by oneself, on one's own b) automatically **kendi kendine gelin güvey olmak** to reckon without one's host **kendi kendini yemek** to eat one's heart out **kendi kendisine** by himself, all alone **kendi yağıyla kavrulmak** to stand on one's own feet **kendileri** a) themselves b) he, she, they **kendim** myself **kendimiz** ourselves **kendinde olmamak** to be unconscious **kendinden geçmek** a) to lose one's self-control b) to lose consciousness, to faint c) to be overexcited **kendinden pay biçmek** to live and let live **kendine dikkat etmek** to take care of oneself **Kendine gel** Pull yourself together. **kendine gelmek** a) to regain consciousness, to come to b) to pull oneself together, to regain self-control **kendine güvenmek** to be sure of oneself **kendine ... süsü vermek** to pretend to be **kendine yedirememek** to be unable to bring oneself to **kendini alamamak** not to be able to refrain from **kendini beğenmek** to be full of oneself **kendini beğenmiş** conceited, self-satisfied, arrogant **kendini beğenmişlik** conceitedness **kendini bilmek** a) to be in one's right mind b) to have self-respect c) to have grown up, to have reached maturity **kendini bilmez** presumptuous, impertinent **kendini bir şey sanmak** to think oneself important **kendini fasulye gibi nimetten saymak** to think no small beer of oneself **kendini kaptırmak** a) to get carried away b) to become wholly absorbed in **kendini kaybetmek** a) to lose consciousness b) to fly into a rage **kendini toparlamak** to pull oneself together **kendini tutmak** to refrain, to hold oneself back **kendini vermek** to devote oneself to **kendiniz** a) yourself b) yourselves **kendisi** a) herself, himself b) he, she

kendiliğinden *be.* 1. of one's own accord 2. automatically, spontaneously 3. by oneself

kendince *be.* in his/her opinion

kendir *a.* hemp

kene *a, hayb.* tick, acarid

kenef *a, kab.* toilet, lavatory, john

kenet *a.* clamp

kenetlemek *e.* to clamp/fasten together

kenetlenmek *e.* to be clamped together/tight

kenevir *a.* hemp

kent *a.* city

kentçilik *a.* town planning

kentilyon *a.* quintillion

kentleşme *a.* urbanization

kentleşmek *e.* to become urbanized

kentli *a.* citizen, town-dweller

kentsel *s.* urban

kentsoylu *a.* bourgeois **kentsoylu sınıfı** bourgeoisie

kep *a.* 1. cap 2. mortarboard

kepaze *s.* 1. ridiculous and contemptible 2. shameless, disgraceful **kepaze etmek** to disgrace, to dishonour, to degrade

kepazelik *a.* ignomity, vileness

kepçe *a.* 1. ladle, scoop, skimmer 2. dip net, scoop net 3. butterfly net

kepek *a.* 1. bran 2. scuff, dandruff (in the hair)

kepekli *s.* 1. containing bran 2. scurfy, having dandruff 3. dry and tasteless

kepenk *a.* pull-down shutter

keramet *a.* 1. miracle worked by God through a person 2. the God-given power of working miracles

kerata *a.* 1. *k. dili* son of a gun, dog 2. shoehorn 3. cuckold

kere *a.* time(s)

kereste *a.* 1. timber, lumber 2. *arg.* boor, lout

keresteci *a.* lumberman, timber merchant

kerevit *a.* crayfish, crawfish

kerevit, kerevides *a.* crayfish, crawfish

kereviz *a, bitk.* celery

kerhane *a.* brothel

kerhen *be.* reluctantly, unwillingly

keriz *a.* 1. drain, sewer 2. *arg.* gambling 3. *arg.* sucker, dupe

kerkenez *a.* Egyptian vulture, kestrel

kermes *a.* fair, kermis, kermess

kerpeten *a.* pliers, pincers

kerpiç *a.* adobe, sun-dried brick

kerrat *a, esk.* many times **kerrat cetveli** multiplication table, times table

kerte *a.* 1. *den.* rhumb 2. degree, point, state

kertenkele *a, hayb.* lizard

kerteriz *a, den.* bearing **kerteriz almak** to take a bearing

kertik *a.* notch, score, tally

kertmek *e.* 1. to notch 2. *k. dili* to scrape, to rub against

kervan *a.* caravan

kervansaray *a.* caravanserai

kes *a.* gym boot, sneaker

kesat *a.* 1. slackness, dullness 2. scarcity

kese *a.* 1. coarse bath-glove for washing the body 2. small cloth bag, money bag, purse 3. *hayb.* marsupium, pouch 4. cyst, bladder **kesenin ağzını açmak** to loosen one's purse strings, to push the boat out

kesecik *a, anat.* saccule

kesek *a.* 1. clod, lump of earth 2. lump of dried manure used as fuel

kesekâğıdı *a.* paper bag

keselemek *e.* to rub with a coarse bath-glove

keselenmek *e.* 1. to rub oneself with a coarse bath-glove 2. to get rubbed with a coarse bath-glove

**K**

**keseli** *s.* 1. having a cloth bag or purse 2. *hayb.* marsupial, having a pouch

**keseliler** *a, hayb.* marsupials

**kesen** *s.* that cuts * *a.* secant line

**kesenek** *a.* 1. deduction 2. farming of revenues

**keser** *a.* adze

**kesici** *s.* cutting, incisive * *a.* 1. cutter 2. slaughterman

**kesicidiş** *a.* incisor

**kesif** *s.* dense, thick

**kesik** *s.* 1. cut 2. (gas, electricity, water, etc.) out, off 3. curdled, sour 4. broken off, interrupted 6. *arg.* broke, penniless * *a.* 1. newspaper clipping 2. cut 3. *arg.* ogle **kesik atmak** to ogle **kesik kesik** intermittently

**kesiksiz** *s.* uninterrupted, continuous

**kesilmek** *e.* 1. to be cut 2. to be clipped 3. to be sheared 4. to be exhausted 5. to curdle 6. to cease, to stop 7. to present oneself as 8. (lights, etc.) to go off/out

**kesim** *a.* 1. cutting 2. slaughter, slaughtering 3. cut, shape, form 4. cut, fashion 5. zone, region 6. *eko.* sector 6. *hek.* section

**kesimevi** *a.* slaughterhouse

**kesin** *s.* definite, certain

**kesinleşmek** *e.* to become definite

**kesinleştirmek** *e.* to make definite

**kesinlik** *a.* certainty, definiteness

**kesinlikle** *be.* certainly, definitely, surely

**kesinti** *a.* 1. piece cut off 2. interruption 3. deduction (from a payment)

**kesintisiz** *s.* 1. continuous, uninterrupted 2. without deductions 3. gross (before deductions)

**kesir** *a, mat.* fraction

**kesirli** *s, mat.* fractional

**kesişmek** *e.* 1. to intersect, to cross 2. *arg.* to ogle at each other

**kesit** *a.* cross-section

**keski** *a.* 1. cutting implement 2. hatchet 3. cold chisel

**keskin** *s.* 1. sharp 2. pungent 3. keen, acute 4. severe **keskin viraj** hairpin bend

**keskinleşmek** *e.* to get sharp

**keskinleştirmek** *e.* to sharpen

**keskinlik** *e.* 1. sharpness, keenness 2. pungency

**kesme** *a.* 1. cutting 2. shears 3. sector 4. *sin.* cutting * *s.* 1. cut 2. definite, fixed

**kesmece** *be.* (watermelon) on condition that it is cut for examination

**kesmek** *e.* 1. to cut 2. to cut off 3. to cut out 4. to cut down/out (smoking, drinking, etc.) 5. to clip 6. to cut, to stop, to cease 7. to disconnect, to cut off 8. to block 9. to shut up, to cut 10. *arg.* to tell tall stories 11. *arg.* to ogle (at sb) **kesip/kestirip atmak** to settle once and for all

**kesmeşeker** *a.* lump sugar, cube sugar, a sugar lump

**kestane** *a.* chestnut **kestane kebabı** roasted chestnuts

**kestanecik** *a.* prostate gland

**kestanefişeği** *a.* firecracker

**kestanerengi** *a, s.* reddish brown, auburn

**kestaneşekeri** *a.* candied chestnuts, marrons glacés

**kestirim** *a.* estimate, prediction **kestirme yol** short cut

**kestirme** *a.* 1. estimate 2. short cut * *s.* direct, short, concise **kestirmeden gitmek** to take a short cut

**kestirmek** *e.* 1. to have *(sth)* cut 2. to estimate, to predict 3. to doze, to have a snap

**keş** *a, arg.* junkie, junky

**keşfetmek** *e.* to discover

**keşif** *a.* 1. discovery 2. investigation 3. reconnoitering, reconnaissance

**keşiş** *a.* monk

**keşişleme** *a.* 1. southeast 2. southeast wind

**keşke** *bağ, be.* would that ..., if only ..., I wish ...

**keşki** *bağ, be, bkz.* **keşke**

**keşkül** *a.* a milk pudding with coconut

**keşmekeş** *a.* great confusion, disorder

**ket** *a.* obstacle **ket vurmak** to handicap, to impede, to hinder

**ketçap** *a.* ketchup, catchup, catsup

**keten** *a.* 1. linen 2. flax

**ketenhelva(sı)** *a.* cotton candy

**ketum** s. tight-lipped, reticent, discreet
**kevgir** a. 1. skimmer, perforated ladle 2. colander
**keyfi** s. arbitrary, discretionary
**keyfiyet** a. 1. state of affairs, situation 2. matter, affair 3. condition, nature
**keyif** a. 1. pleasure, delight, joy 2. mood, humour, state of mind 3. pleasure, merriment, amusement, fun 4. inclination, whim, fancy 5. slight intoxication **keyif çatmak** to enjoy oneself, to have a good time **keyif için** for fun, for pleasure **keyif sürmek** to lead a life of pleasure **keyif vermek** to make (sb) tipsy **keyfi gelmek** to get into a happy mood **keyfi iyi olmak** to feel well **keyfi kaçmak** to be out of spirits, to be annoyed, to be put off **keyfi olmamak** to be out of sorts **keyfi yerinde olmak** to be in high spirits **keyfine bakmak** to take one's ease **keyfini çıkarmak** to get a kick out of, to enjoy **keyfini kaçırmak** to cast down, to dispirit, to put off
**keyiflendirmek** e. to get (sb) into a good mood
**keyiflenmek** e. 1. to cheer up, to buck up, to liven up 2. to get tipsy
**keyifli** s. 1. merry, in good spirits 2. tipsy
**keyifsiz** s. out of sorts, unwell, in bad humour/mood
**kez** a. time
**kezzap** a. aqua fortis, nitric acid
**kıble** a. 1. the direction of Mecca 2. south wind **kıbleye dönmek** to turn towards Mecca
**kıç** a. 1. buttock, bottom, rump 2. hind part 3. den. stern, poop
**kıdem** a. 1. seniority, precedence, priority 2. length of service
**kıdemli** s. senior
**kıdemlilik** a. seniority
**kıdemsiz** s. without seniority, junior
**kıkır kıkır** be. gigglingly, with a giggle **kıkır kıkır gülmek** to giggle, to chuckle
**kıkırdak** a. 1. cartilage, gristle 2. greaves, crackling
**kıkırdakdoku** a. cartilaginous tissue
**kıkırdaklı** s. cartilaginous, gristly
**kıkırdamak** e. 1. to giggle, to chuckle 2.

arg. to die, to croak, to pop off
**kıkırtı** a. giggling
**kıl** a. 1. hair 2. bristle 3. arg. nerk, nerd, wanker * s, arg. irksome, pesky, pesty **kıl payı** by a neck **kıl payı kalmak** to come within an inch of **kıl payı kaybetmek** to lose by a hair's breadth **kıl payı kurtulmak** to escape by a hair's breadth **kıl testere** fret saw, scroll saw **kılı kırk yarmak** to split hairs **kılına dokunmamak** not to touch a hair of sb's head, not to lay a finger on sb **kılını kıpırdatmamak** not to turn a hair, not to bat an eyelid/eye
**kılavuz** a. 1. guide 2. den. pilot
**kılavuzluk** a. 1. guidance 2. pilotage
**kılcal** s, fiz. capillary **kılcal damar** capillary (vessel)
**kılçık** a. 1. fish bone 2. awn, beard 3. (bean) string **kılçıklarını ayıklamak** a) (fish) to bone b) (beans) to string
**kılçıklı** s. 1. (fish) bony 2. (beans) stringy
**kılçıksız** s. 1. (fish) boneless 2. awnless 3. (bean) stringless
**kılgı** a, fel. application, practice, carrying out
**kılgılı** s, fel. applied
**kılgın** s. practical, applicable
**kılgısal** s. applied, practical
**kılıbık** s. henpecked
**kılıbıklık** a. being henpecked
**kılıç** a. sword **kılıç çekmek** to draw the sword **kılıçtan geçirmek** to put to the sword
**kılıçbalığı** a. swordfish
**kılıçkuyruk** a. swordtail
**kılıçlama** be. edgewise, crosswise
**kılıf** a. 1. case, cover 2. sheath
**kılık** a. 1. outward form, shape, appearance 2. dress, costume
**kılıksız** s. 1. ragged, shabby, dowdy 2. bedraggled, untidy
**kılkuyruk** a, hayb. pintail * s, k. dili penniless and shabby
**kıllanmak** e. 1. to become hairy 2. to begin to develop a beard
**kıllı** s. hairy
**kılmak** e. to render, to make
**kılsız** s. hairless

K

**kımıldamak** *e.* to move, to stir, to budge

**kımıldamak, kımıldanmak** *e.* to move slightly, to stir, to budge

**kımıldatmak** *e.* to move slightly, to budge

**kımıltı** *a.* slight movement, motion

**kımız** *a.* koumiss, kumiss

**kın** *a.* sheath

**kına** *a.* henna **kına yakmak / sürmek / vurmak** to apply henna **kınalar yakmak** to gloat, to be overjoyed at sb's misfortune

**kınaçiçeği** *a.* garden balsam

**kınakına** *a.* 1. cinchona 2. Peruvian bark, cinchona

**kınalı** *s.* 1. hennaed 2. henna-coloured

**kınama** *a.* blame, reproach, disapproval

**kınamak** *e.* to condemn, to censure, to reproach, to blame

**kınkanatlılar** *a, hayb.* coleoptera

**kınnap** *a.* string, twine, packthread

**kıpır kıpır** *be.* constantly moving/wriggling

**kıpırdak** *s.* active, lively, restless

**kıpırdamak** *e.* to move slightly, to stir, to budge

**kıpırdatmak** *e.* to stir, to budge

**kıpırtı** *a.* slight movement, stirring, motion

**kıpkırmızı** *s.* very red, carmine, crimson **kıpkırmızı olmak** (face) to glow

**kır**[1] *a.* countryside, the country, rural area **kır çiçeği** wildflower **kır koşusu** cross-country race

**kır**[2] *s.* grey, *Aİ.* gray **kır düşmek** to turn grey **kır saçlı** grey haired

**kıraat** *a.* 1. reading 2. reading the Koran aloud in a proper way

**kıraathane** *a.* coffee house

**kıraç** *s.* (land) waste, sterile, arid

**kırağı** *a.* frost, hoarfrost **kırağı çalmak** to become frostbitten

**kıran** *s.* breaking, destructive * *a.* epidemic, murrain

**kırat** *a.* carat

**kırbaç** *a.* whip

**kırbaçlamak** *e.* to whip, to flog

**kırçıl** *s.* greying, grizzled

**kırdırtmak** *e.* 1. to cause to break 2. to discount (a bill, etc.)

**kırgın** *s.* hurt, offended, disappointed

**kırgınlık** *a.* 1. disappointment, offense, 2. fatigue, soreness, ache

**kırıcı** *s.* offensive, cutting, biting, hurtful

**kırık** *s.* 1. broken 2. cracked 3. *hayb.* mongrel, hybrid 4. offended, hurt * *a.* 1. break, fracture 2. fragment 3. *k. dili* bad mark

**kırıkçı** *a.* bonesetter

**kırıkkırak** *a.* cracker stick

**kırıklık** *a.* 1. brokenness 2. ache, soreness, fatigue

**kırılgan** *s.* 1. fragile, brittle, frail 2. easily offended, touchy

**kırılmak** *e.* 1. to be broken 2. to be hurt, to be offended 3. to be refracted 4. to die, to perish

**kırım** *a.* slaughter, massacre, carnage

**kırıntı** *a.* 1. fragment, piece 2. crumb

**kırışık** *a.* wrinkle, crease * *s.* wrinkled, creased

**kırışıklık** *a.* wrinkledness

**kırışmak** *e.* 1. to get wrinkled 2. to kill or destroy each other 3. to divide *(sth)* among/between themselves

**kırıştırmak** *e.* 1. to wrinkle 2. to carry on (with), to have it off (with)

**kırıtkan** *s.* coquettish, flirtatious

**kırıtmak** *e.* to behave coquettishly

**kırk** *a, s.* forty **kırk yılda bir** once in a blue moon **kırk yılın başı(nda)** just for once

**kırkayak** *a, hayb.* centipede

**kırkı** *a.* 1. shearing 2. shears

**kırkım** *a.* 1. shearing 2. shearing season

**kırkıncı** *s.* fortieth

**kırkmak** *e.* 1. to trim 2. to clip, to shear

**kırlangıç** *a.* swallow

**kırlangıçbalığı** *a.* red gurnard

**kırlaşmak** *e.* to turn grey

**kırlık** *a.* open country

**kırma** *a.* 1. (act of) breaking 2. pleat 3. groats 4. mongrel, half-breed * *s.* hybrid

**kırmak** *e.* 1. to break 2. to fold, to pleat, to crease 3. to hurt, to offend, to break one's heart 4. to reduce, to discount 5. to take (in backgammon) 6. to kill, to destroy 7. to turn (a steering wheel, etc.) to one side **kırıp dökmek** to smash, to destroy **kırıp geçirmek** a) to rage b) to destroy c) to amuse

**kırmalı** *s.* pleated

**kırmızı** *a, s.* red **kırmızı fener** *arg.* brothel **kırmızı fener mahallesi** *arg.* red lamp/light district

**kırmızıbiber** *a.* red pepper, cayenne pepper

**kırmızılaşmak** *e.* to redden, turn red

**kırmızılık** *a.* redness, ruddiness

**kırmızımsı, kırmızımtırak** *s.* reddish, somewhat red

**kırmızıturp** *a.* radish

**kıro** *a, s.* hick, bumpkin, yokel, yahoo

**kırpık** *s.* clipped, shorn

**kırpıntı** *a.* clippings, brash

**kırpıştırmak** *e.* to blink eyes

**kırpmak** *e.* 1. to trim 2. to clip, to shear 3. to wink (an eye)

**kırsal** *s.* 1. rural, rustic 2. pastoral

**kırtasiye** *a.* stationery

**kırtasiyeci** *a.* 1. stationer 2. petty-minded bureaucrat, pettifogger

**kırtasiyecilik** *a.* 1. the stationery business 2. bureaucracy, red tape

**kırtıpil** *s, k. dili* 1. down at the heels 2. shoddy-looking

**kıs kıs gülmek** *e.* to laugh up one's sleeve

**kısa** *s.* 1. short 2. brief, concise **kısa boylu** short **kısa çorap** sock **kısa dalga** *fiz.* short wave **kısa devre** short circuit **kısa kesmek** to cut short **kısa pantolon** shorts

**kısaca** *be.* shortly, briefly * *s.* quite short

**kısacık** *s.* very short

**kısalık** *a.* 1. shortness 2. brevity, short span of time

**kısalmak** *e.* 1. to become shorter, to shorten 2. to shrink 3. to draw in

**kısaltma** *a.* 1. (act of) shortening 2. abbreviation 3. abridgment

**kısaltmak** *e.* 1. to shorten 2. to abridge, to condense

**kısas** *a.* retaliation, reprisal **kısasa kısas** an eye for an eye

**kısık** *s.* 1. (voice) hoarse, chocked, low 2. (radio, lamp) turned down 3. (eyes) narrowed, slitted

**kısım** *a.* 1. part, portion, section, division

2. kind

**kısıntı** *a.* curtailment, cutting down **kısıntı yapamk** to curtail, to cut down

**kısır** *s.* 1. barren, sterile, infertile 2. unproductive **kısır döngü** vicious circle

**kısırlaşmak** *e.* to become barren/unproductive

**kısırlaştırmak** *e, hek.* to sterilize

**kısırlık** *a.* 1. barenness, sterility 2. unproductiveness

**kısıtlama** *a.* constraint, crackdown

**kısıtlamak** *e.* 1. to restrict, to limit 2. to put under restraint

**kısıtlayıcı** *s.* restricting, restrictive

**kısıtlı** *s.* 1. restrictive, restricted, limited 2. *huk.* under legal disability

**kıskaç** *a.* 1. pincers, pliers, forceps 2. claw, pincer, chela

**kıskanç** *s.* jealous, envious

**kıskançlık** *a.* jealousy, envy

**kıskandırmak** *e.* to make *(sb)* jealous

**kıskanmak** *e.* to be jealous of, to envy

**kıskıvrak** *be.* very tightly/securely **kıskıvrak yakalamak** to catch/hold tightly

**kısmak** *e.* 1. to turn sth down 2. (göz) to screw up, to narrow 3. to shorten, to cut sth back 4. to reduce, to curtail, to cut sth back, to cut back (on sth) 5. to skimp, to scamp

**kısmen** *be.* partly, partially

**kısmet** *a.* 1. destiny, fortune, lot 2. luck, chance 3. chance of marriage for a girl, match **kısmeti açık** fortunate, lucky **kısmeti açılmak** a) to be in luck b) (girl) to receive a marriage proposal **kısmeti ayağına gelmek** to have unexpected luck

**kısmetli** *s.* fortunate, lucky

**kısmetsiz** *s.* unfortunate, unlucky

**kısmi** *s.* partial

**kısrak** *a.* mare

**kıssa** *a, esk.* story, tale, anecdote **kıssadan hisse** a) the moral of a story b) the lesson learned from an experience

**kıstak** *a, coğ.* isthmus

**kıstas** *a.* criterion

**kıstırmak** *e.* 1. to squeeze 2. to corner

**kış** *a.* winter **kış kıyamet** severe winter weather **kış uykusu** hibernation **kışı**

**geçirmek** to spend the winter

**kışın** *be.* in (the) winter/wintertime

**kışkırtıcı** *s.* provocative, inciting * *a.* inciter, instigator, provoker

**kışkırtıcılık** *a.* provocation, agitation, instigation

**kışkırtmak** *e.* 1. to provoke 2. to induce, to instigate, to incite, to prompt, to goad (into) 3. to frighten away

**kışla** *a, ask.* barracks

**kışlak** *a.* winter quarters

**kışlamak** *e.* 1. to spend the winter, to winter 2. (winter) to set in

**kışlık** *s.* suitable for the winter * *a.* winter residence, winter house

**kıt** *s.* insufficient, inadequate, scarce, scanty **kıt kanaat geçinmek** to live from hand to mouth, to make both ends meet **kıtı kıtına yetişmek** to be barely sufficient

**kıta** *a.* 1. continent 2. *ask.* detachment 3. *yaz.* quatrain **kıta sahanlığı** continental shelf

**kıtık** *a.* stuffing, tow

**kıtır** *a.* 1. *arg.* lie 2. crackling, crackly sound 3. popcorn **kıtır atmak** *arg.* to lie, to spin a yarn **kıtıra almak** *arg.* to mock, to scoff, to make fun of

**kıtır kıtır** *be.* with a crackling sound **kıtır kıtır yemek** to munch, to crunch

**kıtlık** *a.* 1. famine 2. scarcity, shortage

**kıvam** *a.* 1. consistency, thickness, degree of density 2. the right moment or stage (in development) 3. the peak of development

**kıvamlı** *s.* 1. of the right consistency 2. which reached his (its) prime

**kıvanç** *a.* 1. gladness, pleasure 2. proper pride **kıvanç duymak** to feel proud

**kıvançlı** *s.* 1. glad, pleased 2. justly proud

**kıvanmak** *e.* 1. to be glad about, to be pleased about 2. to take pride in, to be justly proud of

**kıvılcım** *a.* 1. spark 2. solar flare

**kıvır kıvır** *s.* in curls

**kıvırcık** *s.* curly, frizzy, kinky **kıvırcık salata** cabbage lettuce, head lettuce

**kıvırmak** *e.* 1. to curl 2. to twist 3. to crimp, to crinkle 4. to dance/walk in a

sexy way 5. to fold back 6. *k. dili* to pull off, to manage to do 7. *k. dili* to make up lies

**kıvrak** *s.* 1. brisk, agile, lively 2. (speech/writing) clear and fluent

**kıvraklık** *a.* 1. briskness, alertness, agility 2. clearness and fluency of speech/writing

**kıvranmak** *e.* 1. to writhe with pain, to wriggle 2. to be agitated 3. to suffer greatly

**kıvrık** *s.* 1. curled, twisted, curly 3. hemmed, folded

**kıvrılmak** *e.* 1. to be curled 2. to coil up, to curl up 3. to twist

**kıvrım** *a.* 1. curl, twist, twine 2. bend (of a road) 3. *coğ.* fold, folding

**kıvrımlı** *s.* curled, twisted, folded

**kıyacı** *a.* murderer

**kıyafet** *a.* clothes, dress, attire, costume **kıyafet balosu** fancy-dress party

**kıyak** *s, arg.* nice, great, swell, super **kıyak yapmak** *arg.* to do *sb* a (great) favour

**kıyamamak** *e.* to spare, not to have the heart to

**kıyamet** *a.* 1. Doomsday, the end of the world 2. tumult, uproar, disturbance, turmoil, chaos **kıyamet gibi** very much, lots of, heaps of **kıyamet günü** doomsday **kıyamete kadar** till Doomsday, forever **kıyameti/kıyametleri koparmak** to raise hell, to raise cain

**kıyas** *a.* 1. comparison, comparing 2. analogy 3. *mant.* syllogism, deductive reasoning **kıyas etmek** to compare

**kıyasıya** *be.* mercilessly, ruthlessly

**kıyaslama** *a.* comparison, comparing

**kıyaslamak** *e.* to compare

**kıyı** *a.* 1. shore, coast, bank 2. edge, side 3. outskirts

**kıyıcı** *a.* 1. *esk.* beachcomber 2. cutter, person who cuts *sth* up in fine bits * *s.* pitiless, merciless, cruel

**kıyıcılık** *a.* cruelty

**kıyım** *a.* 1. cutting up finely, chopping up, mincing 2. wronging, mistreatment 3. cutting, mincing 4. massacre

**kıyma** *a.* 1. mince meat 2. cutting up

finely

**kıymak** *e.* 1. to cut up finely, to mince 2. to kill, to murder 3. to sacrifice 4. to part with, to let go of, to spare 5. to abandon, to give up

**kıymet** *a.* value, worth **kıymet biçmek** to evaluate, to assess **kıymet vermek** to esteem, to appreciate **kıymetini bilmek** to value, to appreciate, to realize the worth of **kıymetten düşmek** to depreciate

**kıymetlendirmek** *e.* to increase the value of

**kıymetlenmek** *e.* to rise in value, to gain value

**kıymetli** *s.* valuable, precious

**kıymetsiz** *s.* worthless, valueless

**kıymık** *a.* splinter, sliver

**kız** *a.* 1. girl 2. daughter 3. *isk.* queen \* *s.* virgin, maiden **kız arkadaş** girlfriend **kız gibi** *k. dili* a) girlish b) brandnew **kız kardeş** sister **kız kurusu** old maid, spinster **kız oğlan kız** virgin, maiden **kız tarafı** the bride's relatives

**kızak** *a.* 1. sledge, sled, sleigh 2. *den.* slipway, launching ways **kızak kaymak** to slide on ice, to skate **kızak yapmak** to slide **kızağa çekmek** a) to lay (a ship) on the stocks b) to put *sb* on the shelf

**kızamık** *a, hek.* measles, rubeola **kızamık çıkarmak** to have the measles

**kızamıkçık** *a, hek.* German measles

**kızarmak** *e.* 1. to turn red, to redden 2. to blush 3. to fry, to be fried, to toast, to be toasted, to roast, to be roasted **kızarıp bozarmak** to change colour **kızarmış ekmek** toast

**kızartma** *a.* 1. frying, toasting, roasting 2. fried/broiled food

**kızartmak** *e.* to fry, to toast, to roast

**kızdırmak** *e.* 1. to anger, to annoy, to irritate, to vex, to irk 2. to heat

**kızgın** *s.* 1. red-hot, red or glowing with heat 2. angry 3. in heat, in rut

**kızgınlık** *a.* 1. anger 2. rut, heat

**kızıl** *s.* red, scarlet \* *a.* 1. *hek.* scarlet fever 2. *k. dili* communist, red

**kızılağaç** *a, bitk.* alder

**Kızılay** *a.* the Red Crescent

**kızılca** *s.* reddish **kızılca kıyamet** frightful row

**kızılcık** *a, bitk.* cornelian cherry

**Kızılderili** *a.* American Indian, Red Indian

**Kızılhaç** *a.* Red Cross

**kızıllık** *a.* redness

**kızılötesi** *s.* infrared

**kızışmak** *e.* 1. to get angry/excited, 2. (animals) to be on heat

**kızıştırmak** *e.* 1. to encourage 2. to incite, to provoke

**kızlık** *a.* girlhood, maidenhood, virginity **kızlık adı** maiden name **kızlık zarı** hymen, maidenhead

**kızmak** *e.* 1. to get angry 2. to get hot

**kızmemesi** *a, k. dili* 1. grapefruit 2. a kind of peach

**ki** *bağ.* 1. which 2. that 3. who 4. but 5. to my/his/her surprise

**kibar** *s.* 1. noble, distinguished 2. cultured, refined, polite

**kibarca** *be.* in a refined manner, politely

**kibarlık** *a.* refined manners, courtesy, refinement

**kibir** *a.* 1. haughtiness, arrogance 2. pride

**kibirlenmek** *e.* to become arrogant/haughty

**kibirli** *s.* 1. arrogant, haughty 2. proud

**kibrit** *a.* match **kibrit çakmak** to strike a match **kibrit çöpü** matchstick **kibrit kutusu** matchbox

**kifayet** *a.* sufficiency

**kik** *a, den.* gig

**kil** *a.* clay, argil

**kile** *a.* bushel (36. 5 kg.)

**kiler** *a.* pantry, larder

**kilim** *a.* pileless carpet

**kilise** *a.* church

**kilit** *a.* 1. lock 2. *den.* shackle **kilit noktası** a) key person b) key position, key place

**kilitlemek** *e.* to lock

**kilitli** *s.* 1. locked 2. having a lock

**kilo** *a.* kilo, kilogram **kilo almak** to put on weight **kilo vermek** to lose weight, to grow thin

**kilogram** *a.* kilogram

K

kilohertz *a.* kilohertz

kilometre *a.* kilometre **kilometre kare** square kilometer **kilometre taşı** milestone

kilovat *a.* kilowatt **kilovat saat** kilowatt-hour

kim *adl.* who, whoever **kim bilir** who knows **Kim o** Who is it?

kime *adl.* to whom

kimi *adl.* some **kimi zaman** sometimes

kimin *adl.* whose

kimlik *a.* 1. identity 2. identity card **kimlik belgesi/kartı** identity card

kimono *a.* kimono

kimse *adl.* 1. someone, somebody 2. anybody, anyone 3. nobody, no one

kimsecik *a.* not a soul, not a single soul **Kimsecikler yok** There is not a soul here.

kimsesiz *s.* 1. without relations/friends 2. empty, forlorn

kimsesizlik *a.* destitution

kimya *a.* chemistry **kimya mühendisi** chemical engineer **kimya mühendisliği** chemical engineering

kimyacı *a.* 1. chemist 2. teacher of chemistry

kimyager *a.* chemist

kimyasal *s.* chemical

kimyasal, kimyevi *s.* chemical

kimyon *a, bitk.* cummin

kin *a.* grudge, rancour, malice, hatred, spite **kin beslemek/gütmek/** to bear a grudge, to nourish hatred

kinaye *a.* 1. allusion, hint, indirect remark, innuendo 2. metaphor

kinci, kindar *s.* vindictive, rancorous

kinetik *s.* kinetic * *a.* kinetics **kinetik enerji** kinetic energy

kinin *a.* quinine

kip *a, dilb.* mood

kir *a.* dirt, filth

kira *a.* 1. renting, leasing, hiring 2. rent, hire **kira getirmek** to rent **kira ile tutmak** to hire, to rent, to tenant **kira kontratı/sözleşmesi** lease, rental contract **kiraya vermek** to rent out, to hire out, let sth (out/off) (to sb)

kiracı *a.* renter, lessee, tenant

kiralamak *e.* 1. to hire, to rent, to tenant 2. to let out, to hire out, to rent out 3. to charter

kiralayan *a.* renter, lessor

kiralık *s.* for hire, to let **kiralık ev** house to let **kiralık kasa** deposit box (in a bank) **kiralık katil** hired assassin, hired gun

kiraz *a.* cherry

kireç *a.* lime **kireç gibi** deathly pale, very white **kireç kuyusu** lime pit **kireç ocağı** limekiln

kireçkaymağı *a.* bleaching powder, chloride of lime

kireçlemek *e.* 1. to lime, to add lime to 2. to whitewash

kireçlenmek *e.* to calcify, to become calcareous

kireçli *s.* limy, calcareous

kireçtaşı *a.* limestone

kiremit *a.* (roof) tile

kiriş *a.* 1. beam, joist, girder, rafter 2. *müz.* violin string 3. *anat.* tendon 4. catgut 5. *mat.* chord **kirişi kırmak** to scram, to take to one's heels

kirizma *a.* trenching of land **kirizma yapmak/etmek** to double-trench

kirlenmek *e.* 1. to get dirty, to dirty, to smudge, to foul, to soil 2. (kadın/kız) to be raped, to be ravished 3. to menstruate

kirletmek *e.* 1. to dirty 2. to pollute 3. to calumniate, to slander 4. to rape, to violate

kirli *s.* dirty, filthy **kirli çamaşır** dirty linen **kirli çamaşırlarını ortaya çıkarmak** to show one's misdeeds

kirlikan *a.* venous blood

kirlilik *a.* dirtiness, filthiness, pollution

kirpi *a.* hedgehog

kirpik *a.* 1. eyelash 2. *biy.* cilium

kirve *a.* sponsor of a boy being circumcised

kispet *a.* wrestler's tights

kist *a, hek.* cyst

kisve *a.* garb, garment, costume **kisvesi altında** under the guise of

kişi *a.* 1. person 2. dramatis persona **kişi adılı** personal pronoun

kişileştirmek *e.* to personify
kişilik *a.* 1. personality 2. individuality
kişiliksiz *s.* characterless
kişisel *s.* personal, individual
kişnemek *e.* to neigh, to whinny
kitabe *a.* inscription, epitaph
kitabevi *a.* bookshop, bookstore
kitabi *s., esk.* connected with books, bookish
kitap *a.* book **kitap kurdu** bookworm **kitaba el basmak** to swear on the Koran
kitapçı *a.* 1. bookseller 2. bookshop, bookstore
kitaplık *a.* 1. bookcase 2. library, reading-room
kitle *a.* 1. mass, large block or chunk 2. *fiz.* mass 3. crowd of people **kitle iletişim** mass media
kitlemek *e, k. dili* to lock
kivi *a, hayb.* kiwi
klakson *a, oto.* horn, honk **klakson çalmak** to honk
klan *a.* clan
klarnet *a, müz.* clarinet
klarnetçi *a, müz.* clarinettist, clarinetist
klas *s, k. dili* first-rate, ace
klasik *a.* classic * *s.* classic, classical
klasikçi *a.* classicist
klasikçilik *a.* classicism
klasisizm *a.* classicism
klasman *a, sp.* rating, classifying (teams)
klasör *a.* file, loose-leaf file; filing cabinet
klavsen *a, müz.* clavichord
klavye *a.* keyboard
kleptoman *a.* kleptomaniac
kleptomani *a.* kleptomania
klima *a.* air conditioner
klimalı *s.* air-conditioned
klinik *a.* clinic * *s.* clinical
klişe *a.* 1. cliché, plate 2. cliché, trite phrase
klişeleşmek *e.* to become a cliché
klonlamak *e.* to clone
klor *a.* chlorine
klorlamak *e.* to chlorinate
klorlu *s.* chlorinated
klorofil *a, bitk.* chlorophyll
kloroform *a.* chloroform

kloş *s.* (skirt) flared, bell-shaped
koalisyon *a.* coalition
kobalt *a, kim.* cobalt
kobay *a.* guinea pig, cavy
kobra *a, hayb.* cobra
koca[1] *a.* husband **koca bulmak** to find a hubby **kocaya kaçmak** (woman) to elope **kocaya vermek** to marry off
koca[2] *s.* 1. large, huge, enormous, great, big 2. fully grown, adult, old, aged
kocabaş *a.* 1. hawfinch 2. beet
kocakarı *a, arg.* old woman, hag, crone
kocalık *a.* 1. old age 2. being a husband
kocamak *e.* to age, to grow old
kocaman *s.* huge, enormous, large, colossal
kocayemiş *a, bitk.* arbutus
koç *a, hayb.* ram **Koç burcu** Aries
koçak *s.* 1. brave and strong 2. generous
koçaklama *a, yaz.* epical folk poem
koçan *a.* 1. corncob 2. stump of counterfoils
koçyumurtası *a.* ram's testicle
kod *a.* code
kodaman *a.* bigwig, big bug, big cheese, big gun * *s.* influential, powerful
kodes *a, arg.* clink, jail, jug, cooler, can
kof *s.* 1. hollow, empty 2. rotten 3. weak 4. stupid, ignorant
kofana *a, hayb.* large bluefish
kofra *a.* conduit box
koğuş *a.* 1. large room 2. dormitory 3. ward
kok *a.* coke
kokain *a.* cocaine, *k. dili* coke, *arg.* snow
kokana *a.* overdressed woman
kokarca *a, hayb.* skunk
kokart *a.* cockade
koklama *a.* smelling, sniffing **koklama duyusu** the sense of smell
koklamak *e.* to smell
koklaşmak *e.* 1. to sniff each other 2. to neck, to bill and coo
koklatmak *e.* 1. to make *(sb)* smell *(sth)* 2. to give *(sb)* a sniff (of sth)
kokmak *e.* 1. to smell 2. to smell of 3. to go bad, to smell 4. to stink
kokmuş *s.* 1. smelly 2. putrid 3. stinking
kokoreç *a.* lamb's/sheep's intestines

grilled on a spit
**kokteyl** *a.* 1. cocktail 2. cocktail party
**koku** *a.* 1. smell, scent, odour 2. perfume **kokusunu almak** to scent, to pick up the scene of
**kokulu** *s.* 1. having a smell 2. sweet smelling, fragrant
**kokusuz** *s.* scentless, odourless
**kokuşmak** *e.* to smell rotten
**kokutmak** *e.* 1. to give off a smell 2. to make a place smell 3. to break wind 4. to let *sth* spoil
**kol** *a.* 1. arm 2. sleeve 3. foreleg 4. branch 5. bar, handle, crank, lever 6. club (in a school) 7. gang, troupe 8. patrol 1. arm 2. sleeve 3. foreleg 4. branch 5. bar, handle, crank, lever 6. club (in a school) 7. gang, troupe 8. patrol **kol gezmek** to patrol, to go the rounds **kol kola** arm in arm **kol saati** wristwatch **koluna girmek** to take sb's arm
**kola** *a.* 1. starch 2. *k. dili* coke **kola yapmak** to starch clothes
**kolaçan** *a.* rummage, prowl **kolaçan etmek** to prowl, to rummage about
**kolalamak** *e.* to starch
**kolalı** *s.* 1. starched, starchy 2. made with cola extract
**kolan** *a.* broad band/belt, girth
**kolay** *s.* easy * *a.* easy way of doing *sth* **Kolay gelsin** (said to *sb* at work) May it be easy. **kolayda** handy, within easy reach **kolayına gelmek** to be easy/convenient for **kolayını bulmak** to find an easy way
**kolayca** *be.* easily * *s.* easy
**kolaylamak** *e.* to have nearly finished, to break the back of
**kolaylaşmak** *e.* to get easy
**kolaylaştırmak** *e.* to facilitate, to make easy
**kolaylık** *a.* 1. easiness 2. facility in working 3. convenience, means 4. circumstances, comfort
**kolcu** *a.* watchman, guard
**kolej** *a.* private high school
**koleksiyon** *a.* collection
**koleksiyoncu** *a.* collector

**kolektif** *s.* collective, joint
**kolektör** *a, elek.* collector
**kolera** *a, hek.* cholera
**kolesterol** *a.* cholesterol
**koli** *a.* parcel, package
**kolit** *a, hek.* colitis
**kollamak** *e.* 1. to watch for, to look out for 2. to protect, to look after 3. to scan, to observe carefully
**kolleksiyoncu** *a.* collector
**kolluk** *a.* 1. cuff 2. armband, armlet 3. police
**kolon** *a.* 1. column 2. *anat.* colon 3. *k. dili* loudspeaker
**koloni** *a.* colony
**kolonya** *a.* cologne, eau de cologne
**kolordu** *a.* army corps
**koltuk** *a.* 1. armchair 2. armpit 3. flattery 4. *sin.* stalls 5. *k. dili* support, protection 6. *k. dili* official position, chair **koltuk altı** armpit, underarm **koltuk çıkmak** to support financially **koltuk değneği** crutch **koltukları kabarmak** to swell with pride
**koltuklamak** *e.* 1. to support by the arm 2. to take *(sth)* under one's arm 3. *k. dili* to flatter
**kolye** *a.* necklace, chain
**kolyoz** *a, hayb.* chub mackerel
**koma** *a, hek.* coma **koma halinde** comatose, in a coma **komadan çıkmak** to come out of a coma **komalık etmek** *k. dili* to tan sb's hide **komaya girmek** to go into a coma
**komandit şirket** *a.* limited partnership
**komando** *a.* commando
**kombina** *a.* combine
**kombinezon** *a.* 1. petticoat 2. arrangement, combination
**komedi** *a.* comedy
**komedyen** *a.* comedian, comedienne
**komi** *a.* bellboy
**komik** *s.* 1. comic, comical 2. funny 3. ridiculous * *a.* comic, comedian
**komiklik** *a.* comical action or situation
**komiser** *a.* superintendent of police
**komisyon** *a.* 1. commission, committee 2. commission, percentage
**komisyoncu** *a.* agent, broker

**komisyonculuk** *a.* agency, brokering

**komita** *a.* secret society, resistance movement

**komite** *a.* committee

**komodin** *a.* bedside table, commode

**kompartıman** *a.* compartment

**kompas** *a, mat.* dividers

**kompetan** *a.* specialist, expert

**komple** *s.* 1. full, complete 2. all together

**kompleks** *a, s.* complex

**komplikasyon** *a, hek.* complication

**kompliman** *a.* compliment

**komplo** *a.* plot, conspiracy **komplo kurmak** to conspire

**komposto** *a.* cold stewed fruit, compote

**kompozisyon** *a.* composition

**kompozitör** *a, müz.* composer

**kompresör** *a.* compressor

**kompüter** *a.* computer

**komşu** *a.* neighbour * *s.* neighbouring

**komşuluk** *a.* neighbourhood

**komut** *a.* order, command

**komuta** *a.* command, control, authority

**komutan** *a.* commander, commandant

**komutanlık** *a.* 1. commandership 2. command post/headquarters

**komünist** *a, s.* communist

**komünizm** *a.* communism

**konak** *a.* 1. mansion 2. government house 3. stage, day's journey

**konaklamak** *e.* 1. to stay for the night, to spend the night 2. *ask.* to be billeted

**konargöçer** *a, s.* nomad

**konca** *a, bkz.* **gonca**

**konç** *a.* leg of a boot/stocking

**konçerto** *a, müz.* concerto

**kondansatör** *a.* condenser, capacitor

**kondisyon** *a.* 1. condition 2. physical fitness

**kondurmak** *e.* 1. to put/place on 2. to attribute to

**kondüktör** *a.* conductor (on a train)

**konfederasyon** *a.* confederation

**konfeksiyon** *a.* ready-made clothes

**konfeksiyoncu** *a.* ready-made seller

**konferans** *a.* lecture **konferans vermek** to give a lecture

**konfeti** *a.* confetti

**konfor** *a.* comfort, ease

**konforlu** *s.* comfortable, *k. dili* comfy

**kongre** *a.* congress

**koni** *a, mat.* cone

**konik** *s.* conical

**konjonktür** *a.* conjuncture

**konkav** *s, fiz.* concave

**konken** *a.* cooncan

**konkordato** *a.* 1. concordat 2. *huk.* composition of debts

**konmak** *e.* 1. to alight/light/settle/perch on/upon 2. to get without effort

**konsantrasyon** *a.* concentration

**konsantre** *s.* concentrated **konsantre olmak** to concentrate (on)

**konser** *a.* concert

**konservatuvar** *a, müz.* conservatoire

**konserve** *a.* tinned/canned food, preserves

**konsey** *a.* council

**konsol** *a.* 1. chest of drawers, chest 2. bracket, console, corbel 3. console table

**konsolos** *a.* consul

**konsolosluk** *a.* 1. consulate 2. consulship

**konsomatris** *a.* hostess (in a bar)

**konsorsiyum** *a.* consortium

**konsültasyon** *a.* medical consultation

**konşimento** *a.* bill of lading

**kont** *a.* count, earl

**kontak** *a.* 1. short circuit 2. contact **kontak anahtarı** ignition key, ignition switch

**kontaklens** *a.* contact lens

**kontenjan** *a.* quota

**kontes** *a.* countess

**kontrast** *s.* contrast

**kontrat** *a.* contract

**kontratak** *a, sp.* counterattack **kontratak yapmak** to counterattack, to make a counterattack

**kontrbas** *a, müz.* bass viol, double bass, contrabass

**kontrol** *a.* 1. control, check 2. inspection, testing **kontrol etmek** to check, to control, to inspect **kontrol kalemi** *elek.* neon-tester

**kontrolör** *a.* 1. controller, auditor 2. ticket inspector

**kontrplak** *a.* plywood

**konu** *a.* 1. subject, topic 2. matter 3.

**K**

theme
**konu komşu** *a.* the neighbours
**konuk** *a.* guest, visitor
**konukevi** *a.* guest-house
**konuklamak** *e.* to entertain, to host, to put *(sb)* up
**konuksever** *s.* hospitable
**konukseverlik** *a.* hospitality
**konum** *a.* 1. site, location 2. position, situation
**konuşkan** *s.* talkative, loquacious
**konuşma** *a.* 1. speaking 2. talk, lecture 3. speech 4. conversation, discussion **konuşma kılavuzu** phrasebook **konuşma yapmak** to speak
**konuşmacı** *a.* 1. lecturer 2. speaker, announcer
**konuşmak** *e.* 1. to talk, to speak 2. to discuss 3. to speak (to each other), to be on speaking terms 4. *arg.* to look/be trendy/showy/attractive
**konuşturmak** *e.* 1. to make *(sb)* speak 2. *arg.* to play (a musical instrument) very well
**konut** *a.* 1. house, dwelling, residence 2. domicile, legal residence
**konveks** *s.* convex
**konvoy** *a.* convoy
**konyak** *a.* cognac, brandy
**kooperatif** *a.* cooperative
**koordinasyon** *a.* coordination
**koordinat** *a, mat.* coordinate
**koparmak** *e.* 1. to break off 2. to snap 3. to tear off/away 4. to pick, to pluck 5. to pull away by force 6. *k. dili* to wheedle *(sth)* out, to coax 7. to utter (a cry)
**kopça** *a.* hook and eye
**kopmak** *e.* 1. to come off 2. to break off 3. to snap 4. (storm, war, etc.) to break out 5. *k. dili* to ache badly
**kopuk** *s.* broken off, torn * *a.* vagabond, tramp
**kopya** *a.* 1. copy 2. copying 3. cheating, copying **kopya çekmek** to cheat, to copy (from/off) **kopya etmek** to copy **kopya kâğıdı** carbon paper
**kopyacı** *a.* 1. copier 2. cheater, cribber
**kor** *a.* red-hot cinder, ember
**koramiral** *a.* vice-admiral

**kordiplomatik** *a.* diplomatic corps
**kordon** *a.* 1. cord 2. cordon
**koreografi** *a.* choreography
**korgeneral** *a.* lieutenant general
**koridor** *a.* corridor
**korkak** *s.* cowardly, timid, fearful * *a.* coward
**korkaklık** *a.* cowardice, timidity, cowardliness
**korkmak** *e.* 1. to be frightened 2. to be afraid (of), to fear 3. to scare, to be scared 4. to worry, to be anxious (about)
**korku** *a.* 1. fear, fright, terror, dread 2. alarm, anxiety, care 3. danger, threat, menace 4. phobia **korku filmi** horror film **korku salmak** to spread terror **korkuya kapılmak** to be seized with fear
**korkulu** *s.* 1. scary, frightening 2. dangerous, perilous
**korkuluk** *a.* 1. scarecrow 2. banister, parapet, balustrade 3. mere figurehead
**korkunç** *s.* terrible, dreadful, horrible, horrific, horrifying, horrendous
**korkusuz** *s.* fearless
**korkusuzluk** *a.* fearlessness
**korkutmak** *e.* 1. to frighten, to scare 2. to worry 3. to threaten
**korkutucu** *s.* frightening, threatening
**korna** *a, oto.* horn **korna çalmak** to honk, to toot (the horn), to sound one's horn
**korner** *a, sp.* corner **korner atışı** corner kick
**korniş** *a.* 1. cornice 2. curtain-rod
**koro** *a.* chorus
**korsan** *a.* 1. pirate, corsair 2. hijacker
**korsanlık** *a.* 1. piracy 2. hijacking
**korse** *a.* corset, girdle
**kort** *a.* (tennis) court
**kortej** *a.* cortege
**kortizon** *a.* cortisone
**koru** *a.* grove, small wood
**korucu** *a.* rural guard, forest watchman
**korugan** *a.* blockhouse
**koruk** *a.* unripe grape
**koruma** *a.* 1. protection, defence 2. conservation 3. *hek.* prevention, prophylaxis
**korumak** *e.* 1. to protect 2. to save 3. to

defend 4. to guard 5. to watch over 6. to preserve

**korunak** *a.* shelter, refuge

**korunmak** *e.* 1. to be protected/shielded 2. to defend oneself, to protect oneself 3. to avoid

**korunum** *a.* preservation, conservation

**koruyucu** *s.* 1. protecting, protective 2. *hek.* contraceptive, prophylactic **koruyucu hekimlik** preventive medicine

**kosinüs** *a, mat.* cosine

**koskoca** *s.* very big, very great

**koskocaman** *s.* huge, enormous

**kostüm** *a.* suit, costume

**koşma** *a.* 1. running, run 2. ballad 3. *den.* stiffener, stay

**koşmak** *e.* 1. to run 2. to go in haste, to race about 3. to put (to work) 4. to harness

**koşturmak** *e.* 1. to cause to run, to make run 2. to scurry, to buzz about, to rush

**koşu** *a.* 1. run 2. race **koşu alanı** hippodrome **koşu atı** racehorse **koşu yolu** racecourse, racetrack

**koşucu** *a.* runner

**koşuk** *a, yaz.* verse

**koşul** *a.* condition, provision, stipulation **koşuluyla** on condition that

**koşullandırmak** *e.* to condition

**koşullanma** *a.* conditioning, being conditioned

**koşullanmak** *e.* to become conditioned

**koşullu** *s.* 1. conditional 2. conditioned

**koşulsuz** *s.* unconditional

**koşuşmak** *e.* 1. to rush/run together 2. to run hither and tither, to rush about

**koşuşturmak** *e.* to run hither and yon, to rush from one place to another

**koşut** *s.* parallel

**koşutluk** *a.* parallelism

**kot** *a.* 1. denim 2. jeans

**kota** *a.* quota

**kotarmak** *e.* 1. to dish up 2. to complete, to finish

**kotlet** *a.* cutlet, chop

**kotra** *a.* cutter, small racing yacht

**kova** *a.* 1. bucket, pail 2. *arg.* bad goalkeeper/team **Kova burcu** Aquarius

**kovalamaca** *a.* tag

**kovalamak** *e.* to chase, to pursue, to run after

**kovan** *a.* 1. beehive, hive 2. cartridge/shell case

**kovboy** *a.* cowboy **kovboy filmi** western

**kovmak** *e.* 1. to drive away 2. to banish 3. to turn back, to repel 4. to expel, to get rid of

**kovuk** *a.* hollow, cavity

**kovuşturma** *a.* legal proceedings, prosecution **kovuşturma açmak** to start a prosecution

**kovuşturmak** *e.* to prosecute

**koy** *a.* small bay, cove, inlet

**koymak** *e.* 1. to put, to place, to set 2. *arg.* to affect, to sadden, to move

**koyu** *s.* 1. (liquid) thick, dense 2. deep, dark 3. extreme, fervid, rabid

**koyulaşmak** *e.* 1. to thicken, to become dense 2. to darken

**koyulaştırmak** *e.* 1. to thicken 2. to darken

**koyulmak** *e.* 1. to thicken 2. to darken 3. to begin, to set about, to set to, to embark upon

**koyuluk** *a.* 1. density, thickness 2. darkness, deepness 3. extremeness, rabidity

**koyun**[1] *a.* sheep **koyun eti** mutton **Koyunun bulunmadığı yerde keçiye Abdurrahman Çelebi derler** In the country of the blind, the one-eyed man is king.

**koyun**[2] *a.* 1. bosom, breast 2. arms, embrace **koyun koyuna** in each others arms, in the same bed **koynuna girmek** to go to bed with **koynunda yılan beslemek** to nurse a viper in one's bosom

**koyuvermek** *e.* to set free, to let go, to release

**koz** *a.* 1. walnut 2. master-card, trump 3. *k. dili* opportunity **kozunu oynamak** to play one's trump card **kozunu paylaşmak** to settle accounts with

**koza** *a.* 1. cocoon 2. seed capsule, pod, boll

**kozalak** *a, bitk.* cone, pine cone

**kozalaklı** *s.* coniferous

**kozhelva(sı)** *a.* nougat

K

**kozmetik** *a.* cosmetic
**kozmik** *s.* cosmic
**kozmogoni** *a.* cosmogony
**kozmografya** *a.* cosmography
**kozmoloji** *a.* cosmology
**kozmonot** *a.* cosmonaut
**kozmopolit** *a, s.* cosmopolitan
**kozmos** *a.* cosmos
**köfte** *a.* meatball, croquette, rissole, patty
**köftehor** *a, k. dili* rascal, rogue, dog
**köhne** *s.* 1. dilapidated, ramshackle 2. outdated, outmoded
**kök** *a.* 1. root 2. origin 3. base, basis 4. *kim.* radical 5. *mat.* root **kök salmak** to take/strike root, to be deeply rooted **kök söktürmek** *k. dili* to give *(sb)* a hard time **kökünden sökmek** to uproot **kökünü kazımak** to extirpate, to eradicate **kökünü kurutmak** to extirpate, to eradicate
**kökboyası** *a.* madder, alizarin
**kökçük** *a, bitk.* radicle, rootlet
**köken** *a.* 1. branch of melon-plant etc. 2. root, basis, origin, source 3. *dilb.* etymon
**köklemek** *e.* 1. to uproot 2. *k. dili* to step on (the gas, brakes, etc.)
**köklenmek** *e.* 1. to take root, to put forth roots 2. to become firmly established
**kökleşmek** *e.* 1. to take root 2. to settle down, to become established 3. to become generally accepted
**köklü** *s.* 1. having roots, rooted 2. deep-seated, fundamental, basic
**köknar** *a, bitk.* fir, fir tree
**köksüz** *s.* 1. rootless 2. baseless, unfounded
**kökten** *s.* fundamental, radical
**köktenci** *a, s.* radical
**köktencilik** *a.* radicalism
**köle** *a.* slave
**kölelik** *a.* slavery
**kömür** *a.* 1. coal 2. charcoal **kömür gibi** as black as coal **kömür ocağı** coal mine
**kömürleşmek** *e.* to become carbonized
**kömürlük** *a.* 1. coal bin/cellar 2. *den.* bunker
**köpek** *a.* 1. dog 2. *kab.* bastard, son of a bitch

**köpekbalığı** *a, hayb.* shark, dogfish
**köpekdişi** *a.* canine tooth
**köpeküzümü** *a.* black nightshade
**köprü** *a.* bridge **köprüleri atmak** to burn one's bridges **Köprünün altından çok sular aktı** A lot of water has flowed under the bridge.
**köprücük(kemiği)** *a.* collarbone, clavicle
**köpük** *a.* 1. foam 2. froth 3. lather 4. scum
**köpüklenmek** *e.* to foam, to froth
**köpüklü** *s.* fizzy, frothy, bubbly **köpüklü şarap** sparkling wine
**köpürmek** *e.* 1. to froth, to foam 2. to lather, to make suds 3. to effervesce 4. to foam at the mouth, to be very angry
**köpürtmek** *e.* to make foam, to froth up
**kör** *s.* 1. blind 2. (knife, etc.) blunt **kör dövüşü** muddle **kör kütük** dead drunk, on the booze **kör olası(ca)** a) cursed, damned b) bloody **kör şeytan** evil destiny **kör talih** bad luck **kör topal** after a fashion, perfunctorily
**körbağırsak** *a.* cecum, blind gut
**kördüğüm** *a.* 1. knot that can't be untied 2. Gordian knot, deadlock
**körebe** *a.* blind man's buff
**körelme** *a.* atrophy
**körelmek** *e.* 1. (knives, etc.) to become blunt 2. (fire) to die down 3. (spring) to dry up 4. to atrophy, to waste away, to decline
**köreltmek** *e.* 1. to blunt, to dull 2. to cause to atrophy/decline
**körfez** *a.* gulf
**körleşmek** *e.* 1. (knives, etc.) to become blunt 2. to dull 3. to become blind 4. to become useless 5. (spring) to go dry
**körleştirmek** *e.* 1. to blind 2. to blunt 3. to dull
**körlük** *a.* 1. blindness 2. bluntness, dullness
**körpe** *s.* young and fresh/tender
**körük** *a.* 1. bellows 2. folding hood
**körüklemek** *e.* 1. to fan the flames (with bellows) 2. to incite, to encourage
**köryılan** *hayb.* blindworm, slowworm
**kös kös** *be.* pensively

köse *s.* with little/no beard
kösele *a.* stout leather
kösemen *a.* lead goat, lead ram, bell-wether
kösnü *a.* 1. sexual desire, lust, passion 2. heat, rut
kösnül *s.* 1. erotic 2. lustful, sensual
kösnüllük *a.* 1. eroticism 2. sensuality, lust
kösnülmek *e.* to be on heat
köstebek *a, hayb.* mole
köstek *a.* 1. watch chain 2. fetter, hobble 3. obstacle, impediment
kösteklemek *e.* 1. to hobble, to tether 2. to hamper, to impede, to hinder
köşe *a.* 1. corner 2. out-of-the-way place, secluded spot, nook **köşe atışı** corner kick **köşe başı** street corner **köşe bucak** every nook and cranny **köşe kapmaca** puss-in-the corner **köşeyi dönmek** to strike it rich
köşebent *a.* 1. angle iron 2. brace clamp
köşegen *a, mat.* diagonal
köşeli *s.* cornered, angled
köşk *a.* 1. summerhouse, pavilion 2. villa, chalet
kötek *a.* cudgeling, drubbing, beating **kötek atmak** to give *(sb)* a beating **kötek yemek** to get a beating
köteklemek *e.* to beat, to give *(sb)* a beating
kötü *s.* 1. bad 2. evil, wicked **kötü kadın** prostitute **kötü niyetli** malicious, evil-minded **kötü yola düşmek** to be on the streets **kötüye kullanmak** to abuse, to misuse
kötücül *s.* 1. malicious, malevolent, evil 2. *hek.* malignant
kötülemek *e.* to speak ill of, to run down
kötüleşmek *e.* to become bad, to worsen
kötüleştirmek *e.* to worsen, to exacerbate, to aggravate
kötülük *a.* 1. badness 2. bad action, wrong, harm 3. evil, wickedness
kötümsemek *e.* to disparage, to belittle
kötümser *s.* pessimistic * *a.* pessimist
kötümserlik *a.* pessimism
kötürüm *s, hek.* paralysed, crippled * *a.* cripple **kötürüm olmak** to be paralysed

köy *a.* village **köy muhtarı** village headman
köylü *a.* peasant, villager
köz *a.* embers, cinders
közlemek *e.* to grill/cook on the embers, to barbecue
kraker *a.* cracker
kral *a.* king **kral gibi** kingly, majestically, comfortably **kral naibi** regent **kraldan çok kralcı olmak** to be more royalist than the king
kralcı *a.* royalist
kraliçe *a.* queen
kraliyet, krallık *a.* 1. kingdom 2. kingship
kramp *a.* cramp **kramp girmek** to have cramp
krampon *a.* crampon, cleat
krater *a.* crater
kravat *a.* necktie, cravat
kredi *a.* 1. credit, loan 2. trust
krem *a, s.* cream **krem rengi** cream **krem şantiye** crème Chantilly
krema *a.* cream, custard
kremalı *s.* creamy **kremalı pasta** cream cake
krep *a.* crepe
krepon *a.* crepon **krepon kâğıdı** crepe paper
kreş *a.* day nursery, créche
kriket *a, sp.* cricket
kriko *a.* jack, car lifter
kriminoloji *a.* criminology
kripton *a, kim.* krypton
kristal *a.* crystal
kriter *a.* criterion
kritik *s.* critical * *a.* 1. critic 2. critique
kriz *a.* 1. crisis 2. fit of hysterics, attack of nerves 3. fit, attack **kriz geçirmek** to have a fit of hysterics
krizantem *a, bitk.* chrysanthemum
kroki *a.* drawing, sketch
krom *a, kim.* chrome, chromium
kromatik *s.* chromatic
kromozom *a, biy.* chromosome
kronik *a.* chronicle * *s.* chronic
kronoloji *a.* chronology
kronometre *a.* stopwatch, chronometer
kros *a.* cross-country (running)
kroşe *a.* (boxing) hook

**krupiye** *a.* croupier

**kruvaze** *s.* 1. (garment) double-breasted 2. (cloth) twilled

**kruvazör** *a, den.* cruiser

**ksilofon** *a, müz.* xylophone

**kuaför** *a.* hairdresser

**kuartet** *a, müz.* quartet

**kubbe** *a.* 1. dome, cupola 2. vault of heaven

**kubur** *a.* hole in a toilet fixture

**kucak** *a.* 1. embrace, lap 2. armful **kucak açmak** to receive with open arms **kucak kucağa** in each other's arms/embrace **kucak kucak** by armfuls **kucağına almak** to take on one's lap

**kucaklamak** *e.* to embrace, to take in one's arms, to hug, to cuddle

**kucaklaşmak** *e.* to embrace one another

**kudret** *a.* 1. power, might, strength 2. wealth

**kudretli** *s.* powerful, capable

**kudurmak** *e.* 1. to become rabid 2. *k. dili* to go mad 3. *k. dili* to run wild 4. *k. dili* to see red

**kuduruk** *s.* 1. rapid 2. *k. dili* mad

**kuduz** *a.* rabies, hydrophobia * *s.* rabid

**kuğu** *a.* swan

**kukla** *a.* puppet

**kuklacı** *a.* puppeteer

**kukuleta** *a.* hood, cowl

**kukumav** *a.* little owl **kukumav gibi** all alone **kukumav gibi düşünüp kurmak** to be very thoughtful/worried

**kul** *a.* 1. slave 2. *din.* man, servant **kul köle olmak** to be at sb's back and call

**kulaç** *a.* 1. fathom 2. *sp.* stroke

**kulaçlamak** *e.* 1. to measure in fathoms 2. to swim a stroke/crawl, to crawl

**kulak** *a.* 1. ear 2. gill 3. tuning peg **kulak ardı etmek** to turn a deaf ear **kulak asmak** to lend an ear, to pay attention to **kulak dolgunluğu** hearsay, knowledge acquired by listening **kulak kabartmak** to prick up one's ears **kulak kesilmek** to be all ears **kulak kepçesi** earlap, the external ear **kulak misafiri olmak** to overhear **kulak vermek** to give ear, to listen **Kulakları çınlasın** I hope his ears are burning. **Kulaklarıma**

**inanamadım** I couldn't believe my ears. **kulaktan kapmak** to pick up a language **kulaktan kulağa** on the grapevine **kulağı ağır işitmek** to be hard of hearing **kulağı delik** quickly-informed, alert **kulağı okşamak** to sound nice **kulağına çalınmak** to come to one's ears **kulağına küpe olmak** to be a lesson to **kulağına söylemek** to whisper in sb's ear **kulağını açmak** to open one's ears **kulağını çekmek** to pull sb's ears

**kulakçık** *a, anat.* atrium, auricle

**kulakkepçesi** *a, anat.* auricle

**kulaklık** *a.* 1. earflap, earlap 2. headphone, earphone 3. hearing aid

**kulakmemesi** *a. anat.* earlobe

**kulakzarı** *a.* eardrum, tympanic membrane

**kulampara** *a, kab.* pederast, paederast, bugger

**kulamparalık** *a, kab.* pederasty, buggery

**kule** *a.* tower, turret

**kulis** *a.* backstage, wings **kulis yapmak** to lobby, to work behind the scenes

**kullanılmış** *s.* used, secondhand

**kullanım** *a.* 1. use 2. *dilb.* usage

**kullanış** *a.* way of using, usage

**kullanışlı** *s.* useful, handy, serviceable

**kullanışsız** *s.* cumbersome, clumsy, awkward

**kullanmak** *e.* 1. to use 2. to drive 3. to wear (glasses, etc.) 4. to take (sugar, etc.) 5. to smoke (cigarettes, etc.)

**kulluk** *a.* 1. slavery, servitude 2. worship, adoration

**kulp** *a.* handle **kulp takmak** to find fault with

**kuluçka** *a.* 1. broody hen 2. incubation **kuluçka dönemi/devri** incubation period **kuluçka makinesi** incubator **kuluçkaya yatmak** to brood, to sit, to incubate

**kulunç** *a.* 1. shoulder pain 2. colic, a cute abdominal pain 3. severe pain, cramp

**kulübe** *a.* 1. hut, shed, cabin, shack, shanty 2. sentry-box 3. telephone booth 4. tollbooth

**kulüp** *a.* 1. club, association, society 2. clubhouse, club building kulvar *a.* lane, track, course

kum *a.* 1. sand 2. gravel **kum fırtınası** sandstorm **kum saati** hourglass **kum torbası** sandbag

kuma *a.* fellow wife, second wife

kumanda *a.* 1. control 2. command 3. authority **kumanda etmek** to command, to be in command of

kumandan *a.* commander

kumandanlık *a.* 1. commandership 2. command post, command headquarters

kumanya *a.* 1. provisions 2. *ask.* portable rations

kumar *a.* gambling, gamble **kumar oynamak** to gamble

kumarbaz *a.* gambler

kumarhane *a.* gambling house, gaming house

kumaş *a.* cloth, fabric, material

kumbara *a.* money-box

kumla *a.* sandy beach, sandy place

kumlu *s.* 1. sandy, arenaceous 2. speckled

kumluk *a.* sandy place, sands

kumpanya *a.* 1. (foreign) company 2. *tiy.* troupe

kumpas *a.* 1. composing stick 2. callipers 3. mariner's compass 4. *arg.* trick, plot

kumral *s.* 1. (hair) brown 2. brown-haired/skinned

kumru *a.* dove, turtledove

kumsal *a.* beach, sands

kumtaşı *a.* sandstone

kumul *a.* sand dune, dune

kundak *a.* 1. swaddling clothes 2. gunstock

kundakçı *a.* 1. arsonist, incendiary, firebug 2. saboteur 3. mischief-maker

kundakçılık *a.* arson

kundaklamak *e.* 1. to swaddle 2. to set fire to 3. to wreck, to sabotage

kundura *a.* shoe

kunduracı *a.* 1. shoemaker 2. repairer of shoes 3. seller of shoes

kunduz *a, hayb.* beaver

kupa *a.* 1. metal cup/vase 2. *sp.* cup 3. *isk.* hearts 4. brougham, coupé

kupkuru *s.* bone-dry

kupon *a.* coupon

kupür *a.* cutting, clipping

kur *a.* 1. rate of exchange 2. course (of studies) 3. courting, wooing **kur yapmak** to pay court to, to make advances to

kura *a.* 1. drawing of lots 2. lot 3. *ask.* conscription (by lots) **kura çekmek** to draw lots, to cast lots (for sth)

kurabiye *a.* cookie

kurak *s.* arid, dry

kurakçıl *s, bitk.* xerophytic

kuraklık *a.* drought, aridity

kural *a.* rule

kuralcı *s.* normative, prescriptive

kuralcılık *a.* prescriptivism

kuraldışı *s.* exceptional, irregular

kurallaşmak *e.* to become a rule

kurallaştırmak *e.* to make into a rule

kurallı *s.* regular

kuralsız *s.* irregular

kuram *a.* theory

kuramcı *a.* theorist, theoretician

kuramsal *s.* theoretical

Kuran *a.* Koran

kurbağa *a.* frog

kurbağaadam *a.* frogman

kurbağalama *a.* 1. *sp.* breaststroke 2. shinnying up/down

kurban *a.* 1. victim 2. sacrificial animal 3. *k. dili* Muslim festival of sacrifices **kurban bayramı** Muslim Festival of Sacrifices **kurban etmek** a) to sacrifice b) to victimize **kurban olayım** a) please; for God's sake b) How great! **kurban olmak** to be a victim **kurban vermek** to lose as casualties

kurbanlık *s.* (animal) sacrificial

kurcalamak *e.* 1. to monkey with, to meddle with, to toy with 2. to scratch, to rub, to irritate 3. to go into, to delve into, to dwell on (a matter)

kurdele *a.* ribbon

kurdeşen *a, hek.* rash, nettle rash, urticaria

kurgu *a.* 1. winding key, clock key, watch stem 2. winding up 3. installation, mounting 4. *sin.* montage, editing

kurgusal *s, fel.* speculative

kuriye *a.* courier

**kurmak** *e.* 1. to set up, to assemble, to put together 2. to establish, to found 3. to form 4. to cock (a gun, etc.) 5. to pitch (tent, etc.) 6. to wind (a clock, etc.) 7. to plot, to plan 8. *k. dili* to incite

**kurmay** *a, ask.* staff **kurmay subay** staff officer

**kurna** *a.* basin of a bath

**kurnaz** *s.* cunning, foxy, sly, shrewd, canny

**kurnazlık** *a.* cunning, guile, ruse

**kuron** *a.* crown

**kurs** *a.* 1. course, series of lessons 2. disk

**kursak** *a.* 1. crop, craw 2. *k. dili* maw, stomach

**kurşun** *a, kim.* 1. lead 2. bullet * *s.* lead, leaden **kurşun geçirmez** bulletproof **kurşun gibi** very heavy **kurşuna dizmek** to execute by shooting

**kurşuni** *s.* leaden, dull grey

**kurşunkalem** *a.* lead pencil

**kurşunlamak** *e.* 1. to cover with lead 2. to shoot

**kurşunlu** *s.* 1. containing lead 2. lead-covered

**kurşunsuz** *a.* without leadl **kurşunsuz benzin** *a.* lead-free petrol *İl.*, unleaded gas *Al.*

**kurt** *a.* 1. wolf 2. worm, maggot 3. shrewd person, old hand **kurt dökmek** to pass a worm **kurt gibi aç** ravenous, peckish **kurt köpeği** wolf dog, wolfhound **kurtlarını dökmek** to have one's fling

**kurtarıcı** *a.* 1. savior, deliverer 2. wrecker, tow truck

**kurtarma** *a.* rescue, recovery

**kurtarmak** *e.* 1. to save 2. to rescue, to deliver 3. to redeem (sth pawned) 4. (price) to be acceptable

**kurtçuk** *a, hayb.* larva

**kurtlanmak** *e.* 1. to get wormy 2. to become impatient, to fidget

**kurtlu** *s.* 1. wormy 2. fidgety

**kurtulmak** *e.* 1. to escape 2. to be rescued/saved 3. to slip out 4. to be finished

**kurtuluş** *a.* 1. liberation 2. release, escape 3. salvation 4. deliverance

**kuru** *s.* 1. dry 2. dried 3. arid 4. (plant) dead 5. skinny, emaciated, thin 6. bare, unadorned, unfurnished 7. empty, hollow, vain 8. (utterance) curt, unfeeling, dry **kuru fasulye** haricot bean **kuru gürültü** a) much ado about nothing b) bluster, empty talk **kuru iftira** sheer calumny **kuru kalabalık** useless crowd **kuru pil** dry cell **kuru soğuk** dry cold **kuru temizleme** dry cleaning **kuru temizleyici** dry cleaner's **kuru üzüm** raisin **kuru yemiş** *bkz.* **kuruyemiş**

**kurucu** *s.* founding, establishing * *a.* 1. founder, promoter 2. organizer **kurucu meclis** constituent assembly

**kurukafa** *a.* skull

**kurukahve** *a.* roasted and ground coffee

**kurul** *a.* committee

**kurulamak** *e.* to dry

**kurulanmak** *e.* 1. to be dried 2. to dry oneself

**kurulmak** *e.* 1. to be founded/established 2. (watch, clock, etc.) to be wound 3. (table) to be set 4. to settle oneself comfortably 5. to pose, to swagger

**kurultay** *a.* general assembly, council, congress

**kuruluş** *a.* 1. foundation, establishment, formation 2. institution, organization, enterprise 3. *dilb.* construction

**kurulum** *a.* installation; setup

**kurum**[1] *a.* 1. association, society, instituon, council 2. establishment, corporation

**kurum**[2] *a.* soot

**kurum**[3] *a.* pose, conceit **kurum kurum kurulmak** to be stuck-up **kurum satmak** to put on airs, to swagger, to swank, to show off

**kurumak** *e.* 1. to dry 2. to wither 3. to become thin and weak

**kurumlanmak** *e.* 1. to put on airs, to swagger, to swank, to cock up the nose 2. to get sooty

**kurumlaşmak** *e.* to become an association, to turn into an institution

**kurumlaştırmak** *e.* to institutionalize

**kurumlu**[1] *s.* sooty

**kurumlu**[2] *s.* stuck-up, conceited, self-

important
**kurumsal** s. institutional
**kuruntu** a. illusion, strange fancy, apprehension, foreboding
**kuruntulu** s. full of imaginary fears, neurotic
**kuruş** a. piastre, piaster, kurus
**kurutmak** s. 1. to dry 2. to wither 3. to desiccate, to dehumidify
**kuruyemiş** a. dried fruit/nuts
**kurye** a. (diplomatic) courier
**kuskus** a. couscous
**kusmak** e. to vomit, to throw up, to be sick, arg. to puke, to spew
**kusmuk** a. vomit, arg. puke
**kusur** a. 1. fault, defect, flaw, imperfection 2. shortcoming 3. drawback, disadvantage **kusur bulmak** to find fault (with) **Kusura bakma(yın)** I beg your pardon! Excuse me! **kusura bakmamak** to overlook, to excuse
**kusurlu** s. 1. faulty, defective, flawed, imperfect 2. at fault, in the wrong
**kusursuz** s. perfect, faultless, flawless
**kuş** a. bird **kuş beyinli** stupid, bird-brained **kuş kafesi** bird cage **kuş uçmaz kervan geçmez** out-of-the way, desolate **kuç uçurtmamak** to keep a sharp lookout
**kuşak** a. 1. belt, sash, cummerbund 2. diagonal beam, brace 3. sin. band, track 4. coğ. zone 5. generation
**kuşaklamak** e. to brace, to support
**kuşanmak** e. to gird on, to put on (a sword, belt, etc.)
**kuşatma** a. surrounding, besieging, siege
**kuşatmak** e. 1. to surround, to envelop 2. to besiege
**kuşbakışı** a. bird's-eye view
**kuşbaşı** s. in small pieces * a. small pieces of casseroled meat
**kuşe (kâğıdı)** a. glossy paper
**kuşet** a. berth, bunk, couchette
**kuşhane** a. 1. aviary 2. small saucepan
**kuşkirazı** a. sweet cherry, mazzard
**kuşkonmaz** a. asparagus
**kuşku** a. suspicion, doubt **kuşku duymak** to suspect
**kuşkucu** a. sceptic, Aİ. skeptic

**kuşkuculuk** a, fel. scepticism, Aİ. skepticism
**kuşkulandırmak** e. to make suspicious
**kuşkulanmak** e. 1. to get suspicious 2. to suspect
**kuşkulu** s. 1. suspicious 2. doubtful
**kuşkusuz** s. unsuspecting, trustful * be. of course, certainly, surely, no doubt
**kuşlokumu** a. type of sweetish cake
**kuşluk** a. mid-morning, late morning
**kuşpalazı** a, hek. diphtheria
**kuşsütü** a. any nonexistent thing **kuşsütü ile beslemek** to cherish, to pamper
**kuştüyü** a. feather, down
**kuşüzümü** a, bitk. currant
**kutlama** a. 1. celebration 2. congratulation
**kutlamak** e. 1. to celebrate 2. to congratulate
**kutsal** s. holy, sacred
**kutsallık** a. holiness
**kutsamak** e. to consecrate, to sanctify, to bless
**kutsi** s. sacred, holy
**kutu** a. 1. box, case, container 2. chest 3. tin, can
**kutup** a. pole * s. polar **kutup ayısı** polar bear
**kutuplanma** a, fiz. polarization
**kutuplaşmak** e. to polarize
**Kutupyıldızı** a. North Star, Polaris
**kuvars** a. quartz
**kuvöz** a. incubator (for newborn infants)
**kuvvet** a. 1. strength, power, might, vigour 2. mat. power **kuvvet komutanları** commanders-in-chief of armed forces **kuvvete başvurmak** to resort to force **kuvvetten düşmek** to lose strength
**kuvvetlendirici** s. strengthening
**kuvvetlendirmek** e. to strengthen
**kuvvetlenmek** e. to gain strength, to strengthen
**kuvvetli** s. strong, powerful, forceful
**kuvvetsiz** s. weak, feeble, languid
**kuyruk** a. 1. tail 2. queue 3. k. dili follower, shadow 4. (dress) train **kuyruğa girmek** to join the queue, to queue **kuyruğu kapana kısılmak** to have one's

back against the wall **kuyruk olmak** to queue up **kuyruk sallamak** a) to wag the tail b) to play up to, to cringe
**kuyrukluyıldız** *a.* comet
**kuyruksokumu** *a, anat.* sacrum
**kuyruksuz** *s.* tailless, without a tail
**kuytu** *a.* 1. quiet and secluded 2. off the beaten path, out-of-the-way
**kuyu** *a.* 1. well 2. pit, deep hole 3. shaft **kuyu açmak** to dig a well, to dig a pit **kuyusunu kazmak** to dig a pit for *sb*
**kuyumcu** *a.* jeweller **kuyumcu dükkânı** jeweller's shop
**kuzen** *a.* (male) cousin
**kuzey** *a.* north * *s.* northern **kuzey kutbu** north pole
**kuzeybatı** *a.* northwest
**kuzeydoğu** *a.* northeast
**kuzeyli** *a.* northerner
**kuzgun** *a, hayb.* raven
**kuzin** *a.* (female) cousin
**kuzu** *a.* lamb **kuzu gibi** as meek as a lamb
**kuzudişi** *a.* baby tooth, milk tooth
**kuzukestanesi** *a.* small chestnut
**kuzukulağı** *a, bitk.* sorrel
**kuzulamak** *a.* to lamb
**kübik** *s.* cubic
**kübist** *a, s.* cubist
**kübizm** *a.* cubism
**küçücük** *s.* tiny, teeny weeny, wee
**küçük** *s.* 1. little 2. small 3. young, little 4. petty, insignificant * *a.* child, kid **küçük aptes** urination **küçük burjuvazi** petit bourgeoisie **küçük çapta** on a small scale **küçük düşmek** to lose face, to be humiliated **küçük düşürmek** to humiliate, to abase **küçük görmek** to disdain, to belittle **küçük harf** minuscule, lower case **küçük ilanlar** classified advertisements, classified ads, want ads *Aİ.* **küçük önerme** minor premise **küçük parmak** little finger/toe **küçük su dökmek** to urinate, to make water
**Küçükayı** *a, gökb.* Ursa Minor, the Little Bear
**küçükbaş** *a.* a sheep or goat
**küçükdil** *a, anat.* uvula **küçükdilini yutmak** to fall of one's chair

**küçüklük** *a.* 1. smallness, littleness 2. childhood 3. pettiness, meanness, small-mindedness
**küçülmek** *e.* 1. to shrink 2. to become small 3. to be humiliated
**küçültmek** *e.* 1. to shrink 2. to make small 3. to diminish 4. to deprecate, to underrate 5. to humiliate 6. to disgrace, to degrade, to lower
**küçümen** *s.* rather small, very little, peewee
**küçümsemek** *e.* to look down on, to despise
**küf** *a.* mould, mildew **küf bağlamak/tutmak** to become mouldy
**küfe** *a.* 1. large wicker basket, pannier 2. *arg.* arse, *Aİ.* ass
**küfeci** *a.* 1. maker or seller of panniers 2. porter
**küfelik** *s.* 1. basketful 2. *arg.* dead-drunk **küfelik olmak** to be blind drunk
**küflenmek** *e.* 1. to mildew, to get mouldy 2. to become fusty/fogyish/mouldy
**küflü** *s.* 1. mouldy, mildewy, musty 2. fusty, fogyish, mouldy
**küfretmek** *e.* 1. to swear, to curse 2. *din.* to blaspheme
**küfür** *a.* 1. swearword, cursing, bad language 2. *din.* blasphemy **küfür etmek** to abuse, to curse **küfürü basmak** to swear, to cuss
**küfürbaz** *s.* foul-mouthed
**küheylan** *a.* purebred Arab horse
**kükremek** *e.* to roar
**kükürt** *a, kim.* sulphur, *Aİ.* sulfur
**kükürtlü** *s.* sulphurous
**kül** *a.* ash **kül etmek** to ruin, to destroy **kül olmak** to be reduced to ash **kül tablası** ashtray **kül yutmak** to be sucked, to be duped
**külah** *a.* 1. conical hat 2. cone-shaped container 3. *k. dili* trick **külah giydirmek** to play a trick on **Külahıma anlat** Tell me another. **külahları değişmek** to fall out with
**külbastı** *a.* grilled cutlet
**külçe** *a.* 1. metal ingot, bullion 2. pile, heap
**külfet** *a.* 1. trouble, inconvenience, bother

2. great expense
**külhanbeyi** *a.* tough, rowdy, hoodlum, hooligan
**külliyat** *a.* complete works, collected works (of an author)
**küllük** *a.* 1. ashtray 2. ash heap, ash pile 3. ash can, ashpan
**külot** *a.* 1. underpants (for men) 2. knickers, pants, panties (for women)
**külotlu çorap** *a.* tights, panty-hose
**külrengi** *s.* ashen, ashy, pale grey * *a.* pale grey
**kültür** *a.* culture
**kültürel** *s.* cultural
**kültürfizik** *a.* physical-fitness exercises
**kültürlü** *s.* cultured
**kültürsüz** *s.* uncultured, uneducated
**külüstür** *s.* dilapidated, shabby, shoddy, ramshackle
**kümbet** *a.* vault, cupola, dome
**küme** *a.* 1. heap, mound, pile 2. group 3. *sp.* league 4. *mat.* set
**kümebulut** *a.* cumulus cloud
**kümelemek** *e.* 1. to heap up, to pile up 2. to group together
**kümelenmek** *e.* 1. to be heaped up 2. to form a group 3. to cluster
**kümeleşmek** *e.* to form groups
**kümes** *a.* 1. poultry-house, coop 2. *k. dili* hut **kümes hayvanları** poultry
**kümülüs** *s.* cumulus cloud
**künk** *a.* clay/cement water pipe
**künye** *a.* 1. personal record 2. identity disc
**küp** *a.* 1. large earthenware jar 2. *mat.* cube **küplere binmek** to get into a towering rage, to blow one's top, to see red **küpünü doldurmak** to feather one's nest
**küpe** *a.* earring
**küpeçiçeği** *a, bitk.* fuchsia
**küpeşte** *a.* 1. *den.* rail, railing, gunwale, gunnel 2. handrail, banister, balustrade
**kür** *a.* cure
**kürdan** *a.* toothpick **kürdan gibi** skinny
**küre** *a.* globe, sphere
**kürecik** *a.* 1. globule 2. corpuscle
**kürek** *a.* 1. shovel 2. oar, paddle 3. baker's peel **kürek çekmek** to row

**kürekçi** *a.* oarsman, rower
**kürekkemiği** *a.* shoulder blade, scapula
**küremek** *e.* to shovel up, to clear away with a shovel
**küresel** *s.* spherical
**küret** *a.* curette
**kürk** *a, s.* fur
**kürkçü** *a.* furrier **kürkçü dükkânı** furrier's shop
**kürsü** *a.* 1. podium, rostrum, pulpit 2. teacher's desk 3. professorship, chair **kürsü başkanı** chairman
**kürtaj** *a.* 1. curetting, curettage 2. abortion
**küs** *s.* sullen, put out, mad, peeved
**küskün** *s.* cross, offended, sulky, sore
**küskünlük** *a.* vexation, sulk
**küsmek** *e.* to be offended, to sulk, to miff
**küspe** *a.* 1. residue of crushed seeds 2. oil cake
**küstah** *s.* impudent, insolent, impertinent
**küstahça** *be.* impudently, insolently
**küstahlık** *a.* impudence, insolence, arrogance **küstahlık etmek** to act insolently
**küstümotu** *a, bitk.* sensitive plant, mimosa
**küsur** *a.* 1. fractions 2. remainder, additional amount, odd
**küt** *s.* 1. stubby, short and thick 2. blunt, dull 3. knock, the sound of a blow, etc.
**kütle** *a.* 1. mass 2. group, social body
**kütleşmek** *e.* to become blunt
**kütük** *a.* 1. tree-stump, trunk 2. chopping block 3. vine-stock 4. ledger, register **kütük gibi** a) greatly swollen b) stubby c) dead drunk **kütüğe kaydetmek** to enrol in the register
**kütüklük** *a.* cartridge-pouch
**kütüphane** *a.* 1. library 2. bookcase
**kütüphaneci** *a.* librarian
**kütüphanecilik** *a.* 1. librarianship 2. library science
**kütür kütür** *be.* with a crunching sound * *s.* (fruit) firm and crunchy
**kütürdemek** *e.* to make a crashing sound, to crack
**kütürdetmek** *e.* to snap, to crunch
**kütürtü** *a.* crunching sound, crunch

**K**

küvet *a.* 1. bathtub 2. washbasin, sink

# L

L, l *a.* the fifteenth letter of the Turkish alphabet

la *a, müz.* la, A

labada *a.* patience dock

labirent *a.* labyrinth

laboratuvar *a.* laboratory

lacivert *a.* dark blue, navy blue

laçka *s.* slack **laçka olmak** to slacken, to get slack

lades *a.* a bet with the wishbone **lades kemiği** wishbone **lades tutuşmak** to make a bet by pulling a wishbone

ladin *a, bitk.* spruce, spruce tree

laf *a.* 1. words, remarks 2. expression, utterance, statement 3. empty words 4. conversation, talk 5. the subject of a conversation **laf aramızda** between you and me **laf atmak** a) to have a chat b) to make a pass at **laf dinlemek** to listen to advice **laf etmek** a) to gossip about *(sth)* b) to talk (with), to chat (with) **laf ebesi** *bkz.* **lafebesi laf işitmek** to be told off **laf ola beri gele** stuff and nonsense **laf olsun diye** just for the sake of conversation **laf taşımak** to be a tale-bearer **lafa dalmak** to be lost in conversation **lafa karışmak** to interrupt, to chime in **lafa tutmak** to buttonhole **lafı ağzına tıkamak** to shut *(sb)* up **lafı ağzından almak** to take the words out of sb's mouth **lafı çevirmek** to change the subject **lafı ağzında gevelemek** to beat about the bush **Lafı mı olur** Don't mention it. **Lafla peynir gemisi yürümez** Fine words butter no parsnips. **lafını etmek** to talk about *(sth)*, to mention **lafını esirgememek** not to mince matters/one's words **lafını bilmek** to weigh one's words **lafını kesmek** to break in on sb's conversation

lafazan *s.* talkative, chatty

lafebesi *s.* chatty

laflamak *e.* to chat away

lağım *a.* 1. sewer, drain 2. *ask.* underground tunnel, mine

lağvetmek *e.* to abrogate, to cancel, to abolish

lağvolmak *e.* to be cancelled, to be abolished

lahana *a, bitk.* cabbage **lahana dolması** stuffed cabbage leaves **lahana turşusu** pickled cabbage

lahit *a.* tomb

lahmacun *a.* pancake with spicy meat filling

lahos, lagos *a.* type of grouper

lahza *a.* instant, second, trice, the twinkling of an eye

laik *s.* laic, secular, lay

laikleştirmek *e.* to secularize, to laicize

laiklik *a.* secularism, laicism

laka *a.* lacquer

lakap *a.* nickname **lakap takmak** to give a nickname, to nickname

lakayt *s.* indifferent, unconcerned, nonchalant

lake *s.* lacquered

lakerda *a.* salted tunny

lakırdı *a.* 1. word, talk, words 2. conversation, talk 3. nonsense, gossip

lakin *bağ.* but, however

laklak *a.* 1. clacking noise made by storks 2. clatter, chatter **laklak etmek** to chatter

laktoz *a.* lactose

lal *a.* ruby

lala *a.* male servant in charge of a boy

lale *a, bitk.* tulip

lalettayin *s.* whatsoever, any * *be.* at random, indiscriminately

lam *a.* microscope slide

lama *a.* 1. *hayb.* llama 2. Lama, Buddhist monk

lamba *a.* 1. lamp 2. radio tube

lame *a.* lamé

lamel *a.* cover-glass (of a microscope)

lan *ünl, kab.* bud, buddy, man

lanet *a.* curse, imprecation * *s.* cursed, damned **lanet etmek** to curse, damn **Lanet olsun** Damn it!

lanetlemek *e.* to curse, to damn

lanetli *s.* cursed, accursed, damned

langırt *a.* a table game of football

**lanse** *s.* launched **lanse etmek** to launch, to introduce

**lantan** *a.* lanthanum

**lap** *a.* flop, plop, plopping sound

**lapa** *a.* 1. rice pudding 2. any watery food 3. poultice **lapa lapa** in large flakes

**lapacı** *s.* languid, flabby

**larenjit** *a, hek.* laryngitis

**laser** *a, bkz.* **lazer**

**lastik** *a.* 1. rubber 2. elastic/rubber band 3. *oto.* tyre, *Aİ.* tire **lastiği patlamak** to have a blowout **lastik gibi** (meat, etc.) rubbery

**lastikli** *s.* 1. made of rubber 2. elastic, flexible 3. *k. dili* ambiguous

**lata** *a.* lath, batten

**laterna** *a, müz.* barrel organ

**latif** *s.* 1. lovely, pleasing, nice 2. amiable, agreeable, pleasant 3. delicate, dainty

**latife** *a.* joke, leg-pul **latife etmek** to joke

**latifeci** *a.* joker

**Latin** *a, s.* Latin **Latin harfleri** Latin characters, Roman characters

**Latince** *a.* Latin

**laubali** *s.* saucy, pert, free and easy, too familiar

**laubalileşmek** *e.* to become saucy, to take liberties with

**laubalilik** *a.* sauciness, pertness

**lav** *a.* lava

**lavabo** *a.* washbasin

**lavanta** *a.* lavender water

**lavantaçiçeği** *a, bitk.* lavender

**lavman** *a, hek.* enema

**layık** *s.* worthy, deserving **layık olmak** to be worthy of, to deserve, to merit **layığını bulmak** to get one's deserts

**layıkıyla** *be.* properly, duly

**layiha** *a.* 1. explanatory document, project 2. *huk.* bill

**lazer** *a.* laser

**lazım** *s.* necessary, needed, required **lazım olmak** to be necessary/needed/required

**lazımlık** *a.* chamber pot

**lebiderya** *a.* seashore

**leblebi** *a.* roasted chickpea

**legorn** *a, hayb.* leghorn fowl

**leğen** *a.* 1. bowl, basin 2. *anat.* pelvis

**leh** *a.* benefit **lehimde** in my favour **lehinde** in favour of him/her **lehine** in one's favour

**lehçe** *a.* dialect

**lehim** *a.* solder

**lehimlemek** *e.* to solder

**lehimli** *s.* soldered

**leke** *a.* 1. stain, spot, blot 2. blemish, spot, fleck 3. fault, defect **leke çıkarıcı** a) stain removing b) stain remover **leke çıkarmak** to remove a stain **leke olmak** to become stained **leke sürmek** to besmirch **leke yapmak** to stain

**lekelemek** *e.* 1. to stain, to blot 2. to besmirch, to defile, to dishonour, to taint

**lekeli** *s.* 1. spotted, stained 2. dishonoured

**lekelihumma** *a, hek.* typhus, spotted fever

**lekesiz** *s.* 1. spotless, stainless 2. blameless

**lenf** *a, biy.* lymph

**lenfatik** *s.* lymphatic

**lenger** *a.* 1. large deep copper dish 2. *den.* anchor

**lens** *a.* 1. lens 2. contact lens

**leopar** *a, hayb.* leopard

**lepiska** *a.* leipzig silk

**leş** *a.* carcass, carrion **leş gibi** foul-smelling, putrid, stinking **leş gibi kokmak** to stink, to reek

**leşkargası** *a.* carrion crow

**levazım** *a.* necessities, requisites, materials, supplies **levazım subayı** commissary officer

**levha** *a.* 1. signboard, sign 2. inscribed card, framed inscription 3. tablet, panel, slab

**levrek** *a, hayb.* sea bass, bass

**levye** *a.* 1. lever 2. crank

**leydi** *a.* lady

**leylak** *a, bitk.* lilac

**leylek** *a, hayb.* stork

**lezbiyen** *a, s.* lesbian

**leziz** *s.* 1. delicious, tasty 2. delightful, pleasant

**lezzet** *a.* 1. taste, flavour 2. pleasure, enjoyment **lezzet almak** to find pleasure

L

in
**lezzetlenmek** *e.* to become tasty
**lezzetli** *s.* delicious, tasty
**lezzetsiz** *s.* insipid, tasteless
**lığ** *a.* alluvium, alluvial deposit
**lıkırdamak** *e.* to gurgle, to bubble
**lıkır lıkır** *be.* with a gurgling sound
**liberal** *s.* liberal
**liberalizm** *a.* liberalism
**libero** *a.* (futbol) sweeper
**libido** *a.* libido
**libre** *a, esk.* pound
**lider** *a.* leader
**liderlik** *a.* leadership
**lif** *a.* 1. fibre 2. vegetable sponge, loofah
**lig** *a, sp.* league
**likidasyon** *a.* liquidation
**likidite** *a.* liquidity
**likit** *a, s.* liquid
**likör** *a.* liqueur
**liman** *a.* harbour, seaport, port
**lime** *a.* strip **lime lime** in strips/tatters
**limit** *a.* limit
**limitet** *s.* limited **limitet ortaklık/şirket** limited company
**limon** *a, bitk.* lemon
**limonata** *a.* lemonade, still lemon drink
**limonluk** *a.* 1. greenhouse, hothouse 2. lemon squeezer
**limontuzu** *a.* citric acid
**limuzin** *a.* limousine
**linç** *a.* lynching **linç etmek** to lynch
**lineer** *s.* linear
**linotip** *a.* linotype
**linyit** *a.* lignite
**lir** *a, müz.* lyre
**lira** *a.* lira
**lirik** *s.* lyrical
**lirizm** *a.* lyricism
**lisan** *a.* language
**lisans** *a.* 1. bachelor's degree 2. licence
**lisansüstü** *s.* postgraduate
**lise** *a.* high school **lise mezunu** high-school graduate
**liseli** *a.* high-school student
**liste** *a.* list
**litosfer** *a.* lithosphere
**litre** *a.* litre
**liyakat** *a.* 1. merit, worthiness, suitability

2. capability, competence
**liyakatli** *s.* capable, efficient
**liyakatsiz** *s.* incapable, inefficient
**lizol** *a.* Lysol
**lobi** *a.* 1. lobby, waiting room 2. political body
**lobut** *a.* 1. Indian club 2. small club-like stick 3. club, cudgel
**loca** *a.* 1. *tiy.* box 2. Masonic lodge
**lodos** *a.* south or southwest wind or gale
**logaritma** *a, mat.* logarithm
**loğusa** *a.* woman after childbirth
**lojistik** *a.* 1. *ask.* logistics 2. symbolic logic
**lojman** *a.* flat/house (provided to employees/workers)
**lokal** *s.* local * *a.* club, clubhouse
**lokanta** *a.* restaurant
**lokavt** *a.* lockout
**lokma** *a.* 1. morsel, bite/mouthful (of food) 2. doughnut in syrup
**lokmanruhu** *a.* ether
**lokomotif** *a.* railway engine, locomotive
**lokum** *a.* Turkish delight **lokum gibi** very sweet/beautiful
**lombar** *a, den.* port
**lomboz** *a, den.* porthole
**lonca** *a.* guild of tradesmen's
**longpley** *a.* long-playing record
**lop**[1] *a, anat.* lope
**lop**[2] *s.* soft and round **lop et** boneless meat **lop yumurta** hard-boiled egg
**lor** *a.* goat's milk curd **lor peyniri** goat's cheese
**lort** *a.* lord
**lostra** *a.* (act of) shining shoes
**lostromo** *a, den.* boatswain, bosun
**losyon** *a.* lotion
**loş** *s.* gloomy, dusky, murky
**lök** *s.* awkward, clumsy, sluggish
**lökosit** *a.* leucocyte
**lösemi** *a.* leukaemia
**lumbago** *a.* lumbago
**lunapark** *a.* fun fair, amusement park
**lüfer** *a, hayb.* bluefish
**lügat** *a.* dictionary **lügat paralamak** to use a pompous language
**lüks** *a.* luxury * *s.* luxurious, de luxe
**lüle** *a.* 1. ringlet, curl, lock (of hair) 2.

twist, fold, roll 3. spout (of a fountain) 4. pipe 5. bowl of tobacco pipe

**lületaşı** *a.* meerschaum

**lüp** *a.* something got without effort/cost, windfall **lüp diye yutmak** to gulp down **lüpe konmak** to get *sth* without effort/cost

**lütfen** *be.* please

**lütfetmek** *e.* to be so kind as to, to deign, to condescend

**lütuf** *a.* kindness, favour

**lütufkâr** *s.* gracious, kind

**lüzum** *a.* necessity, need **lüzum görmek** to deem necessary

**lüzumlu** *s.* necessary, needed, required

**lüzumsuz** *s.* unnecessary, unneeded, needless

# M

**M, m** *a.* the sixteenth letter of the Turkish alphabet

**maada** *ilg.* 1. in addition to, besides 2. apart from, besides

**maalesef** *be.* 1. unfortunately 2. I'm sorry to say, I'm afraid

**maarif** *a., esk.* 1. learning, education 2. system of education

**maaş** *a.* 1. salary, stipend 2. pension **maaş almak** to receive a salary **maaş bağlamak** to earn a salary **maaş vermek** to pay a salary **maaş zammı** increase in salary, rise, *Al.* raise

**maaşlı** *s.* salaried, receiving a salary

**maazallah** *ünl.* God forbid!

**mabet** *a.* temple

**mabut** *a.* god, idol

**macera** *a.* adventure

**maceracı** *s.* adventurous * *a.* adventurer

**maceralı** *s.* 1. adventurous 2. hazardous

**maceraperest** *s.* adventurous

**macun** *a.* 1. paste 2. putty 3. adhesive cement 3. *hek.* electuary, medicated taffy

**macunlamak** *e.* to putty

**maç** *a., sp.* match, game, bout

**maça** *a., isk.* spade

**madalya** *a.* medal **madalyanın ters**

**tarafı/tersi** the reverse of the medal

**madalyon** *a.* medallion

**madam** *a.* madam, Mrs.

**madara** *s., arg.* 1. worthless 2. common, vulgar **madara olmak** to be humiliated

**madde** *a.* 1. matter, substance 2. material, component 3. (in a list) entry, item 4. *huk.* article, paragraph, clause 5. question, matter, topic **madde madde** a) item by item, article by article b) divided into separate articles

**maddeci** *a., s.* materialist

**maddecilik** *a.* materialism

**maddesel** *s.* material, physical

**maddeten** *s.* materially, physically

**maddi** *s.* 1. material, physical 2. tangible, substantial 3. materialistic

**maddileşmek** *e.* 1. to become materialistic 2. to become material/physical

**maddilik** *a.* materiality, being material

**maddiyat** *a.* material things

**madem(ki)** *bağ.* since, as, now that

**maden** *a.* 1. mine 2. gold mine 3. mineral 4. metal **maden cevheri/filizi** mineral ore **maden damarı** lode, vein **maden işçisi** miner **maden kuyusu** mine shaft **maden mühendisi** mining engineer **maden ocağı** mine pit **maden yatağı** mineral stratum, ore bed

**madenci** *a.* 1. miner 2. mine owner 3. mine expert

**madencilik** *a.* mining, the work of a miner, mining expert

**madeni** *s.* 1. metallic, metal 2. mineral **madeni para** coin, piece

**madenkömürü** *a.* hard coal, anthracite

**madensel** *s.* 1. metal, metallic 2. mineral

**madensi** *s.* metalloid

**madensuyu** *a.* mineral water

**madenyünü** *a.* mineral wool, slag wool, rock wool

**madik** *a., arg.* trick, ruse, marbles **madik atmak** to cheat, to trick, to pull a fast one on

**madikçi** *a., arg.* trickster, swindler, cheat

**madrabaz** *a.* 1. middleman 2. crook, cheat, swindler

**maestro** *a., müz.* maestro, conductor

**mafiş** *a., k. dili* finished, not to be found *

a. type of light fritter

**mafsal** a. 1. *anat.* joint 2. *tek.* articulation

**maganda** a, *arg.* hick, yahoo, lout

**magazin** a. magazine

**magma** a. magma

**magnezyum** a, *kim.* magnesium

**mağara** a. cave, cavern

**mağaza** a. large store, shop

**mağdur** s. unjustly treated, wronged, mistreated

**mağduriyet, mağdurluk** a. being wronged, unjust treatment

**mağlubiyet** a. defeat

**mağlup** s. defeated, overcome, beaten **mağlup etmek** to defeat, to overcome, to beat **mağlup olmak** to be beaten/defeated, to lose

**mağrur** s. 1. self-confident, proud 2. haughty, lofty, conceited

**mahal** a. place, spot **mahal kalmamak** to be no longer necessary

**mahalle** a. (in a city/town) quarter, district **mahalle çapkını** inept womanizer **mahalle karısı** unmannerly woman, quarrelsome woman **mahalleyi ayağa kaldırmak** to set the neighbourhood in an uproar

**mahallebi** a, *bkz.* **muhallebi**

**mahalli** s. local **mahalli idare** local government

**maharet** a. skill, proficiency, dexterity

**maharetli** s. skilful, proficient

**maharetsiz** s. unskilful, inept

**mahcubiyet** a. shyness, bashfulness

**mahcup** s. 1. shy, bashful 2. ashamed **mahcup etmek** e. to embarrass, to shame, to mortify **mahcup olmak** to be ashamed/embarrassed

**mahcupluk** a, *bkz.* **mahcubiyet**

**mahdum** a, *esk.* son

**mahdut** s, *esk.* 1. restricted, limited 2. bounded by, bordered by

**mahfaza** a. case, box, cover

**mahfuz** s. protected, conserved, looked after

**mahir** s. expert, skilful

**mahiyet** a. true nature, essential character

**mahkeme** a. 1. law court 2. trial, hearing

**mahkeme kararı** sentence, verdict **mahkemeye düşmek** to go to court, to sue one another

**mahkemelik** a. a matter for the courts **mahkemelik olmak** to have a dispute to be settled in court

**mahkûm** s. 1. *huk.* sentenced, condemned 2. obliged to, forced to * a. convict **mahkûm etmek** a) to condemn, to sentence b) to oblige **mahkûm olmak** a) to be condemned/sentenced b) to be obliged (to do sth)

**mahkûmiyet** a. sentence, condemnation

**mahlas** a, *esk.* pen name, pseudonym

**mahluk** a, *esk.* creature

**mahmur** s. 1. sleepy, groggy, logy 2. sleepy-eyed, heavy-eyed 3. fuddled (from drink) 4. languid

**mahmurluk** a. 1. drowsiness, sleepiness 2. hangover

**mahmuz** a. 1. spur 2. cock's spur 3. *den.* (ship's) ram, beak, cutwater 4. *mim.* (bridge) fender

**mahmuzlamak** e. to spur

**mahpus** s. imprisoned * a. prisoner

**mahpushane** a. prison, jail

**mahpusluk** a. imprisonment

**mahreç** a, *esk.* 1. outlet 2. source, origin

**mahrem** s. 1. private, intimate, confidential 2. confidant 3. within the relationships forbidden for marriage

**mahremiyet** a. confidentiality, privacy, intimacy

**mahrum** s. deprived, destitute, bereft **mahrum etmek** to deprive of **mahrum olmak** to be deprived of

**mahrumiyet** a. deprivation, destitution **mahrumiyet bölgesi** hardship area **mahrumiyet içinde yaşamak** to lead a life of a privation, to rough it

**mahsuben** be. to the account of

**mahsul** a. 1. product 2. produce, crop, yield 3. result, product

**mahsur** s. confined, cut off; stuck **mahsur kalmak** to be stuck (in)

**mahsus** s. 1. peculiar/special/proper (to) 2. reserved for * be. 1. especially, on purpose 2. without serious intention

**mahşer** a. 1. the last judgement 2. *mec.*

**M**

great crowd, great confusion
**mahşeri** s. (crowd) tremendous
**mahvetmek** e. 1. to destroy 2. to ruin 3. to spoil
**mahvolmak** e. to be destroyed, to be ruined
**mahzen** a. underground storehouse, granary, cellar
**mahzun** s. sad, grieved, gloomy
**mahzur** a. 1. objection, drawback 2. obstacle, snag
**mahzurlu** s. disadvantageous, objectionable
**maiyet** a. suite, retinue, attendants
**majeste** a. His/Her majesty
**majör** a. major (mod, scale)
**majüskül** a. capital letter, majuscule
**makale** a. article (in a newspaper or magazine)
**makam** a. 1. position, post, office 2. office 2. *müz.* mode
**makara** a. 1. pulley, block 2. reel, bobbin 3. drum, barrel **makaraya sarmak** a) to spool b) *mec.* to poke fun at sb, to take the piss (out of sb), to have sb on
**makarna** a. 1. macaroni 2. spaghetti
**makas** a. 1. scissors 2. shears 3. (railway) switch 4. *oto.* laminated leaf
**makaslamak** e. 1. to cut with scissors/shears 2. to tweak (sb's) cheek 3. to cut (scenes from a film, etc.), to censor
**makat** a. the behind, anus, rear
**makbul** s. 1. widely accepted, esteemed 2. acceptable, satisfactory
**makbuz** a. receipt (for payment)
**maket** a. model, small-model
**maki** a. 1. maquis, scrub 2. lemur
**makine** a. 1. machine 2. machinery 3. engine **makine mühendisi** mechanical engineer
**makineleşmek** e. to become mechanized/mechanical
**makineleştirmek** e. to mechanize
**makineli** s. fitted with a machine, driven by a machine, mechanical **makineli tüfek** machine gun
**makinist** a. 1. engineer (on a locomotive or ship 2. machine operator, machinist

3. machine repairman, machinist
**maksadıyla** be. with the intention of
**maksat** a. intention, aim, object, purpose
**maksatlı** s. purposeful, intentional
**maksatsız** s. purposeless, aimless
**maksi** a, s. maxi
**maksimum** a, s. maximum
**maktul** s. killed, slain
**makul** s. reasonable, possible, rational, amenable, modest, sane, advisable, plausible, sensible
**makyaj** a. make-up **makyaj yapmak** to make up
**mal** a. 1. property, possession 2. riches, wealth, assets 3. goods, merchandise 4. cattle 5. *arg.* hash, heroin 6. *arg.* loose woman 7. *arg.* cock, prick **mal bildirimi** declaration of property **mal canlısı** avaricious **mal etmek** a) to appropriate for oneself b) to produce at **mal müdürü** *bkz.* **malmüdürü mal mülk** property, goods **mal olmak** to cost **mal sahibi** owner **malın gözü** a) tricky, sly b) (woman) loose
**mala** a. trowel
**malak** a. young buffalo calf
**malarya** a, *hek.* malaria
**mali** s. financial, fiscal **mali yıl** fiscal year
**malik** a, *esk.* possessor, owner **malik olmak** to own, to have
**malikâne** a. large estate, stately home
**maliye** a. 1. finance 2. finance office **Maliye Bakanı** Minister of Finance **Maliye Bakanlığı** Ministry of Finance
**maliyeci** a. financier
**maliyet** a. cost **maliyet fiyatı** cost price
**malmüdürü** a. head of the finance office
**malt** a. malt
**maltaeriği** a, *bitk.* loquat
**malul** s. invalid, disabled
**maluliyet** a. disablement
**malum** s. known **malum olmak** to sense, to surmise
**malumat** a. information, knowledge **malumat vermek** to supply information **malumatı olmak** to know about
**malzeme** a. 1. material, supplies, necessaries 2. equipment 3. ingredients
**mama** a. 1. baby food 2. *ç. dili* food

M

mamafih *bağ.* however, nevertheless

mamul *s.* made of, manufactured from *
*a.* product, manufacture

mamulat *a.* products, manufactures

mamut *a, hayb.* mammoth

mana *a.* meaning, significance, sense
**mana vermek** to interpret, to construe

manalı *s.* meaningful

manasız *s.* meaningless, senseless, pointless

manastır *a.* monastery

manav *a.* 1. fruit and vegetable store 2. fruit seller, vegetable man

mancınık *a.* catapult, ballista

manda¹ *a, hayb.* water buffalo

manda² *a.* mandate

mandal *a.* 1. latch, thumb latch, tumbler 2. clothes-peg, *Aİ.* clothes pin

mandalina *a, bitk.* tangerine

mandıra *a.* dairy farm, sheep pen

mandolin *a, müz.* mandolin

manej *a.* manège

manen *be.* spiritually

manevi *s.* 1. spiritual 2. moral **manevi evlat** adopted child

manevra *a.* manoeuvre **manevra yapmak** a) to manoeuvre, to maneuver *Aİ.* b) to shunt

manga *a, ask.* squad

mangal *a.* brazier

manganez *a.* manganese

mangır *a, arg.* money, dough, gelt

mani *a.* mania

mâni *a.* obstacle, impediment, hindrance **mâni olmak** to prevent, to hinder, to obstruct

mânia *a.* 1. obstacle, difficulty 2. barrier

manifatura *a.* drapery and haberdashery

manifesto *a.* manifest

manikür *a.* manicure

manikürcü *a.* manicurist

maniple *a.* sending key

manita *a, arg.* girlfriend, bird, sweetie, *Aİ.* chick

manivela *a.* 1. lever 2. crank

mankafa *s.* blockheaded, thickheaded, stupid

manken *a.* 1. fashion model (person) 2. mannequin, mannikin

manolya *a, bitk.* magnolia

manometre *a.* manometer

mansiyon *a.* honourable mention

manşet *a.* 1. cuff 2. newspaper headline

manşon *a.* muff

mantar *a.* 1. mushroom, fungus 2. cork, bottle cork **mantar gibi yerden bitmek** to mushroom **mantar tabancası** pop gun

mantı *a.* meat pasty

mantık *a.* 1. logic 2. reason, sense, good judgement **mantığa aykırı** against logic

mantıklı *s.* 1. logical 2. reasonable, sensible

mantıksal *s.* logical; reasonable

mantıksız *s.* illogical, unreasonable

manto *a.* (woman's) coat

manyak *a.* maniac * *s.* 1. manic 2. *arg.* crazy, mad

manyakça *be.* maniacally, like a maniac * *s.* maniacal

manyaklık *a.* 1. mania 2. stupidity, idiocy

manyetik *s.* magnetic **manyetik alan** magnetic field

manyetizma *a.* 1. mesmerism, hypnotism 2. magnetism

manyeto *a.* magneto

manzara *a.* view, sight, panorama, spectacle

manzaralı *s.* having a fine view, scenic

manzum *s.* written in verse

manzume *a.* poem

maral *a, hayb.* doe

marangoz *a.* carpenter, cabinetmaker

marangozluk *a.* cabinetmaking, carpentry

maraton *a.* marathon race

maraz *a.* disease, sickness, illness

maraza *a.* quarrel, row

mareşal *a.* Field Marshal

margarin *a.* margarine

marifet *a.* 1. skill, talent, ability 2. *k. dili* mess

marifetli *s.* skilled, talented, deft

mariz *a, arg.* beating, licking, *Aİ.* shellacking

marizlemek *e, arg.* to beat, to tan sb's hide; to whip

marj *a.* margin

M

marjinal *s.* marginal
mark *a.* German mark
marka *a.* 1. make, mark, brand 2. ticket counter
markaj *a.* (football) marking
markalamak *e.* to mark
markalı *s.* marked
marke etmek *e.* (football) to mark
market *a.* 1. grocery, grocer's 2. super-market
marki *a.* marquis
markiz *a.* marchioness
Marksist *a, s.* Marxist
Marksizm *a.* Marxism
marley *a.* vinyl floor covering
marmelat *a.* marmalade
maroken *a.* Morocco leather
mars *a.* gammon **mars etmek** to gam-mon, *Al.* to skunk **mars olmak** to be gammoned
marş *a.* 1. march 2. starter * *ünl.* Forward march! **Marş marş** a) *ask.* Run! b) *k. dili* Get going! **marşa basmak** to press the starter
marşandiz *a.* freight train
marşpiye *a.* running board, footboard
mart *a.* March **Mart kapıdan baktırır kazma kürek yaktırır** Cast ne'er a clout till may is out.
martaval *a.* bunkum, hot air, humbug, baloney **martaval atmak/okumak** to spin a yarn
martavalcı *a.* liar, bullshitter
martı *a.* gull, sea gull
martini *a.* martini (cocktail)
marul *a.* romaine lettuce, cos lettuce
maruz *s.* exposed to **maruz bırakmak** to expose (to) **maruz kalmak** to beex-posed to, to experience
masa *a.* 1. table 2. desk 3. department in a government office **masa örtüsü** table cloth
masaj *a.* massage **masaj yapmak** to massage
masajcı *a.* masseur, masseuse
masal *a.* 1. fairy tale, folk tale, fable 2. lie, yarn **masal okumak** to spin a yarn **ma-sal anlatmak** to tell a tale
masatenisi, masatopu *a.* table-tennis, ping-pong
mask *a.* mask
maskara *a.* 1. buffoon 2. butt, laughing-stock 3. cute child, little dear 4. mas-querade, masquerader 5. mascara **maskara etmek** to mock, to make a laughing-stock **maskara olmak** to be ridiculed **maskaraya çevirmek** to make a fool of
maskaralık *a.* 1. buffoonery, drollery 2. making oneself ridiculous 3. dishonour, shame **maskaralık etmek** to play the fool
maske *a.* mask **maskesi altında** under the mask of **maskesi düşmek** to show one's true colours
maskelemek *e.* to mask, to camouflage
maskeli *s.* masked **maskeli balo** masked ball
maskot *a.* mascot
maslahat *a, esk.* affair, business
maslahatgüzar *a.* chargé d'affaires
masmavi *s.* deep blue
mason *a.* Freemason, Mason
masonluk *a.* Freemasonry, Masonry
masör *a.* masseur
masraf *a.* expense(s), expenditure(s), cost(s) **masraf etmek** to go to expense **masrafa girmek** to put oneself to ex-pense **masrafa sokmak** to put *sb* to expense **masrafı çekmek** to bear the expense of **masrafı karşılamak** to cover expenses **masrafını çıkarmak** to pay for itself **masraftan kaçmak** to avoid expense **masraftan kaçmamak** to spare no expense
masraflı *s.* expensive, costly
masrafsız *s.* without expense
mastar *a, dilb.* infinitive
mastı *a.* basset hound
mastır *a.* master
mastürbasyon *a.* masturbation **mastür-basyon yapmak** to masturbate
masum *s.* innocent, guiltless
masumiyet *a.* innocence
masura *a.* bobbin
maşa *a.* 1. tongs, pincers 2. cat's paw, tool **maşa gibi kullanmak** to use *sb* as a tool **maşası olmak** to be sb's pawn

**maşallah** *ünl.* Wonderful! Praise be! Magnificent!

**maşrapa** *a.* metal drinking cup, mug

**mat**¹ *a.* checkmate **mat etmek** to checkmate **mat olmak** to be checkmated

**mat²** *s.* dull, lustreless, mat

**matador** *a.* matador, bullfighter

**matara** *a.* flask, canteen, water bottle

**matbaa** *a.* printing house, printing office, press

**matbaacı** *a.* printer

**matbaacılık** *a.* printing

**matbu** *s.* printed

**matbua** *a.* printed matter

**matbuat** *a.* the press

**matem** *a.* mourning **matem tutmak** to mourn

**matematik** *a.* mathematics, *k. dili* maths, *AI.* math

**matematikçi** *a.* 1. mathematician 2. mathematics teacher

**matematiksel** *s.* mathematical

**matemli** *s.* mournful

**materyal** *a.* material

**materyalist** *a, s.* materialist

**materyalizm** *a.* materialism

**matine** *a.* matinée

**matkap** *a.* drill, gimlet, auger

**matrah** *a.* tax assessment

**matrak** *s.* funny, amusing, droll **matrak geçmek** to rib, to tease **matrağa almak** to make fun of

**matris** *a.* matrix

**maun** *a.* mahogany

**maval** *a, arg.* lie, tall story, yarn **maval okumak** to tell lies

**mavi** *a, s.* blue

**mavilik** *a.* blueness

**mavimsi** *s.* bluish

**mavna** *a.* barge, lighter

**mavzer** *a.* Mauser rifle

**maya** *a.* 1. yeast, ferment, leaven 2. essence, root, origin 3. female camel

**mayalamak** *e.* to ferment, to leaven

**mayalanma** *a.* fermentation

**mayalanmak** *e.* to ferment

**mayalı** *s.* fermented, leavened

**mayasıl** *a.* eczema

**mayasız** *s.* unfermented, unleavened

**maydanoz** *a, bitk.* parsley

**mayhoş** *s.* 1. pleasantly acid, tart 2. (relations) slightly strained, cool

**mayhoşluk** *a.* tartness, sourish taste

**mayın** *a, ask.* mine **mayın dökmek/döşemek** to mine, to lay mines **mayın gemisi** minelayer **mayın taramak** to sweep mines **mayın tarama gemisi** mine-sweeper **mayın tarlası** mine field

**mayınlamak** *e.* to mine, to lay mines

**mayıs** *a.* May

**mayısböceği** *a, hayb.* cockchafer

**mayışmak** *e, arg.* 1. to get drowsy 2. to stare stupidly

**mayi** *a, s.* liquid, fluid

**maymun** *a.* monkey, ape **maymun iştahlı** capricious, inconstant

**maymuncuk** *a.* skeleton key, lock pick

**mayna** *a.* down sails **mayna etmek** to down sails, to haul down

**mayo** *a.* bathing suit/costume, swimsuit, swimming costume; bathing trunks

**mayonez** *a.* mayonnaise

**mayonezli** *s.* dressed with mayonnaise

**maytap** *a.* small fireworks, Bengal light

**mazbut** *s.* 1. (person) morally upright, disciplined 2. (building) well-built, solid

**mazeret** *a.* excuse **mazeret beyan etmek** to make excuses

**mazeretli** *s.* excused, having an excuse

**mazeretsiz** *s.* unexcused, inexcusable

**mazgal** *a.* crenel, embrasure

**mazı** *a.* 1. arborvitae 2. gallnut, gall apple, oak gall, oak apple

**mazi** *a.* the past, bygone **maziye karışmak** to belong to past days

**mazlum** *s.* 1. wronged, oppressed 2. *mec.* quiet, modest

**mazoşist** *a.* masochist * *s.* masochistic

**mazoşizm** *a.* masochism

**mazot** *a.* diesel oil, fuel oil

**mazur** *s.* excused, excusable **mazur görmek** to excuse, to pardon

**meblağ** *a.* 1. amount 2. sum of money

**mebus** *a.* deputy, member of parliament

**mecal** *a.* strength, power **mecali kalmamak** to have no strength left

**mecaz** *a.* metaphor, figure of speech

mecazi *s.* figurative, metaphorical

mecbur *s.* compelled, forced, bound **mecbur etmek** to compel, to force **mecbur olmak** to be compelled, to have to

mecburen *be.* compulsorily, willy-nilly

mecburi *s.* compulsory, obligatory, forced **mecburi hizmet** compulsory service, conscription **mecburi iniş** forced landing

mecburiyet *a.* compulsion, obligation **mecburiyetinde kalmak** to be obliged to, to have to

meclis *a.* 1. assembly, council 2. place of assembly 3. social gathering **meclis soruşturması** parliamentary inquiry

mecmua *a, esk.* periodical, magazine, review

mecnun *s, esk.* madly in love, love-crazed

meç *a.* 1. hairpiece, streak 2. rapier, small sword, foil

meçhul *s.* unknown

meddücezir *a, coğ.* ebb and flow

medeni *s.* 1. civilized 2. *huk.* civil **medeni cesaret** moral courage **medeni hal** marital status **medeni kanun** code of civil law, civil code

medenileşmek *e.* to become civilized

medenileştirmek *e.* to civilize

medeniyet *a.* civilization

medet *a.* help, aid **medet ummak** to hope for help

meditasyon *a.* meditation

medrese *a.* Moslem theological school

medya *a.* media, mass media

medyum *a.* medium

mefhum *a.* concept

mefkûre *a, esk.* ideal

mefruşat *a.* fabrics, furnishings

mega *s.* mega

megafon *a.* megaphone

megaloman *s.* megalomaniac

megalomani *a.* megalomania

megavat *a.* megawatt

meğer(se) *bağ.* 1. to my/his/her surprise 2. but

mehtap *a.* moonlight **mehtaba çıkmak** to go for a walk in the moonlight

mehter *a.* (Janissary) band of musicians

mekân *a.* 1. place 2. residence, abode 3. space

mekanik *s.* mechanical * *a.* mechanics

mekanize *s.* mechanized

mekanizma *a.* mechanism

mekik *a.* shuttle **mekik dokumak** to shuttle

mekruh *s.* disgusting, revolting; abominable

mektep *a, esk.* school

mektup *a.* letter **mektup arkadaşı** penfriend, *Aİ.* pen pal

mektuplaşma *a.* correspondence

mektuplaşmak *e.* to correspond (with)

melamin *a.* melamine

melankoli *a.* melancholia, melancholy

melankolik *s.* melancholic, melancholy

melek *a.* angel **melek gibi** angelic

meleke *a.* 1. faculty, mental power 2. bent, knack, aptitude

melemek *a.* to bleat, to baa

melez *s.* half-bred, crossbred, hybrid

melezlemek *e.* to crossbreed

melezleşmek *e.* to hybridize

melhem *a, bkz.* **merhem**

melodi *a.* melody

melodik *s.* melodic

melodram *a.* melodrama

melon *a.* bowler hat

meltem *a.* breeze

melun *s.* damned, cursed

memba *a.* 1. spring, fountain 2. source, origin **memba suyu** spring water

meme *a.* 1. breast, *k. dili* boob, *arg.* tit, titty 2. *hayb.* udder, dug, teat 3. teat, nipple (of a baby's bottle) 4. *tek.* nipple 5. *oto.* jet, nozzle 6. *tek.* ejector 7. lobe (of ear) **meme başı** nipple, teat **meme vermek** to suckle **memeden kesmek** to wean

memeli *s, hayb.* mammiferous **memeli hayvanlar** mammals

memeliler *a, hayb.* mammals

memleket *a.* 1. country 2. one's native region, hometown, homeland 3. one's native land, fatherland

memnun *s.* pleased, glad, happy **memnun etmek** to please, to satisfy **mem-**

**nun olmak** to be pleased, to be glad

**memnuniyet** *a.* pleasure, gladness, satisfaction

**memnuniyetle** *be.* gladly, eagerly, willingly, with pleasure

**memnunluk** *a.* gladness, satisfaction

**memorandum** *a.* memorandum

**memur** *a.* official, employee **memur etmek** to appoint, to commission

**memure** *a.* female civil servant/employee

**memuriyet** *a.* government job, official post, charge

**menajer** *a.* 1. *sp.* coach 2. promoter

**mendebur** *s.* disgusting, slovenly

**menderes** *a.* meander

**mendil** *a.* handkerchief, *k. dili* hankie, hanky **mendil açmak** to beg

**mendirek** *a.* breakwater

**menekşe** *a.* violet

**menenjit** *a, hek.* meningitis

**menetmek** *e.* to forbid, to prohibit

**menfaat** *a.* benefit, advantage, interest

**menfaatçi** *s.* self-seeking

**menfaatperest** *s.* self-seeking

**menfi** *s.* negative

**mengene** *a.* 1. vice, *Aİ.* vise 2. clamp 3. mangle 4. press

**meni** *a.* semen, sperm

**menkıbe** *a.* epic, saga

**menkul** *s.* movable, portable, conveyable **menkul kıymetler** stocks and bonds **menkul mallar** movable goods

**menopoz** *a.* menopause, change of life

**mensucat** *a.* textiles

**mensup** *s.* connected with, belonging/related to * *a.* member

**menşe** *a, esk.* place of origin, root, source

**menteşe** *a.* hinge

**mentol** *a.* menthol

**mentollü** *s.* mentholated

**menü** *a.* menu

**menzil** *a.* 1. range (of a gun) 2. stage, day's journey 3. *ask.* army transport corps

**mera** *a.* pasture, pasturage

**merak** *a.* 1. curiosity 2. great interest, concern, passion, great liking for 3. anxiety, worry **Merak etme** Don't worry!

**merak etmek** a) to be curious about b) to be anxious about, to worry **merak sarmak** to develop a passion **merakta bırakmak** to keep *sb* in suspense

**meraklandırmak** *e.* to make anxious/curious, to worry

**meraklanmak** *e.* 1. to be anxious, to worry 2. to get curious

**meraklı** *s.* 1. curious, inquisitive 2. keen (on), interested (in) 3. interesting, gripping, piquant 4. meticulous, peevish

**meraksız** *s.* indifferent, uninterested

**meral** *a.* female deer

**meram** *a.* intention, aim **meramını anlatmak** to explain oneself

**merasim** *a.* ceremony, commemoration

**mercan** *a.* coral

**mercanada** *a.* atoll, coral island

**mercanbalığı** *a, hayb.* bream

**mercanköşk** *a.* sweet marjoram

**mercek** *a.* lens

**merci** *a.* 1. recourse, reference 2. competent authority, department or office concerned

**mercimek** *a, bitk.* lentil **mercimeği fırına vermek** to fall in love with

**merdane** *a.* 1. *tek.* roller, cylinder 2. rolling pin 3. wringer, mangle 4. paint roller

**merdiven** *a.* 1. stairs, staircase 2. ladder **merdiven basamağı** step, stair **merdiven parmaklığı** balustrade **merdiven sahanlığı** landing

**merhaba** *ünl.* Hello! Hi! **merhabayı kesmek** to break off with *sb*

**merhabalaşmak** *e.* to greet one another

**merhale** *a.* stage, phase

**merhamet** *a.* mercy, compassion, pity **merhamet etmek** to pity, to take pity on **merhamete gelmek** to become merciful

**merhametli** *s.* merciful, compassionate

**merhametsiz** *s.* merciless, pitiless

**merhem** *a.* ointment, salve

**meridyen** *a.* meridian

**Merih** *a, gökb.* Mars

**merinos** *a, hayb.* merino sheep

**merkep** *a.* donkey, ass

**merkez** *a.* 1. centre 2. headquarters, main office 3. governmental administra-

tive centre 4. police station **Merkez Bankası** Central Bank
merkezci a. centralist
merkezcilik a. centralism
merkezi s. central **merkezi ısıtma** central heating
merkezileşmek e. to be centralized
merkeziyet a. centralism
merkeziyetçi a. centralist
merkeziyetçilik a. centralism
merkezkaç s. centrifugal **merkezkaç kuvvet** centrifugal force
Merkür a, gökb. Mercury
mermer a. marble
mermi a. 1. bullet 2. shell 3. bombshell 4. projectile
merserize s. mercerized
mersi ünl. Thank you! Thanks!
mersin a. 1. bitk. myrtle 2. hayb. sturgeon
mert s. 1. brave, manly 2. fine in character, dependable, trustworthy
mertebe a. 1. degree, step, stage 2. rank, position 3. grade
mertlik a. bravery, manliness, courage
Meryem Ana a. the Virgin Mary, Mother Mary
mesafe a. distance, space, interval
mesai a. efforts, work **mesai saatleri** working hours **mesaiye kalmak** to work overtime
mesaj a. message **mesaj bırakmak** to leave a message/note
mesane a, anat. urinary bladder
mescit a. small mosque
mesela be. for example/instance
mesele a. problem, question, matter, issue **mesele çıkarmak** to make a fuss, to cause trouble **mesele yapamk** to make a to-do about sth
Mesih a. the Messiah, Christ
mesire a. promenade, excursion spot
mesken a. dwelling; domicile
meskûn s. inhabited
meslek a. 1. profession, occupation, job 2. career 3. trade **meslek okulu** technical school
mesleki s. professional
meslektaş a. colleague

mesnet a. support, basis
mest¹ a. light thin-soled boot
mest² s. 1. drunk, intoxicated 2. enchanted **mest etmek** a) to intoxicate b) to enrapture **mest olmak** a) to be intoxicated b) to be enraptured
mesul s. responsible, accountable
mesuliyet a. responsibility, accountability
mesuliyetli s. responsible
mesut s. happy
meşakkat a. hardship, trouble, difficulty
meşakkatli s. troublesome, difficult
meşale a. torch, flambeau
meşe a, bitk. oak
meşgale a. 1. business 2. occupation 3. preoccupation
meşgul s. busy **meşgul etmek** to keep busy **meşgul olmak** to be busy (with), to employ oneself in
meşguliyet a. occupation, preoccupation
meşhur s. famous, well-known **meşhur olmak** to become famous
meşime a, esk, anat. placenta
meşin a. (tanned) leather
meşru s. lawful, legal, legitimate **meşru müdafaa** self-defence
meşrubat a. soft drinks, beverage
meşrutiyet a. constitutional monarchy
meşum s. inauspicious, ill-omened, sinister
met a. high tide
meta a. goods, merchandise
metabolizma a, biy. metabolism
metafizik a. metaphysics
metal a. metal
metalurji a. metallurgy
metamorfoz a. metamorphosis
metan a. methane
metanet a. fortitude, firmness **metanet göstermek** to show firmness
metanetli s. firm, steady
metanetsiz s. spineless, yielding, weak
metelik a. sou, cent, bean, farthing **metelik etmez** not worth a sou/cent **metelik vermemek** not to care a fig **meteliğe kurşun atmak** to be stony broke
meteor a. meteor
meteoroloji a. meteorology
meteorolojik s. meteorological

**meteortaşı** *a.* meteorite
**methetmek** *e.* to praise
**methiye** *a.* eulogy
**metil** *a.* methyl **metil alkol** methyl alcohol
**metin** *a.* text, copy * *s.* solid, strong
**metodoloji** *a.* methodology
**metodolojik** *s.* methodological
**metot** *a.* method
**metotlu** *s.* methodic
**metotsuz** *s.* unmethodical
**metraj** *a.* measurement in metres
**metrdotel** *a.* headwaiter, maître d'hotel
**metre** *a.* metre, Ai. meter **metre kare** square metre **metre küp** cubic metre
**metres** *a.* mistress, kept woman **metres tutmak** to keep a mistress
**metrik** *s.* metric **metrik sistem** metric system
**metro** *a.* underground, tube, *Aİ.* subway
**metronom** *a, müz.* metronome
**metropol** *a.* metropolis
**metropolit** *a.* metropolitan
**metruk** *s.* abandoned, deserted
**mevcudiyet** *a.* 1. existence, being 2. presence
**mevcut** *s.* 1. present 2. existing 3. existent, extant 4. available
**mevduat** *a.* deposits **mevduat hesabı** deposit account
**mevki** *a.* 1. class 2. place, site, locality 3. position, rank 4. position, situation
**mevlit** *a.* Islamic memorial service, ceremony
**mevsim** *a.* season
**mevsimlik** *s.* for one season, seasonal
**mevsimsiz** *s.* unseasonable, untimely
**mevta** *a.* corpse, the dead **mevta olmak** to die
**mevzi** *a.* place, position **mevzi almak** *ask.* to take up a position
**mevzii** *s.* local, regional
**mevzu** *a.* subject, topic
**mevzuat** *a.* 1. subjects under discussion 2. the body of current law
**mevzubahis** *s.* in question **mevzubahis etmek** to talk about
**mey** *a, esk.* wine
**meyan** *a.* liquorice plant
**meyankökü** *a.* root of liquorice plant

**meydan** *a.* 1. open place, public square, the open 2. arena, ring, ground 3. opportunity, occasion, possibility **meydan okumak** to challenge, to defy **meydan vermek** a) to give an opportunity b) to allow *(sth)* happen **meydan vermemek** to avoid, to prevent, not to allow **meydan muharebesi** pitched battle **meydana atılmak** to come forward, to offer oneself **meydana atmak** to put forward, to suggest **meydana çıkarmak** a) to bring out, to bring to light b) to reveal, to disclose **meydana çıkmak** a) to be revealed, to come to light b) to appear, to come into view **meydana gelmek** a) to occur, to happen b) to come into existence **meydana getirmek** to bring into existence, to create, to produce **meydanı boş bulmak** to do whatever he wants in the absence of rivals **meydanda** a) obvious, evident, clear b) in sight, within view, around
**meyhane** *a.* wine shop, bar, pub, joint
**meyhaneci** *a.* barkeep, barkeeper
**meyil** *a.* 1. slope, incline, slant 2. tendency, inclination 3. fondness, liking **meyil vermek** to fall in love with
**meyilli** *s.* 1. sloping, slanting 2. inclined
**meyletmek** *e.* 1. to incline, to be inclined 2. to have a liking
**meymenet** *a.* auspiciousness, fortune
**meymenetsiz** *s.* inauspicious, unlucky
**meyve** *a.* fruit **meyve bahçesi** orchard **meyve suyu** fruit juice **meyve vermek** to fruit
**meyvecilik** *a.* 1. fruit growing 2. fruit selling
**meyveli** *s.* fruitful, fruited
**meyvesiz** *s.* infertile, fruitless
**mezar** *a.* grave, tomb **mezar kaçkını** very skinny person
**mezarlık** *a.* graveyard, cemetery
**mezat** *a.* auction **mezat malı** cheap ordinary merchandise **mezata çıkarmak** to put up for auction
**mezatçı** *a.* auctioneer
**mezbaha** *a.* slaughterhouse
**mezbele** *a.* rubbish-heap
**meze** *a.* appetizer, snack, hors d'oeuvre,

M

starters
mezgit *a, hayb.* whiting
mezhep *a.* sect
meziyet *a.* 1. excellence, virtue, merit 2. ability, talent
meziyetli *s.* virtuous, meritorious
mezra *a.* arable field
mezun *s.* 1. graduate 2. authorized 3. on leave * *a.* graduate **mezun olmak** to graduate
mezuniyet *a.* graduation
mıh *a.* nail, peg
mıhlamak *e.* 1. to nail 2. to nail *sb* down
mıhlanmak *e.* 1. to be nailed 2. to be nailed to the spot
mıknatıs *a.* magnet
mıknatıslamak *e.* to magnetize
mıknatıslı *s.* magnetic
mıncıklamak *e.* 1. to squeeze and squash 2. to pinch
mıntıka *a.* zone, region, district
mırıldamak *e.* to murmur, to mutter
mırıldanmak *e.* 1. to mutter to oneself, to grumble, to murmur 2. to hum
mırıltı *a.* muttering, grumbling
mırın kırın etmek *e.* to show reluctance, to grumble
mırnav *a.* miaow
mısır *a.* maize, corn **mısır buğdayı** popcorn **mısır gevreği** cornflakes **mısır koçanı** corncob **mısır patlatmak** to pop corn **mısır püskülü** corn tassel **mısır tarlası** cornfield **mısır unu** cornflour
mısıryağı *a.* corn oil
mısra *a, yaz.* line
mışıl mışıl uyumak *e.* to sleep soundly
mıymıntı *s.* sluggish, slack
mızıka *a.* 1. brass band 2. harmonica, mouth organ
mızıkçı *a.* spoilsport, killjoy, wet blanket
mızıkçılık *a.* cheating at games **mızıkçılık etmek** not to play the game
mızmız *s.* fussy, pernickety, whiny
mızmızlanmak *e.* to make a fuss about trifles
mızrak *a.* spear, lance
mızrap *a, müz.* plectrum
mi *a, müz.* mi, me, E
mibzer *a.* drill

miço *a, den.* cabin boy
mide *a.* stomach, *k. dili* tummy **mide bozukluğu** stomach upset **mide bulandırmak** to turn one's stomach **mide bulantısı** nausea **mide iltihabı** gastritis **mide kanaması** gastric bleeding **midesi bulanmak** to feel sick **mideye oturmak** to lie heavy on the stomach
midesiz *s.* tasteless
midilli *a, hayb.* pony
midye *a, hayb.* mussel **midye dolma** stuffed mussels **midye tava** fried mussels
migren *a.* migraine
miğfer *a.* helmet
mihnet *a.* trouble, worry **mihnet çekmek** to suffer
mihrace *a.* maharajah
mihrak *a, esk.* focus
mihrap *a.* niche of a mosque indicating the direction of Mecca
mika *a.* mica
mikado *a.* 1. mikado 2. mahjong
miki, mikifare *a.* Mickey Mouse
mikrobik *s.* microbic
mikrobilgisayar *a.* microcomputer
mikrobiyoloji *a.* microbiology
mikrofilm *a.* microfilm
mikrofon *a.* microphone
mikrofonik *a.* microphonic
mikron *a.* micron
mikroorganizma *a.* microorganism
mikrop *a.* 1. microbe 2. germ 3. *arg.* bastard, son of a bitch
mikroplu *s.* 1. germy, contaminated 2. invaded by microorganisms
mikropsuz *s.* sterilized
mikroskobik *s.* microscopic
mikroskop *a.* microscope
mikser *a.* mixer, blender
miktar *a.* 1. quantity, amount, number 2. portion, part, proportion 3. dose
mil[1] *a.* 1. axle, pivot 2. metal bar
mil[2] *a.* mile
mil[3] *a, coğ.* silt
miladi *s.* pertaining to the Christian era **miladi takvim** the Gregorian calendar
milat *a.* the birth of Christ **milattan önce** before Christ, B. C. **milattan sonra** af-

M

ter Christ, D. C.

**milföy** *a.* napoleon, mille-feuille

**miligram** *a.* milligram

**mililitre** *a.* millilitre

**milimetre** *a.* millimetre

**milis** *a.* militia, home reserve, territorial reserve, national guard **milis kuvvetleri** militia forces, militia

**militan** *a.* militant

**militarist** *a.* militarist * *s.* militaristic

**militarizm** *a.* militarism

**millet** *a.* 1. nation 2. people 3. *k. dili* everybody **millet meclisi** the National Assembly

**milletlerarası** *s.* international

**milletvekili** *a.* deputy, M. P. **milletvekili dokunulmazlığı** parliamentary immunity

**milli** *s.* national **milli bayram** national holiday **Milli Eğitim Bakanı** Minister of Education **Milli Eğitim Bakanlığı** Ministry of Education **milli gelir** national income **Milli Savunma Bakanı** Minister of Defence **Milli Savunma Bakanlığı** Ministry of Defence **milli marş** national anthem **milli takım** national team

**millileşmek** *e.* to be nationalized

**millileştirme** *a.* nationalization

**millileştirmek** *e.* to nationalize

**milliyet** *a.* nationality

**milliyetçi** *a, s.* nationalist

**milliyetçilik** *a.* nationalism

**milyar** *a.* milliard, *Aİ.* billion

**milyarder** *a.* billionaire

**milyon** *a, s.* million

**milyoner** *a.* millionaire

**mim**[1] *a.* Arabic letter M **mim koymak** to note, to remark, to make a mental note of

**mim**[2] *a.* 1. mime 2. mimer, mime

**mimar** *a.* architect

**mimari** *s.* architectural

**mimarlık** *a.* 1. architecture 2. being an architect

**mimik** *a.* mimic

**mimlemek** *e.* 1. to mark 2. to blacklist

**mimoza** *a, bitk.* mimosa

**minare** *a.* minaret

**minder** *a.* 1. cushion, pad, mattress 2. wrestling mat

**mine** *a.* enamel

**mineral** *a, s.* mineral

**mineraloji** *a.* mineralogy

**mini** *s.* mini

**minibüs** *a.* minibus, small bus

**minicik** *s.* tiny, wee

**minik** *s.* dear, small and sweet

**minimini** *s.* tiny, teensy-weensy

**minimum** *a, s.* minimum

**mink** *a, hayb.* mink

**minnacık** *s.* teeny-weeny, itty-bitty

**minnet** *a.* gratitude, indebtedness **minnet altında kalmak** to be under obligation **minnet altında kalmamak** to repay a favour **minnet etmek** to ask a favour, to plead

**minnetarlık** *a.* gratitude, indebtedness

**minnettar** *s.* grateful, indebted

**minnoş** *a, k. dili* little darling

**minör** *s, müz.* minor

**mintan** *a.* shirt

**minüskül** *a.* small letter, minuscule

**minyatür** *a.* miniature

**minyon** *s.* petit, slender, small

**miraç** *a.* the Prophet Mohammed's ascent to heaven

**miras** *a.* inheritance, heritage **miras bırakmak** to bequeath **mirasa konmak** to inherit, to come into an inheritance

**mirasçı** *a.* heir, inheritor, beneficiary

**mirasyedi** *a.* spendthrift * *s.* extravagant

**mis** *s.* musk **mis gibi** a) fragrant b) excellent, proper

**misafir** *a.* guest, visitor **misafir ağırlamak** to entertain a guest **misafir etmek** to put *sb* up **misafir odası** guest room

**misafireten** *be.* as a guest

**misafirhane** *a.* guesthouse

**misafirlik** *a.* visit **misafirliğe gitmek** a) to pay a visit to b) to go on a visit to

**misafirperver** *s.* hospitable

**misafirperverlik** *a.* hospitality

**misak** *a, esk.* agreement, pact, treaty

**misal** *a.* example, model

**misil** *a.* 1. a similar one 2. an equal amount

**misilleme** *a.* retaliation, reprisal **misilleme olarak** as a reprisal **misillemede bulunmak** to retaliate misina *a.* fishing line

misk *a.* musk

misket *a.* 1. grapeshot 2. marble

miskin *s.* 1. supine, indolent, lazy, shiftless 2. helpless, wretched

miskinleşmek *e.* to become indolent/lazy

miskinlik *a.* indolence, sluggishness

mistik *s.* mystical

mistisizm *a.* mysticism

misyon *a.* mission

misyoner *a.* missionary

misyonerlik *a.* being a missionary

miting *a.* demonstration **miting yapmak** to hold a public demonstration

mitoloji *a.* mythology

mitolojik *s.* mythological

mitos *a.* mythos, myth

mitralyöz *a.* machine gun

miyav *a.* meow, miaow

miyavlamak *e.* to meow, to miaow

miyop *s, hek.* myopic, shortsighted, *Aİ.* nearsighted * *a.* shortsighted person

miyopluk *a, hek.* myopia, shortsightedness

mizaç *a.* temperament, disposition, nature

mizah *a.* humour **mizah anlayışı** sense of humour

mizahçı *a.* humorist

mizahi *s.* humorous

mizanpaj *a.* page-setting, paging, makeup

mizanpili *a.* setting (of hair), set

mizansen *a, tiy.* set

mobilya *a.* furniture

mobilyacı *a.* 1. maker/seller of furniture 2. furniture shop

moda *a.* fashion * *s.* in fashion **moda olmak** to be in fashion **modada** in fashion **modası geçmek** to be out of fashion **modası geçmiş** out of fashion, old-fashioned **modaya uygun** fashionable **modayı izlemek** to follow the fashion

modacı *a.* fashion designer

modacılık *a.* fashion design

model *a.* model

modem *a.* modem

modern *s.* modern

modernize *s.* modernized **modernize etmek** to modernize

modernleşmek *e.* to become modern; to modernize

modernleştirmek *e.* to modernize

modül *a.* module

mokasen *a.* moccasin

mola *a.* break **mola vermek** a) to have a break b) to stop off (at/in)

molekül *a.* molecule

moleküler *s.* molecular

molibden *a, kim.* molybdenum

molla *a.* mullah

moloz *a.* rubble, debris * *s, arg.* good-for-nothing

monarşi *a.* monarchy

monarşist *a.* monarchist

monarşizm *a.* monarchism

monitör *a.* 1. monitor 2. monitor screen

monogami *a.* monogamy

monokl *a.* monocle

monolog *a.* monologue

monopol *a.* monopoly

monoteist *a.* monotheist

monoteizm *a.* monotheism

monoton *s.* monotonous, dull, vapid

monotonluk *a.* monotony, vapidity

montaj *a.* fitting, assembling, assembly

monte etmek *e, tek.* to assemble, to put together

mor *a, s.* violet, purple

moral *a.* morale **moral vermek** to cheer *sb* up, to reassure **morali bozuk** depressed, despondent, in the doldrums **morali bozulmak** to become low-spirited **morali düzelmek** to recover one's morale **moralini bozmak** to get *sb* down, to demoralize

morarmak *e.* 1. to become purple 2. to become bruised 3. *arg.* to be embarrassed/humiliated, to eat crow

morartı *a.* bruise, black and blue spot

morartmak *e.* 1. to make purple 2. to black (sb's eye) 3. to make black-and-blue, to bruise 4. *arg.* to embarrass, to humiliate

moratoryum *a.* moratorium

morfem *a, dilb.* morpheme

morfin *a.* morphine

morfinoman *a.* morphine addict

M

**morfoloji** *a.* morphology
**morfolojik** *s.* morphologic
**morg** *a.* morgue
**morina** *a, hayb.* cod, codfish
**morluk** *a.* 1. being purple 2. purple spot 3. bruise, black-and-blue mark
**morötesi** *a.* ultraviolet
**mors** *a, hayb.* walrus
**morsalkım** *a, bitk.* wisteria
**morto** *s, arg.* corpse, stiff **mortoyu çekmek** *arg.* to die, to pop off, to kick the bucket
**moruk** *a, arg.* codger, gaffer, old-timer, crock, crone
**morumsu, morumtırak** *s.* purplish
**mosmor** *s.* 1. deep purple 2. black and blue all over **mosmor kesilmek** to turn red in the face
**mostra** *a.* sample, pattern
**mostralık** *a.* 1. sample, model 2. figurehead
**motel** *a.* motel
**motif** *a.* pattern, motif
**motivasyon** *a.* motivation
**motor** *a.* 1. motor 2. engine 3. motorboat 4. motorbike, motorcycle
**motorbot** *a.* motorboat
**motorin** *a.* diesel oil, diesel fuel
**motorize** *s, ask.* motorized
**motorlu** *s.* motorized, motor-driven **motorlu taşıt** motor vehicle
**motorsuz** *s.* motorless
**motoryağı** *a.* motor oil
**motosiklet** *a.* motorcycle, motorbike
**mozaik** *a.* mosaic
**mozole** *a.* mausoleum
**möble** *a.* furniture
**möbleli** *s.* furnished
**möblesiz** *s.* unfurnished
**mönü** *a.* menu
**mösyö** *a.* monsieur
**muadil** *s, esk.* equivalent, of equal value
**muaf** *s, esk.* 1. exempt 2. excused **muaf tutmak** to exempt (from)
**muafiyet** *a.* 1. exemption 2. *hek.* immunity
**muallak** *s, esk.* suspended **muallakta** in suspense, in abeyance **muallakta kalmak** to remain in suspense

**muallim** *a, esk.* teacher
**muamele** *a.* 1. treatment, conduct, dealing 2. formality, procedure 3. *kim.* reaction **muamele etmek** to treat
**muamma** *a.* enigma, mystery, riddle, puzzle
**muasır** *s.* contemporary, contemporaneous
**muaşeret** *a.* social intercourse **muaşeret adabı** etiquette
**muavin** *a.* helper, assistant
**muayene** *a.* 1. inspection, examination 2. *hek.* examination **muayene etmek** to examine
**muayenehane** *a.* doctor's office, consulting room, surgery
**muayyen** *s.* definite, determined, known
**muazzam** *s.* 1. great 2. enormous
**muazzez** *s, esk.* esteemed; honoured
**mubah** *s.* permissible
**mubayaa** *a.* purchasing, buying
**mucit** *a.* inventor
**mucize** *a.* miracle, wonder **mucizeler yaratmak** to work miracles/wonders
**mucizevi** *s.* miraculous
**mucur** *a.* gravel
**muço** *a.* cabin boy
**mudi** *a.* 1. depositor 2. investor
**muflon** *a.* 1. wool or woollike lining 2. mouflon
**muğlak** *s.* obscure, complicated, confusing
**muhabbet** *a.* 1. affection, love 2. friendly conversation, chat **muhabbet etmek** to have a chat/conversation, to chat **muhabbet tellalı** procurer, pimp
**muhabbetkuşu** *a, hayb.* parakeet, budgerigar, lovebird
**muhabere** *a.* (written) correspondence, communication **muhabere sınıfı** *ask.* signal corps
**muhabir** *a.* correspondent
**muhacir** *a, esk.* emigrant, refugee
**muhafaza** *a.* 1. protection, conservation, preservation, care 2. maintenance **muhafaza altına almak** to protect, to guard **muhafaza etmek** to keep, to protect, to preserve
**muhafazakâr** *s, a.* conservative

muhafazakârlık *a.* conservatism

muhafazalı *s.* protected, sheltered

muhafız *a.* guard, defender **muhafız alayı** troop of guardsmen

muhakeme *a.* 1. trial 2. judgement, discernment **muhakeme etmek** a) to hear a case, to judge b) to reason

muhakkak *s.* certain * *be.* certainly, surely

muhalefet *a.* opposition **muhalefet etmek** to oppose **muhalefet partisi** the opposition party

muhalif *s.* 1. opposing, contradictory 2. adversary, opponent

muhallebi *a.* milk pudding **muhallebi çocuğu** milksop, namby-pamby

muhallebici *a.* maker/seller of milk dishes

muharebe *a.* war, battle **muharebe meydanı** battlefield

muharip *s.* belligerent, combatant

muharrik *s.* 1. motive, moving 2. agitating, instigating

muharrir *a.* writer, author, editor

muhasara *a.* siege

muhasebe *a.* 1. accountancy, bookkeeping 2. business office, cashier's office

muhasebeci *a.* accountant

muhasebecilik *a.* accountancy

muhatap *a.* 1. one spoken to 2. *tic.* drawee

muhayyel *s, esk.* imaginary

muhayyer *s, esk.* on approval, on trial

muhayyile *a.* imagination, fancy

muhbir *a.* informer, blabber, telltale, *arg.* stoolpiegon, stoolie

muhit *a.* 1. (one's) circle of friends, company 2. environment, milieu, surroundings

muhtaç *s.* needy, dependent, destitute **muhtaç olmak** to be in need of, to need

muhtar *s, esk.* autonomous * *a.* headman, chief (in a village or a neighbourhood in a city)

muhtariyet *a, esk.* autonomy

muhtelif *s.* various, different

muhtemel *s.* probable, likely

muhtemelen *be.* probably

muhteşem *s.* magnificent, splendid, grand, great

muhteva *a.* contents

muhtıra *a.* memorandum, note

mukabele *a.* reciprocation, retaliation **mukabele etmek** to retaliate, to reciprocate **mukabelede bulunmak** to return, to repay

mukabil *s.* opposite, counter * *be.* in return/exchange

mukaddes *s.* sacred, holy

mukavele *a.* contract, agreement **mukavele yapmak** to make a contract

mukavemet *a.* resistance, endurance **mukavemet etmek** to resist **mukavemet göstermek** to show resistance

mukavemetli *s.* resisting, strong

mukavemetsiz *s.* resistless, weak

mukavva *a.* cardboard, pasteboard

mukayese *a.* comparison **mukayese etmek** to compare

mukayeseli *s.* comparative

mukayyet olmak *e.* to attend to, to look after

mukoza *a, anat.* mucous membrane

muktedir *s.* 1. able, capable 2. powerful, mighty **muktedir olmak** to be able to

mum *a.* 1. candle 2. candlepower 3. watt 4. wax **mumla aramak** to crave for, to hanker for

mumlu *s.* waxy, waxed **mumlu kâğıt** stencil

mumya *a.* mummy

mumyalamak *e.* to mummify

mundar *s.* unclean, filthy

munis *s.* 1. sociable, friendly 2. tame

muntazam *s.* 1. regular 2. tidy, orderly

muntazaman *be.* regularly

murahhas *a, esk.* envoy, delegate

murakabe *a, esk.* inspection, supervision

murakıp *a, esk.* 1. inspector 2. auditor

murat *a.* 1. wish, desire 2. aim, intention **muradına ermek** to attain one's desire

murdar *s.* dirty, filthy

musakka *a.* mousaka

musallat *s.* worrying, annoying **musallat olmak** to bother, to pester, to pick on

Musevi *a.* Jew * *s.* Jewish

Musevilik *a.* 1. Judaism, the Jewish religion 2. Jewishness

**Mushaf** a. the Koran
**musibet** a. 1. calamity, disaster 2. nuisance * s. ill-omened
**musiki** a. music
**muska** a. written charm, amulet
**muskaböreği** a. triangles of pastry filled with cheese, parsley, etc.
**muslin** a. muslin
**musluk** a. tap, *Aİ*. faucet
**muslukçu** a. plumber
**muson** a. monsoon
**muşamba** a. 1. oilcloth, oilskin, rubberized waterproof cloth 2. linoleum 3. oilskin, raincoat
**muşmula** a, bitk. medlar
**muşta** a. 1. knuckle-duster 2. (shoemaker's) iron ball
**muştu** a. good news
**muştulamak** e. to tell the good news
**mut** a. happiness
**mutaassıp** s. fanatical, bigoted
**mutat** s. customary, habitual
**muteber** s. 1. esteemed, respected 2. valid, legal
**mutedil** s. moderate, temperate, mild
**mutemet** a. fiduciary, paymaster, trustee
**mutena** s, esk. select, choice
**mutfak** a. kitchen **mutfak takımı** set of kitchen utensils
**mutlak** s. absolute, unconditional, unlimited
**mutlaka** be. absolutely
**mutlakıyet** a. 1. autocracy 2. absolutism
**mutlu** s. happy **mutlu etmek** to please, to gratify, to gladden, to warm the cockles (of sb's heart)
**mutluluk** a. happiness
**mutsuz** s. unhappy
**mutsuzluk** a. unhappiness
**muvafakat** a, esk. consent **muvafakat etmek** to agree, to consent
**muvaffak** s, esk. successful **muvaffak olmak** to succeed
**muvaffakıyet** a, esk. success
**muvakkat** a, esk. temporary
**muvakkaten** be. temporarily
**muvazene** a, esk. equilibrium, balance
**muvazeneli** s, esk. balanced
**muvazenesiz** s, esk. unbalanced

**muvazzaf** s, ask. regular **muvazzaf hizmet** ask. active service **muvazzaf subay** active officer
**muz** a, bitk. banana **muz cumhuriyeti** banana republic
**muzaffer** s. victorious, triumphant
**muzır** s. harmful, mischievous
**muzırlık** a. 1. harmfulness 2. mischievousness
**muzip** s. teasing, mischievous, naughty
**muziplik** a. teasing, practical joke
**mübadele** a, esk. exchange, barter
**mübalağa** a. exaggeration **mübalağa etmek** to exaggerate
**mübalağacı** a. exaggerator
**mübalağalı** s. exaggerated
**mübarek** s. blessed, holy, sacred
**mübaşir** a. usher, process-server
**mücadele** a. struggle, strife, contention, fight **mücadele etmek** to struggle, to fight
**mücahit** a. combatant, fighter
**mücellit** a, esk. bookbinder
**mücellithane** a, esk. bookbindery
**mücevher** a. jewel
**mücevherat** a. jewellery
**mücevherci** a. jeweller
**mücver** a. vegetable patty
**müdafaa** a. defence **müdafaa etmek** to defend
**müdafi** a. defender, champion
**müdahale** a. interference, intervention **müdahale etmek** to interfere, to intervene
**müdavim** a. habitué, frequenter
**müddet** a. period, duration
**müdire** a. directress, manageress
**müdür** a. 1. director, manager 2. headmaster, principal
**müdüriyet** a, bkz. **müdürlük**
**müdürlük** a. 1. directorate 2. directorship
**müebbet** s. 1. perpetual, eternal 2. lifelong **müebbet hapis** life imprisonment
**müessese** a. establishment, institution, foundation
**müessif** s, esk. regrettable, sad
**müessir** s, esk. effective, effectual
**müeyyide** a. sanction
**müezzin** a. muezzin

M

müfettiş *a.* inspector
müfettişlik *a.* inspectorship
müflis *s.* bankrupt
müfredat *a, esk.* details **müfredat prog-
ramı** curriculum
müfreze *a, ask.* detachment
müftü *a.* mufti
mühdislik *a.* engineering
mühendis *a.* engineer
mühendislik *a.* engineering
mühim *s.* important
mühimmat *a, ask.* munitions
mühimsemek *e, esk.* to consider impor-
tant, to regard as important
mühlet *a.* term, respite, delay
mühür *a.* 1. seal, signet 2. signet ring 3.
stamp **mühür basmak** to seal
mühürlemek *e.* to seal, to stamp with a
seal
mühürlü *s.* 1. sealed, under seal 2.
stamped
mühürsüz *s.* unsealed
müjde *a.* good news
müjdeci *a.* herald, harbinger
müjdelemek *e.* to tell the good news
mükâfat *a.* reward, compensation
mükâfatlandırmak *e.* to reward, to give a
reward (to sb)
mükellef *s.* 1. charged with, obliged to 2.
grand, sumptuous * *a.* taxpayer
mükemmel *s.* perfect, excellent, superb
mükemmelen *be.* perfectly
mükemmellik *a.* perfection, excellence
mükerrer *s, esk.* repeated, reiterated
müktesep *s, esk.* acquired
mülakat *a.* interview **mülakat yapmak** to
have an interview (with)
mülayim *s, esk.* mild, gentle, soft
mülk *a.* real estate/property
mülki *s, esk.* civil, civilian
mülkiye *a.* the civil service
mülkiyet *a.* ownership, possession,
proprietorship
mülteci *a.* refugee
mültimilyoner *a.* multimillionaire
mümbit *s, esk.* (soil) fertile, rich
mümessil *a.* 1. representative 2. agent
mümeyyiz *a.* examiner, examining official
mümkün *s.* possible **mümkün mertebe**

as far as possible
mümtaz *s.* 1. distinguished 2. privileged
münakaşa *a.* dispute, argument **müna-
kaşa etmek** to argue, to dispute
münasebet *a.* relation, connection **mü-
nasebetiyle** on the occasion of
münasebetsiz *s.* 1. improper, unseemly
2. inconsiderate, tactless, impertinent
münasebetsizlik *a.* impertinence
münasip *s.* fit, suitable, proper **münasip
görmek** to see fit, to approve
münavebe *a.* alternation **münavebe ile**
alternately
münazara *a.* debate, discussion
müneccim *a.* astrologer
münevver *s, esk.* enlightened, intellec-
tual
münferit *s, esk.* separate, discrete,
individual
müphem *s.* vague, indefinite, uncertain
müptela *s.* 1. addicted to, having a pas-
sion for 2. suffering from
müracaat *a.* reference, application **mü-
racaat etmek** to apply (to), to consult
müracaatçı *a.* applicant
mürai *s, esk.* hypocritical
mürdümeriği *a, bitk.* damson plum
mürebbiye *a.* governess
müreffeh *s, esk.* prosperous, well-to-do
mürekkep *a.* ink **mürekkep yalamış**
more or less educated
mürekkepbalığı *a, hayb.* cuttlefish
mürettebat *a.* complement, crew
mürettip *a, esk.* compositor, typesetter
mürettiphane *a, esk.* composing room
mürit *a.* disciple
mürteci *s, esk.* reactionary
müruruzaman *a, esk.* prescription, limita-
tion
mürüvvet *a.* joy felt by parents when they
see their child get married, be circum-
cised, etc. **mürüvvetini görmek** to live
to see one's children grow up and get
married
müsaade *a.* permission, permit **müsaade
etmek** to permit, to allow, to let
müsabaka *a, esk.* competition, race
müsademe *a, esk.* dash, skirmish
müsadere *a.* confiscation, seizure **mü-**

M

sadere etmek to confiscate, to seize

müsait s. convenient, favourable

müsamaha a. tolerance müsamaha etmek to tolerate, to indulge

müsamahakâr s. tolerant, indulgent, lenient

müsamahalı s. tolerant, indulgent

müsamahasız s. intolerant

müsavi s, esk. equal

müseccel s. (officially) registered

müsekkin a. sedative, anodyne

müshil a. purgative, laxative

Müslüman a. Moslem, Muslim

müslüman s. pious, religious

Müslümanlık a. Islam

müspet s. positive

müsrif s. extravagant

müsriflik a. extravagance

müstahak s. worthy of, deserving of, meriting müstahakını bulmak to get one's deserts

müstahdem a. person who works as a cleaner/messenger/doorman in a government office 2. employee

müstahzar a. ready-made drug, preparation

müstakbel s. future

müstehcen s. obscene

müstehcenlik a. obscenity

müstemleke a, esk. colony

müsterih s. at ease, relieved müsterih olmak to be at ease

müstesna s. 1. except 2. exceptional

müsteşar a. undersecretary

müsteşarlık a. rank/duties of an undersecretary

müsvedde a. 1. rough copy, draft 2. typescript müsvedde defteri notebook, exercise book

müşahede a, esk. observation müşahede etmek to observe

müşavere a, esk. consultation

müşavir a. consultant; counsellor

müşerref s. honoured müşerref olmak to be honoured

müşfik s. kind, tender, compassionate

müşkül s. difficult, hard * a. difficulty

müşkülat a. difficulties müşkülat çıkarmak to raise difficulties, to cause problems

müşkülpesent s. fastidious, exacting, fussy, choosy, picky

müştemilat a. annexes, outhouses

müşterek s. 1. common, shared 2. cooperative müşterek bahis tote-betting

müşteri a. customer, purchaser, buyer, client

mütalaa a, esk. 1. study 2. opinion mütalaa etmek to examine, to scrutinize

mütareke a, esk. truce, armistice

müteaddit s, esk. numerous, many, several

müteahhit a. contractor

müteakip s. successive * ilg. after

mütebessim s. smiling

mütecaviz s. aggressive. * a. 1. agressor 2. rapist

müteessir s, esk. 1. touched, grieved, sad 2. influenced müteessir olmak a) to be grieved; to get upset b) to be influenced, to be impressed

müteharrik s, esk. 1. movable, portable 2. running/working (by)

mütehassıs a. specialist, expert

mütehassis s, esk. moved, touched mütehassis olmak to be moved

mütekabil s, esk. reciprocal, mutual, corresponding

mütemadi s. continuous, continual

mütemadiyen be. continuously, continually

mütemayil s. inclined

mütercim a, esk. translator

müteselsil s, esk. in continuous succession

müteşebbis s. enterprising, with initiative

müteşekkil s. formed, composed of

müteşekkir s. thankful, grateful

mütevazı s. modest, humble

mütevekkil s. resigned

mütevelli a. trustee mütevelli heyeti board of trustees

mütevellit s, esk. caused, resulting

müthiş s. 1. terrible, horrible, awful 2. excessive 3. k. dili wonderful, great, super

müttefik a. ally * s. allied

müvekkil a, huk. client

müvezzi *a.* distributor

müzakere *a.* consultation, conference **müzakere etmek** to talk over, to discuss

müzayede *a.* auction

müze *a.* museum

müzelik *s.* 1. worthy of a museum 2. *k. dili* ramshackle, ancient

müzevir *a.* sneak, talebearer, telltale

müzevirlemek *e.* to sneak, to tell on

müzik *a.* music

müzikal *a, s.* musical

müzikbilim *a.* musicology

müzikçi *a.* 1. musician 2. teacher of music

müzikhol *a.* music hall

müzikli *s.* musical

müzikolog *a.* musicologist

müzikoloji *a.* musicology

müziksever *a.* music lover

müzisyen *a.* musician

müzmin *s.* (disease) chronic **müzmin bekâr** confirmed bachelor

müzminleşmek *e.* to become chronic

# N

N, n *a.* the seventeenth letter of the Turkish alphabet

na, nah *ünl, kab.* There! There it is! There you are!

naaş *a, esk.* corpse, body

nabız *a.* pulse **nabzı atmak** to pulsate, to pulse **nabzına bakmak** to take sb's pulse **nabzına göre şerbet vermek** to handle *sb* with tact **nabzını yoklamak** to put out a feeler, to sound *sb* out

naçar *s.* helpless

naçiz *s.* 1. modest, humble 2. insignificant, worthless

naçizane *be.* humbly

nadas *a.* fallowing **nadasa bırakmak** to fallow

nadide *s.* rare, precious

nadir *s.* rare, unusual

nadiren *be.* seldom, rarely

nafaka *a.* 1. livelihood, means of subsistence 2. alimony

nafile *s.* useless, in vain **nafile yere** uselessly, in vain

naftalin *a, kim.* naphthalene

nağme *a.* 1. tune, song 2. musical note **nağme yapmak** *k. dili* to pretend to be ignorant of

nahif *s.* 1. thin, emaciated 2. fragile, weak

nahiye *a.* 1. sub-district 2. district, region 3. *anat.* region

nahoş *s.* unpleasant, undesirable, disagreeable, objectionable

nail *s.* who attains/gains/obtains **nail olmak** to attain, to gain

nakarat *a.* refrain

nakavt *a, sp.* knockout

nakden *be.* in cash, in ready money

nakdi *s.* in cash

nakış *a.* embroidery **nakış işlemek** to embroider

nakil *a.* 1. transport, transfer 2. narration **nakil vasıtaları** means of transport

nakit *a.* ready money, cash

naklen *be.* by transfer **naklen yayın** live broadcast

nakletmek *e.* 1. to transfer, to transport, to convey, to carry 2. *elek.* to conduct 3. to recount, to tell

nakliyat *a.* transport, shipping, freighting

nakliye *a.* 1. transport, shipping 2. transport expenses, carriage

nakliyeci *a.* transporter, carrier, shipper, forwarding agent

nakliyecilik *a.* transport/shipping business

nal *a.* horseshoe **nalları dikmek** *arg.* to croak, to peg out

nalbant *a.* horseshoer, farrier

nalbantlık *a.* horseshoeing, farriery

nalbur *a.* hardware dealer, ironmonger

nalet *s, arg.* cursed, damned, bloody

nalın *a.* pattens, clogs

nallamak *e.* 1. to shoe 2. *arg.* to kill, to croak

nam *a.* name, renown, reputation **nam kazanmak** to become famous **namına** on behalf of, in sb's name **namında** called, named **namıyla** under the name of

**namağlup** s. undefeated

**namaz** a. ritual worship, prayer **namaz kılmak** to perform the ritual prayers (of Islam) **namaz vakti** prayer time

**name** a. letter, love-letter

**namert** s. cowardly, despicable, vile

**namertlik** a. cowardice, vileness

**namlı** s. famous, renowned

**namlu** a. gun barrel, barrel

**namus** a. 1. honour 2. good name 3. rectitude 4. honesty

**namuslu** s. 1. honourable 2. honest, upright

**namussuz** s. dishonest, dishonourable

**namussuzca** be. dishonestly

**namussuzluk** a. dishonesty

**namzet** a. candidate, applicant

**nanay** s, arg. there is no

**nane** a. mint, peppermint **nane yemek** arg. to make a blunder; to do sth stupid

**naneli** s. containing/tasting of peppermint

**nanemolla** a. weakling, milksop

**naneruhu** a. oil of peppermint

**naneşekeri** a. peppermint drop/sweet/candy

**nanik** a. long nose **nanik yapmak** to cock a snook at, to make a long nose

**nankör** s. ungrateful, thankless

**nankörlük** a. ungratefulness, ingratitude **nankörlük etmek** to show ingratitude

**nar** a. pomegranate **nar gibi** well toasted/roasted

**nara** a. loud cry, shout, yell **nara atmak** to let out a yell, to yell

**narçiçeği** a. grenadine red, reddish orange

**narenciye** a, bitk. 1. citrus fruits 2. citrus trees

**nargile** a. hubble-bubble, water pipe, hookah

**narh** a. officially fixed price **narh koymak** to set a fixed price

**narin** s. slender, slim, delicate

**narkotik** a, s. narcotic

**narkoz** a. narcosis **narkoz vermek** to narcotize

**narsisizm** a. narcissism

**nasıl** be. how, what sort * ünl. What did you say? How is it? **nasıl ki** just as **na-**

**sıl olmuşsa** somehow **nasıl olsa** somehow or other, sooner or later **Nasılsınız** How are you?

**nasılsa** be. in any case, somehow or other

**nasır** a. corn, callus **nasır bağlamak** to become calloused

**nasırlaşmak** e. 1. (skin) to form a corn/callus 2. (sb's heart) to harden

**nasırlı** s. calloused, warty

**nasihat** a. advice, counsel **nasihat etmek/vermek** to advise

**nasip** a. 1. portion, share 2. destiny, luck **nasip olmak** to be vouchsafed **nasibini almak** to have one's share (of)

**natüralist** a. naturalist * s. naturalistic

**natüralizm** a. naturalism

**natürel** s. natural

**natürmort** a. still life

**navlun** a. freight charge for cargo

**naylon** a. nylon * s, k. dili artificial, fake

**naz** a. 1. coquetry, whims 2. disdain, coyness **naz etmek/yapmak** to feign reluctance **nazı geçmek** to have influence (over) **nazını çekmek** to put up with sb's whims

**nazar** a. 1. look, glance 2. the evil eye 3. opinion **nazar boncuğu** blue bead (worn to avert the evil eye) **nazar değmek** to be affected by the evil eye **Nazar değmesin** Touch wood! **nazara almak** to take into account **nazarı dikkatini çekmek** to attract sb's attention into consideration **nazarıyla bakmak** to consider, to regard as

**nazaran** be. 1. according to 2. compared to, in comparison to

**nazari** s. theoretical

**nazariyat** a, esk. 1. theories 2. theory

**nazariye** a, esk. theory

**nazarlık** a. charm, amulet

**nazım** a. verse, poetry

**Nazi** a. Nazi

**nazik** s. 1. polite, kind 2. delicate, fragile

**nazikleşmek** e. 1. to become polite 2. to become delicate

**naziklik** a. politeness

**nazlanmak** e. 1. to feign reluctance 2. to behave coquettishly nazlı *s.* 1. coquettish, coy 2. spoilt, petted

ne *adl, s, be.* what **Ne alakası var** What's the connection? What's it got to do with it? **ne âlemde** how **ne biçim** what kind of **Ne çare** It can't be helped. **ne çıkar** so what **ne de olsa** after all **ne demek** a) what does it mean b) not at all **ne demeye** why (on earth) **ne denli** how **ne diye** why (on earth) **Ne ekersen onu biçersin** As you sow, so shall you reap. **ne gibi** what sort **ne güzel** how nice **Ne haber** a) What's the news? b) There you are! I told you! **Ne haddine** How would he dare? **Ne hali varsa görsün** Let him stew in his own juice. **ne hikmetse** heaven knows why **ne için** what for, why **ne kadar** how much **Ne münasebet** Not by a long chalk! Of course not! **ne ... ne (de) ...** neither ... nor ... **ne oldum delisi** parvenu **ne olur** please **ne olur ne olmaz** just in case **ne olursa olsun** in any case, not on any account, on no account, at any rate, in any case **ne oluyor** What's up? *kon.* **ne pahasına olursa olsun** at any cost, at all costs **ne vakit** when, what time **Ne var** What's the matter? **ne var ki** but **ne var ne yok** How is it going? **ne yazık** What a pity **ne yazık ki** unfortunately, more's the pity *kon.* **ne zaman** when

nebat *a.* plant

nebati *s.* vegetable, botanical **nebati yağ** vegetable oil

nebi *a.* prophet

nebülöz *a, gökb.* nebula

nebze *a.* particle, bit

neceftaşı *a.* rock crystal, transparent quartz

neci *adl.* of what trade

nedamet *a.* regret, remorse

neden *a.* cause, reason * *be.* why, what for **neden olmak** to cause

nedenbilim *a, fel.* etiology

nedeniyle *be.* because of, due to

nedenli *s.* having a reason

nedense *be.* somehow, for some reason

nedensel *s.* causal

nedensellik *a.* causality, causation

nedensiz *s.* causeless * *be.* without a reason

nedime *a.* lady-in-waiting

nefaset *a.* excellence, exquisiteness

nefer *a, ask.* private

nefes *a.* 1. breath 2. puff, draw, drag **nefes almak** a) to breathe b) to take a short break, to catch one's breath **nefes borusu** trachea **nefes darlığı** a) shortness of breath b) asthma **nefes kesici** breathtaking **nefes nefese** out of breath, breathless **nefes nefese kalmak** to get out of breath **nefes tüketmek** to waste one's breast **nefes vermek** to breathe out **nefesi daralmak** to be short of breath **nefesi kesilmek** to be out of breath **nefesini kesmek** to take sb's breath away

nefesli *s, müz.* (instrument) wind **nefesli çalgı** *müz.* wind instrument

nefis[1] *a.* 1. self, personality 2. the flesh, the body 3. the cravings of the flesh **nefsine düşkün** self-indulgent **nefsine uymak** to yield to flesh, to sin **nefsine yedirememek** to be unable to bring oneself to do *sth* **nefsini köreltmek** to take the edge off one's desires

nefis[2] *s.* excellent, wonderful, great

nefret *a.* hate, hatred, loathing, disgust, detestation **nefret etmek** to hate, to detest, to abhor **nefret uyandırmak** to arouse hatred

nefrit *a, hek.* nephritis

neft *a.* naphtha

nefti *s.* of a dark brownish green colour

negatif *s.* 1. *mat.* minus 2. *fiz.* negative * *a.* (photo) negative

nehir *a.* river

nekahet *a.* convalescence

nekes *s.* stingy, tightfisted

nektar *a.* nectar

nem *a.* 1. moisture, dampness, damp 2. humidity

nemcil *s.* (plant) hygrophilous

nemelazımcı *s.* indifferent, unconcerned

nemelazımcılık *a.* indifference, unconcern

nemfoman *a, s.* nymphomaniac, *k. dili* nympho

**nemfomani** *a.* nymphomania

**nemfomanyak** *a, s, bkz.* **nemfoman**

**nemlendirici** *a.* humidifier, moisturizer

**nemlendirmek** *e.* to humidify, to moisture, to moisten

**nemlenmek** *e.* to become damp, to gather moisture

**nemli** *s.* moist, damp, humid

**nemölçer** *a.* hygrometer

**neolitik** *s.* Neolithic

**neon** *a.* neon **neon lambası** neon lamp

**neoplazma** *a, hek.* neoplasm

**Neptün** *a.* Neptune

**neptünyum** *a, kim.* neptunium

**nere** *adl.* what place, what part, whatsoever place

**nerede** *be.* where **nerede ise** *bkz.* **neredeyse**

**nereden** *be.* from where, whence

**neredeyse** *be.* 1. soon, before long 2. almost, nearly

**nereli** *s.* from what place, where from **Nerelisiniz** Where do you come from? Where are you from?

**neresi** *adl.* what place, what part, where

**nereye** *be.* where, to what place

**nergis** *a, bitk.* narcissus

**nesil** *a.* 1. generation 2. descendants

**nesir** *a.* prose

**neskafe** *a.* (instant) coffee

**nesne** *a.* 1. thing, anything 2. *fel.* object 3. *dilb.* direct object

**nesnel** *s.* objective

**nesnellik** *a.* objectivity

**neşe** *a.* gaiety, merriment, joy **neşesi yerinde olmak** to be in high spirits

**neşelendirmek** *e.* to cheer sb up, to exhilarate, to buck sb up, to brighten

**neşelenmek** *e.* to grow merry, to cheer up

**neşeli** *s.* cheerful, joyous, merry

**neşesiz** *s.* out of sorts, low-spirited, dejected

**neşir** *a.* 1. broadcasting 2. publishing, publication 3. spreading, diffusion

**neşretmek** *e.* 1. to publish 2. to broadcast 3. to spread, to diffuse

**neşriyat** *a.* publications

**neşter** *a.* lancet

**net** *s.* 1. clear, distinct, sharp 2. net, clear **net ağırlık** net weight **net gelir** net income

**netameli** *s.* sinister, ominous, accident-prone

**netice** *a.* result, outcome, consequence

**neticelendirmek** *e.* to bring to an end

**neticelenmek** *e.* to result in, to come to a conclusion

**neticesiz** *s.* fruitless, useless, vain

**nevale** *a.* food and drink, food, provisions

**nevazil** *a.* cold, common cold, catarrh

**nevi** *a.* sort, kind, variety **nevi şahsına münhasır** the only one of its kind

**nevir** *a.* complexion **nevri dönmek** to become angry

**nevralji** *a, hek.* neuralgia

**nevroloji** *a, hek.* neurology

**nevroz** *a, hek.* neurosis

**ney** *a, müz.* reed flute

**neyse** *bağ.* anyway

**neyzen** *a.* flute player

**nezaket** *a.* delicacy, politeness, courtesy

**nezaketli** *s.* polite

**nezaketsiz** *s.* impolite

**nezaketsizlik** *a.* impoliteness

**nezaret** *a.* 1. supervision, inspection 2. surveillance **nezaret etmek** to superintend, to inspect **nezaret altına almak** to take under surveillance

**nezarethane** *a.* custodial prison, remand prison

**nezih** *s, esk.* upright, moral, pure

**nezle** *a.* cold, common cold, catarrh **nezle olmak** to catch cold

**nışadır** *a.* sal ammoniac

**nice** *s, be.* 1. how many, many a 2. how

**nicel** *s.* quantitative

**nicelik** *a.* quantity

**niçin** *be.* why, what for

**nida** *a, esk.* 1. shout, cry, exclamation 2. *dilb.* interjection, exclamation

**nifak** *a.* discord, dissension, strife **nifak sokmak** to bring discord to

**nihai** *s.* final, last, decisive

**nihale** *a.* mat (under plates)

**nihayet** *a.* end \* *be.* finally, at last

**nihayetsiz** *s.* endless, infinite

**nihilist** *a.* nihilist \* *s.* nihilistic

nihilizm *a.* nihilism

nikâh *a.* marriage **nikâh dairesi** marriage office **nikâh düşmek** (marriage) to be legally possible **nikâh kıymak** to perform a marriage ceremony

nikâhlanmak *e.* to get married

nikâhlı *s.* married

nikâhsız *s.* unmarried, out of wedlock **nikâhsız yaşamak** to cohabit

nikel *a, kim.* nickel

nikelaj *a.* nickeling, plating with nickel

nikotin *a, kim.* nicotine

nilüfer *a, bitk.* water lily

nimbus *a.* nimbus, rain cloud

nimet *a.* 1. blessing 2. bread, the staff of life

nine *a.* 1. grandmother, granny 2. old woman

ninni *a.* lullaby **ninni söylemek** to sing a lullaby

nirengi *a.* triangulation **nirengi noktası** landmark; benchmark

nisaiye *a.* gynaecology

nisaiyeci *a.* gynaecologist

nisan *a.* April

nispet *a.* ratio, proportion * *be.* from spite, just to spite **nispet vermek/yapmak** to say *sth* out of spite

nispeten *be.* relatively, in comparison/proportion

nispi *s.* relative, comparative **nispi temsil** proportional representation

nişan *a.* 1. sign, mark, indication, token 2. target 3. engagement 4. engagement ceremony **nişan almak** to take aim at **nişan koymak** to make a mark **nişan yapmak** to arrange an engagement **nişan yüzüğü** engagement ring **nişanı bozmak** to break off an engagement

nişanlamak *e.* 1. to engage, to betroth 2. to take aim at

nişanlanmak *e.* to get engaged

nişanlı *s.* engaged (to be married) * *a.* fiancé, fiancée

nişasta *a.* starch

nişastalı *s.* farinaceous

nitekim *bağ.* as a matter of fact

nitel *s.* qualitative

niteleme *a.* qualification **niteleme sıfatı** descriptive adjective

nitelemek *e.* 1. to characterize, to describe 2. *dilb.* to modify, to qualify

nitelendirmek *e.* to characterize, to describe

nitelik *a.* 1. quality, grade 2. status, position 3. characteristic

nitelikli *s.* qualified, having the quality

niteliksiz *s.* lacking quality

nitrat *a.* nitrate

nitrik asit *a.* nitric acid

nitrojen *a.* nitrogen

niye *be.* why, what for

niyet *a.* intention, purpose, intent **niyet etmek** to intend **niyeti bozuk** having an evil intention

niyetiyle *be.* with the intention of

niyetlenmek *e.* to intend, to mean, to aim, to plan (to do sth)

niyetli *s.* 1. who has an intention 2. fasting

niyobyum *a, kim.* niobium

nizam *a.* 1. order, regularity 2. law, regulation

nizami *s.* 1. regular 2. legal

nizamiye *a.* the regular army **nizamiye kapısı** the main entrance (to a barracks/garrison)

nizamname *a.* regulations or statues of an organization

nizamsız *s.* 1. irregular 2. illegal

Noel *a.* Christmas **Noel Baba** Father Christmas, Santa Claus

nohut *a.* chickpea

noksan *s.* 1. missing 2. incomplete, unfinished 3. imperfect, deficient

noksanlık *a.* defect, deficiency

noksansız *s.* complete, perfect * *be.* completely

nokta *a.* 1. point, dot 2. full stop 3. stop 4. speck 5. place, spot 6. subject, point 7. *ask.* isolated sentry **nokta koymak** to bring to an end, to finish, to end

noktacılık *a.* pointillism

noktalama *a.* punctuation **noktalama işaretleri** punctuation marks

noktalamak *e.* 1. to dot 2. to punctuate

noktalı *s.* 1. punctuated 2. dotted **noktalı virgül** semicolon

N

**nonoş** *a.* 1. darling 2. *arg.* gay

**norm** *a.* norm

**normal** *s.* normal **normal benzin** two-star petrol *İİ.*, regular gas *Aİ.* **normal olarak** normally

**normatif** *s.* normative

**nostalji** *a.* nostalgia

**not** *a.* 1. note 2. memorandum 3. mark, grade 4. message **not almak** a) to take notes/a note/a message b) to get a mark **not bırakmak** to leave a message **not defteri** note-book, pocketbook, jotter **not düşmek** to write down **not etmek** to note down **not tutmak** to take notes **not vermek** a) to give marks to b) to size up **notunu vermek** to judge he is no good

**nota** *a.* 1. musical note 2. diplomatic note

**noter** *a.* notary public

**nöbet** *a.* 1. turn (of duty) 2. watch (of a sentry) 3. *hek.* turn, attack, fit **nöbet beklemek/tutmak** to stand guard

**nöbetçi** *a.* 1. person on duty 2. sentry, watchman **nöbetçi doktor** doctor on call **nöbetçi eczane** pharmacy on duty **nöbetçi subayı** duty officer

**nöbetleşe** *be.* in turns

**nöbetleşmek** *e.* to take turns

**nörolog** *a.* neurologist

**nöroloji** *a.* neurology

**nöron** *a, biy.* neuron

**nötr** *s.* neutral

**nötrlemek** *e.* to neutralize

**nötrleşmek** *e.* to be neutralized

**nötron** *a.* neutron

**Nuh** *a.* Noah **Nuh Nebi'den kalma** very old, old-fashioned **Nuhun gemisi** Noah's Ark

**numara** *a.* 1. number 2. grade, mark 3. size 4. trick **numara yapmak** to act, to pretend

**numaracı** *a, k. dili* faker, phony

**numaralamak** *e.* to number

**numaralı** *s.* numbered

**numarasız** *s.* unnumbered

**numune** *a.* 1. sample 2. model

**numunelik** *s.* sample

**nur** *a.* 1. light 2. glory, divine light **Nur içinde yatsın** May he rest in peace.

**Nur ol** Bravo! **nur topu gibi** (baby) healthy and beautiful

**nurlu** *s.* shining, bright

**nutuk** *a.* speech, oration **nutuk atmak/çekmek** to sermonize

**nüans** *a.* nuance

**nüfus** *a.* 1. population 2. inhabitants **nüfus cüzdanı/kâğıdı** identity card **nüfus kütüğü** state register of persons **nüfus memurluğu** Registry of Births **nüfus patlaması** population explosion **nüfus planlaması** family planning **nüfus sayımı** census

**nüfusbilim** *a.* demography

**nüfuz** *a.* 1. influence, power 2. penetration **nüfuz etmek** to penetrate **nüfuz sahibi** influential

**nüfuzlu** *s.* (person) influential

**nükleer** *s.* nuclear **nükleer enerji** nuclear energy **nükleer reaktör** nuclear reactor **nükleer santral** nuclear power station **nükleer savaş** nuclear war **nükleer silah** nuclear weapon

**nükleik** *s.* nucleic **nükleik asit** nucleic acid

**nüksetmek** *e.* 1. (disease) to relapse, to recur 2. to reappear unexpectedly

**nükte** *a.* witty remark, witticism **nükte yapmak** to make witty remarks

**nükteci, nüktedan** *s.* witty, humorous

**nüsha** *a.* 1. copy, edition 2. (newspaper, etc.) issue, number

**nüve** *a.* nucleus

**nüzul** *a, esk.* apoplexy, stroke

# O

**O, o** *a.* the eighteenth letter of the Turkish alphabet

**o** *adl.* he, she, it * *s.* that, those **o anda** at that moment **o gün bu gün(dür)** since that day, since then **o halde** in that case, then **o kadar** a) so, so much b) that's all **o takdirde** in that case **o taraflı olmamak** to take no notice of **o zaman** then **o zamandan beri** ever since **onun için** for that reason, that's why

**oba** *a.* 1. large nomad tent 2. nomad

group
obelisk *a.* obelisk
obje *a.* object, thing
objektif *s, a.* objective
obua *a, müz.* oboe
obur *s.* gluttonous
oburca *be.* greedily
oburlaşmak *e.* to become gluttonous
oburluk *a.* gluttony, greediness
ocak¹ *a.* January
ocak² *a.* 1. furnace, kiln 2. hearth, fireplace 3. cooker 4. quarry, mine 5. association, organization, society 6. family, home 7. source, centre **ocağına düşmek** to be at the mercy of **ocağına incir dikmek** to ruin sb's family, to destroy the family of **ocağını söndürmek** to destroy sb's family
ocakçı *a.* 1. chimney sweep 2. stoker
oda *a.* 1. room 2. association, society, organization **oda hizmetçisi** chambermaid **oda müziği** chamber music **oda orkestrası** chamber orchestra
odacı *a.* servant, janitor
odak *a.* focus, focal point
odaklamak *e.* to focus
odalık *a, esk.* concubine, odalisque
oditoryum *a.* auditorium
odun *a.* 1. firewood, wood 2. *arg.* woodenheaded person * *s.* wooden
oduncu *a.* 1. seller of firewood 2. woodcutter, woodsman
odunkömürü *a.* charcoal
odunlaşma *a.* lignification
odunluk *a.* 1. woodshed 2. tree suitable for firewood
ofis *a.* office, department
oflamak *e.* to breathe a sigh, to grunt with vexation
ofsayt *a, sp.* offside
ofset *a.* offset (printing)
oftalmoloji *a.* ophthalmology
oğlak *a, hayb.* kid **Oğlak burcu** Capricorn
oğlan *a.* 1. boy 2. *isk.* jack 3. *arg.* queen, gay, pansy, boy, queer, queen
oğlancı *a.* pederast, paederast, bugger
oğlancılık *a.* pederasty, buggery
oğul *a.* 1. son 2. swarm of bees

oğulcuk *a.* 1. dear little son 2. *biy, bitk.* embryo
oğulotu *a, bitk.* balm
oh *ünl.* ah, good **oh çekmek** to rejoice over another's misfortunes **oh demek** to have a breather
oha *ünl.* stop! whoa!
oje *a.* nail polish
ok *a.* 1. arrow 2. (porcupine's) quill 3. beam, pole (of a carriage) **ok atmak** to shoot arrows
okaliptüs *a, bitk.* eucalyptus
okçu *a.* bowman, archer
okçuluk *a.* archery
okey *a, ünl.* okay *kon.*, OK *kon.*
okka *a.* oke (1283 gr.)
okkalı *s.* 1. heavy 2. large, big
oklava *a.* rolling pin
oksijen *a.* oxygen **oksijen çadırı** oxygen tent **oksijen maskesi** oxygen mask
oksijenli *s.* oxygenic
oksit *a.* oxide
oksitlemek *e.* to oxidize
oksitlenme *a.* oxidation
okşamak *e.* 1. to caress, to fondle 2. to stroke 3. to flatter 4. *k. dili* to beat, to tan
oktan *a.* octane
oktav *a.* octave
okul *a.* school **okul kaçağı** truant, hooky **okuldan kaçmak** to play truant **okulu asmak** to cut classes
okuldaş *a.* schoolmate
okulöncesi *a.* preschool time * *s.* preschool
okulsonrası *a.* post-school time * *s.* post-school
okuma *a.* reading
okumak *e.* 1. to read 2. to study 3. to sing 4. to say (a prayer) 5. to decipher 6. to understand
okumuş *s.* well-read, learned, educated
okunaklı *s.* legible
okunaksız *s.* illegible
okunuş *a.* 1. way of reading 2. pronunciation
okur *a.* reader
okuryazar *s.* literate
okuryazarlık *a.* literacy, literateness
okutmak *e.* 1. to teach, to instruct 2. *arg.*

to foist/fob off (on)
okutman *a.* lecturer
okutmanlık *a.* lectureship
okuyucu *a.* 1. reader 2. singer
okyanus *a.* ocean
olabilir *s.* possible
olabilirlik *a.* possibility
olacak *s.* 1. suitable 2. reasonable * *a.* something inevitable **Olacak gibi değil** It's impossible / unbelievable. **Olacak şey / iş değil** It's incredible.
olagelmek *e.* to continue, to go on
olağan *s.* 1. usual 2. ordinary, common, everyday 3. normal
olağandışı *s.* 1. unusual 2. extraordinary 3. abnormal
olağanüstü *s.* 1. extraordinary 2. unusual 3. unnatural, abnormal
olamaz *s.* impossible
olanak *a.* possibility **olanak vermek** to enable
olanaklı *s.* possible
olanaksız *s.* impossible
olanaksızlık *a.* impossibility
olanca *s.* utmost, all of
olarak *be.* as **olarak geçmek** to pass for, to be accepted as
olası *s.* probable
olasılı *s.* probable
olasılık *a.* probability
olay *a.* 1. event, occurrence 2. unusual event, incident **olay çıkarmak** to kick up a fuss/row/shindy/stink
olaybilim *a, fel.* phenomenology
olaycılık *a, fel.* phenomenalism
olaylı *s.* eventful
olaysız *s.* uneventful
oldubitti *a.* fait accompli **oldubittiye getirmek** to confront with a fait accompli
oldukça *be.* quite, fairly, rather
olgu *a.* fact, event
olgucu *a.* positivist * *s.* positivistic
olguculuk *a, fel.* positivism
olgun *s.* 1. ripe, mature 2. experienced, cultured
olgunlaşmak *e.* 1. to become ripe, to ripen 2. to become mature, to mature
olgunlaştırmak *e.* 1. to ripen 2. to mature

olgunluk *a.* 1. ripeness 2. maturity
oligarşi *a.* oligarchy
olimpiyat *a.* Olympiad **olimpiyat oyunları** Olympic Games
olmak *e.* 1. to be 2. to become 3. to happen 4. to get 5. to fit, to be suitable for 6. to be present 7. to ripen 8. to mature 9. to catch, to have, to get (an illness/disease) 10. to undergo 11. to be ready/prepared/cooked, etc. **-den olmak** to lose, to be deprived (of) **Olan oldu.** What's done cannot be undone. **oldu olacak ...** might as well, there is no reason not to ... **oldum olası** always **olsa olsa** at the most **olur olmaz** unnecessarily, needlessly
olmamış *s.* unripe
olmayacak *s.* 1. unseemly, unsuitable, improper 2. impossible
olmaz *s, be.* no, impossible
olmuş *s.* ripe
olsun *bağ.* if only ...
olta *a.* fishing line **olta iğnesi** fishhook **olta yemi** bait
oluk *a.* 1. gutter 2. groove
oluklu *s.* 1. grooved, channeled 2. corrugated
olumlu *s.* 1. positive, affirmative 2. constructive, helpful
olumluluk *a.* 1. positiveness, affirmativeness 2. constructiveness
olumsal *s, fel.* possible, contingent
olumsuz *s.* negative
olumsuzluk *a.* negativeness, negativity
olur *s.* possible * *be.* all right, okay **Olur şey değil** It's incredible.
olurlu *s.* possible
oluş *a.* 1. existence, being 2. genesis, formation
oluşma *a.* forming, formation
oluşmak *e.* 1. to come into existence/being 2. to arise 3. to originate 4. to be formed 5. to take shape
oluşturmak *e.* to form, to constitute
oluşum *a.* formation, constitution
om, ohm *a, elek.* ohm
omlet *a.* omelette
omur *a, anat.* vertebra
omurga *a.* 1. *anat.* backbone, spine 2.

*den.* keel
omurgalı *s, hayb.* vertebrate
omurgalılar *a, hayb.* vertebrates
omurgasız *s, hayb.* invertebrate
omurgasızlar *a, hayb.* invertebrates
omurilik *a, anat.* spinal cord
omuz *a.* shoulder **omuz omuza** shoulder to shoulder **omuz silkmek** to shrug one's shoulders **omuz vurmak** to shoulder **omuzuna almak** to shoulder
omuzlamak *e.* 1. to shoulder 2. to hit with the shoulder 3. to carry off
omuzluk *a.* epaulette
on *a, s.* ten **on para etmez** worthless
ona *adl.* (to) him/her/it
onamak *e.* to approve
onanizm *a.* onanism, masturbation
onanmak *e.* to be approved
onarım *a.* 1. repair, reparation 2. restore
onarmak *e.* 1. to repair 2. to restore
onat *s.* 1. correct, proper 2. decent, upright, moral
onay *a.* approval, acknowledgement; consent
onaylamak *e.* to approve, to ratify
onaylı *s.* approved, certified **onaylı suret** certified copy
onaysız *s.* not approved
onbaşı *a, ask.* corporal
ondalık *a.* a tenth, tenth part * *s.* decimal **ondalık kesir** decimal fraction **ondalık sayı** decimal number
ondan *adl.* from him/her/it * *be.* for that reason **ondan sonra** then
ondurmak *e.* 1. to improve, to make better 2. to heal, to cure
ondüle *s.* curled, curly
ongun *s.* 1. very productive 2. prosperous, flourishing 3. happy 4. lucky * *a.* totem
ongunluk *a.* 1. prosperity 2. good fortune
onikiparmakbağırsağı *a, anat.* duodenum
onlar *adl.* they
onlara *adl.* (to) them
onları *adl.* them
onlu *a. isk.* the ten
onmak *e.* 1. to improve, to get better 2. to get over an illness, to get well 3. to be

happy
ons *a.* ounce
onsuz *be, adl.* without him/her/it
onu *adl.* him, her, it
onulmaz *s.* incurable
onun *adl.* his, her, its
onunki *adl.* his, hers
onur *a.* 1. self-respect, self-esteem, pride 2. honour, distinction **onur vermek** to honour **onuruna** in honour of **onuruna dokunmak** to hurt sb's pride **onuruna yedirememek** not to be able to stomach
onurlandırmak *e.* to honour
onurlanmak *e.* to be honoured
onurlu *s.* self-respecting, dignified, proud
onursal *s.* honorary
onursuz *s.* lacking in self-respect, dishonourable
onursuzluk *a.* dishonour
opal *a.* opal
opera *a, müz.* opera
operakomik *a.* comic opera
operasyon *a.* operation
operatör *a.* 1. surgeon 2. operator
operet *a, müz.* operetta
oportünist *s.* opportunist
oportünizm *a.* opportunism
optik *a.* optics * *s.* optical
optimizm *a, fel.* optimism
optimum *a, s.* optimum
opus *a, müz.* opus
ora *a.* that place **oralarda** in those parts **oraları** those parts, thereabouts
oracıkta *be.* just over there
orada *be.* there, in that place **orada burada** here and there **oradan** from there, thence
orak *a.* sickle, reaping hook
oralı *s.* of that place **oralı olmamak** to pay no attention
oramiral *a.* admiral (senior)
oran *a.* 1. proportion 2. estimate 3. ratio, rate **oranla** in proportion (to)
orandışı *s, mat.* irrational
orangutan *a, hayb.* orangutan
oranlamak *e.* 1. to estimate 2. to calculate
oranlı *s.* proportional

**oransız** s. out of proportion, disproportionate

**oransızlık** a. lack of proportion, disproportion

**orantı** a. 1. balance, proportion 2. mat. proportion

**orantılı** s. 1. balanced, well-proportioned 2. mat. proportional

**orası** a. that place

**oratoryo** a. oratorio

**oraya** be. there

**ordinaryüs** a. senior professor holding a university chair

**ordinat** a, mat. ordinate

**ordövr** a. hors d'oeuvres

**ordu** a. army

**orduevi** a, ask. officer's club

**ordugâh** a, ask. military camp, military encampment

**orfoz** a. grouper

**org** a, müz. organ

**organ** a. organ **organ nakli** transplantation

**organik** s. organic

**organizasyon** a. organization, organisation

**organizatör** a. organizer

**organize** s. organized **organize etmek** to organize

**organizma** a. organism

**organze** a. organdie, organdy

**orgazm** a. orgasm **orgazm olmak** to have an orgasm **orgazma ulaşmak** to achieve orgasm, to reach orgasm

**orgeneral** a. full general

**orijinal** s. 1. original 2. unusual, different*

**orijinallik** a. 1. originality 2. unusualness, differentness

**orkestra** a, müz. orchestra **orkestra şefi** conductor

**orkestrasyon** a, müz. orchestration

**orkide** a, bitk. orchid

**orkinos** a, hayb. tuna, tunny, tuna fish

**orman** a. forest, wood

**ormancı** a. 1. forester, forest guard 2. forest engineer

**ormancılık** a. forestry

**ormanlık** s. thickly wooded, covered with trees * a. woodland

**ornitoloji** a. ornithology

**orojeni** a, coğ. orogeny, orogenesis

**orospu** a, kab. 1. prostitute, whore, harlot 2. bitch **orospu çocuğu** son of a bitch

**orospuluk** a, kab. 1. prostitution 2. fickleness; dirty trick **orospuluk etmek** to prostitute oneself, to hustle Aİ./arg.

**orsa** a, den. windward side **Orsa alabanda** Down with the helm!

**orsalamak** e, den. to hug the wind

**orta** a. middle, centre * s. 1. central 2. average, medium 3. intermediate **orta boy** middle size **orta boylu** of medium height **orta dalga** medium wave **orta direk** a) mainmast b) k. dili middle class **orta halli** of moderate means **orta karar** moderate **orta malı** a) common to all b) prostitute **orta sıklet** bkz. **ortasıklet orta sınıf** middle class **orta yaşlı** middle-aged **ortada** a) in the middle b) clear, obvious **ortada kalmak** to be in a fix **ortadan kaldırmak** a) to remove, to put away b) to kill **ortadan kalkmak** a) to be removed b) to be destroyed c) to disappear **ortadan kaybolmak** to disappear **ortaya atmak** to suggest, to put forward, to bring up **ortaya atılmak** a) to come forward, to offer oneself b) to be put forward **ortaya çıkarmak** a) to expose, to reveal, to bring to light b) to create, to introduce a new thing **ortaya çıkmak** a) to appear, to show oneself b) to come out, to be revealed **ortaya koymak** to put forward, to expose

**ortaç** a, dilb. participle

**ortaçağ** a. the Middle Ages

**ortaderi** a. mesoderm

**Ortadoğu** a. the Middle East

**ortaelçi** a. minister plenipotentiary, minister

**ortak** a. partner, associate * s. common, shared, joint **ortak çarpan** mat. ratio of a geometrical progression **ortak kat** bkz. **ortakkat ortak olmak** a) to become a partner (with) b) to share

**ortakçı** a. sharecropper

**ortakkat** a, mat. common multiple

**ortaklaşa** be. jointly, collectively; together

ortaklaşacı s. collectivist
ortaklaşacılık a. collectivism
ortaklık a. 1. partnership 2. firm, company, corporation **ortaklık sözleşmesi** deed of partnership
ortakulak a. middle ear, tympanum
ortakyapım a. coproduction
ortakyaşama a, biy. symbiosis
ortakyönetim a. coalition
ortalama s. medium, average **ortalama olarak** on an average
ortalamak e. 1. to reach the middle 2. sp. to centre
ortalık a. surroundings, the world around **ortalığı birbirine katmak** to turn the place upside down **ortalığı toplamak** to tidy up **ortalık ağarmak** (dawn) to break **ortalık kararmak** (night) to close in **ortalık karışmak** (rebellion, disturbance) to break out **ortalıkta** in sight, around **ortalıktan kaybolmak** to disappear
ortam a. 1. environment, surroundings 2. atmosphere, ambience
ortanca[1] s. middle * a. middle child
ortanca[2] a, bitk. hydrangea
ortaokul a. middle school, junior high school
ortaöğretim a. secondary education
ortaparmak a. middle finger
ortasıklet a, sp. middleweight
ortasında midway, amid, amidst
ortayuvar a, gökb. mesosphere
Ortodoks a. Greek Orthodox
Ortodoksluk a. Greek Orthodox Church, Orthodoxy
ortopedi a. orthopaedics
ortopedik s. orthopedic
oruç a. fasting, fast **oruç bozmak** to break the fast **oruç tutmak** to fast **oruç yemek** not to observe the fast
orun a. 1. place, site 2. office, post
oryantal s. oriental
Osmanlı a, s. Ottoman **Osmanlı İmparatorluğu** the Ottoman Empire
Osmanlıca a. Ottoman Turkish
osmiyum a, kim. osmium
osurmak e, kab. to fart
osuruk a, kab. fart
ot a. 1. grass, herb 2. weed 3. fodder 4.

medicine 5. poison 6. arg. hashish, grass
otağ a. large sumptuous tent
otamak e. to treat medically
otantik s. authentic
otçul s, hayb. herbivorous
otel a. hotel
otelci a. hotel-keeper, hotelier
otelcilik a. hotel management
otlak a. pasture, pasturage, grassland
otlakçı a, arg. sponger, freeloader, cadger
otlakçılık a, arg. sponging, freeloading **otlakçılık etmek** to sponge (on/from)
otlamak e. 1. to graze, to pasture 2. arg. to sponge, to freeload
otlanmak e, arg. to sponge (on/from), to bum, to cadge
otlatmak e. to put an animal out to pasture
otlubağa a. toad
otluk a. 1. hayrick, haystack 2. grassy place
oto a. auto, car
otoban a. autobahn, motorway
otobiyografi a. autobiography
otobur s, hayb. herbivorous
otobüs a. bus; coach **otobüs durağı** bus stop
otogar a. coach station
otokrasi a. autocracy
otokrat a. autocrat * s. autocratic
otomasyon a. automation
otomat a. 1. automaton 2. flash heater 3. timed light switch
otomatik s. automatic **otomatik olarak** automatically
otomatikleştirmek e. to automatize
otomatikman be. automatically
otomobil a. car, motorcar, automobile, k. dili auto
otomotiv s. automotive
otonom s. autonomous
otonomi a. autonomy
otopark a. car park, parking lot
otopsi a. autopsy, postmortem
otorite a. authority
otoriter s. authoritarian
otostop a. hitchhiking **otostop yapmak**

to hitchhike, k. dili to hitch

**otostopçu** a. hitchhiker

**otoyol** a. motorway, expressway

**otsu, otsul** s. herbaceous

**oturacak** a. something to sit on, seat

**oturak** a. 1. seat 2. chamber pot 3. foot, stand, bottom

**oturaklı** s. 1. well-settled, foursquare 2. dignified, sober 3. well-chosen, timely

**oturma** a. sitting **oturma odası** living room, sitting room

**oturmak** e. 1. to sit 2. to sit down 3. to live, to reside 4. to fit well

**oturtmak** e. 1. to seat, to sit (sb) down 2. to let dwell 3. to fit well 4. (jewel) to set, to mount 5. to deal (sb a blow)

**oturum** a. 1. session, sitting 2. huk. hearing 3. residence, residing

**otuz** a, s. thirty

**otuzbir** a, kab. wank **otuzbir çekmek** kab. to wank, to play with oneself, Al. to jerk off

**otuzbirci** a, kab. wanker

**ova** a. plain, lowland, savanna

**oval** s. oval

**ovalamak** e. 1. to break up, to crumble (sth) with one's fingers 2. to massage, to knead

**ovmak** a. to rub (with the hand), to massage, to knead, to scrub, to wipe

**ovuşturmak** e. to rub (against each other), to massage

**oy** a. 1. vote 2. ballot 3. opinion, view **oy çokluğu** by a large majority **oy sandığı** ballot box **oy vermek** to vote, to cast one's vote **oya koymak** to put (sth) to the vote

**oya** a. pinking, embroidery on the edge of a garment

**oyalamak** e. 1. to detain, to put sb off, to gain time 2. to distract (sb's) attention

**oyalanmak** e. 1. to hang about, to dawdle 2. to amuse oneself

**oyalı** s. pinked

**oybirliği** a. unanimity **oybirliği ile** by a unanimous vote

**oylama** a. voting **oylamaya koymak** to put to the vote

**oylamak** e. to put to the vote

**oylum** a. volume

**oyma** a. 1. carving, engraving 2. the engraved design on a plate * s. engraved, carved, cut in, incised

**oymabaskı** a. engraving

**oymacı** a. carver, engraver

**oymacılık** a. the art of carving or engraving

**oymak¹** e. 1. to carve 2. to engrave 3. to scour 4. to scoop out 5. arg. to punish; to beat; to tell off

**oymak²** a. 1. clan 2. boy scout troop

**oymalı** s. carved, engraved

**oynak** s. 1. unreliable, unstable 2. playful, frisky, lively, active 3. flirtatious 4. wobbly * a, anat. joint, articulation

**oynamak** e. 1. to play 2. to dance 3. to fiddle with, to toy with 4. to move, to budge 5. (film, play) to be on 6. to risk

**oynaş** a. sweetheart, lover, paramour

**oynaşmak** e. 1. to play with one another 2. to carry on a love affair

**oynatmak** e. 1. to cause to play/dance, etc. 2. to move 3. to exhibit, to release, to show (a film, etc.) 4. to dislocate 5. k. dili to go off one's head, to go mad, to flip

**oysa** bağ. 1. but, yet, however 2. whereas 3. though

**oysa, oysaki** bağ. 1. but, yet, however 2. whereas 3. though

**oyuk** a. cavity, hollow place, hole * s. hollowed out

**oyum** a. excavation, digging out

**oyun** a. 1. game 2. play, performance 3. dance 4. trick, ruse **oyun etmek/oynamak** to play a trick on, to deceive **oyun havası** belly dance music **oyun kâğıdı** playing card(s) **oyuna gelmek** to be deceived

**oyunbaz** s. playful, frisky

**oyunbozan** a. 1. killjoy, spoilsport, wet blanket 2. double-crosser

**oyunbozanlık** a. being a spoilsport **oyunbozanlık etmek** to be a killjoy/wet blanket/spoilsport

**oyuncak** a. 1. toy, plaything 2. cinch, child's play 3. laughingstock, plaything

**oyuncakçı** a. toy maker, toy seller **oyun-**

cakçı dükkânı toyshop, toy store
oyuncu *a.* 1. player 2. actor, actress 3. trickster * *s.* 1. playful, frolicsome 2. tricky
oyunlaştırmak *e.* to dramatize
ozalit *a.* blueprint
ozan *a.* poet
ozon *a.* ozone **ozon tabakası** ozone layer

# Ö

Ö, ö *a.* the nineteenth letter of the Turkish alphabet
öbek *a.* group, mass, heap, pile **öbek öbek** in groups
öbür *s.* 1. the other 2. the next **öbür dünya** the other world **öbür gün** the day after tomorrow
öbürleri *adl.* the other ones
öbürü *adl.* the other one
öbürü, öbürkü *adl.* the other one
öcü *a, k. dili* ogre, bogeyman
öç *a.* revenge **öç almak** to take revenge on **öcünü almak** to revenge, to avenge
öd *a.* gall, bile **ödü kopmak/patlamak** to be scared to death **ödünü koparmak/patlatmak** to frighten *sb* out of his wits, to scare *sb* to death
ödağacı *a.* aloes-wood tree
**ödem** *a, hek.* oedema
ödeme *a.* payment **ödeme emri** order of payment **ödeme gücü** solvency
ödemek *e.* 1. to pay 2. to indemnify
ödemeli *s.* cash on-delivery, C. O. D.
ödenek *a.* appropriation(s) **ödenek ayırmak** to appropriate funds (for)
ödenti *a.* dues, monthly contribution, subscription
ödeşmek *e.* to settle accounts (with one another)
ödev *a.* 1. duty, obligation 2. homework
ödevbilgisi *a.* deontology
ödkesesi *a.* gallbladder
ödlek *s.* cowardly, *arg.* yellow, yellow-bellied
ödül *a.* reward, prize **ödül kazanmak** to win a prize

ödüllendirmek *e.* to reward, to award a prize
ödün *a.* compensation, concession **ödün vermek** to make concessions
ödünç *s.* loaned, lent, borrowed * *a.* loan **ödünç alan** borrower **ödünç almak** to borrow **ödünç veren** lender **ödünç vermek** to lend
ödünlemek *e.* to compensate
öfke *a.* anger, rage
öfkelendirmek *e.* to infuriate, to enrage, to anger
öfkelenmek *e.* to get angry, to lose one's temper
öfkeli *s.* furious, angry, mad
öğütlemek *e.* to advise, to counsel
öğe *a.* element
öğle *a.* noon, midday **öğle üstü** around noon **öğle yemeği** lunch **öğle yemeği yemek** to have lunch, to lunch **öğleden önce** in the forenoon **öğleden sonra** in the afternoon
öğlen *a.* 1. meridian 2. *k. dili* noon, midday * *be, k. dili* at noon
öğlenci *a.* afternoon student
öğlende *be.* at noon
öğlende, öğleyin *be.* at noon
öğleyin *be.* at noon
öğrenci *a.* student; pupil **öğrenci derneği** students' union
öğrencilik *a.* being a student
öğrenim *a.* education **öğrenim görmek** to receive education
öğrenimli *s.* educated
öğrenimsiz *s.* uneducated
öğrenmek *e.* 1. to learn 2. to find out
öğreti *a.* doctrine, teaching
öğretici *s.* instructive, educational, didactic
öğretim *a.* instruction, education **öğretim bilgisi** pedagogy, pedagogics **öğretim görevlisi** lecturer **öğretim izlencesi/programı** curriculum **öğretim üyesi** professor, assistant professor, lecturer **öğretim yılı** school year
öğretmek *e.* to teach
öğretmen *a.* teacher; instructor; tutor **öğretmen okulu** teacher's training school

öğretmenlik *a.* teaching; profession/duties of a teacher
öğün *a.* meal
öğürmek *e.* 1. to retch 2. to bellow
öğürtü *a.* 1. retching sound 2. bellow
öğüt *a.* advice, counsel **öğüt vermek** to advise, to give advice
öğütçü *a.* adviser, counselor
öğütlemek *e.* to advise, to counsel
öğütmek *e.* 1. to grind 2. to digest
ökçe *a.* heel (of a shoe or boot)
ökçeli *s.* heeled
ökçesiz *s.* heelless
öke *a.* genius
ökse *a.* birdlime
ökseotu *a, bitk.* mistletoe
öksü *a.* firebrand, half-burnt piece of wood
öksürmek *e.* to cough
öksürük *a.* cough, coughing **öksürük şurubu** cough syrup
öksüz *s.* 1. motherless 2. without relations/friends * *a.* orphan, motherless child **öksüz bırakmak** to orphan **öksüz kalmak** to be orphaned **öksüzler yurdu** orphanage
öksüzlük *a.* orphanhood
öküz *a.* 1. ox 2. *kab.* oaf, lout, jerk, yahoo **öküz gibi bakmak** to gawk, to gawp
öküzbalığı *a, hayb.* walrus
öküzgözü *a, bitk.* arnica
ölçek *a.* 1. corn measure (9 kg.) 2. *mat.* measure 3. *coğ.* scale
ölçmek *e.* 1. to measure 2. to consider, to weigh **ölçüp biçmek** to consider carefully
ölçü *a.* 1. measurement, measuring, measure 2. unit of measurement 3. size 4. moderation **ölçüsünü almak** to take the measurements of **ölçüyü kaçırmak** to pass the limit, to overdo
ölçülü *s.* 1. measured 2. temperate, moderate
ölçülülük *a.* moderation
ölçüm *a.* measure, measurement
ölçümlemek *e.* 1. to reason 2. to value
ölçüsüz *s.* 1. unmeasured 2. measureless, incalculable 3. immoderate, inordinate

ölçüt *a.* criterion
öldüresiye *be.* savagely, murderously, violently, ruthlessly, to death
öldürmek *e.* 1. to kill 2. to murder
öldürücü *s.* deadly
ölesiye *be.* to death, madly, badly
ölgün *s.* withered, shrivelled
ölmek *e.* 1. to die 2. to fade 3. to wither
ölmez *s.* 1. undying, eternal, immortal 2. everlasting
ölmezlik *a.* immortality
ölmüş *s.* 1. dead 2. faded, withered * *a.* dead person
ölü *s.* 1. dead 2. faded, withered * *a.* corpse, (dead) body
ölüm *a.* death **ölüm cezası** capital punishment, death penalty **ölüm döşeğinde olmak** to be on one's deathbed **ölüm kalım meselesi** a matter of life and death **ölümü göze almak** to risk one's life **ölümüne koşmak/susamak** to run into the jaws of death
ölümcül *s.* 1. mortal, fatal 2. deadly
ölümlü *s.* mortal
ölümlülük *a.* mortality
ölümsüz *s.* 1. immortal 2. deathless, unforgettable
ölümsüzleştirmek *e.* to immortalize
ölümsüzlük *a.* immortality
ömür *a.* life, life-span **ömür boyu** lifelong; in one's lifetime **ömür boyu hapis** life imprisonment, life sentence **ömür çürütmek** to waste one's life **ömrü vefa etmemek** not to live long enough to
ömürlü *s.* long-lived
ömürsüz *s.* short-lived, ephemeral
ön *a.* 1. front 2. foreground 3. face 4. breast, chest 5. the future * *s.* 1. front, foremost 2. prior 3. preparatory, preliminary 4. anterior, frontal **ön ayak olmak** to pioneer, to lead **önde** ahead **önde gelmek** to be in the most important place **önden** from the front **önden çekişli** (car) front-wheel drive **öne** to the front **öne geçmek** to go to the fore **öne sürmek** to put forward, to bring forward **önü alınmak** to be prevented **önünde** in front of **önüne düşmek** to show *sb* the way **önüne gelen** anyone, every-

body **önünü kesmek** to waylay
**önalım** *a.* preemption **önalım hakkı** right of preemption
**önbelirti** *a. hek.* prodrome, early symptom
**önbilgi** *a.* introductory information, first principles
**önce** *be.* 1. first, at first, firstly 2. before 3. ago
**önceden** *be.* 1. at first, in the beginning 2. beforehand
**önceki** *s.* preceding, former, ex
**öncel** *a.* predecessor
**öncelik** *a.* precedence, priority
**öncelikle** *be.* first, taking precedence
**öncü** *a.* 1. avant-gardist 2. pioneer 3. *ask.* vanguard
**öncül** *a, man.* premise, premiss
**öncülük** *a.* pioneering, leadership **öncülük etmek** to pioneer
**öndelik** *a.* money paid in advance, advance
**önder** *a.* leader, chief
**önderlik** *a.* leadership
**öndeyiş** *a.* prologue
**önek** *a, dilb.* prefix
**önem** *a.* importance **önem vermek** to attach importance
**önemli** *s.* 1. important 2. considerable **önemli değil** not at all
**önemsemek** *e.* to consider (sth/sb) important
**önemsiz** *a.* unimportant
**önemsizlik** *s.* unimportance
**önerge** *a.* proposal, motion **önerge vermek** to make a motion
**öneri** *a.* suggestion, proposal **öneride bulunmak** to propose
**önerme** *a.* 1. proposing, suggesting 2. *man.* proposition, premise
**önermek** *e.* 1. to propose, to suggest 2. to recommend
**öngörmek** *e.* 1. to anticipate 2. to suggest, to put forward 3. to foresee
**öngörü** *a.* foresight, prudence
**öngörülü** *s.* prudent, farsighted
**öngün** *a.* the day before, the eve
**önkol** *a, anat.* forearm
**önlem** *a.* precaution, measure, disposi-

tion **önlem almak** to take measures/precautions
**önlemek** *e.* to prevent, to prohibit, to stop
**önleyici** *s.* preventive, restrictive, deterrent
**önlük** *a.* apron; pinafore
**önseçim** *a.* primary election
**önsel** *s.* a priori
**önsezi** *a.* presentiment, premonition
**önsöz** *a.* foreword, preface, introduction
**öntasım** *a, fel.* presupposition
**önümüzdeki** next
**önyargı** *a.* prejudice
**önyargılı** *s.* prejudiced
**önyargısız** *s.* unprejudiced
**önyüzbaşı** *a, ask.* senior captain
**öpmek** *e.* to kiss
**öpücük** *a.* kiss
**öpüşmek** *e.* to kiss (each other)
**ördek** *a,* 1. *hayb.* duck 2. urinal, bedpan
**ördekbalığı** *a, hayb.* stripped wrasse
**ördekbaşı** *s.* greenish blue, duck-head green
**ördekgagası** *s.* light orange colour
**öreke** *a.* distaff
**ören** *a.* ruin
**örf** *a.* common usage, custom **örf ve âdet** custom and usage
**örge** *a.* motif
**örgen** *a, anat, biy.* organ
**örgensel** *s.* organic
**örgü** *a.* 1. knitting, knit 2. plait, braid 3. tress of hair 4. *biy.* plexus **örgü örmek** to knit
**örgüt** *a.* organization, association
**örgütçü** *a.* organizer
**örgütlemek** *e.* to organize
**örgütlendirmek** *e.* to organize
**örgütlenmek** *e.* to be/become organized
**örgütlü** *s.* organized
**örgütsel** *s.* organizational
**örgütsüz** *s.* unorganized, disorganized
**örme** *a.* 1. knitting 2. plaiting 3. darning * *s.* 1. knitted 2. plaited 3. darned
**örmek** *e.* 1. to knit 2. to darn 3. to braid, to plait 4. to weave 5. to build (a wall) 6. to lay, to bond (bricks, etc.)
**örneğin** *be.* for example/instance
**örnek** *a.* 1. specimen, sample 2. model,

type, pattern 3. copy 4. example \* *s.* exemplary; typical **örnek almak** to take sb/sth as one's model **örnek olmak** to be a model/sample, to set an example

**örneklemek, örneklendirmek** *e.* to give an example of, to illustrate

**örneklik** *s.* sample

**örnekseme** *a.* analogy

**örneksemek** *e.* to take as an example

**örs** *a.* anvil

**örselemek** *e.* 1. to rumple 2. to spoil 3. to handle roughly 4. to wear out 5. to weaken

**örskemiği** *a, anat.* incus, anvil

**örtbas** *a.* hushing up **örtbas etmek** to hush up, to suppress, to conceal

**örtmece** *a.* euphemism

**örtmek** *e.* 1. to cover 2. to conceal 3. to shut, to close

**örtü** *a.* 1. cloth, cover, wrap 2. roof

**örtük** *s.* covered

**örtülme** *a.* 1. being covered 2. *gökb.* eclipse

**örtülü** *s.* 1. covered 2. shut, closed

**örtülü** *s.* 1. covered, veiled 2. shut, closed 3. concealed, hushed up **örtülü ödenek** discretionary fund

**örtünmek** *e.* 1. to cover oneself 2. to veil oneself

**örümcek** *a, hayb.* 1. spider 2. cobweb **örümcek ağı** spider's web, cobweb **örümcek bağlamak** a) to get covered with cobwebs b) to lie unused **örümcek kafalı** *k. dili* old-fashioned, square

**örümcekkuşu** *a, hayb.* shrike

**örümcekli** *s.* covered with cobwebs

**örümceksi** *s, anat.* arachnoid **örümceksi zar** arachnoid, arachnoid membrane

**östaki borusu** *a, anat.* Eustachian tube

**öte** *a.* 1. the further/other side 2. the rest, the other \* *s.* farther, further, beyond **öte yandan** at the same time, on the other hand **ötede** over there **ötede beride** here and there **öteden** from the other side **öteden beri** for a long time **ötesin(d)e** beyond **öteye** further on, yonder, to the other side **öteye beriye** here and there

**öteberi** *a.* this and that, various things

**öteki** *s.* the other \* *a.* 1. the other one 2. the one over there **öteki beriki** anybody and everybody

**öteleme, ötelenme** *a, fiz.* transition

**ötleğen** *a, hayb.* whitethroat; warbler

**ötmek** *e.* 1. (birds) to sing, to chirp 2. (cock) to crow 3. to resound, to echo 4. (bell) to ring 5. *arg.* to talk foolishly 6. *arg.* to squeal, to squeak

**öttürmek** *e.* 1. to cause to sing 2. (whistle, etc.) to blow

**ötücü** *s.* singing well **ötücü kuş** songbird, singing bird

**ötürü** *ilg.* because of, on account of

**ötüşmek** *e.* (birds) to chirp, to chirrup

**övendire** *a.* goad

**övgü** *a.* praise, panegyric

**övmek** *e.* to praise, to commend

**övünce** *a.* source of pride

**övünç** *a.* pride, self-respect, sense of success

**övünmek** *e.* 1. to take pride in, to be proud of 2. to praise oneself, to boast **övünmek gibi olmasın** I don't mean to boast, but ...

**öykü** *a.* (short) story

**öykücü** *a.* 1. story writer 2. story teller

**öyküleme** *e, sin.* narration

**öykünmek** *e.* to imitate, to copy

**öyküsel** *s.* narrative, story-like

**öyle** *s, be.* 1. such 2. so 3. that **öyle ... ki** such ... that **Öyle mi** Is that so? **Öyle olsun** So be it. **öyle ya** of course **Öyle yağma yok** Not on your life!

**öylece** *be.* just so, just in that way, that way

**öylesi** *be.* such, the like

**öylesine** *be.* in such manner

**öyleyse** *be.* if so, then

**öz** *a.* 1. self 2. essence, kernel, pith \* *s.* 1. own 2. essential, main 3. real, genuine **öz anne** one's own mother **öz kardeş** full brother/sister **öz Türkçe** pure Turkish

**özbeöz** *s, k. dili* real, true, german

**özdek** *a.* 1. substance, matter 2. *fel.* material 3. goods, merchandise

**özdekçilik** *a, fel.* materialism

**özdeksel** *s.* material

özden *a, anat.* thymus, thymus gland
özdenlik *s.* aseity
özdeş *s.* same, identical
özdeşleme *a.* identification
özdeşlemek *e.* to make identical, to identify
özdeşleşmek *e.* to become identical, to identify
özdeşlik *a.* identity
özdevim *a.* automation
özdevinim *a.* automatism
özdeyiş *a.* epigram, aphorism
özdışı *s, fel.* extrinsic
özdirenç *a, fiz.* resistivity
öze *s.* peculiar to, proper to
özek *a.* centre
özekdoku *a, biy.* parenchyma
özel *s.* 1. private 2. personal 3. special 4. particular 5. specific 6. distinctive **özel ad/isim** proper noun **özel ders** private lesson **özel dedektif** private detective **özel girişim** private enterprise **özel girişimci** private contractor **özel girişimcilik** private enterprise **özel hayat** private life **özel mülkiyet** private property **özel okul** private school **özel sekreter** private secretary **özel sektör/kesim** private sector **özel ulak** express delivery
özeleştiri *a.* self-criticism
özelik *a, fel.* property, attribute
özelleştirmek *e.* to make personal/private
özellik *a.* (special) feature, peculiarity, characteristic, attribute, property
özellikle *be.* 1. particularly, specially 2. in particular 3. especially
özen *a.* care, attention, pains **özen göstermek** to take pains **özene bezene** painstakingly
özendirmek *e.* 1. to encourage 2. to support
özenli *s.* painstaking, careful
özenmek *e.* 1. to take pains, to try hard 2. to imitate, to ape
özensiz *s.* carelessly done, slipshod
özenti *a.* affectation, emulation * *s.* affected
özerk *s.* autonomous

özerklik *a.* autonomy
özet *a.* summary
özetlemek *e.* to summarize
özezer *a, ruhb.* masochist * *s.* masochistic
özezerlik *a, ruhb.* masochism
özge *s.* 1. other, another 2. different, uncommon
özgeci *a.* altruist
özgecil *s.* altruistic, unselfish
özgecilik *a.* altruism
özgeçmiş *a.* autobiography, curriculum vitae
özgü *s.* peculiar, particular, special (to)
özgül *s.* specific **özgül ağırlık** specific gravity
özgüllük *a.* specificity
özgün *s.* 1. original 2. authentic, genuine
özgünlük *a.* originality
özgür *s.* free
özgürce *be.* freely
özgürleşmek *e.* to become free
özgürleştirmek *e.* to free
özgürlük *a.* freedom, liberty
özgürlükçü *s.* liberalistic
özgüven *a.* self-confidence
özlem *a.* 1. yearning, longing 2. aspiration, ardent, desire
özlemek *e.* 1. to miss 2. to long for 3. to wish for 4. to yearn for
özleşmek *e.* to be purified
özleştirmek *e.* to purify
özlü *s.* 1. pulpy, pithy, dense 2. deep, sincere, genuine 3. concise, pithy, terse
özlük *a.* 1. true nature, essential character 2. employee **özlük işleri** personnel affairs
özne *a.* subject
öznel *s.* subjective
öznelcilik *a, fel.* subjectivism
öznellik *a.* subjectivity
özsaygı *a.* self-respect
özseverlik *a.* narcissism
özsu *a.* 1. *biy.* juice 2. *bitk.* sap
özümleme, özümseme *a.* 1. assimilation 2. internalisation
özümlemek, özümsemek *e.* to assimilate
özünlü *s, fel.* intrinsic

**özür** *a.* 1. excuse, apology, pardon 2. defect 3. handicap **özür dilemek** to apologize **Özürü kabahatinden büyük** His excuse is worse than his fault.

**özürlü** *s.* 1. having an excuse 2. defective 3. (person) handicapped

**özürsüz** *s.* 1. without excuse 2. faultless

**özveren** *s.* self-sacrifying, self-denying

**özveri** *a.* self-sacrifice, self-denial

**özverili** *s.* self-sacrificing, self-denying

**özyapı** *a.* character, nature

**özyaşamöyküsü** *a.* autobiography

# P

**P, p** *a.* the twentieth letter of the Turkish alphabet

**pabuç** *a.* shoe **pabuç bırakmamak** not to be discouraged by **pabucu dama atılmak** to fall into discredit

**paça** *a.* 1. lower part of the trouser leg 2. (lamb's/sheep's) trotters 3. dish made from trotters **paçaları sıvamak** to gird up one's loins **paçaları tutuşmak** to be in a stew **paçasını kurtarmak** to evade, to elude **paçayı kurtarmak** to save one's skin

**paçavra** *a.* rag **paçavraya çevirmek** to make a mess of, to botch

**paçoz** *a.* 1. *arg.* prostitute 2. *hayb.* grey mullet

**padişah** *a.* (Ottoman) ruler, sultan

**padişahlık** *a.* 1. sultanate 2. reign

**pafta** *a.* section of a large map

**pagan** *a.* pagan

**paganizm** *a.* paganism

**paha** *a.* 1. price 2. value **paha biçilmez** priceless **paha biçmek** to estimate a price

**pahalanmak** *e.* to become more expensive

**pahalanmak, pahalılaşmak** *e.* to become more expensive

**pahalı** *s.* expensive, costly, dear

**pahalılık** *a.* expensiveness, costliness

**pak** *s.* clean

**paket** *a.* 1. package, parcel 2. pack, packet **paket etmek** to parcel up, to package

**paketlemek** *e.* to package, to wrap up

**paklamak** *e.* to clean

**pakt** *a.* pact, treaty

**pala** *a.* scimitar

**palabıyık** *a.* long thick and curved moustache

**palamar** *a, den.* hawser

**palamut** *a.* 1. *hayb.* bonito; tunny 2. *bitk.* valonia oak 3. *bitk.* acorn

**palan** *a.* broad soft saddle without a frame

**palanga** *a.* pulley, block and tackle

**palas pandıras** *be.* abruptly, suddenly, helter-skelter

**palaska** *a.* cartridge belt

**palavra** *a, arg.* whopper, bunk, baloney, humbug **palavra atmak** to shoot the bull, to swagger

**palavracı** *a.* braggart, boaster, blowhard

**palaz** *a, hayb.* duckling, gosling

**palazlanmak** *e.* 1. to grow fat 2. (child) to grow up 3. to get rich

**paldır küldür** *be.* headlong, pell-mell

**palet** *a.* 1. palette 2. *den.* flippers 3. caterpillar tread

**palladyum** *a, kim.* palladium

**palmiye** *a, bitk.* palm, palm tree

**palto** *a.* overcoat

**palyaço** *a.* clown, buffoon

**pamuk** *a.* 1. cotton 2. cottonwool **pamuk gibi** very soft

**pamukaki** *a.* cotton embroidery yarn

**pamukçuk** *a, hek.* thrush

**pamuklu** *s.* cotton, made of cotton

**pamuktaş** *a.* travertine

**pamukyağı** *a.* cottonseed oil

**panayır** *a.* fair, market

**pancar** *a, bitk.* beet, beetroot

**pancur** *a, bkz.* **panjur**

**pandantif** *a.* pendant (attached to a necklace)

**pandispanya** *a.* sponge cake

**pandomima** *a.* pantomime

**panel** *a.* 1. panel 2. panel discussion

**panik** *a.* panic **panik yaratmak** to cause a panic **paniğe kapılmak** to panic

**panjur** *a.* (slatted) shutter

**pankart** *a.* placard, poster

**pankreas** *a.* pancreas

**pano** *a.* 1. panel 2. notice board 3. dashboard

**panorama** *a.* panorama

**pansiyon** *a.* pension, boarding house, lodgings, digs

**pansiyoncu** *a.* boarding house keeper

**pansiyoner** *a.* boarder, lodger

**pansuman** *a.* dressing (a wound); bandage, tourniquet **pansuman yapmak** to dress (a wound)

**panteist** *s.* pantheistic

**panteizm** *a.* pantheism

**panter** *a., hayb.* panther

**pantolon** *a.* trousers, *Al.* pants

**pantufla** *a.* felt slippers

**panzehir** *a.* antidote

**papa** *a.* Pope

**papağan** *a., hayb.* parrot

**papalık** *a.* Papacy

**papara** *a.* 1. dish of dry bread and broth 2. scolding **papara yemek** to be told of, to get a rocket

**papatya** *a., bitk.* daisy, camomile **papatya çayı** camomile tea

**papaz** *a.* 1. priest 2. *isk.* king **papaza dönmek** (one's hair) to be too long and untidy **papaza kızıp oruç/perhiz bozmak** to cut off one's nose to spite one's face

**papazkaçtı** *a.* a card game

**papazlık** *a.* priesthood

**papazyahnisi** *a.* a mutton stew

**papel** *a., arg.* banknote

**papirüs** *a.* 1. papyrus 2. *bitk.* the papyrus plant

**papyon** *a.* bow-tie

**para** *a.* money **para babası** moneybags **para basmak** to mint **para biriktirmek** to save money **para birimi** monetary unit **para bozdurmak** to change money **para cezası** fine, penalty **para cüzdanı** wallet, purse **para çekmek** to draw money **para çantası** purse **para çıkarmak** to issue money **para çıkışmamak** (money) not to suffice **para darlığı** deflation **para dökmek** to spend a lot of money **para etmek** a) to be worth b) to tell, to work **para getirmek** to bring in

**para harcamak** to spend money **para havalesi** money order **para ile değil** very cheap **para kazanmak** to earn money **para kesmek** a) to mint b) to rake in money **para kırmak** to rake in money **para saymak** to pay **para sızdırmak** to squeeze money out of *sb* **para tutmak** to save money **para yapmak** to earn money **para yatırmak** to invest **para yedirmek** to bribe **para yemek** a) to play ducks and drakes with money b) to accept a bribe **paranın üstü** change **parasını sokağa atmak** to throw one's money away **Para parayı çeker** Money begets money. **parasını yemek** to live at sb's expense **paraya çevirmek** to cash in **paraya kıymak** to spare no expense **parayı bayılmak/sökülmek** to shell out **parayı denize atmak** to waste money **Parayı veren düdüğü çalar** He who pays the piper calls the tune.

**parabol** *a.* parabola

**parabolik** *s.* parabolic

**paradoks** *a.* paradox

**parafe** *s.* initialled **parafe etmek** to initial

**parafin** *a.* paraffin (wax)

**paragöz** *s.* money-grubbing

**paragraf** *a.* paragraph

**parakete** *a.* 1. multi-hooked fishing line, *Al.* setline 2. *den.* log line

**paralamak** *e.* to tear, to rip up

**paralanmak** *e.* 1. to be torn to pieces 2. to strain every nerve 3. to get money, to become rich

**paralel** *a., s.* parallel

**paralelkenar** *a.* parallelogram

**paralellik** *a.* parallelism

**paralelyüz** *a.* parallelepiped

**paralı** *s.* 1. rich, moneyed 2. fee-paying

**parametre** *e.* parameter

**paramparça** *s.* all in pieces **paramparça etmek** to break to pieces **paramparça olmak** to be broken to pieces

**parankima** *a.* parenchyma

**paranoya** *a.* paranoia

**paranoyak** *a., s.* paranoiac, paranoid

**parantez** *a.* parenthesis, bracket

**parapsikoloji** *a.* parapsychology

parasal *s.* monetary

parasız *s.* 1. without money, penniless, broke 2. free, gratis

parasızlık *a.* 1. lack of money 2. pennilessness, poverty

paraşüt *a.* parachute

paraşütçü *a.* parachutist, parachuter

paratoner *a.* lightning rod/conductor

paravan, paravana *a.* folding screen, screen **paravan şirket** dishonest company, fly-by-night company, *k. dili* bubble company

parazit *a.* 1. *biy.* parasite 2. (radio, TV) static, interference, atmospherics 3. *k. dili* sponger, parasite, cadger

parça *a.* 1. piece 2. bit 3. fragment 4. item 5. *oto.* part 6. *müz.* piece, song 7. *arg.* chick **parça başına** per piece **parça parça** in pieces, in bits **parça parça etmek** to break to pieces **parça parça olmak** to be broken to pieces

parçacı *a.* 1. seller of piece goods 2. seller of spare parts

parçalamak *e.* to break into pieces, to cut into parts

parçalanmak *e.* 1. to break into pieces 2. to wear oneself out

pardon *ünl.* Pardon! Pardon me! I beg your pardon! I'm sorry! Excuse me!

pardösü *a.* light overcoat

parfüm *a.* perfume

parfümeri *a.* perfumery

**parıldamak** *e.* to gleam, to glitter, to twinkle

parıl parıl *be.* brilliantly, glitteringly **parıl parıl parlamak** to shine brightly

parıltı *a.* gleam, glitter, twinkle

parıltılı *s.* gleaming, glittering, sparkling

park *a.* 1. public garden, park 2. parking lot **park etmek** to park

parka *a.* parka

parke *a.* 1. parquet, parquetry 2. cobblestone pavement

parkur *a, sp.* course, track

parlak *s.* 1. bright, brilliant, shining, gleaming 2. radiant, luminous 3. successful

parlaklaşmak *e.* to begin to shine, to gleam, to glisten

parlaklık *a.* 1. brilliance, brightness, shine 2. wonder, brilliance

parlamak *e.* 1. to shine, to brighten (up) 2. to flare, to flare up, to flame up 3. to acquire influence

parlamenter *a.* member of parliament \* *s.* parliamentary

parlamento *a.* parliament

parlatmak *e.* to polish; to shine, to make bright, to brighten (up)

parmak *a.* 1. finger 2. toe **parmak atmak** *arg.* to goose sb **parmak basmak** to draw attention (to) **parmak hesabı** counting on the fingers **parmak ısırtmak** to astonish **parmak izi** fingerprint **parmak izini almak** to fingerprint *sb* **parmak kaldırmak** to raise one's hand **parmakla göstermek** to point at **parmakla gösterilmek** to be pointed at **parmağı olmak** to have a finger in **parmağında oynatmak** to twist *sb* round one's little finger **parmağını bile kıpırdatmamak** not to lift/raise/stir a finger

parmaklık *a.* railing, balustrade, banisters

parodi *a.* parody

parola *a.* password, watchword

pars *a, hayb.* leopard

parsa *a.* money gathered up from a crowd **parsa toplamak** to pass the hat round **parsayı başkası toplamak** somebody else to get the benefit

parsel *a.* plot of land

parsellemek *e.* to subdivide

parşömen *a.* parchment, vellum **parşömen kâğıdı** parchment paper

partal *s.* worn-out, shabby

parti *a.* 1. party 2. (goods) consignment **parti vermek** to give a party **partiyi kaybetmek** to lose the game

partici *a.* partisan

particilik *a.* partisanship

partizan *a.* partisan

partizanlık *a.* partisanship

parttaym *s, be.* part-time

pas[1] *a.* rust, tarnish, corrosion **pas tutmak** to rust

pas[2] *a, sp.* pass **pas vermek** a) *sp.* to pass b) *arg.* to give *sb* the glad eye pasaj a. 1. mim. arcade, precinct 2. yaz. passage

pasak a. dirt, filth

pasaklı s. slovenly, dowdy, tatty, shabby

pasaport a. passport

pasif s. 1. dilb. passive 2. inactive * a, tic. liabilities

paskalya a. 1. Easter 2. Passover, Pasch, Pesach

paslanmak e. 1. to rust 2. mec. to be rusty, to be out of practice

paslanmaz s. noncorrosive, stainless **paslanmaz çelik** stainless steel

paslaşmak e. 1. sp. to pass the ball to each other 2. arg. to give each other the glad eye

paslı s. rusty, tarnished

pasmantarı a. rust fungus

paso a. pass

paspas a. doormat

pasta[1] a. cream-cake, sweet-cake, pastry, tart

pasta[2] a. pleat, fold

pastane a. pastry-shop

pastel a. pastel colours/crayons * s. pastel

pastırma a. preserve of dried meat **pastırma yazı** Indian Summer **pastırmasını çıkarmak** to give a good beating (to)

pastil a. pastille, lozenge

pastörize s. pasteurized

paşa a. 1. pasha 2. general, admiral

patak a, k. dili beating, whacking

pataklamak e, k. dili to tan sb's hide, to give sb a beating/whacking

patates a, bitk. potato **patates kızartması** chips, Al. French fries **patates püresi** mashed potatoes **patates tava** chip(s) İl., French fries Al.

patavatsız s. tactless

paten a. (ice/roller) skate **paten yapmak/kaymak** to skate

patenci a. skater

patent a. patent, patent right

patentli s. patented

patırtı a. 1. clatter, noise 2. tumult, disturbance **patırtı çıkarmak** to kick up a row **patırtıya vermek** to put into confusion

patırtılı s. noisy, tumultuous

patik a. baby shoe, bootee

patika a. footpath, track

patinaj a. 1. ice skating 2. skidding, slipping or spinning (of wheels) **patinaj yapmak** to skid, to slip

patiska a. cambric

patlak a. 1. explosion 2. bursting 3. (tyre) puncture * s. burst **patlak gözlü** goggle-eyed, pop eyed **patlak vermek** to break out

patlama a. 1. explosion, burst 2. sudden expansion

patlamak e. 1. to burst, to explode, to go off 2. to occur suddenly 3. to blurt out

patlatmak e. 1. to blow up; to burst 2. to infuriate 3. to hit

patlayıcı a, s. explosive

patlıcan a, bitk. aubergine, Al. eggplant **patlıcan kebabı** aubergine wrapped around pieces of meat and roasted **patlıcan kızartması** fried aubergines **patlıcan salatası** aubergine purée

patolog a. pathologist

patoloji a. pathology

patolojik s. pathological

patrik a. patriarch

patrikhane a. patriarchate

patron a. 1. employer, boss 2. pattern, model

pattadak, pattadan be. all of a sudden, suddenly

pavurya a. (hermit) crab

pavyon a. 1. night club 2. pavilion

pay a. 1. share, lot, portion 2. equal parts **pay bırakmak** to leave a margin **pay biçmek** to take as an example **pay etmek** to share out **payını almak** to get one's share

payanda a. prop, support

payda a, mat. denominator

paydaş a. 1. partner, sharer 2. shareholder

paydos a. break, rest, recess **paydos etmek** to stop working, to knock off, to call it a day

paye a. rank, position, grade

paylamak e. to scold, to flay, to rebuke

paylaşmak e. to share

**paylaştırmak** *e.* to portion sth out, to deal sth out, to share, to divide, to apportion

**paytak** *s.* knock-kneed, bandylegged

**payton** *a.* phaeton

**pazar** *a.* 1. market, bazaar, marketplace 2. Sunday **pazar kurmak** to set up on open market **pazara çıkarmak** to put on sale

**pazarcı** *a.* seller in a market, stallholder

**pazarlama** *a.* marketing

**pazarlamacı** *a.* marketing expert

**pazarlamak** *e.* to market

**pazarlık** *a.* bargaining **pazarlık etmek** to bargain

**pazartesi** *a.* Monday

**pazaryeri** *a.* marketplace

**pazen** *a.* cotton flannel

**pazı** *a.* 1. *bitk.* chard 2. biceps, muscle

**peçe** *a.* veil

**peçete** *a.* serviette, (table) napkin

**ped** *a.* pad

**pedagog** *a.* 1. pedagogue 2. educationalist, educator

**pedagoji** *a.* pedagogy

**pedal** *a.* pedal

**peder** *a.* father

**pedikür** *a.* pedicure

**pehlivan** *a.* wrestler

**pek**[1] *be.* very much, a lot, quite, fairly, rather, very

**pek**[2] *s.* 1. hard, firm 2. strong, sound 3. rigid, unyielding

**pekâlâ** *be.* all right, okay, good

**peki** *be.* 1. all right, okay 2. well 3. well then

**pekişmek** *e.* 1. to become hard/tight/firm 2. to consolidate

**pekiştirmek** *e.* 1. to stiffen, to harden, to intensify 2. to consolidate

**peklik** *a.* constipation **peklik çekmek** to suffer from constipation

**pekmez** *a.* grape molasses

**peksimet** *a.* hard biscuit, zwieback

**pelerin** *a.* cape

**pelikan** *a. hayb.* pelican

**pelte** *a.* starch pudding

**peltek** *s.* having a lisp **peltek konuşmak** to lisp

**pelteklik** *a.* lisp

**pelteleşmek** *e.* to jelly

**pelür** *a.* onionskin **pelür kâğıdı** onionskin paper

**pelüş** *a.* plush

**pembe** *a, s.* pink

**pembeleşmek** *e.* to turn pink

**pembelik** *a.* rosiness

**pembemsi** *s.* pinkish

**penaltı** *a, sp.* penalty

**pencere** *a.* window

**pençe** *a.* 1. paw, claw 2. (shoe) sole **pençe atmak** to paw, to claw **pençe vurmak** a) to paw, to claw b) to sole (a shoe)

**pençelemek** *e.* 1. to claw, to paw 2. to resole

**pençeleşmek** *e.* to grapple (with), to struggle

**penguen** *a, hayb.* penguin

**peni** *a.* penny, *(çoğulu).* pence

**penis** *a.* penis

**penisilin** *a.* penicillin

**pens** *a.* 1. pliers 2. pleat

**pense** *a.* pliers

**pentatlon** *a, sp.* pentathlon

**pepe** *s.* stammering

**pepelemek** *e.* to stutter, to stammer

**pepelik** *a.* stutter

**pepeme** *s.* stammering * *a.* stammerer

**perakende** *s.* retail **perakende fiyatı** retail price **perakende satın almak** to buy *sth* retail **perakende satmak** to retail

**perakendeci** *a.* retailer

**perçem** *a.* lock of hair, tufts of hair

**perçin** *a.* rivet

**perçinlemek** *e.* to rivet, to clench

**perçinli** *s.* riveted, clenched

**perdah** *a.* polish, glaze, gloss

**perdahlı** *s.* polished

**perdahsız** *s.* unpolished

**perde** *a.* 1. curtain, drape, drapery 2. movie screen, screen 3. *tiy.* act 4. *müz.* pitch 5. *hek.* cataract 6. partition **perde inmek** (eye) to have a cataract **perdeyi kapamak** to draw the curtain

**perdeayaklılar** *a, hayb.* palmipedes

**perdelemek** *e.* 1. to curtain 2. to conceal, to veil

perende *a.* somersault **perende atmak** to turn a somersault

performans *a.* performance

pergel *a.* (pair of) compasses **pergelleri açmak** *k. dili* to take long steps

perhiz *a.* 1. diet 2. abstinence **perhiz yapmak** to diet

perhizli *s.* on a diet

peri *a.* fairy, beautiful jinn **peri gibi** fairy-like **peri masalı** fairy tale

peribacası *a.* (capped) earth pillar, erosion column, chimney rock

periskop *a.* periscope

perişan *s.* 1. miserable, wretched 2. distraught 3. disordered, scattered **perişan etmek** a) to perturb, to ruin b) to scatter **perişan olmak** a) to become miserable, to be wretched b) to be scattered

perişanlık *a.* 1. misery, wretchedness 2. state of disorder

peritonit *a, hek.* peritonitis

periyodik *s.* periodic, periodical

perma, permanant *a.* permanent wave, permanent

permi *a.* 1. permit (for export/import) 2. railroad pass

peroksit *a, kim.* peroxide

peron *a.* platform

personel *a.* personnel, staff

perspektif *a.* perspective

perşembe *a.* Thursday

pertavsız *a.* magnifying glass

peruka *a.* wig

pervane *a.* 1. *hayb.* moth 2. propeller 3. fan blower, fanner 4. *den.* screw

pervasız *s.* fearless, unrestrained

pervasızca *be.* fearlessly

pervaz *a.* border, cornice, fringe, moulding

pes *s.* (voice) low, soft **pes demek** to give in, *Al.* to say uncle **Pes doğrusu** That beats all. **pes etmek** to cry small, to give in

pesimist *a.* pessimist

pesimizm *a.* pessimism

pespaye *s.* vulgar, common

pespembe *s.* rose-pink

pestil *a.* dried layers of fruit pulp **pestile**

çevirmek to tire out **pestili çıkmak** to be tired out **pestilini çıkarmak** a) to beat *sb* to a jelly b) to tire out, to exhaust

peş *a.* space behind, the back, the rear **peş peşe** one after the other **peşi sıra** behind him, following him **peşinde** in pursuit of **peşinde dolaşmak** to go around with *sb* **peşinde koşmak** to run after **peşinden gitmek** to go after **peşine düşmek** to pursue **peşine takılmak** to tail after **peşini bırakmak** to stop following

peşin *s, be.* 1. beforehand, in advance 2. before, earlier 3. in the first place **peşin almak** to buy for cash **peşin fiyatı** cash price **peşin hüküm** prejudice **peşin para** cash, ready money **peşin satış** cash sale **peşin söylemek** to tell in advance **peşin yargı** prejudice

peşinat *a.* advance payment

peşinden after

peşinen *be.* in advance, beforehand

peşkir *a.* 1. napkin 2. towel

peşrev *a.* overture, prelude

peştemal *a.* cloth worn around the waist

petek *a.* honeycomb

petrol *a.* petroleum, oil **petrol boru hattı** pipeline **petrol bulmak** to strike oil **petrol kuyusu** oil well **petrol rafinerisi** oil refinery **petrol tankeri** oil tanker

petunya *a, bitk.* petunia

pey *a.* earnest money, deposit **pey akçesi** earnest money, deposit **pey sürmek** to make a bid

peyda *s.* manifest, visible **peyda etmek** to beget, to create **peyda olmak** to appear, to spring up

peydahlamak *e.* to have (a child) illegitimately

peygamber *a.* prophet

peygamberdevesi *a, hayb.* praying mantis

peygamberlik *a.* prophethood, prophecy

peyk *a.* satellite

peylemek *e.* to book, to engage

peynir *a.* cheese

peynirli *s.* containing cheese

peyzaj *a.* landscape

**pezevenk** *a, kab.* 1. pimp 2. bastard, scoundrel, son of a bitch
**pezevenklik** *a.* procuring, pimping **pezevenklik etmek** to pimp, to procure
**pıhtı** *a.* clot, coagulum, coagulate
**pıhtılaşmak** *e.* to clot, to coagulate
**pılı pırtı** *a.* 1. junk, traps 2. belongings
**pınar** *a.* spring
**pır** *a.* whirring, whizzing
**pır pır** *be.* whirring **pır pır etmek** *e.* to whir
**pırasa** *a, bitk.* leek
**pırıl pırıl** *be.* brightly, glitteringly * *s.* 1. bright, gleaming, glittering, glistening 2. spick-and-span, spotlessly clean and shining
**pırıldak** *a.* dark lantern, signal lantern
**pırıldamak** *e.* to glitter, to gleam, to glisten
**pırıltı** *a.* glitter, gleam
**pırlamak** *e.* 1. (bird) to flutter 2. to take to one's heels
**pırlanta** *a.* brilliant
**pırtlık** *s.* bulging
**pısırık** *s.* shy, diffident
**pısırıklık** *a.* diffidence
**pıtırdamak** *e.* to crackle, to patter
**pıtırtı** *a.* tapping, patter
**piç** *a.* 1. bastard 2. brat, bratty child 3. offshoot, sucker **piç kurusu** brat, devil, urchin
**pide** *a.* round and flat bread, pitta bread
**pijama** *a.* pajamas, pyjamas
**pik** *a.* cast iron
**pikap** *a.* 1. pickup, small van/truck 2. *müz.* record player, turntable
**pike**[1] *a.* nose dive **pike yapmak** to nose-dive
**pike**[2] *a.* piqué, quilting
**piknik** *a.* picnic **piknik yapmak** to picnic
**pil** *a.* battery; cell; pile
**pilaki** *a.* cold white beans vinaigrette
**pilav** *a.* pilau, pilaf, pilaff, rice (cooked in butter)
**piliç** *a.* chicken, chick
**pilot** *a.* pilot
**pineklemek** *e.* to doze, to slumber
**pingpong** *a.* table tennis, ping-pong
**pinpon** *a, k. dili* 1. table tennis, ping-pong 2. geezer, codger, gaffer
**pinti** *s.* miserly, stingy, tight, penny-pinching
**pintileşmek** *e.* to become stingy
**pintilik** *a.* miserliness, stinginess
**pipo** *a.* (tobacco) pipe **pipo içmek** to smoke a pipe
**pir** *a.* patron saint, founder of an order
**piramit** *a.* pyramid
**pire** *a.* flea **pire gibi** very agile **pire için yorgan yakmak** to cut off one's nose to spite one's face **pireyi deve yapmak** to make a mountain out of a molehill
**pirelenmek** *e.* 1. to be infested with fleas 2. to be suspicious and restless, to smell a rat
**pirinç** *a.* 1. rice 2. *bitk.* rice plant 3. brass
**pirit** *a.* (iron) pyrites
**piroksen** *a.* pyroxene
**pirüpak** *s.* spotlessly clean, immaculate
**pirzola** *a.* lamb chops
**pis** *s.* 1. dirty, filthy, unclean, foul 2. foul, obscene 3. abominable, foul, nasty, disgusting **pis pis bakmak** to leer (at) **pis pis gülmek** to grin, to chuckle **pisi pisine** for nothing, in vain
**pisboğaz** *s.* greedy, gluttonous
**pisi** *a. ç. dili* pussycat, pussy, kitty, puss
**pisibalığı** *a, hayb.* plaice
**piskopos** *a.* bishop
**pislemek** *e.* to dirty, to soil
**pislenmek** *e.* to get dirty
**pisletmek** *e.* to make dirty
**pislik** *a.* 1. dirt, filth 2. dirtiness, filthiness 3. obscenity 4. *k. dili* dirty trick 5. nastiness 6. excrement, *arg.* shit
**pist** *a.* 1. running track 2. runway 3. dance-floor
**piston** *a.* 1. piston 2. backing, influence, pull
**pişik** *a.* nappy/heat rash, *Aİ.* diaper rash
**pişirmek** *e.* 1. to cook 2. to irritate the skin 3. to mature, to ripen
**pişkin** *s.* 1. well-cooked, well-done 2. experienced, hardened 3. brazen, brazen-faced
**pişkinlik** *a.* 1. being well-cooked 2. experience, maturity
**pişman** *s.* regretful, sorry **pişman etmek**

to make *sb* feel sorry **pişman olmak** to repent, to feel sorry

**pişmanlık** *a.* regret, penitence

**pişmek** *e.* 1. to be cooked, to cook 2. to ripen, to mature 3. to acquire experience **pişmiş aşa su katmak** to upset the apple-cart **pişmiş kelle gibi sırıtmak** to grin like a Cheshire cat

**pişti** *a.* a card game

**piton** *a, hayb.* python

**pitoresk** *s.* picturesque

**piyade** *a.* foot soldier, infantryman

**piyango** *a.* lottery **piyango bileti** lottery ticket **piyango çıkmak** to win a lottery

**piyanist** *a.* pianist

**piyano** *a.* piano

**piyasa** *a.* market **piyasaya çıkarmak** to put on the market **piyasaya çıkmak** a) to come on the market b) to show oneself, to appear **piyasa fiyatı** market price **piyasaya sürmek** to throw on the market

**piyaz** *a.* haricot bean salad

**piyes** *a, tiy.* play

**piyon** *a.* (in chess) pawn

**piyore** *a, hek.* pyorrhea

**pizza** *a.* pizza

**pizzacı** *a.* pizzeria, pizza parlour

**plaj** *a.* beach

**plak** *a, müz.* record, disc, *Al.* disk

**plaka** *a.* 1. numberplate, registration plate, *Al.* license plate 2. (metal) plaque, tablet **plaka numarası** registration number

**plaket** *a.* plate, plaque

**plan** *a.* plan, scheme, project **plan kurmak** to plan **plan yapmak** to make a plan

**plankton** *a, hayb.* plankton

**planlama** *a.* planning

**planlamak** *e.* to plan

**planlı** *s.* planned

**planör** *a.* glider

**plantasyon** *a.* plantation

**plaster** *a.* sticking-plaster, plaster, bandaid

**plastik** *a, s.* plastic **plastik ameliyat** plastic surgery **plastik sanatlar** the plastic arts

**platform** *a.* platform

**platin** *a, kim.* platinum

**plato** *a.* 1. plateau 2. *sin.* set

**platonik** *s.* platonic

**plazma** *a, biy.* plasma

**plebisit** *a.* plebiscite

**pli** *a.* pleat

**plutokrasi** *a.* plutocracy

**plutonyum** *a, kim.* plutonium

**Plüton** *a.* Pluto

**podyum** *a.* podium, dais

**pofur pofur** *be.* in great puffs

**pofurdamak** *e.* to puff, to snort

**poğaça** *a.* pastry with meat/cheese filling

**pohpoh** *a.* flattery

**pohpohçu** *a.* flatterer

**pohpohlamak** *e.* to flatter

**poker** *a.* poker

**polarma** *a.* polarization

**polarmak** *e.* to polarize

**polemik** *a.* polemic, polemics

**polen** *a.* pollen

**poligami** *a.* polygamy

**poligon** *a.* 1. polygon 2. *ask.* gunnery range, artillery range

**poliklinik** *a.* clinic for outpatients, policlinic

**polip** *a.* 1. *hayb.* polyp 2. *hek.* polypus

**polis** *a.* 1. (the) police 2. policeman **polis memuru** constable, police constable

**polisiye** *s.* detective **polisiye film** detective film **polisiye roman** detective novel

**politeizm** *a.* polytheism

**politik** *s.* political

**politika** *a.* 1. politics 2. policy **politikaya atılmak** to go into politics

**politikacı** *a.* politician

**poliüretan** *a.* polyurethane

**poliyester** *a.* polyester

**polka** *a.* polka

**polo** *a, sp.* polo

**polyester** *a.* polyester

**pomat** *a.* pomade

**pompa** *a.* pump

**pompalamak** *e.* to pump

**ponpon** *a.* pompom; powder puff

**ponza(taşı)** *a.* pumice

**pop** *a.* pop **pop müzik** pop music

**poplin** *a.* poplin

**popo** *a, k. dili* buttocks, bottom, bum
**popüler** *s.* popular
**porfir** *a, yerb.* porphyry
**porno** *a, k. dili* pornography **porno film** blue film, porno film
**pornografi** *a.* pornography
**porselen** *a.* porcelain, china
**porsiyon** *a.* a dish of food, helping, portion, serving
**porsuk** *a, hayb.* badger
**porsumak** *e.* to shrivel up, to wizen
**portakal** *a.* orange
**portakalrengi** *a, s.* orange (colour)
**portatif** *s.* portable, movable
**porte** *a, müz.* stave
**portföy** *a.* wallet, purse
**portmanto** *a.* coat stand
**portre** *a.* portrait
**posa** *a.* residue after juice is squeezed from fruit **posasını çıkarmak** to squeeze almost to death
**posbıyık** *s.* having a bushy moustache
**post** *a.* skin, hide **postu deldirmek** to be shot, to be killed **postu kurtarmak** to save one's skin **postu sermek** to outstay one's welcome
**posta** *a.* 1. mail, post 2. postal service, the post office 3. mail train/steamer 4. trip, run 5. team, gang, crew **posta çeki** postal cheque **posta güvercini** carrier pigeon, homing pigeon **posta havalesi** postal order, money order **posta kartı** postcard **posta kodu** postcode, postal code, Zip code *Aİ.* **posta koymak** to cow, to intimidate **posta kutusu** post box **posta pulu** postage stamp **postaya atmak** to post, to mail **postayla göndermek** to post, to mail
**postacı** *a.* postman, postwoman
**postal** *a.* (army) boots
**postalamak** *e.* 1. to mail, to post 2. *arg.* to send away, to send off, to dismiss, to sack
**postane** *a.* post office
**postayla** by post
**poster** *a.* poster
**postrestant** *a.* general delivery, poste restante
**poşet** *a.* nylon bag

**pot** *a.* 1. (unwanted) pucker, wrinkle 2. slip of the tongue, faux pas, gaffe, *Aİ.* blooper **pot kırmak** to drop a brick/clanger
**pota** *a.* 1. crucible, cupel 2. (basketball) backboard
**potansiyel** *a.* potential
**potasyum** *a, kim.* potassium
**potin** *a.* boot
**poyraz** *a.* northeast wind
**poz** *a.* 1. pose 2. exposure **poz vermek** to pose for
**pozisyon** *a.* position
**pozitif** *a, s.* positive
**pozitivizm** *a, fel.* positivism
**pozometre** *a.* exposure meter, light meter
**pörsük** *s.* shrivelled, withered
**pörsümek** *e.* to shrivel up, to wrinkle, to wither
**pösteki** *a.* sheepskin **pösteki saydırmak** to make *sb* do a tiresome job **pöstekisini sermek** to beat *sb* all to pieces, to thrash
**pragmacı** *a.* pragmatist
**pragmacılık** *a.* pragmatism
**pragmatizm** *a.* pragmatism
**pranga** *a.* fetters, shackles **prangaya vurmak** to shackle, to fetter
**pratik** *s.* 1. practical, handy, useful 2. applied * *a.* 1. application, practice 2. practical experience/skill/knowledge
**pratisyen** *a.* trainee **pratisyen hekim** general practitioner
**prefabrik(e)** *s.* prefabricated
**prefabrikasyon** *a.* prefabrication
**prehistorik** *s.* prehistoric
**prehistorya** *a.* prehistory
**prelüd** *a.* prelude
**prens** *a.* prince
**prenses** *a.* princess
**prensip** *a.* principle
**prenslik** *a.* 1. principality 2. princedom
**pres** *a.* press, pressing machine
**prestij** *a.* prestige
**prevantoryum** *a, hek.* sanatorium for tuberculosis suspects
**prezantabl** *s.* presentable
**prezervatif** *a.* condom, *arg.* rubber

prim *a.* 1. premium 2. incentive payment
primadonna *a.* prima donna
priz *a.* socket
prizma *a.* prism
problem *a.* problem
problemli *s.* having a problem, having many problems
prodüktör *a.* producer
profesör *a.* professor
profesörlük *a.* professorship
profesyonel *s.* professional
profesyonellik *a.* professionalism
profil *a.* profile
program *a.* 1. programme, *AI.* program 2. curriculum 3. plan
programcı *a.* programmer
programlama *a.* programming
programlamak *e.* to program
programlı *s.* programmed, systematical
proje *a.* project; plan; design; draft
projeksiyon *a.* projection
projektör *a.* 1. *sin.* projector 2. floodlight
proletarya *a.* proletariat
proleter *a, s.* proletarian
promosyon *a.* promotion
propaganda *a.* propaganda **propaganda yapmak** to propagandize
propagandacı *a.* propagandist
prospektüs *a.* prospectus
prostat *a.* prostate, prostate gland
protein *a.* protein
proteinli *s.* proteinaceous
Protestan *a, s.* Protestant
Protestanlık *a.* Protestantism
protesto *a.* 1. protestation, protesting 2. protest **protesto çekmek** to make a formal protest **protesto etmek** to protest
protez *a.* prosthesis
protokol *a.* protocol
proton *a, kim.* proton
protoplazma *a, biy.* protoplasm
prototip *a.* prototype
prova *a.* 1. rehearsal 2. (clothes) fitting 3. proof **prova etmek** (clothes) to try on
provizyon *a.* provision
provokasyon *a.* provocation
provokatör *a.* agent provocateur
prömiyer *a.* premiere, premiere perform-

ance
pruva *a, den.* bow, head
psikanalitik *s.* psychoanalytic(al)
psikanaliz *a.* psychoanalysis
psikanalizci *a.* psychoanalyst
psikiyatr *a.* psychiatrist
psikiyatri *a.* psychiatry
psikolog *a.* psychologist
psikoloji *a.* psychology
psikolojik *a.* psychological
psikometri *a.* psychometry
psikopat *a.* psychopath, psychopathic
psikopati *a.* psychopathy
psikosomatik *s.* psychosomatic
psikoterapi *a.* psychotherapy
psişik *s.* psychical, psychic
puan *a.* point **puan almak** to score
puanlamak *e.* to grade (a test)
puantiye *s.* (cloth) dotted
puding *a.* pudding
pudra *a.* (face) powder
pudralamak *e.* to powder
pudralık *a.* powder compact
pudraşeker *a.* castor sugar
pudriyer *a, bkz.* **pudralık**
puf *a.* pouffe, pouf, pouff
pufböreği *a.* meat/cheese pastry
puflamak *e.* to puff
puhu *a, hayb.* eagle owl
pul *a.* 1. stamp 2. scale (of a fish) 3. spangle, sequin 4. (games) playing piece, counter
pulcu *a.* stamp collector, philatelist
pulculuk *a.* stamp collecting, philately
pulkanatlılar *a, hayb.* Lepidoptera
pullu *s.* 1. stamped 2. scaly 3. spangled
pulluk *a.* plough
pulsuz *s.* 1. without stamps 2. without scales
puma *a, hayb.* puma, cougar, mountain lion
punt *a.* appropriate time **punduna getirmek** to find a suitable opportunity
punto *a.* point, type size
pupa *a, den.* stern **pupa yelken gitmek** to go in full sail
puro *a.* cigar
pus *s.* mist, haze, slight fog
pusarmak *e.* to get misty

**pusat** *a.* 1. arms, armour 2. apparatus, equipment, gear

**puset** *a.* baby carriage, pram

**puslanmak** *e.* to become misty, to get cloudy

**puslu** *s.* hazy, misty

**pusu** *a.* ambush **pusu kurmak** to lay an ambush **pusuya düşürmek** to trap **pusuya yatmak** to lie in wait

**pusula** *a.* 1. note, memorandum 2. compass **pusulayı şaşırmak** to lose one's bearings

**puşt** *a, arg.* 1. catamite, fairy, queen 2. bastard, son of a bitch, rascal

**put** *a.* 1. the cross 2. idol, effigy (of a god) **put gibi** as still as a statue **put kesilmek** to be petrified

**putlaşmak** *e.* to be idolized

**putlaştırmak** *e.* to idolize

**putperest** *a.* idolater, idol worshipper

**putperestlik** *a.* idolatry, idol worship

**putrel** *a.* iron beam

**püf** *ünl.* puff **püf noktası** the weak spot (of sth)

**püflemek** *e.* to blow upon, to blow out, to puff

**püfür püfür** *be.* gently and coolingly **püfür püfür esmek** to blow gently

**pünez** *a.* drawing pin, thumbtack

**püre** *a.* purée, puree

**pürtük** *a.* knob, small protuberance **pürtük pürtük** full of knobs

**pürtüklü** *s.* full of knobs, knobbly, rough

**pürüz** *a.* 1. roughness, unevenness 2. hitch, difficulty, problem

**pürüzlü** *s.* 1. rough, uneven 2. difficult, knotty

**pürüzsüz** *s.* 1. smooth, even 2. without a hitch

**püskül** *a.* tassel, tuft

**püsküllü** *s.* tasseled **püsküllü bela** a great nuisance

**püskürmek** *e.* 1. to blow out liquid/powder from the mouth 2. (volcano) to erupt

**püskürteç** *a.* atomizer, sprayer, spray gun

**püskürtmek** *e.* 1. to spray 2. to repulse

**püskürtü** *a, yerb.* lava

**pütür** *a.* knob, small protuberance **pütür pütür** a) full of small protuberances, rough b) chapped, cracked

**pütürlü** *s.* rough, shaggy

# R

**R, r** *a.* the twenty-first letter of the Turkish alphabet

**rabıta** *a.* 1. tie, bond 2. relation 2. order, system, method

**raca** *a.* raja, rajah

**racon** *a, arg.* 1. way, method, procedure 2. showing off, swagger **racon kesmek** to show off, to swagger

**radar** *a.* radar

**radde** *a.* degree, point

**radikal** *s, a.* radical

**radikalizm** *a.* radicalism

**radon** *a.* radon

**radyasyon** *a.* radiation

**radyatör** *a.* radiator

**radyo** *a.* radio

**radyoaktif** *s.* radioactive

**radyoaktivite** *a.* radioactivity

**radyoevi** *a.* broadcasting studio/house

**radyografi** *a.* radiography

**radyoizotop** *a.* radioisotope

**radyoloji** *a.* radiology

**radyoskopi** *a.* radioscopy

**radyotelgraf** *a.* radiotelegraph

**radyoterapi** *a.* radiotherapy

**radyum** *a, kim.* radium

**raf** *a.* shelf **rafa koymak/kaldırmak** to shelve, to postpone

**rafadan** *s.* (egg) soft-boiled

**rafine** *s.* refined

**rafineri** *a.* refinery

**rafya** *a, bitk.* 1. raffia 2. raffia palm

**rağbet** *a.* 1. demand 2. popular approval, popularity **rağbet etmek** to demand, to like **rağbet görmek** to be in demand **rağbette** in demand **rağbetten düşmek** to be no longer in demand

**rağmen** *ilg.* 1. in spite of, despite 2. although, though

**rahat** *a.* 1. peace and quiet, peace 2. comfort, ease * *s.* 1. comfortable, easy

2. (job, etc.) cushy, easy * *be.* easily * *ünl, ask.* at ease! **rahat bırakmak** to leave sb in peace **rahat durmak** to behave oneself **rahat etmek** a) to be at ease b) to make oneself comfortable **rahat bırakmamak/vermemek** to bother, to pester **rahat yüzü görmemek** to have no peace **rahatına bakmak** to look after one's own comfort

rahatça *be.* 1. comfortably 2. easily, smoothly, without difficulty

rahatlamak *e.* 1. to become comfortable 2. to feel relieved 3. to calm down

rahatlatmak *e.* to relieve, to reassure, to relax

rahatlık *a.* comfort, quiet

rahatlıkla *be.* easily

rahatsız *s.* 1. uncomfortable 2. anxious, uneasy 3. ill, unwell **rahatsız etmek** to disturb, to bother, to annoy **rahatsız olmak** to be disturbed **Rahatsız olmayın** Don't trouble yourself.

rahatsızlanmak *e.* to become ill, to fall ill

rahatsızlık *a.* 1. discomfort, uneasiness 2. slight sickness, indisposition 3. bother **rahatsızlık vermek** to disturb, to bother

rahibe *a.* nun

rahim *a, anat.* uterus, womb

rahip *a.* monk, priest

rahmet *a.* 1. God's mercy and grace 2. rain

rahmetli *a.* the deceased, the late **rahmetli olmak** to die

rakam *a.* number, figure, numeral

raket *a, sp.* 1. (in tennis) racket 2. (in table tennis) bat

rakı *a.* (Turkish) rakı

rakım *a.* altitude

rakip *a.* rival

rakipsiz *s.* unrivalled

rakkas *a.* pendulum

ralli *a.* rally

ramazan *a.* Ramadan, Ramadhan **rampa** *a.* 1. incline, slope, grade 2. loading ramp

randevu *a.* appointment, engagement, rendezvous **randevu almak** to get an appointment (from/with) **randevu vermek** to make an appointment (with)

**randevusu olmak** to have an appointment (with)

randevuevi *a.* clandestine brothel

randıman *a.* yield; production, output, profit

randımanlı *s.* productive; profitable

randımansız *s.* unproductive; unprofitable

rant *a.* unearned income

rantabl *s.* profitable

rantiye *a.* rentier

ranza *a.* berth, bunk

rapor *a.* report **rapor vermek** to make a report **rapor yazmak** to draw up a report

rapsodi *a, müz.* rhapsody

raptiye *a.* drawing pin, *Al.* thumbtack

raptiyelemek *e.* to fasten with a drawing pin

rasat *a, gökb, met.* observation

rasathane *a.* observatory

rasgele *be.* 1. at random, haphazardly 2. by chance * *ünl.* Good luck!

raspa *a.* scraper

raspalamak *e.* to scrape

rast *s, esk.* 1. straight 2. right, correct * *a.* 1. coincidence, encounter 2. hitting the target **rast gelmek** a) to meet by chance, to run into b) to hit the mark/target c) to find **rast getirmek** a) to cause to hit the mark b) to choose the right time, to watch for the best time c) to succeed in meeting ç) (God) to allow to succeed **rast gitmek** to go well, to succeed

rastlamak *e.* 1. to meet (by chance), to come across, to run into, to bump into, to encounter 2. (of events) to coincide, to happen at the same time

rastlantı *a.* coincidence

rastlantısal *s.* coincidental, accidental

rastlaşmak *e.* 1. to meet by chance, to chance upon each other 2. to coincide, to happen at the same time

rasyonalizm *a.* rationalism

rasyonel *a.* rational **rasyonel sayı** *mat.* rational number

raşitizm *a, hek.* rickets

raunt *a.* (boxing) round

R

**ray** *a.* rail **raydan çıkmak** to go off the rails **rayına oturmak** to stay on the rails **rayına oturtmak** to put right, to put on the right track

**rayiç** *a.* market value, current value **rayiç fiyat** market price, current price

**razı** *s.* 1. willing, ready 2. contented, satisfied, happy (with) **razı etmek** to persuade, to convince, to argue/cajole *(sb)* into (doing sth), to induce, to prevail on (sb to do sth) **razı olmak** to reconcile oneself to, to consent (to sth), to comply (with sth), to acquiesce, to accept, to accede (to sth), to agree (to), to assent (to)

**re** *a, müz.* re, D

**reaksiyon** *a.* reaction

**reaktör** *a.* reactor

**realist** *a.* realist * *s.* realistic

**realite** *a.* reality

**realizm** *a.* realism

**reasürans** *a.* reinsurance

**reçel** *a.* jam

**reçete** *a.* 1. *hek.* prescription 2. recipe

**reçine** *a, bitk.* resin

**redaksiyon** *a.* redaction, editing

**redaktör** *a.* redactor, editor

**reddetmek** *e.* to refuse, to decline, to reject; to disdain

**redingot** *a.* frock coat

**reeskont** *a.* rediscount

**refah** *a.* 1. easy circumstances, comfort 2. prosperity

**refakat** *a.* 1. companionship 2. *müz.* accompaniment **refakat etmek** to accompany

**referandum** *a.* referendum

**referans** *a.* reference

**refleks** *a.* reflex

**reflektör** *a.* reflector

**reform** *a.* reform, reformation

**reformcu** *a.* reformer, reformist

**regülatör** *a, tek.* regulator

**rehabilitasyon** *a, hek.* rehabilitation

**rehavet** *a.* languor, lassitude **rehavet çökmek** to feel sluggish

**rehber** *a.* 1. guide 2. guidebook 3. telephone directory/book, phone book

**rehberlik** *a.* guidance **rehberlik etmek** to guide

**rehin** *a.* pawn, pledge, security **rehine almak** to take *(sb)* hostage **rehine koymak** to pawn, to pledge **rehine vermek** to pawn

**rehinci** *a.* pawnbroker

**rehine** *a.* hostage **rehine olarak tutmak** to hold as a hostage

**reis** *a.* 1. head, chief 2. president 3. skipper

**reisicumhur** *a.* president (of a republic)

**reji** *a, tiy, sin.* directing, direction

**rejim** *a.* 1. regime, system of government 2. diet, regimen **rejim yapmak** to diet

**rejisör** *a, tiy, sin.* director

**rekabet** *a.* rivalry, competition, competing **rekabet etmek** to rival, to compete

**reklam** *a.* advertisement, advert, ad **reklam acentesi/ajansı** advertising agency **reklamını yapmak** to advertise, to boom

**reklamcı** *a.* advertiser

**reklamcılık** *a.* advertising

**rekolte** *a.* harvest, crop

**rekor** *a.* record **rekor kırmak** to break a record

**rekortmen** *a.* record-holder

**rektör** *a.* president of a university, rector

**rektörlük** *a.* presidency, rectorship

**rencide** *s.* offended, hurt, wounded **rencide etmek** to hurt sb's feelings, to offend

**rençper** *a.* 1. labourer, workman 2. farmer

**rende** *a.* 1. (carpenter's) plane 2. grater

**rendelemek** *e.* 1. to plane 2. to grate

**rengârenk** *s.* colourful, multicoloured

**rengeyiği** *a, hayb.* reindeer

**renk** *a.* colour, *Aİ.* color **renk atmak** to lose colour **renk vermemek** not to show one's colours **renkten renge girmek** to go all shades of red, to change colour **rengi atmak** to turn pale

**renkkörlüğü** *a, hek.* colour blindness

**renkkörü** *s.* colour-blind

**renklendirmek** *e.* 1. to colour, to give colour to 2. to liven up, to enliven

**renklenmek** *e.* 1. to become colourful 2. to become more amusing/interesting

**renkli** s. 1. coloured 2. colourful, lively, vivid **renkli televizyon** colour TV

**renksemez** s. achromatic

**renkser** s. chromatic

**renksiz** s. 1. colourless, pale 2. dull, uninteresting, boring, colourless

**renyum** a, kim. rhenium

**reorganizasyon** a. reorganization

**reosta** a, elek. rheostat

**repertuar** a. repertoire, repertory

**replik** a, tiy. cue

**repo** a, eko. repo

**resepsiyon** a. 1. reception 2. reception desk

**resepsiyonist** a. receptionist, Aİ. reception clerk

**reseptör** a. receiver

**resif** a. reef

**resim** a. 1. picture 2. photograph, photo 3. illustration 4. drawing 5. due, tax, toll **resim çekmek** to take a photo/photograph/picture **resim yapmak** to draw, to paint

**resimci** a. 1. photographer 2. art teacher 3. artist, illustrator

**resimlemek, resimlendirmek** e. to illustrate

**resimli** s. illustrated, pictorial

**resimlik** a. 1. picture frame 2. album

**resimyazı** a. hieroglyphic writing, hieroglyphics

**resital** a, müz. recital

**resmen** be. 1. officially, formally 2. k. dili openly, publicly

**resmetmek** e. 1. to draw, to picture 2. to describe, to depict

**resmi** s. official, formal **resmi gazete** official gazette

**resmiyet** a. 1. formality, ceremony 2. official character, officialism **resmiyete dökmek** a) to make official b) to become official in one's tone

**ressam** a. painter, artist

**ressamlık** a. painting

**restoran** a. restaurant

**restorasyon** a. restoration (of a building)

**restore** s. restored **restore etmek** to restore

**resul** a. prophet

**reşit** a. adult, major

**ret** a. 1. refusal, rejection 2. repudiation, disowning

**retina** a. retina

**reva** s. suitable, proper **reva görmek** to deem proper

**revaç** a. demand, request **revaç bulmak** to be in demand, to be in vogue **revaçta olmak** to be in demand

**revak** a. porch, colonnade

**revani** a. sweet semolina pastry

**reverans** a. courtesy, curtsy

**revir** a. infirmary, sick bay

**revizyon** a. 1. overhaul and repair 2. reconsideration, revision **revizyondan geçirmek** to overhaul

**revizyonist** a. revisionist

**revizyonizm** a. revisionism

**revü** a. revue

**rey** a, esk. 1. vote 2. opinion, judgement

**reyon** a. department; section

**rezalet** a. scandal, disgrace, outrage; infamy, infamies **rezalet çıkarmak** to cause a scandal

**rezene** a, bitk. Fennel

**rezerv** a. reserve

**rezervasyon** a. reservation, booking

**rezil** s. disgraceful, scandalous, shocking, infamous, shameful **rezil etmek** to disgrace; to hold sb up to infamy **rezil olmak** to be disgraced

**rezillik** a. 1. disgracefulness, scandalousness; infamy 2. disgrace, scandal, outrage, crying shame

**rezistans** a, fiz. resistance

**rezonans** a, fiz. resonance

**rıhtım** a. quay, wharf

**rıza** a. consent, approval, assent **rıza göstermek** to consent, to assent to

**rızk** a. one's daily bread, food **rızkını çıkarmak** to earn one's daily bread

**riayet** a. 1. respect, esteem, regard 2. conformity, obedience **riayet etmek** to respect, to obey

**rica** a. request **Rica ederim** Not at all. You're welcome. Don't mention it. **rica etmek** to request, to ask for **ricada bulunmak** to ask a favour of sb

**rimel** a. mascara

ring *a, sp.* (boxing) ring
ringa *a, hayb.* herring
risk *a.* risk **riske girmek** to take a risk, to run a risk
riskli *s.* risky
ritim *a.* rhythm
ritmik *s.* rhythmic
rivayet *a.* rumour, hearsay **rivayet o-lunmak** to be rumoured **rivayete göre** rumour has it that
riya *a.* hypocrisy
riyakâr *s.* hypocritical
riyakârlık *a.* hypocrisy
riyaset *a.* presidency
riziko *a.* risk
rizikolu *s.* risky
robdöşambr *a.* dressing gown
robot *a.* robot
rodeo *a.* rodeo
rodyum *a, kim.* rhodium
roka *a, bitk.* kind of watercress
roket *a.* rocket **roket atmak** to launch a rocket
roketatar *a.* bazooka
rokoko *a.* rococo
rol *a.* role, part **rol almak** to have a part (in) **rol oynamak** to play a part in **rol yapmak** to act **rolü olmak** to play a part in **rolünü oynamak** to act, to play the part of
roman *a.* novel
romancı *a.* novelist
romans *a.* romance
romantik *a, s.* romantic
romantizm *a.* romanticism
romatizma *a, hek.* rheumatism
Romen *a.* Roman **Romen rakamları** Roman numerals
rosto *a.* roast meat
rot *a, oto.* steering rod
rota *a.* course of a ship or airplane, route
rotasyon *a.* rotation
rotatif *a, tek.* rotary press
rozet *a.* 1. badge 2. rosette
rölanti *a.* (engine) idling **rölantide ça-lışmak** to idle **rölantiye almak** to idle
rölativite *a, fel.* relativity
rölativizm *a, fel.* relativism
rölyef *a.* relief

römork *a.* trailer (vehicle)
römorkör *a.* 1. tractor 2. *den.* tug, tug-boat
Rönesans *a.* Renaissance
röntgen *a.* 1. X-ray 2. *arg.* peeping **rönt-genini çekmek** to x-ray
röntgenci *a.* 1. X-ray specialist 2. *arg.* peeper, voyeur, peeping Tom
röntgencilik *a.* 1. radiography 2. *arg.* peeping, voyeurism, peep, peek
röntgenlemek *e, arg.* to peep, to peek (at)
röportaj *a.* feature **röportaj yapmak** to interview
röportajcı *a.* reporter, feature writer
röprodüksiyon *a.* reproduction
rötar *a.* delay
rötarlı *s.* delayed
rötüş *a.* retouching, retouch **rötüş etmek** to retouch
rövanş *a, sp.* return match, revenge **rövanş maçı** return game, return match
ruam *a, hek.* glanders
rugan *a.* patent leather
ruh *a.* 1. soul, spirit 2. essence 3. liveli-ness, spirit, animation, life **ruh çağırma** necromancy **ruh hastası** psychopath **ruh hekimi** psychiatrist **ruh hekimliği** psychiatry
ruhani *s.* 1. spiritual 2. clerical
ruhban *a, esk.* clergy
ruhbilim *a.* psychology
ruhbilimci *a.* psychologist
ruhbilimsel *s.* psychological
ruhen *be.* in spirit, spiritually
ruhi *s.* psychological, psychic(al)
ruhölçümü *a.* psychometry
ruhsal *s.* psychological
ruhsat *a.* licence, *Al.* license **ruhsat vermek** to license, to give a licence to
ruhsatlı *s.* licensed, authorized
ruhsatname *a.* (written) permit/licence
ruhsatsız *s.* unlicensed, unauthorized
ruhsuz *s.* 1. spiritless, lifeless, colourless 2. insipid, flat
ruj *a.* lipstick
rulet *a.* roulette
rulo *a.* roll
Rum *a.* Greek of Turkish nationality

rumba *a, müz.* rumba

rumuz *a.* 1. sign, symbol 2. pseudonym, alias 3. hints, veiled references

Rus *a, s.* Russian **Rus ruleti** Russian roulette **Rus salatası** Russian salad (mayonnaise, peas, carrots, etc.)

rutubet *a.* 1. humidity 2. damp, dampness

rutubetlenmek *e.* to become humid/damp

rutubetli *s.* humid, damp, moist

rüçhan *a.* priority, preference **rüçhan hakkı** precedence, priority

rüküş *s, a.* comically dressed (woman)

rüşt *a.* (one's) majority **rüştünü ispatlamak** to reach one's majority

rüşvet *a.* bribe, corruption **rüşvet almak** to accept a bribe **rüşvet vermek** to bribe, to buy *sb* off

rüşvetçi *a.* bribe-taker, grafter

rüşvetçilik *a.* bribery, corruption

rütbe *a.* 1. *ask.* rank 2. grade 3. degree **rütbe almak** to rise in rank **rütbesini indirmek** to demote *sb*

rüya *a.* dream **rüya gibi** dreamlike, fantastic **rüya görmek** to dream, to have a dream **rüya tabiri** interpretation of dreams **rüyasında görmek** to dream about/of

rüzgâr *a.* wind **rüzgâr altı** *den.* lee side **Rüzgâr eken fırtına biçer** Sow the wind and reap the whirlwind. **rüzgâr üstü** *den.* windward side

rüzgârgülü *a.* wind rose

rüzgârlı *s.* windy

rüzgârlık *a.* windbreak

rüzgârsız *s.* windless, still, calm

# S

S, s *a.* the twenty-second letter of the Turkish alphabet

saadet *a.* happiness

saat *a.* 1. hour 2. time 3. time of day 4. watch, clock 5. (electric, gas, etc.) meter **saat gibi işlemek** to run smoothly **Saat kaç** What's the time? What time is it? **saat kaçta** at what time **saat kulesi** clock tower **saat tutmak** (a race) to time **saati kurmak** to wind a watch/clock **saati saatine** punctually **Saatiniz var mı** Have you got the time?

saatçi *a.* 1. watchmaker 2. watch seller

saatli *s.* fitted with a timer/clock **saatli bomba** time bomb

sabah *a.* morning * *be.* in the morning **sabah akşam** all the time **Sabah ola hayır ola** Sleep on it. **sabah sabah** early in the morning **sabaha çıkmamak** (an ill person) not to live till the morning **sabaha doğru/karşı** towards morning **sabahı bulmak/etmek** to sit up all night, to stay awake all night **sabahın köründe** early in the morning **Sabahlar hayrolsun** Good morning!

sabahçı *a.* 1. early riser 2. pupil who attends school only in the mornings 3. person who works on a morning shift

sabahki *s.* morning's

sabahlamak *e.* to sit up all night

sabahları *be.* 1. in the morning 2. every morning

sabahlık *a.* dressing gown, house coat

saban *a.* plough **saban sürmek** to plough

sabık *s.* former, previous, preceding, ex

sabıka *a, huk.* previous conviction

sabıkalı *s.* previously convicted

sabır *a.* patience, forbearance **sabrı taşmak/tükenmek** (one's patience) to be exhausted **sabrını taşırmak/tüketmek** to put *sb* out of patience

sabırla *be.* patiently

sabırlı *s.* patient, forbearing

sabırsız *s.* impatient

sabırsızlanmak *e.* to grow impatient, to champ

sabırsızlık *a.* impatience

sabırsızlıkla *be.* impatiently

sabit *s.* 1. fixed 2. stationary 3. constant 4. static 5. stable, firm 6. immobile 7. (colour, dye) fast 8. (ink, pencil) indelible **sabit fikir** fixed idea **sabit fikirli** intransigent, hidebound *hkr.* **sabit fiyat** fixed price **sabit gelir** fixed income

sabo *a.* clog

sabotaj *a.* sabotage

**sabotajcı** *a.* saboteur
**sabote etmek** *e.* to sabotage
**sabretmek** *e.* to be patient **Sabreden derviş muradına ermiş** Everything comes to him who waits.
**sabuklama** *a, ruhb.* delirium
**sabun** *a.* soap
**sabunlamak** *e.* to soap
**sabunlanmak** *e.* 1. to soap oneself 2. to be soaped
**sabunlu** *s.* soapy, covered with soap
**sabunluk** *a.* soap dish
**sabuntaşı** *a.* 1. *yerb.* soapstone, steatite 2. tailor's chalk
**sac** *a.* sheet iron * *s.* made of sheet iron
**sacayağı, sacayak** *a.* trivet
**saç** *a.* hair **saç bağı** hair band **saç boyası** hair dye **saç fırçası** hairbrush **saç filesi** hairnet **saç kremi** hair cream **saç kurutma makinesi** hair-dryer **saç örgüsü** plait **saç saça baş başa gelmek** to come to blows **saç tokası** hairgrip **saçı başı ağarmak** to grow old **saçına ak düşmek** (hair) to turn grey **saçını başını yolmak** to tear one's hair **saçını kestirmek** to have one's hair cut **saçını süpürge etmek** (woman) to exert oneself **saçları dökülmek** to lose one's hair
**saçak** *a.* 1. eaves of a house 2. fringe
**saçakbulut** *a.* cirrus cloud, cirrus
**saçaklık** *a, mim.* entablature
**saçkıran** *a.* ringworm
**saçma** *a.* 1. scattering, strewing 2. nonsense, bunkum, bunk 3. buckshot, pellet * *s.* nonsensical * *ünl.* Rubbish! Nonsense! *arg.* Bullshit! **saçma sapan** very absurd, nonsense **saçma sapan konuşmak** to talk nonsense
**saçmak** *e.* to scatter, to strew **saçıp savurmak** to play ducks and drakes with (money), to squander
**saçmalamak** *e.* to talk nonsense, to piffle, to blather, to drivel, to babble, to prate, to twaddle
**saçmalık** *a.* nonsense
**sadak** *a.* quiver
**sadaka** *a.* alms, charity
**sadakat** *a.* faithfulness, fidelity, loyalty **sadakat göstermek** to show loyalty

**sadakatli** *s.* loyal, faithful, devoted
**sadakatsiz** *s.* disloyal, unfaithful
**sadakatsizlik** *a.* disloyalty, unfaithfulness
**sade** *s.* 1. plain 2. simple 3. pure 4. unmixed, neat 5. unadorned, unornamented 6. (coffee) black, without sugar
**sadece** *be.* only, solely, merely, just
**sadeleşmek** *e.* 1. to become plain/simple 2. to be simplified
**sadeleştirmek** *e.* to simplify
**sadelik** *a.* plainness, simpleness, simplicity
**sadet** *a.* point, subject **sadete gelmek** to come to the point
**sadeyağ** *a.* clarified butter, run butter
**sadık** *s.* 1. faithful, loyal, true 2. devoted
**sadist** *a.* sadist * *s.* sadistic
**sadizm** *a.* sadism
**sadme** *a.* 1. collision 2. violent blow 3. shock
**sadrazam** *a.* grand vizier
**saf**[1] *s.* 1. pure, unadulterated 2. innocent, artless
**saf**[2] *a.* 1. row, line 2. *ask.* rank, line **saf saf** in rows
**safari** *a.* safari
**safha** *a.* phase, stage
**safir** *a.* sapphire
**safkan** *s.* purebred, thoroughbred
**saflaştırmak** *e.* 1. to purify 2. to refine
**saflık** *a.* 1. purity, clearness 2. innocence, artlessness
**safra** *a.* 1. bile, gall 2. *den.* ballast
**safrakesesi** *a, anat.* gall bladder
**safsata** *a.* sophistry, casuistry, false reasoning
**sağ**[1] *s.* right **sağ gözünü sol gözünden sakınmak** to be very jealous **Sağ yap** *oto.* Turn right. **sağa** to the right **sağa sola** here and there **sağa sola bakmadan** inconsiderately, carelessly **sağda** on the right **sağda solda** right and left, everywhere **sağdan** from the right **Sağdan gidiniz** Keep to the right. **sağı solu olmamak** to chop and change **sağlı sollu** right and left, on both sides
**sağ**[2] *s.* 1. alive 2. sound, healthy 3. unadulterated, pure **sağ kalanlar** the survivors **sağ kalmak** to remain alive, to

survive **sağ kurtulmak** to save one's skin **Sağ ol** Thank you! **sağ salim** safe and sound

sağaçık *a, sp.* outside right

sağalmak *e, hek.* to get well, to recover

sağaltıcı *s, hek.* therapeutic, curative

sağaltım *a, hek.* therapy, treatment

sağaltmak *e, hek.* to cure, to heal

sağanak *a.* heavy rainstorm, downpour, shower

sağbeğeni *a.* good taste

sağbek *a, sp.* right back

sağcı *a, s.* rightist

sağdıç *a.* (bridegroom's) best man

sağduyu *a.* common sense

sağduyulu *s.* having common sense

sağgörü *a.* foresight

sağgörülü *s.* foresighted

sağhaf *a, sp.* right halfback

sağım *a.* 1. milking 2. milk-giving animal

sağır *s.* 1. deaf 2. giving no sound, dull **sağır etmek** to deafen

sağırlaşmak *e.* to grow deaf

sağırlık *a.* deafness

sağiç *a, sp.* right centre

sağistem *a.* good will, good intention

sağlam *s.* 1. sound 2. strong 3. healthy 4. trustworthy, reliable 5. all right, in good order/condition 6. whole, undamaged **sağlam ayakkabı değil** unreliable, untrustworthy **sağlama bağlamak, sağlam kazığa bağlamak** to make safe/sure

sağlama *a.* proof, check

sağlamak *e.* 1. to supply, to obtain, to get 2. *mat.* to prove 3. to keep to the right, to drive on the right

sağlamlaşmak *e.* to become strong

sağlamlaştırmak *e.* 1. to strengthen, to reinforce 2. to fortify 3. to make firm/strong safe 4. to consolidate

sağlamlık *a.* soundness, strength

sağlık *a.* health **sağlık görevlisi** government health official **sağlık ocağı** village clinic **Sağlık olsun** Never mind! **sağlık raporu** medical report **sağlık sigortası** health insurance **sağlığında** in his lifetime, while he was alive **Sağlığınıza** To your health! Cheers!

sağlıkbilgisi *a.* hygiene

sağlıklı *s.* 1. healthy 2. robust, vigorous 3. fit, in good health, hearty

sağlıksız *s.* 1. unhealthy 2. ill, sick

sağmak *e.* to milk

sağmal *s.* milch

sağrı *a.* rump

sağyağ *a.* clarified butter, run butter

saha *a.* 1. zone 2. area 3. *sp.* field, ground 4. open space 5. domain, field

sahaf *a.* secondhand/antique book seller

sahan *a.* shallow frying-pan **sahanda yumurta** fried eggs

sahanlık *a.* landing (stairs)

sahi *be.* really, truly **Sahi mi** Really?

sahici *s, k. dili* real, genuine, true

sahiden *be.* really, truly

sahil *a.* shore, coast, bank **sahil koruma** coastguard, coast guard **sahil koruma görevlisi** (member of a) coastguard

sahip *a.* 1. owner, possessor, master 2. protector **sahip çıkmak** to claim **sahip olmak** to have (got), to own, to possess, to hold, to enjoy

sahiplik *a.* ownership, possession

sahipsiz *s.* 1. ownerless, unowned 2. unprotected, abandoned

sahne *a.* 1. *tiy.* stage 2. *tiy, sin.* scene **sahneye koymak** a) to stage, to put on (a play) b) to direct (a play)

sahra *a.* 1. open country, wide plain 2. desert **sahra topu** *ask.* field gun

sahte *s.* 1. false, counterfeit, fake 2. artificial

sahtekâr *a.* forger, falsifier, faker

sahtekârlık *a.* forgery, counterfeiting

sahtiyan *a.* morocco leather, morocco

sahur *a.* meal before dawn during Ramadan

saik *a, esk.* motive, incentive

saka[1] *a.* water carrier

saka[2] *a, hayb.* goldfinch, finch

sakal *a.* beard **sakal bırakmak** to grow a beard **sakalı ele vermek** to allow oneself to be led by the nose

sakallı *s.* bearded

sakalsız *s.* beardless

sakar *s.* clumsy, butterfingered

sakarin *a.* saccharin

**sakarlık** *a.* clumsiness

**sakat** *s.* 1. disabled, crippled, handi-capped, lame 2. risky 3. untrustworthy, shifty 4. wobbly

**sakatat** *a.* offal, giblets

**sakatlamak** *e.* to disable, to cripple, to mutilate

**sakatlanmak** *e.* to become physically disabled, to become crippled/mutilated

**sakatlık** *a.* 1. disability 2. defect 3. mis-hap, accident

**sakın** *ünl.* 1. Mind! Beware! Don't do it! 2. You dare! Don't you dare! **Sakın ha** a) Mind you don't! b) Don't you dare!

**sakınca** *a.* objection, drawback, incon-venience

**sakıncalı** *s.* inconvenient, objectionable, undesirable

**sakıngan** *s.* prudent, cautious

**sakınganlık** *a.* prudence, cautiousness

**sakınmak** *e.* 1. to take care of oneself 2. to avoid 3. to be wary of 4. to protect

**sakırga** *a, hayb.* tick

**sakız** *a.* 1. chewing gum 2. mastic **sakız çiğnemek** to chew gum

**sakızağacı** *a, bitk.* mastic tree, lentisc

**sakızkabağı** *a, bitk.* vegetable marrow

**sakin** *s.* 1. calm, cool, self-possessed 2. quiet 3. tranquil * *a.* inhabitant, dweller **sakin olmak** to calm down

**sakinleşmek** *e.* 1. to calm, to calm down, to cool down 2. to quiet/quieten (down)

**sakinleştirmek** *e.* 1. to calm, to calm down 2. to quiet/quieten (down) 3. to tranquillize 4. to soothe

**sakinlik** *a.* 1. calmness, composure, coolness, self-possession 2. tranquility

**saklamak** *e.* 1. to hide 2. to conceal 3. to keep secret 4. to save, to preserve

**saklambaç** *a.* hide-and-seek

**saklanmak** *e.* 1. to hide, to hide oneself 2. to be kept secret (from) 3. to be kept (in a place) 4. to be saved for

**saklı** *s.* 1. hidden, concealed 2. secret 3. reserved, put aside 4. *huk.* (right) legally guaranteed

**saksafon** *a, müz.* saxophone, *k. dili* sax **saksafon çalmak** *arg.* to give a blow-job, to eat it

**saksafoncu** *a, müz.* saxophonist

**saksağan** *a, hayb.* magpie

**saksı** *a.* 1. flowerpot, vase 2. *arg.* head

**saksıgüzeli** *a, bitk.* pennywort, navelwort

**saksofon** *a, müz.* saxophone, sax *kon.*

**sal** *a.* raft

**salahiyet** *a, esk.* authority, power

**salak** *s.* silly, foolish, stupid * *a.* fool, clot, idiot

**salaklık** *a.* silliness, stupidity

**salam** *a.* salami

**salamanje** *a.* dining room

**salamura** *a.* brine for pickling, anything pickled in brine

**salaş** *a.* booth, market stall, temporary shed

**salata** *a.* salad

**salatalık** *a, bitk.* cucumber

**salça** *a.* tomato sauce/paste

**saldırgan** *s.* aggressive * *a.* attacker, assailant, aggressor

**saldırganlık** *a.* aggressiveness, belliger-ence, truculence

**saldırı** *a.* 1. attack 2. assault

**saldırmak** *e.* 1. to attack 2. to assault 3. to assail

**saldırmazlık** *a.* nonaggression **saldır-mazlık paktı** nonaggression treaty

**salep** *a.* 1. salep, sahlep 2. drink made from sahlep root in hot milk and cinna-mon

**salgı** *a.* secretion

**salgılamak** *e.* to secrete

**salgın** *s.* contagious, epidemic * *a.* epi-demic invasion

**salhane** *a.* slaughterhouse

**salı** *a.* Tuesday

**salık** *a.* advice **salık vermek** to recom-mend, to advise

**salıncak** *a.* 1. swing 2. hammock

**salınım** *a.* 1. oscillation 2. *gökb.* libration

**salınmak** *e.* 1. to swing, to wave 2. to sway 3. to oscillate

**salıvermek** *e.* to let go, to release, to set free

**salim** *s, esk.* safe, sound

**salkım** *a.* bunch, cluster **salkım saçak** hanging down in rags

**salkımsöğüt** *a, bitk.* weeping willow

sallamak *e.* 1. to swing 2. to rock 3. to shake 4. to wave 5. to wag 6. *k. dili* to leave in suspense

sallanmak *e.* 1. to swing, to rock, to sway, to dangle, to wave, to wag, to waggle, to reel 2. to wobble 3. to linger, to dawdle

sallantı *a.* 1. rocking, rolling 2. quandary **sallantıda bırakmak** to leave up in the air, to suspend

sallapati *s.* careless, tactless * *be.* carelessly, tactlessly

salmak *e.* 1. to set free 2. to let go 3. to release 4. to send, to send forth

salon *a.* 1. living room, sitting room 2. lounge 3. hall, auditorium 4. showroom

saloz *s, arg.* stupid

salt *be.* solely, only, simply * *s.* pure **salt çoğunluk** absolute majority

saltanat *a.* 1. sovereignty, dominion, authority, rule 2. sultanate 3. magnificence, splendour, pomp **saltanat sürmek** a) to reign b) to live in great splendour

saltçılık *a.* absolutism

saltık *s.* absolute

salya *a.* saliva, spittle

salyangoz *a, hayb.* snail

sam *a.* simoom, simoon

saman *a.* straw **saman altından su yürütmek** to act on the sly, to do *sth* secretly **saman gibi** insipid **saman nezlesi** hay fever

samankâğıdı *a.* tracing paper

samanlık *a.* hayloft, haymow

samanrengi *a.* straw yellow * *s.* straw-coloured

Samanyolu *a, gökb.* the Milky Way

samaryum *a, kim.* samarium

samba *a, müz.* samba

Sami *s, dilb.* Semitic

samimi *s.* 1. cordial, sincere 2. intimate, close

samimilik, samimiyet *a.* 1. cordiality, sincerity 2. intimacy, closeness

samimiyet *a.* sincerity, cordiality, familiarity, intimacy, closeness, candour

samimiyetle *be.* sincerely

samimiyetsiz *s.* formal, reserved, distant

samimiyetsizlik *a.* formality, reserve, stiffness

samur *a.* sable **samur kürk** sable skin coat

samyeli *a.* simoom, simoon, sirocco

san *a.* 1. fame, repute 2. title, appellation

sana *adl.* you, to you; for you **sana ne** What's that to you?

sanal *s, mat.* imaginary **sanal sayı** imaginary number

sanat *a.* 1. art 2. craft, trade, skill **sanat eseri** work of art

sanatçı, sanatkâr *a.* 1. artist 2. craftsman, artisan

sanatoryum *a.* sanatorium, *Aİ.* sanatarium

sanatsal *s.* artistic

sanatsever *a.* art-lover

sanayi *a.* industry **sanayi devrimi** industrial revolution **sanayi sitesi** industrial estate

sanayici *a.* industrialist

sanayicilik *a.* industrialism

sanayileşme *a.* industrialization

sanayileşmek *e.* to become industrialized

sanayileştirmek *e.* to industrialize

sancak *a.* 1. flag, banner, standard 2. starboard

sancı *a.* 1. stomachache, colic, stitch 2. labour pain, contraction

sancılanmak *e.* 1. to have a stomachache 2. to be in pain

sancımak *e.* to ache

sandal *a.* 1. (a pair of) sandals, sandal 2. rowboat 3. *bitk.* sandalwood (tree)

sandalet *a.* sandal

sandalye *a.* 1. chair 2. *mec.* office, post

sandık *a.* 1. chest, coffer, box 2. hope chest, dower chest 3. cashier's office 4. fund 5. ballot box

sandıkbalığı *a, hayb.* boxfish, trunkfish

sandıklamak *e.* to box, to crate

sandviç *a.* sandwich **sandviç ekmeği** rolls

sanı *a.* supposition, surmise, conjecture

sanık *a.* suspect, accused

saniye *a.* second

sanki *bağ.* as if, as though, supposing

that

**sanlı** s. famous, well-known

**sanmak** e. to suppose, to imagine, to think

**sanrı** a, ruhb. hallucination

**sanrılamak** e. to hallucinate

**sansar** a, hayb. marten

**sansasyon** a. sensation **sansasyon yaratmak** to cause a sensation

**sansasyonel** s. sensational

**sansür** a. censorship **sansürden geçirmek** to censor

**sansürçü** a. censor

**sansürlemek** e. to censor

**santigram** a. centigram

**santigrat** a. centigrade

**santilitre** a. centilitre

**santim** a. one-hundredth (of any unit)

**santimetre** a. centimetre **santimetre kare** square centimetre **santimetre küp** cubic centimetre

**santra** a, sp. centre spot

**santral** a. 1. telephone exchange, switchboard, central 2. powerhouse

**santrfor** a, sp. centre-forward

**santrhaf** a, sp. centre-half

**santrifüj** s. centrifugal **santrifüj kuvvet** centrifugal force

**sap** a. 1. handle 2. stalk, stem 3. single thread 4. stack 5. arg. boyfriend, lover 6. arg. a boy without a girlfriend **sapına kadar** to the core, utterly

**sapa** s. off the road, out of the way, secluded

**sapak** a. turn

**sapaklık** a. divergence, anomaly

**sapan** a. 1. sling shot 2. catapult

**sapasağlam** s. well and sound

**sapık** a. pervert * s. 1. perverted 2. crazy, lunatic

**sapıklık** a. perversion

**sapınç** a, fiz, gökb. aberration

**sapır sapır** be. in great quantities and continuously **sapır sapır dökülmek** to fall abundantly and continuously

**sapıtmak** e. 1. to go off one's head, to go nuts 2. to drivel, to rave

**sapkın** s. 1. astray, off the right road 2. perverted, abnormal

**saplamak** e. to thrust into, to plunge into

**saplanmak** e. to sink into, to be stuck in, to lodge

**saplantı** a. fixed idea, idée fixe; obsession

**sapma** a. 1. deviation 2. gökb. aberrance 3. distortion 4. dilb. irregularity 7. den. yawing 8. bias

**sapmak** e. 1. to turn, to swerve 2. to go astray 3. to fall into sin

**sapsarı** s. 1. very yellow, bright yellow 2. (person, face) very pale **sapsarı kesilmek** to turn pale

**saptamak** e. to fix, to determine, to establish

**saptırmak** e. 1. to divert 2. to deflect 3. to distort, to misrepresent, to twist

**sara** a, hek. epilepsy **sarası tutmak** to have an epileptic fit

**saralı** s, hek. epileptic

**sararmak** e. 1. to turn yellow 2. to turn pale, to pale

**saray** a. 1. palace 2. large public building

**sardalye** a, hayb. sardine

**sardunya** a, bitk. geranium

**sarf** a. expenditure, consumption **sarf etmek** a) to spend, to expend b) to use, to exert

**sarfınazar** be. apart from **sarfınazar etmek** to disregard, to overlook

**sarfiyat** a. 1. expenses, costs, expenditures 2. consumption

**sargı** a. bandage **sargı bezi** absorbent gauze **sargı sarmak** to bandage

**sarhoş** s. drunk, blind, boozy, canned * a. drunkard, boozer, tippler **sarhoş etmek** to intoxicate, to make drunk **sarhoş olmak** to get drunk

**sarhoşluk** a. drunkenness

**sarı** a, s. yellow

**sarıkanat** a, hayb. medium-sized bluefish

**sarılı** s. 1. wrapped 2. bandaged 3. covered 4. coiled around 5. surrounded by 6. (in) yellow

**sarılık** a. 1. yellowness, yellow colour 2. hek. jaundice

**sarılmak** e. 1. to entwine 2. to embrace, to hug, to cuddle 3. to be surrounded 4. to begin right away

S

sarımsı, sarımtırak s. yellowish

sarınmak e. 1. to wrap oneself in 2. to gird oneself

sarışın s. fair-haired/skinned, blond, blonde

sarışınlık a. blondness

sâri s. infectious, contagious

sarih s. clear, evident, explicit

sarkaç a. pendulum

sarkık s. 1. pendulous, drooping 2. flabby and drooping

sarkıntılık a. molestation **sarkıntılık etmek** to molest

sarkıt a. stalactite

sarkmak e. 1. to hang loosely, to hang down 2. to lean out

sarmak e. 1. to wrap up, to muffle up, to lap 2. to embrace, to hug 3. to wind ... round, to wrap ... around 4. to cover, to spread over 5. to surround 6. to appeal to, to interest

sarmal s. spiral; helical

sarmalamak e. to wrap up

sarman a. yellow cat

sarmaş dolaş be. in a close embrace **sarmaş dolaş olmak** to be locked in a close embrace

sarmaşık a. 1. ivy 2. vine, twining or climbing plant

sarmısak a, bitk. garlic **sarmısak dişi** clove of garlic

sarnıç a. 1. cistern 2. tank

sarp s. very steep, precipitous **sarpa sarmak** to become complicated

sarraf a. 1. dealer of gold and other precious metals 2. moneychanger, moneylender

sarsak s. 1. shaky, wavering 2. clumsy

sarsılmak e. 1. to jolt, to shake 2. mec. to be cut up, to be shocked

sarsıntı a. 1. shake, jolt 2. shock 3. (brain) concussion

sarsıntılı s. shaky, jolty

sarsıntısız s. smooth

sarsmak e. 1. to shake, to jar, to jolt 2. to give a shock, to shock 3. to upset

sataşmak e. 1. to tease, to annoy, to needle 2. to ask for trouble 3. to molest

saten a. satin

satı a. sale, selling **satıya çıkarmak** to put up for sale

satıcı a. 1. seller, salesman, saleswoman, salesclerk, sales representative 2. dealer, peddler

satıcılık a. salesmanship, selling

satıh a. 1. surface 2. plane

satılık s. for sale, on sale **satılığa çıkarmak** to put up for sale

satılmak e. to be sold, to sell

satım a. sale, selling

satın almak e. to buy, to purchase

satır a. 1. line 2. meat cleaver

satırbaşı a. paragraph indentation

satış a. sale, selling **satış fiyatı** selling price **satış şefi** sales manager **satışa çıkarmak** to put up for sale

satir a, yaz. satire

satirik s, yaz. satirical

satmak e. 1. to sell 2. to make a false show of 3. arg. to get rid of (sb), to choke (sb) off **satıp savmak** to sell all one has

satranç a. chess **satranç tahtası** chessboard **satranç taşı** chessman

Satürn a, gökb. Saturn

sauna a. sauna

sav a. 1. claim, assertion 2. huk. indictment, allegation 3. mant. thesis

savaş a. 1. war 2. battle 3. struggle, fight, combat **savaş açmak** to wage war (on/against) **savaş alanı** battlefield **savaş esiri/tutsağı** prisoner of war, POW **savaş gemisi** battleship

savaşçı a. combatant, fighter, warrior

savaşım a. struggle, fight **savaşım vermek** to struggle

savaşkan s. bellicose, warlike

savaşmak e. 1. to fight, to battle, to war 2. to fight against

savcı a. attorney general, public prosecutor

savcılık a. attorney generalship

savlamak e. to assert, to claim

savmak e. 1. to send away, to turn away 2. to get rid of 3. to avoid, to escape 4. to get over (an illness)

savruk s. careless, untidy

savsak s. negligent, dilatory

**savsaklamak** *e.* to delay, to put off, to neglect

**savulmak** *e.* to stand aside, to get out of the way **Savulun** Get out of the way!

**savunma** *a.* defence, *Aİ.* defense

**savunmak** *e.* 1. to defend 2. to advocate, to champion, to maintain

**savunmasız** *s.* defenceless

**savunu** *a.* defence, *Aİ.* defense

**savurgan** *s.* extravagant, prodigal, wasteful

**savurganlık** *a.* extravagance, prodigality

**savurmak** *e.* 1. to toss about violently, to hurl 2. to winnow 3. to bluster 4. to spend extravagantly

**savuşmak** *e.* to slip away

**savuşturmak** *e.* 1. to cause to go away 2. to avoid, to escape

**saya** *a.* vamp, shoe-upper

**sayaç** *a.* counter, meter

**saydam** *s.* transparent

**saydamlaşmak** *e.* to become transparent

**saydamlık** *a.* transparency

**saydamsız** *a.* opaque

**saye** *a.* protection, assistance **sayesinde** a) thanks to, owing to b) by means of

**sayfa** *a.* page; leaf **sayfa düzeni** page-setting

**sayfiye** *a.* summer house, summer place

**saygı** *a.* respect, esteem, regard **saygı duymak** to respect **saygı göstermek** to show respect, to behave respectfully **saygılarımla** yours respectfully

**saygıdeğer** *s.* esteemed

**saygılı** *s.* respectful

**saygın** *s.* esteemed, respected

**saygınlık** *a.* esteem, respect; prestige

**saygısız** *s.* disrespectful, brusque

**saygısızca** *be.* disrespectfully

**saygısızlık** *a.* disrespectfulness, disrespect

**sayı** *a.* 1. number 2. number, issue **sayı saymak** to count **sayı sıfatı** numeral adjective

**sayıboncuğu** *a.* abacus

**sayıklamak** *e.* to talk in one's sleep, to be delirious

**sayılı** *s.* 1. counted, numbered 2. limited in number 3. special, important

**sayılmak** *e.* 1. to be counted 2. to be respected 3. to be taken into account

**sayım** *a.* 1. counting 2. census

**sayımbilim** *a.* statistics

**sayın** *s.* 1. esteemed, estimable 2. dear

**sayısal** *s.* numerical

**sayısız** *s.* countless, innumerable, numberless

**sayışman** *a.* accountant

**Sayıştay** *a.* Exchequer and Audit Department

**saymaca** *s.* nominal, arbitrary

**saymak** *e.* 1. to count 2. to number; to enumerate 3. to include, to count 4. to consider, to regard, to count 5. to respect, to esteem 6. to regard as 7. to suppose

**sayman** *a.* accountant

**saymanlık** *a.* accountancy, accounting

**saymazlık** *a.* disrespect

**sayrı** *s.* ill

**sayrılarevi** *a.* hospital

**sayrılık** *a.* sickness, illness, disease

**sayvan** *a.* awning, roof, tent

**saz**[1] *a.* 1. a stringed instrument 2. (any kind of) musical instrument 3. group of musicians **saz şairi** minstrel

**saz**[2] *a.* rush, rushes, reed

**sazan** *a, hayb.* carp

**sazlık** *a.* reed bed, marshy place

**seans** *a.* 1. (film) projection/showing, performance, *Aİ.* (film) screening 2. sitting 3. séance

**sebat** *a.* firmness, constancy, perseverance **sebat etmek** to persevere

**sebatkâr, sebatlı** *s.* persevering, enduring, stable

**sebatsız** *s.* inconstant, fickle

**sebebiyet vermek** to cause, to occasion

**sebep** *a.* 1. cause, reason 2. pretext, excuse **sebep olmak** to cause, to occasion **sebebiyle** because of, owing to

**sebeplenmek** *e.* to get a share of the pie

**sebepli** *s.* having a cause/reason **sebepli sebepsiz** without any reason

**sebepsiz** *s.* without a cause/reason

**sebil** *a.* 1. public fountain 2. free distribution of water

**sebze** *a.* vegetable

sebzeci *a.* vegetable seller, greengrocer

seccade *a.* prayer rug

secde *a.* prostrating oneself in prayer

seciye *a.* character, moral quality

seçenek *a.* alternative

seçi *a.* choosing, selection

seçici *s.* selective **seçici kurul, seçiciler kurulu** selection committee

seçim *a.* 1. election 2. choosing, selection **seçim bölgesi** election district

seçki *a.* anthology

seçkin *s.* select, choice, distinguished, outstanding

seçme *a.* choosing, selecting * *s.* select, choice, distinguished, outstanding

seçmecilik *a, fel.* eclecticism

seçmek *e.* 1. to choose, to pick 2. to select 3. to elect 4. to perceive, to distinguish, to see

seçmeli *s.* 1. optional, selective 2. multiple-choice **seçmeli ders** optional subject *İl.*, option *İl.*, elective *Al.*

seçmen *a.* voter, elector **seçmen kütüğü** electoral roll, register of electors

seda *a.* voice, sound of a voice

sedef *a.* mother-of-pearl, nacre * *s.* made of mother-of-pearl **sedef hastalığı** *hek.* psoriasis

sedefli *s.* decorated/inlaid with mother-of-pearl

sedefotu *a, bitk.* rue

sedimantasyon *a.* sedimentation

sedir *a.* 1. *bitk.* cedar 2. divan, sofa

sedye *a.* stretcher

sefa *a.* enjoyment, pleasure **Sefa bulduk** (said in reply to `welcome') Thank you. **Sefa geldin(iz)** Welcome! **sefa sürmek** to enjoy oneself, to have a good time **sefasını sürmek** to enjoy *sth* to the utmost

sefahat *a.* dissipation, debauchery

sefalet *a.* 1. extreme poverty 2. misery, wretchedness 3. baseness, vileness **sefalet çekmek** to suffer privation, to live in misery

sefaret *a.* 1. ambassadorship 2. embassy, legation

sefarethane *a.* embassy, legation

sefer *a.* 1. journey, voyage 2. *ask.* campaign, military expedition, war 3. time, occasion **sefere çıkmak** *den.* to set sail

seferber *s.* mobilized for war **seferber etmek** to mobilize **seferber olmak** to be mobilized

seferberlik *a.* mobilization

sefertası *a.* portable food container

sefih *s.* prodigal, dissolute

sefil *s.* 1. poverty-stricken, very poor 2. miserable, wretched 3. mean, vile

sefir *a.* 1. ambassador 2. envoy

sefire *a.* ambassadress

sefirlik *a.* 1. ambassadorship 2. envoyship

segman *a, oto.* piston ring

seğirmek *e.* to twitch (involuntarily)

seğirtmek *e.* to bound, to run, to rush

seher *a.* daybreak, dawn, early morning

sehpa *a.* 1. tripod 2. end table, coffee table 3. easel 4. gallows

sek *s.* 1. (wine) dry 2. (whisky, etc.) neat, straight

sekiz *a, s.* eight

sekizgen *a, mat.* octagon

sekizinci *s.* eighth

sekizli *s.* having eight * *a.* 1. *isk.* the eight 2. *müz.* octave, octet

sekmek *e.* 1. to hop 2. to skip, to jump lightly and quickly 3. (a bullet, etc.) to ricochet

sekoya *a, bitk.* sequoia

sekreter *a.* secretary

sekreterlik *a.* secretariat, secretaryship

seks *a.* sex **seks manyağı** sex maniac **seks filmi** porno(graphic) film/movie, blue film **seks yapmak** to have sex, to make love

seksapel *s.* sexy

seksek *a.* hopscotch

seksen *a, s.* eighty

sekseninci *s.* eightieth

seksi *s.* sexy

seksiyon *a.* section, department

seksoloji *a.* sexology

seksomanyak *a.* sex-maniac

seksüel *s.* sexual

sekte *a.* 1. stoppage, cessation, interruption 2. *hek.* apoplexy **sekte vurmak** to interrupt, to impede

S

**sektör** *a.* sector

**sel** *a.* torrent, flood **sel basmak** to flood

**selam** *a.* salutation, greeting, salute **Selam dur** *ask.* Present arms! **selam göndermek** to send one's compliments **selam söylemek** to give one's kind regards to **selam vermek** to salute, to greet **selamı sabahı kesmek** to break with

**selamet** *a.* 1. safety, security 2. healthiness, soundness **selamete çıkmak** to reach safety

**selamlamak** *e.* to greet

**selamlaşmak** *e.* to greet each other, to exchange greetings

**sele** *a.* 1. flattish wicker basket 2. saddle, seat (of a bicycle)

**selef** *a, esk.* predecessor

**selektör** *a, oto.* selector

**selenyum** *a, kim.* selenium

**selfservis** *a, s.* self-service

**selim** *s. hek.* benignant

**selofan** *a.* cellophane

**seloteyp** *a.* sellotape, *Aİ.* scotch tape

**selüloz** *a, kim.* cellulose

**selvi** *a, bitk.* cypress

**sema** *a.* firmament, sky

**semafor** *a.* semaphore

**semantik** *a.* semantics * *s.* semantic

**semaver** *a.* samovar

**sembol** *a.* symbol

**sembolik** *s.* symbolic, symbolical

**semender** *a, hayb.* salamander

**semer** *a.* 1. packsaddle 2. pad, stout

**semere** *a.* 1. gain, profit, yield 2. result, outcome, fruit **semeresini vermek** to prove fruitful

**seminer** *a.* seminar

**semirmek** *e.* to grow/get fat

**semirtmek** *e.* to fatten

**semiz** *s.* fat

**semizlik** *a.* fatness

**semizotu** *a, bitk.* purslane

**sempati** *a.* 1. attraction, liking 2. sympathy **sempati duymak** to take to, to like

**sempatik** *s.* likable, attractive, congenial

**sempatizan** *a.* sympathizer

**sempozyum** *a.* symposium

**semptom** *a, hek.* symptom

**semt** *a.* neighbourhood, part, district, quarter **semtine uğramamak** to stop going

**sen** *adl.* you **sence** in your opinion **senden** from you **seni** you

**senarist** *a.* scenarist, scriptwriter

**senaryo** *a.* scenario, script, film script, screenplay **senaryo yazarı** scenario writer, scriptwriter, scenarist

**senato** *a.* senate

**senatör** *a.* senator

**senatörlük** *a.* senatorship

**sendelemek** *e.* to totter, to stagger

**sendika** *a.* trade(s) union, *Aİ.* labour union

**sendikacı** *a.* trade unionist

**sendikacılık** *a.* trade unionism

**sendikalı** *s.* belonging to a trade union * *a.* union member

**sendrom** *a.* syndrome

**sene** *a.* year

**senelik** *s.* yearly, annual

**senet** *a.* 1. promissory note 2. title deed 3. voucher, receipt **senet vermek** a) to give *(sb)* written certification b) to guarantee

**senetleşmek** *e.* to give one another written certifications

**senfoni** *a, müz.* symphony **senfoni orkestrası** symphony orchestra

**senfonik** *s, müz.* symphonic

**senin** *adl.* your

**seninki** *adl.* yours

**senkron** *s.* synchronous

**senkronizasyon** *a.* synchronization

**senkronizm** *a.* synchronism

**senlibenli** *s.* familiar, unpretentious, free-and-easy **senlibenli olmak** to hobnob with

**sentetik** *s.* synthetic

**sentez** *a.* synthesis

**sepet** *a.* 1. basket 2. sidecar **sepet havası çalmak** to give *sb* the boot

**sepetçisöğüdü** *a, bitk.* basket osier/willow

**sepetlemek** *e.* 1. to put into baskets, to basket 2. *k. dili* to get rid of, to fire, to sack, to boot (out), to give *(sb)* the boot/sack

sepettopu *a, sp.* basketball
sepi *a.* tanning
sepici *a.* tanner
sepilemek *e.* to tan
septik *s, fel.* sceptical
septisizm *a, fel.* scepticism, *Aİ.* skepticism
ser, sera *a.* greenhouse, hothouse
sera *a.* greenhouse, hothouse, conservatory
seramik *a.* ceramics * *s.* ceramic
seramikçi *a.* ceramicist, ceramist
serap *a.* mirage
serbest *s.* free **serbest bırakmak** to set free **serbest bölge** free zone **serbest güreş** catch-as-catch-can (wrestling) **serbest meslek sahibi** self-employed person **serbest stil** freestyle **serbest vuruş** (football) free kick
serbestçe *be.* freely
serbesti *a.* freedom
serbestlik *a.* freedom
serçe *a, hayb.* house sparrow
serçeparmak *a.* 1. little finger, *Aİ.* pinkie, pinky 2. little toe
serdümen *a.* 1. *den.* helmsman 2. quartermaster
seremoni *a.* ceremony
seren *a.* 1. *den.* yard, boom, spar 2. doorjamb, doorpost
serenat *a.* serenade
sergen *a.* 1. shelf 2. show window, shopwindow, display case, vitrine
sergi *a.* exhibition, show, display
sergievi *a.* art gallery, exhibition hall
sergileme *a.* 1. exhibition, display 2. presentation
sergilemek *e.* 1. to exhibit, to display 2. to present 3. to show
seri *s.* quick, swift, speedy * *a.* series
serigrafi *a.* serigraphy, silk screen
serilmek *e.* 1. to be spread out/over 2. to lie at full length 3. to sprawl (out) 4. to drop in a faint
serin *s.* cool, chill, chilly
serinkanlı *s.* coolheaded
serinlemek *e.* to become cool
serinleşmek *e.* to get cool/chilly
serinletmek *e.* to cool

serinlik *a.* coolness, chilliness
serkeş *s.* unruly, rebellious, disobedient
serkeşlik *a.* rebelliousness, disobedience
sermaye *a.* 1. capital 2. riches, wealth 3. *k. dili* prostitute **sermaye koymak** to invest capital
sermayedar *a.* investor/owner of capital, capitalist
sermek *e.* 1. to spread out/over 2. to hang up 3. to beat down 4. to neglect
serpilmek *e.* 1. to be sprinkled/scattered 2. (child) to grow
serpinti *a.* 1. sprinkle (of rain) 2. spit (of snow) 3. spray from a falling liquid
serpiştirmek *e.* 1. to sprinkle 2. to scatter 3. to distribute
serpmek *e.* 1. to sprinkle, to scatter 2. (rain) to sprinkle down 3. (snow) to spit down
sersem *s.* 1. stupefied, dazed, stunned, bewildered 2. confused, muddled 3. stupid
sersemlemek *e.* 1. to be stupefied/dazed/stunned 2. to become confused 3. to get muddled
sersemletmek *a.* to daze, to stun
sersemlik *a.* 1. dazedness, daze, stupefaction 2. mental confusion 3. muddleheadedness 4. stupidity
serseri *a.* vagabond, tramp, vagrant; *arg.* bum, *Aİ.* hobo * *s.* 1. vagrant 2. stray
serserilik *a.* vagabondage, vagrancy, *arg.* bum
sert *s.* 1. hard 2. (meat, etc.) tough 3. (cigarette, etc.) strong 4. (drinks) strong, stiff 5. stiff, firm 6. severe 7. harsh 8. strict 9. violent 10. (words, etc.) cutting, biting, hurtful 11. abrupt 12. (penis) erect, hard 13. rigid
sertifika *a.* certificate
sertleşmek *e.* 1. to get hard, to harden, to tough, to toughen 2. to harshen, to become severe 3. to become strong, potent, or pungent 4. (penis) to become erect
sertleştirmek *e.* to harden
sertlik *a.* 1. hardness, toughness 2. strength, potency, sharpness, pungency 3. harshness, severeness

**S**

serum *a.* serum
serüven *a.* adventure **serüven filmi** adventure film, *Aİ.* cliff hangover
serüvenci *a.* adventurer, adventurous person
serüvenli *s.* adventurous
servet *a.* wealth, riches
servi *a, bitk.* cypress
servis *a.* 1. service 2. department **servis atmak** *sp.* to serve **servis yapmak** to serve food (to)
serzeniş *a, esk.* reproach **serzenişte bulunmak** to reproach
ses *a.* 1. voice 2. sound, noise **ses ayarı** volume control **ses çıkarmamak** a) not to make a noise b) to say nothing, not to object **ses çıkmamak** not to be heard, to get no news (from) **ses dalgası** sound wave **ses geçirmez** soundproof **sesini kesmek** to shut up **sesini kısmak** to turn down
sesbilgisi *a.* phonetics
sesbilim *a.* phonology
sesbirim *a.* phoneme
sesçi *a, tek.* sound man
sesçil *s.* phonetic
seslem *a, dilb.* syllable
seslendirme *a.* sound recording
seslendirmek *e.* to make a sound recording; to add sound (to a film)
seslenmek *e.* 1. to call out to *(sb)* 2. to speak to, to address
sesli *s.* 1. -voiced 2. vocalic 3. (film) talking **sesli harf** vowel **sesli okumak** to read aloud
sessiz *s.* 1. quiet, silent 2. quiet and shy 3. consonantal **sessiz film** silent film **sessiz harf** consonant
sessizce *be.* silently
sessizlik *a.* silence
set *a.* 1. retaining wall 2. terrace 3. *sp.* set 4. music set, stereo **set çekmek** a) to dike b) to hinder, to barricade
sevap *a.* good works/deed **sevap işlemek** to acquire merit **sevaba girmek** to acquire merit in God's sight
sevda *a.* love, passion **sevda çekmek** to be passionately in love
sevdalanmak *e.* to fall in love (with), to

lose one's heart (to)
sevdalı *s.* in love
sevecen *s.* tender, compassionate
sevecenlik *a.* tenderness, compassion
sevgi *a.* love, affection
sevgili *a.* lover, darling, sweetheart, love
* *s.* dear, beloved **sevgilim** darling, honey *Aİ.*
sevi *a.* love
sevici *a.* lesbian
sevicilik *a.* lesbianism
sevimli *s.* cute, pretty, charming
sevimsiz *s.* unlovable, unlikable, unattractive
sevinç *a.* joy, delight, gladness **sevincinden uçmak** to exult, to walk on air
sevinçli *s.* joyful, glad
sevindirmek *e.* to delight, to please, to gladden
sevindirmek *e.* to please
sevinmek *e.* to be pleased/happy/glad
sevişme *a.* lovemaking
sevişmek *e.* 1. to love/like each other 2. to make love, to have sex
seviye *a.* 1. level, plane 2. level, standing, footing
sevk *a.* 1. sending, shipping 2. driving, urging, inciting 3. dispatch **sevk etmek** a) to send, to consign, to dispatch b) to incite, to urge
sevkıyat *a.* 1. dispatch 2. consignment
sevmek *e.* 1. to love 2. to like 3. to fondle, to caress, to stroke (a cat, etc.) **seve seve** willingly, with pleasure
seyahat *a.* journey, trip, voyage **seyahat acentası** travel agency **seyahat çeki** traveller's cheque **seyahat etmek** to travel **seyahat rehberi** phrasebook
seyelan *a.* flowing, flow
seyir *a.* 1. course, progress 2. looking at, watching 3. cruising **seyir defteri** logbook
seyirci *a.* spectator, viewer, onlooker **seyirci kalmak** not to be involved in, to be a mere spectator, to be an onlooker **seyirciler** audience
seyis *a.* groom
seyrek *s.* 1. rare, uncommon, infrequent 2. at infrequent intervals 3. wide apart 4.

**S**

loosely woven, sparse 5. (hair) thin * *be.* rarely, seldom

**seyretmek** *e.* 1. to watch, to look 2. to move, to sail, to cruise

**seyyah** *a.* tourist, traveller

**seyyar** *s.* 1. itinerant, roving, peripatetic 2. portable, movable, mobile **seyyar satıcı** pedlar, street hawker

**sezaryen** *a, hek.* caesarean (section) **sezaryenla doğmak** to be born by caesarean section

**sezgi** *a.* intuition

**sezgicilik** *a, fel.* intuitionism

**sezgili** *s.* intuitive

**sezgisel** *s.* intuitional

**sezi** *a.* intuition

**sezinç** *a.* tact

**sezinçli** *s.* tactful

**sezinlemek, sezinmek** *e.* to sense, to feel, to understand, to perceive

**sezmek** *e.* to sense, to perceive, to feel

**sezon** *a.* season

**sezyum** *a, kim.* cesium

**sfenks** *a.* sphinx

**sıcacık** *s.* cosy, cozy

**sıcak** *s.* hot, warm * *a.* 1. heat 2. hot place **sıcağı sıcağına** while the iron is hot **sıcak hava** hot air **sıcak renkler** warm colours **sıcak su** hot water **sıcak tutmak** to keep warm

**sıcakkanlı** *s.* 1. friendly, genial, companionable 2. *hayb.* hot-blooded

**sıcaklık** *a.* heat, warmth

**sıcakölçer** *a.* thermometer

**sıçan** *a, hayb.* 1. rat 2. mouse

**sıçmak** *e, kab.* 1. to shit 2. to mess up, to bugger up **Sıçtı Cafer, bez getir.** He's buggered it up. He's messed things up.

**sıçramak** *e.* 1. to leap, to jump, to spring, to bounce (up) 2. to spread 3. to spurt out

**sıçratmak** *e.* 1. to cause to jump 2. to splash, to spatter

**sıfat** *a.* 1. role, capacity, position 2. quality, attribute 3. *dilb.* adjective **sıfatıyla** in the capacity of

**sıfır** *a.* 1. zero 2. nothing **sıfırdan başlamak** to start from zero

**sığ** *s.* shallow

**sığa** *a, fiz.* capacity

**sığdırmak** *e.* to fit in, to cram in, to force into

**sığınak** *a.* shelter

**sığınmak** *e.* 1. to take shelter in, to take refuge 2. to crouch down

**sığır** *a, hayb.* cattle **sığır eti** beef

**sığırcık** *a, hayb.* starling

**sığırtmaç** *a.* herdsman, drover, herder

**sığışmak** *e.* (people) to squeeze in

**sığlaşmak** *e.* to get shallow

**sığlık** *a.* 1. shallowness 2. sandbank, shallow place

**sığmak** *e.* to fit into

**sıhhat** *a.* 1. health 2. correctness, soundness **Sıhhatinize** To your health! Cheers! **Sıhhatler olsun** Good health to you!

**sıhhatli** *s.* healthy

**sıhhi** *s.* hygienic

**sıhhiye** *a.* sanitary matters

**sık** *s.* 1. close together, dense, thick 2. frequent **sık sık** frequently, often

**sıkacak** *a.* 1. press (a machine) 2. juicer (for squeezing fruits or vegetables)

**sıkboğaz etmek** *e.* to keep on at, to rush *sb,* to importune *sb*

**sıkı** *s.* 1. tight 2. firm 3. dense, compact 4. thick 5. strict 6. severe 7. close, fine 8. *k. dili* tightfisted, tight, stingy, miserly * *a.* straits, trouble, difficulty **sıkı çalışmak** to work hard **sıkı durmak** to hold fast **sıkı fıkı** intimate **sıkı fıkı olmak** to be on intimate terms (with) **Sıkı ise/Sıkıysa** *arg.* You dare! **sıkı tutmak** a) to hold tight b) to control firmly

**sıkıca** *be.* tightly

**sıkıcı** *s.* tiresome, boring, dull

**sıkıdenetim** *a.* censorship

**sıkıdüzen** *a.* discipline

**sıkılgan** *s.* bashful, shy

**sıkılganlık** *a.* shyness, bashfulness

**sıkılık** *a.* 1. tightness 2. strictness 3. stinginess

**sıkılmak** *e.* 1. to be squeezed/pressed 2. to be/get bored 3. to feel embarrassed

**sıkınmak** *e.* to constrain oneself

**sıkıntı** *a.* 1. distress, trouble, difficulty 2. boredom 3. annoyance, worry 4. depression 5. (financial) difficulties/straits **sıkıntı çekmek** to have troubles **sıkıntı vermek** to annoy, to bother **sıkıntıda olmak** to be in straits **sıkıntıya düşmek** to be hard up **sıkıntıya gelememek** to be unable to stand the gaff

**sıkıntılı** *s.* troublesome, trying, uneasy

**sıkışık** *s.* 1. closely pressed together, close, crowded 2. congested

**sıkışmak** *e.* 1. to be closely pressed together 2. to be in trouble 3. to become urgent 4. to get jammed 5. to be caught (between) 6. to need to urinate

**sıkıştırmak** *e.* 1. to press 2. to squeeze 3. to compress 4. to force 5. to tighten 6. to corner *(sb)* 7. to oppress 8. to slip (money, etc. into sb's hand)

**sıkıyönetim** *a.* martial law

**sıkkın** *s.* troubled, distressed, worried, depressed, bored

**sıklaşmak** *e.* 1. to become frequent 2. to be close together

**sıklet** *a.* 1. weight 2. heaviness

**sıklık** *a.* 1. frequency 2. density

**sıkmak** *e.* 1. to press 2. to squeeze 3. to wring 4. to tighten 5. to bore 6. to annoy, to embarrass

**sıla** *a.* 1. one's home/homeland 2. reunion

**sımsıkı** *s.* very tight * *be.* very tightly

**sınai** *s.* industrial

**sınamak** *e.* 1. to try 2. to test 3. to examine

**sınav** *a.* examination, *k. dili* exam **sınav olmak** to have an exam **sınava girmek** to take/sit (for) an exam **sınavda kalmak** to fail (in) an exam, to flunk **sınavı vermek** to pass the exam

**sınıf** *a.* 1. class 2. classroom **sınıf arkadaşı** classmate **sınıf bilinci** class consciousness **sınıf çatışması/kavgası** class conflict/struggle **sınıfta çakmak** to flunk **sınıfta kalmak** to fail

**sınıflama** *a.* classification

**sınıflamak** *e.* to classify, to categorize, to grade

**sınıflamak, sınıflandırmak** *e.* to classify

**sınır** *a.* 1. border 2. frontier 3. boundary, limit **sınır dışı etmek** to deport **sınır**

**koymak** to limit **sınırı geçmek** to cross the frontier

**sınırlamak** *e.* to limit, to border, to restrict

**sınırlamak, sınırlandırmak** *e.* to limit, to border

**sınırlayıcı** *s.* limiting, restrictive

**sınırlı** *s.* 1. bounded by 2. limited, restricted

**sınırsız** *s.* 1. boundless, limitless, unlimited 2. *mat.* infinite

**sıpa** *a, hayb.* donkey-foal

**sır**[1] *a.* secret **sır saklamak/tutmak** to keep (a) secret **sır vermek** to betray a secret **sırra kadem basmak** to vanish into thin air

**sır**[2] *a.* 1. glaze 2. silvering

**sıra** *a.* 1. queue, line, row, file 2. order, sequence 3. turn 4. regularity 5. right time 6. desk **sıra beklemek** to await one's turn **sıra olmak** to be lined **Sıra sende.** It's your turn. **sıra sıra** in rows **sırası gelmişken** by the way **sırasını savmak** to have done one's turn **sıraya girmek** to line up **sıraya koymak** to put in order

**sıraca** *a, hek.* scrofula, king's evil

**sıracaotu** *a, bitk.* figwort

**sıradağ(lar)** *a.* mountain chain

**sıradan** *s.* ordinary, banal, common, commonplace

**sıralamak** *e.* 1. to arrange in order 2. to enumerate

**sıralı** *s.* 1. arranged in order 2. timely, apposite, appropriate

**sırasında** *be.* when necessary

**sırasıyla** *be.* in turn in order

**sırasız** *s.* 1. untimely, inapposite, ill-timed, inappropriate 2. without waiting one's turn 3. improper

**sırça** *a.* glass

**sırdaş** *a.* confidant

**sırf** *be.* pure, mere, sheer, only

**sırık** *a.* pole, stick **sırık gibi** *k. dili* (person) beanpole **sırıkla atlama** *sp.* pole vault

**sırılsıklam** *s.* soaked to the skin, sopping, sopping wet **sırılsıklam âşık** head over heels in love

**sırım** *a.* thin leather cord, thong, strap

sırıtkan *s.* given to grinning
sırıtmak *e.* 1. to grin 2. (defect) to become apparent, to show up
sırma *a.* silver/gilt thread
sırnaşık *s.* tiresome, importunate
sırnaşmak *e.* to annoy, to worry
sırsıklam *s.* soaked to the skin **sırsıklam âşık** head over heels in love **sırsıklam olmak** to be soaked to the skin, to get wet through
sırt *a.* 1. back 2. ridge **sırt çantası** rucksack **sırt çevirmek** to turn one's back on **sırt sırta** back to back **sırtı yere gelmek** to be overcome **sırtından geçinmek** to live at sb's expense **sırtını yere getirmek** to overcome
sırtlamak *e.* 1. to take on one's back, to shoulder 2. to back, to support
sırtlan *a, hayb.* hyena, hyaena
sırtüstü *be.* on one's back **sırtüstü yatmak** to lie on one's back
sıska *s.* puny, skinny
sıtma *a, hek.* malaria
sıtmalı *s.* malarial
sıva *a.* plaster **sıva vurmak** to plaster
sıvacı *a.* plasterer
sıvamak *e.* 1. to plaster 2. to daub, to bedaub 3. to roll up (trouser legs, sleeves)
sıvazlamak *e.* to stroke, to caress
sıvı *a, s.* liquid, fluid
sıvılaştırmak *e.* to liquefy
sıvıölçer *a.* hydrometer
sıvışık *s.* sticky, gooey
sıvışmak *e.* to slip away, to sneak off
sıvıyağ *a.* oil in a liquid state
sıyırmak *e.* 1. to tear, to peel off 2. to graze, to brush 3. to polish off
sıyrık *s.* grazed, peeled, skinned, abraded * *a.* abrasion, graze
sıyrılmak *e.* 1. to be scraped / barked / skinned / abraded 2. to slip off
sızdırmak *e.* 1. to leak, to ooze out 2. to squeeze (money) out (of) 3. to leak (news)
sızı *a.* ache, pain
sızıltı *a.* 1. complaint 2. discontent
sızıntı *a.* 1. leak 2. oozing
sızlamak *e.* to ache

sızlanmak *e.* to complain, to grouch
sızmak *e.* 1. to leak 2. to seep from, to ooze 3. (secret) to leak out 4. to infiltrate 5. to pass out after getting drunk
si *a, müz.* ti, te
sibernetik *a.* cybernetics
sicil *a.* 1. register 2. employment record, dossier, file 3. qualification **sicile kaydetmek** to enter into the register
sicim *a.* string, twine, packthread
sidik *a.* urine, *arg.* piss **sidik yarışına çıkmak** to keep up with the Joneses
sidikborusu *a, anat.* ureter
sidiktorbası *a, anat.* bladder
sidikyolu *a, anat.* urethra
sidikzoru *a, hek.* urine retention
sifon *a.* 1. siphon 2. toilet flush tank **sifonu çekmek** to pull the chain, to flush the toilet, to flash the lavatory
siftah *a.* first sale of the day, handsel **siftah etmek** to make the first sale of the day
sigara *a.* cigarette **sigara içmek** to smoke (a cigarette) **Sigara içilmez** No smoking. **sigara sarmak** to roll a cigarette
sigaraböreği *a.* cigar-shaped fried pastry filled with cheese, parsley or mince
sigorta *a.* 1. insurance 2. *elek.* fuse **sigorta atmak** (fuse) to blow **sigorta etmek** to insure **sigorta poliçesi** insurance policy **sigorta primi** insurance premium **sigortayı attırmak** to blow the fuse
sigortacı *a.* insurer
sigortacılık *a.* selling insurance
sigortalamak *e.* to insure
**sigortalı** *s.* insured
sigortasız *s.* uninsured
siğil *a, hek.* wart
sihir *a.* 1. magic 2. sorcery, witchcraft 3. charm
sihirbaz *a.* magician, sorcerer
sihirbazlık *a.* magic, sorcery, witchcraft
sihirli *s.* 1. magic, magical 2. bewitched
sik *a, kab.* cock, dick, prick
sikişmek *e, kab.* to fuck, to screw, to have it away/off together
siklamen *a, bitk.* cyclamen

**siklememek** *e, kab.* not to give a shit/damn

**siklon** *a.* cyclone

**sikmek** *e, kab.* 1. to lay, to make, to fuck 2. to bugger (up), to balls up, to fuck

**siktir** *ünl, kab.* Fuck off! Bugger off! **Siktir et** *kab.* Never mind! **siktir etmek** *kab.* to send away, to get rid of **Siktir git** *kab.* Fuck off! Bugger off! Piss off! **siktir olup gitmek** to piss off, to fuck off

**siktirici** *s, kab.* bloody, fucking, damn

**silah** *a.* weapon, arm **silah altına almak** to call to arms **Silah başına** To arms! **silah çatmak** to pile arms **silah kaçakçısı** gunrunner

**silahlamak, silahlandırmak** *e.* to arm

**silahlanma** *a.* armament, arming **silahlanma yarışı** arms race

**silahlanmak** *e.* to arm

**silahlı** *s.* armed **silahlı kuvvetler** the armed forces

**silahsız** *s.* unarmed

**silahsızlandırmak** *e.* to disarm

**silahsızlanma** *a.* disarmament

**silahşor** *a.* man-at-arms, musketeer, warrior

**silecek** *a, oto.* (windscreen) wiper

**silgi** *a.* 1. eraser, rubber 2. (blackboard) duster

**silik** *s.* 1. worn, rubbed out 2. indistinct, insignificant

**silikat** *a.* silicate

**silikon** *a.* silicone

**silindir** *a.* 1. cylinder 2. road roller

**silindirik** *s.* cylindrical

**silis** *a, kim.* silica

**silkelemek** *e.* to shake off

**silkinmek** *e.* to shake oneself

**silkmek** *e.* 1. to shake 2. to shake off 3. to shake down

**silme** *s.* full to the brim, brimful

**silmek** *e.* 1. to wipe 2. to erase, to rub out 3. to rub up, to polish 4. to remove

**silo** *a.* silo

**silsile** *a.* 1. series, chain 2. (mountain) chain 3. genealogy, pedigree

**siluet** *a.* silhouette

**sim** *a.* silver

**sima** *a.* face, features

**simetri** *a.* symmetry

**simetrik** *s.* symmetrical

**simge** *a.* symbol

**simgecilik** *a.* symbolism

**simgelemek** *e.* to symbolize

**simit** *a.* 1. life buoy 2. ring-shaped bread covered with sesame seeds

**simsar** *a.* commission agent, broker, middleman

**simsarlık** *a.* brokerage

**simsiyah** *s.* jet black

**simya** *a.* alchemy

**simyacı** *a.* alchemist

**sin** *a.* grave, tomb

**sinagog** *a.* synagogue

**sincap** *a, hayb.* red squirrel

**sindirim** *a.* digestion **sindirim sistemi** digestive system

**sindirimbilim** *a.* gastroenterology

**sindirmek** *e.* to digest

**sine** *a.* bosom, breast **sineye çekmek** to take *sth* lying down, to put up with

**sinek** *a.* 1. *hayb.* fly 2. *isk.* clubs **sinek avlamak** (shopkeeper) to have no customers

**sinekağırlık** *a.* (boxing) featherweight

**sinekkapan** *a, bitk.* Venus's flytrap

**sinekkaydı** *s.* (shave) very smooth, close * *be.* very smoothly

**sinekkuşu** *a, hayb.* hummingbird

**sineklik** *a.* 1. flyswatter, fly whisk 2. flypaper

**sineksıklet** *a.* (boxing) featherweight

**sinema** *a.* 1. cinema 2. the cinema/pictures/movies

**sinemaskop** *a.* Cinemascope

**sinematek** *a.* film library/club

**sini** *a.* large, round copper/brass tray (used as a table)

**sinik**[1] *s.* crouching, cowed

**sinik**[2] *a, s, fel.* cynic

**sinir** *a.* 1. *anat.* nerve 2. sinew, fibre 3. anger, irritation 4. emotional balance, equanimity * *s.* irritating, irksome, annoying **sinir argınlığı** neurasthenia **sinir harbi** war of nerves **sinir hastalığı** neuropathy **sinir hücresi** nerve cell **sinir kesilmek** to become all nerves **sinir krizi** attack of nerves, fit of hysterics **sinir olmak** to chafe **sinir sistemi** nervous system **siniri tutmak** to have a fit of nerves **sinirine dokunmak** to get on sb's nerves **sinirleri altüst olmak** to be very upset **sinirlerini bozmak** to get on sb's nerves

sinirbilim *a, hek.* neurology

sinirce *a, anat.* neurosis

sinirdoku *a, anat.* neural tissue

sinirlendirmek *e.* to make *(sb)* nervous, to annoy, to rub *sb* the wrong way, to irritate

sinirlenmek *e.* to be/get annoyed/irritated

sinirli *s.* quick-tempered, irascible, irritable

sinirsel *s.* neural, nervous

sinizm *a, fel.* cynicism

sinlik *a.* cemetery, graveyard

sinmek *e.* 1. to crouch down 2. to pervade, to penetrate/permeate deeply 3. to cower in fear

sinsi *s.* 1. sly, stealthy 2. (disease) insidious

sinsice *be.* stealthily

sinsilik *a.* stealthiness

sintine *a, den.* bilge, bilges

sinüs *a.* 1. *anat.* sinus 2. *mat.* sine

sinüzit *a, hek.* sinusitis

sinyal *a.* 1. signal 2. dial tone (of a telephone) **sinyal lambası** *oto.* turn indicator

sipariş *a.* order for goods **sipariş almak** to receive an order **sipariş etmek/vermek** to order

siper *a.* 1. shield, shelter 2. protection 3. *ask.* trench, foxhole

sipsivri *s.* very sharp

sirayet *a.* contagion, infection **sirayet etmek** (disease) to spread

siren *a.* siren

sirk *a.* circus

sirke *a.* 1. vinegar 2. *hayb.* nit

siroz *a, hek.* cirrhosis

sis *a.* fog, mist, haze **sis farı/lambası** *oto.* fog lamp

sisli *s.* foggy, misty, hazy

sismograf *a.* seismograph

sismoloji *a.* seismology

sistem *a.* system

sistematik *s.* systematic

sistemleşmek *e.* to become systematized

sistemleştirmek *e.* to systematize

sistemli *s.* systematic

sistemsiz *s.* unsystematic

sistit *a, hek.* cystitis

site *a.* 1. housing estate/development 2. city-state

sitem *a.* reproach **sitem etmek** to reproach

sivil *s.* 1. civilian 2. dressed in civilian clothes, in mufti * *a.* 1. civilian 2. plainclothes policeman **sivil polis** plainclothes policeman, policeman in plan clothes

sivilce *a.* pimple; acne

sivilceli *s.* pimply, pimpled

sivri *s.* 1. sharp 2. pointed 3. *mec.* extreme **sivri akıllı** clever dick, smart aleck(y)

sivribiber *a.* long green pepper, hot pepper

sivrileşmek *e.* to become sharply pointed

sivrilik *a.* pointedness, sharpness

sivrilmek *e.* 1. to become sharply pointed 2. to advance rapidly

sivriltmek *e.* to point, to sharpen

sivrisinek *a, hayb.* mosquito

siyah *s.* 1. black 2. dark * *a.* 1. black 2. negro, black

siyahımsı *s.* blackish

siyahlaşmak, siyahlatmak *e.* to blacken

siyahlık *a.* 1. blackness 2. black spot

siyanür *a, kim.* cyanide

siyasa *a.* politics

siyasal *s.* political

siyaset *a.* politics, policy, diplomacy

siyasetçi *a.* politician

siyasi *s.* political

siyatik *a, hek.* sciatica

siyonizm *a.* Zionism

siz *adl.* you **Siz bilirsiniz** It's up to you. As you like.

size *adl.* to you, for you

sizi *adl.* you

sizin *adl.* your

sizinki *adl.* yours

skandal *a.* scandal

**skeç** *a.* sketch, skit

**skor** *a.* score

**skorbord** *a.* scoreboard

**skuter** *a.* motor scooter

**slayt** *a.* slide

**slogan** *a.* slogan

**smokin** *a.* dinner jacket, tuxedo

**soba** *a.* stove

**soda** *a.* 1. soda 2. soda water 3. sodium carbonate

**sodyum** *a, kim.* sodium

**sofa** *a.* hall, anteroom

**sofra** *a.* 1. dining table 2. meal **sofra başında** at the table, while eating **sofra örtüsü** tablecloth **sofra takımı** table service **sofraya oturmak** to sit down to a meal **sofrayı kurmak** to lay the table

**softa** *a.* fanatic, blind follower

**sofu** *s.* religious, pious, devout * *a.* devotee

**soğan** *a, bitk.* 1. onion 2. bulb

**soğuk** *a, s.* cold **soğuk almak** to catch cold **soğuk algınlığı** cold **soğuk damga** embossed stamp **soğuk davranmak** to give *sb* the cold shoulder **soğuk espri** joke in bad taste **soğuk savaş** cold war **soğuktan donmak** to be frozen to death

**soğukkanlı** *s.* coolheaded, calm

**soğukkanlılık** *a.* being coolheaded, calmness

**soğukluk** *a.* 1. coldness 2. chilliness 3. (sexual) frigidity 4. cold sweat, compote

**soğumak** *e.* 1. to become cold, to get cold, to cool 2. to cease to care for, to lose one's love/desire/enthusiasm (for)

**soğurmak** *e.* to absorb

**soğutmak** *e.* to cool

**soğutucu** *a.* 1. cooler 2. refrigerator

**sohbet** *a.* conversation, talk, chat **sohbet etmek** to have a chat

**sokak** *a.* street **sokak çocuğu** street Arab, street urchin **sokak kadını** street walker **sokak lambası** street lamp

**sokmak** *e.* 1. to thrust into, to insert, to introduce, to stick in, to put in 2. to let in 3. to sting, to bite

**sokulgan** *s.* sociable, companionable, friendly

**sokulmak** *e.* 1. to push oneself into (a place) 2. to cultivate friendly relations with

**sokuşturmak** *e.* to slip (bad goods) in with the good ones (in selling)

**sol**[1] *a, s.* left **sol yapmak** to steer to the left **solda** on the left **solda sıfır** a mere cypher

**sol**[2] *a, müz.* sol

**solaçık** *a, sp.* left-winger, outside left

**solak** *s.* left-handed * *a.* left-hander

**solaklık** *a.* left-handedness

**solanahtarı** *a, müz.* treble clef

**solcu** *a.* leftist

**solculuk** *a.* leftism

**soldurmak** *e.* to fade, to cause to fade

**solfej** *a, müz.* solfège, solfeggio

**solgun** *s.* 1. pale, faded 2. (flowers) wilted

**solgunluk** *a.* paleness

**solhaf** *a, sp.* left halfback, left half

**solist** *a.* soloist

**sollamak** *e.* to overtake (a vehicle)

**solmak** *e.* 1. to fade 2. to wilt 3. to wither 4. to become pale

**solmaz** *s.* (colour) fast, fadeless

**solo** *a.* solo **solo yapmak** to solo

**solucan** *a, hayb.* worm

**soluk**[1] *s.* pale, faded

**soluk**[2] *a.* breath **soluğu kesilmek** to be out of breath **soluk aldırmamak** to give no respite **soluk almak** a) to breathe b) to have a rest **soluk borusu** trachea, windpipe **soluk kesici** breathtaking **soluk soluğa** out of breath **soluk vermek** to breathe out, to expire

**soluklanmak** *e.* 1. to take a breather 2. to have a rest

**solumak** *e.* 1. to breathe 2. to pant

**solungaç** *a, hayb.* gill

**solunum** *a.* respiration **solunum sistemi** respiratory system

**som**[1] *s.* 1. solid, not hollow 2. pure, unalloyed

**som**[2] *a, hayb.* salmon

**somak** *a, bitk.* sumach

**somaki** *a.* porphyry

**somun** *a.* 1. loaf (of bread) 2. *tek.* nut **somun anahtarı** spanner, wrench

somurtkan *s.* sulky, sullen
somurtkanlık *a.* sulkiness
somurtmak *e.* to sulk, to pout
somut *s.* concrete
somutlaşmak *e.* to concretize, to become concrete
somutlaştırmak *e.* to concretize, to make concrete
somutluk *a.* concreteness
somya *a.* spring mattress
son *s.* 1. last 2. recent 3. final 4. latest * *a.* 1. last 2. end 3. ending 4. final 5. result 6. *anat.* placenta, afterbirth **son bulmak** to come to an end, to end **son derece** enormously, in the extreme, extremely, exceedingly **son kozunu oynamak** to play one's last trump **son olarak** a) lastly b) once and for all **son vermek** to end, to finish, to put an end to **sona ermek** to end; to finish, to come to an end **sonuna kadar** to the last, till the last **sonunu getirmek** to complete, to finish, to accomplish
sonar *a, den.* sonar
sonat *a, müz.* Sonata
sonbahar *a.* autumn, *Aİ.* fall
sonda *a.* 1. probe 2. *yerb.* bore 3. *hek.* catheter
sondaj *a.* 1. boring, driling 2. *k. dili* inquiry, sounding **sondaj yapmak** a) to bore b) to sound
sondalamak *e.* 1. to bore 2. to sound
sonek *a, dilb.* suffix
sonra *be.* 1. after 2. afterwards 3. later 4. then 5. in future 6. otherwise
sonradan *be.* later, afterwards **sonradan görme** parvenu, upstart
sonraki *s.* following, subsequent
sonrasız *s.* eternal, endless
sonsal *s, fel.* a posteriori
sonsuz *s.* 1. endless, eternal 2. infinite
sonsuzluk *a.* infinity, eternity
sonuç *a.* result, consequence, outcome, conclusion **sonuç çıkarmak** to draw a conclusion **sonuç olarak** consequently, eventually
sonuçlandırmak *e.* to bring to a conclusion, to conclude, to finish
sonuçlanmak *e.* 1. to come to a conclu-

sion, to conclude 2. to result in
sonuçsuz *s.* fruitless, vain
sonuçta all in all
sonuncu *s.* last, final
sonunda *be.* at last; in the end; finally
sopa *a.* 1. thick stick, cudgel, club 2. beating, clubbing **sopa atmak** to give a beating (to) **sopa çekmek** a) to beat sb up, to give sb a hiding *kon.* b) to chastise **sopa yemek** to get a beating
soprano *a, müz.* soprano
sorgu *a.* interrogation, cross-examination, grilling **sorguya çekmek** to interrogate
sorguç *a.* 1. crest 2. aigrette
sorgulamak *e.* to interrogate, to cross-examine, to grill
sormaca *a.* opinion poll, poll
sormak *e.* 1. to ask 2. to ask about 3. to inquire
soru *a.* question **soru işareti** question mark
sorum *a.* responsibility
sorumlu *s.* 1. responsible 2. accountable, answerable, liable **sorumlu olmak** to be in charge (of sb/sth), to answer for
sorumluluk *a.* responsibility, commitment
sorumsuz *s.* irresponsible
sorumsuzluk *a.* irresponsibility
sorun *a.* problem, question, matter
sorunsal *s.* problematic, problematical
soruşturma *a.* 1. investigation 2. questionnaire
soruşturmak *e.* to investigate, to inquire into
sos *a.* sauce
sosis *a.* sausage
sosisli *s.* containing sausage * *a, k. dili* hot dog **sosisli sandviç** hot dog
sosyal *s.* social **sosyal çevre** social surroundings, milieu **sosyal dayanışma** social solidarity **sosyal demokrat** social democrat **sosyal eşitsizlik** social inequality **sosyal sigorta** social security **sosyal tabaka** social stratum **sosyal yapı** social structure **sosyal yardım** social welfare
sosyalist *a, s.* socialist
sosyalizasyon *a.* socialization

**S**

**sosyalizm** *a.* socialism
**sosyalleştirmek** *e.* to socialize
**sosyete** *a.* 1. society 2. high society
**sosyetik** *s.* belonging to high society
**sosyoekonomik** *s.* socioeconomic
**sosyolog** *a.* sociologist
**sosyoloji** *a.* sociology
**sosyolojik** *s.* sociological
**sosyopolitik** *s.* sociopolitical
**sote** *a.* sauté
**Sovyet** *a, s.* Soviet
**soy** *a.* 1. race 2. line, lineage, family, ancestry 3. sort, kind **soy sop** family, relations **soya çekmek** to take after one's family
**soya** *a.* soybean
**soyaçekim** *a.* heredity
**soyadı** *a.* family name, surname
**soyağacı** *a.* family tree, genealogical tree
**soydaş** *s.* of the same kind/race
**soygun** *a.* 1. pillage, spoliation 2. robbery
**soyguncu** *a.* 1. plunderer, pillager 2. robber
**soygunculuk** *a.* robbery
**soykırım** *a.* genocide
**soylu** *s.* 1. of a good family, noble, highborn 2. honoured, noble, patrician
**soyluerki** *a.* aristocracy
**soyluluk** *a.* nobility
**soymak** *e.* 1. to peel, to skin, to shell 2. to undress, to skin 3. to rob, to sack, to plunder **soyup soğana çevirmek** to clean out, to rifle
**soysuz** *s.* 1. of bad stock/family 2. base, unprincipled 3. degenerated
**soysuzlaşmak** *e.* to degenerate
**soytarı** *a.* clown, buffoon
**soyunmak** *e.* to get undressed; to undress oneself; to take one's clothes off
**soyunma odası** *a.* changing room
**soyut** *s.* abstract
**soyutçuluk** *a, fel.* abstractionism
**soyutlama** *a.* abstraction
**soyutlamak** *e.* to abstract
**soyutlaşmak** *e.* to become abstract
**soyutluk** *a.* abstractness
**söbe** *s.* oval
**söğüş** *s.* boiled meat, cold meat
**söğüt** *a, bitk.* willow

**sökmek** *e.* 1. to pull out/up 2. to tear down 3. to take apart 4. to extract 5. to unstitch 6. to disassemble, to dismantle 7. to break through (obstacle) 8. (dawn) to break 9. *arg.* to be effective, to work
**sökük** *a.* dropped stitch, rent, tear * *s.* unravelled, unstitched
**sökülmek** *e.* 1. to be unravelled/unstitched 2. *arg.* to pay up, to shell out, to cough up
**sökün etmek** *e.* 1. to come one after the other 2. to appear suddenly
**sömestr** *a.* term, semester
**sömürge** *a.* colony, dependency
**sömürgeci** *a.* colonist * *s.* colonial
**sömürgecilik** *a.* colonialism, imperialism
**sömürgeleştirmek** *e.* to colonize
**sömürmek** *e.* 1. to exploit 2. to swallow down
**sömürü** *a.* exploitation
**sömürücü** *a.* exploiter
**sömürücülük** *a.* exploitation
**söndürmek** *e.* 1. to extinguish 2. to put out 3. to deflate, to take the air out of 4. to diminish, to reduce
**sönmek** *e.* 1. (fire, light) to go out, to be out 2. (balloon, etc.) to be deflated 3. (volcano) to become extinct 4. to die, to fade (away)
**sönük** *s.* 1. extinguished 2. deflated 3. dim, faint, weak 4. obscure, undistinguished
**sörf** *a.* surfing **sörf yapmak** to surf, to go surfing
**sövgü** *a.* swearword, *Al.* cussword
**sövmek** *e.* to curse, to swear
**söyence** *a.* legend
**söylem** *a.* pronunciation
**söylemek** *e.* 1. to say, to tell, to speak 2. to declare 3. to utter 4. to sing (a song)
**söyleniş** *a.* pronunciation
**söylenmek** *e.* 1. to be said 2. to be pronounced 3. to grumble, to mutter
**söylenti** *a.* rumour
**söyleşi** *a.* chat, conversation
**söyleşmek** *e.* 1. to talk informally with each other, to chat 2. to talk *sth* over
**söylev** *a.* speech, discourse **söylev vermek** to give a speech

S

söz *a.* 1. word 2. speech, talk 3. rumour, gossip 4. promise **söz almak** a) to begin to speak b) to obtain a promise **söz altında kalmamak** to give as good as one gets, to be quick to retort **söz anlamak** to be reasonable **söz aramızda** between you and me **söz dinlemek** to listen to advice, to obey **söz etmek** to talk about, to mention **söz geçirmek** to make oneself listened to **söz götürmez** beyond doubt, indisputable **söz işitmek** to be told off **söz kesmek** to agree to give in marriage **söz konusu** in question **söz olmak** to be the subject of gossip **söz vermek** to promise **söze karışmak** to interrupt, to chime in **sözü ağzına tıkamak** to shut *sb* up **sözü ağzında gevelemek** to beat about the bush **sözü çevirmek** to change the subject **sözü geçmek** a) to be talked about b) to be influential **sözü uzatmak** to be wordy **sözün kısası** in short **sözünde durmak** to keep one's word **sözünde durmamak** to break one's word **sözünden dönmek** to go back on one's word, to break one's promise **sözünü esirgememek** not to mince matters/one's words **sözünü kesmek** to cut in (on sb/sth), to interrupt, to chip in (with sth) *kon.* **sözünü tutmak** to keep one's word **sözünün eri** a man of his word

sözbirliği *a.* agreement, unanimity of thought **sözbirliği etmek** to agree to say/do the same thing, to be unanimous in

sözcü *a.* spokesman

sözcük *a.* word **sözcük dağarcığı/hazinesi** vocabulary

sözde *be.* supposedly * *s.* so-called, would-be

sözdizimi *a.* syntax

sözgelimi *be.* for example, for instance

sözgelimi, sözgelişi *be.* for example/instance

sözleşme *a.* 1. agreement, contract 2. mutually promising

sözleşmek *e.* 1. to promise each other 2. to make an appointment

sözleşmeli *s.* contractual

sözlü *s.* 1. oral, verbal 2. engaged to be married * *a.* fiancé, fiancée **sözlü sınav** oral exam

sözlük *a.* dictionary, lexicon

sözlükçü *a.* lexicographer

sözlükçülük *a.* lexiocography

sözümona *s, k. dili* so-called, alleged

spagetti *a.* spaghetti

spekülasyon *a.* speculation

spekülatör *a.* speculator, *k. dili* bull

sperm *a.* sperm

sperma *a.* sperm

spesiyal *s.* special

spesiyalite *a.* specialty

spiker *a.* announcer

spiral *a, s.* spiral

spiritualizm *a.* spiritualism

spontane *s, be.* spontaneous(ly)

spor araba sports car **spor yapmak** to play sports

spor[1] *a, biy.* spore

spor[2] *a.* sports, games * *s.* sports, sporting

sporcu *a.* sportsman, athlete, games player

sporsever *a.* sports fan

sportif *s.* sports, sporting

sportmen *a.* sportsman * *s.* sportsmanlike

sportoto *a.* (football) pools

spot *a.* spot, spotlight

sprey *a.* 1. spray 2. sprayer

stabilize *s.* stabilized **stabilize etmek** to stabilize

stadyum *a.* stadium

staj *a.* training period, internship **staj görmek** to be under training

stajyer *a.* trainee, intern, probationer

standart *a.* standard * *s.* standardized

stat *a.* stadium

statik *a.* statics * *s.* static

statü *a.* statute, regulation

statüko *a.* status quo

sten *a.* Sten gun

steno *a.* shorthand, stenography

stenograf *a.* stenographer

stenografi *a.* shorthand, stenography

step *a.* steppe

**stepne** *a, oto.* spare tyre
**stereo** *a, s.* stereo
**stereofonik** *s.* stereophonic
**stereoskop** *a.* stereoscope
**stereotipi** *a.* stereotype
**steril** *s.* sterile
**sterilize** *s.* sterilized **sterilize etmek** to sterilize
**sterlin** *a.* sterling, pound
**stetoskop** *a.* stethoscope
**steyşın** *a.* estate car, shooting-brake, station wagon *Aİ.* **steyşın araba** hatchback, station wagon
**stil** *a.* style
**stilist** *a.* clothes designer, dress designer
**stoacılık** *a, fel.* Stoicism
**stok** *a.* stock, goods in hand **stok etmek** to stock
**stokçu** *a.* hoarder, stockist
**stop** *ünl.* Stop! **stop etmek** to stop **stop lambası** stop lamp
**stopaj** *a.* stoppage at source
**stor** *a.* window shade, blind
**strateji** *a.* strategy
**stratejik** *s.* strategical
**stres** *a.* stress, tension, the jitters
**striptiz** *a.* striptease, strip-show
**striptizci** *a.* stripper
**stronsiyum** *a, kim.* strontium
**stüdyo** *a.* studio
**su** *a.* 1. water 2. juice 3. sap 4. broth 5. stream, brook **su almak** (boat) to make water, to leak **su baskını** flood **su basmak** to flood **su böreği** *bkz.* **suböreği su cenderesi** hydraulic press **su çekmek** to draw water **su değirmeni** water mill **su deposu** water reservoir **su dökmek** to make water, to urinate **su gibi bilmek** to know perfectly **su gibi para harcamak** to spend money like water **su götürmez** beyond doubt, indisputable **su götürür** disputable, controversial **su koyvermek** to overstep the mark, to back on one's word **su perisi** nymph **su sayacı** water counter **su tesisatı** waterworks **su toplamak** to blister **su vermek** a) to water b) (steel) to temper **su yüzüne çıkmak** to come to light **sudan çıkmış balığa dönmek**

to be like a fish out of water **sudan ucuz** very cheap **suya düşmek** to fall to the ground, to fizzle out, to miscarry **suya sabuna dokunmamak** to avoid meddling **suyuna gitmek** to rub *sb* the right way **suyunu çekmek** to run out
**sual** *a.* question, inquiry
**sualtı** *s.* underwater
**suare** *a.* evening performance
**suaygırı** *a, hayb.* hippopotamus, *k. dili* hippo
**subay** *a, ask.* officer
**subilim** *a.* hydrology
**suböreği** *a.* layered pastry
**sucuk** *a.* (garlic-flavoured) sausage **sucuk gibi** wringing, wringing wet **sucuk gibi ıslanmak/olmak** to get wet through **sucuğunu çıkarmak** a) to give a good beating b) to tire out
**sucul** *s.* 1. (animal) aquatic 2. absorbent
**suç** *a.* crime, offense **suç işlemek** to commit a crime **suçunu bağışlamak** to forgive sb's offence, to pardon *sb*
**suçiçeği** *a, hek.* chicken pox, varicella
**suçlama** *a.* accusation
**suçlamak** *e.* to accuse; to charge *(sb)* with
**suçlu** *s.* guilty * *a.* guilty person, criminal **suçlu bulmak** to find guilty, to convict **suçlu bulunmak** to be found guilty **suçlu çıkarmak** to find guilty **suçluların iadesi** extradition
**suçluluk** *a.* guilt, guiltiness
**suçluluk** *a.* guilt, guiltiness
**suçortağı** *a.* accomplice
**suçsuz** *s.* innocent
**suçsuzluk** *a.* innocence
**suçüstü** *be.* red-handed, in flagrante delicto, in the act **suçüstü yakalamak** to find sb out, to catch sb red-handed
**suflör** *a, tiy.* prompter
**sugeçirmez** *s.* waterproof
**suiistimal** *a.* misuse **suiistimal etmek** to misuse, to abuse
**suikast** *a.* 1. assassination 2. conspiracy, assassination plot **suikastta bulunmak** to conspire; to assassinate
**suikastçı** *a.* 1. assassin 2. conspirator
**sukabağı** *a, bitk.* gourd

sukamışı *a.* cattail, bulrush, red mace
sukemeri *a.* aqueduct
suküre *a.* hydrosphere
sulak *s.* watery, marshy
sulama *a.* 1. watering 2. irrigation
sulamak *e.* 1. to water 2. to irrigate
sulandırmak *e.* 1. to dilute 2. to baste
sulanmak *e.* 1. to be irrigated 2. to become watery 3. to water 4. *arg.* to get fresh with
sularında *be.* about, around
sulh *a.* peace **sulh hâkimi** judge of the peace **sulh mahkemesi** court of first instance, minor court
sultan *a.* 1. sultan 2. sultana
sulu *s.* 1. watery 2. moist, juicy 3. *k. dili* silly, saucy, too familiar
suluboya *a.* water colour
suluk *a.* birds' water bowl
sululuk *a.* 1. wateriness 2. juiciness 3. *k. dili* being too familiar
sulusepken *a.* sleet
sumak *a.* sumac
sunak *a.* altar
sundurma *a.* lean-to roof
sungu *a.* gift to a superior
sungur *a, hayb.* white falcon
suni *s.* 1. artificial 2. false 3. affected
sunmak *e.* 1. to put forward, to offer 2. to present
sunta *a.* chipboard
sunu *a, eko.* supply, offer **sunu ve istem** supply and demand
sunucu *a.* compere, emcee
sunuculuk *a.* compèring, emceeing
sunuş *a.* presentation
supap *a.* valve
suphanallah *ünl.* Good grief! Good God!
supya *a.* cuttlefish
sur *a.* city wall, rampart
surat *a.* 1. face 2. sour face **surat asmak** to make a sour face **surat mahkeme duvarı** *k. dili* brazen-faced, sulky **suratından düşen bin parça olmak** to pull a long face **suratını buruşturmak** to grimace
suratsız *s.* 1. ugly 2. sour faced
sure *a.* sura, section of the Koran
suret *a.* 1. form, shape, figure 2. aspect,
manner 3. copy **suret çıkarmak** to make a copy
susam *a.* 1. sesame 2. sesame seed
susamak *e.* 1. to be thirsty 2. to thirst after, to long for
susamış *s.* thirsty, dry
susamuru *a, hayb.* otter
susamyağı *a.* sesame oil
susığırı *a, hayb.* water buffalo
susku *s.* silence
suskun *s.* quiet, taciturn, silent
suskunluk *a.* quietness, taciturnity
susmak *e.* 1. to be silent 2. to stop speaking/talking **Sus** Shut up! Hush!
suspus *s.* silent and cowering **suspus olmak** to keep silent, to cower
susta *a.* safety catch
sustalı *s.* with a safety catch **sustalı çakı** claps knife
susturmak *e.* to silence, to quieten; to shut (sb) up
susturucu *a.* silencer
susuz *s.* 1. waterless, dry 2. without water
susuzluk *a.* 1. aridity, drought 2. thirst
sutaşı *a.* braid, trimming
sutavuğu *a, hayb.* European coot
sutopu *a, sp.* water polo
sutyen *a.* brassiere, bra
suvare *a.* evening performance
suyelvesi *a.* water rail
suyılanı *a, hayb.* water snake
suyolu *a.* 1. waterline, pipeline for water, aqueduct 2. watermark (in paper)
suyosunu *a.* seaweed
suyuvarı *a.* hydrosphere
sübjektif *s.* subjective
sübjektivizm *a.* subjectivism
süet *a.* suede
süklüm püklüm *be.* with one's tail between one's legs, sheepishly
sükse *a.* success, hit **sükse yapmak** to make a splash
sükûn, sükûnet *a.* calm, quiet, rest, repose, tranquility
sükût *a.* silence **Sükût ikrardan gelir** Silence gives consent.
sülale *a.* family, line
sülfat *a, kim.* sulphate, *Aİ.* sulfate

S

sülfür *a, kim.* sulphide, *Aİ.* sulfide
sülfürik *s, kim.* sulphuric, *Aİ.* sulfuric
**sülfürik asit** sulphuric acid
sülük *a, hayb.* leech **sülük gibi yapış-mak** to cling like a leech
sülün *a, hayb.* pheasant
sümbül *a, bitk.* hyacinth
sümkürmek *a.* to blow one's nose
sümsük *s.* sluggish, slothful, uncouth
sümük *a.* 1. mucus 2. snot
sümüklü *s.* 1. mucous, snotty 2. snivelling
sümüklüböcek *a, hayb.* slug
sümüksü *s.* mucous, mucus-like
sünepe *a.* sluggish, slovenly
sünger *a.* 1. sponge 2. foam rubber **(üzerine) sünger çekmek** to pass the sponge over *sth* **sünger gibi** spongy
süngercilik *a.* sponge fishing
süngü *a.* bayonet
süngülemek *e.* to bayonet
sünmek *e.* to stretch, to become stretched out/extended
sünnet *a.* 1. circumcision 2. Muslim practices and rules **sünnet düğünü** circumcision feast **sünnet etmek** to circumcise **sünnet olmak** to be circumcised
sünnetçi *a.* circumciser
sünnetli *s.* circumcised
sünnetsiz *s.* uncircumcised
süper *s.* super **süper benzin** high-octane gasoline
süpermarket *a.* supermarket
süpersonik *s.* supersonic
süprüntü *a.* 1. sweepings, rubbish 2. rabble
süpürge *a.* broom
süpürgedarısı *a.* sorghum
süpürgelik *a.* skirting board, skirting
süpürgeotu *a, bitk.* heath
süpürmek *e.* 1. to sweep 2. to sweep away
sürahi *a.* decanter, carafe, water-bottle
sürat *a.* 1. speed 2. velocity 3. quickness, rapidity
süratle *be.* quickly
süratlenmek *e.* to go faster, to speed up, to gain speed

süratli *s.* speedy, rapid, quick
sürç *a.* stumble **sürçü lisan** slip of the tongue
sürçmek *e.* 1. to stumble, to slip 2. to make a mistake
sürdürmek *e.* to continue, to carry on, to keep on
sürdürüm *a.* subscription
süre *a.* period, duration, extension **süresi sona ermek** to expire
süreaşımı *a.* prescription
süreç *a.* process
süredurum *a, fiz.* inertia
süregelen *s.* lasting, continual
süregelmek *e.* to continue
süreğen *s.* chronic
sürek *a.* 1. duration 2. drove (of cattle) **sürek avı** drive
sürekli *s.* continual, continuous
süreklilik *a.* continuousness, continuity
süreksiz *s.* discontinuous, transient
süreksizlik *a.* discontinuity
süreli *s.* periodical
süreölçer *a.* 1. chronometer 2. stopwatch
süresince *be.* during, throughout
süresiz *s.* indefinite * *be.* indefinitely, for an indefinite period of time **süresiz olarak** indefinitely
sürgit *be.* endlessly, forever, interminably
sürgü *a.* 1. bolt (of a door) 2. sliding bar 3. bedpan
sürgülemek *e.* to bolt, to fasten with a bolt
sürgülü *s.* 1. bolted 2. sliding **sürgülü cetvel** slide rule
sürgün *a.* 1. banishment, exile 2. deportation 3. *hek.* diarrhoea 4. *bitk.* shoot **sürgün etmek** to banish, to exile **sürgün olmak** to have diarrhoea **sürgüne göndermek** to send into exile
sürme *a.* kohl **sürme çekmek** to tinge with kohl
sürmek *e.* 1. to drive (a vehicle) 2. to ride (a horse, bike, etc.) 3. to lead 4. to banish, to exile 5. to drive away, to expel 6. to apply, to lay/rub on, to smear, to spread 7. to release, to place on sale 8. to plough 9. to spend (life/time) 10. to continue, to go on, to push on 11. to last

12. to take (time) 13. to germinate, to shoot out
sürmelemek *e.* 1. to bolt (a door) 2. to tinge with kohl
sürmenaj *a, hek.* exhaustion
sürpriz *a.* surprise **sürpriz yapmak** to surprise
sürrealist *a.* surrealist * *s.* surrealistic
sürrealizm *a.* surrealism
sürtmek *e.* 1. to rub (sth against sth) 2. to rub with the hand 3. to loaf, to wander
sürtük *a.* 1. (woman) gadabout 2. street-walker
sürtünme *a.* friction
sürtünmek *e.* 1. to rub oneself (against) 2. to seek a quarrel
sürtüşmek *e.* 1. to rub against each other 2. to disagree, to dispute
sürü *a.* 1. herd, flock 2. crowd, gang
sürücü *a.* 1. drover 2. driver
sürüklemek *e.* 1. to drag 2. to carry (one's audience/readers with one) 3. to involve, to entail, to lead to
sürüklenmek *e.* 1. to be dragged 2. to drift
sürükleyici *s.* fascinating, absorbing, engrossing
sürüm *a.* circulation, rapid sale, great demand
sürümek *e.* to drag along
sürünceme *a.* 1. delay 2. negligence **sürüncemede bırakmak** to drag out **sürüncemede kalmak** to drag on, to be left hanging in the air
süründürmek *e.* 1. to make crawl 2. to lead *sb* a dog's life
sürüngen *a, hayb.* reptile
sürünmek *e.* 1. to crawl, to creep 2. to rub against 3. to rub on, to rub in 4. *k. dili* to vegetate, to rough it, to lead a dog's life
süs *a.* ornament, adornment, decoration **süsü vermek** to pose as, to pretend to, to pass oneself off as
süsen *a, bitk.* iris
süslemek *e.* 1. to decorate, to adorn, to embellish 2. to dress up, to deck out **süsleyip püslemek** to smarten up

süslenmek *e.* 1. to be decorated 2. to adorn oneself out, to deck oneself out **süslenip püslenmek** to smarten oneself up, to primp, to prink
süslü *s.* 1. ornamented, decorated, decked, adorned 2. chic, stylish
süspansiyon *a.* suspension
süssüz *s.* undecorated, unadorned, unembellished, plain
süt *a.* milk **süt çocuğu** suckling **süt dökmüş kedi gibi** with his tail between his legs **süt gibi** white and clean **süt kuzusu** suckling lamb, suckling **süt sağmak** to milk **süt vermek** a) to suckle, to nurse b) (cow) to milk **Sütten ağzı yanan yoğurdu üfleyerek yer** Once bitten, twice shy. **sütü bozuk** base, ignoble
sütana, sütanne *a.* wet-nurse
sütbaba *a.* foster father
sütbeyaz *s.* milk-white
sütçü *a.* milkman
sütdişi *a.* milk tooth, baby tooth
sütkardeş *a.* foster brother/sister
sütkızı *a.* foster daughter
sütlaç *a.* rice pudding
sütleğen *a.* spurge, euphorbia
sütliman *s.* dead calm
sütlü *s.* 1. milky 2. with milk 3. milch **sütlü kahve** white coffee, coffee with milk
sütnine *a.* wet-nurse
sütoğul *a.* foster son
sütotu *a, bitk.* milkwort
sütsüz *s.* 1. without milk 2. ignoble, base
süttozu *a.* milk powder, dried milk
sütun *a.* column
süvari *a.* 1. cavalry man, cavalry 2. captain of a ship
süveter *a.* sweater
süzek *a.* strainer, filter
süzgeç *a.* strainer, filter
süzme *s.* strained **süzme yoğurt** strained yoghurt
süzmek *e.* 1. to strain, to filter 2. to eye from head to foot, to look attentively
süzülmek *e.* 1. to be strained/filtered 2. to lose weight, to get thin 3. to slip/creep

away 4. (tears) to run down

# Ş

Ş, ş *a.* the twenty-third letter of the Turkish alphabet

şablon *a.* 1. template 2. pattern, model 3. stencil

şadırvan *a.* water-tank with a fountain

şafak *a.* dawn, daybreak **şafak atmak** *mec.* to down on *sb* **şafak sökmek** (down) to break

şaft *a, tek.* axle, shaft

şah[1] *a.* 1. shah 2. (chess) king

şah[2] *a.* (horse) rearing **şaha kalkmak** (horse) to rear

şahadet *a.* testimony

şahadetname *a.* diploma, certificate

şahane *s.* magnificent, superb, splendid

şahdamarı *a.* carotid artery

şahaser *a.* masterpiece, masterwork

şahıs *a.* 1. person, individual 2. *dilb.* person 3. *yaz.* character

şahin *a, hayb.* falcon

şahit *a.* witness, eyewitness **şahit olmak** to witness

şahitlik *a.* witnessing, testifying

şahlanmak *e.* 1. (horse) to rear up 2. to fly into a passion

şahmerdan *a.* pile driver, steam hammer, beetle, battering ram

şahsen *be.* 1. personally 2. in person 3. by sight

şahsi *s.* personal, private

şahsiyet *a.* 1. personality 2. individuality 3. personage, important person

şahsiyetli *s.* having a strong personality

şahsiyetsiz *s.* 1. characterless 2. low

şair *a.* poet

şairane *s.* poetic, poetical

şaka *a.* joke, jest, fun **şaka bir yana** joking apart **Şaka değil** It's no joke. **şaka etmek** to joke **şaka götürmemek** not to be a joking matter **şaka kaldırmak** to be able to take a joke **şaka olarak söylemek** to say *sth* in jest **şaka söylemek** to joke **şaka yapmak** to play

a joke on sb; to joke **şakaya bozmak/dökmek** to turn *sth* into a joke **şakaya vurmak** to laugh *sth* off

şakacı *a.* joker, person given to joking

şakacıktan *be.* as a joke

şakak *a, anat.* temple

şakalaşmak *e.* to joke with one another

şakayık *a.* peony

şakımak *e.* (bird) to warble, to trill

şakırdamak *e.* to rattle, to splash, to jingle

şakırdatmak *e.* to clank, to rattle, to jingle

şakır şakır *be.* 1. pelting, pouring 2. jingling, rattling 3. easily, fluently **şakır şakır yağmak** to rain cats and dogs, to rain buckets, to bucket (down), to pelt (down), to pour

şakırtı *a.* continuous rattle/clatter

şaki *a, esk.* brigand, robber

şakkadak *be.* all of sudden, unexpectedly

şaklaban *a.* buffoon, jester

şaklamak *e.* to make a loud cracking noise

şaklatmak *e.* to crack, to snap

şakul *a, esk.* plumb line

şakrak *s.* jovial, lively, mirthful

şakşak *a.* 1. slapstick 2. applause

şakşakçı *a.* toady, yes-man

şal *a.* shawl

şalgam *a, bitk.* turnip

şalter *a.* power switch, breaker arm; circuit breaker

şalvar *a.* baggy trousers

Şaman shaman

şamandıra *a.* buoy, float

Şamanizm, Şamanlık *a.* shamanism

şamar *a.* slap, box on the ear **şamar atmak** to slap **şamar oğlanı** scapegoat

şamata *a.* commotion, hubbub, uproar

şamatacı *s.* noisy, boisterous

şamatalı *s.* noisy, clamorous

şamdan *a.* candlestick

şamfıstığı *a.* pistachio, pistachio nut

şampanya *a.* champagne

şampiyon *a.* champion

şampiyona *a.* championship

şampiyonluk *a.* championship

şampuan *a.* shampoo

şampuanlamak *e.* to shampoo

şan *a.* 1. fame, renown 2. dignity, honour, glory, reputation **şanına yakışmak** to befit one's dignity

şangırdamak *e.* to clink, to crash

şangur şungur *be.* with a crash

şangırtı *a.* crash (sound)

şanjman *a, oto.* gearbox

şanlı *s.* 1. famous 2. glorious

şans *a.* luck, chance, good fortune **şans dilemek** to wish sb well **şans eseri** by chance **şans tanımak** to give sb a break **şansı olmak** to have a chance **şansı ters gitmek** to have a run of bad luck **şansı yaver gitmek** to be lucky **şansını denemek** to take one's chance

şanslı *s.* lucky, fortunate

şanssız *s.* unlucky, unfortunate **şanssız olmak** to be out of luck

şanssızlık *a.* misfortune, bad luck

şantaj *a.* blackmail, racket, shakedown **şantaj yapmak** to blackmail

şantajcı *a.* blackmailer, racketeer

şantiye *a.* work site, yard

şantör *a.* male singer

şantöz *a.* female singer, chanteuse

şanzıman *a, oto.* gearbox

şap *a, kim.* alum

şapırdamak *e.* to make a smacking sound, to smack

şapırdatmak *e.* to smack (one's lips)

şapır şupur *be.* (kissing, eating) smacking one's lips loudly

şapırtı *a.* smack, smacking sound

şapka *a.* hat

şaplak *a.* smack, slap **şaplak atmak** to give a smack

şaplamak *a.* to make a smacking noise, to smack

şappadak *be.* all of sudden

şapşal *s.* 1. stupid 2. untidy, slovenly

şarampol *a.* shoulder (of a road)

şarap *a.* wine

şarapçı *a.* 1. wine maker/seller 2. wine addict

şarapnel *a, ask.* shrapnel, case shot

şarıldamak *e.* to flow with a splashing noise

şarıl şarıl *be.* (water's flowing) with a splashing sound

şarıltı *a.* splash, splashing sound

şarj *a.* 1. *fiz.* charge 2. *elek.* charge, charging, loading **şarj etmek** to charge

şarjör *a.* magazine

şark *a.* east

şarkı *a.* song **şarkı söylemek** to sing (a song)

şarkıcı *a.* singer

şarküteri *a.* delicatessen

şarlatan *a.* charlatan, quack

şart *a.* condition, stipulation, provision **şart koşmak** to stipulate **şart olmak** to become inevitable **şartıyla** on condition that

şartlandırmak *e.* to condition

şartlanmak *e.* to be conditioned

şartlı *s.* conditional, conditioned

şartname *a.* 1. list of conditions 2. specification 3. contract

şartsız *s.* unconditional, unconditioned

şaryo *a.* carriage (of a typewriter)

şasi *a, oto.* chassis

şaşalamak *e.* to be bewildered/confused

şaşı *s.* cross-eyed, squinting, squint-eyed **şaşı bakmak** to squint

şaşılası *s.* strange, odd, surprising

şaşılık *a.* squint

şaşırmak *e.* 1. to be surprised/confused/bewildered 2. to lose one's head 3. to lose (the way, etc.) **şaşırıp kalmak** to be astonished/amazed/shocked/flabbergasted

şaşırtıcı *s.* surprising, amazing

şaşırtmak *e.* 1. to surprise, to amaze, to astonish 2. to confuse, to baffle, to floor

şaşkın *s.* 1. bewildered, confused 2. stupid **şaşkına çevirmek** to stupefy **şaşkına dönmek** to be stupefied

şaşkınlık *a.* bewilderment, confusion

şaşmak *e.* 1. to be amazed/astonished/surprised 2. to lose one's way, to go astray, to deviate

şatafat *a.* ostentation, show, display, pomp

şatafatlı *s.* ostentatious, showy, pompous

şato *a.* castle, château

şayan *s, esk.* worthy, deserving

şayet *bağ.* if (by any chance)

Ş

**şebboy** *a, bitk.* wallflower
**şebek** *a, hayb.* baboon
**şebeke** *a.* 1. network, system 2. grating 3. band, gang (of criminals) 6. student's pass
**şebnem** *a.* dew
**şecere** *a.* pedigree, genealogical tree, family tree
**şef** *a.* chief, leader **şef garson** headwaiter
**şeffaf** *s.* transparent
**şeffaflık** *a.* transparency
**şefkat** *a.* compassion, affection, tenderness, tenderheartedness
**şefkatli** *s.* compassionate, affectionate, tender
**şeftali** *a.* peach
**şehir** *a.* city, (large) town
**şehirci** *a.* town planner
**şehircilik** *a.* town planning
**şehirlerarası** *s.* 1. interurban, intercity 2. (telephone call) long distance
**şehirleşme** *a.* urbanization
**şehirli** *a.* city-dweller, townsman
**şehit** *a.* 1. martyr 2. one who died during military service/war/battle **şehit düşmek** to die for one's fatherland; to die for Islam
**şehriye** *a.* vermicelli **şehriye çorbası** vermicelli soup
**şehvet** *a.* lust, sexual desire, sensuality
**şehvetli** *s.* lustful, sensual
**şehzade** *a.* sultan's son, prince
**şeker** *a.* 1. sugar 2. candy 3. *hek.* diabetes **şeker bayramı** feast following Ramadan **şeker gibi** sweet **şeker hastalığı** diabetes **şeker hastası** diabetic
**şekerci** *a.* 1. confectioner, candy-seller, candy-maker 2. confectioner's shop
**şekerkamışı** *a.* sugarcane
**şekerleme** *a.* 1. candy, goody 2. *k. dili* doze, nap **şekerleme yapmak** to have a nap
**şekerlemek** *e.* to sugar
**şekerlenmek** *e.* to crystallize
**şekerli** *s.* 1. sugared 2. sweetened with sugar 3. *hek.* diabetic
**şekerlik** *a.* sugar-bowl
**şekerpare** *a.* small cakes with syrup

**şekersiz** *s.* without sugar, unsweetened
**şekil** *a.* 1. shape, form 2. diagram, figure, illustration 3. way, manner **şekil almak** to take shape **şekil vermek** to give form/shape (to)
**şekilci** *a.* formalist
**şekilcilik** *a.* formalism
**şekillendirmek** *e.* to shape, to give shape/form to
**şekillenmek** *e.* to take shape
**şekilsiz** *s.* 1. shapeless, amorphous 2. ugly
**şeklen** *be.* in form
**şelale** *a.* waterfall
**şema** *a.* 1. scheme 2. plan, diagram 3. sketch
**şematik** *s.* schematic
**şempanze** *a, hayb.* chimpanzee, *k. dili* chimp
**şemsiye** *a.* 1. umbrella 2. parasol 3. beach umbrella
**şen** *s.* joyous, cheerful
**şenlendirmek** *e.* to cheer, to enliven, to liven up
**şenlenmek** *e.* 1. to become cheerful, to cheer up, to liven up 2. to be populated
**şenlik** *a.* 1. cheerfulness, gaiety, merriment 2. public celebration 3. festival
**şerbet** *a.* sweetened fruit juice
**şeref** *a.* honour **şeref vermek** to honour, to grace **Şerefe** Cheerio! Cheers! **şerefine** in honour of
**şerefe** *a.* minaret balcony
**şereflendirmek** *e.* to honour
**şerefli** *s.* honourable, esteemed
**şerefsiz** *s.* dishonourable, without honour
**şerefsizlik** *a.* dishonour
**şeriat** *a.* Muslim canonical laws, religious law
**şerit** *a.* 1. tape, ribbon 2. band, belt, strip 3. *hayb.* tapeworm
**şeş** *a, esk.* six **şeşi beş görmek** to get confused
**şevk** *a.* eagerness, ardour **şevke gelmek** to become eager **şevki kırılmak** to be dispirited
**şevkle** *be.* eagerly
**şevkli** *s.* eager
**şey** *a.* 1. thing, stuff, object 2. *k. dili* what-

d'you-call-him/-her/-it; what's-his/-her/-its-name; thingummy, thingumabob, thingumajig

**şeyh** *a.* sheikh

**şeytan** *a.* 1. Satan, devil 2. devil, demon 3. *k. dili* crafty (man), rascal, rogue **şeytan aldatmak** to have nocturnal emissions **şeytan diyor ki** I have a good/half a mind to ... **şeytan gibi** as cunning as a fox **Şeytan kulağına kurşun** Touch wood! **şeytan tüyü olmak** to have an attractive personality **şeytana uymak** to yield to temptation **şeytanın bacağını kırmak** to get the show on the road at last

**şeytanca** *s.* devilish, diabolical

**şeytani** *s.* devilish, diabolical

**şeytanlık** *a.* devilment, mischief, trick

**şeytanminaresi** *a, hayb.* whelk

**şeytantırnağı** *a, bitk.* hangnail

**şezlong** *a.* chaise longue, deck chair

**şık**[1] *s.* smart, fashionable, stylish

**şık**[2] *a.* alternative

**şıkırdamak** *e.* to rattle, to jingle, to clink

**şıkırdatmak** *e.* to clink, to jingle

**şıkır şıkır** *be.* with a clinking noise

**şıkırtı** *a.* jingle, clink

**şıklık** *a.* smartness, chic

**şıllık** *a.* gaudily dressed woman

**şımarık** *s.* spoiled, saucy

**şımarıklık** *a.* sauciness, impertinence

**şımarmak** *e.* to be spoilt (by indulgence)

**şımartmak** *e.* to spoil, to pamper

**şıngırdamak** *e.* to clink, to rattle

**şıngırtı** *a.* clink, rattle, jingle

**şıp** *a.* plop **şıp diye** a) quickly, unexpectedly b) at once, immediately, easily

**şıpsevdi** *s.* quick to fall in love, susceptible

**şıra** *a.* must, unfermented grape-juice

**şırak** *a.* crack, crash, sharp sudden sound

**şırakkadak** *be.* all of a sudden, suddenly

**şırfıntı** *a.* low woman, bitch, tramp

**şırıldamak** *e.* (water) to flow gently

**şırıl şırıl** *be.* (flowing) with a gentle, continuous splash

**şırıltı** *a.* gentle splash, light splashing sound

**şırınga** *a, hek.* (hypodermic) syringe, injector

**şiddet** *a.* 1. violence 2. rage 3. vehemence 4. intensity 5. severity 6. fierceness 7. turbulence 8. brute force 9. force, strength **şiddet kullanmak** to use violence **şiddete başvurmak** to resort to violence/force

**şiddetle** *be.* 1. violently 2. a lot, lots, badly

**şiddetlendirmek** *e.* to intensify, to make more violent

**şiddetlenmek** *e.* to become violent, to become intensified

**şiddetli** *s.* 1. violent, impetuous, severe 2. hard, strong

**şifa** *a.* recovery of one's health, cure **şifa bulmak** to recover health **şifa vermek** to restore to health **şifayı kapmak** *k. dili* to fall ill

**şifahen** *be.* orally

**şifalı** *s.* healing, restorative, curative

**şifon** *a.* chiffon

**şifoniyer** *a.* chiffonier, chest of drawers

**şifre** *a.* cipher, code **şifreyi çözmek** to decipher, to decode

**şifrelemek** *e.* to cipher

**şifreli** *s.* in cipher/code

**şiir** *a.* 1. poem 2. poetry **şiir gibi** very nice/beautiful

**şiirsel** *s.* poetic

**şikâyet** *a.* complaint **şikâyet etmek** to complain

**şikâyetçi** *a.* complainant

**şike** *a, sp.* rigging (a game/match/race)

**şilep** *a.* tramp steamer, cargo boat

**şilin** *a.* shilling

**şilt** *a.* shield

**şilte** *a.* (thin) mattress

**şimal** *a, esk.* north

**şimdi** *be.* now **şimdiye kadar** until now, up to now

**şimdiden** *be.* already now, this very moment, right now

**şimdiki** *s.* present

**şimdilerde** *be.* nowadays

**şimdilik** *be.* for the present, for the time being, so for

**şimendifer** *a, esk.* 1. railway, railroad 2.

**Ş**

train

**şimşek** *a.* lightning flash **şimşek çakmak** (lightning) to flash **şimşek gibi** like lightning

**şimşir** *a, bitk.* boxwood

**şipşak** *be, arg.* immediately, in a flash

**şipşakçı** *a.* street-photographer

**şirin** *s.* cute, sweet, pretty

**şirket** *a.* 1. company, firm 2. partnership, joint ownership

**şirret** *s.* malicious, quarrelsome, bad-tempered

**şiş¹** *s.* swollen * *a.* swelling

**şiş²** *a.* 1. spit, skewer 2. knitting needle 3. *k. dili* shish kebab * *s.* cooked on a skewer **şiş kebap** shish kebab

**şişe** *a.* bottle

**şişelemek** *e.* to bottle

**şişinmek** *e.* to put oneself up, to swell with importance

**şişirme** *a.* 1. blowing up, causing to swell up 2. exaggeration * *s.* done carelessly, shoddy, slipshod

**şişirmek** *e.* 1. to blow up, to inflate, to distend 2. *k. dili* to exaggerate 3. to do *(sth)* hastily/carelessly/slackly

**şişkin** *s.* 1. swollen 2. puffed up

**şişkinlik** *a.* swelling, puffiness

**şişko** *s, k. dili* fat, fatty

**şişlemek** *e.* 1. to spit, to skewer 2. *arg.* to stab

**şişlik** *a.* 1. swollen condition, puffiness 2. swelling, bulge

**şişman** *s.* fat, obese, portly

**şişmanlamak** *e.* to get fat, to grow fat

**şişmanlık** *a.* fatness, obesity

**şişmek** *e.* 1. to swell 2. to become swollen 3. to become inflated 4. to get/grow fat 5. to be distended 6. to expand 7. *k. dili* to feel ashamed 8. *k. dili* to be too tired to go on

**şive** *a.* accent, way of pronouncing words

**şizofren** *a, ruhb.* schizophrenic, *k. dili* schizo

**şizofreni** *a, ruhb.* schizophrenia

**şofben** *a.* geyser, water heater

**şoför** *a.* chauffeur, driver **şoför ehliyeti** driving licence

**şok** *a.* shock **şok tedavisi** *hek.* electro-shock therapy

**şoke** *s.* shocked **şoke etmek** to shock **şoke olmak** to be shocked

**şom** *s.* ominous, sinister **şom ağızlı** who always predicts misfortune

**şort** *a.* short

**şose** *a.* macadamized road

**şov** *a.* show

**şoven** *a.* chauvinist * *s.* chauvinistic

**şovenizm** *a.* chauvinism

**şöhret** *a.* 1. fame, renown 2. famous person

**şöhretli** *s.* famous, famed

**şölen** *a.* 1. banquet, feast 2. *mec.* exhibition

**şömine** *a.* fireplace

**şömiziye** *a.* shirt-blouse

**şövalye** *a.* knight, chevalier

**şövalyelik** *a.* chivalry

**şöyle** *be.* in this way, like this, like that, thus * *s.* this kind of, that kind of, such **şöyle böyle** so so **şöyle dursun** let alone **şöyle ki** a) in such a way that b) as follows

**şöylece** *be.* in this way, thus

**şu** *s.* that, this * *adl.* that one **şu anda** just now, as present, at the moment **şu günlerde** in these days **şu halde** in that case, then **şu var ki** however, only **şundan bundan konuşmak** to talk of this and that **Şunu bunu bilmem** I'm not accepting any excuses. But me no buts. **şunun surasında** just, only

**şua** *a.* ray of light, beam

**şubat** *a.* February

**şube** *a.* 1. branch, department, section 2. subsidiary, affiliate

**şuh** *s.* lively, full of fun, coquettish, pert

**şunlar** *adl.* those

**şura** *a.* this/that place **şurada** there **şurada burada** here and there **şuralarda** in these parts **şuraları** these places **şuram** this part of me

**şûra** *a.* council

**şurup** *a.* syrup

**şut** *a, sp.* shot, kick **şut çekmek** to shoot

**şuur** *a.* the conscious, consciousness

**şuuraltı** *a, s.* subconscious

**şuurlu** *s.* conscious

şuursuz *s.* unconscious

şükran *a, esk.* thanksgiving, thanks, gratitude

şükretmek *e.* 1. to give thanks to God, to thank God 2. to give thanks to 3. to be grateful for

şükür *a.* thanks, gratitude * *ünl.* Thank God! **Şükürler olsun** Thank God.

şüphe *a.* 1. doubt, suspicion 2. uncertainty **şüphe etmek** a) to doubt b) to suspect **şüphe götürmez** beyond doubt **şüphe uyandırmak** to cause suspicion **şüpheye düşmek** to begin to suspect, to have a suspicion **şüpheye düşürmek** to misgive, to throw suspicion on, to discredit

şüpheci *s.* 1. suspicious 2. *fel.* sceptical

şüphecilik *a, fel.* scepticism

şüphelenmek *e.* to have a suspicion/doubt (about)

şüpheli *s.* 1. uncertain 2. suspicious, questionable 3. doubtful, open to doubt

şüphesiz *s.* certain, sure, doubtless * *be.* of course, no doubt, surely, certainly

# T

T, t *a.* the twenty-fourth letter of the Turkish alphabet

ta *be.* even, even until **ta kendisi** his very self **ta ki** so that, even

taahhüt *a.* obligation, contract **taahhüt etmek** to undertake

taahhütlü *s.* (letter) registered

taahhütname *a.* written contract

taammüden *be, huk.* with premeditation, intentionally

taammüt *a, huk.* premeditation

taarruz *a.* attack, assault, aggression **taaruz etmek** to attack, to assault

taassup *a.* bigotry, fanaticism

taba *s.* tobacco-coloured

tabak *a.* plate, dish

tabaka *a.* 1. layer, stratum 2. sheet (of paper) 3. class, category 4. tobacco/cigarette case

tabakhane *a.* tannery

tabaklamak *e.* to tan, to curry

taban *a.* 1. sole (of a foot/shoe) 2. base, pedestal, foundation 3. floor 4. heel 5. *coğ.* bed (of river) 6. plateau 7. *yerb.* subsoil **taban fiyat** the lowest price, minimum price **taban tepmek** to walk a long way **tabanları yağlamak** to take to one's heels

tabanca *a.* 1. pistol, gun 2. paint gun **tabanca çekmek** to draw one's gun

tabansız *s.* 1. soleless 2. cowardly, lily-livered

tabanvayla *be.* on foot **tabanvayla gitmek** to go on foot, to walk, to go on shanks's mare/pony

tabela *a.* 1. sign, signboard 2. list of food 3. card of treatment

tabelacı *a.* sign painter

tabetmek *e.* to print

tabi *s.* dependent, subordinate, subject **tabi olmak** to be dependent on **tabi tutulmak** to be subjected to

tabiat *a.* 1. nature 2. natural quality, character, disposition 3. habit **tabiat bilgisi** nature study

tabiatüstü *s.* supernatural

tabii *s.* natural * *be.* naturally, of course * *ünl.* Certainly! Of course! Sure!

tabiiyet *a.* 1. *esk.* dependance 2. nationality

tabip *a.* doctor, physician

tabir *a.* 1. word, phrase, expression, idiom 2. interpretation (of dreams), oneiromancy **tabir caizse** if I may put in this way, so to speak/say **tabir etmek** a) to express b) to interpret

tabla *a.* 1. circular tray 2. ashtray 3. flat surface

tabldot *a.* table d'hote

tablet *a.* tablet

tablo *a.* 1. painting, picture 2. scene, view 3. table 4. schedule

tabu *a.* taboo

tabur *a.* 1. *ask.* battalion 2. line, row, file

taburcu *s.* discharged from a hospital **taburcu etmek** to discharge from hospital **taburcu olmak** to be discharged from hospital

tabure *a.* 1. stool 2. footstool

tabut *a.* coffin

**tacir** a. merchant

**taciz** a. annoyance, disturbing, harassment **taciz etmek** to annoy, to disturb, to harass

**taç**[1] a. 1. crown 2. bitk. corolla 3. gökb. corona **taç giymek** to be crowned

**taç**[2] a, sp. touchdown

**taçyaprağı** a, bitk. petal

**tadım** a. 1. taste, small amount tasted 2. the sense of taste

**tadımlık** s. a taste (of sth)

**tadil** a. modification **tadil etmek** to modify, to amend

**tadilat** a. modifications, change

**taflan** a, bitk. cherry laurel

**tafra** a. conceit, pride

**tafsilat** a. details

**tafsilatlı** s. detailed

**tafta** a. taffeta

**tahakkuk** a. 1. realization 2. verification **tahakkuk etmek** to be realized, to come true

**tahakküm** a. domination, tyranny **tahakküm etmek** to dominate, to tyrannize, to oppress

**tahammül** a. endurance, patience, forbearance **tahammül etmek** to endure, to stand, to put up with, to bear

**tahayyül** a. imagination, fancy **tahayyül etmek** to imagine, to fancy

**tahdit** a. limitation, restriction **tahdit etmek** to limit, to confine

**tahıl** a. cereals, grain

**tahin** a. sesame oil

**tahinhelvası** a. halvah, halva

**tahkik** a. investigation, investigating **tahkik etmek** to investigate

**tahkikat** a. investigations, inquiries, research

**tahkim** a, esk. strengthening, fortification **tahkim etmek** to strengthen, to fortify

**tahkir** a. treating with contempt **tahkir etmek** to insult, to affront

**tahlil** a. analysis **tahlil etmek** to analyse

**tahlisiye** a, den. lifeboat service **tahlisiye sandalı** lifeboat

**tahliye** a. 1. emptying 2. discharge (of cargo) 3. release (from prison) **tahliye etmek** a) to empty b) to discharge c) to

release, to set (sb) free

**tahmin** a. 1. estimate 2. conjecture, guess **tahmin etmek** a) to guess b) to estimate, to reckon

**tahminen** be. approximately, roughly

**tahmini** s. 1. conjectural 2. approximate

**tahribat** a. destruction

**tahrif** a, esk. falsification, distortion **tahrif etmek** to falsify, to distort

**tahrifat** a, esk. falsification, alterations

**tahrik** a. 1. incitement, instigation, provocation 2. exciting, stimulating, arousing **tahrik edici** provocative **tahrik etmek** a) to incite, to instigate, to provoke b) to excite, to stimulate, to arouse

**tahrip** a. destruction, devastation **tahrip etmek** to destroy, to devastate, to ruin

**tahrir** a, esk. writing, composition; essay

**tahriş** a. irritation **tahriş etmek** to irritate

**tahsil** a. 1. education, study 2. collecting (money or taxes) **tahsil etmek** a) (money, taxes) to collect b) to study **tahsil görmek** to have education; to study

**tahsilat** a. 1. revenue, money received 2. taxrevenue

**tahsildar** a. tax collector

**tahsis** a. appropriation, allotment, assignment **tahsis etmek** to allot, to assign, to allocate

**tahsisat** a. appropriations, allowance

**taht** a. throne **tahta çıkmak** to ascend the throne **tahta geçirmek** to enthrone **tahttan indirmek** to dethrone

**tahta** a. 1. piece of wood 2. board, plank 3. board, flat surface 4. blackboard 5. garden-bed * s. wooden **tahtadan** wooden **tahtası eksik** k. dili having a screw loose, screwy **tahtaya kaldırmak** to call (a student) to the blackboard

**tahtakurdu** a, hayb. woodworm

**tahtakurusu** a, hayb. bedbug

**tahtalı** s. boarded, planked **tahtalı köy** arg. cemetery **tahtalı köyü boylamak** arg. to croak, to peg out, to pop off

**tahtırevan** a, esk. litter, palanquin

**tahvil** a. 1. transforming, transformation, transfer, converting 2. debenture bond,

debenture, bond
**tak**[1] *a.* tock, tack, knock **tak tak vurmak** to knock repeatedly
**tak**[2] *a.* 1. arch, vault 2. triumphal arch
**taka** *a, den.* small sailing boat
**takas** *a.* 1. barter, exchange of goods 2. clearing **takas etmek** a) to exchange, to barter b) to clear
**takat** *a.* strength, energy **takati kalmamak** to be exhausted
**takdim** *a.* 1. presentation, introduction 2. offer **takdim etmek** a) to present, to offer b) to introduce
**takdimci** *a.* presenter, master of ceremonies
**takdir** *a.* 1. predestination, fate 2. appreciation, appraisal 3. understanding 4. supposition, case **takdir etmek** to appreciate **takdirini kazanmak** to win sb's approval
**takdirde** *bağ.* in the event of, if
**takdirname** *a.* letter of appreciation
**takdis** *a.* sanctification, consecration **takdis etmek** to sanctify, to consecrate
**takı** *a.* 1. *dilb.* suffix, case ending 2. gift of jewelry (to the bride)
**takılı** *s.* affixed, attached
**takılmak** *e.* 1. to be attached/fastened/affixed 2. to get caught 3. *k. dili* to banter, to chaff, to kid, to josh, to tease 4. *arg.* to hang out, to frequent 5. to attach oneself to 6. (a record) to get stuck
**takım** *a.* 1. set 2. lot 3. suit 4. *sp.* team 5. *ask.* squad, platoon 6. class 7. kind, sort, type 8. *biy.* order 9. crew, gang 10. cigarette-holder **takım taklavat** bag and baggage, the whole push
**takımada** *a, coğ.* archipelago
**takımerki** *a.* oligarchy
**takımyıldız** *a, gökb.* constellation
**takınak** *a, ruhb.* obsession
**takınaklı** *s.* obsessed
**takınmak** *e.* 1. to put on, to wear 2. to assume, to affect
**takıntı** *a.* 1. relation, affair 2. small debt 3. condition, subject which a student has flunked
**takırdamak** *e.* to make a tapping or knocking noise
**takırdatmak** *e.* to clatter, to rattle
**takırtı** *a.* clatter, rattle
**takışmak** *e.* to quarrel with each other, to squabble
**takibat** *a, huk.* prosecution
**takip** *a.* 1. pursuit 2. follow-up 3. persecution 4. *huk.* prosecution **takip etmek** to follow, to pursue, to chase
**takipçi** *a.* follower, pursuer
**takke** *a.* skullcap
**takla** *a.* somersault **takla atmak** to turn a somersault, to somersault
**taklit** *a.* 1. copying 2. counterfeiting 3. imitation * *s.* imitated, counterfeit, sham **taklit etmek** a) to imitate b) to counterfeit
**taklitçi** *a.* 1. imitator 2. mimic
**takma** *a.* attaching, fastening, affixing * *s.* artificial, false **takma ad** nickname **takma diş** false teeth, denture **takma saç** false hair, wig
**takmak** *e.* 1. to attach 2. to affix 3. to fasten 4. to set 5. to put on 6. to wear, to put on (glasses, earrings, etc.) 7. to give (a name, nickname, etc.) 8. to incur, not to pay (debts) 9. *arg.* to have a down on (sb), to make a dead set at (sb) 10. *arg.* to care, to give a damn/shit 11. *arg.* to surpass, to beat, to thrash **takıp takıştırmak** to put on one's best bib and tucker
**takometre** *a.* tachometer
**takoz** *a.* 1. wooden wedge 2. billet 3. *den.* chock, slipway frames
**takriben** *be.* approximately, about
**takribi** *s.* approximate
**takrir** *a.* motion, proposal
**taksi** *a.* taxi, *Aİ.* cab **taksi tutmak** to take a taxi
**taksim** *a.* 1. division 2. partition 3. *müz.* improvisation, instrumental solo **taksim etmek** to divide
**taksimetre** *a.* taximeter
**taksit** *a.* instalment, *Aİ.* installment **taksit ödemek/vermek** to pay an instalment
**taksitle** *be.* by instalments **taksitle almak** to buy on hire-purchase terms **taksitle satış** instalment sale

T

**taktik** *a.* tactics
**takunya** *a.* clog, sabot
**takvim** *a.* calendar
**takviye** *a.* reinforcement **takviye etmek** to reinforce
**talan** *a.* pillage, raid **talan etmek** to pillage, to plunder
**talaş** *a.* 1. wood shavings 2. sawdust 3. metal filings
**talebe** *a, esk.* student, pupil
**talep** *a.* 1. request 2. demand **talep etmek** to require, to demand, to ask for
**tali** *s.* 1. secondary 2. subordinate
**talih** *a.* luck, good fortune, chance **talih kuşu** good luck **talihi yaver gitmek** to be lucky **talihine küsmek** to curse one's fate
**talihli** *s.* lucky, fortunate
**talihsiz** *s.* unlucky, luckless
**talihsizlik** *a.* misfortune, bad luck
**talim** *a.* 1. *esk.* teaching, instruction 2. practice, drill, exercise 3. *ask.* drill **talim etmek** *k. dili* to have to eat (the same food)
**talimat** *a.* instructions, directions **talimat vermek** to give instructions
**talimatname** *a.* regulations
**talimname** *a, ask.* field manual
**talip** *s.* desirous, seeking **talip olmak** to put oneself in for, to desire, to seek
**talk** *a.* talc **talk pudrası** talcum powder
**taltif** *a, esk.* 1. gratifying 2. rewarding **taltif etmek** a) to gratify b) to reward
**tam** *s.* 1. complete, entire, whole 2. exact, precise, perfect * *be.* just, very 2. completely, exactly **tam adamına düşmek** to find the very man **tam gelmek** to fit well **tam üstüne basmak** to hit the nail on the head **tam vaktinde/zamanında** just in time **tam yetki** full authority **tam yol** full speed **tamı tamına** just, exactly
**tamah** *a.* avarice, greed **tamah etmek** to covet, to desire
**tamahkâr** *s.* avaricious, greedy
**tamam** *s.* 1. complete, ready 2. finished, over 3. correct, right * *a.* the whole * *ünl.* All right! Okay! OK! **tamam olmak** to end, to be over

**tamamen** *be.* completely, entirely, fully
**tamamıyla** *be.* completely, totally, fully
**tamamlamak** *e.* 1. to complete 2. to finish
**tamamlayıcı** *s.* complementary, supplementary
**tambur** *a.* classical lute
**tamim** *a.* circular **tamim etmek** to circulate
**tamir** *a.* 1. repair 2. overhaul, maintenance 3. restoration **tamir etmek** a) to repair, to mend, to fix b) to overhaul
**tamirat** *a.* repairs
**tamirci** *a.* 1. repairman, repairer 2. mechanic
**tamirhane** *a.* repair-shop
**tamlama** *a, dilb.* noun phrase, propositional phrase
**tamlanan** *s, dilb.* determined, defined
**tamlayan** *s, dilb.* determining, determinative, defining **tamlayan durumu** *dilb.* genitive case
**tampon** *a.* 1. *hek.* tampon, pack, plug 2. buffer, cushion 3. *oto.* bumper **tampon devlet** buffer state
**tamsayı** *a, mat.* whole number, integer
**tamtakır** *s.* absolutely empty
**tamtam** *a.* tom-tom
**tamu** *a.* hell
**tan** *a.* dawn, daybreak **tan ağarmak** (day) to break, to dawn
**tandır** *a.* oven made in a hole in the earth
**tane** *a.* 1. grain, seed 2. pip, berry 3. single thing, item, piece **tane tane** piece by piece **tane tane konuşmak** to articulate, to speak distinctly
**tanecik** *a.* 1. *bitk.* granule 2. particle 3. grain
**tanecikli** *s.* granular
**tanelemek** *e.* 1. to separate into grains 2. to granulate
**tanen** *a.* tannin
**tangırdamak** *e.* to clang
**tangırtı** *a.* clang
**tango** *a.* tango
**tanı** *a.* diagnosis
**tanıdık** *a.* acquaintance
**tanık** *a.* witness, eyewitness **tanık olmak** to witness
**tanıklık** *a.* witness, testimony **tanıklık**

**etmek** to give evidence
tanılamak *e.* to diagnose
tanım *a.* definition
tanımak *e.* 1. to recognize 2. to know 3. to identify 4. to accept 5. to obey
tanımazlık *a.* pretending not to know **tanımazlıktan gelmek** to pretend not to know, to ignore
tanımlama *a.* definition, description
tanımlamak *e.* to define, to describe
tanımlık *a, dilb.* article
tanınmak *e.* 1. to be known 2. to be well-known 3. to be recognized 4. to be acknowledged
tanınmış *s.* well-known, recognized
tanış *a, k. dili* acquaintance
tanışık *a.* acquaintance
tanışıklık *a.* acquaintance, acquaintanceship
tanışmak *e.* 1. to be acquainted with one other 2. to meet
tanıştırmak *e.* to introduce *sb* to
tanıt *a.* proof, evidence
tanıtıcı *a.* 1. introducer, presenter 2. advertiser * *s.* introductory, promotional
tanıtıcılık *a.* advertising
tanıtım *a.* 1. introduction 2. advertisement 3. promotion
tanıtlamak *e.* to prove, to demonstrate
tanıtma *a.* introduction, presentation
tanıtmak *e.* 1. to introduce 2. to advertise, to promote
tanıtmalık *a.* prospectus
tanjant *a, mat.* tangent
tank *a.* tank
tanker *a.* tanker
tanksavar *a, s.* antitank
Tanrı *a.* God; god **Tanrı misafiri** unexpected guest **Tanrı vergisi** gift, talent **Tanrı'nın günü** every blessed day
Tanrıbilim *a.* theology
Tanrıça *a.* goddess
Tanrılaşmak *e.* to become a god, to become divine
Tanrılaştırmak *e.* to deify
Tanrısal *s.* divine, of or relating to god
Tanrısız *a.* atheist * *s.* atheistic
Tanrısızlık *a.* atheism
Tanrıtanımaz *a.* atheist * *s.* atheistic

Tanrıtanımazlık *a.* atheism
tansık *a.* miracle
tansiyon *a.* 1. blood pressure 2. tension, tense state **tansiyon düşüklüğü** hypotension **tansiyon yüksekliği** hypertension
tantal *a, kim.* tantalum
tantana *a.* 1. pomp, display, show 2. magnificence
tantanalı *s.* pompous, magnificent, splendid
tanyeli *a.* zephyr, dawn breeze
tanyeri *a.* dawn, daybreak
tanzim *a.* 1. putting in order 2. organizing, arranging **tanzim etmek** a) to put in order b) to organize, to arrange **tanzim satışı** sale of foodstuffs by a municipality so as to regulate the prices
tanzimat *a.* reforms, reorganizations
Tanzimat *a.* the political reforms made in the Ottoman State in 1839
tapa *a.* stopper, bung, cork, plug
tapı *a, esk.* god, deity
tapınak *a.* temple
tapıncak *a.* fetish
tapıncakçılık *a.* fetishism
tapınmak *e.* 1. to worship 2. *k. dili* to adore, to worship
tapir *a, hayb.* tapir
tapmak *e.* 1. to worship 2. to adore
tapon *s, k. dili* shoddy, second-rate, crummy
taptaze *s.* very fresh
tapu *a.* title deed
tapulamak *a.* to register with a tittle deed
taraça *a.* terrace
taraf *a.* 1. side 2. aspect 3. direction 4. district 5. part **taraf çıkmak** to take the part of, to support **taraf tutmak** to take sides **(-den) tarafa olmak** to be on sb's side **tarafından** a) by b) a kind of **tarafını tutmak** to take sides with, to side with
tarafsız *s.* 1. neutral 2. impartial **tarafsız bölge** neutral zone
tarafsızlık *a.* 1. neutrality 2. impartiality
taraftar *a.* supporter, follower, advocate, partisan **taraftar olmak** to be in favour of

taraftarlık *a.* partisanship, partiality

tarak *a.* 1. comb 2. rake, harrow 3. weaver's reed 4. instep (of the foot) 5. *hayb.* scallop

tarama *a.* 1. roe pâté 2. hatching, shading 3. surveillance

taramak *e.* 1. to comb 2. to rake, to harrow 3. to tease, to card 4. *den.* to drag (anchor) 5. to rake (with gunfire) 6. to comb, to search thoroughly

taranmak *e.* 1. to be combed 2. to be raked 3. to comb oneself

tarator *a.* nut and garlic sauce

tarçın *a.* cinnamon

tarh *a.* flower bed

tarhana *a.* soup with dried yoghurt, tomato and pimento

tarım *a.* agriculture, farming

tarımcı *a.* agriculturist

tarımsal *s.* agricultural

tarif *a.* 1. description 2. definition 3. recipe **tarif etmek** a) to describe b) to define

tarife *a.* 1. price list 2. timetable 3. instruction sheet

tarih *a.* 1. history 2. date **tarih atmak** to date **tarihe geçmek** to make history **tarihe karışmak** to be a thing of the past, to vanish

tarihçe *a.* short history, brief historical account

tarihçi *a.* 1. historian 2. history teacher

tarihi *s.* historical

tarihli *s.* dated

tarihöncesi *a.* prehistory * *s.* prehistoric

tarihsel *s.* historical

tarihsiz *s.* undated

tarikat *a.* dervish order, religous order, sect

tarikatçı *s.* sectarian * *a.* sectarian, sectary

tarikatçılık *s.* sectarianism

tarla *a.* 1. arable field 2. garden bed

tarlafaresi *a, hayb.* common vole

tarlakuşu *a, hayb.* skylark

tartaklamak *e.* to manhandle, to assault

tartı *a.* 1. weight, heaviness 2. scales, balance 3. weighing **tartıya vurmak** to weigh

tartılmak *e.* 1. to be weighed 2. to weigh oneself

tartışma *a.* discussion, argument, dispute

tartışmak *e.* 1. to debate 2. to argue, to dispute 3. to discuss 4. to struggle

tartışmalı *s.* controversial

tartmak *e.* 1. to weigh 2. to estimate, to weigh up 3. to shake

tarumar *s.* scattered, topsy-turvy **tarumar etmek** to rout, to disarray

tarz *a.* 1. manner, sort, kind, way 2. style

tarziye *a, esk.* apology

tas *a.* 1. bowl, cup 2. dipper **tası tarağı toplamak** to pack bag and baggage

tasa *a.* worry, anxiety, grief **tasa etmek** to worry **Tasası sana mı düştü** It's none of your business! Mind your own business!

tasalanmak *e.* to worry

tasar *a.* plan, project

tasarçizim *a.* design

tasarçizimci *a.* designer

tasarı *a.* 1. plan, scheme, project 2. *huk.* draft law, bill

tasarım *a.* 1. imagination 2. design 3. *fel.* presentation; representation

tasarımlamak *e.* to imagine, to conceive

tasarlamak *e.* 1. to plan, to project 2. to draft, to sketch out 3. to premeditate

tasarruf *a.* 1. *huk.* possession, use 2. economy, saving **tasarruf etmek** to save, to economize

tasarruflu *s.* economical, thrifty

tasavvuf *a.* Sufism, Islamic mysticism

tasavvur *a.* 1. imagination 2. plan **tasavvur etmek** to imagine

tasdik *a.* 1. confirmation 2. affirmation, assertion 3. ratification **tasdik etmek** a) to affirm, to confirm b) to ratify

tasdikli *s.* certified

tasdikname *a.* certificate

tasdiksiz *s.* uncertified

tasfiye *a.* 1. purification 2. refining 3. *tic.* liquidation 4. discharge, elimination (of the employees) **tasfiye etmek** a) to purify, to refine b) to discharge c) to liquidate

tasfiyehane *a.* refinery

tasım *a, mant.* syllogism

**taskebabı** *a.* diced lamb with potatoes/rice

**taslak** *a.* 1. rough draft, sketch, preliminary study 2. *k. dili* wishy-washy person **taslak halinde** in draft

**taslamak** *e.* to pretend, to feign, to fake

**tasma** *a.* collar

**tasnif** *a.* classification **tasnif etmek** to classify

**tastamam** *s.* quite complete, perfect

**tasvip** *a.* approval **tasvip etmek** to approve **tasvip etmemek** to disapprove

**tasvir** *a.* 1. description 2. picture, design **tasvir etmek** to describe, to depict

**taş** *a.* 1. stone 2. rock 3. precious stone 4. playing piece 5. *k. dili* allusion, innuendo 6. *hek.* calculus, stone **taş atmak** to have a dig at *(sb)* **taş çatlasa** whatever happens **taş çıkartmak** to make rings round *sb,* to surpass *sb* **taş gibi** very strong/stiff/hard/beautiful; hard as stone **taş devri** stone age **taş kesilmek** to be petrified **taş taş üstünde bırakmamak** to level with the ground **taşa tutmak** to stone **taşı gediğine koymak** to hit the nail on the head

**taşak** *a, kab.* testicle, testis, ball **taşak geçmek** *arg.* to pull sb's leg

**taşaklı** *s, arg.* 1. virile; bold 2. influential, big

**taşbaskı** *a.* lithography

**taşbasması** *a.* lithograph

**taşbilim** *a.* lithology

**taşeron** *a.* subcontractor

**taşıl** *a.* fossil

**taşılbilim** *a, yerb.* paleontology

**taşıma** *a.* carrying, transport

**taşımak** *e.* 1. to carry 2. to transport 3. to bear, to wear 3. to carry, to spread (gossip, etc.)

**taşınır** *s.* portable

**taşınmak** *e.* 1. to be carried, to be transported 2. to move (house), to change one's dwelling

**taşınmaz** *s.* immovable

**taşırmak** *e.* to cause to overflow

**taşıt** *a.* vehicle, conveyance

**taşıyıcı** *a.* 1. porter 2. conveyor, transporter 3. *hek.* carrier

**taşkın** *a.* flood * *s.* 1. overflowing 2. exuberant, rowdy

**taşkınlık** *a.* 1. overflowing 2. flooding 3. excess 4. impetuosity

**taşkömürü** *a.* coal, anthracite

**taşlama** *a.* 1. stoning 2. grinding 3. *yaz.* satire, lampoon

**taşlamacı** *a.* 1. grinder 2. *yaz.* satirist

**taşlamak** *e.* 1. to stone, to throw stones at 2. to grind 3. to satirize

**taşlı** *s.* stony

**taşlık** *a.* 1. stony place 2. gizzard (of a bird)

**taşmak** *e.* 1. to overflow 2. to boil over, to run over 3. to lose one's patience 4. to go too far

**taşpamuğu** *a.* asbestos

**taşra** *a.* the provinces, the country

**taşralı** *a.* countryman, *arg.* bumpkin, hick

**taşyuvarı** *a.* lithosphere

**taşyürekli** *s.* hardhearted, stonyhearted

**tat** *a.* 1. taste, flavour 2. sweetness, sweet taste 3. pleasure, delight **tat almak** a) to taste b) to enjoy **tat vermek** to flavour **tadı damağında kalmak** to be unable to forget the delicious flavour of **tadı kaçmak** to lose its taste, to pall **tadı tuzu yok** tasteless **tadına bakmak** to taste **tadında bırakmak** not to overdo **tadını almak** to taste, to enjoy **tadını çıkarmak** to enjoy fully **tadını kaçırmak** to mar, to spoil, to go too far

**tatarcık** *a, hayb.* sand fly

**tatbik** *a.* application **tatbik etmek** to apply **tatbik sahasına koymak** to put into practice

**tatbikat** *a.* 1. applications 2. putting into practice 3. *ask.* manoeuvres

**tatbiki** *s.* practical, applied

**tatil** *a.* 1. holiday, vacation 2. suspension of work 3. stoppage (of activity) 4. rest * *s.* closed for a holiday **tatil etmek** to close temporarily **tatil olmak** to be closed (for a holiday) **tatil yapmak** to take a holiday **tatile çıkmak** to go on a holiday

**tatlandırmak** *e.* to sweeten, to flavour

**tatlı** *s.* 1. sweet 2. pleasant, agreeable, nice, sweet 3. (sound) dulcet 4. (water) drinkable * a. sweet, dessert **tatlı bela** sweet curse **tatlı dil** soft words **Tatlı dil yılanı deliğinden çıkarır** Kindness does more than harshness. **tatlı dilli** soft-spoken **tatlı su** fresh water **tatlıya bağlamak** to settle amicably

tatlılık a. 1. sweetness 2. pleasantness

tatlılıkla be. kindly, gently

tatmak e. 1. to taste 2. to experience

tatmin a. 1. satisfaction 2. reassurance **tatmin etmek** to satisfy **tatmin olmak** to be satisfied

tatminkâr s. satisfactory

tatminsizlik a. dissatisfaction

tatsız s. 1. tasteless, insipid 2. unpleasant, disagreeable

tatsızlık a. 1. tastelessness, insipidity 2. unpleasantness, disagreeableness

tav a. 1. correct heat/humidity (for any process) 2. annealing 3. opportune moment **tav vermek** to dampen **tavına getirmek** to bring to the right condition

tava a. 1. frying pan, *Al.* fry-pan 2. fried food

tavaf a. circumambulation (of the Kaaba, etc.)

tavan a. ceiling **tavan arası** attic **tavan fiyat** maximum price, ceiling price

taverna a. nightclub

tavır a. 1. mode, manner 2. air, attitude 3. arrogance **tavır takınmak** to assume an attitude

taviz a. 1. concession 2. compensation **taviz vermek** to compensate

tavla¹ a. backgammon

tavla² a. stable

tavlamak e. 1. to anneal 2. to bring to correct heat/humidity 3. to dampen 4. *arg.* to pick up, to seduce

tavsamak e. to peter out, to slacken

tavsiye a. recommendation, advice **tavsiye etmek** to advise, to recommend **tavsiye mektubu** letter of recommendation

tavşan a, hayb. rabbit; hare

tavşandudağı a. harelip

tavşankulağı a, bitk. cyclamen

tavuk a, hayb. hen **tavuk çorbası** chicken soup **tavuk göğsü** chicken

breast pudding

tavukkarası a. night blindness, nyctalopia

tavuskuşu a, hayb. peacock

tay¹ a, hayb. foal, colt

tay² a. counterpoise * s. equal, peer **tay durmak** (baby) to stand up

tayf a, fiz. spectrum

tayfa a, den. crew, sailor(s)

tayfun a. typhoon

tayın a. ration(s)

tayin a. 1. appointment, designation 2. assign 3. pointing out, indication **tayin etmek** a) to appoint, to assign, to designate b) to determine, to fix, to settle

tayyare a, esk. aeroplane

tayyör a. coat and skirt, costume

taze s. 1. fresh 2. new, recent 3. young **taze fasulye** green beans **taze soğan** spring onion

tazelemek e. 1. to freshen up 2. to renew

tazelik a. 1. freshness 2. newness 3. youth

tazı a, hayb. greyhound **tazı gibi** skinny

taziye a. condolence

tazminat a. 1. compensation 2. reparations **tazminat davası** huk. action for damages

tazyik a. 1. pressure 2. oppression

teamül a, esk. custom, practice

tebaa a, esk. subject

teberru a, esk. charitable gift, donation

tebessüm a. smile **tebessüm etmek** to smile

tebeşir a. 1. chalk 2. piece of chalk

tebligat a, esk. 1. communications 2. reports

tebliğ a, esk. 1. communication 2. announcement, bulletin **tebliğ etmek** to notify, to communicate

tebrik a. congratulation **tebrik etmek** to congratulate **Tebrikler** Congratulations!

tecavüz a. 1. aggression, attack, invasion 2. transgression, excess 3. rape **tecavüz etmek** a) to attack b) to transgress, to exceed c) to rape, to violate

tecelli a, esk. 1. manifestation 2. fate, luck **tecelli etmek** to be manifested, to appear tecil *a.* postponement, delay, deferment **tecil etmek** to postpone, to defer

tecim *a.* commerce, trade

tecimsel *s.* commercial, mercantile

tecrit *a.* insulation, separation, isolation **tecrit etmek** to isolate, to separate

tecrübe *a.* 1. trial, test 2. experiment 3. experience **tecrübe etmek** to try, to test

tecrübeli *s.* experienced

tecrübesiz *s.* inexperienced

teçhiz *a, esk.* equipping **teçhiz etmek** to equip

teçhizat *a, esk.* equipment

tedarik *a.* 1. preparation 2. provision **tedarik etmek** to procure, to provide, to prepare

tedavi *a.* 1. medical treatment, therapy 2. cure **tedavi etmek** to treat

tedavül *a, eko.* circulation, currency **tedavülde olmak** to circulate **tedavülden kalkmak** to be taken out of circulation **tedavüle çıkarmak** to put into circulation

tedbir *a.* 1. precaution 2. disposition, measure **tedbir almak** to take measures

tedbirli *s.* prudent, cautious

tedbirsiz *s.* improvident, incautious

tedhiş *a, esk.* terrorizing, terror

tedirgin *s.* grumbling, restless, discontented **tedirgin etmek** to discompose, to disquiet

tedirginlik *a.* restlessness, discontent

tediye *a, esk.* payment

teessüf *a, esk.* sorrow, sadness, regret **teessüf etmek** to regret

teessür *a, esk.* 1. sorrow, sadness 2. emotion

tef *a, müz.* tambourine

tefeci *a.* usurer

tefecilik *a.* usury

teferruat *a, esk.* details

teferruatlı *s, esk.* detailed, exhaustive

tefsir *a.* 1. commentary 2. interpretation **tefsir etmek** to comment

teftiş *a.* inspection **teftiş etmek** to inspect

teğet *a.* tangent

teğmen *a, ask.* lieutenant

tehdit *a.* threat, menace **tehdit etmek** to threaten, to menace

tehir *a.* delay, postponement **tehir etmek** to delay, to postpone, to put off

tehlike *a.* 1. danger, peril, hazard 2. risk 3. emergency **tehlikeye atılmak** to court danger **tehlikeye atmak** to risk **tehlikeye sokmak** to endanger

tehlikeli *s.* 1. dangerous 2. risky

tehlikesiz *s.* 1. safe, without danger 2. inoffensive 3. *hek.* benign

tek *s.* 1. single, unique 2. alone 3. only, merely 4. (number) odd * *a.* single thing **tek başına** alone **Tek mi çift mi** Odd or even? **tek taraflı/yanlı** unilateral, single-sided **tek tek, teker teker** one by one **tek tük** only a few

tekâmül *a, esk.* 1. evolution 2. maturation

tekbencilik *a, fel.* solipsism

tekdüze *s.* monotonous

tekdüzelik *a.* monotony

teke *a.* 1. *hayb.* male goat, billy goat 2. prawn

tekel *a.* monopoly **tekel bayii** off-license, package store **tekeli altına almak** to monopolize

tekelci *a.* monopolist

tekelcilik *a.* monopolism

tekerklik *a.* monarchy

tekerlek *a.* wheel

tekerlekli *s.* wheeled **tekerlekli sandalye** wheelchair

tekerrür *a.* 1. repetition 2. recurrence **tekerrür etmek** to happen/occur again, to recur

tekhücreli *s.* unicellular

tekil *s, dilb.* singular

tekir[1] *s.* (cat) striped, spotted, tabby

tekir[2] *a, hayb.* striped mullet

teklemek *e.* 1. (motor) to miss 2. *arg.* to stammer

teklif *a.* 1. proposal, offer, suggestion 2. motion, proposal 3. formal behaviour, formality, ceremony **teklif etmek** to propose, to offer; to suggest

teklifsiz *s.* informal, unceremonious, relaxed, easy

tekme *a.* kick **tekme atmak** to give a kick, to kick **tekme yemek** to get a kick

**tekmelemek** *e.* to kick
**tekne** *a.* 1. wooden trough 2. ship's hull 3. ship, boat, craft 4. sink, tub, basin, tank 5. *yerb.* basin, syncline
**teknik** *a.* 1. technics, technology 2. technique 3. method * *s.* technical
**teknikçi, tekniker** *a.* technician
**teknikokul** *a.* technical school/college
**teknisyen** *a.* technician
**teknokrasi** *a.* technocracy
**teknokrat** *a.* technocrat
**teknoloji** *a.* technology
**teknolojik** *s.* technological
**tekrar** *a.* repetition * *be.* again **tekrar etmek** to repeat **tekrar tekrar** again and again
**tekrarlamak** *e.* to repeat
**tekrarlanmak** *e.* to be repeated
**teksif** *a.* concentration, condensation **teksif etmek** to concentrate, to condense
**teksir** *a.* duplication **teksir makinesi** duplicator
**tekstil** *a.* textile
**tektanrıcı** *a.* monotheist * *s.* monotheistic
**tektanrıcılık** *a.* monotheism
**tekzip** *a.* contradiction, denial **tekzip etmek** to contradict, to deny
**tel** *a.* 1. wire 2. *biy.* fibre 3. string 4. *k. dili* telegram, cable **tel çekmek** a) to enclose with wire b) to send a wire, to cable **tel kadayıf** *bkz.* **telkadayıf tel örgü** wire fence **tel şehriye** vermicelli
**telaffuz** *a.* pronunciation **telaffuz etmek** to pronounce
**telafi** *a.* compensation **telafi etmek** to compensate
**telakki** *a.* 1. consideration 2. viewpoint **telakki etmek** to consider, to regard as
**telaş** *a.* 1. confusion, flurry 2. hurry, alarm **telaş etmek** to bustle, to be flustered **telaşa düşmek** to get flurried, to take alarm
**telaşlandırmak** *e.* to alarm, to confuse, to worry
**telaşlanmak** *e.* to be alarmed/confused/anxious
**telaşlı** *s.* flurried, agitated, anxious
**telaşsız** *s.* unagitated, calm

**telef** *a.* 1. destruction 2. waste **telef olmak** to be destroyed, to perish
**teleferik** *a.* cable railway
**telefon** *a.* 1. telephone, phone 2. telephone call, phone call **telefon etmek** to telephone, to phone, to call (up), to ring (up) **telefon kulübesi** telephone booth **telefon rehberi** telephone directory **telefon santralı** telephone exchange, exchange **telefona bakmak** to answer the telephone **telefonu kapatmak** to hang up
**telefotografi** *a.* telephotography
**telek** *a.* quill feather, quill
**telekız** *a.* call girl
**telekominükasyon** *a.* telecommunication
**teleks** *a.* telex **teleks çekmek** to telex
**teleme** *a.* a kind of soft and unsalted cheese
**teleobjektif** *a.* telephoto lens
**telepati** *a.* telepathy
**telesekreter** *a.* answerphone *İl,* answering machine
**telesiyej** *a.* chair lift
**teleskop** *a.* telescope
**teletekst** *a.* teletex
**televizyon** *a.* television, telly **televizyonda göstermek** to show on television, to televise
**telgraf** *a.* 1. telegraph 2. telegram, wire, cable **telgraf çekmek** to send a telegram, to telegraph
**telif** *a.* 1. *esk.* reconciliation 2. compilation **telif hakkı** copyright **telif hakkı ücreti** royalty
**telkadayıf** *a.* shredded wheat stuffed with nuts in syrup
**telkin** *a.* suggestion, inspiration **telkin etmek** to inspire, to inculcate
**tellak** *a.* bath attendant
**tellal** *a.* 1. town crier, crier 2. broker, middleman
**telli** *s.* wired **telli çalgılar** stringed musical instruments
**telliturna** *a, hayb.* demoiselle crane
**telsiz** *a.* radio, radio-set **telsiz telgraf** wireless telegraph
**telve** *a.* coffee grounds
**tema** *a.* theme

temas *a*. 1. contact, touch 2. contact, communication **temas etmek** to touch **temas kurmak** to get on to sb, to contact **temasa geçmek** to get in touch (with)

temaşa *a*. show, spectacle

temayül *a, esk*. inclination, tendency

tembel *s*. lazy, indolent

tembellik *a*. laziness, indolence **tembellik etmek** to laze (about/around), to fool around/about, to slack

tembih *a*. 1. cautioning, admonition, warning 2. *hek*. stimulation **tembih etmek** to caution, to warn, to admonish

temel *a*. 1. foundation 2. basis 3. base * *s*. 1. main, chief 2. basic, fundamental **temel atmak** to lay a foundation **temel taşı** foundation stone, cornerstone

temelli *s*. 1. well-founded 2. permanent 3. fundamental * *be*. for good, permanently

temelsiz *s*. 1. without foundation 2. unfounded, groundless

temenni *a*. heartfelt wish, earnest desire **temenni etmek** to wish, to desire

temin *a*. 1. making safe or sure 2. assurance, confidence **temin etmek** a) to assure, to ensure b) to provide, to procure

teminat *a*. 1. guarantee 2. security **teminat akçesi** guarantee fund

temiz *s*. 1. clean 2. pure 3. chaste, virtuous 4. clear, net **temiz bir dayak atmak** to give a good thrashing **temiz raporu** certificate of good health **temize çekmek** to make a fair copy of **temize çıkarmak** to clear, to acquit

temizlemek *e*. 1. to clean 2. to cleanse 3. to purify 4. to clear away 5. *arg*. to kill, to bump off, to rub out

temizleyici *s*. cleansing * *a*. 1. cleaner 2. detergent

temizlik *a*. 1. cleanliness 2. cleanness 3. purity 4. act of cleaning, clean **temizlik yapmak** to do cleaning

temizlikçi *a*. cleaner; charwoman, char

temkin *a*. 1. self-possession 2. dignity 3. composure

temkinli *s*. self-possessed, poised

temmuz *a*. July

tempo *a*. tempo **tempo tutmak** to keep time

temsil *a*. 1. representing, representation 2. *tiy*. acting, performance * *be*. for example **temsil etmek** a) to represent b) (play) to present c) to symbolize

temsilci *a*. representative, agent

temsili *s*. 1. representative 2. imaginative

temyiz *a*. 1. discernment 2. *huk*. appeal **temyiz etmek** a) to discern b) to appeal **temyiz mahkemesi** court of appeal

ten *a*. 1. complexion, hue of the skin 2. skin, flesh 3. body

tenasül *a*. reproduction, generation **tenasül organları** genitals

tencere *a*. saucepan, pot **Tencere dibin kara, seninki benden kara.** The pot calling the kettle black. **Tencere yuvarlanmış kapağını bulmuş** Birds of a feather flock together.

teneffüs *a*. 1. respiration, breathing 2. recess, break **teneffüs etmek** to breath

teneke *a*. 1. tin, tinplate 2. (large, tin) can/canister * *s*. (made of) tin

teneşir *a*. the bench on which the corpse is washed

tenezzül *a*. deigning, condescension, lowering oneself **tenezzül etmek** to condescend, to deign

tenha *s*. (place) desolate, deserted

tenis *a, sp*. tennis **tenis kortu** tennis court **tenis raketi** tennis racket

tenisçi *a, sp*. tennis player

tenkit *a*. criticism **tenkit etmek** to criticize

tenor *a, müz*. tenor

tenrengi *s*. flesh-coloured

tensel *s*. of the body, corporeal

tente *a*. awning

tentürdiyot *a*. tincture of iodine

tenya *a, hayb*. tapeworm, taenia

tenzil *a*. reduction **tenzil etmek** to reduce

tenzilat *a*. reduction (of prices) **tenzilat yapmak** to make reductions

tenzilatlı *s*. reduced in price **tenzilatlı satış** sale

teokrasi *a*. theocracy

teokratik *s*. theocratic

teolog *a*. theologian

teoloji *a*. theology

**teorem** *a.* theorem

**teori** *a.* theory

**teorik** *s.* theoretical, theoretic

**tepe** *a.* 1. hill 2. top, top part 3. summit, peak 4. crest, crown (of a bird) **tepeden bakmak** to look down on **tepeden tırnağa** from top to toe **tepesi atmak** to fly into a temper, to lose one's temper **tepesi üstü** headfirst, headlong **tepesinin tası atmak** to fly into a rage

**tepecamı** *a.* skylight

**tepecik** *a.* 1. small hill, hillock 2. *bitk.* stigma

**tepeleme** *s.* brimful

**tepetaklak** *be.* on one's head, upside down

**tepi** *a, ruhb.* impulse

**tepinmek** *e.* 1. to kick and stamp 2. to dance with joy or rage

**tepke** *a.* reflex

**tepki** *a.* 1. reaction 2. recoil, thrust **tepki göstermek** to react

**tepkili** *s.* 1. reactive, reacting 2. recoil-operated

**tepkime** *a, kim.* reaction

**tepkimek** *e.* to react

**tepkisiz** *s.* non-reacting

**tepmek** *e.* 1. to kick 2. to boot 3. (illness) to recur 4. to underestimate

**tepsi** *a.* tray

**ter** *a.* sweat, perspiration **ter basmak** to break out into a sweat **ter boşanmak** to perspire suddenly **ter dökmek** to sweat

**terakki** *a, esk.* progress, advancement, advance

**terapi** *a.* therapy

**terapist** *a.* therapist

**teras** *a.* terrace

**terazi** *a.* balance, (pair of) scales **Terazi burcu** Libra

**terbiye** *a.* 1. bringing up 2. breeding 3. training 4. (good) manners 5. correction, punishment 6. seasoning for food, sauce **terbiye etmek** a) to bring up, to educate, to train b) to season **terbiye görmek** to be trained **terbiyesini bozmak** to be rude

**terbiyeli** *s.* 1. well-mannered, polite, well-bred 2. with a sauce

**terbiyesiz** *s.* ill-mannered, impolite, rude, impudent, unmannerly

**terbiyesizlik** *a.* rudeness, impoliteness, impropriety, impudence **terbiyesizlik etmek** to behave rudely

**tercih** *a.* preference, choice **tercih etmek** to prefer, to choose

**tercihan** *be.* preferably

**tercihli** *s.* preferential

**tercüman** *a.* interpreter, translator

**tercümanlık** *a.* work of interpreter **tercümanlık etmek/yapmak** to act as interpreter

**tercüme** *a.* translation **tercüme etmek** to translate (into)

**tere** *a, bitk.* garden cress

**tereci** *a.* seller of cress **tereciye tere satmak** to teach one's grandmother to suck eggs

**tereddüt** *a.* hesitation, indecision **tereddüt etmek** to hesitate

**tereyağı** *a.* butter **tereyağından kıl çeker gibi** very easily

**terfi** *a.* promotion, advancement **terfi etmek** to be promoted **terfi ettirmek** to promote

**terhis** *a, ask.* discharge, demobilization **terhis etmek** *ask.* to discharge, to demobilize **terhis olmak** to be discharged

**terim** *a.* term

**terk** *a.* 1. abandoning, leaving, quitting 2. forsaking, desertion **terk etmek** a) to abandon b) to leave, to quit c) to forsake, to desert

**terkip** *a, esk.* 1. *kim.* composition, compound 2. phrase **terkip etmek** to compose, to compound

**terlemek** *e.* 1. to sweat, to perspire 2. to be covered in condensation 3. (moustache) to begin to grow 4. *k. dili* to be very tired

**terli** *s.* sweating, perspiring

**terlik** *a.* (house) slipper

**terliksi** *a, hayb.* paramecium

**termal** *a.* thermal

**termik** *s.* thermic, thermal

**terminal** *a.* terminal station, terminus

**terminoloji** *a.* terminology

**termit** *a, hayb.* termite

**termodinamik** *a.* thermodynamics

**termoelektrik** *a.* thermoelectricity

**termofor** *a.* hot-water bottle

**termometre** *a.* thermometer

**termos** *a.* thermos, thermos flask, vacuum flask/bottle

**termosifon** *a.* hot water heater, bath stove

**termostat** *a.* thermostat

**terör** *a.* terror

**terörist** *a.* terrorist

**terrörizm** *a.* terrorism

**ters** *s.* 1. reverse, opposite 2. wrong 3. upside down 4. inverted 5. curt, surly, grumpy * *a.* 1. back/reverse of *sth* 2. excrement, dung **ters anlamak** to misunderstand **ters çevirmek** to reverse **ters gitmek** to go wrong **ters tarafından kalkmak** to get out of the wrong side **ters ters bakmak** to look daggers at

**tersane** *a.* shipyard

**tersine** *be.* on the contrary **tersine çevirmek** to turn inside out

**tersinir** *s, fiz.* reversible

**tersinirlik** *a, fiz.* reversibility

**terslemek** *e.* 1. to scold, to answer harshly, to snap at 2. to snub

**terslik** *a.* 1. untoward event, adversity, mishap, misfortune 2. peevishness, cantankerousness 3. wrongheadedness, contrariness

**tertemiz** *s.* very clean, spotless

**tertibat** *a.* 1. arrangements 2. dispositions 3. apparatus, appliances

**tertip** *a.* 1. arrangement 2. order 3. series 4. disposition 5. plan, project **tertip etmek** a) to arrange b) to organize

**tertiplemek** *e.* to organize, to plan, to arrange

**tertipli** *s.* 1. tidy, neat 2. planned, organized

**tertipsiz** *s.* disarranged, disorderly, untidy

**terzi** *a.* tailor

**tesadüf** *a.* 1. chance event, chance meeting 2. coincidence, accident **tesadüf etmek** a) to meet by chance, to come across b) to coincide with

**tesadüfen** *s.* by chance, by coincidence,

by accident, accidentally

**tesadüfi** *s.* chance, fortuitous, accidental, coincidental

**tescil** *a.* registration

**tescilli** *s.* officially registered **tescilli marka** registered trademark

**teselli** *a.* consolation, comfort, solace **teselli bulmak** to console oneself **teselli etmek** to console, to comfort

**tesir** *a.* effect, influence **tesir etmek** a) to act, to affect b) to influence, to impress

**tesirli** *s.* 1. effective 2. impressive

**tesirsiz** *s.* ineffective

**tesis** *a.* 1. foundation, establishment 2. institution, association, establishment **tesis etmek** to found, to establish

**tesisat** *a.* installation

**tesisatçı** *a.* installer

**teskin** *a.* calming, tranquilization **teskin etmek** to soothe, to calm, to pacify

**teslim** *a.* 1. handing over, delivery 2. consignment 3. payment 4. *ask.* surrender, submission, yielding **teslim almak** to take delivery of **teslim bayrağı çekmek** to strike one's flag, to yield **teslim etmek** a) to deliver, to hand over b) to surrender c) to admit, to accept **teslim olmak** to submit, to yield, to give in, to surrender

**teslimiyet** *a.* submission

**tespih** *a.* rosary, prayer-beads, worry-beads **tespih çekmek** to tell one's beads

**tespihböceği** *a, hayb.* wood-louse, pill bug

**tespit** *a.* 1. establishing, fixing 2. stabilization **tespit etmek** a) to fix, to make firm b) to determine, to fix

**test** *a.* test

**testere** *a.* saw

**testerebalığı** *a, hayb.* sawfish

**testi** *a.* jug, pitcher

**testis** *a.* testicle

**tesviye** *a.* levelling, smoothing **tesviye etmek** to level, to smooth

**tesviyeci** *a.* fitter

**tesviyecilik** *a.* fitting

**teşbih** *a.* comparison, simile **teşbihte hata olmaz** let it not be misunderstood

**teşebbüs** *a.* 1. enterprise 2. attempt 3. initiative, effort **teşebbüs etmek** to attempt

**teşekkül** *a.* 1. formation 2. organization, institution, association **teşekkül etmek** a) to be formed b) to consist (of)

**teşekkür** *a.* (giving) thanks **Teşekkür ederim** Thank you. **teşekkür etmek** to thank **Teşekkürler** Thanks.

**teşhir** *a.* 1. displaying, exhibiting, showing, exposing 2. exhibition **teşhir etmek** to exhibit, to display **teşhir salonu** showroom

**teşhirci** *a, ruhb.* exhibitionist

**teşhircilik** *a, ruhb.* exhibitionism

**teşhis** *a.* 1. *hek.* diagnosis 2. identification, recognition **teşhis etmek** a) to identify, to recognize b) *hek.* to diagnose

**teşkil** *a.* formation, forming **teşkil etmek** to form, to constitute

**teşkilat** *a.* organization(s)

**teşrif** *a.* 1. honouring 2. visit, arrival **teşrif etmek** to honour

**teşrifat** *a.* 1. protocol, official etiquette 2. formality, ceremonial

**teşrifatçı** *a.* master of the ceremonies

**teşrikimesai** *a, esk.* cooperation

**teşvik** *a.* 1. encouragement, encouraging 2. incitement, inciting **teşvik etmek** a) to encourage b) to incite

**tetanos** *a, hek.* tetanus

**tetik** *a.* trigger \* *s.* alert, vigilant **tetikte beklemek** to be on the alert

**tetkik** *a.* study, scrutiny **tetkik etmek** to scrutinize, to study, to examine

**tevazu** *a, esk.* humility, modesty

**teveccüh** *a, esk.* favour, kindness **teveccüh göstermek** to show favour, to be kind (to)

**tevekkeli** *be.* for no reason, for nothing

**tevkif** *a, esk.* arrest **tevkif etmek** to arrest

**Tevrat** *a.* the Pentateuch

**tevzi** *a.* distribution **tevzi etmek** to distribute

**teyel** *a.* basting, tacking

**teyellemek** *e.* to baste, to tack

**teyit** *a, esk.* confirmation **teyit etmek** to confirm

**teyp** *a.* tape-recorder, cassette-player, cassette-recorder **teybe almak** to record (on tape)

**teyze** *a.* (maternal) aunt

**tez**[1] *s.* quick \* *be.* quickly, promptly **tez canlı** hustling, impetuous, impatient **tez elden** without delay

**tez**[2] *a.* thesis

**tezahür** *a, esk.* appearing **tezahür etmek** to appear

**tezahürat** *a.* public demonstration, ovation **tezahürat yapmak** to cheer

**tezat** *a.* 1. contrast, antithesis 2. contradiction

**tezek** *a.* dried dung

**tezgâh** *a.* 1. workbench 2. loom 3. (shop) counter 4. shipbuilding yard

**tezgâhlamak** *e.* to concoct, to hatch

**tezgâhtar** *a.* shop assistant

**tezgâhtarlık** *a.* salesmanship

**tezkere** *a.* 1. note 2. memorandum 3. official certificate 4. licence 5. *ask.* discharge papers **tezkere almak** *ask.* to receive one's discharge papers **tezkeresini eline vermek** *arg.* to give *sb* his marching orders, to fire

**tıbben** *be.* medically

**tıbbi** *be.* medical

**tıbbiye** *a.* medical school, school of medicine

**tıbbiyeli** *a.* medical student

**tıfıl** *a.* child, kiddie, nipper

**tığ** *a.* 1. crochet needle 2. bodkin, awl

**tıka basa** *s.* crammed full **tıka basa doldurmak** to cram full, to stuff **tıka basa yemek** to make a pig of oneself

**tıkaç** *a.* plug, stopper

**tıkalı** *s.* 1. stopped up, plugged; blocked 2. (burun) congested, stuffed up, stuffy *kon.*

**tıkalı, tıkanık** *s.* stopped up, plugged; blocked

**tıkamak** *e.* 1. to plug, to stop 2. to block 3. to clog, to congest

**tıkanıklık** *a.* 1. stoppage 2. (traffic) bottleneck, jam

**tıkanmak** *e.* 1. to be stopped up/plugged/blocked 2. to lose one's breath

tıkınmak *e.* to gorge oneself, to tuck in, to stuff oneself

tıkır *a.* rattle **tıkırında gitmek** to go like clockwork

tıkırdamak *e.* to make a rattling/clinking noise, to rattle, to clink

tıkırtı *a.* rattle, clink

tıkıştırmak *e.* 1. to cram 2. (food) to bolt

tıkız *s.* 1. tightly packed together 2. firm and well-filled out 3. compact

tıklım tıklım *s.* very crowded, jammed, jampacked

tıkmak *e.* to thrust, to squeeze, to cram (into)

tıknaz *s.* chunky, stumpy

tıknefes *s.* short of breath

tıksırık *a.* suppressed sneeze

tıksırmak *e.* to sneeze with the mouth shut

tılsım *a.* 1. talisman, amulet, charm 2. magic spell

tımar *a.* grooming **tımar etmek** to groom

tımarhane *a.* insane/lunatic asylum, *arg.* nut-house **tımarhane kaçkını** nutty, crazy

tınaz *a.* haystack

tıngırdamak *e.* to tinkle, to cling, to clang

tıngırtı *a.* clink, clang

tını *a.* timbre, tone

tınlamak *e.* to ring, to resonate, to resound

tınmak *e.* to make a sound

tınmamak *e.* 1. not to make a sound 2. *k. dili* not to care

tıp *a.* medicine

tıpa *a.* stopper

tıpatıp *be.* perfectly, exactly

tıpış tıpış *be.* pattering **tıpış tıpış gitmek** a) to patter, to toddle b) to go willy-nilly

tıpkı *s, be.* exactly like, just like, in just the same way

tırabzan *a.* banister, handrail

tıraş *a.* 1. shaving, shave 2. haircut 3. *arg.* boring talk, bragging **tıraş bıçağı** razor blade **tıraş etmek** a) to shave b) to cut **tıraş fırçası** shaving brush **tıraş macunu** shaving cream **tıraş makinesi** a) safety razor b) electric shaver **tıraş**

**olmak** a) to shave (oneself) b) to have a haircut

tıraşlı *s.* shaved

tıraşsız *s.* unshaved

tırıs *a.* trot **tırıs gitmek** to trot

tırmalamak *e.* 1. to scratch, to claw 2. to grate on, to irritate, to disturb, to trouble

tırmanma, tırmanış *a.* climbing, climb

tırmanmak *e.* 1. to climb 2. to cling to (with claws, etc.) 3. to increase, to escalate, to go up

tırmık *a.* 1. rake, harrow 2. scratch

tırmıklamak *e.* 1. to rake, to harrow 2. to scratch

tırnak *a.* 1. nail, fingernail, toenail 2. *hayb.* claw, hoof 3. *dilb.* inverted commas, quotation marks **tırnak boyası** nail varnish, *Al.* nail polish **tırnak işareti** inverted commas, quotation marks **tırnak makası** nail clippers **tırnaklarını yemek** to bite one's nails

tırnaklamak *e.* 1. to scratch 2. to claw

tırpan *a.* scythe

tırpana *a, hayb.* grey skate

tırtıklı *s.* rough, uneven, jagged

tırtıl *a, hayb.* caterpillar

tıs *a.* (goose's) hiss

tıslamak *e.* to hiss, to sizzle

ticaret *a.* trade, trading, commerce **ticaret filosu** merchant marine **ticaret gemisi** trader, merchantman **ticaret mahkemesi** commercial court **ticaret merkezi** commercial centre **ticaret odası** Chamber of Commerce **ticaret yapmak** to deal in

ticarethane *a.* trading establishment, business, firm

ticari *s.* commercial, trading

tifdruk *a.* photogravure printing

tifo *a, hek.* typhoid fever

tiftik *a.* Angora wool, mohair **tiftik keçisi** Angora goat

tifüs *a, hek.* typhus

tik *a.* tic, twitching

tikağacı *a, bitk.* teak

tikel *s.* partial

tiksindirici *s.* loathsome, abhorrent, disgusting, revolting, sickening, abominable

**tiksindirmek** *e.* to disgust, to sicken

**tiksinmek** *e.* to be disgusted (with), to loathe

**tilki** *a, hayb.* fox **tilki gibi** as cunning as a fox, foxy

**tim** *a.* team

**timsah** *a, hayb.* crocodile; alligator

**timsal** *a.* symbol

**tin** *a.* 1. spirit, soul 2. *fel.* nous

**tiner** *a.* paint thinner, thinner

**tinsel** *s.* spiritual, moral

**tinselcilik** *a.* spiritualism

**tip** *a.* 1. type, sort, kind 2. style 3. *k. dili* eccentric * *s.* interesting, unusual, eccentric

**tipi** *a.* blizzard, snowstorm

**tipik** *s.* typical

**tipleme** *a, sin.* typecasting

**tipo, tipografi** *a.* typography

**tir tir** *be.* shivering, trembling **tir tir titremek** to shake like a leaf, to shake in one's shoes

**tiraj** *a.* circulation

**tirbuşon** *a.* corkscrew

**tire** *a.* 1. cotton thread 2. *dilb.* hyphen, dash

**tiroit** *a, hek.* thyroid, thyroid gland

**tiryaki** *s.* addicted * *a.* addict **tiryakisi olmak** to be addicted to

**tiryakilik** *a.* addiction

**tişört** *a.* T-shirt, tee shirt

**titan, titanyum** *a, kim.* titanium

**titiz** *s.* 1. hard to please, fastidious, finicky, exacting, persnickety 2. particular, picky, choosy, discriminating, fastidious 3. meticulous

**titizlik** *a.* fastidiousness, fussiness

**titizlikle** *be.* fastidiously, painstakingly

**titrek** *s.* trembling, shaking, quivering, quaky, flickering

**titremek** *e.* 1. to shiver 2. to tremble 3. to vibrate 4. to be afraid of

**titreşim** *a.* 1. vibration 2. resonance 3. oscillation

**titreşmek** *e.* to shiver, to tremble (together)

**tiyatro** *a.* theatre

**tiz** *s.* 1. (voice, sound) shrill, high-pitched, sharp 2. *müz.* high, high-pitched

**tohum** *a.* 1. *bitk.* seed 2. *biy.* fertilized egg 3. semen, sperm

**tok** *s.* 1. (voice) deep 2. satiated, filled, full **tok karnına** on a full stomach

**toka** *a.* 1. buckle 2. hairclip 3. shaking hands **toka etmek** to shake hands

**tokalaşmak** *e.* to shake hands

**tokat** *a.* slap, cuff, blow **tokat atmak** to slap, to cuff **tokat yemek** to be slapped

**tokatlamak** *e.* to slap, to cuff

**tokgözlü** *s.* contented, satiated

**tokmak** *e.* 1. mallet, beetle 2. (door) knocker

**toksin** *a.* toxin

**tokyo** *a.* thong, flip flop

**tolerans** *a.* tolerance

**toleranslı** *s.* tolerant

**tomar** *a.* 1. roll, scroll 2. heap, pile

**tombala** *a.* tombola, lotto, bingo

**tombul** *s.* plump, buxom

**tombulluk** *a.* plumpness

**tomruk** *a.* heavy log

**tomurcuk** *a, bitk.* bud

**tomurcuklanmak** *e.* to burst into bud

**ton** *a.* 1. *müz.* tone 2. tone, shade 3. manner 4. tonne, metric ton 5. *hayb.* tuna, tunny

**tonaj** *a.* tonnage

**tonbalığı** *a, hayb.* tuna, tunny

**toner** *a.* toner

**tonga** *a, arg.* trick **tongaya basmak** to be trapped, to be taken in **tongaya bastırmak** to trap, to take in

**tonik** *a.* tonic water, tonic

**tonos** *a, mim.* vault

**tonton** *a.* darling

**top** *a.* 1. ball 2. *ask.* cannon, artillery piece 3. roll (of cloth/paper) 4. gay **top oynamak** to play (foot)ball **top sürmek** to dribble **topa tutmak** to bombard **topu atmak** to go bankrupt **topu topu** in all, altogether

**topaç** *a.* teetotum, top

**topak** *a.* (roundish) lump

**topal** *s.* lamed, crippled

**topallamak** *e.* to limp, to walk with a limp

**topallık** *a.* lameness

**toparlak** *s.* round, spherical * *a.* sphere

**toparlamak** *e.* 1. to collect together 2. to

pack/tidy (up) 3. to summarize
**toparlanmak** *e.* 1. to be collected together 2. to be summarized 3. to recover 4. to pull oneself together
**topatan** *a, bitk.* a long, yellow muskmelon
**topaz** *a.* topaz
**topçu** *a, ask.* artilleryman, gunner
**topçuluk** *a.* gunnery
**toplam** *a.* 1. *mat.* total 2. overall **toplam olarak** all told
**toplama** *a.* 1. gathering together, collecting 2. *mat.* addition **toplama kampı** concentration camp
**toplamak** *e.* 1. to collect 2. to gather 3. *mat.* to add, to total 4. to amass, to accumulate 5. to pick 6. to put on weight 7. to tidy up 8. to convene, to convoke
**toplanmak** *e.* 1. to gather, to come together 2. to be collected/gathered/added/accumulated /picked, etc.
**toplantı** *a.* 1. assembly, gathering 2. convention, meeting
**toplardamar** *a, anat.* vein
**toplaşmak** *e.* to gather together, to assemble
**toplatılmak** *e.* 1. to be collected/gathered 2. (illegal publication) to be confiscated/seized
**toplu** *s.* 1. collected, gathered, assembled 2. (place) neat, tidy 3. global, overall 4. buxom, plump 5. collective 6. having a knob/round head **toplu konut** housing estate **toplu sözleşme** *bkz.* **toplusözleşme toplu taşıma** *bkz.* **toplutaşıma**
**topluca** *be.* as a whole
**topluiğne** *a.* pin
**topluluk** *a.* 1. group 2. community 3. *müz.* band
**toplum** *a.* community, society
**toplumbilim** *a.* sociology
**toplumbilimci** *a.* sociologist
**toplumbilimcilik** *a.* sociologism
**toplumbilimsel** *s.* sociological
**toplumcu** *a, s.* socialist
**toplumculuk** *a.* socialism
**toplumlaşmak** *e.* to form a society, to become a society

**toplumsal** *s.* social
**toplumsallaşmak** *e.* to become socialized
**toplumsallaştırmak** *e.* to socialize
**toplusözleşme** *a.* collective agreement/contract
**toplutaşıma** *a.* mass transport
**topografya** *a.* topography
**toprak** *a.* 1. earth 2. ground 3. soil 4. land 5. country * *s.* earthen, earthenware, made of clay **toprağa vermek** to bury **toprak kayması** landslide, landslip
**toprakbilim** *a.* pedology, soil science
**toptan** *s.* wholesale * *be.* collectively, completely **toptan satış** wholesale trade
**toptancı** *a.* wholesaler
**toptancılık** *a.* wholesaling
**topuk** *a.* heel
**topuklu** *s.* (shoe) high-heeled
**topuksuz** *s.* (shoe) flat-heeled, low-heeled
**topuz** *a.* 1. mace, war club 2. globular knob (on a stick) 3. knot (of hair)
**torba** *a.* 1. bag, sack 2. *anat.* scrotum **torbada keklik** It's in the bag.
**torik** *a.* large bonito
**torna** *a.* lathe
**tornacı** *a.* turner
**tornavida** *a.* screwdriver
**tornistan** *a, den.* sternway **tornistan etmek** *den.* to go astern
**torpido** *a.* torpedo boat **torpido gözü** *oto.* glove compartment
**torpil** *a.* 1. torpedo 2. *arg.* pull, influence 3. *arg.* backer, supporter **torpil yaptırmak** to pull strings
**tortu** *a.* 1. sediment, deposit 2. dregs
**tortul** *s.* sedimentary
**tortulaşmak** *e.* to be deposited
**torun** *a.* grandchild
**tos** *a.* butt **tos vurmak** to butt
**tosbağa** *a.* turtle, tortoise
**toslamak** *e.* 1. to butt 2. to bump, to ram 3. *arg.* to pay, to shell out
**tost** *a.* toasted sandwich **tost yapmak** to toast
**tosun** *a.* bullock **tosun gibi** plump
**totalitarizm** *a.* totalitarianism

**totaliter** *a, s.* totalitarian
**totem** *a.* totem
**totemcilik** *a.* totemism
**toto** *a.* football pools, pools
**toy**[1] *s.* inexperienced, callow, raw
**toy**[2] *a, hayb.* bustard
**toynak** *a, hayb.* hoof
**toz** *a.* 1. dust 2. powder 3. *arg.* heroin, snow, angel powder * *s.* powdered, in powder form **toz almak** to dust **toz bezi** dustcloth **toz bulutu** cloud of dust **toz kondurmamak** not to allow anything to be said against **toz koparmak** to raise the dust **Toz ol** Buzz off! **toz olmak** *arg.* to run away, to make oneself scarce **tozu dumana katmak** a) to rise clouds of dust b) to kick up a dust **tozunu silkmek** to beat out the dust
**tozlanmak** *e.* to get dusty
**tozlaşma** *a.* pollination
**tozlaşmak** *e.* to become dust
**tozlu** *s.* dusty
**tozluk** *a.* gaiters
**tozpembe** *s.* light pink **tozpembe görmek** to see things/the world through rose-coloured glasses
**tozsabun** *a.* soap-powder
**tozşeker** *a.* granulated sugar
**tozutmak** *e.* 1. to raise dust 2. to go nuts
**tökezlemek** *e.* to stumble, to stagger
**töre** *a.* 1. mores 2. customs, traditions 3. rules, moral laws
**törebilim** *a.* ethics
**töredışı** *s.* amoral
**törel** *s.* ethical, moral
**tören** *a.* ceremony
**törensel** *s.* ceremonial
**töresel** *s.* moral
**töretanımaz** *s.* immoral
**töretanımazlık** *a.* immoralism
**törpü** *a.* rasp, file
**törpülemek** *e.* to file
**tövbe** *a.* repentance, penitence **tövbe etmek** to forswear, to repent
**tövbekâr** *s.* penitent, repentant
**tövbeli** *s.* penitent, repentant
**töz** *a.* 1. base, root 2. *fel.* substance, essence
**tözcülük** *a.* substantialism

**tözel** *s, fel.* substantial
**trafik** *a.* traffic **trafik ışığı** traffic light **trafik işaretleri** traffic signs **trafik polisi** traffic policeman **trafik sıkışıklığı** traffic jam
**trafo** *a, elek.* transformer
**trahom** *a, hek.* trachoma
**trajedi** *a, tiy.* tragedy
**trajikomedi** *a.* tragicomedy
**traktör** *a.* tractor
**Trakya** *a.* Thrace
**trampa** *a.* barter, exchange **trampa etmek** to barter, to exchange
**trampet** *a.* snare drum
**tramplen** *a.* springboard, diving board
**tramvay** *a.* tram, tramcar, *Aİ.* streetcar
**trança** *a, hayb.* type of sea bream
**transatlantik** *s.* transatlantic * *a, den.* liner
**transfer** *a.* transfer **transfer etmek** *sp.* to transfer
**transformatör** *a, elek.* transformer
**transistor** *a, elek.* transistor
**transit** *a.* transit
**trapez** *a.* trapeze
**travers** *a.* (railroad) sleeper
**travertin** *a, yerb.* travertine
**travma** *a, hek.* trauma
**tren** *a.* train **treni kaçırmak** a) to miss the train b) *mec.* to miss the bus, to miss the boat
**trençkot** *a.* trench coat, raincoat
**treyler** *a.* trailer
**tribün** *a, sp.* stands, stand
**trigonometri** *a, mat.* trigonometry
**trigonometrik** *s.* trigonometric
**triko** *a.* tricot
**trilyon** *a.* trillion
**triptik** *a.* triptyque
**troleybüs** *a.* trolleybus
**trombon** *a, müz.* trombone
**trompet** *a, müz.* trumpet
**tropika** *a.* tropic, tropics
**tropikal** *s.* tropical
**tröst** *a.* trust
**trup** *a, tiy.* troupe
**tufan** *a.* 1. the Flood, the Deluge 2. *mec.* violent rainstorm
**tugay** *a, ask.* brigade

tuğamiral *a, ask.* rear admiral
tuğgeneral *a, ask.* brigadier general
tuğla *a.* brick
tuhaf *s.* 1. odd, strange, queer 2. unusual 3. funny, ridiculous
tuhafiye *a.* millinery, drapery
tuhafiyeci *a.* milliner, draper
tuluat *a, tiy.* improvisations **tuluat yapmak** to improvise
tulum *a.* 1. water bottle 2. bagpipe 3. overalls, jumpsuit
tulumba *a.* pump **tulumba tatlısı** semolina doughnut in syrup
tulumpeyniri *a.* goat's milk cheese made in a skin
tumturak *a.* pompous language
tumturaklı *s.* pompous, bombastic, turgid
tunç *a.* bronze * *s.* made of bronze
tur *a.* 1. tour 2. promenade **tur atmak** to take a stroll
turfanda *s.* 1. (vegetables, fruit) very early 2. out-of-season
turist *a.* tourist
turistik *s.* tourist
turizm *a.* tourism **turizm acentesi** tourist agency
turkuaz *a, s.* turquoise
turna *a, hayb.* crane **turnayı gözünden vurmak** to hit the jackpot
turnabalığı *a, hayb.* pike
turne *a, tiy.* tour **turneye çıkmak** to go on tour
turnike *a.* turnstile
turnusol *a, kim.* litmus **turnusol kâğıdı** litmus paper
turnuva *a.* tourney, tournament
turp *a, bitk.* radish **turp gibi** hale and hearty, robust
turşu *a.* pickle **turşu gibi** worn-out, exhausted **turşu kurmak** to pickle **turşusu çıkmak** to be worn-out, to be exhausted
turuncu *a, s.* orange (coloured)
turunç *a, bitk.* Seville/bitter orange
turunçgiller *a, bitk.* citrus fruits
tuş *a.* 1. key (of a piano, typewriter, etc.) 2. *sp.* touch 3. push button
tutacak *a.* pot-holder
tutam *a.* 1. pinch, small amount 2. small handful

tutamaç *a.* handle
tutamak *e.* 1. handle 2. proof, evidence
tutanak *a.* 1. minutes 2. written report 3. signed proceedings 4. protocol
tutar *a.* 1. total, sum 2. sum of money
tutarak, tutarık, tutarga *a, hek.* 1. fit, seizure, spell 2. epilepsy
tutarlı *s.* consistent, coherent, consequent
tutarlık, tutarlılık *a.* consistency, coherence
tutarsız *s.* inconsistent, incoherent, inconsequent
tutarsızlık *a.* inconsistency, incoherency
tutkal *a.* glue
tutkallamak *e.* to glue, to size
tutku *s.* passion
tutkulu *s.* passionate
tutkun *s.* fond of, mad about/for, crazy about, hooked on **tutkun olmak** to be addicted (to sth)
tutkunluk *a.* passion
tutmak *e.* 1. to hold 2. to catch 3. to keep 4. to cover, to take 5. to support 6. to hold with/by, to agree with, to approve of 7. to employ, to engage 8. to hire, to rent 9. to keep (one's promise, etc.) 10. (car, sea, etc.) to make sick 11. to amount to, to total, to add up to 12. to suppose 13. to start, to begin 14. to take (a certain amount of time) 15. to stick well 16. to work, to have the desired result 17. to restrain 18. to tally (with), to agree/equal exactly 19. (pain, etc.) to come on 20. (fashion, etc.) to catch/take on 21. to take root 22. *k. dili* to like, to dig
tutsak *a.* prisoner; captive
tutsaklık *a.* captivity
tutturmak *e.* 1. to cause to hold, etc. 2. to begin and continue 3. to insist, to assert, to nag 4. to fasten 5. to pin
tutu *a.* mortgage, pledge
tutucu *a, s.* conservative
tutuculuk *a.* conservatism
tutuk *s.* tongue-tied, hesitant
tutukevi *a.* prison, jail
tutuklamak *e.* to arrest

**tutuklu** s. arrested, imprisoned * a. detainee, prisoner

**tutukluluk** a. imprisonment, detention

**tutulma** a. 1. being held or caught 2. *gökb.* eclipse

**tutulmak** e. 1. to be held, etc. 2. (the moon and the sun) to be eclipsed 3. to fall for, to fall/be in love with 4. to become/be stiff 5. to be reserved

**tutum** a. 1. attitude 2. manner, conduct 3. thrift, economy

**tutumlu** s. thrifty, economical

**tutumsuz** s. wasteful

**tutunmak** e. 1. to take/get/catch/lay hold (of) 2. to hold out/on, to hang on, to endure 3. to catch/take on 4. to last

**tutuşmak** e. 1. to catch fire 2. to ignite

**tutuşturmak** e. 1. to set on fire 2. to ignite 3. to set (people) quarreling

**tuval** a. canvas

**tuvalet** a. 1. toilet, lavatory, *k. dili* loo 2. evening dress, toilet **tuvalet kâğıdı** toilet paper **tuvalet masası** dressing table

**tuz** a. salt **tuz ekmek** to salt **tuzla buz etmek** to smash to smithereens **tuzla buz olmak** to be smashed to smithereens **tuzu kuru olmak** to have nothing to worry about, to sit pretty

**tuzak** a. trap, snare **tuzak kurmak** to lay a trap **tuzağa düşmek** to fall into a trap **tuzağa düşürmek** to trap, to entrap

**tuzla** a. saltpan

**tuzlamak** e. to salt

**tuzlu** s. 1. salty 2. *k. dili* very expensive, dear

**tuzluk** a. saltcellar, *AÎ.* saltshaker

**tuzluluk** a. 1. saltiness 2. salinity

**tuzsuz** s. 1. without (enough) salt 2. insipid

**tüberküloz** a, *hek.* tuberculosis, TB

**tüccar** a. merchant

**tüf** a, *yerb.* tufa

**tüfek** a. rifle, gun **tüfek atmak** to fire a rifle **tüfek çatmak** to stack arms

**tükenmek** e. 1. to come to an end; to run out 2. to be exhausted

**tükenmez** s. inexhaustible, endless * a. ball-point, ball-point pen

**tükenmezkalem** a. ball-point, ball-point pen; biro

**tüketici** a. consumer * s. consuming

**tüketim** a. consumption

**tüketmek** e. 1. to consume 2. to exhaust 3. to use up, to expend 4. to spend

**tükürmek** e. 1. to spit 2. to spit out

**tükürük** a. spit, spittle **tükürük bezleri** salivary glands

**tül** a. 1. tulle 2. tulle curtain

**tülbent** a. muslin, gauze

**tüm** a. the whole of * s. 1. whole 2. entire 3. total, absolute

**tümamiral** a, *ask.* vice admiral

**tümce** a. *dilb.* sentence

**tümden** be. completely, wholly, totally

**tümdengelim** a. deduction

**tümel** s, *mant, fel.* universal

**tümen** a, *ask.* division

**tümevarım** a. induction

**tümgeneral** a, *ask.* 1. major general 2. air vice-marshal

**tümleç** a, *dilb.* complement

**tümlemek** e. to complete

**tümler** s, *mat.* complementary **tümler açı** complementary angle

**tümör** a, *hek.* tumour

**tümsek** a. 1. small mound 2. protuberance

**tümsekli** s. convex

**tümtanrıcılık** a. pantheism

**tümüyle** be. completely, totally

**tün** a. night

**tünaydın** ünl. Good evening/night!

**tünek** a. perch

**tünel** a. tunnel

**tünemek** e. to perch, to roost

**tüp** a. 1. tube 2. test tube **tüp bebek** test-tube baby

**tür** a. 1. kind, sort, type 2. *biy.* species

**türban** a. turban

**türbe** a. tomb, mausoleum

**türbin** a. turbine

**türdeş** s. 1. of the same kind/species 2. homogeneous

**türdeşlik** a. homogeneity

**türe** a. justice

**türemek** e. 1. to spring/sprout up, to appear, to come into existence 2. to derive (from)

**türetmek** *e.* 1. to bring into existence, to create, to form 2. to derive

**türev** *a.* derivative

**Türk** *a.* Turk * *s.* Turkish

**Türkçe** *a.* Turkish

**Türkiye** *a.* Turkey, Türkiye

**Türkmen** *a.* Turkoman, Turcoman

**türkü** *a.* folk song **türkü çağırmak/söylemek** to sing a song

**türlü** *s.* various, diverse, assorted * *a.* meat and vegetable stew **türlü türlü** all sorts of

**türüm** *a.* 1. genesis, creation 2. *fel.* emanation

**tütmek** *e.* 1. to smoke, to give off smoke 2. (smoke) to rise

**tütsü** *a.* incense

**tütsülemek** *e.* 1. to cense 2. to smoke (meat, fish, etc.)

**tüttürmek** *e.* to smoke (cigarette, pipe, etc.)

**tütün** *a.* 1. *bitk.* tobacco 2. smoke

**tütünbalığı** *a.* smoked fish

**tüy** *a.* 1. feather 2. quill 3. down 4. bristle, hair **tüy gibi** as light as a feather **tüyler ürpertici** hair-raising, horrifying **tüyleri diken diken olmak** (hair) to stand on end, to get goose bumps **tüyleri ürpermek** to get the shivers

**tüyağırlık** *a, sp.* featherweight

**tüylenmek** *e.* to grow hair/feathers

**tüylü** *s.* 1. feathered 2. downy

**tüymek** *e, arg.* to slip away, to sneak off, to flee

**tüysıklet** *a, sp.* featherweight

**tüysüz** *s.* 1. hairless 2. featherless, unfledged 3. beardless, young

**tüze** *a.* justice; law

**tüzel** *s.* judicial

**tüzelkişi** *s, huk.* juristic person

**tüzük** *a.* rules and regulations, charter

**tvist** *a, müz.* twist (dance)

# U

**U, u** *a.* the twenty-fifth letter of the Turkish alphabet

**ucube** *a.* freak, monstrosity

**ucuz** *s.* 1. cheap, inexpensive 2. easily acquired, easy **ucuz atlatmak/kurtulmak** to get off cheap **ucuza** on the cheap **ucuza almak** to get *sth* on the cheap **ucuza düşürmek** to get/buy *(sth)* cheaply

**ucuzlamak** *e.* to become cheaper, to cheapen

**ucuzlatmak** *e.* to lower the price (of), to cheapen

**ucuzluk** *a.* 1. cheapness, inexpensiveness 2. sale, selling goods at reduced prices

**uç** *a.* 1. tip, point 2. extremity, end 3. top 4. course, direction 5. pen-nib **uç uca** end to end **uç uca gelmek** to be just enough **ucu bucağı olmamak** to be endless **ucunu kaçırmak** to lose the thread of

**uçak** *a.* aeroplane, airplane, plane **uçak bileti** flight ticket **uçak kaçırmak** to skyjack **uçak korsanı** skyjacker **uçakla** a) by plane b) by airmail

**uçaksavar** *a.* antiaircraft weapon

**uçandaire** *a.* flying saucer

**uçarı** *s.* dissolute

**uçkun** *a.* spark

**uçkur** *a.* waistband, belt **uçkuruna gevşek** promiscuous

**uçlanmak** *e, arg.* to give, to pay, to shell out

**uçmak** *e.* 1. to fly 2. *fiz.* to evaporate, to vaporize 3. (colour) to fade 4. to vanish, to disappear 5. to be wild with joy, etc. 6. *arg.* to have a trip 7. to go very fast, *arg.* to travel 8. *arg.* to tell lies, to fabricate stories 9. to go off the wall, to go bananas **uçan kuşa borcu olmak** to be up to one's ears/eyes in debt

**uçsuz** *s.* 1. without a point 2. untipped 3. endless **uçsuz bucaksız** endless, vast

**uçucu** *s.* 1. flying 2. volatile * *a.* pilot

**uçuçböceği** *a, hayb.* ladybug

**uçuk** *a.* 1. cold sore 2. *hek.* herpes * *s.* 1. pale, faded 2. *k. dili* eccentric

**uçuklamak** *e.* 1. to develop cold sores 2. to get herpes

**uçurmak** *e.* 1. to (cause to) fly 2. to evaporate 3. to cut off, to chop off 4. *k.*

*dili* to nick, to pinch
**uçurtma** *a.* kite **uçurtma uçurtmak** to fly a kite
**uçurum** *a.* 1. cliff, precipice, abyss 2. tragic end
**uçuş** *a.* flight
**uçuşmak** *e.* to fly about, to flit about
**ufacık** *s.* tiny, very small **ufacık tefecik** tiny
**ufak** *s.* 1. small, little 2. little, young 3. minor, paltry **ufak çapta** on a small scale **ufak para** small change **ufak tefek** a) (person) small and short b) unimportant **ufak ufak** a) in small pieces b) *arg.* slowly
**ufakça** *s.* quite small
**ufaklık** *a.* 1. smallness 2. small change 3. child, kid, boy
**ufalamak** *e.* 1. to reduce in size 2. to break into small pieces 3. to crumble
**ufalmak** *e.* 1. to become smaller 2. to shrink
**ufki** *s, esk.* horizontal
**uflamak** *e.* to say ``oof'' **uflayıp puflamak** to keep saying ``oof''
**ufuk** *a.* horizon
**uğrak** *a.* much frequented place, resort, haunt
**uğramak** *e.* 1. to call by/on, to drop in on, to drop by, to stop by 2. to meet with (an accident, etc.) 3. to suffer 4. to experience 5. to undergo 6. (eyes) to bulge out
**uğraş** *a.* 1. profession, occupation 2. struggle, fight
**uğraşı** *a.* profession, occupation
**uğraşmak** *e.* 1. to struggle/fight (with) 2. to be bothered (with) 3. to deal with
**uğraştırmak** *e.* 1. to cause a lot of work 2. to annoy, to trouble, to bother
**uğru** *a.* thief
**uğuldamak** *e.* 1. to hum, to buzz 2. (wind) to howl, to roar
**uğultu** *a.* hum, buzz
**uğur**[1] *a.* good luck/omen **uğur getirmek** to bring good luck **Uğurlar olsun** Have a good trip!
**uğur**[2] *a.* purpose, aim **uğruna** for the sake of, for

**uğurböceği** *a, hayb.* ladybug, lady beetle, ladybird beetle
**uğurlamak** *e.* to see *(sb)* off
**uğurlu** *s.* lucky, auspicious
**uğursuz** *s.* ill-omened, inauspicious, ominous
**uğursuzluk** *a.* bad luck; curse **uğursuzluk getirmek** to jinx *kon.*
**ukala** *s, k. dili* smart-alecky * *a.* smart aleck, wise guy, wiseacre, know-all, know-it-all **ukala dümbeleği** smart arse
**ulaç** *a, dilb.* gerund
**ulak** *a.* messenger, courier
**ulam** *a.* 1. group 2. category
**ulama** *a.* 1. addition, appendix 2. *dilb.* liaison
**ulaşım** *a.* 1. communication 2. connection, relation 3. contact 4. arrival **ulaşım aracı** means of transport
**ulaşmak** *e.* 1. to reach 2. to arrive at 3. to come into contact with 4. to meet 5. to attain
**ulaştırma** *a.* communications, transportation **Ulaştırma Bakanı** Minister of Communications **Ulaştırma Bakanlığı** Ministry of Communications
**ulaştırmak** *e.* to communicate, to transport, to transmit, to convey
**ulu** *s.* 1. exalted, sublime 2. great
**ululamak** *e.* to extol, to honour
**ulumak** *e.* to howl
**uluorta** *be.* rashly, indiscreetly, recklessly
**ulus** *a.* people, nation
**ulusal** *s.* national
**ulusallaştırmak** *e.* to nationalize
**ulusallık** *a.* nationality
**ulusçu** *a.* nationalist * *s.* nationalistic
**ulusçuluk** *a.* nationalism
**uluslararası** *s.* international
**umacı** *a.* bogeyman, ogre
**umar** *a.* remedy, solution
**umarsız** *s.* hopeless, irremediable
**ummak** *e.* 1. to hope 2. to expect, to anticipate
**umman** *a, esk.* ocean
**umu** *a.* hope; desire
**umumi** *s.* 1. general, common 2. public
**umumiyet** *a.* generality
**umumiyetle** *be.* in general

umursamak *e.* to care

umursamazlık *a.* indifference, unconcern

umut *a.* 1. hope 2. expectation **umut etmek** to hope **umut vermek** to give hope to **umudunu kesmek** to give up hope of **umudunu kırmak** to destroy sb's hopes, to disappoint **umuduyla** in the hope of

umutlandırmak *e.* to give hope to

umutlanmak *e.* 1. to begin to hope 2. to become hopeful

umutlu *s.* hopeful

umutsuz *s.* 1. hopeless 2. desperate

umutsuzluk *a.* 1. hopelessness 2. desperation 3. despair **umutsuzluğa düşmek** to sink into despair **umutsuzluğa düşürmek** to drive to despair **umutsuzluğa kapılmak** to abandon oneself to despair

un *a.* flour **un ufak olmak** to be broken into pieces

unlamak *e.* to flour

unlu *s.* 1. (food) made with flour 2. floury, covered with flour

unsur *a.* element, component

unutkan *s.* forgetful

unutkanlık *a.* forgetfulness

unutmabeni *a, bitk.* forget-me-not

unutmak *e.* to forget

unutturmak *e.* to cause to forget, to make *(sb)* forget

unutulmak *e.* to be forgotten

unvan *a.* title

upuzun *s.* very long

ur *a. hek.* tumour, wen, neoplasm

uran *a.* industry

Uranus *a, gökb.* Uranus

uranyum *a, kim.* uranium

urba *a.* dress, robe, clothes

urgan *a.* rope

us *a.* reason, intelligence

usanç *a.* boredom **usanç getirmek** to get bored/sick and tired **usanç vermek** to bore

usandırmak *e.* to bore, to sicken

usanmak *e.* to be tired/sick (of), to be fed up (with), to have enough of

usavurma *a.* reasoning

usavurmak *e.* to reason

usçuluk *a, fel.* rationalism

usdışı *s.* irrational

usdışıcılık *a.* irrationalism

uskumru *a, hayb.* mackerel

uslamlamak *e.* to reason

uslanmak *e.* to become well-behaved; to come to one's senses

uslu *s.* well-behaved, good **uslu durmak** to keep quiet, to be good

ussal *s.* rational, mental

ussallık *a.* rationality

usta *a.* 1. master (workman) 2. craftsman 3. artisan 4. foreman * *s.* skilful, clever

ustabaşı *a.* foreman, head workman

ustaca *be.* skilfully

ustalık *a.* 1. mastery (of craft) 2. skill, proficiency 3. masterstroke

ustalıkla *be.* skilfully

ustalıklı *s.* skillfully made

ustura *a.* (straight) razor

usturuplu *s, k. dili* striking, impressive

usul *a.* 1. method, system, procedure 2. *müz.* tempo, time **usul usul** *be.* gently, quietly

usulca *be.* quietly

usulsüz *s.* 1. unmethodical 2. irregular 3. illegal

uşak *a.* 1. male servant 2. boy, youth

ut *a, müz.* lute

utanç *a.* 1. shame 2. modesty, bashfulness 3. embarrassment **utancından yerin dibine geçmek** to feel cheap, to feel like 30 cents **utanç verici** shameful, discreditable

utandırmak *e.* to shame, to make *(sb)* feel ashamed; to embarrass

utangaç *s.* 1. bashful, shy 2. shamefaced, sheepish

utangaçlık *a.* 1. bashfulness, shyness 2. shamefacedness, sheepishness

utanma *a.* shame, feeling/being ashamed

utanmak *e.* 1. to be/feel ashamed/abashed 2. to be embarrassed

utanmaz *s.* shameless, brazen

utanmazlık *a.* shamelessness, impudence

utku *a.* victory, triumph

uyak *a.* rhyme

**U**

**uyaklı** s. rhymed, rhyming
**uyandırmak** e. 1. to wake, to wake (sb) up, to waken, to awake 2. to rouse, to arouse
**uyanık** s. 1. awake 2. alert, watchful, vigilant 3. k. dili wide-awake, sharp, smart
**uyanış** a. awakening
**uyanmak** e. 1. to wake, to wake up, to awaken, to waken 2. to revive, to come to life 3. to awake/awaken to 4. k. dili to realize, to understand, to get
**uyarı** a. 1. warning, caution 2. stimulus, excitation
**uyarıcı** s. 1. warning 2. exciting, stimulating * a, hek. stimulant
**uyarım** a. stimulation
**uyarınca** be. in accordance with
**uyarlama** a. adaptation
**uyarlamak** e. to adapt
**uyarlık** a. conformity
**uyarmak** e. 1. to warn 2. to stimulate 3. to arouse
**uyartı** a. 1. warning 2. stimulus 3. stimulation
**uydu** a. satellite
**uydurma** s. invented, made-up, fictitious
**uydurmak** e. 1. to make up, to invent, to concoct, to fabricate, to trump up 2. to devise 3. to improvise 4. to coin, to mint 5. to adapt, to fit, to tailor, to adjust, to scale
**uydurmasyon** a, k. dili invention, fable, concoction * s. made-up, invented
**uyduruk** s, k. dili made-up, fake, invented
**uygar** s. civilized
**uygarlaşmak** e. to become civilized
**uygarlık** a. civilization, civilisation
**uygulama** a. practice, application **uygulamaya koymak** to put into practice
**uygulamak** e. to apply, to carry out, to put into practice
**uygulamalı** s. practical, applied
**uygulanış** a. application
**uygulayım** a. technique
**uygulayımbilim** a. technology
**uygun** s. 1. appropriate, fit, fitting 2. agreeable, favourable 3. suitable, convenient 4. reasonable 5. sensible **uygun bulmak/görmek** to see fit (to) **uygun olmak** to suit, to correspond
**uygunluk** a. 1. appropriateness 2. agreeableness, favourableness
**uygunsuz** s. 1. inappropriate, unsuitable 2. improper
**uygunsuzluk** a. 1. unsuitability, unfitness 2. impropriety
**uyku** a. 1. sleep 2. sleepiness, drowsiness **uyku basmak** to be overcome by sleep **uyku gözünden akmak** to be very sleepy **uyku hapı** sleeping pill/tablet **uyku sersemliği** drowsiness **uyku tulumu** sleeping bag **uyku tutmamak** to be unable to get to sleep **uykusu açılmak** (one's sleepiness) to pas off **uykusu gelmek** to feel sleepy **uykusu hafif** light sleeper **uykusu kaçmak** to lose one's sleep **uykusunu almak** to sleep the night through **uykuya dalmak** to fall asleep
**uykucu** a. late riser, sleepyhead
**uykulu** s. sleepy, drowsy
**uykuluk** a. 1. sweetbread, pancreas 2. scurf on baby's hand
**uykusuz** s. sleepless
**uykusuzluk** a. 1. sleeplessness 2. hek. insomnia
**uyluk** a. thigh **uyluk kemiği** thighbone, femur
**uymak** e. 1. to fit 2. to suit 3. to match 4. to go well (with 5. to agree, to conform to 6. to obey 7. to adapt/adjust/suit/accommodate oneself
**uyruk** a. citizen, subject
**uyrukluk** a. citizenship
**uysal** s. conciliatory, easygoing, compliant, docile
**uysallık** a. docility, compliance
**uyuklamak** e. to doze, to doze off, to slumber
**uyum** a. 1. harmony 2. accommodation 3. adaptation 4. accord **uyum sağlamak** to be attuned to
**uyumak** e. 1. to sleep 2. to go to sleep
**uyumlu** s. 1. harmonious 2. concordant
**uyumluluk** a. harmony
**uyumsuz** s. inharmonious, discordant
**uyumsuzluk** a. lack of harmony, dishar-

mony, discord
uyuntu *s.* indolent, lazy
uyurgezer *a.* sleepwalker
**uyurgezerlik** *a.* sleepwalking
uyuşmak *e.* 1. to get/become numb/insensible 2. to get along together, to be compatible 3. to harmonize, to go well together 4. to reach an agreement
uyuşmazlık *a.* conflict, disagreement, discord, dispute
uyuşturmak *e.* 1. to numb 2. to deaden 3. to anaesthetize
uyuşturucu *s.* 1. narcotic 2. anaesthetic, *Aİ.* anesthetic * *a.* narcotic(s), drug(s)
uyuşuk *s.* 1. numb 2. sluggish, lethargic
uyuşukluk *a.* 1. numbness 2. indolence
uyutmak *e.* 1. to put to sleep, to make *(sb)* sleep 2. *arg.* to deceive, to fool
uyutucu *s.* soporific
uyuz *a.* scabies, mange * *s.* 1. mangy, scabby 2. sluggish, indolent **uyuz etmek** to irritate, to make *(sb)* sick **uyuz olmak** a) to have scabies b) to become irritated, *arg.* to get pissed off (with)
uyuzböceği *a, hayb.* itch mite
uz *s.* skilful, clever
uzadevim *a.* telekinesis
uzaduyum *a.* telepathy
uzak *s.* 1. distant 2. far, far-off 3. remote 4. improbable, unlikely * *a.* distance place **uzağa** away, far **uzağı görmek** to have foresight **uzak akraba** distant relative **uzak durmak** to keep away from **uzakta** far, far afield, afar, away, distant, apart **uzaktan kumanda** remote control **uzaktan kumandalı** remote controlled
Uzakdoğu *a.* the Far East
uzaklaşmak *e.* 1. to go far/away 2. to digress 3. to be estranged/alienated
uzaklaştırmak *e.* 1. to take/send away 2. to estrange, to alienate 3. to remove
uzaklık *a.* 1. distance 2. remoteness 3. space, interval
uzam *a.* extent, scope, compass, size
uzamak *e.* 1. to get longer/taller 2. to extend 3. to drag on; to be prolonged 4. to stretch

uzanmak *e.* 1. to stretch out 2. to lie down 3. to go to, to go over to 4. to reach (out) 5. to extend
uzantı *a.* 1. extension, extended part 2. prolongation
uzatma *a.* 1. lengthening, protraction 2. extension, prolongation
uzatmak *e.* 1. to make longer 2. to lengthen 3. to prolong 4. to protract 5. to hand, to pass, to reach 6. to grow (hair, moustache, etc.) 7. to drag out, to draw out **uzatmayalım** in short; to cut a long story short
uzay *a.* space **uzay aracı** space-vehicle, spacecraft **uzay başlığı** space-helmet **uzay elbisesi** space suit **uzay geometri** solid geometry **uzay kapsülü** space capsule **uzay mekiği** space shuttle
uzayadamı *a.* spaceman, astronaut
uzaygemisi *a.* spaceship, spacecraft
uzaycı *a.* 1. astronaut 2. astronautical engineer
uzaycılık *a.* astronautics
uziletişim *a.* telecommunications
uzlaşma *a.* 1. agreement 2. understanding 3. compromise
uzlaşmak *e.* 1. to come to an agreement/understanding 2. to compromise
uzlaşmazlık *a.* disagreement, intransigence
uzlaştırmak *e.* to reconcile, to conciliate
uzluk *a.* mastery, expertise, command
uzman *a.* expert, specialist
uzmanlaşmak *e.* to specialize (in)
uzmanlık *a.* 1. expertise 2. specialization
uzun *s.* 1. long 2. tall **uzun araç** long vehicle **uzun atlama** long jump **uzun boylu** tall **uzun çizgi** dash **uzun dalga** long wave **uzun hikâye** long story **uzun sözün kısası** in short **uzun uzadıya** in detail, at great length **uzun uzun** at length
uzunçalar *a.* long-playing record, long play
uzunlamasına *be, s.* lengthwise, lengthways
uzunluk *a.* 1. length 2. tallness
uzuv *a.* organ, limb
uzyazar *a.* teleprinter

uzyazım *a.* telex

# Ü

Ü, ü *a.* the twenty-sixth letter of the Turkish alphabet

ücra *s.* remote, out of the way, solitary

ücret *a.* 1. pay, wage(s) 2. fee 3. cost, price

ücretli *s.* paid, salaried

ücretsiz *s.* 1. unpaid 2. free, gratis

üç *a.* three **üç aşağı beş yukarı** approximately **üç buçuk atmak** *arg.* to shake in one's shoes

üçboyutlu *s.* three dimensional

üçer *s.* three each, three at a time

üçgen *a.* triangle * *s.* triangular

üçkâğıt *a.* swindling, trick **üçkâğıda getirmek** to deceive, to dupe

üçkâğıtçı *a.* crook, swindler

üçlü *s.* consisting of three parts * *a.* 1. *isk.* the three 2. *müz.* trio

üçüncü *s.* third **Üçüncü Dünya Ülkeleri** Third World

üçüz *s.* 1. triplet 2. tripartite

üflemek *e.* 1. to blow 2. to puff 3. to blow upon 4. to blow out

üfürmek *e.* to blow

üfürük *a.* exhaled breath

üfürükçü *a.* quack who claims to cure by breathing

üleş *a.* share, portion, lot

üleşmek *e.* to share

üleştirmek *e.* to share/portion out, to distribute

ülke *a.* country

ülkü *a.* ideal **ülkücü** *a, s.* idealist

ülkücülük *a.* idealism

ülküleştirmek *e.* to idealize

ülküsel *s.* ideal

ülser *a, hek.* ulcer

ültimatom *a.* ultimatum

ültrasonik *s.* ultrasonic

ültraviyole *s.* ultraviolet **ültraviyole ışınları** ultraviolet rays

ümit *a.* 1. hope 2. expectation **ümit etmek** to hope **ümit vermek** to give hope **ümidini kesmek** to give up hope of

ümitlendirmek *e.* to make hopeful, to fill with hope

ümitlenmek *e.* to become hopeful, to be hopeful

ümitli *s.* hopeful

ümitsiz *s.* hopeless, desperate

ümitsizlik *s.* hopelessness, desperation, despair **ümitsizliğe kapılmak** to give way to despair

ümmet *a.* community, people

ün *a.* 1. fame, reputation 2. voice, sound **ün almak/kazanmak/salmak/yapmak** to become famous, to acquire fame

üniforma *a.* uniform, official dress

ünite *a.* 1. unity 2. unit

üniversite *a.* university **üniversite mezunu** graduate, bachelor

üniversitelerarası *s.* interuniversity

ünlem *a, dilb.* exclamation, interjection **ünlem işareti** exclamation mark

ünlü *s.* famous, famed, renowned, well-known * *a, dilb.* vowel **ünlü uyumu** vowel harmony

ünsüz *s.* unknown, obscure * *a, dilb.* consonant **ünsüz uyumu** consonant harmony

üre *a.* urea

üreme *a.* reproduction **üreme organları** genitals

üremek *e.* 1. to reproduce 2. to multiply, to increase

üremi *a, hek.* uremia

üreteç *a, elek.* generator

üretici *a.* producer

üretim *a.* production **üretim araçları** means of production

üretimsel *s.* 1. productional 2. *dilb.* generative

üretken *s.* productive

üretkenlik *a.* productivity

üretmek *e.* 1. to produce 2. to breed

ürkek *s.* timid, fearful; shy **ürkek ürkek** timidly

ürkeklik *a.* timidity

ürkmek *e.* 1. to start with fear 2. to be frightened/scared (of), to scare 3. (horse) to shy

ürkü *a.* 1. panic 2. *ruhb.* phobia

ürkünç s. frightening, frightful, gruesome, horrifying, horrific, scary

ürkütmek e. to terrify, to startle, to scare

üroloji a. urology

ürpermek e. 1. to get goose pimples, to have one's hair stand on end 2. to shudder, to shiver 3. to get the creeps

ürperti a. shudder, shiver

ürtiker a, hek. urticaria

ürümek e. to howl

ürün a. 1. produce, product 2. crop 3. work

üs a. 1. ask. base, installation 2. mat. exponent

üslup a. style

üst a. 1. upper side, upper part, top 2. outside surface 3. clothing, dress 4. body 5. (money) remainder, change * s. upper, uppermost **üst baş** clothes **üst kat** upstairs **üst üste** a) one on the top of the other b) one after the other, successively **Üstü kalsın** Keep the change. **üstü kapalı** covert, veiled; obscure **üstü kapalı söylemek** to hint **Üstüme iyilik sağlık** Good heavens! **üstünden atmak** not to take over the duty, to get rid of **üstüne almak** to shoulder, to take sth on **üstünü çıkarmak** to take off one's clothes **üstünü değiştirmek** to change **üstünü giymek** to put on one's clothes, to dress oneself, to get dressed

üstat a. 1. master 2. teacher 3. expert

üstçene a. upper jaw

üstderi a. epidermis, cuticle

üste be. in addition **üste vermek** to give in addition **üstesiden gelmek** to cope with, to overcome

üsteğmen a, ask. first lieutenant

üstelemek e. 1. to persist, to insist (on/that), to dwell on 2. hek. to recrudesce, to recur 3. to increase, to become dominant

üstelik be. furthermore, moreover, besides, in addition

üstenci a. contractor

üstgeçit a. flyover, overpass

üstlenmek e. to take on, to undertake

üstsüz s. topless

üstübeç a. white lead

üstün s. superior **üstün gelmek** to come out on top, to preponderate **üstün olmak** to be superior **üstün tutmak** to prefer

üstünde ilg. on, over

üstüne be. 1. about, on 2. onto, on, over **üstüne atmak** to lay the blame on **üstüne basmak** a) to hit the nail on the head b) to emphasize **Üstüne bir bardak soğuk su iç** You can whistle for it. **üstüne düşmek** to be very interested in **üstüne kalmak** to be saddled with **üstüne oturmak** to appropriate, to pocket **üstüne titremek** to fuss over **üstüne tuz biber ekmek** to rub salt in the wound, to be the last straw **üstüne toz kondurmamak** to consider above blame **üstüne varmak** a) to keep on at sb b) to attack, to assault **üstüne yatmak** not to give back, to appropriate

üstünkörü s. superficial * be. superficially

üstüpü a. oakum

üstünlük a. superiority **üstünlük derecesi** dilb. comparative degree **üstünlük duygusu/kompleksi** superiority complex

üstyapı a. superstructure

üşengeç, üşengen s. lazy, slothful

üşengeçlik, üşengenlik a. laziness, sloth

üşenmek e. to be too lazy to, not to take the trouble to

üşümek e. to be/feel cold

üşüşmek e. to crowd together

üşütmek e. 1. to cause to feel cold 2. to catch cold 3. arg. to go nuts/crazy/crackers/bananas

üşütük s. nutty, cracked * a. nut-case, nut

ütopya, ütopi a. utopia

ütopyacı s. utopian

ütü a. 1. iron, flatiron 2. ironing, pressing

ütülemek e. to iron, to press

ütülü s. ironed

ütüsüz s. unironed, needing ironing

üvendire a. ox-goad

üvey s. step **üvey ana** stepmother **üvey baba** stepfather **üvey evlat** stepchild **üvey evlat muamelesi yapmak** to ill-treat, to treat unfairly **üvey kardeş** stepbrother, stepsister **üvey kız** stepdaughter **üvey oğul** stepson

üveyik *a, hayb.* stock dove

üye *a.* 1. member 2. *anat.* organ

üyelik *a.* membership

üzengi *a.* stirrup

üzengikemiği *a, anat.* stapes

üzere *ilg.* 1. on the point/brink/verge of 2. (just) about to 3. on condition of 4. (in order) to 5. according to 6. for the purpose of

üzeri *a.* 1. upper/outer/outside surface 2. clothing 3. change; remainder (of money)

üzerinde *ilg.* on, over, above **üzerinde durmak** to dwell upon (a subject) **üzerinden atmak** to throw off, to shake off

üzerine *ilg.* 1. on, onto 2. about

üzgü *a.* oppression

üzgün *s.* 1. unhappy, sad 2. sorry **Üzgünüm** I'm sorry.

üzgünlük *a.* unhappiness, sadness

üzgüsüz *s.* easy, trouble-free

üzmek *e.* 1. to upset 2. to hurt (sb's feelings), to break (sb's) heart 3. to worry 4. to bother

üzücü *s.* sad, upsetting, distressing; tragic

üzülmek *e.* 1. to be sorry (for) 2. to worry 3. to regret

üzüm *a, bitk.* grape **üzüm asması** grape vine **üzüm kütüğü** vine stock **üzüm salkımı** bunch of grapes **üzüm suyu** grape juice

üzüntü *a.* 1. worry 2. sorrow, grief, woe, tribulation; trouble; distress

üzüntülü *s.* 1. worried 2. unhappy, sad, sorrowful, distressed 3. upset

üzüntüsüz *s.* carefree

# V

V, v *a.* the twenty-seventh letter of the Turkish alphabet

vaat *a.* promise **vaat etmek** to promise **vaatte bulunmak** to make a promise, to promise

vaaz *a.* sermon **vaaz etmek/vermek** to preach

vade *a.* 1. fixed term or date 2. due date, date of maturity **vadesi geçmek** to be overdue **vadesi gelmek/dolmak** to fall due **vadesini uzatmak** to prolong a term

vadeli *s.* having a fixed term **vadeli hesap/mevduat** time deposit, (fixed) deposit account **vadeli satış** forward sale

vadesiz *s.* having no fixed term **vadesiz hesap/mevduat** current account, *Al.* checking account

vadi *a.* valley

vaftiz *a.* baptism **vaftiz anası** godmother **vaftiz babası** godfather **vaftiz etmek** to baptize

vagon *a.* railway car **vagon restoran** wagon restaurant, dining car

vah *vah ünl.* What a pity! Oh dear!

vaha *a.* oasis

vahim *a.* grave, serious

vahşet *a.* 1. wildness 2. savageness 3. brutality

vahşi *s.* 1. wild 2. savage 3. brutal

vahşileşmek *e.* to become wild

vahşilik *a.* wildness

vaiz *a.* preacher

vajina *a, anat.* vagina

vajinal *s, hek.* vaginal

vaka *a.* 1. event, occurrence 2. case

vakar *a.* gravity, dignity, sedateness

vakıf *a.* (pious) foundation

vâkıf *s.* aware, cognizant, proficient

vakit *a.* 1. time 2. the right time 3. appointed time 4. time, season **vakit geçirmek** to pass the time **vakit kaybetmek** to lose time **vakit kazanmak** to buy time *kon.* **vakit öldürmek** to kill time **vaktini almak** to take (sb's) time

vakitli *s.* timely, well-timed; opportune **vakitli vakitsiz** at all sorts of time

vakitsiz *s.* 1. untimely, inopportune, illtimed 2. premature

vaktinde *be.* on time

vakum *a.* vacuum

vakur *s.* dignified, grave, solemn

vakvak *a, ç. dili* duck

vale *a. isk.* jack, knave
valf *a.* valve
vali *a.* governor
valide *a, esk.* mother
valilik *a.* governorship
**valiz** *a.* suitcase
valla *ünl.* honestly, on the level *kon.*
valla(hi) *ünl.* I swear!
vals *a.* waltz **vals yapmak** to waltz
vampir *a.* 1. vampire 2. *hayb.* vampire bat
vana *a.* valve
vandal *a.* vandal
vandalizm *a.* vandalism
vanilya *a.* 1. vanilla 2. powdered vanilla
vantilatör *a.* (electric) fan, ventilator
vantrilok *a.* ventriloquist
vantuz *a.* 1. *hek.* cupping-glass 2. *hayb.* sucker
vapur *a.* steamship, steamer, ferry, boat
var *s.* 1. existent, available, present 2. there is/are * *a.* possessions, belongings **var etmek** to create **Var ol** May you live long! **var olmak** to exist, to be **varı yoğu** all that he has
varak *a.* 1. gold/silver leaf 2. leaf
vardiya *a.* 1. shift 2. *den.* watch **vardiya ile çalışmak** to work in relays
vargel *a, tek.* shaper
varış *a.* 1. arrival 2. *sp.* finish
varil *a.* barrel; cask
varis *a, hek.* varicose veins
vâris *a.* heir, inheritor
varlık *a.* 1. existence, presence 2. living creature 3. self, personality 4. wealth, riches **varlık göstermek** to make one's presence felt **varlık içinde yaşamak** to live a life of luxury
varlıkbilim *a.* ontology
varlıklı *s.* rich, wealthy, well-to-do, well-off
varlıksız *s.* poor, needy
varmak *e.* 1. to arrive 2. to arrive at/in 3. to reach 4. to attain 5. to approach 6. (a woman) to marry *(sb)* **Varsın gitsin** Let him go.
varoluş *a, fel.* existence
varoluşçu *s.* existentialist
varoluşçuluk *a, fel.* existentialism

varoş *a.* suburbs, outskirts
varsayım *a.* 1. hypothesis 2. supposition, assumption
varsayımsal *s.* hypothetical
varsaymak *e.* to suppose, to assume
varsıl *s.* rich, wealthy
varsılerki *a.* plutocracy
varsıllaşmak *e.* to become/get rich
varsıllık *a.* wealth, wealthiness
varta *a.* danger **vartayı atlatmak** to escape a great danger
varyant *a.* variant
varyasyon *a.* variation
varyete *a.* variety show
vasat *s.* mediocre, middling; average * *a.* middle, average
vasati *s.* 1. central, middle 2. mean 3. average
vasıf *a.* quality
vasıflandırmak *e.* 1. to qualify 2. to describe
vasıflı *s.* qualified, skilled
vasıfsız *s.* unqualified, unskilled
vasıl *s.* arriving **vasıl olmak** to arrive
vasıta *a.* 1. means 2. vehicle 3. implement, instrument 4. intermediary
vasıtasıyla *be.* by means of, through
vasi *a, huk.* 1. guardian 2. executor 3. trustee
vasistas *a.* transom
vasiyet *a.* will, testament **vasiyet etmek** to bequeath
vasiyetname *a.* (written) will
vaşak *a, hayb.* lynx
vat *a, elek.* watt
vatan *a.* native country, motherland, homeland
vatandaş *a.* compatriot, fellow-citizen
vatandaşlık *a.* citizenship
vatansever *a.* patriot * *s.* patriotic
vatanseverlik *a.* patriotism
vatansız *s.* stateless
vatansızlık *a.* statelessness
vatka *a.* shoulder-padding, pad
vatoz *a, hayb.* thornback ray
vay *ünl.* Oh! Wow! **Vay canına** Wow! Gosh! (by) God/Heaven!
vazelin *a.* vaseline
vazgeçirmek *e.* to dissuade, to deter

**vazgeçmek** *e.* 1. to give up 2. to cease from 3. to abandon 4. to change one's mind

**vazife** *a.* 1. duty 2. obligation 3. task 4. job, employment

**vazifeli** *s.* 1. in charge 2. on duty

**vazifeşinas** *s, esk.* dutiful

**vaziyet** *a.* 1. condition, state 2. situation, circumstances, plight 3. position

**vazo** *a.* vase

**ve** *bağ.* and **ve benzeri** et cetera

**veba** *a, hek.* plague, pestilence

**vecize** *a.* saying, epigram, maxim

**veda** *a.* farewell, good-bye **veda etmek** to say good-bye, to bid farewell

**vedalaşmak** *e.* to say good-bye to each other

**vefa** *a.* 1. loyalty, faithfulness 2. fidelity

**vefakâr** *s.* faithful, loyal

**vefalı** *s.* faithful, loyal

**vefasız** *s.* unfaithful, disloyal

**vefat** *a.* death, decease **vefat etmek** to die, to pass away

**vehim** *a.* 1. groundless fear/suspicion, illusion 2. delusion

**vejetaryen** *s, a.* vegetarian

**vekâlet** *a.* proxy, power of attorney, power to act for or represent another **vekâlet etmek** to represent, to deputize **vekâlet vermek** to give the procuration

**vekâleten** *be.* by proxy

**vekâletname** *a.* power of attorney, proxy

**vekil** *a.* 1. agent, representative 2. deputy 3. attorney 4. proxy

**vekillik** *a.* agency, attorneyship

**vektör** *a, mat.* vector

**velet** *a.* 1. kid, brat, child 2. rascal, imp, scamp **veledi zina** bastard

**veli** *a.* 1. guardian (of a child), parent 2. saint

**veliaht** *a.* crown prince, heir apparent

**velur** *a.* velour

**velvele** *a.* outcry, clamour, hubbub, uproar, racket

**Venüs** *a, gökb.* Venus

**veranda** *a.* veranda, verandah

**veraset** *a.* inheritance

**verecek** *a.* debt, money owed, debit

**verecekli** *a.* debtor

**verem** *a, hek.* tuberculosis

**veremli** *s.* tuberculous

**veresiye** *be.* on credit

**vergi** *a.* 1. tax, duty 2. gift, talent **vergi beyannamesi** tax return **vergi mükellefi** taxpayer **vergi tahsıldarı** tax collector **vergiye tabi** taxable

**vergilemek** *e.* to tax

**vergilendirmek** *e.* to tax

**vergili** *s.* 1. taxed 2. *mec.* generous

**vergisiz** *s.* untaxed, tax-free

**veri** *a.* datum **veriler** data

**verici** *a.* 1. giver 2. donor 3. *tek.* (radio) transmitter

**verim** *a.* yield, output, product

**verimli** *s.* productive, fruitful

**verimlilik** *a.* productivity, fruitfulness

**verimsiz** *s.* unproductive, unfruitful

**verimsizlik** *a.* unproductiveness, lack of productivity

**verkaç** *a, sp.* pass and run, one-two

**vermek** *e.* 1. to give 2. to hand 3. to deliver 4. to award 5. to yield 6. to afford 7. to apply, to bend 8. to convey 9. to attach 10. to offer 11. to sell 12. to pay 13. to turn (towards) 14. to marry (one's daughter) 15. to lean 16. to suffer/undergo (losses, etc.) **verip veriştirmek** to swear at, to vituperate

**vermut** *a.* vermouth

**vernik** *a.* varnish

**verniklemek** *e.* to varnish

**vesaire** *a.* and so forth, and so on, et cetera, and what not *kon.*

**vesayet** *a.* guardianship, wardship

**vesika** *a.* document, certificate

**vesikalık** *s.* suitable for a document/certificate **vesikalık fotoğraf** passport photo

**vesile** *a.* 1. means, cause 2. opportunity, pretext

**vestiyer** *a.* cloakroom

**vesvese** *a.* apprehension, misgiving

**vesveseli** *s.* scrupulous, apprehensive

**veteriner** *a.* veterinary surgeon, *Aİ.* veterinarian, *k. dili* vet

**veto** *a.* veto **veto etmek** to veto

**veya, veyahut** *bağ.* or

**vezin** *a. yaz.* metre

**vezir** *a.* 1. vizier 2. (in chess) queen

**vezne** *a.* 1. treasury 2. pay-office, cashier's office

**veznedar** *a.* 1. treasurer 2. cashier

**vıcık** *s.* gooey, sticky

**vınlamak** *e.* to whiz, to whir, to buzz, to hum

**vır vır** *a.* tiresome talk **vır vır etmek** to nag

**vırıltı** *a.* 1. yakking, yammering 2. continuous muttering

**vırlamak** *e.* to nag

**vız** *a.* buzz, hum **Vız gelir tırıs gider** I don't give a damn. **vız gelmek** to be a matter of indifference

**vızıldamak** *e.* 1. to buzz, to hum 2. *k. dili* to bellyache, to grumble, to gripe

**vızıltı** *a.* buzz

**vızır vızır** *be.* (working, moving) continually, constantly

**vızlamak** *e.* to buzz, to hum

**vibratör** *a.* vibrator

**vicdan** *a.* conscience **vicdan azabı** prick of conscience, remorse

**vicdanlı** *s.* 1. just, fair 2. conscientious; scrupulous

**vicdansız** *s.* 1. unjust, unfair 2. conscienceless, unscrupulous

**vida** *a.* screw

**vidalamak** *e.* to screw

**video** *a.* video **video kamera** video camera **video kaset** videotape, video cassette, video

**videobant** *a.* video tape

**vilayet** *a.* province

**villa** *a.* villa

**vinç** *a.* 1. crane 2. winch

**viraj** *a.* (road) bend, curve

**viran** *s.* ruined, in ruins

**virane** *a.* ruin, ruined building

**virgül** *a.* comma

**virtüöz** *a.* virtuoso

**virüs** *a.* virus

**viski** *a.* whisky

**viskoz** *a, kim.* viscose

**vişne** *a, bitk.* sour/black cherry, morello **vişne suyu** black cherry juice

**vitamin** *a.* vitamin

**vites** *a.* gear **vites değiştirmek** to change/shift gears **vites kolu** gear lever/shift/stick **vites kutusu** gearbox

**vitray** *a.* stained glass

**vitrin** *a.* 1. shopwindow 2. display cabinet

**viyadük** *a.* viaduct

**viyak** *a.* squawk **viyak viyak** squawking

**viyaklamak** *e.* to squawk

**viyola** *a, müz.* viola

**viyolonist** *a.* violin player

**viyolonsel** *a, müz.* violoncello

**viyolonselist** *a, müz.* violoncellist

**vize** *a.* visa

**vizite** *a.* 1. doctor's rounds/fee 2. domiciliary/medical visit 3. fee (in a brothel)

**vizon** *a, hayb.* mink

**vokal** *s.* vocal

**vole** *a, sp.* volley **vole vurmak** to volley

**voleybol** *a, sp.* volleyball

**volfram** *a.* wolfram, tungsten

**voli** *a.* 1. cast of a net 2. *arg.* booty, scoop, killing **voli vurmak** *arg.* to make a killing, to rake it in

**volkan** *a.* volcano

**volkanik** *s.* volcanic

**volt** *a, elek.* volt

**volta** *a.* 1. *den.* fouling of a cable 2. *arg.* pacing back and forth **volta atmak** to pace back and forth

**voltaj** *a.* voltage

**voltamper** *a.* volt-ampere

**votka** *a.* vodka

**vuku** *a, esk.* occurrence, happening **vuku bulmak** to happen, to occur

**vukuat** *a.* 1. events, incidents 2. police case, crime

**vurdumduymaz** *s.* 1. thick-headed, stupid 2. thick-skinned, callous, insensitive

**vurgu** *a, dilb.* stress; accent

**vurgulamak** *e.* 1. to emphasize, to stress, to lay stress on 2. to accent, to accentuate, to stress

**vurgulu** *s.* stressed, accented

**vurgun** *s.* struck on, sweet on, smitten * *a.* scoop, booty, killing **vurgun vurmak** to make a killing, to rake it in

**vurguncu** *a.* profiteer, speculator

**vurgunculuk** *a.* profiteering

**vurgusuz** *s.* unstressed

**V**

**vurmak** *e.* 1. to hit 2. to strike 3. to knock 4. to shoot 5. to shoot dead 6. to wound 7. (heart, pulse) to beat 8. to beat (a drum, etc.) 9. to be reflected (on) 10. to bang 11. to apply (paint, etc.) 12. to feign, to pretend to *be,* to fake 13. to hurt deeply 14. (shoe) to pinch; to chafe 15. (lottery, etc.) to fall (on) 16. to make ill 17. to put (on one's shoulder/back, etc.) 18. to give (injection)

**vurulmak** *e.* 1. to be hit/struck/shot, etc. 2. to fall for, to fall in love with, to be stuck (on)

**vuruntu** *a.* knock, detonation

**vuruş** *a.* 1. blow, stroke 2. *müz.* beat

**vuruşmak** *e.* to fight each other, to have a fight

**vücut** *a.* 1. existence, being 2. body **vücut bulmak** to come into existence **vücut geliştirme** body-building **vücuda getirmek** to bring into being, to create

**vücutçu** *a, k. dili* body-builder

# Y

**Y, y** *a.* the twenty-eighth letter of the Turkish alphabet

**ya** *ünl.* 1. o! oh! hi! 2. You see! 3. yes **ya Rabbi** Oh my God! **Ya sabır** God give me patience! **ya sabır çekmek** to put up with *sth* with patience

**ya** *bağ.* 1. or 2. especially 3. (but) what if 4. what about? **Ya devlet başa ya kuzgun leşe** Either victory or death. **Ya herrü ya merrü** Sink or swim. Hit or miss. **ya ... ya ...** either ... or ...

**ya da** *bağ.* or

**yaba** *a.* wooden pitchfork

**yaban** *a.* 1. desert, wilderness 2. stranger * *s.* wild **yabana atmak** to sniff at, to sneeze at

**yabanarısı** *a.* common wasp

**yabancı** *s.* 1. strange, exotic 2. foreign * *a.* 1. stranger 2. foreigner **yabancı dil** foreign language **yabancı düşmanlığı** xenophobia **yabancı gelmemek** to ring a bell, to sound familiar **yabancısı olmak** to be a stranger to

**yabancılaşma** *a.* estrangement, alienation

**yabancılaşmak** *e.* to estrange oneself

**yabancılık** *a.* 1. being a stranger / foreigner 2. unfamiliarity, strangeness

**yabandomuzu** *a, hayb.* wild boar

**yabaneşeği** *a, hayb.* wild ass

**yabangülü** *a, bitk.* dog rose, dogberry

**yabanıl** *s.* 1. (plant, animal) wild 2. (man) primitive

**yabanıllık** *a.* wildness

**yabani** *s.* 1. wild 2. untamed 3. rough, boorish, unmannerly

**yabankazı** *a, hayb.* wild goose

**yabankedisi** *a, hayb.* wildcat

**yabansı** *s.* strange, peculiar, odd

**yabansımak** *e.* to find strange

**yâd** *a.* remembrance **yâd etmek** to remember

**yad** *s.* strange **yad elde** in a foreign land, away from home

**yaderklik** *a.* 1. foreign domination 2. *fel.* heteronomy

**yadgerekircilik** *a, fel.* indeterminism

**yadırgamak** *e.* 1. to regard as a stranger 2. to find *(sth)* strange/odd

**yadigâr** *a.* keepsake, souvenir, remembrance

**yadsımak** *e.* to deny, to reject

**yafta** *a.* label

**yağ** *a.* 1. oil 2. fat 3. grease 4. lubricant 5. ointment 6. mineral/vegetable oil 7. attar, essential oil 8. *k. dili* flattery **yağ bağlamak** to put on fat **yağ çekmek** to butter *sb* up, to flatter, to toady **yağ sürmek** to butter (bread) **yağ tulumu** fatty **yağdan kıl çeker gibi** as easy as falling off a log

**yağbezleri** *a, anat.* sebaceous glands

**yağcı** *a, k. dili* toady, flatterer

**yağcılık** *a.* flattery

**yağdanlık** *a.* oil can

**yağdoku** *a, anat.* adipose tissue, fatty tissue

**yağı** *a.* enemy

**yağış** *a.* 1. raining, snowing 2. precipitation, rain(fall), snow(fall)

**yağışlı** *s.* rainy, snowy

**yağız** *s.* 1. (horse) black 2. (person) dark,

swarthy
**yağlamak** *e.* 1. to lubricate, to oil, to grease 2. *k. dili* to flatter
**yağlanmak** *e.* 1. to be lubricated/oiled/greased 2. to get fat
**yağlı** *s.* 1. fat 2. adipose 3. fatty, greasy, oily 3. *k. dili* rich
**yağlıboya** *a.* 1. oil paint 2. oil painting
**yağma** *a.* booty, loot **yağma etmek** to loot, to plunder, to pillage **Yağma yok** Sold again! Nothing doing!
**yağmacı** *a.* plunderer, pillager
**yağmak** *e.* 1. to rain 2. to snow 3. *k. dili* to rain down on, to be poured out in abundance
**yağmalamak** *e.* to loot, to plunder, to sack, to pillage
**yağmur** *a.* rain **yağmur yağmak** to rain **yağmurdan kaçarken doluya tutulmak** to jump out of the frying pan into the fire
**yağmurkuşağı** *a.* rainbow
**yağmurlu** *s.* rainy, wet
**yağmurluk** *a.* raincoat, trench coat, mackintosh
**yağsız** *s.* 1. without oil/fat 2. (milk, cheese) skim
**yahni** *a.* meat stew with onions
**yahu** *ünl, k. dili* 1. hey! Look here! 2. for God's sake! 3. man!
**Yahudi** *a.* Jew * *s.* Jewish
**Yahudilik** *a.* 1. Jewishness 2. Judaism
**yahut** *bağ.* or
**yaka** *a.* 1. collar 2. bank, shore, edge **yaka paça** by the head and ears, by force **yaka silkmek** to be fed up (with) **yakası açılmadık** unheard of **yakasına yapışmak** to collar, to badger **yakayı ele vermek** to be caught **yakayı kurtarmak** to escape, to evade
**yakacak** *a.* fuel
**yakalamak** *e.* 1. to catch 2. to seize 3. to arrest 4. to stop (sb going)
**yakalanmak** *e.* 1. to be caught 2. to be arrested 3. to contract, to go down with sth, to catch
**yakamoz** *a.* phosphorescence (in the sea)
**yakarı, yakarış** *a.* 1. begging, imploring

2. prayer, entreaty
**yakarmak** *e.* to beg, to implore, to entreat
**yakı** *a.* plaster, blister
**yakıcı** *s.* 1. burning, smarting 2. biting
**yakın** *s.* near * *a.* 1. nearby place, neighbourhood 2. friend, relation 3. recent time, near future
**yakınçağ** *a.* the modern times
**yakında** *be.* 1. near 2. soon, anon, presently, shortly 3. recently
**yakında, yakınlarda** *be.* 1. near 2. soon, recently
**yakından** *be.* closely **yakından bilmek/tanımak** to be closely acquainted with
**Yakındoğu** *a.* Near East
**yakınında** *ilg.* near, by, about
**yakınlarda** *be.* 1. near 2. lately, recently
**yakınlaşmak** *e.* 1. to draw near, to approach, to come near 2. to get closer
**yakınlık** *a.* 1. nearness, closeness 2. proximity 3. closeness, warmth, sympathy **yakınlık göstermek** to behave warmly, to be friendly
**yakınma** *a.* complaining, complaint
**yakınmak** *a.* to complain
**yakınsak** *s, mat, fiz.* convergent
**yakınsamak** *e.* 1. *mat.* to converge 2. to regard *(sth)* as imminent
**yakışık** *a.* suitability **yakışık almak** to be suitable
**yakışıklı** *s.* (man) handsome, good-looking
**yakışıksız** *s.* unsuitable, unbecoming, improper, unseemly
**yakışmak** *e.* 1. to suit, to become 2. to befit, to be suitable
**yakıştırma** *a.* ascription, imputation
**yakıştırmak** *e.* 1. to make (a dress, etc.) look good on 2. to think *(sth)* becoming to 3. to ascribe, to impute 4. to expect *(sth)* of *(sb)*
**yakıt** *a.* fuel
**yaklaşık** *s.* approximate **yaklaşık olarak** approximately
**yaklaşım** *a.* approach
**yaklaşmak** *e.* 1. to approach, to draw near to, to come near/closer 2. to close 3. to approximate

yaklaştırmak *e.* to approximate
yakmak *e.* 1. to burn 2. to set on fire 3. to burn, to scorch, to singe 4. to inflame 5. to turn on (the lights) 6. (cold) to sting 7. *k. dili* to ruin 8. *k. dili* to shoot, to kill 9. to hurt 10. *hek.* to cauterize
yakut *a.* ruby
yalabık *s.* shinning, glittering * *a.* brightness
yalak *a.* 1. feeding trough 2. drinking basin
yalama *a.* 1. lick, licking 2. erosion, abrasion * *s.* worn **yalama olmak** to be worn, to be eroded
yalamak *e.* 1. to lick, to lick up 2. to skim over, to pass just above the surface of
yalamuk *a.* 1. inner bark of the pine tree 2. pine resin
yalan *a.* lie * *s.* false, untrue **yalan söylemek** to lie, to tell lies **yalanını çıkarmak** to show up sb's lies
yalancı *a.* liar * *s.* false, counterfeit **yalancı çıkarmak** to belie, to contradict
yalancıktan *be.* in pretence
yalancılık *a.* lying, telling lies
yalandan *be.* not seriously, for appearance sake **yalandan yapmak** to pretend, to feign
yalanlamak *e.* to deny, to contradict
yalanmak *e.* 1. to lick oneself 2. to be licked
yalapşap *be.* superficially, perfunctorily
yalaz *a.* flame
yalçın *s.* 1. steep 2. smooth and slippery
yaldız *a.* 1. gilding, silvering 2. false decoration, veneer
yaldızlamak *e.* to gild
yaldızlı *s.* gilt, gilded, silvered
yalı *a.* 1. shore, beach, bank 2. waterside residence
yalıçapkını *a, hayb.* kingfisher
yalım *a.* 1. flame 2. (sword, etc.) blade
yalın *s.* 1. bare, stripped 2. simple 3. plain 4. *dilb.* nominative **yalın durum** *dilb.* nominative case
yalınayak *s.* barefooted * *be.* barefoot
yalıtım *a.* insulation, isolation
yalıtkan *a.* insulator * *s.* insulating
yalıtmak *e.* to insulate, to isolate

yalıyar *a.* seaside cliff
yalnız *s.* alone, lonely * *be.* 1. alone, on one's own 2. only, solely * *bağ.* but, however
yalnızca *be.* 1. alone, on one's own 2. merely, only
yalnızlık *a.* loneliness
yalpa *a.* rolling, lurching **yalpa vurmak** to roll, to lurch
yalpalamak *e.* 1. to lurch 2. to sway from side to side, to roll
yaltakçı *s.* unctuous * *a.* toady, softsoaper
yaltakçılık *a.* flattery, fawning
yaltaklanmak *e.* to fawn (on), to toady (on)
yalvaç *a.* prophet
yalvarmak *e.* to beg, to entreat, to implore; to plead
yama *a.* patch **yama vurmak** to put a patch (on)
yamaç *a.* 1. slope of a hill 2. side
yamak *a.* helper, assistant, apprentice, mate
yamalamak *e.* to patch
yamalı *s.* patched
yamamak *e.* 1. to patch 2. to pin on, to palm off (on)
yaman *s.* 1. strong, violent 2. capable, intelligent, efficient 3. bad, disagreeable
yamru yumru *s.* gnarled, uneven and lumpy
yamuk *s.* inclined, oblique, crooked, bent * *a, mat.* trapezoid
yamulmak *e.* 1. to be inclined 2. to become crooked/twisted/bent
yamyam *a.* cannibal
yamyamlık *a.* cannibalism
yan *a.* 1. side 2. direction 3. place * *s.* auxiliary, subsidiary * *be.* askew **yan bakmak** to look askance **yan çizmek** to shirk, to evade **yan etki** side effect **yan gözle bakmak** a) to look askance b) to look hostilely **yan hakemi** linesman **yan ürün** by-product **yan yana** side by side **yanı başında** by the side of, just beside, close by **yanımda** with me, on me **yanına** beside, along, with, alongside **yanına almak** to take into one's service

**yanına bırakmamak** not to leave unpunished, to get even **yanında** a) near, beside, next to, by, along, alongside b) with, on c) over and above, in addition (to) d) in the company of **yanı sıra** as well as

**yanak** a. cheek

**yanal** s, mat. lateral

**yanardağ** a. volcano

**yanardöner** s. (silk) shot

**yanaşma** a. 1. approaching 2. casual labourer, hireling

**yanaşmak** e. 1. to draw near, to approach, to come near/closer 2. to draw up alongside, to pull alongside 3. to accede (to a request)

**yanay** a. vertical section, profile

**yancümle** a. dilb. subordinate clause

**yandaş** a. supporter, partisan

**yandaşlık** a. partisanship

**yangeçit** a. bypass

**yangı** a, hek. inflammation

**yangılanmak** e. to become inflamed

**yangılı** s. 1. inflamed 2. inflammatory

**yangın** a. 1. fire 2. fever **yangın bombası** incendiary bomb **yangın çıkarmak** to start a fire **yangına körükle gitmek** to add fuel to the flames **yangını söndürmek** to put out the fire

**yanık** a. 1. burn 2. scald 3. blight (on a plant) * s. 1. burnt, scorched 2. tanned 3. blighted 4. lighted, turned on 5. pathetic, touching **yanık kokmak** to smell of burning

**yanılgı** a. mistake, error

**yanılmak** e. 1. to be mistaken 2. to make a mistake, to err, to blunder

**yanılmaz** s. infallible, unfailing

**yanılsama** a, ruhb. illusion

**yanıltıcı** s. misleading

**yanıltmaca** a. sophism, fallacy

**yanıltmaç** a. paradox

**yanıltmak** e. to mislead, to lead into error

**yanıt** a. answer, reply, response

**yanıtlamak** e. to answer, to reply

**yani** bağ. 1. that is to say 2. id est, i. e. 3. namely 4. k. dili I mean

**yankesici** a. pickpocket

**yankı** a. 1. echo 2. repercussion **yankı**

**yapmak** to echo

**yankıbilim** a. acoustics

**yankılamak** e. to echo

**yankılanmak** e. to echo

**yanlamak** e. to move sideways, to sidle

**yanlamasına** be. sideways

**yanlış** a. error, blunder, mistake * s. wrong, incorrect, false **yanlış anlamak** to get sb wrong, to mistake, to misinterpret, to misunderstand **yanlış kapı çalmak** to bark up the wrong tree

**yanlışlık** a. mistake; error

**yanlışlıkla** be. by mistake

**yanma** a. 1. burning, combustion 2. kim. oxidation

**yanmak** e. 1. to burn 2. (light, etc.) to be on; to be alight 3. to get sunburnt/suntanned 4. to have high temperature/fever 5. to be ruined, to be done for 6. to hurt 7. to smart 8. to feel grieved 9. to be infatuated with/by (sb); to fall in love with 10. to become invalid 11. (bulb, fuse) to blow 12. to be out (in a game) **yanıp tutuşmak** mec. to burn, to yearn

**yansıma** a. 1. reflection 2. echo

**yansımak** e. 1. (light) to be reflected 2. (sound) to echo

**yansıtaç** a. reflector

**yansıtıcı** a. reflector

**yansıtmak** e. to reflect

**yansız** s. 1. impartial, unbiased 2. neutral

**yansızlık** a. 1. impartiality 2. neutrality

**yantümce** a, dilb. subordinate/dependent clause

**yap(a)yalnız** s. all alone

**yapağı** a. spring wool

**yapay** s. 1. artificial, synthetic 2. induced

**yapaylık** a. artificiality

**yapı** a. 1. building, construction, edifice 2. structure 3. configuration, conformation

**yapıbilim** a. morphology

**yapıcı** s. 1. creative, constructive 2. positive * a. 1. maker, builder, constructor 2. builder, master builder

**yapılabilirlik** a. feasibility

**yapılı** s. 1. made; done 2. built, constructed 3. well-built, having a strong body

**yapılış** *a.* 1. state of being made 2. structure, construction (of a building)

**yapım** *a.* 1. construction, building 2. manufacture, manufacturing, production, making 3. *sin.* production

**yapımcı** *a.* 1. builder 2. manufacturer, producer, maker 2. *sin.* producer

**yapımcılık** *a.* manufacturing, production

**yapımevi** *a.* 1. factory, plant 2. *sin.* production company

**yapıncak** *a.* type of white grape

**yapıntı** *a, fel.* fiction, assumption

**yapısal** *s.* 1. structural 2. *hek.* constitutional

**yapısalcılık** *a.* structuralism

**yapış yapış** *s.* very sticky

**yapışık** *s.* 1. adhesive 2. stuck on, attached

**yapışkan** *s.* 1. sticky, adhesive, viscid 2. *k. dili* clinging, pertinacious, importunate

**yapışkanlık** *a.* 1. stickiness 2. pertinacity

**yapışmak** *e.* 1. to stick, to adhere 2. to stick to 3. to cling 4. to hang on to 5. to grab

**yapıştırıcı** *a, s.* adhesive

**yapıştırmak** *e.* 1. to stick on, to fasten; to affix; to attach 2. to bond 3. to plaster 4. to deal (sb a blow) 5. to retort

**yapıt** *a.* work of art, composition, creation

**yapıtaşı** *a.* building stone

**yapma** *a.* act of doing/making * *s.* 1. false 2. imitation, artificial

**yapmacık** *a.* 1. affectation 2. mannerism * *s.* 1. artificial, simulated, pretended; feigned 2. affected

**yapmacıklı** *s.* mannered, affected

**yapmacıksız** *s.* simple, unadorned; sincere

**yapmak** *e.* 1. to do 2. to make 3. to cause 4. to mend, to repair, to fix 5. to cook (a meal, etc.) 6. to produce 7. to have (a bath, etc.) 8. to build 9. to do with 10. to marry (a girl) 11. to have, to possess **Yapma** a) Don't! Don't do it/that! b) You don't say (so)! Really?

**yaprak** *a.* 1. leaf 2. *tek.* plate 3. sheet, foil, layer **yaprak dolması** stuffed vine leaves

**yaprakarısı** *a, hayb.* sawfly

**yaprakbiti** *a, hayb.* aphis, plant louse

**yaptırım** *a.* sanction

**yâr** *a.* 1. lover 2. friend **yâr olmak** to assist, to help

**yar** *a.* sheer cliff, precipice

**yara** *a.* wound, sore, cut, injury **Yarası olan gocunur** If the cap fits wear it.

**Yaradan** *a.* the Creator, the Maker, God

**Yaradancılık** *a, fel.* deism

**yaradılış** *a.* 1. nature, natural disposition, temperament 2. creation, making

**yarak** *a, kab.* prick, cock

**yaralamak** *e.* to wound, to injure

**yaralanmak** *e.* to be wounded/injured

**yaralı** *s.* wounded, injured

**yaramak** *e.* 1. to be serviceable, to be useful/good, to be of use 2. to be suitable 3. to work

**yaramaz** *s.* 1. unserviceable, useless, good-for-nothing 2. naughty

**yaramazlık** *a.* 1. uselessness, unsuitability 2. naughtiness; misbehaviour **yaramazlık etmek** a) to misbehave, to play up, to act up b) to be naughty

**yaranmak** *e.* to curry favour with, to cozy up to

**yarar** *s.* 1. serviceable, useful 2. capable * *a.* 1. use, service 2. advantage, benefit

**yararcılık** *a, fel.* pragmatism; utilitarianism

**yararlanmak** *e.* 1. to make use of, to benefit (from) 2. to take advantage of

**yararlı** *s.* 1. useful 2. beneficial, effective **yararlı olmak** to help, to benefit

**yararlık** *a.* service, usefulness

**yararlılık** *a.* 1. usefulness 2. capability

**yararsız** *s.* useless, unprofitable

**yararsızlık** *a.* uselessness

**yarasa** *a, hayb.* bat

**yaraşmak** *e.* to suit, to become

**yaratı** *a.* creation, work (of art)

**yaratıcı** *s.* creative, constructive * *a.* creator, designer

**yaratıcılık** *a.* creativity

**yaratık** *a.* creature

**yaratmak** *e.* to create

**yarbay** *a, ask.* lieutenant colonel

**yardakçı** *a.* accomplice

**yardakçılık** *a.* complicity

**yardım** *a.* help, aid, assistance **yardım etmek** to help, to assist, to aid
**yardımcı** *a.* 1. helper, assistant 2. associate 3. deputy * *s.* subsidiary, auxiliary **yardımcı eylem/fiil** auxiliary verb
**yardımlaşmak** *e.* to help each other
**yardımsever** *s.* benevolent, charitable
**yardımseverlik** *a.* benevolence, charity
**yaren** *a.* friend
**yarenlik** *a.* friendly chat **yarenlik etmek** to have a chat
**yargı** *a.* judgment, judgement
**yargıcı** *a.* 1. arbitrator 2. referee
**yargıç** *a, huk.* judge
**yargılamak** *e.* 1. to hear a case, to try 2. to judge 3. to decree
**Yargıtay** *a.* Supreme Court
**yarı** *a, s, be.* half **yarı yarıya** fifty-fifty; half and half **yarı yolda** halfway **yarı yolda bırakmak** to leave in the lurch **yarıda bırakmak** to interrupt, to discontinue **yarıda kalmak** to be left half finished
**yarıcı** *a.* sharecropper
**yarıçap** *a.* radius
**yarıfinal** *a, sp.* semifinal
**yarıgölge** *a, fiz.* penumbra
**yarık** *s.* split, cleft * *a.* crack, split
**yarıküre** *a.* hemisphere
**yarılamak** *e.* 1. to be halfway through 2. to half finish
**yarılmak** *e.* to be split, to split, to crack
**yarım** *s.* half **yarım ağızla** half-heartedly **yarım pansiyon** half-board **yarım porsiyon** half portion **yarım saat** half an hour **yarım yamalak** a) perfunctory, slipshod b) incompletely, inadequately
**yarımada** *a.* peninsula
**yarımay** *a.* half moon, crescent
**yarımgün** *s, be.* part-time
**yarımküre** *a.* hemisphere
**yarın** *a, be.* tomorrow **yarın akşam** tomorrow night **yarın sabah** tomorrow morning
**yarınki** *s.* of tomorrow, tomorrow's
**yarısaydam** *s.* translucent
**yarış** *a.* 1. race 2. competition **yarış etmek** to race
**yarışçı** *a.* competitor; runner

**yarışlık** *a.* racecourse, racetrack
**yarışma** *a.* contest, competition
**yarışmacı** *a.* competitor, contestant, contender
**yarışmak** *e.* 1. to race, to contend 2. to compete
**yarıyıl** *a.* semester
**yarifinalist** *a, sp.* semifinalist
**yarkurul** *a.* committee, commission
**yarmak** *e.* to split, to rend, to cleave, to cut (through)
**yas** *a.* mourning **yas tutmak** to mourn, to be in mourning
**yasa** *a.* law
**yasadışı** *s.* illegal, unlawful
**yasak** *a.* prohibition, ban * *s.* prohibited, forbidden **yasak etmek** to prohibit, to forbid
**yasaklamak** *e.* to prohibit, to forbid, to ban, to inhibit
**yasaklayıcı** *s.* prohibitive, prohibitory, inhibitory
**yasal** *s.* legal, lawful, legitimate
**yasalaşmak** *e.* to become law
**yasalaştırmak** *e.* to make lawful
**yasallaşmak** *e.* to become legal/lawful
**yasallaştırmak** *e.* to legalize
**yasallık** *a.* legality, lawfulness, legitimacy
**yasama** *a.* legislation **yasama dokunulmazlığı** legislative immunity **yasama gücü** legislative power
**yasamak** *e.* to legislate
**yasemin** *a, bitk.* jasmine
**yaslamak** *e.* 1. to lean, to prop, to rest, to recline (against) 2. to support
**yaslanmak** *e.* 1. to lean against 2. to rely on
**yaslı** *s.* in mourning
**yassı** *s.* flat, flat and wide
**yassılık** *a.* flatness
**yastık** *a.* 1. pillow 2. cushion **yastık kılıfı** pillowcase, pillowslip **yastık yüzü** pillowcase, pillow slip
**yaş**$^1$ *a.* age **yaş günü** birthday **yaşına başına bakmadan** regardless of his age **yaşını başını almak** to be old **yaşını göstermek** to look one's age
**yaş**$^2$ *s.* 1. wet, damp 2. fresh 3. *arg.* bad, difficult * *a.* tear **yaş dökmek** to shed

tears **yaş tahtaya basmak** to be cheated

yaşa *ünl.* Hurray!, Hooray!

yaşam *a.* 1. life 2. living **yaşam biçimi** way of life **yaşam düzeyi** standard of living

yaşamak *e.* 1. to live 2. to exist 3. to inhabit 4. to earn one's living 5. to live well, to enjoy life **Yaşasın** a) Hurray! Hooray! b) Long live ...! c) Up with ...!

yaşamöyküsü *a.* biography

yaşamsal *s.* vital

yaşantı *a.* 1. experience 2. life; living

yaşarlık *a.* being alive

yaşarmak *e.* 1. to become wet 2. to fill with tears

yaşdönümü *a.* 1. (of women) menopause 2. (of men) andropause

yaşıt *s.* of the same age, coeval

yaşlanmak *e.* to grow old, to age

yaşlı[1] *s.* old, aged

yaşlı[2] *s.* suffused with tears

yaşlık *a.* wetness, dampness

yaşlılık *a.* old age

yat *a.* yacht

yatak *a.* 1. bed, couch 2. lair, den 3. *den.* anchorage, berth 4. riverbed 5. stratum, ore bed, deposit 6. *oto.* bearing **yatak odası** bedroom **yatak takımı** set of bedding **yatağa düşmek** to take to one's bed

yatakhane *a.* dormitory

**yataklı** *s.* with a bed, having ... beds **yataklı vagon** sleeping car

yatalak *s.* bedridden

yatay *s.* horizontal

yatçılık *a.* yachting

yatı *a.* overnight stay

yatık *s.* leaning to one side

yatılı *s.* boarding (school, student) *a.* boarder, boarding student **yatılı okul** boarding school

yatır *a.* entombed saint

yatırım *a.* investment **yatırım yapmak** to invest in

yatırımcı *a.* investor

yatırmak *e.* 1. to put to bed 2. to bed, to bed down, to accommodate 3. to put in hospital 4. to lay *(sth)* down 5. to make

*(sth)* lean/slope 6. to deposit (in a bank) 7. to invest

yatışmak *e.* 1. to die down, to subside 2. to calm down

yatıştırıcı *a, hek.* sedative, tranquillizer * *s.* 1. sedative 2. calming, soothing

yatıştırmak *e.* 1. to calm, to quieten, to tranquillize 2. to sedate 3. to alleviate, to assuage

yatkın *s.* 1. leaning to one side 2. deteriorated, stale 3. apt, inclined, predisposed

yatkınlık *a.* aptness, inclination, predisposition

yatmak *e.* 1. to go to bed 2. to be in bed 3. to lie 4. to lie down 5. *den.* to lie at anchor 6. to be imprisoned; to stay in prison 7. to become flat 8. *k. dili* to be unsuccessful 9. to lie on 10. to have sex, to bed (with)

yavan *s.* 1. (food) tasteless, flavourless, insipid 2. vapid, dull, uninteresting, monotonous

yavaş *s.* 1. slow 2. gentle, mild 3. quiet, soft * *be.* slowly **yavaş yavaş** a) slowly b) gradually

yavaşça *be.* 1. rather slowly 2. rather quietly/softly 3. rather gently/lightly

yavaşlamak *e.* to slow down

yavaşlatmak *e.* to slow down

yavaşlık *a.* 1. slowness 2. quietness, softness 3. mildness, gentleness

yaver *a.* 1. assistant, helper 2. *ask.* adjutant, aide-de-camp

yavru *a.* 1. young animal, young 2. child 3. *arg.* chick; baby

yavruağzı *s.* light pink

yavrucak *a.* poor little thing, poor little dear

yavrukurt *a.* Cub, Brownie

yavrulamak *e.* to bring forth young

yavuz *s.* 1. stern, ferocious, grim, cruel 2. resolute, inflexible

yay *a.* 1. bow 2. arch 3. spring 4. arc **Yay burcu** Sagittarius

yaya *a.* pedestrian, walker * *be.* on foot **yaya geçidi** zebra crossing **yaya kaldırımı** pavement, *Aİ.* sidewalk **yaya kalmak** to be stranded

yayan *s.* walking, afoot * *be.* on foot

**yayan gitmek** to go on foot
yaygara *a.* shout, outcry, clamour **yayga-rayı basmak** to make a great ado about nothing
yaygaracı *s.* noisy, clamorous, brawling
yaygı *a.* ground cloth
yaygın *s.* 1. widespread 2. diffused 3. well-known, common
yaygınlaşmak *e.* to become widespread
yayık *a.* churn
yayılı *s.* spread out
yayılımcı *a.* imperialist * *s.* imperialistic
yayılımcılık *a.* imperialism
yayılmak *e.* 1. to be spread/spread out 2. to spread 3. to become diffused 4. to widen
yayım *a.* 1. publication, edition 2. publishing 3. (TV, radio) broadcasting
yayımcı *a.* publisher, editor
yayımcılık *a.* publishing, editing
yayımlamak *e.* 1. to publish 2. to broadcast
yayın *a.* 1. publication 2. broadcast **yayın yapmak** to broadcast
yayınbalığı *a, hayb.* sheatfish
yayınevi *a.* publishing house
yayınık *s, fiz.* diffuse, diffused
yayınım, yayınma *a, fiz.* diffusion
yayla *a.* 1. plateau 2. (nomad's) summer camping ground
yaylak *a.* summer pasture
yaylanmak *e.* 1. to rock as tough on a spring 2. *arg.* to go away, to take a powder
yaylı *s.* 1. stringed 2. with springs
yaylım *a.* 1. spreading 2. summer pasture **yaylım ateşi** volley, broadside, running fire
yaymak *e.* 1. to spread 2. to extend 3. to publish 4. to broadcast 5. to scatter
yayvan *s.* wide and shallow
yaz *a.* summer, summertime **yaz kış** in summer and winter **yaz saati** summer time
yazar *a.* writer, author
yazarkasa *a.* cash register
yazarlık *a.* authorship
yazgı *a.* fate, destiny
yazgıcılık *a, fel.* fatalism

yazı *a.* 1. writing 2. article 3. destiny **yazı dili** literary language **yazı makinesi** typewriter **Yazı mı tura mı** Heads or tails? **yazı tura** toss-up, toss **yazı tura tamak** to toss up
yazıbilgisi *a.* graphology
yazıcı *a.* 1. soldier who does the typing 2. *sin.* screenwriter, scriptwriter
yazıhane *a.* 1. office, bureau 2. desk, writing table
yazık *a.* pity, shame * *ünl.* What a pity/shame! **yazık etmek** to ruin, to spoil **Yazıklar olsun sana** Shame on you!
yazılı *a.* written examination/exam * *s.* 1. written, inscribed 2. registered 3. nominal 4. destined, fated **yazılı olarak** in black and white
yazılım *a.* software **yazılım mühen disi** software engineer **yazılım paketi** software package
yazılımevi *a.* software house
yazılmak *e.* 1. to be written 2. to be enrolled/registered in
yazım *a.* spelling, orthography
yazın *a.* literature * *be.* in summer, in the summertime
yazınsal *s.* literary
yazışma *a.* correspondence
yazışmak *e.* to correspond, to write to each other
yazıt *a.* inscription
yazlık *a.* summer resort * *s.* used in summer
yazma *a.* 1. act of writing 2. handwritten manuscript 3. hand-painted kerchief * *s.* 1. handwritten 2. hand-painted
yazmak *e.* 1. to write 2. to enroll, to register
yazman *a.* secretary
yedek *a.* 1. standby 2. halter 3. towrope 4. led animal 5. *ask.* reserve 6. *sp.* substitute * *s.* 1. spare, extra 2. auxiliary, emergency **yedek akça** reserves **yedek lastik** spare tyre, spare tire **yedek parça** spare part **yedek subay** reserve officer **yedek(te) çekmek** to tow **yedeğe almak** to take in tow
yedi *a, s.* seven **yedi iklim dört bucak** everywhere **yedi mahalle** everybody;

everywhere
yedinci *s.* seventh
yedirmek *e.* 1. to make *(sb)* eat 2. to feed 3. to let absorb
yegâne *s.* sole, single, only
yeğ *s.* better, preferable **yeğ tutmak** to prefer
yeğen *a.* nephew, niece
yeğin *s.* 1. violent, severe, intense 2. dominant
yeğlemek *e.* to prefer
yeğlik *a.* superiority
yeis *a.* despair
yeknesak *s.* monotonous, drab
yekpare *s, be.* in a single piece
yekûn *a.* total, sum
yel *a.* 1. wind 2. wind, gas, flatus **yel değirmeni** windmill **yel gibi** fast, quickly **yel yeperek (yelken kürek)** in a great hurry
yele *a, hayb.* mane
yelek *a.* waistcoat, vest
yelken *a, den.* sail **yelken açmak** to hoist sails **yelkenleri indirmek** to lower sails **yelkenleri suya indirmek** to knuckle under, to sing small
yelkenli *a.* sailing boat
yelkovan *a.* 1. minute hand (of a clock/watch) 2. weathercock
yellenmek *e, k. dili* to break wind, to fart
yelpaze *a.* fan
yeltenmek *e.* to try, to attempt, to strive, to dare
yem *a.* 1. food 2. fodder 3. bait
yemek[1] *a.* 1. food 2. meal, repast 3. course, dish **yemek borusu** a) *anat.* esophagus b) *ask.* bugle-call for food **yemek odası** dining room **yemek seçmek** to be choosy in eating **yemek tarifesi** recipe **yemek yemek** to eat
yemek[2] *e.* 1. to eat 2. to consume 3. to spend 4. to eat, to corrode, to erode **yiyecekmiş gibi bakmak** to glower at **yiyip içmek** to eat and drink
yemekhane *a.* dining hall, refectory, mess
yemekli *s.* 1. with food 2. with a meal
yemeklik *s.* 1. serving as food 2. edible
yemeksiz *s.* without food/meal

yemeni *a.* coloured cotton kerchief
yemin *a.* oath **yemin etmek** to swear, to take an oath **yeminini bozmak** to break one's oath
yeminli *s.* under oath
yemiş *a.* fruit
yemlemek *e.* 1. to feed 2. to bait
yemlik *a.* 1. manger, trough 2. *mec.* bribe
yemyeşil *s.* very green
yen *a.* 1. sleeve 2. cuff
yenge *a.* 1. sister-in-law 2. brother's wife 3. aunt-in-law 4. friend's wife
yengeç *a, hayb.* crab **Yengeç burcu** Cancer **Yengeç dönencesi** Tropic of Cancer
yengi *a.* victory
yeni *s.* new, recent, latest * *be.* newly, recently, just **yeni baştan** over again
yeniay *a.* new moon, crescent
yenibahar *a, bitk.* allspice
yeniçağ *a.* modern times
yeniden *be.* again
yenidünya *a, bitk.* loquat, Japanese plum
Yenidünya *a.* the New World, the Western Hemisphere
yenik[1] *s.* defeated **yenik düşmek** to be defeated
yenik[2] *s.* 1. nibbled, gnawed 2. corroded * *a.* (insect, etc.) bite
yenilemek *e.* 1. to renew 2. to replace 3. to renovate 4. to repeat
yenileşmek *e.* to become new, to become modern
yenileştirmek *e.* 1. to renovate 2. to modernize
yenilgi *a.* defeat **yenilgiye uğramak** to sustain a defeat
yenilik *a.* 1. newness 2. reform 3. innovation 4. renewal, innovation 5. rawness, inexperience
yenilmek *e.* to be defeated, to be beaten, to lose, to bite the dust *kon.*
yenişememek *e.* 1. to be unable to defeat each other 2. *sp.* to tie
yeniyetme *a.* teenager
yenmek *e.* 1. to be eaten 2. to become worn or frayed 3. to become eroded 4. to overcome, to conquer 5. to beat
yepyeni *s.* brand-new, crisp

yer *a*. 1. place 2. position, spot 3. ground, floor 4. seat 5. space, room 6. situation, employment, duty 7. mark, scar, trace **yer açmak** to make room for **yer almak** to take part **yer ayırtmak** to book **yer etmek** a) to leave a mark b) to make an impression **yer tutmak** a) to reserve a place b) to occupy a place **yer vermek** to give place to **yerden göğe kadar** very much **yere inmek** to land **yerin dibine geçmek** to feel like 30 cents **Yerin kulağı var** Walls have ears. **yerini tutmak** to substitute for **yerle bir etmek** to level

yeraltı *a, s*. underground **yeraltı geçidi** underground passage

yerbilim *a*. geology

yerçekimi *a*. gravity

yerel *s*. local **yerel seçim** local election

yerelması *a, bitk*. Jerusalem artichoke

yerey *a*. 1. land, terrain 2. *yerb*. rock

yerfıstığı *a*. groundnut, peanut

yergi *a*. satire

yergici *a*. satirist

yerici *s*. critical, faultfinding

yerinde *s*. congruous, congruent, appropriate, timely **yerinde saymak** a) to mark time b) to make no progress **yerinde yeller esmek** to be gone for ever

yerine *be*. 1. instead of, in place of 2. for **yerine geçmek** to replace *sb*, to substitute *sb* **yerine getirmek** to fulfil, to perform, to carry out **yerine koymak** a) to replace, to substitute b) to take *sb* for

yerinmek *e*. to be sorry (for), to feel sad about, to feel regret (for), to repent

yerkabuğu *a, yerb*. earth's crust

yerkatı *a*. ground floor

yerküre *a*. the earth, the planet earth

yerleşik *s*. 1. settled 2. established 3. permanent

yerleşim *a*. 1. settlement, settling 2. housing **yerleşim bölgesi** residential district **yerleşim merkezi** centre of population

yerleşmek *e*. 1. to settle down 2. to become established 3. to get into a job/office 4. to settle, to live (in) 5. to establish oneself at

yerleştirmek *e*. 1. to put into place, to arrange in order 2. to find employment 3. to populate 4. to settle 5. to accommodate 6. to locate

yerli *a, s*. native **yerli malı** home product **yerli yerinde** in its proper place **yerli yersiz** in season and out of season

yermek *e*. 1. to criticize, to disparage, to run down 2. to satirize

yermeli *s*. pejorative

yermeşesi *a, bitk*. germander

yeröte *a, gökb*. apogee

yersakızı *a, yerb*. bitumen

yersarsıntısı *a*. earthquake

yersel *s*. terrestrial, of the earth/ground

yersıçanı *a*. mole

yersiz *s*. 1. homeless 2. unfounded, out of place, untimely, ill-timed

yersolucanı *a, hayb*. earthworm

yeryuvarlağı *a*. the earth

yeryüzü *a*. earth's surface

yeşermek *e*. 1. to produce leaves 2. to become green, to turn green

yeşil *a, s*. green **yeşil biber** green pepper **yeşil ışık** green light

Yeşilay *a*. The Green Crescent

yeşilbağa *a, hayb*. tree toad

yeşilbaş *a, hayb*. mallard

yeşilimsi, yeşilimtırak *s*. greenish

yeşillenmek *e*. 1. to be freshened 2. to become/turn green 3. to get fresh with, to molest

yeşillik *a*. 1. greenness 2. green vegetables, greens 3. meadow

yeşim *a*. jade

yetenek *a*. capacity, capability, ability, aptitude, talent

yetenekli *s*. able, capable, competent, talented, apt

yeteneksiz *s*. incapable, incompetent, untalented, inapt

yeter *s*. sufficient, enough **yeter de artar** enough and more than enough **yeteri kadar** sufficiently

yeterince *be*. adequately, sufficiently

yeterli *s*. 1. sufficient, adequate, enough 2. capable, competent, qualified

yeterlik *a*. 1. capacity, competence 2. efficiency 3. qualification

**yeterlilik** *a.* sufficiency
**yetersayı** *a.* quorum
**yetersiz** *s.* 1. insufficient 2. incapable
**yetersizlik** *a.* 1. insufficiency 2. incapacity 3. disability
**yeti** *a.* (natural) faculty
**yetim** *a.* orphan, fatherless child
**yetimhane** *a.* orphanage
**yetimlik** *a.* orphanhood
**yetinmek** *e.* to be contented with
**yetişkin** *s.* 1. mature 2. adult 3. skilled 4. (girl) marriageable, nubile * *a.* grown-up, adult
**yetişmek** *e.* 1. to reach 2. to attain 3. to catch up 4. to suffice 5. to grow up, to be brought up 6. to grow 7. to come to the help of **Yetişin** Help!
**yetiştirici** *a.* producer, raiser
**yetiştirme** *a.* 1. bringing up 2. breeding 3. cultivation
**yetiştirmek** *e.* 1. to bring up 2. to train 3. to breed 4. to cultivate, to grow, to raise, to produce 4. to send (information) 5. to make do, to manage 6. to throw up
**yetke** *a.* authority, competence
**yetki** *a.* 1. authority, capacity, power 2. qualification **yetki vermek** to give power, to authorize
**yetkili** *s.* 1. authorized, competent 2. qualified * *a.* authority
**yetkin** *s.* perfect
**yetkinlik** *a.* perfection
**yetmek** *e.* 1. to be enough/sufficient, to suffice 2. to reach, to attain
**yetmiş** *a, s.* seventy
**yevmiye** *a.* daily wage
**yezit** *a.* scamp, devil
**yığılı** *s.* heaped, piled up
**yığılmak** *e.* 1. to be heaped/heaped up/piled/piled up 2. to crowd together 3. to fall in a faint, to collapse
**yığın** *a.* 1. heap, pile 2. crowd 3. mass, masses
**yığınak** *a.* 1. heap, pile, mass 2. *ask.* concentration 3. *bitk.* colony
**yığınla** *be.* in heaps; heaps of
**yığışım** *a, yerb.* conglomerate
**yığmak** *e.* 1. to heap/pile up 2. to accumulate, to hoard

**yıkamak** *e.* 1. to wash 2. (photo) to develop
**yıkanmak** *e.* 1. to be washed 2. to wash oneself 3. to have a bath; to bathe 4. (photo) to be developed
**yıkayıcı** *a.* 1. (film) developer 2. washer
**yıkı** *a.* ruins
**yıkıcı** *s.* destructive
**yıkık** *s.* 1. demolished 2. broken down, ruined 3. devastated
**yıkılış** *a.* collapse, decay, deadence
**yıkılmak** *e.* 1. to be demolished / wrecked / ruined 2. to fall down 3. to collapse 4. to crumble 5. to be destroyed 6. to lose one's health and morale
**yıkım** *a.* 1. demolition 2. destruction 3. ruin 4. great loss
**yıkıntı** *a.* ruins, debris
**yıkmak** *e.* 1. to demolish, to wreck 2. to destroy, to ruin 3. to pull/tear down 4. to put (the blame) on *(sb)*
**yıl** *a.* year **yıllar yılı** for many a long year, for donkey's years **yıllarca** for years
**yılan** *a, hayb.* snake **yılan hikâyesi** never ending story, problem that hasn't been solved for long
**yılanbalığı** *a, hayb.* eel
**yılankavi** *s.* serpentine, winding, twisting
**yılanyastığı** *a, bitk.* dragon arum
**yılbaşı** *a.* the New Year, New Year's Day
**yıldırım** *a.* thunderbolt, lightning **yıldırım çarpmış** struck by lightning **yıldırım telgraf** urgent telegram, express telegram **yıldırımla vurulmuşa dönmek** to be thunderstruck (with terror, etc.)
**yıldırımlık, yıldırımkıran, yıldırımsavar** *a.* lightning rod
**yıldırmak** *e.* to daunt, to intimidate, to cow
**yıldız** *a.* 1. star 2. asterisk **yıldız falı** horoscope **yıldızı parlamak** to be lucky, to boom **yıldızları barışmak** to get along well with each other
**yıldızçiçeği** *a, bitk.* dahlia
**yıldızkarayel** *a.* 1. north-northwest 2. north-northwest wind
**yıldızlı** *s.* 1. starry, starlit 2. ornamented with stars, starred

yıldızpoyraz *a.* 1. north-northeast 2. north-northeast wind

yıldıztaşı *a.* aventurine

yıldızyağmuru *a.* meteoric shower

yıldönümü *a.* anniversary

yılgı *a.* phobia

yılgın *s.* terrified; daunted

yılışık *s.* importunate, saucy

yılışmak *e.* to grin unpleasantly, to behave impudently

yıllandırmak *e.* (wine) to age

yıllanmış *s.* 1. (wine, etc.) aged 2. old

yıllık *a.* 1. yearbook, annual 2. annual cost, annual rent, etc. * *s.* 1. ... years old 2. yearly, annual

yılmak *e.* 1. to dread, to quail 2. to be sick of

yıpranmak *e.* 1. to wear out 2. to grow old 3. to fray

yıpratmak *e.* 1. to wear out 2. to wear (sb/sth) down

yırtıcı *s.* 1. rending, tearing 2. cruel, bloodthirsty **yırtıcı hayvan** beast of prey

yırtık *s.* 1. torn, ripped 2. *k. dili* shameless, brazen-faced, forward **yırtık pırtık** in rags

yırtılmak *e.* 1. to be torn/rent/ripped 2. to become insolent/shameless

yırtınmak *e.* 1. to shout at the top of one's voice 2. to strain every nerve, to wear oneself out

yırtmaç *a.* slit

yırtmak *e.* 1. to tear, to rend, to rip 2. to scratch 3. to tear to pieces 4. *arg.* to get off (a duty)

yiğit *s.* brave, stouthearted * *a.* 1. young man 2. manly youngster, brave man

yiğitçe *be.* bravely

yiğitlik *a.* bravery, courage **yiğitliğe leke sürmemek** to save one's face

yine *be.* 1. (once) again 2. nevertheless, still **yine de** all the same, after all, still, however, yet, anyway, anyhow, nevertheless

yinelemek *e.* to repeat

yirmi *a., s.* twenty **yirmi yaş dişi** wisdom tooth

yitik *s.* lost, missing

yitiklik *a.* absence

yitim *a.* loss

yitirmek *e.* to lose

yitmek *e.* 1. to be lost 2. to be wasted 3. to disappear 4. to vanish

yiv *a.* 1. groove, chamfer 2. rifling (of a gun) 3. stripe

yivli *s.* grooved, chamfered

yiyecek *a.* food, eatables

yiyici *s.* bent, corrupt

yiyim *a.* eating

yo *ünl.* No!

yobaz *a.* bigot, fanatic * *s.* fanatic, fanatical, bigoted

yobazlık *a.* bigotry, fanaticism

yoga *a.* yoga

yogi *a.* yogi

yoğaltım *a.* consumption, use

yoğaltmak *e.* to consume, to use up

yoğrulmak *e.* 1. to be kneaded 2. to get dented

yoğun *s.* 1. dense, thick 2. concentrated, intense, intensive **yoğun bakım** intensive care

yoğunlaşmak *e.* 1. to become dense, to become thick, to thicken 2. to become intense, to intensify

yoğunlaştırmak *e.* 1. to condense 2. to thicken, to concentrate

yoğunluk *a.* 1. density, thickness 2. intensity

yoğunlukölçer *a.* densimeter, densitymeter

yoğurmak *e.* to knead

yoğurt *a.* yoghurt, yogurt, yoghourt

yok *s.* nonexistent, absent, lacking * *a.* nonexistence, nothing * *be.* 1. no 2. there is not, there are not **Yok canım** You don't say! **Yok devenin başı** Impossible! Incredible! Bullshit! **yok etmek** to annihilate, to destroy, to exterminate, to remove **yok olmak** to be annihilated, to disappear, to vanish **yok pahasına** dirt cheap **yok satmak** to have nothing for sale **yok yere** without reason **yoktan var etmek** to make *sth* out of nothing

yokçu *a, fel.* nihilist * *s.* nihilistic

yokçuluk *a, fel.* nihilism

yoklama *a.* 1. examination 2. inspection

3. roll call

**yoklamak** *e.* 1. to examine 2. to inspect 3. to try, to test 4. to search 5. to visit (a sick person)

**yokluk** *a.* 1. nonexistence 2. absence 3. poverty

**yoksa** *bağ.* 1. if not 2. otherwise 3. or 4. if there is not 5. but not 6. I wonder if ...

**yoksamak** *e.* to deny, to reject

**yoksul** *s.* poor, destitute, impoverished

**yoksullaşmak** *e.* to become poor/impoverished

**yoksullaştırmak** *e.* to impoverish

**yoksulluk** *a.* poverty, destitution, impoverishment

**yoksun** *s.* deprived (of) **yoksun bırakmak** to deprive of **yoksun kalmak** to be deprived of

**yoksunluk** *a.* deprivation

**yokuş** *a.* rise, ascent, slope **yokuş aşağı** downhill **yokuş yukarı** uphill **yokuşa sürmek** to make difficulties

**yol** *a.* 1. road, way, street 2. method, manner 3. means, medium 4. stripe **yol açmak** a) to open a road b) to make way for c) to bring about, to give rise to, to cause **yol almak** a) to advance, to proceed b) to get up speed **yol göstermek** to show the way, to guide **yol kesmek** to waylay **yol vermek** a) to make way for b) to dismiss, to discharge **yola çıkmak** to set out, to start out **yola gelmek** a) to come to reason b) to come round **yola getirmek** to bring to reason **yoluna** for the sake of, for **yoluna girmek** to come right **yoluna koymak** to put right **yolunda** all right, well **yolunda gitmek** to go like clockwork **yolunu bulmak** a) to find a way (out) b) to make an illicit profit **yolunu kaybetmek** to lose one's way **yolunu şaşırmak** to go astray

**yolcu** *a.* 1. traveller, passenger 2. *mec.* goner

**yolculuk** *a.* journey, trip, voyage **yolculuk etmek** to travel, to journey

**yoldaş** *a.* 1. fellow traveller 2. companion, friend 3. comrade

**yollamak** *e.* to send, to dispatch, to forward

**yollanmak** *e.* 1. to be sent 2. to set off, to advance, to head

**yollu** *s.* 1. having roads 2. striped 3. (woman) loose

**yolluk** *a.* 1. food for a journey, provisions, victuals 2. travelling allowance, travelling expenses 3. long narrow rug, hall rug

**yolmak** *e.* 1. to pluck 2. to tear out 3. to strip bare 4. to rob, to cheat, to swindle, to rook

**yolsuz** *s.* 1. roadless, trackless 2. improper, disreputable, illegal, unlawful 3. *arg.* broke, penniless

**yolsuzluk** *a.* 1. lack of roads 2. impropriety, unlawful action, misuse of authority 3. *arg.* pennilessness, being broke

**yoluyla** *be.* 1. via, by way of 2. by means of, through 3. properly, duly

**yonca** *a.* clover, trefoil

**yonga** *a.* chip, chipping

**yontma** *a.* chipping, cutting * *s.* chipped, cut **yontma taş** dressed stone **yontma taş devri** Palaeolithic

**yontmak** *e.* 1. to chip, to cut 2. to dress (stones) 3. to pare (nails) 4. to sharpen (pencils)

**yontu** *a.* carving, sculpture, statute

**yontucu** *a.* sculptor

**yontuculuk** *a.* sculpture

**yontulmak** *e.* 1. to be chipped, etc. 2. to become refined

**yontulmamış** *s, arg.* boorish, rough, coarse

**yordam** *a.* method, way

**yorgan** *a.* quilt, duvet **yorgan iğnesi** quilting needle

**yorgun** *s.* tired, weary, fatigued **yorgun argın** dead tired

**yorgunluk** *a.* tiredness, weariness, fatigue **yorgunluktan canı çıkmak** to be exhausted/tired out/worn-out

**yormak1** *e.* to tire, to weary, to fatigue

**yormak2** *e.* to interpret, to attribute

**yortu** *a.* 1. Christian religious holiday 2. holiday

**yorucu** *s.* tiresome, tiring, wearying, wearisome, fatiguing

yorulmak *e.* to get tired
yorum *a.* 1. interpretation 2. comment
**yorum yapmak** to comment
yorumbilim *a.* hermeneutics
yorumcu *a.* commentator, interpreter
yorumlamak *e.* 1. to comment on, to explain 2. *müz.* to interpret
yosma *s.* 1. pretty, graceful, attractive 2. coquette
yosun *a.* moss
yosunlu *s.* mossy
yoz *s.* 1. degenerate 2. (land) fallow, unworked
yozlaşmak *e.* to degenerate
yön *a.* 1. direction, quarter 2. side, aspect, angle 3. point of view, line of thought **yön vermek** to direct
yöndeş *s, mat.* corresponding
yönelik *s.* 1. directed/aimed at 2. devoted to
yönelim *a.* 1. *biy.* tropism 2. intention 3. tendency, orientation
yönelmek *e.* 1. to head/go towards 2. to turn towards; to tend, to incline
yöneltme *a.* orientation
yöneltmek *e.* 1. to direct, to turn towards 2. to orientate 3. *den.* to con, to steer
yönerge *a.* directive
yönetici *a.* director, administrator, manager
yöneticilik *a.* administration; management
yönetim *a.* control, administration, direction, management **yönetim kurulu** board of directors
yönetimsel *s.* managerial
yönetmek *e.* 1. to direct, to control, to administer, to manage 2. to dominate
yönetmelik *a.* (written) regulations, statutes, or instructions
yönetmen *a.* director
yönetsel *s.* managerial
yöney *a, mat, fiz.* vector
yöneylem araştırması *a.* operational research
yönlendirmek *e.* 1. to guide 2. to orientate 3. to channel
yönseme *a, ruhb.* tendency
yöntem *a.* method

yöntembilim *a.* methodology
yöntemli *s.* with a method, with a system, systematic
yöre *a.* 1. region 2. environs 3. neighbourhood, district
yöresel *s.* local
yörünge *a.* 1. *gökb.* orbit 2. *mat.* trajectory
yudum *a.* sip; sup, gulp, draught
yudumlamak *e.* to sip
yufka *a.* a very thin sheet of dough **yufka yürekli** softhearted, tenderhearted
yuh *ünl.* Boo! Yuk!
yuha *a.* boo, hoot **yuha çekmek, yuhaya tutmak** to boo, to hoot
yuhalamak *e.* to boo, to jeer
yukar(ı)da *be.* 1. on high 2. above 3. upstairs
yukar(ı)dan be 1. from above 2. from upstairs **yukarıdan bakmak** to look down on
yukarı *be.* up, upwards, above * *s.* high, upper, top * *a.* upper part, top
yukarıda *be.* 1. on high 2. above 3. upstairs
yukarıdaki *s.* 1. above 2. above mentioned
yukarıya *be.* 1. up, upwards 2. upstairs
yulaf *a.* oats
yular *a.* bridle, halter
yumak *a.* ball (of wool, etc.)
yummak *e.* 1. (eyes) to close 2. (fist) to clench
yumru *s.* round, globular * *a.* lump, bump
yumruk *a.* fist
yumruklamak *e.* to strike (with one's fist); to deal (sb) a blow
yumruklaşmak *e.* to come to blows
yumurcak *a.* child, brat, urchin
yumurta *a.* egg **yumurta akı** the white of an egg **yumurta sarısı** yolk
yumurtacık *a.* ovule
yumurtalı *s.* with eggs
yumurtalık *a.* 1. *anat, biy.* ovary 2. eggcup
yumurtlamak *e.* 1. to lay eggs 2. *k. dili* to blab/blurt out; to invent
yumuşacık *s.* very soft
yumuşak *s.* 1. soft 2. tender 3. gentle 4.

yumuşakça                                      886

mild 5. flexible 6. yielding **yumuşak**
**başlı** docile, tractable
yumuşakça *a, hayb.* mollusc, *Aİ.* mollusk
yumuşakçalar *a, hayb.* molluscs
yumuşaklık *a.* 1. softness 2. mildness 3.
flexibility 4. gentleness
yumuşamak *e.* 1. to become soft, to
soften 2. to become plaint, to become
yielding
yumuşatmak *e.* 1. to soften 2. to as-
suage
yunusbalığı *a, hayb.* porpoise, common
dolphin
yurt *a.* 1. native country 2. fatherland 3.
home 4. habitation 5. *biy.* habitat 6. hos-
tel, dormitory
yurtdışına *be.* abroad **yurtdışına gitmek**
to go abroad
yurtdışında *be.* abroad
yurtlandırmak *e.* to settle
yurtsamak *e.* to be homesick
yurtsever *a.* patriot * *s.* patriotic
yurtseverlik *a.* patriotism
yurttaş *a.* 1. citizen 2. fellow countryman,
compatriot
yurttaşlık *a.* citizenship **yurttaşlık bilgisi**
civics
yusufçuk *a, hayb.* 1. turtledove 2. drag-
onfly
yusyuvarlak *s.* very round
yutak *a, anat.* pharynx
yutkunmak *e.* to swallow one's spittle
yutmak *e.* 1. to swallow 2. to gulp down
3. *fiz.* to absorb 4. *k. dili* to swallow, to
believe 5. *k. dili* to learn by heart
yutturmaca *a.* jive
yutturmak *e.* 1. to cause to swallow; to
make *(sb)* swallow *(sth)* 2. to make *sb*
believe, to sell (a lie, etc.) 3. to fob off
on, to foist on
yuva *a.* 1. nest 2. lair, den 3. socket 4.
home 5. nursery school, playschool 4.
crèche, orphanage **yuva bozmak** to
break up a home **yuva kurmak** a) to
build a nest b) to set up a home **yuva**
**yapmak** to nest **yuvasını yapmak** to
teach *sb* a lesson **yuvasını yıkmak** to
break up sb's marriage
yuvar *a.* 1. corpuscle 2. *gökb.* spheroid

yuvarlak *s.* round, circular, spherical,
globular * *a.* 1. globe, sphere 2. ball
**yuvarlak hesap** even account **yuvarlak**
**sayı** round number
yuvarlaklık *a.* roundness
yuvarlamak *e.* 1. to rotate, to roll 2. to roll
up 3. (drink) to toss off
yuvarlanmak *e.* 1. to rotate, to revolve 2.
to turn around 3. to topple over **yuvar-**
**lanıp gitmek** to rub along
yüce *s.* high, exalted, sublime, lofty
yücelik *a.* height, loftiness
yücelmek *e.* to become lofty / exalted /
sublime
yüceltmek *e.* 1. to exalt 2. *ruhb.* to subli-
mate
yük *a.* 1. load 2. burden 3. cargo, freight
4. heavy task/responsibility/obligation 5.
(electric) charge **yük hayvanı** pack ani-
mal **yük olmak** to be a burden (to) **yü-**
**künü tutmak** to feather one's nest **yü-**
**künü boşaltmak** to unload, to unship
yükçü *a.* porter
yüklem *a, dilb.* predicate
yüklemek *e.* 1. to load 2. to burden 3. to
place a load on 4. to throw the blame on
5. to impute, to attribute
yüklenmek *e.* 1. to load onto oneself 2.
to take upon oneself 3. to lean/press
against
yüklü *s.* 1. loaded (with) 2. *elek.* charged
3. overburdened 4. pregnant
yüklük *a.* large cupboard/closet for bed-
ding
yüksek *s.* 1. high 2. loud 3. exalted 4.
advanced * *a.* high altitude **yüksek at-**
**lama** high jump **yüksek basınç** high
pressure **yüksek frekans** high fre-
quency **yüksek sesle okumak** to read
aloud **yüksekten atmak** to boast, to
bluster **yüksekten bakmak** to look
down upon
yükseklik *a.* 1. height 2. altitude 3. eleva-
tion
yüksekokul *a.* high school, college
yükseköğrenim *a.* higher education
yükseköğretim *a.* higher education
yükselmek *e.* 1. to rise, to ascend 2. to
rise, to go up, to increase, to mount 3.

to rise, to advance
**yükselteç** *a, elek.* amplifier
**yükseltgenme** *a, kim.* oxidation
**yükselti** *a.* 1. elevation, altitude, height above sea level 2. *gökb.* elevation
**yükseltmek** *e.* 1. to cause to rise 2. to boost, to lift up, to increase 3. to elevate, to raise 4. to promote 5. *elek.* to amplify
**yüksük** *a.* 1. thimble 2. *bitk.* calyptra, coif
**yüksünmek** *e.* to regard as burdensome
**yüküm** *a.* obligation, liability
**yükümlenmek** *e.* to bind oneself to (do sth), to undertake (to do sth)
**yükümlü** *s.* obliged, liable, responsible
**yükümlülük** *a.* obligation, liability, commitment
**yün** *a.* wool * *s.* woolen
**yünlü** *s.* woollen * *a.* woolens, wooly
**yürek** *a.* 1. heart 2. courage, stoutheartedness, guts 3. pity, compassion **yürekler acısı** heart breaking **yüreği ağzına gelmek** to have one's heart in one's mouth **yüreği geniş** easygoing **yüreği kabarmak** to feel nauseated **yüreğine inmek** to be struck with great fear
**yüreklendirmek** *e.* to hearten, to encourage
**yüreklenmek** *e.* to take courage
**yürekli** *s.* brave, courageous, stouthearted
**yüreksiz** *s.* fainthearted, cowardly
**yürekten** *s.* sincere, heartfelt * *be.* sincerely, cordially
**yürümek** *e.* 1. to walk 2. to march 3. to come into force, to apply, to have effect 4. to advance 5. to develop, to make progress **yürüyen merdiven** escalator, moving staircase
**yürürlük** *a.* validity **yürürlükte olmak** to be in force **yürürlükten kaldırmak** to abrogate, to annul **yürürlüğe girmek** to come into force, to become valid **yürürlüğe koymak** to bring into force
**yürütme** *a.* execution, carrying out **yürütme gücü** executive power **yürütme kurulu** executive council
**yürütmek** *e.* 1. to make *(sb)* walk 2. to apply, to execute 3. *huk.* to bring/put into force, to execute, to enforce 4. *arg.* to pilfer, to filch, to walk off with, to nick, to pinch
**yürüyüş** *a.* 1. walk; walking 2. gait 2. march
**yüz**¹ *a.* 1. face 2. surface 3. impudence, cheek **yüz akı** honour, good name **yüz bulmak** to be spoilt by **Yüz bulunca astar ister** If you give him an inch, he will take a mile. **yüz çevirmek** to turn away from **yüz göz olmak** to be too familiar **yüz kızartıcı** shameful, dishonourable **yüz tutmak** to tend, to begin **yüz vermek** to spoil, to countenance **yüz vermemek** to keep *sb* at arm's length, to give *sb* the cold-shoulder **yüz yüze** eyeball to eyeball, face to face **yüz yüze gelmek** to come face to face, to meet **yüze çıkmak** a) to come to the surface b) to show up, to manifest itself **yüze gülmek** to feign friendship **yüzü gülmek** to be happy **yüzü kızarmak** to blush, to flush **yüzü olmamak** not to dare, not to have the face to **yüzü suyu hürmetine** out of respect to, for the sake of **yüzü tutmamak** to feel ashamed to **yüzünden düşen bin parça olmak** to pull a long face **yüzüne gözüne bulaştırmak** to make a bungle of, to make a mess of **yüzüne gülmek** to feign friendship **yüzüne karşı** to his face **yüzünü buruşturmak** to make a sour face **Yüzünü gören cennetlik** You're a sight for sore eyes. **yüzünü güldürmek** to make happy
**yüz**² *a, s.* hundred **yüzlerce** hundreds of
**yüzbaşı** *a, ask.* captain
**yüzde** *a.* percentage, commission * *s.* per cent **yüzde yüz** a) a hundred per cent b) *k. dili* definitely
**yüzdelik** *a.* percentage, commission
**yüzdürmek** *e.* 1. to float 2. to let swim 3. to have flayed
**yüzergezer** *s.* amphibious
**yüzey** *a.* 1. surface, plane 2. area
**yüzeysel** *s.* surface, superficial
**yüzgeç** *a, hayb.* fin
**yüzkarası** *a.* shame, dishonour, disgrace, black sheep

Y

**yüzlemek** *e.* to accuse openly, to put on the spot

**yüzleşmek** *e.* to meet face to face, to confront one another

**yüzleştirmek** *e.* to confront

**yüzme** *a.* swim, swimming **yüzme havuzu** swimming pool **yüzmeye gitmek** to go for a swim

**yüzmek**[1] *e.* 1. to swim 2. to float

**yüzmek**[2] *e.* to skin, to flay

**yüznumara** *a, k. dili* toilet, lavatory, WC

**yüzölçümü** *a.* square measure, surface area

**yüzsüz** *s.* shameless, brazen-faced, brazen

**yüzsüzlük** *a.* impudence, cheekiness

**yüzücü** *a.* swimmer

**yüzük** *a.* ring **yüzüğü geriye çevirmek** to break off an engagement

**yüzükoyun** *be.* prone, face downwards **yüzükoyun yatmak** to lie face downwards

**yüzükparmağı** *a.* ring finger

**yüzüncü** *s.* hundredth

**yüzünden** *be.* because of, on account of

**yüzüstü** *be.* face downwards **yüzüstü bırakmak** a) to leave *sth* unfinished b) to leave *sb* in the lurch

**yüzyıl** *a.* century

**yüzyıllık** *s.* century-long/old, centennial

# Z

**Z, z** *a.* the twenty-ninth and last letter of the Turkish alphabet

**zaaf** *a.* weakness, infirmity

**zabıt** *a.* 1. minutes (of a meeting) 2. protocol, proceedings **zabıt tutmak** to take minutes, to write down a report

**zabıta** *a.* police

**zafer** *a.* victory, triumph **zafer kazanmak** to win a victory

**zafiyet** *a.* weakness, debility

**zahire** *a.* store of grain or provisions **zahire ambarı** granary

**zahiri** *s.* 1. external, outward 2. artificial, feigned, pretended

**zahmet** *a.* trouble, pains, bother **zahmet**

**çekmek** to suffer trouble **zahmet etmek** to take pains, to bother, to trouble **zahmet vermek** to trouble **zahmete sokmak** to put *sb* to trouble

**zahmetli** *s.* hard, troublesome, difficult, bothersome

**zahmetsiz** *s.* easy

**zahmetsizce** *be.* easily, without trouble

**zakkum** *a, bitk.* oleander

**zalim** *s.* 1. unjust, oppressive, tyrannical 2. cruel, unfeeling, heartless * *a.* tyrant

**zalimlik** *a.* cruelty, inhumanity, bestiality

**zam** *a.* 1. addition 2. rise, *Aİ.* raise 3. increase **zam yapmak** to mark sth up

**zaman** *a.* 1. time 2. age, era, epoch 3. *dilb.* tense **zaman kazanmak** to gain time, to buy time **zaman öldürmek** to kill time **zaman zaman** from time to time, occasionally **zamana uymak** to keep up with the times

**zamanaşımı** *a.* prescription

**zamandizin** *a.* chronology

**zamanında** *be.* at the right time

**zamanla** *be.* in the course of time

**zamanlama** *a.* timing

**zamanlı** *s.* timely, well-timed

**zamansız** *s.* untimely, ill-timed, inopportune

**zamazingo** *a.* 1. *k. dili* gadget, thingumabob 2. *arg.* mistress, kept woman

**zambak** *a, bitk.* lily

**zamir** *a, dilb.* pronoun

**zamk** *a.* gum, glue, adhesive

**zamklamak** *e.* to gum

**zampara** *a.* womanizer, lecher, woman chaser

**zamparalık** *a.* womanizing **zamparalık etmek** to run after women, to womanize

**zan** *a.* 1. supposition, surmise, conjecture, guess 2. doubt, suspicion

**zanaat** *a.* craft, trade

**zanaatçı** *a.* craftsman

**zangır zangır** *be.* rattling **zangır zangır titremek** to tremble like an aspen leaf

**zangırdamak** *e.* to tremble, to clank, to rattle

**zangoç** *a.* verger, sexton

**zanlı** *s.* suspect, accused

**zannetmek** *be.* to suppose, to believe, to

guess

**zaping** a. zapping **zaping yapmak** to zap

**zapt** a. 1. restraining 2. seizure 3. conquest **zapt etmek** a) to hold back, to restrain b) to seize c) to conquer

**zar** a. dice **zar atmak** to throw dice

**zar** a. membrane, film

**zar zor** be. hardly, barely

**zarafet** a. elegance, grace, delicacy

**zarar** a. 1. damage, injury, detriment, harm 2. loss **zarar etmek** a) to lose money b) to make a loss **zarar görmek** to be damaged, to sustain an injury **zarar vermek** to damage, to harm, to injure **Zararı yok** Never mind! **zararına satmak** to sell at loss

**zararlı** s. harmful, injurious, detrimental **zararlı çıkmak** to end up a loser

**zararsız** s. 1. harmless, innocent 2. safe, unhurt, without loss

**zarf** a. 1. envelope 2. case, cover 3. dilb. adverb **zarf atmak** to fly a kite

**zarfında** ilg. during, within

**zargana** a, hayb. garfish, garpike

**zarif** s. 1. elegant, graceful 2. delicate 3. cute 4. witty, clever

**zart zurt** a. bluster **zart zurt etmek** to bluster

**zaruret** a. 1. need, want, necessity 2. distress, poverty

**zaruri** s. necessary

**zat** a. person, individual

**zaten** be. anyway, anyhow, at any rate, in any case, in any event

**zatülcenp** a, hek. pleurisy

**zatürree** a, hek. pneumonia

**zavallı** s. poor, miserable

**zayıf** s. 1. weak, feeble 2. thin 3. poor 4. of little weight/authority

**zayıflamak** e. 1. to become thin, to slim 2. to weaken

**zayıflatmak** e. to pull sb down, to prejudice, to weaken, to debilitate, to impair

**zayıflık** a. 1. weakness 2. emaciation, thinness

**zayi** s. lost **zayi etmek** to lose **zayi olmak** to be lost

**zayiat** a. losses, casualties **zayiat vermek** to suffer casualties

**zebani** a. 1. demon of hell 2. cruel monster

**zebella** a. huge man, strapper

**zebercet** a. chrysolite

**zebra** a. zebra

**zedelemek** e. 1. to bruise 2. to injure, to damage, to harm

**zehir** a. poison

**zehirlemek** e. to poison

**zehirlenmek** e. to be poisoned

**zehirli** s. poisonous, toxic, venomous

**zehirsiz** s. non-poisonous

**zekâ** a. 1. intelligence, intellect 2. acumen, mental acuteness

**zekât** a, din. obligatory alms

**zeki** s. 1. intelligent 2. sharp, clever, acute, apt, quick-witted

**zelzele** a. earthquake

**zemberek** a. 1. spring (of a watch) 2. spring door latch

**zembil** a. woven basket

**zemheri** a. coldest time in winter

**zemin** a. 1. soil, ground 2. floor 3. ground, background **zemin katı** ground floor

**zencefil** a, bitk. ginger

**zenci** a. negro, black

**zengin** s. 1. rich, wealthy, well-off, well-to-do 2. rich, productive, fertile 3. showy * a. rich person

**zenginerki** a. plutocracy

**zenginlemek** e. to get rich

**zenginlemek, zenginleşmek** e. to get rich

**zenginlik** a. riches, wealth, affluence

**zeplin** a. zeppelin

**zerdali** a. (wild) apricot

**Zerdüşt** a. Zarathustra, Zoroaster

**Zerdüştlük** a. Zoroastrianism

**zerk** a. injection **zerk etmek** to inject

**zerre** a. atom, particle, bit **zerre kadar** in the slightest degree

**zerrin** a, bitk. jonquil

**zerzevat** a. vegetables

**zerzevatçı** a. vegetable seller

**zevk** a. 1. enjoyment, pleasure, delight, fun 2. taste, flavour 3. appreciation, good taste **zevk almak** to enjoy, to find pleasure in **zevk için** for fun **zevk ver-**

**Z**

**mek** to give pleasure **zevkini çıkarmak** to enjoy *sth* to the full **zevkten dört köşe olmak** to be as happy as lark, to be as happy as Larry

**zevklenmek** *e.* to amuse oneself

**zevkli** *s.* 1. pleasant, amusing 2. in good taste

**zevksiz** *s.* 1. tasteless 2. drab, ugly 3. in bad taste

**zevksizlik** *a.* bad taste, tastelessness

**zevzek** *s.* silly, talkative

**zevzeklik** *a.* boring chatter, silly behaviour

**zeytin** *a, bitk.* 1. olive 2. olive tree

**zeytinlik** *a.* olive grove

**zeytinyağı** *a.* olive oil

**zıbarmak** *a, arg.* 1. to croak, to peg out, to pop off 2. to go to sleep

**zıbın** *a.* jacket for a baby

**zıkkım** *a.* poison

**zıkkımlanmak** *e, hkr.* to stuff oneself with, to eat

**zılgıt** *a, k. dili* scolding, dressing down **zılgıt yemek** *k. dili* to be told off, to get a rocket

**zımba** *a.* 1. punch 2. stapler

**zımbalamak** *e.* to punch

**zımbırtı** *a.* 1. screech, noise 2. thingamabob, thingummy, gadget, doohickey, *Aİ.* jigger

**zımpara** *a.* emery **zımpara kâğıdı** sandpaper, emery paper

**zımparalamak** *e.* to sandpaper, to emery

**zındık** *s.* unbelieving, atheistic * *a.* atheist

**zıngırdamak** *e.* to rattle, to clatter

**zıngırtı** *a.* rattling noise, rattle

**zınk diye** *be.* suddenly, with a jolt **zınk diye durmak** to come to an abrupt stop

**zıpçıktı** *a.* upstart, parvenu

**zıpır** *s.* cracked, loony, wild

**zıpkın** *a.* harpoon, fish spear

**zıplamak** *e.* to bounce, to hop, to skip, to jump

**zırdeli** *s.* raving mad, stark mad

**zırh** *a.* 1. armour 2. armour plate

**zırhlı** *s.* armoured, armour-plated

**zırıldamak** *e.* 1. to clatter continuously, to grumble 2. to weep continuously, to blubber

**zırıltı** *a.* 1. continuous chatter/clatter 2. squabble, wrangle

**zırlamak** *e.* to bawl, to weep, to blubber

**zırnık** *a.* 1. yellow arsenic, orpiment 2. the smallest bit **zırnık bile koklatmamak** not to give (even) a smallest bit

**zırt pırt** *be.* at any time whatsoever

**zırtapoz** *s.* crazy

**zırva** *a.* nonsense, bunk, bullshit

**zırvalamak** *e.* to talk nonsense/rot, to bullshit

**zıt** *a.* 1. the opposite 2. the contrary 3. opposition 4. detestation 5. *dilb.* antonym **zıt gitmek** to get on sb's nerves on purpose

**zıtlaşma** *a.* opposition

**zıtlaşmak** *e.* 1. to oppose each other 2. to be opposite

**zıvana** *a.* 1. small pipe 2. inner tube 3. tenon 4. mouthpiece (for cigarette, narghile) **zıvanadan çıkarmak** *k. dili* to enrage *sb* **zıvanadan çıkmak** *k. dili* to be in a rage, to infuriate, to lose one's head/temper

**zibidi** *s.* 1. oddly dressed 2. eccentric, crazy

**zifaf** *a.* entering the nuptial chamber **zifaf gecesi** wedding night

**zifir** *a.* nicotine-tar deposit

**zifiri** *s.* pitch-black **zifiri karanlık** pitch-black, pitch-dark

**zift** *a.* pitch, tar, bitumen, asphalt

**ziftlemek** *e.* to pitch

**zigot** *a, biy.* zygote

**zihin** *a.* 1. mind 2. intelligence 3. memory **zihin yormak** to rack one's brains **zihinde tutmak** to bear in mind **zihni bulunmak/karışmak** to be confused **zihnini bulandırmak** to make one suspicious **zihnini karıştırmak** to confuse **zihnini kurcalamak** to strain one's mind, to worry

**zihinsel** *s.* mental

**zihnen** *be.* mentally

**zihni** *s.* mental, intellectual

**zihniyet** *a.* mentality

**zikzak** *a.* zigzag **zikzak yapmak** to zigzag

**zikzaklı** *s.* zigzagging

zil a. 1. bell 2. gong 3. *müz.* cymbal
zilli s. 1. having a bell 2. with cymbals/bells 3. *k. dili* quarrelsome, shrewish
zilzurna s. dead, blind, very **zilzurna sarhoş** blind drunk
zimmet a. debt **zimmetine geçirmek** to embezzle, to peculate
zina a. adultery **zina yapmak** to commit adultery, to fornicate *hkr.*
zincir a. 1. chain 2. fetters 3. chain, series, succession **zincire vurmak** to chain
zincirleme s. continuous, successive, chain **zincirleme kaza** pileup
zincirlemek e. 1. to chain 2. to connect in series
zincirli s. chained
zindan a. 1. dungeon 2. dark place
zinde s. active, alive, energetic
zira *bağ.* because
ziraat a. agriculture
ziraatçı a. agriculturist
zirai s. agricultural
zirve a. summit, peak
zirzop s. crazy nutty, screwy
ziya a, *esk.* light
ziyade s. 1. more, much, too much 2. excessive **Ziyade olsun** Thank you!
ziyadesiyle *be.* largely, excessively
ziyafet a. feast, banquet **ziyafet vermek** to give a feast
ziyan a. 1. loss, damage 2. detriment, disadvantage **ziyan etmek** a) to waste b) to suffer loss **ziyan olmak** to go for nothing, to come to naught, to go down the drain *kon.* **Ziyanı yok** Never mind! It doesn't matter!
ziyankâr s. 1. harmful, hurting 2. injurious
ziyaret a. visit **ziyaret etmek** to visit
ziyaretçi a. visitor
ziynet a. ornament, decoration
zoka a. artificial bait, spinner
zona a, *hek.* shingles
zonklamak e. to throb
zonta a, *arg.* hick; lout; yahoo
zoolog a. zoologist
zooloji a. zoology
zooteknik a. zootechnics

zor s. difficult, hard * a. 1. difficulty 2. obligation, compulsion 3. force, strength * *be.* barely, hardly **zor gelmek** to be difficult for **zor kullanmak** to use force **zora gelmemek** to be unable to withstand hardship **zora koşmak** to raise difficulties **zoru zoruna** with great difficulty **Zorun ne** What's the matter with you? What do you want? **zorunda kalmak** to be obliged to, to have to **zorunda olmak** to have (got) to
zoraki s. 1. forced 2. involuntary
zoralım a, *huk.* confiscation, seizure
zorba s. despotic, browbeating * a. despot
zorbalık a. bullying, despotism, use of force **zorbalık etmek** to bully
zorbela *be.* with great difficulty
zorgu a. compulsion
zorla *be.* by force **Zorla güzellik olmaz** No good can be achieved by force.
zorlama a. 1. compulsion 2. *hek.* rupture * s. forced, compulsory
zorlamak e. 1. to force 2. to coerce 3. to exert
zorlaşmak e. to get difficult/hard
zorlaştırmak e. to make difficult, to complicate
zorlu s. 1. strong 2. forced 3. violent 4. powerful, influential
zorluk a. 1. difficulty 2. arduousness
zorlukla *be.* with difficulty
zorunlu s. 1. obligatory, necessary 2. compulsory, mandatory 3. inevitable
zorunluk a. necessity, obligation
zula a, *arg.* secret store; den
zulmetmek e. 1. to tyrannize 2. to torment, to torture
zulüm a. 1. wrong 2. oppression 3. cruelty
zurna a, *müz.* shrill pipe
zücaciye a. glassware
züğürt s. penniless, broke **züğürt tesellisi** cold comfort
zührevi s. venereal **zührevi hastalıklar** venereal diseases
zülüf a. side lock of of hair
zümre a. party, body, group, class
zümrüt a. emerald

**Z**

**züppe** *a.* dandy, snob, coxcomb * *s.* snobbish, snobby

**züppelik** *a.* snobbery, foppishness

**zürafa** *a, hayb.* giraffe **zürafa gibi** very tall

**zürriyet** *a.* progeny, offspring, descendant

Z

# DÜZENSİZ FİİLLER (Irregular Verbs)

| Infinitive | Past Tense | Past Participle |
|---|---|---|
| abide | abided (abode) | abided (abode) |
| arise | arose | arisen |
| awake | awoke | awoken |
| backbite | backbitten | backbitten |
| backslide | backslid | backslid |
| be | was/were | been |
| bear | bore | borne |
| bet | beat | beaten |
| become | became | become |
| befall | befell | befallen |
| beget | begot | begotten |
| begin | began | begun |
| behold | beheld | beheld |
| bend | bent | bent |
| beseech | besought, beseeched | besought, beseeched |
| beset | beset | beset |
| bespeak | bespoke | bespoke, bespoken |
| bestride | bestrode | bestridden |
| bet | bet, betted | bet, betted |
| bid | bade (bid) | bidden (bid) |
| bind | bound | bound |
| bite | bit | bitten |
| bleed | bled | bled |
| bless | blessed | blessed, blest |
| blow | blew | blown (blowed) |
| break | broke | broken |
| breed | bred | bred |
| bring | brought | brought |
| broadcast | broadcast | broadcast |
| browbeat | browbeat | browbeaten |
| build | built | built |
| burn | burnt, burned | burnt, burned |
| bust | bust, busted | bust, busted |
| buy | bought | bought |
| cast | cast | cast |
| catch | caught | caught |
| chide | chided, chid | chided, chid, chidden |
| choose | chose | chosen |
| cleave | cleaved, cleft, clove | cleaved, cleft, cloven |

| | | |
|---|---|---|
| cling | clung | clung |
| come | came | come |
| cost | cost | cost |
| countersink | countersank | countersunk |
| creep | crept | crept |
| crow | crowed | crowed |
| cut | cut | cut |
| deal | dealt | dealt |
| dig | dug | dug |
| dive | dived (Aĺ. dove) | dived |
| do | did | done |
| draw | drew | drawn |
| dream | dreamt, dreamed | dreamt, dreamed |
| drink | drank | drunk |
| drive | drove | driven |
| dwell | dwelt | dwelt |
| eat | ate | eaten |
| fall | fell | fallen |
| feed | fed | fed |
| feel | felt | felt |
| fight | fought | fought |
| find | found | found |
| flee | fled | fled |
| fling | flung | flung |
| floodlight | floodlighted, floodlit | floodlighted, floodlit |
| fly | flew | flown |
| forbear | forbore | forborne |
| forbid | forbade, forbad | forbidden |
| forecast | forecast, forecasted | forecast, forecasted |
| foresee | foresaw | foreseen |
| foretell | foretold | foretold |
| forget | forgot | forgotten |
| forgive | forgave | forgiven |
| forsake | forsook | forsaken |
| forswear | forswore | forsworn |
| freeze | froze | frozen |
| gainsay | gainsaid | gainsaid |
| get | got | got (Aĺ. gotten) |
| gild | gilded | gilded |
| gird | girded, girt | girded, girt |
| give | gave | given |
| go | went | gone |
| grind | ground | ground |

| grow | grew | grown |
|------|------|-------|
| hamstring | hamstringed, hamstrung | hamstringed, hamstrung |
| hang | hung (hanged) | hung (hanged) |
| have | had | had |
| hear | heard | heard |
| heave | heaved, hove | heaved, hove |
| hew | hewed | hewed, hove |
| hide | hid | hidden |
| hit | hit | hit |
| hold | held | held |
| hurt | hurt | hurt |
| inlay | inlaid | inlaid |
| input | input, inputted | input, inputted |
| inset | inset | inset |
| interweave | interwove | interwoven |
| keep | kept | kept |
| ken | kenned, kent | kenned |
| kneel | knelt (Aİ. kneeled) | knelt (Aİ. kneeled) |
| knit | knitted (knit) | knitted (knit) |
| know | knew | known |
| lay | laid | laid |
| lead | led | led |
| lean | leant, leaned | leant, leaned |
| leap | leaptd, leaped | leapt, leaped |
| learn | learnt, learned | learnt, learned |
| leave | left | left |
| lend | lent | lent |
| let | let | let |
| lie | lay | lain |
| light | lighted, lit | lighted, lit |
| lose | lost | lost |
| make | made | made |
| mean | meant | meant |
| meet | met | met |
| miscast | miscast | miscast |
| misdeal | misdealt | misdealt |
| mishear | misheard | misheard |
| mishit | mishit | mishit |
| mislay | mislaid | mislaid |
| mislead | misled | misled |
| misread | misread | misread |
| misspell | misspelt, misspelled | misspelt, misspelled |
| misspend | misspent | misspent |

| | | |
|---|---|---|
| mistake | mistook | mistaken |
| misunderstand | misunderstood | misunderstood |
| mow | mowed | mown, mowed |
| outbid | outbid | outbid |
| outdo | outdid | outdone |
| outfight | outfought | outfought |
| outgrow | outgrew | outgrown |
| output | output, outputted | output, outputted |
| outrun | outran | outrun |
| outsell | outsold | outsold |
| outshine | outshone | outshone |
| overbid | overbid | overbid |
| overcome | overcame | overcome |
| overdo | overdid | overdone |
| overdraw | overdrew | overdrawn |
| overeat | overate | overeaten |
| overfly | over1flew | overflown |
| overhang | overhung | overhung |
| overhear | overheard | overheard |
| overlay | overlaid | overlaid |
| overpay | overpaid | overpaid |
| override | overrode | overridden |
| overrun | overran | overrun |
| oversee | oversaw | overseen |
| overshoot | oversoht | overshot |
| oversleep | overslept | overslept |
| overtake | overtook | overtaken |
| overthrow | overthrew | overthrown |
| partake | partook | partaken |
| pay | paid | paid |
| plead | pyeaded (AÌ. pled) | pleaded (AÌ. pled) |
| prepay | prepaid | prepaid |
| prove | proved | proved (AÌ. proven) |
| put | put | put |
| quit | quit, quitted | quit, quitted |
| read | read | read |
| rebind | rebound | rebound |
| rebuild | rebuilt | rebuilt |
| recast | recast | recast |
| redo | redid | redone |
| rehear | reheard | reheard |
| remake | remade | remade |
| rend | rent | rent |

| | | |
|---|---|---|
| repay | repaid | repaid |
| rerun | reran | rerun |
| resell | resold | resold |
| reset | reset | reset |
| resit | resat | resat |
| retake | retook | retaken |
| retell | retold | retold |
| rewrite | rewrote | rewritten |
| rid | rid | rid |
| ride | rode | ridden |
| ring | rang | rung |
| rise | rose | risen |
| run | ran | run |
| saw | sawed | sawn (Al. sawed) |
| say | said | said |
| see | saw | seen |
| seek | sought | sought |
| sell | sold | sold |
| send | sent | sent |
| set | set | set |
| sew | sewed | sewn, sewed |
| shake | shook | shaken |
| shear | sheared | shorn, sheared |
| shed | shed | shed |
| shine | shone (shined) | shone shined |
| shit | shitted, shat | shitted, shat |
| shoe | shod | shod |
| shoot | shot | shot |
| show | showed | shown, showed |
| shrink | shrank, shrunk | shrunk |
| shrive | shrived, shrove | shrived, shriven |
| shut | shut | shut |
| sing | sang | sung |
| sink | sank | sunk |
| sit | sat | sat |
| slay | slew | slain |
| sleep | slept | slept |
| slide | slid | slid |
| sling | slung | slung |
| slink | slunk | slunk |
| slit | slit | slit |
| smell | smelt, smelled | smelt, smelled |
| smite | smote | smitten |

| | | |
|---|---|---|
| sow | sowed | sown, sowed |
| speak | spoke | spoken |
| speed | sped (speeded) | sped (speeded) |
| spell | spelt, spelled | spelt, spelled |
| spend | spent | spent |
| spill | spilt, spilled | spilt, spilled |
| spin | spun | spun |
| spit | spat (Aĺ. spit) | spat (Aĺ. spit) |
| split | split | split |
| spoil | spoilt, spoiled | spoilt, spoiled |
| spread | spread | spread |
| spring | sprang | sprung |
| stand | stood | stood |
| stave | staved (stove) | staved (stove) |
| steal | stole | stolen |
| stick | stuck | stuck |
| sting | stung | stung |
| stink | stank, stunk | stunk |
| strew | strewed | strewed, strewn |
| stride | strode | stridden |
| strike | struck | struck |
| string | strung | strung |
| strive | strove | striven |
| sublet | sublet | sublet |
| swear | swore | sworn |
| sweep | swept | swept |
| swell | swelled | swollen, swelled |
| swim | swam | swum |
| swing | swung | swung |
| take | took | taken |
| teach | taught | taught |
| tear | tore | torn |
| tell | told | told |
| think | thought | thought |
| thrive | thrived, throve | thrived |
| throw | threw | thrown |
| thrust | thrust | thrust |
| tread | trod | trodden, trod |
| unbend | unbent | unbent |
| underbid | underbid | underbid |
| undercut | undercut | undercut |
| undergo | underwent | undergone |
| underlie | underlay | underlain |

| | | |
|---|---|---|
| underpay | underpaid | underpaid |
| undersell | undersold | undersold |
| understand | understood | understood |
| undertake | undertook | undertaken |
| underwrite | underwrote | underwritten |
| undo | undid | undone |
| unfreeze | unfroze | unfrozen |
| unsay | unsaid | unsaid |
| unwind | unwound | unwound |
| uphold | upheld | upheld |
| upset | upset | upset |
| wake | woke | woken |
| waylay | waylaid | waylaid |
| wear | wore | worn |
| weave | wove (weaved) | woven (weaved) |
| wed | wedded, wed | wedded, wed |
| weep | wept | wept |
| wet | wet, wetted | wet, wetted |
| win | won | won |
| wind | wound | wound |
| withdraw | withdrew | withdrawn |
| withhold | withheld | withheld |
| withstand | withstood | withstood |
| work | worked (wrought) | worked (wrought) |
| wring | wrung | wrung |
| write | wrote | written |

# ÜLKELER

**Ülke**

**Uyruk (Dil)**

**Afghanistan** /efgeni'sta:n/
Afganistan

**Afghan** /'efgen/
Afganlı

**Albania** /el'beynii/
Arnavutluk

**Albanian** /el'beyniin/
Arnavut (Arnavutça)

**Algeria** /el'ciırii/
Cezayir

**Algerian** /el'ciırıın/
Cezayirli

**Argentina** /a:cın'ti:nı/
Arjantin

**Argentinian** /a:cın'tiniın/
Arjantinli

**Australia** /ostreyliı/
Avustralya

**Austrlian** /ostreyliın/
Avustralyalı

**Belgium** /'belcım/
Belçika

**Belgian** /'belcın/
Belçikalı

**Bermuda** /bı'myu:dı/
Bermuda

**Bermudan** /bı'myu:dın/
Bermudalı

**Bolivia** /bı'liviı/
Bolivya

**Bolivian** /bı'liviın/
Bolivyalı

**Brazil** /brı'zil/
Brezilya

**Brazilian** /brı'ziliın/
Brezilyalı

**Bulgaria** /bal'geıriı/
Bulgaristan

**Bulgarian** /bal'geıriın/
Bulgar (Bulgarca)

**Canada** /'kenıdı/
Kanada

**Canadian** /kı'neydiın/
Kanadalı

**Chad** /çed/
Çad

**Chadian** /'çediın/
Çadlı

**Chile** /'çili/
Şili

**Chilean** /'çiliın/
Şilili

**China** /'çaynı/
Çin

**Chinese** /çay'ni:z/
Çinli

**Cuba** /'kyu:bı/
Küba

**Cuban** /'kyu:bın/
Kübalı

**Cyprus** /'sayprıs/
Kıbrıs

**Cypriot** /'sipriıt/
Kıbrıslı

**Denmark** /'denma:k/
Danimarka

**Danish** /'deyniş/
Danimarkalı (Danca)

**Egypt** /'i:cipt/
Mısır

**Egyptian** /i'cipşın/
Mısırlı

**England** /'inglınd/
İngiltere

**English** /'ingliş/
İngiliz (İngilizce)

**Ethiopia** /i:ti'oupiı/
Etyopya

**Ethiopian** /i:ti'oupiın/
Etyopyalı

**Finland** /'finlınd/
Finlandiya

**Finn** /fin/, **Finnish** /'finiş/
Finli (Fince)

**France** /fra:ns/
Fransa

**French** /frenç/
Fransız (Fransızca)

**Germany** /'cö:mıni/
Almanya

**German** /'cö:mın/
Alman

**Ghana** /'ga:nı/
Gana

**Ghanaian** /ga:'neyın/
Ganalı

**Greece** /gri:s/
Yunanistan

**Greek** /gri:k/
Yunan (Yunanca)

**Guatemala** /gwa:tı'ma:lı/
Guatemala

**Guatemalan** /gwa:tı'ma:lın/
Guatemalalı

**Holland** /'holınd/
Hollanda

**Dutch** /daç/
Hollandalı (Flemenkçe)

**Hungary** /'hangıri/
Macaristan

**Hungarian** /han'geırıın/
Macar (Macarca)

**India** /'indiı/
Hindistan

**Indian** /'indiın/
Hintli

**Indonesia** /indı'ni:ziı/
Endonezya

**Indonesian** /indı'ni:ziın/
Endonezyalı

**Iran** /i'ra:n/
İran

**Iranian** /i'reyniın/
İranlı

**Irak** /i'ra:k/
Irak

**Iraqi** /i'ra:ki/
Iraklı

**Ireland** /'ayılınd/
İrlanda

**Irish** /'ayıriş/
İrlandalı

**Israel** /'izreyl/
İsrail

**Israeli** /iz'reyli/
İsrailli

**Italy** /'itıli/
İtalya

**Italian** /i'teliın/
İtalyan

**Japan** /cı'pen/
Japonya

**Japanese** /cepı'ni:z/
Japon (Japonca)

**Jordan** /'co:dın/
Ürdün

**Jordanian** /co:'deyniın/
Ürdünlü

**Kenya** /'kenyı/
Kenya

**Kenyan** /'kenyın/
Kenyalı

**Korea** /kı'riı/
Kore

**Korean** /kı'riın/
Koreli

**Kuwait** /ku'weyt/
Kuveyt

**Kuwaiti** /ku'weyti/
Kuveytli

**Lebanon** /'lebının/
Lübnan

**Lebanese** /lebı'ni:z/
Lübnanlı

**Libya** /'libyı/
Libya

**Libyan** /'libyın/
Libyalı

**Luxemburg** /'laksımbö:g/
Lüksemburg

**Luxemburger** /'laksımbö:gı/
Lüksemburglu

**Malaysia** /mı'leyziı/
Malezya

**Malaysian** /mı'leyziın/
Malezyalı

**Mexico** /'meksikou/
Meksika

**Mexican** /'meksikın/
Meksikalı

**Netherlands** /'nedılındz/
Hollanda

**Dutch** /daç/
Hollandalı (Felemenkçe)

**New Zealand** /nyu: 'zi:lınd/
Yeni Zelenda

**New Zealander** /nyu: 'zi:lındı/
Yeni Zelendalı

**Nicaragua** /nikı'regyuı/
Nikaragua

**Nigeria** /nay'ciırii/
Nijerya

**Norway** /'no:wey/
Norveç

**Pakistan** /pa:ki'sta:n/
Pakistan

**Palestine** /'pelıstayn/
Filistin

**Panama** /'penıma:/
Panama

**Paraguay** /'perıgway/
Paraguay

**Peru** /pı'ru:/
Peru

**Philippines** /'filipi:nz/
Filipinler

**Poland** /'poulınd/
Polonya

**Portugal** /'po:çugıl/
Portekiz

**Romania** /ru:'meynii/
Romanya

**Russia** /'raşı/
Rusya

**Saudi Arabia** /saudi ı'reybiı/
Suudi Arabistan

**Nicaraguan** /nikı'regyuın/
Nikaragualı

**Nigerian** /nay'ciıriın/
Nijeryalı

**Norwegian** /no:'wi:cın/
Norveçli (Norveççe)

**Pakistani** /pa:ki'sta:ni/
Pakistanlı

**Palestinian** /pelı'stiniın/
Filistinli

**Panamanian** /penı'meyniın/
Panamalı

**Paraguayan** /perı'gwayın/
Paraguaylı

**Peruvian** /pı'ru:viın/
Perulu

**Philippino** /fili'pi:nou/
Filipinli

**Polish** /'pouliş/
Leh (Lehçe)

**Portuguese** /po:çu'gi:z/
Portekizli (Portekizce)

**Romanian** /ru:'meyniın/
Rumen (Rumence)

**Russian** /'raşın/
Rus (Rusça)

**Saudi** /'saudi/
Suudi Arabistanlı

**Scotland** /'skotlınd/
İskoçya

**Senegal** /seni'go:l/
Senegal

**Singapore** /singı'po:/
Singapur

**Somalia** /sı'ma:liı/
Somali

**South Africa** /saut 'efrikı/
Güney Afrika

**Spain** /speyn/
İspanya

**Sri Lanka** /sri:'lenkı/
Sri Lanka

**Sudan** /su:'dan/
Sudan

**Sweden** /'swi:dın/
İsveç

**Switzerland** /'switsılınd/
İsviçre

**Syria** /'siriı/
Suriye

**Taiwan** /tay'wa:n/
Tayvan

**Thailand** /'taylend/
Tayland

**Tunisia** /tyu:'niziı/
Tunus

**Scottish** /'skotiş/
İskoç

**Senegalese** /senigı'li:z/
Senegalli

**Singaporean** /singı'po:riıın/
Singapurlu

**Somali** /sı'ma:li/
Somalili (Somalice)

**South African** /saut 'efrikın/
Güney Afrikalı

**Spanish** /'speniş/
İspanyol (İspanyolca)

**Sri Lankan** /sri:'lenkın/
Sri Lankalı

**Sudanese** /su:dı'ni:z/
Sudanlı

**Swedish** /'swi:diş/
İsveçli (İsveççe)

**Swiss** /swis/
İsviçreli

**Syrian** /'siriın/
Suriyeli

**Taiwanese** /tayvı'ni:z/
Tayvanlı

**Thai** /tay/
Taylandlı

**Tunisian** /tyu:'niziın/
Tunuslu

**Turkey** /'tö:ki/
Türkiye

**Turkish** /'tö:kiş/
Türk (Türkçe)

**Uganda** /yu:'gendı/
Uganda

**Ugandan** /yu:'gendın/
Ugandalı

**Union of Soviet Socialist Republics**
/yu:niın ıv souvyetiıt souşılisri'pabliks/
Sovyet Sosyalist Cumhuriyetler Birliği

**Soviet**
/'souviıt/
Sovyet

**United States of America**
/yu:naytid steyts ıv ı'merikı/
Amerika Birleşik Devletleri

**American**
/ı'merikın/
Amerikalı

**Uruguay** /'yuırıgway/
Uruguay

**Uruguayan** /yuırı'gwayın/
Uruguaylı

**Venezuela** /veni'zweylı/
Venezuela

**Venezuelen** /veni'zweylın/
Venezuelalı

**Vietnam** /vyet'nem/
Vietnam

**Vietnamese** /vyetnı'mi:z/
Vietnamlı (Vietnamca)

**Wales** /weylz/
Galler

**Welsh** /welş/
Galli

**Yemen** /'yemın/
Yemen

**Yemeni** /'yemıni/
Yemenli

**Yugoslavia** /yu:gou'sla:viı/
Yugoslavya

**Yugoslavian** /yu:gou'sla:viın/
Yugoslav

**Zambia** /'zembiı/
Zambiya

**Zambian** /'zembiın/
Zambiyalı

# EN YAYGIN İNGİLİZ KADIN ADLARI

Abigail /'ebigeyl/
Ada /'eydı/
Agatha /'egıtı/
Aggie /'egi/
Agnes /'egnis/, Aggie /'egi/
Alexandra /elig'za:ndrı/, Alex /'eliks/
Alexis /ı'leksis/
Alice /'elis/
Alison /'elisın/
Amanda /ı'mendı/, Mandy /'mendi/
Amy /'eymi/
Angela /'encılı/, Angie /'enci/
Anita /ı'nitı/
Ann, Anne /en/, Annie /'eni/
Anna /'enı/
Annabel, Annabelle /'enıbel/
Annette /e'net/
Anthea /'entiı/
Antonia /en'touniı/
Audrey /'o:dri/
Ava /'eyvı/
Barbara, Barbra /'ba:brı/, Babs /bebz/
Beatrice /'biıtris/
Belinda /bı'lindı/
Berndette /bö:nı'det/
Beryl /'berıl/
Brenda /'brendı/
Bridget, Bridgit, Bridgid /'bricit/, Bid /bid/
Candice /'kendis/
Carla /'ka:lı/
Carol, Carole /'kerıl/
Caroline /'kerılayn/, Carolyn /'kerılin/, Carrie /'keri/
Cecilia /si'si:liı/
Cecily /'sesıli/, Cicely /sisıli/
Celia /'si:liı/
Charlene /'şa: li:n/
Charlotte /'şa:lıt/
Cheryl /'çerıl/
Chloe /'kloui/
Christina /kri'sti:nı/, Tina /'ti:nı/
Christine /'kristi:n/, Chris /kris/, Chrissie /'krisi/
Clare, Claire /kleı/
Claudia /'klo:diı/

Cleo, Clio /'kliou/
Constance /'konstıns/, Connie /'koni/
Cynthia /'sintiı/, Cindy /'sindi/
Daisy /'deyzi/
Daphne /'defni/
Dawn /do:n/
Deborah /'debırı/, Debbie, Debby /'debi/, Deb /deb/
Deirdre /'diıdri/
Delia /'di:liı/
Della /'delı/
Denise /dı'ni:z/
Diana /day'enı/, Diane /day'en/, Di /day/
Dolly /'doli/
Dora /'do:rı/
Doreen, Dorene /'do:ri:n/
Doris /'doris/
Dorothy /'dorıti/ Dot /dot/, Dottie /'doti/
Edith /'i:dit/
Edna /'ednı/
Eileen /'ayli:n/, Aileen /'eyli:n/
Elaine /i'leyn/
Eleanor /'elinı/, Eleanora eli'no:rı/, Ellie /'eli/
Eliza /i'layzı/, Liza /'layzı/, Lisa /'li:sı/
Elizabeth, Elisabeth /i'lizıbıt/, Liz /liz/, Lizzie, Lizzy /'lizi/
Ella /'elı/
Ellen /'elın/
Elsie /'elsi/
Emily /'emıli/
Emma /'emı/
Erica /'erikı/
Ethel /'etl/
Eunice /'yu:nis/
Eve /i:v/, Eva /'i:vı/
Evelyn /'i:vlin/
Fay /fey/
Felicity /fı'lisıti/
Fiona /fi'ounı/
Flora /'flo:rı/
Florence /'florıns/, Flo /flou/, Florrie /'flori/
Frances /'fra:nsis/, Fran /fren/, Frankie /'frenki/
Freda /'fri:dı/

Georgia /'co:cıı/, Georgie /'co:ci/,
 Georgina /co:'ci:nı/
Geraldine /'cerıldi:n/
Germaine /cö:'meyn/
Gertrude /'gö:tru:d/, Gertie /'gö:ti/
Gillian /'ciliın/, Jill, Gill /cil/
Glenda /'glendı/
Gloria /'glo:rıı/
Grace /greys/, Gracie /'greysi/
Gwendoline /'gwendılin/, Gwen /gwen/
Hannah /'henı/
Harriet /'herııt/
Hazel /'heyzıl/
Heather /'hedı/
Helen /'helın/
Henrietta /henri'etı/
Hilary /'hilıri/
Hilda /'hildı/
Ida /'aydı/
İngrid /'ingrid/
Irene /ay'ri:ni/
Iris /'ayıris/
Isabel /'izıbel/
Isabella /izı'belı/
Ivy /'ayvi/
Jane /ceyn/, Janey /'ceyni/
Janet /'cenİt/, Janette /cı'net/, Jan /cen/
Janice, Janis /'cenis/, Jan /cen/
Jacqueline /'cekılin/, Jackie /'ceki/
Jean /ci:n/, Jeanie /'ci:ni/
Jennifer /'cenifı/, Jenny, Jennie /'ceni/
Jessica /'cesikı/, Jess /ces/, Jessie
 /'cesi/
Joan /coun/
Joanna /cou'enı/, Joanne /cou'en/, Jo
 /cou/
Jocelyn /'coslin/
Josephine /'couzıfi:n/, Jo /cou/, Josie
 /'cousi/
Jody /'coudi/
Joyce /coys/
Judith /'cu:dit/, Judy /'cu:di/
Julia /'cu:lıı/, Julie /'cu:li/
Juliet /'cu:lııt/
June /cu:n/
Karen, Karin /'kerın/
Katherine, Catherine /'ketrin/, Kathy,
 Cathy /'keti/, Kate /keyt/
Kim /kim/

Kirsten /'kö:stin/
Laura /'lo:rı/
Lauretta, Loretta /lı'retı/
Lesly /'lezli/
Lilian, Lillian /'liliın/
Lily /'lili/
Linda /'lindı/
Livia /'livıı/
Lois /'louis/
Lorna /'lo:nı/
Louise /lu:'i:z/, Louisa /lu:'i:zı/
Lucia /'lu:sıı/
Lucinda /'lu:sindı/, Cindy /'sindi/
Lucy /'lu:si/
Lydia /'lidıı/
Lyn /lin/
Mabel /'meybıl/
Madeleine /'medılin/
Maisie /'meyzi/
Marcia /'ma:sıı/, Marcie /'ma:si/
Margaret /'ma:grit/, Madge /mec/,
 Maggie /'megi/
Margery, Marjorie /'ma:cırı/, Margie
 /'ma:ci/
Marlene /'ma:li:n/
Maria /mı'rıı/
Marian, Marion /'meriın/
Marie /mı'ri:/
Marilyn /'merılin/
Martha /'ma:tı/
Mary /'meıri/
Maud /mo:d/
Maureen /'mo:ri:n/
Mavis /'meyvis/
Melanie /'melıni/
Melinda /mı'lindı/
Michelle /mi'şel/
Mildred /'mildrid/
Miranda /mi'rendı/
Miriam /'mirıım/
Molly /'moli/
Monica /'monikı/
Muriel /'myurııl/
Nadia /'na:dıı/
Nancy /'nensi/, Nan /nen/
Natalie /'netıli/
Natasha /nı'teşı/
Nell /nel/, Nelly, Nellie /'neli/
Nicola /'nikılı/, Nicky /'niki/

Nora /'no:rɪ/
Norma /'no:mɪ/
Olive /'oliv/
Olivia /ɪ'liviɪ/
Pamela /'pemɪlɪ/, Pam /pem/
Patience /'peyʃɪns/
Patricia /pɪ'triʃɪ/, Pat /pet/
Paula /'po:lɪ/
Pauline /'po:li:n/
Penelope /pɪ'nelɪpi/, Penny /'peni/
Philippa /'filipɪ/
Phoebe /'fi:bi/
Phyllis /'filis/
Polly /'poli/, Poll /pol/
Priscilla /pri'silɪ/, Cilla /'silɪ/
Prudence /'pru:dɪns/, Pru /pru:/
Rachel /'reyʃɪl/
Rebecca /ri'bekɪ/, Becky /'beki/
Rita /'ri:tɪ/
Roberta /rɪ'bö:tɪ/
Robin /'robin/
Rosalie /'rouzɪli/
Rosalind /'rozɪlind/, Rosalyn /'rozɪlin/
Rose /rouz/, Rosie /'rouzi/
Rosemary /'rouzmɪri/, Rosie /'rouzi/
Ruth /ru:t/
Sally /'seli/, Sal /sel/
Samantha /sɪ'mentɪ/, Sam /sem/
Sandra /'sa:ndrɪ/, Sandy /'sendi/
Sarah, Sara /'seɪrɪ/, Sadie /'seydi/
Sharon /'ʃerɪn/
Sheila /'ʃi:lɪ/
Shirley /'ʃö:li/
Silvia, Sylvia /'silviɪ/, Sylvie /'silvi/
Sonia /'sonyɪ/
Sophia /sɪ'fayɪ/
Sophie, Sophy /'soufi/
Stella /'stelɪ/
Stephanie /'stefɪni/
Susan /'su:zɪn/, Sue /su:/, Susie, Suzy
  /'su:zi/
Susanna, Susannah /su:'zenɪ/, Suzanne
  /su:'zen/
Sybil, Sibyl /'sibɪl/
Teresa, Theresa /tɪ'ri:zɪ/, Tess /tes/,
  Tessa /'tesɪ/
Thelma /'telmɪ/
Tracy, Tracey /'treysi/
Trudy, Trudie /'tru:di/

Ursula /'ö:syulɪ/
Valerie /'velɪri/, Val /vel/
Vanessa /vɪ'nesɪ/
Vera /'viɪrɪ/
Veronica /vɪ'ronikɪ/
Victoria /vik'to:riɪ/, Vicky, Vickie /'viki/
Viola /'vayɪlɪ/
Violet /'vayɪlɪt/
Virginia /vɪ'ciniɪ/, Ginny /'cini/
Vivien, Vivienne /'viviɪn/, Viv /viv/
Wendy /'wendi/
Winifred /'winifrid/, Winnie /'wini/
Yvonne /i'von/
Zoe /'zoui/

# EN YAYGIN İNGİLİZ ERKEK ADLARI

Abraham /'eybrıhem/, **Abe** /eyb/
**Adam** /'edım/
**Adrian** /'eydriın/
**Alan, Allan, Allen** /'elın/, **Al** /el/
**Albert** /'elbıt/, **Al** /el/
**Alexander** /elig'za:ndı/, **Alec** /'elik/, **Alex** /'eliks/
**Alfred** /'elfrid/, **Alf** /elf/
**Andrew** /'endru:/, **Andy** /'endi/
**Alvin** /'elvin/
**Anthony, Antony** /'entıni/, **Tony** /'touni/
**Archibald** /'a:çibo:ld/, **Archie, Archy** /'a:çi/
**Arnold** /'a:nıld/
**Arthur** /'a:tı/
**Auberon** /'o:bıron/
**Aubrey** /'o:bri/
**Barnaby** /'ba:nıbi/
**Barry** /'beri/
**Bartholomew** /ba:'tolımyu:/
**Basil** /'bezıl/
**Benjamin** /'bencımin/, **Ben** /ben/
**Bernard** /'bö:nıd/, **Bernie** /'bö:ni/
**Boris** /'boris/
**Bradford** /'bredfıd/, **Brad** /bred/
**Brian, Bryan** /'brayın/
**Bruce** /bru:s/
**Bud** /bad/
**Carl** /ka:l/
**Cecil** /'sesıl/
**Cedric** /'sedrik/
**Charles** /ça:lz/, **Charlie** /'ça:li/
**Christopher** /'kristıfı/, **Chris** /kris/
**Clarence** /'klerıns/
**Clark** /kla:k/
**Claude, Claud** /klo:d/
**Clement** /'klemınt/
**Clifford** /'klifıd/, **Cliff** /klif/
**Clint** /klint/
**Clive** /klayv/
**Clyde** /klayd/
**Colin** /'kolin/
**Craig** /kreyg/
**Curt** /kö:rt/
**Cyril** /'sirıl/
**Dale** /deyl/

**Daniel** /'deniıl/, **Dan** /den/
**Darrell** /'derıl/
**Darren** /'derın/
**David** /'deyvid/, **Dave** /deyv/
**Dean** /di:n/
**Dennis, Denis** /'denis/
**Derek** /'derik/
**Desmond** /'dezmınd/, **Des** /dez/
**Dirk** /dö:k/
**Dominic** /'dominik/
**Donald** /'donıld/, **Don** /don/
**Douglas** /'daglıs/, **Doug** /dag/
**Dudley** /'dadli/, **Dud** /dad/
**Duncan** /'dankın/
**Dustin** /'dastin/
**Dwight** /dwayt/
**Edgar** /'edgı/
**Edmund, Edmond** /'edmınd/
**Edward** /'edwıd/, **Ed** /ed/, **Eddie, Eddy** /'edi/, **Ted** /ted/
**Edwin** /'edwin/
**Elmer** /'elmı/
**Elroy** /'elroy/
**Enoch** /'i:nok/
**Eric** /'erik/
**Ernest** /'ö:nist/
**Errol** /'erıl/
**Eugene** /yu:'ci:n/, **Gene** /ci:n/
**Felix** /'fi:liks/
**Ferdinand** /'fö:dinend/
**Floyd** /floyd/
**Francis** /'fra:nsisi/, **Frank** /frenk/
**Frank** /frenk/, **Frankie** /'frenki/
**Frederick** /'fredrik/, **Fred** /fred/
**Gabriel** /'geybriıl/
**Gary** /'geri/
**Gavin** /'gevin/
**Geoffrey, Jeffrey** /'cefri/, **Geoff, Jeff** /cef/
**George** /co:c/
**Gerald** /'cerıld/, **Gerry, Jerry** /'ceri/
**Gerard** /'cera:d/
**Gilbert** /'gilbıt/, **Bert** /bö:t/
**Giles** /caylz/
**Glen** /glen/
**Godfrey** /'godfri/
**Gordon** /'go:dın/

Graham, Grahame /'greyım/
Gregory /'gregırı/, Greg /greg/
Guy /gay/
Harold /'herıld/
Henry /'henri/, Harry /'heri/
Herbert /'hö:bıt/, Bert /bö:t/
Horace /'horis/
Howard /'hauıd/
Hubert /'hyu:bıt/, Bert /bö:t/
Hugh /hyu:/
Hugo /'hyu:gou/
Humphrey /'hamfri/
Ian /'i:ın/
Isaac /'ayzık/
Ivan /'ayvın/
Ivor /'ayvı/
Jacob /'ceykıb/, Jake /ceyk/
James /ceymz/, Jim /cim/, Jimmy /'cimi/
Jason /'ceysın/
Jasper /'cespı/
Jed /ced/
Jeremy /'cerımi/, Jerry /'ceri/
Jerome /cı'roum/
John /con/, Johnny /'coni/, Jack /cek/
Jonathan /'conıtın/, Jon /con/
Joseph /'couzif/, Joe /cou/
Julian /'cu:liın/
Justin /'castin/
Keith /ki:t/
Kenneth /'kenit/, Ken /ken/
Kevin /'kevin/, Kev /kev/
Kirk /kö:k/
Lance /la:ns/
Laurence, Lawrence /'lorıns/, Larry /'leri/
Leo /'li:ou/
Leonard /'lenıd/, Len /len/
Leslie /'lezli/, les /lez/
Lester /'lestı/
Lewis /'lu:is/, Lew /lu:/
Lionel /'layınıl/
Louis /'lu:i/, Lou /lu:/
Luke /lu:k/
Malcolm /'melkım/
Mark /ma:k/
Martin /'ma:tin/, Marty /'ma:ti/
Matthew /'metyu:/, Matt /met/
Maurice , Morris /'moris/
Max /meks/
Mervyn /'mö:vin/

Michael /'maykıl/, Mike /mayk/, Mick /mik/
Miles, Myles /maylz/
Mitchell /'miçıl/, Mitch /miç/
Mort /mo:t/
Nathan /'neytın/, Nat /net/
Nathaniel /nı'teniıl/, Nat /net/
Neil, Neal /ni:l/
Nicholas, Nicolas /'nikılıs/, Nick /nik/
Nigel /'naycıl/
Noel /'nouıl/
Norman /'no:mın, Norm /no:m/
Oliver /'olivı/, Ollie /'oli/
Oscar /'oskı/

Oswald /'ozwıld/, Oz /oz/
Patrick /'petrik/, Pat /pet/
Paul /po:l/
Percy /'pö:si/
Peter /'pi:tı/, Pete /pi:t/
Philip /'filip/, Phil /fil/
Quentin /'kwentin/, ouintin /'kwintin/
Ralph /relf/
Randolph, Randolf /'rendolf/
Rapheal /'refeyl/
Raymond /'reymınd/, Ray /rey/
Reginald /'recinıld/, Reg /rec/
Rex /reks/
Richard /'riçıd/, Dick /dik/, Rick /rik/
Robert /'robıt/, Rob /rob/, Bob /bob/
Robin /'robin/
Roderick /'rodrik/, Rod /rod/
Rodney /'rodni/, Rod /rod/
Roger /'rocı/, Rodge /roc/
Ronald /'ronıld/, Ron /ron/
Roy /roy/
Rudolph, Rudolf /'ru:dolf/
Rufus /'ru:fıs/
Rupert /'ru:pıt/
Russel /'rasıl/, Russ /ras/
Samuel /'semyuıl/, Sam /sem/
Scott /skot/
Sebastian /si'bestiın/, Seb /seb/
Sidney, Sydney /'sidni/, Sid /sid/
Simon /'saymın/
Stanley /'stenli/, Stan /sten/
Stephen, Steven /'sti:vın/ Steve /sti:v/
Stewart, Stuart /'styu:ıt/
Terence /'terıns/, Terry /'teri/

**Theodore** /'tiːɪdoː/, **Theo** /'tiːou/

**Thomas** /'tomɪs/, **Tom** /tom/
**Timothy** /'timɪti/, **Tim** /tim/
**Toby** /tobi/
**Trevor** /'trevɪ/
**Troy** /troy/
**Victor** /'viktɪ/, **Vic** /vik/

**Vincent** /'vinsɪnt/, **Vince** /vins/
**Vivian** /'viviɪn/, **Viv** /viv/
**Walter** /'woːltɪ/, **Wally** /'woli/
**Warren** /'worɪn/
**Wayne** /weyn/
**Wilbur** /'wilbɪ/
**Wilfrid, Wilfred** /'wilfrid/
**William** /'wilyɪm/, **Bill** /bil/, **Will** /wil/